НЕМЕЦКО-РУССКИЙ
СЛОВАРЬ
ПО РАДИОЭЛЕКТРОНИКЕ

DEUTSCH-RUSSISCHES
WÖRTERBUCH
DER RADIOELEKTRONIK

I. S. JANKELSSON
L. M. MIRIMOW
G. P. SCHEROW-IGNATJEW

DEUTSCH-RUSSISCHES WÖRTERBUCH DER RADIO-ELEKTRONIK

Mit etwa 65 000 Fachbegriffen

Herausgegeben von
I. S. JANKELSSON

3., überarbeitete und ergänzte Auflage

VERLAG RUSSKIJ JAZYK
MOSKAU
1990

VERLAG TECHNIK BERLIN
1990

И. С. ЯНКЕЛЬСОН
Л. М. МИРИМОВ
Г. П. ШЕРОВ-ИГНАТЬЕВ

НЕМЕЦКО-РУССКИЙ СЛОВАРЬ ПО РАДИО-ЭЛЕКТРОНИКЕ

Около 65 000 терминов

Под редакцией
И. С. ЯНКЕЛЬСОНА

Издание 3-е, переработанное
и дополненное

МОСКВА
«РУССКИЙ ЯЗЫК»
1990

ФЕРЛАГ ТЕХНИК БЕРЛИН
1990

ББК 32
Я 62

Рецензенты:
д-р физ.-мат. наук Л. П. ЯРОСЛАВСКИЙ (ИППИ АН СССР), канд. техн. наук М. Е. МАТАЛАСОВ (МАРХИ), И. Д. ГУРВИЦ (ВНИИ телевидения и радиовещания), Д. П. ШАРИН (ВНИИ «Эталон»), К. Я. ПРОХОРОВ (НИИ «Экос»), В. И. ЗАМАРАЕВ (ВНИИМИ), Б. Н. АБРАМОВ (НИИ систем связи и управления)

Янкельсон И. С., Миримов Л. М., Шеров-Игнатьев Г. П.

Я 62 Немецко-русский словарь по радиоэлектронике: Ок. 65 000 терминов/Под ред. И. С. Янкельсона.— 3-е изд., перераб. и доп.— М.: Рус. яз.— Берлин: Ферлаг Техник, 1990.— 808 с.

ISBN 5-200-01153-1

Словарь содержит около 65 тыс. терминов по радиотехнике и электронике, телевидению, различным видам связи, радиолокации, физике твердого тела, кристаллографии, записи, хранению и воспроизведению информации. В словарь включена также основная терминология по вычислительной технике и микроэлектронике. В конце словаря даны сокращения.

Словарь рассчитан на переводчиков, инженерно-технических работников, занимающихся проблемами радиотехники и электроники, аспирантов и студентов радиотехнических вузов и факультетов.

$$Я \frac{2300000000 - 290}{015(01) - 90} 246-90$$

ББК 32 + 81.2Нем-4

Исай Семенович
ЯНКЕЛЬСОН
Лев Мордухович
МИРИМОВ
Генрих Петрович
ШЕРОВ-ИГНАТЬЕВ
НЕМЕЦКО-РУССКИЙ
СЛОВАРЬ ПО
РАДИОЭЛЕКТРОНИКЕ

Зав. редакцией Л. Л. ПОГРЕБНАЯ
Редакторы Л. П. БЫКОВСКАЯ,
Т. П. МАНУХИНА
Художественный редактор Н. В. РЕУТОВА
Технический редактор Э. С. СОБОЛЕВСКАЯ
Корректоры О. Д. БАУЛИНА,
М. С. ГУБЕРНАТОРОВА

ИБ № 6621

Сдано в набор 09.10.89. Подписано в печать 12.09.90. Формат 70 × 100/16. Бумага офс. № 1. Гарнитура таймс. Печать офсетная. Усл. печ. л. 65,65. Усл. кр.-отт. 131,30. Уч.-изд. л. 109,21. Тираж 21000 экз. Заказ № 1300. Цена 12 р. 50 к.

Издательство «Русский язык» В/О «Совэкспорткнига» Государственного комитета СССР по печати. 103012, Москва, Старопанский пер., 1/5.

Можайский полиграфкомбинат В/О «Совэкспорткнига» Государственного комитета СССР по печати. 143200, Можайск, ул. Мира, 93.

© Издательство «Русский язык», 1974
© Издательство «Русский язык», 1990, с переработкой и дополнениями

ISBN 5-200-01153-1

ПРЕДИСЛОВИЕ

Первый немецко-русский словарь по радиоэлектронике был издан в Советском Союзе в 1974 году. Работа над ним началась в середине шестидесятых годов. Поскольку в то время в СССР не было отраслевых словарей по вычислительной технике, программированию, кибернетике, а эти отрасли очень тесно связаны с радиоэлектронной техникой, в разрабатываемый словарь была введена также терминология этих отраслей.

В 1979 году вышло в свет второе издание этого словаря. В него были дополнительно введены наиболее употребительные сокращения, принятые в специальной литературе.

Более чем два десятка лет, отделяющие наше время от начала работы над первым изданием словаря по радиоэлектронике, для современной техники вообще, а для радиоэлектроники в особенности — огромный промежуток времени. Радиоэлектроника восьмидесятых разительно отличается от радиоэлектроники шестидесятых годов. Возникли принципиально новые технологические средства микроэлектроники, развились спутниковые и космические системы связи, появились цифровые сети связи, системы цифрового телевидения, устройства, основанные на приборах с переносом зарядов, голографические системы. Начинают развиваться новые направления молекулярной и биомолекулярной электроники.

Поэтому появилась необходимость в издании значительно обновленного словаря по радиоэлектронике.

За последние десять лет появились отраслевые немецко-русские словари по вычислительной технике, автоматике и технической кибернетике. Это позволило исключить из нового словаря бо́льшую часть терминов этих областей, сохранив в нем лишь те термины вычислительной техники, программирования и технической кибернетики, без правильного понимания которых чтение современной литературы по радиоэлектронике будет затруднено.

В настоящий словарь вошло более 55% новых терминов. Они относятся к недавно появившимся схемам, к современным технологиям изготовления схемных элементов и к другим областям радиоэлектроники. Термины, приведенные в словаре, соответствуют государственным стандартам СССР, рекомендациям МККР, документам СЭВ и другим нормативным материалам.

При составлении новой редакции словаря использовались справочная литература и монографии на немецком языке, а также техническая периодика.

В настоящем виде словарь содержит терминологию по классической линейной и нелинейной радиотехнике, помехоустойчивости, теории фильтров, корреляционной электронике, радиосвязи, радиовещанию, телевидению, проводной связи, полупроводниковой и электровакуумной технике, технологии микроминиатюризации, интегральным схемам, технике тонких и толстых пленок, печатным схемам, радиоастрономии, радиотелемеханике, радиоспектроскопии, гидроакустике, инфракрасной, квантовой и криогенной технике, акустоэлектронике, оптоэлектронике, радиолокации, гидролокации, радионаведению, радионавигации, космической, промышленной и медицинской электронике, бионике, вычислительной и военной технике, кибернетике, теории надежности и другим специальным разделам математики.

В словарь введено около 2500 сокращений, не только немецких, но также английских и французских, ставших теперь международными, без которых понимание современной немецкой технической литературы оказывается практически невозможным.

Словарь рассчитан на широкий круг пользователей — инженеров, научных работников, переводчиков, преподавателей, студентов.

Все критические замечания и предложения просим направлять по адресу: 103012, Москва, Старопанский пер., д. 1/5, издательство «Русский язык».

Авторы

О ПОЛЬЗОВАНИИ СЛОВАРЕМ

Ведущие термины расположены в алфавитном порядке, причем буквы ä, ö, ü, ß приравниваются соответственно к a, o, u, ss.

Для составных терминов принята алфавитно-гнездовая система. По этой системе термины, состоящие из определяемых слов и определений, следует искать по определяемым словам. Например, термин **fliegender Magnetkopf** следует искать в гнезде **Magnetkopf**.

В гнезде алфавитный порядок соблюдается по определениям, которые располагаются после тильды (~), заменяющей ведущий термин.

В тех случаях, когда составной термин для удобства пользования словарем помещен с обратным порядком слов, после тильды ставится запятая. Например, в гнезде

Maske *f* ...
~, berührende
~ für Implantation

составные термины следует читать: **berührende Maske, Maske für Implantation**.

Немецкие омонимы даются как отдельные ведущие термины и разделяются римскими цифрами. Например:

Funken I *n* **1.** передача по радио **2.** радиотелеграфия **3.** искрение
Funken II *m* искра.

В переводах синонимы отделяются запятой, более отдаленные значения — точкой с запятой, разные значения — арабскими цифрами. В целях экономии места взаимозаменяемые части перевода иногда помещены в квадратные скобки, а более отдаленные значения даны с союзом *или*. Например:

Parallelwiderstand *m* шунтирующий [параллельный] резистор.

Перевод следует читать: шунтирующий резистор, параллельный резистор.

Peripherie-Apparatur *f* *вчт* периферийные *или* внешние устройства.

Перевод следует читать: периферийные устройства; внешние устройства.

Устойчивые словосочетания, а также примеры, иллюстрирующие употребление слова, даются в подбор к ведущему слову и отделяются от перевода знаком квадрата □. Ведущий термин в этом случае, как и в гнезде, заменяется тильдой. Например:

besetzt 1. заселённый (*об энергетическом уровне*) **2.** занятый (*о линии*) □ **mit Löchern** ~ заселённый дырками.

Пояснения к переводу заключены в круглые скобки и набраны курсивом. Например:

Fangraum *m* пространство улавливания (*в клистроне*).

Факультативная часть немецкого или русского термина помещена в круглые скобки. Например:

Gamma-Quant(um) *n* следует читать: **Gamma-Quant, Gamma-Quantum**.
Ortsempfang *m* приём местных (радио)станций.

Перевод следует читать: приём местных радиостанций, приём местных станций.

В словаре используются лексикографические приемы для увеличения информативности издания. Так, например, ссылка типа **Steuer...** *см.* **Steuerungs...** и, наоборот, **Steuerungs...** *см.* **Steuer...** означают, что, если в тексте встретился термин — сложное слово, начинающийся со **Steuer...** и его в словаре нет, следует просмотреть словообразования со **Steuerungs...** .

Иногда после перевода ведущего гнездового термина даются ссылки *см. тж*. Это означает, что, если встретившееся в тексте существительное с прилагательным отсутствует в данном гнезде, его следует искать в гнезде того слова, на которое дана ссылка. Например:

    Prozeß *m* процесс (*см. тж* **Vorgang**).

Таким образом, если в тексте встретился термин **determinierter Vorgang** и его в словаре нет, следует просмотреть гнездо **Prozeß**.

СПИСОК ПОМЕТ И УСЛОВНЫХ СОКРАЩЕНИЙ

авт. автоматика
англ. термин американского или английского происхождения
ант. антенны
бион. бионика
вчт вычислительная техника
гол. голография
зап. запись изображения и звука
изм. измерительная техника
инф. теория информации
кв. эл. квантовая электроника
киб. кибернетика
косм. космонавтика
крист. кристаллография
ктв кабельное телевидение
лингв. математическая лингвистика
лог. математическая логика
мат. математика
микр. микроэлектроника
над. теория надёжности
напр. например
нвг навигация
обр. д. обработка данных
опт. оптика

пп полупроводниковая техника
прогр. программирование
проф. профессиональный жаргон
рег. регулирование
ркс теория релейно-контактных схем
рлк радиолокация
свз связь
свпр сверхпроводимость, сверхпроводники
см. смотри
см. тж смотри также
т. игр теория игр
тлв телевидение
тлг телеграфия
тлм телемеханика
тлф телефония
фирм. фирменное название
фтт физика твёрдого тела
хим. химия
швейц. термин швейцарского происхождения
яд. физ. ядерная физика
f женский род
m мужской род
n средний род
pl множественное число

СПИСОК СОКРАЩЕНИЙ, ПРИНЯТЫХ В СПЕЦИАЛЬНОЙ ЛИТЕРАТУРЕ

АМ амплитудная модуляция
АПЧ автоматическая подстройка частоты
АРГ автоматическая регулировка громкости
АРУ автоматическая регулировка усиления
АТС автоматическая телефонная станция
АЦП аналого-цифровой преобразователь
БИС большая интегральная схема
ВВП внестудийное видеопроизводство
ВКУ видеоконтрольное устройство
ВМ вычислительная машина
ВЧ 1. высокая частота 2. высокочастотный
ГИС гибридная интегральная схема
ДИКМ дифференциальная импульсно-кодовая модуляция
ДИН промышленный стандарт ФРГ
ЗИП запчасти и принадлежности
ЗУ запоминающее устройство
ИК инфракрасный
ИКМ импульсно-кодовая модуляция
$И^2Л$ 1. интегральная инжекционная логика 2. интегральный инжекционный логический
ИМ импульсная модуляция
ИМС интегральная микросхема
ИС интегральная схема
ИСЗ искусственный спутник Земли
КМОП комплементарная структура металл—оксид—полупроводник
КНД коэффициент направленного действия
кпд коэффициент полезного действия
КТВ кабельное телевидение
ЛБВ лампа бегущей волны
ЛЗ линия задержки
ЛОВ лампа обратной волны
МАОП структура металл—оксид алюминия—полупроводник
МАП структура металл—алюминий—полупроводник
МДМ структура металл—диэлектрик—металл
МДМДП структура металл—диэлектрик—металл—диэлектрик—полупроводник
МДП структура металл—диэлектрик—полупроводник
МДПДП структура металл—диэлектрик—полупроводник—диэлектрик—полупроводник
МКО Международная комиссия по освещению
МЛ магнитная лента
МНОП структура металл—нитрид—оксид—полупроводник
МНП структура металл—нитрид—полупроводник
МОМ структура металл—оксид—металл

МОП структура металл—оксид—полупроводник
НТСЦ система цветного телевидения (*США*)
НЧ 1. низкая частота 2. низкочастотный
ОНОЗ ограниченное накопление объёмного заряда
ПАВ поверхностные акустические волны
ПАЛ система цветного телевидения (*ФРГ*)
ПЗИ прибор с зарядовой инжекцией
ПЗС прибор с зарядовой связью
ПЗУ постоянное запоминающее устройство
ППЗ прибор с переносом заряда
ПТК переключатель телевизионных каналов
ПТС передвижная телевизионная станция
ПЧ промежуточная частота
РЛС радиолокационная станция
САР система автоматического регулирования
СБИС сверхбольшая интегральная схема
СВЧ 1. сверхвысокая частота 2. сверхвысокочастотный
СЕКАМ система цветного телевидения (*Франция*)
ТГЛ промышленный стандарт ГДР
ТКС температурный коэффициент сопротивления
ТТЛ 1. транзисторно-транзисторная логика 2. транзисторно-транзисторный логический
УАТС учрежденческая автоматическая телефонная станция
УВЧ 1. ультравысокая частота 2. ультравысокочастотный
УКВ 1. ультракороткие волны 2. ультракоротковолновый
УНЧ усилитель низкой частоты
УПЧ усилитель промежуточной частоты
УФ ультрафиолетовый
ФВЧ фильтр высоких частот
ФМ фазовая модуляция
ФНЧ фильтр низких частот
ФЭУ фотоэлектронный умножитель
ЦАП цифро-аналоговый преобразователь
ЦВМ цифровая вычислительная машина
ЦМД цилиндрический магнитный домéн
ЦСИО цифровая сеть интегрального обслуживания
ЧПУ числовое программное управление
ЧРК частотное разделение каналов
ШИМ широтно-импульсная модуляция
ЭВМ электронная вычислительная машина
ЭЛП электронно-лучевой прибор
ЭЛТ электронно-лучевая трубка
ЭОП электронно-оптический преобразователь

НЕМЕЦКИЙ АЛФАВИТ

Печатные буквы	Название букв	Печатные буквы	Название букв
Aa	а	Nn	эн
Bb	бэ	Oo	о
Cc	цэ	Pp	пэ
Dd	дэ	Qq	ку
Ee	э	Rr	эр
Ff	эф	Ss	эс
Gg	гэ	Tt	тэ
Hh	ха	Uu	у
Ii	и	Vv	фау
Jj	йот	Ww	вэ
Kk	ка	Xx	икс
Ll	эл	Yy	ипсилон
Mm	эм	Zz	цэт

A

A-Aussteuerung *f* режим А; модуляция (класса) А
Abarbeitung *f* **1.** обработка (*данных*) **2.** обработка, выполнение (*команды*)
Abarbeitungszeit *f* время обработки
Abätzung *f* стравливание (*защитного слоя оксида*)
AB-Aussteuerung *f* режим АВ; модуляция (класса) АВ
Abbau *m* **1.** исчезновение (*напр. электромагнитного поля*) **2.** уменьшение (*напр. сигнала*); затухание; спад **3.** демонтаж, разборка
~ **der Inversion** *пп* уменьшение инверсионной заселённости (*энергетических уровней*)
Abbaufeld *n* затухающее поле
Abbauprinzip *n* принцип подавления (*напр. некоторых частот основного тона*)
Abbauwelle *f* затухающая волна
Abbauzeit *f* **einer Kapazität** время разряда ёмкости
Abbe-Refraktometer *n* рефрактометр Аббе
A/B-Betrieb *m* **1.** режим АВ **2.** *тлф* двухканальный режим
Abbeugung *f* дифракция
Abbeugungswinkel *m* угол дифракции
Abbild *n* **1.** изображение; отображение **2.** рисунок, фигура **3.** отпечаток; копия **4.** модель
~ **einer Originalstruktur** реплика образца (*в электронной микроскопии*)
~, **thermisches** тепловая модель, картина теплораспределения
Abbildung *f* **1.** изображение; отображение **2.** *мат.* отображение; преобразование **3.** проекция **4.** рисунок; фигура **5.** отпечаток; копия
~, **direkte** прямое отображение
~, **eindeutige** *мат.* однозначное отображение
~, **farbige** цветное изображение
~, **hochauflösende** изображение высокой чёткости
~, **inverse** **1.** обратное изображение **2.** *мат.* обратное отображение
~, **ionenoptische** ионно-оптическое изображение
~, **kontaktlose** бесконтактный отпечаток (*в фотолитографии*)
~, **kopfstehende** перевёрнутое изображение
~, **latente** латентное [скрытое] изображение
~, **scharfe** резкое (оптическое) изображение
~, **scheinbare** мнимое отображение
~, **stereoskopische** стереоскопическое изображение
~, **thermische** тепловое изображение
~, **verwaschene** смазанное изображение
~, **virtuelle** мнимое изображение
1:1-Abbildung *f* **auf Wafer** изображение на пластине (в масштабе) один к одному
Abbildungsanlage *f*, **mikrolithografische** установка формирования микролитографического изображения

Abbildungsbreite *f* акустическая ширина (*в стереофонии*)
Abbildungsdaten *f* *тлв* параметры отображения
Abbildungsebene *f* плоскость изображения
Abbildungselement *n* элемент изображения
Abbildungsfehler *m* **1.** дефект изображения **2.** ошибка преобразования **3.** аберрация
~, **elektronenoptischer** электронно-оптическая аберрация
Abbildungsfeld *n* **1.** поле изображения **2.** поле отображения (*напр. на экране дисплея*)
Abbildungsgenauigkeit *f* точность отображения
Abbildungsgerät *n* **1.** проекционное устройство **2.** преобразователь изображения
~, **elektronenoptisches** электронно-оптический преобразователь, ЭОП
Abbildungsgröße *f* отображающая величина
Abbildungskorrektion *f* коррекция изображения
Abbildungslicht *n* *гол.* свет, формирующий изображение
Abbildungslinse *f* линза фокусировки (электронного) изображения; *опт.* фокусирующая линза
Abbildungsmagnet *m* магнит фокусировки (электронного) изображения
Abbildungsoptik *f* проекционная оптика
Abbildungsraum *m* пространство изображения
Abbildungsschärfe *f* чёткость (телевизионного) изображения; резкость (оптического) изображения
Abbildungssignal *n* сигнал, отображающий измеряемую величину
Abbildungsspule *f* катушка фокусировки (электронного) изображения
Abbildungsstrahlengang *m* ход лучей, формирующих изображение
Abbildungssystem *n* **1.** (оптическая) система, формирующая изображение **2.** проекционная система
Abbildungsteilsystem *n* подсистема, формирующая изображение (*напр. в электронно-лучевой установке*)
Abbildungsverfahren *n* способ формирования изображения
Abbildungsverhältnis *n* **1.** *опт.* линейное увеличение **2.** коэффициент электронно-оптического увеличения
Abblenden *n* **1.** диафрагмирование **2.** затемнение (*кадра*) **3.** экранирование
Abblendevorrichtung *f* **1.** диафрагма **2.** затемнитель **3.** экранирующее устройство, экран
Abblitz *m* аблиц (*поглощение остаточных газов вакуумного прибора с помощью геттеров*)
Abblock(ungs)kondensator *m* блокировочный конденсатор
Abblock(ungs)stufe *f* блокировочный каскад
Abbrand *m* обгорание (*напр. контактов*)
Abbrandspitze *f* обгорающее остриё (*сварочного электрода*)

Abbrechen *n см.* **Abbruch**
abbrennen 1. отжигать; прокаливать **2.** сгорать; обгорать (*напр. об электродах*)
Abbrennkontakt *m* обгорающий контакт
Abbruch *m* **1.** обрыв; перелом **2.** внезапное прекращение (*напр. связи*) **3.** *вчт* (преждевременное) прекращение, прерывание (*напр. выполнения программы*)
Abbruchadresse *f* адрес прерывания
Abbrucheffekt *m* эффект обрыва (*напр. цепи*)
Abdämpfen *n* **1.** демпфирование **2.** подавление (*напр. помехи*) **3.** испарение
Abdampfgetter *m* испаряемый газопоглотитель, испаряемый геттер
Abdampfrate *f* скорость испарения
Abdeckblende *f* **1.** обтюратор **2.** вырезывающая диафрагма **3.** маскирующая бленда
Abdeckeinrichtung *f* **1.** установка маскирования **2.** установка (для) нанесения защитного покрытия
Abdecken *n см.* **Abdeckung**
Abdeck-E-Schicht *f* экранирующий слой E (*ионосферы*)
Abdeckfolie *f* **1.** защитная плёнка **2.** маскирующая фольга, маскирующая плёнка
Abdeckfrequenz *f* частота обтюрации *или* перекрывания
Abdeckmaske *f* **1.** маска, рамка (*для кадрирования*) **2.** *микр.* защитная маска
Abdeckplatte *f* **1.** крышка; защитная пластина **2.** защитное стекло
Abdeckplatz *m* установка (для) нанесения защитного покрытия
Abdeckschablone *f* шаблон, (защитная) маска
Abdeckscheibe *f* защитное стекло
Abdeckschicht *f* **1.** маскирующий слой (*напр. фоторезиста*) **2.** защитный слой
Abdeckstreifen *m* покрывающая [перекрывающая] полоска (*маски*)
Abdeckung *f* **1.** покрытие **2.** экранирование **3.** маскирование **4.** маска, шаблон **5.** кожух; футляр; оболочка **6.** обтюрация; перекрывание (*напр. света*)
~, **lichtdichte 1.** светозащитное покрытие **2.** светонепроницаемый кожух
~, **lichtempfindliche** светочувствительное [фоточувствительное] покрытие (резистом)
~ **mit Fotolack** маскирование фоторезистом
~ **mit Masken** маскировать (съёмной) маской
Abdichtung *f* **1.** уплотнение; герметизация **2.** уплотняющая прокладка
~, **hohe hermetische** высоковакуумное уплотнение
~, **keramische** герметизация (вакуумплотной) керамикой
Abdichtungskammer *f* герметизирующая *или* герметичная камера
Abdichtungsmittel *n* герметик
Abdichtungswalze *f* уплотнительный валик (*вакуумной установки*)
Abdrängungsberichtigung *f* коррекция дрейфа (*напр. частоты*)
Abdrift *f* дрейф; смещение; уход
Abdruck *m* **1.** отпечаток **2.** реплика (*в электронной микроскопии*) **3.** *вчт* точная копия (*файла или программы*)
ABD-Technik *f пп* комбинированная сплавная объёмно-диффузионная техника (*изготовления полупроводниковых приборов*)
Abendempfang *m* вечерний (радио)приём
Aberration *f* аберрация
~ **außerhalb der Achse** внеосевая аберрация
~, **holographische** голографическая аберрация
Aberrationsellipse *f* аберрационный эллипс
aberrationsfrei безаберрационный
Aberrationskonstante *f* постоянная [коэффициент] аберрации
Aberrationswinkel *m* угол аберрации
Aberregung *f* **1.** снятие возбуждения **2.** размагничивание
Aberregungskurve *f* **1.** кривая [характеристика] снятия возбуждения **2.** кривая [характеристика] размагничивания
A-Betrieb *m* режим A
Abfall *m* **1.** спад (*импульса*); затухание (*напр. свечения*); падение **2.** отпускание (*реле*) **3.** *вчт* снятие, сброс (*информации*) **4.** перепад (*давления*)
Abfallecke *f* угол падения
Abfallfaktor *m* **1.** коэффициент затухания; коэффициент ослабления **2.** коэффициент отпускания (*реле*)
Abfallflanke *f* (спадающий) срез (*импульса*)
Abfallgrenze *f* **1.** граница спада (*напр. характеристики*) **2.** порог отпускания (*реле*)
Abfallkante *f* срез (*импульса*)
Abfallkennlinie *f*, **Abfallkurve** *f* **1.** характеристика [кривая] затухания (*напр. люминофора*) **2.** характеристика [кривая] отпускания (*реле*)
Abfallphase *f* фаза спада
Abfallsicherheitsfaktor *m* коэффициент запаса при отпускании (*реле*)
Abfallsignal *n* сигнал спада
Abfallspannung *f* напряжение отпускания (*реле*)
Abfallstrom *m* ток отпускания (*реле*)
Abfallverzögerung *f* **1.** затягивание спада (*напр. характеристики*) **2.** задержка отпускания (*реле*)
Abfallwicklung *f* обмотка отпускания (*реле*)
Abfallzeit *f* **1.** время спада (*напр. импульса*) **2.** время отпускания (*реле*)
Abfang *m* **1.** захват (*напр. носителей*) **2.** перехват (*напр. сообщений*)
~, **zuvorkommender** форсированный перехват
Abfangbahn *f* траектория перехвата
Abfangdiode *f* фиксирующий диод
Abfangen *n см.* **Abfang**
Abfangkreis *m* **1.** приёмный контур **2.** резонатор клистрона
abfangsicher защищённый от перехвата
Abfangwahrscheinlichkeit *f* вероятность захвата (*носителей*)
Abfilterung *f* отфильтровывание
Abflach... сглаживающий
Abflacher *m* сглаживающая схема, сглаживающий контур
Abflachung *f* сглаживание; уплощение
Abflachungs... сглаживающий

abflanschen заглушать, закрывать глухим фланцем

Abfluß m 1. стекание; сток; истечение (*напр. зарядов*) 2. утечка 3. расход (*напр. потока носителей*) 4. отбор 5. отвод

Abflußbeiwert m коэффициент стока

Abflußfläche f площадь стока

abfordern 1. вызывать 2. выбирать (*напр. данные из памяти*) 3. затребовать

abformen 1. формовать (*напр. выводы*) 2. формировать (*напр. импульс*)

Abfrage f 1. *вчт, рлк* запрос 2. *вчт* опрос; считывание (*данных*) 3. *тлф* вызов 4. *тлф* опрос, запрос

~, **gleichzeitige** синхронное считывание

~, **gruppenweise** групповой запрос

~ **der Informationsquelle** опрос устройства хранения информации

~ **ohne Informationsverlust** считывание без разрушения информации

~, **zerstörende** считывание с разрушением (информации)

~, **zerstörungsfreie** считывание без разрушения (информации)

~, **zyklische** 1. *вчт* последовательное считывание (*данных*) 2. *тлф* упорядоченный опрос (*абонентов*)

Abfrage/Antwort-System n *нвг* система запроса/ответа

Abfrageapparat m 1. *рлк* запросчик 2. *вчт* опрашивающее устройство, опросчик 3. см. **Abfragegarnitur**

Abfragebetrieb m *тлф* работа [эксплуатация] с прямым вызовом

Abfrageblattschreiber m опрашивающий телетайп

Abfragedekodierung f *нвг* дешифрирование [декодирование] сигналов запроса

Abfrageeinheit f 1. *рлк* блок запросчика, запросчик 2. *вчт* опрашивающее устройство; устройство считывания (*данных*) 3. устройство ввода — вывода запросов

Abfrageempfänger m приёмник запросчика

Abfragefrequenz f частота опроса

Abfragegarnitur f гарнитура телефонистки

Abfragegerät n см. **Abfrageeinheit**

Abfrageimpuls m импульс опроса

Abfrageintervall n интервал опроса

Abfragekode m код запроса

Abfragekreis m схема опроса; схема считывания

Abfrageleitung f шина считывания

Abfragemodus m 1. вид (кода) запроса 2. способ опроса

Abfragen n см. **Abfrage**

Abfrage-Nebenzipfelunterdrückung f *рлк* подавление боковых лепестков в канале опроса

Abfrageplatz m *тлф* опросное рабочее место

Abfrageprogramm n программа опроса

Abfrageprüfimpuls m проверочный импульс опроса

Abfrager m см. **Abfrageeinheit**

Abfrageregister n регистр опроса

Abfrageschalter m опросный ключ

Abfrageschaltung f схема опроса; схема считывания

Abfragesender m передатчик запросчика

Abfragesequenz f последовательность опроса

Abfragesignal n сигнал запроса

Abfragestation f, **Abfragestelle** f см. **Abfrageeinheit**

Abfragestationspuffer m буфер опрашивающего устройства

Abfragesystem n 1. система опроса 2. система ввода — вывода запросов

Abfrageterminal n терминал запросов

Abfragezeichen n знак опроса

Abfragezyklus m цикл опроса

Abfühlbefehl m команда считывания

Abfühlbürste f *вчт* считывающая щётка

Abfühlbyte n байт уточнённого состояния

Abfühldraht m *вчт* провод [шина] считывания

Abfühleinheit f 1. считывающий элемент 2. датчик; зонд; щуп

Abfühleinrichtung f 1. считывающее устройство 2. зондирующее устройство

abfühlen 1. *вчт* считывать 2. зондировать 3. обнаруживать; ощупывать

Abfühlgang m цикл считывания

Abfühlimpulsgeber m датчик импульсов считывания

Abfühlmechanismus m считывающий механизм

Abfühlprüfung f контроль (правильности) считывания

Abfühlpuffer m буфер считывания

Abfühlregister n регистр считывания

Abfühl-Schreibkopf m (универсальная) головка записи/считывания

Abfühlsignal n 1. сигнал считывания 2. сигнал зондирования (*напр. для ультразвуковой дефектоскопии*)

Abfühlstation f см. **Abfühleinrichtung**

Abfühlstift m 1. щуп 2. считывающий штифт

Abfühlstrom m ток считывания

Abfühlung f 1. *вчт* считывание 2. зондирование 3. обнаружение; ощупывание

Abfühlungs... см. **Abfühl...**

Abführung f 1. отвод 2. вывод

Abführungsklemme f выводной [выходной] зажим

Abgabe f 1. отдача (*напр. энергии*) 2. подача (*питания*) 3. *вчт* выдача (*напр. команд*); выход

~ **des Quittungssignals** квитирование

Abgabeseite f 1. передающая сторона (*напр. системы связи*) 2. сторона выдачи или выхода

Abgabespannung f выходное напряжение

Abgabespeicher m выходное ЗУ; выходная память

Abgang m 1. отклонение, уход (*от заданной величины*) 2. вылет (*электронов*) 3. отвод, ответвление 4. *вчт* изъятие; возврат

Abgangsanstalt f *тлф* вызывающая станция

Abgangsebene f плоскость вылета (*электронов*)

Abgangsfeld n панель отходящих линий

Abgangskasten m ответвительная коробка

Abgangsklemme f выходной зажим

Abgangsleitung f отходящая линия

Abgangsmikrophon n выносной микрофон

Abgangsregister n выходной регистр

Abgangsspannung f выходное напряжение

Abgangswinkel m 1. угол излучения (*волны*) 2. угол вылета (*электронов*)

Abgangszentrale f главная станция (*радиосети*)

Abgasfilter *n* фильтр выхлопных газов (*форвакуумного насоса*)
abgebbar отдаваемый (*напр. о мощности*)
abgebeugt дифрагированный
abgeblendet (за)диафрагмированный
abgerüstet раскомплектованный
abgeschieden осаждённый
abgeschmolzen 1. оплавленный (*о контакте*) 2. отпаянный (*о выводе*) 3. перегоревший (*о предохранителе*) 4. герметизированный; залитый (*о корпусе*)
abgestuft ступенчатый; секционированный
abgetastet 1. дискретизированный 2. считанный 3. сканированный 4. воспроизведённый
Abgleich *m* 1. уравнивание; балансировка; сглаживание 2. согласование; симметрирование 3. настройка 4. коррекция; компенсация 5. подгонка
~, **automatischer** автобалансировка
~, **einfacher** простая коррекция
~, **mehrfacher** сложная коррекция
~ **mit Laser** *микр.* лазерная подгонка (*напр. резисторов*)
~ **nach Betrag und Phase** балансировка по величине и фазе
~, **selbsttätiger** 1. самобалансировка 2. автоподстройка
~ **des Ton(e)s** уравнивание звуковой отдачи (*напр. стереоканалов*); уравнивание звучания
~, **wechselseitiger** взаимная коррекция
Abgleichbedingung *f* 1. условие баланса [балансировки] 2. условие согласования
Abgleichbesteck *n* комплект подстроечного инструмента
Abgleicheinheit *f см.* **Abgleicher**
Abgleichelement *n* 1. уравновешивающий элемент 2. настраивающий элемент 3. корректирующий элемент
Abgleicher *m* 1. уравнивающее *или* балансирующее устройство 2. согласующее *или* симметрирующее устройство 3. корректор; компенсатор
~, **holographischer** голографический компенсатор
Abgleichfehler *m* 1. погрешность балансировки 2. погрешность согласования, рассогласование
Abgleichfrequenz *f* частота настройки
Abgleichgeometrie *f* геометрия реза [подгонки] (*напр. резисторов*)
Abgleichgleichung *f* уравнение баланса
Abgleichglied *n* 1. уравновешивающее звено 2. согласующее *или* симметрирующее звено 3. регулировочное звено 4. корректирующее звено
Abgleichimpulse *m pl тлв* уравнивающие импульсы
Abgleichindikator *m* 1. индикатор баланса 2. индикатор согласования 3. индикатор настройки
Abgleichinduktivität *f* 1. симметрирующая индуктивность 2. корректирующая индуктивность
Abgleichkern *m* подстроечный сердечник
Abgleichkoeffizient *m* 1. коэффициент согласования 2. коэффициент коррекции

Abgleichkondensator *m* подстроечный конденсатор
Abgleichkreis *m* 1. уравнивающая цепь 2. симметрирующая цепь 3. корректирующий контур
Abgleichleitung *f* согласующая линия; согласующий шлейф
Abgleichorgan *n* 1. уравновешивающий орган 2. орган настройки 3. *тлм* нулевой орган
Abgleichpunkt *m* точка баланса, равновесия *или* согласования
Abgleichregler *m* 1. регулятор баланса 2. регулятор настройки
Abgleichreihenfolge *f* последовательность настройки
Abgleichschaltung *f* 1. схема балансировки 2. схема настройки 3. схема коррекции
Abgleichschieber *m* настроечный ползунок
Abgleichschraube *f* винт настройки
Abgleichsender *m* испытательный генератор
Abgleichsignal *n* 1. сигнал настройки 2. сигнал компенсации
Abgleichskale *f* шкала настройки
Abgleichstift *m* подстроечный штифт
Abgleichstufe *f* 1. каскад согласования 2. корректирующий каскад
Abgleichteil *m* согласующее звено; согласующая секция
Abgleichtrimmer *m* подстроечный триммер
Abgleichtoleranz *f* допуск согласования, симметрирования, настройки *или* подгонки
Abgleichung *f см.* **Abgleich**
Abgleichwiderstand *m* согласующее сопротивление
Abgleitung *f* 1. скольжение, проскальзывание, сползание (*напр. настройки*) 2. *крист.* сдвиг
~, **plastische** пластический сдвиг
Abglimmen *n* ионная очистка
Abgreif... *см.* **Abgriff(s)...**
abgreifen 1. снимать (*напр. сигнал*) 2. отводить, ответвлять
Abgreifer *m* 1. устройство съёма (*напр. сигнала*) 2. токосъёмник, токосъёмная щётка 3. ползунок
Abgrenzung *f* **der Stabilitätsbereiche** выделение областей устойчивости
Abgriff *m* 1. съём (*напр. информации*) 2. отвод, ответвление
Abgriffklemme *f* клемма съёма
Abgriffspunkt *m* 1. точка съёма 2. точка отвода
Abgriffsschalter *m* переключатель ответвлений
Abgriffsschelle *f* хомутик [перемычка] (для контакта) ответвления
Abgriffsspule *f* катушка съёма (*напр. сигнала*), катушка связи
Abgriffsstelle *f* точка отвода [ответвления]
Abgriff(s)verhältnis *n* (со)отношение плеч делителя (напряжения), потенциометрическое отношение
A₃B₅-Halbleiter *m* полупроводник (типа) $A^{III} B^V$ (*из трёх- и пятивалентных материалов*)
Abhang *m* 1. градиент 2. склон, скат
Abhängigkeitsschaltung *f* 1. схема зависимого действия 2. блокировочная схема
Abhängigkeitsverriegelung *f* зависимая блокировка

Abhebekontakt m съёмный [откидной] контакт
Abhebeprozeß m 1. процесс отслаивания 2. процесс обратной [взрывной] литографии
Abhebetechnik f техника обратной [взрывной] литографии
Abhebeverfahren n, **selektives** избирательная обратная [избирательная взрывная] литография
Abhebung f 1. превышение 2. контрастирование 3. *тлв* защитный интервал 4. устранение, снятие; выделение, отделение
Abholung f выборка (*данных из памяти*)
Abhöranlage f установка подслушивания
Abhörbarkeit f 1. возможность прослушивания 2. возможность подслушивания
Abhorchen n подслушивание
Abhördienst m служба подслушивания
Abhören n 1. прослушивание 2. подслушивание
Abhörgerät n прибор (для) подслушивания
Abhörkopf m головка звукоснимателя
Abhörlautsprecher m контрольный громкоговоритель
Abhörnetz n сеть подслушивания
Abhörort m место прослушивания; место (контрольного) приёма программы радиовещания
Abhörraum m помещение (для) прослушивания
Abhörsicherheit f безопасность в отношении подслушивания *или* (радио)перехвата
Abhörstation f, **Abhörstelle** f 1. станция подслушивания 2. станция (радио)перехвата
Abhubgeschwindigkeit f скорость размыкания (*контактов*)
Abirrung f *см.* **Aberration**
abkappen ограничивать
Abkapper m ограничитель (*напр. помех*)
abklappbar откидной (*напр. о панели*)
abklemmen отсоединять зажимы [клеммы]
Abklingbedingung f условие затухания
Abklingcharakteristik f 1. характеристика затухания 2. характеристика послесвечения (*люминофора*)
Abklingdauer f *см.* **Abklingzeit**
Abklingen n 1. затухание; спад; ослабление 2. послесвечение (*экрана*)
~ **des Nachbild(e)s** затухание послеизображения
Abklingkoeffizient m коэффициент затухания
Abklingkonstante f постоянная затухания; коэффициент затухания
Abklingzeit f 1. время затухания 2. длительность послесвечения
Abklingzeitkonstante f *см.* **Abklingkonstante**
Abkühlung f охлаждение
Abkühlungskristallisation f кристаллизация охлаждением
Abkühlungszeitkonstante f постоянная времени охлаждения
Abkuppeln n отсоединение, отключение
Ablage f 1. картотека; архив 2. магазин; карман; приёмник 3. *нвг* отклонение
Ablageanzeiger m, **Ablageinstrument** n индикатор отклонения
Ablagemappe f картотека; подшивка (*перфокарт*)
Ablagerung f 1. осаждение 2. введение *или* перевод данных в память

Ablagesteuerung f сортировка и раскладка (перфокарт) по (разным) карманам
Ablauf m 1. протекание, ход, течение (*процесса*) 2. прохождение, продвижение (*напр. ленты*) 3. срабатывание (*напр. реле*) 4. возврат (*номеронабирателя*)
~ **im gleichen Zeitintervall** совпадение (*процессов*) во времени
~, **schritthaltender** [**schrittweiser**] пошаговое продвижение
~ **von Unterbrechungen** прохождение прерываний
Ablaufcharakteristik f характеристика срабатывания
Ablaufdiagramm n 1. блок-схема (*программы*) 2. схема последовательности операций
Ablaufen n *см.* **Ablauf**
Ablauffehler m 1. нарушение хода (*процесса*) 2. нарушение прохождения [продвижения] (*напр. ленты*) 3. погрешность срабатывания
Ablauffolge f последовательность прохождения (*операций, программы*)
Ablaufplan m *см.* **Ablaufdiagramm**
Ablaufprogrammierung f программирование (хода) процесса
Ablaufrolle f подающая катушка; подающая кассета
Ablaufschaubild n, **Ablaufschema** n *см.* **Ablaufdiagramm**
Ablaufschwankungen f pl колебания скорости продвижения (*напр. ленты*)
Ablaufseite f выходная грань (*магнитной головки*)
Ablaufsender m генератор качающейся частоты, свип-генератор
Ablaufspule f подающая катушка
Ablaufsteuereinheit f *вчт* блок управления последовательностью выполнения (*напр. операций*)
Ablaufsteuerung f 1. программное управление 2. управление ходом разработки (*проекта*)
Ablaufteil m управляющая программа; (программа-)диспетчер; (программа-)супервизор
Ablaufzeit f 1. время протекания (*процесса*) 2. время прохождения (*команды*) 3. время срабатывания (*реле*) 4. время возврата (*номеронабирателя*)
Ablehnung f *над.* отклонение, браковка
Ablehnungsgerade f *над.* линия браковки
Ablehnungswahrscheinlichkeit f *над.* вероятность браковки (*хорошего изделия*)
Ableit... *см. тж* **Ableitungs...**
Ableit(e)elektrode f 1. электрод вывода [съёма] (*сигнала*) 2. отводящий электрод
Ableiter m 1. разрядник 2. дифференциатор
Ableitkapazität f ёмкость утечки
Ableitplatte f сигнальная пластина (*в ЭЛТ*)
Ableitung f 1. вывод; отвод 2. постоянная линии 3. снижение (*антенны*) 4. утечка 5. отбор (*напр. энергии*) 6. *мат.* производная 7. вывод (*формулы*) 8. дифференцирование
~ **der Besetzungszahl** *nn* производная заселённости (*энергетических уровней*)
~, **dielektrische** 1. диэлектрический ответвитель 2. утечка в диэлектрике

~, innere внутренняя утечка
~, räumliche пространственная утечка
Ableitungs... *см. тж* **Ableit...**
Ableitungsbelag *m* проводящее покрытие
Ableitungsdämpfung *f* 1. демпфирование (колебаний) шунтированием 2. затухание, вызванное утечкой
Ableitungskoeffizient *m*, **thermischer** коэффициент теплооттока [рассеяния тепла]
Ableitungsschiene *f* выводная шина
Ableitungssonde *f* отводящий зонд
Ableitungsstrom *m* 1. ток утечки 2. ответвляющийся ток
Ableitungsverluste *m pl* потери на утечку
Ableitvorrichtung *f* 1. устройство для отвода (*напр. перенапряжений*) 2. радиатор
Ableitwiderstand *m* сопротивление утечки
Ablenk... *см. тж* **Ablenkungs...**
Ablenkamplitude *f* амплитуда отклонения *или* развёртки
Ablenkanordnung *f см.* **Ablenksystem**
Ablenkastigmatismus *m* астигматизм отклонения
Ablenkdefokussierung *f* дефокусировка (электронного луча) при отклонении
Ablenkebene *f* плоскость отклонения
Ablenkeinheit *f* 1. *см.* **Ablenksystem** 2. блок развёртки
Ablenkelektrode *f* отклоняющий электрод; отклоняющая пластина
Ablenkempfindlichkeit *f* чувствительность к отклонению
Ablenkendstufe *f* выходной каскад генератора развёртки
Ablenker *m* дефлектор, отклоняющее устройство
Ablenkfaktor *m* коэффициент отклонения (ЭЛТ)
Ablenkfehler *m* искажение при отклонении
Ablenkfeldstärke *f* напряжённость отклоняющего поля
Ablenkfläche *f* 1. плоскость отклонения (луча) 2. площадь растра
Ablenkfrequenz *f* частота отклонения *или* развёртки
Ablenkgenerator *m* генератор развёртки
Ablenkhub *m* размах отклонения
Ablenkkoeffizient *m см.* **Ablenkfaktor**
Ablenkkoma *n* кома отклонения
Ablenkkondensator *m* конденсатор схемы развёртки
Ablenkleistung *f* мощность, расходуемая на отклонение
Ablenklinearität *f* линейность отклонения *или* развёртки (*напр. электронного луча*)
Ablenkmagnet *m* отклоняющий магнит
Ablenkmittelpunkt *m* центр отклонения (*напр. электронного луча*)
Ablenkmodulation *f* модуляция отклонением; модуляция отклонения
Ablenkoszillator *m* генератор развёртки
Ablenkplatten *f pl* отклоняющие пластины
Ablenkplattenschaltung *f* схема включения отклоняющих пластин
Ablenkpolarität *f* полярность отклонения
Ablenkprozessor *m* процессор управления развёрткой

Ablenkrahmen *m* отклоняющая рамка
Ablenkraster *m* телевизионный растр
Ablenkraum *m* пространство отклонения (*напр. электронного луча*)
Ablenkregler *m* регулятор развёртки
Ablenksägezahn *m* пилообразный сигнал отклонения *или* развёртки
Ablenksatz *m см.* **Ablenksystem**
Ablenkschaltung *f* схема отклонения *или* развёртки
Ablenkschwingung *f* развёртывающее колебание
Ablenkspannung *f* отклоняющее напряжение; напряжение развёртки
Ablenkspannungspfad *m* измерительная цепь напряжения развёртки
Ablenkspeicher *m* 1. ЗУ *или* память на ЭЛТ с отклонением луча 2. ЗУ *или* память (сигналов) отклонения (*напр.* установки электроннолучевой литографии)
Ablenkspulenstrom *m* ток в отклоняющей катушке
Ablenkspulensystem *n* система отклоняющих катушек
Ablenkstandard *m* стандарт развёртки
Ablenksteuerung *f* управление отклоняющим напряжением; управление развёрткой
Ablenkstrahlstrom *m* ток развёртывающего луча
Ablenkstreufeld *n* поле рассеяния отклоняющей системы
Ablenkstrich *m* штрих-фокус
Ablenkstrom *m* отклоняющий ток; ток развёртки
Ablenkstufe *f* каскад развёртки
Ablenksystem *n* отклоняющая система, ОС
~, selbstkonvergierendes отклоняющая система с самосведéнием (лучей)
Ablenkteil *m* отклоняющее устройство; блок развёртки
Ablenktransformator *m* трансформатор схемы развёртки
Ablenkung *f* отклонение (электронного луча); *тлв* развёртка
~, einmalige однократное отклонение; ждущая развёртка
~, elektrostatische электростатическое отклонение
~, gedehnte растянутая развёртка
~, gemischte смешанное отклонение
~, horizontale горизонтальное отклонение; строчная развёртка
~, kontinuierliche непрерывная развёртка
~, leistungslose электростатическое отклонение
~, senkrechte *см.* **Ablenkung, vertikale**
~, trägheitslose безынерционное отклонение
~, trapezförmige трапецеидальная развёртка
~, umschaltbare коммутируемая развёртка
~, vertikale вертикальное отклонение; кадровая развёртка
~, vorgeeichte предварительно прокалиброванная развёртка
~, waagerechte *см.* **Ablenkung, horizontal**
~, zeitproportionale отклонение, пропорциональное времени
Ablenkungs... *см. тж* **Ablenk...**
Ablenkungsanzeiger *m* индикатор отклонения
Ablenkungsband *n* полоса частот развёртки

Ablenkungsjoch *n* ярмо отклоняющей системы
Ablenkungskreis *m* цепь отклонения *или* развёртки
Ablenkungslinie *f* линия отклонения; строка развёртки
Ablenkungsmagnetfeld *n* магнитное отклоняющее поле
Ablenkungsmesser *m* измеритель отклонения
Ablenkungsmikroskop *n* растровый (электронный) микроскоп
Ablenkungssynchronisierungsschaltung *f* схема синхронизации развёртки
~, **träge** инерционная схема синхронизации развёртки
Ablenkungsweite *f* амплитуда отклонения *или* развёртки
Ablenkunterfeld *n* субполе [микрополе] отклонения (*электронного пучка в установке электронно-лучевой литографии*)
Ablenkverstärker *m* усилитель отклонения *или* развёртки
Ablenkverzögerung *f* задержка отклонения *или* развёртки
Ablenkwinkel *m* угол отклонения
Ablenkzeichen *n* 1. выброс, отметка (*на экране индикатора*) 2. сигнал отклонения (*от заданного курса*)
ablesbar считываемый
Ableseanzeiger *m* индикатор с непосредственным отсчётом
Ablesebereich *m* пределы отсчёта
Ablesedose *f* см. **Ablesekopf**
Ableseeinrichtung *f* 1. вчт устройство считывания 2. зап. устройство воспроизведения
Ableseelement *n* считывающий элемент
Ableseentfernung *f* расстояние наблюдения
Ablesefehler *m* ошибка считывания *или* отсчёта
Ablesegenauigkeit *f* точность считывания *или* отсчёта
Ableseimpuls *m* импульс считывания
Ablesekopf *m* 1. вчт головка считывания 2. зап. головка воспроизведения
«**Ablese**»-**Lampe** *f* индикаторная лампа «воспроизведение»
Ableselupe *f* отсчётная лупа
Ablesemarke *f* отметка отсчёта; визирная метка
ablesen 1. вчт считывать 2. зап. воспроизводить 3. отсчитывать (*показания*)
Ableseplatte *f* шкала отсчёта
Ableser *m* устройство считывания
Ableseröhre *f* индикаторная ЭЛТ
Ablesescheibe *f* лимб
Ableseskale *f* шкала отсчёта
Ablesespiegel *m* шкальное зеркало
Ablesestrahl *m* считывающий пучок, считывающий луч
Ablesestrich *m* деление шкалы
Ablesesystem *n* 1. вчт система считывания 2. зап. система воспроизведения
Ableseunsicherheit *f* 1. погрешность отсчёта 2. погрешность считывания
Ableseverstärker *m* 1. усилитель считывания 2. усилитель воспроизведения
Ablesewicklung *f* обмотка считывания
Ablesezahl *f* вчт допустимое число обращений

Ablesung *f* 1. вчт считывание 2. воспроизведение 3. отсчёт (*показаний*)
~, **direkte** 1. непосредственное считывание 2. непосредственный [прямой] отсчёт
~, **parallaxenfreie** беспараллаксный отсчёт
Ableuchten *n* 1. высвечивание (*напр. люминофора*) 2. подсветка (*шкалы*)
Ablöschung *f* гашение
Ablösearbeit *f* работа выхода
Ablösegas *n* микр. реактивный газ (*ионно-плазменного травления*)
Ablösegerät *n* установка ионно-плазменного травления
Ablösekraft *f* микр. сила отрыва [отслоения]
Ablöseverfahren *n* микр. метод очистки [удаления загрязнений]
Ablösung *f* 1. освобождение (*напр. носителей заряда*); выбивание (*электронов*); отщепление (*электронов*); выход (*электронов*) 2. отпускание (*реле*) 3. отслоение (*напр. проводящего рисунка*) 4. очистка, удаление загрязнений
~ **durch Photonenabsorption** кв. эл. фотоотщепление; фотоионизация
~ **eingefangener Elektronen** (фото)отщепление электронов
Ablösungswahrscheinlichkeit *f* вероятность выхода (*электронов*)
Abluft *f* выхлоп (*форвакуумного насоса*)
Abmanteln *n* снятие оболочки (*кабеля*)
Abmessungen *f pl*, **reproduzierbare** микр. воспроизводимые размеры (*структуры*)
Abmessungsprüfverfahren *n* микр. метод тестирования *или* контроля размерных измерений
AB-Mikrofone *n pl* способ АВ-микрофонов (*стереофония с двумя разнесёнными микрофонами*)
AB-Mischer *m* двухканальный микшер (*сигналов A и B*)
Abnahme *f* 1. отбор (*напр. энергии*) 2. съём (*напр. сигнала*) 3. уменьшение, спад
Abnahmekontrolle *f* см. **Abnahmeprüfung**
Abnahmekopf *m* головка воспроизведения
Abnahmeprüfspezifikation *f* выборочный контроль на соответствие техническим условиям, приёмо-сдаточные испытания методом выборочного контроля
Abnahmeprüfung *f* приёмо-сдаточные испытания
Abnahmerate *f* **der Besetzungszahl** пп скорость уменьшения заселённости (*энергетических уровней*)
Abnahmespule *f* обмотка съёма (*сигнала*); обмотка головки воспроизведения
Abnahmespur *f* дорожка съёма (*данных*)
Abnehmer *m* 1. потребитель (*тока, энергии*) 2. абонент 3. (токо)съёмник
Abnehmeranlage *f* абонентская установка
Abnehmerleitung *f* абонентская линия
Abnehmerrisiko *n* над. риск заказчика
Abnormalhalt *m* аварийный останов
Abnutzung *f* износ (*напр. контактов*)
Abonnementfernsehen *n* платное [абонентское] телевидение
Abplattungsfaktor *m* коэффициент «уплощения» (*кривой*)
Abpumpen *n* откачка

ABP

Abpumpsystem *n* откачная система
Abrasterbewegung *f* перемещение (луча) по растру
Abrastern *n* 1. развёртка по растру 2. сканирование растра
~, **mäanderförmiges** серпантинное [меандровое] сканирование растра
Abrechnungscomputer *m* бухгалтерская ВМ; калькулятор
Abreicherung *f пп* обеднение; истощение
Abreicherungstyp *m* FET полевой транзистор, работающий в режиме обеднения
Abreißdiode *f* диод с накоплением заряда, ДНЗ
Abreißen *n* 1. срыв (*колебаний*) 2. обрыв (*цепи*); разрыв (*напр. контактов*) 3. отпадание (*якоря реле*)
Abreißfeder *f* оттягивающая пружина (*реле*)
Abreißfrequenz *f* частота срыва (*колебаний*)
Abreißgebiet *n* 1. область срыва (*колебаний*) 2. область разрыва (*кривой*)
Abreißpunkt *m* 1. точка срыва (*колебаний*) 2. точка разрыва (*кривой*)
Abriegelung *f* 1. блокировка 2. запирание; отсечка
Abriegelungsspannung *f* напряжение запирания или отсечки
Abrollen *n* размотка (*напр. кабеля*)
Abrückschiene *f вчт* шина сброса
Abrückung *f вчт* сброс (*показаний*)
Abruf *m* 1. *тлф* вызов 2. *вчт* запрос 3. *вчт* требование 4. вывод информации 5. обращение (*к ЗУ*) 6. *вчт* вызов; выборка 7. переход к подпрограмме 8. *изм.*, *вчт* опрос
Abrufbetrieb *m* 1. режим выборки (данных) 2. режим опроса
Abrufdatei *f* справочный файл
Abrufdienst *m* служба запроса; система с запросом
Abruffolge *f* 1. вызывающая последовательность 2. последовательность опроса (*напр. терминалов*)
Abrufimpuls *m* импульс опроса
Abrufliste *f вчт* опросный список, список опроса
Abrufprogramm *n* 1. программа обращения 2. программа опроса
Abrufrangschema *n* схема приоритетного опроса
Abrufschutzbit *n* бит защиты от несанкционированного доступа
Abrufunterbrechung *f* прерывание по сигналу вызова
Abrufzeichen *n* 1. сигнал вызова 2. сигнал опроса
Abrufzyklus *m* 1. цикл выборки 2. цикл опроса
Abrundungsfehler *m* ошибка округления
abrupt резкий (*напр. переход*)
Abrutschen *n* дрейф; сползание (*о регулируемой величине*)
Absättigung *f* насыщение; насыщенность
Absatzregelung *f* ступенчатое регулирование
Absatzsender *m* передатчик, работающий на гармонике задающего генератора
Absatztransformator *m* трансформатор с отводами
Absaugeeinrichtung *f* 1. вакуумная система 2. вакуумный присос 3. вытяжное устройство
Absaugelektrode *f* отсасывающий электрод

ABS

Absaugfeld *n* отсасывающее поле
Absaugung *f* отсасывание, отсос
Abschaltbefehl *m* команда отключения
Abschaltbestätigung *f* подтверждение отключения
Abschaltkontakt *m* размыкающий контакт
Abschaltpause *f* время [продолжительность] отключения
Abschaltrelais *n* размыкающее реле
Abschaltspannung *f* напряжение размыкания [отключения]
Abschaltstellung *f* положение выключения; положение «выключено»
Abschaltstrom *m* ток отключения
Abschalttaste *f* клавиша [кнопка] выключения
Abschaltthyristor *m* тиристор размыкания
Abschaltung *f* 1. выключение, отключение, размыкание 2. *вчт* останов
~, **automatische** автостоп
~, **unterbrechungslose** отключение без разъединения цепи
AB-Schaltung *f* схема, работающая в режиме AB
Abschaltverluste *m pl* потери выключения
Abschaltverzögerung *f* задержка выключения [отключения]
Abschaltzeit *f см.* Abschaltpause
Abschattierung *f см.* Abschattung 2.
Abschattung *f* 1. затенение краёв или углов 2. *тлв* неравномерность по полю
Abschätzung *f* оценка (*напр. алгоритмическая*)
Abscheider *m* ловушка (*паров рабочей жидкости диффузионного насоса*); сепаратор; отделитель
Abscheiderate *f* скорость осаждения
Abscheidung *f* 1. осаждение 2. сепарация; отделение
~ **durch Ionenstrahl** ионно-лучевое осаждение
~ **durch thermische Zersetzung** пиролитическое осаждение
~, **elektrolytische** электролитическое осаждение
~, **epitaktische** [**epitaxiale**] эпитаксиальное осаждение
~, **heteroepitaxiale** гетероэпитаксиальное осаждение
~, **pyrolytische** пиролитическое осаждение
~, **selektive** избирательное осаждение
Abscheidungskoeffizient *m* коэффициент сепарации (*примесей в процессе зонной очистки*)
Abscheidungspotential *n* потенциал осаждения
Abscheidungsrate *f* скорость осаждения
Abscheidungsstoff *m* осаждаемый материал
Abscheidungszyklus *m* цикл осаждения
Abschichten *n* отслаивание
Abschirmbecher *m* экранирующий стакан
Abschirmblende *f* экранирующая диафрагма
Abschirmbox *f* экранирующий кожух
Abschirmdublett *n* дублет экранирования; двойной экран (*магнитный и статический*)
Abschirmebene *f* экранирующая поверхность
Abschirmen *n* экранирование
Abschirmfaktor *m* коэффициент экранирования
Abschirmflügel *m* экранирующий лепесток
Abschirmgitter *n* 1. экранирующая решётка 2. экранирующая сетка
Abschirmhülle *f* экранирующая оболочка

Abschirmkappe f 1. *тлв* металлический конусный экран цветного кинескопа 2. экранирующий колпак
Abschirmkonstante f постоянная экранирования
Abschirmkorrektion f, **Abschirmkorrektur** f поправка на экранирование
Abschirmrohrleitung f экранированная коаксиальная линия
Abschirmtopf m экранирующий стакан
Abschirmung f 1. экранирование 2. экран; защита
~, **akustische** акустический экран
Abschirmwand f экранирующая стенка, экранирующая перегородка
Abschirmzylinder m цилиндрический экран
Abschleifen n 1. шлифование; обтачивание (*контактного острия зонда*) 2. истирание (*фотошаблона*)
abschließen 1. замыкать; закорачивать 2. подключать нагрузку, нагружать 3. завершать; заканчивать 4. герметизировать; уплотнять □ **dicht** ~ герметизировать
Abschluß m 1. замыкание; закорачивание 2. (оконечная) нагрузка 3. затвор (*напр. вакуумной установки*) 4. завершение; окончание (*напр. процесса*) 5. закрытие (*напр. файла*) 6. герметизация; уплотнение
~, **angepaßter** согласованная нагрузка
~ **einer Datei** закрытие файла
~ **elektronischer Bauelemente** герметизация электронных элементов
~, **hermetischer** герметизация
~, **luftdichter** вакуум-плотный затвор
~, **ohmscher** активная нагрузка
~, **reflex(ions)freier** согласованная нагрузка
~, **vorderer** входная нагрузка
Abschlußband n *зап.* конечный ракорд
Abschlußbedingung f условие согласования нагрузки
Abschlußbelastung f оконечная нагрузка
Abschlußelement n элемент нагрузки (*напр. линии*)
Abschlußfehler m 1. ошибка в подключении нагрузки 2. ошибочное замыкание
Abschlußgerät n 1. оконечное устройство 2. измерительный преобразователь, датчик
Abschlußglas n защитное стекло
Abschlußimpedanz f полное сопротивление нагрузки
Abschlußkappe f 1. защитный [концевой] колпачок 2. (свинцовый) стакан (*для закрытия конца неразделанного кабеля*)
Abschlußknoten m *вчт* конечный узел
Abschlußkondensator m нагрузочный конденсатор
Abschlußleitwert m проводимость нагрузки
Abschlußplatte f 1. крышка 2. замыкающая пластина
Abschlußlinie f оконечная линия
Abschlußprüfung f сдаточные испытания
Abschlußscheinwiderstand m *см.* **Abschlußimpedanz**
Abschlußschieber m 1. короткозамыкающий ползунок 2. затвор; вентиль (*напр. вакуумной установки*) 3. заслонка
Abschlußsignal n сигнал окончания связи
Abschlußspülen n *микр.* финишная промывка
Abschlußstecker m замыкающий штекер

Abschlußwiderstand m сопротивление нагрузки
~, **(erd)symmetrischer** симметричная нагрузка
Abschmelzstrom m ток оплавления (*напр. предохранителя*)
Abschmelzung f 1. оплавление; расплавление 2. отпайка (*напр. лампы*) 3. герметизация; заливка (*корпуса*)
Abschmirgeln n зачистка (*контактов*) наждачной бумагой
Abschneidediode f ограничительный диод
Abschneidefehler m pl ошибки квантования
Abschneidefrequenz f 1. граничная частота (*полосы пропускания*) 2. частота среза (*фильтра*) 3. частота отсечки
Abschneidehöhe f уровень ограничения
abschneiden 1. срезать; отсекать 2. ограничивать 3. квантовать (*разрезать аналоговый сигнал на дискретные уровни*)
Abschneidepegel m уровень ограничения
Abschneideschaltung f схема ограничения
Abschneidespannung f 1. напряжение ограничения 2. напряжение отсечки
Abschneidestufe f каскад ограничения, ограничитель
Abschneideverstärker m усилитель-ограничитель
Abschneidewellenlänge f критическая длина волны (*волновода*)
Abschneidewinkel m угол отсечки
Abschnitt m 1. отрезок; участок 2. *мат.* отрезок; сегмент 3. зона (*на МЛ*) 4. секция, часть
Abschnittsetikett n, **Abschnittsmarke** f разделительная метка
Abschnittsname m *вчт* имя секции
Abschnittsprüfzeile f испытательная строка, вводимая на участке тракта (*после прохождения участка сигнал испытательной строки гасится*)
abschnüren 1. отсекать 2. сжимать (*плазменный шнур*) □ ~ **den Kanal drainseitig** отсечь канал со стороны стока
Abschnürpunkt m точка отсечки
Abschnürspannung f напряжение отсечки
abschrägen, sich скашиваться (*о стенках окон в оксиде*)
Abschrägung f 1. перекос (*вершины импульса*) 2. сужение; скос
Abschrägungskontur f очертание [контур] скоса (*профиля поверхности ИС*)
Abschrecken n 1. закалка 2. термоудар
Abschwächer m 1. аттенюатор, ослабитель 2. (фотографический) ослабитель 3. модулятор экспозиций
~, **fester** нерегулируемый аттенюатор
~ **mit vier Einstellungen** четырёхпозиционный аттенюатор
~, **verlustfreier** реактивный аттенюатор
~, **zweiteiliger** двухсекционный аттенюатор
Abschwächung f ослабление (*помех, шумов*); уменьшение (*сигнала*)
Abschwächungswiderstand m демпфирующий резистор
Abschwellen n *см.* **Absenkung**
Absenkung f 1. спад, спадание (*характеристики*); понижение (*напр. уровня сигнала*) 2. ответвление 3. *зап.* выпадение

~ **der Tiefen** спад в области низких частот
Absenkungswinkel *m* угол наклона (*напр. антенны*)
Absetzen *n* 1. осаждение 2. сброс (*информации*) 3. отключение, останов (*машины*)
Absetzgeschwindigkeit *f* скорость осаждения
Absicherung *f* 1. защита; предохранение 2. блокировка
Absiebung *f* фильтрация
Absinken *n* см. **Absenkung**
Absolutassembler *m* абсолютный ассемблер
Absolutkode *m* абсолютный код, программа в абсолютных адресах
Absolutlader *m* абсолютный загрузчик, загрузчик программы в абсолютных адресах
Absolutwertanzeige *f* показание абсолютной величины *или* абсолютного значения
Absolutwertgeber *m* измерительный преобразователь абсолютных значений, датчик абсолютных значений
Absolutwertrechner *m* ЭВМ, работающая с полными величинами (*не с приращениями*)
Absonderung *f* 1. выделение; отделение 2. *яд. физ.* вырывание; отрывание
Absorber *m* 1. поглотитель 2. эквивалент согласованной нагрузки
~, **akustischer** звукопоглотитель
~, **breitbandiger** широкополосный поглотитель
~, **selektiver** селективный поглотитель
~, **viertelwellenlanger** четвертьволновый поглотитель
Absorbermetall *n* металл-поглотитель
Absorberschicht *f* поглощающий слой
Absorberstruktur *f* структура поглотителя
Absorberwiderstand *m* сопротивление поглотителя
Absorbierung *f*, **Absorption** *f* абсорбция, (объёмное) поглощение
~, **akustische** звукопоглощение
~, **atmosphärische** атмосферное поглощение
~ **durch Fotoeffekt** фотоэлектрическое поглощение
~ **durch freie Ladungsträger** поглощение свободными носителями
~ **durch Gitterstörstellen** поглощение на дефектах (кристаллической) решётки
~ **durch Störstellen** поглощение примесными центрами
~, **gittereigene** внутреннее поглощение кристаллической решётки
~, **modenabhängige** модоселективное поглощение
~, **troposphärische** тропосферное поглощение
~, **zyklotronische** циклотронное поглощение
Absorptionsbande *f* полоса поглощения (*спектра*)
~, **atmosphärische** полоса атмосферного поглощения
absorptionsbedingt обусловленный поглощением
Absorptionsbelag *m* поглощающее покрытие
Absorptionsbereich *m* область [зона] поглощения
Absorptionsdämpfung *f* затухание вследствие поглощения
Absorptionsfähigkeit *f* поглощающая способность
Absorptionsfalle *f* фильтр-ловушка

Absorptionsfilter *n* 1. поглощающий фильтр 2. абсорбционный светофильтр
Absorptionsfläche *f* поглощающая поверхность (*антенны*)
Absorptionsfrequenz *f* частота (линии) поглощения
Absorptionsfrequenzmesser *m* абсорбционный частотомер
Absorptionsgrad *m* показатель поглощения
Absorptionshologramm *n* амплитудная голограмма
Absorptionsindex *m* показатель поглощения
Absorptionskante *f* край [граница] поглощения
Absorptionskoeffizient *m* коэффициент поглощения
~ **der Masse** коэффициент объёмного поглощения
Absorptionskonstante *f* постоянная поглощения
Absorptionskreis *m* отсасывающий контур
Absorptionskurve *f* кривая поглощения
Absorptionslänge *f* 1. глубина поглощения 2. диапазон (частот) поглощения
Absorptionsleistungsmesser *m* абсорбционный измеритель мощности
Absorptionslichtfilter *n* абсорбционный светофильтр
Absorptionsmarke *f микр.* поглощающий маркерный знак
Absorptionsmessung *f* абсорбциометрия
Absorptionsmodulation *f* модуляция поглощением
Absorptionsrate *f* интенсивность поглощения
Absorptionsregelung *f* 1. регулирование поглощения 2. модуляция поглощением
Absorptionsschicht *f* поглощающий слой
Absorptionsschirm *m* поглощающий экран
Absorptionsschwund *m* абсорбционное замирание
Absorptionsspektralfotometer *n* абсорбционный спектрофотометр
Absorptionsspektroskopie *f* абсорбционная спектроскопия
Absorptionsspektrum *n* спектр поглощения
Absorptionssprung *m* скачок поглощения
Absorptionsstreifen *m* полоса поглощения
Absorptionsstrom *m* ток поглощения
Absorptionstiefe *f* глубина поглощения
Absorptionsverluste *m pl* потери на поглощение
Absorptionsvermögen *n* поглощающая способность
Absorptionsvolumenhologramm *n* амплитудная трёхмерная голограмма
Absorptionsweglänge *f* длина (участка) поглощения
Absorptionswellenmesser *m* абсорбционный волномер
Absorptionszentrum *n* центр поглощения
Abspaltung *f* отщепление; расщепление
Abspaltungsreaktion *f* реакция отщепления
Abspanner *m* понижающий трансформатор
Abspannmast *m* мачта с оттяжками
Abspanntransformator *m* понижающий трансформатор
Abspannseil *n* оттяжка (*антенны*)
Abspannung *f* 1. понижение напряжения 2. натяжение, анкеровка (*троса*) 3. оттяжка (*антенны*)

Abspeicherbefehl *m* команда обращения к памяти
Abspeichern *n*, **Abspeicherung** *f* запоминание, хранение; накопление
Absperrbereich *m* полоса задерживания (*фильтра*)
Absperren *n* запирание; блокировка, блокирование; заграждение; задерживание
Absperrglied *n* блокирующий элемент
Absperrkreis *m* заградительный контур
Absperrvorrichtung *f* блокирующее устройство
abspiegeln отражать (*напр. сигнал*)
Abspiegelungssignal *n* отражённый сигнал
Abspiel-Bezugsstrahl *m* гол. восстанавливающий опорный пучок
Abspieldose *f* звукосниматель
Abspieleinrichtung *f* (электро)проигрывающее устройство
Abspielen *n* воспроизведение (*записи*); проигрывание (*пластинок*)
Abspielfolge *f* последовательность воспроизведения
Abspielgerät *n* 1. (электро)проигрывающее устройство 2. воспроизводящий (видео)магнитофон
Abspielgeschwindigkeit *f* скорость воспроизведения
Abspielkopf *m* зап. 1. головка воспроизведения 2. головка звукоснимателя
Abspielnadel *f* игла звукоснимателя
Abspielstrahl *m* гол. 1. воспроизводящий пучок 2. восстанавливающий пучок
Abspieltonkopf *m* головка звукоснимателя
Absplitterung *f* микр. скалывание, откалывание
Abspringen *n* 1. отскакивание, отслаивание (*напр. контактных площадок*) 2. подъём (*напр. тонарма*)
abspulen 1. разматывать; сматывать 2. вчт разворачивать (*программный цикл*)
Abstand *m* 1. расстояние 2. интервал; промежуток; зазор
~ **der Anschlüsse** микр. шаг выводов (*корпуса*)
~ **der Belichtungen** интервал между экспозициями (*в фотоповторителе*)
~, **energetischer** энергетический интервал
~, **genormter** 1. нормированное расстояние 2. стандартный шаг
~, **kleinster aufgelöster** минимальное разрешаемое расстояние
~ **des Nutzpegels zum Grundgeräusch** отношение сигнал/шум, относительный уровень помехи
Abstand-Azimut-Auflösung *f* рлк разрешающая способность по азимуту и дальности
Abstandsauflösung *f* рлк разрешающая способность по дальности
Abstandsbelichtung *f* микр. бесконтактное экспонирование; бесконтактная печать; экспонирование *или* печать с зазором
Abstandsbelichtungsanlage *f* установка бесконтактного экспонирования
Abstandsbelichtungsverfahren *n* метод бесконтактного экспонирования *или* бесконтактной печати
Abstandsbestimmungsgerät *n* дальномер
Abstandsbit *n* разделительный бит
Abstandsfehler *m* ошибка в величине шага (*напр. строки*)

Abstandsgebung *f* измерение дальности
Abstandshalter *m* 1. распорка (*антенны*) 2. разделитель, сепаратор (*в аккумуляторе*)
Abstandsisolator *m* опорный изолятор
Abstandsjustier- und Belichtungsanlage *f* установка бесконтактного совмещения и экспонирования
Abstandskopierverfahren *n* метод бесконтактной печати
Abstandsmatrix *f* матрица расстояний (*в устройствах распозвизкф0*
Abstandsmeßverfahren *n* 1. метод бесконтактных измерений 2. метод измерения дальности
Abstandsregler *m* регулятор дистанции безопасности (*в дорожном движении*)
Abstandsring *m* 1. ограничительное кольцо (*микрофона*) 2. дистанционное кольцо
Abstandssäule *f* рлк дистанционная отметка
Abstandsschicht *f* разделительный слой
Abstandsschirm *m* экран индикатора А-типа
Abstandsspalt *m* микрозазор (*в фотолитографии*)
Abstandsunterscheidung *f* рлк разрешающая способность по дальности
Abstandsverhältnis *n* относительное расстояние наблюдения (*отношение расстояния наблюдения к высоте изображения*)
Abstandsverfahren *n* бесконтактный метод (*фотолитографии*)
Abstandsverluste *m pl* зап. контактные потери (*воспроизведения*)
Abstandswarnung *f* предупреждение о возможности столкновения
Abstandszeichen *n* 1. сигнал паузы 2. рлк метка дальности
Absteifung *f* 1. проф. ужесточение конструкции 2. опора; основание
absteigend убывающий; снижающийся; нисходящий
Abstellen *n* 1. остановка; отключение 2. вчт останов
Abstelltaste *f* вчт кнопка останова
Abstiegzeit *f* время [период] спада
Abstimm... см. тж **Abstimmungs...**
Abstimmaggregat *n* блок настройки
Abstimmänderung *f* расстройка, уход [изменение] настройки
Abstimmanordnung *f* блок настройки
Abstimmantenne *f* настраиваемая антенна
Abstimmanzeiger *m* индикатор настройки
Abstimmanzeigerröhre *f* электронно-световой индикатор настройки
Abstimmautomatik *f* автоматика настройки
abstimmbar настраиваемый
Abstimmbereich *m* диапазон настройки
Abstimmbügel *m* шлейф настройки
Abstimmdiode *f* параметрический диод
Abstimmeinheit *f* блок настройки
Abstimmelement *n* элемент настройки
abstimmen настраивать □ ~, **Widerstandswerte mit einem Laserstrahl** подгонять резисторы лазером
Abstimmfehler *m* 1. погрешность настройки 2. цветовые искажения, обусловленные неправильным подбором светофильтров

Abstimmfilter *n* корректирующий (цветной) светофильтр
Abstimmfrequenz *f* частота настройки
Abstimmglimmröhre *f* неоновый индикатор настройки
Abstimmgriff *m* ручка настройки
Abstimmhohlraum *m* настраиваемый объёмный резонатор
Abstimmkennlinie *f* характеристика настройки
Abstimmkern *m* настроечный сердечник
Abstimmkolben *m* поршень настройки
Abstimmkorrektur *f* коррекция настройки, подстройка
Abstimmkreis *m* контур настройки
Abstimmkurve *f* кривая [характеристика] настройки
Abstimmlänge *f* 1. резонансная длина 2. длина настраиваемого участка (*линии*)
Abstimmleitung *f* настраиваемая линия
Abstimmpunkt *m* точка настройки
Abstimmschalter *m* переключатель настройки
Abstimmschaltung *f*, **resistive** резистивная схема настройки
Abstimmschärfe *f* острота настройки
Abstimmschieber *m* настраивающий ползунок
Abstimmschleife *f* настроечный шлейф
Abstimmschraube *f* настроечный винт
Abstimmsichtanzeiger *m* визуальный индикатор настройки
Abstimmspruch *m* условная группа слов, передаваемая для настройки
Abstimmsteilheit *f* крутизна (кривой) настройки
Abstimmstift *m* настраивающий штырь
Abstimmsystem *n* система настройки
~, **digitales** цифровая система настройки
Abstimmteil *m* блок настройки
Abstimmton *m* эталонный (звуковой) тон для настройки
Abstimmtrennschärfe *f* острота настройки
Abstimmtrieb *m* привод настройки
Abstimmung *f* 1. настройка 2. согласование (*напр. цветов*)
~, **angenäherte** грубая настройка
~ **der drei Primärfarben** согласование трёх основных цветов
~, **feine** точная настройка
~, **flache** тупая настройка
~, **gespreizte** растянутая настройка
~, **gestaffelte** ступенчатая настройка
~, **scharfe** точная настройка
~, **stetige** фиксированная настройка
~, **stufenlose** плавная настройка
~, **unscharfe** грубая настройка
~, **versetzte** ступенчатая настройка
Abstimmungs... *см. тж* **Abstimm...**
Abstimmungsgrad *m* деление шкалы настройки
Abstimmungskreuz *n* (теневой) крест на индикаторе настройки
Abstimmungsverhältnis *n* передаточное число верньерного устройства
Abstimmungszünder *m* радиолокационный взрыватель
Abstimmwähler *m* искатель [селектор] настройки
Abstimmzeichen *n* сигнал настройки
Abstoßung *f* отталкивание

Abstoßungspotential *n* потенциал отталкивания
Abstrahl *m* 1. излучённый (антенной) луч 2. отражённый луч
Abstrahl... *см. тж* **Abstrahlungs...**
Abstrahlcharakteristik *f* характеристика излучения
Abstrahlen *n* 1. излучение 2. пескоструйная обработка; пескоструйная очистка
Abstrahlfläche *f* излучающая поверхность
Abstrahlkennlinie *f* характеристика излучения
Abstrahlung *f* излучение
~, **bandverschobene** излучение вне заданной полосы частот; побочное излучение
Abstrahlungs... *см. тж* **Abstrahl...**
Abstrahlungsbreite *f* (угловая) ширина излучения
Abstrahlungsschutz *m* защита от излучения
Abstrahlungsverhältnis *n* коэффициент направленного действия антенны, КНД
Abstrahlungsverluste *m pl* потери на излучение
Abstrahlwinkel *m* угол излучения
abstreifen 1. считывать (*лучом*) 2. зачищать (*концы проводов*)
Abstreuwinkel *m* угол рассеяния
Abströmen *n* 1. стекание (*заряда*) 2. утечка (*тока*)
Abstufung *f* 1. градация (*напр. яркостей*) 2. ступень 3. оттенок
Abstufungssteuerungsprinzip *n* принцип иерархичности управления
Abstumpfung *f* притупление (*напр. резонансной кривой*)
Absturz *m* срез (*напр. частотной характеристики*)
Abstützung *f* опора
Absuchen *n* 1. *рлк* поиск, обзор, сканирование 2. *вчт* поиск (данных)
Absuchenverluste *m pl вчт* потери на поиск
Absuchspiegel *m* сканирующее зеркало
Abtast... *см. тж* **Abtastungs...**
Abtastanalogfilter *n* 1. аналоговый фильтр выборочных значений 2. *см.* **Abtastfilter**
Abtastantriebssystem *n* система управления сканированием (*электронно-лучевой установки*)
Abtastauflöser *m* каскад запуска развёртки
Abtastbefehl *m* команда считывания
Abtastbereich *m* область сканирования
Abtastbewegung *f* 1. развёртка; сканирование 2. поиск
Abtastblende *f* развёртывающая диафрагма
Abtastbündel *n* 1. *рлк* сканирующий луч 2. *тлв* считывающий пучок
Abtastbürste *f* считывающая щётка
Abtastdauer *f* 1. длительность сканирования 2. длительность считывания
Abtastdichte *f* плотность считывания
Abtastdose *f* 1. головка воспроизведения 2. звукосниматель 3. (измерительный) щуп
Abtasteinrichtung *f см.* **Abtaster**
Abtastelektronenmikroskop *n* растровый [сканирующий] электронный микроскоп, РЭМ
Abtastelektronenstrahl *m* развёртывающий электронный луч
Abtastelement *n тлв* развёртывающий элемент
abtasten 1. *тлв* развёртывать; сканировать (*напр. киноплёнку*) 2. *тлв* анализировать, разлагать (*изображение*) 3. *рлк* сканировать 4.

вчт считывать; опрашивать **5.** *зап.* воспроизводить **6.** дискретизировать, выбирать дискретные значения **7.** *тлм* опрашивать (*в системах обегающего контроля*) **8.** опробовать; зондировать **9.** *тлф* избирать; искать

Abtaster *m* **1.** *твл* развёртывающее устройство; сканирующее устройство, сканер **2.** *рлк* сканирующее устройство **3.** *вчт* считывающее *или* опрашивающее устройство **4.** *зап.* головка воспроизведения **5.** дискретизатор **6.** *тлм* опрашивающее устройство **7.** зонд; щуп

~, **berührungsloser** бесконтактное считывающее устройство

~ **für Meßwerterfassung** датчик измеряемых значений

~, **optischer** оптическое сканирующее устройство

Abtasterkapazität *f* **1.** ёмкость головки воспроизведения **2.** ёмкость зонда *или* щупа

Abtasterrückwirkung *f* реакция зонда

Abtastfähigkeit *f* *зап.* способность следования (*воспроизводящей иглы*)

Abtastfehler *m* **1.** *вчт* ошибка считывания **2.** *зап.* погрешность воспроизведения **3.** ошибка (при) дискретизации

Abtastfeinheit *f* плотность (линии) развёртки

Abtastfeld *n* **1.** *твл* поле развёртки **2.** *рлк* зона обзора

Abtastfenster *n* см. **Abtastöffnung**

Abtastfilter *n* **1.** (аналоговый) фильтр (устройства) считывания **2.** формирующий фильтр, постфильтр (*включается после ЦАП*)

Abtastfläche *f* **1.** *твл* площадь развёртки **2.** *рлк* сканируемая площадь **3.** площадь читающего штриха (*в кинотехнике*)

Abtastfleck *m* развёртывающий элемент, развёртывающее пятно (*при телевизионном анализе*)

Abtastfolge *f* **1.** *твл* последовательность развёртки [разложения] (*изображения*) **2.** *вчт* последовательность считывания *или* опроса **3.** *тлм* последовательность опроса

Abtastformat *n* **1.** формат растра **2.** структура дискретизации

Abtastfrequenz *f* **1.** *твл* частота развёртки **2.** частота дискретизации **3.** *вчт, тлм* частота опроса

~, **halbe** половинная частота дискретизации

~, **theoretische** теоретическая частота дискретизации, частота Найквиста

Abtastfühler *m* считывающий щуп

Abtastgamma *n* гамма телевизионного датчика

Abtastgatter *n* **1.** устройство дискретизации **2.** стробирующая схема

Abtastgenerator *m* генератор развёртки

Abtastgerät *n* см. **Abtaster**

Abtastgeschwindigkeit *f* **1.** скорость развёртки (*изображения*) **2.** скорость воспроизведения (*записи*) **3.** скорость считывания (*информации*)

Abtastglied *n* **1.** устройство дискретизации **2.** зонд; щуп

Abtast-Halte-Betriebsweise *f* операция выборки и хранения

Abtast-Halteglied *n* устройство выборки и хранения, УВХ

Abtast-Halte-Schaltung *f* схема выборки и хранения; устройство выборки и хранения, УВХ

Abtastimpuls *m* **1.** *твл* импульс развёртки **2.** *рлк* зондирующий импульс **3.** *вчт* считывающий *или* опрашивающий импульс **4.** дискретизирующий импульс **5.** *тлм* опрашивающий импульс

Abtastintervall *n* **1.** интервал дискретизации **2.** *вчт, тлм* интервал между опросами

Abtastkopf *m* **1.** *вчт* головка считывания **2.** *зап.* головка воспроизведения

~, **kapazitiver** ёмкостная головка воспроизведения

~, **magnetischer** магнитная головка воспроизведения

~, **piezoelektrischer** пьезоэлектрическая головка воспроизведения

Abtastkreis *m* **1.** *твл* цепь развёртки **2.** *вчт* цепь считывания

Abtastlichtfleck *m* сканирующее световое пятно

Abtastlichtstrahl *m* **1.** *твл* бегущий световой луч **2.** считывающий световой пучок

Abtastlinearität *f* линейность развёртки

Abtastlinie *f* линия развёртки

Abtastloch *n* см. **Abtastöffnung**

Abtastmatrix *f* **1.** *мат.* матрица выборки **2.** считываемая матрица

Abtastmethode *f* **1.** метод развёртки (*изображения*) **2.** метод сканирования

Abtastmikroskop *n* растровый микроскоп

Abtastmoment *n* **1.** *вчт* момент считывания *или* опроса **2.** момент (взятия) отсчёта (*при дискретизации*) **3.** *тлм* момент опроса

Abtastnadel *f* *зап.* воспроизводящая игла

~, **elliptische** эллиптическая воспроизводящая игла

Abtastnorm *f* **1.** *твл* стандарт (разложения) **2.** стандарт дискретизации

Abtastobjekt *n* зондируемый объект

Abtastöffnung *f* развёртывающая апертура

Abtastoptik *f* **1.** оптическая система развёртывающего устройства **2.** растровая оптика

Abtastoszillograf *m* стробоскопический осциллограф

Abtastpause *f* интервал дискретизации

Abtastperiode *f* **1.** *твл* период развёртки **2.** *вчт* период считывания *или* опроса **3.** период дискретизации **4.** *тлм* период опроса

Abtastprobe *f* **1.** отсчёт; выборка **2.** дискретный отсчёт

Abtastpunkt *m* **1.** сканирующее пятно **2.** считывающее пятно

Abtastraster *m* **1.** растр развёртки **2.** структура дискретизации

Abtastrate *f* **1.** *твл* частота развёртки **2.** *рлк* частота сканирования **3.** частота (взятия) отсчётов, частота дискретизации **3.** *вчт, тлм* частота опроса

Abtastrateänderung *f* передискретизация, изменение частоты дискретизации

Abtastratekonversion *f* преобразование частоты дискретизации

Abtastrichtung *f* **1.** направление развёртки **2.** направление сканирования **3.** направление считывания

Abtaströhre f 1. телевизионная передающая трубка 2. трубка бегущего пятна [бегущего луча] 3. *зап.* воспроизводящая лампа
~ **für Lichtpunktabtaster** трубка бегущего пятна [бегущего луча]
~, **speichernde** передающая трубка с накоплением зарядов
Abtastschaltung f 1. *тлв* схема развёртки 2. *вчт* схема считывания 3. схема дискретизации, дискретизатор
Abtastschlitz m развёртывающая щель
Abtastschritt m 1. шаг развёртки 2. шаг считывания 3. шаг дискретизации
abtastseitig со стороны считывания (*световым пучком*)
Abtastsignal n 1. сигнал считывания 2. дискретизованный сигнал
Abtastsonde f считывающий зонд; измерительный зонд
Abtastspalt m 1. (механическая) щель читающей оптики 2. рабочий зазор (*магнитной головки*)
Abtastspaltbreite f 1. ширина (механической) щели читающей оптики 2. ширина рабочего зазора (*магнитной головки*)
Abtastspannung f напряжение развёртки
Abtastspiegel m сканирующее зеркало
Abtastspule f 1. отклоняющая катушка 2. обмотка считывания
Abtaststandard m *см.* **Abtastnorm**
Abtaststelle f точк [место] съёма (*информации*)
Abtaststift m считывающий штифт
Abtaststrahl m 1. развёртывающий луч 2. сканирующий луч 3. считывающий луч 4. считывающий световой пучок
Abtaststrom m 1. *тлв* ток развёртки 2. *вчт* ток считывания
Abtaststruktur f *тлв* структура отсчётов изображения; структура дискретизации
~, **feststehende** неподвижная структура отсчётов изображения
Abtastsystem n 1. *тлв* система развёртки 2. система анализа [разложения] изображения 3. *рлк* система сканирования 4. *вчт* система считывания *или* опроса 5. *зап.* система воспроизведения 6. система дискретизации 7. *тлм* система опроса
~, **magnetische** магнитная система воспроизведения
~, **optoelektronische** оптическая система воспроизведения
Abtasttakt m период дискретизации
Abtastteil m 1. секция считывания (*с мишени ЭЛП*) 2. экранный узел (*ЭОП*)
Abtasttheorem n теорема отсчётов, теорема Котельникова
Abtasttisch m стол сканирования (*в электронно-лучевой установке*)
Abtasttor n считывающий кольцевой сердечник
Abtast- und Halteglied n *см.* **Abtast-Halteglied**
Abtast- und Halteschaltung f *см.* **Abtast-Halte-Schaltung**
Abtastung f 1. *тлв* развёртка; сканирование (*киноплёнки*) 2. *тлв* анализ, разложение (*изображения*) 3. *рлк* сканирование; обзор (*пространства*) 4. *вчт* считывание; опрос 5. *зап.* воспроизведение 6. дискретизация, выборка дискретных значений 7. *тлм* опрос (*в системах обегающего контроля*) 8. опробование; зондирование 9. *тлф* избирание; искание
~, **berührende** 1. *вчт* контактное считывание 2. *зап.* контактное воспроизведение
~, **berührungslose** 1. *вчт* бесконтактное считывание 2. *зап.* бесконтактное воспроизведение
~, **doppelte** 1. двойное сканирование 2. двукратное [повторное] считывание
~, **einmalige** ждущая [однократная] развёртка
~, **elektrische** 1. *тлв* электронное сканирование 2. *вчт* электрическое считывание 3. воспроизведение с электрическим звукоснимателем
~, **elektrostatische** 1. *вчт* электростатическое считывание 2. воспроизведение с электрическим звукоснимателем
~ **des Fernsehfilm(e)s** телекинопередача
~, **fortlaufende** построчная развёртка
~, **fotoelektrische** воспроизведение с фотоэлектрическим звукоснимателем
~, **gleichmäßige** равномерная дискретизация
~ **im Rasterfolgeverfahren** разложение с последовательной передачей цветов по полям
~ **im Zeilensprung** чересстрочная развёртка
~, **indirekte** развёртка бегущим лучом
~, **integrierende** считывание с накапливанием (сигнала)
~, **kegelförmige** коническое сканирование
~, **kompensierte** корректированная [компенсированная] развёртка
~, **konische** коническое сканирование
~, **kontinuierliche** непрерывная развёртка
~, **kreisförmige** круговая развёртка
~, **magnetische** магнитное считывание
~ **der Meßstellen** опрос контролируемых точек
~ **mit bewegter Rasterblende** развёртка перемещением разлагающей диафрагмы
~ **mit Geschwindigkeitsmodulation** развёртка с переменной скоростью
~, **optische** оптическое считывание
~, **orthogonale** *см.* **Abtastung, rechteckige**
~, **piezoelektrische** воспроизведение с пьезоэлектрическим звукоснимателем
~, **punktweise** поэлементная развёртка
~, **rasterförmige** растровая развёртка
~, **räumliche** пространственное сканирование
~, **rechteckige** развёртка, образующая прямоугольный растр
~, **schräge** воспроизведение (записи) наклонной щелью
~, **sekundäre** вторичная дискретизация; субдискретизация
~, **spiralförmige** 1. спиральная развёртка 2. спиральное сканирование
~, **sprunghafte [sprungweise]** чересстрочная развёртка
~, **stetige** непрерывный обзор (*пространства*)
~, **ungleichmäßige** неравномерная дискретизация
~ **der Waferkante zur Vorjustierung** определение ориентации [зондирование] края (полупроводниковой) пластины
~, **zeilenförmige [zeilenweise]** построчная развёртка

Abtastungs... *см. тж* **Abtast...**
Abtastungsanlage *f тлв* развёртывающее устройство; сканирующее устройство, сканер
Abtastverfahren *n* 1. *тлв* метод развёртки 2. *рлк* метод сканирования 3. *вчт* метод считывания 4. *зап.* способ воспроизведения 5. метод дискретизации 6. *тлм* метод опроса
Abtastverstärker *m* 1. усилитель развёртки 2. *вчт* усилитель считывания 3. *зап.* усилитель воспроизведения
Abtastverzögerung *f* задержка развёртки
Abtastvorgang *m* 1. *тлв* процесс развёртки 2. *рлк* процесс сканирования 3. *вчт* процесс считывания 4. *зап.* процесс воспроизведения 5. процесс дискретизации 6. *тлм* процесс опроса
Abtastwert *m* отсчёт, значение отсчёта (*при дискретизации*)
~ **des Bildes** отсчёт изображения
~, **quantisierter** квантованный отсчёт
~, **reproduzierter [wiedergewonnener]** восстановленный отсчёт
Abtastwerte *m pl*, **fortlaufende** последовательные отсчёты
Abtastwinkel *m* 1. *рлк* угол сканирования 2. *зап.* угол воспроизведения
Abtastzeile *f* строка развёртки
Abtastzeit *f* 1. *тлв* длительность развёртки 2. *рлк* время сканирования 3. *вчт* длительность считывания (*информации*) 4. *зап.* длительность воспроизведения 5. апертурное время (*при дискретизации*) 6. *тлм* длительность (цикла) опроса
Abtastzeitpunkt *m* момент (взятия) отсчёта
Abtastzyklus *m* 1. *тлв* период развёртки 2. *вчт* цикл считывания 3. период дискретизации 4. *тлм* цикл опроса
Abteilung *f* разделение; отделение
A/B-Tonsignalbearbeitung *f* симметричная обработка (стерео)сигналов
Abtragungsgeschwindigkeit *f* скорость удаления или снятия (*напр. фоторезиста*)
Abtransformierung *f* понижающее трансформирование
Abtransport *m* выведение, вывод (*напр. носителей заряда*)
Abtrenndiode *f* разделительный диод
Abtrennpegel *m* уровень выделения (*импульсов*)
Abtrennstufe *f* 1. разделительный каскад 2. *тлв* каскад выделения сигнала (*напр. синхронизации*)
Abtrennung *f* 1. отделение; разделение; выделение 2. отсоединение; разъединение 3. отрыв (*напр. электронов*) 4. отсечка
~ **des Synchrongemisches** выделение смеси синхронизирующих импульсов
~, **thermische** термический отрыв (электронов)
Abtrennungsarbeit *f* работа выхода (электрона)
Abtrennungsbegrenzer *m* ограничитель с отсечкой
Abtrift *f* дрейф
Abtriftrate *f* скорость дрейфа
Abtriftwinkel *m* угол дрейфа
Abundanz *f* избыточность (*напр. носителей*)
A-Bus *m* А-шина
A-B-Vergleich *m* сравнение двух сигналов

Abwand(e)lung *f* 1. изменение, вариация 2. вариант
Abwanderung *f* 1. сдвиг, уход 2. смещение; отклонение 3. дрейф; перемещение; миграция
«**Abwarten**»-**Zeitschalter** *m* выключатель с выдержкой времени
Abwärtsfrequenz *f* (рабочая) частота канала связи спутник — Земля
Abwärtskanal *m* канал связи спутник — Земля
Abwärtskompatibilität *f вчт* совместимость сверху вниз
Abwärtskonverter *m*, **digitaler** понижающий предискретизатор, цифро-цифровой преобразователь для уменьшения частоты дискретизации
Abwärtsmischer *m* преобразователь [смеситель] с понижением частоты
Abwärtsreferenz *f вчт* 1. обратная ссылка, ссылка назад 2. обращение к элементу программы, находящемуся сзади (*по ходу выполнения*)
Abwärtsstrecke *f* канал связи спутник — Земля
Abwärtstransformator *m* понижающий трансформатор
Abwärtsumsetzer *m см.* **Abwärtsmischer**
Abwärtsverbindung *f* связь спутник — Земля
Abwärtsverträglichkeit *f вчт* совместимость сверху вниз
Abwärtszähler *m* вычитающий счётчик
Abwehrradar *n* РЛС системы ПВО
Abweichbereich *m* область [диапазон] отклонений
Abweichrichtung *f* направление отклонения
Abweichung *f* 1. отклонение; погрешность; ошибка 2. *рег.* рассогласование, ошибка регулирования 3. девиация 4. уход, сдвиг, смещение 5. *опт.* аберрация
~, **chromatische** хроматическая аберрация
~, **erlaubte** допустимое рассогласование
~, **geschätzte** расчётное отклонение
~, **optische** аберрация оптической системы
~, **positivgehende** положительный уход, уход в сторону больших значений
~, **quadratische** квадратическое отклонение
~, **relative** относительное отклонение
~, **sphärische** сферическая аберрация
~, **zulässige** допустимое отклонение
Abweichungsanzeige *f* индикация отклонения
Abweichungsbereich *m см.* **Abweichbereich**
Abweichungsmesser *m* измеритель отклонения; девиометр
Abweichungssignal *n* 1. сигнал отклонения 2. *рег.* сигнал рассогласования
Abweichungsverstärker *m* усилитель сигнала рассогласования
Abweichungswinkel *m* угол отклонения *или* рассогласования
Abwerfen *n* 1. разъединение; отпускание (*напр. реле*) 2. сбрасывание, сброс (*напр. нагрузки*) 3. передача [сброс] информации (*напр. из одного блока памяти в другой*)
Abwickel *m*, **Abwickeleinheit** *f зап.* подающий узел
Abwickelgestell *n* перемоточный станок
Abwickeln *n* 1. *прогр.* расписывание [детальное описание] операций цикла 2. сматывание (ленты)

Abwickelrolle f 1. подающий ролик 2. сматываемый рулон (*ленты*)
Abwickelspule f *зап.* подающая катушка
Abwickelteller m *зап.* подающий диск
Abwickelwerk n, **Abwickler** m *зап.* подающий узел
Abwicklung f 1. сматывание (*ленты*) 2. *мат.* развёртывание
~ **von Echtzeitaufgaben** выполнение задач в реальном (масштабе) времени
Abwicklungsmischer m *тлв* компоновочный микшер
Abwicklungsprotokoll n протокол управления потоком (*сообщений*)
Abwicklungstisch m пульт формирования (телевизионных) программ
Abwinckelung f:
~ **der Anschlußbeine** изгиб штырьковых выводов (*компонентов*)
~ **des Tonarms** (горизонтальный) угол коррекции головки звукоснимателя
Abwischen n стирание; гашение
Abwischspannung f напряжение стирания
Abwurf m сброс (*нагрузки, показаний*)
Abzählgerät n счётчик
Abzählpeilung f пеленгование путём отсчёта (*импульсов*)
abzapfen ответвлять
Abziehen n 1. оттягивание, вытягивание (*электронов*) 2. снятие (*заряда*) 3. удаление 4. *мат.* вычитание
~ **des Lackrestes** удаление остатков фоторезиста
Abziellinie f линия визирования [наводки]
Abzug m 1. вытягивание (*электронов*) 2. сток (*полевого транзистора*) 3. *мат.* вычет 4. (фото)отпечаток; копия; оттиск
Abzug-Quelle-Abstand m расстояние сток—исток
Abzugselektrode f вывод стока
Abzugsinformation f выводимая (из памяти) информация
Abzugskapazität f ёмкость стока
Abzugskontakt m 1. контакт стока, сток 2. контакт съёма (*сигнала*)
Abzugskontrolle f *вчт* контроль по распечатке; контроль вывода на печать
Abzugskraft f усилие отрыва
Abzugsschrank m вытяжной шкаф
Abzugsspannung f напряжение стока
Abzugsstrom m ток стока
Abzugswiderstand m сопротивление стока
abzuschirmend экранируемый
Abzweig m отвод, ответвление
Abzweigbefehl m *вчт* команда ветвления
Abzweigdose f ответвительная розетка; соединительная коробка
Abzweigen n **eines Zyklus** занятие цикла памяти
Abzweiger m ответвитель
Abzweigfaser f волокно ответвления
Abzweigfilter n разветвляющий фильтр
Abzweigkoppler m направленный ответвитель
Abzweigleitung f ответвительная линия
Abzweignetzwerk n, **Abzweigschaltung** f схема ответвления
Abzweigspule f катушка с отводами

Abzweigstelle f 1. точка разветвления (*цепи*) 2. *вчт* точка ветвления (*программы*)
Abzweigstruktur f структура ответвления
Abzweigstück n ответвитель
Abzweigung f 1. ответвление; разветвление 2. *вчт* ветвление 3. шунт
Abzweigungs... *см.* **Abzweig...**
Abzweigverstärker m *ктв* ответвительный усилитель
Achromasie f ахроматизм
Achse f ось
~, **kristallographische** кристаллографическая ось
~ **leichter Magnetisierung** ось лёгкого намагничивания
~ **schwerer Magnetisierung** ось трудного намагничивания
~, **sechszählige** *крист.* ось симметрии шестого порядка
Achsenebene f осевая плоскость
achsenentfernt внеосевой
Achsenfeld n приосевое поле
achsenfern внеосевой
Achsenkreuz n 1. система прямоугольных координат 2. *опт.* перекрестие
Achsenlager n *изм.* осевая опора
achsennah(e) приосевой; *опт.* параксиальный
Achsenpunkt m *опт.* точка оси
Achsenstrahl m *опт.* параксиальный луч
Achsensymmetrie f осевая [аксиальная] симметрия
Achsensystem n 1. система прямоугольных координат 2. система (кристаллографических) осей
Achsentransformation f 1. *крист.* осевое преобразование 2. преобразование координатных осей
Achsenverschiebung f смещение оси
Achsenwinkel m 1. угол между осями 2. угол с оптической осью
Achsenwinkelapparat m гониометр
Achsleiter m аксиальный провод(ник)
achssymmetrisch осесимметричный
Achszählkreis m цепь (автоматического) подсчёта осей (*железнодорожных вагонов, прошедших по путям*)
Acht-Bit-Byte n восьмиразрядный байт, октет
Achtelementkode m восьмиэлементный код
Achter m 1. спаренные четырёхполюсники 2. *см.* **Achterkreis**
Achtercharakteristik f, **Achterdiagramm** n характеристика (направленности) в форме восьмёрки
Achterkode m восьмеричный код
Achterkreis m, **Achterleitung** f двойная искусственная цепь, суперфантомная цепь
Achtermikrofon n микрофон с характеристикой направленности в форме восьмёрки
Achterschale f восьмиэлектронная оболочка (*атома*)
Achtersystem n восьмеричная система (*счисления*)
Achtertelegrafie f *см.* **Achtfachtelegrafie**
Achterverseilung f скрещивание суперфантомных цепей

Achterzahlensystem *n* восьмеричная система счисления
Achtfachtelegrafie *f* телеграфия по суперфантомным цепям
Achtflächner *m* восьмигранник, октаэдр
Achtkanalkode *m* код восьмидорожечной (перфо)ленты
Achtkanalstreifen *m* восьмидорожечная (перфо)лента
Achtpoldifferentialweiche *f* восьмиполюсный фильтр
Achtspurlochstreifen *m*, **Achtkanalstreifen** *m* восьмидорожечная (перфо)лента
Achtsteckersockel *m*, **Achtstiftsockel** *m* восьмиштырьковый цоколь
Achtung *f* вызов; сигнал вызова
Acornröhre *f* лампа-жёлудь
AC-Schnitt *m* AC-срез (*кварца*)
«action-track» *англ. фирм.* аппаратура стробэффектов
Adaline *n* *киб.* адалин (*самоприспосабливающийся линейный нейрон*)
Adaptation *f* адаптация
Adaptationsbreite *f* диапазон [пределы] адаптации
Adaptationsleuchtdichte *f* яркость поля адаптации
Adaptationsniveau *n* уровень адаптации
Adaptationszeit *f* время адаптации
Adapter *m* 1. переходное устройство; устройство сопряжения, адаптер 2. *зап. проф.* адаптер
Adapterkabel *n* согласующий *или* переходный кабель
Adapterkarte *f* переходная [сопрягающая] плата
Adapterkassette *f* кассета-переходник
Adapterplatte *f* переходная колодка
Adapterstecker *m* переходный штекер; переходная вилка
Adaptierung *f*, **Adaption** *f* адаптация
Adaptionswechsel *m* изменение адаптации
Adaptor *m* *см.* Adapter
Adatom *n* адсорбированный атом, адатом
Adatomdichte *f* плотность адсорбированных атомов
Adcockantenne *f* антенна Эдкока
A/D-D/A-Konverter *m*, **A/D-D/A-Umsetzer** *m*, **AD-D/A-Wandler** *m* аналого-цифровой — цифро-аналоговый преобразователь
Adder *m*, **Addiator** *m* сумматор
~, **analoger** аналоговый сумматор
~, **binärer** двоичный сумматор
~, **einstelliger** одноразрядный сумматор
~, **faseroptischer** волоконно-оптический сумматор
~, **symbolischer** полусумматор
~, **voller** полный сумматор
Addier... *см. тж.* Additions...
Addierakkumulator *m* накапливающий сумматор
Addierbarkeit *f* суммируемость
Addierbefehl *m* команда суммирования
Addierer *m* *см.* Adder
Addierergatter *n* вентиль сложения
Addierer-Subtraktor *m* *вчт* сумматор-вычитатель

Addierschaltung *f* 1. схема сложения 2. суммирующая схема
Addier-Subtrahiereinrichtung *f* суммирующе-вычитающее устройство
Addierwerk *n* *см.* Adder
Addition *f* суммирование, сложение; прибавление
~, **logische** логическое сложение
~ **modulo N** сложение по модулю N
~, **phasenrichtige** синфазное сложение
Additions... *см. тж* Addier...
Additionseinheit *f* суммирующий блок
Additionselement *n* суммирующий элемент
Additionsfarbe *f* дополнительный цвет
Additionsglied *n* суммирующее звено
Additionsimpuls *m* импульс сложения
Additionskreis *m* суммирующая цепь
Additionsmultiplikationswiderstand *m* суммирующе-множительный потенциометр
Additionsregister *n* суммирующий [накапливающий] регистр
Additionsstufe *f* суммирующий каскад
Additionssystem *n* аддитивная система счисления
Additionston *m* суммарный тон
Additionstor *n*, **Additionsventil** *n* вентиль сложения
Additionsverstärker *m* суммирующий усилитель
Additionszähler *m* суммирующий [накапливающий] счётчик
Additivität *f* аддитивность
Additivitätsgesetz *n* закон аддитивности
Additivkreis *m* суммирующий контур
Additivtechnik *f* аддитивная техника (*изготовления печатных плат*)
Additivverfahren *n* аддитивный способ
Additor *m* *см.* Adder
Additron *n* аддитрон (*радиальный электронный двухлучевой коммутатор*)
AD-Element *n* аналого-цифровой элемент
Ader *f* жила; провод
~ **zum Stöpselhals** провод B
~ **zum Stöpselkörper** провод C
~ **zur Stöpselspitze** провод A
Aderfarben *f pl* расцветка жил
Aderkennzeichnung *f* маркировка жил
Aderkreuzung *f* скрещивание жил
Adernzählfolge *f* порядок нумерации жил (*в кабеле*)
Adervertauschung *f* ошибочное включение жил
Adhäsion *f* адгезия, прилипание
adjungieren сопрягать; присоединять
Adjustierschraube *f* 1. установочный винт 2. микрометрический винт
Adjustierung *f* юстировка; регулировка; выверка
AD-Konverter *m* аналого-цифровой преобразователь, АЦП
AD-Koppelelement *n* гибридный [аналого-цифровой] интерфейс, устройство сопряжения цифровых и аналоговых устройств
Adler-Röhre *f* прибор СВЧ на быстрой циклотронной волне
Admittanz *f* полная проводимость
~, **josephsonische** *свпр* джозефсоновская полная проводимость
Admittanzmatrix *f* матрица полных проводимостей

ADR ADS

Adrema f адресная машина, адресограф
Adreß... *см.* **Adressen...**
Adresse f вчт адрес
~, **absolute** абсолютный адрес
~, **direkte** прямой адрес
~, **höherwertige** адрес верхнего уровня
~, **indirekte** косвенный адрес
~, **indizierte** индексируемый адрес
~, **niederwertige** адрес нижнего уровня
~, **symbolische** символический адрес
~, **tatsächliche** реальный адрес
~, **ungültige** недействительный адрес
~, **wirkliche** действительный адрес
Adressenänderung f модификация адреса
Adressenanteil m адресная часть (*команды*)
Adressenarithmetik f адресная арифметика, вычисление адресов
Adressenattribut m адресный атрибут
Adressenaufruf m вызов адреса
Adressenausgangsleitung f выходная адресная шина
Adressenauswahl f выбор адреса
Adressenbefehl m адресная команда
Adressenbereich m 1. адресная область (*в ЗУ*) 2. диапазон адресов
Adressenbit n (двоичный) разряд адреса
Adressenbreite f длина адреса
Adressenbus m адресная шина
Adressendatei f адресный файл
Adressendekoder m декодер адреса
Adressendekodierung f декодирование адреса
Adressendraht m адресный провод; адресная шина
Adressendurchlauf m трансляция [перевод] адреса
Adresseneingang m адресный вход
Adresseneingangsleitung f входная адресная шина
Adressenentschlüsselung f декодирование адреса
Adressenfeld n поле адреса; разряды адреса
Adressenfortschaltung f 1. *см.* **Adressendurchlauf** 2. модификация адреса
adressenfrei безадресный
Adressenfreigabe f освобождение адреса
Adressenfunktion f адресная функция
Adressengenerierung f формирование адреса
Adressengröße f длина адреса
Adressenhilfsregister n вспомогательный адресный регистр
Adressenindex m индекс адреса
Adressenindexierung f индексирование адреса
Adresseninkrementregister n адресный инкрементный регистр
Adressenkapazität f адресность, ёмкость адресного устройства
Adressenkode m код адреса
Adressenleerstelle f пробел в адресе
Adressenleitung f адресная шина
Adressenlesedraht m провод *или* шина считывания адреса
Adressenliste f список адресов
adressenlos безадресный
Adressenmarke f метка [маркер] адреса
Adressenmatrix f дешифратор адреса
Adressenmodifikation f модификация адреса
Adressenmultiplexer m мультиплексор адресов
Adressenoperand m адресный операнд

Adressenpfad m адресная шина
Adressenplatte f адресная плата
Adressenprüfung f контроль адреса
Adressenpuffer m буфер адресов
Adressenraum m адресное пространство
Adressenregister n адресный регистр
Adressenschlüssel m код адреса
Adressenschreibdraht m шина записи [регистрации] адреса
Adressenschreibung f запись [регистрация] адреса
Adressenspeicher m 1. адресное ЗУ; адресная память 2. (регистр-)защёлка адреса
Adressenspur f адресная дорожка
Adressensubstitution f изменение адреса, переадресация
Adressensystem n 1. система адресов 2. система адресации
Adressentabelle f таблица адресов
Adressenteil m адресная часть (*команды*)
Adressenübersetzung f, **Adressenumrechnung** f трансляция [перевод] адреса
Adressenumsetzungchip n кристалл *или* ИС трансляции адреса
Adressenvergleicher m блок сравнения адреса
Adressenverriegelungsschaltung f защёлка адреса
Adressenverweis m указатель адреса
Adressenweg m адресный тракт; адресная шина
Adressenwerk n адресное устройство
Adressenwort n адресное слово
Adressenwortbreite f длина адресного слова
Adressenzähler m счётчик адресов
Adressenzeiger m указатель адреса
Adressenzuordnung f, **Adressenzuweisung** f присвоение [назначение] адресов
adressierbar адресуемый
Adressiermethode f метод адресации
Adressierniveau n уровень адресации
Adressierschaltung f схема адресации
Adressierung f адресация
~, **äußere** внешняя адресация
~, **direkte** прямая адресация
~, **implizierte** неявная адресация
~, **indirekte** косвенная адресация
~, **indizierte** индексная адресация
~, **innere** внутренняя адресация
~, **relative** относительная адресация
~, **selbstdekrementierende** автодекрементная адресация
~, **selbstinduzierende** самоопределяющаяся (относительная) адресация
~, **sequentielle** последовательная адресация
~, **symbolische** символическая адресация
Adressierungsart f способ адресации
Adressierungseinheit f минимальная адресуемая единица
Adressierungsmode m 1. режим адресации 2. способ адресации
Adressierverfahren n способ адресации
Adreßtreiber m адресный формирователь
Adsorbat n, **Adsorbens** n, **Adsorbent** n адсорбент
Adsorber m адсорбер
Adsorbierbarkeit f адсорбционная способность
Adsorbierung f, **Adsorption** f адсорбция
~, **chemische** хемосорбция

~, **elektronisch stimulierte** электроностимулированная адсорбция
Adsorptionsfähigkeit f адсорбционная способность
Adsorptionsfaktor m, **Adsorptionskoeffizient** m коэффициент адсорбции
Adsorptionskonstante f постоянная адсорбция
Adsorptionsschicht f адсорбционный слой
Adsorptionsvermögen n адсорбционная способность
AD-Technik f пп диффузионно-сплавная техника
AD-Transistor m диффузионно-сплавной транзистор
A/D-Umsetzer m аналого-цифровой преобразователь, АЦП
A/D-Umsetzung f аналого-цифровое преобразование
A/D-Wandler m см. A/D-Umsetzer
A/D-Wandlung f см. A/D-Umsetzung
Å-Einheit f ангстрем, Å
Aerophon n акустический рупор, рупор громкоговорителя
AFC-Stufe f каскад АПЧ
Afferenz f афферентация
affiliate англ. ретранслирующая станция
Affinität f 1. сродство 2. аффинное преобразование
~, **negative** отрицательное (электронное) сродство, ОЭС
~, **positive** положительное (электронное) сродство, ПЭС
AFN-Sender m передатчик с АПЧ
afokal афокальный
A-Format n формат А (видеофонограммы)
AGC-Schaltung f схема АРУ
Aggregat n 1. агрегат 2. блок (напр. конденсаторов) 2. мат. (сложное) выражение
Aggregatzustand m кв. эл. агрегатное состояние
Aggressivität f агрессивность; коррозионная активность
Ahornröhre f лампа-жёлудь
Aiken-Kode m код Айкена
A-Impuls m см. Austastimpuls
A-Indikator m индикатор А-типа (индикатор дальности с линейной развёрткой и амплитудным отклонением)
Airy-Scheibe f диск [круг] Эйри
AI-System n система с искусственным интеллектом
Akkomodation f аккомодация
Akkomodationsbereich m область аккомодации
Akkomodationsbreite f диапазон [ширина] аккомодации
Akku m см. Akkumulator
Akkumulation f накопление
Akkumulationseffekt m эффект накопления
Akkumulationsschicht f накопительный слой
Akkumulator m 1. аккумулятор 2. вчт накопитель 3. вчт накапливающий сумматор
Akkumulatorlesespur f дорожка считывания накопителя
Akkumulatorregister n накапливающий регистр
Akkumulatorschreibspur f дорожка записи накопителя
Akkuraum m аккумуляторная

Aktinität f актиничность
Aktion f 1. действие; воздействие 2. лог. операция
Aktionsakzeptor m киб. акцептор действия (аппарат, оценивающий целесообразность операции или действия)
Aktionsbereich m область [зона] действия
Aktionsfeld n поле изображения; сюжетно важное поле (на экране кинескопа)
Aktionsradius m радиус действия
Aktionsspannung f киб. напряжение действия (разность потенциалов между возбуждённой и невозбуждённой мышечной тканью)
Aktionsstrom m киб. ток действия (о нерве)
aktiv 1. активный (о домене) 2. открытый (о файле)
Aktivations... см. Aktivierungs...
Aktivatorterm m возбуждённый энергетический уровень
Aktivatorzentrum n центр активации
Aktivbox f акустическая система [звуковая колонка] с встроенным усилителем (и устройствами регулировки)
Aktivierung f активация, возбуждение
Aktivierungsenergie f энергия активации
~ **der Leerstellenbildung** энергия активации образования вакансий
~, **thermooptische** фототермическая энергия активации
Aktivierungsenthalpie f энтальпия активации
Aktivierungsentropie f энтропия активации
Aktivierungsimpuls m подсвечивающий импульс
Aktivierungsquerschnitt m (эффективное) сечение активации
Aktivierungsspannung f напряжение активации
Aktivierungswall m граница возбуждения
Aktivierungswärme f теплота возбуждения
Aktivität f 1. активность 2. работа (в сетевом планировании) 3. радиоактивность
Aktivlautsprecher m см. Aktivbox
Aktivstelle f активный участок (поверхности)
Aktor m 1. исполнительный механизм 2. электростатический возбудитель (микрофона)
Aktualisierung f вчт актуализация, обновление (данных)
aktuell 1. актуальный 2. вчт фактический, действительный 3. абсолютный (об адресе)
Akustik f акустика
~, **technische** техническая [инженерная] акустика
Akustikkoppler m акустическое устройство связи
Akustikkorrektion f 1. коррекция частотной характеристики (усилительного устройства) в соответствии с акустикой помещения 2. коррекция акустических свойств помещения
Akustikplatte f звукоизоляционная плита
Akustoelektronik f акустоэлектроника
Akustooptik f акустооптика
Akzentierung f 1. подчёркивание (высоких или низких частот) 2. предыскажение
Akzentierungsspitzen f pl тлв преэмфазисные выбросы
Akzeptor m акцептор
~, **flachliegender** мелкий акцепторный уровень
~, **thermischer** термоакцептор

AKZ

~, **thermisch gefüllter** термически занятый акцептор
~, **tiefliegender** глубокий акцепторный уровень
~, **überschüssiger** избыточный акцептор
akzeptorähnlich акцептороподобный
Akzeptoratom *n* атом акцептора
Akzeptoraufnahme *f* захват акцептора
Akzeptorbeimischung *f* 1. акцепторная примесь 2. примешивание акцепторной примеси
Akzeptordichte *f* концентрация акцепторов
Akzeptor-Donator-Bindung *f* акцепторно-донорная связь
Akzeptor-Donator-Komplex *m* акцепторно-донорный комплекс
Akzeptor-Donator-Rekombination *f* акцепторно-донорная рекомбинация
Akzeptordotierung *f*, **Akzeptoreinbau** *m* введение акцепторов
Akzeptoren... *см.* **Akzeptor...**
Akzeptorerschöpfung *f* истощение акцепторов
Akzeptorhaftniveau *n* уровень захвата акцепторов
Akzeptorion *n* ион акцептора
Akzeptorkonzentration *f* концентрация акцепторов
Akzeptorniveau *n* акцепторный (энергетический) уровень
~, **flachliegendes** мелкий акцепторный уровень
~, **tiefes** глубокий акцепторный уровень
Akzeptorpegel *m см.* **Akzeptorniveau**
Akzeptorraumladung *f* пространственный заряд акцепторов
Akzeptorrekombinationszentrum *n* акцепторный центр рекомбинации
Akzeptorstörelement *n* элемент акцепторной примеси
Akzeptorstörstelle *f* 1. акцепторный (примесный) центр 2. акцепторная примесь
~, **flache** мелкий акцепторный центр
Akzeptorstörstellenniveau *n* уровень акцепторной примеси
Akzeptorterm *m* энергетический уровень акцептора
Akzeptorverunreinigung *f* загрязнение акцепторной примесью
Akzeptorzentrum *n* акцепторный центр
Akzeptorzusatz *m* 1. акцепторная примесь 2. добавление акцепторной примеси
Akzeptorzustand *m* акцепторное состояние
Alarm *m* сигнал тревоги □ ~ **auslösen** выдавать сигнал тревоги
Alarmanlage *f* установка тревожной сигнализации
Alarmanzeige *f* индикация тревожной ситуации
Alarmbaugruppe *f* блок тревожной сигнализации
Alarmgabe *f* подача сигнала тревоги
Alarmgeber *m* датчик тревожной сигнализации
Alarmlichtschranke *f* световой затвор системы тревожной сигнализации
Alarmrelais *n* 1. реле тревожной сигнализации 2. сигнальное реле
Alarmschaltung *f* схема тревожной сигнализации и
Alarmsignalisation *f* тревожная сигнализация
Alarmsystem *n* система тревожной сигнализации

ALL

~, **hörbares** система звуковой тревожной сигнализации
Alarmton *m* звуковой сигнал тревоги
Alarmzeichenempfänger *m* приёмник сигналов тревоги
Alarmzeichengeber *m* датчик сигналов тревоги
Alarmzeitschalter *m* хронирующее устройство системы тревожной сигнализации
A-law-Kompandierung *f* мгновенное компандирование
Albedo *f* альбедо
Albedometer *n* альбедометр
Alcatron *n* алькатрон
Alcomax *m* алкомакс (*магнитный сплав*)
aleatorisch случайный
Alfordrahmenantenne *f* квадратная рамочная антенна, антенна Альфорда
Algebra *f*, **Boolesche** булева алгебра
ALGOL Алгол (*язык программирования высокого уровня*)
Algorithmenkonstruierung *f* составление алгоритмов
Algorithmensprache *f* алгоритмический язык
algorithmierbar поддающийся алгоритмизации
Algorithmus *m* алгоритм
~, **heuristischer** эвристический алгоритм
~, **iterativer** итеративный алгоритм
~, **rekursiver** рекурсивный алгоритм
~, **sich anpassender** самоизменяющийся алгоритм
~, **universaler** универсальный алгоритм
~, **verzweigter** ветвящийся алгоритм
Algorithmuskonvergenz *f* сходимость алгоритма
Algorithmus-Prozessor *m* алгоритмический процессор
Alias *n* 1. псевдоним (*в базах данных*) 2. помеха дискретизации 3. паразитный сигнал (*в линиях дальней связи с ИКМ*)
Aliasing *n* наложение спектров (*при недостаточно высокой частоте дискретизации сигнала*)
Aliasing-Fehler *m* ошибка в результате наложения спектров
Alias-Komponente *f* 1. составляющая помехи дискретизации 2. паразитная составляющая сигнала (*в линиях дальней связи с ИКМ*)
Alias-Pseudonym *n* псевдоимя; псевдоним (*в базах данных*)
Aliasvorfilterung *f* предварительная фильтрация для устранения паразитных частот (*при дискретизации*)
ALI-System *n* система информации и управления автомобильным движением
Alkaliantimonidfotoemitter *m* щёлочно-сурьмянистый фотоэмиттер
Alkalifotozelle *f* щёлочной фотоэлемент
Alkalihalogenidkristall *m* щёлочно-галоидный кристалл (*среда для регистрации голограмм*)
Alkydharz *n* алкидная смола
Allbanddipol *m* широкополосная симметричная вибраторная антенна
Allbereichantenne *f* вседиапазонная антенна
Allbereichkanalwähler *m* переключатель телевизионных каналов, ПТК
Alleinbetrieb *m* одиночный режим работы

Alleinlauf *m* одиночная работа; автономная работа

«Alleskönner» *m проф.* многостандартный телевизор

Allfrequenzlautsprecher *m* широкополосный громкоговоритель

Allgebrauchsumschalter *m* универсальный переключатель

Allgemeinbeleuchtung *f* общее освещение

Allgemeinempfindlichkeit *f* общая чувствительность

Alligation *f* сплав

Alligatormaskenanordnung *f* установка (для) двухсторонней фотолитографии

Allglasausführung *f* цельностеклянная конструкция

Allglasbildröhre *f* цельностеклянный кинескоп

Allglasröhre *f* 1. цельностеклянная лампа 2. цельностеклянная ЭЛТ

Allkanal... многоканальный, всеканальный

Allnetzgerät *n* приёмник с универсальным питанием

allochromatisch аллохроматичный

alltrop аллотропный

Allpaß *m*, **Allpaßfilter** *n* фазовый фильтр

Allrichtungsbake *f*, **Allrichtungsfunkfeuer** *n* всенаправленный радиомаяк

Allrichtungs-Ultrakurzwellen-Leitstrahlsender *m* ультракоротковолновый всенаправленный радиомаяк

Allruftaste *f* ключ общего вызова

All-Silicon-System *n* общекремниевая (технологическая) система

Allstrombetrieb *m* универсальное питание

Alltransistorempfänger *m* транзисторный (радио)приёмник

Allunionsfernsehzentrum *n* Всесоюзный телевизионный центр

Allverstärker *m* универсальный усилитель, УУ

Allwellen... всеволновый

Allzweckdiode *f* универсальный диод

Allzweckkamera *f тлв* универсальная телевизионная камера

Allzweck-Rechenanlage *f* универсальная ВМ

Allzweckregister *n* универсальный регистр, регистр общего назначения

Alphabet *n* алфавит (*множество используемых символов*)

Alphabetdrucker *m* буквопечатающее устройство

Alphabetfaktor *m* информационное разрешение, информационная разрешающая способность

alphabetisch 1. буквенный 2. алфавитный

alphabetisch-numerisch буквенно-цифровой

Alphabetschreibung *f* буквенная запись

Alphabetzusatz *m* алфавитная приставка

Alpha-Dublett-Auflösung *f* разрушение α-дублета

Alphaemission *f* альфа-излучение

Alphafotografiemethode *f*, **Alphafotografieverfahren** *n* буквенно-фотографический метод (*отображения информации*)

Alphageometrieverfahren *n* буквенно-геометрический метод (*отображения информации*)

Alphagrenzfrequenz *f* альфа-граничная частота

Alphakode *m* буквенный код

Alphakriechen *n* нестабильность коэффициента усиления по току биполярного транзистора, альфа-нестабильность

alphametrisch буквенно-цифровой

Alphamosaikmethode *f*, **Alphamosaikverfahren** *n* буквенно-мозаичный метод (*отображения информации*); метод знакогенерации

alphanumerisch буквенно-цифровой

Alpharhythmus *m киб.* альфа-ритм

Alphastrahlen *m pl* альфа-лучи

Alphastrahler *m* альфа-излучатель

Alpha-Strahlung *f* альфа-излучение

Alphateilchen *n* альфа-частица

Alphatron(vakuummeter) *n* радиоизотопный ионизационный вакуумметр, *фирм.* альфатрон

Alphawellen *f pl* составляющие (электро)энцефалограммы (*в диапазоне частот 8—10 Гц*)

Alphazähler *m* счётчик альфа-частиц

Alphazeichen *n* буквенный знак

Alphazerfall *m* альфа-распад

altbewährt испытанный на старение

Alter *n* технический ресурс; (эксплуатационный) срок службы

Alterbestimmung *f* определение срока службы

Altern *n см.* **Alterung**

alternativ 1. альтернативный 2. чередующийся; попеременный

Alternativanweisung *f лог.* альтернативное утверждение

Alternativbedieneinheit *f* вспомогательный [сменный] пульт управления

Alternative *f вчт* 1. альтернатива 2. дизъюнкция, логическое сложение

~, **konkurrenzfähige** конкурентоспособная альтернатива

Alternativkanal *m* запасной канал

Alternativkästchen *n* блок сравнения

Alternativspur *f вчт* запасная дорожка

Alternativversuch *m* испытание с двумя исходами, альтернативное испытание

Alternator *m* генератор переменного тока

Altersgrenze *f* предельный срок службы

Altershärtung *f* ужестчение (*напр. параметров резисторов*) путём искусственного старения

Altersklasse *f* класс (прибора) по сроку службы

Alterskorrektur *f* поправка на старение

Alterung *f* старение

~, **atmosphärische** атмосферное старение

~, **ferroelektrische** сегнетоэлектрическое старение

~, **geraffte** ускоренное старение

~, **künstliche** искусственное старение, остаривание

~, **magnetische** магнитное старение

~, **natürliche** естественное старение

~, **thermische** тепловое старение

Alterungsausfall *m* отказ за счёт старения

Alterungsempfindlichkeit *f* чувствительность к старению

Alterungsgleichung *f* 1. уравнение старения 2. уравнение скорости старения

Alterungsmechanismus *m* механизм старения

Alterungsprüfung *f* испытание на старение

Alterungssimulation *f* моделирование старения

Alterungszeitraum *m* период старения

Altgrad *m* угловой градус

Altimeter n альтиметр, высотомер
Altminute f угловая минута
Altsekunde f угловая секунда
Alufolie f алюминиевая фольга
Aluminisierung f алюминизация
Aluminiumbedampfung f напыление алюминия
Aluminiumfritter m алюминиевый когерер
Aluminiuminsel f *микр.* алюминиевый островок; алюминиевая контактная площадка
Aluminiummetallisierung f металлизация алюминием
Aluminiumoxidkeramik f алюмооксидная [высококоглинозёмистая] керамика
Aluminiumwand f алюминированный экран
Alumosilikatglas n алюмосиликатное стекло
Alundum n алунд (*электрокорунд*)
Aluscheibe f *зап.* алюминиевый диск
Alustreifen m алюминиевая полоска
Alzifer n альсифер (*магнитный сплав*)
AM-... *см. тж* **Amplitudenmodulations...**
amagnetisch немагнитный
AM-AM-Multiplex n объединение АМ-сигналов
Amateur m радиолюбитель
Amateurband n радиолюбительский диапазон
Amateurfernsehen n любительское телевидение
Amateurfunker m радиолюбитель
Amateurfunksatellit m спутник (для) радиолюбительской связи
AM-Betrieb m режим амплитудной модуляции
Ambienz f эффект присутствия
ambig двойственный, двоякий
Ambiguity-Funktion f *инф.* функция неоднозначности [неопределённости] (*сигнала*)
Ambiofonie f 1. стереореверберация 2. (многоканальное) объёмное воспроизведение звука (*создаёт эффект присутствия*)
ambipolar биполярный
Ambipolarschwingung f биполярное колебание
Amboß m наковальня (*неподвижная часть прерывателя*)
AM-Bündel n амплитудно-модулированный пучок
AM-Demodulator m, **AM-Detektor** m демодулятор [детектор] АМ-сигналов, АМ-демодулятор, АМ-детектор
Amdrähte m pl ампер-витки
AM-Empfang m приём АМ-сигналов, АМ-приём
ametrisch вполне изотропный
AM-FM-Empfänger m АМ/ЧМ-приёмник
AM-FM-Hörrundfunkempfänger m АМ/ЧМ-радиоприёмник
AM-FM-ZF-Verstärker m усилитель промежуточной частоты АМ/ЧМ-сигналов
AM-Gleichrichtung f детектирование АМ-сигналов
Amid n, **polymeres** полиамидная смола
AMI-Kode m биполярный код
Ammoniakmaser m, **Ammoniak-Molekularstrahl-Maser** m аммиачный мазер
Ammoniakstrahlfrequenzstandard m стандарт частоты на пучке молекул аммиака
A-Modulator m модулятор (класса) А
Amorphie f аморфность
Amortisation f, **Amortisierung** f 1. амортизация, глушение, ослабление 2. амортизация, износ 3. окупаемость
AMOS-Feldeffekttransistor m полевой МОП-транзистор с анодированной диэлектрической защитой
Ampellautsprecher m подвесной громкоговоритель
Ampere n ампер, А
Amperestundenwirkungsgrad m ампер-часовая отдача, эффективность (*аккумулятора*)
Amperewindungszahl f число ампер-витков; ампер-витки
amphoter амфотерный
Amplidyne f амплидин
Amplitron n амплитрон
Amplituda f амплитуда
~, **ausnutzbare** эффективное значение амплитуды
~, **zurückliegende** амплитуда предыдущего отсчёта
Amplitudenabnahme f, **lineare** уменьшение [затухание] амплитуды по линейному закону
Amplitudenabschneider m амплитудный ограничитель
Amplitudenabstimmung f настройка по амплитуде
Amplitudenanalysator m амплитудный анализатор
Amplitudenanpassung f согласование амплитуд
Amplitudenanzeiger m индикатор амплитуд
Amplitudenapodisation f амплитудная аподизация
Amplitudenauflösung f разрешающая способность по амплитуде (*напр. число уровней квантования*)
Amplitudenaufschaukelung f увеличение [нарастание] амплитуды
Amplitudenaufzeichnung f амплитудная запись
Amplitudenausflug m выброс амплитуды
Amplitudenbedingung f амплитудная зависимость
Amplitudenbegrenzer m амплитудный ограничитель
Amplitudenbegrenzung f ограничение амплитуды
Amplitudenbereich m диапазон (изменений) амплитуд
Amplitudenbetrag m модуль амплитуды
Amplitudenbeziehung f соотношение амплитуд
Amplitudenbilanz f равенство амплитуд
Amplitudenbündelung f амплитудное группирование
Amplitudencharakteristik f амплитудная характеристика
Amplitudendehner m расширитель диапазона громкости, экспандер
Amplitudendemodulation f амплитудное детектирование
Amplitudendemodulator m, **Amplitudendetektor** m амплитудный демодулятор, амплитудный детектор
Amplitudendichte f плотность амплитуд
Amplitudendiskriminator m амплитудный дискриминатор
Amplitudenentzerrung f амплитудная коррекция
Amplitudenfading n замирание амплитуды (*сигнала*)
Amplitudenfaktor m коэффициент амплитуды

Amplitudenfilter n см. **Amplitudensieb**
Amplitudenfluktuation f флуктуация амплитуды
Amplitudenfrequenz... амплитудно-частотный
Amplitudenfunktion f 1. функция амплитуды 2. *тлв* частотно-контрастная характеристика, ЧКХ
Amplitudengang m амплитудная характеристика
amplitudengequantelt квантованный по амплитуде
amplitudengetreu без амплитудных искажений
Amplitudengitter n амплитудная (дифракционная) решётка
Amplitudengleichrichter m см. **Amplitudendemodulator**
Amplitudengleichrichtung f амплитудное детектирование
Amplitudenhologramm n амплитудная голограмма
Amplitudenhub m изменение амплитуды
Amplitudenimpulsdiskriminator m амплитудный дискриминатор импульсов
Amplitudenimpulsmodulation f амплитудно-импульсная модуляция, АИМ
Amplitudenimpulsverteilung f распределение импульсов по амплитудам
Amplitudeninformation f информация об амплитуде
Amplitudenkode m амплитудный код
Amplitudenkoeffizient m коэффициент амплитуды
Amplitudenkomparator m амплитудный компаратор
Amplitudenkompression f сжатие амплитудных значений
Amplitudenkonstanthaltung f стабилизация амплитуды
Amplitudenkorrektur f 1. амплитудная коррекция 2. коррекция амплитудно-частотной характеристики
Amplitudenkurve f амплитудная характеристика
Amplitudenmeßbereich m диапазон измерений амплитуд
Amplitudenmittelung f усреднение амплитуд
Amplitudenmodler m амплитудный модулятор
Amplitudenmodulation f амплитудная модуляция, АМ
~, **frequenzverzerrungsfreie** амплитудная модуляция без паразитной частотной модуляции
~, **negative** негативная амплитудная модуляция
~, **unerwünschte** паразитная амплитудная модуляция
Amplitudenmodulations... см. *тж* **АМ-...**
Amplitudenmodulationsempfänger m приёмник АМ-сигналов
Amplitudenmodulationsgrad m коэффициент амплитудной модуляции
Amplitudenmodulationsrauschen n амплитудный модуляционный шум
Amplitudenmodulationsrauschpegel m уровень амплитудного модуляционного шума
Amplitudenmodulationsunterdrückung f подавление амплитудной модуляции
Amplitudenmodulationsverzerrungen f pl искажения при амплитудной модуляции
Amplitudenmodulator m амплитудный модулятор

amplitudenmoduliert амплитудно-модулированный
Amplitudenpegel m уровень амплитуд
Amplituden-Pegel-Quantisierung f квантование по амплитуде
Amplitudenpermeabilität f амплитудная проницаемость
Amplitudenphasencharakteristik f амплитудно-фазовая характеристика
Amplitudenphasengitter n амплитудно-фазовая (дифракционная) решётка
Amplitudenpresser m амплитудный компрессор
Amplitudenprobe f отсчёт амплитудного значения
Amplitudenquantelung f, **Amplitudenquantisierung** f квантование по амплитуде
Amplitudenrand m огибающая (линия) амплитуд
Amplitudenreserve f запас (устойчивости) по амплитуде
Amplitudensattelpunkt m точка в седловине [провале] амплитудной характеристики
Amplitudenschrift f фотографическая сигналограмма переменной ширины
Amplitudenschriftaufzeichnung f 1. фотографическая запись переменной ширины 2. см. **Amplitudenschrift**
Amplitudenschwankungen f pl флуктуации амплитуд
Amplitudenschwund m замирание амплитуды (сигнала)
Amplitudenselektion f селекция по амплитуде
Amplitudensieb n 1. амплитудный фильтр 2. амплитудный селектор
~, **störaustastendes** амплитудный селектор с подавлением помех
Amplitudenspektrum n амплитудный спектр
Amplitudenspitze f максимум амплитуды
Amplitudensprung m скачок амплитуды
amplitudenstabilisiert стабилизированный по амплитуде
Amplitudensteilheit f крутизна амплитудной характеристики
Amplitudensteuerung f 1. регулировка усиления 2. (дистанционное) управление изменением амплитуды
~, **automatische** автоматическая регулировка усиления, АРУ
Amplitudenstörungen f pl амплитудные помехи
Amplitudenstufe f 1. перепад амплитуд 2. уровень квантования по амплитуде
Amplitudentastung f амплитудная манипуляция
Amplitudenteilung f см. **Amplitudentrennung**
Amplitudentoleranzdetektor m обнаружитель отклонений амплитуд (от номинальных значений)
Amplitudentor n амплитудный селектор
Amplitudentransmission f амплитудное пропускание (*напр. голограмм*)
Amplitudentrennung f разделение по амплитуде; амплитудная селекция
amplitudentreu см. **amplitudengetreu**
Amplitudenübertragungsmaß n коэффициент передачи по амплитуде
Amplitudenumtastung f амплитудная манипуляция

Amplituden- und Phasenkurve f амплитудно-фазовая характеристика
Amplitudenunterdrücker m амплитудный ограничитель
Amplitudenvergleichsverfahren n метод сравнения амплитуд
Amplitudenverhalten n амплитудная характеристика
Amplitudenverhältnis n (со)отношение амплитуд
Amplitudenverlauf m амплитудная характеристика
Amplitudenverteilung f распределение амплитуд
Amplitudenverzerrungen f pl амплитудные [нелинейные] искажения
Amplitudenwahl f селекция по амплитуде
Amplitudenwähler m амплитудный селектор
Amplitudenwelligkeit f неравномерность [пульсация] амплитуды
Amplitudenwert m амплитудное или пиковое значение
Amplituden-Zeitintervall-Wandler m амплитудно-временной преобразователь
Ampulle f ампула (напр. микропередатчика)
~, **zugeschmolzene** запаянная ампула
Ampullendiffusionsverfahren n метод диффузии в запаянной ампуле
Ampullenverfahren n ампульный метод
AM-Rundfunkempfänger m АМ-радиоприёмник
AM-Sender m АМ-передатчик
AM-Signal n амплитудно-модулированный сигнал, АМ-сигнал
AM-Station f 1. радиостанция с амплитудной модуляцией 2. устройство переключения с автоматического управления на ручное
Amt n тлф станция
~, **internationales** станция международной связи
Amtsanruf m см. **Amtsruf**
Amtsanschluß m абонентский ввод
Amtsbuchstabe m буква станционного кода
Amtseinrichtung f станционное оборудование
Amtsfehler m повреждение на станции
Amtskabel n магистральный кабель
Amtsruf m тлф 1. (внутри)городской вызов 2. станционный вызов
Amtsstelle f см. **Amt**
Amtsteilnehmer m тлф абонент городской сети
Amtsverbindung f станционная связь
Amtsverkehr m 1. внутренняя связь 2. служебный обмен
Amtswähler m искатель станции
Amtszeichen n 1. сигнал ответа станции 2. сигнал набора номерным диском
AM-UKW-Sender m ультракоротковолновый АМ-передатчик
AM-Unterdrückung f подавление амплитудной модуляции
Anaglyphenbild n анаглифное изображение
Anaglyphenverfahren n метод анаглифов
Anaglyphentechnik f техника анаглифов
analog 1. аналоговый; непрерывный 2. аналогичный 3. вчт аналогизирующий, моделирующий
Analog m 1. аналог 2. см. **Analogrechengerät**
Analog... см. тж **Analogie...**
Analogadder m, **Analogaddierer** m аналоговый сумматор

Analog-Analog-Wandler m аналого-аналоговый преобразователь, преобразователь из одной аналоговой формы в другую
Analoganzeige f аналоговая индикация
Analogaufzeichnung f аналоговая запись
Analogausgabe f аналоговый вывод, вывод аналоговых данных
Analogausgabebaustein m блок аналогового вывода
Analogausgabe-Umsetzungszeit f время преобразования устройства аналогового вывода
Analogausgabeverstärker m усилитель аналоговых выходных данных
Analogausgang m 1. аналоговый выход 2. аналоговые выходные данные
Analogauswertung f обработка (данных) в аналоговой форме
Analogbaustein m аналоговый блок
Analogbereich m аналоговая область (*область операций с аналоговыми величинами*)
Analogcomputer m аналоговая ВМ
Analogdarstellung f представление (данных) в аналоговой форме
Analogdaten pl аналоговые данные
Analogdaten-Wandlungssystem n система преобразования аналоговых данных
analog-digital аналого-цифровой
Analog-Digital-Digital-Analog-Umsetzer m аналого-цифровой/цифро-аналоговый преобразователь
Analogdigitalkonverter m см. **Analog-Digital-Umsetzer**
Analog-Digital-Koppelelement n аналого-цифровой элемент связи
Analogdigitalrechner m аналого-цифровая ВМ
Analog-Digital-Technik f аналого-цифровая техника
Analog-Digital-Umsetzer m аналого-цифровой преобразователь, АЦП
~, **integrierender** накапливающий АЦП
Analog-Digital-Umsetzung f аналого-цифровое преобразование
Analog-Digital-Wandler m см. **Analog-Digital-Umsetzer**
Analog-Digital-Wandlung f см. **Analog-Digital-Umsetzung**
Analogeingabe f аналоговый ввод, ввод аналоговых данных
Analogeingabeeinheit f блок аналогового ввода
Analogeingabesteuerung f управление аналоговым вводом
Analogeingang m 1. аналоговый вход 2. аналоговые входные данные
Analogfarbfernsehen n аналоговое цветное (вещательное) телевидение
Analogfernmeßsystem n аналоговая телеметрическая система
Analogfilter n аналоговый фильтр
Analogform f аналоговая форма (*представления данных*)
Analoggerät n 1. аналоговый прибор 2. аналоговое вычислительное устройство
Analoggröße f аналоговая величина
Analoghologramm n аналоговая голограмма
Analogie f аналогия, сходство; подобие

Analogie... см. тж **Analog...**
Analogiemodell n аналоговая модель
Analogiemultiplizierer m аналоговый умножитель
Analogierechenverfahren n аналоговый метод вычислений
Analogieschluß m признак аналогии; заключение об аналогии
Analogiestudie f исследование с помощью моделирования
Analogiesystem n аналоговая система
Analoginformation f аналоговая информация
Analogkanal m аналоговый канал
Analog-Magnetbandspeicherung f запись аналоговых данных на МЛ
Analogmeßtechnik f аналоговая измерительная техника
Analogmikroschaltung f аналоговая микросхема
~, **integrierte** аналоговая ИМС
Analogmultiplexer m мультиплексор аналоговых сигналов
Analognetz n свз аналоговая сеть
Analogon n аналог
Analog-Programmgeber m аналоговый программный датчик
Analog-Prozeßrechner m аналоговая управляющая ВМ
Analogrechenautomat m аналоговая автоматическая ВМ
Analogrechengerät n аналоговое [моделирующее] вычислительное устройство
Analogrechenmaschine f см. **Analogrechner**
Analogrechentechnik f аналоговая вычислительная техника
Analogrechner m аналоговая ВМ, АВМ
~, **iterativ arbeitender** итерационная АВМ
~ **mit periodischer Wiederholung** АВМ с периодическим повторением решения
Analogrechnersimulation f аналоговое машинное моделирование
Analogrechnersteuerung f управление (от) аналоговой ВМ
Analogrechnersystem n аналоговая вычислительная система
Analogschalter m аналоговый ключ
Analogschaltkreis m см. **Analogschaltung**
Analogschaltung f аналоговая схема
~, **integrierte** аналоговая ИС
~ **niedriger Leistung** маломощная аналоговая схема
Analogschaltungblock m, **hochgenauer** блок прецизионных аналоговых схем
Analogsichtgerät n аналоговый дисплей; аналоговый индикатор
Analogsignal n аналоговый сигнал
Analogsimulation f аналоговое моделирование
Analogspeicher m, **Analogspeichergerät** n аналоговое ЗУ; аналоговая память
~, **serieller** последовательное аналоговое ЗУ; последовательная аналоговая память
Analogtechnik f 1. аналоговая техника 2. техника моделирования
Analogtransistor m аналоговый транзистор
Analogumwandler m аналоговый преобразователь

Analog- und Digital-Ausgabe-Steuerung f управление выводом аналоговых и цифровых данных
Analogverarbeitung f 1. аналоговая обработка 2. обработка аналоговых данных
Analogvervielfacher m аналоговый умножитель
Analog-VISI-Technik f техника аналоговых СБИС
Analogwandler m см. **Analogumwandler**
Analogwert m аналоговая величина
Analogwerterfassung f сбор (и регистрация) аналоговых данных
Analogwertverarbeitung f обработка аналоговых данных
Analysator m анализатор
~ **für integrierte Schaltungen** устройство контроля ИС
~, **kontinuierlicher** анализатор непрерывного действия
Analysatornikol n николь-анализатор
Analyse f анализ
~, **dreidimensionale** трёхмерный [объёмный] анализ
~, **holographische** голографический анализ
~, **thermische** термический анализ, термоанализ
Analysefilter n анализирующий фильтр
Analysenmeßtechnik f измерительно-аналитическая техника
analysenorientiert проблемно-ориентированный
Analyseprogramm n программа анализа
Analysierempfänger m панорамный приёмник
Analyt m анолит, анодный электролит
Anätzen n декапирование, лёгкое протравливание
Anbacken n прилипание, залипание (контактов)
Anbau m 1. приставка 2. прикрепление, закрепление
Anbaueinheit f, **Anbaugerät** n блок-приставка
Anbauleser m приставка для считывания (информации)
Anbaulochstreifensender m приставка к телетайпу для автоматической передачи информации с перфоленты
Anbautongerät n звуковая [звуковоспроизводящая] приставка
Anbietwähler m тлф междугородный линейный искатель
Anbonden n микр. присоединение
Anbrennen n пригорание (напр. контактов)
Anbringung f прикрепление; присоединение; монтаж
~, **freitragende** навесной монтаж
ändern изменять; (с)менять
~, **maßstäblich** изменять масштаб, масштабировать
~, **nachträglich** 1. с последующей подгонкой 2. с последующей заменой
~, **die Software** менять программное обеспечение
Anderson-Modell n модель Андерсона, модель электронных свойств аморфных полупроводников
Anderson-Potential n потенциал Андерсона
Anderthalbseitenband-Verfahren n система передачи с подавлением половины одной из боковых полос

Änderung f 1. изменение; перемена 2. вчт переадресация 3. модификация; обновление 4. корректировка
~ **der Abtastrate** передискретизация
~, **fortschreitende** прогрессирующее изменение
~, **magnetische** магнитное склонение
~, **rückführbare** *над.* воспроизводимое изменение
~, **stetige** плавное изменение
~, **umkehrbare** *над.* обратимое изменение
Änderungsausfall m *над.* постепенный отказ
Änderungsband n 1. *вчт* лента изменений 2. сменная лента
Änderungsbereich m диапазон изменения
Änderungsbit n бит [двоичный разряд] модификации
Änderungsdatei f обновляемый [дополняемый] файл
Änderungsdaten pl обновляемые данные
Änderungsdetektion f 1. обнаружение изменения (*содержания изображения*) 2. обнаружение движения (*объектов в изображении*)
Änderungsdetektor m 1. детектор изменения [обновления] информации 2. детектор движения
Änderungslauf m ход [выполнение] корректировки
Änderungsprogramm n 1. программа модификации 2. программа корректировки
Änderungssatz m *вчт* 1. массив изменений 2. корректирующая запись
Änderungsstand m уровень модификации
Änderungszyklus m 1. цикл обновления (*напр. памяти*) 2. цикл корректировки
AND-Funktion f функция И, конъюнкция
AND-Gatter n, **AND-Glied** n (логический) элемент И
AND-OR-Gatter n (логический) элемент И ИЛИ
AND-OR-Inverter m (логический) элемент И ИЛИ НЕ
Andruck m прижим
Andruckkontakt m прижимный контакт
Andruckkraft f *зап.* прижимная сила
Andruckleiste f прижимная (контактная) планка
Andruckrolle f *зап.* прижимный ролик
Andruckverbinder m соединитель прижимного действия
AND-Schaltung f схема И
Aneinanderfügen n, **dichtes** *микр.* плотная упаковка
Aneinanderhaften n прилипание
Aneinanderlagerung f **von Schaltungselementen** непосредственное примыкание схемных элементов друг к другу
Aneinanderreihungsfehler m, **Aneinandersetzungsfehler** m ошибка совмещения (*напр. комплекта фотошаблонов*)
aneinanderstoßen взаимно состыкованный (*напр. комплект фотошаблонов*)
Anfachgitter n возбуждающая диафрагма (*клистрона*)
Anfachraum m пространство отбора (*энергии*)
Anfachspannung f напряжение возбуждения
Anfachung f 1. (само)возбуждение (колебаний); возникновение (колебаний) 2. нарастание (колебаний)
Anfachungsbedingung f условие (само)возбуждения
Anfachungsfunktion f нарастающая функция
Anfachungswirkung f возбуждающее действие
Anfachungszeit f время нарастания
Anfachungszustand m режим (само)возбуждения
Anfahrdruckknopf m пусковая (нажимная) кнопка
Anfahren n пуск (в ход)
Anfahrschaltung f пусковая схема
Anfahrverhalten n пусковая характеристика
Anfall m поступление (*сигналов, данных*)
Anfälligkeit f чувствительность (*напр. к помехам*); уязвимость; восприимчивость
Anfangsabsorption f начальное поглощение
Anfangsadresse f начальный адрес
Anfangsauslenkung f начальное отклонение
Anfangsbereich m начальный участок (*напр. шкалы*)
Anfangsbesetzung f начальная заселённость (*энергетических уровней*)
Anfangseinstellung f начальная настройка; начальная установка
Anfangselement n 1. *ркс* входной элемент 2. *мат.* начальный элемент
Anfangsempfindlichkeit f пороговая чувствительность
Anfangsetikett n *вчт* заголовок; головная метка
Anfangsfrequenz f (перво)начальное значение частоты
Anfangsglied n 1. *ркс* входной узел 2. *мат.* старший член
Anfangsinversion f первоначальная инверсия
Anfangsjustierfehler m начальная ошибка юстировки
Anfangskarte f ведущая перфокарта (*в колоде*)
Anfangskennsatz m 1. *см.* **Anfangsetikett** 2. маркерный знак (*напр. на подложке*)
Anfangskennzeichnung f *см.* **Anfangsmarke**
Anfangslader m первоначальный загрузчик программы
Anfangsmarke f маркер [метка] начала
Anfangsmarkierung f (начальное) маркирование
Anfangspermeabilität f начальная магнитная проницаемость
Anfangspunkt m 1. *ркс* входная точка 2. исходная [начальная] точка 3. начало координат
Anfangssignal n 1. начальный сигнал 2. сигнал пуска
Anfangsstellung f начальное положение
Anfangsstörung f начальное возмущение
Anfangsstrahlung f начальное излучение
Anfangsstufe f входной каскад
Anfangsstufenverstärker m *см.* **Anfangsverstärker**
Anfangssynchronisation f синхронизация начала (*действия, работы схемы*)
Anfangstaste f 1. кнопка пуска 2. вызывной ключ
Anfangsverhalten n 1. начальный режим (*работы*) 2. начальное поведение (*напр. системы*) 3. начальная характеристика
Anfangsverstärker m предварительный [входной] усилитель

Anfangsverstärkung f предварительное [начальное] усиление
Anfangsverteilung f *пп* начальное распределение (*напр. атомов примеси*)
Anfangsvorspannung f начальное смещение
Anfangswertstellung f установка начальных значений
Anfangszeile f начальная строка
Anfangszeitpunkt m точка начала временно́го отсчёта
Anfangszustand m исходное [начальное] состояние (*системы*)
Anfangszustandseinstellung f установление начальных состояний
Anfärbverfahren n метод окраски
Anflug m **zur Landung** заход на посадку
Anfluganzeigegerät n индикатор (системы) захода на посадку
Anflugführungssender m, **Anflugfunkfeuer** n приводной радиомаяк
Anflugfunkortung f навигация по приводным радиомаякам и приводным радиостанциям
Anfluggrundlinie f линия посадочной полосы (*на экране РЛС*)
Anflugleitgerät n аппаратура захода на посадку
Anflugmeßgerät n индикатор захода на посадку
Anflugnavigation f управление заходом на посадку
Anflugpeilung f пеленг для захода на посадку
Anflugpfad m линия посадки
Anflugradar n, **Anflugradaranlage** f, **Anflugradargerät** n РЛС управления заходом на посадку
Anflugrichtungsfunkbake f посадочный радиомаяк
Anflugsteuerung f управление заходом на посадку
Anflugsystem n система захода на посадку
Anflug-VOR m курсовой всенаправленный маяк захода на посадку
Anforderung f 1. требование; условие 2. *вчт* запрос
Anforderungsabgabe f передача запроса
Anforderungsbetrieb m режим запроса
Anforderungsempfang m приём запроса
Anforderungsfolge f последовательность запросов
Anforderungssignal n сигнал запроса
Anfrage f 1. запрос 2. опрос
Anfressen n разъедание, коррозия
Anfügung f продолжение (*напр. записи*)
Anfüllen n 1. *вчт* заполнение 2. загрузка 3. наполнение
Angabe f 1. показание (*прибора*) 2. информация; сообщение 3. указание, задание
~, **detaillierte** спецификация
Angaben pl 1. данные; информация; сведения 2. параметры; характеристики
Angabenwähler m селектор данных
angefacht возбуждённый (*о колебаниях*)
angefügt встроенный
angekoppelt присоединённый; сопряжённый
angelagert захваченный (*о носителях*)
angeordnet 1. установленный; расположенный; дислоцированный 2. упорядоченный
angepaßt согласованный

angeregt возбуждённый
~, **optisch** с оптической накачкой
angereichert обогащённый
angesaugt, durch Vakuum удерживаемый вакуумной присоской
angezapft с отводами, с ответвлениями
Anglasung f спай со стеклом
Angleichfaktor m коэффициент приведения
Angleichgenauigkeit f точность согласования
Angleichsschaltung f схема согласования
Angleichung f 1. приравнивание, уравнивание; приведение 2. согласование; выравнивание
Angliederung f присоединение
angreifend агрессивный; коррозионно-активный
Angriff m 1. разъедание, коррозия 2. воздействие, приложение (*напр. вектора силы*)
Angström n ангстрем, Å
Anhaftung f 1. прилипание, залипание (*якоря, контактов*) 2. адгезия
Anhaftungskoeffizient m коэффициент адгезии
Anhalten n 1. останов 2. команда останова
Anhängeantenne f подвесная антенна
Anhänger m 1. (авто)прицеп (*напр. в передвижных телевизионных установках*) 2. (кабельный) наконечник
Anharmonizität f 1. ангармоничность; несинусоидальность 2. *крист.* нерегулярность
Anhäufung f 1. накопление, аккумуляция; концентрация 2. скопление (*напр. носителей*) 3. колода, массив (*напр. перфокарт*)
Anhäufungszeichen n *тлф* сигнал занятости
Anhäufungszone f область скопления (*носителей*)
Anhebungsfilter n фильтр для подъёма (*частотной характеристики*)
Anheizen n 1. нагрев; подогрев 2. прогрев (*аппаратуры*)
«**Anik**» спутник связи «Аник» (*Канада*)
Animation f 1. мультипликация 2. «оживление» неподвижных изображений
Anionaustauscher m анионит
Anionenaustausch m анионный обмен
Anionenaustauschharz n анионитовая смола
Anionenfehlstelle f, **Anionenleerstelle** f анионная вакансия
Anionenleiter m анионный проводник
Anionenlücke f анионная вакансия
Anionenstörstelle f анионный дефект
Anionit m анионит
anionotrop анионотропный
anisochron неизохронный (*о цифровом сигнале, у которого тактовый интервал не является постоянным*)
anisometrisch анизометрический
Anisotropie f анизотропия
~, **dielektrische** диэлектрическая анизотропия, ДА
~, **kristallografische** кристаллографическая анизотропия
~, **negative dielektrische** отрицательная диэлектрическая анизотропия, ОДА
~, **optische** оптическая анизотропия
~, **positive dielektrische** положительная диэлектрическая анизотропия, ПДА
Anisotropieenergie f энергия анизотропии
Anisotropiefaktor m коэффициент анизотропии

Anisotropiefeld *n* анизотропное поле
Anisotropiestreuung *f* анизотропное рассеяние
Anker *m* 1. якорь 2. сердечник 3. оттяжка (*антенны*) 4. анкер 5. плата (*вибрационного частотомера*)
~, **geöffneter** 1. отпавший якорь 2. разомкнутый сердечник
~, **geschlossener** 1. притянутый якорь 2. замкнутый сердечник
~, **hin- und hergehender** вибрирующий якорь
~, **zurückschnellender** отпадающий якорь
Ankerabfall *m* отпадание якоря
Ankerabreißfeder *f* отрывная пружина якоря
Ankeranzug *m* притягивание якоря
Ankerdraht *m* 1. оттяжка, анкерная проволока 2. проводник якоря
Ankerfederkamm *m* *тлг* пружинная гребёнка якоря
Ankerfortsatz *m* *тлг* хвостовик якоря
Ankerfreigabe *f* отпадание якоря
Ankerkreis *m* цепь якоря
Ankerlappen *m* *тлг* язычок якоря
Ankermast *m* анкерная мачта
Ankerprellung *f* вибрация якоря
Ankerspule *f* обмотка якоря
Ankerstromkreis *m* цепь (тока) якоря
Ankerwelle *f* вал якоря
Ankerzugkraft *f* сила притяжения якоря
Anklemmen *n* присоединение к зажиму
anklingen нарастать, возрастать
Anklingkoeffizient *m* коэффициент нарастания
Anklingkonstante *f* постоянная (времени) нарастания
Anklingzeit *f* время нарастания
ankommend приходящий (*сигнал*)
Ankoppel... *см.* **Ankopplungs...**
Ankopplung *f* 1. (при)соединение, подключение, подсоединение; связь 2. *косм.* стыковка
~, **hochfrequenzseitige** связь по высокой частоте
~, **induktive** индуктивная связь
~, **lose** слабая связь
Ankopplungsbügel *m* 1. петля связи 2. присоединительная скоба
Ankopplungselement *n* элемент связи
Ankopplungskapazität *f* ёмкость (при)соединительных проводников
Ankopplungskondensator *m* конденсатор связи
Ankopplungskreis *m* цепь [контур] связи
Ankopplungsmanöver *n* *косм.* стыковка
Ankopplungsschaltung *f* схема связи; схема подключения
Ankopplungsschleife *f* петля связи
Ankopplungsvierpol *m* сопрягающий [согласующий] четырёхполюсник
Ankündigung *f* оповещение; сообщение; извещение
Ankündigungsrelais *n* реле оповещения
Ankündigungssignal *n* оповестительный сигнал
Ankunft *f* приход, поступление (*напр. сигнала*)
Anlage *f* 1. установка 2. система; комплект (*аппаратуры*)
~, **datenverarbeitende** установка (для) обработки данных
~, **informationsverarbeitende** установка (для) обработки информации

~, **vermaschte** комплексная [сложная] установка
~, **wartungslose** автоматизированная установка
Anlagekante *f* базовый край (*напр. подложки*)
Anlagenausfall *m* сбой установки
Anlagenbildsteuerung *f* управление установками по телевизионному изображению
Anlagenfahrer *m* оператор установки
Anlagenfehler *m* аппаратурная ошибка
anlagenfremd непригодный для (данной) установки
anlagengebunden ориентированный на (данную) установку
anlagenkompatibel совместимый с (данной) установкой
Anlagenkonfiguration *f* конфигурация системы
Anlagenredundanz *f* общее резервирование установки *или* системы
Anlagenstörung *f* 1. ухудшение параметров установки 2. сокращение возможностей системы
Anlagenwartung *f* (техническое) обслуживание установки
Anlagerung *f* 1. захват, присоединение (*напр. электронов*) 2. накопление 3. наращивание (*напр. кристаллов*)
~, **dissoziative** диссоциативный захват
~, **vorübergehende** временный захват
Anlagerungsenergie *f* энергия захвата
Anlagerungsfähigkeit *f* 1. способность захвата [присоединения] 2. способность накопления 3. способность наращивания
Anlagerungsfrequenz *f* частота захвата
Anlagerungshaftstelle *f* ловушка
Anlagerungskoeffizient *m* коэффициент захвата
Anlagerungsterm *m* уровень захвата
Anlagerungssubstanz *f* осадок, выпавшая фаза
Anlagerungswahrscheinlichkeit *f* вероятность захвата [присоединения]
Anlagetechnik *f* 1. техника монтажа оборудования 2. системотехника 3. *вчт* аппаратные средства системы
Anlaß *m* 1. пуск (в ход) 2. напуск (*воздуха под колпак вакуумной установки*)
Anlaß... пусковой
Anlaßeinrichtung *f* *см.* **Anlasser**
Anlassen *n* пуск (в ход)
Anlasser *m* пусковое устройство, стартер; пускатель
Anlaßzeit *f* время [продолжительность] пуска
Anlauf *m* 1. (за)пуск; разгон 2. налёт, помутнение 3. образование плёнки оксидов
~, **asynchroner** асинхронный пуск
~ **des Filmabtasters** разгон телевизионного кинопроектора
Anlaufbelastung *f* пусковая нагрузка
Anlaufbetrieb *m* пусковой режим работы
Anlaufen *n см.* **Anlauf**
Anlaufgebiet *n* пусковая область
Anlaufgeräusche *n pl* шумы пуска
Anlaufhalteschrittverfahren *n* стартстопный метод
Anlaufimpuls *m* пусковой импульс
Anlaufkosten *pl* 1. расходы на подготовку и освоение производства новых видов изделий 2. издержки пускового периода
Anlaufkurve *f* пусковая характеристика
Anlauflänge *f* начальный участок пупинизации

Anlaufperiode f период разгона
Anlaufschicht f плёнка оксидов, оксидная плёнка (*напр. на поверхности контактов*)
Anlaufschritt m 1. стартовая (телеграфная) посылка 2. сигнал пуска
Anlaufspannung f начальное напряжение
Anlaufsteuerung f управление пуском
Anlaufstrom m 1. пусковой ток 2. начальный ток (эмиссии)
Anlaufstromgebiet n участок начального тока (эмиссии)
Anlaufwert m порог трогания (*счётчика, реле*)
Anlaufzeichen n стартовая (телеграфная) посылка
Anlaufzeit f 1. время [продолжительность] пуска 2. время разгона (*напр. частицы*) 3. время срабатывания (*реле*) 4. время нарастания (*импульса*)
Anlaufzustand m пусковое [переходное] состояние
Anlegefeld n приложенное *или* наложенное поле
Anlegen n 1. приложение, подача (*напр. напряжения*) 2. наложение; совмещение
Anlegieren n 1. легирование 2. приплавление
Anmeldung f заявка (*напр. на выдачу данных из ЭВМ*)
Annäherung f 1. приближение; аппроксимация 2. *косм.* сближение
~, **geradlinige** линейная аппроксимация
Annäherungsnavigation f навигация в зоне подхода (*к аэродрому*)
Annäherungsschalter m выключатель приближения (*схемы защиты*)
Annäherungssignal n сигнал приближения
Annäherungszünder m радиолокационный *или* дистанционный взрыватель
Annahme f 1. *мат.* предположение, допущение 2. приёмка (*изделий*) 3. *вчт* принятие (*запроса*)
Annahmegerade f *над.* приёмочная линия
Annahmegrenze f граница (допуска) приёмки
Annahmekennlinie f 1. вероятностная кривая приёмки (*изделий*) 2. характеристика приёмки
Annahmewahrscheinlichkeit f вероятность приёмки (*изделий*)
Annihilation f аннигиляция
~, **strahlende** излучательная аннигиляция
~, **strahlungslose** безызлучательная аннигиляция
Annihilationsenergie f энергия аннигиляции
Annihilationszentrum n центр аннигиляции
Annihilator m **von Domänen** аннигилятор доменов
Anode f анод
~, **blockförmige** массивный анод
~, **geschlitzte** разрезной анод
~, **geschwärzte** чернёный анод
~, **kugelförmige** сферический анод
~, **mattierte** матированный анод
~, **ringförmige** кольцевой анод
~, **transparente** прозрачный анод
~, **ungeschlitzte** неразрезной [сплошной] анод
~, **unlösliche** нерастворимый анод (*в химотронных приборах*)
Anodenabstand m расстояние до анода
Anodenalarmrelais n сигнальное реле в цепи анодного питания
Anodenanschluß m анодный ввод

Anodenausbeute f анодный вывод по току
Anodenausgangsresonator m выходной анодный резонатор
Anodenaußenwiderstand m внешнее сопротивление нагрузки анодной цепи
Anodenbasisschaltung f схема с общим анодом
Anodenbelag m анодное покрытие
Anodenbelastung f 1. анодная нагрузка 2. мощность рассеяния на аноде
Anodenbereitschaftsspannung f предпробойное напряжение (*газонаполненных ламп*)
Anodenbesprechung f модуляция
Anodenblech n 1. анодная пластина 2. анодная жесть
Anodenblende f анодная диафрагма
Anodenblock m анодный блок (*магнетрона*)
Anodenbrennspannung f анодное напряжение горения (*дуги*)
Anodenbrücke f анодная мостовая схема
Anodenbrumm m фон переменного тока в цепи анода
Anodenbügel m скобка [перемычка] анодного контура
Anodendunkelraum m анодное тёмное пространство
Anodendurchführung f анодный ввод
Anodendurchgriff m проницаемость анода
Anodeneffekt m 1. анодный эффект 2. явление поляризации в электролитах
Anodenentkopplungswiderstand m сопротивление развязки в анодной цепи
Anodenentladung f анодный разряд
Anodenfall m анодное падение напряжения
Anodenfleck m анодное пятно
Anodenflügel m (охлаждающее) ребро анода
Anodenflüssigkeit f анодный электролит, анолит
Anodenfolger m, **Anodenfolgeschaltung** f анодный повторитель
Anodengebiet n анодная область
Anodengegenfeld n анодное противофазное поле
Anodengegenkopplung f отрицательная обратная связь по цепи анода
Anodengenerator m генератор анодного напряжения
Anodengitterabstand m расстояние анод — сетка
Anodengleichrichter m анодный детектор
Anodengleichspannung f постоянное напряжение на аноде
Anodengleichstrom m постоянная составляющая анодного тока
Anodengleichstromleistung f мощность постоянной составляющей анодного тока
Anodenglimmlicht n, **Anodenglühen** n анодное свечение
Anodenimpedanz f полное сопротивление анодной цепи
Anodeninduktivität f 1. индуктивность в цепи анода 2. индуктивность анода (*анодного вывода*)
Anodeninnenleitwert m внутренняя анодная проводимость
Anodenkaltspannung f анодное напряжение холодной лампы
Anodenkapazität f ёмкость анод — катод
Anodenkappe f анодный колпачок

Anoden-Katodendurchbruch *m* пробой промежутка анод—катод
Anodenkennlinie *f* анодная характеристика
Anodenklotz *m см.* **Anodenstiel**
Anodenkopplungskoeffizient *m* коэффициент анодной связи
Anodenkörper *m см.* **Anodenblock**
Anodenkreis *m* анодный контур
Anodenkreisbelastung *f* анодная нагрузка
Anodenkreistastung *f* анодная манипуляция
Anodenkreisverstimmung *f* расстройка анодного контура
Anodenkühlkörper *m* анодный радиатор
Anodenkurzschluß *m* короткое замыкание анодов
Anodenleistung *f* мощность в цепи анода
Anodenlicht *n* анодное свечение
Anodenlösung *f см.* **Anodenflüssigkeit**
Anodenluminiszenz *f* анодолюминесценция
Anodenmodulation *f* анодная модуляция
anodenmoduliert с анодной модуляцией
Anodennähe *f* прианодное пространство
Anodenneutralisation *f* анодная нейтрализация
Anodennutzleistung *f* полезная мощность в цепи анода
Anodenplatte *f* анодная пластина
Anodenraummündung *f* выходная зона анодного пространства
Anodenreaktion *f* положительная обратная связь по цепи анода
Anodenresonator *m* анодный резонатор
Anodenrestspannung *f* остаточное анодное напряжение
Anodenrohrleitung *f* анодная концентрическая линия
Anodenrückkopplung *f* обратная связь по цепи анода
Anodenrückwirkung *f см.* **Anodenreaktion**
Anodenruhestrom *m* анодный ток покоя
Anodensättigung *f* насыщение анода
Anodenschieber *m* скользящая перемычка анодного контура
Anoden-Schirmgitter-Modulation *f* анодно-экранная модуляция
Anodenschlamm *m* анодный шлам
Anodenschleife *f* петля связи с анодом
Anodenschutzgitter *n* защитная сетка анода
Anodenschwärzung *f* чернение анода
Anodenschwingkammer *f* анодный резонатор
Anodenschwingkreis *m*, **Anodenschwingkreissystem** *n* анодный колебательный контур
Anodensegment *n* сегмент анода
Anodensekundäremission *f* вторичная эмиссия (электронов) с анода
Anodenselbstinduktion *f* собственная индуктивность анодного ввода
Anodenselbstmodulation *f* анодная автомодуляция
Anodensicherung *f* анодный предохранитель
Anodenspannung *f* напряжение на аноде, анодное напряжение
Anodenspannungsfestigkeit *f* электрическая прочность к высокому анодному напряжению
Anodenspannungsfilter *n* фильтр анодного питания

Anodenspannungsgegenkopplung *f* отрицательная обратная связь по анодному напряжению
Anodenspannungskennlinie *f* анодная характеристика
Anodenspannungsmitkopplung *f* положительная обратная связь по анодному напряжению
Anodenspannungsmodulation *f* модуляция анодным напряжением
Anodenspannungsrückkopplung *f* обратная связь по анодному напряжению
Anodenspannungstastung *f* манипуляция на анод
Anodenspanungsteiler *m* делитель анодного напряжения
Anodenspeisekreis *m* цепь питания анода
Anodensperrkreis *m* запирающий контур в цепи анода
Anodensperrspannung *f* запирающее анодное напряжение
Anodenspiegel *m* зеркало анода
Anodensprung *m* перепад напряжения на аноде
Anodenstiel *m* 1. держатель анода 2. держатель антикатода (*в рентгеновской трубке*)
Anodenstrahlen *pl* анодные лучи
Anodenstreuleistung *f* мощность рассеяния на аноде
Anodenstreuung *f* рассеяние (мощности) на аноде
Anodenstrom *m* анодный ток, ток в анодной цепи
Anodenstrom-Absinkkurve *f* кривая спада анодного тока
Anodenstrom-Anodenspannungs-Kennlinie *f* анодная характеристика
Anodenstrombild *n* характеристика анодного тока
Anodenstromflußwinkel *m* угол отсечки анодного тока
Anodenstromgegenkopplung *f* отрицательная обратная связь по анодному току
Anodenstromgleichrichter *m* выпрямитель для питания анода
Anodenstromkreis *m* анодный контур
Anodenstrom-Magnetfeldkennlinie *f* характеристика зависимости анодного тока от напряжённости магнитного поля (*в магнетроне*)
Anodenstrommitkopplung *f* положительная обратная связь по анодному току
Anodenstrommodulation *f* модуляция анодного тока
Anodenstromrückkopplung *f* обратная связь по анодному току
Anodenstromsparschaltung *f* схема экономичного питания анодов (ламп)
Anodenstromsteilheit *f* крутизна характеристики анодного тока
Anodenstromverlauf *m* характеристика анодного тока
Anodenstromversorgung *f* анодное питание
Anodentastung *f* анодная манипуляция
Anodenüberspannung *f* анодное перенапряжение
Anodenüberzug *m* 1. анодное покрытие 2. анодная плёнка 3. слой (шлама) на аноде
Anoden- und Gitterkorrektur *f* анодно-сеточная коррекция
Anodenverdampfung *f* анодное испарение

Anodenverlustleistung f мощность рассеяния на аноде
Anodenwerkstoff m материал анода
Anodenwicklung f анодная обмотка
Anodenwiderstand m анодное сопротивление; анодная нагрузка
Anodenwirkungsgrad m кпд по анодной цепи
Anodenzelle f анодная ячейка
Anodenzerstäubung f анодное распыление
Anodenzündspannung f напряжение зажигания анода
Anodieren n, **Anodisierung** f анодирование
Anolyt m анолит, анодный электролит
Anordnung f 1. размещение; расположение; компоновка; упорядочение 2. система; устройство 3. структура; конфигурация; построение 4. *фтт* упаковка
~, **bistabile** 1. бистабильное устройство 2. бистабильная система
~, **exakte** точная установка
~, **fourieholographische** голографическое устройство фурье-преобразования
~, **geometrische** геометрическая структура
~ **geringer Phase** минимально-фазовая цепь
~, **lineare** копланарное расположение (*электронных прожекторов*)
~, **physikalische** физическая схема, физическая модель
~, **räumliche** объёмное распределение (*напр. примесей*)
~, **regelmäßige** регулярная структура
~, **rotationssymmetrische** коаксиальное вращающееся сочленение
Anordnungsdichte f плотность компоновки
Anpaß... *см.* **Anpassungs...**
Anpassung f 1. согласование, сопряжение 2. подгонка; юстировка 3. адаптация
~ **des Auges** адаптация глаза
~, **breitbandige** согласование в широкой полосе частот
~, **einseitige** одностороннее согласование
~ **nach der Leistung** согласование по мощности
~ **von Transistoren** подбор транзисторов с одинаковыми (*или* взаимно дополняющими) структурами и параметрами
Anpassungsbaustein m согласующий модуль; согласующий узел; ИС сопряжения
Anpassungsbedingung f условие согласования
Anpassungsblende f согласующая диафрагма
Anpassungsblindschwanz m согласующий реактивный шлейф
Anpassungsdämpfungsglied n согласующий аттенюатор
Anpassungseinheit f, **Anpassungseinrichtung** f согласующее устройство; сопрягающее устройство, адаптер
Anpassungselement n согласующий элемент
Anpassungsfähigkeit f 1. приспособляемость; гибкость в применении 2. возможность согласования 3. способность к адаптации
Anpassungsfaktor m коэффициент согласования
Anpassungsfehler m ошибка согласования
Anpassungsfilter n согласующий фильтр
Anpassungsfrequenz f частота согласования
Anpassungsgenauigkeit f точность согласования
Anpassungsglied n согласующее звено
Anpassungsgrad m коэффициент согласования
Anpassungsimpedanz f согласующее (полное) сопротивление
Anpassungskennlinie f регулировочная характеристика
Anpassungskreis m согласующий контур
Anpassungsleitung f согласующая линия
Anpassungsmaß n степень согласования
Anpassungsmesser m измеритель согласования
Anpassungsnetzwerk n согласующая цепь
Anpassungsoptron n согласующий оптрон
Anpassungsparameter m 1. параметр сопряжения 2. юстируемый параметр
Anpassungspunkt m точка согласования
Anpassungsregelung f адаптивное регулирование
Anpassungsschaltung f схема согласования
Anpassungssektion f согласующая секция
Anpassungsstecker m направляющий штырь (*для механического и электрического сопряжения блоков*)
Anpassungssteuerung f адаптивное управление
Anpassungsstichleitung f согласующий (четвертьволновый) шлейф
Anpassungsstrom m уравнительный ток
Anpassungsstufe f каскад согласования
Anpassungssystem n адаптивная система
Anpassungsteil m согласующее звено
Anpassungstransformator m, **Anpassungsübertrager** m согласующий трансформатор
Anpassungsvermögen n адаптивность
Anpassungswert m коэффициент согласования
Anpassungswiderstand m согласующее сопротивление
Anpeilen n пеленгование
Anprall m удар; соударение; столкновение
Anprallwinkel m 1. угол столкновения 2. угол падения
Anpreßkraft f 1. *зап.* прижимная сила (*звукоснимателя*) 2. сила притяжения (*контактов реле*)
Anquetschmethode f метод (термо)компрессии
Anregbarkeit f *киб.* возбуждаемость
Anregekristall m затравочный кристалл, затравка
anregen возбуждать
~, **durch Pumpen** возбуждать накачкой
Anreger m 1. возбудитель 2. активатор, инициатор
Anregung f 1. возбуждение 2. *киб.* стимулирование, побуждение 3. *кв. эл.* накачка 4. активация, инициирование
~, **breitbandige** возбуждение в широкой полосе частот
~ **durch Ladungsträgerinjektion** возбуждение инжекцией носителей
~ **durch Laser** лазерная накачка
~, **kaskadenartige** каскадное возбуждение (*последовательными ступенями*)
~, **lichtelektrische** световое возбуждение, фотовозбуждение
~, **optische** 1. оптическое возбуждение 2. оптическая накачка (*лазера*)
~, **parametrische** параметрическое возбуждение
~, **stationäre** установившееся [постоянное] возбуждение

ANR

~, **stufenweise** ступенчатое возбуждение
~, **thermische** тепловое возбуждение
~ **über dem Schwellenwert** надпороговое возбуждение
Anregungsart f 1. способ возбуждения 2. метод накачки 3. метод активации
Anregungsband n полоса возбуждения
Anregungsbedingung f условие возбуждения
Anregungselektrode f возбуждающий электрод
Anregungsemission f индуцированное излучение
Anregungsenergie f 1. энергия возбуждения 2. энергия накачки
Anregungsfähigkeit f бион., киб. возбудимость
Anregungsfrequenz f 1. частота возбуждения 2. частота накачки
Anregungsfunktion f функция возбуждения
Anregungsgerät n 1. возбудитель 2. стимулятор
Anregungsgrenze f граница возбуждения
Anregungsimpuls m 1. импульс возбуждения 2. импульс накачки
Anregungsintensität f 1. интенсивность возбуждения 2. интенсивность накачки
Anregungskanal m канал возбуждения
Anregungslampe f 1. лампа накачки 2. зап. воспроизводящая лампа
Anregungslaser m лазер накачки
Anregungsleistung f 1. мощность возбуждения 2. мощность накачки
Anregungsleuchten n свечение возбуждения
Anregungslicht n 1. световое возбуждение 2. импульс оптической накачки
Anregungslichtquelle f 1. источник светового возбуждения 2. источник оптической накачки
Anregungslichtstärke f 1. интенсивность источника светового возбуждения 2. интенсивность источника оптической накачки
Anregungsmechanismus m 1. механизм возбуждения 2. механизм накачки
Anregungsniveau n, **Anregungspegel** m 1. уровень возбуждения 2. уровень накачки
Anregungsphoton n фотон (излучения) накачки
Anregungspotential n потенциал возбуждения
Anregungsquantum n квант возбуждения
Anregungsquerschnitt m (эффективное) сечение возбуждения
Anregungsrate f 1. интенсивность возбуждения 2. интенсивность накачки
Anregungsschwelle f порог возбуждения
Anregungsspannung f напряжение возбуждения
Anregungsspektrum n 1. спектр возбуждения 2. спектр накачки
Anregungsspiegel m отражатель излучения накачки
Anregungsstrahlung f возбуждающее излучение
Anregungsstrom m 1. ток возбуждения 2. ток намагничивания
Anregungsstufe f каскад возбуждения
Anregungssystem n, **optisches** система оптической накачки
Anregungsverfahren n см. **Anregungsart**
Anregungswahrscheinlichkeit f вероятность возбуждения
Anregungszentrum n центр возбуждения
Anregungszustand m возбуждённое состояние
Anreicherung f обогащение; накопление

ANS

Anreicherungsbetrieb m режим обогащения
Anreicherungsgebiet n обогащённая область
Anreicherungskanal m канал накопления; канал обогащения
Anreicherungs-MISFET m полевой МДП-транзистор с обогащённым каналом
Anreicherungsmode f режим накопления; режим обогащения
Anreicherungs-MOSFET m полевой МОП-транзистор с обогащённым каналом
Anreicherungsrandschicht f обогащённый граничный слой
Anreicherungssteuerung f управление процессом обогащения или накопления
Anreicherungstransistor m, **Anreicherungstyp** m транзистор, работающий в режиме обогащения
Anreicherungsverfahren n метод обогащения или накопления
Anreicherungszone f обогащённая зона
Anreihen n установление последовательности (выборки команд)
Anreißen n скрайбирование
~ **der Halbleiterplatte** скрайбирование полупроводниковой пластины
~ **mit Laser** лазерное скрайбирование
Anreizimpuls m возбуждающий или стимулирующий импульс
Anruf m 1. тлф вызов 2. вчт запрос; обращение 3. вчт переход в подпрограмме 4. заявка (в теории массового обслуживания)
~, **allgemeiner** тлф циркулярный вызов
~, **hörbarer** акустический вызов
~ **im Fernverkehr** междугородный вызов
~ **im Ortsverkehr** местный вызов
Anrufbeantworter m, **Anrufbeantwortungseinrichtung** f 1. тлф ответное устройство 2. рлк ответчик
Anrufdruckknopf m вызывная кнопка
Anrufeinheit f 1. тлф абонентский комплект на станции 2. устройство запроса; устройство опроса
Anrufer m вызывающий абонент
Anruffrequenz f вызванная частота
Anruflautsprecher m вызывной громкоговоритель
Anrufordner m распределитель вызовов
Anruforgan n см. **Anrufeinheit**
Anrufrelais n вызывное реле
Anrufschaltung f схема посылки вызова
Anrufsignal n 1. сигнал вызова 2. сигнал запроса
Anrufsucher m искатель вызовов, ИВ
Anrufsucherverteiler m распределитель искателей вызовов
Anruftaste f вызывная клавиша; вызывной ключ
Anrufumleitung f 1. переадресация вызова 2. обходное соединение
Anrufverteiler m распределитель вызовов
Anrufvorrichtung f вызывное устройство
Anrufwelle f вызывная [позывная] волна
Anrufwiederholer m (автоматический) повторитель вызова
Anrufzeichen n сигнал вызова
Ansage f 1. надиктовывание, наговаривание (дикторского текста) 2. оповещение; объявление; сообщение

Ansagegerät n диктофон
Ansagemikrofon n дикторский микрофон
Ansageraum m, **Ansagestudio** n дикторская студия
Ansammlung f 1. накопление; аккумулирование 2. собирание, сбор 3. скопление, сгусток
Ansatz m, **Ansatzstück** n приставка; насадка
Ansaugen n 1. насасывание (*напр. сигнала, помехи*) 2. (вакуумное) присасывание (*напр. для удержания подложки*)
Anschalteeinheit f блок включения; блок коммутации
Anschalteleitung f соединительная линия
Anschalten n включение; подключение; соединение; подсоединение
Anschaltewähler m искатель коммутатора
Anschaltfilter n дополнительный фильтр
Anschaltphase f фаза (в момент) включения
Anschärfung f тлв подчёркивание (границ)
Anschauungsweise f способ наглядного представления (*данных, информации*)
Anschellen n крепление (кабеля) скобами
Anschießen n быстрая кристаллизация
Anschlag m 1. упор; ограничитель; стопор 2. выгиб кромки (*вид повреждения*)
Anschlagfläche f площадь соприкосновения (*контактов*)
Anschlagknopf m нажимная кнопка
Anschlagleiste f упорная планка
Anschließen n присоединение; подсоединение; подключение
~, **thermokompressives** термокомпрессионное присоединение (*проводников, выводов*)
Anschliff m срез, аншлиф
~ **eines Wafers** nn срез (сегмента) подложки (*для угловой ориентации относительно фотошаблона*)
Anschluß m 1. присоединение; подсоединение; подключение; ввод 2. зажим, клемма; вывод
~ **für gedruckte Schaltung** концевой печатный контакт
~, **gewickelter** соединение скруткой
~, **«heißer»** подключение в «горячем» состоянии
~ **in Flußrichtung, gepolter** включение (полюсов) прибора в прямом направлении
~ **in Sperrichtung, gepolter** включение (полюсов) прибора в обратном направлении
~, **rückseitiger** задний ввод; заднее присоединение (*напр. проводов в стойке*)
Anschlußabstände m pl расстояния между выводами (*ИС*)
Anschlußadresse f адрес подключаемой ячейки (*памяти*)
Anschlußanordnung f схема соединений
Anschlußband n ленточный вывод
~, **selbsttragendes** балочный вывод (*напр. ИС*)
Anschlußbedingungen f pl условия сопряжения (*блоков, аппаратуры*)
Anschlußbeine n pl контактные штырьки
Anschlußbelegung f расположение выводов (*соединителя*); схема расположения выводов (*ИС*)
Anschlußbezeichnung f обозначение контактов (*соединителя*)
Anschlußbild n схема соединений
Anschlußblock m см. **Anschlußeinheit**

Anschlußbonden n соединение пайкой *или* сваркой
Anschlußbuchse f гнездо (для) подключения; гнездо соединителя
Anschlußdiagramm n схема [таблица] соединений
Anschlußdichte f плотность (размещения) выводов
Anschlußdiffusion f диффузия (для) формирования контактов
Anschlußdose f 1. соединительная коробка 2. клеммная розетка
Anschlußdurchführung f проходная клемма
Anschlüsse m pl **am Chipumfang** выводы [контакты, соединения], расположенные по периметру кристалла (*ИС*)
Anschlußeinheit f 1. подключаемый (сменный) блок 2. блок подключения (*к системе*) 3. вчт устройство сопряжения; интерфейсный блок
Anschlußelektronik f электроника устройств сопряжения; электроника интерфейсного блока
Anschlußelement n, **bandförmiges** ленточный вывод
Anschlußende n соединительный конец
Anschlußfahne f 1. присоединительная шин(к)а 2. бирка [ярлык] с маркировкой подключения
Anschlußfeld n панель подключения
Anschlußfläche f 1. контактная поверхность 2. контактная площадка (*печатной платы*)
Anschlußfolge f последовательность включения
Anschlußgenauigkeit f 1. точность подключения 2. точность совмещения (*напр. фрагментов фотошаблона*)
Anschlußgerät n 1. подключаемый прибор 2. вчт периферийное устройство
Anschlußinsel f контактная площадка (*печатной платы*)
Anschlußkabel n 1. соединительный кабель 2. тлф абонентский кабель
Anschlußkamm m контактная гребёнка
Anschlußkammontage f монтаж с контактной гребёнкой
Anschlußkammstruktur f структура гребенчатого соединения
Anschlußkapazität f 1. коэффициент разветвления по выходу 2. ёмкость подключения (*паразитная нагрузочная ёмкость*)
Anschlußkappe f вывод-колпачок
Anschlußkasten m 1. клеммная коробка 2. разветвительная коробка
Anschlußkennung f код идентификации терминала
Anschlußklemmleiste f клеммная планка
Anschlußkompatibilität f совместимость по подключению
Anschlußkreis m подводящая цепь
Anschlußkupplung f соединительная муфта
Anschlußleiste f присоединительная (контактная) планка
Anschlußleitung f 1. соединительная линия 2. абонентская линия
~, **gemeinsame** общая абонентская линия
Anschlußloch n монтажное отверстие (*печатной платы*)
Anschlußnummer f номер абонента

43

Anschlußöse f монтажный лепесток; монтажная петля
Anschlußplatte f 1. (при)соединительная плата 2. съёмная (контактная) плата
Anschlußpol m, **freistehender** автономный терминал
Anschlußpolarität f полярность включения
Anschlußpunkt m см. **Anschlußstelle**
Anschlußschaltbild n, **Anschlußschaltung** f монтажная схема соединений; схема подключения
Anschlußschiene f присоединительная шина
Anschlußsockel m цокольная колодка
Anschlußspannung f подводимое напряжение
Anschlußstecker m штекер
Anschlußsteckkontakt m штепсельный контакт
Anschlußstelle f 1. место подключения 2. вчт место ввода (двух частей программы)
Anschlußsteuereinheit f 1. блок управления подключением 2. блок управления интерфейсом
Anschlußsteuerung f 1. управление включением 2. вчт управление интерфейсом
Anschlußstift m соединительный [контактный] штырёк
Anschlußstiftkonfiguration f конфигурация соединительных штырьков
Anschlußstreifen m клеммная планка
Anschlußstruktur f im **Folienbondverfahren** структура соединителя в плёночном исполнении
Anschlußsystem n 1. система подключения 2. система интерфейса
Anschlußtabelle f вчт таблица терминалов
Anschlußtafel f соединительная панель
Anschlußteil m соединитель
Anschlußverbindung f подключение с помощью соединителя
Anschlußvereinbarung f вчт соглашение о связях
Anschlußverfahren n метод контактирования [присоединения, подключения]
Anschlußverteilerschrank m вводно-распределительный шкаф
Anschmelzen n приплавление; наплавление
Anschreibung f запись
Anschriftzeile f заглавная строка
Anschwellen n 1. нарастание 2. вспучивание 3. набухание
~ **im Naßentwicklungsprozeß** набухание при жидкостном проявлении (фоторезиста)
Anschwellung f 1. см. **Anschwellen** 2. горб (кривой)
Anschwingdauer f время нарастания (колебаний)
Anschwingen n нарастание (колебаний); возникновение (колебаний)
Anschwingsteilheit f крутизна кривой нарастания (колебаний)
Anschwingstrom m пусковой ток
Anschwingvorgang m процесс нарастания (колебаний)
Anspeisung f питание; запитывание
Ansprechbereich m, **Ansprechbreite** f диапазон [интервал] срабатывания
Ansprechcharakteristik f характеристика срабатывания
Ansprechdauer f время срабатывания
Ansprecheigenzeit f собственное время срабатывания

Ansprechempfindlichkeit f чувствительность срабатывания
Ansprechen n 1. срабатывание; реакция 2. ответный сигнал
Ansprecherregung f возбуждение срабатывания
Ansprechfunkfeuer n радиомаяк-ответчик
Ansprechgeschwindigkeit f скорость срабатывания; время реакции
Ansprechglied n срабатывающее звено; срабатывающий элемент
Ansprechgrenze f см. **Ansprechschwelle**
Ansprechkurve f характеристика срабатывания
Ansprechpegel m уровень срабатывания
Ansprechpolarität f полярность сигнала срабатывания
Ansprechpunkt m точка срабатывания
Ansprechschnelligkeit f см. **Ansprechgeschwindigkeit**
Ansprechschwelle f порог срабатывания; порог чувствительности
Ansprechsicherheit f надёжность срабатывания
Ansprechsicherheitsfaktor m коэффициент запаса срабатывания
Ansprechspannung f напряжение срабатывания; напряжение трогания (реле)
Ansprechstellung f положение срабатывания
~, **direkte** положение прямого срабатывания
~, **inverse** положение обратного срабатывания
Ansprechtabelle f таблица срабатываний
Ansprechträgheit f инерционность срабатывания
Ansprechverhalten n характеристика параметра трогания (реле)
Ansprechwahrscheinlichkeit f вероятность срабатывания
Ansprechwert m 1. пороговое значение 2. величина параметра трогания (реле)
Ansprechzähler m счётчик числа срабатываний
Ansprengen n прижатие, прижим, плотное контактирование
Anspringen n:
~ **des Brechungsindexes** скачок показателя преломления
~ **der Spannung** скачок [бросок] напряжения
Ansprungadresse f начальный адрес
Ansteck... подключаемый при помощи штепсельной вилки, штепсельный
Ansteigen n нарастание, повышение
Ansteuer... см. тж **Ansteuerungs...**
Ansteuerbedingungen f pl 1. условия возбуждения 2. условия управления
Ansteuerblock m блок управления
Ansteuerelektronik f система электронного управления
Ansteuerelement n 1. задающий элемент; возбуждающий элемент 2. элемент (системы) управления
Ansteuergerät n прибор управления
Ansteuerimpuls m запускающий импульс
Ansteuerschaltung f 1. схема запуска 2. схема управления
Ansteuerstrom m 1. ток возбуждения 2. ток управления 3. ток выборки (в ЗУ) 4. пусковой ток
Ansteuerung f 1. возбуждение; запуск 2. управление 3. наведение (напр. ракеты)

Ansteuerungs... *см. тж* **Ansteuer...**
Ansteuerungsfeuer *n*, **Ansteuerungsfunkbake** *f*, **Ansteuerungsfunkfeuer** *n* приводной радиомаяк
Ansteuerungsfunktion *f* функция управления
Ansteuerungsgenauigkeit *f* точность наведения
Ansteuerungsimpuls *m* 1. импульс возбуждения или запуска 2. управляющий импульс
Ansteuerungsleitung *f* 1. шина возбуждения 2. шина управления
Ansteuerungslogik *f* 1. управляющая логика 2. логическая схема (устройства) управления
Ansteuerungssender *m* приводной радиопередатчик
Ansteuerungssignal *n* 1. сигнал возбуждения или запуска 2. управляющий сигнал 3. сигнал наведения
Anstieg *m* 1. нарастание; увеличение; повышение 2. подъём 3. градиент (*в сенситометрии*)
Anstiegsdauer *f* время нарастания
Anstiegsflanke *f* фронт нарастания (*импульса*)
Anstiegsfunktion *f* (линейно) нарастающая функция
Anstiegsgeschwindigkeit *f* скорость нарастания
Anstiegskante *f* 1. ведущий край (*перфокарты*) 2. фронт (*импульса*)
Anstiegskonstante *f* постоянная времени нарастания
Anstiegssignal *n* сигнал нарастания
Anstiegsverzerrung *f* искажение фронта нарастания
Anstiegsverzögerung *f* задержка (фронта) нарастания
Anstiegsverzögerungszeit *f* время задержки нарастания (*напр. импульса*)
Anstiegszeit *f* время нарастания
Anstiegszeitkonstante *f* постоянная времени нарастания
Anstoß *m* 1. толчок; удар 2. импульс 3. столкновение, соударение
Anstoßelektron *n* бомбардирующий электрон; возбуждающий электрон
anstoßen 1. возбуждать импульсами; ударно возбуждать (*контур*) 2. ударять(ся); наталкиваться; сталкиваться
Anstoßimpuls *m* запускающий импульс
Anstoßpegel *m* уровень запуска
Anstoßrelais *n* импульсное реле
Anstoßschalter *m* концевой выключатель
Anstrahlung *f* облучение
antasten зондировать
Antastpunkt *m* точка касания [соприкосновения] (контактов)
Antastvorrichtung *f* пробник; щуп
Anteil *m* 1. составляющая, компонента 2. часть
Antenne *f* антенна
~, **abgestimmte** настроенная антенна
~, **aktive** активная антенна (*напр. с встроенным усилителем или генератором*)
~, **aufblasbare** надувная антенна
~, **auf Oberwellen erregte** гармониковая антенна
~ **aus Scheiben-Konus-Kombination** дискоконусная антенна
~, **ausziehbare** телескопическая антенна
~, **begrabene** утопленная антенна
~, **dachförmige** зонтичная антенна

~, **dielektrische** диэлектрическая антенна
~, **drehbare** вращающаяся [поворотная] антенна
~, **einfache** однопроводная антенна
~, **eingebaute** встроенная антенна
~, **einseitig gerichtete** однонаправленная антенна
~, **einstellbare** антенна с управляемой диаграммой направленности
~, **fadingmindernde** антифединговая антенна
~, **freihängende** самолётная выпускная антенна
~ **für mehrere Frequenzbänder** многодиапазонная антенна
~, **fußpunktgespeiste** антенна нижнего питания
~, **geknickte** Г-образная антенна
~, **geräuscharme** помехозащищённая антенна
~, **geschichtete [gestockte]** многоярусная антенна
~, **gleichphasige** фазированная антенна
~, **in der Höhe schwenkbare** антенна угла места
~, **in Oberwellen erregte** гармониковая антенна
~, **kapazitivbeschwerte** антенна с ёмкостной нагрузкой
~, **kompensierte** симметричная антенна
~, **künstliche** эквивалент антенны
~, **lineare** линейная антенна
~, **logarithmisch-periodische** логопериодическая антенна
~, **magnetische** магнитная антенна
~, **mehrdrähtige** многопроводная антенна
~, **mehrfach abgestimmte** диапазонная антенна
~, **mehrfach gespeiste** антенна, питаемая в нескольких точках
~ **mit Direktorsystem** директорная антенна
~ **mit elektronischer Diagrammschwenkung** антенна с электронным качанием диаграммы направленности
~ **mit fortschreitender Welle** антенна бегущей волны
~ **mit Fußpunktspeisung** антенна нижнего питания
~ **mit gestaffelter Strahleranordnung** антенна с многоэтажным расположением вибраторов
~ **mit Kreiselstabilisierung** гиростабилизированная антенна
~ **mit schwenkbarer Charakteristik** *см.* **Antenne, steuerbare**
~ **mit stehender Welle** антенна стоячей волны
~ **mit Strahlenschwenkung** антенна с качанием луча
~ **mit verringerter Öffnung** антенна с уменьшенным раскрывом
~, **nachteffektfreie** антенна, свободная от воздействия ночного эффекта
~, **nullstellenaufgefüllte** антенна с диаграммой направленности без нулей
~, **obengespeiste** антенна верхнего питания
~, **parallelgespeiste** антенна с параллельным питанием
~, **phasengesteuerte** фазированная антенна
~, **rhombische** ромбическая антенна
~, **richtungsempfindliche** (приёмная) направленная антенна
~, **rundstrahlende** (передающая) ненаправленная антенна
~, **scharfbündelnde** остронаправленная антенна
~, **schirmförmige** зонтичная антенна
~, **schwenkbare** качающаяся антенна
~, **schwundmindernde** антифединговая антенна

~, **spannungserregte** антенна, возбуждаемая напряжением
~, **sphärische** сферическая антенна
~, **steuerbare** антенна с управляемой диаграммой направленности
~, **störungsarme** помехозащищённая антенна
~, **strahlungserregte** пассивная антенна
~, **strahlungsgekoppelte** антенна с косвенным возбуждением; пассивный элемент антенны
~, **trichterförmige** рупорная антенна
~, **unbelastete** ненагруженная антенна
~, **ungerichtete** ненаправленная антенна
~, **verstimmte** расстроенная антенна
~, **wendelförmige** (плоская) спиральная антенна
~, **zipfelfreie** антенна без боковых лепестков
~, **zweidrähtige** двухпроводная антенна
Antennen f pl, **räumlich getrennte** пространственно разнесённые антенны
Antennenabführung f снижение антенны
Antennenabgleichmittel n pl (индуктивно-ёмкостные) элементы согласования антенны
Antennenableitung f снижение антенны
Antennenablösegerät n см. Antennendiversitygerät
Antennenabschwächer m антенный аттенюатор
Antennenabstimmgerät n прибор для настройки антенны
Antennenabstimmung f настройка антенны
Antennenachsenrichtung f направление оси антенны
Antennenanfachung f возбуждение антенны
Antennenankopplung f связь с антенной
Antennenanlage f антенное устройство
Antennenanordnung f антенная система
~ **für Längsstrahlung** продольно-излучающая антенная система
~ **regelmäßiger Ausführung** симметричная антенная система
Antennenanpaßbügel m перемычка (для) согласования антенны
Antennenanpassung f согласование антенны
Antennenanpassungsgerät n, **Antennenanpassungsglied** n антенное согласующее устройство
Antennenanpassungsmesser m индикатор согласования антенны
Antennenanschluß m, **Antennenanschlußbuchse** f гнездо (для подключения) антенны
Antennenantrieb m привод антенны
Antennenanzapfung f ответвление антенны
Antennenanzeigeskale f лимб антенны
Antennenarm m плечо антенны
Antennenaufstellungshöhe f высота подъёма антенны
Antennenausrichtung f, **automatische** автоматическое наведение антенны
Antennenbandbreite f ширина полосы частот антенны
Antennenbasis f основание антенны
Antennenbereich m диапазон антенны
Antennenblindwiderstand m реактивное сопротивление антенны
Antennenbuchse f гнездо (для подключения) антенны
Antennenbündelbreite f ширина диаграммы направленности антенны

Antennenbündelung f направленность антенны
Antennencharakteristik f характеристика [диаграмма] направленности антенны
Antennendämpfung f затухание антенны
Antennendiagrammtastung f переключение диаграммы направленности антенны
Antennendiversity f разнос антенн
Antennendiversitygerät n устройство выбора антенны (*при разнесённом приёме*)
Antennendraht m антенный провод
Antennendrehwerk n механизм поворота антенны
Antennendrehwinkel m угол поворота антенны
Antennendrossel f антенный дроссель
Antennendurchführung f ввод антенны
Antennendurchführungsisolator m антенный проходной изолятор
Antennenebene f плоскость антенны
Antenneneffekt m антенный эффект
Antenneneingangswiderstand m входное сопротивление антенны
Antenneneinrichtung f 1. антенное устройство 2. установка [монтаж] антенны
Antennenelement n антенный элемент
~, **strahlungsgekoppeltes** пассивный антенный элемент (*напр. директор*)
Antennen-EMK f эдс антенны
Antennenenergieleitung f линия питания антенны
Antennenerdschalter m переключатель заземления антенны
Antennenerdung f заземление антенны
Antennenersatzwiderstand m эквивалентное сопротивление антенны
Antennenfassung f цоколь антенны
Antennenfeeder m антенный фидер
Antennenfehler m 1. искажения, вносимые антенной (*напр. эхо-сигналы, пластика*) 2. ошибка пеленгования, вносимая антенной
Antennenfeinstellung f точная настройка антенны; точная установка антенны
Antennenfeld n 1. поле антенны 2. антенное поле
Antennenfeldgewinn m коэффициент усиления антенны по полю
Antennenfeldstärke f напряжённость поля антенны
Antennenfernfeld n дальнее поле антенны
Antennenfilter n антенный фильтр
Antennenfläche f, **wirksame** эффективная площадь (приёмной) антенны
Antennenformfaktor m коэффициент формы антенны
Antennenfunkturm m антенна-башня
Antennenfuß m основание антенны
Antennengebilde n антенное устройство
Antennengegengewicht n противовес антенны
Antennengewinn m усиление антенны
Antennengewinnfaktor m коэффициент усиления антенны
Antennengitter n антенная решётка
Antennengrobeinstellung f грубая настройка антенны; грубая установка антенны
Antennengrundwelle f основная волна антенны
Antennengruppe f 1. антенная группа, группа антенн 2. антенная решётка
~, **phasengesteuerte** фазированная антенная решётка

Antennenhalbwertsbreite f ширина диаграммы направленности антенны на половинном уровне
Antennenhalterung f крепление антенны
Antennenhebungsklinke f 1. ручка [рукоятка] для подъёма антенны 2. защёлка [карабин] (*на мачте корабля*) для подъёма антенны
Antennenhochführung f снижение антенны
Antennenhöhe f высота антенны
~, **effektive** действующая высота антенны
Antennenhorn n рупор антенны
Antennenimpedanz f полное сопротивление антенны
Antenneninterferometer n радиоинтерферометр
Antennenkabelplan m схема соединений (элементов) антенны
Antennenkabelverluste m pl потери в антенном кабеле
Antennenkappe f колпак антенны
Antennenkeule f лепесток диаграммы направленности антенны
Antennenkombination f, **fadingmindernde** система разнесённых антенн, снижающая эффект замирания
Antennenkopf m антенная головка
Antennenkopplung f связь с антенной
Antennenkreis m антенный контур
Antennenkreisleistung f мощность в антенном контуре
Antennenkuppel f кожух [обтекатель] антенны
Antennenlänge f (геометрическая) длина антенны
~, **effektive** действующая длина антенны
Antennenlängsstrahlungsanordnung f продольно-излучающее антенное устройство
Antennenleistung f излучаемая мощность антенны
~, **wirksame** эффективная излучаемая мощность антенны
Antennenleistungsrichtdiagramm n диаграмма направленности антенны по мощности
Antennenleiter m 1. антенный провод 2. антенный фидер
Antennenleitung f линия питания антенны
Antennenlinse f линзовая антенна
Antennenlitze f антенный канатик
Antennenmast m антенная мачта
Antennenmeßgerät n прибор для измерения параметров антенны
Antennenmodulation f модуляция несущей в цепи антенны; модуляция поглощением
Antennenmotor m двигатель поворота антенны
Antennennachbildung f эквивалент антенны
Antennennachführung f гидирование антенны
Antennennahfeld n ближнее поле антенны
Antennenniederführung f снижение антенны
Antennennutzspannung f полезное напряжение в антенне
Antennenoberwelle f гармоника собственной частоты антенны
Antennenöffnung f раскрыв антенны
Antennenöffnungsebene f, **Antennenöffnungsfläche** f плоскость раскрыва антенны
Antennenöffnungswinkel m угол раскрыва антенны
Antennenpaar n сдвоенная [двойная] антенна
Antennenpeilung f антенный пеленг

Antennenpolardiagramm n полярная диаграмма направленности антенны
Antennenprüfgerät n см. **Antennentestgerät**
Antennenrauschen n шумы антенны
Antennenreflektor m антенный отражатель, антенное зеркало
Antennenreflexion f отражение в антенне
Antennenresonanzkurve f разонансная кривая антенны
Antennenrichtdiagramm n диаграмма направленности антенны
~, **schwenkbares** качающаяся диаграмма направленности антенны
Antennenrichtfaktor m коэффициент направленного действия антенны, КНД (антенны)
Antennenrichtungsgewinn m усиление антенны за счёт направленности
Antennenrichtwirkung f направленность антенны
Antennenrotor m поворотное устройство антенны
Antennenrundstrahldiagramm n круговая диаграмма направленности антенны
Antennenschalter m антенный переключатель
Antennenschaltfeld n антенный коммутатор
Antennenscheinwiderstand m (входное) полное сопротивление антенны
Antennenschutz m устройство защиты антенны
Antennenschwenkung f качание антенны
Antennenseil n антенный канатик
Antennenspalte f вертикальный ряд вибраторов
Antennenspannung f напряжение в антенне
Antennenspannungsrichtdiagramm n диаграмма направленности антенны по напряжённости поля
Antennenspeisekabel n, **Antennenspeiseleitung** f см. **Antennenleitung**
Antennenspeisewiderstand m входное сопротивление антенны
Antennenspeisung f питание антенны
Antennensperrkreis m антенный фильтр помех
Antennenspiegel m антенное зеркало, антенный отражатель
Antennenspule f антенная катушка
Antennenstab m стержень антенны
Antennensteckdose f антенный переходный соединитель; антенная розетка
Antennensteller m устройство ориентирования антенны (*для приёма спутниковых передач*)
Antennensteuersender m передатчик, работающий на антенну
Antennenstrahl m луч антенны
~, **bleistiftförmiger** узконаправленный луч антенны
~, **fächerförmiger** веерный луч антенны
Antennensteller m *косм.* устройство ориентирования антенны
Antennenstrahler m излучатель антенны
~, **aktiver** [**gespeister**] первичный излучатель антенны
~, **passiver** вторичный излучатель антенны
~, **schwingender** первичный излучатель антенны
~, **ungespeister** вторичный излучатель антенны
Antennenstrahlung f излучение антенны
Antennenstrahlungsdiagramm n диаграмма излучения антенны

ANT

Antennenstrahlungsfeld *n* поле излучения антенн
Antennenstrom *m* антенный ток
Antennenstromanzeiger *m* антенный амперметр; индикатор антенного тока
Antennenstromkreis *m* антенный контур
Antennensystem *n* антенная система
~, **scharfgebündeltes** остронаправленная антенная система
Antennentasche *f* антенный колпак
Antennentemperatur *f* шумовая температура антенны
Antennentestgerät *n* прибор для антенных измерений
Antennentrafo *m*, **Antennentransformator** *m* антенный трансформатор
Antennenträger *m* антенная опора
Antennenturm *m* антенна-башня
Antennenüberspannungsableiter *m* антенный разрядник
Antennenübersprechen *n* перекрёстная наводка от антенны к антенне
Antennenübertrager *m* антенный трансформатор
Antennenübertragungsleitung *f*, **Antennenübertragungsweg** *m* линия питания антенны; антенный фидер
Antennenumlauf *m* вращение антенны
Antennenumschalter *m*, **Antennenumtaster** *m* антенный переключатель
Antennenverkleidung *f* обтекатель антенны
Antennenverkürzungsfaktor *m* коэффициент укорачивания антенны
Antennenverkürzungskondensator *m* укорачивающий антенный конденсатор
Antennenverlängerungsspule *f* удлинительная антенная катушка
Antennenverluste *m pl* потери в антенне
Antennenversatz *m* разнесение антенн
Antennenverstärker *m* антенный усилитель
Antennenverstärkung *f* усиление антенны
Antennenverstimmungsschutz *m* устройство защиты антенны от расстройки
Antennenverteiler *m* см. **Antennenweiche 2.**
Antennenwähler *m* антенный переключатель
Antennenwand *f* антенная решётка
Antennenweiche *f* **1.** антенный разделитель, диплексер **2.** антенное переходное устройство, антенный разветвитель
Antennenwiderstand *m* (входное) сопротивление антенны
Antennenwinde *f* антенная лебёдка
Antennenwindung *f* виток обмотки антенны (*рамочного типа*)
Antennenwirkfläche *f* эффективная поверхность антенны
Antennenwirkung *f* антенный эффект
Antennenwirkungsgrad *m* кпд антенны
Antennenwirkwiderstand *m* (входное) активное сопротивление антенны
Antennenzeile *f* горизонтальный ряд вибраторов антенны
Antennenzuführung *f*, **Antennenzuleitung** *f* линия питания антенны; антенный фидер
Antialiasingfilter *n* фильтр устранения помех дискретизации
antibluming противоореольный

Anticloche-Schaltung *f* цепь предварительной высокочастотной коррексии, *проф.* «антиклёш» (*в системе СЕКАМ-III*)
Antifadingantenne *f* антифединговая антенна
Antifadingempfänger *m* приёмник с АРУ
Antiferroelektrikum *n* антисегнетоэлектрик
Antiferroelektrizität *f* антисегнетоэлектричество
Antiferromagnetikum *n* антиферромагнетик
Antiferromagnetismus *m* антиферромагнетизм
Antiferromagnon *n* антиферромагнон (*спиновая волна в антиферромагнетике*)
Anti-Frenkel-Defekt *m*, **Anti-Frenkel-Fehlordnung** *f* антидефект Френкеля [по Френкелю]
Antiglocke *f тлв* высокочастотные предыскажения
Antihydronleitung *f* водонепроницаемый кабель
Antiinversion *f* антиинверсия
Antiionen-Scheidewand *f* антиионная диафрагма
Antiisomorphie *f* антиизоморфизм
Antikatodenspiegel *m* зеркало антикатода
Antikoinzidenz *f* антисовпадение
Antikollisionsradargerät *n* РЛС предупреждения столкновений
Antilichthofschicht *f* противоореольный слой
Antiloch *n* антидырка
Antimoneinbau *m* введение сурьмы
Antimontrisulfid *n* трёхсернистая сурьма (*материал мишени*)
Antimonzäsiumfotokatode *f* сурьмяно-цезиевый фотокатод
Antinode *f* пучность (*волны*)
antiparallel 1. встречно-параллельный **2.** бифилярный (*об обмотке*)
Antiope *n* Антиоп (*система телетекста, Франция*)
Antiparallelschaltung *f* встречно-параллельное включение
Antiphase *f* противофаза
Antiphasendomäne *f* противофазовый домен
Antiradar *n* противо(радио)локация
Antiradardeckstoff *m* противолокационное покрытие
Antiradarmittel *n pl* противолокационные средства
Antiradartarnung *f* противолокационная маскировка
Antireflexbelag *m опт.* **1.** просветляющее покрытие **2.** неотражающее покрытие
Antireflexionsplatte *f тлв* противоореольная пластина
Antireflexschicht *f* см. **Antireflexbelag**
antireflexvergütet *опт.* просветлённый
antiremanent без остаточного магнетизма
Antiresonanz *f* резонанс токов
Anti-Schottky-Defekt *m*, **Anti-Schottky-Fehlordnung** *f* антидефект (по) Шотки
Antiskating *n*, **Antiskatingeinrichtung** *f* компенсатор скатывающей силы (*звукоснимателя*)
Antiskatingkraft *f* противоскатывающая сила (*звукоснимателя*)
Antisperrröhre *f* разрядник блокировки магнетрона
Antistatika *n pl* антистатики
antistatisch 1. снимающий статические заряды **2.** антишумовой

Anti-Stokes-Linie f *опт.* антистоксова линия
Anti-Stokes-Strahlung f *кв. эл.* антистоксова компонента излучения
Antitripschaltung f схема защиты от несвоевременного включения передатчика (*в любительской радиосвязи*)
Antivalenz f 1. операция исключающее ИЛИ 2. *мат.* неравнозначность
Antivalenzbahn f орбита несвязанного электрона
Antivalenzglied n, **Antivalenzschaltglied** n, **Antivalenzschaltung** f вентиль [схема] исключающее ИЛИ
Antizyklotron n обращённый циклотрон (*разновидность ЛБВ*)
Antransport m 1. подача, подведение (*напр. энергий*) 2. ввод, введение (*напр. информации*)
Antrieb m 1. привод 2. движущий механизм 3. *киб.* стимул
~, **stetiger** привод непрерывного действия
~, **stromrichtergesteuerter** тиратронный (электро)привод
~, **strudelsicherer** привод, сохраняющий равномерность движения (*при воздействии внешних механических возмущений*)
Antriebsachse f *зап.* ведущий вал
Antriebseinheit f 1. привод 2. *зап.* ведущий узел
Antriebsimpuls m импульс запуска; импульс возбуждения
Antriebsmodul m *косм.* двигательный отсек
Antriebsrolle f *зап.* ведущий вал
Antriebssteuereinheit f блок управления приводом
Antriebswelle f *зап.* ведущий вал
Antropotechnik f антропотехника, техника инженерной психологии
AnTW-Kassette f кассета СПРАН, кассета схемы подключения для связи в режиме абонентского набора номера
Antwort f 1. ответ 2. (ответная) реакция 3. подтверждение приёма, квитирование (*сообщения*)
Antwortanlage f ответчик
Antwortbake f радиомаяк-ответчик
Antwortbakenausbeute f эффективность маяка-ответчика
Antwortbetrieb m **der Sekundärstationen** *вчт* режим ответа подчинённой [ведомой] станции
Antworteingabe f ввод ответов (*в обучающую машину*)
Antworter m ответчик
Antwortfrequenz f частота ответчика
Antwortfunktion f функция отклика (*в оптимальном управлении*)
Antwortgeber m, **Antwortgerät** n ответчик
Antwortimpuls m ответный импульс
Antwortkode m код ответа
Antwortmeldung f ответное сообщение, ответ
Antwortsender m ответчик
Antwortsignal n ответный сигнал
Antwortsverhalten n *см.* Antwort 2.
Antwortwelle f волна ответчика
Antwortzeit f 1. время реакции 2. время срабатывания
AN-Verfahren n метод равносигнальной зоны АН
AN-Vierkursfunkfeuer n курсовой радиомаяк с четырьмя зонами равной слышимости сигналов А и Н
Anvisieren n визирование
Anwachsen n 1. нарастание, увеличение 2. рост (*кристаллов*)
Anwahl f 1. *тлф* искание 2. вызов (*абонента*) 3. *вчт* выборка; выбор
Anwahlmessung f избирательное измерение
Anwärmefehler m погрешность, вызванная нагревом
Anwärmen n, **Anwärmung** f нагрев; разогрев, подогрев
Anweisung f 1. указание; инструкция 2. *лог.* утверждение; высказывание; формулировка 3. *вчт* оператор; предложение 4. постановка (*задачи*)
~, **ausführbare** 1. выполнимое указание 2. выполняемый оператор
~, **bedingte** 1. условное утверждение 2. условный оператор
~, **falsche** ложное утверждение
~, **markierte** помеченный оператор
~, **unbedingte** 1. безусловное утверждение 2. безусловный оператор
~, **wahre** истинное утверждение
~, **zusammengesetzte** 1. составное утверждение 2. составной оператор
Anweisungsnummer f номер оператора
Anwender m пользователь
Anwenderbefehl m команда пользователя
anwenderfreundlich *см.* anwenderorientiert
Anwenderkonfiguration f исполнение (*напр. системотехническое, конструктивное*) по заданию пользователя
anwenderorientiert ориентированный на пользователя
Anwenderprogramm n программа пользователя
Anwendersoftware f программное обеспечение пользователя
Anwendersystem n система пользователя
anwendungsorientiert ориентированный на частное применение
Anwendungsprogramm n прикладная программа
Anwendungssoftware f прикладное программное обеспечение
Anwendungszuverlässigkeit f эксплуатационная надёжность
Anwesenheitseffekt m эффект присутствия
Anwurfkreis m пусковая цепь
Anzahl f число; количество
Anzapfanpassung f согласующий дельта-трансформатор
Anzapfantenne f симметричный вибратор с дельта-трасформатором
Anzapfpunkt m точка отвода *или* ответвления
Anzapfspule f катушка с отводами
Anzapfstrom m ток в ответвлении
Anzapftransformator m трансформатор с отводами
Anzapfung f отвод; ответвление
Anzeichen n 1. знак, символ 2. признак
Anzeige f 1. индикация 2. показание; отметка; отсчёт (*прибора*) 3. отображение; изображение (*на экране*) 4. указание; извещение; уведомление

~ **der Abstimmitte** индикация средней точки настройки
~, **analoge** аналоговая индикация
~, **binäre 1.** двоичная индикация **2.** двоичный отсчёт
~, **dichroitische** индикация на дихроичных кристаллах
~, **digitale 1.** цифровая индикация **2.** цифровой отсчёт
~, **direkte** прямой отсчёт
~, **einreihige [einzeilige]** однострочная [однорядная] индикация
~, **heile 1.** яркая отметка **2.** яркостная отметка
~, **kontinuierliche [laufende]** непрерывная индикация
~, **lineare** линейный отсчёт
~, **mehrstellige 1.** многопозиционная индикация **2.** многозначное показание
~, **numerische 1.** цифровая индикация **2.** цифровой отсчёт
~, **quantizierte** см. Anzeige, digitale
~, **sichtbare** визуальная индикация
~, **sofortige** мгновенная индикация
~, **symbolische** индикация символов
~, **trägheitslose** безынерционная индикация
~, **zitterfreie** устойчивая [немигающая] индикация
Anzeigeabweichung f **1.** вариация индикации **2.** отклонение показаний
Anzeigeadapter m адаптер дисплея
Anzeigeanordnung f индикаторное устройство
Anzeigeauflösung f разрешающая способность индикации
Anzeigebauelement n индикаторный элемент
Anzeigebaustein m модуль (цифрового) индикатора
Anzeigebefehl m команда включения (контрольного) индикатора
Anzeigebereich m диапазон индикации; предел диапазона измерения (прибора)
Anzeigebild n **1.** изображение на индикаторе **2.** матрица знака индикации
Anzeigebildröhre f индикаторная ЭЛТ
Anzeigebuchse f гнездо (для) подключения индикаторного прибора
Anzeigedigitalisierung f преобразование показаний (прибора) в цифровую форму
Anzeigediode f индикаторный диод
Anzeigeebene f плоскость индикации
Anzeigeeinheit f блок индикации
Anzeigeeinrichtung f индикаторное устройство; индикатор; дисплей
Anzeigeempfindlichkeit f чувствительность индикации; чувствительность индикатора
Anzeigefeld n, **Anzeigefläche** f **1.** индикаторная панель; индикаторное табло **2.** поле индикации
Anzeigeflag n флаговый (двоичный) разряд
Anzeigeformat n формат отображения
Anzeigegang m цикл индикации
Anzeigegenauigkeit f точность индикации
Anzeigegerät n **1.** индикаторный прибор; индикатор; дисплей **2.** отметчик
Anzeigegeschwindigkeit f **1.** скорость индикации **2.** скорость считывания показаний

Anzeigeglimmlampe f индикаторная лампа тлеющего разряда
Anzeigeimpuls m индикаторный импульс
Anzeigeinstrument n индикаторный прибор
Anzeigekapazität f **1.** пропускная способность индикатора **2.** информативность [ёмкость] индикации
Anzeigekonsole f **1.** индикаторный пульт **2.** консоль с дисплеями
Anzeigekopiereinheit f устройство документирования с дисплея
Anzeigelampe f, **Anzeigeleuchte** f сигнальная [индикаторная] лампа
Anzeigematrix f индикаторная матрица
Anzeigemeßgerät n, **Anzeigemeßwerk** n индикаторный измерительный прибор
anzeigen 1. индицировать **2.** показывать; отмечать; отсчитывать **3.** отображать; изображать (на экране) **4.** указывать; извещать; уведомлять
Anzeigendehnung f расширение пределов индикации
Anzeigenregistrierung f регистрация показаний
Anzeigeoszillograph m индикаторный осциллограф
Anzeigepaneel n индикаторная панель
Anzeigeplatte f см. Anzeigetableau
Anzeigepult n **1.** индикаторный пульт **2.** дисплейный пульт
Anzeiger m **1.** индикаторное устройство; индикатор; дисплей **2.** отметчик **3.** указатель, курсор
~, **auflaufender** динамический индикатор
~ **des Doppler-Effektes, akustischer** акустический индикатор эффекта Доплера
~ **laufender Zeile** индикатор с бегущей строкой
~, **matrixadressierter** индикатор с матричной адресацией
~, **nichtzerstörender** неразрушающий курсор (его перемещение не изменяет содержимого памяти)
~, **optoelektronischer** оптоэлектронное устройство отображения
Anzeigerate f см. Anzeigegeschwindigkeit
Anzeigeregister n регистр дисплея
Anzeigeröhre f **1.** индикаторная трубка **2.** сигнальная [индикаторная] лампа **3.** электронный индикатор настройки
~, **alphanumerische** знакопечатающая ЭЛТ
~, **dekadische** декатрон
Anzeigeschaltung f схема индикации
Anzeigeschärfe f точность индикации
Anzeigeschild n фирменная табличка, шильдик
Anzeigeschirm m экран индикатора
Anzeigespeicher m ЗУ или память для хранения показаний
Anzeigesteuerung f управление устройством отображения
Anzeigestrahl m луч индикатора
Anzeigestufe f **1.** каскад индикатора **2.** каскад отметчика
Anzeigesummierung f суммирование показаний
Anzeigesystem n **1.** система индикации **2.** система визуального вывода (данных)
Anzeigetableau n, **Anzeigetafel** f индикаторное табло, индикаторная панель

Anzeigeteil *m* индикаторный блок; индикаторная часть (*прибора*)
Anzeigetoleranz *f* допустимая погрешность показаний
Anzeigeträgheit *f* инерционность показаний
Anzeigeüberlagerung *f* перекрытие показаний
Anzeigeverstärker *m* усилитель индикации
Anzeigeverzögerung *f* задержка индикации
Anzeigezeichen *n* указательный сигнал
Anziehungskraft *f* сила притяжения
Anziehung *f см.* **Anzug 1.**
Anzug *m* **1.** притяжение (*напр. якоря реле*); вытягивание (*сердечника реле*) **2.** натяжение, затяжка **3.** пусковое усилие
Anzug-Abfall-Verhältnis *n* отношение тока притяжения к току отпадания (*реле*)
Anzugskraft *f* сила притяжения
Anzugsverzögerung *f* замедление притяжения (*якоря реле*)
Anzünden *n* зажигание
AOW-Bauelement *n* элемент ПАВ, элемент на поверхностных акустических волнах
aperiodisch апериодический
Apertur *f* **1.** апертура **2.** отверстие; глазок (*решётки*) **3.** раскрыв (*антенны*)
~, **numerische** числовая апертура
Aperturantenne *f* апертурная антенна
Aperturbegrenzung *f* ограничение апертуры
Aperturblende *f* апертурная диафрагма
Aperturebene *f* плоскость раскрыва
Aperturentzerrer *m* апертурный корректор
Aperturentzerrung *f см.* **Aperturkorrektur**
Aperturfeld *n* поле в раскрыве
Aperturfeldmethode *f* апертурный метод (*расчёта поля*)
Aperturfläche *f* плоскость раскрыва
Aperturhologramm *n* апертурная голограмма
Apertur-Jitter *n* дрожание апертуры (*при дискретизации*)
Aperturkennlinie *f* апертурная характеристика
Aperturkorrektor *m* апертурный корректор
Aperturkorrektur *f* апертурная коррекция
~, **horizontale** горизонтальная апертурная коррекция
~, **volle** полная апертурная коррекция
Aperturlochkarte *f* апертурная перфокарта
Aperturmeter *n* **1.** измеритель диаметра пятна **2.** измеритель апертурных икажений
Aperturstrahler *m* апертурная [поверхностная] антенна
Aperturverluste *m pl* **1.** апертурные искажения **2.** апертурные потери
Aperturverlustkompensation *f* коррекция апертурных искажений
Aperturverzerrungen *f pl* апертурные искажения
Aperturwinkel *m* **1.** угол раскрыва (*антенны*) **2.** апертурный угол (*волоконного световода*)
Aperturzeit *f* апертурное время
Apfelsinenschaleneffekt *m* параболический эффект, эффект апельсиновой дольки (*в фоторезисте*)
A-Platz *m тлф* А-место
Apodisition *f* аподизация
Apodisationsfilter *n* аподизационный фильтр
Apostilb *n* апостильб, асб

Apparatekonstante *f* постоянная прибора
Apparateraum *m,* **Apparatesaal** *m* аппаратная
Apparatschnur *f* телефонный шнур
Apparaturrauschen *n* аппаратные шумы
Appearance-Energie *f* энергия генерации (*напр. пары электрон—дырка*)
Appearance-Potential *n* потенциал генерации
Appleröhre *f фирм.* индексный цветной кинескоп типа «Эппл»
Appleton-Schicht *f* слой F (*ионосферы*)
apple-tube *англ. см.* **Appleröhre**
Applikation *f* **1.** *рлк* наложение **2.** приложение; применение **3.** подача (*напр. напряжения*)
Applikationsschaltung *f* вариант схемы применения
Applikator *m* аппликатор, накладной электрод
Approximationsfehler *m* ошибка [погрешность] аппроксимации
Apriori-Wahrscheinlichkeit *f* априорная вероятность
APT-language *англ.* машинный язык станков с ЧПУ
APT-System *n* система автоматической передачи изображений
Aquadag *m* аквадаг
Aquadagbelag *m* аквадаговое покрытие
Aquadag-Wolframelektrode *f* вольфрамовый электрод с аквадаговым покрытием
Äquibandempfänger *m* равнополосный приёмник
Äquidistanzmethode *f* эквадистантный метод
äquienergetisch равноэнергетический
Äquilibrierung *f* уравновешивание; балансирование
Äquilibriumdichte *f* равновесная концентрация (*носителей заряда*)
Äquipartitionsprinzip *n* принцип равномерного распределения (*энергии по степеням свободы*)
äquipotential эквипотенциальный
Äquipotentialfläche *f* эквипотенциальная поверхность
Äquipotentiallinie *f* эквипотенциальная линия
Äquisignalbake *f* равносигнальный маяк
Äquisignallinie *f* равносигнальная линия
Äquivalent... эквивалентный
Äquivalenz *f* эквивалентность
Äquivalenzglied *n вчт* элемент эквивалентности
Äquivokation *f* неопределённость (*информации*)
Arbeit *f,* **ausfallose** безотказная работа
Arbeiten *n* **1.** действие; функционирование; работа **2.** срабатывание (*напр. реле*)
~, **fehlerfreies** безотказная работа
~, **fehlerhaftes** ошибочное срабатывание
~, **notwendiges** требуемое срабатывание
~, **zweifelhaftes** случайное [ненадёжное] срабатывание
Arbeitsablauf *m* **1.** последовательность выполнения операций **2.** рабочий [технологический] процесс
Arbeitsabstand *m* рабочий зазор
Arbeits-Arbeitskontakt *m* группа из двух замыкающих контактов
Arbeitsartschlüssel *m* переключатель вида работы
Arbeitsausfall *m* отказ (в процессе работы)

Arbeitsband n 1. рабочий диапазон (частот) 2. рабочая лента
Arbeitsbeanspruchung f рабочая нагрузка
Arbeitsbereich m 1. рабочая область; рабочий диапазон 2. *вчт* рабочая область (*памяти*) 3. *авт.* область срабатывания
~ **der Ausgangscharakteristik** рабочая область выходной характеристики
~, **sicherer** область (режимов) надёжного функционирования
Arbeitsblende f рабочая диафрагма
Arbeitsdatei f рабочий файл
Arbeitseichkreis m 1. эталонный контур 2. рабочая поверочная цепь
Arbeitsfähigkeit f работоспособность
Arbeitsfläche f рабочая поверхность
~ **des IC-Wafers** рабочая поверхность подложки ИС
Arbeitsfolge f последовательность (технологических) операций
Arbeitsfolgekontakte m pl замыкающие контакты последовательного включения
Arbeitsfolgeplan m маршрутная [технологическая] карта; (по)операционный график
Arbeitsfrequenz f рабочая частота
Arbeitsgang m 1. прямой ход (*развёртки*) 2. ход работы 3. рабочая операция
~, **grundlegender** основная операция (*цикла*)
Arbeitsgangfolge f последовательность рабочих операций
Arbeitsgangnummer f номер рабочей операции
Arbeitsgerade f нагрузочная прямая
Arbeitsgeschwindigkeit f быстродействие
Arbeitsgruppe f рабочая группа (*терминология МККР*)
Arbeitskanal m рабочий канал
Arbeitskenngrößen f pl рабочие параметры
Arbeitskennlinie f динамическая [рабочая] характеристика
Arbeitskode m код операции
Arbeitskomponente f активная составляющая
Arbeitskontakt m замыкающий контакт
Arbeitskopie f рабочая копия (*напр. фотошаблона*)
Arbeitskreis m 1. рабочий контур 2. цепь рабочего тока
Arbeitsleistung f 1. эффективная мощность 2. производительность (*машины, установки*)
Arbeitsmaske f рабочий (фото)шаблон
Arbeitsmaskenkopie f копия рабочего (фото)шаблона
Arbeitsmodul m 1. модуль согласования 2. модуль взаимодействия (*факсимильного аппарата*)
Arbeitsmodus m рабочий режим
Arbeitsplatzkonferenz f телеконференция с рабочих мест
Arbeitsprogramm n *вчт* рабочая программа
Arbeitspunkt m рабочая точка
~, **dynamischer** рабочая точка в динамическом режиме
~ **für hohe Werte** рабочая точка для больших сигналов
~, **statischer** рабочая точка в статическом режиме

Arbeitspunktabhängigkeit f зависимость от (выбора) рабочей точки
Arbeitspunktverlagerung f, **Arbeitspunktverschiebung** f смещение [сдвиг] рабочей точки
Arbeitsraum m 1. рабочее пространство 2. выходной резонатор клистрона
Arbeitsregime n 1. режим работы 2. рабочий режим
Arbeitsregister n рабочий регистр
Arbeitsregistersatz m блок рабочего [оперативного] регистра
Arbeits-Ruhekontakt m группа из замыкающего и размыкающего контактов
Arbeitsschablone f рабочий (фото)шаблон
Arbeitsschablonenauflösungsvermögen n разрешающая способность рабочего (фото)шаблона
Arbeitsschablonenebene f плоскость (установки) рабочего (фото)шаблона
Arbeitsschema n 1. рабочая схема (*принципиальная, электрическая*) 2. принцип работы
Arbeitssicherheit f безопасность работы
Arbeitsspalt m *зап.* рабочий зазор (*магнитной головки*)
Arbeitsspeicher m оперативная память; оперативное ЗУ, ОЗУ
Arbeitsspeicheradreßregister n адресный регистр оперативной памяти; адресный регистр ОЗУ
Arbeitsspeicherbelegung f распределение оперативной памяти
Arbeitsspeicherbereich m область оперативной памяти
Arbeitsspeichererweiterung f расширение оперативной памяти
Arbeitsspeicherkapazität f ёмкость оперативной памяти
Arbeitsspeicherplatz m *см.* **Arbeitsspeicherstelle**
Arbeitsspeicherpuffer m внутренний буфер, буферная память (*напр. печатающего устройства*)
Arbeitsspeicherstelle f ячейка оперативной памяти
Arbeitsspeicherzuweisung f распределение оперативной памяти
Arbeitsspeicherzyklus m цикл (работы) оперативной памяти
Arbeitsspiel n цикл работы, рабочий цикл
Arbeitssteilheit f крутизна динамической характеристики
Arbeitsstellung f рабочее положение
Arbeitssteuerbereich m рабочий диапазон регулирования
Arbeitsstrom m рабочий ток
Arbeitsstrombetrieb m режим «наличие тока — наличие сигнала»
Arbeitsstromkontakt m замыкающий контакт
Arbeitsstromschaltung f 1. *рег.* схема срабатывания на замыкание 2. схема рабочей цепи 3. включение на срабатывание
Arbeitsstruktur f рабочая структура
~, **kleinste** минимальный размер рабочей структуры
Arbeitstabelle f функциональная таблица; таблица функций
Arbeitsteilung f *вчт* функциональное разбиение

Arbeitstemperaturbereich *m* диапазон рабочих температур
Arbeitstisch *m*, **beweglicher** *микр.* подвижный рабочий стол
Arbeitsübergang *m* рабочий переход
Arbeitsumschaltekontakt *m* группа из замыкающего и переключающего контактов
Arbeitsverhalten *n* рабочая характеристика
Arbeitsweise *f* 1. принцип действия 2. режим (работы)
~ **im Zeitmultiplexverfahren** режим работы с разделением времени
~, **simultane** режим одновременной работы
Arbeitswelle *f* рабочая волна
Arbeitswellenlänge *f* рабочая длина волны
Arbeitswert *m* 1. параметр срабатывания (*реле*) 2. показатель работы
Arbeitswiderstand *m* нагрузочное сопротивление
Arbeitszeit *f* 1. время [продолжительность] работы; рабочее время 2. время срабатывания (*реле*)
~, **störungsfreie** время безотказной работы
Arbeitszyklus *m* рабочий цикл
Arbiter *m* *вчт* арбитр(атор), схема разрешения конфликтов
Architektur *f* 1. архитектура (*напр. ЭВМ*) 2. структура (*напр. кристалла*)
Archiv *n* архив (*напр. наборов данных*); хранилище (*напр. МЛ*)
Archivbild *n* фондовый видеокадр
ARD-Fernseh-Sternpunkt *m* центр компоновки и распределения телевизионных программ Ассоциации вещательных организаций ФРГ
Ardometer *n* ардометр, пирометр полного излучения
Argongasentladungsröhre *f*, **Argonglimmröhre** *f* газосветная аргоновая лампа; газосветная аргоновая трубка
Argonimplantation *f* **in das PMMA-Resist** имплантация аргона в полиметилметакрилатовый резист
Argonionenlaser *m* аргоновый ионный лазер
Argonionenstrahl *m* пучок ионов аргона
Argostron *m* аргострон (*стробоскопическая трубка*)
ARIANE-Rakete *f* ракета-носитель АРИАН
Arithmetikeinheit *f* *вчт* арифметическое устройство, АУ
Arithmetik-Logik-Einheit *f* арифметико-логическое устройство, АЛУ
Arithmetikprozessor *m* процессор
Arithmetik- und Logikeinheit *f* *см.* **Arithmetik-Logik-Einheit**
Arkotron *n* аркотрон (*газонаполненная лампа с холодным катодом*)
Armaturenbrett *n* приборная или распределительная доска
Armaturenkeramik *f* установочная [арматурная] керамика
Armaturenschalldruckpegel *m* уровень звукового давления акустической отражательной доски
Armband *n* браслет (*для заземления руки монтажницы*)
Armbandmikrofon *n* наручный микрофон

Armierung *f* 1. броня (*напр. кабеля*) 2. бронирование 3. армирование
Armstrong-Modulator *m* частотный модулятор с многократным умножением частоты и усилением
Aronzähler *m* маятниковый счётчик
ARP-Betrieb *m* лавинно-резонансный режим накачки
ARQ-Verfahren *n* метод автоматического запроса на повторение (*в системе телетайпной связи*)
Arrangement *n* 1. размещение; расположение 2. устройство; установка 3. *прогр.* компоновка
Array *n* 1. матрица; решётка; регулярная двухмерная структура; сетка 2. антенная решётка 3. *вчт* массив
~, **kombiniertes** комбинированный набор элементов, НК (*вид микросхемы*)
~ **von Wirbelströmungen** *свпр* решётка вихрей потока
Array-Elektronik *f* 1. *пп* электроника базовых матричных кристаллов, электроника БМК 2. электроника матричных структур
Arraylogik *f* 1. логическая матрица 2. матрица логических схем
Array-Prozessor *m* матричный процессор
Arrayspeicher *m* матричное ЗУ; матричная память
Array-Zelle *f* ячейка матрицы
Arretiergreifer *m* стопорный зажим
Arretierknopf *m* стопорная кнопка
Arretierung *f* стопорение, арретирование
Arretierungs... *см.* **Arretier...**
Arsendiffusionstechnik *f* техника диффузии мышьяка
Arsendotand *m* легирующая примесь мышьяка
Arsenkonzentrationsprofil *n* профиль концентрации мышьяка
Arsenleerstelle *f* вакансия мышьяка
Artikulation *f* артикуляция; разборчивость
ArtI-Supraleiter *m* сверхпроводник первого рода
ArtII-Supraleiter *m* сверхпроводник второго рода
arteigen собственный (*об атоме*)
artfremd посторонний (*об атоме примеси*)
ASA-Empfindlichkeitswert *m* значение светочувствительности по системе ASA
ASA-Kode *m* код ASA
ASA-Werte *m pl* значения по ASA
Asbestfaser *f* асбестовое волокно
Asbesthartgewebe *n* асботекстолит
Asbobakelit *n* асбобакелит
as-cable *англ.* полый волновод
A-Schaltung *f* схема усиления класса А
A-Schirmbild *n* изображение (на экране) индикатора А-типа
ASCII-Kode *m* код ASCII, стандартный американский код обмена информацией
A-Seite *f* 1. *тлф* сторона вызова 2. *рег.* сторона привода
A-SEKAM-System *n* система СЕКАМ-А
A-Sichtverfahren *n* одномерная эхограмма, снятая неподвижной ультразвуковой головкой
A-Signal *n* 1. *тлв* сигнал гашения 2. А-сигнал

(*сигнал левого канала при двухканальной стереофонии*)
Aspatron *n* аспатрон (*нейтронный генератор*)
Asphäre *f* 1. асферическая поверхность 2. асферическая линза
Assembler *m*, **Assembler-Programm** *n* ассемблер, компонующая программа, программа сборки
Assemblerprogrammteil *m* вчт компоновочный блок
Assemblersprache *f* язык ассемблера
Assemblersystem *n* система компоновки
Assemble-Schnitt *m* монтаж в режиме продолжения
Assemblier... *см.* **Assembler...**
Assemblierung *f* 1. сборка; монтаж 2. *вчт* ассемблирование, компоновка
Assignmentproblem *n* *прогр.* задача присваивания (*адресов*)
Assoziations... *см. тж* **Assoziativ...**
Assoziationsmodell *n* ассоциативная модель
Assoziativ... *см. тж* **Assoziations...**
Assoziativdomänenspeicher *m* ассоциативное ЗУ или ассоциативная память на магнитных доменах
Assoziativgesetz *n* ассоциативный [сочетательный] закон
Assoziativspeicher *m* ассоциативное ЗУ; ассоциативная память
Ast *m* 1. ветвь; ответвление 2. *вчт* ветвление, (условный) переход
A-Station *f* ведущая станция
astatisch 1. астатический 2. не реагирующий на внешние поля
Astronik *f* космическая электроника
Astroorientierung *f* астроориентация
Astropeiler *m* астропеленгатор
ASW-Signal *n* (контрольный) сигнал «всё в порядке» (*на линии связи*)
ASWT-Komplex *m* комплекс АСВТ (*агрегатная система средств вычислительной техники, СССР*)
Asymmetrie *f*, **kapazitive** ёмкостная асимметрия
Asymmetrieeffekt *m* эффект асимметрии, эффект Ленарда
Asymmetriepotential *n* *пп* скачок потенциала на двойном заряженном слое
asymmetrisch 1. асимметричный (*напр. о схеме*) 2. асимметричный, несбалансированный (*об ошибке*)
asynchron асинхронный
Asynchronbetrieb *m* 1. асинхронный режим работы 2. *вчт* асинхронная работа
Asynchroncomputer *m* асинхронная ВМ
Asynchronmodus *m* асинхронный режим (работы)
Asynchronrechner *m* асинхронная ВМ
A-System *n* система А (*система, в которой звуковое сопровождение передаётся цифровой модуляцией поднесущей частоты*)
Atelieraufnahme *f* павильонная съёмка
Atelierbeleuchtung *f* освещение студии
Atelierkamera *f* студийная камера
Äther *m* эфир
Äthoxylinharz *n* эпоксидная смола

Atmosphäre *f* 1. атмосфера 2. техническая атмосфера, ат (*98066,5 Па*) 3. физическая атмосфера, атм (*101325 Па*)
~, **akustische** акустическая атмосфера
~, **freie** свободная атмосфера, атмосфера окружающего пространства
~, **gefährdete** агрессивная атмосфера
~, **staubfreie** обеспыленная атмосфера
Atmosphärendrucklaser *m* лазер атмосферного давления
Atmosphärenduct *m* атмосферный волновод
Atmosphärendurchlässigkeit *f* атмосферное пропускание, прозрачность атмосферы
Atmosphärenwellenkanal *m*, **Atmosphärenwellenleiter** *m* атмосферный волновод
Atmosphärics *f pl* 1. атмосферики (*радиоволны от атмосферных разрядов*) 2. атмосферные помехи
ATMOS-Transistor *m* МОП-транзистор с регулируемым порогом
Atom *n* атом
~, **angeregtes** возбуждённый атом
~ **auf einem Zwischengitterplatz** атом в междуузлии
~, **eingebautes** внедрённый атом
~, **gebundenes** связанный атом
~, **heißes** [**hochangeregtes**] сильно возбуждённый [горячий] атом
~, **ionisiertes** ионизированный атом
~, **markiertes** меченый атом
~, **substituierendes** атом замещения
~, **versetztes** дислокационный атом
Atomabstand *m* межатомное расстояние
Atomanordnung *f* система расположения атомов
Atomarlaser *m* атомарный лазер
Atomaufbau *m* строение атома
Atombindung *f* атомная связь
Atombrenner *m* атомный реактор
Atomebene *f* плоскость атомной решётки
Atomformfaktor *m* атомный формфактор
Atomfrequenznormal *n* атомный эталон частоты
Atomgitter *n*, **kubisches** кубическая атомная решётка
Atomgruppe *f* атомная связь
Atomhülle *f* (электронная) оболочка атома
Atomichron *n* атомихрон
Atomionisierung *f* ионизация атома
Atomlage *f* 1. атомный слой 2. положение атома (*в кристаллической решётке*)
Atomlaser *m* атомарный лазер
Atommodell *n* модель атома
Atomniveau *n* атомный уровень
Atomniveaus *n pl*, **gleichbesetzte** равнозаселённые атомные уровни
Atompolarisation *f* поляризация атомов
Atomrumpf *m* атом без валентных электронов
Atomschale *f см.* **Atomhülle**
Atomspektrum *n* атомный спектр
Atomstrahl *m* атом(ар)ный пучок
Atomstrahlenlaser *m* лазер на атом(ар)ном пучке
Atomstrahlfrequenznormal *n*, **Atomstrahlfrequenzstandard** *m* атомно-лучевой [атомный] стандарт частоты
Atomstrahllichtquelle *f* источник атомного светового излучения

Atomstrahlmaser *m* мазер на атом(ар)ном пучке
Atomstrahl-Radiowellenspektrograf *m* атомно-лучевой радиоспектрограф
Atomstrahlröhre *f* атомно-лучевая трубка
Atomstrahlung *f* атомное излучение
Atomstreufaktor *m* коэффициент рассеяния атомов
Atomstruktur *f* **1.** структура [строение] атома **2.** атомная структура (*кристаллической решётки*)
Atomterm *m* атомный терм
Atomuhr *f* атомные часы
Atomumlagerung *f* смещение атомов
Atomverband *m*, **Atomverbindung** *f* атомная связь
Atomverschiebungsfeld *n* поле смещения атома
Atomwanderung *f* миграция атомов
Atomwellenfunktion *f* волновая функция атома
Atomzeitstandard *m* атомный эталон времени
Atomzerfall *m* распад атома
A-Tonspur *f* фонограмма класса А
AT-Quarzresonator *m* кварцевый резонатор с АТ-срезом
A-Transistor *m* сплавной транзистор
AT-Schnitt *m* АТ-срез (*пьезокварца*)
ATT-Diode *f* лавинно-пролётный диод, ЛПД
Attenuation *f* ослабление; демпфирование; затухание; успокоение
Attenuator *m* ослабитель, аттенюатор
Attraktion *f* притяжение
Attrappe *f* ловушка
Attribut *n* *вчт* (определяющий) признак, атрибут; описатель
Attributmerkmal *n* определяющий признак
Attributprüfung *f* контроль по определяющему признаку
Attribut-Steuerung *f* управление по определяющим признакам, атрибутное управление
Ätzabdruck *m* отпечаток с травленой поверхности (объекта), реплика
Ätzanlage *f*, **Ätzanordnung** *f* установка (для) травления
Ätzbad *n* травильная ванна
Ätzbehandlung *f* травление
Ätzbild *n* рисунок травления
Ätzen *n* травление
~, **alkalisches** щелочное травление
~ **durch Strömung** струйное травление
~ **der Fenster** *микр.* травление окон
~, **gerichtetes** направленное травление
~, **isotropes** изотропное травление
~, **naßchemisches** жидкостное химическое травление
~, **saures** кислотное травление
~, **selektives** селективное [избирательное] травление
~, **sequentielles** травление последовательно меняющимися составами
~, **thermisches** термическое травление
~, **trockenes** сухое травление
~, **vertikales anisotropes** анизотропное вертикальное травление
~ **von V-Gräben** травление V-образных канавок
Ätzfaktor *m* коэффициент травления
Ätzfigur *f* фигура травления
Ätzflüssigkeit *f* травильный раствор

Ätzfront *f* фронт травления
Ätzgas *n* газ-травитель, травильный газ
Ätzgeschwindigkeit *f* скорость травления
Ätzgraben *m* канавка травления
Ätzgrübchen *n*, **Ätzgrube** *f* ямка травления
Ätzgrubendichte *f* плотность (распределения) ямок травления
Ätzgrubenverteilung *f* распределение ямок травления
Ätzhügel *m* холмик травления
ätzhügelfrei гладкий, бесхолмиковый (*о травлении*)
Ätzkammer *f* камера для травления
Ätzkassette *f* кассета для травления
Ätzlinienbreite *f* ширина линии травления
Ätzlösung *f* травильный раствор
Ätzmagazin *n* см. **Ätzkassette**
Ätzmaske *f* маска для травления
Ätzmittel *n* травитель; средство для травления
~, **alkalisches** щелочной травитель
~, **polierendes** полирующий травитель
~, **saures** кислотный травитель
Ätzmittelrückstand *m* остатки травителя
Ätzmuster *n* рисунок травления
Ätzprofil *n* профиль травления
Ätzrate *f* скорость травления
Ätzrückstand *m* остатки травления
Ätzschale *f* чашка [ванночка] для травления
Ätzschichtrest *m* недотравленный остаток, *проф.* недотрав
Ätzschimmer *m* блеск (поверхности), достигнутый после травления
Ätzschritt *m* этап (*технологической операции*) травления
Ätzsieb *n* решётка [сетка] для травления
Ätzstruktur *f* структура травления
Ätztechnik *f* техника травления
Ätztiefe *f* глубина травления
Ätztrog *m* травильная ванна
Ätztunnel *m* туннель травления
Ätztunnelwand *f* стенка туннеля травления
Ätzung *f* см. **Ätzen**
Ätzungsprüfung *f*, **Ätzungstest** *m* испытание травлением
Ätzverfahren *n* метод травления
Ätzverhalten *n* режим травления
Ätzwanne *f* травильная ванна
Ätzwiderstand *m* стойкость к травлению
Ätzwinkel *m* **1.** угол травления **2.** угол раствора
Ätzwirkung *f* травящее действие, травление
Ätzzeit *f* время [продолжительность] травления
Audioanschluß *m* вход звукового сигнала
Audiobandbreite *f* ширина полосы звукового сигнала
Audioebene *f* *тлв* входы звуковых сигналов (*в микшере*)
Audiofrequenz *f* звуковая частота
Audiografie *f* звукография, аудиография
Audiogramm *n* аудиограмма
Audio-Kassette *f* кассета для звукозаписи, звуковая кассета
Audiokassettenrecorder *m* кассетный магнитофон
Audiomagnetkopf *m* звуковая магнитная головка
Audiometer *n* аудиометр
Audiometrie *f* аудиометрия

Audionempfänger *m* регенеративный приёмник
Audiooszillator *m* звуковой генератор
Audio-PCM-Aufzeichnung *f* цифровая звукозапись (*с ИКМ*)
Audioprozessor *m* аудиопроцессор; блок обработки сигналов звукового сопровождения
Audiorecorder *m* устройство звукозаписи; магнитофон
Audiosignal *n* 1. звуковой [акустический] сигнал 2. *тлв* сигнал звукового сопровождения
Audiosektor *m* область звукотехники
Audioskop *n* аудиоскоп, видеоаппарат светомузыки
Audioskopie *f* светомузыка
Audiospur *f* дорожка звукозаписи; дорожка звукового канала видеомагнитофона
Audiostandardgenerator *m* стандартный генератор звуковых частот
Audio-Technik *f* 1. звуковая техника 2. звуковоспроизводящая аппаратура
Audioteil *m* звуковой блок; канал звукового сопровождения (*телевизора, видеомагнитофона*)
Audio-Verteiler *m* усилитель-распределитель звуковых сигналов, звукораспределитель
Audio-Video-Aufzeichnung *f* звуковидеозапись
Audio-Video-Mixer *m* звуковидеомикшер, видеозвукомикшер
Audio-Video-Prozessor *m* устройство обработки звуковых и видеосигналов, звуковидеопроцессор
Audio-Video-Technik *f* звуковизуальная [аудиовизуальная] техника
audiovision *англ.* звуковизуальный [аудиовизуальный] материал, демонстрационный материал на слайдах *или* плёнке
audiovisuell звуковизуальный, аудиовизуальный
Auf-Ab-Steuerung *f* двухпозиционное управление
Aufarbeitung *f* переработка (*информации*)
Aufbau *m* 1. конструкция; структура; (по)строение; композиция, состав 2. *вчт* формат, структура (*напр. данных*) 3. установление (*напр. связи*); формирование (*напр. накапливающего слоя*) 4. синтез (*напр. изображения*) 5. монтаж; сборка 6. рельеф (*напр. потенциала*)
~, **bausteinartiger** модульная конструкция
~, **gedrängter** компактная конструкция
~, **gerätetechnischer** аппаратурное исполнение
~, **hierarchischer** иерархическая структура
~ **einer Information** структура информации
~, **raumzeitlicher** пространственно-временная структура
~ **eines Wortes** формат [структура] слова
Aufbauanordnung *f* монтажная схема
Aufbaubild *n* монтажная схема; сборочный чертёж
Aufbauchung *f* выпучивание, вспучивание (*дефект печатных плат*)
Aufbaueinheit *f* 1. приставка 2. (конструктивный) блок
Aufbauelement *n* конструктивный элемент
aufbauen: □ ~ **aus Funktionsblöcken** собрать из функциональных блоков
Aufbaufaktor *m* коэффициент нарастания
Aufbaufeld *n* монтажная панель

Aufbaugerät *n* встраиваемый прибор
Aufbauglied *n* 1. элемент схемы 2. функциональный узел; модуль
Aufbauplan *m* монтажная схема
Aufbauplatte *f* 1. монтажная плата 2. шасси, рама (*напр. радиоприёмника*)
Aufbauprinzip *n* 1. принцип построения 2. принцип сложения гармонических составляющих
Aufbaurahmen *m* монтажная рама
Aufbauschaltbild *n*, **Aufbauschema** *n* 1. схема построения 2. монтажная схема
Aufbaustufe *f* конструктивная ступень (*напр. элемент, ячейка*)
Aufbauzeit *f* 1. время изготовления 2. время нарастания (*колебания*); время формирования (*напр. разряда*)
aufbelichten экспонировать
Aufbereitung *f* 1. подготовка 2. предварительная обработка (*данных*) 3. *вчт* редактирование 4. *тлв* монтаж
Aufbewahrung *f* хранение; сохранение (*напр. информации*)
Aufbewahrungszeit *f* срок хранения
Aufblendung *f* 1. постепенное открывание диафрагмы 2. плавное введение (телевизионного) сигнала
Aufblinken *n* мигание
Aufblitz *m*, **Aufblitzen** *n* вспышка
Aufbringen *n* нанесение (*напр. слоя*)
~ **des Fotolacks** нанесение фоторезиста
~ **der Fotomaske** фотомаскирование
Aufdampfanlage *f* установка (для) напыления
Aufdampfen 1. напыление 2. испарение
~ **durch Maske** напыление через маску
~, **elektronisches** электронно-лучевое испарение
~ **der Kontaktflächen** напыление контактных площадок
~, **reaktives** реактивное испарение
~, **schräges** наклонное [косое] напыление
~, **thermisches** 1. термическое напыление 2. термическое испарение
Aufdampffilm *m* напылённая плёнка
Aufdampfgeschwindigkeit *f* скорость напыления
Aufdampfkopf *m* испаритель
Aufdampfmaske *f* маска [трафарет] для напыления
Aufdampfmaterial *n* 1. напыляемый материал 2. испаряемый материал
Aufdampfmethode *f* 1. метод (вакуумного) напыления 2. метод испарения
Aufdampfquelle *f* источник напыления
Aufdampfrate *f* скорость напыления *или* испарения
Aufdampfschicht *f* напылённый слой
Aufdampfstrom *m* поток напыляемого вещества
Aufdampftechnik *f* техника (вакуумного) напыления
Aufdampftemperatur *f* температура напыления *или* испарения
Aufdampfung *f* см. **Aufdampfen**
Aufdampfungs... см. **Aufdampf...**
Aufdampfverfahren *n* см. **Aufdampfmethode**
Aufdampfwinkel *m* угол напыления
Aufenthaltsdauer *f* время жизни

Auferregung f 1. нарастание [повышение] возбуждения 2. намагничивание
Auffächerung f 1. разветвление; расхождение 2. разветвление по выходу
~ **der Gleitlinien** веерообразное расхождение линий скольжения
~ **des Strahlungsdiagramms** расщепление диаграммы направленности на большое количество лепестков
Auffahrzeit f время вхождения в (заданный) режим
Auffanganode f собирающий анод
Auffangdiode f диод фиксации
Auffangeinrichtung f см. **Auffänger 1., 2.**
Auffangelektrode f 1. электрод коллектора 2. собирающий электрод, коллектор 3. ловушка 4. тлв мишени
Auffangen n 1. захват, улавливание 2. приём (напр. радиопередачи)
Auffänger m 1. уловитель; ловушка 2. коллектор 3. тлв мишень
~, **strukturierter** структурированная мишень
Auffangfaktor m коэффициент захвата
Auffangflipflop n триггер с фиксацией состояния
Auffangquerschnitt m сечение захвата
Auffangspeicher m вчт защёлка состояния ЗУ
Auffangssammelstelle f приёмный центр
Auffangsschirm m поглощающий экран
Auffangwinkel m угол захвата
Auffaßreichweite f рлк дальность обнаружения
Auffassung f 1. рлк обнаружение 2. рлк захват 3. улавливание, захватывание
Auffassungszone f рлк зона обнаружения
Auffaßwahrscheinlichkeit f рлк 1. вероятность обнаружения 2. вероятность захвата
Auffinden n 1. рлк обнаружение 2. поиск, нахождение (напр. данных в блоке памяти)
Aufflackern n мигание
Aufflammen n вспышка
auffordern вызывать (напр. информацию из ЗУ)
Auffrischroutine f программа обновления [регенерации] (данных)
Auffrischtakt m такт обновления [регенерации] (данных)
Auffrischung f 1. регенерация, обновления (данных) 2. осветление (поверхности материала)
Auffrischzyklus m цикл регенерации
aufführen приводить (данные)
Aufführungsraum m студия; радиостудия
auffüllen, mit Nullen вчт заполнение нулями
Auffüllzeichen n знак заполнения (промежутка времени)
Aufgabe f 1. задача 2. задание
Aufgabekarte f карточка-задание
aufgabenspezifisch проблемно-ориентированный
Aufgabenwert m заданное значение (выходной) величины
Aufgabesollwert m 1. заданная номинальная величина 2. авт. заданное номинальное значение выходной величины
aufgedrückt 1. нажатый (напр. о кнопке) 2. приложенный (о напряжении)
aufgerufen вызванный (напр. из памяти)
aufgespritzt напылённый
aufgesputtert нанесённый методом распыления
aufgeweitet расширенный (напр. лазерный пучок)
Aufgliederung f разделение; расчленение
aufgreifen выбирать; захватывать (напр. сигнал цели)
Aufhängeorgan n, **Aufhängevorrichtung** f, **Aufhängung** f подвес(ка)
aufheben 1. устранять 2. компенсировать 3. разъединять 4. отменять, прекращать 5. сохранять, сберегать 6. мат. сокращать, (взаимно) уничтожать
Aufhebungszeichen n вчт 1. знак игнорирования 2. знак аннулирования
Aufheizen n нагрев; разогрев
Aufheizkatode f подогревный катод
Aufheizstrahlung f тепловое излучение
Aufhellimpuls m 1. импульс подсветки 2. (экспозиционный) импульс засветки
Aufhellschaltung f схема подсветки
Aufhellung f подсветка
Aufhellungsverstärker m усилитель подсветки
Aufkaschieren n **einer Metallfolie** фольгирование
aufklappbar откидной (о панели)
Aufklärungsempfänger m приёмник радиоразведки
Aufklärungsradar n разведывательная РЛС
Aufklärungssatellit m спутник-шпион
Aufklebelayout n микр. изготовление фотооригинала топологии методом (наклейки) аппликаций
aufklingend нарастающий, растущий
Aufklinkschaltung f спусковая схема
Aufkonversion f преобразование (напр. частоты) вверх
Aufladegerät n зарядное устройство
Aufladespannung f напряжение зарядки
Aufladezeitkonstante f постоянная времени заряда
Aufladung f 1. заряд 2. зарядка
Aufladungs... см. **Auflade...**
Auflage f 1. опора 2. основание (печатной платы)
Auflagekraft f зап. прижимная сила (звукоснимателя)
Aufleuchten n 1. вспышка 2. свечение
Auflicht n 1. отражённый свет 2. тлв подсветка
Auflichtaufnahme f запись [регистрация, съёмка] в отражённом свете
Auflichtbeleuchtung f освещение (для наблюдения) в отражённом свете
Auflichtelektronenmikroskop n отражательный электронный микроскоп
Auflichthologramm n отражательная голограмма
Auflichtkatode f отражательный фотокатод
Auflodern n вспышка
Auflösbarkeit f 1. разрешающая способность 2. растворимость
Auflösemagnet m размыкающий (электро)магнит
auflösen 1. тлв, опт. разрешать 2. плавно гасить (изображение) 3. разлагать 4. мат. решать 5. разъединять; размыкать (напр. реле) 6. растворять
Auflöser m 1. вчт решающее устройство 2. размыкающее устройство
Auflöserelais n размыкающее реле
Auflösung f 1. тлв, опт. разрешающая способ-

ность, разрешение 2. *тлв* чёткость 3. *тлв* плавное гашение (*изображения*) 4. дискретизация 5. *мат.* решение, разрешение 6. разъединение; размыкание (*напр. реле*) 7. растворение

~ **des Anzeigebildes** разрешающая способность изображения индикатора

~, **begrenzte** ограниченное разрешение

~ **bei Wiedergabe** разрешение при восстановлении (*изображения*)

~, **digitale** вес младшего разряда (*числа*); разрешающая способность при представлении (*числа*) в цифровой форме

~, **erreichbare** достижимая разрешающая способность

~, **höchste** предельное разрешение

~, **horizontale** разрешающая способность по горизонтали

~, **örtliche** *см.* **Auflösung, räumliche**

~, **planare** чёткость по вертикали

~, **räumliche** пространственное разрешение

~, **spektrale** разрешающая способность по спектру

~, **stereofone** стереофоническое восприятие

~ **der Verbindung** прекращение связи

~, **vertikale** разрешающая способность по вертикали

~ **von Bindungen** разрушение связей

~, **vorzeitige** преждевременное разъединение

~, **zeitliche** 1. разрешение по времени 2. временная дискретизация

Auflösungsbegrenzung *f* ограничение разрешающей способности

Auflösungsbesen *m* штриховая мира (для оценки) разрешающей способности

Auflösungsfähigkeit *f* 1. разрешающая способность 2. растворимость

Auflösungsgeschwindigkeit *f* скорость растворения

Auflösungsgrad *m* разрешающая способность

Auflösungsgrenze *f* 1. предел разрешения 2. граница растворимости

Auflösungsgüte *f* разрешающая способность

Auflösungskeil *m см.* **Auflösungsbesen**

Auflösungskurve *f* 1. апертурная характеристика 2. кривая растворимости

Auflösungslinien *f pl см.* **Auflösungsbesen**

Auflösungsschaltung *f* решающая схема

Auflösungsschwelle *f* порог разрешения

Auflösungsstärke *f опт.* разрешающая сила

Auflösungsstrecke *f рлк* разрешающая способность по дальности

Auflösungstest *m*, **Auflösungstestbild** *n тлв* тест [испытательная таблица] для определения разрешающей способности

Auflösungstestsignal *n тлв* тест-сигнал [испытательный сигнал] для определения разрешающей способности

Auflösungsverlust *m* потеря разрешающей способности

Auflösungsverminderung *f* 1. *тлв* уменьшение чёткости 2. *опт.* уменьшение резкости

Auflösungsvermögen *n опт.* 1. разрешающая способность 2. разрешающая сила

Auflösungswinkel *m* разрешаемый угол

Auflösungszeit *f* 1. разрешающее время 2. время разъединения *или* размыкания 3. время растворения

Auflöten *n* напаивание

Aufmagnetisierungsenergie *f* энергия намагничивания

Aufmagnetisierungsstrom *m* ток намагничивания

aufmodulieren промодулировать

Aufnahme *f* 1. съёмка 2. снимок; кадр 3. приём (*сигналов*) 4. запись (*звука, изображения*) (*см. тж* **Aufzeichnung**) 5. регистрация 6. снятие (*характеристики*) 7. потребление (*энергии*) 8. поглощение; захват

~, **einzelbildweise** покадровая съёмка

~, **elektronenmikroskopische** электронный микроснимок

~, **farbrichtige** (телевизионная) съёмка с правильной цветопередачей

~ **für Stecker** штекерное гнездо

~ **mehrerer Bilder** многокадровая съёмка

~, **mehrkanalige** многоканальная запись

~, **nachhallarme** запись с малой реверберацией

~, **oszillographische** снимок с экрана осциллографа

~, **stereophonische** стереофоническая запись

~, **stereoskopische** стереоскопическая съёмка

~ **von Ereignissen** регистрация событий

Aufnahmeabstand *m* 1. расстояние до объекта съёмки 2. *опт.* предметное расстояние

Aufnahmebefehl *m* команда приёма

Aufnahmebrennweite *f* (сопряжённое) фокусное расстояние съёмочного объектива

Aufnahmedauer *f* 1. время экспозиции, экспозиция 2. продолжительность съёмки

Aufnahmedichte *f,* **optische** плотность оптической записи

Aufnahmeebene *f опт.* плоскость изображения

Aufnahmeelektrode *f* собирающий электрод, коллектор

Aufnahmeelektronik *f* электроника системы записи

Aufnahmeelement *n* воспринимающий [чувствительный] элемент

Aufnahmeentfernung *f см.* **Aufnahmeabstand**

Aufnahmeentzerrer *m* (частотный) корректор

Aufnahmefähigkeit *f* 1. восприимчивость; чувствительность 2. вместимость (*установки*) 3. пропускная способность (*напр. канала*) 4. поглощающая [абсорбционная] способность

~, **dielektrische** диэлектрическая восприимчивость

~, **magnetische** магнитная восприимчивость

Aufnahmefilm *m* регистрирующая плёнка

Aufnahmefrequenz *f* частота съёмки

Aufnahmegegenstand *m* 1. объект передачи 2. объект съёмки

Aufnahmegerät *n* 1. съёмочная камера 2. приёмное устройство 3. устройство записи 4. регистрирующее устройство

Aufnahmegeschwindigkeit *f* 1. скорость приёма 2. скорость записи

Aufnahmegrenze *f* граница поглощения

Aufnahmekamera *f* 1. (телевизионная) передающая камера 2. съёмочная камера

Aufnahmekanal *m* 1. канал приёма 2. канал записи
Aufnahmekapazität *f* пропускная способность (*напр. канала*)
Aufnahmekopf *m* головка записи
Aufnahmekreis *m* приёмный контур
Aufnahmelampen *f pl* светильники телевизионной студии
Aufnahmelaufwerk *n* лентопротяжный механизм записывающего устройства
Aufnahmelautstärke *f* уровень громкости при записи звука
Aufnahmeleistung *f* потребляемая мощность
Aufnahmelicht *n* освещённость объекта съёмки
Aufnahmeloch *n* фиксирующее отверстие (*печатной платы*)
Aufnahmemagnetkopf *m* магнитная головка записи
Aufnahmemikrofon *n* микрофон звукозаписи
Aufnahmeobjekt *n см.* **Aufnahmegegenstand**
Aufnahmeobjektiv *n* съёмочный объектив
Aufnahmeoptik *f* 1. съёмочная оптика 2. звукозаписывающая оптика
Aufnahmeorgan *n* приёмное устройство
Aufnahmepaar *n,* **stereoskopisches** стереопара
Aufnahmepegel *m* уровень записи
Aufnahmepegelsteller *m* регулятор уровня записи
Aufnahmerahmen *m* корзина (*конструктивный элемент стойки для размещения блоков*)
Aufnahmeraum *m* 1. студия 2. (объёмный) резонатор
Aufnahme-Recorder *m* записывающий видеомагнитофон
Aufnahmereichweite *f* 1. дальность съёмки 2. дальность приёма 3. дальность наблюдения
Aufnahmeröhre *f* передающая телевизионная трубка
~ **mit kleiner Elektronengeschwindigkeit** передающая телевизионная трубка с развёрткой пучком медленных электронов
Aufnahmeschicht *f* 1. (свето)чувствительный слой 2. рабочий слой носителя записи
Aufnahmeschlitz *m см.* **Aufnahmespalt**
Aufnahme-Schnittrecorder *m* записывающий монтажный видеомагнитофон
Aufnahmeseite *f* 1. сторона приёма 2. *тлв* сторона съёмки
Aufnahmesektion *f* фотоприёмная секция, секция записи (*в ПЗС*)
Aufnahme-Servosystem *n* сервосистема управления движущим механизмом при записи
Aufnahmesituation *f* 1. условия съёмки 2. условия приёма 3. условия записи 4. условия захвата
Aufnahmespalt *m* 1. рабочий зазор (*магнитной головки*) 2. записывающий штрих (*световой или электронный*)
Aufnahmesperre *f* блокировка записи
Aufnahmespule *f* зап. приёмная катушка
Aufnahmestreifen *m* лента для записи
Aufnahmestrom *m* 1. потребляемый ток 2. ток записи
Aufnahme-Stummschaltautomatik *f* автоматика бесшумного переключения перезаписи (*с одного фрагмента на другой*)
Aufnahmetaste *f* 1. клавиша *или* кнопка (включения) записи 2. *тлв* кнопка (включения) передачи
Aufnahmetechnik *f* 1. техника записи 2. *тлв* техника передачи
Aufnahmeteil *m* приёмная *или* воспринимающая часть (*устройства*)
Aufnahmetiefe *f* глубина записи
Aufnahme- und Wiedergabegerät *n* аппарат (для) записи и воспроизведения
Aufnahme- und Wiedergabekopf *m* универсальная головка записи — воспроизведения
Aufnahmeunterbrechung *f* 1. прерывание записи 2. *тлв* прерывание передачи
Aufnahmevermögen *n см.* **Aufnahmefähigkeit**
Aufnahmeverstärker *m* усилитель записи
Aufnahmewagen *m* 1. передвижная телевизионная станция, ПТС 2. операторская тележка
Aufnahmewelle *f* гол. волна записи
Aufnahmewicklung *f* обмотка записи
Aufnahme/Wiedergabe *f* запись — воспроизведение
Aufnahmewiedergabeverstärker *m* универсальный усилитель записи — воспроизведения
Aufnahmezug *m* тракт записи
aufnehmen 1. снимать, производить съёмку 2. принимать (*сигналы*) 3. записывать (*звук, изображение*) 4. регистрировать 5. снимать (*характеристику*) 6. потреблять (*энергию*)
Aufnehmer *m* 1. устройство для приёма (*сигнала*); съёмник 2. чувствительный элемент 3. измерительный преобразователь, датчик 4. звукосниматель 5. микрофон
aufprägen прикладывать (*напряжение*)
Aufprall *m* столкновение, соударение (*напр. электронов*); удар
Aufprallplatte *f* мишень
Aufpreßschicht *f* напрессованный слой
Aufprojektion *f* проекция на отражение
Aufpumpen *n* накачка (*лазера*)
Aufpunkt *m* 1. точка (*электромагнитного поля*), на которую определяется воздействие 2. точка приёма (*сигналов*)
Aufputzmontage *f* 1. открытый монтаж 2. монтаж открытой проводки
Aufquellen *n* набухание, разбухание (*напр. фоторезиста*)
Aufrechtbildsucher *m* видоискатель, дающий прямое изображение
Aufrechterhaltung *f* **der Funktionsfähigkeit** над. сохранение работоспособности
Aufrichten *n* 1. исправление 2. восстановление
aufrollen 1. наматывать (*напр. МЛ*) 2. навивать (*напр. проволочный резистор*)
Aufrollgeschwindigkeit *f* скорость намотки
Aufruf *m* 1. *вчт* вызов; обращение 2. запрос; опрос
Aufrufanweisung *f,* **Aufrufbefehl** *m* команда вызова
Aufrufbetrieb *m* режим опроса; ждущий режим
Aufruffolge *f* *вчт* последовательность вызовов или обращений
Aufrufimpuls *m* импульс вызова
Aufrufwort *n* *вчт* вызывающее слово
Aufrufzahl *f* *вчт* вызывающее число
Aufrüstung *f* сборка (*узлов конструкции*)

Aufsatzeinheit f дополнительное устройство
Aufsatzflansch m монтажный фланец
Aufschaltbefehl m команда включения
Aufschalten n включение; подключение
Aufschaltetaste f клавиша включения
Aufschaltimpuls m импульс включения
Aufschaltspannung f подводимое напряжение
Aufschaltzeichen n сигнал включения
Aufschaukelung f раскачивание, возбуждение (колебаний); нарастание (колебаний)
~ **von Moden** возбуждение мод
Aufschaukelungsfaktor m коэффициент возбуждения (колебаний)
Aufschaukelungsfrequenz f частота возбуждения
Aufschlagzerstörung f ударное разрушение
aufschleudern нанесение (напр. фоторезиста) ударным центрифугированием
Aufschleudertechnik f техника нанесения (напр. фоторезиста) ударным центрифугированием
Aufschlüsselung f дешифровка, декодирование
aufschlußreich информативный
Aufschmelzlöten n пайка методом расплавления полуды
Aufschneiden n 1. разрезание, разделение 2. размыкание
Aufschreiben n см. **Aufschreibung**
Aufschreibverstärker m усилитель записи
Aufschreibung f запись (данных) (см. тж **Aufzeichnung, Aufnahme**)
Aufschrift f надпись; титр
~, **elektronische** электронная надпись
Aufschweißen n наваривание; приваривание
Aufschwellen n коробление; вспучивание
Aufschwingspannung f нарастающее напряжение
Aufsetzen n составление (напр. схемы)
Aufsetzkamera f съёмная камера
Aufsetzkontakt m устанавливаемый контакт
Aufsetzmontage f монтаж на поверхность
Aufsetzpunkt m точка (идеального) приземления (на экране прецизионной РЛС посадки)
Aufsetzung f, **weiche** косм. мягкая посадка
Aufsicht f вид сверху (напр. на структуру)
Aufsichtbild n контрольное изображение
Aufsichtsfarbe f цвет поверхности (объекта)
Aufsichtspersonal n обслуживающий персонал
Aufsichtsplatz m 1. стол контрольной телефонистки 2. контрольный (измерительный) стенд
Aufsichtspult n пульт контроля [управления], диспетчерский пульт
Aufsichtsröhre f трубка для визуального наблюдения
Aufsichtsschirm m экран контрольного индикатора
Aufsichtsskale f контрольная шкала
Aufsichtssucher m 1. контрольный видоискатель 2. зеркальный видоискатель
aufsintern наносить спеканием или оплавлением
Aufspaltung f 1. расщепление; разделение; расчленение; разобщение 2. разнос проводов
~, **magnetische** магнитное расщепление
~, **Starksche** штарковское расщепление
~ **der Versetzungen** расщепление дислокаций
Aufspaltungsenergie f энергия расщепления

Aufspaltungsfaktor m коэффициент расщепления
Aufspannen n, **elektrostatisches** электростатическое натяжение
Aufspannkraft f сила натяжения (напр. сетчатого трафарета)
Aufspannplatte f монтажная плата
Aufspanntransformator m повышающий трансформатор
Aufspannung f 1. повышение напряжения (трансформатором) 2. натягивание, растягивание, вытягивание 3. закрепление, зажимание
Aufspannvorrichtung f устройство натяжения (сетчатого трафарета)
Aufspeicher m 1. аккумулятор, накопитель 2. ЗУ; накопитель (информации)
Aufspeicherung f 1. аккумуляция, накопление 2. запоминание, хранение; накопление (информации)
Aufspeicherungszeit f 1. время накопления (напр. заряда) 2. время хранения (информации)
Aufspielgeschwindigkeit f скорость воспроизведения
Aufspielverstärker m усилитель воспроизведения
aufspleißen разделывать (конец кабеля)
Aufsplitterung f раскалывание
Aufsprache f звукозапись
Aufsprecheinrichtung f устройство звукозаписи
Aufsprechen n звукозапись
Aufsprechentzerrer m корректор искажений звукозаписи
Aufsprechfrequenzgang m частотная характеристика канала звукозаписи
Aufsprechgeschwindigkeit f скорость воспроизведения звукозаписи
Aufsprechkopf m головка звукоснимателя
Aufsprechmagnetkopf m магнитная головка звукоснимателя
Aufsprechspalt m рабочий зазор (магнитной головки) звукоснимателя
Aufsprech- und Wiedergabekopf m универсальная головка записи — воспроизведения звука
Aufsprechverstärker m усилитель записи звука
Aufspreizung f **des Elektronenstrahles** расширение электронного пучка
Aufspritzen n напылять, металлизировать напылением
Aufsprühen n напыление; разбрызгивание
Aufspulen n наматывание, намотка
Aufspulkassette f приёмная кассета
Aufspulmotor m двигатель моталки, наматывающий двигатель
aufsputtern распылять
aufstapeln располагать друг над другом
Aufstäuben n напыление
Aufstäubungsbeschichtung f напылённое покрытие
aufsteckbar съёмный, сменный, вставной
Aufsteckdurchmesser m **des Bildröhrenhalses** внешний [насадочный] диаметр горловины трубки
Aufsteckfassung f 1. съёмная [сменная] оправка 2. насадка
Aufsteilung f **der Gradation** повышение контрастности
Aufstellfläche f 1. место установки (оборудования) 2. площадь, необходимая для размещения (оборудования, детали)

Aufstellung f 1. установка, сборка, монтаж 2. перечень, список; спецификация 3. расстановка; расположение; размещение 4. составление (*напр. программы, алгоритма*)
~, **tabellarische** составление таблиц, сведение в таблицы, табулирование
Aufstellungsplan m схема [план] размещения; топологический чертёж, топология размещения
Aufstockung f **der Spannungsquelle** наращивание напряжения источника питания
Aufsuchung f 1. *рлк* обнаружение 2. поиск 3. *вчт* обращение
~, **willkürliche** произвольный поиск
Aufsuchverfolgungsradar n РЛС обнаружения и сопровождения цели
Auftasten n *см.* **Auftastung**
Auftastgenerator m генератор стробирующих [селектирующих] импульсов
Auftastimpuls m стробирующий [селектирующий] импульс, строб-импульс
Auftastimpulskreis m импульсная стробирующая цепь
Auftastschaltung f стробирующая схема
Auftastsignal n стробирующий [селектирующий] сигнал
Auftastung f 1. стробирование, селектирование 2. импульсное управление
Auftastungs... *см.* **Auftast...**
Aufteilung f 1. разделение; расчленение; разбиение 2. секционирование 3. сегментация, деление на сегменты
~ **des Laserstrahles** разделение лазерного пучка
Auftrag m 1. *вчт* задание; заказ 2. покрытие; слой
auftragen 1. наносить (*покрытие*) 2. наносить, строить (*кривые*); представлять (*графические зависимости*)
Auftragsabwicklung f прохождение задания
Auftragsanzeige f индикация источников заданий
Auftragsbestand m картотека заданий
Auftragsbestätigung f подтверждение задания
Auftragserledigung f выполнение задания
Auftragsprioritätssteuerung f приоритетное планирование (выполнения) заданий
Auftragsschritt m *вчт* шаг задания
Auftragssteueranweisung f оператор управления заданиями
Auftragssteuersprache f язык управления заданиями
Auftragtakt m 1. *вчт* шаг задания 2. цикл построения (*кривых*)
Auftragstastatur f клавиатура контроля источников заданий
Auftreffläche f площадь мишени
Auftreffplatte f мишень
Auftreffpunkt m 1. точка падения (*напр. электронов*); бомбардируемая точка 2. точка соударения (*частиц*)
Auftreffstelle f место попадания (*напр. луча*)
Auftreffwinkel m 1. угол падения 2. угол соударения
Auftrennen n 1. разобщение, разъединение, разделение 2. секционирование
Auftreten n 1. появление, возникновение 2. *мат.* появление события; событие
~ **der Nebenmoden** появление побочных мод

~ **der Waferverformung** коробление подложки
auftretend:
~, **gehäuft** кластеризованный
~, **vereinzelt** появляющийся одиночно; некластеризованный
Auftrittswahrscheinlichkeit f вероятность появления (события)
Aufwachsen n 1. выращивание (кристаллов) (*см. тж* **Züchtung**) 2. наращивание (*напр. кремния на шпинель*)
~, **epitaktisches [epitaxiales]** эпитаксиальное наращивание
~, **galvanisches** гальваническое наращивание
~, **heteroepitaxiales** гетероэпитаксиальное наращивание
~ **der Oxidschicht, thermisches** термическое наращивание слоя оксида
~, **regelmäßige** регулярное наращивание
Aufwachsgeschwindigkeit f, **Aufwachsrate** f 1. скорость выращивания 2. скорость наращивания
Aufwachsschicht f 1. выращенный слой 2. наращённый слой
Aufwand m 1. расход; затраты 2. трудоёмкость
Aufwandsschwelle f порог трудоёмкости
Aufwärts-Abwärts-Zähler m реверсивный счётчик
Aufwärtsfrequenz f (рабочая) частота канала связи Земля — спутник
Aufwärtsfrequenzwandler m преобразователь с повышением частоты
Aufwärtskanal m канал связи Земля — спутник
Aufwärtskompatibilität f 1. *вчт* совместимость снизу вверх 2. совместимость (разрабатываемой) системы с будущими (перспективными) системами
Aufwärtskonversion f, **parametrische** параметрическое преобразование с повышением частоты
Aufwärtskonverter m, **digitaler** повышающий передискретизатор, цифро-цифровой преобразователь для повышения частоты дискретизации
Aufwärtsmischer m преобразователь с повышением частоты (*частота преобразования выше входной*)
Aufwärtssprung m перепад вверх
Aufwärtsstrecke f канал связи Земля — спутник
Aufwärtstransformator m повышающий трансформатор
Aufwärtsumsetzer m *см.* **Aufwärtsmischer**
Aufwärtsverbindung f связь Земля — спутник
Aufwärtsverträglichkeit f *см.* **Aufwärtskompatibilität**
Aufwärtszähler m *вчт* инкрементор (*устройство для формирования приращений*)
Aufweiter m расширитель (*напр. лазерного пучка*)
Aufweitung f 1. расширение; растяжение 2. расходимость
~ **des Mittelpunktes** растяжение средней части изображения
Aufweitungsoptik f расширяющая оптическая система
Aufwickel m *зап.* приёмный узел
Aufwickelachse f ось приёмной катушки
Aufwickeleinheit f *зап.* приёмный узел
Aufwickelkassette f приёмная кассета
Aufwickelkern m сердечник для намотки ленты

Aufwickelmaschine f намоточный станок
Aufwickeln n намотка
Aufwickelspule f зап. приёмная катушка
Aufwickelteller m зап. приёмный диск
Aufwickeltrommel f зап. приёмный барабан
Aufwickelwerk n зап. приёмный узел
aufwinden навивать; наматывать
Aufwölbung f искривление; коробление
Aufzehrung f 1. истощение 2. поглощение
Aufzeichnung f 1. запись (*звука, изображения*) (*см. тж* **Aufnahme**) 2. сигналограмма 3. запись, регистрация (*данных*) 4. чертёж; схема; план
~, **automatische** автоматическая запись
~, **bistabile** бистабильная запись
~, **digitale** цифровая запись
~, **direkte** 1. прямая [непосредственная] запись 2. *тлг* открытая запись
~ **durch Elektronenstrahl** запись электронным лучом; электронно-фотографическая запись
~, **farbige** цветная запись
~, **fortlaufende** непрерывная запись
~, **fotografische** *см.* **Aufzeichnung, optische**
~, **holografische** голографическая запись
~, **indirekte** закрытая запись
~ **in Seitenschrift** поперечная (механическая) запись
~ **in Tiefenschrift** глубинная (механическая) запись
~, **isotrope** изотропная запись
~, **kontinuierliche** непрерывная запись
~, **laterale** поперечная (механическая) запись
~, **logische** *вчт* логическая запись
~, **longitudinale** продольная запись
~, **lückenlose** непрерывная запись
~, **magnetische** магнитная запись
~, **magnetooptische** магнитооптическая запись
~, **mechanische** механическая запись
~ **mit Längsmagnetisierung** запись продольным намагничиванием
~ **mit Quermagnetisierung** запись перпендикулярным намагничиванием
~ **mit Transversalmagnetisierung** запись поперечным намагничиванием
~, **nichtsegmentierte** несегментная запись
~ **ohne Redundanz** безызбыточная запись
~, **optische** фотографическая [оптическая] запись
~, **punktweise** точечная запись
~, **quadraphonische** квадрафоническая запись, квадразапись
~, **redundante** избыточная запись
~, **segmentierte** сегментная запись
~, **thermomagnetische** термомагнитная запись
~, **thermoplastische** термопластическая запись
~, **transversale** поперечная (механическая) запись; *тлв* поперечно-строчная запись
~, **vertikale** *см.* **Aufzeichnung in Tiefschrift**
Aufzeichnungsamplitude f амплитуда записи
Aufzeichnungs-Bezugspegel m номинальный уровень записи
Aufzeichnungsbezugsstrahl m гол. опорный пучок
Aufzeichnungsbreite f ширина канавки записи
Aufzeichnungsbündel n 1. *см.* **Aufzeichnungstrahl** 2. регистрирующий пучок

Aufzeichnungs-Bus-Leitung f шина записи
Aufzeichnungscharakteristik f характеристика записи
Aufzeichnungsdichte f плотность записи
Aufzeichnungsebene f плоскость записи
Aufzeichnungseinrichtung f устройство записи
Aufzeichnungsempfindlichkeit f чувствительность (головки) записи
Aufzeichnungsfläche f 1. поверхность записи (*напр. ленты*) 2. *гол.* плоскость записи
Aufzeichnungsflächendichte f поверхностная плотность записи
Aufzeichnungsformat n формат записи; формат сигналограммы
~ **B** формат записи B (*фирмы Бош-Фернзе*)
~ **C** формат записи C (*фирм Ампекс и Сони*)
Aufzeichnungsfrequenz f частота записи
Aufzeichnungsfrequenzkurve f амплитудно-частотная характеристика записи
Aufzeichnungsgerät n записывающее устройство
Aufzeichnungsgeschwindigkeit f скорость записи
Aufzeichnungsintensität f уровень записи
Aufzeichnungskanal m, **Aufzeichnungskette** f канал записи
Aufzeichnungskode m код записи
Aufzeichnungskopf m головка записи
~, **optischer** оптическая головка записи
Aufzeichnungskopfspalt m (рабочий) зазор головки записи
Aufzeichnungslampe f записывающая лампа
Aufzeichnungslaser m записывающий лазер
Aufzeichnungslücke f пробел [интервал] между записями
Aufzeichnungsmaschine f записывающее устройство; записывающий (видео)магнитофон
Aufzeichnungsmaßstab m масштаб регистрации
Aufzeichnungsmedium n носитель записи; регистрирующая среда
Aufzeichnungspegel m уровень записи
Aufzeichnungsqualität f качество записи
Aufzeichnungsrate f скорость записи
Aufzeichnungsraum m аппаратная записи
Aufzeichnungsröhre f записывающая трубка
Aufzeichnungsschicht f регистрирующий слой
Aufzeichnungsspalt m 1. записывающий штрих (*оптический или электронный*) 2. рабочий зазор (*магнитной головки*)
Aufzeichnungsspule f катушка записи
Aufzeichnungsspur f дорожка записи
Aufzeichnungsstrahl m записывающий [пишущий] луч
Aufzeichnungsstrom m ток записи
Aufzeichnungsstudio n студия записи
Aufzeichnungssystem n система записи; устройство записи
Aufzeichnungstakt m цикл записи
Aufzeichnungstechnik f техника записи
Aufzeichnungstoleranz f допустимая погрешность записи
Aufzeichnungstonträger m носитель звукозаписи
Aufzeichnungsträger m носитель записи
~, **bandförmiger** ленточный носитель записи
~, **drahtförmiger** проволочный носитель записи
Aufzeichnungs- und Wiedergabegerät n устройство записи—воспроизведения

Aufzeichnungsverfahren *n* способ записи
Aufzeichnungsverluste *m pl* потери при записи
Aufzeichnungsverstärker *m* усилитель записи
Aufzeichnungsvolumen *n* объём записи
Aufzeichnungswagen *m* передвижная станция видеозаписи
Aufzeichnungswandler *m* головка записи
Aufzeichnungswellenlänge *f* длина волны записи
Aufzeichnungswiedergabe *f* воспроизведение записи
Aufzeichnungs-Wiedergabe-Kanal *m* канал записи — воспроизведения, КЗВ
Aufzeichnungs-Wiedergabe-Kopf *m* универсальная головка записи — воспроизведения
Aufzeichnungs-Wiedergabe-Verbundkopf *m* комбинированная головка записи — воспроизведения
Aufzeichnungs-Wiedergabe-Verstärker *m* универсальный усилитель записи — воспроизведения
Aufzeichnungszeitkonstante *f* постоянная времени записи
Aufzeichnungszentrum *n* центр записи
Aufzüchten *n* наращивание
Auf-Zu-Regler *m* двухпозиционный регулятор
Auge *n*:
~, **elektrisches** фотоэлемент
~, **magisches** электронно-оптический индикатор настройки
~, **mittleres normales** средний глаз; стандартный фотометрический наблюдатель
Auge-Hand *f* манипулятор с искусственным зрением
Augenblicksauslösung *f* мгновенное выключение
Augenblicksfehler *m* мгновенная ошибка; сбой
Augenblicksfrequenz *f* мгновенная частота
Augenblicksphase *f* мгновенное значение фазы
Augenblicksunterbrechung *f* мгновенное выключение
Augenblicksverschluß *m* затвор мгновенного действия
Augenblickswertabtastung *f* дискретизация по мгновенным значениям
Augenblickziel *n* *рлк* цель, появляющаяся на короткое время
Augend *m* *вчт* первое слагаемое
Augendiagramm *n* глазковая осциллограмма, глазковая диаграмма (*в системах телетекста*)
Augenempfindlichkeitskurve *f*, **spektrale** кривая видности
Augenhöhe *f* 1. высота глазковой осциллограммы 2. уровень глаз
Augenhöhenmessung *f* измерение высоты глазковой осциллограммы
Augenlinse *f* 1. хрусталик глаза 2. окуляр
Augenträgheit *f* инерция зрительного восприятия
Auger-Breite *f* ширина линии оже-спектра
Auger-Effekt *m* эффект Оже
Auger-Elektron *n* оже-электрон
Auger-Elektronenspektroskopie *f* электронная оже-спектроскопия
Auger-Emission *f* оже-электронная эмиссия
Auger-Rekombination *f* оже-рекомбинация
Auger-Übergang *m* оже-переход

Augetron *n* *фирм.* фотоэлектронный умножитель, ФЭУ
Aureole *f* ореол
aureole-geschützt противоореольный
Aurodur *m* ауродур, викалой (*магнитный сплав*)
«Aus» «выключено», «отключено»
Ausartung *f* вырождение; перерождение
Ausätzen *n* вытравливание
Aufbalancierung *f* уравновешивание, балансирование
Ausbau *m* 1. разборка; демонтаж; удаление; извлечение 2. развитие, расширение (*производства*); дополнение, наращивание (*аппаратуры*)
Ausbauchung *f* изгиб (*печатной платы*); выпуклость
ausbaufähig 1. разборный 2. дополняемый, наращиваемый
Ausbauleistung *f* установленная мощность (*сумма номинальных мощностей всех потребителей*)
Ausbaustufe *f* модификация серийной модели (*установки*); вариант поставки комплекса аппаратуры
Ausbauzeit *f* время выгрузки (*напр. кассеты автомата*)
«Aus»-Befehl *m* команда выключения
Ausbeute *f* 1. выход (*напр. электронов*) 2. выход годных изделий 3. эффективность
~ **der Endfertigung** конечный процент выхода годных изделий
Ausbeutefaktor *m* коэффициент выхода
Ausbeutekurve *f* кривая выхода
~, **fotoelektrische** кривая фотоэмиссии
Ausbeutequote *f* см. **Ausbeute** 2.
Ausbeutestatistik *f* статистика выхода годных изделий
Ausbeuteverteilung *f* распределение выхода
Ausbeutewahrscheinlichkeit *f* вероятность выхода
Ausbeutewert *m* коэффициент выхода
Ausbildung *f* 1. обучение (*напр. робота*) 2. образование (*напр. слоя*); возникновение (*напр. стоячих волн*) 3. формирование (*кристалла*)
~, **computerunterstützte** обучение с использованием ВМ
Ausbildungsanalogrechner *m* обучающее моделирующее устройство
Ausbildungsgerät *n* тренажёр
Ausbleicheffekt *m* эффект просветления
Ausbleichen *n* 1. обесцвечивание; потеря сочности цвета (*люминофора*) 2. отбеливание 3. просветление
Ausblendebefehl *m* команда выделения (*напр. части слова*)
Ausblendegenerator *m* 1. генератор гасящих импульсов 2. генератор стробирующих импульсов
Ausblendeimpuls *m* 1. гасящий импульс 2. стробирующий импульс, строб-импульс
Ausblendenautomatik *f* *тлв* автоматическая установка диафрагмы (*в зависимости от освещённости объекта*)
Ausblendesignal *n* 1. гасящий сигнал 2. стробирующий сигнал

AUS

Ausblendestufe f 1. каскад гашения 2. стробирующий каскад
Ausblendung f 1. диафрагмирование 2. запирание 3. (плавное) выведение (*сигнала*) 4. *тлв* выведение изображения 5. стробирование
~ **von Geistern** подавление многократных изображений, подавление «повторов»
~, **weiche** плавное выведение изображения
Ausbrandzeit f время выгорания
Ausbrechen n расслоение (*напр. печатной платы*)
Ausbreitung f 1. распространение (*волн*); прохождение (*напр. сигнала*); продвижение (*напр. домена*) 2. *втч* передача (*напр. полномочий в сети*) 3. расширение
~, **geleitete** направленное распространение
~, **geradlinige** прямолинейное распространение
~ **der Gleitflächen** расширение плоскостей скольжения (*кристаллов*)
~ **im freien Raum** распространение в свободном пространстве
~, **ionosphärische** ионосферное распространение
~, **quasitransversale** квазипоперечное распространение
~, **terrestische** распространение земных радиоволн
~, **transhorizontale** загоризонтное распространение
~, **übernormale** сверхдальнее распространение
~, **unternormale** распространение при пониженном показателе преломления
Ausbreitungsbedingungen f pl условия распространения
Ausbreitungsdämpfung f затухание при распространении
Ausbreitungsdekrement n декремент распространения
Ausbreitungsellipsoid n, **Fresnelsches** зона [эллипсоид] Френеля
Ausbreitungsfaktor m коэффициент распространения
Ausbreitungskanal m канал распространения
Ausbreitungskonstante f 1. постоянная распространения (*волн*) 2. постоянная передачи (*электрической цепи*)
Ausbreitungsmaß n см. **Ausbreitungsfaktor**
Ausbreitungsmedium n среда распространения
Ausbreitungsreichweite f дальность распространения
Ausbreitungsrichtung f направление распространения
Ausbreitungsstrom m ток растекания
Ausbreitungsvektor m волновой вектор (*излучения*)
Ausbreitungsverhalten n характеристика распространения (*волн*)
Ausbreitungsverhältnis n декремент распространения
Ausbreitungsverluste m pl потери на распространение
Ausbreitungsvermögen n диффузионная способность
Ausbreitungsversuch m испытания по распространению
Ausbreitungsverzögerung f задержка при распространении (*волн*); задержка на прохождение (*сигнала*)
Ausbreitungswiderstand m 1. сопротивление излучения 2. сопротивление растекания
Ausbreitungszahl f коэффициент распространения
Ausbrennen n выгорание; прожигание (*напр. люминофора*); пережигание, выжигание (*связей программируемого ПЗУ*)
Ausbrennprogrammierung f программирование пережиганием (*плавких перемычек*)
Ausdampfen n выпаривание
Ausdehnen n **des Bandhügels, seitliches** боковое расширение шарикового [столбикового] контакта
Ausdehnung f 1. расширение 2. протяжённость; распространение 3. вытягивание
~ **der Basiszone** расширение области базы
~ **des Netzes** протяжённость сети; разветвлённость сети
Ausdehnungsfaktor m, **Ausdehnungskoeffizient** m коэффициент расширения
Ausdiffundierung f, **Ausdiffusion** f экзодиффузия, обратная диффузия
~, **seitliche** боковая обратная диффузия
Ausdruck m 1. *мат., вчт* выражение 2. *лингв.* выражение, оборот 3. *вчт* распечатка, вывод (*данных*) на печатающее устройство
~, **Boolescher** булево выражение
~, **logischer** логическое выражение
Ausdrucken n *вчт* распечатка, вывод (*данных*) на печатающее устройство
Ausdrucksignal n сигнал печатания
Ausdünstung f выпаривание
Auseinanderfließen n растекание (*заряда*)
auseinanderklappen раскрывать (*напр. блок с монтажными платами «книжной» конструкции*)
Auseinanderlaufen n расхождение; дивергенция
auseinanderziehen растягивать (*напр. шкалу*)
Ausfächerung f разветвление по выходу
Ausfall m 1. *над.* отказ 2. простой 3. выпадение (*из синхронизма*)
~, **abhängiger** зависимый [вторичный] отказ
~, **altersabhängiger** отказ за счёт старения
~, **behebbarer** устранимый отказ
~, **bleibender** устойчивый отказ
~ **durch Entwurffehler** конструкционный отказ
~ **durch mißbräuchliche Verwendung** эксплуатационный отказ
~, **einsetzender** зарождающийся отказ
~, **harmloser** некритический [неопасный] отказ
~, **kritischer** критический [опасный] отказ
~, **plötzlicher** внезапный отказ
~, **schwerer** устойчивый отказ (*объект находится в нерабочем состоянии*)
~, **strukturbedingter** отказ, обусловленный структурными дефектами
~, **unabhängiger** независимый [одиночный] отказ
~, **zufälliger** случайный отказ
Ausfallabstand m наработка на отказ
~, **mittlerer** средняя наработка на отказ
Ausfallanalyse f анализ отказов
Ausfallanzahl f число отказов
Ausfallanzeigegerät n индикатор отказа

Ausfallart f вид отказа
Ausfallauswirkung f последствие отказа
Ausfallbewertung f оценка отказа
Ausfallcharakteristik f характеристика отказов
Ausfalldauer f время [продолжительность] восстановления (*работоспособного состояния*)
Ausfalldauerverteilung f функция распределения отказов по времени восстановления (*работоспособного состояния*)
Ausfalldiagnose f, **Ausfalldiagnostik** f диагностика отказов
Ausfalldichte f плотность [интенсивность] отказов
Ausfalldichtefunktion f функция плотности отказов
Ausfalldichteverteilung f распределение плотности отказов
ausfallempfindlich чувствительный к отказам
ausfallen 1. отказывать, выходить из строя 2. простаивать 3. выпадать (*из синхронизма*) 4. исчезать; прекращаться (*напр. о подаче питания*)
Ausfallfreiheit f безотказность
Ausfallgliederung f классификация отказов
~ **nach Schwere der Auswirkung** классификация отказов по последствиям
~ **nach Verlauf der Ausfallrate** классификация отказов по их интенсивности
Ausfallhäufigkeit f, **Ausfallhäufigkeitsdichte** f над. плотность [интенсивность] отказов
Ausfallhäufigkeitsverteilung f распределение плотности отказов
Ausfallkorrekturzeit f время устранения отказа
Ausfallkriterium n критерий отказа
Ausfallkurve f кривая отказов
Ausfallmechanismus m механизм отказа
Ausfallmeldung f сигнализация об отказе
Ausfallmodus m вид отказа
Ausfallortung f определение места отказа
Ausfallortungszeit f время поиска места отказа
Ausfallosigkeit f безотказность
Ausfallquote f относительная частота отказов
Ausfallrate f интенсивность [плотность] отказов
Ausfallratenkurve f кривая интенсивности отказов
Ausfallratenmittel n средняя величина интенсивности отказов
Ausfallratentabelle f таблица интенсивности отказов
Ausfallrateprüfung f испытание на интенсивность отказов
Ausfallreserve f резерв на случай отказа
Ausfallsatz m интегральная частота отказов
ausfallsicher надёжный, безотказный
Ausfallstärke f *см.* **Ausfallrate**
Ausfallstundenzahl f 1. число отказов в час 2. число часов простоя
Ausfallsuchzeit f время поиска (причины) отказа
Ausfallsummenhäufigkeit f интегральная частота отказов
Ausfallsummenverteilung f интегральная функция частоты отказов
Ausfallsursache f причина отказа
Ausfalltest m испытание на принудительный отказ

ausfallunempfindlich нечувствительный к отказам
Ausfallverteilung f распределение отказов
Ausfallverteilungsfunktion f функция распределения отказов
Ausfallvorhersage f прогнозирование отказов
Ausfallwahrscheinlichkeit f вероятность отказов
~, **bedingte** условная вероятность отказов
Ausfallwahrscheinlichkeitsdichte f плотность вероятности отказов
Ausfallzeit f длительность отказа
Ausfallzeitpunkt m момент отказа
Ausfiltern n, **Ausfilterung** f отфильтровывание
Ausfrierfalle f криогенная [азотная] ловушка, охлаждаемая [вымораживаемая] ловушка
Ausführbarkeit f, **schaltungstechnische** схемотехническая выполнимость
Ausführung f 1. (конструктивное) исполнение, конструкция 2. выполнение; осуществление 3. вывод (*провода*)
~, **abgedeckte** закрытая конструкция
~ **eines Befehls** выполнение команды
~ **für Gestelleinbau** блочная конструкция для стоечного монтажа
~ **in integrierter Schaltkreistechnik** исполнение в виде ИС
~, **kundenspezifische** специальное [заказное] исполнение
~, **spiegelbildliche** зеркальное исполнение (*напр. топологии элемента*)
Ausführungsadresse f исполнительный адрес
Ausführungsanweisung f 1. конструктивные указания 2. *вчт* оператор выполнения (*шага задания*)
Ausführungsbefehl m команда управления
Ausführungseinheit f исполнительное устройство
Ausführungselement n исполнительный элемент
Ausführungsfehler m дефект конструкции
Ausführungsimpuls m исполнительный импульс
Ausführungsklemme f выводной зажим
Ausführungsorgan n исполнительный орган
Ausführungsphase f фаза [этап] выполнения (*программы, команды*)
Ausführungsprogramm n организующая или управляющая программа; диспетчер
Ausführungssteuersystem n система диспетчерского управления
Ausführungsteil m исполнительная часть (*команды*)
Ausführungsvariante f вариант исполнения; вариант конструкции
Ausführungszeit f время выполнения
Ausführungszustand m режим исполнения
Ausführungszyklus m цикл исполнения
ausfüllen: ◻ **mit großen Blöcken** ~ заполнить (*засвечиваемые участки*) большими блоками (*при электронно-лучевой литографии*)
Ausfüllfaktor m коэффициент заполнения
Ausfüllmasse f, **Ausfüllstoff** m наполнитель
Ausgabe f вывод, выдача (*данных*)
~, **akustische** звуковой [речевой] вывод
~ **mit Prüfung** вывод с контролем [с перепроверкой]
~, **phonetische** речевой вывод
Ausgabealphabet n выходной алфавит

Ausgabeanschlußpunkt *m* место подключения вывода (*данных*)
Ausgabeanweisung *f* оператор вывода (*данных*)
Ausgabeaufbereitung *f* редактирование выходных данных
Ausgabeausgang *m* выход выдачи (*данных*)
Ausgabeaxon *n* киб. выходной аксон
Ausgabeband *n* лента выходных данных
Ausgabebaugruppe *f* модуль вывода
Ausgabebefehl *m* команда вывода
Ausgabebereich *m* вчт область вывода, участок (*памяти*) для хранения выводимых данных
Ausgabebetrieb *m*, **serieller** режим последовательного вывода (*данных*)
Ausgabeblock *m* блок вывода (*данных*); выходной блок
Ausgabedatei *f* выходной файл
Ausgabedaten *pl* выходные данные
Ausgabedatenkanal *m* канал вывода данных
Ausgabedatenträger *m* носитель выходных данных
Ausgabedrucker *m*, **Ausgabedruckwerk** *n* выходное печатающее устройство
Ausgabeeinheit *f см.* **Ausgabeblock**
Ausgabeeinrichtung *f* устройство вывода (*данных*)
Ausgabefolge *f* последовательность вывода (*данных*)
Ausgabeformat *n* формат вывода, выходной формат
Ausgabegatter *n* вентиль вывода
Ausgabegenauigkeit *f* точность вывода (*данных*)
Ausgabegerät *n* выходное устройство, устройство вывода (*данных*)
~, **grafisches** устройство вывода графической информации; графический дисплей
Ausgabegeschwindigkeit *f* скорость вывода (*данных*)
Ausgabeglied *n* звено вывода (*данных*)
Ausgabeinformation *f* выводимая информация
Ausgabekanal *m* **1.** канал вывода (*данных*) **2.** выходной канал
Ausgabekarte *f* карта вывода (*данных*)
Ausgabekode *m* код вывода (*данных*)
Ausgabekodeübersetzer *m* транслятор кода вывода (*данных*)
Ausgabekontrolle *f* контроль вывода (*данных*)
Ausgabeleistung *f* объём выводимой информации
Ausgabeleitung *f* выходная линия; выходная шина
Ausgabeleser *m* устройство считывания выходных данных
Ausgabelochband *n см.* **Ausgabelochstreifen**
Ausgabelocher *m* выходной перфоратор
Ausgabelochstreifen *m* перфолента с выходными данными
Ausgabemedium *n* носитель выходных данных
Ausgabemittel *n* средство вывода (*данных*)
Ausgabemodus *m* режим вывода (*данных*)
Ausgabeoperation *f* операция вывода (*данных*)
Ausgabeperipherie *f* внешние устройства вывода (*данных*)
Ausgabephase *f* этап вывода (*данных*)
Ausgabeport *m* вчт порт вывода; выход (*устройства, системы*)
Ausgabeprogramm *n* программа вывода (*данных*)

Ausgabeprogrammgenerator *m* генератор программы вывода, генератор выходной программы
Ausgabeprozedur *f* процедура вывода (*данных*)
Ausgabepuffer *m* **1.** выходной буфер **2.** буферное ЗУ *или* буферная память на выходе
Ausgabequittung *f* подтверждение вывода (*данных*)
Ausgaberate *f* скорость вывода (*данных*)
Ausgaberegister *n* выходной регистр
Ausgabesatz *m* выводимая запись
Ausgabeschaltung *f* схема вывода (*данных*)
Ausgabeschnittstelle *f* интерфейс вывода
Ausgabeserienregister *n* выходной последовательный регистр
Ausgabesignal *n* выходной сигнал
Ausgabespeicher *m* выходное ЗУ; выходная память
Ausgabesprache *f* выходной язык (*ЭВМ*)
Ausgabestation *f* устройство вывода (*данных*)
Ausgabesteuereinheit *f*, **Ausgabesteuereinrichtung** *f* устройство управления выводом (*данных*)
Ausgabesteuerung *f* управление выводом (*данных*)
Ausgabesystem *n* система вывода (*данных*)
Ausgabeteil *m см.* **Ausgabeblock**
Ausgabeverteiler *m* мультиплексор вывода
Ausgabevorrichtung *f*, **Ausgabewerk** *n* устройство вывода (*данных*)
Ausgang *m* **1.** выход **2.** вывод (*данных*) **3.** выходное устройство **4.** выходной сигнал **5.** выходные данные
~, **asynchroner** асинхронный выход
~, **ausgeglichener** сбалансированный выход
~, **binärer 1.** двоичный выход; вывод двоичной информации **2.** двоичные выходные данные
~, **demodulierter** выход демодулированного сигнала
~, **direkter** прямой вывод (*без промежуточной записи*)
~, **diskreter** дискретный вывод
~, **fühlbarer** тактильный [осязаемый] выходной сигнал (*напр. поводыря*)
~ **für Registrierzwecke** выход для подключения регистрирующего устройства
~, **hörbarer** звуковой выходной сигнал
~, **inverser** инверсный [инвертированный] выход
~, **kodierter** кодированный выход
~, **kontinuierlicher 1.** аналоговый выход **2.** вывод аналоговой информации **3.** аналоговые выходные данные
~, **verschlüsselter** кодированный выход
Ausgänge *m pl*, **entkoppelte** развязанные выходы
Ausgangsabschwächer *m* выходной аттенюатор
Ausgangsadmittanz *f* выходная полная проводимость
Ausgangsalphabet *n* выходной алфавит
Ausgangsamplitude *f* амплитуда выходного сигнала
Ausgangsanschluß *m* **1.** выходной контакт **2.** выходной терминал
Ausgangsanzeige *f* индикация выхода
Ausgangsapertur *f* выходная апертура
Ausgangsauffächerung *f см.* **Ausgangsfächerung 2.**

Ausgangsband *n* лента выходных данных
Ausgangsbandleiter *m* ленточный вывод
Ausgangsbefehl *m вчт* команда вывода (данных); *рег.* выходная команда
Ausgangsbelegung *f* 1. нагрузочная способность по выходу 2. см. **Ausgangslastfaktor**
Ausgangsbereich *m* диапазон уровней выходного сигнала
Ausgangsbetriebsdaten *f pl* выходные эксплуатационные данные
Ausgangsbildablenkung *f* выходной каскад кадровой развёртки
Ausgangsbildfunktion *f* 1. выходная функция отображения 2. исходная функция отображения
Ausgangsbildkontrollgerät *n* выходное видеоконтрольное устройство
Ausgangsblock *m* выходной блок; блок вывода (данных)
Ausgangsbuchse *f* выходное гнездо
Ausgangsbündel *n* выходной пучок
Ausgangsbustreiber *m* формирователь (данных) выходной шины
Ausgangsdämpfungsglied *n* выходной аттенюатор
Ausgangsdaten *pl* 1. выходные данные 2. исходные данные
Ausgangs-Diffusionsleitwert *m* выходная диффузионная проводимость
Ausgangsdruckeinrichtung *f* выходное печатающее устройство
Ausgangseinheit *f см.* **Ausgangsblock**
Ausgangselektrode *f* выходной электрод
Ausgangselement *n* выходной элемент; выходное звено
Ausgangsemitterfolger *m* выходной эмиттерный повторитель
Ausgangsenergie *f* энергия выхода
Ausgangsfächerung *f* 1. расширение (пучка) на выходе 2. разветвление по выходу (ИМС)
Ausgangsfaktor *m см.* **Ausgangslastfaktor**
Ausgangsfaser *f* отводящее волокно
Ausgangsfehler *m* ошибка на выходе
Ausgangsfenster *n* выходное окно (*напр. ЭОП*)
Ausgangsfilter *n* выходной фильтр
Ausgangsfolge *f* выходная последовательность
Ausgangsfrequenz *f* частота колебаний на выходе
~, **quarzgenaue** кварцованная [стабилизированная кварцем] выходная частота
Ausgangsfunktion *f* 1. выходная функция 2. исходная функция
Ausgangsfunktionsformer *m* формирователь выходной функции
Ausgangsgerät *n* выходное устройство
Ausgangsgeräusch *n* шум(ы) на выходе
Ausgangsglied *n* выходное звено
Ausgangsgrenzfrequenz *f* граничная частота выхода
Ausgangsgröße *f* 1. выходная величина 2. исходная величина
Ausgangshohlleiter *m* выходной волновод (ЛБВ)
Ausgangshohlraum *m* выходной резонатор (ЛБВ)
Ausgangsindikator *m* индикатор выхода
Ausgangsinformation *f* 1. выходная информация 2. исходные данные
Ausgangsinstrument *n* выходной прибор

Ausgangskanal *m* 1. выходной канал 2. канал вывода (данных)
Ausgangskapazität *f* выходная ёмкость
Ausgangskennlinie *f* выходная характеристика
Ausgangskennlinienfeld *n* семейство выходных характеристик
Ausgangsknoten *m вчт* конечный узел
Ausgangskopplung *f* связь с выходом
ausgangskurzgeschlossen короткозамкнутый на выходе
Ausgangslastfaktor *m* коэффициент разветвления по выходу (ИМС)
Ausgangslastkapazität *f* выходная нагрузочная ёмкость
Ausgangsleistung *f* выходная мощность
Ausgangsleistungsmesser *m* измеритель выходной мощности
Ausgangsleitererkennung *f*, **Ausgangsleiteridentifizierung** *f* идентификация выходных проводов жгута (*с помощью маркировки жил*)
Ausgangsleiterinduktivität *f* индуктивность вывода
Ausgangsleitung *f* 1. выходная линия; выходная шина 2. исходящая линия (*связи*)
Ausgangsmenge *f вчт* выходной алфавит
Ausgangsmesser *m* измеритель выхода
Ausgangsmodul *m* модуль (цифрового) вывода
Ausgangsmodulation *f* модуляция на выходе, модуляция выходного излучения
Ausgangsmonitor *m тлв* программный монитор
Ausgangsmultiplexer *m* мультиплексор выхода
Ausgangsmultiplexung *f* мультиплексирование выхода
Ausgangsniveau *n см.* **Ausgangspegel**
Ausgangsöffnung *f* выходное отверстие
Ausgangspegel *m* уровень выходного сигнала
Ausgangspegelregler *m* регулятор уровня выходного сигнала
Ausgangsplatz *m тлф* А-место, исходящее рабочее место
Ausgangspolarität *f* 1. выходная полярность (*сигнала*) 2. исходная полярность (*сигнала*)
Ausgangsrauschen *n* шум(ы) на выходе
Ausgangsrauschleistung *f* мощность шумов на выходе
Ausgangsrauschpegel *m* уровень шумов на выходе
Ausgangsrauschverhältnis *n* отношение сигнал/шум на выходе
Ausgangsreflexionsfaktor *m* коэффициент отражения на выходе (линии)
Ausgangsregelung *f* (автоматическое) регулирование по выходу
Ausgangsregister *n* выходной регистр
Ausgangsresonator *m* выходной резонатор
Ausgangsrestwelligkeit *f* остаточная пульсация (*выпрямленного напряжения*) на выходе
Ausgangssatz *m* выходной блок (данных)
Ausgangsschaltung *f* 1. выходная схема 2. схема выхода
Ausgangsschnittstelle *f* место стыковки *или* сопряжения с выходными устройствами; стык с выходом
Ausgangsschwingung *f* колебание на выходе
ausgangsseitig со стороны выхода
Ausgangssignal *n* выходной сигнал

AUS

Ausgangssignalbereich *m* диапазон (изменения) выходного сигнала
Ausgangssignalpegel *m см.* **Ausgangspegel**
Ausgangssignal-Rauschverhältnis *n* отношение сигнал/шум на выходе
Ausgangssignalrückkopplung *f* обратная связь по выходному сигналу
Ausgangssignalwandler *m* преобразователь выходного сигнала
Ausgangsspalt *m* выходная щель (*излучателя*)
Ausgangsspannung *f* выходное напряжение
Ausgangsspannungshub *m* перепад выходного напряжения
Ausgangsspannungsmesser *m* измеритель выходного напряжения
Ausgangsspannungspegel *m* уровень выходного напряжения
Ausgangsspannungsregler *m* регулятор выходного напряжения
Ausgangsspeicher *m* выходное ЗУ; выходная память
Ausgangsspektrum *n* спектр выходного сигнала
Ausgangsspitzenleistung *f* максимальная выходная мощность
Ausgangssprache *f* исходный язык
Ausgangsstatussignal *n* сигнал (опроса) состояния выхода
Ausgangssteilheit *f* начальная [исходная] крутизна
Ausgangsstellung *f* начальное [исходное] положение
Ausgangssteuerung *f* управление на выходе
Ausgangsstift *m* штырь выходного электрического соединителя
Ausgangsstrahl *m* выходной пучок (*лазера*)
Ausgangsstrahlung *f* выходное излучение
Ausgangsstrom *m* 1. выходной ток; *тлг* исходящий ток 2. *вчт* выходной поток данных
Ausgangsstromkreis *m* выходной контур; выходная цепь
Ausgangsstruktur *f* исходная структура (*кристалла*)
Ausgangsteil *m* выходной блок
Ausgangsteiler *m* выходной делитель
Ausgangsüberwachungsgerät *n* выходной контрольный прибор
Ausgangsverbindung *f* выходное соединение
Ausgangsverdrahtung *f* монтаж (цепей) выхода
Ausgangsverhalten *n* выходная характеристика
Ausgangsverzerrungen *f pl* искажения на выходе
Ausgangsverzweigung *f см.* **Ausgangsfächerung 2.**
Ausgangswähler *m* исходящий (групповой) искатель
Ausgangswandler *m* 1. выходной преобразователь 2. выходной трансформатор
Ausgangswelle *f* 1. волна на выходе; излучаемая волна 2. выходной вал; выходная ось
Ausgangswert *m* 1. выходное значение; выходная величина 2. исходное значение; исходная величина
Ausgangswinkel *m* угол вылета (*электронов*)
Ausgangszahlenfolge *f* 1. выходная последовательность чисел 2. исходная последовательность чисел

AUS

Ausgangszustand *m* исходное [начальное] состояние
Ausgangszweig *m* выходная цепь
ausgasungsfrei негазящий (*материал*)
ausgeben выводить, выдавать; разгружать (*память*)
Ausgeber *m* устройство вывода
ausgedehnt:
~, **räumlich** пространственно протяжённый (*напр. источник излучения*)
~, **zeitlich** растянутый во времени
ausgekoppelt развязанный; отключённый
ausgelöst освобождённый (*о носителе*)
ausgerichtet (с)ориентированный
ausgeschleudert центрифугированный; нанесённый ударным центрифугированием (*фоторезист*)
Ausgleich *m* 1. выравнивание; уравнивание; компенсация; уравновешивание; балансировка; симметрирование 2. сглаживание 3. коррекция
Ausgleicher *m* 1. выравниватель; компенсатор 2. приспособление для точной установки 3. балансир; симметрирующее устройство 4. корректор
~, **holographischer** голографический компенсатор
Ausgleicherkreis *m* компенсатор
Ausgleichsantenne *f* антенна с компенсацией
Ausgleichsbilanz *f* сбалансированность
Ausgleichscharakteristik *f* переходная характеристика
Ausgleichsdrossel(spule) *f* сглаживающий дроссель
Ausgleichsfilter *n* 1. сглаживающий фильтр 2. компенсационный (свето)фильтр
Ausgleichsgitter *n* корректирующая сетка
Ausgleichsglied *n* корректирующее звено
Ausgleichsgrad *m* 1. коэффициент выравнивания 2. *рег.* коэффициент самовыравнивания
Ausgleichsimpuls *m тлв* уравнивающий импульс
Ausgleichskreis *m* корректирующий контур; корректирующая цепь
Ausgleichsleitung *f* 1. уравнительный провод 2. термокомпенсированная линия
Ausgleichslinse *f* корректирующая линза
Ausgleichsmagnet *m* компенсационный магнит
Ausgleichsmeßgerät *n*, **Ausgleichsmeßwerk** *n* компенсационный измерительный прибор
Ausgleichsmethode *f изм.* компенсационный метод
Ausgleichsmodulationssignal *n* сглаживающий [возмущающий] сигнал
Ausgleichspotentiometer *n* компенсационный [уравнивающий] потенциометр
Ausgleichsprozeß *m* 1. переходный процесс 2. процесс уравнивания
Ausgleichsschaltung *f* 1. схема компенсации 2. схема коррекции
Ausgleichsschleife *f* компенсационный шлейф
Ausgleichsschwingungen *f pl* колебания при переходном процессе
Ausgleichssignal *n* компенсирующий сигнал
Ausgleichsspannung *f* компенсирующее напряжение

Ausgleichsspule f корректирующая катушка
Ausgleichsstrom m 1. уравнительный ток 2. переходный ток
Ausgleichstransformator m, **Ausgleichsübertrager** m балансный трансформатор
Ausgleichsverfahren n изм. компенсационный метод
Ausgleichsverhalten n поведение в переходном режиме
Ausgleichsverzerrung f искажение при компенсации
Ausgleichsvorgang m переходный процесс; нестационарный [неустановившийся] процесс
Ausgleichswerk n изм. компенсационный механизм
Ausgleichswert m коэффициент выравнивания
Ausgleichszeit f 1. время выравнивания [установления] (напр. процесса, температуры) 2. рег. время самовыравнивания
Ausgleichszustand m переходный режим
Ausgleichungs... см. **Ausgleichs...**
Ausgliederung f **von Sätzen** разделение блоков данных
Ausgußmasse f заливочная масса; заливочный компаунд
Aushärten n отверждение
Ausheilstufe f, **thermische** операция восстановления термическим отжигом
Ausheiltemperaturbereich m интервал температур при восстановлении отжигом
Ausheilung f 1. восстановление; устранение дефектов 2. отжиг (для восстановления регулярной кристаллической структуры)
~, **kurzzeitige** кратковременный отжиг
~, **niedrigtemperaturige** низкотемпературный отжиг
~, **thermische** восстановление термическим отжигом
~ **von Defekten** устранение повреждений [дефектов]
~ **von Gitterfehlern** устранение дефектов кристаллической решётки
Ausheilungsofen m печь отжига
Ausheilungstemperatur f температура отжига
Ausheizen n прогрев; отжиг
Ausheizkurve f кривая прогрева
Aushilfsklinke f вспомогательное гнездо
Aushilfssystem n вспомогательная система; резервная система
Ausimpuls m импульс отключения
ausklinken освобождать, разобщать, разъединять, размыкать
Ausknickung f излом, изгиб (напр. характеристики)
«**Aus**»-**Kommando** n команда выключения
Auskoppeleinrichtung f устройство отбора (энергии)
Auskoppelfenster n выходное окно (напр. ЭОП)
Auskoppelkammer f камера отбора (энергии)
Auskoppelkondensator m развязывающий конденсатор
Auskoppelkreis m контур отбора (энергии)
Auskoppelleitung f 1. линия отбора (энергии) 2. свз отводная линия
Auskoppelmessung f измерение связи
Auskoppelmodulation f модуляция вывода излучения
Auskoppelöffnung f 1. отверстие для отбора (энергии) 2. отверстие связи
Auskoppelraum m пространство отбора (энергии в приборах СВЧ)
Auskoppelresonator m резонатор отбора (энергии)
Auskoppelschleife f 1. петля [виток] для отбора (энергии) 2. петля связи
Auskoppelschlitz m 1. щель для отбора (энергии) 2. щель связи
Auskoppelspalt m 1. зазор для отбора (энергии) 2. зазор связи
Auskoppelstift m 1. зонд [штырь] для отбора (энергии) 2. зонд [штырь] связи
Auskoppelsystem n 1. система отбора (энергии) 2. система связи
Auskopplung f 1. отбор (энергии) 2. развязка, устранение связи 3. съём (сигнала)
Auskopplungs... см. **Auskoppel...**
Auskunft f инф. справка
Auskunftsinformation f справочная информация
Auskunftsspeicher m справочное ЗУ; память для хранения справочной информации
Auskunftssystem n информационно-поисковая система, ИПС
Auskupplung f рассоединение, разъединение, размыкание, расцепление
Ausladung f разрядка
Auslagerung f 1. вчт перекачка; обмен 2. вчт перестановка (напр. битов) 3. перекоммутация (маршрутов) 4. выдержка (элемент технологической операции)
Auslagerungszeit f 1. вчт время перекачки или обмена (информации) 2. время выдержки (при выполнении технологической операции)
Auslandsfernamt n международная телефонная станция
Auslandsgruppenwähler m групповой селектор международной связи
Auslandskopfvermittlungsstelle f международная центральная коммутационная станция
Auslandsnetz n тлф международная сеть (связи)
Auslandsrichtungskoppler m коммутатор (направлений) международной телефонной связи
Auslandsverkehr m международная (телефонная) связь
Auslandsvermittlungsamt n международная коммутационная станция
Auslaß m 1. вывод; отвод (катушки) 2. пропуск (напр. знака, разряда)
Auslaßzeichen n сигнал пропуска
Auslastung f степень загрузки [нагрузки]
Auslastungsplan m схема (распределения) нагрузки
Auslauf m 1. выбег (напр. частоты) 2. износ (напр. батарей) 2. движение по инерции 4. истечение (напр. газа)
auslaufend отводящий (напр. световод)
Ausläufer m 1. хвост (импульса, кривой) 2. выброс (кривой)
~, **langwelliger** длинноволновый хвост (чувствительности приёмника излучения)
Ausläuferabsorption f краевое поглощение

AUS

Auslaufkurve f кривая выбега
Auslaufrille f выводная канавка (*записи*)
Auslaufzeit f время выбега
Auslegung f **1.** разработка; проектирование **2.** раскладка; компоновка **3.** архитектурное решение (*построения системы*) **2.** *мат.* интерпретация, истолкование
~, **kundenspezifische** разработка по заказу, специализированная разработка
Auslenkamplitude f амплитуда отклонения
Auslenkeinrichtung f отклоняющее устройство
Auslenkspule f отклоняющая катушка
Auslenkung f **1.** отклонение **2.** *зап.* смещение (*канавки записи*)
Auslenkwinkel m угол отклонения
Auslese f **1.** *см.* **Auslesen 2.** выборка (*данных*) **3.** *тлм* селекция, избирание
Auslesebündel n считывающий пучок
Auslese-CCD f выходная ПЗС-ячейка
Auslesefrequenz f частота считывания
Auslesegeschwindigkeit f скорость считывания
Ausleseleitung f шина считывания
Auslesen n считывание (*см. тж* **Lesen**)
~, **bildweises** покадровое считывание
~, **nichtzerstörendes** считывание без разрушения (*информации*)
~, **progressives** построчное считывание (*из кадровой памяти*)
~, **zeilenweises** построчное считывание
Ausleseregister n **1.** регистр считывания **2.** выходной регистр
Ausleseschaltkreis m схема считывания
Auslesespeichermatrix f матрица выборки и хранения
Auslesesteuerung f управление считыванием
Auslesestrom m, **halber** *вчт* ток полувыборки
Auslesesystem n система считывания
Auslesetorschaltung f селекторная схема считывания
Ausleseverfahren n способ считывания
Auslesung f *см.* **Auslesen**
Ausleuchten n *см.* **Ausleuchtung**
Ausleuchtphosphor m люминофор
Ausleuchtung f **1.** подсвечивание, подсветка; высвечивание **2.** охват (*поверхности Земли лучом антенны спутника*)
Ausleuchtungsgebiet n зона, охватываемая антенной (*спутника*)
Ausleuchtungskurve f кривая светоотдачи
Ausleuchtungsschaltung f схема световой индикации
Ausleuchtzeit f время высвечивания
Ausleuchtzone f область охвата (*спутниковым вещанием*)
Auslieferung f вывод, выдача (*данных*)
Auslieferungsanweisung f сигнал [указание] выдачи (*данных*)
Auslieferungswerk n устройство вывода (*данных*)
Auslöschbündel n стирающий пучок
Auslöschimpuls m **1.** *вчт, зап.* импульс стирания **2.** *тлв* гасящий импульс
Auslöschmagnet m *зап.* стирающий магнит
Auslöschung f **1.** *вчт, зап.* стирание **2.** гашение (*луча*) **3.** затухание; исчезновение
Auslösearbeit f работа выхода

AUS

Auslösebereich m область срабатывания
Auslösediode f запускающий *или* отпирающий диод
Auslöseeingang m вход запускающих импульсов
Auslöseeinrichtung f пусковое устройство
Auslösefolge f последовательность срабатывания
Auslösehäufigkeit f частота срабатывания
Auslöseimpuls m **1.** запускающий импульс **2.** стробирующий импульс, строб-импульс
Auslösekommando n команда запуска
Auslösekontakt m пусковой контакт
Auslösekreis m *см.* **Auslöseschaltung**
Auslösemagnet m отключающий [расщепляющий] (электро)магнит
Auslösepegel m уровень срабатывания
Auslöser m **1.** пусковое устройство **2.** размыкающее устройство, размыкатель **3.** триггер
Auslöserelais n **1.** пусковое реле **2.** размыкающее реле
Auslöseschalter m размыкатель
Auslöseschaltung f схема [цепь] запуска, пусковая схема
Auslösesignal n сигнал пуска
Auslösespannung f напряжение размыкания
Auslösesynchronimpuls m запускающий синхроимпульс
Auslösetaste f **1.** пусковая клавиша; пусковая кнопка **2.** *тлф* ключ отбоя
Auslöseunsicherheit f ненадёжность срабатывания
Auslöseverzögerer m устройство выдержки времени срабатывания
Auslöseverzögerung f задержка срабатывания
Auslösezeichen n *тлф* сигнал отбоя
Auslösezeit f **1.** время (за)пуска **2.** время срабатывания (*реле*)
Auslösung f **1.** пуск, запуск **2.** разъединение, размыкание; отпускание; разблокировка; освобождение **3.** *тлф* отбой **4.** срабатывание (*реле*)
~, **thermische 1.** разъединение при перегреве **2.** термическое освобождение (*носителей*)
~, **träge** замедленное размыкание
~, **verzögerte 1.** задержанный запуск **2.** замедленное размыкание
~, **zwangsweise 1.** принудительный запуск **2.** принудительное размыкание
Auslöten n, **Auslötung** f **1.** выпаивание **2.** распайка, распаивание
Ausmerzung f *над.* приработка
Ausmerzungszeit f *над.* время [период] приработки
Ausnahmebedingungen f pl особые условия
ausnullen обнулять
Ausnutzungsfaktor m, **Ausnutzungsgrad** m, **Ausnutzungsziffer** f коэффициент использования
Auspegeln n измерение [определение] уровня
Auspeilung f пеленгация; поиск
Auspinseln n, **breite Flächen** экспонирование больших участков широким лучом (*в электронно-лучевой литографии*)
Ausprüf-Compiler m отладочный компилятор
Ausprüfen n, **Ausprüfung** f проверка; испытание; опробование; отладка

Ausprüfungsprogramm n программа отладки
Auspumpung f откачка
Ausräumfaktor m коэффициент рассасывания (*носителей*)
Ausräumstrom m ток рассасывания (*носителей*)
Ausräumung f 1. освобождение, очищение, рассасывание 2. *пп* обеднение, истощение
Ausräumverfahren n *пп* метод обеднения
Ausregeln n, **Ausregelung** f 1. регулирование; настройка 2. *рег.* компенсация (*возмущения*); отработка (*отклонения*) 3. *вчт* установка в исходное состояние
Ausregelzeit f 1. время регулирования *или* настройки 2. *вчт* время установки в исходное состояние 3. время установления (*напр. после включения*)
Ausreißern m pl выбросы (*при измерениях*)
Ausrichtfehler m ошибка ориентирования (*антенны*)
Ausrichtschicht f ориентирующий слой
Ausrichtspule f выравнивающая катушка
Ausrichtstation f юстировочное [установочное] устройство
Ausrichtsubstrat n ориентирующая подложка
Ausrichtung f 1. выравнивание; юстировка; установка 2. упорядочение; ориентация 3. ориентирование 4. стабилизация
~, **homogene** гомогенная ориентация (*жидкого кристалла*)
~, **spontane** самопроизвольная [спонтанная] ориентация
~, **ursprüngliche** исходная ориентация
Ausrichtungsmedium n ориентирующая среда
Ausrichtwinkel m *зап.* угол коррекции
Ausrücken n 1. выключение, разъединение 2. растормаживание
ausrüsten, nachträglich производить дополнительный монтаж
Ausrüstung f 1. оснащение; арматура, установочные [монтажные] детали 2. оборудование, аппаратура 3. отделка
~, **funktechnische** радиотехническое оборудование
~ **für Leiterplatten** установочные детали для печатных плат
~, **lithografische** оснащение литографическим оборудованием
Ausrüstungsgruppe f 1. блок (*напр. релейный*) 2. монтажная группа, монтажная бригада
Aussage f 1. *лог.* высказывание; суждение 2. показание 3. *мат.* выражение; оператор
Aussagenlogik f логика высказываний, пропорциональная логика
Aussagenverbindung f сложное высказывание
Aussagesicherheit f достоверность высказывания
Aussagewert m информационная ценность [информационная значимость] высказывания
Ausschaltbefehl m команда на выключение
Ausschalter m выключатель
Ausschaltfaktor m коэффициент эффективности (*процесса*) выключения
Ausschaltflanke f выключающий фронт (*импульса*)
Ausschaltgeräuschunterdrückung f подавление помех выключения

Ausschaltimpuls m 1. импульс выключения 2. *см.* **Ausschaltstoß**
Ausschaltkontakt m размыкающий контакт
Ausschaltorgan n выключающее звено, выключающий механизм
Ausschaltstellung f положение «выключено»
Ausschaltstoß m бросок [импульс] напряжения *или* тока при размыкании (цепи)
Ausschaltstromstoß m бросок [импульс] тока при размыкании (цепи)
Ausschalttor n ключевая схема выключения
Ausschaltung f выключение
~ **menschlicher Irrtümer** предотвращение ошибок (человека-)оператора
Aus-Schaltung f схема выключения
Ausschaltverluste m pl потери при выключении
Ausschaltvermögen n отключающая способность (*реле*)
Ausschaltverzögerung f задержка выключения
Ausschaltzustand m состояние «выключено»
Ausscheidung f 1. выделение; отделение (*напр. сигнала*) 2. осаждение (*напр. примесей*) 3. отбраковка 4. подавление
~ **defekter Bauelemente** отбраковка дефектных деталей
~ **von Störmoden** подавление паразитных мод
Ausscheidungshärtung f отверждение осаждением
Ausscheidungsmagnetlegierung f магнитный сплав, изготавливаемый методом осаждения
Ausschlag m 1. отключение (*стрелки прибора*) 2. выброс 3. амплитуда; размах
~, **einseitiger** одностороннее [однонаправленное] отклонение
~, **ununterbrochener** плавное отклонение
ausschlagabhängig зависящий от отклонения
Ausschlagsbrücke f неуравновешенный (*измерительный*) мост
Ausschlagsgerät n стрелочный (измерительный) прибор
Ausschlagshöhe f величина отклонения (*стрелки прибора*)
Ausschlagsmethode f *изм.* метод непосредственного отсчёта (*по отклонению стрелки*), метод измерения по отклонению
Ausschlagsrückgang m возвращение (*стрелки прибора*) после отклонения
ausschlagsunabhängig не зависящий от отклонения
Ausschlagsverfahren n *см.* **Ausschlagsmethode**
Ausschlagswinkel m угол отклонения
Ausschlagszeit f время отклонения
~, **ballistische** время баллистического выброса
ausschleudern центрифугировать
Ausschleusvorrichtung f устройство вывода пучка (*из ускорителя*)
Ausschließung f 1. исключение 2. выключение
~, **logische** отрицание (*логическая функция или операция*)
Ausschließungsprinzip n принцип исключения, принцип Паули
Ausschlußkontakt m выключающий контакт
Ausschnitt m 1. секция; раздел; участок; сектор 2. радиорелейный участок
Ausschnittdarstellung f *вчт* кадрирование

71

Ausschnittsvergrößerung f *тлв* увеличение участка изображения
Ausschnittwahl f *вчт* кадрирование
ausschreiben воспроизводить (*напр. на экране ЭЛТ*)
Ausschußchips n pl, **markierte** маркированные кристаллы бракованных ИС (*на пластине*)
Ausschußgrenze f (начальная) граница (от)браковки
Ausschußprüfung f (от)браковочное испытание, отбраковочный тест
Ausschußquote f процент брака
Ausschußrate f норма отбраковки
«Ausschuß-Relais» n заградительное реле
Ausschwenkkonstruktion f откидывающаяся конструкция (*напр. шасси*)
Ausschwingdauer f время [период] затухания
Ausschwingen n **1.** затухание (*колебаний*) **2.** раскачка (*проводов антенны*)
Ausschwingkurve f кривая затухания
Ausschwingstrom m затухающий ток
Ausschwingungsverzug m замедление затухания
Ausschwingverhalten n переходная характеристика выключения
Ausschwingverzerrung f искажения при переходном режиме
Ausschwingzeit f время затухания
Außenanschluß m **1.** внешнее подключение **2.** наружный вывод
Außenantenne f наружная антенна
Außenaufnahme f внестудийная съёмка; внестудийная передача
Außenbahn f внешняя орбита (*электрона*)
Außenbeschallung f озвучивание открытых площадей
Außenbonden n присоединение внешних выводов (*ИС*)
~, **simultanes** одновременное присоединение внешних выводов
Außenbonder m установка присоединения внешних выводов (*ИС*)
Außenbondfestigkeit f прочность присоединения внешних выводов (*ИС*)
Außenbondstelle f место присоединения внешнего вывода (*ИС*)
Aussendung f **1.** испускание, излучение, эмиссия **2.** посылка; передача
~, **unerwünschte** паразитное излучение
Außeneinfluß m внешнее влияние
Außeneinsatz m (внешняя) приставка
Außenelektronendichte f плотность внешних электронов
Außenerregung f независимое возбуждение
Außenfläche f внешняя [граничная] поверхность
Außenimpedanz f полное сопротивление внешней цепи
Außenkontaktstelle f контактная площадка внешнего вывода
Außenkreis m внешняя цепь
Außenlautsprecher m внешний *или* выносной громкоговоритель
Außenleiter m **1.** внешний проводник **2.** фазовый провод (*трёхфазной системы*) **3.** наружный проводник (*коаксиального кабеля*)
Außenleiterfaktor m коэффициент потерь наружного проводника (*напр. коаксиального кабеля*)
Außenleitergeflecht n наружная оплётка
Außenleitung f воздушная линия; наружная проводка
Außenmodulation f внешняя модуляция
Außennetz n внешняя сеть (*питания*)
Außenproduktion f, **elektronische** внестудийное производство телевизионных программ, внестудийное видеопроизводство
Außenreportage f внестудийный репортаж
Außenresonator m внешний резонатор
außenrückgekoppelt с внешней обратной связью
Außenschale f **1.** внешний кожух (*прибора*) **2.** внешняя (электронная) оболочка
Außensendung f внестудийная передача
Außenspeicher m внешнее ЗУ; внешняя память
Außenstation f внешний терминал
Außenstörfeld n поле внешних помех
Außenstörungen f pl внешние помехи
Außenstrom m **1.** ток во внешней цепи **2.** поверхностный ток
Außenübertragung f *тлв* внестудийная передача
Außenverbindungen f pl внешние связи (*напр. прибора*)
Außenwiderstand m **1.** сопротивление внешней цепи **2.** нагрузочный резистор
Außer-Achse-Holografietechnik f техника внеосевой голографии
außeraxial внеосевой (*о луче*)
Außerbandabstrahlung f внеполосовое излучение
Außerbetriebnahme f вывод из эксплуатации
außerphasig не в фазе
Außertrittfallen n выпадение из синхронизма
Aussetzbetrieb m повторно-кратковременный режим
Aussetzen n **1.** выход из строя, повреждение **2.** зап. выпадение (*сигнала*) **3.** прерывание; перерыв **4.** срыв (*напр. колебаний*)
~, **systembedingtes** форматное выпадение
aussetzend повторно-кратковременный; прерывистый; периодический; пульсирующий
Aussetzfehler m перебои в работе (*вследствие повреждения*)
Aussetzoszillator m генератор (системы) охранной сигнализации (*напр. отключающий механизм при приближении руки*)
Aussiebung f фильтрация; отфильтровывание
Aussonderung f **1.** выделение; разделение **2.** устранение **3.** выбраковка, отбраковка
Aussonderungsprüfung f, **Aussonderungstest** m (от)браковочные испытания, (от)браковочный тест
Ausspannen n **1.** отключение, выключение, снятие нагрузки **2.** растягивание (*напр. импульса*); вытягивание; натягивание
Ausspeichern n вывод, откачка (*информации из памяти*)
Aussperrtiefe f глубина режекции
Aussperrung f **1.** режекция **2.** блокировка
Ausspittern n **1.** разделение пластины на кристаллы **2.** *крист.* скалывание, обкалывание
ausspulen перематывать, сматывать (*напр. катушку*)

ausstanzen 1. пробивать (*отверстия в перфокарте*) **2.** отштамповывать
Ausstattung *f см.* **Ausrüstung**
Aus-Stellung *f* положение «выкл»
Aussteuer... *см.* **Aussteuerungs...**
Aussteuerbarkeit *f*, **relative** относительная глубина модуляции
Aussteuerung *f* **1.** модуляция **2.** управление, подача на вход управляющего сигнала **3.** *авт.* регулирование
~, **prozentuale** глубина модуляции в процентах
Aussteuerungsamplitude *f* **1.** амплитуда модуляции **2.** амплитуда управляющего сигнала
Aussteuerungsanzeiger *m* **1.** индикатор глубины модуляции **2.** индикатор уровня управляющего сигнала
Aussteuerungsbegrenzung *f* **1.** ограничение глубины модуляции **2.** ограничение пределов управления
Aussteuerungsbereich *m* **1.** рабочий участок модуляционной характеристики **2.** линейный участок характеристики управления **3.** диапазон регулирования
Aussteuerungsfaktor *m* **1.** коэффициент модуляции **2.** коэффициент использования линейного участка характеристики управления
Aussteuerungsfunkfeuer *n* курсовой радиомаяк
Aussteuerungsgrad *m см.* **Aussteuerungsfaktor**
Aussteuerungsgrenzen *f pl* **1.** пределы рабочего участка модуляционной характеристики **2.** границы линейного участка характеристики управления **3.** пределы диапазона регулирования
Aussteuerungsgrenzfrequenz *f* граничная частота управляющего сигнала, дающая полную (выходную) мощность
Aussteuerungskennlinie *f* **1.** модуляционная характеристика **2.** регулировочная кривая
Aussteuerungsmesser *m* **1.** измеритель коэффициента (амплитудной) модуляции **2.** измеритель перегрузки
Aussteuerungspegel *m* **1.** уровень модуляции **2.** уровень управляющего сигнала
Aussteuerungsregelung *f* **1.** регулировка глубины модуляции **2.** регулировка управляющего сигнала
Aussteuerungsschaltung *f* **1.** схема модуляции **2.** схема управления
Aussteuerungsspannung *f* **1.** модулирующее напряжение **2.** управляющее напряжение
Aussteuerungsspitze *f* пик модуляции
Aussteuerungsumfang *m см.* **Aussteuerungsbereich**
Aussteuerungsverstärker *m* управляющий усилитель
Aussteuerungswert *m см.* **Aussteuerungsfaktor**
Ausstoßer *m* режекторный фильтр
Ausstrahler *m* излучатель
Ausstrahlung *f* **1.** излучение, испускание; радиация **2.** (радио)передача
~, **einseitige** однонаправленное [одностороннее] излучение
~, **interkontinentale** межконтинентальная передача
~, **scharf gebündelte** остронаправленное излучение

~, **spezifische** удельная плотность излучения
Ausstrahlungsbedingung *f* условие излучения
Ausstrahlungsbereich *m* диапазон [область] излучения
Ausstrahlungsbreite *f* (угловая) ширина излучения
Ausstrahlungskegel *m* конус излучения
Ausstrahlungsleistung *f* мощность излучения
Ausstrahlungsmechanismus *m* механизм излучения
Ausstrahlungsstandard *m* стандарт телевизионной (радио)передачи
Ausstrahlungsvermeidung *f* подавление излучения
Ausstrahlungsvermögen *n* **1.** излучательная способность **2.** удельная эмиссия
Ausstrahlungswert *m* коэффициент излучения
Ausstrahlungswinkel *m* угол излучения
Ausströmen *n* истечение, выход, эманация
Austakten *n* выпадение из синхронизма
Austastbaugruppe *f* катодно-модуляторный узел
Austastblende *f* вырезывающая диафрагма
Austastdaten *pl* параметры (сигналов) гашения
Aus-Taste *f* клавиша *или* кнопка выключения
austasten 1. *тлв* гасить **2.** запирать **3.** отключать **4.** манипулировать
Austaster *m* **1.** *тлв* устройство (для) формирования гасящих импульсов **2.** выключатель **3.** манипулятор
Austastgemisch *n* *тлв* (полный) сигнал гашения
Austastgerät *n см.* **Austastimpulsgenerator**
Austastimpuls *m* **1.** *тлв* гасящий импульс **2.** запирающий импульс **3.** строб-импульс **4.** импульс манипуляции
~, **horizontaler** гасящий импульс строк
~, **vertikaler** гасящий импульс полей *или* кадров
Austastimpulsgenerator *m* генератор гасящих импульсов
Austastkreis *m* схема гашения
Austastlücke *f* пробел в видеосигнале (*во время обратного хода луча*)
~, **horizontale** пробел в видеосигнале строк, строчной пробел
~, **vertikale** пробел в видеосигнале полей *или* кадров, полевой *или* кадровый пробел
Austast-Mischgerät *n* смеситель гасящих импульсов
Austastpegel *m* *тлв* уровень гашения
Austastperiode *f* время гашения
Austaströhre *f* манипуляторная лампа
Austastschulter *f* площадка гасящего импульса (*строк*)
~, **hintere** задняя площадка гасящего импульса (*строк*)
~, **vordere** передняя площадка гасящего импульса (*строк*), *проф.* передний уступ
Austastsignal *n* **1.** *тлв* сигнал гашения **2.** запирающий сигнал
Austastspannung *f* гасящее *или* запирающее напряжение
Austastspitze *f* выброс на гасящем импульсе
Austaststeuerung *f* **1.** управление гашением **2.** управление запиранием
Austaststufe *f* *тлв* каскад гашения
Austastsystem *n* **1.** система гашения **2.** система запирания

AUS

Austastung *f* **1.** *тлв* гашение **2.** запирание **3.** отключение **4.** манипуляция

~ **des Bildsignals** *см.* **Austastung, vertikale**

~, **horizontale** гашение обратного хода строчной развёртки

~, **vertikale** гашение обратного хода кадровой развёртки

Austastverstärker *m* усилитель гасящих импульсов

Austastwert *m* уровень гашения

Austastzeichen *n см.* **Austastsignal**

Austastzeit *f* **1.** время гашения **2.** время запирания **3.** апертурное время (*при дискретизации сигнала*)

Austausch *m* **1.** обмен **2.** замена; смена (*напр. информации*)

~, **internationaler** международный обмен (*программами*)

Austauschadsorption *f* обменная адсорбция

Austauschanion *n* обменный анион

Austauschbarkeit *f* **1.** (взаимо)заменяемость **2.** сменность, сменяемость **3.** совместимость (*цветного и чёрно-белого телевидения*)

Austauschbau *m* конструирование по принципу взаимозаменяемости

Austauschdiffusion *f* обменная диффузия

Austauscheffekt *m* обменный эффект

Austauscheinheit *f* сменный блок

austauschen **1.** обменивать **2.** *вчт* квитировать установление связи **3.** замещать (*атом в материале*)

Austauschen *n*, **bedingtes** обусловленное обновление (*информации*)

Austauschenergie *f* энергия обмена [обменного взаимодействия]

Austauschentartung *f* обменное вырождение

Austauschion *n* обменный ион

Austauschpufferung *f* буферизация обмена

Austauschregister *n* регистр обмена

Austauschstoß *m* соударение с обменом энергии

Austauschstreuung *f* обменное рассеяние

Austauschvorgang *m* процесс обмена, обменный процесс

Austauschwechselwirkung *f* обменное взаимодействие (*носителей*)

Austempern *n* прогрев

Austestung *f* проверка; отладка

Austreten *n*, **Austritt** *m* выход, вылет (*напр. электронов*); испускание, эмиссия (*электронов*)

Austrittsarbeit *f* работа выхода

~, **äußere** внешняя работа выхода

~, **lichtelektrische [fotoelektrische]** работа выхода при фотоэффекте

Austrittsbündel *n* выходной пучок

Austrittselektrode *f* эмиттирующий электрод

Austrittsenergie *f* энергия выхода

Austrittsfaser *f* отводящее волокно

Austrittsfenster *n* выходное окно

Austrittsgeschwindigkeit *f* скорость выхода

Austrittskanal *m* выходной канал

Austrittsöffnung *f* выходное отверстие

Austrittspotential *n* потенциал выхода

Austrittspupille *f опт.* выходной зрачок

Austrittsschlitz *m*, **Austrittsspalt** *m* выходная щель

AUS

Austrittsspannung *f* напряжение выхода (*электронов*)

Austrittsstrahl *m* выходящий пучок; выходящий луч

Austrittstiefe *f* глубина выхода

Austrittsverluste *m pl* потери при выходе

Austrittsverschiebung *f* отклонение на выходе

Austrittswahrscheinlichkeit *f* вероятность выхода

Austrittswiderstand *m* сопротивление выходу

Austrittswinkel *m* угол выхода (*электронов*)

Austypisieren *n* разбраковка

Auswachsverfahren *n* метод выращивания

Auswahl *f* **1.** селекция **2.** *вчт* выборка; выбор **3.** *мат.* выборочная совокупность, выборка **4.** *тлф* искание

~, **repräsentative** представительная выборка

~, **zufällige** случайная выборка

Auswahladresse *f* адрес выбора ячейки (*памяти*)

Auswahlätzen *n* избирательное травление

Auswahlbefehl *m* команда выбора

Auswahlbit *n* бит выбора (*в кодовом слове*)

Auswählen *n* **1.** селекция **2.** *вчт* выборка; выбор

auswählend избирательный, селективный

Auswahlentscheidung *f* решение на выбор (*напр. типа «да — нет»*)

Auswähler *m тлф* искатель

Auswahlfernsteuerungsanlage *f* установка избирательного дистанционного управления

Auswahlfunktion *f* функция выбора

Auswahlimpuls *m* **1.** *вчт* импульс выборки **2.** *тлф* импульс избирания

Auswahlkanal *m* селекторный канал

Auswahlkippstufe *f* триггер выбора

Auswahlkode *m* код выбора; код выборки

Auswahlkontrolle *f* выборочный контроль

Auswahlkriterien *n pl* критерии выбора

Auswahlliste *f вчт* меню (*набор возможных ответов оператору, предлагаемый системой*)

~ **auf dem Bildschirm** меню экранного дисплея

Auswahllogik *f* логика выбора (*решений*)

Auswahlmatrix *f вчт* матрица выборки

Auswahlmethode *f* выборочный метод

Auswahlmöglichkeit *f* возможность селекции

Auswahlprinzip *n* принцип избирания

Auswahlprüfung *f* выборочный контроль

Auswahlregel *f* правило отбора

Auswahlregister *n* регистр выбора

Auswahlrückführung *f* избирательная (отрицательная) обратная связь

Auswahlschaltung *f* **1.** избирательная схема **2.** *тлф* схема искания

Auswahlsystem *n* мажоритарная система (*функционирует при исправности большинства элементов*)

Auswahltechnik *f*, **statistische** метод статистического отбора (*проб*)

Auswahlverfahren *n вчт* сортировка методом выбора

Auswahlverstärker *m* избирательный [селективный] усилитель

Auswahlzeit *f тлф* время искания

Auswechselbarkeit *f* (взаимо)заменяемость; сменность

Auswechseloptik *f* сменная оптика

Auswechs(e)lung f замена; смена
Ausweichfrequenzschalter m переключатель на запасную частоту
Ausweichgerät n резервное устройство
Ausweichschaltkreis m 1. схема с резервированием 2. резервная схема
Ausweichwelle f запасная волна
Auswertbarkeit f 1. определяемость (численных) значений 2. информативность
Auswerteeinheit f 1. анализирующее устройство, анализатор 2. блок обработки данных 3. вычислительное устройство 4. *рлк* планшет
Auswertefenster n 1. окно (для) считывания (*напр. результата обработки*) 2. пределы (результатов) обработки
Auswertegenauigkeit f 1. точность (численной) оценки 2. точность обработки (*данных*)
Auswertegerät n *см.* **Auswerteeinheit**
Auswerteimpuls m стробирующий [селектирующий] импульс, строб-импульс
Auswerteschaltung f схема обработки
Auswertestelle f 1. пункт обработки информации 2. вычислительный центр, ВЦ
Auswertetisch m стол-планшет
Auswertmethode f метод обработки (*данных*)
Auswertung f 1. определение численного значения 2. обработка (*данных*) 3. анализ (*результатов*) 4. расшифровка, дешифровка 5. использование 6. оценка
~ **holographischer Interferogramme** расшифровка голографических интерферограмм
~ **des Ladungsbildes** считывание потенциального рельефа
~, **numerische** численная оценка
~ **von Meßdaten** обработка результатов измерений
Auswuchten n уравновешивание; балансирование; балансировка
Auswuchtgewicht n *изм.* балансировочный груз(ик)
Auswurf m выброс; эжекция
Auswurfladung f заряд выброса
Auswurftaste f кнопка выброса (*кассеты*)
Auszählen n подсчёт
Auszählimpuls m счётный импульс
Auszug m 1. выделенный сигнал 2. *тлв* цветоделённое изображение 3. *вчт* выделение 4. *вчт* разгрузка (*памяти*); вывод на печать, распечатка (*данных*)
Auszugkontrolle f *вчт* контроль по распечатке
Autoadsorption f автоадсорбция
Autoalarmempfänger m автоматический приёмник сигналов тревоги
Auto-Balance f *тлв* автоматический баланс (*белого или чёрного*)
Autodoping n самолегирование
Autodynempfang m автодинный приём
Autoelektronenemission f автоэлектронная эмиссия, автоэмиссия
Autoempfänger m автомобильный радиоприёмник
Autoepitaxie f автоэпитаксия
Autofokus m устройство автоматической фокусировки; автоматическая фокусировка

Autofotoelektronenemission f автофотоэлектронная эмиссия, автофотоэмиссия
Autoindexierung f *вчт* автоматическое индексирование
Autoionisation f автоионизация
Autokassettenradio n автомобильный радиоприёмник с кассетным магнитофоном
Autokode m автокод
Autokorrelation f автокорреляция
Autokorrelationsfunktion f автокорреляционная функция
Autokorrelationssignal n автокорреляционный сигнал
Autokorrelogramm n автокоррелограмма
Autolink f устройство автоматического подключения к абоненту
Automat m 1. автомат 2. робот
~, **bestimmter** детерминированный автомат
~, **endlicher abstrakter** конечный абстрактный автомат
~, **erkennender** распознающий автомат
~, **lernender** обучающийся [обучаемый] автомат
~, **wahrnehmender** распознающий автомат
Automatenfernsprechamt n автоматическая телефонная станция, АТС
Automatentechnik f робототехника
Automatentheorie f теория автоматов
Automatik f 1. автоматика 2. система автоматического управления
Automatikablauf m автоматический процесс
Automatikbetrieb m автоматический режим работы
Automatikblock m блок автоматики
Automatikfeld n панель автоматического управления
Automatik-Hand-Stellschalter m переключатель с автоматического регулирования на ручное и наоборот
Automatikkamera f *тлв* автоматизированная камера
Automatikplattenspieler m проигрыватель-автомат
Automation-Funktionssystem n функциональная схема автоматизации
Automations... *см.* **Automatisierungs...**
Automatisierung f автоматизация
~ **der Büroarbeit** автоматизация конторских работ
~, **flexible** гибкая автоматизация
~, **industrielle** автоматизация производства
~, **komplexe** комплексная автоматизация
~ **der Produktionsprozesse** автоматизация производства
~ **der Verwaltungsarbeit** автоматизация управленческих работ
Automatisierungsgeräte n pl средства автоматизации
Automatisierungsgrad m степень автоматизации
Automatisierungssystem n автоматизированная система управления, АСУ
Automodulation f автомодуляция
Automorphie f, **Automorphismus** m автоморфизм
Autonavigationsapparat m автоштурман

Autonavigator *m* автономная навигационная система
Autooxidation *f* самоокисление
Autophasierung *f* автофазировка
Autopilot *m* автопилот
Autoradiophon *n* автомобильный радиотелефон
Autoresonanz *f* авторезонанс
«**Auto-Scout**» *фирм.* система информации и управления автомобильным движением (*фирмы Сименс*)
Autosyn *n* сельсин
Autosynchronisation *f* самосинхронизация
Autosynempfänger *m* сельсин-приёмник
Autosyngeber *m* сельсин-датчик
autotracking *англ.* **1.** *зап.* автотрекинг, микрослежение **2.** автоматическое слежение
Autotracking-System *n* **1.** система автотрекинга [микрослежения] **2.** видеомагнитофон с системой автотрекинга
Autotrafo *m*, **Autotransformator** *m* автотрансформатор
Avalanchediode *f* лавинный диод
Avalanchedurchbruch *m* лавинный пробой
Avalancheeffekt *m* лавинный эффект
Avalanchefotodiode *f* лавинный фотодиод
Avalanchegenerator *m* генератор на лавинных полупроводниковых приборах
Avalancheinjektion *f* лавинная инжекция
Avalancheinjektions... лавинно-инжекционный
Avalanchelegierungstransistor *m* сплавной лавинный транзистор
Avalancheprozeß *m* лавинный процесс
Avalanche-Schottky-Diode *f* лавинный диод с барьером Шотки
Avalanchestrom *m* лавинный ток
Avalanchethyristor *m* лавинный тиристор
Avalanchetransistor *m* лавинный транзистор
~, **lichtgesteuerter** лавинный оптотранзистор
Avalanche-Tunneleffekt *m* лавинно-туннельный эффект
AV-Anschluß *m* звуковизуальный ввод; звуковизуальный вход
AV-Eingang *m* (прямой) вход звука и видеосигнала (*не по высокой частоте*)
A-Verfahren *n* метод передачи цифровой информации на несущей
Avertierung *f* предупреждение; уведомление
Aviaphon *n* переговорное оборудование на самолёте
Avionik *f* авионика, авиационная электроника
Avometer *n* авометр, ампервольтомметр
A-Wert *m* *тлв* величина сигнала гашения (*в полном телевизионном сигнале*)
A$_L$-Wert *m* коэффициент самоиндукции на виток
A-W-Kopf *m* универсальная головка записи—воспроизведения
A-W-Verstärker *m* усилитель записи—воспроизведения
Axialfeldsonde *f* зонд для измерения аксиальных полей
Axialinjektion *f* аксиальная инжекция
Axialmode *f* аксиальная [осевая] мода
axialsymmetrisch оксиально-симметричный
Axialwelle *f* аксиальная [осевая] волна
Axialzuleitung *f* аксиальный вывод

Axikon *n* аксикон
Axiotron *n* магнетронный диод
Axon *n* аксон
AZ-Antenne *f* азимутальная антенна
Azimutablenkung *f* азимутальная развёртка
Azimutalantrieb *m* *рлк* азимутальный привод
Azimutalauflösung *f* *рлк* разрешающая способность по азимуту
Azimutalaufzeichnung *f* наклонно-строчная запись
Azimutaldiagramm *n* азимутальная диаграмма
Azimutalfunkbake *f* азимутальный радиомаяк
Azimutalimpuls *m* азимутальный импульс
Azimutalquantenzahl *f* азимутальное квантовое число
Azimutalsignal *n* азимутальный сигнал
Azimutalsuchgeschwindigkeit *f* скорость поиска по азимуту
Azimutantenne *f* азимутальная антенна
Azimutanzeiger *m* индикатор азимута
Azimutanzeigeschirm *m* экран индикатора азимута
Azimutdarstellung *f* индикация азимута
Azimutdurchlauf *m* азимутальная развёртка
Azimutebene *f* азимутальная [горизонтальная] плоскость
Azimutfehler *m* **1.** ошибка в угле установки рабочего зазора (*магнитной головки*) **2.** *рлк* азимутальная погрешность
Azimutfehlwinkel *m* угол перекоса рабочего зазора (*магнитной головки*)
Azimutgleiche *f* азимутальная прямая
Azimut-Höhen-Anzeiger *m* индикатор азимута и высоты
Azimut-Höhen-Bildschirm *m* экран индикатора азимут — высота
Azimutkreisel *m* азимутальный *или* курсовой гироскоп
Azimutpeilvorrichtung *f* устройство для пеленгования по азимуту
Azimutrichtfeld *n* зона обзора по азимуту
Azimutstabilisierung *f* стабилизация по азимуту
Azimutstellung *f* положение по азимуту
Azimutverzerrung *f* азимутальное искажение
Azimutwinkel *m* **1.** азимутальный угол, азимут **2.** *см.* **Azimutfehlwinkel**
Azimutwinkelgenauigkeit *f* точность по азимуту

B

Babbelechosperre *f* схема подавления помех от смежных каналов
Babbeln *n* помехи от смежных каналов
Babbelsignal *n* сигнал помех от смежных каналов
Babyzelle *f* **1.** микроэлемент **2.** микроаккумулятор
Backe *f* колодка (*термоэлемента*)
Backfire-Antenne *f* антенна обратного осевого излучения
Background-Strahlung *f* фоновое излучение
Backside-Hologramm *n* голограмма на встречных пучках

Back-up *n англ.* дублирующее [резервное] устройство
Backwarddiode *f* обращённый диод
Bad *n* 1. ванна 2. раствор; расплав
Badlötverfahren *n* метод пайки в ванне
Bahn *f* 1. траектория; путь; канал 2. орбита 3. *зап.* дорожка 4. трек, след (*частицы*)
~, **achsennahe** приосевая траектория
~, **kernfernste** внешняя орбита (*электрона*)
~, **stabile** равновесная орбита
~, **vor(aus)bestimmte** расчётная [заданная] орбита
Bahnannäherung *f* сближение на орбите
Bahndiagramm *n* диаграмма [кривая] пути и скорости (*напр. носителей*) в функции времени
Bahndrehimpuls *m* орбитальный момент количества движения
Bahndrehimpulsquantenzahl *f* орбитальное квантовое число
Bahnebene *f* плоскость траектории
Bahneinlauf *m*, **Bahneinschluß** *m* выход на орбиту
Bahnelektron *n* орбитальный электрон
Bahnenschablone *f* трафарет [маска] контактных соединений
Bahnfernschreibselbstanschlußanlage *f* автоматическая железнодорожная телетайпная установка
Bahnfunktion *f* орбитальная функция
Bahnfunkverbindung *f* железнодорожная радиосвязь
Bahngarbe *f* пучок траекторий, исходящих из одной точки
Bahngebiet *n* 1. *пп* область канала (*прохождения носителей*) 2. участок траектории
Bahngeschwindigkeit *f* орбитальная скорость
Bahnkrümmung *f* искривление [кривизна] траектории
Bahnleitfähigkeit *f* проводимость (*диода*) в прямом направлении
Bahnpräzession *f* прецессия орбиты
Bahnquantenzahl *f* орбитальное квантовое число
Bahnselbstanschlußanlage *f* автоматическая железнодорожная телефонная станция
Bahnspur *f* след траектории (*частицы*)
Bahnstabilität *f* 1. стабильность траектории 2. орбитальная устойчивость
Bahnsteuerung *f* 1. управление траекторией 2. контурное управление (*станками*)
Bahnwiderstand *m* 1. сопротивление объёма материала в цепи прохождения тока (*напр. между электродами истока и стока*) 2. сопротивление (*диода*) в прямом направлении
Bahnzustand *m* орбитальное состояние
Bahnzwischenstation *f* орбитальная ретрансляционная станция, активный спутник связи
Bajonettenanschluß *m* байонетное сочленение; байонетное соединение
Bajonettfassung *f* байонетная (ламповая) панель; байонетный патрон
Bajonettfesthaltung *f* байонетное замковое устройство (*электрического соединителя*)
Bajonettkupplung *f см.* **Bajonettanschluß**
Bajonettsockel *m см.* **Bajonettfassung**
Bake *f* 1. (радио)маяк 2. визирный сигнал (*для наведения наземной антенны на спутник*)

~, **akustische** звуковой (радио)маяк
Bakenantenne *f* 1. антенна (радио)маяка 2. антенна визирного передатчика (*спутника*)
Bakenkurs *m* курс по (радио)маяку
Bakenleitstrahl *m* ведущий луч (радио)маяка
Bakensender *m* 1. (радио)маяк 2. радиопередатчик визирного сигнала (*спутника*)
Bakensignal *n* 1. сигнал (радио)маяка 2. *см.* **Bake 2.**
Bakenton *m* сигнал (радио)маяка
Balance *f* 1. баланс; равновесие 2. балансировка; уравновешивание 3. *проф.* разность уровней стереоканалов; стереобаланс
Balancegenerator *m* двухтактный [балансный] генератор
Balg *m* сильфон
Balgenmantel *m* гофрированная оболочка (*кабеля*)
Balken *m* 1. *микр.* контактная балка, шина 2. *тлв* полоса
~, **negativgehender** отрицательная [минусовая] шина
~, **positivgehender** положительная [плюсовая] шина
Balkenanschluß *микр.* балочный вывод
Balkendiagramm *n* 1. *см.* **Balkenmuster** 2. диаграмма в виде полос
Balkenkode *m* штриховой код (*для кодирования символов*)
Balkenleiter *m микр.* балочный вывод
Balkenmuster *n тлв* испытательная таблица в виде полос
Balkenmustergenerator *m тлв* генератор (сигналов) испытательных полос, ГИП
Balkenstruktur *f* балочная структура (*выводов ИС*)
Balkentechnologie *f микр.* балочная технология
Balkenteststruktur *f тлв* тестовая структура в виде полос
Balkenzeiger *m* широкая стрелка
Ballast *m* 1. избыточность (*информации*) 2. балластное сопротивление
Ballastinformation *f* избыточная информация
Ballaströhre *f* барреттер
Ballasttriode *f тлв* балластный триод-стабилизатор
Ballastwiderstand *m* 1. балластный резистор 2. балластное сопротивление
Ballempfang *m* ретрансляционный приём
Ballempfänger *m* ретрансляционный приёмник
Ballkontaktthermokompression *f* термокомпрессия шариковым контактом
Ballon *m* баллон; колба
Ballonantenne *f* аэростатная антенна
Ballonfunkgerät *n* аэростатная радиостанция
Ballongerät *n* прибор радиозонда
Ballonsonde *f* шар-зонд; радиозонд
Ballsenden *n* ретрансляция
Ballsender *m* ретрансляционный *или* радиорелейный передатчик
Ballsendestation *f* ретрансляционная передающая радиостанция
Ballsignalkanal *m* канал радиорелейной связи
Ballung *f* 1. упаковка; сборка (*элементов схемы*) 2. группирование (*напр. электронов*) 3. спека-

ние (*порошка микрофона*) 4. пучок (*проводов*), кросс
Ballungsmaß *n* коэффициент группирования
Ballungszentrum *n* узел связи
Balmer-Rydberg-Formel *f* формула Бальмера — Ридберга
Balmerserie *f* (спектральная) серия Бальмера
Balun(-Transformator) *m* четвертьволновый согласующий трансформатор
Bananaröhre *f* кинескоп типа «банан»
Bananenbuchse *f* гнездо с пружинящим контактом
Band *n* 1. диапазон (частот) 2. полоса (частот) 3. зона (энергетических уровней), энергетическая зона 4. лента
~, **aufgenommenes** лента с записью
~, **benachbartes** 1. смежный диапазон 2. зона соседних [смежных] энергетических уровней
~, **bespieltes** (магнитная) лента с записью
~, **besetztes** 1. занятый диапазон 2. заполненная зона
~, **breites** 1. широкая полоса 2. широкая зона
~, **durchgelassenes** полоса пропускания (*фильтра*)
~, **endloses** бесконечная лента
~, **entartetes** зона вырожденных энергетических уровней
~, **freies** *см.* **Band, nichtbesetztes**
~ **der gebundenen Elektronen** *пп* зона связанных электронов, валентная зона
~, **gefülltes** заполненная зона
~, **gelochtes** перфолента
~, **gespaltenes** расщеплённые энергетические уровни
~, **getränktes** пропитанная (изоляционная) лента
~, **höchstes** зона верхних энергетических уровней
~, **kurzwelliges** коротковолновый диапазон
~, **langwelliges** длинноволновый диапазон
~, **metallisiertes** металлизированная лента
~ **mit dünnem Trägermaterial** лента с тонкой основой
~, **nichtbesetztes** 1. свободный диапазон 2. свободная зона
~, **nichtentartetes** зона невырожденных энергетических уровней
~, **oberes** зона верхних энергетических уровней
~, **perforiertes** перфолента
~, **teilweise besetztes** зона частично заполненных энергетических уровней
~, **unbesetztes** *см.* **Band, nichtbesetztes**
~, **unterdrücktes** 1. подавленная (боковая) полоса (частот) 2. полоса задерживания (*фильтра*)
~, **verbotenes** 1. запрещённый диапазон 2. запрещённая зона
Bandablage *f* ленточный файл
Bandableseeinrichtung *f см.* **Bandabtaster**
Bandabrieb *m* износ [истирание] ленты
Bandabstand *m* 1. интервал между диапазонами (частот) 2. (энергетический) интервал между зонами □ **mit breitem** ~ широкозонный; **mit geringem [schmalem]** ~ узкозонный
~, **indirekter** межзонный интервал при непрямых переходах

~, **verbotener** ширина запрещённой зоны
Bandabstimmung *f* настройка полосы (частот)
Bandabtaster *m* устройство считывания *или* ввода с ленты
Bandandruck *m* лентоприжим
Bandanfangsmarke *f* метка [маркер] начала ленты
Bandangabenwähler *m* блок выбора ленты; блок выбора участка ленты
Bandanlage *f* 1. блок записи на ленту 2. лентопротяжный механизм
Bandanlauf *m* пуск ленты
Bandantenne *f* 1. полосковая антенна 2. диапазонная антенна
Bandantrieb *m* привод лентопротяжного механизма
Bandantriebsmotor *m* (приводной) двигатель лентопротяжного механизма
Bandantriebsrolle *f*, **Bandantriebswelle** *f* ведущий вал лентопротяжного механизма
Bandanzeiger *m* лентомер
Bandarchiv *n* 1. хранилище (магнитных) лент 2. архив на (магнитных) лентах
Bandartenanzeige *f* маркировка типа ленты
Bandartenumschalter *m* переключатель типа ленты
Bandartwähltaste *f* клавиша выбора типа ленты
Bandaufhängung *f изм.* ленточная подвеска
Bandaufnahme *f* запись на ленту
Bandaufschreibeinrichtung *f* устройство (для) записи на ленту
Bandaufspaltung *f* расщепление зоны (энергетических уровней)
Bandaufwickelspule *f* приёмная катушка
Bandaufwölbung *f* искривление зоны (энергетических уровней)
Bandaufzeichnung *f* запись на ленту
Bandaufzeichnungsdichte *f* плотность записи на ленту
Bandaufzeichnungsgerät *n см.* **Bandaufschreibeinrichtung**
Bandausfilterung *f* отфильтровывание полосы (частот)
Bandauslauf *m* выбег [выход] (магнитной) ленты
Band-Band-Absorption *f* межзонное поглощение
Band-Band-Anregung *f* межзонное возбуждение
Band-Band-Pumpen *n* межзонная накачка
Band-Band-Rekombination *f* межзонная рекомбинация (*носителей*)
Band-Band-Strahlungsrekombination *f* излучательная межзонная рекомбинация
Band-Band-Übergang *m* межзонный переход
~, **indirekter** непрямой межзонный переход
Bandbefehl *m* 1. команда, записанная на ленту 2. команда обращения к ленте
Bandbeginn *m* начало ленты; ведущий конец ленты
Bandbegrenzung *f* ограничение полосы (частот)
Bandbereich *m см.* **Band 1., 2.**
Bandbeschichtung *f* покрытие ленты рабочим слоем
Bandbeschneidung *f* срезание полосы (частот)
Bandbeschränkung *f см.* **Bandbegrenzung**
Bandbeschriftung *f* маркировка ленты

Bandbetriebssystem *n* ленточная операционная система
Bandbibliothek *f* библиотека лент, лентотека
Bandblock *m* блок данных на (магнитной) ленте
Bandbreite *f* 1. ширина полосы (частот); ширина полосы пропускания 2. ширина ленты
~ **bei offener Schleife** ширина полосы при разомкнутой петле (*связи*)
~, **brauchbare** рабочая ширина полосы
~, **hochfrequente** ширина полосы пропускания по высокой частоте
~, **relative** относительное значение полосы пропускания
~, **spektrale** ширина полосы (частот) спектра
Bandbreitenbedarf *m* требуемая ширина полосы (частот)
Bandbreitenersparnis *f* уплотнение полосы (частот)
Bandbreitenkompression *f* сжатие [сужение] полосы (частот)
Bandbreitenkompressor *m* устройство (для) сжатия полосы (частот)
Bandbreitenkurve *f* характеристика [кривая] полосы пропускания
Bandbreiten-Laufzeit-Produkt *n* произведение ширины полосы на время пролёта
Bandbreitenminderung *f*, **Bandbreitenreduktion** *f*, **Bandbreitenreduzierung** *f* см. **Bandbreitenkompression**
Bandbreitenregelung *f* регулировка ширины полосы пропускания
Bandbreitenschalter *m* переключатель ширины полосы пропускания
Bandbreitenschrumpfung *f* см. **Bandbreitenkompression**
Bandbreitensteuerung *f* см. **Bandbreitenregelung**
Bandbreitenstufe *f* широкополосный каскад
Bandbreitenüberstreichung *f* перекрытие полосы (частот)
Bandbreitenverminderung *f* см. **Bandbreitenkompression**
Bandbremse *f* полосовой режекторный фильтр
Bandbruchanschlag *m* устройство отключения при обрыве ленты
Bändchenlautsprecher *m* ленточный (электродинамический) громкоговоритель
Bändchenmikrofon *n* ленточный микрофон
Banddämpfung *f* 1. затухание в полосе частот 2. потери (*высоких частот*), обусловленные (магнитной) лентой
Banddatei *f* ленточный файл
Banddatenübertragungssystem *n* система передачи данных с ленты
Banddatenverarbeitung *f* обработка данных с ленты
Banddefektelektron *n* зонная дырка
Banddehnung *f* 1. растягивание диапазона (частот) 2. растяжение [деформация] ленты
Banddichte *f* см. **Bandaufzeichnungsdichte**
Banddrucker *m* ленточное печатающее устройство
Banddurchlässigkeit *f* пропускающая способность [«прозрачность»] в полосе (частот)
Bande *f* полоса (*спектра*)

~, **grüne** полоса частот сигнала зелёного цветоделённого изображения
Bandeinfädelung *f*, **Bandeinführung** *f* см. **Bandeinzug**
Bandeingabe *f* 1. ввод (данных) с ленты 2. см. **Bandeinzug**
Bandeinheit *f* 1. блок ленты 2. блок данных на (магнитной) ленте 3. лентопротяжный механизм
Bandeinlauf *m* см. **Bandeinzug**
Bandeinsparung *f* см. **Bandbreitenersparnis**
Bandeinstellung *f* 1. установка диапазона 2. установка ленты
Bandeinzug *m* ввод [заправка] ленты
Bandeisenarmierung *f* армирование (*кабеля*) стальной ленточной бронёй
Bandelektrode *f* полосковый [ленточный] электрод
Bandelektron *n* зонный электрон
Bandelement *n* ленточный (термо)элемент
Bandempfänger *m* однодиапазонный приёмник
Bandempfindlichkeit *f* чувствительность ленты
Bandendabschaltung *f* останов в конце ленты
Bandende *n* конец ленты
Bandendkontrolle *f* контроль конца ленты
Bandendmarke *f* метка [маркер] конца ленты
Bandendschalter *m* конечный [концевой] выключатель ленты
Bandenfolge *f*, **Bandenreihe** *f* последовательность (спектральных) полос
Bandenspektrum *n* кв. эл. полосатый спектр
Bänder *n pl*, **sich überlappende** 1. перекрывающиеся диапазоны 2. перекрывающиеся зоны
Bänderdarstellung *f* зонная картина, зонная схема
Banderder *m* ленточный заземлитель
Bänderfolge *f* последовательность зон
Bändermodell *n* зонная модель
Bänderstruktur *f* фтт зонная структура
Bändertheorie *f* **der Festkörper** зонная теория твёрдого тела
Bänderüberlappung *f* 1. перекрытие диапазонов 2. перекрытие зон
Bänderung *f* расположение энергетических зон
Bandetikett *n* метка (магнитной) ленты
Bandfehler *m* дефект ленты
Bandfilter *n* полосовой фильтр
~, **kritisch gekoppeltes** полосовой фильтр с критической связью
~, **überkoppeltes** полосовой фильтр со связью больше критической
~, **unterkoppeltes** полосовой фильтр со связью меньше критической
Bandfilterabgleich *m* настройка полосового фильтра
Bandfilterbereich *m* полоса пропускания полосового фильтра
Bandfilterkette *f* многозвенный полосовой фильтр
Bandfilterkopplung *f* связь посредством полосового фильтра
Bandfilterkreis *m* см. **Bandfilter**
Bandfiltermitte *f* средняя частота полосового фильтра
Bandfilterverstärker *m* полосовой усилитель
Bandflattern *n* колебания (магнитной) ленты

в направлении, перпендикулярном её плоскости (*при протяжке*)
Bandführung *f* 1. лентопротяжка 2. направляющая видеомагнитофона
Bandführungsmechanismus *m* лентопротяжный механизм
Bandführungsschleife *f* петля [кольцо] ленты
Bandgerät *n* 1. магнитофон 2. видеомагнитофон
Bandgeschwindigkeit *f* скорость движения ленты
bandgespreizt с растянутым диапазоном
bandgesteuert с управлением от ленты
Bandgrenze *f* 1. граница диапазона (частот) 2. граница полосы (частот) 3. граница энергетической зоны
Bandheizer *m* полосковый нагреватель
Banding *n* зап. полосатость (изображения)
Bandkabel *n* плоский кабель
Bandkanal *m* лентопротяжный тракт
Bandkantenemission *f* краевое излучение
Bandkantenstruktur *f* структура краёв энергетических зон
Bandkassette *f* кассета для (магнитной) ленты
Bandkassetteneinheit *f* блок ленточных кассет
Bandkassettensystem *n* кассета с магнитной лентой; компакт-кассета
Bandkatode *f* ленточный катод
Bandkern *m* ленточный сердечник
Bandkompression *f* см. **Bandbreitenkompression**
Band-Kopf-Geschwindigkeit *f* относительная скорость «лента — головка»
Band-Kopf-Kontakt *m* контакт «лента — головка»
Band-Kopf-System *n* система «лента — головка»
Bandkopiereinrichtung *f* установка для снятия копий с ленты
Bandkreuzung *f* пересечение зон
Bandkrümmung *f* см. **Bandaufwölbung**
Bandlängenanzeiger *m*, **Bandlängenzählwerk** *n* лентомер
Bandlängsrichtung *f* см. **Bandlaufrichtung**
Bandlauf *m* движение [протяжка] ленты
~, **schneller** быстрая перемотка
~, **stetiger** непрерывная протяжка ленты
Bandlaufberuhigung *f* стабилизация (скорости) движения ленты
Bandlaufgeschwindigkeit *f* скорость протяжки ленты
Bandlaufrichtung *f* направление движения ленты
Bandlauf-Sichtkassette *f* кассета для визуальной проверки (работы) лентопротяжного механизма
Bandlaufwerk *n* лентопротяжный механизм, ЛПМ
Bandlautsprecher *m* см. **Bändchenlautsprecher**
Bandleiter *m* ленточный проводник
Bandleitung *f* 1. полосковая линия 2. (многожильный) ленточный провод 3. (двухпроводной) ленточный фидер
Bandleseeinrichtung *f*, **Bandlesegerät** *n*, **Bandleser** *m* устройство считывания с ленты
Bandlöscher *m* устройство (для) размагничивания ленты
Bandlöscherfeld *n* стирающее магнитное поле
Bandlöschung *f*, **unbeabsichtigte** непреднамеренное стирание записи

Bandlücke *f* ширина запрещённой зоны
~, **indirekte** ширина запрещённой зоны при непрямых переходах
Bandmarke *f*, **Bandmarkenzeichen** *n* метка [маркер] ленты
Bandmaschine *f* 1. магнитофон 2. видеомагнитофон
Bandmeßuhr *f* (электронные) часы указания продолжительности записи
Bandmikrofon *n* ленточный микрофон
Bandmitte *f* середина полосы (частот)
Bandmittenfrequenz *f* 1. средняя частота диапазона 2. средняя частота полосы пропускания
Bandmodell *n* фтт зонная модель
Bandmontage *f* монтаж сигналограмм
Bandnachsatz *m* зап. конечный ракорд
Bandniveau *n* уровень зоны
Bandoberfläche *f* (рабочая) поверхность (магнитной) ленты
Bandofen *m* конвейерная печь (*для изготовления толстоплёночных ИС*)
Bandpaß *m*, **Bandpaßfilter** *n* полосовой (пропускающий) фильтр
Bandpaßschwing(ungs)kreis *m* полосовой колебательный контур
Bandplatzfindung *f* нахождение участка (магнитной) ленты
Bandprüfer *m* контрольник перфоленты
Bandrand *m* край (энергетической) зоны
Bandrauschen *n* шум (намагниченной) ленты
Bandregistrierung *f* запись на ленте
Bandringkern *m* кольцевой ленточный сердечник
Bandrißkontrolle *f* контроль обрыва ленты
Bandrolle *f* 1. рулон [ролик] ленты 2. катушка с лентой
Bandrücklauf *m*, **Bandrücksetzen** *n*, **Bandrückzug** *m* обратная перемотка ленты
Bandruherauschen *n* шум (магнитной) ленты в паузе
Bandsatz *m* ленточный файл
Bandschema *n* фтт зонная структура
Bandschicht *f* магнитный слой ленты
Bandschleife *f* лента, склеенная в кольцо
Bandschlupf *m* проскальзывание [скольжение] ленты
Bandschnitt *m* механический монтаж сигналограмм
Bandschräglauf *m* перекос ленты
Bandschreiber *m* устройство записи на ленту; ленточный самописец
Bandselektion *f* разделение полосы (частот)
Bandservosystem *n* система автоматической регулировки (скорости) ленты
Bandsicherung *f* вчт защита данных на ленте
Bandsortenumschalter *m* см. **Bandartenumschalter**
Bandspannung *f* натяжение ленты
Bandspeicher *m* ЗУ *или* накопитель на ленте
Bandspektrum *n* кв. эл. полосатый спектр
Bandsperre *f*, **Bandsperrfilter** *n* режекторный (полосовой) фильтр
Bandspielautomat *m* магнитофонный автомат
Bandspieler *m*, **Bandspielgerät** *n* магнитофон
Bandsprecher *m* см. **Bändchenlautsprecher**
Bandspreizung *f* растягивание диапазона
Bandsprosse *f* стойка накопителей на ленте

Bandspule f катушка с лентой
Bandspur f дорожка (записи) на (магнитной) ленте
Bandstelle f участок (магнитной) ленты
Bandsteuerung f 1. управление лентой 2. программное управление от ленты
Bandstopp m останов ленты
Bandstreuung f внутризонное рассеяние
Bandstruktur f зонная структура
Bandsynchronisator m синхронизатор ленты
Bandsystem n 1. зонная система (энергетических уровней) 2. система (для) обработки данных, записанных на ленте
Bandteller m *зап.* подкатушечник
Bandtellerantrieb m *зап.* привод подкатушечника
Bandtheorie f зонная теория
Bandtontechnik f техника записи и воспроизведения звука
Bandtransport m протяжка ленты, лентопротяжка
~, **rückweiser** обратная протяжка ленты
Bandtransportrichtung f направление протяжки ленты
Bandtransportvorrichtung f, **Bandtransportwerk** n лентопротяжный механизм
Bandtrennung f *см.* **Bandselektion**
Bandtrieb *см.* **Bandantrieb**
Bandtrommel f барабан с лентой
Bandübergang m внутризонный переход
Bandüberlappung f 1. перекрытие диапазонов 2. перекрытие зон
Bandumkehrung f 1. *зап.* перемотка (назад) 2. обращение [зеркальное преобразование] полосы (частот)
Bandumschaltung f 1. переключение диапазонов (частот) 2. переключение лент
Bandumsetzer m преобразователь спектра (частот)
Bandverbiegung f изгиб (энергетической) зоны
Bandverbrauch m *зап.* расход ленты
Bandvergleicher m ленточный компаратор, устройство для сверки (двух) лент
Bandverschachtelung f перемежение частотных спектров
Bandverschiebung f сдвиг [смещение] полосы (частот)
Bandverständlichkeit f артикуляция в полосе разговорных частот
Bandverstärker m полосовой усилитель
Bandvertauschung f замена одной (боковой) полосы (частот) другой (*при системе с двумя боковыми полосами*)
Bandvervielfältigung f тиражирование записи на ленте
Bandverzug m сабельность (магнитной) ленты
Bandvielfachleitung f многожильный ленточный кабель с петлеобразными отводами
Bandvorsatz m начальный ракорд ленты
Bandvorschub m подача ленты
Bandvorschubvorrichtung f лентопротяжный механизм
Bandweite f *см.* **Bandbreite 1.**
Bandwickel m рулон ленты
Bandwickelfehler m затяжка ленты
Bandwickelkern m ленточный сердечник

Bandwickler m лентонамоточный станок
Bandwiderstand m 1. ленточный резистор 2. сопротивление ленты
~, **magnetischer** магнитное сопротивление ленты
Bandzähler m лентомер
Bandzähluhr f индикатор продолжительности записи на (магнитной) ленту
Bandzählwerk n лентомер
Bandzuführung f подача ленты
Bandzug m натяжение ленты
Bandzugeinheit f лентопротяжный механизм
Bandzugregelung f регулировка натяжения ленты
Bank f 1. банк данных 2. *опт.* скамья
~, **fotometrische** фотометрическая скамья
~, **optische** оптическая скамья
Bankfotometer n линейный фотометр
Bankkontakte m pl контактное поле искателя
B-Anzeiger m индикатор В-типа (*индикатор азимут — дальность*)
Barium-Dampfkatode f катод с напылённым бариевым слоем
Bariumfangstoff m бариевый геттер
Bariumferrit m бариевый феррит
Bariumgetter m бариевый геттер
Bariumoxidkatode f оксибариевый катод
Bariumsulfidphosphor m барийсульфидный люминофор
Bariumtitanatmikrofon n пьезоэлектрический микрофон с титанатом бария
Barkerkode m код Баркера
Barkhausen-Geräusche n pl *зап.* шумы Бархгаузена
Barkode m штриховой код
Barrel n колонна проекционной фоторедукционной установки
Barretter m барреттер
Barriere f 1. барьер 2. граница; предел 3. порог
Barrier-Adapterplatte f плата крепления микрофона, устраняющая влияние отражённого звука
Barrierenhöhe f высота (потенциального) барьера
Barrierschicht f запирающий слой
Barrierschichtdetektor m детектор с запирающим слоем
Barrierschichtfotoelement n фотоэлемент с запирающим слоем
Barriertransistor m (поверхностно-)барьерный транзистор
Bar-Technik f модульная техника
Barytglas n баритовое стекло
BASC-Signal n полный сигнал системы «Таймплекс»
Base f 1. основание; база 2. база (*транзистора*) 3. (навигационная) база 4. цоколь (*лампы*)
Basicsprache f язык бэйсик
BA-Signal n *см.* **Bildaustastsignal**
Basis f 1. базис; основание 2. база (*транзистора*) 3. (навигационная) база 4. *тлв* площадка гасящего импульса 5. основание (*системы логарифмов, системы счисления*) 6. основа (*напр. МЛ*) 7. *микр.* основание; подложка
~, **abgestufte** база со ступенчатым распределением примеси

~, **binäre** двоичное основание
~, **dezimale** десятичное основание
~, **homogene** однородная база
~, **magnetische** магнитная основа
~, **normale** нормальный базис (*зрения*); нормальный стереоскопический базис
~, **offene** открытая база (*транзистора*)
~, **stereoskopische** стереоскопический базис
Basisabstand *m* базисное расстояние
Basisadresse *f прогр.* базовый адрес
Basisadreßregister *n* индексный регистр, индекс-регистр
Basisanschluß *m* 1. вывод базы 2. подключение базы
Basisanschlußfahne *f* лепесток [вывод] (подключения) базы
Basisausbreitungswiderstand *m* распределённое сопротивление (объёма) базы
Basisausschaltstrom *m* ток базы, выключающий транзистор
Basisbahnwiderstand *m* сопротивление объёма материала базовой цепи (*от перехода до вывода базы*)
Basisband *n* исходная полоса (*частот*)
Basisbandbreite *f* ширина исходной полосы (частот)
Basisbandkodierer *m* устройство кодирования сигнала в исходной полосе (частот)
Basisbandsignal *n* 1. сигнал в исходной полосе (частот) 2. *тлв* основной сигнал передачи (*напр.* Y, R — Y, B — Y)
Basisband-Übertragung *f* 1. передача сигнала в исходной полосе (частот) 2. *тлв* основной сигнал передачи (*напр.* Y, R — Y, B — Y)
Basisband-Videosignal *n* видеосигнал в исходной полосе (частот)
Basisband-Zeitmultiplex *m* временно́е уплотнение сигналов с их исходными полосами
Basisbasisschaltung *f* схема с общей базой
Basisbereich *m* базовая область
Basisbetriebssystem *n* основная операционная система
Basisblech *n см.* **Basisanschlußfahne**
Basisbreite *f* 1. ширина базы 2. база (*стереофонической системы*)
~, **effektive** эффективная ширина базы
Basischip *m* базовый (матричный) кристалл
Basisdiffusion *f* диффузия базы
Basisdiffusionsmaske *f* (фото)шаблон (для операции) диффузии базы
Basisdiffusionswiderstand *m* резистор, сформированный в слое диффузии базы
Basisdotierung *f* легирование базы
Basiseingangsnetzwerk *n* входная цепь базы
Basiseingangsstrom *m* входной ток базы
Basiseinschnürung *f* шнурование тока базы
Basiselektrode *f* 1. базовый [основной] электрод 2. вывод базы
Basisemitterdiode *f* диод база — эмиттер
Basisemitterkennlinie *f* характеристика перехода база — эмиттер
Basisemitterrückspannung *f* обратное напряжение между базой и эмиттером
Basisemittersättigungsspannung *f* напряжение насыщения перехода база — эмиттер

Basisemitterstrecke *f* участок база — эмиттер
Basisemitterübergang *m* переход база — эмиттер
Basisfarben *f pl* основные цвета
Basisfenster *n* окно базы
Basisfrequenz *f* основная частота
Basisfunkstation *f* базовая радиостанция
Basisgebiet *n* базовая область
Basisgleichstrom *m* постоянный ток базы
Basisgleiten *n* базисное скольжение
Basisgrundschaltung *f* схема с общей базой
Basisisolationsdiffusion *f* базовая изолирующая диффузия
Basiskollektordiode *f* диод база — коллектор
Basiskollektorübergang *m* переход база — коллектор
Basiskontakt *m* базовый контакт
Basiskontaktring *m* кольцо базового контакта
Basiskontaktstreifen *m* полоска базового контакта
Basiskreis *m* 1. основная схема 2. цепь базы
Basiskristall *m* 1. кристалл основания *или* подложки 2. базовый кристалл
Basisladung *f* заряд базы
Basislänge *f* 1. величина базиса 2. длина базы (*транзистора*)
Basislegierung *f* легирование базы
Basisleiter *m* 1. провод(ник) базы 2. вывод базы
Basisleitfähigkeit *f* проводимость базы
Basisleitschicht *f* проводящий слой базы
Basisleitung *f* 1. цепь базы 2. проводимость базы
Basisleitungsträger *m pl* носители (заряда) в базовой области
Basislinie *f* 1. линия развёртки 2 *рлк* базисная линия
Basismaterial *n* 1. материал основы (*напр. печатной платы*) 2. исходный материал
~, **metallkaschiertes** материал основы, оклеенный [кашированный] металлической фольгой
Basismaterialplatte *f* подложка (ИС)
Basismatrixkristall *m микр.* базовый матричный кристалл, БМК
Basisperle *f*, **Basispille** *f* шарик сплава для формирования базы (*в сплавном транзисторе*)
Basisplättchen *n* базовый (матричный) кристалл (*для изготовления полузаказных ИС*)
Basisplatte *f* 1. подложка (ИС) 2. базовая [типовая] плата
Basispotential *n* потенциал базы (*транзистора*)
Basisquerstrom *m* уравнительный ток базы
Basisrahmen *m* основной цикл (*временно́го объединения цифровых сигналов*)
Basisraum *m* базовая область
Basisraumladung *f* объёмный заряд в базовой области
Basisrechenmaschine *f* базовая ВМ
Basisregister *n вчт* базовый регистр
Basisring *m* базовое кольцо, кольцо базы
Basisringkontakt *m* кольцевой контакт базы
Basisrückkopplungswiderstand *m* сопротивление обратной связи базы
Basissatz *m* основная запись; основной набор данных
Basisschaltung *f* 1. основная схема; принципиальная схема 2. схема с общей базой

~, **geerdete** схема с заземлённой базой
Basisschaltung-Grenzfrequenz f критическая [граничная] частота для схемы с общей базой
Basisschicht f базовый слой, слой базы
Basisschichtdicke f толщина слоя базы
Basisschichtwiderstand m сопротивление слоя базы
Basisschutzwiderstand m предохранительное [защитное] сопротивление (в цепи) базы
Basissenkung f проваливание базы
Basisspannung f 1. опорное напряжение 2. напряжение базы
Basisspeicherladung f аккумулированный заряд базы
Basissteuerung f управление по цепи базы
Basisstreifen m полоска базы
Basisstrom m ток базы
Basisstruktur f 1. основная структура 2. структура базы (*транзистора*)
Basissymbol n основной символ
Basissystem n 1. базовая [основная] система 2. репер
Basistechnologie f базовая технология
Basisträgerbeweglichkeit f подвижность носителей (заряда) в базовой области
Basistransportfaktor m коэффициент переноса базы
Basistrenndiffusion f базовая разделительная [базовая изолирующая] диффузия
Basisübertragungsfaktor m коэффициент переноса базы
Basisverbreiterung f расширение базы
Basisversetzung f 1. см. Basissenkung 2. рассовмещение (области) базы
Basisverstärker m усилитель с общей базой
Basisvierpol m основной четырёхполюсник
Basisvorsatz m стереонасадка
Basisvorspannung f напряжение смещения базы (*транзистора*)
Basisvorwiderstand m добавочный резистор (в цепи) базы
Basisweite f см. Basisbreite
Basiswert m 1. базисная [исходная] величина 2. величина базы (*напр. стереосистемы*)
Basiswiderstand m сопротивление базы
~, **einheitlicher spezifischer** удельное распределённое сопротивление базы
Basiswirkwiderstand m активное сопротивление базы
Basiszahl f основание системы счисления
Basiszeitkonstante f постоянная времени (цепи) базы
Basiszellenmethode f метод базовых ячеек
Basiszone f базовая область
Basiszuleitung f вывод базы
BASP-Signal n полный телевизионный сигнал с испытательной строкой
Baßabsenkung f спад низких частот
Baßanhebung f подъём низких частот
Baßausgleich m, **automatischer** автоматическая коррекция уровня низких частот
Baßbeschneidung f ограничение низких частот
Basschnittstelle f стык с системной шиной
Bässe m pl низкие частоты
BAS-Signal n см. Bild-Austast-Synchron-Signal

Baßlautsprecher m громкоговоритель для низких частот
Baßreflexbox f, **Baßreflexgehäuse** n низкочастотная (звуковая) колонка
Baßregler m, **Baßschalter** m, **Baßsteller** m регулятор низких частот
Baßtöne m pl низкие звуки; низкие частоты
Baßwiedergabe f воспроизведение низких частот
Bastler m радиолюбитель
Batch-Verarbeitung f пакетная обработка данных
Batterie f 1. батарея (*напр. солнечная*) 2. (аккумуляторная) батарея
Batteriebetrieb m батарейное питание
Batteriefach n карман [гнездо] (для размещения) батарей
Batteriegürtel m пояс с батареями (*напр. для питания переносных камер*)
Batterieheizung f питание (цепи накала) от батареи
Batterieladegleichrichter m выпрямитель для заряда (аккумуляторной) батареи
Batterielebensdauer f срок службы батареи
Batterienotschaltung f схема переключения на питание от аварийной (аккумуляторной) батареи
Batteriepufferung f режим (работы) с буферной батареей
Batterieradarrichtgerät n (радиолокационная) станция орудийной наводки, СОН
Batteriereservesystem n резервная батарейная система (*питания*)
Batteriesatz m комплект батарей
Batterieversorgung f см. Batteriebetrieb
Batteriewähler m батарейный коммутатор
Batwingantenne f Ж-образная антенна
Bauakustik f архитектурная акустика
Bauart f 1. конструкция; исполнение 2. вид, тип, род 3. *крист.* строение; структура
~, **gedrängte** компактная конструкция
Bauch m 1. пучность (*напр. колебания, тока*) 2. выпуклость
Baud n *тлг* бод
Baudot-Kode m код Бодо
Baud-Rate f, **Baud-Zahl** f *тлг* скорость в бодах
Baueinheit f конструктивная единица; модуль; узел; блок
Baueinheitensystem n модульная система
Bauelement n 1. (элементарный) конструктивный элемент; функциональный (схемный) элемент; компонент 2. *мат.* элемент построения 3. *крист.* элемент структуры
~, **aktives** активный (схемный) элемент
~, **diskretes** дискретный элемент
~, **fotoelektrisches** фотоэлемент
~, **gedrucktes** печатный элемент
~, **gehäuseloses** бескорпусной элемент
~, **herkömmliches** типовой (схемный) элемент; типовой модуль
~ **der integrierten Mikroschaltung** компонент ИМС
~, **integriertes** интегральный компонент, интегральный модуль
~, **kontaktgebendes** контактный (конструктивный) элемент (*напр. гнездо*)

~, **ladungsgekoppeltes** прибор с зарядовой связью, ПЗС
~ **mit Ladungskopplung** прибор с зарядовой связью, ПЗС
~, **oberflächenmontierbares** элемент (для) поверхностного монтажа
~, **passives** пассивный (схемный) элемент
~, **peristaltisches ladungsgekoppeltes** перистальтический ПЗС
~, **quasikonzentriertes** квазиконцентрированный элемент (*дискретный СВЧ-элемент в сверхминиатюрном исполнении*)
~, **zuprüfendes** испытуемый элемент
Bauelementanschluß *m* вывод (схемного) элемента
Bauelementausbeute *f* выход годных элементов
Bauelementausfall *m* отказ (схемного) элемента
Bauelementausfallrate *f* интенсивность отказов (схемных) элементов
Bauelementendichte *f* плотность упаковки (схемных) элементов
Bauelementenkombination *f* топология (схемных) элементов
Bauelementenleiste *f* планка для монтажа навесных деталей схемы, монтажная планка
Bauelementenredundanz *f* поэлементное резервирование
Bauelementenseite *f* сторона монтажа (*печатной платы*)
Bauelemententechnologie *f* технология изготовления (схемных) элементов
Bauelemententräger *m* подложка (для схемных) элементов
Bauelemententwicklung *f* разработка (схемных) элементов
Bauelementleistung *f* 1. эксплуатационные данные элемента 2. мощность (рассеяния) элемента
Bauelementminiaturisierung *f* миниатюризация (схемных) элементов
Bauelementmodellierung *f* моделирование (схемных) элементов
Bauelementstruktur *f* структура [геометрия] (схемного) элемента
Bauelementstrukturen *f pl* **im Submikrometerbereich** структуры (схемных) элементов с субмикронными размерами
Bauelementverkleinerungsverfahren *n* метод (пропорционального) уменьшения (схемных) элементов
Baufehler *m* 1. дефект конструкции 2. *крист.* дефект строения *или* структуры
Bauglied *n* конструктивный элемент
Baugliedplan *m* блок-схема; структурная схема
Baugruppe *f* 1. блок (*конструктивно объединённых узлов*) 2. сборочный узел
~, **dicht gepackte** блок с высокой плотностью упаковки схемных элементов
Baugruppenadapter *m* переходное устройство для подключения блока
Baugruppenbauweise *f* блочная конструкция
Baugruppeneinsatz *m* корзина для установки блоков
Baugruppeneinschub *m* выдвижной блок
Baugruppenredundanz *f* блочное резервирование
Baugruppenträger *m* каркас для (печатных) плат

Baukastenausführung *f*, **Baukastenkonstruktion** *f* блочная [модульная] конструкция
Baukastenprinzip *n* блочный [модульный] принцип
Baukastensatz *m* набор (радио)деталей
Baukastensystem *n* блочная [модульная] система; блочная [модульная] конструкция
Baum *m* 1. древовидная схема, дерево, древовидный дешифратор 2. дерево (*графа*)
Baumkristall *m* дендритный кристалл
Baumnetz *n* древовидная сеть
Baumstruktur *f* древовидная структура (*напр. кабельной сети*)
Baumuster *n* образец; модель; макет
Bauplan *m* монтажная схема
Baureihe *f* 1. конструктивный ряд (*напр. типоразмеров*) 2. производственная [промышленная] серия (*изделий*)
Bausatz *m* 1. (собранный) узел, (собранный) блок; агрегат 2. набор (*комплектующих элементов*)
Bauschaltplan *m* монтажная схема
B-Aussteuerung *f* режим В; модуляция (класса) В
Baustein *m* 1. конструктивный элемент; модуль; узел; блок 2. кристалл; ИС; БИС
~, **logischer** логический модуль
Bausteinausführung *f* модульное исполнение
Bausteinaustausch *m* замена модулей
Bausteinelement *n см.* **Baustein 1.**
Bausteingruppe *f* группа модулей (*конструктивно объединённых*)
Bausteinkonstruktion *f* модульная конструкция
Bausteinprinzip *n* модульный принцип (*конструирования*)
Bausteinschaltbild *n см.* **Baugliedplan**
Bausteinsoftware *f* модульное программное обеспечение
Bausteinzustandswort *n* вчт слово состояния устройства
Baustufe *f* конструктивный уровень
Bauteil *m* конструктивный элемент (*схемы*); компонент (*схемы*)
~, **gedruckter** печатный компонент (*схемы*)
Bauteilanordnung *f* размещение компонентов (*схемы*)
Bauteildichte *f см.* **Bauteilpackungsdichte**
Bauteilgruppe *f* узел; блок; модуль
Bauteilpackungsdichte *f* плотность упаковки схемных элементов
Bauteilseite *f* сторона монтажа печатной платы
Bauweise *f* 1. конструкция; исполнение 2. способ построения
~, **gedrängte** компактная конструкция
~, **hybride** гибридное исполнение (*микросхем*)
~, **monolithische [reinmonolithische]** твердотельное исполнение
Bay *f англ.* 1. секция; отсек; ячейка (*для размещения аппаратуры*) 2. плавный провал (*на кривой*)
Bazooka *f англ.* 1. четвертьволновый согласующий трансформатор (*вибратора*) 2. симметрирующее устройство
B-Batterie *f* анодная батарея
BBD-Element *n*, **BBD-Kette** *f* прибор типа «пожарная цепочка»

BBD-Technik f техника «пожарных цепочек»
B-Betrieb m режим (класса) B
BCD-Darstellung f двоично-кодированное представление десятичных чисел
BCD-Kode m двоично-десятичный код
BC-Schnitt m BC-срез (*кварца*)
BDI-Technik f техника изоляции методом базовой диффузии
bead *англ.* 1. оплавляющийся шарик (*вывода ИС*) 2. (диэлектрическая) бусинка (*коаксиального кабеля*)
Bead-Lead-Verfahren n метод шариковых выводов (*ИС для встречного монтажа*)
Beamantenne f остронаправленная антенна
Beam-Lead-Anschluß m балочный вывод (*ИС*)
Beam-Lead-Ausführung f (конструктивное) исполнение (*элемента*) с балочными выводами
Beam-Lead-Bauelement n полупроводниковый бескорпусной элемент с балочными выводами
Beam-Lead-Kontakt m балочный вывод (*ИС*)
Beam-Lead-Schaltkreis m ИС с балочными выводами
Beam-Lead-Technik f 1. технология балочных выводов 2. техника наведения по лучу
Beam-Lead-Transistor m транзистор с балочными выводами
BEAMOS-Speicher m ЗУ на МОП-структуре с лучевой адресацией
Beam-Platte f лучеобразующая пластина (*ЭЛТ*)
Beanspruchung f 1. нагрузка 2. напряжение (*напр. механическое*) 3. требования (*напр. к электрическим характеристикам материала*) 4. заявка (*на патент*)
~, **dielektrische** механические напряжения в диэлектрике при поляризации
~, **funktionsbedingte** *над.* функциональная нагрузка
~, **thermische** термическое напряжение
Beanspruchungsbeginn m *над.* момент включения
Beanspruchungsgrenze f предел нагрузки
Beantworter m (авто)ответчик
Bearbeitungsbündel n обрабатывающий пучок
Bearbeitungskammer f камера для технологической обработки
Bearbeitungsperiode f период [цикл] обработки
Bearbeitungsprogramm n программа обработки
Bearbeitungsstufe f стадия [этап] обработки
Beat-Elektronik f виброэлектроника
Beaufschlagung f 1. приложение (*нагрузки*) 2. подача (*напряжения*)
Beben n 1. вибрация 2. инфразвуковые колебания
Becher m стакан; чаша
Bechergehäuse n цилиндрический корпус
Becherkondensator m цилиндрический конденсатор
Becquerel m беккерель, Бк
Becquerel-Effekt m явление [эффект] Беккереля, фотогальванический эффект
bedampfen 1. напылять 2. подвергать воздействию паров
~ **mit Metall** металлизировать методом напыления

bedämpfen (за)демпфировать, подавлять (*колебания*); заглушать (*звук*)
Bedampfung f 1. напыление 2. нанесение материалов методом осаждения [конденсации] из пара
~, **chemische** химическое осаждение
~ **von Quarzen** напыление (*контактных площадок*) на кристаллы кварца
Bedämpfung f 1. демпфирование, подавление (*колебаний*) 2. затухание; внесение затухания
Bedampfungsanlage f установка для напыления
Bedampfungskammer f напылительная камера
Bedampfungsmaske f маска для напыления
Bedampfungsschicht f напылённый слой
Bedampfungstechnik f технология вакуумного напыления
Bedämpfungswiderstand m демпфирующее сопротивление
Bedampfungswinkel m угол напыления
Bedarfsträger m потребитель, пользователь
Bedeckung f 1. покрытие 2. нанесение покрытия 3. перекрытие (*диапазона*) 4. охват (*напр. вещанием*)
Bedeckungsdiagramm n диаграмма (радиолокационного) перекрытия
Bedeckungsfaktor m коэффициент перекрытия (*диапазона*)
Bedeckungsgebiet n зона [область] охвата (*напр. вещанием*)
Bedeckungsgrad m 1. коэффициент *или* процент покрытия (*площади*) 2. коэффициент перекрытия (*диапазона*)
Bedien... *см. тж* **Bedienungs...**
Bedienbauelement n установочный элемент
Bedien(end)er m оператор
Bedienereingriff m воздействие оператора
Bediener-Maschine-Dialog m человеко-машинный диалог
Bedienerterminal n терминал оператора
Bedienteilstromlaufplan m блочно-функциональная схема
Bedienterminal n управляющий терминал
Bedienung f 1. обслуживание; уход; эксплуатация 2. управление
~, **simultane** *вчт* 1. работа с совмещением операций 2. одновременное обслуживание (*напр. нескольких пользователей*)
Bedienungs... *см. тж* **Bedien...**
Bedienungsanforderung f запрос на обслуживание
Bedienungsanlage f установка [устройство] управления
Bedienungsanleitung f, **Bedienungsanweisung** f инструкция по обслуживанию; инструкция по эксплуатации
Bedienungsblattschreiber m пультовое печатающее устройство
Bedienungselement n орган управления; элемент (системы) управления
Bedienungsfehler m 1. эксплуатационная ошибка 2. ошибка управления
Bedienungsfeld n панель управления
Bedienungsfreundlichkeit f удобство обслуживания
Bedienungsgerät n прибор управления
Bedienungsgriff m ручка управления

Bedienungskästchen n 1. щиток управления 2. блок управления
Bedienungsknopf m кнопка управления
Bedienungsknoten m узел управления
Bedienungskode m код управления
Bedienungskomfort m удобство обслуживания
Bedienungskonsole f пульт управления
Bedienungslogik f логика (системы) управления
Bedienungsmodell n модель (системы) управления
Bedienungsperson f оператор
Bedienungsplatte f панель управления
Bedienungsplatz m пульт управления
Bedienungsplatzadapter m адаптер [устройство сопряжения] пульта управления
Bedienungsprogramm n 1. программа управления 2. программа обслуживания
Bedienungspult n пульт управления
Bedienungsqualität f качество обслуживания
Bedienungsrate f частота (выполнения операций) управления
Bedienungsrechner m управляющая ВМ, УВМ
Bedienungsregler m ручка управления
Bedienungsschalter m 1. выключатель управления 2. ключ управления
Bedienungsschalttafel f щит [панель] управления
Bedienungsschrank m шкаф [стойка] управления
Bedienungssystem n система управления
Bedienungstafel f см. Bedienungsschalttafel
Bedienungstaste f клавиша управления
Bedienungstisch m пульт управления
Bedienungs- und Überwachungselemente n pl органы управления и контроля
Bedienungsvorschrift f инструкция по обслуживанию
Bedienungszusatz m приставка (для дистанционного) управления
Bedienzentrale f центральный пост управления
Bedingung f 1. условие 2. ситуация 3. состояние
~, **abnormale** аварийная ситуация
~, **Braggsche** опт. условие Брэгга
Bedingungen f pl, **extreme** экстремальные [предельные] условия
Bedingungsanweisung f вчт указание (исходных или граничных) условий
Bedingungsmarke f условная метка (напр. технологическая)
Bedingungsname m условное название
Bedingungsschlüssel m код состояния
Bedrahtungsplan m монтажная схема
Bedruckung f печать, печатание
Beeinflussung f 1. влияние; воздействие 2. модуляция 3. интерференция
~, **elektromagnetische** электромагнитная индукция
~, **elektrostatische** электростатическая индукция
~, **kapazitive** ёмкостное влияние
Beeinflussungsspannung f наводимое напряжение
befähigen отпирать (напр. схему); запускать
Befehl m команда
~, **adresse(n)freier** [**adresse(n)loser**] безадресная команда
~, **ausführender** исполнительная команда
~, **bedingter** 1. условная команда 2. команда условного перехода
~, **echter** истинная [действительная] команда
~, **externer** внешняя команда
~, **falscher** ложная команда
~, **fingierter** фиктивная команда
~, **kodierter** кодированная команда
~, **logischer** логическая команда
~, **organisatorischer** организующая команда
~, **privilegierter** привилегированная команда
~, **symbolischer** символическая команда
~, **unbedingter** команда безусловного перехода
Befehlabarbeitung f отработка команды
Befehlsabbruch m прерывание команды
Befehlsablauf m (последовательное) выполнение команд
Befehlsadresse f адрес команды
Befehlsänderung f модификация команды
Befehlsaufbau m 1. формат команды; структура команды 2. синтаксис командного языка (микропроцессора)
Befehlsaufruf m вызов команды
Befehlsausführung f выполнение команды
Befehlsauswahlliste f см. **Befehlsmenü**
Befehlsbibliothek f библиотека команд
Befehlsblock m 1. блок обработки команд; блок формирования команд 2. блок [группа] команд
Befehlsdiagramm n блок-схема выполнения команды
Befehlseingabe f ввод команды
Befehlseinheit f, **Befehlseinrichtung** f см. **Befehlsblock** 1.
Befehlselement n элемент команды
Befehlsentschlüsselung f декодирование команды
Befehlsfeld n поле команд
Befehlsfolgeregister n регистр-счётчик команд
Befehlsformat n формат команды
Befehlsfrequenz f частота выдачи команд
Befehlsgeber m генератор команд
Befehlsgerät n блок формирования или обработки команд
Befehlsgröße f управляющая величина
Befehlsgruppe f группа команд
Befehlsimpuls m управляющий импульс
Befehlskettung f составление последовательности команд
Befehlskode m код команды
Befehlskontrollsignal n сигнал контроля команды
Befehlslänge f длина команды
Befehlslenkung f (дистанционное) командное управление
Befehlslesezyklus m цикл вызова или выборки команды
Befehlsliste f список [таблица] команд; состав команд
Befehlsmenü n меню [набор] команд
Befehlsmodifikation f модификация команды
Befehlsnotation f запись [представление] команды
Befehlspuffer m 1. буфер команд 2. буферное ЗУ (для хранения) команд
Befehlsregeneration f восстановление команды
Befehlsregister n регистр команды
Befehlssatz m массив команд
Befehlsschalter m ключ подачи команды; командный ключ

BEF

Befehlsschiene *f* шина команд
Befehlsschlüssel *m* код команды
Befehlssender *m* генератор команд
Befehlssignal *n* сигнал команды
Befehlssimulation *f* моделирование команд
Befehlsspeicher *m* ЗУ (для хранения) команд
Befehlsspeicherplatz *m* ячейка ЗУ (для хранения) команд
Befehlssteuerblock *m* блок управления командами
Befehlssteuerung *f* 1. командное управление 2. управление вводом команд
Befehlsstreifen *m* (перфо)лента команд; программная (перфо)лента
Befehlsstruktur *f* структура команды
Befehlssystem *n* система команд
Befehlstafel *f* панель управления
Befehlstaste *f* кнопка подачи команды
Befehlstisch *m* пульт управления
Befehlsträger *m* носитель команды
Befehlsübermittlung *f* передача команды
Befehlsübernahmeeinheit *f* блок приёма команд
Befehlsübertragung *f* передача команды
Befehlsverteilerkanal *m* канал распределения команд
Befehlsvorrat *m* состав [набор] команд
Befehlsweg *m* канал передачи команд
Befehlsweitergabe *f* передача команд (*через линию связи*)
Befehlswerk *n* командное устройство
Befehlswiderrufung *f* отмена команды
Befehlswiederherstellung *f* восстановление команды
Befehlswort *n* командное слово, команда
Befehlszähler *m*, **Befehlszählregister** *n* счётчик команд
Befehlszeichen *n* управляющий символ
Befehlszeile *f* командная строка
Befehlszeit *f* время выполнения команды
Befehlszentrale *f* центральный пункт управления; центральный командный пункт
Befehlszyklus *m* командный цикл
Befestigungsfahne *f* монтажная бирка
Befestigungskapazität *f* объём монтажа
Befestigungslasche *f* крепёжный хомутик
Befestigungsloch *n* крепёжное отверстие
Befestigungsplatte *f* крепёжная [монтажная] плата
Befilmen *n* нанесение (светочувствительной) плёнки
Befragen *n* опрос
Befreiung *f* 1. освобождение, высвобождение (*напр. электронов*) 2. отпускание (*реле*) 3. разъединение
Beginnsymbol *n* символ [знак] начала
Begleiteffekt *m* сопутствующий [побочный] эффект
Begleitkomponente *f* побочная составляющая
Begleitstoff *m* сопутствующий материал
Begleitton *m* звуковое сопровождение
Begleittonträgerfrequenz *f* несущая частота звукового сопровождения
Begleitwelle *f* сопутствующая волна
Begrenz... *см.* **Begrenzer...**, **Begrenzungs...**
Begrenzer *m* ограничитель

BEI

Begrenzer... *см. тж* **Begrenzungs...**
Begrenzerdiode *f* ограничительный диод
Begrenzerkaskade *f* каскад ограничения
Begrenzerkreis *m*, **Begrenzerschaltung** *f* схема ограничения
Begrenzerstufe *f* каскад ограничения
Begrenzerverstärker *m* усилитель-ограничитель
Begrenzung *f* 1. ограничение 2. предел; граница
~, **gleichspannungsseitige** ограничение по постоянному току
Begrenzungs... *см. тж* **Begrenzer...**
Begrenzungsbake *f* пограничный радиомаяк
Begrenzungsbereich *m* зона ограничения (*напр. при квантовании*)
Begrenzungsblende *f* вырезывающая диафрагма
Begrenzungsfläche *f* граничная поверхность
Begrenzungslinie *f* 1. контур 2. линия ограничения (*напр. сигнала*) 3. граница ограничительной рамки (*визира*)
Begrenzungspegel *m* уровень ограничения
Begrenzungswiderstand *m* ограничительный резистор
Behaglichkeitskurve *f* кривая (границы) зоны зрительного комфорта
Behälter *m* резервуар; бак; ёмкость
Behandlung *f* 1. обработка 2. трактовка; подход 3. рассмотрение (*задачи*) 4. обслуживание; эксплуатация
~, **anodische** анодирование
Beharren *n*, **Beharrung** *f* 1. постоянство, устойчивость 2. инерция 3. статичность
Beharrungsschwingung *f* незатухающее колебание
Beharrungstemperatur *f* установившаяся температура
Beharrungszustand *m* установившееся состояние
Behauptung *f* 1. утверждение 2. *инф.* предположение
Behaviorismus *m* бихевиоризм, поведение (*организма или машины*)
Behebung *f* устранение; восстановление
Behelfsantenne *f* вспомогательная антенна
Beherrschung *f* управление
Beidraht *m* 1. вспомогательная жила 2. заземляющий провод
Beiklang *m* посторонний звук, призвук
Beilage *f* 1. вставка, вкладыш, тонкая прокладка 2. части и инструменты, прилагаемые к машине 3. приложение
Beilauf *m* 1. наполнитель (*компаунда*) 2. заполнитель (*междужильных промежутков в кабеле*)
Beimengung *f*, **Beimischung** *f* примесь; добавка; присадка
Beimischungsdichte *f* концентрация примесей
Beipaß *m* 1. шунт, перемычка 2. *вчт* обход
Beiprogramm *n* подпрограмма
Beisatz *m* признак (*массива данных*)
Beistandseinheit *f* резервный [запасный] блок
Beistellgerät *n* 1. приставка 2. дополнительный или вспомогательный прибор
Beiton *m см.* **Beiklang**
Beitrag *m* 1. фрагмент программы 2. вклад (*терминология МККР*) 3. составляющая
Beitragskennzeichnung *f* обозначение фрагмента программы

BEI

Beitragsunterbrechung *f* перерыв фрагмента программы
Beizbad *n* травильная ванна
Beizen *n* травление
Beizmittel *n* травитель
Beizwanne *f см.* **Beizbad**
Bejahung *f лог.* подтверждение
Bel *n* бел, Б
Belag *m* 1. покрытие; слой 2. обкладка (*конденсатора*) 3. значение параметра на единицу длины 4. осадок
~, **adhäsiver** адгезивное [адгезионное] покрытие
~, **ätzfester** покрытие, стойкое к травлению
~, **dielektrischer** диэлектрическое покрытие
~, **reflexvermindernder** просветляющее покрытие
Belagverluste *m pl* потери в поверхностном слое
Belastbarkeit *f* 1. допустимая [допускаемая] нагрузка 2. способность выдерживать нагрузку
Belastung *f* нагрузка
~, **abgeglichene** [**abgestimmte, angepaßte**] согласованная нагрузка
~, **induktionsfreie** безындукционная нагрузка
~, **induktive** индуктивная нагрузка
~, **kapazitive** ёмкостная нагрузка
~, **reflexionsfreie** *см.* **Belastung, abgeglichene**
~, **schwellende** пульсирующая нагрузка
~, **thermische** тепловая нагрузка
~, **zulässige** допустимая нагрузка
Belastungsabhängigkeit *f* 1. зависимость от нагрузки 2. нагрузочная характеристика
Belastungsart *f* характер нагрузки
Belastungscharakteristik *f* нагрузочная характеристика
Belastungsdiagramm *n* 1. нагрузочная характеристика 2. семейство нагрузочных характеристик
Belastungsdichte *f* 1. ретикулярная плотность, плотность заполнения (*кристаллической решётки*) 2. плотность нагрузки
Belastungsfähigkeit *f* нагрузочная способность
Belastungsfaktor *m* коэффициент нагрузки
Belastungsfehler *m* ошибка, обусловленная нагрузкой
Belastungshyperbel *f* гиперболическая кривая предельно допустимой нагрузки (*напр. транзистора*)
Belastungsimpedanz *f* полное сопротивление нагрузки
Belastungskapazität *f* 1. ёмкость нагрузки 2. нагрузочный конденсатор
Belastungskoppler *m* устройство для подключения нагрузки
Belastungskreis *m* цепь нагрузки
Belastungsoptimisierung *f* оптимизация нагрузки
Belastungsprüfung *f* испытание на нагрузку
Belastungsschwingkreis *m* нагрузочный колебательный контур
Belastungsstoß *m* импульс нагрузки
Belastungsstrom *m* ток нагрузки
Belastungsstufe *f* 1. ступень нагрузки 2. нагрузочный каскад
Belastungsverhältnis *n* коэффициент нагрузки

BEL

Belastungsverluste *m pl* 1. рабочие потери 2. потери при нагрузке
Belastungswiderstand *m* 1. сопротивление нагрузки 2. нагрузочный резистор
Beleg *m* 1. документ; документация 2. формуляр
belegen 1. покрывать 2. загружать (*напр. оборудование*) 3. занимать (*напр. линию связи*) 4. распределять (*напр. память*) 5. распаивать (*напр. разъём*)
Belegleseeinrichtung *f* устройство считывания *или* ввода данных с документов
~, **optische** фотоэлектрическое устройство (для) считывания *или* ввода документов
Belegtlampe *f см.* **Belegungskontrollampe**
Belegtsignal *n*, **Belegtzeichen** *n* сигнал занятости
Belegung *f* 1. покрытие 2. загрузка (*напр. оборудования*) 3. занятость (*напр. линий связи*) 4. заселённость (*энергетических уровней*) 5. распределение (*напр. памяти*) 6. распайка (*напр. разъёма*)
~, **logische** логическое состояние
Belegungsanzeige *f* сигнал [индикация] занятости
Belegungsdauer *f* время занятости
Belegungsdichte *f* 1. поверхностная плотность (*зарядов*) 2. плотность загрузки, загруженность 3. плотность распределения (*напр. памяти*)
~ **eines Datenbestandes** плотность загрузки [загруженность] массива данных
Belegungsfunktion *f* 1. функция распределения (Ферми — Дирака) 2. весовая функция
Belegungsgleichgewicht *n* равновесие заселённости (*энергетических уровней*)
Belegungsimpuls *m* импульс занятости
Belegungskontrollampe *f* сигнальная [контрольная] лампа занятости
Belegungsliste *f* таблица распределения (*напр. линий связи*)
Belegungsplan *m* 1. схема размещения (*элементов, деталей*) 2. таблица занятости
Belegungsstundenzähler *m* счётчик часов загрузки *или* занятости; счётчик времени наработки
Belegungstaste *f* кнопка занятости
Belegungszähler *m* счётчик загрузки *или* занятости
Belegungszeichen *n* сигнал занятости
Belegungszeit *f* время занятости
Beleuchter *m* осветитель
Beleuchtung *f* освещение
~ **durch Führungslicht** рисующее освещение
~ **durch Fülllicht** заполняющее освещение
~ **mit Effektlicht** эффектовое освещение
~, **stroboskopische** стробоскопическое освещение
Beleuchtungsapertur *f* световая апертура
Beleuchtungsbereich *m* 1. освещённая область 2. область облучения (*напр. электронным пучком*)
Beleuchtungsbündel *n* облучающий (электронный) пучок; освещающий пучок
Beleuchtungsgleiche *f* изолюкс; изофот
Beleuchtungsgleichmäßigkeit *f* равномерность освещения
Beleuchtungshologramm *n* освещающая голограмма

Beleuchtungsionenkanone f ионная пушка облучения
Beleuchtungskennlinie f кривая освещённости
Beleuchtungskörper m светильник
Beleuchtungsmesser m люксметр
~, **lichtelektrischer** фотоэлектрический люксметр
Beleuchtungsstärke f освещённость
~, **spektrale** спектральная характеристика освещённости
Beleuchtungsstärkemesser m люксметр
Beleuchtungsstrahl m освещающий пучок
Beleuchtungstemperatur f цветовая температура света
Beleuchtungswellenfeld n поле освещающей волны
Beleuchtungswellenlänge f длина освещающей волны
Belichtung f 1. освещение; облучение (*светом*) 2. экспонирование; засветка 3. экспозиция
~, **ausgeprägte** сообщённая (*напр. фотослою*) экспозиция
~, **diffuse** засветка рассеянным светом
~, **doppelte** двукратное экспонирование
~, **großflächige** широкопольное экспонирование
~ **im kontaktlosen Verfahren** экспонирование при бесконтактном способе печати
~ **im Kontaktverfahren** экспонирование при контактном способе печати
~ **kleiner Felder im Step- und Repeat-Verfahren** экспонирование малых площадей с последовательной шаговой мультипликацией
Belichtungsanlage f, **Belichtungsanordnung** f установка экспонирования
Belichtungsautomatik f автоматическое регулирование экспозиции
Belichtungsdaten pl данные [информация] по экспонированию (*для формирования рисунка ИС*)
Belichtungsdauer f длительность экспонирования
Belichtungsebene f плоскость экспонирования
Belichtungsfeld n экспонируемое поле
Belichtungsgerät n устройство экспонирования
Belichtungsgeschwindigkeit f скорость экспонирования
Belichtungsimpuls m экспонирующий импульс
Belichtungskeil m сенситометрический клин
Belichtungslaser m экспонирующий лазер
Belichtungsmaske f маска для экспонирования
Belichtungsmesser m экспонометр
Belichtungsmuster n экспонируемый рисунок
Belichtungsparameter m параметр экспонирования (*напр. длительность*)
Belichtungsquelle f источник света (для) экспонирования
Belichtungsröntgenstrahl m экспонирующий рентгеновский луч
Belichtungsschablone f промежуточный фотошаблон
Belichtungsschritt m шаг экспонирования
Belichtungsschwelle f порог экспонирования
Belichtungsspielraum m пределы изменения освещённости при экспонировании

Belichtungssteuergerät n устройство управления экспонированием
Belichtungsstrukturierung f формирование рисунка (управляемым) облучением
Belichtungs- und Justieranlage f установка совмещения и экспонирования
Belichtungsversatz m **zwischen Masken und Waferbild** смещение освещаемого рисунка шаблона относительно рисунка подложки
Belichtungswert m величина экспозиции
Belichtungszählwerk n механизм для счёта и нумерации осциллограмм фотографическим способом
Belichtungszeit f 1. время освещения 2. время экспонирования
Bellini-Tosi-Antenne f гониометрическая антенна
Belötung f залуживание
Belüftungsschlitze m pl вентиляционные прорези
Bemerkbarkeitsschwelle f порог обнаружения
Benachrichtigungsanlage f устройство оповещения
Benachteiligung f компенсация предыскажений
Benennung f 1. наименование, обозначение 2. *вчт* маркирование; присваивание меток 3. *мат.* именование (*числа*)
Benetzungswinkel m угол смачивания
benutzen, gemeinsam использовать коллективно
Benutzer m 1. абонент 2. *вчт* пользователь
Benutzer-Bit n бит пользователя
Benutzer-Netz-Schnittstelle f интерфейс пользователь — сеть
Benutzerprogramm n программа пользователя
Benutzersoftware f программные средства пользователя
Benutzerstation f 1. абонентский пульт 2. терминал пользователя
Benutzerzeit f 1. абонентное время 2. время пользователя
Benutzungsanweisung f инструкция по эксплуатации
Benutzungsfaktor m коэффициент использования
Benutzungszähler m счётчик времени работы
Benutzungszeitaufzeichner m, **Benutzungszeituhr** f *вчт* часы использованного времени
Beobachter m наблюдатель
Beobachtung f наблюдение
~, **beidaugige** бинокулярное наблюдение
~ **in Reflexion** наблюдение в отражённом свете
~ **in Transmission** наблюдение в проходящем свете
~, **örtliche** местный контроль
Beobachtungsabstand m расстояние наблюдения
Beobachtungsbedingungen f pl условия наблюдения
Beobachtungsfehler m 1. погрешность [ошибка] наблюдения 2. погрешность при визуальном отсчёте
Beobachtungsfenster n смотровое окно
Beobachtungsnetz n сеть станции наблюдения
Beobachtungsröhre f индикаторная трубка
Beobachtungssatellit m спутник-шпион
Beobachtungsschirm m экран для (визуального) наблюдения
Beobachtungstabelle f таблица (результатов) наблюдений

Beobachtungstisch m 1. смотровой стол (напр. микроскопа) 2. просветный стол (напр. для проверки правильности совмещения фотооригиналов)
Berandung f 1. обрамление (прибора); окаймление 2. граница, край 3. фигурный вырез (напр. полюсов магнита)
Berechnungsalgorithmus m вычислительный алгоритм
Berechnungsmaschine f, **elektronische** электронная ВМ, ЭВМ
Berechnungsmatrix f вычислительная матрица
Berechnungsunterlagen f pl 1. расчётные материалы; расчётная техническая документация 2. данные (для проведения) расчёта; данные для вычислений ВМ
Berechtigungssignal n сигнал разрешения
Bereich m 1. диапазон 2. область; зона 3. сфера или радиус действия 4. предел (напр. измерения) (см. тж **Gebiet**)
~, **aktiver** активная область (транзистора)
~, **analoger** аналоговая область
~, **digitaler** цифровая область
~, **elektronendurchlässiger** область, прозрачная для электронов
~, **formierter** формированная зона
~, **geeichter** градуированный диапазон
~, **gespreizter** растянутый диапазон
~, **hochfrequenter** диапазон высоких частот (3—30 МГц)
~, **infraroter** инфракрасная область (спектра)
~, **kritischer** критическая область
~, **kurzwelliger** диапазон коротких [декаметровых] волн (10—100 м)
~, **langwelliger** диапазон длинных [километровых] волн (1—10 км)
~, **mittelwelliger** диапазон средних [гектометровых] волн (100—1000 м)
~ **möglicher Betriebsbedingungen** диапазон допустимых изменений условий окружающей среды
~ **negativen Widerstands** область отрицательного сопротивления
~, **nichtdotierter** беспримесная зона
~, **n-leitender** область электронной электропроводности, область n-типа, n-область
~, **oberer** 1. верхний диапазон 2. верхний предел
~ **oberhalb der Schwelle** надпороговая область
~, **optischer** оптический диапазон (спектра)
~, **p-leitender** область дырочной электропроводности, область p-типа, p-область
~, **sichtbarer** видимая область (спектра)
~, **superlinearer** сверхлинейная область
~, **toter** мёртвая зона
~, **ultrakurzwelliger** диапазон ультракоротких [метровых] волн (1—10 м)
~, **ultralangwelliger** диапазон сверхдлинных волн (10—100 км)
~, **ultravioletter** ультрафиолетовая область (спектра)
~, **unbelegter** неиспользуемый [незанятый] диапазон
~, **unterer** 1. нижний диапазон 2. нижний предел

~ **unterhalb der Schwelle** допороговая область
~, **videofrequenter** диапазон видеочастот
~ **weicher Röntgenstrahlen** область мягких рентгеновских лучей
~ **der Zeitsteuerung** пределы временно́го регулирования
Bereiche m pl, **umschaltbare** переключаемые диапазоны
Bereichsadresse f адрес участка памяти
Bereichsbezeichnung f 1. обозначение диапазона 2. идентификация участка (записи); обозначение блока ЗУ
Bereichsdehnung f расширение диапазона
Bereichserweiterungsgerät n блок расширения диапазона
Bereichsgerät n блок дальности
Bereichsgrenze f 1. граница диапазона 2. предел дальности
Bereichsschutzschalter m концевой защитный выключатель, проф. концевик
Bereichssender m диапазонный (радио)передатчик
Bereichsthermokompensation f термокомпенсация в диапазоне (температур)
Bereichsüberdeckung f перекрытие диапазона
Bereichsüberschreitung f 1. выход (контролируемой величины) за допустимый предел 2. вчт переполнение разряда
Bereichsumschalter m переключатель диапазонов
Bereichsumsetzer m преобразователь диапазонов
Bereichswahl f выбор диапазона
Bereichswähler m см. **Bereichsumschalter**
Bereichswechsel m 1. смена диапазона 2. переход с одной шкалы на другую
Bereichsweiche f фильтр разделения диапазонов
Bereinigung f 1. очистка, стирание (напр. памяти) 2. сброс в нуль
Bereit... см. тж **Bereitschafts...**
Bereitmeldung f сигнал готовности
Bereitschaft f готовность
Bereitschaftsanlage f резервная установка
Bereitschaftsausrüstung f резервное оборудование
Bereitschaftsbetrieb m режим горячего резервирования
Bereitschaftsfaktor m коэффициент готовности
Bereitschaftsimpuls m подготавливающий импульс
Bereitschaftsmeldung f сигнализация (о) готовности; сигнал готовности
Bereitschafts-Parallelbetrieb m режим параллельного резервирования
Bereitschaftsposition f положение готовности
Bereitschaftsrechner m резервная ВМ
Bereitschaftsspeicher m оперативное ЗУ, ОЗУ; оперативная память
Bereitschaftsstunden f pl продолжительность нахождения (станции, аппаратуры) в резерве
Bereitschaftssystem n резервная [дублирующая] система
Bereitschaftszeichen n сигнал готовности
Bereitschaftszeit f время готовности
Bereitstellungsprogramm n программа проверки готовности к работе
Berg m 1. гребень (волны) 2. амплитуда (колебаний)

Bergungsareal n косм. район приземления или приводнения
Bericht m отчёт (терминология МККР)
Berichterstattung f, **elektronische** видеожурналистика, ВЖ
Berichtigung f корректировка, коррекция; поправка; исправление
Berichtigungsbeiwert m, **Berichtigungsfaktor** m поправочный коэффициент
Berichtigungstaste f кнопка корректировки
Berichtigungszahl f поправочный коэффициент
Berichtsentwurf m проект отчёта (терминология МККР)
Berufselektronik f профессиональная электронная аппаратура
Beruhigen n, **Beruhigung** f 1. сглаживание 2. демпфирование; успокоение
Beruhigungsdrossel f сглаживающий дроссель
Beruhigungsglied n 1. сглаживающий фильтр 2. демпфирующее звено
Beruhigungskreis m демпфирующий контур; демпфирующая цепь
Beruhigungsrolle f зап. инерционный ролик
Beruhigungswiderstand m демпфирующее сопротивление
Berührung f 1. касание, (со)прикосновение 2. контакт 3. косм. стыковка
berührungsempfindlicher сенсорный
Berührungsfläche f 1. поверхность касания [соприкосновения] 2. поверхность контакта
berührungsfrei 1. несоприкасающийся 2. бесконтактный
Berührungskontakt m сенсорный контакт
berührungslos см. berührungsfrei
Berührungsmeßfühler m контактный (измерительный) щуп
Berührungsmessung f контактный метод измерений
Berührungsmikrofon n контактный микрофон
Berührungspotential n контактная разность потенциалов, контактная эдс
Berührungsschalter m сенсорный выключатель
Berührungsschicht f контактный слой
Berührungsschirm m сенсорный экран
Berührungsschutz m защита (человека) от прикосновения (к токоведущим шинам и деталям, находящимся под напряжением)
Berührungstaster m сенсорный клавишный выключатель
Berührungsthermometer n контактный термометр
Berührungswiderstand m контактное сопротивление; сопротивление контакта
Berührungzeit f период контактирования
Berührungzwilling m крист. двойник срастания
Beschaffenheit f, **körnige** зернистость
Beschallung f 1. озвучивание 2. звукофикация 3. ультразвуковая обработка 4. испытание ультразвуком
Beschallungsanlage f 1. установка для звукофикации 2. установка для ультразвуковой обработки 3. установка (для) испытания ультразвуком
Beschallungsgerät n 1. устройство для звукофикации 2. излучатель звуковых или ультразвуковых колебаний

Beschallungsverfahren n способ [метод] озвучивания
Beschaltung f 1. монтаж; проводка 2. шунтирование (контактов)
Beschaltungskapazität f ёмкость монтажа
Beschaltungsplan m монтажная схема
Beschichtbarkeit f пригодность для нанесения покрытий
Beschichtung f 1. покрытие; слой 2. нанесение покрытия 3. нанесение (просветляющей) плёнки, просветление оптики 4. просветляющая плёнка 5. каширование
~, **magnetische** 1. магнитное покрытие 2. нанесение магнитного слоя
Beschichtungsanlage f установка для нанесения покрытий
Beschichtungsdicke f толщина покрытия
Beschichtungsfluß m осаждённый [покрывающий] слой флюса, флюс покрытия
Beschickungsvorrichtung f загрузочное устройство
Beschießung f бомбардировка (напр. электронная)
Beschirmung f экранирование
Beschirmungstechnologie f технология нанесения экранов
Beschlag m 1. налёт; плёнка 2. обшивка
Beschlagen n 1. запотевание 2. образование налёта
Beschlämmungsmethode f метод нанесения люминофорного слоя
Beschleunigung f ускорение
Beschleunigungsanode f ускоряющий анод
Beschleunigungsempfängermikrofon n микрофон-приёмник градиента давления
Beschleunigungsgitter n ускоряющая сетка
Beschleunigungskammer f ускорительная камера
Beschleunigungslinse f ускоряющая (электронная) линза
Beschleunigungsraum m пространство ускорения
Beschleunigungsspalt m ускоряющий промежуток
Beschleunigungssystem n ускоряющая система
Beschleunigungstests m pl ускоренные [форсированные] испытания
Beschleunigungszeit f время разгона (напр. МЛ)
Beschneidung f 1. ограничение 2. срез; отсечка
Beschneidungsfrequenz f частота отсечки
Beschreibung f 1. описание 2. характеристика
~, **algorithmische** алгоритмическое описание; алгоритмизация
Beschreibungssprache f вчт язык описания
Beschriftung f 1. обозначение; маркировка 2. оцифровка
Beschuß m бомбардировка (напр. электронная)
Beschußenergie f энергия бомбардировки [бомбардирующих частиц]
Beschußraum m бомбардируемое пространство
Beschwerungsmittel n наполнитель (компаунда)
besetzt 1. заселённый (об энергетическом уровне) 2. занятый (о линии) □ mit Löchern ~ заселённый дырками; mit «0» ~ sein находиться в положении нуль; mit «1» ~ sein находиться в положении единицы
Besetzt... см. тж **Besetzungs...**

Besetztflackerzeichen *n* мигающий сигнал занятости
Besetzthaltung *f*, **selbsttätige** автоматическая блокировка
Besetztlampe *f* лампа занятости
Besetztprüfung *f* испытание [проверка] на занятость
Besetztrelais *n* реле занятости
Besetztton *m* тлф (зуммерный) сигнал занятости
Besetztzeichen *n* сигнал занятости
Besetzung *f* **1.** заселённость (*энергетических уровней*) **2.** занятость (*линии*)
~, **abnormale** инверсная заселённость
~ **des Energieniveaus** заселённость энергетического уровня
~ **der Haftstellen** заселённость ловушек
~, **inverse** инверсная заселённость
~ **des Leitungsbandes** заселённость зоны проводимости
~ **mit Ladungsträgern** заселённость носителями зарядов
~, **nicht ausgeglichene** неравновесная заселённость
~ **des Niveaus** заселённость (энергетического) уровня
~, **schwellige** пороговая [предельная] заселённость
~, **überschüßige** избыточная заселённость
~, **überschwellige** надпороговая заселённость
~, **unterschwellige** допороговая заселённость
Besetzungs... *см. тж* **Besetz...**
Besetzungsanzeige *f* сигнал занятости
Besetzungsdauer *f* **1.** время заселённости **2.** время занятости
Besetzungsdichte *f* плотность заселённости
Besetzungsfunktion *f* функция заселённости
Besetzungsgleichgewicht *n* равновесная заселённость
Besetzungsinversion *f* инверсия заселённости
Besetzungsinversionsdichte *f* плотность инверсионной заселённости
Besetzungsüberschuß *m* избыток заселённости
Besetzungsumkehr *f* инверсия заселённости
Besetzungsunterschied *m* разность заселённости
Besetzungsverteilung *f* распределение заселённости
Besetzungszahl *f* **1.** число занятых (электронных) состояний, величина заселённости **2.** *кв. эл.* число заполнения
Besetzungszustand *m* **1.** состояние занятости **2.** *кв. эл.* заполненное [занятое] состояние
bespielt записанный (*о МЛ*)
besprechen **1.** производить запись речи **2.** записывать (*дикторский текст*)
Besprechung *f* запись речи
Bespulung *f* **1.** пупинизация **2.** намотка (катушки)
Bespulungsplan *m* схема пупинизации
Bessel-Filter *n* фильтр Бесселя
Bestand *m* **1.** инвентарная опись; ведомость наличия; наличие **2.** состав
~, **relativer** *над.* относительное наличие
Bestandsband *n* вчт исходная лента
Bestandsdatei *f* **1.** главный файл **2.** главная картотека
Bestandsfunktion *f* *над.* функция наличия

Bestandsspeicher *m* инвентаризационное ЗУ; инвентаризационная память
Bestandteil *m* компонент; (составная) часть
~, **fester** компонент твёрдой схемы; твёрдый компонент
~, **fremder** посторонняя примесь
Bestandteilliste *f* спецификация (схемных) элементов
Bestätigung *f* **1.** подтверждение, квитирование **2.** проверка; контроль
Bestätigungsbetriebsart *f* режим контроля
Bestätigungssignal *n* сигнал подтверждения
Bestgröße *f* оптимальная величина
Bestimmung *f* **1.** распознавание (*напр. цели по радиолокационному сигналу*) **2.** обозначение; спецификация (*напр. состава элементов блока*) **3.** (целевое) назначение (*напр. аппаратуры*)
~ **von Abbildungen** распознавание образов
Bestimmungsdaten *f pl* вчт управляющие данные
Bestimmungsfunkstelle *f* радиостанция назначения
Bestimmungsglied *n* определяющее звено
Bestimmungsgröße *f* **1.** величина, подлежащая определению **2.** (определяющий) параметр
Bestimmungsort *m* пункт назначения; адресат информации
Bestimmungsprüfungen *f pl* *над.* определительные испытания
Bestimmungsregister *n* выходной регистр (*при пересылке данных*)
Bestimmungsverfahren *n*, **empirisches** метод проб и ошибок
Bestlast *f* оптимальная нагрузка
Bestpunkt *m* оптимальная точка (*характеристики*)
Bestrahlung *f* **1.** облучение **2.** бомбардировка (*напр. электронная*) **3.** инсоляция
Bestrahlungsbeständigkeit *f* радиационная стойкость
Bestrahlungsbündel *n* облучающий [освещающий] пучок
Bestrahlungsdichte *f*, **Bestrahlungsstärke** *f* **1.** энергетическая освещённость, облучённость **2.** плотность облучения
Bestrahlungszeit *f* время облучения, экспозиция
Bestreichen *n* **1.** покрытие (диапазона) **2.** прочерчивание (*лучом*); развёртывание **3.** обмазка
Bestreichmasse *f* газопоглотитель, геттер
bestückt: ☐ **mit Transistoren** ~ транзисторный
Bestückung *f* **1.** оснащение (*радиоэлементами*); комплектация **2.** комплект (*напр. радиоламп*) **3.** загрузка; установка; монтаж; сборка
~, **automatische** автоматическая сборка
Bestückungsautomat *m* **1.** автоматическое устройство перемещения и подачи (*деталей*) **2.** автозагрузчик **3.** автомат набивки [установки] (*деталей на печатную плату*)
Bestückungsdichte *f* плотность монтажа
Bestückungskammer *f* загрузочная камера
Bestückungsloch *n* монтажное отверстие (*печатной платы*)
Bestückungsplan *m* схема расположения (радио)элементов; схема монтажа
Bestückungsprüfung *f* проверка монтажа

Bestückungsseite f сторона монтажа (*печатной платы*)
Bestückungswerkzeug n инструмент *или* оснастка для монтажа
Bestwert m оптимальное значение
Bestwertregelung f оптимизация параметров
Bestzeitprogramm n программа с минимальным временем ожидания
Beta n бета, ß, коэффициент усиления (транзистора) по току в схеме с общим эмиттером
«Betacam» англ. фирм. «Бетакам» (*видеокамера*)
Betacassette f см. **Betakassette**
Beta-Format n **1.** формат В (*видеограммы на ленте шириной 12,5 мм*) **2.** стандарт В
Betagrenzfrequenz f граничная частота коэффициента усиления тока в схеме с общим эмиттером
Betakassette f зап. бета-кассета (*с лентой шириной 12,5 мм*)
Betakontrollgerät n бета-тестер
«Betamax» фирм. «Бетамакс» (*система видеозаписи высокой плотности фирмы Сони, Япония*)
Betamax-Kassete f кассета «Бетамакс»
Betamax-Recorder m кассетный видеомагнитофон системы «Бетамакс»
Betamax-System n видеокассетная система «Бетамакс»
Betamovie f видеосъёмка (с записью) на бета-кассету
Betaprüfgerät n бета-тестер
Betaquelle f источник бета-излучения
Betastabilität f **1.** m стабильность (коэффициента) бета **2.** яд. физ. бета-стабильность
Betastrahler m бета-излучатель
Betätigung f **1.** приведение в действие, пуск **2.** включение; управление **3.** срабатывание
~, **doppelte** двойное управление
~ **durch Druckknöpfe** кнопочное управление
~ **von Hand 1.** ручной пуск **2.** ручное управление
Betätigungsarm m манипулятор
Betätigungselement n элемент управления; приводной элемент
Betätigungsfolge f **1.** последовательность включения *или* управления **2.** последовательность срабатывания
Betätigungsglied n звено управления
Betätigungsimpuls m управляющий импульс
Betätigungsknopf m кнопка управления
Betätigungskraft f пусковое усилие
Betätigungskreis m см. **Betätigungsstromkreis**
Betätigungsrichtung f направление срабатывания
Betätigungsschalter m ключ [переключатель] управления
Betätigungsschalttafel f см. **Betätigungstafel**
Betätigungssignal n сигнал управления; пусковой сигнал
Betätigungsspannung f напряжение цепи управления
Betätigungsstrom m оперативный ток; ток управления
Betätigungsstromkreis m оперативная цепь, цепь оперативного тока; цепь управления
Betätigungstafel f панель [щит] управления

Betätigungstaste f кнопка *или* клавиша управления
Betätigungsweg m рабочее перемещение
Betatron n бетатрон
Betatron... бетатронный
Betaübergang m бета-переход
~, **einfach verbotener** однократно запрещённый бета-переход
~, **höchsterlaubter** сверхразрешённый бета-переход
~, **zweifach verbotener** дважды запрещённый бета-переход
Betaumwandlung f см. **Betaübergang**
Betazerfall m бета-распад
Beteiligungszeit f время участия (*напр. в совместном выполнении операции*)
Bethe-Loch-Koppler m направленный ответвитель Бете, однодырочный направленный ответвитель
betonen подчёркивать (*напр. низкие частоты*)
Betrachter m наблюдатель
Betrachtung f **1.** рассматривание, наблюдение (*напр. телевизионного изображения*) **2.** рассмотрение (*напр. хода решения*); подход (*напр. к ходу решения*)
~, **funktionelle** функциональное рассмотрение
~, **gerätetechnische** приборотехническое рассмотрение
~, **wahrscheinlichkeits-theoretische** теоретико-вероятностный подход
Betrachtungsabstand m расстояние наблюдения
Betrachtungseindruck m (субъективное) восприятие (зрителем) наблюдаемого (телевизионного) изображения
Betrachtungseinheit f над. объект (наблюдения); испытуемый образец
~, **gewartete** обслуживаемый объект
~, **nichtwartbare** необслуживаемый объект
~, **wartbare** обслуживаемый объект
Betrachtungsentfernung f расстояние наблюдения
Betrachtungssystem n система наблюдения
Betrachtungsverhältnis n формат изображения *или* кадра
Betrachtungswinkel m угол рассматривания [наблюдения] (*телевизионного изображения*); угол обзора (*голографического изображения*)
Betrag m **1.** абсолютная величина, модуль **2.** сумма
Betragsinduktivität f эквивалентная индуктивность
Betragskriterium n интегральный критерий качества
Betrags-Vorzeichen-Kode m модифицированный дополнительный код
Betrieb m **1.** режим (работы) **2.** работа **3.** эксплуатация; обслуживание **4.** производство; завод; фабрика
~, **aussetzender** прерывистый режим
~, **direkter** см. **Betrieb, on-line**
~, **diskontinuierlicher** импульсный режим
~, **durchlaufender 1.** длительный [непрерывный] режим **2.** продолжительная эксплуатация
~, **einmaliger 1.** одноразовая работа **2.** однократная эксплуатация
~, **freilaufender** см. **Betrieb, selbsterregter**

~, **fremdsynchroner** режим работы с внешней синхронизацией
~, **getriggerter** триггерный [импульсный] режим
~, **gleichfrequenter** работа на общей частоте [на общей волне]
~, **gleichzeitiger 1.** дуплексный режим (работы) **2.** *вчт* совмещённая работа; параллельная работа
~, **indirekter** *см.* Betrieb, off-line
~, **instabiler** неустановившийся режим
~, **interaktiver** интерактивный [диалоговый] режим
~, **intermittierender** прерывистый режим
~, **konstanter** устойчивый [стабильный] режим
~, **kontinuierlicher** непрерывный режим
~, **kurzzeitiger 1.** кратковременный режим **2.** кратковременная работа **3.** кратковременная эксплуатация
~, **manueller** режим ручного управления
~, **nichtprozeßgekoppelter** автономный режим (работы) устройств для управления производственным процессом
~, **nichtstationärer** неустановившийся [переходный] режим
~, **off-line** автономный режим работы (*режим работы устройства без связи с главной ЭВМ*)
~, **on-line 1.** работа под управлением вычислительной системы **2.** работа в реальном масштабе времени
~, **quarzsynchroner** режим работы с синхронизацией от кварца
~, **rechnerabhängiger** работа с управлением от ВМ
~, **repetierender** итерационный режим
~, **selbsterregter** работа в режиме самовозбуждения
~, **sequentieller [serieller] 1.** последовательный режим **2.** последовательная обработка данных **3.** *изм.* последовательный режим (*уравновешивания*)
~, **störungsfreier 1.** безаварийный режим **2.** безаварийная работа
~, **unabhängiger** *см.* Betrieb, off-line
Betriebsablaufsteuerung *f* управление производственным процессом
Betriebsabschnitt *m* рабочая часть, рабочий участок (*напр. характеристики*)
Betriebsantenne *f* рабочая антенна
Betriebsanweisung *f* инструкция по эксплуатации
Betriebsanzeige *f* индикация состояния режима (работы)
Betriebsart *f* режим [род] работы
Betriebsarten(um)schalter *m* переключатель режима работы
Betriebsartsteuerlogik *f* логическое устройство управления режимом работы
Betriebsausfallzeit *f* время простоя (оборудования)
Betriebsbereich *m* рабочий диапазон
Betriebsbereitschaft *f* **1.** режим готовности (к работе) **2.** эксплуатационная готовность
Betriebscharakteristik *f* **1.** рабочая характеристика **2.** эксплуатационная характеристика
Betriebsdaten *f pl* **1.** рабочие параметры **2.** технологические [производственные, эксплуатационные] данные **3.** (оперативная) информация о ходе технологического процесса
Betriebsdauer *f* **1.** срок эксплуатации **2.** *над.* время безотказной работы
~, **mittlere** средняя наработка на отказ
Betriebseigenschaften *f pl* эксплуатационные характеристики
Betriebsempfänger *m* профессиональный (радио)приёмник
Betriebsempfindlichkeit *f* реальная чувствительность (*приёмника*)
Betriebserdung *f* (эксплуатационное) заземление
Betriebsfähigkeitsfaktor *m над.* коэффициент готовности
Betriebsfehler *m* **1.** ошибка [сбой] в работе **2.** производственный дефект
Betriebsfernsehen *n* промышленное телевидение
Betriebsfernsprechanlage *f* учрежденческо-производственная телефонная установка
Betriebsfertigmachen *n* подготовка к работе, отладка
Betriebsfrequenzbereich *m* диапазон рабочих частот
Betriebsfunksprechanlage *f* установка учрежденческо-производственной радиотелефонной связи
Betriebsgas *n* рабочий газ
Betriebsgebiet *n* рабочая область
Betriebsgeräuschspannungsabstand *m* **1.** допустимое (эксплуатационное) значение напряжения промышленных помех **2.** *зап.* отношение напряжения воспроизводимого сигнала к собственному шуму (*МЛ*)
Betriebsgröße *f* **1.** эксплуатационный показатель **2.** рабочий параметр
Betriebsimpedanz *f* динамическое полное сопротивление
Betriebsinduktivität *f* динамическая индуктивность
Betriebsingenier *m тлв* дежурный видеоинженер
Betriebskanal *m* рабочий канал
Betriebskapazität *f* **1.** производственная мощность **2.** погонная ёмкость (*кабеля*)
Betriebskenndaten *pl*, **Betriebskenngrößen** *f pl см.* Betriebsdaten 1., 2.
Betriebskennlinie *f см.* Betriebscharakteristik
Betriebskode *m* код операции
Betriebskontrollrechner *m* ВМ для контроля производственных процессов
Betriebskurve *f см.* Betriebskennlinie
Betriebslaufzeit *f* время рабочего цикла
Betriebslebensdauerprüfung *f* эксплуатационное испытание на долговечность
Betriebsleitung *f* **1.** рабочая линия **2.** управление производством
Betriebsmeßgerät *n* технический измерительный прибор
Betriebs-Meß-Steuerungs- und Regelungstechnik *f* контрольно-измерительные приборы и автоматика, КИПиА
Betriebsmodus *m* рабочий режим
Betriebsparameter *m* рабочий параметр
Betriebsprogramm *n* рабочая программа

Betriebsprüfung f 1. эксплуатационное испытание 2. проверка режима работы
Betriebsrauschen n рабочий шум (*ленты*)
Betriebsrechner m управляющая ВМ
Betriebsreserve f эксплуатационный резерв
Betriebsschalter m переключатель режима [рода] работы
Betriebsschaltung f рабочая схема
Betriebsscheitelsperrspannung f максимальное значение напряжения запирания
Betriebssender m служебный передатчик
Betriebssicherheit f эксплуатационная надёжность
Betriebssprache f *прогр.* язык управления заданиями
Betriebsstabilität f динамическая устойчивость
Betriebssteilheit f динамическая крутизна
Betriebssteuerlogik f логические схемы управления режимом работы
Betriebsstörung f 1. нарушение режима работы 2. промышленная помеха
Betriebsstrom m 1. рабочий ток 2. ток питания
Betriebsstundenzähler m счётчик числа часов работы (*аппаратуры*)
Betriebssystem n операционная система
Betriebsübertragungsmaß n рабочий коэффициент передачи [трансформации]
Betriebsunterbrechung f прерывание работы
Betriebsunterlagen f pl 1. производственная документация 2. программное обеспечение (производства)
Betriebsverbrauch m потребление (*напр. электроэнергии*) в рабочем режиме
Betriebsverhalten n 1. рабочие характеристики 2. поведение (*напр. системы*) в процессе эксплуатации
Betriebsvorschrift f инструкция по эксплуатации
Betriebswartung f техническое обслуживание в процессе эксплуатации
Betriebswechsel m изменение режима (работы)
Betriebsweise f 1. режим [род] работы 2. способ эксплуатации
~, **umgekehrte** работа при обратном включении транзистора
Betriebswelle f рабочая волна
Betriebswert m *см.* **Betriebsgröße**
Betriebszeit f 1. время [продолжительность] работы 2. время [продолжительность] эксплуатации 3. *над.* (заданная) наработка, (заданная) продолжительность
Betriebszeitfaktor m, **Betriebszeitwert** m коэффициент использования (*по времени*)
Betriebszentrale f 1. центральная телефонная станция 2. учрежденческо-производственная телефонная станция
Betriebszustand m 1. рабочее состояние; рабочий режим 2. режим [род] работы
~, **markanter** характерный режим работы
Betriebszuverlässigkeit f эксплуатационная надёжность
Betriebszyklus m производственный цикл
Beugung f дифракция
Beugungsausbreitung f загоризонтное распространение (*радиоволн*)

Beugungserscheinung f дифракция, явление дифракции
~ **am Gitter** дифракция на решётке
~ **am Spalt** дифракция на щели
~, **Fraunhofersche** дифракция Фраунгофера
~, **Frenelsche** дифракция Френеля
~ **des Lichtes** дифракция света
~ **der Weller** дифракция волн
Beugungsfehler m дифракционная ошибка
Beugungsfleckgröße f величина дифракционного пятна
Beugungsgerät n электронограф
Beugungsgitterabdruck m реплика дифракционной решётки
Beugungsgittermuster n 1. картина дифракции на (дифракционной) решётке 2. структура дифракционной решётки
Beugungsgitterperiode f период дифракционной решётки
Beugungsmikroskop n электронограф
Beugungsmikroskopie f электронография
Beugungsringe m pl, **Fresnelsche** дифракционные кольца Френеля
Beugungsschatten m область тени (*в зоне дифракции*)
Beugungsscheibchen n (дифракционный) кружок рассеяния
Beugungsspektrograph m спектрограф с дифракционной решёткой
Beugungsunschärfe f нерезкость, обусловленная явлением дифракции
Beugungswinkel m угол дифракции
Beugungszone f зона дифракции
Beulkoeffizient m коэффициент прогиба, изгиба или кривизны; коэффициент вспучивания (*печатной платы*)
Beurteilungskarte f аттестационная карта
Beverage-Antenne f антенна Бевереджа, однопроводная антенна бегущей волны
Bevölkerung f *см.* **Besetzung** 1.
Bewahrung f проверка; испытание
Beweglichkeit f подвижность
Beweglichkeitsgap m *пп* интервал пониженной подвижности (носителей)
Beweglichkeitsgleichung f, **Langevinsche** уравнение подвижности Ланжевена
Beweglichkeitsgrenze f предел подвижности
Beweglichkeitslücke f *см.* **Beweglichkeitsgap**
Bewegtbild n движущееся изображение
Bewegtbildkamera f киносъёмочная камера, кинокамера
Bewegtbildprojektion f проекция движущихся изображений
Bewegtziel n движущаяся цель
Bewegtzielanzeiger m индикатор движущихся целей
Bewegtzielechosignal n отражённый сигнал (от) движущейся цели
Bewegung f 1. движение 2. перемещение 3. *мат.* отображение
~, **fluktuierende** хаотическое [флуктуационное] движение
~, **geordnete** упорядоченное движение
~, **oszillierende** колебательное движение
~, **schwankungslose** невозмущённое движение

~, **schwingende** колебательное движение
Bewegungsablauf *m* изменение фазы движения (*объекта при машинном производстве фильмов*)
Bewegungsanalyser *m* анализатор движения
Bewegungsanzahl *f вчт* число (повторных) обращений (*к блоку данных*)
Bewegungsaufnahme *f* 1. съёмка движущихся объектов 2. съёмка движущейся камерой
Bewegungsbahn *f* траектория движения
Bewegungsdatei *f* 1. файл трансакций 2. файл (деловых) сообщений 3. данные о движении (*объекта*)
Bewegungsdetektion *f* обнаружение движения
Bewegungsdetektor *m* детектор движения
Bewegungsempfängermikrofon *n* электродинамический микрофон
Bewegungshäufigkeit *f вчт* частота (повторных) обращений (*к блоку данных*)
Bewegungsimpedanz *f* полное сопротивление движения (*электронов*)
Bewegungskompensation *f* компенсация движения (*изображения*)
Bewegungsmelder *m* сигнализатор (наличия) движения
Bewegungsrückkopplung *f* механическая обратная связь (*в акустической системе*)
Bewegungstäuschung *f* стробоскопический эффект
Bewegungswiedergabe *f* воспроизведение движения
Bewegungszählung *f вчт* счёт [подсчёт] (числа) обращений (*к блоку данных*)
Bewehrung *f* 1. броня (*кабеля*) 2. бронирование (*кабеля*) 3. арматура 4. армирование; усиление
Bewerter *m вчт* интерпретатор
Bewertung *f* 1. оценка 2. вычисление 3. нормирование
Bewertungs-Dekoder *m* декодирующее устройство с весовым суммированием
Bewertungsfaktor *m* оценочный коэффициент
Bewertungsfilter *n* взвешивающий фильтр
Bewertungsfunktion *f* весовая функция
Bewertungskurve *f* нормирующая кривая
Bewertungsmatrix *f*, **Bewertungsnetz** *n* весовая матрица
Bewertungsprüfung *f* 1. оценочное испытание 2. проверка качества
Bewicklung *f* 1. обмотка 2. намотка
Bezeichner *m* 1. указатель 2. идентификатор 3. *мат.* описатель
Bezeichnung *f* 1. обозначение, наименование; маркировка 2. идентификация
Bezeichnungsstreifen *m* планка с маркировочными знаками
Bezeichnungsweise *f* способ обозначения (*напр. элементов на принципиальной схеме*)
Bezieher *m* абонент
Beziehung *f* 1. (со)отношение; связь; зависимость 2. условие
~, **Boltzmannsche** принцип Больцмана
~, **Debyesche** отношение Дебая
~, **Einsteinsche** соотношение Эйнштейна
~, **funktionale** функциональная зависимость
~, **gegenseitige** взаимосвязь; корреляция

Bezifferung *f* 1. нумерация; обозначение цифрами 2. оцифровка
Bezirk *m* 1. участок, зона 2. район 3. домен
~, **defektelektronenleitender** область дырочной электропроводности
~, **elektronenleitender** область электронной электропроводности
~, **ferromagnetischer** ферромагнитный домен
~, **magnetischer** магнитный домен
Bezirksamt *n* районная телефонная станция
Bezirksnetz *n* районная телефонная сеть
Bezirkssender *m* передатчик районной радиостанции
Bezirksstruktur *f* доменная структура
Bezirkswähler *m* кодовый искатель; первый групповой искатель
Bezug *m* кожух, чехол (*прибора*)
Bezugnahme *f вчт* ссылка; сноска
Bezugsadresse *f* 1. опорный адрес 2. базовый адрес 3. адрес обращения
Bezugsantenne *f* 1. эталонная антенна 2. опорная антенна
Bezugsaufzeichnung *f* контрольная запись
Bezugsaufzeichnungsträger *m* типовой носитель записи
Bezugsausschnitt *m* ориентирующий паз (*печатной платы*)
Bezugsband *n* эталонная (магнитная) лента
Bezugsbündel *n гол.* опорный пучок
Bezugsdämpfung *f* 1. относительное затухание 2. эквивалент затухания
Bezugsdaten *pl* справочные [контрольные] данные
Bezugsdiode *f* опорный диод
Bezugsebenenposition *f* опорная [базисная] плоскость позиционирования
Bezugselektrode *f* электрод сравнения
Bezugselement *n* 1. эталонный элемент 2. опорный элемент (*многовибраторной антенной решётки*)
Bezugsempfindlichkeit *f* относительная чувствительность
Bezugsfarbhilfsträger *m* опорная цветовая поднесущая (частота)
Bezugsfläche *f* базисная плоскость
Bezugsfluß *m зап.* нормальный поток
Bezugsfrequenzpegel *m* уровень (сигнала) опорной частоты
Bezugsgerät *n* эталонный [контрольный] прибор
Bezugsglimmröhre *f* стабилитрон тлеющего разряда
Bezugsgröße *f* опорное значение; эталонное значение; контрольное значение
Bezugshohlraum *m* эталонный [контрольный] объёмный резонатор
Bezugshörkopf *m* эталонная головка воспроизведения
Bezugsimpuls *m* опорный импульс
Bezugsjustiermarke *f* реперный знак совмещения
Bezugskante *f* 1. *зап.* базовый край (*ленты, киноплёнки*) 2. базовая кромка (*печатной платы*)
Bezugsknoten *m* опорный узел (*цепи*)
Bezugskopf *m* эталонная головка
Bezugskreis *m* эталонная цепь

~, **fiktiver** [**hypothetischer**] гипотетическая эталонная цепь
Bezugsleitung f нулевой провод
Bezugslicht n гол. опорный световой пучок
Bezugslinie f опорная [реперная] линия; линия отсчёта
Bezugsloch n фиксирующее отверстие (напр. печатной платы)
Bezugsmarke f реперная метка; реперный знак
Bezugsmaterial n, **genormtes** стандартный исходный материал
Bezugsmuster n эталонный образец
Bezugsnormal n эталон
Bezugspegel m 1. опорный уровень 2. номинальный уровень (записи)
Bezugsphase f опорная фаза
Bezugspotential n опорный потенциал
Bezugspunkt m 1. исходная точка 2. опорная точка
Bezugsquelle f опорный источник
Bezugsrand m см. **Bezugskante**
Bezugsrauschwert m контрольный уровень шумов
Bezugsschalldruck m опорный уровень звукового давления
Bezugsschwarzpegel m тлв опорный уровень чёрного
Bezugsschwarzwert m (опорный) цветовой сигнал чёрного поля
Bezugsspannungsquelle f источник опорного напряжения
Bezugssprechkopf m эталонная головка записи
Bezugsspur f контрольная или синхронизирующая дорожка
Bezugsstrahl m опорный луч, опорный пучок
Bezugsstrahlung f опорное излучение
Bezugsteilstrahl m опорный пучок частичного излучения
Bezugsstromkreis m см. **Bezugskreis**
Bezugssystem n система отсчёта
Bezugstemperatur f 1. эталонная температура 2. опт. температура источника сравнения
Bezugsträger m опорная несущая
Bezugsverzerrungsgrad m коэффициент относительного искажения
Bezugsvolumen n 1. эталонный [контрольный] уровень (громкости) 2. относительный объём
Bezugsweiß n тлв 1. стандартный белый (свет) 2. опорный уровень белого
Bezugsweißimpuls m импульс опорного белого
Bezugsweißpegel m тлв опорный уровень белого
Bezugswelle f опорная волна
Bezugswellenform f контрольная форма сигнала
Bezugszähler m абонентский счётчик
Bezugszeit f опорное время; начало отсчёта времени
B-Format n 1. формат B, бета-формат (видеофонограммы на ленте шириной 12,5 мм) 2. стандарт B
Bg-Betrieb m вчт фоновая работа
B-H-Kurve f кривая намагничивания
Bialkalifotokatode f бищелочной фотокатод
Biamplitudenschrift f двухсторонняя поперечная запись
Biasstrom m ток смещения

Biax(element) n биакс (магнитный элемент)
Biaxelementspeicher m ЗУ или память на биаксах
biaxial двухосный
Biberschwanzantenne f антенна с веерообразной диаграммой направленности (в горизонтальной плоскости)
Bibliothekdatei f библиотечный набор данных
Bibliotheksprogramm n библиотечная программа
Bibliotheksverwaltungsprogramm n управляющая программа для работы с библиотечными программами, проф. библиотекарь
BICAP n бикап, конденсатор МОП-структуры со скачкообразно изменяющейся ёмкостью (в зависимости от приложенного напряжения)
Bidematron n бидематрон
bidirektional двунаправленный; реверсивный
Bidirektionaltransistor m симметричный транзистор
Biegehaut f мембрана
Biegekoppelelement n элемент [узел] гибкого сочленения (напр. волноводов)
Biegeradius m радиус изгиба (напр. волоконно-оптического кабеля)
Biegeschwinger m вибратор с колебаниями изгиба
Biegeschwingquarz m кварц, работающий в режиме колебаний изгиба
Biegeschwingungen f pl колебания изгиба
Biegezahl f число перегибов [изгибов] (напр. проводника)
Bienenwabenstruktur f сотовая [ячеистая] структура
bifilar бифилярный; двухпроводной
Bifilarantenne f двухпроводная антенна
Bifilarkatode f бифилярный катод, катод с бифилярным подогревателем
Bifilarwicklung f бифилярная обмотка
bifokal двухфокусный, бифокальный
Bifonie f бифония, двухканальная стереофония
Bikatode f 1. катод с бифилярным подогревателем 2. двойной [сдвоенный] катод
Bikristall m бикристалл
Bikristallfotozelle f бикристаллический фотоэлемент
Bilanzgleichung f 1. уравнение равновесия 2. кв. эл. уравнение баланса; кинетическое [скоростное] уравнение
bilateral 1. двухсторонний; симметричный 2. двунаправленный
Bild n 1. изображение 2. тлв кадр 3. проекция 4. образ, отображение 5. (фото)снимок 6. картина 7. схема; диаграмма; график 8. рисунок (напр. печатной платы)
~, **abgehacktes** [**abgeschnittenes**] 1. срезанное изображение 2. обрезанный кадр
~, **aufgeteiltes** см. **Bild, geteiltes**
~, **aufrechtes** [**aufrechtstehendes**] прямое изображение
~, **bewegtes** 1. движущееся изображение 2. изображение движущегося объекта
~, **binäres** бинарное [двухградационное] изображение
~, **computererzeugtes** изображение, синтезированное ВМ
~, **computersimuliertes** машинное изображение

~, **detailreiches** изображение с большим количеством деталей
~, **digitalerzeugtes [digitalisiertes]** синтезированное цифровое изображение
~, **doppeltes** двойное изображение; «повтор»
~, **dreidimensionales** стереоскопическое изображение
~, **duales** 1. двоичное отображение 2. двоично-кодированное изображение
~, **durchgezeichnetes** изображение, подчёркнутое пластикой
~, **elektronisches** электронное изображение
~, **farbiges** цветное изображение
~, **farbrichtiges** изображение с правильным цветовоспроизведением
~, **farbsattes** изображение с насыщенными цветами
~, **fehlerfreies** изображение без искажений
~, **festgehaltenes** зафиксированное изображение (*в системе с длительной памятью*)
~, **filtererzeugtes** отфильтрованное изображение
~, **flaches** плоское изображение
~, **flaues** неконтрастное изображение
~, **fleckiges** пятнистое изображение
~, **flimmerfreies** немелькающее изображение
~, **gebrochenes** разорванное изображение
~, **gefärbtes** цветное изображение
~, **genormtes** эталонное изображение
~, **gepreßtes** анаморфированное изображение
~, **gerastertes** растровое изображение
~, **gespeichertes** 1. накопленное (электронное) изображение 2. записанное (*на МЛ*) изображение
~, **gestrahltes** проецируемое изображение
~, **geteiltes** расщеплённое изображение
~, **hartes** контрастное изображение
~, **hochaufgelöstes** изображение с высокой чёткостью
~, **hochzeiliges** многострочное изображение
~ **im Ton** помехи в звуковом канале от сигналов изображения
~, **komprimiertes** сжатое изображение
~, **konjugiertes** сопряжённое изображение
~, **kontrastloses** малоконтрастное изображение
~, **kontrastreiches** высококонтрастное изображение
~, **latentes** скрытое изображение
~, **lichtschwaches** неяркое изображение
~ **mit Pseudorelief** псевдообъёмное изображение
~, **naturfarbiges** изображение с правильной цветопередачей
~, **projiziertes** проецируемое [спроектированное] изображение
~, **punktförmiges** точечное изображение
~, **räumliches** стереоскопическое изображение
~, **rauscharmes** изображение с низким уровнем шумов
~, **reeles** истинное изображение
~, **rekonstruiertes** восстановленное изображение
~, **reproduziertes** воспроизведённое изображение
~, **ruhendes** неподвижное изображение

~, **scharfes** резкое [чёткое] изображение
~, **seitenverkehrtes** зеркальное изображение
~, **sichtbares** видимое изображение
~, **spiegelgleiches** зеркальное изображение
~, **stehendes** неподвижное изображение
~, **synthetisches** синтезированное изображение
~, **tonrichtiges** *см*. **Bild, tonwertrichtiges**
~, **tönungsreiches** многоградационное изображение
~, **tonwertrichtiges** изображение с правильным воспроизведением тонов
~, **unbewegliches** неподвижное изображение
~, **unscharfes** нерезкое [нечёткое] изображение
~, **unsichtbares** скрытое изображение
~, **unverzeichnetes [unverzerrtes]** неискажённое изображение
~, **ursprüngliches** исходное изображение
~, **verrissenes** разорванное изображение
~, **verschwommenes** размытое изображение
~, **verstärktes** усиленное изображение
~, **verzeichnetes [verzerrtes]** искажённое изображение
~, **virtuelles** мнимое изображение
~, **vollständiges** полное изображение
~ **vom Computer errechnetes** машинное изображение
~, **weiches** малоконтрастное изображение
~, **wiedergegebenes** воспроизведённое изображение
~, **wirkliches** действительное изображение
~, **zusammengesetztes** 1. составное изображение 2. *рлк* мозаичное изображение
Bildabdeckmaske *f* декоративное обрамление экрана (*кинескопа*)
Bildabgleich *m* (заводская) настройка телевизора по изображению
Bildablenkausgangstransformator *m* выходной трансформатор полевой *или* кадровой развёртки
Bildablenkendstufe *f* выходной каскад полевой *или* кадровой развёртки
Bildablenkfrequenz *f* частота полевой *или* кадровой развёртки
Bildablenkgenerator *m*, **Bildablenkgerät** *n* генератор полевой *или* кадровой развёртки
Bildablenkjoch *n* кадровая отклоняющая система
Bildablenkregler *m* регулятор полевой *или* кадровой развёртки
Bildablenksägezahnspannung *f* пилообразное напряжение полевой *или* кадровой развёртки
Bildablenkschaltung *f* схема полевой *или* кадровой развёртки
Bildablenkspannung *f* напряжение полевой *или* кадровой развёртки
Bildablenkspule *f* кадровая отклоняющая катушка
Bildablenkstufe *f* каскад полевой *или* кадровой развёртки
Bildablenkteil *m см*. **Bildablenkgenerator**
Bildablenkung *f* полевая развёртка; кадровая развёртка
Bildabmessung *f* размер изображения
~, **horizontale** ширина изображения
~, **vertikale** высота изображения
Bildabschattung *f тлв* 1. неравномерность по

полю 2. затемнение краёв и/или углов изображения
Bildabstand *m* расстояние рассматривания
Bildabtasteinrichtung *f*, **Bildabtaster** *m*, **Bildabtastgerät** *n* *тлв* 1. развёртывающее устройство 2. сканирующее устройство, (телевизионный) сканер
Bildabtastperiode *f* период полевой *или* кадровой развёртки
Bildabtaströhre *f* 1. телевизионная передающая трубка 2. трубка бегущего луча
~, **doppelseitige** передающая трубка с двухсторонней мишенью
Bildabtaststufe *f* каскад полевой *или* кадровой развёртки
Bildabtastung *f* 1. *тлв* развёртка изображения 2. *тлв* полевая *или* кадровая развёртка 3. *зап.* воспроизведение изображения
~, **fortlaufende** построчная развёртка (изображения)
~, **isochrone** изохронная развёртка (изображения)
Bildabwanderung *f* перемещение [смещение] изображения
Bildamplitude *f* 1. размах видеосигнала 2. амплитуда (сигнала) полевой *или* кадровой развёртки
Bildamplitudenregler *m* *тлв* 1. регулятор размаха видеосигнала; регулятор контраста 2. регулятор размера по вертикали
Bildanalysator *m* 1. анализатор изображения 2. передающая (телевизионная) трубка
Bildanalyse *f* (телевизионный) анализ изображения
Bildanalyserechner *m* ВМ для анализа изображений
Bildanordnung *f*, **regelmäßige** регулярное построение рисунка (*фотошаблона*)
Bildantenne *f* телевизионная антенна
Bildapparat *m* фототелеграфный аппарат, *проф.* бильдаппарат; факсимильный аппарат
Bildarchiv *n* видеотека
Bildarchivspeicherung *f* фондовая запись
Bildaufbau *m* 1. формирование изображения 2. структура изображения 3. *тлв* синтез изображения
Bildauffänger *m* приёмник изображения
Bildaufhellung *f* подсветка изображения
Bildaufklärung *f* (аэро)фоторазведка
Bildauflösung *f* чёткость изображения
Bildaufnahme *f* 1. передача изображения; телевизионная съёмка; видеосъёмка 2. съёмка изображения; киносъёмка
Bildaufnahmeeinrichtung *f* передающее телевизионное устройство
Bildaufnahmeelement *n* светочувствительный элемент (*преобразователя свет—сигнал*)
Bildaufnahmegerät *n* телевизионный датчик; телевизионная передающая камера
Bildaufnahmekamera *f* телевизионная передающая камера
Bildaufnahmequalität *f* качество передачи изображения
Bildaufnahmeröhre *f* передающая (телевизионная) трубка

~ **mit äußerem Fotoeffekt** передающая трубка с внешним фотоэффектом (*напр. ортикон*)
~ **mit innerem Fotoeffekt** передающая трубка с внутренним фотоэффектом (*напр. видикон*)
~ **mit Vorabbildung** передающая трубка с переносом изображения
~ **ohne Speicherung** *тлв* диссектор
~ **ohne Vorabbildung** передающая трубка без переноса изображения
~, **speichernde** *см.* **Bildspeicherröhre**
Bildaufnehmer *m* преобразователь свет—сигнал, формирователь сигнала изображения
Bildaufrichtung *f* установка (телевизионного) изображения
Bildaufspeicherung *f*, **Bildaufzeichnung** *f* 1. видеозапись 2. видеограмма
~, **digitale** цифровая видеозапись
~, **elektromagnetische [magnetische]** магнитная видеозапись
Bildaufzeichnungsanlage *f* установка для видеозаписи
Bildaufzeichnungselektronik *f* электроника видеозаписи
Bildaufzeichnungsgerät *n* видеомагнитофон
Bildaufzeichnungsverfahren *n* способ видеозаписи
Bildausfall *m* исчезновение изображения
Bildausgabe *f* вывод [выдача] изображения
Bildausgangsfenster *n* выходное окно ЭОП
Bildausleuchtung *f* высвечивание изображения
Bildausschnitt *m* 1. *тлв* участок *или* фрагмент изображения 2. кадровое окно, «рамка»
Bildaustastimpuls *m* *тлв* полевой *или* кадровый гасящий импульс
Bildaustastlücke *f* полевой *или* кадровый пробел (*в видеосигнале*)
Bildaustastsignal *n* *тлв* полевой *или* кадровый гасящий сигнал
Bild-Austast-Synchron-Gemisch *n* *см.* **Bild-Austast-Synchronsignal**
Bild-Austast-Synchronsignal *n* полный телевизионный сигнал
~ **mit Prüfzeile** полный телевизионный сигнал с испытательной строкой
Bildaustastung *f* гашение обратного хода полевой *или* кадровой развёртки
Bildaustastungsperiode *f* длительность полевого *или* кадрового гасящего импульса
Bildaustastzeichen *n* *см.* **Bildaustastimpuls**
Bildauswertung *f* 1. оценка *или* интерпретация изображений 2. обработка изображений
Bildband *n* 1. полоса частот видеосигнала 2. видеолента
Bildbegrenzer *m* ограничитель (размеров) изображения
Bildbereich *m* 1. область значений функции 2. область изображений (*напр. в преобразовании Лапласа*)
Bildberichterstattung *f*, **elektronische** видеожурналистика, ВЖ
Bildbeschreibung *f* описание изображения
Bildbeständigkeit *f* устойчивость изображения
Bildbreite *f* ширина изображения
Bildbreitenregler *m* регулятор размера по горизонтали

Bildbreitenstabilisierung f стабилизация размера изображения по горизонтали
Bildbühne f фильмовый канал (*телекинодатчика*)
Bilddarstellung f воспроизведение изображения
Bilddaten pl данные об изображении; видеоданные (*в цифровом виде*)
Bilddatenreduktion f сокращение объёма видеоданных
Bilddemodulator m видеодетектор
Bilddetail n деталь изображения
Bilddiskretisierung f дискретизация изображения
Bilddoppelung f раздвоение изображения
Bilddrehung f 1. поворот изображения 2. вращение изображения (*видеоэффект*)
Bilddrittel n одно из трёх цветоделённых изображений
Bilddurchlauf m развёртка (одного) кадра
Bildebene f 1. плоскость изображения; плоскость отображения 2. плоскость проекции
Bildebenenhologramm n голограмма сфокусированного изображения
Bildeinblendung f введение изображения
Bildeindruck m восприятие изображения
Bildeingabe f ввод изображения
Bildeingang m вход видеосигнала
Bildeingangsfenster n входное окно (*ЭОП*)
Bildeinordnung f установка (телевизионного) изображения
Bildeinregelung f см. **Bildeinstellung**
Bildeinschreibung f вписывание изображения
Bildeinstellung f 1. центровка изображения 2. наводка на резкость 3. установка кадра
Bildeinstellungsspule f катушка центровки изображения
Bildeinzelheiten f pl детали изображения
Bildelement n элемент изображения
Bildelementmatrix f матрица отсчётов изображения
Bildempfang m 1. телевизионный приём 2. приём изображения
Bildempfänger m 1. телевизионный приёмник, телевизор 2. преобразователь свет—сигнал 3. приёмный фототелеграфный аппарат
Bildempfangseinrichtung f, **Bildempfangsgerät** n см. **Bildempfänger** 1., 3.
Bildempfangsspeicher m, **elektronischer** приёмная запоминающая ЭЛТ
Bildempfangsspeicherröhre f приёмная запоминающая ЭЛТ
Bildendstufe f 1. выходной каскад полевой *или* кадровой развёртки 2. оконечный каскад видеоусилителя
Bildendverstärker m оконечный видеоусилитель
Bildentschlüsselung f дешифрование телевизионного сигнала
Bilder n pl, **überdeckte** перекрывающиеся изображения (*фотошаблона и подложки*)
Bilderfassung f см. **Bildaufnahme**
Bilderkennung f распознавание образов
Bilderkennungssystem n система распознавания образов
Bilderzahl f число кадров
Bilderzeugung f формирование изображения

Bildfang m 1. синхронизация изображения 2. фиксирование [остановка] изображения
~, **horizontaler** синхронизация изображения по строкам
~, **vertikaler** синхронизация изображения по кадрам
Bildfänger m телевизионный датчик
Bildfängerröhre f см. **Bildaufnahmeröhre**
Bildfarben f pl цвета изображения
Bildfehler m искажение изображения
Bildfehlstelle f (точечный) дефект изображения
Bildfeinheit f детальность изображения
Bildfeld n 1. *тлв* поле 2. *опт.* поле изображения; поле зрения (в пространстве изображения)
Bildfeldabtastung f полевая развёртка
Bildfeldbereich m рабочая зона (формирования) изображения
Bildfeldformat n формат поля изображения
Bildfeldgröße f *опт.* размеры поля изображения
Bildfeldmontage f монтаж поля изображения (*фотошаблона*)
Bildfeldverzerrung f искажение поля изображения (*фотошаблона*)
Bildfeldwinkel m угол поля зрения
Bildfeldwölbung f кривизна поля изображения
Bildfeldzerleger m см. **Bildabtaster**
Bildfeldzerlegung f см. **Bildzerlegung**
Bildfenster n 1. кадровое окно (*напр. съёмочного аппарата*) 2. рамка кадрового окна 3. экспозиционное окно (*напр. перед ПЗС-камерой*) 3. *тлв* сегмент *или* фрагмент изображения
Bildfernsprechen n видеотелефония
Bildfernübertragung f 1. передача изображения на расстоянии 2. фототелеграфия
Bildfläche f плоскость изображения
Bildflauheit f неконтрастность изображения
Bildflimmern n мерцание изображения
Bildfolge f 1. последовательность полей *или* кадров 2. последовательность изображений
Bildfolgefrequenz f частота полей или кадров
Bildfolgeregler m регулятор частоты кадров
Bildformat n, **Bildformat(seiten)verhältnis** n формат (телевизионного) изображения
Bildformungsteil m секция формирования изображения
Bildfrequenz f 1. частота полей *или* кадров 2. видеочастота 3. частота кадросмен
Bildfrequenzbereich m полоса видеочастот
Bildfrequenzgenerator m см. **Bildablenkgenerator**
Bildfrequenzteiler m делитель частоты кадров
Bildfrequenzverstärker m видеоусилитель
Bildfunk m радиофототелеграфия
Bildfunkempfänger m 1. телевизионный приёмник, телевизор 2. приёмный (радио)телеграфный аппарат
Bildfunkfoto n радиофототелеграмма
Bildfunkgerät n радиофототелеграфный аппарат
Bildfunksender m фототелеграфный радиопередатчик
Bildfunksignal n радиофототелеграфный сигнал
Bildfunktion f 1. функция комплексной переменной, «изображение» (*в преобразовании Лапласа*) 2. функция отображения
Bildfunkverbindung f радиофототелеграфная связь

Bild-für-Bild-Anschnitt *m* видеомонтаж с точностью до кадра
Bildgeber *m см.* **Bildfänger**
Bildgenerator *m* 1. генератор полевой *или* кадровой развёртки 2. телевизионный датчик 3. генератор изображений (*фотошаблона*)
~ **für direkte Retikelherstellung** генератор изображения для непосредственного изготовления промежуточного (фото)шаблона
Bildgenerierung *f* генерирование изображений
Bildgeometrie *f* геометрия изображения
Bildgeräusch *n* фон кадровой частоты
Bildgleichförmigkeit *f* однородность изображения
Bildgleichlaufimpuls *m*, **Bildgleichlaufzeichen** *n* синхронизирующий импульс полей *или* кадров
Bildgleichrichter *m* видеодетектор
Bildgleichtung *f* детектирование видеосигнала
Bildgleichstromkomponente *f* постоянная составляющая видеосигнала
Bildgradation *f* градация изображения
Bildgrenze *f* контур [граница] изображения
Bildgröße *f* 1. размер изображения 2. размер растра
~, **horizontale** 1. размер изображения по горизонтали 2. размер растра по горизонтали
~, **vertikale** 1. размер изображения по вертикали 2. размер растра по вертикали
Bildgrößenschwankung *f* колебание размеров изображения
Bildgrößenstabilisierung *f* стабилизация размеров изображения
Bildgütebeurteilung *f* оценка качества изображения
Bildhälftenverschiebung *f* смещение полей при чересстрочной развёртке
Bildhalt *m* синхронизация изображения
Bildhelligkeitssignal *n* сигнал яркости
Bildhintergrund *m* фон изображения
Bildhöhenregler *m* регулятор высоты изображения
Bildhöhenstabilisierung *f* стабилизация размера изображения по вертикали
Bildhologramm *n* голограмма изображения
Bildikonoskop *n* супериконоскоп
Bild-im-Bild *n* изображение, «врезанное» в другое изображение
Bildimpuls *m* синхронизирующий импульс полей *или* кадров
Bildimpuls-Abtrennung *f* выделение синхронизирующих импульсов полей
Bildimpulsgeber *m* генератор синхронизирующих импульсов полей *или* кадров
Bild-in-Bild-Einblendung *f* (дополнительное) изображение, вводимое в (основное) изображение
Bildinformation *f* видеоинформация
Bildingenieur *m* видеоинженер
Bildinhalt *m* 1. содержание изображения 2. видеоинформация
Bildinhalt-Austast-Synchronisier-Prüf-(zeilen)-Signal *n* полный телевизионный сигнал с испытательной строкой
Bildinhalt-Austast-Synchronisier-Signal *n* полный телевизионный сигнал

Bildinhaltssignal *n* видеосигнал
Bildintegration *f* накопление изображения
Bildisokon *n* суперизокон
Bildkammfilter *n* кадровый гребенчатый фильтр
Bildkanal *m* 1. *тлв* тракт передачи (сигналов) изображения 2. фильмовый канал
Bildkantenprofil *n микр.* профиль края изображения
Bildkantenschärfe *f* чёткость на краях изображения
Bildkartierung *f* (фотограмметрическая) обработка снимков
Bildkipp... *см.* **Bildablenk...**
Bildkippen *n* 1. подёргивание изображения 2. подёргивание кадра
Bildkod(ier)er *m* устройство кодирования изображений
Bildkodierung *f* кодирование изображений
Bildkommunikationssystem *n* система (цифровой) видеотелефонной связи
Bildkomponente *f* составляющая (цветного) изображения
Bildkompression *f* сжатие изображения
Bildkonferenz *f* телеконференция
Bildkonservierung *f* консервация изображения
Bildkontrast *m* контраст изображения
Bildkontrolleinrichtung *f* видеоконтрольное устройство, ВКУ, видеомонитор
Bildkontrollempfänger *m* контрольный телевизионный приёмник
Bildkontrollgerät *n см.* **Bildkontrolleinrichtung**
Bildkontrollröhre *f* контрольный кинескоп
Bildkonturenverschiebung *f* сдвиг контуров изображения
Bildkorrelation *f* корреляция изображения
Bildkristallgleichrichter *m* кристаллический видеодетектор
Bildkrümmung *f*, **vertikale** искривление изображения по вертикали
Bildladung *f* потенциальный рельеф
Bildlagemagnet *m тлв* магнит установки положения изображения
Bildlagetoleranz *f микр.* допуск на положение изображения
Bildlageverschiebung *f* смещение изображения
Bildleitung *f* канал изображения
Bildleuchtdichte *f* яркость изображения
Bildlinearität *f* линейность изображения
Bildlinearitätsfehler *m* искажение линейности изображения
Bildlückenzeile *f* строка в интервале гашения по полям
Bildmagnetbandgerät *n* видеомагнитофон
Bildmaske *f* 1. обрамление экрана кинескопа 2. ограничивающая кадр рамка
Bildmaßstab *m* масштаб изображения
Bildmatrix *f* 1. матрица изображений структур (*на фотошаблоне*) 2. матричный преобразователь свет—сигнал 3. матрица изображения
Bildmeßpunkt *m* измерительная точка тракта изображения
Bildmeßsignal *n* измерительный телевизионный сигнал
Bildmessung *f*, **Bildmeßwesen** *n* фотограмметрия

Bildmischer *m*, **Bildmischgerät** *n* видеомикшер
~, **digitaler** цифровой видеомикшер
Bildmischpult *n* пульт видеомикшера
Bildmischung *f* микширование видеосигналов
Bildmitteneinstellung *f* центровка изображения
Bildmixer *m см.* **Bildmischer**
Bildmodellierung *f* моделирование изображений
Bildmodulation *f* модуляция сигналом изображения
Bildmonitor *m* видеоконтрольное устройство, ВКУ, видеомонитор
Bildmuster *n* 1. структура изображения 2. телевизионная испытательная таблица
Bildmustergenerator *m* генератор телевизионных испытательных сигналов
Bildmustersignal *n* телевизионный испытательный сигнал
Bildnegativ *n* негативное изображение
Bild-NF-Stufe *f* видеоусилительный каскад
Bildnorm *f* телевизионный стандарт
Bildoptik *f* проекционная оптика
Bildorthikon *n*, **Bildorthikonröhre** *f* суперортикон
Bildpaar *n* стереопара
Bildpegel *m* уровень видеосигнала
Bildpeiler *m* визуальный индикатор настройки
Bildperiode *f* 1. длительность поля *или* кадра 2. период полевой *или* кадровой развёртки
Bildplastik *f* 1. пластика (*окантовка резких границ деталей изображения*) 2. рельефность *или* объёмность изображения
Bildplatte *f* видеодиск
~, **optische** оптический видеодиск, видеодиск с оптическим считыванием
Bildplattenspieler *m* видеопроигрыватель, проигрыватель видеодисков
~, **kapazitiver** ёмкостный видеопроигрыватель
~, **magnetischer** магнитный видеопроигрыватель
~, **mechanischer** механический видеопроигрыватель
~, **optischer** оптический видеопроигрыватель
Bildplazierung *f* расположение [размещение] изображения
Bildpositioniergenauigkeit *f микр.* точность позиционирования изображения
Bildpositiv *n* позитивное изображение
Bildprofil *n* **im entwickelten Resist** профиль рисунка в проявленном (фото)резисте
Bildprojektor *m* 1. устройство проецирования изображения 2. *микр.* (фото)проекционная установка 3. телевизионный проектор
Bildprozessor *m* видеопроцессор; устройство обработки изображений
Bildpunkt *m* 1. *тлв* элемент изображения 2. *мат.* точка, образ
~, **dunkler** тёмный элемент изображения
~, **leuchtender** светящийся элемент изображения
Buldpunktabtaster *m см.* **Bildabtasteinrichtung**
Bildpunktabtastzeit *f* время развёртки элемента изображения
Bildpunktfrequenz *f* частота элементов изображения
Bildpunkthelligkeit *f см.* **Bildpunktleuchtdichte**
Bildpunktinterpolation *f* межэлементная интерполяция

Bildpunktkorrelation *f тлв* межэлементная корреляция
Bildpunktleuchtdichte *f* яркость элемента изображения
Bildpunktmatrix *f* матрица элементов изображения
Bildpunktschablone *f* теневая маска
Bildpunkttakt *m* период повторения элементов изображения
Bildpunktverzerrung *f* апертурное искажение
Bildpunktwiderstand *m* сопротивление (*напр. фотослоя*), отнесённое к элементу изображения
Bildpunktzahl *f* число элементов изображения
Bildqualität *f*, **subjektive** субъективная оценка качества изображения
Bildqualitätsmessung *f* измерение качества изображения
Bildqualitätsüberwachung *f*, **automatische** автоматический контроль качества изображения (*по испытательной строке*)
Bildquelle *f* телевизионный датчик
Bildrand *m* край изображения
Bildrandschärfe *f* чёткость на краях изображения
Bildraster *m* телевизионный растр
Bildrasterung *f* разложение изображения на растровые элементы
Bildraum *m* 1. *опт.* пространство изображения 2. *мат.* пространство значений 3. *мат.* пространство образов
Bildrauschen *n* шумы в изображении
Bildreduktion *f* уменьшение изображения
Bildregeneration *f* регенерация изображения
Bildregie *f* видеорежиссёрская аппаратная; пульт видеорежиссёра
Bildregieraum *m* видеорежиссёрская аппаратная
Bildrekonstruktion *f* восстановление изображения
Bildreproduktion *f* 1. воспроизведение изображения 2. *микр.* мультипликация изображений
Bildröhre *f* 1. кинескоп 2. передающая (телевизионная) трубка
~, **explosionsgeschützte** взрывобезопасный кинескоп
~, **flache** кинескоп с плоским экраном
Bildröhrenanzeige *f* вывод данных на экран ЭЛТ
Bildröhreneinstellung *f* регулировка (режима) кинескопа
Bildröhrenformat *n* формат экрана кинескопа
Bildröhrengamma *n* гамма кинескопа
Bildröhrenhals *m* горловина кинескопа
Bildröhrenimplosion *f* взрыв кинескопа
Bildröhrenkolben *m* баллон кинескопа
Bildröhrenmaske *f* 1. обрамление экрана кинескопа; софит 2. цветоделительная маска кинескопа
Bildröhrenprüfgerät *n* испытательный стенд для кинескопов
Bildröhrenregenerierung *f* восстановление кинескопов
Bildröhrenschirm *m* экран кинескопа
Bildröhrenstreuung *f* разброс параметров кинескопов
Bildrotation *f см.* **Bilddrehung**
Bildrückgewinnung *f* восстановление изображения

Bildrücklauf *m* обратный ход полевой *или* кадровой развёртки
Bildrücklaufaustastung *f* гашение обратного хода полевой *или* кадровой развёртки
Bildrücklaufaustastzeit *f* длительность гашения обратного хода полевой *или* кадровой развёртки
Bildrücklaufdunkeltastung *f см.* **Bildrücklaufaustastung**
Bildrücklaufimpuls *m* импульс на обратном ходу полевой *или* кадровой развёртки
Bildrücklaufzeit *f* длительность обратного хода полевой *или* кадровой развёртки
Bild-Schaltsignal *n см.* **Bild-Umschaltsignal**
Bildschärfe *f* чёткость [резкость] изображения
~, **vertikale** чёткость изображения по вертикали
Bildschärfeeinstellung *f* фокусировка изображения
Bildschärfeschaltkreis *m* тлв схема подчёркивания контуров
Bildschaukeln *n* дрожание изображения
Bildscheibchen *n* опт. кружок рассеяния
Bildschicht *f* 1. светочувствительный слой (*напр. плёнки*) 2. фоточувствительный слой (*напр. передающей телевизионной трубки*)
Bildschirm *m* 1. экран (ЭЛТ) 2. (кино)экран
~, **aluminisierter** алюминированный экран (ЭЛТ)
~, **flacher** плоский (телевизионный) экран
Bildschirmansteuerung *f* управление выводом информации на экран дисплея
Bildschirmanzeige *f* индикация на экране ЭЛТ
Bildschirmanzeigegerät *n см.* **Bildschirmsichtgerät**
Bildschirmarbeitsplatz *m* пульт оператора с экранным дисплеем
Bildschirmaufnahmeeinheit *f* устройство для фотографирования с экрана ЭЛТ
Bildschirmauswahlliste *f см.* **Bildschirmmenü**
Bildschirmdarstellung *f* отображение (информации) на экране дисплея
Bildschirmdiagonale *f* диагональ экрана ЭЛТ
Bildschirmdialog *m* диалог с экранным дисплеем
Bildschirmdialog-System *n* система с интерактивным экранным дисплеем
Bildschirmeinheit *f* экранный дисплей
Bildschirmfilm *m* телевизионный фильм, телефильм
Bildschirmfläche *f* 1. плоскость экрана 2. площадь экрана
Bildschirmformat *n* формат экрана ЭЛТ
Bildschirmgerät *n см.* **Bildschirmsichtgerät**
Bildschirmgrafik *f*, **rechnergesteuerte** графический дисплей с управлением от ВМ
Bildschirmhelligkeit *f* яркость экрана ЭЛТ
Bildschirmhintergrund *m* фоновое свечение экрана
Bildschirmkonsole *f* дисплейный пульт
Bildschirmleuchten *n* свечение экрана ЭЛТ
Bildschirmmenü *n* меню [набор команд] на экране дисплея
Bildschirmmenüauswahl *f* выбор из меню на экране дисплея
Bildschirmränder *m* обрамление экрана ЭЛТ
Bildschirmreproduktionsgerät *n* выносной вторичный индикатор (*кругового обзора*)

Bildschirmsichtgerät *n* экранное устройство отображения; экранный дисплей
Bildschirmspeicher *m* ЗУ экранного дисплея
Bildschirmspiel *n* телевизионная игра, телеигра
Bildschirmstation *f* дисплейная станция
Bildschirmsystem *n* система визуального отображения
Bildschirmterminal *n* экранный терминал
Bildschirmtext *m* (система) видеотекс (*интерактивная видеография*)
Bildschirmtext-Datenbank *f* информационный банк (системы) видеотекса
Bildschirmtext-Dekoder *m* декодер (сигналов) видеотекса
Bildschirmtext-Endgerät *n см.* **Bildschirmtext-Terminal**
Bildschirmtextkommunikation *f* система видеотекса
Bildschirmtextseitenspeicher *m* память на страницу видеотекса
Bildschirmtextstandard *m* стандарт (системы) видеотекса
Bildschirmtextsystem *n* система видеотекса
Bildschirmtext-Teilnehmer *m* абонент (системы) видеотекса
Bildschirmtext-Telefon *n* комбинация абонентского терминала видеотекса с телефоном
Bildschirmtext-Terminal *n* абонентский терминал (системы) видеотекса
Bildschirmtextzentrale *f* центральная станция (системы) видеотекса
Bildschirmträger *m* стойка видеоконтрольных устройств
Bildschirmwiederholspeicher *m* память для воспроизведения изображений (на экране дисплея)
Bildschirmzeitung *f* телевизионная газета
Bildschnitt *m* видеомонтаж
~, **elektronischer** электронный видеомонтаж
Bildschnittverfahren *n* способ (электронного) видеомонтажа
Bildschreiber *m* 1. приёмный фототелеграфный аппарат 2. устройство записи изображения; видеомагнитофон
Bildschreibröhre *f* 1. ЭЛТ для регистрации [записи] изображений 2. кинескоп
Bildschreibung *f* запись изображения
Bildschritt *m* шаг кадра
Bildschwankung *f* дрожание изображения
Bildseite *f* 1. сторона изображения 2. эмульсионная сторона
Bildseitenverhältnis *n* формат (телевизионного) изображения
Bildsender *m* (радио)передатчик сигнала изображения
Bildsendereingangssignal *n* полный телевизионный сигнал, модулирующий несущую изображения
Bildsender-Tonsender-Weiche *f* диплексер [антенный разделитель] сигналов изображения и звукового сопровождения
Bildsensor *m* преобразователь свет — сигнал, формирователь видеосигнала
bildsequentiell последовательно кадр за кадром, покадрово

Bildsignal *n* видеосигнал; сигнал изображения
~, **digitales** цифровой видеосигнал
~ **mit Prüfzeile, vollständiges** полный видеосигнал с (введённой) испытательной строкой
~ **ohne Austastung** исходный видеосигнал
~, **vollständiges** полный видеосигнал
Bildsignalamplitude *f* амплитуда *или* размах видеосигнала
Bildsignalaufzeichnung *f* видеозапись
Bildsignalaustastung *f* гашение видеосигнала
Bildsignalerzeugung *f* формирование видеосигнала
Bildsignalfrequenz *f* видеочастота
Bildsignalgeber *m* телевизионный датчик
Bildsignalgemisch *n* полный видеосигнал
Bildsignalgenerator *m* см. **Bildsignalgeber**
Bildsignalgleichrichter *m* видеодетектор
Bildsignalkontrollgerät *n* см. **Bildmonitor**
Bildsignalquelle *f* телевизионный датчик
Bildsignalspur *f* дорожка видеозаписи, видеодорожка
Bildsignal-Störabstand *m* отношение размаха видеосигнала к эффективному значению помехи
Bildsignal-Synchronimpulsgemisch *n* полный видеосигнал
Bildsignalverstärker *m* видеоусилитель
Bildsondenröhre *f* диссектор
Bildspaltung *f* расщепление изображения
Bildspeicher *m* 1. устройство запоминания изображения 2. память на поле *или* кадр
~, **digitaler** цифровая память на поле *или* кадр
Bildspeichermedium *n* носитель видеоинформации
Bildspeicherplatte *f* мишень (телевизионной) трубки
Bildspeicherröhre *f* 1. передающая (телевизионная) трубка с накоплением заряда 2. запоминающая трубка
~ **mit Fotowiderstandsschicht** передающая трубка с накоплением заряда и внутренним фотоэффектом (*напр.* видикон)
~ **mit langsamen Elektronen** передающая трубка с накоплением заряда и считыванием пучком медленных электронов (*напр.* ортикон)
~ **mit Vorabbildung** передающая трубка с накоплением заряда и переносом изображения (*напр.* суперикноскоп)
Bildspeicherung *f* 1. хранение [запись] телевизионного изображения 2. видеозапись
~, **magnetische** магнитная видеозапись
Bildspeicherzeit *f* 1. время накопления изображения 2. время хранения изображения
Bildsperrschwinger *m* блокинг-генератор кадровой развёртки
Bildsprung *m* скачкообразная смена кадра
Bildspule *f* кадровая (отклоняющая) катушка
Bildstabilisation *f* стабилизация изображения
Bildstand *m* 1. остановка кадра (*при кинопроекции*) 2. положение изображения
Bildstandsfehler *m* ошибка установки кадра изображения (*в телекинопроекторе*)
Bildstelle *f* участок изображения
Bildstellwerk *n* пульт-табло

Bildsternpunkt *m* центр формирования телевизионных программ
Bildsteuerung *f* регулировка изображения
Bildstörungen *f pl* 1. искажения изображения помехами 2. нарушения телевизионной передачи
Bildstreifen *m* 1. видеолента 2. маршрут телевизионной аэрофотосъёмки 3. вертикальная полоска на растре
Bildstreifung *f* 1. появление полос на изображении 2. *зап.* полосатость изображения
Bildstrichverstellung *f* смещение кадра (*в телекинопроекторе*)
Bildstruktur *f* структура изображения
Bildstudio *n* телестудия
Bildstudioanlage *f* аппаратно-студийный блок, АСБ
Bildsubtraktion *f* вычитание изображений; покадровое вычитание
Bildsucher *m* 1. видеоискатель 2. визир
Bildsuchlauf *m* поиск фрагмента (записи)
Bildsymbol *n* условное графическое изображение (элементов схемы)
Bildsynchron... см. **Bildsynchronisations...**
Bildsynchronisation *f* 1. синхронизация полевой или кадровой развёртки 2. синхронизация изображения
Bildsynchronisationsimpuls *m* синхронизирующий импульс полей *или* кадров
Bildsynchronisationslücke *f* полевой или кадровый пробел в видеосигнале
Bildsynchronisationssignal *n* см. **Bildsynchronisationsimpuls**
Bildsynchronisator *m* кадровый синхронизатор
Bildsynchronisier... см. **Bildsynchronisations...**
Bildsynchrosignal *n* см. **Bildsynchronisationsimpuls**
Bildsynthese *f* синтез (телевизионного) изображения
Bildtakt *m* см. **Bildsynchronisationsimpuls**
Bildtanzen *n* скачки изображения
Bildtechniker *m* 1. телевизионный техник 2. оператор видеозаписи
Bildtechnikraum *m* видеотехническая аппаратная
Bildteil *m* 1. фрагмент изображения 2. участок изображения 3. секция переноса (*электронного изображения*); фотокатодный узел (*ЭОП*)
Bildtelefon *n* видеотелефон
Bildtelefondienst *m*, **Bildtelefonie** *f* видеотелефония
Bildtelegraf *m* фототелеграф
Bildtelegrafie *f* фототелеграфия
~, **drahtlose** радиофототелеграфия
Bildtelegraf(ie)übertragungskanal *m* фототелеграфный канал
Bildtelegrafieverbindung *f* фототелеграфная связь
Bildtelegramm *n* фототелеграмма
Bildtheorie *f* теория разложения, передачи и синтеза изображения
Bildton *m* (цветовой) тон (телевизионного) изображения
Bildtonarchiv *n* видеофонотека
Bildtonmaschine *f* звуковой кинопроектор
Bild-Tonsender-Leistungsverhältnis *n* отношение (номинальных) мощностей канала изображения и канала звукового сопровождения

Bild-Tonträgerabstand *m* разнос несущих (частот) изображения и звука
Bild-Ton-Weiche *f* фильтр разделения сигналов изображения и звука
Bildträger *m* **1.** *тлв* несущая (частота) изображения **2.** носитель (сигналов) изображения
~, **videomodulierter** несущая изображения, модулированная видеосигналом
Bildträgerabstand *m* разнос (телевизионных) каналов
Bildträgerfrequenz *f* несущая частота изображения
Bildträgerrest *m* остаток несущей изображения
Bildträgersperre *f* фильтр режекции несущей частоты изображения
Bildträger-Tonträger-Abstand *m* разнос несущих (частот) изображения и звука
Bildträger-Zwischenfrequenz *f* промежуточная частота сигнала изображения
Bildtransformation *f* преобразование изображения
~, **eindimensionale** одномерное преобразование изображения
~, **zweidimensionale** двухмерное преобразование изображения
Bildtransformationstheorie *f* теория преобразования изображения
Bildtransformator *m* **1.** преобразователь изображения **2.** кадровый трансформатор
Bildtrommel *f* барабан фототелеграфного аппарата
Bildüberblendung *f* **1.** наплыв изображения **2.** переключение проекции изображения с одного кинопроектора на другой
Bildübergang *m* переход от одного изображения к другому
Bildüberlagerung *f* наложение изображений
Bildübertrager *m* **1.** передатчик изображений **2.** передающий фототелеграфный аппарат
Bildübertragung *f* **1.** передача изображения **2.** перенос изображения **3.** фототелеграфия
~, **indirekte** передача предварительно записанного на киноплёнку изображения
Bildübertragungsgerät *n* фототелеграфный аппарат
Bildübertragungsobjektiv *n* объектив фотопроекционной установки
Bildübertragungssystem *n*, **automatisches** система автоматической передачи изображения (*напр. с метеоспутника*)
Bildüberwachungseinrichtung *f*, **Bildüberwachungsgerät** *n* видеоконтрольное устройство, ВКУ, видеомонитор
Bildumformer *m* преобразователь изображения
Bildumkehrung *f* **1.** *опт., тлв* обращение [поворот] изображения **2.** *опт.* оборачивание изображения **3.** преобразование изображения
Bildumlauf *m* *вчт* циклический возврат (*напр. программы*)
Bild-Umschaltsignal *n* силуэтный сигнал (*при электронной цветовой рирпроекции*)
Bildumwandlung *f* преобразование изображения
Bild- und Tonaufnahme *f*, **einstreifige** киносъёмка и звукозапись на общей киноплёнке

Bild- und Ton-Mischpult *n* видеозвукомикшерный пульт
Bild- und Zeilenoszillogramm *n* осциллограмма строчных и кадровых сигналов
Bildungsfernsehen *n* учебное [образовательное] телевидение
Bildungsprogramm *n* учебная (телевизионная) программа
Bildunschärfe *f* нечёткость [нерезкость] изображения
Bildunterdrückung *f* гашение изображения
Bildverarbeitung *f* обработка изображений
~, **digitale** цифровая обработка изображений
Bildverarbeitungsgerät *n* устройство обработки изображений
Bildverarbeitungssoftware *f* программное обеспечение обработки изображений
Bildverbesserung *f* улучшение качества изображения
Bildverdoppelung *f* раздвоение изображения
Bildverdrehung *f* *тлв* заворачивание изображения
Bildverfälschung *f* искажение изображения
bildverkoppelt жёстко связанный с кадрами *или* полями
Bildverlust *m* пропадание изображения; прерывание передачи изображения
Bildverriegelung *f см.* **Bildsynchronisation**
Bildversatz *m* **1.** смещение [сдвиг] изображения **2.** сдвиг полей (*кадра*)
Bildverschiebung *f см.* **Bildversatz 1.**
Bildverschlüsselung *f* шифрование телевизионной передачи
Bildverstärker *m* **1.** видеоусилитель **2.** *см.* **Bildwandler 1.**
Bildverstärkerendstufe *f* оконечный каскад видеоусилителя
Bildverstärkerorthikon *n* суперортикон
Bildverstärkerröhre *f см.* **Bildwandler 1.**
Bildverstärkerstufe *f* **1.** каскад видеоусилителя **2.** каскад электронно-оптического преобразователя
Bildverstärkung *f* **1.** усиление видеосигналов **2.** повышение контрастности изображения
Bildverstärkungsregelung *f*, **automatische** автоматическая регулировка усиления [АРУ] видеосигнала
Bildvervielfachungsgerät *n* множительная установка для изготовления фотошаблонов
Bildvervielfältigung *f микр.* мультипликация изображения
Bildverzeichnung *f* искажение изображения
~, **streifenartige 1.** появление полос на изображении **2.** *зап.* полосатость изображения
Bildvorlage *f* **1.** оригинал (*для репродуцирования*) **2.** изображение на (плоской) подложке
~, **transparente 1.** *микр.* транспарентный [прозрачный] оригинал изображения **2.** диапозитив
Bildvorverstärker *m* предварительный видеоусилитель
Bild-Vorverstärkung *f* преобразование (изображения) по яркости
Bildwahrnehmung *f* восприятие изображения
Bildwand *f* (проекционный) экран
Bildwandausleuchtung *f* освещение (проекционного) экрана

BIL

Bildwandfläche f 1. поверхность (проекционного) экрана 2. площадь экрана
Bildwandlautsprecher m громкоговоритель, установленный за киноэкраном
Bildwandler m 1. электронно-оптический преобразователь, ЭОП 2. преобразователь свет—сигнал, формирователь изображения
~, **einstufiger** однокамерный ЭОП
~, **faseroptischer** ЭОП со стекловолоконным входом и выходом, модульный ЭОП
~, **mehrstufiger** многокамерный ЭОП
~ **mit Ladungskopplung** преобразователь свет—сигнал на ПЗС
Bildwandlerausgangsschirm m (выходной) экран электронно-оптического преобразователя
Bildwandlerchip n кристалл ЭОП
Bildwandlerdiode f однокамерный ЭОП
Bildwandlerikonoskop n супериконоскоп
Bildwandlermatrix f, **Bildwandlermosaik** f (твердотельный) матричный преобразователь свет—сигнал
Bildwandlerröhre f 1. см. **Bildwandler** 1. 2. передающая (телевизионная) трубка
Bildwandlerstufe f каскад ЭОП
Bildwandlersystem n система электронно-оптического преобразования изображения
Bildwandlerteil m секция переноса изображения
Bildwandleuchtdichte f яркость экрана
Bildwandlung f преобразование изображения
~, **optoelektronische** преобразование свет—сигнал; электронно-оптическое преобразование изображения
Bildwechsel m 1. смена изображений 2. смена кадров
Bildwechselimpuls m см. **Bildsynchronisationsimpuls**
Bildwechselkippgerät n генератор полевой или кадровой развёртки
Bildwechselsynchronisierimpuls m см. **Bildsynchronisationsimpuls**
Bildwechselzahl f 1. частота смены полей или кадров 2. частота (кино)съёмки или (кино)проекции, частота кадросмен
bildweise см. **bildsequentiell**
Bildweite f расстояние до изображения
Bildwelle f гол. изображающая волна, волна, формирующая изображение
Bildwerfer m, **Bildwerfergerät** n 1. проекционный аппарат, проектор 2. диапроектор; диаскоп 3. эпипроектор
Bildwerferkatodenstrahlröhre f проекционный кинескоп
Bildwiedergabe f воспроизведение изображения
~, **farbige** воспроизведение цветного изображения
~, **magnetische** воспроизведение магнитной видеозаписи
Bildwiedergabeanordnung f, **Bildwiedergabeeinrichtung** f, **Bildwiedergabegerät** n 1. устройство воспроизведения изображения 2. тлв видеоконтрольное устройство, ВКУ
Bildwiedergabeoptik f проекционная оптика
Bildwiedergaberöhre f 1. ЭЛТ прямого видения 2. тлв кинескоп
Bildwiedergabetreue f верность воспроизведения изображения

BIN

Bildwiederholpuffer m буферное ЗУ дисплея
Bildwiederholspeicher m видеопамять регенерации изображения
Bildwiederholung f регенерация изображения
Bildwinkel m угол (поля) зрения
Bildwölbung f искривление изображения
Bildwurf m 1. проекция изображения (на экран) 2. диапроекция 3. эпипроекция
Bildwurfelektrode f мишень
Bildwurfgerät n проекционный аппарат
Bildzahl f число полей или кадров
Bildzähler m счётчик (числа) полей или кадров
Bildzeichen n 1. символ, условное обозначение (на схеме, приборе) 2. видеосигнал
Bildzeile f строка изображения
Bildzelle f элемент изображения
Bildzentrierung f центровка изображения
Bildzerleger m 1. устройство развёртывания [разложения] изображения 2. диссектор
Bildzerlegerröhre f 1. телевизионная передающая трубка 2. диссектор
Bildzerlegung f (телевизионный) анализ изображения, развёртывание [разложение] изображения
~, **kompensierte** анализ [разложение] изображения с переменной скоростью
~ **mit Katodenstrahlröhre** анализ [разложение] изображения трубкой бегущего луча
Bildzerreißung f разрыв изображения
Bild-ZF... см. **Bildzwischenfrequenz...**
Bild-zu-Bild-Differenz f межкадровая разность
Bildzug m 1. видеотракт 2. продвижение кадра
Bildzusammendrückung f сжатие изображения
Bildzusammensetzung f, **Bildzusammenstellung** f 1. (телевизионный) синтез изображения 2. совмещение изображений (фотошаблона и подложки)
Bildzwischenfrequenz f промежуточная частота канала изображения
Bildzwischenfrequenz-Baustein m блок усилителя промежуточной частоты канала изображения
Bildzwischenfrequenzverstärker m УПЧ канала изображения
bilogisch билогический (основанный на бинарной логике)
Bimatron n биматрон
Bimetallrelais n биметаллическое реле
Bimetall(wärmeleitungs)vakuummeter n биметаллический вакуумметр
bi-MOS-Technologie f (комбинированная) технология ИС на биполярных и МОП-транзисторах
Binantelektrometer n бинантный электрометр
binär 1. двоичный 2. бинарный, двойной, двучленный
Binäraddierer m двоичный сумматор
Binäraufzeichnung f двоичная запись
Binärbild n бинарное [двухградационное] изображение
Binärdarstellung f двоичное представление
Binärdaten f pl двоичные данные
binär-dezimal двоично-десятичный
Binär-Dezimal-Kode m двоично-десятичный код
Binär-Dezimalsystem n двоично-десятичная система (счисления)

Binärdezimalumsetzer *m* двоично-десятичный преобразователь
Binär-Dezimalumwandlung *f* двоично-десятичное преобразование
Binäreinheit *f* двоичная единица информации, бит
Binärelement *n* двоичный элемент
Binärfolge *f* двоичная последовательность
Binärhologramm *n* бинарная голограмма
Binärinformation *f* двоичная информация
Binärisierungsschwelle *f* логический порог «1» или «0»
Binärkanal *m* двоичный канал
Binärkode *m* двоичный код
~, **natürlicher** обычный двоичный код
~, **N-stelliger** N-разрядный двоичный код
~, **paralleler** параллельный двоичный код
~, **reflektierter** двоичный циклический код, код Грея
~, **sequentieller [serieller]** последовательный двоичный код
~, **simultaner** параллельный двоичный код
Binärkodedarstellung *f* двоично-кодированное представление чисел
Binärkodestelle *f* разряд двоичного кода
Binärkodesystem *n* система двоичного кодирования
Binärkode-Übersetzer *m*, **Binärkodewandler** *m* преобразователь двоичного кода
Binärkodewort *n* двоично-кодированное слово
binärkodiert двоично-кодированный
Binärkodierung *f* двоичное кодирование
Binärlesemodus *m* режим двоичного счёта
Binärlogik *f* бинарная логика
Binärmuster *n* набор двоичных разрядов
Binärnetz *n* цифровая сеть связи
Binärphasenoszillator *m* двухфазный генератор
Binärpunkt *m* двоичная запятая
Binärquelle *f* источник двоичных сигналов
Binärraster *m* двоичный растр
Binärrecherche *f* двоичный информационный поиск
Binärschlüssel *m* двоичный код
Binärschreibweise *f* двоичная форма записи (*чисел*)
Binärschritt *m* двоичная посылка
Binärserienaddierer *m* двоичный последовательный сумматор
Binärsetzung *f* см. **Binärschreibweise**
Binärspeicher *m* двоичное ЗУ; двоичный накопитель
Binärspeicherelement *n* двоичный запоминающий элемент
Binärspeicherstelle *f*, **Binärspeicherzelle** *f* двоичная запоминающая ячейка
Binärstelle *f* 1. двоичный разряд 2. см. **Binärzeichen**
~, **niedrigste** младший разряд двоичного числа
Binärstellenzahl *f* число двоичных разрядов
Binärstufe *f* двоичный каскад; двоичная ячейка
Binärsubtraktion *f* двоичное вычитание
Binärsubtraktionswerk *n* двоичный вычитатель
Binärsystem *n* двоичная система (*счисления*)
binär-tetradisch двоично-четверичный
Binärübertragung *f* двоичная передача

Binärverarbeitung *f* двоичная обработка
binärverschlüsselt двоично-кодированный
Binärwert *m* двоичная величина, двоичное значение
Binärwort *n* двоичное слово
binary digit *англ.* 1. двоичная цифра; двоичный разряд 2. двоичный знак
Binärzahl *f* двоичное число
~, **N-stellige** N-разрядное двоичное число
Binärzahlstelle *f* разряд двоичного числа
Binärzeichen *n* двоичный знак; двоичный символ
Binärzelle *f* двоичная ячейка; двоичный элемент
Binärziffer *f* двоичная цифра
binaural бинауральный
Bindefehler *m* 1. *крист.* структурный дефект 2. нарушение связи [соединения] материалов
Bindeglied *n* звено связи
Bindelader *m* *вчт* связывающий загрузчик
Bindemittel *n* 1. связующее вещество; связка 2. *опт.* биндер
binden 1. связывать 2. фиксировать, закреплять (*напр. изображение*)
Binder *m* 1. см. **Bindemittel** 2. *вчт* редактор связей
Bindewindung *f* виток связи
B-Indikator *m* индикатор B-типа (*индикатор дальности и азимута с прямоугольной растровой развёрткой*)
Bindschicht *f* связующий слой
Bindung *f* 1. связь (*напр. химическая*) 2. соединение 3. связка (*в магнетроне*) 4. сцепление (*напр. слоёв*)
~, **innermolekulare** внутримолекулярная связь
~, **intermolekulare** межмолекулярная связь
~, **metallische** металлическая связь (*атомов*)
~, **unbesetzte** незаполненная [свободная] связь
Bindungselektron *n* электрон связи
Bindungslücke *f* вакансия (кристаллической) решётки
Bindungsschwächung *f* ослабление контактного соединения
Bindungsstärke *f* энергия связи
Bindungswahrscheinlichkeit *f* вероятность захвата
Binistor *m* полупроводниковый тетрод, бинистор
Binode *f* двойной диод
Binokularsehen *n* бинокулярное зрение
Binormale *f* бинормаль; оптическая ось двухосных кристаллов
Biobatterie *f* биобатарея, биологическая батарея
Biochip *n* биокристалл
Biocomputer *m* биокомпьютер (*на биокристаллах*)
Bioelektrogramm *n* биоэлектрограмма
Bioelektronik *f* биоэлектроника
Bioelement *n* биоэлемент
Bioenergiewandler *m* биологический преобразователь энергии
Bioholografie *f* биоголография, биологическая голография
Biokybernetik *f* биокибернетика
Biomeßwandler *m* биоэлектрический измерительный преобразователь, биоэлектрический датчик

BIO

Biometrik f биометрия
Bionik f бионика
Bionikrechner m ВМ, построенная на бионических принципах, бионическая ВМ
Bionsensor m датчик биологических данных, биодатчик
Biosatellit m спутник для биологических исследований, биоспутник
Biosolarelement n, **Biosonnenenergiewandler** m биофотоячейка, биофотоэлектрическая ячейка
Biostrom m биоток
Biosubstrat n биоподложка, подложка, сформированная из органического материала
Biotechnologie f биотехнология
Biotelemetrie f биотелеметрия
Biphase-Kode m бифазный код
Biphase-Modulation f 1. модуляция бифазным кодом 2. *тлг* двухпозиционная фазовая манипуляция
bipolar биполярный, двухполюсный
Bipolar-CMOS-Kombinationstechnologie f совмещённая технология ИС на биполярных и КМОП-структурах
Bipolar-Feldeffekttransistortechnologie f (совмещённая) технология ИС на биполярных и полевых транзисторах
Bipolarfototransistor m биполярный фототранзистор
Bipolarkode m биполярный код
Bipolarschaltkreis m, **integrierter** биполярная ИС
Bipolartransistor m биполярный транзистор
~, **integrierter** биполярный транзистор ИС
Bipolartransmission f биполярная передача
biquinär двоично-пятеричный
Biquinärdarstellung f представление (*чисел*) в двоично-пятеричной системе (*счисления*)
Biquinärkode m двоично-пятеричный код
Biquinärschreibweise f двоично-пятеричная форма записи
Biquinärsystem n двоично-пятеричная система (*счисления*)
Bireflexion f двойное отражение
Birefraktion f двойное лучепреломление
Bi-Relais n биметаллическое реле
Birne f баллон; колба
Birnenblitz m лампа-вспышка
bistabil бистабильный, с двумя устойчивыми состояниями
Bistabilität f бистабильность
~, **absorptive optische** абсорбционная оптическая бистабильность
~, **linksdrehende optische** левовращающаяся оптическая бистабильность
~ **mit induzierter Absorption, optische** оптическая бистабильность с индуцированным поглощением
~, **rechtsdrehende optische** правовращающаяся оптическая бистабильность
Bistabilschreiben n бистабильная запись
Biswitch m симметричный диодный тиристор, симметричный динистор
Bit n бит (1. *двоичный разряд* 2. *единица ёмкости памяти* 3. *двоичная единица информации*) □ ~s **je Nachrichtenelement** (число) битов

BIT

на элемент сообщения; ~s **je Zoll** битов на дюйм; ~s **pro Sekunde** битов в секунду, бит/с
~, **fehlerloses** правильный бит
~, **hochwertiges** старший двоичный разряд
~, **niedrigstbewertete** младший двоичный разряд
Bitadresse f местоположение бита
Bitdichte f плотность записи *или* передачи информации в битах
Bitebene f разрядная матрица
Biteinfügung f вставка битов
Biteinheit f двоичная единица
Bitermitron n битермитрон
Bitfehler m ошибка в двоичном разряде
Bitfehlerbeseitigung f устранение ошибок в двоичных разрядах
Bitfehlererkennung f обнаружение ошибок в двоичных разрядах
Bitfehlerhäufigkeit f, **Bitfehlerrate** f частота (появления) ошибок в двоичных разрядах
Bitfehlerwahrscheinlichkeit f вероятность появления ошибок в двоичных разрядах
Bitfluß m цифровой поток
Bitfolgefrequenz f частота передачи битов
Bitgeschwindigkeit f *см.* **Bitrate**
Bitgröße f значение двоичного разряда
Bitgruppe f группа битов
bitgruppen(wort)weise по группам битов
Bitkapazität f ёмкость (памяти) в битах
Bitkette f последовательность битов
Bitkombination f комбинация двоичных разрядов, битовая комбинация
Bitlänge f длина [разрядность] (слова) в битах
Bit-Map-Terminal n терминал с поразрядной картой отображения информации
Bitmuster n конфигурация [структура] двоичного кода
bitorganisiert организованный по битам
bitorientiert ориентированный по двоичным разрядам; с поразрядным обращением
bitparallel параллельный по битам
Bitrate f цифровой поток в бит/с, скорость передачи битов, цифровая скорость
Bitrate-Reduzierung f 1. уменьшение цифровой скорости 2. сокращение цифрового потока
Bitreihe f строка *или* последовательность битов
Bitschachtelung f посимвольное (временное) объединение цифровых сигналов
Bitschieberegister n двоичный сдвиговый регистр
bitseriell последовательный по битам
Bit-slice-Processor m разрядно-секционированный процессор
Bitspeicherung f запоминание двоичной информации
Bitspur f цифровая дорожка
Bitstelle f двоичный разряд
Bitstrom m цифровой поток в битах
Bitstruktur f двоичная структура
Bitsynchronisation f (по)битовая синхронизация
Bittakt m тактовая частота (передачи) битов
«**Bitter-Muster**» n *зап.* узор Биттера
«**Bit-Tiefe**» f *см.* **Bitzahl pro Bildelement**
Bitübertragungsgeschwindigkeit f *см.* **Bitrate**
Bitverlust m потеря битов
Bitversatz m сдвиг битов

bitweise по битам
Bitwort *n* двоичное слово
Bitzahl *f* число битов
~ **pro Bildelement** число битов на элемент изображения
Bitzähler *m* двоичный счётчик
Bitzuweisung *f* распределение двоичных разрядов
Bivibrator *m* триггер
~, **statischer** статический триггер
Bivicon *n* бивикон (*передающая трубка*)
BK-Anlage *f* установка широкополосной связи
BKA-System *n* система устройств (для) контроля производственного процесса
B-K-Schwingungen *f pl* колебания Баркгаузена — Курца
blackbox *англ. инф.* «чёрный ящик»
Blackbox-Analyse *f*, **Blackbox-Methode** *f* метод «чёрного ящика»
Blackout *m англ.* **1.** кратковременная потеря (радио)связи **2.** глубокое замирание **3.** радиомолчание
Black-Trinitron-Farbbildröhre *f* тринитрон с чернёной планшайбой
Blank *n* **1.** пробел, пропуск **2.** *тлв* гасящий импульс
Blankbeizen *n* светлое травление (*удаление оксидов с поверхности металлов*)
Blankdraht *m* неизолированный провод
Blankfaser *f* волокно без покрытия
Blanktaste *f* **1.** клавиша пробела **2.** клавиша без знака
Blankverdrahtung *f* монтаж неизолированным проводом
Bläschenspeicher *m см.* **Blasenspeicher**
Blase *f* **1.** пузырь, пузырёк **2.** *см.* **Blasendomäne**
Blasenchip *n* кристалл ЦМД
Blasendisplay *m* дисплей на ЦМД
Blasendomäne *f* цилиндрический магнитный домéн, ЦМД
Blasenkammer *f яд. физ.* пузырьковая камера
Blasenschicht *f* плёнка с ЦМД
Blasenschieberegister *n* сдвиговый регистр на ЦМД
Blasenspeicher *m* ЗУ на ЦМД, ЦМД-ЗУ; память на ЦМД, ЦМД-память
Blasenspeicherchip *n* кристалл ЗУ на ЦМД
Blasenspeichersteuerung *f* управление ЗУ на ЦМД
Blasenstruktur *f* структура ЦМД
Blatt *n* **1.** лепесток **2.** бланк, формуляр
Blattdatei *f* (по)страничный файл
Blattdrucker *m* постранично-печатающее устройство
Blätterkern *m* пластинчатый [наборный] сердечник
Blätterkondensator *m* пластинчатый конденсатор
Blattfernschreiber *m* рулонный телеграфный аппарат
Blatthaller *m* громкоговоритель с плоской поршневой мембраной
Blattkondensator *m* пластинчатый конденсатор
Blattschmelzstreifen *m* плавкая пластинка предохранителя
Blattschreiber *m см.* **Blattfernschreiber**
Blauanteil *m* синяя составляющая цвета

Blauauszug *m см.* **Blausignal**
Blaubereich *m* область синего (*в спектре*)
Blauempfindlichkeit *f* чувствительность к синему свету
Blaufilter *n* синий (свето)фильтр
Blaugel *n* силикагель
Blauinformation *f* информация о синем (цвете)
Blaukanal *m* канал сигнала синего цветоделённого изображения
Blaukomponente *f* **1.** *см.* **Blauanteil 2.** *см.* **Blausignal**
Blaukonvergenz *f* сведение синего луча
Blaulagemagnet *m см.* **Blau-Lateralmagnet**
Blaulagespule *f см.* **Blau-Lateralspule**
Blau-Lateralmagnet *m* магнит перемещения синего луча
Blau-Lateralspule *f* катушка перемещения синего луча
Blauprimärsignal *n тлв* исходный сигнал синего цветоделённого изображения
Blauschriftröhre *f* скиатрон, трубка с темновой записью
Blauschriftschirm *m* экран скиатрона
Blauschriftspeicherröhre *f см.* **Blauschriftröhre**
Blausignal *n*, **Blausignalkomponente** *f* сигнал синего цветоделённого изображения
Blausignalmodulator *m* модулятор синего сигнала
Blaustanzen *n* вписывание в синий фон (*при рирпроекции*)
Blaustatik *f* система (статической) юстировки синего луча
Blaustrahl *m* синий луч
Blausystem *n* синий прожектор
Blauviolettempfindlichkeit *f* чувствительность (*фотослоя*) к сине-фиолетовому свету
Blauwandtechnik *f* техника (электронной) цветовой рирпроекции
Blechkern *m*, **Blechkörper** *m*, **Blechpaket** *n* сердечник из листовой стали
Blechschablone *f* металлическая маска, металлический трафарет
Bleiabschirmung *f* свинцовый экран
bleibewehrt освинцованный
Bleichung *f* обесцвечивание (*напр. кристаллов*)
Blei(mantel)kabel *n* кабель со свинцовой оболочкой
Bleioxid-Aufnahmeröhre *f*, **Bleioxidröhre** *f* плюмбикон
Bleiselenidwiderstandszelle *f* селеносвинцовый фоторезистор
Bleiselenidzelle *f* селеносвинцовый фотоэлемент
Bleistiftkeule *f* игловидный лепесток (*характеристики направленности*)
Bleistiftmarkierung *f* разметка световым пером
Bleistiftröhre *f* пальчиковая лампа
Bleistiftstrahl *m* игловидный луч
Bleisulfidfotowiderstand *m*, **Bleisulfidfotowiderstandszelle** *f*, **Bleisulfidwiderstandsfotozelle** *f* фоторезистор из сульфида свинца, PbS-фоторезистор
B-Leitung *f* широкополосная (кабельная) линия передачи
Bleizinkakkumulator *m* свинцово-цинковый аккумулятор
Blei-Zinn-Lot *n* свинцово-оловянный припой

Blende f 1. диафрагма 2. обтюратор 3. (светозащитная) бленда
~, **begrenzende** вырезывающая диафрагма
~, **dämpfende** заглушающая [гасящая] диафрагма
~, **dreiteilige** трёхлопастный обтюратор
~, **induktive** индуктивная диафрагма
~, **leitende** проводящая диафрагма (*в волноводе*)
~, **rotierende** вращающийся обтюратор
Blendeflügel m световая заслонка; пластинчатая заслонка
blenden 1. ослеплять 2. диафрагмировать 3. затенять 4. экранировать
Blendenautomatik f система автоматического диафрагмирования
Blendenbild n изображение диафрагмы
Blendeneinstellung f установка диафрагмы, диафрагмирование
Blendenelektrode f электрод с диафрагмой
Blendengröße f *см.* **Blendenwert**
Blendenlängsschnitt m продольное сечение (согласующей) диафрагмы (*объёмного резонатора или волновода*)
Blendenmaske f *тлв* теневая маска
Blendennummer f *см.* **Blendenzahl**
Blendenöffnung f отверстие диафрагмы
Blendenregelung f регулировка диафрагмы
Blendenrevolver m револьвер с диафрагмами
Blendenring m *см.* **Blendenscheibe**
Blendenröhre f диссектор
Blendenscheibe f диск с диафрагмами
Blendensektor m сектор обтюратора
Blendenstufe f ступень диафрагмирования
Blendenwellenleiter m диафрагмированный волновод
Blendenwert m значение относительного отверстия (*диафрагмы объектива*)
Blendenwirkung f слепящее действие, слепимость
Blendenzahl f число (деления шкалы) диафрагмы (*величина, обратная относительному отверстию объектива*)
Blendschutz-Rahmen m светозащитное обрамление (*кинескопа*)
Blendung f 1. слепимость 2. диафрагмирование 3. затемнение 4. экранирование
Bleustein-Guljajew-Wellen f волны Блюстейна — Гуляева
Blickfeld n поле зрения
Blickkontrolle f визуальный контроль
Blickwechsel m отметка; предметов наблюдения
Blickwinkel m угол зрения; угол обзора; угол охвата; угол рассматривания
Blindanflughilfsmittel n *pl* аппаратура для захода на посадку по приборам
Blindanteil m 1. реактивная составляющая 2. мнимая часть (*комплексной величины*)
Blindbefehl m холостая [фиктивная] команда
Blindbelastung f реактивная нагрузка
Blindbild n *см.* **Blindschema**
Blindeinschub m холостой модуль
Blindelement n реактивный элемент
Blindfluglehrgerät n тренажёр для обучения полётам по приборам
Blindfunkverkehr m односторонняя радиосвязь

Blindgegenkopplung f реактивная (отрицательная) обратная связь
Blindimpedanz f реактивное сопротивление
Blindinstruktion f *см.* **Blindbefehl**
Blindkontakt m холостой [вспомогательный] контакт
Blindkoppelglied n реактивный элемент связи
Blindlanderadargerät n РЛС посадки по приборам
Blindlandesystem n система посадки по приборам
Blindlast f реактивная нагрузка
Blindleitung f реактивная линия
Blindleitwert m реактивная проводимость
Blindpermeabilität f реактивная магнитная проницаемость
Blindpositionierung f слепое (*автоматическое*) позиционирование (*при последовательном шаговом экранировании*)
Blindschaltbild n *см.* **Blindschema**
Blindschaltelement n реактивный элемент схемы
Blindschema n мнемоническая схема, мнемосхема
Blindsignal n *вчт* холостая [фиктивная] команда
Blindteil m реактивная составляющая
Blindvoltampere n вар
Blindwert m, **kapazitiver** ёмкостное сопротивление
Blindwiderstand m реактивное сопротивление
~, **induktiver** индуктивное сопротивление
~, **kapizitiver** ёмкостное сопротивление
Blindwiderstandsarm m der Brücke реактивное плечо моста
Blindwiderstandskennlinie f характеристика реактивного сопротивления
Blindwiderstandsmatrix f матрица реактивностей
Blindzeichen n фиктивный [ложный] знак
Blindzweipol m реактивный двухполюсник
Blinkdauer f длительность проблескового сигнала
Blinker m 1. проблесковый светосигнальный аппарат 2. реле проблескового огня 3. *тлф* блинкер
Blinkfeuer n проблесковый огонь
Blinkgeber m датчик проблесковых световых сигналов
Blinkperiode f период проблескового сигнала
Blinkschaltung f схема (проблесковой) световой сигнализации
Blinkwesen n световая сигнализация
Blinkzeichen n световой (мигающий) сигнал
Blip m отметка, выброс
BLIP-Detektor m приёмник ИК-диапазона с чувствительностью, ограниченной фоновым излучением
Blitz m 1. молния 2. вспышка
Blitzableiter m молниеотвод, грозовой разрядник
Blitzableiterstange f штырь [шпиль] молниеотвода
Blitzanlage f импульсная осветительная установка
Blitzerdleitung f заземляющая линия для защиты от грозовых разрядов
Blitzfänger m, **Blitzfangvorrichtung** f *см.* **Blitzableiter**

Blitzfeuer n проблесковый огонь
Blitzlampe f лампа-вспышка
blitzlampengepumpt с накачкой лампой-вспышкой
Blitzlichtlampe f, **Blitzlichtröhre** f лампа-вспышка
Blitzrate f частота вспышек
Blitzröhre f 1. лампа-вспышка 2. газоразрядная импульсная лампа
Blitzschutz m грозозащита
Blitzschutz-Auffangstange f см. **Blitzableiterstange**
Blitzschutzerdung f грозозащитное заземление
Blitzschutzkette f грозозащитная цепь
Blitzsicherheit f грозоустойчивость (*аппаратуры*)
Blitzsicherung f грозозащита
Blitzstörung f грозовая помеха
Blitztaste f клавиша мгновенного действия
Blitzverdampfung f мгновенное испарение
Blitzwelle f волна (перенапряжения) от (удара) молнии
Bloch-Funktion f функция Блоха
Bloch-Wand f (доменная) граница Блоха
Bloch-Wandenergie f энергия границы Блоха
Bloch-Wandstruktur f структура границы Блоха
Bloch-Wandverschiebung f смещение границы Блоха
Bloch-Wellenfunktion f волновая функция Блоха
Bloch-Zustände m pl блоховские (энергетические) состояния
Block m 1. блок; узел 2. *вчт* блок, группа (*напр. данных*) 3. блокировка
~ **konstanter Koeffizienten** блок постоянных коэффициентов
~ **mit Kodezeichen** кодовая (автоматическая) блокировка
~ **veränderlicher Koeffizienten** блок переменных коэффициентов
Block... см. тж **Blockier...**, **Blockierungs...**
Blockabbruch m *вчт* прерывание блока (*данных*)
Blockabstand m интервал [пробел] между блоками (*данных*)
Blockabtastung f (по)блочное считывание
Blockanfangsadresse f *вчт* адрес начала блока
Blockansteuerung f см. **Blockauswahl**
Blockauslaßzeichen n знак или символ игнорирования блока
Blockauswahl f выбор блока (*данных*)
Blockbasisschaltung f схема (включения транзистора) с общей базой, схема ОБ
Blockbaustein m модуль
Blockbauweise f блочная конструкция
Blockbedienung f защита блокировкой
Blockbild n, **Blockdarstellung** f см. **Blockschaltbild**
Blockdatenanweisung f команда обращения к (определённому) блоку (*данных*)
Blockdiagramm n см. **Blockschaltbild**
Blockeinheit f блок; узел
Blockeinrichtung f блокировочное устройство; блокировочный механизм
Blockeinteilung f разбиение [разбивка] на блоки
Blocken n 1. блокировка 2. запирание 3. объединение (*напр. знаков*) в блоки; упаковка
Blockendezeichen n метка [маркер] конца блока
Blockfehlerquote f частота (повторения) ошибок в блоках (*данных*)

Blockfeld n, **freies** деблокированный блок-механизм
Blockfreigabe f снятие блокировки, деблокирование
Blockier... см. тж **Block...**, **Blockierungs...**
blockierbar блокируемый
Blockierdraht m провод [шина] запрета
blockieren 1. блокировать 2. запирать 3. разбивать на блоки
Blockierimpuls m *вчт* 1. импульс запрета 2. блокирующий импульс
Blockierschicht f *пп* запирающий слой
Blockiersignal n блокировочный [блокирующий] сигнал
Blockierspannung f 1. напряжение блокировки 2. напряжение запирания
Blockierstrom m 1. ток блокировки 2. запирающий ток
Blockiersystem n 1. система блокировки 2. система запрета
Blockierung f 1. блокировка 2. запирание 3. разбиение [разбивка] на блоки
~, **wechselseitige** взаимоблокировка
Blockierungsbefehl m блокирующая команда
Blockierungsdrossel f блокировочный дроссель
Blockierungskondensator m блокировочный конденсатор
Blockierungsresonator m 1. блокирующий резонатор 2. блокируемый резонатор
Blockierungsschaltung f схема блокировки
Blockierungswahrscheinlichkeit f вероятность срабатывания блокировки
Blockierungswicklung f обмотка блокировки, блокирующая обмотка
Blockiervorrichtung f блокировочное устройство
Blockierzerhacker m разрывающий [прерывающий] ключ блокировки
Blockignorierzeichen n знак или символ игнорирования блока
Blockinggenerator m, **Blockingoszillator** m блокинг-генератор
Blocking-Univibrator m ждущий блокинг-генератор
Blockisolator m изолятор [материал изоляции] монокристаллов
Blockkapazität f блокировочная ёмкость
Blockkette f 1. цепь блоков 2. *вчт* цепочка последовательных слов или последовательных чисел
Blockknopf m кнопка блокировки
Blockkode m 1. блочный код 2. код блока
Blockkodierung f блочное кодирование
Blockkonstruktion f блочная конструкция
Blockkreis m цепь блокировки
Blockladen n заполнение [загрузка] блока (*напр. памяти*)
Blocklänge f длина [размер] блока (*данных*)
Blockleitung f блокировочный провод
Blockliste f список блоков (*данных*)
Blocklücke f пробел [интервал] между блоками (*данных*)
Blockmagnet m магнит блокировочного устройства
Blockmarke f метка блока (*данных*)

Blockmarkierungsspur f дорожка с метками блоков (*данных*)
Blockmitte f 1. центральная часть блока (*напр. большой интегральной схемы*) 2. средняя [осевая] часть слитка (*напр. монокристалла*)
Blockmodus m блочный режим
Blockmultiplexbetrieb m вчт блок-мультиплексный режим
Blockname m наименование блока (*данных*)
blockorientiert блочно-ориентированный
Blockparitätszeichen n знак продольного контроля чётности
Blockplan m см. **Blockschaltbild**
Blockprüfzeichen n знак контроля блока (*данных*)
Blockregister n регистр блока (*данных*)
Blockrelais n блокировочное реле
Blockrückleitung f обратный провод цепи блокировки
Blockschaltbild n (функциональная) блок-схема; структурная схема
Blockschalter m выключатель блокировки
Blockschaltmethode f метод блок-схем
Blockschaltplan m, **Blockschema** n см. **Blockschaltbild**
Blocksicherungsverfahren n метод поблочной защиты
Blockspeicherung f поблочное хранение (*данных*) в памяти
Blockspeiseleitung f провод питания системы блокировки
Blockstellenfeld n таблица (распределения) блоков (*данных*) по длинам
Blockstörung f повреждение [нарушение] блокировки
Blockstreifenspeicher m ЗУ *или* память на полосовых доменах
Blocksuchbefehl m команда поиска блока (*данных*)
Blocksymbol n условное обозначение блока (*данных*)
Blocksynchronisation f (по)блочная синхронизация
Blocksystem n 1. блочная [модульная] система 2. система блокировки
Blocktastatur f блок клавиатуры
Blocktaste f см. **Blockknopf**
Blocktechnik f блочная техника
Blocktransfer m, **Blockübertragung** f (по)блочная передача (*данных*)
Blockung f см. **Blockierung** 1., 2.
Blockungsfaktor m ёмкость блока, коэффициент объединения (*число логических записей, объединённых в одном блоке*)
Blockungsgültigkeitszeichen n см. **Blockignorierzeichen**
Blockversäumnis n см. **Blockverzögerung**
Blockverschluß m ключ [затвор] блокировки
Blockverzögerung f запаздывание (срабатывания) блокировки
Blockvorsatz m 1. заголовок блока (*данных*) 2. головная метка блока (*данных*)
Blockvorspann m 1. заголовок блока (*данных*) 2. заправочный конец блока ленты
blockweise поблочно (*о передаче данных*)
Blockwiederholung f повторение блока (*данных*)

~ **mit Wartezeit** повторение блока с выдержкой времени
~ **ohne Wartezeit** повторение блока без выдержки времени
Blockzeichen n 1. см. **Blockiersignal** 2. см. **Blocksymbol**
Blockzusammenstellung f см. **Blocken** 3.
Blockzwischenraum m см. **Blocklücke**
Blubbern n низкочастотные паразитные колебания (*в многокаскадном усилителе*)
Blue-Box-Effekt m использование синего фонового экрана в рирпроекции
Bluming m тлв ореол; расплывание; заплывание (*изображения*)
B-MAC-System n тлв система B-MAC, система Б-МАК
B-Messer m экспонометр
BMIS-Transistor m транзистор объёмной МОП-структуры
B-Modulator m модулятор класса B
BMOS-Feldeffekttransistor m полевой транзистор МОП-структуры с нижним затвором
BMSR-Anlage f, **BMSR-Ausrüstung** f, **BMSR-Einrichtung** f система (промышленных) контрольно-измерительных приборов и автоматики, КИПиА
BMSR-Technik f техника контрольно-измерительных приборов и автоматики, техника КИПиА
B-Norm f (телевизионный) стандарт N (*МККР*)
Bobby m бобина (*МЛ*)
Bocksprungtest m тест «чехарда» (*с двойным пересчётом при использовании разных ячеек памяти*)
Bode-Diagramm n диаграмма Боде
Bodenantenne f наземная антенна
Bodenantwortstation f наземный ответчик
Bodenbeschaffenheitsbestimmung f рлк определение структуры земной поверхности
Bodenbetrachtungsgerät n 1. самолётный панорамный радиолокатор 2. наземный радиолокатор оповещения
Boden-Boden-Digitaldatenverbindung f наземная кодово-импульсная связь
Boden-Boden-Radargerät n наземная РЛС обнаружения наземных целей
Boden-Bord-Funksprechverkehr m радиотелефонная связь «земля — воздух»
Boden-Bord-Funkstelle f наземная радиостанция для связи с самолётами
Bodendämpfung f поглощение радиоволн почвой
Bodenecho n эхо-сигнал от поверхности Земли
Bodenempfänger m наземный (радио)приёмник
Bodenendanlage f наземное оконечное устройство (*системы спутниковой связи*)
Bodenentfernung f рлк наземная дальность
Bodenflugsteuerung f наземная система управления воздушным движением
Bodengestänge n опора воздушных линий связи
Bodeninhomogenität f неоднородность (*электрических параметров*) почвы
Bodenkontrollstation f, **Bodenkontrollstelle** f станция [пункт] наземного управления
Bodenleitfähigkeit f проводимость почвы

Boden-Leitstelle f, **Bodenleitzentrum** n наземный пост наведения (*ракеты*)

Boden-Luft-Radargerät n наземная РЛС обнаружения воздушных целей

Bodenpanoramaanlage f, **Bodenpanoramagerät** n наземная РЛС кругового обзора

Bodenpeildienst m служба наземной (радио)пеленгации

Bodenpeilsystem n система наземной (радио)пеленгации

Bodenplatte f 1. заземлённая пластинка (*молниеотвода*) 2. шасси (*блока*)

Bodenreflexion f отражение (радиоволн) от поверхности Земли

Bodenrelaisstation f наземная радиорелейная станция

Bodenrückstrahlung f см. **Bodenreflexion**

Bodenrundsuchgerät n наземная РЛС кругового обзора

Bodenspiegelung f см. **Bodenreflexion**

Bodenstation f, **Bodenstelle** f 1. наземная (радио)станция 2. косм. земная радиостанция 3. донная (гидроакустическая) станция

Bodenstrahl m земной луч

Bodenstrahlung f 1. излучение вдоль поверхности Земли 2. земное излучение

Bodentreffbild n эллипс рассеивания на горизонтальной плоскости

Bodenwelle f земная (радио)волна

Bodenwellenbereich m зона (*распространения*) земных волн

Bodenwellenkanal m приземной волновод

Bodenwellenreichweite f дальность распространения земных волн

Bodenwiderstand m сопротивление почвы

Bodenzacken n импульс, отражённый от наземных предметов

Bodenzwischenfernsehsender m наземная телевизионная ретрансляционная станция

Body-Effekt m объёмный эффект

Bogen m 1. (электрическая) дуга 2. изгиб (*волновода*)

Bogenbeständigkeit f дугостойкость (*диэлектрика*)

Bogenentladung f дуговой разряд

Bogenkatode f дуговой катод

Bogenkorrektur f коррекция бочкообразных искажений (*растра*)

Bogenlampenpumpen n накачка дуговой лампой

Bogenmaß n радиан, радианная мера

Bogenminute f дуговая минута

Bogenskale f секторная [круглая] шкала

Bogenverzeichnung f, **Bogenverzerrung** f бочкообразное искажение (*растра*)

Bogenzündung f зажигание [поджигание] (электрической) дуги

Bohrung f монтажное отверстие (*печатной платы*)

~, **durchmetallisierte** металлизированное монтажное отверстие

Bolometerabschluß m болометрическая измерительная головка

Bolometerfaden m нить болометра

Bolometerkennlinie f характеристика болометра

Bolometerlämpchen n болометр

Bolometerwendel f нить болометра

Boltzmann-Gleichung f уравнение Больцмана

Boltzmann-Konstante f постоянная Больцмана

Bolzmann-Statistik f статистика Больцмана

Boltzmann-Verteilung f распределение Больцмана

Bolzenkatode f штыревой [стержневой] подогревный катод

Bolzenkern m штыревой [стержневой] сердечник

Bolzenlänge f настроечная длина штыря

Bombardement n, **Bombardierung** f бомбардировка (*напр. электронная*)

Bombenabwurfsystem n, **elektronisches** электронная система управления бомбометанием

Bondabhebung f отсоединение [демонтаж] контактов

Bondanlage f см. **Bonder** 1., 2.

Bondanlauf m 1. последовательность операций при термокомпрессионной сварке 2. микромонтаж (*ИС*)

Bondanschluß m 1. вывод, присоединённый методом термокомпрессии 2. перемычка, контактное соединение между двумя подложками или ИС

Bondausbeute f выход годных изделий после сварки или пайки

Bondbarkeit f см. **Bondfähigkeit**

Bonddraht m 1. провод (для выполнения) контактного соединения 2. проволочный вывод, присоединённый сваркой или пайкой

Bonddruck m давление (термокомпрессионного) присоединения

Bondeinrichtung f см. **Bonder** 1., 2.

Bonden n 1. термокомпрессионная сварка, термокомпрессия 2. присоединение, прикрепление 3. соединение сваркой или пайкой; сварка; пайка

Bonder m 1. установка термокомпрессионной сварки 2. установка для монтажа (*напр. кристаллов на кристаллодержателе*) 3. соединительная проволока (*напр. вывода ИС*)

Bondfähigkeit f 1. способность к образованию (надёжного) контактного соединения 2. способность к сварке, свариваемость

Bondfenster n 1. монтажное окно (*печатной платы*) 2. микр. контактное окно

Bondfestigkeitsprüfgerät n установка для испытания прочности контактного соединения

Bondfläche f 1. площадь контактного соединения 2. контактная площадка

Bondgerät n см. **Bonder** 1., 2.

Bondhügel m микр. столбиковый вывод, контактный столбик

Bondhügelaufbau m структура контактного столбика

Bondhügelhöhe f высота контактного столбика

Bondhügelverformung f деформация контактного столбика

Bonding n см. **Bonden**

Bondinsel f микр. контактная площадка

Bondinselanordnung f 1. размещение [расположение] контактных площадок 2. построение контактной площадки

Bondinsellage f положение контактной площадки

113

Bondinselöffnung f 1. отверстие контактной площадки 2. вскрытие контактной площадки
Bondinselstelle f место контактной площадки
Bondkanüle f сварочная игла, сварочная канюля
Bondkapillar m капилляр подачи присоединительного проводника (в сварочном пуансоне)
Bondkopf m микр. 1. сварочная головка 2. головка для крепления сварочной иглы 3. контактная головка (напр. зондовой установки)
Bondkraft f, **Bondlast** f усилие контактирования
bondpin англ. микр. штырёк (гребенчатого) соединителя (для подключения ИС)
Bondprüfgerät n установка контроля прочности присоединения (напр. кристалла к подложке)
Bondraum m, versenkter углубление для установки кристалла в основании корпуса
Bondspitze f микр. остриё сварочного инструмента
Bondstelle f 1. место присоединения 2. контактная площадка
Bondstellenzahl f 1. число контактных соединений 2. число контактных площадок
Bondtechnik f техника присоединения выводов (ИС)
Bondverbindung f 1. сварное соединение; соединение пайкой (выводов ИС) 2. термокомпрессионное соединение
Bondverfahren n метод присоединения выводов сваркой или пайкой
Bondwerkzeug n 1. инструмент для выполнения контактного соединения 2. инструмент для термокомпрессионной сварки
Bondzeit f 1. время выполнения контактного соединения 2. время термокомпрессионной сварки
Bondzugfestigkeit f 1. усилие отрыва контактного соединения 2. прочность сварного или паяного соединения
Bondzugversuch m испытание на отрыв контактного соединения
Bondzuverlässigkeit f надёжность контактного соединения
Booster m бустер, вольтодобавочное устройство
Boosterdiode f вольтодобавочный диод
Boostersender m передатчик ретранслятора
Boosterspannung f вольтодобавочное напряжение
Booster-Transformator m вольтодобавочный трансформатор
Boosterverstärker m 1. усилитель ретранслятора 2. выходной каскад операционного усилителя 3. линейный усилитель микшера
Boot n 1. лодочка (напр. для выращивания кристаллов) 2. кассета (напр. для очистки пластин)
bootstraping англ. 1. метод регулирования с помощью последовательной положительной обратной связи 2. вчт самонастройка; самозагрузка; проф. раскрутка; самообеспечение
Bootstrap-Ladeprogramm n вчт загрузчик программы раскрутки, проф. пускач
Bootstrap-Programm n программа самозагрузки; проф. программа раскрутки
Bootstrapschaltung f катодный повторитель

B-Operator m оператор Б-места, Б-телефонистка
Bordablenkung f des Funkpeilers отклонение [девиация] самолётного радиопеленгатора
Bord-Boden-Fernsehanlage f телевизионная система «воздух — земля»
Bord-Boden-Verkehr m (радио)связь «воздух — земля»
Bordfeuerleitradar n самолётная РЛС управления огнём
Bordnetzfrequenz f частота бортовой сети
Bordnetzgenerator m генератор питания бортовой сети
Bordortungsgerät n бортовой навигационный прибор
Bordpanoramagerät n бортовая панорамная РЛС
Bordsprechanlage f бортовое переговорное устройство
Bordstation f бортовая радиостанция
Bordstrahlungsdetektor m бортовой прибор радиационной разведки
Borsilikatglasmaske f фотошаблон из боросиликатного стекла
Böschung f скос, откос, наклон; сужение (напр. стенок окна в фоторезисте)
Böschungsbreite f микр. ширина расхождения луча
Böschungswand f микр. наклонная стенка
Bose-Einstein-Statistik f статистика Бозе — Эйнштейна
Boson n бозон, бозе-частица
Bougierrohr n изоляционная (кембриковая) трубка
Box f 1. ящик 2. (звуковая) колонка
Boxcaroszilloskop n запоминающий осциллограф
Boxdynode f коробчатый динод
Boxhorn n «ящичный» рупор, рупор с резонатором
B-Platz m тлф Б-место, входящее рабочее место
Bradley-Oszillator m генератор Брэдли
Bragg-Absorptionshologramm n поглощательная голограмма Брэгга
Bragg-Bedingung f условие брегговского отражения
Bragg-Gesetz n закон Брэгга
Bragg-Winkel m угол Брэгга, угол брэгговского отражения
Branche f 1. ответвление, отвод, плечо (моста) 2. вчт ветвление, условный переход (в алгоритме или программе) 3. ветвь (алгоритма) 4. отрасль
Brandmeldesystem n система пожарной сигнализации
Brandschützsystem n система противопожарной защиты
Brandstelle f 1. место обгорания (контакта) 2. место прожога (обмотки, кабеля)
Branley-Lenard-Effekt m эффект Бранлей — Ленарда
Brauchbarkeitsdauer f над. срок службы; срок применения
Brauchbarkeitsprüfung f проверка годности
Bravais-Gitter n (трансляционная) решётка Бравэ
break англ. вчт прерывание, останов

Breakadresse f адрес прерывания
breakpoint англ. **1.** останов (программы) **2.** точка останова (программы)
Breakregister n регистр прерывания
Breaksignal n сигнал прерывания
Brechfläche f преломляющая поверхность
Brechkraft f оптическая сила (линзы)
Brechkrafteinheit f диоптрия, D
Brechpunkt m точка преломления
Brechung f преломление; рефракция
~, **troposphärische** тропосферное преломление; тропосферная рефракция
Brechungsachse f ось преломления
Brechungsebene f плоскость преломления
Brechungsfaktor m см. **Brechungsindex**
Brechungsfeld n преломляющее поле
Brechungsindex m показатель преломления
Brechungsindexdifferenz f разность показателей преломления
Brechungsindex-Dispersion f дисперсия показателя преломления
Brechungsindexgradient m градиент показателя преломления
Brechungskoeffizient m, **Brechungsquotient** m, **Brechungsverhältnis** n см. **Brechungsindex**
Brechungsverluste m pl потери на преломление
Brechungsvermögen n **1.** преломляющая способность **2.** см. **Brechungsindex**
Brechungswellen f pl отражённые или преломлённые волны
Brechungswinkel m угол преломления
Brechungszahl f см. **Brechungsindex**
Brechvorrichtung f приспособление для ломки (пластин)
Brechzahlprofil n профиль показателя преломления
B-Register n индексный регистр, индекс-регистр
Breitband n широкая полоса (частот)
Breitbandanpassung f согласование в широкой полосе (частот)
Breitbandbetrieb m работа в широкой полосе (частот)
Breitbandeinsatz m широкополосный (сменный) блок
Breitband-Farbart-Achse f широкополосная ось (в системе НТСЦ)
Breitbandhalbleiter m широкозонный полупроводник
breitbandig широкополосный
Breitbandigkeit f широкополосность
Breitband-ISDN n широкополосная цифровая сеть интегрального обслуживания, широкополосная ЦСИО
Breitbandkammer f широкополосный объёмный резонатор
Breitbandklirren n широкополосные искажения; искажения в широкой полосе (частот)
Breitbandkommunikationsanlage f установка широкополосной связи
Breitbandkommunikationsnetz n широкополосная сеть связи
Breitbandmagnetbandregistriergerät n (регистрирующее) широкополосное устройство с записью на МЛ

Breitbandnachrichtenübertragung f передача широкополосной информации
Breitbandnachrichtenverkehr m обмен широкополосной информацией
Breitbandnetz n, **integriertes** (цифровая) интегральная сеть связи
Breitband-Reuse f широкополосный цилиндрический вибратор с образующими из проводов
Breitbandschwingungsanzeiger m широкодиапазонный индикатор колебаний
Breitbandsimultangerät n широкополосный антенный переключатель
Breitbandspeisung f питание излучателей широкополосной антенны
Breitbandübertragen n передача широкой полосы (частот), широкополосная передача
Breitbandübertragungskanal m канал широкополосной передачи
Breitbandverkabelung f создание сети широкополосных кабелей
Breitbild n широкоформатное изображение
Breite f **1.** ширина **2.** длительность
~ **des Bandabstandes** интервал между энергетическими зонами
~ **der Basiszone** ширина базы (транзистора)
~ **der pn-Übergangszone** ширина зоны p—n-перехода
Breiteneffekt m широтный эффект
Breitenmodulation f широтно-импульсная модуляция, ШИМ
breitenmoduliert модулированный по ширине
breitstrahlend широкоизлучающий
Breitstrahler m широкоизлучатель
Breitwandfilm m **1.** широкоформатная (кино)плёнка **2.** широкоформатный фильм
Breit-Wigner-Formel f формула Брейта—Вигнера
Breitwinkeleckstrahler m широкоугольный угловой излучатель
Breitzonenhalbleiter m широкозонный полупроводник
Bremsabsorption f тормозное поглощение
Bremsdauer f длительность [время] торможения
Bremselektrode f тормозящий электрод
Bremselektrodenzylinder m тормозящий цилиндрический электрод
Bremsfeld n тормозящее поле
Bremsfeldanfachung f возбуждение колебаний тормозящим полем
Bremsfeldgenerator m генератор (на лампе) с тормозящим полем
Bremsfeldklystron n отражательный клистрон
Bremsfeldröhre f лампа с тормозящим полем
Bremsfeldschwinger m см. **Bremsfeldgenerator**
Bremsfeldschwingungen f pl колебания в тормозящем поле
Bremsfeldtriode f триод с тормозящим полем
Bremsgitter n **1.** тлв барьерная сетка **2.** защитная сетка (в лампах)
Bremsklystron n отражательный клистрон
Bremskraft f замедляющая способность; сила торможения
Bremsladung f тормозящий заряд
Bremslänge f длина [путь] замедления

Bremsmagnet *m* успокаивающий [демпфирующий] магнит; тормозящий магнит
Bremsraum *m* пространство торможения
Bremsring *m* тормозящее кольцо
Bremsspannung *f* тормозящее напряжение
Bremsstrahlquant *n* квант тормозного излучения
Bremsstrahlungsspektrum *n* спектр тормозного излучения
Bremsstrecke *f* участок торможения
Bremsstrom *m* тормозной [стопорный] ток
Bremsung *f* торможение; замедление
Bremsverluste *m pl* потери на торможение
Brennachse *f* фокальная ось
Brenndauer *f* срок службы (*лампы*)
Brennebene *f* фокальная плоскость
~, **bildseitige** задняя фокальная плоскость
~, **dingseitige** передняя фокальная плоскость
Brennen *n* вжигание (*операция при изготовлении толстоплёночных элементов, следующая после сушки*)
Brenner *m* горелка
Brennfaden *m* нить накала
Brennfläche *f* фокальная поверхность
Brennfleck *m* фокальное пятно
Brennfleckabstand *m* фокусное расстояние
Brennglas *n* собирающая линза
Brennintervall *n*, **Brennlänge** *f* фокусное расстояние
Brennlinie *f* фокальная линия
Brennpunkt *m* фокус
~, **bildseitiger** задний фокус
~, **dingseitiger** передний фокус
~, **reeller** действительный фокус
~, **virtueller** мнимый фокус
Brennpunktabstand *m* фокусное расстояние
~ **des Laserstrahles** коллимационное расстояние лазерного луча
Brennpunktfläche *f см.* **Brennfläche**
Brennpunkt-Lochblende *f* точечная диафрагма, расположенная в фокальной точке
Brennpunktregelung *f* фокусировка
Brennstrahl *m* фокальный луч
Brennstrom *m* ток горения
Brennweite *f* фокусное расстояние
Brennweitendehnungsfaktor *m* коэффициент изменения фокусного расстояния
Brennweitenverlängerer *m* линзовая насадка для увеличения фокусного расстояния (*объектива*)
Brett *n* панель; щит
Brettschaltungsbildung *f* макетирование
Brewster *m* брюстер (*единица измерения двулучепреломления*)
Brewster-Fenster *n* брюстеровское окно
Brewster-Gesetz *n* закон Брюстера
Brewster-Winkel *m* угол Брюстера
Bridgman-Effekt *m* эффект Бриджмена
Bridgman-Methode *f* метод выращивания монокристаллов по Бриджмену
Bridgman-Stockbarger-Verfahren *n* метод выращивания монокристаллов по Бриджмену — Стокбаргеру
Brillanz *f* яркость
Brillouin-Effekt *m* эффект Бриллюэна
Brillouin-Zone *f* зона Бриллюэна

Broadcast-Kamera *f* вещательная камера
Brodeln *n* **einer Röhre** собственный шум лампы
Brodelstörung *f* помехи от электрических разрядов
Brontograph *m* бронтограф, самопишущий грозоотметчик
Bruce-Antenne *f* ромбическая антенна, антенна Брука
Bruch *m* **1.** излом; разрыв; трещина **2.** поломка; повреждение **3.** *мат.* дробь
Bruchfestigkeit *f* прочность на излом
Bruchsignalisierung *f* аварийная сигнализация
Bruchstelle *f* **1.** место излома *или* разрыва **2.** место повреждения
Bruchstückion *n* осколочный ион
Brücke *f* **1.** мост(ик) (*напр. измерительный*) **2.** перемычка
~, **leitende 1.** проводящий мостик **2.** связка (*в магнетроне*)
~, **magnetische 1.** мост для магнитных измерений **2.** магнитный шунт **3.** пермеаметр
~ **mit gleichen Verhältnissen** равноплечий мост
~ **mit Transformatorverhältnissen** мост с трансформируемым (со)отношением плеч
~, **schiefarmige** разноплечий мост
~, **selbstabgleichende** самобалансирующийся мост
Brückenabgleich *m* уравновешивание моста
Brückenanordnung *f* мостовое устройство; мостовая схема
Brückenarm *m* плечо моста
Brückenbildung *f* образование (проводящих) мостиков
Brückendaten *pl* параметры моста
Brückendemodulator *m* балансный детектор
Brückendiplexer *m* мостовой диплексер
Brückendraht *m* реохорд
Brückeneichung *f* градуировка (измерительного) моста
Brückenfilter *n* мостовой фильтр
Brückengeber *m* мостовой измерительный преобразователь, мостовой датчик
Brückengegenkopplung *f* мостовая (отрицательная) обратная связь
Brückengegensprechsystem *n* дуплексная система связи по мостовой схеме
Brückengleichrichter *m* мостовой выпрямитель
Brückengleichspannung *f* постоянное напряжение на выходе мостового выпрямителя
Brückenglied *n* ветвь [звено] моста
Brückeninstrument *n* индикаторный прибор моста
Brückenkompensationsmethode *f* компенсационный мостовой метод
Brückenkonstante *f* постоянная (измерительного) моста
Brückenkonverter *m* мостовой преобразователь
Brückenkorrektionsschaltung *f* мостовая корректирующая схема
Brückenkurzschluß *m* закорачивание моста
Brückenlinearität *f* линейность моста
Brückenmethode *f* метод моста, мостовой метод
Brückenmodulationsgerät *n*, **Brückenmodulator** *m* балансный модулятор
Brückennetzwerk *n* мостовая схема

Brückenneutralisation f нейтрализация [нейтродинирование] по мостовой схеме
Brückennullverstärker m усилитель разбаланса моста
Brückenoszillator m генератор по мостовой схеме
Brückenquarzfilter n мостовой кварцевый фильтр
Brückenquerstrom m ток в диагонали моста
Brückenquotientenmeßwerk n мостовой логометр
Brückenrückführung f, **Brückenrückkopplung** f мостовая обратная связь
Brückenschaltung f мостовая схема
Brücken-П-Schaltung f П-образная мостовая схема
Brückenstrom m ток (в диагонали) моста
Brückenübertrager m дифференциальный трансформатор
Brückenverfahren n мостовой метод
Brückenvergleichzweig m балансное плечо моста
Brückenverhältnis n отношение (плеч) моста
Brückenverstärker m мостовой усилитель
Brückenverstimmung f рассогласование моста
Brückenverzweigungsglied n двойной волноводный тройник
Brückenzweig m плечо моста
Brumm m см. **Brummen**
Brummabstand m отношение сигнал/фон
Brummaufnahme f 1. см. **Brummaufzeichnung** 2. наводка от фона
Brummaufzeichnung f запись (шумового) фона (на фонограмме)
Brummbeseitigung f устранение фона
Brummeinfluß m воздействие фона
Brummempfindlichkeit f чувствительность к фону или к пульсациям
Brummen n 1. фон (переменного тока) 2. пульсация (выпрямленного напряжения) 3. гудение (трансформатора)
~, **selbsterzeugtes** внутренний [собственный] фон
Brummentstörungsspule f противофоновая катушка
Brummfaktor m коэффициент пульсации
Brummfehler m pl фоновые помехи
brummfrei бесфоновый
Brummfrequenz f 1. частота фона 2. частота пульсаций
Brummkompensation f компенсация фона
Brummpegel m уровень фона
Brummsiebung f 1. фильтрация фона 2. устранение [фильтрация] пульсаций
Brummsignal n сигнал фона
Brummspannung f 1. напряжение фона 2. напряжение пульсаций
Brummstörung f фоновая помеха
Brummton m 1. тон фона 2. пульсирующий звук
Brummverzerrungen f pl искажения, вызванные фоном
Brunnen m, **isolierter** изолированный карман (для элементов ИС)
Brustmikrofon n нагрудный микрофон
Bruttobitrate f полный цифровой поток (в бит/с)
BS-2A-Satellit m спутник непосредственного вещания BS-2A (Япония, первый вариант)

BS-2B-Satellit m спутник непосредственного вещания BS-2B (Япония, второй вариант)
B-Schaltung f схема усиления класса B
B-Schirmbild n изображение (на экране) индикатора B-типа
B-Sichtverfahren n двухмерная эхограмма, снятая перемещающейся ультразвуковой головкой
B-Signal n 1. тлв сигнал B, сигнал синего (цветоделённого изображения) 2. В-сигнал (сигнал правого канала при двухканальной стереофонии)
BS-Kabel n кабель с хлопчатобумажно-шёлковой изоляцией
B-Station f B-станция, ведомая станция радионавигационной системы
B-System n система B (система, в которой цифровой сигнал звукового сопровождения передаётся в интервалах строчных гасящих импульсов, объединение с видеосигналом осуществляется в исходной полосе частот)
Btx-Dekoder m декодер видеотекса
Btx-Dienst m служба видеотекса
Btx-Netz n сеть видеотекса
Btx-PC-Kopplung f компьютеризованный видеотекс, система видеотекса, управляемая персональным компьютером
Btx-Rechner m информационный банк данных системы видеотекса
Btx-Seite f страница видеотекса
Btx-System n система видеотекса
Btx-Teilnehmer m абонент видеотекса
Btx-Terminal n абонентское оконечное устройство [терминал] видеотекса
Btx-Zentrale f информационный центр системы видеотекса
BT-Zusatz m приставка (к телевизору) для видеотекса
Bubble-Bereich m домен
Bubbledomäne f цилиндрический магнитный домен, ЦМД
Bubblespeicher m ЗУ или память на ЦМД
Buchholz-Relais n защитное реле Бухгольца
Buchse f, **Büchse** f 1. гнездо 2. штепсельная розетка
Buchsenfeld n 1. (гнездовое) коммутационное поле 2. штепсельная панель
Buchsenkontakt m гнездовой контакт
Buchsenleiste f, **Buchsenplatte** f 1. гнездовая панель 2. гнездовая колодка
Buchsentafel f гнездовая панель
Buchsenteil m розеточная часть, розетка (электрического соединителя)
Buchstabenanzeigeröhre f буквенная индикаторная ЭЛТ
Buchstabendrucker m буквопечатающее устройство
Buchstabeneingabe f буквенный ввод (данных)
Buchstabenkette f буквенная строка
Buchstabenkode m 1. буквенный код 2. код алфавита (языка)
Buchstabenkodierungsmethode f буквеннокодированный метод ввода (данных)
Buchstabenlesemaschine f буквочитающая машина

Buchstabenrechner m ВМ для обработки буквенной информации
Buchstabenregister n буквенный регистр
Buchstabensatz m набор буквенных символов
Buchstabentaste f буквенная клавиша
Buchstabenumschaltung f переключение [перевод] регистра на печатание букв
Buchstaben- und Ziffern-Umschaltung f переключение [перевод] регистра с букв на цифры и обратно
Buchstabenwechsel m см. **Buchstabenumschaltung**
Buchstaben-Zifferneingabe f буквенно-цифровой ввод (*данных*)
Bucket-Brigade-Device n прибор типа «пожарная цепочка»
«Bug» m двухсторонний телеграфный ключ, виброплекс
Bugantenne f носовая самолётная антенна
Bügel m 1. дуга, бугель; скоба 2. ярмо 3. зигзаг нити (*лампы накаливания*) 4. перемычка 5. дужка
Bügelfesthaltung f замковое устройство (электрического) соединителя с фиксирующей скобой
Bulk m 1. подложка (*ИС*) 2. объём 3. большой массив данных
Bulk-CCD-Bauelement n прибор с объёмной зарядовой связью, ПЗС с объёмным каналом
Bump(anschluß) m *микр.* столбиковый вывод, контактный столбик
Bund m 1. вязка (*проводов*) 2. пучок, жгут (*проводов, кабелей*) 3. связка
Bündel n 1. пучок (*лучей, электронов*) 2. *тлф* группа (*линий*) 3. жгут (*световодов*) 4. *мат.* связка 5. *вчт* пакет, группа (*ошибок*)
~, **ausgeblendetes** диафрагмированный пучок
~, **inneres** внутренний (*циркуляционный*) пучок
~, **schmales** узкий пучок
Bündeladern f pl многожильный (волоконнооптический) кабель
Bündelapertur f апертура пучка
Bündelaufweitung f расширение пучка
Bündelausblendung f диафрагмирование пучка
Bündelbreite f раствор пучка
Bündeldivergenzwinkel m угол расходимости пучка
Bündelemissionskamera f *кв. эл.* камера пучка
Bündelexpander m расширитель пучка
Bündelfehler m групповая ошибка
Bündelformung f формирование пучка
Bündelhomogenität f однородность пучка
Bündelkabel n многожильный кабель
Bündelknoten m кроссовер
Bündelkontraktion f стягивание пучка
Bündellänge f длина (кодовой) группы
Bündelleiter m многожильный провод
Bündelleitung f *тлф* соединительная линия
bündeln 1. собирать в пучок 2. фокусировать 3. направлять (*луч, волну*)
Bündelöffnungswinkel m угол раствора пучка
Bündelphasierung f фазировка пучка
Bündelquerschnitt m поперечное сечение пучка
Bündelregelung f управление пучком
Bündelröhre f лучевой тетрод
Bündelsteuerung f управление пучком

Bündelstörimpulse m pl пакет мешающих импульсов
Bündelstrom m ток (электронного) пучка
Bündelteiler m расщепитель пучка
Bündelung f 1. фокусировка 2. направленность (*луча, волны*) 3. сходимость (*пучка*) 4. сведение (*лучей*) 5. коэффициент концентрации (*антенны*) 6. *тлф* уплотнение
~, **dynamische** 1. динамическая фокусировка 2. динамическое сведение (*лучей*)
~ **der Gleitlinien** группирование линий скольжения
~ **des Laserstrahls** конвергенция [сходимость] пучка лазера
~, **magnetische** 1. магнитная фокусировка 2. магнитное сведение (*лучей*)
~, **starke** остронаправленное излучение
Bündelungseffekt m фокусирующее действие
Bündelungselektrode f фокусирующий электрод
Bündelungsfähigkeit f 1. фокусирующая способность 2. направленность (*излучения*)
Bündelungsgewinn m выигрыш за счёт направленности (*излучения*)
Bündelungsmaß n 1. степень сходимости (*пучка*) 2. степень концентрации (*энергии антенны*)
Bündelungsspule f 1. фокусирующая катушка 2. катушка сведения (*лучей*)
~, **dynamische** 1. катушка динамической фокусировки 2. катушка динамического сведения (*лучей*)
Bündelungssystem n 1. фокусирующая система 2. система сведения (*лучей*)
Bündelungswinkel m угол направленности
Bündelverbreiterung f расширение [расхождение] пучка
Bündelzittern n дрожание пучка
Buntbild n цветное изображение
Buntfarbe f насыщенный цвет
Buntfärbung f (цветовая) окраска
Buntheitsgrad m степень насыщенности (цвета)
Buntregler m регулятор цвета
Burgers-Vektor m *крист.* вектор Бюргерса, вектор сдвига
Burgers-Versetzung f дислокация Бюргерса, винтовая дислокация
buried-channel-CCD *англ.* ПЗС со скрытым каналом
buried-layer *англ.* скрытый слой
Burn-in n 1. отжиг (*напр. резисторов*) 2. приработка (*аппаратуры*) 3. *тлв* прожигание (*экрана*)
Bürocomputer m учрежденческий компьютер
Bürofernschreiben n система межучрежденческой буквопечатающей связи; учрежденческий телекс
Bürorechenmaschine f конторская ВМ
«Burrus»-Diode f, **«Burrus»-Leuchtdiode** f светоизлучающий диод Барруса
Burst m 1. пачка, группа, пакет (*напр. ошибок*) 2. *тлв* сигнал цветовой синхронизации, *проф.* вспышка 3. всплеск, выброс 4. пробой (*в ионизационной камере*)
~, **alternierender** (из)меняющийся (*по фазе*) сигнал цветовой синхронизации

Burstaustastimpuls *m* импульс выделения сигнала цветовой синхронизации
Burstaustastung *f* выделение сигнала цветовой синхронизации
Burst-Automatik *f* автоматическая система выключения канала цветности, использующая сигнал вспышки
Bürstenabfühlung *f* считывание при помощи щёток
Bürstenabnehmer *m* щёточное считывающее устройство
Bürstenauswahlschalter *m* щёточный селекторный переключатель
Bürstenblock *m* блок (контактных) щёток
Bürstendraht *m* пучок контактных проволок щётки
Bürstenhalter *m* щёткодержатель
Bürstenkontakt *m* щёточный контакт
Bürstenleser *m* см. **Bürstenabnehmer**
Bürstenschalter *m* щёточный переключатель
Bürstenschuh *m* наконечник щётки
Bürstenspur *f* контактная дорожка (считывающей) щётки
Bürstenstrom *m* ток через щётку
Bürstenvergleichsprüfung *f* контроль (*работы перфоратора*) контактными щётками
Bürstenwählschaltung *f* цепь щёточного искателя
Burstfehler *m* групповая ошибка
Burstkennimpulsgeber *m* генератор флаг-импульсов
Burstphase *f* фаза сигнала цветовой синхронизации
Burst-Torschaltung *f* схема выделения сигнала цветовой синхронизации
Burstverstärker *m* усилитель сигнала цветовой синхронизации
Bus *m* 1. шина 2. *вчт* канал (*передачи информации*) 3. *мат.* вершина графа
~, **bidirektionaler** двунаправленная шина
~, **gemeinsamer** общая шина
~ **mit drei Zuständen** шина с тремя состояниями
~, **zeitgeteilter** шина с временным разделением сигналов
Busanforderung *f* запрос шины
Bus-Arbiter *m* блок управления доступом к общей шине (*мультипроцессора*)
Busaustauschbaustein *m* модуль коммутации шин
Busbelastung *f* нагрузка шины
Busbereitschaftssignal *n* сигнал готовности шины
Busbestätigung *f* подтверждение (*опознания*) шины
Büschel *n* (плоский) пучок
Büschelbildung *f* образование [формирование] пучка
Büschelentladung *f* кистевой разряд
Büschelgleichung *f* уравнение пучка
Büschelstörungen *f pl* групповая помеха
Busdurchsatz *m* пропускная способность шины
Busfreigabe *f* освобождение шины (*разрешение на доступ*)
Busleitung *f см.* **Bus** 1., 2.
Busleitungssystem *n см.* **Bussystem**
Busmutterkarte *f* объединительная плата шин
busorientiert шинно-ориентированный (*об архитектуре ЭВМ*)

Bus-Peripherie-Schnittstelle *f* устройство сопряжения [интерфейс] шины с периферийными устройствами
Buspufferschaltung *f* буфер шины
Busschnittstelle *f* интерфейс шины, устройство сопряжения с шиной
Bussendeempfänger *m* приёмопередатчик шины
Bussteuersignal *n* сигнал управления шины
Bussteuerung *f* управление от шины
Busstruktur *f* шинная структура (*системы*)
Bussystem *n* система с общей шиной; система с шинной организацией
Bustreiber *m* возбудитель [драйвер] шины
Buszuteiler *m* распределитель доступа к шине
Buszyklus *m* цикл обращения к шине
Butterworth-Filter *n* фильтр Баттерворта
Butterworth-System *n* система Баттерворта, система усилителя несущей частоты с плоской резонансной кривой
Bu- und Zi-Umschaltung *f* переключение [перевод] регистра с букв на цифры и обратно
B-Verstärker *m* усилитель класса В
Bypass *m* 1. *вчт* обход 2. параллельное соединение, шунт 3. полосовой фильтр
(B-Y)-Signal *n тлв* цветоразностный сигнал B—Y
Byte *n* байт
Bytefehlerrate *f* частота (появления) ошибок по байтам
Bytegrenze *f* граница [раздел] между байтами
Bytemultiplexkanal *m* байт-мультиплексный канал, мультиплексный канал с побайтовой передачей данных
byteorientiert байтовый, с байтовой организацией
Byterechner *m* ВМ с байтовой организацией
Bytespeicher *m* байтовое ЗУ, ЗУ с байтовой организацией
Bytestruktur *f* байтовая структура
Byteverarbeitung *f* побайтовая обработка
Bytezahl *f* число байтов
B-Zustand *m* промежуточное состояние, стадия В

C

C-Abstimmung *f* настройка конденсатором, ёмкостная настройка
Cachespeicher *m* кэш (*быстродействующая буферная память большой ёмкости*)
CAD-Bereich *m* область автоматизированного проектирования
CAD-CAM-Arbeitsplatz *m* автоматизированное рабочее место конструктора
CAD-Methode *f* метод автоматизированного проектирования
CAD-System *n* система автоматизированного проектирования
Call *m* 1. *вчт* вызов; обращение 2. запрос 3. *тлф* вызов
Calla *n проф.* измеритель рассогласования (*антенн, кабелей*)

Camcorder *m* видеозаписывающая камера, видеокамера
Campbell-Brücke *f* мост Кэмпбелла, мост для измерения индуктивности и взаимоиндукции
CAM-System *n* система автоматизированного производства
Candela *f* кандела, кд
Capstan *m см.* **Capstanwelle**
Capstan-Motor *m* двигатель ведущего вала (*лентопротяжного механизма*)
Capstanwelle *f* ведущий вал (*лентопротяжного механизма*)
«**Captain**» *фирм.* «Кэптэн» (*система телетекста, Япония*)
Carcinotron *n* лампа обратной волны M-типа
Card-to-tape-Konverter *m* устройство перезаписи с (перфо)карт на (перфо)ленту
cartoon *англ.* мультипликация
«**Cartooning-effect**» *англ.* эффект «огрублённого» изображения
Cartridge *n* 1. кассета (*с одной или двумя катушками*) 2. головка звукоснимателя
Cassagrain-Antenne *f* антенна Кассегрена
Cassete *f* кассета; (двухкатушечная) компакт-кассета
CATT-Triode *f* управляемый лавинно-пролётный (микроволновый) триод
CATV-Verteilnetz *n* распределительная сеть кабельного телевидения с коллективным приёмом
Cauer-Filter *n* фильтр Кауэра
CAV-Videoplatte *f* видеодиск (системы лазерной видеозаписи) с постоянной скоростью вращения
C-Band *n* 1. диапазон C (0,5—1,0 ГГц) 2. зап. двухслойная лента
CBC-Fernsehen *n* система цветного телевидения вещательной компании Си-би-си (*Канада*)
C-Bereich *m* 1. диапазон измерения ёмкостей 2. диапазон C (0,5—1,0 ГГц)
C-Betrieb *m* режим (класса) C
CBS-Farbfernsehsystem *n*, **CBS-Fernsehsystem** *n*, **CBS-System** *n* система цветного телевидения вещательной компании Си-би-эс (*США*)
CCD прибор с зарядовой связью, ПЗС
~ **mit Frame Transfer** ПЗС с покадровым переносом
~ **mit Interline Transfer** ПЗС с межстрочным переносом
CCD-Array *англ. см.* **CCD-Matrix**
CCD-Aufnahmekopf *m* камерная головка на ПЗС
CCD-Bauelement *n* прибор с зарядовой связью, ПЗС
CCD-Bildempfänger *m*, **CCD-Bildsensor** *m*, **CCD-Bildwandler** *m* ПЗС-преобразователь свет—сигнал, ПЗС-формирователь видеосигнала
CCD-Eimerkette *f* ПЗС типа «пожарная цепочка»
CCD-Farbkamera *f*, **CCD-Farbmatrixkamera** *f* камера цветного телевидения на ПЗС
CCD-Fernsehkamera *f см.* **CCD-Kamera**
CCD-Filmabtaster *m* телекинодатчик на ПЗС
CCD-Flächenbildsensor *m* матричный ПЗС-преобразователь свет—сигнал

CCD-Halbleitersensor *m* полупроводниковый ПЗС-датчик
CCD-Kamera *f* (телевизионная передающая) камера на ПЗС, ПЗС-камера
CCD-Kette *f* цепь элементов ПЗС
CCD-Matrix *f* ПЗС-матрица, матрица ПЗС
CCD-Scanner *m* ПЗС-сканер, сканирующее устройство на ПЗС
CCD-Sensor *m* ПЗС-датчик
CCD-Speicher *m* ЗУ *или* память на ПЗС
CCD-Wandler *m см.* **CCD-Bildempfänger**
CCD-Zeile *f* однострочный ПЗС, ПЗС-линейка
CCD-Zeilensensor *m* однострочный ПЗС-преобразователь свет—сигнал
CCIR-Beitrag *m* вклад МККР
CCIR-Norm *f* стандарт МККР
CCITT-Empfehlung *f* рекомендация МККТТ
CCT-Decoder *m* декодер системы телетекста с управлением от ВМ
CdHgTe-Infrarotdetektor *m* детектор ИК-излучения на основе соединения кадмий-ртуть-теллур
C-Diode *f* варикап
CDI-Technik *f* метод изоляции (элементов ИС) коллекторной диффузией
CD-Platte *f* цифровой компакт-диск
CD-Player *m см.* **CD-Spieler**
CdSe-Fotowiderstand *m* кадмиево-селеновый фоторезистор
CdSe-Target *n* кадмиево-селеновая мишень
CD-Spieler *m* проигрыватель цифровых компакт-дисков
CED-Bildplatte *f* видеодиск с ёмкостным воспроизведением
«**Ceefax**» Сифакс (*система телетекста компании Би-би-си, Великобритания*)
Cepstrums-Analyse *f* анализ с помощью косинус-преобразования Фурье логарифма энергетического спектра
CEPT-Standard *m* стандарт передачи и отображения информации Европейской конференции по почтовой и дальней связи
Čerenkov-Effekt *m* эффект Черенкова
Čerenkov-Strahlung *f* излучение Черенкова
Cermet *n* кермет, металлокерамика
Cermetdünnschichtwiderstand *m* керметный тонкоплёночный резистор
Cermetfilm *m*, **Cermetschicht** *f* плёнка [слой] кермета
Cermetwiderstand *m* керметный (тонкоплёночный) резистор
Cesiwid *m* цезивид (*сплав высокого удельного сопротивления*)
C-Format *n* формат C видеофонограммы (*унифицированный формат на основе форматов A и B*)
Chalkogenid-Glashalbleiter *m* халькогенидный стеклообразный полупроводник
Chalnicon *n* халникон (*видикон*)
Channel *m* канал
Channelleitfähigkeit *f* канальная проводимость
Channelmontage *f* монтаж кристаллов ИС на теплоотводящую металлизированную керамическую подложку
Channelstopper *m* стоп-канал

Chaperon-Wicklung f намотка по Шаперону, безъёмкостная намотка
Charakter m 1. характер (*зависимости*) 2. знак; символ
«**Charakter-Generator**» m знакогенератор
Charakteriograf m характериограф
Charakteristik f характеристика (*см. тж* **Kennlinie**)
~, **lichtelektrische** *тлв* световая характеристика (*передающей трубки*)
~, **nierenförmige** кардиоидная характеристика направленности
~, **rücklaufende** обратная характеристика
~, **steilabfallende** крутоспадающая характеристика
~, **stückweise lineare** кусочно-линейная характеристика
Charakteristikabweichung f отклонение характеристики (*от заданной формы*)
Charakteristikanhebung f подъём характеристики
Charakteristikast m ветвь характеристики
Charakteristikauslenkung f *см.* **Charakteristikabweichung**
Charaktron n характрон (*знакопечатающая трубка*)
Charge f 1. заряд 2. партия; группа 3. затравка
~ **zur Kristallzüchtung** затравка для выращивания кристаллов
Chargenbedampfungsanlage f установка для группового напыления
Chargenbetrieb m циклический режим
Chargenprozeß m циклический процесс
Charge-Priming-Transfer-Kamera f ПЗС-камера с предварительно вводимым вспомогательным зарядом
chargistor англ. пп чарджистор
Chassis n 1. шасси; монтажная рама; монтажная плата 2. радиоприёмник; телевизор
Chassisanordnung f разметка шасси
Chassisauflage f (аппаратурная) стойка (*для установки шасси блоков*)
Chassisbaukastensystem n модульная система шасси, монтажных рам *или* монтажных плат
Chassiseinschub m в(ы)движение шасси
Chassisstecker m блочная часть соединителя, смонтированная на шасси
Chassisstromlaufplan m (блочно-)функциональная схема (соединений) радиоприёмника или телевизора
Chefstation f главная [ведущая] (радио)станция
Chelat(flüssigkeits)laser m (жидкостный) лазер на хелатах
Chemilumineszenz f хемилюминесценция
Chemoelektronenemission f хемоэлектронная эмиссия
Chemolumineszenz f хемолюминесценция
Chemosorption f хемосорбция
Chemotrondiode f хемотронный диод
Chemotronik f хемотроника
Chemotronwandler m хемотронный преобразователь (*неэлектрических сигналов*)
Chiffrator m шифратор; кодирующее устройство
~ **für die Gruppe** шифратор группового кода
Chiffratorschaltung f схема шифратора

Chiffrekommandogerät n устройство для кодирования команд
Chiffriergerät n *см.* **Chiffrator**
Chiffriermaschine f шифровальная [криптографическая] машина
Chiffrierschlüssel m ключ шифра; код
Chiffrierung f шифрование
Chiffrierungsmatrize f шифраторная [кодирующая] матрица
Chip n 1. кристалл (*ИС*) 2. (бескорпусная) интегральная схема, ИС; микросхема
~, **dicht gepacktes** кристалл с плотной упаковкой
~, **eingebettetes** утопленный кристалл
Chipanschluß m подключение кристалла
Chiparchitektur f организация [архитектура] кристалла
Chipaufbau m построение кристалла
Chipaufnahme f захват кристалла; (вакуумный) пинцет для кристалла
Chipausbeute f выход годных кристаллов
Chipauswahl f выбор годных кристаллов
Chipbaustein m кристалл ИС
Chipbefestigungsverfahren n способ [метод] крепления кристалла
Chipbonder m установка для монтажа кристаллов
Chipbondhügel m столбиковый вывод кристалла
Chipbondinsel f контактная площадка кристалла
~, **erhöhte** контактная площадка столбикового вывода кристалла
Chipeinbettung f *микр.* установка кристаллов в углубления подложки
Chipeinsetzung f установка кристалла
Chipentwurf m разработка (топологии) кристалла
chipextern 1. сформированный вне общего кристалла 2. навесной (*о компоненте*)
Chipflächenausnutzung f использование (полезной) площадки кристалла
Chipfreigabe f отпирание кристалла
Chipfügeausrüstung f транспортная упаковка [тара] кристаллов
Chipfügen n сборка [монтаж] кристалла
chipintern сформированный на общем кристалле
Chipjustiermarke f знак совмещения кристалла
Chipkante f грань [край] кристалла
Chipklassifizierer m классификатор кристаллов (*по заданным допускам на параметры*)
Chipkondensator m бескорпусной конденсатор
Chipkontaktstelle f площадка для присоединения кристалла
Chiplagefehler m ошибка в позиционировании кристалла (*на подложке*)
Chiplayout n топология кристалла
Chipleistung f мощность рассеяния кристалла
Chiplogik f 1. логическая схема, сформированная на кристалле 2. логическая ИС
Chipmatrix f матрица кристаллов
Chipmontagefläche f площадь для монтажа кристалла
Chipplazierung f установка [монтаж] кристалла
Chipprüfgerät n прибор для проверки кристаллов

Chipprüfsonde f зондовая установка для проверки кристаллов
Chiprand m см. **Chipkante**
Chipredundanz f резервирование на кристалле
Chipschaltung f 1. схема, выполненная на кристалле 2. кристалл ИС
Chipscheibe f полупроводниковая пластина с кристаллами
Chipspule f рулон с кристаллами для монтажа на поверхность
Chipstruktur f 1. структура кристалла 2. рельеф кристалла
Chip-Substrat-Verbindung f соединение кристалла с подложкой
Chiptechnik f техника [технология] изготовления кристаллов
Chiptestung f тестирование [контроль] кристаллов
Chipträger m 1. кристаллодержатель (*автомата монтажа*) 2. кристаллоноситель, подложка (для установки) кристалла
Chipträgerbaustein m, **Chipträgergehäuse** n корпус кристалла
Chipträgersubstrat n основание кристаллоносителя
Chiptransistor m 1. бескорпусной транзистор 2. транзистор в составе кристалла
Chipüberdeckungsmarke f метка [знак] совмещения кристалла
Chipverband m матрица кристаллов
Chipvereinzelung f разделение полупроводниковой пластины на кристаллы
Chipverkleinerung f (пропорциональное) уменьшение элементов кристалла
Chipversenkung f см. **Chipeinbettung**
Chipzerteilung f см. **Chipvereinzelung**
Chip-Zwischenträgerfilm-Einheit f кристалл, смонтированный на ленточном носителе
Chireix-Mesny-Antenne f антенна Ширекса — Мени, коротковолновая направленная антенна вертикальной поляризации
Chirpradar n РЛС с внутриимпульсной линейной частотной модуляцией
cholesterisch холестерический
Chopper m 1. прерыватель 2. вибропреобразователь 3. обтюратор; модулятор света, оптический модулятор 4. инвертор (*преобразователь постоянного тока в переменный*)
Chopperfrequenz f частота прерывания
Christobalit m кристобалит
Chroma f см. **Chrominanz**
Chromaband n полоса сигнала цветности
Chromafilter n фильтр канала цветности
chromakey *англ. тлв* цветовая (электронная) рирпроекция
chromakey, RGB *англ.* RGB-рирпроекция, цветовая рирпроекция с формированием силуэтного сигнала из исходных сигналов основных цветов
Chroma-Meter n колориметр
Chromasignal n сигнал цветности
chromatisch 1. хроматический 2. цветовой, цветной
Chromatismus m 1. хроматизм 2. хроматическая аберрация
Chromatographie f хроматография

Chromatometer n хроматометр
Chromatron-Röhre f *тлв* хроматрон
Chroma-Verstärker m усилитель сигналов цветности
Chrombild n изображение на хромированном фотошаблоне
Chromdioxidband n, **Chromdioxid-Magnetband** n хромдиоксидная (магнитная) лента
Chromel-Alumel-Thermoelement n, **Chromel-Alumel-Thermopaar** n хромель-алюмелевая термопара
Chromel-Copel-Thermopaar n хромель-копелевая термопара
Chromel-Konstantan-Thermopaar n хромель-константановая термопара
Chromfotomaske f хромированный фотошаблон
Chromglasplatte f стеклянная пластина, покрытая хромом (*для изготовления фотошаблона*)
Chrominanz f цветность; вектор цветности
Chrominanzbildpunkt m цветной элемент изображения
Chrominanzfilter n фильтр (ограничения полосы) сигнала цветности
Chrominanzkanal m канал сигнала цветности
Chrominanz/Luminanz-Übersprechen n перекрёстное искажение «цветность — яркость»
Chromkassette f кассета с лентой на диоксиде хрома
Chrommaske f хромированный фотошаблон
Chromoskop n *тлв* хроматрон
Chromosphäre f хромосфера
Chromretikel n хромированный промежуточный фотошаблон
Chromschablone f хромированный фотошаблон
Chromschichtstruktur f рисунок, сформированный на слое хрома
Chromtochterschablone f хромированная копия эталонного фотошаблона
Chronograph m хронограф
Chronoskop n хроноскоп
Chronotron n хронотрон, прибор для измерения пикосекундных интервалов времени
CID-Bildwandler m преобразователь свет — сигнал на ПЗИ
CID-Element n прибор с зарядовой инжекцией, ПЗИ
CID-Sensor m см. **CID-Bildwandler**
CIE-Farbarttafel f см. **CIE-Farbtafel**
CIE-Farbdreieck n цветовой треугольник МКО
CIE-Farbtafel f цветовой график МКО
Cinch n затяжка (магнитной ленты)
C-Indikator m индикатор С-типа (*индикатор азимута и угла места с прямоугольной растровой развёрткой*)
Clamping-Diode f фиксирующий диод
Clamping-Schaltung f схема фиксации уровня
Cleanroom m *микр.* чистая комната
Clearance-Strahler m щелевой излучатель
Cleaved-coupled-cavity-Laser m комбинация лазерных диодов (*излучатель — модулятор частоты*)
C-Leitung f третий провод; С-провод; испытательный провод
Clip m 1. пружинный зажим; пружинный кон-

такт 2. зажим типа «крокодил» 3. *тлв* видеовставка, видеоклип
Clipper *m* ограничитель
Clipperschaltung *f* схема ограничения
Clipperstufe *f* ограничительный каскад
clock *англ.* 1. таймер; часы 2. генератор тактовых *или* синхронизирующих импульсов 3. тактовые *или* синхронизирующие импульсы
«Clock-Cracker» *англ.* сигнал проверки (правильности) восстановления тактовых *или* синхронизирующих импульсов (*в приёмных устройствах системы телетекста*)
Clock-Jitter *n* (фазовое) дрожание тактовых импульсов
Clock-Radio *n* радиоприёмник с вмонтированными часами
Closed-circuit-Television *f* замкнутая телевизионная система
closed loop *англ.* 1. замкнутая петля 2. замкнутый цикл 3. замкнутый контур
Closed-loop-Betrieb *m* работа по замкнутому циклу
Cluster *m* 1. *фтт* кластер 2. скопление, группа
Clusterfunktion *f* функция группирования
Clusterprozeß *m* процесс группирования (*напр. зарядов*)
CLV-Videoplatte *f* видеодиск (система лазерной видеозаписи) с постоянной линейной скоростью
C-MAC-(Packet-)System *n* система C-MAC-Packet, система Ц-МАК-Пакет (*система MAC, в которой пакеты цифровых данных передаются в интервалах гашения фазовой манипуляцией радиочастоты*)
CMIS-Schaltkreis *m* схема на комплементарных структурах металл—диэлектрик—полупроводник, схема на КМДП-структурах
C-Modulator *m* модулятор класса C
CMOS-Feldeffekttransistor *m* полевой КМОП-транзистор
CMOS-Logik *f* логические схемы на КМОП-структурах
CMOS-Schaltkreis *m* схема на КМОП-структурах
CMOS-Technik *f* технология КМОП-структур
CMOS-Verknüpfungsglied *n*, **integriertes** вентиль на ИС с КМОП-структурой
cm-Wellengebiet *n* диапазон сантиметровых волн
CNC-Einheit *f* блок ЧПУ
C-Netz *n* Ц-сеть (*автоматизированная радиотелефонная сеть с временным уплотнением каналов, ФРГ*)
Code *m см.* **Kode**
CO_2-Laser *m* лазер на углекислом газе, CO_2-лазер
Cole-Cole-Diagramm *n* диаграмма Коул-Коула
Collins-Filter *n* фильтр Коллинза
Color-Analyser *m* цветоанализатор
Colorbild *n* цветное изображение
Colorierung *f*, **Colorization** *f* окрашивание, окраска
Colorkiller *m* схема выключения канала цветности (*во время приёма чёрно-белой передачи*)
Color-Negativfilm *m* цветной негативный фильм
Colpitts-Oszillator *m* ёмкостный трёхточечный генератор с параллельным питанием, генератор Колпитца
COM-Anlage *f* выходное микрофильмирующее устройство ВМ
comet-tail *англ.* искажение типа «хвост кометы», *проф.* «комета»
Compactcassette *f* компакт-кассета
Compact-Disk-Qualität *f* качество, соответствующее качеству записи на компакт-диске
Compatibility *f* совместимость
~, **elektromagnetische** электромагнитная совместимость
Compiler *m* компилятор, компилирующая программа
Compilersimulation *f* моделирование компилирующей программы
Complex-Function-Chip *n* многофункциональный кристалл
Compositron *n* композитрон (*трубка для оптического вывода данных*)
Compton-Absorption *f* комптоновское поглощение (*гамма-лучей*)
Compton-Effekt *m* эффект Комптона
Compton-Elektron *n* комптоновский электрон
Compton-Kante *f* граница комптоновского поглощения
Compton-Querschnitt *m* комптоновское сечение
Compton-Rückstoß *m* комптоновское рассеяние; комптовская отдача
Compton-Schwächung *f* комптоновское ослабление
Compton-Streuung *f* комптоновское рассеяние
Compton-Verschiebung *f* комптоновское смещение
Computer *m* 1. электронная вычислительная машина, ЭВМ, компьютер 2. вычислительное устройство, вычислитель
~ **der 5. Generation** ЭВМ пятого поколения (*построена на принципе биотехнологии*)
Computeranlage *f* 1. вычислительный комплекс 2. система ЭВМ
Computerbild-Aufzeichnungsgerät *n* устройство записи машинных изображений
Computer-Briefkasten *m* электронный почтовый ящик, компьютерный центр для обмена информацией абонентов телефонной сети
Computerequalizer *m* корректор с микропроцессорным управлением (*напр. для регулировки звучания*)
Computerfilm *m* машинный кинофильм
Computergeneration *f* поколение ЭВМ
computergesteuert управляемый от ЭВМ
Computergrafik *f* машинная графика
Computerhandbuch *n* микрокалькулятор
Computer-Hardware *f* аппаратные средства ЭВМ
Computer-Hologramm *n* голограмма, синтезированная на ЭВМ, машинная голограмма
Computerisierung *f* автоматизация обработки (данных) при помощи ЭВМ; использование ЭВМ для автоматизации работы
Computerlauf *m* 1. прогон ЭВМ 2. машинный прогон (программы)
Computerleistung *f* производительность ЭВМ
Computer-Monitor *m* (экранный) монитор ЭВМ

Computermusik f музыкальное произведение, синтезированное с помощью ЭВМ
Computerperipherie f внешние [периферийные] устройства ЭВМ
Computerplattenspeicher m дисковое ЗУ; дисковая память; накопитель ЭВМ на магнитных дисках
Computerregelung f управление от ЭВМ
Computerschach m шахматная игра с использованием ЭВМ
Computersichtgerät n дисплей ЭВМ
Computer-Software f программное обеспечение ЭВМ
Computerspiel n компьютерная игра
Computersprache f машинный язык
Computerstörung f сбой ЭВМ
Computersystem n система ЭВМ; вычислительная система
Computertomografie f компьютерная томография
computerunterstützt автоматизированный; выполненный с помощью ЭВМ
Computerzeichnen n машинная графика
Computerzeit f (полезное) машинное время
Computer-zu-Computer-Verbindung f межмашинная связь
Comstar-Satellit m спутник связи КОМСТАР (*США*)
concealment *англ.* маскирование (*ошибок*)
Cone-Lautspecher m конусный громкоговоритель; диффузорный громкоговоритель
confidence-head *англ.* головка сквозного канала, головка контрольного воспроизведения
Consolanlage f, **Consol-Funkfeuer** n радиомаяк системы Консол
Contamination f загрязнение, нежелательная примесь
Contest m соревнование в радиолюбительской УКВ-связи
Controlled-collapse-Verfahren n управляемое совмещение (*столбиковых выводов с контактными площадками*) при монтаже методом перевернутого кристалла
Controller m 1. контроллер; устройство управления 2. регулятор
~, **slow motion** 1. *зап.* блок управления замедлением 2. регулятор (точного) замедленного перемещения (*напр. позиционирующего стола*)
Converter m преобразователь, конвертер
Convolver m конвольвер, устройство свёртки
Coolidge-Röhre f (электронная рентгеновская) трубка Кулиджа
COPAS-System n система КОПАС (*для цифровой обработки звуковых сигналов, Би-би-си, Великобритания*)
Copy-Prüfung f контроль копирования
Coriolis-Aufspaltung f кориолисово расщепление
Corner-Reflektorantenne f антенна с уголковым отражателем [с уголковым рефлектором]
Cosecans[2]-Antenne f антенна с диаграммой направленности типа «косеканс-квадрат»
COSMOS-Feldeffekttransistor m полевой КМОП-транзистор
Coulomb n кулон, Кл

~, **internationales** международный кулон (*0,99985 Кл*)
Coulomb-Anregung f кулоновское возбуждение
Coulomb-Barriere f кулоновский (потенциальный) барьер
Coulomb-Feld n кулоновское поле
Coulomb-Meter n кулонометр
Coulomb-Potential n кулоновский потенциал
Coulomb-Potentialbarriere f, **Coulomb-Schwelle** f кулоновский потенциальный барьер
Coulomb-Streuung f кулоновское рассеяние
Coulomb-Wall m кулоновский (потенциальный) барьер
Coulomb-Wechselwirkung f кулоновское взаимодействие
Coupler m 1. устройство связи 2. устройство [блок] сопряжения 3. ответвитель 4. *микр.* связующее вещество
C-PAL-System n система ПАЛ-С, система ПАЛ-Ц
CPS-Emitron n ортикон
CPT-Kamera f телевизионная ПЗС-камера с подкачкой заряда
CPU-Chip n *микр.* кристалл центрального процессорного устройства, кристалл ЦПУ
cradle *англ.* приставка для воспроизведения видеозаписи
Crate m стандартный блочный каркас, корзина, крейт
CRC-Wort n команда циклического контроля по избыточности
C-Register n регистр команд
Crestfaktor m коэффициент амплитуды, пик-фактор
Crimpkontakt m контакт, выполненный навивкой
Crimpverbindung f соединение навивкой
crispening *англ. тлв* подчёркивание контуров
Cristobalit m кристобалит
CrO-Kassette f кассета с лентой с закисью хрома
CrO$_2$-Magnetband n магнитная лента с диоксидом хрома
Crosby-Schaltung f двухтактная схема фазовой модуляции, схема Кросби
Cross-Assembler m *вчт* кросс-ассемблер
Crossbar-Schaltmatrix f координатная коммутационная матрица
cross-color *англ.*, **Cross-color-Störungen** f pl перекрёстные искажения «яркость — цветность»
Cross-color-Unterdrückung f подавление перекрёстных искажений «яркость — цветность»
Cross-compiler m *вчт* кросс-компилятор
Cross-Effekt m эффект перекрёстных искажений
Cross-Luminanz f, **Crossluminanz-Störungen** f pl перекрёстные искажения «цветность — яркость»
Crossover m 1. кроссовер (*1. минимальное поперечное сечение электронного пучка 2. электронный прибор*) 2. переход; переходная область
Crossoverblende f диафрагма, установленная в кроссовере
Cross-Software f *вчт* кросс-программное обеспечение

Crosstalkmeter *n* измеритель переходного затухания
CrO₂-Videoband *n* видеолента с диоксидом хрома
CRT-Controller *m* контроллер дисплея на ЭЛТ
CRT-Display *n* экранный дисплей
Cryotron *n* криотрон
C-Schaltung *f* 1. релаксационная схема с накопительным конденсатором 2. схема усилителя класса C
C-Schirm *m* индикатор типа C (*угол места — азимут*)
Cs-Dampf-Laser *m* цезиевый лазер
C-System *n* система C (*система, в которой цифровой сигнал звукового сопровождения передаётся фазовой манипуляцией несущей в интервалах гашения, а видеосигнал — частотной модуляцией этой несущей в период активной части строки*)
CTC-Kanal *m* канал условной передачи управления
CTL-Schaltungen *f pl* логические схемы на комплементарных транзисторах
CT-Schnitt *m* CT-срез (*пьезокварца*)
Cubicle-Quad-Antenne *f* каркасная антенна (*в форме куба*)
cue *англ.* 1. метка (*на фильме*) 2. точка поиска (*на видеофонограмме*) 3. условный знак 4. титры; надписи; вставка 5. *вчт* команда вызова (*подпрограммы*) 6. поиск вперёд (*участка записи*); перемотка вперёд с прослушиванием (*магнитофонная клавиша*)
Cue-Kopf *m* головка режиссёрского канала (*видеомагнитофона*)
Cue-Spur *f* дорожка режиссёрского канала (*видеомагнитофона*); монтажная дорожка
Cuprox-Trockengleichrichter *m* купроксный выпрямитель
Curie-Punkt *m* точка [температура] Кюри
Curie-Schnitt *m* срез Кюри, срез X
Curie-Temperatur *f* температура (точки) Кюри
Cut-off-Frequenz *f* 1. предельная [граничная] частота 2. частота среза (*фильтра*) 3. частота отсечки
Cut-Taste *f* *фирм.* кнопка останова перемотки (ленты)
cutter *англ.* 1. *зап.* резец; рекордер 2. устройство монтажа (*магнитной ленты*)
cuttern *n* 1. резка 2. монтаж (*магнитной ленты*)
Cu-Verluste *m pl* (омические) потери в меди
Cu-Zn-Ferrit *m* медно-цинковый феррит
CVD-Anlage *f* реактор [установка] химического осаждения из паровой фазы
CV-Diode *f* варикап
CVD-Verfahren *n* метод химического осаждения из паровой фазы
C-Verstärker *m* усилитель класса C
CW-Betrieb *m* режим непрерывного излучения
CW-Korrelator *m* коррелятор анализа непрерывных процессов
CW-Laser *m* лазер непрерывного режима работы, непрерывный лазер
CW-Verstärker *m* усилитель незатухающих колебаний
Cyan *n* сине-зелёный (цвет)

Čzochralski-Methode *f*, **Čzochralski-Verfahren** *n*, **Čzochralski-Ziehverfahren** *n* метод выращивания [вытягивания] (моно)кристаллов по Чохральскому
ČZ-Silizium *n* монокристалл кремния, выращенный по методу Чохральского

D

D/A-... см. **Digital-Analog-...**
Dach *n* плоская вершина (*импульса*)
~, schräges скошенная вершина (*импульса*)
Dachabfall *m* спад вершины (*импульса*)
Dachabschrägung *f*, **Dachschräge** *f* наклон [перекос] плоской вершины (*импульса*)
Dachwelligkeit *f* неравномерность плоской вершины (*импульса*)
Dädaleum *n* стробоскоп
DA-Konverter *m* цифро-аналоговый преобразователь, ЦАП
Dämmerungsaufnahme *f* 1. съёмка в сумерках 2. телевизионная передача в сумерках
Dämmerungseffekt *m* сумеречный эффект
Dämmerungsschwund *m* сумеречное замирание
Dämmung *f* звукоизоляция
Dämmungsfaktor *m* коэффициент звукоизоляции
Dämmungsstoff *m* звукоизолирующий материал
Dämmungswert *m*, **Dämmzahl** *f* коэффициент звукоизоляции
Dampfbadlöten *n* конденсационная пайка
Dampfdruck *m* давление пара
Dämpfer *m* демпфер; успокоитель
Dämpfer... см. тж **Dämpfungs...**
Dämpferfahne *f* изм. флажок успокоителя
Dämpferkammer *f* изм. демпферная камера
Dampflaser *m* лазер на парах (*напр. металла*)
Dampfoxydation *f* окисление в парах воды
Dampfphase *f* паровая [газовая] фаза
Dampfphasendiffusion *f* диффузия из паровой фазы
Dampfphasenepitaxie *f* эпитаксия из паровой фазы
Dampfreaktion *f* реакция в паровой фазе
Dampfstrahl *m* струя пара напыляемого материала
Dampfstrahlpumpe *f* струйный [эжекторный] насос
Dampfstrom *m* поток напыляемого материала
Dampfung *f* напыление
Dämpfung *f* 1. демпфирование; успокоение 2. сглаживание (*пульсаций*) 3. затухание (*колебаний*) 4. глушение (*звука*) 5. гашение (*колебаний*) 6. поглощение (*звука, сигнала*)
~, aperiodische апериодическое затухание
~, atmosphärische атмосферное поглощение
~, ionosphärische затухание (*радиоволн*) в ионосфере
~ je Längeneinheit погонное затухание
~, kilometrische километрическое затухание
~, kritische критическое затухание
~, magnetische магнитное демпфирование

~, **räumliche** затухание (*радиоволн*) в свободном пространстве
~, **unterkritische** затухание (*контура*) меньше критического
~ **von Einschaltvorgängen** подавление переходных процессов включения
Dämpfungsanstieg *m* нарастание затухания
Dämpfungsanteil *m* затухающая составляющая
Dämpfungsanzeiger *m* указатель затухания
dämpfungsarm с малым затуханием
Dämpfungsausgleich *m* компенсация затухания
Dämpfungsausgleicher *m* компенсатор затухания
Dämpfungsband *n* полоса ослабления; полоса затухания; полоса задерживания (*фильтра*)
Dämpfungsbereich *m* область затухания
Dämpfungscharakteristik *f* характеристика затухания
Dämpfungsdekrement *n* декремент затухания
Dämpfungsdiode *f* демпферный диод
Dämpfungsebnung *f* выравнивание затухания
Dämpfungsentzerrer *m* корректор затухания
Dämpfungsexponent *m* экспонента затухания
Dämpfungsfaktor *m* коэффициент затухания
Dämpfungsfilter *n* сглаживающий фильтр
dämpfungsfrei незатухающий
Dämpfungsfrequenz *f* частота затухания
Dämpfungs-Frequenzverzerrung *f* амплитудно-частотное искажение
Dämpfungsglied *n* 1. аттенюатор 2. демпфирующее звено
Dämpfungsgrad *m* степень затухания
Dämpfungskennlinie *f* характеристика затухания
Dämpfungskette *f* демпфирующая цепь
Dämpfungskoeffizient *m* коэффициент затухания
Dämpfungskolben *m* изм. поршень успокоителя
Dämpfungskomponente *f* составляющая постоянной затухания
Dämpfungskonstante *f* постоянная затухания
Dämpfungskreis *m* демпфирующая цепь
Dämpfungskreisel *m* стабилизирующий гироскоп
Dämpfungskurve *f* кривая затухания
dämpfungslos незатухающий
Dämpfungsmaß *n* постоянная затухания
Dämpfungsmaterial *n* демпфирующий *или* (звуко)поглощающий материал
Dämpfungsmesser *m* измеритель затухания, децибелметр
Dämpfungsmodul *m* модуль затухания
Dämpfungsmoment *m* изм. демпфирующий [успокаивающий] момент
Dämpfungsnetzwerk *n* схема ослабления (*сигнала*)
Dämpfungsnormal *n* эталон затухания
Dämpfungsplatte *f* 1. (звуко)поглощающая плата 2. пластина успокоителя
Dämpfungspolstelle *f* положение полюса затухания
Dämpfungsreduktion *f* уменьшение затухания
Dämpfungsreflexschaltung *f* стабилизирующая обратная связь
Dämpfungsregler *m* регулируемый аттенюатор
Dämpfungssatz *m* закон затухания
Dämpfungsschaltung *f* схема демпфирования
Dämpfungsschicht *f* 1. демпфирующий слой 2. поглощающее покрытие
Dämpfungsschreiber *m* 1. прибор для записи затухания 2. прибор регистрации (звуко)поглощения
Dämpfungsschwingungen *f pl* затухающие колебания
Dämpfungsspule *f* демпфирующая катушка
Dämpfungsstärke *f* степень затухания
Dämpfungsstoff *m см.* **Dämpfungsmaterial**
Dämpfungstopf *m* изм. цилиндр успокоителя
Dämpfungstrommel *f* изм. барабан успокоителя
Dämpfungstyp *m* тип затухания
Dämpfungsverhalten *n* 1. режим успокоения 2. характеристика затухания
Dämpfungsverlauf *m* характеристика затухания
Dämpfungsverluste *m pl* потери, вызванные затуханием
Dämpfungsvermögen *n* демпфирующая способность
Dämpfungsverzerrungen *f pl* искажения за счёт затухания; амплитудные искажения
Dämpfungsvierpol *m* демпфирующий четырёхполюсник
Dämpfungsvorschaltwiderstand *m* последовательный демпфирующий резистор
Dämpfungswendel *f* изм. демпфирующая спираль
Dämpfungswert *m* величина затухания *или* (звуко)поглощения
Dämpfungswicklung *f* демпфирующая обмотка
Dämpfungszahl *f* коэффициент затухания
Dämpfungszeiger *m* указатель затухания
Dämpfungszeit *f* время успокоения (*системы*)
Dämpfungszunahme *f*, **Dämpfungszuwachs** *m* увеличение затухания
Dampfzustand *m* парообразное состояние (*напыляемого материала*)
D-Anteil *m рег.* дифференциальная составляющая
DAP-Transistor *m* мощный диффузионно-сплавной транзистор
Darlington-Schaltung *f* схема Дарлингтона
Darlington-Transistor *m* пара Дарлингтона (*составной транзистор*)
Darlington-Verstärker *m* усилитель на паре Дарлингтона
Darlistor *m см.* **Darlington-Transistor**
darstellen, digital представлять в цифровой форме
Darstellgenauigkeit *f* 1. точность представления 2. точность воспроизведения 3. точность отображения
Darstellgeschwindigkeit *f* 1. скорость воспроизведения 2. скорость индикации
Darstellung *f* 1. представление (*данных*) 2. воспроизведение 3. изображение 4. отображение (*информации*); индикация 5. график
~, **algorithmische** алгоритмизация процесса
~, **alphanumerische** алфавитно-цифровое [буквенно-цифровое] представление
~, **analoge** аналоговое представление
~, **bidezimale** двоично-десятичное представление
~, **bildliche** графическое представление
~, **binäre** двоичное представление
~, **binär verschlüsselte** двоично-кодированное представление
~, **Carsonsche** изображение по Карсону

~, **dezimale** десятичное представление
~, **digitale** цифровое представление
~, **diskrete** дискретное представление
~, **dreidimensionale** трёхмерное представление
~, **duale** двоичное представление
~, **dynamische** 1. динамическая индикация 2. непрерывное отображение
~, **eindimensionale** одномерное представление
~, **elektronische** воспроизведение (изображения) на экране электронно-лучевого индикатора
~, **flächenfüllende** представление в виде заполненных областей
~, **flächenverteilte** изображение расположения кристаллов на полупроводниковой пластине
~, **ikonische** графическое представление
~, **kartenähnliche** панорамная индикация (*кругового обзора*)
~, **punktförmige** точечная индикация
~, **räumliche** пространственное представление
~, **schematische** схематическое представление
~, **sichtbare** 1. визуальное представление 2. визуальная индикация
~, **signaltechnische** сигнальная индикация
~, **statische** отображение неизменяющейся информации
~, **stetige** непрерывное отображение
~, **symbolische** *мат.* символическое представление
~, **unterscheidbare** *вчт* представление в различимой [отличающейся] форме
~, **zeichnerische** графическое представление
~, **ziffernmäßige** цифровое представление
~, **zweidimensionale** двухмерное представление
Darstellungsart *f* 1. метод [способ] представления (*данных*) 2. метод [способ] отображения (*информации*) 3. метод [способ] индикации
Darstellungsbefehl *m* команда вывода (*данных*) на устройство отображения
Darstellungsbereich *m* область представления
Darstellungsdauer *f* продолжительность индикации
Darstellungselement *n* элемент отображения
Darstellungsfläche *f* 1. плоскость изображения 2. плоскость индикации *или* отображения
Darstellungsform *f* 1. форма [вид] представления (*данных*) 2. форма [вид] отображения (*информации*)
Darstellungsformat *n* формат отображения
Darstellungsgerät *n* 1. устройство отображения; дисплей 2. устройство индикации
Darstellungstechnik *f* 1. метод представления (*данных*) 2. метод отображения (*информации*) 3. метод индикации
Darstellungsweise *f см.* **Darstellungsart**
Darstell(ungs)zeit *f см.* **Darstellungsdauer**
D-A-Schalter *m* цифро-аналоговый переключатель
DASH-Format *n* формат цифровой звукозаписи с неподвижной головкой
Datei *f* 1. файл 2. картотека (*данных*); массив данных
Dateiadapter *m*, **integrierter** интегрированный файловый адаптер
Dateiaktualisierung *f* обновление файла

Dateianfangsetikett *n*, **Dateianfangskennsatz** *m см.* **Dateivorsatz**
Dateibezeichnung *f* обозначение файла
Dateiendeangabe *f*, **Dateiendemarke** *f*, **Dateiendetikett** *n*, **Dateiendezeichen** *n* метка конца файла
Dateierneuerung *f* обновление файла
Dateikennsatz *m* метка файла
Dateinachsatz *m* метка конца файла
Dateiorganisation *f* организация данных
Dateischutz *m*, **Dateisicherung** *f* защита файла
Dateisteuerungsprozessor *m* процессор управления файлами
Dateivorsatz *m* метка начала файла
Dateiwartung *f* сопровождение [ведение] файла
Dateizugriffsteuerung *f* управление выборкой файла
Daten *pl* 1. данные 2. технические данные; параметры
~, **alphanumerische** алфавитно-цифровые [буквенно-цифровые] данные
~, **digitale** цифровые данные
~, **eingehende** входные данные
~, **forcierte** параметры форсированного режима
~, **kurzfristige** текущие [быстроменяющиеся] данные
~, **langfristige** основные [маломеняющиеся] данные
~, **stetige** непрерывные данные
~, **technische** 1. технический паспорт 2. технические данные
Datenabfrage *f* запрос данных
Datenabgabeeinheit *f* блок выдачи данных
Datenabruf *m вчт* выборка данных; вызов данных
Datenabtastung *f* считывание данных
Datenanalysenanlage *f* блок анализатора (входных) данных
Datenanzeigefeld *n*, **Datenanzeigetafel** *f* панель индикации данных
Datenattribut *n* атрибут данных
Datenaufbereitungseinrichtung *f* устройство подготовки данных, УПД
Datenaufzeichnung *f* регистрация данных
Datenausgabeblock *m* устройство вывода данных
Datenausgabebus *m* шина вывода данных
Datenausgaberegister *n* регистр вывода данных
Datenausgabesteuerung *f* управление выводом данных
Datenausgangsleitung *f* линия вывода данных
Datenaustausch *m* обмен данными
Datenaustauschprozedur *f* процедура обмена данными
Datenauswahl *f* выборка данных
Datenauswertungszentrale *f* центр обработки данных
Datenbahn *f* канал (передачи) данных
Datenbahnkoppler *m* интерфейс информационных каналов
Datenband *n* лента данных, лента с (записанными) данными
Datenbandleser *m* устройство считывания данных с ленты
Datenbank *f* банк данных
Datenbasisprozessor *m* процессор базы данных

Datenbearbeitung f, **Datenbehandlung** f обработка данных
Datenbereich m поле данных
Datenbestand m 1. массив данных 2. файл
Datenbit n информационный бит, информационный (двоичный) разряд
Datenbitstrom m поток двоичных данных
Datenblatt n 1. проспект (*фирмы*) 2. таблица параметров
Datenburst m пакет *или* группа данных
Datenbus m шина данных
Datenbustreiber m возбудитель [драйвер] шины данных
Datenbyte n байт данных, информационный байт
Datendarstellung f 1. представление данных 2. индикация данных
Datendeskription f описание данных
Datendirekteingabe f непосредственный ввод данных
Datendrucker m устройство печати *или* распечатки данных
Datendurchlauf m, **Datendurchsatz** m пропускная способность канала
Dateneingabebaugruppe f блок ввода данных
Dateneingabebus m шина ввода данных
Dateneingabegerät n устройство ввода данных
Dateneingabeleitung f линия ввода данных
Dateneinheit f 1. блок [устройство] обработки данных 2. элемент данных
Datenelektronik f электроника обработки данных
Datenelement n элемент данных
Datenempfänger m 1. устройство приёма данных 2. получатель данных
Datenendeinrichtung f, **Datenendgerät** n, **Datenendplatz** m, **Datenendstation** f, **Datenendstelle** f оконечное устройство преобразования данных
Datenerfassung f 1. сбор данных 2. приём [получение] данных 3. регистрация данных
Datenerfassungsanlage f, **Datenerfassungsgerät** n устройство сбора данных
Datenerfassungsstelle f 1. пункт сбора данных 2. устройство сбора данных 3. устройство приёма данных
Datenerfassungssystem n система сбора данных
Datenerhebung f сбор данных
Datenerkennung f распознавание данных; идентификация данных
Datenfänger m устройство приёма данных
Datenfehler m ошибка в данных
Datenfeld n поле данных
Datenfernverarbeitung f телеобработка данных, дистанционная обработка данных
Datenfile n файл данных
Datenfluß m поток данных; поток информации
Datenflußdiagramm n, **Datenflußplan** m схема (прохождения) потоков данных
Datenformat n 1. формат данных 2. структура (представления) данных
Datengeber m датчик данных
Datengeschwindigkeit f скорость передачи данных
Datenglättung f фильтрация данных
Datengrundlage f информационная база

Datenherstellung f подготовка данных
Datenimpuls m информационный импульс
Datenintegrator m интегратор данных
Datenkanal m 1. канал связи, информационный канал 2. канал (передачи) данных
Datenkanaladapter m, **Datenkanalanpassungsgerät** n устройство сопряжения [адаптер] с каналом (передачи) данных
Datenkanalmultiplexer m мультиплексор информационных каналов
Datenkeller m стековое ЗУ, ЗУ магазинного типа
Datenkette f цепочка [последовательность] данных
Datenkettung f формирование цепочки данных; объединение данных
Datenkode m код данных
Datenkodierung f кодирование данных
Datenkommunikation f передача данных
Datenkompression f, **Datenkomprimierung** f уплотнение [сжатие] данных
Datenkonverter m преобразователь данных
Datenkonzentrator m концентратор данных
Datenkopf m головка (для записи и съёма) данных
Datenlänge f длина массива данных
Datenleitung f 1. линия связи, информационная линия 2. линия (передачи) данных
Datenlesekopf m головка считывания данных
Datenlogger m регистратор данных
Datenmagnetband n МЛ данных; МЛ с записанными данными
Datenmarke f метка данных
Datenmenge f массив данных; набор данных
Datenmultiplex m объединение данных
Datenmultiplexer m блок объединения [мультиплексор] данных
Datennachricht f сообщение данных
Datenname m наименование данных
Datennetz n сеть передачи данных
~, **gemeinschaftliches** сеть передачи данных общего пользования
~, **integriertes** интегральная цифровая сеть передачи данных
Datenpaket n пакет данных
Datenpfad m шина данных
Datenplatte f диск с данными
Datenprofil n характер данных
Datenprozessor m процессор (для) обработки данных
Datenprüfung f проверка данных
Datenquelle f, **Datenquellpunkt** m источник данных
Datenrate f скорость передачи данных
Datenreduktion f 1. сокращение (объёма) данных 2. предварительная обработка данных
Datenregeneration f восстановление [регенерация] данных
Datenregister n регистр данных
Datenrettung f сохранение данных
Datensammelleitung f шина сбора данных
Datensammelsystem n система сбора данных
Datensammler m устройство сбора данных
Datensammlung f сбор данных
Datensatz m блок данных
Datenschutz m защита данных

Datensender *m* устройство передачи данных
Datensenke *f* 1. получатель данных 2. приёмник данных
Datensicherheit *f* достоверность (передачи) данных
Datensicherung *f* защита данных
Datensichtgerät *n*, **Datensichtstation** *f* устройство отображения данных; дисплей
Datensignal *n* сигнал данных; информационный сигнал
Datenspeicher *m* ЗУ (для) данных; память (для хранения) данных
Datenspeicherkapazität *f* ёмкость ЗУ (для) данных; ёмкость памяти (для хранения) данных
Datenspeicher-Magnetbandgerät *n* ЗУ или память на МЛ
Datenspeicherplatz *m см.* **Datenspeicherzelle**
Datenspeicherung *f* хранение [запоминание] данных
Datenspeicherzeit *f* время хранения данных
Datenspeicherzelle *f* ячейка ЗУ (для) данных
Datenspur *f* дорожка данных
Datenstation *f* 1. станция [пункт] сбора и (предварительной) обработки данных 2. оконечное устройство [терминал] обработки данных
~, **inaktive** неактивная [бездействующая] станция, станция, не готовая к обработке данных
~, **joborientierte** проблемно-ориентированный терминал
Datensteuerung *f* управление данными
Datenstreifenabfüller *m*, **Datenstreifenleser** *m* устройство считывания данных с ленты
Datenstrom *m см.* **Datenfluß**
Datensuche *f* поиск данных
Datensymbol *n* символ данных
Datensynchronisiereinheit *f*, **Datensynchronisiergerät** *n* синхронизатор данных
Datensystem *n* информационная система
Datentastatur *f* клавиатура ввода данных
Datentechnik *f* техника обработки, передачи и приёма данных
Datenteil *m* 1. раздел данных 2. информационный раздел
Datenträger *m* носитель данных
Datenträgeraufzeichnung *f* запись на носитель данных
Datenträgereingabe *f* ввод с носителя данных
Datenträger-Kennsatz *m* маркер носителя данных
Datenträgerumsetzung *f*, **Datenträgerumwandlung** *f* перенос данных с одного носителя на другой
Datentransfer *m*, **Datentransport** *m*, **Datenübermittlung** *f см.* **Datenübertragung**
Datenübermittlungsabschnitt *m* участок канала передачи данных
Datenübermittlungssystem *n* система передачи данных
Datenübernahme *f* приём данных
Datenübertragung *f* передача данных
~, **bitserielle** последовательная по битам передача данных
~, **digitale** цифровая передача данных
~, **periphere** обмен данными с внешними устройствами
Datenübertragungsgerät *n* устройство передачи данных

Datenübertragungskanal *m* канал передачи данных
Datenübertragungsleitung *f* линия передачи данных
Datenübertragungsmodem *m* модем [модулятор-демодулятор] передачи данных
Datenübertragungsnetz *n* сеть передачи данных
Datenübertragungssteuerlogik *f* логические схемы управления передачей данных
Datenübertragungssystem *n* система передачи данных
Datenumbildung *f* преобразование данных
Datenumkodierung *f* перекодирование данных
Datenumsetzung *f*, **Datenumwandlung** *f*, **Datenumwertung** *f* преобразование данных
Datenverarbeitung *f* обработка данных
~, **dezentrale** децентрализованная обработка данных
~, **direkte** 1. непосредственная обработка данных 2. прямая обработка данных
~, **gruppenweise** пакетная обработка данных
~, **indirekte** автономная обработка данных
~, **integrierte** интегральная [централизованная] обработка данных
~, **interaktive** обработка данных в интерактивном режиме
~, **maschinelle** машинная обработка данных
~, **schrithaltende** обработка данных в реальном (масштабе) времени
~, **verteilte** распределённая обработка данных
Datenverarbeitungsanlage *f* устройство обработки данных
Datenverarbeitungsausrüstung *f* аппаратура обработки данных
Datenverarbeitungseinheit *f* блок обработки данных
Datenverarbeitungsmaschine *f* ВМ для обработки данных
Datenverarbeitungsperipherie *f* внешние устройства обработки данных
Datenverarbeitungsstelle *f* станция [пункт] обработки данных
Datenverarbeitungszentrale *f*, **Datenverarbeitungszentrum** *n* центр обработки данных
Datenverdichtung *f* уплотнение [сжатие] данных
Datenverkehr *m* обмен данными
Datenverkettung *f* формирование цепочки данных, сцепление данных
Datenverlust *m вчт* 1. потеря данных 2. перегрузка *или* переполнение (памяти)
Datenverminderung *f* сокращение (объёма) данных
Datenvermitterkanal *m* канал передачи данных
Datenvermittlung *f* 1. обмен данными 2. распределение данных
Datenverschlüßler *m* устройство кодирования данных; шифратор
Datenverwaltung *f* управление данными
Datenverwertung *f* расшифровка [оценка] данных
Datenwähler *m* селектор данных
Datenwandler *m* преобразователь данных
Datenweg *m* путь (прохождения) данных
Datenwort *n* слово данных; информационное слово

~, **alphanumerisches** алфавитно-цифровое [буквенно-цифровое] слово
Datenzeile f **1.** вчт строка данных **2.** (телевизионная) строка с дополнительными данными (напр. телетекста)
Datenzeilenempfänger m устройство приёма и обработки строки данных
Datenzelle f **1.** информационная ячейка (памяти) **2.** элемент данных
Datenzellensperre f защита информационных ячеек (памяти)
Datenzielpunkt m место поступления данных
Datex m датекс, сеть передачи данных (ФРГ)
Datt-Kassette f кассета для цифровой звукозаписи
Datumdrucker m устройство печати данных
Datumpunkt m точка начала отсчёта
Dauer f длительность, продолжительность
~ **eines Riesenpulses** длительность гигантского импульса
Daueraufzeichnung f непрерывная запись
Dauerausfall m устойчивый отказ
Dauerausschlag m стационарное отклонение
Dauerbeanspruchung f, **Dauerbelastung** f длительная нагрузка; постоянная нагрузка
Dauerbetrieb m непрерывный режим
Dauerecho n эхо-сигнал от местных предметов
Dauereinwirkung f длительное воздействие
Dauerfehler m длительная неисправность
Dauergrenzstrom m предельная величина среднего значения прямого потока
Dauerhaftigkeit f, **Dauerhaltbarkeit** f **1.** прочность; стойкость **2.** над. долговечность **3.** постоянство
Dauerklystron n см. **Dauerstrichklystron**
Dauerkontakt m длительно замкнутый контакт
Dauerlast f см. **Dauerbeanspruchung**
Dauerlauftest m **1.** длительное испытание **2.** испытание на срок службы
Dauermagnetfeld n поле постоянного магнита
Dauermagnetmeßwerk n магнитоэлектрический (измерительный) прибор
Dauermagnetron n см. **Dauerstrichmagnetron**
Dauermagnetwerkstoff m магнитотвёрдый материал
Dauermodulation f широтно-импульсная модуляция, ШИМ
Dauernennlast f длительная номинальная нагрузка
Dauerpegelverschiebung f непрерывный сдвиг уровня
Dauerprobe f, **Dauerprüfung** f см. **Dauerlauftest**
Dauerregelung f непрерывное регулирование
Dauerschaden n невосстанавливаемый отказ
Dauerschallpegelmesser m измеритель уровня стационарного звукового поля
Dauerschaltfestigkeit f длительная коммутационная прочность (напр. разъёмов)
Dauerschwingungen f pl **1.** незатухающие колебания **2.** установившиеся колебания
Dauerschwingungsfestigkeit f вибропрочность
Dauerschwingungsradar n РЛС с непрерывным излучением
Dauersignal n длительный сигнал

Dauerspannung f длительно приложенное напряжение
Dauerspannungsstabilisator m непрерывный стабилизатор напряжения
Dauerspeicher m постоянное ЗУ, ПЗУ
Dauersperrspannungsvermögen n устойчивость к длительному воздействию обратного напряжения
Dauerstabilität f долговременная стабильность
Dauerstandsprüfung f **1.** испытание на усталость **2.** см. **Dauerstandversuch**
Dauerstandversuch m испытание на срок службы
Dauerstatik f остаточная ошибка, статизм
Dauerstörung f **1.** непрерывная помеха **2.** устойчивый отказ
Dauerstrahlung f непрерывное излучение
Dauerstreuleistung f длительно рассеиваемая мощность
Dauerstrich m **1.** тлг длинное тире **2.** непрерывное излучение сигнала (одного тона)
Dauerstrichbetrieb m непрерывный режим работы (напр. лазера)
Dauerstrichfunkmeßgerät n, **Dauerstrichfunkmeßstation** f см. **Dauerstrichradar**
Dauerstrich-Gaslaser m газовый лазер непрерывного режима работы
Dauerstrichgenerator m генератор незатухающих колебаний
Dauerstrich-Holographie f голография с лазером непрерывного излучения
Dauerstrichklystron n клистрон непрерывного действия
Dauerstrichlaser m лазер непрерывного режима работы, непрерывный лазер
Dauerstrichleistung f мощность в режиме непрерывного излучения
Dauerstrichmagnetron n магнетрон непрерывного действия
Dauerstrichmodulation f модуляция незатухающих колебаний
Dauerstrichradar n РЛС непрерывного излучения
Dauerstrichsender m передатчик, работающий в режиме непрерывного излучения
Dauerstrichstörsender m передатчик помех, работающий в режиме непрерывного излучения
Dauerstrichstörung f непрерывная помеха
Dauerstrom m постоянный ток
Dauertaste f кнопка [клавиша] длительного включения (с фиксатором)
Dauertemperatur f установившаяся температура
Dauertemperaturbeständigkeit f термостабильность
Dauertonzone f равносигнальная зона
Dauerüberlastung f длительная перегрузка
Dauerüberwachung f непрерывный контроль; непрерывное наблюдение
Dauerüberwärmung f длительный перегрев
Dauerumschaltung f долговременное переключение
Dauerverbindung f постоянное соединение, постоянная связь
Dauerverdampfungsquelle f многоразовый испаритель
Dauerverfügbarkeit f вероятность готовности

в заданном интервале времени, длительная готовность

Dauerversuch *m* 1. длительное испытание 2. *см.* **Dauerstandversuch**
Dauervorschub *m* непрерывная подача (*напр. ленты*)
Dauerwahl *f* непрерывный поиск
Dauerwärmebeständigkeit *f* длительная нагревостойкость
Dauerwellenmagnetron *n см.* **Dauerstrichmagnetron**
Dauerzeichen *n* продолжительный сигнал
Dauerzustand *m* установившееся состояние
Dauerzuverlässigkeit *f* долговременная надёжность
Dazwischenschalten *n* промежуточное включение
DBC-Betrieb *m* режим динамической регулировки тока электронного пучка
D-Bereich *m* область D (*часть ионосферы, расположенная на высотах 50—90 км*)
D-Betrieb *m* режим D
DBS-Satellit *m* спутник (для) непосредственного телевизионного вещания
D²B-System *n* система с цифровой абонентской шиной
DB-Technik *f* технология диффузионной базы
DC/DC-Wandler *m* преобразователь постоянного напряжения (*из одной величины в другую*)
DC-frei без постоянной составляющей
D/D-... *см.* **Digital-Digital-...**
DDC-Zelle *f*, **Dds-Zelle** *f* ячейка памяти на полевом транзисторе с двумя слоями диэлектрика
Deakzentuierung *f* 1. ослабление (*высоких или низких частот*) 2. коррекция предыскажений
De-Broglie-Welle *f* волна де-Бройля
Debugger *m вчт* отладчик, программа отладки
debugging *англ.* 1. наладка; отладка 2. устранение неполадок 3. доработка (*аппаратуры*)
Debye *n* дебай, D (*единица измерения дипольного момента*)
Debye-Abschirmungslänge *f* дебаевский радиус экранирования
Debye-Länge *f* длина Дебая
Debye-Scherrer-Diagramm *n* диаграмма Дебая—Шеррера, дебаеграмма
Decca-Navigationssystem *n* система Декка (*фазовая радионавигационная система*)
Decelerator *m* тормозящий электрод
Dechiffrator *m* дешифратор
decimal digit *англ.* 1. десятичная цифра; десятичный разряд 2. десятичный знак
Deck *n* 1. плата (*лентопротяжного механизма*) 2. лентопротяжный механизм 3. *вчт* колода, пачка (*перфокарт*) 4. *проф.* (видео)магнитофон
Deckanruf *m свз* кодовый вызов
Deckel *m* **für die Frontplatte** декоративная панель [фальшпанель] передней платы
Deckglas *n* покровное стекло
Decklinse *f* покровная линза
Deckmasse *f* резист
~, **lichtempfindliche** фоторезист
Deckmittel *n см.* **Deckmasse**
Deckmittellösung *f* растворитель резиста
Deckname *m* кодовое обозначение
Decknamenverzeichnis *n* кодовый указатель

Deckpeilung *f* пеленгование по створу
Deckplatte *f* декоративная панель
Deckschicht *f* покрытие, покровный слой
~, **isolierende** изолирующее покрытие
Deckschichtdiffusion *f* диффузия из поверхностного слоя
Deckung *f* 1. покрытие 2. *тлв, опт.* совмещение (*напр. изображений*) 3. *тлв* сведение (*электронных пучков*) 4. *опт.* кроющая способность (*напр. объектива*) 5. перекрытие (*диапазонов спектров*)
Deckungseinstellung *f тлв* регулировка совмещения (*растров*)
Deckungsgenauigkeit *f* точность совмещения
Deckungskorrektur *f* коррекция совмещения
Deckungslinie *f* линия визирования
Deckungssignal *n* сигнал совмещения
Decoder *m*, **Decodierer** *m см.* **Dekoder**
Decometer *n* бортовой прибор определения местоположения корабля
Deemphase *f*, **Deemphasis** *f* коррекция предыскажений
Defekt *m* 1. *над.* дефект 2. *крист.* неоднородность; дефект
~, **geglätteter** сглаженный дефект
Defektbildung *f* образование дефектов
Defektdichte *f крист.* плотность [концентрация] дефектов
Defektelektron *n* дырка
~, **injiziertes** инжектированная дырка
~, **überschüssiges** избыточная дырка
Defektelektronendichte *f* концентрация дырок
Defektelektronendurchtritt *m* прохождение дырок
Defektelektroneneinfang *m* захват дырок
Defektelektronenfähigkeit *f* дырочная электропроводность
Defektelektronenfalle *f* ловушка дырок
Defektelektronenfluß *m* поток дырок
Defektelektronengebiet *n* дырочная область, *p*-область
Defektelektroneninjektion *f* инжекция дырок
Defektelektronenkonzentration *f* концентрация дырок
Defektelektronenlebensdauer *f* время жизни дырок
Defektelektronenleiter *m* проводник с дырочной электропроводностью
Defektelektronenleitung *f* дырочная электропроводность
Defektelektronenmasse *f*, **effektive** эффективная масса дырки
Defektelektronenspin *m* спин дырки
Defektelektronenstrom *m* 1. дырочный ток 2. поток дырок
Defektelektronenstromdichte *f* плотность дырочного тока
Defekt-Elektron-Paar *n* пара электрон—дырка
Defekthalbleiter *m* дырочный полупроводник
Defektindex *m* индекс дефекта
Defektkontrollgerät *n* установка контроля дефектов
Defektleiter *m см.* **Defektelektronenleiter**
Defektleitfähigkeit *f*, **Defektleitung** *f* дырочная электропроводность
Defektoskopie *f* дефектоскопия

Defekt-Störstellenleitung f дырочная [примесная] электропроводность
Defektsuche f **durch Vergleich** поиск дефектов компарированием
Defektverteilung f распределение дефектов
Defensiv-Radarkette f (защитная) цепь РЛС дальнего обнаружения
definierbar поддающийся определению (*напр. о сигнале на фоне шумов*)
Definition f 1. *тлв* резкость, чёткость 2. определение, дефиниция
Deflektion f отклонение
Deflektor m отклоняющая система; дефлектор
Deflektron n *тлв* дефлектрон
Defokussierung f расфокусировка, дефокусировка
Deformationsenergie f энергия деформации
Deformationskonstante f, **piezoelektrische** пьезоэлектрическая постоянная деформации
Deformationslumineszenz f деформационная люминесценция
Deformationspotential n потенциал деформации
Deformationsschwingungen f pl деформационные колебания
Deformationsspannung f напряжение деформации
Deformationsverluste m pl (диэлектрические) потери, вызываемые деформацией
Degeneration f, **Degenerierung** f 1. отрицательная обратная связь 2. вырождение
DE-Gerät n устройство сбора *или* регистрации данных
Degradation f деградация, (постепенное) ухудшение (*напр. параметров*)
Dehnbarkeit f *зап.* когезионная прочность (*носителя записи*)
Dehnelement n тензометрический элемент, тензоэлемент
Dehner m экспандер, расширитель
Dehnmeßstreifen m см. **Dehnungsmeßstreifen**
Dehnschwingungen f pl продольные колебания
Dehnstabmotor m линейный движитель (*с системой управления за счёт теплового расширения сердечника*)
Dehnstreifenbrücke f тензометрический мост
Dehnstreifengeber m см. **Dehnungsgeber**
Dehnung f 1. растягивание; расширение 2. растяжение анаморфированного изображения, дезанаморфирование
~, **stufenlose** плавное расширение
~ **der Zeitablenkung** растягивание временной развёртки (*осциллографа*)
Dehnungsempfindlichkeit f тензочувствительность
Dehnungsfaktor m 1. коэффициент расширения 2. анаморфный фактор
Dehnungsgeber m тензометрический датчик, тензодатчик
Dehnungsmeßbrücke f тензометрический измерительный мост
Dehnungsmeßelement n чувствительный элемент тензорезистора
Dehnungsmesser m тензометр
~, **lichtelektrischer** фотоэлектрический тензометр
Dehnungsmeßstreifen m тензорезистор; тензометрический датчик, тензодатчик

~, **metallischer** проводниковый тензорезистор
~, **temperaturkompensierter** термокомпенсированный тензорезистор
Dehnungsrezeptor m рецептор расширения
Dehnungsschreiber m тензограф
Dehnungsschwingungen f pl продольные колебания
D-Eingang m вход D-триггера
Dekadenschalter m декадный переключатель
Dekadenstelle f десятичный разряд
Dekadenstufe f декадная ступень
Dekadenstufenschalter m *тлф* декадно-шаговый искатель
Dekadensystem n десятичная система (счисления)
Dekadenuntersetzer m декадная пересчётная схема
Dekadenvervielfacher m декадный умножитель
Dekadenzähler m декадный *или* десятичный счётчик
~, **umkehrbarer** реверсивный декадный счётчик
Dekadenzählröhre f
Dekadenzählung f декадный *или* десятичный счёт
Dekameterwellen f pl декаметровые волны (*10—100 м*)
Dekatron n, **Dekatronröhre** f декатрон
Deklination f, **magnetische** магнитное склонение
Dekoder m 1. декодирующее устройство, декодер; дешифратор 2. декодер (*системы цветного телевидения*)
~, **akustischer** акустический синтезатор (*речи*)
Dekodier... см. **Dekodierungs...**
Dekodierer m см. **Dekoder**
Dekodierung f декодирование
~, **digitale** цифровое декодирование
~, **fehlerkorrigierende** декодирование с исправлением ошибок
Dekodierungsmatrix f декодирующая матрица
Dekodierungsschaltung f декодирующая схема
Dekompilierung f декомпиляция
Dekomposition f декомпозиция, разложение, разбиение
Dekompression f декомпрессия (*динамического диапазона*)
Dekorierung f декорирование
Dekorrelation f **des Bildes** декорреляция изображения
Dekrement n 1. коэффициент затухания, декремент 2. отрицательное приращение, декремент
Dekrementkurve f кривая затухания
Dekrementmesser m, **Dekremeter** n измеритель декремента, декреметр
Delamination f отслоение (*проводящего рисунка*); расслоение (*печатной платы*)
Delay-Linie f линия задержки
Delle f провал (*между двумя максимумами*)
Dellinger-Effekt m эффект Делинджера
Delta n 1. дельта 2. соединение треугольником
Delta-Anordnung f дельтовидное расположение (*напр. электронных прожекторов кинескопа*)
Deltaanpassung f согласующий дельта-переход
Deltaantwort f отклик [реакция] на дельта-импульс
Delta-Farbbildröhre f дельта-кинескоп (*цветной*

кинескоп с дельтовидным расположением электронных прожекторов)
Deltafunktion *f* дельта-функция, δ-функция
Deltamodulation *f* дельта-модуляция, ДМ
Deltarhythmus *m* дельта-ритм, дельта-волны (*электроэнцефалограммы*)
Delta-Röhre *f см.* **Delta-Farbbildröhre**
Deltastrahlen *m pl* дельта-лучи
Deltawellen *f pl см.* **Deltarhythmus**
Demagnetisierung *f* размагничивание
Demagnetisierungsfaktor *m* размагничивающий фактор
Demarkationsniveau *n* граничный [разграничивающий] уровень
Dematrix *f* декодирующая матрица
Dematrizierung *f* дематрицирование
Dematron *n* дематрон
Dember-Effekt *m* *пп* кристалл-фотоэффект, эффект Дембера
Dember-Feld *n* поле Дембера
Demodulation *f* демодуляция; детектирование
~, **multiplikative** мультипликативная демодуляция; мультипликативное детектирование
~, **synchrone** синхронное детектирование
Demodulator *m* демодулятор; детектор
~, **gleichlaufender** синхронный детектор
Demodulatorstufe *f* каскад демодуляции; детекторный каскад
Demultiplexer *m* 1. *свз* устройство (временного) разделения (*сигналов*), устройство (временного) разуплотнения (*канала*) 2. *тлв* декодер (*системы цветного телевидения*) 3. *вчт* демультиплексор, многоканальный коммутатор
Denärsystem *n* десятичная система (*счисления*)
Dendrit *m* 1. *крист.* дендрит (*разновидность структуры кристалла*) 2. дендрит (*система входов нейрона*)
Dendritenkern *m* дендритное ядро
Dendritenwachstum *n крист.* рост дендритов
Dendritverfahren *n* дендритный метод (*выращивания кристаллов*)
Denken *n* **von Maschinen** «машинное» мышление; машинный [искусственный] интеллект
Denkfähigkeits-Verstärker *m киб.* усилитель умственных способностей
Denzitometer *n* денситометр
Depletion-FET *m* полевой транзистор, работающий в режиме обеднения
Depletion-MISFET *m* полевой МДП-транзистор, работающий в режиме обеднения
Depletion-MOSFET *m* полевой МОП-транзистор, работающий в режиме обеднения
Depletionsschwell(en)spannung *f* напряжение порога (начала) обеднения
Depletion-Transistor *m* (полевой) транзистор, работающий в режиме обеднения
Deplistor *m фирм.* деплистор (*полупроводниковый переключающий прибор*)
Depolarisation *f* деполяризация
Depolarisationskomponente *f* деполяризационная составляющая
Depolarisator *m* деполяризатор
Depolarisierungsfaktor *m* деполяризующий фактор, коэффициент деполяризации

Depumpen *n кв. эл.* уменьшение инверсной заселённости
Derating *n* 1. снижение номинальных значений 2. выход из нормы; ухудшение (*напр. параметров*)
Derivationswinkel *m* угол отклонения
Derivator *m* дифференцирующее устройство
Desakkomodation *f* дезаккомодация
Descrambler *m англ.* 1. дескремблер (*устройство восстановления исходной структуры цифрового сигнала*) 2. дешифратор (*телевизионной передачи*)
Desensibilisator *m* десенсибилизатор
Desensibilisierung *f* 1. десенсибилизация 2. понижение чувствительности (*напр. приёмника*)
De-Signal *n тлв* сигнал De (*в системе СЕКАМ*)
Deskription *f* описание; характеристика
Deskriptor-Sprache *f* дескрипторный (информационно-поисковый) язык
Desorientierung *f* нарушение ориентации
Desorption *f* десорбция
Detail *n* деталь; элемент
Detail-Anheber *m* блок подчёркивания деталей; апертурный корректор
Detailauflösung *f тлв* разрешение *или* чёткость мелких деталей (*изображения*)
Detail-Enhancer *англ. см.* **Detail-Anheber**
Detailkontrast *m тлв* контраст в мелких деталях
Detailkorrektur *f* апертурный корректор
Detail-Verstärker *m тлв* усилитель, повышающий отношение сигнал/шум на высоких частотах
Detailwiedergabe *f тлв* воспроизведение (мелких) деталей
Detektion *f* 1. детектирование 2. обнаружение; индикация
Detektivität *f* обнаружительная способность
Detektor *m* 1. детектор 2. чувствительный элемент, датчик
~, **elektroosmotischer** электроосмотический детектор (*химотронного прибора*)
~, **induktiver** индуктивный детектор
~, **koordinatenempfindlicher** координатно-чувствительный детектор, КЧД
~, **lichtempfindlicher** фотоприёмник
~, **linearer** линейный детектор
~, **pyroelektrischer** пироэлектрический приёмник (*излучения*)
~, **quadratischer** квадратичный детектор
~, **schneller** быстродействующий [безынерционный] детектор
~, **thermischer** детектор ИК-излучения
Detektordiode *f* детекторный диод
Detektorempfindlichkeit *f* чувствительность детектора
Detektorfotowiderstand *m* фоторезистивный детектор
Detektorinnenwiderstand *m* внутреннее сопротивление детектора
Detektorkopf *m* детекторная головка
Detektorkreis *m* контур детектора; схема детектирования
Detektormatrix *f пп* фотоприёмная матрица
Detektormischkopf *m* смесительная головка с детектором

Detektorrauschen *n* шумы детектора
Detektorstufe *f* детекторный каскад
Detektorwiderstand *m* сопротивление детектора
Detektorwirkung *f* детектирующее действие
Detektorwirkungsgrad *m* эффективность [кпд] детектирования
Determination *f* 1. определение 2. вычисление
Determiniertheit *f* детерминированность
Deutlichkeit *f* 1. чёткость (*напр. изображения*) 2. различимость, отчётливость (*напр. речи*)
Deutung *f* (ис)толкование, интерпретация; смысл
Deviation *f* девиация; отклонение
Deviometer *n* девиометр
Dewar-Gefäß *n* сосуд Дьюара, дьюар
Dezibel *n* децибел, дБ
Dezibelmaß *n* отношение напряжений, токов *или* мощностей, выраженное в децибелах
Dezibelstufe *f* шаг [ступень] (*ослабления или усиления*) в один децибел
Dezibereich *m*, **Dezigebiet** *n см.* **Dezimeterwellenbereich**
Dezimalablesung *f* десятичный отсчёт
Dezimaladdition *f* сложение в десятичной системе (*счисления*)
Dezimalanzeige *f* показание в десятичной системе единиц
Dezimalausgabe *f* вывод десятичной информации
dezimal-binär десятично-двоичный
Dezimal-Binär-Konvertierer *m*, **Dezimal-Binär-Umsetzer** *m*, **Dezimal-Binär-Umwandler** *m* десятично-двоичный преобразователь
Dezimalbinärziffernverschlüsselung *f* двоично-кодированная десятичная система
Dezimal-Dual-Konvertierer *m*, **Dezimal-Dual-Umsetzer** *m*, **Dezimal-Dual-Umwandler** *m см.* **Dezimal-Binär-Konvertierer**
Dezimale *f* 1. десятичный знак 2. декада
Dezimaleingabe *f* ввод десятичной информации
Dezimalform *f* десятичная форма
Dezimalklassifikation *f* универсальная десятичная [универсальная децимальная] классификация, УДК
Dezimalkode *m* десятичный код
Dezimalkomma *n* десятичная запятая, запятая в десятичном числе
Dezimalkonvertierung *f* десятичное преобразование
Dezimalordnung *f* десятичный разряд
Dezimalpunkt *m см.* **Dezimalkomma**
Dezimalrechensystem *n* десятичная система счисления
Dezimalrechner *m* десятичная ВМ
Dezimalschreibweise *f* десятичная система записи
~, **verschlüsselte** кодированная десятичная система записи
Dezimalschritt *m* десятичный шаг
Dezimalsetzung *f см.* **Dezimalschreibweise**
Dezimalstelle *f* десятичный разряд
Dezimalsystem *n* десятичная система (*счисления*)
~, **binärkodiertes** двоично-десятичная система (*счисления*)
Dezimalverschlüsselung *f* десятичное кодирование
Dezimalzahlenstelle *f* десятичный разряд
Dezimalzahlensystem *n* десятичная система чисел
Dezimalzähler *m* десятичный счётчик

Dezimalzählröhre *f* декатрон
Dezimalzeichen *n* десятичный знак
Dezimation *f* децимация, прореживание (*напр. отсчётов*)
Dezimationsfilter *n* прореживающий фильтр
Dezimeßsender *m см.* **Dezimetermeßgenerator**
Dezimeßtechnik *f* техника измерений в диапазоне дециметровых волн
Dezimeter... *см.* **Dezimeterwellen...**
Dezimeter-Empfangseinrichtung *f* приёмное устройство диапазона дециметровых волн
Dezimetermeßgenerator *m*, **Dezimetermeßsender** *m* измерительный генератор диапазона дециметровых волн
Dezimeterrichtfunknetz *n* радиорелейная сеть диапазона дециметровых волн
Dezimeterverbindung *f* (радио)связь на дециметровых волнах
Dezimeterwellen *f pl* дециметровые волны, ДМВ (10—100 см)
Dezimeterwellen... *см. тж* **Dezimeter...**
Dezimeterwellenantenne *f* антенна диапазона дециметровых волн
Dezimeterwellenbereich *m* диапазон дециметровых волн (10—100 см)
Dezimeterwellenimpuls *m* (радио)импульс диапазона дециметровых волн
Dezimeterwellenreichweite *f* дальность распространения дециметровых волн
Dezimeterwellenrelaisstrecke *f*, **Dezimeterwellenstrecke** *f* радиорелейная линия диапазона дециметровых волн
Dezimeterwellentherapie *f* высокочастотная терапия на дециметровых волнах
Dezimeterwellenumschalter *m* переключатель диапазона дециметровых волн
Dezimillimeterwellen *f pl* децимиллиметровые волны (0,1—1 мм)
Dezimischkopf *m* смесительная головка диапазона дециметровых волн
Dezinachrichtübertragung *f* связь на дециметровых волнах
Dezistrecke *f см.* **Dezimeterwellenrelaisstrecke**
Dezituner *m* тюнер диапазона дециметровых волн
DFB-Laser *m* лазер с распределённой обратной связью
3D-Fernsehen *n* стереотелевидение
D-Flip-Flop *n* D-триггер
DF-NF-Stufe *f тлв* каскад детектирования и усиления разностной частоты
DFT-Laser *m* лазер с распределённой обратной связью
D-Glied *n* дифференцирующее звено
DH-Laser *m* лазер на двойной гетероструктуре
Dia(abtaster) *m*, **Diabildwerfer** *m* диапроектор
Diac *m* диак, симметричный диодный тиристор, симметричный динистор
Diade *f* диада, двойка (*напр. символов*)
Diafilm *m* диафильм
Diageber *m тлв* теледиапередатчик
Diagnose *f вчт* диагностика
Diagnosebefehl *m* команда диагностирования
Diagnosefunktionstest *m* диагностические функциональные испытания

Diagnosehilfen *f pl* *вчт* средства диагностики
Diagnoseprogramm *n* диагностическая программа
Diagnosesoftware *f* диагностическое программное обеспечение
Diagnosesystem *n* система диагностики
Diagnosewafer *m* тестовая полупроводниковая пластина
Diagnostik *f вчт* 1. диагностика 2. средства диагностики
Diagonalschirmmaß *n* размер экрана (*кинескопа*) по диагонали
Diagonalstrom *m* ток в диагонали (*моста*)
Diagonalzweig *m* **der Brücke** диагональ моста
Diagramm *n* диаграмма; схема; график
~, **herzförmiges** кардиоидная диаграмма (направленности)
Diagrammbreite *f* ширина диаграммы (направленности)
Diagrammflanken *f pl* боковые стороны [скаты] диаграммы (направленности)
Diagrammhalbwertsbreite *f* ширина диаграммы (направленности) на половинном уровне
Diagrammlappen *m* лепесток диаграммы (направленности)
Diagrammrotation *f* вращение диаграммы (направленности)
Diagrammschrift *f изм.* диаграммная запись
Diagrammschwenkung *f* качание диаграммы (направленности)
Diagrammstörung *f* искажение (записи) диаграммы
Diagrammsynthese *f* синтез диаграммы (направленности)
Diagrammumtastprinzip *n* метод переключения диаграммы (направленности)
Dialog *m вчт* диалог, интерактивный режим, общение
Dialogbetrieb *m вчт* диалоговый [интерактивный] режим
Dialogdienst *m* служба межабонентского обмена (информацией)
Dialogfähigkeit *f вчт* возможность диалога
Dialoggerät *n*, **Dialogstation** *f*, **Dialogterminal** *n* диалоговый [интерактивный] терминал
Diamagnetikum *n* диамагнетик
Diamagnetismus *m* диамагнетизм
Diamantnadel *f* алмазная игла
Diamantritzeinrichtung *f* алмазный скрайберный станок
Diamantritzen *n* алмазное скрайбирование
Diamantritzer *m* алмазный скрайбер
Diamantsäge *f*, **Diamanttrennscheibe** *f* дисковая пила с алмазной режущей кромкой
Diamikrokarte *f* диамикрокарта, микрокарта на прозрачной основе
Diaphonie *f* перекрёстные искажения; помехи от соседних каналов
Diaphragma *n* 1. диафрагма 2. мембрана
Diaphragmamodenfilter *n* диафрагменный фильтр мод
Diaphragmastrom *m* ток диафрагмы (*электронно-оптической системы*)
Diapositivabtaster *m*, **Diapositivgeber** *m*, **Diaprojektor** *m*, **Diaskop** *n* диапроектор

Diasoschicht *f* диазослой
Dia-Steuerungsgerät *n* устройство управления диапроектором
Dia(ton)vortrag *m* звуковое сопровождение демонстрации диапозитивов
Dibit *n* дибит, двухбитовая комбинация
Dichroismus *m* дихроизм
dichroitisch дихроичный
Dichte *f* 1. плотность; концентрация 2. непроницаемость; герметичность
~ **der Einfangszentren** концентрация центров захвата
~, **elektrische** плотность электрического тока
~ **eines Elektronenstrahles** плотность электронов в пучке
~ **der Fallen** концентрация ловушек
~ **der Fremdatome** концентрация примесных атомов
~ **der Haftzentren** концентрация центров захвата
~, **magnetische** 1. плотность магнитного поля 2. магнитная индукция
~ **der Oberflächenzustände** плотность поверхностных состояний
~ **von Bauteilen** плотность упаковки *или* монтажа элемента
~ **der Zustände** плотность состояний
Dichtefunktion *f* функция плотности; плотность (распределения) вероятности
Dichtegefälle *n* перепад концентрации
Dichtekurve *f* характеристическая кривая плотности
Dichtemesser *m* денситометр
Dichtemodulation *f* модуляция плотности
Dichtenanisotropie *f* анизотропия плотности
Dichteschrift *f* 1. запись с высокой плотностью 2. (звуко)запись переменной плотности
Dichtesprung *m* **der Strahlung** скачок плотности излучения
Dichtesteuerung *f* модуляция плотности
Dichteübergang *m* переход, образованный изменением концентрации примеси
Dichteverteilung *f* распределение плотности
Dichtigkeit *f см.* **Dichte**
Dichtigkeitsprüfung *f* испытание на герметичность
Dichtpackung *f* плотная упаковка; плотный монтаж
Dichtprobe *f см.* **Dichtigkeitsprüfung**
Dichtspeichersystem *n* система записи с высокой плотностью
Dichtung *f* 1. уплотнение 2. герметизация 3. уплотняющая прокладка
Dichtungsdraht *m* проводник впая (*напр. проводник ножки лампы*)
Dichtungsmasse *f* герметизирующий компаунд
Dickeätzen *n* глубинное травление
Dickendehnungsschwinger *m* вибратор с колебаниями изгиба по толщине
Dickenmesser *m* толщиномер
Dickenscherschwinger *m* вибратор с колебаниями сдвига по толщине
Dickenscherung *f* поперечный срез (*кварца*)
Dickenschwinger *m* вибратор с колебаниями по толщине

Dickenschwingungen f pl поперечные колебания (кварца)
Dickfilm m толстая плёнка
Dickfilm... см. **Dickschicht...**
Dickhalsbildröhre f кинескоп с толстой горловиной
Dickkopfröhre f (телевизионная) передающая трубка с увеличенным диаметром блока мишени
Dickschicht f толстая плёнка
Dickschichtelektronik f толстоплёночная электроника
Dickschichtfeldeffekttransistor m полевой толстоплёночный транзистор
Dickschichthybridschaltkreis m толстоплёночная гибридная микросхема
Dickschichtkondensator m толстоплёночный конденсатор
Dickschichtkreis m толстоплёночная микросхема
Dickschichtleiter m толстоплёночный проводник
Dickschichtmetallisierung f толстоплёночная металлизация
Dickschichtmodul m толстоплёночный модуль
Dickschichtmuster n рисунок [изображение] слоя толстоплёночной микросхемы
Dickschichtnetzwerk n толстоплёночная микросхема
Dickschichtpaste f паста для (изготовления) толстоплёночных микросхем
Dickschichtresistor m толстоплёночный резистор
Dickschichtschaltkreis m, **Dickschichtschaltung** f толстоплёночная микросхема
Dickschichttechnik f, **Dickschichttechnologie** f толстоплёночная технология
Dickschichttransistor m толстоплёночный транзистор
Dickschichtwiderstand m толстоплёночный резистор
Dickschicht-Widerstandspaste f паста для (изготовления) толстоплёночных резисторов
Dickschichtzusammensetzung f толстоплёночная композиция (паста для изготовления толстоплёночных микросхем)
die англ. кристалл (ИС)
Die-Bondermaschine f установка для монтажа кристаллов (на гибридных микросхемах)
Diedersymmetrie f крист. диэдрическая симметрия
Dielektrikum n диэлектрик
~, **festes** твёрдый диэлектрик
~, **metallfolienkaschiertes** фольгированный диэлектрик
~, **verlustbehaftetes** диэлектрик с потерями
~, **verlustfreies** диэлектрик без потерь
Dielektrikumtester m прибор для испытания диэлектриков
Dielektrikumtriode f диэлектрический триод
Dielektrizitätsantenne f диэлектрическая антенна
Dielektrizitätskennzahl f, **Dielektrizitätskonstante** f диэлектрическая проницаемость
~ **des leeren Raums** диэлектрическая проницаемость вакуума
Dielektrizitätsverluste m pl диэлектрические потери

Dielkometer n диэлькометр (прибор для измерения диэлектрической проницаемости)
Dienstabfragetaste f клавиша служебного опроса
Dienstbus m служебная шина
Dienstintegration f интеграция служб связи (создание единой сети для телефонии, телеграфии, телевидения)
Dienstkanal m канал служебной связи
Dienstprogramm n, **Dienstroutine** f обслуживающая программа; служебная программа
Dienstsignal n служебный сигнал
Dienstsprechleitung f служебная переговорная линия
Dienststation f служебная телефонная станция
Dienstverkehr m служебная связь
Dienstvorwähler m тлф служебный предыскатель
Dienstwähler m служебный искатель
Differential... см. тж **Differenz...**
Differentialempfänger m дифференциальный сельсин-приёмник
Differentialmagnetsystem n дифференциальная магнитная система
Differentialmeßbrücke f дифференциальный измерительный мост
Differentialmodulation f дифференциальная модуляция
Differentialpermeabilität f дифференциальная (магнитная) проницаемость
Differentialschaltung f дифференциальная балансная схема
Differentialsteuersender m дифференциальный сельсин-датчик
Differentialweiche f дифференциальный разделительный фильтр
Differentialwiderstand m дифференциальное (входное) сопротивление
Differentiator m 1. дифференциатор, дифференцирующее устройство 2. мат. дифференциальный оператор
Differenz f 1. разность; разница 2. приращение 3. рег. рассогласование
Differenz... см. тж **Differential...**
Differenzbetrag m величина разности
Differenzbildner m устройство для образования разности, формирователь разности
Differenzbildung f образование разности
Differenzbildverfahren n тлв метод передачи межкадровой разности
Differenzdiskriminator m дифференциальный дискриминатор
Differenzeingang m дифференциальный вход
Differenzfrequenz f 1. разностная частота 2. частота разностного (стерео)сигнала, частота сигнала
Differenzgeber m дифференциальный измерительный преобразователь, дифференциальный датчик
Differenzierentzerrer m дифференциальный корректор искажений
Differenzierer m, **Differenziergerät** n см. **Differentiator 1.**
Differenzierglied n дифференцирующее звено
Differenzierkette f дифференцирующая цепь
Differenzierstufe f дифференцирующий каскад
Differenzierungs... см. **Differenzier...**

Differenzierverstärker *m* дифференцирующий усилитель
Differenzierzeitkonstante *f* постоянная времени дифференцирующей цепи
Differenzinterferometrie *f* разностная дифференциальная интерферометрия
Differenzmeßgerät *n* дифференциальный измерительный прибор
Differenzmeßmethode *f* разностный метод измерения
Differenzmeßsonde *f* зонд для измерения градиента (*напр. напряжённости поля*)
Differenzmeßverfahren *n* см. Differenzmeßmethode
Differenzmodul *m* модуль разности
Differenzoszillator *m* генератор биений
Differenzpegelmesser *m* дифференциальный измеритель уровня (*сигнала*)
Differenzpulskodemodulation *f* дифференциальная импульсно-кодовая модуляция, ДИКМ
Differenzschleifenverfahren *n* дифференциально-петлевой метод (*испытания ферромагнитных материалов*)
Differenzsignal *n* 1. разностный сигнал 2. разностный (стерео)сигнал, сигнал S 3. *тлв* цветоразностный сигнал
Differenzspannung *f* разность (двух) напряжений, разностное напряжение
Differenzspannungserzeuger *m* генератор [датчик] разностного напряжения
Differenzton *m* разностный тон, тон биений
Differenztonfaktor *m* *зап.* коэффициент разностного тона
Differenztonträger *m* разностная несущая звукового сопровождения (*в результате преобразования несущих изображения и звука*)
Differenztonverfahren *n* метод одноканального приёма звукового сопровождения
Differenzträger *m*, **Differenzträgerfrequenz** *f* *тлв* разностная частота (*между несущими звука и изображения*)
Differenzträgerfrequenzverfahren *n*, **Differenzträger-Tonübertragung** *f*, **Differenzträgerverfahren** *n* см. Differenztonverfahren
Differenzverstärker *m* дифференциальный усилитель
Differenzwandler *m* дифференциальный преобразователь
Differenzwinkel *m* рассогласование
Differenzzeiger *m* указатель разности
Diffraktion *f* дифракция
Diffraktionsbild *n* дифракционная картина
Diffraktionsstreuung *f* дифракционное рассеяние
Diffraktometer *n* дифрактометр
diffundieren диффундировать
diffundiert-legiert диффузионно-сплавной
Diffusant *m* диффузант
Diffuseur *m* диффузор
Diffusion *f* 1. диффузия 2. рассеяние (*света*)
~, **ambipolare** амбиполярная диффузия
~ **aus aufgetragener Schicht** диффузия из нанесённого слоя
~ **aus begrenzter [aus beschränkter] Diffusionsquelle** диффузия из ограниченного источника
~ **aus konstanter Diffusionsquelle** диффузия из постоянного источника
~ **aus Oberflächenmedien** диффузия из поверхностных сред
~ **aus der Schmelze** диффузия из расплава
~ **des Emitterübergangs** эмиттерная диффузия
~, **laterale** горизонтальная [боковая] диффузия
~, **protonengeförderte** протонно-инициированная диффузия
~, **selektive** селективная [избирательная] диффузия
~, **strahlungsbeschleunigte** радиационно ускоренная диффузия
~, **thermische** термическая диффузия
~ **der vergrabenen Schicht** диффузия скрытого слоя
Diffusionsadmittanz *f* полная (малосигнальная) проводимость, обусловленная диффузионным током
Diffusionsaustausch *m* взаимная обменная диффузия
Diffussionsbarriere *f* диффузионный барьер
Diffusionsbereich *m* диффузионная область
Diffusionsbreite *f* диффузионная ширина
Diffusionsdefekt *m* диффузионный дефект
Diffusionsdifferentialgleichung *f* дифференциальное уравнение диффузии
Diffusionsdiode *f* диффузионный диод
Diffusionsdotierung *f* диффузионное легирование
Diffusionseffekt *m* 1. явление [эффект] диффузии 2. явление [эффект] рассеяния (*света*)
Diffusionsfaktor *m* коэффициент диффузии
Diffusionsfenster *n* окно для проведения диффузии
Diffusionsflächentransistor *m* диффузионный планарный транзистор
Diffusionsfotospannung *f* диффузионное фотонапряжение
Diffusionsfototransistor *m* диффузионный фототранзистор
Diffusionsfrequenz *f* частота диффузии
Diffusionsfront *f* фронт диффузии
Diffusionsgeschwindigkeit *f* скорость диффузии
Diffusionsgleichgewicht *n* диффузионное равновесие
Diffusionsgleichung *f* уравнение диффузии
~, **Fiksche** диффузионное уравнение Фика
Diffusionsglühen *n* диффузионный отжиг
Diffusionsgrenze *f* граница диффузии
diffusionshemmend препятствующий диффузии
Diffusionshemmschicht *f* маскирующий слой, слой, препятствующий диффузии
diffusionsinduziert вызванный диффузией
Diffusionsinhomogenität *f* неравномерность диффузии
Diffusionskammer *f* диффузионная камера
Diffusionskanal *m* диффузионный канал
Diffusionskapazität *f* диффузионная ёмкость
Diffusionskassette *f* кассета [лодочка] для диффузии, диффузионная (кварцевая) лодочка
Diffusionskoeffizient *m*, **Diffusionskonstante** *f* коэффициент диффузии
Diffusionskopieren *n* диффузионное копирование
Diffusionskreis *m* *опт.* кружок рассеяния
Diffusionslänge *f* диффузионная длина
diffusionslegiert легированный методом диффузии

Diffusionslegierung f диффузионное легирование
Diffusionsmagazin n см. **Diffusionskassette**
Diffusionsmaske f диффузионная маска
Diffusionsmesatransistor m диффузионный мезатранзистор
Diffusionsmittel n диффузант
Diffusionsnebelkammer f см. **Diffusions-Wilson-Kammer**
Diffusionsofen m диффузионная печь
Diffusionspotential n диффузионный потенциал
Diffusionsprofil n диффузионный профиль
Diffusionspumpe f диффузионный насос
Diffusionsquarzrohr n диффузионная кварцевая труба
Diffusionsquelle f источник диффузанта
Diffusionsquerschnitt m сечение диффузного рассеяния
Diffusionsrate f скорость диффузии
Diffusionsrauschen n диффузионный шум
Diffusionsrohr n диффузионная труба
Diffusionssättigung f диффузионное насыщение
Diffusionsschicht f диффузионный слой
Diffusionsschliff m шлиф (полупроводника) для определения картины диффузионного распределения примеси
Diffusionsschritt m пп операция диффузии
Diffusionsschweißen n диффузионная сварка
diffusionsselbstjustiert диффузионно-самосовмещённый
Diffusionsspannung f диффузионное напряжение
Diffusionssperrschicht f диффузионный запирающий слой
Diffusionssprung m скачок диффузии
Diffusionsstörung f диффузионный дефект
Diffusionsstrom m диффузионный ток
Diffusionsstruktur f диффузионная структура
Diffusionstemperaturzyklus m температурный цикл диффузии
Diffusionstempern n диффузионный отжиг
Diffusionsthyristor m диффузионный тиристор
Diffusionstiefe f глубина диффузии
Diffusionsträgheit f инерционность диффузии (носителей)
Diffusionstransistor m диффузионный транзистор
Diffusionsübertragungsverfahren n метод диффузионного переноса
Diffusionsverfahren n диффузионный метод (введения примесей)
Diffusionsverluste m pl диффузионные потери
Diffusionsvermögen n диффузионная способность
Diffusionsweg m диффузионный пробег
~, **mittlerer** средний диффузионный пробег
Diffusionswiderstand m диффузионный резистор
Diffussions-Wilson-Kammer f диффузионная камера Вильсона
Diffusionszeit f время диффузии
Diffusionszone f диффузионная область
Diffusor m 1. диффузор 2. рассеиватель (света)
Diffusoreinlauf m, **Diffusoreintritt** m вход диффузора
Diffusschall m рассеянный [диффузный] звук
Digikon n фирм. диджикон (ЭОП с полупроводниковым матричным коллектором)
digit англ. 1. цифра; одноразрядное число; разряд 2. символ; знак

digital 1. цифровой 2. дискретный
~, **rein [voll]** полностью цифровой
Digitaladdierer m цифровой сумматор
digital-analog цифро-аналоговый
Digital-Analog-Konverter m см. **Digital-Analog-Umsetzer**
Digital-Analog-Rechenmaschine f цифро-аналоговая ВМ
Digital-Analog-Speicher m цифро-аналоговый накопитель
Digital-Analog-Umsetzer m цифро-аналоговый преобразователь, ЦАП
Digital-Analog-Umsetzung f, **Digital-Analog-Umwandlung** f цифро-аналоговое преобразование
Digital-Analog-Wandler m см. **Digital-Analog-Umsetzer**
Digital-Analog-Wandlung f см. **Digital-Analog-Umsetzung**
Digitalanalysator m цифровой анализатор
Digitalanzeigemeßgerät n измерительное устройство с цифровым отсчётом
Digitalaufzeichnung f цифровая запись
Digitalausgabe f 1. вывод цифровых данных 2. цифровой выход
Digitalausgang m цифровой выход
Digitalauswertung f цифровая обработка данных
Digitalautomat m цифровой автомат
Digitalbaustein m цифровой функциональный блок; цифровой модуль
Digitalbereich m цифровая область (область операций с цифровыми величинами)
Digital-Bildspeicher m 1. цифровое устройство запоминания изображения 2. цифровая память на кадр
Digitalcomputer m см. **Digitalrechengerät**
Digitaldarstellung f цифровое представление
Digitaldaten pl цифровые данные
Digitaldatenverarbeitung f 1. обработка цифровых данных 2. цифровая обработка данных
Digitaldatenverbindung f цифровая связь
Digitaldekoder m цифровой декодер
Digital-Differential-Analysator m цифровой дифференциальный анализатор, ЦДА
Digital-Digital-Umsetzer m цифро-цифровой преобразователь, ЦЦП; перекодирующее устройство
Digital-Digital-Umsetzung f, **Digital-Digital-Umwandlung** f цифро-цифровое преобразование; перекодирование
Digitaldiskriminator m цифровой дискриминатор
Digitaldrehgeber m цифровой датчик углового положения (вала)
Digitaldrucker m цифропечатающее устройство
Digital-Effekte m pl тлв цифровые видеоэффекты
Digitaleingabe f 1. ввод цифровых данных 2. цифровой вход
Digitaleingang m цифровой вход
Digitalfehler m цифровая ошибка
Digitalfilter n цифровой фильтр
Digitalgerät n цифровое устройство
Digitalgrafik f машинная графика
Digitalinformation f цифровая информация
Digitalisierung f 1. преобразование в цифровую форму 2. дискретизация

Digitalkanal *m* цифровой канал (*связи*)
Digitalkoder *m* цифровой кодер
Digitallogik *f* цифровые логические схемы
Digitallogikbaustein *m* цифровой логический модуль
Digitalmaschine *f* цифровая ВМ, ЦВМ
Digitalmeßschaltung *f* цифровая измерительная схема
Digitalmeßtechnik *f* цифровая измерительная техника
Digitalmeßwertdrucker *m* цифропечатающее измерительное устройство
Digitalmeter *n* цифровой измерительный прибор
Digitalmikroschaltung *f* цифровая микросхема
~, **integrierte** цифровая интегральная микросхема
Digitalmodem *m* цифровой модем
Digitalmodul *m* цифровой модуль
Digitalmultiplexsystem *n* 1. система объединения цифровых сигналов; система уплотнения цифровых каналов 2. *вчт* мультиплексная цифровая система
Digitalnorm *f* стандарт (системы) цифрового телевидения; цифровой стандарт
Digitalplotter *m* цифровой графопостроитель
Digitalquarzuhr *f* кварцевые [кварцованные] часы с цифровым отсчётом
Digitalrechengerät *n*, **Digitalrechenmaschine** *f*, **Digitalrechner** *m* цифровая вычислительная машина, ЦВМ
Digitalrechner-Simulation *f* моделирование с помощью ЦВМ
Digitalregelung *f* цифровое регулирование
Digitalregister *n* цифровой регистр
Digitalregler *m* цифровой регулятор
Digitalschallplatte *f* цифровая грампластика
Digitalschaltkreis *m*, **integrierter** цифровая ИС
Digitalschaltung *f* цифровая схема
Digitalsignal *n* цифровой сигнал
Digitalsignalmultiplexgerät *n* объединитель (канальных) цифровых сигналов; уплотнитель цифровых каналов
Digitalsignatur *f* цифровая сигнатура
Digitalspeicher *m* цифровое ЗУ; цифровая память
Digitalspeicherelement *n* цифровой запоминающий элемент
Digitalstandard *m* цифровой стандарт
Digitalstufe *f* цифровой каскад
Digitaltechnik *f* цифровая техника
Digitalteilung *f* цифровое деление
Digitalterminal *n* цифровой терминал
Digitalübertragung *f* цифровая передача
Digitaluhr *f* 1. (электронные) часы с цифровым отсчётом 2. генератор тактовых импульсов
Digitalverbindungsstrecke *f* цифровая линия связи
Digitalverfahren *n* цифровой метод
Digitalvermittlungsanlage *f* цифровая коммутационная установка
Digitalverstärker *m* 1. усилитель цифровых сигналов 2. усилитель с цифровым управлением
Digital-Videorecorder *m* цифровой видеомагнитофон, ЦВМФ
Digitalvielfachmesser *m* цифровой универсальный измерительный прибор

Digitalvielfachregelung *f* многофункциональное цифровое управление
Digitalwort *n* цифровое слово
Digitalzahl *f* двоичное число
Digitalzähler *m* цифровой счётчик
Digitieren *n* см. **Digitalisierung**
Digitintervall *n* интервал (передачи *или* обработки) двоичного разряда
Digitleitung *f* разрядная шина
Digitron *n* *фирм.* диджитрон, дигитрон (*оптическое устройство вывода данных*)
Digramm *n* *инф.* биграмма (*группа из двух последовательных символов*)
Diktaphon *n*, **Diktatanlage** *f*, **Diktiergerät** *n* диктофон
DIL-Gehäuse *n* см. **DIP-Gehäuse**
diline *англ.* диэлектрический волновод
Dimensionierung *f* 1. задание [расчёт] размеров 2. определение размерности
Dimensionierungsverfahren *n* метод определения допуска
Dimensionierungsvorschrift *f* указание допуска
Dimensionsanisotropie *f* размерная анизотропия
Dimmer *m* *тлв* светорегулятор, регулятор освещённости
DIN-Bezugspegel *m* относительный уровень по ДИН
D-Indikator *m* индикатор D-типа
DIN-Empfindlichkeit *f* светочувствительность по ДИН
Dingbrennpunkt *m* *опт.* передний фокус
Dingebene *f* *опт.* предметная плоскость
Dingentfernung *f* *опт.* расстояние до объекта
Dingfeld *n* *опт.* 1. поле предмета 2. поле зрения в пространстве предмета
DIN-Grade *m pl* градусы (светочувствительности) по ДИН
Dingraum *m* *опт.* пространство предмета
Dingsley-Verfahren *n* метод гиперболической радионавигации с использованием синхронной частотной модуляции
Dingweite *f* см. **Dingentfernung**
Dinistor *m* диодный тиристор, динистор
Diode *f* диод
~, **antiparallele** антипараллельный диод (*в схеме включения тиристора*)
~, **ergänzende** комплектарный [дополняющий] диод
~ **für Pegelhaltung** диод фиксации уровня
~, **hochsperrende** диод с большим обратным сопротивлением
~, **in Durchlaßrichtung vorgespannte** прямосмещённый диод
~, **lichtemittierende** светодиод
~, **lichtempfindliche** фотодиод
~ **mit Gegenvorspannung** обратносмещённый диод
~ **mit Heteroübergängen** диод с гетеропереходами, гетеродиод
~ **mit Sperrvorspannung** обратносмещённый диод
~ **mit vier Schichten** четырёхслойный диод
~, **parametrische** параметрический диод, варикап
~, **planarparallele** планарный диод

~, steuerbare управляемый диод
~, strahlungsemittierende светодиод
Diode-Gun-Plumbikon n плюмбикон с диодным прожектором
Diode-Gun-Röhre f тлв трубка с диодным прожектором
Diodenabschnitt m диодная секция (*ЭЛП*)
Diodenabstimmung f настройка (параметрическим) диодом
Diodenadmittanz f полная проводимость диода
Dioden-Amplitudenselektor m диодный амплитудный селектор
Diodenanode f анод диода
Diodenanschluß m контакт подключения диода
Diodenanschlußseite f сторона (схемы) подключения диода
Diodenanzeiger m диодный индикатор
Diodenarray n набор диодов, НД (*вид микросхемы*); диодная матрица
Diodenbaustein m диодный модуль; диодная сборка
Diodenbegrenzung f диодное ограничение
Diodenblindwiderstandsmodulator m модулятор на параметрическом диоде
Diodencharakteristik f (вольт-амперная) характеристика диода
Diodenchip m 1. кристалл с диодом *или* диодами 2. бескорпусной диод
Diodendämpfung f диодное демпфирование
Diodendehnungsgeber m тензодиод, диодный тензодатчик
Diodendetektor m диодный детектор
Diodendurchlaßstrom m ток диода в прямом направлении
Dioden-Elektronenstrahlsystem n диодный электронный прожектор
Diodenfeld n диодная матрица
Diodenfrequenzverdoppler m диодный удвоитель частоты
Diodengatter n диодный вентиль
Diodengleichrichter m диодный выпрямитель
Diodengrenzfrequenz f граничная [предельная] частота диода
Diodenkabel n кабель с согласующим диодом
Diodenkanone f диодный (электронный) прожектор
Diodenkapazität f ёмкость диода
Diodenkennlinie f *см.* **Diodencharakteristik**
Diodenkette f диодная цепочка
Diodenklemmschaltung f, **Diodenklemmung** f диодная схема фиксации
Diodenkontaktschicht f контактный слой диода
Diodenlaser m диодный лазер
Diodenlogik f диодные логические схемы
Diodenmatrix f диодная матрица
Diodenmatrixverschlüsselungsgerät n кодирующее устройство с диодной матрицей
Diodenmischer m диодный смеситель
Diodenmodul m диодный модуль; диодная сборка
Diodenmodulator m диодный модулятор
Diodenmultiplikator m диодный умножитель
Dioden-ODER-Gatter n диодная схема ИЛИ
Diodenoptokoppler m, **Diodenoptron** n диодный оптрон, оптопара светодиод—фотодиод

Diodenpaar n 1. диодная пара 2. спаренные диоды (*два диода в одном корпусе*)
Diodenparameter m параметр диода
Dioden-Plumbikon n *см.* **Diode-Gun-Plumbikon**
Diodenprüfgerät n диодный тестер
Diodenpumpen n диодная накачка (*лазера*)
Diodenquartett n четырёхдиодная сборка
Diodenrauschen n шумы диода
Dioden-Resistor-Logik f диодно-резисторные логические схемы, диодно-резисторная логика
Diodenreststrom m ток утечки диода
Diodenrichtstrom m ток, выпрямленный диодом
Diodenringmodulator m кольцевой модулятор на диодах
Dioden-Rückgewinnungsschaltung f диодная схема восстановления (*напр. уровня чёрного*)
Diodenruhestrom m ток покоя диода
Diodenschalter m диодный переключатель
Diodenschaltsystem n диодная система коммутации
Diodenschaltung f диодная схема
Dioden-Schaltungstechnik f диодная схемотехника
Diodenschutzschaltung f диодная схема защиты
Diodenschwellenspannung f пороговое напряжение диода
Diodensensor m диодный преобразователь свет—сигнал
Diodenspeicher m диодное ЗУ
Diodensperrstrom m (обратный) ток запертого диода
Diodensperrwiderstand m сопротивление запертого диода
Diodenstecker m 1. двухполюсная вилка (*электрического соединителя*) 2. зонд [пробник] с диодной головкой, диодный зонд
Diodenstrahlerzeuger m диодный электронный прожектор
Diodenstrecke f 1. диодный участок; диодный промежуток 2. диодный разрядник
Diodenstrom m ток диода
Diodenstruktur f диодная структура
Diodenstufe f диодный каскад
Diodensystem n двухэлектродная диодная система (*в ЭЛП*)
Dioden-Target n диодная мишень
Diodentargetvidikon n кремникон
Diodentastkopf m диодный щуп
Diodenthyristor m диодный тиристор, динистор
Diodentor n диодный вентиль
Dioden-Transistor-Logik f диодно-транзисторные логические схемы, диодно-транзисторная логика
Diodentyp m тип диода
Diodenübergang m диодный переход
Diodenvergleichschaltung f диодная схема сравнения
Diodenvierer m 1. кольцевой модулятор из четырёх диодов 2. выпрямительная схема Греца с четырьмя диодами
Diodenvorsatz m диодный щуп
Diodenvorspannung f напряжение смещения диода
Diodenwandler m диодный преобразователь
Diodenwiderstand m сопротивление диода

Diodenzähler m диодный счётчик (*импульсов*)
Dioden-Z-Dioden-Transistor-Logik f диодно-транзисторные логические схемы со стабилитронами
Diodenzelle f диодная ячейка
Diodenzerstäubung f диодное распыление
Diode-Tetrode f диод-тетрод
Diode-Triode f диод-триод
Diodiode f двойной диод
Dioptrie f диоптрия, D
Diotron n измерительный прибор с шумовым диодом
DIP-Gehäuse n плоский корпус с двухрядным расположением выводов, DIP-корпус
Diplexbetrieb m диплексный режим работы
Diplexer m диплексер, антенный разделитель
Diplexsatz m 1. диплексер 2. диплексная система
Diplexverkehr m диплексная связь
Dipmeter n 1. измеритель глубины модуляции 2. абсорбционный частотомер
Dipol m 1. симметричный вибратор, диполь 2. симметричная вибраторная антенна 3. *фтт* диполь
~, **abgestimmter** настроенный симметричный вибратор
~, **aktiver** активный симметричный вибратор
~, **ausziehbarer** раздвижной симметричный вибратор
~, **elektrischer** 1. электрический диполь 2. симметричный вибратор, диполь
~, **gefalteter** петлевой симметричный вибратор
~, **gespeister** активный симметричный вибратор
~, **gestreckter** прямолинейный симметричный вибратор
~, **Hertzscher** диполь Герца, элементарный излучатель Герца
~, **logarithmisch-periodischer** логопериодический симметричный вибратор
~ **mit Stichleitung, angepaßter** диполь, согласованный с фидером при помощи шлейфа
~, **passiver** пассивный симметричный вибратор
~, **spannungsgespeister** симметричный вибратор, питаемый напряжением
Dipolabsorption f дипольное поглощение
Dipolachse f ось диполя
Dipolanordnung f дипольная система
Dipolantenne f симметричная вибраторная антенна
dipolar биполярный
Dipolast m 1. опора вибратора 2. крепление вибратора
Dipolbildung f образование диполей
Dipolbildungskräfte f pl дипольные силы
Dipol-Dipol-Kopplung f диполь-дипольная связь
Dipol-Dipol-Wechselwirkung f диполь-дипольное взаимодействие
Dipoldomäne f дипольный домен
Dipolebene f многовибраторная (антенная) решётка
Dipolerreger m активный вибратор
Dipolgitter n антенная решётка симметричных вибраторов
Dipollinie f 1. ось диполя 2. *см.* **Dipolzeile**
Dipolmoment n дипольный момент

Dipolorientierung f ориентация диполя
Dipolpolarisation f дипольная поляризация
Dipolreihe f *см.* **Dipolzeile**
Dipolrelaxation f дипольная релаксация
Dipolrichtantenne f многовибраторная направленная антенна
Dipolschicht f дипольный слой
Dipolschleife f петлевой симметричный вибратор
Dipolschwingungen f pl дипольные колебания
Dipolspalte f вертикальный ряд (полуволновых) вибраторов
Dipolspeiseleitung f фидер питания симметричного вибратора
Dipolstab m стержень симметричного вибратора
Dipolstrahlungszerfall m распад диполя, сопровождающийся излучением
Dipolstütze f опора симметричного вибратора
Dipolübergang m дипольный переход
~, **elektrischer** электрический дипольный переход
~, **erzwungener** вынужденный дипольный переход
Dipolumdrehung f поворот диполя
Dipolverluste m pl дипольные потери
Dipolwand f *см.* **Dipolebene**
Dipolwand-Antenne f плоская многовибраторная антенна
Dipolwechselwirkung f дипольное взаимодействие
Dipolzeile f решётка продольных (полуволновых) вибраторов
Dipper m абсорбционный частотомер
Dirac-Funktion f дельта-функция Дирака
Direktabbildung f непосредственное отображение (*данных*)
Direktablesung f непосредственный отсчёт
Direktantrieb m *зап.* прямой привод
Direktantriebsmotor m *зап.* двигатель с непосредственным приводом
Direktanzeige f *см.* **Direktabbildung**
Direktaufnahme f 1. непосредственная запись 2. непосредственная съёмка 3. *тлв* прямая передача
Direktaufzeichnung f *см.* **Direktaufnahme 1.**
Direktaussendung f непосредственная передача (*со спутника к телевизорам абонентов*)
Direktbefehl m команда с прямой адресацией
Direktbelichtung f прямое экспонирование
Direktbelichtungsanlage f установка прямого (электронно-лучевого) экспонирования
Direktbetrachtungssystem n система непосредственного наблюдения
direktbinär чисто двоичный
Direktdatei f файл с прямым доступом
Direkteingabe f непосредственный прямой ввод (*данных*)
Direkteingabe-Ausgabe f непосредственный прямой ввод — вывод (*данных*)
Direkteinschaltung f прямое включение
Direktempfang m прямой приём; *косм.* непосредственный приём (*спутниковых передач*)
Direktempfangssatellit m спутник непосредственного вещания
Direktfernsehübertragung f прямая телепередача
direktgekoppelt непосредственно связанный

DIR

Direktionsfinder *m* пеленгатор
Direktkode *m* прямой код
Direktkopplung *f* непосредственная связь
Direktleitung *f* прямая проводимость
Direktlesung *f* непосредственное считывание (*данных*)
Direktmessung *f* прямое [непосредственное] измерение
Direktmodulation *f* непосредственная модуляция
Direktor *m* директор (*антенны*)
Direktorantenne *f* направленная антенна
Direktorwähler *m* *тлф* селектор; цифровой искатель
Direktorwirkung *f* направленное действие (*антенны*)
Direktpumpen *n* прямая накачка
Direktregelung *f* прямое регулирование
Direktregistrierung *f* непосредственная запись
Direktrichtung *f* 1. *ант.* направление главного лепестка 2. *пп* прямое [проводящее] направление
Direktröhre *f см.* **Direktsichtbildröhre**
Direktröntgenfotographie *f* непосредственная съёмка в рентгеновских лучах
Direktruf *m* прямой (одноадресный) вызов
Direkt-Satellit *m см.* **Direktempfangssatellit**
Direktschall *m* прямой [неотражённый] звук
Direktschreiber *m* 1. установка прямого (электронно-лучевого) экспонирования 2. самописец 3. печатающий (телеграфный) аппарат
Direktschreibpapier *n* бумага для самописца
Direktschrift *f* непосредственная запись
Direktsendung *f см.* **Direktaussendung**
Direktsichtbildröhre *f* (электронно-лучевая) трубка прямого видения
Direktsichtempfänger *m* телевизионный приёмник прямого видения
Direktsichtröhre *f см.* **Direktsichtbildröhre**
Direktsprechen *n* разговор по прямому проводу
Direktsteuerung *f* прямое управление
Direktstörung *f* направленная помеха
Direktstrahlung *f* прямое излучение
Direktstreuung *f* прямое рассеяние (*радиоволн*)
Direktstrukturierung *f* прямое (электронно-лучевое) последовательное экспонирование
Direktsynchronisierung *f* непосредственная синхронизация
Direktübertragung *f* 1. *см.* **Direktstrukturierung** 2. *тлв* прямая передача
Direktumsetzung *f*, **Direktumwandlung** *f* прямое преобразование
Direktverbindung *f*, **Direktverkehr** *m* прямая связь
Direktverstärker *m* усилитель постоянного тока *или* постоянного напряжения
Direktverstärkung *f* прямое усиление (*без преобразования частоты*)
Direktzähler *m* 1. счётчик с непосредственным отсчётом 2. направленный счётчик
direktzeigend с непосредственным отсчётом
Direktzugriff *m* *вчт* прямой [непосредственный] доступ
Direktzugriffsdatenträger *m* носитель данных с прямым доступом
Direktzugriffsspeicher *m* ЗУ с прямым доступом

DIS

disc compact *англ.* долгоиграющий диск, диск с длительной записью
dish *англ.* параболическая зеркальная антенна
Disjunktion *f* дизъюнкция, логическое сложение; операция ИЛИ
Disjunktionselement *n*, **Disjunktionsglied** *n* вентиль логического сложения
Disjunktionsoperation *f* операция дизъюнкции [логического сложения]
Diskantregelung *f* регулировка высоких частот
Diskette *f вчт* дискет(а) (*гибкий магнитный диск*)
Diskettencomputer *m* ВМ на дискетах
Diskettendoppelaufwerk *n* дисковод для двух дискет
Disketteneinschub *m* дискетный выдвижной блок
Diskettenspeicher *m* ЗУ *или* накопитель на дискетах
Diskonantenne *f* дископонусная антенна
Diskontinuität *f* 1. разрывность (*напр. колебаний*); прерывность (*напр. спектра*) 2. неоднородность (*напр. линии передачи*) 3. дискретность
Diskontinuum *n мат.* дисконтинуум
Diskothek *f* дискотека
Diskrepanz *f* рассогласование; расхождение
diskresident диск-резидентный (*о программных средствах*)
Diskretfilter *n* дискретный фильтр
Diskretheit *f* дискретность
Diskretisierung *f* дискретизация
~, **sekundäre** вторичная дискретизация
Diskretisierungsfehler *m* погрешность дискретизации
Diskriminator *m* 1. дискриминатор 2. *вчт* дискриминантная классифицирующая функция
Diskriminatorausgang *m* выход дискриминатора
Diskriminatorbegrenzer *m* ограничитель-дискриминатор
Diskriminatorkennlinie *f* характеристика дискриминатора
Diskriminatorschaltung *f* схема дискриминатора
Diskriminatorschwelle *f* порог (срабатывания) дискриминатора
Diskriminierschwelle *f* 1. порог различения 2. *см.* **Diskriminatorschwelle**
Dislokation *f крист.* дислокация
Dislokationskrater *m пп* дислокационный кратер
Dislokationsmetamorphismus *m* динамометаморфизм, дислокационный метаморфизм
Dislokationsnetz *n пп* сетка дислокаций
Dislokationstrichter *m пп* дислокационный кратер
Dislokationswanderung *f пп* миграция дислокаций
Disparation *f* диспаратность (*разделение изображения при стереоскопическом восприятии*)
Dispatcheranlage *f* диспетчерская установка
Dispatcherfernsehanlage *f* диспетчерская телевизионная установка
Dispatcherisierung *f* диспетчеризация
Dispatcherlenkung *f* диспетчерское управление
Dispatcherverwaltungspult *n* пульт централизованного диспетчерского управления
Dispatcherrechner *m* диспетчерская ВМ
dispers рассеянный
Dispersion *f* 1. дисперсия 2. рассеяние
~, **anomale** аномальная дисперсия

~, **räumliche** пространственная дисперсия
Dispersionsdiagramm *n* кривая дисперсии
Dispersionsgebiet *n* область дисперсии
Dispersionsgesetz *n* закон дисперсии
Dispersionslinse *f* рассеивающая линза
Dispersionsverzögerungsleitung *f* дисперсионная линия задержки
Display *n* 1. дисплей 2. устройство отображения; устройство индикации, индикатор; электронное табло
~, **aktives** активный дисплей
~, **alphanumerisches** буквенно-цифровой дисплей
~, **mnemonisches** мнемонический дисплей
~, **optoelektronisches** оптоэлектронный дисплей
~, **passives** пассивный дисплей
Displayprozessor *m* процессор дисплея, дисплейный процессор
Displayröhre *f* 1. трубка дисплея 2. индикаторная трубка
Display-Technik *f* техника отображения (*информации*)
Displayteil *m* секция отображения (*в телевизоре*)
Disposition *f* размещение, расположение
DIS-Röhre *f* сатикон с диодным прожектором и импрегнированным катодом
disruptiv прерывистый; разрывный
Dissektor *m*, **Dissektorröhre** *f* диссектор
Dissipation *f* рассеяние, диссипация
Dissonanz *f* несовпадение, диссонанс
~, **elektrische** электрический диссонанс, несовпадение частот
Dissoziation *f* диссоциация, распад
Dissoziationslaser *m* (фото)диссоциативный лазер
Distanzadresse *f* относительный *или* плавающий адрес
Distanzeffekt *m* дистанционный эффект
Distanzkreis *m* рлк кольцевая метка дальности
Distanzmessung *f* дистанционное измерение
Distanzregelung *f* дистанционное регулирование
Distanzring *m см.* **Distanzkreis**
Distanzsteuerung *f* дистанционное управление
Distorsion *f* дисторсия
Distribution *f* распределение
Distributionsgesetz *n* распределительный [дистрибутивный] закон
Distributivsystem *n* дистрибутивная система
Disturbation *f* возмущение; нарушение
Ditetrode *f* двойной тетрод
Dither *n см.* **Dither-Signal**
Ditherisierung *f* тлв введение сглаживающего псевдослучайного сигнала (*для устранения ложных контуров*)
Dither-Signal *n* тлв сглаживающий (ложные контуры) псевдослучайный сигнал
Ditriode *f* двойной триод
Divakanz *f* дивакансия
Divergenz *f* 1. дивергенция, расхождение 2. расходимость
~ **des Laserstrahles** (угловая) дивергенция луча лазера
Divergenzpunkt *m* точка расхождения
Divergenzwinkel *m* угол расхождения

Diversity *f* 1. разнесённая передача 2. разнесённый приём
Diversity-Empfang *m* разнесённый приём
Diversityübertragung *f* разнесённая передача
Dividiereinheit *f* делительное устройство
Dividieren *n* деление
Division *f*, **gleitende** деление (в системе) с плавающей запятой
Divisionsbefehl *m* 1. *вчт* команда деления 2. *прогр.* команда ветвления
Divisionseinrichtung *f* делительное устройство
Divisionsschaltung *f* схема деления
Divisionszeichen *n* знак деления
Divisor *m* делитель
Divisorregister *n* регистр делителя
DK-Meßgerät *n* прибор для измерения диэлектрической проницаемости
D-MAC-System *n* система D-MAC, система D-МАК (*система МАС, в которой временнóе уплотнение видеосигналов и цифровых данных осуществляется в основной полосе частот*)
D2-MAC-System *n* система D2-MAC, истема D2-МАК (*система МАС, в которой цифровые данные передаются дуобинарным кодом*)
DMA-Schnittstellensteuerung *f* интерфейс канала прямого доступа (*к памяти*)
dm-Bereich *m* диапазон дециметровых волн (*10—100 см*)
DMIS-Verfahren *n* двухдиффузионный метод изготовления МДП-структуры
DMNOS-Struktur *f* МНОП-структура, изготовленная методом двойной диффузии, двухдиффузионная МНОП-структура
DMOS-Dotierungsprofil *n* профиль распределения легирующей примеси в МОП-структуре, изготовленной методом двойной диффузии
DMOS-Transistor *m* МОП-транзистор, изготовленный методом двойной диффузии, ДМОП-транзистор
DMOS-Verfahren *n* двухдиффузионный метод изготовления МОП-структуры, метод изготовления ДМОП-структуры
dm-Wellen *f pl* дециметровые волны (*10—100 см*)
DNC-Betrieb *m* режим прямого числового управления, режим ПЧУ
D-Netz *n* D-сеть (*автомобильная радиотелефонная сеть в диапазоне 900 МГц*)
D-Norm *f* (телевизионный) стандарт D (*стандарт СЕКАМ ОИРТ*)
Dodar *m* ультразвуковой локатор
Dokument *n* документ, документальный источник (*информации*)
~, **akustisches** акустический [аудиальный] документ
~, **audiovisuelles** аудиовизуальный документ
Dokumentationssystem *n* информационная система
Dokumentenkamera *f* камера для передачи документов
Dokumentenleser *m* устройство (для) считывания документов
Dokumentenretrivalsystem *n* информационно-поисковая система (для) документов, ИПС (для) документов

Dokumentenverkehr *m* обмен документами (*по каналам связи*)
Dolby-NR-Schalter *m* переключатель шумоподавителя «Долби»
Dolby-System *n фирм.* система шумоподавления «Долби»
Dolmetschermaschine *f*, **elektronische** электронная машина для синхронного перевода
Domäne *f* домен
~, **elektrische** дипольный домен
~, **ferroelektrische** сегнетоэлектрический домен
~, **ferromagnetische** ферромагнитный домен
~, **magnetische** магнитный домен
Domänenauslöschung *f* гашение домена (*вариант работы диода Ганна*)
Domänenbildung *f* образование доменов
Domänendynamik *f* динамика доменов (*в диодах Ганна*)
Domänengrenzfläche *f* граница домена
Domäneninstabilität *f* доменная нестабильность
Domänenlaufzeit *f* время пробега домена (*в генераторе Ганна*)
Domänenmagnetspeicher *m* ЗУ или память на магнитных доменах
Domänenpolarisation *f* доменная поляризация
Domänenpotential *n* потенциал домена
Domänenspeicher *m см.* **Domänenmagnetspeicher**
Domänenstruktur *f* доменная структура
Domänentransportspeicher *m см.* **Domänenmagnetspeicher**
Domänentriggerung *f* запуск домена (*диода Ганна*) импульсом триггера
Domänenwand *f* стенка домена
Domänenwanderungsstrecke *f* путь миграции доменов
Domestic-Satellit *m* национальный спутник
Donator *m* донор
~, **flacher** мелкий донор
~, **tiefer** глубокий донор
Donator-Akzeptor-Bindung *f* донорно-акцепторная связь
Donatoratom *n* донорный атом
Donatorbeimischung *f* донорная примесь
Donatordichte *f* концентрация доноров
Donatordotierung *f* легирование донорной примесью
Donatoreinbau *m* введение донорной примеси
Donator(en)erschöpfung *f* истощение доноров
Donatorion *n* донорный ион
Donatorkonzentration *f* концентрация доноров
Donatormaterial *n* донорная примесь
Donatorniveau *n* донорный уровень
Donatorrekombinationszentrum *n* донорный рекомбинационный центр
Donatorspinresonanz *f* спиновый резонанс донора
Donatorstöratom *n* атом донорной примеси
Donatorstörstelle *f* донорная примесь
Donatorstörstellendichte *f* концентрация донорной примеси
Donatorstufe *f*, **Donatorterm** *m* донорный уровень
Donatortiefe *f* глубина донорного уровня
Donatorverunreinigung *f* загрязнение донорной примесью
Donatorwanderung *f* миграция доноров
Donatorzentrum *n* донорный центр

Donatorzusatz *m* донорная примесь
Donatorzustand *m* донорное состояние
Donnereffekt *m* искажения заплывания (*фотографической сигналограммы*)
donnerfrei свободный от заплывания
Donor *m см.* **Donator**
Donor... *см.* **Donator...**
Dopen *n* легирование, введение примеси
Dop-Faktor *m* коэффициент легирования
DOPOS-Technik *f* метод диффузии из легированного поликристаллического кремния
Doppelabgleichung *f* двойное уравновешивание (*напр. моста*)
Doppelabschwächung *f* двойное ослабление
Doppelabtastung *f* двойное [двукратное] считывание
Doppelakzeptoreinbau *m* (одновременное) введение двух акцепторных примесей
Doppelamplitude *f* удвоенная амплитуда
Doppelamplitudenmodulation *f* квадратурная модуляция
Doppelanodenglimmröhre *f* двуханодная лампа тлеющего разряда
Doppelanregung *f* двойное возбуждение
Doppelanschluß *m тлф* спаренный телефон
Doppelaufnahme *f* стереосъёмка
Doppelaufzeichnung *f* двухголовочная запись
Doppelausschalter *m* двухполюсный выключатель
Doppelbasisdiode *f* двухбазовый диод
Doppelbasistetrode *f* двухбазовый тетрод
Doppelbasistransistor *m* двухбазовый транзистор
Doppelbefehl *m* двойная команда
Doppelbegrenzer *m* двухсторонний ограничитель
Doppelbelag *m* двойное покрытие
Doppelbelichtung *f* двойное [двукратное] экспонирование
Doppelbereichmeßgerät *n* двухпредельный измерительный прибор
Doppelbesetzung *f пп* удвоенная заселённость
Doppelbetrieb *m* дуплексный режим
Doppelbild *n* 1. *тлв* повторное изображение, повтор 2. стереоизображение
Doppelbildkamera *f* стереокамера
Doppelbildprojektor *m* стереопроектор
Doppelbildschwelle *f* порог глубины стереоскопического восприятия
Doppelbildwandler *m* двухкамерный ЭОП
Doppelbindung *f* двойная связь
Doppelbit *n* дибит, двухбитовая конфигурация
Doppelbitfehler *m* ошибка в двух разрядах (*кода*), двухбитовая ошибка
Doppelblockkondensator *m* сдвоенный блокировочный конденсатор
Doppelbrechung *f* двойное лучепреломление
~, **elektrische** электрическое двойное лучепреломление, эффект Керра
~, **elektrisch gesteuerte** электроуправляемое двойное лучепреломление
~, **magnetische** двойное лучепреломление в (поперечном) магнитном поле
Doppelclipperschaltung *f* схема двухстороннего ограничения
Doppeldeck *n см.* **Doppelkassettendeck**
Doppeldekade *f* двойная декада

Doppeldeutigkeit f двузначность
Doppel-Diagramm-Antennensystem n рлк антенная система с двойной диаграммой направленности
Doppeldiffusion f двойная диффузия
Doppeldiffusionstechnik f метод двойной диффузии
Doppeldiffusionstransistor m транзистор, изготовленный методом двойной диффузии
Doppeldiffusionsverfahren n метод двойной диффузии
Doppeldiode f двойной диод
Doppeldipol m двойной симметричный вибратор
Doppeldrahtresonator m колебательный контур из двухпроводной линии
Doppeldrehknopf m сдвоенная поворотная ручка (настройки)
Doppeldrehwiderstand m сдвоенный переменный резистор
Doppeldurchgangsverluste m pl кв.эл. потери за двойной проход (прямой и обратный)
Doppeldurchgangszeit f время двойного прохода
Doppelelektronenstrahlröhre f двухлучевая ЭЛТ
Doppelempfang m сдвоенный приём, одновременный приём сигналов на разнесённые антенны
Doppelepitaxietechnik f метод двойной эпитаксии
Doppelexpositionstechnik f метод двойного экспонирования
Doppelexzenter-Stecker m соединитель с двойным эксцентриситетом
Doppelfaltdipol m двойной петлевой симметричный вибратор
Doppelfalzzahl f число двойных перегибов (напр. плоского кабеля)
Doppelfehler m двойная ошибка
Doppelfilter n двухзвенный фильтр
Doppelflachbaugruppe f двухсторонняя печатная плата
Doppelfokusröhre f двухфокусная (рентгеновская) трубка
Doppelfokussierung f двойная фокусировка
Doppelfrequenz f двойная частота
Doppelfrequenzbetrieb m работа на двух частотах
Doppelfrequenzkristall m двухчастотный пьезокварц
Doppelfrequenzsperrkreis m заграждающий контур с двумя полосами задерживания
Doppelfrontverbundschwinger m составной (кварцевый) вибратор типа DF
Doppelfunkkompaß m двойной радиокомпас (для одновременного пеленгования двух радиомаяков)
Doppelgabelechosperre f двойной подавитель отражённых сигналов
Doppelgate n 1. сдвоенный вентиль 2. пп двойной затвор
Doppelgatefeldeffekttransistor m, **Doppelgate-FET** m двухзатворный полевой транзистор
Doppelgate-Speicherelement n двухзатворный элемент памяти
Doppelgatetransistor m двухзатворный (полевой) транзистор
Doppelgatter n сдвоенный вентиль
Doppelgeber m 1. сдвоенный измерительный преобразователь, сдвоенный датчик 2. измерительный преобразователь [датчик] двух величин
Doppelgegenschreiben n квадруплексное [четырёхкратное] телеграфирование
Doppelgegenschreiber m квадруплексный [четырёхкратный] телеграф
Doppelgegentaktgleichrichter m мостовой двухполупериодный выпрямитель
Doppelgegentaktmodulator m двойной балансный модулятор
doppelgerichtet двунаправленный
Doppelgitterröhre f тетрод, двухсеточная лампа
Doppelgitterspektrograph m спектрограф с двумя решётками
Doppelgleichrichter m двухполупериодный выпрямитель
Doppelgleitung f крист. двойное (трансляционное) скольжение
Doppelhetero-Injektionslaser m инжекционный лазер на двойной гетероструктуре
Doppelheterolaser m лазер на двойной гетероструктуре
Doppelheterostruktur f двойная гетероструктура
Doppelheterostruktur-Diode f диод с двойной гетероструктурой
Doppelheterostrukturlaser m лазер на двойной гетероструктуре
Doppelhornstrahler m двухрупорный излучатель
Doppelimplantation f двойная имплантация
Doppelimpuls m сдвоенный [парный] импульс
Doppelimpulsauslösung f разрешающая способность, определяемая по разделению сдвоенных импульсов
Doppelimpulsgeber m измерительный преобразователь [датчик] сдвоенных импульсов
Doppelimpulshologrammkamera f двухимпульсная голографическая камера
Doppelimpulslaser m лазер, генерирующий сдвоенный импульс
Doppelimpulsmodulation f двойная импульсная модуляция
Doppelimpulsschreibverfahren n запись двойными импульсами (с чередованием полярности для 0 и 1)
Doppelinjektion f двойная инжекция
Doppelinjektionsdiode f диод с двойной инжекцией
Doppeljochlinse f, **magnetische** магнитная двухъярмовая линза
Doppelkäfigmagnetron n магнетрон типа двойного беличьего колеса
Doppelkammer f стереоскопическая (телевизионная) камера; сдвоенная камера
Doppelkammermagnetron n двухкамерный магнетрон
Doppelkammkontakt m встречно-гребенчатый [встречно-штыревой] контакт
Doppelkammstruktur f встречно-гребенчатая структура (тестовый рисунок для контроля операций литографии)
Doppelkanalfunkpeiler m двухканальный радиопеленгатор

Doppelkanal-Planar-Heterolaser *m* двухволновой планарный гетеролазер
Doppelkanalsichtpeiler *m* двухканальный пеленгатор с визуальной индикацией
Doppelkapselmikrofon *n* двухкапсюльный микрофон
Doppelkarte *f* 1. двойная (перфо)карта 2. контрольная карта двойного назначения
Doppelkassettendeck *n* двухкассетная (магнитофонная) приставка, *проф.* двухкассетник
Doppelkatode *f* сдвоенный катод
Doppelkatodenstrahlröhre *f* двухлучевая ЭЛТ
Doppelkegel... *см.* **Doppelkonus...**
Doppelkehrwendel *f* двойная бифилярная спираль
Doppelkernwähler *m вчт* переключатель на двух (магнитных) сердечниках
Doppelkohlenmikrofon *n* дифференциальный угольный микрофон
Doppelkommando *n* двойная команда
Doppelkondensator *m* сдвоенный конденсатор
Doppelkontakt *m* сдвоенный контакт
Doppelkonturen *f pl тлв* двойные контуры (*изображения*); повторы
Doppelkonusantenne *f* биконическая антенна
Doppelkonushornantenne *f* биконическая рупорная антенна
Doppelkonushornstrahler *m* биконический рупорный излучатель
Doppelkonuslautsprecher *m* биконический [двухдиффузорный] громкоговоритель
Doppelkonusleitung *f* биконическая линия
Doppelkopfhörer *m* головной телефон
Doppelkreisdiagramm *n* диаграмма направленности (*излучателя*) в форме восьмёрки
Doppelkristall *m* бикристалл
doppellagig двухслойный
Doppellaufwerk *n* дисковод для двух дискет
Doppelleerstelle *f* двойная [парная] вакансия
Doppelleiterkabel *n* двухпроводный кабель; двухжильный кабель
Doppelleiterplatte *f* двухсторонняя печатная плата
Doppelleitungssystem *n* двухпроводная система
Doppellesung *f* контрольное считывание
Doppelleuchtschirm *m* двухслойный экран ЭЛТ
Doppellöschung *f* двойное стирание (*МЛ*)
Doppelmagnetkopf *m* универсальная магнитная головка (*для записи и воспроизведения*)
Doppelmembranlautsprecher *m* двухмембранный громкоговоритель
Doppelmeßbrücke *f* двойной измерительный мост
Doppelmikrofon *n* двухсторонний микрофон
Doppelmikroskop *n* микроскоп с расщеплённым полем
Doppelmodulation *f* двойная модуляция
Doppeln *n* 1. удвоение 2. дублирование 3. сдваивание
Doppeloptik *f* двухобъективная оптическая система
Doppeloszillator *m* сдвоенный генератор
Doppelpeiler *m* сдвоенный (радио)пеленгатор
Doppelpol *m* двухполюсник

doppelpolig 1. двухполюсный 2. двойной полярности
Doppel-Poly-Si-Gate-MOS-Struktur *f* МОП-структура с двойным поликремниевым затвором
Doppel-Poly-Si-Speicherzelle *f* запоминающая ячейка [ячейка ЗУ] на структуре с двойным слоем поликремния
Doppelpotentiometer *n* сдвоенный потенциометр
Doppelpriorität *f* приоритет 2-го порядка
Doppelprojektion *f* стереопроекция
Doppelprozessorsystem *n* двухпроцессорная система
Doppelprüfung *f* двойная проверка, проверка дублированием
Doppelpumpen *n* двойная накачка
Doppelrahmenantenne *f* сдвоенная рамочная антенна
Doppelrahmenpeiler *m* двухрамочный пеленгатор
Doppelrandschicht *f* двойной граничный слой
Doppelrechnersystem *n* 1. система из двух ВМ 2. двухпроцессорная система
Doppelreflexion *f* двойное отражение
Doppelregelung *f* двойное регулирование
Doppelreihe *f* **von versetzten Anschlüssen** двойной ряд разнесённых выводов
Doppelreihengehäuse *n* корпус с двухрядным расположением выводов
Doppelringkernanordnung *f вчт* ячейка из двух связанных кольцевых ферритовых сердечников
Doppelrückkopplung *f* двойная обратная связь
Doppelruhekontakt *m* двойной нормально замкнутый контакт
Doppelsatz *m* дублирующая запись; запись-копия
Doppelschalter *m* сдвоенный переключатель
Doppelschenkelkern *m* двухстержневой сердечник
Doppelschicht *f* двойной слой
Doppelschichtkapazität *f* ёмкость двойного слоя
Doppelschichtleuchtschirm *m* двухслойный экран (ЭЛТ)
Doppelschichtmagnetband *n* двухслойная МЛ
Doppelschichtresisttechnik *f* метод двухслойного нанесения резиста
Doppelschichtstruktur *f* двухслойная структура
Doppelschichtverbindung *f* двухслойные межсоединения, двухслойная разводка
Doppelschichtzelle *f* вентильный (фото)элемент
Doppelschirmung *f* двойное экранирование
Doppelschleifenanpaßeinrichtung *f* согласующее устройство с двойным шлейфом
Doppelschleifendipol *m* двойной петлевой симметричный вибратор
Doppelschleuse *f* 1. двойная блокировка 2. двойной шлюз (*вакуумной камеры*)
Doppelschlitzstrahler *m* двухщелевой излучатель
Doppelschnittstelle *f* двойной интерфейс, двойной устройство сопряжения
Doppelschreiben *n* 1. *вчт* двойная запись 2. дуплексная телеграфия
Doppelseitenbandsendung *f* двухполосная передача
Doppelseitenmorsetaste *f тлг* виброплекс
Doppelsenden *n* двойная передача

Doppelsieb *n* двухзвенный фильтр
Doppelskale *f* сдвоенная шкала
Doppelsonde *f* двойной зонд
Doppelsondenmessung *f* двухзондовое измерение
Doppelspaltkopf *m* головка с двумя зазорами
Doppelspaltvideokopf *m* видеоголовка с двумя зазорами
Doppelsperrschicht *f* двойной запирающий слой
Doppelspiegelantenne *f* двухзеркальная антенна
Doppelspiegelfotometer *n* распределительный фотометр
Doppelspielband *n* МЛ толщиной 0,028 мм
Doppelspitzenwert *m* величина (полного) размаха (*сигнала*)
Doppelsprechapparat *m* дуплекс-аппарат
Doppelsprechen *n* дуплексная телефония
Doppelspulinstrument *n* 1. двухрамочный прибор 2. логометр с двойной рамкой
Doppelspur *f* двойная дорожка (*записи*)
Doppelspurabtastung *f* воспроизведение двухдорожечной записи
Doppelspuraufzeichnung *f* двухдорожечная запись
Doppelspurband *n* МЛ с двухдорожечной записью
doppelspurig двухдорожечный
Doppelspursystem *n* система двухдорожечной записи
Doppelsteghohlleiter *m* H-образный волновод
Doppelsteuerung *f* двойное управление
Doppelstichleitung *f* согласующая линия с двумя шлейфами
Doppelstichprobenprüfungen *f pl* выборочные испытания на удвоенной партии образцов
Doppelstrahlbrechung *f* двойное лучепреломление
Doppelstrahloszillograph *m* двухлучевой осциллограф
Doppelstrahlröhre *f* двухлучевая ЭЛТ
Doppelstreuung *f* двойное рассеяние
Doppelstrombetrieb *m*, **Doppelstromsendung** *f см.* **Doppelstromtelegrafie**
Doppelstromsignal *n* двухполюсный (телеграфный) сигнал
Doppelstromtastung *f* двухполюсная (телеграфная) передача
Doppelstromtelegrafie *f* двухполюсное телеграфирование
Doppelstromtelegrafiezeichen *n* двухполюсная телеграфная посылка
Doppelstromversorgungsgerät *n* сдвоенный блок питания с параллельным *или* последовательным включением
Doppelstrukturkristall *m* двойниковый кристалл
Doppelstufe *f* сдвоенный (*усилительный*) каскад
Doppelsuper *m* (супергетеродинный) приёмник с двойным преобразованием (частоты)
Doppelsupereffekt *m* эффект двойного преобразования (частоты)
Doppelsystem *n* 1. резервная система 2. сдвоенная система
doppelt двойной; двукратный
~ **gerichtet** *свз.* двухсторонний; двунаправленный
Doppelt... *см.* **Doppel...**
Doppel-T-Brücke *f* двойной T-образный мост

Doppeltelegrafie *f* дуплексная телеграфия
Doppelteleskopantenne *f* сдвоенная телескопическая антенна
Doppel-T-Glied *n* двойное T-образное звено
Doppeltonaufnahme *f* запись двойного тона; запись биений
Doppeltonmethode *f* двухтональный метод
Doppeltonmodulation *f* двухтональная модуляция
Doppeltonspur *f* двухсторонняя *или* двухдорожечная фонограмма
Doppeltontastung *f* двухтональная манипуляция
Doppeltontelegrafie *f* двухтональная телеграфия
Doppeltonverfahren *n* двухтональный метод
Doppeltransformation *f* двойное преобразование
Doppeltransistor *m* сдвоенный транзистор
Doppeltriodenkaskodestufe *f* каскодная схема на двойном периоде
Doppel-T-Schaltung *f* двойная T-образная схема
Doppelüberlagerung *f* двойное преобразование (частоты)
Doppelüberlagerungsempfänger *m см.* **Doppelsuper**
Doppelverbindung *f* 1. двойное соединение 2. дуплексная связь
Doppelverkehr *m* дуплексная связь
Doppelverstimmung *f* относительная расстройка (*контура*)
Doppelwegbrückenschaltung *f* двухполупериодная мостовая схема
Doppelweggleichrichter *m см.* **Doppelgleichrichter**
Doppelweg-Glimmlichtgleichrichterröhre *f* двуханодный газотрон
doppelwegig 1. двухполупериодный 2. двунаправленный
Doppelwegnetzgleichrichter *m* двухполупериодный сетевой выпрямитель
Doppelwegschaltung *f* двухполупериодная схема
Doppelwegverstärker *m* двухканальный усилитель
Doppelwellen... *см.* **Doppelweg...**
Doppelwelligkeit *f* 1. двухволнистость 2. двугорбость (*кривой*)
Doppelwendellampe *f* биспиральная лампа
Doppelwiderstandsgeber *m* сдвоенный потенциометрический датчик
Doppelwort *n* слово двойной длины
Doppelzackenschrift *f* двухсторонняя фотографическая сигналограмма
Doppelzeichen *n pl* двукратные *или* сдвоенные сигналы
Doppelzeigergerät *n* двухстрелочный прибор
Doppelzelle *f* 1. сдвоенный (фото)элемент 2. двойная ячейка
Doppelzugriff *m вчт* 1. двойная выборка 2. двойное (одновременное) обращение
Doppelzweckantennengerät *n* антенный диплексер
Doppelzwilling *m* 1. *крист.* сдвоенный двойник 2. двухпарный кабель
Doppelzylinderresonator *m* бицилиндрический резонатор
Doppler *m* 1. удвоитель 2. копировальное множительное устройство
Doppler-Breite *f* доплеровская ширина (*спектральной линии*)
Doppler-CW-Radar *n* доплеровская РЛС непрерывного излучения

Doppler-Effekt *m* эффект Доплера
Doppler-Fahrtmesser *m* доплеровский измеритель скорости
Doppler-Frequenz *f* доплеровская частота
Doppler-Frequenzverschiebung *f* доплеровское смещение частоты
Doppler-Funkkompaß *m* доплеровский радиокомпас
Doppler-Funkpeiler *m* доплеровский радиопеленгатор
Doppler-Log *n*, **hydroakustisches** гидроакустический доплеровский лаг (*для определения скорости корабля*)
Doppler-Navigationssystem *n* доплеровская навигационная система
Doppler-Peiler *m* доплеровский радиопеленгатор
Doppler-Radar *n* доплеровская РЛС
Doppler-TACAN *n* доплеровская угломерно-дальномерная РЛС ближнего действия «ТАКАН»
Doppler-Verbreitung *f* доплеровское уширение
Doppler-Verschiebung *f* доплеровский сдвиг (частоты)
Dopplung *f* удвоение
Dopung *f см.* **Dotierung**
3D-Organisation *f* трёхмерная организация (*структуры полупроводниковых ИС*)
Dorn *m* дорн, керн; сердечник
DOR-Platte *f* видеодиск с цифровой фотографической записью
Dose *f* 1. (штепсельная) розетка 2. *изм.* измерительный преобразователь, датчик 3. доза (*напр. излучения*)
Dosenfernhörer *m см.* **Dosentelefon**
Dosenstecker *m* штепсельная вилка
Dosentelefon *n* головной телефон; монотелефон
Dosimeter *n* дозиметр
Dosimetrie *f* дозиметрия
Dosis *f* доза (*напр. излучения*)
Dosiskonstante *f* гамма-постоянная
Dosisleistungsmesser *m* дозиметр
Dotandenmenge *f* количество примеси
Dotant *m см.* **Dotierungsstoff**
Dotier... *см.* **Dotierungs...**
dotiert легированный
~, **entartet** легированный до вырождения
~, **leicht** слаболегированный
Dotierung *f* легирование, введение примесей
~ **mit Fremddonatoren** легирование посторонними донорами
~, **räumlich konstante** равномерное объёмное легирование
~, **selektive** селективное [избирательное] легирование
~, **strahlungsinduzierte** радиационное [радиационно-стимулированное] легирование
Dotierungsatom *n* атом (легирующей) примеси
Dotierungsausgleich *m см.* **Dotierungskompensation**
Dotierungsdichte *f* концентрация (легирующей) примеси
Dotierungsdiffusion *f* диффузия (легирующей) примеси
Dotierungseindringtiefe *f* глубина проникновения (легирующей) примеси
Dotierungsfaktor *m* коэффициент легирования

Dotierungsfront *f* фронт легирования
Dotierungsgas *n* легирующий газ
Dotierungsgefälle *n см.* **Dotierungsgradient**
Dotierungsgrad *m* степень легирования
Dotierungsgradient *m* градиент концентрации (легирующих) примесей
Dotierungshomogenität *f* однородность легирования
Dotierungsion *n* ион (легирующей) примеси
Dotierungskerbe *f* примесная врезка (*напр. в элементе Ганна*)
Dotierungskompensation *f* компенсация (легирующей) примесью
Dotierungskonzentration *f* концентрация (легирующей) примеси
Dotierungsmaterial *n см.* **Dotierungsstoff**
Dotierungsmittel *n* (легирующая) примесь; диффузант
Dotierungsniveau *n* уровень [степень] легирования
Dotierungsprofil *n* профиль распределения легирующей примеси, профиль легирования
Dotierungsquelle *f* источник легирующей примеси
Dotierungsrate *f* скорость легирования
Dotierungsschwelle *f* порог [предел] легирования
Dotierungssprung *m* скачок (концентрации) примеси
Dotierungsstärke *f* уровень [степень] легирования
Dotierungsstoff *m* материал (легирующей) примеси
Dotierungsstoffträger *m* (газ-)носитель (легирующей) примеси
Dotierungsstöratom *n* атом (легирующей) примеси
Dotierungstechnik *f* техника [технология] легирования
Dotierungstiefe *f* глубина легирования
Dotierungsverfahren *n* способ легирования
Dotierungsverteilung *f* распределение (легирующих) примесей
Dotierungszusatz *m* легирующая добавка
DOT-Speicher *m* ЗУ на плоских магнитных доменах
Double *n* биметалл
Double-Riged-Abschluß *m* (замыкающая) согласованная перемычка для двухгребенчатого волновода
DOUT-Leitung *f* линия вывода данных
down-Frequenz *f* частота канала связи спутник—Земля
down-sampling *англ.* субдискретизация
downstream-chromakey *англ. тлв* вторичная цветовая рирпроекция
DPCM-Koder *m* кодер ДИКМ
DPCM-Kodierung *f* кодирование с (использованием) ДИКМ
D-Pol *m* вывод стока (*полевого транзистора*)
Drageffekt *m* 1. эффект торможения 2. эффект увлечения (*в общий поток*)
Dragwirkung *f* тормозящее действие (*поля*)
Draht *m* 1. провод; проволока 2. проводник
~ **der Antenne, abgeschirmter** экранированное снижение антенны
~, **blanker** неизолированный провод

~, haardünner микропровод
~ im Hohlleiter, induktiver индуктивный штырь в волноводе
~, schraubenförmig gewendelter спирально навитый провод
~, starker толстый провод
~, stromführender токоведущий провод; провод под напряжением
~, verdrillter см. Draht, verseilter
~, vernetzter проволочная сетка
~, verseilter многожильный скрученный провод
Drahtabisolieren n зачистка проводов
Drahtamt n узел проводной связи
Drahtanfrage f телеграфный запрос
Drahtangaben f pl (на)моточные данные
Drahtanschluß m 1. проволочный вывод 2. подключение провода
Drahtanschrift f 1. маркировка провода 2. телеграфный адрес
Drahtanschweißung f приварка проводника
Drahtaufnahme f запись на (магнитную) проволоку
Drahtaufnahmegerät n устройство для записи на (магнитную) проволоку
Drahtausführung f проволочный вывод
Drahtband n многожильный плоский кабель
Drahtberührung f касание проводов
Drahtbonden n присоединение проволочных выводов (к ИС)
Drahtbonder m установка проволочной термокомпрессионной сварки
Drahtbondfestigkeit f прочность присоединения проволочного вывода
Drahtbondinsel f, **Drahtbondkontaktstelle** f контактная площадка для присоединения проволочного вывода
Drahtbondverfahren n метод [технология] присоединения проволочного вывода
Drahtbrücke f 1. реохордный мост 2. навесная проволочная перемычка
Drahtbügel m проволочная перемычка
Draht-Chip-Bondstelle f контактная площадка для присоединения проволочного вывода к кристаллу
Drahtdiktiergerät n диктофон с записью на (магнитную) проволоку
Drahtdrehwiderstand m проволочный потенциометр
Drahteinführung f ввод провода
Drahteinschmelzung f 1. впайка провода 2. проволочный впай
Drahtelektrode f проволочный электрод
Drahtelement n 1. моточный элемент 2. проволочный (термо)элемент
Drahtfernlenkung f телеуправление по проводам
Drahtfernmeldenetz n сеть проводной связи
Drahtfernsehen n кабельное телевидение
Drahtfernsteuerung f телеуправление по проводам
Drahtfernverbindung f, **Drahtfernverkehr** m дальняя проводная связь
Drahtfoto n фототелеграфия
Drahtfunk m проводная радиотрансляция
~, hochfrequenter проводная радиотрансляция на высокой частоте
~, niederfrequenter [tonfrequenter] проводная радиотрансляция на низкой частоте
~, trägerfrequenter см. **Drahtfunk, hochfrequenter**
Drahtfunkanschaltdose f ответвительная коробка сети проводной радиотрансляции
Drahtfunkanschlußleitung f абонентская линия сети проводной радиотрансляции
Drahtfunk-Fernsehsystem n система кабельного телевидения
Drahtfunkleitstelle f см. **Drahtfunksendeamt**
Drahtfunkleitung f радиотрансляционная линия
Drahtfunknetz n радиотрансляционная сеть
Drahtfunksendeamt n радиотрансляционный радиоузел
Drahtfunksendung f см. **Drahtfunk**
Drahtfunkübertragungsanlage f установка проводной радиотрансляции
Drahtfunkverbindungsleitung f линия проводной радиосвязи
Drahtfunkweiche f фильтр-разветвитель сети проводной радиотрансляции
drahtgelenkt, drahtgesteuert управляемый по проводам
Draht-Glasverschmelzung f спай проволоки со стеклом
Drahtkern m проволочный (магнитный) сердечник
Drahtklemme f клемма для подключения провода
Drahtkompensation f (температурная) компенсация с помощью проволоки (в тепловых приборах)
Drahtkreuzung f скрещивание [перекрещивание] проводов
Drahtkryotron n проволочный криотрон
Drahtlack m лак для проволоки
Drahtlager n канавка для провода
Drahtlegen n укладка провода
Drahtleitung f линия проводной связи
Drahtlitze f 1. проволочный канатик 2. жила многожильного провода
drahtlosgesteuert управляемый по радио, радиоуправляемый
Drahtmeldetechnik f техника проводной связи
Drahtmodell n проволочная модель, проволочный каркас (в машинной графике)
Drahtnachrichtentechnik f см. **Drahtmeldetechnik**
Drahtnachrichtenverbindung f проводная связь
Drahtnetz n сеть проводной связи
Drahtnetzgitter n проволочная сетка
Drahtnetzreflektor m рефлектор (антенны) в виде проволочной сетки
Drahtpunktschweißung f точечная сварка проводников
Drahtreflektor m см. **Drahtnetzreflektor**
Drahtregelwiderstand m переменный проволочный резистор
Drahtrundfunk m, **Drahtrundspruch** m см. **Drahtfunk**
Drahtschleife f 1. петля из провода 2. проволочный шлейф 3. виток проволоки (в индукционных электрических приборах)
Drahtschweißkopf m сварочная головка для (микро)монтажа проводников

Drahtschweißung f сварка [приварка] проводников
Drahtseilanker m проволочная оттяжка (антенны)
Drahtsonde f проволочный зонд
Drahtspeicher m, **magnetischer** ЗУ на (магнитной) проволоке
Drahtsteuerung f управление по проводам
Drahttabelle f таблица (на)моточных данных
Drahtthermoelement n проволочная термопара
Drahttongerät n магнитофон с записью на (магнитную) проволоку
Drahttonträger m проволочный (магнитный) звуконоситель
Drahttonverfahren n метод звукозаписи на (магнитную) проволоку
Drahtübertragungslinie f проводная линия передачи
Drahtung f 1. телеграфирование 2. телеграмма
Drahtverbindung f 1. соединение [сращивание] проводов 2. проводная связь
Drahtverbindungsweg m см. **Drahtweg**
Drahtverwicklung f схлёстывание [случайное касание] проводов
Drahtvolumen n объём проволочного (магнитного) звуконосителя (*на единицу времени записи*)
Drahtweg m линия проводной связи
Drahtwellenkreis m проводная линия с распределёнными постоянными
Drahtwellenleiter m проволочный волновод
Drahtwendelleiter m проволочный спиральный волновод
Drahtwickelleiterplatte f печатная плата (*со штырями*) для присоединения проводников накруткой
Drahtwickeln n соединение проводов накруткой
Drahtwickelpistole f пистолет для соединения проводников накруткой
Drahtwickeltechnik f техника [технология] соединения проводов накруткой
Drahtwiderstand m 1. проволочный резистор 2. сопротивление провода
~, **glasierter** остеклованный проволочный резистор
Drahtwiderstandsgeber m реостатный датчик
Drahtwindung f виток проволоки; виток обмотки
Drain m сток (*полевого транзистора*)
Drainbereich m область стока
Drainelektrode f стоковый электрод
Drain-Gate-Widerstand m сопротивление участка сток — затвор
Drainkapazität f ёмкость стока
Drainkontakt m контакт стока
Drainpol m вывод стока
Drain-Reststrom m остаточный ток стока
Drain-Sättigungsstrom m ток насыщения стока
Drain-Source-Kapazität f ёмкость сток — исток
Drain-Source-Spannung f напряжение сток — исток
Drain-Source-Strecke f участок сток — исток
Drain-Source-Widerstand m сопротивление участка сток — исток
Drainstrom m ток стока
Drain-Substrate-Spannung f напряжение сток — подложка

Drainübergang m переход стока
Drainverstärker m усилитель с общим стоком, истоковый повторитель
Drainzone f область стока
Drall m 1. скрутка (*жил кабеля*) 2. шаг скрутки (*жил кабеля*) 3. спин (*электрона*) 4. скрещивание проводов в пролёте
Drallänge f шаг скрутки (*жил кабеля*)
Drallfeld n скрещивающееся магнитное поле (*вокруг кабеля*)
Drängelampe f (сигнальная) лампа занятости (*линии связи*)
Drängezeichen n сигнал занятости (междугородных) линий
DRAW-Platte f диск с непосредственным считыванием после записи
DRCS-Übertragung f передача с динамически выбираемым набором знаков
D-Region f см. **D-Bereich**
D-Regler m дифференциальный регулятор
Drehabschwächer m вращающийся аттенюатор
Drehadcockantenne f вращающаяся (пеленгаторная) антенна Эдкока
Drehankermeßwerk n измерительный механизм с вращающимся якорем
Drehanodenröhre f рентгеновская трубка с вращающимся анодом
Drehantenne f вращающаяся [поворотная] антенна
Drehbake f см. **Drehfunkfeuer**
Drehdrossel f вариометр
Dreheisen-Drehfeldmeßwerk n измерительный механизм электромагнитной системы с вращающимся (магнитным) полем
Dreheisengerät n, **Dreheiseninstrument** n, **Dreheisenmeßgerät** n электромагнитный измерительный прибор
Dreheisenquotientenmesser m электромагнитный логометр
Dreheisenspannungsmesser m электромагнитный вольтметр
Drehfeld n вращающееся поле
Drehfeldantenne f антенна с круговой поляризацией
Drehfeldempfänger m сельсин-приёмник
Drehfeldinstrument n, **Drehfeldmeßgerät** n, **Drehfeldmeßinstrument** n индукционный измерительный прибор с вращающимся полем
Drehfeldrichtung f, **Drehfeldsinn** m направление вращения поля
Drehfeldsystem n 1. система с вращающимся полем 2. сельсинная система
Drehfeldübertrager m сельсин-датчик
Drehfeldübertragungssystem n система синхронной передачи, сельсинная система
Drehfeldzeiger m фазоуказатель
Drehflügeldämpfungsregler m аттенюатор с поворотной пластиной
Drehfluß m вращающийся (магнитный) поток
Drehfunkfeuer n радиомаяк кругового излучения
Drehgeber m 1. сельсин-датчик 2. датчик углового положения (*вала антенны*)
Drehgestell n поворотная подставка (*телевизора*)
Drehkeil m круговой (оптический) клин; кольцевой (оптический) клин

Drehknopf *m* повторная ручка (*настройки*)
Drehko(ndensator) *m* поворотный переменный конденсатор; конденсатор переменной ёмкости
~, **frequenzgerader** прямочастотный конденсатор переменной ёмкости
~, **kapazitätsgleicher** прямоёмкостный конденсатор переменной ёмкости
~, **wellengerader** прямоволновой конденсатор переменной ёмкости
Drehkondensatorantrieb *m* привод переменного конденсатора
Drehkondensatoren *m pl*, **gekuppelte** блок переменных конденсаторов
Drehkontakt *m* 1. вращающийся контакт 2. контакт вращающегося искателя
Drehkopplung *f* вращающееся сочленение (*волноводов*)
Drehkreuzantenne *f* турникетная антенна
Drehkreuzpolarisator *m* турникетный поляризатор
Drehkreuzstrahler *m* турникетный излучатель
Drehkristallmethode *f*, **Drehkristallverfahren** *n* метод вращающегося кристалла (*в рентгеновском структурном анализе*)
Drehkupplung *f см.* **Drehkopplung**
Drehmagnetgerät *n*, **Drehmagnetinstrument** *n*, **Drehmagnetmeßwerk** *n* магнитоэлектрический прибор с подвижным магнитом
Drehmagnetquotientenmesser *m* магнитоэлектрический логометр с подвижным магнитом
Drehmelder *m* 1. сельсин 2. генератор функции
~, **kontaktloser** бесконтактный сельсин
Drehmelderbrücke *f* мостовая схема соединения сельсинов
Drehmelderempfänger *m* сельсин-приёмник
Drehmeldergeber *m* сельсин-датчик
Drehmeldermotor *m* сельсин-мотор
Drehmeldersystem *n* система синхронной передачи, сельсинная система
Drehmeldertransformator *m*, **Drehmelderübertrager** *m* сельсин-трансформатор
Drehmeßsonde *f* вращающийся измерительный зонд
Drehmoment *n* момент вращения
Drehmomentmagnetometer *n* крутильный магнетометр; магнитный анизометр
Drehmotor *m* поворотный серводвигатель
Drehnummernschalter *m* дисковый номеронабиратель
Drehphasenschieber *m* вращающийся фазовращатель
Drehpol *m* центр [полюс] вращения
Drehpolarisator *m* вращающийся поляризатор
Drehrahmenantenne *f* вращающаяся [поворотная] рамочная антенна
Drehrahmenpeiler *m*, **Drehrahmenpeilfunkgerät** *n* (радио)пеленгатор с вращающейся рамочной антенной
Drehrahmenpeilfunksender *m* радиомаяк с вращающейся рамочной антенной
Drehregler *m* потенциометр
Drehrichtstrahler *m* вращающийся направленный излучатель

Drehrichtungsumkehr *f* изменение направления вращения; реверсирование
Drehschalter *m* поворотный переключатель
Drehscheibe *f* диск номеронабирателя
Drehschieber(vakuum)pumpe *f* пластинчато-роторный вакуумный насос
Drehschritt *m тлф* шаг поворота (искателя)
Drehsinn *m* 1. направление вращения 2. порядок следования фаз
drehsinnfalsch 1. с неправильным направлением вращения 2. с неправильной последовательностью фаз
Drehskalenanzeiger *m* индикатор с вращающейся шкалой
Drehspannung *f* напряжение трёхфазного тока
Drehspiegel *m* 1. вращающееся зеркало 2. *зап.* зеркальце модулятора
Drehspulamperemeter *n* магнитоэлектрический амперметр
Drehspule *f* 1. поворотная рамка (*магнитоэлектрического прибора*) 2. вращающаяся катушка
Drehspulelektrometer *n* магнитоэлектрический электрометр
Drehspulgerät *n*, **Drehspulinstrument** *n* магнитоэлектрический прибор
Drehspulkreis *m изм.* цепь поворотной рамки
Drehspulmagnet *m* сердечник поворотной рамки
Drehspulmeßgerät *n*, **Drehspulmeßinstrument** *n* магнитоэлектрический измерительный прибор
Drehspulmoment *n* (вращающий) момент поворотной рамки
Drehspulquotientenmesser *m* магнитоэлектрический логометр
Drehspulrahmen *m см.* **Drehspule** 1.
Drehspulschreiber *m* магнитоэлектрический самопишущий прибор
Drehspulschwingungsgalvanometer *n* вибрационный магнитоэлектрический гальванометр
Drehspulsystem *n изм.* магнитоэлектрическая система
Drehspultonabnehmer *m* магнитоэлектрический звукосниматель
Drehspulzeigergalvanometer *n* магнитоэлектрический стрелочный гальванометр
Drehstand *m* опора механизма вращения (*напр.* антенны)
Drehsteller *m см.* **Drehknopf**
Drehstellungswähler *m тлф* вращающийся (позиционный) искатель
Drehstreifenabschwächer *m* аттенюатор с поворотной пластиной
Drehstrom *m* трёхфазный ток
Drehstrombrückenschaltung *f* трёхфазная мостовая схема
Drehstromgleichrichter *m* выпрямитель трёхфазного тока
Drehstrom-Gleichstromumformer *m* преобразователь трёхфазного тока в постоянный
Drehstromspannung *f* напряжение трёхфазного тока
Drehstromsympathik *f* «симпатическая» копирующая система на трёхфазном токе
Drehstrom-Ventilschaltung *f* схема выпрямления трёхфазного тока

Drehsymmetrie f осевая симметрия
Drehtarget n микр. вращающаяся мишень
Drehtrafo m, **Drehtransformator** m вращающийся трансформатор
Drehumformer m вращающийся преобразователь
Drehung f 1. вращение, поворот 2. скручивание (проводов)
~ **des Kristallkeims** вращение затравочного кристалла, вращение затравки
~, **linksläufige** левое вращение, вращение против часовой стрелки
~, **optische** вращение плоскости поляризации света
~, **rechtsläufige** правое вращение, вращение по часовой стрелке
Drehungsebene f, **Drehungsfläche** f плоскость вращения
Drehungsvermögen n вращательная способность
~, **molekulares** молекулярное вращение (плоскости поляризации)
~, **optisches** оптическая активность
Drehungswinkel m 1. угол закручивания 2. угол вращения; угол поворота
Drehungszähler m счётчик оборотов
Drehvariometer n вариометр с вращающейся катушкой
Drehverbindung f вращающееся сочленение
Drehvermögen n, **optisches** оптическая активность
Drehwähler m 1. вращающийся искатель 2. поворотный переключатель
Drehwandler m см. **Drehumformer**
Drehwiderstand m поворотный переменный резистор
Drehwinkel m угол поворота
Drehwinkeldifferentialgeber m дифференциальный сельсин-датчик
Drehwinkelempfänger m сельсин-приёмник
Drehwinkelgeber m сельсин-датчик
Drehwinkelübertrager m датчик угла поворота
Drehzahl f число оборотов, скорость вращения
Drehzahlabstufung f ступенчатое изменение числа оборотов; ступенчатое изменение скорости вращения
Drehzahlanpassung f согласование скорости вращения
Drehzahldynamo m тахогенератор
Drehzähler m тахометр
Drehzahlgeber m тахометрический датчик
Drehzahlgenerator m тахогенератор
Drehzahlmeßgenerator m тахометрический измерительный генератор
Drehzahlregelkreis m цепь регулирования числа оборотов или скорости вращения
Drehzahlrückführung f рег. обратная связь по скорости вращения
Drehzahlstabilisierung f стабилизация числа оборотов или скорости вращения
Drehzahlstellung f регулировка скорости вращения; установка числа оборотов
Drehzahlsynchronisierung f синхронизация скорости вращения
Drehzahlübersetzung f преобразование числа оборотов или скорости вращения

Drehzahlwächter m реле контроля числа оборотов или скорости вращения
Drehzahlwählknopf m зап. ручка выбора числа оборотов
Drehzahlzeiger m указатель числа оборотов или скорости вращения
Drehzeigergerät n прибор с поворотной стрелкой
Drehzelle f ячейка с вращающейся ориентацией молекул; скрученный нематик
Dreiadressenbefehl m трёхадресная команда
Dreiadressenmaschine f трёхадресная ВМ
Dreianschluß... трёхвыводной
Dreibandmaser m трёхуровневый мазер
Dreibeinstativ n штатив-тренога
Dreibereichs... 1. трёхдиапазонный 2. трёхпредельный 3. трёхзонный
Dreibushierarchie f трёхшинная иерархия
dreideutig трёхзначный
dreidimensional 1. трёхмерный, объёмный 2. стереоскопический
Dreidimensionalabbildung f тёхмерное [объёмное] изображение
Dreidimensionsmodelleinrichtung f трёхмерное моделирующее устройство
Drei-D-Lautsprecher m стереофонический громкоговоритель
Dreidrahtsystem n трёхпроводная система
Dreieckantenne f треугольная антенна
Dreieckflächenantenne f горизонтальная треугольная антенна
Dreieckgenerator m генератор треугольных импульсов
Dreieckimpuls m треугольный импульс
Dreieckmessung f метод (пассивной) автоматической фокусировки совмещение в видоискателе (камеры) двух изображений (объекта)
Dreieckmodulation f дельта-модуляция, ДМ
Dreieckrauschen n треугольный шум
Dreieckreflektorantenne f антенна с уголковым рефлектором
Dreiecksanordnung f треугольное расположение электронных прожекторов
Dreickspannung f 1. междуфазное напряжение при включении треугольником 2. напряжение (сигнала) треугольной формы
Dreieckverteilung f треугольное распределение
Dreieckwelle f волна в виде последовательности треугольных импульсов
Dreieckwellenform f колебания треугольной формы
Dreieckwobbelung f вобуляция (луча) сигналом треугольной формы
Dreieingangs... трёхвходной
Dreielektrodenanordnung f см. **Dreielektrodensystem**
Dreielektrodenlinse f трёхэлектродная линза
Dreielektrodenmikrowellenröhre f диотрон, генераторный СВЧ-триод
Dreielektrodensystem n трёхэлектродная [триодная] система
Dreielektrodenzelle f фотоэлемент с управляющим электродом
Dreielementenantenne f трёхэлементная антенна
Dreieralphabet n трёхзначный код

Dreiexzeßkode *m*, **Dreiexzeßschlüssel** *m* код с избытком три
dreifach тройной
Dreifachanlage *f* трёхфункциональное устройство
Dreifachbandfilter *n* трёхконтурный полосовой фильтр
Dreifachbindung *f* тройная связь
Dreifachdarlingtonstruktur *f* тройная структура Дарлингтона
Dreifachdiffusionstechnik *f*, **Dreifachdiffusionsverfahren** *n* метод тройной диффузии
Dreifachdiode *f* строенный диод
Dreifachdrehkondensator *m* строенный блок переменных конденсаторов
Dreifachfrequenz *f* утроенная частота
Dreifachknopf *m* строенная ручка регулировки
Dreifahkoinzidenz *f* тройное совпадение
Dreifachkondensor *m* трёхлинзовый конденсор
Dreifachleitung *f* 1. трёхпроводная линия 2. трёхжильный провод
Dreifachschalter *m* 1. строенный переключатель 2. переключатель на три положения
Dreifachskale *f* трёхрядная шкала
Dreifachspielband *n* МЛ толщиной 0,018 мм
Dreifachstecker *m*, **Dreifachstöpsel** *m* трёхконтактная (штепсельная) вилка
Dreifachung *f* утроение
Dreifachungsfrequenztransformator *m* утроитель частоты
Dreifarbenbild *n* трёхцветное изображение
Dreifarbenbildröhre *f* трёхцветный кинескоп
Dreifarbendiode *f* трёхцветный светодиод
Dreifarbenelektronenstrahlröhre *f* трёхцветная ЭЛТ; трёхцветный кинескоп
Dreifarbenfotoschicht *f* трёхцветный фотослой
Dreifarbenröhre *f см.* **Dreifarbenbildröhre**
Dreifarbentheorie *f* трёхцветная теория (*цвета*)
Dreifarbentrennung *f* трёхцветное цветоделение
Dreifarbenverfahren *n* трёцветная (телевизионная) система
Dreifingerregel *f*, **Flemingsche** 1. правило левой руки, «правило мотора», правило Флеминга 2. правило правой руки, «правило динамо»
Dreigitterröhre *f* трёхсеточная лампа, пентод
dreigliedrig трёхзвенный, трёхсекционный; трёхчленный
Drei-Halbe-Potenzgesetz *n* закон степени 3 / 2, закон электронной эмиссии
Dreikanalstereofonie *f* трёхканальная стереофония
Dreikanalstereotonaufnahme *f* трёхканальная стереофоническая запись звука
Dreikanalübertragung *f* трёхканальная (стереофоническая) передача (звука)
Dreikanalwiedergabe *f* трёхканальное (стереофоническое) воспроизведение (звука)
Dreikanonenfarbbildröhre *f* трёхпрожекторный цветной кинескоп
Dreikatodenröhre *f* трёхпрожекторная ЭЛТ
Dreikomponenten(farb)bildröhre *f*, **Dreikomponenten(farbbildwiedergabe)röhre** *f* трёхцветный кинескоп

Dreikomponentensystem *n* трёхкомпонентная система
Dreikomponentenzerlegung *f* разложение (изображения) на составляющие трёх основных цветов
Dreikoordinateneinstellung *f* трёхкоординатная установка (*элементов на печатную плату*)
Dreikreisbandfilter *n* трёхконтурный полосовой фильтр
Dreikreiselkompaß *m* гирокомпас с тремя гироскопами
Dreikreisfilter *n* трёхконтурный фильтр
Dreikreisklystron *n*, **Dreikreistriftröhre** *f* трёхрезонаторный клистрон
Dreilagenrelais *n* трёхпозиционное реле
Dreileiteranordnung *f* трёхпроводная система
Dreileiterbrückenschaltung *f* трёхпроводная мостовая схема
Dreileiternetz *n* трёхпроводная сеть
Dreileiterquotientenschaltung *f* трёхпроводная схема (включения) логометра
Dreileitersystem *n* трёхпроводная система
Dreilinienbandschreiber *m* трёхканальный ленточный самописец
Dreilochkern *m* трёхдырочный (магнитный) сердечник
Dreilochspeicherkern *m* трёхдырочный запоминающий (магнитный) сердечник
Dreimaskenlateraltechnik *f* (упрощённая) трёхмасочная технология (*изготовления ИС*) на (биполярных) торцевых транзисторах
Dreimaskenverfahren *n* трёхмасочная технология (*изготовления ИС*)
Dreiniveauenergiesystem *n* кв. эл. трёхуровневая (энергетическая) система
Dreiniveaufestkörperlaser *m* трёхуровневый твердотельный лазер
Dreiniveaufestkörpermaser *m* трёхуровневый твердотельный мазер
Dreiniveaulaser *m* трёхуровневый лазер
Dreiniveaumaser *m* трёхуровневый мазер
Dreiniveau-Quantengenerator *m* трёхуровневый квантовый генератор
Dreiniveausystem *n* трёхуровневая система
Dreipegelaufzeichnung *f* трёхуровневая запись
Dreiphasen-Betrieb *m* трёхфазное управление (*ПЗС*)
Dreiphasen-CCD *n* трёхфазный ПЗС
Dreiphasengleichrichter *m* трёхфазный выпрямитель
Dreiphasenschieberegister *n* трёхфазный сдвиговый регистр
Dreiphasenstrom *m* трёхфазный ток
Dreiplattenkondensator *m* кондесатор с тремя обкладками
Dreiplattenleitung *f* трёхполосковая линия (*конструкция СВЧ-антенны*)
Dreipol *m* трёхполюсник
Dreipolschaltung *f* трёхполюсная схема, трёхполюсник
Dreipolschwingröhre *f* генераторный триод
Dreipolumschalter *m* трёхполюсный переключатель
Dreipunktabgleich *m*, **Dreipunktabstimmung** *f* на-

стройка по трём точками (*связанных частотно-независимых элементов*)
Dreipunktfernsteuerung *f см.* **Dreipunktsteuerung**
Dreipunktglied *n* трёхпозиционное звено, трёхпозиционный элемент
Dreipunktoszillator *m* генератор по трёхточечной схеме
Dreipunktregler *m* трёхпозиционный регулятор
Dreipunktschaltung *f*, **Dreipunktschema** *n* 1. трёхточечная схема (*генератора*) 2. потенциометрическая схема
Dreipunktsondierung *f* трёхточечное зондирование
Dreipunktsteuerung *f* трёхпозиционное (дистанционное) управление
Dreipunktumschalter *m* трёхпозиционный переключатель
Dreiresonatormaser *m* трёхрезонаторный мазер
Dreiresonatorreflexionsmaser *m* трёхрезонаторный отражательный мазер
Dreiröhren(farb)kamera *f* трёхтрубочная камера (*цветного телевидения*)
Dreischicht-Druckdiode *f* трёхслойный пьезодиод
Dreischichtenfilm *m* трёхслойная плёнка
Dreischichtenzelle *f* трёхслойная ячейка, трёхслойный элемент
Dreischichtstruktur *f* трёхслойная структура
Dreischlitz-Magnetfeldröhre *f* трёхсегментный магнетрон
Dreisondenmessung *f* трёхзондовое измерение
dreispulig трёхсекционный (*о катушке*)
dreispurig трёхдорожечный
Drei-Status-Schaltkreis *m* схема с тремя (устойчивыми) состояниями
dreistellig трёхзначный; трёхразрядный
Dreistellungsfühler *m* трёхточечный зонд
Dreistellungsrelais *n* трёхпозиционное реле
Dreistiftstecker *m* трёхконтактная [трёхштырьковая] штепсельная вилка
Dreistofflegierung *f* тройной [тернарный] сплав
Dreistrahl-Ablenksystem *n* отклоняющая система для трёхлучевой трубки
Dreistrahl-Chromatron *m тлв* трёхлучевой хроматрон
Dreistrahlmaskenröhre *f* трёхпрожекторный масочный кинескоп
Dreistufengenerator *m* трёхкаскадный генератор
Dreistufenschalter *m* трёхступенчатый переключатель
Dreiüberschußkode *m* код с избытком три
Dreiwegebox *f* трёхканальная звуковая колонка
Drei-Wege-Ventil *n* строенный [трёхпортовый] вентиль
Dreiweggleichrichter *m* трёхфазный выпрямитель
Dreiwegschalter *m см.* **Dreiwegumschalter**
Dreiwegsystem *n* трёхканальная система
Dreiwegumschalter *m* трёхпозиционный переключатель
Dreiwegverzweigungsglied *n* тройник
dreiwertig 1. трёхзначный 2. трёхвалентный
Dreiwicklungs... трёхобмоточный
Dreizifferanzeige *f* трёхцифровая индикация
Dreizonendiffusion *f* трёхзонная диффузия
Dreizonenfolge *f* чередование трёх зон (*у транзистора*)

Dreizonensteuerung *f* трёхзонное регулирование (*температуры*)
Dreizustandsausgang *m* выход с тремя (устойчивыми) состояниями
Dreizustandslogik *f* трёхзначная [трёхуровневая] логика
Dreizustandsschaltung *f* схема с тремя (устойчивыми) состояниями
Drift *f* 1. дрейф, уход, смещение, сдвиг 2. *зап.* дрейф скорости
~, **stetige** постоянный дрейф
Driftabgleich *m* компенсация дрейфа
~ **der Brücke** балансировка измерительного моста
Driftausfall *m над.* постепенный отказ
Driftbeweglichkeit *f* дрейфовая подвижность
Driftbewegung *f см.* **Drift 1.**
Driftfehler *m* ошибка, вызванная дрейфом (нуля)
Driftfeld *n пп* дрейфовое поле
Driftfeld-Transistor *m* дрейфовый транзистор
Driftfotodiode *f* дрейфовый фотодиод
Driftgeschwindigkeit *f* скорость дрейфа
Driftkompensation *f* компенсация дрейфа; компенсация погрешности остаточного отклонения (*стрелки прибора*)
Driftkorrektur *f* коррекция дрейфа
Driftlänge *f* длина дрейфа
Driftraum *m* пространство дрейфа
Driftrohr *n* труба дрейфа (*прибора СВЧ*)
Driftspannung *f* напряжение дрейфа
Driftstörung *f* дрейфовая помеха
Driftstrom *m* дрейфовый ток
Driftstromdichte *f* плотность дрейфового тока
Drifttransistor *m* дрейфовый транзистор
Driftzeit *f* время дрейфа
Drillingskristall *m* тройниковый кристалл
Drillingsleitung *f* трёхпроводная линия
Drillingsstecker *m* трёхполюсная вилка
Drillung *f* скручивание (*напр. печатной платы*)
Dringlichkeitsfrequenz *f* частота для передачи сигналов бедствия
Dringlichkeitsstufe *f* ступень очерёдности (*напр. при передаче данных*)
Dröhnen *n* самовозбуждение акустической системы и усилителя на низких частотах
drop-out *англ. зап.* выпадение сигнала (*напр. при записи — воспроизведении*)
Drop-out-Detektion *f* обнаружение выпадений сигнала
drop-out-frei без выпадений сигнала
Drop-out-Häufigkeit *f* частота выпадений сигнала
Drop-out-Kompensation *f* компенсация выпадений сигнала (*при воспроизведении*)
Drop-out-Kompensator *m* компенсатор выпадений сигнала
Drop-out-rate *f* частота выпадений сигнала
Drossel *f* дроссель
~, **gleichstromvormagnetisierte** дроссель с подмагничиванием постоянным током
~, **sättigungsfähige** дроссель насыщения
Drosselbrücke *f* индуктивный [дроссельный] мост
Drosseleingangsfilter *n* входной дроссельный фильтр

DRO

Drosselgeber *m* индуктивный измерительный преобразователь, индуктивный датчик
Drosselglättung *f* сглаживание дроссельным фильтром
Drosselkern *m* сердечник дросселя
Drosselkette *f* дроссельный фильтр (*нижних частот*)
Drosselkondensatorfilter *n* индуктивно-ёмкостный фильтр
Drosselkopplung *f* дроссельная связь
Drosselkreis *m* 1. заградительный контур, фильтр-пробка 2. цепь дросселя
Drosselröhre *f* реактивная лампа
Drosselspeisung *f* параллельное питание
Drosselspule *f* дроссельная катушка
Drosselung *f* дросселирование; заграждение
Drosselungsgrad *m* коэффициент заграждения
Drosselwicklung *f* обмотка дросселя
Drosselwiderstand *m* (активное) сопротивление дросселя
Druck I *m* давление
Druck II *m* 1. печать 2. *вчт* распечатка
~, **alphanumerischer** алфавитно-цифровая [буквенно-цифровая] печать
~, **kontaktloser** бесконтактная печать
Druckamplitude *f* амплитуда (звукового) давления
Druckapparat *m* (букво)печатающий аппарат
Druckaufbereitung *f вчт* редактирование, подготовка к печати
Druckaufbereitungszeichen *n вчт* сигнал редактирования, сигнал подготовки к печати
Druckaufnahmefläche *f* поверхность, воспринимающая изменение *или* перепад давления (*напр. в пьезокристалле*)
Druckaufnehmer *m см.* **Druckgeber**
Druckausgabe *f* вывод (данных) на печатающее устройство; распечатка
Druckbefehl *m* команда вывода на печатающее устройство; команда печати
Druckbelastung *f* нагрузка давления (*на микрофон*)
Druckbereich *m* диапазон давлений (*микрофона*)
Druckbereitstellung *f см.* **Druckaufbereitung**
Druckbild *n* 1. формат печати 2. рисунок печатной платы
Druckbildsteuerung *f вчт* 1. управление печатающим устройством 2. управление форматом печати
Druckdichte *f* плотность печати
Druckdickeverminderung *f* уменьшение толщины печати (*толщины слоя пасты толстоплёночной микросхемы*)
Druckdifferenz *f* разность давлений
Druckdiode *f* пьезодиод
Druckdose *f см.* **Druckgeber**
Druckeichung *f* калибровка давления нажима (*напр. контактов реле*)
Druckeinrichtung *f см.* **Drucker 1**.
Druckelektrizität *f* пьезоэлектричество
Druckelement *n см.* **Druckgeber**
Druckempfänger *m* 1. (букво)печатающий приёмный аппарат 2. микрофон-приёмник давления
druckempfindlich чувствительный к давлению
Drucken *n* печатание

DRU

Drucker *m* 1. печатающее устройство 2. нажимная кнопка
~, **alphanumerischer** алфавитно-цифровое [буквенно-цифровое] печатающее устройство
~, **kontaktloser** бесконтактное печатающее устройство
Druckeranschluß *m* подключение печатающего устройства
Druckeranzeiger *m вчт* индикатор (контроля) печати
Druckerausgang *m* 1. выход печатающего устройства 2. отпечатанные выходные данные
Druckersatzspeicher *m* буферное ЗУ печатающего устройства
Druckersteuereinheit *f* блок управления печатающим устройством
Druckfarbe *f* маскирующая краска (*для изготовления печатных плат*)
Druckfehler *m* ошибка печати
Druckgeber *m* (измерительный) датчик давления
Druckgefälle *n* перепад давления
Druckgefäßtechnik *f* техника сосудов высокого давления
Druckglasdurchführung *f* герметичный ввод через стекло, стойкий к повышенному давлению
Druckgradient *m* градиент давления
Druckgradientenempfänger *m*, **Druckgradientenmikrofon** *n* микрофон-приёмник градиента давления
Druckhöhe *f* пьезометрический напор
Druckkabel *n* 1. печатный кабель 2. маслонаполненный *или* газонаполненный кабель
Druckkammer *f* камера (высокого) давления
Druckkammerlautsprecher *m* громкоговоритель с предрупорной камерой
Druckkammermikrofon *n см.* **Druckmikrofon**
Druckkapsel *f* капсюль микрофона
Druckknopf *m* (нажимная) кнопка
~, **arretierter** кнопка с арретиром
~, **nichtarretierter** кнопка без арретира
Druckknopfabstimmung *f* кнопочная настройка
Druckknopfbedienung *f*, **Druckknopfbetätigung** *f см.* **Druckknopfsteuerung**
Druckknopfeinschaltung *f* кнопочное включение
druckknopfgesteuert с кнопочным управлением
Druckknopfplatte *f* кнопочная панель
Druckknopfrückstellung *f* возврат кнопки (*в исходное положение*)
Druckknopfschalter *m* 1. кнопочный выключатель 2. кнопочный переключатель, *проф.* кнопочник
Druckknopfschaltpult *n см.* **Druckknopfsteuertafel**
Druckknopfsteuerstand *m* кнопочный пульт управления
Druckknopfsteuertafel *f* кнопочная панель управления
Druckknopfsteuerung *f* 1. кнопочное управление 2. кнопочная настройка
Druckknopftafel *f* кнопочная панель
Druckknopfumschalter *m см.* **Druckknopfschalter 2**.
Druckkontakt *m* прижимный контакт
Druckkontaktumschalter *m см.* **Druckknopfschalter 2**.
Druckkopf *m* печатающая головка

DRU

Druckleistung f производительность печатающего устройства
Drucklufttrechner m пневматическая ВМ
Druckmagnet m печатающий магнит
Druckmaschine f печатающая машина (для печатных плат)
Druckmaske f трафарет для печати
Druckmeßdose f см. **Druckgeber**
Druckmeßgrößenumformer m, **magnetoelastischer** магнитострикционный измерительный датчик давления
Druckmikrofon n микрофон-приёмник давления
Druckoriginal n печатный фотооригинал
Druckpaste f паста для (изготовления) толстоплёночных схем
Druckplatte f, **tauchgelötete** печатная плата, паяная методом погружения
Druckplattengleichrichter m купроксный выпрямитель
Druckprogrammgenerator m генератор программы печати
Druckpuffermatrix f матрица буферного ЗУ печатающего устройства
Druckpufferspeicher m буферное ЗУ вывода на печать
Druckrolle f зап. прижимный ролик
Druckschalter m 1. кнопочный или клавишный выключатель 2. мембранный выключатель
Druckschaltung f печатная схема
Druckschaltungsanschluß m печатный (электрический) соединитель
Druckschaltungsbild n, **Druckschaltungsmuster** n рисунок печатной платы
Druckschaltungsplatte f печатная плата
Druckschwingungen f pl колебания от импульса сжатия
Druckseite f сторона большего давления (напр. в вакуумных насосах)
Drucksensor m (измерительный) датчик давления
Druckskale f печатная шкала
Druckspaltung f гп скалывание [раскалывание] под давлением
Druckspannung f пьезоэдс (напряжение, вызванное давлением кристалла)
Drucksteuereinheit f 1. блок управления печатающим устройством 2. блок управления выводом на печать
Drucksteuerung f 1. вчт управление печатью 2. см. **Druckknopfsteuerung**
Druckstreifen m лента (букво)печатающего аппарата
Druckstreifenempfang m (букво)печатающий приём на ленту
Drucktaste f 1. (нажимная) клавиша; (нажимная) кнопка 2. телеграфный ключ, ключ Морзе
Drucktastenabstimmung f кнопочная настройка (приёмника, телевизора)
Drucktastenaggregat n клавиатура
Drucktastenauslöser m кнопочный или клавишный выключатель
Drucktastenautosuper m автомобильный супергетеродинный приёмник с кнопочной настройкой

DUA

Drucktastenbefehl m команда, вводимая с клавиатуры
Drucktasteneinstellung f см. **Drucktastensteuerung**
Drucktastenempfänger m (радио)приёмник с кнопочной настройкой
Drucktastenkontakt m кнопочный контакт
Drucktastensatz m клавиатура
Drucktastenschalter m клавишный или кнопочный переключатель
Drucktastensteuerung f клавишное или кнопочное управление
Drucktastenumschalter m клавишный или кнопочный переключатель
Drucktastenvermittlung f кнопочное переключение каналов связи
Drucktastenwahl f см. **Drucktastenabstimmung**
Drucktaster m клавишный или кнопочный переключатель
Drucktechnik f техника [технология] печати (напр. печатных схем)
Drucktelegraf m (букво)печатающий телеграфный аппарат
Druckübertragungsmaß n постоянная передачи (акустического) давления
Druckumformer m (измерительный) датчик давления
Druckvorlage f 1. фотооригинал 2. печатный бланк
Druckvorrichtung f печатающее устройство
Druckwandler m см. **Druckumformer**
Druckzugschalter m двухпозиционный клавишный или двухпозиционный кнопочный переключатель
Druckzugverstärker m двухтактный усилитель
DSA-MOS-Technik f изготовление МОП-структур по методу диффузионного процесса с самосовмещением
DSA-Technik f метод прямого [непосредственного] доступа к памяти
DSB-Sendung f двухполосная передача
DSB-Signal n двухполосный сигнал
D-Schaltung f схема усиления класса D
D-Schicht f (ионизированный) слой D
D-Schirm m рлк индикатор D-типа
2D-Signal n двухмерный сигнал
DSM-Effekt m режим динамического рассеяния
2D-Speicher m ЗУ или память с двухмерной организацией, ЗУ или память системы 2D
3D-Speicher m ЗУ или память с трёхмерной организацией, ЗУ или память системы 3D
DTL-NAND-Gatter n вентиль НЕ И на элементах диодно-транзисторной логики
DTL-Schaltung f диодно-транзисторная логическая схема
D-Trigger m D-триггер
DT-Schaltkreistechnik f диодно-транзисторная схемотехника
DT-Schnitt m ДТ-срез (кварца)
D-Typ-Flipflop n D-триггер
dual 1. двойной; сдвоенный; парный 2. вчт, фтт дуальный, двойственный 3. вчт двоичный
Dualadder m, **Dualaddiator** m, **Dualaddierwerk** n полусумматор, сумматор с двумя входами
Dualarithmetik f двоичная арифметика

Dualbasismadistor *m микр.* двухкаскадный мадистор (*прибор, управляемый магнитным полем*)
Dual-Cone-Lautsprecher *m* двухдиффузорный громкоговоритель
dual-control *англ.* двойное управление
Dualdarstellung *f* двоичное представление
Dualdatenwort *n* двоичное слово
Dualdechiffrator *m см.* **Dualkodedechiffrator**
Dual-Dezimal-Umsetzer *m* двоично-десятичный преобразователь
Dualeingabe *f* ввод (информации) в двоичной форме
Dualelement *n* двоичный элемент
Dualfotodiode *f* двойной фотодиод
Dual-Gate-Feldeffekttransistor *m* двухзатворный полевой транзистор
Dual-Gate-MOSFET *m* двухзатворный полевой МОП-транзистор
Dualgebilde *n см.* **Dualdarstellung**
Dualimpedanzinversion *f* дуальная инверсия полного сопротивления
Dual-in-Line-Gehäuse *n* (плоский) корпус с двухрядным расположением выводов
Dual-in-Line-Kamm *m* контактная гребёнка с двухрядным расположением выводов
Dual-in-Line-Plastgehäuse *n* пластмассовый плоский корпус с двухрядным расположением выводов
Dualität *f* дуальность, двойственность
Dualitätsschaltung *f см.* **Dualschaltung**
Dualkartenverarbeitung *f* обработка (перфо)карт с двоичной записью (*данных*)
Dualkode *m* двоичный код
Dualkodedechiffrator *m* дешифратор двоичного кода
Dualkodesystem *n* двоично-кодовая система
Dualmultiplikator *m*, **elektronischer** двоичное электронное множительное устройство
Dualoszilloskop *n* двухлучевой осциллограф
Dualpolarisation *f* двойная поляризация
Dualpunkt *m вчт* двоичная запятая
Dualrecheneinrichtung *f* двоичное вычислительное устройство
Dualrechensystem *n* двоичная система счисления
Dualrecherche *f* двоичный (информационный) поиск
Dualschaltelement *n* двоичный переключательный элемент
Dualschaltung *f*, **Dualschema** *n* дуальная схема
Dualschlüssel *m вчт* двоичный код
Dualschreibweise *f* двоичная система записи
Dual-slope-Methode *f* метод построения устройств, срабатывающих от фронта и среза сигнала
Dualstelle *f* двоичный разряд (*числа*)
Dualsteuerung *f* двойное управление
Dualstufe *f* двоичная ступень
Dualsystem *n* двоичная система (*счисления*)
Dualtransistor *m* транзистор с дополняющей структурой
Dualübertragung *f* передача в двоичном коде
Dualumwandlung *f* перевод в двоичную систему (*счисления*)
Dualwort *n* двоичное слово
Dualzahl *f* двоичное число

Dualzähler *m* двоичный счётчик
Dualzehnerzähler *m* двоично-десятичный счётчик
Dualzeichen *n вчт* 1. двоичный знак 2. двоичный символ
Dualzelle *f* двоичная ячейка
Dualziffer *f* двоичная цифра
Duant(en)elektrometer *n* бинантный электрометр
Dublett *n* дублет
Dublettaufspaltung *f* расщепление дублета
Dublettbande *f* дублетная полоса
Dublettzustand *m* дублетное состояние
Duct *m* (атмосферный) волновод; канал
Duct-Ausbreitung *f* волноводное распространение
Dukt *m см.* **Duct**
Duktilität *f* пластичность, вязкость; тягучесть
Dump-Ausgabe *f* 1. вывод (*содержимого памяти*) на печать 2. данные, получаемые в результате разгрузки (*памяти*)
Dunkeladaption *f*, **Dunkelanpassung** *f* темновая адаптация (*глаза*)
Dunkelblitz *m* инфракрасная (осветительная) вспышка
Dunkelemission *f* темновая эмиссия
Dunkelentladung *f* тёмный разряд
Dunkelentsättigung *f тлв* расширение динамического диапазона в области чёрного
Dunkelfeldabbildung *f* тёмнопольное изображение (*в просвечивающем электронном микроскопе*)
Dunkelfeldchromschablone *f* негативный [тёмнопольный] хромовый шаблон
Dunkelfeldelektronenmikroskop *n* тёмнопольный электронный микроскоп
Dunkelfeldfenster *n* тёмнопольное окно
Dunkelfleck *m* 1. *тлв* паразитный сигнал передающей трубки, *проф.* чёрное пятно 2. *см.* **Dunkelpunkt**
Dunkelimpuls *m* 1. импульс темнового тока 2. *тлв* гасящий импульс
Dunkelleitfähigkeit *f*, **Dunkelleitung** *f* темновая проводимость
Dunkellichtstrom *m* темновой ток (*фотоэлемента*)
Dunkelmarke *f* темновая метка
Dunkelnachwirkung *f* темновое последействие
Dunkelperiode *f* время гашения (*обратного хода*)
Dunkelpunkt *m* темновая отметка (*напр. на экране ЭЛТ*)
Dunkelpunktskale *f* шкала с темновыми отметками
Dunkelpunkttastung *f* отметка тёмным пятном
Dunkelraum *m* тёмное пространство
Dunkelreststrom *m* остаточный темновой ток
Dunkelschreibprinzip *n* принцип темновой записи (*на экране скиатрона*)
Dunkelschrift *f* темновая запись
Dunkelschriftröhre *f* скиатрон
Dunkelschriftschirm *m* экран для темновой записи
Dunkelsondenverfahren *n* метод темнового зонда
Dunkelsteuerimpuls *m* импульс гашения
Dunkelsteuerung *f* 1. *см.* **Dunkeltasten** 2. модуляция по яркости

Dunkelstrahl *m* 1. луч для темновой записи 2. затенённый луч
Dunkelstrahlen *n pl* инфракрасные лучи
Dunkelstrahler *m* инфракрасный излучатель
Dunkelstrahlheizer *m* инфракрасный нагреватель
Dunkelstrahlung *f* инфракрасное излучение
Dunkelstrom *m* темновой ток
Dunkelstromrauschen *n* шумы темнового тока
Dunkeltasten *n*, **Dunkeltastung** *f* тлв гашение (*обратного хода луча*)
Dunkelwert *m* темновое значение (*фототока*)
Dunkelwiderstand *m* темновое сопротивление
Dünnätzen *n* стравливание тонкого слоя (*от заданной толщины*)
dünnbasig с тонкой базой
Dünnfilm *m* тонкая плёнка; тонкий слой
Dünnfilm... *см.* **Dünnschicht...**
Dünnhalsröhre *f* кинескоп с тонкой горловиной
Dünnsättigung *f* насыщенность (воздуха) водяным паром; относительная влажность
Dünnschicht *f* тонкая плёнка; тонкий слой
~ **molekularer Größenordnung** тонкая плёнка молекулярной толщины
Dünnschichtabscheidung *f* осаждение тонких плёнок
Dünnschichtauftragung *f* нанесение тонких плёнок
Dünnschichtausführung *f* тонкоплёночное исполнение
Dünnschichtbahn *f* тонкоплёночная (проводящая) дорожка
Dünnschichtbauelement *n* тонкоплёночный компонент (*схемы*)
Dünnschichtbedampfungsanlage *f* установка для напыления тонких плёнок
Dünnschichtbildverstärker *m* тонкоплёночный усилитель изображения
Dünnschichtdielektrikum *n* тонкоплёночный диэлектрик
Dünnschichtdiode *f* тонкоплёночный диод
Dünnschicht-Doppelkopf *m* сдвоенная тонкоплёночная головка
Dünnschichtelektronik *f* (тонко)плёночная электроника
Dünnschichtelement *n* тонкоплёночный элемент
Dünnschichtenbrücke *f свпр* тонкоплёночный мостик
Dünnschichtfilter *n* тонкоплёночный фильтр
Dünnschichtguß *m* тонкослойный полив
Dünnschichthalbleiter *m* тонкоплёночный полупроводник
Dünnschichthybridschaltkreis *m* тонкоплёночная гибридная ИС
dünnschichtig тонкоплёночный; тонкослойный
Dünnschichtinduktionskopf *m* тонкоплёночная индукционная головка
Dünnschichtkondensator *m* тонкоплёночный конденсатор
Dünnschichtkontakt *m* тонкоплёночный контакт, тонкоплёночная контактная площадка
Dünnschichtkontaktstreifen *m* тонкоплёночная контактная полоска
Dünnschichtkopf *m* тонкоплёночная (магнитная) головка
Dünnschichtkreis *m* тонкоплёночная схема

Dünnschichtkryotron *n* (тонко)плёночный криотрон
Dünnschichtleiter *m* тонкоплёночный проводник
Dünnschichtlichtleiter *m* тонкоплёночный световод
Dünnschichtmagnetkopf *m* тонкоплёночная магнитная головка
Dünnschichtmembrane *f* тонкослойная мембрана; плёночная мембрана
Dünnschichtmetallisierung *f* тонкоплёночная металлизация
Dünnschichtmikroelektronik *f* тонкоплёночная микроэлектроника
Dünnschichtmikroschaltung *f* тонкоплёночная микросхема
Dünnschichtmuster *n* тонкоплёночный рисунок (*элементов схемы*)
Dünnschichtnetzwerk *n* тонкоплёночная схема
Dünnschichtphysik *f* физика тонких плёнок
Dünnschichtresistor *m* тонкоплёночный резистор
Dünnschichtschaltkreis *m*, **Dünnschichtschaltung** *f* тонкоплёночная схема
Dünnschichtschutz *m* тонкоплёночная защита (*от внешних воздействий*)
Dünnschichtschweißung *f* сварка (проводника) с тонкоплёночным элементом
Dünnschichtspeicher *m* тонкоплёночное ЗУ; память на тонких плёнках
Dünnschichtspule *f* тонкоплёночная катушка (индуктивности)
Dünnschichtstruktur *f* тонкоплёночная структура
Dünnschichtsubstrat *n* подложка для тонкоплёночных ГИС
Dünnschichttechnik *f*, **Dünnschichttechnologie** *f* тонкоплёночная технология
Dünnschichttransistor *m* тонкоплёночный транзистор
Dünnschichtvaristor *m* тонкоплёночный варистор
Dünnschichtverbindung *f* тонкоплёночное соединение
Dünnschichtverdrahtung *f* тонкоплёночный монтаж
Dünnschichtverstärker *m* тонкоплёночный усилитель, тонкоплёночная ГИС усилителя
Dünnschichtwiderstand *m* тонкоплёночный резистор
Dünnschliff *m* микрошлиф
Duodiodenmischschaltung *f* (балансный) смеситель на двух диодах
Duokontrolle *f см.* **Duplizierkontrolle**
Duoschaltung *f* дуальная схема
Duotriode *f* двойной триод
duplex 1. дуплексный 2. двойной, сдвоенный
Duplexaddermaschine *f*, **Duplexaddiermaschine** *f* сдвоенная суммирующая машина
Duplexbetrieb *m* 1. дуплексная работа 2. работа на общую антенну
Duplexempfang *m* дуплексный приём
Duplexer *m* 1. антенный переключатель 2. дуплексер
Duplexfrequenzkanal *m* дуплексный частотный канал
Duplexfunkverkehr *m* дуплексная радиосвязь
Duplexierung *f* **von Leitungen** образование искусственных цепей

Duplexkanal *m* дуплексный канал
Duplexleitung *f* 1. линия дуплексной связи 2. искусственная цепь
Duplexmethode *f* дуплексный метод
Duplextelegrafie *f* дуплексная телеграфия
Duplexübertrager *m* переходный линейный трансформатор
Duplexübertragung *f* дуплексная передача
Duplexverbindung *f*, **Duplexverkehr** *m* дуплексная связь
Duplikat *n* дубликат; копия
Duplikation *f см.* **Duplizieren**
Duplikatmaske *f* копия (фото)шаблона
Duplikator *m см.* **Dupliziergerät**
Duplikatvergleich *m см.* **Duplizierkontrolle**
Duplizieren *n* 1. дублирование; копирование 2. перезапись (*с одного носителя на другой*) 3. *микр.* мультиплицирование, размножение 4. удвоение
Dupliziergerät *n* 1. копировальное [множительное] устройство 2. *микр.* установка для мультиплицирования 3. перфоратор-репродуктор
Duplizierkontrolle *f*, **Duplizierprüfung** *f* двойная проверка, проверка дублированием
Düppel *m* металлизированная лента (*для создания помех радиолокатору*)
Düppelrückstrahlung *f* отражение от металлизированных лент
Düppelstörung *f рлк* помехи от металлизированных лент
Düppelstreifen *m см.* **Düppel**
Düppelung *f* сбрасывание (*с самолёта*) металлизированных лент
Düppelwolke *f* облако металлизированных лент
Düppelzacken *m pl* импульсы (помех) от металлизированных лент
Durcharbeitung *f* проработка (*деталей в изображении*)
Durchbrennen *n* 1. перегорание (*напр. нити накала*) 2. прогорание, прожигание (*экрана трубки*)
Durchbrennfleck *m* выжженное (лучом) пятно (*на экране трубки*)
Durchbruch *m* пробой (*напр. в полупроводниковых приборах*) (*см. тж.* **Durchschlag**)
~, **beweglichkeitsgeregelter** пробой, контролируемый подвижностью
~ **durch Lawineneffekt** лавинный пробой
~, **erster** первый (электрический) пробой
~, **reversibler** обратимый пробой
~, **zweiter** второй (тепловой) пробой
Durchbruchast *m* ветвь (вольтамперной) характеристики пробоя
Durchbruchdiode *f* лавинный диод
Durchbruchs... *см. тж* **Durchschlags...**
Durchbruchsbereich *m* область [участок] пробоя
Durchbruchseffekt *m* эффект пробоя
Durchbruchskennlinie *f* (вольтамперная) характеристика пробоя
durchbruchsnah предпробойный
Durchbruchsspannung *f* пробивное напряжение
Durchbruchsprüfung *f* испытание на пробой
Durchbruchssperrspannung *f* обратное пробивное напряжение
Durchbruchsstelle *f* место пробоя

Durchbruchsstrecke *f* участок пробоя
Durchbruchsstrom *m* пробивной ток
Durchbruchswiderstand *m*, **differentieller** дифференциальное сопротивление пробоя (стабилитрона)
Durchbruchszone *f* зона [область] пробоя
durchdiffundieren продиффундировать
Durchdrehaufnahme *f* свип-приём, последовательное прослушивание диапазона
Durchdrehempfänger *m* свип-приёмник
Durchdrehkontakt *m тлф* контакт одиннадцатого положения (*декадного искателя*)
Durchdrehkurve *f* ионограмма (*кривая зависимости высоты отражающего слоя от частоты*)
Durchdrehoszillator *m* генератор с плавноизменяемой частотой
Durchdrehschritt *m тлф* одиннадцатый шаг (*декадного искателя*)
Durchdrehsender *m* передатчик с плавноизменяемой частотой
Durchdrehverfahren *n* метод зондирования ионосферы излучением плавноизменяемой частоты
Durchdringbarkeit *f*, **Durchdringlichkeit** *f* 1. проницаемость 2. проходимость
Durchdringung *f* 1. проникновение 2. прохождение
~, **gegenseitige** взаимное проникновение
~ **des Potentialwalles** прохождение через потенциальный барьер
Durchdringungsfähigkeit *f см.* **Durchdringungsvermögen**
Durchdringungspotential *n яд.физ.* потенциал проникновения
Durchdringungsröhre *f* цветная (однолучевая) воспроизводящая трубка с двухслойным экраном, пенетрон
Durchdringungsvermögen *n* 1. проникающая способность 2. проницаемость
Durchdringungswahrscheinlichkeit *f* вероятность прохождения (*носителей через потенциальный барьер*)
Durchdringungszwilling *m крист.* двойник прорастания
Durchdruckform *f* шаблон для трафаретной печати
durchfädeln 1. прошивать (*напр. обмотку*) 2. продевать [протаскивать] нить
Durchflug *m* пролёт (*электронов*)
Durchflugwinkel *m* угол пролёта
Durchflugzeit *f* время пролёта
Durchfluß *m* 1. протекание 2. поток 3. *авт.* расход
Durchflußbeschallung *f* 1. ультразвуковая дефектоскопия 2. ультразвуковая обработка (*напр. полупроводниковых пластин*)
Durchflußgaslaser *m* газодинамический лазер
Durchflußkennlinie *f* 1. характеристика прямого включения 2. характеристика пропускания (*вентиля*)
Durchflußleistung *f* 1. производительность (*напр. ЭВМ*) 2. пропускная способность (*напр. канала связи*)
Durchflußmenge *f* расход (*напр. жидкости, газа*)
Durchflußmesser *m* расходомер

Durchflußrichtung f 1. направление потока 2. направление прохождения (*сигнала*) 3. *пп* прямое [проводящее] направление
Durchflutung f 1. намагничивающая [магнитодвижущая] сила, ампер-витки 2. протекание, прохождение
Durchflutungskomponente f составляющая намагничивающей [магнитодвижущей] силы
Durchführung f 1. ввод 2. проводка (*напр. через стенку*)
~, **eingeschmolzene** впаянный ввод
Durchführungsanschluß m подключение ввода
Durchführungselektrode f сквозной [проходной] электрод
Durchführungsfilter n транзитный фильтр (*в системах передачи*)
Durchführungsisolator m проходной изолятор
Durchführungskapazität f проходная ёмкость
Durchführungskondensator m, **koaxialer** коаксиальный проходной конденсатор
Durchgabe f транзитная передача
Durchgang m 1. прохождение (*напр. электронов*); протекание (*напр. тока*); проход (*напр. через нуль*) 2. разгон, разнос (*напр. машины*)
~, **schneller adiabatischer** *кв.эл.* быстрое адиабатическое прохождение
Durchgangsamt n, **Durchgangsanstalt** f транзитная [промежуточная] (телефонная) станция; узловая станция
Durchgangsdämpfung f 1. ослабление в прямом направлении [в направлении пропускания] 2. вносимые потери; вносимое ослабление 3. *ктв* проходное затухание
Durchgangselement n проходной [переходной] элемент; звено (линии)
Durchgangsfernamt n транзитная [промежуточная] станция дальней связи
Durchgangsfilter n *см.* **Durchlaßfilter**
Durchgangsgeschwindigkeit f 1. скорость прохождения (*электронов*) 2. скорость пролёта (*электронов*)
Durchgangskanal m транзитный канал
Durchgangsleistung f 1. производительность (*напр. ЭВМ*) 2. проходная мощность
Durchgangsleitfähigkeit f 1. проходная проводимость 2. объёмная проводимость
Durchgangsleitung f транзитная линия
Durchgangsloch n проходное [сквозное] отверстие (*напр. многослойной печатной платы*)
Durchgangsmaser m проходной мазер, мазер, работающий в режиме «на проход»
Durchgangsprofilmaß n габаритный размер
Durchgangsprüfer m пробник
Durchgangsprüfung f испытание (*цепи*) на прохождение (*сигнала*)
Durchgangsregister n промежуточный регистр
Durchgangsrichtung f прямое [проводящее] направление
Durchgangsschaltung f транзитная цепь
Durchgangsscheinleitwert m полная проходная проводимость
Durchgangsstation f *см.* **Durchgangsamt**
Durchgangsübertrager m промежуточный трансформатор
Durchgangsverbindung f транзитное соединение

Durchgangsverkehr m, **Durchgangsvermittlung** f транзитная связь
Durchgangsvermittlungsamt n *см.* **Durchgangsamt**
Durchgangswähler m *тлф* групповой искатель для транзитных соединений
Durchgangswellenmesser m проходной волномер
Durchgangswiderstand m 1. проходное сопротивление 2. сопротивление (*полупроводникового прибора*) при включении в прямом направлении 3. объёмное сопротивление
~, **spezifischer** удельное объёмное сопротивление
Durchgangswinkel m угол пролёта (*электронов*)
Durchgangszeit f 1. время прохождения 2. время пролёта (*электронов*)
Durchgangszentrale f транзитная узловая телефонная станция
Durchgehen n 1. *см.* **Durchgang** 2. перегорание (*предохранителя*)
Durchgreifeffekt m *пп* эффект смыкания
Durchgreifspannung f напряжение смыкания (*напр. проводников*)
Durchgriff m проницаемость (*лампы*)
Durchgriffskapazität f проходная [межэлектронная] ёмкость
Durchgriffsverzerrungen f pl искажения за счёт прямого прохождения сигнала
Durchhang m 1. провес (*напр. антенны*); стрела провеса 2. начальный участок (*характеристической кривой*)
Durchkontakt m, **Durchkontaktierung** f межслойное соединение (*напр. в печатных платах*)
Durchkontaktloch n монтажное отверстие (*печатной платы*)
durchkopiert пропечатавшийся (*о сигнале при копирэффекте*)
Durchladen n перезарядка
Durchlaß m 1. пропускание (*напр. сигнала*) 2. проход
Durchlaßband n полоса пропускания (*напр. фильтра*)
~, **atmosphärisches** атмосферное окно, полоса атмосферного пропускания
Durchlaßbandbreite f ширина полосы пропускания
Durchlaßbaustein m вентильный [селекторный] блок
Durchlaßbelastung f нагрузка в прямом направлении
Durchlaßbereich m 1. полоса пропускания (*фильтра*) 2. *пп* область пропускания
Durchlaßbetrieb m режим пропускания (*напр. тиристора*)
Durchlaßbreite f *см.* **Durchlaßbandbreite**
Durchlaßcharakteristik f 1. характеристика прямого включения 2. характеристика пропускания (*напр. фильтра*)
Durchlaßdämpfung f затухание в полосе пропускания
Durchlaßelement n 1. проходной элемент 2. вентильный элемент
durchlassen пропускать (*напр. сигнал*)
Durchlaßerholungszeit f время восстановления (*диода*) при переключении в прямое направление

Durchlaßfähigkeit f 1. пропускная способность 2. проницаемость
Durchlaßfaktor m см. **Durchlässigkeitsfaktor**
Durchlaßfilter n 1. пропускающий фильтр 2. транзитный фильтр (в системах передачи)
Durchlaßfrequenz f пропускаемая частота
Durchlaßfrequenzband n пропускаемая полоса частот
Durchlaßgebiet n см. **Durchlaßbereich**
Durchlaßgleichspannung f постоянное прямое напряжение (напр. стабилитрона)
Durchlaßgleichstrom m постоянный прямой ток
Durchlaßgrad m см. **Durchlässigkeitsfaktor**
Durchlässigkeit f 1. пропускание (напр. сигнала) 2. проницаемость 3. прозрачность
~, **elektrische** (ди)электрическая проницаемость
~ **für Wärmestrahlung** теплопроницаемость
~, **magnetische** магнитная проницаемость
~, **optische** оптическая прозрачность
~ **des Potentialwalles** проницаемость потенциального барьера
~ **der Randschicht** проницаемость граничного слоя
~, **spektrale** 1. спектральная прозрачность 2. спектральная характеристика пропускания
Durchlässigkeitsbereich m см. **Durchlaßbereich**
Durchlässigkeitsfktor m, **Durchlässigkeitsgrad** m 1. коэффициент пропускания 2. коэффициент проницаемости 3. коэффициент прозрачности
Durchlässigkeitsgrenze f граница пропускания
Durchlässigkeitshologramm n пропускающая (излучение) [просветная] голограмма
Durchlässigkeitskoeffizient m см. **Durchlässigkeitsfaktor**
Durchlässigkeitskurve f характеристика [кривая] пропускания
Durchlässigkeitsmaximum n 1. максимум пропускания 2. максимум прозрачности
Durchlässigkeitsverlauf m см. **Durchlaßcharakteristik**
Durchlässigkeitsverluste m pl 1. потери при пропускании (напр. света) 2. потери (при включении) в прямом направлении
Durchlaßkenndaten pl характеристики параметра прямого включения (прибора)
Durchlaßkennlinie f см. **Durchlaßcharakteristik**
Durchlaßkennwert m параметр [характеристика] прямого включения (прибора)
Durchlaßkurve f см. **Durchlaßcharakteristik**
Durchlaßleitfähigket f, **Durchlaßleitwert** m проводимость в прямом направлении, прямая проводимость
Durchlaßphase f 1. фаза проводимости 2. пролётная фаза
Durchlaßrichtung f прямое [проводящее] направление
Durchlaßschaltung f вентильная [ключевая] схема
Durchlaßschicht f 1. пропускающий слой 2. проводящий слой
Durchlaßspannung f прямое напряжение, напряжение в открытом состоянии (напр. тиристора)
Durchlaßspannungsabfall m падение напряжения (на диоде при включении) в прямом направлении

Durchlaßspitzenstrom m максимальный прямой ток
Durchlaßstoßstrom m выброс прямого тока
Durchlaßstrom m 1. прямой ток 2. номинальный ток предохранителя
Durchlaßstromdichte f плотность прямого тока
Durchlaßtreffplatte f проницаемая мишень
Durchlassung f пропускание (напр. сигнала)
~, **gestreute** рассеянное [диффузное] пропускание
~, **totale** полное пропускание
Durchlaßverluste m pl см. **Durchlässigkeitsverluste**
Durchlaßvermögen n пропускная способность
Durchlaßvorspannung f смещение в прямом направлении
Durchlaßweite f 1. глубина проникновения 2. полоса пропускания (фильтра)
Durchlaßwert m см. **Durchlässigkeitsfaktor**
Durchlaßwiderstand m пп прямое сопротивление
Durchlaßzahl f см. **Durchlässigkeitsfaktor**
Durchlaßzeit f время пропускания
Durchlaßzone f 1. зона проводимости 2. область пропускания
Durchlaßzustand m открытое состояние
Durchlaßzweig m прямая ветвь
Durchlauf m 1. проход, прохождение; пролёт, пробег (напр. электронов) 2. крист. проход зоны 3. вчт проход или прогон (программы) 4. (последовательный) опрос при обегающем контроле
~, **zyklischer** циклический прогон (программы)
Durchlaufbedampfungsanlage f поточная [конвейерная] установка напыления
Durchlaufbetrieb m режим непрерывной работы
Durchlaufen n см. **Durchlauf**
Durchlauffrequenz f 1. частота прохождения диапазона (напр. частоты) 2. частота развёртки
Durchlaufgeschwindigkeit f 1. скорость пробега [пролёта] 2. вчт скорость перемещения (носителя)
~ **von Belegen** вчт скорость обработки документов
Durchlaufklystron n пролётный клистрон
Durchlaufofen m конвейерная печь
Durchlaufschalter m переключатель обегающего контроля
Durchlaufschema n схема прохождения (напр. сигнала)
Durchlaufspeicher m ЗУ обратного магазинного типа
Durchlaufvakuumbedampfer m установка (для) непрерывного напыления в вакууме
Durchlaufzeit f 1. время пробега [пролёта] 2. время прогона (программы)
Durchleitung f 1. пропускание 2. проводимость
Durchleuchtgerät n 1. аппарат для просвечивания 2. рентгеноскопический аппарат
Durchleuchtung f просвечивание; освещение на просвет
Durchleuchtungsabtastung f фототелеграфное сканирование просвечиванием
Durchleuchtungsapparat m 1. аппарат для просвечивания 2. рентгеноскопический аппарат

Durchleuchtungsröhre f просвечивающая ЭЛТ, рентгеновская трубка
Durchleuchtungsschirm m (полу)прозрачный [просветный] экран
Durchlicht n проходящий свет
Durchlichtelektronenmikroskop n просвечивающий электронный микроскоп, ПЭМ
Durchlichthologramm n 1. голограмма, полученная в проходящем свете 2. пропускающая [просветная] голограмма
Durchlichtmikroskopie f микроскопия в проходящем свете
durchlochen, durchlöchern пробивать отверстия; перфорировать
Durchluftsteuerung f пневмоуправление
Durchmagnetisierung f сквозное намагничивание
Durchmodulation f перекрёстная модуляция
Durchprojektion f рирпроекция
Durchprüfung f, **sprungweise** тест «чехарда» (с двойным пересчётом при использовании разных ячеек памяти)
Durchqueren n пересечение
Durchruf m последовательный опрос
Durchsatz m, **Durchsatzleistung** f 1. пропускная способность (напр. канала связи) 2. производительность (напр. ЭВМ)
Durchschallungsverfahren n 1. метод просвечивания ультразвуком 2. метод ультразвуковой дефектоскопии
Durchschalten n см. **Durchschaltung**
Durchschalterelais n тлф включающее реле
Durchschaltevermittlung f прямое соединение линий (связи); коммутация линий (связи)
Durchschaltevermittlungsnetz n коммутируемая сеть связи
Durchschaltezeichen n тлф сигнал установления соединения
Durchschaltgerät n промежуточная ретрансляционная установка
Durchschaltung f 1. последовательное переключение, последовательное подсоединение (контактов, элементов цепи) 2. тлф транзитное соединение
Durchschaltzeit f 1. время (последовательного) переключения 2. тлф время установления соединения
Durchscheinen n просвечивание
Durchschlag m 1. (электрический) пробой (см. тж **Durchbruch**) 2. перфорация, пробивка (напр. карт)
~, **dielektrischer** 1. диэлектрический пробой 2. пробой диэлектрика
~ **durch Erhitzung** тепловой пробой
~, **elektrischer** электрический пробой
~ **eines Funkens** искровой пробой
~ **im Materialinnern** внутренний пробой
~, **intermittierender** перемежающийся пробой
~, **kollektiver** общий пробой
~, **thermischer [wärmeelektrischer]** тепловой пробой
Durchschlagen n **fremder Sender** помехи от посторонних станций
Durchschlags... см.тж **Durchbruchs...**
Durchschlagsbedingung f условие пробоя

~, **statische** условие статического пробоя
Durchschlagsbogen m дуговой пробой
Durchschlagsentladung f пробивной разряд
Durchschlagsfeld n поле пробоя
Durchschlagsfeldstärke f напряжённость (электрического) поля пробоя
Durchschlagsfestigkeit f (ди)электрическая прочность (на пробой)
Durchschlagsgebiet n область [участок] пробоя
Durchschlagsgeschwindigkeit f скорость (развития) пробоя
Durchschlagspfad m путь пробоя
Durchschlagspotential n потенциал пробоя
Durchschlagsprobe f, **Durchschlagsprüfung** f испытание на пробой
durchschlagssicher непробиваемый
Durchschlagsspannung f пробивное напряжение, напряжение пробоя
Durchschlagsstoßspannung f импульсное пробивное напряжение
Durchschlagsstrom m ток пробоя
Durchschlagsversuch m см. **Durchschlagsprobe**
Durchschlagswechselspannung f пробивное напряжение переменного тока
Durchschlagswert m прочность на пробой
Durchschlagszeit f время (развития) пробоя
Durchschleifdose f проходное гнездо
Durchschleiffilter n проходной (шлейфовый) фильтр
Durchschleifsystem n ктв проходная система
Durchschmelzen n проплавление
Durchschmelzzeit f время проплавления
Durchschnitt m 1. среднее (значение) 2. пересечение 3. разрез, сечение
Durchschnittabweichung f среднее отклонение
Durchschnittsbetrachter m тлв средний наблюдатель
Durchschnittsdetektor m детектор средних значений, усредняющий мгновенные отсчёты; индикатор средних значений
Durchschnittsfrequenz f средняя частота
Durchschnittsreichweite f средняя дальность
Durchschnittswert m среднее значение
Durchschwingen n положительный выброс, следующий за фронтом сигнала; выброс
Durchsichtigkeitsgrad m коэффициент прозрачности (светофильтра)
Durchsichtkatode f (полу)прозрачный (фото)катод
Durchsichtskolben m прозрачная колба
Durchsichtsleuchtschirm m (полу)прозрачный [просветный] люминесцентный экран
Durchsichtsprojektion f рирпроекция
Durchsichtsschirm m (полу)прозрачный [просветный] экран
Durchsimulation f, **Durchspielen** n моделирование
Durchsteuerung f 1. регулировка 2. модуляция
Durchsteuerzeit f максимальная скорость нарастания выходного напряжения (операционного усилителя)
durchstimmbar перестраиваемый; перекрываемый (о диапазоне частот)
~, **kontinuierlich** с непрерывной перестройкой
Durchstimmbarkeit f способность перекрывать (диапазон частот)

Durchstimmbereich *m* перекрываемый диапазон; диапазон перестройки, пределы настройки
Durchstimmkennlinie *f*, **Durchstimmkurve** *f* характеристика [кривая] настройки
Durchstimmung *f* прохождение диапазона настройки
Durchstrahlung *f* просвечивание
Durchstrahlungselektronenmikroskop *n* просвечивающий электронный микроскоп, ПЭМ
durchströmt обтекаемый током; пропускающий (через себя) ток
Durchsuchen *n* поиск
Durchtesten *n* тестирование
Durchtrittsphase *f* пролётная фаза
Durchtrittsstrom *m* ток диффузии
Durchtrittswinkel *m* пролётный угол
Durchtunnelung *f* 1. туннельное прохождение, туннелирование 2. туннельный переход, туннельный эффект
~, **diagonale** диагональное туннелирование
~, **direkte** прямой туннельный переход
~ **der Elektronen** туннелирование электронов
Durchtunnelungshäufigkeit *f* частота туннелирования
Durchtunnelungsmechanismus *m* механизм туннелирования
Durchtunnelungsstrom *m* туннельный ток
Durchtunnelungswahrscheinlichkeit *f* вероятность туннелирования
Durchverbindung *f* межслойное соединение (*напр. в печатных платах*)
Durchwachsungszwilling *m* крист. двойник прорастания
Durchwahl *f* тлф сквозной набор, искание через транзитную станцию
Durchwahlbetrieb *m* тлф работа в режиме сквозного набора
Durchwahlsatz *m* тлф комплект (приборов) сквозного набора
Durchwandern *n* диффундирование (*примесей*); прохождение (*носителей*)
durchwobbeln провобулировать
Durchwobbelung *f* (полная) вобуляция, качание частоты (*в пределах всего диапазона*)
Durchzeichnung *f* тлв проработка [прорисовка] мелких деталей
Durchzeichnungsvermögen *n* способность (*телевизионной системы*) воспроизводить мелкие детали
Durchziehen *n* протягивание (*напр. МЛ*)
Durchziehwicklung *f* обмотка впротяжку
Durchzündung *f* неконтролируемое прямое зажигание (*газонаполненной лампы*)
Duroplast *m* термореактивная пластмасса, реактопласт
Duroplast-Liliputkondensator *m* микроконденсатор с термореактивной пластмассой
Dushman-Formel *f* формула Дашмана (*для тока насыщения электронных ламп*)
DV-Anlage *f* устройство обработки данных
DVA-off-line *f* автономное устройство обработки данных
D-Verstärker *m* усилитель класса D
DV-Verhalten *n* упругодеформируемый переход, пьезопереход

Dx-Band *n* коротковолновый диапазон для сверхдальней любительской радиосвязи
Dynamik *f* 1. динамика 2. динамические характеристики 3. динамический диапазон
~, **eingeengte** сжатый динамический диапазон
~ **der Versetzungen** динамика дислокаций
Dynamikbegrenzer *m* ограничитель динамического диапазона
Dynamikbereich *m* динамический диапазон
Dynamikdehner *m* расширитель динамического диапазона
Dynamikdrängung *f* см. **Dynamikkompression**
Dynamikeinebnung *f* выравнивание динамического диапазона
Dynamikentzerrung *f* коррекция динамических искажений
Dynamikerhöhung *f* см. **Dynamiksteigerung**
dynamikgeregelt с регулированием динамического диапазона
Dynamikkompression *f* сжатие динамического диапазона
Dynamikkompressor *m*, **Dynamikpresser** *m* компрессор динамического диапазона
Dynamikregelung *f* регулирование динамического диапазона
Dynamikspeicherfähigkeit *f* возможность (регулирования) динамического диапазона записи
Dynamiksteigerung *f* расширение динамического диапазона
Dynamikumfang *m* динамический диапазон
Dynamikverhältnis *n* динамическое (со)отношение (*уровней воспроизводимого диапазона звуковых частот*)
Dynamikverringerung *f* сужение динамического диапазона
Dynamikverzerrung *f* искажение динамического диапазона (*комплексом элементов восприятия, записи и воспроизведения звука*)
Dynamikwert *m* величина динамического диапазона
Dynamometermeßgerät *n* электродинамический измерительный прибор
Dynamometersystem *n* электродинамическая система
Dynatron *n* см. **Dynatrongenerator**
Dynatroneffekt *m* динатронный эффект
Dynatrongenerator *m* динатронный генератор, динатрон
Dynatronkennlinie *f* динатронная характеристика
Dynatronkippschwingungen *f pl* динатронные релаксационные колебания
Dynatronschaltung *f* динатронная схема
Dynatronschwingungen *f pl* динатронные колебания
Dynatronwirkung *f* динатронный эффект
Dynistor *m* динистор, диодный тиристор
Dynode *f* динод (*вторично-эмиссионный электрод*)
Dynodensteg *m* динодные жалюзи; траверса динода
Dynodenstufe *f* динодный каскад
Dynodensystem *n* система динодов
Dyotron *n* диотрон

E

EA, E-A, E/A *см.* **Eingabe-Ausgabe**
Early-Effekt *m пп* эффект Эрли, эффект модуляции базы
Early-Faktor *m* коэффициент Эрли, μ
EB-Betrieb *m* видеожурналистика, ВЖ
EB/EFP-Kamera *f* камера для видеожурналистики и внестудийного видеопроизводства, камера ВЖ/ВВП
EB-Empfänger *m* однополосный приёмник
eben 1. плоский; плоскостной **2.** планарный
Ebene *f* **1.** плоскость; плоская поверхность **2.** плата; (плоская) матрица (*ЗУ*) **3.** уровень
~, **gerichtete** ориентированная плоскость
~, **gespiegelte** плоскость зеркального отображения
~, **hierarchische** уровень иерархии
~, **kristallografische** кристаллографическая плоскость
~, **logische** логический уровень
Ebenheit *f микр.* плоскостность (*напр. пластины*)
Ebenheitsprüfgerät *n* измеритель плоскостности
E-Bereich *m* область Е (*часть ионосферы, расположенная на высотах 90—150 км*)
Ebicon *n тлв* э(й)бикон (*трубка типа супервидикона*)
Ebnung *f* уплощение, сглаживание (*кривой*)
Ebsicon *n* эбсикон, суперкремникон
EBS-Röhre *f фирм.* эпсикон (*передающая трубка типа суперкремникон, Великобритания*)
EB-Technik *f* техника видеожурналистики
ECB-Effekt *m* эффект электроуправляемого двойного лучепреломления
Eccles-Jordan-Multivibrator *m*, **Eccles-Jordan-Schalter** *m* триггер Иклза—Джордана
ECDC-Transistor *m* электрохимический транзистор с диффузионным коллектором
Echo *n* эхо(-сигнал), отражённый сигнал
~, **bizarres** спорадическое эхо (*обусловленно сверхпреломлением*)
~, **extraterrestrisches** внеземное эхо
~, **falsches** *рлк* ложное эхо
~, **indirektes** непрямое эхо; отражение (*радиолокационного сигнала*) от посторонних предметов
~, **künstliches** искусственный отражённый сигнал
~, **mehrfaches** многократное эхо
~, **nahes** ближнее эхо
~, **negatives** отрицательный эхо-сигнал
~, **parasitäres** мешающее [паразитное] эхо
~, **positives** положительный эхо-сигнал
Echoabstand *m* **1.** интервал между основным и эхо-сигналом **2.** интервал между эхо-сигналами
Echoamplitude *f* амплитуда эхо-сигнала
Echoanzeige *f* отметка, выброс (*на экране индикатора*) от отражённого сигнала
Echobild *n тлв* повторное изображение, «повтор»
Echobox *f* эхо-резонатор, эхо-бокс (*контрольный резонатор*)
Echocansellor *m* подавитель эхо-сигналов
Echodämpfung *f* ослабление отражённого сигнала
Echo-Durchstrahlung *f* эхо-прозвучивание (*ультразвуком*)
Echoempfänger *m* радиолокационный приёмник
Echoentfernungsmessung *f* измерение расстояний радиолокационным методом
Echoentstörung *f см.* **Echodämpfung**
Echoentzerrer *m* компенсатор эхо-сигналов
Echofalle *f см.* **Echosperre**
Echofläche *f* отражающая поверхность
Echofolgefrequenz *f* частота повторения эхо-сигналов
Echofrequenz *f* **1.** частота отражённого сигнала **2.** *рлк* частота флуктуаций амплитуды сигнала
Echogramm *n* рефлектограмма
Echograf *m* эхолот-самописец
Echohohlraumresonator *m см.* **Echobox**
Echoimpuls *m* отражённый импульс
Echokompensation *f* компенсация отражённого сигнала
Echolänge *f* длительность эхо-сигнала
Echolaufzeit *f* время распространения эхо-сигнала
Echolot *n* эхолот
Echolot-Profilschreiber *m* акустический профилограф
Echolotung *f* измерение глубины по эхо-сигналу
~ **der Ionosphäre** зондирование ионосферы
Echolotungsempfänger *m* приёмник зондирования методом эхо-сигнала
Echomat *m* электронный отметчик эхо-сигналов
Echomesser *m* измеритель эха, эхоме(т)р
Echomeßsignal *n* сигнал для измерения эха
Echoprüfung *f* эхо-контроль
Echoquerschnitt *m* (*рлк* (эффективная) отражающая поверхность
Echoraum *m* **1.** (акустическая) эхо-камера **2.** *см.* **Echobox**
Echoschreiber *m см.* **Echograf**
Echosignal *n см.* **Echo**
Ehosperre *f* эхо-заградитель, подавитель эхо-сигналов
Echostrom *m* отражённый ток
Echotechnik *f* (ультра)звуколокационная техника, сонарная техника
Echotiefe *f* глубина, измеренная эхолотом
Echounterdrücker *m см.* **Echosperre**
Echoverarbeitungszeit *f нвг* время обработки эхо-сигналов
Echovergleichsverfahren *n* метод сравнения по эхо-сигналам
Echoverlust *m* затухание (из-за) несогласованности (*напр. нагрузки и фидера*)
Echowelle *f* эхо-волна, отражённая волна
Echowirkung *f* эхо-эффект
Echozeitunterscheidung *f* временна́я селекция эхо-сигналов
Echtzeit *f* реальное время; реальный масштаб времени
Echtzeitabbildung *f* формирование изображений в реальном (масштабе) времени
Echtzeitbetrieb *m* режим реального времени; работа в реальном (масштабе) времени

Echtzeitdatenverarbeitung f обработка данных в реальном (масштабе) времени
Echtzeitdetektion f обнаружение в реальном времени
Echtzeitemulation f эмуляция в реальном (масштабе) времени
Echtzeithologramm n голограмма в реальном (масштабе) времени
Echtzeitoperation f работа в реальном (масштабе) времени
Echtzeitrechner m ВМ, работающая в реальном (масштабе) времени
Echtzeitsimulator m моделирующее устройство, работающее в реальном (масштабе) времени
Echtzeitspeicher m ЗУ, работающее в реальном (масштабе) времени
Echtzeitsystem n система, работающая в реальном (масштабе) времени
Echtzeittakt m, **Echtzeituhr** f часы реального времени
Echtzeitverarbeitung f обработка (данных) в реальном (масштабе) времени
Echtzeitverfahren n работа [обработка] в реальном (масштабе) времени
EC-Kamera f (телевизионная) камера для электронной кинематографии
Ecke f 1. угол 2. уголок, угловой изгиб (волновода) 3. мат. вершина
Eckenabdunkelung f затемнение (изображения) по углам
Eckenabschneidung f тлв срезание углов (изображения)
Eckenaufhängung f крепление (кинескопа) на выступах
Eckenbeschneidung f тлв срезание углов (изображения)
Eckenfeldstärke f напряжённость поля в крайней точке петли гистерезиса
Eckenschärfe f чёткость (изображения) в углах
Eckentrick m тлв вытеснение угловой шторкой, угловая шторка
Eckenverzerrungen f pl тлв искажения в углах (растра)
Eckfrequenz f 1. угловая частота 2. граничная частота
ECL-Schaltung f логическая схема с эмиттерными связями, ЭСЛ-схема
ECL-Technik f техника (применения) логических схем с эмиттерными связями, техника ЭСЛ-схем
Eco-Oszillator m генератор с электронной связью
ECS-System n Европейская система спутниковой связи
ED-Beta f, **ED-Beta-Format** n стандарт В повышенной чёткости
Edelgasgleichrichter m газотронный выпрямитель
Edelgasgleichrichterröhre f газотрон
Edelgasionenlaser m (ионный) лазер на инертном газе
Edelgaszelle f газонаполненный фотоэлемент
«**edge busyness**» англ. неустойчивость границ (ошибка при ДИКМ)

Edison-Effekt m термоэлектронная эмиссия
edit англ. монтаж, монтажная операция
Editier-Mischpult n пульт видеомонтажа
Editier-Tastatur f клавиатура для редактирования
editing анг. монтаж (программы, сигналограммы)
~, **back space** монтаж в режиме автопродолжения
Editing-Programm n программа монтажа
Editing-System n система монтажа
Editor m, **Edit-Programm** n программа редактирования, редактор
EDV-Anlage f аппаратура [установка] электронной обработки данных
EDV-Format n формат для электронной обработки данных
Effekt m 1. эффект 2. результат 3. киб. воздействие
~, **akustoelektrischer** акустоэлектрический эффект
~, **akustooptischer** акустооптический эффект
~, **äußerer lichtelektrischer** внешний фотоэффект
~, **der Elektronenaufheizung** эффект разогрева электронов
~, **elektrooptischer** электрооптический эффект
~, **elektrostriktiver** электрострикция
~, **fotodielektrischer** фотодиэлектрический эффект
~, **fotoelektrischer** внешний фотоэффект, фотоэлектронная эмиссия
~, **fotoelektromagnetischer** фотоэлектромагнитный эффект
~, **fotomagnetoelektrischer** фотомагнитоэлектрический эффект
~, **fotoplastischer** фотопластический эффект
~, **fotovoltaischer** фотогальванический эффект
~, **glühelektrischer** термоэлектронная эмиссия
~, **innerer fotoelektrischer [innerer lichtelektrischer]** внутренний фотоэффект
~, **lichtelektrischer** см. Effekt, fotoelektrischer
~, **linearer elektrooptischer** линейный электрооптический эффект, эффект Поккельса
~, **longitudinaler** продольный эффект
~, **magnetoelastischer** магнитострикция
~, **magnetooptischer** магнитооптический эффект
~, **magnetostruktiver** магнитострикция
~, **piezoelektrischer** пьезоэлектрический эффект, пьезоэффект
~, **ponderomotorischer** пондеромоторный эффект
~, **quadratischer elektrooptischer** эффект Керра
~, **räumlicher** стереофонический эффект
~, **Richardsonscher** термоэлектронная эмиссия
~, **tensoelektrischer** тензорезистивный [пьезорезистивный] эффект
~, **thermoelektrischer** термоэлектрический эффект, эффект Зеебека
~, **thermofotoelektrischer** термофотоэлектрический эффект
~, **thermoionischer** термионный эффект
~, **thermomagnetischer** термомагнитный эффект, эффект Риги — Ледюка
~, **transversaler** поперечный эффект
Effektfilter n фильтр, изменяющий частотную характеристику звукопередачи

Effektgenerator *m* *тлв* генератор спецэффектов
Effektivfläche *f* эффективная площадь (*приёмной антенны*)
Effektivhöhe *f* действующая высота (*антенны*)
Effektivitätszahl *f* коэффициент добротности
Effektivspannung *f* действующее значение напряжения
Effektivvoltmesser *m* вольтметр для измерения действующих значений
Effektivwert *m* действующее [эффективное] значение
Effektivwertgleichrichter *m* квадратичный детектор
Effektivwertmesser *m* измеритель действующего значения
Effektkanal *m* канал звуковых эффектов (*в стереофонической записи*)
Effektmischer *m* (видео)микшер спецэффектов
Effektmusik *f* музыкальные эффекты, создаваемые электронными методами из ранее записанного звука
Effektor *m* 1. устройство вывода 2. *киб.* эффектор
Effektschaltung *f* схема (создания) музыкальных эффектов
Effekttonspur *f* дорожка звуковых эффектов
E-Fläche *f* плоскость (*колебаний*) электрического вектора
E-Form *f* Ш-образная конструкция (*сердечника*)
EFP-Betrieb *m* *тлв* внестудийное видеопроизводство, ВВП
EFP-Gerät *n* видеомагнитофон для внестудийного видеопроизводства
EFP-Kamera *f* камера для внестудийного видеопроизводства, камера ВВП
EFP-System *n* система внестудийного видеопроизводства
e-Funktion *f* экспоненциальная функция
Egalisierungsimpuls *m* уравнивающий импульс
EGS-Leiterplatte *f* европлата
E-H-Tuner *m* двухштыревое согласующее устройство (*на двойном волноводном тройнике*)
E-H-Verzweigung *f* двойное Т-образное звено
Eichblatt *n* градуировочная таблица
Eichblende *f* калиброванная диафрагма
Eichcharakteristik *f* градуировочная характеристика
Eichdaten *pl* градуировочные данные
Eichelröhre *f* лампа-жёлудь
eichen 1. калибровать; градуировать 2. эталонировать
Eichfaktor *m* градуировочный множитель
Eichfehlergrenzen *f pl* *изм.* допуски (*отклонений*) калибровки
Eichfrequenz *f* 1. эталонная частота 2. частота градуировки
Eichgeber *m*, **Eichgenerator** *m* 1. калибровочный [градуировочный] генератор 2. эталонный генератор
Eichgerät *n* 1. калибратор, градуировочный прибор 2. эталонный прибор
Eichimpulsgenerator *m* генератор калибровочных импульсов

Eichkonstante *f* градуировочная постоянная
Eichkörper *m* эталонный образец
Eichkreis *m* 1. цепь калибровки 2. эталонный контур
~, **europäischer** основная [европейская] эталонная система телефонной связи
Eichkurve *f* калибровочная кривая
Eichleitung *f* *изм.* калибровочная линия
Eichmarke *f* калибрационная (от)метка
Eichmikrofon *n* эталонный микрофон
Eichpunkt *m* 1. градуировочная точка 2. нуль градуировки
Eichregler *m* регулятор калибровки
Eichröhre *f* эталонная лампа
Eichschaltung *f* схема градуировки
Eichsender *m* *см.* Eichgeber
Eichsignal *n* 1. калибровочный сигнал 2. эталонный сигнал
Eichskale *f* калибровочная шкала
Eichstrahler *m* эталонный излучатель
Eichstrich *m* *см.* Eichmarke
Eichstrom *m* калибровочный [градуировочный] ток
Eichtabelle *f*, **Eichtafel** *f* 1. калибровочная таблица 2. таблица поправок
Eichtaste *f* кнопка (*контроля*) калибровки
Eichteiler *m* калиброванный делитель
Eichteilung *f* градуировочное деление
Eichton *m* 1. эталонный тон 2. чистый тон
Eichung *f* 1. калибровка; градуировка 2. эталонирование
Eichwellenform *f* 1. форма калибровочного сигнала 2. форма эталонного сигнала
Eichwert *m* 1. калибровочная величина 2. эталонная величина
~ **eines Skalenteils** цена деления шкалы
Eichwertgeber *m* датчик калибровочных величин
Eichwertkurven R. G. B *f pl* кривые сложения цветов
Eichwiderstand *m* 1. калибровочное сопротивление 2. эталонное сопротивление
Eidophor(projektor) *m* телевизионный проектор «Эйдофор»
Eigen... *см. тж* Selbst...
Eigenabschirmung *f* самоэкранирование
Eigenbandbreite *f* ширина собственной полосы пропускания (*кварца*)
Eigenbau... самодельный
Eigenbelastung *f* собственная нагрузка
Eigendämpfung *f* собственное затухание
Eigendefektniveau *n* уровень собственных дефектов
Eigendrehimpuls *m* спин, спиновый момент количества движения
Eigenempfindlichkeit *f* собственная (свето)чувствительность
Eigenfehlordnung *f* распределение собственных дислокаций
Eigenfilterung *f* самофильтрация
Eigenfotoanregung *f* собственное фотовозбуждение
Eigenfotoemission *f* собственная фотоэмиссия
Eigenfotoleiter *m* материал с собственной фотопроводимостью

Eigenfremdgenerator *m* генератор в системе опознавания «свой — чужой»
Eigenfrequenz *f* собственная частота, частота собственных колебаний
~, **ungedämpfte** собственная частота незатухающих колебаний
Eigengeräusch *n* собственный шум
Eigenhalbleiter *m* собственный полупроводник
Eigenhalbleitfähigkeit *f*, **Eigenhalbleitung** *f* собственная электропроводность (*полупроводника*)
Eigenkapazität *f* собственная ёмкость
Eigenklirrfaktor *m* коэффициент собственных нелинейных искажений (*напр. измерительного прибора*)
eigenkompensiert автокомпенсированный
eigenleitend с собственной электропроводностью
Eigenleiterschichttransistor *m* плоскостной транзистор с областью собственной электропроводности (*на участке базы*)
Eigenleitfähigkeit *f*, **Eigenleitung** *f* собственная электропроводность
Eigenleitungsdichte *f* собственная концентрация (*носителей*)
Eigenleitungsgebiet *n* область собственной электропроводности
Eigenleitungsschicht *f* слой с собственной электропроводностью
Eigenleitungsträger *m* собственный носитель заряда
Eigenleitungszone *f см.* **Eigenleitungsgebiet**
Eigenlöschung *f* 1. автоматическое стирание (*записи*) 2. автоматическое возвращение в исходное положение (*напр. счётчика*); самовозврат (*реле*)
Eigenortung *f*, **Eigenortungssystem** *n* активная радионавигационная система
Eigenpeilgerät *n* собственный (*бортовой*) пеленгатор
Eigenpeilung *f* активное пеленгование собственной (*бортовой*) аппаратурой
~, **gerichtete** наведение по маяку собственным пеленгатором
Eigenperiode *f* период собственных колебаний
Eigenprüfprogramm *n* программа самоконтроля
Eigenprüfung *f* самоконтроль, самопроверка
Eigenrauschen *n* собственные шумы
Eigenrauschspannung *f* напряжение собственных шумов
Eigenresonanz *f* собственный резонанс
Eigenresonanzstelle *f* положение собственного резонанса (*на частотной характеристике*)
Eigenschaften *f pl*, **strukturunempfindliche** *крист.* свойства, не зависящие от структуры
Eigenschleife *f вчт* 1. местный цикл 2. вложенный цикл
Eigenschwingfrequenz *f* частота собственных колебаний
Eigenschwingungen *f pl* собственные колебания; автоколебания
Eigenschwingungsdauer *f* период собственных колебаний
eigenschwingungsfrei апериодический

Eigensicherheit *f* самозащищённость; отказоустойчивость
Eigenspeisung *f* автономное питание
Eigensperrung *f* самоблокировка
Eigenspin *m* собственный спин
Eigenstörpegel *m* уровень собственных помех
Eigenstörungen *f pl* собственные помехи
Eigenstoßionisation *f* собственная ударная ионизация
Eigenstrahlung *f* собственное излучение
Eigenstruktur *f крист.* собственная структура
Eigensymmetrie *f крист.* собственная [внутренняя] симметрия
Eigentemperaturzone *f* область температур собственной электропроводности (*полупроводника*)
Eigentestverfahren *n* метод самоконтроля [самопроверки]
Eigentonsender *m* автономный передатчик сигналов звукового сопровождения
Eigentonträgerabsenkung *f* отношение спадов (*характеристики пропускания телевизора*) несущих звука и изображения; режекция (несущей) звукового сопровождения
Eigentonträgersperre *f* режекторный фильтр (несущей) звукового сопровождения
Eigentonunterdrückung *f* подавление сигналов звукового сопровождения
Eigentriggerung *f* само(за)пуск
Eigenüberwachung *f* самоконтроль
Eigenverbrauch *m* (собственная) потребляемая мощность
Eigenvergrößerung *f* собственное увеличение
Eigenverluste *m pl* собственные [внутренние] потери
Eigenverständigungsanlage *f* (самолётная) установка оперативной [командной] связи
Eigenverzerrungen *f pl* собственные искажения
Eigenverzögerung *f* собственная задержка
Eigenwelle *f* собственная [резонансная] волна (*антенны*)
Eigenwellenlänge *f* собственная длина волны
Eigenwiderstand *m* внутреннее сопротивление
Eigenzeit *f* собственное время
Eigenzeitkonstante *f* собственная постоянная времени
Eilzeit *f* продолжительность срабатывания быстродействующего реле
Eimerkette *f* «пожарная цепочка» (*вид сдвигового регистра на ПЗС*)
Eimerkettenbauelement *n* прибор типа «пожарная цепочка»
Eimerkettenschaltung *f* схема (типа) «пожарная цепочка»
Eimerkettenspeicher *m* ЗУ *или* память на приборах типа «пожарная цепочка»
«**ein**» «включено»
Einadreß(en)... одноадресный
Einanoden... одноанодный
Ein-Anzeige *f* индикация положения «включено»
Einarbeiten *n* **in den Synchronismus** вхождение [втягивание] в синхронизм
Ein-Aus-Regelung *f* регулирование по принципу «включено — выключено», двухпозиционное регулирование

Ein-Aus-Verhältnis *n* 1. отношение времени работы к времени простоя 2. отношение уровней (*напр. тока*) в состояниях «включено — выключено»
Einbandübertragung *f* однополосная передача
Einbau *m* 1. встраивание; сборка; монтаж; установка 2. введение (*примесей*)
~, **versenkter** утопленный монтаж
~ **von Akzeptoren** введение акцепторной примеси
~ **von Donatoren** введение донорной примеси
~ **von Fremdatomen** введение примесных атомов
~ **von Störstellen** введение примесных центров
Einbauantenne *f* встроенная антенна
Einbauart *f* характер встраивания (*напр. иона в решётку кристалла*)
Einbauausfall *m* отказ (*схемного элемента*), вызванный нарушениями допустимых норм при монтаже
Einbaubeanspruchung *f* нагрузки, возникшие при монтаже
Einbauchassis *n* встроенное шасси
Einbaudichte *f* плотность монтажа; плотность упаковки
Einbaueinfluß *m* влияние места установки на показания прибора
einbauen 1. встраивать, устанавливать; собирать, монтировать 2. вводить (*примеси*)
Einbaufehler *m* ошибка сборки, дефект монтажа
Einbaugehäuse *n* встроенный блок
Einbauhöhe *f* монтажная высота (*элементов*)
Einbauinstrument *n* встроенный (измерительный) прибор
Einbaukoeffizient *m* коэффициент распределения (*примесей, дислокаций*)
Einbaulage *f* 1. установочное положение 2. положение при монтаже
Einbaulänge *f* монтажная длина
Einbaumaß *n* установочный размер
Einbauplatte *f* встроенная (приборная) панель
Einbausatz *m* встроенный блок
Einbautafel *f* встроенная панель
Einbauteil *n* 1. блок; узел; сборка 2. корпус (*ИС*)
«Ein»-Befehl *m* команда включения
Einbeinstativ *n* штатив на одной ножке; штатив-трость
Einbereichsinstrument *n* однодиапазонный (измерительный) прибор
Einbereichsteilchen *n* однодоменная частица
Einbettmasse *f* заливочная масса, заливочный компаунд
Einbettung *f* 1. укладка (*напр. кабеля*) 2. заделка, заливка
Einbiegungspunkt *m* точка перегиба
Ein-Bit-Zustandsspeicher *m* двоичная запоминающая ячейка
Einblendenautomatik *f* автоматическое введение диафрагмы
Einblendmethode *f* введение дополнительной информации (*на экран радиолокатора, дисплея*)
Einblendung *f* 1. постепенное включение 2. введение (*изображения*) 3. микширование
~, **weiche** плавное введение (*изображения*)

Einblickfenster *n* 1. смотровое окно (*напр. вакуумной установки*) 2. окно дальномера
Einblickmikroskop *n* смотровой микроскоп, микроскоп визуального контроля
Einblicköffnung *f* см. **Einblickfenster**
Einblicktaste *f* вчт клавиша визуального контроля
Einblicktubus *m* смотровой тубус
Einbrennen *n* 1. вжигание (*напр. серебра в керамику*) 2. выжигание (*экрана, мишени*)
Einbrennofen *m* печь вжигания
Einbrennpaste *f* пиропаста
Einbrenntemperatur *f* температура вжигания
Einbruch *m* 1. помеха 2. провал (*кривой*)
Einbruchstelle *f* точка провала (*кривой*)
Einbuchtung *f* 1. выемка, углубление (*напр. в галете полупроводника*) 2. впадина, вогнутость 3. провал (*кривой*)
Einchipempfänger *m* однокристальный (радио)приёмник
Einchipmikroprozessor *m* однокристальный микропроцессор
Einchipmikrorechner *m* однокристальная микроЭВМ
Einchiptechnik *f* техника однокристальных БИС
Eindekadenzähler *m* однодекадный счётчик
Eindeutigkeit *f* 1. однозначность 2. единственность
Eindiffundieren *n*, **Eindiffusion** *f* прямая диффузия, диффузия внутрь объёма
E-Indikator *m* индикатор Е-типа (*индикатор дальности и угла места с прямоугольной растровой развёрткой*)
Eindoppelzackenschrift *f* 1. двухсторонняя поперечная запись 2. двухсторонняя поперечная фонограмма
Eindrahtantenne *f* однопроводная антенна
Eindrahtleitung *f* однопроводная линия
Eindrahtsteuerverfahren *n* (теле)управление по однопроводной линии
Eindrahtstreifen *m* однопроволочный тензометрический датчик
Eindringeffekt *m* эффект внедрения
Eindringen *n* проникновение; внедрение (*напр. атомов примеси*)
~ **von Fremdkörpern** внедрение посторонних частичек (*напр. в слой напыляемого материала*)
Eindringtiefe *f* 1. глубина проникновения или внедрения 2. глубина пропитки
Eindringvermögen *n* проникающая способность
Eindruck *m* 1. восприятие 2. впечатление
~, **akustischer** слуховое восприятие
~, **farbiger** восприятие цвета
~, **räumlicher** 1. пространственное восприятие (*звука*); стереофонический эффект 2. впечатление объёмности (*изображения*)
«Ein-Drücker» *m* пусковая кнопка
Eindrückmontage *f* компрессионное соединение, монтаж компрессионным методом
Einebenenantenne *f* плоская антенная решётка
Einebenenbild *n* плоское изображение
Einebenenleiterplatte *f* односторонняя печатная плата
Einebenenschaltung *f* односторонняя печатная схема

Einebnung f 1. *микр.* обеспечение плоскостности, выравнивание поверхности 2. сглаживание (*напр. характеристики*)
Einelementenfotoempfänger m одноэлементный фотоприёмник
Einenger m сжиматель (звуковой) картины (*в стереофонии*)
Einengung f сжатие
Einer m pl единицы; разряд единиц
Einerausgabe f 1. выход «1» 2. выходной сигнал единицы
Einergang m покадровая съёмка (*напр. в фотоштампе*)
Einerkomplement n (поразрядное) дополнение до единицы; обратный код (*числа в двоичной системе*)
Einersignal n сигнал единицы, сигнал «1»
Einerstelle f разряд единиц
Einerwellen f pl метровые волны
Einerziffer f 1. цифра единиц 2. одноразрядное число
Einetagenwicklung f однорядная обмотка
Einfachantenne f простая антенна
einfach-ausgenutzt *тлф* неуплотнённый
Einfachbetrieb m симплексный режим
Einfachdiffusion f однократная диффузия
Einfacherdschluß m 1. частичное заземление (*подключение к корпусу*) 2. простое заземление
Einfächerung f объединение по входу
Einfachfehler m 1. простая неисправность 2. простая ошибка
Einfachferrit m однокомпонентный феррит
Einfachhalbleiter m простой полупроводник
Einfachhopping m элементарный акт прыжковой проводимости
Einfachimpuls m одиночный импульс
Einfachionisation f первичная ионизация
Einfachkoaxialbuchse f одноконтактное коаксиальное гнездо
Einfachkontakt m контакт с одним разрывом
Einfachleerstelle f одиночная вакансия
Einfachleitung f однопроводная линия
Einfachmodulation f однократная [простая] модуляция
Einfachnumerik f упрощённое числовое управление
Einfachquelle f элементарный источник
Einfachrechnersystem n одномашинная вычислительная система
Einfachrepeater m однопозиционный (фото)повторитель
Einfachschaltung f простая коммутация
Einfachschicht f одинарный слой
Einfachschichtresist n однослойный резист
Einfachschreiber m однодорожечный [одноканальный] самопишущий прибор
Einfachspaltfotowiderstand m фоторезистор с одной щелью
Einfachsprechverbindung f симплексная телефонная связь
Einfachstreuung f однократное рассеяние
Einfachstrombetrieb m работа током одного направления

Einfachstromtastung f однополюсная телеграфная передача
Einfachsuper m супергетеродинный приёмник с однократным преобразованием частоты
Einfachtelegrafie f симплексная телеграфия
Einfachtrap m однозарядная ловушка
Einfachüberlagerung f однократное преобразование частоты
Einfachumschaltung f однократное [одноразовое] переключение
Einfachverkehr m симплексная связь
Einfachzackenschrift f 1. односторонняя поперечная запись 2. односторонняя поперечная фонограмма
Einfach-Zeilensprungverfahren n простая чересстрочная развёртка
Einfachzellenschalter m одинарный элементный коммутатор
einfädeln 1. продевать (*провод*) 2. заправлять (*ленту*)
Einfadenaufhängung f *изм.* унифилярный [однонитевой] подвес
Einfahren n подготовка к работе, отладка
Einfall m 1. падение (*напр. луча*) 2. вход (*напр. потока*)
Einfallsebene f плоскость падения
Einfallsenergie f энергия подлетающей частицы
Einfallsfeld n облучаемая зона
Einfallsstrahl m падающий луч
Einfallswelle f падающая волна
Einfallswinkel m угол падения
Einfang m 1. захват 2. поглощение 3. синхронизация 4. улавливание
~, **angeregter** активный захват
~ **eines Defektelektrons** захват дырки
~ **durch Störstellenzentren** захват примесными центрами
Einfangausbeute f 1. эффективность захвата 2. эффективность поглощения
Einfangbereich m область захвата
Einfangfaktor m коэффициент захвата
Einfangfrequenz f частота захвата
Einfanggeschwindigkeit f скорость захвата
Einfangkoeffizient m коэффициент захвата
Einfangquerschnitt m сечение захвата
Einfangrate f скорость интенсивности захвата
Einfangresonanz f резонансное поглощение
Einfangswahrscheinlichkeit f вероятность захвата
Einfangweglänge f средний пробег [средняя длина] захвата
Einfangzeit f время захвата
Einfangzentrum n центр захвата
Einfärben n электронная окраска (*напр. чёрно-белых титров*)
Einfarbenbild n одноцветное изображение
Einfarbenbildröhre f одноцветная трубка
Einfarbenraster m одноцветный растр
Einfarbenschreiber m самопишущий прибор с одноцветной записью
Einfarbenteilbild n поле одного цвета
Einfarbenübertragung f передача одноцветного изображения
einfarbig одноцветный, монохроматический
Einflankensteuerung f срабатывание от фронтов *или* срезов (тактовых) импульсов

Einflugleitstrahl *m* посадочный луч
Einflugzeichen *n* посадочный маркерный сигнал
Einflugzeichenbake *f* посадочный маркерный маяк
Einflugzeichenempfänger *m* (бортовой) приёмник посадочного маркерного сигнала
Einflugzeichensender *m см.* **Einflugzeichenbake**
Einfluß *m* **1.** воздействие; влияние **2.** втекание (*в пневматических схемах*)
~, **verstimmender** воздействие, нарушающее настройку
~, **zufälliger** случайное воздействие
Einflußfaktor *m см.* **Einflußparameter**
Einflußfehler *m* погрешность от влияния внешних факторов
Einflußgebiet *n* диапазон [область] воздействий; область влияния
Einflußparameter *m* воздействующий [влияющий] параметр, параметр воздействия
Einfrequenzfernwahl *f* тлф дистанционный поиск синусоидальным сигналом
Einfrequenzkristall *m* одночастотный кварц
Einfrequenzlaser *m* одночастотный лазер
Einfrequenzverkehr *m* одночастотная (радио)связь
Einfrieren *n* вымораживание; замораживание
~ **von Einfachleerstellen** вымораживание одиночных вакансий
~ **von Ladungsträger** вымораживание носителей зарядов
Einfrontverbundschwinger *m* четвертьволновый составной вибратор
Einfügung *f* **1.** введение **2.** вставка
Einfügungsbefehl *m* команда ввода
Einfügungsdämpfung *f* вносимое затухание
Einfügungsgewinn *m* вносимое усиление
Einführung *f* **1.** введение (*примеси*) **2.** провод ввода, ввод
Einführungsisolator *m* проходной изолятор
Einführungskabel *n* кабель ввода
Einführungsöffnung *f* **1.** отверстие ввода (*напр. антенного кабеля*) **2.** впускное отверстие (*в струйной технике*)
Einfunktionschip *n* специализированная ИС
Eingabe *f* **1.** ввод (*данных*); вход (*напр. сигнала*) **2.** устройство ввода; входное устройство **3.** подача (*напр. сигнала*)
~, **akustische** речевой ввод, ввод (*данных*) голосом
~, **direkte** непосредственный [прямой] ввод
~, **kombinierte** комбинированный ввод
~, **parallele** параллельный ввод
~, **serielle** последовательный ввод
~, **überlappte** совмещённый (по времени) ввод
~ **über Tastatur 1.** ввод с клавиатуры **2.** данные, вводимые с клавиатуры
Eingabealphabet *n* входной алфавит
Eingabeanweisung *f* вчт команда ввода
Eingabearm *m* рычаг подачи (*напр. подложки*)
Eingabe-Ausgabe *f* **1.** ввод — вывод (*данных*) **2.** устройство ввода — вывода (*данных*)
Eingabe-Ausgabe-Adresse *f* адрес ввода — вывода
Eingabe-Ausgabe-Analyse *f* исследование [анализ] взаимосвязей между входными и выходными данными

Eingabe-Ausgabe-Baustein *m* модуль ввода — вывода
Eingabe-Ausgabe-Befehl *m* команда ввода — вывода
Eingabe-Ausgabe-Block *m* блок ввода — вывода
Eingabe-Ausgabe-Datenkanal *m* канал ввода — вывода данных; порт ввода — вывода данных
Eingabe-Ausgabe-Einrichtung *f*, **Eingabe-Ausgabe-Gerät** *n* устройство ввода — вывода
Eingabe-Ausgabe-Interface *n* интерфейс ввода — вывода
Eingabe-Ausgabe-Kanal *m* канал ввода — вывода
Eingabe-Ausgabe-Leitung *f* линия ввода — вывода
Eingabe-Ausgabe-Magnetband *n* МЛ входных и выходных данных
Eingabe-Ausgabe-Multiplexer *m* мультиплексор ввода — вывода
Eingabe-Ausgabe-Peripherie *f* периферийные [внешние] устройства ввода — вывода
Eingabe-Ausgabe-Port *m* порт ввода — вывода
Eingabe-Ausgabe-Programm *n* программа ввода — вывода
Eingabe-Ausgabe-Prozessor *m* процессор ввода — вывода, ПВВ
Eingabe-Ausgabe-Pufferspeicher *m* буферное ЗУ (для) ввода — вывода
Eingabe-Ausgabe-Register *n* регистр ввода — вывода
Eingabe-Ausgabe-Routine *f* (под)программа ввода — вывода
Eingabe-Ausgabe-Schaltkreis *m* устройство ввода — вывода
Eingabe-Ausgabe-Schnittstelle *f* интерфейс ввода — вывода
Eingabe-Ausgabe-Steuerung *f* управление вводом — выводом
Eingabe-Ausgabe-Tor *n* порт ввода — вывода
Eingabe-Ausgabe-Unterbrechung *f* прерывание по вводу — выводу
Eingabe-Ausgabe-Verteiler *m* распределитель устройств ввода — вывода
Engabeband *n* входная лента, лента входных данных
Engabebaugruppe *f* модуль ввода
Engabebefehl *m* команда ввода
Engabebereich *m* зона ЗУ для записи входных данных
Engabeblock *m* блок ввода
Engabebus *m* входная шина
Engabedatei *f* входной файл; входной массив данных
Engabedatenkanal *m* канал ввода данных
Engabedatenträger *m* носитель входных данных
Engabedatenübersetzer *m*, **Eingabedatenumkodiergerät** *n* преобразователь входных данных
Engabeeingang *m* вход (*устройства*) ввода
Engabeeinrichtung *f* устройство ввода
Eingabefolge *f* входная последовательность
Eingabeformat *n* формат ввода, входной формат
Eingabegenauigkeit *f* точность установки входных данных
Eingabegerät *n* устройство ввода
Eingabeglied *n* звено ввода
Eingabeinformation *f* входная информация

Eingabekanal *m* канал ввода
Eingabekarte *f* (перфо)карта с входными данными
Eingabekode *m* код ввода
Eingabekontrolle *f* контроль ввода
Eingabeleistung *f* объём входной информации
Eingabeleitung *f* линия ввода; вводная шина
Eingabeleser *m* устройство считывания входных данных
Eingabematrix *f* матрица ввода
Eingabemedium *n* носитель входных данных
Eingabemodus *m* режим ввода
Eingabeneuron *n* нейрон-датчик (*органа чувств*), входной нейрон
Eingabeoperation *f* операция ввода
Eingabeperipherie *f* внешние устройства ввода (*данных*)
Eingabephase *f* этап ввода
Eingabeport *m* порт ввода; ввод (*устройства, системы*)
Eingabeprogramm *n* программа ввода
Eingabepufferspeicher *m* входное буферное ЗУ; входная буферная память
Eingaberate *f* скорость ввода
Eingaberegister *n* регистр ввода
Eingabesatz *m* 1. входная запись 2. вводимая запись
Eingabeschaltfeld *n* наборное коммутационное поле (*ввода программы*)
Eingabeschaltung *f* схема ввода
Eingabeschnittstelle *f* интерфейс ввода; входной стык
eingabeseitig со стороны ввода
Eingabesignal *n* входной сигнал
Eingabespeicher *m* входное (буферное) ЗУ; входная (буферная) память
Eingabespeicherbereich *m* область ЗУ *или* памяти для ввода
Eingabestation *f* устройство ввода
Eingabe-Steuereinheit *f* блок управления вводом
Eingabesteuerung *f* управление вводом
Eingabestrom *m* 1. входной ток 2. подаваемый ток
Eingabetastatur *f* клавиатура ввода
Eingabeteil *m* блок ввода
Eingabeterminal *n* терминал ввода
Eingabeübersetzer *m см.* **Eingabedatenübersetzer**
Eingabewarteschlange *f* очерёдность ввода
Eingang *m* 1. вход 2. ввод (*данных*) 3. входное устройство 4. входной сигнал 5. входные данные
~, **differenzierender** дифференциальный вход
~, **einseitiger [einseitig geerdeter]** несимметричный вход
~, **erdfreier** симметричный вход
~, **für positive und negative Signale** биполярный вход
~, **gleichlaufender** параллельный *или* синхронный вход
~, **invertierender** инвертирующий вход
~, **nichtinvertierender** неинвертирующий вход
~, **normalisierter** 1. вход, рассчитанный на нормированный сигнал 2. нормированный входной сигнал
Eingang-Ausgang *m* вход—выход

Eingangsabschwächer *m* входной аттенюатор
Eingangsadmittanz *f* входная полная проводимость
Eingangsadresse *f* адрес (точки) входа
Eingangsalphabet *n* входной алфавит
Eingangsamplitude *f* амплитуда входного сигнала
Eingangsanpassung *f* согласование входа
Eingangsanschluß *m* 1. подключение [подсоединение] входа [по входу] 2. терминал ввода
Eingangsauffächerung *f см.* **Eingangslastfaktor**
Eingangs-Ausgangs-Charakteristik *f* характеристика «вход—выход»
Eingangsband *n* лента входных данных
Eingangsbandbreite *f* полоса пропускания входной цепи
Eingangsbelegung *f* нагрузочная способность по входу; коэффициент объединения по входу
Eingangsbuchse *f* входное гнездо
Eingangsdämpfung *f* ослабление сигнала на входе
Eingangsdämpfungsglied *n* входной аттенюатор
Eingangsdaten *pl* входные данные
Eingangsdigitalsignal *n* входной цифровой сигнал; канальный цифровой сигнал (*в системах объединения цифровых сигналов*)
Eingangsdokument *n* вклад (*какой-либо организации в материалы МККР*)
Eingangselement *n* входной элемент
Eingangsempfangsspannung *f* напряжение сигнала на входе приёмника
Eingangsempfindlichkeit *f* входная чувствительность
Eingangsfächerung *f см.* **Eingangslastfaktor**
Eingangsfehler *m* ошибка на входе
Eingangsfenster *n* входное окно
Eingangsfrequenz *f* частота колебаний на входе (*схемы*)
Eingangsfunktion *f* входная функция
Eingangsfunktionsformer *m* формирователь входной функции
Eingangsgatter *n* 1. входной логический элемент 2. входной затвор (*ПЗС*)
Eingangsgeräusch *n* шумы на входе
Eingangshohlleiter *m* входной волновод (*ЛБВ*)
Eingangshohlraum *m* входной резонатор (*напр. клистрона*)
Eingangsimpedanz *f* входное полное сопротивление
Eingangskapazität *f* входная ёмкость
Eingangskennlinie *f* входная характеристика
Eingangskennlinienfeld *n* семейство входных характеристик
Eingangsklemme *f* входной зажим
Eingangsklinke *f* входное гнездо
Eingangskompensation *f* компенсация по входу
Eingangskonstante *f* постоянная времени входной цепи
Eingangskopplung *f* связь со входом
Eingangskreis *m* входной контур; входная цепь
Eingangslastfaktor *m* коэффициент объединения по входу (*ИС*)
Eingangsleistung *f* входная мощность
Eingangsleitung *f* 1. входная линия; входная шина 2. входящая линия (*связи*)
Eingangsleitwert *m* входная проводимость

Eingangslinse f входная линза (*объектива*)
Eingangsmesser m измеритель входа
Eingansmodul m модуль ввода
Eingangsmodulation f модуляция на входе, модуляция входного излучения
Eingangsnebenschlußkapazität f ёмкость, шунтирующая вход
Eingangsnetzwerk n входная цепь
Eingangsniveau n см. **Eingangspegel**
Eingangsoffsetspannung f напряжение смещения на входе
Eingangsparameter m входной параметр
Eingangspegel m уровень (*сигнала*) на входе
Eingangspolarität f входная полярность (*сигнала*)
Eingangsprüfung f приёмочное [входное] испытание
Eingangsrauschen n шумы на входе
Eingangsrauschleistung f мощность шумов на входе
Eingangsrauschpegel m уровень шумов на входе
Eingangsrauschverhältnis n отношение сигнал /шум на входе
Eingangsrauschwiderstand m шумовое сопротивление входной цепи
Eingangsreflexionsfaktor m коэффициент отражения на входе (*линии*)
Eingangsreihe f входная очередь (*напр. заданий*)
Eingangsresonator m входной резонатор (*клистрона*)
Eingangsschaltung f схема входа
Eingangsscheinleitwert m входная полная проводимость
Eingangsschnittstelle f интерфейс или стык с входными устройствами
Eingangsschwellenspannung f входное пороговое напряжение
Eingangsschwingkreis m входной колебательный контур
Eingangsschwingung f колебание на входе
eingangsseitig со стороны входа
Eingangssignal n входной сигнал, сигнал на входе
Eingangssignale n pl, **gleichlaufende** синхронные входные сигналы
Eingangssignal-Rauschverhältnis n отношение сигнал/шум на входе
Eingangssignalsprung m перепад входного сигнала
Eingangsspalt m 1. входной зазор (*между плечами антенны*) 2. входная щель (*волновода*)
Eingangsspannung f входное напряжение
Eingangsspannungsmesser m измеритель входного напряжения
Eingangsspannungsoffset m дрейф входного напряжения
Eingangsspannungspegel m уровень входного напряжения
Eingangsspeicher m входное (буферное) ЗУ; входная (буферная) память
Eingangsspeisespannung f напряжение питания на входе (*схемы*)
Eingangsspektrum n спектр входного сигнала
Eingangssteuerung f управление на входе
Eingangsstörung f помеха на входе
Eingangsstrom m 1. входной ток; *тлг* входящий ток 2. *мат.* входящий поток (*событий*)

Eingangsstromkreis m входной контур; входная цепь
Eingangsstromsteuerung f управление по входному току
Eingangsstufe f входной каскад
Eingangssymmetrie f симметрия входа
Eingangsteil m входной блок
Eingangsteiler m входной делитель
Eingangstreiber m возбудитель входа (*шины*)
Eingangsumsetzer m 1. входной преобразователь 2. входной каскад формирования ПЧ
Eingangsvariable f входная переменная
Eingangsverdrahtung f монтаж (цепей) входа
Eingangsverhalten n входная характеристика
Eingangswähler m входящий (групповой) искатель
Eingangswahlschalter m входной селекторный переключатель
Eingangswandler m 1. входной трансформатор 2. входной преобразователь
Eingangswelle f волна на входе
Eingangswert m входное значение; входная величина
Eingangswicklung f входная обмотка
Eingangswiderstand m входное сопротивление
Eingangswirkleitwert m входная активная проводимость
Eingangswirkwiderstand m входное активное сопротивление
Eingangszweig m входная цепь
eingebaut встроенный
eingeben 1. подавать 2. вводить (*напр. информацию*)
Eingehäusebauart f однокорпусная конструкция
eingeschlossen 1. включённый (*о примеси*) 2. захваченный (*напр. об электроне*) 3. замкнутый (*напр. о контуре*)
eingeschmolzen вплавленный (*напр. о переходе*)
eingeschwungen установившийся, стационарный
eingespeichert хранимый [записанный] в памяти
eingespeist запитанный
Eingliederdämpfung f затухание однозвенного фильтра
Eingreifen n см. **Eingriff** 1., 3.
Eingrenzung f 1. ограничение (*напр. полосы частот*) 2. локализация (*напр. места повреждения*)
Eingriff m 1. вмешательство (*напр. оператора*) 2. *рег.* воздействие 3. сцепление (*напр. молекул*)
Eingriffsbedienung f одноручечное управление
Eingriffssignal n сигнал прерывания
Einhaltung f **der Netzfrequenz** стабилизация частоты (в) сети
Einheit f 1. устройство; блок 2. единица (*измерения*) 3. элемент; компонент 4. узел; модуль
~, **arithmetische** арифметическое устройство, АУ; арифметический блок
~, **gesetzliche** стандартная единица
~ **des Informationsgehalt(e)s** единица информации
~, **kalt-redundante** ячейка ненагруженного резервирования
~, **periphere** внешнее [периферийное] устройство

~, **programmierbare logische** программируемое логическое устройство
~ **zur Formung des Informationsfonds** устройство формирования массивов информации, УФМ
Einheitensystem *n* система единиц
Einheitsaufbau *m*, **Einheitsbauart** *f* унифицированная [типовая] конструкция
Einheitsbaustein *m* унифицированный [типовой] модуль
Einheitsbausteinkonstruktion *f* модульная конструкция на унифицированных элементах
Einheitsbelastung *f* единичная нагрузка
Einheitselement *n* унифицированный [типовой] элемент
Einheitsfrequenz *f* эталонная частота
Einheitsfunktion *f* единичная функция
Einheitsgleichrichter *m* 1. серийный [стандартный] выпрямитель 2. автономный выпрямитель
Einheitsimpuls *m* единичный импульс
Einheitsimpulsantwort *f* реакция на единичный импульс
Einheitsimpulsfunktion *f* единичная (импульсная) функция
Einheitsinterface *n* стандартный интерфейс
Einheitskennlinie *f* типовая характеристика
Einheitsladung *f* единичный заряд
Einheitslast *f* удельная нагрузка
Einheitsleitfähigkeit *f*, **Einheitsleitwert** *m* удельная проводимость
Einheitslichtquelle *f* стандартный источник света
Einheitsquelle *f* единичный источник (*напр. сигнала*)
Einheitsschnurpaar *n* *тлф* универсальная шнуровая пара
Einheitsschritt *m* (единичный) шаг; переход на одно положение (*напр. искателя*)
Einheitssignal *n* стандартизованный сигнал
Einheitsspannung *f* удельное напряжение
Einheitssprungfunktion *f* функция единичного скачка
Einheitssprungreaktion *f* реакция на единичный скачок
Einheitssprungsignal *n* сигнал в виде единичного скачка
Einheitsstoß *m* единичный скачок; единичный импульс
Einheitsübergangsfunktion *f* единичная переходная функция
Einheitsversetzung *f* *крист.* единичная дислокация
Einheitswelle *f* единичная волна
Einheitswert *m* 1. стандарт; эталон 2. единичное значение
Einheitswiderstand *m* удельное сопротивление
Einheitszeitzone *f* зона стандартного времени
Einheitszelle *f* единичная [элементарная] ячейка
Einheitszone *f* 1. единичная зона (*напр. излучателя*) 2. *см.* **Einheitszeitzone**
Einhüllende *f* огибающая (кривая)
Einhüllenden-Demodulator *m* детектор огибающей
Einimpfung *f* *пп* затравливание, введение [внесение] затравки
Einimpulsradar *n* моноимпульсная РЛС

Einimpulsschaltung *f* одноимпульсная схема
Einjustierung *f* юстировка; регулировка
Einkabelbetrieb *m* *тлф* работа по одному кабелю (*в обоих направлениях связи*)
Einkanalaufnahme *f* одноканальная запись (*звука*)
Einkanalfunkpeiler *m* одноканальный радиопеленгатор
Einkanalmagnetton *m* 1. одноканальная магнитная звукозапись 2. одноканальная магнитная фонограмма
Einkanalmagnettonabtastung *f см.* **Einkanalmagnettonwiedergabe**
Einkanalmagnettonbandspieler *m* аппарат воспроизведения одноканальной магнитной фонограммы
Einkanalmagnettonwiedergabe *f* воспроизведение одноканальной магнитной звукозаписи
Einkanalsimplex *n* одноканальная симплексная связь
Einkanalsystem *n* одноканальная система
Einkanaltonaufnahme *f*, **Einkanaltonaufzeichnung** *f* одноканальная звукозапись
Einkapselung *f* герметизация
~, **aktive** герметизация активным веществом
~, **passive** герметизация пассивным веществом
Einkartenrechner *m* одноплатная ВМ
Einknopfabstimmung *f* одноручечная настройка
Einknopfbedienung *f*, **Einknopfsteuerung** *f* однокнопочное управление
«**Ein**»-**Kommando** *n* команда включения
Einkomponentenschirm *m* однокомпонентный экран
«**Ein**»-**Kontakt** *m* включающий контакт
Einkoppeleinrichtung *f* устройство ввода
Einkoppelleitung *f* линия ввода
einkoppeln 1. вводить (*энергию*) 2. связывать 3. группировать (*энергию*)
Einkoppelraum *m* пространство [область] группирования
Einkoppelschleife *f* петля [виток] для ввода
Einkoppelstift *m* 1. зонд [штырь] для ввода 2. зонд [штырь] связи
Einkoppelsystem *n* система ввода
Einkoppelwirkungsgrad *m* эффективность ввода
Einkopplungs... *см.* **Einkoppel...**
Einkreisempfänger *m*, **Einkreiser** *m* одноконтурный (радио)приёмник
Einkreisgoniometer *n* одноконтурный гониометр
Einkreisklystron *n* однорезонаторный клистрон
Einkreismagnetron *n* однорезонаторный магнетрон
Einkreissystem *n* одноконтурная система
Einkreistriftröhre *f см.* **Einkreisklystron**
Einkristall *m* монокристалл
~, **dotierter** легированный монокристалл
Einkristallfaden *m* монокристаллическая нить; нитевидный монокристалл
Einkristallfilm *m* монокристаллическая плёнка
Einkristallfilter *n* фильтр с одной (кварцевой) пластиной
Einkristallgleichrichter *m* монокристаллический выпрямитель
Einkristallhalbleiter *m* монокристаллический полупроводник

Einkristall(impf)keim *m* монокристаллическая затравка
Einkristallkörper *m* (полупроводниковый) слиток; буля
Einkristall-Leuchtschirm *m* монокристаллический экран
Einkristall-Quarzfilter *n см.* **Einkristallfilter**
Einkristallscheibchen *n* монокристаллическая галета
Einkristallsubstrat *n* монокристаллическая подложка
Einkristallwafer *m* монокристаллическая пластина
Einkristallziehen *n* вытягивание монокристаллов
Einkristallzüchtung *f* выращивание монокристаллов
Einkurvenlinienschreiber *m* одноканальный [однодорожечный] самопишущий прибор
Einlage *f* вкладка; вставка; вкладыш; прослойка; прокладка
Einlagenleiterplatte *f* однослойная печатная плата
Einlagenpolysilizium *n* однослойный поликремний
Einlagenschaltung *f* односторонняя печатная плата
Einlagenwicklung *f* однослойная обмотка
Einlagerung *f* **1.** загрузка; подкачка **2.** введение (*примесей*); внедрение (*напр. атомов*)
Einlagerungen *f pl* введённые примеси
Einlagerungsatom *n* атом внедрения
Einlagerungsfestlösung *f*, **Einlagerungsmischkristall** *m* твёрдый раствор внедрения
Einlagerungstelegrafie *f* телеграфия в полосе частот между телефонными каналами
Einlagerungstiefe *f* глубина внедрения
Einlaß *m* впуск, вход (*напр. газов под колпак вакуумной установки*)
Einlaßfilter *n* входной фильтр
Einlaufkassette *f* приёмная кассета
Einlaufkontrolle *f* контроль синфазности
Einlaufrille *f* вводная канавка (*записи*)
Einlauftest *m* предпусковое испытание
Einlaufzeit *f* время выхода на рабочий режим; время разогрева
Einlegieren *n* сплавление; введение легирующих примесей
Einleiteranordnung *f* однопроводное устройство; однопроводная система
Einleiterantenne *f* однолучевая [однопроводная] антенна
Einleiterdrossel *f* одновитковый дроссель
Einleitung *f* ввод
Einleitungssignal *n* **1.** пусковой [запускающий] сигнал **2.** сигнал начала (*работы*)
«**Einlese**» «ввести данные в память» (*команда*)
Einlesebetrieb *m* режим ввода
Einlesefrequenz *f* частота ввода
Einlesegeschwindigkeit *f* скорость ввода (*данных*); скорость записи
Einlesen *n* **1.** ввод (*данных*) **2.** запись (*в ЗУ или память*)
Einleseprinzip *n* способ ввода
Einlesespeicher *m* входное (буферное) ЗУ; входная (буферная) память
Einlesesteuerung *f* управление вводом
Einlesezeit *f* время ввода
Einlinienschreiber *m* одноканальный самописец
Einlöten *n* впаивание; пайка
Einmalanzeige *f* одноразовое [однократное] показание
Einmaleinskörper *m* **1.** блок перемножения **2.** множительный элемент
Einmannbedienung *f* обслуживание (*аппаратуры*) одним человеком
einmaschig простой (*о контуре регулирования*)
Einmaskentechnik *f* техника изготовления (*приборов*) с одним (фото)шаблоном
Einmastantenne *f* одномачтовая антенна
Einmaterial-Faser *f* оптическое волокно со стеклянной сердцевиной и воздушной оболочкой
Einmessen *n* **1.** замер, измерение **2.** *рлк* определение координат **3.** установление номинального уровня сигнала (*для трансляционной точки*)
Einmischung *f* **1.** смешение (*сигналов*) **2.** *вчт* слияние (*информации*)
einmitte(l)n центрировать (*напр. катушку фокусировки*)
Einmodenbetrieb *m* одномодовый режим
Einmodenfaser *f* одномодовое оптическое волокно; одномодовый волоконный световод
Einmodenklystron *n* одномодовый клистрон
Einmodenlaser *m* одномодовый лазер
Einmodenlaserbetrieb *m* одномодовый режим генерирования лазерного излучения
Einmodenstrahlung *f* одномодовое излучение
Einmusterfotomaske *f* фотошаблон с одной структурой
Ein-Niveau-Kode *m* абсолютный код
Einordnung *f* **1.** классификация; распределение **2.** расстановка, размещение, расположение **3.** составление (*картотеки*)
Einordnungseinrichtung *f вчт* классификатор
Einpaßübersetzer *m* одноцикловый транслятор
Einpegelspeicher *m* память одного уровня
Einpegelung *f* установка [регулировка] уровня
einpeilen (за)пеленговать
Einpfeifen *n* **1.** выравнивание частот методом биений **2.** свист при преобразовании (*в супергетеродине*)
Einphasen... однофазный
Einphasungsimpuls *m* фазирующий или синхронизирующий импульс
Einphotonenpaarvernichtung *f* однофотонная аннигиляция
Einphotonenübergang *m* однофотонный переход
Einplatinen... *см.* **Einplatten...**
Einplattenchassis *n* **1.** одноплатное шасси; одноплатный блок **2.** телевизор на одной ИС
Einplattenmikrorechner *m* одноплатный микрокомпьютер, одноплатная микроЭВМ
Einplattenrechner *m* одноплатная ВМ
Einpol... однополюсный
Einprägautomatik *f* запоминающая автоматика
Einprägen *n* **1.** тиснение, нанесение рисунка выдавливанием; штамповка **2.** *прогр.* запоминание
Einprägstrom *m* запускающий ток, ток срабатывания

Einprogrammbetrieb m однопрограммная работа
Einprogrammierung f введение программы
Einpulsgleichrichter m однополупериодный выпрямитель
Einpunktbetrieb m монопольный режим (*использования канала связи*)
Einpunktsondierung f 1. однократное *или* выборочное опробование 2. *вчт* однократная выборка
Einquantenübergang m одноквантовый переход
Einquellenempfänger m приёмник с одним источником питания
Einrahmung f 1. обрамление 2. установка в рамку 3. установление правильных размеров и форм (*изображения*)
Einregelung f регулирование; настройка; юстировка
~, **kritische** критическая настройка
~ **der Zeilenlage** центрирование строк
Einregelungselement n элемент регулировки
Einregulierspannung f регулирующее напряжение
Einreibeprozeß m процесс втирания *или* пластической деформации (*соединяемых материалов при ультразвуковой сварке*)
einreihen включать в ряд; включать последовательно
Einreihenziffernskale f однорядная цифровая шкала
Einresonatormaser m однорезонаторный мазер
Einresonatorreflexionsmaser m однорезонаторный отражательный мазер
Einrichtbetrieb m полуавтоматический режим (*числового управления*) с малым быстродействием
Einrichtfehler m ошибка установки
Einrichtung f 1. устройство; установка; система 2. оборудование; приспособление 3. установка, наладка; монтаж
~, **fernmechanische** телемеханическое устройство
~, **selbstüberwachende** установка самоконтроля [саморегулирования]
~, **virtuelle** *вчт* виртуальное устройство
Einrichtungsverträglichkeit f аппаратурная совместимость
einritzen скрайбировать
Einröhrenkamera f однотрубочная камера (*цветного телевидения*)
Einrohrkanal m одноканальный кабелепровод
einrücken 1. включать, пускать; соединять 2. вдвигать (*съёмный блок*)
Einsatt(e)lung f седловина [провал] кривой
Einsatz m 1. вставка 2. применение 3. эксплуатация 4. съёмный [сменный, выдвижной] блок 5. начало; возникновение (*колебаний*)
Einsatz-Ausstoß-Analyse f исследование [анализ] взаимосвязей между входными и выходными параметрами
Einsatzbereich m область применения
Einsatzbereitschaft f эксплуатационная готовность
Einsatzdaten pl эксплуатационные данные
Einsatzdichte f количество каналов связи (*в диапазоне*)
Einsatzerprobung f предпусковое испытание

Einsatzgerät n съёмный [сменный] прибор
Einsatzklirrfaktor m коэффициент нелинейных искажений относительно данной гармоники
Einsatzkontrolle f контроль непрерывности передачи
Einsatzmodulation f временна́я [фазовая] ИМ
Einsatzpunkt m 1. порог генерации; порог самовозбуждения 2. момент [точка] начала работы; момент [точка] включения
Einsatzspannung f запускающее напряжение
Einsatzstreifen m сменный блок на печатной плате
Einsatzstrom m пусковой ток
Einsatztemperaturbereich f диапазон температур применения (*напр. элементов*)
Einsatztyp m утопленный тип (*прибора*)
Einsatzzeitabweichmodulation f см. **Einsatzmodulation**
Einsatzzuverlässigkeit f эксплуатационная надёжность
Eins-aus-Zehn-Kode m код «один из десяти»
Einschachtelung f 1. формирование гнезда; осуществление вложений, вложение 2. введение одного сигнала в другой
Einschachtelungsprinzip n принцип формирования (*напр. групп многоканальной системы*)
Einschaltautomatik f автоматика включения
Einschaltbasisstrom m ток базы в открытом состоянии
Einschaltbit n стартовый бит
Einschaltbrummen n фон сети при включении
Einschalten n включение; подключение
~ **einer Leitung** подключение линии
Einschalter m включающее устройство
Einschaltfolge f последовательность включения
Einschaltfrequenz f 1. частота включений 2. частота коммутации
Einschaltgeräuschunterdrückung f подавление помех включения
Einschaltimpuls m запускающий импульс
Einschaltknopf m кнопка включения
Einschaltladung f заряд включения
Einschaltschütz n включающий контактор
Einschaltsignal n сигнал включения
Einschaltspannung f напряжение включения
Einschaltstellung f положение «включено»
Einschaltsteuerstrom m управляющий ток включения (*напр. тиристора*)
Einschaltstirn f 1. включающий фронт (*импульса*) 2. пик (*тока*) при включении
Einschalttaste f, **Einschalttaster** m кнопка включения
Einschalttor n вентиль включения
Einschaltung f включение
Einschaltverhalten n режим включения
Einschaltverluste m pl потери включения
Einschaltvermögen n включающая способность (*напр. реле*)
Einschaltverzögerung f, **Einschaltverzug** m задержка [запаздывание] включения; выдержка времени при включении
Einschaltwirkungslinie f схема последовательности включения
Einschaltzeitkonstante f постоянная времени включения

Einschaltzustand *m* состояние «включено»
Einschauöffnung *f* смотровое окно
Einschichtband *n* однослойная (магнитная) лента
Einschichtfotoresist *n* однослойный фоторезист
Einschichtgitter *n* однослойная решётка
Einschichtlackverfahren *n см.* **Einschichtresistverfahren**
Einschichtmetallisierung *f* однослойная металлизация
Einschichtresistverfahren *n* метод однослойного покрытия (фото)резистом
Einschiebschlitz *m* щель [прорезь] для вдвигания (*напр. петли связи*)
Einschießapparat *m* инжектор
Einschießen *n* инжекция
Einschlagauslösekreis *m* ждущая спусковая схема
Einschlagmultivibrator *m* ждущий [моностабильный] мультивибратор
Einschlagsignal *n* сигнал начала работы (*прибора*)
Einschlagsperroszillator *m* ждущий блокинг-генератор
einschleifig одноконтурный
Einschleppung *f* затягивание (*напр. частоты*)
Einschleusung *f* 1. введение (*напр. данных в машину*) 2. инжекция
einschließen 1. включать, заключать (*напр. атомы примеси*) 2. запирать, блокировать (*цепь*)
Einschluß *m* 1. включение 2. инжекция
Einschmelzdraht *m* проволочный впай
Einschmelzung *f* 1. впаивание, впай 2. вплавление
Einschnüreffekt *m* 1. пинч-эффект, самостягивание разряда 2. *зап.* пинч-эффект (*паразитные колебания воспроизводящей иглы*)
Einschnürpunkt *m* 1. точка шнурования (*напр. пучка электронов*) 2. *опт.* точка пересечения, кроссовер
Einschnürung *f* шнурование, сужение, сжатие
Einschreiben *n* запись
Einschreibimpuls *m* импульс записи
Einschrumpfung *f* усадка; сморщивание
Einschub *m* съёмный [сменный, выдвижной] блок
Einschubanordnung *f*, **Einschubbauform** *f* конструкция со съёмными блоками
Einschubbaustein *m* съёмный [сменный, выдвижной] блок
Einschubbauteil *n* съёмный [сменный, выдвижной] субблок
Einschubfach *n* отсек для съёмных блоков
Einschubgestell *n см.* **Einschubschrank**
Einschubkarte *f* съёмная [сменная, выдвижная] печатная плата
Einschubkontakt *m* контакт съёмного блока
Einschubrahmen *m* (стандартный) съёмный блочный каркас; съёмная корзина
Einschubschaltplatte *f* съёмная [сменная] печатная плата
Einschubschrank *m* стойка со съёмными блоками
Einschubsteckverbinder *m* вилочная часть [вилка] съёмного блока
Einschubteil *n см.* **Einschubbaustein**
Einschuß *m* 1. бомбардировка (*напр. электронами*) 2. инжекция
Einschußbedingung *f* условия инжекции
Einschußenergie *f* энергия инжекции

Einschußgerät *n* инжектор
Einschußion *n* инжектируемый ион
Einschußschweißthermoelement *n*ввариваемая термопара
Einschwinganalysator *m* анализатор переходных процессов
Einschwingcharakteristik *f* переходная характеристика
Einschwingdauer *f см.* **Einschwingzeit**
Einschwingen *n* процесс установления; процесс нарастания; переходный процесс
~, **kriechendes** замедленный процесс установления
~, **oszillierendes** колебательный переходный процесс, *проф.* «звон»
Einschwingfrequenz *f* частота колебательного переходного процесса
Einschwingkennlinie *f* переходная характеристика
Einschwingprozeß *m* переходный процесс; процесс установления
Einschwingspannung *f* напряжение установления или нарастания
Einschwingstoß *m* толчок [бросок] (*напр. тока*) при переходном процессе
Einschwingstreifen *m тлв* вертикальные полосы (*на левой стороне растра*)
Einschwingverhalten *n* переходная характеристика
Einschwingverzerrungen *f pl* искажения из-за переходного процесса
Einschwingvorgang *m см.* **Einschwingprozeß**
Einschwingzeit *f* время установления; время нарастания; время переходного процесса
Einschwingzustand *m* переходный [неустановившийся] режим
Einseitenband *n* (одна) боковая полоса (частот)
Einseitenbandamplitudenmodulation *f* однополосная АМ
Einseitenbandbetrieb *m* работа на одной боковой полосе (частот)
Einseitenbanddemodulation *f* демодуляция [детектирование] однополосного сигнала
Einseitenbandempfang *m* однополосный (радио)приём
Einseitenbandempfänger *m* однополосный (радио)приёмник
Einseitenbandfilter *n* фильтр, выделяющий одну боковую полосу (частот)
Einseitenbandgenerator *m* однополосный генератор
Einseitenbandgleichrichter *m* однополосный детектор
Einseitenbandholografie *f* голографирование на одной боковой полосе (частот)
Einseitenbandmodulation *f* однополосная модуляция
Einseitenbandsender *m* однополосный (радио)передатчик
Einseitenbandsendung *f см.* **Einseitenbandübertragung**
Einseitenbandsignal *n* однополосный сигнал
Einseitenbandsystem *n* однополосная система (*связи*)

Einseitenbandtechnik f техника однополосной связи
Einseitenbandtelefoniesender m однополосный радиотелефонный передатчик
Einseitenbandübertragung f однополосная (радио)передача
~ **mit unterdrücktem Träger** однополосная передача с подавленной несущей
~ **mit vermindetem Träger** однополосная передача с ослабленной несущей
~ **mit vollem Träger** однополосная передача с полной несущей
Einseitenbandverbindung f, **Einseitenbandverkehr** m однополосная связь
Einseitenbandverstärker m однополосный усилитель
Einseitenbandverzerrungen f pl искажения, обусловленные однополосной передачей
Einseitenfunkverkehr m симплексная [односторонняя] радиосвязь
Einseitenrichtantenne f однонаправленная антенна
Einseitenstreifenleitungsplatte f односторонняя полосковая плата
Einseitenverkehr m симплексная [односторонняя] связь
einseitig 1. односторонний 2. симплексный, односторонний (о связи)
Einsekundenspeicherschaltung f схема [цепь] с памятью в одну секунду
Einsenkung f 1. погружение 2. провал (характеристики) 3. снижение (напряжения)
Einsetzen n 1. вставка 2. мат. подстановка, замена 3. ввод (в действие) 4. начало (напр. функционирования); возникновение (напр. колебаний)
Einsichtöffnung f смотровое отверстие
Einslage f вчт состояние «единица», состояние «1»
Einsondenverfahren n однозондовый метод
Einsortierung f сортировка (перфокарт) на входе
Einspeicherung f 1. ввод информации в ЗУ или память; подкачка, загрузка (в оперативную память) 2. запоминание, хранение 3. накопление (напр. сигнала)
Einspeiseelement n элемент питания
einspeisen запитывать, подводить питание
Einspeiseseite f питающая сторона
Einspeisespannung f напряжение питания
Einspeisung f подача питания, питание; ввод [подвод] электрической энергии
Einspeisungsfeld n панель ввода питания
Einspeisungspunkt m точка подключения питания
Einspielanlage f 1. контрольный магнитофон 2. контрольный проигрыватель
Einspitzenverfahren n однозондовый метод
Einsprechöffnung f амбюшюр (микрофона)
Einsprengung f вкрапление
Einspringbereich m область синхронизации; область захватывания
Einsprung m вход (напр. в программу)
Einsprungadresse f адрес входа
Einsprungbedingung f 1. условие вхождения (в синхронизм) 2. условие входа (в программу)
«**Ein-Spule**» f включающая катушка

Einspunkt m критический потенциал, при котором коэффициент вторичной эмиссии равен единице
~, **oberer** второй критический потенциал
~, **unterer** первый критический потенциал
Einspuraufzeichnung f однодорожечная запись
Einspurmagnetkopf m магнитная головка для однодорожечной записи
Einstabringkernwandler m измерительный трансформатор с кольцевым сердечником
Einstabwandler m одностержневой трансформатор тока
einstanzen 1. перфорировать, пробивать (ленту, карту) 2. осуществлять вставку (напр. при рирпроекции)
Einsteckausführung f съёмная [сменная] конструкция
Einsteckbaustein m съёмный [сменный] блок
Einsteckelement n съёмный [сменный] элемент
Einsteckfahne f направляющая [ключ] штекерного соединителя
Einsteckfassung f розетка (с гнёздами)
Einsteckkontakt m стыковой контакт; штекерное соединение
Einsteckkopf m съёмная [сменная] головка
Einsteckleiterplatte f печатная плата со штыревыми (концевыми) контактами
Einsteckmontage f утопленный монтаж
Einsteckplatte f монтажная плата с гнёздами; панель с гнёздами (для набора программы)
~, **gedruckte** см. **Einsteckleiterplatte**
Einsteckprogrammsteuerung f программное управление с помощью наборного поля
Einsteckrelais n съёмное [сменное] реле
Einsteсksockel m цоколь со штырьками
Einstein-de-Haas-Effekt m эффект Эйнштейна — де Хааса (гиромагнитный эффект)
Einstein-Formel f формула Эйнштейна
Einstell... см. тж **Einstellungs...**
Einstellbereich m диапазон настройки; диапазон регулировки
Einstelldauer f время настройки; время регулировки
Einstelldiagramm n таблица настройки; диаграмма соединений (напр. в аналоговой ЭВМ)
Einstellebene f опт. плоскость наводки
Einstellelement n элемент настройки; элемент регулировки; установочный элемент
einstellen 1. регулировать; юстировать; настраивать; устанавливать 2. устанавливать (напр. деталь) 3. наводить (на резкость) 4. прекращать; приостанавливать; прерывать
Einsteller m 1. орган установки 2. авт. задатчик
Einstellfehler m ошибка [погрешность] установки
Einstellgenauigkeit f точность установки или регулировки
Einstellglied n 1. установочный или регулировочный орган; элемент настройки 2. устанавливаемый элемент
Einstellgriff m ручка установки или регулировки; ручка настройки
einstellig 1. одноразрядный 2. однозначный
Einstellimpuls m импульс установки (напр. в состоянии «единица»)
Einstellklinke f фиксирующая защёлка

177

Einstellknopf m кнопка установки *или* регулировки; кнопка настройки
Einstellkondensator m подстроечный конденсатор
Einstellmagnet m регулировочный (электро)магнит
Einstellmarke f установочная (от)метка; контрольная (от)метка
Einstellorgan n установочный *или* регулировочный орган; орган настройки
Einstellschärfe f резкость установки (*напр. резонанса*)
Einstellsicherheit f надёжность установки
Einstellskale f 1. шкала настройки 2. градуировочная шкала
Einstellspiegel m установочное зеркало
Einstellspule f 1. настроечная катушка 2. корректирующая катушка
Einstellsystem n задающая система
Einstelltaste f кнопка настройки
Einstelltransformator m регулировочный трансформатор
«Ein»-Stellung f положение «включено»
Einstellung f 1. регулировка; юстировка; настройка; установка 2. установка (*напр. детали*) 3. наводка (*на резкость*) 4. прекращение; приостановление; перерыв
~, **automatische** автоматическая настройка
~, **konstante** фиксированная настройка
~, **kontinuierliche** плавная настройка
~, **kritische** критическая [тонкая] настройка
~ **des Leitungsabgleiches** согласование линии
~, **stufenlose** плавная настройка
~, **unveränderte** фиксированная настройка
~ **von Hand** регулировка вручную
Einstellungsafferenz f *киб.* установочная афферентация
Einstellungsbasis f **des Abtasters** установочная база звукоснимателя
Einstellungskennwert m параметр настройки
Einstellungssicherheit f неточность установки
Einstellungstoleranzen f pl установочные допуски
Einstellungszeit f 1. время установки *или* регулировки 2. время установления (*напр. колебаний*) 3. время срабатывания (*напр. реле*) 4. время успокоения (*стрелки прибора*)
Einstellweite f *см.* **Einstellbereich**
Einstellwerk n установочный механизм
Einstellwiderstand m регулировочный резистор
Einstellzähler m счётчик с предварительной установкой заданного значения
Einsteuerung f 1. *рлк* наведение 2. *вчт* управление вводом (*данных*)
Einstichelektrode f *биол.* вживляемый электрод
Einstimmung f 1. настройка 2. согласование
Einstrahl-Chromatron n однолучевой хроматрон
Einstrahlfestigkeit f устойчивость к облучению
Einstrahlflächenspeicherröhre f однопрожекторная запоминающая трубка с плоскостным накопителем
Einstrahlfunkstelle f радиостанция направленной передачи
Einstrahllinienspeicherröhre f однопрожекторная запоминающая трубка с линейным накопителем

Einstrahloszillograph m однолучевой осциллограф
Einstrahlrasterverfahren n *микр.* метод однолучевого сканирования
Einstrahlröhre f однопрожекторная трубка
Einstrahlsichtgerät n однопрожекторный электронный визуальный индикатор
Einstrahlspektrometer n однолучевой спектрометр
Einstrahlsystem n 1. система направленной передачи 2. однопрожекторная (электронно-оптическая) система
Einstrahlung f 1. облучение 2. инсоляция, солнечное облучение 3. впуск [впрыскивание] струи
Einstrahlwinkel m угол падения луча
Einstreuung f паразитная связь
Einströmungsersatzbild n эквивалентная схема с генератором тока
einstufen 1. разбивать [расчленять] на ступени; градуировать 2. классифицировать
Einstufendiffusion f одностадийная диффузия
Einstufenverdampfer m одноступенчатый испаритель
Einstufenwahl f одноступенчатое искание
Einstufungssteuerungsprinzip n *прогр.* принцип иерархичности управления
Eins-zu-Eins-Entsprechung f, **Eins-zu-Eins-Zuordnung** f взаимно однозначное соответствие
Eins-Zustand m *вчт* состояние «единица», состояние «1»
Eintakt-A-Endstufe f однотактный выходной каскад, работающий в классе А
Eintaktschwingungen f pl синфазные колебания
Eintaktsperrwandler m однотактный преобразователь (*постоянного напряжения*) с запирающим диодом
Eintaktsummierwandler m однотактный суммирующий преобразователь (*постоянного напряжения*)
Eintaktverzögerungsglied n звено задержки на один такт
Eintalhalbleiter m однодолинный полупроводник
eintasten нажимать (*клавишу, кнопку*); набирать (*при помощи клавиши*)
Eintastenbedienung f однокнопочное управление
Eintaster m 1. клавиша включения 2. клавиша (для) манипуляции
Eintauchen n 1. погружение 2. втягивание (*напр. сердечника*)
Eintauchtiefe f глубина погружения
Einteilchenübergang m одночастичный переход
Einteilchenzustand m одночастичное состояние
Einteilung f 1. разбиение; деление 2. распределение 3. классификация; сортировка 4. градуировка (*напр. шкалы*)
Einteilungsmerkmal n 1. признак разбиения 2. классификационный признак
Eintongerät n однотональный манипулятор
eintönig 1. однотональный 2. *мат.* однообразный
Eintonklirrfaktormessung f измерение коэффициента нелинейных искажений на одной частоте

Eintonsystem *n* однотональная система (*телеграфирования*)
Eintontastung *f* однотональная манипуляция
Eintonwechselstromtelegrafie *f* однотональная телеграфия
eintourig односкоростной (*о проигрывателе, магнитофоне*)
Einträgerinjektion *f* однополярная инжекция (*носителей одного типа*)
Einträgerinjektionsdiode *f* диод с однополярной инжекцией
Eintransistorspeicherzelle *f* однотранзисторная ячейка памяти
Eintransistorsperrschwinger *m* однотранзисторный блокинг-генератор
Eintreffen *n* появление (*события*)
Eintreffphase *f* входная фаза
Eintreten *n* 1. наступление (*события*) 2. *лог.* вхождение
Eintrimmung *f* подстройка
Eintritt *m* 1. вход 2. вхождение 3. *инф.* наступление (*события*)
Eintrittsbefehl *m* команда входа
Eintrittsintensität *f* интенсивность (*сигнала*) на входе (*прибора*)
Eintrittslichtkegel *m* входной световой конус
Eintrittsöffnung *f* 1. входное отверстие 2. *см.* **Eintrittspupille**
Eintrittsphase *f* входная фаза
Eintrittspunkt *m* 1. точка входа 2. точка падения [вхождения] (*луча*)
Eintrittspupille *f* входной зрачок (*оптической системы*)
Eintrittsrohr *n* входной волновод
Eintrittsseite *f* сторона входа
Eintrittsspalt *m* входная щель
Eintrittsverluste *m pl* потери на входе
Eintrittswahrscheinlichkeit *f* вероятность наступления (*события*)
Eintrittszeit *f* момент [время] входа
Ein- und Ausgabe *f см.* **Eingabe-Ausgabe**
Ein- und Ausschaltautomatik *f* автоматика включения и выключения, коммутационная автоматика
Ein- und Ausschalter *m* переключатель «включено — выключено»
Einwähltaste *f* наборная кнопка
einwandern диффундировать (*о примесях*)
Einwanderung *f* диффузия
einwandfrei исправный, не имеющий повреждений
Einwegbus *m* однонаправленная шина
Einwegdämpfung *f* затухание в прямом направлении
Einwegfunkverbindung *f* симплексная [односторонняя] радиосвязь
Einwegkanal *m* 1. *свз* симплексный канал 2. однонаправленный канал
Einwegleitung *f* 1. линия симплексной связи 2. однонаправленная линия
Einwegmembranventil *n* одноходовой мембранный клапан
Einwegschalter *m* однополюсный выключатель
Einwegschaltung *f* 1. схема однополупериодного выпрямления 2. схема с односторонним прохождением тока 3. *тлг* схема с двухсторонней связью по одному каналу
Einwegsystem *n* 1. система симплексной связи 2. одноканальная система
Einwegtor *n вчт* однонаправленный порт
Einwegübertragung *f* одноканальная передача
Einwegumschalter *m* однополюсный переключатель
Einwegung *f* **in den Leitstrahl** введение в зону ведущего луча
Einwegverstärker *m* 1. одноканальный усилитель 2. симплексный (*телефонный*) усилитель
Einwegwähler *m* 1. однополюсный переключатель 2. *тлф* искатель с одним направлением движения
Einwellenbetrieb *m* работа на одной волне
einwellig 1. одноволновый, чисто синусоидальный (*без высших гармоник*) 2. монохроматический (*о свете*)
Einwertigkeit *f* 1. однозначность 2. одновалентность
Einwindungsrahmen *m* одновитковая рам(к)а
Einwirkung *f* воздействие; влияние
~, **stochastische [zufällige]** случайное воздействие
Einzackengegentakt-A-Schrift *f* противофазная односторонняя поперечная запись по классу A
Einzackenschrift *f* односторонняя фотографическая сигналограмма
Einzeilenzähler *m* счётчик с однострочной индикацией
Einzeilenziffernanzeige *f* однострочная цифровая индикация
Einzelablesung *f*, **Einzelabruf** *m* 1. однократный [одноразовый] отсчёт (*напр. показания прибора*) 2. однократное [одноразовое] считывание
Einzelabtastimpuls *m* дискретный [одиночный] импульс выборки
Einzelabtastung *f* 1. *рлк* однократное сканирование 2. однократное считывание
Einzelader *f* одиночная жила
Einzelanruf *m тлф* одиночный вызов; избирательный вызов; персональный вызов
~ **mit verabredeten Zeichen** *тлф* одиночный кодовый вызов
Einzelanschluß *m* индивидуальный ввод
Einzelantenne *f* 1. элементарная антенна; одиночная антенна 2. элемент *или* излучатель многоэлементной антенны
Einzelantennenanlage *f* антенна индивидуального пользования, индивидуальная антенна
Einzelatom *n* одиночный атом
Einzelaufnahme *f* 1. однократная запись 2. одиночный кадр
Einzelauslösung *f* единичный запуск
Einzelbahn *f* одиночная дорожка (*на МЛ*)
Einzelbau *m* блок; узел
Einzelbauelement *n* дискретный элемент
Einzelbaustein *m* дискретный компонент
Einzelbedienung *f* индивидуальное управление
Einzelbefehl *m* единичная команда
Einzelbelichtung *f* однократное экспонирование
Einzelbild *n* 1. *тлв* неподвижное изображение; видеокадр 2. *микр.* рисунок отдельного слоя кристалла ИС

Einzelbildabstand *m* расстояние (*на пластине*) между (отдельными) кристаллами ИС
Einzelbildaufnahme *f* покадровая телевизионная съёмка
Einzelbildaufzeichnung *f* покадровая запись
Einzelbildausbeute *f* выход годных изображений кристаллов ИС (*на операции фотолитографии*)
Einzelbildausrichtung *f см.* **Einzelbildorientierung**
Einzelbildauswertung *f* расшифровка отдельного кадра
Einzelbildfortschaltung *f* покадровое воспроизведение (*записи*)
Einzelbildkamera *f* камера для покадровой съёмки, видеодиакамера
Einzelbildorientierung *f* покристальная ориентация (*на операции мультипликации по кремнию*)
Einzelbildspeicher *m* 1. (цифровой) накопитель неподвижных изображений, (цифровой) видеонакопитель 2. память на кадр
Einzelbildspeichersystem *n* система (цифрового) накопления неподвижных изображений
Einzelbildspeicherung *f* запоминание одиночных кадров
Einzelbildstruktur *f* рисунок слоя кристалла ИС
Einzelbildübertragung *f* однокадровая передача
Einzelbitfehler *m* ошибка в одном разряде (*кода*); однобитовая ошибка
Einzelbuchse *f* одинарное гнездо
Einzelchip *n* (одиночный) кристалл ИС
Einzelchipschaltkreis *m*, **monolithischer** однокристальная ИС
Einzelchipträger *m* кристаллодержатель, держатель кристалла ИС
Einzeldämpfung *f* единичное затухание
Einzeldipol *m* одиночный диполь
Einzeleichung *f* индивидуальная градуировка (*прибора*)
Einzelelement *n* дискретный элемент
Einzelfaserkabel *n* одноволоконный кабель
Einzelfehler *m* единичная ошибка; единичная погрешность; единичный дефект
Einzelfeld *n* 1. одиночное [простое] поле 2. отдельная панель 3. поле одиночного кристалла ИС
Einzelfeldstruktur *f* структура одиночного кристалла ИС
Einzelfeldsystem *n* однопанельная конструкция
Einzelfertigung *f* изготовление единичных образцов; индивидуальное производство
Einzelgang *m* одиночный цикл
Einzelheitenkontrast *m* контраст деталей (*изображения*)
Einzelimpuls *m* одиночный импульс
Einzelimpulsstörung *f* одиночная импульсная помеха
Einzelinduktivität *f* частичная индуктивность
Einzelkamera *f* тлв автономная камера (*без видеомагнитофонной приставки*)
Einzelkanalfrequenzmodulation *f* одноканальная ЧМ
Einzelkanalsystem *n* одноканальная система
Einzelkontrolle *f* индивидуальный контроль
Einzelkreis *m* одиночный контур
Einzelkristall *m* одиночный кристалл ИС

Einzellast *f* сосредоточенная нагрузка
Einzelleitung *f* однопроводная *или* одиночная линия
Einzellöschung *f* 1. однократное стирание 2. однократное [одноразовое] гашение
Einzelnachricht *f* дискретное сообщение; дискретный сигнал
Einzelnutzer *m* индивидуальный пользователь
Einzeloperation *f вчт* единичная [одноцикловая] операция
Einzelpotential *n* одиночный потенциал
Einzelprüfung *f* выборочное испытание
Einzelrechner *m* отдельное [автономное] вычислительное устройство
Einzelrechnersystem *n* одномашинная вычислительная система
Einzelreihe *f* ряд стоек
Einzelruf *m см.* **Einzelanruf**
Einzelschallquelle *f* одиночный [элементарный] источник звука
Einzelschalter *m* 1. одиночный выключатель 2. однополюсный выключатель
Einzelschalttafel *f* отдельная распределительная панель
Einzelschicht *f* элементарный слой
Einzelschichtkurve *f* характеристическая кривая элементарного слоя
Einzelschritt *m вчт* одиночный шаг
Einzelschrittbetrieb *m см.* **Einzelschrittoperation**
Einzelschrittkontakt *m* контакт шагового искателя
Einzelschrittoperation *f* работа в одиночном режиме; пошаговая работа
Einzelschwingungskreis *m* одиночный колебательный контур
Einzelserie *f* **von Impulsen** серия одиночных импульсов
Einzelsignal *n* одиночный сигнал
Einzelspeisung *f* индивидуальное питание
Einzelspur *f* отдельная дорожка (*напр. многодорожечной фонограммы*)
Einzelspuraufzeichnung *f* однодорожечная запись
Einzelsteckeinheit *f* съёмный [сменный] блок
Einzelsteuerung *f* независимое *или* индивидуальное управление
Einzelstörung *f* единичное возмущение
Einzelstoß *m* одиночный импульс
Einzelstrahler *m* одиночный излучатель
Einzelstrom *m* 1. ток одной ветви, ток в одной фазе 2. единичный поток
Einzelsubstrat *n* одиночная [отдельная] подложка
Einzelteil *n* 1. отдельный субблок 2. *см.* **Einzelbaustein**
Einzeltonmodulation *f* однотональная модуляция
Einzelverarbeitung *f* однократная [одноразовая] обработка (*данных*)
Einzelversetzung *f* единичная дислокация (*о кристалле*)
Einzelvorgang *m* 1. однократный процесс 2. единичное событие 3. одиночный цикл
Einzelwaferätzanlage *f* установка для (по)одиночного травления пластин
Einzelwahlkode *m* код выбора объекта

Einzelwirkung f 1. единичное воздействие 2. *вчт* элементарная операция
Einzelwirkungsgrad m частичный кпд
Einzelzeichen n одиночный знак
einziehen 1. протаскивать (*напр. дополнительный провод*) 2. втягивать (*напр. якорь*) 3. затягивать (*частоту*)
Einzonendiffusionsofen m однозонная диффузионная печь
Einzugsschaltung f схема затягивания (*частоты генератора*)
Einzugswicklung f втягивающая обмотка
Einzustand m состояние «включено»
Einzweckgerät n специализированный прибор
Einzweckrechenautomat m, **Einzweckrechner** m специализированная ВМ
Eisenabschirmung f 1. экранирование стальным экраном 2. стальной экран
Eisenbahnfunk m железнодорожная радиосвязь
Eisenblechkern m сердечник из листовой стали
Eisendrahtlampe f железнодорожный барреттер
Eisenfehler m погрешность из-за влияния металлических предметов
Eisenfluß m магнитный поток в стальном сердечнике
Eisenfüllfaktor m коэффициент заполнения (*сердечника*) железом
eisengeschlossen 1. с замкнутой магнитной цепью *или* с замкнутым магнитопроводом 2. экранированный сталью
Eisengleichrichter m металлический (*ртутный*) выпрямитель
Eiseninduktion f магнитная индукция в стали
Eisenjoch n стальное ярмо
Eisenkapselung f 1. установка (*прибора*) в стальной кожух 2. магнитопровод
Eisenkassette f кассета с оксидной МЛ
Eisenkern m ферромагнитный сердечник; магнитопровод
~, **luftspaltbehafteter** ферромагнитный сердечник с воздушным зазором
Eisenkernspule f катушка с ферромагнитным сердечником
Eisenkernverluste m pl потери в ферромагнитном сердечнике
Eisenkonstantanelement n железоконстантановая термопара
Eisenkorn n зерно феррита
Eisenkörper m *см.* **Eisenkern**
Eisenkraftfluß m магнитный поток в стали
Eisenkreis m магнитная цепь, магнитопровод
Eisenmeßgerät n пермеаметр
Eisennadelgerät n, **Eisennadelinstrument** n электромагнитный поляризованный прибор
Eisenoxid-Magnetband n, **Eisenoxidschichtband** n оксидная МЛ
Eisenprüfgerät n ферромметр
Eisenpulverkern m прессованный сердечник из порошкового ферромагнитного материала
Eisenpulververfahren n метод магнитной дефектоскопии
Eisenrahmenantenne f рамочная антенна с ферромагнитным сердечником
Eisenringkern m кольцевой ферромагнитный сердечник

Eisenschraubkern m ферромагнитный винтовой сердечник
Eisenspule f *см.* **Eisenkernspule**
Eisenstromrichter m *см.* **Eisengleichrichter**
Eisenumschluß m замкнутый магнитопровод
Eisen-Urdox-Widerstand m железоводородный барреттер
Eisenverluste m pl *см.* **Eisenkernverluste**
Eisenverlustwinkel m угол потерь в стали
Eisenwasserstofflampe f, **Eisenwasserstoffröhre** f, **Eisenwasserstoffwiderstand** m железоводородный барреттер
Eisenwiderstand m барреттер
Eisen-Yttrium-Granat m железоиттриевый гранат
Eislast f нагрузка от гололёда, гололёдная нагрузка (*напр. на антенну*)
EI-Wert m значение экспозиционного индекса
EJOB-Projekt n Европейская объединённая программа исследования оптической бистабильности
E-Kabel n 1. силовой кабель 2. сильноточный кабель
Eklipse f *косм.* зона отсутствия освещения спутника Солнцем
«Ekran»-Funkstelle f земная радиостанция системы «Экран»
«Ekran»-Satellit m спутник (телевизионного вещания) «Экран»
«Ekran»-System n система спутникового телевизионного вещания «Экран» (*охватывает 40% территории Советского Союза*)
Ela-Meßgerät n электроакустический измерительный прибор
EL-Antenne f антенна угла места
Elastizitätsfläche f эластичная поверхность (*диффузора*)
Elastizitätsmodul m модуль упругости
Electronictrainer m *англ.* электронный тренажёр
Elektret m электрет
Elektretfolie f электретная плёнка
Elektretmikrofon n электронный микрофон
Elektretwerkstoff m электронный материал
Elektrizitätsdichte f плотность электрического заряда
Elektrizitätserregung f наведение электрических зарядов
Elektrizitätskonstante f электрическая постоянная
Elektrizitätsleiter m проводник, электрический провод; кабель
Elektrizitätsverteilung f распределение электрических зарядов
Elektroakustik f электроакустика
Elektroanalogon n электрический аналог, электрическая модель
Elektroantrieb m электропривод
Elektrochemilumineszenz f электрохемилюминесценция
Elektrode f электрод
~, **gitterförmige** сетчатый электрод
~, **injizierende** инжектирующий электрод
~, **kalte** холодный электрод
~, **selbstverzehrende** расходуемый электрод
~, **transparente** прозрачный электрод
~, **umkehrbare** обратимый электрод

~, **verstellbare** регулируемый [сменный] электрод
Elektrodenabstand *m* расстояние между электродами
Elektrodenadmittanz *f* полная проводимость электродов
Elektrodenaktivierung *f* активация электродов
Elektrodenanschluß *m* 1. вывод электрода 2. подключение электрода
Elektrodenblech *n* электродная пластинка
Elektrodenblindwiderstand *m* реактивное сопротивление электрода
Elektrodendurchführung *f* вывод *или* ввод электрода (*напр. через корпус*)
Elektrodenfassung *f см.* **Elektrodenhalter**
Elektrodengebiet *n* приэлектродная область
Elektrodengitter *n* электродная сетка, электродная решётка
Elektrodenhalter *m* держатель электрода
Elktrodenkapazität *f* 1. ёмкость электрода 2. межэлектродная ёмкость
Elektrodenkonduktanz *f см.* **Elektrodenwirkleitwert**
Elektrodenkopplung *f* межэлектродная связь
Elektrodenkurzschluß *m* закорачивание электродов
Elektrodenleitung *f* проводник (подключения) электрода
elektrodenlos безэлектродный
Elektrodenmantel *m* оболочка электрода
elektrodennah приэлектродный
Elektrodenpotential *n* потенциал электрода
Elektrodenrauschen *n* шумы электродов
Elektrodenscheinwiderstand *m* 1. полное межэлектродное сопротивление 2. полное сопротивление электрода
Elektrodenschema *n* схема расположения электродов (*в лампе*)
Elektrodenschluß *m* закорачивание электродов, межэлектродное замыкание
Elektrodensonde *f* электрод-зонд
Elektrodenspitze *f* остриё электрода
Elektrodenstrahlsystem *n* блок электронных прожекторов (*в цветных кинескопах*)
Elektrodensystem *n* система электродов (*ЭЛП*)
Elektrodenüberschlag *m* пробой между электродами
Elektrodenverlustleistung *f* мощность, выделяемая [рассеиваемая] электродом
Elektrodenverschleiß *m* износ электродов
Elektrodenvorschub *m* подача электродов
Elektrodenvorspannung *f* напряжение смещения на электроде
Elektrodenwirkfläche *f* активная поверхность электрода
Elektrodenwirkleitwert *m* 1. активная межэлектродная проводимость 2. активная проводимость электрода
Elektrodenzerstäubung *f* распыление материала электродов
Elektrodenzuführung *f*, **Elektrodenzuleitung** *f* ввод электрода
Elektrodenzwischenraum *m* 1. межэлектродное пространство 2. промежуточная камера (*электролизёра*)
Elektroelektret *m* электроэлектрет

Elektroenergieeinsatz *m* электроэнерговооружённость
Elektroenergieverbrauch *m* электроэнергопотребление
Elektroerosion *f* электроэрозия
Elektrofaxverfahren *n фирм.* способ электростатической фотографии
Elektroformung *f* 1. гальванопластика 2. *пп* электроформовка
Elektrofotolumineszenz *f* электрофотолюминесценция
Elektrofunkenerosion *f* электроискровая эрозия
Elektroglimmer *m* электротехническая слюда
Elektrografie *f* электрография
Elektroionisationslaser *m* электроионизационный лазер
Elektrokeramik *f* электрокерамика
Elektrokontaktlötung *f* электроконтактная пайка
Elektrokristallisation *f* электрокристаллизация
Elektrolot *n* электролот, электрический эхолот
Elektrolumineszenz *f* электролюминесценция
Elektrolumineszenzbildverstärker *m* электролюминесцентный усилитель изображения
Elektrolumineszenzdiode *f* светоизлучающий диод, СИД
Elektrolumineszenzdisplay *n* электролюминесцентный дисплей
Elektrolumineszenzlichtverstärker *m* электролюминесцентный усилитель света
Elektrolumineszenzmatrix *f* электролюминесцентная матрица
Elektrolumineszenzplatte *f* электролюминесцентная панель
Elektrolumineszenzschirm *m* электролюминесцентный экран
Elektrolumineszenzstrahler *m* электролюминесцентный излучатель
Elektrolumineszenzsymbolanzeige *f* электролюминесцентный знаковый индикатор
Elektrolumineszenzzelle *f* электролюминесцентная ячейка; электролюминесцентная панель; электролюминесцентный излучатель
Elektroluminophor *m* электролюминофор
Elektrolyt *m* электролит
~, **katodischer** католит
Elektrolytkondensator *m* оксидный конденсатор
Elektrolytzelle *f* электролитический фотогальванический элемент
Elektro-Magnetoptik *f* электромагнитооптика
Elektromegafon *n* электромегафон
Elektromeßgerät *n* электроизмерительный прибор
Elektromeßkunde *f* электрометрия
Elektromeßtechnik *f* электроизмерительная техника
Elektrometer *n* электрометр
Elektrometer... электрометрический
Elektrometrie *f* электрометрия
Elektrometrieröhre *f* электрометрическая лампа
Elektromikrofotometer *n* фотоэлектрический микрофотометр
Elektromotor *m* электродвигатель
Elektromyografie *f* электромиография
Elektromyogramm *n* электромиограмма (*осцил-*

лограмма бионапряжений скелетной мускулатуры)

Elektron n электрон

~, **abgelöstes** излучённый [освобождённый] электрон
~, **angelagertes** захваченный электрон
~, **auftreffendes** бомбардирующий электрон
~, **Diracsches** электрон Дирака
~, **einfallendes** бомбардирующий электрон
~, **eingefangenes** захваченный электрон
~, **energiereiches** электрон высокой энергии
~, **freies** свободный электрон
~, **gebundenes** связанный электрон
~, **heißes** горячий электрон
~, **langsames** медленный электрон
~, **lichtelektrisch ausgelöstes** фотоэлектрон
~, **losgeflogenes** вылетевший [освобождённый] электрон
~, **positives** позитрон
~, **primäres** первичный электрон
~, **schnelles** быстрый электрон
~, **sekundäres** вторичный электрон
~, **thermisch ausgelöstes** термоэлектрон
~, **vagabundierendes** блуждающий электрон

Elektron-Defektelektron-Paar n пара электрон — дырка
Elektronegativität f электроотрицательность
Elektron-Elektron-Streuung f рассеяние электронов на электронах
Elektron-Elektron-Wechselwirkung f взаимодействие двух электронов
Elektronen n pl электроны (см. тж **Elektron**) □
~ **freimachen** освобождать [выбивать] электроны
Elektronenabbeugung f искривление траектории [отклонение] электронов
Elektronenabbildung f электронное изображение
Elektronenablösung f освобождение электронов
Elektronenabspaltung f вырывание электронов
Elektronenabtaststrahl m 1. считывающий электронный луч 2. развёртывающий электронный луч
Elektronenabtrennung f вырывание электронов
Elektronenaffinität f электронное сродство
Elektronenakzeptor m акцептор электронов
Elektronenanhäufung f скопление электронов
Elektronenanlagerung f 1. скопление электронов 2. захват электрона
Elektronenanordnung f электронная конфигурация, распределение электронов
Elektronenanregung f 1. возбуждение электронов 2. электронная накачка
Elektronenatmosphäre f электронный газ
Elektronenauffänger m электронная ловушка
Elektronenaufheizeffekt m эффект разогрева электронов
Elektronenaufnahme f захват электронов
Elektronenaufprall m электронная бомбардировка
Elektronenauftreffgeschwindigkeit f скорость электрона при ударе
Elektronenausbeute f выход электронов
Elektronenauslösung f освобождение электронов
Elektronenaussortierung f группирование электронов

Elektronenausstrahlung f электронная эмиссия
Elektronenaustritt m выход электронов
~, **thermischer** термоэлектронная эмиссия
Elektronenaustrittspotential n потенциал выхода электронов
Elektronenballung f группирование электронов
Elektronenbelegung f концентрация электронов
Elektronenbelichtungsanlage f установка электронно-лучевой литографии
Elektronenbeschuß m электронная бомбардировка
Elektronenbesetzung f заселённость электронами (энергетических уровней)
Elektronenbestrahlung f облучение электронами
Elektronenbeugung f дифракция электронов
Elektronenbeugungsbild n, **Elektronenbeugungsdiagramm** n электронограмма
Elektronenbeugungskamera f электронограф
Elektronenbeugungsmikroskopie f дифракционная электронная микроскопия
Elektronenbewegung f перемещение электронов; подвижность электронов
Elektronenbild n электронное изображение
Elektronenbildkraft f интенсивность электронного изображения
Elektronenbildprojektion f 1. электронно-лучевая проекционная литография 2. проецирование электронного изображения
Elektronenbildröhre f электронно-лучевая трубка, ЭЛТ
Elektronenbildwandler m электронно-оптический преобразователь, ЭОП
Elektronenbindung f электронная связь
Elektronenblitzröhre f электронная лампа-вспышка
Elektronenbremsstrahlung f тормозное излучение электронов
Elektronenbrennfleck m пятно на экране ЭЛТ
Elektronenbündel n электронный пучок
~, **konvergentes** сходящийся [конвергентный] электронный пучок
~, **stabilisiertes relativistisches** релятивистский стабилизированный электронный пучок
elektronenbündelgepumpt с накачкой электронным пучком
Elektronenbündelröhre f электронно-лучевой прибор, ЭЛП; электронно-лучевая лампа
Elektronenbündelung f группирование электронов
Elektronenbüschel n см. **Elektronenbündel**
Elektronendefekt m дырка
Elektronen-Defektelektronen... электронно-дырочный
Elektronendefekthalbleiter m дырочный полупроводник
Elektronendichte f концентрация электронов
Elektronendichteprofil n профиль распределения концентрации электронов
Elektronendiffraktometer n электронный дифрактометр
Elektronen-Donator-Anzeptor-Komplex m электронный донорно-акцепторный комплекс
Elektronendonatorniveau n электронно-донорный уровень
Elektronendrehimpuls m момент вращения электронов

Elektronendrift f дрейф электронов
Elektronendurchflug m пролёт электронов
elektronendurchlässig проницаемый для электронов
Elektronendurchlaßrichtung f направление пропускания электронов
Elektronendurchtunnelung f туннелирование электронов
Elektroneneinfall m электронная бомбардировка
Elektroneneinfang m захват электронов
Elektroneneinfangquerschnitt m эффективное сечение захвата электронов
Elektroneneinführung f инжекция электронов
Elektronen-Elektronen-Übergang m электронно-электронный переход
Elektronen-Elektronen-Zusammenstoß m электрон-электронное столкновение
Elektronenemission f электронная эмиссия
  ~ **aus Haftstellen** переброс электронов из ловушек (*в зону проводимости*)
  ~, **glühelektrische** термоэлектронная эмиссия
  ~, **kalte** автоэлектронная эмиссия
  ~, **lichtelektrische** фотоэлектронная эмиссия, фотоэмиссия
  ~, **primäre** первичная электронная эмиссия
  ~, **sekundäre** вторичная электронная эмиссия
  ~, **thermische** термоэлектронная эмиссия
Elektronenemissionsmikroskop n электронный эмиссионный микроскоп
Elektronenemissionsstrom m ток электронной эмиссии
Elektronenemitter m эмиттер электронов
elektronenempfindlich чувствительный к электронной бомбардировке
Elektronenenergieniveau n энергетический уровень электронов
Elektronenenergiestruktur f структура энергетических уровней электронов
Elektronenenergieterm m энергетический уровень электронов
Elektronenenergietermschema n диаграмма энергетических уровней электронов
Elektronenerzeuger m 1. катод 2. см. **Elektronenschleuder 1.**
Elektronenerzeugung f генерация электронов
Elektronenfahrplan m пространственно-временной график движения электронов (*в клистроне*)
Elektronenfalle f электронная ловушка
Elektronenfänger m 1. коллектор электронов 2. акцептор электронов
Elektronenfernrohr n электронный телескоп
Elektronenfernsehsystem n система электронного телевидения
Elektronenfestsetzung f оседание электронов
Elektronenfleck m электронное пятно
Elektronenflugbahn f траектория полёта электронов
Elektronenflugzeit f время пролёта электронов
Elektronenfluß m поток электронов
Elektronenfokus m фокус электронного пучка
Elektronenfokussierung f фокусировка электронов
Elektronengas n электронный газ

Elektronengastemperatur f температура электронного газа
Elektronengebiet n электронная область, n- область
Elektronengehirn n «электронный мозг»
elektronengekoppelt с электронной связью
elektronengepumpt с электронной накачкой
Elektronengerät n электронный прибор
Elektronengleichrichter m электронный выпрямитель
Elektronengruppierung f группирование электронов
Elektronenhaftstelle f электронная ловушка
Elektronenhaftterm m энергетический уровень захвата электронов
Elektronenhalbleiter m электронный полупроводник
Elektronenhaufen m сгусток электронов
Elektronenhülle f электронная оболочка
Elektroneninjektion f инжекция электронов
Elektroneninjektor m инжектор электронов
Elektroneninterferenz f интерференция электронов
Elektroneninterferenzdiagramm n электронограмма
Elektroneninterferenzmikroskop n электронный интерференционный микроскоп
Elektron-Ionen-Rekombination f электронно-ионная рекомбинация
Elektronenionenstrahltechnologie f электронно-ионно-лучевая технология
Elektronenionisation f ионизация электронами
Elektronenkanone f см. **Elektronenschleuder**
Elektronenkarte f 1. *рлк* электронная карта 2. *см.* **Elektronenkartenabbildung**
Elektronenkartenabbildung f изображение на экране индикатора кругового обзора
Elektronenkartograph m индикатор кругового обзора, ИКО
Elektronenkollision f столкновение электронов
Elektronenkopplung f электронная связь
Elektronenkreisbahn f электронная орбита, орбита электрона
Elektronenladung f заряд электрона
Elektronenladungsstrecke f участок с электронным зарядом
Elektronenlaufzeit f время полёта электронов
Elektronenlawine f электронная лавина
Elektronenlebensdauer f время жизни электрона
Elektronenleerstelle f электронная вакансия
elektronenleitend с электронной электропроводностью
Elektronenleitfähigkeit f, **Elektronenleitung** f электронная электропроводность
Elektronenleitungsstrom m электронный ток
Elektronenlinse f электронная линза
Elektronenlithografie f электронно-лучевая литография
Elektronenloch n электронная вакансия
Elektronenlocher m электронный перфоратор
Elektronen-Löcher... электронно-дырочный
Elektronenlücke f электронная вакансия
Elektronenmantel m электронная оболочка
Elektronenmigration f миграция электронов

Elektronenmikrofotografie *f* электронная микрофотография
Elektronenmikroskop *n* электронный микроскоп
~, **elektrisches** электростатический электронный микроскоп
~ **für Reflexion** отражательный электронный микроскоп
~ **mit elektrostatischen Linsen** электронный микроскоп с электростатической фокусировкой
~ **mit magnetischen Linsen** электронный микроскоп с магнитной фокусировкой
Elektronenmikroskopaufnahme *f* микрофотография с применением электронного микроскопа
Elektronenmikroskopie *f* электронная микроскопия
Elektronenmikrosondeanalyse *f* микрозондовый электронный анализ
Elektronennachemission *f* экзоэлектронная эмиссия
Elektronenniveau *n* электронный уровень
Elektronenoptik *f* электронная оптика
elektronenoptisch электронно-оптический
Elektronenoszillograph *m* электронный осциллограф
Elektronenpaket *n* пакет [пачка] электронов
Elektronenpendelschwingungen *f pl*, **Elektronenpendelung** *f* электронные колебания
Elektronen-Phononen... электронно-фононный
Elektronenpolarisation *f* электронная поляризация
Elektronenprisma *n* электронная призма
Elektronenprojektionsanlage *f* установка электронно-лучевой литографии
Elektronenprojektor *m* электронный прожектор
Elektronenpumpen *n кв. эл.* электронная накачка
Elektronenquelle *f* источник электронов
Elektronenrad *n* «электронное колесо» (*магнетрона*)
Elektronenrastermikroskop *n* растровый электронный микроскоп, РЭМ
Elektronenraumladeschwingungen *f pl* колебания пространственного электронного заряда
Elektronenraumladung *f* пространственный электронный заряд
Elektronenrauschen *n* дробовые шумы; электронный фон
Elektronenrecheneinrichtung *f* электронное вычислительное устройство
Elektronenrechentechnik *f* электронно-вычислительная техника
Elektronenrechner *m* электронная ВМ, ЭВМ
~ **mit Kommaautomatik** ЭВМ с автоматической нормализацией чисел
~, **programmgesteuerter** ЭВМ с программным управлением
Elektronenreflektor *m* электронное зеркало
Elektronenresist *n* электронный резист, электронорезист
Elektronenresonanz *f* электронный резонанс
Elektronenresonanzspektrometer *n* электронно-резонансный спектрометр
Elektronenröhre *f* 1. электронная лампа 2. электронная трубка
Elektronenröhren... ламповый

Elektronenröhren-Verbundsystem *n* комбинированная электронная лампа
Elektronenrückflug *m* возврат электронов
Elektronenrückstoß *m* отдача электронов
Elektronenrückstrom *m* поток отражённых электронов
Elektronensammellinse *f* электронная собирательная линза
Elektronenschale *f* электронная оболочка
Elektronenschalter *m* электронный переключатель
Elektronenschar *f* сгусток электронов
Elektronenschattenmikroskop *n* теневой электронный микроскоп
Elektronenschauer *m* электронный ливень
Elektronenschicht *f* 1. электронный слой 2. электронная оболочка
Elektronenschleuder *f* 1. электронный прожектор 2. бетатрон
~, **blaue** *тлв* «синий» электронный прожектор
~, **gepreßte** электронный прожектор с уплотнённым (электронным) пучком
~, **mit gekreuzten Feldern** электронный прожектор со скрещёнными полями
Elektronenschreibfleck *m* записывающее электронное пятно
Elektronenschwarm *m* электронное облако
Elektronenschweißen *n* электронно-лучевая сварка
Elektronenschwingungen *f pl* электронные колебания
Elektronensekundäremission *f* вторичная электронная эмиссия
Elektronenselbstbeschleunigung *f* самоускорение электронов
Elektronensonde *f* электронно-лучевой зонд
Elektronenspeichereinrichtung *f* электронное ЗУ
Elektronenspektrograph *m* электронный спектрограф
Elektronenspektrum *n* электронный спектр
Elektronenspender *m* донор электронов
Elektronenspiegel *m* электронное зеркало
Elektronenspiegelbildwandler *m* ЭОП с электронным зеркалом
Elektronenspiegelmikroskop *n* зеркальный электронный микроскоп
Elektronenspin *m* спин электрона
Elektronenspinresonanz *f* электронный спиновый резонанс, ЭСР
Elektronensprung *m* электронный переход
Elektronenstoß *m* 1. соударение электронов 2. электронная бомбардировка
Elektronenstoßanregung *f* возбуждение при электронной бомбардировке
Elektronenstoßfrequenz *f* частота соударений электронов
Elektronenstoßionisation *f* ударная электронная ионизация
Elektronenstoßleuchten *n* свечение, вызванное электронной бомбардировкой
Elektronenstrahl *m* электронный луч; электронный пучок
~, **abtastender** развёртывающий электронный луч

~, **gaskonzentrierter** электронный луч с газовой фокусировкой

~, **gebündelter** сфокусированный пучок электронов

Elektronenstrahlabgleich *m* электронно-лучевая подгонка

Elektronenstrahlablenkung *f* отклонение электронного луча

Elektronenstrahlabtaster *m* электронно-лучевое развертывающее устройство

elektronenstrahlangeregt с электронным возбуждением; с электронной накачкой

Elektronenstrahlanlage *f* *микр.* электронно-лучевая установка

~ **für direkte Waferbelichtung** установка электронно-лучевой литографии с непосредственным формированием рисунка на пластине

~ **für Maskenschreiben** электронно-лучевая установка для изготовления фотошаблонов

~, **lithografische** электронно-лучевая установка (фото)литографии

Elektronenstrahlanregung *f* *кв. эл.* электронно-лучевая накачка, накачка электронным пучком

Elektronenstrahlanzeigeröhre *f* электронно-лучевая индикаторная трубка

Elektronenstrahlätzen *n* электронно-лучевое травление

Elektronenstrahlaufdampfen *n* электронно-лучевое напыление

Elektronenstrahlaufzeichner *m* установка для записи электронным лучом

Elektronenstrahlbearbeitungsanlage *f* установка электронно-лучевой обработки

Elektronenstrahlbehandlung *f* электронно-лучевая обработка

Elektronenstrahlbelichtungsanlage *f* установка электронно-лучевой литографии

Elektronenstrahlbildabtaster *m* 1. электронно-лучевое устройство сканирования изображения 2. телевизионный сканер

Elektronenstrahlbildprojektor *m* электронно-лучевая проекционная установка

Elektronenstrahlbündel *n* электронный пучок

Elektronenstrahldirektschreiben *n* 1. (непосредственная) запись электронным лучом 2. *микр.* электронно-лучевое формирование рисунка

Elektronenstrahldirektschreiberanlage *f* 1. установка для записи электронным лучом 2. *микр.* установка электронно-лучевой литографии с непосредственным формированием рисунка

Elektronenstrahldotierung *f* электронно-лучевое легирование

Elektronenstrahlentladung *f* электронно-лучевой разряд

Elektronenstrahler *m* 1. электронная пушка (*в электронных микроскопах*) 2. *см.* **Elektronenschleuder 1.**

Elektronenstrahlerwärmung *f* электронно-лучевой нагрев

Elektronenstrahlerzeuger *m см.* **Elektronenschleuder 1.**

Elektronenstrahl-Fernsehsystem *n* электронная система телевидения

Elektronenstrahlfleck *m* пятно (от) электронного пучка

Elektronenstrahlfunktionsumformer *m* электронно-лучевой функциональный преобразователь

Elektronenstrahlgenerator *m* 1. *микр.* электронно-лучевой генератор 2. генераторный электронно-лучевой прибор, генераторный ЭЛП

Elektronenstrahlgerät *n* электронно-лучевой прибор, ЭЛП

Elektronenstrahlheizung *f* электронно-лучевой нагрев

Elektronenstrahlhörkopf *m* электронно-лучевая головка воспроизведения звука

Elektronenstrahlindikator *m* электронно-лучевой индикатор

Elektronenstrahlinjektion *f* электронно-лучевая инжекция

Elektronenstrahlinjektionslaser *m* лазер с электронно-лучевой накачкой

Elektronenstrahljustierung *f* 1. фокусировка электронного пучка 2. регулировка положения пучка

Elektronenstrahlkanone *f см.* **Elektronenstrahler**

Elektronenstrahlkatode *f* электронно-лучевой катод

Elektronenstrahlkodierungsröhre *f* кодирующая ЭЛТ

Elektronenstrahlkonzentration *f* плотность электронного пучка

Elektronenstrahl-Krümmungsspule *f* катушка поворота *или* изгиба электронного луча

Elektronenstrahllaser *m* лазер с электронным возбуждением

Elektronenstrahllithografie *f* электронно-лучевая литография, электронолитография

Elektronenstrahlmagnetron *n* магнетрон с управляемым электронным лучом

Elektronenstrahlmaskenschreiber *m* электронно-лучевая установка для изготовления фотошаблонов

Elektronenstrahlmikroanalysator *m* электронно-лучевой микроанализатор

Elektronenstrahlmodulation *f* модуляция электронного луча

Elektronenstrahlmultiskop *n* многолучевой осциллограф

Elektronenstrahloszillograph *m* электронно-лучевой осциллограф

Elektronenstrahlpumpen *n кв. эл.* электронно-лучевая накачка, накачка электронным пучком

Elektronenstrahl-Reaktanzverstärker *m* электронно-лучевой параметрический усилитель, ЭПУ

Elektronenstrahlretikelgenerator *m* электронно-лучевая установка для изготовления промежуточных фотошаблонов

Elektronenstrahlröhre *f* электронно-лучевая трубка, ЭЛТ

~, **grünleuchtende** ЭЛТ с экраном зелёного свечения

Elektronenstrahlrücklauf *m* обратный ход электронного луча

Elektronenstrahlschalter *m* электронно-лучевой переключатель

Elektronenstrahlschneiden *n* электронно-лучевая резка

Elektronenstrahlschreiben *n* запись электронным лучом

Elektronenstrahlschreiber *m* установка для записи электронным лучом

Elektronenstrahlschweißen *n* электронно-лучевая сварка

Elektronenstrahlspannung *f* потенциал электронного пучка

Elektronenstrahlspeicher *m* ЗУ *или* память на ЭЛТ

Elektronenstrahlstärke *f* интенсивность [плотность] электронного пучка

Elektronenstrahlstrom *m* ток электронного пучка

Elektronenstrahlstrukturierung *f* *микр.* формирование рисунка методом электронно-лучевой литографии

Elektronenstrahlsystem *n* 1. электронно-оптическая система 2. *см.* **Elektronenschleuder**

Elektronenstrahltechnologie *f* электронно-лучевая технология

Elektronenstrahlung *f* электронная эмиссия

Elektronenstrahlverdampfer *m* электронно-лучевой испаритель

Elektronenstrahlverdampfung *f* электронно-лучевое испарение

Elektronenstrahlverstärker *m* электронно-лучевой (параметрический) усилитель

~, **parametrischer** электронно-лучевой параметрический усилитель, ЭПУ

Elektronenstrahlvervielfacher *m* электронно-лучевой умножитель

Elektronenstrahl-Wandlerröhre *f* электронно-лучевой преобразователь

Elektronenstrahlwerfer *m см.* **Elektronenschleuder 1.**

Elektronenstreuung *f* рассеяние электронов

Elektronenstrom *m* 1. электронный ток 2. поток электронов

~, **dichtmodulierter** промодулированный по плотности поток электронов

Elektronenstromimpuls *m* импульс электронного тока

Elektronenstromruhewert *m* значение [величина] электронного тока покоя

Elektronenströmung *f* поток электронов

Elektronentanzen *m pl*, **Elektronentanzschwingungen** *f pl* колебания электронов в тормозящем поле

Elektronentemperatur *f* электронная температура

Elektronenterm *m* электронный терм

Elektronenträgheit *f* инерционность электронов

Elektronentransfer *m* перенос электронов

Elektronentransferelement *n* диод Ганна

Elektronentransport *m* перенос электронов

Elektronenübergang *m* электронный переход

~, **strahlungsloser** безызлучательный (электронный) переход

Elektronenübergangsgenerator *m* генератор на междомённых переходах электронов

Elektronenübermikroskop *n* электронный сверхмикроскоп

Elektronenüberschuß *m* избыток электронов

Elektronenüberschußhalbleiter *m* полупроводник с избыточной электропроводностью

Elektronenübertragung *f* перенос электронов

Elektronenübertritt *m см.* **Elektronenübergang**

Elektronenumlaufbahn *f* орбита электрона

Elektronenumlaufzeit *f* период обращения электронов

Elektronenuntergrund *m* электронный фон

Elektronenventil *n* электронный вентиль

Elektronenverarmung *f* обеднение электронами

Elektronenverdampfer *m* электронный испаритель

Elektronenverdampfung *f* электронное испарение; (термо)электронная эмиссия

Elektronenverlagerung *f* смещение электронов

Elektronenverlust *m* потери [рассеяние] электронов

Elektronenvermehrung *f см.* **Elektronenvervielfachung**

Elektronenverstärker *m* электронный усилитель

Elektronenverteilungskurve *f* кривая распределения электронов

Elektronenvervielfacher *m*, **Elektronenvervielfacherröhre** *f* вторично-электронный умножитель, ВЭУ

Elektronenvervielfachung *f* умножение электронов

~ **durch Sekundäremission** вторично-эмиссионное умножение электронов

Elektronenvolt *n* электронвольт, эВ

Elektronenwähler *m* электронно-лучевой коммутатор

Elektronenwählersystem *n* электронная автоматическая телефонная станция, АТСЭ

Elektronenwanderung *f* миграция электронов

Elektronenweg *m* траектория электрона

Elektronenwellen *f pl* электронные волны

Elektronenwellen-Magnetfeldröhre *f*, **Elektronenwellenmagnetron** *n* электронно-волновой магнетрон

Elektronenwellenröhre *f* электронно-волновая ЛБВ

Elektronenwellenverstärker *m* электронно-волновой усилитель

Elektronenwerfer *m см.* **Elektronenschleuder 1.**

Elektronenwolke *f* электронное облако

Elektronenzusammenballung *f* группирование электронов

Elektronenzusammenfassung *f* фокусировка электронов

Elektronenzusammenstoß *m* соударение электронов

Elektronenzustand *m* электронное состояние

Elektronenzwillinge *m pl* электронно-позитронные пары

Elektron-Gitter-Wechselwirkung *f* взаимодействие между электроном и решёткой

Elektronik *f* электроника

~ **1-er Generation** электроника 1-го поколения, электроника ламповых схем

~ **2-er Generation** электроника 2-го поколения, электроника транзисторных схем

~ **3-er Generation** электроника 3-го поколения, микроэлектроника

~ **4-er Generation** электроника 4-го поколения, электроника БИС

~, **industrielle** промышленная электроника

~, **integrierte** интегральная электроника
~, **medizinische** медицинская электроника
~, **molekulare** молекулярная электроника, молектроника
Elektronikanlage f электронная установка; электронное оборудование
Elektronikbaugruppe f (радио)электронный узел
Elektron-Ion... электронно-ионный
elektronisch электронный
Elektron-Loch-Paar n (связанная) электронно-дырочная пара, экситон
Elektron-Loch-Paarerzeugung f рождение [образование] электронно-дырочных пар
Elektron-Neutron-Paar n электронно-нейтронная пара
Elektronoskopie f электронная спектроскопия
Elektron-Phonon-Wechselwirkung f электронно-фононное взаимодействие
Elektron-Photon-Kaskade f электронно-фотонный каскад
Elektron-Positron-Paar n электронно-позитронная пара
Elektron-Positron-Paarvernichtung f аннигиляция электронно-позитронной пары
Elektronvolt n электронвольт, эВ
Elektrooptik f электрооптика
Elektroosmose f электроосмос
Elektrophorese f электрофорез
Elektroplattierung f гальваностегия
Elektropleochroismus m электроплеохроизм
Elektroporzellan n электрофарфор
Elektropositivität f электроположительность
Elektropyrometer n электропирометр
Elektroradiografie f рентгеновская электрорадиография, рентгеноэлектрофотография
Elektroreduktion f электролитическое восстановление
Elektrosicherheit f электробезопасность
Elektrostimulation f электростимуляция (в медицине)
Elektrostriktion f электрострикция
Elektrotypie f электротипия
Elektrovakuumgerät n электровакуумный прибор, ЭВП
Element n 1. элемент; компонент; деталь 2. звено; схема; устройство 3. хим. элемент
~, **aktives** активный элемент
~, **arithmetisches** арифметический элемент
~, **bildbestimmendes** элемент, определяющий качество изображения
~, **binäres** двоичный элемент
~, **diskretes** дискретный элемент
~, **elektrochemisches** гальванический элемент
~, **empfindliches** воспринимающий [чувствительный] элемент; датчик
~, **festes** твердотельный элемент; полупроводниковый элемент
~, **fotoelektrisches** фотоэлектрический элемент
~, **funktionales** функциональный элемент
~, **gesteuertes** управляемый элемент
~, **halbleitendes** полупроводниковый элемент
~, **holografisches abbildendes** голограммный элемент, формирующий изображение (напр. линза)
~ **der integrierten Mikroschaltung** элемент ИМС

~, **kombinatorisches logisches** комбинационный логический элемент
~, **ladungsgekoppeltes** элемент на ПЗС
~, **langlebiges** долговечный элемент
~, **lichtemittierendes** светоизлучающий элемент
~, **lichtempfindliches** светочувствительный элемент
~, **logisches** логический элемент
~, **magnetisches** магнитный элемент
~, **mehrstabiles** многостабильный элемент
~ **mit Gleichrichterwirkung** выпрямительный элемент
~ **mit versenktem Kanal, ladungsgekoppeltes** элемент на ПЗС со скрытым каналом
~, **monostabiles** моностабильный элемент
~, **nichtlineares** нелинейный элемент
~, **oberflächenladungsgekoppeltes** элемент на ПЗС с поверхностным каналом
~, **optoelektronisches** оптоэлектронный элемент
~, **parasitäres** 1. пассивный элемент (антенны) 2. паразитный элемент (схемы)
~, **passives** пассивный элемент
~, **phasenkorrigierendes** фазокорректирующий элемент
~, **piezoelektrisches** пьезоэлектрический элемент
~, **strahlendes** излучающий элемент
~, **strukturierendes** элемент структурирования
~, **supraleitendes** сверхпроводящий элемент
~, **temperaturempfindliches** термочувствительный элемент
~, **thermoelektrisches** термоэлемент
~, **umkehrbares** обратимый элемент
~, **zusammengesetztes logisches** сложный или составной логический элемент
Elementabmessungen f pl, **kleinste** наименьшие размеры элемента
Elementalterung f над. старение элемента
Elementaraussage f лог. элементарное высказывание
Elementarbezirk m:
~, **magnetischer** магнитный домен
~, **Weißscher** элементарная область Вейса
Elementarbildscheibchen n кружок рассеяния
Elementarempfindlichkeitskurven f pl кривые сложения (цветов)
Elementardipol m элементарный излучатель
Elementarfigur f простейший (топологический) элемент
~, **winzigste** мельчайший топологический элемент
Elementarfilter n элементарный фильтр
Elementarglied n, **binäres** двоичный логический элемент
Elementarhalbleiter m простой полупроводник
Elementarimpuls m единичный импульс
Elementarinformation f единица [элемент] информации, бит
Elementarladung f элементарный заряд
Elementaroptron n элементарный оптрон
Elementarparallelepipede n pl крист. ячейки Бравэ
Elementarquantum n, **elektrisches** элементарный (электрический) заряд
Elementarschaltung f основная [типовая] схема (напр. с общим коллектором)

Elementarstrahler *m* элементарный излучатель
Elementartransformation *f* элементарное [простейшее] преобразование
Elementarzeichen *n* тлг элементарная посылка
Elementarzelle *f* элементарная ячейка
Elementausfallrate *f* над. интенсивность отказов элементов
Elementauswahlbefehl *m* команда выборки данных
Elementbreite *f* микр. ширина линии элемента ИС
Elementdrucker *m* растровое печатающее устройство
Elementefehlerwahrscheinlichkeit *f* вероятность ошибочной передачи элементов
Elementevorrat *m* запас элементов
Elementhalbleiter *m* простой полупроводник
Elementkennzeichnung *f* 1. обозначение элемента схемы 2. *изм.* обозначение типа термопары
Elementpufferbetrieb *m* буферное питание от элементов
Elementredundanz *f* над. резервирование элементов (*системы*)
Elementschenkel *m* стержень термопары
Elementstrukturierung *f* формирование элементов (*ИС*)
Elevationsantenne *f* антенна угла места
Elevationsanzeigeschirm *m* экран индикатора угла места
Elimination *f* 1. устранение (*напр. зарядов*); подавление (*напр. шумов*) 2. вчт, мат. исключение
Elionik *f* элионика
Elko *m* оксидный конденсатор
Ellipsenbahn *f* эллиптическая орбита
Ellipsoidantenne *f* симметричная антенна с эллипсоидальными вибраторами
Ellipsoidspiegel *m* эллиптический отражатель
Elongation *f* 1. (относительное) удлинение 2. элонгация
Eloxalschicht *f* анодированный слой
Eloxieren *n* анодирование
El-Platte *f* электролюминесцентная панель
Elternkern *m* исходное ядро
E-MAC-System *n* система E-MAC, система Е-МАК (*система МАС, обеспечивающая повышенную чёткость и больший формат кадра*)
Emailwiderstand *m* (проволочный) эмалированный резистор
Emergenzpunkt *m* точка выхода (*напр. лучей*)
E-Messer *m*, **E-Meßgerät** *n* дальномер
Emission *f* 1. эмиссия, испускание 2. излучение
~ **durch Ionenstoß** эмиссия, возбуждённая ионной бомбардировкой
~, **erzwungene** кв. эл. вынужденное испускание
~, **fotoelektronische** фотоэлектронная эмиссия, фотоэмиссия
~, **glühelektrische** термоэлектронная эмиссия, термоэмиссия
~, **induzierte** кв. эл. индуцированное [вынужденное] излучение
~, **kalte** автоэлектронная эмиссия
~, **kohärente** когерентное излучение
~, **lichtelektrische** фотоэлектрическая эмиссия, фотоэмиссия

~, **sekundäre** вторичная эмиссия
~, **selbständige** [**sich selbsterhaltende**] самоподдерживающаяся эмиссия
~, **spontane** 1. самопроизвольная [спонтанная] эмиссия 2. кв. эл. спонтанное испускание
~, **stimulierte** см. **Emission, induzierte**
~, **thermische** [**thermoelektrische, thermoelektronische**] термоэлектронная эмиссия, термоэмиссия
~, **thermoionische** термоионная эмиссия
~ **von Gamma-Quanten** гамма-излучение
Emissionsausbeute *f* эмиссионный выход, выход эмиссии
Emissionsbande *f* 1. полоса (спектра) испускания 2. полоса излучения
Emissionsbelag *m* эмиттирующее покрытие
Emissionsbereich *m* 1. область эмиссии 2. спектральная характеристика, распределение спектра (светового) излучения
Emissionsbild *n* 1. эмиссионная картина 2. *тлв.* потенциальный рельеф
Emissionsdichte *f* плотность (тока) эмиссии
Emissionsdiode *f* излучающий диод
Emissionseigenschaft *f* см. **Emissionsvermögen**
Emissionselektrode *f* эмиттирующий электрод; эмиттер
Emissionselektronenmikroskop *n* эмиссионный электронный микроскоп
Emissionsfähigkeit *f* см. **Emissionsvermögen**
Emissionsfarbe *f* цвет излучения
Emissionsfläche *f* 1. эмиттирующая поверхность 2. площадь излучения
Emissionsfotozelle *f* электровакуумный фотоэлемент
Emissionsfrequenzband *n* излучаемая полоса частот
Emissionsgrad *m* см. **Emissionsvermögen**
Emissionsintervall *n* (спектральный) интервал излучения
Emissionskennlinie *f* эмиссионная характеристика
Emissionskoeffizient *m* коэффициент эмиссии
Emissionskonstante *f* постоянная эмиссии
Emissionskontinuum *n* непрерывный [сплошной] спектр излучения
Emissionskurve *f* см. **Emissionskennlinie**
Emissionsleistung *f* мощность излучения
Emissionslinien *f pl* линии спектра излучения
Emissionsmikroskop *n* эмиссионный (электронный) микроскоп
Emissionsoxid *n* активатор (*напр. люминофора*)
Emissionsphase *f* фаза эмиссии; фаза вылета (*электронов*)
Emissionsprüfung *f* проверка эмиссионной способности
Emissionsrate *f* см. **Emissionsstärke**
Emissionsrauschen *n* шумы дробового эффекта
Emissionsreserve *f* резерв [запас] эмиссионной способности (*напр. катода*)
Emissionsröntgenspektrum *n* рентгеновский спектр испускания
Emissionsschicht *f* эмиттирующий слой
Emissionsschwankung *f* флуктуация эмиссии
Emissionsspektrometer *n* эмиссионный спектрометр
Emissionsspektrum *n* спектр излучения

Emissionsspitzenmikroskop *n* эмиссионный электронный микроскоп с большим увеличением
Emissionsstärke *f* интенсивность излучения
Emissionsstoff *m* эмиттирующий материал
Emissionsstrahlung *f* эмиссионное излучение
Emissionsstrom *m* ток эмиссии
Emissionsübergang *m* фтт излучательный переход
Emissionsvergiftung *f* отравление [загрязнение] катода, вызывающее потерю эмиссии
Emissionsverlauf *m см.* **Emissionskennlinie**
Emissionsvermögen *n* 1. эмиссионная способность 2. излучательная способность
Emissionsverschiebung *f* 1. смещение эмиссии 2. смещение излучения
Emissionswahrscheinlichkeit *f* вероятность испускания (*частиц*)
Emissionswiderstand *m* сопротивление эмиссии
Emissionszentrum *n* 1. центр излучения 2. центр испускания
Emissionszone *f* зона [область] излучения
Emitron *n* эмитрон (*разновидность иконоскопа*)
Emitter *m* 1. эмиттер; эмиттерная область 2. вывод эмиттера 3. излучатель
~, **becherförmiger** чашеобразный эмиттер
~ **mit Streifengeometrie** полосковый эмиттер
~, **offener** открытый [отпертый] эмиттер
~, **positiv vorgespannter** эмиттер с положительным смещением
~, **zusätzlicher** дополнительный эмиттер
Emitteraktivität *f* активность эмиттера
Emitteranschluß *m* 1. вывод эмиттера 2. подключение эмиттера
Emitteranschlußinduktivität *f* индуктивность вывода эмиттера
Emitteranschlußleitung *f* проводник вывода эмиттера
Emitterbahnwiderstand *m* сопротивление объёма материала эмиттерной цепи (*от перехода до вывода эмиттера*)
Emitterbasis *f* общий эмиттер
Emitter-Basis-Abstand *m* расстояние эмиттер—база
Emitter-Basis-Diode *f* диод эмиттер—база
Emitter-Basis-Kreis *m* цепь эмиттер—база
Emitter-Basis-Reststrom *m* остаточный ток эмиттер—база
Emitter-Basis-Schaltung *f* схема с общим эмиттером
Emitter-Basis-Sperrschicht *f* запирающий слой перехода эмиттер—база
Emitter-Basis-Übergang *m* переход эмиттер—база
Emitter-Basis-Übergangsspannung *f* напряжение перехода эмиттер—база
Emitterbereich *m* эмиттерная область
Emittercharakteristik *f* эмиттерная характеристика
Emitterdiffusion *f* эмиттерная диффузия
Emitterdiffusionsimpedanz *f* полное сопротивление диффузии эмиттера
Emitterdiffusionskapazität *f* диффузионная ёмкость эмиттера
Emitterdiffusionsvorgang *m* процесс диффузии (примеси) при формировании эмиттера

Emitterdiffusionswiderstand *m* диффузионное сопротивление эмиттера
Emitterdiode *f* эмиттерный диод (*образован переходом эмиттер—база*)
Emitter-Dip-Effekt *m* эффект углубления перехода база—коллектор при эмиттерной диффузии
Emittereffektivität *f* эффективность эмиттера
Emitterelektrode *f* эмиттер
Emitteremissionswiderstand *m* сопротивление эмиссии эмиттера
Emitter-Emitter-Gegenkopplung *f* обратная связь эмиттер—эмиттер
Emitterergiebigkeit *f* эффективность эмиттера
Emitterfenster *n* окно эмиттера (*в защитном слое оксида кремния*)
Emitterfläche *f* площадь эмиттера
Emitterfolger *m* эмиттерный повторитель
Emitterfolgerlogik *f* логические схемы на эмиттерных повторителях, ЭПЛ-схемы
Emittergebiet *n* эмиттерная область
emittergekoppelt с эмиттерными связями
Emittergleichrichterstrecke *f* выпрямляющий промежуток эмиттерного перехода
Emittergrenze *f* 1. граница эмиттерного перехода (*граница между эмиттером и базой*) 2. граница (очертания) эмиттера
Emittergrenzfrequenz *f* предельная [граничная] частота эмиттера
Emittergrenzschicht *f* (при)граничный слой эмиттерного перехода
Emittergrenzschichtkapazität *f* ёмкость эмиттерного перехода
Emittergrenzstrom *m* предельный ток эмиттера
Emittergrundschaltung *f* схема с общим эмиттером
Emitterkapazität *f* эмиттерная ёмкость
Emitter-Kollektor-Diffusionsstrom *m* диффузионный ток эмиттер—коллектор
Emitter-Kollektor-Spannung *f* напряжение эмиттер—коллектор
Emitter-Kollektor-Strecke *f* участок эмиттер—коллектор
Emitterkontaktstreifen *m* полоска эмиттерного контакта
Emitterkreis *m* цепь эмиттера
Emitterleiter *m* 1. провод(ник) эмиттера 2. вывод эмиттера
Emitterleitfähigkeit *f* проводимость эмиттера
Emitterleitungsträger *m* носитель заряда эмиттерной области
Emitterleitungswiderstand *m* сопротивление цепи эмиттера
Emitterperle *f*, **Emitterpille** *f* шарик сплава для формирования эмиттера (*в сплавном транзисторе*)
Emitterrand *m см.* **Emittergrenze** 2.
Emitterrandschicht *f см.* **Emittergrenzschicht**
Emitterraumladungsbereich *m* область объёмного заряда эмиттера
Emitterraumladungskapazität *f* ёмкость объёмного заряда эмиттера
Emitterreststrom *m* остаточный ток эмиттера
Emitterrückstrom *m* обратный ток эмиттера

Emitterschalter *m* переключатель на эмиттерном повторителе
Emitterschaltung *f* схема с общим эмиттером
~, **geerdete** схема с заземлённым эмиттером
Emitterschleife *f* эмиттерная петля
Emittersenkung *f см.* **Emitter-Dip-Effekt**
Emittersperrschicht *f* запирающий слой эмиттера
Emittersperrstrom *m* обратный ток эмиттера
Emitterspitze *f* эмиттирующее остриё (*холодного катода*)
Emittersteuerung *f* управление по цепи эмиттера
Emitterstreifen *m* полоска эмиттера
Emitterstrom *m* ток эмиттера, эмиттерный ток
Emittertetrode *f* четырёхэмиттерный транзистор
Emittertiefe *f* глубина эмиттера
Emitter-Tor-Abstand *m* промежуток исток — затвор
Emitterübergang *m* эмиттерный переход
~, **in Durchlaßrichtung vorgespannter** прямосмещённый эмиттерный переход
~, **in Sperrichtung vorgespannter** обратносмещённый эмиттерный переход
Emitterübergangsschicht *f* слой эмиттерного перехода
Emitterübergangszone *f* область эмиттерного перехода
Emitterverlustleistung *f* мощность, рассеиваемая эмиттером
Emitterverstärker *m* эмиттерный повторитель
Emittervorspannung *f* напряжение смещения эмиттера
Emitterwirkfläche *f* эффективная [активная] площадь эмиттера
Emitterwirkungsgrad *m* кпд эмиттера (*коэффициент инжекции эмиттера*)
Emitterzeitkonstante *f* постоянная времени (цепи) эмиттера
Emitterzone *f* эмиттерная область
Emitterzuleitung *f* вывод эмиттера
Emitterzweig *m* ветвь эмиттера
emittieren 1. эмиттировать, испускать 2. излучать
EMK *f* электродвижущая сила, эдс
~, **eingeprägte** приложенная эдс
~, **hervorgerufene** *см.* **EMK, induzierte**
~, **impulsförmige** импульсная эдс
~, **induzierte** индуцированная [наведённая, наводимая] эдс
~, **thermoelektrische** термоэдс
Empfang *m* приём □ **auf ~ gehen** настраиваться на приём; **auf ~ stehen** быть настроенным на приём
~, **aussetzender** неуверенный приём
~, **einwandfreier** уверенный приём
~, **fadingmindernder** приём с ослаблением замираний
~, **fehlerfreier** неискажённый приём
~, **gerichteter** направленный приём
~, **gestörter** приём с помехами
~, **gleichmäßiger** устойчивый приём
~, **günstigster** оптимальный приём
~, **heterodyner** гетеродинный приём
~, **kohärenter** когерентный приём
~, **kompatibler** совместимый приём (*чёрно-белого и цветного телевидения*)

~ **mit räumlich getrennten Antennen** радиоприём с разнесением антенн по пространству
~, **monauraler [monophoner]** монофонический приём
~, **schwundfreier** приём без замираний
~, **störungsfreier** приём без помех
~, **verrauschter** приём с помехами
Empfänger *m* 1. (радио)приёмник 2. приёмное устройство, приёмник 3. телефон
~, **allgemeiner** приёмник коллективного пользования
~, **amplitudenmodulierter** (радио)приёмник АМ-сигналов
~, **fotoelektrischer** фотоприёмник
~, **fotografischer** приёмный фототелеграфный аппарат
~, **frequenzmodulierter** (радио)приёмник ЧМ-сигналов
~ **für Allstrombetrieb** (радио)приёмник с универсальным питанием
~ **für Entfernungsmessung** приёмник системы измерения дальности
~ **für Gleichstrombetrieb** (радио)приёмник с питанием от постоянного тока
~ **für Schallplattenwiedergabe** (радио)приёмник с проигрывателем, радиола
~ **für Wechselstrombetrieb** (радио)приёмник с питанием от сети переменного тока
~, **lichtelektrischer** фотоприёмник
~, **magnetostriktiver** магнитострикивный датчик
~ **mit Drucktasteneinstellung** (радио)приёмник с кнопочной настройкой
~ **mit thermischem Hörer** термотелефон
~, **monauraler** монофонический приёмник
~, **optimaler** корреляционный приёмник
~, **optischer** оптический приёмник, приёмник света
~, **trennscharfer** (радио)приёмник с высокой избирательностью
Empfängerablösegerät *n* устройство автоматического выбора приёмника (*по наименьшему уровню шумов*)
Empfänger-Anschlußdose *f* тлф абонентская розетка
Empfängerausgang *m* выход (радио)приёмника
Empfängerauswahlsystem *n* система разнесённого приёма с выбором сигнала на выходе приёмников
Empfängerautosyn *n* сельсин-приёмник
Empfängerbandbreite *f* 1. полоса пропускания (радио)приёмника 2. диапазон рабочих частот радиоприёмника
Empfänger-Bild-Kanal *m* канал изображения телевизионного приёмника
Empfängerdiversity *f* разнесённый радиоприём
Empfängerdrehmelder *m* сельсин-приёмник
Empfängerdurchlaßkurve *f* кривая избирательности (радио)приёмника
Empfängereichung *f* градуировка (радио)приёмника
Empfängereingangskreis *m* входной контур (радио)приёмника
Empfängereingangspegel *m* уровень входного сигнала приёмника

Empfängereingangsspannung f входное напряжение приёмника
Empfängerelektrode f приёмный электрод (*ПЗС*)
Empfängerempfindlichkeit f чувствительность (радио)приёмника
Empfängerfarbmischkurven f pl кривые смешения цветов воспроизводящего устройства
Empfängerfernabstimmung f дистанционная настройка (радио)приёмника
Empfängerfernbedienung f дистанционное управление (радио)приёмником
Empfängerfernschaltung f дистанционное включение (радио)приёмника
Empfängergehäuse n корпус [ящик] (радио)приёмника
Empfängergestell n шасси (радио)приёмника
Empfängergrundrauschleistung f мощность собственного шума (радио)приёмника
Empfängergüte f класс (радио)приёмника
Empfängerhalteregister n регистр хранения настроек приёмника
Empfängermeßapparatur f аппаратура для измерений параметров (радио)приёмника
Empfängermischkurven f pl см. **Empfängerfarbmischkurven**
Empfängermischstufe f каскад смесителя (радио)приёмника
Empfängernetzteil m блок питания (радио)приёмника от сети
Empfängerort m место (радио)приёма
Empfängeroszillator m гетеродин (радио)приёмника
Empfängerpegel m уровень (*сигнала*) на входе (радио)приёмника
Empfängerprimärfarben f pl, **Empfänger-Primärvalenzen** f pl *тлв* основные цвета воспроизводящего устройства
Empfängerprüfgenerator m, **Empfängerprüfsender** m генератор сигналов для испытания (радио)приёмников
Empfängerpuffer m буфер приёмника
Empfängerquarzoszillator m кварцованный гетеродин (радио)приёмника
Empfängerraum m аппаратная приёмного радиоцентра
Empfängerrauschfaktor m, **Empfängerrauschzahl** f коэффициент шума (радио)приёмника
Empfängerschaltung f схема (радио)приёмника
Empfängerschutzröhre f см. **Empfängersperröhre**
Empfängerseite f приёмная сторона, приёмный конец (*канала связи*)
Empfängerselektivität f избирательность (радио)приёмника
Empfänger-Sendestation f приёмо-передающая радиостанция
Empfängersignalumsetzer m демодулятор (радио)приёмника
Empfängersperröhre f *рлк* разрядник защиты радиоприёмника
Empfängersperrstufe f запираемый каскад (радио)приёмника (*напр. при подавлении помех*)
Empfängerstelle f 1. место (радио)приёма 2. см. **Empfängerseite**
Empfängerstörungen f pl помехи в (радио)приёмнике

Empfängerstufe f каскад (радио)приёмника
Empfängertechnik f техника радиоприёма
Empfänger-Ton-Kanal m канал звука телевизионного приёмника
Empfängerverstärkung f усиление (радио)приёмника
Empfängerwähler m *тлг* искатель [селектор] приёмников
Empfängerweiche f разветвитель [разделительный фильтр] приёмной антенны
Empfängerzeiger m стрелка приёмного устройства
Empfängerzelle f приёмная ячейка
Empfängerzusatz m приставка к (радио)приёмнику
Empfänglichkeit f, **magnetische** магнитная восприимчивость
Empfangsabstimmung f настройка при приёме
Empfangsamplitude f амплитуда принимаемых сигналов
Empfangsamt n приёмная станция
Empfangsanlage f 1. приёмная установка 2. приёмная (радио)станция
Empfangsantenne f приёмная антенна
Empfangsantennenwähler m переключатель приёмных антенн
Empfangsbandbreite f полоса частот приёма
Empfangsbandfilter n полосовой фильтр на входе приёмника
Empfangsbedingungen f pl условия приёма
Empfangsbeobachtung f наблюдение за эфиром
Empfangsbereich m 1. диапазон приёма 2. зона [область] приёма
empfangsbereit готовый к приёму
Empfangsbestätigung f подтверждение приёма
Empfangsbezugsdämpfung f относительное затухание при приёме
Empfängsbild n принимаемое (телевизионное) изображение
Empfangsbildröhre f кинескоп
Empfangscharakteristik f характеристика приёма
Empfangsdiagramm n диаграмма приёма
Empfangsdipol m приёмный диполь
Empfangsempfindlichkeit f чувствительность при приёме
Empfangsende n см. **Empfangsendstelle**
Empfang-Sende-Tastverhältnis n цикл манипуляции (*отношение продолжительности приёма к продолжительности передачи при манипуляции*)
Empfang-Sende-Verhältnis n цикл приёма (*отношение продолжительности приёма к продолжительности передачи*)
Empfangsendgerät n приёмный терминал
Empfangsendstelle f приёмный конец канала связи
Empfangsfading n замирание принимаемого сигнала
Empfangsfeldstärkebereich m диапазон напряжённостей поля в месте приёма
Empfangsfläche f рабочая поверхность приёмной антенны
Empfangsfrequenz f частота принимаемого сигнала
Empfangsgebiet n область [зона] приёма

Empfangsgewinn *m* выигрыш в отношении сигнал—шум при детектировании
Empfangsgleichrichtung *f* детектирование при приёме
Empfangsgüte *f* качество приёма
Empfangsimpuls *m* принятый импульс
Empfangsintensität *f* интенсивность приёма
Empfangskanal *m* канал приёма, приёмный канал
Empfangskeule *f* лепесток диаграммы направленности приёмной антенны
Empfangskonverter *m*, **optischer** преобразователь световых сигналов в электрические (*в системах волоконно-оптической связи*)
Empfangskopf *m* приёмная головка
Empfangskreis *m* входной контур (радио)приёмника
Empfangskurve *f* кривая колебаний напряжённости поля при приёме
Empfangslautstärke *f* громкость при приёме
Empfangsleistung *f* принимаемая мощность
Empfangsloch *n* мёртвая зона при приёме
Empfangsluftdraht *m*, **Empfangsluftleiter** *m* наружная приёмная антенна
Empfangsmaximum *n* 1. максимальная громкость приёма 2. максимум принимаемого сигнала
Empfangsnormalantenne *f* стандартная приёмная антенна
Empfangsort *m* место (радио)приёма
Empfangsortung *f* 1. система зависимой радионавигации 2. пассивное пеленгование
Empfangsoszillator *m* гетеродин (радио)приёмника
Empfangspegel *m* уровень принимаемого сигнала, уровень приёма
Empfangsqualität *f* качество приёма
Empfangsrahmen *m* приёмная рамочная антенна
Empfangsregister *n* приёмный регистр
Empfangsregistrierung *f* регистрация [запись] приёма
Empfangsreichweite *f* дальность приёма (*радиосигналов*)
Empfangsresonator *m* приёмный резонатор
Empfangsrichtungsselektion *f* селекция по направлению при приёме
Empfangsröhre *f* 1. приёмная (электронно-лучевая) лампа 2. приёмная (радио)лампа
Empfangssatz *m* комплект приёмной аппаратуры
Empfangsschalter *m* переключатель приёма
Empfangsschaltung *f* схема приёмного устройства
Empfangsschwankungen *f pl* колебания уровня принимаемого сигнала
Empfangsschwund *m* замирание принимаемого сигнала
Empfangsseite *f см.* **Empfängerseite**
Empfangssieb *n* приёмный фильтр
Empfangssignal *n* принимаемый сигнал
~, **gestörtes** искажённый (*помехой*) принимаемый сигнал
Empfangssignalfunktion *f* функция сигнала в точке приёма
Empfangssituation *f* условия приёма
Empfangsspannung *f* напряжение на входе приёмника

Empfangsspeicher *m* приёмное ЗУ; приёмная память
Empfangsspektrum *n* спектр частот принимаемого сигнала
Empfangssperrung *f* запирание (радио)приёмника
Empfangsspielraum *m* исправляющая способность телеграфного аппарата
Empfangsspule *f* 1. приёмная катушка 2. зап. обмотка (*головки*) воспроизведения
Empfangsstandort *m* место (радио)приёма
Empfangsstärke *f* сила приёма
Empfangsstelle *f* 1. приёмная станция 2. место приёма
Empfangsstörmodulation *f* паразитная модуляция при приёме
Empfangsstörung *f* помеха при приёме
Empfangsstrahler *m* приёмный вибратор
Empfangstechnik *f* техника приёма
Empfangsteil *m* приёмная часть
Empfangsumsetzer *m* преобразователь частоты в приёмной антенне
Empfangs- und Sendegerät *n* приёмопередатчик
Empfangsverbindung *f* приём сигнала связи
Empfangsverstärker *m* 1. ретрансляционный приёмник 2. усилитель (радио)приёмника
Empfangsvorsatz *m* приставка к (радио)приёмнику
Empfangsweg *m* приёмный тракт
Empfangswelle *f* принимаемая волна
Empfangswirkungsgrad *m* степень эффективности приёма
Empfangszacken *m pl* выбросы (*на линии развёртки*) при приёме
Empfangszeichen *n* принимаемый сигнал
Empfangszeit *f* 1. время приёма 2. часы приёма
Empfangszone *f* зона [область] приёма
Empfangszweig *m* 1. канал приёма 2. приёмная часть схемы
Empfehlung *f* рекомендация (*терминология МККР*)
Empfindlichkeit *f* чувствительность
~, **dynamische** дифференциальная чувствительность
~, **lichtelektrische** фотоэлектрическая чувствительность
~, **natürliche** естественная [собственная] (свето)чувствительность
~, **rauschbegrenzte** чувствительность (*радиоприёмника*), ограниченная шумами
~, **relative** относительная чувствительность
~, **spektrale** спектральная чувствительность
~, **verstärkungsbegrenzte** чувствительность (*радиоприёмника*), ограниченная усилением
Empfindlichkeitsabgleich *m* выравнивание чувствительности (*напр. по диапазону*)
Empfindlichkeitsabhängigkeit *f* 1. зависимость чувствительности 2. зависимость от чувствительности
Empfindlichkeitsbereich *m* диапазон [область] чувствительности
~, **spektraler** диапазон спектральной чувствительности
Empfindlichkeitscharakteristik *f* характеристика чувствительности

Empfindlichkeitsfaktor *m* **1.** коэффициент чувствительности **2.** *изм.* множитель шунта
Empfindlichkeitsgrenze *f см.* **Empfindlichkeitsschwelle**
Empfindlichkeitskennlinie *f* характеристика чувствительности
Empfindlichkeitsklasse *f* класс (*радиоприёмника*) по чувствительности
Empfindlichkeitskurve *f* **1.** кривая чувствительности **2.** характеристика (спектральной) чувствительности **3.** *зап.* характеристика подмагничивания
~ **des Auges** кривая видности
Empfindlichkeitsmaß *n* мера чувствительности
Empfindlichkeitsmerkmal *n* показатель [критерий] чувствительности
Empfindlichkeitsmeßsender *m* генератор сигналов для измерения чувствительности
Empfindlichkeitsregelung *f* регулировка чувствительности
~, **automatische** автоматическая регулировка чувствительности, АРЧ
~, **zeitabhängige** регулировка чувствительности по времени
Empfindlichkeitsschwelle *f* порог чувствительности
~, **spektrale** граница спектральной чувствительности
Empfindlichkeitsspektrum *n* спектральная характеристика чувствительности
Empfindlichkeitsumschalter *m* переключатель чувствительности
Empfindlichkeitsverluste *m pl* потеря [уменьшение] чувствительности
Empfindlichkeitsverteilung *f* распределение чувствительности
~, **spektrale** спектральное распределение чувствительности
Empfindung *f* восприятие; ощущение
~, **räumliche** пространственное восприятие (*напр. звука*)
Empfindungsgeschwindigkeit *f* скорость восприятия
Empfindungsgrenze *f*, **Empfindungsschwelle** *f* порог восприятия; порог ощущения
Empo *n* отрабатывающий [принимающий] потенциометр
Emulation *f* эмуляция
Emulationsprogramm *n* эмулирующая программа, эмулятор
Emulatorschnittstelle *f* интерфейс с эмулятором
Emulsion *f* **1.** эмульсия **2.** фотоэмульсия, фоторезист **3.** эмульсионный слой
~, **dicke** толстослойная эмульсия
~, **feinkörnige** мелкозернистая эмульсия
~, **grobkörnige** крупнозернистая эмульсия
~, **lichtempfindliche** светочувствительная эмульсия, фотоэмульсия, фоторезист
~, **sensibilisierte** сенсибилизированная эмульсия
Emulsionsablösung *f* отслаивание эмульсии
Emulsionsarbeitskopie *f* эмульсионный рабочий фотошаблон
Emulsions(foto)maske *f* эмульсионный фотошаблон

Emulsionsunterlage *f* подложка (светочувствительного) эмульсионного слоя
EMV-Prüfung *f* проверка на электромагнитную совместимость
Enable-Eingang *m* разблокированный вход
Encryption *f* шифрование; засекречивание
Endablesung *f* конечный отсчёт
Endabschalter *m см.* **Endausschalter**
Endabschaltung *f зап.* останов в конце ленты
Endadresse *f* конечный адрес
Endamt *n тлф* оконечная станция
Endamtsgerät *n тлф* аппарат оконечной станции
Endamtsgruppenwähler *m* групповой искатель оконечной станции
Endanlage *f* оконечное устройство
Endanode *f* **1.** последний анод **2.** *тлв* анод кинескопа
Endaufnahmefähigkeit *f* предельная ёмкость (*напр. линии*)
Endausschalter *m* концевой [предельный] выключатель
Endausschlag *m* предельное отклонение (*стрелки прибора*)
Endbelastungswiderstand *m* сопротивление оконечной нагрузки
Endbildleuchtschirm *m* выходной люминесцентный экран ЭОП
Endbildschirm *m* экран выходного индикатора
Enddämpfung *f* общее затухание
Enddichtung *f* выходной [концевой] уплотнитель (*вакуум-ввода*)
Ende *n* **1.** конец **2.** вывод (*напр. провода*) **3.** конец передачи
~, **beheiztes [erhitztes]** нагретый спай (*термопары*)
~, **freies** **1.** свободный конец **2.** холодный спай (*термопары*)
~, **kaltes** холодный спай (*термопары*)
~, **langwelliges** длинноволновая область спектра; длинноволновая часть диапазона
~, **niederfrequentes** низкочастотная часть диапазона
~, **zuletzt wachsendes** хвостовая часть выращиваемого кристалла
Endecho *n* импульс, отражённый от конца (*линии*)
Endechosperre *f* подавитель импульса, отражённого от конца (*линии*)
Endecken *f pl* полярные вершины (*кристалла*)
Endeffekt *m* краевой эффект
endegeschlossen замкнутый на конце
Endeinrichtung *f* оконечное устройство, терминал
Endelement *n* **1.** конечный элемент (*напр. системы управления*) **2.** *вчт* исполнительный элемент
Endemarke *f* метка [маркер] конца (*напр. записи*)
Endesymbol *n* знак окончания
Endfeld *n* оконечная панель
Endfenster *n* выходное окно
Endfensterzählrohr *n* счётная трубка с торцевой индикацией
Endfernamt *n* оконечная станция междугородной (телефонной) связи

Endfläche f 1. выходной торец (*лазера*) 2. грань (*кристалла*)
Endfrequenz f крайняя частота
Endgerät n терминал, оконечное устройство
Endglied n 1. выходной узел; выходное звено 2. *ркс* конечный элемент
Endikon n *тлв* эндикон; видикон
Endimpedanz f полное сопротивление нагрузки
Endknoten m 1. выходной узел (*сети или схемы*) 2. *киб*. вход нейрона
~, **hemmender** тормозящий (*реакцию*) вход нейрона
~, **treibender** возбуждающий (*реакцию*) вход нейрона
Endkontakt m концевой контакт
Endkontrolle f выходной контроль
Endlagenschalter m, **Endlagentaster** m концевой выключатель
Endleistung f выходная мощность
endlos 1. бесконечный 2. непрерывный
Endlosband n бесконечная лента, лента в виде (бесконечной) петли
Endmarke f *см.* **Endemarke**
Endmaske f сформированный фотошаблон
Endmast m концевая (анкерная) опора; концевая (анкерная) мачта
Endmeßbereich m предельный диапазон измерений
Endniveau n 1. выходной уровень (*сигнала*) 2. конечный уровень (*лазерного излучения*)
Endotron n эндотрон
Endovibrator m эндовибратор, объёмный резонатор
Endplatte f концевая [торцевая] пластина
Endprüfung f выходной контроль
Endpunkt m 1. конечная точка (*напр. на экране дисплея*); точка конца (*напр. записи*) 2. *мат.* вершина графа
Endrelais n выходное реле
Endriegel m концевой замыкатель
Endrille f заключительная канавка (*записи*)
Endröhre f оконечная лампа
Endsatz m 1. комплект оконечной аппаратуры 2. заключительный приём; заключительная серия наблюдений или измерений
Endschalter m *см.* **Endausschalter**
Endschirm m последний слой (*в многослойных экранах*)
Endschnitt m компоновочный (видео)монтаж
Endspannung f оконечное [выходное] напряжение
Endsprache f *вчт* выходной [терминальный] язык
Endspülung f финишная промывка
Endstabilität f предельная устойчивость
Endstation f, **Endstelle** f 1. *тлф* оконечная станция 2. терминал
Endstelleneinrichtung f аппаратура оконечных устройств
Endstrich m конечная отметка (*шкалы*)
Endstufe f выходной каскад
Endstufenmodulation f модуляция в выходном каскаде (*передатчика*)
Endtaster m концевой кнопочный выключатель
Endteilnehmer m абонент в конце канала (*связи*)
Endterm m конечный уровень

Endtransistor m выходной транзистор
Endtrocknung f окончательная сушка
Endübertrag m *вчт* циклический [круговой] перенос
Endumschalter m концевой переключатель
Endvakuum n предельный вакуум
Endvermittlungsstelle f оконечная телефонная станция
Endverschluß m концевая [оконечная] муфта (*кабеля*)
Endverzweiger m оконечный разветвитель
Endvideoband n видеолента со смонтированной программой
Endvierpol m оконечный четырёхполюсник
Endwert m 1. установившаяся величина 2. конечное [последнее, итоговое] значение
Endwiderstand m нагрузочный резистор
Endziffern n оцифровка результатов
Endzustand m 1. установившийся режим 2. состояние покоя; конечное состояние
Energie f энергия
~, **absorbierte** 1. поглощённая энергия 2. работа неупругой деформации
~, **aufgespeicherte** накопленная энергия
~ **des Bandabstandes** ширина запрещённой энергетической зоны, запрещённая энергетическая зона
~, **eingestrahlte** поглощаемая энергия
~, **scheinbare** полная (электрическая) энергия
Energieableitung f 1. отвод энергии 2. снижение антенны 3. антенный кабель
Energieabstand m 1. энергетический интервал 2. ширина запрещённой энергетической зоны, запрещённая энергетическая зона
~, **gradueller** плавно изменяющаяся запрещённая зона
Energieabstrahlung f излучение энергии
Energieäquivalent n энергетический эквивалент
Energieauflösung f, **Energieauflösungsvermögen** n разрешающая способность по энергии, энергетическое разрешение
Energieausfall m отказ системы питания
Energieauskopplung f отбор энергии
Energieaustausch m обмен энергий, энергообмен
Energieband n энергетическая зона
~, **besetztes** заполненная энергетическая зона
~, **erlaubtes** разрешённая энергетическая зона
~, **leeres** свободная энергетическая зона
~ **mit Gleichgewichtsbelegung** энергетическая зона с равновесной заселённостью
~, **teilweise besetztes** частично заполненная энергетическая зона
~, **verbotenes** запрещённая энергетическая зона
Energiebandabstand m ширина запрещённой энергетической зоны, запрещённая энергетическая зона
Energiebandaufspaltung f расщепление энергетической зоны
Energiebandaufwölbung f искривление энергетической зоны
Energiebänderdiagramm n диаграмма энергетических зон
Energiebändermodell n, **Energiebänderschema** n мо-

дель энергетических зон; зонная модель энергетических уровней
Energiebänderstruktur *f* структура энергетических зон
Energiebandüberlappung *f* перекрытие энергетических зон
Energiebarriere *f* энергетический барьер
Energiebereich *m* см. **Energieband**
Energiebilanz *f* энергетический баланс
Energiebreite *f* ширина энергетической зоны
Energiediagramm *n* диаграмма энергетических зон
Energiedichte *f* плотность энергии
~, **elektrische** плотность энергии электрического поля
~, **spektrale** спектральная плотность энергии
Energieelektronik *f* энергетическая электроника; сильноточная электроника
Energiefortpflanzung *f* передача энергии
Energiegleichgewicht *n* энергетический баланс
Energiehöhe *f* см. **Energieniveau**
Energieimpuls *m* импульс энергии
Energieintervall *n* энергетический интервал
Energiekabel *n* 1. фидер 2. высокочастотный кабель (*радиопередатчика*) 3. сильноточный кабель
Energiekoeffizient *m* крист. 1. энергетическая константа энергии иона в решётке 2. коэффициент Ферсмана
Energiekonstante *f* энергетическая постоянная
Energiekonverter *m* преобразователь энергии
Energiekurve *f* кривая распределения энергии
Energieleitung *f* фидер
Energielieferant *m* датчик энергии
Energielücke *f* см. **Energieabstand 2.**
Energieminimum *n* энергетический минимум
Energiemulde *f* энергетическая яма
Energieniveau *n* энергетический уровень
~, **diskretes** дискретный энергетический уровень
~, **erlaubtes** разрешённый энергетический уровень
~, **nichterlaubtes** запрещённый энергетический уровень
~, **tiefliegendes** глубокий энергетический уровень
~, **unbesetztes** свободный энергетический уровень
~, **zeemansches** зеемановский уровень энергии
Energieniveauabstand *m* интервал между энергетическими уровнями
Energieniveaudiagramm *n* диаграмма энергетических уровней
Energieniveaudichte *f* плотность энергетических уровней
Energieniveaudifferenz *f* см. **Energieniveauabstand**
Energieniveaulebensdauer *f* время жизни неравновесного уровня энергии
Energieniveauschema *n* см. **Energieniveaudiagramm**
Energiepegel *m* см. **Energieniveau**
Energie-Potential *n* энергетический потенциал
Energieprodukt *n* произведение энергии (*произведение индукции и напряжённости магнитного поля*)

Energiequantelung *f* квантование энергии
Energiequelle *f* источник питания; источник энергии
energiereich 1. мощный, с большой энергией 2. жёсткий, проникающий (*об излучении*)
Energie-Reichweite-Beziehung *f* 1. *яд. физ.* соотношение пробег — энергия 2. связь между мощностью и дальностью действия (*напр. радиолокатора*)
Energieschale *f* энергетическая оболочка
Energieschema *n* см. **Energieniveaudiagramm**
energieschwach 1. с малой энергией 2. мягкий, непроникающий (*об излучении*)
Energieschwelle *f* энергетический порог
Energiespalt *m* см. **Energieabstand 2.**
Energiespektrum *n* энергетический спектр
Energiesprung *m* скачок энергии; перепад энергии
Energiestreubereich *m* область рассеяния энергии
Energiestromdichte *f* плотность потока энергии
Energiestufe *f* см. **Energieniveau**
Energietal *n* энергетическая долина
Energietechnik *f* энергетика
Energieterm *m* энергетический уровень
Energieträger *m* носитель энергии
Energietransport *m* перенос энергии
Energieüberschuß *m* избыток энергии
Energieübertragung *f* перенос энергии
Energieübertragungsleitung *f* линия электропередачи
Energieumformung *f* преобразование энергии
Energieumsetzer *m*, **Energieumwandler** *m* преобразователь энергии
~, **thermischer** [**thermoelektrischer**] термоэлектрический преобразователь энергии
~, **thermofotovoltaischer** термофотогальванический преобразователь энергии
Energieverbrauch *m* потребление энергии, энергопотребление
Energieverbreiterung *f* разброс по энергии
Energieverschiebung *f* смещение энергетического уровня
Energieversorgung *f* энергопитание
Energieverteilungskurve *f* кривая распределения энергии
Energiewandler *m* см. **Energieumsetzer**
Energiewechsel *m* см. **Energieaustausch**
Energiezone *f* см. **Energieband**
Energiezufuhr *f* подача энергии; подача питания
Energiezuführungsleitung *f* 1. линия подвода энергии 2. фидер
Energiezustand *m* энергетическое состояние; энергетический уровень
ENG-Betrieb *m* видеожурналистика, ВЖ
Engewiderstand *m* сопротивление утеснения токопроводящих каналов, обусловленное шероховатостью контактирующих поверхностей
ENG-Gerät *n* видеомагнитофон для видеожурналистики
ENG-Kamera *f* камера видеожурналистики
ENG-Nachbearbeitungskomplex *m* аппаратная обработки (*материалов*) видеожурналистики
Engwinkelstreuung *f* рассеяние в пределах малого угла
Enhancement-FET *m* полевой транзистор, работающий в режиме обогащения

Enhancement-MISFET *m* полевой МДП-транзистор, работающий в режиме обогащения

Enhancement-MOSFET *m* полевой МОП-транзистор, работающий в режиме обогащения

Enhancementtransistor *m* транзистор, работающий в режиме обогащения

Enhancer *m* 1. схема увеличения отношения сигнал/шум 2. *тлв* устройство улучшения качества изображения; апертурный корректор

Enneode *f* эннод (*девятиэлектродная лампа*)

Ensemble *n* множество; ансамбль

Ensemble-Mittelwert *m* среднее статистическое; среднее по ансамблю

entartet вырожденный (*напр. о полупроводнике*)

Entartung *f* вырождение

~, **zweifache** двукратное вырождение

Entartungsfaktor *m*, **Entartungsgrad** *m* степень вырождения

Entartungskonzentration *f* концентрация вырождения

Entartungskriterium *n* критерий вырождения

Entartungstemperatur *f* температура вырождения

Entblocken *n* деблокирование; размыкание

Entblößung *f пп* обеднение, истощение

Entblößungs-FET *m* полевой транзистор, работающий в режиме обеднения

Entblößungsgebiet *n пп* обеднённая область

Entblößungs-MISFET *m* полевой МДП-транзистор, работающий в режиме обеднения

Entblößungsmode *f* режим обеднения

Entblößungs-MOSFET *m* полевой МОП-транзистор, работающий в режиме обеднения

Entblößungszone *f* обеднённая зона

Entbrummen *n* подавление фона (*переменного тока*)

Entbrummer *m* подавитель фона

Entbündelung *f* дефокусировка, расфокусировка

Entdämpfferröhre *f* лампа каскада компенсации затухания

Entdämpfung *f* компенсация затухания

Entdeckung *f* обнаружение (*напр. сигнала в шумах*)

Entdeckungsschwelle *f* порог обнаружения

Entdeckungswahrscheinlichkeit *f* вероятность обнаружения

Entdüppelung *f* борьба с помехами от металлизированных лент

Entfaltungszeit *f* **der Anlage** время установки развёртывания станции

Entfärben *n* 1. обесцвечивание 2. отбеливание

~, **elektrolytisches** электролитическое отбеливание

Entfernung *f* 1. расстояние; дальность 2. удаление, снятие (*напр. фоторезиста*); подавление (*напр. шума*)

~, **elektrische** электрическая длина, электрическое расстояние (*геометрическое расстояние, делённое на длину волны и умноженное на 2π*)

Entfernungsablenkungsgenerator *m рлк* генератор развёртки дальности

Entfernungsanzeiger *m* индикатор дальности

Entfernungsauflösung *f* разрешающая способность по дальности

Entfernungsausschnitt *m рлк* участок диапазона дальностей

Entfernungsbereich *m* 1. *рлк* диапазон дальностей 2. диапазон дистанций (*наводки объектива на резкость*)

Entfernungseichung *f* градуировка по дальности

Entfernungsempfindung *f* восприятие удаления (*источника звука при стереофонии*)

Entfernungsfehler *m* ошибка по дальности, ошибка определения расстояния

Entfernungsfunkbake *f* дальномерный радиомаяк

Entfernungsgleichung *f* уравнение радиолокации

Entfernungskanal *m рлк* канал (измерения) дальности

Entfernungskreis *m* круговая [кольцевая] шкала дальности

Entfernungsmarke *f рлк* метка дальности

Entfernungsmeßeinrichtung *f* индикатор дальности; дальномерное устройство

Entfernungsmesser *m* дальномер

Entfernungsmessung *f* измерение дальности

Entfernungsnachlauf *m* (автоматическое) сопровождение по дальности

Entfernungsregelung *f*, **automatische** *рлк* автоматическое сопровождение по дальности

Entfernungsring *m см.* **Entfernungskreis**

Entfernungsröhre *f* трубка индикатора дальности

Entfernungsskale *f* шкала дальности

Entfernungstorimpuls *m* строб-импульс (*индикатора*) дальности

Entfokussierung *f* дефокусировка, расфокусировка

Entfritter *m* декогерер

Entgasung *f* обезгаживание, удаление газа [газов]

Entglasung *f* снятие стекла, расстекловывание

~ **von Quarz** выкристаллизация кварца

Entglasungstemperatur *f* температура расстекловывания

Enthalpie *f* энтальпия

Entionisierung *f* деионизация

Entionisierungsgitter *n* деионизационная сетка

Entionisierungspotential *n* потенциал деионизации

Entisolieren *n* снятие [удаление] изоляции

Entkappung *f* вскрытие [демонтаж] корпуса; извлечение из корпуса

Entknurungsschaltung *f* схема устранения помех [шумов]

Entkoderröhre *f* декодирующая трубка

Entkodung *f* декодирование

Entkoppeln *n* **der Sender** развязка передатчиков, работающих на одну антенну

Entkoppeloptron *n* развязывающий [разделительный] оптрон

Entkopplung *f* 1. развязка, развязывание (*цепи*) 2 разъединение; нарушение связи

Entkopplungsfilter *n* развязывающий фильтр

Entkopplungskreis *m*, **Entkopplungsnetzwerk** *n* развязывающий контур; развязывающая цепь

Entkopplungsschaltung *f* развязывающая схема

Entkopplungswiderstand *m* развязывающий резистор

Entlade... *см. тж* **Entladungs...**

Entladeimpuls *m* разрядный импульс

Entladekammer f 1. разрядная камера 2. *микр.* разгрузочная камера
Entladekurve f кривая [характеристика] разряда
entladen разряжать; **sich ~** разряжаться
Entladeschalter m переключатель разрядки (*аккумулятора*), разрядный коммутатор
Entladeschaltung f схема разряда
Entladeschleuse f *микр.* разгрузочный шлюз
Entladeschlußspannung f напряжение в конце разряда *или* разрядки
Entladespannung f 1. напряжение разряда, разрядное напряжение 2. напряжение разрядки (*аккумулятора*)
Entladeverlauf m временна́я зависимость напряжения и тока при разряде
Entladeverzug m затягивание [замедление] разряда
Entladung f 1. разряд (*напр. конденсатора*); разрядка (*напр. аккумулятора*) 2. разгрузка
~, **behinderte** ограниченный разряд
~, **dunkle** тёмный разряд
~, **gasförmige** газовый разряд
~, **kapazitive** конденсаторный разряд
~, **luftelektrische** атмосферный разряд
~ **mit Lasertriggerung** разряд, инициируемый лазерным излучением
~, **oszillierende [schwingende]** колебательный разряд
~, **selbständige** самостоятельный разряд
~, **stabile [stationäre]** установившийся разряд
~, **stille** тихий разряд
~, **subnormale** тлеющий разряд
Entladungs... *см. тж* **Entlade...**
Entladungsablauf m процесс разряда
Entladungsaufbau m развитие разряда
Entladungsblitzröhre f газоразрядная импульсная лампа
Entladungsbogen m шнур [дуга] разряда
Entladungsdauer f продолжительность разряда
Entladungseinsatz m начало [возникновение] разряда
Entladungsfaktor m коэффициент разряда
Entladungsfehler m погрешность из-за разряда (зарядной) ёмкости (*напр. в устройстве выборки и хранения*)
Entladungsfrequenz f частота разрядов
Entladungsfunktion f функция разряда
Entladungsgefäß n разрядник
Entladungsgesetz n закон степени 3/2
Entladungskanal m канал разряда
Entladungskondensator m разрядный конденсатор
Entladungskreis m разрядная цепь; цепь разряда
Entladungslampe f разрядная лампа
Entladungslawine f лавинный разряд
Entladungsplasma n плазма разряда
Entladungspotential n потенциал разряда
Entladungsraum m разрядный промежуток
Entladungsröhre f разрядная лампа
Entladungsrumpf m столб разряда
Entladungssonde f разрядный пробник, разрядный зонд
Entladungsstörungen f pl помехи от разрядов
Entladungsstoß m разрядный импульс
Entladungsstrahlung f излучение разряда (*в газе*)

Entladungsstrecke f разрядный промежуток; разрядник
Entladungsstrom m ток разряда
Entladungswiderstand m разрядное сопротивление
Entladungszeit f время разряда
Entlastung f разгрузка
Entleerung f 1. *пт* обеднение; истощение; *кв. эл.* опустошение 2. откачивание, откачка 3. *вчт* очистка, освобождение (*напр. ЗУ*)
Entlöten n распаивание
entlüftet вакуумированный
Entmagnetisier... *см.* **Entmagnetisierungs...**
Entmagnetisierung f размагничивание
Entmagnetisierungsenergie f энергия размагничивающего поля
Entmagnetisierungsfaktor m коэффициент размагничивания
Entmagnetisierungsfeld n размагничивающее поле
Entmagnetisierungskennlinie f характеристика размагничивания
Entmagnetisierungskurve f кривая размагничивания
Entmagnetisierungsspalt m размагничивающий зазор
Entmagnetisierungsspule f размагничивающая катушка
Entmagnetisierungszustand m размагниченное состояние
Entmodelung f демодуляция, детектирование
Entnahme f 1. отбор (*напр. энергии*) 2. считывание (*напр. данных*) 3. вывод (*напр. информации*) 4. *мат.* изъятие
Entnahmebefehl m *вчт* команда извлечения (*данных*); команда выталкивания (*данных*) из стека
Entnahmekopf m головка воспроизведения
Entnahmekreis m 1. цепь нагрузки 2. цепь съёма (*сигнала*)
Entnullen n 1. *вчт* подавление [устранение] (незначащих) нулей 2. отключение нулевого провода
Entpaketieren n *вчт* разборка пакета (*данных*)
Entpolarisierung f деполяризация
Entregung f 1. снятие возбуждения 2. размагничивание
Entregungskurve f 1. кривая снятия возбуждения 2. кривая размагничивания
entreißen выбивать, освобождать (*напр. электрон*)
Entriegelung f деблокирование
Entriegelungsschaltung f деблокирующая схема
Entropie f *инф.* энтропия
Entropieabnahme f убывание энтропии
Entropiekodierung f энтропийное [статистическое] кодирование
Entsättigung f 1. уменьшение насыщения 2. уменьшение насыщенности (*цвета*)
Entschachtelung f демультиплексирование
Entscheidbarkeit f разрешимость
Entscheiden n, **Entscheidung** f принятие решения, решение; выбор
Entscheidungsbaum m дерево решений

Entscheidungsbefehl *m* команда принятия решения
Entscheidungelement *n* решающий [логический] элемент
Entscheidungsfähigkeit *f* способность (*логической схемы*) к принятию решений
Entscheidungsfluß *m* поток решений
Entscheidungsfunktion *f* решающая функция
Entscheidungsgatter *n* решающий [логический] элемент
Entscheidungsgehalt *m инф.* мера неопределённости (*энтропия однородной системы*); разнообразие выбора
Entscheidungsglied *n* решающий [логический] элемент
Entscheidungsinhalt *m см.* Entscheidungsgehalt
Entscheidungsintegrator *m* решающий интегратор
Entscheidungskriterium *n* критерий принятия решения
Entscheidungsmoment *n* момент (принятия) решения
Entscheidungsprozeß *m* процесс принятия решений
Entscheidungsraum *m* пространство решений
Entscheidungsredundanz *f инф.* разрешающая избыточность
Entscheidungsschaltung *f* логическая схема
Entscheidungsschwelle *f* порог (принятия) решения (*при квантовании*)
Entscheidungssystem *n* система принятия решения
Entscheidungstest *m* тест для определения разрешающей способности
Entscheidungstheorie *f* 1. *вчт* теория (принятия) решений 2. *мат.* теория статистических решений
Entscheidungsverfahren *n* 1. *рлк* способ [метод] различения (*напр. сигналов от двух близких целей*) 2. *лог., мат.* разрешающая процедура, алгоритм
Entscheidungswert *m* порог (принятия) решения (*при квантовании*)
Entschlüsseler *m см.* Entschlüßler
Entschlüsselung *f* дешифрирование; декодирование
Entschlüsselungseinrichtung *f* 1. дешифрирующее или декодирующее устройство 2. *вчт* расшифровочная машина
~, **fehlerberichtigende** декодирующее устройство с исправлением ошибок
Entschlüsselungsmatrix *f* дешифраторная или декодирующая матрица
Entschlüßler *m* дешифратор; декодер
Entspannung *f* 1. снятие напряжения; релаксация 2. снятие внутренних напряжений
Entsperrung *f* отпирание
Entsprechung *f* 1. соответствие 2. корреляция
Entstehung *f* образование; генерация, возбуждение (*напр. колебаний*); нарастание (*напр. сигнала*); установление (*напр. колебаний*)
Entstehungsrate *f* интенсивность образования (*напр. ионов*)
Entstehungszeit *f* время нарастания (*напр. сигнала*); время установления (*напр. колебаний*)
Entstellung *f* искажение

Entstellungskoeffizient *m* коэффициент искажений
Entstör... *см. тж* **Entstörungs...**
Entstöranordnung *f* устройство подавления помех
Entstörbestimmung *f* определение (степени) подавления помех
Entstördiode *f* диодный ограничитель помех
Entstördrossel *f* помехоподавляющий дроссель
entstören подавлять помехи
Entstörer *m* подавитель помех
Entstörfilter *n* помехоподавляющий фильтр
Entstörgerät *n* устройство подавления помех
Entstörglied *n* помехоподавляющее звено (*фильтра*)
Entstörkondensator *m* помехоподавляющий конденсатор
Entstörsatz *m* комплекс элементов (*дросселей, конденсаторов*) для подавления помех
Entstörsystem *n* система подавления помех
~ **unter Verwendung des Dopplereffektes** импульсная радиолокационная система на эффекте Допплера
entstört защищённый от помех, помехозащищённый
Entstörung *f* подавление помех; борьба с помехами
Entstörungs... *см. тж* **Entstör...**
Entstörungsdienst *m* служба борьбы с помехами
Entstörungsgehäuse *n* экранирующий кожух, кожух защиты от помех
Entstörungsschaltung *f* схема подавления помех
Entstörungswiderstand *m* помехоподавляющий резистор
Entstörzeitkonstante *f* постоянная времени цепи подавления помех
Entstückungskammer *f микр.* разгрузочная камера
Entstückungszeit *f* время разгрузки
Enttrübung *f* 1. освобождение сигналов от помех 2. подсветка
Entweder-Oder-Glied *n*, **Entweder-Oder-Tor** *n* вентиль [схема] включающее ИЛИ
Entweichen *n* вытекание; утечка
Entwickler *m* 1. разработчик (*системы, аппаратуры*) 2. проявитель
Entwicklerbad *n* ванна для проявления
Entwicklerlösung *f* раствор проявителя
Entwicklung *f* 1. развитие 2. развёртывание 3. разложение (*напр. в ряд*) 4. проявление (*фоторезиста*)
~ **der Fotolackschicht** проявление фоторезиста
~, **logische** логическое проектирование, проектирование на логическом уровне
~, **rechnergestützte** автоматизированное [машинное] проектирование
Entwicklungsingenieur *m* инженер-разработчик
Entwicklungsmodul *m* блок расширения системы, БРС
Entwicklungsspielraum *m* допуски при проектировании
Entwicklungssystem *n* макетная система
Entwicklungszeit *f* 1. время развёртывания (*аппаратуры*) 2. время разработки (*системы*) 3. время проявления (*фоторезиста*)
Entwurf *m* 1. разработка; проектирование 2.

эскиз; план; проект **3.** проект (*терминология МККР*) **4.** проекция (*изображения на экран*)
~, **automatisierter** автоматизированное проектирование
~, **funktioneller** функциональное проектирование
~, **logischer 1.** логическая схема (*машины или устройства*) **2.** составление логической схемы **3.** логический синтез
~, **rechnergestützter** автоматизированное [машинное] проектирование; машинная разработка
~, **topologischer** топологическое проектирование (*ИС*)
Entwurfsautomatisierung *f* автоматизация разработок
Entwurfsmuster *n* (фото)оригинал (*печатной платы*)
Entwurfsniveauverifikation *f* проверка правильности проектирования
Entwurfsprogramm *n* **1.** программа разработки **2.** первый [прикидочный] вариант программы
Entwurfsstrategie *f* стратегия разработки
Entwurfszeichnung *f*, **topologische** топологический чертёж (*ИС*)
Entzerrer *m* корректор
~, **adaptiver** адаптивный корректор
~, **frequenzabhängiger** частотно-зависимый корректор
~, **harmonischer** гармонический корректор
~, **regelbarer [variabler]** регулируемый [переменный] корректор
Entzerrerfilter *n* корректирующий фильтр
Entzerrerschaltung *f* **1.** схема корректора **2.** схема коррекции
Entzerrerverstärker *m* корректирующий усилитель
Entzerrung *f* коррекция
~, **adaptive** адаптивная коррекция
~ **der Dämpfung** компенсация затухания
~, **reziproke** взаимная коррекция
~ **des Übertragungsweges** коррекция тракта передачи
~, **videofrequente** коррекция по видеочастоте
Entzerrungsbereich *m* область [диапазон] коррекции
Entzerrungsfaktor *m* коэффициент коррекции
Entzerrungsfehler *m* погрешность коррекции
Entzerrungsgerät *n* блок коррекции
Entzerrungsgrenze *f* граница [предел] коррекции
Entzerrungskurve *f* характеристика коррекции
Entzerrungsmechanismus *m* **1.** изм. корректирующий механизм **2.** механизм устранения искажений (*записи*)
Entzerrungsschaltung *f* схема коррекции
Entzerrungsübertragungsfunktion *f* передаточная функция коррекции
Entzerrungsverlauf *m* процесс коррекции
Entziehungskreis *m* отсасывающий контур
Entzifferbarkeit *f* дешифрируемость
Entzifferer *m* дешифратор
Entzifferung *f* дешифрирование
Entzündung *f* зажигание
Envelope *f* **1.** огибающая (*напр. АМ-сигнала*) **2.** конверт (*при передаче пакетов данных*)

EOV-Etikett *n* метка конца файла
Epiabtaster *m* эпипроектор
Epibasis-Transistor *m* транзистор с эпитаксиальной базой
Epibild *n* **1.** изображение для эпипроекции **2.** изображение от телеэпидатчика
Epibildwerfer *m* эпипроектор
Epidiaskop *n* эпидиаскоп
Epigeber *m* эпипроектор
Epiplanartransistor *m* планарно-эпитаксиальный транзистор
Epiplanarübergang *m* планарно-эпитаксиальный переход
Epiprojektion *f* эпипроекция
Epiprojektor *m* эпипроектор
Episkop *n* эпископ
Epitaxial... *см. тж* **Epitaxie...**
Epitaxialbereich *m* эпитаксиальная область, область в эпитаксиальном слое
epitaxialgezüchtet эпитаксиально выращенный
Epitaxialmesatransistor *m* эпитаксиальный мезатранзистор
Epitaxialscheibchen *n* эпитаксиальная галета, эпитаксиальная пластина (*монокристалла*)
Epitaxialschicht *f* эпитаксиальный слой
Epitaxialstruktur *f* эпитаксиальная структура
Epitaxialtechnik *f* эпитаксиальная технология
Epitaxialtransistor *m* эпитаксиальный транзистор
Epitaxialwachstum *n*, **Epitaxialzüchtung** *f* эпитаксиальное выращивание
~ **aus der Gasphase** эпитаксиальное выращивание из газовой фазы
~ **durch Molekularstrahl** эпитаксиальное выращивание методом молекулярного пучка
Epitaxie *f* эпитаксия
~, **inverse** обратная эпитаксия
~, **selektive** избирательная [селективная] эпитаксия
Epitaxie... *см. тж* **Epitaxial...**
Epitaxieanlage *f* установка эпитаксиального выращивания
Epitaxiebedingung *f* условие эпитаксии
Epitaxiekanal *m* эпитаксиальный канал
Epitaxie-Planar-Diode *f* планарно-эпитаксиальный диод
Epitaxie-Planar-Struktur *f* планарно-эпитаксиальная структура
Epitaxie-Planar-Technik *f*, **Epitaxie-Planar-Technologie** *f* планарно-эпитаксиальная технология
Epitaxie-Planar-Thyristor *m* планарно-эпитаксиальный тиристор
Epitaxie-Planar-Transistor *m* планарно-эпитаксиальный транзистор
Epitaxiereaktor *m* эпитаксиальный реактор
Epitaxierohr *n* реакторная труба эпитаксии
Epitaxiesubstrat *n* эпитаксиальная подложка
Epitaxietechnologie *f* эпитаксиальная технология
Epitaxieübergang *m* эпитаксиальный переход
Epitaxie-Verbindung *f* соединение с эпитаксиальным слоем
Epitaxieverfahren *n* эпитаксиальный метод
Epitaxieversetzung *f* эпитаксиальная дислокация

Epitaxiewachstum *n* **aus der Gasphase** эпитаксиальное выращивание из газовой фазы
Epoxydharz *n* эпоксидная смола
EPR-Spektrometer *n* спектрометр электронного парамагнитного резонанса, ЭПР-спектрометр
Equalisation *f* выравнивание (*напр. характеристики*); компенсация
Equalizer *m англ.* эквалайзер, выравниватель; компенсатор
Erd... *см. тж* **Erdungs...**
Erdableitungswiderstand *m* 1. сопротивление заземления 2. сопротивление утечки на землю
Erdanschluß *m* заземление; подключение к земле
Erdantenne *f* наземная антенна
Erdbeobachtung *f* 1. наблюдение с земли 2. наблюдение Земли
Erdbodenabsorption *f* поглощение (*радиоволн*) почвой
Erdbodenkonstanten *f pl* (электрические) параметры почвы
Erdbodenwiderstand *m* сопротивление почвы *или* земной поверхности
Erdbuchse *f* гнездо «земля», гнездо заземления
Erdbus *m* шина заземления
Erddraht *m* провод заземления
Erde *f* 1. земля; заземление 2. масса □ **gegen ~** относительно земли
~, gleichspannungsseitige заземление по постоянному току
~, künstliche искусственная земля, противовес (*антенны*)
Erdefunkstation *f*, **Erdefunkstelle** *f* наземная радиостанция (*участвует в наземной радиосвязи*); земная радиостанция (*для связи с космическими объектами*)
ErdeFuStn *f см.* **Erdefunkstation**
Erdelektrode *f* заземляющий электрод
erden заземлять
Erder *m* 1. заземлитель 2. заземляющий электрод
Erdeschelle *f см.* **Erdklemme**
Erdestation *f* 1. *см.* **Erdefunkstation** 2. земная станция
Erdfehler *m* нежелательное [ошибочное] замыкание на землю
Erdfeld *n* поле Земли
~, magnetisches магнитное поле Земли
Erdfeldabschirmung *f* защита от магнитного поля Земли
Erdfeldkompensation *f* компенсация магнитного поля Земли
Erdfeldneutralisationsmagnet *m* магнит для нейтрализации магнитного поля Земли
erdfrei незаземлённый
Erdfunkstelle *f*, **transportable** подвижная наземная радиостанция; *косм.* подвижная земная радиостанция
Erdimpuls *m* импульс, отражённый от земли
Erdkabel *n* подземный кабель
Erdkapazität *f* ёмкость относительно земли *или* корпуса
Erdklemme *f* зажим [клемма] (для) заземления
Erdleiter *m* провод заземления
Erdleitung *f* 1. цепь заземления 2. провод заземления 3. подземная линия 4. проводимость почвы
Erdmagnetfeld *n* магнитное поле Земли
Erdnetzsystem *n* заземление антенны, состоящее из (радиальных) проводов
Erdnußröhre *f* сверхминиатюрная лампа; лампа-жёлудь
Erdplatte *f* 1. пластина заземления 2. заземлённая пластина; заземлённый экран
Erdpunkt *m* точка заземления
Erdreflexion *f* отражение от Земли
Erdrücklauf *m*, **Erdrückleitung** *f* обратная цепь через землю
Erdrückstrom *m* обратный ток через землю
Erdsatellit *m* (искусственный) спутник Земли, ИСЗ
Erdschleife *f* 1. контур заземления 2. паразитный контур с замыканием через землю (*в схемах с несколькими точками заземления*)
Erdschluß *m* 1. заземление 2. (короткое) замыкание на землю
Erdschlußerfassung *f* обнаружение места локализации (короткого) замыкания на землю
Erdschlußfehler *m* ошибка, вызываемая (коротким) замыканием на землю
Erdschlußmesser *m* измеритель заземления; индикатор (короткого) замыкания на землю; измеритель тока утечки на землю
Erdschlußprüfer *m* испытатель заземления
Erdschlußschutz *m* защита от замыкания на землю
Erdseil *n* заземляющий трос
Erdspannung *f* (электрический) потенциал Земли
Erdspannungsrelief *n* рельеф (распределения) потенциалов в земле
Erdstrahlung *f* излучение вдоль поверхности Земли
Erdstromkreis *m* цепь электрического замыкания на землю
Erdsymmetrie *f* симметрия относительно земли
Erdsystem *n* 1. система заземления 2. *тлг* однопроводная система с использованием земли в качестве обратного провода
Erdübergangswiderstand *m* переходное сопротивление (в месте) заземления
Erdumlaufbahn *f* околоземная орбита
Erdumlaufzeichen *n* радиосигнал, обошедший вокруг Земли
Erdung *f* заземление
Erdungs... *см. тж* **Erd...**
Erdungsanlage *f* заземляющее устройство
Erdungsbügel *m* заземляющая перемычка
Erdungsebene *f* плоскость [поверхность] заземления
Erdungskreis *m* контур заземления
Erdungsmesser *m* измеритель заземления
Erdungsschalter *m* переключатель заземления
Erdungsschaltung *f* схема заземления
Erdungsschiene *f* шина заземления
Erdungsschirm *m* заземлённый экран
Erdungstester *m см.* **Erdschlußprüfer**
Erdungstrenner *m* разъединитель заземления
Erdungswiderstand *m* сопротивление заземления
Erdungszeichen *n* условное графическое обозначение заземления

Erdunsymmetrie f асимметрия относительно земли
Erdverbindung f соединение с землёй; заземление
Erdwelle f земная радиоволна
Erdzuleitung f провод заземления
E-Region f область E (*часть ионосферы, расположенная на высотах 90—150 км*)
Ereignis n событие
~, **komplementäres** дополняющее событие; противоположное событие
~, **praktisch sicheres** практически достоверное событие
~, **praktisch unmögliches** практически невозможное событие
~, **seltenes** редкое событие
~, **sicheres** достоверное событие
~, **unmögliches** невозможное событие
~, **vorangegangenes** предшествовавшее событие
~, **zufälliges** случайное событие
Ereignisbaum m дерево событий
Ereignisfeld n поле событий
Ereignisse n pl события
~, **abhängige** зависимые события
~, **ausschließende** несовместные [взаимоисключающие] события
~, **entgegengesetzte** противоположные события
~, **gleichmögliche [gleichwahrscheinliche]** равновероятные события
~, **unabhängige** независимые события
~, **unverträgliche** несовместные события
~, **verträgliche** совместные события
Ereigniswahrscheinlichkeit f вероятность (наступления) события
Ereigniszähler m счётчик числа событий
Ereignis-Zeit-Matrix f матрица событий—времени (*в сетевом планировании*)
Erfahrung f опыт; эксперимент
Erfahrungsfaktor m эмпирический коэффициент
Erfahrungsgesetz n эмпирический закон
Erfahrungsspeicher m накопитель опыта (*в самообучающихся системах*)
erfaßbar измеримый (*о параметре*)
Erfassung f 1. сбор (*данных*) 2. рлк обнаружение, захват (*цели*)
Erfassungseinheit f устройство сбора и предварительной обработки (*данных*)
Erfassungszeit f время выбора (*в устройстве выборки и хранения*)
Erfassungszone f зона обнаружения
erfolgen вчт следовать, последовать (*о событии*)
Erfolgskriterium n критерий метода проб и ошибок
Erfolgsorgan n киб. исполнительный орган, эффектор
Erfolgsquote f частичная реакция
erfüllen 1. исполнять (*математическую операцию*) 2. удовлетворять (*требованиям*); выполнять (*условия*) 3. насыщать (*энергетические уровни*)
Ergänzung f 1. дополнение; добавление 2. сложение, суммирование 3. приложение (*запасных деталей к аппаратуре*)
Ergänzungsbefehl m дополнительная команда
Ergänzungsdiskettenspeicher m вспомогательное ЗУ на гибких дисках; вспомогательная память на гибких дисках
Ergänzungsfarben f pl дополнительные цвета
Ergänzungsgeräte n pl запасные [резервные] устройства
Ergänzungsimpuls m 1. дополняющий импульс 2. корректирующий импульс
Ergänzungskode m дополняющий код
Ergänzungspaar n комплементарная пара (*транзисторов*)
Ergänzungsschaltung f комплементарная [дополняющая] схема
Ergänzungsspeicher m вспомогательное ЗУ; вспомогательная память
Ergebnis n результат; исход; вывод
~, **falsches [fehlerhaftes]** неправильный [ошибочный] результат
~, **günstiges** благоприятный исход
~, **mögliches** возможный исход
~, **wahrscheinliches** вероятный исход
~, **zufallsbedingtes** случайный результат
Ergebnisausgabe f вывод результатов вычислений
Ergebnisbild n обработанное изображение; изображение на выходе (*системы обработки*)
Ergebnisbus m шина результатов, шина вывода (*данных*)
Ergebnisdaten pl выходные данные
Ergebnisdrucker m выходное печатающее устройство
Ergebnisfolge f последовательность результатов
Ergebnisfunktion f функция результата
Ergebniskontrolle f контроль результата
Ergebnisspeicher m ЗУ или память для хранения результатов
Ergebnisweitergabe f передача (*на последующие устройства*) результатов (*напр. вычислений*)
Ergibtanweisung f *прогр.* оператор присваивания
Ergibtpfeil m, **Ergibtzeichen** n *прогр.* символ присваивания
Ergiebigkeit f отдача, выход
Ergodizität f *киб.* эргодичность
Ergonomik f эргономика
Erhaltung f **der Zuverlässigkeit** *над.* сохраняемость
Erhartung f затвердевание
Erhebungswinkel m угол возвышения (*антенны*)
Erhitzer m 1. подогреватель (*катода*) 2. нагреватель
Erhitzung f нагрев, нагревание; разогрев
Erhöhung f 1. повышение 2. усиление; увеличение
~ **der Bondinsel** *микр.* наращивание *или* выращивание столбикового вывода
Erholung f восстановление; возврат
Erholungsstrom m 1. восстанавливающий ток эмиссии 2. *свпр* ток восстановления сверхпроводящего состояния
Erhol(ungs)zeit f время восстановления
Erinnerungsvermögen n запоминающая способность
Eriskop n эрископ (*фирменное название суперикоиоскопа*)
Erkennbarkeit f 1. распознаваемость (*напр. образа*) 2. различимость
Erkennbarkeitsgrenze f граница различимости

Erkennen *n см.* **Erkennung**
Erkennung *f* 1. распознавание; опознавание 2. различение 3. идентификация
~ **der Zeichenbedeutung** распознавание знаков
Erkennungsalgorithmus *m* алгоритм распознавания
Erkennungsangaben *f pl* определяющая информация
Erkennungsbereich *m* зона идентификации (*радиопеленгатора*)
Erkennungsgerät *n* устройство [блок] опознавания
Erkennungskode *m* идентифицирующий код
Erkennungsleistung *f* способность распознавания
Erkennungsmarke *f вчт* идентифицирующая метка
Erkennungsschaltung *f* схема распознавания
Erkennungssicherheit *f* надёжность распознавания
Erkennungssignal *n* сигнал опознавания
Erkennungssystem *n* 1. система распознавания 2. система опознавания
Erkennungswahrscheinlichkeit *f* вероятность опознавания
Erklärung *f* интерпретация (*обозначения, термина*); экспликация, пояснение (*условных знаков, символов*)
Erlaubnisabgabe *f* (по)дача (*сигнала*) согласия
Erlöschen *n* затухание, угасание; гашение
Ermitt(e)lung *f* 1. определение; вычисление, расчёт 2. обнаружение (*цели*)
~ , **zeichnerische** графическое определение
Ermüdung *f* усталость, утомление (*напр. катода фотоэлемента*); *над.* старение; износ
Ermüdungsausfall *m* отказ вследствие старения или износа
Ermüdungsgrenze *f* предел усталости
Ermüdungszeit *f над.* время [период] старения
Erneuerung *f* 1. обновление; восстановление; возобновление 2. замена (изношенной) аппаратуры
~ **des Speichers** обновление (*содержания*) памяти
E-Röhre *f рлк* трубка дальности
Erosion *f* эрозия
Erosionseffekt *m* эффект эрозии
erregen возбуждать
Erreger *m* 1. возбудитель 2. задающий каскад; задающий генератор 3. *ант.* облучатель
Erreger... *см. тж* **Erregungs...**
Erregeramplitude *f* амплитуда возбуждения
Erregeranode *f* анод возбуждения
Erregeranordnung *f* схема [система] возбуждения
Erregerfeld *n* поле возбуждения
Erregerfeldkurve *f* кривая поля возбуждения
Erregerkreis *m* 1. контур возбудителя *или* задающего генератора 2. цепь питания (*в релейных схемах*)
Erregerleistung *f* мощность возбуждения
Erregerstrahler *m* облучатель [возбудитель] антенны
Erregersystem *n* 1. система возбуждения 2. система питания (*в антенной технике*)
Erregung *f* 1. возбуждение 2. намагничивание (*током*)

~ , **gegenphasige** противофазное возбуждение
~ , **gleichphasige** синфазное возбуждение
~ , **indifferente** независимое возбуждение
~ **in Oberwellen** возбуждение на гармониках
~ , **separate** независимое возбуждение
~ , **sprungförmige** скачкообразное возбуждение
~ , **stoßförmige** ударное возбуждение
~ , **stufenweise** ступенчатое возбуждение
Erregungs... *см. тж* **Erreger...**
Erregungsenergie *f* энергия возбуждения
Erregungsfluß *m* (магнитный) поток возбуждения
Erregungsfrequenz *f* частота возбуждения
Erregungsgrad *m* степень возбуждения
Erregungskreis *m* цепь [контур] возбуждения
Erregungspegel *m* интенсивность возбуждения
Erregungsschaltung *f* схема возбуждения
Erregungsschwelle *f* 1. порог возбуждения 2. порог (зрительного) раздражения
Erregungsspannung *f* напряжение возбуждения
Erregungsspule *f* 1. катушка возбуждения 2. катушка подмагничивания
Erregungsstärke *f* интенсивность возбуждения
Erregungsstrom *m* 1. ток возбуждения 2. ток намагничивания
Erregungsverluste *m pl* потери на возбуждение
Erregungswelle *f* волна возбуждения [накачки]
Erregungswicklung *f* 1. обмотка возбуждения 2. обмотка подмагничивания
Erregungszeitkonstante *f* постоянная времени цепи возбуждения
Ersatz *m* 1. эквивалент 2. запас, резерв 3. замена
Ersatzantenne *f* эквивалент антенны
Ersatzapertur *f* эквивалентная апертура
Ersatzbaustein *m* резервный [запасный] блок
Ersatzbedarf *m* потребность в замене; потребность в ЗИП
Ersatzbild *n* эквивалентная схема
Ersatzdämpfung *f* эквивалентное затухание
Ersatzdämpfungsglied *n* звено эквивалентного затухания
Ersatzdiode *f* эквивалентный диод
Ersatzdipol *m* эквивалентный диполь
Ersatzdipolzahl *f* **eines Zieles** *рлк* эффективная поверхность цели (*относительно диполя*)
Ersatzfrequenz *f* запасная [резервная] частота
Ersatzimpulsgenerator *m* 1. генератор эквивалентных импульсов 2. *рлк* имитатор дальности
Ersatzkanal *m* запасный [резервный] канал
Ersatzkennlinie *f* эквивалентная характеристика
Ersatzkreis *m* эквивалентный контур; эквивалентная цепь
Ersatzlast *f* эквивалент нагрузки
Ersatzlautstärke *f* эквивалентная громкость
Ersatzleitung *f* 1. эквивалентная линия 2. резервная линия
Ersatznetzwerk *n см.* **Ersatzschaltbild**
Ersatzparameter *m* эквивалентный параметр
Ersatzproblem *n* 1. проблема замены 2. проблема резервирования
Ersatzprogramm *n* запасная программа
Ersatzquelle *f* эквивалентный источник
Ersatzrauschwiderstand *m* эквивалентное шумовое сопротивление
ersatzreif требующий замены

Ersatzschaltbild *n* эквивалентная схема; схема замещения
~ **mit h-Parametern** эквивалентная схема в системе h-параметров
~ **mit Universalparametern** эквивалентная схема в системе универсальных параметров
~ **nach Giacoletto** гибридная П-образная эквивалентная схема, эквивалентная схема Джиаколетто
Ersatzschaltung *f*, **Ersatzschema** *n см.* **Ersatzschaltbild**
Ersatzschwingung *f* приведённое эквивалентное колебание
Ersatzspalte *f* запасный столбец (*в таблице*)
Ersatzspannungsquelle *f* **1.** эквивалентный источник напряжения **2.** эквивалентная схема источника напряжения
Ersatzspur *f* резервная дорожка
Ersatzstörgröße *f* эквивалентное значение помех
Ersatzstreuinduktivität *f* эквивалентная индуктивность рассеяния
Ersatzstrom *m* эквивалентный ток
Ersatzstromgenerator *m* **1.** эквивалентный генератор тока **2.** эквивалентная схема генератора тока
Ersatzstromquelle *f* **1.** эквивалентный источник тока **2.** эквивалентная схема источника тока
Ersatzsystem *n* запасная [резервная] система
Ersatzteil *m* запасный блок; запасный узел
Ersatztheorie *f* теория резервирования (*элементов или узлов, вышедших из строя*)
Ersatztotzeit *f* эквивалентная задержка
Ersatzvierpol *m* эквивалентный четырёхполюсник
Ersatzweg *m* *тлф* вспомогательная цепь
Ersatzwellenlänge *f* эквивалентная длина волны
Ersatzwellenquelle *f* эквивалентный источник колебаний
Ersatzwiderstand *m* **1.** эквивалентное сопротивление; сопротивление замещения **2.** динамическое сопротивление в открытом состоянии (*напр. тиристора*)
Ersatzzeitkonstante *f* эквивалентная постоянная времени
Erscheinen *n инф.* появление (*события*)
Erscheinung *f* **1.** явление **2.** событие (*см. тж* **Ereignis**) **3.** эффект
~, **nichtstationäre** нестационарное явление
Erscheinungspotential *n* **1.** потенциал возникновения (*напр. эффекта*) **2.** начальный потенциал (*ионного источника*)
Erschöpfung *f пп* обеднение, истощение
Erschöpfungsgebiet *n* область обеднения
Erschöpfungsrandschicht *f* обеднённый (приконтактный) слой
Erschütterung *f* **1.** вибрация, тряска, дрожание **2.** сотрясение
erschütterungsbeständig вибростойкий
Erschütterungsempfindlichkeit *f* чувствительность к вибрациям
erschütterungsfest вибростойкий, вибропрочный
Erschütterungsmesser *m* виброметр
Erschütterungssicherheit *f* вибростойкость; вибропрочность

Ersetzung *f* **1.** *мат.* замена; подстановка **2.** замещение (*носителей*); замена (*предохранителей*)
Erstarrung *f* **1.** затвердевание, отверждение **2.** замораживание; кристаллизация
~ **der Schmelze** затвердевание расплава
Erstarrungsbereich *m* интервал кристаллизации
Erstarrungsende *n* конец кристаллизации
Erstarrungspunkt *m* точка кристаллизации
Erstarrungsschwund *m* усадка при затвердевании
Erstarrungstemperatur *f* температура затвердевания
Erstarrungswärme *f* теплота затвердевания
Erstdatenbereich *m* область первичных данных
Ersteingabe *f* начальный ввод (*данных*); исходное заполнение (*ЗУ*)
Erstellung *f* составление, разработка (*программы*)
Erstimpuls *m* начальный импульс
Erstkarte *f* **1.** первая (перфо)карта (*в колоде*) **2.** первичная перфокарта
Erstkartendatei *f* массив первичных перфокарт
Erstmagnetisierung *f* первоначальное намагничивание (*из размагниченного состояния*)
Erstmagnetisierungskurve *f* начальная кривая намагничивания
Erstspannung *f* первичное напряжение
Eruption *f* всплеск радиоизлучения
Erwärmung *f* нагрев(ание); подогрев(ание); разогрев(ание)
Erwärmungseinrichtung *f* нагреватель
Erwärmungszeitkonstante *f* постоянная времени нагрева
Erwartung *f* ожидание
~, **bedingte mathematische** условное математическое ожидание
Erwartungswert *m* **1.** ожидаемое значение; ожидаемая величина **2.** математическое ожидание
Erwartungszustand *m* состояние ожидания (*о триггере*)
Erweiterung *f* **1.** расширение; растяжение; наращивание **2.** *мат.* раскрытие (*напр. формулы*); разложение (*в ряд*)
Erweiterungsbaustein *m см.* **Erweiterungsmodul**
Erweiterungsfaktor *m* **1.** множитель шкалы (*шунта*); коэффициент расширения (*предела измерения*) **2.** *мат.* дополнительный множитель
Erweiterungsmodul *m* модуль (для) расширения (*возможностей системы*)
Erweiterungsprogramm *n* расширяемая программа
Erweiterungsregister *n* расширяющий регистр
Erweiterungsspeicher *m* **1.** память для расширения системы **2.** расширяемая память
Erweiterungszahl *f см.* **Erweiterungsfaktor 1.**
Erzeuger *m* генератор
Erzeugerstufe *f* задающий каскад
Erzeugnisqualität *f* качество изделия
Erzeugung *f* **1.** генерирование, генерация **2.** *мат.* образование; порождение **3.** производство
~, **thermische** термогенерация
Erzeugungsrate *f* скорость генерации (*напр. электронно-дырочных пар*)
Erzeugungssystem *n* электронный прожектор
Erzeugungstiefe *f* глубина генерации (*напр. носителей*)

Erzeugungswirkungsgrad *m* эффективность [кпд] генерации
Esaki-Diode *f* туннельный диод
Esaki-Strom *m* туннельный ток
ESB-... *см.* **Einseitenband...**
E-Schicht *f* (ионизированный) слой Е
E-Schirmbild *n* изображение (на экране) индикатора Е-типа
ES-Direktschreiben *n* 1. непосредственная запись электронным лучом 2. *микр.* непосредственное формирование рисунка методом электронно-лучевой литографии
E-Sektorhorn *n* Е-плоскостной секториальный рупор
E$_{emn}$-Sektorresonator *m* E$_{emn}$-секторный резонатор
ESFI-Technologie *f* технология структур типа «кремний на диэлектрике», технология КНД-структур
ESK-Relais *n* быстродействующее реле с контактами из благородного металла
E-Spannung *f* электрическое напряжение
E-Strom *m* электрический ток
Etagenantenne *f* многоярусная антенна
etch pit *англ.* ямка травления
Etikett *n* 1. *вчт* маркировочный знак; метка 2. этикетка
~, **äußeres** наружная метка, записанная на бобине
~, **inneres** внутренняя метка, записанная на МЛ
ET-Schnitt *m* ЕТ-срез (*срез пьезокварца с ребром, параллельным оси Х и углом ZZ', равным 66°*)
Ettinghausen-Effekt *m* поперечный гальванотермомагнитный эффект Эттингсхаузена
Ettinghausen-Nernst-Effekt *m* термогальваномагнитный эффект, эффект Эттингсхаузена — Нернста
E-Typ *m* Е-тип (*волны*)
Eurikon-Versuch *m* экспериментальная спутниковая телевизионная передача для Европы
Euro-AV-Anschluß *m* европейский унифицированный соединитель (*для аудиовизуальных/ сигналов*)
Euro-AV-Buchse *f* розеточная часть [розетка] европейского унифицированного соединения (*для аудиовизуальных сигналов*)
Euroconnector *англ.* европейский унифицированный соединитель
Euro-Karte *f см.* **Europakarte**
«EU ROM» *фирм.* интегральный декодер видеотекса
Euronorm *f* европейская стандартная каркасная система для печатных плат
Europaformat *n* европейский формат для кассет с печатными платами
Europakarte *f* европлата, стандартизованная для Европы печатная плата
Europa-Norm-Anschluß *m см.* **Euro-AV-Anschluß**
Europa-Satelliten-Norm *f* европейский стандарт спутникового телевизионного вещания
Europasignal-Funkrufdienst *m* служба радиовызова евросигналом
Eurosignal *n* евросигнал
Eurosignal-Dienst *m* Европейская служба межабонентской радиотелефонной связи
Euro-Stecker *m* вилочная часть [вилка] европейского унифицированного соединителя (*аудиовизуальных сигналов*)
Eurovision *f* Евровидение
Eurovisionsnetz *n* сеть Евровидения
Eurovisionssatellit *m* спутник системы Евровидения
Eurovisionsstandard *m* стандарт (системы) Евровидения
Eutektikum *n* эвтектика
Eutelsat *m* Европейский спутник (для) телевизионного вещания
Evakuierung *f* 1. откачка, создание вакуума; разрежение 2. удаление газа, обезгаживание
Evakuierungskammer *f* вакуумная камера
E-Welle *f* Е-волна, электрическая волна (*в линии передачи*)
«Examinator» *m* «экзаменатор» (*тип обучающей машины*)
Excimerlaser *m* эксимерный лазер
Exciter *m* 1. возбудитель 2. задающий генератор
Exciton *n см.* **Exziton**
Excitron *n см.* **Exzitron**
Exekutivprogramm *n* организующая программа; управляющая программа; диспетчер
Exekutivrelais *n* исполнительное реле
Exekutivsystem *n* 1. система диспетчерского управления 2. *вчт* система управления (*исполнением программ*); супервизор
exemplarbedingt обусловленный особенностями (данного) экземпляра (*напр. о транзисторе*)
Exemplarstreuung *f* разброс параметров отдельных экземпляров (*однотипных радиоэлементов*)
Exjunktion *f* разноимённость; операция исключающее ИЛИ
Exklusion *f* исключение
EXKLUSIVES ODER-Gatter *n* вентиль [схема] исключающее ИЛИ
Exklusiv-NOR-Gatter *n* вентиль [схема] исключающее ИЛИ НЕ
EXKLUSIV-ODER-Schaltkreis *m*, **EXKLUSIV-ODER-Schaltung** *f* схема [вентиль] исключающее ИЛИ
Exklusivwellen *f pl* диапазон волн, занимаемый только одной радиовещательной станцией
Exoelektron *n* экзоэлектрон
Exoelektronenemission *f* экзоэлектронная эмиссия
EX-OR-Element *n см.* **Exklusiv-ODER-Gatter**
Exosphäre *f* экзосфера, сфера рассеяния (*атмосферы*)
Expander *m* 1. экспандер (*устройство, предназначенное для осуществления заданного закона экспандирования*) 2. экспандер, штепсель с ионическим расширителем 3. расширитель (*тип ИС*)
Expandierung *f*, **Expansion** *f* 1. расширение; растягивание 2. экспандирование (*процесс, при котором усиление становится бóльшим при сильных сигналах и мéньшим при слабых*)
Expansionsgrad *m* 1. степень расширения 2. степень экспандирования
Expansionsmöglichkeit *f* возможность экспандирования
Expansionsport *m* порт, расширяющий (функ-

ционалъные) возможности, дополнительный порт
Expansionsverhältnis *n* см. **Expansionsgrad**
Experte *m* наблюдатель-специалист (*при субъективных испытаниях*)
Expertensystem *n* экспертная система (*в искусственном интеллекте*)
explosibel, explosionsgefährlich взрывоопасный
explosionsgeschützt взрывобезопасный, взрывозащищённый
Explosivdarstellung *f* поэлементно разнесённая схема механизма (*напр. лентопротяжного*)
Exponent *m* 1. показатель (*степени*) 2. порядок (*числа*)
Exponente *f* экспонента, экспоненциальная кривая
Exponentenüberlauf *m* переполнение разрядов порядка
Exponentenunterlauf *m* исчезновение разрядов порядка
Exponentialabklingen *n* экспоненциальное затухание
Exponentialausfallverteilungsfunktion *f* экспоненциальная функция распределения отказов
Exponentialhorn *n* экспоненциальный рупор
Exponentialkennlinie *f* экспоненциальная характеристика
Exponentialreihe *f* показательный [экспоненциальный] ряд
Exponentialröhre *f* лампа с переменной крутизной (*характеристики*)
Exponentialtrichter *m* экспоненциальный рупор
Exponentialverlauf *m* экспоненциальная характеристика
Exponentialverstärker *m* экспоненциальный усилитель
Exponentialverteilung *f* экспоненциальное распределение
exponieren 1. экспонировать 2. *мат.* потенцировать
Exposition *f* 1. экспозиция, выдержка 2. экспонирование
Expositionsstrom *m* ток экспонирующего электронного луча (*при электронной литографии*)
exposure-indices *англ.* экспозиционные индексы
Extender *m* 1. удлинитель 2. *вчт* расширитель
Extension *f* 1. расширение, растяжение, удлинение 2. *лог.* экстенсия, объём 3. протяжённость
Externgerät *n* 1. наружный прибор 2. *вчт* внешнее устройство
Externkode *m* код ввода *или* вывода информации в машину *или* из машины
Externspeicher *m* внешнее ЗУ; внешняя память
Externverkehr *m* *тлф* дальняя связь
Extinktion *f* 1. *инф.* прекращение, угасание (*процесса*) 2. ослабление; затухание; гашение 3. стирание (*записи*)
Extinktionsabstand *m* интервал затухания
Extinktionskoeffizient *m* коэффициент ослабления *или* затухания
Extinktionsmodul *m* модуль ослабления *или* затухания
Extinktionsschreiber *m* самопишущий прибор для записи затухания
Extrahieren *n*, **Extraktion** *f* 1. извлечение (*напр. из*

ЗУ); выделение (*напр. сигнала из помех*) 2. вытягивание (*напр. электронов*)
Extraktionssonde *f* вытягивающий зонд
Extrapolationskammer *f* экстраполяционная ионизационная камера
Extrapolationswert *m* экстраполированное значение
Extremal... см. *тж.* **Extremwert...**
Extremalbedingungen *f pl* экстремальные условия
Extremale *f* экстремаль
Extremalfunktion *f* экстремальная функция
Extremalgröße *f* экстремальная [предельная] величина
Extremalsystem *n* экстремальная система
Extremwert... см. *тж.* **Extremwert...**
Extremwert *m* экстремальное [предельное] значение
Extremwertkanal *m* канал передачи предельного значения
Extremwertregelung *f* экстремальное регулирование
Extremwertregler *m* экстремальный регулятор; оптимизатор
Extremwertspeicher *m* ЗУ, выделяющее экстремальные (*максимальные и минимальные*) значения
Extremwertsucher *m* (автоматический) искатель экстремального [предельного] значения
Extremwiderstand *m* предельное значение сопротивления
Extrinsic-Halbleiter *m* примесный полупроводник
Extrinsic-Leitfähigkeit *f*, **Extrinsic-Leitung** *f* примесная электропроводность
Extrudertechnik *f* техника заполнения прессовкой (*напр. кабелей*)
Exzenterdipol *m* смещённый диполь-облучатель (*вращается относительно оси зеркала для получения конической развёртки пространства*)
Exzeß-3-Kode *m* код с избытком три
Exziton *n* экситон
~, **freies** свободный экситон
~, **gebundenes** связанный экситон
Exzitonbildung *f* образование экситона
Exziton-Elektroreflexion *f* экситонное электроотражение
Exzitonenabsorption *f* экситонное поглощение
Exzitonenband *n* экситонная зона
Exzitonenerzeugung *f* генерация экситонов
Exzitonenlumineszenz *f* экситонная люминесценция
Exzitonenniveau *n* экситонный уровень
Exzitonenrekombination *f* экситонная рекомбинация
Exzitonenspektrum *n* экситонный спектр
Exzitonenübergang *m* экситонный переход
Exzitonenzustand *m* экситонное состояние
Exziton-Phonon-Wechselwirkung *f* экситон-фононное взаимодействие
Exzitonstrahlung *f* экситонное излучение
Exzitron *n* экситрон (*газоразрядный прибор с жидкометаллическим катодом, имеющий поджигающий электрод и поджигающее устройство*)

E-Zahl *f* числовое выражение (свето)чувствительности

F

Fabrikationsstreuung *f* производственный разброс (*параметров*)
Fabry-Perot-Injektions-Laser *m* инжекционный лазер Фабри—Перо
Fabry-Perot-Interferometer *n* интерферометр Фабри—Перо
Fabry-Perot-Resonator *m* резонатор(-излучатель) Фабри—Перо
F-Absorption *f* *фтт* поглощение света F-центром
Face-down-Montage *f* монтаж методом перевёрнутого кристалла (*лицевой стороной ИС вниз*)
Facettenbildung *f* образование фаски (*при травлении рисунка ИС*)
Facetteneffekt *m* эффект грани
Face-up-Montage *f* монтаж (кристаллов) лицевой стороной вверх
Fächerantenne *f* веерная антенна
Fächerfunkfeuer *n* маркерный радиомаяк с веерной диаграммой направленности
Fächerkeule *f* веер лепестков
Fächermarkierungsbake *f* см. **Fächerfunkfeuer**
Fächerstrahl *m* веерообразный луч
Facility *n* 1. оборудование, аппаратурные и програмные средства 2. техническая возможность 3. линия *или* канал связи (*со всеми доступными средствами*)
Fädelwicklung *f* прошивная обмотка
Faden *m* 1. нить; нить накала 2. *изм.* струна
Fadenaufhängung *f* *изм.* подвес на нити
Fadendurchflechtung *f* прошивка (*напр. матрицы магнитных сердечников*) проводом
Fadengalvanometer *n* струнный гальванометр
Fadengeber *m* струнный датчик
Fadenkreuzplatte *f* визирная плата; визирное стекло
Fadenkristall *m* нитевидный кристалл
Fadenmarke *f* *микр.* знак [фигура] совмещения
Faden-Schicht-Isolation *f* изоляция между подогревателем и активным слоем катода
Fadenspannung *f* 1. напряжение (на) нити накала 2. натяжение нити (*подвеса*)
Fadenstrahl *m* нитевидный луч
Fadenstrom *m* ток (цепи) накала
Fadentransistor *m* нитевидный транзистор
Fadenzeiger *m* нитевидная стрелка
Fading *n* замирание
Fahne *f* 1. *вчт* флаг, флажок; признак 2. монтажная бирка (*на кабеле*) 3. *тлв* тянущееся продолжение, *проф.* «тянучка» 4. флажок (*на стрелке измерительного прибора*)
Fahnenanschluß *m* *микр.* балочный вывод
Fahnenbildung *f*, **Fahnenziehen** *n* *тлв* образование тянущихся продолжений, *проф.* образование «тянучек»
Fahraufnahme *f* *тлв* 1. съёмка с движения 2. съёмка наездом *или* отъездом камеры

Fahreffekt *m* 1. эффект (телевизионной) съёмки с движения 2. эффект наезда *или* отъезда камеры
Fahrschalter *m* контроллер
Fahrstand *m* пост управления
Fahrstrahl *m* радиус-вектор
Fahrweise *f* режим работы; режим эксплуатации
Fahrzeugantenne *f* антенна, устанавливаемая на транспортных средствах
Fahrzeugdetektor *m* проходной детектор (авто)транспорта, ДТПр
Fahrzeugfunk *m*, **Fahrzeugstation** *f* подвижная (радио)станция
fail-safe *англ.* 1. безаварийный, безотказный 2. надёжный
Faksimile *n* 1. факсимиле 2. факсимильная связь
Faksimileabtaster *m* анализирующее факсимильное устройство
Faksimilebild *n* факсимильное изображение
Faksimilebildsynthese *f* синтез факсимильного изображения
Faksimilegerät *n* факсимильный аппарат
Faksimileschreiber *m* приёмный факсимильный аппарат
Faksimilesender *m* передающий факсимильный аппарат
Faksimilesystem *n* система факсимильной связи
Faksimiletelegrafie *f* факсимильная телеграфия, фототелеграфия
Faktor *m* 1. множитель; коэффициент 2. фактор ~, K_{2T} *тлв* К-фактор при длительности импульса 2T
Faktorenspeicher *m* ЗУ *или* память для коэффициентов
Fakturiermaschine *f* бухгалтерская ВМ
Fall *m* 1. случай 2. падение (*напр. потенциала*) 3. убыль (*напр. заряда*)
Fallbügel *m* падающая дужка
Fallbügelinstrument *n* (измерительный) прибор с падающей дужкой
Fallbügelregistrierung *f* запись [регистрация] при помощи падающей дужки
Falle *f* 1. режекторный контур 2. ловушка
~, **adiabatische** адиабатическая ловушка
~, **toroidförmige** тороидальная ловушка
Fällen *n* осаждение
Fallenkreis *m* режекторный контур
Fallenwirkung *f* эффект захвата
Fallenzentrum *n* центр захвата
Fallinien *f pl* линии градиента
Fallklappe *f* 1. блинкер; флажок блинкера 2. падающая заслонка
Fallklappenrelais *n* блинкерное реле
Fallkurve *f* падающая характеристика
Fallot *n* эхолот
Fallschirmstation *f* парашютная радиостанция
Fällung *f* осаждение
Fällungskristallisation *f* кристаллизация осаждением
Fallwinkel *m* 1. крутизна спада (*напр. характеристики*) 2. угол падения
Fallzeit *f* время спада
falsch 1. *прогр.* ложный 2. неправильный, ошибочный
Falschabgleichung *f* рассогласование

Falschalarmwahrscheinlichkeit f вероятность ложной тревоги
Falschanpassung f рассогласование
Falschauslösung f ложное срабатывание
Falschecho n ложный отражённый сигнал
Falschfarben f pl условные цвета
Falschlicht n 1. посторонняя засветка 2. (рассеянная) засветка вследствие отражений в оптической системе
Falschmeldewahrscheinlichkeit f вероятность ложного сигнала
Falschschaltung f ошибочное включение; ошибочное соединение
Fälschungssicherheit f устойчивость [защищённость] относительно ложных срабатываний
Falschverbindung f ошибочное соединение
Falschwahl f тлф неправильное искание
Faltbandheizer m бифилярный нагреватель
Faltdipol m петлевой симметричный вибратор
Faltenbalg m сильфон
Faltpol m см. **Faltdipol**
Faltprodukten n pl паразитные составляющие, вызванные перекрытием спектров
Faltschaltung f складывающаяся печатная схема
Faltung f 1. мат. свёртка 2. скручивание (печатной платы)
Faltungsfehler m выпадение в видеосигнале (из-за дискретности структуры ПЗС-преобразователя свет — сигнал)
Faltunipol m петлевой несимметричный вибратор
Faltverstärker m свёртывающий усилитель
Familie f 1. семейство (напр. характеристик) 2. серия (напр. микросхем, ЭВМ)
Fang m захват; улавливание
Fangbereich m 1. полоса захвата 2. область приёма
Fangelektrode f 1. собирающий [улавливающий] электрод, коллектор 2. тлв мишень
Fänger m улавливатель; ловушка
Fanggitter n защитная сетка
Fangmagnet m электромагнитный ловитель
Fangniveau n уровень захвата
Fangraum m пространство улавливания (в клистроне)
Fangschaltung f схема захватывания
Fangscheibe f тлв мишень
Fangstelle f ловушка; центр захвата
Fangstellenniveau n уровень захвата
Fangstoff m 1. геттер, газопоглотитель 2. поглощающее вещество
Fangzeit f время захвата
fan-in англ. коэффициент объединения по входу
fan-out англ. коэффициент разветвления по выходу
Farad n фарад(а), Ф
Faraday-Drehung f, **Faraday-Effekt** m эффект Фарадея
Faraday-Gitter n, **Faraday-Käfig** m клетка Фарадея
Faradmeter n фарадметр
Farb... см. тж **Farben...**
Farbabgleich m см. **Farbanpassung**
Farbabschalter m схема выключения канала цветности

Farbabschaltung f выключение канала цветности
Farbabstimmung f цветокоррекция
Farbabstufung f градация цветов
Farbabweichung f 1. искажение цветопередачи 2. хроматическая аберрация
Farbanalyser m цветоанализатор
Farbanpassung f согласование цветов, цветовое уравнивание
Farbart f цветность
Farbartanteil m тлв цветовая составляющая
Farbartauflösung f цветовая чёткость
Farbartband n полоса (частот) сигнала цветности
Farbart-Demodulator m демодулятор сигналов цветности
Farbartdreieck n цветовой треугольник
Farbartflimmern n мерцание цвета
Farbart-Koordinaten f pl координаты цветности
Farbart-Modulation f модуляция цветовой поднесущей сигналами цветности
Farbartregelung f, **selbsttätige** автоматическая регулировка цветности
Farbartsignal n сигнал цветности
~, **digitales** цифровой сигнал цветности
Farbart-Tafel f 1. цветовой график 2. таблица цветов
Farbartteil m блок цветности
Farbart-Verstärker m усилитель сигнала цветности
Farbaufnahme f 1. цветная съёмка 2. цветной (фото)снимок
Farbaufzeichnungsverfahren n способ цветной видеозаписи
Farbausgleich m 1. цветокоррекция 2. цветовой баланс
Farbausgleichfilter n цветокорректирующий (свето)фильтр
Farbauswahlelektrode f масочный узел (цветного кинескопа)
Farbauszug m 1. цветоделённое изображение 2. цветоделение
Farbauszugsbild n цветоделённое изображение
Farbauszugs-Signal n сигнал цветоделённого изображения
Farbbalance f цветовой баланс
Farbbalken m pl тлв цветные полосы
Farbbalkengeber m, **Farbbalkengenerator** m тлв генератор (сигналов) цветных полос, ГЦП
Farbbalkenmuster n тлв испытательная таблица в виде цветных полос
Farbbalkentestsignal n испытательный сигнал (генератора) цветных полос
Farbband n 1. полоса (частот) сигнала цветности 2. лента для цветной видеозаписи 3. красящая лента
Farbbandbreite f ширина полосы сигнала цветности
Farbbaustein m блок цветности (телевизора)
Farbbetrag m модуль цвета
Farbbild n 1. цветное изображение 2. цветной кадр
~, **schwarz-weiß empfangenes** цветное изображение, принимаемое на чёрно-белый телевизор
Farbbild-Austast-Signal n цветовой (телевизионный) сигнал без сигнала синхронизации
Farbbild-Austast-Synchron-Signal n полный цве-

товой (телевизионный) сигнал с сигналом синхронизации
Farbbildfrequenz *f* частота цветных полей
Farbbildgeber *m* датчик цветового (телевизионного) сигнала
Farbbildkontrollgerät *n* тлв цветное видеоконтрольное устройство, ЦВКУ, цветной видеомонитор
Farbbildluminophor *m* люминофор для цветных кинескопов
Farbbildröhre *f* цветной кинескоп
Farbbildröhrenmaske *f* теневая маска
Farbbildschirm *m* экран цветного кинескопа
~, **punktförmiger** точечный экран цветного кинескопа
Farbbildschirmgerät *n* цветной дисплей
Farbbildsignal *n* цветовой (телевизионный) сигнал
~, **digitales** цифровой цветовой (телевизионный) сигнал
~, **vollständiges [zusammengesetztes]** полный цветовой (телевизионный) сигнал
Farbbild-Signal-Gemisch *n* полный цветовой (телевизионный) сигнал
Farbbildübertragung *f* цветная (телевизионная) передача
Farbbildwechsel *m* смена цветных полей
Farbbildwiedergaberöhre *f* цветной кинескоп
Farbblende *f* цветной светофильтр
Farbcharakteristiken *f pl* 1. цветовые характеристики (*напр. объекта съёмки*) 2. характеристики цвета
Farbdeckung *f* тлв 1. совмещение цветоделённых изображений 2. совмещение цветов
Farbdeckungsfehler *m* 1. рассовмещение цветоделённых изображений 2. рассовмещение цветов
Farbdekoder *m* декодирующее устройство [декодер] (системы) цветного телевидения
Farbdemodulator *m* демодулятор сигнала цветности
Farbdensitometer *n см.* **Farbdichtemesser**
Farbdetailerkennung *f* различимость (мелких) цветных деталей
Farbdiagramm *n* 1. диаграмма цветности 2. цветовой график
Farbdichte *f* цветная (оптическая) плотность
Farbdichtemesser *m* цветной денситометр
Farbdifferenz *f* цветовой контраст
Farbdifferenzsignal *n* тлв цветоразностный сигнал
~, **blaues** синий цветоразностный сигнал ($B-Y$)
~, **digitales** цифровой цветоразностный сигнал
~, **getragenes** цветовая несущая, модулированная (одним) цветоразностным сигналом
~, **rotes** красный цветоразностный сигнал ($R-Y$)
Farbdifferenzsignalansteuerung *f* модуляция кинескопа цветоразностными сигналами
Farbdiskrimation *f* различение цветов, цветоразличение
Farbdisplay *n* цветной дисплей
Farbdominante *f* преобладающий цветовой оттенок

Farbdrilling *m* триада (*экрана цветного кинескопа*)
Farbe *f* 1. цвет (*см. тж* **Farben**) 2. окраска 3. краска
~, **dominierende** преобладающий цвет
~, **kräftige** насыщенный цвет
~, **leuchtende** 1. яркий цвет 2. светящаяся краска, люминофор
~, **primäre** основной цвет
~, **satte** насыщенный цвет
~, **unbuntverhüllte** цвет с примесью ахроматического тона
~, **unterdrückte** ненасыщенный цвет
Farbechtheit *f* правильная цветопередача
Farbeindruck *m см.* **Farbempfindung**
Farbeinheitsmagnet *m* тлв магнит сведения лучей
Farbeinstellung *f* регулировка цветности
Farbelement *n* тлв цветовой элемент
Farbempfänger *m см.* **Farbfernsehempfänger**
farbempfindlich цветочувствительный
Farbempfindlichkeit *f* 1. цветовая чувствительность (*глаза*) 2. спектральная чувствительность (*напр. эмульсии*)
Farbempfindung *f* цветовое восприятие, восприятие цвета
Farben *f pl* цвета (*см. тж* **Farbe** 1.) □ **durch ~ gekennzeichnet** обозначенный цветным кодом
~, **achromatische** ахроматические [серые] цвета
~, **additive** (основные) аддитивные цвета (*синий, зелёный и красный*)
~, **bunte** хроматические цвета
~, **subtraktive** (основные) субтрактивные цвета (*жёлтый, пурпурный и голубой*)
Farben... *см. тж* **Farb...**
Farbenadaptation *f* цветовая адаптация
Farbenkoeffizienten *m pl* координаты цвета
Farbenkurve *f* кривая спектральной чувствительности
Farbenlosbrechen *n* расслоение цветов
Farbennachleuchtröhre *f* цветная трубка с послесвечением
Farbenpegel *m* уровень цветового сигнала
Farbenphasenumtastung *f* коммутация фазы цветового сигнала
Farbenpunktschreiber *m* точечный самопишущий прибор с цветовой записью
Farbenscheibe *f см.* **Farbfilterscheibe**
Farbenschwelle *f* порог цветоразличения
Farbensehen *n* цветное зрение
Farbenstärke *f*, **Farbenstrenge** *f* насыщенность цвета
Farbensystem *n* 1. тлв система (образования) цветов 2. цветовая система
~, **additives** система с аддитивным смешением цветов
~, **subtraktives** система с субтрактивным смешением цветов
Farbenumsetzung *f* преобразование цветов
Farbenzeilenflimmern *n* межстрочные цветовые мерцания
Farbenzerlegung *f* разложение цветов
Farbfax *m* цветная факсимильная связь
Farbfehler *m* 1. тлв цветовая ошибка, искажение цвета 2. *опт.* хроматическая аберрация
Farbfeld *n* цветное поле

Farbfeldregler *m тлв* регулятор цветности
Farbfernsehabtaströhre *f* передающая трубка для цветного телевидения
Farbfernsehaufzeichnung *f* цветная видеозапись
Farbfernsehbild *n* цветное телевизионное изображение
Farbfernsehbildprojektionsanordnung *f* цветное телевизионное проекционное устройство
Farbfernsehbildröhre *f*, **Farbfernseh-Bildwiedergaberöhre** *f* цветной кинескоп
Farbfernsehelektronik *f* схемотехника цветного телевидения
Farbfernsehempfang *m* приём цветных телевизионных передач
Farbfernsehempfänger *m* телевизионный приёмник цветного изображения, цветной телевизор
~, **digitaler** цифровой цветной телевизор
Farbfernsehen *n* цветное телевидение
Farbfernseher *m см.* **Farbfernsehempfänger**
Farbfernsehfolgesystem *n* последовательная система цветного телевидения
Farbfernsehgerät *n см.* **Farbfernsehempfänger**
Farbfernsehgrundfarben *f pl тлв* основные цвета (*красный, зелёный, синий*)
Farbfernsehkamera *f* (передающая) камера цветного телевидения
Farbfernsehmeßtechnik *f* техника измерения в системах цветного телевидения
Farbfernsehmonitor *m тлв* цветное видеоконтрольное устройство, ЦВКУ, цветной видеомонитор
Farbfernsehnorm *f см.* **Farbfernsehstandard**
Farbfernsehprojektionsanlage *f* проекционная установка (для) цветного телевидения
Farbfernsehprojektor *m* 1. цветной телевизионный проектор 2. проекционный цветной телевизор
Farbfernsehröhre *f* цветной кинескоп
Farbfernsehrundfunk *m* цветное телевизионное вещание
Farbfernsehrundfunkempfänger *m см.* **Farbfernsehempfänger**
Farbfernsehrundfunksender *m*, **Farbfernsehsender** *m* радиопередатчик цветного телевизионного вещания
Farbfernsehsendung *f* цветная телевизионная передача
Farbfernsehsignal *n* (радио)сигнал цветного телевизионного вещания
Farbfernsehsimultansystem *n* одновременная система цветного телевидения
Farbfernsehstandard *m* стандарт (на систему) цветного телевидения
Farbfernsehsystem *n* система цветного телевидения
~, **austauschbares [kompatibles]** совместимая система цветного телевидения
Farbfernsehübertragung *f см.* **Farbfernsehsendung**
Farbfernsehübertragungskette *f* тракт цветного телевизионного вещания
Farbfernsehübertragungswagen *m* передвижная станция цветного телевидения, ПСЦТ
Farbfernsehverfahren *n* система цветного телевидения

Farbfernsehwiedergabe *f* воспроизведение цветного изображения
Farbfilmabtaster *m* цветной телекинодатчик
Farbfilmabtastung *f* телекинопередача цветных фильмов
Farbfilter *n* цветной (свето)фильтр
Farbfilterscheibe *f тлв* диск с цветными (свето)фильтрами
Farbflächengenerator *m тлв* 1. генератор (сигналов) цветного фона (*для рирпроекции*) 2. генератор цветных полей
Farbfleck *m* цветное пятно
Farbflimmern *n* мерцание цвета
Farbfolge *f* последовательность (коммутации) цветов
Farbfransen *f pl тлв* цветная окантовка
Farb-FS-Projektor *m см.* **Farbfernsehprojektor**
Farbgamma *n* гамма цветов
Farbgitter *n тлв* сетка коммуникации цветов (*в хроматроне*)
Farbgleichgewicht *n*, **Farbgleichheit** *f* цветовой баланс
Farbgleichlauf *m* цветовая синхронизация
Farbgleichung *f* цветовое уравнение
Farbgrafiksystem *n* система цветной видеографики
Farbgrafikterminal *n* цветной графический терминал; цветной графопостроитель
Farbhartkopie *f* цветная документальная копия
Farbhelligkeit *f* яркость цвета
Farbhelligkeitspyrometer *n* цветояркостный пирометр
Farbhilfsträger *m* цветовая поднесущая (частота)
Farbhintergrund *m* цветовой фон
Farbhologramm *n* цветная голограмма
Farbigkeit *f* 1. цветность 2. окрашенность
Farbinformation *f* цветовая информация
Farbinformationsumfang *m* объём цветовой информации
Farbinformationsverluste *m pl* потери цветовой информации
Farbkamera *f см.* **Farbfernsehkamera**
Farbkanal *m* канал сигнала цветности
Farbkantenbildung *f тлв* образование цветной окантовки
Farbkeil *m* цветной (оптический) клин
Farbkode *m* цветной код (*для маркировки*)
Farbkoder *m* кодирующее устройство [кодер] системы цветного телевидения
Farbkodierfilter *n* цветокодирующий фильтр
Farbkodierung *f* кодирование цвета, формирование цветового телевизионного сигнала
Farbkomponente *f* цветовая составляющая
Farbkonstanz *f* постоянство спектрального состава (*источника света*)
Farbkontrast *m* цветовой контраст
Farbkonvergenzmagnet *m тлв* магнит сведе́ния лучей
Farbkonvergenzspule *f тлв* катушка сведе́ния лучей
Farbkonversionsfilter *n см.* **Farbkorrekturfilter**
Farbkörper *m* 1. *тлв* тело цветов 2. *опт.* цветовое тело
Farbkorrektionsfilter *n см.* **Farbkorrekturfilter**
Farbkorrektor *m* цветокорректор

Farbkorrektur f цветокоррекция
Farbkorrekturfilter n цветокорректирующий (свето)фильтр
Farbkorrekturschalter m переключатель цветокоррекции
farbkorrigiert цветокорректированный, цветокорригированный; ахроматизированный
Farbleitpunkt m тлв цветовой центр
Farbleuchtstoff m цветной люминофор
Farbmaske f теневая маска
Farbmaßsystem n (стандартная) колориметрическая система
Farbmatrix f, **Farbmatrixschaltung** f матрица для линейного преобразования сигналов (*в системах цветного телевидения*)
Farbmesser m, **Farbmeßgerät** n колориметр
Farbmessung f цветовые измерения, колориметрия
Farbmetrik f метрика цвета, определение координат цвета
~, **höhere** высшая метрика цвета
~, **niedere** низшая метрика цвета
Farbmischer m цветосмеситель
Farbmischkurve f кривая смешения [сложения] цветов
Farbmischstufe f цветосмеситель
Farbmischung f смешение [сложение] цветов
~, **additive** аддитивное смешение цветов
~, **raumsequentielle** пространственное смешение цветов
~, **subtraktive** субтрактивное смешение цветов
Farbmischwert m удельный цветовой коэффициент (*количество основного цвета в смеси*)
Farbmodul m блок цветности (*телевизора*)
Farbmodulator m модулятор сигнала цветности
Farbmonitor m тлв цветное видеоконтрольное устройство, ЦВКУ, цветной видеомонитор
Farbort m точка цвета (*определяется координатами цвета*)
~ **der Emission** цветовые координаты излучения (*люминофора*)
Farbphosphor m цветной люминофор
Farbportale f переносной цветной телевизор
Farb-Primärsignal n исходный сигнал основного цвета
Farbpunkt m тлв 1. цветовой центр 2. отсчёт сигнала цветности (*при дискретизации*) 3. цветовая триада
Farbpyrometer n цветовой пирометр
Farbqualität f качество цветовоспроизведения
Farbrand m тлв цветная оканторка
Farbraster m цветной растр; цветное поле
Farbrasterschirm m цветной растровый экран
Farbrauschen n 1. шумы в сигнале цветности, шум цветности 2. шумы на цветовых переходах 3. зап. цветовая полосатость изображения
Farbregelung f регулировка цветности
Farbregler m регулятор насыщенности цвета
Farbregulierung f регулировка цветности
Farbreinheit f тлв чистота цвета
Farbreinheitseinstellung f регулировка чистоты цвета
Farbreinheitsmagnet m магнит регулировки чистоты цвета

Farbreinheitsregelung f регулировка чистоты цвета
Farbreinheitsspule f катушка регулировки чистоты цвета
Farbreiz m цветовой стимул
Farbreizkurve f кривая цветовой чувствительности (*глаза*)
Farbreizvalenzkoordinaten f pl координаты цветности
Farbreizzentren n pl **des Auges** цветочувствительные рецепторы глаза
Farbröhre f цветной кинескоп
Farbsättigung f насыщенность цвета
Farbsättigungseinstellung f регулировка насыщенности цвета
Farbsättigungsfehler m тлв искажение насыщенности цвета
Farbsaum m см. **Farbrand**
Farbschalter m коммутатор цветовых сигналов
Farbschaltfrequenz f частота смены цветов
Farbscheibe f см. **Farbfilterscheibe**
Farbschicht f 1. цветной слой 2. окрашенное (противоореольное) покрытие
Farbschirm m цветной экран
Farbschreiber m самопишущий прибор [самописец] с цветовой записью
Farbschriftröhre f трубка с темновой записью
Farbschutzfilter n защитный (свето)фильтр
Farbschwankungen f pl цветовые флуктуации
Farbselektionssystem n цветоделительная система
farbselektiv цветоизбирательный
Farbsensor m 1. цветочувствительный формирователь изображения 2. цветочувствительный датчик
Farbsichtgerät n цветной дисплей
Farbsignal n 1. цветовой сигнал 2. полный цветовой телевизионный сигнал
Farbsignalsprung-Versteilerungsschaltung f тлв схема подчёркивания цветовых переходов
Farbsignalüberblender m переключатель цветовых сигналов
Farbsignalverzögerungsleitung f линия задержки сигнала цветности
Farbsilberspur f цветосеребряная фотографическая сигналограмма
Farbskale f шкала цветов
Farbspektrum n спектр цветов
Farbsperre f устройство выключения канала цветности
Farbsprung m тлв цветовой переход
Farbsprungversteilerung f повышение резкости цветовых переходов
Farbspur f цветная фотографическая сигналограмма
Farbsteuergitter n сетка коммутации цветов (*в хроматроне*)
Farbsteuerung f цветокоррекция
Farbsteuerungsfilter n см. **Farbkorrekturfilter**
Farbstich m цветовой [цветоискажающий] оттенок
Farbstichkorrektur f коррекция искажений цветопередачи
Farbstoff m краситель, пигмент; краска
~, **fluoreszierender** флуоресцирующая краска

Farbstoffbild *n* цветное изображение
Farbstoffeinspritzung *f* введение красителя (*в люминофор*)
Farbstoffkeil *m* цветной (оптический) клин
Farbstoffkomponenten *f pl* цветовые компоненты (*люминофора*)
Farbstofflaser *m* лазер на красителях
~, **organischer** лазер на органических красителях
Farbstörungen *f pl* искажения цвета *или* цветопередачи
Farbstreifen *m* цветная полоса
Farbstreifenfilter *n* штриховой цветной светофильтр
Farbstreifengenerator *m см.* **Farbbalkengeber**
Farbstreifenvidikon *n тлв* триникон
Farbstufe *f* градация цвета
Farbsynchronimpuls *m см.* **Farbsynchronisationssignal**
Farbsynchronisation *f* цветовая синхронизация
Farbsynchronisationsaustastung *f* гашение сигнала цветовой синхронизации
Farbsynchronisationssignal *n* сигнал цветовой синхронизации
Farbsynchronisationssignalaustastlücke *f* интервал гашения сигнала цветовой синхронизации
Farbsynchronisationsteil *m* блок синхронизации цветовой поднесущей
Farbsynchronisier... *см.* **Farbsynchronisations...**
Farbsynthese *f* синтез цветов
Farbsystem *n см.* **Farbfernsehsystem**
Farbtafel *f см.* **Farbart-Tafel**
Farbtafel-IBK цветовой график МКО
Farbteilauszug *m см.* **Farbauszug 1.**
Farbteilbild *n см.* **Farbauszugsbild**
Farbteiler *m* цветоделительный блок, цветоделитель
Farbteilung *f* цветоделение
Farbtemperatur *f* цветовая температура
Farbtemperaturkonversionsfilter *n* компенсационный светофильтр
Farbtestbild *n* цветная телевизионная испытательная таблица
Farbtiefe *f* насыщенность цвета
Farbton *m* цветовой тон
~, **satter** насыщенный цветовой тон
Farbtonabstufung *f* градация цветового тона
Farbtonabweichungen *f pl* искажения цветопередачи (*по цветовому тону*)
Farbtonänderung *f* изменение цветового тона; окрашивание (*напр. фона*)
Farbtonkoordinaten *f pl* координаты цвета
Farbtonkorrektur *f* цветокоррекция
Farbtonregler *m* регулятор цветового тона
Farbtönung *f* цветовой тон, цветовой оттенок
Farbtonverschiebung *f* смещение цветового тона
Farbtonwert *m* цветовой тон
Farbtonwidergabe *f* воспроизведение цветового тона
«**Farbtöter**» *m* схема выключения канала цветности
Farbträger *m* цветовая поднесущая (частота)
Farbträgerabsenkung *f* подавление цветовой поднесущей
Farbträgerbereich *m* спектр цветовой поднесущей

Farbträgerbezugswert *m* опорная частота цветовой поднесущей
Farbträgerfalle *f* режекторный фильтр цветовой поднесущей
Farbträgerfrequenz *f* **1.** частота цветовой поднесущей **2.** цветовая поднесущая частота
Farbträgermoiré *m* узор (от) цветовой поднесущей
Farbträger-Offset *n* офсет цветовой поднесущей
Farbträgeroszillator *m* генератор цветовой поднесущей
Farbträger-Referenz-Oszillator *m* генератор опорной цветовой поднесущей
Farbträgerschwingung *f* колебание цветовой поднесущей
Farbträgersollphase *f* номинальная фаза цветовой поднесущей
Farbträgersperre *f* режекторный фильтр цветовой поднесущей
Farbträgerstörung *f* помехи (от) цветовой поднесущей
Farbträgerunterdrückung *f* режекция цветовой поднесущей
Farbträger-Versatz *m* дополнительный офсет цветовой поднесущей (*на 25 Гц*)
Farbtrennung *f* цветоделение
Farbtreppe *f* цветные полосы
Farbtreue *f* верность [точность] цветовоспроизведения
Farb-Trickmischer *m* микшер цветных спецэффектов
Farbtripel *n* триада (*экрана цветного кинескопа*)
Farbtripelgestaltung *f* структура триады (*экрана цветного кинескопа*)
Farbübergang *m* цветовой переход
Farbübersprechen *n тлв* перекрёстное искажение «цветность — яркость»
Farbübertragung *f* цветная (телевизионная) передача
Farbumschalter *m* коммутатор [переключатель] цветов
Farbumschaltung *f* коммутация (сигналов основных) цветов
Farbumsetzung *f* преобразование цветов
Farbvalenzen *f pl* координаты цвета
Farbvalenzmetrik *f см.* **Farbmetrik**
Farbverfälschung *f* искажение цвета *или* цветопередачи
Farbvergleich *m* сравнение цветов
Farbverlust *m* **1.** уменьшение насыщенности цвета **2.** ухудшение качества цветопередачи
Farbversatz *m* изменение цвета
Farbverteilung *f* спектральное распределение энергии
Farbvideokamera *f* передающая камера цветного телевидения
Farbvideomonitor *n см.* **Farbfernsehmonitor**
Farbvideosignal *n см.* **Farbbildsignal**
Farbwahlelektrode *f* цветоделительная маска
Farbwahrnehmung *f* цветовое восприятие, восприятие цвета
Farbwalze *f* красящий барабан
Farbwechsel *m* смена цветов
Farbwechselimpuls *m* синхронизирующий импульс смены цветов

Farbwert *m* тлв модуль цвета (*количество данного основного цвета в аддитивной смеси основных цветов*)
Farbwertanteile *m pl* координаты цветности
Farbwerte *m pl* координаты цвета
Farbwertmetrik *f см.* **Farbmetrik**
Farbwertregler *m* регулятор цветового тона
Farbwertsignal *n* сигнал основного цвета
~ **ohne Austastung** исходный сигнал основного цвета
Farbwertübertragung *f*, **Farbwiedergabe** *f* цветопередача
Farbwiedergabegüte *f* качество цветопередачи
Farbwiedergabeindex *m* показатель цветопередачи
Farbwiedergabequalität *f* качество цветопередачи
Farbwiedergabeverfälschung *f* искажение цветопередачи
Farbwirkung *f* цветовое воздействие
Farbzelle *f см.* **Farbtripel**
Farbzentrum *n* 1. *тлв* цветовой центр 2. *фтт* F-центр 3. центр окраски (*в физике твёрдого тела*)
Farbzerstreuung *f* дисперсия света
Farbzwischenträger *m* цветовая поднесущая (частота)
Farbzwischenträger... *см.* **Farbträger...**
Farnsworth(bildsonden)röhre *f*, **Farnsworthzerlegerröhre** *f* диссектор
Fase *f* 1. (внешняя) грань (*кристалла*) 2. *фтт* фасетка 3. *микр.* фаска травления
Faser *f* 1. (стекло)волокно 2. фибра 3. слой (*в топологии ИС*)
~, **optische** оптическое волокно
Faserachse *f* ось (сердцевины) оптического волокна
Faserapertur *f* апертура стекловолокна
Faserbündel *n* волоконно-оптический жгут
Faserdämpfung *f* затухание в стекловолокне
Faserendfläche *f* торец стекловолокна
Faserglas *n* стекловолокно
Faserkabel *n* (стекло)волоконный кабель
Faserkern *m* сердцевина оптического волокна
Faserkrümmung *f* изгиб оптического волокна
Faserlichtleiter *m* (стекло)волоконный световод
Fasern *f pl*, **gekoppelte** оптически связанные волокна
Faseroptik *f* волоконная оптика
Faserplatte *f*, **optische** волоконная планшайба
Faserstirnfläche *f* торец стекловолокна
Faserstoff *m* материал волокна
Faserversatz *m* смещение стекловолокон (*при соединении*)
Fassung *f* 1. патрон 2. панель (*для установки лампы или трубки*) 3. оправа (*напр. объектива*)
~, **abgeschirmte** экранированная (ламповая) панель
~, **federnde** амортизирующая ламповая панель
~ **für Halbleiterdiode** крепление для полупроводникового диода
Fassungsring *m* кольцо оправы (*напр. объектива*); посадочное кольцо
Fassungsvermögen *n* 1. ёмкость (*напр. ЗУ*) 2. пропускная способность (*напр. канала*)
Fast-TTL *f* быстродействующие ТТЛ-схемы

Fax-Mail *n* электронная почта для обмена факсимильной информацией
F-Bande *f* диапазон F (*90—140 ГГц*)
FBAS-Chromakey *n* цветовая рирпроекция с коммутирующим сигналом, сформированным из полного цветового (телевизионного) сигнала
FBAS-Encoder *m* кодер полного цветового (телевизионного) сигнала
FBA-Signal *n см.* **Farbbild-Austast-Signal**
FBASP-Signal *n* полный цветовой (телевизионный) сигнал с (введённой) испытательной строкой
FBAS-Recorder *m* видеомагнитофон для (записи) полного цветового (телевизионного) сигнала
FBAS-Signal *n см.* **Farbbild-Austast-Synchron-Signal**
FBAS-Studio *n* аппаратно-студийный блок, работающий с полным цветовым (телевизионным) сигналом
FBAST-Signal *n* полный цветовой (телевизионный) сигнал с (введённым) сигналом звукового сопровождения
F-Bereich *m* область F (*часть ионосферы, расположенная выше 150 км*)
FB-System *n* система функциональных блоков
FCFE-System *n* система телевидения (повышенной чёткости) с преобразованием частоты кадров
FD-Röhre *f* трубка с плоским экраном (*с изогнутым электронным лучом*)
FD-Signal *n* цветоразностный сигнал
FeCr-Band *n* (магнитная) лента из феррохрома
Feder *f* 1. перо (*напр. самописца*) 2. пружина
~ **im Schirmbild** отметка (от контрольного резонатора) на экране индикатора
Federbalg *m* гармониковая мембрана; сильфон
Federbuchse *f* пружинящее гнездо
Federklemme *f* пружинная клемма, пружинящий зажим
Federkontakt *m* пружинный контакт
Federkontaktleiste *f см.* **Federleiste**
Federlaufwerk *n* 1. механизм перемещения пера 2. пружинный приводной механизм
Federleiste *f* розеточная часть [розетка] (электрического соединения) с пружинными гнёздами
Federplatte *f* диафрагма, мембрана
Federrelais *n* пружинное реле
Federsatz *m* контактная группа (*пружинного реле*)
~, **zusammengesetzter** комплект контактых групп (*основной и переключающей*)
Federschalter *m* пружинный выключатель
Federtrommel *f* 1. барабан для записи (*в самопишущих приборах*) 2. *тлг* заводной барабан
Federwerk *n* пружинный привод
feedback *англ.* обратная связь
Feeder *m*, **Feederleitung** *f* фидер
Fehlabstimmung *f* неправильная настройка
Fehlalarm *m рлк* ложная тревога
Fehlalarmwahrscheinlichkeit *f* вероятность ложной тревоги
Fehlangabe *f* ошибка измерения; ошибка индикации

fehlangepaßt рассогласованный
Fehlanordnung f 1. неправильное расположение; неправильное размещение 2. разупорядочивание
Fehlanpassung f рассогласование
Fehlanpassungsanzeiger m индикатор [указатель] рассогласования
Fehlanpassungsfaktor m, **Fehlanpassungsmaß** n коэффициент рассогласования
Fehlanpassungsstelle f место рассогласования
Fehlanpassungsverluste m pl потери из-за рассогласования
Fehlanpassungsversetzung f дислокация несоответствия
Fehlansprechen n ложное срабатывание
Fehlanzeige f ложное показание; ошибка индикации
Fehlauslösung f ложное срабатывание
Fehlbetätigung f 1. неправильная манипуляция 2. ложное срабатывание
Fehlbondung f дефектное соединение
Fehleingabe f неправильный ввод (напр. данных)
Fehleinstellung f неправильная установка; ошибочная настройка
Fehlempfang m искажённый приём
Fehler m 1. ошибка; погрешность 2. неисправность; повреждение 3. дефект 4. отказ; сбой □ ~ **orten** локализовать неисправность или повреждение
~, **akkumulierter** накопленная [суммарная] погрешность; общая ошибка
~, **apparativer** инструментальная погрешность
~, **bezogener** см. Fehler, relativer
~, **bleibender** установившаяся ошибка
~, **durchschnittlicher** средняя (абсолютная) ошибка
~, **einfacher** 1. простая ошибка 2. простая неисправность
~, **einzelner** одиночная ошибка
~, **fester** постоянная [систематическая] ошибка
~, **fingierter** мнимая ошибка
~, **geschätzter mittlerer** оценочное значение средней ошибки
~, **induzierter** наведённый отказ (вызван внешним воздействием)
~, **intermittierender** 1. перемежающаяся ошибка 2. над. перемежающийся отказ
~, **mehrfacher** многократная ошибка
~, **mitgeschleppter** унаследованная ошибка (ошибка в исходных или начальных данных)
~, **normierter** нормированная погрешность
~, **optischer** аберрация
~, **permanenter** см. Fehler, fester
~, **persönlicher** см. Fehler, subjektiver
~, **plausibelster** см. Fehler, scheinbarer
~, **regelmäßiger** см. Fehler, fester
~, **relativer** относительная ошибка; относительная погрешность
~, **reversibler** самовосстанавливающаяся неисправность
~, **scheinbarer** ожидаемая ошибка; наиболее доверительная погрешность
~, **stationärer** установившаяся ошибка
~, **subjektiver** субъективная ошибка, ошибка наблюдателя

~, **symmetrischer** сбалансированная ошибка
~, **systematischer** постоянная [систематическая] ошибка
~, **technischer** машинная ошибка
~, **unregelmäßiger** случайная ошибка
~, **unstetiger** см. Fehler, intermittierender
~, **ursächlicher** причинно обусловленная ошибка
~, **verdeckter** скрытый дефект
~, **verhältnismäßiger** см. Fehler, relativer
~, **vorübergehender** 1. перемежающаяся ошибка 2. ошибка, обусловленная переходными процессами 3. вчт сбой
~, **wahrscheinlicher** вероятная ошибка
~, **zufälliger** случайная ошибка
~, **zulässiger** допустимая ошибка
Fehlerabgleich m см. Fehlerausgleich
Fehlerablenkung f отклонение ошибки; отклонение погрешности (измерений)
Fehleranalyse f 1. анализ ошибок 2. анализ неисправностей
~, **deduktive** дедуктивный метод анализа неисправностей
~, **induktive** индуктивный метод анализа неисправностей
Fehleranalyseprogramm n вчт программа обнаружения и устранения ошибок
fehleranfällig подверженный ошибкам
Fehlerangabe f указание погрешности (измерений)
Fehleranhaufung f накопление ошибок
Fehleranteil m доля погрешности
Fehleranzeige f индикация ошибок; индикация погрешности (измерений)
Fehleranzeigegarät n, **Fehleranzeiger** m индикатор [указатель] ошибок; индикатор погрешности (измерений)
Fehlerart f 1. характер погрешности 2. тип повреждения
Fehlerausgleich m 1. компенсация ошибок; выравнивание погрешностей 2. коррекция искажений 3. распределение ошибок
Fehleraustastung f обнаружение ошибок; обнаружение неисправностей
Fehlerauszug m разгрузка (памяти) при появлении ошибки
Fehlerband n лента для регистрации ошибок
Fehlerbaumanalyse f над. дедуктивный метод анализа неисправностей
Fehlerbearbeitungsprogramm n программа обработки ошибок
fehlerbehaftet 1. с ошибками (напр. о переданном сообщении) 2. повреждённый, неисправный; дефектный
Fehlerbehandlungsverfahren n 1. метод обработки ошибок 2. процедура восстановления после (проявления) ошибки
Fehlerberechnung f вычисление ошибок
Fehlerbereich m диапазон ошибок
Fehlerbeseitigung f 1. устранение ошибок 2. устранение неисправностей или повреждений
Fehlerbestimmung f 1. определение ошибки 2. определение неисправностей или повреждений
Fehlerbetrag m величина ошибки или погрешности

Fehlerbeurteilung f, **Fehlerbewertung** f оценка ошибки
Fehlerbezeichnung f идентификация ошибок
Fehlerbit n ошибочный бит
Fehlerbündel n пакет ошибок
Fehlerbyte n 1. ошибочный байт 2. байт неисправностей
Fehlerdämpfung f затухание (в линии) из-за рассогласования
Fehlerdämpfungsmesser m измеритель затухания, вызванного рассогласованием
Fehlerdarstellung f представление погрешности
Fehlerdetektor m 1. детектор ошибок 2. детектор рассогласования
Fehlerdiagnose f 1. диагностика ошибок 2. обнаружение ошибок 3. диагностика неисправностей 4. обнаружение неисправностей
Fehlerecho n отражённый импульс, обусловленный рассогласованием или повреждением линии
Fehlereingrenzung f, **Fehlereinkreisung** f 1. локализация ошибок 2. локализация неисправностей
Fehlerentdeckung f 1. обнаружение ошибок 2. обнаружение неисправностей
Fehlererkennung f 1. распознавание ошибок 2. распознавание неисправностей 3. дефектоскопия
~ **beim Empfänger** распознавание ошибок на приёмной стороне
~ **beim Sender** распознавание ошибок на передающей стороне
Fehlererkennungsgerät n 1. прибор для распознавания ошибок 2. прибор для распознавания неисправностей
Fehlererkennungskode m код с обнаружением ошибок
Fehlererkennungslogik f логические схемы обнаружения отказов
Fehlererkennungsrate f надёжность обнаружения ошибок
Fehlererkennungssignal n сигнал распознавания ошибки
Fehlererkennungssoftware f программные средства обнаружения ошибок
Fehlererkennungssystem n система с обнаружением ошибок; система обнаружения ошибок
~ **mit Wiederholung** система с обнаружением ошибок и повторной передачей
Fehlererkennungswahrscheinlichkeit f вероятность распознавания ошибок
Fehlerermittlung f см. Fehlererkennung
Fehlerfigur f см. Fehlerkurve
Fehlerfinder m см. Fehlererkennungsgerät
Fehlerfortpflanzung f распространение ошибок
Fehlerfortpflanzungsgesetz n закон распространения ошибок
fehlerfrei 1. свободный от ошибок 2. не имеющий неисправностей
Fehlerfunktion f функция ошибок
~, **Gaußsche** гауссова функция ошибок
Fehlergesetz n закон распределения ошибок
«**Fehlergewicht**» n «вес» ошибки
Fehlergrenze f предел ошибки или погрешности
fehlerhaft см. fehlerbehaftet

Fehlerhäufigkeit f 1. частота (появления) ошибок 2. над. интенсивность или частота отказов
Fehlerhäufung f накопление ошибок
Fehlerkennungsgerät n см. Fehlererkennungsgerät
Fehlerkennzeichen n признак ошибки
Fehlerklasse f 1. класс точности (измерительного инструмента) 2. класс погрешности
Fehlerkode m 1. код с ошибкой 2. код ошибки
Fehlerkoeffizient m коэффициент ошибок
Fehlerkompensation f компенсация ошибок
Fehlerkomponente f составляющая ошибки или погрешности
Fehlerkontrolle f **mit Rückwärtsübertragung** контроль ошибок с обратной передачей
Fehlerkontrollzeichen n контрольный сигнал (о появлении) ошибки
Fehlerkorrektur f 1. исправление ошибок 2. коррекция искажений
Fehlerkorrekturgerät n устройство исправления ошибок
Fehlerkorrektur-Kode m код с исправлением ошибок
Fehlerkorrekturverfahren n 1. вчт метод исправления ошибок 2. метод коррекции искажения
Fehlerkreis m 1. область ошибок или погрешностей 2. область неисправностей
Fehlerkurve f кривая (распределения) ошибок или погрешностей
Fehlerlokalisierung f 1. локализация ошибок 2. локализация неисправностей
Fehlermarke f признак ошибки
Fehlermaskierung f маскирование ошибок
~, **dreidimensionale** трёхмерное маскирование ошибок
~, **eindimensionale** одномерное маскирование ошибок
~, **zweidimensionale** двухмерное маскирование ошибок
Fehlermaß n величина погрешности
Fehlermatrix f матрица ошибок
Fehlermeldesignal n 1. сигнал ошибки 2. сигнал неисправности или повреждения
Fehlermeldetafel f табло [панель] сигнализации о неисправности
Fehlermeldung f 1. сообщение об ошибке 2. сигнализация о неисправности
Fehlermessung f измерение ошибок
Fehlermodell n модель неисправности
Fehlermöglichkeit f 1. вероятность ошибки 2. вероятность неисправности
Fehlermuster n карта [картина] ошибок (напр. на экране дисплея)
Fehlernachweis m 1. обнаружение ошибок 2. обнаружение неисправностей
Fehlerort m 1. место ошибки 2. место неисправности
Fehlerortsbestimmung f см. Fehlerlokalisierung
Fehlerortsmeßgerät n прибор для определения места неисправности
Fehlerortung f см. Fehlerlokalisierung
Fehlerpaket n пакет ошибок или сбоев
Fehlerprogramm n 1. программа с ошибками; неотлаженная программа 2. программа обработки ошибок

Fehlerprüfkode *m* код с контролем ошибок; код с обнаружением ошибок
Fehlerprüfung *f* контроль ошибок, проверка на наличие ошибок
Fehlerquadrat *n* квадратичная погрешность
~, **mittleres** среднеквадратичная погрешность
Fehlerquelle *f* 1. источник ошибок 2. источник неисправностей
Fehlerrate *f* 1. коэффициент ошибок; частота (повторения) ошибок 2. *над.* интенсивность отказов
Fehlerratenfunktion *f* функция частоты (повторения) ошибок
Fehlerratenmessung *f* измерение частоты (повторения) ошибок
Fehlerreduktion *f* уменьшение (количества) ошибок
Fehlerreflexion *f* отражение (импульса), обусловленное наличием повреждения
Fehlerregistriergerät *n* устройство регистрации ошибок
Fehlerroutine *f* программа обработки ошибок
Fehlerschätzung *f* оценка ошибок
Fehlerschranke *f см.* **Fehlergrenze**
Fehlerschutz *m* 1. защита от ошибок 2. защита от повреждений
Fehlerschwelle *f* порог возникновения ошибок
Fehlersicherheit *f*, **Fehlersicherung** *f* защищённость от ошибок
Fehler-Sicherungskode *m* код с защитой от ошибок
Fehlersignal *n* сигнал ошибки *или* рассогласования
Fehlersignalformierer *m* формирователь сигнала ошибки *или* рассогласования
Fehlersignalisierung *f см.* **Fehlermeldung**
Fehlersimulation *f* моделирование ошибок
Fehlerspannung *f* напряжение сигнала ошибки *или* рассогласования
Fehlerspielraum *m* границы ошибок
Fehlerstatistik *f* статистика ошибок
Fehlerstelle *f см.* **Fehlerort**
Fehlerstellenecho *n* эхо-сигнал, отражённый от места повреждения *или* неоднородности (линии)
Fehlerstopp *m* неправильный останов (*ВМ*)
Fehlerstreuung *f* разброс ошибок
Fehlerstrom *m* 1. ток сигнала ошибки *или* рассогласования 2. ток повреждения
Fehlersuche *f* 1. поиск [обнаружение] ошибок 2. поиск [обнаружение] неисправностей
Fehlersucheinheit *f*, **Fehlersuchgerät** *n* 1. устройство обнаружения неисправностей 2. устройство устранения неисправностей
Fehlersuchhilfen *f pl вчт* средства отладки
Fehlersuchkode *m см.* **Fehlererkennungskode**
Fehlersuchmethode *f* метод обнаружения ошибок *или* неисправностей
Fehlersuchpaket *n* пакет диагностических программ
Fehlersuchplatz *m* стенд для обнаружения неисправностей
Fehlersuchprogramm *n вчт* диагностическая программа, программа обнаружения ошибок *или* неисправностей

Fehlersuchprüfung *f* диагностический контроль
Fehlersuchzeit *f* время поиска ошибок *или* неисправностей
Fehlertabelle *f* список [таблица] ошибок
Fehlerteststruktur *f* структура контроля ошибок *или* неисправностей
Fehlertoleranz *f* допустимая ошибка; допустимая погрешность; допуск
Fehlerüberdeckung *f* маскирование ошибок
Fehler- und Störungssuche *f* поиск ошибок *или* неисправностей
Fehlerunterbrechung *f* прерывание по сигналу об ошибке
Fehlerunterdrückung *f* подавление ошибок
Fehlerursache *f* 1. причина ошибки 2. причина неисправности 3. *над.* причина отказа
Fehlerverdeckung *f* маскирование ошибок
Fehlervergeßlichkeit *f* уменьшение влияния ошибки, уменьшение трека ошибки (*при ДИКМ*)
Fehlerverteilungskurve *f* кривая распределения ошибок
Fehlerwahrscheinlichkeit *f* 1. вероятность (возникновения) ошибки 2. вероятность (возникновения) неисправности 3. *над.* вероятность отказа
Fehlerzeichen *n* 1. указание [сигнал] об ошибке 2. сигнал ошибки *или* рассогласования
Fehlerzustand *m* состояние неисправности
Fehlerzuwachs *m* приращение погрешности
Fehlfarbigkeit *f* искажение цветопередачи
Fehlfunktion *f* работа (*элемента или системы*) с ошибками
fehlgeordnet *крист.* разупорядоченный
Fehljustierung *f* ошибочная [неправильная] юстировка
Fehlkopplung *f* 1. рассогласование 2. паразитная связь
Fehllagerung *f см.* **Fehlordnung**
Fehlnachricht *f* искажённое (ошибками) сообщение
Fehlordnung *f* 1. дефект; несовершенство 2. разупорядочивание
~, **chemische** химический дефект (*кристалла*)
~, **Frenkelsche** дефект по Френкелю
~ **des Gitters** разупорядочение кристаллической решётки
~, **nulldimensionale** точечный дефект
~, **Schottkysche** дефект по Шотки
Fehlordnungserscheinung *f* явление разупорядочности
Fehlpeilung *f* ошибка пеленга; ложный пеленг
Fehlschaltung *f* ошибочное включение; неправильная коммутационная операция
Fehlseitenband *n* не полностью подавленная боковая полоса (частот)
Fehlspeicherung *f* ошибочное запоминание
Fehlstart *m* неправильный пуск
Fehlstelle *f* 1. дефект, нарушение; повреждение 2. *пп* дырка 3. *вчт* искажённый разряд; пропуск разряда; пропуск символа 4. *зап.* выпадение
Fehlstellenerzeugung *f пп* генерация дырок
Fehlstellenhalbleiter *m* дырочный полупроводник
Fehlstrom *m* 1. ток повреждения 2. ток утечки
Fehlverbindung *f* неправильное [ошибочное] соединение

Fehlwinkelabgleich *m* компенсация угла ошибки
Fehlzustand *m* состояние отказа
fein 1. точный, прецизионный 2. тонкий; мелкий
Feinabgleich *m* 1. точное сопряжение (*контуров*) 2. точная настройка
Feinabgleichkondensator *m* подстроечный конденсатор, триммер
Feinablesung *f* точный отсчёт
Feinabstimmung *f* точная [верньерная] настройка
Feinabstufung *f* 1. разбивка на малые ступени 2. *тлв* окончательная коррекция цвета
Feinabtastung *f* развёртка с большим числом строк
Feinätzung *f* прецизионное травление
Feinauflösung *f тлв* разрешение в мелких деталях
Feinbau *m* микроструктура; тонкая структура
Feinbeugung *f* микродифракция
Feindraht *m* микропровод
Feineinstellskale *f* нониусная [верньерная] шкала
Feineinstellungselement *n* 1. орган точной установки 2. кремальера (*фокусировки микроскопа*)
Feinfilter *n* фильтр тонкой очистки
Feinfokusröntgenröhre *f* острофокусная рентгеновская трубка
Feinfokussierung *f* точная фокусировка
Feinfrequenzmesser *m* прецизионный [точный] частотомер
feinfühlig *изм.* (высоко)чувствительный
Feinführungsradar *n* РЛС точного наведения
Feingeber *m* прецизионный [точный] датчик
Feingefüge *n* микроструктура
feingeschichtet тонкослойный
Feinheit *f* детальность, чёткость (*напр. изображения*)
Feinjustiermarke *f микр.* знак [фигура] совмещения
Feinkontrast *m тлв* контраст в мелких деталях
Feinkornbildung *f* получение мелкозернистой структуры
Feinkörnigkeit *f* мелкозернистость
feinkristallin(isch) мелкокристаллический
Feinlunkeranzeiger *m* указатель мелкоструктурных отверстий [булавочных проколов] (*в проводящем покрытии печатной платы*)
Feinmarke *f* точная метка
feinmaschig 1. мелкоячеистый 2. тонкоструктурный
Feinmaske *f* прецизионная [точная] маска
Feinmechanik *f* точная механика
Feinmeßbereich *m* диапазон прецизионных [точных] измерений
Feinmessung *f* прецизионное [точное] измерение
Feinnachführung *f зап.* автотрекинг, микрослежение
Feinpeilung *f* точное пеленгование
Feinpositionierer *m* микропозиционирующее устройство
Feinpositioniermarke *f* маркерный знак прецизионного [точного] позиционирования
Feinpositioniertisch *m* стол для микропозиционирования
Feinpositionierung *f* микропозиционирование
Feinpumpe *f* высоковакуумный насос

Feinregelwiderstand *m* резистор для прецизионной [точной] регулировки
Feinregler *m* 1. прецизионный [точный] регулятор 2. ручка точной настройки *или* точной регулировки
Feinreinigung *f* тонкая очистка
Feinschliff *m* микрошлиф
Feinselsyn *n* точный сельсин, сельсин точного отсчёта
Feinsicherung *f* слаботочный предохранитель
Feinskale *f см.* Feineinstellskale
Feinspannungsmesser *m* прецизионный [точный] вольтметр
Feinspektrum *n* спектр тонкой структуры
Feinstabilisierung *f* точная стабилизация
Feinstdraht *m* микропровод
Feinsteller *m* устройство для прецизионной [точной] настройки; верньер
Feinstellknopf *m* ручка точной регулировки *или* точной настройки
Feinstellskale *f см.* Feineinstellskale
Feinstleittechnik *f* техника [технология] микропроводников (*печатных плат*)
Feinstörungen *f pl* намеренные [организованные] помехи
Feinstpositioniersystem *n* система микропозиционирования
Feinstpositionierung *f* микропозиционирование
Feinstpulvermagnet *m* магнит из однодоменных частиц
Feinstrahlbeugungsbild *n* микродифракционное изображение
Feinstrahlmethode *f* микролучевая техника
Feinstrichskale *f* шкала с точными делениями
Feinstruktur *f фпт* тонкая структура
Feinstrukturanomalie *f* аномалия тонкой структуры
Feinstrukturspektroskopie *f* высокоразрешающая спектроскопия
Feinstufe *f* ступень прецизионной [точной] регулировки
feinstufig с большим числом ступеней (*для точной регулировки*)
Feintisch *m см.* Feinpositioniertisch
Feinüberdeckung *f* точное совмещение
Feinvakuum *n* средний вакуум (*100—0,1 Па*)
Feinverstimmung *f* малая [незначительная] расстройка
feinverteilt тонкодисперсный
Feinverteilung *f* диспергирование
Feinwanderung *f* микромиграция, микрообмен
Feinwellenmesser *m* прецизионный [точный] волномер
Feinwerteinsteller *m* прецизионный [точный] датчик; задающий сельсин точного отсчёта
Feinwiderstand *m* прецизионный [точный] резистор
Feinwiderstandssender *m* прецизионный [точный] резистивный датчик
Feinzeiteinstellung *f* прецизионная [точная] установка времени
Feinzeitrelais *n* реле времени повышенной точности
Feld *n* 1. поле (*напр. магнитное*) 2. поле; пространство; область 3. *вчт* поле (*перфокарты*);

группа разрядов (*напр. числа*); массив (*данных*) **4.** *тлв* поле **5.** *опт.* поле зрения **6.** пролёт (*между двумя опорами линии*) **7.** панель (*управления*) **8.** матрица
~, **abnehmbares** съёмная панель
~, **eingebautes** встроенная панель
~, **elektrostatisches** электростатическое поле
~, **erdmagnetisches** магнитное поле Земли
~, **gebeugtes** дифрагированное поле
~, **gegenlaufendes [inverses]** встречное поле
~, **logisches** логическая матрица; логическая матричная ИС
~, **luftelektrisches** атмосферное электростатическое поле
~, **oszillierendes** колебательное поле
~, **quellenfreies** соленоидное [векторное] поле
~, **rückwirkendes** поле реакции
~, **schwingendes** колебательное поле
~, **sphärisches** поле сферической волны
~, **transversales** поперечное поле
~, **wanderndes** бегущее поле
Feldabbauelektrode *f* антиполевой [кольцевой защитный] электрод (*связывает подвижные ионы коллекторной области*)
Feldabfall *m см.* **Feldabnahme**
Feldabhängigkeit *f* зависимость от поля
Feldabnahme *f* уменьшение напряжённости поля
Feldaustastimpuls *m тлв* гасящий импульс полей
Feldbild *n* картина [структура] поля
Feldbogen *m* автоэлектронная дуга (*с холодного катода*)
Felddetektor *m* **1.** детектор [датчик] посадочной полосы (*системы посадки по приборам*) **2.** *тлв* индикатор изменения (состояния) поля (*напр. изменения яркости участка изображения*)
Felddiagramm *n* диаграмма поля
Felddichte *f* плотность поля
Felddurchbruch *m* электрический [полевой] пробой
Feldeffekt *m пп* полевой эффект
Feldeffektdiode *f* полевой диод
Feldeffektelement *n пп* элемент, работающий на принципе полевого эффекта
Feldeffektfototransistor *m* полевой фототранзистор
Feldeffektschalttransistor *m* полевой переключательный транзистор
Feldeffekttetrode *f* полевой тетрод
Feldeffekttransistor *m* полевой транзистор
~ **mit isoliertem Gate [mit isolierter Steuerelektrode]** полевой транзистор с изолированным затвором
~, **pn-gesteuerter** полевой транзистор с *p—n*-переходом в качестве затвора
~ **des Verarmungstyps** полевой транзистор, работающий в режиме обеднения
~, **vertikaler** полевой транзистор с вертикальной структурой
Feldeffekttriode *f см.* **Feldeffekttransistor**
Feldeffektvaristor *m* полевой варистор
Feldelektrode *f* полевой электрод (*напр. в ПЗС*)
Feldelektronenemission *f см.* **Feldemission**
Feldelektronenmikroskop *n* (авто)эмиссионный электронный микроскоп
Feldelektronenstrom *m* автоэлектронный ток

Feldelement *n* **1.** элемент поля **2.** ячейка матричной ИС
Feldemission *f* автоэлектронная эмиссия
~, **innere** эмиссия под действием внутреннего электрического поля
Feldemissionselektron *n* электрон автоэлектронной эмиссии
Feldemissionselektronenstrahler *m* электронный прожектор с холодным катодом
Feldemissionskatode *f* холодный катод
Feldemissionsmikroskop *n см.* **Feldelektronenmikroskop**
Feldemissionsröhre *f* лампа с автоэлектронной эмиссией
Feldenergie *f* энергия поля
Feldentregung *f* размагничивание
Felderregerkurve *f* кривая намагничивающей силы
Felderregung *f* возбуждение поля
Felderzeugung *f* генерация [создание] поля
Feldfokussierung *f* фокусировка полем
Feldfrequenz *f тлв* частота полей
Feldgehäuse *n* магнитопроводящий корпус
Feldgestaltung *f* конфигурация поля
Feldgleichung *f* уравнение поля
Feldgradient *m* градиент поля
Feldgröße *f см.* **Feldstärke**
Feldgrößen *f pl* параметры поля
Feldinhomogenität *f* неоднородность поля
Feldintensität *f см.* **Feldstärke**
Feldionenemission *f* электростатическая ионная эмиссия
Feldionenmikroskop *n* эмиссионный ионный микроскоп
Feldionenquelle *f* полевой ионный источник
Feldionisation *f*, **Feldionisierung** *f* электростатическая ионизация
Feldisolation *f* изоляция полем
Feldistor *m* полевой транзистор
Feldkonstante *f* постоянная поля
Feldkraft *f см.* **Fäldstärke**
Feldlinienbild *n* картина (распределения) силовых линий поля
Feldlinse *f* полевая линза, коллектив
Feldmeßsonde *f* зонд для измерения напряжённости поля
Feldmessung *f* измерение (напряжённости) поля
Feldnetz *n* полевая сетка (*ЭЛП*)
Feldneutralisationsspule *f тлв* катушка для нейтрализации внешних полей
feldorientiert ориентированный полем
Feldplatte *f* резистивный датчик напряжённости магнитного поля (*с магнитозависимым сопротивлением*)
Feldprozessor *m* матричный процессор
~, **zellularer** матричный процессор на основе клеточной логики
Feldpulsation *f* пульсация поля
Feldraum *m* пространство действия поля
Feldring *m* охранное [полевое] кольцо
Feldschwankungen *f pl* **1.** колебания (напряжённости) поля **2.** колебания возбуждения
Feldsegment *n* сегмент массива (данных)
Feldspule *f* **1.** катушка возбуждения **2.** звуковая катушка **3.** полевая катушка (*гониометра*)

Feldstabilisierung f стабилизация поля
Feldstärke f напряжённость поля
~, ausgestrahlte напряжённость поля излучения
~, erregende напряжённость поля возбуждения
~, magnetisierende напряжённость поля намагничивания
Feldstärkeabschattung f экранирование радиоволн (*местными предметами*)
Feldstärkediagramm n диаграмма напряжённости поля
Feldstärkegradient m градиент напряжённости поля
Feldstärkehalbwertswinkel m угол раствора диаграммы (направленности) по точкам половинной напряжённости поля
Feldstärkelinie f силовая линия поля
Feldstärkemesser m измеритель напряжённости поля
~ nach dem Vergleichsverfahren радиокомпаратор
Feldstärkeschreiber m самопишущий прибор для записи напряжённости поля
~, transversaler elektrischer вектор напряжённости поперечной составляющей электрического поля
Feldstärkeverlauf m, Feldstärkeverteilung f распределение напряжённости поля
Feldsteuerungstransistor m см. Feldeffekttransistor
Feldstörungen f pl 1. помехи от (внешних) полей 2. поле помех
Feldstreulinie f линия поля рассеяния
Feldstreuung f рассеяние поля
Feldstrom m 1. дрейфовый ток (*вызван электрическим полем*) 2. ток возбуждения
Feldstruktur f структура поля
Feldtelefon n, optisches оптический полевой телефонный аппарат (*для волоконно-оптических линий связи*)
Feldtensor m тензор поля
Feldtheorie f теория поля
~, allgemeine общая теория поля
Feldtilgung f подавление поля
Feldtransistor m см. Feldeffekttransistor
Feldtyp m тип поля
Feldübertragungsfaktor m, Feldübertragungsmaß n чувствительность по полю (*в электроакустике*)
Feldumkehrung f изменение направления поля
Feldvektor m вектор поля
Feldverdrängung f 1. скин-эффект, поверхностный эффект 2. оттеснение (эмиттерного) тока в краю (эмиттерной) области
Feldvereinbarung f описание массива (*данных*)
Feldverteilung f распределение поля
~ der wirksamen Strahlungsfläche распределение поля на действующей поверхности излучения
Feldversuch m полевые испытания
Feldverzerrung f искажение поля
Feldwelle f 1. волна поля 2. волна возбуждения
Feldwellenwiderstand m волновое сопротивление
Feldwicklung f обмотка возбуждения
Feldwinkel m угол поля (изображения)
F-Element n водоналивной элемент
Fenster n 1. окно (*напр. обмотки*); окошко (*напр.*

кварцевое); отверстие (*напр. для связи*) 2. волноводное окно
~, atmosphärisches окно прозрачности атмосферы
~, elektronisches электронное окно
Fensterdiskriminator m строб-дискриминатор, двухпороговый дискриминатор
Fensterfläche f площадь окна [отверстия] (*в планарной технике изготовления полупроводниковых структур*)
Fensterprogramm n вставленная (местная) программа
Fensterrückkopplung f обратная связь через отверстие [через щель]
Fensterschaltung f схема двухстороннего ограничения
Fe_2O_3-Kassette f кассета с лентой из оксида железа
Feraktor m ферактор (*специальный элемент с ферритовым сердечником*)
Fermi-Analyse f анализ Ферми
Fermi-Dirac-Verteilungsfunktion f функция распределения Ферми — Дирака
Fermi-Energie f энергия Ферми
Fermi-Fläche f поверхность Ферми
Fermi-Kante f, Fermi-Niveau n уровень Ферми
Fermi-Übergang m переход Ферми
Fermi-Verteilungsfunktion f функция распределения Ферми
fern дистанционный; отдалённый, дальний; вынесенный
Fernabfrage f 1. дистанционный запрос 2. дистанционный опрос
Fernablesung f дистанционное считывание (*показаний*)
Fernabstimmung f дистанционная настройка
Fernabstimmungsgerät n блок дистанционной настройки
Fernabtastung f см. Fernablesung
Fernamt n станция дальней связи, междугородная станция (*напр. телефонная*)
Fernanruf m междугородный вызов
Fernanschluß m присоединение к междугородной линии
Fernanzeige f дистанционная индикация
Fernanzeigegerät n, Fernanzeiger m дистанционный индикатор
Fernaufnahmebild n телефотоснимок
Fernauslöser m дистанционное пусковое устройство
Fernauslösung f 1. дистанционное выключение, телеотключение 2. дистанционный пуск
Fernausschaltung f см. Fernauslösung 1.
«Fernbart» m заполнение экрана радиолокатора отражёнными от Земли импульсами
Fernbedien... см. тж Fernbedienungs...
Fernbedienempfänger m приёмник сигналов дистанционного управления
Fernbediengeber m датчик сигналов дистанционного управления
fernbedient с дистанционным управлением, телеуправляемый
Fernbedienung f дистанционное управление, телеуправление
Fernbedienungs... см. тж Fernbedien...

Fernbedienungsanschluß m дистанционное подключение
Fernbedienungseinheit f блок дистанционного управления
Fernbedienungsempfänger m радиоприёмник с дистанционным управлением
Fernbedienungsplatte f, **Fernbedienungspult** n пульт дистанционного управления
Fernbedienungsteil m блок дистанционного управления
Fernbedienungswarte f пункт дистанционного управления
Fernbedienungszusatz m приставка для дистанционного управления
fernbeeinflußt см. fernbedient
Fernbefehl m дистанционная команда, команда телеуправления
Fernbeobachtung f дистанционный контроль, телеконтроль
Fernbeobachtungsanlage f установка дистанционного контроля
Fernbereich m дальняя зона (*распространения радиоволн*)
Fernbereichsnavigationsanlage f станция дальней навигации
fernbetätigt см. fernbedient
Fernbetätigung f см. Fernbedienung
Fernbetätigungs... см. Fernbedien..., Fernbedienungs...
Fernbetriebsüberwachung f контроль системы дальней связи
Fernbildlinse f телеобъектив
Fernbildschreiber m 1. фототелеграфный аппарат 2. дистанционный видеодисплей
Fernbildschriftempfänger m приёмный фототелеграфный аппарат
Fernbildsendung f фототелеграфия
Ferndatenerfassung f дистанционный сбор данных
Ferndatenkanal m канал дистанционной передачи данных
Ferndienst m дальняя связь
Ferndienstgruppenwähler m групповой искатель дальней (телефонной) связи
Ferndreher m сельсин
Ferndrucker m буквопечатающий телеграфный аппарат
Ferneingabe f дистанционный ввод (данных)
Ferneinstellung f 1. дистанционная установка (*напр. органа управления*) 2. дистанционная наводка (*на резкость*)
Ferneinstellungsregelung f дистанционная регулировка
Fernempfang m тлф, тлг дальний приём
Fernempfänger m приёмник (системы) дальней связи
Fernempfangszone f тлф, тлг зона дальнего приёма
Fernentstörung f подавление внешних радиопомех
Fernerkundung f дистанционная или космическая разведка (*полезных ископаемых*)
Fernfeld n поле в дальней зоне
Fernfeldkohärenz f когерентность (излучения) в поле дальней зоны

Fernfeldnäherung f аппроксимация дальнего поля
Fernfokussystem n длиннофокусная система
Fernführung f см. Fernlenkung
Fernfunkfeuer n дальний (приводной) радиомаяк
Fernfunkstation f радиостанция большого радиуса действия
Fernfunkverbindung f, **Fernfunkverkehr** m дальняя радиосвязь
Ferngeber m дистанционный [телеметрический] датчик, теледатчик
ferngelenkt телеуправляемый (в основном о подвижных объектах)
ferngeregelt регулируемый дистанционно
Ferngespräch n междугородный разговор
ferngesteuert с дистанционным управлением, телеуправляемый
~, optisch с оптическим наведением
Fernhörer m телефон
Ferninfrarotlaser m лазер дальнего ИК-диапазона
Fernkabelleitung f кабельная линия дальней связи, междугородная кабельная линия
Fernkamera f выносная (телевизионная) камера
Fernkennzeichen n дистанционный сигнал опознавания
Fernkommunikation f дальняя связь
Fernkontrolle f дистанционный контроль, телеконтроль
Fernkopieren n дистанционное копирование, телекопирование
Fernkopierer m дистанционно-управляемое печатающее устройство; *вчт* телекопир
Fernleitung f 1. линия дальней связи, ЛДС 2. линия электропередачи, ЛЭП
Fernleitungsendverstärker m оконечный усилитель дальней связи
Fernleitungsnetz n сеть (линий) дальней связи, междугородная сеть
Fernleitungsschaltplan m план [схема] соединений линий дальней связи
Fernlenk... см. тж Fernsteuer...
Fernlenkkommandoempfänger m приёмник команд телеуправления
Fernlenkrakete f телеуправляемая ракета
Fernlenkstation f 1. станция телеуправления 2. станция теленаведения
Fernlenkung f 1. телеуправление, ТУ 2. теленаведение
Fernlesen n воспроизведение на экранах телевизоров буквенно-цифровой информации
Fernlichtbildtelegrafie f фототелеграфия
Fernmeldeamt n см. Fernamt
Fernmeldedienststelle f станция службы дальней [междугородной] связи
Fernmeldeempfänger m приёмник (системы) дальней связи
Fernmeldehauptstrecke f магистральная линия дальней связи
Fernmeldeimpuls m импульс телесигнализации
Fernmeldekabel n кабель связи, телефонный кабель
Fernmeldekanal m канал дальней связи
Fernmeldeleitung f линия дальней связи

Fernmeldeleitungsnetz n, **Fernmeldenetz** n сеть (линий) дальней связи
Fernmelder m прибор телесигнализации
Fernmeldesatellit m спутник связи
Fernmeldesystem n система дальней связи
~ **über Satelliten** система спутниковой связи
Fernmeldetechnik f 1. техника дальней связи 2. техника телемеханики
~, **drahtgebundene** техника проводной дальней связи
Fernmeldetrabant m спутник связи
Fernmeldeverein m, **Internationaler** Международный союз электросвязи, МСЭ
Fernmeldeverkehr m дальняя связь
Fernmeldevermittlung f коммутация каналов дальней связи
Fernmeldevermittlungseinrichtung f коммутационная станция в сети дальней связи
Fernmeldeweg m см. **Fernmeldekanal**
Fernmeldeweitverkehr m дальняя связь
Fernmeldewerk n см. **Fernamt**
Fernmeldewesen n дальняя связь
Fernmeldezentralamt n центральная станция дальней связи, центральная междугородная станция (напр. телефонная)
Fernmeldung f дальняя связь
Fernmeßabgleichsystem n балансная система телеметрии
Fernmeß-Analog-Digitalinformations-Wandler m телеметрический аналого-цифровой преобразователь
Fernmeßanlage f телеметрическая установка
Fernmeßaufzeichnung f регистрация телеметрической информации
Fernmeßdaten pl данные телеметрирования, телеметрическая информация
Fernmeßeingang m вход телеметрической системы
Fernmeßeinrichtung f телеметрическое устройство
Fernmeßempfang m приём телеметрической информации
Fernmeßempfänger m телеметрический приёмник
Fernmesser m 1. телеметрический прибор 2. дальномер
Fernmeßfehler m погрешность телеметрирования
Fernmeßgeber m 1. телеметрический датчик 2. телеметрический передатчик
Fernmeßimpuls m импульс телеметрии
Fernmeßkanal m телеметрический канал
Fernmeßkoder m кодирующее устройство [кодер] телеметрических сообщений
Fernmeßmodulator m модулятор телеметрического сигнала
Fernmeßobjekt n телеметрируемый объект
Fernmeßsender m телеметрический передатчик
Fernmeßsystem n телеметрическая система
Fernmeßtechnik f телеметрия
Fernmeßübertragung f передача телеметрической информации
Fernmeßumwandler m телеметрический преобразователь
Fernmessung f телеметрирование
Fernmeßverbindung f телеметрическая связь

Fernmeßverfahren n метод или система телеметрии
Fernmeßverschlüßler m см. **Fernmeßkoder**
Fernmeßverstärker m телеметрический усилитель
Fernmeßwandler m см. **Fernmeßumwandler**
Fernmeßwerte m pl см. **Fernmeßdaten**
Fernmeßzünder m радиолокационный взрыватель
Fernmontage f выступающий монтаж
Fernnavigation f дальняя навигация
Fernnebensprechen n тлф переходный разговор на дальнем [приёмном] конце
Fernnebensprechendämpfung f тлф затухание переходного разговора на дальнем [приёмном] конце
Fernnetz n сеть дальней связи, междугородная сеть
Fernniveauzeiger m дистанционный указатель уровня
Fernobjektiv n длиннофокусный объектив, телеобъектив
Fernordnung f крист. дальний порядок
Fernordnungsradar n см. **Fernradargerät**
Fernpeilung f дальнее пеленгование
Fernplatz m рабочее место телефонистки междугородной станции
Fernradargerät n РЛС дальнего обнаружения
Fernregelung f телерегулирование, ТР
Fernregistrierung f телерегистрация
Fernregler m телерегулятор
Fernrichtgerät n прибор теленаведения
Fernrufrelaissatz m релейный комплект дальнего вызова
Fernschaltanlage f дистанционное переключающее устройство; дистанционное коммутирующее устройство
Fernschalten n см. **Fernschaltung**
Fernschalter m, **Fernschaltgerät** n дистанционный выключатель; дистанционный переключатель
Fernschaltpult n пульт дистанционного переключения
Fernschaltung f дистанционное включение; дистанционное переключение; дистанционная коммутация
Fernschaltzusatz m приставка (для) дистанционного включения или дистанционного переключения
Fernschrank m междугородный коммутатор
Fernschreibalphabet n телеграфный код
Fernschreibapparat m см. **Fernschreiber**
Fernschreibdienst m служба телетайпной связи
Fernschreibempfang m буквопечатающий приём
Fernschreibempfänger m приёмное [входное] устройство телетайпа
Fernschreiben n 1. телетайпная связь; телеграфия 2. телетайпограмма; телеграмма
Fernschreiber m телетайп
~, **drahtloser** радиотелетайп
Fernschreibgerät n 1. см. **Fernschreiber** 2. самопишущий прибор для дистанционной записи
Fernschreibkanal m канал телетайпной связи
Fernschreibkode m телеграфный код
Fernschreibleistung f пропускная способность телетайпа

221

Fernschreiblocher *m* телетайпный перфоратор
Fernschreibnetz *n* телетайпная сеть
Fernschreibstreifenlocher *m* ленточный телетайпный перфоратор
Fernschreibsystem *n* система телетайпной связи
Fernschreibtechnik *f* техника телетайпной связи
Fernschreibteilnehmerverkehr *m* абонентская телетайпная связь
Fernschreibverkehr *m* телетайпная связь
Fernschreibvermittlungstechnik *f* техника коммутации каналов телетайпной связи
Fernschreibwählamt *n* *тлг* автоматическая станция телетайпной связи
Fernschreibwählanlage *f* автоматическая телетайпная установка
Fernschreibzeichen *n* знак телеграфного сообщения
Fernschutz *m* дистанционная защита, телезащита
Fernschwund *m* дальнее замирание
Fernsehabonnent *m* телевизионный абонент
Fernsehabtaster *m* телевизионный сканер
Fernsehabtastung *f* телевизионная развёртка
Fernsehalarmsystem *n* телевизионная система тревожной сигнализации
Fernsehanlage *f* телевизионная установка
~, **industrielle** промышленная телевизионная установка
Fernsehanstalt *f* управление телевизионного вещания
Fernsehapparat *m* *см.* **Fernsehempfänger**
Fernsehaufnahme *f* телевизионная съёмка; телевизионная передача
Fernsehaufnahmeeinrichtung *f* телевизионная студийная аппаратура; телевизионное передающее устройство
Fernsehaufnahme-Halbleiterschaltung *f* твердотельный преобразователь свет — сигнал
Fernsehaufnahmekamera *f* телевизионная передающая камера
~, **wasserdichte** водонепроницаемая телевизионная передающая камера
Fernsehaufnahmeraum *m* телевизионная студия
Fernsehaufnahmeröhre *f* телевизионная передающая трубка
~, **speichernde** запоминающая телевизионная передающая трубка
Fernsehaufnahmetechnik *f* техника телевизионных съёмок; техника телевизионных передач
Fernsehaufnahmewagen *m* передвижная телевизионная станция, ПТС
Fernsehaufzeichnung *f* видеозапись
Fernsehaußensendung *f*, **Fernsehaußenübertragung** *f* внестудийная телевизионная передача
Fernsehausstrahlung *f* телевизионное вещание
Fernsehautomatik *f* 1. автоматика телевизионного приёмника 2. телевизионная техника
Fernsehband *n* диапазон телевизионного вещания
Fernsehbandabspieleinrichtung *f* видеопроигрыватель (с МЛ)
Fernsehbandaufnahmegerät *n*, **Fernsehbandgerät** *n* видеомагнитофон
Fernsehbegleitton *m* звуковое сопровождение телевидения

Fernsehbeitrag *m* фрагмент телевизионной программы
Fernsehbeobachtung *f* телевизионное наблюдение
Fernsehbereich *m* *см.* **Fernsehband**
Fernsehberichterstattung *f* видеожурналистика
Fernsehbetrieb *m* телевизионное вещание
Fernsehbetriebstechnik *f* технология телевизионного вещания
Fernsehbild *n* 1. телевизионное изображение телевизионный кадр 3. изображение, передаваемое телевизионной камерой
~, **betrachtungsrichtiges** неискажённое телевизионное изображение
~, **digitales** цифровое телевизионное изображение
~, **doppeltes** повторное изображение, «повтор»
~, **flaues** неконтрастное телевизионное изображение
~, **grobzeiliges** телевизионное изображение с грубой строчной структурой
~, **stehendes** неподвижное телевизионное изображение; стоп-кадр
~, **überlagertes** *см.* **Fernsehbild, doppeltes**
~, **zeilenfreies** телевизионное изображение без строчной структуры
Fernsehbildabtaströhre *f* 1. телевизионная передающая трубка 2. трубка бегущего луча
Fernsehbildauflösung *f* чёткость телевизионного изображения
Fernsehbildaufnahme *f* съёмка телевизионной камерой, телевизионная съёмка
Fernsehbildaufzeichnungsanlage *f* 1. установка для видеозаписи 2. установка для киносъёмки телевизионных изображений
Fernsehbildfehler *m* искажение телевизионного изображения
Fernsehbildgeber *m* телевизионный датчик
Fernsehbildgeberröhre *f* моноскоп
Fernsehbildmustergenerator *m* генератор сигналов телевизионной испытательной таблицы
Fernsehbildprojektor *m* телекинопроектор
Fernsehbildraster *m* телевизионный растр
Fernsehbildröhre *f* кинескоп
~, **implosionsfeste** взрывобезопасный кинескоп
Fernsehbildschirm *m* телевизионный экран; экран кинескопа
Fernsehbildsender *m* (радио)передатчик сигнала изображения
Fernsehbildsignal *n* телевизионный сигнал, видеосигнал (*см. тж* **Bildsignal**)
Fernsehbildspeicherröhre *f* запоминающая телевизионная передающая трубка
Fernsehbildübertragung *f* передача телевизионного изображения
Fernsehbildübertragungskette *f* *см.* **Fernsehrelaiskette**
Fernsehbildwiedergabe *f* воспроизведение телевизионного изображения
Fernsehbildzeile *f* строка телевизионного изображения
Fernsehbreitbandverstärker *m* широкополосный видеоусилитель
Fernsehbrücke *f*, **Fernsehbrückenweiche** *f* диплексер [антенный разделитель] сигналов изображения

жения и звукового сопровождения (*позволяет двум передатчикам работать на одну антенну*)

Fernsehdarbietung *f* программа телевизионных передач; телевизионная передача

Fernsehdemodulator *m* телевизионный демодулятор

Fernsehdirektempfang *m* прямой телевизионный приём

Fernsehdirektsendung *f* прямая телевизионная передача

Fernsehdrahtfunk *m* проводное телевизионное вещание

Fernsehelektronik *f* телевизионная электроника

Fernsehempfang *m* телевизионный приём

Fernsehempfänger *m* телевизионный приёмник, телевизор (*см. тж* **Fernsehgerät**)

~, **digitaler** цифровой телевизор

~, **einkanaliger** одноканальный телевизионный приёмник

~ **für vier Normen** четырёхстандартный телевизор

~, **handelsüblicher** массовый телевизионный приёмник

~ **mit Gebührenautomat** телевизионный приёмник с автоматом для взимания абонентной платы

~, **privater** телевизионный приёмник индивидуального пользования

Fernsehempfängerröhre *f* кинескоп

Fernsehempfängerschaltung *f* схема телевизионного приёмника

Fernsehempfangsantenne *f* телевизионная приёмная антенна

Fernsehempfangsstörung *f* помеха телевизионному приёму

Fernsehempfangsteil *m* высокочастотная секция телевизора

Fernsehen *n* телевидение

~, **analoges** аналоговое телевидение

~, **angewandtes** прикладное телевидение

~, **digitales** цифровое телевидение

~, **dreidimensionales** объёмное телевидение

~, **farbiges** цветное телевидение

~ **geringer Güte** малострочное телевидение

~, **hochauflösendes** телевидение высокой чёткости, ТВВЧ

~, **hochzeiliges** многострочное телевидение

~ **hoher Auflösung** телевидение высокой чёткости, ТВВЧ

~ **im Kurzschlußbetrieb** замкнутая телевизионная система

~, **industrielles** промышленное телевидение

~ **mit langsamer Abtastung** малокадровое телевидение

~, **öffentliches** общественное телевидение

~, **platisches** объёмное телевидение

~, **privates** частное телевидение

~, **technisches** промышленное телевидение

~, **terrestrisches** наземное телевидение

Fernseher *m* 1. *см.* **Fernsehempfänger** 2. телезритель

Fernseh-Fan *m* телелюбитель

Fernsehfernsprechen *n* видеотелефония

Fernseh-Fernsteuersystem *n* телевизионная система телеуправления; телевизионная система теленаведения

Fernsehfilm *m* телевизионный фильм, телефильм

Fernsehfilmabtastanlage *f* телекинопост

Fernsehfilmabtaster *m* телекинодатчик

Fernsehfilmabtastung *f* телекинопередача

Fernsehfilmaufnahme *f* 1. телекинопередача 2. съёмка телевизионного фильма

Fernsehfilmkamera *f* телевизионная кинокамера

Fernsehfilmprojektor *m* телекинопроектор

Fernsehfilmtechnik *f* техника телекино

Fernsehfilmübertragungsanlage *f* телекинопередатчик

Fernsehfilterweiche *f см.* **Fernsehbrücke**

Fernsehformat *n* формат телевизионного изображения

Fernsehfrequenzband *n*, **Fernsehfrequenzbereich** *m* полоса частот телевизионного канала

Fernsehfüllsender *m* телевизионный ретранслятор

Fernsehfunk *m* телевизионное вещание

Fernsehfunkübertragungsanlage *f* телевизионная радиотрансляционная установка

Fernsehgemeinschaftsantenne *f* телевизионная коллективная антенна

Fernsehgerät *n* телевизионный приёмник, телевизор (*см. тж* **Fernsehempfänger**)

~, **intelligentes** многофункциональный телевизор (*с приставками телетекста, видеотекса, телефоном, клавиатурой*)

Fernsehgroßbildanlage *f* телевизионная установка с большим экраном

Fernsehgroßprojektionsempfänger *m* телевизионный проекционный приёмник с большим экраном

Fernsehhaus *n* телевизионный центр, телецентр

Fernsehheimempfänger *m* бытовой телевизионный приёмник

Fernsehhilfsstation *f* телевизионный ретранслятор

~ **mit Direktumsetzung** телевизионный ретранслятор с (непосредственным) преобразованием частоты

~ **mit Zwischenfrequenzumsetzung** телевизионный ретранслятор с преобразованием по промежуточной частоте

Fernsehimpulsgenerator *m* тлв синхрогенератор

Fernsehindustrieanlage *f* промышленная телевизионная установка

Fernsehingenieur *m* видеоинженер

Fernsehkabel *n* телевизионный кабель

Fernsehkabelübertragung *f* передача по телевизионному кабелю

Fernsehkamera *f* телевизионная (передающая) камера, телекамера

~, **industrielle** камера промышленного телевидения

Fernsehkameraanlage *f* телекамера с камерным каналом

Fernsehkamerabetriebsgerät *n* блок управления камерой, БУК

Fernsehkamerakabel *n* камерный кабель

Fernsehkamerasendung *f* съёмка телевизионной камерой

223

Fernsehkamerasucher *m* видеоискатель телекамеры
Fernsehkanal *m* телевизионный канал
Fernsehkanalrasterung *f* распределение телевизионных каналов по частотам
Fernsehkanalschalter *m см.* **Fernsehkanalwähler**
Fernsehkanalumsetzer *m* преобразователь (несущий частоты) телевизионного канала
Fernsehkanalumsetzerstation *f* телевизионный ретранслятор
Fernsehkanalwähler *m* переключатель телевизионных каналов, ПТК
Fernsehkette *f см.* **Fernsehrelaiskette**
Fernsehkino *n* **1.** телевизионный кинотеатр **2.** телекинопередача, телекино
Fernsehkonsolempfänger *m* консольный телевизионный приёмник
Fernsehkopf *m* телевизионная головка
Fernseh-Laser-Kamera *f* лазерная телевизионная камера
Fernsehleitungsnetz *n* сеть проводного телевизионного вещания
Fernsehmagnetbandgerät *n* видеомагнитофон
Fernsehmast *m* телевизионная мачта
Fernsehmeßdemodulator *m* телевизионный измерительный демодулятор
Fernsehmeßsignal *n* телевизионный испытательный сигнал
Fernsehmodulator *m* телевизионный модулятор
Fernsehmonitor *m* видеоконтрольное устройство, ВКУ, видеомонитор
Fernsehnetz *n* телевизионная сеть
Fernsehnorm *f* телевизионный стандарт
Fernsehnormkonverter *m см.* **Fernsehnormwandler**
Fernsehnormsignal *n* стандартный телевизионный сигнал
Fernsehnormwandler *m* преобразователь телевизионных стандартов
Fernsehortsnetz *n* местная телевизионная сеть
Fernsehphosphor *m* люминофор для телевизионных трубок
Fernsehportable *m* переносный [портативный] телевизор
Fernsehproduktionstechnik *f* техника производства телевизионных программ; технология телепроизводства
Fernsehproduzent *m* продюсер телевизионных программ
Fernsehprogramm *n* телевизионная программа
Fernsehprogrammanbieter *m* поставщик телевизионных программ
Fernsehprogrammaufzeichnung *f* запись [консервация] телевизионных программ
Fernsehprogrammproduktion *f* производство телевизионных программ; телепроизводство
Fernsehprogrammspeicherung *f* консервация [запись] телевизионных программ
Fernsehprogrammtube *f* блок телепрограмм
Fernsehprogrammwähler *m* переключатель телевизионных программ, ПТП; переключатель телевизионных каналов, ПТК
Fernsehprojektionsanlage *f* телевизионная проекционная установка
Fernsehprojektionsempfänger *m* проекционный телевизор

Fernsehprojektionsröhre *f* проекционный кинескоп
Fernsehprüfbild *n* **1.** телевизионная испытательная таблица, ТИТ **2.** телевизионное испытательное изображение
Fernsehprüfsignal *n* телевизионный испытательный сигнал
Fernseh-Prüfzeilensignal *n* телевизионный сигнал испытательной строки
Fernsehpunktlichtabtastung *f* развёртка бегущим лучом
Fernsehraster *m* телевизионный растр
Fernsehrelaiskette *f*, **Fernsehrelaisstrecke** *f* радиорелейная телевизионная линия
Fernsehrestseitenbandverfahren *n* метод телевизионной передачи с частичным подавлением одной боковой полосы (частот)
Fernsehrichtverbindung *f* направленная телевизионная связь
Fernsehröhre *f* телевизионная трубка
Fernsehröntgenmikroskop *n* рентгенотелевизионный микроскоп
Fernsehrundfunk *m* телевизионное радиовещание
Fernsehrundfunk-Außenaufnahme *f* внестудийная телевизионная (радио)передача
Fernsehrundfunkkanal *m* радиоканал вещательного телевидения
Fernsehrundfunk-Phonokombination *f* телерадиола
Fernsehrundfunksatellit *m* спутник (для) непосредственного телевизионного вещания
Fernsehrundfunksender *m* телевизионный радиопередатчик
Fernsehrundfunksendestation *f* телевизионная радиопередающая станция
Fernsehrundfunksignal *n* сигнал вещательного телевидения
Fernseh-Rundfunk-Studiokomplex *m* аппаратно-студийный комплекс вещательного телевидения, АСК
Fernsehsatellit *m* спутник телевизионного вещания
Fernseh-Satelliten-Norm *f* стандарт спутникового телевизионного вещания
Fernsehschaltungstechnik *f* телевизионная схемотехника
Fernsehschirm *m* телевизионный экран, экран кинескопа
Fernsehschirmbildaufzeichnung *f* съёмка с экрана кинескопа
~ **mit Schnelltransport** съёмка с экрана кинескопа по методу полного кадра
~ **nach dem Halbbild-Verfahren** съёмка с экрана кинескопа с потерей одного поля
Fernsehschrank *m* радиотелекомбайн
Fernsehsendeantenne *f* телевизионная передающая антенна
Fernsehsendenetz *n* сеть телевизионного вещания
Fernsehsender *m* телевизионный (радио)передатчик
Fernsehsenderöhre *f* телевизионная передающая трубка
Fernsehsendeturm *m* телебашня
Fernsehsendung *f* **1.** телевизионная передача, телепередача **2.** телевизионное (радио)вещание
Fernsehservice *m* телевизионное обслуживание

Fernsehsichtgerät *n* телевизионный дисплей
Fernsehsignal *n* 1. радиосигнал телевизионного вещания 2. телевизионный сигнал
~, **normiertes** стандартный радиосигнал телевизионного вещания
Fernsehspeichergerät *n* устройство консервации [записи] телевизионных изображений *или* телевизионных сигналов
Fernsehspektrum *n* спектр (частот) телевизионного сигнала
Fernsehspiel *n* телевизионная игра
Fernsehsprecheinrichtung *f* видеотелефон
Fernsehsprechzelle *f* кабина видеотелефона
Fernsehstandard *m* *см.* **Fernsehnorm**
Fernsehstandempfänger *m*, **Fernsehstandgerät** *n* консольный телевизионный приёмник
Fernsehstation *f* телевизионная радиостанция
Fernsehstereoton *n* 1. стереофоническое звуковое сопровождение телевидения 2. стереофонический телевизор
Fernsehsternpunkt *m* центр формирования телевизионных программ
Fernsehsteuerung *f* телевизионное управление; телевизионное наведение
Fernsehstörungen *f pl* помехи телевидению
Fernsehstrecke *f см.* **Fernsehrelaiskette**
Fernsehstudio *n* телевизионная студия, телестудия
~, **digitales** цифровая телевизионная студия
Fernsehstudioanlage *f* аппаратно-студийный блок, АСБ
Fernsehstudioaufnahme *f* студийная телевизионная съёмка; студийная телевизионная передача
Fernsehstudiobetrieb *m* студийный режим
Fernsehstudiokamera *f* студийная телевизионная камера
Fernsehstudiokomplex *m* 1. аппаратно-студийный комплекс, АСК 2. телецентр
Fernsehstudiosignale *n pl* студийные телевизионные сигналы
Fernsehsystem *n* телевизионная система, система телевидения
~, **hochauflösendes** система телевидения высокой чёткости, система ТВВЧ
~, **hochzeiliges** многострочная телевизионная система
~, **höherzeiliges** телевизионная система с повышенным числом строк
~, **kompatibles** совместимая система телевидения
~ **mit bedingtem Zugriff** телевизионная система с шифрованным доступом
~ **mit erhöhter Auflösung** система телевидения с повышенной чёткостью, система ТПЧ
~ **mit erhöhter Bildqualität** *см.* **Fernsehsystem, verbessertes**
~ **mit Gebührenautomat** телевизионная система с автоматом для взимания абонентной платы
~ **mit geringer Auflösung** телевизионная система малой чёткости
~ **mit langsamer Abtastung** малокадровое телевидение; телевизионная система с медленной передачей кадров

~, **niedrigzeiliges** малострочная телевизионная система
~, **verbessertes** система телевидения повышенного качества, система ТПК
Fernsehtaktgeber *m* телевизионный синхрогенератор
Fernsehtechnik *f* 1. телевизионная техника 2. техника (вещательного) телевидения
Fernsehteilnehmer *m* телезритель
Fernsehtelefon *n* видеотелефон
Fernsehtestbild *n* телевизионная испытательная таблица, ТИТ
Fernsehtext *m* телетекст, вещательная видеография
Fernsehton *m*, **Fernsehtonbegleitung** *f* звуковое сопровождение телевидения
Fernsehtonempfang *m* приём звукового сопровождения телевидения
Fernsehtonkanal *m* тракт (передачи) звукового сопровождения телевидения
Fernsehtonsender *m* (радио)передатчик звукового сопровождения телевидения
Fernsehtonsignal *n* сигнал звукового сопровождения телевидения
Fernsehträgergenerator *m* генератор несущей частоты телевизионного сигнала
Fernsehtroposcatterstrecke *f* тропосферный канал телевизионной передачи
Fernsehtruhe *f* 1. *см.* **Fernsehkonsolempfänger** 2. телерадиола
Fernsehtuner *m* 1. тюнер телевизионного приёмника 2. селектор (телевизионных) каналов, СК 3. высокочастотная телевизионная приставка (*для ВКУ с входом по низкой частоте*)
Fernsehübermittlung *f*, **Fernsehübertragung** *f* 1. телевизионная передача, телепередача 2. телевизионная ретрансляция
~, **digitale** цифровая телевизионная передача
~ **im Kurzschlußbetrieb** замкнутая телевизионная система
~, **trägerfrequente** телевизионная передача на несущей частоте
Fernsehübertragungskanal *m*, **Fernsehübertragungskette** *f* тракт вещательного телевидения
Fernsehübertragungsnorm *f* стандарт телевизионного вещания
Fernsehübertragungsstrecke *f см.* **Fernsehrelaiskette**
Fernsehübertragungssystem *n* система телевизионной передачи
Fernsehübertragungswagen *m* передвижная телевизионная станция, ПТС
Fernsehüberwachung *f* телевизионный контроль
Fernsehumlenkanlage *f* телевизионный ретранслятор без преобразования канала
Fernsehumsetzer *m* преобразователь телевизионных стандартов
Fernsehumsetzerstation *f* ретранслятор с преобразованием телевизионных стандартов
Fernsehveranstalter *m* владелец частного телецентра
Fernsehverbindung *f* телевизионная связь
Fernsehverbindungsleitung *f* телевизионная соединительная линия
~, **aktive** активная телевизионная соединительная линия

225

~, **passive** пассивная телевизионная соединительная линия
Fernsehverfahren *n см.* **Fernsehsystem**
Fernsehvermittlung *f* телевизионная передача, телепередача
Fernsehversorgung *f* охват телевизионным вещанием
Fernsehversorgungsbereich *m* зона охвата телевизионным вещанием
Fernsehversuchssendung *f* опытная телевизионная передача
Fernsehverteilsatellit *m* спутник (для) распределения телевизионных программ
Fernsehverzerrung *f* искажение телевизионного изображения
Fernsehvideoverstärker *m* видеоусилитель
Fernsehvollbild *n* телевизионный кадр
Fernsehwagen *m см.* **Fernsehübertragungswagen**
Fernsehwartungsdienst *m* служба технического обслуживания телевизоров
Fernsehweißmischung *f* составной люминофор белого свечения для телевизионных трубок
Fernsehweitempfang *m* дальний приём телевидения
Fernsehwellenform *f* форма телевизионного сигнала
Fernsehwiedergabeeinrichtung *f* телевизионное воспроизводящее устройство
Fernsehzeile *f* телевизионная строка
Fernsehzentrum *n* телевизионный центр, телецентр
Fernsehzielweisung *f* телевизионное целеуказание
Fernsehzubringernetz *n* телевизионная ретрансляционная линия
Fernsehzubringerstrecke *f* **1.** радиолиния передвижной телевизионной станции **2.** телевизионная ретрансляционная линия
~, **drahtlose** телевизионная трансляционная линия
Fernselbstschalter *m* дистанционный автоматический выключатель
Fernsender *m* дистанционный датчик, теледатчик
Fernsenderspeicher *m* запрограммированная память выбора каналов (*в телевизоре*)
Fernsicht *f* **1.** дальний план **2.** *рлк* дальний обзор
Fernsignal *n* дистанционный сигнал
Fernsignalisation *f*, **Fernsignalisieren** *n*, **Fernsignalisierung** *f* телесигнализация, ТС
Fernspeisesystem *n* система дистанционного питания
Fernspeisung *f* дистанционное питание
Fernsprechamt *n* телефонная станция
Fernsprechansagedienst *m* (автоматическая) справочная телефонная служба
Fernsprechanschluß *m* абонентский ввод
Fernsprechapparat *m* телефонный аппарат
~ **für Wählbetrieb** телефонный аппарат АТС
~ **mit Ortsbatterie** телефонный аппарат системы местной батареи, ТА МБ
~ **mit Zentralbatterie** телефонный аппарат системы центральной батареи, ТА ЦБ
Fernsprechapparat-Kompakt *n* телефонный аппарат-трубка (*с кнопочным номеронабирателем*)
Fernsprech-Auslandskopfvermittlungsstelle *f* центральная международная телефонная станция
Fernsprechautomat *m* таксофон
Fernsprechdienst *m* служба междугородной телефонной связи
Fernsprechen *n* телефония
~, **drahtloses** телефонная радиосвязь
Fernsprechendgerät *n* абонентский телефонный аппарат
Fernsprecher *m см.* **Fernsprechapparat**
Fernsprechfernverbindung *f*, **Fernsprechfernverkehr** *m* телефонная связь
Fernsprechformfaktor *m* телефонный формфактор
Fernsprechfreileitung *f* воздушная телефонная линия
Fernsprechfunkverbindung *f* телефонная радиосвязь
Fernsprechgerät *n* телефонный аппарат
Fernsprech-Handvermittlungsschrank *m* ручной телефонный коммутатор
Fernsprechindex *m* индекс телефонной сети
Fernsprechkanal *m* канал телефонной связи, телефонный канал
Fernsprechkanalbandbreite *f* ширина полосы телефонного канала
Fernsprechkreis *m* телефонная цепь
Fernsprechleitung *f* линия телефонной сети, телефонная линия
Fernsprechleitungsverstärker *m* **1.** телефонный линейный усилитель **2.** усилитель системы проводной трансляции
Fernsprechmeßtechnik *f* техника телефонных измерений
Fernsprechnebenstelle(nanlage) *f* телефонная подстанция
Fernsprechnetz *n* телефонная сеть
~, **öffentliches** телефонная сеть общего пользования
Fernsprechnummernschalter *m* номеронабиратель (*телефонного аппарата*)
Fernsprechortnetz *n* местная телефонная сеть
Fernsprechortskabel *n* кабель местной телефонной связи
Fernsprechrelais *n* телефонное реле
Fernsprechrichtverbindung *f* телефонная радиорелейная связь
Fernsprechschlüssel *m* код телефонной сети
Fernsprechschrank *m* телефонный коммутатор
Fernsprechsignal *n* телефонный сигнал
Fernsprechstelle *f* переговорный пункт
Fernsprechstörungen *f pl* помехи телефонной связи
Fernsprechstromkreis *m* телефонная цепь
Fernsprechsystem *n* система телефонной связи
Fernsprechtechnik *f* техника телефонной связи
Fernsprechteilnehmer *m* телефонный абонент
Fernsprechträgerfrequenzkanal *m* высокочастотный телефонный канал
Fernsprechtransitamt *n* транзитная телефонная станция
Fernsprechübertragungskanal *m см.* **Fernsprechkanal**
Fernsprechverbindungsleitung *f* соединительная линия телефонной сети

Fernsprechverkehr *m* телефонная связь
Fernsprechverkehrswert *m* телефонная нагрузка
Fernsprechvermittlerpult *n* телефонный коммутатор
Fernsprechvermittlung *f* телефонная связь
Fernsprechvermittlungsdienst *m* служба телефонной связи
Fernsprechvermittlungsstelle *f* телефонная станция
Fernsprechverstärker *m* телефонный усилитель
Fernsprechwähler *m* телефонный искатель
Fernsprechwählerverbindung *f* автоматическая телефонная связь
Fernsprechwählsystem *n* автоматическая система телефонной связи
Fernsprechwählverkehr *m* автоматическая телефонная связь
Fernsprechweitverkehr *m* дальняя телефонная связь
Fernsprechwesen *n* телефония, телефонная связь
Fernsprechzeichen *n* телефонный сигнал
Fernsprechzentrale *f* центральная телефонная станция
Fernspruch *m* телефонограмма
Fernstart *m* дистанционный запуск; дистанционный пуск
Fernstellsteuergerät *n* устройство [прибор] дистанционного управления положением
Fernstellung *f* дистанционная установка положения
Fernstellungsgeber *m* дистанционный датчик положения
Fernsteueranlage *f* установка телеуправления
Fernsteuerantrieb *m* привод телеуправления
fernsteuerbar дистанционно управляемый, телеуправляемый
Fernsteuerbefehl *m* команда телеуправления
Fernsteuerbetrieb *m* режим телеуправления
Fernsteuereinheit *f* см. **Fernsteuergerät**
Fernsteuereinrichtung *f* mit Leitungsauswahl многоканальное устройство телеуправления
Fernsteuerempfänger *m* 1. приёмник телеуправления 2. приёмник с дистанционным управлением
Fernsteuer-Fernsignalisierungsimpuls *m* импульс телеуправления и телесигнализации
Fernsteuergerät *n* 1. прибор дистанционного управления, прибор телеуправления 2. телеуправляемое устройство
Fernsteuerimpuls *m* импульс телеуправления
Fernsteuerkanal *m* канал телеуправления
Fernsteuerkodeanlage *f* кодовая установка (системы) телеуправления
~ **mit Leitungsauswahl** многоканальная кодовая установка телеуправления
~ **mit wenigen Kanälen** малоканальная кодовая установка телеуправления
Fernsteuern *n* см. **Fernsteuerung**
Fernsteuerobjekt *n* объект телеуправления
Fernsteuersignal *n* сигнал телеуправления
Fernsteuersystem *n* система телеуправления
~, **oberirdisches** наземная система телеуправления
Fernsteuertafel *f* щит телеуправления
Fernsteuertechnik *f* техника телеуправления
Fernsteuerung *f* телеуправление, ТУ

~, **automatische** автотелеуправление
~, **automatisierte** автоматизированное телеуправление
~, **drahtlose** радиотелеуправление
~ **mit Hörfrequenzen** телеуправление на звуковых частотах
Fernsteuerungs... см. **Fernsteuer...**
Fernstreckenfunkortung *f* дальняя радионавигация
Fernstromversorgung *f* дистанционное энергопитание
Fernsucher *m*, **Fernsuchgerät** *n* РЛС дальнего обнаружения
Ferntastung *f* 1. дистанционная манипуляция 2. дистанционное управление, телеуправление
Fernteilnehmer *m* иногородний абонент
Ferntelefonie *f* междугородная телефония
Ferntelegrafenleitung *f* линия дальней телеграфной связи
Fernterminal *n* дистанционный терминал
Fernübertrager *m* телепередатчик
Fernübertragung *f* 1. дистанционная передача, телепередача 2. дальняя передача
Fernübertragungskanal *m* 1. канал дистанционной передачи, канал телепередачи 2. канал дальней передачи
Fernübertragungssystem *n* 1. система дистанционной передачи, система телепередачи 2. система дальней передачи
Fernüberwachung *f* дистанционный контроль, телеконтроль; дистанционное наблюдение
Fernüberwachungseinrichtung *f* устройство дистанционного контроля, устройство телеконтроля
Fernüberwachungssystem *n* система дистанционного контроля, система телеконтроля
Fernultraviolettlaser *m* лазер, работающий в области дальнего ультрафиолета
Fernverarbeitung *f* телеобработка (данных)
Fernverarbeitungssystem *n* система телеобработки (данных)
Fernverbindung *f*, **Fernverkehr** *m* дальняя [междугородная] связь
Fernverkehrseinheit *f* блок дальней [междугородной] связи
Fernverkehrsgruppenwähler *m* групповой искатель дальней [междугородной] связи
Fernverkehrstelefon *n* междугородный телефон
Fernvermittlungsschrank *m* коммутатор междугородной связи
Fernvermittlungsstelle *f* станция междугородной связи
Fernwahl *f* тлф дальнее искание
Fernwählamt *n* станция автоматической междугородной связи, междугородная АТС
Fernwähler *m* искатель (системы) автоматической междугородной связи
Fernwählverkehr *m* автоматическая междугородная связь
Fernwellenmessung *f* дистанционное измерение (длины) волны
Fernwirkanlage *f* телемеханическая установка
Fernwirkapparatur *f* телемеханическая аппаратура

Fernwirkeinrichtung f телемеханическое устройство
Fernwirkempfänger m приёмник сигналов телемеханики
Fernwirkgerät n телемеханический прибор
Fernwirkkanal m канал телемеханики
Fernwirkleitstelle f см. **Fernwirkzentrale**
Fernwirksender m 1. передатчик телемеханической системы 2. передатчик с большой дальностью действия
Fernwirksignal n сигнал телемеханики
Fernwirk-Störstabilität f помехоустойчивость телемеханической системы
Fernwirksystem n телемеханическая система
~, **drahtloses** радиотелемеханическая система
Fernwirktechnik f техника телемеханики; телемеханика
fernwirktechnisch телемеханический
Fernwirkung f телемеханика
Fernwirkungs... см. **Fernwirk...**
Fernwirkverbindung f телемеханическая связь
Fernwirkzentrale f центральный узел телемеханической системы
Fernzählempfänger m приёмник для (системы) дистанционного счёта (*импульсов*)
Fernzähler m дистанционный счётчик, телесчётчик (*импульсов*)
Fernzählgeber m датчик для (системы) дистанционного счёта (*импульсов*)
Fernzählgerät n см. **Fernzähler**
Fernzählimpuls m счётный импульс для (системы) дистанционного счёта (*импульсов*)
Fernzählsystem n система дистанционного счёта (*импульсов*)
Fernzeiger m 1. дистанционный указатель; дистанционный индикатор 2. (индикаторный) сельсин
Fernzentrale f центральная телефонная станция
Fernziel n рлк дальняя цель
Fernzonenfeld n поле в дальней зоне
Fernzugriff m вчт дистанционная выборка; дистанционный доступ
Ferractor m феррактор (*специальный элемент с ферритовым сердечником*)
Ferraris-Prinzip n принцип Феррариса
Ferrimagnetikum n ферримагнетик
Ferrimagnetikumskompensationspunkt m точка компенсации ферримагнетика
ferrimagnetisch ферримагнитный
Ferrimagnetismus m ферримагнетизм
Ferrit m феррит
~, **hartmagnetischer** магнитотвёрдый феррит
~, **hexagonaler** феррит с гексагональной кристаллической решёткой
~, **hochohmiger** высокоомный феррит
~, **piezomagnetischer** пьезомагнитный феррит
~, **polykristalliner** поликристаллический феррит
~, **weichmagnetischer** магнитомягкий феррит
Ferritbauelement n ферритовый элемент (*на гиромагнитном эффекте*)
Ferrit-Granat m феррит-гранат
Ferritkernantenne f ферритовая антенна
Ferritkernfilter n фильтр с ферритовым сердечником

Ferritkernkopf m головка с ферритовым сердечником
Ferritkernmaschine f ВМ на ферритовых сердечниках
Ferritkernmatrix f матрица ферритовых сердечников, ферритовая матрица
Ferritkernmatrixspeicher m матричное ЗУ на ферритовых сердечниках; матричная память на ферритовых сердечниках
Ferritkernschieberegister n ферримагнитный сдвиговый регистр
Ferritkernspeicher m ЗУ *или* память на ферритовых сердечниках
Ferritlöschkopf m ферритовая головка стирания
Ferritmagnettonkopf m ферримагнитная звуковая головка
Ferritmatrize f см. **Ferritkernmatrix**
Ferritparametron n ферритовый параметрон
Ferritplattenspeicher m ЗУ *или* память на ферритовых пластинах
Ferritreaktanzverstärker m параметрический ферритовый усилитель
Ferritschenkel m ферритовый стержень
Ferritschicht f ферритовая плёнка
Ferritschichtparametron n параметрон на ферритовой плёнке
Ferritspeicher m ферритовое ЗУ; ферритовая память
Ferritspeichermatrix f запоминающая ферритовая матрица
Ferritstäbchenspeicher m ЗУ *или* память на ферритовых стержнях
Ferrittransistorelement n феррит-транзисторный элемент
Ferrittransistorschaltung f феррит-транзисторная схема
Ferrittransistorzelle f феррит-транзисторная ячейка
Ferritverschiebelinie f см. **Ferritkernschieberegister**
Ferrocart m феррокарт (*порошковый магнитный материал*)
Ferrochrom n феррохром
Ferrodielektrikum n ферродиэлектрик
Ferroelastikum n сегнетоэластик
Ferroelektrikum n сегнетоэлектрик
Ferroelektrikum-Halbleiter m сегнетоэлектрик-полупроводник
ferroelektrisch сегнетоэлектрический
Ferroelektrizität f сегнетоэлектричество
Ferrograf m феррограф, установка для записи петель гистерезиса
Ferrogranat m феррогранат
Ferromagnetikum n ферромагнетик
ferromagnetisch ферромагнитный
Ferromagnetismus m ферромагнетизм
Ferromagnetographie f ферромагнитография, электромагнитная печать
Ferrometer n феррометр
Ferroresonanz f феррорезонанс
Ferroresonanzregler m феррорезонансный стабилизатор
Ferrospinell m 1. шпинельный феррит 2. ферромагнитная шпинель, феррошпинель
Ferroxcube n феррокскуб (*магнитомягкий феррит*)

Ferroxdure *n* ферроксдур (*магнитожёсткий феррит*)
Fertigsignal *n* сигнал готовности
Fertigstellung *f*, **Fertigung** *f* изготовление, производство; технология
~, **computergestützte** производство с использованием ЭВМ, автоматизированное [машинное] изготовление
Fertigungsausfall *m над.* производственный отказ
Fertigungsbedingungen *f pl* производственные условия
Fertigungsgenauigkeit *f* точность изготовления
Fertigungsmeßtechnik *f* техника измерений изготавливаемой продукции; производственная измерительная техника
Fertigungssteuerung *f*, **automatisierte** автоматизированное управление производством
Fertigungsstreuung *f* разброс (*параметров изделий*) при изготовлении
Fertigungszuverlässigkeit *f* производственная надёжность
Fesselballonantenne *f* аэростатная антенна
fest 1. стационарный (*напр. о передатчике*) **2.** фиксированный (*напр. о волне*); постоянный (*напр. о частоте*) **3.** твёрдый; крепкий; прочный **4.** неподвижный (*напр. о контакте*); (наглухо) закреплённый **5.** стойкий, устойчивый
Festadcock *m* неподвижная антенна Эдкока
Festantennensystem *n* неподвижная антенная система
Festattenuator *m* нерегулируемый аттенюатор
Festbild *n* неподвижное изображение
Festbildkommunikation *f* передача и приём неподвижных изображений *или* видеокадров
Festbildübertragung *f* передача неподвижных изображений *или* видеокадров
festbrennen пригорать, сплавляться (*о контактах*)
Festdämpfungsglied *n* нерегулируемый аттенюатор
Festdielektrikum *n* твёрдый диэлектрик
Festeingang *m* фиксированный вход
Festelektrolytkondensator *m* полупроводниковый оксидный конденсатор
Festentzerrer *m* постоянный корректор
Festfrequenz *f* фиксированная частота
Festfrequenzempfänger *m* приёмник, работающий на фиксированной частоте
Festfrequenzgenerator *m* генератор фиксированной частоты
Festfrequenzmagnetron *n* магнетрон с фиксированной частотой
Festfrequenzoszillator *m см.* **Festfrequenzgenerator**
festgekoppelt жёстко связанный
festgelegt фиксированный (*напр. о положении*)
festgetakt жёсткосинхронизированный
Festhalteimpuls *m* фиксирующий импульс
Festhaltemagnet *m* удерживающий (электро)магнит
Festhalteschaltung *f* схема фиксации
Festigkeit *f* **1.** прочность **2.** стабильность; устойчивость
~, **elektrische** электрическая прочность
Festigkeitseigenschaften *f pl* прочностные свойства

Festigkeitsgrenze *f* граница [предел] прочности
Festigkeitsprüfung *f*, **elektrische** испытание на электрическую прочность
Festinstallation *f* стационарная установка
Festkapazität *f* **1.** постоянная ёмкость **2.** конденсатор постоянной ёмкости
Festkleben *n* **1.** склеивание (*ленты*) **2.** залипание, сваривание (*контактов*)
Festkomma *n вчт* фиксированная запятая
Festkommabetrieb *m* режим работы с фиксированной запятой
Festkommaoperation *f* операция с фиксированной запятой
Festkommarechner *m* ВМ с фиксированной запятой
Festkommaverarbeitung *f* обработка (данных) с фиксированной запятой
Festkondensator *m* конденсатор постоянной ёмкости
Festkontakt *m* фиксированный контакт
Festkopf *m* стационарная головка
Festkopfplattenspeicher *m* ЗУ *или* память на дисках с фиксированными головками
Festkörper *m* твёрдое тело; (твердотельный) полупроводник
~, **fehlgeordneter** твёрдое тело с неупорядоченной структурой
~, **n-leitender** полупроводник с электропроводностью *n*-типа
Festkörperanalog *n* твердотельный аналог
Festkörperanzeige-Display *n* дисплей с твердотельным экраном; твердотельный индикатор
Festkörperanzeigezeile *f* твердотельная индикаторная линейка
Festkörperbauelement *n* твердотельный компонент
Festkörperbaustein *m*, **Festkörperbauteil** *m* твердотельный модуль
Festkörperbildsensor *m* твердотельный преобразователь свет—сигнал
Festkörperbildverstärker *m* твердотельный усилитель яркости изображения
Festkörperbildwandler *m* твердотельный ЭОП
Festkörperblock *m* твердотельный модуль
Festkörperchip *n* **1.** кристалл полупроводниковой ИС **2.** полупроводниковая ИС
Festkörperdiffusion *f* диффузия в твёрдое тело
Festkörperdigitalrechner *m* ЦВМ на твердотельных элементах
Festkörperdisplay *n* твердотельный дисплей
Festkörperdruckschaltung *f* твердотельная печатная схема
Festkörperelektronik *f* твердотельная электроника
Festkörperelement *n* твердотельный элемент
Festkörperfotoemission *f* фотоэмиссия твёрдого тела
Festkörperkreistechnik *f см.* **Festkörperschaltungstechnik**
Festkörperlaser *m* твердотельный лазер
~, **kontinuierlicher** твердотельный лазер, работающий в режиме незатухающих колебаний
Festkörperlaserstrahler *m* излучатель твердотельного лазера
Festkörperleitung *f* проводимость твёрдого тела

Festkörperlichtquelle f твердотельный источник света
Festkörperlogik f твердотельные логические схемы
Festkörpermagnetspeicher m твердотельное магнитное ЗУ
Festkörpermaser m твердотельный мазер
~ **mit drei Energieniveaus** трёхуровневый твердотельный мазер
Festkörpermikroelektronik f твердотельная микроэлектроника
Festkörpermodell n модель твёрдого тела
Festkörpermolekularverstärker m см. **Festkörpermaser**
Festkörperphysik f физика твёрдого тела
Festkörperschallwelle f звуковая волна в твёрдом теле
Festkörperschalter m твердотельный переключатель
Festkörperschaltkreis m см. **Festkörperschaltung**
Festkörperschaltung f твердотельная (интегральная) схема
~, **gruppenintegrierte** большая ИС, БИС
~, **integrierte** твердотельная ИС
Festkörperschaltungstechnik f техника твердотельных схем, твердотельная схемотехника
Festkörperschirm-Sichtgerät n дисплей с твердотельным экраном; твердотельный индикатор
Festkörpersensor m твердотельный датчик
Festkörperspeicher m твердотельное ЗУ; твердотельная память
Festkörpersymbolanzeiger m твердотельный буквенно-цифровой индикатор
Festkörpertarget n твердотельная мишень
Festkörpertechnologie f твердотельная технология
Festkörpervidikon n кремникон
Festkörperwiderstand m твердотельный резистор
Festlast f фиксированная [постоянная] нагрузка
festlegbarer с самовозвратом (напр. о ключе)
Festlegemarke f установочная метка
Festlegung f 1. выделение, установление (напр. областей устойчивости); определение (напр. местоположения) 2. закрепление (напр. деталей)
~, **zeitliche** хронирование; согласование по времени
Festlinie f крист. линия солидуса
Festluftspalt m фиксированный воздушный зазор
Festmarke f фиксированная метка
Festmengenmessung f измерение определённого объёма информации
Festobjektiv n объектив с фиксированным фокусным расстоянием
Festoszillator m см. **Festfrequenzgenerator**
Festphase f фиксированная [постоянная] фаза
Festpilz m неподвижная пластина (аттенюатора)
Festplatte f жёсткий диск
Festplattenspeicher m ЗУ или память на жёстких дисках
Festprogramm n фиксированная [жёсткая] программа
festprogrammiert жёстко запрограммированный

Festpunkt m 1. неподвижная точка 2. вчт фиксированная запятая
Festpunktpotentiometer n потенциометр со ступенчатой фиксацией положения (движка)
Festrahmen m неподвижная рамочная антенна
Festrückkopplungssystem n система с жёсткой обратной связью
festsetzen устанавливать (напр. предел)
Festspannung f фиксированное [неизменное] напряжение
Festspeicher m см. **Festwertspeicher** 2.
Feststellen n **von Fehlern** 1. установление ошибок 2. определение места [локализация] неисправностей
Feststellknopf m кнопка с фиксацией положения; стопорная кнопка
Feststeuerung f программное управление
Feststufe f фиксированная ступень (напр. деления)
Festtonmodulation f модуляция постоянным тоном
festverdrahtet жёстко замонтированный; жёстко скоммутированный
Festverhältnis-Frequenzvervielfacher m умножитель частоты с фиксированной кратностью
Festwellenempfänger m приёмник, работающий на фиксированной волне
Festwert m постоянное значение; постоянная величина; константа
Festwert-Domänenspeicher m ПЗУ на магнитных доменах
Festwertregelung f 1. автоматическая стабилизация параметра 2. см. **Festwertregelungssystem**
Festwertregelungssystem n система автоматической стабилизации
Festwertspeicher m 1. ЗУ или память констант 2. постоянное ЗУ, ПЗУ; постоянная память
~, **elektrisch änderbarer** электрически перепрограммируемое ПЗУ, ЭППЗУ; электрически перепрограммируемая постоянная память
~, **elektrisch löschbarer** электронно-стираемое программируемое ПЗУ, ЭСППЗУ; электронно-стираемая программируемая постоянная память
~, **elektrisch programmierbarer** электрически программируемое ПЗУ, ЭППЗУ; электрически программируемая постоянная память
~, **löschbarer und elektrisch programmierbarer** стираемое программируемое ПЗУ, СППЗУ; стираемая программируемая постоянная память
~ **mit Steuerschaltung, UV-Licht löschbarer** ПЗУ с ультрафиолетовым стиранием и электрической записью (информации)
Festwertspeichermatrix f матрица ПЗУ
Festwertspeicherplatte f плата ПЗУ
Festwiderstand m постоянный резистор
Festwort n вчт слово с фиксированной длиной
Festzacke f отметка от местного предмета (на экране радиолокатора)
Festzeichenbefreiung f, **Festzeichenkompensation** f, **Festzeichenlöschung** f, **Festzeichenunterdrückung** f подавление отражений (очистка) от местных предметов
Festzeitmessung f измерение (напр. объёма инфор-

мации) через определённые [фиксированные] интервалы времени
Festzeitsteuerung *f* программное управление по времени
Festzielechos *n pl* отражённые сигналы от неподвижных целей; отражения от местных предметов
Festzielunterdrückung *f см.* **Festzeichenbefreiung**
FE-Transistor *m* полевой транзистор
Feuchteschrank *m* влажная камера (*для коррозионных испытаний*)
Feuchtigkeitsabsorber *m* влагопоглотитель
Feuchtigkeitsaufnahme *f* влагопоглощение
Feuchtigkeitsbeständigkeit *f* влагостойкость
feuchtigkeitsfest влагостойкий
Feuchtigkeitsniederschlag *m* пробой от наличия влаги
feuchtigkeitssicher влагостойкий
Feuchtigkeitstest *m* испытание на влагостойкость
feuchtluftgeschützt защищённый от влажного воздуха
Feuchtoxydation *f* окисление в парах воды *или* во влажном кислороде
Feuer *n* 1. огонь 2. маяк
Feuerleitgerät *n*, **radargesteuertes** *см.* **Feuerleitradar**
Feuerleitradar *n* РЛС орудийной наводки, СОН
Feuern *n* искрение
Feuerverzinnung *f* горячее лужение
f₁-Grenzfrequenz *f пп* предельная частота усиления по току
Fiber *f* 1. фибра 2. волокно 3. вулканизированная бумага; вулканизированный картон
Fiberoptik *f* волоконная оптика
Fieldistor *m* полевой транзистор
FIFO-Speicher *m* ЗУ *или* память обратного магазинного типа
file *англ.* файл
Fill-and-spill-Verfahren *n* процесс заполнения и сброса информации (*информационных зарядов в ПЗС*)
Film *m* 1. плёнка 2. киноплёнка; фотоплёнка 3. (кино)фильм
~, **beiderseitig begossener** двухсторонняя плёнка
~, **dünnschichtiger** тонкослойная плёнка
~, **durchsichtiger** прозрачная плёнка
~, **einkristalliner** монокристаллическая плёнка
~, **einseitig begossener** односторонняя плёнка
~, **feinkörniger** мелкозернистая плёнка
~, **grobkörniger** крупнозернистая плёнка
~, **magnetischer** магнитная плёнка
~, **mehrschichtiger** многослойная плёнка
~, **selbsttragender** самоподдерживающаяся плёнка
~, **thermisch gezüchteter** плёнка, выращенная методом термовакуумного осаждения
Filmabtaster *m*, **Filmabtastgerät** *n* телекинодатчик
~ **mit Kamera** телекинодатчик с телевизионной камерой
Filmabtaströhre *f* трубка бегущего луча для телекинодатчика
Filmabtastung *f* сканирование киноплёнки; телекинопроекция
Filmarchiv *n* фильмотека
Filmaufzeichnung *f* запись телевизионной программы на киноплёнку

Filmband *n* лента
Filmbandträger *m* ленточный носитель (*кристаллов*)
Filmbelichtung *f* экспонирование плёнки
Filmbild *n* кинокадр
Filmbildgeber *m* 1. телекинодатчик 2. кинопроектор
Filmbildung *f* образование плёнки
Filmbolometer *n* ленточный болометр
Filmdurchleuchtung *f* просвечивание плёнки
Filmebene *f* плоскость плёнки
Filmempfindlichkeit *f* светочувствительность плёнки
Filmen *n*, **elektronisches** видеосъёмка кинофильма, видеокиносъёмка
Filmgeber *m см.* **Filmbildgeber**
Filmkamera *f* киносъёмочная кинокамера, кинокамера
Filmkatode *f* плёночный катод
Filmkondensation *f* плёночная конденсация
Filmkorn *n* (эмульсионное) зерно плёнки
Filmlichtdruck *m* плёночная фототипия
Filmlötstopplack *m* плёночное лаковое покрытие (*для защиты печатной платы при пайке*)
Filmmikroschaltung *f* плёночная микросхема
~, **integrierte** плёночная ИМС
Film-Platte-Wandlereinrichtung *f* устройство перезаписи с киноплёнки на видеодиск
Filmproduktion *f*, **elektronische** видеосъёмка кинофильма, видеокиносъёмка
Filmsendung *f* телекинопередача
Filmsensibilisierung *f* сенсибилизация плёнки
Filmsieden *n* «вскипание» плёнки (*образование пузырьков*)
Filmspeicher *m* плёночное ЗУ; плёночная память
Filmstruktur *f* плёночная структура
~, **amorphe** аморфная плёночная структура
~, **monokristalline** монокристаллическая структура
~, **polykristalline** поликристаллическая плёночная структура
Filmtechnik *f* плёночная технология (*напр. изготовления микросхем*)
Filmtimer *m* 1. счётчик киноленты 2. блок хронирования телекинодатчика
Filmträger *m* 1. ленточный носитель (*кристаллов*) 2. основа плёнки
Filmtransport *m* протяжка плёнки
Filmübertragung *f* телекинопередача
Filmunterlage *f см.* **Filmträger** 2.
Film-Video-Konverter *m* устройство перезаписи с киноплёнки на видеоленту
Filmvideoplatte *f* плёночный видеодиск
Film-Video-Wandlung *f* перезапись с киноплёнки на видеоленту
Filmvorschub *m* протяжка плёнки
Film-Wechselkassette *f* кассета с киноплёнкой
Filmwiderstand *m* 1. (тонко)плёночный резистор 2. (удельное) сопротивление слоя
Filmwölbung *f* коробление [выпучивание] плёнки
Filter *n* фильтр
~, **abgestimmtes** настроенный фильтр
~, **abstimmbares** настраиваемый фильтр
~, **adaptives** адаптивный фильтр

FIL

~, **aktinisches** актиничный [фотохимически активный] фильтр
~, **aktives** активный фильтр
~, **akustisches** акустический фильтр
~, **blaues** синий (свето)фильтр
~, **breitbandiges** широкополосный фильтр
~, **digitales** цифровой фильтр; дискретный фильтр
~, **doppel-T-förmiges** двойной Т-образный фильтр
~, **dreidimensionales** трёхмерный фильтр
~, **dreikreisiges** трёхконтурный фильтр
~, **eindimensionales** одномерный фильтр
~, **einfarbiges** монохроматический (свето)фильтр
~, **enges** см. Filter, schmales
~, **farbiges** цветной (свето)фильтр
~, **frequenzselektives** частотно-избирательный фильтр
~, **hochfrequentes** фильтр верхних частот, ФВЧ
~, **hochselektives** высокоизбирательный фильтр
~, **höherwertiges** фильтр высшего порядка
~, **keramisches** керамический фильтр
~, **mehrgliedriges** многозвенный фильтр
~, **minimalphasiges** минимально-фазовый фильтр
~, **molekularoptisches** молекулярно-оптический фильтр
~, **neutrales** нейтральный (свето)фильтр
~, **nichtlineares** нелинейный фильтр
~, **niederfrequentes** фильтр нижних частот, ФНЧ
~, **örtliches** пространственный фильтр
~, **passives** пассивный фильтр
~, **phasenlineares** фильтр с линейной фазовой характеристикой, фазоволинейный фильтр
~, **rekursives** рекурсивный фильтр
~, **schmales** узкополосный фильтр
~, **selektives** селективный фильтр
~, **spatiales** пространственный фильтр
~, **verlustloses** фильтр без потерь
~, **vielgliedriges** многозвенный фильтр
~, **zeitliches** временной фильтр
~, **zweidimensionales** двухмерный фильтр
~, **zweikreisiges** двухконтурный фильтр
~ **zweiter Ordnung** фильтр 2-го порядка
π-**Filter** n П-образный фильтр
Filterabgleich m см. Filterabstimmung 1.
Filterabschluß m оконечная нагрузка фильтра
Filterabschnitt m см. Filterglied
Filterabstimmung f 1. настройка фильтра 2. коррекция света с помощью светофильтров
Filterbreite f см. Filterdurchlaßbreite
Filterdichte f (оптическая) плотность светофильтра
Filterdurchlaßband n полоса пропускания фильтра
Filterdurchlaßbreite f ширина полосы пропускания фильтра
Filterdurchlässigkeit f пропускающая способность фильтра
Filterempfindlichkeit f чувствительность характеристики фильтра к изменению параметров его элементов
Filterfaktor m 1. коэффициент фильтрации 2. кратность светофильтра

FIL

Filterfalle f режекторный фильтр
Filterfrequenzgang m частотная характеристика фильтра
Filterfunktion f функция фильтра(ции)
Filterglied n звено фильтра
Filtergrad m степень фильтрации
Filterhologramm n голограмма-фильтр, фильтрующая голограмма
Filterkette f цепочечный фильтр
Filterkoeffizient m коэффициент фильтрации
Filterkopplung f связь при помощи фильтра
Filterkreis m контур фильтра; цепь фильтра
Filterkurve f характеристика фильтра
Filterlängsglied n последовательное звено фильтра
Filtern n см. Filterung
Filternetzwerk n фильтрующая цепь; фильтрующая схема
Filterplexer m диплексор с фильтром подавления боковой полосы
Filterquarz m кварцевый фильтр
Filterrad n диск со светофильтрами
Filterrechteckfaktor m коэффициент прямоугольности фильтра
Filtersatz m 1. комплект фильтров 2. набор светофильтров
Filterschaltung f схема фильтрации; схема фильтра
Filtersperrbereich m полоса задерживания фильтра
Filterspule f катушка фильтра
Filterstreifensaticon n тлв сатикон со штриховым фильтром
Filterstrom m ток фильтра
Filtersynthese f синтез фильтров
Filtertheorie f теория фильтров
Filtertrommel f барабан со светофильтрами
Filterung f фильтрация
~, **digitale** цифровая фильтрация; дискретная фильтрация
~, **planare** двухмерная фильтрация
~, **räumlich/zeitliche** пространственно-временная фильтрация
~, **zeitliche** временна́я фильтрация
~, **zweidimensionale** двухмерная фильтрация
Filterungsgrad m степень фильтрации
Filterweiche f разделительный фильтр
Filterwiderstand m 1. сопротивление фильтра 2. фильтрующий резистор
Filterzelle f ячейка фильтра
Filtration f см. Filterung
Filtrierdurchsatz m эффективность фильтрации
filtrieren фильтровать
FIM-Verzerrungen f pl искажение из-за взаимной частотной модуляции
Finalautomat m конечный автомат
Finalprodukthersteller m (основной) изготовитель оборудования
F-Indikator m индикатор F-типа (*индикатор ошибок наведения по азимуту и углу места*)
Finger m 1. палец; штифт; упор 2. лепесток (*диаграммы направленности*)
Fingeranschlag m тлф упор номеронабирателя
Fingerbedienung f кнопочное или клавишное управление

Finger(loch)scheibe *f тлф* диск номеронабирателя
Finit-Impuls-Response *n* импульсная характеристика конечной длительности, КИХ
Finkdrahteinschmelzung *f* платиновый впай
Finleitung *f* (прямоугольный) волновод с продольной (металлизированной диэлектрической) вставкой
FIR-Filter *n* фильтр с импульсной характеристикой конечной длительности, КИХ-фильтр
Firmenschild *n* фирменная табличка, шильдик
Firmware *f* программно-аппаратные средства; программы ПЗУ; встроенные программы
Fisch(bauchantennen)mast *m* антенна-мачта [мачтовая антенна] с наибольшим поперечным сечением в средней части, закреплённой оттяжками
Fish-Eye-Objektiv *n* широкоугольный объектив «рыбий глаз»
Fixachse *f* неподвижная ось
Fixation *f* фиксация
Fixecho *n* сигнал, отражённый от местных предметов
Fix-Fokus-Optik *f* оптика с фиксированным фокусным расстоянием
Fixierung *f* 1. фиксирование; закрепление 2. захват (*напр. электрона*)
Fixwiderstand *m* постоянный резистор
FK-... *см.* **Flüssigkristall...**
flach 1. плоский (*напр. об импульсе*) 2. пологий (*о характеристике*) 3. малоконтрастный (*об изображении*); мягкий (*о негативе*)
~ **oben** с плоской вершиной (*напр. об импульсе*)
Flachanode *f* плоский анод
Flachband *n* пп плоская зона
Flachbandkabel *n* плоский ленточный кабель
Flachbandleitung *f* полосковая линия
Flachbandpotential *n*, **Flachbandspannung** *f пп* напряжение плоских зон
Flachbaugruppe *f* печатная плата с поверхностным монтажом элементов
Flachbaugruppenadapter *m* переходное устройство (для подключения) печатных плат
Flachbettplotter *m* планшетный графопостроитель
Flachbild *n* плоское изображение
Flachbildschirm *m* плоский телевизионный экран
Flachdisplay *n* плоский индикатор; индикаторная панель
Flachdosenhohlraum *m* плоский резонатор
Flachdraht *m* плоский провод(ник)
Fläche *f* 1. площадь; поверхность; плоскость 2. область; участок 3. (плоская) грань
~, **aktive** активная площадь
~, **belichtbare** экспонируемая поверхность; экспонируемый участок
~, **beschreibbare** область *или* участок записи
~, **effektive** эффективная площадь (*напр. антенны*)
~, **equipotentiale** эквипотенциальная поверхность
~, **freie** 1. свободная область (*памяти*) 2. чистый участок (*напр. ленты*)
~, **leitende** 1. проводящая поверхность 2. контактная площадка (*в печатных платах*)
~, **nutzbare** полезная площадь (*напр. кристалла*)
~, **obere** 1. наружная поверхность (*напр. микросхемы*) 2. верхняя плоскость (*напр. кристалла*)
~, **untere** нижняя плоскость (*напр. кристалла*)
~, **wirksame** *см.* **Fläche, effektive**
Flacheinschub *m* плоский вставной блок
Flächen *n* уплощение (*характеристики*)
Flächenabstand *m* межплоскостное расстояние
Flächenabtaster *m* устройство (для) сканирования поверхности
Flächenantenne *f* плоская антенна
Flächenaufzeichnung *f* запись в двухмерной среде, двухмерная запись
Flächenaufzeichnungsdichte *f* поверхностная плотность записи
Flächenausbreitung *f* распространение (*радиоволн*) над плоской поверхностью (*Земли*)
Flächenausleuchtung *f* освещение поверхности
Flächenausnutzung *f* коэффициент использования поверхности, отношение эффективной поверхности к геометрической поверхности (*напр. антенны*)
Flächenbedarf *m* необходимая площадь (*напр. для размещения элементов ИС*)
Flächenbelegung *f* поверхностное распределение (*напр. заряда*)
Flächenbestückung *f микр.* поверхностный монтаж
Flächenbildsensor *m* матричный преобразователь свет—сигнал, матричный формирователь сигнала изображения
Flächenbonden *n* присоединение полупроводниковой ИС (тыльной стороной) к поверхности гибридной микросборки
Flächendeckung *f* площадь охвата (*вещанием*)
Flächendefekt *m* дефект (кристаллической структуры) плоскости
Flächendiode *f* планарный диод
Flächendipol *m* плоский диполь
Flächenelektrode *f* 1. плоский электрод 2. электрод (нижней) поверхности (*кристалла*)
Flächenelement *n* 1. элемент поверхности 2. планарный прибор (*напр. диод, триод*)
Flächenempfänger *m* матричный преобразователь свет—сигнал
Flächenfeldistor *m* планарный полевой транзистор
Flächenfotodiode *f* планарный фотодиод
Flächenfototransistor *m* планарный фототранзистор
Flächengebilde *n* подложка
Flächengleichrichter *m* планарный выпрямитель
flächenhaft уплощённый (*напр. об импульсе*)
Flächenhelle *f*, **Flächenhelligkeit** *f* поверхностная яркость
Flächenhologramm *n* двухмерная [плоская] голограмма
Flächenimpuls *m* уплощённый импульс
Flächenionisation *f* поверхностная ионизация
Flächenkatode *f* плоский катод
Flächenkontakttransistor *m* планарный транзистор
Flächenladung *f* поверхностный заряд

Flächenladungsdichte f поверхностная плотность зарядов
Flächenlautsprecher m динамический громкоговоритель с плоской мембраной
flächenlegiert с легированной поверхностью
Flächenmontage f *микр.* поверхностный монтаж
Flächenmustererkennung f распознавание плоских [двухмерных] образов
Flächennormalenwinkel m угол между нормалями к граням кристалла
Flächenpotential n поверхностный потенциал
Flächenscherschwinger m вибратор с колебаниями сдвига по ширине
Flächenschwingungen f pl поверхностные колебания
Flächensensor m матричный преобразователь свет — сигнал
Flächenspeicherröhre f запоминающая трубка с плоскостным накопителем
Flächenstörung f поверхностный дефект
Flächenstrahl m профилированный пучок (*электронов*)
Flächenstrahler m плоский излучатель
Flächenstrahlmethode f метод фотолитографии с профилированным пучком
Flächenstrom m поверхностный ток
Flächensymbole n pl *крист.* символы граней
Flächensymmetrie f плоскостная симметрия
Flächentragwerk n плоская несущая конструкция (*блока*)
Flächentransistor m планарный транзистор
~, **gezogener** тянутый планарный транзистор
~ **in Basisschaltung** планарный транзистор в схеме с общей [заземлённой] базой
~, **legierter** сплавной планарный транзистор
~ **mit gezogenen Übergängen** планарный транзистор с тянутыми переходами
Flächentransistorelektronik f электроника планарных транзисторов
flächentreu 1. с ровными площадями (*напр. переходов*) 2. *мат.* сохраняющий площадь, с сохранением площади
Flächentriode f планарный триод
Flächenübergang m планарный переход
Flächenwiderstand m 1. (удельное) сопротивление слоя 2. планарный резистор
Flächenwirkungsgrad m коэффициент использования площади раскрыва (*антенны*)
flächenzentriert *крист.* гранецентрированный
Flächenzentrierung f центровка граней
flachfallend пологопадающий (*о луче*)
Flachfeld n плоское (электрическое) поле
Flachgehäuse n *микр.* плоский корпус
Flachgleichrichter m плоский [галетный] выпрямитель
Flachkabel n плоский кабель
Flachkantwicklung f плоская намотка
Flachkatodenröhre f лампа с плоским катодом
flachliegend расположенный на небольшой глубине (*напр. о переходе*); расположенный на поверхности
Flachmembranlautsprecher m *см.* Flächenlautsprecher
Flachplattenkondensator m плоский конденсатор
Flachprofilgerät n *пп* прибор с планарным расположением элементов (*напр. эмиттера, базы и коллектора*)
Flachprofilhohlleiter m плоский волновод
Flachreflektorantenne f антенна с плоским отражателем
Flachrelais n плоское реле
Flachschirm m плоский экран
Flachstecker m, **Flachsteckverbinder** m плоский (электрический) соединитель
Flachstrahler m плоский излучатель
Flachstrahlung f излучение в плоскости
Flachtastatur f плоская клавиатура
Flachton m одномерный [нестереофонический] звук
Flachumschalter m плоский [галетный] переключатель
Flachwähler m *тлф* панельный искатель
Flackereffekt m *см.* Flickereffekt
Flackerfeuer n мигающий [проблесковый] сигнальный огонь
Flackerfrequenz f частота мерцания
Flackerlampe f мигающая (сигнальная) лампа
Flackern n 1. мерцание; мигание; дрожание 2. *рлк* размывание (*отметки дальности*)
Flackerrelais n проблесковое реле
Flackerschwund m интерференционное замирание
Flackersternsignal n мигающий точечный сигнал (*системы наведения снаряда*)
Flackerzeichen n 1. мигающий сигнал 2. *рлк* мерцающая отметка (*от цели*)
Flackerzone f интерференционная зона
Flag n флаг, флажок; признак
Flag-Bit n флаговый (двоичный) разряд
Flanke f 1. фронт или срез (импульса) 2. край; граница 3. ребро (*кристалла*) 4. наклон, склон (*кривой*)
~, **abfallende [absteigende]** 1. срез (импульса) 2. спад (*кривой*)
~, **ansteigende** 1. фронт (импульса) 2. подъём (*кривой*)
~, **geneigte** наклонный фронт (импульса); наклонный срез (импульса)
~, **gewählte** опорный [выбранный] фронт
~, **hintere** задний фронт (импульса)
~, **negativgehende** отрицательный наклон (*характеристики*)
~, **obere** верхний край
~, **rückwärtige** срез (импульса)
~, **schräge** *см.* Flanke, geneigte
~, **steile** крутой фронт; крутой срез
~, **vordere** передний фронт (импульса)
Flankenanstieg m нарастание фронта
Flankenanstiegsdauer f время нарастания фронта
Flankenbildung f формирование фронта
Flankendauer f длительность фронта
Flankendemodulator m, **Flankendetektor** m, **Flankendiskriminator** m частотный детектор с двумя (сдвинутыми по частоте) контурами
flankengesteuert запускаемый фронтом (импульса)
Flankenkrümmung f кривизна фронта
Flankenschrift f поперечная запись
Flankensteilheit f крутизна фронта
Flankenübertragung f передача фронта

Flankenverformung f искажение фронта
Flankenverkürzung f укорачивание [сжатие] фронта *или* среза
Flankenverlängerung f удлинение [затягивание] фронта *или* среза
Flankenverschiebung f сдвиг [смещение] фронта
Flankenverschleifung f расширение [растягивание] фронта *или* среза
Flankenversteilerung f увеличение крутизны фронта
Flankenverzerrung f искажение фронта
Flansch m 1. фланец 2. щека (*катушки*)
Flanschankopplung f фланцевое соединение (*волноводов*)
Flash-A/D-Wandler m стробированный аналого-цифровой преобразователь, стробированный АЦП
Flat-and-Square-Bildschirm m плоский прямоугольный экран
Flatbandspannung f напряжение плоских зон
Flat-Pack-Gehäuse n *микр.* плоский корпус
Flat-Square-Bildröhre f кинескоп с прямоугольным экраном
Flatterecho n многократное эхо (*в помещениях*)
Flattern n 1. вибрация (*напр. антенны*) 2. *тлв* дрожание (*изображения*) 3. пульсация (*сигнала*) 4. *зап.* детонация
flau вялый, малоконтрастный (*об изображении*)
Fleck m пятно
~, **dunkler** тёмное пятно
~, **ruhender** неподвижное пятно
Fleckauslenkung f (максимальное) отклонение пятна
Fleckenmuster n *гол.* пятнистая структура (*шума или помех*)
Fleckgeschwindigkeit f скорость перемещения (развёртывающего) пятна
Fleckhelligkeit f яркость пятна
Fleckigkeit f пятнистость (*изображения*)
Fleckschärfe f чёткость [резкость] пятна
Fleckspur f след пятна
Fleckstörwert m величина дефекта мишени (*по пятнам*)
Fleckverbreiterung f размывание пятна
Fleckverschiebung f смещение пятна (*напр. на экране*)
Fleckweg m ход пятна (*по экрану ЭЛТ*)
Fledermausantenne f мотыльковая антенна
Fletcher-Munson-Kurven f pl кривые Флетчера—Мунсона, кривые равной громкости
Flexibilität f 1. гибкость 2. оперативность; универсальность
Flexiwell m гибкое контактирующее устройство (*для подключения кристаллов ИС*)
Flexode f гибкий диод, флексод
Flexowriter m флексорайтер, устройство для печати с перфоленты
Flexwellhohlleiter m гибкий волновод
Flexy-Disk m гибкий диск
Flickereffekt m 1. фликер-эффект, поверхностный флуктуационный (электрический) эффект 2. мерцание (*напр. сигнала*)
Flickereffektgeräusch n, **Flickereffektrauschen** n фликер-шум
flickerfrei без фликер-эффекта

Flickerrauschen n фликер-шум
Fliegeraufnahme f 1. аэрофотосъёмка 2. аэрофотоснимок
Fließbandbestückung f сборка на автоматизированной линии
Fließ(band)fertigung f *см.* **Fließfertigung**
Fließbestückung f *см.* **Fließbandbestückung**
Fließfertigung f поточное производство
Fließgrenze f предел текучести
Fließlötverfahren n пайка волной припоя
Fließreihe f, **Fließstraße** f поточная линия
Flimmereffekt m *тлв* эффект мерцания
Flimmereindruck m восприятие мерцаний
Flimmerfeuer n *нвг* мигающий огонь
Flimmerfreiheit f отсутствие мерцаний
Flimmerfrequenz f частота мерцаний
~, **kritische** критическая частота мерцаний
Flimmergrenze f критическая частота мерцаний
Flimmern n мерцание, мелькание
Flimmerpeiler m пеленгатор с качающейся диаграммой направленности в пределах узкого сектора, пеленгатор, использующий принцип сканирования
Flimmerfotometer n мигающий фотометр
Flimmerreduktion f снижение мерцаний
Flimmerschalter m мигающий переключатель, коммутатор антенны
Flimmerstörung f *тлв* эффект мерцания
Flimmerwirkung f (воз)действие мерцаний; стробоскопический эффект
Flintglas n флинт(глас) (*оптическое стекло*)
flip-chip *англ.* перевёрнутый кристалл
Flip-Chip-Bonden n *см.* **Flip-Chip-Montage**
Flip-Chip-Gehäuse n (плоский) корпус для монтажа методом перевёрнутого кристалла
Flip-Chip-Montage f монтаж методом перевёрнутого кристалла
Flipflop n 1. триггер, триггерная схема 2. мультивибратор
~, **bistabiles** бистабильный мультивибратор, мультивибратор с двумя устойчивыми состояниями
~, **complementäres** триггер со счётным входом
~, **getaktes** тактируемый триггер
~, **monostabiles** ждущий [моностабильный] мультивибратор, мультивибратор с одним устойчивым состоянием
~, **taktgesteuertes** тактируемый триггер
Flipflop-Auslöser m триггер Иклза—Джордана
Flipflop-Binärteilerstufe f триггерный каскад двоичного делителя, каскад двоичного делителя на триггере
Flipflop-Kreis m триггерная схема
Flipflop-Register n регистр на триггерах
Flipflop-Schaltung f триггерная схема
Flipflop-Schieberegister n сдвиговый регистр на триггерах
Flipflop-Speicher m триггерное ЗУ; триггерная память
Flipflop-Stufe f триггерный каскад, триггерная ячейка
Float-Diffusion f диффузия из жидкого источника
Floating-Gate n плавающий затвор

Floating-Gate-Transistor m (полевой) транзистор с плавающим затвором
Floating-Zone-Silizium n монокристалл кремния, полученный методом зонной плавки
Floating-Zone-Verfahren n метод зонной плавки
Floppy-Disk m гибкий диск
Floppy-Disk-Laufwerk n 1. дисковод (для) гибких дисков 2. накопитель на гибких дисках
Floppy-Disk-Speicher m ЗУ *или* накопитель на гибких дисках
Flossenantenne f килеобразная антенна (*на крыле самолёта*)
FLOTOX-Transistor m транзистор с плавающим затвором на туннельном тонком оксиде
flüchtig 1. переходный, неустановившийся (*о процессе*) 2. не сохраняющий информацию при выключении электропитания 3. летучий
Fluchtlinientafel f номограмма из выравненных точек
Fluchtstrahl m проектирующий луч
Flugaufnahme f 1. аэро(фото)съёмка 2. аэрофотоснимок
Flugbahn f 1. *нвг* воздушная трасса 2. траектория (полёта)
Flugbahnberechnung f расчёт траектории
Flugbahnkrümmung f искривление траектории
Flugbahnneigung f наклон траектории
Flugbodenpeilstelle f наземная станция пеленгации самолётов
Flugbordsender m самолётный передатчик
Flugdatenregistriergerät n прибор регистрации полётных данных
Flugdauer f 1. время полёта, полётное время 2. время пролёта (*напр. электронов*)
Flügel m лепесток
Flügelantenne f антенна, установленная на крыле самолёта
Flügelblende f дисковый обтюратор
Flugelelektronik f самолётная радиоэлектронная аппаратура
Flugfeldradar n аэродромный радиолокатор
Flugfernmeldedienst m авиационная служба радиосвязи
Flugfernmeldenetz n сеть авиационной радиосвязи
Flugfernmeldestelle f авиационная радиостанция
Flugfunk m 1. авиационная радиосвязь 2. самолётная радиостанция
Flugfunkdienst m *см.* **Flugfernmelddienst**
Flugfunkdringlichkeitsfrequenz f частота (для) срочной авиационной радиосвязи
Flugfunkfeuer n аэронавигационный радиомаяк
Flugfunknavigation f, **Flugfunkortung** f воздушная радионавигация, радиоаэронавигация
Flugfunkpeilung f аэрорадиопеленгование
Fluggeschwindigkeitsanzeiger m указатель скорости полёта
Flughafenbereich m аэродромная зона
Flughafenkontrollradar n аэродромная РЛС управления воздушным движением
Flughafenwetterwarte f аэродромная метеорологическая станция

Fluglagerechner m вычислитель системы ориентации
Fluglageregler m автопилот
Flugleitsystem n система управления полётом
Flugleitung f управление полётом
Flugmagnetkopf m плавающая магнитная головка
Flugmeldesystem n система воздушного (наблюдения и) оповещения
Flugnavigation f аэронавигация
Flugnavigationsfunkdienst m служба аэрорадионавигации
Flugortungsanzeiger m аэронавигационный индикатор
Flugregler m, **selbstanpassender** автопилот
Flugschreiber m *см.* **Flugwegschreiber**
Flugsicherung f обеспечение безопасности воздушного движения
Flugsicherungskontrolle f управление безопасностью воздушного движения
Flugsicherungskontrollpunkt m центр управления безопасностью воздушного движения
Flugsimulation f моделирование полёта
Flugsimulator m тренажёр для лётчиков
Flugsteuerungssystem n, **integrales** интегральная система управления полётами
Flugstrecke f 1. участок пролёта (*напр. электронов*) 2. воздушная трасса
Flugstreckenregelanordnung f устройство [прибор] для поддержания заданного курсового угла (полёта)
Flugüberwachungsrundsichtradar n РЛС кругового обзора (для) контроля воздушного движения
Flugwegablageanzeiger m индикатор [указатель] отклонения от курса
Flugwegrechner m вычислитель курса полёта
Flugwegschreiber m регистратор полётных данных
Flugwerküberwachungsanlage f аппаратура контроля самолётного оборудования
Flugzeit f 1. время полёта, полётное время 2. время пролёта (*напр. электронов*)
Flugzeitmethode f метод отбора частиц по времени пролёта
Flugzeugantenne f самолётная антенна
Flugzeugbake f аэродромный (радио)маяк
Flugzeugbordgerät n самолётное бортовое устройство
Flugzeugbordnetz n бортовая электросеть самолёта
Flugzeugecho n сигнал, отражённый от самолёта
Flugzeugeffekt m пропеллерный эффект
Flugzeugfernlenkung f телеуправление самолётом
Flugzeugfernsprecher m аппарат самолётного переговорного устройства
Flugzeugfernsteuerung f телеуправление самолётом
Flugzeugkennzeichen n бортовой номер самолёта
Flugzeuglageanzeiger m индикатор положения самолёта
Flugzeugleitstrahler m радиомаяк
Flugzeugmarke f отметка самолёта (*на экране индикатора*)
Flugzeugortung f определение координат самолётов

Flugzeugpeilung f пеленгование самолётов
Flugzeugradar n самолётная РЛС
Flugzeugrichtfinder m самолётный пеленгатор
Flugzeugschleppantenne f выпускная самолётная антенна
Flugzeugselbststeuergerät n автопилот
Flugzeugstation f самолётная радиостанция
Flugzeugzacken m pl импульсы отражений от самолёта
Flugziel n воздушная цель; самолёт-мишень
Flugzielortung f определение координат воздушных целей
Fluid-Stativkopf m (панорамная) головка штатива с жидкостными подшипниками
Fluktuation f флуктуация
Fluktuationsgeräusch n флуктуационный шум
Fluktuationsmaximum n флуктуационный выброс
Fluktuationspegel m уровень флуктуации
Fluktuationsrauschen n, **Fluktuationsstörung** f флуктуационная помеха
Fluoreszenz f флуоресценция
~, **antistokessche** антистоксова флуоресценция
Fluoreszenzabfall m затухание флуоресценции
Fluoreszenzausbeute f выход флуоресценции
Fluoreszenzbande f полоса спектра флуоресценции
Fluoreszenzenergie f энергия флуоресценции
Fluoreszenzfarbe f цвет флуоресценции
Fluoreszenzfleck m флуоресцирующее пятно
Fluoreszenzintensität f интенсивность флуоресценции
Fluoreszenzlampe f люминесцентная лампа
Fluoreszenzlebensdauer f длительность флуоресценции
Fluoreszenzlinie f спектральная линия флуоресцентного излучения
Fluoreszenzmesser m флуорометр
Fluoreszenz-Röhre f флуоресцентная лампа
Fluoreszenzschicht f флуоресцирующий слой
Fluoreszenzschirm m флуоресцентный люминесцентный экран
Fluoreszenzsensibilisierung f сенсибилизация флуоресцирующего материала
Fluoreszenzspektrum n спектр флуоресценции
Fluoreszenzstoff m флуоресцирующее вещество
Fluoreszenzstrahler m флуоресцентный излучатель
Fluoreszenzstrahlung f флуоресцентное излучение
Fluoreszenzwellenlänge f длина волны флуоресцентного излучения
Fluoreszenzzentrum n центр флуоресценции
Fluorimeter n, **Fluorometer** n флуорометр
Fluorophotometer n флуорофотометр
Fluoroskop n флуороскоп
Fluß m 1. поток 2. крист. расплав 3. флюс
~, **magnetischer** 1. магнитный поток 2. магнитные силовые линии
Flußast m см. Flußzweig
Flußbereich m 1. пп область пропускания 2. полоса пропускания (фильтра)
Flußbild n, **Fluß(bild)diagramm** n 1. блок-схема 2. вчт графическое представление программы или алгоритма 3. временна́я диаграмма (процесса)
Flußdichte f 1. плотность потока 2. магнитная индукция

Flußdichtevektor m вектор плотности потока
Flußfeld n поле, создаваемое потоком
Flußführungsteil m магнитопровод
Flußgabelung f разветвление (магнитного) потока
Flüssig-Fest-Grenze f граница перехода от жидкого состояния к твёрдому
Flüssighalbleiter m жидкий полупроводник
Flüssigkeits-Festkörper-Grenzgebiet n граничная зона между расплавом и кристаллом твёрдого тела
Flüssigkeitsgleichrichter m электролитический выпрямитель
Flüssigkeitskristall... см. **Flüssigkristall...**
Flüssigkeitslaser m жидкостный мазер
~, **anorganischer** лазер на растворе неорганических соединений
~, **organischer** лазер на растворе органических соединений
Flüssigkeitsmaser m жидкостный мазер
Flüssigkeitsoberflächenreliefmethode f метод (акустической голографии) с использованием рельефа (деформированной) поверхности жидкости
Flüssigkeitsphase f жидкая фаза
Flüssigkeitspotential n электрохимический потенциал
Flüssigkeitsschallwandler m гидроакустический преобразователь
Flüssigkeitsstrahloszillograf m струйный осциллограф
Flüssigkeitsstrahlsichtgerät n жидкокристаллический дисплей, ЖК-дисплей, ЖКД
Flüssigkeitswiderstand m 1. жидкостный резистор; жидкостный реостат 2. сопротивление жидкости
Flüssigkristall m жидкий кристалл, ЖК
~, **cholesterinischer** холестерический жидкий кристалл
~, **nematischer** нематический жидкий кристалл
~, **smektischer** смектический жидкий кристалл
Flüssigkristallanzeige f жидкокристаллическая индикация
Flüssigkristallanzeigematrix f индикаторная матрица на жидких кристаллах
Flüssigkristallanzeigeschirm m индикаторный экран на жидких кристаллах
Flüssigkristallanzeigetableau n индикаторное табло на жидких кристаллах
Flüssigkristalldisplay n жидкокристаллический дисплей, ЖК-дисплей, ЖКД
Flüssigkristallelement n жидкокристаллический элемент
Flüssigkristallmaterial n жидкокристаллическое вещество
Flüssigkristallmatrix f жидкокристаллическая матрица, матрица на жидких кристаллах
Flüssigkristallphase f жидкокристаллическая фаза
Flüssigkristallschicht f жидкокристаллический слой
Flüssigkristallvideodisplay n жидкокристаллический видеодисплей, ЖК-видеодисплей
Flüssigkristallwiedergabeeinrichtung f воспроизводящее устройство на жидких кристаллах

Flüssigkristallzelle *f* жидкокристаллическая ячейка
Flüssigkristallzustand *m* жидкокристаллическое состояние
Flüssigmetallquelle *f* *микр.* источник жидкого металла
Flüssigphase *f* *крист.* жидкая фаза
Flüssigphasenepitaxie *f* жидкостная эпитаксия, эпитаксия из жидкой фазы
Flußkapazität *f* пропускная способность (*канала*)
Flußkennlinie *f* характеристика пропускания
Flußkonverter *m* *свпр* трансформатор потока
Flußkreis *m* цепь (магнитного) потока
Flußleitfähigkeit *f*, **Flußleitwert** *m* прямая проводимость
Flußlinie *f* 1. линия (магнитного) потока 2. поточная линия
Flußmesser *m* флюксметр
Flußmessung *f* измерение (магнитного) потока
Flußmittel *n* флюс
Flußmittelauftrag *m* флюсование
Flußmittelbad *n*, **Flußmittelwanne** *f* ванна (для) флюсования
Flußmuster *n* структура (магнитного) потока
Flußphase *f* 1. время (прохождения) прямого тока 2. время прохождения (*сигнала*)
Flußplan *m* 1. *см.* **Flußbild** 2. карта технологического процесса
Flußprozeß *m* последовательно протекающий процесс
Flußquant *n* *свпр* квант магнитного потока
Flußrichtung *f* *пп* прямое направление (*напр. тока*)
Flußröhre *f* силовая трубка
Flußschalten *n* переключение (магнитного) потока
Flußschwund *m*, **magnetischer** спад магнитного потока
Flußspannung *f* прямое напряжение, напряжение в прямом направлении
Flußstrom *m* прямой ток, ток в прямом направлении
Flußstromgebiet *n* область прямого тока
Flußtransformator *m* *свпр* преобразователь (магнитного) потока (*в замкнутом контуре из сверхпроводника*)
Flußumkehr *f* *см.* **Flußumkehrung**
Flußumkehrung *f* 1. изменение направления (магнитного) потока 2. перемагничивание
~, **kohärente** когерентное перемагничивание
~, **nichtkohärente** некогерентное перемагничивание
Flußvektor *m* вектор потока
Flußverkettung *f* потокосцепление
Flußverlauf *m*, **Flußverteilung** *f* потокораспределение
Flußvorspannung *f* прямое смещение
Flußwechsel *m* изменение направления (магнитного) потока
Flußwiderstand *m* *пп* прямое сопротивление
Flußzeit *f* проводящий период
Flußzweig *m* 1. прямая ветвь (*характеристики диода*) 2. ответвление потока
Flüstergewölbeeffekt *m* эффект акустического резонанса; эффект реверберации

Flutlicht *n* 1. заливающий свет 2. прожектор заливающего света
Flutlichtanzeige *f* индикация заливающим светом
Flutlichtskale *f* шкала с заливающей подсветкой
Flutterwert *m* *зап.* величина детонации
Fluxmeter *n* флюксметр
Flyback-Trafo *m* выходной трансформатор строчной развёртки
Flyingspotabtaster *m* телекинопередатчик с бегущим лучом
FM-... *см. тж* **Frequenzmodulations...**
FM-AM-Umformung *f* преобразование частотной модуляции в амплитудную
FM-AM-Multiplex *m* объединение частотно-модулированного и амплитудно-модулированного сигналов
FM-Antenne *f* антенна для приёма *или* передачи частотно-модулированных сигналов
FM-CW-Radar *n* *см.* **FM-Radar**
FM-Demodulationsverfahren *n* метод детектирования ЧМ-сигналов
FM-Demodulator *m* демодулятор частотно-модулированных сигналов, ЧМ-демодулятор
FME-Effekt *m* фотомагнитоэлектрический эффект
FM-Empfang *m* приём частотно-модулированных сигналов, ЧМ-приём
FM-Empfänger *m* приёмник частотно-модулированных сигналов, ЧМ-приёмник
FM-Empfangsdemodulator *m* детектор ЧМ-приёмника
FM-Entzerrer *m* корректор ЧМ-сигнала; частотный корректор
F-Messer *m* частотомер
FM-FM-Multiplex *m* объединение ЧМ-сигналов
FM-Gegenkopplung *f* частотно-модулированная обратная связь
FM-HF-Eingangsteil *m* высокочастотный входной блок ЧМ-приёмника
FM-Höhenmesser *m* альтиметр, основанный на принципе ЧМ
FM-Kabel *n*, **FM-Kabelleitung** *f* кабель (для передачи) ЧМ-сигналов
FM-Kanal *m* 1. канал (для передачи) ЧМ-сигналов 2. канал ЧМ-радиовещания
FM-Magnetbandgerät *n* магнитофон для записи ЧМ-сигналов
F-Modulation *f* *см.* **Frequenzmodulation**
FM-Radar *n* РЛС (непрерывного излучения) с частотной модуляцией, ЧМ-РЛС
FM-Rundfunk *m* радиовещание с частотной модуляцией, ЧМ-радиовещание
FM-Signal *n* ЧМ-сигнал
FM-Station *f* ЧМ-(радио)станция
FM-UKV-Sender *m* ультракоротковолновый ЧМ-передатчик
FM-Videorecorder *m* видеомагнитофон для записи ЧМ-сигналов
FM-WT-System *f* система тонального телеграфирования с ЧМ
Fokalfläche *f* фокальная поверхность; фокальная плоскость
Fokalisator *m* 1. фокусирующее устройство 2. *кв. эл.* фокусирующий отражатель
Fokalpunkt *m*, **Fokus** *m* фокус

Fokusabstand *m* фокусное расстояние
Fokus-Aktuator *m* устройство (автоматической) установки фокуса
Fokusdifferenz *f* 1. фокусная разность 2. хроматическая разность 3. фокусная глубина
Fokuseinstellung *f* регулировка фокусировки
Fokusnachführsystem *n* система автоматической фокусировки
Fokusregelung *f* регулировка фокусировки
Fokussier... см. **Fokussierungs...**
Fokussier-Ablenk-System *n* фокусирующе-отклоняющая система, ФОС
fokussieren 1. фокусировать 2. наводить на фокус [на резкость]
Fokussiertbildaufzeichnung *f* запись [регистрация] сфокусированных изображений
Fokussiertbildhologramm *n* голограмма сфокусированного изображения
Fokussierung *f* 1. фокусировка 2. наводка на резкость, наведение на фокус
~, **elektrische** электростатическая фокусировка
~, **räumliche** пространственная фокусировка
~, **statische** (электро)статическая фокусировка
~, **zylindrische** цилиндрическая фокусировка
Fokussierungsanode *f* фокусирующий анод
Fokussierungseinrichtung *f* фокусирующее устройство
Fokussierungselektrode *f* фокусирующий электрод; подфокусирующий электрод (в ЭОП)
Fokussierungsfeld *n* фокусирующее поле
Fokussierungsfläche *f* фокальная поверхность
Fokussierungskorrektur *f* тлв коррекция фокусировки
~, **dynamische** динамическая коррекция фокусировки
Fokussierungspunkt *m* точка фокусировки
Fokussierungsregelung *f* регулировка фокусировки
Fokussierungsspannung *f* фокусирующее напряжение; подфокусирующее напряжение (в ЭОП)
Fokussierungsspule *f* фокусирующая катушка
Fokussierungssteuerung *f* регулировка фокусировки
Fokussierungsstrom *m* ток фокусировки
Fokussierungssystem *n* фокусирующая система
~, **optisch-elektronisches** оптоэлектронная фокусирующая система
Fokusstrahl *m* фокусный луч
Fokus-Suchvorgang *m* процесс поиска оптимальной фокусировки
Folge *f* 1. последовательность 2. серия; ряд 3. мат. следствие
Folgeabstimmung *f* следящая настройка
Folgeabtastung *f* тлв построчная развёртка
Folgeanrufsystem *n* поочерёдная [последовательная] система вызова
Folgeantriebssystem *n* система следящего привода
Folge-Arbeits-Arbeitskontakt *m* группа замыкающих контактов последовательного действия (в реле)
Folge-Arbeits-Ruhekontakt *m* группа из замыкающего и размыкающего контактов последовательного действия (в реле)
Folgeaufnahme *f* съёмка на ходу

Folgeausfall *m* над. зависимый отказ
Folgebetrieb *m* 1. последовательная работа 2. режим слежения
Folgediagramm *n* схема последовательности операций
Folgeeinrichtung *f* следящее устройство
Folgeeinschaltung *f* последовательное включение
Folgeerscheinung *f* 1. последующее явление, последствие 2. мат. следствие
Folgefarbübertragungsverfahren *n* последовательная система цветного телевидения
Folgefehler *m* погрешность [ошибка] слежения
Folge-Fernmeßsystem *n*, **synchrones** синхронно-следящая телеизмерительная система
Folgefilter *n* следящий фильтр
Folgefrequenz *f* частота повторения [следования]
Folgefrequenzmodulation *f* частотная модуляция, ЧМ
Folgefrequenzoszillator *m* синхронизованный генератор
Folgegerät *n* последовательно включённое устройство
Folgegeschwindigkeit *f* скорость слежения
Folgeglied *n* 1. следящее звено 2. последовательно включённое звено
Folgeimpulssystem *n* импульсная следящая система
Folgekreuz *n* вчт следящее перекрестие (на экране дисплея)
Folgekurve *f* кривая погони
Folgemotor *m* следящий (электро)двигатель
Folgen *n* сопровождение (напр. цели); слежение (напр. за целью)
Folgenlänge *f* вчт длина последовательности
Folgenummer *f* порядковый номер
Folgepotentiometer *n* следящий потенциометр
Folgeprogramm *n* следящая программа
Folgeprüfprogramm *n* программа контроля последовательности (напр. команд)
Folger *m* 1. следящее устройство 2. повторитель
Folgeradargerät *n* РЛС сопровождения цели
Folgeregelkreis *m* замкнутая (автоматическая) следящая цепь
Folgeregelung *f* 1. следящее регулирование 2. последовательное или каскадное регулирование
Folgeregelungssystem *n* следящая система (автоматического) регулирования
Folgerelaissystem *n* релейная следящая система
Folgerstufe *f* каскад повторителя, повторитель
Folge-Ruhe-Ruhekontakt *m* группа размыкающих контактов последовательного действия (в реле)
Folgeschalten *n* программное или последовательное переключение
Folgeschalter *m* программный переключатель
Folgeschaltrelais *n* шаговое реле
Folgeschaltsystem *n* следящая система
Folgeschaltung *f* 1. схема последовательного действия 2. следящая схема
Folgeselektion *f* селекция по частоте повторения импульсов
Folgestellungssystem *n* см. **Folgesystem**
Folgesteuerung *f* 1. следящее управление 2. последовательное или каскадное управление
Folgesteuerungsmotor *m* серводвигатель

FOL

Folgesteuerungssystem *n* следящая система (автоматического) управления
Folgestufe *f* 1. последовательно включённый каскад 2. каскад повторителя, повторитель
Folgesystem *n* следящая система
~, **abgebrochen wirkendes** следящая система прерывистого действия
~, **kontinuierlich wirkendes** следящая система непрерывного действия
Folgesystemelement *n* элемент следящей системы
Folge-Umschalt-Arbeitskontakt *m* группа из переключающего и замыкающего контактов последовательного действия (*в реле*)
Folge-Umschalt-Ruhekontakt *m* группа из переключающего и размыкающего контактов последовательного действия (*в реле*)
Folgeverarbeitung *f* последовательная обработка (данных)
Folgeverstärker *m* 1. усилитель-повторитель 2. усилитель (системы) слежения
Folgezeigeranlage *f*, **Folgezeigerübertragung** *f* индикаторная синхронная передача (*с совмещением стрелок*)
Folie *f* 1. плёнка 2. фольга
~, **eingeformte** рельефно сформованная фольга (*печатной платы*)
~, **leitende** 1. проводящая плёнка 2. проводящая фольга
Folienätztechnik *f* *микр.* технология травления плёнок
Folienaußenleiter *m* фольговый внешний провод (*коаксиального кабеля*)
Folienbonden *n* сборка ИС на ленточном носителе
Folienelement *n* плёночный элемент
Folienglimmer *m* плёночная слюда
Folienisolation *f* плёночная изоляция
Folienkondensator *m* плёночный *или* фольговый конденсатор
Folienleuchtschirm *m* усилительный (светящийся) экран
Folienmaske *f* (металлическая) маска из фольги, фольговый трафарет
Folienspeicher *m* ЗУ *или* память на (тонких) плёнках
Folienspeicherelement *n* элемент ЗУ на (тонких) плёнках
Folienspeicherplatte *f* гибкий запоминающий диск
Folienstörung *f* *рлк* помехи от фольговых лент, дипольные помехи
Foliensubstrat *n* плёночная подложка
Folienüberzug *m* плёночное покрытие
Folienwiderstand *m* плёночный резистор
Follkanal-Fernsehtext *m* полнокадровый [сплошной] телетекст (*сигналы телетекста передаются вместо видеосигналов*)
Fonoautomat *m* электрофон-автомат
Fonogerät *n* электроакустическое устройство
Fonograf *m* фонограф
Fonokoffer *m* переносной проигрыватель, электрофон
Fonon *n* фонон

FOR

Fononen... *см. тж* **Phononen...**
Fononen-Drag *m* увлечение (носителей) фононами
Fonotechnik *f* звукотехника
Fonoteil *m* звуковая приставка; звуковой блок
foot-print *англ.* контур зоны охвата спутниковым вещанием
Förderbandofen *m* конвейерная печь
Forderflanke *f*, **Forderkante** *f* (передний) фронт (*импульса*)
Förderpumpe *f* питающий насос (*вакуумной установки*)
Förderschema *n* схема подачи (*автоматизированной установки*)
Forderung *f* заявка (*в теории массового обслуживания*)
Forfilter *n* предварительный фильтр; предфильтр (*на входе АЦП*)
Forfilterung *f* предварительная фильтрация; предфильтрация
Form *f* 1. форма 2. вид 3. конфигурация
~, **abgeplattete** таблеточная [сплющенная] форма (*микроэлементов*)
~, **binäre** двоичная форма
~, **digitale** цифровая форма
~, **gestreckte** протяжённая форма (*напр. барьерного слоя*)
~, **holoedrische** голоэдрическая форма
~, **ziffernmäßige** цифровая форма
Formalismus *m* *лог.* формальная система, формализм
Formalsprache *f* формальный язык
Formanisotropie *f* анизотропия формы
Formant *m* форманта (*в распознавании речи*)
Format *n* 1. формат (данных) 2. структура разрядной сетки 3. *тлв* формат изображения
~, **dichtgepacktes** (плотно) упакованный формат
~, **segmentiertes** формат сегментной (магнитной) (видео)записи
~, **ungepacktes** распакованный формат
8 mm-Format *n* формат видеофонограммы 8 мм
Formatangabe *f* *вчт* задание формата, форматирование
Formatanweisung *f* 1. оператор форматирования 2. *см.* **Formatangabe**
Formatierung *f см.* **Formatangabe**
Formatkarte *f* форматная (перфо)карта
Formatkontrolle *f* управление форматом, управление расположением информации (*в устройствах ЭВМ*)
Formatseitenverhältnis *n см.* **Format 3.**
Formatspeicher *m* ЗУ *или* память с фиксированным форматом (данных)
Formatsteuerung *f см.* **Formatkontrolle**
Formatsteuerzeichen *n* знак спецификации формата
Format(um)wandlung *f* 1. изменение формата 2. *тлв* масштабирование (*видеоэффект*)
Formbrett *n* шаблон для монтажа
Formelsprache *f* алгоритмический язык
Former *m* формирователь
~ **für Adreßströme** формирователь адресных токов (*вид ИС*)

~ **für Bitströme** формирователь разрядных токов (*вид ИС*)
Formfaktor *m* коэффициент формы, формфактор
Formfilter *n* формирующий фильтр
Formfrequenzbeziehung *f* связь формы колебаний (*кристаллов*) с частотой их возбуждения
Formgebung *f* 1. придание (требуемой) формы 2. (конструктивное) оформление
formgetreu неискажённой формы, без искажения формы
Formierung *f* 1. формирование (*напр. импульсов*) 2. формовка (*напр. контакта*)
~, **elektrische** *пп* электроформовка
Formierungselektrode *f* формирующий электрод
Formierungsglied *n* формирующее звено
Formierungskette *f* формирующая цепь
Formierungskreis *m* формирующая цепь; формирующая схема
Formierungsschaltung *f* схема формирования
Formierzeit *f* время формирования (*напр. импульса*)
Formkonstante *f* постоянная формы (*напр. кривой*)
Formpreßstoff *m* прессовочный материал
Formprofil *n* форма профиля
Formstrahl *m* профилированный электронный пучок
Formstrahlblende *f* профилирующая [вырезывающая] диафрагма
Formstrahlsystem *n* 1. профилирующий электронный прожектор 2. *микр.* установка электронно-лучевой литографии с изменяемым сечением электронного пучка
Formsymbol *n крист.* символ формы
Formung *f* 1. формирование (*напр. импульсов*); профилирование 2. формовка (*напр. контакта*)
Formverzerrung *f* искажение формы (*напр. кривой*)
Forschungsmodell *n* экспериментальная модель
Forschungssatellit *m* исследовательский спутник Земли
Fortescue-Modulation *f* модуляция по схеме Фортескью, модуляция с раздельным усилением несущей и боковых полос спектра
«FORTH» *фирм.* Форт (*язык интерактивного взаимодействия, Академия наук ГДР*)
Fortleitung *f* распространение (*напр. волн*)
Fortpflanzung *f* 1. распространение (*напр. волн*) 2. размножение (*напр. частиц*)
~ **je Längeneinheit** постоянная распространения
Fortpflanzungsebene *f* плоскость распространения
Fortpflanzungsgeschwindigkeit *f* скорость распространения
Fortpflanzungskonstante *f* постоянная распространения
Fortpflanzungsmaß *n* коэффициент распространения
Fortpflanzungsrichtung *f* направление распространения
Fortpflanzungswelle *f* бегущая волна
Fortschalteinrichtung *f* ступенчатый переключатель

Fortschaltung *f* 1. последовательное [ступенчатое] переключение 2. продвижение на шаг кадра; (про)движение (*напр. ленты*)
Fortschaltverzögerung *f* задержка продвижения
Fortschaltzeit *f* время продвижения на следующую позицию (*напр. ленты*)
fortschreiben корректировать; обновлять (*данные*)
Fortschreitung *f* 1. распространение (*напр. волн*) 2. (про)движение (*напр. ленты*)
Fortwirkung *f* последействие
Foster-Brücke *f* мост Фостера
Foster-Seely-Phasendiskriminator *m* фазовый дискриминатор Фостера—Сили
Foster-Sonde *f* зонд Фостера
Fot *n* фот, ф (*единица освещённости*)
Fotaktor *m* оптронная пара, фотактор
Fotistor *m* фотистор, фототранзистор
Foto... *см. тж* **Licht...**
Fotoabscheidung *f* фотоосаждение
Fotoabsorption *f* фотопоглощение
Fotoabsorptionsbande *f* полоса фотопоглощения; энергетическая зона поглощения
Fotoabtaster *m* фотоэлектрическое сканирующее устройство
Fotoadsorption *f* фотоадсорбция
Fotoanregung *f* фотовозбуждение
Fotoantwort *f* фотоотклик, фотоответ
Fotoantwortgeschwindigkeit *f* скорость фотоотклика [фотоответа]
Fotoätztechnik *f* фототравление
Fotoaufspaltung *f* фоторасщепление
Fotoaufzeichnung *f* фотографическая запись
Fotoausbeute *f см.* **Fotoelektronenausbeute**
Fotobatterie *f* фотобатарея, солнечная батарея
Fotochromanzeigeschirm *m* фотохромный экран индикатора
Fotochromie *f*, **Fotochromismus** *m* фотохромизм
Fotochromschablone *f* хромированный фотошаблон
Foto-Darlington *n* пара Дарлингтона на фототранзисторах
Fotodepolimerisation *f* фотодеполимеризация
Fotodesintegration *f* фоторасщепление, фотораспад
Fotodetektor *m* фотоприёмник, фотодетектор
~ **für Infrarotstrahlung** фотоприёмник инфракрасного излучения
Fotodeuteron *n* фотодейтрон
Fotodiffusion *f* фотодиффузия
Fotodiffusionseffekt *m* фотодиффузионный эффект
Fotodiffusionsstrom *m* фотодиффузионный ток
Fotodimer *m кв. эл.* фотодимер
Fotodiode *f* фотодиод
Fotodiodenkamm *m* линейка фотодиодов
Fotodiodenmatrix *f* матрица фотодиодов
Fotodiodenrauschen *n* шумы фотодиода
Fotodiodenschalter *m* фотодиодный выключатель
Fotodiodenschicht *f* фотодиодный слой
Fotodiodenverstärker *m* усилитель на фотодиодах
Fotodioden-Zeilensensor *m* (однострочная) линейка фотодиодов
Fotodipoleffekt *m* фотодипольный эффект

Fotodissoziation *f* *кв. эл.* фотохимическая диссоциация, фотолиз
Fotodissoziationslaser *m* фотодиссоциативный лазер
Fotodoppeldiode *f* двойной фотодиод
Fotoeffekt *m* фотоэффект
~ **an der Oberfläche** *см.* **Fotoeffekt, äußerer**
~, **äußerer** внешний фотоэффект, фотоэлектронная эмиссия
~, **innerer** внутренний фотоэффект
~, **inverser** катодолюминесценция
~, **longitudinaler** продольный [боковой] фотоэффект
~, **richtungsabhängiger** фотоэффект, зависящий от направления светового потока
Fotoelastizität *f* фотоупругость
Fotoelektret *m* фотоэлектрет
Fotoelektreteffekt *m* фотоэлектретный эффект
Fotoelektretzustand *m* фотоэлектретное состояние
Fotoelektrizität *f* фотоэлектрические явления, фотоэлектричество
fotoelektromotorisch фотоэлектродвижущий
Fotoelektron *n* фотоэлектрон
Fotoelektronenausbeute *f*, **Fotoelektronenaustritt** *m* квантовый выход (*фотоэлектронной эмиссии*)
Fotoelektronenemission *f см.* **Fotoemission**
Fotoelektronenenergie *f* энергия фотоэлектронов
Fotoelektronenerzeugung *f* генерация фотоэлектронов
Fotoelektronenkatode *f см.* **Fotokatode**
Fotoelektronenleitfähigkeit *f* электронная фотопроводимость
Fotoelektronenmikroskop *n* фотоэлектронный микроскоп
Fotoelektronenspektroskopie *f* фотоэлектронная спектроскопия
Fotoelektronenstrom *m* фототок
Fotoelektronenvervielfacher *m* фотоэлектронный умножитель, ФЭУ
Fotoelektronik *f* фотоэлектроника
Fotoelement *n* фотоэлемент
Fotoemission *f* фотоэлектронная эмиссия, внешний фотоэффект
~, **excitoneninduzierte** экситонная фотоэлектронная эмиссия
~, **feldstimulierte** автоэлектронная [полевая] эмиссия
~, **feldverstärkte** усиленная полем фотоэлектронная эмиссия
~, **infrarote** ИК-фотоэлектронная эмиссия, фотоэлектронная эмиссия в диапазоне ИК-волн
Fotoemissionsbild *n* фотоэлектронное изображение
Fotoemissionseffekt *m* внешний фотоэффект, фотоэлектронная эмиссия
Fotoemissionskatode *f см.* **Fotokatode**
Fotoemissionslaser *m* фотоионизационный лазер
Fotoemissionsschicht *f* фотоэмиссионный слой
Fotoemissionsschwelle *f* порог фотоэлектронной эмиссии
Fotoemissionsvermögen *n* фотоэмиссионная способность

Fotoemission-UV-Spektroskopie *f* фотоэлектронная эмиссия с использованием УФ-излучения
Fotoemissionszelle *f* (электровакуумный) фотоэлемент
Fotoemitter *m* фотоэмиттер, фотокатод
Foto-EMK *f см.* **Fotospannung**
Foto-EMK-Zelle *f* ячейка фотобатареи [солнечной батареи]
Fotoempfänger *m* фотоприёмник, фотоэлектрический приёмник излучения
~, **koordinatenempfindlicher** координатно-чувствительный фотоприёмник
~, **sonnenblinder** фотоприёмник, нечувствительный к солнечной радиации
Fotoempfängereingangsfenster *n* входное окно фотоприёмника
Fotoempfängerimmersionselement *n* иммерсионный элемент фотоприёмника
Fotoempfängersaperturblende *f* апертурная диафрагма фотоприёмника
Fotoempfängerskühleinrichtung *f* система охлаждения фотоприёмника
Fotoempfindlichkeitsspektrum *n* спектр фоточувствительности
Fotoemulsionsschicht *f* фотоэмульсионный слой
Fotoenergie *f* световая энергия
Fotoepitaxie *f* фотоэпитаксия
Fotoerregung *f* фотовозбуждение
Fotoerzeugung *f см.* **Fotogeneration**
Fotofalle *f* фотозатвор
Fotofeldeffekttransistor *m* полевой фототранзистор
Fotoferroelektrikum *n* фоточувствительный сегнетоэлектрик
Foto-FET *m см.* **Fotofeldeffekttransistor**
Fotofilm *m* фотоплёнка
Fotofühler *m* фотощуп
FOTO-Fühlmarke *f* оптическая метка
Fotogeber *m* фотодатчик
Fotogeneration *f* фотогенерация (*носителей зарядов*)
Fotografie *f*, **elektronische** электронная фотография, видеосъёмка неподвижных изображений
Fotografiemethode *f* фотографический метод (*отображения информации*)
Fotogrammetrie *f* фотограмметрия
Fotohalbleiter *m* фотополупроводник
Fotohalbleiterschicht *f* полупроводниковый фотослой
fotoinduziert фотоиндуцированный
Fotoinjektion *f* фотоинжекция
Fotointensität *f* интенсивность фотоизлучения [светового излучения]
Fotoionisation *f кв. эл.* фотоионизация
Fotoionisationsausbeute *f* фотоионизационная эффективность
Fotoionisationslaser *m* фотоионизационный лазер
Fotokapazitätsdiode *f* фотоёмкостный диод (*с ёмкостью, зависящей от освещённости*)
Fotokatode *f* фотокатод
~, **halbdurchlässige** полупрозрачный фотокатод
~, **kontinuierliche** сплошной фотокатод
~, **undurchsichtige** непрозрачный фотокатод
Fotokatodendurchmesser *m*, **nutzbarer** диаметр *или* размер рабочего поля фотокатода (*ЭОП*)

Fotokonverter *m* фотоэлектрический преобразователь свет — сигнал
Fotokopie *f* фотокопия
Fotokopiergerät *n* фотопечатающее [фотокопировальное] устройство
Fotolack *m* фоторезист, фотолак
Fotolackbeschichtungsanlage *f* установка (для) нанесения фоторезиста
Fotolackmaske *f* фоторезистивная маска
Fotolackverfahren *n* фоторезистивный метод
Fotoladungsträger *m* фотогенерированные носители зарядов (*обычно фотоэлектроны*)
Fotolawinendiode *f* лавинный фотодиод
Fotoleiter *m* 1. материал с фотопроводимостью 2. фоторезистор
~, **thermoplastisch** фототермопластик
Fotoleiterzelle *f* фоторезистор
Fotoleitfähigkeit *f* фотопроводимость
Fotoleitfähigkeitsspektrum *n* спектр фотопроводимости
Fotoleitmaterial *n* фотопроводящий материал
Fotoleitungsdetektormatrix *f* матрица фотоприёмников
Fotoleitungseffekt *m* эффект фотопроводимости
Fotoleitungsempfänger *m* фотоприёмник
Fotoleitungsempfindlichkeit *f* чувствительность к лучистому потоку (*при внутреннем фотоэффекте*)
Fotoleitungslöschen *n* гашение фотопроводимости
Fotoleitzelle *f* фоторезистор
Fotolithografie *f* фотолитография
Fotolumineszenz *f* фотолюминесценция
Fotolumineszenzspektrum *n* спектр фотолюминесценции
Fotolyse *f кв. эл.* фотолиз, фотохимическая диссоциация
Fotomagnetismus *m* фотомагнитные явления
fotomagnetoelektrisch фотомагнитоэлектрический
Fotomagnetostriktion *f* фотомагнитострикция
Fotomaske *f* фотошаблон, фотомаска
~ **mit einem einzigen Leitermaske** фотошаблон с одной структурой
~, **strukturierte** фотошаблон для формирования рисунка
Fotomaskenbildgenerator *m* генератор изображений фотошаблонов
Fotomaskenkopiergerät *n* установка копирования фотошаблонов
Fotomaskensatz *m* комплект фотошаблонов
Fotomaske-Originalbild *n* фотооригинал (*напр. рисунка печатной платы*)
Fotomaskierung *f*, **Fotomaskierungsprozeß** *m* фотомаскирование; фотолитография
Fotomaskierungstechnik *f* технология фотомаскирования *или* фотолитографии
Fotomeson *n* фотомезон
Fotomeßkopf *m* фотоизмерительная головка
Fotometer *n* фотометр
~, **objektives** физический фотометр
~, **subjektives** субъективный [визуальный] фотометр
Fotometerbank *f* фотометрическая скамья

Fotomikrografie *f* микрофотосъёмка, микрофотографирование
Fotomischdiode *f* фотосмесительный диод
Fotomischer *m* фотосмеситель
Fotomodulator *m* оптический модулятор
Fotomultiplier *m*, **Fotomultiplikator** *m*, **Fotomultiplikatorröhre** *f см.* **Fotovervielfacher**
Foton *n* фотон, квант света
Fotonenabsorption *f* поглощение фотонов
Fotonenbesetzung *f* заселённость фотонами
Fotonendetektor *m* детектор фотонов; счётчик фотонов
Fotoneneinfallrate *f* скорость падения фотонов
Fotonenenergie *f* энергия фотона
Fotonenflußdichte *f* плотность потока фотонов
Fotonenfluß-Integralmodus *m* работа (фотоприёмника) в режиме интегрирования фотонного потока
fotonengekoppelt фотоносвязанный
Fotoneninjektion *f* инжекция фотонов
Fotonenverstärker *m* усилитель потока фотонов
Fotonenzähler *m* счётчик фотонов
Fotoneutron *n* фотонейтрон
Fotopiezoelektrikum *n* фотопьезоэлектрик
Fotopolarisation *f* фотополяризация
Fotoproton *n* фотопротон
Fotorauschen *n* шум фототока
Fotoreaktion *f* фоточувствительность
Fotoregistrierkamera *f* фоторегистрирующая камера
Fotorelaisschaltung *f* фоторелейная схема
Fotorepeatanlage *f* установка для последовательной шаговой мультипликации
Fotorepeater *m* фотоповторитель, фотоштамп
Fotorepeaterkamera *f* камера фотоповторителя
Fotoresist *m* фоторезист, фотолак
Fotoresistablöseverfahren *n* метод удаления фоторезиста
Fotoresistätzen *n* травление с использованием фоторезистной маски
Fotoresistbild *n* рисунок (в слое) фоторезиста
Fotoresist-Doppelmaske *f* двойная фоторезистная маска
Fotoresistentwicklung *f* проявление фоторезиста
Fotoresistmaske *f* фоторезистная маска
Fotoresistmaskierung *f* фоторезистное маскирование
Fotoresisttechnik *f* техника фотомаскирования *или* фотолитографии
Fotoröhre *f* фотоэлемент с внешним фотоэффектом
Fotoschablone *f* фотошаблон
~, **transparente** прозрачный фотошаблон
Fotoschalter *m* фотореле
Fotoschicht *f* фотослой
Fotoschichtspuren *f pl* следы фоторезиста
Fotoschnellwirkung *f* скорость фотоотклика [фотоответа]
Fotosekundärelektronenvervielfacher *m см.* **Fotovervielfacher**
Fotosensor *m* фотоприёмник
Fotosignal *n* фотосигнал
Fotosondenverfahren *n* метод фотозонда, фотозондный метод
Fotospaltung *f* фоторасщепление

Fotospannung f фотоэлектродвижущая сила, фотоэдс
~, **longitudinale** продольная фотоэдс
~, **transversale** поперечная фотоэдс
Fotospannungseffekt m фотогальванический эффект
Fotospannungsempfindlichkeit f фотогальваническая [фотовольтаическая] чувствительность
Fotospannungskennlinie f фотовольтаическая характеристика
Fotospannungswandler m фотогальванический преобразователь
Fotospannungszelle f фотогальванический элемент
Fotospeicher m фотопамять; фотонакопитель
Fotosperrschicht f фотозапирающий слой
Fotostoßionisation f фотоударная ионизация
Fotostrom m фототок
Fotostromanregung f возбуждение фототока
Fotostromempfindlichkeit f чувствительность по фототоку
Fotostromkennlinie f люкс-амперная характеристика
Fotostromverstärker m усилитель фототока
Fototelegrafie f фототелеграфия с закрытой записью (*ГДР*)
Fotothermoplast n фототермопластичный материал, фототермопластик (*среда для регистрации голограмм*)
Fotothermoplastfilm m фототермопластичная плёнка
Fotothyristor m фототиристор
Fototransistor m фототранзистор
Fototransistormatrix f матрица фототранзисторов
Fototriode f фототриод
Fototropie f фототропия
Fototropismus m фототропизм
Fototubus m тубус для съёмок с экрана
Fototyristor m фототиристор
Fotoübergang m фотопереход, фотобарьер
Fotovaristor m фотоваристор
Fotoverstärkung f фотоусиление
Fotovervielfacher m, **Fotovervielfacherröhre** f фотоэлектронный умножитель, фотоумножитель, ФЭУ
Fotovervielfacherzelle f каскад ФЭУ
Foto-Volta-Effekt m фотогальванический эффект
fotovoltaik фотогальванический, фотовольтаический
Fotovolteffekt m фотогальванический эффект
Fotovoltempfindlichkeit f см. **Fotospannungsempfindlichkeit**
Fotovoltwandler m фотогальванический преобразователь
Fotovoltzelle f фотогальванический элемент
Foto-Wanderfeldröhre f фото-ЛБВ
Fotowandler m фотопреобразователь; фотодатчик
Fotowiderstand m 1. фоторезистор 2. световое сопротивление (*фотоприёмника*)
Fotowiderstandsschicht f фоторезистивный слой
Fotowiderstandszelle f фотоэлемент с внутренним фотоэффектом; фоторезистор

Fotowiederholer m фотоповторитель, фотоштамп
Fotozelle f фотоэлемент
~, **gittergesteuerte** фотоэлемент с управляющей сеткой
~, **koordinatenempfindliche** координаточувствительный фотоэлемент
Fotozellenabtastung f разложение (*изображения*) с помощью фотоэлемента
Fotozellenempfindlichkeit f чувствительность фотоэлемента
Fotozellenkopf m фотоэлектрическая головка (*напр. датчика*)
Fotozellenmatrix f матрица фотоэлементов
Fotozellenregler m фотоэлектрический регулятор
Fotozellensteuerung f управление от фотоэлементных датчиков
Fotozellenstrom m ток фотоэлемента
Fotozellenstromregler m фотоэлектрический регулятор тока
Fotozellenstromverstärker m усилитель фототока
Fotozellenvervielfacher m см. **Fotovervielfacher**
Fotozweipol m фотодвухполюсник
Foucault-Ströme m pl вихревые токи, токи Фуко
Foucault-Verluste m pl потери от вихревых токов
Fourier-Analysator m гармонический анализатор
Fourier-Hologramm n голограмма Фурье
Fourier-Komponenten f pl составляющие разложения Фурье
Fourier-Optik f оптика Фурье, фурье-оптика
Fourier-Reichenentwicklung f разложение (в ряд) Фурье
Fourier-Rücktransformation f обратное преобразование Фурье
Fourier-Transformation f преобразование Фурье
~, **diskrete** дискретное преобразование Фурье, ДПФ
Fourier-Transformationsfilter n фильтр преобразования Фурье
Fourier-Transformationslinse f линза преобразования Фурье
FPN-Unterdrückung f коррекция помех от дефектов структуры (*в ПЗС*)
Frame-Synchronizer m кадровый синхронизатор
frame-transfer *англ.* кадровый перенос (*в ПЗС*)
Frame-Transfer-CCD-Matrix f ПЗС-матрица с кадровым переносом
Franklin-Antenne f колинеарная антенна
Fransen f pl *тлв* бахрома, волнистость (*боковых краёв растра*)
Franz-Keldysch-Effekt m эффект Франца—Келдыша
Fraunhofer-Hologramm n голограмма Фраунгофера
Freeze-Defreeze-Einrichtung f устройство переключения с неподвижного изображения на движущееся
F-Region f см. **F-Bereich**
frei незанятый, свободный (*напр. об уровнях*); несвязанный, свободный (*напр. о носителе заряда*)
Freiantenne f наружная антенна
Freiätzen n вытравливание
Frei-Elektronen-Laser m лазер на свободных электронах

Frei-Frei-Elektronenübergang *m* переход электронов внутри свободной зоны
Freigabe *f* 1. разъединение; размыкание 2. *вчт* разблокирование; разрешение; снятие запрета 3. отпирание (*напр. схемы*); отпускание (*напр. реле*) 4. очищение (*напр. счётчика*)
Freigabedatum *n* дата истечения срока хранения (*напр. данных*)
Freigabeeingang *m* разрешающий входной сигнал
Freigabeimpuls *m* 1. отпирающий импульс 2. *вчт* импульс подготовки
Freigabeleitung *f* разрешающая шина
Freigaberelais *n* размыкающее реле; деблокирующее реле
Freigabeschaltung *f* 1. схема разъединения 2. схема переключения на самостоятельный режим работы
Freigabesignal *n* разрешающий сигнал
Freigabetaste *f тлф* ключ отбоя
Freigabezeit *f* время отпускания (*напр. реле*)
Freigebung *f см.* **Freigabe**
freigewickelt с бескаркасной намоткой
F-Reihe *f* ряд Фурье
Freikabel *n* воздушный кабель
Freilampe *f тлф* лампа «свободно», лампа незанятости
Freilandaufnahme *f* внестудийная (телевизионная) передача
Freilaufdiode *f* 1. автономно работающий *или* несинхронизированный диод 2. безынерционный диод
freilaufen 1. работать на холостом ходу 2. работать в режиме собственных колебаний 3. работать несинхронно *или* автономно
Freilauffrequenz *f* частота собственных колебаний
Freileitungsbau *m свз* сооружение воздушных линий
Freileitungsnetz *n*, **Freileitungssystem** *n* сеть воздушных линий
Freileitungstelegrafie *f* телеграфная связь по воздушным линиям
Freilichtaufnahme *f* (телевизионная) натурная съёмка
Freimeldelampe *f см.* **Freilampe**
freiprogrammierbar свободнопрограммируемый
Freiraumausbreitung *f* распространение (радиоволн) в свободном пространстве
Freiraumcharakteristik *f* диаграмма направленности в свободном пространстве
Freiraumdämpfung *f* затухание в свободном пространстве
Freiraumgleichung *f* уравнение (радиолокации) для свободного пространства
Freiraumlaserrichtdiagramm *n* диаграмма направленности лазера в свободном пространстве
Freiraumwellenlänge *f* длина волны в свободном пространстве
Freischaltung *f* отключение (*повреждённого узла*)
Freisetzung *f* освобождение (*электронов*)
Freisetzungsenergie *f* энергия освобождения (*электронов*)

Freisignal *n* 1. разрешающий сигнал 2. отпирающий сигнал
freistehend 1. свободностоящий 2. независимый (*о потенциале*)
Freistrahlelement *n* свободный излучатель
Freiton *m тлф* сигнал (зуммера) «свободно», сигнал незанятости
freitragend 1. свободнонесущий 2. бескаркасный (*о намотке*)
Freiverdrahtung *f* открытый монтаж
Freiwahl *f тлф* свободное искание
Freiwerdezeit *f* 1. время деблокирования *или* освобождения 2. время выключения (*тиристора*)
Freizeichen *n* сигнал готовности к набору, сигнал «свободно»
Fremdabtastung *f* внешняя развёртка (*электронным лучом*)
Fremdatom *n* примесный атом
Fremdaufzeichnung *f* запись помех
Fremdauslösung *f* внешний запуск
Fremdbeeinflussung *f* внешнее [постороннее] воздействие; мешающее воздействие
Fremdbeimengung *f*, **Fremdbeimischung** *f* примесь
Fremdeinfluß *m см.* **Fremdbeeinflussung**
Fremd-EMK *f* посторонняя эдс
Fremderregung *f* внешнее возбуждение
Fremdfeld *n* 1. внешнее поле 2. поле помех
Fremdfeldfehler *m* погрешность от влияния внешних полей
Fremdfeldschutz *m* защита от внешних полей
Fremdgeräusche *n pl* внешние помехи
Fremdgeräuschpegel *m* уровень внешних помех
fremdgesteuert 1. с внешним управлением 2. с внешним возбуждением
Fremdhalbleiter *m* примесный полупроводник
Fremdheizung *f* косвенный нагрев
Fremdion *n* примесный ион
Fremdkeim *m крист.* затравка
Fremdleiter *m см.* **Fremdhalbleiter**
Fremdlenkung *f* внешнее наведение
Fremdlichtschutz *m* защита от посторонней засветки
Fremdlöschung *f* 1. постороннее стирание 2. внешнее гашение
Fremdmodulation *f* внешняя модуляция
Fremdortung *f* 1. определение местоположения (объекта) внешними радиопеленгаторами 2. пассивная радионавигационная система
Fremdpegel *m см.* **Fremdstörpegel**
Fremdpeilung *f* пеленгование (объекта) внешними радиопеленгаторами
Fremdquelle *f* внешний источник питания
Fremdschichtbildung *f* образование слоя постороннего материала
Fremdschichtbildungsgefahr *f* опасность возникновения слоя постороннего материала
Fremdsenderstörungen *f pl* помехи от постороннего передатчика
Fremdsignal *n* посторонний [побочный] сигнал
Fremdspannung *f* напряжение помех
Fremdspannungsabstand *m* уровень напряжения помех; отношение сигнал/помеха
Fremdspannungsschutz *m* защита от напряжения помех

Fremdspeicher *m* внешнее ЗУ; внешняя память
Fremdspeicherung *f* хранение данных во внешнем ЗУ *или* внешней памяти
Fremdsteuerung *f* 1. внешнее управление 2. внешнее возбуждение
Fremdstoff *m* примесь
~, **eingebrachter** введённая [внедрённая] примесь
Fremdstoffatom *n* примесный атом
Fremdstoffbeimischung *f* введение примесей
Fremdstoffdiffusion *f* диффузия примеси
Fremdstoff-Dipol-Absorption *f* примесно-дипольное поглощение
Fremdstoffeinlagerung *f* внедрение примеси
Fremdstoffgebiet *n* примесная область
Fremdstoffgehalt *m* содержание примеси
Fremdstoffhalbleiter *m* примесный полупроводник
Fremdstoffimplantation *f* имплантация примеси
Fremdstoffion *n* примесный ион
Fremdstoffkonzentration *f* концентрация примеси
Fremdstoffpotential *n* примесный потенциал
Fremdstoffsegregation *f* сегрегация примесей
Fremdstoffträger *m* переносчик примеси
Fremdstoffumverteilung *f* перераспределение примесей
Fremdstoffzuführung *f* введение примесей
Fremdstoffzustand *m* примесное состояние
Fremdstörpegel *m* уровень внешних помех
Fremdstörstelle *f* примесный центр
Fremdstörung *f* внешняя помеха
Fremdstrahlung *f* мешающее излучение
Fremdstrom *m* паразитный ток
Fremdstromquelle *f* внешний источник тока
Fremdsynchronisation *f*, **Fremdsynchronisierung** *f* внешняя синхронизация
Fremdwelleneinfluß *m* влияние побочных гармоник
Fremdwiderstand *m* добавочный резистор
Frenkel-Band *n* зона Френкеля
Frenkel-Defekt *m* дефект по Френкелю, пара примесь внедрения — вакансия
Frenkel-Fehlordnung *f* нарушение регулярности (кристаллической структуры) Френкеля
Frenkel-Fehlstelle *f*, **Frenkel-Paar** *n* см. **Frenkel-Defekt**
Frenkel-Zone *f* зона Френкеля
Frequenz *f* частота
~ **des Anregungslichtes** частота оптической накачки
~, **augenblickliche** см. **Frequenz, momentane**
~, **diskrete** дискретно изменяющаяся частота
~, **durchstimmbare** перестраиваемая частота
~, **günstigste** оптимальная частота
~, **harmonische** частота гармоники
~, **höchste** наибольшая частота
~, **höchste benutzbare [höchste brauchbare]** максимальная применимая частота, МПЧ
~, **kritische** 1. критическая частота 2. *пп* частота среза
~, **maximal zulässige** см. **Frequenz, höchste benutzbare**
~, **momentane** мгновенное значение частоты
~, **natürliche** собственная частота
~, **netzfremde** частота, не связанная с сетью

~, **niedrige** низкая частота, НЧ
~, **niedrigste brauchbare** наименьшая применимая частота, НПЧ
~, **reduzierte** приведённая частота
~, **relative** 1. опорная частота 2. *над.* частость события
~, **subharmonische** частота субгармоники
~, **taktgebende** тактовая частота; частота хронирования
~, **tiefe** низкая частота, НЧ
~, **treibende** частота возбуждения
~ **über dem Hörbereich** ультразвуковая частота
~, **ultrahohe** ультравысокая частота, УВЧ
~ **unter dem Hörbereich** инфразвуковая частота
~, **wählbare** селектируемая частота
~, **zugeteilte** выделенная [назначенная] частота
Frequenzabfall *m* спад частотной характеристики
Frequenzabgleich *m* настройка по частоте; регулировка частоты
frequenzabhängig частотно-зависимый
Frequenzabhängigkeit *f* частотная зависимость
~, **ausgesprochene** явно выраженная частотная зависимость
Frequenzablage *f* отклонение частоты
Frequenzablenkung *f* 1. частотное сканирование 2. отклонение частоты
Frequenzabnahme *f*, **Frequenzabsenkung** *f* понижение частоты
Frequenzabstand *m* 1. разнос по частоте, разнос частот 2. частотный интервал
Frequenzabstimmung *f*, **automatische** автоматическая подстройка частоты, АПЧ
Frequenzabtastung *f* 1. частотное сканирование 2. частотная развёртка
Frequenzabwanderung *f* уход [дрейф] частоты
Frequenzabweichung *f* отклонение [девиация] частоты
Frequenzabweichungs-Temperaturkennlinie *f* температурная зависимость отклонения частоты
Frequenzachse *f* ось частот
Frequenz-Amplituden-Kurve *f* амплитудно-частотная характеристика
Frequenzanalysator *m* частотный анализатор
Frequenzänderungsmeßverfahren *n* измерение по методу изменения [вариации] частоты
Frequenzanhebung *f* повышение частоты
Frequenzanruf *m тлф* тональный вызов
Frequenzanteil *m* частотная составляющая
Frequenzanwahl *f тлф* тональный вызов
Frequenzauflösung *f* 1. разрешение по частоте 2. избирательность по частоте, частотная избирательность
Frequenzauflösungsvermögen *n* разрешающая способность по частоте
Frequenzaufschreibung *f* запись частот; регистрация (рабочих) частот
Frequenzaufspaltung *f* образование паразитных типов колебаний (*в магнетроне*)
Frequenzaufzeichnung *f* см. **Frequenzaufschreibung**
Frequenzausflug *m* выбег частоты
Frequenzausgleich *m* частотная коррекция
Frequenzauslenkung *f* см. **Frequenzabweichung**
Frequenzauslese *f* избирательность по частоте, частотная избирательность

Frequenzband n полоса частот; диапазон частот, частотный диапазон
~, **überstrichenes** перекрываемая полоса частот; перекрываемый диапазон частот
Frequenzbandaufteilung f разделение диапазона частот
Frequenzbandbegrenzung f ограничение полосы частот
Frequenzbandbenutzung f, **gemeinsame** см. **Frequenzmitbenutzung**
Frequenzbandbeschneidung f ограничение полосы частот
Frequenzbandbreite f ширина полосы частот
Frequenzbänderverschachtelung f перемежение частотных спектров, частотное перемежение
Frequenzbandgrenze f граница [предел] полосы частот
~, **obere** верхняя граница полосы частот
~, **untere** нижняя граница полосы частот
Frequenzbandkompression f сжатие полосы частот
Frequenzbandkürzung f, **Frequenzbandökonomie** f сужение полосы частот
Frequenzbandspreizung f расширение полосы частот
Frequenzbandumschaltung f переключение диапазона частот
Frequenzbandumsetzung f преобразование полосы частот
Frequenzbandverengung f сужение полосы частот
Frequenzbandverschiebung f смещение полосы частот
Frequenzbandverteilung f распределение диапазонов частот
Frequenzbedingung f, **Bohrsche** условие частот Бора
Frequenzbereich m 1. диапазон частот, частотный диапазон 2. частотная область
~, **durchstimmbarer** перестраиваемый [перекрываемый] диапазон частот
~, **gespreizter** растянутый диапазон частот
Frequenzbereichserweiterung f расширение диапазона частот
Frequenzbeziehung f соотношение частот
Frequenzbild n частотная характеристика
Frequenzbündelung f **in Kanälen** частотное уплотнение каналов
Frequenzdemodulation f частотная демодуляция
Frequenzdemodulator m, **Frequenzdetektor** m частотный детектор
Frequenzdeviation f девиация частоты
Frequenzdichte f плотность размещения радиоканалов
Frequenzdifferenz f разность частот
Frequenzdifferenzdetektor m частотный разностный детектор
Frequenzdiskriminator m частотный дискриминатор
Frequenzdiversity f разнос по частоте; радиоприём с разнесением по частоте
Frequenzdiversityempfang m радиоприём с разнесением по частоте
Frequenzdomänenspeicher m частотное доменное ЗУ; частотная доменная память
Frequenzdopplung f удвоение частоты
Frequenzdrift f дрейф [уход] частоты

Frequenzdurchdrehverfahren n метод вертикального зондирования ионосферы непрерывным изменением частоты
Frequenzdurchlaß m пропускание частот
Frequenzdurchlaßkurve f частотная характеристика полосы пропускания
Frequenzdurchlauf m изменение частоты (*в пределах заданного диапазона*)
Frequenzdurchstimmung f перестройка частоты (*по всему диапазону*)
Frequenzeichmaß n эталон частоты
Frequenzeichung f частотная калибровка
Frequenzeinfluß m влияние (изменения) частоты
Frequenzeinhaltung f стабилизация частоты
Frequenzeinstellgenauigkeit f точность установки частоты
Frequenzeinteilung f 1. разделение диапазона частот 2. распределение частот (*по международным соглашениям*)
frequenzempfindlich частотно-чувствительный, чувствительный по частоте
Frequenzempfindlichkeitskurve f кривая чувствительности по частоте
Frequenzenraum m частотная область
Frequenzentfernung f разнос частот
Frequenzentzerrung f частотная коррекция
Frequenzerhöhung f повышение частоты; умножение частоты
Frequenzerniedriger m делитель частоты
Frequenzerzeugungsbereich m диапазон генерируемых частот
Frequenzfehler m частотная погрешность
Frequenzfeineinstellung f точная установка частоты
Frequenzfernmeßsystem n частотная телеизмерительная система
Frequenzfilter n частотный фильтр
Frequenzfluktuation f колебание [флуктуация] частоты
Frequenzfolge f последовательность [ряд, серия] частот
Frequenzfunktion f *инф.* функция частоты, функция распределения
Frequenzgang m частотная характеристика
~ **der Aufnahme** частотная характеристика (системы) записи
~, **brauchbarer** используемая часть частотной характеристики
~, **maximal geebneter** максимально уплощённая частотная характеристика
~, **überhöhter** частотная характеристика с подъёмом в области высоких частот
~, **verallgemeinerter** обобщённая частотная характеристика
~ **der Wiedergabe** частотная характеристика (системы) воспроизведения
Frequenzganganalysator m анализатор частотных характеристик
Frequenzgangbestimmung f расчёт частотной характеристики; снятие частотной характеристики
Frequenzgangentzerrer m корректор частотной характеристики
Frequenzgangfehler m искажение частотной характеристики

Frequenzgangkorrektur f коррекция частотной характеристики
Frequenzganglinearität f линейность частотной характеристики
Frequenzgangmethode f метод частотных характеристик
Frequenzgangregelung f регулирование частотной характеристики
Frequenzgangschreiber m устройство для записи частотной характеристики
Frequenzgangteil m участок (измерительной ленты) для проверки амплитудно-частотной характеристики
Frequenzgeber m датчик частот
Frequenzgebiet n 1. частотная область 2. диапазон частот
frequenzgeeicht калиброванный по частоте
Frequenzgegenkopplung f отрицательная обратная связь по частоте
Frequenzgehalt m частотный состав
Frequenzgemisch n 1. смесь частот 2. многочастотный сигнал
Frequenzgenauigkeit f точность (установки) частоты
Frequenzgenerator m генератор частот
frequenzgerade прямочастотный
frequenzgeschachtelt, frequenzgestaffelt с частотным перемежением, перемежающийся по частоте
frequenzgetastet частотно-модулированный
Frequenzgetrenntlageverfahren n см. **Frequenzmultiplexverfahren**
Frequenzgleichlage f 1. повышение преобразованной частоты (*при повышении входной частоты и постоянстве частоты гетеродина*) 2. однополосная связь
Frequenzgleichlageverbindung f однополосная связь
Frequenzgleichspannungswandler m преобразователь частоты в сигнал постоянного напряжения
Frequenzgleiten n плавный уход частоты
Frequenzgrenze f 1. см. **Frequenzbandgrenze** 2. предел (изменения) частоты
Frequenzgruppierung f частотное уплотнение (*каналов*), частотное объединение (*каналов*)
Frequenzhalbierschaltung f схема деления частоты на две
Frequenzhaltung f стабилизация частоты
Frequenzhub m 1. качание частоты 2. уход частоты
Frequenzhubverhältnis n отношение минимального отклонения частоты к максимальному (*при ЧМ*)
Frequenzimpulsmodulation f частотно-импульсная модуляция, ЧИМ
Frequenzindikator m индикатор [указатель] частот
Frequenzinhalt m частотный состав
Frequenzinstabilität f нестабильность [неустойчивость] частоты
Frequenzinterpretierung f частотная интерпретация, частотный метод анализа (*напр. усилителей*)

Frequenzintervall n 1. частотный интервал 2. разнос частот
Frequenzkanal m частотный канал
Frequenzkehrlage f положение преобразованной частоты
Frequenzkennlinie f см. **Frequenzgang**
Frequenzkennlinienverfahren n см. **Frequenzgangmethode**
Frequenzkennzeichnung f маркировка частот (*напр. измерителя частотной характеристики*)
Frequenzkode m частотный код
Frequenzkohärenz f частотная когерентность
Frequenzkomparator m частотный компаратор
Frequenzkomponente f частотная составляющая (*спектра*)
frequenzkomprimiert уплотнённый по частоте
Frequenzkonstante f постоянная, связывающая собственную частоту кварца с его линейными размерами
Frequenzkonstanthaltung f стабилизация частоты
~, **tägliche** суточная стабильность частоты
Frequenz-Kontrast-Charakteristik f, **Frequenz-Kontrast-Kennlinie** f частотно-контрастная характеристика
Frequenzkontrolle f контроль частоты
Frequenzkonversion f преобразование частоты
Frequenzkonverter m преобразователь частоты
Frequenzkorrektion f, **Frequenzkorrektur** f частотная коррекция
Frequenzkriterium n частотный критерий
Frequenzkurve f см. **Frequenzgang**
Frequenzlage f положение частоты *или* области частот
Frequenzlaufen n выбег частоты
frequenzlinear частотно-линейный
Frequenzlinearität f линейность частотной характеристики
Frequenzlinie f 1. линия частот 2. см. **Frequenzgang**
Frequenzliste f план распределения частот; расписание частот
~, **internationale** международный план распределения частот
Frequenzlücke f 1. пробел [пропуск] частоты 2. частотный интервал
Frequenzlupe f устройство растягивания частотного диапазона
Frequenzmannigfaltigkeit f разнообразие частот
Frequenzmarke f частотная (от)метка
Frequenzmarkengeber m, **Frequenzmarkierungsgenerator** m генератор (от)меток частот(ы)
Frequenzmaßstab m масштаб частоты
Frequenzmehrfachempfang m радиоприём с разнесением по частоте
Frequenzmehrfachsystem n см. **Frequenzmultiplexsystem**
Frequenzmeßbereich m диапазон измерения частоты
Frequenzmeßbrücke f частотомерный мост
Frequenzmeßempfänger m приёмник для измерения частоты
Frequenzmesser m частотомер
Frequenzmesserschaltung f схема измерения частоты

Frequenzmeßsystem *n* система [метод] измерения частоты
Frequenzmeter *n* частотомер
Frequenzmethode *f* частотный метод
Frequenzminderer *m* устройство для понижения частоты
Frequenzmischer *m* смеситель частот
Frequenzmischung *f* смешение частот
Frequenzmitbenutzung *f* совместное использование частотного диапазона; перемежение частотных спектров, частотное перемежение
Frequenzmittelung *f* осреднение по частоте
Frequenzmodler *m* частотный модулятор
Frequenzmodulation *f* частотная модуляция, ЧМ
~, **breitbandige** широкополосная ЧМ
~, **phasensynchronisierte** фазосинхронизированная ЧМ
~, **schmalbandige** узкополосная ЧМ
~, **vielstimmige** многотональная ЧМ
Frequenzmodulations... *см. тж* **FM-...**
Frequenzmodulationsgenerator *m* генератор ЧМ-колебаний
Frequenzmodulationsgrad *m* индекс ЧМ
Frequenzmodulationshub *m* девиация частоты при ЧМ
Frequenzmodulationsindex *m* индекс ЧМ
Frequenzmodulationskennlinie *f* частотно-модуляционная характеристика
Frequenzmodulationsrauschen *n* частотный модуляционный шум
Frequenzmodulationstonempfänger *m* приёмник частотно-модулированных сигналов, ЧМ-приёмник
Frequenzmodulator *m* частотный модулятор
Frequenzmultiplex *m* частотное уплотнение (*канала связи*); частотное объединение (*сигналов*)
Frequenzmultiplexbetrieb *m* работа с частотным уплотнением (*канала связи*)
Frequenzmultiplexfernsteuerung *f* система телеуправления с частотным уплотнением (*канала связи*)
Frequenzmultiplex-Fernwirksystem *n* телемеханическая система с частотным уплотнением (*канала*)
Frequenzmultiplexsystem *n* система частотного уплотнения (*канала связи*); система частотного объединения (*сигналов*)
Frequenzmultiplexübertragung *f* передача с частотным уплотнением (*канала связи*); передача с частотным объединением (*сигналов*)
Frequenzmultiplexverfahren *n* метод частотного уплотнения (*канала связи*); метод частотного объединения (*сигналов*)
Frequenzmultiplex-Vielfachzugriff *m* одновременное использование (*ответчика спутника*) с частотным уплотнением (*канала связи*)
Frequenzmultiplikation *f* умножение частоты
Frequenzmultiplikator *m* умножитель частоты
Frequenznachlauf *m*, **Frequenznachstellung** *f см.* **Frequenznachstimmung**
Frequenznachstimmung *f* подстройка частоты
~, **automatische** автоматическая подстройка частоты, АПН
Frequenznachstimmungsschaltung *f* схема подстройки частоты

Frequenznormal *n* эталон частоты
Frequenznummer *f* 1. номер фиксированной частоты 2. номер гармоники
Frequenzoszillator *m* генератор частот
Frequenzparameter *m* частотный параметр
Frequenzplatte *f см.* **Frequenzschallplatte**
Frequenzprüfgerät *n* контрольный частотомер
Frequenzraster *m* сетка рабочих радиочастот, сетка частот
Frequenzrechteckdarstellung *f* гистограмма частот
Frequenzreduktion *f* понижение частоты; деление частоты
Frequenzregel *f*, **Bohrsche** правило частот Бора
Frequenzregelbereich *m* диапазон регулировки частоты
Frequenzregelkreis *m* цепь [схема] регулировки частоты
Frequenzregelschleife *f* петля подстройки частоты
Frequenzregelung *f* регулировка частоты; подстройка частоты
~, **automatische** автоматическая регулировка частоты, АРЧ; автоматическая подстройка частоты, АПЧ
Frequenzregistrierung *f* запись частот, регистрация (рабочих) частот
Frequenzregler *m* регулятор частоты
Frequenzrelais *n* реле частоты
frequenzreziprok частотно-взаимный, частотно-обратный
Frequenzrückkopplung *f* обратная связь по частоте
Frequenzruf *m тлф* тональный вызов
Frequenzschachtelung *f* 1. *см.* **Frequenzbänderverschachtelung** 2. *см.* **Frequenzmultiplex**
Frequenzschallplatte *f* (граммофонная) пластинка с записью эталонных частот
Frequenzscharfabstimmung *f* точная подстройка частоты
Frequenzschreiber *m* регистрирующий частотомер
Frequenzschwankung *f* колебание [флуктуация] частоты
Frequenzselektion *f*, **Frequenzselektivität** *f* избирательность по частоте, частотная избирательность
Frequenzselektor *m* частотный селектор
Frequenzsieb *n* частотный фильтр
Frequenzsignal *n* частотный сигнал
Frequenzskale *f* шкала частот
Frequenzspektrometer *n* анализатор спектра частот
Frequenzspektrum *n* частотный спектр
Frequenzspiegelbild *n* зеркальное изображение частотной характеристики
Frequenzspringen *n*, **Frequenzsprung** *m* скачок частоты
frequenzstabil со стабильной частотой
Frequenzstabilisation *f*, **Frequenzstabilisierung** *f* стабилизация частоты
~, **senderseitige** стабилизация частоты на передающей стороне
Frequenzstabilität *f* стабильность частоты
Frequenzstabilitätskriterium *n* частотный критерий устойчивости

Frequenzstaffelung f частотное уплотнение (канала связи)
Frequenzstandard m 1. эталон частоты 2. генератор стандартных сигналов, ГСС
Frequenzstarrheit f см. **Frequenzkonstanthaltung**
Frequenzsteuerung f 1. частотное управление; частотное регулирование 2. стабилизация частоты
Frequenzstörmodulation f паразитная ЧМ
Frequenzstreuung f разброс частот
Frequenzsucheinrichtung f устройство (для) автоматической подстройки частоты
Frequenzsynchronisation f синхронизация частоты
Frequenzsynthesator m синтезатор частоты
Frequenzsynthese f синтез частот, частотный синтез
Frequenzsystem n частотная система
Frequenztastung f частотная манипуляция
Frequenzteilbereich m частотный поддиапазон
Frequenzteiler m делитель частоты
Frequenzteilung f деление частоты
~, **intermittierende** параметрическое деление частоты
Frequenzteilungsmultiplex m см. **Frequenzmultiplex**
Frequenzteilungsverhältnis n коэффициент деления частоты
Frequenz-Thyristor m быстродействующий тиристор
Frequenztoleranz f допуск на отклонение частоты (от номинальной)
Frequenztor n частотный селектор
Frequenztransformation f см. **Frequenzumsetzung**
Frequenztransformator m преобразователь частоты
Frequenztranslation f 1. преобразование частоты 2. сдвиг или смещение частоты
Frequenztreffsicherheit f точность настройки на заданную частоту
Frequenztrennung f разделение частот
Frequenztreue f точность частоты
Frequenzübereinstimmung f соответствие частот; совпадение частот
Frequenzüberlagerung f наложение частот
Frequenzüberwachungsbehörde f комитет по контролю радиочастот
Frequenzumfang m диапазон частот; спектр частот
Frequenzumformer m см. **Frequenzumsetzer**
frequenzumgetastet частотно-манипулированный
Frequenzumkehrung f инверсия (спектра) частот
Frequenzumrichter m см. **Frequenzumsetzer**
Frequenzumschalter m переключатель (диапазонов) частот
Frequenzumsetzer m преобразователь частоты; ктв частотный конвертор
Frequenzumsetzerstufe f каскад преобразования частоты
Frequenzumsetzung f преобразование частоты
Frequenzumstellung f перестройка частоты
Frequenzumtastung f частотная манипуляция (несущей), ЧМн
Frequenzumwandler m см. **Frequenzumsetzer**
frequenzunabhängig частотно-независимый

Frequenzunsicherheit f 1. нестабильность частоты 2. неточность установки частоты
Frequenzuntersetzer m делитель частоты
Frequenzvariation f изменение [вариация] частоты
Frequenzvariationsverfahren n способ (теле)измерения изменением частоты
Frequenzvariationsverhältnis n коэффициент изменения частоты (напр. контура); коэффициент перекрытия диапазона частот
Frequenzverdoppler m удвоитель частоты
Frequenzverdreifachung f утроение частоты
Frequenzverfahren n частотный метод
Frequenzvergleichsschaltung f схема сравнения частот
Frequenzverhalten n частотная характеристика
Frequenzverhältnis n соотношение частот
Frequenzverkämmung f перемежение частотных спектров, частотное перемежение
Frequenzverlagerung f смещение частоты
Frequenzverlauf m см. **Frequenzgang**
Frequenzverschachtelung f перемежение частотных спектров, частотное перемежение
Frequenzverschiebung f 1. сдвиг частоты; уход частоты 2. тлг частотная манипуляция (несущей), ЧМн
Frequenzversetzung f смещение частоты
Frequenzverstimmung f расстройка по частоте
Frequenzverteilung f распределение частот
Frequenzvervielfacher m умножитель частоты
Frequenzvervielfacherklystron n частотно-умножительный клистрон
Frequenzverwerfung f 1. разброс частот 2. (скачкообразное) изменение частоты 3. уход частоты
Frequenzverzerrung f частотное искажение
Frequenzverzerrungskoeffizient m коэффициент частотных искажений
Frequenzvielfache n кратное частоте
Frequenzvielfachzugriff m см. **Frequenzmultiplex-Vielfachzugriff**
Frequenzvorhersage f прогноз частот связи
Frequenzwahl f избирательность по частоте, частотная избирательность
Frequenzwähler m 1. частотный селектор 2. переключатель (диапазонов) частот
Frequenzwählverfahren n 1. метод частотной селекции 2. тлф частотный метод избирания
Frequenzwanderung f уход [дрейф] частоты; нестабильность частоты
Frequenzwandler m см. **Frequenzumsetzer**
Frequenzwechsel m смена частоты
Frequenzweiche f частотный разделительный фильтр
~, **aktive** активный частотный разделительный фильтр
Frequenzwiedergabe f воспроизведение частот
Frequenzwiederverwendung f косм. одновременное использование одного частотного диапазона (несколькими остронаправленными антеннами)
Frequenzwobbler m генератор качающейся частоты, ГКЧ
Frequenzwobblung f качание частоты

Frequenzzähler *m* частотомер с цифровой индикацией
Frequenzzählung *f* отсчёт частоты
Frequenzzeitkodierung *f* частотно-импульсное кодирование
Frequenzzeitmodulation *f* частотно-импульсная модуляция, ЧИМ
Frequenzziehen *n* затягивание частоты
Frequenzzuordnung *f*, **Frequenzzuteilung** *f*, **Frequenzzuweisung** *f* распределение частот (*по международным соглашениям*)
Fresnel *n* терагерц, ТГц
Fresnellinse *f* линза Френеля
Fresnel-Zonen *f pl* зоны Френеля
Freund-Feind-Kenngerät *n* запросчик «свой — чужой»
Freund-Feind-Kennung *f* опознавание «свой — чужой»
Frigistor *m* фригистор, элемент Пельтье
Frischband *n* зап. чистая лента
Fritter *m* когерер, фриттер
Front *f* фронт (*напр. импульса*)
Frontalaufnahme *f* съёмка спереди
Frontalbeleuchtung *f* фронтальное [переднее] освещение
Frontalglas *n* фронтальное стекло (*баллона ЭЛП*)
Frontallautsprecher *m* громкоговоритель, размещённый на передней стенке (*приёмника*)
Frontalstrahlung *f* фронтальное излучение
Frontalwelle *f* фронтальная волна
Frontbreite *f* ширина фронта
Frontdauer *f* длительность фронта
Frontelektrode *f* передний электрод
Frontfläche *f* передняя [лицевая] поверхность (*блока, панели*)
Front-End-Processor *m* препроцессор, фронтальный [связной] процессор
Front-End-Rechner *m* ВМ (для) предварительной обработки (данных), фронтальная [связная] ВМ
Frontklappe *f*, **aufklappbare** откидная передняя панель
Frontlader *m* фронтальный загрузочный отсек (*для дисков, кассет*)
Frontladerkassettengerät *n* фронтальное кассетное устройство
Frontplatte *f* 1. передняя панель 2. дно баллона, *проф.* планшайба (*ЭЛТ*)
~, **geneigte** наклонная передняя панель
~ **mit Stirnbeleuchtung** передняя панель с торцевой подсветкой
~, **schräge** наклонная передняя панель
~, **übersichtliche** хорошо обозреваемая передняя панель
~, **vertiefte** утопленная передняя панель
Frontplattenausschnitt *m* вырез в передней панели
Frontplatteneinbau *m см.* **Frontplattenmontage**
Frontplattenmeßgerät *n* панельный измерительный прибор
Frontplattenmontage *f* монтаж на передней панели
~, **bündige** утопленный монтаж на передней панели
Frontplattentastatur *f* клавиатура (на) передней панели

Frontrückschicht-Verbundschwinger *m* составной ультразвуковой (кварцевый) вибратор
Frontschale *f*, **Frontscheibe** *f см.* **Frontplatte 2.**
Frontschirm *m* передний экран
Frontseite *f* передняя [лицевая] сторона
Frontverschiebung *f* смещение фронта
Froschaufnahme *f* (телевизионная) съёмка с очень низкой точки
Froschklemme *f* 1. зубчатый зажим, зажим «крокодил» 2. зажим «лягушка» (*для натягивания проводов*)
Frühausfall *m* ранний отказ (*в начальный период эксплуатации*)
Frühausfallabstand *m* интервал между (двумя последовательными) ранними отказами
Frühausfallausmerzung *f* тренировка (*элементов системы для повышения надёжности*)
Frühauslösung *f* опережающее срабатывание
Frühimpuls *m* опережающий импульс
Frühwarnradargerät *n* РЛС дальнего обнаружения
Frühwarnradarnetz *n* сеть РЛС дальнего обнаружения
FS-... *см.* **Fernseh-...**
F-Schicht *f* (ионизированный) слой F
F_1-Schicht *f* (ионизированный) слой F_1 (*нижний из двух слоёв, на которые иногда распадается слой F*)
F_2-Schicht *f* (ионизированный) слой F_2 (*верхний из двух слоёв, на которые иногда распадается слой F*)
F-Schirmbild *n* изображение (на экране) индикатора F-типа
F-Signal *n см.* **Farbsignal**
FS-Informationszentrale *f* информационный центр обеспечения безопасности полётов
F-Tastung *f см.* **Frequenztastung**
FT-CCD-Sensor *m* преобразователь свет — сигнал на ПЗС с кадровой организацией
FT-CCD-Speicher *m* ЗУ *или* память на ПЗС с кадровой организацией
F-Transformation *f* преобразование Фурье
FT-Schnitt *m* FT-срез (*срез пьезокварца с ребром, параллельным оси X, и углом ZZ', равным +57°*)
Fuchsjagdsender *m* радиопередатчик для «охоты на лис»
Fuge *f* 1. сочленение 2. стык, связь (*двух частей конструкции*)
Fühlelement *n см.* **Fühler**
fühlen воспринимать; ощупывать; считывать
Fühler *m* 1. чувствительный [воспринимающий] элемент; измерительный преобразователь, датчик 2. щуп, зонд
Fühler... *см.* **Fühl...**
Fühlglied *n см.* **Fühler 1.**
Fühlkopf *m* головка считывания
Fühlorgan *n см.* **Fühler 1.**
Fühlschwelle *f* порог чувствительности
Fuhlsteuerung *f* 1. управление от датчика 2. управление от копира
Führung *f* 1. направление; управление; ведение 2. протягивание, продвижение (*напр. ленты*) 3. наведение; самонаведение 4. трассировка; канализация

Führungsfeld n направляющее поле
Führungsfrequenz f задающая частота
Führungsfrequenzgang m частотная характеристика
Führungsgröße f задающая величина, задающий параметр
Führungskanal m направляющий (*напр. ленту*) канал
Führungskante f направляющий край (*ленты*)
Führungskreis m контур управления
Führungslochungen f pl ведущие отверстия (*перфоленты*)
Führungsmechanismus m зап. движущий механизм
Führungsradar n РЛС сопровождения цели
Führungsrechner m управляющая ВМ
Führungsregelung f зависимое [следящее] регулирование
Führungsrille f вводная канавка (*записи*)
Führungsrolle f направляющий ролик (*МЛ*)
Führungsschema n схема управления
Führungsschuh m зап. вакуумный карман
Führungssignal n сигнал управления
Führungsspur f дорожка (канала) управления (*видеомагнитофона*); дорожка (синхро)импульсов (*перфоленты*)
Führungsstation f ведущая станция
Führungssteuerung f 1. следящее управление 2. наведение
Führungsstift m направляющий штифт (*напр. при монтаже*)
Führungsstrahl m 1. *рлк* луч наведения 2. *тлв* корректирующий луч (*в индексном кинескопе*)
Führungstrommel f зап. направляющий барабан
Führungswellenlänge f длина волны в волноводе
Fuko m радиоконцентратор
Füllbefehl m холостая [фиктивная] команда
Füllbits n pl согласующие [заполняющие] двоичные разряды
Fülle f 1. полнота (*напр. информации*) 2. мат. изобилие, множество
Füllelement n (водо)наливной элемент
Füller m наполнитель
Füllfaktor m коэффициент заполнения
Full-field-Fernsehtext m см. **Follkanal-Fernsehtext**
Füllgas n газ-наполнитель
Füllgrad m степень заполнения
Füllgut n см. **Füllmaterial**
Füllkoeffizient m коэффициент заполнения
Füllmasse f заливочная масса, компаунд
Füllmaterial n, **Füllmittel** n 1. наполнитель (*компаунда*) 2. заливочный материал; загружаемый материал
Füllschrift f глубинная механическая запись (*звука*)
Full-slice-Technik f техника сверхбольших ИС, техника СБИС
Full-square-Bildröhre f кинескоп с прямоугольным плоским экраном
Füllstoff m см. **Füllmaterial**
Füllung f заполнение; заливка (*компаундом*)
Füllungs... см. **Füll...**
Füllziffern f pl пустые разряды (*машинного слова, не используемые для представления информации*)

FuM-... радиолокационный (*см. тж* **Radar...**)
Fundamentalkonstante f основная постоянная
Fundamentalschwingung f основное колебание, первая гармоника
Fundamentalstern m опорная звезда (*системы астронаведения*)
Fünfadressen... пятиадресный
fünfeckig *крист.* пентагональный
Fünferalphabet n пятиэлементный код
Fünferkode m пятиразрядный (двоичный) код
Fünffachkupplung f *крист.* пятикратная [квинтупольная] связь
Fünfkanalkode m код пятидорожечной (перфо)ленты
Fünfpolregelröhre f пентод (с характеристикой) переменной крутизны
Fünfschichtdiode f симметричный диодный тиристор
Fünfschichtstruktur f пятислойная структура
fünfstellig пятизначный; пятиразрядный
Fünfstiftsockel m пятиштырьковый цоколь
Fünfstromschrittalphabet n пятизнаковый телеграфный код
Funk m 1. радио 2. радиосвязь □ **über** ~ по радио
Funk-Abfrage/Antwort-System n запросно-ответная радиосистема
Funkabkürzung f радиокод
Funkamateur m радиолюбитель
Funkamt n 1. радиобюро 2. управление по делам радиосвязи
Funkanhänger m прицеп с радиостанцией
Funkanlage f радиостанция; радиоустановка
Funkaufnahme f радиоприём
Funkausbreitung f распространение радиоволн
Funkausrüstung f радиооборудование
Funkausstellung f радиовыставка
Funkazimut m 1. радиоазимут 2. радиопеленг
Funkbake f радиомаяк
Funkband n диапазон радиочастот
Funkbastler m радиолюбитель
Funkbeeinflussung f радиопомеха
Funkbefehl m радиокоманда
Funkbefehlssteuerung f радиотелеуправление
Funkbeobachtung f радионаблюдение
Funkbereitschaft f готовность (средств) радиосвязи
Funkbeschickung f радиодевиация
~, **viertelkreisige** четвертная радиодевиация
Funkbeschickungsaufnahme f определение радиодевиации
Funkbeschickungstabelle f таблица коррекции радиодевиации
Funkbeschränkung f ограничение в пользовании радиосвязью
Funkbesteck n 1. графические построения при радиопеленгации 2. набор инструментов для радиодиела
Funkbetrieb m радиосвязь; эксплуатация радиосредств
Funkbetriebsstelle f 1. радиоузел 2. узловая радиорелейная станция
Funkbild n фоторадиограмма
Funkbildschreiber m радиофототелеграфный аппарат

Funkbildübertragung f радиофототелеграфия
Funkboje f радиобуй
Funkbrücke f радиомост, линия прямой радиосвязи
Funkdämpfung f ослабление [затухание] радиосигналов
Funkdienst m радиосвязь, радиослужба
~, **fester** радиосвязь между двумя фиксированными точками
Funkdoppelverkehr m дуплексный радиообмен
~, **beweglicher** радиосвязь с подвижными объектами
Funke m искра; искровой разряд
Funkecho n радиоэхо
Funkeleffekt m 1. фликер-эффект 2. мерцание
Funkelektronik f радиоэлектроника
Funkeln n мерцание (радиосигнала)
Funkelrauschen n фликер-шум, шум мерцания
~, **niederfrequentes** низкочастотный фликер-шум
Funkempfang m радиоприём
Funkempfänger m радиоприёмник
Funkempfangstation f, **Funkempfangstelle** f приёмная радиостанция
Funkempfangsstörungen f pl помехи радиоприёму
Funkempfangstechnik f техника радиоприёма
Funken I n 1. передача по радио 2. радиотелеграфия 3. искрение
Funken II m искра
Funkenabbrand m обгорание (электродов или контактов) от искрения
Funkenableiter m искровой разрядник
Funkendotierung f электроискровое легирование
Funkendurchschlag m искровой пробой
Funkenelektrode f электрод искрового разрядника
Funkenentladung f искровой разряд
Funkenentladungslampe f газоразрядная лампа
Funkenentstörkondensator m см. **Funkenstörkondensator**
Funkenerosion f электроискровая эрозия (контактов)
Funkenerosionsschneiden n электроискровое резание (пластин полупроводниковых ИС)
Funkenknacken n, **Funkenknall** m потрескивание (при радиоприёме), вызванное искрением
Funkenlöschkondensator m искрогасящий конденсатор
Funkenlöschschaltung f схема искрогашения
Funkenlöschung f искрогашение
Funkenschallwelle f звуковая волна, возникающая при искровом разряде
Funkenschaltröhre f, **gesteuerte** тригатрон
Funkenschlagweite f искровой промежуток
Funkenschrift f искровая запись
Funkensender m искровой передатчик
Funkenspannung f 1. напряжение искрового разряда 2. напряжение (начала) искрения
Funkenstörwirkung f помеха от искрения
Funkenstrecke f искровой промежуток
Funkenstreckenröhre f вакуумный искровой разрядник
Funkenstreckensender m см. **Funkensender**
Funkentfernung f нвг радиотехническая дальность
Funkentfernungsmesser m радиодальномер

Funkentstördrossel f помехоподавляющий дроссель
Funkentstörkondensator m помехоподавляющий конденсатор
~ **der Klasse T** помехоподавляющий конденсатор типа T
~ **der Klasse V** помехоподавляющий конденсатор типа V
~ **der Klasse X** помехоподавляющий конденсатор типа X
~ **der Klasse Y** помехоподавляющий конденсатор типа Y
Funkentstörmittel n средство защиты от радиопомех
Funkentstörung f подавление радиопомех
Funkentstörungsordnung f правила защиты от радиопомех; нормативы снижения уровня радиопомех
Funkenzerstäubung f электроискровое распыление
Funker m радист
~, **diensthabender** дежурный радист
Funkerabteil n см. **Funkerkabine**
Funkerfassung f радиообнаружение
Funkerkabine f кабина радиста, радиорубка
Funkermittlung f радиообнаружение
Funkerraum m см. **Funkerkabine**
Funkfehlweisung f ошибка радиопеленгования
Funkfeld n 1. радиополе 2. радиорелейный участок
Funkfelddämpfung f 1. затухание поля излучения, затухание радиополя 2. затухание в радиорелейном участке
Funkfeldlänge f длина радиорелейного участка
Funkfernlenkung f радиотелеуправление
Funkfernmessung f радиотелеметрия
funkfernmündlich радиотелефонный
Funkfernnavigation f дальняя радионавигация
Funkfernschreiben n радиотелетайпная связь
Funkfernschreiber m радиотелетайп
Funkfernschreibsystem n система радиотелетайпной связи
Funkfernsehen n вещательное телевидение
Funkfernsprechen n телефонная радиосвязь
Funkfernsprecher m радиотелефон
Funkfernsprechverbindung f, **Funkfernsprechverkehr** m телефонная радиосвязь
Funkfernsteuerung f радиотелеуправление
Funkfernverbindung f дальняя радиосвязь
Funkfeuer n радиомаяк
Funkfeuerempfänger m приёмник радиомаяка
Funkfeuersignal n сигнал радиомаяка
Funkfliegen n воздушная радионавигация
funkfrequent радиочастотный
Funkfrequenzen f pl радиочастоты
Funkfrequenzkanal m радиоканал
Funkfrequenzsignal n радиочастотный сигнал
Funkfrequenzverstärker m усилитель радиочастоты, УРЧ
Funkgabel f схема дуплексного перехода от линии проводной связи к радиопередатчику и радиоприёмнику
Funkgebestation f см. **Funksendestation**
Funkgeheimnis n секретность радиосвязи
funkgelenkt см. **funkgesteuert**

Funkgerät *n* 1. радиоприбор 2. радиостанция
Funkgerätebau *m* радиоприборостроение
Funkgeräterraum *m* радиоаппаратная
funkgesteuert управляемый по радио, радиоуправляемый
Funkhalbkompaß *m* радиополукомпас
Funkhaus *n* радиоцентр; радиодом
Funkhöhenmesser *m* радиовысотомер
Funkhorchdienst *m* служба радиоподслушивания; служба радиоразведки
Funkhorchgerät *n* приёмник для радиоподслушивания; радиоразведывательный приёмник
Funkimpuls *m* радиоимпульс
Funkkanal *m* радиоканал
Funkkompaß *m* радиокомпас
Funkkontakt *m* радиоконтакт
Funkkontest *m* радиолюбительские соревнования в проведении сеансов связи
Funkkontrolle *f* радиоконтроль
Funkkontrollmeßstelle *f* станция радиоконтроля и измерений
Funkkontrollstation *f* станция радиоконтроля
Funkkonzentrator *m* радиоконцентратор
Funkkopf *m* высокочастотная головка
Funkkraftwagen *m* автомобильная радиостанция
Funkkreuzpeilung *f* определение местоположения по двум радиопеленгам
Funklagebestimmung *f* определение местоположения радиосредствами
Funklandeanlage *f* радиостанция посадки самолётов по приборам
Funklandefeuer *n* посадочный радиомаяк
Funklandung *f* нвг посадка по приборам
Funkleitsender *m* радиомаяк
Funkleitstelle *f* радиотрансляционный узел, радиоузел
Funkleitstrahl *m* ведущий радиолуч
Funkleitstrahlgerät *n* радиостанция направленного действия
Funklenkung *f* 1. радиоуправление 2. радионаведение
Funklinie *f* радиолиния
Funklinse *f* радиолинза (*структура, преобразующая фронт электромагнитной волны*)
Funklot *n* радиовысотомер
Funkmast *m* радиомачта
Funkmeldung *f* радиосообщение
Funkmeß... *см. тж* **Radar...**
Funkmeßtechnik *f* 1. радиолокационная техника, радиолокация 2. техника радиоизмерений
Funkmittel *n* радиосредство
Funknachricht *f* радиосообщение; радио(теле)грамма
Funknachrichtenmittel *n* средство радиосвязи
Funknachrichtenweg *m* радиолиния
Funknachrichtenwesen *n* радиосвязь
Funknavigation *f* радионавигация
Funknavigationsmittel *n pl* средства радионавигации
Funknavigationspunkt *m* радионавигационная точка
Funknetz *n* радиосеть
Funknetzkennzahl *f* 1. цифровой код радиосети 2. цифровой код радиотелефонной сети
Funkortung *f* определение местоположения [координат] с помощью радиосредств, радиообнаружение; радиопеленгация; радиолокация; радионавигация
Funkortungsempfänger *m* радиопеленгаторный приёмник; радиолокационный *или* радионавигационный приёмник
Funkortungskanal *m* радионавигационный канал
Funkortungskoordinate *f* координата радионавигационной точки
Funkortungsreichweite *f* дальность действия радионавигационной системы; дальность действия РЛС
Funkortungsstation *f* радионавигационная станция; радиолокационная станция, РЛС
Funkortungssystem *n*, **Funkortungsverfahren** *n* система радиообнаружения; система радиопеленгации; система радионавигации
Funkpark *m* склад радиоимущества
Funkpeilanlage *f* радиопеленгаторная установка
Funkpeiler *m*, **Funkpeilgerät** *n* радиопеленгатор
Funkpeilung *f* 1. радиопеленгование 2. радиопеленг
~, **berichtigte** [**korrigierte**] скорректированный [исправленный] радиопеленг
~, **rohe** наблюдаемый [нескорректированный] радиопеленг
Funkpeilwesen *n* радиопеленгование
Funkpeilwinkel *m* радиопеленг
Funkprognose *f* прогноз распространения радиоволн
Funkraum *m см.* **Funkerkabine**
Funkrelaislinie *f* радиорелейная линия (*связи*)
Funkrelaissatellit *m* спутник-ретранслятор
Funkrelaisstation *f* радиорелейная станция, РРС
Funkrelaisstrecke *f* 1. радиорелейный участок 2. радиорелейная линия
Funkrelaisverbindung *f* радиорелейная связь
Funkrichtanlage *f* радиостанция направленного действия
Funkrichtverbindung *f* направленная радиосвязь
Funkrückstrahlortung *f* радиолокация
Funkrufdienst *m* Европейская служба межабонентской радиотелефонной связи
Funkrufzeichen *n pl* радиопозывные
Funkschatten *m* область тени
Funkscheinwerfer *m* радиопрожектор
Funkschlüssel *m* радиокод
Funksehen *n* телевидение
Funkseitenpeilung *f* бортовой радиопеленг (*в воздушной радионавигации*); относительный радиопеленг (*в морской радионавигации*)
Funksendeanlage *f* радиопередающая установка
Funksendeantenne *f* передающая антенна
Funksendeempfänger *m* приёмопередатчик
Funksender *m* радиопередатчик
Funksendestation *f*, **Funksendestelle** *f* радиопередающая станция
Funksendung *f* радиопередача
Funksicht *f* радиовидимость
Funksichtgerät *n* визуальный индикатор радиостанции
Funksichtweite *f* дальность радиовидимости
Funksignal *n* радиочастотный сигнал, радиосигнал
Funksignalbasis *f* база радиочастотного сигнала

Funkskizze f схема радиосвязи
Funksperre f 1. запрещение радиопереговоров 2. заграждающий высокочастотный фильтр
Funksprech... см. тж. **Funktelefonie...**
Funksprechanlage f радиотелефонная установка
Funksprechen n телефонная радиосвязь
Funksprecher m радиотелефон
Funksprechkanal m канал телефонной радиосвязи
Funksprechlinie f линия телефонной радиосвязи
Funksprechstelle f радиопереговорный пункт
Funksprechübermittlung f телефонная радиосвязь
Funksprechweg m см. **Funksprechkanal**
Funkspruch m радиограмма
Funkspruchabhörung f радиоперехват
Funkspruchverkehr m обмен радиограммами
Funkstation f радиостанция
~, **tragbare [übertragbare]** переносная радиостанция
Funkstelle f 1. радиоприёмная станция 2. радиопередающая станция
Funksteuerung f 1. радиоуправление 2. радионаведение
Funkstille f радиомолчание
Funkstör... см. тж. **Funkstörungs...**
Funkstöraussendung f излучение радиопомех
Funkstördienst m служба радиопомех
Funkstörfestigkeit f устойчивость к радиопомехам; помехоустойчивость
funkstörfrei свободный от радиопомех; не создающий радиопомех
Funkstörfreiheit f отсутствие радиопомех
Funkstörgrad m уровень радиопомех
Funkstörmeßgerät n прибор для измерения радиопомех
Funkstörmeßtechnik f техника измерения радиопомех
Funkstörquelle f источник радиопомех
Funkstörsender m передатчик радиопомех
Funkstörspannung f напряжение радиопомех
Funkstörstrahlung f мешающее радиоизлучение
Funkstörung f радиопомеха
~, **additive** аддитивная радиопомеха
~, **industrielle** индустриальная радиопомеха
~, **multiplikative** мультипликативная радиопомеха
~, **natürliche** естественная радиопомеха
~, **passive** пассивная радиопомеха
Funkstörungs... см. тж **Funkstör...**
Funkstörungsmeßdienst m служба измерения радиопомех
Funkstrahlung f радиоизлучение
Funktafel f переговорная таблица (радиста)
Funktarnung f радиомаскировка
Funktasten n телеграфная радиосвязь
Funktäuschung f радиомаскировка
Funktelefonie f телефонная радиосвязь
Funktelefoniemodulation f радиотелефонная модуляция
Funktelefonienetz n сеть телефонной радиосвязи
Funktelefonieverbindung f, **Funktelefonieverkehr** m телефонная радиосвязь
Funktelegrafenstation f радиотелеграфная станция
Funktelegrafie f телеграфная радиосвязь

Funktelegrafielinie f линия телеграфной радиосвязи
Funktelegrafiemodulation f радиотелеграфная модуляция
Funktelegrafienetz n сеть радиотелеграфной связи
Funktelegrafiestation f станция телеграфной радиосвязи
Funktelegrafieverbindung f, **Funktelegrafieverkehr** m телеграфная радиосвязь
Funktelegramm n радиограмма
Funktelemetrie f радиотелеметрия
Funktion f 1. мат. функция 2. функция, назначение 3. действие, функционирование, работа □ außer ~ setzen вывести из строя
~, **abgeleitete** производная функция
~, «**ausschließendes ODER**» функция исключающее ИЛИ
~, **Besselsche** функция Бесселя
~, **Boolesche** булева функция
~, **Diracsche** функция Дирака
~, **dreieckförmige** (симметричная) треугольная (временна́я) функция
~, **einheitliche stufenförmige** единичная ступенчатая функция
~, «**einschließendes ODER**» функция включающее ИЛИ
~, **erzeugende** производящая функция
~, **Gaußsche** функция Гаусса
~, **gerade** чётная функция
~, **gleichwertige** ркс равносильная функция
~ **im Oberbereich** оригинал функции (по Лапласу)
~ **im Unterbereich** изображение функции (по Лапласу)
~, **linear gebrochene** дробно-линейная функция
~, **monoton zunehmende** монотонно возрастающая функция
~, **nichteindeutige** неоднозначная функция
~ «**ODER**», **logische** логическая функция ИЛИ
~, **rekursive** рекурсивная функция
~, **Schäffersche** лог. штрих Шеффера
~, **steuernde** функция управления
~, **stochastische** стохастическая [случайная] функция
~ «**UND**», **logische** логическая функция И
~, **ungleichbedeutende** неоднозначная функция
~, **unstetige** разрывная функция
~, **verallgemeinerte** обобщённая функция
δ-Funktion f дельта-функция
Funktionalabhängigkeit f функциональная зависимость
Funktionalbaustein m функциональный узел
Funktionalelektronik f функциональная электроника
Funktionalelement n функциональный элемент
Funktionalmatrix f функциональная матрица
Funktionalschirm m функциональный экран
Funktionaltransformation f функциональное преобразование
Funktionaltransformator m, **Funktionalumformer** m, **Funktionalwandler** m функциональный преобразователь
Funktionendichte f плотность функций

Funktionentheorie f 1. теория функций 2. теория аналитических функций
Funktionsabtaster m устройство для съёма или воспроизведения функциональной зависимости
Funktionsalgorithmus m алгоритм функционирования; рабочий алгоритм
Funktionsarray n функциональный набор (элементов), НФ (*вид микросхемы*); функциональная матрица
Funktionsausgabe f функциональный [логический] выход
Funktionsbaueinheit f функциональный узел; функциональный блок
Funktionsbaugruppe f функциональный блок
Funktionsbeanspruchung f эксплуатационная нагрузка
Funktionsbild n функциональная схема
Funktionsblock m функциональный блок
Funktionsdauer f 1. длительность эксплуатации [работы] 2. *над.* время безотказной работы
~, **mittlere** среднее время безотказной работы
~ **ohne Ausfall** время безотказной работы
Funktionsdefinition f описание функции
Funktionsdiagnostik f функциональная диагностика
Funktionsdiagramm n функциональная блок-схема
Funktionsdichte f функциональная плотность (*напр. ИС*)
Funktionseingabe f функциональный [логический] ввод
Funktionseinheit f *см.* **Funktionsbaueinheit**
Funktionselektronik f функциональная электроника
Funktionserweiter m функциональный расширитель
Funktionserzeuger m генератор функций
Funktionsfähigkeit f работоспособность
Funktionsfehler m ошибка из-за нарушения правил эксплуатации
Funktionsgenerator m генератор функций; функциональный преобразователь
Funktionsgerät n функциональный прибор
Funktionsglied n функциональное звено; функциональный элемент
Funktionsgruppe f функциональный блок
Funktionskode m код режима работы
funktionskompatibel совместимый по выполняемым функциям
Funktionskomplexitätsgrad m степень функциональной сложности
Funktionskontrolle f контроль правильности функционирования
Funktionskreis m функциональная схема
Funktionskurve f кривая функциональной зависимости
Funktionsmaske f трафарет, воспроизводящий функциональную зависимость
Funktionsmatrix f функциональная матрица
Funktionsmultiplikator m, **Funktionsmultiplizierer** m, **Funktionsmultipliziergerät** n функциональное множительное устройство, функциональный умножитель
Funktionsmuster n опытный образец

Funktionsplan m функциональная схема; логическая (блок-)схема
Funktionsprinzip n принцип действия
Funktionsprüfung f *см.* **Funktionstest**
Funktionsraum m активная область (*кристалла*)
Funktionsschalter m 1. функциональный переключатель 2. переключатель функций
Funktionsschaltung f функциональная схема
Funktionsschema n 1. функциональная схема 2. технологическая схема
Funktionsschnelligkeit f быстродействие
Funktionssicherheit f эксплуатационная надёжность
Funktionssignal n сигнал управляющей функции; управляющий сигнал
Funktionsstabilität f стабильность [устойчивость] работы
Funktionsstörung f нарушение функционирования; *вчт* сбой; неправильное срабатывание
Funktionsstruktur f функциональная структура
Funktionsstufe f функциональный каскад
Funktionssymbol n символ функции
Funktionstabelle f 1. таблица (значений) функций 2. *лог.* истинностная таблица
Funktionstafel f таблица (значений) функций
Funktionstastatur f функциональная клавиатура
Funktionstaste f клавиша управления
Funktionsteil m функциональная [логическая] часть (*напр. ЭВМ*)
Funktionstest m функциональная проверка, функциональный контроль, проверка работоспособности
~, **diagnostischer** диагностическая функциональная проверка
Funktionstester m функциональный тестер, тестер для функционального контроля
Funktionstisch m *вчт* планшетное устройство для построения функциональных зависимостей
funktionstüchtig работоспособный; функционально пригодный
Funktionstüchtigkeit f работоспособность; функциональная пригодность
Funktionsübersetzer m, **Funktionsumformer** m преобразователь функции
funktionsuntauglich неработоспособный; функционально непригодный
Funktionsverstärker m операционный усилитель
Funktionsvielfalt f многофункциональность
Funktionswähler m, **Funktionswahlschalter** m переключатель рода работы
Funktionswandler m преобразователь функции
Funktionsweise f принцип действия
Funktionswertigkeit f многофункциональность
Funktionszeichen n 1. знак функции 2. *вчт* управляющий символ
Funktionszyklus m цикл работы
Funktor m 1. функциональный (логический) элемент 2. *мат.* функтор
Funkträgerfrequenz f несущая радиочастота
Funkturm m радиобашня
Funkübertragung f 1. радиопередача 2. радиовещание
Funkübertragungslinie f линия радиосвязи, радиолиния

Funkübertragungstechnik f 1. техника радиопередачи 2. техника радиовещания
Funküberwachung f 1. радиоконтроль 2. радиоподслушивание; радиоразведка
Funkunterlagen f pl радиодокументация, документация по радиосвязи
Funkverbindung f 1. радиосвязь 2. рлк радиоконтакт
Funkverbot n запрещение радиообмена или радиосвязи
Funkverkehr m радиообмен; радиосвязь
Funkverkehrslinie f см. **Funkübertragungslinie**
Funkvollzugsordnung f регламент радиосвязи
Funkvorschrift f наставление по радиослужбе
Funkwagen m радиомашина
Funkwechselverkehr m симплексная радиосвязь
Funkweg m радиолиния
Funkweitstreckenverkehr m дальняя радиосвязь
Funkwelle f радиоволна
~, **ankommende** приходящая радиоволна
~, **ebene** плоская радиоволна
~, **einfallende** падающая радиоволна
~, **einlaufende** приходящая радиоволна
~, **elliptisch polarisierte** эллиптически поляризованная радиоволна
~, **fortschreitende** бегущая радиоволна
~, **gerichtete** канализируемая радиоволна
~, **linear polarisierte** линейно поляризованная радиоволна
Funkwellenbeugung f дифракция радиоволн
Funkwellenemission f излучение радиоволн
Funkwerk n радиозавод
Funkwesen n радиотехника
Funkwetter n условия распространения радиоволн; радиопогода
Funkwetterdienst m служба радиопрогнозов, радиометеорологическая служба
Funkwettervorhersage f прогноз распространения радиоволн
Funkwinkelmesser m радиогониометр
Funkwitterungsdienst m см. **Funkwetterdienst**
Funkzeichen n радиосигнал
Funkzentrale f радиоцентр
Funkzielgerät n 1. радиолокационный имитатор цели 2. радиоприцел
Funkzwischenstelle f промежуточная радиорелейная станция, ПРС
Fupo n функциональный потенциометр
Furche f 1. зап. канавка 2. штрих (*дифракционной решётки*) 3. пп бороздка
Furchenabstand m 1. зап. расстояние между канавками 2. расстояние между штрихами (*дифракционной решётки*)
Furchenwinkel m 1. зап. угол наклона канавки 2. угол наклона штриха (*к плоскости дифракционной решётки*)
Fusion f 1. синтез (*ядер*) 2. пп сплавление; вплавление 3. тлв слияние
~, **gesteuerte** управляемый термоядерный синтез
~, **thermonukleare** термоядерный синтез
Fusionierung f составление последовательности (*информации*); слияние (*информации*)
Fuß m 1. цоколь (*напр. лампы*) 2. ножка (*лампы, трубки*) 3. основание, пята (*напр. антенны*)

Fußbreite f ширина (импульса) в основании
Fußdruckschalter m педальный [ножной] выключатель
Fußlambert n фут-ламберт (*единица яркости*)
Fußplatte f опорная плита
Fußpunkt m 1. исходная [опорная] точка 2. основание, пята (*напр. антенны*)
Fußpunkteinspeisung f нижнее питание (*антенны*)
Fußpunktkondensator m конденсатор на входе антенны
Fußpunktwiderstand m сопротивление входа антенны нижнего питания
Fußschalter m см. **Fußdruckschalter**
Fü-System n см. **Fernübertragungssystem**
Futterstück n прокладка
f_{sc}-**Verkopplung** f связь с частотой цветовой поднесущей
FW-Technik f телемеханика
F-Zentrum n см. **Farbzentrum**
FZ-Silizium n кремний, полученный методом зонной плавки

G

GA-Anlage f см. **Gemeinschaftanlage**
GaAsP-Diode f (люминесцентный) диод на фосфиде арсенида галлия
GaAs-Technologie f технология ИС на арсениде галлия
Gabel f 1. вилочная часть (электрического) соединителя, вилка 2. разветвитель
Gabelantenne f вилочная антенна (*с вертикально расположенными элементами*)
Gabelechosperre f подавитель отражённых сигналов вилочного типа
Gabelfilter n разветвительный фильтр
gabelförmig раздвоенный, разветвлённый
Gabelkontakt m вилочный контакт
Gabelkopfhörer m головной телефон
Gabelpunkt m 1. место разветвления 2. место перехода с четырёхпроводной цепи на двухпроводную
Gabelschaltung f 1. схема разветвления 2. дифференциальная схема 3. схема перехода с четырёхпроводной цепи на двухпроводную
Gabeltiefpaß m разветвительный фильтр нижних частот
Gabelübertrager m 1. вилочный разветвитель в канале передачи 2. разветвительный трансформатор
Gabelung f разветвление (надвое), раздвоение
Gabelverbindung f двухсторонняя связь
Gabor-Hologramm n голограмма Габора
Gabor-Röhre f плоская ЭЛТ
Gadolinium-Eisen-Verbindung f железо-гадолиниевое (ферромагнитное) соединение
Gadolinium-Kobalt-Verbindung f гадолиний-кобальтовое соединение
Ga-dotiert с примесью галлия (*о полупроводнике*)
Galette f галета (*напр. переключателя*)
Galgen m проф. «журавль», микрофонный штатив

Galgenmikrofon *n* (студийный) микрофон на штативе
Gallium-Antimonid *n* антимонид галлия
Galton-Pfeife *f* свисток Гальтона (*для возбуждения ультразвуковых колебаний*)
galvanisch гальванический
Galvanisieren *n* гальваностегия, электролитическое осаждение
Galvani-Spannung *f* гальвани-потенциал
Galvanomagnetik *f* гальваномагнетика
Galvanometer *n* гальванометр
~, **ballistisches** баллистический гальванометр
~, **nullanzeigendes** гальванометр-нуль-индикатор
Galvanometerfahne *f* флажок гальванометра
Galvanometerkonstante *f* постоянная гальванометра
Galvanometermodulator *m* гальванометрический модулятор (*света*)
Galvanometersaite *f* струна гальванометра
Galvanometerschleife *f* петля гальванометра
Galvanometerschreiber *f* гальванометрическое устройство (фотографической) записи
Galvanometerzweig *m* 1. ветвь с гальванометром 2. диагональ (измерительного) моста с гальванометром
Galvanometrie *f* гальванометрия
Galvanoplastik *f* гальванопластика
Galvanopyrometer *n* магнитоэлетрический пирометр
Galvanostegie *f* гальваностегия (*нанесение гальванических покрытий на проводящее основание*)
Galvanotechnik *f* гальванотехника
Galvanotropismus *m* гальванотропизм
Galvanotypie *f* гальванопластика (*нанесение гальванических покрытий на изоляционное основание*)
Gamma *n* 1. *тлв* показатель гаммы, гамма 2. гамма-излучение
Gamma... *см. тж* **Gammastrahlen** ...
Gamma-Aktivität *f* гамма-(радио)активность
Gamma-Bestrahlung *f* гамма-излучение
Gamma-Dosisleistung *f* доза гамма-излучения
Gammaempfindlichkeit *f* чувствительность к гамма-излучению
Gammaenergie *f* энергия гамма-излучения
Gammaentzerrer *m* гамма-корректор
Gammaentzerrung *f* гамма-коррекция
Gammaentzerrungsstufe *f* каскад гамма-коррекции
Gammaexponent *m* показатель гаммы
Gammafilter *n* фильтр гамма-излучения
Gammafluß *m* поток гамма-излучения
gammafrei свободный от гамма-излучения
Gammagraphie *f* гаммаграфия
Gammagrenzwert *m* предельное значение гаммы
Gammakammer *f* (сцинтиляционная) гамма-камера
Gamma-Kompensation *f*, **Gammakorrektur** *f* гамма-коррекция
Gammakorrekturschaltung *f* схема гамма-коррекции
Gammakorrekturstufe *f* каскад гамма-коррекции
Gammalinie *f* линия гамма-спектра

Gammameter *n*, **Gamma-Monitor** *m* гамма-дозиметр
Gamma-Quant(um) *n* гамма-квант
Gammaregler *m* гамма-корректор
Gamma-Schutz *m* гамма-защита, защита от гамма-излучения
Gamma-Strahlen *pl* гамма-лучи
~, **harte** жёсткие гамма-лучи
Gammastrahlen... *см. тж* **Gamma...**
Gamma-Strahlenausbeute *f* эффективность гамма-излучения
Gamma-Strahlenbündel *n* пучок гамма-излучения
Gamma-Strahlendetektor *m* гамма-детектор
Gamma-Strahlendosimeter *n* гамма-дозиметр
Gammastrahlenlaser *m* лазер гамма-излучения, гамма-лазер
Gamma-Strahler *m* гамма-излучатель
Gammastrahlungsstärke *f* интенсивность гамма-излучения
Gammateilchen *n* гамма-частица
Gammaübergangs-Lebensdauer *f* время жизни гамма-перехода
Gamma-Werkstoffprüfung *f* гамма-дефектоскопия
Gammawert *m* показатель гаммы
Gammazähler *m* счётчик гамма-излучения
Gang *m* 1. ход 2. ход кривой; характеристика 3. скорость; скорость хода 4. цикл 5. шаг (*напр. витков*) 6. траектория; путь; трасса □ **in ~ setzen** вводить в действие [в эксплуатацию]
~, **toter** 1. мёртвый ход 2. зазор
~, **16-er** частота (киносъёмки) 16 кадров в секунду
Gangdauer *f* 1. длительность хода 2. длительность цикла
Gangdifferenz *f*, **optische** оптическая разность хода
Ganghöhe *f* 1. величина шага 2. шаг дорожек или канавок (*записи*)
~ **des Gitters** шаг (намотки) сетки
Gangsteuerungskontrolle *f* контроль управления циклом
Gangunterschied *m* разность хода
Gangverzögerung *f* 1. задержка хода 2. задержка цикла
Gangvorimpuls *m* импульс, подготавливающий начало цикла
Gangzahl *f* число циклов
Gangzähler *m* счётчик циклов
Gangzeit *f см.* **Gangdauer**
Gänseblümchenpollen *f pl* загрязнения в виде звёздочек с расходящимися лучами
Ganzformspule *f* шаблонная катушка
Ganzglaskolben *m* (цельно)стеклянная колба
Ganzlötung *f* полное облуживание (*покрытие всего рисунка печатной платы припоем*)
Ganzmetallfolienband *n* (цельно)металлическая лента
Ganzmetallröhre *f* (цельно)металлическая лампа
Ganzscheibenbelichtung *f* одновременное экспонирование всего поля полупроводниковой пластины
Ganzscheibenbelichtungsanlage *f* установка экспонирования на полную пластину

Ganzscheibenjustierung f, globale юстировка положения всей пластины
Ganzscheibenmaske f шаблон на (полную) пластину
Ganzwellenantenne f антенна в виде (одно)волнового симметричного вибратора
Ganzwellendipol m (одно)волновой симметричный вибратор
ganzzahlig целочисленный
Garantieanspruch m гарантийное обязательство
Garantielebensdauer f гарантируемая долговечность
Garantiezahlen f pl гарантийные параметры
«Gardinenbildung» f *проф. тлв* (вертикальные) «столбы» (*с левой стороны растра*)
Garnitur f 1. комплект; набор; ассортимент 2. *тлф* гарнитура
Gartenzaun m *проф.* «садовая ограда» (*осциллограмма непрерывной последовательности импульсов*)
Gas n, **leitendes** проводящий газ
Gas... газовый
Gasatmosphäre f газовая среда, газовая атмосфера
Gasaufnahme f газопоглощение
Gasausbruch m выделение газа
Gasbindung f газопоглощение; гетерирование
Gasbrenner m газовая горелка
gasdicht газонепроницаемый, газоплотный
gasdiffusionsdotiert диффузионно-легированный
Gasdiffusionsverfahren n *пп* метод диффузионного легирования из газовой [паровой] фазы
Gasdiode f газотрон
Gasdruckkabel n газонаполненный кабель
gasdynamisch газодинамический
Gaselektronik f электроника газового разряда
Gasentladung f газовый разряд
~, **nichtstationäre** нестационарный газовый разряд
~, **selbständige** самостоятельный [самоподдерживающийся] газовый разряд
~, **unselbständige** несамостоятельный [несамоподдерживающийся] газовый разряд
Gasentladungsanzeiger m 1. газоразрядный дисплей 2. газоразрядная индикаторная панель
Gasentladungsbildschirm m газоразрядная индикаторная панель
Gasentladungsdetektor m *см.* **Gasentladungsgleichrichter**
Gasentladungsdisplay n газоразрядный дисплей
Gasentladungsgefäß n газоразрядная трубка
~, **gittergesteuertes** тиратрон
Gasentladungsgleichrichter m выпрямитель на газотроне (тлеющего разряда)
Gasentladungsplasma n плазма газового разряда
Gasentladungsrauchen n шум газового разряда
Gasentladungsröhre f газоразрядный прибор; газоразрядная лампа
~, **gittergesteuerte** тиратрон
Gasentladungsstrecke f ионный разрядник
Gasentladungsventil n ионный вентиль
Gasflußlaser m газодинамический лазер
Gasfokussierung f ионная фокусировка
gasgefüllt газонаполненный, газополный
Gaßgemischlaser m лазер на смеси газа

Gasgleichrichter m газотронный выпрямитель
Gasgleichrichterröhre f газотрон; тунгар
Gasgrenzschicht f газовый (по)граничный слой
Gasionenstrom m ионный ток (*в электронной лампе*)
Gasionisation f ионизация газа
Gas-Kristall-Übergang m переход газ — кристалл
Gaslaser m газовый лазер
Gaslaserstrahler m излучатель газового лазера
Gasmaser m газовый мазер
Gasmultiplikationsfotozelle f фотоэлемент с газовым усилением
Gasotron n газотрон
Gasphase f газовая [паровая] фаза
Gasphasenätzung f газофазное травление
Gasphasendotierungsverfahren n метод газофазного легирования
Gasphasenepitaxie f газофазная эпитаксия
Gasphasenmethode f газофазный метод
Gasphasenreaktion f газофазная реакция
Gasplasmaerzeugung f образование газовой плазмы
Gasrauschröhre f шумовая газоразрядная лампа
Gasreinigung f очистка газа
Gasrekombination f рекомбинация газа [в газе]
Gasröhre f 1. газонаполненная лампа; газоразрядная трубка 2. ионная рентгеновская трубка
Gasröhrenschalter m газоразрядный переключатель
gassicher газонепроницаемый
Gasstrahl m газовая струя
Gasstrom m 1. поток газа 2. ионный ток
Gasströmungslaser m газодинамический лазер
Gastransportepitaxie f газотранспортная эпитаксия
Gastransportlaser m газодинамический лазер
Gastransportverfahren n газотранспортный метод (*изготовления полупроводниковых структур*)
Gastrechner m главная ВМ
Gastriode f тиратрон
Gastriodenimpulsgenerator m тиратронный импульсный генератор
«Gast-Wirt»-Flüssigkristallanzeigegerät n жидкокристаллический индикатор на эффекте гость — хозяин»
«Gast-Wirt»-Flüssigkristallzelle f жидкокристаллическая ячейка на эффекте «гость — хозяин»
Gasumlauflaser m газодинамический лазер
Gasverstärkung f газовое усиление
Gaszelle f ионный [газонаполненный] фотоэлемент
Gaszellenfrequenznormal n эталон частоты на газовой ячейке
Gaszündgerät n игнитрон
Gate n 1. логический элемент, ЛЭ; логическая схема; вентиль 2. стробирующая схема 3. стробирующий импульс, строб-импульс 4. затвор (*в полевом транзисторе*) 5. *пп* управляющий электрод 6. вентильный провод (*в плёночном криотроне*)
~, **floatendes** плавающий затвор
~, **hinteres** задний затвор; второй затвор
~, **oberes** верхний затвор

~, **schwimmendes** плавающий затвор
~, **selbstjustiertes** самосовмещённый затвор
~, **unteres** нижний затвор
~, **vorderes** передний затвор
Gate-Array n **1.** вентильная матрица **2.** матрица логических элементов
Gatearrayschaltkreis m вентильная матрица
Gatebreite f длительность строб-импульса
Gate-Diode f диодная логическая схема
gate-drain *англ.* затвор — сток
Gate-Drain-Kapazität f ёмкость затвор — сток
Gate-Drain-Reststrom m ток утечки (перехода) затвор — сток
Gate-Drain-Spannung f напряжение затвор — сток
Gate-Elektrode f **1.** электрод затвора (*полевого транзистора*) **2.** пп управляющий электрод
Gateflußspannung f напряжение прямого смещения затвора
Gategeschwindigkeit f быстродействие логического элемента
Gate-Injektions-MOS-Transistor m МОП-транзистор с инжекционным плавающим затвором
Gateisolation f изоляция затвора
Gate-Kanal-Übergang m переход затвор — канал
Gatekapazität f ёмкость затвора
Gatekontaktgraben m канавка для контакта затвора
Gatelänge f *см.* **Gatebreite**
Gateleckstrom m ток утечки затвора
Gateleiterwiderstand m сопротивление проводника затвора
Gateleitung f проводник затвора
Gateoxid n подзатворный оксид
Gateoxiddicke f толщина подзатворного оксида
Gateoxidschicht f слой подзатворного оксида
Gate-Reststrom m ток утечки затвора
Gateschaltung f схема с общим затвором
Gateschutzdiode f диод защиты затвора
gate-source *англ.* затвор — исток
Gate-Source-Differenzspannung f разность напряжений затвор — исток (*сдвоенного полевого транзистора*)
Gate-Source-Kapazität f ёмкость затвор — исток
Gate-Source-Pinch-off-Spannung f напряжение отсечки затвор — исток
Gate-Source-Schwellenspannung f пороговое напряжение затвор — исток
Gate-Source-Spannung f напряжение затвор — исток
Gate-Source-Sperrstrom m обратный ток перехода затвор — исток
Gatespannung f **1.** напряжение затвора **2.** напряжение управляющего электрода
Gatesperrstrom m обратный ток затвора
Gatestreifen n затворная дорожка; полоска затвора
Gatestruktur f **1.** структура логического элемента **2.** структура затвора
Gate-Substrat n затвор — подложка
Gate-Substrat-Spannung f напряжение затвор — подложка
Gate-Turn-off-Thyristor m двухоперационный

триодный тиристор, двухоперационный тринистор
Gateverstärker m усилитель с общим затвором
Gatevorspannung f напряжение смещения на затворе
Gatewiderstand m сопротивление затвора
Gateziffer f качество приёмной системы (*отношение усиления антенны к шумовой температуре антенной системы*)
Gatezone f область затвора, затвор (*полевого транзистора*)
Gatter n **1.** вентиль, вентильная схема; диодная сборка **2.** логический элемент, ЛЭ **3.** стробирующая схема **4.** функциональный (логический) элемент **5.** электронное реле
~ **steuerndes** [**treibendes**] управляющий вентиль
Gatteräquivalent m эквивалент (элементарных) логических схем
gattergesteuert селектируемый, стробируемый
Gattergruppe f **1.** группа вентилей **2.** функциональный узел
Gatterimpuls m стробирующий [селекторный] импульс, строб-импульс
Gatterimpulsgenerator m генератор стробирующих импульсов
Gatterkurzschluß m короткое замыкание затвора
Gatterschaltung f **1.** вентильная схема **2.** стробирующая схема **3.** вчт функциональная схема
Gattersteuermatrix f матрица логических элементов; дешифратор
Gatterverzögerung f время задержки в логическом элементе
Gatterwiderstand m сопротивление, включенное последовательно с диодной сборкой
Gattung f **1.** вид; тип **2.** сорт; категория; класс
Gatterverzögerungszeit f время задержки вентиля
Gauß n гаусс, Гс
Gauß-Entzerrer m корректор Гаусса
Gauß-Impuls m колокольный [колоколообразный] импульс
Gauß-Kurve f кривая Гаусса, кривая нормального распределения
Gauß-Meter n измеритель магнитной индукции, ИМИ
Gauß-Verteilung f гауссово [нормальное] распределение
Gaze f (металлическая) сетка
GB-Produkt n произведение коэффициента усиления на ширину полосы
GB-Schaltung f схема с общей базой
GB-Stufe f каскад с общей базой
GCA-Anflugleitradar n РЛС управления заходом на посадку
GCA-System n система управления заходом на посадку
Ge-... *см.* **Germanium...**
Gebeeinrichtung f *см.* **Geber**
geben 1. снабжать (питанием), питать **2.** передавать, вести передачу
Geber m **1.** датчик **2.** датчик-преобразователь **3.** тлг трансмиттер **4.** генератор
~, **automatischer 1.** автоматический датчик **2.** ленточный трансмиттер
~ **der stochastischen Zahlen** датчик случайных чисел

~, **transformatischer** трансформаторный датчик (*преобразователь механических величин в напряжение переменного тока*)
Geberamt *n* передающая станция
Geberautosyn *n* сельсин-датчик
Gebereinrichtung *f см.* Geber
Geberelement *n см.* Geber 1., 2.
Gebergenerator *m* тахогенератор
Gebergerät *n см.* Geber
Geberimpuls *m* вчт позиционный импульс
Geberkapazität *f* ёмкость датчика
Geberkonstante *f* постоянная датчика
Geberkontakt *m* контакт датчика
Gebermotor *m* двигатель-датчик
Geberpotentiometer *n* задающий потенциометр
Geberseite *f* передающая сторона
Geberspannung *f* напряжение датчика
Geberstation *f* передающая станция
Geberstrom *m* ток датчика
Geberumwandlung *f* преобразование величин датчиком
Gebervorrichtung *f см.* Geber
Geberwandlung *f см.* Geberumwandlung
Geberwelle *f* волна передатчика
Geberzähler *m* счётчик-датчик
Gebetempo *n* тлг скорость передачи
gebeugt дифрагированный
Gebiet *n* 1. область; зона 2. диапазон 3. сфера или радиус действия (*см. тж* Bereich)
~, **Fraunhofersches** зона Фраунгофера
~, **Fresnelsches** зона Френеля
~, **i-leitendes** область собственной электропроводности, *i*-область
~, **instabiles** 1. область нестабильной работы 2. *над.* область неустойчивости
~ **ohne Amplitudendifferenz zweier Signale** равносигнальная зона
~, **stabiles** 1. область стабильной работы 2. *киб.* область устойчивости
~, **stabilisierendes** область стабилизации
Gebietabgrenzung *f* 1. *свз* районирование 2. выравнивание фазового фронта (*линзовой антенны*)
Gebietsfunkverbindung *f* районная радиосвязь
Gebietsverbindung *f* районная связь
Gebilde *n* 1. структура 2. вид; образ 3. схема 4. *мат.* отображение 5. *мат.* многообразие
geblättert набранный из отдельных листов, ламинированный
gebondet 1. присоединённый 2. приваренный
Gebrauchsanweisung *f* инструкция по эксплуатации
Gebrauchslage *f* 1. рабочее положение (*прибора*) 2. условия эксплуатации
Gebrauchsspannung *f* номинальное рабочее напряжение
Gebrauchswerte *m pl* эксплуатационные показатели
Gebühr *f* тариф
Gebührenanzeige *f* тлф индикация тарифной оплаты
Gebührenerfassung *f* учёт тарифной оплаты
Gebührenfernsehen *n* платное телевидение
Gebührenmelder *m* тлф индикатор тарифной оплаты

Gebührensignal *n* тарифный сигнал
Gebührenzähler *m* абонентский счётчик
Gebührenzone *f* тарифная зона
gebündelt 1. сфокусированный 2. связанный
~, **stark** остросфокусированный
gebunden 1. связанный 2. потенциальный (*об энергии*) 3. скрытый (*о теплоте*)
Gebunden-frei-Übergang *m* переход из связанного в свободное состояние
Gebunden-gebunden-Übergang *m* переход из одного связанного состояния в другое
Gedächtnis *n* память
Gedächtniselement *n* запоминающий элемент
Gedächtnisrelais *n* реле с самоблокировкой
Gedächtnisröhre *f* запоминающая ЭЛТ
Gedächtnisschalter *m* переключатель с памятью
Gedächtniszelle *f* ячейка памяти
gedämpft демпфированный; затухающий
gedopt легированный
Gee-H-System *n* система радиокавитации «Джи-Эйч»
geeicht калиброванный, градуированный
geerdet заземлённый
~, **starr** жёстко заземлённый
Gee-Verfahren *n* система (гиперболической) радионавигации «Джи»
Gefahrenmeldeanlage *f* установка аварийной сигнализации
Gefahrenzeichen *n* знак молнии (*условное обозначение высокого напряжения*)
Gefahrspannung *f* опасное напряжение
Gefahrzeit *f* тлф, тлг время полной загрузки линии
Gefälle *f* 1. градиент; переход 2. падение, снижение, уклон 3. крутизна (*характеристики*)
Geflecht *n* оплётка (*кабеля*)
Geflechtaußenleiter *m* внешний провод-оплётка (*коаксиального кабеля*)
Gefüge *f* структура; строение
~, **feines** мелкозернистая структура
~, **grobes** крупнозернистая структура
Gefügealterung *f* старение структуры
Gefühlssimulationseinrichtung *f* активный авиатренажёр
Gegenamt *n* корреспондирующая станция
Gegenbeleuchtung *f* тлв контровый свет; силуэтное освещение
Gegenberechnung *f* проверочное вычисление
Gegeneinanderschaltung *f* встречное включение
Gegenelektrode *f* противоположный электрод
Gegenemission *f* обратная эмиссия
Gegen-EMK *f* противоэлектродвижущая сила, противоэдс
Gegenerde *f* противовес антенны
Gegenfarbe *f* тлв дополнительный цвет
Gegenfeldspule *f* катушка для создания встречного магнитного поля
Gegenfernsehen *n* двухсторонняя телевизионная связь
Gegenfluß *m* встречный (магнитный) поток
Gegenfunkstelle *f* корреспондирующая радиостанция
gegengekoppelt с обратной связью
gegengepolt с противоположной полярностью
Gegengewicht *n* противовес

261

Gegengewichtantenne f антенна с противовесом
gegengewickelt намотанный во встречном направлении
Gegenimpuls m встречный импульс
Geneninduktion f взаимная индукция
Gegeninduktivität f взаимная индуктивность
Gegenion n противоион
Gegenkapazität f 1. взаимная ёмкость 2. компенсирующая ёмкость
Gegenkontakt m встречный контакт, противоконтакт (*реле*)
Gegenkoppelgröße f величина обратной связи
gegenkoppeln вводить (отрицательную) обратную связь
Gegenkopplung f (отрицательная) обратная связь
~, **frequenzabhängige** частотно-зависимая (отрицательная) обратная связь
~, **komplexe** комплексная обратная связь
~, **negative** отрицательная обратная связь
~, **positive** положительная обратная связь
~, **stabilisierende** стабилизирующая отрицательная обратная связь
~, **transistoreigene** внутренняя (отрицательная) обратная связь транзистора
Gegenkopplung-Klangfarbenregler m регулятор тембра с использованием отрицательной обратной связи
Gegenkopplungsamplitudenregelung f регулирование амплитуды отрицательной обратной связи
Gegenkopplungsfaktor m коэффициент обратной связи
gegenkopplungsfrei без обратной связи
Gegenkopplungsglied n звено отрицательной обратной связи
Gegenkopplungsgrad m см. **Gegenkopplungsfaktor**
Gegenkopplungskreis m контур обратной связи
Gegenkopplungsleitung f цепь обратной связи
Gegenkopplungsmeßschaltung f схема для измерения (величины) обратной связи
Gegenkopplungsnetzwerk n см. **Gegenkopplungsschaltung**
Gegenkopplungsregler m регулятор отрицательной обратной связи
Gegenkopplungsschaltung f схема обратной связи
Gegenkopplungsschleife f петля обратной связи
Gegenkopplungsspannung f напряжение обратной связи
Gegenkopplungsverhältnis n см. **Gegenkopplungsfaktor**
Gegenkopplungsverstärker m усилитель с отрицательной обратной связью
Gegenkopplungsweg n, **Gegenkopplungszweig** m цепь обратной связи
Gegenleitwert m 1. крутизна (*электронной лампы*) 2. активная межэлектродная проводимость
Gegenmagnetisierung f 1. перемагничивание 2. обратимое намагничивание
Gegenmaßnahmen f pl меры противодействия, противодействие
~, **aktive** активное противодействие
~, **direkte** прямое противодействие
Gegenmitsprechen n переходный разговор с основной цепи на искусственную (*на стороне приёма*)
Gegenmodulation f балансная модуляция
Gegennebensprechdämpfung f переходное затухание на приёмной стороне
Gegennebensprechen n переходный разговор на приёмной стороне
Gegenparallelschaltung f встречно-параллельное включение
Gegenphase f противофаза
Gegenphasensystem n противофазная система
Gegenphasigkeit f 1. противофазность 2. противофазное питание
Gegenreaktion f (обратная) реакция; противодействие
Gegenreihenschaltung f встречно-последовательное включение
Gegenresonanz f резонанс токов
Gegenrichtung f 1. направление, противоположное главному лепестку (*диаграммы направленности*) 2. nn обратное направление
Gegenschaltung f встречно-параллельное включение
Gegenschaltungsmethode f компенсационный метод (измерений)
Gegenscheinleitwert m полная межэлектродная проводимость
Gegenschreiben n дуплексная (буквопечатающая) телеграфия; полудуплексная (буквопечатающая) телеграфия
Gegenschreibverkehr m дуплексная телеграфная связь
Gegensehen n двухсторонняя телевизионная связь
Gegensehfernsprechanlage f видеотелефон
Gegensinnigkeit f 1. противофазность, противоположность фаз 2. противоположность направлений
Gegenspannung f обратное напряжение
Gegensprechen n дуплексная [двухсторонняя] (телефонная) связь, дуплекс
Gegensprechgerät n аппарат дуплексной [двухсторонней] (телефонной) связи
Gegensprechzusatz m приставка для дуплексной [двухсторонней] (телефонной) связи
Gegenspule f катушка обратной связи
Gegenstandsbündel n гол. объектный пучок
Gegenstandsraum m опт. пространство предметов
Gegenstandsweite f расстояние до объекта
Gegenstandswelle f гол. объектная волна
Gegenstation f, **Gegenstelle** f корреспондирующая станция
Gegenstörungen f pl взаимные помехи
Gegenstrahlungswiderstand m взаимное сопротивление излучения (двух диполей)
Gegenstrom m обратный ток
Gegentakt m 1. противофазность 2. двухтактность □ **in** ~ **schwingen** колебаться в противофазе
Gegentaktablenkendverstärker m двухтактный оконечный усилитель развёртки
Gegentaktabtastung f воспроизведение противофазной фонограммы
Gegentakt-A-Modulation f модуляция класса А

Gegentaktaufzeichnung f противофазная запись
Gegentaktausgangstreiber m двухтактное задающее устройство
Gegentaktausgangsverstärker m двухтактный выходной усилитель
Gegentakt-A-Verfahren m метод звукопередачи с помощью противофазной фонограммы по классу А; противофазная запись по классу А
Gegentakt-B-Modulation f модуляция класса В
Gegentaktdifferenzstufe f двухтактный вычитающий каскад
Gegentaktdiode f двойной диод
Gegentaktdiskriminator m балансный дискриминатор
Gegentaktfotozelle f сдвоенный фотоэлемент (*для воспроизведения противофазной фонограммы*)
Gegentaktgenerator m **in Gitterbasisschaltung** двухтактный генератор по схеме с общей сеткой
Gegentaktleistungsstufe f мощный двухтактный каскад
Gegentaktmikrofon n дифференциальный микрофон
Gegentaktmischkopf m балансная смесительная головка
Gegentaktmode f противофазная мода (*колебания*)
Gegentaktmodulation f балансная модуляция
Gegentaktmodulator m балансный модулятор
Gegentaktschrift f противофазная запись; противофазная фонограмма
Gegentaktschwingungen f pl противофазные колебания
Gegentaktsender m передатчик по двухтактной схеме
Gegentaktspeisung f противофазное [симметричное] питание
Gegentaktsprossenschrift f противофазная запись переменной плотности; противофазная фонограмма переменной плотности
Gegentaktspur f противофазная фонограмма
Gegentakttonaufnahme f, **Gegentakttonaufzeichnung** f противофазная звукозапись
Gegentakttonschrift f противофазная звукозапись; противофазная фонограмма
Gegentakttonspur f см. **Gegentaktspur**
Gegentakttransformator m симметричный трансформатор
Gegentakttransistor m составной транзистор, включённый по двухтактной схеме
Gegentaktverfahren n противофазный метод (*звукопередачи*)
Gegentaktverlauf m противофазный ход (*кривых*), симметричная форма (сигнала относительно нуля)
Gegentaktwellen f pl противофазные волны
Gegentaktwicklung f дифференциальная обмотка
Gegentaktwiedergabe f воспроизведение противофазной фонограммы
Gegentaktwiedergabeoptik f оптическая система для воспроизведения противофазной фонограммы
Gegentaktzackenschrift f противофазная поперечная запись; противофазная поперечная фонограмма

Gegenübersprechen n взаимные перекрёстные помехи (*на приёмном конце*)
Gegenüberstelleinrichtung f сравнивающее устройство
Gegenurspannung f противоэлектродвижущая сила, противоэдс
Gegenverbindung f противосвязь
Gegenverkehr m 1. дуплексная связь 2. встречный обмен информацией
Gegenversuch m повторное [контрольное] испытание
Gegenvorspannung f напряжение обратного смещения, обратное смещение
Gegenwähler m исходящий (групповой) искатель
Gegenwahrscheinlichkeit f дополнительная вероятность, вероятность противоположного события
Gegenwert m эквивалент
Gegenwicklung f встречная [противодействующая] обмотка; дифференциальная обмотка
Gegenwiderstand m nn обратное сопротивление
Gegenwirkung f противодействие; реакция
Gegenzentrale f корреспондирующая станция
Gehäuse n 1. ящик; кожух; футляр 2. корпус (*микросхемы*) 3. остов; шасси
~, **dual-in-line** корпус с двухрядным расположением выводов, DIP-корпус
~ **mit beam-lead Anschlüssen** DIP-корпус с балочными выводами
~ **mit Streifenleiteranschlüssen** DIP-корпус с полосковыми выводами
Gehäuseabschluß m, **Gehäuseanschluß** m вывод корпуса (*напр. ИМС*)
Gehäuseausführung f корпусное исполнение
Gehäusebasis f основание корпуса
Gehäusedipol m встроенный диполь (*напр. в корпус приёмника*)
Gehäuseerde f масса корпуса (*в качестве заземления*); заземление корпуса
Gehäuseerdung f заземление корпуса
Gehäuselautsprecher m громкоговоритель в ящике
gehäuselos бескорпусной (*о микросхемах*)
Gehäuseresonanz f резонанс ящика (*напр. радиоприёмника*)
Gehäuseschluß m 1. (короткое) замыкание на корпус 2. заземление на корпус
Gehäusestift m штырёк корпуса
Gehäusestrom m протекающий по корпусу ток, ток шасси
Gehäuseverlustleistung f мощность, рассеиваемая корпусом
Geheimhaltungsklasse f степень секретности сообщения
Geheimhaltungssystem n система засекречивания, криптографическая система
Geheimschaltung f (телефонная) установка для секретной связи
Geheimschrift f шифр
Geheimsendung f засекреченная [скрытая] передача
Ge-HF-Transistor m германиевый высокочастотный транзистор
Gehirnstrom m токи мозга
Gehirnwelle f волна, излучаемая мозгом

Gehörempfindlichkeit f слуховая чувствительность
Gehörempfindlichkeitsmeßgerät n аудиометр
Gehörganghörer m вставной телефон
Gehörmesser m аудиометр; шумомер
Gehörminimumpeilung f пеленгование по (методу) минимальной слышимости
Gehörpeilung f звуковое пеленгование
Gehörschutz m защита слуха (от шумов)
Geh-Steh-Apparat m стартстопный телеграфный аппарат
Geiger-Impulsgenerator m генератор импульсов Гейгера
Geiger-Müller-Schwelle f порог области Гейгера—Мюллера
Geiger-Müller-Zähler m, **Geiger-Müller-Zählrohr** f счётчик [счётная трубка] Гейгера-Мюллера
Geißler-Röhre f ионная трубка Гейслера, гейслерова трубка
Geisterbild n повторное изображение, проф. «повтор»
Geistersignal n тлв отражённый сигнал
Geisterstation f радиостанция, образующая зеркальную частоту
gekoppelt связанный (напр. электрически); соединённый
~, **direkt** непосредственно связанный
~, **mehrfach** многократно связанный
~, **optisch** оптически связанный
~, **starr** жёстко связанный
~, **unmittelbar** непосредственно связанный
~, **zeitlich** связанный во времени
Geländeausschnitt m рлк участок местности
Geländebeobachtungsradar n РЛС слежения за местностью
Gelatinehologramm n голограмма на желатиновой плёнке
Gelbfilter n жёлтый (свето)фильтр
gelitzt 1. многожильный 2. скрученный
gelocht перфорированный
gelöscht 1. зап. стёртый 2. размагниченный 3. погашенный (напр. о счётчике)
Gemeinschaftsanlage f тлв установка коллективного пользования
~, **große** установка коллективного пользования с отдельными антенной и усилителем на каждый канал
Gemeinschaftsanschluß m 1. общее [совместное] включение 2. ввод (линии) коллективного пользования
Gemeinschaftsantenne f антенна коллективного пользования
Gemeinschaftsantennenanlage f система с антенной коллективного пользования
Gemeinschaftsempfang m коллективный приём
Gemeinschaftsleitung f линия коллективного пользования, общая линия
Gemeinschaftsprogramm n центральная программа; общая программа
Gemeinschaftssatellit m интернациональный спутник
Gemeinschaftswelle f общая волна (нескольких радиовещательных станций)
Gemeinschaftswellen f pl фтт коллективные колебания, коллективные возбуждения

Gemenge n 1. смесь (напр. цветов изображения) 2. партия; группа 3. порция; доза
Gemengeteil m компонента, составляющая
Gemisch n 1. смесь 2. смешанный сигнал
gemischt 1. смешанный 2. тлв микшированный
Gemischtwiderstand m композиционный резистор
gemittelt усреднённый
gemodelt модулированный
Gemurmel n переходный разговор
Genauigkeit f точность
~, **bezogene** относительная точность
~, **dynamische** динамическая точность (САР)
~, **statische** статическая точность (САР)
Genauigkeitsanforderungen f pl требования к точности
Genauigkeitstoleranz f допуск по точности
Genauigkeitsverlust m вчт потеря точности, погрешность промежуточных вычислений
Genauigkeitswiderstand m 1. эталонное сопротивление 2. прецизионный резистор
Generalisierung f обобщение
Generation f 1. генерирование, генерация 2. поколение (напр. ЭВМ) 3. яд. физ. ступень цепной реакции
Generation-Rekombination-Rauschen n генерационно-рекомбинационный шум
Generationsrate f пп скорость генерации
Generations-Rekombinations-Zentrum n генерационно-рекомбинационный центр
Generator m 1. генератор 2. вчт генерирующая программа
~, **brückenstabilisierter** генератор с мостовой схемой стабилизации
~, **frequenzstabiler** стабилизированный по частоте генератор
~, **Heilscher** (микроволновый) генератор Гейла
~, **intermittierender** релаксационный генератор
~ **mit permanentem Feld** магнитоэлектрический генератор; тлф индуктор
~ **mit verzögerter Rückkopplung** генератор с запаздывающей обратной связью
~, **thermoelektrischer** термоэлектрический генератор
Generatorabgleich m настройка генератора
Generatordiode f генераторный диод
Generatorfrequenz f частота генератора
Generatorklystron n генераторный клистрон
Generatorkreis m контур [цепь] генератора
Generatorleistung f мощность генератора
Generatorrauschspannung f напряжение генератора шумов
Generatorschwingkreis m колебательный контур генератора
Generatorsperre f 1. запирание генератора 2. блокировка генератора
Generatorwiderstand m (внутреннее) сопротивление генератора
Generierung f генерация
Generierungsschwelle f порог генерации
gen-lock англ. тлв 1. система принудительной синхронизации 2. внешняя синхронизация
genormt стандартизованный, стандартный
Genotron n фирм. высоковольтный кенотрон
Gentechnik f генная технология
Gentex англ., **Gentexnetz** n система «Гентекс»

(*система международной автоматической телетайпной связи общего пользования*)
Geodimeter *m* геодиметр, оптоэлектронный дальномер
Geoelektrizität *f* геоэлектричество
Geoelektronik *f* геоэлектроника
geöffnet 1. разомкнутый 2. открытый
geomagnetisch геомагнитный
Geometrieakustik *f* геометрическая акустика
Geometriebrumm *m* геометрические фоновые искажения (растра)
Geometrie-Computer *m* компьютер для анализа и синтеза геометрических искажений
Geometriefehler *m pl*, **Geometrieverzerrungen** *f pl* геометрические искажения (изображения)
Geopotenzial *n* геопотенциал, потенциал Земли
gepaart спаренный; согласованный
Gepo *n* задающий потенциометр
gepolt поляризованный
~ **in Durchlaßrichtung** смещённый в прямом направлении
geprägt рельефный
gepuffert 1. буферный 2. предварительно накопленный в ЗУ
gepumpt:
~, **kontinuierlich** с непрерывной накачкой
~, **optisch** с оптической накачкой
gequantelt квантованный
gerade 1. прямой 2. чётный
Gerade *f* прямая (линия)
Geradeausempfänger *m* радиоприёмник прямого усиления
Geradeausentfernung *f* расстояние прямой видимости
Geradeausholografie *f* осевая голография, голография по схеме Габора
Geradeausprogramm *n* линейная программа (*без ветвлений*)
Geradeausschaltung *f* схема прямого усиления
Geradeausstrahlung *f* прямое излучение
Geradeausverstärker *m* усилитель прямого сигнала, проходной усилитель
~, **quantenmechanischer** проходной квантовый усилитель
Geradeausverstärkung *f* прямое усиление
Geradeauszähler *m* счётчик с (одно)направленным действием
Gerade-Ungerade-Kontrolle *f*, **Gerade-Ungerade-Prüfung** *f* проверка на чётность — нечётность
Geradlinigkeit *f* (прямо)линейность
Geradsichtspektroskop *n* спектроскоп прямого видения
Geradstellung *f* **des Spaltbildes** перпендикулярность воспроизводящего штриха
Geradzahligkeitsüberprüfung *f* проверка на чётность
gerastet с нормированным шагом
Gerät *n* 1. прибор; аппарат; устройство 2. инструмент
~, **auswertendes** 1. прибор для (численной) оценки значений 2. прибор для построения кривых
~, **datenverarbeitendes** устройство обработки данных

~, **externes** *вчт* внешнее устройство
~, **intelligentes** интеллектуальное [«разумное»] устройство
~, **ladungsgekoppeltes** прибор с зарядовой связью, ПЗС
~ **mit programmtechnischer Selbstkontrolle, intelligentes** *см.* **Gerät, intelligentes**
~, **peripheres** *вчт* периферийное устройство
Geräte *n pl*, **tontechnische** звуковая аппаратура
Geräteabfragebetrieb *m*, **zyklischer** упорядоченный опрос узлов (системы)
Geräteanschluß *m* 1. подключение прибора 2. входная клемма прибора
Gerätebau *m* приборостроение
Gerätebestückung *f* комплектация приборов
Gerätebuchse *f* приборная розетка
Gerätedokument *n* документация на аппаратуру
Geräteeinheit *f* приборный блок
Geräteelektronik *f* приборная электроника
Geräteentstörung *f* 1. подавление помех внутри прибора 2. подавление излучаемых прибором помех
Gerätefehler *m* инструментальная погрешность
Gerätefeld *n* приборная панель
Geräteführer *m* оператор
Gerätegeneration *f* поколение аппаратуры
Gerätegruppe *f см.* **Gerätesatz**
Gerätehandbuch *n* руководство [справочник] по приборам
Geräteheizung *f* прогрев прибора
Gerätehersteller *m* предприятие-изготовитель приборов
Gerätekonstante *f* постоянная прибора
Gerätemontage *f* монтаж аппаратуры
Geräteraum *m* аппаратная; приборный отсек
Geräteredundanz *f* аппаратурная избыточность
Gerätesatz *m* комплект приборов
Geräteschutzsicherung *f* предохранитель (в цепи) прибора
Geräteselbstprüfung *f* автоматический аппаратный контроль
Gerätesicherung *f см.* **Geräteschutzsicherung**
Gerätespiegel *m* 1. зеркало (измерительного) прибора 2. рефлектор прибора
Gerätestecker *m* приборная вилка
Gerätestufe *f* приборный блок; блок аппаратуры
Gerätetechnik *f* приборные методы; приборная техника
Geräteteil *m* приборный отсек
Geräteträger *m* устройство для перемещения аппаратуры
Geräteverdrahtung *f* монтаж аппаратуры
Geräusch *n* 1. шум, шумы 2. шумовая помеха 3. шумовой фон
Geräuschanalysator *m* анализатор шумов, шумоанализатор
Geräuscharchiv *n* фонотека шумов (*для радио, звукового кино*)
Geräuschaufnahme *f* 1. запись (фонограммы) шумов 2. фонограмма шумов 3. зашумлённая фонограмма
Geräuschaufzeichnung *f см.* **Geräuschaufnahme**
Geräuschdämmung *f* 1. подавление шумов 2. звукоизоляция; звукопоглощение
Geräuschdämpfer *m* 1. подавитель шумов 2.

фриттер (*предохранитель от акустических ударов*)
Geräuschdämpfung f подавление шумов
Geräuscheinheit f, **vereinbarte** единица шума (*98,5 дб ниже 1 мВт при 1000 Гц*)
Geräusch-EMK f эдс шумов
Geräuschfrequenz f частота шумов
Geräuschgang m характеристика шума, шумовая характеристика
Geräuschisolierung f звукоизоляция
Geräuschspannungsmesser m измеритель напряжения шумов, псофометр
Geräuschspektrum n спектр шумов
Geräuschstärke f интенсивность шумов
Geräuschtonspur f звуковая дорожка шумовых эффектов
Geräuschverdeckung f маскировка шумов
Gerber-Norm f *тлв* нормы Гербера (*Европейский стандарт чёрно-белого вещания*)
geregelt регулируемый
gerichtet направленный
~, **einseitig** однонаправленный
~, **stark** остронаправленный
Gerichtetheit f ориентация (*в структуре*)
Gerippe n 1. остов; станина 2. стойка; каркас; стеллаж; рама
Germanat n германат
Germanium n германий, Ge
~, **defektleitendes** *см.* Germanium, p-leitendes
~, **dotiertes** легированный германий
~, **eigenleitendes** германий с собственной электропроводностью
~, **elektronenleitendes** *см.* Germanium n-leitendes
~, **golddotiertes** германий, легированный золотом
~, **kompensiertes** компенсированный германий
~, **löcherleitendes** *см.* Germanium, p-leitendes
~, **negatives** *см.* Germanium, n-leitendes
~, **n-leitendes** германий (с электропроводностью) *n*-типа
~, **p-leitendes** германий (с электропроводностью) *p*-типа
~, **reines** исходный [чистый] германий
~, **überschußleitendes** *см.* Germanium, n-leitendes
~, **undotiertes** исходный [чистый] германий
Germaniumdiodenspeicher m ЗУ *или* память на германиевых диодах
Germaniumdioxid n диоксид германия
Germanium-Indium... германиево-индиевый
Germaniummonokristall m монокристалл германия
Germanium-pn-Übergang m германиевый *p-n*-переход
Germaniumtetrachlorid n *пп* тетрахлорид германия, $GeCl_4$
Gerufener m вызываемый абонент
Gerüst n приборная стойка; каркас
Gesamtabsorptionskoeffizient m полный коэффициент поглощения
Gesamtabweichung f полное отклонение
Gesamtanodenverlustleistung f полная мощность рассеяния на аноде
Gesamtausbeute f результирующий выход (*годных изделий*)
Gesamtausfall m *над.* полный отказ

Gesamtband n суммарная полоса (частот)
Gesamtbelastung f суммарная нагрузка
Gesamtbelegungszähler m *тлф* счётчик числа случаев занятости всех выходов
Gesamtbelichtungszeit f **je Wafer** полное время экспонирования пластины
Gesamtbereich m общая зона охвата (*напр. вещанием*)
Gesamtbestrahlungsstärke f интенсивность общего [интегрального] лучистого потока
Gesamtbitstrom m суммарный [полный] цифровой поток
Gesamtbreite f **des Verstärkers** общая ширина полосы пропускания усилителя
Gesamtbrennweite f эквивалентное фокусное расстояние
Gesamtcharakteristik f результирующая характеристика
Gesamtdämpfung f суммарное затухание
Gesamtdurchsatz m производительность (*машины*); пропускная способность (*канала*)
Gesamtdynamik f полный динамический диапазон
Gesamtempfindlichkeit f интегральная чувствительность
Gesamtentropie f суммарная [полная] энтропия
Gesamtentzerrung f суммарная коррекция
Gesamtfading n полное замирание
Gesamtfeld n результирующее поле; общее поле
Gesamtfiltrationskoeffizient m общий коэффициент фильтрации
Gesamtfrequenzband n общая полоса частот
Gesamtfrequenzbereich m полный диапазон частот
Gesamtfrequenzgang m результирующая частотная характеристика
Gesamtgegenkopplung f суммарная (отрицательная) обратная связь
Gesamtgleichstromanteil m результирующая постоянная составляющая
Gesamtgradation f *тлв* результирующая градационная характеристика
Gesamtgradationsverhältnis n общий коэффициент контрастности
Gesamtgüte f нагруженная добротность
Gesamtheit f 1. полнота; целостность 2. ансамбль 3. заселённость (*энергетических уровней*) 4. совокупность; набор; комплекс 5. *над.* генеральная совокупность
~ **der Bildpunkte** совокупность элементов изображения
Gesamthub m 1. полный размах 2. общий [полный] сдвиг
Gesamtimpuls m суммарный импульс
Gesamtintensität f 1. *тлв* диапазон (изменения) контрастности 2. полная интенсивность
Gesamtklirrfaktor m суммарный коэффициент нелинейных искажений
Gesamtkonstanz f общая стабильность
Gesamtkontrast m *тлв* диапазон (изменения) контрастности
Gesamtkraftlinienzahl f потокосцепление, полный магнитный поток
Gesamtlautstärke f суммарная громкость

Gesamtleistung *f* 1. суммарная мощность 2. полная производительность
Gesamtmeßbereich *m* общий [полный] диапазон измерений
Gesamtrauschen *n* суммарный шум
Gesamtrauschzahl *f* общий коэффициент шума
Gesamtrückkopplung *f* общая величина обратной связи
Gesamtrückstrahlung *f* 1. полное отражение 2. *рлк* общее обратное излучение
Gesamtschaltbild *n* общая схема
Gesamtschaltung *f*, **Gesamtschema** *n* общая схема соединений
Gesamtspannungsgemisch *n* суммарное напряжение гармонических составляющих
Gesamtspeicherkapazität *f* общая ёмкость ЗУ *или* памяти
Gesamtstellenzahl *f вчт* полное число разрядов
Gesamtstörspannung *f* суммарное напряжение помех
Gesamtstrahlungs-... радиационный
Gesamtstromaufnahme *f* суммарное потребление тока
Gesamtsystem *n* 1. тотальная (автоматизированная) система (*с охватом большого числа функций управления*) 2. *мат.* полная система (*напр. уравнений*)
Gesamtübersprechdämpfung *f* общее переходное затухание
Gesamtübertragungsdämpfung *f* результирующее затухание передачи
Gesamtübertragungsfunktion *f* результирующая функция передачи
Gesamtübertragungssystem *n* полная система передачи
Gesamtunsicherheit *f* результирующая погрешность
Gesamtverbesserung *f* суммарная поправка
Gesamtverstärkungsfaktor *m*, **Gesamtverstärkungsziffer** *f* общий коэффициент усиления
Gesamtverteilung *f* суммарное распределение
Gesamtverzerrung *f* суммарное искажение
Gesamtvideoband *n* полная полоса частот видеосигнала
Gesamtwirksamkeit *f* общая эффективность
Gesamtwirkungsgrad *m* результирующий кпд
Gesamtzeilenzahl *f тлв* общее число строк
Gesamtzuverlässigkeit *f* общая надёжность
gesättigt насыщенный
geschachtelt гнездовой; вложенный
Geschäftsanschluß *m* учрежденческий телефон
Geschäftsmaschine *f* конторская (счётная) машина; кассовый аппарат
geschichtet слоистый, ламинированный
~, **atomar** атомно-слоистый (*о структуре*)
geschirmt экранированный
geschlitzt щелевой
geschlossen замкнутый; закрытый
geschnitten смонтированный (*о плёнке*)
Geschoß *n*, **ferngelenktes** (теле)управляемый снаряд
geschult 1. тренированный (*напр. о ЭЛП*) 2. обученный
Geschützfernsteuerung *f* дистанционная наводка орудий
Geschützrichtstation *f* РЛС орудийной наводки, СОН
Geschwindigkeit *f* 1. скорость 2. темп
~ **der visuellen Wahrnehmung** скорость зрительного восприятия
Geschwindigkeitsaussteuerung *f* глубина модуляции по скорости
Geschwindigkeitsbereich *m* диапазон изменения скорости
Geschwindigkeitsempfänger *m см.* **Geschwindigkeitsmikrofon**
Geschwindigkeitsfehler *m* 1. ошибка по скорости 2. *зап.* скоростная ошибка
Geschwindigkeitsfesthalteschaltung *f* схема стабилизации скорости
Geschwindigkeitsfokussierung *f* фокусировка изменением скорости (пучка)
Geschwindigkeitsgefälle *n* градиент скорости
geschwindigkeitsgesteuert модулированный по скорости
Geschwindigkeitsgradient *m* градиент скорости
Geschwindigkeitsmeßradar *n* доплеровская РЛС измерения скорости цели
Geschwindigkeitsmikrofon *n* микрофон-приёмник градиента давления; ленточный микрофон
Geschwindigkeitsmodelung *f*, **Geschwindigkeitsmodulation** *f* модуляция по скорости
geschwindigkeitsmoduliert модулированный по скорости
Geschwindigkeitsschreiber *m* тахограф
Geschwindigkeitsschwankungscharakteristik *f зап.* характеристика детонационных искажений
Geschwindigkeitsselektion *f рлк* селекция по скорости
Geschwindigkeitsservosteuerung *f* система автоматической регулировки скорости (*напр. ленты*)
Geschwindigkeitsspektrograf *m* спектрограф скоростей
Geschwindigkeitssteuerröhre *f* ЭЛП с модуляцией электронного потока по скорости
Geschwindigkeitssteuerung *f* 1. модуляция по скорости 2. регулирование скорости
Geschwindigkeitsstörmodulation *f* 1. паразитная модуляция скорости 2. скоростная модуляция помех
Geschwindigkeitsverteilungsfunktion *f* функция распределения скоростей
Gesellschaftsleitung *f* линия коллективного пользования
Gesetz *n* 1. закон 2. правило
~, **assoziatives** ассоциативный закон
~, **distributives** дистрибутивный закон
~, **Kirchhoffsches** закон Кирхгофа
~, **kommutatives** коммутативный закон
~, **Lambertsches** закон Ламберта
~, **Laplacesches** закон Лапласа, правило левой руки
~, **Lenzsches** правило Ленца
~, **Richardsonsches** закон Ричардсона
~, **Weber-Fechnerisches** закон Вебера—Фехнера
~, **Wiedemann-Franzsches** закон Видемана—Франца, температурно-зависимая константа
Gesetzmäßigkeit *f* закономерность
Gesichtsachse *f* оптическая ось

Gesichtsempfindung f зрительное восприятие
Gesichtsfeld n поле зрения
Gesichtsfeldbegrenzung f ограничение поля зрения
Gesichtsfeldblende f диафрагма поля зрения
Gesichtsfeldwinkel m угол зрения
Gesichtslinie f линия визирования
Gesichtswahrnehmung f зрительное восприятие
Gesichtswinkel m угол зрения; угол обзора
gesperrt запертый; (за)блокированный; застопоренный, арретированный
Gespräch n тлф разговор
~, **offenes** открытый [некодированный] разговор
Gesprächsaufnahmeeinrichtung f устройство записи разговора
Gesprächsdauer f длительность разговора
Gesprächsgebühr f тлф плата за переговоры
Gesprächsgeheimhaltungseinrichtung f шифратор разговора
Gesprächskanal m разговорный [телефонный] канал
Gesprächskreis m разговорная [телефонная] цепь
Gesprächsleitung f разговорная [телефонная] линия
Gesprächsverbindung f телефонная связь
Gesprächszähler m абонентский счётчик
gespreizt растянутый (о диапазоне); расширенный
gestaffelt ступенчатый; со ступенчатой уставкой (о реле)
Gestalt f 1. образ 2. форма; конфигурация; геометрия; вид; профиль
Gestaltbildung f формирование образа; формирование изображения
Gestalterkennung f распознавание образов
Gestaltfunktion f функция формы
Gestaltung f 1. проектирование 2. компоновка; оформление 3. форма; вид; конфигурация
Gestell n 1. корпус; станина; остов 2. стойка; каркас; стеллаж; рама
~, **rahmenförmiges** каркасная стойка
Gestellbauweise f стоечная конструкция
Gestelleinheit f секция стойки
Gestelleinsatz m стоечный блок
Gestelleinschub m сменный стоечный блок
Gestellerde f заземление стойки
Gestellreihe f ряд стоек
Gestellschluß m замыкание на корпус
Gestellschrank m шкаф-стойка
Gestellverdrahtung f монтаж стойки
Gestellverstärkeranlage f стойка с усилителями
gesteuert 1. управляемый 2. модулируемый 3. регулируемый
gestört нарушенный (о связи); повреждённый (о проводе или контакте); искажённый (о сигнале); с помехами; возмущённый
gestoßen с ударной [с импульсной] нагрузкой
gestreut рассеянный
gestrichen 1. мат. сокращённо 2. отменено (о команде) 3. стёрто (об информации) погашено (о показаниях счётчика)
Gesurr(e)n гудение, гул, «фон»
getastet манипулированный

getrennt 1. разделённый; изолированный 2. разомкнутый; выключенный; разобщённый
Getriebe n передача
Getter m геттер, газопоглотитель
Getterimplantation f имплантация геттера [газопоглотителя]
Getterionenpumpe f гетерионный [ионно-сорбционный] насос
Gettern n см. Getterung
gettern распылять геттер [газопоглотитель]
Getterpille f таблетка геттера
Getterplatz m место [сторона] геттера
Getterpumpe f геттерный насос
Getterspiegel m плёнка геттера (на колбе)
Getterstörung f дефект геттера
Gettertasche f, **Getterträger** m держатель геттера
Getterung f геттерирование, газопоглощение
Getterverdampfung f распыление геттера [газопоглотителя]
Getterverfahren n геттерирование, газопоглощение
Gewebe n 1. сеть 2. мат. семейство кривых
Gewicht n 1. вес 2. нагрузка 3. изм. (балансный) грузик
Gewichtsfaktor m весовой множитель
Gewichtsfunktion f весовая функция
Gewichtsmatrix f весовая матрица
Gewichtung f взвешивание; оценка
gewickelt намотанный; обмотанный
~, **bifilar** бифилярно намотанный
~, **unifilar** намотанный рядовой намоткой
Gewindekern m сердечник с нарезкой
Gewindesteigung f шаг намотки
Gewinn m 1. усиление; увеличение 2. коэффициент направленного действия [КНД] антенны 3. мат. выигрыш 4. извлечение (напр. носителей заряда)
Gewinn-Bandbreite f, **Gewinn-Bandbreite-Produkt** n произведение коэффициента усиления на ширину полосы пропускания (усилителя)
Gewinnfaktor m 1. коэффициент усиления 2. коэффициент направленного действия [КНД] антенны
Gewinngleichung f уравнение для определения коэффициента усилена
Gewinnnormal n эталон усиления
Gewinnparameter m характеристика [параметр] усиления
Gewißheit f достоверность
Gewitteranzeiger m грозоотметчик
Gewitterentladung f грозовой разряд
Gewitterfunkortung f радиолокация грозовых облаков
Gewitterschreiber m самопишущий грозоотметчик
Gewitter(spannungs)schutz m грозозащита
Gewitterstörungen f pl 1. грозовые помехи 2. грозовые повреждения
Gewitterüberspannungen f pl грозовые [атмосферные] перенапряжения
gewobbelt вобулированный
gezogen, tiegelfrei выращенный бестигельно
GGA-Anlage f см. **Gemeinschaftsanlage, große**
GH-Leuchtstoff m зелёный люминофор с коротким послесвечением

Giant-Pulse-Rubinlaser *m* рубиновый лазер с гигантскими импульсами
Gibbs-Boltzmann-Statistik *f* статистика Гиббса — Больцмана
Giebe-Brücke *f* бифилярный мост
Gießharz *n* литьевая смола
Gießharzspule *f* катушка, залитая смолой
Gift *n* *пп* яд; отравляющее вещество
Gill-Morell-Schwingungen *f pl* колебания Жиля — Мореля
Gipfel *m* 1. пик; максимум 2. вершина, верхушка 3. пучность
Gipfelspannung *f* напряжение пика
Gipfelstrom *m* пиковый ток
Gipfel-Tal-Stromverhältnis *n* отношение токов туннельного диода
Gipfelwert *m* пиковое значение
Giraffe *f* *проф.* «жираф», передвижной штатив для микрофона
Gitter *n* 1. сетка (*электронной лампы*) 2. *тлв* растр; мира 3. *крист.* (кристаллическая) решётка 4. *опт.* (дифракционная) решётка
~, **abbildendes** *гол.* дифракционная решётка, формирующая изображение
~, **allseitig flächenzentriertes** всесторонне гранецентрированная решётка
~, **allseitig flächenzentriertes kubisches** кубическая гранецентрированная решётка
~, **Bravaissches** решётка Браве
~, **dreidimensionales** трёхмерная решётка
~, **engmaschiges [feinmaschiges]** мелкоячеистая [частая] сетка
~, **flächenzentriertes** *фтт* гранецентрированная решётка
~, **freies** свободная (от сигнала) сетка
~, **geordnetes** упорядоченная решётка
~, **gestörtes** искажённая решётка
~, **ideales** идеальная решётка
~, **innenzentriertes** объёмноцентрированная решётка
~, **innenzentriertes orthorhombisches** объёмноцентрированная орторомбическая решётка
~, **kubisches** кубическая решётка
~, **kubisch-flächenzentriertes** кубическая гранецентрированная решётка
~, **lineares** линейная решётка
~, **offenes** плавающая сетка; свободная [открытая] сетка
~, **primitives** примитивная решётка
~, **räumlich-periodisches** пространственная периодическая решётка
~, **raumzentriertes kubisches** объёмноцентрированная кубическая решётка
~, **raumzentriertes orthorhombisches** объёмноцентрированная орторомбическая решётка
~, **reziprokes** обратная решётка
~, **singuläres** сингулярная решётка
~, **ungestörtes** идеальная решётка
~, **verzerrtes** искажённая решётка
Gitterableitung *f* утечка сетки
Gitterableit(ungs)widerstand *m* сопротивление утечки сетки
Gitterablenkröhre *f тлв* хроматрон
Gitterabschirmhaube *f* экран сетки

Gitterabsorptionskante *f* край полосы поглощения решётки
Gitterabstand *m* 1. постоянная [параметр] кристаллической решётки 2. период [шаг] сетки
Gitteranodenkapazität *f* ёмкость сетка — анод
Gitteranodenkreis *m* анодно-сеточный контур
Gitteranodenlaufzeit *f* время пролёта электронов на участке сетка — анод
Gitteranodenleitwert *m* проводимость (промежутка) сетка — анод
Gitteranodenraum *m* пространство сетка — анод
Gitteranodenrückwirkung *f* обратное действие через ёмкость сетка — анод
Gitteranodenstrecke *f* промежуток сетка — анод
Gitteranodenwiderstand *m* сопротивление (промежутка) сетка — анод
Gitteranordnung *f* 1. *опт.* решётка, решётчатая система 2. *крист.* структура [конфигурация] решётки
Gitteranpassung *f крист.* согласование решёток
Gitteranschluß *m* вывод сетки
Gitteratom *n* атом решётки
Gitteraufbau *m* 1. *крист.* построение решётки 2. конструкция сетки
Gitteraufheizeffekt *m крист.* эффект разогрева решётки
Gitteraufweitung *f крист.* расширение решётки
Gitteraussteuerungsbereich *m* область изменения (переменного) напряжения на сетке
Gitterbasis *f крист.* базис решётки
Gitterbasiseingangsstufe *f* входной каскад с общей сеткой
Gitterbasisgegentaktschaltung *f* двухтактная схема с общей сеткой
Gitterbasisoszillator *m* генератор с общей сеткой
Gitterbasisschaltung *f* схема с общей сеткой
Gitterbasisverstärker *m* усилитель с общей сеткой
Gitterbau *m крист.* строение решётки
Gitterbaufehler *m крист.* дефект решётки
Gitterbaustein *m крист.* элемент решётки
Gitterbelastung *f* нагрузка в цепи сетки
Gitterbesprechung *f* сеточная модуляция
Gitterbestimmung *f крист.* определение параметров решётки
Gitterbeweglichkeit *f крист.* подвижность решётки
Gitterbindung *f крист.* связь решётки
Gitterblende *f* сеточная диафрагма
Gitterblockkondensator *m* блокировочный конденсатор в цепи сетки
Gitterbrumm *m* 1. шумы сетки 2. напряжение помех на сетке
Gitterbügel *m* сеточный бугель
Gitterdefekt *m крист.* дефект решётки
~, **atomarer** точечный дефект решётки
~, **eindimensionaler linienhafter** линейный дефект решётки
~, **nulldimensionaler** точечный дефект решётки
~, **zweidimensionaler** двухмерный [плоский] дефект решётки
Gitterdeformierung *f крист.* деформация решётки
Gitterdehnung *f крист.* растяжение решётки
Gitterdrehwinkel *m* угол сдвига фазы в цепи сетки
Gitterdurchgriff *m* проницаемость сетки

Gitterdurchtritt *m* пролёт (электронов) сквозь сетку
Gitterdynamik *f крист.* динамика решётки
Gitterebene *f см.* **Gitterfläche**
Gittereingangskapazität *f* входная ёмкость цепи сетки
Gittereingangsleitwert *m* входная проводимость цепи сетки
Gittereinlagerung *f крист.* внедрение (*напр. постороннего атома*) в решётку
Gitterelektrode *f* 1. сетка (*электронной лампы*) 2. решётчатый электрод
Gitterelektron *n крист.* электрон решётки
Gitteremission *f* эмиссия сетки
Gitterenergie *f* 1. потенциал сетки 2. *крист.* энергия решётки
Gitterfalle *f крист.* центр захвата решётки; ловушка
Gitterfehler *m крист.* дефект решётки (*см. тж* **Gitterdefekt**)
Gitterfehlordnung *f крист.* разупорядочение решётки
Gitterfehlstelle *f пп* вакансия
Gitterfeld *n* 1. поле сетки 2. *тлв* сетчатое поле
Gitterfläche *f* 1. плоскость сетки 2. *крист.* плоскость (атомарной) решётки
Gittergeber *m тлв* генератор (сигналов) сетчатого поля
Gittergegenspannung *f* обратное сеточное напряжение
gittergesteuert с сеточным управлением
gittergetastet с манипуляцией на (управляющую) сетку
Gittergleichrichtungsfaktor *m* коэффициент сеточного детектирования
Gittergleichspannung *f* постоянное напряжение на сетке; напряжение (сеточного) смещения
Gittergleichstrom *m* постоянная составляющая сеточного тока
Gittergleichstrommodulation *f* модуляция сеточным смещением
Gittergleichstromsteuerung *f* управление сеточным смещением
Gittergleichstromtastung *f* манипуляция сеточным смещением
Gitterimpulsspannung *f* импульсное напряжение на сетке
Gitterinfluenzstrom *m* наведённый [индуктированный] ток сетки
Gitterinterferometer *n* дифракционный (радио)интерферометр
Gitterion *n крист.* ион решётки
Gitterkapazität *f* ёмкость сетки
Gitterkatodenabstand *m* расстояние сетка—катод
Gitterkatodenkapazität *f* ёмкость сетка—катод
Gitterkatodenleitwert *m* проводимость (промежутка) сетка—катод
Gitterkatodenraum *m* пространство сетка—катод
Gitterkatodenstrecke *f* промежуток сетка—катод
Gitterkatodenwiderstand *m* сопротивление (промежутка) сетка—катод
Gitterkennlinie *f* сеточная характеристика (лампы)

Gitterkonstante *f крист.* постоянная решётки
Gitterkontakt *m* вывод сетки
Gitterkontraktion *f крист.* сжатие [сужение] решётки
Gitterkopplung *f* связь с сеткой
Gitterkopplungsspule *f* катушка связи в цепи сетки
Gitterkorrektur *f* сеточная коррекция
Gitterkräfte *f pl крист.* силы связи решётки
Gitterkreisabstimmung *f* настройка сеточного контура
Gitterkreiselement *n* элемент сеточного контура
Gitterkreisimpedanz *f* полное сопротивление сеточного контура
Gitterkreiskapazität *f* ёмкость сеточного контура
Gitterkreiskondensator *m* сеточный конденсатор
Gitterkreismodulation *f* модуляция по цепи сетки
Gitterkreistastung *f* манипуляция по цепи сетки
Gitterkreiswiderstand *m* (активное) сопротивление цепи сетки
Gitterlaufzeit *f* время пролёта (электронов) до сетки
Gitterlaufzeitwinkel *m* угол пролёта (электронов) до сетки
Gitterleerplatz *m*, **Gitterleerstelle** *f пп* вакансия
Gitterleistung *f* мощность в цепи сетки
Gitterleitfähigkeit *f* 1. входная проводимость 2. *фтт* решёточная проводимость
Gitterleitwert *m* входная проводимость
Gitterlinie *f* 1. линия сетки (*испытательной таблицы*) 2. *опт.* штрих решётки
Gitterlücke *f пп* вакансия
Gittermagnetron *n* магнетрон с сеткой
Gittermasche *f* 1. ячейка сетки 2. клетка [ячейка] решётки (*аккумуляторной пластины*)
Gittermaske *f* 1. сетка коммутации цвета (*в хроматроне*) 2. сетчатая маска (*индикатора*)
Gittermaskenröhre *f* сеточный кинескоп
Gittermessung *f* 1. растровое измерение, измерение с помощью миры 2. дифракционное измерение
Gittermonochromator *m* дифракционный монохроматор
Gittermuster *n* (телевизионная) испытательная таблица в виде сетчатого поля
Gittermustergenerator *m тлв* генератор (сигнала) сетчатого поля
Gitternebenschluß *m* утечка сетки
Gitternetz *n* координатная сетка
Gitterperiode *f крист.* период решётки
Gitterplatz *m крист.* 1. место в решётке 2. узел решётки
~, **atomarer** место атома в решётке
~, **besetzter** заполненный узел в решётке
~ **eines Fremdatoms** место примесного атома в решётке
~, **leerer** незаполненный узел в решётке
Gitterpotential *n* 1. потенциал сетки 2. *крист.* потенциал решётки
Gitterpunkt *m* 1. *крист.* узел решётки 2. *мат.* точка сетки
~, **blockierter** блокированный узел решётки
~, **fester** фиксированный узел решётки
Gitterrastermaß *n* 1. шаг сетки 2. *крист.* шаг решётки
Gitterraum *m* пространство сетки

Gitterrauschen *n* шум сетки
Gitterrauschwiderstand *m* (эквивалентное) шумовое сопротивление (в) цепи сетки
Gitterreflexion *f* крист. отражение от решётки
Gitterregulierung *f* регулирование по цепи сетки
Gitterresonanzfrequenz *f* резонансная частота сеточного контура
Gitterrückkopplung *f* обратная связь на сетку
Gitterrückstrom *m* обратный ток сетки
Gitterruhestrom *m* ток покоя сетки
Gitterruhevorspannung *f* начальное сеточное смещение
Gitterschaltung *f* цепь сетки
Gitterschwingungen *f pl* 1. переменное напряжение на сетке 2. *крист.* колебания решётки
Gitterschwingungsquant *n* фонон
Gitterschwingungsspektrum *n* крист. спектр колебаний решётки
Gittersignal *n* 1. сигнал на сетке 2. *тлв* сигнал сетчатого поля
Gitterspannungsamplitude *f* амплитуда напряжения на сетке
Gitterspannungs-Anodenstromkennlinie *f* анодно-сеточная характеристика
Gitterspannungsaussteuerungsbereich *m* область изменения (переменного) напряжения на сетке
Gitterspannungsfilter *n* фильтр в цепи сеточного смещения
Gitterspannungskennlinie *f* характеристика изменения напряжения на сетке
Gitterspannungsquelle *f* источник сеточного смещения
Gitterspannungsrestteil *m* остаточное напряжение на сетке
Gitterspannungsschwankung *f* флуктуация напряжения на сетке
Gitterspannungsspitze *f* пик напряжения на сетке
Gitterspannungsteiler *m* делитель напряжения в цепи сетки
Gitterspektrometer *n* дифракционный спектрометр
Gitterspektrum *n* 1. *крист.* (колебательный) спектр решётки 2. дифракционный спектр
Gittersperrung *f* запирание по сетке
Gittersteg *m* траверса сетки
Gittersteigung *f* шаг сетки
Gitterstelle *f см.* **Gitterplatz 1.**
Gittersteuergerät *n* прибор с сеточным управлением
Gittersteuerleistung *f* мощность управления в цепи сетки
Gittersteuerspannung *f* сеточное управляющее напряжение
Gittersteuerung *f* сеточное управление
Gitterstörstelle *f*, **Gitterstörung** *f* крист. дефект решётки (*см. тж* **Gitterdefekt**)
Gitterstrebe *f* траверса сетки
Gitterstreuung *f* крист. рассеяние на решётке
Gitterstrich *m* штрих дифракционной решётки
Gitterstrombegrenzer *m* ограничитель сеточного тока
Gitterstromdämpfung *f* демпфирование сеточным током

Gitterstrom-Gitterspannung-Kennlinie *f* сеточная вольтамперная характеристика
Gitterstromimpedanz *f* полное сопротивление сеточной цепи
Gitterstromkennlinie *f* характеристика сеточного тока
Gitterstromleistung *f* мощность в цепи сетки при наличии сеточного тока
Gitterstrommodulation *f* модуляция сеточным током
Gitterstromsteilheit *f* крутизна характеристики сеточного тока
Gitterstromverzerrungen *f pl* искажения, возникающие из-за сеточного тока
Gitterstruktur *f* 1. решётчатая структура 2. *крист.* структура решётки
Gitterstrukturstörung *f* крист. нарушение структуры решётки
Gittersymmetrie *f* крист. симметрия решётки
Gittersystem *n* решётчатая система (*напр. антенны*)
Gittertastung *f* сеточная манипуляция
Gittertestbildgenerator *m* генератор (сигнала) сетчатого поля
Gitterträger *m* держатель сетки
Gitterübergang *m см.* **Gitterumwandlung**
Gitterüberlastung *f* перегрузка лампы со стороны сетки
Gitterumwandlung *f* крист. превращение [преобразование] решётки
Gittervektor *m* фтт вектор решётки
Gitterverformung *f* крист. деформация решётки
Gitterverlustleistung *f* мощность потерь в цепи сетки
Gitterverschiebungsspannung *f см.* **Gittervorspannung**
Gitterverschleifung *f* расширение импульса за счёт конечного времени пролёта электронов на участке катод — сетка
Gitterverzerrung *f* крист. искажение решётки
Gittervorspannung *f* напряжение смещения на сетке
~, **feste** постоянное напряжение смещения на сетке
~, **negative** отрицательное напряжение смещения на сетке
Gittervorspannungsfilter *n* фильтр (в цепи) сеточного смещения
Gittervorspannungskreis *m* цепь сеточного смещения
Gittervorspannungsmodulation *f* модуляция сеточным смещением
Gittervorspannungsquelle *f* источник сеточного смещения
Gitterwechselspannungsmodulation *f* модуляция по сетке переменным напряжением
Gitterwelle *f* крист. волна в решётке
Gitterwendel *f* сеточная спираль
Gitterwerk *n* решётчатая рама; решётчатый каркас
Gitterwiderstand *m* сопротивление (в) цепи сетки
Gitterzeitkonstante *f* постоянная времени сеточной цепи
Gitterzelle *f* ячейка решётки

Gitterzuleitungsinduktivität *f* индуктивность сеточного вывода
Gitterzündimpuls *m* сеточный импульс поджигания (*напр. тиратрона*)
Gitterzündung *f* поджигание [зажигание, отпирание] потенциалом сетки
Gitterzwischenraum *m* межсеточное пространство
Glanzdraht *m* эмалированный провод
Glanzkohleschichtwiderstand *m* углеродистый плёночный резистор
Glanzwinkel *m* угол скольжения
Glasarm *m* стеклянный отросток баллона
Glasbild *n* диапозитив на стекле
Glasdurchführung *f* 1. ввод в стеклянный баллон 2. стеклянный проходной изолятор
Glaseinschmelzung *f* впай в стекло
Glaselektroden-Kalomelelektrodenpaar *n* *изм.* стеклянно-каломельная электродная пара
Glasfaser *f* стекловолокно
Glasfaserachse *f* ось стекловолокна
Glasfaseranschluß *m* ввод стекловолоконного кабеля
Glasfaserbündel *n* пучок стекловолокна
Glasfasergewebe *n* стеклоткань
Glasfaser-Glasfaserkopplung *f* соединение стекловолоконных кабелей
Glasfaserisolation *f* изоляция из стекловолокна
Glasfaserkabel *n* стекловолоконный кабель
Glasfaserkunststoff *m* стеклопластик
Glasfaser-Kunststoffhaut *f* изоляция из стеклопластика
Glasfaserlaser *m* волоконный лазер
Glasfaserleitung *f* стекловолоконная линия; волоконно-оптическая линия (связи), ВОЛС
Glasfaserlichtleiter *m*, **Glasfaserlichtwellenleiter** *m* стекловолоконный световод
Glasfasernetz *n* сеть волоконно-оптических линий (связи)
Glasfaseroptik *f* 1. стекловолоконная оптика 2. стекловолоконный световод
Glasfaserplatte *f* пластина из стекловолокна
Glasfaserschirm *m* стекловолоконный экран
Glasfaserverbindung *f* соединение стекловолоконных кабелей
Glasfaser-Wellenleiter *m* стекловолоконный волновод
Glasfiber *f см.* **Glasfaser**
Glasfiber... *см.* **Glasfaser...**
Glasfuß *m* стеклянная ножка (*лампы*)
glasgekapselt заключённый в стеклянный баллон
Glasgewebe *n* стеклоткань
Glashalbleiter *n* аморфный [стеклообразный] полупроводник
Glashalterung *f* стеклянный штенгель
Glashartgewebe *n* стеклотекстолит
Glashülle *f* стеклянный баллон (*ЭЛП*)
Glasisolation *f* стеклоизоляция
Glasisoliermantel *m* стеклоизоляционное покрытие
Glasisolierschicht *f* стеклоизоляционный слой
Glas-Kalomel-Elektrode *f* стеклянно-каломельный электрод
Glaskeramik *f* стеклокерамика, ситалл

Glaskeramikkondensator *m* стеклокерамический конденсатор
Glaskern *m* сердцевина стекловолокна
Glaskolben *m* стеклянный баллон
Glaskupferscheibenröhre *f* стеклянная лампа с медным диском (ввода)
Glaslaser *m* лазер на стекле
Glaslaufzeitstab *m* стеклянная линия задержки
Glas-Lichtleiterfaser *f* стекловолоконный световод
Glaslot *n* стеклянный припой
Glaslotabdichtung *f* герметизация стеклянного изолятора (ввода) припоем
Glaslötung *f* впай в стекло
Glaslotverschluß *m см.* **Glaslotabdichtung**
Glasmantel *m* стеклянная оболочка
Glasmembran *f* стеклянная мембрана; стеклянная диафрагма
Glas-Metall-Durchführung *f* металлостеклянный ввод
Glas-Metall-Verschmelzung *f* стеклометаллический спай
Glasperle *f* 1. линза (*лампочки накаливания*) 2. стеклянная бусинка
Glasplatte *f* 1. *опт.* стеклянная пластинка 2. стеклянная подложка (*гибридной микросхемы*)
Glasröhrenkondensator *m* стеклянный трубчатый конденсатор
Glasseide *f* тонкое стекловолокно
Glassicherheitsscheibe *f* защитное стекло (*телевизора*)
Glasspeicherplatte *f* стеклянная мишень
Glastransistor *m* транзистор в стеклянном баллоне
Glaswiderstand *m* стеклянный резистор, резистор из проводящего стекла
Glätte *f* von Oberflächen полировка поверхности
Glättung *f* 1. сглаживание (*напр. пульсаций*); срезание (*напр. пиков*) 2. полировка (*напр. поверхности*)
Glättungsfaktor *m* коэффициент сглаживания (*пульсаций*)
Glättungsfunktion *f мат.* функция сглаживания
Glättungsgüte *f* качество сглаживания (*пульсаций*)
Glättungskurve *f* сглаженная кривая
Glättungsröhre *f* (газоразрядная) лампа для сглаживания пульсаций; стабилизирующая лампа
Glättungsschaltung *f* сглаживающий фильтр
Glättungsteil *m* блок фильтра
Glättungstiefe *f микр.* степень выравнивания (*поверхности*)
Glättungswirkung *f* сглаживающее действие, эффект сглаживания
Glättungszelle *f* сглаживающая ячейка (*фильтра*)
gleichachsig коаксиальный
Gleichanteil *м* постоянная составляющая
Gleichartigkeit *f* гомогенность; однородность
Gleichbandkoder *m* кодирующее устройство с одинаковой шириной полосы (двух) сигналов цветности
gleichbelastet с одинаковой нагрузкой (*напр. по фазам*); с симметрической нагрузкой

Gleichbesetzung *f пп* равнозаселённость
gleichelektronisch изоэлектронный
Gleichenergieweiß *n* равноэнергетический белый (свет)
Gleichfaktor *m* постоянный коэффициент
Gleichfeld *n* 1. постоянное [стационарное] поле 2. поле постоянного тока
Gleichfeldaussteuerung *f зап.* модуляция постоянным полем
Gleichfeldmagnetisierung *f* намагничивание постоянным полем
Gleichfeldrauschen *n* шум ленты, намагниченной полем постоянного магнита
Gleichfeldstärke *f* напряжённость постоянного поля
Gleichfeldverfahren *n* метод равной напряжённости магнитного поля (*для испытания твёрдости ферромагнитных изделий*)
Gleichfeldvormagnetisierung *f* подмагничивание постоянным полем; запись с подмагничиванием постоянным полем
Gleichfluß *m* постоянный (магнитный) поток
gleichfrequent равночастотный
Gleichgang *m* синхронность
Gleichgangkondensator *m* блок сопряжённых конденсаторов (*переменной ёмкости*)
gleichgehend синхронный
gleichgerichtet 1. выпрямленный 2. всенаправленный, ненаправленный
Gleichgewicht *n* 1. равновесие 2. баланс
~, **bewegliches** *изм.* подвижное равновесие
~, **Donnansches** равновесие Доннана, электронейтралитет
~, **dynamisches** динамическое равновесие
~, **elektrisches** электрическое равновесие; баланс мостовой схемы
~, **fehlendes [gestörtes]** неуравновешенность, разбаланс
~, **laufendes** подвижное равновесие
~, **stabiles** устойчивое равновесие
~, **thermisches** тепловое равновесие
Gleichgewichtsbedingung *f* условие равновесия
Gleichgewichtsbesetzung *f* равновесная заселённость
Gleichgewichtsbrücke *f* уравновешенный мост
Gleichgewichtsdeformation *f* нарушение равновесия
Gleichgewichtsdichte *f* равновесная концентрация (*носителей заряда*)
Gleichgewichtsdomäne *f pl* 1. равновесные домены 2. область равновесия
Gleichgewichtselektron *n* электрон на равновесной орбите
Gleichgewichtsfläche *f* эквипотенциальная поверхность
Gleichgewichtsgrad *m* баланс
Gleichgewichtskonstante *f* константа равновесия, постоянная равновесия
Gleichgewichtsladungsträgerdichte *f*, **Gleichgewichtsladungsträgerkonzentration** *f* равновесная концентрация носителей заряда
Gleichgewichtslage *f* положение равновесия
Gleichgewichtslehre *f* статика
Gleichgewichtsphase *f* равновесная фаза, фаза равновесной частицы

Gleichgewichtspotential *n* равновесный потенциал
Gleichgewichtspunkt *m* точка равновесия
Gleichgewichtsschaltung *f* 1. уравновешенная схема 2. симметричная схема
Gleichgewichtsschreiben *n* равновесная запись
Gleichgewichtsspannung *f* равновесный потенциал
Gleichgewichtsstörung *f* 1. нарушение равновесия 2. разбаланс
Gleichgewichtstemperatur *f* температура, соответствующая тепловому равновесию
Gleichgewichtszustand *m* состояние равновесия
~, **dynamischer** состояние динамического равновесия
Gleichgitter *n* выравнивающая сетка
Gleichhalter *m* стабилизатор
~, **thermischer** термостабилизатор
Gleichhaltung *f* стабилизация
Gleichheitsfotometer *n* контрастный фотометр
Gleichheitskontrolle *f вчт* проверка на чётность
~, **gerade/ungerade** проверка на чётность-нечётность
~, **geradzahlige** проверка на чётность
Gleichheitsprüfung *f см.* Gleichheitskontrolle
Gleichheitsschaltung *f вчт* схема равенства
Gleichkanalbetrieb *m* работа в одном канале
Gleichkanalsender *m pl* передатчики, работающие в одном канале
Gleichkanalstörung *f* помехи от передатчика, работающего в том же канале
Gleichkomponente *f* постоянная составляющая
Gleichlageverfahren *n* способ передачи одновременного двухстороннего разговора по одному каналу
Gleichlauf *m* 1. синхронизм, синхронность 2. равномерное движение □ **aus dem ~ fallen** выпадать из синхронизма; **in ~ setzen** синхронизировать
~, **fehlerhafter** 1. нарушенный синхронизм 2. непостоянство скорости движения
~, **örtlicher** *млв* независимая [местная] синхронизация
~, **zwangsweiser** принудительная синхронизация
Gleichlaufabgleich *m* сопряжение настройки контуров
Gleichlaufabstimmung *f* 1. синхронная настройка 2. регулировка синхронизации
Gleichlaufanzeiger *m* синхроноскоп
Gleichlaufapparat *m тлг* синхронный аппарат
Gleichlaufbereich *m* 1. область синхронизации 2. область захватывания
Gleichlaufen *n см.* Gleichlauf
gleichlaufend синхронный; согласованный [совпадающий] во времени
Gleichlauffehler *m* 1. нарушение синхронизма 2. *см.* Gleichlaufschwankungen
Gleichlaufgenauigkeit *f* точность синхронизации
Gleichlaufgeschwindigkeit *f* синхронная скорость
Gleichlaufimpuls *m* синхронизирующий импульс
Gleichlaufimpulsgeber *m*, **Gleichlaufimpulsgenerator** *m* генератор синхронизирующих импульсов

Gleichlaufkreis m 1. сопряжённый контур; сопряжённая цепь 2. цепь синхронизации
Gleichlaufmangel m 1. нарушение синхронизма 2. зап. детонация (звука)
Gleichlaufprüffilm m контрольный фильм для проверки равномерности движения фонограммы
Gleichlaufregelung f 1. регулировка синхронизации 2. управление по схеме «электрического вала» 3. тлг коррекция
Gleichlaufregler m регулятор синхронизации
Gleichlaufschaltung f схема синхронизации
Gleichlaufschwankungen f pl 1. неустойчивая синхронизация 2. зап. колебания скорости (записи или воспроизведения)
Gleichlaufsignal n синхронизирующий сигнал
Gleichlaufsteuerung f синхронное управление; синхронизация
Gleichlaufstörungen f pl нарушение синхронизации
Gleichlaufstromstoß m синхронизирующий импульс
Gleichlaufsystem n 1. система синхронизации 2. синхронная система 3. следящая система
Gleichlaufübertrager m сельсин-трансформатор
Gleichlaufübertragung f синхронная передача; синхронная связь
Gleichlaufverfahren n метод синхронизации
Gleichlaufzeichen n синхронизирующий сигнал
Gleichlaufzeiger m синхроноскоп
Gleichleistungsfluß m поток мощности постоянного тока
Gleichlichtanteil m постоянная световая составляющая
Gleichmäßigkeit f 1. равномерность 2. мат. соразмерность
Gleichmäßigkeitsfaktor m, **Gleichmäßigkeitskoeffizient** m коэффициент равномерности
Gleichphasigkeit f синфазность
gleichpolig униполярный
gleichrichten 1. выпрямлять 2. детектировать
Gleichrichter m 1. выпрямитель 2. детектор
~, **beiderseitig durchlässiger** двухполупериодный выпрямитель
~, **bewegter** механический выпрямитель
~, **einseitig durchlässiger** однополупериодный выпрямитель
~, **gasgefüllter** газотронный выпрямитель
~, **geradliniger** линейный детектор
~, **gesteuerter** управляемый выпрямитель
~, **gittergeregelter [gittergesteuerter]** тиратронный выпрямитель; выпрямитель с сеточным управлением
~, **mit schwingenden Kontakten** вибрационный выпрямитель
~, **mit Zündstift** игнитрон
~, **oszillierender** вибрационный выпрямитель
~, **phasenempfindlicher** фазочувствительный детектор
~, **quadratischer** квадратичный детектор
~, **siliziumgesteuerter** однооперационный триодный тиристор, однооперационный тринистор
Gleichrichter... см. тж **Gleichrichtungs...**
Gleichrichterbaugruppe f, **Gleichrichterblock** m выпрямительный блок

Gleichrichterbrücke f, **Gleichrichterbrückenschaltung** f мостовая выпрямительная схема
Gleichrichtercharakteristik f детекторная характеристика (диода)
Gleichrichterdiode f выпрямительный диод
Gleichrichterdurchschlagsspannung f напряжение пробоя выпрямителя
Gleichrichtereinbausatz m встроенный блок выпрямителя
Gleichrichtereinheit f блок выпрямителя
Gleichrichterelement n выпрямительный элемент
Gleichrichtererregung f возбуждение (усилителя) через внутреннее сопротивление выпрямителя
Gleichrichterfähigkeit f кпд выпрямителя
Gleichrichterfilter n фильтр выпрямителя
Gleichrichter-Grätzschaltung f выпрямительная схема Греца
Gleichrichterkontakt m выпрямляющий контакт
Gleichrichterkopf m детекторная головка
Gleichrichterkreis m 1. цепь выпрямителя 2. цепь детектора
Gleichrichterlast f 1. нагрузка выпрямителя 2. нагрузка детектора
Gleichrichtermeßgerät n измерительный прибор с выпрямителем
Gleichrichtermeßkopf m измерительная детекторная головка
Gleichrichterplatte f пластина выпрямителя
Gleichrichterröhre f выпрямительная лампа
~, **gasgefüllte** газотрон
Gleichrichtersatz m выпрямительный блок
Gleichrichtersäule f выпрямительный (полупроводниковый) столб
Gleichrichterscheibe f шайба (сухого) выпрямителя
Gleichrichtersperrschicht f пп запорный слой (выпрямительного) диода
Gleichrichtersperrspannung f (допустимое) обратное напряжение выпрямителя
Gleichrichtersperrstrom m ток выпрямительного диода при обратном смещении
Gleichrichtertablette f пластина выпрямителя, выполненная в виде таблетки
Gleichrichterübergang m выпрямляющий переход
Gleichrichterventil n выпрямительный элемент
Gleichrichtervorsatz m съёмный блок выпрямителя
Gleichrichterwechselrichter m выпрямитель-инвертор
Gleichrichterwerkstoff m выпрямляющий материал (напр. кремний)
Gleichrichterwirkungsgrad m кпд выпрямителя
Gleichrichterzelle f выпрямительный элемент; вентиль
Gleichrichtung f 1. выпрямление 2. детектирование
~, **einfache** однополупериодное выпрямление
~, **phasenbezogene** детектирование с опорной фазой
Gleichrichtungs... см. тж **Gleichrichter...**
Gleichrichtungsfaktor m 1. коэффициент выпрямления 2. коэффициент детектирования
Gleichrichtungsgruppe f выпрямительный блок

Gleichrichtungsleistung f эффективность выпрямления

Gleichrichtungsverhältnis n см. **Gleichrichtungsfaktor**

Gleichrichtwert m 1. коэффициент выпрямления 2. (среднее) значение выпрямленного тока или напряжения

gleichsetzen приравнивать, отождествлять

Gleichsignal... равносигнальный

gleichsinnig 1. одинакового направления 2. ненаправленный, всенаправленный 3. одинакового знака 4. синфазный

Gleichsinnigkeit f синфазность

Gleichspannung f 1. постоянное напряжение 2. выпрямленное напряжение 3. напряжение постоянного тока

Gleichspannungsanalogrechner m ВМ потенциального типа

Gleichspannungsausgang m 1. выход по постоянному току 2. выходная мощность постоянного тока

Gleichspannungsbereich m диапазон напряжений постоянного тока

Gleichspannungsbeständigkeit f стойкость (в отношении пробоя) при испытании постоянным напряжением

Gleichspannungsdrift f дрейф [уход] напряжения постоянного тока

Gleichspannungsendstufe f оконечный каскад усилителя постоянного тока

Gleichspannungsfilter n фильтр выпрямителя

gleichspannungsfrei без постоянной составляющей

Gleichspannungsgegenkopplung f (отрицательная) обратная связь по постоянному напряжению

Gleichspannungs-Gegentaktverstärker m двухтактный усилитель постоянного тока

Gleichspannungsgenerator m генератор постоянного напряжения

Gleichspannungskompensator m компенсатор или потенциометр постоянного тока

Gleichspannungskomponente f постоянная составляющая напряжения

Gleichspannungskonstanthalter m стабилизатор напряжения постоянного тока

Gleichspannungskopplung f 1. связь по постоянному току 2. сопряжение по постоянному току

Gleichspannungsmeßschaltung f измерительная схема на постоянном токе

Gleichspannungsniveau n уровень постоянного напряжения

Gleichspannungsnormal n эталонный источник постоянного напряжения

Gleichspannungspegel m уровень постоянного напряжения

Gleichspannungsquelle f источник постоянного напряжения

Gleichspannungsrechner m ВМ потенциального типа

Gleichspannungsregler m стабилизатор напряжения постоянного тока

Gleichspannungssignalgeber m датчик [генератор] сигналов постоянного тока

Gleichspannungsspeisung f питание постоянным напряжением

Gleichspannungssteller m 1. стабилизированный выпрямитель 2. см. **Gleichspannungsregler**

Gleichspannungssymmetrierer m симметрирующее устройство для постоянного тока

Gleichspannungstransformator m, **Gleichspannungsumformer** m см. **Gleichspannungswandler**

Gleichspannungsverstärker m усилитель постоянного напряжения

~ **mit niedriger Drift** усилитель постоянного напряжения с малым дрейфом (нуля)

Gleichspannungsvoltmeter n вольтметр постоянного напряжения

Gleichspannungswandler m 1. преобразователь постоянного напряжения (из одного значения в другое) 2. измерительный трансформатор постоянного напряжения

Gleichspannungswiedereinführung f, **Gleichspannungswiederherstellung** f восстановление постоянной составляющей

Gleichstelleinrichtung f корректирующее устройство

Gleichstrom m 1. постоянный ток 2. выпрямленный ток

~, **abgehackter** однополупериодный выпрямленный ток

~, **ausgeglichener** [**geglätteter, glatter**] сглаженный выпрямленный ток (без пульсации)

~, **intermittierender** прерывистый постоянный ток

~, **oberwellenhaltiger** выпрямленный ток, содержащий высшие гармоники

~, **pulsierender** пульсирующий (выпрямленный) ток

~, **reiner** чистый выпрямленный ток (без пульсаций)

~, **unterbrochener** прерывистый постоянный ток

~, **wellenförmiger** пульсирующий (выпрямленный) ток

~, **zerhackter** прерывистый постоянный ток

Gleichstromabgleich m изм. уравновешивание на постоянном токе

Gleichstromamperemeter n амперметр постоянного тока

Gleichstrom-Analogelektronenrechner m аналоговая ЭВМ, работающая на постоянном токе

Gleichstromanteil m постоянная составляющая тока

Gleichstromarbeitspunkt m рабочая точка по постоянному току

Gleichstrombelastung f нагрузка по постоянному току

gleichstrombetätigt работающий на постоянном токе

Gleichstrombetrieb m работа [эксплуатация] на постоянном токе

Gleichstromblockierung f развязка [разделение] (цепи) по постоянному току

Gleichstrombrücke f мост постоянного тока

Gleichstrom-Daten-Niederpegelübertragung f передача данных током малого уровня

Gleichstromdrift f 1. изменение значения постоянного тока 2. изм. смещение линии развёртки (осциллографа по вертикали)

Gleichstromdrossel f дроссель (для цепи) постоянного тока

Gleichstromdurchlaßwiderstand *m* прямое сопротивление (по) постоянному току
Gleichstromeichung *f* градуировка на постоянном токе
Gleichstrom-Elektronenrechner *m* ЭВМ потенциального типа
Gleichstromempfänger *m* приёмник с питанием постоянным током
Gleichstromempfindlichkeit *f* изм. чувствительность по постоянному току
Gleichstromfehlersignal *n* сигнал ошибки на постоянном токе
Gleichstromfernwahl *f* дальнее искание импульсами постоянного тока
Gleichstromgegenkopplung *f* обратная связь по постоянному току
gleichstromgepumpt с накачкой постоянным током
Gleichstromgittersteuerung *f* сеточная модуляция смещением
Gleichstromglättung *f* сглаживание пульсаций выпрямленного тока
Gleichstromhalbleiterumformer *m* полупроводниковый преобразователь постоянного тока
Gleichstromimpuls *m* импульс постоянного тока
Gleichstromisolation *f* изоляция по постоянному току
Gleichstromkompensation *f* компенсация по постоянному току
Gleichstromkomponente *f* постоянная составляющая
Gleichstromkomponentenzuführung *f* введение постоянной составляющей
Gleichstromkopplung *f* связь по постоянному току
Gleichstromleistungsverstärker *m* усилитель мощности постоянного тока
Gleichstromleitfähigkeit *f* проводимость по постоянному току
Gleichstromleitung *f* цепь постоянного тока
Gleichstromleitwert *f* проводимость по постоянному току
Gleichstromlöschkopf *m* головка стирания постоянным током
gleichstrommäßig по постоянному току
Gleichstrommesser *m*, **Gleichstrommeßgerät** *n* измерительный прибор постоянного тока
Gleichstrommeßwandler *m* измерительный трансформатор постоянного тока
Gleichstrommodellierungseinrichtung *f* моделирующее устройство на постоянном токе
Gleichstromnetzgerät *n* прибор с питанием от сети постоянного тока
Gleichstromohmmeter *n* омметр постоянного тока
Gleichstrompegelregler *m* регулятор уровня постоянного тока
Gleichstrompolarisation *f* поляризация постоянным током
Gleichstrompumpen *n* накачка постоянным током
Gleichstromquadrikorrelator *m* *тлв* квадратурный коррелятор
Gleichstromquotientenmesser *m* логометр постоянного тока

Gleichstromradiometer *n* радиометр без модуляции излучения
Gleichstromrauschen *n* шумы постоянного тока
Gleichstromrelaisumsetzer *m* релейный преобразователь (импульсов) постоянного тока
Gleichstromrückgewinnungsschaltung *f* схема восстановления постоянной составляющей
Gleichstromrückkopplung *f* обратная связь по постоянному току
Gleichstromsättigung *f* насыщение постоянным током
Gleichstromschritt *m* *тлг* посылка постоянного тока
Gleichstromsignalisierungssystem *n* система сигнализации на постоянном токе
Gleichstromspannung *f* напряжение постоянного тока
Gleichstromspannungscharakteristik *f* статическая вольтамперная характеристика
Gleichstromsperre *f* блокировка по постоянному току
Gleichstromsperrspannung *f* обратное смещение по постоянному току
Gleichstromsteuerung *f* управление по постоянному току
Gleichstromstoß *m* импульс постоянного тока
Gleichstromstoßabgabe *f* посылка импульсов постоянного тока
Gleichstromtastung *f* манипуляция импульсами постоянного тока
Gleichstromtelegrafie *f* телеграфирование импульсами постоянного тока
Gleichstromtransformator *m* компенсированный преобразователь тока
Gleichstromüberlagerung *f* наложение постоянного тока
Gleichstromübertragung *f* 1. передача постоянным током 2. *тлв* передача видеосигнала с постоянной составляющей
Gleichstromumformer *m* 1. *см.* **Gleichstromwandler** 2. инвертор
Gleichstromverhältnis *n* усиление по постоянному току
Gleichstromverluste *m pl* потери на постоянном токе
Gleichstromversorgung *f* питание постоянным током
Gleichstromverstärker *m* усилитель постоянного тока, УПТ
~ **mit Driftkorrektion** УПТ с коррекцией дрейфа нуля
Gleichstromverstärkerstufe *f* каскад УПТ
Gleichstromverstärkung *f* усиление по постоянному току
Gleichstromverstärkungsfaktor *m* коэффициент усиления по постоянному току
Gleichstromverstärkungspegel *m* уровень усиления по постоянному току
Gleichstromvideokomponente *f* постоянная составляющая видеосигнала
Gleichstromvormagnetisierung *f* *см.* **Gleichfeldvormagnetisierung**
Gleichstromvorspannung *f* напряжение смещения
Gleichstromwahlimpulse *m pl* импульсы искания постоянным током

Gleichstromwandler *m* 1. преобразователь постоянного тока; вибропреобразователь 2. (измерительный) трансформатор постоянного тока
Gleichstromwicklung *f* обмотка постоянного тока
Gleichstromwiderstand *m* сопротивление (по) постоянному току, омическое сопротивление
Gleichstromwiederherstellung *f тлв* восстановление постоянной составляющей
Gleichstromzeichengabe *f* 1. сигнализация постоянным током 2. см. **Gleichstromtastung**
Gleichstromzentrierung *f* центрирование (растра) постоянным током
Gleichstromzerhacker *m* прерыватель постоянного тока; вибропреобразователь
Gleichtakt *m* синфазность □ **im ~ schwingen** колебаться синфазно
Gleichtakteingangsspannungsbereich *m* входной динамический диапазон в режиме синфазного сигнала
Gleichtakteingangswiderstand *m* входное полное сопротивление (*операционного усилителя*) для синфазного сигнала
Gleichtakteinzackenschrift *f* обычная односторонняя поперечная фонограмма (*в отличие от противофазной*)
Gleichtaktkopplungsglied *n* элемент синфазной связи
Gleichtaktmode *f* синфазная мода (*колебаний*)
Gleichtaktschrift *f* обычная фонограмма; обычная запись (*в отличие от противофазной*)
Gleichtaktstörspannung *f* напряжение помех от синфазного сигнала
Gleichtaktstörungen *f pl* помехи от синфазного сигнала
Gleichtaktunterdrückung *f* подавление [ослабление] синфазного сигнала
Gleichtaktverfahren *n* метод обычной записи (*в отличие от противофазной*)
Gleichung *f* 1. уравнение 2. равенство
~, Boltzmannsche уравнение Больцмана
~, Braggsche *крист.* уравнение Брэгга
~, Child-Langmuirsche закон (степени) трёх вторых, закон Чайлда — Лэнгмюра — Богуславского
~, erzeugende производящее уравнение
~, kinetische 1. кинетическое уравнение 2. *кв. эл.* уравнение баланса
~, Lenard-Einsteinsche (фотоэлектрическое) уравнение Ленарда — Эйнштейна
~, Poissonsche уравнение Пуассона
~, Richardson-Duschmannsche уравнение термоэлектронной эмиссии, уравнение Ричардсона — Дашмана
Gleichungsansatz *m лог.* подход к составлению уравнения
Gleichverteilungssatz *m* теорема равномерного распределения
Gleich-Wechselstromempfänger *m* приёмник с универсальным питанием
Gleichwechsler *m* инвертор (*преобразователь постоянного тока в переменный*)
Gleichwelle *f* общая волна (*сети радиовещательных станций*)

Gleichwellenbetrieb *m* работа (*сети радиовещательных станций*) на общей волне
Gleichwellenfunk *m* одновременная передача одной программы всеми радиостанциями
Gleichwellenkanäle *m pl* каналы радиовещательных станций на общей волне
Gleichwellennetz *n* сеть радиовещательных станций на общей волне
Gleichwellenrundfunk *m* радиовещание на общей волне
Gleichwellensender *m pl* передатчики, работающие на общей волне
Gleichwert *m* 1. эквивалент 2. постоянная составляющая
gleichwertig 1. эквивалентный; равнозначный 2. *ркс* равносильный 3. равновалентный
Gleichwertigkeit *f* эквивалентность; равнозначность
Gleichwiderstand *m см.* **Gleichstromwiderstand**
Gleichwinkelantenne *f* равноугольная антенна
Gleichzeitigkeit *f* одновременность; синхронность
Gleichzeitigkeitsfaktor *m* коэффициент одновременности
Gleichzeitigkeitsverkehr *m* дуплексная связь
Gleitbahn *f* 1. поверхность [траектория] скольжения 2. направляющая
Gleitband *n* 1. *крист., фтт* полоса скольжения 2. *тлг* лента
Gleitbandabstand *m* расстояние между полосами скольжения
Gleitbandbildung *f* образование полосы скольжения
Gleitbandsender *m* ленточный трансмиттер
Gleitbewegung *f крист.* трансляционное скольжение
Gleitdraht *m* реохорд
Gleitdrahtbrücke *f* реохордный мост
Gleitdrahtpotentiometer *n* потенциометр с реохордом
Gleitebene *f* 1. *крист., фтт* плоскость скольжения 2. *нвг* плоскость глиссады
Gleitellipse *f крист.* эллипс скольжения
Gleiten *n* скольжение; проскальзывание
Gleiter *m* скользящий контакт, движок (*реостата*)
Gleitfigur *f* фигура скольжения
Gleitfläche *f* поверхность скольжения
Gleitfrequenz *f* 1. плавно изменяющаяся частота 2. качаемая [вобулируемая] частота
Gleitkomma *n вчт* плавающая запятая
Gleitkommaarithmetik *f* арифметические операции с плавающей запятой
Gleitkommadarstellung *f* представление с плавающей запятой
Gleitkommaoperation *f*, **Gleitkommarechnung** *f* вычисление с плавающей запятой
Gleitkontakt *m* скользящий контакт
Gleitlinie *f крист.* линия скольжения
Gleitlinienbündelung *f* группирование линии скольжения
Gleitlinienlänge *f* длина линий скольжения
Gleitmeßfunkenstrecke *f* клидонограф
Gleitpfadsender *m нвг* глиссадный передатчик
Gleitpunkt... *см.* **Gleitkomma...**

Gleitring *m* контактное кольцо
Gleitröhre *f* реактивная лампа
Gleitstrahl *m нвг* глиссадный луч
Gleitstrahl... *см.* **Gleitweg...**
Gleitsystem *n нвг* глиссадная система
Gleittransformator *m* вариак
Gleitung *f* 1. скольжение, проскальзывание 2. сдвиг
Gleitungsausbreitung *f* развитие [продвижение] скольжения (*напр. линий*)
Gleitwegantenne *f* антенна глиссадного радиомаяка
Gleitwegebene *f нвг* плоскость глиссады
Gleitwegsender *m нвг* передатчик управления глиссадой (*в системе инструментальной посадки*)
Gleitwelle *f* волна, отражённая под критическим углом
Gleitwiderstand *m* 1. ползунковый реостат 2. сопротивление скольжению
Gleitwinkel *m* угол скольжения
Gleitzeiger *m изм.* скользящий указатель
Gleitzone *f крист.* зона скольжения
Gleitzwillinge *m pl* двойниковые кристаллы скольжения
Glied *n* 1. звено; элемент 2. ячейка 3. *мат.* член
~, **aktives** активное звено; активный элемент
~, **analoges** аналоговый элемент
~, **befehlsverarbeitendes** элемент обработки команды
~, **binäres** 1. двоичный элемент 2. двоичная ячейка
~, **diskretes** дискретный элемент
~, **irreversibles** нереверсивный [однонаправленный] элемент
~, **kontinuierliches** аналоговый элемент
~, **lineares** линейное звено
~, **logisches** логический элемент
~, **nichtlineares** нелинейный элемент
~, **rückführungsloses** *см.* **Glied, irreversibles**
~, **stetiges** аналоговый элемент
~, **stromrichtungsabhängiges** звено, действие которого зависит от направления тока
~, **trägheitsbehaftetes** инерционное звено
~, **trägheitsloses** безынерционное звено
~, **unstetiges** дискретный элемент
П-Glied *n* 1. П-образное звено 2. П-образная ячейка
Gliederhohlleiter *m* панцирный волновод
Gliederung *f* 1. расчленение; подразделение 2. классификация; сортировка 3. структура; организация
Glimmanzeigeröhre *f* индикаторная лампа тлеющего разряда
Glimmdiode *f* газоразрядный диод
Glimmeinsatzgrenze *f* порог возникновения тлеющего разряда
Glimmen *n* тлеющий разряд; свечение
Glimmentladung *f* тлеющий разряд
Glimmentladungs... *см. тж* **Glimmlicht...**
Glimmentladungs-Abstimmgerät *n* ионный конденсатор
Glimmentladungsgebiet *n* область [зона] тлеющего разряда

Glimmentladungsindikator *m* индикатор тлеющего разряда
Glimmentladungskondensator *m* ионный конденсатор
Glimmentladungspolymerisation *f* полимеризация в тлеющем разряде
Glimmentladungsröhre *f см.* **Glimmröhre**
Glimmentladungsspannungsregler *m* стабилитрон тлеющего разряда
Glimmentladungsspannungsteiler *m см.* **Glimmspannungsteiler**
Glimmentladungsventil *n* вентиль тлеющего разряда
Glimmer *m* слюда
Glimmerband *n* миканитовая лента
Glimmerbrücke *f* слюдяной диск
Glimmergewebeband *n* микалента
Glimmgleichrichter *m* выпрямитель на лампе тлеющего разряда
Glimmgrenzspannung *f* предельное напряжение тлеющего разряда
Glimmhaut *f* светящийся слой на поверхности электрода (*в лампе тлеющего разряда*) (*см. тж* **Glimmlicht**)
Glimmkatode *f* катод тлеющего разряда
Glimmlampe *f* лампа тлеющего разряда
Glimmlampen... *см.* **Glimmröhren...**
Glimmlicht *n* тлеющее свечение
~, **anodisches** анодное свечение (*тлеющего разряда*)
~, **katodisches** первое катодное свечение (*тлеющего разряда*)
~, **negatives** отрицательное тлеющее свечение, второе катодное свечение (*тлеющего разряда*)
~, **positives** положительное тлеющее свечение, положительный столб (*тлеющего разряда*)
Glimmlicht... *см. тж* **Glimmentladungs...**
Glimmlichtanzeiger *m см.* **Glimmlichtindikator**
Glimmlichtanzeigeröhre *f* индикаторная лампа тлеющего разряда
Glimmlichtdetektor *m* детектор на лампе тлеющего разряда
Glimmlichtgleichrichter *m* выпрямитель на лампе тлеющего разряда
Glimmlichtindikator *m* индикатор на лампе тлеющего разряда
Glimmlicht-Matrix-Anzeige *f* (матричная) индикаторная трубка тлеющего разряда
Glimmlichtorthoskop *n* неоновый индикатор настройки
Glimmlicht-Ziffern(anzeige)röhre *f* неоновая цифровая индикаторная лампа
Glimmplatte *f* анод [электрод] лампы тлеющего разряда
Glimmreinigung *f* ионная очистка
Glimmröhre *f* 1. лампа тлеющего разряда 2. трубка тлеющего разряда
Glimmröhrengleichhalter *m* стабилизатор на лампе тлеющего разряда
Glimmröhrenimpulsgeber *m* датчик импульсов на лампе тлеющего разряда
Glimmröhrenindikator *m* индикатор на лампе тлеющего разряда
Glimmröhrenkippschaltung *f* релаксационная схема на лампе тлеющего разряда

Glimmröhrenkonstanthalter m стабилизатор на лампе тлеющего разряда

Glimmröhrenoszillator m (релаксационный) генератор на лампе тлеющего разряда

Glimmröhrenprüfgerät n, **Glimmröhrenspannungsprüfer** m индикатор на лампе тлеющего разряда

Glimmröhrenspannungsregler m, **Glimmröhrenspannungsstabilisator** m стабилитрон тлеющего разряда

Glimmröhrenspannungszeiger m индикатор напряжения на лампе тлеющего разряда

Glimmröhrenstabilisator m стабилитрон тлеющего разряда

Glimmröhrenzeiger m индикатор напряжения на лампе тлеющего разряда

Glimmschaltröhre f переключательный прибор тлеющего разряда

Glimmspannung f напряжение (возникновения) тлеющего разряда

Glimmspannungsgleichhalter m, **Glimmspannungsstabilisator** m стабилитрон тлеющего разряда

Glimmspannungsteiler m делитель напряжения на стабилитронах

Glimmstabilisator m, **Glimmstabilisatorröhre** f стабилитрон тлеющего разряда

Glimmstrecke f разрядный промежуток

Glimmstreckenspannungsteiler m, **Glimmstreckenstabilisator** m см. **Glimmspannungsteiler**

Glimmstreckenzählröhre f см. **Glimmzähler**

Glimmstrom m ток тлеющего разряда

Glimmstromtor n тиратрон тлеющего разряда

Glimmteiler m см. **Glimmspannungsteiler**

Glimmtetrode f тетрод тлеющего разряда

Glimmthyratron m тиратрон тлеющего разряда

Glimmtriode f триод тлеющего разряда

Glimmverluste m pl потери тлеющего разряда, потери на корону

Glimmzähler m, **Glimmzählröhre** f счётно-индикаторный прибор тлеющего разряда

Globalfernsehen n спутниковое телевидение

Globalstrahlung f космическое излучение

Globalwaferjustierung f позиционирование всей пластины

Glockenfilter n фильтр с колоколообразной характеристикой

Glockenimpuls m колоколообразный импульс

Glockenkreis m схема коррекции высокочастотных предыскажений кодирующего устройства (в системе СЕКАМ), проф. схема «клёш»

Glockenkurve f колоколообразная кривая; кривая плотности нормального распределения

Glow-Spektrum n спектр свечения

Glühbehandlung f отжиг

Glühdraht m см. **Glühfaden**

glühelektrisch термоэлектрический

Glühelektrode f см. **Glühkatode**

Glühelektron n термоэлектрон

Glühelektronen... термоэлектронный

Glühemissionskonstante f постоянная термоэлектронной эмиссии

Glühemissionsstrom m ток термоэлектронной эмиссии

Glühen n 1. свечение 2. отжиг

Glühfaden m 1. нить накала 2. катод прямого накала

Glühfadenpyrometer n яркостный пирометр (с исчезающей нитью)

Glühkatode f термокатод, термоэлектронный катод

~, **direkt geheizte** катод прямого накала

~, **indirekt geheizte** катод косвенного накала

Glühkatodenemitter m термоэлектронный эмиттер

Glühkatodengasentladungsventil n термоионный вентиль

Glühkatodengleichrichter m выпрямитель на лампе с термокатодом

Glühkatodenionisationsvakuummeter n см. **Glühkatodenvakuummeter**

Glühkatodenlampe f лампа с термокатодом

Glühkatodenquecksilberdampfgleichrichter m ртутный выпрямитель с термокатодом

Glühkatodenröhre f 1. ЭЛТ с термокатодом 2. лампа с термокатодом

Glühkatodenstrahlröhre f ЭЛТ с термокатодом

Glühkatodenvakuummeter n ионизационный вакуумметр с термокатодом

Glühkatodenventil n вентиль с термокатодом

Glühlampenanruf m светосигнальный вызов, вызов лампой

Glühlampenfaden m см. **Glühfaden**

Glühlampensignal n световой вызывной сигнал

Glühofen m печь для отжига

Glühsonde f термозонд

Glühstiftpapier n бумага для записи накалённым электродом

Glühstromtransformator m см. **Glühtransformator**

Glühtemperatur f 1. температура (нити) накала 2. температура отжига

Glühtransformator m трансформатор (цепи) накала

Glühventil n вентиль с термокатодом

Glühwürmchenverfahren n система полёта по приборам, проф. система «светлячок»

Glyphenschrift f запись звука по методу переменной ширины

G.-M.-Schwingungen f pl колебания Жиля — Мореля

GM-Tastkopf m пробник со счётчиком Гейгера — Мюллера

GM-Zählrohr n счётчик [счётная трубка] Гейгера — Мюллера

Gnom... сверхминиатюрный

G-Norm f (телевизионный) стандарт G (МККР)

Golay-Detektor m, **Golay-Zelle** f ячейка Голея, детектор инфракрасного излучения (малой интенсивности)

Goldlegierung f легирование золотом

Goldlegierungskontakt m золочёный контакт

Goliathsockel m цоколь Голиафа

Goniometer n гониометр

Goniometerantenne f антенна-гониометр

Goniometerempfänger m (пеленгаторный) приёмник с гониометром

Goniometerpeilanlage f, **Goniometerpeiler** m радиопеленгатор с гониометром

Goniometerpeilvorsatz m гониометрическая пеленгаторная приставка (к приёмнику)

Gorki-Luxemburg-Effekt *m* люксембург-горьковский эффект (*перекрёстная модуляция в ионосфере*)
Goss-Blech *n* кремниевое железо (*магнитомягкое железо*)
GOST-Grade *m pl* единицы ГОСТ
Goubau-Leitung *f* линия поверхностной волны
G-Pol *m* затвор (*в полевом транзисторе*)
Graben *n* 1. канавка записи 2. паз; канавка; углубление 3. штрих (*дифракционной решётки*)
Grabenisolation *f* изоляция (вытравленными) канавками
Grabenisolationstechnik *f* технология изоляции (*элементов ИС*) канавками с диэлектрическим материалом
Grad *m* 1. градус 2. коэффициент 3. степень
Gradation *f* градация
Gradationsentzerrung *f* гамма-коррекция
Gradationsfehler *m* градационные искажения
Gradationskennlinie *f* градационная характеристика
Gradationskorrektur *f*, **Gradationsregelung** *f* гамма-коррекция
Gradationsskale *f*, **Gradationstreppe** *f* шкала градаций
Gradationsverhältnis *n* коэффициент контрастности
Gradationsverzerrungen *f pl* градационные искажения
Gradationswiedergabe *f* воспроизведение градаций
Gradbogen *m* лимб
Gradeinteilung *f* 1. разделение на градусы 2. см. **Graduierung** 2.
Gradient *m* градиент
~ **der Störstellenverteilung** градиент распределения примесей
Gradientenfaser *f* градиентное волокно (*с плавным изменением показателя преломления*)
Gradientenfaserkabel *n* градиентный волоконный кабель
Gradientenindex *m* градиентный профиль показателя преломления
Gradientenindexfaser *f см.* **Gradientenfaser**
Gradientenindex-Multimode-Faser *f* многомодовый градиентный световод
Gradientenlichtwellenleiter *m* градиентный световод
Gradientmultimoden... градиентный многомодовый
Gradskale *f* шкала с градусами
Graduierung *f* 1. градуирование, градуировка, калибровка 2. эталонирование
Gradweite *f* **der Redundanz** 1. степень избыточности 2. степень резервирования
Graetz... *см.* **Grätz...**
Grafik *f*, **dreidimensionale** трёхмерная [объёмная] графика
Grafik-Bildschirm *m* экран для отображения графической информации
Grafik-Chip кристалл (для) машинной графики
Grafik-Computer *m* устройство машинной графики, графическое устройство ВМ
Grafikdialoggerät *n* интерактивный графический дисплей

Grafik-Display *n* графический дисплей
Grafik-Kode *m* графический код
Grafikmodus *m* режим графического представления данных
Grafik-Prozessor *m* графический процессор, процессор графического вывода
Grafik-Software *f* программное обеспечение машинной графики
Grafiksystem *n*, **interaktives** интерактивная графическая система
Grafikterminal *n* графический терминал, устройство графического вывода
Grammo(fon)anschluß *m* гнездо для включения проигрывателя
Grammo(fon)verstärker *m* усилитель проигрывателя
Granatschicht *f* гранатовая плёнка, плёнка граната
Granulation *f* 1. грануляция, гранулирование 2. зернистость, пятнистость (*напр. голограммы*) 3. неоднородность; неравномерность
Granulometer *n* гранулометр
Graph *m мат.* граф
Graphatron *n микр.* устройство для фотопечати
Graphechon *n*, **Graphecon** *n*, **Grapheconröhre** *f*, **Graphekon-Speicherröhre** *f* графекон
Graphentheorie *f* теория графов
Graphik... *см.* **Grafik...**
graphisch графический
Graphit *m* графит
graphoanalytisch графоаналитический
Graphoepitaxie *f* графоэпитаксия
Gras *n проф.* «трава», шумовая дорожка на экране ЭЛТ
Graser *m* лазер гамма излучения, гразер
Grätzanordnung *f см.* **Grätzgleichrichter**
Grätzbrücke *f* мост(ик) Греца
Grätzgleichrichter *m* выпрямитель по схеме Греца
Grätzschaltung *f* схема Греца
Grau *n* серый (*ахроматический*) цвет
Graufilter *n* (нейтрально-)серый светофильтр
Graufilterscheibe *f* дисковый светофильтр из серого стекла
Grauflächengenerator *m* генератор (сигнала) серого поля
Graukeil *m* 1. *опт.* (нейтрально-)серый клин 2. *тлв* градационный (полутоновый) клин (*испытательной таблицы*)
Graukeilanalyse *f опт.* анализ методом (нейтрально-)серого клина
Graukeilfotometer *n* клиновой фотометр
Graukeilgenerator *m см.* **Graukeilsignalgenerator**
Graukeilsignal *n* сигнал градационного (полутонового) клина
Graukeilsignalgenerator *m* генератор сигнала градационного (полутонового) клина
Graukeilspektrograf *m* клиновой спектрограф
Graukeilübertragung *f* воспроизведение (нейтрально-)серого клина
Grauleiter *f см.* **Grauskale**
Graupegelsignal *n* сигнал уровня серого
Grauskale *f* 1. серая шкала 2. шкала градаций
Grauskale-Signal *n тлв* сигнал градационного (полутонового) клина

Graustufe f градация серого
Graustufenkeil m, **Graustufentreppe** f см. **Graukeil**
Graustufung f см. **Grauskale**
Grautafel f (нейтрально-)серая таблица; серая шкала
Grautafelaufnahme f передача (нейтрально-)серой таблицы
Grautest m см. **Grautafel**
Grautreppe f см. **Graukeil**
Grauwert m 1. (серый) тон; полутон 2. величина (оптической) плотности (серого) цвета
Grauwertstufen f pl градации серого
Grauwiedergabe f воспроизведение серой шкалы
Grauzwischenstufe f см. **Grauwert** 1.
Gravitron n фирм. газоразрядная лампа
Gray n грей, Гр (единица поглощённой дозы излучения)
Gray-Kode m код Грея
Gray-Kode-Wandler m преобразователь в код Грея
Greifarm m рука (манипулятора)
Greifer m грейфер (арретира)
Grenzauflösung f предельная разрешающая способность, предельное разрешение
Grenzausbeute f предельная отдача; предельный выход (напр. фотоэлектрический)
Grenzband n граничная полоса; граничный диапазон (частот)
Grenzbereich m граничная область
Grenzbetriebsdaten pl, **Grenzdaten** pl предельные (эксплуатационные) параметры
Grenzdotierungsniveau n предельный уровень легирования
Grenze f 1. граница; предел; порог 2. пп барьер 3. поверхность раздела 4. мат. грань; край
~ **der Erkennbarkeit** порог различимости
~, **festgelegte** установленный порог
~, **kurzwellige** 1. коротковолновая граница (напр. полосы пропускания) 2. граница коротковолнового диапазона
~, **langwellige** 1. длинноволновая граница (напр. полосы пропускания) 2. граница длинноволнового диапазона
~, **lichtelektrische** порог фотоэффекта
~ **der Nachweisbarkeit** порог обнаружения
~, **obere** верхняя граница (напр. полосы пропускания)
~, **rote** граница красной части спектра (7600Å); красная граница (напр. спектральной характеристики)
~ **der Rückkopplungsschwingungen** порог самовозбуждения колебаний
~, **scharfe** крутой срез (характеристики фильтра)
~ **der Sichtbarkeit** порог видимости
~ **der spektralen Empfindlichkeit** порог спектральной чувствительности
~, **untere** нижняя граница (напр. полосы пропускания)
~, **zuverlässige** мат. доверительная граница
Grenzempfangsleistung f пороговая принимаемая мощность

Grenzempfangspegel m пороговый уровень приёма
Grenzempfindlichkeit f пороговая чувствительность
Grenzentmagnetisierungsfaktor m предельный коэффициент размагничивания
Grenzenverwischung f размытие границы
Grenzfaktor m ограничивающий фактор
Grenzfeldstärke f 1. предельная [критическая] напряжённость поля 2. изоляционная [электрическая] прочность
Grenzfläche f граница [поверхность] раздела
~ **der Zelle** граничная плоскость (кристаллической) ячейки
Grenzflächendurchgang m проход через граничную поверхность
Grenzflächenkräfte f pl поверхностные силы, силы на границе раздела
Grenzflächen-Mikrofon n микрофон-приёмник градиента давления (на границе двух зон)
Grenzflächenpolarisation f поляризация на границе раздела
Grenzflächenrauhigkeit f шероховатость граничной поверхности
Grenzflächenschicht f пограничный слой
Grenzflächenspannung f напряжение на поверхности раздела
Grenzflächenverluste m pl потери на границе раздела
Grenzflächenzustände m pl пп поверхностные состояния
Grenzflächenzustandsdichte f пп плотность поверхностных состояний
Grenzfrequenz f 1. граничная частота (нижняя или верхняя) 2. максимальная применимая частота, МПЧ 3. частота среза (фильтра)
~, **endliche** конечная граничная частота
~, **untere** 1. нижняя граничная частота 2. порог фотоэлектронной эмиссии
~, **videofrequente** граничная частота (спектра) видеосигнала
Grenzfrequenzverhalten n зависимость граничной частоты (от параметра прибора)
Grenzfunkbake f см. **Grenzmarkierungsbake**
Grenzgebiet n граничная область
Grenzkennlinie f граничная [предельная] характеристика
Grenzkontakt m концевой контакт
Grenzkontrast m пороговый контраст
Grenzkopplung f критическая связь
Grenzkurve f граничная кривая
Grenzmarkierungsbake f, **Grenzmarkierungsfeuer** n ближний маркерный радиомаяк (в системе посадки по приборам)
Grenzpaar n граничная пара
Grenzpegel m пороговый уровень
Grenzprüfungen f pl над. граничные испытания
Grenzpumpleistung f пороговая мощность накачки
Grenzpunkt m 1. граничная точка 2. точка отсечки
Grenzreichweite f предельная дальность действия
Grenzremanenz f предельная остаточная намагниченность
Grenzrückkopplung f критическая обратная связь

Grenzschalter *m* концевой выключатель
Grenzschicht *f* граничный слой
~, **kristalline** граничный [поверхностный] слой кристалла
Grenzschichtbereich *m* область [зона] граничного слоя
Grenzschichtbreite *f*, **Grenzschichtdicke** *f* ширина граничного слоя
Grenzschichteffekt *m* эффект граничного слоя; краевой [концевой] эффект
Grenzschichtgebiet *n* область граничного слоя
Grenzschichtgleichung *f* уравнение граничного слоя
Grenzschichtkapazität *f* ёмкость граничного слоя
Grenzschicht-Metall-Halbleiter *m* граничный слой металл — полупроводник
Grenzschichtpotential *n* потенциал граничного слоя
Grenzschichttemperatur *f* температура граничного слоя; температура перехода
Grenzschichttransistor *m* поверхностно-барьерный транзистор
Grenzschichtzustände *m pl* поверхностные [граничные] состояния
Grenzschleife *f* предельная петля (гистерезиса)
Grenzspannung *f* предельное [допустимое] напряжение
Grenzstrahlen *m pl* граничные лучи; мягкие рентгеновские лучи
Grenzstrahlung *f* граничное излучение
Grenzstrom *m* предельный ток
Grenztiefe *f* предельная глубина (*напр. диффузии*)
Grenzübergang *m мат., рег.* предельный переход
Grenzverletzungen *f pl* разрушения [повреждения] границы [граничного слоя]
Grenzverstärker *m* усилитель — ограничитель
Grenzverstimmung *f* граничная [предельная] расстройка
~, **relative** граничная относительная расстройка
Grenzverteilungsfunktion *f* функция предельного распределения
Grenzwelle *f* 1. волна с критической частотой (*в волноводе*) 2. пороговая волна (*фотоэффекта*)
Grenzwellen *f pl* волны на границе коротковолнового и средневолнового диапазона (*между 1605 кГц и 400 кГц*)
Grenzwellenlänge *f* 1. критическая длина волны (*в волноводе*) 2. пороговая длина волны (*фотоэффекта*)
Grenzwellenpeilung *f* пеленгование на предельно допустимых частотах
Grenzwellenzahl *f* предельное волновое число
Grenzwert *m* 1. пороговое значение 2. граничное значение, предел, предельное значение
Grenzwerteinstellung *f* установка граничного значения
Grenzwertmelder *m* сигнализатор предельного значения
Grenzwertproblem *n* краевая задача
Grenzwertprüfungen *f pl над.* граничные испытания

Grenzwertüberschreitung *f* превышение граничного значения
Grenzwertüberwachung *f над.* граничный контроль
Grenzwertvergleicher *m* блок сравнения предельных значений
Grenzwertzeiger *m* указатель предельного значения
Grenzwiderstand *m* 1. ограничительный резистор 2. предельное [критическое] сопротивление
Grenzwinkel *m* 1. угол полного внутреннего отражения, угол Брюстера 2. критический угол (*для ионосферного распространения радиоволн*)
Grenzzone *f* 1. граничная зона 2. зона неуверенного приёма (*сигналов*)
Grenzzustand *m* 1. *над.* предельное состояние 2. граничный режим
Grenzzyklus *m вчт* предельный цикл
Grid-Dip-Meter *n* поглощающий частотомер с ламповым индикатором
Gridistor *n* гридистор (*многоканальный полевой транзистор*)
Grieß *m* шумы теплового возбуждения, дробовой эффект, *проф.* «гравий»
Griff *m* ручка (*управления*)
griffgeräuschempfindlich чувствительный к шумам, возникающим при прикосновении к микрофону
Griffschalter *m* рычажный переключатель; рубильник
Grindometer *n* гранулометр
GR-Leuchtstoff *m* люминофор зелёного свечения с длительным послесвечением
Grobabgleich *f* грубая настройка; *изм.* грубая компенсация
Grobabtastung *f тлв* малострочное разложение
Grobeinstellung *f* 1. грубая регулировка; грубая уставка 2. грубая настройка
Grob-Fein-Regelung *f* груботонкое регулирование
Grobfilter *n микр.* фильтр (предварительной) грубой очистки
Grobgefüge *n* макроструктура
Grobkontrast *m* контраст в больших деталях
grobkörnig крупнозернистый
grobkristallin(isch) 1. крупнокристаллический 2. крупнозернистый
Grobmarke *f* грубая метка
Grobmeßbereich *m* диапазон грубых измерений
Grobpositioniersystem *n микр.* система грубой установки [грубо позиционирования]
Grobregelwiderstand *m* резистор для грубой регулировки
Grobregler *m* регулятор грубой настройки
Grobrohr *n* трубка грубого индикатора (*в РЛС*)
Grobstrukturanalyse *f* макроструктурный анализ
Grobstruktur-Röntgenapparat *m* рентгеновский аппарат для макроструктурных исследований
Grobstrukturuntersuchung *f* (рентгеновская) дефектоскопия макроструктур
Grobstufe *f* ступень грубой регулировки
Grobtrieb *m* 1. грубая регулировка 2. управление шкалой грубого отсчёта
Grobvakuum *n* низкий вакуум (*до 100 Па*)

Grobwerteinsteller *m* грубый датчик; сельсин-датчик грубого отсчёта
Großaufnahme *f* передача (изображения) крупным планом
Großbasis-Empfangsortung *f* (пассивное) пеленгование с большой базой (*антенн*)
Großbasispeilanlage *f*, **Großbasispeiler** *m* радиопеленгаторная система с большой базой
Großbaukasten *m* унифицированный блок; стандартный узел
Großbereich-... широкодиапазонный
Großbildanlage *f* (телевизионная) установка с большим экраном
Großbildempfänger *m* телевизионный приёмник [телевизор] с большим экраном
Großbild-Farbprojektor *m* проектор цветного изображения на большой экран
Großbildröhre *f* кинескоп с большим экраном
Großcomputer *m* большая ВМ
Großdistanz-Radionavigationssystem *n* система дальней радионавигации
Größe *f* 1. величина 2. размер 3. габарит
~, **bezogene** приведённая [относительная] величина
~, **gerichtete** направленная [векторная] величина, вектор
~, **gesteuerte** управляемая величина
~, **gleichbleibende** фиксированная [постоянная] величина, константа
~, **meßbare** измеримая величина
~, **regelnde** регулирующая величина; регулирующий параметр
~, **scheinbar periodische** квазипериодическая величина
~, **stochastische** случайная величина
~, **umgewandelte** преобразованная величина
~, **wesentliche** существенная величина
~, **zeitlich konstante** величина, постоянная во времени
~, **zu regelnde** регулируемая величина
Groß-EDV *f* большая система электронной обработки данных
Größen-Darstellungswandler *m* вчт преобразователь представления величин (*из аналоговой формы в дискретную или наоборот*)
Größeneffekt *m* размерностный эффект; влияние размера кристаллов
Größengenauigkeit *f* точность (геометрических) размеров
Größenklasse *f* звёздная величина (*в астрономии*)
Größenmultiplikator *m* множительное звено
Größenordnung *f* 1. порядок величин(ы) 2. размерность
Größenvergleichsschaltung *f* схема сравнения
Größenverhältnis *n* отношение величин
Größenwandler *m* преобразователь величин
Größenzusammenhang *m* взаимозависимость величин
Großfeldbildmatrix *f* широкопольный [широкоформатный] матричный преобразователь свет — сигнал
Großfeldobjektiv *n* широкоугольный объектив
Großfeldprojektionsbelichtungsanlage *f* широкопольная [широкоформатная] аппаратура проекционной литографии
Großfeldstepper *m* широкопольная установка последовательного шагового экспонирования
Großflächenflimmern *n* мерцание больших участков (изображения)
Großfunkempfangsstelle *f* (главный) радиоприёмный центр
Großfunkstation *f*, **Großfunkstelle** *f* мощная радиостанция
Großgemeinschaftsantennenanlage *f* система коллективных антенн для обслуживания больших территорий
Großintegration *f* высокая (степень) интеграции
Großintegrationsschaltung *f* большая интегральная схема, БИС
Großintegrationstechnik *f* техника БИС
Großkreis *m* ортодромия
Großkreispeilung *f* ортодромический пеленг
Großlautsprecheranlage *f* мощная громкоговорящая установка
Großpanoramagerät *n* рлк большой панорамный индикатор
Großplattenspeicher *m* накопитель на магнитных дисках
Großprojektion *f* проекция на большой экран
Großprojektionsempfänger *m* проекционный телевизор с большим экраном
Großprojektionsröhre *f* проекционная ЭЛТ
Großprojektor *m* проектор с большим экраном
Großraumspeicher *m* ЗУ или память большой ёмкости
Großraumüberwachungs(radar)gerät *n* РЛС дальнего обнаружения
Großrechenanlage *f* большая ВМ
Großrechensystem *n* большая вычислительная система
Großrechentechnik *f* техника использования больших ВМ
Großrechner *m* большая ВМ
Großschaltkreis *m*, **integrierter**, **Großschaltung** *f*, **integrierte** большая интегральная схема, БИС
Großsichtanzeige *f* крупноформатное устройство визуальной индикации
Großsignal *n* 1. большой сигнал 2. сильный сигнал
Großsignalbereich *m* область больших сигналов
Großsignalbetrieb *m* режим большого сигнала
Großsignalersatzschaltung *f* эквивалентная схема для больших сигналов
Großsignalfestigkeit *f* устойчивость (радиоприёмника) к перегрузке от сильных сигналов
Großsignalimpedanz *f* полное сопротивление в режиме большого сигнала
Großsignalkenngrößen *f pl*, **Großsignalparameter** *m pl* параметры в режиме большого сигнала, большесигнальные параметры
Großsignaltheorie *f* теория больших сигналов
Großsignalverhalten *n* см. **Großsignalbetrieb**
Großskalenmeßgerät *n* измерительный прибор с большой шкалой
Großspeicher *m* ЗУ или память большой ёмкости
Großsuper *m* супергетеродинный приёмник высокого класса
Größtintegration *f* сверхвысокая степень интеграции
Größtsender *m* сверхмощный (радио)передатчик

Großvaterband *n* лента первого поколения
Großverstärkungsübergang *m* *кв. эл.* переход с большим усилением
Großwahlnebenstellenanlage *f* *тлф* автоматический местный коммутатор большой ёмкости
Großwinkelkorngrenzen *f pl* границы зёрен (кристаллов) с большими углами
Ground-Plane-Antenne *f* вертикальная антенна с дополнительными горизонтальными отражающими элементами в нижней части
Growth-Diffusion *f* диффузия в процессе роста
Grübchen *n* 1. *микр.* ямка травления 2. *зап.* (микро)углубление
Grube *f*, **V-förmige** V-образная канавка (*в ѴМОП-транзисторе*)
Grün *n* зелёный цвет
Grünanteil *m* зелёная составляющая цвета
Grünauszug *m* сигнал зелёного цветоделённого изображения
Grund *m* 1. фон 2. основание; основа 3. цоколь; база 4. земля
Grundabsorption *f* собственное фундаментальное поглощение
Grundabsorptionsbereich *m* область собственного поглощения
Grundabsorptionskante *f* край полосы собственного поглощения
Grundamplitude *f* амплитуда основной частоты; амплитуда первой гармоники
Grundanordnung *f* 1. базовое [типовое] расположение (*напр. элементов схемы*) 2. базовое [типовое] устройство
Grundausrüstung *f*, **Grundausstattung** *f* основной комплект оборудования (*напр. ВМ*)
Grundband *n* (магнитная) лента с первичной [исходной] записью
Grundbande *f* основная полоса (*спектра*)
Grundbaugruppe *f* 1. базовый [типовой] (конструктивный) узел 2. конструктивно объединённая группа узлов
Grundbaustein *m* базовый [типовой] функциональный узел; базовый [типовой] конструктивный элемент; базовый [типовой] модуль
Grundbefehl *m* исходная команда
Grundbereich *m* основной диапазон
Grundbeziehungen *f pl* 1. основные связи; основные (со)отношения; основные зависимости 2. *инф.* аналитические *или* базисные отношения
Grundbrett *n* монтажная плата
Grundchip *m* кристалл ИС
Grunddämpfung *f* собственное затухание
Grundecho *n* *рлк* сигнал, отражённый от поверхности Земли
Grundeinfluß *m* влияние земли
Grundelektrode *f* 1. базовый электрод, электрод базы 2. рабочий электрод 3. *тлв* сигнальная пластина
Grundelement *n* основной элемент
Grundfarbenbild *n* изображение в основных цветах
Grundfarbenmischung *f*, **additive** аддитивное смешение основных цветов
Grundfeld *n* поле основной *или* первой гармоники; основное поле
Grundfilm *m* основа плёнки

Grundfläche *f* 1. опорная [несущая] поверхность; основание 2. *мат.* основная поверхность
Grundflächengröße *f* размеры основания
Grundflipflop *n* асинхронный триггер
Grundform *f* основной вид; основной тип
Grundfrequenz *f* 1. частота основной гармоники, основная частота; частота первой гармоники 2. задающая частота; исходная частота 3. частота основной моды 4. частота (повторения) импульсов
Grundfrequenzanalyse *f* анализ речи по основной частоте
Grundfrequenzermittler *m* устройство выделения основной частоты (*при анализе речи*)
Grundfrequenzkomponente *f* основная частотная составляющая
Grundfrequenzstrom *m* ток основной частоты; ток первой гармоники
Grundgebiet *n* *пп* базовая область
Grundgerät *n* 1. базовый [типовой] прибор 2. основное устройство
Grundgeräusch *n* см. **Grundrauschen**
Grundgitter *n* 1. основная сетка (*лампы*) 2. кристаллическая решётка основы [основного вещества]
Grundgitterabsorption *f* *крист.* поглощение решётки основы
Grundgitteranregung *f* *крист.* возбуждение решётки основы
Grundgitterspannung *f* напряжение смещения на сетке
Grundgleichung *f*, **elektrodynamische** основное уравнение электродинамики
Grundglied *n* 1. основное звено 2. основной (логический) элемент, основная (логическая) ячейка
Grundgruppe *f* *тлф* основная группа
Grundgüte *f* исходная добротность
Grundharmonische *f* основная гармоника; первая гармоника
Grundhelligkeit *f* *тлв* яркость, соответствующая уровню чёрного (*в видеосигнале*)
Grundimpulsfrequenz *f* частота основных импульсов
Grundkabel *n* подземный кабель
Grundkapazität *f* ёмкость на землю
Grundkomponente *f* основная составляющая
Grundkonstante *f*, **elektrodynamische** основная электродинамическая постоянная
Grundkonstruktion *f* базовая [типовая] конструкция
Grundkreis *m* 1. основной контур 2. основная цепь (тока)
Grundkristall *m* кристалл-хозяин, основной кристалл
Grundkristallgitter *n* решётка основного кристалла
Grundladungsbetrieb *m* режим работы (*ПЗС*) с жирным нулём
Grundladungspaket *n* исходный зарядовый пакет (*в ПЗС*)
Grundlage *f* 1. основное положение 2. база, основание; основа, подложка (*плёнки, экрана*) 3. *тлв* площадка (гасящего) импульса

Grundlaufwinkel *m* основной средний угол пролёта

Grundlinie *f* 1. основная линия 2. линия основания, базисная линия

Grundmasse *f* вещество основы, основное вещество

Grundmaterial *n* 1. основа (*соединения*); материал-хозяин 2. материал основы [подложки]

Grundmode *f* основная мода

Grundmodus *m* основной вид колебаний

Grundnachbildung *f* основной балансный контур

Grundniveau *n* 1. основной уровень 2. элементарный уровень

Grundplatte *f* 1. монтажная плата 2. плита основания, опорная плита 3. основание печатной платы

Grundprimärgruppe *f* основная первичная группа (*каналов тональной частоты системы передачи с ЧРК*)

Grundraster *m* координатная сетка (*чертежа печатной платы*)

Grundrastermaß *n* шаг координатной сетки

Grundrauschen *n* 1. шумовой фон 2. внутренний шум (приёмника) 3. шум носителя магнитной записи в паузе, шум паузы

Grundrauschleistung *f* мощность внутренних шумов (*приёмника*)

Grundrechenoperation *f* основная (арифметическая) операция

Grundreflexion *f* отражение (волн) от земли

Grundregister *n* регистр главного устройства управления

Grundreglerkreis *m* основная цепь регулирования

Grundremanenzkurve *f* основная кривая остаточной намагниченности

Grundresonanz *f* основной резонанс; резонанс основной гармоники

Grundresonanzfrequenz *f* частота основного резонанса; резонансная частота основной гармоники

Grundschaltbild *n*, **Grundschaltplan** *m* принципиальная схема

Grundschaltung *f* 1. элементарная (типовая) схема 2. принципиальная схема 3. *пп* основная (типовая) схема

~, **aktive** элементарная схема с активными элементами (*напр. с транзисторами*)

~, **passive** элементарная схема с пассивными элементами (*напр. с резисторами*)

Grundschicht *f nn* 1. базовый слой 2. несущий слой

Grundschwingung *f* 1. основное колебание; основная гармоника; первая гармоника 2. основная мода колебания

Grundschwingungsgehalt *m* коэффициент основной *или* первой гармоники

Grundschwingungstyp *m* основной тип колебания; основная мода колебания

Grundsekundärgruppe *f* основная вторичная группа (*каналов тональной частоты системы передачи с ЧРК*)

Grundsoftware *f* базовое программное обеспечение

Grundspannung *f* исходное напряжение; основное напряжение

Grundspeicher *m* основное ЗУ; основная память

Grundstellung *f* 1. исходное положение 2. рабочее положение □ **in ~ geöffnet** нормально разомкнутый (*о контакте*)

Grundstellungstrigger *m* 1. триггер возврата в исходное положение 2. импульс возврата в исходное положение; импульс сброса

Grundstörgeräusch *n* зап. шум основы (*плёнки, ленты*)

Grundstrahlung *f* фон, фоновое излучение

Grundstromkreis *m* элементарный контур (прохождения) тока

Grundstufe *f* 1. основная ступень (*напр. усиления*) 2. основной каскад

Grundsymbol *n* основной символ

Grundtakt *m* период задающих импульсов

Grundtertiärgruppe *f* основная третичная группа (*каналов тональной частоты системы передачи с ЧРК*)

Grundtonperiode *f* период первой гармоники (*сложного*) звука

Grundtyp *m* основной тип колебаний

Grundübergruppe *f* 1. *см.* **Grundsekundärgruppe** 2. *вчт* основная супергруппа

Grundvalenzen *f pl* основные характеристики цвета (*цветовой тон, насыщенность, яркость*)

Grundverknüpfung *f* 1. основное соединение 2. основная связь

Grundvorgruppe *f* основная предгруппа (*в системе передачи с ЧРК*)

Grundwelle *f* 1. волна основного типа, основная волна 2. основная гармоника; основная частота; первая гармоника 3. земная (радио)-волна 4. сейсмическая волна

Grundwellenamplitude *f* 1. амплитуда основной волны 2. амплитуда основной гармоники; амплитуда основной частоты; амплитуда первой гармоники

Grundwellenanteil *m* составляющая, обусловленная основной *или* первой гармоникой

Grundwellenaussteuerung *f* модуляция колебаний основной частоты

Grundwellenform *f* основной тип колебаний

Grundwellenfrequenz *f* частота основной *или* первой гармоники

Grundwellenmischung *f* преобразование на основной частоте

Grundwellenperiode *f* период основной волны

Grundwellenscheitelwert *m* амплитуда основной *или* первой гармоники

Grundwellenstrom *m* ток основной *или* первой гармоники

Grundwert *m* основное значение

Grundwiderstand *m* сопротивление земли

Grundzahl *f* 1. основное число 2. базис, основание (*системы логарифмов*)

Grundzeilenabstand *m* стандартный интервал между строками (*при печати*)

Grundzeiteinheit *f* основной такт

Grundzustand *m кв. эл.* основное состояние

Grundzustandsbesetzung *f* заселённость основного уровня

Grundzustandsspaltung *f* расщепление основного уровня

Grundzustandsübergang m переход в основное состояние
Grundzyklus m главный [большой] цикл (работы ВМ)
Grünfilter n зелёный (свето)фильтр
Grünfilterauszug m зелёное цветоделённое изображение
Grüninformation f информация о зелёном (свете) (в изображении)
Grünkanal m канал сигнала зелёного (цветоделённого изображения)
Grünkomponente f 1. зелёная составляющая (света) 2. см. **Grünsignal**
Grünkonvergenz f сведение зелёного луча
Grünlichtlaser m зелёный (аргоновый) лазер
Grünprimärsignal n исходный сигнал зелёного (цвета)
Grünraster m тлв зелёный растр
Grünsignal n сигнал зелёного (цветоделённого изображения)
Grünstatik f система статической юстировки зелёного луча
Grünstrahl m тлв зелёный луч
Grünsystem n зелёный прожектор
Grün-Violett-Achse f узкополосная ось, ось Q (в системе НТСЦ)
Gruppe f 1. группа 2. узел, блок
~, **cybotaktische** циботаксическая [сиботаксическая] группировка (молекул в жидкости)
~, **elektronegative** электроотрицательная группа
~, **funktionelle** 1. функциональная группа 2. функциональный узел
Gruppenadressierung f групповая адресация
Gruppenantenne f многовибраторная [многодипольная] антенна; групповая антенна
~ **mit phasengestaffelter Speisung** антенная фазированная решётка
Gruppenbandfilter n полосовой фильтр группы (в многоканальной телефонии)
Gruppenbildung f 1. образование групп, группирование 2. разбивка (конструкции) по блочному принципу
Gruppenbondanlage f микр. установка группового монтажа
Gruppencharakteristik f см. **Gruppenfaktor**
Gruppeneinteilung f см. **Gruppenbildung** 1.
Gruppenersatz m групповая замена (напр. ламп)
Gruppenfaktor m множитель антенной решётки
Gruppenfortschaltimpuls m импульс продвижения групп (чисел, данных)
Gruppenfrequenz f групповая частота
Gruppenfrequenzband n групповая полоса частот
Gruppengeschwindigkeit f групповая скорость
Gruppenkode m вчт групповой код
Gruppenkodierung f групповое кодирование
Gruppenlaufzeit f групповое время задержки; групповое время прохождения (в системах передачи)
Gruppenlaufzeitcharakteristik f характеристика группового времени задержки
Gruppenlaufzeitentzerrer m корректор группового времени прохождения (в системах передачи)
Gruppenlaufzeitfehler m неточность группового времени задержки

Gruppenlaufzeitschwankungen f pl колебания группового времени задержки
Gruppenleitsignal n групповой ведущий [групповой управляющий] сигнал
Gruppenmarke f вчт метка [маркер] (конца) групп знаков (в памяти)
Gruppenmembransender m групповой мембранный излучатель
Gruppenmodulation f групповая модуляция, модуляция группы каналов
Gruppenoperation f групповая операция
Gruppenrangordnung f 1. иерархия 2. управление иерархией
Gruppenruf m групповой вызов
Gruppenschaltung f 1. групповое [последовательно-параллельное] соединение 2. схема релейных блоков
Gruppenschwingungen f pl групповые колебания
Gruppensortierung f вчт сортировка данных по группам
Gruppensteuerung f прямое (числовое) управление несколькими станками
Gruppenstichprobe f вчт группированная выборка
Gruppenstrahler m группа излучателей
Gruppensystem n 1. многоканальная система (с несущими частотами) 2. блочная система (монтажа)
Gruppentafel f групповая таблица, таблица Кели
Gruppentastenrelais n групповое кнопочное реле
Gruppentheorie f теория групп
Gruppenträgerfrequenz f групповая несущая частота
Gruppenübertragungsweg m групповой тракт (системы) передачи
Gruppenumsetzer m свз групповой преобразователь (частоты)
Gruppenverbindung f соединение [объединение] групп (чисел, данных); соединение [объединение] блоков (данных)
Gruppenvermittlung f тлф групповая коммутация
Gruppenverteiler m распределитель первичных групп (в многоканальных системах телефонии)
Gruppenverteilung f распределение по группам (чисел, данных)
Gruppenverzögerung f групповая задержка
Gruppenverzögerungsentzerrer m корректор групповой задержки
Gruppenverzögerungssteilheit f крутизна характеристики групповой задержки
Gruppenvorschub m продвижение групп (чисел, данных)
Gruppenvorwähler m тлф групповой предыскатель
Gruppenwahl f тлф групповое искание
Gruppenwähler m тлф групповой искатель, ГИ
Gruppenwahlkode m код выбора группы
Gruppenwahlprinzip n тлф принцип группового искания
Gruppenwahlrelais n реле выбора группы
Gruppenwahlstufe f тлф ступень группового искания
Gruppenzahl f число групп

Gruppierung f 1. группирование, группообразование 2. расположение; группировка (*напр. проводов*) 3. классификация
Gruppierungsplan m схема группообразования
G5RV-Antenne f вседиапазонная любительская антенна
G-Schirmbild n (радиолокационное) изображение индикатора G-типа (*с индикацией ошибок наведения по азимуту и углу места с прямоугольной растровой развёрткой и дополнительным отображением изменения дальности*)
G-Signal n сигнал G, сигнал зелёного (цветоделённого изображения)
GTO-Thyristor m двухоперационный триодный тиристор, двухоперационный тринистор
Guardring m 1. pn охранное кольцо 2. зап., вчт предохранительное [защитное] кольцо (*на бобине с магнитной лентой*)
Guillemin-Effekt m эффект Гиллемана
Guillemin-Linie f линия Гиллемана
Guitarrentonabnehmer m звукосниматель для (электро)гитары
G-U-Kern m чётно-нечётное ядро
Gültigkeitsbit n двоичный разряд контроля достоверности, контрольный бит
Gültigkeitsprüfung f контроль на достоверность
Gummiandruckrolle f зап. обрезиненный прижимный ролик
Gummifilter n фильтр с регулируемой полосой пропускания
Gummiisolierband n прорезиненная изоляционная лента
Gummikabel n кабель с резиновой изоляцией
Gummilack m шеллак
Gummilinse(einrichtung) f вариообъектив
Gummimembranmethode f метод гибких диафрагм, метод резиновой мембраны
Gummiobjektiv n вариообъектив
Gummischlauchleitung f провод в резиновой оболочке
Gunn-Diode f диод Ганна
Gunndiodenmischer m смеситель на диоде Ганна
Gunn-Effekt m эффект Ганна
Gunnelement n элемент Ганна; диод Ганна
Gunn-Halbleiter m полупроводник Ганна (*напр. арсенид галлия*)
Gunn-Oszillator m генератор Ганна
Gürtel m пояс; зона (*напр. радиолокационных станций*)
Gürtellinse f линза Френеля
Gusetron n фирм. ртутный вентиль
Guß m 1. полив (*слоя на подложку*) 2. литьё
Gußdicke f толщина политого слоя
Gußfehler m pl дефекты полива
Gußgehäuse n литой корпус
Gußisolierung f литая изоляция; изоляция литьевыми смолами
Gußmagnet m литой магнит
Gußmasse f заливочная масса
Gutausbeute f выход годных (изделий)
Güte f 1. добротность 2. качество 3. эффективность; кпд
~ **des Vakuums** качество [степень разрежённости] вакуума
~ **der Wiedergabe** верность воспроизведения

Güteanfachung f 1. повышение добротности 2. улучшение качества
gütearm с низкой добротностью
Gütebestimmung f оценка качества
Gütefaktor m 1. коэффициент добротности, добротность 2. фактор качества 3. качество приёмной системы (*отношение усиления антенны в дБ к шумовой температуре приёмной системы в K°*)
~ **bei Belastung** нагруженная добротность
~ **im Leerlauf** ненагруженная [собственная] добротность
Gütefaktormesser m, **Gütefaktormeßgerät** n измеритель добротности, куметр, Q-метр
Gütefaktormodulation f кв. эл. модуляция добротности
Gütefehler m несоответствие [отклонение от норм] по качеству (*напр. элементов*)
gütegeschaltet, gütegesteuert с модуляцией добротности
Gütegrad m 1. фактор качества 2. класс точности
Güteklasse f 1. степень качества, сорт 2. класс точности
Gütekontrolle f контроль качества
Gütekriterium n критерий качества
Gütemaß n 1. мера качества (*напр. схемы*) 2. добротность [качество] прибора (*произведение коэффициента усиления на ширину полосы пропускания*)
Gütemerkmal n показатель качества
Gütemessung f измерение добротности
Gütemodulation f кв. эл. модуляция добротности
gütemoduliert с модуляцией добротности
Gütemultiplikator m умножитель добротности (*колебательного контура*)
Gütenachweis m показатель качества
Güteschaltbetrieb m режим модуляции добротности (*резонатора лазера*)
Güteschalten n модуляция добротности (*резонатора лазера*)
Güteschalter m лазерный затвор (*устройство изменения добротности резонатора лазера*)
Güteschaltung f, **aktive** активная модуляция добротности
Gütesicherung f гарантия [обеспечение] качества
Güteverhältnis n см. **Gütefaktor**
Güteverlust m (постепенное) ухудшение (*напр. параметров*)
Gütevorschrift f технические условия
Gütewert m добротность, значение добротности
Gütezahl f, **Güteziffer** f см. **Gütefaktor** 1., 3.
Guy-Effekt m эффект скачкообразного изменения фазы поля
Gyration f гирация
Gyrator m гиратор
Gyre f крист. гира, ось симметрии
Gyrofrequenz f гирочастота
Gyroklistron n гироклистрон
Gyrokompaß m 1. гирокомпас 2. инерциальная курсовая система
Gyrokon n гирокон
gyromagnetisch гиромагнитный

Gyromonotron *n* гиромонотрон, однорезонансный генераторный гиротрон
Gyroskop *n* гироскоп
Gyrotron *n* гиротрон

H

Haardraht *m* волластоновская нить, микропроволока, волосная проволока
haardünn сверхтонкий
Haar-Funktion *f* функция Хаара
Haarkristall *m* 1. контактный волосок, контактная пружина (*точечного диода*) 2. нитевидный кристалл, ус, *проф.* «вискер»
Haarlinie *f* 1. *изм.* тонкая линия, риска 2. нить (*в окуляре*) 3. визирная линия
Haarnadelgalvanometer *n* гальванометр с тонкой (магнитной) иглой
Haarnadelkatode *f* булавочный катод
Haarriß *m* микротрещина (*в кристалле*)
Haar-Transformation *f* преобразование Хаара
Habannröhre *f* лампа Хабана, магнетрон с разрезным анодом
Habannschwingungen *f pl* колебания Хабана, непролётные колебания
Habitus *m* форма, габитус (*кристалла*)
«Hacker» *m* радиолюбитель-изобретатель
H-Adcock-Antenne *f* Н-образная антенна Эдкока
Haftbelag *m* *микр.* адгезивное [клейкое] покрытие
Hafteffekt *m* 1. эффект прилипания 2. эффект захвата
Haftelektron *n* захваченный электрон
Haften *n* 1. улавливание, захват 2. сцепление; прилипание; адгезия 3. слипание
Haftfähigkeit *f* адгезионная способность; сцепляемость; прилипаемость
Haftfehler *m* неисправность типа «тождественный нуль» *или* «тождественная единица»
Haftfestigkeit *f* 1. адгезионная прочность; прочность сцепления *или* прилипания 2. прочность склеивания
Haftkoeffizient *m* 1. коэффициент захвата 2. коэффициент адгезии
Haftmagnet *m* сцепляющий [удерживающий] (электро)магнит
Haftmaske *f* *микр.* 1. неотделяемая маска 2. контактная маска
Haftniveau *n* *пп* уровень захвата
Haftreibung *f* *зап.* трение сцепления (*головки и ленты*)
Haftrelais *n* реле с механической блокировкой
Haftschicht *f* адгезионный [поверхностный] слой
Haftspeicher *m* ЗУ *или* память без разрушения информации
Haftstärke *f см.* Haftfestigkeit
Haftstelle *f* *пп* ловушка, центр захвата
~, **besetzte** занятая ловушка
~, **energetisch flache** энергетически мелкая ловушка
~, **flache** мелкая ловушка
~, **freie [leere]** незаполненная ловушка
~, **rekombinationsfreie** нерекомбинационная ловушка

~, **stabile** устойчивая ловушка
~, **tiefliegende** глубокая ловушка
~, **unbesetzte** незаполненная ловушка
Haftstellenbesetzung *f пп* заполнение ловушек
Haftstellendichte *f* плотность ловушек
haftstellenfrei свободный от ловушек
Haftstellenniveau *n* уровень захвата
Haftstellentiefe *f* глубина ловушки
Haftstellenumladung *f* перезаряд центров захвата
Haftstellenverteilung *f* распределение ловушек
Hafttaste *f* кнопка с (электромагнитным) арретиром
Haftterm *m* уровень захвата
Hafttermlage *f* положение уровней захвата
Haftvermögen *n* адгезионная способность; способность сцепления
Haftzeit *f* время захвата (*носителей заряда*)
Haftzentrum *n* центр захвата, ловушка
Hageleffekt *m* дробовой эффект
Hakeneffekt *m* эффект захвата
Hakentransistor *m* транзистор с коллекторной ловушкой
Hakenumschalter *m* рычажный переключатель
Halbadder *m*, **Halbaddiator** *m*, **Halbaddierer** *m* полусумматор
Halbautomatik *f* полуавтоматическое управление; полуавтоматическое действие; полуавтоматика
Halbbild *n* поле (*телевизионного кадра*)
~, **ausgetastetes** пропущенное поле
~, **linkes stereoskopisches** левое изображение стереопары
~, **rechtes stereoskopisches** правое изображение стереопары
~, **sichtbares** видимое [полезное] поле
~, **stereoskopisches** составляющая стереоизображения, левое *или* правое изображение стереопары
Halbbildaufzeichnung *f тлв* запись поля (*при съёмке через поле*)
Halbbilddauer *f тлв* длительность поля
Halbbildflimmern *n* мерцание полей
Halbbildfolge *f* последовательность полей
Halbbildfrequenz *f* частота полей
Halbbildinterpolation *f* межполевая интерполяция, интерполяция полей
Halbbild-Offsetraster *m* точечный чересстрочный растр
Halbbildquincunx-Struktur *f тлв* шахматная [треугольная] структура (*отсчётов*)
Halbbildsignal *n тлв* сигнал, формирующий верхнюю *или* левую половину поля чёрной, а другую половину поля — белой
Halbbildspeicher *m тлв* память на поле
Halbbild-Übertragungsprinzip *n*, **Halbbildverfahren** *n* метод чересстрочной развёртки
Halbbildwechsel *m* 1. смена полей 4. частота полей
Halbbildzahl *f* число полей
Halbduplex *m* полудуплекс
Halbduplex(funk)verkehr *m* полудуплексная (радио)связь
halbdurchlässig 1. полупроницаемый 2. полупрозрачный
halbdurchsichtig полупрозрачный

Halbfestwertspeicher *m* кратковременное ЗУ; кратковременная память
Halbformspule *f* полушаблонная катушка
Halbglied *n* полузвено (*напр. фильтра*)
Halbierungspunkt *m* средняя точка
halbisolierend полуизолирующий
Halbkreisfehler *m нвг* полукруговая погрешность
Halbkreisfehlerkomponente *f* полукруговая составляющая погрешности
Halbkreiskondensator *m* прямоёмкостный конденсатор
Halblast *f* половинная нагрузка
Halbleiter *m* 1. полупроводник 2. полупроводниковый прибор
~, **amorpher** аморфный полупроводник
~, **anisotroper** анизотропный полупроводник
~, **binärer** двухкомпонентный полупроводник
~, **dotierter** легированный полупроводник
~, **eigentlicher** собственный полупроводник
~, **elektronischer** электронный полупроводник, полупроводник (с электропроводностью) *n*-типа
~, **entarteter** вырожденный полупроводник
~, **fast eigenleitender** квазисобственный полупроводник
~, **ferromagnetischer** ферромагнитный полупроводник
~, **gedopter** легированный полупроводник
~, **gemischter** смешанный полупроводник
~, **glasartiger** стеклообразный полупроводник
~, **herkömmlicher** обычный полупроводник
~, **hochohmiger** высокоомный полупроводник
~, **homogener** однородный полупроводник
~, **inhomogener** неоднородный полупроводник
~, **intermetallischer** интерметаллический полупроводник
~, **kompakter** объёмный полупроводник
~, **kompensierter** (с)компенсированный полупроводник
~, **legierter** легированный полупроводник
~ **mit breitem Bandabstand [mit breitem verbotenem Band, mit breiter Energielücke]** широкозонный полупроводник, полупроводник с широкой запрещённой зоной
~ **mit Defektelektronenleitung** дырочный полупроводник, полупроводник (с электропроводностью) *p*-типа
~ **mit direktem Übergang** прямозонный полупроводник (*с прямыми переходами*)
~ **mit Eigenleitfähigkeit** собственный полупроводник
~, **mit Fremdbeimischungen versehener** примесный полупроводник
~ **mit großer Energielücke** *см.* **Halbleiter mit breitem Bandabstand**
~ **mit indirektem Übergang** непрямозонный полупроводник (*с непрямыми переходами*)
~ **mit Ionengitter** полупроводник с ионной решёткой
~ **mit kleinem Bandabstand [mit kleinem verbotenem Band, mit kleiner Energielücke]** узкозонный полупроводник, полупроводник с узкой запрещённой зоной
~ **mit stufenartigem verbotenem Band** варизонный полупроводник

~, **nichtentarteter** невырожденный полупроводник
~, **nichtkristalliner** аморфный полупроводник
~, **n-Typ** полупроводник (с электропроводностью) *n*-типа, электронный проводник
~, **organischer** органический полупроводник
~, **p-Typ** полупроводник (с электропроводностью) *p*-типа, дырочный полупроводник
~, **reiner** собственный полупроводник
~, **ternärer** трёхкомпонентный полупроводник
~, **verunreinigter** примесный полупроводник
~, **vierschichtiger** четырёхслойный полупроводниковый прибор
~, **zussammengesetzter** сложный полупроводник
III/V-Halbleiter *m* полупроводниковое соединение $A^{III}B^V$
Halbleiteranordnung *f* полупроводниковая система
~, **ladungsgekoppelte** прибор с зарядовой связью, ПЗС
Halbleiterausführung *f* 1. конструктивное исполнение полупроводникового прибора 2. полупроводниковое устройство
Halbleiterbahn *f* полупроводниковая токоведущая дорожка
Halbleiterbarren *m крист.* слиток; выращенный кристалл; буля
Halbleiterbauelement *n* полупроводниковый компонент; полупроводниковый модуль; полупроводниковый прибор
~, **laterales** горизонтальный [боковой, торцевой] полупроводниковый компонент
~, **nacktes** бескорпусной полупроводниковый компонент
~ **ohne Redundanz** полупроводниковый узел без избыточности
~, **ungekapseltes** бескорпусной полупроводниковый компонент
Halbleiterbegrenzerdiode *f* ограничительный полупроводниковый диод
Halbleiterbestückung *f* комплектация полупроводниковыми приборами
Halbleiterbetrieb(szustand) *m* режим работы полупроводникового прибора
Halbleiterbildempfänger *m см.* **Halbleiter-Bildsensor**
Halbleiterbildfänger *m тлв* передающая трубка с полупроводящей мишенью
Halbleiterbildschirm *m* полупроводниковый экран
Halbleiter-Bildsensor *m*, **Halbleiter-Bildwandler** *m* полупроводниковый преобразователь свет—сигнал, полупроводниковый формирователь сигнала изображения
~, **zeilenförmiger** однострочный полупроводниковый преобразователь свет—сигнал
Halbleiterbildzerleger *m* полупроводниковое устройство развёртывания [разложения] изображения
Halbleiterblock *m* полупроводниковый блок
~, **homogener** полупроводниковый блок с однородными свойствами
Halbleiterblocktechnik *f* техника полупроводниковых приборов

Halbleiterchip *n* полупроводниковый кристалл; (бескорпусная) полупроводниковая ИС
Halbleiter-Dehnungsmeßstreifen *m* полупроводниковый тензорезистор
Halbleiterdiode *f*, **parametrische** параметрический полупроводниковый диод
Halbleitereinkristall *m* монокристалл полупроводника
Halbleiterelektronenstrahllaser *m* полупроводниковый лазер с электронным возбуждением
Halbleiterelektronik *f* полупроводниковая электроника; электроника полупроводников
Halbleiterelement *n* полупроводниковый элемент
~, **ladungsgekoppeltes** прибор с зарядовой связью, ПЗС
Halbleiterfalle *f* ловушка в полупроводнике
Halbleiterfaser *f* полупроводниковое волокно
Halbleiterfertigungstechnik *f* 1. технология изготовления полупроводников 2. технология изготовления полупроводниковых приборов
Halbleiterfestwertspeicher *m* полупроводниковое ПЗУ
Halbleiterflächendiode *f* полупроводниковый планарный диод
Halbleiterflächenstrahler *m* электролюминесцентная (индикаторная) панель
Halbleiterfotoeffekt *m* фотоэффект в полупроводниках
Halbleiterfotoempfänger *m* фотоэлектрический полупроводниковый приёмник излучения, ФЭПП
Halbleiterfotowiderstand *m* полупроводниковый фоторезистор
Halbleitergebiet *n* 1. полупроводящая область 2. область полупроводника
Halbleitergehäuse *n* корпус полупроводникового прибора
Halbleitergerät *n* полупроводниковый прибор, ПП
~, **galvanomagnetisches** гальваномагнитный полупроводниковый прибор; датчик Холла
Halbleiterglas *n* полупроводящее стекло
Halbleitergleichrichterblock *m* выпрямительный полупроводниковый блок
Halbleitergleichrichterdiode *f* выпрямительный полупроводниковый диод
Halbleitergrenzschicht *f* (по)граничный слой полупроводника
Halbleitergroßschaltung *f* полупроводниковая БИС
Halbleiterikonoskop *n* иконоскоп с полупроводящей мишенью
Halbleiterimpulsdiode *f* полупроводниковый импульсный диод
Halbleiterindustrie *f* полупроводниковая промышленность
Halbleiterinjektionslaufzeitdiode *f* полупроводниковый инжекционно-пролётный диод
Halbleiterkanal *m* полупроводниковый канал (*между истоком и стоком полевого транзистора*)
Halbleiterkristallgitter *n* кристаллическая решётка полупроводника
Halbleiterkugel *f*, **geschmolzene** шарообразный слиток полупроводника (*изготовлен методом бестигельной плавки*)
Halbleiterkühlelement *n* полупроводниковый охлаждающий элемент (*на основе эффекта Пельтье*)
Halbleiterlaser *m* полупроводниковый лазер
~ **mit Elektronenanregung** полупроводниковый лазер с электронным возбуждением
Halbleiterlasermatrix *f* матрица лазерных диодов
Halbleiterlawinenlaufzeitdiode *f* полупроводниковый лавинно-пролётный диод
Halbleiterleistungsbauelement *n* силовой полупроводниковый прибор, СПП
Halbleiterleitungsband *n* зона проводимости полупроводника
Halbleitermeßtechnik *f* 1. техника измерения параметров полупроводниковых приборов 2. полупроводниковая измерительная техника
Halbleiter-Metall-Kontakt *m* контакт полупроводник—металл
Halbleitermikroschaltung *f* полупроводниковая микросхема
~, **integrierte** полупроводниковая ИС
Halbleitermischdiode *f* полупроводниковый смесительный диод
Halbleitermodulatordiode *f* полупроводниковый модуляторный диод
Halbleitermosaik *n* полупроводящая мозаика
Halbleiterperle *f* 1. бусинка полупроводника 2. круглая пластинка полупроводника
Halbleiterphysik *f* физика полупроводников
Halbleiterpille *f см.* **Halbleiterperle**
Halbleiterplasma *n* (электронно-дырочная) плазма в полупроводнике
Halbleiterplasmagerät *n* **mit Magnetsteuerung** мадистор
Halbleiterplättchen *n* 1. (полупроводниковый) кристалл; (бескорпусная) полупроводниковая ИС 2. пластинка проводника
Halbleiterplatte *f* полупроводниковая пластина
Halbleiterpolykristall *m* полукристаллический полупроводник
Halbleiterraumladungszone *f* область пространственного заряда полупроводника
Halbleiterrauschdiode *f* полупроводниковый шумовой диод
Halbleiterrauschen *n* шум полупроводникового прибора
Halbleiterregelwiderstand *m* полупроводниковый терморезистор
Halbleiterschaltdiode *f* полупроводниковый переключательный диод
Halbleiterschalter *m* 1. полупроводниковый переключатель 2. полупроводниковый ключ
Halbleiterschaltkreis *m* полупроводниковая переключательная схема
~, **integrierter** полупроводниковая переключательная ИС
Halbleiterschaltung *f* полупроводниковая схема
~, **integrierte** полупроводниковая ИС
~, **monolithische** монолитная полупроводниковая схема
Halbleiterscheibe *f* полупроводниковая пластина
Halbleiterschutzüberzug *m* защитное покрытие полупроводникового прибора

Halbleitersensor m 1. полупроводниковый датчик 2. см. **Halbleiter-Bildsensor**
Halbleiterspeicher m полупроводниковое ЗУ; полупроводниковая память
Halbleitersspeicherchip n полупроводниковый кристалл ЗУ; (полупроводниковая) ИС памяти
Halbleitersperrschicht f запирающий слой полупроводника; полупроводниковый переход
Halbleiterstrahler m полупроводниковый излучатель
Halbleiterstromtor n тиристор
Halbleiterstruktur f структура полупроводника
Halbleitersubstrat n, **Halbleitersubstratscheibe** f полупроводниковая подложка
Halbleitertechnik f полупроводниковая техника
Halbleitertechnologie f полупроводниковая технология
Halbleiterthermoelement n, **mehrstufiges** каскадный полупроводниковый термоэлемент
Halbleitertriode f транзистор
Halbleitertunneldiode f полупроводниковый туннельный диод
Halbleiterverbindung f сложный полупроводник, полупроводниковое соединение
Halbleitervervielfacherdiode f полупроводниковый умножительный диод
Halbleiterwafer m 1. полупроводниковая пластина 2. подложка
Halbleiterwärmeleitung f теплопроводность полупроводника
Halbleiterwiderstand m полупроводниковый резистор
~, **nichtlinearer** нелинейный полупроводниковый резистор, варистор
~, **oxidischer** полупроводниковый оксидный резистор
Halbleiterzelle f полупроводниковый фотоэлемент
halbleitfähig полупроводящий
Halbperiode f полупериод
Halbperiodendauer f длительность полупериода
halbperiodisch однополупериодный
Halbpotentiometer n неуравновешенный потенциометр
halbpotentiometrisch 1. полупотенциометрический 2. изм. неуравновешенный
Halbraster m тлв поле
halbräumlich полусферический
Halbrautenantenne f полуромбическая антенна
Halbreflexionsschirm m направленно-рассеивающий экран
Halbschalengehäuse n двухрядный корпус, корпус с двухрядным расположением выводов, корпус типа DIP
Halbschatten m полутень
Halbschatteneffekt m эффект полутени
Halbschattengebiet n зона [область] полутени
Halbschattenverzerrung f искажения, обусловленные наличием полутени
Halbschattenvorrichtung f контрастный [субъективный] фотометр
Halbschritt m вчт полуцикл
Halbschwingung f полупериод (колебания); полуволна (колебания)

halbselbständig полуавтономный
Halbspiegel m полупрозрачное зеркало
Halbspur f, **Halbspuraufzeichnung** f двухдорожечная запись
Halbspurkopf m головка для двухдорожечной записи
Halbspurtechnik f техника двухдорожечной записи
Halbspur-Tonbandkopf m магнитофонная головка для двухдорожечной звукозаписи
halbstetig полунепрерывный
Halbstrom m вчт ток полувыборки, полуток выборки
Halbstromanstiegszeit f время нарастания тока до половины его номинального значения
Halbstromimpuls m вчт импульс тока полувыборки, импульс полутока выборки
Halbstrommagnetisierung f половинное значение тока намагничивания
Halbsubtrahierer m полувычитатель
Halbsummator m полусумматор
Halbton m 1. полутон (напр. факсимильной копии) 2. полутон (в акустике)
Halbtonaufzeichnung f полутоновая запись, запись полутоновых изображений
Halbtonbild n полутоновое изображение
Halbtonbildspeicherröhre f запоминающая ЭЛТ с полутоновым изображением
Halbtonbildverkehr m фототелеграфная передача полутоновых изображений
Halbtonkennlinie f градационная характеристика
Halbtonskale f градационная шкала
Halbtonwert m величина градации
Halbtonwiedergabe f тлв воспроизведение градаций
Halbüberlappung f полуперекрытие
Halbverdunk(e)lung f полузатемнение
Halbversetzung f частичная дислокация
Halbwahlsystem n тлф система с полуавтоматической коммутацией
Halbweg... однополупериодный
Halbweg-Markierungssender m нвг средний маркерный радиомаяк
Halbwelle f полуволна
Halbwellenbetrieb m режим класса B
Halbwellendetektor m однополупериодный детектор
Halbwellendipol m полуволновый симметричный вибратор
Halbwellendüppel m рлк полуволновая металлизированная лента
Halbwellengleichrichtung f однополупериодное выпрямление
Halbwellenkonus m полуволновый переход волновода
Halbwellenkreis m полуволновый контур
Halbwellenlänge f половина длины волны
Halbwellenschaltung f однополупериодная схема (выпрямителя)
Halbwellenschlitz m полуволновая щель
Halbwellenumwegleitung f четвертьволновый согласующий трансформатор
Halbwellenverbundschwinger m составной полуволновый вибратор
Halbwellenvibrator m полуволновый вибратор

Halbwellenwechselstrom *m* переменная составляющая тока при однополупериодном выпрямлении
Halbwert *m* половинное значение; половинный уровень
Halbwertdauer *f см.* **Halbwertszeit**
Halbwertsbandbreite *f* ширина полосы пропускания на половинном уровне
Halbwertsbreite *f* ширина (*напр. характеристики*) на половинном уровне
~ **der Bande** *см.* **Halbwertsbandbreite**
Halbwertsbreitediagramm *n* ширина диаграммы направленности на половинном уровне
Halbwertsöffnungswinkel *m* половина угла раствора (*напр. диаграммы направленности*)
Halbwertsresonanzbreite *f* ширина резонансной кривой на половинном уровне
Halbwertsschicht *f* слой половинного ослабления или половинного поглощения
Halbwertswinkel *m* угол раствора (*диаграммы направленности*) на половинном уровне
Halbwertszeit *f* 1. время нарастания до половинного значения 2. *яд. физ.* период полураспада
Halbwinkel *m* 1. половинный угол 2. половина угла раствора (*диаграммы направленности*)
Halbzeilenimpuls *m тлв* (уравнивающий) импульс двойной строчной частоты
Halbzeilen-Offset *m тлв* полустрочный офсет
Halbzoll-Saticon *n тлв* полудюймовый сатикон
Halbzylinderlinsen-Raster *m* растр с полуцилиндрическими линзами
Hall *m* реверберация
Hall-Ausgangsspannung *f* напряжение (на выходе элемента) Холла
Hall-Beweglichkeit *f* холловская подвижность
Hall-Effekt *m* эффект Холла
Hall-Effekt-Bauelement *n* элемент Холла
Hall-Elektrode *f* электрод Холла
Hall-Element *n* элемент Холла
hallen звучать
Hall-Feld *n* поле Холла
Hall-Feldstärke *f* напряжённость поля Холла
Hall-Geber *m* датчик Холла
Hall-Generator *m* генератор Холла
Hall-Gerät *n* датчик Холла
Halligkeit *f* содержание реверберации (*в звукозаписи*)
Hall-Koeffizient *m*, **Hall-Konstante** *f* коэффициент [постоянная] Холла
Hall-Kontakt *m* контакт Холла
Hall-Kopf *m зап.* (магнитная) головка Холла
Hall-Körper *m см.* **Hall-Plättchen**
Hall-Leistung *f* мощность эффекта Холла
Hall-Modulator *m* модулятор Холла
Hall-Multiplikator *m см.* **Hall-Vervielfacher**
Hall-Plättchen *n* полупроводниковая пластинка датчика Холла
Hallradius *m* радиус реверберации
Hallraum *m* реверберационная камера
Hall-Sonde *f* датчик Холла
Hall-Spannung *f* напряжение Холла
Hall-Spannungserzeuger *m* генератор Холла
Hall-Strombahn *f* путь растекания тока в цепи эдс Холла
halltron *англ.* ячейка Холла

Hall-Vervielfacher *m* умножитель на преобразователе Холла, холловский умножитель
Hallwachs-Effekt *m* внешний фотоэффект, фотоэлектронная эмиссия
Hall-Wandler *m* датчик Холла
Hall-Winkel *m* холловский угол
Halo *m тлв* ореол
Halogen... галогенный
Hals *m* 1. горловина баллона (*трубки*) 2. шейка (*изолятора*)
Hals-Störmer-Echo *n* эхо Гальса—Штермера, многократно отражённое эхо
Halt *m вчт* 1. останов 2. сигнал «стоп»; команда останова
~, **bedingter** условный останов
~, **programmierter** программируемый останов
~, **unprogrammierter** незапрограммированный останов
Halt... *см. тж* **Halte...**
Haltanweisung *f*, **Haltbefehl** *m вчт* команда останова, команда «стоп»
Halte... *см. тж* **Halt...**
Halteanker *m* удерживающий сердечник (*электромагнита*)
Halteanode *f* электрод вспомогательного разряда, поджигающий анод
Haltebereich *m* 1. область удержания (*частоты*) 2. *тлв* область устойчивой синхронизации
Haltebügel *m* замок, замковое устройство (*напр. электронной лампы*)
Halteglied *n* 1. фиксирующее звено 2. звено устройства выборки и хранения
Halteklinke *f* 1. *тлф* блокировочное гнездо 2. блокировочная защёлка
Haltekondensator *m* 1. накопительный конденсатор 2. конденсатор хранения (*в устройствах выборки и хранения*)
Haltekontakt *m* 1. удерживающий контакт 2. *пп* запирающий контакт
Haltekraft *f* удерживающее усилие, удерживающая сила
Haltekreis *m* 1. цепь блокировки 2. *тлф* контрольная цепь 2. *тлв* схема фиксации уровня
Haltemagnet *m* удерживающий электромагнит
Halten *n* 1. синхронизация 2. фиксация (*в трубках с накоплением зарядов*) 3. хранение (*напр. информации*) 4. удержание; блокировка
Haltepotential *n* удерживающий потенциал
Haltepunkt *m* критическая точка (*напр. кривой*)
Halter *m* 1. держатель 2. кассета 3. *микр.* кристаллодержатель
Halterelais *n* удерживающее [блокировочное] реле
Halterung *f* 1. патрон (*напр. лампы*); держатель (*предохранителя*) 2. фиксатор; крепление; зажим
Halteschalter *m* блокировочная кнопка
Halteschaltung *f* 1. схема блокировки; цепь блокировки 2. *вчт* схема-защёлка 3. одновибратор, ждущий [моностабильный] мультивибратор
Haltesignal *n* 1. *вчт* сигнал останова 2. сигнал блокировки 3. запрещающий сигнал
Haltespannung *f* 1. напряжение удержания (*реле*)

2. напряжение в открытом состоянии (*напр. тиристора*)
Haltestrahl *m* фиксирующий пучок (*пучок электронов, фиксирующий потенциал элементов мишени*)
Haltestrom *m* 1. ток удержания 2. удерживающий ток (*напр. тиристора*)
Haltestromkreis *m* цепь блокировки
Halteverhältnis *n* коэффициент удержания
Haltevermögen *n* сила удержания
Halteverstärker *m* усилитель устройства выборки — хранения
Haltewert *m* 1. равновесное значение (*регулируемой или измеряемой величин*) 2. параметр удержания (*реле*)
Haltewicklung *f* удерживающая обмотка
Haltezeichen *n* см. **Haltesignal**
Haltezeit *f* 1. выдержка времени 2. *вчт* время занятости 3. *вчт* время промежуточного хранения
Haltgebiet *n* **bei automatischer Frequenzregelung** диапазон действия АПЧ
Haltknopf *m* кнопка останова, кнопка «стоп»
Haltung *f* удержание; блокировка
Haltungssicherheitsfaktor *m* коэффициент запаса при удержании (*реле*)
Haltungswert *m* параметр удержания
Hammer *m* молоточек (*напр. печатающего устройства*)
~, **Wagnerscher** 1. см. **Hammerunterbrecher** 2. пищик
Hammerunterbrecher *m* молотковый прерыватель, прерыватель Вагнера
Hamming-Abstand *m*, **Hamming-Distanz** *f* расстояние [интервал] Хемминга
Hamming-Kode *m* код Хемминга
Hand *f*: ☐ **mit [per, von]** ~ вручную, от руки
~, **mechanische** автооператор, механическая рука
Handabstimmung *f* ручная настройка
Handamt *n* ручная телефонная станция, РТС
Handamtsschrank *m* коммутатор ручной телефонной станции
Handapparat *m* микротелефонная трубка
Hand-Automatik(um)schalter *m* переключатель с ручной работы на автоматическую
handbedient с ручным управлением
Handbedienung *f* ручное управление
handbetätigt см. **handbedient**
Handbetrieb *m* ручное управление
Handdosismeter *n* наручный дозиметр
Handdrehgenerator *m*, **Handdynamomaschine** *f* генератор с ручным приводом
Hände *f pl*, **magische** манипулятор
Handeffekt *m* эффект ёмкости руки
Handeingabeeinheit *f* блок [устройство] ручного ввода (данных)
Handempfindlichkeit *f* чувствительность к воздействию ёмкости руки
Handfahren *n* ручное управление
Handfernsprechamt *n* см. **Handamt**
Handfunkgerät *n* переносная радиостанция
Handfunksprecher *m*, **Handfunksprechgerät** *n* переносная радиотелефонная станция

Handgeber *m* 1. телеграфный ключ, манипулятор 2. ручной датчик
handgetastet с ручной манипуляцией
Handgriff *m* 1. ручка, рукоятка 2. приём, операция
Handhabung *f* 1. (ручное) управление 2. *тлг* работа ключом, манипуляция 3. обработка
Handhabungsfähigkeit *f* управляемость
Handkapazität *f* ёмкость руки
Handknopf *m* кнопка
Handkurbel *f* ручка, рукоятка
Handlichkeit *f* удобство обращения [пользования]; доступность (для обслуживания)
Handmeßgerät *n* переносной измерительный прибор
Handmikrofon *n* ручной микрофон; микротелефонная трубка
Handprogrammierung *f* ручное программирование
Handregelung *f* 1. ручное регулирование 2. ручная регулировка
Handschrifterkennung *f* распознавание рукописного текста
Handsender *m* 1. переносный передатчик 2. см. **Handgeber**
Handsendung *f* см. **Handtastung** 1.
Hand-shake-Signal *n* сигнал квитирования [установления связи]
Handsiebdruckmaschine *f* ручная установка сеткографической печати (*толстоплёночных микросхем*)
Handsteuerorgan *n* ручной управляющий орган
Handsteuerung *f* ручное управление
Handtaste *f* *тлг* ключ, манипулятор; клавиша; кнопка
Handtastung *f* *тлг* передача ключом, манипуляция
Handtempo *n* 1. *тлг* скорость передачи ключом 2. скорость работы вручную
Handvermittlung *f* ручная коммутация
Handvermittlungsamt *n*, **Handvermittlungsstelle** *f* см. **Handamt**
Handversteller *m* устройство для установки от руки
Handvorschub *m* ручная подача (*напр. ленты*)
Handzentrale *f* см. **Handamt**
Hänge(draht)antenne *f* выпускная антенна
Hängemikrofon *n* подвесной микрофон
«Hängenbleiben» *n* «залипание» (*якоря реле*); *вчт* «зависание»
Hängetafel *f* 1. подвесная панель (*управления*) 2. подвесное табло
Hantierung *f* 1. манипулирование 2. малая механизация
Hantierungsgerät *n* 1. манипулятор 2. средство малой механизации
H-Apertur *f* горизонтальная апертурная коррекция
Hapugmodulation *f* модуляция с изменением величины несущей соответственно глубине модуляции
Hapugsender *m* передатчик с автоматической стабилизацией глубины модуляции
Hardcopy *f* документальная копия; печатная копия

Hard-Disk-Speicher *m* ЗУ на жёстких дисках; накопитель на жёстких дисках
Hardware *f вчт* 1. аппаратура, (аппаратное) оборудование, аппаратные средства 2. технические средства; техническое обеспечение
hardwarebedingt обусловленный аппаратными средствами
Hardwareerweiterung *f des Speichers* наращивание памяти
Hardwarefehler *m вчт* машинная ошибка
hardware-gesteuert с аппаратно-реализованной программой
Hardwarekontrolle *f* контроль работы технических средств
Hardwareprüfpunkt *m* аппарат(ур)ная контрольная точка
Hardware- und-Software-Testroutinen *f pl* стандартные испытательные подпрограммы для технического и математического обеспечения
Hardware-Verträglichkeit *f* совместимость технических средств, аппаратная совместимость
Harfenantenne *f* веерная антенна
Harfenkatode *f* арфообразный катод
Harmodotron *n* гармодотрон (*генераторный прибор миллиметрового или субмиллиметрового диапазона*)
Harmoniegesetz *n* гармонический закон
Harmonikaleitung *f* 1. гармониковый провод 2. гармониковая антенна
Harmonische *f* гармоника
~, **ausgeprägte** явно выраженная гармоника
~, **azimutale** азимутальная пространственная гармоника
~, **benachbarte** соседняя (высшая) гармоника
~, **gerade** чёрная гармоника
~, **höhere** высшая гармоника
~, **radiale** радиальная пространственная гармоника
~, **ungerade** нечётная гармоника
Harmonischengrad *m* (порядковый) номер гармоники
Härte *f* жёсткость (*напр. излучения*)
Härtebereich *m* диапазон жёсткости
Härter *m* отвердитель
Hartgewebe *n* текстолит
Hartglas *n* тугоплавкое стекло
Hartglasgewebe *n* стеклотекстолит
Hartglaskolben *n* колба из тугоплавкого стекла
Hartglasleinen *n* стеклотекстолит
Hartgummi *m* эбонит
Hartkohlenwiderstand *m* 1. графитовый резистор 2. сопротивление графита
Hartkopie *f* документальная копия; печатная копия
Hartkopie-Drucker *m* печатающее устройство для выдачи документальных копий
Hartkopie-Einrichtung *f* устройство выдачи документальных *или* печатных копий
Hartleinen *n* текстолит
Hartley *n* хартли (*логарифмическая мера количества информации, равная* $\log_2 10 = 3,323$ *битов*)
Hartley-Oszillator *m* индуктивный трёхточечный генератор, генератор Хартлея

Hartley-Schaltung *f* трёхточечная схема с индуктивной обратной связью, схема Хартлея
Hartlot *n* тугоплавкий припой
hartmagnetisch магнитотвёрдый
Hartmaske *f* износоустойчивый шаблон
Hartmuschel *f* эбонитовый амбушюр, эбонитовая раковина телефона
Hartpapier *n* гетинакс
Hartree-Harmonische *f* пространственная гармоника
Hartsektorierung *f вчт* жёсткое разбиение на секторы
Hartstrahlen *m pl* жёсткие лучи
Hartstrahlung *f* жёсткое излучение
Hartung *f* 1. твердение; упрочение 2. повышение стойкости (*напр. к радиации*) 3. жёстчение (*ЭЛП*)
Hartwerden *n* жёстчение (*ЭЛП*)
Harward-Architektur *f* архитектура Гарварда (*с двумя шинами для данных и команд*)
Harzaustauscher *m* ионит; ионообменная смола
harzvergossen залитый [герметизированный] смолой
HA-Signal *n тлв* гасящий импульс строк
Hauch *m* шум, создаваемый электронными лампами
Hauchvergoldung *f* (сверх)тонкое золочение
Häufigkeit *f* 1. *инф.* частота (*событий*) 2. *над.* интенсивность (*отказов*) 3. повторяемость
Häufigkeitsausfälle *m pl* отклонения от статистического распределения
Häufigkeitsbestimmung *f* 1. *инф.* определение частоты (*событий*) 2. определение повторяемости
Häufigkeitsdichte *f* 1. *над.* интенсивность (*отказов*) 2. *инф.* плотность частоты (*событий*)
Häufigkeitsfaktor *m* 1. коэффициент частоты (*напр. отказов*) 2. коэффициент повторяемости
Häufigkeitsmodulation *f* частотная импульсная модуляция
Häufigkeitsverteilung *f* 1. *над.* распределение интенсивности (*отказов*) 2. *мат.* статистическое распределение
Häufung *f* 1. скопление, накопление 2. параллельная укладка (*нескольких кабелей*)
~ **von Störungen** накопление сигналов возмущений
Häufungspunkt *m* предельная точка; точка накопления
Häufungswert *m* предельное значение
Hauptamt *n* центральная (телефонная) станция
Hauptamtskabel *n* магистральный кабель
Hauptanschluß *m* 1. магистральное присоединение 2. основной (телефонный) аппарат абонента
Hauptanschlußsystem *n* система с центральной (телефонной) станцией
Hauptband *n* главная лента
Hauptbefehlsstelle *f* центральный диспетчерский пункт
Hauptbildmonitor *m см.* Hauptmonitor
Hauptbildschirm *m* основной экран
Hauptblatt *n см.* Hauptkeule
Hauptbrennpunkt *m опт.* главный фокус
Hauptecho *n* главное эхо

Haupteichkreis *m тлф* эквивалент затухания системы передачи
Haupteinflugzeichen *n* посадочный радиомаяк
Hauptentladung *f* рабочий разряд
Hauptfeldrichtung *f* направление основного поля
Hauptfernleitung *f* магистральная линия дальней связи
Hauptfernsprechamt *n* центральная телефонная станция
Hauptfunkstelle *f* главная радиостанция
Hauptfunkverbindung *f* магистральная радиосвязь
Hauptfunkverkehrsstrecke *f* магистральная линия радиосвязи
Hauptgerätekomplex *m* комплект основной аппаратуры
Hauptgruppengang *m см.* **Hauptzyklus**
Hauptkabel *n* магистральный кабель
Hauptkanal *m* основной канал (*напр. приёма*)
Hauptkartenablage *f* картотека главных *или* ведущих перфокарт
Hauptkatode *f* индикаторный катод (*декатрона*)
Hauptkette *f* главная цепь (*тока*)
Hauptkeule *f ант.* главный лепесток
Hauptkreis *m* 1. основной контур 2. главная цепь (*тока*)
Hauptladung *f* первая зарядка (*аккумулятора*)
Hauptlappen *m см.* **Hauptkeule**
Hauptleiter *m* рабочий провод; рабочая жила (*кабеля*)
Hauptleitung *f* магистральная [основная] линия, магистраль
Hauptleitungsabzweigkasten *m* ответвительная коробка магистральной линии
Hauptleitungsweg *m* трасса магистральной линии
Hauptleitwerk *n* главное устройство управления
Hauptlinie *f см.* **Hauptleitung**
Hauptlötstelle *f* горячий спай термопары
Hauptmenu *n вчт* основное меню
Hauptmischpult *n* главный микшерный пульт
Hauptmonitor *m* главное видеоконтрольное устройство, программный видеомонитор
Hauptnachrichtenlinie *f см.* **Hauptverbindungslinie**
Hauptoszillator *m* задающий генератор
Hauptperiode *f* 1. *см.* **Hauptzyklus** 2. период первой [основной] гармоники
Hauptpilotlampe *f см.* **Hauptüberwachungslampe**
Hauptprogramm *n* ведущая [основная] программа
Hauptprogrammspeicher *m* основное ЗУ *или* основная память для хранения программ
Hauptprozessor *m* главный процессор; ведущий процессор
Hauptquantenzahl *f* главное [первое] квантовое число
Hauptrechenzentrale *f* главный вычислительный центр
Hauptrechner *m* главная ЭВМ
Hauptresonanzwellenlänge *f* длина волны основного резонанса
Hauptrückführungssignal *n* сигнал основной обратной связи
Hauptschaltgerät *n* центральное коммутирующее устройство

Hauptschaltpult *n* центральный пульт управления
Hauptschaltraum *m* центральная аппаратная
Hauptschalttafel *f* главный коммутационный щит; распределительный щит
Hauptschwingungstyp *m* основной тип [основная мода] колебаний
Hauptsender *m* главный [ведущий] (радио)передатчик
Hauptspeicher *m* основное ЗУ; основная память; оперативное ЗУ, ОЗУ; оперативная память
Hauptspiegel *m опт.* главное зеркало
Hauptstation *f*, **Hauptstelle** *f* главная [ведущая] станция
Hauptstrahl *m* 1. *ант.* основной лепесток 2. *нвг* главный луч
Hauptstrahlung *f* основное [главное] излучение
~, **charakteristische** основное характеристическое излучение
Hauptstrahlungskeule *f см.* **Hauptkeule**
Hauptstrahlungsrichtung *f* направление максимума излучения
Hauptstrang *m см.* **Hauptleitung**
Hauptsymmetrieebenen *f pl крист.* главные плоскости симметрии
Haupttakt *m* главные синхронизирующие импульсы
Haupttelegrafenamt *n* центральная телеграфная станция
Haupttelegrafensender *m* передатчик магистральной телеграфной связи
Hauptübertragungsart *f* основной вид передачи
Hauptüberwachungslampe *f тлф* общая контрольная лампа
Hauptverbindung *f* основная связь
Hauptverbindungslinie *f*, **Hauptverkehrslinie** *f* магистральная линия связи
Hauptverkehrsstunden *f pl тлф* часы наибольшей нагрузки, ЧНН
Hauptvermittlungsstelle *f* центральная коммутационная телефонная станция, телефонный узел автоматической коммутации
Hauptverteiler *m тлф* главный щит переключений; главный распределитель
Hauptverteilergestell *n* стойка главного щита переключений; стойка главного распределителя
Hauptwelle *f* 1. основная волна, волна основного типа, основная мода 2. основная гармоника
Hauptzeit *f* полезное (машинное) время
Hauptzipfel *m см.* **Hauptkeule**
Hauptzuleitung *f* питающая магистраль; основная цепь питания
Hauptzyklus *m* большой [главный] цикл (*работы ВМ*)
Hausanschluß *m* абонентский ввод
Hausanschlußgerät *n* абонентское устройство подключения аппаратуры; бытовой интерфейс
Hausanschlußkasten *m* абонентская коробка
Hausanschlußleitung *f* абонентская линия
Hausanschlußpunkt *m ктв* пункт домового ввода
Hausanschlußverstärker *m ктв* усилитель домовой распределительной сети
Hausfernsprecher *m*, **Hausfernsprechstelle** *f* 1. теле-

фонный аппарат внутренней связи **2.** квартирный телефонный аппарат
Haushaltelektronik *f* бытовая электроника
Hausnebenstelle *f* квартирный добавочный (телефонный) аппарат
Haussprechstelle *f см.* **Hausfernsprecher**
Hausverkehr *m* внутренняя телефонная связь
Hausverteilungsnetz *n ктв* домовая распределительная сеть
Hauszentrale *f* коммутатор внутренней связи
Haut *f*, **Häutchen** *n* **1.** оболочка **2.** плёнка
Hauteffekt *m* поверхностный эффект, скин-эффект
Hautfarbe *f* телесный цвет
Hautriß *m* **1.** поверхностная трещина **2.** разрыв плёнки
Hautwiderstand *m* сопротивление поверхностного слоя
Hautwirkung *f см.* **Hauteffekt**
Havariespeicherauszug *m вчт* аварийная разгрузка (памяти); *проф.* аварийный дамп
H-Band *n* H-диапазон (7,05 — 10 ГГц)
HCN-Laser *m* эксимерный лазер на молекулах HCN
HdO-Gerät *n* телефон костной проводимости, остеотелефон
HDTV-Bild *n тлв* изображение высокой чёткости
HDTV-Kamera *f* камера телевидения высокой чёткости
HDTV-Signal *n* сигнал телевидения высокой чёткости
HDTV-Standard *m* стандарт телевидения высокой чёткости
HDTV-System *n* система телевидения высокой чёткости, ТВВЧ
Heaviside-Schicht *f* слой Хэвисайда, область Е (ионосферы)
Hebdrehwähler *m тлф* размыкающий контакт подъёмного движения (*искателя*)
Hebel *m* **1.** рычаг; коромысло **2.** рукоятка
Hebelschalter *m* **1.** рычажный переключатель **2.** *тлг* ключ
Heberschreiber *m тлг* ондулятор с сифонной подачей чернил
Hebschritt *m тлф* шаг подъёма (искателя)
Hebwähler *m тлф* подъёмный искатель
Heckantenne *f* хвостовая (самолётная) антенна
Heckhängeantenne *f* выпускная хвостовая (самолётная) антенна
Heegner-Schaltung *f* схема Хегнера
Heeresfunkstelle *f* войсковая радиостанция
Hefner-Kerze *f* свеча Гефнера
Heiligtag-Effekt *m* ошибка пеленга из-за противофазности приходящих колебаний
Heimbussystem *n* система с домашней шиной (*для соединения бытовой электронной аппаратуры*)
Heimcomputer *m* бытовая ЭВМ, бытовой компьютер
Heimelektronik *f* бытовая электроника, бытовая электронная аппаратура
Heimfernsehen *n* бытовое [домашнее] телевидение
Heimkamera *f* бытовая (телевизионная) камера

Heimkomputer *m см.* **Heimcomputer**
Heimkontakt *m тлф* контакт начального [исходного] положения
Heimmikrofon *n* микрофон (*микротелефонной трубки*)
Heimstudioqualität *f* высококачественное воспроизведение
Heimstudiotechnik *f* техника высококачественного воспроизведения (*звука, изображения*)
Heimterminal *n* терминал абонента, абонентское оконечное устройство
Heim-Videokamera *f* **1.** бытовая телевизионная камера **2.** бытовая видеокамера
Heim-Videorecorder *m* бытовой видеомагнитофон, БВМ
Heinrich *m*, **fauler** *проф.* H-антенна из двух параллельных диполей
Heiserkeit *f зап.* «хрипы», «дробление»
Heising-Modulation *f* анодная модуляция по схеме Хисинга
Heißelektronendiode *f* диод на горячих электронах
Heißelektronenemission *f* эмиссия горячих электронов
Heißelektronentransistor *m* транзистор на горячих электронах
Heißkatode *f* термоэлектронный катод, термокатод
Heißkatodenröhre *f* лампа с термокатодом
Heißleiter *m* (термо)резистор с отрицательным ТКС
Heißleiterfähigkeit *f* пироэлектропроводность
Heißleiterfühler *m* датчик на (термо)резисторе с отрицательным ТКС
Heißleiterperle *f* **1.** бусинка терморезистора с отрицательным ТКС **2.** бусинковый терморезистор
Heißleiterwiderstand *m см.* **Heißleiter**
Heißlötstelle *f* горячий спай (*термопары*)
Heißpreßverfahren *n* метод горячего прессования
Heißträgerdiode *f* диод на горячих носителях
Heizakkumulator *m* аккумулятор накала
Heizdaten *pl* параметры цепи накала
Heizdraht *m* нить накала
Heizdurchführung *f* вывод (нити) накала
Heizelement *n* элемент подогрева
Heizenergie *f* энергия, расходуемая в цепях накала
Heizer *m* **1.** подогреватель (*катода*) **2.** нагреватель
Heizfaden *m* **1.** нить накала **2.** катод прямого накала
~ **mit Thoriumschicht** торированный катод прямого накала
Heizfadenanschluß *m*, **Heizfadenanzapfung** *f* вывод нити накала
Heizfadenspannung *f* напряжение накала
Heizfadenwiderstand *m* сопротивление нити накала
Heizfläche *f* поверхность нагрева
Heizgenerator *m* генератор для питания цепи накала
Heizkatode *f* катод прямого накала
Heizkörper *m* **1.** подогреватель (*катода*) **2.** (элек-

тро)нагреватель 3. тело накала (*электрической лампы*)
Heizkreissiebung *f* фильтрация (в) цепи накала
Heizleistung *f* 1. мощность накала 2. мощность, расходуемая на нагрев
Heizleitung *f* цепь накала
Heizmaß *n* эффективность катода
Heizspannungsentbrummung *f* сглаживание пульсаций напряжения накала
Heizspannungsversorgung *f* питание накала ламп
Heizspannungswicklung *f* накальная обмотка (*трансформатора*)
Heizspule *f* 1. термическая катушка 2. *см.* **Heizspulensicherung**
Heizspulensicherung *f* предохранитель, основанный на тепловом действии тока
Heizsteuerung *f* регулировка накала
Heizstrahlung *f* тепловое излучение
Heizstromkreis *m* цепь тока накала
Heizstromregelröhre *f* бареттер
Heizträgheit *f* тепловая инерция
Heiztransformator *m* трансформатор (цепи питания) накала
Heizung *f* нагрев(ание); разогрев
~ **durch Elektronenstrahl** электронно-лучевой нагрев
Heizungssperrkreis *m* фильтр подавления фона в цепи накала
Heizwärmeabführung *f* отвод тепла (*напр. от лампы*)
Heizwicklung *f см.* **Heizspannungswicklung**
Heizwiderstand *m* 1. сопротивление термокатода 2. сопротивление в цепи подогревателя (*катода*)
Heizzone *f* зона нагрева
Hektometerwellen *f pl* гектометровые волны (*100—1000 м*)
Helical-Maschine *f*, **Helicalscan-Videorecorder** *m* видеомагнитофон с наклонно-строчной записью
Helicon *n* спиральная волна, геликон
Helio-Betriebsanlage *f* гелиоустановка
Helitron *n* ЛОВ с электростатической фокусировкой
Heliumbad *n* гелиевая ванна
Heliumkryostat *m* гелиевый криостат
Heliumkühlung *f* охлаждение гелием
Helium-Neon-Gas-Laser *m* (газовый) гелий-неоновый лазер
Helix *f* 1. спираль (*напр. в ЛБВ*) 2. спиральная линия задержки 3. спиральный волновод
Helixantenne *f* спиральная антенна
~, **zweiarmige** двухзаходная (плоская) спиральная антенна
Helix-Lauffeldröhre *f* ЛБВ со спиралью
Helladaption *f* световая адаптация
Hell-Dunkel-Kante *f тлв* граница между светлым и тёмным
Hell-Dunkel-Kontrast *m* яркостный контраст
Hell-Dunkel-Steuerung *f* 1. управление освещённостью (*посредством фотоэлемента*) 2. *тлв* модуляция (точки экрана) «белое — чёрное»
Hell-Dunkel-Tastung *f* манипуляция интенсивности электронного луча

Hell-Dunkel-Übergang *m тлв* переход от светлого к тёмному
Hell-Dunkel-Unterschied *m* контраст светотени
Hell-Dunkel-Verteilung *f* распределение светотени
Hellempfindlichkeitsfunktion *f* кривая видности (глаза)
Hellempfindlichkeitsgrad *m*, **spektraler** кривая относительной видности (глаза)
Hellfeldabbildung *f* светлопольное изображение (*в просвечивающем электронном микроскопе*)
Hellfeldchromschablone *f* светлопольный хромированный (фото)шаблон
Helligkeit *f* 1. яркость 2. светлота (*цвета*)
~, **mittlere** средняя яркость (изображения)
~, **örtliche** яркость элемента [участка] изображения
~, **spektralrelative** кривые спектрального распределения яркости
Helligkeitsabstufung *f* градация яркости
Helligkeitsänderung *f* изменение яркости
Helligkeitsausbeute *f* видность (*отношение светового потока к мощности излучения для данной длины волны*)
Helligkeitsautomatik *f* автоматическая регулировка яркости
Helligkeitsband *n тлв* полоса (частот) сигнала яркости
Helligkeitsbereich *m* диапазон [интервал] яркостей
Helligkeitsdetail *n* яркостная деталь
Helligkeitseindruck *m* субъективная яркость
Helligkeitseinstellung *f* регулировка яркости
Helligkeitsempfinden *n*, **Helligkeitsempfindung** *f* восприятие яркости
Helligkeitsfarbton *m тлв* яркость цвета
Helligkeitsflimmern *n тлв* яркостные мерцания
Helligkeitsgegensatz *m* яркостный контраст
helligkeitsgetreu с правильным воспроизведением (соотношения) яркостей
Helligkeitsimpuls *m* импульс подсветки
Helligkeitsinformation *f тлв* информация о яркости
Helligkeitsintervall *n см.* **Helligkeitsbereich**
Helligkeitskanal *m тлв* канал сигнала яркости
Helligkeitskante *f* ореол
Helligkeitskontrast *m* яркостный контраст
Helligkeitsmaßstab *m* яркостные масштабные метки
Helligkeitsmesser *m* яркомер
Helligkeitsmodulation *f* модуляция (по) яркости
helligkeitsmoduliert модулированный по яркости
Helligkeitsniveau *n*, **Helligkeitspegel** *m* уровень яркости
Helligkeitsrauschen *n* яркостные шумы
Helligkeitsregelung *f* 1. *тлв* релугировка яркости 2. регулировка силы света
Helligkeitsreihe *f см.* **Helligkeitsskale**
Helligkeitsschwankungen *f pl* колебания яркости (*экрана ЭЛТ*)
Helligkeitsschwelle *f* яркостный порог
Helligkeitssignal *n тлв* сигнал яркости
Helligkeitssignalverzögerung *f* задержка сигнала яркости
Helligkeitsskale *f* 1. серая [яркостная] шкала,

шкала серых тонов 2. шкала звёздных величин
Helligkeitssprung *m* перепад яркости
Helligkeitssteuerelektrode *f* модулятор ЭЛТ
Helligkeitssteuerung *f* 1. модуляция (по) яркости 2. регулировка яркости 3. регулировка освещённости
Helligkeitsstörungen *f pl* яркостные искажения
Helligkeitsstrom *m* 1. фототок 2. световой поток
Helligkeitsstufe *f* ступень яркости
Helligkeitsstufung *f* градация яркости
Helligkeitstemperatur *f* яркостная температура
Helligkeitsübergang *m* перепад яркости
Helligkeitsübersprechen *n тлв* перекрёстное искажение «яркость — цветность»
Helligkeitsumfang *m см.* **Helligkeitsbereich**
Helligkeitsunregelmäßigkeit *f* неравномерность яркости
Helligkeitsunterschied *m* перепад яркостей
Helligkeitsverhältnis *n* отношение яркостей
Helligkeitsverstärkung *f* коэффициент преобразования по яркости (*ЭОП*)
Helligkeitsverteilung *f* распределение яркости
Helligkeitswechsel *m* изменение яркости
Helligkeitswert *m* значение яркости
Helligkeitswiedergabe *f* воспроизведение яркости
Hellschaltung *f* фотоэлектрическая схема, срабатывающая при освещении фотоэлемента
Hellschrift *f* яркостная запись
Hellsteuerimpuls *m* импульс подсветки
Hellstrom *m* фототок
Helltastfrequenz *f* частота (следования) импульсов подсветки
Helltastimpuls *m* импульс подсветки
Helltaströhre *f* ЭЛТ с яркостной модуляцией
Helltastteil *m* 1. каскад генерирования импульсов подсветки 2. участок модуляции по яркости
Helltastung *f* импульсная подсветка; манипуляция яркости
Hell-Technik *f* телеграфия по системе Хелла
Helltemperatur *f* температура полного излучения, чёрная температура
Helm *m* головной телефон, наушник
Helmholtz-Resonator *m* резонатор Гельмгольца
Helmsprechgerät *n* шлемофон
Hemieder *n крист.* гемиэдр
Hemmimpuls *m* 1. задержанный импульс 2. запирающий импульс
Hemmung *f* торможение; замедление, задержка
HEMT-Array *f* матрица транзисторов с высокой подвижностью электронов
HEMT-Bauelement *n* элемент ИС [модуль] на транзисторах с высокой подвижностью электронов
He-Ne-... гелий-неоновый
He-Ne(-Gas)-Laser *m см.* **Helium-Neon-Gas Laser**
Henry *n* генри, Гн
Henrymeter *n* генриметр
Heptode *f* гептод
herabtransformieren понижать (напряжение) трансформированием
herauftransformieren повышать (напряжение) трансформированием

Herausätzen *n* вытравливание
~ aus dem Wafer вытравливание из подложки
Herausfallen *n* 1. выпадение (*напр. из синхронизма*) 2. отключение (*напр. выключателя*)
herausfinden обнаруживать (*напр. сигналы в шумах*)
Herausführung *f* вывод
Herausführungsinduktivität *f* индуктивность вывода
Heraushebung *f* **des Signals** выделение сигнала
herauslaufen 1. расстраиваться (*напр. о радиоприёмнике*) 2. выходить, выпадать (*из синхронизма*)
herauslesen считывать
Herauslösen *n* 1. освобождение, выбивание (*напр. электронов*) 2. выделение (*напр. сигнала*)
Herausschalten *n* отключение
herausschlagen выбивать (*напр. электроны*)
heraussieben отфильтровывать
heraussondern выделять (*напр. сигнал*)
Herausziehen *n* 1. вытягивание (*кристалла*) 2. экстракция; извлечение; выделение 3. откачка, создание вакуума; обезгаживание 4. *вчт* вывод (*результатов*)
Hercules *англ. фирм.* система автоматизированного проектирования логических ИС «Геркулес»
Hermetisierung *f* герметизация (*в корпусе*)
Herstellerrisiko *n над.* риск изготовителя
Herstellung *f* 1. изготовление; производство; получение 2. поставка 3. установление
~, computer-integrierte автоматизированное производство, производство с управлением от ЭВМ
~ der Synchronisation установление синхронизации
~ von Labormuster макетирование
Herstellungsgenauigkeit *f* точность изготовления
Hertz *n* герц, Гц
Hertz-Dipol *m* диполь Герца, элементарный излучатель
herumführen вести (*линию, провод*) в обход
heruntersetzen понижать
Heruntertransformierung *f* понижающее трансформирование
Hervorhebung *f* подъём частот
Herwid-Widerstand *m* нелинейный полупроводниковый резистор, варистор
Herzcharakteristik *f* кардиоидная характеристика (*направленности, чувствительности*)
Herzdraht *m* средняя жила (*многожильного*) провода
Herzreizgerät *n*, **Herzschrittmacher** *m* электронный стимулятор сердца
heterochron гетерохронный (*о цифровых сигналах*)
Heterodiode *f* диод с гетеропереходом
Heterodyn *n* гетеродин
Hetorodyn... гетеродинный
heterodynieren гетеродинировать
heteroepitaxial гетероэпитаксиальный
Heteroepitaxie *f* гетероэпитаксия
Heterofotodiode *f* фотодиод на гетеропереходах
heterogen гетерогенный
Heterogenität *f* гетерогенность

Heterokon *n* гетерокон (*видикон с гетероструктурной мишенью*)
Heteroladung *f* гетерозаряд (*электрета*)
Heterolaser *m* гетеролазер, лазер на гетеропереходах
Hetero-pn-Übergang *m* *p—n*-гетеропереход
heteropolar гетерополярный
Heterostruktur *f* гетероструктура
Heterostrukturlaser *m* см. **Heterolaser**
Heteroübergang *m* гетеропереход
Heulen *n* 1. свист (*в радиоприёмниках или усилителях*) 2. фон (*переменного тока*); гудение (*трансформатора*)
Heuler *m* пищик
Heulfrequenz *f* 1. частота воющего тона 2. частота колебаний скорости (*звуконосителя*)
Heulton *m* 1. воющий тон 2. акустическая обратная связь; микрофонный эффект 3. *зап.* детонация
Heultongenerator *m* 1. генератор воющего тона 2. свип-генератор, генератор качающейся частоты
heuristisch эвристический
Heusler-Legierung *f* сплав Гейслера (*магнитотвёрдый сплав медь—марганец—алюминий*)
He-Welle *f* электромагнитная волна, HE-волна
hexadezimal шестнадцатеричный
Hexode *f* гексод
HF-... см. тж **Hochfrequenz...**
HF-Bandbreite *f* ширина полосы по высокой частоте
HF-Deemphasis *f* 1. компенсация предыскажений, введённых (на передающей стороне) по высокой частоте 2. *тлв* коррекция предыскажений сигнала цветности (*в декодере СЕКАМ*)
hf-Diagramm *n* hf-диаграмма, ионограмма (*диаграмма зависимости высоты ионосферы для разных частот*)
H-Fehler *m* появление на выходе (*логической схемы*) высокого уровня вместо низкого
HF-Erwärmung *f*, **kapazitive** ёмкостный высокочастотный нагрев
HF-Farbbildsignal *n* радиосигнал цветного изображения
HF-Farbfernsehsignal *n* радиосигнал цветного вещательного телевидения
HF-Fernsehsignal *n* радиосигнал вещательного телевидения
H-Filter *n* H-образный фильтр
H-Filterglied *n* звено H-образного фильтра
H-Fläche *f* плоскость (колебаний) магнитного вектора
HF-Preemphasis *f* 1. высокочастотные предыскажения 2. *тлв* предыскажение сигнала цветности (*в кодере СЕКАМ*)
HF-Tonsignal *n* радиосигнал звукового сопровождения
HF-ZF-Teil *m* блок высокой и промежуточной частот
Hg-Dampfgleichrichter *m* ртутный выпрямитель
H-Glied *n* H-образное звено
Hg-Tropfkatode *f* ртутный капельный катод
HHF-Generator *m* генератор сверхвысоких частот

Hi-Caps *m* керамический конденсатор очень высокой ёмкости
hidden-surface *англ.* скрытая поверхность (*в машинной графике*)
Hierarchie *f* иерархия
~ **der Steuerung** иерархия управления
Hierarchiestufe *f* ступень иерархии (*напр. временно́го объединения цифровых сигналов*)
Hierarchiesystem *n* иерархическая система (*управления*)
Hi-Fi-Fernsehen *n* телевидение высокого качества
Hi-Fi-Freak *m* *проф.* радиоманьяк
high *англ. проф.* высокие частоты
High-Com *f* хай-ком, система компандирования и экспандирования звука
High-End-Farbfernseher *m* телевизор-видеотерминал (*напр. с декодерами телетекста и видеотекса*)
High-Com-Kompander *m* компандер с высокой степенью компандирования
High-Definition-Television *f* телевидение высокой чёткости, ТВВЧ
highlights *англ.* наиболее яркие участки изображения; блики
High-Pegel *m* высокий (логический) уровень
High-Q-Triplate *f* полосковая линия высокой добротности
High-Resolution-Bildröhre *f* кинескоп с высоким разрешением
High-speed-Logik *f* быстродействующие логические схемы
Hilbert-Raum *m* пространство Гильберта
Hilfsamt *n* *тлф* подстанция
Hilfsanode *f* анод возбуждения, вспомогательный анод
Hilfsantenne *f* 1. вспомогательная антенна 2. компенсационная антенна
Hilfsarbeitsspeicher *m* сверхоперативное ЗУ; сверхоперативная память
Hilfschip *n* периферийная ИС
Hilfsdiskettenspeicher *m* вспомогательный накопитель на дискетах
Hilfsfrequenz *f* 1. вспомогательная частота 2. поднесущая (частота) 3. частота гетеродина
Hilfsfrequenzempfänger *m* супергетеродинный (радио)приёмник
Hilfsgitterkreis *m* цепь катодной сетки
Hilfshub *m* дополнительный сдвиг, дополнительное отклонение
Hilfsinformation *f* вспомогательная информация
Hilfskabel *n* аварийный [резервный] кабель
Hilfskanal *m* вспомогательный канал
Hilfsleitung *f* 1. вспомогательная линия 2. контрольная линия 3. временная проводка (линии)
Hilfsmast *m* 1. стрела (*для подъёма мачты антенны*) 2. вспомогательная опора
Hilfsprocessor *m* вспомогательный процессор; внешний процессор
Hilfssatz *m* резервный комплект
Hilfsschaltung *f* 1. вспомогательная схема 2. вспомогательное выключение
Hilfsschritt *m* дополнительный двоичный разряд (*напр. для контроля*)

Hilfsspannung f оперативное или вспомогательное напряжение
Hilfsspeicher m вспомогательное ЗУ; внешнее ЗУ; вспомогательная память
Hilfsstrahl m 1. *рлк* ведущий луч 2. *тлв* корректирующий луч (*в трубке с индикацией положения луча*)
Hilfsstrom m 1. оперативный или вспомогательный ток 2. *изм.* рабочий ток потенциометра
Hilfsstromkreis m оперативная или вспомогательная цепь тока
Hilfssucher m *см.* **Hilfswähler**
Hilfsträger m, **Hilfsträgerfrequenz** f 1. вспомогательная несущая (частота) 2. *тлв* цветовая поднесущая (частота)
Hilfsträgergenerator m генератор поднесущей (частоты)
Hilfsträgerphase f des Farbsynchronsignals фаза сигнала цветовой синхронизации, *проф.* фаза «вспышки»
Hilfsträgerseitenband n боковая полоса поднесущей (частоты)
Hilfsträgerunterdrückung f подавление поднесущей (частоты)
Hilfsverstärker m усилитель следящей системы; сервоусилитель
Hilfswähler m служебный [вспомогательный] искатель
Himmelstrahlung f космическое излучение
H-Impuls m *тлв* 1. строчной (ведущий) импульс 2. синхронизирующий импульс строк
hinauftransformieren, hinaufübersetzen *см.* **herauftransformieren**
H-Indikator m индикатор H-типа
Hindurchdotierung f durch eine Deckschicht легирование через защитный слой
hindurchdringen проникать, просачиваться, проходить
Hindurchtunnelung f туннелирование, туннельное прохождение
Hinkanal m прямой канал
Hinlauf m прямой ход
hinlaufend падающий; бегущий (*напр. о волне*)
Hinlaufzeit f длительность прямого хода
Hinleiter m 1. абонентский ввод 2. исходящий провод
Hinleitung f исходящая линия
Hinstrom m прямой ток
Hinterband n *зап.* задний ракорд ленты
Hinterbandkontrolle f *зап.* 1. концевик ленты 2. синхронное прослушивание записи; контроль воспроизведения
Hinterbündelecho n *ант.* отражённый сигнал, вызванный задним лепестком
Hinter-dem-Ohr-Gerät n телефон костной проводимости, остеотелефон
Hintereinanderschaltung f последовательное включение
Hinterflanke f 1. срез (*импульса*) 2. задняя грань (*кристалла*)
Hinterfront f срез (*импульса*)
Hintergrund m 1. задний план; фон 2. фон (*звуковой, цветовой, шумовой*)
~, **farbiger** цветовой фон
~, **getönter** оттенённый задний план

~, **getüpfelter** точечный фон (*на экране ЭЛТ*)
Hintergrundaktivität f радиоактивность фона
Hintergrundausblendung f постепенное уменьшение фонового шума
Hintergrundbeleuchtung f 1. освещённость фона 2. подсветка с задней стороны (*напр. жидкокристаллических экранов*)
Hintergrundbild n изображение заднего плана
Hintergrunddatei f основополагающие данные; основополагающая информация
Hintergrundeinblendung f постепенное нарастание фонового шума
Hintergrundeinfärbung f окрашивание заднего плана или фона
Hintergrundfarbe f цветовой фон
Hintergrundgeräusch n шумовой фон
Hintergrundgeräuschpegel m уровень шумового фона
Hintergrundgestaltung f формирование заднего плана
Hintergrundhelligkeitsregelung f регулировка яркости фона
Hintergrundleuchtdichte f яркость фона
Hintergrundobjekt n объект заднего плана
Hintergrundprojektion f проекция заднего фона, оптическая рирпроекция
Hintergrundrauschen n шумовой фон
Hintergrundsignal n сигнал фона
Hintergrundspeicher m поддерживающая память; поддерживающее ЗУ
Hintergrundton m поясняющее или комментирующее звуковое сопровождение
Hintergrundunterdrückung f подавление [устранение] фона
Hintergrundverarbeitung f выполнение работ с низким приоритетом
Hinterimpulsflanke f срез импульса
Hinterkante f *см.* **Hinterflanke**
Hinterkeule f, **Hinterlappen** m *ант.* задний лепесток
hinterlegen осаждать(ся)
Hinteroberflächenfeld n поле у тыловой поверхности (*излучателя*)
Hinterwand(foto)element n фотогальванический элемент тылового действия
Hinterwandkontakt m тыловой контакт
Hinterwandsonnenzelle f солнечный (фотогальванический) элемент тылового действия
Hinterwandzelle f фотогальванический элемент тылового действия
Hinterzipfel m *см.* **Hinterkeule**
Hintransformation f прямое преобразование
Hin- und Herpendeln n маятникообразные колебания
Hin- und Rückleitung f прямой и обратный провода
Hinverbindung f *свз* исходящее соединение
Hinweis m 1. ссылка; указание 2. индикация
Hinweisspur f *вчт* индексная дорожка
Hinweiston m служебный звуковой сигнал
Hinwirkung f прямое (воз)действие
Hinzuschalten n подключение, подсоединение, присоединение
hipernik *англ.* гайперник (*магнитный сплав*)
Hiran *англ.* радионавигационная система ближ-

ней навигации «Хиран»
HIREM-Röhre *f* масочный кинескоп с повышенной разрешающей способностью
Hitzbandmeßgerät *n* тепловой измерительный прибор
hitzbeständig нагревостойкий, теплостойкий, термостабильный
Hitzdraht *m* нагреваемая нить; нагреваемая проволока
Hitzdrahtbrücke *f* (измерительный) мост с тепловым элементом
Hitzdrahtempfänger *m* термоэлектрический чувствительный элемент
Hitzdrahtinstrument *n*, **Hitzdrahtmesser** *m*, **Hitzdrahtmeßgerät** *n* тепловой измерительный прибор
Hitzdrahtmikrofon *n* термомикрофон
Hitzdrahtrelais *n* термореле
Hitzdrahtschallmesser *m* тепловой измеритель звука
Hitzdrahtsonde *f* термозонд
Hitzdrahtspule *f* 1. термическая катушка 2. *изм.* нагревательная катушка; нагревательная обмотка
Hitzebarriere *f* тепловой барьер
Hitzefähigkeit *f* нагревостойкость, теплостойкость, термостабильность
Hitze-Kälte-Test *m* испытания на термоциклирование
Hitzestrahlung *f* тепловое ИК-излучение
H-Kurve *f* петля гистерезиса
H-L-Flanke *f* срез импульса, образованный переходом от высокого уровня к низкому, В-Н-срез
H-L-Übergang *m* переход от высокого уровня (сигнала) к низкому
H-Lücke *f* строчной пробел (*в видеосигнале*)
H-Maser *m* водородный мазер
H$_{mn}$-Typ *m* мода типа H$_{mn}$, магнитная волна типа H$_{mn}$
HMOS-Technik *f* HMOS-технология, технология изготовления высококачественных МОП ИС
H-Nachfokussierparabel *f* параболический сигнал строчной частоты для динамической фокусировки
H-Norm *f* (телевизионный) стандарт H (*МККР*)
Hobbyelektronik *f* любительская электроника
Hobo-System *n* система Обое (*система наведения бомбардировщиков на цель*)
Hochantenne *f* высокая антенна
hochaperturig с большой апертурой
hochauflösend с высокой разрешающей способностью
Hochauflösungsradar *m* РЛС с высокой разрешающей способностью
hochbeanspruchbar, **hochbelastbar** допускающий большую нагрузку
hochdotiert сильнолегированный
Hochdruck *m* высокое давление
Hochdruckbogenentladung *f* дуговой разряд (*в газе*) при высоком давлении
Hochdruck-Elektroionisationslaser *m* электроионизационный лазер высокого давления
Hochdruckgaslaser *m* газовый лазер высокого давления
Hochdruckglimmentladung *f* тлеющий разряд (*в газе*) при высоком давлении
Hochdruckinfrarotgaslaser *m* газовый ИК-лазер высокого давления
Hochdruckoxydationsverfahren *n* метод оксидирования при высоком давлении
Hochdruckstromtor *n* тригатрон
Hochenergielaser *m* лазер с высокой энергией излучения
hochentlüftet, **hochevakuiert** высоковакуумный, с высоким вакуумом
Hochfeld *n* 1. поле большой напряжённости 2. сильное поле
Hochfelddipol *m*, **Hochfelddipol-Domäne** *f* (дипольный) домен сильного поля
Hochfelddipol-Modus *m* режим работы (*элемента Ганна*) с дипольным доменом сильного поля
Hochfelddomäne *f* домен сильного поля
hochfrequent высокочастотный
Hochfrequenz *f* высокая частота, ВЧ
Hochfrequenz... *см. тж* HF-...
Hochfrequenzanpassung *f* согласование на высокой частоте
Hochfrequenzanregung *f* 1. высокочастотное возбуждение 2. высокочастотная накачка (*лазера*)
Hochfrequenzanschluß *m* высокочастотный ввод
Hochfrequenzaufzeichnung *f* запись с высокочастотным подмагничиванием
Hochfrequenzausgleich *m* коррекция высоких частот
Hochfrequenzaussteuerung *f см.* **Hochfrequenzmodulation**
Hochfrequenzband *n* диапазон высоких частот (*3—30 МГц*)
Hochfrequenzbeimischung *f* 1. добавление высокой частоты 2. *зап.* высокочастотное подмагничивание
Hochfrequenzbereich *m см.* **Hochfrequenzband**
Hochfrequenzbeschleunigung *f* ускорение высокочастотным полем
Hochfrequenzbeschneidung *f* ограничение высоких частот
Hochfrequenz-Bildsignal *n* радиосигнал изображения
Hochfrequenzbremskraft *f* тормозящая сила высокочастотного поля
Hochfrequenzdurchführung *f* высокочастотный ввод
hochfrequenzdurchlassend пропускающий высокие частоты
Hochfrequenzebene *f* высокочастотная секция (*радиоприёмника*)
Hochfrequenzeichleitung *f* эталонная высокочастотная цепь
Hochfrequenzeingangsteil *m* высокочастотный входной блок
Hochfrequenzelektronik *f* электроника высоких частот, радиоэлектроника
Hochfrequenzen *f pl* высокие частоты, ВЧ
Hochfrequenzenergie *f* энергия (колебаний) высокой частоты

Hochfrequenzerregerkreis *m* высокочастотный контур задающего генератора
Hochfrequenzfadenkabel *n* нитевидный высокочастотный кабель
Hochfrequenzfeldstärke *f* напряжённость поля высокой частоты
Hochfrequenzfilter *n* фильтр верхних частот, ФВЧ
Hochfrequenzfreiheit *f* отсутствие (составляющих) высоких частот
Hochfrequenzgebiet *n* см. **Hochfrequenzband**
Hochfrequenzgleichrichtung *f* детектирование [демодуляция] высокочастотных колебаний
Hochfrequenzhalbleiterdiodengenerator *m* диодный (полупроводниковый) микроволновый генератор, ДМГ
Hochfrequenzhalbwelle *f* полуволна колебаний высокой частоты
Hochfrequenzimpedanzspule *f* высокочастотный дроссель
Hochfrequenzingenieur *m* радиоинженер
Hochfrequenzkeramik *f* радиотехническая керамика, радиокерамика
Hochfrequenzkonstante *f* постоянная, определённая на высокой частоте
Hochfrequenzkorrektion *f* коррекция высоких частот
Hochfrequenzlautsprecher *m* громкоговоритель (для воспроизведения) высоких частот
Hochfrequenzleistungsstufe *f* каскад усиления мощностей высокой частоты
Hochfrequenzleitwert *m* проводимость на высоких частотах
Hochfrequenzmagnetofon *n* магнитофон с высокочастотным подмагничиванием
hochfrequenzmäßig по высокой частоте
Hochfrequenzmodulation *f* модуляция высокочастотной несущей; модуляции высокой частоты
Hochfrequenznachrichtengeräte *n pl* аппаратура высокочастотной связи
Hochfrequenznormal *n* эталон высокой частоты
Hochfrequenznullpotential *n* нулевой потенциал по высокой частоте
Hochfrequenzortung *f* радиолокация
Hochfrequenzperiode *f* период колебаний высокой частоты
Hochfrequenzphysik *f* радиофизика
Hochfrequenzporzellan *n* радиотехнический фарфор, радиофарфор
Hochfrequenzpotential *n* потенциал по высокой частоте
Hochfrequenz-Preemphasis *f* 1. высокочастотные предыскажения 2. *тлв* предыскажение сигнала цветности (*в кодере СЕКАМ*)
Hochfrequenzrauschen *n* высокочастотный шум
Hochfrequenzrelaisverbindung *f* радиорелейная связь
Hochfrequenzremanenzkurve *f* кривая остаточной намагниченности при высокочастотном подмагничивании
Hochfrequenz-Saticon *n* сатикон с повышенным разрешением
Hochfrequenzschall *m* звук высокой частоты

Hochfrequenzschwingungsschaltung *f* схема генерирования высокочастотных колебаний
Hochfrequenzselektion *f* избирательность по высокой частоте
Hochfrequenzsieb *n* фильтр верхних частот, ФВЧ
Hochfrequenzsiebglied *n* ячейка [звено] ФВЧ
Hochfrequenzsiebkette *f* многозвенный ФВЧ
Hochfrequenzspannung *f* напряжение высокой частоты
Hochfrequenzspektrum *n* радиочастотный спектр, радиоспектр
Hochfrequenzsperre *f* фильтр нижних частот, ФНЧ
Hochfrequenzsperrkette *f* многозвенный ФНЧ
Hochfrequenzspitzenspannung *f* амплитудное [пиковое] напряжение высокочастотных колебаний
Hochfrequenzsprechkanal *m*, **Hochfrequenzsprechweg** *m* канал высокочастотной телефонной связи
Hochfrequenzspule *f* 1. высокочастотная катушка 2. высокочастотный дроссель
Hochfrequenzspulenkern *m* сердечник высокочастотной катушки
Hochfrequenzstecker *m*, **Hochfrequenzsteckverbinder** *m* высокочастотный штекерный соединитель, высокочастотный штекер
Hochfrequenzsteilheit *f* крутизна (*характеристики лампы или транзистора*), замеренная на высокой частоте
Hochfrequenzsteueramplitude *f* амплитуда возбуждающего [управляющего] сигнала высокой частоты
Hochfrequenzsteuerung *f* управление по высокой частоте
Hochfrequenzstörung *f* высокочастотная (радио)помеха
Hochfrequenzstrahl *m* луч направленного излучения высокой частоты
Hochfrequenzstreuung *f* утечка на высоких частотах
Hochfrequenzstrom *m* ток высокой частоты
Hochfrequenztechnik *f* техника высоких частот, радиотехника
Hochfrequenzteil *m* 1. высокочастотный блок 2. блок усилителя высокой частоты
Hochfrequenztelefonie *f* телефонная радиосвязь
Hochfrequenztelegrafie *f* телеграфная радиосвязь
Hochfrequenztransistorverstärker *m* транзисторный усилитель высокой частоты
Hochfrequenzüberlagerung *f* 1. наложение высокой частоты 2. высокочастотное гетеродинирование 3. *зап.* высокочастотное подмагничивание
Hochfrequenzüberlagerungsgerät *n* высокочастотный гетеродин
Hochfrequenzübertragung *f* передача на высокой частоте; высокочастотная связь
Hochfrequenzumschalten *n* переключение высокочастотных цепей
Hochfrequenzverbindung *f* **auf Hochspannungsleitungen** высокочастотная связь по линиям высокого напряжения
Hochfrequenzverfahren *n* 1. метод обработки токами высокой частоты 2. метод (магнитной)

записи (звука) с высокочастотным подмагничиванием
Hochfrequenzverstärker *m* усилитель высокой частоты, УВЧ
Hochfrequenzverstärkung *f* усиление высокой частоты
Hochfrequenzvideosignal *n* радиосигнал изображения
Hochfrequenzvormagnetisierung *f* зап. высокочастотное подмагничивание
Hochfrequenzvormagnetisierungsfeld *n* зап. высокочастотное подмагничивающее поле
Hochfrequenzvormagnetisierungsfrequenz *f* зап. частота высокочастотного подмагничивания
Hochfrequenzvorstufe *f* 1. предварительный каскад усиления высокой частоты 2. преселектор
Hochfrequenzvorverstärkung *f* предварительное усиление высокой частоты
Hochfrequenzwechselspannung *f* переменное напряжение высокой частоты
Hochfrequenzzusatz *m* высокочастотная приставка
Hochfrequenz-Zwischenfrequenzteil *m* блок высокой и промежуточной частот (радио)приёмника
Hochführung *f* снижение антенны
hochgenau высокоточный, прецизионный
Hochgenauigkeitstisch *m* микр. прецизионный стол
hochgereinigt сверхчистый
Hochgeschwindigkeitsübertragungsstrecke *f* линия с высокой скоростью передачи информации
Hochinjektionslebensdauer *f* время жизни носителей (*в полупроводниковом лазере*) при сильной инжекции
Hochintegration *f* сверхвысокая степень интеграции
Hochintegrationstechnik *f* техника сверхвысокой степени интеграции
hochintegriert со сверхвысокой степенью интеграции
hochionisiert высокоионизированный
Hochkapazitätsfernmeldesystem *n* система дальней связи с большой пропускной способностью
Hochleistungsantenne *f* антенна с большой мощностью излучения
Hochleistungskabel *n* силовой кабель
Hochleistungskanal *m* канал с большой пропускной способностью
Hochleistungskatode *f* катод с высокой эмиссионной способностью
Hochleistungskondensator *m* 1. мощный конденсатор 2. высококачественный конденсатор
Hochleistungslaser *m* лазер с высокой энергией излучения
Hochleistungslichtstrahloszillograph *m* универсальный светолучевой осциллограф
Hochleistungsmagnetostriktionsschwinger *m* магнитострикционный вибратор большой мощности
Hochleistungs-Mehrzweckregister *n* быстродействующий универсальный регистр
Hochleistungsoptik *f* светосильная оптика

Hochleistungsrechner *m* высокопроизводительная ВМ; универсальная ВМ
Hochleistungsschaltung *f* 1. универсальная схема 2. силовая сеть
Hochleistungstransistor *m* мощный транзистор
Hochleistungsübertragungskanal *m* канал передачи с большой пропускной способностью
Hochleistungsverstärker *m* 1. усилитель с большим коэффициентом усиления 2. мощный усилитель
hochleitfähig с высокой проводимостью
Hoch-Niedrig-Prüfung *f* проверка при граничных [предельных] условиях; граничные испытания
hochohmig высокоомный
Hochohmmeter *n* омметр для (измерения) больших сопротивлений, мегомметр
hochpaarig многопарный, с большим числом пар
Hochpaß *m*, **Hochpaßfilter** *n* фильтр верхних частот, ФВЧ
Hochpaßfilterung *f* фильтрация верхних частот
Hochpaßglied *n* звено ФВЧ
Hochpaßgrenzfrequenz *f* граничная частота ФВЧ
Hochpaßpolynomfilter *n* полиномиальный ФВЧ
hochpermeabel с высокой магнитной проницаемостью
Hochperveanzbündel *n* высокоперveансный пучок
Hochperveanzkanone *f* высокоперveансный (электронный) прожектор
Hochpolymer(e) *n* высокополимерный материал
hochpotential высокопотенциальный
hochpräzis высокоточный, прецизионный
Hochsignalwähler *m* селектор сигналов высокого уровня
Hochskale *f* вертикальная шкала
Hochspannung *f* высокое напряжение
Hochspannungsanschluß *m* высоковольтный вывод (*в ЭЛТ*)
Hochspannungsbegrenzung *f* ограничение высокого напряжения
Hochspannungsdrahtfunk *m* высокочастотная связь по линиям высокого напряжения
hochspannungsfest устойчивый к высокому напряжению
Hochspannungsgebiet *n* область высоких напряжений
Hochspannungsgewinn *m* 1. получение высокого напряжения 2. высоковольтный узел (*в телевизоре*)
Hochspannungsnetzteil *m* блок высоковольтного выпрямителя с питанием от сети
hochspannungsseitig на стороне высокого напряжения
Hochspannungsstabilisator *m* стабилизатор высокого напряжения
Hochspannungssteckverbinder *m* высоковольтный штекерный соединитель
Hochspannungsstrom *m* ток высокого напряжения, ток в высоковольтной цепи
Hochspannungsüberschlag *m* высоковольтный пробой; высоковольтный разряд
Hochspannungsversorgung *f* **auf dem Zeilenrücklauf** получение высокого напряжения от выходного строчного трансформатора

höchst 1. максимальный, наибольший, пиковый **2.** вчт старший (напр. о разряде)
hochstabilisiert высокостабильный
Höchstanodenbelastung f максимально допустимая мощность рассеяния на аноде
Höchstanzeige f максимальное показание (прибора)
Höchstbelastbarkeit f способность выдерживать максимальную нагрузку
Höchstbelastungsanzeiger m указатель максимальной нагрузки
Höchstbelastungsgrenze f предел максимальной нагрузки
Höchstdämpfung f максимальное затухание
Höchstempfindlichkeit f максимальная чувствительность
Höchstfrequenz f сверхвысокая частота, СВЧ
Höchstfrequenzband n, **Höchstfrequenzbereich** m диапазон сверхвысоких частот, диапазон СВЧ (3—30 ГГц)
Höchstfrequenzgenerator m СВЧ-генератор
Höchstfrequenzhalbleiterbauelement n полупроводниковый СВЧ-компонент схемы
Höchstfrequenz-Hybridintegrationstechnik f техника гибридных и интегральных схем для СВЧ
Höchstfrequenzresonator m СВЧ-резонатор
Höchstfrequenzröhre f лампа для СВЧ
Höchstfrequenzschaltung f, **integrierte** гибридная СВЧ-схема
Höchstfrequenzspektroskopie f СВЧ-спектроскопия
Höchstfrequenztechnik f СВЧ-техника, СВЧ-микроволновая техника
Höchstfrequenzverstärker m СВЧ-усилитель
Höchstfrequenzverstärkung f усиление СВЧ
Höchstfrequenzwellen f pl СВЧ-волны
Höchstfrequenzwellenleiter m СВЧ-волновод
Höchstintegration f сверхвысокая степень интеграции
Höchstladung f **1.** максимальный заряд **2.** максимальная зарядка
Höchstlast... см. **Höchstbelastungs...**
Höchstleistung f **1.** максимальная мощность **2.** максимальная производительность
Höchstleistungs... сверхмощный
Höchstnennbelastbarkeit f максимально допустимая нагрузка
Höchstohmwiderstand m сверхвысокоомный резистор
Höchstpegel m максимальный уровень
Hochstrom m сильный ток, ток большой величины
Hochstromgleichrichter m сильноточный выпрямитель
Hochstromimpulsgeber m генератор мощных импульсов
Höchstrückspannung f максимальное обратное напряжение
Höchstspannung f **1.** максимальное [наибольшее] напряжение **2.** сверхвысокое напряжение
Höchststrom m максимальный [наибольший] ток
Höchstvakuum n сверхвысокий вакуум (10^{-4}—10^{-11} Па)
Höchstvakuumaggregat n сверхвысоковакуумный агрегат

Höchstvakuumpumpstand m сверхвысоковакуумный откачной пост
Höchstwellenlänge f максимальная длина волны
Höchstwert m максимальное значение
Hochtastgerät n быстродействующий импульсный манипулятор
Hochtastlaser m лазер с высокой частотой повторения импульсов
Hochtastmagnetron n мощный импульсный магнетрон
Hochtaströhre f **1.** импульсная лампа для работы с большой частотой повторения **2.** мощная импульсная лампа
Hochtastsparschaltung f импульсная схема с накоплением энергии
Hochtastung f импульсная манипуляция с большой частотой повторения
Hochtemperaturlagerung f выдержка (элементов, аппаратуры) в условиях высокой температуры
Hoch-Tiefentzerrer m корректор высокой и низкой частот
Hochton m высокий тон
Hochtöner m, **Hochtonlautsprecher** m высокочастотный громкоговоритель
Hochtonregler m регулятор высоких частот
Hochtonsystem n **1.** высокочастотный канал (звуковоспроизведения) **2.** высокочастотная головка громкоговорителя
Hochtonteil m высокочастотная часть
Hochtonverstärker m усилитель для (воспроизведения) высоких звуковых частот
Hochtonwiedergabe f воспроизведение высоких частот
Hochtransformieren n повышение напряжения трансформированием
Hochvakuum n высокий вакуум (10^{-1}—10^{-4} Па)
Hochvakuumaufdampfverfahren n метод высоковакуумного напыления
Hochvakuumbedampfungsanlage f установка (для) высоковакуумного напыления
Hochvakuumdiode f электровакуумный диод
Hochvakuumeinweggleichrichter m однополупериодный кенотронный выпрямитель
Hochvakuumelektronengerät n электровакуумный прибор
Hochvakuumfotozelle f вакуумный фотоэлемент
Hochvakuumgleichrichter m кенотронный выпрямитель
Hochvakuumgleichrichterröhre f кенотрон
Hochvakuumkatodenstrahlröhre f (высоковакуумная) ЭЛТ
Hochvakuumleitung f вакуум-провод
Hochvakuumpumpe f высоковакуумный насос
Hochvakuumpumpstand m высоковакуумный откачной пост
Hochvakuumröhre f электровакуумная лампа; электровакуумный прибор
Hochvakuumtechnik f техника высокого вакуума
Hochvakuumventil n **1.** вакуумный вентиль **2.** кенотрон
Hochvakuumverstärkerröhre f электронная усилительная лампа
Hochvakuumzelle f вакуумный фотоэлемент

Hochvakuumzweiweggleichrichter *m* двухполупериодный кенотронный выпрямитель
Hochverstärkungslaser *m* лазерный усилитель с высоким усилением
hochvoltig высоковольтный
Hochvolts... *см.* **Hochspannungs...**
Hochwähler *m см.* **Hochsignalwähler**
Hochzeilenfernsehen *n* многострочное телевидение, телевидение высокой чёткости, ТВВЧ
hochzeilig с большим числом строк, многострочный
hochzuverlässig высоконадёжный
Höcker *m* 1. горб (*кривой*) 2. столбиковый вывод, контактный столбик
Höckerbonden *n* монтаж на столбиковых выводах (*методом перевёрнутого кристалла*)
Höckerspannung *f* максимальное напряжение
Höckerstromtoleranz *f* допустимое значение максимального тока
Höcker-Tal-Stromverhältnis *n* отношение пикового тока к току долины (*туннельного диода*)
Höckerüberhöhung *f* превышение максимального значения
Hodectron *n* ртутный выпрямитель с зажиганием дугового разряда импульсом магнитного поля
Hodoscop *n* решётка детекторов излучения
Hoffman-Elektrometer *n* электрометр Гофмана
Höhe *f* 1. высота; уровень 2. амплитуда 3. угол места
~ **des Potentialwalles** высота потенциального барьера
~ **der Sinuskuppe** амплитуда синусоиды
Höhen *f pl* высокие частоты
~, **gemischte** *тлв.* смесь высокочастотных составляющих видеосигналов, смесь высоких частот
Höhenabfall *m* спад высоких частот
Höhenablenkung *f* вертикальное отклонение; отклонение (*цели*) по высоте
Höhenabsenkung *f* спад высоких частот
Höhenabstrahlung *f* излучение вверх
Höhenabweichung *f см.* **Höhenablenkung**
Höhenanhebung *f* подъём высоких частот
Höhenanzeiger *m* 1. индикатор высоты 2. индикатор угла места
Höhenauflösungsvermögen *n рлк* разрешающая способность по углу места
Höhenbeschneidung *f* отсечка [срез] вершины (*импульса*); амплитудное ограничение
Höhenbestimmungsradar *n* РЛС определения высоты цели
Höhenduct *m* атмосферный волновод
Höheneinleitung *f* введение высоких частот
Höheneinstellung *f* 1. регулировка (уровня) высоких частот 2. установка по высоте [по оси z]
Höhenempfindlichkeit *f* 1. чувствительность (*напр. МЛ*) к высоким частотам 2. *зап.* отдача (*МЛ*) на высоких частотах
Höhenentzerrung *f* (предварительная) коррекция в области высоких частот
Höhenfinderantenne *f* антенна (*РЛС*) определения высоты цели

Höhenfunkmeßanlage *f* радиолокационный высотомер
Höhengewinn *m* выигрыш за счёт высоты (антенны)
Höhenmarke *f рлк* метка высоты
Höhenmesser *m* высотомер, альтиметр
~, **radioelektrischer** радиовысотомер, радиоальтиметр
Höhenmeßradar(gerät) *n* РЛС определения высоты цели
Höhenpegel *m* уровень амплитуд (*импульсов*)
Höhenpeilgenauigkeit *f* точность определения высоты; точность определения угла места
Höhenpeilung *f* определение высоты; определение угла места
Höhenpositionierung *f* позиционирование по высоте [по оси z]
Höhenregelung *f* регулирование (уровня) высоких частот
Höhenregler *m* 1. регулятор [корректор] высоких частот 2. *тлв* регулятор высоты кадра
Höhenrichtfeld *n* зона обзора по углу места
Höhenröhre *f* ЭЛТ индикатора высоты
Höhenschlag *m* детонация (звука) из-за коробления грампластинки
Höhenschreiber *m* регистрирующий высотомер
Höhenschritt *m тлф* вертикальный шаг (*искателя*); декада (*искателя*)
Höhenschwenkung *f* 1. качание по высоте 2. *тлв* поворот вверх (*камеры*)
Höhenstand *m* уровень
Höhensteller *m* регулятор высоких частот
Höhensteuerung *f* управление по углу места
Höhenstrahlen *pl* космические лучи
Höhenstrahlschauer *m* космический ливень
Höhenstrahlung *f* космическое излучение
Höhensucher *m* (радиолокационный) высотомер
Höhensystem *n см.* **Hochtonsystem**
Höhen- und Ortsanzeiger *m* индикатор высоты и местоположения
Höhenverluste *m pl зап.* потери высоких частот
Höhenverschiebung *f* сдвиг [смещение] по вертикали
Höhenvorhalt *m* упреждение по высоте
Höhenwelle *f* пространственная [небесная] волна
Höhenwiedergabe *f* воспроизведение высоких частот
Höhenwindradar *n* РЛС для определения направления и скорости ветра на разных высотах
Höhenwinkel *m* 1. угол места 2. угол возвышения
Höhenwinkelauflösung *f* разрешающая способность по углу места
Höhenwinkelpeiler *m* радиотеодолит, РЛС для определения угла места
Hohlanodenröhre *f* лампа с полым анодом
Hohlelektrode *f* полый электрод
Hohlkabel *n* полый кабель
Hohlader *f* одножильный полый (волоконно-оптический) кабель
Hohlkabelübertragungstechnik *f* техника передачи сигналов по полым кабелям
Hohlkammer *f* 1. полость 2. *см.* **Hohlraumresonator**

Hohlkanal *m* волновод
Hohlkatodenlaser *m* лазер с полым катодом
Hohlkatodenröhre *f* лампа с полым катодом
Hohlkreis *m см.* **Hohlraumresonator**
Hohlleiter *m* 1. (полый) волновод (*см. тж* **Wellenleiter**) 2. полый (трубчатый) провод
~, **dielektrisch ausgekleideter** волновод с диэлектрическим покрытием
~, **dielektrischer** диэлектрический волновод
~, **fester** жёсткий волновод
~, **flexibler** гибкий волновод
~, **gebogener** изогнутый волновод
~, **kreisförmiger [kreisrunder]** круглый волновод
~, **kreiszylindrischer** цилиндрический волновод
~, **nichteinheitlicher** неоднородный волновод
~, **rechteckiger** прямоугольный волновод
~, **runder** круглый волновод
Hohlleiterabschlußwiderstand *m* нагрузочное сопротивление волновода
Hohlleiterachse *f* ось волновода
Hohlleiterankopplung *f* волноводное соединение
Hohlleiteranordnung *f* волноводная система; волноводное устройство
Hohlleiterbauelement *n* конструктивный элемент волновода
Hohlleiterbreitsseite *f* широкая стенка волновода
Hohlleiterbrückenmethode *f* метод волноводного моста
Hohlleitereingangsempfänger *m* приёмник с волноводным входом
Hohlleiterfassung *f* крепление [оправа] волновода
Hohlleiterfeld *n* поле волновода
Hohlleiterfläche *f* 1. плоскость волновода 2. поверхность [грань] волновода 3. площадь волновода
Hohlleiterflansche *m pl*, **passende** стыкующиеся фланцы волновода
Hohlleiterhöchstfrequenzleiter *m* сверхвысокочастотный волновод
Hohlleiterknickstelle *f* место изгиба волновода
Hohlleiterkoaxialleitungsübergang *m*, **Hohlleiterkoaxialübergangsstück** *n* волноводно-коаксиальный переход
Hohlleiterkopplung *f* волноводное сочленение, сочленение волноводов
Hohlleiterquerschnitt *m* (поперечное) сечение волновода
Hohlleiterspeisung *f* ввод энергии в волновод
Hohlleiterübergangsstück *n* волноводное переходное устройство
Hohlleiterübertragungstechnik *f* техника волноводной передачи
Hohlleiterumwandlungsabschnitt *m* трансформирующий участок волновода
Hohlleiterverbindung *f см.* **Hohlleiterkopplung**
Hohlleiterverdrehung *f* скрученный участок волновода
Hohlleiterverzweigung *f* разветвление волноводов; ответвление от волновода
Hohlleiterwand *f* стенка волновода
Hohlleiterwelle *f* волна в волноводе
Hohlleiterwellenlänge *f* длина волны в волноводе
Hohlleiterwellenübertragung *f* передача электромагнитных колебаний по волноводу

Hohlleiterwellenwiderstand *m* волновое сопротивление волновода
Hohlleiter-Y-Richtungsgabel *f* волноводный Y-циркулятор
Hohlleitkabel *n* полый кабель
Hohlleitung *f* полая волноводная линия; полый волновод
Hohlleitungskanal *m* волноводный канал
Hohlleitungsvierpol *m* волноводный четырёхполюсник
Hohllinse *f* вогнутая линза
Hohlprisma *n* вогнутая призма
Hohlquarz *m* вогнутая кварцевая пластинка
Hohlraum *m* 1. полость, полое пространство 2. *см.* **Hohlraumresonator**
~, **innenverspiegelter** фокализатор (*твердотельного лазера*)
Hohlraumbandpaß *m* полосовой резонаторный фильтр
Hohlraumbildung *f* кавитация
Hohlraumdielektrikum *n* диэлектрик-заполнитель объёмного резонатора
Hohlraumfilter *n* резонаторный фильтр
Hohlraumfrequenzmesser *m* частотомер с объёмным резонатором
Hohlraumgitter *n* сетка объёмного резонатора
Hohlraumhülle *f* корпус [оболочка] объёмного резонатора
Hohlraumisolation *f*, **Hohlraumisolierung** *f* воздушная изоляция (*в коаксиальном кабеле*)
Hohlraumkreis *m* 1. объёмный резонатор 2. резонирующая полость
Hohlraumleiter *m* полый волновод
Hohlraum-Maser *m* резонаторный мазер
Hohlraumprisma *n* волноводная призма
Hohlraumresonanzkreis *m см.* **Hohlraumresonator**
Hohlraumresonator *m* объёмный резонатор
~, **abstimmbarer [deformierbarer]** настраиваемый объёмный резонатор
~, **gedämpfter** объёмный резонатор с затуханием
~, **kreiszylindrischer** круглый цилиндрический объёмный резонатор
~, **mehrfach zusammengekoppelter [mehrfach zusammenhängender]** многосвязный объёмный резонатор
~, **ungestörter** невозмущённый объёмный резонатор
Hohlraumresonatorfilter *n* объёмный резонаторный фильтр
Hohlraumresonatormagnetron *n* магнетрон с объёмным резонатором
Hohlraumresonatorröhre *f* лампа с объёмным резонатором
Hohlraumresonatorschalter *m* переключатель в виде объёмного резонатора
Hohlraumschlitzstrahler *m* объёмный резонатор с излучающей щелью
Hohlraumschwinger *m см.* **Hohlraumresonator**
Hohlraumschwingkreis *m* объёмный колебательный контур
Hohlraumsender *m* (радио)передатчик [генератор] с объёмным контуром
Hohlraumstrahler *m* 1. объёмный [полый] излу-

чатель 2. *тлв* излучатель (абсолютно) чёрного тела
Hohlraumwellen *f pl* волны в объёмном резонаторе
Hohlraumwellenleiter *m* полый волновод
Hohlraumwellenmesser *m* волномер с объёмным резонатором
Hohlringkern *m* трубчатый сердечник
Hohlrohr *n* полый волновод
Hohlröhre *f см.* **Hohlraumresonatorröhre**
Hohlrohrleitung *f см.* **Hohlleitung**
Hohlschwinger *m* полый вибратор
Hohlspiegel *m* вогнутое зеркало
Hohlwellenleiter *m* полый волновод
Hohlwiderstand *m* трубчатый резистор
Holdor *m* голографическое ЗУ; голографическая память
holen снимать, получать (*напр. данные из накопителя*)
Holodiagramm *n кв. эл.* голодиаграмма
Holoeder *n* голоэдр
Holoedrie *f* голоэдрия
Holografie *f* 1. голография 2. голографирование
~, **angewandte** прикладная голография
~, **biologische** биологическая голография, биоголография
~ **in Gammastrahlen** гамма-голография, голография в гамма-лучах
~ **mit Elektronen** электронная голография
~ **mit Mikrowellen** СВЧ-голография
~ **mit nichtoptischen Wellen** 1. неоптическая голография 2. голографирование с использованием излучения неоптического диапазона частот
~ **mit Röntgenwellen** рентгеновская голография
~ **mit Ultraschallwellen** ультразвуковая голография
~ **mit zwei Bezugsbündeln** голографирование по методу Лейта
Holografieren *n* голографирование
Holografiesystem *n*, **akustisches** система акустической голографии
holografisch 1. голографический 2. голографически, голографическим способом
Hologramm *n* голограмма
~, **außeraxiales** голограмма Лейта
~, **axiales** голограмма Габора
~, **berechnetes** цифровая голограмма
~, **dickes** трёхмерная голограмма
~, **entwickeltes** проявленная голограмма
~, **fein strukturiertes** голограмма с тонкой интерференционной структурой
~, **geblazetes** отражательная [блестящая] голограмма
~, **gebleichtes** отбелённая голограмма
~ **hoher Qualität** голограмма с высокой дифракционной эффективностью
~ **mit hoher Dichte** голограмма с высокой плотностью (*записанной*) информации
~, **multiplexes** многоракурсная голограмма
~ **eines Punktes** точечная голограмма; безлинзовая голограмма Фурье
~, **rechnersynthesiertes** цифровая голограмма
Hologrammabdruckkopie *f* голограмма-копия

Hologrammachse *f* ось голограммы
Hologrammanordnung *f* матрица голограмм
Hologrammapertur *f* апертура голограммы
Hologrammaufnahme *f* запись голограммы
Hologrammaufnahmeverfahren *n* способ [метод] записи голограмм
Hologrammaufzeichnung *f* запись голограмм
Hologrammaufzeichnungsplatte *f* голографическая пластинка
Hologrammberechnung *f* расчёт голограмм (*напр. на ЭВМ*)
Hologrammbild *n* голографическое изображение
Hologrammbildung *f* формирование голограмм
Hologrammdruckkopie *f* голограмма-копия
Hologrammebene *f* плоскость записи голограммы
Hologrammeinspeicherung *f* запись голограмм в память
Hologrammerzeugung *f* получение голограмм
Hologrammetrie *f* голографическое измерение
Hologrammfilm *m* 1. голографическая плёнка 2. голографический (кино)фильм
Hologrammfilterung *f* голографическая фильтрация (*напр. спектра*)
Hologrammgitter *n* голограммная (дифракционная) решётка
Hologrammkonstruktion *f* формирование голограмм
Hologrammort *m* положение голограммы (*напр. в пространстве*)
Hologrammortsfrequenz *f* пространственная частота голограммы
Hologrammplatte *f* голографическая пластинка
Hologrammpunkt *m* точка голограммы
Hologrammrekonstruktion *f* восстановление волнового фронта с голограмм
Hologrammreproduktion *f* 1. *см.* **Hologrammrekonstruktion** 2. воспроизведение голограмм (*напр. на экране кинескопа*) 3. копирование [размножение] голограмм 4. голограмма-копия
Hologrammschicht *f* голографический слой
Hologrammselektivität *f* избирательность [селективность] голограммы (*напр. спектральная*)
Hologrammträger *m* 1. носитель голограммы 2. держатель голограммы
Hologrammwiedergabe *f* восстановление голограммы
Hologrammwirkungsgrad *m* дифракционная эффективность голограммы
Hologrammzelle *f* голографический элемент
Holokamera *f* голографическая камера
holokristallin полнокристаллический
holomorph голоморфный
Holotomografie *f* голографическая томография
Holphase *f* цикл вызова *или* выборки
homochron гомохронный (*о цифровых сигналах*)
Homodynmischer *m* синхронный смеситель
Homoepitaxie *f* гомоэпитаксия
Homogenität *f* однородность, гомогенность
Homoladung *f* гомозаряд (*электрета*)
homöopolar гомеополярный
Homöostat *m*, **Aschbyscher** гомеостат Ашби (*самообучающаяся модель нейрона*)

Honigwabenspule f сотовая катушка
Hopping n 1. резкое изменение; перескок (*напр. мод*) 2. *пп* прыжковая электропроводность
Hoppingkapazität f прыжковая ёмкость (*частотно-зависимый поляризационный эффект прыжковой электропроводности*)
Hoppingleitung f, **Hoppingleitwert** m *пп* прыжковая электропроводность
Höranzeige f звуковая индикация
Höraufnahme f см. **Hörempfang**
Hörbarkeit f слышимость
Hörbarkeitsbereich m см. **Hörbereich**
Hörbarkeitsfaktor m коэффициент слышимости
Hörbarkeitsgebiet n см. **Hörbereich**
Hörbarkeitsgrad m коэффициент слышимости
Hörbarkeitsgrenze f порог слышимости
Hörbarkeitsmesser m измеритель слышимости
Hörbarkeitsschwelle f порог слышимости
Hörbarkeitszone f зона [область] слышимости
Hörbereich m 1. диапазон звуковых частот 2. зона [область] слышимости
Hörbrille f слуховой аппарат, встроенный в очки
Horchauswertestelle f 1. станция радиоперехвата [радиоподслушивания] 2. пункт обработки данных радиоперехвата
Horchempfang m см. **Hörempfang**
Horchfunk m радиоподслушивание, радиоперехват
Horchgerät n 1. прибор (для) подслушивания 2. приёмник для радиоподслушивания [для радиоперехвата] 3. звукоулавливатель
Horchortung f звуколокация
Horchposten m 1. пост (для) послушивания 2. станция радиоподслушивания [радиоперехвата] 3. станция звукоулавливания
Horchschlauch m звукопровод (*в звукоулавливателе*)
Horchstelle f см. **Horchposten**
Hörempfang m (радио)приём на слух
Hörempfänger m приёмник для радиоподслушивания [для радиоперехвата]
Hörempfinden n звуковосприятие
hören принимать на слух; слушать; слышать
Hören n 1. восприятие звука; слушание 2. слух
~, **binaurales** см. **Hören, zweiohriges**
~, **räumliches** [**stereophonisches**] пространственное [стереофоническое] восприятие звука
~, **zweiohriges** бинауральное восприятие звука
Hörer m 1. радиослушатель; слушатель 2. головной телефон; слуховая трубка
Hörerkuppler m камера искусственного уха
Hörfähigkeit f острота слуха
Hörfilm m тонфильм
Hörfläche f звуковое [акустическое] поле
hörfrequent слышимый; низкочастотный
Hörfrequenz f звуковая частота
Hörfunk m радиовещание
Hörfunkprogramm n программа радиовещания
Hörfunksatellit m радиовещательный спутник
Hörfunkstereoprogramm n стереофоническая программа радиовещания
Hörgebiet n см. **Hörbereich**
Hörgerät n слуховой аппарат
Hörgrenze f порог слышимости
Hörheft n аппаратный журнал радиста

Hörhilfe f слуховой аппарат
Horizont m горизонт
~, **astronomischer** истинный горизонт
~, **optischer** оптический горизонт
~, **sichtbarer** видимый горизонт
~, **wahrer** истинный горизонт
Horizontalablenkendstufe f 1. выходной каскад горизонтального отклонения 2. *тлв* выходной каскад строчной развёртки
Horizontalablenkfrequenz f 1. частота горизонтального отклонения 2. *тлв* частота строчной развёртки
Horizontalablenkgenerator m, **Horizontalablenkgerät** n 1. генератор горизонтального отклонения 2. *тлв* генератор строчной развёртки
Horizontalablenkkomplex m устройство горизонтального отклонения (*блок развёртки и отклоняющая катушка*)
Horizontalablenkoszillator m см. **Horizontalablenkgenerator**
Horizontalablenkplatten f pl пластины горизонтального отклонения
Horizontalablenkröhre f 1. лампа (усилителя) горизонтального отклонения 2. *тлв* лампа (усилителя) строчной развёртки
Horizontalablenkschaltung f 1. схема горизонтального отклонения 2. *тлв* схема строчной развёртки
Horizontalablenkspule f 1. катушка горизонтального отклонения 2. *тлв* строчная отклоняющая катушка
Horizontalablenkstufe f 1. каскад горизонтального отклонения 2. *тлв* каскад строчной развёртки
Horizontalablenksystem n 1. отклоняющая система горизонтального отклонения 2. *тлв* строчная отклоняющая система
Horizontalablenkteil m 1. блок горизонтального отклонения 2. *тлв* блок строчной развёртки
Horizontalablenkung f 1. горизонтальное отклонение 2. *тлв* строчная развёртка
Horizontalablenkungs... см. **Horizontalablenk...**
Horizontalabtastung f 1. горизонтальная развёртка 2. *тлв* строчная развёртка 3. *рлк* сканирование в горизонтальной плоскости
Horizontalamplitudenregelung f 1. регулировка амплитуды горизонтального отклонения 2. *тлв* регулировка размера строк
Horizontalantenne f горизонтальная антенна
Horizontalauflösungsvermögen n 1. разрешающая способность по горизонтали 2. *тлв* чёткость по горизонтали
Horizontalausgangsübertrager m 1. выходной трансформатор горизонтального отклонения 2. *тлв* выходной трансформатор строчной развёртки
Horizontalbalken m 1. горизонтальная полоса 2. горизонтальная отметка
Horizontalbalkengenerator m 1. *тлв* генератор горизонтальных полос 2. *рлк* генератор горизонтальных отметок
Horizontalblockingoszillator m блокинг-генератор строчной развёртки
horizontal-CCD *англ.* горизонтальный ряд ПЗС-ячеек; линейка ПЗС

Horizontalcharakteristik *f* характеристика направленности в горизонтальной плоскости
Horizontaldehnung *f* **1.** растягивание отклонения по горизонтали **2.** *тлв* растягивание строчной развёртки
Horizontaldiagramm *n* характеристика направленности в горизонтальной плоскости
Horizontaldipol *m* горизонтальный симметричный вибратор
Horizontalebene *f* азимутальная [горизонтальная] плоскость
Horizontaleingang *m* вход (усилителя) горизонтального отклонения (*осциллографа*)
Horizontalendstufe *f* **1.** выходной каскад горизонтального отклонения **2.** *тлв* выходной каскад строчной развёртки
Horizontalentfernung *f рлк* горизонтальная дальность
Horizontalfokussierung *f* фокусировка по горизонтали
Horizontalfrequenz *f* **1.** частота горизонтального отклонения **2.** *тлв* частота строк
Horizontalführung *f* управление курсом (*в системе инструментальной посадки*)
Horizontalgenerator *m,* **Horizontalgerät** *n см.* **Horizontalablenkgenerator**
Horizontalimpuls *m* **1.** импульс частоты строк **2.** синхронизирующий импульс строк
Horizontalkanal *m* горизонтальный канал
Horizontalkipp... *см.* **Horizontalablenk...**
Horizontalkomponente *f* **1.** горизонтальная составляющая **2.** *рлк* горизонтальная дальность
Horizontalkonvergenz *f* сведение лучей по горизонтали
Horizontalkursor *m* горизонтальный курсор
Horizontallinearität *f* **1.** линейность горизонтального отклонения **2.** *тлв* линейность по строкам
Horizontallotung *f* горизонтальное эхолотирование
Horizontallücke *f* строчной пробел (*в видеосигнале*)
Horizontalperiode *f* **1.** период горизонтального отклонения **2.** *тлв* период строчной развёртки
Horizontalpolarisation *f* горизонтальная поляризация
Horizontalreaktor *m крист.* горизонтальный реактор
Horizontalregelung *f* **1.** регулировка размера (*осциллограммы*) по горизонтали **2.** *тлв* регулировка размера строк **3.** *тлв* регулировка размера (*осциллограммы*) по строкам
Horizontalregister *n* регистр сдвига по горизонтали
Horizontalregler *m* **1.** регулятор размера (*осциллограммы*) по горизонтали **2.** *тлв* регулятор размера строк
Horizontalrichtwirkung *f* направленность в горизонтальной плоскости
Horizontalrücklauf *m* **1.** обратный ход горизонтального отклонения **2.** *тлв* обратный ход строчной развёртки

Horizontalschwenk *m* горизонтальное панорамирование
Horizontalsperrschwinger *m см.* **Horrizontalblokkingoszillator**
Horizontalsteuerung *f* управление (*зажиганием тиратрона*) наложением переменного напряжения на постоянное
Horizontalstrahler *m* горизонтальный излучатель
Horizontalstufe *f* **1.** каскад горизонтального отклонения **2.** *тлв.* каскад строчной развёртки
Horizontal-Synchronimpulsabtrennung *f* выделение синхронизирующих импульсов строк
Horizontalsynchronisation *f* **1.** синхронизация горизонтального отклонения **2.** *тлв* синхронизация строчной развёртки
Horizontalsynchronisationsimpuls *m* **1.** импульс синхронизации горизонтального отклонения **2.** *тлв* синхронизирующий импульс строк
Horizontalsynchronisationsregelung *f* регулировка синхронизации строчной развёртки
Horizontalsynchronisierung *f см.* **Horizontalsynchronisation**
Horizontal-Treiber *m* предвыходной каскад строчной развёртки
Horizontalverschiebung *f* **1.** смещение [сдвиг] по горизонтали **2.** *тлв* смещение [сдвиг] строк **3.** поперечный сдвиг, поперечное смещение
Horizontalverschiebungsregelung *f* **1.** регулировка смещения (*осциллограммы*) по горизонтали **2.** *тлв* регулировка центровки строк
Horizontalverstärker *m* **1.** усилитель горизонтального отклонения **2.** *тлв* усилитель строчной частоты **3.** *тлв* усилитель строчной развёртки
Horizontalverstärkungsregelung *f* **1.** регулировка усиления канала горизонтального отклонения **2.** *тлв* регулировка усиления канала строчной развёртки
Horizontalwinkel *m* горизонтальный угол; азимут
Horizontalzentrierung *f* **1.** центровка (*осциллограммы*) по горизонтали **2.** *тлв* центровка строк
Horizontanzeiger *m* авиационный индикатор курса
Horizontierung *f* **1.** установка [регулировка] уровня **2.** выравнивание (по горизонтали)
Horizontkreisel *m* гирогоризонт, искусственный горизонт; авиагоризонт
«Horizont»-Satellit *m* спутник «Горизонт»
Hörkanal *m* звуковой канал
Hörkopf *m* головка звуковоспроизведения
Hörkopfentzerrung *f* (частотная) коррекция головки звуковоспроизведения
Hörlehre *f* акустика
Hörmelder *m* звуковой сигнализатор
Hörminimumpeiler *m* минимальный звуковой пеленгатор
Horn *n* **1.** рупор **2.** рог (*разрядника*)
~, zweiseitiges konisches биконический рупор
Hornantenne *f* рупорная антенна
Hörnchen *n* «рога» канавки записи
Hörnerblitzableiter *m* роговой грозоразрядник
Hornerreger *m* рупорный облучатель (*антенны*)
Hornlautsprecher *m* рупорный громкоговоритель

Hornparabolantenne f рупорно-параболическая антенна
Hornspeisung f питание рупора (*антенны*)
Hornstrahler m 1. рупорный излучатель; рупор 2. рупорная антенна
~, **pyramidenförmiger** пирамидальный рупор
~, **sektorförmiger** секториальный рупор
Hörperspektive f бинауральный эффект
Hörraum m помещение (для) прослушивания
Horreichweite f дальность слышимости
Hörrundfunk m радиовещание
Hörrundfunksendung f передача радиовещательной программы
Hörrundfunkstudio n студия радиовещания, радиостудия
Hörschall m слышимый звук (*16 Гц — 20 кГц*)
Hörschalldruck m звуковое давление
Hörschärfenmesser m аудиометр
Hörschwelle f порог слышимости
Hörsignal n 1. звуковой сигнал 2. *тлф* акустический сигнал
Hörspektrum n спектр звуковых частот
Hörspiel n звуковая передача
Hörspielverzerrer m устройство акустических эффектов
Hör-Sprech-Kopf m универсальная головка записи — воспроизведения
Hörton m *см.* Hörsignal
Hörvergleichsverfahren n метод Баркгаузена для измерения громкости
Hörwiedergabe f звуковоспроизведение
Hörwinkel m угол локализации (*в стереофонии*)
Hörzeichen n *см.* Hörsignal
Hörzone f зона слышимости
Hoyt-Nachbildung f *тлф* балансный контур Хойта (*для пупинизированных линий*)
Hoyt-Spule f *тлф* катушка Хойта
HP-... *см.* Hochpaß...
h-Parameter m *pl* h-параметры, гибридные параметры
H-Pegel m высокий уровень (*напряжения*); уровень (логической) единицы (*наличие импульса*)
H-Potential n высокий уровень напряжения; напряжение (логической) единицы
H-Radarsystem n радионавигационная система с двумя наземными станциями
H-Röhre f *рлк* ЭЛТ угла места (*цели*), трубка высоты
H-Schaltung f H-образная схема
H-Schirm m индикатор H-типа
H-Schirmbild n изображение (на экране) индикатора H-типа
H-Sektorhorn n H-секториальная рупорная антенна
H-Signal n сигнал высокого уровня
HT-Anlage f установка для высокочастотной телефонной связи по линиям электропередачи
HTL-Schaltungen f *pl* логические схемы с высоким пороговым напряжением
H-Typ m H-тип (*волны*)
Hub m 1. сдвиг, отклонение 2. девиация (*частоты*) 3. подъём
Hubausnutzung f использование девиации (*напр. при ЧМ*)

Hubbegrenzung f ограничение девиации (*частоты*)
Hubdrehwähler m подъёмно-вращательный искатель
Hubgabel f *тлг* подъёмная вилка
Hub-Kontroll-Gerät n прибор для контроля девиации (*частоты*)
Hubkurve f кривая девиации (*частоты*)
Hubmagnet m *тлф* подъёмный электромагнит (*искателя*)
Hubmesser m прибор для измерения девиации (*частоты*)
Hubnorm f порядок расстановки частот
Hubumkehr f перемена знака девиации (*частоты*)
Hubverhältnis n индекс частотной модуляции
Hubzähler m счётчик числа ходов *или* тактов
«Huckepack»-Satellit m составной спутник
Huckepack-Tieftöner m низкочастотный громкоговоритель, подвешиваемый к задней стенке телевизора
Hughestypendrucker m буквопечатающий аппарат Юза
Hülle f 1. оболочка; кожух; обшивка 2. огибающая (*напр. АМ-колебаний*) 3. баллон (*ЭЛП*)
Hüllenelektron n электрон оболочки
Hüllkreuz n *микр.* тестовый крест
Hüllkurve f огибающая
Hüllkurvenanzeiger m индикатор огибающей
Hüllkurvendemodulator m детектор огибающей
Hüllkurvengegenkopplung f обратная связь по (выделенной) огибающей (*высокочастотного сигнала*)
Hüllkurvengleichrichter m детектор огибающей
Hüllkurvengleichrichtung f детектирование огибающей
Hüllkurvensynchronisation f синхронизация по огибающей
Hüllkurvenverzögerung f групповая задержка
Hüllwellenform f форма огибающей
Hülse f гильза; втулка; стакан (*в лампе*)
Hülsendipol m трубчатый симметричный вибратор
Human-Faktor m человеческий фактор (*в инженерной психологии*)
Hummelschaltung f схема Гуммеля (*для сдвига фаз на 90°*)
Hundekurve f *рлк* кривая преследования, кривая погони
Hunderterwellen f *pl* средние волны, гектометровые волны (*100—1000 м*)
Hundertstufe f секция (*декадно-шагового искателя*) из десяти декад
Hundertsystem n система (*искателей*) на сто линий
Hüpfen n 1. резкое изменение; перескок (*напр. мод*) 2. прыжковый механизм (*проводимости*)
Hurvitz-Kriterium n критерий Гурвица
Hütchenkondensator m керамический конденсатор (*малой ёмкости*)
Huth-Kühn-Schaltung f схема Хута — Кюна
H-Verkopplung f связь с частотой строк
H-Verzweiger m H-плоскостной разветвитель
H-Voreinstellung f предварительная установка по горизонтали

H-Welle f Н-волна, магнитная волна
Hybridbestückung f гибридная комплектация
Hybridbindung f гибридное (волноводное) соединение
Hybriddarstellung f представление в смешанной или в гибридной форме (*напр. параметров четырёхполюсника*)
Hybridelement n элемент гибридной микросхемы
Hybridendicon n, **Hybridendikon** n кремникон
hybridgerecht соответствующий требованиям гибридной техники
Hybridgroßintegrationsschaltung f большая гибридная ИС, БГИС
Hybridgroßintegrationstechnik f техника больших гибридных ИС, техника БГИС
Hybrid-IC f гибридная ИС, ГИС
Hibridintegration f техника гибридных и интегральных схем
hybridintegriert выполненный в технике гибридной микроэлектроники
Hybridmikroschaltkreis m, **Hybridmikroschaltung** f гибридная ИС, ГИС
~, **integrierte** гибридная ИС, ГИС
Hybridmodus n 1. гибридная мода 2. гибридный режим (*в диоде Ганна*)
Hybridparameter m pl см. **h-Parameter**
Hybridrechenanlage f, **Hybridrechenmaschine** f, **Hybridrechner** m гибридная [аналого-цифровая] ВМ
Hybridschaltkreis m см. **Hybrid-IC**
Hybridschaltkreismontage f монтаж [сборка] ГИС
Hybridschaltung f, **integrierte** см. **Hybrid-IC**
Hybrid-Technik f гибридная технология, технология ГИС
Hybrid-Verstärker m гибридный усилитель
Hybridvidikon n гибридный видикон (*напр. с электростатической фокусировкой и магнитным отклонением*)
Hydroakustik f гидроакустика
Hydrophobierung f, **Hydrophobisation** f гидрофобизация
Hygristor m влагочувствительный резистор
Hyperband n диапазон гипервысоких частот для телевидения (*300—440 МГц, диапазоны S21—S40*)
Hyperband-Kanal m 1. канал гипервысоких частот 2. канал с расширенной полосой (*частот*)
Hyperbelbahn f гиперболическая орбита
Hyperbelfeldröhre f множительная (электроннолучевая) трубка с гиперболическим полем
Hyperbelfunkortung f см. **Hyperbelpeilung**
Hyperbelkette f цепь станций системы гиперболической (радио)навигации
Hyperbelnavigationsradarsystem n гиперболическая радионавигационная система
Hyperbelortung f навигация разностно-дальномерной фазовой системой
Hyperbelpeilung f гиперболическое пеленгование
Hyperbelphasensystem n разностно-дальномерная фазовая (навигационная) система
Hyperbelsystem n 1. система гипербол 2. см. **Hyperbelnavigationsradarsystem**
Hyperbeltrichter m гиперболический рупор

Hyperbelverfahren n метод гиперболической (радио)навигации
Hyperfeinlinie f линия сверхтонкой структуры
Hyperfeinstruktur f фтт сверхтонкая структура
Hyperfeinstrukturmultiplett n мультиплет сверхтонкой структуры
Hyperfeinstrukturübergang m переход сверхтонкой структуры
Hyperfläche f гиперповерхность
Hyperfrequenzbereich m см. **Hyperfrequenzgebiet**
Hyperfrequenzen f pl сверхвысокие частоты, СВЧ
Hyperfrequenzgebiet n диапазон сверхвысоких частот, диапазон СВЧ (*3-30ГГц*)
Hyperschall m гиперзвук
Hyperschallwellen f pl сверхзвуковые волны
Hyrotron n ртутный вентиль с управлением дугой посредством вращающегося магнитного поля
Hysterese f гистерезис
~, **dielektrische** диэлектрический гистерезис, диэлектрическая вязкость
~, **magnetische** магнитный гистерезис, магнитная вязкость
~, **negative** отрицательный гистерезис
~, **thermische** тепловой гистерезис
Hysteresearbeit f работа перемагничивания, обусловленная гистерезисом
hysteresearm с малым гистерезисом
hysteresebehaftet гистерезисный
Hysteresebeiwert m коэффициент потерь на гистерезис
~, **relativer** приведённый коэффициент потерь на гистерезис
Hysteresebreite f ширина петли гистерезиса
Hystereseeffekt m эффект гистерезиса
Hysteresefaktor m см. **Hysteresekoeffizient**
Hysteresefehler m ошибка за счёт гистерезиса
Hysteresefläche f площадь петли гистерезиса
hysteresefrei безгистерезисный, не имеющий гистерезиса
Hysteresekoeffizient m коэффициент потерь на гистерезис
Hysteresekonstante f постоянная потерь на гистерезис
Hysteresekurve f кривая гистерезиса
hystereselos безгистерезисный, не имеющий гистерезиса
Hysteresemeßapparat m, **Hysteresemesser** m, **Hysteresemeßwerk** n гистерезиметр, прибор для измерения потерь на гистерезис
Hysteresenichtlinearität f гистерезисная нелинейность
Hysteresephasenfehler m фазовая погрешность за счёт гистерезиса
Hystereseschleife f петля гистерезиса
~, **großflächige** широкая петля гистерезиса
~, **kleinflächige** узкая петля гистерезиса
Hystereseverluste m pl потери на гистерезис
Hystereseverlustfaktor m см. **Hysteresekoeffizient**
Hystereseverlustwiderstand m сопротивление потерь на гистерезис
Hysteresewerkstoff m материал с повышенными потерями на гистерезис
Hysteresezahl f см. **Hysteresekoeffizient**
Hysteresezeiger m см. **Hysteresemeßapparat**

Hysteresis f см. **Hysterese**
H-Zustand m состояние (схемы) с высоким уровнем (напряжения)

I

I-Achse f широкополосная ось, ось сигнала I (в системе НТСЦ)
Iatron n иатрон, потенциалоскоп с видимым изображением
IBE-System n см. **IEB-System**
IBK-Farbtafel f цветовой график МКО
IBK-System n система МКО
ICAO-Bestimmungen f pl стандарты ИКАО, стандарты Международной организации гражданской авиации
IC-Bauteil m интегральный модуль
IC-Familie f серия ИС
IC-Herstellungsmittel pl комплекс средств для производства ИС
IC-Makettierung f макетирование ИС
IC-Schaltungstechnik f техника ИС
IC-Serie f серия ИС
ICS-Filter n внутридиапазонный селектирующий фильтр
IC-Technik f техника ИС
Idealgitter n идеальная решётка
Idealkristall m идеальный кристалл
Idealkurve f теоретическая кривая
Identifikation f 1. опознавание (сигналов) 2. распознавание 3. идентификация, отождествление
Identifikationskennzeichen n 1. сигнал опознавания (напр. образов) 2. вчт признак
Identifikationsnummer f идентифицирующий номер
Identifikationsschaltung f схема опознавания
Identifikationssignal n 1. сигнал опознавания цвета (в системе СЕКАМ) 2. сигнал опознавания (пункта формирования программ)
Identifikationszeichen n вчт знак [признак] идентификации
Identifikator m 1. устройство опознавания 2. устройство распознавания 3. вчт идентификатор 4. тлф определитель (номера вызывающего абонента)
identifizieren 1. опознавать (сигналы) 2. распознавать (напр. образы) 3. идентифицировать, отождествлять
Identifizierer m см. **Identifikator**
Identifizierung f см. **Identifikation**
Identifizierungs... см. **Identifikations...**
Identität f 1. идентичность, тождественность 2. тождество
Identitätsblock m см. **Identitätsgatter**
Identitätsdefinition f идентификация, отождествление
Identitätsgatter n вентиль исключающее ИЛИ НЕ
Identitätskennzeichen n маркировочный знак; метка
Identitätskode m 1. код опознавания 2. вчт идентифицирующий код

Identitätsproblem n 1. проблема идентификации [отождествления] 2. проблема опознавания
Identmerkmal n отличительный признак
Identnummer f идентифицирующий номер
idiochromatisch идиохроматический, обладающий собственным внутренним фотоэффектом
idiostatisch идиостатический
Idlerfrequenz f холостая частота
Idlerkreis m холостой контур
Id-Signal n см. **Identifikationssignal**
IEB-System n Международная система унифицированных блоков
IEC-Bassystem n система с шинной организацией по рекомендациям МЭК
IEC-Norm f нормы МЭК
IFF-Gerät n радиолокационный прибор опознавания «свой — чужой»
IFR-Flug m полёт по приборам
IFR-Wetterbedingungen f pl условия погоды для полёта по приборам
IFSR-System n система с кольцевым последовательным интерфейсом
I-Gerät n интегрирующий прибор
I-Glied n интегрирующее звено
Ignistor n игнистор (транзистор и стабилитрон в общем корпусе)
Ignitor m 1. зажигатель, игнайтер (игнитрона) 2. электрод вспомогательного разряда; поджигающий электрод (разрядника)
Ignitron n, **Ignitronröhre** f игнитрон
Ignitronschutzschaltung f игнитронная схема защиты (генераторных ламп от пробоя)
i-Halbleiter m собственный полупроводник
IIL-Technologie f см. **I²L-Technologie**
I-Indikator m индикатор I-типа (индикатор дальности с радиальной развёрткой)
IIR-Filter n фильтр с импульсной характеристикой бесконечной длительности, БИХ-фильтр
I-Komponente f тлв составляющая поднесущей частоты, моделируемая сигналом I (в системе НТСЦ)
Ikonoskop n иконоскоп
Ikonotron n иконотрон
IKU-Elektronik f информационная, бытовая электроника и электроника связи
i-leitend с собственной электропроводностью
i-Leitung f собственная электропроводность
ILS-Bodenanlage f наземная аппаратура системы посадки по приборам
I²L-Technologie f технология схем интегральной инжекционной логики, И²Л-технология
Image-Ikonoskop n супериконоскоп
Image-Intensifier-Orthikon n суперортикон
Image-Isokon n суперизокон
Image-Orthikon n суперортикон
Imagekop n фирм. волоконно-оптический жгут для передачи изображения
Image-Vidikon n супервидикон
imaginär мнимый
Imaginäranteil m мнимая составляющая
Imaginärteil m 1. мнимая часть 2. реактивная составляющая
Imitation f 1. имитация 2. моделирование
Immersionselektroskop n иммерсионный электронный микроскоп

Immersionsfotoempfänger m иммерсионный фотоприёмник
Immersionslinse f иммерсионная линза; иммерсионный объектив
Immersionsobjektiv n иммерсионный объектив
Immersionssystem n иммерсионная система
Immitanz f иммитанц (*термин, объединяющий понятия полного сопротивления и полной проводимости*)
Impairmentadditionstheorem f теорема суммирования искажений
Impairmentmethode f *тлв* метод ухудшений (*метод субъективной оценки качества изображений*)
impairment-unit *англ. тлв* единица измерения искажений, ИМП
IMPATT-Betrieb m лавинно-пролётный режим
Impattdiode f, **IMPATT-Diode** f лавинно-пролётный диод, ЛПД
IMPATT-Oszillator m генератор на ЛПД
IMPATT- und Gunn-Diode f лавинно-пролётный диод Ганна
Impedanz f полное сопротивление
~, **akustische** акустическое полное сопротивление
~, **charakteristische** 1. характеристическое сопротивление 2. волновое сопротивление (*линии*)
Impedanzanpassung f согласование полных сопротивлений
Impedanzantenne f импедансная антенна
Impedanzdiagramm n диаграмма полного сопротивления
Impedanzfehlanpassung f рассогласование полных сопротивлений
Impedanzfilter n фильтр из связанных контуров
Impedanzkorrektor m контур [корректор] для согласования полных сопротивлений
Impedanzmatrix f матрица полных сопротивлений
Impedanzmesser m прибор для измерения полных сопротивлений
Impedanznachbildung f моделирование полного сопротивления
Impedanzrelais n реле полного сопротивления
Impedanzröhre f реактивная лампа
Impedanzspule f катушка индуктивности; (электрический) дроссель
Impedanzwandler m преобразователь полного сопротивления
Impedanzwinkel m аргумент полного сопротивления
Impfkeim m, **Impfkristall** m, **Impfling** m затравка, затравочный кристалл
Implantation f имплантация, внедрение
Implikation f 1. *лог.* импликация 2. вовлечение, включение
Implikationsgatter n элемент импликативной логики
Implikator m импликатор, схема импликации
implizit неявный
Implosion f разрушение [взрыв] от внешнего давления (*напр. баллона ЭЛТ*)
implosionsbeständig взрывобезопасный
Implosionsschutz m взрывозащитное устройство

Implosionsschutzband n бандаж взрывозащиты
Imprägnierlack m пропитанный лак
Imprägniermasse f пропиточная масса
Imprägnierung f пропитывание, импрегнация
~ **im Vakuum** вакуумная пропитка
Impuls m 1. импульс (*см. тж* **Impulse**) 2. сигнал 3. количество движения, импульс □ **durch** ~ **auslösen** запускать импульсом; **den** ~ **umdrehen** изменять полярность импульса
~, **ausgesandter** 1. посланный импульс 2. *рлк* зондирующий импульс
~, **beweglicher** перемещающийся импульс
~, **falscher** ложный импульс; паразитный импульс
~, **fester** неподвижный импульс
~, **flächengleicher** импульс с плоской вершиной
~, **fremderregter** импульс, возникающий от постороннего возбуждения
~ **für Wahl der Stellung** позиционный импульс (*определяет положение отдельного разряда*)
~, **gerichteter** импульс определённой полярности
~, **geträgerter** импульс с высокочастотным заполнением, импульс несущей частоты
~, **gewobbelter** качающийся импульс
~, **gezackter** зубчатый импульс
~, **hinlaufender** зондирующий импульс
~, **kurzer [kurzzeitiger]** импульс малой длительности, короткий импульс
~, **langdauernder** импульс большой длительности, длинный импульс
~ **mit eingesägtem Gipfel** 1. синхронизирующий импульс полей с «вырезками» двойной частоты строк 2. зубчатый импульс
~ **mit langer Laufzeit** импульс с большим временем задержки
~ **ohne Dachabfall** импульс с плоской вершиной
~, **rechteckiger [rechteckwellenförmiger]** прямоугольный импульс
~, **scharfer** острый импульс
~, **schmaler** узкий [короткий] импульс
~, **steil ansteigender** импульс с крутым фронтом
~, **unechter** ложный импульс; паразитный импульс
~, **ungeträgerter** импульс без высокочастотного заполнения
~, **verschliffener** импульс со сглаженными фронтом и срезом
Impuls... импульсный
Impulsabfall m спад импульса
Impulsabfallzeit f время спада импульса; длительность среза импульса
Impulsabflächung f уплощение импульса
Impulsabklingzeit f время затухания импульса
Impulsableitung f 1. выделение импульсов 2. формирование импульсов (*из синусоидальных колебаний*)
Impulsablesung f отсчёт импульсов
Impulsabnehmer m приёмник импульсов
Impulsabscheidestufe f *тлв* каскад разделения (синхронизирующих) импульсов
Impulsabstand m межимпульсный интервал
Impulsabstandskodierung f импульсно-временное кодирование

Impulsabstandsmeßanordnung f, **Impulsabstandsmesser** m импульсный дальномер
Impulsabstandsverfahren n импульсный метод телеизмерений
Impulsabstrahlung f излучение импульсов
Impulsabtrenner m селектор импульсов
Impulsabtrennung f селекция [выделение] (синхронизирующих) импульсов
Impulsamplitude f амплитуда импульса
Impulsamplituden... см. тж **Impulshöhen...**
Impulsamplitudenanalysator m амплитудный анализатор импульсов
Impulsamplitudenauflösung f амплитудное разрешение импульсов
Impulsamplitudenmodulation f амплитудно-импульсная модуляция, АИМ
Impulsamplitudenregler m регулятор амплитуды импульсов
Impulsamplitudenspektrum n спектр амплитуд импульсов
Impulsamplitudenverteilung f распределение амплитуд импульсов
Impulsamplitudenwähler m амплитудный селектор импульсов
Impulsanalysator m (амплитудный) анализатор импульсов
Impulsankunft f поступление импульсов
Impulsanlage f импульсная установка
Impulsanregung f 1. импульсное возбуждение 2. импульсная накачка (лазера)
Impulsanstieg m нарастание импульса
Impulsanstiegszeit f время нарастания импульса; длительность фронта импульса
Impulsanteil m составляющая импульса
Impulsantwort f реакция на импульсное воздействие
Impulsanzahl f число импульсов
Impulsarbeit f импульсный режим
impulsartig импульсный
Impulsaufladung f импульсный заряд
Impulsaufweitung f уширение [растяжение] импульса
Impulsaufzeichnung f запись [регистрация] импульсов
Impulsaufzeichnungsdichte f плотность записи импульсов
Impulsausbleiben n выпадение импульсов; отсутствие импульсов
Impulsausblendung f 1. гашение импульсами 2. выделение импульсов
Impulsausbreitungsgeschwindigkeit f скорость распространения импульсов
Impulsausfallrate f частота пропусков импульсов
Impulsausgang m импульсный выход
Impulsausgangsleistung f выходная импульсная мощность
Impulsauslauf m растянутый срез импульса
Impulsauslösung f 1. импульсный запуск (спусковой схемы) 2. выделение импульсов
Impulsausnutzungsbeiwert m, **Impulsausnutzungszahl** f коэффициент использования импульсов
Impulsaussendung f 1. излучение импульсов 2. рлк зондирование импульсами
Impulsaussteuerung f импульсная модуляция

Impulsaustaststufe f тлв 1. каскад формирования или усиления гасящих импульсов 2. каскад формирования или усиления запирающих импульсов
Impulsaustausch m фтт обмен импульсами; передача момента количества движения (кристаллической решётке)
Impulsauswahl f селекция импульсов
Impulsband n полоса частот [спектр] импульса
Impulsbasis f основание импульса
Impulsbeanspruchung f импульсная нагрузка
Impulsbedingung f импульсный режим
Impulsbefehl m импульсная команда
Impulsbeginn m начало импульса
Impulsbegrenzer m ограничитель (амплитуды) импульсов
Impulsbegrenzungsmaß n уровень ограничения (амплитуды) импульсов
Impulsbeitrag m приращение [увеличение] импульса
Impulsbelastbarkeit f допустимая импульсная нагрузка (напр. катода)
Impulsbelastung f импульсная нагрузка
Impulsbereich m диапазон (изменения) импульсов
Impulsbeschallung f облучение импульсами
Impulsbeschneidung f ограничение импульсов
Impulsbestrahlung f облучение импульсами
Impulsbetrieb m импульсный режим
Impulsbilanz f фтт сохранение импульса
Impulsbild n 1. форма импульса 2. изображение импульса
Impulsbildner m формирователь импульсов
Impulsbildumformer m импульсный ЭОП
Impulsbildung f формирование импульсов
Impulsbildwandler m импульсный ЭОП
Impulsbreite f ширина импульса
Impulsbreiten-Amplitudenumsetzer m см. **Impulsbreiten-Impulshöhen-Wandler**
Impulsbreitenbegrenzung f ограничение ширины импульса
Impulsbreitengeber m время-импульсный датчик
Impulsbreiten-Impulshöhen-Wandler m преобразователь длительности импульса в амплитуду
Impulsbreitenmodulation f см. **Impulsdauermodulation**
Impulsbreitenregler m регулятор ширины импульсов
Impulsbreitensteuerung f регулировка ширины импульсов
Impulsbreitenverhältnis n 1. скважность импульсов 2. тлг коэффициент заполнения
Impulsbündel n серия [пачка] импульсов; последовательность импульсов
Impulscharakteristik f импульсная характеристика
Impulsdach n плоская часть (прямоугольного) импульса
Impulsdachabfall m наклон плоской части (прямоугольного) импульса
Impulsdachschräge f перекос плоской части (прямоугольного) импульса
Impulsdachunregelmäßigkeit f неравномерность плоской части (прямоугольного) импульса

Impulsdarstellung f изображение [представление] импульса
Impulsdaten pl параметры импульса
Impulsdauer f длительность импульса
Impulsdauergeber m время-импульсный датчик
Impulsdauermodulation f широтно-импульсная модуляция, ШИМ
Impulsdauerschalter m переключатель длительности импульсов
Impulsdauerstreuung f разброс импульсов по длительности
Impulsdauerverfahren n время-импульсный метод
Impulsdauerverzerrung f искажение длительности импульса
Impulsdehner m расширитель импульсов
Impulsdehnung f расширение импульса
Impulsdeltamodulation f импульсная дельта-модуляция
Impulsdichte f 1. плотность импульсов 2. число импульсов в секунду
Impulsdifferenzbildung f образование импульсов дифференцированием
Impulsdiskriminator m дискриминатор импульсов
Impuls-Doppler-Radar(gerät) n импульсная доплеровская РЛС
Impulsdurchgang m прохождение импульсов
Impulsdurchschnittsleistung f средняя мощность в импульсном режиме
Impulse m pl импульсы (см. тж **Impuls**)
~, **abwechselnd positive und negative** импульсы чередующейся полярности
~, **bipolare** биполярные импульсы
~, **mäanderförmige** симметричные прямоугольные импульсы
~, **regelmäßige** регулярная последовательность импульсов
~, **unipolaren** однополярные импульсы
Impulsecholotverfahren n см. **Impulsechoverfahren**
Impulsechospannung f напряжение отражённых импульсов
Impulsechoverfahren n способ [метод] отражённых импульсов
Impulseinblendung f (постепенное) введение импульсов
Impulseinfallen n поступление импульсов
Impulseingang m импульсный вход
Impulseinsatz m введение [ввод] импульсов
Impulseinsteuerung f импульсное управление
Impulseinwirkung f импульсное воздействие
Impulselement n импульсный элемент
Impulsemission f импульсная эмиссия
Impulsempfang m импульсный приём
Impulsempfänger m приёмник импульсных сигналов, импульсный приёмник
Impulsenergie f энергия импульса, энергия в импульсе
Impulsentnahme f 1. съём [снятие] импульсов 2. отбор импульсов
Impulsentschlüsselung f декодирование импульсов
Impulsentzerrung f коррекция (формы) импульсов
Impulserneuerung f регенерация импульсов
Impulserzeuger m см. **Impulsgenerator**

Impulserzeugung f 1. генерирование импульсов 2. формирование импульсов
~, **direkte** автогенерирование импульсов
Impulserzeugungseinrichtung f см. **Impulserzeuger**
Impulsfächer m веер импульсов, импульсный веер
Impulsfahrplan m диаграмма импульсов (в разных точках схемы)
Impulsfeder f импульсный контакт
Impulsfernmeßsystem n импульсная телеметрическая система
Impulsfernzähler m дистанционный счётчик импульсов
Impulsfläche f, **Impulsflächeninhalt** m площадь импульса
Impulsflanke f фронт или срез импульса
~, **verschliffene** сглаженный [перекошенный] фронт импульса; сглаженный [перекошенный] срез импульса
Impulsflankenverformung f искажение фронта или среза импульса
Impulsflimmern n мелькание импульсов
Impulsfolge f последовательность [серия, ряд] импульсов, импульсная последовательность
~, **gestaffelte** последовательность импульсов, разбитая на группы
~, **starre** неизменная [фиксированная] последовательность импульсов
Impulsfolgefrequenz f частота повторения импульсов
Impulsfolgefrequenzteilung f деление частоты повторения импульсов
Impulsfolgegeber m датчик последовательности импульсов
Impulsfolgegenerator m генератор последовательности импульсов
Impulsfolgegrad m см. **Impulsfolgefrequenz**
Impulsfolgeperiode f период повторения импульсов
Impulsfolgeschaltung f схема формирования серии импульсов
Impulsfolgeselektion f селекция по частоте повторения импульсов
Impulsfolgeverfahren n метод повторения импульсов
Impulsfolgezeit f период повторения импульсов
Impulsform f форма импульса
impulsformend формирующий импульсы
Impulsformer m формирователь импульсов
Impulsformerschaltung f схема формирования импульсов
Impulsformgebung f, **Impulsformierung** f формирование импульсов
impulsförmig импульсный
Impulsformkorrektur f коррекция формы импульса
Impulsformtreue f неискажённость формы импульса
Impulsfortpflanzung f распространение импульсов
Impulsfrequenz f частота (повторения) импульсов
Impulsfrequenzabstimmung f импульсная (авто)подстройка частоты

Impulsfrequenzempfänger m приёмник частотно-импульсных сигналов
Impulsfrequenzfernmeßsystem n частотно-импульсная телеметрическая система
Impulsfrequenz-Fernmeßverfahren n частотно-импульсный метод телеизмерения
Impulsfrequenzmesser m импульсный частотомер
Impulsfrequenzmessung f измерение частоты импульсов
Impulsfrequenzmodulation f частотно-импульсная модуляция, ЧИМ
impulsfrequenzmoduliert с частотно-импульсной модуляцией
Impulsfrequenzsteuerung f управление частотой следования импульсов
Impulsfrequenzteiler m делитель частоты импульсов
Impulsfront f фронт импульса
~, **verschliffener** сглаженный [перекошенный] фронт импульса
Impulsfrontaufbau m нарастание фронта импульса
Impulsfrontsteilheit f крутизна фронта импульса
Impulsfunkbake f импульсный радиомаяк
Impulsfunkhöhenmesser m импульсный радиовысотомер
Impulsfunknavigation f импульсная радионавигация
Impulsfunkpeiler m импульсный радиопеленгатор
Impulsfunkübertragung f импульсная радиосвязь
Impulsgabe f подача импульсов
Impulsgaslaser m импульсный газовый лазер
Impulsgatter n 1. импульсный вентиль 2. стробирующая схема 3. стробирующий импульс
Impulsgeber m датчик импульсов
~, **fotoelektrischer [lichtelektrischer]** фотоимпульсный датчик
Impulsgeberzähler m счётчик импульсов датчика
Impulsgebung f подача импульсов
Impulsgenerator m генератор импульсов, ГИ, импульсный генератор, ИГ
~, **selbständiger** импульсный автогенератор
~, **speisender** задающий генератор импульсов
~, **unselbständiger** генератор импульсов с внешним запуском
Impulsgeräusch n импульсная помеха
Impulsgeschwindigkeit f скорость распространения импульсов
impulsgesteuert с импульсным управлением
impulsgetastet с импульсной манипуляцией
Impulsglättung f сглаживание импульсов
Impulsgleichartigkeit f однородность импульсов
Impulsgleichrichter m импульсный выпрямитель
Impulsglied n импульсный элемент
Impulsgröße f величина импульса
Impulsgruppe f группа [пакет, пачка] импульсов
Impulsgruppenfrequenz f 1. частота повторения групп импульсов 2. *тлв* частота кадровых импульсов
Impulsgruppenkodierung f импульсно-групповое кодирование
Impulsgruppenselektor m селектор групп импульсов

Impulshalbierungsschaltung f схема деления частоты импульсов на два
Impulshäufigkeit f частота (повторения) импульсов
Impulshäufigkeitsmodulation f частотно-импульсная модуляция, ЧИМ
Impulsherstellungsteil m секция [блок] формирования импульсов
Impulshinterflanke f срез импульса
Impulshochspannungsgenerator m высоковольтный импульсный генератор
Impulshöchstspannung f максимальное импульсное напряжение
Impulshochtastgerät n быстродействующий импульсный манипулятор
Impulshöhe f амплитуда импульса
Impulshöhen... *см. тж* **Impulsamplituden...**
Impulshöhenbereich m динамический диапазон импульсов
Impulshöhendiskriminator m амплитудный дискриминатор импульсов
Impulshöhenmesser m 1. импульсный высотомер 2. пиковый (измерительный) прибор
Impulshöhenselektor m амплитудный селектор импульсов
Impulshologramm n импульсная голограмма
Impulshub m размах [амплитуда] импульса
Impulshyperbelverfahren n импульсная гиперболическая (*разностно-дальномерная*) (радио)навигационная система
Impulsinformation f информация, содержащаяся в импульсе
Impulsinstabilität f дрожание импульсов
Impulsintegration f интегрирование импульсов
Impulsintensität f 1. *см.* **Impulshub** 2. действующее значение мощности импульса
Impulsintervall n межимпульсный интервал
Impulsionisation f импульсная ионизация
impulsiv импульсный
Impulskamm m *тлф* импульсная зубчатка
Impulskanal m импульсный канал
Impulskennlinie f импульсная характеристика
Impulskennzeichen n 1. импульсная отметка 2. импульсный станционный код(овый знак)
Impulskipp m мультивибратор
~, **geschlossener** ждущий мультивибратор
Impulsklystron n клистрон импульсного действия
Impulskode m импульсный код
Impulskodefernmeßsystem n кодово-импульсная телеметрическая система
Impulskodefernmessung f кодово-импульсное телеизмерение
Impulskodegruppe f кодовая группа импульсов
Impulskodemodulation f импульсно-кодовая модуляция, ИКМ
~, **differentielle** дифференциальная импульсно-кодовая модуляция, ДИКМ
~, **zweidimensionale** двухмерная импульсно-кодовая модуляция, двухмерная ИКМ
Impulskoderöhre f кодирующая ЭЛТ
Impulskodesystem n импульсно-кодовая система
Impulskodeverfahren n метод импульсно-кодовой модуляции, метод ИКМ
Impulskodierung f импульсное кодирование
Impulskoinzidenz f совпадение импульсов

Impulskomponente f составляющая импульса
Impulskompression f сжатие импульсов
Impulskompressionstechnik f метод [техника] сжатия импульсов
Impulskompressor m компрессор [устройство сжатия] импульсов
Impulskontraktion f сжатие импульсов
Impulskontrolle f, **rückwärtige** контроль методом посылки обратных импульсов
Impulskopf m импульсная головка
Impulskorrektor m корректор формы импульсов
Impulskorrelator m импульсный коррелятор
Impulskreis m импульсная цепь
Impulskuppe f вершина импульса
Impulslagemodulation f фазово-импульсная модуляция, ФИМ
Impulslandungssystem n нвг импульсная система посадки
Impulslänge f ширина импульса
Impulslängengeber m широтно-импульсный датчик
Impulslängenminderung f сжатие [уменьшение] ширины импульса
Impulslängenmodulation f широтно-импульсная модуляция, ШИМ
Impulslängenmodulator m широтно-импульсный модулятор
Impulslaser m импульсный лазер
Impuls-Laseremission f излучение импульсного лазера
Impuls-Lasergerät n импульсная лазерная установка
Impulslaserholografie f голография с импульсными лазерами
Impuls-Laser-Radar m импульсный лазерный локатор, импульсный лидар
Impulslauffrequenz f частота повторения импульсов
Impulslaufgeschwindigkeit f скорость распространения импульса
Impulslaufzeitdifferenzmethode f рлк импульсный метод измерения дальности
Impulsleistung f импульсная мощность
Impulsleistungsgenerator m мощный импульсный генератор
Impulsleistungsverhältnis n коэффициент заполнения (*отношение длительности импульса к периоду следования*)
Impulsleitstrahl m рлк луч наведения
Impulsleitung f импульсная линия
Impulslichtquelle f импульсный источник света
Impulslösung f 1. разделение импульсов 2. выделение импульсов
Impulslöten n импульсная пайка
Impulslücke f 1. пробел в импульсной последовательности 2. межимпульсный интервал
Impulslupe f импульсная лупа (*для осциллографического исследования импульсов*)
Impulsmagnetisierung f импульсное намагничивание
Impulsmagnetron n магнетрон импульсного действия
Impulsmerkmal n признак импульса
Impulsmesser m 1. амплитудный [пиковый] прибор 2. измеритель числа импульсов 3. прибор для измерения параметров импульсов
Impulsmeßverfahren n импульсный метод измерений
Impulsmischer m, **Impulsmischgerät** n смеситель импульсов
Impulsmischstufe f каскад смешения импульсов
Impulsmischung f смешение импульсов
Impulsmitteln n усреднение импульсов
Impulsmodulation f импульсная модуляция
~, **rechteckigförmige** модуляция прямоугольными импульсами
Impulsmodulationsaufzeichnung f метод записи, основанный на импульсной модуляции (*сигналов*)
Impulsmodulationshöhenmesser m высотомер с импульсной модуляцией
Impulsmodulationssystem n система импульсной модуляции
Impulsmodulator m импульсный модулятор
impulsmoduliert модулированный импульсами
Impulsmoment n момент импульса
Impulsmultiplexmodulationssystem n многоканальная система с импульсной модуляцией
Impulsmustergeber m тлв импульсный датчик испытательного сигнала
Impulsnavigationsradarsystem n импульсная радионавигационная система
Impulsoszillograf m, **Impulsoszilloskop** n скоростной импульсный осциллограф
Impulspaar n 1. импульс-пара 2. двойной импульс 3. пара импульсов различной полярности
Impulspaket n пакет [пачка] импульсов
Impulspause f межимпульсный интервал
Impulspausenverhältnis n скважность импульсов
Impulspausenzerstreuung f разброс межимпульсного интервала
Impulspeilanlage f импульсная пеленгаторная установка
Impulsperiode f период (повторения) импульсов
Impulsphase f фаза импульса
Impulsphasendetektor m импульсно-фазовый детектор
Impulsphasenlage f фаза импульса
Impulsphasenmodulation f фазово-импульсная модуляция, ФИМ
Impulsplan m эпюра импульсов
Impulsplatte f тлв сигнальная пластина
Impulspolarität f полярность импульса
Impulsprüfung f испытание импульсным сигналом
Impulspumpen n импульсная накачка
Impulsquelle f 1. источник [датчик] импульсов 2. импульсная
Impulsradar n импульсная РЛС
Impulsradarverfahren n импульсная радиолокация
Impulsrahmen m цикл (временно́го объединения) цифровых сигналов
Impulsrate f частота (повторения) импульсов
Impulsratenzähler m счётчик импульсов
Impulsraum m пространство импульсов
Impulsrauschen n импульсные шумы
Impulsreaktion f реакция на импульсное воздействие

Impulsrechnen *n* счёт импульсов
Impulsreflexion *f* отражение импульсов
Impulsreflexionsgerät *n* импульсный радиолокационный прибор
Impulsreflexionsverfahren *n* метод отражённых импульсов
Impulsregelung *f* импульсное регулирование
Impulsregenerierschaltung *f* схема восстановления [регенерации] импульсов
Impulsregenerierung *f* восстановление [регенерация] импульсов
Impulsreihe *f см.* **Impulsfolge**
Impulsreihenergänzungsverfahren *n* телеуправление по методу дополнения импульсного ряда
Impulsreihenfolge *f см.* **Impulsfolge**
Impulsreihengenerator *m* генератор последовательности импульсов
Impulsreihenlaser *m* лазер, генерирующий последовательность импульсов
Impulsrelais *n* импульсное реле
Impulsringüberträger *m* импульсный кольцевой трансформатор
Impulsrohr *n* импульсная трубка
Impulsröhre *f* импульсная лампа
Impulsröhrenvoltmeter *n* импульсный [амплитудный, пиковый] ламповый вольтметр
Impulsröntgenlithografie *f* импульсная рентгенолитография
Impulsrückflanke *f* срез импульса
Impulsrückstrahlverfahren *n* метод отражённых импульсов
Impulssatz *m* пачка [пакет] импульсов
Impulsschall *m* импульсный звук; импульсный ультразвук
Impulsschalter *m* импульсный переключатель
Impulsschaltsystem *n* импульсная система переключения
Impulsschaltung *f* 1. импульсная схема 2. схема [контур] ударного возбуждения
Impulsschaltverhältnis *n* скважность импульсов
Impulsscheitelwert *m* амплитуда импульса
Impulsschnellschalter *m* быстродействующий импульсный переключатель
Impulsschreiber *m* регистратор импульсов
Impulsschrift *f* импульсная запись
Impulsschwanz *m* растянутый срез импульса, *проф.* «хвост» импульса
Impulssendeleistung *f* излучаемая импульсная мощность
Impulssender *m* импульсный (радио)передатчик
Impulssendetechnik *f* техника импульсной передачи
Impulssendung *f* 1. посылка импульсов; импульсная передача 2. *рлк* зондирование импульсами
Impulsserie *f* серия импульсов
Impulssichtgerät *n* визуальный индикатор импульсов
Impulssieb *n* импульсный фильтр
Impulssignaltransformator *m,* **anpassender** импульсный согласующий трансформатор
Impulsspaltung *f* расщепление импульсов
Impulsspannung *f* импульсное напряжение
Impulsspannungsspitze *f* пик импульсного напряжения

Impulsspannungsstabilisator *m* импульсный стабилизатор напряжения
Impulsspeicher *m* 1. накопитель импульсов 2. устройство для запоминания (числа) импульсов
Impulsspeichersystem *n* система накопления импульсов
Impulsspeicherung *f* накопление импульсов
Impulsspektralfunktion *f* спектральная функция импульса
Impulsspektrum *n* спектр импульса
Impulssperre *f,* **Impulssperrkreis** *m* 1. схема (импульсного) стробирования 2. схема запирания импульсов
Impulssperrspannung *f* импульсное запирающее напряжение
Impulsspitze *f* пик [вершина] импульса
Impulsspitzenleistung *f* максимальная импульсная мощность
Impulsspitzenwert *m* пиковое значение импульса
Impulsstabilisation *f* импульсная стабилизация
Impulsstärke *f* интенсивность импульса
Impulssteigungsmodulation *f* модуляция по крутизне наклона (фронта) импульса
Impulssteilheit *f* крутизна (фронта) импульса
Impulsstellung *f* положение импульса
Impulssteuerschaltung *f* схема импульсного управления
Impulssteuerung *f* 1. импульсное управление 2. импульсная модуляция
Impulsstirn *f* фронт импульса
Impulsstörer *m* передатчик импульсных помех
Impulsstörspitze *f* паразитный выброс (*у фронта или среза импульса*)
Impulsstörungen *f pl* импульсные помехи
Impulsstoß *m* импульсный толчок; импульс
Impulsstoßleistung *f* импульсная мощность
Impulsstrahlung *f* импульсное излучение
Impulsstroboskop *n* импульсный стробоскоп
Impulsstromdichte *f* плотность тока в импульсе
Impulsstromkreis *m* цепь импульсного тока
Impulsstrommesser *m* амплитудный [пиковый] амперметр
Impulssummation *f,* **Impulssummierung** *f* суммирование импульсов
Impulssynchronisation *f* импульсная синхронизация
Impulssynchronisiergenerator *m* синхрогенератор
Impulssystem *n* импульсная система
Impulstaktfrequenz *f* частота (повторения) импульсов
Impulstastengeber *m* импульсный манипулятор
Impulstastgerätschalter *m* переключатель [разрядник] импульсного манипулятора
Impulstastung *f* импульсная манипуляция
Impulstastverhältnis *n* 1. скважность импульсов 2. *тлг* коэффициент заполнения
Impulstechnik *f* импульсная техника
Impulsteil *m* импульсная часть (*схемы*); импульсный блок
Impulsteilung *f* деление числа импульсов
Impulsteilungsverhältnis *n* коэффициент деления числа импульсов
Impulstelegrafie *f* кодово-импульсное телеграфирование

Impulstelegrafieschaltung f схема импульсной телеграфии
Impulstelegramm n кодированная группа импульсов
Impulstelegrammverfahren n 1. метод импульсной телеграфии 2. кодово-импульсный способ (телеизмерений)
Impulsthyristor m импульсный тиристор
Impulstor n, **Impulstorschaltung** f 1. стробирующая схема 2. импульсный вентиль
Impulsträger m импульсная несущая
Impulstransistor m импульсный транзистор
Impulstransport m передача импульсов
Impulstrennstufe f 1. каскад разделения импульсов 2. *тлв* каскад выделения синхроимпульсов
Impulstrennung f 1. разделение импульсов 2. *тлв* выделение импульсов 3. интервал между импульсами
Impulstreppe f импульс ступенчатой формы
Impulstriggerung f импульсный запуск
Impulsüberdeckung f перекрытие импульсов
Impulsübergangsfunktion f импульсная переходная функция
Impulsüberschneidung f перекрытие импульсов
Impulsübersicht f схема прохождения импульсов
Impulsübertrager m импульсный трансформатор
Impulsübertragung f импульсная передача
Impulsübertragungstechnik f техника импульсной передачи
Impulsumkehr f изменение полярности импульса
Impulsumrechnungsverfahren n метод пересчёта импульсов
Impulsumschalter m импульсный переключатель
Impulsumsetzer m *см.* **Impulsübertrager**
Impulsumwandlung f преобразование импульсов
Impulsunterdrücker m 1. импульсное пересчётное устройство 2. делитель частоты импульсов
Impulsuntersetzerschaltung f схема деления частоты импульсов
Impulsvektor m вектор импульса
Impulsverbesserung f коррекция формы импульса
Impulsverbreiterung f уширение импульса
Impulsverdichtung f сжатие [уплотнение] импульсов
Impulsverdoppelung f удвоение импульсов
Impulsverfahren n импульсный метод
Impulsverflachung f уплощение импульса
Impulsverformung f искажение формы импульса
Impulsvergleich m сравнение импульсов
Impulsverhalten n импульсная характеристика
Impulsverhältnis n 1. скважность импульсов 2. *тлг* коэффициент заполнения
Impulsverkürzung f укорочение импульса
Impulsverlängerer m расширитель импульсов
Impulsverlängerung f расширение импульса
Impulsverlust m пропуск [потеря] импульса
Impulsverschachtelung f перемежение импульсов
Impulsverschärfung f обострение импульсов
Impulsverschiebung f сдвиг [смещение] импульсов
Impulsverschiebungsmodulation f фазово-импульсная модуляция, ФИМ
Impulsverschlüsselung f импульсное кодирование
Impulsverstärker m импульсный усилитель

Impulsverstärkerteil m блок импульсного усилителя
Impulsverstärkung f усиление импульсов
Impulsversteilerung f увеличение крутизны (*фронтов или срезов*) импульсов
Impulsverstümmelung f *см.* **Impulsverzerrung**
Impulsverteiler m распределитель импульсов
Impulsverteilerkassetten f pl кассетные блоки распределения импульсов
Impulsverteilerschaltung f схема распределения импульсов
Impulsverteilerverstärker m усилитель-распределитель импульсов, УРИ
Impulsverzerrung f искажение (формы) импульсов
Impulsverzögerer m блок задержки импульсов
Impulsverzögerung f задержка импульсов
Impulsverzögerungsglied n звено задержки импульсов
Impulsverzögerungsleitung f линия задержки импульсов
Impulsvorderflanke f фронт импульса
Impulsvorwahl f предыскание импульсами (*постоянного тока*)
Impulswahl f искание импульсами (*постоянного тока*)
Impulswahlsignal n импульсных сигнал набора
Impulswandler m импульсный преобразователь
Impulswechsel m чередование импульсов
Impulsweiche f фильтр (для) разделения импульсов
Impulsweitemodulation f широтно-импульсная модуляция, ШИМ
Impulsweitergabe f ретрансляция импульсов
Impulswellenformgeber m датчик [генератор] импульсных сигналов
Impulswert m величина импульса
Impulswertanpaßgerät n преобразователь измеряемой величины в импульсы
Impulswertigkeit f число импульсов, пропорциональное измеренному значению
Impulswiedergabe f воспроизведение импульсов
Impulswiederherstellung f восстановление импульсов
Impulswiederholer m повторитель импульсов
Impulswiederholungszeit f период повторения импульсов
Impulswirkung f импульсное воздействие
Impulswirkzeit f время действия импульса
Impulswobbelung f импульсная вобуляция
Impulszahl f число импульсов
Impulszahleinsparung f снижение частоты (повторения) импульсов
Impulszähler m счётчик импульсов
Impulszählfernmeßsystem n импульсно-счётная телеметрическая система
Impulszählkanal m канал счёта импульсов
Impulszählmethode f метод счёта импульсов
Impulszählmodulation f *см.* **Impulskodemodulation**
Impulszählprinzip n 1. принцип счёта импульсов 2. импульсный принцип счёта
Impulszählschaltung f 1. схема счёта импульсов 2. импульсная (пере)счётная схема
Impulszählsystem n импульсно-счётная система

Impulszahlübertragung f передача числа импульсов
Impulszählung f счёт импульсов
Impulszählwerk n 1. счётчик импульсов 2. счётный механизм
Impulszeiger m указатель амплитудных значений импульсов
Impulszeit f 1. длительность импульса 2. время поступления импульса
Impulszeitfernmeßsystem n время-импульсная телеметрическая система
Impulszeitgeber m генератор тактовых импульсов
Impulszeitmodulation f время-импульсная модуляция, ВИМ
Impulszeitverzögerung f (временна́я) задержка импульса
Impulszeitwahl f время-импульсное избирание
Impulszentrale f импульсцентр
Impulszufallsprozeß m импульсный случайный процесс
Impulszug m серия [ряд] импульсов
Impulszusammensetzung f 1. смешение импульсов 2. тлв формирование полного сигнала синхронизации
Impulszweig m импульсный канал; импульсная ветвь устройства
IMS-Basis f базовая информационно-управляющая система
Inäquivalenzelement n элемент отрицания эквивалентности
Inbetriebnahme f ввод в действие; (за)пуск
In-Circuit-Emulation f (внутри)схемная эмуляция
In-Circuit-Emulator m внутрисхемный эмулятор
INCLUSIVE OR англ. включающее ИЛИ (функция, операция, схема, элемент)
Increductor m феррovariometр с насыщаемым сердечником
indefinit неопределённый
Index m 1. индекс; показатель 2. мат. коэффициент 3. вчт индекс; предметный указатель
Indexbezeichnung f индексация
Indexfehler m ошибка индексации
Indexfeld n адресная зона (ЗУ)
Indexierung f индексация
Indexnut f ориентирующий паз (печатной платы)
Indexprofil n профиль (распределения) показателя преломления (в световоде)
Indexpunkt m вчт 1. индексная позиция 2. индексная точка на диске
Indexregister n индексный регистр
Indexröhre f индексный кинескоп
Indexspur f адресная дорожка
Indexstreifen m индикаторная [индексная] полоска (в индексном кинескопе)
Indexstrich m 1. индекс 2. риска
Indiensthaltung f содержание аппаратуры в готовности
Indifferenzkurve f кривая раздела (в пограничном слое)
Indifferenzpunkt m 1. нейтральная [безразличная] точка 2. мат. точка перегиба
Indikation f 1. индикация 2. показание; отсчёт (прибора)

Indikationsabfrage f нвг запрос индикации
Indikationsantwort f нвг ответ индикации
Indikator m 1. индикатор 2. стрелка; указатель (прибора) 3. вчт индикаторный регистр 4. меченый атом, (изотопный) индикатор
~, **radioaktiver** 1. индикатор излучения 2. дозиметр
Indikatorausbeute f эффективность индикации
Indikatoreinstellung f установка индикатора
Indikatorkorrektur f индикаторная поправка
Indikatorleistung f индикаторная мощность
Indikatorröhre f индикаторная трубка
indirekt непрямой, косвенный
Indirektheizung f косвенный подогрев
Indirektheizungskatode f подогревный катод
Indiumperle f таблетка [навеска] индия (для легирования полупроводникового материала)
Indizes m pl крист. индексы
~, **Bravaissche** индексы Бравэ
~ **der Geraden** индексы граней кристалла
Indizier... индикаторный
Indizieren n, **Indizierung** f 1. индексирование; индексация 2. индикация
Induktanz f 1. индуктивность 2. индуктивное сопротивление
Induktanzröhre f реактивная лампа
Induktanzspule f 1. катушка индуктивности 2. дроссельная катушка
Induktion f 1. индукция, индуктирование, наведение 2. электростатическая индукция 3. электромагнитная индукция
~ **durch Telegrafie** телеграфные переходные помехи, телеграфная индукция
~, **elektrische** электрическая индукция
~, **gegenseitige** взаимная индукция
~, **kritische** критическое поле (магнетрона)
~, **magnetische** магнитная индукция
Induktionsbelag m погонная индуктивность
Induktionsbeschleuniger m индукционный ускоритель
Induktionsbrumm m индуктированный фон
Induktionseffekt m эффект индуктирования [наведения]
Induktionseinfluß m индуктивное влияние
Induktionseinheit f единица (измерения) индукции
Induktionserscheinung f явление индукции, индукция
Induktionserwärmungsanlage f установка для индукционного [высокочастотного] нагрева
Induktionsfeld n индуктированное поле
Induktionsferngeber m, **Induktionsfernsender** m индуктивный теледатчик
Induktionsfluß m поток (магнитной) индукции
induktionsfrei безындукционный
Induktionsgeber m индуктивный датчик, индуктивный измерительный преобразователь
induktionsgeschützt защищённый [экранированный] от наводок
Induktionsheizung f индукционный [высокочастотный] нагрев
Induktionsimpuls m индуктированный импульс
Induktionskapazität f ёмкость (катушки) индуктивности

Induktionskern *m* сердечник катушки индуктивности
Induktionskoeffizient *m* коэффициент (само)индукции
Induktionskoerzitivfeldstärke *f*, **Induktionskoerzitivkraft** *f* коэрцитивная сила, определённая по магнитной индукции
Induktionskonstante *f* постоянная индукции, магнитная проницаемость вакуума
Induktionskopf *m* индукционная (магнитная) головка
Induktionskopplung *f* индуктивная связь
Induktionskurve *f* кривая (магнитной) индукции
Induktionslautsprecher *m* индукционный громкоговоритель
Induktionslinie *f* линия индукции
induktionslos безындукционный
Induktionsmagnetkopf *m* индукционная магнитная головка
Induktionsmesser *m* 1. электродинамический измерительный прибор 2. гауссметр
Induktionsrauschen *n* наведённый шум
Induktionsregler *m* индукционный регулятор, «потенциал-регулятор»
Induktionsröhre *f* трубка магнитной индукции
Induktionsrückkopplung *f* индуктивная обратная связь
Induktionsschleife *f* индуктивная петля, индуктивный виток
Induktionsschutz *m* защита от индуктивных наводок
Induktionsspannung *f* наведённое напряжение
Induktionsspule *f* 1. катушка индуктивности 2. индукционная катушка 3. индуктор
Induktionsstoß *m* индуктированный импульс (*напряжения*)
Induktionsstrom *m* наведённый ток
Induktionsverbindung *f* индуктивная связь
Induktionsverlauf *m* 1. изменение индукции (*во времени*) 2. распределение индукции
Induktionsvermögen *n* диэлектрическая проницаемость
Induktionsverzerrung *f* искажение формы кривой (магнитной) индукции
Induktionswiderstand *m* индуктивное сопротивление
Induktionswirkung *f* индуктивное действие, наведение
Induktionszuwachs *m* приращение (магнитной) индукции
induktiv 1. индуктивный 2. индукционный
Induktiv... *см. тж* **Induktions...**
Induktivität *f* 1. индуктивность; коэффициент (само)индукции 2. индуктивность, катушка индуктивности
~, **eingangsseitig parallelgeschaltete** индуктивность, подключённая параллельно входу
~, **konzentrierte [punktförmige]** сосредоточенная индуктивность
~, **punktförmig verteilte** сосредоточенные индуктивности, распределённые группами (*напр. в искусственной линии*)
~, **regelbare [variable]** 1. переменная индуктивность 2. вариометр
~, **verstellbare** регулируемая индуктивность

Induktivitätsabgleich *m*, **Induktivitätsabstimmung** *f* настройка (контура) измерением индуктивности
induktivitätsarm с малой индуктивностью
Induktivitätsbereich *m* диапазон (изменения) индуктивностей
Induktivitätsdekade *f* декадный магазин индуктивностей
Induktivitätseichung *f* калибровка индуктивности
Induktivitätserhöhung *f* увеличение индуктивности (*линии*); пупинизация
Induktivitätsfaktor *m* коэффициент индуктивности
Induktivitätskasten *m* магазин индуктивностей
Induktivitätskonstanz *f* постоянство (значения) индуктивности
Induktivitätsmeßbereich *m* диапазон измерения индуктивности
Induktivitätsmeßbrücke *f* мост для измерения индуктивностей
Induktivitätsmesser *m*, **Induktivitätsmeßgerät** *n* генриметр
Induktivitätsnormal *n* эталон индуктивности
Induktivitätsvariator *m* вариометр
Induktivitätsverhältnis *n* соотношение индуктивностей
Induktivitätswiderstandskopplung *f* индуктивно-резистивная связь
Induktivwahl *f тлф* индуктивный набор
Induktor *m тлф* индуктор
Induktoranruf *m* индукторный вызов
Induktorium *n* индукционная катушка
Induktorunterbrecher *m* индукторный прерыватель
Industrieempfänger *m* радиоприёмник промышленного производства
Industriefernsehanlage *f* промышленная телевизионная установка
Industriefernsehaufnahmekamera *f* (передающая) камера для промышленного телевидения
Industriefernsehempfänger *m* 1. телевизор промышленного производства 2. приёмник для промышленного телевидения
Industriefernsehen *n* промышленное телевидение
Industriekamera *f* камера для промышленного телевидения
Industrielaser *m* промышленный лазер
Industrieroboter *m* промышленный робот
induzieren индуцировать, наводить
Inertgasionenlaser *m* ионный лазер на инертном газе
Inertialnavigationssystem *n* инерциальная система навигации
Inertions... инерционный
infinit-impuls-response *англ.* импульсная характеристика бесконечной длительности, БИХ
Influenz *f* 1. влияние, воздействие 2. (электростатическая) индукция
Influenzeffekt *m* эффект индукции, эффект наведения электрических зарядов
Influenzelektrizität *f* статическое [наведённое] электричество
Influenzkonstante *f* абсолютная диэлектрическая постоянная, диэлектрическая постоянная вакуума

Influenzladung f наведённый заряд
Influenzrauschen n наведённые шумы
Influenzschwingungen f pl наведённые колебания
Influenzspannung f наведённое напряжение
Influenztransistor m, **statischer** транзистор со статической индукцией
Influenzwirkung f индукция, индукционное действие
Informatik f информатика
Information f информация; данные; сведения
~, **abgegebene** переданная информация
~, **alphanumerische** буквенно-цифровая информация
~, **aufgenommene** принятая информация
~, **belanglose** фиктивная информация
~, **binäre** двоичная информация
~, **gespeicherte** накопленная или хранимая информация
~, **gestörte** искажённая информация
~, **hinreichende** достаточная информация
~, **numerische** цифровая или числовая информация
~, **nutzbare** полезная информация
~, **semantische** семантическая информация
~, **verstümmelte** искажённая информация
~, **wissenschaftliche** научная информация
Informationen f pl данные
Informationsabbildung f отображение [представление] информации
Informationsabfrage f, **Informationsablesung** f считывание информации
Informationsabruf m запрос информации
Informationsanlage f информационная система
Informationsaufnahme f 1. съём [отбор] информации 2. восприятие информации (*человеком*)
Informationsaufnahmeleistung f пропускная способность получателя информации
Informationsaufzeichnung f запись информации
Informationsausgabe f выдача информации
Informationsauslesezeit f см. **Informationsauswahlzeit**
Informationsaustausch m обмен информацией
Informationsauswahl f выборка информации
Informationsauswahlleistung f избирательность получателя информации
Informationsauswahlzeit f время выборки информации (*из ЗУ*)
Informationsballast m поисковый шум (*характеристика эффективности информационно-поисковой системы*)
Informationsbank f информационный банк, банк данных
Informationsbearbeitung f обработка информации
Informationsbelag m, **mittler** среднее количество информации на символ
Informationsbild n информационная модель
Informationsbit n информационный бит
Informationsblock m блок информации; блок данных
Informationsdarstellung f представление [отображение] информации
Informationsdichte f плотность информации
Informationsdienst m информационная служба
Informationsdraht m информационный провод, информационная шина

Informationseingabe f ввод данных
Informationseinheit f единица (количества) информации (*напр. бит*)
Informationselektronik f информационная электронная аппаратура
Informationselement n элемент данных
Informationsempfang m приём информации
Informationsempfänger m приёмник информации
Informationsensemble n *инф.* множество сообщений
Informationsentropie f *инф.* информационная энтропия
Informationserfassung f сбор информации; сбор данных
Informationserhältlichkeit f содержание [объём] информации
Informationsermittlung f (количественная) оценка информации
Informationserschließung f обработка информации; восстановление информации
Informationsfluß m поток информации
Informationsfunktion f информационная функция
Informationsgehalt m см. **Informationsinhalt**
Informationsgeschwindigkeit f скорость передачи или поступления информации
Informationsidentifizierung f идентификация информации
Informationsinhalt m количество [объём] информации
~, **mittlerer** среднее количество информации
Informationskanal m информационный канал, канал связи; канал (передачи) данных
Informationskapazität f 1. информационная ёмкость 2. пропускная способность канала (*связи*)
Informationsleitung f информационная шина
Informationslesedraht m провод считывания информации
Informationsmaß n мера информации
Informationsmenge f количество информации
Informations-Meßsystem n информационно-измерительная система
Informationsparameter m информационный параметр, параметр информации
Informationsquantität f количество информации
Informationsquelle f источник информации; источник данных
Informationsrecherchesprache f информационно-поисковый язык, ИПЯ
Informationsreduktion f 1. сокращение (объёма) информации 2. сжатие [уплотнение] информации
Informationsregenerierung f 1. восстановление [регенерация] информации 2. перезапись информации
Informationsregister m информационный регистр
Informationsrepräsentierung f представление информации; представление данных
Informationsrückführungssystem n система с информационной обратной связью
Informationsrückgewinnung f, **Informationsrückspeicherung** f восстановление информации
Informationsrückwirkung f информационная обратная связь
Informationssatz m 1. информационная запись 2. набор [группа] данных

Informationsschreibdraht *m* провод записи информации
Informationssenke *f* приёмник информации; приёмник данных
Informationssicherung *f* защита данных
Informationssignalverflechtung *f* мультиплексирование данных
Informationsspeicher *m*, **Informationsspeichereinrichtung** *f* ЗУ (для хранения) информации *или* данных
Informationsspeicherung *f* хранение [запоминание] информации *или* данных
Informationsspur *f* информационная дорожка
Informationsstrahl *m* гол. объектный луч
Informationsstrom *m* поток информации
Informationssystem *n* информационная система
Informationstechnik *f* информатика
Informationstheorie *f* теория информации
Informationsträchtigkeit *f* интенсивность потока информации; плотность данных
Informationsträger *m* носитель информации
Informationsträgerstrahl *m* гол. объектный луч
Informationstransport *m*, **Informationsübermittlung** *f* см. **Informationsübertragung**
Informationsüberschuß *m* избыточность информации
Informationsübertragung *f* передача информации; передача данных
Informationsübertragungskanal *m* канал передачи информации; канал передачи данных
Informationsumarbeitungssystem *n* система преобразования информации
Informationsumfang *m* объём информации
Informationsumsetzung *f*, **Informationsumwandlung** *f* преобразование информации
Informationsverarbeitung *f* обработка информации
Informationsverdichtung *f* уплотнение информации
Informationsverlauf *m* обработка информации
Informationsverlust *m* потеря информации
Informationsverringerung *f* сжатие информации
Informationsverteilung *f* распределение информации
Informationsverzerrung *f* искажение информации
Informationsvolumen *n* объём информации
Informationsvorrat *n* 1. запас информации 2. число символов
Informationsvorspann *m* заголовок блока информации *или* блока данных
Informationswandler *m* преобразователь информации
Informationsweitergabe *f* (дальнейшая) передача информации
Informationswiederauffindungssystem *n* информационно-поисковая система, ИПС
Informationswiedergabe *f* воспроизведение информации
Informationswiedergewinnung *f* 1. восстановление информации 2. поиск информации, информационный поиск
Informationswort *n* информационное слово; слово данных
Informationszeile *f* тлв строка, несущая информацию

informationszerstörend разрушающий информацию
infraakustisch инфразвуковой
Infrarot *n* см. **Infrarotbereich**
Infrarotabbildung *f* 1. ИК-изображение 2. формирование изображения в ИК-лучах
Infrarotabsorption *f* ИК-поглощение
Infrarotanregung *f* ИК-возбуждение
Infrarotastronomie *f* ИК-астрономия, астрономия в ИК-лучах
Infrarotaufklärung *f* разведка ИК-лучами
Infrarotaufnahme *f* ИК-съёмка
Infrarotbande *f* полоса ИК-излучения
Infrarotbehandlung *f* обработка ИК-лучами
Infrarotbeobachtungsgerät *n* прибор для наблюдения в ИК-лучах
Infrarotbereich *m* ИК-область спектра, ИК-диапазон (*длин волн*)
~, **ferner entfernter** дальняя ИК-область спектра (0,75—3 мкм)
~, **mittlerer** средняя ИК-область спектра (3—30 мкм)
~, **naher** ближняя ИК-область спектра (30—3000 мкм)
Infrarotbestrahlung *f* облучение ИК-лучами
Infrarotbild *n* ИК-изображение
Infrarotbildröhre *f* трубка для наблюдения в ИК-лучах
Infrarotbildwandler *m* инфракрасный ЭОП, ИК-ЭОП
Infrarotdetektor *m* 1. детектор ИК-излучения 2. приёмник ИК-излучения
infrarotdurchlässig пропускающий ИК-лучи
Infrarotemissionsdiode *f*, **Infrarotemitterdiode** *f* излучающий ИК-диод
Infrarotempfänger *m* приёмник ИК-излучения
Infrarotempfindlichkeit *f* чувствительность к ИК-лучам
Infrarotfernbedienung *f* см. **Infrarotfernsteuerung**
Infrarotfernsehen *n* телевидение в ИК-лучах, ИК-телевидение
Infrarotfernsteuerung *f* дистанционное управление ИК-лучами
Infrarotfilter *n* ИК-светофильтр
Infrarotfotografie *f* 1. фотографирование в ИК-лучах 2. фотоснимок, полученный в ИК-лучах
Infrarotfotozelle *f* ИК-фотоэлемент
Infrarot-Fourier-Spektrometer *m* спектрометр Фурье ИК-диапазона
Infrarotfrequenzbereich *m* диапазон частот ИК-излучения
Infrarotgebiet *n* см. **Infrarotbereich**
Infrarotgrenze *f* порог [граница] частот ИК-излучения
Infrarotholografie *f* ИК-голография
Infrarothologramm *n* ИК-голограмма
Infrarotimpuls *m* импульс ИК-излучения
Infrarotkamera *f* тепловизионная камера (*в ИК-диапазоне*)
Infrarotkopf *m* ИК-головка самонаведения
Infrarotkryoelektronik *f* криоэлектроника ИК-диапазона
Infrarotlampe *f* ИК-лампа
Infrarotlaser *m* лазер ИК-диапазона, ИК-лазер, иразер
Infrarotlicht *n* ИК-излучение

Infrarotlicht *n* ИК-излучение
Infrarotlöschung *f* **der Fotoleitfähigkeit** инфракрасное тушение фотопроводимости
Infrarotnachtsehgerät *n* ИК-прибор ночного ви́дения, ИК-ПНВ
Infrarotortung *f* ИК-локация
Infrarotpeilgerät *n* ИК-пеленгатор
Infrarotprojektilsucher *m* ИК-прибор обнаружения снарядов ракет
Infrarotradar *n* оптический локатор ИК-диапазона, ИК-локатор
Infrarot-Resistron-Fernsehaufnahmeröhre *f* ИК-видикон
Infrarotschicht *f* (фотографический) слой, чувствительный к ИК-лучам
Infrarotschwarzfilter *n* чёрный светофильтр, пропускающий ИК-лучи
Infrarotsehen *n* ви́дение в ИК-лучах
Infrarotspektroskopie *f* ИК-спектроскопия
Infrarotspektrum *n* ИК-спектр
Infrarotstrahlen *n pl* ИК-лучи
Infrarotstrahler *m* ИК-излучатель
Infrarotstrahlungsquelle *f* источник ИК-излучения, ИК-источник
Infrarotsuchsystem *n* ИК-система самонаведения
Infrarottechnik *f* ИК-техника
Infrarotvidikon *n* ИК-видикон
Infrarotwandler *m* инфракрасный ЭОП, ИК-ЭОП
Infrarotwärmestrahlen *m pl* ИК-лучи
Infrarotzielsuchkopf *m см.* **Infrarotkopf**
Infrarot-zu-sichtbar-Wandler *m* преобразователь ИК-излучения в видимое
Infraschall *m* инфразвук, ИЗ
Infraschallfrequenz *f* 1. инфразвуковая частота (*менее 16 Гц*) 2. *тлг* подтональная частота
Infraschallgebiet *n* инфразвуковая область, инфразвуковой диапазон (частот)
infraschwarz *тлв* чернее чёрного
Infraschwarzkörper *m* (абсолютно) чёрное тело, полный излучатель
Infrastruktur *f* инфраструктура
Inf-System *n* информационная система
Ingangsetzen *n* 1. запуск 2. наладка
Ingenieurakustik *f* инженерная [техническая] акустика
Ingenieurpsychologie *f* инженерная психология
Ingot *n крист.* слиток; выращенный кристалл; буля
Inhaber *m* абонент
~ **mehrerer Anschlüsse** абонент с несколькими линиями
~ **eines Nebenanschlusses** абонент с добавочным аппаратом
Inhalt *m* 1. содержание; содержимое 2. объём, ёмкость 3. *мат.* площадь
Inhibitdraht *m вчт* шина [провод] запрета
Inhibitimpuls *m* импульс запрета
Inhibition *f* 1. торможение, задерживание 2. *вчт* запрет, запрещение 3. *микр.* ингибирование
Inhibitleitung *f* шина запрета
Inhibitor *m* 1. *вчт* схема запрета 2. *микр.* ингибитор
Inhibitstrom *m* ток запрета
Inhomogenität *f* неоднородность

Inhomogenitätskorrektion *f* коррекция неоднородности
Initialisieren *n*, **Initialisierung** *f* инициализация, приведение в исходное состояние
Initialladung *f* инициирующий заряд
Initiallast *f* начальная нагрузка
Initialwelle *f* исходная волна
Initialzustand *m* начальное состояние
Initiation *f* инициирование; возбуждение
Initiator *m* 1. датчик инициирующих сигналов, инициатор 2. бесконтактный датчик
Injektion *f* 1. инжекция (*носителей заряда*) 2. подача сигнала
~, **laterale** продольная инжекция
~, **schwache** слабая инжекция
~, **starke** сильная инжекция
~, **vertikale** вертикальная инжекция
Injektionsebene *f* поверхность инжекции
Injektionselektrode *f* 1. инжекционный электрод 2. инжектор (*электрод спейсистора*)
Injektionselektrolumineszenz *f* инжекционная электролюминесценция
Injektionsenergie *f* энергия инжекции
Injektionsfeldeffekt *m* инжекционно-полевой эффект
Injektionsfeldeffekttransistor *m*, **Injektions-FET** *m* инжекционно-полевой транзистор
Injektionsfläche *f* инжектирующая поверхность
Injektionsfotodiode *f* инжекционный фотодиод
Injektionskopplung *f* инжекционная связь
Injektionslaser *m* инжекционный лазер
~ **mit Heteroübergang** инжекционный гетеролазер
~ **mit pn-Übergang** инжекционный лазер на $p-n$-переходе
Injektionslaufzeitdiode *f* инжекционно-пролётный диод
Injektionslichtquelle *f* инжекционный источник света
Injektionslogik *f* инжекционная логика, логические схемы с инжекционным питанием
~, **isoplanar integrierte** изопланарные И^{2}Л-схемы
~, **Schottky integrierte** И^{2}Л-схемы с диодами Шотки
~, **vertikale** И^{2}Л-схемы с вертикальными инжекторами
Injektionslumineszenz *f* инжекционная люминесценция
Injektionslumineszenzdiode *f* инжекционный люминесцентный диод
Injektionslumineszenzdisplay *n* инжекционный люминесцентный дисплей
Injektionsniveau *n* уровень инжекции
Injektionsrauschen *n* шумы инжекции
Injektionsstärke *f* уровень инжекции
Injektionsstelle *f* точка инжекции
Injektionsstrom *m* инжекционный ток
Injektionssynchronisierung *f* внешняя синхронизация
Injektionswirkungsgrad *m* эффективность инжекции
Injektor *m* инжектор
Injektron *n* инжектрон
injizieren инжектировать, впрыскивать

Inklination f 1. наклон; угол наклона 2. магнитное склонение
Inklinometer n 1. кренометр 2. прибор для измерения магнитного склонения
Inklusion f 1. включение; вкрапление 2. лог. импликация
INKLUSIVE-ODER включающее ИЛИ (функция, операция, схема, элемент)
Inkohärenz f некогерентность
Inkompatibilität f несовместимость
Inkonstanz f непостоянство, нестабильность
Inkrement n 1. коэффициент нарастания, инкремент 2. приращение
Inkrementalrechner m 1. инкрементная ВМ 2. цифровой дифференциальный анализатор, ЦДА
Inkrementalwandler m дискретный датчик (сигналов)
Inkrementierungslogik f инкрементная логика (с прибавлением единицы при каждом обращении)
Inkrementintegrator m инкрементный интегратор
Inkrementrechner m см. **Inkrementalrechner**
in-line англ. 1. встроенный 2. линейный
in-line-Bildröhre f, **in-line-Farbbildröhre** f копланарный кинескоп, цветной кинескоп с планарным расположением (электронных) прожекторов
in-line-Holografie f получение голограмм Габора
in-line-Kanonen f pl копланарные прожекторы
in-line-Röhre f см. **in-line-Bildröhre**
Innenanschluß m внутренний контакт; внутреннее соединение, межсоединение
Innenanschlußstruktur f nn рисунок [структура] межсоединений
Innenanstrich m внутреннее покрытие (ЭЛТ)
Innenantenne f внутренняя [комнатная] антенна; встроенная антенна
Innen-Architektur f внутренняя архитектура (ВМ)
Innenaufnahme f студийная съёмка; студийная передача
Innenbahn f внутренняя орбита
Innenbildkodierung f внутрикадровое кодирование
Innenbondinsel f внутренняя контактная площадка (ИС)
Inneneinsatz m встроенный блок
Inneneinschuß m внутренняя инжекция
Innenerregung f самовозбуждение
Innenfläche f внутренняя поверхность
Innenhalbbildkodierung f внутриполевое кодирование
Innenkapazität f внутренняя или межэлектродная ёмкость
Innenlage f внутренний слой
Innenlautsprecher m встроенный громкоговоритель
Innenleiter m 1. центральная жила (кабеля) 2. внутренний провод
Innenmodulation f внутренняя модуляция
Innenraumausführung f (конструктивное) исполнение для установки в помещении
Innenraumreflexion f отражение в помещениях
Innenrauschen n собственный шум
Innenreflexion f внутреннее отражение

Innenschaltung f схема внутренних соединений
Innentonsäule f колонка для озвучивания помещений
Innenverbindungen f pl внутренние соединения, межсоединения
Innenverbindungsmuster n рисунок межсоединений
Innenverkehr m тлф местная связь
Innenwiderstand m внутреннее сопротивление (источника)
Innerspeicher m см. **Internspeicher**
Innigkeit f **des Kontakts** плотность (прилегания) контакта
In-Ohr-Hörer m телефон, вставляемый в ухо
I-Norm m (телевизионный) стандарт I (стандарт ПАЛ, Великобритания)
Inphasekomponente f синфазная составляющая
Input m 1. вход; ввод 2. входное устройство; устройство ввода 3. входной сигнал
Inputimpedanz f входное полное сопротивление
Inputneuron n входной нейрон, нейрон-датчик
Input-Output-Analyse f анализ взаимосвязей между входными и выходными параметрами
Inputprogramm n вчт программа ввода
Inputstation f устройство ввода
Inputwiderstand m входное сопротивление
in-real-time анг. в реальном (масштабе) времени
In-Reihe-Schaltung f последовательное включение
«**Insat**» «Инсат» (индийский спутник связи)
Insel f микр. островок; площадка
~, **aktive** активный островок
~, **isolierte** изолированный островок
Inselbetrieb m автономная работа
Inselbildung f образование неэмиттирующих островков (на катоде); островковый эффект
Inseleffekt m 1. островковый эффект 2. непропечатка
Inselmodell n, **Mottsches** островковая модель Мотта
Inselstruktur f островковая структура
insert англ. вставка (напр. в запись)
Insertion f 1. ввод 2. вставка; вставление
Insert-Kamera f камера ввода вставок
Insert-Schnitt m зап. монтаж в режиме вставки
Insolationskatode f радиационный катод
Inspektion f проверка; контроль; осмотр
instabil 1. неустойчивый 2. нестабильный
Instabilisierungsstrecke f участок неустойчивости
Instabilität f 1. неустойчивость 2. нестабильность 3. рег. рыскание
Instabilitätsbereich m см. **Instabilitätsgebiet**
Instabilitätsfaktor m коэффициент нестабильности
Instabilitätsgebiet n 1. область неустойчивости 2. область нестабильной работы
Instabilitätskriterium n критерий неустойчивости
Instabilitätspunkt m точка неустойчивости
Instabilitätstheorie f теория неустойчивости
Instabilstruktursystem n структурно-неустойчивая система
Installation f 1. установка; монтаж; размещение; расположение 2. комплекс; оборудование; аппаратура
Installationsleitung f линия (питания) установки

Installationstechnik f технология [техника] монтажа

installieren устанавливать; монтировать; размещать; располагать

Instandhaltung f 1. техническое обслуживание; уход; восстановление работоспособности 2. эксплуатация 3. вчт сопровождение (напр. системы программного обеспечения); ведение (напр. файла)

~, **korrigierende** 1. ремонтное обслуживание 2. вчт корректирующее сопровождение

~, **planmäßig vorbeugende** профилактическое обслуживание, профилактика

Instandhaltungsanforderungen f pl эксплуатационные требования

Instandhaltungsdauer f время [продолжительность] эксплуатации

Instandhaltungsrate f интенсивность восстановления работоспособности; вчт скорость обслуживания

Instandsetzbarkeit f 1. восстанавливаемость; ремонтопригодность; 2. вчт удобство сопровождения (напр. системы программного обеспечения)

Instantaneous-Kompander m компандер мгновенного действия

Instantaneous-Kompandierung f мгновенное компандирование

Instruktion f 1. инструкция 2. вчт команда

Instruktionsabruf m вызов команды

Instruktionsprozessor m процессор (обработки) команд

Instruktionswort n командное слово, команда

Instruktionszeit f время выполнения команды

Instrument n 1. измерительный прибор 2. инструмент

~, **aufzeichnendes** самопишущий прибор, самописец

~, **dynamometrisches** электродинамический (измерительный) прибор

~, **eisengeschirmtes elektrodynamisches** экранированный электродинамический прибор

~, **eisengeschlossenes elektrodynamisches** ферродинамический прибор

~, **eisenloses elektrodynamisches** электродинамический (измерительный) прибор

~, **elektrothermisches** термоэлектрический [тепловой] (измерительный) прибор

~, **versenktes** прибор утопленного типа

Instrumentarium n контрольно-измерительная аппаратура

Instrumentauswertung f показания прибора; оценка показаний прибора

Instrumentbeeinflussung f влияние (внешних условий) на показание прибора

Instrumentenablesung f отсчёт по прибору

Instrumentenauflösung f разрешающая способность прибора

Instrumentenausschlag m отклонение стрелки прибора

Instrumentenbau m приборостроение

Instrumentenblock m 1. блок измерительных приборов 2. приборный отсек

Instrumentenbrett n приборная панель

Instrumentenempfindlichkeit f чувствительность прибора

Instrumentenfehler m инструментальная [приборная] погрешность

Instrumentenfeld n приборная панель

Instrumentenflug m полёт по приборам

Instrumentengenauigkeit f точность прибора

Instrumentengestell n приборная стойка

Instrumentenherstellung f приборостроение

Instrumentenkapsel f приборный контейнер (ракеты)

Instrumentenkonstant f 1. постоянная прибора 2. цена деления (шкалы) прибора

Instrumentenlandeanflug m заход на посадку по приборам

Instrumentenlandeanlage f аппаратура посадки по приборам

Instrumentenlandesystem n система посадки по приборам

Instrumentennebenwiderstand m сопротивление шунта (измерительного) прибора

Instrumentenpaarung f состыковка (измерительных) приборов

Instrumentenpotentiometer n компенсатор [потенциометр] для проверки измерительных приборов

Instrumentensinnbild n, **Instrumentensymbol** n условное обозначение (измерительного) прибора

Instrumententafel f приборная панель

Instrumententeil m приборная [инструментальная] часть

Instrumentenwiderstand m (внутреннее) сопротивление (измерительного) прибора

Instrumentierung f 1. оснащение измерительной аппаратурой 2. контрольно-измерительные приборы, КИП

intakt проф. исправный; кондиционный □ ~ **sein** быть в исправности

Integralabschätzung f интегральная оценка

Integraleinrichtung f интегрирующий блок

Integralglied n интегрирующее звено

Integralkennwert m интегральная характеристика

Integralkondensator m интегрирующий конденсатор

Integralmodus m метод интеграции (потока фотонов для измерения освещённости)

Integraloptikkomponenten f pl компоненты интегральной оптики

Integralschaltung f интегральная схема, ИС

Integralspannung f суммарное напряжение

Integralstromstärke f суммарный ток

Integralverhalten n интегральная [астатическая] характеристика

Integralwert m интегральное значение

Integration f 1. интеграция (схема) 2. накопление (напр. зарядов) 3. мат. интегрирование

~, **extra hohe [extra-largescale]** сверхвысокая степень интеграции

~, **high-density [high-scale]** высокая степень интеграции

~, **hohe [grand-scale]** высокая степень интеграции

INT

~, **komponentische** интеграция на уровне компонентов
~, **large-scale** высокая степень интеграции
~, **medium-scale** средняя степень интеграции
~, **mikrocomputerische** интеграция на уровне микроЭВМ
~, **right-scale** оптимальная степень интеграции
~, **small-scale** низкая степень интеграции
~, **standard-scale** стандартная степень интеграции
~, **super [very] large-scale** *см.* **extra hohe**
Integration-Differentiations-Netzwerk *n* интегрально-дифференцирующая цепь; интегрально-дифференцирующий контур
Integrations... *см. тж* **Integrier...**
Integrationsdichte *f* 1. степень интеграции ИС 2. плотность упаковки ИС
Integrationsebene *f см.* **Integrationsgrad**
Integrationsempfänger *m* приёмник с интегрированием сигналов
Integrationsfilter *n* интегрирующий фильтр
Integrationsgate *n* интегрирующий затвор (*в ПЗС*)
Integrationsgebiet *n* область интегрирования (*информационного заряда в ПЗС*)
Integrationsgrad *m* 1. *микр.* степень интеграции ИС 2. уровень интеграции (*сети связи*)
Integrationskette *f* интегрирующая цепь
Integrationskopf *m* интегрирующая (измерительная) головка
Integrationskorrelator *m* интегрирующий коррелятор
Integrationsniveau *n см.* **Integrationsgrad**
Integrations-RC-Glied *n* интегрирующее RC-звено
Integrationsschaltung *f* 1. интегральная схема, ИС 2. интегрирующая схема
Integrationsstufe *f* интегрирующий каскад
Integrationstechnologie *f* технология изготовления ИС, интегральная технология
Integrationsumsetzer *m* суммирующий преобразователь
Integrationsvorsatz *m* интегрирующая приставка
Integrationszeit *f* 1. время интегрирования 2. время накопления
Integrationszeitkonstante *f* постоянная времени интегрирования
Integrator *m*, **Integratorschaltung** *f* 1. интегрирующее устройство, интегратор 2. интегрирующее звено 3. накопитель
Integrier... *см. тж* **Integrations...**
integrieren 1. интегрировать (*схемы*) 2. накапливать (*напр. заряды*) 3. *мат.* интегрировать
Integrierer *m см.* **Integrator**
Integriergerät *n* интегрирующий прибор, интегратор
Integrierglied *n* интегрирующее звено
Integrierkondensator *m* интегрирующий конденсатор
Integriernetzwerk *n* интегрирующая схема; интегрирующая цепь
integriert интегральный
Integrierung *f см.* **Integration**

INT

Integrierverstärker *m* интегрирующий усилитель
Integrierwerk *n* интегрирующий механизм
Integrierwiderstand *m* сопротивление интегрирующей цепи
Integrierzähler *m* накапливающий счётчик
Integrität *f* целостность
~ **des Layouts** целостность топологии (*ИС*); целостность рисунка печатной платы
intelligent интеллектуальный, «разумный»; с развитой логикой; программируемый
Intelligenz *f* 1. интеллект 2. развитые логические функции
~, **künstliche** искусственный интеллект
~, **verteilte** распределённый (искусственный) интеллект
Intelsat *англ.* 1. корпорация ИНТЕЛСАТ 2. спутник (системы) ИНТЕЛСАТ
Intension *f лог.* содержание (*понятия*), интенция
Intensität *f* 1. интенсивность 2. напряжённость (*поля*) 3. *тлв* яркость
~, **gebeugte** интенсивность дифрагированного (пучка) света
~, **magnetische** напряжённость магнитного поля
~ **der Magnetisierung** намагниченность
Intensitätsbegrenzer *m* ограничитель интенсивности (*напр. отражённых сигналов*)
Intensitätsfernmeßsystem *n* дистанционная система измерения интенсивности
intensitätsgesteuert модулированный по интенсивности
Intensitätsgröße *f* 1. величина интенсивности 2. величина напряжённости (*поля*)
Intensitätsinterferometer *n* амплитудный интерферометр
Intensitätsmodulation *f* 1. модуляция интенсивности 2. амплитудная модуляция
Intensitätsmodulator *m гол.* (оптический) модулятор интенсивности
intensitätsmoduliert модулированный по интенсивности *или* по яркости
Intensitätsprofil *n* профиль распределения интенсивности
Intensitätspyrometer *n* оптический пирометр
Intensitätsregelung *f тлв* регулировка яркости
Intensitätsrückgang *m* 1. снижение [спадание] интенсивности 2. уменьшение яркости
Intensitäts-Schrift *f* фотографическая сигналограмма переменной плотности
Intensitätsschriftaufzeichnung *f* 1. фотографическая запись переменной плотности 2. фотографическая сигналограмма переменной плотности
Intensitätsschwindzone *f* зона замирания сигнала
Intensitätsstereofonie *f* интенсивностная стереофония (*основана на разности интенсивности звука*)
Intensitätssteuerelektrode *f* управляющий электрод ЭЛТ
Intensitätssteuerung *f см.* **Intensitätsmodulation**
Intensitätsverhältnis *n* 1. соотношение интенсивностей 2. *тлв* яркостный контраст
Intensitätsverlauf *m* 1. изменение интенсивности 2. изменение напряжённости (*поля*) 3. *тлв* изменение яркости

Intensitätsverteilung f 1. распределение интенсивности 2. плотность распределения (*напр. дислокаций*) 3. *тлв.* распределение яркости
Intensiv-Display m 1. полутоновый дисплей 2. дисплей с интенсификацией свечения (*части изображения*)
Interaktion f взаимодействие
interaktiv *вчт* интерактивный, диалоговый
Interaktivbetrieb m интерактивный [диалоговый] режим
Interbandübergang m межзонный переход
Intercarrierbrummen n *тлв* фон, возникающий от перемодуляции выходного каскада при одноканальном приёме звукового сопровождения
Intercarrierempfang m *тлв* одноканальный приём звукового сопровождения
Intercarrier-Fernsehen n *тлв* метод одноканального приёма звукового сопровождения
Intercarrier-Störabstand m *тлв* отношение сигнал/помеха при одноканальном приёме звукового сопровождения
Intercarrier-Ton m *тлв* одноканальное звуковое сопровождение
Intercarrierverfahren n *тлв* метод одноканального приёма звукового сопровождения
Intercom f 1. система внутренней (телефонной) связи 2. переговорное устройство, ПУ
interdigital (встречно-)гребенчатый
Interdigitalfilter n (встречно-)гребенчатый фильтр
Interdigitalleitung f (встречно-)гребенчатая линия (задержки)
Interdigitalstruktur f (встречно-)гребенчатая структура
Interdigitalwandler m гребенчатый преобразователь
Interelektrodenimpedanz f межэлектродное полное сопротивление
Interelektrodenkapazität f межэлектродная ёмкость
Interface n 1. *вчт* интерфейс; устройство сопряжения 2. стык 3. граница раздела; поверхность раздела (*между двумя системами или приборами*) 4. пограничный слой (*между материалами*)
~, **paralleles** параллельный интерфейс
~, **serielles** последовательный интерфейс
Interface-Adapter m интерфейсный адаптер
Interfacebaustein m интерфейсный блок; интерфейс
Interfacebus m шина интерфейса, интерфейсная шина
Interface-Einheit *см.* **Interfacebaustein**
Interfacekontroller m контроллер интерфейса
Interface-Rechenmaschine f интерфейсная [сопрягающая] ВМ
Interfaceschaltkreis m, **Interface-Schaltung** f схема интерфейса; схема сопряжения
Interferenz f 1. интерференция; наложение 2. взаимные помехи; взаимное влияние 3. биения
~, **destruktive** деструктивная интерференция
~, **konstruktive** конструктивная интерференция
Interferenzabbildung f появление интерференционных полос

Interferenzabsorber m интерференционный поглотитель
Interferenzantennensystem n система антенн (радио)интерферометра
Interferenzaufnahme f интерференционный (фото)снимок
Interferenzbelag m интерференционное покрытие
Interferenzdiagramm n интерферограмма
Interferenzempfänger m гетеродинный (радио)приёмник
Interferenzfähigkeit f способность интерферировать
Interferenzfarben f pl интерференционные цвета
Interferenzfilter n интерференционный (свето)фильтр
Interferenzfrequenzteilung f деление частоты интерференционным способом
Interferenzgebiet n зона интерференции
Interferenzgesetz n закон интерференции
Interferenzhyperbelverfahren n интерференционная гиперболическая система радионавигации
Interferenzkomparator m интерференционный компаратор
Interferenzkurve f кривая интерференции [биений]
Interferenzlautsprechersystem n интерференционная система громкоговорителей (*создаёт стереофонический эффект*)
Interferenzlinie f интерференционная линия
Interferenzmaximum n интерференционный максимум
Interferenzmuster n интерференционная картина
Interferenzoptik f интерференционная оптика
Interferenzringe m pl интерференционные кольца
Interferenzschwingungen f pl биения
Interferenzschwund m интерференционное замирание
~, **troposphärischer** тропосферное интерференционное замирание
Interferenzspannung f напряжение биений
Interferenzspiegel m интерференционное зеркало
Interferenzstörungen f pl интерференционные помехи
Interferenzstreifen m интерференционная полоса
Interferenzstreifenmuster n интерференционная картина
Interferenzton m тон биений
Interferenzuntergrund m *тлв* мешающий (интерференционный) фон
Interferenzwellenfeld n интерференционное волновое поле
Interferenzwellenfront f фронт интерферирующей волны
Interferenzwellenmesser m гетеродинный волномер
Interferenzzone f зона интерференции
interferieren интерферировать
Interferogramm n интерферограмма
Interferometer n интерферометр
~ **von Michelson** интерферометр Майкельсона
Interferometerantennensystem n система антенн (радио)интерферометра
Interferometerpeiler m интерферометрический пеленгатор

Interframe-Coding f, **Interframe-Kodierung** f межкадровое кодирование
Interframe-Transfer n перенос кадра *или* поля (*в ППЗ*)
Interframe-Verarbeitung f межкадровая обработка
Interim-Arbeitsgruppe f временная [межсессионная] рабочая группа (*МККР*)
Interimsstandard m временный [промежуточный] стандарт
Interimsverbindung f временное соединение
Interkanalmodulation f перекрёстная модуляция, кросс-модуляция
Interkorrelation f взаимная корреляция
Interkorrelationsfunktion f взаимно корреляционная функция
Interleaving n 1. чередование 2. расслоение
Interline-Transfer n межстрочный перенос (*в ППЗ*)
Intermediärniveau n промежуточный (энергетический) уровень
Intermittenzfaktor m коэффициент чередования
Intermittenzschwingungen f pl релаксационные колебания
intermittierend 1. прерывистый; периодический; перемежающийся 2. повторно-кратковременный (*о режиме работы*)
Intermodulation f 1. внутренняя модуляция, интермодуляция 2. взаимная модуляция
Intermodulationsabstand m, **Intermodulationsfaktor** m, **Intermodulationsgrad** m 1. коэффициент взаимомодуляционных искажений 2. *ктв* отношение сигнал/помеха комбинационных частот
Intermodulationsprodukt n интермодуляционная составляющая
Intermodulationsrauschen n интермодуляционный шум
Intermodulationsstörungen f pl интермодуляционные помехи
Intermodulationsverzerrungen f pl интермодуляционные искажения
intern внутренний
Internkode m внутренний код (*ВМ*)
Internspeicher m внутреннее ЗУ, оперативное ЗУ, ОЗУ; внутренняя память, оперативная память
Interplanetarsonde f межпланетная автоматическая станция
Interpolation f интерполяция, интерполирование
~, **bewegungsadaptive** интерполяция движения
~, **digitale** цифровая интерполяция
Interpolationsfilter n интерполирующий фильтр
Interpolationspotentiometer n интерполирующий потенциометр
Interpolator m 1. интерполятор 2. сортировально-подборочная [раскладочная] машина 3. прибор для звукового подводного телеграфирования
Interpretation f 1. интерпретация, интерпретирование 2. анализ
Interpretationsprogramm n интерпретирующая программа
Interpreter m, **Interpretierer** m 1. интерпретатор (*устройство*) 2. преобразователь (*данных*) 3. *вчт* интерпретатор, интерпретирующая программа
Interpretierungsmethode f метод интерпретации
Interproximity-Effekt m 1. эффект близости 2. эффект слияния (*соседних элементов рисунка*)
Interresonatorverluste m pl внутрирезонаторные потери
interreziprok взаимообратный
Interrogator m запросчик
Interrupt n *вчт* 1. прерывание 2. сигнал прерывания
Interruptfreigabe f разрешение прерывания
Interruptkanal m 1. канал с прерыванием, прерываемый канал 2. канал прерывания
Interruptkontroller m схема управления прерыванием
Interrupt-Logik f логика прерываний
Interruptprioritätenkette f цепь прерываний по приоритету
Interruptstruktur f структура прерывания
Interruptverarbeitung f обработка прерываний
Interspeicher m *см.* **Internspeicher**
Interstellarmaser m межзвёздный мазер, космический мазерный источник
Intersymbolstörungen f pl межсимвольные помехи
Intervall n интервал; промежуток
Intervalley-Effekt m *пп* междолинный эффект
Intervalley-Streuung f *пп* междолинное рассеяние
Intervallwandler m преобразователь интервалов
Intervallzeitgeber m датчик временны́х интервалов
Intervisionsnetz n сеть интервидения
Interzonenübergang f *пп* межзонный переход
Intestinalsender m эндорадиозонд
Intraframe-Coding f, **Intraframe-Kodierung** f внутрикадровое кодирование
Intraframe-Verarbeitung f внутрикадровая обработка
intrinsic *англ.* 1. внутренний 2. собственный (*об электропроводности*) 3. присущий, свойственный
Intrinsicbarriertransistor m четырёхслойный транзистор с областью собственной электропроводности между базой и коллектором
Intrinsicdichte f внутренняя плотность (*напр. зарядов*)
Intrinsichalbleiter m собственный полупроводник
Intrinsicleitfähigkeit f, **Intrinsicleitung** f собственная электропроводность
Intrinsicrelaxationszeit f собственное время релаксации
Intrinsicschicht f слой с собственной электропроводностью, *i*-слой
Intrinsiczahl f число собственных носителей заряда
Intrittfallen n, **Intrittkommen** n, **Intrittziehen** n вхождение [втягивание, впадение] в синхронизм
in-Übergang m i—n-переход
Invar n инвар (*сплав*)
invariabel неизменяемый, неизменный
Inversion f 1. инверсия, обращение 2. поворот (*напр. фазы*) 3. *киб.* инверсирование
Inversionsbereich m инверсионная область, область инверсии

Inversionsdauer f 1. длительность существования инверсионной заселённости (*энергетических уровней*) 2. время действия обратного напряжения
Inversionsdichte f плотность носителей в инверсионной области
Inversionsdiode f обращённый диод
Inversionsdrehachse f инверсионная ось (*кристалла*)
Inversionsdublett n пп инверсионный дублет
Inversionserzeugung f пп создание инверсии заселённостей
Inversionsfaktor m кв. эл., пп коэффициент инверсии
Inversionsfilter n компенсационный светофильтр
Inversionskanal m пп инверсионный канал
Inversionsniveau n кв. эл. 1. уровень с инверсной заселённостью 2. коэффициент инверсии
Inversionspopulation f пп инверсная заселённость
Inversionspunkt m точка инверсии
Inversionssättigung f пп насыщение инверсной заселённости
Inversionsschalter m инверсный выключатель
Inversionsschaltung f инверсная схема
Inversionsschicht f пп инверсионный слой
Inversionsschwelle f порог инверсии
Inversionsschwellendichte f пп пороговая плотность инверсной заселённости
Inversionsschwingungen f pl инверсионные колебания
Inversionsspektrum n кв. эл. инверсионный спектр
Inversionsstruktur f инверсная структура
Inversionsübergang m кв. эл. инверсионный переход
Inversionsverdopplung f пп образование инверсионных дублетов
Inversionszentrum n центр инверсии
Inversionszone f зона инверсии
Inverter m 1. инвертор 2. инвертирующий усилитель
Inverterstufe f 1. инверторный каскад 2. парафазный усилитель
Invertierbarkeit f инвертируемость, обратимость
Invertierung f инвертирование, обращение
Invertor m см. Inverter
Invister m инвистор (*полевой ВЧ-транзистор*)
Ion n ион
~, **implantiertes** имплантированный ион
~, **negatives** отрицательный ион, анион
~, **positives** положительный ион, катион
Ion-Elektron-Rekombination f электрон-ионная рекомбинация
Ionenableiter m ионный разрядник
Ionenabstand m межионное расстояние
Ionenantrieb m ионный привод
Ionenätzen n ионное травление
~, **reaktives** реактивное ионное травление
Ionenauffänger m ионная ловушка
Ionenausbeute f выход ионов
Ionenaustauschkammer f ионообменная камера
ionenbelichtet экспонированный ионами [ионным пучком]
Ionenbeschleunigungsanlage f ионный ускоритель

Ionenbeschuß m ионный засев; ионная бомбардировка
Ionenbeweglichkeit f подвижность ионов
Ionenbindung f ионная связь
Ionenbombardement n ионная бомбардировка
Ionenbrennfleck m ионное пятно
Ionenbündel n ионный пучок
Ionenbündelung f ионная фокусировка
Ionendefektleitung f ионная электропроводность, ионная дырочная проводимость
Ionendipolkräfte f pl ионные дипольные силы
Ionendirektleitung f прямая ионная электропроводность
Ionendotierung f ионное легирование, ионная имплантация
Ionendurchlässigkeit f ионная проницаемость
Ioneneinlagerung f см. Ionendotierung
Ioneneinpflanzung f внедрение ионов
Ionenelektrode f ионизирующий электрод
Ionenelektronenemission f ионно-электронная эмиссия
Ionenenergie f энергия ионов
Ionenfalle f ионная ловушка
Ionenfang m захват ионов
Ionenfänger m см. Ionenfalle
Ionenfängerelektrode f электрод ионной ловушки
Ionenfehlstelle f ионная вакансия
Ionenfleck m ионное пятно
Ionenfokussierung f ионная фокусировка
Ionengeschwindigkeit f скорость (миграции) ионов
Ionengetterpumpe f геттероионный [ионно-сорбционный] насос
Ionengitter n ионная решётка
Ionengleichgewicht n ионное равновесие
Ionengleichrichter m ионный выпрямитель
Ionenhalbleiter m ионный полупроводник
Ionenhochtöner m высокочастотный ионофон
Ionenimpfung f ионный засев
Ionenimplantation f ионная имплантация
Ionenimplantationsanlage f установка (для) ионной имплантации
Ionenimplantationsausheilung f устранение дефектов ионной имплантацией
Ionenimplantationsmaske f маска для ионной имплантации
Ionenimplantationsschicht f ионно-имплантированный слой
Ionenimplantationszone f ионно-имплантированная область
Ionenkammer f ионизационная камера
Ionenkanone f ионная пушка
Ionenkristall m ионный кристалл
Ionenkryopumpe f ионно-криогенный насос
Ionenlaser m ионный лазер
~ **mit HF-Anregung** ионный лазер с высокочастотной накачкой
Ionenlautsprecher m ионофон (*мощный безмембранный громкоговоритель*)
Ionenleerstelle f ионная вакансия
ionenleitend с ионной электропроводностью
Ionenleiter m ионный проводник
Ionenleitfähigkeit f, **Ionenleitung** f ионная электропроводность

Ionenlinse f ионная линза
Ionenlithografie f ионная [ионно-лучевая] литография
Ionenlücke n ионная вакансия
Ionenmeter n счётчик ионов
Ionenmikrofon n ионный микрофон
Ionenmikroskop n ионный микроскоп
Ionenmikrosonde f ионный микрозонд; ионный микроанализатор
Ionenoptik f ионная оптика
Ionenpermeabilität f ионная проницаемость
Ionenplattieren n, **Ionenplattierung** f (комбинированная) ионно-лучевая техника нанесения покрытия
Ionenpolarisation f ионная поляризация
Ionenprojektionsanlage f ионно-лучевая проекционная установка
Ionenprojektionsbelichtung f ионно-лучевое проекционное экспонирование
Ionenprojektionsmikrolithografie f проекционная ионная [проекционная ионно-лучевая] микролитография
Ionenpumpe f ионный насос
Ionenquelle f ионный источник
Ionenquellen-Extraktionskanal m выводной канал ионного источника
Ionenraumgitter n ионная пространственная решётка
Ionenrauschen n ионные шумы
Ionenrekombination f ионная рекомбинация
Ionenrelais n ионное реле
Ionenröhre f ионная лампа
~, **gittergesteuerte** тиратрон
Ionensättigungsstrom m ионный ток насыщения
Ionenschaden m ионное выжигание (*мишени, экрана*)
Ionenschalter m ионное реле
Ionenschicht f ионная оболочка, ионный слой
Ionenschild m пояс ионизации
Ionenschirm m ионный экран
Ionenschleuder f ускоритель ионов
Ionenschlupf m проскок ионов
Ionensonde f ионный зонд
Ionensorptionspumpe f *см.* **Ionengetterpumpe**
Ionenspaltung f расщепление на ионы
Ionenstörstelle f место [участок] нарушения ионной структуры
Ionenstörung f нарушение ионной структуры
Ionenstrahl m ионный пучок
Ionenstrahlätzen n ионно-лучевое травление
Ionenstrahlaufdampfung f, **Ionenstrahlbedampfung** f ионно-лучевое напыление
Ionenstrahlbelichtung f ионно-лучевое экспонирование
Ionenstrahlbeschichtung f ионно-лучевое нанесение покрытия
Ionenstrahldotierung f *см.* **Ionendotierung**
Ionenstrahler m ионная пушка; ионный инжектор
Ionenstrahlkatodenzerstäubung f ионно-лучевое распыление
Ionenstrahllithografie f *см.* **Ionenlithografie**
Ionenstrahlmikroskop n ионно-лучевой микроскоп
Ionenstrahlzerstäubung f ионно-лучевое распыление

Ionenstreuungsspektroskopie f ионная спектроскопия
Ionenstrom m 1. ионный ток 2. *киб.* биоток
Ionentunnelspektroskopie f спектроскопия методом туннелирования ионов
Ionenüberschußleitung f ионная избыточная электропроводность
Ionenumschalter m ионный коммутатор
Ionenvakuumpumpe f ионно-вакуумный насос
Ionenverarmung f обеднение ионами
Ionenverbindung f ионная связь
Ionenverunreinigung f ионная примесь
Ionenwanderung f миграция ионов
Ionenwolke f ионное облако
Ionenzerfall m распад(ение) на ионы
Ionenzerstäubung f ионное распыление
Ion-Ion-Rekombination f ион-ионная рекомбинация
Ionisation f ионизация
~ **durch Stöße** ударная ионизация
~, **schwankende** неравномерная ионизация
~, **spezifische** удельная ионизация
~, **spontane** самопроизвольная ионизация
~, **thermische** термоионизация
~ **vor dem Durchschlag** предпробойная ионизация
Ionisations... *см. тж* **Ionisierungs...**
Ionisationsbremsung f ионизационное торможение
Ionisationsdetektor m ионизационный детектор
Ionisationsdichte f плотность ионизации
Ionisationsfähigkeit f ионизационная [ионизирующая] способность
Ionisationsgeschwindigkeit f 1. скорость ионизации 2. коэффициент ионизации
Ionisationsgrad m степень ионизации
Ionisationskammer f ионизационная камера
~, **luftäquivalente** воздухоэквивалентная ионизационная камера
Ionisationskammer-Handdosimeter n переносный дозиметр с ионизационной камерой
Ionisationskanal m стример, «ручей»
Ionisationskarte f карта предсказания условий распространения радиоволн
Ionisationsknick m излом [колено] ионизационной характеристики
Ionisationskoeffizient m коэффициент ионизации
Ionisationskurve f кривая ионизации
Ionisationsmeßgerät n детектор альфа-излучения, альфатрон
Ionisationspotential n ионизационный потенциал
Ionisationsquelle f источник ионизации
Ionisationsquerschnitt m эффективное сечение ионизации
Ionisationsschicht f ионизированный слой
Ionisationsspannung f ионизационный потенциал
Ionisationsstrom m ионизационный ток
Ionisationsverluste m pl ионизационные потери, потери на ионизацию
Ionisationsverteilung f распределение плотности ионизации
Ionisationswahrscheinlichkeit f вероятность ионизации
Ionisationsweg m след ионизирующей частицы
Ionisator m ионизатор

Ionisierung f см. **Ionisation**
Ionisierungs... см. тж **Ionisations...**
Ionisierungsarbeit f энергия ионизации
Ionisierungsausbeute f эффективность ионизации
Ionisierungselektrode f ионизирующий электрод
Ionisierungsereignis n ионизация
Ionisierungsfeld n ионизирующее поле
Ionisierungsgitter n ионизирующий электрод
Ionisierungsgrenze f порог ионизации
Ionisierungsimpuls m ионизирующий импульс
Ionisierungsreichweite f зона ионизации
Ionisierungsschwelle f порог ионизации
Ionisierungsstärke f удельная ионизация; коэффициент ионизации
Ionisierungsstoß m ионизирующее столкновение
Ionisierungsstrahlung f ионизирующее излучение
Ionisierungszone f зона ионизации
Ionofon n см. **Ionenlautsprecher**
Ionogramm n ионограмма
Ionosphäre f ионосфера
Ionosphärenecho n сигнал, отражённый от ионосферы
Ionosphärenschicht f ионосферный слой
Ionosphärensprung m ионосферный скачок
Ionosphärenstörung f ионосферное возмущение
Ionosphärensturm m ионосферная буря
Ionosphärenwelle f ионосферная (радио)волна
Ionosphärenwind m ионосферный ветер
Ionosphärenwolke f ионосферное облако
Ion(s)tron n тиратрон
I/O-Port m вчт порт ввода—вывода
IPOS-Prozeß m процесс изоляции пористым оксидом кремния
I/Q-Koordinatensystem n система координат I и Q (в системе НТСЦ)
IR-... см. тж **Infrarot...**
IR-Abfall m падение напряжения на внутреннем омическом сопротивлении (источника)
Iraser m иразер, ИК-лазер
IR-Bild n изображение, полученное в ИК-лучах, ИК-изображение
IR-Draht m провод считывания информации в сигналах ИК-диапазона
IR-Fernbedienung f дистанционное управление (телевизором) сигналами ИК-диапазона
IR-Foton n фотон ИК-излучения
I-Richtung f направление оси I (в системе НТСЦ)
Iris f диафрагма (в волноводе)
Irisblende f ирисовая диафрагма
IR-Kompensation f компенсация падения напряжения на внутреннем омическом сопротивлении (источника)
Irradiation f облучение
Irreduzibilität f неприводимость
Irregulärlichtleiter m нерегулярный световод
Irrelevanz f несущественная (для конкретной задачи) часть информации
irreparabel неремонтопригодный
Irrstrahl m паразитный луч
Irrstrom m блуждающий ток
Irrtum m ошибка
Irrtumswahrscheinlichkeit f вероятность ошибки
Irrungssignal n, **Irrungszeichen** n тлг сигнал [знак] ошибки, сигнал перебоя; сигнал исправления ошибки
I-Schirmbild n (радиолокационное) изображение типа I
ISDN-Netz n интегральная цифровая сеть связи, цифровая сеть интегрального обслуживания
IS-Herstellung f изготовление ИС
I-Signal n 1. сигнал I (в системе НТСЦ) 2. информационный сигнал
ISIT-Röhre f суперкремникон, сочленённый с ЭОП
Isocandela-Kurve f кривая равной силы света, изокандела
Isochronismus m изохронизм
Isocon n изокон
Iso-Echo-Kontur f рлк изо-эхо-контур
Isoepitaxie f микр. гомоэпитаксия, изоэпитаксия
Isofotometer m изофотометр
Isofrequenzlinie f линия равной частоты
Isokon n изокон
Isolation f 1. изоляция 2. выделение; разделение 3. развязка
~ **durch p-n-Übergängen** микр. изоляция p—n-переходами
~ **durch Trenndiffusion** изоляция разделительной диффузией
~, **gegossene** изоляция из литьевой смолы
~, **schalldichte** звукоизоляция
~, **verminderte** ослабленная изоляция
~, **volle** нормальная изоляция
Isolations... см. тж **Isolier...**
Isolationsaufbau m структура изоляции
Isolationsbrumm m шумы диэлектрика (напр. при несовершенстве изоляции между катодом и нитью подогрева лампы)
Isolationsdiode f 1. изолирующий [развязывающий] диод 2. изолирующий p—n-переход
Isolationsdurchbruch m, **Isolationsdurchschlag** m пробой изоляции
Isolationsfehler m дефект изоляции
Isolationsfestigkeit f электрическая прочность изоляции
Isolationsgrad m степень [уровень] изоляции
Isolationsgüte f добротность [качество] изоляции
Isolationsinsel f изолированный островок
Isolationsleitfähigkeit f, **Isolationsleitwert** m проводимость изоляции
Isolationsmaske f микр. фотошаблон для формирования разделительных [изолирующих] областей
Isolationsmasse f заливочная масса, заливочный компаунд
Isolationsmesser m, **Isolationsmeßgerät** n мегомметр, меггер
Isolationsniveau n уровень изоляции
Isolationsoxid n микр. изолирующий оксид
Isolationspapier n изоляционная бумага
Isolationspegel m см. **Isolationsniveau**
Isolationsplatte f изолирующая пластина
Isolationsprüfer m, **Isolationsprüfgerät** n прибор для проверки изоляции
Isolationsrauschen n см. **Isolationsbrumm**
Isolationsschicht f изолирующий слой
Isolationsschild m изоляционная перегородка; изолирующий экран

Isolationssperrschicht f изолирующий барьер
Isolationsstärke f 1. прочность изоляции 2. толщина изолирующего слоя
Isolationsstörung f повреждение изоляции
Isolationsstrom m ток утечки
Isolationstasche f изолирующий [разделительный] карман
Isolationsverfahren n метод изоляции
Isolationsverluste m pl потери в изоляции
Isolationswand f изолирующая стенка (*для отделения элемента ИС от соседних элементов*)
Isolationswert m величина сопротивления изоляции
Isolationswiderstand m сопротивление изоляции
Isolationszone f (электро)изоляционная область; разделительная область
Isolator m 1. изолятор 2. изоляционный материал
~, **metallischer** металлический изолятор (*четвертьволновая короткозамкнутая линия*)
Isolator-Isolator-Übergang m переход типа «диэлектрик—диэлектрик»
Isolator-Metall-Übergang m переход типа «диэлектрик—металл»
Isolatorsubstrat n изолирующая подложка
Isolier... *см. тж* **Isolations...**
Isolierabstand m изолирующий промежуток
Isolierbehälter m термостат
Isolierbelag m изоляционное покрытие
Isolierbuchse f изолирующая втулка
Isolierdiffusion f разделительная [изолирующая] диффузия
Isoliereinlage f изолирующая прокладка
Isolierfarbe f изоляционная краска
Isolierfilm m, **Isolierfolie** f изолирующая плёнка
Isoliergehäuse n изолирующий кожух; изолирующий корпус
Isolierhalterung f изоляционное крепление
Isolierhaube f изолирующий колпак; изолирующий кожух
Isolierhülle f 1. изолирующая оболочка 2. изолирующая втулка
Isolierhütchen n изоляционный колпачок
Isolierklemme f изолированный зажим
Isolierkondensator m 1. изолированный конденсатор 2. разделительный конденсатор
Isolierkörper m изолятор
Isolierlack m изолирующий лак
Isolierperlen f pl изоляционные бусины
Isolierpreßstoff m изоляционная пластмасса
Isolierschicht-Feldeffekttransistor m полевой транзистор с изолированным затвором
Isolierstand m 1. изолирующая подставка 2. изолированная площадка
Isoliersteg m перегородка, барьер (*в переключателе*)
Isolierstoff m изоляционный [изолирующий] материал
Isolierstoffbelag m изолирующее [изоляционное] покрытие
isolierstoffgekapselt герметизированный [капсулированный] изоляционным материалом
Isolierstoffplatte f пластин(к)а изоляционного материала

Isolierstoffüberzug m покрытие изоляционным материалом
Isolierstrecke f изолирующий промежуток
Isoliertafel f изоляционная панель
Isoliertransformator m разделительный [развязывающий] трансформатор
Isolierung f изоляция; изолирование
Isolierungsauftrag m нанесение изоляции
Isolierungsübergang n изолирующий переход
Isolierungsunterlage f 1. изолирующая прокладка 2. *микр.* (электро)изоляционная подложка
Isolierverbindung f изолирующая муфта (*кабеля*)
Isoluxkurve f кривая равной освещённости, изолюкса
Isomerengemisch n изомерная [равнозернистая] смесь
Isomerenübergang m изомерный переход
Isomerie f изомерия
Isomerieverschiebung f изомерное смещение
Isometrie f изометрия
Isophase f изофаза
Isoplanar-IIL f изопланарная И^{2}Л-схема
Isoplanartechnik f, **Isoplanarverfahren** n изопланарная технология
Isospin m изоспин
Isotop n изотоп
Isotopie f изотопия
Isotropenantenne f изотропная антенна
Isotropie f изотропия
Isotropstrahler m изотропный излучатель
IS-Sortiment n серия ИС
Ist n *см.* **Istwert**
Istanzeige f *см.* **Istwertanzeige**
Istdaten pl реальные данные
Ist-Gleich-Taste f *вчт* кнопка [клавиша] уравнивания
Isthmus m, **magnetischer** сужение магнитопровода, магнитный перешеек
Isthmusmethode f метод перешейка (*для испытания магнитных материалов*)
Ist-Querschnitt m действительное [эффективное] поперечное сечение
I-Strahler m лампа излучения
Istwert m действительное значение
Istwertanzeige f индикация действительного значения
Istwertgeber m датчик действительных значений
Istzeit f реальное время; реальный масштаб времени
Istzeitanalogrechner m аналоговая ВМ, работающая в реальном (масштабе) времени
Istzustand m действительное [реальное] состояние (*процесса*)
IT-CCD-Sensor m преобразователь свет—сигнал на ПЗС с межстрочным переносом
Iteration f *мат.* итерация
Iterationsalgorithmus m итеративный алгоритм
Iterationsindex m *вчт* 1. индекс цикла 2. число повторений цикла
Iterationsmethode f итеративный метод, метод итерации
Iterationsschleife f *см.* **Iterationszyklus**
Iterationsverfahren n *см.* **Iterationsmethode**
Iterationszyklus m итерационный цикл, цикл итерации

Iterierung *f* мат. итерация
ITÜ-Anglage *f* устройство уплотнения видеосигнала сигналом звукового сопровождения
I-U-Kennlinie *f* вольт-амперная характеристика
I-W-Draht *m* провод записи информации
i-Zone *f nn* i-область, область собственной электропроводности

J

Ja-Entscheidung *f* решение «ДА»
Jägerbodenradarleitstelle *f* наземная РЛС наведения истребителей на цель
Jalousiedynode *f* динод (умножителя) жалюзного типа
Jalousiefotovervielfacher *m* ФЭУ с жалюзной (диодной) системой
Jalousieprisma *n* пластинчатый отражатель
Jalousievervielfacher *m* умножитель с жалюзной (диодной) системой
Jamming *n* организованная помеха (*приёму радиопередач*)
Ja-NEIN ДА НЕТ (*функция, операция, схема, элемент*)
Jaulen *n* 1. зап. детонация 2. свист (*в радиоприёмнике или усилителе*)
Jaumann-Brücke *f* (дифференциальный) мост Яумана (*для измерения добротности*)
J-Band *n* J-диапазон
Jedermannfrequenzmodulation *f* радиолюбительская схема ЧМ
JEDOCH-NICHT И НЕ (*функция, операция, схема, элемент*)
J-Indikator *m* индикатор J-типа (*индикатор с круговой развёрткой и радиальным отклонением отметки цели*)
Jitter *m* 1. дрожание, подёргивание (*изображения*) 2. фазовое дрожание 3. шум мерцания, фликкер-шум 4. тлг случайное искажение
Jitterakkumulation *f* накопление фазовых отклонений
Jitterstörungen *f pl* см. Jitter
JK-Eingänge *m pl* входы JK-триггера
JK-Flip-Flop *n*, **JK-Kippglied** *n* JK-триггер, триггер JK-типа
Job *m* 1. работа 2. вчт задание
Jobbetriebssprache *f* вчт язык управления заданиями
Jobschritt *m* вчт шаг задания
Joch *n* 1. тлв отклоняющая система; отклоняющая катушка 2. ярмо (*магнита*)
Jochfeld *n* магнитное поле в ярме
Jochfluß *m* магнитный поток в ярме
Jochmethode *f* метод замкнутого ярма
Jochring *m* тлв обойма ярма; ярмо
Jochstreufeld *n* поле рассеяния ярма
John Gilpin англ. «Джон Гилпин» (*импульсный радиомаяк с вращающейся диаграммой направленности*)
Johnson-Effekt *m*, **Johnson-Geräusch** *n*, **Johnson-Rauschen** *n* тепловой шум, тепловой флуктуационный эффект, эффект Джонсона
Joly-Photometer *n* фотометр Джоли (*с парафиновыми блоками*)

Joschi-Effekt *m* эффект Иоши
Josephson-Barriere *f* барьер [переход] Джозефсона
Josephson-Effekt *m* эффект Джозефсона
Josephson-Effekts-Gleichstrom *m* постоянный ток эффекта Джозефсона
Josephson-Effekts-Wechselstrom *m* переменный (СВЧ-)ток эффекта Джозефсона
Josephson-Element *m* элемент Джозефсона
Josephson-Speicher *m* ЗУ или память на элементах Джозефсона
Josephson-Strom *m* ток Джозефсона, джозефсоновский ток
Josephson-Tunnel-Kryotron *n* туннельный криотрон на основе эффекта Джозефсона
Josephson-Übergang *m* переход [барьер] Джозефсона
Joule *n* джоуль, Дж
Joule-Thomson-Effekt *m* эффект Джоуля—Томсона
Joystick *n* координатный регулятор
J-Schirmbild *n* (радиолокационное) изображение типа I (изображение на экране с круговой развёрткой)
Jumbotron *n* телевизионный экран площадью 40 м × 25 м (*Япония*)
Junctiontemperatur *f* температура перехода
Junctiontransistor *m* плоскостной транзистор
Justage *f* см. Justierung
Justieranlage *f* 1. установка для настройки 2. микр. установка для совмещения (и экспонирования); установка для (фото)литографии
Justierbarkeit *f* регулируемость
Justierbeleuchtung *f* освещение для совмещения
Justierelektronik *f* 1. электроника системы юстировки 2. микр. электроника системы совмещения
Justierfehler *m* 1. погрешность юстировки или настройки 2. микр. погрешность совмещения или ориентации
Justierfenster *n* окно совмещения
Justiergenauigkeit *f* 1. точность юстировки или настройки 2. микр. точность совмещения или ориентации
Justiergitter *n* сетка совмещения
Justierkreuz *n* перекрестие совмещения
Justierluftspalt *m* юстировочный воздушный зазор
Justiermarke *f* знак [фигура] совмещения
Justiermikroskop *n* микроскоп (для контроля) совмещения
Justieröffnung *f* окно совмещения
Justierspule *f* 1. корректирующая катушка 2. подстроечная катушка
Justierstrahl *m* луч (света для) совмещения
Justiertisch *m* микр. стол для совмещения
Justier- und Belichtungsanlage *f* установка для совмещения и экспонирования
Justierung *f* 1. юстировка; выравнивание; настройка 2. микр. совмещение; ориентация
~ **von Maske zu Wafer** совмещение фотошаблона с полупроводниковой пластиной
Justierungs... см. тж Justier...
Justierungslaser *m* юстирующий лазер

Justierungspult *n* пульт настройки
Justierungstoleranz *f микр.* допуск на совмещение
Justierungsverfahren *n* **1.** метод юстировки *или* настройки **2.** *микр.* метод совмещения
Justierzeichen *n см.* **Justiermarke**
Juxtaposition *f* смежное расположение (*слоёв при выращивании кристаллов*)
Juxtapositionszwillinge *m pl* двойники срастания (*кристалла*)

K

KA-Band *n* КА-диапазон (*33 — 46 ГГц*)
Kabel *n* **1.** кабель **2.** провод
~, **bandeisenarmiertes** кабель с бронёй из гибкой стальной ленты
~, **belastetes 1.** нагруженный кабель **2.** *тлф* пупинизированный кабель
~, **bespultes** *тлф* пупинизированный кабель
~, **Hertzsches 1.** радиорелейный кабель **2.** кабельная радиорелейная линия
~, **hochpaariges** кабель с большим числом пар
~, **induktionsgeschütztes** кабель, экранированный [защищённый] от влияния магнитных наводок
~ **mit Umklöppelung** *тлф* ковровый кабель
~, **oberirdisches** надземный [воздушный] кабель
~, **offenes** ненагруженный кабель
~, **steckbares** кабель со штекерной вилкой
~, **stetig belastetes** *тлф* крарупизированный кабель
~, **unterirdisches** подземный кабель
~, **verseiltes** кабель повивной скрутки
Kabelabschirmung *f* **1.** экранирование кабеля **2.** экранирующая оболочка кабеля
Kabelabschluß *m см.* **Kabelendmuffe**
Kabelanpaßgerät *n* согласующее устройство для кабельной линии
Kabelanpassung *f* согласование кабелей
Kabelanschluß *m* **1.** подключение кабеля **2.** кабельный ввод
Kabelanschlußdose *f* коробка для подключения кабеля
Kabelaufbau *m* конструкция кабеля
Kabelaufstellung *f* монтаж кабеля
Kabelaufteilung *f* разделка кабеля
Kabelausführung *f* вывод кабеля
Kabelausgleichsnetzwerk *n* устройство для согласования кабелей
Kabelbaum *m* **1.** жгут (*из проводов или кабелей*) **2.** разделанный конец кабеля
Kabelbelastung *f* нагрузка кабеля
Kabelbewehrung *f* кабельная броня
Kabelbruchstellensucher *m* прибор для определения места повреждения кабеля
Kabeldämpfung *f* затухание кабеля
Kabeldielektrikum *n* кабельный изоляционный материал
Kabeleinführung *f* кабельный ввод
Kabelendmuffe *f*, **Kabelendverschluß** *m* кабельная концевая муфта
Kabelendverzweiger *m тлф* кабельный бокс
Kabelentzerrer *m* блок коррекции кабеля, кабельный корректор

Kabelfehlerortungsgerät *n*, **Kabelfehlersuchgerät** *n см.* **Kabelbruchstellensucher**
Kabelfeld *n* **1.** панель кабельных линий (*на щите*) **2.** электрическое поле кабеля
Kabelfernsehanlage *f* установка для КТВ
Kabelfernsehempfänger *m* приёмник для КТВ
Kabelfernsehen *n* кабельное телевидение, КТВ
Kabelfernsehkopfstation *f* центральная [головная] станция сети КТВ
Kabelfernsehnetz *n* сеть КТВ
Kabelfernsehverteilnetz *n* распределительная сеть КТВ
Kabelführung *f* **1.** кабелепровод, кабельная канализация **2.** *см.* **Kabelgraben**
kabelgelenkt управляемый по проводам
Kabelgraben *m* кабельная траншея
Kabelherz *n см.* **Kabelkern**
Kabelhülle *f* оболочка кабеля
Kabelhülse *f* кабельная гильза; кабельная муфта
Kabelkanal *m* **1.** кабельный канал **2.** кабельная траншея
Kabelkanalraster *m* сетка частот каналов КТВ
Kabelkapazität *f* ёмкость кабеля
Kabelkasten *m* **1.** кабельная (распределительная) коробка **2.** кабельный жёлоб (*на мостах, в туннелях*) **3.** кабельная муфта
Kabelkern *m* центральная жила кабеля
Kabelklemme *f* кабельный зажим
Kabelklemmschuh *m* кабельный наконечник с зажимом
Kabelkonverter *m ктв* частотный конвертор
Kabelkopf *m* кабельная концевая муфта
Kabelkopfstation *f* головная станция сети КТВ
Kabelkunde *f* абонент кабельной сети
Kabelkupplung *f* кабельное соединение
Kabellängenausgleich *m* (электрическое) выравнивание длин кабелей
Kabelleitung *f* **1.** кабельная линия **2.** кабельная проводка **3.** жила кабеля
Kabellinie *f* кабельная линия
~, **Hertzsche** кабельная радиорелейная линия
Kabelmeßgerät *n* прибор для измерения (параметров) кабеля
kabeln телеграфировать по кабелю
Kabelnetz *n* кабельная сеть
Kabelöse *f* кабельный наконечник; ушко кабеля
Kabelreflexion *f* отражение в кабеле
Kabelrost *m* **1.** кабельная стойка, кабельрост **2.** кабельный колодец
Kabelrundfunk *m* кабельное вещание (*радио или телевидения*)
Kabelsatz *m* жгут (*из проводов или кабелей*)
Kabelschalttafel *f* кабельная панель (*распределительного щита*)
Kabelschaltung *f* схема кабельных соединений
Kabelschrank *m* кабельный (распределительный) шкаф
Kabelseele *f* **1.** кабельная жила, жила кабеля **2.** сердцевина кабеля
Kabelstandard *m* стандарт системы КТВ
Kabelständer *m* кабельная стойка
Kabelsteckverbinder *m* кабельный (электрический) соединитель
Kabelstrecke *f* **1.** кабельная линия; кабельный участок **2.** кабельная магистраль

335

Kabelsuchgerät n 1. см. **Kabelbruchstellensucher** 2. кабелеискатель, прибор для нахождения кабельной трассы
kabeltauglich сопрягаемый с сетью КТВ
Kabeltextsystem n система передачи по сети КТВ текстовой информации (в цифровой форме)
Kabeltuner m тюнер (абонента) для подключения к сети КТВ
Kabelübertragung f, **trägerfrequente** передача (сигнала) по кабелю на несущей частоте
Kabelverbindung f 1. кабельное соединение, сращивание [спайка] кабеля 2. кабельная связь
Kabelverbindungskasten m кабельный соединительный ящик
Kabelverstärker m усилитель для кабельной линии
Kabelverteilnetz n распределительная сеть КТВ
Kabelverteilung f распределение по кабельной сети
Kabelverzweiger m 1. кабельный разветвитель 2. тлф кабельный киоск; кабельный распределительный шкаф
Kablierung f прокладка кабеля
Kader m кадр
Kadmierung f 1. кадмирование 2. кадмиевое покрытие
Kadmiumdampflaser m лазер на парáх кадмия
Kadrierung f установка кадра (в рамку)
Käfigantenne f вертикальная многовибраторная цилиндрическая антенна
Käfigdipol m цилиндрический симметричный вибратор
Kalibrierungsgerät n калибратор
Kallirotron n калиротрон
Kalman-Filter n фильтр Кальмана
Kalorimeterverfahren n калориметрический метод
Kalotte f 1. полусфера 2. шаровой сегмент
Kalottenlautsprecher m громкоговоритель с полусферическим диффузором
Kalottensystem n полусферическая система (мембраны, громкоговорителя)
Kältebeständigkeit f, **Kältefestigkeit** f холодостойкость
Kaltemission f автоэлектронная эмиссия
Kältetechnik f криогенная техника, криотехника
Kaltkapazität f ёмкость в холодном состоянии
Kaltkatode f холодный катод
Kaltkatodenanzeigeröhre f индикаторная трубка с холодным катодом
Kaltkatoden-Emissionsstrom m ток автоэлектронной эмиссии
Kaltkatodenfluoreszenzröhre f люминесцентная лампа с холодным катодом
Kaltkatodenröhre f лампа с холодным катодом
Kaltkatoden-Spannungsregler m стабилитрон с холодным катодом
Kaltkatodenstrahlröhre f ЭЛТ с холодным катодом
Kaltkatodenstromtor n, **Kaltkatodenthyratron** n тиратрон тлеющего разряда
Kaltkatodenzählröhre f декатрон
Kaltleiter m резистор с положительным ТКС
Kaltlichtspiegel m интерференционное зеркало
Kaltlötstelle f холодный спай (*термопары*)

Kaltlötverbindung f холодная пайка
Kaltschweißung f холодная сварка
Kaltstart m пуск в холодном состоянии
Kaltwiderstand m сопротивление (*напр. нити накала*) в холодном состоянии
Kamcorder m см. **Kamerarecorder**
Kamera f камера (*телевизионная, киносъёмочная*)
~, **abgesetzte** тлв выносная камера
~, **dreifarbige** камера (для) цветного телевидения
~ **für Großaufnahmen** камера для съёмок крупным планом
~ **mit Revolverkopf** тлв камера с револьверной головкой
~, **pyroelektrische** камера на пировидиконе
~, **röhrenlose** беструбочная камера
~, **wasserdicht gekapselte** тлв камера в водонепроницаемом кожухе
Kameraabtaster m 1. телевизионный датчик на передающих трубках (*для передачи диапозитивов*) 2. телекинодатчик на передающих трубках
Kameraanschluß m 1. подключение камеры 2. камерный разъём
Kameraausrichtung f юстировка телевизионной камеры
Kamerabereich m см. **Kamerasichtbereich**
Kamerabetriebsgerät n см. **Kamerasteuergerät**
Kamerablende f диафрагма [обтюратор] камеры
Kamerabühne f см. **Kamerakran**
Kameraeinstellung f 1. наводка камеры (*на объект*) 2. установка камеры 3. настройка камеры
Kameraführung f управление камерой
Kameragehäuse n, **tiefseetüchtiges** кожух камеры для подводного телевидения
Kamerahaube f козырёк [тубус] камеры
Kamerakanalausgang m тлв выход камерного канала
Kamerakanaleinrichtung f тлв аппаратура камерного канала
Kamerakappe f см. **Kamerahaube**
Kamerakennlinie f, **spektrale** спектральная характеристика камеры
Kamerakontrolle f 1. управление камерой 2. пульт управления камерой
Kamerakontrollgerät n 1. тлв блок управления камерой, БУК 2. см. **Kameramonitor**
Kamerakopf m тлв камерная головка
Kamerakran m тлв кран оператора
Kameralichtkappe f см. **Kamerahaube**
Kameramann m телевизионный оператор, телеоператор
Kameramonitor m тлв видеоконтрольное устройство камеры, камерный монитор
Kameraneigung f тлв панорамирование (камеры) сверху вниз
Kameraobjektiv n тлв камерный объектив
Kameraprimärfarben f pl тлв основные цвета камеры
Kamerarecorder m видеозаписывающая камера, видеокамера
Kamera-Recorder-Adapter m устройство сопряжения (телевизионной) камеры с видеомагнитофоном

Kamera-Recorder-Einheit см. **Kamerarecorder**
Kameraröhre f передающая (телевизионная) трубка
~, **hochauflösende** передающая (телевизионная) трубка с высокой разрешающей способностью
~, **speichernde** передающая (телевизионная) трубка с накоплением зарядов
Kameraschwenkung f тлв панорамирование (камеры) по горизонтали
Kamerasichtbereich m «поле зрения камеры»
Kamerasignal n сигнал на выходе (телевизионной) камеры
Kamerastandpunkt m (воображаемая) «точка зрения камеры»
Kamerasteuergerät n тлв блок управления камерой, БУК
Kamerasystem n камерная система; система камер
Kameraumschaltung f переключение камер
Kameraverbindungssender m ретрансляционный передатчик для внестудийных телевизионных передач
Kameraverstärker m камерный (предварительный) усилитель
Kamerazentrale f см. **Kamerasteuergerät**
Kamin n 1. волновод 2. труба
Kamindämpfungsfaktor m коэффициент затухания волновода
Kaminwirkung f затухание электромагнитных полей в волноводах
Kamm m микр. выводная гребёнка
Kammer f 1. резонатор; камера 2. (телевизионная) передающая камера (см. тж **Kamera**)
~, **schalltote** безэховая камера
Kammerwicklung f галетная [секционированная] намотка
Kammfilter n гребенчатый фильтр
Kammspektrum n гребенчатый спектр
Kammstruktur f гребенчатая структура
Kammverbinder m гребенчатый соединитель (для печатных плат)
Kampometer n кампометр (прибор для измерения лучистой энергии)
Kanada-Kette f цепь канадских радиолокационных станций
Kanal m 1. канал; тракт; трасса 2. зап. дорожка 3. канальная область (полевого транзистора); канал; канавка 4. кабельная траншея
~, **abgehender** 1. исходящий канал 2. вчт выходной канал, канал вывода
~, **abgeschlossener** замкнутый канал
~, **analoger** аналоговый канал, канал (передачи) аналоговых данных
~, **ankommender** 1. входящий канал 2. вчт канал ввода, входной канал
~, **aufgezeichneter** дорожка с записью
~, **auslaufender** см. **Kanal, abgehender**
~, **digitaler** цифровой канал (связи)
~, **diskreter** дискретный канал (связи), дискретный информационный канал
~, **gestörter** канал с помехами или с шумами
~, **hydroakustischer** гидроакустический канал
~, **kapazitätsbegrenzter** канал с ограниченной пропускной способностью
~, **kontinuierlicher** см. **Kanal, analoger**
~, **leerer** канал без сигнала
~, **leitender** пп проводящий канал
~, **n-leitender** канал (с электропроводностью) n-типа, n-канал
~, **p-leitender** канал (с электропроводностью) p-типа, p-канал
~, **realer** инф. реальный канал
~, **verrauschter** канал с шумами
~, **V-förmiger** V-образная канавка (в МОП-транзисторе)
Kanalabgleich m выравнивание [балансировка] каналов
Kanalabschnitt m звено или участок тракта (вещательного телевидения)
Kanalabschnürung f, **Kanalabsperrung** f отсечка канала (полевого транзистора)
Kanalabstand m интервал между каналами; разнос каналов
Kanalabtastung f опрос каналов (в телеметрической системе)
Kanalätzen n пп вытравливание канавок
Kanalaufteiler m канальный [линейный] распределитель
Kanalbandbreite f ширина полосы (пропускания) канала
Kanalbandbreiteeinsparung f см. **Kanalverengung**
Kanalbandfilter n канальный полосовой фильтр
Kanalbelegung f 1. загрузка канала 2. распределение каналов
Kanalbildung f формирование канала
Kanalblende f 1. канальная диафрагма 2. канальный фильтр
Kanalbreite f см. **Kanalbandbreite**
Kanalbündel n пучок каналов
Kanaldämpfung f затухание в канале
Kanaldigitalsignal n свз канальный цифровой сигнал
Kanaldotierungsprofil n пп профиль легирования канала
Kanaleingang m вход канала
Kanaleinteilung f см. **Kanalverteilung**
Kanalentfernung f см. **Kanalabstand**
Kanalfehlerstruktur f структура ошибок канала (передачи)
Kanalfilter n канальный фильтр
Kanalfrequenz f частота канала
Kanalgruppe f группа (телефонных) каналов
Kanalgruppenantenne f антенна, предназначенная для приёма нескольких (телевизионных) каналов
Kanalimpuls m канальный импульс
Kanalintervall n канальный интервал
Kanalisolation f пп изоляция канала
Kanalkapazität f пропускная способность канала (связи)
Kanalkennzeichnung f маркировка канала
Kanalkode m канальный код, код канала (передачи)
Kanalkodierung f канальное кодирование
Kanalkommutierung f коммутация каналов
Kanallade f сменный блок канала
Kanallage f положение канала
Kanallänge f длина канала (полевого транзистора)

Kanalleistung f мощность канала
Kanalleitfähigkeit f пп проводимость канала
Kanallückenmeßgerät n прибор для измерения уровней контрольных частот
Kanalmarkierung f маркировка канала
Kanalmitte f средняя частота канала
Kanalmodulation f канальная модуляция
Kanalordnung f см. **Kanalverteilung**
Kanalotron n канальный электронный умножитель
Kanalphasierung f фазирование каналов
Kanalpotential n пп потенциал канала
Kanalprogramm n программа (работы) канала
Kanalprozessor m канальный процессор, процессор канала
Kanalrand m граничная частота канала
Kanalraster m сетка частот радиоканалов; сетка (распределения) телевизионных каналов
Kanalruflampe f (сигнальная) лампа вызова канала
Kanalsatz m комплект каналов
Kanalschalter m см. **Kanalwähler**
Kanalschicht f пп слой канала
Kanal-Sekundärelektronenvervielfacher m канальный вторично-электронный умножитель
Kanalselektion f 1. выбор канала 2. избирательность [селективность] канала
Kanalsteuerblock m, **Kanalsteuereinheit** f блок управления канала
Kanalstoppdiffusion f пп стоп-диффузия канала
Kanalstrahlen m pl каналовые [положительные] лучи
Kanalstrahlteilchen n яд. физ. канализирующая частица
Kanalsynchronisation f синхронизация канала
Kanaltrennung f разделение каналов
Kanalumschalter m см. **Kanalwähler**
Kanalumsetzer m 1. см. **Kanalumsetzereinrichtung** 2. переключатель каналов
Kanalumsetzereinrichtung f аппаратура канального преобразования
Kanalumsetzgestell n стойка аппаратуры канального преобразования
Kanalumsetzung f канальное преобразование (в системе передачи с ЧРК)
Kanalverbindung f сопряжение каналов
Kanalverengung f сужение ширины полосы (пропускания) канала
Kanalverluste m pl потери в канале
Kanalverschachtelung f перемежение каналов
Kanalverstärker m канальный усилитель
Kanalverstärkung f усиление (сигнала) в канале
Kanalverteilung f разделение каналов; распределение каналов
~, **frequenzweilige** частотное разделение каналов
~, **zeitweilige** временно́е разделение каналов
Kanalverzeichnis n свз указатель [справочник] каналов
Kanalwahl f выбор канала
Kanalwähler m, **Kanalwahlschalter** m 1. переключатель каналов, переключатель диапазонов 2. переключатель телевизионных каналов, ПТК
Kanalwahlsystem n система выбора каналов
Kanalweiche f фильтр разделения каналов

Kanal-Weite f ширина канала (полевого транзистора)
Kanalwiderstand m сопротивление канала
Kanalzeitverteilung f временно́е разделение каналов
Kanalzone f область [зона] канала
Kanalzuordnung f, **Kanalzuteilung** f свз распределение каналов
Kannphase f киб., вчт промежуточное состояние обучающейся системы
Kanone f (электронный) прожектор
~, **abgebogene** (электронный) прожектор с криволинейной осью
Kante f 1. край; ребро; грань 2. окантовка; кайма 3. пп граница (напр. зоны)
~ **des Leitungsbandes** граница зоны проводимости
~, **schwarze** чёрный край; чёрная кайма (изображения)
~ **des Valenzbandes, obere** верхняя граница валентной зоны
~, **verschiebbare** тлв смещаемая граница (изображения)
~ **des vollbesetzten Bandes, obere** верхняя граница заполненной зоны
Kantenbedingung f граничное условие
Kanteneffekt m 1. краевой эффект 2. тлв цветовая окантовка
Kantenemission f краевая эмиссия
Kantenfilter n фильтр с крутым срезом
Kantenflackern n, **Kantenflimmern** n тлв дрожание границ
Kantenmodell n проволочная модель, проволочный каркас (в машинной графике)
Kantenrichtung f направление [ориентация] рёбер (кристалла)
Kantenschärfe f резкость границ
Kantenverschiebung f тлв размытие [смещение] границ
Kantenversetzung f пп краевая дислокация
Kantenverzeichnung f тлв искажение границ (изображения)
Kapameter n измеритель ёмкости
Kapavi n ёмкостный мост(ик)
Kapazitanz f 1. ёмкостное сопротивление 2. (электрическая) ёмкость
Kapazitanzröhre f реактивная лампа (действует как ёмкость)
Kapazität f 1. (электрическая) ёмкость 2. ёмкость (ЗУ) 3. пропускная способность (канала связи) 4. разрядность (напр. сумматора) 5. (производственная) мощность
~ **eines abgestuften Überganges** ёмкость резкого перехода
~ **am Übergang** ёмкость перехода
~ **des Befehls** разрядность команды
~, **gesteuerte** регулируемая ёмкость
~ **je Längeneinheit** погонная ёмкость
~, **konzentrierte [punktförmige]** сосредоточенная ёмкость
~, **spannungsabhängige [spannungsempfindliche]** ёмкость, зависящая от напряжения, нелинейная ёмкость
~, **speichernde** накопительная ёмкость
~ **der Sperrschicht** ёмкость запирающего слоя

~ des p-n-Überganges ёмкость *р—n*-перехода
~ des Übertragungskanals пропускная способность канала связи
~, ungenutzte неиспользуемая ёмкость (*ЗУ*)
Kapazitätsabgleich *m* см. **Kapazitätsausgleich**
Kapazitätsänderungsverhältnis *n* коэффициент перекрытия конденсатора переменной ёмкости
Kapazitätsanschluß *m* ёмкостное включение, ёмкостное соединение
kapazitätsarm с малой ёмкостью
Kapazitätsausgleich *m* 1. выравнивание ёмкостей 2. ёмкостная компенсация
Kapazitätsbatterie *f* конденсаторная батарея
Kapazitätsbelag *m* погонная ёмкость
Kapazitätsbereich *m* предел изменения ёмкости (*конденсатора*)
Kapazitätsbeziehung *f* см. **Kapazitätsänderungsverhältnis**
Kapazitätsbrücke *f* см. **Kapazitätsmeßbrücke**
Kapazitätsdekade *f* декадный магазин ёмкостей
Kapazitätsdiode *f* варикап
Kapazitätsdiodenspeicher *m* диодно-конденсаторное ЗУ; диодно-конденсаторная память
Kapazitätsdiodentuner *m* тюнер на варикапах
Kapazitätseinheit *f* 1. единица ёмкости 2. блок конденсаторов
Kapazitätseinstellung *f* подгонка [регулировка] ёмкости
Kapazitätsfotodiode *f* фотоёмкостный диод
Kapazitätsgang *m* характеристика изменения ёмкости
Kapazitätshub *m* изменение ёмкости (переменного) конденсатора
Kapazitätskasten *m* магазин ёмкостей
Kapazitätskonstanz *f* стабильность ёмкости
Kapazitätskreis *m* ёмкостная цепь
Kapazitätslautstärke(n)regler *m* ёмкостный регулятор громкости
kapazitätslinear с линейным изменением ёмкости, прямоёмкостный
kapazitätslos безъёмкостный
Kapazitätsmeßbrücke *f* мост для измерения ёмкости
Kapazitätsmesser *m*, **Kapazitätsmeßgerät** *n* измеритель ёмкости
Kapazitätsnormal *n* эталон ёмкости
Kapazitätssatz *m* 1. магазин ёмкостей 2. блок конденсаторов
Kapazitätsschleife *f* ёмкостный шлейф
Kapazitätsspannung *f* 1. напряжение на ёмкости 2. ёмкостная эдс
Kapazitäts-Spannungs-Kennlinie *f*, **Kapazitäts-Spannungs-Kurve** *f* характеристика зависимости (величины) ёмкости от приложенного напряжения
Kapazitätsspeicher *m* конденсаторное ЗУ; конденсаторная память
Kapazitätsstreuung *f* разброс ёмкостей
Kapazitäts-Temperaturkoeffizient *m* температурный коэффициент ёмкости, ТКЕ
Kapazitätstoleranz *f* допустимое отклонение ёмкости
Kapazitätsüberschreitung *f* *вчт* переполнение разрядности

Kapazitätsunsymmetrie *f* ёмкостная асимметрия, асимметрия ёмкостей (*в плечах моста*)
Kapazitätsunterschied *m* 1. разность ёмкостей 2. *тлф* ёмкостные отклонения (*напр. участков пупинизации*)
Kapazitätsunterschreitung *f* *вчт* исчезновение (значащих) разрядов, потеря значимости
Kapazitätsvariationsdiode *f* варикап
Kapazitätsvergleichsgerät *n* ёмкостный компаратор
Kapazitätsverhältnis *n* ёмкостный коэффициент, коэффициент перекрытия конденсатора переменной ёмкости
Kapazitätsvolumenverhältnis *n* отношение ёмкости к объёму
Kapazitätswandler *m* ёмкостный (измерительный) преобразователь, ёмкостный датчик
Kapazitätswert *m* величина ёмкости
Kapazitätswiderstandskopplung *f* ёмкостно-резистивная связь, RC-связь
Kapazitätswiderstandsverstärker *m* усилитель на резисторах и ёмкостях, RC-усилитель
Kapazitron *n* ртутный вентиль с внешним зажиганием разряда, капацитрон
Kapillarenkante *f* торец сварочного пуансона с капилляром
Kapillarfeder *f* капиллярное перо (*самописца*)
Kappe *f* колпачок
Kapristor *m* *фирм.* резисторно-ёмкостный модуль
Kapselleckstrom *m* ток утечки на корпус
Kapselmikrofon *n* капсюльный микрофон
Kapselschalter *m* герметический выключатель
Kapselung *f* 1. герметизация 2. корпусирование
Kapstan *m* *зап.* ведущий вал
Kapstanantrieb *m* привод ведущего вала
Kapstanwelle *f* ведущий вал
Kaptanz *f* ёмкостное сопротивление
Kapton-Film *m* каптоновая [полиимидная] плёнка
Karbidkatode *f* карбидированный катод
Karbonisierung *f* карбонизация
Karbowiderstand *m* тонкослойный углеродный резистор
Kardioidcharakteristik *f*, **Kardioide** *f* 1. кардиоидная диаграмма направленности антенны 2. кардиоидная характеристика направленности микрофона
Kardioidempfang *m* приём на антенну с кардиоидной диаграммой направленности
Kardioidmikrofon *n* микрофон с кардиоидной характеристикой направленности
Karenzzeit *f* *тлф* время выжидания, выжидательный срок
Karhunen-Loeve-Transformation *f* преобразование Карунена—Лоэва
kariert миллиметровый
Karmatron *n* карматрон (*ЛОВ М-типа с замкнутым электронным потоком*)
Karnaugh-Diagramm *n*, **Karnaugh-Plan** *m* *мат.* карта Карно
Karte *f* 1. карта 2. график; диаграмма; схема 3. *вчт* перфокарта 4. плата для монтажа микроэлектронных модулей 5. печатная плата
~, **elektronische** радиолокационная карта

Karteimarkierung f метка [маркер] массива данных
Kartenabfühler m устройство считывания с перфокарт
Kartenabfühl- und Stanzeinheit f считывающе-перфорирующее устройство, считывающий перфоратор
Kartenabtaster m см. **Kartenabfühler**
Karten-Band-Umsetzer m устройство перезаписи с (перфо)карт на (перфо)ленту
Kartenbildanzeiger m рлк индикатор кругового обзора, ИКО
Kartenbügler m реперфоратор
Kartenchassis n объединительная (печатная) плата
Kartendoppler m репродукционный перфоратор, репродуктор
Karteneinblendung f введение карты местности на радиолокационный экран
Kartenentfernung f дальность по карте, горизонтальная дальность
Karten-Leiterplattentechnik f техника печатного монтажа
Kartenraster m растр радиолокационного индикатора кругового обзора
Karten-Videogerät n рлк устройство формирования видеокарты
Kartierung f рлк вычерчивание карты
Karussellbandspeicher m ЗУ карусельного типа; память карусельного типа
Karzinotron n ЛОВ М-типа
Kaschieren n, **Kaschierung** f каширование; склеивание (напр. нескольких плёнок); проклеивание (слоями); ламинирование; припрессовка (плёнки)
~ der Leuchtröhren нанесение светосостава на люминесцентные трубки
Käseantenne f сегментно-параболическая антенна, антенна типа «сыр»
Käseschachtelreflektor m отражатель, имеющий форму усечённого параболоида
Kaskade f 1. каскад, ступень (усиления) 2. каскадный ливень, каскад (космического излучения)
Kaskadenbildung f каскадирование
Kaskadenbildverstärker m 1. (много)каскадный видеоусилитель (с гальваническими связями) 2. многокамерный ЭОП
Kaskadenbildwandler m многокамерный ЭОП
Kaskadendämpfung f затухание на каскад
Kaskadendämpfungsreduktion f снижение затухания на каскад
Kaskadenlaser m многокаскадный лазер
Kaskadenregelung f ступенчатое регулирование
Kaskadenschalter m ступенчатый переключатель; ступенчатый выключатель
Kaskadenschaltung f 1. каскадная схема 2. включение или выключение ступенями
Kaskadenschirm m многослойный [каскадный] экран
Kaskadensteuerung f ступенчатое управление; ступенчатое регулирование
Kaskadenübertrag m, **Kaskadenübertragung** f вчт каскадный [поразрядный] перенос
Kaskadenumkehrröhre f фазоинверсный каскад на октоде

Kaskadenumsetzer m каскадный преобразователь
Kaskadenverhalten n 1. ступенчатый режим (работы) 2. каскадное регулирование
Kaskadenverstärker m многокаскадный усилитель (постоянного тока)
Kaskadenwandler m каскадный (измерительный) трансформатор
Kaskadierbarkeit f возможность последовательного включения
Kassette f кассета
~, **auswechselbare** съёмная [сменная] кассета
~, **bespielte** записанная кассета, кассета с записью
~, **C-120** кассета на 120 минут
Kassettenabspielgerät n кассетный проигрыватель
Kassettenband n лента кассеты
Kassettenbandgerät n см. **Kassettenmagnetbandgerät**
Kassettenbauweise f кассетная [блочная] конструкция
Kassettendeck n 1. кассетная [магнитофонная] приставка 2. кассетный лентопротяжный механизм 3. плата кассетного лентопротяжного механизма
Kassetteneinschub m 1. установка кассеты 2. кассетный отсек
Kassettenfach n кассетный отсек
Kassettenfenster n окно кассетного отсека
Kassetten-Fernsehbandgerät n кассетный видеомагнитофон
Kassettengerät n 1. прибор кассетной конструкции 2. кассетное устройство (устройство с кассетным лентопротяжным механизмом)
Kassettenlaufwerk n кассетный лентопротяжный механизм
Kassettenmagazin n кассетный магазин
Kassettenmagnetbandgerät n 1. кассетный магнитофон 2. кассетный видеомагнитофон
Kassettenmitnehmer m подкассетник
Kassettennase f упор кармана кассеты
Kassettenrecorder m 1. см. **Kassettenmagnetbandgerät** 2. устройство записи на кассеты
Kassettenrückseiteöffnung f защитный карман кассеты
Kassettenschacht m кассетный отсек
Kassettenspeicher m кассетное ЗУ; кассетная память
Kassettenspieler m кассетный проигрыватель
Kassettentonbandgerät n кассетный магнитофон
Kassettenverstärker m усилитель, собранный на кассетах; усилитель, собранный из блоков
Kassettenwechsler m кассетный магазин
Kassettenwiedergabegerät n кассетное устройство воспроизведения
Kästchen n, **Kästchenblock** m прогр. графическое изображение блока на схеме, блок
Kästchenmatrix f блочная матрица
Kästchenschema n блок-схема, структурная схема
Kasten m 1. ящик; кожух; футляр, коробка 2. тлв камера 3. магазин (напр. ёмкостей)
~, **schwarzer** инф. «чёрный ящик»
Kastenpotential n прямоугольная потенциальная яма

Kastenwiderstand *m* магазин сопротивлений
Katalogspeicher *m* каталожное ЗУ; каталожная память
Katastrophenumspeicherung *f* аварийная разгрузка памяти
Kathode *f см.* **Katode**
Kationenfehlstelle *f*, **Kationenleerstelle** *f* катионная вакансия
Katode *f* катод
~, **angespitzte** точечный катод
~, **bestrahlte** облучённый катод
~, **direkt geheizte** катод прямого накала
~, **einkristalline** монокристаллический катод
~, **emittierende** эмитирующий катод
~, **flüssige** жидкий катод
~, **fotoempfindliche** фоточувствительный катод, фотокатод
~, **hochemittierende** катод с высокой эмиссионной способностью
~, **imprägnierte** импрегнированный катод
~, **indirekt geheizte** катод косвенного накала
~, **interne** внутренний катод
~, **kalte** холодный катод
~, **komplexe** сложный катод
~, **leuchtende** светящийся катод
~, **punktförmige** точечный катод
~, **scheinbare** виртуальный катод
~, **spitze** точечный катод
~, **thermische [thermische emittierende]** термокатод, термоэлектронный катод
~, **unbeheizte** холодный катод
~, **verdampfende** испаряемый катод
~, **virtuelle** виртуальный катод
Katodenabfall *m см.* **Katodenfall**
Katodenabschirmung *f* экранировка катода
Katodenabstimmbügel *m* бугель настройки цепи катода (*в мощных радиолампах*)
Katodenaktivierung *f* активация катода
Katodenanheizzeit *f* время разогрева катода
Katodenanschluß *m* вывод катода
Katodenaustrittsarbeit *f* работа выхода катода
Katodenbasisschaltung *f* схема с общим катодом
Katodenbecher *m* катодно-подогревательный узел; катодный стакан
Katodenbeleuchtungsstärke *f* освещённость фотокатода
Katodenbereich *m*, **emittierender** эмитирующая область катода
Katodenblindwiderstand *m* реактивное сопротивление катода
Katodenblock *m* катодно-подогревательный узел
Katodenbombardierung *f* бомбардировка катода
Katodencharakteristik *f* эмиссионная характеристика катода
Katodendauerbelastung *f* длительный ток эмиссии катода
Katodendunkelraum *m* круксово [второе катодное] тёмное пространство (*тлеющего разряда*)
Katodeneingangsleitwert *m* входная проводимость (*в схеме с общей сеткой*)
Katodeneingangsschaltung *f* схема с катодным входом, схема с общей сеткой
Katodeneinsatz *m см.* **Katodenblock**
Katodenemission *f* эмиссия катода

Katodenemissionsausfall *m* потеря эмиссии катодом
Katodenergiebigkeit *f* эмиссионная способность катода
Katodenfall *m* катодное падение напряжения
Katodenfallgebiet *n*, **Katodenfallraum** *m* область катодного падения напряжения
Katodenfleck *m* катодное пятно
Katodenfolger *m* катодный повторитель
~, **mitlaufender** усилитель с общим анодом и заземлённым катодом
Katodenfolgeschaltung *f см.* **Katodenfolger**
Katodengebiet *n* катодная часть (*разрядного промежутка*)
Katodengegenkopplung *f* (отрицательная) обратная связь по цепи катода
katodengekoppelt с катодной связью
Katodengenerator *m* генератор на электронной лампе
katodengesteuert с управлением по катоду
Katodengitterröhre *f* лампа с катодной сеткой
Katodengitterstrecke *f* промежуток катод — сетка
Katodengitterwiderstand *m* сопротивление катод — сетка, входное сопротивление лампы
Katodengleichstrom *m* постоянная составляющая катодного тока
Katodenglimmhaut *f*, **Katodenglimmlicht** *n*, **Katodenglühen** *n* первое катодное свечение, катодная светящаяся плёнка (*тлеющего разряда*)
Katodenheizer *m* подогреватель катода
Katodenhülse *f* гильза катода
Katodenkompensation *f* коррекция по цепи катода
Katodenkomplex *m см.* **Katodenblock**
Katodenkopplung *f* катодная связь, связь по цепи катода
Katodenkörper *m* тело катода
Katodenkreis *m* катодная цепь; катодный контур
Katodenlebensdauer *f* срок службы катода
Katodenleitung *f см.* **Katodenkreis**
Katodenleuchten *n*, **Katodenlicht** *n см.* **Katodenglimmhaut**
Katodenlumineszenz *f* катодолюминесценция
Katodenlumineszenz-Sichtgerät *n* катодолюминесцентный дисплей
Katodenmethode *f* метод катодного распыления (*для создания тонкоплёночных элементов*)
Katodenmodulation *f* модуляция на катод
Katodennähe *f см.* **Katodenraum**
Katodenniederschlag *m* осаждение на катоде
Katodenöffnung *f* апертура катода
Katodenoszillograf *m* электронно-лучевой осциллограф
Katodenphosphoreszenz *f* катодолюминесценция
Katodenplasma-Zerstäubung *f* катодно-плазменное распыление
Katodenraum *m* катодная область
Katodenrauschen *n* шум катода
Katodenresonator *m* катодный резонатор
Katodenrohr *n* гильза катода
Katodenröhre *f* электронная лампа
Katodenrückbombardierung *f* обратная бомбардировка катода
Katodenrückkopplung *f* обратная связь по цепи катода
Katodensättigungsstrom *m* ток насыщения катода

Katodenschicht f катодный слой
Katodenschirm m экран ЭЛТ
Katodenschlußprüfung f проверка на отсутствие замыкания между катодом и нитью накала
Katodenschutz m катодная защита
katodenseitig со стороны катода
Katodenspalt m щель катода
Katodenspannungsabfall m падение напряжения в цепи катода
Katodensprung m потенциальный барьер у катода
Katodenstift m 1. вывод катода 2. стержень катода
Katodenstrahl m электронный луч; электронный пучок
Katodenstrahlablenkung f отклонение электронного луча
Katodenstrahlabstimmanzeiger m электронно-лучевой индикатор настройки
Katodenstrahlabtaster m передающая телевизионная трубка
Katodenstrahlanregung f возбуждение электронным пучком
Katodenstrahlanzeigegerät n, **Katodenstrahlanzeiger** m электронно-лучевой индикатор
Katodenstrahlaufnahme f 1. осциллографирование 2. осциллограмма
Katodenstrahlbeschleuniger m ускоритель электронного луча
Katodenstrahlbeschuß m бомбардировка электронным лучом
Katodenstrahlbündel n электронный пучок
Katodenstrahlen m pl катодные лучи
Katodenstrahlentfernungsanzeigegerät n, **Katodenstrahlentfernungsanzeiger** m электронно-лучевой индикатор дальности
Katodenstrahlerzeuger m электронный прожектор, электронная пушка
Katodenstrahlfernsehen n электронное телевидение
Katodenstrahlfernsehröhre f электронно-лучевая телевизионная трубка
Katodenstrahlfleck m катодное пятно
Katodenstrahlindikator m электронно-лучевой индикатор
Katodenstrahloszillograf m электронно-лучевой осциллограф
Katodenstrahlprojektionsröhre f электронно-лучевая проекционная трубка
Katodenstrahlröhre f электронно-лучевая трубка, ЭЛТ
~, **speichernde** запоминающая ЭЛТ
Katodenstrahlröhrendrucker m устройство печати с экрана ЭЛТ
Katodenstrahlröhrenspeicher m ЗУ на ЭЛТ
Katodenstrahl-Sichtgerät n экранный дисплей, дисплей на ЭЛТ
Katodenstrahlspeicherröhre f запоминающая ЭЛТ
Katodenstrahlsystem n электронный прожектор
Katodenstrahlzählröhre f счётная ЭЛТ
Katodenstromdichte f плотность катодного тока
Katodenstromkreis m цепь катодного тока
Katodenstromsteilheit f крутизна катодного тока
Katodenstufe f катодный повторитель
Katodensystem n см. **Katodenblock**

Katodenträger m катододержатель
Katodenübertrager m катодный повторитель
Katodenverblockung f блокировка катода
Katodenvergiftung f отравление [загрязнение] катода
Katodenverstärker m катодный повторитель
Katodenverstärkermeßkopf m пробник [щуп] с (встроенным) катодным повторителем
Katodenverstäubung f см. **Katodenzerstäubung**
Katodenwechselstrom m переменная составляющая катодного тока
Katodenwerkstoff m материал катода
Katodenwiderstand m 1. сопротивление катода 2. резистор в цепи катода
Katodenzerstäubung f 1. катодное распыление 2. разрушение катода
Katodenzuführung f катодный ввод
Katodenzusammensetzung f сборка катодного блока
Katodenzweig m катодная цепь
Katodenzylinder m катодный цилиндр
Katodofon n катодофон (*безмембранный микрофон*)
Katodoluminophor m катодолюминофор
Katodophosphoreszenz f катодофосфоресценция
Katodynschaltung f каскад с разделённой нагрузкой (*с нагрузкой в анодной и катодной цепях*)
Katolyt m католит, катодный электролит
Katzenaugenfotometer n фотометр Данжона
Kaustik f опт. каустика
Kaustikfläche f каустическая поверхность
Kavitätsmaser m резонаторный мазер
Kavitätsmode f мода резонатора
Kavitätsstabilität f стабильность резонатора
K-Band n К-диапазон ($10{,}9 - 36{,}0$ ГГц)
KB-Schaltung f схема с общим катодом
KC-Leuchtstoff m люминофор зелёно-оранжевого (после)свечения
Kdo-Geber m датчик команд; командное устройство
KDP-Modulator m модулятор на кристалле KDP
Kegelabtastung f рлк коническое сканирование; конический обзор
Kegelantenne f **mit aufgesetzter Platte** антенна, образованная соединением диска и конуса
Kegelkondensator m конусный подстроечный конденсатор
Kegelleitung f коническая [конусная] линия
Kegelmantelskale f (вогнутая) конусная шкала
Kegelmembran f коническая мембрана (*громкоговорителя*)
Kegelreflektor m, **Kegelspiegel** m конический отражатель
Kegelübergang m конический переход (*в волноводе*)
Kehlkopfmikrofon n ларингофон
Kehlkopfstroboskopie f ларингостробоскопия
Kehrantenne f антенна обратного (осевого) излучения
Kehrbildanzeige f разносторонняя индикация (*с импульсами, располагающимися по обе стороны от линии развёртки*)
Kehrbildentfernungsmesser m дальномер с перевёрнутым изображением
Kehrfolge f обратная последовательность

Kehrpolarität f обратная полярность
Kehrwendel f двойная спираль
Kehrwert m обратная величина, обратное значение
Keil m (линейчатый) клин (*телевизионной испытательной таблицы*)
~, **grauer** серый [градационный] клин
Keilabsorber m клиновой поглотитель (*противореверберационного покрытия*)
Keilbonden n термокомпрессионная сварка клинообразным пуансоном
Keilfotometer n клиновой фотометр
Keilnut f V-образная канавка (*в МОП-транзисторе*)
Keilstiftanschluß m штыревой конусный соединитель
Keiltransistor m транзистор с (германиевым) клинообразным кристаллом
Keilversetzung f клиновая дислокация
Keim m зародыш (кристалла), затравка
Keimbildung f формирование зародыша (кристалла), зародышеобразование
Keimbildungsgeschwindigkeit f скорость образования зародыша (кристалла)
Keimkristall m, **Keimling** m *см.* **Keim**
Keimwachstum n рост зародыша (кристалла)
Keimzahl f число зародышей
K-Einfang m K-захват, захват электрона K-оболочки ядром
«Kein-Strom»-Schritt m *тлг* бестоковая посылка
Keith-Vorwähler m *тлф* предыскатель Кейта
Keller m 1. магазин, карман (*для перфокарт*) 2. *см.* **Kellerspeicher**
Kellerspeicher m ЗУ магазинного типа, стековое ЗУ; стековая память
Kellerton m *проф.* глухой [бубнящий] звук
Kellfaktor m *тлв* коэффициент Келла, келл-фактор
Kellog-Schalter m коммутаторный ключ, перекидной переключатель Келлога
Kennbake f опознавательный (радио)маяк
Kennbit n *вчт* 1. флаговый бит 2. бит признака
Kennblatt n (технический) паспорт
Kennbuchstabe m буква станционного кода, буквенный указатель станции
Kenndaten pl параметры, (основные) технические данные; характеристики
Kenndatenstreuung f разброс параметров
Kennely-Heaviside-Schicht f слой Кеннели—Хевисайда, слой E ионосферы
Kennempfindlichkeit f характеристическая чувствительность
Kennfarben f pl маркировочные [опознавательные] цвета
Kennfrequenz f 1. характеристическая частота 2. частота калибрационных меток
Kennfunktion f характеристическая функция
Kenngröße f характеристическое значение; (характеристический) параметр, (характеристический) показатель
Kenngrößenberechnung f расчёт параметров
Kennimpedanz f характеристическое полное сопротивление
Kennimpuls m 1. импульс опознавания (*цвета*) 2. импульс опознавания (*в вещательном телевидении*) 3. импульс запроса [опроса] 4. маркерный импульс
~, **blauer** импульс опознавания синего цвета
~, **roter** импульс опознавания красного цвета
Kennkarte f 1. таблица параметров 2. (технический) паспорт 3. идентификационная (перфо)карта
~, **technische** технический паспорт
Kennkurve f *см.* **Kennlinie**
Kennlampe f контрольная [сигнальная] лампа
Kennlinie f характеристика (*см. тж* **Charakteristik**)
~, **ausgezogene** вытянутая характеристика
~, **fallende** падающая характеристика
~, **scharfbegrenzte** характеристика с резкими спадами
~, **schleichende** пологая характеристика
~, **stationäre** характеристика установившегося режима
Kennlinienanpassung f согласование [сопряжение] характеристик
Kennlinienaufnahme f снятие характеристики
Kennlinienbild n графическая характеристика
Kennlinienbündel n, **Kennlinienfeld** n семейство характеристик
Kennlinienfeldschreiber m характериограф
Kennlinienfußpunkt m начальная точка характеристики
Kennliniengleichung f уравнение характеристики
Kennlinienknick m излом характеристики
Kennlinienkrümmung f изгиб характеристики
Kennlinienschar f *см.* **Kennlinienbündel**
Kennlinienschreiber m характериограф
Kennlinienschwinggebiet n 1. рабочий участок характеристики 2. колебательный участок характеристики
Kennliniensteilheit f крутизна характеристики
Kennmarke f метка
~, **bewegliche** 1. подвижная метка 2. *изм.* «зайчик», световое пятно
Kennmodulation f модуляция маркировочной [определённой] частотой
Kennrille f соединительная канавка (*записи*)
Kennrillenerfassung f захват соединительной канавки (*записи*)
Kennsatz m маркировочная запись, маркировочный знак, маркер
Kennummer f *см.* **Kennziffer**
Kennung f 1. опознавание 2. код опознавания 3. кодовая (управляющая) комбинация 4. идентификация
Kennungsabfrage f запрос при опознавании
Kennungsabfragegerät n запросчик [опросчик] системы опознавания
Kennungsabfrageverfahren n 1. метод опознавания запросом [опросом] 2. система опознавания
Kennungsantenne f антенна системы опознавания
Kennungsanzeiger m индикатор системы опознавания
Kennungsbordgerät n бортовой ответчик
Kennungsempfänger m приёмник системы опознавания
Kennungsempfangsfrequenz f частота ответчика системы опознавания

Kennungsfeuer *n* опознавательный (радио)маяк
Kennungsfrequenz *f* частота сигнала опознавания
Kennungsfunkfeuer *n см.* **Kennungsfeuer**
Kennungsgeber *m* 1. датчик сигналов опознавания 2. датчик адресной информации
Kennungsgerät *n* прибор опознавания
Kennungskode *m* 1. код опознавания 2. идентифицирующий код
Kennungssendefrequenz *f* частота запросчика системы опознавания
Kennungssignal *n* сигнал опознавания
Kennungssystem *n* система опознавания
Kennungsverzögerung *f* 1. задержка сигнала опознавания 2. кодирующая задержка
Kennungszeile *f* линия развёртки индикатора опознавания
Kennwert *m см.* **Kenngröße**
Kennwiderstand *m* характеристическое сопротивление
Kennzahl *f* 1. кодовое число 2. *тлф* кодовый номер абонента (*телефонной сети*) 3. *мат.* характеристическое число; характеристика
Kennzahlwahl *f тлф* набор кодового номера (*абонента*)
Kennzahlweg *m тлф* направление, избираемое набором кодового номера
Kennzeichen *n* 1. условное обозначение; шифр 2. признак 3. отличительный знак, (маркировочная) отметка; *прогр.* флаг, метка 4. кодовый знак
Kennzeichnung *f* 1. маркировка; обозначение 2. характеристика, (основные) технические данные
Kennzeichnungsbit *n см.* **Kennbit**
Kennzeichnungsbyte *n* идентифицирующий байт, байт идентификации
Kennzeichnungsimpuls *m* отличительный [маркировочный] импульс
Kennzeichnungsnummer *f* идентифицирующий символ
Kennzeichnungssystem *n* система индексации; система обозначений
Kennzeitpunkte *m pl* значащие моменты (*цифрового сигнала*)
Kennziffer *f* 1. код, кодовое число 2. показатель; коэффициент
Kennzifferwähler *m*, **erster** искатель первой буквы телефонного кода
Kennzustand *m* значащее [характеристическое] состояние (*напр. единица или нуль при цифровой передаче*)
Kenopliotron *n* диод-триод
Kenotrongleichrichter *m* кенотронный выпрямитель
Keramikabtastsystem *n* пьезоэлектрическая система воспроизведения
Keramikgehäuse *n* керамический корпус
Keramik-Metall-Gemisch *n* металлокерамика, кермет
Keramikmetallverschmelzung *f* металлокерамический спай
Keramikplatte *f* 1. керамическая плата 2. керамическая подложка (*микросхемы*)
Keramiksubstrat *n см.* **Keramikplatte 2.**

Keramokunststoff *m* (изолирующий) стеклослюдяной материал
Kerbe *f* 1. канавка; лунка; паз; вырез 2. провал (*напр. в спектре*)
Kerber *m* перфоратор
Kerbfilter *n* узкополосный режекторный фильтр
Kern *m* 1. сердечник 2. сердцевина оптического волокна 3. керн (*в лампе*) 4. *физ.* ядро
~, **geblätterter** [**geschichteter**] пластинчатый [листовой, шихтованный] сердечник
~, **homogener** однородная сердцевина (*световода*)
Kernabschirmung *f* экранирование сердечника
Kernanziehung *f* 1. затяжка сердечника 2. притяжение сердечника (*электромагнита*)
Kernauslese *f* считывание (*информации*) с магнитных сердечников
kernbestrahlungsbeständig стойкий к радиоактивному облучению
Kernbildung *f* образование зёрен кристаллизации; зародышеобразование
Kerne *m pl*, **zusammengeschaltete** (магнитные) сердечники, связанные схемно друг с другом
Kernfeld *n* магнитное поле в сердечнике
Kernflußkonstante *f* постоянная магнитного потока сердечника
Kernfotoeffekt *m* ядерный фотоэффект
Kernfusion *f* термоядерная реакция
Kerninduktion *f* индукция в сердечнике
Kernladung *f* заряд (атомного) ядра
Kernmagnet *m* 1. стержневой магнит 2. *изм.* внутрирамочный магнит
Kernmagnet(drehspul)meßwerk *n* (измерительный) прибор магнитоэлектрической системы с внутрирамочным магнитом
Kernmantel-Glasfaser *f* оптическое волокно со стеклянными сердцевиной и оболочкой
Kernmantel-Plastfaser *f* оптическое волокно с пластмассовыми сердцевиной и оболочкой
Kernmultipolübergang *m* ядерный мультипольный переход
Kernniveauschema *n* схема ядерных уровней
Kernoberfläche *f* поверхность сердцевины (*оптического волокна*)
Kernpermeabilität *f* магнитная проницаемость сердечника
Kernplatte *f* 1. пластина с сердечником (*в аккумуляторе*) 2. ядерная фотопластинка
Kernpumpen *n* ядерная накачка (*лазера*)
Kernrechteckigkeitsverhältnis *n* коэффициент прямоугольности сердечника
Kernresonanzmagnetfeldmesser *m* измеритель магнитного поля по методу ядерного магнитного резонанса
Kernresonanzspektrometer *n* ядерно-резонансный спектрометр
Kernsättigung *f* насыщение сердечника
Kernsäule *f* стержень магнитопровода
Kernschenkel *m* стержень сердечника
Kernspeicher *m* ЗУ *или* память на (магнитных) сердечниках
Kernspeichermatrix *f* матрица запоминающих (магнитных) сердечников

Kernspeichermatrixblock *m* блок матриц запоминающих (магнитных) сердечников
Kernspin *m* спин ядра
Kernspintomografie *f* ядерно-спиновая томография
Kernspule *f* 1. катушка индуктивности с сердечником 2. обмотка сердечника
Kernspur *f* след [трек] ядерной частицы
Kerntransformator *m* трансформатор с сердечником
Kernübergang *m* ядерный переход
Kernübertrager *m* 1. стержневой реактор 2. см. **Kerntransformator**
Kernzone *f* область сердцевины, сердцевина (*оптического волокна*)
Kerr-Effekt *m* 1. эффект Керра
Kerr-Kondensator *m*, **Kerr-Zelle** *f* конденсатор [ячейка] Керра
Kerr-Zellenanordnung *f* светомодулирующее устройство с ячейкой Керра
Kerr-Zellenfluorometer *n* флуорометр с ячейкой Керра
Kestral-Röhre *f* трубка с коническим лучом
Kette *f* 1. цепь; цепочка 2. ряд 3. сеть (*РЛС*)
~, **binär zählende** двоичная счётная цепь
~, **gerichtete** однонаправленная цепь
~, **mittelnde** усредняющая цепь
~ **mit Vorhalt** цепь с опережением
~, **rückwirkungsfreie** 1. однонаправленная цепь 2. цепь без обратной связи
~ **selbsttätiger Vorspannung** цепь автоматического смещения
Kettenanpassung *f* согласование цепи
Kettendämpfung *f* затухание цепи
Kettendämpfungsfaktor *m* коэффициент затухания цепи
Kettendämpfungskonstante *f* постоянная затухания цепи
Kettendeterminante *f* цепной определитель
Kettendrucker *m* цепное печатающее устройство
Kettenfilter *n* многозвенный фильтр (*лестничного типа*)
Kettenglied *n* элемент [звено] цепи
Kettenimpedanz *f* полное сопротивление цепи
Kettenkode *m* цепной код
Kettenkorrelation *f* цепная корреляция
Kettenleiter *m* многозвенная схема (*лестничного типа*)
Kettenleiterverstärker *m* см. **Kettenverstärker**
Kettenmatrix *f* цепная матрица
Kettenmethode *f* итерационный метод
Kettenphasenfaktor *m* фазовый множитель [фазовая постоянная] цепи
Kettenrauschparameter *m* шумовой параметр цепи
Kettenschaltung *f* 1. цепочечная [цепная] схема 2. каскадное [позвенное] включение, включение звеньями 3. схема цепи
Kettenstruktur *f* цепочечная структура (*напр. линий связи*)
Kettenübertragungsmaß *n* постоянная передачи цепи
Kettenverstärker *m* 1. широкополосный каскадный усилитель 2. усилитель бегущей волны

Kettenwiderstand *m* сопротивление цепи
Kettenwinkelmaß *n* фазовая постоянная цепи
Keule *f* лепесток (*диаграммы направленности*)
Keulenbreite *f* ширина лепестка
Keulenstellung *f* направление главного лепестка
Keulenumtastverfahren *n* метод переключения лепестков (*для создания равносигнальной зоны*)
Key *m* ключ; кнопка; орган управления
~, **externer** внешнее управление (*напр. микшером*); внешний сигнал управления
~, **interner** внутреннее управление (*напр. микшером*); внутренний сигнал управления
Keyboard *n* клавиатура; клавишный пульт
Key-Dekoder *m* 1. декодер сигнала управления 2. *тлв* декодер силуэтного сигнала
Key-Eingang *m* вход сигнала управления
Keykamera *f тлв* управляющая камера
Kf-Kondensator *m* плёночный конденсатор
Kfz.-Antenne *f* автомобильная антенна
Killer *m* 1. тушитель (*фосфоресценции*) 2. подавитель (*напр. помех*)
Kilometerwellen *f pl* километровые волны (*1—10 км*)
K-Indikator *m* индикатор К-типа
Kinefilmchipbonden *n*, **automatisiertes** автоматическое присоединение ИС к выводам на ленточном носителе
Kinefilmsimultanbonder *m* установка для группового присоединения ИС к выводам на ленточном носителе
Kineskop *n* кинескоп
Kingsbury-Kurven *f pl* кривые Кингсбери, кривые равной громкости
Kinofernsehsender *m* телекинодатчик
Kippablenkspule *f* отклоняющая катушка
Kippablenkung *f* релаксационная развёртка
Kippamplitude *f* амплитуда развёртки
Kippbalkenschalter *m* см. **Kipphebelschalter**
Kippbetrieb *m* режим релаксационных колебаний
Kippdauer *f* см. **Kippzeit**
Kippdrossel *f* накопительный дроссель
kippen 1. релаксировать 2. развёртывать 3. опрокидывать; переключать из одного состояния в другое 4. наклонять; качать
Kippen *n* см. **Kippung**
Kippfrequenz *f* 1. частота релаксации 2. частота развёртки 3. частота качания
Kippfrequenzregelung *f* регулировка синхронизации развёртки
Kippgenerator *m* 1. релаксационный генератор 2. генератор развёртки 3. свип-генератор, генератор качающейся частоты
~, **fremdgesteuerter [getriggerter]** 1. релаксационный генератор с внешним запуском 2. генератор развёртки с внешним запуском
Kippgerät *n* см. **Kippgenerator**
Kippgeschwindigkeit *f* скорость развёртки
Kippglied *n* триггер
Kipphebelschalter *m* перекидной выключатель, тумблер
Kipphebelumschalter *m тлф* коммутаторный ключ
Kippkapazität *f* см. **Kippkondensator**
Kippkennlinie *f* характеристика релаксационных колебаний

KIP

Kippklappen-Ruftafel *f тлф* вызывной нумератор с блинкерами
Kippkondensator *m* (накопительный) конденсатор в схеме релаксационного генератора
Kippkreis *m* схема развёртки
Kippkurvenanstieg *m* нарастающий участок кривой релаксационных колебаний
Kippleistung *f* мощность релаксационных колебаний
Kipplupe *f* 1. устройство для увеличения масштаба развёртки (*в осциллографе*) 2. лупа времени
Kippmotor *m* двигатель качания (*антенны*)
Kippneigung *f* 1. склонность к релаксации 2. склонность к качаниям
Kippnockenschalter *m* перекидной кулачковый выключатель
Kipposzillator *m см.* **Kippgenerator**
Kipp-Relais *n* 1. кипп-реле 2. триггер 3. реле с самоудержанием
Kippröhre *f* лампа, работающая в режиме релаксационных колебаний
Kippschalter *m* 1. перекидной выключатель, тумблер 2. телеграфный ключ 3. *тлф* опросно-вызывной ключ 4. клавишный переключатель
Kippschaltung *f* 1. релаксационная схема 2. триггерная схема; мультивибратор 3. схема развёртки
~ **mit einmaliger Ablenkspannung** схема ждущей развёртки
~, **monostabile** мультивибратор с одним устойчивым состоянием
Kippschwing... *см.* **Kipp...**
Kippschwinger *m см.* **Kippgenerator**
Kippschwingungen *f pl* релаксационные колебания
Kippschwingungserzeugung *f* генерирование релаксационных колебаний
Kippspannung *f* 1. релаксационное напряжение 2. напряжение развёртки 3. напряжение опрокидывания (*схемы*) 4. напряжение включения (*тиристора*)
Kippspiegel *m изм.* опрокидывающееся зеркало
Kippstand *m* опрокидывающийся стенд (*для механических испытаний аппаратуры*)
Kippstrom *m* 1. релаксационный ток 2. ток развёртки; пилообразный ток 3. ток опрокидывания (*схемы*) 4. ток включения (*тиристора*)
Kippstromgenerator *m* 1. генератор релаксационного тока 2. генератор тока развёртки
Kippstufe *f* 1. каскад генератора развёртки 2. триггерный каскад
Kipptaste *f* перекидной ключ
Kipptransformator *m* трансформатор релаксационной схемы
Kipptreppengenerator *m* 1. релаксационный генератор ступенчато изменяющегося напряжения 2. генератор пилообразного напряжения развёртки
Kippübergang *m* релаксационный переход
Kippung *f* 1. релаксация 2. развёртка 3. опрокидывание; переключение из одного состояния в другое 4. наклонение; качание
Kippungs... *см.* **Kipp...**
Kippunkt *m* 1. критическая точка релаксационного процесса 2. предел устойчивости

KLA

Kippverhältnisse *n pl* условия опрокидывания (*схемы*)
Kippverstärker *m* 1. усилитель релаксационных колебаний 2. усилитель пилообразных колебаний развёртки
Kippvorgang *m* 1. релаксационный процесс 2. переброс, опрокидывание (*схемы*)
Kippvorrichtung *f см.* **Kippgenerator**
Kippwert *m* **des Relais** параметр трогания реле
Kippwinkel *m* 1. угол наклона [качания] (*напр. антенны*) 2. угол опрокидывания
Kippzeit *f* 1. время релаксации 2. период развёртки 3. время переброса [опрокидывания] (*схемы*)
Kippzeitkonstante *f* 1. постоянная времени релаксации 2. постоянная времени развёртки
Kirk-Effekt *m пп* эффект Кирка
Kirkendall-Effekt *m* эффект Киркендалла
Kissenentzerrung *f см.* **Kissenkorrektur**
Kissenfehler *m см.* **Kissenverzeichnung**
Kissenkorrektur *f* 1. *тлв* коррекция подушкообразных искажений (*растра*) 2. *опт.* коррекция подушкообразной дисторсии
~ **Ost-West** коррекция подушкообразных искажений «восток—запад»
Kissenkorrekturmagnet *m*, **Kissenmagnet** *m* магнит (для) коррекции подушкообразных искажений (*растра*)
Kissenverzeichnung *f*, **Kissenverzerrung** *f* 1. *тлв* подушкообразные искажения (*растра*) 2. *опт.* подушкообразная дисторсия
~, **horizontale** подушкообразное искажение (*растра*) по горизонтали
~, **vertikale** подушкообразное искажение (*растра*) по вертикали
Klammer *f* 1. скоба 2. зажим; струбцина; фиксатор 3. зажим типа «крокодил»
Klammerdiode *f* фиксирующий диод
Klammerschaltung *f* схема фиксации (*уровня*)
Klang *m* звук; звучание; созвучие; сложный звук; тон
~, **dreidimensionaler** объёмное звучание
Klanganalysator *m* анализатор звука
Klangauflösungsvermögen *n* способность различать звуки
Klangbalance *f* баланс звучаний
Klangbereich *m* диапазон звучания
Klangbild *n* звучание, характер звучания
Klangblende *f* регулятор тембра
Klangdrossel *f см.* **Klangfarbendrossel**
Klangecho *n* эхо звука
Klangerzeugung *f* излучение звука
Klangfarbe *f* тембр звука
Klangfarbenbeeinflussung *f* восприятие тембра
Klangfarbendrossel *f* дроссель регулировки тембра
Klangfarbenfilter *n* фильтр тонкоррекции
Klangfarbenkorrektur *f* тонкоррекция
Klangfarbenmanual *n* клавиатура тембров
Klangfarbenmodulation *f* модуляция тембра
Klangfarbenregelung *f* регулировка тембра
Klangfarbenregler *m*, **Klangfärber** *m* регулятор тембра
Klangfärbung *f* тембр звука
Klangfülle *f* полнота звучания

Klanggemisch n смесь (гармонических) звуков
Klanggruppe f группа громкоговорителей
Klangkörper m звукоизлучающее тело
Klangmeldeeinrichtung f звуковая сигнализационная установка
Klangregelung f регулировка тембра
Klangregister n тонрегистр
Klangregler m регулятор тембра
Klangspektrum n спектр звука
Klangsteller m регулятор тембра
Klangtreue f верность воспроизведения звука
Klangumfang m динамический диапазон звука
Klangverzerrung f искажение звучания
Klangvolumen n см. **Klangumfang**
Klangzelle f подвижной элемент микрофона
Klappe f 1. заслонка 2. *тлф* клапан
Klappenanruf m *тлф* вызов клапаном
Klappenklinke f *тлф* гнездо с клапаном
Klappspiegel m *изм.* откидное зеркало
Klarmeldung f открытое [незашифрованное] сообщение
Klarschrift f 1. запись открытым [незашифрованным] текстом, открытая [незашифрованная] запись 2. прозрачные знаки (*напр. на шкале*)
Klarschrifterkennung f распознавание открытого [незашифрованного] текста
Klarschriftleser m устройство считывания открытого [незашифрованного] текста
Klarsichtscheibe f, **Klarsichtskale** f прозрачная шкала
Klartext m открытый [незашифрованный] текст
Klartextfunken f передача открытым [незашифрованным] текстом
Klartonverfahren n метод [способ] шумопонижения
Klarzeichner m *тлв* регулятор чёткости
Klasse f 1. класс (*напр. точности*) 2. разряд; группа
~, **holoedrische** *крист.* голоэдрический класс
Klassengrenze f 1. установленный класс точности 2. *мат.* граница интервала
Klassierbeginn m установочный предел разграничения (*при автоматизированных измерениях*)
Klassierer m *вчт* классификатор
Klassierung f 1. классификация 2. *изм.* разграничение (*по полю допуска*)
Klassifizierung f 1. классификация; сортировка 2. *мат.* группировка
Klatschen n щелчки и трески
Klaviatur f клавиатура
Klavier(tasten)schalter m клавишный переключатель
Klebeelektrode f приклеиваемый электрод (*напр. при бионических исследованиях*)
Klebekraft f сила прилипания (*контактов*)
Klebemagnet m удерживающий магнит
Klebenbleiben n прилипание, залипание (*якоря, контактов*); приваривание (*контактов*)
Kleber m, **Klebstoff** m адгезив; клей
Klebtaste f кнопка с арретиром [с защёлкой]
Kleeblattantenne f четырёхэлементная антенна УКВ с круговым излучением, антенна типа «листок клевера»
Kleeblattdiagramm n диаграмма направленности (антенны) в форме клеверного листка

Kleinaddiermaschine f микрокалькулятор
Kleinanalog(ie)rechner m малая аналоговая ВМ
Kleinantrieb m (электро)привод малой мощности
Kleinautomat m автоматический микровыключатель
Kleinbasisempfangsortung f пеленгование с малой базой (*антенной системы*)
Kleinbasispeiler m пеленгатор с малой базой (*антенной системы*)
Kleinbasisverfahren n *нвг* метод малой базы
Kleinbaugruppe f микромодуль
Kleinbläschentechnologie f технология (изготовления) устройств на (малых) ЦМД
Kleincomputer m малая ВМ
Kleinempfänger m малогабаритный [миниатюрный] (радио)приёмник
Kleinflächenflimmern n *тлв* мерцание малых участков изображения
Kleinflächengleichrichter m малогабаритный (сухой) выпрямитель
Kleinflächenübergang m микропереход
Kleinfunkgerät n портативная радиостанция
Kleinintegration f малая степень интеграции
Kleinintegrationstechnik f техника малых ИС
Kleinmaßstabintegration f малая степень интеграции
Kleinperiode f см. **Kleinzyklus**
Kleinprozeßrechner m малая управляющая ВМ
Kleinrechenautomat m, **Kleinrechenmaschine** f, **Kleinrechner** m малая ВМ
Kleinrechnersystem n система с малыми ВМ, система малых ВМ
Kleinröhre f малогабаритная [миниатюрная] лампа
Kleinsender m маломощный передатчик
Kleinsignal n 1. малый сигнал 2. слабый сигнал
Kleinsignalbereich m 1. область малых сигналов 2. область слабых сигналов
Kleinsignalbetrieb m режим малого сигнала
Kleinsignalersatzschaltung f эквивалентная схема для малых сигналов
Kleinsignalimpedanz f полное сопротивление в режиме малого сигнала
Kleinsignalkenngröße f, **Kleinsignalparameter** m параметр в режиме малого сигнала, малосигнальный параметр
Kleinsignaltheorie f теория малых сигналов
Kleinsignalverhalten n см. **Kleinsignalbetrieb**
Kleinsignalverstärkung f усиление слабых сигналов
Kleinspannung f низкое напряжение (*питания*)
Kleinstation f маломощная радиостанция
Kleinstbaugruppe f микромодуль
Kleinstdrossel f малогабаритный [миниатюрный] дроссель
Kleinsteuerrechner m см. **Kleinprozeßrechner**
Kleinstlast f минимальная нагрузка
Kleinstmaß n наименьший предельный размер
Kleinstmotor m микродвигатель
Kleinstrechner m микроЭВМ
Kleinstschalter m микровыключатель
Kleinstspannung f минимальное напряжение
Kleinstwiderstand m 1. минимальное сопротивление 2. миниатюрный резистор

Kleinwinkelstreuung f малоугловое рассеяние
Kleinzyklus m малый цикл (*работы ВМ*), подцикл
Klemmdiode f фиксирующий диод
Klemme f зажим, клемма
Klemmeffekt m 1. пинч-эффект (*самостягивание разряда*) 2. паразитные колебания (*воспроизводящей иглы вследствие сужения канавки записи*)
klemmen 1. зажимать, подключать 2. фиксировать
Klemmenanschlußplan m схема соединений
Klemmenbrett n клеммная панель, клеммный щиток, панель [щиток] с зажимами
Klemmeneigenschaften f pl **des Kanals** электрические свойства канала, измеренные на зажимах
Klemmenkapazität f ёмкость между зажимами
Klemmenkasten m соединительная коробка
Klemmenleiste f 1. клеммная колодка, планка с зажимами 2. планка с монтажными лепестками
Klemmenleistung f мощность на зажимах; выходная мощность
Klemmenpaar n полюсная пара зажимов
Klemmenspannung f напряжение на зажимах
Klemmenstreifen m *см.* **Klemmenleiste**
Klemmenverteiler m клеммная распределительная колодка
Klemmenwiderstand m сопротивление на зажимах
Klemmfehler m ошибка фиксации
Klemmgesperre n стопор с зажимом
Klemmimpuls m *тлв* импульс фиксации (уровня)
Klemmkondensator m конденсатор (цепи) фиксации
Klemmlücke f участок (*гасящего импульса*) для фиксации (уровня)
Klemmpegel m уровень фиксации
Klemmpotential n напряжение фиксации
Klemmregelschaltung f схема управляемой фиксации
Klemmregelung f *тлв* регулировка уровня фиксации
Klemmschaltung f *тлв* схема фиксации (уровня)
Klemmschraube f зажим с винтом; зажимный винт
Klemmstufe f каскад фиксации (уровня)
Klemmung f фиксация (уровня)
~, **eingangsseitige** фиксация во входных каскадах
Klemmverstärker m усилитель с фиксацией уровня (*сигнала*)
Klettern n **von Versetzungen** *крист.* переползание дислокаций
Klick m 1. короткий импульс 2. щелчок (*вид помехи*)
Klimaanlage f кондиционер
Klimabeanspruchungen f pl климатические требования
Klimabedingungen f pl климатические условия
klimafest стойкий к климатическим воздействиям
Klimakammer f камера для климатических испытаний
Klimaprüfklasse f класс [группа] климатических испытаний

Klimaschutz m защита от климатических воздействий
Klimavorschriften f pl требования, обусловленные окружающей средой
Klingelstrom m *тлф* вызывной ток
Klingen n 1. микрофонный эффект 2. звучание
Klingfestigkeit f устойчивость к микрофонному эффекту
klingfrei без микрофонного эффекта
Klingmaß n, **Klingniveau** n уровень (помех от) микрофонного эффекта
Klingverzerrung f искажение вследствие микрофонного эффекта
Klinke f 1. гнездо (*коммутатора*) 2. пружинный переключатель 3. защёлка
Klinkenbuchse f (двухсекционное) гнездо с контактной пружиной
Klinkenfeder f пружина (штепсельного) гнезда
Klinkenfeld n гнездовая панель; *тлф* коммутационное поле
Klinkenhülse f гильза гнезда
Klinkenkabel n кабель многократного поля
Klinkenkontakt m штепсельный контакт
Klinkenpaneel n *см.* **Klinkenfeld**
Klinkenstecker m коммутаторный штекер
Klinkenstöpsel m (телефонный) штепсель
Klinkenstreifen m рамка [планка] с гнёздами
Klinkenumschalter m 1. штепсельный коммутатор, штепсельный концентратор 2. панель с испытательными гнёздами (*междугородных линий*)
Klirrabgleich m компенсация нелинейных искажений
Klirranalysator m анализатор нелинейных искажений
Klirrdämpfung f уменьшение [ослабление] нелинейных искажений
Klirrdämpfungsmaß n коэффициент уменьшения нелинейных искажений
Klirren n 1. нелинейные искажения 2. дребезжание
Klirrfaktor m коэффициент нелинейных искажений, КНИ
klirrfaktorarm с малым коэффициентом нелинейных искажений
Klirrfaktormesser m измеритель коэффициента нелинейных искажений
klirrfrei без нелинейных искажений
Klirrgeräusch n шумы, обусловленные нелинейными искажениями
Klirrgrad m *см.* **Klirrfaktor**
Klirrkoeffizient m 1. *см.* **Klirrfaktor** 2. коэффициент гармоник (*коэффициент нелинейных искажений по первой или второй гармонике*)
Klirrmessung f измерение нелинейных искажений
Klirrtöne m pl 1. тона, появляющиеся в результате нелинейных искажений 2. дребезжащие тона
Klirrverzerrungen f pl нелинейные искажения
Klopfer m *тлг* клопфер
Klopferbetrieb m акустическая телеграфия
Klopferrelais n *тлг* реле-клопфер, трансляционный клопфер
Klopfersystem n *тлг* клопферная система
Klopfertaste f *тлг* ключ клопфера

Klopfertelegrafie f акустическая телеграфия
Klopfrelais n см. **Klopferrelais**
Klotzkontakt m кулачковый контакт; торцовый [лобовой] контакт (*выключателя*)
Klydonograf m клидонограф
Klystron n клистрон
~ **mit Außenkreis** клистрон со съёмным резонатором
~ **mit eingebautem Schwingkreis** клистрон с внутренним резонатором
Klystronengenerationszone f зона генерации клистрона [в клистроне]
Klystronresonator m резонатор клистрона
KML-Empfänger m вседиапазонный радиоприёмник
KMOS-Struktur f КМОП-структура
Knack m 1. *зап.* щелчок 2. акустический удар
Knackgeräusch n 1. (одиночные) щелчки 2. испытания на занятость акустическим сигналом
Knackprüfung f см. **Knackgeräusch** 2.
Knackstörung f (одиночные) щелчки
Knall m звуковой щелчок; звуковой треск
Knallfunkensender m искровой передатчик ударного возбуждения
Knallgerät n звукометрический прибор, прибор звуковой разведки
Knallgeräusch n (одиночные) щелчки
Knallmeßverfahren n звукометрия; звукометрическая разведка
Knallschutz m защита от импульсных помех, защита от треска (*в телефонных аппаратах*)
Knebelschalter m рычажный переключатель
Knick m 1. изгиб; излом 2. колено (*напр. волновода*) 3. отвод
Knickbandbildung f образование петель в ленте (*напр. магнитофона*)
Knickcharakteristik f характеристика с резким изгибом
Knickfrequenz f частота среза (*фильтра*)
Knickkennlinie f см. **Knickcharakteristik**
Knickpunkt m 1. точка изгиба (*кривой*) 2. точка останова (*ВМ*); точка прерывания (*программы*)
Knickpunktfrequenz f сопрягающая частота
Knickspannung f 1. напряжение в точке изгиба (*характеристики*) 2. напряжение отсечки
Knickung f, **Knie** n 1. колено (*напр. волновода*) 2. изгиб; излом 3. отвод
Kniespannung f напряжение в точке изгиба (*характеристики*)
Kniespannungskenndaten pl параметры характеристики в нижнем участке (*до изгиба*)
Kniestück n колено (*напр. волновода*)
~, **stoßstellenfreies** согласующее колено
Knippschalter m нажимный выключатель
Knistergeräusch n, **Knistern** n потрескивание
Knochenleitungshörer m остеофон, телефон костной проводимости
Knopf m 1. кнопка 2. ручка; головка
Knopfbedienung f кнопочное управление
Knopfdiode f диод типа «жёлудь»
Knopfelektrode f кнопочный электрод
Knopflochmikrofon n петличный микрофон
Knopflochschalter m миниатюрный выключатель
Knopfmikrofon n петличный микрофон
Knopfmontage f кнопочный узел, кнопочник
Knopfpotentiometer n потенциометр с кнопочным управлением
Knopfröhre f лампа типа «жёлудь»
Knopfschalter m кнопочный выключатель
Knopfsteuerung f кнопочное управление
Knopfzelle f дисковый элемент
K-Norm f (телевизионный) стандарт К, стандарт СЕКАМ (*Франция*)
Knoten m 1. узел; узловая точка 2. вершина, узел (*графа*)
Knotenabstand m расстояние между узлами (*стоячей волны*)
Knotenadmittanzmatrix f матрица узловых проводимостей
Knotenamt n узловая (телефонная) станция
Knotenamtsgruppenwähler m *тлф* групповой искатель узловой станции
Knotenamtskabel n межстанционный (телефонный) кабель
Knotenbreite f см. **Knotenabstand**
Knotenkreis m узловой контур; узловая схема
Knotenlinie f узловая линия
Knotenmatrix f 1. *вчт* матрица узловых путей 2. *мат.* узловая матрица
Knotennetz n *тлф* узловая сеть
Knotenpotentialmethode f метод узловых потенциалов
Knotenpunkt m 1. узел, узловая точка 2. телефонный узел
Knotenpunktanalyse f анализ методом узловых точек
Knotenpunktgesetz n, **Knotenpunktsatz** m первый закон Кирхгофа
Knotenpunktsgleichung f уравнение узловой точки
Knotenregister n *свз* транзитный регистр
Knotenschaltung f узловая схема
Knotenstelle f местоположение [место] узла
Knotenverbindung f 1. узловое соединение 2. соединение перемычками
Knotenvermittlungsstelle f 1. коммутационный узел сети связи 2. узловая телефонная станция; зоновый телефонный узел
Knotenverschiebungsdifferenz f разность узловых смещений
Knotenwellenabstand m расстояние между узлами стоячей волны
Knotenwiderstand m сопротивление в узле
Knudsen-Manometer n радиометрический манометр Кнудсена
Knüppel m 1. рычаг [ручка] управления; кнюппель 2. штырь (*изолятора*)
Knüppelsteuerung f кнюппельное управление
Koaxialanschluß m коаксиальный ввод
Koaxialantenne f коаксиальная антенна
Koaxialbaustein m 1. элемент сборки коаксиальной линии (*напр. разветвитель*) 2. коаксиальный узел
Koaxialdurchführung f коаксиальный ввод
Koaxialgehäuse n коаксиальный корпус
Koaxialhohlleiterübergang f коаксиально-волноводный переход
Koaxialkonnektor m см. **Koaxialsteckverbinder**
Koaxialkreis m 1. коаксиальный контур 2. коаксиальная линия передачи

Koaxiallautsprecher *m* коаксиальный громкоговоритель
Koaxialleiter *m*, **Koaxialleitung** *f* коаксиальная линия
Koaxialleitungsoszillator *m* генератор на коаксиальных линиях
Koaxialleitungsschwingkreis *m* колебательный контур в виде отрезка коаксиальной линии
Koaxialmagnetron *n* коаксиальный магнетрон
Koaxialmikrostreifenleitungsübergang *m* коаксиально-микрополосковый переход
Koaxialpackung *f* 1. сборка коаксиальной линии 2. коаксиальный корпус
Koaxialresonator *m* коаксиальный резонатор, резонатор из отрезка коаксиальной линии
Koaxialsteckverbinder *m* коаксиальный (электрический) соединитель
Koaxialtransistor *m* коаксиальный транзистор
Koaxialwellenleiter *m* коаксиальный волновод
Kobaltdotierung *f* кобальтовая присадка, добавка [примесь] кобальта
Kobaltferrit *m* кобальтовый феррит
Kode *m* 1. код 2. ключ (кода)
~, **alphabetischer** буквенный код
~, **binär-dezimaler** двоично-десятичный код
~, **binärer** двоичный код
~, **dezimal-binärer** [**dezimal-dualer**] десятично-двоичный код
~, **digitaler** цифровой код
~, **dualer** двоичный код
~, **duobinärer** дуобинарный код, двоичный трёхуровневый код ($+1, 0, -1$)
~, **fehlererkennender** код с обнаружением ошибок
~, **fehlerkorrigierender** код с исправлением ошибок
~, **gleichgewichtiger** код с постоянным весом, равновесный код
~, **interner** внутренний код (*ЭВМ*)
~, **N-er** N-элементный код
~, **N-stelliger** N-разрядный код
~, **redundanter** избыточный код
~, **reflektierter** рефлексный [циклический] код
~, **rückwärtiger** обратный код
~, **selbstkorrigierender** самокорректирующийся код
~, **selbstprüfender** код с обнаружением ошибок
~, **symbolischer** символический код, псевдокод
~, **ternärer** троичный код
~, **transparenter** «прозрачный» код
~, **verschlüsselter** зашифрованный код
~, **zyklischer** циклический [рефлексный] код
~, **zyklisch permutierter** циклический [рефлексный] перестановочный код
Kode... *см. тж* **Kodierungs...**
Kodeabstand *m* кодовое расстояние
Kodealgorithmus *m* алгоритм кодирования
Kodebake *f* кодовый маяк
Kodebasis *f* основание кода
Kodedarstellung *f* кодовое представление
Kodedrehgeber *m* преобразователь вал—код [угол—код]
Kodeelement *n* элемент кода
Kodeerzeugung *f* генерация кода

Kodefläche *f* участок (для записи поискового) кода
Kodeformat *n* формат кода
Kodegruppe *f* кодовая группа
Kode-Impuls-Fernmeßsystem *n* кодово-импульсная телеметрическая система
Kodek *m* кодек, кодирующе-декодирующее устройство, кодер-декодер
Kodekombination *f* кодовая комбинация
Kodekonverter *m см.* **Kodewandler**
Kodelänge *f* длина кода
Kodeleser *m* дешифратор (кода)
Kodemodulation *f* импульсно-кодовая модуляция, ИКМ
Kodemultiplex *m* мультиплексная передача с кодовым разделением [кодовым уплотнением] (*каналов*)
Kodemultiplex-Vielfachzugriff *m* одновременная работа (ответчика спутника) с несколькими земными станциями (*напр. сдвинутыми по фазе*)
Kodemuster *n* структура кода
Kodename *m* кодовое [условное] обозначение
Kodeprüfung *f* проверка кода
Kodepulsfolgefrequenz *f* частота следования кодовых импульсов
Koder *m* 1. *вчт* кодирующее устройство; шифратор 2. кодер (*системы цветного телевидения*) 3. (цифровой) кодер
~, **adaptiver** адаптивный кодер
~, **nichtadaptiver** неадаптивный кодер
Koderad *n см.* **Kodescheibe**
Koderedundanz *f* избыточность кода
Koderprüfzeichen *n тлв* испытательная строка, введённая в кодер
Kodescheibe *f* кодирующий диск; преобразователь вал—цифра
Kodescheibenumsetzer *m* преобразователь вал—цифра
Kodeselektion *f* кодовая селекция
Kodesicherung *f* помехозащищённость кода
Kodesignal *n* кодированный сигнал
Kodespur *f* кодовая дорожка (*на носителе*)
Kodestruktur *f* структура кода
Kodesystem *n* кодовая система
Kodetafel *f* таблица кодов
Kodetransformation *f* преобразование кодов
Kodetransparenz *f* кодовая прозрачность (*инвариантность по отношению к различным системам кодирования*)
Kodetrommel *m* кодовый [кодирующий] барабан
Kodeübersetzer *m см.* **Kodewandler**
Kodeübersetzung *f см.* **Kodetransformation**
Kodeumfang *m* объём кода
Kodeumschreibung *f* перезапись кодов
Kodeumsetzer *m см.* **Kodewandler**
Kodevielfachzugriff *m см.* **Kodemultiplex-Vielfachzugriff**
Kodewähler *m* кодовый селектор, селектор кода
Kodewahlschalter *m* переключатель кодового селектора [селектора кода]
Kodewandler *m* преобразователь кода
~ **mit Spannungsvergleich** преобразователь кода в цифровую форму методом сравнения напряжения

KOD KOI K

~, **zyklisch-binärer** преобразователь циклического кода в двоичный
Kodewert *m* кодовое значение
Kodewort *n* ключевое слово; дескриптор
Kodezeichen *n* кодовый знак
Kodezeile *f* кодовая строка
Kodeziffer *f* кодовый разряд
Kodier-Dekodier-Gerät *n см.* **Kodek**
kodieren кодировать
Kodierer *m см.* **Koder**
kodiert кодированный □ **binär** ~ двоично-кодированный
Kodierung *f* кодирование
~, **adaptive** адаптивное кодирование
~, **bionische** бионическое кодирование; адаптивное групповое кодирование
~, **differentielle** дифференциальное кодирование
~, **fehlerkorrigierende** кодирование с исправлением ошибок
~, **geschlossene** совместное кодирование (*кодирование полного цветового телевизионного сигнала*)
~, **getrennte** *тлв* раздельное кодирование (*кодирование сигнала яркости и цветоразностных сигналов отдельно*)
~, **gleichmäßige [lineare]** линейное кодирование (*кодирование равномерно квантованного сигнала*)
~ **mit Prädiktion** кодирование с предсказанием
~, **nichtlineare** нелинейное кодирование (*кодирование неравномерно квантованного сигнала*)
~, **optimale** оптимальное кодирование
~, **prädiktive** кодирование с предсказанием
~, **psychovisuelle** психовизуальное кодирование
~, **redundante** кодирование с избыточностью
~, **störsichere** помехоустойчивое кодирование
~, **symbolische** символическое кодирование
~, **ungleichmäßige** *см.* **Kodierung, nichtlineare**
~, **zeilengebundene** синхронное кодирование строки данных (*телетекста*), привязанное к телевизионной строке
~, **zeilenungebundene** несинхронное кодирование строки данных (*телетекста*), не привязанное к телевизионной строке
Kodierungsfolge *f* закодированная последовательность
Kodierungsmatrix *f* кодирующая матрица
Kodierungsröhre *f* кодирующая трубка
Kodierungsspeicher *m* ЗУ *или* память с кодированием (*напр. цветовым*)
Kodierungsstandard *m*, **kompatibler** совместимый стандарт кодирования
Kodierungzweiersystem *n* двоичная система кодирования
Kodierzeile *f* кодовая строка
Koeffizient *m* коэффициент
~ **der horizontalen Linearitätsabweichung** коэффициент нелинейности строчной развёртки
~ **der vertikalen Linearitätsabweichung** коэффициент нелинейности кадровой развёртки
~ **von Routh** коэффициент Рауса
Koeffizienteneinheit *f* блок задания [установки] коэффициентов
Koeffizientenmatrix *f* матрица коэффициентов

Koffizientenpotentiometer *n* потенциометр для задания [установки] коэффициентов
Koerzimeter *n* коэрци(ти)метр
Koerzitivfeld *n* коэрцитивное поле
Koerzitivfeldstärke *f*, **Koerzitivkraft** *f* коэрцитивная сила
~, **ferroelektrische** коэрцитивная сила сегнетоэлектрика
Koerzitivkraftpunkt *m* точка на кривой намагничивания, соответствующая коэрцитивной силе
Kofferlautsprecher *m* громкоговоритель в чемодане-футляре
Kofunktion *f* функция дополнения, кофункция
kohärent, miteinander взаимно когерентный
Kohärentimpulsradar *n* когерентно-импульсная РЛС
Kohärentlichtholografie *f* голографирование в когерентном свете
kohärent-optisch когерентно-оптический
Kohärenz *f* когерентность
Kohärenzbreite *f* ширина когерентности (*напр. лазерного излучения*)
Kohärenzeffekt *m* эффект когерентности
Kohärenzempfang *m* когерентный приём
Kohärenzextender *m* устройство повышения когерентности (*напр. излучения лазера*)
Kohärenzfunktion *f*, **wechselseitige** функция взаимной когерентности
Kohärenzgebiet *n* область когерентности
Kohärenzgrad *m* степень когерентности
Kohärenzlänge *f* длина когерентности
Kohärenzlichtquelle *f* источник когерентного света
Kohärenzparameter *m pl* согласованные параметры
Kohärenzreichweite *f* радиус когерентности
Kohärenzselektion *f* избирательность по когерентности
Kohärenzvergrößerung *f* когерентное усиление
Kohärer *m* когерер, фриттер
Kohlegriesmikrofon *n* угольный микрофон
Kohlemassewiderstand *m* композиционный углеродистый резистор
Kohlemikrofon *n* угольный микрофон
Kohlendioxidlaser *m см.* **Kohlensäuregaslaser**
Kohlenkörnermikrofon *n* угольный микрофон
Kohlenplättchen *n* угольная пластинка
Kohlenpulvermikrofon *n* угольный микрофон
Kohlensäuregaslaser *m* лазер на углекислом газе, CO_2-лазер
Kohlenschichtpotentiometer *n* углеродистый плёночный потенциометр
Kohlenschichtwiderstand *m* углеродистый плёночный резистор
Kohlensprechkapsel *f* микрофонный капсюль с угольным порошком
Kohlenwiderstand *m* углеродистый резистор
Kohlrausch-Meßbrücke *f* измерительный мост Кольрауша
Koinzidenz *f* совпадение
Koinzidenzanalysator *m* анализатор совпадений
Koinzidenzanordnung *f* схема совпадений
Koinzidenz-Antikoinzidenzschaltung *f* схема совпадения и антисовпадения

Koinzidenzauflösezeit f разрешающее время схемы совпадения
Koinzidenzauflösungsvermögen n разрешающая способность схемы совпадения
Koinzidenzauswahl f выборка по принципу совпадения (*токов*)
Koinzidenzdemodulator m 1. демодулятор, работающий по принципу совпадений 2. детектор совпадения
Koinzidenzdetektor m детектор совпадения
Koinzidenzentfernungsmesser m дальномер с совпадением изображений
Koinzidenzfehler m погрешность совпадения
Koinzidenzgatter n вентиль [схема] совпадения, вентиль [схема] И
Koinzidenzimpuls m импульс совпадения
Koinzidenzmessung f измерение по методу совпадений; измерение совпадений
Koinzidenzmethode f метод совпадений
Koinzidenzmikrofone n pl совмещённые микрофоны (*в стереофонии*)
Koinzidenzmischstufe f, **Koinzidenzmixer** m смесительный каскад, основанный на методе совпадений
Koinzidenzprinzip n 1. *вчт* принцип совпадений 2. *опт.* принцип совмещения
Koinzidenzrate f 1. скорость счёта совпадений 2. частота совпадений
~, **zufällige** скорость счёта случайных совпадений
Koinzidenzregister n регистр совпадения
Koinzidenzröhre f лампа совпадения (*напр. двухсеточного тиратрона*)
Koinzidenzschaltung f схема совпадения, схема И
Koinzidenzsignal n 1. *вчт* сигнал совпадения 2. синхронизирующий сигнал 3. *тлг* тактовый сигнал
Koinzidenzspeicher m ЗУ *или* память, работающие по принципу совпадения (*токов или потоков*)
Koinzidenz-Stereomikrofone n pl стереомикрофоны с совмещёнными характеристиками
Koinzidenzströme m pl совпадающие токи
Koinzidenzstromschaltsystem n переключающее устройство, работающее по принципу совпадения токов
Koinzidenzstufe f каскад совпадения
Koinzidenztor n *см.* Koinzidenzgatter
Koinzidenztorschaltung f *см.* Koinzidenzschaltung
Koinzidenzvergleicher m 1. компаратор совпадения 2. дешифратор кода команд
Koinzidenzverknüpfung f *см.* Koinzidenzschaltung
Koinzidenzverstärker m усилитель схемы совпадения
Koinzidenzzähler m счётчик совпадений
Koinzidenzzählrate f *см.* Koinzidenzrate 1.
koinzidieren совпадать
Kolben m 1. баллон (*ЭЛП*) 2. колба (*напр. электрической лампы*) 3. поршень
Kolbenabschwächer m *см.* Kolbenattenuator
Kolbenanschluß m штырёк [вывод] баллона
Kolbenattenuator m поршневой аттенуатор
Kolbenboden m дно баллона
Kolbenhals m горловина баллона
Kolbenkappe f колпачок на баллоне лампы

Kolbenkonus m конус баллона
Kolbenmembran f поршневая мембрана
Kolbenverschluß m, **vakuumdichter** вакуумплотный спай баллона *или* колбы
Kolbenwellenmesser m поршневой волномер
Kollaps m коллапс (*ЦМД*)
Kollektivmodell n **der Elektronen** *фтт* модель коллективизированных электронов
Kollektor m 1. *пп* коллектор 2. коллектор (*СВЧ-прибора*) 3. устройство сбора (*напр. информации*)
Kollektorabschlußwiderstand m сопротивление нагрузки в цепи коллектора
Kollektoranode f собирающий электрод, коллектор
Kollektoranschluß m 1. вывод коллектора 2. подключение коллектора
Kollektorbahnwiderstand m сопротивление коллектора (*от перехода до вывода*)
Kollektor-Basis-Diode f (интегральный) диод (на основе перехода) коллектор—база
Kollektor-Basis-Durchbruchspannung f напряжение пробоя перехода коллектор—база
Kollektorbasiskriechstrom m ток (поверхностной) утечки перехода коллектор—база
Kollektorbasisschaltung f схема с общим коллектором
Kollektorbasisübergang m переход коллектор—база
~, **in Sperrrichtung vorgespannter** обратносмещённый переход коллектор—база
Kollektor-Basiszone f зона коллектор—база
Kollektorbelastung f нагрузка коллектора
Kollektorbereich m коллекторная область
Kollektordiffusion f коллекторная диффузия
Kollektordiode f диод коллекторного перехода
Kollektordurchbruch m, **Kollektordurchschlag** m пробой коллектора
Kollektorelektrode f 1. *пп* электрод коллектора 2. коллектор, собирающий электрод
Kollektorelektronenstrom m электронный ток коллектора
Kollektor-Emitterdurchschlag m пробой коллектор—эмиттер
Kollektor-Emitterkurzschlußtest m проверка участка коллектор—эмиттер на короткое замыкание
Kollektor-Emitter-Restspannung f остаточное напряжение коллектор—эмиттер (*в полностью отпертом транзисторе*)
Kollektor-Emitter-Schaltung f цепь коллектор—эмиттер
Kollektor-Emitter-Spannung f напряжение коллектор—эмиттер
Kollektor-Emitterstrom m ток утечки коллектор—эмиттер
Kollektor-Emitter-Überspannung f перенапряжение на участке коллектор—эмиттер
Kollektorentkopplung f коллекторная развязка
Kollektorersatzschaltung f эквивалентная схема коллектора
Kollektorfläche f коллекторный слой
Kollektorgebiet n коллекторная область
kollektorgekoppelt с коллекторной связью

Kollektorgleichstrom *m* постоянная составляющая тока коллектора
Kollektorgrenzbedingung *f* граничное условие коллектора
Kollektorgrenzfrequenz *f* граничная частота коллектора
Kollektorgrenzschicht *f* коллекторный переход
Kollektorgrenzschichtverzögerung *f* запаздывание (*сигнала*), вызванное прохождением носителей через коллекторный переход
Kollektorgrundschaltung *f* схема с общим коллектором
Kollektorinnere *n* тело коллектора
Kollektorkapazität *f* ёмкость коллекторного перехода
Kollektorkniespannung *f* напряжение изгиба коллекторной характеристики
Kollektorkontakt *m* контакт коллектора
Kollektorkopplung *f* цепь коллектора
Kollektorkreiszeitkonstante *f* постоянная времени цепи коллектора
Kollektorkügelchen *n* см. **Kollektorperle**
Kollektorlaufzeit *f* время прохождения носителей заряда через коллекторную область
Kollektorlegierung *f* легирование коллектора
Kollektorleistung *f* 1. мощность в цепи коллектора 2. мощность рассеяния коллектора
Kollektorleiter *m* 1. провод(ник) коллектора 2. вывод коллектора
Kollektorleitfähigkeit *f* проводимость (цепи) коллектора
Kollektorlöcherstrom *m* дырочный ток коллектора
Kollektorperle *f*, **Kollektorpille** *f* бусина коллекторной навески (*легирующего материала*)
Kollektorpotential *n* потенциал коллектора
Kollektorpunktkontakt *m* точечный контакт коллектора
Kollektorrandschicht *f* коллекторный граничный слой
Kollektorraumladungsschicht *f* область коллекторного объёмного заряда
Kollektorrestspannung *f* остаточное напряжение коллектора
Kollektorreststrom *m* остаточный ток коллектора
Kollektorrückstrom *m* обратный ток коллектора
Kollektorruhestrom *m* ток покоя (в цепи) коллектора
Kollektorsättigung *f* насыщение коллектора
Kollektorschaltung *f* схема с общим коллектором
Kollektorschicht *f* коллекторный слой
Kollektorschleife *f* 1. коллекторный виток (*катушки*) 2. петля коллекторной вольт-амперной характеристики (*в дефектных транзисторах*)
kollektorseitig со стороны коллектора
Kollektorspannung *f* напряжение коллектора
Kollektorsperrgebiet *n* область отсечки коллекторного тока
Kollektorsperrschicht *f* запирающий слой коллекторного перехода
Kollektorsperrschichtstrom *m* ток коллекторного перехода
Kollektorsperrspannung *f* обратное напряжение коллектора
Kollektorsperrstrom *m* обратный ток коллектора

Kollektorspitzenverlustleistung *f* пиковая мощность рассеяния на коллекторе
Kollektorsteuerung *f* управление по цепи коллектора
Kollektorstrom *m* ток коллектора
Kollektorübergang *m* коллекторный переход
Kollektorübergangsstrom *m* ток коллекторного перехода
Kollektorübergangszone *f* область коллекторного перехода
Kollektorverlust *m*, **Kollektorverlustleistung** *f* мощность рассеяния на коллекторе
Kollektorverstärker *m* усилитель на транзисторе с заземлённым коллектором, эмиттерный повторитель
Kollektorverstärkungsfaktor *m* коэффициент усиления коллектора
Kollektorvolumen *n* объём коллектора
Kollektorwechselspannung *f* переменное напряжение [напряжение сигнала] на коллекторе
Kollektorwiderstand *m* сопротивление коллектора
Kollimation *f* коллимация, коллимирование
Kollimator *m* коллиматор
Kollinearantenne *f* коллинеарная антенна
Kollinearität *f* коллинеарность
Kollision *f* 1. столкновение; соударение 2. встреча, перехват 3. пересечение
Kollisionskursmarkierung *f* индикация опасного курса (*напр. курса возможного столкновения*)
Kollisionsschutz *m* нвг защита от столкновений, предупреждение столкновений
Kollisionsschutzgerät *n*, **Kollisionswarngerät** *n* РЛС предупреждения столкновений
Kolorierung *f* окрашивание
Kolorimeter *n* колориметр
Kolorimetrie *f* колориметрия
Koma *f*, **Komafehler** *m* *опт.* кома
Kombibuchse *f* универсальная розетка, универсальное гнездо
Kombikopf *m* *зап.* комбинированная головка
Kombination *f* 1. комбинация 2. комбинирование; объединение 3. *мат.* сочетание, соединение
Kombinationsauswahlsystem *n* комбинационная многоканальная система (*телеуправления*)
Kombinationsfaktor *m* комплексный коэффициент
Kombinationsfrequenz *f* комбинационная частота
Kombinationslaser *m* комбинационный лазер
Kombinationslautsprecher *m* двухполюсный громкоговоритель
Kombinationsleitfähigkeit *f*, **Kombinationsleitwert** *m* общая проводимость (*сложной цепи*)
Kombinationsröhre *f* комбинированная [многоэлектродная] электронная лампа
Kombinationsschalter *m* 1. переключатель комбинаций 2. комбинированный выключатель, выключатель-переключатель
Kombinationssteckverbinder *m* комбинированный штекерный соединитель
Kombinationsstreuung *f* комбинационное рассеяние
~, **erzwungene** вынужденное комбинационное рассеяние

Kombinationstechnik *f* техника совмещённых схем
Kombinationston *m* комбинационный [сложный] тон
Kombinationswelle *f* составная волна
Kombinationswiderstand *m* общее сопротивление (*сложной цепи*)
Kombinatorik *f* комбинаторика
Kombinierbarkeit *f* возможность построения различных (схемных) комбинаций из стандартных узлов
Komma *n* запятая
~, **festes** *вчт* фиксированная запятая
~, **gleitendes** *вчт* плавающая запятая
Kommando *n* команда
Kommandoanlage *f* командная [диспетчерская] установка; установка командной [оперативной] связи
Kommandobildung *f* формирование команд(ы)
Kommandoempfänger *m* приёмник команд
Kommandofrequenz *f* 1. частота командной сети 2. частота выдачи [частота подачи, частота посылки] команд
Kommandogeber *m* датчик команд; командоаппарат
Kommandogenerator *m* генератор команд
Kommandoimpuls *m* командный импульс
Kommandokennzeichnung *f* обозначение [признак] команды
Kommandokode *m* код команды
Kommandolautsprecheranlage *f* громкоговорящая установка командной связи
Kommandoleitung *f* линия команд
Kommandopult *n* пульт управления
Kommandoraum *m* командный пункт; диспетчерская
Kommandorechenmaschine *f* управляющая [командная] ВМ
Kommandoregister *n* регистр команд
Kommandosender *m* передатчик команд
Kommandosignal *n* сигнал управления
Kommandostreifen *m* управляющая перфолента
Kommandosystem *n* система команд (*ВМ*)
Kommandotaste *f* кнопка подачи команд(ы)
Kommandoübermittlung *f* передача управления
Kommastellung *f вчт* положение запятой
Kommaverschiebung *f вчт* сдвиг [перенос] запятой
Kommentarfeld *n* панель пульта комментатора
Kommentator-Kabine *f* кабина комментатора
Kommentator-Überwachungseinheit *f* устройство контроля комментаторской информации
Kommerz-TV *f* 1. коммерческое телевидение 2. передача рекламы по телевидению
Kommunikation *f* связь; коммуникация
~, «**offene**» связь «каждого с каждым»
Kommunikationsdienst *m* служба связи
Kommunikationsempfänger *m* связной (радио)-приёмник
Kommunikationskanal *m* канал связи
Kommunikationskette *f* цепь связи
Kommunikationsmittel *n pl* средства связи
Kommunikationsnetz *n* сеть связи
Kommunikationsprotokoll *n вчт* протокол обмена; протокол связи

Kommunikationssatellit *m* спутник связи
Kommunikationsschnittstelle *f* связной интерфейс, интерфейс связи
Kommunikationssystem *n* система связи
Kommunikationstechnik *f* техника связи
Kommutation *f см.* **Kommutierung**
Kommutations... *см.* **Kommutierungs...**
Kommutationswerte *m pl* параметры коммутации
Kommutator *m* коммутатор; переключатель
Kommutatorkreis *m* схема коммутатора; электронный переключатель
Kommutatorlamelle *f* ламель переключателя
Kommutatorprinzip *n* принцип коммутации
Kommutierung *f* коммутация, коммутирование; переключение
Kommutierungsfrequenz *f* 1. частота коммутации 2. частота гармоник, образующихся при коммутации
Kommutierungsintervall *n* интервал коммутации
Kommutierungskonstante *f* постоянная коммутации; постоянная переключателя
Kommutierungskurve *f* основная кривая намагничивания, коммутационная кривая
Kommutierungsschaltung *f* схема коммутации; переключающая схема
Kompaktbaustein *m* компактный [малогабаритный] функциональный узел
Kompaktbauweise *f* компактная [малогабаритная] конструкция
Kompaktbox *f* малогабаритная звуковая колонка
Kompaktheit *f* плотность (*напр. упаковки*)
Kompaktkassette *f* компакт-кассета
Kompakt-Video-Kamera-Kassettenrecorder *m* кассетная видеокамера
Kompander *m* компандер (*совокупность компрессора и экспандера*)
Kompandergewinn *m* эффективность компандирования
Kompandierung *f* компандирование (*процесс, при котором после компрессии следует экспандирование сигнала*)
~, **analoge** аналоговое компандирование
~, **digitale** цифровое компандирование
~ **nach Augenblickswerten** компандирование мгновенных значений величины
Kompandierungsgesetz *n* закон компандирования
Kompandierungsgewinn *m* выигрыш за счёт компандирования
Kompandor *m см.* **Kompander**
Komparator *m* компаратор
Komparatorbrücke *f* мост сравнения
Komparatorprinzip *n* принцип сравнения
Komparatorschwelle *f* порог [предел] компарирования
Kompatibilität *f* совместимость
~ **der Abtastwerte** совмещение отсчётов (*изображения*)
~, **elektromagnetische** электромагнитная совместимость
~, **inverse** обратная совместимость
Kompatibilitätsgründe *m pl* требования совместимости
Kompensation *f* 1. компенсация; уравнивание, выравнивание 2. коррекция

~ **durch Dotierung** *пп* компенсация легированием
~, **einmalige** однократная компенсация
~ **der Festzeichen** *рлк* подавление отражений от местных предметов
Kompensationsantenne *f* компенсированная антенна
Kompensationsbildverstärker *m* (от)корректированный видеоусилитель
Kompensationselement *n* 1. компенсирующий [уравнивающий] элемент 2. элемент коррекции
Kompensationsfarbe *f тлв* дополнительный цвет
Kompensationsfeld *n* компенсирующее поле
Kompensationsgröße *f изм.* эталонная величина
Kompensationshalbleiter *m* компенсированный полупроводник
Kompensationsinduktivität *f* корректирующая индуктивность
Kompensationskapazität *f* корректирующая ёмкость
Kompensationskreis *m* 1. цепь компенсации 2. цепь коррекции 3. компенсатор радиопеленгатора
Kompensationsleitung *f* уравнительный провод
Kompensationslinse *f* корректирующая линза
Kompensationsmagnet *m* корректирующий (электро)магнит
Kompensationsmeßmethode *f* компенсационный [нулевой] метод измерения
Kompensationsmeßschaltung *f* компенсационная измерительная схема
Kompensationsmikrofon *n* компенсированный микрофон (*нечувствителен к мешающим звукам*)
Kompensationspunktaufzeichnung *f* термопластическая поточечная (лазерная) запись
Kompensationsrähmchen *n изм.* компенсирующая рамка
Kompensationschaltung *f* 1. схема компенсации 2. схема коррекции
Kompensationssignal *n* 1. компенсирующий сигнал 2. корректирующий сигнал
Kompensationsspannung *f* компенсирующее напряжение
Kompensationsspule *f* компенсационная катушка; компенсационная обмотка
Kompensationsstreifen *m* 1. компенсационная полоска (*у термопреобразователя*) 2. компенсационный тензометрический датчик
Kompensationsstromverstärker *m* компенсационный усилитель тока
Kompensationsstufe *f* компенсирующий каскад, каскад компенсации
Kompensationswicklung *f* компенсационная обмотка
Kompensationszweig *m* 1. компенсационная [компенсирующая] цепь 2. корректирующая цепь
Kompensator *m* 1. компенсатор 2. корректор 3. потенциометр; делитель напряжения
~, **selbstabgleichender** компенсатор с автоматическим уравновешиванием
Kompensatorspannungsmesser *m* компенсационный вольтметр
Kompensier... *см.* **Kompensations...**

kompensieren 1. компенсировать; выравнивать, уравнивать 2. корректировать
Kompensierung *f см.* **Kompensation**
Kompensograf *m* компенсограф, компенсационный самопишущий прибор
Kompiler *m*, **Kompilerprogramm** *n* компилятор, компилирующая программа
Komplement *n* 1. *мат.* дополнение 2. *см.* **Komplementärkode**
Komplementärfarbe *f* дополнительный цвет
Komplementärkode *m* дополнительный *или* обратный код (*числа*)
Komplementärnetzwerk *n* дополнительная цепь; дополнительный контур
Komplementärstruktur *f* комплементарная [дополняющая] структура
Komplementärtransistor *m* транзистор комплементарной [дополняющей] структуры
Komplementform *f см.* **Komplementärkode**
Komplementgatter *n* вентиль обратного кода
Komplementiereinrichtung *f см.* **Komplementierwerk**
Komplementierung *f*, **Boolesche** операция образования булева дополнения
Komplementierwerk *n* комплементарная [дополняющая] схема
Komplettlötung *f* комбинированная пайка
Komplexamplitude *f* комплексная амплитуда
Komplexautomatisierung *f* комплексная автоматизация
Komplexion *n* ион комплекса *или* кластера
Komplexität *f* 1. *микр.* степень интеграции (*количество элементов на кристалл*) 2. сложность (*связей*) 3. трудоёмкость (*напр. вычислений*)
Komplexkompound *m* сложный компаунд
Komplexmikroelektronbaustein *m* микромодуль
Komplexverbindung *f* 1. сложная связь 2. сложный компаунд
Kompliziertheit *f киб.* сложность
Komponente *f* 1. компонента, составляющая 2. компонент; элемент; деталь
~, **konstante** постоянная составляющая
~, **nicht gewünschte** паразитная [нежелательная] составляющая
~, **überlagerte** наложенная составляющая
Komponentenaufzeichnungsstandard *m* формат (видео)записи раздельно-кодированного сигнала
Komponentendichte *f* плотность монтажа
Komponentenform *f тлв* раздельная форма, Y- и V-форма (видеосигнала)
Komponenten-Format *n* формат раздельного представления (видеосигнала)
Komponentenkodierung *f* раздельное кодирование (составляющих видеосигнала)
Komponentenrecorder *m* видеомагнитофон для раздельной записи (составляющих видеосигнала)
Komponentensignale *n pl* составляющие видеосигналы
Komponentensystem *n* радиокомбайн
Komponentenübertragung *f* раздельная передача (сигналов яркости и цветности)
Komponentenzerlegung *f* разложение на составляющие

Kompositform f совместная форма (видеосигнала)
Komposition f вчт композиция; составление, формирование
Kompositkodierung f совместное кодирование (*кодирование полного цветового телевизионного сигнала*)
Kompound m 1. компаунд, компаундная [заливочная] масса 2. *прогр.* составной оператор
Kompoundierung f компаундирование, заливка компаундом
Kompressibilität f сжимаемость
Kompression f 1. сжатие; сокращение 2. компрессия, сжатие динамического диапазона
Kompressionscharakteristik f см. **Kompressionskurve**
Kompressionsfaktor m коэффициент сжатия
Kompressionsfilter n магнитомеханический фильтр, работающий на колебаниях сжатия
Kompressionsgrad m степень сжатия
Kompressionskurve f характеристика сжатия (*динамического диапазона*)
Kompressionsschwingungen f pl колебания сжатия
Kompressionsverhältnis n степень сжатия; коэффициент сжатия
Kompressionswelle f волна сжатия
Kompressor m 1. устройство сжатия 2. компрессор, схема компрессии
Kompressordehner m, **Kompressor-Expander** m компрессор-экспандер, компандер
Komprimierung f см. **Kompression**
Kompromißnachbildung f 1. упрощённое моделирование 2. приближённая эквивалентная схема
Komputer m см. **Computer**
Kondensanz f ёмкостное сопротивление
Kondensation f 1. конденсация 2. вчт уплотнение (*напр. программы*)
Kondensationskammer f конденсационная камера
Kondensationskeim m, **Kondensationskern** m центр [зародыш] конденсационной кристаллизации
Kondensationspumpe f конденсационный (вакуумный) насос
Kondensator m 1. конденсатор 2. *опт.* конденсор
~, **abgedichteter** герметизованный конденсатор
~, **dekadischer** декадный магазин ёмкостей
~, **dreipoliger** конденсатор с тремя выводами
~, **eingekapselter** герметизованный конденсатор
~, **einstellbarer** подстроечный конденсатор
~, **fester** конденсатор постоянной ёмкости
~, **flacher** плоский конденсатор
~, **gedruckter** печатный конденсатор
~, **gekuppelter** блок конденсаторов (*переменной ёмкости*); сопряжённый конденсатор
~, **gepolter** полярный (оксидный) конденсатор
~, **integrierter** интегральный конденсатор, конденсатор ИС
~, **Kerrscher** конденсатор [ячейка] Керра
~, **metallisierter** конденсатор с металлизированными обкладками
~ **mit enger Toleranz** конденсатор высокой точности

~ **mit Feinstellung** (переменный) конденсатор с верньером, нониусный конденсатор
~ **mit geteiltem Stator** конденсатор с секционным статором
~ **mit Keramikplatten** керамический конденсатор
~ **mit Sinteranode** объёмно-пористый (оксидный) конденсатор
~, **motorgetriebener** конденсатор (переменной ёмкости) с приводом от электродвигателя
~, **nichtgepolter [nichtpolarer]** неполярный конденсатор
~, **regelbarer** регулируемый конденсатор
~, **selbstheilender** самовосстанавливающийся конденсатор
~, **spannungsabhängiger** 1. вариатор 2. варикап
~, **temperaturkompensierter** конденсатор с температурной компенсацией
~, **umhüllter** герметизованный конденсатор
~, **unveränderlicher** конденсатор постоянной ёмкости
~, **variabler [veränderbarer, veränderlicher, verstellbarer]** конденсатор переменной ёмкости
Kondensatorabgleich m уравнивание [согласование] посредством конденсатора
Kondensatorabtastsystem n ёмкостная система воспроизведения
Kondensatorachse f ось конденсатора (*переменной ёмкости*)
Kondensatorantenne f ёмкостная антенна
Kondensatorarray n набор конденсаторов «НЕ» (*вид микросхемы*)
Kondensatorausgleich m см. **Kondensatorabgleich**
Kondensatorauskopplung f ёмкостная развязка
Kondensatordiodenspeicher m диодно-конденсаторное ЗУ; диодно-конденсаторная память
Kondensatordrosselfilter n конденсаторно-дроссельный фильтр
Kondensatorenmeßgerät n измеритель ёмкости
Kondensatorentladung f разряд конденсатора
Kondensatorfelderwärmung f нагрев в (электростатическом) поле конденсатора
Kondensatorfernhörer m конденсаторный телефон
Kondensatorgeber m ёмкостный датчик
Kondensatorglied n звено конденсаторного фильтра
Kondensatorimpulsgeber m ёмкостный датчик импульсов
Kondensatorkapazität f ёмкость конденсатора
Kondensatorkette f 1. батарея конденсаторов 2. конденсаторный фильтр 3. ёмкостный делитель напряжения
Kondensatorkopfhörer m конденсаторный головной телефон
Kondensatorkopplung f ёмкостная связь
Kondensatorladeverfahren n способ измерения посредством заряда конденсатора
Kondensatorladung f заряд конденсатора
Kondensatorlampe f 1. электролюминесцентная лампа 2. электролюминесцентная индикаторная панель
Kondensatorlautsprecher m электростатический громкоговоритель

Kondensatorleistung f мощность конденсатора
Kondensatorleiter m конденсаторный фильтр
Kondensatorleitfähigkeit f проводимость конденсатора
Kondensatorleitung f 1. конденсаторный фильтр 2. проводимость конденсатора
Kondensatorlinse f конденсорная линза
Kondensatormeßdose f ёмкостный измерительный датчик; конденсаторный динамометр
Kondensatormikrofon n конденсаторный микрофон
Kondensatorplatte f пластина [обкладка] конденсатора
Kondensatorraummikrofon n ненаправленный конденсаторный микрофон
Kondensatorreaktanz f реактивное сопротивление конденсатора
Kondensatorsatz m блок конденсаторов
Kondensatorschalterfilter n фильтр с переключаемыми конденсаторами
Kondensatorscheibe f см. **Kondensatorplatte**
Kondensatorspeicher m конденсаторное ЗУ; конденсаторная память
Kondensatorstoßstromerzeuger m ёмкостный генератор импульсов тока
Kondensatorstrom m (зарядный) ток конденсатора
Kondensatortelefon n конденсаторный телефон
Kondensatorumladefrequenzmesser m зарядно-разрядный частотомер
Kondensatorumladung f перезаряд(ка) конденсатора
Kondensatorverluste m pl потери в конденсаторе
Kondensatorverlustwinkel m угол (диэлектрических) потерь в конденсаторе
Kondensator-Widerstandskombination f RC-комбинация
Kondensatorwiderstandskopplung f RC-связь
kondensieren конденсировать
Kondensiertphasenlaser m лазер на конденсированной среде
Kondensor m опт. конденсор
Konditionierung f 1. тренировка (элементов) 2. согласование устройств; стыковка аппаратуры
Kondor m радионавигационная система «Кондор»
Konduktanz f проводимость
Konduktanzmeßbrücke f мост для измерения проводимости
Konduktanzrelais n реле проводимости
konduktiv проводящий, кондукционный
Konduktivität f проводимость
Konduktometer n прибор для измерения проводимостей
Konduktor m проводник (тока); провод; жила (кабеля)
Konferenzanlage f аппаратура для двусторонней групповой (телефонной) связи
Konferenzgespräch n см. **Konferenzverbindung**
Konferenzschaltung f концентратор [устройство] для двусторонней групповой телефонной связи
Konferenzverbindung f двусторонняя групповая телефонная связь

Konfetti n «конфетти» (флуктуационные шумы)
Konfidenzkoeffizient m доверительный коэффициент
Konfiguration f 1. конфигурация; форма; геометрия 2. структура 3. расположение; распределение 4. микр. топология
Konfigurationswechselwirkung f конфигурационное взаимодействие
konfokal конфокальный, софокусный
Kongruenzventil n схема сравнения
Konjugation f 1. мат. сопряжение 2. обращение (волнового фронта)
konjugiert сопряжённый
Konjunktion f конъюнкция, логическое умножение
Konjunktor m схема сравнения
Konkavkonvexlinse f вогнуто-выпуклая линза
Konkurrenz f 1. вчт конкуренция 2. совпадение (по времени); параллелизм
Konkurrenzbetrieb m 1. совмещённая работа; параллельная работа 2. совмещённые операции
Konnektor m 1. электрический соединитель 2. вчт соединительный знак; символ переноса программы
~, **elektrischer** электрический соединитель
~, **variabler** прогр. условный переход
Konoid n коноид
Konoskop n поляризационный микроскоп, коноскоп, ортоскоп (прибор для определения положения оси кварцевого резонатора)
konphas синфазный, в фазе
Konserve f проф. магнитная запись (звука, изображения)
Konservierung f консервация (напр. программ)
~ **des Bild(e)s, magnetische** магнитная запись изображения
konsistent 1. постоянный 2. последовательный 3. согласующийся, совместимый
Konsolanschluß m устройство сопряжения стойки (с системой)
Konsole f 1. стойка; консоль 2. пульт (управления); стол [пульт] оператора
~, **sekundäre** вспомогательный пульт
Konsonanz f 1. консонанс 2. электрический или акустический резонанс
~, **elektrische** совпадение частот электрических колебаний
konstant 1. постоянный; устойчивый, стабильный 2. фиксированный; неизменный
Konstante f 1. константа, постоянная 2. параметр; коэффициент
~, **ausgeglichene** осреднённая постоянная
~, **dielektrische** диэлектрическая проницаемость
~, **pyroelektrische** пирокоэффициент
Konstantenmultiplikator m блок умножения на константу
Konstantenregister n регистр констант
Konstantenspeicher m ЗУ констант; память констант
Konstantenumschalter m изм. переключатель постоянных множителей (прибора)
Konstanthalter m стабилизатор
~, **magnetischer** (ферро)магнитный стабилизатор
Konstanthaltung f стабилизация

KON

Konstanthaltungsfaktor *m*, **Konstanthaltungswert** *m* коэффициент стабилизации
Konstanthochspannungsquelle *f* стабилизированный источник высокого напряжения
Konstant-Leuchtdichte-Übertragung *f* передача (с соблюдением принципа) постоянной яркости
Konstantmagnetisierung *f* постоянная намагниченность
Konstantspannung *f* 1. неизменяющееся [постоянное] напряжение 2. стабилизированное напряжение
Konstantspannungsgeber *m*, **Konstantspannungsquelle** *f* 1. источник неизменяющегося [постоянного] напряжения 2. стабилизированный источник напряжения
Konstantstrom *m* 1. неизменяющийся [постоянный] ток 2. стабилизированный ток
Konstantstromgerät *n* стабилизатор тока
Konstantstromlogik *f*, **komplementäre** комплементарные транзисторно-транзисторные логические схемы с барьерами Шотки
Konstantstromquelle *f* 1. источник неизменяющегося [постоянного] тока 2. стабилизированный источник тока
Konstantstromversorgungsbaustein *m* блок стабилизированного источника питания
Konstanttransformator *m* стабилизирующий трансформатор, трансформатор-стабилизатор *(напряжения и частоты)*
Konstantwellenmethode *f* метод постоянных волн *(для исследования ионосферы)*
Konstanz *f* 1. постоянство; стабильность 2. устойчивость
~, **langfristige** долговременная стабильность
~ **über kurze Zeit** кратковременная стабильность
~ **über lange Zeit** долговременная стабильность
~, **zeitliche** стабильность во времени
Konstanzbereich *m* область постоянного значения
Konstruktion *f* 1. конструкция 2. конструирование; построение
~, **einreihige** однорядная конструкция *(напр. выводов контактного узла)*
~, **gedrungene** компактная конструкция
~, **geschlossene** герметичная конструкция
~, **logische** 1. логическая схема 2. составление логической схемы *(устройства)*
~, **raumsparende** компактная конструкция
~, **rechnergestützte** машинное конструирование
~, **robuste** жёсткая [прочная] конструкция
~, **zweireihige** двухрядная конструкция *(напр. соединителя)*
Konstruktionsausfall *m* над. конструкционный отказ
Konsum(güte)elektronik *f* бытовая электронная аппаратура
Konsument *m* пользователь *(напр. ЭВМ)*; потребитель *(напр. электроэнергии)*; заказчик
Konsumentenrisiko *n* над. риск заказчика
Kontakt *m* 1. контакт 2. соприкосновение, контакт
~, **angewürgter** беспаечный контакт
~, **eingelassener** утопленный контакт
~, **einspeisender** инжектирующий контакт

KON

~, **enger** плотный контакт
~, **federnder** 1. пружинный контакт 2. контактная пружина
~, **fester [feststehender]** 1. неподвижный контакт 2. неподвижная (контактная) пружина *(реле)*
~, **gedruckter** печатный контакт
~, **gleichrichtender** выпрямляющий контакт
~, **großflächiger** контакт с большой поверхностью соприкосновения
~, **injektierender [injizierender]** инжектирующий контакт
~, **inniger** плотный контакт
~, **intermittierender** прерывистый [прерывающийся] контакт
~, **lamellierter** пластинчатый контакт
~, **lösbarer** разъёмный контакт
~, **nichtbenetzter** сухой (магнитоуправляемый) контакт
~, **nichtohmscher** неомический контакт
~, **quasiohmscher** квазиомический контакт
~, **rückwertiger** тыльный контакт
~, **satter** плотный контакт
~, **selbstreinigender** самозачищающийся контакт
~, **sperrender** 1. выпрямляющий контакт 2. блокирующий контакт
~, **sperrfreier** омический контакт
~, **sperrschichtbehafteter** выпрямляющий контакт
~, **sperrschichtfreier** омический контакт
~, **ungleichmäßiger** неравномерный *(по поверхности)* контакт
~, **unlösbarer** неразъёмный контакт
~, **vorgespannter** контакт с (предварительным) напряжением смещения
~, **zwangsläufiger** принудительный контакт
Kontaktabbildung *f* изображение, полученное методом контактной печати
Kontaktabgriff *m* ползунок *(потенциометра)*
Kontaktabhebung *f* размыкание контакта
Kontaktabstand *m* зазор [расстояние] между контактами
Kontaktabtastung *f* вчт контактное считывание
Kontaktalgebra *f* алгебра релейно-контактных схем
Kontaktbahn *f* 1. цепь контакта 2. ход контакта
Kontaktbank *f* 1. контактная группа 2. контактная панель; контактная планка
Kontaktbauelement *n* контакт *(деталь)*
Kontaktbeben *n* вибрация [дрожание] контактов
Kontaktbelichtung *f* микр. экспонирование при контактной фотолитографии
Kontaktbelichtungsverfahren *n* метод контактной фотолитографии
Kontaktbestückung *f* набор контактов
Kontaktbildschirm *m* сенсорный экран
Kontaktbildung *f* образование контактного перехода
Kontaktbuchse *f* контактное гнездо
Kontaktdauer *f* длительность замыкания *или* размыкания контактов
Kontaktdetektor *m* 1. кристаллический [контактный] детектор 2. детектор электромагнитного излучения на эффекте изменения сопротивления контакта

KON

Kontaktdiffusion f диффузия для формирования контактов
Kontaktdraht m контактный провод; контактный волосок
Kontaktdruck m 1. контактное давление 2. контактная печать 3. *микр.* контактная фотолитография
Kontaktebene f см. **Kontaktfläche**
Kontaktelektronik f электроника контактных соединений
Kontakt-EMK f контактная эдс
Kontaktende n контактная наклёпка; перемычка контакта
Kontaktenfedersatz m группа [комплект] контактных пружин
Kontaktentstörung f устранение радиопомех при размыкании контактов
Kontaktfahne f контактное ушко; контактный вывод
Kontaktfeder f контактная пружина
Kontaktfeld n *тлф* контактное поле
Kontaktfenster n контактное окно (*печатной платы*)
Kontaktfläche f 1. рабочая поверхность контакта 2. контактная площадка (*печатной платы*)
Kontaktfleck m *микр.* контактная площадка; контакт
Kontaktfotolitografie f контактная фотолитография
kontaktfrei, kontaktlos бесконтактный
Kontaktgabe f подача сигнала замыканием контакта
Kontaktgeber m 1. контактный датчик 2. контактор; замыкатель
Kontaktgegend f 1. приконтактная область 2. область контактирования
Kontaktgerät n 1. коммутационный аппарат 2. электромеханический выпрямитель 3. измерительный прибор с контактной стрелкой
Kontaktgitterstruktur f решётчатая структура контактов
Kontakthaften n залипание контактов
Kontakthöcker m контактный столбик, столбиковый вывод
Kontakthub m ход контакта
Kontaktierung f контактирование
Kontaktierungsfläche f контактирующая поверхность
Kontaktierungsinsel f, **Kontaktierungsstelle** f, **Kontaktinsel** f контактная площадка
Kontaktinseljustierung f совмещение контактных площадок
Kontaktjustierung f *микр.* совмещение *или* юстировка (зондовых) контактов
Kontaktkamm m гребёнка концевых (печатных) контактов
Kontaktkapazität f ёмкость контакта
Kontaktkette f цепь [цепочка] контактов
Kontaktkleben n приклеивание контактов
Kontaktklotz m контактная колодка; *тлф* плинт
Kontaktknopf m контактная нажимная кнопка
Kontaktkopieren n 1. контактное копирование 2. *микр.* контактная фотолитография

KON

Kontaktkopiergerät n установка контактной фотолитографии
Kontaktkraft f 1. контактная эдс 2. контактное давление
Kontaktkranz m контактное поле
Kontaktkreis m цепь контакта; цепь контактов
Kontaktlamelle f контактная пластина
Kontaktlasche f контактная планка
Kontaktleiste f контактная планка; контактная колодка
Kontaktlithografie f контактная литография
Kontaktloch n см. **Kontaktfenster**
Kontaktmaske f контактная маска; контактный фотошаблон
Kontaktmeßgerät n прибор для измерения контактного сопротивления
Kontaktmikrofon n контактный микрофон
Kontaktnadel f контактная игла
Kontaktoberfläche f см. **Kontaktfläche**
Kontaktöffnung f 1. контактное окно 2. размыкание контакта
Kontaktöse f контактное ушко
Kontaktpackung f контактный пакет, группа контактных пластин
Kontaktpfad m контактная дорожка
Kontaktpille f бусина контактной навески (*вплавляемого материала*)
Kontaktplatte f контактная пластина
Kontaktplatz m контактная площадка
Kontaktpotential n 1. контактная разность потенциалов 2. напряжение на контактах
Kontaktpotentialbarriere f, **Kontaktpotentialwall** m контактный потенциальный барьер
Kontaktprall m отскакивание контактов
Kontaktprellen n дребезг контактов (*реле*)
Kontaktpunkt m 1. точка контакта 2. контактное остриё
Kontaktrauschen n контактный шум
Kontaktreibung f трение контактов
Kontaktreihe f ряд контактного поля
Kontaktrückprall m см. **Kontaktprall**
Kontaktsatz m 1. контактная группа 2. *тлф* контактное поле
Kontaktsäule f контактный столбик, столбиковый вывод
Kontaktschaltzeit f время переключения контакта
Kontaktschicht f контактный слой
Kontaktschiene f контактная полоса, полоса скользящего контакта
Kontaktschließzeit f время замыкания контактов
Kontaktschluß m замыкание контакта
Kontaktschritt m шаг контактов (*электрического соединителя*)
Kontaktschwinggleichrichter m вибропреобразователь
Kontaktsicherheit f надёжность контакта
Kontaktspaltüberbrückung f перекрытие контактного зазора
Kontaktspannung f контактная разность потенциалов
Kontaktspiel n 1. контактный цикл, цикл контактирования 2. зазор (*между контактами*)
Kontaktsprung m см. **Kontaktprall**

Kontaktstelle f 1. рабочая поверхность контакта 2. контактная площадка
Kontaktstift m контактный штифт
Kontaktstraße f поточная линия
Kontaktstrecke f ход контакта
Kontaktstreifen m 1. контактная планка 2. металлизированный участок магнитной ленты
Kontaktstrom m ток контакта
Kontaktstromrichter m контактный преобразователь
Kontaktstück n контакт (*деталь*)
Kontaktsymbol n условное обозначение контактов на схеме
Kontaktteile m pl, **gedruckte** печатные концевые контакты (*печатной платы*)
Kontaktträger m контактодержатель
Kontakttrennung f размыкание контакта
Kontaktüberbrückung f перекрытие контактов
Kontaktübergang m контактный переход
Kontaktübergangswiderstand m переходное сопротивление контакта
Kontaktumschaltung f переключение контактов
Kontaktunterbrechung f прерывание контактов
Kontaktverluste m pl контактные потери
Kontaktverschleiß m износ контактов
Kontaktverschmorung f обгорание контактов
Kontaktwechselrichter m поликристаллический выпрямитель
Kontaktweg m ход контакта
Kontaktwiderstandsmeßplatz m установка для измерения сопротивления контакта
Kontaktzeiger m 1. контактная стрелка 2. индикатор (наличия) контакта
Kontaktzeitmesser m прибор для измерения времени замыкания *или* размыкания контакта
Kontaktzerhacker m вибропреобразователь
Kontaktzusammenstellung f компоновка контактов
Kontaktzwillinge m pl *крист.* двойники срастания
Kontinentalfunkdienst m (транс)континентальная радиосвязь
Kontinu-Laserstrahlung f режим непрерывного генерирования лазерного излучения
Kontinu-Radarsystem n радионавигационная система непрерывного излучения
Kontinuum n 1. *мат.* континуум 2. непрерывный спектр
Kontinu-Verfolgung f непрерывное [радиолокационное] сопровождение
Kontraktion f 1. сжатие, сужение 2. усадка 3. *мат.* свёртывание
Kontra-Oktave f контроктава (32—64 Гц)
Kontrast m 1. контрастность; контраст 2. коэффициент контрастности
~ **im Kleinen** контраст в мелких деталях
~ **eines Resists** контрастность резиста
Kontrastanhebung f увеличение контрастности
kontrastarm малоконтрастный
Kontrastausgleich m выравнивание контраста
Kontrastbereich m см. **Kontrastumfang**
Kontrastdehnung f см. **Kontrastanhebung**
Kontrastdynamik f динамический диапазон контрастности
Kontrasteinsteller m регулятор контраста

Kontrastempfindlichkeit f контрастная чувствительность
Kontrastempfindlichkeitsschwelle f порог контрастной чувствительности
Kontrasterweiterung f см. **Kontrastanhebung**
Kontrastfarben f pl контрастирующие цвета
Kontrastfilter n, **Kontrastfilterscheibe** f (свето)фильтр, повышающий контраст
Kontrastfotometer n фотометр с равноконтрастными полями
Kontrastgefälle n, **Kontrastgradient** m 1. градиент контраста 2. *тлв* градация серого
Kontrastgrobregler m грубый регулятор контраста (*изображения*)
Kontrast(güte)regler m регулятор контраста (*изображения*)
kontrastreich с большой контрастностью, (высоко)контрастный
Kontrastschärfe f контрастность
Kontrastschwelle f, **Kontrastschwellenwert** m пороговый контраст
Kontraststeller m см. **Kontrast(güte)regler**
Kontrastübertragungsfunktion f 1. модуляционная передаточная функция (*оптического прибора*) 2. частотно-контрастная характеристика, ЧКХ
Kontrastumfang m диапазон контрастности
Kontrastverhältnis n коэффициент контрастности
Kontrastverstärkung f см. **Kontrastanhebung**
Kontrastwiedergabe f воспроизведение контраста
Kontrastwirkung f 1. эффект контрастности 2. контрастность
Kontravalenz f дизъюнкция, исключающее ИЛИ (*функция, операция, схема, элемент*)
Kontravarianz f контравариантность
Kontrollabhören n контрольное прослушивание
Kontrollaufgabe f программа контроля
Kontrollaufzeichnung f контрольная запись
Kontrollautsprecher m контрольный громкоговоритель
Kontrollband n *зап.* измерительная лента
Kontrollbild n изображение на экране контрольного устройства
Kontrollbildapparatur f аппаратура видеоконтроля
Kontrollbildgerät n видеомонитор, видеоконтрольное устройство, ВКУ
Kontrollbildschirm m экран видеомонитора, экран ВКУ
Kontrolldrucker m контрольное печатающее устройство
Kontrolle f 1. контроль; проверка 2. испытание 3. управление; регулировка
~, **gerade** проверка на чётность
~, **schaltungsmäßige** схемный контроль
~, **ungerade** проверка на нечётность
~, **verbeugende** профилактический контроль
Kontrolleinheit f блок контроля
Kontroller m 1. контроллер 2. регулятор 3. управляющий электрод
Kontrollesen n контрольное считывание
Kontrollfeld n 1. контрольная панель (*на щите управления*) 2. контрольное поле (*перфокарты*)
Kontrollfrequenz f контрольная частота

Kontrollgebiet *n* контролируемая зона
Kontrollgrenze *f* граница (допускового) контроля
kontrollierbar 1. контролируемый; проверяемый 2. управляемый; регулируемый
Kontrollimpuls *m* контрольный импульс; испытательный импульс
Kontrollinie *f* см. **Kontrollgrenze**
Kontrollkarte *f* 1. карта с контрольными данными 2. управляющая перфокарта
Kontrollkette *f* контрольная цепь
Kontrollkopf *m* головка контрольного воспроизведения
Kontrollkopfhörer *m* контрольный головной телефон
Kontrollkristall *m* стабилизирующий кристалл, стабилизирующий кварц
Kontrollmarke *f* контрольная метка
Kontrollmeßinstrument *n* контрольно-измерительный прибор
Kontrollmeßtechnik *f* контрольно-измерительная техника
Kontrollmethode *f*, **zerstörungsfreie** метод неразрушающего контроля
Kontrollpeilung *f* контрольное пеленгование
Kontrollplatz *m* тлф контрольный стол
Kontrollprogramm *n* программа контроля, контролирующая программа
Kontrollprüfung *f* контрольное испытание
Kontrollpult *n* 1. контрольный пульт 2. тлв микшерный пульт
Kontrollpunkt *m* контрольная точка
Kontrollraum *m* 1. (техническая) аппаратная 2. зап. комната для прослушивания
Kontrollrechner *m* управляющая ВМ
Kontrollröhre *f* контрольная ЭЛТ
Kontrollschalttafel *f* коммутационная панель контроля
Kontrollschaltung *f* схема контроля; схема управления
Kontrollsignal *n* контрольный сигнал
Kontrollspeicher *m* управляющее ЗУ; управляющая память
Kontrollspur *f* дорожка управления, дорожка управляющего сигнала
Kontrollstation *f* станция контроля
Kontrollstelle *f* 1. контрольная точка 2. вчт контрольная цифра; контрольный (двоичный) разряд
Kontrollstreifen *m* зап. измерительная лента
Kontrollsumme *f* вчт контрольная сумма
Kontrolltableau *n* 1. панель контроля 2. панель управления
Kontrolltaste *f* клавиша [кнопка] управления
Kontrolltest *m* контрольное испытание
Kontrolltisch *m* контрольный пульт
Kontrollübertragung *f* контрольная (квитирующая) передача
Kontrollwafer *m* микр. контрольная пластина
Kontrollweg *m* канал [линия] связи для передачи контрольной информации
Kontrollwiedergaberöhre *f* ЭЛТ дисплея
Kontrollwort *n* контрольное слово
Kontrollzeichen *n* вчт контрольный знак
Kontrollzeiger *m* контрольная стрелка (*измерительного прибора*); контрольный указатель

Konturanhebung *f* 1. тлв подчёркивание контуров 2. апертурная коррекция
Konturen *f pl* контуры, очертания (*напр. телевизионного изображения*)
~, **mehrfache** многоконтурность (*телевизионного изображения*), «повторы»
Konturenbetonung *f* подчёркивание контуров
Konturenbetonungsschaltung *f* схема подчёркивания контуров
Konturendeckung *f* совмещение контуров (*изображения*)
Konturenschärfe *f* резкость контуров
Konturenversteilerung *f* подчёркивание контуров
Konturkorrektur *f* 1. контурная коррекция 2. апертурная коррекция
Konus *m*, **toter** конус молчания (*напр. антенны*)
Konusantenne *f* широкополосная симметричная антенна с коническими вибраторами
Konusdipol *m* конический диполь
Konuslautsprecher *m* рупорный громкоговоритель
Konusleitung *f* коаксиальный кабель с конусным переходом
Konusmembran *f* коническая мембрана
Konvektionsstromdichte *f* плотность конвекционного тока
konvergent сходящийся
Konvergenz *f* 1. тлв сведéние (*лучей*) 2. мат. сходимость
~, **dynamische** динамическое сведéние
~, **statische** статическое сведéние
Konvergenzanode *f* фокусирующий анод
Konvergenzeinheit *f* тлв блок сведéния
Konvergenzeinstellung *f* см. **Konvergenz** 1.
Konvergenzelektrode *f* тлв сводящий электрод, электрод сведéния
Konvergenzfehler *m* тлв ошибка сведéния; рассовмещение (цветоделённых) изображений
Konvergenzfehlermeßvorrichtung *f* устройство (для) измерения ошибок сведéния
Konvergenzfläche *f* тлв плоскость сведéния
Konvergenzgitter *n* тлв сетчатое поле для проверки сведéния
Konvergenzhalbebene *f* мат. полуплоскость сходимости
Konvergenzkorrektur *f* тлв коррекция сведéния
Konvergenzkreis *m* 1. см. **Konvergenzsystem** 2. мат. круг сходимости
Konvergenzmagnet *m* тлв сводящий магнит, магнит сведéния
Konvergenzregelung *f* тлв регулировка сведéния
Konvergenzschaltung *f* тлв схема сведéния
~, **matrizierte** матричная схема сведéния
Konvergenzspule *f* тлв сводящая катушка, катушка сведéния
Konvergenzstufe *f* тлв каскад сведéния
Konvergenzsystem *n* тлв система сведéния
Konvergenzteil *m* тлв блок сведéния
Konversion *f* 1. преобразование; превращение; переход 2. конверсия
Konversionsfaktor *m* коэффициент преобразования
Konversionsfilter *n* согласующий светофильтр
Konversionsgenauigkeit *f* точность преобразования

KON

Konversionskoeffizient *m* коэффициент преобразования
Konversionssteilheit *f* крутизна преобразования
Konversionsübergang *m* конверсионный переход
Konversionsverluste *m pl* потери преобразования
Konversionsverstärkung *f* усиление преобразования
Konverter *m* 1. преобразователь 2. преобразователь частоты, конвертор 3. параметрический усилитель с преобразованием частот 4. инвертор (*устройство преобразования постоянного тока в переменный*)
Konvertierung *f вчт* 1. преобразование (*чисел*) 2. инверсия; обращение
Konvexkonkavlinse *f* выпукло-вогнутая линза
Konvolution *f мат.* свёртка
Konzentration *f* 1. фокусировка 2. концентрация; обогащение; *микр.* плотность (*упаковки*)
Konzentrationselektrode *f* фокусирующий электрод
Konzentrationsgefälle *n*, **Konzentrationsgradient** *m* градиент концентрации (*напр. примесей*)
Konzentrationsleitung *f тлф* служебная соединительная линия
Konzentrationsprofil *n* профиль распределения концентрации
Konzentrationsschlüssel *m тлф* ключ концентратора
Konzentrationsspule *f* фокусирующая катушка
Konzentrationsverhältnis *n* коэффициент концентрации
Konzentrator *m тлв* концентратор
Konzentrier... *см.* **Konzentrations...**
Koordinaten *f pl* 1. координаты 2. система координат
~, **zeitlich wechselnde** текущие координаты
Koordinateneinstellung *f микр.* позиционирование
koordinatenempfindlich координатно-чувствительный
Koordinatenhandtaste *f* координатный манипулятор
Koordinatenmatrix *f* координатная матрица
Koordinatenschalter *m* 1. координатный искатель; матричный переключатель 2. многократный координатный соединитель, МКС
Koordinatenschaltersystem *n* координатная коммутационная система
Koordinatenschalterzentrale *f* координатная АТС
Koordinatenschreiber *m* координатный самописец; характериограф
Koordinatenspeicher *m* матричное ЗУ; матричная память
Koordinatensteckbrett *n* координатная коммутационная панель
Koordinatentisch *m* координатный стол
Koordinatenverbinder *m см.* **Koordinatenschalter** 2.
Koordinatenverzerrungen *f pl тлв* координатные искажения
Koordinatenwähler *m тлф* координатный искатель
Koordinatenwählersystem *n* координатная АТС
Koordinatograf *m микр.* координатограф
Kopal *m* копал (*растительная смола*)

KOP

Kopf *m* 1. головка (*напр. звукоснимателя*) 2. головка, головная часть (*напр. ракеты*)
Kopfabnutzung *f зап.* износ головки
Kopfabstand *m* расстояние между головкой и носителем информации
Kopfband *n* сегмент изображения
Kopf-Bandgeschwindigkeit *f* относительная скорость «головка — лента»
Kopfband-Störung *f зап.* полосатость
Kopfbreite *f* ширина вершины импульса
Kopfdoppelfernhörer *m* головной телефон; наушники
Kopfeindringtiefe *f* вдавливание (видео)головки
Kopfeinstellung *f* установка (положения) головки
Kopfende *n* **des Zählrohrs** торец [вершина] счётной лампы
Kopffeld *n тлв* поле вблизи мишени
Kopffernhörer *m* головной телефон; наушники
Kopfgruppe *f* группа головок
Kopfhörerempfang *m* приём на головной телефон
Kopfhörerüberwachung *f* контрольное прослушивание (*программы*) с помощью головных телефонов
Kopfimpedanz *f* полное сопротивление головки (*напр. звукоснимателя*)
Kopfinduktivität *f* индуктивность обмотки (магнитной) головки
Kopfkern *m* сердечник (магнитной) головки
Kopfkontakt *m* 1. начальный [лобовой] контакт (*в ряду*) 2. *тлф* контакты [контактная группа] подъёмного движения (*искателя*) 3. контакт (магнитной) головки (*напр. с лентой*)
Kopfkontaktgruppe *f см.* **Kopfkontakt** 2.
Kopflautsprecher *m pl* головные (миниатюрные) громкоговорители
Kopfnachführung *f зап.* трекинг
~, **automatische** *зап.* автотрекинг
Kopfoberfläche *f* (рабочая) поверхность (магнитной) головки
Kopfrad *n* диск видеоголовок
Kopfrad-Motor *m* двигатель диска видеоголовок
Kopfscheibe *f см.* **Kopfrad**
Kopfservosystem *n* система автоматической регулировки диска видеоголовок
Kopfspalt *m* (рабочий) зазор (магнитной) головки
Kopfspaltbreite *f* ширина (рабочего) зазора (магнитной) головки
Kopfspaltstellung *f зап.* положение (рабочего) зазора (магнитной) головки
Kopfspiegel *m см.* **Kopfoberfläche**
Kopfstation *f*, **Kopfstelle** *f* головная станция
Kopfteil *m* головная часть, головка (*напр. ракеты*)
Kopftelefon *n см.* **Kopffernhörer**
Kopfträger *m* держатель (видео) головки
Kopftrommel *f* барабан видеоголовок
Kopftrommel-Antrieb *m* двигатель барабана видеоголовок
Kopftrommelumschlingung *f* угол обхвата барабана видеоголовок
Kopfüberstand *m* выступ головки
Kopfumschlingung *f зап.* обхват (магнитной) головки

Kopfvermittlungsstelle f центральная коммутационная станция
Kopfverschluß m оконечная муфта (*кабеля*)
Kopfverschmierung f, **Kopfverschmutzung** f загрязнение (магнитной) головки
Kopfverstärker m 1. предварительный усилитель 2. усилитель звуковой головки (*кинопроектора*)
Kopfzeile f заглавная строка
Kopfzentrale f центральная станция
Kopie f 1. копия 2. перезапись; размножение записи; отпечаток
Kopieband n копия (*магнитной записи*)
Kopieranlage f **für Magnetbänder** установка для копирования [для тиражирования] МЛ
Kopierdämpfung f отношение сигнал/эхо (*мера копирэффекта*)
Kopierdämpfungsmaß n зап. величина отношения сигнал/эхо
Kopiereffekt m 1. зап. копирэффект, кэ 2. эховый эффект (*в плазме*)
kopieren копировать, тиражировать (*запись*)
Kopierfilter n электрический фильтр (*в тракте записи*) для уменьшения эффекта шума записывания (*фонограммы*)
Kopierlack m фоторезист, фотолак, резист
Kopierschritt m микр. шаг печати (*при мультипликации*)
Kopierstift m, **Kopiertaster** m копирный щуп
Kopiertelegraf m факсимильная связь для передачи чёрно-белых изображений
Kopierung f зап. копирование, тиражирование
koplanar копланарный
Koplanarkanonenelektronenstrahlröhre f кинескоп с копланарными прожекторами, копланарный кинескоп
Koplanarleitung f копланарная линия (*передачи*)
Koplanarstruktur f копланарная структура (*электродов, прожекторов*)
Koppel... см. тж **Kopplungs...**
Koppelbild n стереоскопическое изображение, стереоскопический снимок
Koppelbogen m изогнутый (волноводный) переход
Koppelbus m шина связи; шина интерфейса
Koppeldämpfung f затухание ответвления
Koppeleinheit f устройство связи
Koppelelement n элемент связи
Koppelfeld n коммутационное (матричное) поле
Koppelfenster n отверстие (для) связи
Koppelgerät n 1. аппарат связи 2. соединительное устройство
Koppelglied n звено связи
Koppelkondensator m конденсатор связи
Koppelleitung f 1. линия связи 2. связка (*в магнетроне*)
Koppelleitwert m проводимость связи
Koppelloch n см. **Koppelfenster**
Koppelmodul m модуль сопряжения; модуль (для) расширения системы
koppeln 1. (при)соединять; связывать 2. сопрягать
~, **überkritisch** осуществлять связь выше критической

~, **unterkritisch** осуществлять связь ниже критической
Koppelöffnung f см. **Koppelfenster**
Koppelpunkt m 1. точка соединения 2. точка коммутации
Koppelpunktmatrix f перекрёстная (коммутационная) матрица
Koppelschleife f петля связи
Koppelschwinger m 1. составной вибратор 2. сопряжённый вибратор
Koppelspalt m щель (для) связи
Koppelsteg m 1. соединяющая перемычка 2. связка (*в магнетроне*) 3. мост связи
Koppelung f см. **Kopplung**
Koppelverluste m pl потери связи
Koppler m 1. элемент [звено] связи 2. ответвитель
~, **optoelektronischer** оптоэлектронный элемент связи, оптический соединитель (*для соединения элементов волоконно-оптических световодов*); оптопара
Kopplerfläche f контактная поверхность
Kopplung f 1. связь 2. соединение; сочленение 3. сопряжение, стыковка (*напр. источника излучения со световодом*) 4. косм. стыковка
~, **biegsame** гибкое сочленение
~, **direkte** непосредственная связь
~, **der Eigenschwingungen** синхронизация мод
~, **feste** 1. сильная связь 2. жёсткое соединение; жёсткое сочленение
~, **galvanisch-induktive** автотрансформаторная связь
~, **gegenseitige** взаимная связь
~, **indirekte** косвенная связь
~, **isolierte** изолированное соединение
~, **lose** слабая связь
~, **magnetische** 1. магнитное взаимодействие 2. магнитная муфта
~, **phasenstarre** связь, устойчивая по фазе
~, **reflexionsfreie** согласованное соединение (*без отражений*)
~, **starre** см. **Kopplung, feste**
~, **transitionale** переходная связь
~ **von Gitterschwingungen** связь колебаний (кристаллической) решётки
~, **wilde** паразитная связь
Kopplungs... см. тж **Koppel...**
Kopplungsabgriff m отвод [ответвление] для связи
Kopplungsabstand m расстояние между элементами связи
Kopplungsbandfilter n полосовой фильтр связи
Kopplungsbeiwert m см. **Kopplungsfaktor**
Kopplungsblende f диафрагма (для) связи; щель (для) связи
~, **regelbare** регулируемая диафрагма (*в волноводе*)
Kopplungsblock m блок сопряжения
Kopplungsbügel m 1. связка (*в магнетроне*) 2. шлейф [петля, виток] связи
Kopplungsdaten pl параметры связи
Kopplungselektronik f электронные схемы сопряжения
Kopplungsfaktor m коэффициент связи

Kopplungsfehler *m* погрешность, обусловленная паразитными связями
Kopplungsfestigkeit *f* постоянство связи
Kopplungsfilter *n* 1. фильтр связи 2. фильтр из связанных контуров
Kopplungsfläche *f* поверхность связи
Kopplungsdämpfung *f* развязка между абонентскими выходами
Kopplungsfrequenz *f* частота связи
Kopplungsfunktion *f* функция связи
Kopplungsgrad *m* коэффициент связи
Kopplungsimpedanz *f* полное сопротивление связи
Kopplungsinduktivität *f* индуктивность связи
Kopplungskapazität *f* ёмкость связи
Kopplungskette *f* цепь связи
Kopplungskoeffizient *m см.* **Kopplungsfaktor**
Kopplungskonstante *f* постоянная связи
Kopplungskreis *m* контур связи; цепь связи
Kopplungsmatrix *f*, **Kopplungsmatrize** *f* матрица соединений [связей]
Kopplungsnetzwerk *n* цепь связи
Kopplungsoptron *n* ключевой *или* коммутирующий оптрон
Kopplungsparameter *m* параметр связи
Kopplungsplan *m* 1. схема соединений; схема связей 2. план связей
Kopplungsrichtwert *m см.* **Kopplungsgrad**
Kopplungsschaltung *f* схема связи
Kopplungsschlitz *m см.* **Kopplungsspalt**
Kopplungsschnittstelle *f* согласующий стык
Kopplungsschwingungen *f pl* связанные колебания
Kopplungsspalt *m* щель (для) связи (*напр. в резонаторе*)
Kopplungssystem *n* система связи
Kopplungsteil *m* связующее звено (*в аппаратуре*)
Kopplungsweg *m* тракт связи; соединительная цепь
Kopplungswelle *f* 1. волна связи 2. сопряжённая волна
Kopplungswiderstand *m* 1. сопротивление связи 2. приведённое сопротивление, сопротивление передачи (*четырёхполюсника*)
Kopplungswindung *f* виток связи
Kopplungszahl *f* коэффициент связи
Kopplungszeitkonstante *f* постоянная времени цепи (межкаскадной) связи
Koprozessor *m* сопроцессор (*в многопроцессорных системах*)
Korb(boden)spule *f* корзиночная катушка
Korn *n* зерно; гранула; кристаллит; частица
~, **feines** мелкое зерно
Kornaufbau *m* структура зёрен
Kornbildung *f* образование кристаллических зёрен, кристаллизация
Körnchen *n* гранула
Körnerfritter *m* фриттер с зернистым порошком
Körnermikrofon *n* угольный микрофон
Kornfeinheit *f* мелкозернистость
Kornfuß *m* кристаллическая затравка
Korngefüge *n* кристаллическая структура; текстура
korngerichtet *см.* **kornorientiert**
Korngrenzenrekombination *f* рекомбинация на границах зёрен

Korngrößenverteilung *f* 1. гранулометрический состав 2. распределение зёрен по величине
Körnigkeit *f* зернистость
Kornklasse *f* класс крупности зёрен
kornorientiert с ориентированной зернистой структурой
Kornpermeabilität *f* магнитная проницаемость зерна (*у прессованного магнита*)
Kornrauschen *n* 1. шум, обусловленный зернистостью плёнки 2. гранулярный шум
Kornstruktur *f* зернистая структура
Körnung *f* 1. зернистость 2. гранулометрический состав
Körnungsstreuung *f* рассеяние, обусловленное зернистостью
Kornverteilung *f см.* **Korngrößenverteilung**
Korona *f* корона; коронный разряд
Koronabeständigkeit *f* короностойкость (*диэлектрика*)
Koronaentladung *f* коронный разряд
Koronaentladungsröhre *f* (индикаторная) лампа коронного разряда
Koronastabilisatorröhre *f* стабилизаторная лампа коронного разряда
Koronaverluste *m pl* потери на коронный разряд
Körper *m* 1. тело 2. корпус; остов; каркас
~, **grauabsorbierender [grauer]** серое [нейтрально-поглощающее] тело
Körperkapazität *f* 1. ёмкость относительно корпуса (*прибора*) 2. ёмкость, вносимая оператором
Körperpegel *m* уровень (напряжения) относительно корпуса *или* массы
Körperpotential *n* 1. объёмный потенциал 2. потенциал тела
Körperschall *m* 1. звук, распространяющийся по твёрдым телам 2. звучание твёрдого тела
Körperschalldämmung *f* звукоизоляция от шумов, распространяющихся по твёрдым телам
Körperschluß *m* замыкание на корпус *или* на массу
Körperstativ *n тлв* нагрудный штатив, штатив-жилет
Körperstrom *m* биоток
Korrektion *f см.* **Korrektur**
Korrektionselement *n* корректирующий элемент
Korrektionsfaktor *m* коэффициент коррекции; поправочный коэффициент
Korrektionsfenster *n* пределы коррекции
Korrektionsfilter *n* корректирующий фильтр
Korrektionsfunktionsformer *m* формирователь корректирующей функции
Korrektionsglied *n* корректирующее звено
Korrektionsgüte *f* степень коррекции
Korrektionsimpuls *m* корректирующий импульс
Korrektionsknopf *m* ручка коррекции
Korrektionskode *m* корректирующий код
Korrektionskonstante *f* постоянная поправки
Korrektionskreis *n* цепь коррекции
Korrektionskurve *f* кривая коррекции; кривая поправок
Korrektionsrechnung *f* расчёт коррекции
Korrektionsschaltung *f*, **Korrektionsschema** *n* схема коррекции
Korrektionssignal *n* корректирующий сигнал

Korrektionsstrom *m* корректирующий ток
Korrektionstaste *f* кнопка [ключ] коррекции
Korrektionstrimmer *m* корректирующий подстроечный конденсатор
Korrektionswartung *f* ремонтное обслуживание
Korrektionswert *m* значение поправки, поправка
Korrektionswiderstand *m* корректирующий резистор
Korrektionszeit *f* время коррекции
Korrektor *m* корректор
Korrektur *f* коррекция; поправка
~ **des Bildröhrengammas** гамма-коррекция кинескопа
~ **des Detailkontrastes** *тлв* коррекция контраста в мелких деталях
~ **der Laufzeit** фазовая коррекция, поправка на время распространения
~, **Nord/Süd-Raster**-коррекция искажений растра, вызванных влиянием магнитных полей в направлении север—юг
~, **Ost/West-Raster**-коррекция искажений растра, вызванных влиянием магнитных полей в направлении восток-запад
~, **Sinx/x**-синк-коррекция, ЦАП-коррекция (*компенсация высокочастотного спада амплитудно-частотной характеристики после цифро-аналогового преобразования*)
~, **stetige** непрерывная коррекция
~ **der täglichen Schwankungen** коррекция суточных колебаний
~, **videofrequente** коррекция по видеочастоте
Korrektur... *см.* **Korrektions...**
Korrelation *f* 1. корреляция 2. взаимное соответствие; соотношение
Korrelationsabstand *m* интервал корреляции
Korrelationsabstandskodierung *f* корреляционно-временно́е кодирование
Korrelationsabstandsmodulation *f* корреляционно-временна́я модуляция
Korrelationsanalysator *m* коррелятор
Korrelationsazimutpeilung *f* азимутальное корреляционное пеленгование
Korrelationsdauer *f* временной интервал [длительность] корреляции
Korrelationsdetektor *m* корреляционный детектор
Korrelationsdeterminante *f* корреляционный определитель
Korrelations-Doppler-Radar *n* корреляционно-доплеровская РЛС
Korrelationseigenschaft *f* корреляционная характеристика
Korrelationsempfang *m* корреляционный приём
Korrelationsfaktor *m* коэффициент корреляции, нормированная корреляция
Korrelationsfilterung *f* корреляционная фильтрация
Korrelationsfleck *m* корреляционное пятно, пятно корреляции (*напр. при распознавании образов*)
Korrelationsfunktion *f* корреляционная функция
Korrelationsgrad *m см.* **Korrelationsfaktor**
Korrelationsholografie *f* корреляционная голография

Korrelationshyperbelpeilung *f* разностно-дальномерное корреляционное пеленгование
Korrelationskompensation *f* корреляционная компенсация
Korrelationskorrektur *f* корреляционная поправка
Korrelationsmaß *n* степень корреляции
Korrelationsmatrix *f* корреляционная матрица, матрица коэффициентов корреляции
Korrelationsmaximum *n* максимум (сигнала) корреляции
Korrelationsmaximumpeilung *f* корреляционное максимальное пеленгование
Korrelationsmesser *m* коррелометр
Korrelationsmeßtechnik *f* 1. корреляционная измерительная техника 2. корреляционный анализ
Korrelationsminimumpeilung *f* корреляционное минимальное пеленгование
Korrelationsmittelwert *m* средняя величина корреляции
Korrelationspeiler *m* корреляционный пеленгатор
Korrelationsreichweite *f* радиус корреляции
Korrelationsrelais *n* реле соответствия
Korrelationszeit *f* время корреляции
korrelativ 1. коррелятивный 2. соотносительный
Korrelatogramm *n* коррелограмма
Korrelatograf *m* коррел(ят)ограф
Korrelator *n* коррелятор
Korrelatorfehler *m* погрешность коррелятора
Korrelogramm *n* коррелограмма
Korrelometer *n* коррелометр
Korrespondenz *f* 1. корреспонденция 2. соответствие
korrigieren корректировать, исправлять
Korrigiertotzeit *f* запаздывание корректирования
Korrigierung *f* корректирование, исправление
Korrigierungselektrode *f* корректирующий электрод (*напр. в ЭОП*)
Korrosion *f* коррозия
~, **interkristalline** межкристаллитная коррозия
~, **selektive** избирательная коррозия
Korrosionsbeständigkeit *f* коррозионная стойкость
Kosekans-Bündel *n* диаграмма (*излучения антенны*) типа «косеканс—квадрат»
Kosinusentzerrer *m* косинусный корректор
Kosinusquadratimpuls *m* косинус-квадратный импульс
Kosinussignal *n* косинусоидальный сигнал
Kosinusstrahlung *f*, **Lambertsche** излучение по закону Ламберта
Kosmolaser *m* космический лазер, лазер космического базирования
Kosmosforschung *f* космические исследования
Kosmovision *f* космовидение
Kotar *англ.* система «Котар» (*пассивная фазовая система слежения за космическими объектами*)
Kotat *англ.* система «Котат» (*корреляционная система слежения с использованием триангуляционного метода*)
Kovar *n* ковар (*магнитный сплав*)
«Krabbenauge-Filter» *n* фильтр с несколькими путями прохождения сигнала

KRA

Krachfilter n см. **Krachtöter**
Krachgeräusch n треск (*помеха*)
Krachsperre f заградитель помех
Krachtöter m 1. подавитель импульсных помех (*при приёме слабых станций*) 2. глушитель шумов
Kraft f 1. сила; усилие 2. энергия 3. мощность
~, **elektromotorische** электродвижущая сила, эдс
~, **erdmagnetische** сила земного магнетизма
~, **fotoelektrische [fotoelektromotorische]** фотоэлектродвижущая сила, фотоэдс
~, **geräusch-elektromotorische** псофометрическая эдс
~, **kontaktelektromotorische** контактная разность потенциалов
~, **konvergierende** сила сведéния
~, **magnetische** напряжённость магнитного поля
~, **magnetomotorische** магнитодвижущая сила, мдс
~, **thermoelektrische [thermoelektromotorische]** термоэлектродвижущая сила, термоэдс
Kraftanschluß m силовой ввод
Kraftbedarf m потребная мощность
Kraftblock m силовой блок, блок питания
Kraftendstufe f мощный выходной каскад
Kraftfahrzeugelektronik f электронная аппаратура транспортных средств
Kraftfaktor m коэффициент электромеханической связи
Kraftfeld n силовое поле
Kraftfluß m магнитный поток
Kraftflußmesser m флюксметр
Kraftflußverteilung f распределение магнитного потока
Kraftkabel n силовой кабель, кабель питания
Kraftlinienbild n картина силовых линий
Kraftlinienfeld n поле силовых линий
Kraftlinienfluß m поток силовых линий
Kraftlinienstrom m см. **Kraftlinienfluß**
Kraftlinienverkettung f сцепление силовых линий, потокосцепление
Kraftnetztransformator m силовой трансформатор
Kraftquelle f источник энергии [питания]
Kraftröhre f 1. мощная лампа 2. трубка вектора (*магнитной индукции*)
Kraftschluß m 1. динамическая связь 2. замыкание силовой цепи
kraftschlüssig динамически связанный
Kraftspeicher m аккумулятор энергии
Kraftstufe f мощный каскад
Kraftvektor m вектор напряжённости (*напр. динамического поля*)
Kraftverstärkerstufe f мощный усилительный каскад
Kraftwagenantenne f автомобильная антенна
Kraftwagenstörungen f pl радиопомехи от (систем зажигания) автомобилей
Krarupisierung f крарупизация
Krarupkabel n крарупизированный кабель
Krarupumspeisung f крарупизация
Kratertiefe f *микр.* глубина кратера [раковины]
Kratzer m царапина
Kratzgeräusche n pl, **Kratzstörungen** f pl шумы [помехи] в виде тресков, щелчков и шорохов

KRE

K-Raum m пространство импульсов
Kräuselspannung f напряжение пульсаций
Kräuselung f 1. пульсация 2. фон (*выпрямителя*)
Krebsröhre f лампа обратной волны, ЛОВ
Kreis m 1. контур; цепь (*см. тж* **Kreise**) 2. круг 3. пятно (*напр. световое*) 4. замкнутый цикл
~, **aperiodischer [aperiodisch schwingender]** 1. апериодическое звено, звено первого порядка 2. апериодический контур
~, **applizierter** печатная схема
~, **asymmetrischer** несимметричная цепь
~, **aufgeschnittener** разомкнутый контур; разомкнутая цепь
~, **durchlässiger** пропускающий контур
~, **einseitig gerichteter** однонаправленная цепь
~, **geschlossener** замкнутый контур; замкнутая цепь
~, **logischer** логическая схема
~ **mit Luftspalt, magnetischer** магнитная цепь с воздушным зазором
~ **mit Wirkungsrichtung** цепь направленного действия
~, **offener** 1. открытый колебательный контур 2. разомкнутая цепь
~, **schwachgedämpfter** контур с малым затуханием; цепь с малым затуханием
~, **stromführender** токопроводящая цепь
~, **vermaschter** 1. связанная САР 2. сложная многоконтурная цепь
~, **verstimmter** расстроенный контур
~, **zweielementiger** двухконтурная схема; двухзвенный контур
~, **zwischenfrequenzabgestimmter** контур ПЧ
Kreisablenkung f круговая развёртка
Kreisabschnitt m 1. участок цепи 2. круговой сегмент
Kreisabstimmung f настройка контура
Kreisabtastung f 1. круговое (пространственное) сканирование 2. круговая развёртка
Kreisanalysator m универсальный электроизмерительный прибор
Kreisantenne f 1. антенна кругового обзора 2. кольцевая антенная решётка 3. круглая (рамочная) антенна
Kreisbahn f круговая траектория, круговая орбита
Kreisbogenskale f дуговая шкала
Kreisdämpfung f затухание (колебательного) контура
Kreisdipol m кольцевой симметричный вибратор
Kreise m pl контуры; цепи (*см. тж* **Kreis**)
~, **gestaffelte** контуры со смещённой настройкой
Kreiseingang m вход контура; вход цепи
Kreisel m гироскоп
~, **optischer** лазерный гироскоп
Kreiselement n элемент контура; элемент цепи
kreiselgesteuert управляемый гироскопом, с гироуправлением
Kreiselhorizont m 1. авиагоризонт 2. гирогоризонт
Kreiselkompaß m 1. гирокомпас 2. инерциальная круговая система
Kreisel(rück)stützung f опора гироскопа

Kreiselstabilisator *m* гироскопический стабилизатор
Kreiselvertikale *f* гировертикаль
Kreiserkennbarkeit *f* опознавание в системе кругового обзора
Kreisfilter *n* контурный фильтр
Kreisfrequenz *f* круговая [угловая] частота
Kreisfunkbake *f*, **Kreisfunkfeuer** *n* ненаправленный радиомаяк
Kreisgrenzfrequenz *f* граничная круговая частота
Kreisgüte *f* добротность контура
Kreisimpedanz *f* полное сопротивление контура
Kreiskoordinaten *f pl* круговые координаты
Kreiskurve *f* резонансная кривая контура
Kreislauf *m* 1. циркуляция 2. (замкнутый) цикл, циклический процесс
~, **geschlossener** замкнутый цикл
~, **offener** открытый цикл
~, **reversibler [umkehrbarer]** обратимый цикл
Kreislaufsystem *n* тлф обходная система
Kreismagnetisierung *f* комбинированное (*поперечно-продольное*) намагничивание (*в магнитной дефектоскопии*)
Kreismembran *f* круглая мембрана
Kreismeßleitung *f* кольцевая измерительная линия
Kreisnullpunkt *m* 1. нулевая точка контура 2. центр круговой развёртки
Kreisprozeß *m* циклический процесс
Kreisrauschen *n* шум(ы) контура; шум цепей
Kreisresonanz *f* резонанс контура
Kreisringspule *f* кольцевая катушка
Kreisschleife *f* петля (связи) контура
Kreisschlitzantenne *f* круговая щелевая антенна
Kreisschwingungen *f pl* колебания контура
Kreisselbstinduktion *f* индуктивность контура
Kreisskale *f* круговая шкала
Kreisspannung *f* напряжение контура
Kreisspule *f* 1. катушка контура 2. кольцевая катушка
Kreisstrom *m* 1. контурный ток 2. уравнительный ток
kreissymmetrisch с круговой симметрией
Kreisverluste *m pl* потери в контуре
Kreisverlustwiderstand *m* сопротивление потерь в контуре
Kreisverschiebung *f* расстройка контура
Kreisverstärkung *f* усиление контура
Kreisverstärkungsfaktor *m* коэффициент усиления контура
Kreiswellenlänge *f* длина волны контура
Kreiswiderstand *m* сопротивление (колебательного) контура; сопротивление цепи
Kreiswirkungsgrad *m* кпд цепи
Kreiszeichner *m*, **Kreiszeichnerschaltung** *f* схема формирования временных отметок на круговой развёртке
Kreiszeitbase *f* круговая развёртка
Kremnikon *n* тлв кремникон
Kreuzdipole *m pl* скрещённые вибраторы
Kreuzeisengerät *n* логометр со скрещёнными сердечниками
Kreuzfeldelektronenkanone *f* плазменная электронная пушка со скрещёнными полями
Kreuzfeldentladung *f* разряд в скрещённых полях

Kreuzfelder *n pl* скрещённые поля
Kreuzfeldinstrument *n* логометр
Kreuzfeldröhre *f* электронный СВЧ-прибор магнетронного типа
Kreuzfilmkryotron *n* поперечный плёночный криотрон
Kreuzgitter *n* пересекающаяся (двухмерная) решётка
Kreuzglied *n* скрещённое звено (*фильтра*)
Kreuzinterferometer *n* интерферометр с двумя скрещёнными антеннами
Kreuzkorrelation *f* взаимная корреляция
Kreuzkorrelationsfunktion *f* взаимная корреляционная функция
Kreuzkorrelationspeilung *f* взаимно корреляционное пеленгование
Kreuzkorrelator *m* прибор для измерения взаимной корреляции
Kreuzkorrelierte *f см.* Kreuzkorrelationsfunktion
Kreuzkryotron *n* поперечный криотрон
Kreuzmodulation *f* перекрёстная модуляция
~, **ionosphärische** перекрёстная модуляция (*радиоволн*) в ионосфере, люксембургско-горьковский эффект
Kreuzmodulationsabstand *m* ктв отношение сигнал/перекрёстная модуляция
Kreuzmodulationskurve *f* кривая перекрёстной модуляции
Kreuzmodulationsstörung *f* помеха от перекрёстной модуляции
Kreuzpanorama-Leitstrahlpeilung *f* перекрёстно-панорамное пеленгование ведущим лучом
Kreuzpeilung *f* перекрёстное пеленгование, пеленгование засечкой
Kreuzpolarisationsverhältnis *n* коэффициент перекрёстной поляризации
Kreuzrahmen *m*, **Kreuzrahmenantenne** *f* скрещённая рамочная антенна
Kreuzrahmenpeiler *m* (радио)пеленгатор со скрещёнными рамочными антеннами
Kreuzrahmensender *m* передатчик со скрещёнными рамочными антеннами
Kreuzrahmensichtpeilanlage *f* (радио)пеленгаторная установка со скрещёнными рамочными антеннами и визуальной индикацией (пеленга)
Kreuzrichtkoppler *m* двойной волноводный тройник
Kreuzrückkopplung *f* перекрёстная обратная связь
Kreuzschalter *m* координатный переключатель
Kreuzschaltfeld *n*, **Kreuzschiene** *f* матричный коммутатор
Kreuzschiene *f* **mit 3-Ebenen** тлв трёхступенчатый микшер
Kreuzschienenkommutator *m*, **Kreuzschienenschalter** *m*, **Kreuzschienenverteiler** *m*, **Kreuzschienenwähler** *m* матричный коммутатор
Kreuzschienenwählersystem *n* координатная АТС
Kreuzschlitzantenne *f* крестообразная щелевая антенна
Kreuzspulen *f pl* скрещённые катушки
Kreuzspulgalvanometer *n* гальванометр со скрещёнными катушками

Kreuzspul(meß)gerät *n* логометр со скрещёнными катушками
Kreuztisch *m* координатный стол
Kreuzung *f* 1. пересечение 2. скрещивание, транспозиция (*проводов*)
Kreuzungsausgleich *m* перекрёстная компенсация
Kreuzungsplan *m* схема скрещивания [транспозиции] (*проводов*)
Kreuzungszahl *f* количество скрещений (*плёнок или проводов у криотрона*)
Kreuzverbindung *f* 1. перекрёстная связь 2. скрещивание, транспозиция (*проводов*)
Kreuzverteiler *m* матричный распределитель; матричный коммутатор
Kreuzverunreinigungen *f pl* взаимные загрязнения
Kreuzverzerrung *f* перекрёстное искажение
Kreuzwähler *m* матричный коммутатор
Kreuzwicklung *f* перекрёстная *или* универсальная намотка
Kreuzzeiger *m*, **Kreuzzeigerinstrument** *n* двухстрелочный индикатор (*для посадки по приборам*)
Kriechbewegung *f* 1. апериодическое движение; апериодическое колебание 2. ползучесть
Kriechen *n* 1. ползучесть, текучесть (*материала*) 2. (поверхностная) утечка (*тока*) 3. скользящий разряд
Kriechenstrombeständigkeit *f см.* **Kriechstrombeständigkeit**
Kriechentladung *f* поверхностный разряд
Kriechfaktor *m* коэффициент утечки (*тока*)
Kriechgalvanometer *n* **für magnetische Messungen** флюксметр
Kriechschutz *m* 1. защита от токов утечки 2. защита от скользящих разрядов
Kriechstrecke *f см.* **Kriechweg**
Kriechstrom *m* ток утечки (*по поверхности*)
Kriechstrombeständigkeit *f* 1. стойкость к токам утечки 2. трекингостойкость (*диэлектрика*)
Kriechweg *m* 1. путь тока утечки 2. путь скользящего разряда
Kriechwelle *f* блуждающая волна
Kriptografie *f* криптография
Kristall *m* 1. кристалл 2. кварц, кварцевая пластинка
~, **additiv gefärbter** кристалл, окрашенный примесями
~, **allochromatischer** аллохроматический кристалл
~, **anharmonischer** ангармонический кристалл
~, **anisotroper** анизотропный кристалл
~, **biaxialer** двухосный кристалл
~, **dotierter** легированный кристалл
~, **flüssiger** жидкий кристалл
~, **halbleitender** полупроводниковый кристалл
~, **im Vakuum gezüchteter** кристалл, выращенный в вакууме
~, **komplexer** сложный кристалл
~, **künstlicher** искусственный [синтетический] кристалл
~, **leitender** электропроводный кристалл
~, **linksdrehender** левовращающий кристалл
~, **nichtpolarer** неполярный кристалл
~, **n-leitender** кристалл с электронной электропроводностью, кристалл *n*-типа

~, **piezoelektrischer** пьезоэлектрический кристалл, пьезокристалл
~, **plattenförmiger** плоский [пластинчатый] кристалл
~, **p-leitender** кристалл с дырочной электропроводностью, кристалл *p*-типа
~, **polarer** полярный кристалл
~, **rechtsdrehender** правовращающий кристалл
~, **smektischer** смектический (*жидкий*) кристалл
~, **undotierter [ungedopter]** нелегированный кристалл
~, **ungestörter** идеальный кристалл
~, **verspannter** деформированный кристалл
~, **verunreinigter** загрязнённый (*примесями*) кристалл
~, **zusammengesetzter** составной кристалл
Kristallabtastsystem *n* пьезоэлектрическая система воспроизведения
Kristallachse *f* ось кристалла
Kristallanisotropie *f* анизотропия кристалла
Kristallaser *m* лазер на кристалле
Kristallaufbau *m см.* **Kristallbau**
Kristallbänderziehverfahren *n* метод выращивания [вытягивания] (*из расплава*) монокристаллической ленты
Kristallbau *m* кристаллическая структура; кристаллическая решётка
Kristallbaufehler *m* дефект кристаллической структуры; дефект кристаллической решётки
~, **makroskopischer** макроскопический дефект кристаллической структуры
~, **submikroskopischer** (суб)микроскопический дефект кристаллической структуры
Kristallbildung *f* образование кристалла
Kristalldehnung *f* 1. вытягивание кристалла 2. расширение кристалла
Kristalldiode *f* полупроводниковый диод
Kristalldruckgeber *m* пьезоэлектрический датчик давления
Kristalleinheitsstufe *f* каскад с кварцевой стабилизацией
Kristallelement *n* кристаллический элемент
Kristallempfänger *m* 1. детекторный приёмник 2. пьезоэлектрический телефон
Kristallenreaktion *f* реакция между кристаллами
Kristallfehler *m см.* **Kristallbaufehler**
Kristallfehlordnung *f* разупорядочение кристаллической решётки
Kristallfeld *n*, **inneres** кв. эл. внутрикристаллическое поле
Kristallfernhörer *m* пьезоэлектрический телефон
Kristallfilter *n* кварцевый фильтр
Kristallfläche *f* грань кристалла
Kristallform *f* форма кристалла
Kristallfotozelle *f* полупроводниковый фотоэлемент
Kristallfrequenz *f* (собственная) частота кварца
Kristallgefüge *n см.* **Kristallbau**
kristallgesteuert с кварцевой стабилизацией
Kristallgitter *n* кристаллическая решётка
Kristallgitterabstand *m* шаг кристаллической решётки
Kristallgitterbaufehler *m*, **Kristallgitterdefekt** *m* дефект кристаллической решётки

Kristallgitterkonstante f постоянная кристаллической решётки
Kristallgitterplatz m вакансия кристаллической решётки
Kristallgitterschwingungen f pl колебания кристаллической решётки
Kristallgitterstörstelle f дефект кристаллической решётки
Kristallgitterstruktur f структура кристаллической решётки
Kristallgleichrichter m полупроводниковый выпрямитель
Kristallhabitus m форма [габитус] кристалла
Kristallhalbleiter m кристаллический полупроводник
Kristallhalter m кристаллодержатель; кварцедержатель
kristallin кристаллический
Kristallinhomogenität f неоднородность кристалла
kristallinisch кристаллический
Kristallisation f кристаллизация
Kristallisationsfront f фронт кристаллизации
Kristallisationskern m ядро кристаллизации
Kristallisationspunkt m точка [температура] кристаллизации
Kristallisationsrichtung f направление кристаллизации
Kristallisationstextur f текстура кристаллизации
Kristallisationsverfahren n, **orientiertes** метод ориентированной кристаллизации
Kristallisationszentrum n центр кристаллизации
Kristallisator m кристаллизатор
Kristallisierung f кристаллизация
Kristallit m кристаллит
Kristallitkern m зародыш кристаллита
Kristallkante f грань кристалла
Kristallkeim m, **Kristallkern** m зародыш кристалла; затравка кристалла
Kristallkopfhörer m пьезоэлектрический головной телефон
Kristallkörper m 1. тело кристалла 2. пластина кристалла
Kristallmikrofon n пьезоэлектрический микрофон
Kristallmorphologie f морфология кристалла
Kristallnetz n сетка кристаллической решётки
Kristallode f кристаллод (*общее название полупроводниковых приборов*)
kristallografisch кристаллографический
Kristallolumineszenz f кристаллолюминесценция
Kristalloptik f кристаллооптика
Kristallorientierung f ориентация кристалла
Kristalloszillator m кварцевый генератор
Kristallpaßbandfilter n кварцевый полосовой фильтр
Kristallphosphor m кристаллофосфор
Kristallpickup m см. **Kristalltonabnehmer**
Kristallplatte f 1. пластина кристалла 2. кварцевая пластина
kristallquarzgesteuert см. **kristallgesteuert**
Kristallrauschen n шумы кристалла
Kristallrelais n пьезоэлектрическое реле
Kristallrichtung f см. **Kristallorientierung**
Kristallrohling m кристаллическая необработанная подложка

Kristallstab m кристаллический стержень
Kristallstabilisator m кварцевый стабилизатор (*частоты*)
Kristallsteuerung f кварцевая стабилизация (*частоты*)
Kristallstörung f см. **Kristallbaufehler**
Kristallstruktur f, **imperfekte** неправильная [несовершенная] структура кристалла
Kristallstrukturdefekt m, **Kristallstrukturfehler** m см. **Kristallbaufehler**
Kristallsymmetrie f симметрия кристаллов
Kristallsystem n система кристалла, сингония, кристаллографическая система
Kristalltonabnehmer m, **Kristalltonabtaster** m, **Kristalltonwandler** m пьезоэлектрический звукосниматель
Kristallträger m кристаллодержатель
Kristalltrennmethode f метод разделения кристаллов
Kristalltriode f транзистор
Kristalltyp m тип кристалла; тип кристаллической решётки (*кристалла*)
~, **hexagonal-dichtgepackter** плотная гексогональная кристаллическая решётка
~, **kubisch-flächenzentrierter** кубическая гранецентрированная решётка
~, **kubisch-raumzentrierter** кубическая объёмноцентрированная решётка
Kristallversetzung f смещение кристалла (*напр. дислокационное*)
Kristallverspannung f деформация кристалла
Kristallverstärker m полупроводниковый усилитель
Kristallverwachsung f срастание кристаллов
Kristallvorzugsrichtung f предпочтительное направление (роста) кристалла
Kristallwachstum n 1. рост кристалла 2. выращивание кристалла
Kristallzelle f см. **Kristallfotozelle**
Kristallziehen n вытягивание кристалла
~ **aus der Schmelze** вытягивание кристалла из расплава (*по методу Чохральского*)
Kristallziehofen m печь для вытягивания кристаллов
Kristallziehverfahren n метод вытягивания кристаллов
Kristallzüchtung f выращивание кристалла
~ **nach dem Zonenschmelzverfahren** выращивание кристалла методом зонной плавки
Kristallzüchtungsofen m печь для выращивания кристаллов (*методом вытягивания*)
Kristallzwilling m двойниковый кристалл
Kriterium n критерий; признак
~ **des mittleren quadratischen Fehlers** критерий среднеквадратичной погрешности
~ **der sachlichen Übereinstimmung [der Sinnentsprechung]** критерий смыслового соответствия (*в научной информации*)
Krokodilklemme f, **Krokodilschnauze** f щипковый зажим, зажим типа «крокодил»
Krossbarschalter m матричный коммутатор
Krümmung f 1. кривизна; искривление; изгиб 2. колено (*напр. волновода*) 3. зап. сабельность
Krümmungsfehler m погрешность от нелинейности (*напр. кривой намагничивания*)

Krümmungsgleichrichtung f квадратичное детектирование
Krümmungsverluste m pl потери на кривизну (*в световоде*)
Kryoanlage f криогенная установка
Kryoelektronik f криоэлектроника
Kryogenik f криогеника, техника низких температур
Kryogenkühlung f криогенное охлаждение
Kryogenspeicher m криогенное ЗУ; криогенная память
Kryokabel n криогенный кабель
Kryolaser m криогенный лазер
Kryologik f 1. криогенная логика, криологика 2. криогенная логическая ИС
Kryometer n криометр
Kryosar n криосар, туннельный криотрон
Kryosistor n криозистор (*криосар с управляющим вводом*)
Kryoskopie f криоскопия
Kryostat m криостат
Kryostat-Laser m см. **Kryolaser**
Kryosteuerung f криостатирование
Kryotechnik f криогенная техника, криотехника
Kryotemperatur f криогенная температура, криотемпература
Kryotron n криотрон
Kryotronik f криоэлектроника
Kryotronschaltung f криотронная схема, схема на криотронах
Kryotronspeicher m ЗУ или память на криотронах
Kryotronverstärker m усилитель на криотронах
Kryozyklus m криогенный цикл
Kryptografie f криптография
kryptokristallin скрытокристаллический, криптокристаллический
Kryptometer n криптометр
Kryptomikroprozessor m криптомикропроцессор (*микропроцессор, работающий на закодированной программе*)
Kryptonlampe f криптоновая лампа
K-Schaltung f каскад с общим коллектором
K-Strahlung f К-излучение
KTV-Anlage f установка кабельного телевидения
KT-Zahl f шумовое число (*мера мощности тепловых шумов*)
KU-Band n KU-диапазон (*15,35—17,25 ГГц*)
Kugel f, **Ulbrichtsche** см. **Kugelfotometer**
Kugelableiter m шаровой разрядник
Kugelanode f шаровой [сферический] анод
Kugelantenne f сферическая антенна
Kugelbonden n термокомпрессионная сварка шариком
Kügelchen n таблетка; элемент схемы типа «таблетка»
Kugelfeld n сферическое поле
Kugelflächenfront f сферический фронт (*волны*)
Kugelfotometer n шар Ульбрихта, фотометрический шар, шаровой фотометр (Ульбрихта)
Kugelkalotte f шаровой сегмент
Kugelkapsel f капсюль (*микрофона*) с шаровой характеристикой (направленности)
Kugelkopf m шаровая печатающая головка

Kugellautsprecher m сферический громкоговоритель
Kugelmikrofon n ненаправленный микрофон
Kugelpackung f, **dichte** крист. плотно упакованная структура
Kugelreferenzwelle f сферическая опорная волна
Kugelreflektor m сферический отражатель
Kugelresonator m сферический резонатор
Kugelschallfeld n сферическое звуковое поле
Kugelschliff m крист. шаровой шлиф, шар-шлиф
Kugelsektorhorn n круговой секториальный рупор
Kugelsender m передатчик (*сверхвысокочастотных колебаний*) с шаровым контуром
Kugelstrahler m сферический излучатель
Kugelwähler m шаровой искатель
Kugelwelle f сферическая волна
Kugelwellentrichter m рупорный громкоговоритель, создающий сферическую волну
Kühlblech n радиатор (*напр. мощного транзистора*)
Kühlelement n охлаждающий элемент (*напр. на основе эффекта Пельтье*)
Kühlfalle f конденсационная ловушка (*напр. для вымораживания остаточных газов*)
Kühlhemd n охлаждающий кожух
Kühlkörper m радиатор, теплоотвод; охлаждающая насадка
Kühlrippe f ребро радиатора [теплоотвода]
Kühltopf m анодный бачок для ламп с водяным охлаждением
Kühlzylinder m конденсационный цилиндр (*ртутного выпрямителя*)
Kulisse f 1. кулиса 2. тлф рама многократного контактного поля
Kulissenwähler m тлф искатель Эриксона
Kundendienst m техническое обслуживание; осмотр и текущий ремонт
Kundendokumentation f документация по техническому обслуживанию
Kunden-IC m заказная ИС
Kundenschaltkreis m заказная схема
kundenspezifisch разработанный по заказу (*пользователя*), заказной
Kundenwünschauslegung f 1. реализация ИС в виде заказных приборов 2. применение заказных ИС
Kunstantenne f эквивалент антенны
Kunstfolie f синтетическая плёнка
Kunstfolienkondensator m плёночный конденсатор
Kunstglimmer m миканит
Kunstharz n синтетическая смола
Kunstkopf m «искусственная голова»
Kunstkopfstereofonie f 1. стереофония по методу «искусственной головы» 2. стереоэффект, создаваемый наушниками
Kunstleitung f искусственная линия
künstlich 1. искусственный 2. синтетический
Kunstschaltung f искусственная [имитирующая] схема
Kunstschwarzwert m (опорный) цветовой сигнал чёрного (поля)
Kunststoff m пластмасса, синтетический материал

~, **thermoplastischer** термопласт, термопластический материал
Kunststoffband n лента на синтетической [пластмассовой] основе
Kunststoffeinfassung f пластмассовое обрамление (напр. экрана ЭЛТ)
Kunststoffgrundlage f синтетическая [пластмассовая] основа (напр. МЛ)
Kunststoffkabel n см. **Kunststoffmantelkabel**
Kunststoffkondensator m плёночный конденсатор
Kunststofflaser m лазер на синтетическом материале
Kunststofflichtleiter m световод из синтетического материала
Kunststoffmantelkabel n кабель с пластмассовой [синтетической] оболочкой
Kunststoffführung f волновод с пластмассовым [синтетическим] заполнением
kunststoffumhüllt с пластмассовой [синтетической] оболочкой
Kunststörung f искусственная помеха
Kunstziel n искусственная цель
Kunstzielantenne f отражатель, имитирующий цель
kupferbelegt фольгированный медью
kupferdotiert легированный медью
Kupferfüllfaktor m коэффициент заполнения медью
Kupfergeflecht n медная плетёнка
Kupfergespinstleiter m тлф спиральная медная жилка (шнура)
Kupferkabel n 1. кабель с медными жилами 2. кабель с медной оплёткой
Kupferkieshalbleiter m халькогенидный полупроводник
Kupferkonstantanelement n медно-константановый термоэлемент
Kupferkordel f гибкий медный шнур
Kupfermantelspule f катушка в медном экране
Kupferoxydulfotozelle f купроксный фотоэлемент
Kupferoxydulgleichrichter m купроксный выпрямитель
Kupferoxydulheißleiter m купроксный терморезистор
kupferplattieren плакировать медью
Kupferverluste m pl потери в меди
Kuppel... см. тж **Kupplungs...**
Kuppelfunktion f функция связи
kuppeln 1. соединять 2. сочленять; сцеплять
Kuppelstelle f место стыка [соединения]
Kuppenkontakt m крестовый контакт (для четырёх проводников)
Kupplung f 1. соединение 2. сочленение; сцепление 3. соединительный зажим 4. связь между контурами 5. муфта
Kupplungs... см. тж **Kuppel...**
Kupplungsdose f 1. соединительная коробка 2. кабельный ящик
Kupplungsgestell n соединительная стойка; шкаф соединений
Kupplungshülse f соединительная гильза
Kupplungsklemme f соединительный зажим
Kupplungsmagnet m сцепляющий (электро)магнит

Kupplungssteckdose f соединительная штепсельная розетка
Kupplungsstecker m соединительный штепсель
Kupplungstransformator m трансформатор связи
Kuprox... купроксный, меднозакисный
Kurbel f 1. рычаг 2. рукоятка; ручка 3. рычажный переключатель
Kurbelantenne f телескопическая антенна, управляемая рычагом
Kurbelinduktor m тлф индуктор с ручным приводом
Kurbelkondensator m магазин ёмкостей с рычажным переключателем
Kurbelkontakt m контакт рычажного переключателя
Kurbelmast m см. **Kurbelteleskopmast**
Kurbelmeßbrücke f рычажный измерительный мост
Kurbelteleskopmast m телескопическая мачта, управляемая рычагом
Kursführungssender m, **Kursfunkfeuer** n курсовой радиомаяк
Kurskreisel m курсовой гироскоп
Kursor m 1. вчт курсор, указатель; стрелка 2. движок (шкалы); метка (шкалы) 3. визир
Kursrahmen m рамка указателя курса
Kursrechner m вычислитель курса; курсомер
Kursregler m автопилот
Kurssender m курсовой радиомаяк
Kurssteuerung f, **automatische** автоматическая прокладка курса
Kurssystem n система курсоуказания
Kurszeichen n pl курсовые сигналы, сигналы курсового радиомаяка
Kurszeiger m курсоуказатель
Kurve f кривая; характеристика; график
~, **ausgezogene** растянутая характеристика
~, **jungfräuliche** (перво)начальная кривая (намагничивания)
~ **der spektralen Energieverteilung** кривая спектрального распределения энергии
~, **stationäre** статическая характеристика
~, **stetige** непрерывная кривая
Kurvenabfallmaß n крутизна кривой
Kurvenabschnitt m участок кривой
Kurvenanalysator m анализатор кривых
Kurvenanstieg m нарастание кривой
Kurvenanzeiger m см. **Kurvenindikator**
Kurvenast m ветвь кривой
Kurvenaufnahme f, **punktförmige** снятие [запись] кривой по точкам
Kurvenausschlag m выброс на кривой (при записи процесса)
Kurvenauswertung f дискретизация непрерывной кривой
Kurvenbild n график в виде кривой
Kurvenblatt n график
Kurvendarstellung f графическое представление
Kurveneinsattelung f седловина [провал] кривой
Kurvenfaktor m коэффициент (формы) кривой
Kurvenfolge f см. **Kurvenschar**
Kurvenformfehler m 1. искажение формы кривой 2. изм. погрешность вследствие искажения формы кривой
Kurvengruppe f см. **Kurvenschar**

Kurvenindikator m ондограф, индикатор кривых
Kurvenknie n изгиб кривой
Kurvenlesegerät n, **Kurvenleser** m графоповторитель
Kurvenschar f семейство кривых
~, **zweiparametrige** двухпараметрическое семейство кривых
Kurvenscheitel m максимум [пик, вершина] кривой
Kurvenschreiber m графопостроитель; характериограф
Kurvenschwächung f снижение кривой; спад характеристики
Kurvenspitze f пик (на) кривой
Kurvensteilheit f крутизна кривой; крутизна характеристики
Kurvenumformer m преобразователь формы кривой
Kurvenverfolger m графоповторитель
Kurvenverlauf m форма кривой
Kurvenverzerrung f искажение формы кривой
Kurvenzeichner m графопостроитель
Kurvenzug m 1. форма кривой 2. отрезок кривой
Kurvenzweig m ветвь кривой
Kurzadressenruf m тлф сокращённый набор номера
Kurzauslösung f быстродействующее отключение; быстродействующее разъединение
Kurzbasisverfahren n нвг метод короткой базы
Kurzbespulung f высокочастотная (частая) пупинизация
Kurzbetrieb m кратковременный режим
kurzbrennweitig короткофокусный
kurzdauernd кратковременный
Kurzdipol m элементарный диполь
kurzgeschlossen короткозамкнутый
Kurzhalsablenksystem n отклоняющая система широкоугольного кинескопа
Kurzhalsbildröhre f (широкоугольный) кинескоп с короткой горловиной
Kurzkanal-Feldeffekttransistor m полевой транзистор с коротким каналом
Kurzkanal-MOS-Technik f техника МОП-транзисторов с коротким каналом
Kurzkanaltransistor m полевой транзистор с коротким каналом
Kurzkontakt m проскальзывающий контакт
Kurz-Lang-Schalter m переключатель коротких волн на длинные
Kurzprüfungen f pl 1. ускоренные [форсированные] испытания 2. кратковременные испытания
Kurzschaltung f закорачивание, замыкание накоротко
Kurzschema n упрощённая схема
Kurzschließen n см. **Kurzschaltung**
Kurzschließer m закорачивающая перемычка
Kurzschluß m короткое замыкание
~, **ununterbrochener** длительное короткое замыкание
~, **unvollkommener** неполное короткое замыкание
~, **vollkommener** полное короткое замыкание
Kurzschlußabschaltung f устранение короткого замыкания; отключение короткозамкнутой цепи
Kurzschlußausgangsleitwert m выходная полная проводимость в режиме короткого замыкания (на входе)
Kurzschlußbalken m закорачивающая перемычка
Kurzschlußbetrieb m 1. работа в режиме короткого замыкания 2. передача (видео)сигналов по замкнутому каналу
Kurzschlußblindschwanz m 1. закорачивающий поршень 2. короткозамкнутый шлейф
Kurzschlußbrücke f короткозамыкающий мост (ик); закорачивающая перемычка
Kurzschlußbügel m закорачивающая перемычка
Kurzschlußeingangsleitwert m входная полная проводимость в режиме короткого замыкания (на выходе)
Kurzschlußeingangswiderstand m входное сопротивление в режиме короткого замыкания (на выходе)
Kurzschlußende n короткозамкнутый конец
Kurzschlußersatzschaltung f эквивалентная схема короткого замыкания
kurzschlußfest устойчивый к короткому замыканию
Kurzschlußfluß m (магнитный) поток короткого замыкания
Kurzschlußimpedanz f полное сопротивление короткого замыкания
Kurzschlußkolben m закорачивающий поршень (напр. в волноводах)
Kurzschlußkreis m короткозамкнутый контур; короткозамкнутая цепь
Kurzschlußleitung f короткозамкнутая линия
Kurzschlußleitwert m полная проводимость короткого замыкания
Kurzschlußpaneel n тлф панель с закорачивающими перемычками
Kurzschlußplatte f короткозамыкающая пластина
Kurzschlußprüfung f испытание на короткое замыкание
Kurzschlußrauschstrom m шумовой ток при коротком замыкании
Kurzschlußresonator m короткозамкнутый резонатор
Kurzschlußrückwärtssteilheit f полная межэлектродная проводимость обратной передачи
Kurzschlußschalter m закорачивающий переключатель
Kurzschlußschieber m 1. закорачивающий ползунок 2. закорачивающий плунжер (напр. в волноводах)
Kurzschlußschleife f короткозамкнутая петля; короткозамкнутый шлейф
Kurzschlußschraube f закорачивающий винт
Kurzschlußschwingkreis m короткозамкнутый колебательный контур (из отрезка короткозамкнутой линии)
Kurzschlußspannung f напряжение короткого замыкания
kurzschlußstabil см. **kurzschlußfest**
Kurzschlußstecker m см. **Kurzschlußstöpsel**
Kurzschlußstichleitung f короткозамкнутый шлейф; короткозамкнутый отрезок линии

Kurzschlußstöpsel *m* закорачивающий штепсель
Kurzschlußstrom *m* ток короткого замыкания
Kurzschlußstromersatzschaltung *f* эквивалентная схема тока короткого замыкания
Kurzschlußstromverstärkung *f* усиление по току при коротком замыкании
Kurzschlußtaste *f* закорачивающая кнопка
Kurzschlußtastung *f* тлг манипуляция коротким замыканием (*цепи*)
Kurzschlußübertragungsleitwert *m* полная проводимость передачи в режиме короткого замыкания (на выходе)
~, **rückwärts** полная проводимость обратной передачи в режиме короткого замыкания (на входе)
Kurzschlußverbindung *f* закорачивающая перемычка
Kurzschlußvorwärtssteilheit *f* 1. крутизна прямой передачи при коротком замыкании (на входе) 2. полная проводимость прямой передачи (*транзистора*)
Kurzschlußwindung *f* короткозамкнутый виток
Kurzschwund *m* быстрое замирание
Kurzsender *m* коротковолновый передатчик
Kurzspeicher *m см.* **Kurzzeitspeicher**
Kurzstreckenfunknavigation *f*, **Kurzstreckenradarnavigation** *f* ближняя радионавигация
Kurzunterbrechung *f* 1. мгновенное размыкание (*цепи*) 2. автоматическое повторное включение, АПВ
Kurzwahl *f* тлф сокращённый набор (*номера*)
Kurzwahlspeicher *m* ЗУ *или* память с быстрой выборкой
Kurzwellen *f pl* короткие волны, КВ
Kurzwellenadapter *m* коротковолновая приставка (*к приёмнику*)
Kurzwellenamateur *m* радиолюбитель-коротковолновик
Kurzwellenband *n* диапазон коротких волн, коротковолновый диапазон
Kurzwellenbandspreizung *f* растягивание диапазона коротких волн
Kurzwellenbereich *m см.* **Kurzwellenband**
Kurzwellenbetrieb *m* работа на коротких волнах
Kurzwelleneichung *f* градуировка коротковолнового диапазона
Kurzwellenfernempfang *m* дальний приём на коротких волнах
Kurzwellengerät *n* 1. коротковолновый приёмник 2. коротковолновый передатчик 3. коротковолновая станция
Kurzwellenlupe *f* экспандер [устройство для расширения] коротковолнового диапазона
Kurzwellenpeilung *f* пеленгация на коротких волнах
Kurzwellenröhre *f* (электронная) лампа для коротких волн
Kurzwellenrundfunk *m* коротковолновое радиовещание
Kurzwellenstrahlung *f* излучение на коротких волнах
Kurzwellenübertragungsweg *m* коротковолновый канал
Kurzwellenverbindung *f* коротковолновая (радио)связь

Kurzwellenvorsatzgerät *n см.* **Kurzwellenadapter**
Kurzwellenweitverkehr *m* дальняя коротковолновая (радио)связь
kurzwellig коротковолновый
Kurzzeichen *n* символ, условный знак
Kurzzeit-Autokorrelation *f* кратковременная автокорреляция
Kurzzeit(dauer)betrieb *m* кратковременный режим
Kurzzeit-Doppelbelichtungsholografie *f* голографирование методом двухкратного экспонирования с коротким интервалом между экспонированиями
Kurzzeitgeber *m* импульсный датчик с малым интервалом времени между импульсами
Kurzzeitgenauigkeit *f* точность в течение коротких промежутков времени
Kurzzeitholografie *f* (высоко)скоростная голография
kurzzeitig кратковременный
Kurzzeitimpuls *m* короткий импульс
Kurzzeitimpulslaser *m* лазер, генерирующий короткие импульсы
Kurzzeitkenngröße *f* параметр с кратковременной стабильностью
Kurzzeitkonstanz *f* кратковременная стабильность (*напр. частоты*)
Kurzzeitkorrelation *f* кратковременная корреляция
Kurzzeitmesser *m*, **Kurzzeitmeßgerät** *n* прибор для измерения малых интервалов времени
Kurzzeitmessung *f* 1. кратковременное измерение 2. измерение малых интервалов времени
Kurzzeitoszillograf *m* скоростной осциллограф
Kurzzeitprüfungen *f pl см.* **Kurzprüfungen**
Kurzzeitrechner *m* быстродействующая ВМ
Kurzzeitrelais *n* реле времени с малой выдержкой
Kurzzeitrückführung *f* быстродействующая обратная связь
Kurzzeitschalter *m* отметчик времени, таймер
Kurzzeitschwund *m* кратковременное замирание
Kurzzeitspeicher *m* кратковременное ЗУ; кратковременная память
Kurzzeitstörungen *f pl* кратковременные помехи
Kurzzeitstrom *m* кратковременный ток
Kurzzeitunterbrechung *f* кратковременный сбой
Küstenbrechung *f*, **Küsteneffekt** *m* рлк, нвг береговая рефракция
Küstenlinie *f* нвг береговая линия
Küstenverteidigungsradar *n* РЛС береговой обороны
KW... *см.* **Kurzwellen...**
Kybernation *f* использование вычислительной техники для автоматизации
Kybernetik *f* кибернетика
~, **angewandte** прикладная кибернетика
~, **biologische** биологическая кибернетика, биокибернетика
~, **technische** техническая кибернетика; инженерная кибернетика
kybernetisch кибернетический

L

label *англ.* метка; (маркировочный) знак

L-Abgleich *m см.* **L-Abstimmung**
Labilität *f* 1. неустойчивость 2. нестабильность
Laborausführung *f* лабораторное исполнение (*образца*), макет
L-Abstimmung *f* настройка (переменной) индуктивностью, индуктивная настройка
Labyrinth *n* 1. лабиринтная доме́нная структура 2. акустический лабиринт 3. лабиринт (*в теории графов*)
~, **Shannonsches** лабиринт Шеннона
Lackätzmittel *n микр.* травитель для резиста
Lackband *n* лакотканевая лента
Lackbild *n* рисунок (слоя) резиста
Lackfilm *m* лаковая плёнка
Lackfilmkondensator *m* лакоплёночный конденсатор
Lackfolie *f* лаковая плёнка
Lackfolienkondensator *m* лакоплёночный конденсатор
Lackfolienplatte *f* лаковый оригинал фонограммы
Lackglasseide *f* стеклолакоткань
Lackhaftmaske *f* фоторезистная маска
Lackierung *f* лакирование
Lackkabel *n* кабель с эмалевой изоляцией жил
Lackplatte *f зап.* лаковый диск
Lackrest *m* остатки фоторезиста
Lacküberzug *m* лаковое покрытие
Ladar *n* лазерный радар
Laddic *n вчт* леддик, логическая схема (*на магнитном элементе лестничного типа*)
Ladeaggregat *n* зарядный агрегат
Ladeanzeiger *m* индикатор [указатель] заряда
Ladeautomat *m* автоматический загрузочный механизм
Ladedauer *f* 1. длительность [время] заряда 2. длительность заряженного состояния
Ladedrossel *f* зарядный дроссель
Lade-Entlade-Stufe *f* зарядно-разрядный каскад
Ladeerhaltungsstrom *m* ток, поддерживающий заряд
Ladefähigkeit *f* зарядная ёмкость
Ladegerät *n см.* **Lader**
Ladegleichrichter *m* зарядный выпрямитель
Ladeimpuls *m* зарядный импульс
Ladeintervall *n см.* **Ladedauer**
Ladekammer *f* загрузочная камера
Ladekapazität *f* зарядная ёмкость
Ladekennlinie *f* кривая заряда, зарядная характеристика
Ladekondensator *m* зарядный [накопительный] конденсатор
Ladekreis *m* зарядная цепь
Ladekurve *f см.* **Ladekennlinie**
Lademodul *m вчт* модуль загрузки
laden 1. заряжать (*аккумуляторы*) 2. нагружать 3. загружать, вводить (*напр. задачу в машину*) 4. накапливать, аккумулировать
Ladeposition *f* позиция загрузки
Ladepotential *n* потенциал заряда
Ladeprogramm *n* программа загрузки, загрузчик
Ladepunkt *m* 1. *вчт* точка загрузки 2. *тлф* место пупинизации
Lader *m* 1. зарядное устройство; зарядный вы-

прямитель 2. *вчт* (программа-)загрузчик 3. загрузочный отсек (*напр. для кассет*)
Laderöhre *f* 1. трубка с накоплением зарядов 2. зарядная лампа
Ladesatz *m* зарядный агрегат
Ladeschaltung *f* цепь заряда
Ladeschleuse *f* шлюз загрузочной камеры
Ladespannung *f* 1. зарядное напряжение 2. напряжение заряда (*конденсатора*)
Ladestrom *m* зарядный ток
Ladestromkreis *m* цепь зарядного тока
Ladewiderstand *m* 1. зарядное сопротивление 2. зарядный резистор
Ladezeitkonstante *f* постоянная времени заряда
Ladung *f* 1. заряд 2. зарядка (*аккумулятора*) 3. загрузка, ввод (*напр. задачи в машину*) 4. нагрузка 5. накапливание, аккумулирование
~, **freie** свободный заряд
~, **gespeicherte** накопленный заряд
~, **induzierte** наведённый заряд
~, **ruhende** неподвижный заряд
~, **scheinbare** фиктивный заряд
~, **statische** статический заряд
~, **unbewegliche** фиксированный заряд
Ladungen *f pl* заряды
Ladungsabführung *f* отвод [съём] заряда
Ladungsabgleichkomparator *m* компаратор балансировки зарядов
Ladungsableitung *f* утечка заряда
Ladungsabtastung *f* выборка [съём] (информационных) зарядов (*в ПЗС*)
Ladungsanreicherung *f*, **ständige** постоянный подзаряд
Ladungsaufbau *m* нарастание заряда
Ladungsausgleich *m* выравнивание зарядов
Ladungsauslösung *f* освобождение заряда
Ladungsaustausch *m* обмен зарядами
Ladungsbetrag *m* величина заряда
Ladungsbewegung *f* миграция зарядов
Ladungsbild *n* потенциальный рельеф
Ladungsdichte *f* плотность заряда
Ladungseinfangeffekt *m* эффект захвата зарядов
Ladungserzeugung *f* генерирование заряда
Ladungsfaktor *m* коэффициент заряда
Ladungsfluß *m* поток зарядов
ladungsfrei незаряженный
Ladungsgebirge *n* потенциальный рельеф
ladungsgekoppelt с зарядовой связью
ladungsgesteuert управляемый зарядом
Ladungsgrundzustand *m* состояние с равновесным распределением заряда
Ladungsinjektion *f* инжекция заряда
Ladungsinjektion-Bildwandler *m* преобразователь свет—сигнал на приборах с инжекцией заряда
Ladungsinjektionsbauelement *n*, **Ladungsinjektionsschaltung** *f* прибор с инжекцией заряда
Ladungskonjugation *f* сопряжение зарядов
Ladungskopplung *f* зарядовая связь
Ladungskopplung-Multiplexer *m* ПЗС-мультиплексер
Ladungskopplungsregister-Ausleseeinrichtung *f* устройство опроса на ПЗС-регистре
Ladungskopplungsschaltung *f* ИС на ПЗС

Ladungskopplungsschieberegister *n* сдвиговый регистр на ПЗС
Ladungsmosaik *n* потенциальный рельеф
Ladungsmultiplett *n* зарядовый мультиплет
Ladungsmuster *n* см. **Ladungsmosaik**
Ladungsneutralität *f* (электрическая) нейтральность заряда
Ladungspaket *n* зарядовый пакет (в ПЗС)
Ladungsprofil *n* см. **Ladungsmosaik**
Ladungsquantum *n* квант заряда
Ladungsrelief *n* см. **Ladungsmosaik**
Ladungsschicht *f* слой зарядов
Ladungssignal *n* зарядовый сигнал
Ladungsspeicher *m* 1. ЗУ или память на ПЗС 2. накопитель зарядов 3. конденсаторное ЗУ, конденсаторная память
Ladungsspeicherbaustein *m* прибор с зарядовой связью, ПЗС
Ladungsspeicherchip *n* 1. кристалл ИС на ПЗС 2. ИС на ПЗС
Ladungsspeicherdiode *f* (полупроводниковый) диод с накоплением заряда, ДНЗ
Ladungsspeicherelement *n* элемент с накоплением заряда
Ladungsspeicherkapazität *f* ёмкость запоминания заряда
Ladungsspeicherröhre *f* запоминающая ЭЛТ с накоплением заряда
Ladungsspeichertransistor *m* транзистор с накоплением заряда
Ladungsspeicherung *f* 1. запоминание заряда; сохранение заряда 2. накопление носителей заряда 3. накопление заряда
Ladungssteuerung *f pn* управление зарядом
Ladungssymmetrie *f* зарядовая симметрия
Ladungsträger *m* носитель заряда
~, **gebundener** связанный носитель заряда
~, **heißer** горячий носитель заряда
~, **negativer** носитель отрицательного заряда, электрон
~, **positiver** носитель положительного заряда, дырка
Ladungsträgerakkumulation *f* накопление носителей заряда
Ladungsträgerbeweglichkeit *f* подвижность носителей заряда
Ladungsträgerbewegung *f* миграция [перемещение] носителей заряда
Ladungsträgerdichte *f* концентрация носителей заряда
Ladungsträgerdichteverschiebung *f* смещение концентрации носителей заряда
Ladungsträgerdiffusion *f* диффузия носителей заряда
Ladungsträgererwärmung *f* разогрев носителей заряда
Ladungsträgererzeugung *f* генерация носителей заряда
Ladungsträgerextraktion *f* экстракция [вывод] носителей заряда
ladungsträgerfrei свободный от носителей заряда
Ladungsträgergas *n* газ-носитель заряда
Ladungsträgergehalt *m* количество [содержание] носителей заряда

Ladungsträgerhafteffekt *m* явление захвата носителей заряда
Ladungsträgerhaushalt *m* баланс носителей заряда
Ladungsträgerinjektion *f* инжекция носителей заряда
Ladungsträgerinjektionsmechanismus *m* механизм инжекции носителей заряда
Ladungsträgerkonzentration *f* см. **Ladungsträgerdichte**
Ladungsträgerlaufzeit *f* время пролёта носителей заряда
Ladungsträgerlawine *f* лавина носителей заряда
Ladungsträgerlebensdauer *f* время жизни носителей заряда
Ladungsträgermultiplikation *f* умножение носителей заряда
Ladungsträgerpaar *n* пара носителей зарядов, электронно-дырочная пара
Ladungsträgerrekombination *f* рекомбинация носителей заряда
Ladungsträgerspeicherung *f* см. **Ladungsspeicherung 2.**
Ladungsträgerstrahl *m* пучок заряженных частиц
Ladungsträgerstreuung *f* рассеяние носителей заряда
Ladungsträgerstrom *m* поток носителей заряда
Ladungsträgertransport *m* перенос носителей заряда
Ladungsträgertransportmechanismus *m* механизм переноса носителей заряда
Ladungsträgerverarmung *f*, **Ladungsträgerverdrängung** *f* обеднение носителями заряда
Ladungsträgerverteilung *f* распределение носителей заряда
Ladungsträgervervielfachung *f* умножение носителей заряда
Ladungstransfer *m* см. **Ladungstransport**
Ladungstransfertechnik *f* технология [техника] ПЗС
Ladungstransferwirkung *f* 1. эффект переноса заряда 2. эффект переноса носителей заряда
Ladungstransport *m* 1. перенос заряда 2. перенос носителей заряда
Ladungstransporteinrichtung *f* прибор с переносом заряда, ППЗ
Ladungstransportkanal *m* 1. канал переноса заряда 2. канал (для) переноса носителей заряда
Ladungstransportverluste *m pl* потери при переносе зарядов
Ladungsübertragung *f* см. **Ladungstransport**
Ladungsumverteilung *f* перераспределение зарядов
Ladungsverarmung *f* см. **Ladungsträgerverarmung**
Ladungsverformung *f* искажение заряда
Ladungsverlust *m* утечка [потеря] заряда
Ladungsverschiebeelement *n*, **Ladungsverschiebegerät** *n* прибор с переносом заряда, ППЗ
Ladungsverschiebung *f* смещение зарядов
Ladungsverschiebeschaltung *f* схема из ППЗ
Ladungsverschiebungsspeicher *m* ЗУ на ППЗ
Ladungsverstärker *m* электрометрический усилитель
Ladungsverteilung *f* 1. распределение зарядов 2. потенциальный рельеф

Ladungsvervielfachung f умножение зарядов
Ladungswanderung f миграция зарядов
Ladungswechsel m 1. перемена заряда 2. перезарядка частиц
Ladungswert m величина заряда
Ladungswolke f облако пространственного заряда
Ladungszahl f зарядовое [атомное] число
Ladungszeit f время [длительность] заряда [зарядки]
Ladungszerstreuung f растекание заряда
Ladungszustand m фтт зарядовое состояние
Lage f 1. положение; микр. позиционирование 2. расположение; местоположение 3. слой; покрытие 4. слой (обмотки) 5. повив (кабеля)
Lageabweichung f отклонение от заданного положения
Lageanzeiger m указатель положения
Lagebestimmung f определение местоположения
Lageeinstellung f 1. регулировка центровки 2. установление (заданного) положения; микр. позиционирование
Lagefehler m 1. тлв неправильное положение (изображения); неравномерность отклонения луча 2. погрешность, обусловленная положением (напр. измерительного прибора) 3. рлк позиционная погрешность 4. ошибка (радионавигационной системы) за счёт отражения от местных предметов
Lagegenauigkeit f микр. точность позиционирования
~ **der Strukturelemente** точность позиционирования элементов структуры (при совмещении)
Lagehaltung f удержание (стабильного положения)
Lagekarte f, **elektronische** электронный планшет; радиолокационный планшет
Lagekontrolle f контроль позиционирования
Lagekoordinaten f pl координаты места
Lagekorrektur f коррекция положения
Lagekreis m лимб
Lagenfehlordnung f разупорядочение
Lagenisolation f изоляция между слоями (обмотки)
Lagenspule f многослойная катушка
Lagenwickelmaschine f станок для намотки многослойных катушек
Lagenwicklung f многослойная обмотка
Lager n буферное ЗУ
Lagerbuchse f посадочное отверстие (кассеты, катушки)
Lagerproduzierbarkeit f воспроизводимость положения
Lagertest m испытание на длительное хранение; испытание на старение в условиях хранения
Lagerungslebensdauerprüfung f испытания на сохраняемость
Lageschwankung f колебание относительно исходного положения
Lagestabilität f микр. стабильность положения или позиционирования (подложки и фотошаблона)
Lagewinkel m угол места

Lagezeichen n метка [обозначение] рабочего положения (напр. прибора)
Lambdadiode f фирм. лямбда-диод (многофункциональный прибор с отрицательным сопротивлением)
Lambdaviertelleitung f четвертьволновая линия
Lamb-dip m кв.эл. лэмбовский провал, провал Лэмба
Lambertstrahler m ламбертовский [диффузный] излучатель
Lamb-Verschiebung f лэмбовский сдвиг, лэмбовское смещение
lamellar пластинчатый, слоистый
Lamellarplatte f слоистая пластинка
Lamelle f ламель; пластин(к)а; сегмент
Laminarbox f бокс с ламинарным потоком воздуха
Laminarfestwiderstand m слоистый постоянный резистор
Laminarstrom m ламинарный поток
Lampendeckel m ламповый колпачок
Lampenfassung f 1. ламповая панель 2. ламповый патрон
Lampenfeld n ламповая панель; панель коммутаторных ламп
~ **für stummen Vermittler** световая панель указателя вызовов
Lampenkappe f ламповый колпачок
Lampenkolben m колба лампы
Lampenmeldung f ламповая сигнализация
Lampenschaltung f схема включения лампы
Lampenstreifen m рамка с (сигнальными) лампами
Lampentableau n, **Lampentafel** f табло [щит] с (сигнальными) лампами
Lampenwiderstand m (внутреннее) сопротивление лампы
Lanac(-Radarsystem) n радионавигационная система предупреждения столкновения самолётов
Landau-Niveau n уровень Ландау
Landeapparat m спускаемый аппарат, СА
Landefehler m ошибка из-за неортогональности подхода пучка к мишени
Landeführungsgerät n РЛС управления посадкой
Landefunkbake f, **Landefunkfeuer** n посадочный радиомаяк
Landefunkortung f радиолокационное управление посадкой
Landegenauigkeit f точность попадания (напр. электронного луча на участки экрана)
Landekursantenne f курсовая антенна системы посадки по приборам
Landekursempfänger m бортовой самолётный (радио)приёмник системы посадки по приборам
Landekurssender m курсовой радиомаяк системы посадки по приборам
Landenavigation f управление посадкой
Landepeilstation f наземная радиопеленгаторная станция
Landeradar n, **Landeradaranlage** f посадочная РЛС
Landesfernwahlnetz n сеть дальней автоматической телефонной связи

Landeskennzahl f международный индекс (телефонной сети)
Landesrundfunkanstalt f земельная радиовещательная организация (*ФРГ*)
Landestufe f посадочная ступень (*ракеты*)
Landesystem n, **impulsgesteuertes** импульсная система посадки
Lande- und Rollhilfe f, **kerntechnische** гамма-аппаратура посадки по приборам
Landeweiser m прибор захода на посадку
Landfunkdienst m наземная радиослужба
Landfunkstation f, **Landfunkstelle** f 1. наземная радиостанция 2. *косм.* земная радиостанция
Landnetz n районная сеть (связи)
Landpeilstation f наземная радиопеленгаторная станция
Landradar n, **Landradarstation** f наземная РЛС
Landstation f, **Landstelle** f 1. наземная (радио)-станция 2. *косм.* земная радиостанция
Landungs... *см. тж* **Lande...**
Landungsstation f радиомаяк системы посадки по приборам
Landverkehr m районная связь
Langbasis-Methode f метод длинной базы
langbrennweitig длиннофокусный
Langdrahtantenne f антенна с электрической длиной, (значительно) превышающей рабочую длину волны
Langdrahtrichtantenne f направленная антенна в виде длинного провода
Länge f 1. длина; протяжённость 2. долгота
~, **magnetische wirksame** действующая магнитная длина (*зазора магнитной головки*)
längemoduliert модулированный по длительности
Längenanzeiger m указатель длины (ленты)
Längenausdehnung f линейное расширение
Längeneffekt m эффект долготы (*распространения радиоволн*)
Längeneinheit f единица длины □ **je** ~ на единицу длины, погонный
Längenfehler m погрешность по длине (шкалы)
Längenkode m позиционный код
Längenkompensation f продольная компенсация
Längenmodulation f широтно-импульсная модуляция, ШИМ
Längenskale f шкала дальности
Längenvorhalt m упреждение по дальности
Langevin-Schwinger m вибратор Ланжевена
Langimpulslaser m лазер, генерирующий импульс большой длительности
Langlebensdauer f долговечность
Langlebensdauergerät n долговечный прибор
Langmuir-Schwingungen f pl ленгмюровские [электростатические, плазменные] колебания
Langmuir-Sonde f ленгмюровский зонд
Längsabstimmung f настройка изменением длины (*напр. установкой закорачивающей перемычки*)
Langsamionenstreuung f рассеяние медленных ионов
Langsamschaltung f замедленное включение
Langsamschreiber m самопишущий прибор с малой скоростью записи

Langsamzeitskale f расширенный масштаб времени
Längsankergeber m индуктивный датчик с втяжным сердечником
Längsaufzeichnung f *см.* **Längsspuraufzeichnung**
Längsbespulung f пупинизация
Längsbiegungsschwinger m вибратор с колебаниями изгиба
Langschall m инфразвук
Langschlitzkoppler m ответвитель с длинной щелью
Längsdämpfung f продольное затухание
Längsdefokussierung f продольная расфокусировка
Längsdehnungsschwinger m *см.* **Langsschwinger**
Längsdichte f **der Aufzeichnung** продольная плотность записи
Langsender m *см.* **Langwellensender**
Längsentzerrer m последовательно включённый корректирующий контур
Längsfeld n аксиальное [осесимметричное, продольное] поле
Längsfeldtyp m аксиальная мода
Längsfeldzweikammerklystron n двухрезонаторный клистрон с аксиальным полем
Längsfluß m осесимметричный [продольный] поток
längsfokussierend продольно-фокусирующий
Längsfokussierung f продольная фокусировка
Längsfotoeffekt m продольный [боковой] фотоэффект
Längsglied n последовательное звено
Längsinduktivität f 1. последовательная индуктивность 2. погонная индуктивность
Längskapazität f 1. последовательная ёмкость 2. погонная ёмкость
Längskompensation f последовательная компенсация
Längskraftfluß m аксиальный магнитный поток
Längskreis m последовательный контур; последовательная цепь
Längskrümmung f 1. продольное коробление (*магнитной ленты*) 2. *зап.* сабельность
Längsleitung f магистральная линия, магистраль
Längsmagnetfeld n продольное магнитное поле
Längsmagnetisierung f продольное намагничивание
Längsmagnetisierungsaufzeichnung f продольная магнитная запись
Langspielband n *зап.* износоустойчивая лента (*толщиной 33—40 мкм*)
Langspielplatte f долгоиграющая пластинка
Längsrelaxation f продольная релаксация
Längsschleife f продольная ветвь (*скрещённой рамки антенны*)
Längsschlitz m продольная щель
Längsschlitzwelle f волна в продольной щели
Längsschnittwellen f pl продольные секторные волны
Längsschwankungen f pl колебания скорости (*напр. магнитной ленты*)
Längsschwinger m 1. вибратор с колебаниями растяжения [с колебаниями по длине] 2. стержневой вибратор

Längsschwingungen f pl 1. колебания растяжения, колебания по длине 2. см. **Längsschwankungen**
Längsspule f последовательно включённая катушка
Längsspuraufzeichnung f продольная запись; *тлв* продольно-строчная запись
Längsspurverfahren n способ продольной записи; *тлв* способ продольно-строчной записи
Längsspur-Videobandgerät n видеомагнитофон с продольно-строчной записью
Längssteg m продольная перемычка (*в волноводе*)
Längsstrahler m продольный излучатель; антенна с осевым излучением
Längsstrahlermethode f метод продольного излучателя (*расчёт излучения антенн*)
Längsstreuung f продольное рассеяние
Längssymmetrie f продольная [осевая] симметрия
Langstrahlpeilung f дальнее пеленгование
Längstransistor m последовательно включённый транзистор (*регулируемый транзистор в схеме стабилизатора напряжения*)
Langstreckenluftverkehr m дальняя воздушная навигация
Langstreckenmeßverfahren n метод измерения больших расстояний
Langstreckenradionavigationssystem n система дальней радионавигации
Längstwellen f pl сверхдлинные волны (*длиннее 10 км*)
Längstwellenfunksignal n радиосигнал, передаваемый на сверхдлинных волнах
Längstwellensender m сверхдлинноволновый передатчик
Längstwellenübertragung f передача (радиосигналов) на сверхдлинных волнах
Längsumläufer m звуконоситель, транспортируемый с небольшой скоростью
Längsverluste m pl потери вдоль линии
Längsversetzung f краевая дислокация
Längswechselfeld n продольное переменное поле
Längswelle f продольная волна
Längswellenwiderstand m продольное волновое сопротивление
Längswiderstand m 1. последовательный резистор 2. погонное сопротивление
Längszweig m последовательная цепь; последовательная ветвь
Langwellen f pl длинные волны, ДВ
Langwellenadcock m длинноволновый пеленгатор Эдкока
Langwellenband n, **Langwellenbereich** m длинноволновый диапазон
Langwellendämpfung f затухание на длинных волнах
Langwellensender m длинноволновый (радио)передатчик
Langwellenwirkungsgrad m кпд на длинных волнах
langwellig длинноволновый
Langzeit(dauer)betrieb m длительный режим работы
Langzeitecho n дальнее эхо
Langzeiteffekt m длительный эффект

Langzeitgedächtnis n см. **Langzeitspeicher**
Langzeitkenngröße f стабильный параметр
Langzeitkonstanz f см. **Langzeitstabilität**
Langzeitmesser m прибор для измерения длительных промежутков времени
Langzeitmessungen f pl 1. измерения длительных промежутков времени 2. длительные (многократные) измерения 3. измерения задержек (*напр. эхо-сигнала*)
Langzeitmittelwert m среднее значение за большой интервал времени
Langzeitprüfungen f pl ресурсные испытания (*для определения долговечности*)
Langzeitrechner m медленнодействующее (аналоговое) вычислительное устройство; ВМ малого быстродействия
Langzeitregistrierung f продолжительная запись, продолжительная регистрация
Langzeitrelais n реле с большой выдержкой времени
Langzeitschwund m длительное [долговременное] замирание
Langzeitspeicher m долговременное ЗУ, ДЗУ
Langzeitstabilität f долговременная стабильность
Langzeitverhalten n долговечность
Langzeitversuche m pl см. **Langzeitprüfungen**
Langzeit-Videorecorder m видеомагнитофон с длительной записью
L-Antenne f Г-образная антенна
Laplace-Operator m оператор Лапласа, лапласиан
Laplace-Rücktransformation f обратное преобразование Лапласа
Laplace-Transformierte f трансформанта Лапласа, функция, преобразованная по Лапласу
Läppaste f доводочная паста
Lappen m 1. лепесток (диаграммы направленности) 2. ушко; хомутик
Läppen n доводка, притирка; шлифование
Large-Scale-Array-Chip n кристалл БИС
Lärm m шумовая перегрузка, раздражающий (звуковой) шум
Lärmbekämpfung f борьба с шумовыми перегрузками
Lärmbelastung f 1. шумовая перегрузка 2. вредное шумовое воздействие
Lärmbestimmung f определение (допустимого) уровня шумов
Lärmdämpfung f шумоглушение, шумоподавление
Lärmempfindlichkeit f восприимчивость [чувствительность] к шумам
Lärmintensität f интенсивность шума
lärmkompensierend шумозащищённый
Lärmkontrolle f контроль (уровня) шумов
Lärmmeßgerät n прибор для измерения шумов, шумомер
Larmor-Bahn f ларморовская орбита
Lärmpegel m уровень шумовой перегрузки
Lärmschutz m защита от шумов
Lärmschutzmaßnahmen f pl меры защиты от шумов
Laryngofon n ларингофон
Laryngostroboskopie f ларингостробоскопия

lasant *англ.* лазерный материал, лазерное вещество, лазерная среда
Lasche *f* накладка
Lasekon *n* СВЧ-фотоэлемент
Laser *m* лазер
~, **abgeschmolzener** отпаянный лазер
~, **abstimmbarer** перестраиваемый лазер
~, **anorganischer** лазер на растворе неорганических соединений
~, **atomarer** атомарный лазер
~ **aus Nd-Y-Kristall mit Granatstruktur** лазер на иттриевом гранате, легированном неодимом
~, **chemischer** химический лазер
~, **chemisch gepumpter** лазер с химической накачкой
~, **durch Fotodissoziation angeregter** фотодиссоциативный лазер
~, **flammgepumpter** лазер с пламенной накачкой
~ **für medizinische Zwecke** медицинский лазер
~, **gepulster** импульсный лазер
~, **grünleuchtender** зелёный (аргоновый) лазер
~, **gütemodulierter** лазер с модуляцией добротности
~ **hoher Kohärenz** высококогерентный лазер, лазер с высокой когерентностью излучения
~ **im Einfrequenzbetrieb** одночастотный лазер
~ **im freilaufenden Betrieb** лазер в режиме свободной генерации
~, **kataphoretisch betriebener** катафорезный лазер
~, **kerrzellenmodulierter** лазер с модуляцией добротности на ячейке Керра
~, **kohärenter** лазер с когерентным излучением
~, **kontinuierlicharbeitender** [**kontinuierlicher, kontinuierlich strahlender**] лазер непрерывного режима работы, непрерывный лазер
~, **kryogenischer** криогенный лазер
~, **lasergesteuerter** лазер с лазерной накачкой, лазерный усилитель
~, **lichtoptischer** лазер с оптической накачкой
~, **metallorganischer** лазер на парах металла
~ **mit Änderung der Spinorientierung** перестраиваемый (полупроводниковый) лазер на эффекте переворота спинов
~ **mit anorganischer Flüssigkeit** лазер на неорганической жидкости
~ **mit drei Energieniveaus** трёхуровневый лазер
~ **mit Gaszirkulation** лазер с циркуляцией газовой смеси
~ **mit Güteänderung** *см.* Laser, gütemodulierter
~ **mit impulsförmiger Güteänderung** лазер, работающий в режиме импульсно-модулированной добротности
~ **mit kristallischem stimulierbarem Medium** лазер на кристалле
~ **mit einem pn-Übergang** лазер на p—n-переходе, инжекционный лазер
~ **mit strömendem gasförmigem Medium** прокачной газовый лазер
~ **mit Zweifotonenanregung** двухфотонный лазер
~ **nach dem Vierniveau-Prinzip** четырёхуровневый лазер
~, **optisch gepumpter** лазер с оптической накачкой

~, **organischer** лазер на растворе органических соединений
~, **pinchentladungsgepumpter** лазер с накачкой пинч-разрядом
~, **pulsierender** лазер, работающий в импульсном режиме, импульсный лазер
~, **sonnengepumpter** лазер с солнечной накачкой
~, **thermisch angeregter** лазер с тепловой накачкой
Laserabbildungssystem *n* лазерная система формирования изображения
Laserabgleich *m* лазерная подгонка
Laserabschirmung *f* устройство для защиты от лазерного излучения
Laserabtaster *m* 1. лазерный сканер 2. лазерное устройство воспроизведения; лазерный звукосниматель
Laserabtastung *f* сканирование лазерным лучом
laseradressiert с лазерной адресацией
Laseranlage *f* лазерная установка
Laseranregung *f* лазерное возбуждение
Laseranregungsquelle *f* источник возбуждения
Laserarbeitsmedium *n* лазерная активная среда
Laseraugenschutz *m* устройство для защиты глаз от лазерного излучения
Laserausgang *m* выходное лазерное излучение; выходная мощность лазера
Laserbahn *f* траектория лазерного пучка
Laserband *n* полоса лазерного излучения
Laserbestrahlung *f* лазерное облучение
Laserbetrieb *m* режим генерирования лазерного излучения
~, **kontinuierlicher** режим непрерывного генерирования лазерного излучения
~, **ungeschalteter** режим свободного генерирования лазерного излучения
Laserbildgenerator *m* 1. лазерный генератор изображений [рисунков] 2. *гол.* лазер для восстановления изображения
Laser-Bildplatte *f* лазерный видеодиск
Laserbündel *n* пучок лазерного излучения, лазерный пучок
Laserbündelteilung *f* (раз)деление пучка лазерного излучения
Laserdetektor *m*, **radiochemischer** лазерный радиохимический детектор
Laser-Diode *f* (полупроводниковый) лазерный диод, инжекционный лазер
Laserdiodenmatrix *f* матрица [решётка] лазерных диодов
Laser-Doppler-Geschwindigkeitsmesser *m* лазерный (допплеровский) измеритель скорости
Laserdrucker *m* лазерное печатающее устройство
Lasereinrichtung *f* лазерное устройство
Lasereinsatzschwelle *f* порог генерации лазера
Laseremission *f* лазерное излучение
Laseremissionsspektrum *n* спектр лазерного излучения
Laserendfläche *f* торцовая поверхность лазера
Laserfamilie *f* серия типов лазеров
Laserfarbstofflösung *f* раствор лазерного носителя
Laserfernsehbildwiedergabe *f* лазерное устройство

воспроизведения телевизионных изображений

Laserfrequenz f частота лазерного излучения

Laserfusion f термоядерный управляемый синтез, инициируемый лазером

Lasergas n лазерный газ

Lasergebiet n лазерная среда

Lasergefahr f опасность поражения лазерным излучением

Lasergenerator m лазер

Lasergerät n лазерная установка

lasergesteuert с лазерным наведением

Lasergütezahl f кпд лазера

Laser-Gyrometer n лазерный гироскоп

Laserimager m лазерный формирователь изображения

Laserimploder m, **sphärischer** лазерное устройство для сферического сжатия (*мишени в термоядерном устройстве*)

Laserimpuls m импульс лазера

laserinduziert инициируемый лазерным излучением

Laserinterferometer n лазерный интерферометр

Laserkavität f (объёмный) резонатор лазера

Laserkohärenz f когерентность лазерного излучения

Laser-Kommunikationssystem n лазерная система связи

Laserkopf m излучатель лазера, лазерная головка

Laserkreisel m лазерный гироскоп

Laserkristallstab m кристаллический стержень лазера

Laserleistung f мощность лазера

Laserlicht n свет лазера

Laserlichtbündel n световой пучок лазерного излучения, световой лазерный пучок

Laser-Lichtfaserkoppler m устройство связи лазера со световодом

Laserlichtstrahl m световой лазерный луч

Laserlichtverstärkung f усиление лазера по свету

Laserlinie f 1. лазерная линия связи 2. линия излучения лазера

Laserlinienausdehnung f уширение линии излучения лазера

Laserlöschung f тушение [гашение] лазера

Lasermaterial n лазерное вещество

Lasermeßmikroskop n лазерный измерительный микроскоп

Lasermodenkopplung f синхронизация мод лазера

Lasermodulation f модуляция лазерного излучения

Lasermodulationstechnik f техника модуляции лазерного излучения

Lasermodus m лазерная мода

lasern генерировать лазерное излучение

Lasernachrichten(übermittlungs)system n система лазерной связи

Lasernachrichtenübertragung f, **Lasernachrichtenverbindung** f см. **Laserverbindung**

Laserniveau n лазерный уровень (энергии)

Laseröffnung f лазерное окно

Laserortung f лазерная локация

Laseroszillator m см. **Laser**

Laser-Pumpen n 1. лазерная накачка 2. накачка лазера

Laserpumpquelle f источник питания лазера

Laserradar n лазерный локатор

Laserrauschen n (собственный) шум лазера

Laserreflektor m отражатель лазера

Laserresist n *микр.* лазерный резист (*резист для экспонирования УФ-лазером*)

Laserresonator m лазерный резонатор

Laserrichtdiagramm n диаграмма направленности лазера

Laserrohr n газоразрядная трубка лазера; лазерная трубка

Laser-Scan-Mikroskop n лазерный растровый микроскоп

Laserschutzbrille f лазерные защитные очки

Laserschweißgerät n лазерный сварочный аппарат

Laserschwellenwert m порог генерирования лазера

Laserschwingungen f pl лазерные колебания

Lasersender m лазерный передатчик

Lasersenderimpuls m импульс лазерного передатчика

Laserskop n лазерный локатор с объёмным отображением цели

Laserspeicher m лазерное ЗУ; лазерная память

Laserspektroskopie f лазерная спектроскопия

Laserspektrum n спектр излучения лазера

Laser-Spiegel m зеркало лазера

Laserstab m стержень лазера

Laserstabendfläche f торцевая поверхность стержня лазера

Laserstrahl m пучок лазерного излучения, лазерный пучок, лазерный луч

Laserstrahlabgleich m подгонка лазерным лучом (*напр. плёночных резисторов*)

Laserstrahlabgleich m подгонка лазерным лучом, лазерная подгонка (*напр. кристаллов ИС*)

Laserstrahlablenker m дефлектор лазерного луча

Laserstrahlbündel n см. **Laserbündel**

Laserstrahldivergenz f расходимость лазерного излучения

Laserstrahlen... см. **Laserstrahl...**

Laserstrahlenergie f мощность лазерного излучения

Laserstrahler m излучатель лазера

Laserstrahlgang m ход [путь] лазерного пучка

~, **beleuchtender** ход [путь] освещающего лазерного пучка

Laserstrahllenkungsanlage f устройство наведения по лазерному лучу

Laserstrahlmodulation f модуляция лазерного излучения

Laserstrahlpolarisation f поляризация лазерного излучения

Laserstrahlprojektion f проецирование лазерного пучка

Laserstrahlstreuung f см. **Laserstrahldivergenz**

Laserstrahlteiler m делитель лазерного пучка

Laserstrahlung f лазерное излучение, излучение лазера

Laserstrahlungs... см. **Laserstrahl...**

Laserstrahlwandlung f преобразование лазерного излучения

Lasersubstanz f лазерное вещество
Lasersuchgerät n лазерный поисковый локатор
Lasersyntese f см. **Laserfusion**
Lasersystem n лазерная система
Laser-Target-Fusionsreaktor m термоядерный реактор, основанный на взаимодействии лазерного луча с мишенью
Laser-Target-Wechselwirkung f взаимодействие лазерного излучения с мишенью
Lasertätigkeit f см. **Laserwirkung**
Lasertechnik f лазерная техника
Laserträgerstrahl m несущий луч лазера
Lasertrimmen n микр. лазерная подгонка
Laserübergang m лазерный переход
Laserübergangsfrequenz f частота лазерного перехода
Laserübertragungssystem n лазерная система связи
Laserverbindung f лазерная связь
Laserversorgung f питание лазера
Laserverstärker m лазерный усилитель
Laserverstärkung f усиление лазера
Laserverstärkungssender m лазерный усилитель-передатчик
Laservision f «лазервижн», система с лазерными видеодисками (с лазерной записью и воспроизведением)
Laser-Vision-Bildplatte f лазерный видеодиск
Laservision-Bildplattenspieler m лазерный видеодисковый проигрыватель
Laser-Vision-Spieler m лазерный видеопроигрыватель
Laser-Vision-System n лазерная система видеозаписи
Laserwegmeßsystem n лазерная система измерения дальности
Laserwelle f волна лазерного излучения
Laserwellenlänge f длина волны лазерного излучения
Laserwirkung f механизм работы лазера, лазерный эффект
Laserwirkungsgrad m кпд лазера
Laserzelle f ячейка лазера
Laserzerstörung f разрушение лазером
Laserzündrate f скорость нарастания генерации лазера
Laser-Zweistrahl-Interferenz f интерференция двух лазерных пучков
Last f нагрузка
Lastanpassung f согласование нагрузки
Lastbegrenzer m ограничитель нагрузки
Lasteinfluß m влияние нагрузки
Lastfaktor m коэффициент нагрузки
Lastfehler m ошибка, обусловленная нагрузкой; ошибка из-за подключения нагрузки
lastfrei без нагрузки
Lastgeber m задатчик нагрузки; тензочувствительный измерительный преобразователь, тензодатчик
Lastgüte f внешняя добротность
Lastimpedanz f полное сопротивление нагрузки
Lastkreis m 1. цепь нагрузки 2. нагрузочный контур
Lastkreismodulation f модуляция поглощением

Lastkurve f нагрузочная кривая, кривая [диаграмма, график] нагрузки
Lastleitung f 1. нагрузочный фидер 2. нагруженная линия 3. пупинизированная линия
Lastmeßdose f измерительный преобразователь нагрузки, измерительный датчик нагрузки
Lastschwankung f колебание нагрузки
Lastschwingkreis m нагрузочный колебательный контур
Lastspeiseleitung f нагрузочный фидер
Last-Transistor m нагрузочный транзистор
Lastverstimmungsmaß n коэффициент затягивания частоты (магнетрона)
Lastwechsel m изменение [перемена] нагрузки; перемена знака нагрузки
Lastwiderstand m сопротивление нагрузки
Lastzahl f коэффициент разветвления по выходу (логического элемента)
latch англ. 1. ключевая схема с фиксацией состояния 2. вчт (регистр-)защёлка, схема-защёлка
~, vierfaches ключевая схема с фиксацией состояния на четвёрке транзисторов (с параллельно-последовательным включением)
Latchflipflop n триггер с фиксацией состояния
latch-up англ. 1. ключевой режим с фиксацией состояния 2. вчт фиксирование, проф. защёлкивание (данных)
latent скрытый
Latenz f 1. скрытое состояние, латентность 2. вчт ожидание; задержка
Latenzzeit f 1. скрытый [латентный] период 2. вчт время ожидания
Lateraleffekt-Fotodetektor m фотоприёмник с продольным [боковым] фотоэффектом
Lateralgeometrie f горизонтальная геометрия (МОП-структуры)
Lateralkonvergenz f тлв поперечное сведение (лучей)
Lateral-Konvergenzeinheit f блок поперечного сведения (лучей)
Lateralmagnet m магнит поперечного смещения (луча)
Lateralspule f катушка поперечного смещения (луча)
Lateraltransistor m горизонтальный транзистор, транзистор с горизонтальной структурой
Laue-Diagramm n лауэграмма
Lauf m 1. ход; движение; вращение; работа 2. пробег, пролёт (электрона) 3. вчт прогон, однократное прохождение (программы) 4. характер кривой (на диаграмме)
Laufbereich m диапазон регулирования
Laufbild n движущееся изображение; киноизображение
Laufbild-Hologramm n киноголограмма; голограмма движущегося объекта
Laufbildkamera f кинокамера
Laufbildprojektor m кинопроектор
«Laufen» n der Frequenz «выбег» частоты
laufend 1. непрерывный; текущий 2. порядковый
Läufer m 1. скользящий контакт; ползунок 2. движок (шкалы); метка (шкалы); масштабная метка; маркер 3. диск (напр. электрического

счётчика) 4. визир; бегунок счётной линейки 5. курсор (*дисплея*) 6. ротор
Lauffeld *n* бегущее поле
Lauffeldmagnetron *n* ЛБВ М-типа
Lauffeldröhre *f* лампа бегущей волны, ЛБВ
~ **mit Querfeldern** ЛБВ с поперечными полями
~ **mit statischen Querfeld** ЛБВ с поперечным СВЧ-электрическим полем
~ **mit Widerstandsschicht** ЛБВ с полным цилиндром из полупроводящего материала
~ **ohne Querfeldern** ЛБВ без поперечной составляющей СВЧ-поля (*прибор О-типа*)
Lauffeldverstärker *m* усилитель на ЛБВ
Lauffeldwendelröhre *f* ЛБВ со спиральной замедляющей линией
Lauffilmregistrierung *f* запись [регистрация] на движущуюся плёнку
Laufinkonstanz *f* непостоянство скорости движения
Laufkonstanz *f* постоянство скорости движения
Lauflinie *f* след (*напр. развёртки*)
Laufnummerngeber *m* датчик хода номеронабирателя
Laufnummernkontrolle *f* контроль порядковых номеров
Laufraum *m* пространство дрейфа
Laufraumfokussierung *f* фокусировка в пролётном пространстве
Laufregler *m* регулятор скорости
Laufrichtung *f* 1. направление вращения *или* хода 2. направление (про)движения (*напр. ленты*)
Laufrolle *f* ведущий ролик; лентопротяжный ролик
Laufschiene *f* шина скользящего контакта
Laufschrift *f* бегущий текст; бегущая строка
Laufskale *f* подвижная шкала
Laufstörungen *f pl см.* **Laufinkonstanz**
Laufstrecke *f см.* **Laufweg** 1.
Laufungsgleichförmigkeit *f см.* **Laufinkonstanz**
Laufverzerrung *f* искажение, обусловленное задержкой сигнала
Laufweg *m* 1. путь пробега [пролёта] (*электрона*) 2. траектория движения
~, **freier** длина свободного пробега
Laufwegdifferenz *f* разность путей распространения (*напр. радиоволн*)
Laufwellenantenne *f* антенна бегущей волны
Laufwellenmaser *m* мазер бегущей волны
Laufwellenresonator *m* резонатор бегущей волны
Laufwellenröhre *f см.* **Lauffeldröhre**
Laufwerk *n* 1. привод, приводной механизм; движущий механизм 2. подвижная система (*напр. реле*) 3. лентопротяжный механизм 4. *вчт* дисковод 5. накопитель на магнитных дисках
Laufwerkaufhängung *f* 1. подвеска движущего механизма 2. подвеска лентопротяжного механизма
Laufwerkaufstellung *f* установка лентопротяжного механизма
Laufwerksteller *m* диск лентопротяжного механизма
Laufwinkel *m см.* **Laufzeitwinkel**
Laufzahl *f* 1. порядковое число 2. пролётное число
Laufzeit *f* 1. время пробега [пролёта] (*электрона*)
2. время прохождения (*напр. сигнала*); время распространения (*напр. радиоволн*) 3. время записи (*на ленту*) 4. время задержки [замедления] 5. *вчт* время прогона
~ **durch die Basis** время прохождения (носителей заряда) через область базы
~, **eingestellte** установка времени (*срабатывания реле*)
~, **endliche** конечное время пробега
~, **geebnete** осреднённое время пробега
Laufzeitabgleich *m см.* **Laufzeitausgleich**
laufzeitabhängig зависящий от времени пробега
Laufzeitanalysator *m* 1. анализатор времени пробега 2. анализатор времени распространения
Laufzeitanpasser *m* устройство для согласования временных задержек
Laufzeitapproximation *f* аппроксимация времени задержки
Laufzeitausgleich *m* выравнивание времён задержки
Laufzeitdämpfung *f* затухание, обусловленное временем распространения
Laufzeit-Dekoder *m* декодирующее устройство с использованием линии задержки на одну строку (*в приёмнике системы ПАЛ*)
Laufzeitdifferenz *f* 1. разность времён пробега 2. разность времён распространения 3. разность времён задержки
Laufzeitdiode *f* лавинно-пролётный диод
Laufzeiteffekt *m* 1. эффект времени пробега 2. влияние времени распространения
~, **reiner** чистый эффект времени пробега
Laufzeitelement *n* лавинно-пролётный прибор
Laufzeitentzerrer *m см.* **Laufzeitkorrektor**
Laufzeitentzerrung *f см.* **Laufzeitkorrektur**
Laufzeiterscheinung *f см.* **Laufzeiteffekt**
Laufzeitfehler *m* ошибка за счёт времени пробега *или* распространения
Laufzeitfrequenz *f* 1. частота времени перехода (*напр. в генераторе Ганна*) 2. частота перехода
Laufzeitfunktion *f* функция времени пробега
Laufzeitgang *m см.* **Laufzeitkurve**
Laufzeitgebiet *n* область значений времени пробега
Laufzeitgenerator *m* генератор на ЛБВ
Laufzeitgerät *n* 1. клистронный генератор 2. клистрон
Laufzeitglied *n* звено временной задержки; звено линии задержки
Laufzeitgliedregister *n* регистр на линиях задержки
Laufzeitkette *f* линия *или* цепь задержки (из дискретных элементов)
~, **offene** разомкнутая (на конце) линия задержки
~, **reflexionsfrei abgeschlossene** согласованная (на конце) линия задержки
Laufzeitkettenabgriff *m* отвод [ответвление] линии задержки
Laufzeitkettenimpulsgenerator *m* импульсный генератор с линией задержки
Laufzeitkettenmodulator *m* модулятор с линией задержки
Laufzeitkettenspeicher *m* ЗУ на линиях задержки

Laufzeitkompensation f компенсация времени пробега, распространения *или* задержки

~, **hochfrequente** компенсация времени задержки по высокой частоте

Laufzeitkompensator m компенсатор времени пробега, распространения *или* задержки

Laufzeitkompression f группирование (электронов) в течение времени пробега

Laufzeitkorrektor m корректор времени пробега, распространения *или* задержки

Laufzeitkorrektur f коррекция времени пробега, распространения *или* задержки

Laufzeitkorrelator m коррелятор, использующий время распространения

Laufzeitkurve f 1. кривая времени пробега 2. характеристика времени задержки

Laufzeit-Leistungs-Produkt n произведение времени задержки сигнала на мощность

Laufzeitleitung f линия задержки

Laufzeit-Massenspektrograph m масс-спектрограф по времени пробега

Laufzeitmodelung f, **Laufzeitmodulation** f модуляция времени пробега

Laufzeitmodulator m блок задержки сигнала цветности (*приёмника ПАЛ*)

Laufzeitnachbildung f воспроизведение запаздывания

Laufzeitparameter m параметр времени пробега

Laufzeitregister n регистр на линиях задержки

Laufzeitröhre f электровакуумный прибор с модуляцией электронного потока по скорости

Laufzeitschwingungen f pl пролётные колебания

Laufzeitselektion f избирательность по времени распространения

Laufzeitspeicher m ЗУ на линиях задержки

Laufzeitspektrograf m см. **Laufzeit-Massenspektrograf**

Laufzeitspektrometer n спектрометр по времени пролёта

Laufzeitspule f 1. линия задержки в форме катушки 2. катушка линии задержки

Laufzeitstab m 1. стержневая линия задержки 2. стержень линии задержки

Laufzeitstereofonie f фазовая стереофония

Laufzeitstreuung f разброс времени пробега

Laufzeitstrom m ток, вызванный различием времени пробега

Laufzeitsumme f суммарное время задержки

Laufzeittransistor m пролётный транзистор

laufzeitunabhängig не зависящий от времени пробега

Laufzeitunsymmetrie f асимметрия времени пробега

Laufzeitunterschied m см. **Laufzeitdifferenz**

Laufzeitverhältnis n отношение времён пробега, распространения *или* задержки

Laufzeitverschiebung f временный сдвиг, возникший в процессе передачи сигнала; сдвиг времени задержки

Laufzeitverzerrungen f pl искажения, обусловленные различным (групповым) временем задержки

Laufzeitverzögerung f задержка на прохождение (*сигнала*); задержка при распространении (*волны*)

Laufzeitverzögerungsleitung f линия задержки

Laufzeitvorentzerrung f предкоррекция времени задержки

Laufzeitwinkel m угол пролёта

Laufzeitwinkelsumme f суммарный угол пролёта

Laufzustand m рабочее состояние

Lauritsenelektroskop n электроскоп с металлизированной кварцевой нитью

Lauschanlage f установка для подслушивания; установка для обнаружения шума

Lauschdienst m служба радиоперехвата; служба подслушивания

Lauschempfänger m приёмник для подслушивания

Laut m звук

Lautempfang m громкоговорящий приём

läuten звонить, вызывать звонком

Läuterelais n вызывное реле

Läutestrom m вызывной ток

Läutestromkreis m цепь вызывного тока

Läutewerk n звуковая сигнализация; звонок

Lautfernsprechanlage f телефонный аппарат с громкоговорителем; громкоговорящая телефонная установка

Lautheit f громкость

Lauthörknopf m, **Lauthörtaste** f ручка регулятора громкости

Laut-Leise-Taste f кнопка «громко-тихо»

Lautlesen n приём на слух

lautlos бесшумный

Lautlosigkeitskegel m рлк конус молчания

Lautschreiber m сонограф

Lautschwund m замирание

Lautsprechanlage f громкоговорящая установка

Lautsprecher m громкоговоритель; звуковая колонка

~, **aktiver** звуковая колонка с встроенным громкоговорителем

~, **elektrostatischer** электростатический [конденсаторный] громкоговоритель

~, **omnipolarer** всенаправленный громкоговоритель

~, **permanentdynamischer** электродинамический громкоговоритель с постоянным магнитом

~, **statischer** см. **Lautsprecher, elektrostatischer**

~, **streuarmer** громкоговоритель с малым магнитным рассеянием (*для телевизоров*)

~, **trichterloser** безрупорный громкоговоритель

4π-**Lautsprecher** m громкоговоритель, создающий эффект присутствия

Lautsprecheraggregat n см. **Lautsprechergruppe**

Lautsprecheranschluß m гнездо (для) подключения громкоговорителя

Lautsprecherantriebssystem n система возбуждения громкоговорителя

Lautsprecherbox f 1. звуковая колонка 2. звуковая система

Lautsprecherchassis n см. **Lautsprecherkorb**

Lautsprecherempfang m громкоговорящий приём

Lautsprecherendstufe f выходной каскад, работающий на громкоговоритель

Lautsprecherfrequenzbereich m частотный диапазон громкоговорителя

Lautsprecherfrequenzkurve f частотная характеристика громкоговорителя

Lautsprecherfrequenzumfang *m* см. **Lautsprecherfrequenzbereich**
Lautsprechergruppe *f,* **Lautsprecherkombination** *f* группа громкоговорителей (*напр. с различными характеристиками*)
Lautsprecherkonus *m* диффузор громкоговорителя
Lautsprecherkorb *m* диффузородержатель громкоговорителя
Lautsprecherkreis *m* цепь (включения) громкоговорителя
Lautsprecheröffnung *f* вырез для громкоговорителя (*в стенке приёмника*)
Lautsprecherpolung *f* фазированное подключение громкоговорителя
Lautsprecherröhre *f* выходная [оконечная] лампа (*усилителя воспроизведения*)
Lautsprecherschalldruckdiagramm *n* диаграмма направленности громкоговорителя
Lautsprecherschallfeld *n* звуковое поле громкоговорителя
Lautsprecherschwingspule *f* подвижная катушка громкоговорителя
Lautsprecherspinne *f* центрирующая шайба громкоговорителя
Lautsprecherstereofonie *f* стереофоническое воспроизведение (двумя) разнесёнными громкоговорителями
Lautsprecherstörungen *f pl* искажения в звучании громкоговорителя
Lautsprecherteiler *m* регулятор громкости (громкоговорителя)
Lautsprechertransformator *m* выходной трансформатор (*усилителя воспроизведения*)
Lautsprechertrichter *m* рупор громкоговорителя
Lautsprechertruhe *f* звуковая колонка; выносная акустическая система
Lautsprecherwiedergabe *f* передача (звука) с помощью громкоговорителя
Lautsprecherwirkungsgrad *m* кпд [отдача] громкоговорителя
Lautstärke *f* громкость; сила звука
Lautstärkeabfall *m* спад громкости
Lautstärkeabgleich *m* уравнивание громкости воспроизведения (*напр. отдельных каналов*)
Lautstärkeanzeiger *m* индикатор громкости
Lautstärkeausgleich *m* см. **Lautstärkeabgleich**
Lautstärkeautomatik *f* система автоматической регулировки громкости, система АРГ
Lautstärkebereich *m* (динамический) диапазон громкости
Lautstärkeempfindung *f* восприятие громкости
Lautstärkeerweiterung *f* расширение (динамического) диапазона громкости
Lautstärkegleichheit *f* равенство громкости воспроизведения (*напр. отдельных каналов*)
Lautstärkemesser *m* прибор для объективного измерения уровня громкости (звука), шумомер
Lautstärkepegel *m* уровень громкости
Lautstärker *m* усилитель громкости
Lautstärkeregelung *f* регулировка громкости
~, **automatische** автоматическая регулировка громкости, АРГ
~, **eingangsseitige** регулировка громкости на входе усилителя

~, **gehörrichtige** автоматическая регулировка тембра
~, **hochfrequenzseitige** регулировка громкости в высокочастотном тракте
Lautstärkeregler *m* регулятор громкости
Lautstärkereglerstufen *f pl* ступени регулировки громкости
Lautstärkeschwelle *f* порог слышимости
Lautstärkeskale *f* шкала громкости
Lautstärkesteller *m* регулятор громкости
Lautstärkeumfang *m* см. **Lautstärkebereich**
Lautstärkewähler *m* переключатель громкости
Lautverzerrung *f* искажение звука
Lautwirkungszeiger *m* тлф измеритель звуковой мощности
Lawine *f* лавина
Lawinenanregung *f* лавинное возбуждение
lawinenartig лавинообразный, лавинный
Lawinenbereich *m* область лавинного умножения; область лавинного пробоя
Lawinenbetriebsweise *f* работа в лавинном режиме
Lawinenbildung *f* образование [формирование] лавины
Lawinendiode *f* **1.** лавинно-пролётный диод, ЛПД **2.** диод с лавинным пробоем
Lawinendurchschlag *m* лавинный пробой
Lawineneffekt *m* лавинный эффект; лавинное умножение
Lawinenelement *n* лавинный элемент
Lawinenfotodiode *f* лавинный фотодиод, ЛФД
lawineninduziert лавинно-индуцированный
Lawineninjektion *f* лавинная инжекция
Lawineninjektionsdiode *f* лавинно-инжекционный диод
Lawineninjektionstransistor *m* лавинно-инжекционный транзистор
Lawinenlaufzeitdiode *f* лавинно-пролётный диод, ЛПД
~ **mit eingefangenem Plasma** ЛПД с захваченной плазмой
Lawinenlaufzeiteffekt *m* лавинно-пролётный эффект
Lawinenrauschen *n пп* шум лавинного умножения
Lawinen-Resonanz-Pump-Betrieb *m* лавинно-резонансный режим накачки
Lawinenschaltung *f* лавинная схема, схема, работающая в режимах лавинного пробоя
Lawinenschwankung *f* флуктуации лавинного процесса
Lawinentransistor *m* лавинный транзистор
Lawinenvervielfachung *f* лавинное умножение
Lawrence-Röhre *f* тлв хроматрон
layout *англ.* **1.** размещение; расположение; компоновка **2.** чертёж; рисунок (*напр. печатной платы*) **3.** топология (*ИС*) **4.** разбивка (*программы на модули*) **5.** вчт формат
Layoutentwurfregel *f* принцип проектирования топологии ИС
Layoutfunktion *f* функция размещения (*напр. в машинной графике*)
Layoutgitterskalierung *f* масштабирование координатной сетки (*чертежа печатной платы*)
L-Band *n* **1.** L- диапазон (0,390 — 1550 ГГц) **2.** зона проводимости

L.B.-Apparat *m* телефонный аппарат местной батареи
L-Bereich *m* предел измерения индуктивности
LB-Zentrale *f* телефонная станция местной батареи
LC-Anzeige *f* индикация на жидких кристаллах, ЖК-индикация
LCD-Bildschirm *m* жидкокристаллический экран
LCD-Farbfernseher *m*, **LCD-Farbfernsehgerät** *n* цветной телевизор с жидкокристаллическим экраном
LCD-Interface *n* интерфейс жидкокристаллического дисплея
LC-Display *n* жидкокристаллический дисплей, ЖК-дисплей
LCD-Schirm *m* жидкокристаллический экран
LCD-Zeile *f* линейка жидкокристаллических индикаторов
L-C-Kopplung *f* индуктивно-ёмкостная связь
Leader *m* 1. начальный (*нерабочий*) участок ленты; заправочный конец ленты 2. лидер (*в газовом разряде*)
Lebensdauer *f*:
~ **des Niveaus** время жизни уровня энергии
~ **des Niveaus, spontane** спонтанное время жизни
~, **räumliche** объёмное время жизни
~, **voraussichtliche** предполагаемый срок службы
Lebensdauerprüfungen *f pl* над. испытания на долговечность [на срок службы]
Lebensdauer-Raffungs-Prüfungen *f pl* форсированные испытания на долговечность
Lebensdauertest *m см.* **Lebensdauerprüfungen**
Lebensdauervoraussage *f* прогноз долговечности
Lebenserwartung *f* расчётный срок службы
Lebensfähigkeit *f* живучесть (*аппаратуры*)
Leblanc-Schaltung *f* схема Лебланка
Lecherleitung *f* лехеровская (измерительная) линия
Lecherschwingkreis *m* колебательный контур в виде линии Лехера
Lechersystem *n см.* **Lecherleitung**
Leck *n* неплотность, негерметичность (*вакуумной системы*); трещина
Leckage *f* утечка
Leckdiode *f* диод стока заряда
Leckfaktor *m* коэффициент утечки
Leckfinder *m* течеискатель
Leckleitwert *m* 1. дырочная электропроводность 2. проводимость цепи утечки
Leckprüfung *f* испытание на герметичность
Leckrate *f* скорость утечки
lecksicher течезащищённый; не имеющий течи
Leckspürgerät *n* течеискатель
Leckstelle *f* место утечки
Leckstrahlung *f* побочное [паразитное] излучение
Leckstrom *m* ток утечки
Lecksucher *m*, **Lecksuchgerät** *n* течеискатель
Leckverluste *m pl* потери на утечку, утечка
Leckverlustlichtwellenleiter *m* световод с утечкой
Leckweg *m* канал утечки
Leckwiderstand *m* сопротивление утечки
Leclanché-Trockenzelle *f*, **Zeclanché-Zelle** *f* элемент Лекланше

LEC-Verfahren *n* метод Чохральского с использованием обволакивания расплава инертной жидкостью
LED *f*, **flankenemittierende** светодиод торцевого излучения
LED-array *англ.* матрица светодиодов, матрица СИД
Leddicon *n фирм.* леддикон (*разновидность плюмбикона*)
LED-Display *n* дисплей на светодиодах, светодиодный дисплей
LED-Kette *f* линейка светодиодов
LED-Matrix *f* матрица светодиодов
LED-Reihenzuordnung *f* линейка светодиодов
LED-Zeiger *m* индикатор на светодиодах
Lee-Hologramm *n* голограмма, синтезированная по методу Ли
leer 1. пустой; холостой; чистый 2. *пп* вакантный
Leeranweisung *f* пустой оператор
Leerband *n* пустая [незаписанная] магнитная лента
Leerbandteil *m* **des Bezugsband(e)s** чистая часть контрольного фильма (*для измерения сквозных характеристик магнитофонов*)
Leerbefehl *m* 1. фиктивная [холостая] команда 2. команда пропуска
Leere *f* вакуум; разрежение; пустота
Leeren *n* очистка (ЗУ); сброс
Leergang *m см.* **Leerlauf**
Leerkanalrauschen *n* шумы (на выходе) канала при отсутствии сигнала на его входе, фоновый шум (*на выходе канала*)
Leerkapazität *f* ёмкость при отсутствии нагрузки, ёмкость при разомкнутой цепи
Leerkassette *f* кассета с незаписанной лентой
Leerkennlinie *f см.* **Leerlaufkennlinie**
Leerkontakt *m* 1. холостой контакт 2. вспомогательный контакт
Leerlauf *m* 1. холостой ход; вращение вхолостую 2. самоход (*счётчика*)
Leerlaufausgangsleitwert *m* выходная проводимость холостого хода
Leerlaufersatzschaltung *f* эквивалентная схема холостого хода
Leerlauffotospannung *f* фотоэдс холостого хода
Leerlauffrequenz *f* частота ненагруженного контура
Leerlaufgleichspannung *f* плавающий потенциал
Leerlaufgüte *f* добротность ненагруженного контура
Leerlaufkennlinie *f* характеристика холостого хода
Leerlaufklemmenspannung *f* напряжение на зажимах при холостом ходе
Leerlaufkontakt *m см.* **Leerkontakt**
Leerlaufnocke *f* кулачок холостого хода (*заводного диска номеронабирателя*)
Leerlaufrichtspannung *f* напряжение на выходе ненагруженного выпрямителя
Leerlaufspannung *f* напряжение (в режиме) холостого хода
Leerlaufspannungsersatzschaltung *f* эквивалентная схема для напряжения холостого хода
Leerlaufspannungsrückwirkung *f* обратная связь

по напряжению при холостом ходе (*входной цепи*)
Leerlaufspannungsübertragungsfunktion *f* передаточная функция напряжения при разомкнутой цепи
Leerlaufspannungsverstärkung *f* усиление напряжения при разомкнутой цепи обратной связи
Leerlaufstabilität *f* устойчивость системы без обратной связи
Leerlaufstellung *f* положение холостого хода
Leerlaufstrom *m* ток холостого хода
Leerlaufübersetzungsverhältnis *n*, **Leerlaufübertragungsfaktor** *m* коэффициент трансформации [передачи] в режиме холостого хода
Leerlaufübertragungswiderstand *m* *пп* полное сопротивление прямой передачи в режиме холостого хода на выходе
Leerlaufverstärkung *f* усиление при отсутствии нагрузки
Leerlaufwiderstand *m* сопротивление холостого хода
Leerlauf-Wiedergabespannung *f* выходное напряжение магнитофона в режиме воспроизведения на холостом ходу (*без ленты*)
Leerlaufzeit *f* 1. время холостого хода 2. *тлф* время бездействия [незанятости]
Leermedium *n* пустой носитель (*информаций*)
Leerplatz *m* *см.* **Leerstelle**
Leerraum *m* 1. пустота; вакуум 2. промежуток между зонами записи
Leerrille *f* *зап.* немодулированная канавка
Leerrillenschallplatte *f* (измерительная) грампластинка с немодулированной дорожкой
Leerschritt *m* 1. холостой шаг 2. пробел; пропуск (*при печати*)
Leersignal *n* немодулированный сигнал
Leerspur *f* *зап.* немодулированная дорожка
Leerstelle *f* 1. вакансия (*в кристаллической решётке*) 2. *вчт* пробел, пропуск, пустое место 3. интервал, промежуток
Leerstellenagglomerat *n* *пп* скопление вакансий
Leerstellendiffusion *f* *пп* диффузия вакансий
Leerstellenkonzentration *f* *пп* концентрация вакансий
Leerstellenpaar *n* пара вакансий (*в кристаллической решётке*)
Leerstellensprung *m* *пп* скачок (концентрации) вакансий
Leerstellenwanderung *f* миграция вакансий
Leerstellen-Zwischengitteratom-Rekombination *f* *пп* рекомбинация вакансий в междоузлиях
Leerstrom *m* ток холостого хода
Leertaste *f*, **Leertype** *f* клавиша пробела; пустая клавиша (*без знака*)
Leerung *f* откачка (*напр. баллона лампы*)
Leerwindung *f* холостой виток
Leerzeichen *n* 1. сигнал отсутствия; холостой знак 2. знак пробела *или* пропуска
Leerzeile *f* *тлв* свободная (от информации) строка
Leerzelle *f* свободная ячейка (*напр. памяти*)
Leerzeit *f* *см.* **Leerlaufzeit**
Leerzustand *m* положение сброса (*напр. счётчика*)

Legatoprinzip *n* принцип быстрого телеграфирования
legen подводить (*сигнал*); прикладывать (*напряжение*); включать (*в цепь*)
legiert 1. легированный; с примесью 2. сплавной, вплавной (*о полупроводниковых приборах*)
Legierung *f* 1. легирование, введение примесей 2. сплав
~ **aus dem gasförmigen Zustand** легирование из газовой фазы
~, **binäre** бинарный сплав
~, **eutektische** эвтектический сплав
~, **geordnete** упорядоченный сплав
~, **halbmetallische** полуметаллический сплав
~, **übereutektische** заэвтектический сплав
Legierungsanschlußteil *m* сплавная часть контактного соединения
Legierungsbestandteil *m* 1. легирующий элемент 2. компонент сплава
Legierungsbezugsdiode *f* сплавной опорный диод
Legierungsbindung *f* сплавное соединение
Legierungsdiffusionstechnik *f* техника сплавной диффузии
Legierungsdiffusionstransistor *m* диффузионно-сплавной транзистор
Legierungsdiode *f* сплавной диод
Legierungselement *n* *см.* **Legierungsbestandteil**
Legierungsfilm *m* плёнка сплава
Legierungsflächentransistor *m* сплавной плоскостной транзистор
Legierungsfolie *f* плёнка сплава
Legierungsfotokatode *f* сложный [сплавной] фотокатод
Legierungsfront *f* фронт легирования
Legierungsleitung *f* примесная электропроводность
Legierungsmittel *n* *см.* **Legierungsstoff**
Legierungsperle *f* легирующая таблетка (*для изготовления сплавных транзисторов*)
Legierungsschichtzone *f* **mit p-Leitfähigkeit** зона легирования с электропроводностью *p*-типа
Legierungsstoff *m* легирующий материал
Legierungstiefe *f* глубина легирования
Legierungstransistor *m* сплавной транзистор
~, **diffundierter** диффузионно-сплавной транзистор
Legierungsübergang *m* сплавной переход
Legierungsverfahren *n* метод легирования
Legierungszeit *f* время легирования
Legierungszusammenzetzung *f* легирующая смесь, легирующий состав
Legierungszusatz *m* легирующая присадка
Lehralgorithmus *m* обучающий алгоритм, алгоритм обучения
Lehrautomat *m* обучающий автомат
Lehrenkopf *m* калибровочная головка
Lehrmaschine *f* обучающая машина
Lehrprogramm *n* учебная программа
Lehrsystem *n* обучающая система
Leimstempeleinrichtung *f* устройство для приклейки и прижима (*напр. элементов к печатной плате*)
L-Einfang *m* L-захват, захват электрона L-оболочки ядром
Leiste *f* планка; колодка; рейка

Leistung f 1. мощность; энергия 2. способность 3. производительность; работа
~, **abgebbare** мощность на согласованной нагрузке
~, **abgegebene** отдаваемая мощность
~, **abgestrahlte** излучаемая мощность
~, **ankommende** подводимая мощность
~, **aufgenommene** потребляемая мощность
~, **ausgestrahlte** излучаемая мощность
~, **einfallende** поступающая мощность
~, **nutzlose** мощность потерь
~, **schaltbare** переключаемая мощность
~, **schlechte** малая производительность
~, **unbelastete** неиспользованная мощность
~, **volle** полная мощность
~, **vorhandene** наличная [имеющаяся] мощность
~, **zugeführte** подводимая мощность
Leistungsabfluß m, **Leistungsabgabe** f 1. отдача мощности 2. выходная мощность
Leistungsanpassung f согласование (по) мощности
Leistungsanzeiger m индикатор [указатель] мощности
leistungsarm маломощный
Leistungsaufnahme f, **Leistungsaufwand** m потребляемая мощность
Leistungsausbeute f 1. использование по мощности 2. выход мощности
Leistungsausgang m выходная мощность
Leistungsauskopplung f отбор [съём] мощности
Leistungsausnutzung f использование по мощности
Leistungsausstrahlung f излучение мощности
Leistungsbedarf m требуемая мощность
Leistungsbegrenzer m ограничитель мощности
Leistungsbewertung f оценка работы или производительности
Leistungsbilanz f энергетический баланс
Leistungscharakteristik f характеристика излучения (антенны) по мощности
Leistungsdaten pl рабочие характеристики
Leistungsdichte f 1. плотность потока энергии 2. опт. удельная плотность
Leistungsdiode f мощный диод
Leistungseinheit f единица мощности
Leistungseinkopplung f 1. ввод мощности 2. ввод излучения (в световод)
Leistungselektronik f сильноточная электроника
Leistungsempfindlichkeit f чувствительность по мощности
Leistungsendverstärker m мощный оконечный усилитель
Leistungsentnahme f, **Leistungsentzug** m отбор [съём] мощности
Leistungsfähigkeit f 1. мощность 2. производительность; эффективность
Leistungsfaktormesser m измеритель коэффициента мощности
Leistungsfestigkeit f энергетическая прочность (напр. антенны)
Leistungsflußdichte f плотность потока энергии
Leistungsgewinn m 1. усиление по мощности 2. коэффициент усиления по мощности
Leistungsgleichrichter m мощный выпрямитель

Leistungsgrenze f предельная мощность
Leistungshalbwertswinkel m угол раствора (диаграммы направленности) по точкам половинной мощности
Leistungshyperbel f гиперболическая кривая равных мощностей
Leistungskabel n силовой кабель
Leistungskennzahl f отношение мощности переменного тока к мощности выпрямленного тока (контактного выпрямителя)
Leistungskurve f кривая мощности или производительности
Leistungs-Laufzeit-Produkt n см. **Leistungs-Verzögerungs-Produkt**
Leistungsmaximum n максимум мощности
Leistungsmesser m ваттметр
Leistungsmeßkopf m головка для измерения мощности
Leistungsmodulation f модуляция мощности
Leistungsniveau n уровень мощности
Leistungsoptimierung f оптимизация параметров (характеристик)
Leistungsparameter m рабочий параметр
Leistungsparameterstreuung f 1. параметрическое рассеяние мощности 2. разброс рабочих параметров
Leistungspegel m уровень мощности
Leistungsquelle f источник мощности; источник энергии
Leistungsrichtdiagramm n диаграмма направленности (антенны) по мощности
Leistungsrichtfaktor m коэффициент направленности (антенны) по мощности
Leistungsschaltbauelement n 1. мощный переключательный элемент 2. элемент сильноточной электроники
Leistungsspannung f активное напряжение
Leistungsspektraldichte f спектральная плотность мощности
Leistungsspektrum n энергетический спектр
Leistungsspielraum m 1. границы рабочего режима 2. запас по мощности
Leistungsspitze f максимум [пик] мощности
Leistungsstand m степень [уровень] эффективности
Leistungsstörabstand m отношение сигнала/помеха по мощности
Leistungsstreuung f рассеяние мощности
Leistungsstrom m 1. активный ток 2. поток энергии
Leistungsstufe f мощный каскад (усилителя)
Leistungstransformator m 1. силовой трансформатор 2. мощный трансформатор
Leistungstransistorenschalteinrichtung f переключающее устройство на мощных транзисторах
Leistungsübertrager m см. **Leistungstransformator**
Leistungsumsetzung f, **Leistungsumwandlung** f преобразование мощности
Leistungsunfähigkeit f неэффективность
Leistungsverlust m потеря мощности
Leistungsverstärker m усилитель мощности
Leistungsverstärkung f усиление (по) мощности
Leistungsverstärkungs-Bandbreitenprodukt n произведение усиления по мощности на ширину полосы

Leistungsverstärkungsfaktor m коэффициент усиления (по) мощности
Leistungsverstärkungsgrenze f предел [граница] усиления (по) мощности
Leistungs-Verzögerungs-Produkt n микр. произведение времени задержки на мощность рассеяния
Leistungswiderstand m 1. нагрузочное сопротивление 2. резистор на большую мощность рассеяния
Leistungswiderstandscharakteristik f нагрузочная характеристика
Leistungszerstreuung f рассеяние мощности
Leistungsziffer f 1. добротность 2. номинальная мощность
Leistungszufuhr f 1. подвод [подача] мощности 2. подвод энергии
Leitadresse f вчт начальный адрес
Leitbahn f 1. печатный проводник 2. трасса (линии) 3. траектория 4. направляющая
Leitbahnbrücke f мост(ик)
Leitbahnschwingungen f pl периодические колебания (электронов в магнетроне)
Leitbahnverlauf m 1. трассировка, проведение соединений (в схеме) 2. формирование разводки 3. разводка; соединение
Leitbandkante f граница зоны проводимости
Leitbandtal n долина зоны проводимости
Leitbandunterkante f дно зоны проводимости
Leitbefehl m организующая [управляющая] команда
Leitdipol m направляющий диполь, директор
leiten 1. проводить 2. управлять; направлять
Leiten n управление; наведение
Leiter m 1. проводник 2. провод; жила (кабеля)
~ **erster Klasse** проводник первого рода (с электронной электропроводностью)
~, **gedruckter** печатный проводник
~, **plattenförmiger** 1. пластинчатый провод 2. плоский провод
~, **spannungsführender** провод, подводящий напряжение
~, **versenkter** углублённый [утопленный] проводник
~ **vom n-Typ** проводник n-типа
~ **vom p-Typ** проводник p-типа
~ **zweiter Klasse** проводник второго класса (с ионной электропроводностью)
Leiter m pl, **gebündelte** провода, уложенные в жгуты
Leiterbahn f 1. печатный проводник 2. см **Leiterbild**
Leiterbahnplatte f печатная плата
Leiterbahnraster m координатная сетка чертежа печатной платы
Leiterbahnseite f сторона монтажа печатной платы
Leiterbild n проводящий рисунок (печатной платы); рисунок межсоединений
Leiterbildvorlage f (фото)оригинал рисунка печатной платы
Leiterbildzeichenmaschine f наборная установка (фото)оригиналов печатных плат
Leiterbreite f ширина проводника (печатного монтажа)

Leiterdurchführung f вывод провода [проводника]
Leiterebene f проводящий слой печатной платы
Leiterkarte f печатная плата
Leiterkartensteckleiste f торцевой [гребенчатый] соединитель печатной платы
Leiterkartentester m 1. устройство для контроля печатных плат 2. испытатель печатных плат
Leiterkonfiguration f см. **Leiterbild**
Leiter-Loch-Abstand m зазор между проводником и отверстием (в плате)
Leiterplatte f печатная плата
~, **bestückte** смонтированная печатная плата
~, **doppelt kaschierte** двусторонняя печатная плата, печатная плата с двусторонним фольгированием
~, **flexible** гибкая печатная плата
~ **für Rückverdrahtung** объединительная печатная плата
~, **geätzte** печатная плата, изготовленная методом травления
~, **kaschierte** фольгированная печатная плата
~ **mit Kontaktleiste** печатная плата с печатными контактами
~, **starre** жёсткая печатная плата
~, **unbestückte** несмонтированная печатная плата
Leiterplattenantastung f контактное устройство для проверки печатных плат
Leiterplattenbefestigung f крепление печатных плат
Leiterplattenführung f направляющая печатной платы
Leiterplattenprüffeld n стенд для проверки печатных плат
Leiterplatten-Technik f технология печатного монтажа
Leiterplattentester m установка для контроля печатных плат
Leiterquerschnitt m поперечное сечение проводника
Leiterrahmen m микр. выводная рамка
Leiterrahmenanschlußstift m микр. штырёк выводной рамки
Leiterscheibe f печатная плата
Leiterschicht f проводящий слой
Leiterschleife f 1. петля провода 2. петля нити гальванометра светолучевого осциллографа 3. виток
Leiterseite f сторона проводящего рисунка (печатной платы)
Leiterstrom m ток в проводнике; ток в линии
Leiterstruktur f см. **Leiterbild**
Leiterunterbrechung f обрыв провода
Leiterwerkstoff m (электро)проводящий материал
Leiterzahl f число проводников; число жил (в кабеле)
Leiterzug m печатный проводник
Leiterzugbild n проводящий рисунок (печатной платы)
Leiterzugunterbrechung f разрыв [обрыв] печатного проводника
leitfähig проводящий
Leitfähigkeit f проводимость; электропровод-

ность (см. тж **Leitwert**)
~, **äußere** поверхностная проводимость
~, **einseitige** униполярная [односторонняя] проводимость
~, **elektrische** электропроводность
~, **elektrolytische** (удельная) ионная электропроводность
~, **elektronische** (удельная) электронная электропроводность, электропроводность n-типа
~, **induzierte** возбуждённая проводимость
~, **lichtelektrische** фотоэлектропроводность
~, **positive** (удельная) дырочная электропроводность, электропроводность p-типа
~, **richtungsabhängige** проводимость, зависящая от направления
~, **stationäre** установившаяся проводимость
~, **thermische** теплопроводность
~, **unipolare** односторонняя проводимость
Leitfähigkeits... см. тж **Leitwert...**
Leitfähigkeitsband n зона проводимости
Leitfähigkeitselektronen n pl электроны проводимости
Leitfähigkeitsfaktor m коэффициент проводимости
Leitfähigkeitsgeber m датчик проводимости
Leitfähigkeitsgrad m коэффициент проводимости
Leitfähigkeitsmodulation f пп модуляция удельной электропроводности
Leitfähigkeitsmodulationstransistor m транзистор с модуляцией удельной электропроводности (за счёт неосновных носителей)
Leitfähigkeitstensor m тензор проводимости
Leitfähigkeitsträger m pl носители заряда, обеспечивающие электропроводность
Leitfähigkeitstyp m тип электропроводности
Leitfähigkeitsvektor m вектор проводимости
Leitfähigkeitszahl f коэффициент проводимости
Leitfarbe f (токо)проводящая краска
Leitfehler m тлф неправильное [ошибочное] соединение
Leitfeld n направляющее поле
Leitfilm m проводящая плёнка
Leitfrequenz f контрольная частота (телеизмерения); ведущая [задающая] частота
Leitfunkfeuer n приводной радиомаяк
Leitfunkgerät n прибор радиотелеуправления
Leitfunkstelle f см. **Leitstation**
Leitgerät n ведущий [управляющий] прибор; прибор телеуправления
Leitglied n 1. задающее [управляющее] звено 2. проводящее [пропускающее] звено
Leitgummi m электропроводящая резина
Leitimpulskennung f опознавание по ведущему импульсу
Leitkabel n ведущий [направляющий] кабель
Leitkarte f главная [ведущая] перфокарта
Leitkleber m токопроводящий клей
Leitlinie f 1. токоведущая шина 2. ведущий луч 3. линия цели 4. глиссада
Leitlinienpeilgenauigkeit f точность пеленгования по линии цели
Leitlinienreichweite f дальность действия по линии цели
Leitlinienschneise f зона линии цели

Leitlinienwinkelstellung f угловое положение линии цели
Leitlochstreifen m главная перфолента
Leitprogramm n ведущая программа
Leitrechner m управляющая ВМ; ведущая ВМ (в многомашинном комплексе)
Leitscheibenantenne f директорная дисковая антенна
Leitschicht f проводящий слой
Leitschneise f зона линии цели
Leitselektor m главный селектор
Leitsender m 1. главный [ведущий] передатчик 2. см. **Leitstation**
Leitsignal n управляющий [ведущий] сигнал; контрольный сигнал
Leitstand m пункт управления; пульт управления
Leitstation f главная [ведущая] (радио)станция сети
Leitstelle f 1. пункт управления 2. узловая радиорелейная станция, УРС
Leitstellgröße f ведущее воздействие
Leitstrahl m нвг 1. радиолуч системы наведения, ведущий луч 2. радиус-вектор
Leitstrahlanlage f установка с ведущим лучом
Leitstrahlantennenanlage f антенное устройство ведущего луча
Leitstrahlaufschaltung f (автоматическая) коррекция курса по ведущему лучу
Leitstrahlbake f равносигнальный радиомаяк
Leitstrahlbereich m см. **Leitstrahlzone**
Leitstrahlbetrieb m работа по ведущему лучу
Leitstrahlbordgerät n бортовой приёмник для работы по ведущему лучу; бортовой приёмник ведущего луча
Leitstrahldrehung f вращение ведущего луча
Leitstrahlebene f плоскость ведущего луча
Leitstrahlempfänger m приёмник ведущего луча
Leitstrahlfächer m 1. веер ведущих лучей 2. многолепестковая диаграмма направленности (гиперболической системы навигации)
Leitstrahlflug m полёт по ведущему лучу
Leitstrahlführung f см. **Leitstrahllenkung**
Leitstrahlfunkfeuer n равносигнальный радиомаяк
Leitstrahlimpuls m импульс ведущего луча
Leitstrahllenkung f наведение по ведущему лучу
~ **auf Vorhaltung** управление [наведение] с упреждением по ведущему лучу
Leitstrahllinie f равносигнальная линия
Leitstrahlnavigation f навигация по ведущему лучу
Leitstrahlpeilung f пеленгование по ведущему лучу
Leitstrahlreichweite f дальность действия ведущего луча [по ведущему лучу]
Leitstrahlrichtung f направление ведущего луча
Leitstrahlsektor m см. **Leitstrahlzone**
Leitstrahlsender m 1. передатчик ведущего луча 2. равносигнальный радиомаяк
~, **akustischer** равносигнальный радиомаяк со слуховой индикацией
~, **optischer** равносигнальный радиомаяк с оптической индикацией
Leitstrahlsteuerung f см. **Leitstrahllenkung**
Leitstrahlsystem n система с ведущим лучом

Leitstrahlverfahren *n* метод ведущего луча
Leitstrahlwanderung *f* изменение направления ведущего луча
Leitstrahlwinkelbereich *m* угловая зона ведущего луча
Leitstrahlzone *f* равносигнальная зона (луча)
Leitsystem *n* система наведения
Leitteil *m* управляющий блок; входной блок; входной узел
Leitübersicht *f* схема [план] направлений связи
Leitung *f* 1. (электрическая) линия; цепь 2. провод; проводник 3. проводка 4. проводимость; электропроводность 5. фидер 6. управление 7. шина
~ **am Ausgang** 1. выходная линия 2. выходной провод
~, **angepaßte** согласованная линия
~, **angerufene** вызываемая линия
~, **ankommende** 1. входящая [подводящая] линия 2. входной провод
~, **anrufende** вызывающая линия
~, **ausziehbare** линия переменной длины
~, **belastete** 1. нагруженная линия 2. пупинизированная линия
~, **besetzte** занятая линия
~, **bespulte** пупинизированная линия
~, **direkte** *тлф* прямая линия, «прямой провод»
~, **doppelgerichtete** линия двухстороннего действия
~, **durchgehende** транзитная линия
~, **einseitig betriebene** линия одностороннего действия
~, **einwandfreie** исправная линия
~, **elektrolytische** 1. электролитическая проводимость 2. проводник второго рода
~, **feste koaxiale** коаксиальная линия с твёрдым заполнителем
~, **freie** свободная линия
~, **gedämpfte** линия с потерями
~, **gedruckte** печатный проводник
~, **gemeinsame** 1. *тлф* линия совместного пользования 2. *вчт* общая шина
~, **gleichförmige** однородная линия
~, **gleichphasig erregte** синфазно возбуждаемая линия
~, **gleichspannungsführende** линия постоянного напряжения
~, **heterogene** неоднородная линия
~, **homogene** однородная линия
~, **ideale** идеальная линия, линия без потерь
~, **induktiv belastete** 1. пупинизированная линия 2. крарупизированная линия
~ **in Flußrichtung** проводимость в прямом направлении
~, **inhomogene** неоднородная линия
~, **künstliche** искусственная линия
~, **längshomogene** линия, однородная по длине
~, **leerlaufende** разомкнутая [ненагруженная] линия
~, **maßgebende** цепь управления
~, **negative** электронная электропроводность, электропроводность *n*-типа
~, **nichtumschaltbare** некоммутируемая линия
~, **offene** разомкнутая линия

~, **positive** дырочная электропроводность, электропроводность *p*-типа
~, **quasiunendlich lange** квазибесконечно длинная линия
~, **schaltende** цепь с самостимулированием
~, **starre** 1. жёсткая линия 2. жёсткий фидер
~, **steife koaxiale** см. **Leitung, feste koaxiale**
~, **stetig belastete** крарупизированная линия
~, **stoßfrei abgeschlossene** линия с согласованной нагрузкой
~, **stoßstellenarme** линия с небольшими неоднородностями
~, **thermoionische** термоионная проводимость
~, **versteifte axiale** коаксиальная линия с жёсткими изолирующими прокладками
~, **verzweigte** разветвлённая линия
~, **wechselseitigbetriebene** линия двухстороннего действия
~, **wirkliche** физическая цепь
~, **zusammengesetzte** составная линия (*из отрезков с различными волновыми сопротивлениями*)
~, **zwischenstaatliche** линия международной связи
Leitungsabgleich *m* согласование линий
Leitungsabschluß *m* оконечная нагрузка линии; оконечное устройство (*линии*)
Leitungsabschlußwiderstand *m* нагрузочное сопротивление линии; сопротивление нагрузки линии
Leitungsabstimmfilter *n* фильтр согласования линий
Leitungsanschluß *m* присоединение к линии
Leitungsanschlußstück *n* (электрический) соединитель линии, линейный соединитель
Leitungsart *f* 1. вид цепи (*напр. двухпроводная*) 2. тип электропроводности
Leitungsausführung *f* 1. вывод линии 2. вывод провода 3. способ проводки
Leitungsausgang *m* см. **Leitungsausführung** 1., 2.
Leitungsausnutzung *f* загруженность линии связи
Leitungsauswahlgerät *n* линейный искатель, ЛИ
Leitungsbahn *f* см. **Leiterbahn**
Leitungsband *n* 1. зона проводимости 2. проводящая полоска (*полосковой линии*)
~, **besetztes** заполненная зона проводимости
Leitungsbandenergieniveau *n* энергетический уровень зоны проводимости
Leitungsbandkante *f* граница зоны проводимости
Leitungsbandkrümmung *f* кривизна зоны проводимости
Leitungsband-Untergrenze *f* дно (энергетической) зоны проводимости
Leitungsbauelement *n*, **Leitungsbaustein** *m* конструктивный элемент тракта связи (*напр. полосковой линии*)
Leitungsbelag *m* постоянная передачи, постоянная распространения
Leitungsbeleger *m* реле занятости линии
Leitungsbelegung *f* занятость линии
Leitungsbild *n* 1. монтажная схема; схема (монтажных) соединений 2. рисунок межсоединений
Leitungsbruch *m* обрыв провода

Leitungsbrücke f перемычка; соединительный провод
Leitungsbündel n 1. пучок (соединительных) линий 2. пучок проводов
Leitungsdämpfung f затухание в линии
Leitungsdaten pl параметры линии
Leitungsdefektelektron n дырка
Leitungsdurchschalter m переключатель для прямого соединения абонентов
Leitungsebene f 1. плоскость проводимости 2. проводящий слой печатной платы 3. группа линий одинакового назначения
Leitungseinführung f линейный ввод; абонентский ввод
Leitungseingang m вход линии
Leitungselektron n электрон проводимости
Leitungselektronenband n зона проводимости
Leitungselement n 1. элемент цепи 2. проводящий элемент
Leitungsempfänger m приёмник линии
Leitungsendeinrichtung f оконечное устройство линии
Leitungsenergieband n зона энергетических уровней проводимости
Leitungsentzerrer m корректор искажений линии
Leitungsersatzschaltung f эквивалентная схема линии
Leitungsfähigkeit f см. **Leitfähigkeit**
Leitungsfehler m повреждение линии
Leitungsfilter n 1. линейный фильтр 2. фильтр из отрезков линии 3. сетевой фильтр
Leitungsfreigabe f освобождение линии
Leitungsführung f 1. трассировка 2. формирование разводки 3. разводка; соединение; проводка
Leitungsgeräusch n см. **Leitungsrauschen**
Leitungsgleichung f (дифференциальное) уравнение электрической линии, телеграфное уравнение
Leitungsgrößen f pl параметры линии
Leitungsgruppenwähler m тлф групповой линейный искатель
Leitungshierarchie f иерархия управления
Leitungsimpedanz f входное полное сопротивление линии
Leitungsinduktivität f индуктивность линии
Leitungsinformationsspeicher m ЗУ на линиях задержки
Leitungsinhomogenität f неоднородность линии
Leitungskapazität f 1. ёмкость линии 2. ёмкость (соединительных) проводов
Leitungskoeffizient m см. **Leitzahl**
Leitungskonstante f постоянная линии цепи; характеристическое сопротивление линии
Leitungskonzentrator m телефонный концентратор
Leitungskoppelfilter n фильтр согласования линий
Leitungskreis m 1. контур в виде отрезка линии; коаксиальный контур 2. тлф линейная цепь
~, **konzentrischer** контур в виде отрезка коаксиальной линии
Leitungskreisgüte f добротность коаксиального контура

Leitungskreuzung f 1. пересечение линий 2. транспозиция [скрещивание] проводов
Leitungskrümmer m изогнутый участок волновода; колено волновода; изогнутый участок линии
Leitungskurzschluß m короткое замыкание линии
Leitungsloch n дырка
Leitungsmodell n эквивалент линии; искусственная линия
Leitungsmuster n рисунок (меж)соединений
Leitungsnachbildung f 1. см. **Leitungsmodell** 2. балансный контур
Leitungsnebensprechen n 1. тлф переходный разговор (*между линиями*) 2. перекрёстные помехи (*между линиями*)
Leitungsnetz n 1. проводная сеть 2. электросеть 3. распределительная сеть
Leitungsniveau n 1. уровень проводимости 2. уровень (сигнала) в линии
Leitungspaar n, **verdrilltes** витая пара проводов
Leitungspegel m см. **Leitungsniveau**
Leitungspfad m трасса [путь] печатного проводника
Leitungsplan m 1. схема соединений 2. схема линий
Leitungsprüfer m 1. прибор для испытания (изоляции) проводов 2. прибор для проверки цепей; линейный испытатель 3. пробник
Leitungsrauschen n шум линии; шум тракта
Leitungsresonator m контур в виде отрезка линии; коаксиальный резонатор
Leitungsrichtkoppler m направленный ответвитель на связанных линиях
Leitungsschade f повреждение линии
Leitungsschalter m 1. линейный выключатель 2. предыскатель
Leitungsscherung f см. **Leitungskreuzung**
Leitungsschleife f петля [шлейф] линии
Leitungsseite f сторона пайки (*печатной платы*)
Leitungssperrstück n четвертьволновый изолятор
Leitungsstrom m 1. ток проводимости 2. ток в линии 3. конвекционный ток
~, **anomaler** аномальный ток проводимости
Leitungsstromdichte f 1. плотность тока проводимости 2. плотность конвекционного тока
Leitungsstruktur f структура проводящего рисунка (*напр. печатной платы*)
Leitungssucher m см. **Leitungswähler**
Leitungssystem n 1. система управления 3. система проводов
~, **automatisches** автоматическая система управления, АСУ
Leitungstelegrafie f проводная телеграфия
Leitungstheorie f теория цепей
Leitungstransformator m линейный трансформатор
Leitungstreiber m возбудитель линии, драйвер линии
Leitungsübergänge m pl, **reflexionsfreie** переходы в линиях без отражений
Leitungsübertrager m линейный трансформатор
Leitungsübertragung f передача по линии
Leitungsumschaltung f переключение линий
Leitungsungleichheit f разбаланс [несимметрия] линии

Leitungsunterbrechung f 1. обрыв линии 2. обрыв провода
Leitungsverbindung f, **prioritätsbehaftete** приоритетное соединение
Leitungsverdrosselung f включение в линию дросселей (для блокировки прохождения высоких частот)
Leitungsverlängerung f (искусственное) удлинение линии
Leitungsverlegung f прокладка проводов
Leitungsverluste m pl потери в линии
Leitungsvermittlung f коммутация линий связи
Leitungsvermittlungsnetz n коммутируемая сеть связи
Leitungsverzerrung f искажение в линии
Leitungsverzögerung f задержка, обусловленная параметрами линии
Leitungsverzweigung f разветвление линии
Leitungsvorgänge m pl переходные процессы в линиях (передачи)
Leitungswähler m 1. линейный искатель, ЛИ 2. искатель вызовов
Leitungsweg m 1. путь трасса проводника 2. канал связи
Leitungsweiche f линейный разветвитель, линейный фильтр
Leitungswellenlänge f длина волны в линии
Leitungswellenwiderstand m волновое сопротивление линии
Leitungswiderstand m (активное) сопротивление линии
Leitungswinkel m 1. (предельный) угол изгиба линии (напр. волноводной) 2. (фазовый) угол проводимости
Leitungszug m 1. полосковый проводник 2. направление прокладки линии
Leitungszustandsregister n регистр состояния линии
Leitungszweig m отвод [ветвь, ответвление] линии
Leitvermögen n проводимость; электропроводность
Leitwegführung f обслуживание каналов связи
Leitweglenkung f управление по (основному) каналу
Leitwegstruktur f 1. см. Leitungsstruktur 2. структура сети (связи)
Leitwegsystem n система каналов связи
Leitwerk n 1. управляющее устройство, устройство управления, УУ 2. устройство ввода 3. входное устройство
Leitwerkstoff m (элекро)проводящий материал
Leitwert m проводимость; электропроводность (см. тж **Leitfähigkeit**)
~, **spezifischer räumlicher** удельная объёмная
Leitwert... см. тж **Leitfähigkeits...**
Leitwertbelag m погонная проводимость
Leitwertebene f плоскость проводимостей
Leitwertmatrix f матрица проводимостей
Leitwertmesser m измеритель проводимости
Leitwertoperator m оператор комплексной проводимости
Leitwertstrom m ток проводимости
Leitwertzahl f см. **Leitzahl**
Leitwertzeiger m вектор проводимости

Leitwinkel m см. **Leitungswinkel** 2.
Leitzahl f 1. коэффициент проводимости 2. код (передачи)
Leitzelle f 1. ключевая ячейка (ЗУ) 2. базовая ячейка (напр. БИС)
Leitzentrale f, **Leitzentrum** n 1. центр управления (напр. космическими полётами) 2. центральный пост управления
Leitzone f см. **Leitstrahlzone**
Lemniskatenkennlinie f лемнискатная диаграмма направленности
Lenard-Fenster n ленардово окно
Lenard-Röhre f трубка Ленарда
Lenard-Strahlen m pl катодные лучи
Lenkanlage f аппаратура наведения
Lenkbarkeit f управляемость
Lenkeinrichtung f 1. устройство управления 2. устройство наведения
~, **radiogesteuerte automatische** радиоуправляемый автопилот
Lenkkanal m 1. канал управления 2. канал наведения
Lenkkomputer m 1. управляющая ЭВМ 2. ЭВМ системы наведения
Lenkkreisel m стабилизирующий гироскоп
Lenkorgan n орган управления, управляющий орган
Lenkstation f 1. станция управления 2. станция наведения
Lenksystemempfänger m приёмник системы наведения
Lenkung f 1. управление 2. наведение (на цель)
Lenkungsnetz n сеть (станций) наведения
Lenkungsprogramm n управляющая программа; программа управления
Lenkverfahren n 1. метод управления 2. метод наведения
lenticule англ. цилиндрическая линза (растровый элемент линзорастровой плёнки)
Lentikular-Raster m линзовый растр
Leporello n проф. лепорелло, лента в виде бесконечной петли
Lepton n лептон
Lesbarkeit f чёткость, разборчивость (напр. текста); удобочитаемость (напр. шкалы)
~ **von Zeichen** разборчивость знаков
Leseanforderung f запрос считывания
Leseautomat m читающий автомат
Lesebahn f тракт считывания
Lesebetrieb m режим считывания; операция считывания
Lesebus m, **Lesedraht** m шина считывания
Leseeinheit f блок считывания
Lese-Einschreibevorgang m цикл считывания и записи
Lesefehler m 1. вчт ошибка считывания 2. ошибка распознавания символов
Lesegerät n см. **Leser**
Lesegeschwindigkeit f скорость считывания
Leseimpuls m импульс считывания
Lesekopf m 1. зап. головка воспроизведения 2. вчт головка считывания
Lesekreis m, **Lesekreisanordnung** f схема считывания
Leselaser m считывающий лазер

Leseleistung f скорость считывания
Leseleitung f см. Lesebus
Leselichtbündel n считывающий световой пучок
Leselocher m см. Locher-Leser-Einheit
Lesemarke f метка (начала) считывания
Lesemaschine f читающая машина
Lesemodus m способ считывания
Lesen n считывание (см. тж **Auslesen**)
~, **destruktives** см. **Lesen, zerstörendes**
~, **erhaltendes** см. **Lesen, zerstörungsfreies**
~, **gestreutes** 1. тлв хаотическое считывание 2. считывание расфокусированным пучком
~, **löschendes** см. **Lesen, zerstörendes**
~, **magnetooptisches** 1. вчт магнитооптическое считывание 2. зап. магнитооптическое воспроизведение
~, **mehrmaliges** многократное считывание
~, **nichtlöschendes** см. **Lesen, zerstörungsfreies**
~ **ohne Zerstörung** см. **Lesen, zerstörungsfreies**
~, **visuelles** визуальное считывание
~, **zerstörendes** 1. стирающее считывание (в запоминающей ЭЛТ) 2. вчт считывание с разрушением (информации), разрушающее считывание
~, **zerstörungsfreies** считывание без разрушения (информации), неразрушающее считывание
Lesen-Wiederschreiben-Takt m цикл считывания и перезаписи
Lesepufferspeicher m буферное постоянное ЗУ, буферное ПЗУ
Leser m устройство считывания
~, **optischer** устройство оптического считывания
Leseregister n регистр считывания
Leseschaltung f схема считывания
Leseschreibimpuls m импульс считывания и записи
Lese-Schreibkopf m зап. универсальная головка записи — воспроизведения
Leseschreibregister n регистр считывания и записи
Lese-Schreib-Speicher m ЗУ или память с оперативной записью и считыванием
Lesesensor m воспринимающий элемент
Lesesicherheit f достоверность считывания
Lesesignal n сигнал считывания
Lesespannung f напряжение считывания; напряжение считанного [снятого] сигнала
Lesespeicher m постоянное ЗУ, ПЗУ; постоянная память
Lese-Speicherglied n блок ПЗУ
Lesestanzeinheit f, **Lesestanzer** m устройство ввода — вывода на перфокарты, считывающий перфоратор
Lesestanzpuffer m буферный накопитель считывающего перфоратора
Lesestation f устройство считывания; устройство ввода
Lesestift m вчт считывающий штифт
Lesestrahl m считывающий (электронный) пучок
Lesestrom m ток считывания
Lesetaste f кнопка считывания
Lesetechnik f 1. зап. техника воспроизведения 2. вчт техника считывания

Lese-Umlaufbetriebsweise f режим обегающего считывания
Lese-und Schreibkopf m см. **Leseschreibkopf**
Lese-und Schreibtakt m зап. цикл записи — воспроизведения; вчт цикл записи-считывания
Lese-und Wiedergabeverstärker m усилитель считывания и воспроизведения
Leseverstärker m 1. зап. усилитель воспроизведения 2. усилитель считывания
Lesewicklung f обмотка считывания
Lesezeile f считываемая строка
Lesung f отсчёт
Letternglimmlampe f лампа тлеющего разряда с буквенной индикацией
Leuchtanzeiger m световой индикатор; световое сигнальное табло
Leuchtbalkenziffer f цифра из светящихся полос(ок)
Leuchtband n светящаяся полоса
Leuchtbild n 1. светящееся изображение 2. световая (мнемо)схема 3. световое табло
Leuchtdauer f длительность свечения
Leuchtdichte f 1. яркость 2. объёмная плотность световой энергии
Leuchtdichte... см. тж **Luminanz...**
Leuchtdichteabschnitt m блок сигнала яркости
Leuchtdichteanteile m pl составляющие сигнала яркости
Leuchtdichteauflösung f чёткость изображения, определяемая сигналом яркости
Leuchtdichteband n см. **Leuchtdichtesignalband**
Leuchtdichtebandbreite f ширина полосы сигнала яркости
Leuchtdichteeinheit f единица яркости
Leuchtdichteempfindung f восприятие яркости
Leuchtdichtefaktor m спектральная световая эффективность
Leuchtdichte-Farbart-Laufzeit f относительная задержка цветности, расхождение во времени сигналов яркости и цветности
Leuchtdichtegegensatz m яркостный контраст
Leuchtdichtekanal m канал сигнала яркости
Leuchtdichtekontrast m яркостный контраст
Leuchtdichtematrix f тлв матрица (формирования) сигнала яркости
Leuchtdichtemesser m измеритель яркости
Leuchtdichten-Potenzfunktion f степенная функция изменения яркости
Leuchtdichtepunkt m отсчёт яркости (при дискретизации)
Leuchtdichtesignal n тлв (исходный) сигнал яркости
~ **ohne Austastung** исходный сигнал яркости, несущий информацию о яркости передаваемого изображения
~, **vollständiges** исходный сигнал яркости с сигналом гашения
~ Y сигнал яркости, сигнал Y
Leuchtdichtesignalband n полоса (частот) сигнала яркости
Leuchtdichtesignalweg m канал сигнала яркости
Leuchtdichteskale f шкала яркостей
Leuchtdichteumfang m диапазон яркостей

Leuchtdichteverstärker *m* усилитель сигнала яркости
Leuchtdichteverteilung *f* распределение яркости
Leuchtdichtewert *m* величина яркости
Leuchtdiode *f* светоизлучающий диод, СИД, светодиод
Leuchtdiodenanzeige *f* индикация с помощью СИД
Leuchtdraht *m* 1. нить накала (*лампы накаливания*) 2. кв. эл. световая нить
Leuchteemission *f* люминесцентное излучение
Leuchtelektron *n* светящийся [оптический] электрон
Leuchten *n* свечение; люминесценция
~, **kaltes** холодная люминесценция
Leuchterregung *f* возбуждение свечения (*экрана*)
Leuchterscheinung *f* свечение
Leuchtfaden *m* 1. нить накала 2. ручей разряда, стример
Leuchtfarbe *f* 1. светящаяся [люминесцентная] краска 2. цвет свечения
Leuchtfeld *n* световое табло
Leuchtfeldblende *f* диафрагма поля (*в микроскопии*)
Leuchtfleck *m* светящееся пятно; световое пятно (*см. тж* **Lichtfleck**)
Leuchtfleckhelligkeit *f*, **Leuchtfleckintensität** *f* яркость светового пятна
Leuchtfleckkreisbeschreibung *f* круговая [кольцевая] развёртка световым пятном
Leuchtfleckunterdrückung *f см.* **Leuchtpunktunterdrückung**
Leuchtgitter *n* сетка электронно-лучевого индикатора настройки
Leucht-Hinweisschild *n* световое табло
Leuchtintensität *f* 1. интенсивность свечения 2. сила света
Leuchtkondensator *m* электролюминесцентная (индикаторная) панель
Leuchtkraft *f* светоотдача (*экрана*)
Leuchtkreis *m* светящийся круг, светящаяся окружность
Leuchtkurve *f* светящаяся кривая (*на экране электронно-лучевой трубки*)
Leuchtmarke *f* 1. световая (от)метка 2. световой индекс
Leuchtmasse *f см.* **Leuchtstoff**
Leuchtmelder *m* световое сигнальное табло
Leuchtphosphor *m см.* **Leuchtstoff**
Leuchtplatte *f* световое табло
Leuchtpunkt *m* 1. светящаяся точка 2. точка люминофора
Leuchtpunkt-Anordnung *f* расположение зёрен люминофоров (*красного, синего и зелёного свечения*)
Leuchtpunktunterdrückung *f* подавление светящегося пятна (*при выключении телевизора*)
Leuchtquarz *m* светящийся кварц
Leuchtraster *m* светящийся растр
Leuchtresonator *m* светящийся резонатор
Leuchtröhre *f* 1. *см.* **Leuchtstoffröhre** 2. газосветная трубка
Leuchtschaltbild *n* 1. световой диспетчерский щит; световое табло 2. световая (мнемо)схема, светосхема

Leuchtschicht *f* люминесцентный слой
Leuchtschirm *m* 1. люминесцентный экран 2. экран (*ЭЛТ*)
~ **einer Farbschriftröhre** экран с темновой записью
~, **folienhinterlegter** [**metallhinterlegter**] экран (*ЭЛТ*) с металлизированной подложкой
~, **nichtmetallisierter** неметаллизированный экран (*ЭЛТ*)
Leuchtschirmabtaster *m см.* **Lichtfleckabtaster**
Leuchtschirmanregung *f* возбуждение люминесцентного экрана
Leuchtschirmbildprojektion *f* проекция изображения с экрана телевизионной трубки
Leuchtschirmdurchmesser *m* диаметр люминесцентного экрана
~, **nutzbarer** диаметр *или* размер рабочего поля экрана (*ЭОП*)
Leuchtschirmelement *n* элемент люминесцентного экрана (*в цветном кинескопе*)
Leuchtschirmleuchtdichte *f* яркость экрана
Leuchtschirmmasse *f см.* **Leuchtstoff**
Leuchtschirmpotential *n* потенциал экрана
Leuchtschirmpunkt *m* точка люминесцентного экрана
Leuchtschirmröhre *f* ЭЛТ с люминесцентным экраном
Leuchtschirmschicht *f* люминесцентный слой экрана
Leuchtschirmsubstanz *f см.* **Leuchtstoff**
Leuchtschirmträger *m* подложка экрана (*ЭЛТ*)
Leuchtschirmtrübung *f* ослабление свечения экрана
Leuchtschrift *f* светящаяся надпись
Leuchtstärke *f* 1. спектральная световая эффективность 2. яркость
Leuchtstoff *m* люминофор
~, **weißluminiszierender** белый люминофор
~, **zweikomponentiger** двухкомпонентный люминофор
Leuchtstoffmesser *m* флуорометр, измеритель люминесценции
Leuchtstoffmischung *f* многокомпонентный люминофор
Leuchtstoffpunkt *m* люминофорная точка, точка люминофора
Leuchtstoffpunktschirm *m* люминесцентный мозаичный (цветной) экран
Leuchtstoffröhre *f* 1. ЭЛТ с люминесцентным экраном 2. люминесцентная трубка; люминесцентная лампа
Leuchtstoffschichtenschirm *m* каскадный экран (*экран, покрытый несколькими слоями люминофора*)
Leuchtstofftripel *n* триада люминофоров (*экрана*)
Leuchtstoffwirkungsgrad *m* эффективность [светоотдача] люминофора
Leuchtstrom *m* световой поток
Leuchtsubstanz *f см.* **Leuchtstoff**
Leuchttableau *n*, **Leuchttafel** *f* световое табло
Leuchtturmröhre *f* маячковая лампа
Leuchtventil *n* световой клапан (*в фотографической записи звука*)
Leuchtverteilung *f* распределение свечения

Leuchtwechselzahl *f* цифровое коммутируемое световое табло
Leuchtwinkel *m* угол свечения (*электронного индикатора настройки*)
Leuchtwirkung *f* световой эффект; свечение
Leuchtzacke *f* *рлк* светящийся выброс от цели
Leuchtzeichen *n* световой сигнал; светящийся знак
Leuchtziffernfeld *n* цифровое световое табло
Leuchtzusatz *m* примесь для повышения светоотдачи
Levitation *f* левитация
Levitationszustand *m* состояние левитации
Levitator *m* левитатор
L-Fehler *m* появление на выходе (*логической схемы*) низкого уровня вместо высокого
L-Generator *m* **1.** лазер **2.** генератор (двоичного) сигнала «I»
L-Glied *n* Г-образное звено
LH-Band *n* *зап.* высокоэффективная лента (*с малыми шумами и большой глубиной модуляции*)
L-H-Flanke *f* фронт импульса, образованный переходом от низкого уровня к высокому, Н-В-фронт
L-H-Übergang *m* переход от низкого уровня (сигнала) к высокому
Licht *n* **1.** свет; световое излучение **2.** освещение
~, **anregendes** свет накачки, возбуждающее излучение
~, **auffallendes** падающий свет
~, **Bild enthaltendes** световой поток, несущий изображение
~, **einfarbiges** монохроматический свет
~, **einregendes** *см.* Licht, anregendes
~, **gebeugtes** дифрагированный свет(овой пучок)
~, **indirektes** отражённый свет
~, **konvergentes** сходящийся световой поток
~ **mehrerer Wellenlängen** полихроматический свет
~, **raumkohärentes** пространственно-когерентный свет
~, **schwarzes** ИК-излучение
~, **weißes** ахроматический [белый] свет
~, **zirkular polarisiertes** свет с круговой поляризацией
Lichtabgabe *f* светоотдача
Lichtablenkung *f* отклонение светового луча
Lichtabschirmtrichter *m*, **Lichtabschlußtubus** *m* тубус прибора
Lichtabtastung *f* сканирование бегущим лучом
Lichtanzeiger *m* *см.* Lichtzeiger 2.
Lichtäquivalent *n* эквивалент света
Lichtarbeit *f* световая энергия
Lichtatom *n* фотон
Lichtaufzeichnung *f* светозапись
Lichtausbeute *f* светоотдача
Lichtausgang *m* **1.** световой выход **2.** *кв. эл.* выходное оптическое излучение
Lichtband *n* **1.** световой диапазон **2.** световая полос(к)а **3.** *зап.* блик (механический) фонограммы
Lichtbandinstrument *n* (измерительный) прибор с указателем в виде световой полосы
Lichtbeständigkeit *f* светостойкость

Lichtbeugung *f* дифракция света
Lichtbild *n* **1.** фотоснимок, фотография **2.** диапозитив
Lichtblende *f* световая диафрагма, световой обюратор
Lichtblitzdauer *f* длительность световой вспышки; длительность светового импульса
Lichtblitzstroboskopie *f* стробоскопия световыми вспышками
Lichtbogen *m* электрическая [световая] дуга
Lichtbogenleitblech *n* защитный экран-отражатель
Lichtbogenspannung *f* напряжение на дуге
Lichtbogenspleiß *m* электродуговое сращивание; место электродугового сращивания (*стекловолокон*)
Lichtbrechungsindex *m* показатель преломления света
Lichtbrechungskörper *m* рефрактор
Lichtbündel *n* световой пучок
Lichtbündelbahn *f* путь светового пучка
Lichtcharakteristik *f* световая характеристика
Lichtdämpfung *f* затухание света
Lichtdeflektoreinrichtung *f* дефлектор света
Lichtdetektor *m* фотоприёмник
Lichtdichte *f* плотность светового потока
Lichtdoseintegrator *m* интегратор дозы светового потока
Lichtdruck *m* **1.** давление света **2.** фототипия, фототипная печать **3.** светокопирование, светопечать
Lichtdurchgang *m* *см.* Lichtdurchtritt
Lichtdurchlässigkeitsfaktor *m* коэффициент пропускания света
Lichtdurchtritt *m* прохождение световых лучей
Lichtecho *n* отраженный оптический сигнал
Lichteindruck *m* восприятие света; световое впечатление
Lichteingang *m* входной световой поток
Lichteinheit *f* единица силы света, кандела, кд
Lichteinstrahlung *f* облучение светом
Lichteintritt *m* **1.** падение света **2.** входной световой поток
Lichteintrittsseite *f* сторона падения света
lichtelektrisch фотоэлектрический; фотоэлектронный
Lichtelektrizität *f* фотоэлектричество
Lichtelektron *n* фотоэлектрон
Lichtelektronik *f* оптоэлектроника
Lichtelement *n* фотоэлемент
Lichtemission *f* излучение света
Lichtemissionsdiode *f* светодиод, светоизлучающий диод, СИД
Lichtemissionserscheinung *f* эффект излучения света
Lichtemitterdiode *f* *см.* Lichtemissionsdiode
Lichtempfänger *m* фотоприёмник
Lichtempfindlichkeit *f* светочувствительность; фоточувствительность
Lichtempfindung *f* светоощущение, зрительное [световое] ощущение
Lichtenergie *f* световая энергия
Lichter *m* световод
Lichter *n pl* наиболее яркие участки изображения
lichterregt возбуждённый светом

Lichtertrag *m* светоотдача
Lichterzeugung *f* возбуждение [генерация] света
Lichtfangleistung *f* световосприимчивость
Lichtfarbe *f* цветность света
Lichtfaser *f* световолокно, оптическое волокно; волоконный световод
~, **selbstfokussierende** самофокусирующее световолокно, *проф.* «сельфок»
Lichtfaser... *см. тж* **Lichtleitfaser...**
Lichtfaserabzweiger *m* ответвитель для волоконных световодов
Lichtfaserfenster *n* волоконно-оптическое окно
Lichtfaserkoppler *m* соединитель волоконных световодов
Lichtfaserverbindungsmethode *f* метод соединения волоконных световодов
Lichtfeld *n* световое поле
Lichtfernsprecher *m* прибор световой сигнализации
Lichtfilter *n* светофильтр
Lichtfleck *m* световое пятно
~, **abtastender** сканирующее [развёртывающее] световое пятно
~, **wandernder** 1. бегущий луч, развёртывающее световое пятно 2. перемещающаяся световая точка
Lichtfleckabtaster *m* сканирующее [развёртывающее] устройство бегущего луча [пятна]
Lichtfleckabtastung *f* сканирование [развёртка] бегущим лучом [пятном]
Lichtfluß *m* световой поток
~, **kohärenter** поток когерентного света
Licht-Fotolithografie *f* фотолитография
Lichtfrequenz *f* частота света
Lichtfrequenzmodulator *m* модулятор частоты света
Lichtfrequenzweiche *f* разветвитель света по длинам волн
Lichtführung *f* прохождение света
lichtgeschützt светозащищённый
lichtgesteuert с оптическим управлением
Lichtgriffel *m* световое перо
Lichtgyroskop *n* оптический [лазерный] гироскоп
Lichthahn *m* световой затвор; модулятор света
Lichthof *m* ореол, световое окаймление (*пятна*)
Lichthörer *m* оптофон, оптоакустический преобразователь
Lichtimpuls *m* световой импульс, импульс света; световая вспышка
Lichtintensität *f* интенсивность света; интенсивность освещения
Lichtintensitätsmesser *m* люксметр; экспонометр
Lichtintensitätsmodulator *m* модулятор интенсивности света
Lichtinterferenzerscheinung *f* интерференция света
Lichtinterferenzmuster *n* световая интерференционная картина
Lichtkanone *f* лазер
Lichtkegel *m* световой конус
Lichtknopf *m* светящаяся кнопка
Lichtkontrast *m* световой контраст; контраст освещения
Lichtkonverter *m* преобразователь света

Lichtkopf *m* фотоэкспонирующая [светогенераторная] головка
Lichtkopf-Koordinatenmaschine *f* координатограф с фотоэкспонирующей головкой
Lichtkoppler *m* оптический соединитель; оптопара
Lichtkopplung *f* оптронная связь
Lichtkraft *f* сила света
Lichtkranz *m см.* **Lichthof**
Lichtkreis *m см.* **Lichtfleck**
Lichtleit... *см. тж* **Lichtleiter...**, **Lichtwellenleiter...**
lichtleitend светопроводящий, фотопроводящий
Lichtleiter *m* световод, оптический волновод
~, **flüssigkeitsgefüllter** жидкостный световод
~, **integrierter** интегральный световод
~, **selbstfokussierender** самофокусирующий световод
Lichtleiter... *см. тж* **Lichtleit...**, **Lichtwellenleiter...**
Lichtleiterbrechungsindex *m* показатель преломления световода
Lichtleiterfasernetz *n* сеть волоконно-оптических кабелей
Lichtleitergrenzwellenlänge *f* критическая [граничная] волна в световоде
Lichtleiterkabel *n см.* **Lichtleiterfaserkabel**
Lichtleiterkopplung *f* соединение световодов
Lichtleiterplatte *f* печатная плата со световодными проводниками
Lichtleiterstruktur *f*, **ertränkte** световодная структура утопленного типа
Lichtleiterübertragungstechnik *f* техника световодной связи
Lichtleiterverluste *m pl* потери в световоде
Lichtleiterwand *f* стенка световода
Lichtleitfaser *f см.* **Lichtfaser**
Lichtleitfaser... *см. тж* **Lichtfaser...**
Lichtleitfaserbündel *n* волоконно-оптический жгут
Lichtleitfaserkabel *n* волоконно-оптический кабель, ВОК
Lichtleitfaserkern *m* сердцевина волоконно-оптического световода
Lichtleitkabel *n*, **faseroptisches** *см.* **Lichtleiterfaserkabel**
Lichtleitübertragungsstrecke *f* световодная линия передачи
Lichtleitung *f* передача света (*по световоду*)
Lichtleitwert *m* 1. оптический поток вектора телесного угла 2. фотопроводимость
Lichtmarke *f* световая (от)метка; световой указатель, световой «зайчик»
Lichtmarkengeber *m* датчик световых (от)меток
Lichtmarkenmesser *m* измерительный прибор со световым указателем
Lichtmarkenprojektor *m изм.* проектор светового «зайчика»
Lichtmaser *m* лазер
Lichtmaske *f* фотошаблон
Lichtmelder *m* световой сигнализатор *или* индикатор
Lichtmenge *f* световой поток; количество света
Lichtmengenregelung *f* регулирование светового потока
Lichtmesser *m*, **Lichtmeßgerät** *n* фотометр
Lichtmeßkopf *m* фотометрическая головка

Lichtmeßtechnik f фотометрическая техника
Lichtmessung f фотометрия
Lichtmikrolithografie f фотонная литография микронного разрешения
Lichtmikroskopie f световая микроскопия
Lichtmodulation f 1. модуляция света 2. оптическая модуляция 3. световая модуляция (*в факсимильной связи*)
Lichtmodulationskoeffizient m коэффициент модуляции света
Lichtmodulator m 1. модулятор света 2. оптический модулятор 3. модулятор звукозаписывающей лампы (*в киноаппаратуре*)
lichtmoduliert модулированный светом
Lichtmuster n 1. световая испытательная таблица 2. световой узор
lichtnegativ с отрицательной фотопроводимостью
Lichtnetz n осветительная сеть
Lichtnetzempfänger m приёмник с питанием от осветительной сети
Lichtnormal n световой эталон
Lichtoptik f световая оптика
lichtoptisch светооптический
Lichtorgel f световой орган (*прибор, обеспечивающий цветовое сопровождение музыки*)
Lichtortung f оптическая локация
Lichtparameterverstärker m параметрический усилитель света
Lichtpartikel f фотон
Lichtphasenmodulator m оптический модулятор фазы
Lichtpolarisation f поляризация света
Lichtpolarisationsmodulator m оптический модулятор поляризации
lichtpositiv с положительной фотопроводимостью
Lichtprojektionslithografie f проекционная фотолитография
Lichtpumpen n кв. эл. оптическая накачка
Lichtpunkt m световая точка; световое пятно
Lichtpunktabtaster m 1. см. **Lichtfleckabtaster** 2. телекинодатчик бегущего луча [пятна]
Lichtpunktabtaströhre f просвечивающая ЭЛТ с бегущим лучом [пятном]
Lichtpunktabtastsender m телекинодатчик бегущего луча [пятна]
Lichtpunktabtastspeicher m ЗУ (на трубках) с бегущим лучом
Lichtpunktabtastsystem n телевизионная система со сканированием [развёрткой] бегущим лучом [пятном]
Lichtpunktabtastung f сканирование [развёртка] бегущим лучом [пятном]
Lichtpunktaustastung f гашение луча (*ЭЛТ*)
Lichtpunkteinstelleinrichtung f фокусирующее устройство
Lichtpunktreinstellung f фокусирование, фокусировка
Lichtpunkt-Farbabtaster m сканирующее [развёртывающее] устройство с бегущим лучом для цветного телевидения
Lichtpunkt-Farbfilmabtaster m телекинодатчик с бегущим лучом [пятном] (для) цветного телевидения

Lichtpunktlinienschreiber m см. **Lichtpunktschreiber**
Lichtpunktquelle f точечный источник света
Lichtpunktschreiber m регистрирующий прибор с записью световым пятном (*на фотобумаге*)
Lichtpunktspeicher m см. **Lichtpunktabtastspeicher**
Lichtpunktverfahren n метод сканирования [развёртки] бегущим лучом [пятном]
Lichtquant n фотон
Lichtquanten-Molekularverstärker m лазерный усилитель
Lichtquantenzähler m счётчик фотонов
Lichtquantum n фотон
Lichtquelle f источник света
~, **künstliche** искусственный источник света
~, **linienförmige** линейный источник света
~, **natürliche** естественный источник света
~, **punktförmige** точечный источник света
~, **steuerbare** модулируемый источник света
Lichtradar n 1. оптическая локация 2. оптический локатор
Licht-Rechenmaschine f оптическая ВМ
Lichtreflex m блик
Lichtreflexionsfaktor m коэффициент отражения света
Lichtregler m 1. регулятор освещения 2. см. **Lichtmodulator**
Lichtrelais n фотореле
Lichtrelaissystem n светоклапанная телевизионная система
Lichtresonator m оптический резонатор
Lichtröhre f светоклапанная трубка
Lichtruf... светосигнальный
Lichtschacht m защитный кожух (*шкалы измерительного прибора*) от постороннего света
Lichtschalter m 1. фотореле 2. модулятор света
Lichtschauzeichen n 1. оптический сигнал 2. см. **Lichtmarke**
Lichtschleuse f см. **Lichthahn**
lichtschluckend светопоглощающий
Lichtschnitt m сечение светового луча или светового пучка
Lichtschnittmikroskop n микроскоп с расщеплённым лучом (*для измерения толщины плёнок*)
Lichtschranke f 1. световой затвор, световой клапан; фоторелейный барьер 2. фотоэлектрическое устройство, использующее принцип прерывания светового потока (*напр. для счёта деталей*); фотоячейка
Lichtschreiber m 1. см. **Lichtpunktschreiber** 2. световой карандаш
Lichtschreiberempfänger m фототелеграфный приёмник
Lichtschütz n фотореле
Lichtschutzblende f светозащитная рамка (*у экрана ЭЛТ*), бленда
lichtschützend светозащищающий, светозащитный
Lichtschutzkappe f см. **Lichtschutzblende**
Lichtschutzschild n светозащитная панель
Lichtschutztubus m светозащитный тубус (трубки)
Lichtschwelle f порог светового восприятия
Lichtschwingung f световое колебание

Lichtsendediode *f* светодиод, светоизлучающий диод, СИД
Lichtsender *m* излучатель света, светоизлучатель
Lichtsonde *f* световой зонд; луч света
Lichtspalt *m* 1. световая щель 2. световой штрих
Lichtspaltbild *n* световой штрих
Lichtstab *m* светопровод в виде стержня
Lichtstabfotometer *n* теневой фотометр
Lichtstärke *f* 1. сила света 2. светосила (*объектива*)
Lichtstärkeeinheit *f* единица силы света, кандела, кд
Lichtstärkekennlinie *f* световая характеристика
Lichtstärkemessung *f* измерение силы света
Lichtstelle *f* блик
Lichtsteuerelektrode *f* модулятор светового потока
Lichtsteuergerät *n*, **Lichtsteuerorgan** *n* светомодулирующее устройство
Lichtsteuerröhre *f* модулятор света
Lichtsteuerung *f* модуляция света
Lichtsteuerventil *n* световой затвор; модулятор света
Lichtstift *m* световое перо
Lichtstoß *m см.* **Lichtimpuls**
Lichtstrahl *m* световой луч; световой пучок
~, **ausgemusterter** 1. *гол.* квантованный световой пучок 2. профилированный световой пучок
Lichtstrahlabtaster *m см.* **Lichtfleckabtaster**
Lichtstrahlabtastung *f см.* **Lichtfleckabtastung**
Lichtstrahlbündel *n* пучок световых лучей, световой пучок
Lichtstrahlenablenker *m* 1. отклоняющая система 2. оптический дефлектор
Lichtstrahlengang *m* траектория светового пучка
Lichtstrahlenmesser *m* актинометр
Lichtstrahloszillograph *m* светолучевой осциллограф
Lichtstrahlregistrierapparat *m*, **Lichtstrahlregistrierinstrument** *n* прибор для световой записи
Lichtstrahlregistrierung *f* световая [оптическая] запись
Lichtstrahlsignal *n* световой сигнал
Lichtstrahlsonde *f* оптический зонд
Lichtstrahlsteuerung *f* фотоэлектрическое управление
Lichtstrahltastsender *m* теледатчик с бегущим лучом
Lichtstrahlung *f* световое [видимое] излучение
Lichtstrahlzeiger *m* 1. индикатор с яркостной отметкой 2. световой указатель
Lichtstreifen *m* световая полос(к)а (*напр. на табло*)
Lichtstreuung *f* рассеяние света, светорассеяние
Lichtstrich *m* световой штрих
Lichtstrom *m* 1. световой поток 2. световой ток (*в противоположность темновому*) 3. фототок
Lichtstromdichte *f* плотность светового потока
Lichtstromempfindlichkeit *f* световая чувствительность (фотокатода)
Lichtstrommesser *m* прибор для измерения светового потока; интегрирующий фотометр
Lichtstromverteilung *f см.* **Lichtverteilung**
Lichtstromwert *m* величина светового потока

Lichttafel *f* световое табло
Lichttechnik *f* светотехника
Lichtteilchen *n* фотон
Lichtteiler *m* светоделительное устройство
Lichtteilspiegel *m* светоделительное зеркало
Lichttelefonie *f* световая телефония
Lichttonabtasteinrichtung *f*, **Lichttonabtastgerät** *n* устройство воспроизведения фотографической звукозаписи
Lichttonabtastkopf *m* головка воспроизведения фотографической звукозаписи
Lichttonabtastung *f* воспроизведение фотографической звукозаписи
Lichttonansatz *m см.* **Lichttonzusatz**
Lichttonapparatur *f* аппаратура фотографической записи и воспроизведения звука
Lichttonaufnahme *f см.* **Lichttonaufzeichnung**
Lichttonaufnahme... *см.* **Lichttonaufzeichnungs...**
Lichttonaufzeichnung *f* фотографическая звукозапись
Lichttonaufzeichnungsanlage *f* устройство фотографической звукозаписи
Lichttonaufzeichnungsfehler *m pl* искажения фотографической сигналограммы
Lichttonaufzeichnungsverfahren *n* способ фотографической звукозаписи
Lichttonband *n* фотографическая лента для звукозаписи
Lichttonfrequenzbereich *m* частотный диапазон фотографической звукозаписи
Lichttongerät *n* звуковая приставка для воспроизведения фотографической записи
Lichttonkopf *m см.* **Lichttonabtastkopf**
Lichttonmagnettonkopf *m*, **kombinierter** комбинированная звуковая головка для воспроизведения фотографической и магнитной фонограмм
Lichttonrandspur *f* фотографическая фонограмма, проходящая по краю киноплёнки
Lichttonschreiber *m* светомодулирующее устройство фотографической звукозаписи
Lichttonschrift *f см.* **Lichttonspur**
Lichttonspalt *m* штрих для фотографической записи *или* воспроизведения звука; записывающий *или* воспроизводящий штрих
Lichttonspur *f*, **Lichttonstreifen** *m* фотографическая фонограмма
Lichttonsystem *n* система фотографической записи и воспроизведения звука
Lichttontechnik *f* техника фотографической записи и воспроизведения звука
Lichttonübertragung *f* звукопередача с использованием фотографической записи (звука)
Lichttonverfahren *n* синхронная фотографическая запись изображения и звука (*в звуковом кино*)
Lichttonverstärker *m* усилитель (для) фотографической звукозаписи
Lichttonwiedergabe *f* воспроизведения фотографической звукозаписи [фотографической фонограммы]
Lichttonzusatz *m* приставка для воспроизведения фотографической звукозаписи [фотографической фонограммы]
Lichtträger *m см.* **Leuchtstoff**
Lichtumformer *m см.* **Lichtwandler**

Lichtundurchlässigkeit f 1. светонепроницаемость 2. непрозрачность
Lichtunterbrecher m обтюратор, оптический модулятор
Lichtunterschied m разность интенсивности света
Lichtventil n см. Lichthahn
Lichtverbindung f оптическая связь
Lichtverluste m pl световые потери, потери света
Lichtverlustfaktor m коэффициент потери света
Lichtverschluß m 1. кв. эл. оптический затвор 2. см. Lichtunterbrecher
Lichtverstärker m 1. усилитель света, оптический усилитель 2. лазерный усилитель
Lichtverstärkung f 1. усиление света 2. преобразование по яркости (в ЭОП)
~ **je Durchgang** усиление света за однократное прохождение (в лазерах)
Lichtverteiler m распределитель силы света, светораспределитель
Lichtverteilung f распределение силы света, светораспределение
~, **durchgehende** 1. распределение силы проходящего света 2. распределение (напр. фазы) в проходящем свете
Lichtverzweigungselement n светоделитель
Lichtvisier n оптический визир
Lichtwandler m преобразователь света
Lichtweg m 1. траектория светового пучка 2. оптическая длина пути
Lichtweite f дальность прямой видимости, оптическая дальность действия
Lichtwelle f световая волна
Lichtwellenbereich m диапазон световых волн
Lichtwellenfront f фронт световой волны
Lichtwellenkoppler m световодный соединитель
Lichtwellenlängenmultiplex m уплотнение светового по длинам волн
Lichtwellenleiter m оптический волновод, световод
Lichtwellenleiter... см. тж Lichtleit..., Lichtleiter...
Lichtwellenleiterdämpfung f затухание в световоде
Lichtwellenleiter-Mehrfachkabel n многожильный световод
Lichtwellenradartechnik f техника оптической локации
Lichtwellenzug m серия световых волн
Lichtwertautomatik f тлв устройство для автоматической регулировки освещённости (фотокатода)
Lichtwiderstand m 1. фоторезистор 2. световое сопротивление (фотоприёмника)
Lichtwinkel m угол лучеиспускания
Lichtzähler m счётчик фотонов
Lichtzeichen n световой сигнал, световой знак
Lichtzeichenmaschine f фотонаборная установка
Lichtzeiger m 1. индикатор с яркостной отметкой 2. световой указатель, световой «зайчик»
Lichtzeigergerät n, **Lichtzeigerinstrument** n 1. прибор со световым указателем 2. зеркальный гальванометр
Lichtzelle f элемент солнечной батареи
Lichtzerhacker m см. Lichtunterbrecher
Lichtzerstreuung f рассеяние [дисперсия] света
Lidar m лидар, метеорологический лазерный локатор ИК-диапазона

LID-Gehäuse n корпус безвыводного прибора
Liebenow-Schaltung f схема (удвоения) Либенова
Liebenröhre f (электронная) лампа Либена (прототип электронной лампы, созданной Робертом фон Либеном)
Liebhaber... любительский
LIFO-Stapelspeicher m стековая [магазинная] память, стековое ЗУ (в котором информация, записанная последней, считывается первой)
Lift-off-Methode f техника отслаивания (напр. металла)
Lighthouse-Röhre f маячковая лампа
Liliputröhre f малогабаритная [миниатюрная] лампа
Limb(us) m 1. лимб прибора 2. ветвь (в теории цепей) 3. наружный магнитопровод (трансформатора)
Limes... предельный
Limit n 1. предел; граница 2. лимит
Limittoleranz f предельный допуск
Lindemannfenster n прозрачное окошко (для выхода рентгеновских лучей)
L-Indikator m индикатор L-типа (индикатор дальности с вертикальной линейной развёрткой с отображением цели в виде отклонения электронного пятна в горизонтальном направлении)
linear линейный
Linearfrequenzkondensator m прямоточный (переменный) конденсатор
Linearisation f, **Linearisierung** f линеаризация
~ **bei Methode der kleinen Schwingungen** линеаризация методом малых колебаний
~, **echte** истинная линеаризация (напр. термистора)
Linearisierungsbereich m диапазон линеаризации
Linearisierungsfehler m погрешность от линеаризации (характеристики)
Linearisierungskoeffizient m коэффициент линеаризации
Linearisierungswiderstand m линеаризирующий резистор
Linearität f линейность
Linearitätsabweichung f отклонение от линейности
Linearitätsbereich m участок линейности
Linearitätsfehler m погрешность, обусловленная отклонением от линейности
Linearitätskorrektur f коррекция (не)линейности
Linearitätsmaß n степень линейности
Linearitätsregler m регулятор линейности
Linearitätszone f зона [область] линейности
Linearpolarisation f линейная [плоская] поляризация
Linearspeicher m ЗУ с последовательной выборкой
Linearstrahler m линейный излучатель
Linearversetzung f 1. линейная дислокация 2. линейный сдвиг
Linearverstärker m усилитель с линейной (амплитудной) характеристикой
Linearzeitablenkung f линейная развёртка
Linearzeitachse f линейная ось времени
line-crawling англ. тлв сползание строк
Line-locked-System n система со строчно-

когерентной дискретизацией (*с дискретизацией, жёстко связанной с частотой строк*)
Lineplex-Format *n* формат двухканальной записи сжатых во времени аналоговых составляющих с перемежением дорожек
Linie *f* 1. линия (*напр. связи*) 2. строка (*изображения*) 3. *мат.* линия; кривая 4. трасса; путь
~ **gleichen Potentials** эквипотенциальная линия
~ **gleicher Beleuchtungsstärke** изолюкс; изофот, линия равной освещённости
~, **homogen verbreiterte** однородно уширенная линия
~, **horizontale** 1. строка (изображения) 2. горизонтальная линия 3. строка (перфокарты)
~, **oberirdische** воздушная линия
~, **orthodromische** ортодрома
Linienabstand *m* 1. расстояние между строками 2. расстояние между линиями (*спектра*)
Linienanker *m* продольная оттяжка (*напр. антенны*)
Linienauflösung *f* разрешающая способность, определяемая шириной линии (*элемента ИС*); минимальная ширина линии (*элемента ИС*)
Linien-Banden-Struktur *f* линейно-полосчатая структура
Linienbatterie *f* 1. буферная батарея 2. *тлг* линейная батарея
Linienbreite *f* 1. *тлв* ширина строки 2. *фтт* ширина линии 3. ширина резонансной кривой 4. *яд. физ.* ширина (спектральной) линии
~, **natürliche** *см.* Linienbreite 4.
Linienbreitenschwankung *f микр.* изменение ширины линии
Liniendefinition *f тлв* чёткость по строкам
Liniendichte *f* 1. плотность магнитных силовых линий 2. *мат.* линейная плотность
Linienfestpunkt *m* опора с оттяжкой, анкерная опора
Linienform *f* 1. форма [профиль] спектральной линии 2. *микр.* форма [конфигурация] линий
Linienfrequenzspektrum *n* линейчатый частотный спектр
Liniengestalt *f см.* Linienform
Liniengitter *n* 1. *тлв* сетчатое поле 2. *фтт*, *крист.* линейная решётка
Liniengittersignal *n* сигнал сетчатого поля
Liniengrafik *f* линейная графика
linienhaft одномерный, линейный
Linienintensität *f* интенсивность спектральной линии
Linienintervall *n см.* Linienabstand
Linienkantenschärfe *f* чёткость краёв линии
Linienkeil *m* клин (*телевизионной испытательной таблицы*)
Linienkonstante *f свз* постоянная линия
Linienkreis *m* линейная цепь
Linienkreuzung *f* 1. пересечение линий 2. скрещивание [транспозиция] проводов
Linienmaske *f* сетка коммутации цвета (*хроматрона*)
Linienmaskenröhre *f* трёхлучевой хроматрон
Liniennetz-Busstruktur *f* шинная структура коллективного пользования

Linienraster *m* 1. линейный растр 2. *тлв* растр, образованный строками изображения
Linienrastermaß *m* 1. расстояние между линиями координатной сетки (*напр. чертежа печатной платы*) 2. расстояние между строками растра
Linienregistriergerät *n см.* **Linienschreiber**
Linienschirm *m* 1. растр 2. штриховой экран
Linienschreiber *m* устройство записи непрерывного действия
Linienschrift *f* непрерывная [линейная] запись
Linienserie *f* серия линий (*спектра*)
Linienspannung *f* 1. линейное напряжение 2. напряжение на линии 3. напряжение сети (*питания*)
Linienspeicher *m* 1. линейный накопитель 2. *тлв* память на строку
Linienspeicherröhre *f* запоминающая трубка с линейным накопителем
Linienspektrum *n* линейчатый спектр
~, **aufgelöstes** разрешённый линейчатый спектр
~, **kernmagnetisches** ядерно-магнитный линейчатый спектр
Linienstärke *f см.* **Linienintensität**
Linienstrahler *m* линейный излучатель
Linienstrom *m* 1. линейный ток 2. ток в линии
Linientest *m* штриховая таблица для проверки разрешающей способности
Linienüberbrückung *f* 1. запараллеливание линий 2. соединение сетей через мост
Linienverbreiterung *f* расширение (спектральных) линий
Linienverdopplung *f тлв* спаривание строк
Linienverkehr *m* 1. проводная дальняя связь 2. *вчт* многопунктовая передача
Linienverschiebung *f* 1. *тлв* смещение [сдвиг] строк 2. смещение (спектральных) линий
Linienverschmälerung *f* сужение (спектральных) линий
Linienverzweiger *m* 1. линейный ответвитель 2. (линейный) распределительный щит
Linienwähler *m* 1. линейный искатель 2. директорский коммутатор 3. телефонный коммутатор ручного обслуживания
Linienwähleranlage *f см.* Linienwähler 2., 3.
Linkkopplung *f* петлевая связь через отрезок линии
Linksanschlag *m* крайнее левое положение (*напр. стрелки индикатора*)
Linkschaltung *f* схема, использующая петлевую связь через отрезок линии
Linksdrehung *f* левое вращение
Linkspolarisation *f* левая поляризация
Linksquarz *m* левовращающий кварц
Links-Signal *n* сигнал левого (стерео)-канала, сигнал A
Linse *f* 1. линза 2. объектив
~, **anastigmatische** анастигмат
~, **aplanatische** апланат
~, **bikonkave** двояковогнутая линза
~, **bikonvexe** двояковыпуклая линза
~, **elektrische** электростатическая линза
~, **farblose** прозрачная линза
~, **holografische** голограммная линза, линза-голограмма

~, **konkav-konvexe** вогнуто-выпуклая линза, положительный мениск
~, **konvex-konkave** выпукло-вогнутая линза, отрицательный мениск
~, **kurze magnetische** короткая магнитная линза
~ **mit veränderlichem Fokus** вариообъектив
~, **negative** рассеивающая [отрицательная] линза
~, **permanentmagnetische** линза с постоянными магнитами
~, **positive** собирающая [положительная] линза
~, **schallfokussierende** акустическая линза
Linsenabbildungsfehler *m* абберация линзы
Linsenachse *f* оптическая ось линзы
Linsenanode *f* фокусирующий анод
Linsenantenne *f* линзовая антенна
Linsenbild *n* оптическое изображение
Linsendreheffekt *m* эффект поворота (изображения) линзой
Linsenelektrode *f* фокусирующий электрод
Linsenfehler *m* 1. аберрация линзы *или* объектива 2. дефекты линзы *или* объектива
Linsenglas *n* линза
Linsenhauptebene *f* главная плоскость линзы
Linsenkranz *m* линзовый барабан, линзовый венец
Linsenkranzabtaster *m* сканирующее [развёртывающее] устройство с линзовым барабаном
Linsenmikrofon *n* микрофон линзового типа
Linsenöffnung *f* апертура линзы
Linsenpotential *n* потенциал (электронной) линзы
Linsenraster *m* линзовый растр
Linsenrasterschirm *m*, **Linsenschirm** *m* линзовый экран
Linsenspule *f* фокусирующая катушка; магнитная линза
Linsenstrom *m* ток (электронной) линзы
Linsentrommel *f* линзовый барабан
Linsenzusammenstellung *f* линзовый узел
Lippenmikrofon *n* губной микрофон
Lippmann-Bragg-Hologramm *n* голограмма Липпмана — Брегга
Lippmann-Film-Speicher *m* ЗУ на плёнках Липпмана
Lissajous-Figuren *f pl*, **Lissajous-Kurven** *f pl* фигуры Лиссажу
Liste *f* 1. бумажная лента (*для печати*) 2. спецификация 3. список, перечень
Lithiumfluoridkristall *m* литиевофторидный кристалл
Lithiumniobat *m* *пп* ниобат лития
Lithiumzelle *f* литиевый фотоэлемент
Lithografie *f* *микр.* литография
Lithografietechnik *f* техника литографии
Lithoplatte *f* *микр.* литографическая пластина
Lithosphere *f* литосфера
Littron-Spektrograf *m* автоколлимационный спектрограф
Litze *f* 1. (отдельная) жила многожильного провода 2. многопроволочный гибкий провод; канатик; стренга (*троса*)
Litzenkatode *f* плетёный катод
Litzenschnur *f* гибкий шнур
Litzenseil *n* антенный канатик

Live-Sendung *f* *тлв* внестудийная передача; прямая передача
L-Katode *f* катод Лемменса, металлокапиллярный катод
L-Kern *m* Г-образный сердечник
L-Kettenglied *n* Г-образное звено (*фильтра*)
L-Lampe *f* люминесцентная лампа
L-Lauf *m* левое вращение
LL-Dämpfung *f* затухание в световоде
L-Leitung *f* линия слабой [лёгкой] пупинизации
Lloydspiegel *m* *гол.* зеркало Ллойда
L-Messung *f* измерение индуктивности
LM-Gerät *n* лунная кабина, лунный модуль
LMK-Bereich *m* диапазон длинных, средних и коротких волн
LN-Band *n* (магнитная) лента с малым уровнем шумов
L-Norm *f* (телевизионный) стандарт L (*стандарт СЕКАМ, Франция*)
Loch *n* 1. *пп* дырка 2. отверстие, дыр(к)а; перфорация 3. провал (*в диапазоне частот*) 4. мёртвая зона (*при сканировании пространства*) 5. волноводное окно
~, **benachbartes** соседняя дырка
~, **durchkontaktiertes** [**durchmetallisiertes**] *см.* **Loch, metallisiertes**
~, **eingefangenes** захваченная дырка
~, **entferntes** удалённая дырка
~, **freies** свободная дырка
~, **gestanztes** перфорированное отверстие, пробивка
~, **langsames** медленная дырка
~, **leichtes** лёгкая дырка
~, **metallisiertes** металлизированное отверстие (*печатной платы*)
~, **positives** положительная дырка, *p*-дырка
~, **schweres** тяжёлая дырка
Lochabstand *m* шаг перфорации
Lochband *n* *см.* **Lochstreifen**
Lochband... *см.* **Lochstreifen...**
Lochbegrenzung *f* край перфорации
Lochbereich *m* *см.* **Lochbreite**
Lochblende *f* точечная диафрагма
Lochblendenscheibe *f* *тлв* диск Нипкова
Lochbreite *f* полоса пропускания
Lochbrennen *n* 1. кв. эл. выгорание провалов 2. прожигание отверстий (*напр. лазером*)
Lochdämpfung *f* затухание в полосе пропускания
Lochelektron *n* дырка
Loch-Elektron-Paar *n* пара дырка — электрон
Lochen *n* перфорирование
Locher *m* перфоратор
~, **alphabetisch-numerischer** алфавитно-цифровой перфоратор
~, **45-spaltiger** 45-колонный перфоратор
Löcheranteil *m* **am Strom** *пп* дырочная составляющая тока
Löcherbesetzung *f* заселённость дырок
Löcherbeweglichkeit *f* подвижность дырок
Löcherbewegung *f* миграция дырок
Löcherdichte *f* концентрация дырок
Löcherdiffusionsstrom *m* диффузионный ток дырок
Löcherdurchtunnelungsprozeß *m* процесс туннелирования дырок

Löchereinfang *m* захват дырок
Löchereinfangsquerschnitt *m* (эффективное) сечение захвата дырок
Löchereinfangszentrum *n* центр захвата дырок
Löcherelektron *n* *пп* дырка
Löcheremission *f* эмиссия дырок
Löcherfalle *f* дырочная ловушка
Löcherfluß *m* поток дырок
Löchergas *n* дырочный газ (*условное понятие, используемое для описания поведения носителей в твёрдом теле*)
Lochergerät *n* *см.* Locher
Löcherhaftstellendichte *f* концентрация дырочных ловушек
Löcherhalbleiter *m* *см.* Löcherleiter
Löcherinjektion *f* инжекция дырок
löcherinjizierend инжектирующий дырки
Löcherkonzentrationsgradient *m* градиент концентрации дырок
Löcherladung *f* заряд дырки
Löcherlaufzeit *f* время пробега дырок
Löcherlebensdauer *f* время жизни дырок
Löcherleiter *m* проводник с дырочной электропроводностью, проводник *p*-типа
Löcherleitfähigkeit *f*, **Löcherleitung** *f* дырочная электропроводность, электропроводность *p*-типа
Locher-Leser-Einheit *f* устройство ввода — вывода на перфокарты *или* перфоленты, считывающий перфоратор
Löchernachlieferung *f* процесс дополнительного образования дырок
Löcherstaueffekt *m* *пп* эффект накопления дырок
Locherstelle *f* 1. позиция пробивки 2. участок с перфокартным оборудованием
Löcherstrom *m* дырочный ток
Löcherstromdichte *f* плотность дырочного тока
Löcherstromfluß *m* поток дырок
Löcherstromverstärkung *f* усиление потока дырок
Löchertheorie *f* теория Дирака, теория дырок
Löcherwanderung *f* миграция дырок
Lochfeld *n* поле перфорации; группа колонок (на поле) перфокарты
Lochfraß *m*, **Lochfraßkorrosion** *f* точечная сквозная коррозия
Lochgerät *n* *см.* Locher
Lochkarte *f* перфокарта
~, **binäre** перфокарта с двоичной перфорацией
~, **genormte** стандартная перфокарта
~, **80-spaltige** 80-колонная перфокарта
Lochkartei *f* картотека перфокарт
Lochkarten *f pl*, **charakteristische** характеристические перфокарты
Lochkartenabfühler *m* *см.* Lochkartenableser
Lochkartenabfühlung *f* считывание с перфокарт
Lochkartenableseeinrichtung *f* *см.* Lochkartenableser
Lochkartenablesen *n* считывание с перфокарт
Lochkartenableser *m* устройство считывания с перфокарт; устройство ввода с перфокарт
Lochkartenabtasteinheit *f*, **Lochkartenabtaster** *m* сканирующее устройство считывания с перфокарт
Lochkartenabtastkopf *m* головка сканирующего устройства считывания с перфокарт

Lochkartenabtastung *f* сканирование перфокарт; считывание с перфокарт
Lochkartenanlage *f* перфокарточная машина
Lochkartenausgabe *f* вывод (данных) на перфокарты
Lochkartenausgabeeinrichtung *f* устройство вывода (данных) на перфокарты
Lochkartenbahn *f* тракт перфокарт
Lochkartenbeschrifter *m* *см.* Lochschriftübersetzer
Lochkartendoppler *m* карточный репродуктор; карточный дубликатор
Lochkarten-Ein/Ausgabe *f* 1. ввод — вывод (данных) с перфокарт на перфокарты 2. устройство ввода — вывода (данных) с перфокарт на перфокарты
Lochkarteneinführungseinrichtung *f* *см.* Lochkarteneingabeeinheit
Lochkarteneingabe *f* ввод (данных) с перфокарт
Lochkarteneingabeeinheit *f*, **Lochkarteneingabeeinrichtung** *f* устройство ввода (данных) с перфокарт
Lochkarteneinrichtung *f* устройство, работающее с перфокартами
Lochkarteneinsatz *m* работа с перфокартами
Lochkartenempfänger *m* приёмник перфокарт
Lochkartenfeld *n* 1. поле перфокарты 2. *см.* Lochkartenfeldgruppe
Lochkartenfeldgruppe *f* группа колонок (на поле) перфокарты
Lochkartengerät *n* 1. устройство для обработки перфокарт 2. прибор с записью показаний на перфокарте
lochkartengesteuert с управлением от перфокарт
Lochkartenleseeinheit *f*, **Lochkartenleseeinrichtung** *f*, **Lochkartenleser** *m* *см.* Lochkartenableser
Lochkarten-Lochstreifen-Umsetzer *m*, **Lochkarten-Lochstreifen-Umwandler** *m* 1. устройство преобразования кодов перфокарт в коды (перфо)ленты 2. перезапись с перфокарт на перфоленту
Lochkarten-Magnetband-Umsetzer *m* преобразователь записи с перфокарт на магнитную ленту
Lochkartenmaschine *f* 1. ВМ с управлением от перфокарт 2. машина для перфорирования карт
Lochkartenmaschinenstation *f* 1. машиносчётная станция 2. участок с перфокартным оборудованием
Lochkartenrechenmaschine *f* ВМ с управлением от перфокарт
Lochkarten-Recherchesystem *n* перфокартная информационно-поисковая система
Lochkartenrechner *m* *см.* Lochkartenrechenmaschine
Lochkartenspeicher *m* ЗУ *или* память на перфокартах
Lochkartenstanzeinheit *f* карточный перфоратор
Lochkartensteuerung *f* (программное) управление от перфокарт
Lochkartenübersetzer *m* устройство перезаписи с перфокарт
Lochkombination *f* (кодовая) комбинация отверстий

Lochkoppler *m* направленный ответвитель с отверстием связи
Lochkopplung *f* связь через отверстие (*волновода*)
lochleitend с дырочной электропроводностью, с электропроводностью *p*-типа
Lochleitfähigkeit *f*, **Lochleitung** *f см.* **Löcherleitfähigkeit**
Lochlinse *f* линза с отверстиями
Lochmaschine *f* перфорационная машина
Lochmaske *f тлв* теневая маска
Lochmaskenbildröhre *f*, **Lochmasken-Farbbildröhre** *f*, **Lochmasken-Farbfernseh-Bildröhre** *f*, **Lochmasken-Röhre** *f* масочный (цветной) кинескоп
Lochmittenabstand *m* шаг перфорации
Lochplatte *f* 1. плата с отверстиями для монтажа 2. пластина с отверстиями
Lochplattenlinse *f* электронно-оптическая линза из дырчатых диафрагм *или* дырчатых электродов
Lochplattenverdrahtung *f* монтаж, выполненный на плате с монтажными отверстиями
Lochprüfer *m* контрольник (для) перфокарт *или* перфолент
Lochprüfung *f* контроль перфорации
Lochrasterplatte *f*, **experimentelle gedruckte** макетированная печатная плата
Lochscheibe *f* 1. номеронабиратель 2. диск с отверстиями 3. *тлв* диск Нипкова
Lochscheibenanode *f* дисковый анод
Lochscheibenunterbrecher *m* прерыватель в виде диска с отверстиями
Lochschreiber *m см.* **Locher**
Lochschrift *f* 1. код перфокарты *или* перфоленты 2. запись посредством пробивки отверстий
Lochschriftübersetzer *m* устройство для распечатки перфокарт *или* перфолент
Lochschritt *m* шаг перфорации
Lochsender *m* (автоматический) ленточный трансмиттер
Lochspalte *f* колонка перфокарты
Lochspeicherung *f* накопление дырок
Lochstanzensteuergerät *n* блок управления (ре)перфоратором
Lochstanzer *m см.* **Locher**
Lochstanzung *f* перфорирование, пробивание отверстий
Lochstation *f* перфорационно-счётная станция
Loch-Störstellenleitung *f* дырочная примесная электропроводность
Lochstreifen *m* перфолента
Lochstreifenabfühler *m*, **Lochstreifenabtaster** *m* устройство считывания с перфоленты; устройство ввода с перфоленты
~, **blockweise arbeitender** устройство (для) поблочного считывания с перфоленты
Lochstreifenaufzeichnung *f* запись на перфоленту
Lochstreifenausgabe *f* вывод (данных) на перфоленту
Lochstreifenausgabeeinrichtung *f* устройство вывода (данных) на перфоленту
Lochstreifendoppler *m* ленточный реперфоратор; ленточный дубликатор
Lochstreifendrucker *m* устройство печати (данных) с перфоленты

Lochstreifendupliziergerät *n см.* **Lochstreifendoppler**
Lochstreifen-Ein/Ausgabe *f* 1. ввод — вывод (данных) с перфолент на перфоленты 2. устройство ввода — вывода (данных) с перфолент на перфоленты
Lochstreifeneinführung *f см.* **Lochstreifeneingabe**
Lochstreifeneingabe *f* ввод (данных) с перфоленты
Lochstreifeneingabeeinrichtung *f* устройство ввода (данных) с перфолент
Lochstreifenempfang *m* приём на перфоленту
Lochstreifenempfänger *m* приёмник перфолент; входной [приёмный] перфоратор
Lochstreifenfotoleser *m* фотооптическое устройство для считывания с перфоленты
Lochstreifenführung *f* подача перфоленты
Lochstreifengeber *m* ленточный трансмиттер
Lochstreifengerät *n* 1. перфолент(оч)ное устройство 2. ленточный трансмиттер
lochstreifengesteuert с управлением от перфолент
Lochstreifenkanal *m* канал перфоленты
Lochstreifenkarte *f* ленточная перфокарта
Lochstreifenlesekopf *m* головка считывания с перфоленты
Lochstreifenleser *m* устройство считывания с перфоленты; устройство ввода с перфолент
Lochstreifenlocher *m* ленточный перфоратор
Lochstreifen-Lochkarten-Übersetzung *f* 1. преобразование кодов перфолент в коды перфокарт 2. перезапись с перфолент на перфокарты
Lochstreifen-Magnetband-Umsetzer *m* преобразователь записи с перфоленты на магнитную ленту
Lochstreifenmeldung *f* сообщение, записанное на перфоленте
Lochstreifenrolle *f* катушка с перфолентой
Lochstreifenschlüssel *m* код перфоленты
Lochstreifenschnellocher *m* быстродействующий ленточный перфоратор
Lochstreifensender *m* ленточный трансмиттер
Lochstreifensendezusatz *m* трансмиттерная приставка
Lochstreifenspule *f* катушка с перфолентой
Lochstreifenstanzer *m* ленточный перфоратор
~, **schreibender** входной [приёмный] перфоратор
Lochstreifenstanzgerät *n см.* **Lochstreifenstanzer**
Lochstreifensteuerung *f* (программное) управление от перфолент
Lochstreifensystem *n* система, работающая с перфолентами
Lochstreifenumsetzer *m*, **Lochstreifenumwandler** *m* устройство перезаписи с перфолент
Lochstreifenverfahren *n* метод (программного) управления посредством перфолент
Lochstreifenvermittlung *f* передача с перфолент
Lochstreifenvorschub *m* 1. продвижение перфоленты 2. подача перфоленты
Lochstreifenvorspann *m* зарядный ракорд; зарядный конец ленты
Lochstreifenwandler *m* преобразователь записи с перфоленты на перфокарту *или* на магнитную ленту
Lochstreifenwickelvorrichtung *f* устройство для намотки перфолент

Lochstreifenzeichen *n* знак перфоленты; знак (на клавише) ленточного перфоратора
Lochstreifenzeile *f* строка перфоленты
Lochstreifenzusatz *m* приставка для работы с перфолентой
Lochstrom *m* дырочный ток
Lochtastatur *f* клавиатура перфоратора
Lochteilung *f* шаг перфорации
Lochung *f* **1.** отверстие; дыра; перфорация **2.** перфорирование, перфорация, пробивание отверстий, пробивка
~, **binäre** двоичная перфорация
~, **digitale** цифровая перфорация
~, **mehrfache** многократная перфорация
~, **totale** итоговая перфорация
Lochungsgeschwindigkeit *f* скорость перфорации
Lochungskontrolle *f*, **Lochungsprüfung** *f* контроль перфорации
Lochverfahren *n* метод программного управления посредством перфокарт *или* перфолент
Lochversetzung *f* расположение перфораций в шахматном порядке
Lochzahlprüfung *f* контроль [проверка] по числу перфораций
Lochzange *f* компостер, пробойник
Lochzeile *f* строка перфорации
Lock-Detektor *m* синхронный детектор
Lockerstelle *f* рыхлый участок (кристалла), участок (кристалла) с кавернами
locking *англ.* **1.** синхронизация **2.** захватывание частоты **3.** блокировка
Lock-in-Verstärker *m* синхронный усилитель схемы синхронного усиления
Lock-out-Schaltung *f* схема блокировки
Lock-Zustand *m* установившееся состояние
LOC-Röhre *f* (телевизионная передающая) трубка с диодным прожектором и уменьшенной ёмкостью относительно массы
Lodar *n* радиопеленгатор системы «Лоран» с компенсацией ночного эффекта
Logarithmenskale *f* **1.** логарифмическая шкала **2.** логарифмический масштаб
Logarithmenverstärker *m* логарифмический усилитель, усилитель с логарифмической характеристикой
Logatomverständlichkeit *f* слоговая [логатомная] артикуляция
logger *англ.* регистрирующее устройство, регистратор
logicor *англ.* логический (магнитный) сердечник (*для логических схем*)
Logik *f* **1.** логика **2.** логическая схема; логические схемы **3.** логическая структура **4.** логический узел (*ЭВМ*)
~, **äußere** внешняя логика
~, **binäre** бинарная логика
~, **bipolare** биполярные логические схемы
~, **chipintegrierte** логические схемы, сформированные на одном кристалле с другими схемами
~, **direktgekoppelte** логические схемы с непосредственными связями
~, **dreiwertige** трёхзначная логика
~, **einstufige** одноступенчатая логика
~, **elektronische** электронная логическая схема

~, **emittergekoppelte** логическая схема с эмиттерными связями
~, **festverdrahtete** логические схемы с жёсткими соединениями, *проф.* «зашитая» логика
~, **formale** формальная логика
~, **gesättigte** насыщенная логическая схема
~, **kombinatorische** комбинаторная логика
~, **konstruktive** конструктивная логика
~, **langsame störsichere** медленнодействующая [низкочастотная] помехоустойчивая логика
~, **leistungsarme** логические схемы с низкими (логическими) уровнями
~, **mehrdeutige [mehrstellige, mehrwertige]** многозначная логика
~ **mit hoher Schaltschwelle** логические схемы с высоким пороговым напряжением, высокопороговые логические схемы
~ **mit niedrigem Signalspannungspegel** логические схемы с низкими (логическими) уровнями
~ **mit «vereinigten» Transistoren** логическая схема с «совмещёнными» транзисторами
~, **negative** отрицательная [негативная] логика
~, **positive** положительная [позитивная] логика
~, **probabilistische** вероятностная логика
~, **sequentielle 1.** последовательная логика **2.** последовательностные логические схемы
~, **störsichere** помехоустойчивая логика
~, **symbolische** символическая логика
~, **vieldeutige** многозначная логика
~, **zeitunabhängige** комбинаторная логика
~, **zweiwertige** двоичная логика
Logikanalysator *m* логический анализатор, анализатор логических состояний
Logikbaustein *m* **1.** логический элемент **2.** логический модуль
Logik-Bausteinsystem *n* система унифицированных логических элементов
Logikeingang *m* логический вход
Logikeinheit *f*, **arithmetische** арифметико-логическое устройство, АЛУ
Logikeinrichtung *f* логическое устройство
Logikelement *n* логический элемент
~, **invertierendes** (логический) инвертирующий элемент, инвертор
Logikfamilie *f см.* **Logikserie**
Logikgatter *n* логический вентиль
Logikglied *n* логическое звено; логический элемент
Logikhardware *f* аппаратная логика
Logikhub *m* перепад логических уровней
Logikimpulsgeber *m* логический импульсный генератор
Logiknetzwerk *n* логическая схема
Logikpegel *m* логический уровень (*уровень «0» или «1»*)
Logikplatte *f* плата с системой логики
Logik-Prüfer *m* пробник для проверки схем с бинарной логикой
Logikraster *m* **1.** логическая матрица **2.** матрица логических элементов
Logiksampler *m* логический дискретизатор
Logikschaltkreis *m*, **Logikschaltung** *f* логическая схема
Logikserie *f* серия логических схем
Logiksimulation *f* логическое моделирование

Logikspeicher *m* ЗУ *или* память с встроенной логикой
Logiksystem *n* логическая система
Logikübergang *m* логический переход
Logikzeitanalysator *m* диагностическая система временного логического контроля
logisch логический
Logistik *f* логистика (*символическая логика*)
logocore *см.* **logicor**
Logogramm *n* логограмма
Logometer *n* логометр
logon *франц.* логон, двоичная единица информации
Lohmannhologramm *n* голограмма Ломана
Lokalbatterie *f* местная батарея, МБ
Lokalbatteriezentrale *f* телефонная станция МБ
Lokalisation *f см.* **Lokalisierung**
Lokalisationsdiagnostik *f* диагностика, определяющая место повреждения
Lokalisationsschärfe *f* острота локализации
lokalisieren определять место, локализировать
Lokalisierer *m* локатор
Lokalisierung *f* определение места, локализация
Lokalizer *m* курсовой посадочный радиомаяк
Lokalkreis *m* местная цепь
Lokaloszillator *m* гетеродин
Lokaloxidation *f* **von Silizium** технология МОП ИС с толстым защитным слоем оксида кремния
Lokalschrank *m* коммутатор местной батареи
Lokalspeicher *m* локальное ЗУ; локальная память
Lokalstörungen *f pl* местные помехи; помехи от местных предметов
Lokalstudio *n* местная студия
Lokalterm *m* локальный уровень
Lokantenne *f* поездная антенна
Loktalsockel *m* восьмиштырьковый цоколь
longitudinal продольный
Longitudinalschwingungsmode *f* продольная мода колебаний
Longitudinalspurverfahren *n* способ продольно-строчной видеозаписи
«Longtail»-Verstärker *m* (двухтактный) усилитель с катодной связью
Look-ahead-Prozessor *m* процессор с просмотром вперёд (*выполняемых команд*)
Look-aside-Übersetzungspuffer *m* буфер предыстории (*процесса*)
Look-up-Tabelle *f* просмотровая таблица
Loop-System *n* кольцевая система
Lorad *n см.* **Lodar**
Loran *n* система «Лоран» (*импульсная разностно-дальномерная гиперболическая радионавигационная система*)
~, raumwellensynchronisiertes система «Лоран» с синхронизацией пространственными волнами
Lorankette *f* сеть станций системы «Лоран»
Lorenz-Elektronenmikroskop *n* электронный микроскоп Лоренца
Lorenzfaktor *m* фактор Лоренца
Lorenzfeld *n* поле Лоренца
Lorenz-Springschreiber *m* стартстопный телеграфный аппарат Лоренца

Los *n* партия (*изделий*)
lösbar 1. растворимый 2. съёмный; сменный
Lösbarkeitsgebiet *n* область растворимости
löschbar 1. стираемый 2. гасящийся
Löschbefehl *m* 1. *зап.* команда стирания 2. *вчт* команда очистки
Löschbereich *m* область гашения
Löschcharakteristik *f зап.* характеристика стирания
Löschdämpfung *f* стираемость (*записанных сигналов*)
Löschdiode *f* демпфирующий [гасящий] диод
Löschdrossel *f* 1. катушка стирания (*магнитной записи*) 2. подавляющий дроссель
Löscheffekt *m* 1. *вчт, зап.* стирание 2. гашение
Löscheingang *m* вход сигнала стирания
löschen 1. стирать (*напр. информацию*) 2. очищать (*напр. ЗУ*); сбрасывать (*напр. показания счётчика*) 3. снимать (*напр. накопленный потенциальный рельеф*) 4. гасить (*напр. дугу*)
Löschen *n см.* **Löschung**
Löscher *m* тушитель, гаситель (*напр. люминесценции*)
Löschfähigkeit *f* стираемость
Löschfeld *n* стирающее поле
Löschfrequenz *f* частота стирания (*записи*)
Löschfunkensender *m* искровой передатчик затухающих колебаний
Löschfunkenstrecke *f* искрогасящий разрядник
Löschgenerator *m* генератор (устройства) стирания
Löschgeschwindigkeit *f* скорость стирания
Löschgleichfeld *n* стирающее поле постоянного тока
Löschimpuls *m* 1. *тлв* гасящий импульс 2. *зап.* импульс стирания
Löschinduktion *f* (магнитная) индукция стирания
Löschkondensator *m* 1. гасящий [искрогасящий] конденсатор 2. шунтирующий конденсатор
Löschkopf *m* головка стирания
Löschkopfspalt *m* зазор головки стирания
Löschkopfstrom *m* ток головки стирания
Löschkopfwick(e)lung *f* обмотка головки стирания
Löschkraftfluß *m* магнитный поток стирания
Löschkreis *m* 1. цепь стирания 2. цепь гашения
Löschmagnet *m* стирающий магнит
Löschoszillator *m см.* **Löschgenerator**
Löschpuls *m см.* **Löschimpuls**
Löschröhre *f* 1. гасящая лампа 2. *зап.* лампа генератора тока стирания
Löschschaltung *f,* **Löschschema** *n* 1. схема стирания 2. схема гашения
Lösch-Schreib-Takt *m* цикл стирания и записи
Löschsignal *n* 1. сигнал стирания 2. сигнал гашения
Löschspalt *m см.* **Löschkopfspalt**
Löschspannung *f* 1. напряжение стирания 2. напряжение гашения
Löschspur *f* дорожка стирания
Löschstoß *m см.* **Löschimpuls**
Löschstrom *m* 1. ток стирания 2. ток гашения
Löschtaste *f* 1. кнопка стирания 2. *вчт* кнопка сброса, кнопка возврата в исходное положение 3. *тлф* кнопка отбоя

Löschung f 1. стирание (*напр. информации*) 2. очистка, очищение (*напр. ЗУ*); сброс, возврат в исходное положение (*напр. показаний счётчика*) 3. снятие (*напр. накопленного потенциального рельефа*) 4. гашение (*напр. дуги*) 5. «сброс» (*команда*)
~ **durch Infrarotbestrahlung** гашение ИК-лучами
~ **der Fluoreszenz** тушение флуоресценции
~ **der Fotoleitfähigkeit** подавление фотопроводимости
~, **gesteuerte** 1. управляемое стирание 2. управляемая очистка; управляемый сброс
~, **magnetische** магнитное стирание
~, **teilweise** частичное стирание
Löschungs... см. **Lösch...**
Löschverfahren n 1. способ стирания 2. способ гашения
Löschvorrichtung f 1. *вчт, зап.* устройство стирания 2. *зап.* размагничивающее устройство 3. устройство сброса (*напр. показаний счётчика*) 4. устройство гашения
Löschwicklung f обмотка стирания
Löschwiderstand m гасящий резистор
Löschwindung f см. **Löschwicklung**
Löschzeit f 1. (минимальное) время стирания (*запоминающей ЭЛТ*) 2. время гашения (*напр. дуги*) 3. время деионизации 4. время выключения по управляющему электроду тиристора
Löschzentrum n 1. центр тушения [гашения] (*люминесценции*) 2. кв. эл. тушитель излучения
Lose n зазор; люфт
Löser m, **harmonischer** фильтр для подавления гармоник
Löserelais n размыкающее реле
Losgröße f 1. объём партии (*изделий*) 2. объём выборки (*данных*)
L/O-Signal n двоичный сигнал, сигнал I/O
loskuppeln разъединять, разобщать; отсоединять
Loslassen n разъединение, расцепление, разобщение; отпускание, освобождение; деблокировка
Löslichkeit f 1. растворимость 2. разрешимость
loslöten отпаивать
Losreißen n **von Versetzungen** отрыв дислокаций
Losreißmoment n момент отрыва (*напр. электрона*)
Lossev-Effekt m эффект Лосева
Lösung f 1. разъединение, расцепление, разобщение; отпускание, освобождение 2. решение 3. раствор 4. растворение
~, **angenäherte** приближённое решение
~, **binäre feste** бинарный твёрдый раствор
~, **elektrolytische** электролитический раствор
~, **feste** твёрдый раствор
~, **festverdrahtete** жёсткая [жёстко закоммутированная] программа
Lösungsalgorithmus m вычислительный алгоритм
Lösungselement n вычислительный элемент
Lösungsmittel n 1. растворитель 2. *микр.* раствор для удаления резиста
Lösungsstrategie f стратегия решения
Lösungstaste f клавиша разъединения

Lösungsweg m ход решения
Lösungszeit f время решения (*задачи*)
Lot n 1. припой 2. вертикаль 3. перпендикуляр 4. эхолот
Lotanlage f эхолот
Lötanlage f аппарат для групповой пайки
Lotapparat m эхолот
Lötauge n 1. монтажная петелька (*на конце провода*) 2. контактная площадка (*печатной платы*)
Lötbad n ванна для пайки
lötbar пригодный для пайки; поддающийся пайке
Lötbuckel m столбиковый вывод; контактный столбик
Lötdraht m (тонкое) трубчатое олово для пайки
Lötdrähtchen n гибкий (выводной) проводничок для припайки
Löteisen n паяльник
Löten n пайка
Lötfahne f, **Lötfahnenanschluß** m монтажный лепесток [вывод] (для припайки)
Lötfett n паяльная паста
Lötflußmittel n флюс для пайки
Lotfolge f последовательность излучаемых эхолотом импульсов
Lotfolgefrequenz f частота следования импульсов гидролокационной аппаратуры (*напр. эхолота*)
lötfrei без пайки, не требующий пайки
Lötfuge f спай
Löthülse f манжета, используемая при пайке
Lötklemme f клемма (с наконечником) для припайки (*проводов*)
Lötkolben m паяльник
Lötkontakthügel m контактный столбик
Lötkontaktschere f ножницы для отрезания залуженных контактных гребёнок (*заданной длины*)
Lötkontaktstelle f точка припайки
Lötkontaktverfahren n *микр.* техника монтажа ИС с контактными столбиками, покрытыми припоем
Lötkopf m монтажная головка для установки компонентов методом пайки
Lötlegierung f припой
lötlos см. **lötfrei**
Lötmaschine f аппарат для групповой пайки
Lötmittel n припой
Lötmittelperle f *проф.* «слёзка»
Lötöse f (монтажная) петелька для припайки (провода); (монтажный) лепесток для припайки (провода)
Lötösenbrettchen n расшивочная панель
Lötösenleiste f, **Lötösenplatte** f, **Lötösenstreifen** m планка с монтажными лепестками
Lötperle f *проф.* «слёзка»
Lötpunkt m точка пайки
Lotschallimpuls m звуковой импульс эхолота
Lotschwinger m излучатель эхолота
Lötseite f сторона пайки (*печатной платы*)
Lotsensignal n контрольный сигнал
Lötspitze f жало паяльника
Lötstelle f спай, паяное соединение
~, **heiße** тепловыделяющий спай

~, **kalte 1.** теплопоглощающий спай **2.** сращивание (проводов) без пайки
~, **thermoelektrische** спай термопары; термопара
Lötstelleneinsparung f сокращение числа паяных соединений
Lötstift m штифт для припайки (провода)
Lötstoppmaske f ограничительная [защитная] маска для групповой пайки, стоп-маска для групповой пайки
Lötstützpunkt m (монтажный) контакт для пайки
Lotung f эхолотирование
~, **elektrische** радиолокационное измерение глубины
Lötung f **1.** пайка **2.** спай
Lötverbindung f паяное соединение
low *англ. проф.* низкие частоты
«Low-band»-Standard m стандарт «узкой полосы»
Low-End-Farbfernseher m бытовой [обычный] телевизор (*без дополнительных устройств*)
Low-power-Logik f логические схемы с низким энергопотреблением
Loxodrombeschickung f локсодромическая радиодевиация
Loxodrome f локсодромия
Loxodrompeilung f локсодромический пеленг
L-Pegel m **1.** низкий уровень (напряжения) **2.** уровень (логического) нуля, уровень «0»
LPE-Verfahren n метод эпитаксии из жидкой фазы, метод жидкостной эпитаксии
L-Potential n **1.** низкий уровень напряжения **2.** напряжение логического нуля, напряжение логического «0»
LP-Platte f долгоиграющая грампластинка
LSA-Diode f диод Ганна в ОНОЗ-режиме
LSA-Element n элемент с ОНОЗ
LSA-Modus m ОНОЗ-режим (*в диоде Ганна*)
L-Sat m Большой спутник (*Европейский спутник связи*)
L-Schirmbild n (радиолокационное) изображение типа L
LSI-Baustein m **1.** узел высокой степени интеграции **2.** блок БИС
L-Signal n **1.** сигнал низкого уровня **2.** сигнал левого канала, сигнал А (*в стереофонии*)
LSI-Schaltung f большая ИС, БИС
LSI-Technik f техника БИС
L-Stereokanal m левый стереоканал
LSTTL-Gate n элемент маломощной транзисторно-транзисторной логики [ТТЛ] с диодами Шотки, элемент маломощной ТТЛШ
L-System n система лёгкой пупинизации
Lücke f **1.** *крист.* вакансия **2.** *пп* дырка **3.** отсутствие импульса; отсутствие сигнала **4.** зазор; щель **5.** интервал; промежуток; пробел **6.** отверстие; дыра, дырка
Lückenhaltigkeit f **des Stromes** прерывистость тока
lückenlos без пробелов; без провалов
Lückenzeit f длительность пробела *или* интервала
Lüders-Gleitung f сдвиг Людерса
Luft f **1.** воздух **2.** люфт; зазор; мёртвый ход
Luftabschluß m герметизация

Luftabstand m воздушный зазор
Luftabwehrsteuerradar n РЛС орудийной наводки, СОН
Luftanker m (контр)оттяжка
Luftbahntisch m стол (с перемещением) на воздушной подушке
Luft-Boden-Empfänger m приёмник воздух—земля
Luft-Boden-Radar n самолётная РЛС определения координат наземных целей
Luft-Boden-Verbindung f связь воздух—земля
luftdicht герметичный
Luftdielektrikum n воздушный диэлектрик
Luftdraht m **1.** наружная (приёмная) антенна **2.** воздушный провод
Luftdrahtanordnung f конфигурация наружной антенны
Luftdrahtdurchführung f ввод наружной антенны
Luftdrahtträger m антенная мачта
Luftdrahtzuführung f антенный фидер
Luftdrehkondensator m конденсатор переменной ёмкости с воздушным диэлектриком
Luftdrossel(spule) f катушка индуктивности без сердечника
Lufteinbruch m прорыв воздуха (*в вакуум*)
Lufteinspritzung f инжекция воздуха
Lüftereinschub m блок вентиляторов
Lüftermotor m двигатель вентилятора
Luftfahrtelektronik f авиационная электроника, авионика
Luftfahrtnavigation f аэронавигация
Luftfeld n **1.** электрическое поле атмосферы **2.** (магнитное) поле рассеяния в воздухе **3.** (магнитное) поле в воздушном зазоре
Luftfluß m **1.** поток рассеяния в воздухе **2.** (магнитный) поток в воздушном зазоре
Luftfunknavigation f радиоаэронавигация
Luftfunkstelle f самолётная радиостанция
Lufthohlraumkabel n *см.* **Luftraumkabel**
Luftinduktion f (магнитная) индукция в воздухе
Luftinduktivität f индуктивность катушки без сердечника
Luftkammer f воздушная камера; воздушный колпак
Luftkern m воздушный сердечник
Luftkernspule f катушка (индуктивности) без (магнитного) сердечника
Luftkondensator m конденсатор с воздушным диэлектриком
Luftkraftfluß m *см.* **Luftfluß 2.**
Luftkraftlinie f (магнитная) силовая линия в воздушном зазоре
Luftkühlung f **1.** воздушное охлаждение; вентиляция **2.** охлаждение воздуха
~, **erzwungene** принудительное воздушное охлаждение
Luftlageorientierungsgerät n аэронавигационный панорамный прибор
luftleer вакуумный, безвоздушный; пустотный
Luftleerblitzableiter m вакуумный грозоразрядник, вакуумный молниеотвод
Luftleere f вакуум
Luftleeremesser m вакуумметр
Luftleermachen n откачка, вакуумирование
Luftleerpumpung f откачка воздуха

Luftleiter *m* 1. наружная (приёмная) антенна 2. воздушный провод
Luftleiter... *см.* **Luftdraht...**
Luftleitung *f* 1. воздушная линия; воздушный провод 2. воздушная сеть 3. воздухопровод
Luftlinie *f* 1. воздушная линия 2. длина воздушного зазора 3. (магнитная) силовая линия в воздушном зазоре
Luftloch *n см.* **Lüftungsloch**
Luftmagnetventil *n* вентиль с электромагнитом без сердечника
Luftnachricht *f* радиосообщение, радиограмма
Luftnachrichtendienst *m* служба авиационной радиосвязи
Luftnachrichtenstelle *f* аэродромный узел связи
Luftnavigationsfunkdienst *m* радиослужба аэронавигации
Luftortung *f* воздушная локация
Luftpermeabilität *f* магнитная проницаемость воздуха
Luftplatteninterferometer *n* интерферометр Фабри—Перо
Luftpuffer *m изм.* воздушный успокоитель, воздушный демпфер
Luftquerschnitt *m* поперечное сечение воздушного зазора
Luftraum *m* 1. *рлк* воздушное пространство 2. воздушный зазор; полость
Luftraumkabel *n* кабель с воздушно-бумажной изоляцией
Luftraumüberwachungsradargerät *n*, **Luftraumüberwachungsstation** *f*, **Luftraumüberwachungsstelle** *f* РЛС обнаружения воздушных целей
Luftrückschluß *m* воздушное замыкание (магнитной цепи)
Luftsättigung *f* (магнитное) насыщение воздушного зазора
Luftsauger *m* вакуум-насос
Luftschall *m* звук, передаваемый через воздух
Luftschalldämpfungsmessung *f* измерение воздушной звукоизоляции
Luftschallsender *m* звукоизлучатель
Luftschalltechnik *f* аэроакустика
Luftschlitz *m* 1. воздушная щель 2. вентиляционная щель
Luftschlitzverfahren *n* метод воздушной щели (*при магнитных измерениях*)
Luftschutzwarndienst *m* служба воздушного оповещения
Luftselbstkühlung *f* естественное воздушное охлаждение
Luftspalt *m* воздушный зазор
luftspaltbehaftet выполненный с воздушным зазором
Luftspaltberandung *f* профилирование воздушного зазора
Luftspaltdrossel *f* дроссель с воздушным зазором
Luftspaltfeldstärke *f* напряжённость (магнитного) поля в воздушном зазоре
Luftspaltinduktion *f* (магнитная) индукция в воздушном зазоре
Luftspaltverhältnis *n* относительная величина воздушного зазора
Luftspule *f см.* **Luftkernspule**
Luftstörungen *f pl* атмосферные помехи

Luftstrahlung *f* атмосферное излучение
Luftstraße *f нвг* воздушный коридор
Luftstrecke *f* 1. воздушный зазор 2. искровой промежуток
Lufttransformator *m* трансформатор без сердечника
Lufttrimmer *m* подстроечный конденсатор с воздушным диэлектриком
Lüftung *f* вентиляция
Lüftungsloch *n* вентиляционное отверстие
Lüftungsrohr *n* вентиляционный канал
Lüftungsschlitz *m* вентиляционная щель
Luftverdünnung *f* разрежение [откачка] воздуха
Luftverdünnungspumpe *f* вакуумный насос
Luftverkehrskontrolle *f*, **Luftverkehrssicherung** *f* управление воздушным движением, УВД
Luftweg *m* 1. длина воздушного зазора 2. авиалиния
Luftwellenlänge *f* длина волны в воздухе
Luftzwischenraum *m см.* **Luftspalt**
Lumen *n* люмен
Lumenmesser *m* люменометр, прибор для измерения светового потока
Luminanz *f тлв* яркость
Luminanz... *см. тж* **Leuchtdichte...**
Luminanz-Chrominanz-Störung *f* перекрёстное искажение «яркость—цветность»
Luminanz-Chrominanz-Trennung *f* разделение (сигналов) яркости и цветности
Luminanz-Chrominanz-Übersprechen *n* перекрёстное искажение «яркость—цветность»
Luminanz-Chrominanz-Unterschied *m* расхождение во времени между сигналами яркости и цветности
Luminanzmatrix *f* матрица (формирования) сигнала яркости
Lumineszenz *f* люминесценция
Lumineszenzabklingen *n* затухание люминесценции
Lumineszenzanzeigepaneel *n* люминесцентная индикаторная панель
Lumineszenzanzeiger *m* люминесцентный индикатор
Lumineszenzbauelement *n* люминесцентный элемент; люминесцентная ячейка
Lumineszenzdiode *f* светодиод, светоизлучающий диод, СИД
Lumineszenzdiodenkette *f* цепочка СИД
Lumineszenzdiodenstrukture *f* структура из СИД
Lumineszenzdisplay *n* люминесцентный дисплей
Lumineszenzemission *f см.* **Lumineszenzstrahlung**
Lumineszenzfarbe *f* цвет свечения
Lumineszenz-Gift *n* отравляющая (люминофор) примесь
Lumineszenzhalbleiter *m* люминесцирующий полупроводник
Lumineszenzlöschung *f* тушение люминесценции
Lumineszenzplatte *f* люминесцентная (индикаторная) панель
Lumineszenzpunkt *m* люминофорная точка (экрана)
Lumineszenzquantenausbeute *f* квантовый выход люминесценции
Lumineszenzquantenenergieausbeute *f* энергетический квантовый выход люминесценции

Lumineszenzröhre f люминесцентная лампа
Lumineszenzschicht f люминесцентный слой
Lumineszenzschirm m люминесцентный экран
Lumineszenzschwelle f порог люминесценции
Lumineszenzsichtgerät n вакуумный люминесцентный индикатор
Lumineszenzstrahler m 1. люминесцентный излучатель 2. люминофор
Lumineszenzstrahlung f люминесцентное излучение, люминесценция
Lumineszenzübergang m люминесцентный переход
Lumineszenzzelle f люминесцентная ячейка
Lumineszenz-Zentrum n центр люминесценции
luminiszierend люминесцентный
Luminophor m люминофор
Luminophorpunkt m зерно люминофора
Luminophorröhre f ЭЛТ с люминесцентным экраном
Luminophorschirm m люминесцентный экран
Luna-Fahrzeug n луноход
Luneberg-Antenne f (линзовая) антенна Люнеберга
Luneberg-Linse f линза Люнеберга
Lunik m лунник, лунный зонд
Lunker m усадочная раковина; пустоты (напр. междиффузионные)
Lux m люкс, лк
Luxemburg-Effekt m люксембургско-горьковский эффект (перекрёстная модуляция в ионосфере)
Luxmesser m, **Luxmeter** n люксметр
Luxsekunde f люкс-секунда
LVR-Verfahren n способ продольно-строчной видеозаписи
LW-... см. **Langwellen...**
L-Welle f L-волна, волна с левосторонней поляризацией
L-Wert m (условное) состояние единицы (в двоичных системах), состояние «значение»
LWL-Relais n реле (для) переключения световодов
LWL-System n система световодной связи
Lyman(n)-Alpha-Strahlung f излучение в линии L_α
Lyman(n)-Kontinuum n лаймановский континуум
Lyman(n)-Serie f (спектральная) серия Лаймана
L-Zustand m состояние (схемы) с низким уровнем (напряжения)

M

Mäander(impuls) m симметричный прямоугольный импульс, меандр
M-Abstimmung f магнитная настройка
Mach-Zahl f число Маха, М-число
MAC-System n тлв система МАС, система МАК (система мультиплексной передачи сжатых во времени аналоговых сигналов яркости и цветности)
MAC-System-Extended-Definition f система МАК с повышенной чёткостью
MAC-Verfahren n см. **MAC-System**
Madistor m мадистор, магнитодиод (полупроводниковый прибор, управляемый магнитным полем)
MAD-Transistor m микросплавной транзистор с диффузионной базой
Magazin n 1. карман; магазин; приёмник (напр. перфокарт) 2. кассета 3. магазин (напр. сопротивлений)
Magazinschacht m отсек для установки кассет
Magazinzuführung f ввод (перфокарт) в приёмник
Magenta n пурпурный (цвет)
maglev англ. магнитная левитация
magnacard англ. магнакард (специальная магнитная карта)
Magnafluxmethode f магнитная дефектоскопия
«Magnavision» англ. система «Магнавижн» (видеодисковая система с оптическим воспроизведением)
Magnavision-Bildplatte f видеодиск системы «Магнавижн»
Magnesiumsilikat n силикат магния (силикатная керамика)
Magnesiumzelle f магниевый фотоэлемент
Magnet m 1. магнит 2. магнетик
~, **ablenkender** отклоняющий магнит
~, **keramischer** порошковый магнит
~, **kombinierter** составной магнит
~, **supraleitender** сверхпроводящий электромагнит
~, **temporärer** электромагнит
Magnetabhörkopf m магнитная головка воспроизведения
Magnetabscheider m (электро)магнитный сепаратор, (электро)магнитный уловитель
Magnetantenne f магнитная антенна
Magnetaufnahme f, **Magnetaufschreibung** f, **Magnetaufzeichnung** f магнитная запись
Magnetaufzeichnungsgerät n устройство (для) магнитной записи
Magnetausscheider m см. **Magnetabscheider**
Magnetband n магнитная лента, МЛ
~, **bespieltes** МЛ с записью
~, **hochenergetisches** высокоэнергетическая МЛ
~, **normales** МЛ стандартной ширины
~, **standartes** измерительная магнитная лента, ЛИМ
Magnetbandabtaster m устройство (для) считывания с МЛ
Magnetbandabtastung f считывание с МЛ
Magnetbandanalogspeicher m аналоговое ЗУ на МЛ; аналоговая память на МЛ
Magnetbandanlage f устройство записи на МЛ
Magnetbandaufschreibung f, **Magnetbandaufzeichnung** f запись на МЛ
Magnetbandausgabe f вывод на МЛ
Magnetbandbereich m зона МЛ
Magnetbanddatei f файл на МЛ, ленточный файл
Magnetbanddatenerfassungssystem n система записи данных на МЛ
Magnetbanddatenverarbeitung f обработка данных с использованием МЛ
Magnetbanddigitalspeicher m цифровое ЗУ на МЛ; цифровая память на МЛ
Magnetband-Druckumsetzer m преобразователь записи с МЛ на печатающее устройство

Magnetbandeingabe f ввод с МЛ
Magnetbandeingabegerät n устройство ввода с МЛ
Magnetbandeinheit f блок МЛ
Magnetbandfehler m 1. дефект (магнитной) ленты 2. отклонение скорости протяжки ленты от номинальной
Magnetband-Fernanschluß m телеметрическая система управления с помощью МЛ
Magnetbandgerät n 1. магнитофон 2. видеомагнитофон
Magnetbandgeschwindigkeit f скорость движения МЛ
magnetbandgesteuert управляемый МЛ
Magnetbandinterface n интерфейс с устройством магнитной записи на ленте
Magnetband-Kartenumsetzer m см. **Magnetband-Lochkarten-Umsetzer**
Magnetbandkassette f кассета с МЛ; компакт-кассета
~ «k» компакт-кассета в уплотнённом корпусе
Magnetbandkassettenspeicher m кассетное ЗУ
Magnetbandlaufwerk n лентопротяжный механизм
Magnetbandleser m см. **Magnetbandabtaster**
Magnetband-Lochkarten-Umsetzer m преобразователь записи с МЛ на перфокарты
Magnetbandoszillograph m осциллограф для записи на МЛ
Magnetbandrechner m ВМ с ЗУ или памятью на МЛ
Magnetbandregistrierung f запись [регистрация] на МЛ
Magnetbandrolle f рулон МЛ
Magnetbandschleife f петля МЛ
Magnetbandschreiber m 1. магнитофон 2. видеомагнитофон
Magnetbandspeicher m, **Magnetbandspeichergerät** n ЗУ или память на МЛ; накопитель на магнитных лентах, НМЛ
Magnetbandspieler m устройство воспроизведения записи с МЛ
Magnetbandspule f катушка с МЛ
Magnetbandspur f дорожка на МЛ
Magnetbandsteuereinheit f устройство управления МЛ
Magnetbandsteuerung f управление от МЛ
Magnetbandtransport m протяжка МЛ
Magnetbandtyp m тип МЛ
Magnetbandverbrauch m расход МЛ
Magnetbandverfahren n способ записи на МЛ
Magnetbandversion f вариант (записи) программы на МЛ
Magnetbandvideospeichergerät n видеомагнитофон
Magnetbandwiedergabe f воспроизведение записи с МЛ
Magnetbandwiedergabekopf m головка воспроизведения с МЛ
Magnetbandzwischenspeicher m промежуточное ЗУ или память на МЛ
Magnetbildaufzeichnung f магнитная видеозапись
Magnetbildaufzeichnungsgerät n видеомагнитофон

Magnetbildverfahren n способ магнитной видеозаписи
Magnetblase f цилиндрический магнитный домен, ЦМД
Magnetblasendisplay n дисплей на магнитных доменах
Magnetblasenschaltkreis m схема на ЦМД
Magnetblasenschicht f плёнка с ЦМД
Magnetblasenspeicher m ЦМД-ЗУ; ЦМД-память
Magnetblasenstruktur f доменная структура
Magnetblatt m магнитный лист, магнокард
Magnetbremse f (электро)магнитный тормоз
Magnetdetektor m магнитный детектор
Magnetdiode f магнитодиод
Magnetdiodeneffekt m магнитодиодный эффект
Magnetdomäne f магнитный домен
~, **zylindrische** цилиндрический магнитный домен, ЦМД
Magnetdomänenspeicher m ЦМД-память, ЦМД-ЗУ
Magnetdraht m зап. магнитная проволока
Magnetdrahtspeicher m ЗУ или память на магнитных проволоках
Magnetdünnschichtfilmspeicher m ЗУ или память на тонких магнитных плёнках
Magneteisen n 1. магнитное железо 2. магнитопровод
magnetelektrisch магнитоэлектрический
Magnetemulsion f магнитный лак-эмульсия (для полива магнитных дорожек)
Magnetende n полюсный наконечник магнита
Magneterregung f возбуждение (электро)магнита
Magnetetikette f этикетка (с паспортными данными) МЛ
Magnetfalle f магнитная ловушка
Magnetfarbe f краска с магнитными свойствами
Magnetfeld n магнитное поле
~, **angelegtes** [**erzeugtes**] приложенное магнитное поле
~, **festes** см. **Magnetfeld, konstantes**
~, **gleichförmiges** однородное магнитное поле
~, **hohes** магнитное поле большой напряжённости
~, **konstantes** постояное магнитное поле
~, «**laufendes**» «бегущее» магнитное поле
~, **räumlich periodisches** пространственно-периодическое магнитное поле
~, **sich änderndes** переменное магнитное поле
~, **sinusförmig wechselndes** синусоидальное магнитное поле
~, **überlagertes** наложенное магнитное поле
~, **zusammengesetztes** сложное магнитное поле
~, **zusammenlaufendes** сходящееся магнитное поле
Magnetfeldberechnung f расчёт магнитного поля
Magnetfeldbereich m область магнитного поля
Magnetfelddichte f магнитная индукция
magnetfeldfrei без магнитного поля
Magnetfeldgenerator m магнетронный генератор
Magnetfeldlinie f магнитная силовая линия
Magnetfeldmesser m измеритель (напряжённости) магнитного поля
Magnetfeldrechner m ВМ с магнитной памятью
Magnetfeldrichtung f направление магнитного поля

Magnetfeldrohr *n* 1. трубка магнитных силовых линий 2. *см.* **Magnetfeldröhre**
Magnetfeldröhre *f* ЛБВ М-типа
Magnetfeldröhrenempfänger *m* приёмник с магнетронным гетеродином
Magnetfeldröhrenkennlinie *f* характеристика магнетрона
Magnetfeldröhren-Mehrwelligkeit *f* многоволновость магнетрона
Magnetfeldschwingungen *f pl* колебания магнитного поля
Magnetfeldsender *m* магнетронный передатчик
magnetfeldsensitiv чувствительный к магнитному полю
Magnetfeldstabilisierung *f* стабилизация магнитного поля
Magnetfeldstärke *f* напряжённость магнитного поля
Magnetfeldstörung *f* интерференция магнитных полей
Magnetfeldzunahme *f* приращение магнитного поля
Magnetfilm *m* 1. магнитная плёнка 2. МЛ
Magnetfilmabtastung *f* считывание (записи) с магнитной ленты
Magnetfilmbespurungsanlage *f* установка для нанесения [для полива] магнитных дорожек на плёнку
Magnetfilmformat *n* формат магнитной ленты
Magnetfilmlaufwerk *n* лентопротяжный механизм
Magnetfilmspeicher *m* ЗУ *или* память на МЛ
Magnetfilmspieler *m* магнитофон
Magnetfilmtonaufnahmegerät *n* аппарат (для) записи звука на МЛ
Magnetfluß *m* магнитный поток
Magnetflußdichte *f* магнитная индукция
Magnetflußmuster *n* картина силовых линий магнитного поля
Magnetfolie *f* магнитная плёнка
Magnetgehäuse *n* магнитопровод
Magnetgerät *n* магнитофон
Magnetgummi *m* магниторезина (*резина с магнитным порошковым наполнителем*)
Magnethalbleiter *m* магнитный полупроводник
Magnethalter *m* магнитный держатель; магнитный зажим
Magnetika *n pl* магнитные материалы, ферромагнетики
Magnetiksystem *n* магнитная система
Magnetinduktion *f* 1. магнитная индукция 2. магнитная наводка
Magnetinduktor *m* магнитный индуктор; магнитоэлектрический генератор
magnetisch магнитный
Magnetisierbarkeit *f* намагничиваемость, магнитная восприимчивость
magnetisieren намагничивать
Magnetisierfähigkeit *f см.* **Magnetisierbarkeit**
Magnetisiergerät *n* намагничивающая установка
Magnetisiergeschwindigkeit *f* скорость намагничивания
Magnetisierung *f* 1. намагничивание 2. намагниченность
~, **rückbleibende** остаточная намагниченность

Magnetisierungsanfangskurve *f* начальная кривая намагничивания
Magnetisierungsanordnung *f см.* **Magnetisiergerät**
Magnetisierungsarbeit *f* работа намагничивания
Magnetisierungsfeld *n* намагничивающее поле
Magnetisierungsfeldstärke *f* величина намагничивающего (магнитного) поля
Magnetisierungsfluß *m* намагничивающий поток
Magnetisierungsinduktivität *f* 1. намагничивающая индуктивность 2. индуктивность катушки подмагничивания
Magnetisierungsintensität *f* намагниченность
Magnetisierungskennlinie *f см.* **Magnetisierungskurve**
Magnetisierungskoeffizient *m* коэффициент намагничивания
Magnetisierungskoerzitivfeldstärke *f*, **Magnetisierungskoerzitivkraft** *f* коэрцитивная сила по намагниченности
Magnetisierungskomponente *f* составляющая намагничивания
Magnetisierungskonstante *f* магнитная проницаемость
Magnetisierungskreis *m* цепь намагничивания
Magnetisierungskurve *f* кривая намагничивания
~, **jungfräuliche** начальная кривая намагничивания
Magnetisierungsleistung *f* мощность намагничивания
Magnetisierungslinie *f см.* **Magnetisierungskurve**
Magnetisierungsmessung *f* измерение (степени) намагниченности
Magnetisierungsneukurve *f* начальная кривая намагничивания
Magnetisierungsrichtung *f* направление намагничивания
Magnetisierungsschleife *f* петля магнитного гистерезиса
magnetisierungssensitiv чувствительный к намагничиванию
Magnetisierungsspule *f* намагничивающая катушка
Magnetisierungsstärke *f* напряжённость магнитного поля
Magnetisierungsstrom *m* намагничивающий ток
Magnetisierungsumkehr *f* перемагничивание
Magnetisierungsvektor *m* вектор намагниченности
Magnetisierungsverluste *m pl* 1. потери на намагничивание 2. магнитные потери на гистерезис
Magnetisierungsverzug *m* магнитное последействие
Magnetisierungszustand *m* намагниченное состояние
Magnetisierungszyklus *m* цикл намагничивания
Magnetismus *m* магнетизм
~, **rückständiger** 1. остаточный магнетизм 2. остаточная намагниченность
Magnetitband *n* лента с магнетитовым (звуко)носителем
Magnetitbespurung *f* нанесение магнетитового покрытия на ленту-основу
Magnetitspur *f*, **Magnetitstreifen** *m* магнетитовая дорожка

Magnetjoch *n* ярмо магнита
Magnetkarte *f* магнитная карта
Magnetkartenaufzeichnung *f* запись на магнитные карты
Magnetkartenleser *m* устройство считывания с магнитных карт
Magnetkartenspeicher *m* ЗУ *или* память на магнитных картах; накопитель на магнитных картах, НМК
Magnetkennlinie *f* характеристика магнита
Magnetkern *m* магнитный сердечник
Magnetkernantenne *f* антенна с ферритовым сердечником
Magnetkernrechner *m* ВМ с ЗУ *или* памятью на магнитных сердечниках
Magnetkernspeicher *m* ЗУ *или* память на магнитных сердечниках
Magnetkernspule *f* катушка (индуктивности) с магнитным сердечником
Magnetkernwähler *m* селектор на магнитных сердечниках
Magnetkommutator *m* магнитный переключатель
Magnetkopf *m* магнитная головка
~, **dreischenkliger** трёхполюсная магнитная головка
~, **fliegender [gleitender, schwimmender]** плавающая магнитная головка
~, **vielspuriger** многодорожечная магнитная головка
Magnetkopfaufnahme-Einrichtung *f* блок магнитной головки записи
Magnetkopfhalter *m* держатель магнитной головки
Magnetkopfkern *m* сердечник магнитной головки
Magnetkopfspalt *m* зазор магнитной головки
Magnetkopftrommel *f* барабан [диск] с магнитными головками
Magnetkopfzugriff *m* считывание (информации) магнитной головкой
Magnetkörper *m* магнитопровод
Magnetkraft *f* магнетизм
Magnetkreis *m* магнитная цепь; магнитопровод
Magnetkupplung *f* 1. (электро)магнитная муфта 2. магнитная связь
Magnetlautsprecher *m* электромагнитный громкоговоритель
Magnetleiter *m см.* **Magnetkreis**
Magnetlesekopf *m* 1. *зап.* магнитная головка воспроизведения 2. *вчт* магнитная головка считывания
Magnetleser *m* 1. устройство воспроизведения магнитной записи 2. *вчт* устройство считывания магнитной записи
Magnetlese-Schreib-Kopf *m* комбинированная головка записи — воспроизведения
Magnetlinie *f* магнитная силовая линия
Magnetlinse *f* магнитная линза
Magnetlocher *m* (электро)магнитный перфоратор
Magnetlochkarte *f* магнитная перфокарта
Magnetlochprüfer *m* магнитный контрольник для перфокарт
Magnetlogik *f* логические схемы на магнитных элементах

Magnetmesser *m* магнитометр
Magnetmikroskop *n* электронный микроскоп с магнитной фокусировкой
Magnetmuster *n* «магнитный узор» (*при визуализации записанного сигнала на магнитной ленте*)
Magnetnadel *f* магнитная стрелка
Magnetodiode *f* магнитодиод
Magnetoelektronik *f* магнитоэлектроника
Magnetoellipsometer *n* магнитоэллипсометр
Magneto-EMK *f* магнитодвижущая сила, магнито-эдс
Magnetofon *n* магнитофон
Magnetofontruhe *f* консольный магнитофон
Magnetograf *m* магнитограф
Magnetogramm *n* магнитограмма
Magnetogrammsonde *f* зонд для снятия магнитограмм
Magnetohydrodynamik *f* магнитная гидродинамика, магнитогидродинамика
Magnetohydrodynamikgenerator *m* магнитогидродинамический генератор, МГД-генератор
Magnetometer *m*, **Magnetometer** *n* магнитометр
Magneton *n*, **Bohrsches** магнетон Бора
Magnetooptik *f* магнитооптика
Magnetoplasmadynamik *f* генерирование электрического тока при движении плазмы в поперечном магнитном поле
Magnetoplumbit *m* магнитоплюмбит
Magnetopolarimeter *n* магнитополяриметр
Magnetoresistenz *f* магниторезистивный эффект, эффект Гаусса
Magnetorotation *f* эффект Фарадея
Magnetostriktion *f* магнитострикция
Magnetostriktionseffekt *m* магнитострикционный эффект
~, **reziproker** обратный магнитострикционный эффект
Magnetostriktionsempfänger *m* магнитострикционный (измерительный) преобразователь
Magnetostriktionsfilter *n* магнитострикционный фильтр
Magnetostriktionsgenerator *m* магнитострикционный генератор, генератор с магнитострикционной стабилизацией частоты
Magnetostriktionskoeffizient *m* константа магнитострикции
Magnetostriktionsoszillator *m см.* **Magnetostriktionsgenerator**
Magnetostriktionsrelais *n* магнитострикционное реле
Magnetostriktionsschallgeber *m* магнитострикционный (ультра)звуковой излучатель
Magnetostriktionsschwinger *m* магнитострикционный вибратор
Magnetostriktionssender *m* магнитострикционный излучатель
Magnetostriktionsspeicher *m* магнитострикционное ЗУ
Magnetostriktionsverzögerungsleitung *f* магнитострикционная линия задержки
Magnetostriktionswandler *m* магнитострикционный преобразователь
Magnetowiderstand *m* магниторезистор

Magnetowiderstandseffekt *m* магниторезистивный эффект, эффект Гаусса
Magnetpeilung *f* 1. магнитный пеленг 2. (магнитный) азимут
Magnetplatte *f* магнитный диск
Magnetplattenkassette *f* кассета дискового ЗУ или памяти
Magnetplattenlaufwerk *n* 1. дисковод 2. накопитель на магнитных дисках
Magnetplattenspeicher *m* ЗУ или память на магнитных дисках; накопитель на магнитных дисках, НМД
Magnetplattenstapel *m* пакет магнитных дисков
Magnetpol *m* магнитный полюс
Magnetprüfgerät *n* пермеаметр
Magnetpulver *n* магнитный порошок
Magnetpulverkupplung *f* магнитно-порошковая муфта
Magnetpulverprüfung *f* магнитная дефектоскопия
Magnetpunkt *m* намагниченный участок
Magnetquantenzahl *f* магнитное квантовое число
Magnetring *m* 1. кольцевой магнит 2. кольцевой магнитный сердечник
Magnetringpaar *n* блок (из двух) кольцевых магнитов
Magnetringspeicher *m* ЗУ на магнитных кольцевых сердечниках
Magnetron *n* магнетрон
~, **abstimmbares** магнетрон с перестройкой частоты
~, **elektronisch abstimmbares** магнетрон с электронной перестройкой частоты
~, **Hullsches** обращённый магнетрон
~, **mechanisch abstimmbares** магнетрон с механической перестройкой частоты
~ **mit festangebautem Magnet** пакетированный магнетрон
~ **mit einem Resonator** однорезонаторный магнетрон
~ **mit Ringverbindung** магнетрон с (кольцевыми) связками
~ **mit ungeschlitzter Anode** магнетрон с неразрезным анодным блоком
~, **nichtabstimmbares** неперестраиваемый магнетрон, магнетрон с фиксированной частотой
~, **ungeschlitztes** магнетрон с неразрезным анодным блоком
Magnetroneffektröhre *f* СВЧ-прибор М-типа
Magnetronfrequenz *f* частота магнетрона
Magnetrongenerator *m* магнетронный генератор
Magnetronleistung *f* мощность магнетрона
Magnetronsender *m* 1. магнетронный передатчик 2. магнетронный генератор
Magnetrontastung *f* манипуляция колебаний магнетрона
Magnetrontypengerät *n* прибор магнетронного типа, прибор М-типа
Magnetronvakuummeter *n* (ионизационный) вакуумметр магнетронного типа, вакуумметр М-типа
Magnetronverstärker *m* усилитель магнетронного типа, усилитель М-типа
Magnetronzerstäubung *f* магнетронное распыление

Magnetronzweischlitzröhre *f* двухразрезной [двухсегментный] магнетрон
Magnetrüttler *m* магнитный вибратор
Magnetschallwelle *f* магнитозвуковая волна
Magnetscheibe *f* магнитный диск
Magnetscheibenspeicher *m* см. **Magnetplattenspeicher**
Magnetschicht *f* магнитная плёнка; магнитный слой
Magnetschichtfilm *m* плёнка с нанесённым магнитным слоем
Magnetschichtspeicher *m* ЗУ или память на (тонких) магнитных плёнках
Magnetschrift *f* магнитный шрифт (*знаки, нанесённые магнитными чернилами*)
Magnetschriftdrucker *m* магнитопечатающее устройство
Magnetschriftleser *m* устройство считывания магнитных знаков
Magnetschriftzeichenerkennung *f* распознавание магнитных знаков
Magnetsonde *f* магнитный зонд
Magnetspalt *m* зазор магнита
Magnetspeicher *m* магнитное ЗУ; магнитная память
Magnetspeichertechnik *f* техника магнитной записи
Magnetspeicherung *f вчт* магнитная запись; запоминание [хранение] (информации) на магнитных носителях
Magnetspiegel *m* магнитное зеркало
Magnetspinell *m* магнитная шпинель
Magnetspule *f* катушка электромагнита; соленоид
Magnetspur *f* дорожка магнитной записи
Magnetstab *m* магнитный стержень
Magnetstabantenne *f* стержневая магнитная антенна
Magnetstab(chen)speicher *m* ЗУ или память на магнитных стержнях
Magnetstärke *f см.* **Magnetfeldstärke**
Magnetstoff *m* магнитный материал
Magnetstreifen *m* 1. магнитная лента 2. полоска напылённого магнитного материала
Magnetstreifenspeicher *m* ЗУ или память на магнитных полосках
Magnetstreufeld *n* магнитное поле рассеяния
Magnetstrom *m* 1. магнитный поток 2. ток (в обмотке) электромагнита
Magnetsystem *n* 1. (электро)магнитная система 2. (электро)магнитное устройство
Magnettaste *f* (электро)магнитный ключ
Magnettinte *f* 1. магнитные чернила 2. краска для магнитной печати
Magnetton *m* магнитная запись и воспроизведение звука
Magnettonabnehmer *m* (электро)магнитный звукосниматель
Magnettonabtasteinrichtung *f*, **Magnettonabtastgerät** *n* аппарат для воспроизведения звукозаписи
Magnettonadapter *m см.* **Magnettonzusatz**
Magnettonanlage *f* магнитофон
Magnettonansatz *m см.* **Magnettonzusatz**
Magnettonaufnahme *f* магнитная звукозапись

~, **bildsynchrone** магнитная звукозапись, синхронная с изображением
~, **zweispurige** двухдорожечная магнитная звукозапись
Magnettonaufnahmeanlage f установка (для) магнитной звукозаписи
Magnettonaufnahmeapparatur f аппаратура (для) магнитной звукозаписи
Magnettonaufnahmetechnik f техника магнитной звукозаписи
Magnettonaufnahmeverfahren n способ магнитной звукозаписи
Magnettonaufzeichnung f см. **Magnettonaufnahme**
Magnettonband n магнитофонная лента
~, **bespieltes** магнитофонная лента с записью
~, **normales** магнитофонная лента стандартной ширины
Magnettonbandaufzeichnung f звукозапись на магнитную ленту
Magnettonbandgerät n магнитофон
Magnettonbandspeicherung f хранение [консервация] звукозаписи на магнитной ленте
Magnettonbandspieler m см. **Magnettonabtasteinrichtung**
Magnettondraht m магнитная проволока для звукозаписи
Magnettoneingang m вход усилителя воспроизведения магнитной звукозаписи
Magnettoneinrichtung f магнитофон
Magnettonfilm m магнитофонная лента
Magnettongerät n магнитофон
Magnettongleichstromverfahren n (магнитная) звукозапись с подмагничиванием постоянным полем
Magnettonhalbspur f магнитная звуковая дорожка половинной ширины ленты
Magnettonkamera f, **Magnettonkoffergerät** n портативный магнитофон
Magnettonkopf m магнитная головка звукоснимателя
Magnettonkurztextgeber m магнитофон для коротких текстов
Magnettonläufer m, **Magnettonlaufwerk** n лентопротяжный механизм
Magnettonmaschine f студийный магнитофон
Magnettonmodulation f см. **Magnettonaufnahme**
Magnettonplatte f магнитный звукодиск
Magnettonprojektor m кинопроектор с устройством для воспроизведения магнитной звукозаписи
Magnettonringkopf m кольцевая магнитная головка
Magnettonschicht f магнитный слой
Magnettonschmalspur f узкая магнитная звуковая дорожка (*шириной 0,8 мм*)
Magnettonschrift f 1. магнитная звукозапись 2. магнитная фонограмма
Magnettonspur f магнитная звуковая дорожка
Magnettonspurlage f (рас)положение магнитной звуковой дорожки
Magnettonstereofonie f магнитная стереофоническая запись и воспроизведение звука
Magnettonstreifen m см. **Magnettonband**
Magnettonsystem n 1. система магнитной записи и воспроизведения звука 2. устройство для магнитной записи и воспроизведения звука
Magnettontechnik f техника магнитной записи и воспроизведения звука
Magnettonträger m магнитный звуконоситель
~, **bandförmiger [folienförmiger]** ленточный магнитный звуконоситель
~, **walzenförmiger** см. **Magnettonwalze**
Magnettonverfahren n способ магнитной записи и воспроизведения звука
Magnettonwalze f магнитный звуконоситель в виде барабана
Magnettonwiedergabe f воспроизведение магнитной звукозаписи
Magnettonzusatz m, **Magnettonzusatzgerät** n приставка (для) воспроизведения магнитной звукозаписи
Magnettopf m горшковый магнитный сердечник
Magnettrommel f магнитный барабан, МБ
Magnettrommelcomputer m см. **Magnettrommelrechner**
Magnettrommeleinheit f блок памяти на магнитном барабане
Magnettrommelrechner m ВМ с памятью на магнитном барабане
Magnettrommelspeicher m ЗУ *или* память на магнитных барабанах; накопитель на магнитном барабане, НМБ
Magnettrommelspeicherung f запоминание на магнитном барабане
Magnetventil n электромагнитный вентиль
Magnetverschluß m электромагнитный затвор
Magnetverstärker m магнитный усилитель
Magnetwechselfeld n переменное магнитное поле
Magnetwerkstoff m магнитный материал
Magnetzeichendrucker m магнитопечатающее устройство
Magnetzeichenleser m устройство считывания магнитных знаков
Magnistor m 1. магнистор 2. многоотверстный сердечник с прямоугольной петлёй гистерезиса
Magnon n магнон
«**Mailbox**» m электронный почтовый ящик; компьютерный центр обмена информацией абонентов (телефонной сети)
Majorität f мажоритарность
Majoritätselement n мажоритарный элемент (*работает по принципу большинства*)
Majoritätsemitter m эмиттер основных носителей (заряда)
Majoritätsentscheidungsgatter n, **Majoritätsgatter** n мажоритарный вентиль
Majoritätsgleichgewichtskonzentration f равновесная концентрация основных носителей (заряда)
Majoritätsglied n мажоритарный элемент
Majoritätsladungsträger m основной носитель (заряда)
Majoritätslogik f мажоритарная логика
Majoritätslogikschaltkreis m схема мажоритарной логики
Majoritätsträger m основной носитель (заряда)
Majoritätsträgerdichte f концентрация основных носителей (заряда)

MAJ

Majoritätsträgerextraktion f экстракция основных носителей (заряда)
Majoritätsträgersenke f отвод основных носителей (заряда)
Majoritätsträgerstrom m ток основных носителей (заряда)
Makettierung f макетирование
Makroablaufdiagramm n схема технологического макропроцесса
Makroachse f макроось (*кристалла*)
Makroassembler m макроассемблер
Makrobefehl m макрокоманда
Makrodiagonale f см. **Makroachse**
Makrokode m макрокоманда, макрокод
Makroselbstdotierung f макроавтолегирование, макросамолегирование
Makrospeicher m см. **Massenspeicher**
Makrostatistik f статистика больших выборок, макростатистика
Makrostruktur f макроструктура
Makroteilchen n дисперсный материал
Makroübersetzer m макропроцессор
Makrountersuchung f макроскопия
Makroverteilung f макрораспределение
Maku f магнитная муфта
Manganin m манганин (*резистивный сплав*)
Manganindraht m манганиновая проволока
Manganin-Konstantan-Element n термопара манганин—константан
Mangelelektron n дырка
Mangelhalbleiter m полупроводник (с электропроводностью) *p*-типа, дырочный полупроводник
Mangelleitfähigkeit f, **Mangelleitung** f электропроводность *p*-типа, дырочная электропроводность
Manifer n манифер, магнитно-мягкий магниево-цинковый феррит
Manigum n порошок маниперма [бариевого феррита], впрессованный в резину
Maniperm n маниперм, магнитно-твёрдый бариевый феррит
Manipulation f 1. *тлг* манипуляция, работа ключом 2. манипуляция; управление (*напр. машиной*)
Manipulationsfrequenz f частота манипуляции
Manipulator m 1. манипулятор, телеграфный ключ 2. манипулятор
manipulieren *тлг* манипулировать, работать ключом
Manipulierung f см. **Manipulation**
Manipuliervorrichtung f манипулятор; блок манипулирования
Manley-Rowe-Beziehung f соотношение Мэнли—Роу
Manley-Rowe-Gleichung f уравнение Мэнли—Роу
Mannigfaltigkeit f 1. многообразие, разнообразие 2. многозначность 3. совокупность
Manschette f 1. (уплотнительная) манжета 2. цилиндрический контакт 3. коаксиальный экран (*напр. антенны*), трубчатая изоляция (*напр. провода*)
Manschettendipol m диполь с коаксиальным экраном в средней части

MAR

Mantel m 1. покрытие; чехол 2. оболочка (*напр. кабеля, волокна*) 3. экран
Mantelaußenwand f внешняя поверхность оболочки
Manteldraht m 1. провод с покрытием 2. трубчатый провод
Mantelfaser f оптическое волокно в оболочке
Mantelfeld n магнитное поле вокруг оболочки
Mantelkern m броневой сердечник
Mantelklemme f зажим кожуха (прибора)
Mantelkühlung f поверхностное охлаждение
Mantelschutzfaktor m коэффициент экранирования
Manteltransformator m трансформатор броневого типа
Manteltyp m трёхстержневой тип сердечника, трёхстержневой сердечник
Mantelverluste m pl потери в оболочке
Mantelwandler m броневой (измерительный) трансформатор
Mantelwelle f 1. поверхностная волна 2. волна в оболочке
Mantelzone f область оболочки, оболочка
Mantisse f *мат.* мантисса
MAOS-Struktur f МАОП-структура
Marke f 1. метка; отметка 2. *вчт* метка; маркер 3. марка (*фабричное клеймо*); бирка; этикетка, ярлык 4. курсор
Marken... см. тж **Markier...**, **Markierungs...**
Markenbelichtungsposition f позиция (координатного стола) для экспонирования
Markenerfassungsmöglichkeit f способность захвата цели на автоматическое сопровождение
Markenschreiber m устройство для записи (от)меток
Markenstruktur f структура (от)метки
Markensuchverfahren n метод поиска
Markier... см. тж **Marken...**, **Markierungs...**
markieren 1. метить; отмечать; маркировать, обозначать 2. наносить фабричное клеймо 3. размечать
Markierer m 1. маркер; отметчик 2. указатель
Markierfedern f pl маркерные пружинные контакты
Markierimpuls m маркерный импульс
Markierkreis m *рлк* калибрационная окружность
Markierpunkt m калибрационная [маркерная] метка
Markiersignaleintastung f введение маркерного сигнала
Markierstelle f см. **Marke** 3.
Markierung f 1. маркировка; обозначение (*операция*) 2. клеймение 3. разметка
~, **optische lesbare** оптическая метка
Markierungs... см. тж **Marken...**, **Markier...**
Markierungsabfühlung f *вчт* 1. считывание меток 2. опознавание меток
Markierungsabtasten n считывание меток
Markierungsbit n флаговый (двоичный) разряд
Markierungsdifferenz f расстояние между маркерными метками
Markierungseinteilung f 1. маркировка 2. разметка

Markierungsempfänger *m* см. **Markierungsfunkfeuerempfänger**
Markierungserkennung *f* 1. распознавание меток или отметок 2. опознавание сигналов маркерного радиомаяка
Markierungsfunkfeuerempfänger *m* приёмник для приёма сигналов маркерного радиомаяка
Markierungsgenerator *m* генератор маркерных меток, маркерный генератор
Markierungsleser *m* устройство (для) считывания графических отметок
Markierungsreiter *m* 1. движок (*шкалы*) 2. указатель; визир 3. вращающееся защитное стекло (*индикатора*) с визирной линией 4. курсор
Markierungssender *m* передатчик маркерных сигналов, маркерный (радио)маяк
Markierungssignal *n* 1. маркерный сигнал 2. *тлг* рабочая [токовая] посылка
Markierungsspur *f* маркерная дорожка
Markierungswähler *m* 1. маркерный искатель 2. маркерный селектор
Markierungszeichen *n* 1. маркерный [маркировочный] сигнал; маркер 2. калибрационная [маркерная] метка
Markierungszeichensender *m* см. **Markierungssender**
Markierzone *f* размеченная зона (*на магнитной ленте*)
Markoff..., **Markoffsch...** марковский
Markoni-Antenne *f* ненаправленная вертикальная проволочная несимметричная антенна
Marsochod *m* марсоход
Marx-Stoßgenerator *m* импульсный генератор Маркса
Masche *f* 1. ячейка, отверстие (*сетки*) 2. контур обхода, замкнутый контур; петля 3. звено цепи
Maschenanalyse *f* анализ (электрических) цепей
Maschenanode *f* сетчатый [перфорированный] анод
Maschenbreite *f* ширина ячейки
Maschendrahtreflektor *m* рефлектор из проволочной сетки
Maschenentkoppler *m* развязывающий контур
Maschenentkopplung *f* развязка контуров
Maschenfeinheit *f* мелкость сетки
Maschengitter *n* петлевая решётка (*одна из конструкций антенн СВЧ*)
Maschenimpedanzmatrix *f* матрица полных сопротивлений
Maschenlänge *f* длина ячейки (*сетки*)
Maschenmethode *f* метод контурных токов
Maschennachbeschleunigung *f* ускорение пучка электронов после отклонения (*в ЭЛТ*)
Maschennetz *n* 1. *тлф* сеть по способу соединения каждой станции с каждой, сеть «каждая с каждой» 2. многоконтурная цепь
Maschenregel *f*, **Maschensatz** *m* второй закон Кирхгофа
Maschenschaltung *f* многоконтурная схема
Maschenstrom *m* контурный ток
Maschenstrommethode *f* метод контурных токов
Maschenverbindung *f* соединение между коммутаторными станциями (одной сети)
Maschenverhältnis *n* отношение размеров ячейки

Maschenweite *f* 1. расстояние между ячейками 2. размер ячейки 3. протяжение звена многоконтурной замкнутой цепи
Maschine *f* 1. машина; механизм; устройство 2. вычислительная машина, ВМ 3. (видео)магнитофон
~, **adaptive** адаптивное вычислительное устройство
~, **analytische** счётно-аналитическая ВМ
~, **datenverarbeitende** ВМ для обработки данных
~, **erkennende** ВМ для распознавания (образов)
~, **langsam laufende** ВМ малого быстродействия
~, **lehrende** обучающая [обучаемая] ВМ
~, **logische** логическая ВМ, ВМ для решения логических задач
~, **magnetelektrische** индуктор
~ **mit durchlaufender Zifferkontrolle** ВМ обегающего цифрового контроля
~ **mit fest verdrahtetem Programm** ВМ с жёстко закоммутированной программой
~, **selbstorganisierte** самоорганизующаяся ВМ
~, **steuernde** управляющая ВМ
Maschinenarbeitstakt *m* такт (работы) ВМ
Maschinenausbeute *f* коэффициент использования ВМ
Maschinenausfall *m* см. **Maschinenstörung**
Maschinenausgabe *f* вывод данных из ВМ
Maschinenausrüstung *f* схемная [аппаратная] часть ВМ
Maschinenbedienung *f* обслуживание ВМ
Maschinenbefehl *m* машинная команда
Maschinenbelegung *f* загрузка ВМ
Maschinendaten *pl* параметры [характеристики] ВМ
Maschinendurchlauf *m* 1. прогон ВМ 2. (машинный) прогон (*программы*)
Maschineneingabe *f* ввод данных в ВМ
Maschineneinheit *f* блок ВМ
Maschinenfehler *m* ошибка, обусловленная ВМ, машинная ошибка
Maschinenfehlerunterbrechung *f* прерывание работы из-за сбоя ВМ
Maschinengang *m* машинный цикл
Maschineninstruktion *f* машинная команда
Maschinenkapazität *f* ёмкость ЗУ ВМ; объём памяти ВМ
Maschinenkode *m* 1. машинный код 2. состав команд ВМ
Maschinenlaufzeit *f* см. **Maschinenoperationszeit**
Maschinenoperation *f* машинная операция
Maschinenoperationszeit *f* полезное время работы ВМ
maschinenorientiert ориентированный на ВМ
Maschinenperiode *f* машинный цикл; такт (работы) ВМ
Maschinenprogramm *n* программа для ВМ
Maschinensatz *m* набор [комплект] ВМ
Maschinenschaden *m* см. **Maschinenstörung**
Maschinenschritt *m* такт (работы) ВМ; шаг (выполнения) машинной программы
Maschinensender *m* 1. машинный передатчик 2. трансмиттер
Maschinensehen *n* машинное зрение
Maschinenspeicher *m* ЗУ ВМ
Maschinensprache *f* машинный язык

MAS

Maschinenstopp *m* 1. останов ВМ 2. машинный останов
Maschinenstörung *f* сбой ВМ; повреждение ВМ
Maschinensystem *n* 1. система ВМ 2. многомашинная система, комплекс ВМ
Maschinentastatur *f*, **Maschinentastenfeld** *n* клавиатура ВМ
Maschinenübersetzung *f* машинный перевод
maschinenunterstützt автоматизированный; выполняемый с помощью ЭВМ
Maschinenwählersystem *n* машинная автоматическая телефонная станция, АТСМ
Maschinenwerkzeit *f см.* **Maschinenzeit**
Maschinenwirkzeit *f см.* **Maschinenoperationszeit**
Maschinenwort *n* машинное слово
Maschinenzahlengeber *m* импульсный генератор, генератор импульсов
Maschinenzeit *f* машинное время
~, **nutzbare [verfügbare]** доступное (для работы) машинное время
Maschinenzyklus *m* машинный цикл
Maser *m* мазер (*квантовый генератор или квантовый усилитель СВЧ-диапазона*)
~ **für Impulsbetrieb** *см.* **Maser, pulsierender**
~, **kontinuierlicher** мазер непрерывного режима работы, непрерывный мазер
~, **kosmischer** космический мазер
~, **optischer** лазер
~, **optisch gepumpter** мазер с оптической накачкой
~, **pulsierender** мазер импульсного режима работы, импульсный мазер
Maserachse *f* ось мазера
Maserbündel *n* луч мазера
Masereffekt *m* мазерный эффект
Masergenerator *m* мазер-генератор, квантовый генератор СВЧ-диапазона
Masermaterial *n см.* **Masersubstanz**
Maseroszillator *m см.* **Masergenerator**
Maserschwingungen *f pl* колебания мазера
Maserstrahl *m* луч мазера
Masersubstanz *f* мазерное вещество
Maserübergang *m* рабочий [сигнальный] переход мазера
Maserverstärker *m* мазер-усилитель, квантовый усилитель СВЧ-диапазона
Maskbelichtung *f* экспонирование фоторезистной маски (*через фотошаблон*)
Maske *f* 1. микр. маска 2. фотошаблон (*в фотолитографии*); шаблон (*в рентгенолитографии, ионнолитографии, электронно-лучевой литографии*) 3. микр. свободная маска; трафарет 4. вчт маска; шаблон 5. рамка (*экрана кинескопа*) 6. тлв теневая маска
~, **berührende** контактная маска
~, **berührungsfreie** неконтактная маска
~, **elektronenstrahlgeschriebene** *nn* маска, сформированная электронным лучом
~, **endgültige** рабочий фотошаблон; рабочий шаблон
~, **entfernbare** удаляемая маска
~, **fotografische** фотошаблон
~ **für Bondhügel** фотошаблон *или* шаблон для (изготовления) столбиковых выводов

MAS

~ **für Implantation** маска для ионной имплантации
~ **für die Leiterbahnen** маска (для нанесения) проводящего рисунка
Masken... *см. тж* **Maskier..., Maskierungs...**
Maskenabnutzung *f* износ фотошаблона *или* шаблона
Maskenänderungszyklus *m* цикл исправления фотошаблона
Maskenaufdampfverfahren *n* метод напыления через маску
Maskenausrichtung *f* совмещение фотошаблона *или* шаблона с подложкой
Maskenbildröhre *f* масочный кинескоп
Maskenbit *n* маскированный (двоичный) разряд
Maskendurchbiegung *f* прогиб *или* изгиб фотошаблона; прогиб *или* изгиб маски
Maskeneinschleusezeit *f* время загрузки шаблона
Maskenfarbenröhre *f* масочный цветной кинескоп
Maskenfeld *n* поле фотошаблона *или* шаблона
Maskengitter *n* сетка трафарета (*для печатных плат или толстопленочных схем*)
Maskenherstellungsanlage *f* оборудование (для) изготовления фотошаблонов *или* шаблонов
Maskenjustier- und Belichtungsanlage *f* установка совмещения и экспонирования
Maskenkontrollgerät *n* установка контроля фотошаблонов *или* шаблонов
Maskenkopie *f* копия эталонного фотошаблона; рабочий фотошаблон
Maskenmethode *f* метод маскирования
Maskenmikrofon *n* микрофон респираторной маски
Maskenmuster *n* рисунок фотошаблона *или* шаблона
~, **primäres** эталонный фотошаблон
Maskenöffnung *f* окно в маске
Maskenoriginal *n* оригинал фотошаблона *или* шаблона
maskenprogrammiert программируемый фотошаблоном *или* шаблоном (*о ПЗУ*)
Maskenprojektionsjustier- und Belichtungsanlage *f* установка проекционной литографии
Maskenprojektionsrepeater *m* проекционный фотоштамп
Maskenrahmen *m* рамка для установки фотошаблона *или* шаблона
Maskenröhre *f* масочный кинескоп
Masken-ROM *m* ПЗУ, программируемое фотошаблонами
Maskensatz *m* комплект фотошаблонов *или* шаблонов
Maskenschicht *f* маскирующий слой; маска
Maskenschreiber *m микр.* генератор изображений фотошаблонов *или* шаблонов
Maskenstrukturierung *f*, **elektronenlitografische** формирование шаблона методом электронно-лучевой литографии
Maskentechnik *f* метод маскирования
Maskentisch *m* (координатный) стол для работы с шаблонами
Maskentopologie *f* 1. топология маски 2. топология фотошаблона *или* шаблона
Maskenträger *m* держатель фотошаблона *или* шаблона

Maskenüberdeckung f совмещение фотошаблона *или* шаблона
Maskenverunreinigung f 1. загрязнение маски 2. загрязнение фотошаблона *или* шаблона
Maskenvervielfältigung f мультипликация фотошаблонов *или* шаблонов
Maskenvorlage f оригинал фотошаблона *или* шаблона
Maskenwechseleinrichtung f устройство смены фотошаблонов *или* шаблонов
Maskenwirkungsgrad m коэффициент пропускания теневой маски (*в масочной трубке*); коэффициент пропускания сетки коммутации цвета (*в хроматроне*)
Maske-Wafer-Abstand m промежуток [зазор] между фотошаблоном и (полупроводниковой) пластиной *или* подложкой
Maske-Wafer-Überdeckung f совмещение фотошаблона с (полупроводниковой) пластиной *или* подложкой
maskierbar маскируемый
Maskiergerät n, **elektronisches** устройство электронного маскирования; электронный цветокорректор
Maskierung f 1. маскирование 2. экранирование
~ **durch Oxidüberzug** *микр*. оксидное маскирование
~, **halbinterne** *тлв* внутриполевое маскирование (*ошибок*)
Maskierungs... *см. тж* **Masken..., Maskier...**
Maskierungsebene f маскирующий слой
Maskierungsmittel n материал для формирования маскирующего слоя
Maskierungsoxydation f 1. маскирующий оксид 2. маскирующий диоксид кремния
Maskierungsprozeß m 1. технология формирования маскирующего слоя 2. технология нанесения фоторезистной маски 3. фотомаскирование
Maskierungsschritt m, **Maskierungsstufe** f 1. маскирование 2. ступенька на маске
Masse f 1. масса 2. корпус □ **an die ~ legen** заземлять (на корпус); подсоединять к корпусу; **von der ~ trennen** отсоединять [изолировать] от корпуса [от земли]
~, **eingeprägte** внедрённая масса
~, **negative effektive** отрицательная эффективная масса
~ **virtuelle** эквивалент земли
~, **wirkende** эффективная масса
Masseanschluß m 1. вывод корпуса 2. заземление корпуса
Masseband n однородная массивная лента
Massebuchse f гнездо заземления
Masseeisenkern m прессованный ферромагнитный сердечник
Masseelektrode f электрод заземления
Masseerdung f 1. заземление на корпус 2. заземление корпуса
massefrei не соединённый с корпусом, незаземлённый
Masseisolierung f изолирование компаундной массой

Massekabel n 1. кабель с вязкой пропиткой 2. кабель для соединения с корпусом
Massekern m прессованный сердечник
Masseklemme f зажим [клемма] (для подключения) заземления; зажим, соединённый с корпусом (*прибора*)
Massekontakt m заземляющий контакт
Masse-Ladungs-Verhalten n отношение масса/заряд
Masseleiter m провод заземления
Masseleitfähigkeit f объёмная проводимость
Masseleitung f 1. электрическое соединение через корпус 2. объёмная проводимость
Masseleitwert m объёмная проводимость
Massenbedienungstheorie f теория массового обслуживания
Massenbereich m *яд. физ.* область массовых чисел
Massenbonden n *микр*. групповая сварка *или* пайка
Massenleitfähigkeit f объёмная проводимость
massenlos не имеющий массы, с нулевой массой
Massenpotential n потенциал корпуса (*прибора*)
Massenschwächungskoeffizient m массовый коэффициент ослабления
Massenschwund m дефект массы
Massenseparator m *яд. физ.* масс-сепаратор, сепаратор изотопов
Massenspeicher m ЗУ (сверх)большой ёмкости; память сверхбольшого объёма
Massenspektrograf m масс-спектрограф
Massenspektrogramm n масс-спектрограмма
Massenspektrometer n масс-спектрометр
Massenspektrum n масс-спектр
Massenstrahler m массовый излучатель
Massentransport m перенос массы
Massenüberschuß m избыток массы
Massenübertragung f перенос массы
Massenvoltameter n весовой вольтаметр
Massenzahl f *яд. физ.* массовое число
Massenschalter m разъединитель заземления
Masseschleife f паразитный контур с замыканием через землю (*в схемах с несколькими точками заземления*)
Masseschluß m 1. заземление 2. короткое замыкание на землю [на корпус]
Masseteilchen n частица
Masseverbindung f *см.* **Masseanschluß**
Massewiderstand m 1. объёмный резистор 2. пп объёмное сопротивление
Maßhaltigkeit f 1. соблюдение (заданных) размеров 2. стабильность геометрических размеров
massiv 1. массивный 2. сплошной; монолитный (*напр. резистор*)
Massivdraht m сплошной провод
Maßkonstante f коэффициент размерности
Maßstab m масштаб
Maßstabfaktor m масштабный коэффициент, масштабный множитель
Maßstabierung f масштабирование, изменение масштаба
Maßstabsteuerung f *микр*. управление масштабированием

Maßstabumrechnung f изменение масштаба
Maßsystem n система единиц (*измерения*); система мер
Mast m 1. опора; мачта 2. башня
~, **abgespannter** опора с оттяжками; мачта с оттяжками, анкерная мачта
~, **ausfahrbarer [ausziehbarer]** телескопическая мачта
~, **zusammensetzbarer** сборная [составная] мачта
Mastanker m ант. оттяжка
Mastantenne f мачтовая антенна
Mastausleger m траверса [кронштейн] мачты
master англ. 1. первый (математический) оригинал (*фонограммы*) 2. оригинал (*рисунка печатной платы*) 3. задающий компонент схемы 4. ведущая станция (*в системе «Лоран»*) 5. монтажный [записывающий] (видео)магнитофон
Masterband n 1. главная лента; эталонная лента 2. видеофонограмма-оригинал
Masterdung f заземление мачты
Masterring m оригинал (видео)диска
Master-Slave-Anlage f система с главным и подчинёнными элементами
Master-Slave-Betrieb m режим (работы) с основной и подчинённой программами (*в многомашинной системе*)
Master-Slice-Technik f микр. технология изготовления ИС на основе базового кристалла
Mastfuß m основание мачты
Mastspitze f вершина мачты
Matchline-Serie f серия взаимно сопрягаемых устройств (бытовой) электроники
Material n 1. материал 2. вещество
~, **aktives** кв. эл. активное вещество
~, **elektrisch leitendes** электропроводящий материал
~, **ferroelektrisches** сегнетоэлектрический материал
~, **ferromagnetisches** ферромагнитный материал
~, **kompaktes** см. **Material, massives**
~, **leitendes** проводящий материал
~, **massives** объёмный материал (*в отличие от тонких плёнок*)
~ **mit direktem Bandabstand** материал с расположением экстремальной точки границы валентной зоны против экстремальной точки границы зоны проводимости
~ **mit höchstem Reinheitsgrad** материал наивысшей степени чистоты
~ **mit indirektem Bandabstand** материал со сдвинутым расположением экстремальных точек границы валентной зоны и границы зоны проводимости
~ **mit n-Leitfähigkeit** материал с электропроводностью n-типа
~ **mit p-Leitfähigkeit** материал с электропроводностью p-типа
~, **plastisches** пластмасса, пластик
~, **spaltbares** делящееся [расщепляющееся] вещество
~, **thermoplastisches** термопластический материал, термопласт

Materialabtrag m перенос вещества; эрозия материала или вещества
Materialaufwand m материалоёмкость (*напр. тонкоплёночных микросхем*)
Materialbearbeitungslaser m технологический лазер
Materialdispersion f материальная дисперсия (*в световоде*)
Materialtransport m, **Materialüberführung** f перенос вещества
Materialwiderstand m сопротивление материала
Materie f материя; вещество
Materiewelle f волна де-Бройля
Materiewellenlänge f длина волны де-Бройля
Matrix f 1. матрица 2. матричная [пересчётная] схема; матричный коммутатор 3. сетка (*напр. из резисторов*) 4. трафарет, матрица (*характрона*)
~, **digitale** цифровая матрица
~, **einzeilige** матрица-строка
~, **ferroelektrische** матрица на сегнетоэлектриках
~, **ortogonale** ортогональная матрица
~, **transformierte** преобразованная матрица
Matrix... см. тж **Matrizen...**
Matrixadresse f матричная адресация
Matrixanordnung f матричная структура
Matrixcontroller m устройство управления матрицей, контроллер матрицы
Matrixdisplay n матричный (знакосинтезирующий) дисплей; матричный (знакосинтезирующий) индикатор
Matrixdrucker m матричное печатающее устройство
Matrix-Kamera f ПЗС-камера
Matrixkernspeicher m матричное ЗУ на сердечниках; матричная память на сердечниках
Matrixknotenpunkt m узловая точка матрицы
Matrix-LCD англ. матричный жидкокристаллический дисплей, матричный ЖКД
Matrixoperation f матричная операция, операция над матрицей или матрицами
Matrixröhre f характрон
Matrixschaltung f см. **Matrix** 2.
Matrixschaltwerk n 1. матричный коммутатор 2. матричная логическая схема
Matrixteststruktur f матричная тестовая структура
Matrixvereinbarung f вчт описание области (*размещения объектов базы данных*)
Matrixzeile f строка матрицы
Matrize f см. **Matrix**
Matrizen... см. тж **Matrix...**
Matrizenanordnung f матричное устройство; матричная схема
Matrizenentzifferer m матричное декодирующее устройство
Matrizenkoppelfeld n коммутационное матричное поле
Matrizenkommutator m матричный коммутатор
Matrizenkontakt m контактирующая поверхность матрицы
Matrizenlochkartensatz m комплект матричных карт
Matrizenschalter m матричный переключатель

Matrizenspeicher *m* матричное ЗУ; матричная память
Matrizieren *n*, **Matrizierung** *f* матрицирование
Mattglas *n* матовое [матированное] стекло
Mattglasscheibe *f* 1. матированный стеклянный экран; матированное стеклянное дно баллона (*ЭЛТ*) 2. матовое стекло
Mattierung *f* матирование
Mattkolben *m* матированная колба (*лампы*)
Mattscheibe *f см.* **Mattglasscheibe**
Mauszeiger *m проф.* «мышь» (*устройство для отработки положения указателя на экране дисплея*)
mavar *англ.* мавар, параметрический усилитель СВЧ-диапазона
Mavica *фирм.* видеодиакамера «Мавика»
«**Mavigraph**» *англ. фирм.* «Мавиграф» (*устройство получения фотоснимков с видеофотокамеры*)
Maximalamplitude *f* максимальная амплитуда
Maximalbegrenzer *m* ограничитель амплитуды, амплитудный ограничитель
Maximalbegrenzung *f* ограничение по максимуму
Maximalempfang *m* приём по максимуму
Maximalempfindlichkeit *f* максимальная чувствительность
Maximalfehler *m* предельная [максимально допустимая] ошибка
Maximalfrequenz *f*, **benutzbare** максимальная применимая частота, МПЧ
Maximalimpedanzfrequenz *f* частота при максимальном полном сопротивлении
Maximalmelder *m* сигнализатор максимального значения
Maximalmodulationshubmeßgerät *n* прибор для измерения максимальной девиации (*при ЧМ*)
Maximaloberwellenleistung *f* максимальная мощность гармоник
Maximalskalenwert *m* максимальное значение шкалы
Maximalwellenlänge *f* максимальная длина волны
Maximalwertanzeige *f* 1. индикация максимального значения 2. индикация по максимуму
Maximalwertanzeiger *m* указатель максимальных значений
Maximalwertauswahlgerät *n* блок выделения максимального значения
Maximalwertzeiger *m см.* **Maximalwertanzeiger**
Maximum *n* максимум; пик
~ **an Schwarz** уровень видеосигнала, соответствующий самой тёмной точке изображения
~, **ausgeprägtes** резко выраженный максимум
~, **spitzes** острый максимум
~, **starkes** интенсивный пик
~, **steiles** резкий [крутой] пик
~, **zugelassenes** [**zulässiges**] допустимый максимум
Maximumanzeige *f см.* **Maximalwertanzeige**
Maximumbestimmung *f* определение максимума
Maximumdetektor *m* устройство обнаружения максимального значения
Maximumlikelihood-Methode *f* метод максимального правдоподобия

Maximum-Minimum-Verhältnis *n* отношение максимального значения к минимальному
Maximumpeilung *f* пеленгование по максимуму
Maximumpeilverfahren *n* метод пеленгования по максимуму
Maximumzeiger *m см.* **Maximalwertanzeiger**
Maxwell-Boltzmann-Statistik *f* статистика Максвелла — Больцмана
Maxwell-Brücke *f* мост(ик) (переменного тока) Максвелла (— Вина)
Maxwell-Dreieck *n* треугольник Максвелла, цветовой треугольник
Maxwell-Verteilung *f* распределение Максвелла
Maxwell-Wien-Brücke *f см.* **Maxwell-Brücke**
MAZ-Format *n* формат видеозаписи
MAZ-Gerät *n*, **MAZ-Maschine** *f* 1. магнитофон 2. видеомагнитофон
MAZ-Zentrale *f* центральная видеомагнитофонная аппаратная
M-Band *n* М-диапазон (10—15 гГц)
MB-Transistor *m* транзистор с металлической базой
McLeod-Vakuummeter *n* (компрессионный) манометр Мак-Леода
Mealy-Automat *m* автомат Мили
ME-Band *n* (магнитная) лента с термовакуумной металлизацией
ME-Baustein *m* микромодуль; микрокомпонент
Mechanoelektret *m* механоэлектрет
Mechanostriktion *f* механострикция
Mechanotron *n* механотрон
Meddogerät *n* панорамный прибор
Mediencenter *n* цветной телевизор с развитой периферией
Medium *n* 1. среда 2. носитель (информации)
~, **aktives** *кв. эл.* активная среда
~, **brechendes** преломляющая среда
~, **dispergierendes** диспергирующая среда
~, **gyrotropes** гиротропная среда
~, **schallführendes** звукопроводящая среда
~, **simulierbares** *кв. эл.* активная среда; активное вещество
~, **turbulentes** турбулентная среда
Medizinelektronik *f* медицинская электроника
Meeresboden-Phantom-Echos *n pl* случайные эхо-сигналы от морского дна
Meeresechos *n pl* эхо-сигналы от морской поверхности
Meer/Land-Antenne *f* антенна для обнаружения надводных и наземных целей
«**megadoc**» *англ. фирм.* «мегадок» (*устройство цифровой памяти*)
Megafon *n* мегафон; рупор
Megaperm *n* мегаперм (*магнитно-мягкий сплав*)
Megatron *n* маячковая лампа
Megger *m* мегаомметр
Megohm-Kapazität-Ionisation-Schaltung *f* разрядная RC-схема
Mehr... *см. тж* **Mehrfach...**, **Multi...**
Mehraderkabel *n* многожильный кабель
Mehradreß..., **Mehradreßen...** многоадресный
Mehradressierung *f* многоадресность
mehradrig многожильный

Mehranodenröhre *f* 1. многоанодная лампа 2. многоанодный ртутный вентиль
Mehrbandantenne *f* многодиапазонная антенна
Mehrbenutzermikrosystem *n* микропроцессорная система коллективного пользования
Mehrbenutzersystem *n* система коллективного пользования
Mehrbereich(s)gerät *n*, **Mehrbereich(s)instrument** *n*, **Mehrbereich(s)meßgerät** *n* многопредельный (измерительный) прибор
Mehrbereich(s)struktur *f* многозонная структура
Mehrbündel... *см.* **Mehrstrahl...**
Mehrchip... *см. тж* **Multichip...**
Mehrchipbaueinheit *f*, **Mehrchipeinheit** *f* многокристальная микросборка
Mehrchipmikroprozessor *m* многокристальный микропроцессор
Mehrchipmontage *f* многокристальный монтаж (*ГИС*)
Mehrchipschaltung *f* многокристальная ИС
Mehrchipspeichersystem *n* многокристальное ЗУ; многокристальная память
Mehrchipverband *m* многокристальная ИС
mehrdekadig многодекадный
Mehrdeutigkeit *f* многозначность; неоднозначность; неопределённость
Mehrdiodenaufnahmeröhre *f тлв* кремникон
Mehrdomänenbetriebsweise *f* многодоменный режим работы
Mehrdomänenmodus *m* 1. многодоменная мода 2. моногодоменный режим работы
Mehrdomänentransit *m*, **Mehrdomänenwanderung** *f* перемещение многодоменной области (*в генераторе Гана*)
Mehrdoppelzackenschrift *f* 1. многодорожечная двухсторонняя поперечная запись 2. многодорожечная двухсторонняя поперечная фонограмма
Mehrdrahtantenne *f* многопроводная антенна; многолучевая антенна
mehrdrähtig 1. многопроводный; многожильный 2. многолучевой (*об антенне*)
Mehrebenenantenne *f* многоярусная антенна
Mehrebenenleiterplatte *f* многоуровневая [многослойная] печатная плата
Mehrebenenmetallisierung *f* многоуровневая [многослойная] металлизация
Mehrebenenresistsystem *n* система многослойных покрытий резистом
Mehrebenenschaltung *f* 1. многослойная (печатная) схема 2. многоуровневая (коммутационная) схема
Mehrebenensteuerung *f* иерархическое управление
Mehrebenenverdrahtung *f* межслойные соединения; многослойная разводка
mehrelektroden многоэлектродный
Mehrelementenantenne *f* многоэлементная антенна
Mehremittertransistor *m* многоэмиттерный транзистор
Mehretagenantenne *f* многоярусная антенна
Mehrfach... *см. тж* **Mehr...**, **Multi...**
Mehrfachablesung *f* 1. многократное считывание (*данных*) 2. многократное снятие (*показаний*)

Mehrfachabschirmung *f* 1. многократное экранирование 2. многослойный экран
Mehrfachanregung *f* многократное возбуждение
Mehrfachanruf *m* циркулярный вызов
Mehrfachanschlußapparat *m* телефонный аппарат с переключением на несколько вводов
Mehrfachanschlußbuchse *f* многоштырьковый [многоконтактный] разъём
Mehrfachanschlußnummer *f тлф* коллективный номер
Mehrfachanschlußteilnehmer *m* абонент с несколькими вводами
Mehrfachantenne *f* 1. разнесённая антенна 2. многоэлементная антенна
~ **mit gleichphasiger Speisung** многосекционная синфазная антенна
Mehrfachantennenempfang *m* приём с пространственным разнесением
Mehrfachantenneninterferometer *n* интерферометр в виде антенной решётки
Mehrfachantrieb *m* групповой привод
Mehrfachaufzeichnung *f* многодорожечная запись
Mehrfachausgabe *f* 1. многократный вывод 2. многоканальный выход
Mehrfachausgangslogik *f* логическая схема с несколькими выходами
Mehrfachausnutzung *f* 1. многократное использование 2. уплотнённое использование канала связи
Mehrfachbandgerät *n см.* **Mehrfachbandspieler**
Mehrfachbandpaßfilter *n* фильтр с несколькими полосами пропускания
Mehrfachbandschreiber *m* многоканальный ленточный самописец
Mehrfachbandsperrfilter *n* фильтр с несколькими полосами задерживания
Mehrfachbandspieler *m* аппарат воспроизведения многодорожечной записи
Mehrfachbedienung *f* многофункциональное управление
Mehrfachbelichtungsverfahren *n* метод многократного экспонирования
Mehrfachbetrieb *m* мультиобработка заданий, совместная обработка заданий
Mehrfachbild *n тлв* повторное изображение, *проф.* «повтор»
Mehrfachbindung *f* 1. множественная связь 2. кратная связь
Mehrfachburst *m* сигнал пакетов с разными частотами
Mehrfachbussystem *n* многошинная (вычислительная) система
Mehrfach-Chip *n* многокристальная (гибридная) ИС
Mehrfachchiphybridtechnik *f* техника многокристальных ГИС
Mehrfachdiffusion *f* многократная диффузия
Mehrfachdrehko *m*, **Mehrfachdrehkondensator** *m* блок конденсаторов переменной ёмкости
Mehrfachecho *n* многократное эхо
Mehrfacheingangslogik *f* логическая схема с несколькими входами
Mehrfacheingangsregister *n* многопортовый регистр

Mehrfachelektronenstrahloszillograph m многолучевой электронный осциллограф
Mehrfach-Elektronenstrahlsystem n *микр.* многолучевая электронная система
Mehrfach-Elektronenstrahltechnologie f многолучевая электронно-лучевая технология
Mehrfachemitter m многозвенный эмиттер
Mehrfachemittertransistor m многоэмиттерный транзистор
Mehrfachempfang m разнесённый радиоприём
~, **räumlicher** радиоприём с разнесением по пространству
Mehrfachfarbenschreiber m многоканальный самопишущий прибор с цветовой записью
Mehrfachfehler m 1. многократная ошибка 2. сложная неисправность
Mehrfachfernsprechen n многоканальная телефония
Mehrfachfestkondensator m блок конденсаторов постоянной ёмкости
Mehrfachfilter n многозвенный фильтр
Mehrfachfiltersperre f многозвенный режекторный фильтр
Mehrfachfotoelement n фотоэлектронный умножитель, ФЭУ
Mehrfachfotorepeater m многоместный фотоштамп
Mehrfachfotowiderstand m многоэлементный фоторезистор
Mehrfachfrequenzempfänger m многоканальный [многодиапазонный] радиоприёмник
Mehrfachfrequenzimpulssystem n многоканальная импульсная система
Mehrfachfrequenzsystem n многочастотная система (*телеизмерения*)
Mehrfachfrequenzumsetzung f многократное преобразование частоты
mehrfachgekoppelt многосвязный
Mehrfachgerät n 1. многопредельный измерительный прибор 2. универсальный измерительный прибор
Mehrfachgleitung f *крист.* множественное скольжение
Mehrfachgruppierung f многократное группирование
Mehrfachhologramm n голограмма, полученная путём многократного экспонирования
Mehrfachhopping n многопрыжковый механизм (*проводимости*)
Mehrfachimpulszeitmodulation f многократная импульсно-временная модуляция
Mehrfachinstrument n см. **Mehrfachgerät**
Mehrfachinterferenzbedingung f условие многократной интерференции
Mehrfachionisation f многократная ионизация
Mehrfach-Jagi-Antenne f (многоэлементная) директорная антенна
Mehrfachkabel n многожильный кабель
Mehrfachkanal m мультиплексный [уплотнённый] канал
Mehrfachkanal-Zeitmultiplex-System n многоканальная система с временным уплотнением
Mehrfachkoaxialbuchse f многоштырьковый коаксиальный соединитель
Mehrfachkondensator m конденсаторный блок

Mehrfachkonturen f pl многоконтурность
Mehrfachkopf m 1. многодорожечная головка 2. многосекционная головка
Mehrfachkoppler m 1. аппаратура объединения [уплотнения] (*каналов*) 2. *вчт* мультиплексор
Mehrfachkopplersystem n многосвязная система
Mehrfachkorrelation f множественная корреляция
Mehrfachleitersystem n многопроводная система
Mehrfachleitung f 1. многопроводная линия 2. *свз* уплотнённая линия
Mehrfachlinienschreiber m многоканальный самопишущий прибор с непрерывной записью
Mehrfachmesser m, **Mehrfachmeßgerät** n многопредельный (измерительный) прибор
Mehrfachmodulation f многократная модуляция
Mehrfachnachrichtenstrecke f многоканальная линия связи
Mehrfachnachrichtentechnik f техника многоканальной связи
Mehrfachpotentiometer n 1. сопряжённый потенциометр (*напр. сдвоенный*) 2. многооборотный потенциометр
Mehrfachprogrammierung f мультипрограммирование
Mehrfachprogrammmaschine f, **Mehrfachprogrammrechner** m ВМ с мультипрограммированием
Mehrfachprogrammverarbeitung f мультипрограммная обработка данных
Mehrfachprüfgerät n 1. многопредельный контрольно-измерительный прибор 2. универсальный контрольно-измерительный прибор
Mehrfachquantenübergang m *кв. эл.* многоквантовый переход
Mehrfachrautenantenne f сложная ромбическая антенна
Mehrfachreflexklystron n многоотражательный клистрон
Mehrfachregelung f многосвязное регулирование
Mehrfachregler m многоканальный регулятор
Mehrfachrelais n многоконтактное реле
Mehrfachrepeater m многоместный фотоштамп
Mehrfachresonanzlaser m многомодовый (резонансный) лазер
Mehrfachröhre f комбинированная лампа
Mehrfachrückkopplung f многократная обратная связь
Mehrfachrückstreuung f многократное обратное рассеяние
Mehrfachrundspruch m многопрограммное (проводное) радиовещание
Mehrfachsatzpotentiometer n см. **Mehrfachpotentiometer**
Mehrfachschalter m многоконтактный переключатель; многоконтактный выключатель
Mehrfachschicht f многослойное покрытие
Mehrfachschmetterlingsantenne f многосекционная турникетная антенна
Mehrfachschreiber m многоканальный самопишущий прибор
Mehrfachskale f многорядная [многопредельная] шкала
Mehrfachsprechen n см. **Mehrfachtelefonie**

Mehrfachspur f многодорожечная сигналограмма

Mehrfachstabilisator m газоразрядный делитель напряжения

Mehrfachstecker m многоконтактный штекер

Mehrfachsteckverbindung f многоконтактный штекерный соединитель

Mehrfachstiftsockel m многоштырьковый цоколь

Mehrfachstrahlinterferenz f многократная лучевая интерференция

Mehrfachstreuung f многократное рассеяние

Mehrfachstromerzeuger m генератор переменного и постоянного токов

Mehrfachsystem n тлф многократная система

Mehrfachtarifzähler m многотарифный счётчик

Mehrfachtelefonie f многоканальная телефония

Mehrfachtelegrafenapparat m аппарат многократной телеграфии

Mehrfachtelegrafie f многократная телеграфия

Mehrfachtonspur f многодорожечная фонограмма

Mehrfachtrap m многоуровневая ловушка

Mehrfachübertragung f 1. многократная передача (*по одной линии*) 2. многолучевая передача

Mehrfachumschalter m многоконтактный переключатель

Mehrfachverarbeitung f 1. мультипроцессорная обработка 2. многократная обработка (*информации*)

Mehrfachverbinder m тлф многократный соединитель

Mehrfachverbindung f 1. тлф многократное соединение 2. многократная связь

Mehrfachverbindungsteil n см. **Mehrfachverbinder**

Mehrfachverkehr m многократная связь

Mehrfachverstärker m многокаскадный усилитель

Mehrfachverteiler m многократный распределитель

Mehrfachvorwiderstand m многопредельное добавочное сопротивление

Mehrfachwählertaste f многопозиционный наборный ключ

Mehrfachwellentypmeßtechnik f многомодовая измерительная техника

Mehrfachzeichen n pl многократные сигналы

Mehrfachzeilensprungverfahren n, **Mehrfachzerlegung** f многократная чересстрочная развёртка

Mehrfachzugriff m 1. параллельный доступ; коллективный [множественный] доступ, мультидоступ 2. многостанционный доступ (*в спутниковой связи*)

Mehrfarbendrucker m многоцветное печатающее устройство

Mehrfarbenpunktschreiber m самопишущий прибор с точечной многоцветной записью

Mehrfarbenschreiber m самопишущий прибор с многоцветной записью

Mehrfrequenzsignal n многочастотный сигнал

Mehrfrequenzsystem n многочастотная система

Mehrfunktionenröhre f комбинированная лампа

Mehrfunktions-IS f многофункциональная ИС

Mehrgitter... многосеточный

Mehrgrößenregelung f регулирование по нескольким параметрам

Mehrheits... см. **Majoritäts...**

Mehrimpulssystem n многоимпульсная система

Mehrkammerklystron n многорезонаторный клистрон

Mehrkammermagnetron n многорезонаторный магнетрон

Mehrkammerspule f секционированная катушка

Mehrkammerwicklung f секционированная обмотка

Mehrkanalbetrieb m мультиплексный режим; мультиплексная работа

Mehrkanal-Drahtnachrichtengerät n установка многоканальной проводной связи

Mehrkanalfernmeßausrüstung f аппаратура многоканальной телеметрии

Mehrkanalfernsprechtechnik f техника многоканальной телефонии

mehrkanalig многоканальный

Mehrkanalnachrichtenanlage f установка многоканальной связи

Mehrkanalrichtfunksystem n 1. система многоканальной направленной радиосвязи 2. система многоканальной радиорелейной связи

Mehrkanalrichtfunkverbindung f, **Mehrkanalrichtfunkverkehr** m многоканальная радиорелейная связь

Mehrkanal-Richtverbindungsgerät n установка многоканальной направленной связи

Mehrkanalsystem n система многоканальной связи, многоканальная система

Mehrkanaltechnik f техника многоканальной связи

Mehrkanalton m многоканальная передача звука

Mehrkanalton-Fernsehempfänger m телевизионный приёмник с многоканальным звуковым сопровождением

Mehrkanaltonspur f многоканальная фонограмма

Mehrkanaltonwiedergabe f воспроизведение многоканальной звукозаписи

Mehrkanalträgerstromanlage f многоканальная установка высокочастотной связи

Mehrkanalverbindung f многоканальная связь

Mehrkanalverbindungssystem n см. **Mehrkanalsystem**

Mehrkanalverkehr m 1. многоканальная связь 2. многоканальный обмен 3. вчт многоканальный (интерактивный) трафик

Mehrkanalwiedergabe f n-канальное [многоканальное] воспроизведение звукозаписи

mehrkernig многосердечниковый

Mehrkeulenantenne f многолепестковая антенна (*с многолепестковой диаграммой направленности*)

Mehrkomponentenregelung f регулирование по нескольким параметрам

Mehrkontaktsteckverbindung f многоконтактное штекерное соединение

Mehrkopplungsimpulssystem n, **geschlossenes** замкнутая многосвязная импульсная система

mehrkreisig многоконтурный

Mehrkreissystem n многоконтурная система

Mehrkreistriftröhre f многорезонаторный клистрон

Mehrkristall m поликристалл

mehrkristallin поликристаллический
Mehrkristall-Leuchtschirm *m* экран с поликристаллическим люминофором
Mehrkristallquarzfilter *n* многорезонаторный кварцевый фильтр
Mehrkristallschaltung *f* многокристальная схема
Mehrkurs-Richtfunkfeuer *n* многокурсовой направленный радиомаяк
Mehrkurvenpunktdrucker *m* многоканальное печатающее устройство с точечной записью
Mehrlagenleiterplatte *f* многослойная печатная плата, МПП
Mehrlagenmetallisierung *f* многослойная металлизация
Mehrlagenplatte *f*, **Mehrlagenprintplatte** *f* многослойная печатная плата, МПП
Mehrlagenschaltung *f см.* **Mehrlagenleiterplatte**
Mehrlagenwicklung *f* многослойная обмотка; многослойная намотка
mehrlagig многослойный
Mehrleiterantenne *f* многопроводная [многолучевая] антенна
Mehrleiterkabel *n* многожильный кабель
Mehrleiterschalter *m* многополюсный выключатель
Mehrleitersystem *n* многопроводная система; многопроводная установка
Mehrleiterwandler *m* многовитковый (измерительный) трансформатор
mehrlinsig многолинзовый
Mehrlochelement *n* многодырочный элемент
Mehrlochferritkern *m* многодырочный ферритовый сердечник
Mehrlochferritplatte *f* многодырочная ферритовая плата
Mehrlochkern *m* многодырочный сердечник
Mehrlochrichtkoppler *m* многодырочный направленный ответвитель
mehrmalig многократный; неоднократный
Mehrmaschinensteuerung *f* управление многомашинной вычислительной системой
Mehrmodenfaser *f* многомодовое (оптическое) волокно
Mehrmodenwellenleiter *m* многомодовый волновод
Mehrniveaumaser *m* многоуровневый мазер
Mehrnormenempfänger *m*, **Mehrnormenfernsehempfänger** *m* многостандартный телевизор
mehrpaarig многопарный
Mehrpegel... многоуровневый
Mehrpfad(en)element *n* многодырочный элемент
Mehrphasenschaltung *f* многофазная схема
Mehrphasensystem *n* многофазная система
Mehrphonon(en)... многофононный
Mehrphoton(en)... многофотонный
Mehrpolreihenschaltung *f* 1. многополюсное последовательное соединение 2. многоэлементная схема с последовательным действием
Mehrpolreihentheorie *f* теория многоэлементных схем с последовательным действием
Mehrpolröhre *f* многоэлектродная лампа
Mehrpoltheorie *f* теория многополюсников
Mehrprogrammbetrieb *m* мультипрограммирование

Mehrprogramm-Emission *f* многопрограммное вещание
Mehrprozeßbetrieb *m* многозадачный [мультизадачный] режим работы
Mehrprozessor *m* мультипроцессор
Mehrprozessorsystem *n* мультипроцессорная система
Mehrpunktbetrieb *m вчт* мультиплексный режим работы
Mehrpunktleitung *f тлф* многопунктовая линия связи
Mehrpunktregelung *f* многопозиционное регулирование
Mehrpunktschreiber *m* многоканальный самопишущий прибор с точечной записью
Mehrpunktsignal *n* многопозиционный [многоуровневый] сигнал, дискретный многозначный сигнал
Mehrquantenübergang *m* многоквантовый переход
Mehrrechnersystem *n* многомашинная вычислительная система
Mehrresonatorklystron *n* многорезонаторный клистрон
Mehrröhren... многоламповый
Mehrschenkelkern *m* многостержневой сердечник
Mehrschichtanordnung *f* многослойное построение (*схемы*)
Mehrschichtdickschichttechnik *f* техника многослойных толстых плёнок
Mehrschichten... *см.* **Mehrschicht...**
Mehrschichtfotolack *m* многослойный фоторезист
Mehrschichtfotoresistprozeß *m* процесс [метод] изготовления многослойных фоторезистов
Mehrschichtheterolaser *m* гетеролазер на многослойной структуре
Mehrschichtheterostruktur *f* многослойная гетероструктура
mehrschichtig многослойный
Mehrschichtkeramik *f* многослойная керамика
Mehrschichtkeramikchipträger *m микр.* керамический кристаллодержатель с многоуровневыми соединениями
Mehrschichtkonstruktion *f* конструкция слоистого типа, конструкция типа «сэндвич»
Mehrschichtlacktechnik *f см.* **Mehrschichtfotoresistprozeß**
Mehrschichtleiter *m* многослойный проводник
Mehrschichtleiteranordnung *f микр.* многоуровневая развязка
Mehrschichtleuchtstoffschirm *m* многослойный (цветной) экран
Mehrschichtresist *n* многослойный фоторезист
Mehrschichtresistverfahren *n см.* **Mehrschichtfotoresistprozeß**
Mehrschichtschaltung *f* многослойная схема
Mehrschichtschirm *m* многослойный экран
Mehrschichtstruktur *f* многослойная структура
Mehrschichtsubstrat *n* 1. многослойная подложка 2. подложка с многоуровневыми соединениями
Mehrschichtverdrahtung *f* многоуровневая разводка
Mehrschichtwafer *m* многослойная подложка

Mehrschichtwicklung f многослойная обмотка
Mehrschleifenoszillograf m многоканальный шлейфовый осциллограф
mehrschleifig 1. многоконтурный 2. многошлейфовый
Mehrschlitzanode f многощелевой анод
Mehrschlitzmagnetfeldröhre f, **Mehrschlitzmagnetron** n многорезонаторный магнетрон с анодным блоком щелевого типа
Mehrseitenspeicher m память на несколько страниц (*телетекста*)
Mehrskale... многошкальный
Mehrspannung f напряжение выше номинального; увеличенное напряжение
Mehrspigellaser m многозеркальный лазер
Mehrspuraufnahme f, **Mehrspuraufzeichnung** f многодорожечная запись
Mehrspurband n лента для многодорожечной записи
Mehrspur(band)gerät n см. **Mehrspurmaschine**
Mehrspurkopf m, **Mehrspurmagnetkopf** m блок магнитных головок для многодорожечной записи
Mehrspurmagnettongerät n многодорожечный магнитофон
Mehrspurmaschine f многодорожечный (видео)-магнитофон
Mehrspursystem n система многодорожечной записи
Mehrspurton m многодорожечная фонограмма
Mehrspurtonträger m звуконоситель для многодорожечной записи
Mehrstandard-Dekoder m *тлв* многостандартный декодер
Mehrstandardfernsehempfänger m многостандартный телевизор
Mehrstellenschreiber m многоканальный самописец с точечной записью
mehrstellig 1. многопозиционный 2. многоразрядный 3. многозначный
Mehrsteuerröhre f лампа с многократным управлением электронным потоком
Mehrstiftsockel m многоштырьковый цоколь
Mehrstiftstecker m, **Mehrstiftstöpsel** m многоштырьковая вилка (*соединителя*)
Mehrstrahl... многолучевой
Mehrstufenauswahl f 1. многоступенчатое искание 2. многоступенчатая выборка
Mehrstufenröhre f многокаскадная трубка
Mehrstufenstichprobenverfahren n метод многоступенчатых выборок
Mehrstufenverstärker m многокаскадный усилитель
mehrstufig многокаскадный; многоступенчатый
Mehrtalhalbleiter m многодолинный полупроводник
mehrteilig 1. многосекционный; многозвенный; многоэлементный 2. составной; разъёмный
Mehrtontelegrafie f многотональная телеграфия
Mehrtonverfahren n метод исследования нелинейных искажений подачей прямоугольных импульсов различной частоты
Mehrtor n многополюсник
Mehrträger-Mehrkanal-System n многоканальная система с многими (под)несущими частотами

Mehrträgersender m радиопередатчик, работающий на нескольких несущих
Mehrtypenhohlleiter m многомодовый волновод
Mehrübergangssonnenzelle f каскадный солнечный элемент
mehrvalent 1. многовалентный 2. многозначный; многоуровневый
Mehrverstärkerschaltung f схема многокаскадного усилителя
Mehrwaferbelichtungsanlage f высокопроизводительная установка (совмещения и) экспонирования (полупроводниковых) пластин
Mehrwegausbreitung f многолучевое [многопутевое] распространение (*радиоволн*)
Mehrwegeauflösung f коррекция искажений при многолучевом распространении
Mehrwegeempfang m многолучевой приём
Mehrwegeverzerrungen f pl искажения из-за многолучевого распространения
Mehrwegnachrichtensystem n система связи с использованием нескольких каналов
Mehrwegschalter m см. **Mehrwegumschalter**
Mehrwegsteuerung f многоканальное управление
Mehrwegumschalter m переключатель на несколько направлений
Mehrwegventil n многоходовой вентиль
Mehrwellenmodenhohlleiter m многомодовый волновод
mehrwellig многоволновый; с многими гармониками
Mehrwelligkeit f многоволновость
Mehrwert-Dienste m pl цифровая сеть интегрального обслуживания
Mehrwertigkeit f 1. многозначность 2. многовалентность
mehrwindig многовитковый
Mehrzackenschrift f многоканальная (фотографическая) сигналограмма переменной ширины
Mehrzeichenanzeigegerät n многознаковый индикатор
Mehrzeicheneingabe f многоканальный ввод (данных); ввод (данных) поблочно
Mehrzeilenabfühlung f многострочное считывание
mehrzipflig многолепестковый
Mehrzweckbauelement n многофункциональный элемент
Mehrzweckschnittstelle f универсальный интерфейс
Mehrzwecktestchip n многоцелевой [универсальный] тестовый кристалл
Meiler m реактор
Meile-Standardkabel n миля стандартного кабеля
Meißner-Effekt m *свпр* эффект Мейснера
Meißner-Oszillator m генератор с индуктивной [трансформаторной] связью через автономный резонансный контур
Meister m 1. первый (металлический) оригинал (*фонограммы*) 2. оригинал (*напр. рисунка печатной платы*) 3. задающий компонент схемы
Meist-Lese-Speicher m полупостоянное ЗУ; полупостоянная память

Meldeabgabe f передача извещений; подача сигналов
Meldeanlage f сигнальная установка; установка связи
Meldedienst m служба оповещения; служба связи
Meldeeinrichtung f см. **Meldeanlage**
Meldeelektronik f электроника (средств) связи
Meldeempfänger m приёмник системы оповещения
Meldegeber m датчик сигналов оповещения
Meldeglied n 1. элемент сигнализации; устройство контроля 2. передающее (телеметрическое) звено
Meldeimpuls m 1. импульс оповещения 2. импульс ответа
Meldekanal m канал оповещения; канал связи
Meldeklinke f тлф гнездо для включения
Meldekreis m цепь оповещения
melden 1. оповещать, извещать; сообщать 2. сигнализировать □ **sich in der Leitung** ~ отвечать на вызов абонента
Melder m 1. датчик системы оповещения 2. сигнализатор
Meldesatellit m спутник связи
Meldesignal n сигнал оповещения
Meldesignalisationssystem n система оповестительной сигнализации
Meldestromkreis m 1. цепь системы оповещения 2. цепь сигнализации; цепь контрольного тока
Meldetableau n, **Meldetafel** f сигнальное табло
Meldewesen n связь, служба связи
Meldung f 1. оповещение, извещение; сообщение 2. сигнализация
Meldungsausgabe f вывод извещения
Meldungseingabe f ввод извещения
Melodium n электронный орга́н
Meltback-Transistor m транзистор, изготовленный методом обратного оплавления
Membran f 1. мембрана; диафрагма 2. диффузор 3. микр. плёнка-подложка (для шаблона) 4. микр. (тонкая) плёнка (предохраняет маску от пыли)
Membranamplitude f амплитуда колебаний мембраны
Membrane f см. **Membran**
Membrangleichung f уравнение (колебаний) мембраны
Membranhaltering m кольцевой держатель мембраны
Membrankapsel m мембранная коробка
Membranlautsprecher m мембранный громкоговоритель, громкоговоритель с диафрагмой или с диффузором
Membranmaske f мембранный шаблон (для рентгенолитографии)
Membranschwingung f колебание мембраны
Membransender m мембранный излучатель
Membranthermoumformer m термопреобразователь с мембранным нагревателем
Membranvorspannung f предварительное натяжение мембраны
Memistor m мемистор (электрохимический прибор с управляемыми сопротивлениями)

Memorieeinrichtung f запоминающее устройство, ЗУ; память
Memorietube f запоминающая трубка
Memoriewerk n запоминающее устройство, ЗУ; память
Memoskop n запоминающая приставка к осциллографу
Memotron n мемотрон (запоминающая трубка для осциллографа)
Menge f 1. множество, совокупность 2. количество; масса
~, **geringe** следы, малая примесь
Mengenspeicher m ЗУ большого объёма
Mengensteuerung f управление интенсивностью (электронного потока)
Meniskus m мениск
~, **negativer** отрицательный мениск
~, **positiver** положительный мениск
Mensch-Automat-System n система человек—автомат
Mensch-Maschine-Dialog m человеко-машинный диалог
Mensch-Maschine-Schnittstelle f человеко-машинный интерфейс
Mensch-Maschine-System n система человек—машина
Mensch-Maschine-Wechselwirkung f человеко-машинное взаимодействие
Mensch-Rechner-Interface n человеко-машинный интерфейс
Menu n вчт меню (список команд или вариантов ответа, предлагаемый системой на экране дисплея)
Menü-Auswahl f вчт 1. выбор типа меню 2. выбор команды из меню (дисплея)
Meridianebene f меридиональная поверхность
Meridianstrahl m меридиональный луч
Merken n запоминание; хранение
Merklampe f сигнальная лампа
Merkmal n признак
Merkmaleigenschaften f pl свойства признаков
Merkmalsbereich m, **Merkmalsraum** m область признаков
Merkmalsselektion f селекция признаков
Merkspur f дорожка режиссёрского канала, режиссёрская дорожка
Merkzeichen n метка; отличительный признак
Merkzeiger m (контрольная) стрелка; указатель
Mesa f мезаструктура
Mesaätzung f пп вытравливание мезаструктур
Mesadiode f мезадиод
Mesa-Gebiet n меза-область, меза-участок
Mesainsel f вытравленный мезаостровок
Mesa-Lawinenlaufzeit-Diode f лавинно-пролётный мезадиод
Mesa-npn-Transistor m мезатранзистор с n—p—n-переходами
Mesastruktur f мезаструктура
~, **doppelte** двойная мезаструктура
Mesatechnik f техника изготовления мезаструктур
Mesatransistor m мезатранзистор
~, **diffusionslegierter** диффузионно-сплавной мезатранзистор

~, **doppeldiffundierter** мезатранзистор, полученный методом двойной диффузии
~, **legierungsdiffundierter** диффузионно-сплавный мезатранзистор
~ **mit diffundierter Basis** мезатранзистор с диффузионной базой
Mesa-Verfahren *n пп* меза-технология
MES-Feldeffekttransistor *m* полевой транзистор с барьером Шотки
MESFET-Verstärker *m* усилитель на полевом транзисторе с барьером Шотки
Mesnu-Schaltung *f* схема Месну (*двухтактная схема генератора СВЧ*)
Mesoatom *n* мезоатом
mesochron мезохронный
Meson *n* мезон
Mesoneffekt *m* мезонный эффект
Mesonenausbeute *f* выход мезонов
Mesonenbildung *f* образование мезонов
Mesoneneinfang *m* захват мезонов
Mesonenfabrik *f* мезонная фабрика (*ускоритель для получения пучков мезонов*)
Mesonenquelle *f* источник мезонов
Mesonterm *m* мезонный уровень
Mesosphäre *f* мезосфера (*высота от 30 до 80 км*)
Meßablenkplatten *f pl* измерительные отклоняющие пластины (*осциллографа*)
Meßabschnitt *m*, **Meßabstand** *m* интервал измерения
Meßadapter *m* (контактирующее) переходное устройство (*от контролируемой подложки к измерительной системе*)
Meßamt *n тлф* измерительная станция
Meßantenne *f* измерительная антенна
Meßartenumschalter *m*, **Meßartenwähler** *m* переключатель рода измерений
Meßaufbau *m* 1. конструкция измерительной установки 2. измерительный узел
Meßausschlag *m* отклонение [выброс] (стрелки) при измерении
Meßband *n* измерительная (магнитная) лента, ЛИМ
meßbar поддающийся измерению, измеримый
Meßbereich *m* 1. диапазон измерений 2. рабочая часть шкалы
Meßbereichendwert *m* верхний предел диапазона измерений
Meßbereicherweiterung *f* расширение пределов измерений
Meßbereichfaktor *m* множитель (для) диапазона измерений
Meßbereichgrenze *f* предел диапазона измерений
Meßbereichnennwert *m* номинальное значение измеряемой величины
Meßbereichs... *см.* **Meßbereich...**
Meßbereichstufung *f* разделение диапазонов измерений
Meßbereichumschalter *m* переключатель диапазонов измерений
Meßbereichumschaltung *f* переключение диапазонов измерений
Meßbereichwähler *m см.* **Meßbereichumschalter**
Meßbereichwiderstand *m* (добавочный) резистор для изменения диапазона измерений

Meßbildgerät *n* фотограмметрический прибор
Meßblende *f* измерительная диафрагма
Meßbrücke *f* измерительный мост(ик)
Meßbrückenindikator *m* индикатор измерительного моста
Meßbrückenzweig *m* ветвь измерительного моста
Meßbuchse *f* гнездо для измерений
Meßdaten *pl* данные измерений
Meßdatenübertragung *f* дистанционная передача данных измерений
Meßdekade *f* измерительная декада
Meßdemodulator *m*, **Meßdetektor** *m* 1. измерительный детектор 2. детектор измерительного прибора
Meßdienst *m* 1. служба измерений 2. *тлф* стол измерений
Meßdose *f* измерительный датчик
Meßdurchführung *f* измерительный ввод
Meßdynamik *f* техника измерения процессов в динамике
Meßebene *f* 1. плоскость измерения 2. условная рабочая поверхность (*поверхность, на которой определяется необходимая освещённость*)
Meßeinheit *f* 1. единица измерения 2. измерительный узел
Meßeingang *m* измерительный вход, вход измеряемой величины
Meßeinrichtung *f* 1. измерительное устройство 2. измерительный электрод; измерительный зонд
Meßelektronik *f* измерительная электроника
Meßempfänger *m* контрольный (измерительный) приёмник
Meßempfindlichkeit *f* чувствительность измерительного устройства; чувствительность измерений
Messer *m* I измеритель; измерительный прибор; счётчик
Messer *n* II нож (*напр. рубильника*)
Meßergebnisselbstregistrierung *f* автоматическая регистрация результатов измерений
Messerschalter *m* выключатель с ножевыми контактами, рубильник
Meßfehler *m* ошибка измерения
~, **persönlicher** погрешность наблюдателя, субъективная ошибка
Meßfehlerverteilung *f* распределение ошибок измерений
Meßfeld *n* 1. измерительная панель 2. измерительный стенд
Meßfenster *n* измерительное окошко
Meßfühler *m* 1. чувствительный [воспринимающий] элемент 2. измерительный преобразователь; измерительный датчик
Meßfunk *m* радиотелеизмерение
Meßgeber *m см.* **Meßfühler** 2.
Meßgebiet *n* область измерений
Meßgenerator *m* измерительный генератор; генератор стандартных сигналов, ГСС
~, **gewobbelter** свип-генератор, (измерительный) генератор сигнала качающейся частоты
Meßgerät *n* измерительный прибор
~, **absolut eichbares** измерительный прибор, градуируемый в абсолютных единицах

Meß

~, **anzeigendes** индикаторный (измерительный) прибор
~, **direkt anzeigendes** измерительный прибор с непосредственным отсчётом
~, **druckendes** печатающий измерительный прибор
~, **eingebautes** встроенный измерительный прибор
~ **für kosmische Strahlungspartikel** счётчик космических частиц
~ **mit unterdrücktem Nullpunkt** прибор со шкалой без нуля
~, **registrierendes** регистрирующий измерительный прибор
~, **schreibendes** (само)пишущий измерительный прибор
~, **sektorförmiges** измерительный прибор с секторной шкалой
~, **zeigendes** см. **Meßgerät, anzeigendes**
Meßgeräteklasse f класс точности измерительного прибора
Meßgerätekopf m (выносная) головка измерительного прибора
Meßgeräteskale f, **geraffte** сжатая шкала измерительного прибора
Meßgeräteträger m приспособление для переноса или перевозки измерительной аппаратуры
Meßgestell n измерительная стойка
Meßgitter n 1. измерительный растр 2. чувствительный элемент тензорезистора
Meßgitterlänge f, **aktive** база тензорезистора
Meßgleichrichter m 1. измерительный детектор 2. эталонный выпрямитель
Meßglied n 1. измерительный элемент 2. элемент измерительной цепи
Meßgrenze f предел измерений
Meßgröße f измеряемая величина
Meßgrößenaufnahme f съём [регистрация] измеряемых величин результатов измерений
Meßgrößenfrequenz f частота (передачи) измеряемых величин
Meßgrößenumformer m преобразователь измеряемых величин, измерительный преобразователь
Meßgrößenwähler m переключатель (рода) измеряемых величин
Meßgrößenwandler m датчик-преобразователь, преобразователь измеряемых величин
Meßheißleiter m измерительный терморезистор
Meßhohlleiter m измерительный волновод
Meßhörer m телефонная трубка-индикатор (*напр. в мостовых схемах*)
Meßimpuls m 1. измерительный *или* отсчётный импульс 2. измеряемый импульс
Meßimpulsgenerator m измерительный импульсный генератор
Meßjoch n измерительное ярмо, пермеаметр
Meßkamera f измерительная телевизионная камера
Meßkanal m измерительный канал
Meßkapazität f 1. измерительный конденсатор 2. измеряемая ёмкость
Meßkartenentfernung f *рлк* горизонтальная дальность
Meßkeil m 1. измерительный клин 2. дальномерный клин; мерная марка дальномера 3. клин телевизионной испытательной таблицы
Meßkette f измерительная цепь
Meßklemme f клемма измерительного прибора
Meßklinkenfeld n гнездовая панель измерительного стола
Meßkoffer m переносный комплект измерительных приборов
Meßkontakt m контакт в измерительной цепи
Meßkontrollgerät n контрольно-измерительный прибор
Meßkopf m измерительная головка
Meßkopfschlitten m направляющие [салазки] измерительной головки
Meßkreis m 1. измерительная цепь 2. лимб
Meßkunde f измерительная техника
Meßleiterplatte f плата [карта] измерительных цепей *или* измерительных соединений
Meßleitung f измерительная линия
Meßleitungsabtaster m зонд измерительной линии
Meßleitungstopf m измерительный объёмный резонатор
Meßlinie f см. **Meßleitung**
Meßmarke f измерительная (от)метка
Meßmethode f метод [техника] измерений
~, **zerstörungsfreie** неразрушающий метод измерений
Meßmikrofon n измерительный микрофон
Meßmittel n измерительное оборудование
Meßnormal n эталон
Meßobjekt n объект измерения
Meßorgan n измерительный орган
Meßort m см. **Meßstelle**
Meßperiode f 1. период [периодичность] замеров 2. длительность замера
Meßplatte f 1. измерительная (отклоняющая) пластина (*осциллографа*) 2. испытательная пластинка (*фотометра*)
Meßplattenempfindlichkeit f чувствительность по отклонению измерительных пластин (*осциллографа*)
Meßpotential n 1. измерительный потенциал 2. измеряемый потенциал
Meßpotentiometerabgriff m отвод (от) измерительного потенциометра
Meßprogramm n программа измерений
Meßpult n измерительный пульт
Meßpunkt m 1. точка измерения 2. точка для подключения измерительного прибора
Meßquarz m измерительная кварцевая пластинка
Meßrähmchen n 1. рамка измерительного прибора 2. рамка (*логометра*), создающая вращательный момент
Meßraster m 1. измерительный растр 2. сетка *или* шкала уровней квантования (в *АЦП*)
Meßreihenschwerpunkt m математическое ожидание последовательности результатов измерений
Meßring m 1. калибровочный круг (*в индикаторах кругового обзора*) 2. лимб
Meßsatellit m искусственный спутник Земли, используемый для измерительных целей
Meßsatz m комплект измерительных приборов

Meßschallplatte *f* тестпластинка, измерительная грампластинка
Meßschalter *m* переключатель в цепи измерений
Meßschaltplatte *f* измерительно-коммутационная плата (*напр. перфокарта лампового тестера*)
Meßscheibe *f* лимб
Meßschleifdraht *m* (скользящая) перемычка измерительного шлейфа
Meßschnur *f* шнур измерительного прибора
Meßschrank *m* измерительный шкаф
Meßschreiber *m* (само)пишущий измерительный прибор
Meßsignal *n* 1. измеряемый сигнал 2. испытательный сигнал
Meßsignalquelle *f* датчик испытательного сигнала
Meßspalt *m* измерительная щель (*волновода*); измерительный зазор
Meßspannung *f* 1. измеряемое напряжение 2. измерительное напряжение (*напряжение, пропорциональное измеряемой величине*)
Meßspitze *f* измерительный щуп
Meßstand *m* измерительный стенд
Meßständer *m* измерительная стойка
Meßstation *f* измерительный пункт
Meßsteckverbinder *m* измерительный (электрический) соединитель
Meßstelle *f* 1. место (проведения) измерений 2. точка [место] измерения [замера], контролируемая точка (*схемы*)
Meßstellenabfrageeinrichtung *f*, **Meßstellenabfragegerät** *n*, **Meßstellenabtaster** *m* устройство обегающего контроля
Meßstellenschema *n* схема точек контроля
Meßstellenumschalteinrichtung *f*, **Meßstellenumschalter** *m* коммутатор измерительной системы
Meß-Steuerungs- und Regelungstechnik *f* контрольно-измерительные приборы и техника автоматического управления, КИПиА
Meßstift *m* измерительный штифт; измерительный щуп
Meßstochastik *f* техника измерения недетерминированных процессов
Meßstrahlenbündel *n* измерительный световой пучок
Meßstreifen *m* 1. лента (само)пишущего измерительного прибора 2. измерительная полоска (*тензометрического датчика*)
Meßstreifenauswertgerät *n* вычислительный прибор для обработки лент с записью измерений
Meßstrom *m* 1. измеряемый ток 2. измерительный ток (*ток, пропорциональный измеряемой величине*)
Meßsystem *n* 1. система измерений 2. измерительная система
Meßtafel *f* измерительный щит
Meßtakt *m см.* **Meßperiode** 1.
Meßtaste *f* кнопка измерительной цепи
Meßtechnik *f* 1. измерительная техника 2. метрология
~, **industrielle** техника производственных измерений
Meßtisch *m* измерительный стол

Meßtoleranz *f* допускаемая погрешность измерений
Meßton *m* измерительный тон
Meßtonband *n* тестфильм
Meßtrafo *m* измерительный трансформатор
Meßtute *f* измерительный аттенюатор
Meßumfang *m* 1. объём измерений 2. область измерений
Meßumformer *m*, **Meßumsetzer** *m* измерительный преобразователь
~, **intelligenter** измерительный преобразователь с развитой логикой
Meß- und Zählgerät *n* счётно-измерительный прибор
Messung *f* измерение
~, **berührungslose** бесконтактное измерение
~, **direkte** непосредственное измерение
~, **indirekte** косвенное измерение
Meßungenauigkeit *f*, **Meßunsicherheit** *f* погрешность измерений
Meßverfahren *n* метод измерений
Meßverzweiger *m* измерительный разветвитель
Meßvorsatz *m* измерительная приставка
Meßwähler *m* (линейный) искатель испытательного стола
Meßwandler *m* измерительный преобразователь; измерительный трансформатор
Meßwarte *f* контрольно-измерительный пункт
Meßwelle *f* измерительная волна
Meßwerk *n* измерительное устройство; измерительный механизм (*прибора*)
Meßwerkdämpfung *f* демпфирование измерительного механизма
Meßwerkregler *m* регулятор измерительного устройства
Meßwerk-Sinnbilder *n pl см.* **Meßwerk-Symbole**
Meßwerkspannung *f* напряжение на зажимах измерительного устройства
Meßwerk-Symbole *n pl* условные [схематические] обозначения системы измерительного прибора
Meßwerkvorwiderstand *m* добавочный резистор в цепи измерительного устройства
Meßwert *m* измеренная *или* измеряемая величина; результат измерения
Meßwertabfrage *f* опрос контролируемых точек
Meßwertabstand *m* 1. разность между измеренными значениями 2. интервал между двумя замерами
Meßwertabtastung *f* считывание данных измерений
Meßwertabweichung *f* отклонение замеренных значений (*друг от друга*); отклонение измеряемой величины (*от номинального значения*)
Meßwertänderung *f* разброс измеряемых значений
Meßwertanzeige *f* индикация измеряемой величины
Meßwertaufnehmer *m см.* **Meßwertfühler**
Meßwertaufzeichnung *f* регистрация результатов измерений
Meßwertausgabe *f* выдача *или* вывод результатов измерений
Meßwertauswertung *f* определение [вычисление]

измеряемой величины; оценка результатов измерений
Meßwertdrucker *m* устройство для печатания результатов измерений
Meßwerterfassung *f* сбор результатов измерений; регистрация результатов измерений
Meßwerterfassungseinheit *f* устройство сбора и регистрации результатов измерений
Meßwerterfassungsrechner *m* ВМ для регистрации и оценки результатов измерений
Meßwerterfassungssystem *n* система сбора и регистрации результатов измерений
Meßwertfehler *m* ошибка измерений
Meßwertfernübertragung *f* дистанционная передача результатов измерений
Meßwertfühler *m* чувствительный элемент измерительного датчика
Meßwertgeber *m* измерительный датчик
Meßwertlogger *m* регистратор результатов измерений
Meßwert-Sammelstation *f* координационно-вычислительный центр
Meßwertschreiber *m* (само)пишущий прибор для записи результатов измерений
Meßwertsender *m* 1. телеметрический передатчик 2. измерительный датчик
Meßwertspeicher *m* ЗУ *или* память для хранения результатов измерений
Meßwertspur *f* дорожка с записанными результатами измерений
Meßwertübertrager *m* устройство для дистанционной передачи результатов измерений
Meßwertumformer *m*, **Meßwertumsetzer** *m*, **Meßwertumwandler** *m* измерительный преобразователь
Meßwertverarbeitung *f* обработка результатов измерений
Meßwertverfälschung *f* погрешность измерений
Meßwertvergleicher *m* устройство сравнения измеряемой величины (*с опорной величиной*)
Meßwertwandler *m см.* Meßwertumformer
Meßwertwiedergabe *f* воспроизведение результатов измерений
Meßwesen *n* метрология
Meßwiderstandssatz *m* комплект измерительных резисторов
Meßzeiger *m* стрелка измерительного прибора
Meßzeit *f* время измерения
Meßzeitkonstante *f* постоянная времени измерения
Meßzelle *f* измерительный (фото)элемент
Meßzentrale *f* центральный измерительный пункт
Meßzerhacker *m* 1. измерительный прерыватель 2. измерительный вибропреобразователь
Meßzubehör *n* измерительные принадлежности
Meßzunge *f* измерительный щуп
Meßzusatz *m* измерительная приставка
Meßzweig *m* 1. измерительная ветвь 2. измерительная цепь
Metall-Aluminium-Halbleiter-Struktur *f* МАП-структура
Metall-Aluminium-Oxid-Halbleiter-Struktur *f* МАОП-структура
Metallanschlußkammstreifen *m микр.* металлическая выводная рамка, металлическая рамка с внешними выводами
Metallaufdampfung *f* напыление металла
Metallbalg *m* металлический сильфон
Metallband-Magnetkern *m* ленточный магнитный сердечник
Metallbasistransistor *m* транзистор с металлической базой
Metallbedampfungsanlage *f* установка для напыления металла
Metallbekleidung *f*, **Metallbelag** *m* металлическое покрытие
Metallbildröhre *f* металлостеклянный кинескоп
Metalldampfgleichrichter *m* выпрямитель на ионном вентиле с парами металла
Metalldampflaser *m* лазер на парах металла
Metalldrahtwiderstand *m* проволочный резистор
Metallelektronentheorie *f* электронная теория металлов
Metall-Ferroelektrik-Halbleiter-Struktur *f* структура металл—сегнетоэлектрик—полупроводник
Metallfilmkatode *f* металлоплёночный катод
Metallfilmwiderstand *m* металлоплёночный резистор
Metallfolienpapierkondensator *m* бумажный конденсатор с металлическими обкладками
Metallfolienschablone *f* шаблон из металлической фольги
Metallgatter *n* металлический затвор (*МОП-структуры*)
metallgekapselt в металлическом кожухе
Metallgitterspiegel *m* зеркало (антенны) из металлической сетки
Metallglaslötung *f* спай металла со стеклом
Metallglasröhre *f* металлостеклянная лампа
Metallgleichrichter *m* поликристаллический выпрямитель
Metallgrundplatte *f* металлическая подложка в виде пластины
Metallhalbleiter-Diode *f* диод со структурой металл—полупроводник
Metall-Halbleiter-Feldeffekttransistor *m* полевой транзистор со структурой металл—полупроводник; полевой транзистор с барьером Шотки
Metallhalbleiter-Gleichrichter *m* 1. выпрямитель металл—полупроводник 2. *см.* **Metallhalbleiter-Diode**
Metallhalbleiter-Grenzschicht *f* граничный слой металл—полупроводник
Metall-Halbleiter-Metall-Struktur *f* структура металл—полупроводник—металл
Metallhalbleiter-Randschicht *f* граничный слой металл—полупроводник
Metallhalbleiter-Sperrschicht *f* запирающий слой металл—полупроводник
Metall-Halbleiter-Übergang *m* переход металл—полупроводник
Metallhaut *f* металлическое покрытие
Metallhinterlegung *f* металлическая подложка
Metallinse *f* металлопластинчатая линза
Metallisierung *f* металлизация
Metallisierungsebene *f* слой металлизации
Metallisierungsmaske *f* маска для металлизации

Metallisolator *m* металлический (четвертьволновый) изолятор
Metall-Isolator-Halbleiter *m* МДП-структура
Metall-Isolator-Halbleiter-Feldeffekttransistor *m* полевой МДП-транзистор
Metall-Isolator-Halbleiter-Isolator-Halbleiter-Struktur *f* МДПДП-структура
Metall-Isolator-Metall-Isolator-Halbleiter-Struktur *f* МДМДП-структура
Metall-Isolator-Metall-Struktur *f* МДМ-структура
Metallkapillarkatode *f* металлокапиллярный катод
metallkaschiert фольгированный; с металлическим покрытием
Metallkeramik *f* металлокерамика
Metallkeramikverbindung *f* металлокерамическое соединение
Metallkristall *m* кристалл металла
Metall-Lack-Kondensator *m* металлолаковый конденсатор
Metall-Nitrid-Halbleiter-Struktur *f* МНП-структура
Metall-Nitrid-Oxid-Halbleiter-Struktur *f* МНОП-структура
Metall-Nitrid-Oxid-Halbleiter-Transistor *m* **mit selbstregelndem Gatter** МНОП-транзистор с самосовмещённым затвором
Metall-Original *n* металлический оригинал
Metalloxid-Feldeffekttransistor *m* полевой МОП-транзистор
Metall-Oxid-Halbleiter-Feldeffekttransistor *m* полевой МОП-транзистор
Metall-Oxid-Halbleiter-Struktur *f* МОП-структура
Metall-Oxid-Kondensator *m* оксидно-металлический конденсатор
Metall-Oxid-Metall-Struktur *f* МОМ-структура
Metall-Oxid-Silizium-Struktur *f* структура металл — оксид — кремний
Metall-Oxid-Widerstand *m* металлооксидный (тонкослойный) резистор
Metallpapier *n* металлизированная бумага
Metallpapierkondensator *m* бумажный конденсатор с металлизированными обкладками
Metallplattenlinse *f* металлопластинчатая линза
Metallpolyesterkondensator *m* конденсатор на полиэфирном металлизированном диэлектрике
Metallpulverband *n* металлопорошковая лента
Metallröhre *f* лампа в металлическом баллоне
Metallrundgehäuse *n* металлический цилиндрический корпус
Metallschicht *f* металлический слой; металлическое покрытие
Metallschicht-Glaswiderstand *m* металлоплёночный резистор на стеклянном основании
Metallschichtwiderstand *m* металлоплёночный резистор
Metallschirm *m* металлический экран; металлизированный экран
Metallschirmröhre *f* трубка с металлизированным экраном
Metallsilizid *n* силицид металла
Metall-Silizium-Feldeffekttransistor *m* полевой транзистор структуры металл — кремний

Metallspritzen *n* металлизация распылением
Metallsteg *m* металлическая перемычка; металлический мостик
Metallstreifen *m* *pl* металлизированные дипольные полоски (*для создания помех радиолокационным станциям*)
Metalltortransistor *m* полевой транзистор с металлическим затвором
Metallüberziehung *f* металлизация
Metallüberzug *m* металлическое покрытие
Metallumflechtung *f* металлическая оплётка
metallumkleidet в металлической оболочке, экранированный
Metallwiderstand *m* металлоплёночный резистор
Metallzerstäuben *n*, **Metallzerstäubung** *f* металлизация распылением
Metallzwischenschichttransistor *m* транзистор с металлической базой
Metamagnetismus *m* метамагнетизм
Metastabilität *f* метастабильность
Metastabillage *f* метастабильное состояние
Meteorologiesatellit *m* метеорологический спутник
Meteorradar *n* РЛС наблюдения за метеорами
Meteor-Radioastronomie *f* радиоастрономия метеоров
Meteorschwarm *m* метеорный поток
Meteorstaub *m* метеорная пыль
METEOSAT *m* метеорологический спутник
Meterampere *n* метр-ампер (*единица момента тока антенны*)
Meterbrücke *f* 1. измерительный мост с градуированной струной длиной 1 м 2. измерительный мост метрового диапазона волн
Meterwellen *f* *pl* метровые волны (*1—10 м*)
Meterwellenfrequenz *f* частота метрового диапазона
Meterwellengebiet *n* диапазон метровых волн (*1—10 м*)
Meterwellensender *m* передатчик [генератор] метровых волн
Meterwellenstrecke *f* радиолиния на метровых волнах
Methakrylat *n* метакрилат (*резист*)
Methode *f* 1. метод, способ 2. техника
~ **der aquivalenten Linearisation** метод гармонического баланса
~ **der Doppelimpulse** метод двойных импульсов
~, **fotografische** «фотографический» метод (*передачи и отображения информации*)
~, **halbpotentiometrische** компенсационный метод
~, **induktive** метод индукции
~ **der Integralkriterien** метод интегральных оценок
~ **der kleinen Schwingungen** метод малых колебаний
~ **der Knotenverschiebung** метод смещения узлов
~ **der Pseudozufallszahlen** метод псевдослучайных чисел
~ **der Störungen** метод возмущений
~, **symbolische** 1. символический метод 2. *мат.* операторный метод
~, **topologische** топологический метод

~ **der wiederholenden Pausen** метод повторяющихся пауз
~ **der Wurzelverteilung** метод распределения корней (*метод оценки качества переходных процессов*)
~ **des zusätzlichen Halbschritts** метод добавочного полушага
Methodenanalyse *f* анализ метода
methodenbeeinflußt зависящий от метода (*напр. измерения*)
Metrechon *n* метрехон (*двухлучевая трубка для перезаписи изображения*)
M-Format *n* 1. стандарт М 2. формат М (*видеофонограммы*)
M-II-Format *n* формат М-II (*видеофонограммы*)
MF-Röhre *f см.* **Mixed-Field-Röhre**
MF-Saticon *n* сатикон-дефлектрон
MFS-Struktur *f* структура металл — сегнетоэлектрик — полупроводник
MF-Trinicon *n* тринитро-дефлектрон
m-Glied *n* звено (фильтра) типа m
Mho *n* сименс, См (*единица проводимости*)
Mhometer *n* измеритель электрических проводимостей
MH-Z-Bereich *m* диапазон метровых волн (*1 — 10 м*)
MIC-Programm *n* микропрограмма
Micro... *см.* **Mikro...**
Midgetempfänger *m* миниатюрный (радио)приёмник
Midicomputer *m* средняя ВМ
MIDI-Standard *m* стандарт МИДИ (*стандарт цифрового интерфейса электронных музыкальных инструментов*)
Mie-Effekt *m* явление [эффект] Ми
Mietleitung *f* арендуемая линия (*связи*)
Migration *f* миграция
mike *англ. проф.* микрофон
Mikro *n проф.* микрофон
Mikroabbildung *f* микроизображение
Mikro-Alloy-Transistor *m* микросплавной транзистор
Mikroantrieb *m* микропривод
Mikroätzanlage *f* установка для микротравления
Mikroausscheidung *f* **von Störstellen** микросегрегация нарушений (*в кристалле*)
Mikrobaueinheit *f* микросборка, гибридная БИС
Mikrobauelement *n* микрокомпонент; микроэлемент
Mikrobaustein *m* микромодуль; микроблок
Mikrobauteil *n* микромодуль
~ **mit hoher Bauteildichte** микромодуль с высокой плотностью (монтажа) элементов
Mikrobauweise *f* микроминиатюрное исполнение
Mikrobearbeitung *f* микрообработка
Mikrobefehl *m* микрокоманда
Mikrobereich *m* микрообласть, микроучасток
Mikrobildtechnik *f* техника (формирования) микрорисунка (*топологии БИС*)
Mikrochipkonfiguration *f* (фото)оригинал (топологии) микрокристалла
Mikrochipresistor *m* бескорпусный микрорезистор
Mikrochipschaltkreisvorlage *f см.* **Mikrochipkonfiguration**

Mikrochipwiderstand *m* бескорпусный микрорезистор
Mikrocomputer *m* микроЭВМ, микрокомпьютер
mikrocomputergesteuert управляемый от микроЭВМ
Mikrocomputersystem *n* микромашинная система, система с микроЭВМ
Mikrodiode *f* микродиод
Mikrodrahtbonder *m* установка для монтажа кристаллов микропроводом
Mikrodruckschweißung *f* микросварка давлением
Mikroelektr(on)ik *f* микроэлектроника
Mikroelektronikbaustein *m см.* **Mikrobaustein**
Mikroelektronikelement *n* микроэлектронный элемент
mikroelektronisch микроэлектронный
Mikroelement *n* микроэлемент, микрокомпонент
Mikroentladung *f* микроразряд
Mikrofiche *f* микрофиша, диамикрокарта
Mikrofilm *m* микрофильм, микрофотокопия
Mikrofilm-Aufzeichnungsvorrichtung *f* микрофильмирующий аппарат, аппарат для микрофотокопирования
Mikrofilmkarte *f*, **Mikrofilmlochkarte** *f* микрофильмовая перфокарта
Mikrofilmspeicher *m* ЗУ *или* память на микрофильмах
Mikrofiltriermembran(e) *f* микрофильтрующая мембрана
Mikrofiltrierung *f* микрофильтрация
Mikrofon *n* микрофон
~, **dynamisches** [**elektrodynamisches**] электродинамический микрофон
~, **elektrostatisches** электростатический микрофон
~, **faseroptisches** микрофон с волоконно-оптическим преобразователем
~, **kapazitives** (электростатический) конденсаторный микрофон
~, **magnetisches** электромагнитный микрофон
~, **membranloses** безмембранный микрофон
~ **mit Richtwirkung** направленный микрофон
~ **mit Störschallunterdrückung** микрофон с шумоподавлением
~, **phasenmoduliertes** [**faseroptisches**] микрофон с волоконно-оптическим преобразователем и фазовой модуляцией
~, **richtungsempfindliches** направленный микрофон
~, **statisches** электростатический микрофон
~, **thermisches** тепловой микрофон
~, **ungerichtetes** ненаправленный микрофон
Mikrofonabstand *m* расстояние от микрофона до источника звука
Mikrofonankopplung *f* подключение микрофона
Mikrofonanschluß *m* 1. подключение микрофона 2. гнездо для (подключения) микрофона
Mikrofonanschlußleitung *f* линия подключения микрофона
Mikrofonaufnahme *f* запись с микрофона
Mikrofondurchbrennen *n* спекание порошка микрофона
Mikrofoneffekt *m* микрофонный эффект
Mikrofonempfindlichkeit *f* чувствительность микрофона

Mikrofongalgen *m* микрофонный штатив, *проф.* журавль
Mikrofongeräusch *n* микрофонный шум
Mikrofonie *f*, **Mikrofonität** *f* микрофонный эффект
Mikrofonkanal *m* микрофонный канал
Mikrofonkapsel *f* капсюль микрофона
Mikrofonleitung *f* микрофонная линия; микрофонная цепь
Mikrofonmembran *f* мембрана микрофона
Mikrofonrauschen *n* микрофонный шум
Mikrofonrichtvermögen *n* направленность микрофона
Mikrofonschaltung *f* схема (включения) микрофона
Mikrofonsender *m* 1. микрофонный [телефонный] передатчик 2. микрофон
Mikrofonspeisung *f* питание микрофона
Mikrofonstromkreis *m* цепь микрофонного тока
Mikrofonsystem *n* подвижная система микрофона
Mikrofontaste *f* микрофонный [разговорный] клапан
Mikrofonübertrager *m* 1. микрофонный трансформатор 2. микрофонный передатчик
Mikrofonvorstufe *f* подмодулятор (радиотелефонного передатчика)
Mikrofonwiderstand *m* сопротивление (цепи) микрофона
Mikrofotokopieren *n* микрофотокопирование, микрофильмирование
Mikrofotolitografie *f* микрофотолитография
Mikrointerferenzmuster *n* интерференционная микроструктура
Mikrokanalbildverstärker *m*, **Mikrokanalbildwandler** *m* ЭОП с микроканальным усилением
Mikrokanalplatte *f* микроканальная пластина
Mikrokode *m* 1. микрокод 2. микрокоманда 3. система [набор] микрокоманд
Mikrokontroller *m* микроконтроллер
Mikrolegierungsdiffusionstransistor *m* микросплавной транзистор
~ **mit eindiffundierter Basisdotierung** микросплавной транзистор с диффузионной базой
Mikrolegierungsübergang *m* микросплавной переход
Mikrolichtbild *n* микрофотография, микроснимок
Mikrolift *m зап.* микролифт
Mikrolinienlithografie *f* литография для формирования элементов микронных размеров
Mikrolitografie *f* микролитография
Mikrologik *f* логическая микросхема
Mikrologikkarte *f* плата с (логическими) микросхемами
Mikromeßtechnik *f* микрометрология
Mikrometerkondensator *m* конденсатор с микрометрическим винтом
Mikrominiaturelektronik *f* микроминиатюрная электроника
Mikrominiaturisierung *f* микроминиатюризация
Mikrominiaturschaltung *f см.* **Mikroschaltung**
Mikrominiaturschaltungsbaustein *m* микромодуль
Mikrominiaturtechnik *f* техника микроминиатюризации

Mikrominischaltung *f см.* **Mikroschaltung**
Mikromodul *m* микромодуль
Mikromodulbasisplättchen *n* подложка [пластина] микромодуля
Mikromodulbaueinheit *f* микромодульный блок; микромодульная сборка; микромодуль
Mikromodulbaustein *m* микромодуль; микромодульный блок; микромодульная сборка
Mikromodulbauweise *f* микромодульная конструкция; микромодульное исполнение
Mikromoduleinheit *f* микромодульный блок
Mikromodulgrundplättchen *n* микроплата
Mikromodulpackung *f* микромодульная сборка
Mikromodulplatte *f* плата для монтажа микромодулей; микроплата
Mikromodultechnik *f* микромодульная техника
Mikromontagearbeit *f* монтаж микросхем
Mikrooptik *f* интегральная оптика
Mikrophon *n см.* **Mikrofon**
Mikroplanfilm *m* микрофиша
Mikroplättchen *n пп* пластинка; таблетка
Mikroplatte *f* 1. микроканальная пластина 2. подложка ИС
Mikroplatten-Elektronenvervielfacher *m* ЭОП с микроканальным усилением
Mikroprint *n микр.* трафаретная печать
Mikroprogramm *n* микропрограмма
Mikroprogrammblock *m* микропрограммный блок, блок микропрограммного управления
Mikroprogrammierung *f* микропрограммирование
Mikroprogrammplatte *f* дискет(а)
Mikroprogrammspeicher *m* ЗУ *или* память для хранения микропрограмм
Mikroprogrammsteuerung *f* микропрограммное управление
Mikroprojektionsanlage *f* установка прецизионного проецирования
Mikroprozessor *m* микропроцессор
Mikroprozessoranlage *f* микропроцессорная система
Mikroprozessorbussystem *n* микропроцессорная система с шинной организацией
mikroprozessorgesteuert с микропроцессорным управлением
Mikroprozessorplatte *f* плата микропроцессора
Mikroprozessorschaltkreis *m* схема микропроцессора; микропроцессорная схема
Mikroprozessorspeicher *m* ЗУ микропроцессора
Mikroprozessorsystem *n* микропроцессорная система
Mikroradiografie *f* микрорадиография
Mikroradiometer *n* микрорадиометр
Mikrorechner *m* микроЭВМ, микрокомпьютер
Mikrorechnerchip *n* кристалл микроЭВМ
mikrorechnergesteuerter управляемый с помощью микроЭВМ
Mikrorechnerplatine *f* плата микроЭВМ
Mikrorechnersystem *n* микрокомпьютерная система, система с микроЭВМ
Mikrorechnertechnik *f* техника применения микроЭВМ
Mikrorille *f зап.* микроканавка
Mikrorillenplatte *f*, **Mikrorillenschallplatte** *f* долгоиграющая грампластинка

Mikrorillenschrift f микрозапись
Mikroringkern m микротороид, миниатюрный тороид
Mikroriß m микротрещина
Mikroritzschreiber m самопишущий прибор для микрозаписи способом царапания
Mikroröhre f сверхминиатюрная лампа
Mikroschalter m микровыключатель
Mikroschaltkreis m интегральная схема, ИС
Mikroschaltung f микросхема
~, **aufgedampfte** плёночная микросхема
~, **gehäuselose** бескорпусная микросхема
~, **integrierte** интегральная микросхема, ИМС
~, **keramikbasierte** микросхема на керамической подложке
Mikroschaltungsanlage f устройство на микросхемах
Mikroschaltungsbrunnen m карман для формирования элементов ИС
Mikroschaltungsmodul m интегральный модуль
Mikroschaltungstechnik f микросхемотехника
Mikroschaltungsunterlage f подложка микросхемы
Mikroschaltungswiderstand m 1. резистор микросхемы 2. сопротивление микросхемы
Mikroschaltungszwischenverbindungen f pl межсоединения ИС
Mikroschweißung f микросварка
Mikroselbstdotierung f микроавтолегирование
Mikroskop n, **fotoakustisches** фотоакустический микроскоп
Mikrospeicher m ЗУ или память на микросхемах, проф. микропамять
Mikrospitzenkatode f микроострийный катод
Mikrostatistik f статистика малых выборок
Mikrosteuereinheit f микроконтроллер
Mikrosteuerungschip n кристалл микроконтроллера
Mikrosteuerungsschnittstelle f интерфейс микроконтроллера
Mikrostörung f микродефект
Mikrostreifenleiter m микрополосковая линия
Mikrostreifenleiterschaltung f схема на основе микрополосковых линий (для СВЧ)
Mikrostreifenleitung f микрополосковая линия
Mikrostripantenne f микрополосковая антенна
Mikrostripleitung f микрополосковая антенна
Mikrostruktur f микроструктура
Mikrostrukturierung f микр. формирование рисунка с высоким разрешением
Mikrostrukturlithografie f прецизионная литография
Mikrostrukturmaske f прецизионный шаблон
Mikrotelefon n микротелефонная трубка, микротелефон
Mikrotonoptik f читающая оптика с проекцией механической щели на фонограмму
Mikrotorr-Bereich m область высокого вакуума
Mikrotransistor m микротранзистор
Mikrotronik f микроэлектроника
Mikroübergang m микропереход
Mikroumschalter m микропереключатель
mikroverschmelzt микросплавной
Mikrovision f изображение взлётно-посадочной полосы на экране бортового индикатора

Mikrovoltempfindlichkeit f чувствительность (радиоприёмника) в микровольтах
Mikrovoltsignal n сигнал микровольтового диапазона
Mikrowellen f pl сверхвысокие частоты, СВЧ (3—30 ГГц)
Mikrowellenbereich m СВЧ-диапазон
Mikrowellendiode f СВЧ-диод
Mikrowellendurchschlag m пробой на СВЧ
Mikrowellenelektronik f СВЧ-электроника
Mikrowellenerwärmung f СВЧ-нагрев
Mikrowellen-Fernsehzubringerstrecke f СВЧ-линия передвижной телевизионной станции, СВЧ-линия ПТС
Mikrowellenfrequenz f сверхвысокая частота, СВЧ
Mikrowellenhärtung f термообработка сверхвысокими частотами
Mikrowellenholografie f СВЧ-голография
Mikrowellenlandesystem n СВЧ-система посадки
Mikrowellenlaser m лазер СВЧ-диапазона
Mikrowellenleitfähigkeit f проводимость на сверхвысоких частотах
Mikrowellenmagnetron n СВЧ-магнетрон
Mikrowellenmessung f измерение на СВЧ
mikrowellenmoduliert модулированный сверхвысокими частотами
Mikrowellenrelaisstelle f радиорелейная станция СВЧ-диапазона
Mikrowellenresonanzabsorption f резонансное поглощение на СВЧ
Mikrowellenresonator m СВЧ-объёмный резонатор
Mikrowellenrichtfunk m направленная радиосвязь на СВЧ
Mikrowellenröhre f 1. лампа для СВЧ-диапазона 2. электронный СВЧ-прибор
Mikrowellenschaltung f 1. СВЧ-схема 2. ИС СВЧ-диапазона
~, **integrierte** ИС СВЧ-диапазона
~, **monolitisch integrierte** полупроводниковая интегральная СВЧ-схема
Mikrowellenstrecke f линия радиосвязи СВЧ-диапазона
Mikrowellensuchsystem n РЛС обнаружения целей СВЧ-диапазона
Mikrowellentechnik f СВЧ-техника
Mikrowellenträger m сверхвысокая несущая частота
Mikrowellenverstärker m усилитель СВЧ-диапазона
Mikrowortfestwertspeicher m ПЗУ микрокоманд
Mikrozonenschmelzen n микрозонное плавление
Milchigwerden n **des Kolbens** «молочное» помутнение колбы
Militärelektronik f военная электроника
Militärsatellit m спутник военного назначения
Miller-Brücke f мост Миллера (для измерения коэффициента усиления)
Miller-Effekt m эффект Миллера
Miller-Integrator m интегратор Миллера
Miller-Quadrat-Kode m код M^2, код «Миллер в квадрате»
Miller-Zeitbasis f схема развёртки Миллера

Millimeterwellen *f pl* миллиметровые волны (1—10 мм)
Millimeterwellenlaser *m* лазер миллиметрового диапазона
Millimeterwellentechnik *f* техника миллиметровых волн
Millitorr-Bereich *m* область среднего вакуума
Mills-Kreuzantenne *f* антенна радиотелескопа типа «крест Миллса»
mimetisch псевдосимметричный
MIMIS-Struktur *f* структура МДМДП
MIM-Struktur *f* МДМ-структура
Minderanzeige *f* наименьшее [минимальное] показание
Minderheit *f* меньшинство
Minderheitsträger *m* неосновной носитель (*заряда*)
Minderung *f* 1. уменьшение; ослабление 2. ухудшение
Mindestsperrung *f* минимальное подавление
M-Indikator *m* индикатор М-типа
Mineralisator *m крист.* минерализатор
Miniaturbuchse *f* булавочное гнездо, миниатюрное контактное гнездо (*с тонкой гильзой*)
Miniaturdarstellung *f* воспроизведение (изображения) на миниатюрном экране
Miniaturfernsehkamera *f* миниатюрная телевизионная камера
Miniaturisierung *f* миниатюризация
Miniaturisierungsgrad *m* уровень миниатюризации
Miniaturmagnetbandgerät *n* малогабаритный магнитофон
Miniaturschalter *m* микровыключатель
Miniaturschaltung *f* интегральная схема, ИС
Miniatursteckverbinder *m* миниатюрный штекерный соединитель
Miniaturtechnik *f* техника миниатюризации
Miniaturtriode *f* миниатюрный триод
Minidiskette *f*, **Minifloppy-Disk** *m* мини-дискета, гибкий мини-диск
Minikassette *f* мини-кассета
Minikomputer *m* мини-ЭВМ, мини-компьютер
Minikomputersystem *n* миникомпьютерная система, система с мини-ЭВМ
Mini-Kopfhörer *m* микронаушники
Minimalbegrenzung *f* ограничение по минимуму
Minimalimpedanzfrequenz *f* частота при минимальном полном сопротивлении
Minimal-Phasen-System *n* минимально-фазовая система; минимально-фазовый фильтр
Minimalstandgrenzschalter *m*, **Minimalstandregler** *m* минимальный концевой выключатель
Minimalsuchzeit *f* минимальное время поиска; минимальное время ожидания
Minimalwegmethode *f* метод кратчайшего пути
Minimalwiderstand *m* минимальное сопротивление (*переменного резистора*)
Minimierung *f* минимизация
Minimierungsaufgabe *f* задача минимизации
Minimierungsmethode *f* метод минимизации
Minimisierung *f* минимизация
Minimumanzeige *f* индикация по минимуму
Minimumbegrenzer *m* ограничитель по минимуму

Minimumbestimmung *f* определение минимума
Minimumdurchgang *m* прохождение (кривой) через минимум
Minimumeingrenzung *f* ограничение по минимуму
Minimumenttrübung *f* приведение к минимуму искажений сигнала
Minimumgedächtnis *n* запоминание минимума
Minimumpeiler *m* пеленгатор по минимуму
Miniplattenspeicher *m* ЗУ *или* память на минидисках
Miniplayer *m* миниатюрный проигрыватель, миниплейер
Miniprofil *n* 1. *микр.* низкий профиль (*напр. о корпусе прибора*) 2. профиль покрытия провода (*напр. драгоценным металлом*)
Minispion *m* миниатюрное приспособление для подслушивания
Minitel *n*, **Minitel-Terminal** *n* «минител» (*абонентское устройство системы Телетел*)
Miniterm *m* минитерм (*элементарная конъюнктивная форма*)
minitrack *англ.* минитрек (*система обнаружения и сопровождения спутников*)
Minitron *m* минитрон (*малогабаритный отражательный клистрон*)
Minoritätselektron *n* неосновной электрон
Minoritätsgleichgewichtskonzentration *f* равновесная концентрация неосновных носителей
Minoritätskonzentration *f* концентрация неосновных носителей
Minoritätsstrom *m* ток неосновных носителей
Minoritätsträgerbereich *m* область неосновных носителей
Minoritätsträgerdichte *f* концентрация неосновных носителей
Minoritätsträgerextraktion *f* отвод неосновных носителей
Minoritätsträgerfluß *m* поток неосновных носителей
Minoritätsträgerinjektion *f* инжекция неосновных носителей
Minoritätsträgerinjektionsmechanismus *m* механизм инжекции неосновных носителей
Minoritätsträgerladung *f* заряд неосновных носителей
Minoritätsträgerspeicherung *f* накопление неосновных носителей
Minoritätsträgerstrom *m* ток неосновных носителей
Minusdraht *m* минусовый провод
Minusstromstoß *m* импульс тока отрицательной полярности
Minuszeichen *n* знак минус
miran *англ.* импульсная СВЧ-система слежения за целью
mired *англ.* майред, микрообратный градус (*единица измерения цветовой температуры*)
Mischanlage *f* 1. *тлв* микшерное устройство 2. пульт звукооператора
Mischapparatur *f* 1. *тлв* аппаратура микширования 2. аппаратура перезаписи
Mischbauart *f* гибридная конструкция
Mischbild *n* микшированное изображение
Mischbildeinstellung *f* метод (пассивной) автома-

Mischbildentfernungsmesser *m* дальномер с двойным изображением (объекта) тической фокусировки совмещением в видоискателе (камеры) двух изображений (объекта)
Mischbildentfernungsmesser *m* дальномер с двойным изображением
Mischdämpfung *f* см. **Mischverlust**
Mischdetektor *m* детектор-смеситель
Mischdielektrikum *n* комбинированный диэлектрик
Mischdiode *f* смесительный диод
Mischeingang *m* вход смесителя
Mischempfänger *m* супергетеродинный приёмник
Mischen *n* см. **Mischung**
Mischer *m* 1. смеситель 2. модулятор; преобразователь (частоты) 3. *тлв* микшер 4. *вчт* устройство сортировки (*напр.* перфокарт)
~, **additiver** 1. аддитивный смеситель 2. модулятор *или* преобразователь (частоты) с одним нелинейным элементом 3. *тлв* двухканальный микшер
~, **harmonischer** смеситель на (высших) гармониках
~, **multiplikativer** 1. мультипликативный смеситель 2. модулятор *или* преобразователь (частоты) с двумя независимыми входами 3. *тлв* многоканальный микшер
Mischersignal *n* сигнал (на выходе) микшера
Mischfarbe *f* смешанный цвет
~, **additive** цвет, полученный в результате аддитивного смешения цветов
~, **subtraktive** цвет, полученный в результате субтрактивного смешения цветов
Mischferrite *m pl* смешанные ферриты
Mischfrequenz *f*, **mitlaufende** синхронная частота смешения
Mischfrequenzen *f pl* комбинационные частоты
Mischgaslaser *m* лазер на смеси газа
Mischgatter *n* вентиль [схема] ИЛИ
Mischgerät *n* см. **Mischer**
Mischglied *n* смеситель
Mischhalbleiter *m* смешанный полупроводник; легированный полупроводник
Misch-Hexode-Triode *f* смесительный гексод-триод
Mischhöhen *f pl тлв* смесь высоких частот
Mischkanal *m* 1. канал смешения (сигналов) 2. канал микшерного пульта
Mischkopf *m* смесительная головка
Mischkreis *m* 1. смесительный контур 2. смесительная цепь
Mischkristall *m* 1. смешанный кристалл, (кристаллический) твёрдый раствор 2. кристаллический смеситель
Mischkristallhalbleiter *m* смешанный кристаллический полупроводник
Misch-Lithografie *f* комбинированная литография
Mischmatrix *f* коммутационная матрица
Mischoperation *f* операция И, операция логического умножения
Mischorgan *n* см. **Mischer** 1.
Mischortung *f* 1. смешанная радионавигация 2. смешанное пеленгование
Mischoszillator *m* гетеродин (приёмника)
Mischoszillatorröhre *f* (частотно-преобразова)тельная лампа

Mischpeilung *f* смешанное пеленгование, пеленгование по маяку
Mischpentode *f* пентод-смеситель; пентод-преобразователь
Mischprodukt *n* результат смешения (*напр. сигналов*); результат преобразования (*напр. частот*)
Mischpult *n* микшерный пульт
Mischquarz *m* кристаллический смеситель
Mischraum *m* микшерная (аппаратная)
Mischrauschen *n* шум преобразования
Mischregler *m* 1. логометрический регулятор 2. *тлв* микшерный потенциометр
Mischröhre *f* частотно-преобразовательная лампа
Mischrückkopplung *f* смешанная обратная связь
Mischschaltung *f* смесительная схема
Mischsignal *n* сложный [составной] сигнал
Mischsteilheit *f* крутизна преобразования
Mischstelle *f* точка смешения; точка сложения (сигналов)
Mischstrecke *f* траектория (радиоволны) при распространении на смешанной трассе (*напр. суша—море*)
Mischstrom *m* пульсирующий ток
Mischstufe *f* 1. смесительный каскад 2. преобразовательный каскад; преобразователь (частоты)
Mischstufenanteil *m* блок смесителя
Mischung *f* 1. смешение 2. преобразование (частоты) 3. *тлв* микширование 4. *вчт* сортировка (*напр. перфокарт*)
~, **additive** аддитивное смешение
~, **multiplikative** мультипликативное смешение
Mischungsbeiträge *m pl* 1. составляющие преобразования 2. компоненты смеси
Mischungsverhältnis *n* соотношение смешиваемых компонентов
Mischverfahren *n* 1. способ смешения 2. способ преобразования
Mischverlust *m* потери преобразования
Mischversetzung *f* смешанная дислокация
Mischverstärker *m* 1. усилитель-смеситель 2. усилитель-преобразователь 3. микшерный усилитель 4. групповой усилитель
Mischverstärkung *f* 1. усиление при смешении 2. усиление при преобразовании
Mischvierpol *m* четырёхполюсник-смеситель
Mischvorgang *m* 1. процесс смешения 2. процесс преобразования
Mischvorverstärker *m* предварительный усилитель-смеситель
Mischwähler *m* смешивающий искатель, СИ
Mischwählerstufe *f тлф* ступень смешивающего искания, СИ
Mischwandler *m* суммирующий трансформатор
Mischweg *m* см. **Mischstrecke**
Mischwellen *f pl* сложное [составное] колебание
Mischwiderstand *m* комплексное сопротивление
Mischwirkung *f* 1. смешение; эффект смешения 2. преобразование; эффект преобразования
Mischwirkungsgrad *m* эффективность преобразования
Mischzone *f* сумеречная зона
MIS-Diode *f* МДП-диод

MIS

MIS-Feldeffekttransistor *m* полевой МДП-транзистор
MIS-Halbleiterbauelement *n* полупроводниковый МДП-прибор
MISIS-Struktur *f* МДПДП-структура
MIS-Schaltkreis *m*, **integrierter** интегральная МДП-схема
mißgriffsicher защищённый от неквалифицированного обслуживания
Mißklang *m* диссонанс
Mißweisung *f* 1. ошибка индикации 2. магнитное склонение
MIS-Technik *f* технология МДП-структур
Mistor *m* мистор (*тонкоплёночный магниторезистивный материал*)
MIS-Transistor *m* МДП-транзистор
MIS-Varaktordiode *f* МДП-параметрический диод
Mitbeschallung *f* синхронное озвучивание (*напр. кинофильма*)
Mitfluß *m* распространение сигналов, отражённых от неоднородностей в линии, в одном направлении с прямым сигналом
Mitflußdämpfung *f* затухание отражённых сигналов
Mitflußmesser *m* измеритель величины отражённых сигналов
Mitflußschleppe *f* «хвост» импульса
mitgekoppelt с положительной обратной связью
Mithallen *n* резонансное звучание
Mithörapparat *m* тлф аппарат для подслушивания
Mithörbetrieb *m* тлф режим подслушивания
Mithördämpfung *f* местный эффект самопрослушивания (*в телефоне*)
Mithören *n* 1. тлф подслушивание 2. (одновременное) прослушивание (*напр. звукозаписи*) 3. радиоперехват
Mithörklinke *f* тлф опросное гнездо; гнездо для подслушивания
Mithörkontrolle *f* контроль записи прослушивания
Mithörlautsprecher *m* громкоговоритель для (контрольного) прослушивания программы
Mithörmöglichkeit *f* тлф возможность подслушивания
Mithörschalter *m*, **Mithörschlüssel** *m* тлф опросный [контрольный] ключ
Mithörsicherheit *f* тлф защищённость от подслушивания
Mithörstöpsel *m* опросный штепсель
Mithörtaste *f* см. **Mithörschalter**
Mithör- und Sprechschlüssel *m* тлф ключ для подслушивания и разговора
Mitklang *m* побочный звук, звуковая помеха
mitkoppeln вводить положительную обратную связь
Mitkopplung *f* 1. положительная обратная связь 2. паразитная связь
~, **feste** жёсткая [фиксированная] положительная обратная связь
mitkopplungsfrei без положительной обратной связи
Mitkopplungspfad *m* цепь положительной обратной связи

MIT

Mitkopplungsschaltung *f* схема [цепь] положительной обратной связи
Mitlaufeffekt *m* смещение рабочей точки (*биполярного транзистора*), синхронное с приложенным сигналом
Mitlaufen *n* слежение, сопровождение
Mitlaufstreifen *m* контрольная лента
Mitlaufwähler *m* служебный [вспомогательный] искатель
Mitlesestreifen *m* контрольная лента
Mitmodulation *f* сопутствующая модуляция
Mitnahme *f* 1. затягивание (частоты) 2. схватывание (частоты) 3. захватывание; синхронизация
Mitnahmeband *n* 1. полоса затягивания (*частоты*) 2. полоса схватывания (частоты), полоса захватывания; область синхронизации
Mitnahmebereich *n* 1. область затягивания (*частоты*) 2. область схватывания (*частоты*) 3. полоса захватывания; область синхронизации
Mitnahmefaktor *m* коэффициент затягивания (*частоты*)
Mitnahmesynchronisierung *f* синхронизация затягиванием
Mitnahmesynchronsteuerung *f* ведомый режим синхронизации
Mitnehmerteller *m* зап. приёмный узел
Mitpeilen *n* пеленгование одного объекта двумя станциями
MI-Transistor *m* транзистор с границей раздела металл-полупроводник, транзистор с барьером Шотки
Mitron *n* магнетрон, настраиваемый напряжением
Mitschreiber *m* регистрирующее устройство, регистратор
Mitschwingen *n*, **Mitschwingung** *f* резонанс, резонансное колебание
Mitsehgerät *n* видеоконтрольное устройство, монитор
Mitsprechdämpfung *f* затухание переходного разговора
Mitsprechen *n* переходный разговор
Mitsprechkopplung *f* паразитная связь (*между телефонными цепями*), вызывающая переходный разговор
Mitte *f* 1. середина 2. центр
~ **des Peilstrahls** ось характеристики направленности пеленгатора
Mitteilung *f* 1. инф. сообщение; сигнал 2. передача 3. извещение
Mitteilungsvariable *f* информационная переменная
Mittel *n* 1. средство 2. среда 3. среднее
~, **gewogenes** взвешенное среднее
~, **strahlungsabsorbierendes** среда, поглощающая излучение
Mittel... см. тж **Mitten...**
Mittelabgriff *m* см. **Mittelanzapfung**
mittelangezapft с отводом от средней точки
Mittelangriff *m* см. **Mittelanzapfung**
Mittelanschluß *m* средний вывод
Mittelanzapfung *f* отвод от средней точки

Mittelaufnahme f передача (телевизионного) изображения средним планом
Mittelbildung f см. **Mittelung**
Mitteldistanzradargerät n РЛС средней дальности действия
Mittelfeld n средняя [центральная] панель (напр. щита управления)
Mittelfrequenz f 1. средняя частота (при ЧМ) 2. средняя частота полосы пропускания 3. надтональная частота
Mittelfrequenzband n диапазон средних частот
Mittelfrequenzbereich m 1. область средних частот 2. диапазон средних частот
Mittelfrequenzen f pl средние частоты, СЧ (300—3000 кГц)
Mittelfrequenzgebiet n см. **Mittelfrequenzbereich**
Mittelfrequenzgruppe f группа надтональных частот
Mittelfrequenzkanal m надтональный канал, канал передачи на надтональных частотах
Mittelfrequenzlautsprecher m громкоговоритель для воспроизведения средних частот
Mittelfrequenztelegrafie f надтональная телеграфия
Mittelgradintegration f, **Mittelintegration** f средняя степень интеграций
Mittelintegrationstechnik f техника средней степени интеграции
Mittelklassen-Superhet m супергетеродинный приёмник среднего класса
Mittelleistung f средняя мощность
Mittelleiter m 1. нейтраль, нулевой провод 2. средний или центральный провод
Mittellinie f 1. ось; линия 2. ось симметрии 3. мат. медиана
Mittellinienkondensator m логарифмический конденсатор (переменной ёмкости)
Mittelmaßstabintegration f см. **Mittelgradintegration**
Mittelmast m средняя мачта (антенного устройства)
Mitteln n см. **Mittelung**
Mittelnullpunkt m нулевая точка, расположенная в середине (шкалы)
Mittelpol m средний или центральный полюс
Mittelpunkt m 1. средняя точка 2. центр(альная точка) 3. (нулевая) точка звезды 4. центр симметрии
Mittelpunktanzapfung f ответвление от средней точки (обмотки)
Mittelpunktschaltung f (двухполупериодная) схема со средней точкой
Mittelpunktspeisung f питание (напр. антенны) в средней точке
Mittelquadratenmethode f метод средних квадратов
Mittelquadratfehler m среднеквадратичная ошибка
Mittelquadratrauschwert m среднеквадратичное значение шума
Mittelschenkel m средний стержень (сердечников)
Mittelstab m 1. центральный проводник (жёсткой коаксиальной линии) 2. см. **Mittelschenkel**
Mittelsteg m см. **Mittelschenkel**
Mittelstellung f среднее [нейтральное] положение

Mittelstrahl m центральный луч
Mittelstrichwert m мощность передатчика в режиме молчания (при отсутствии модуляции)
Mitteltonlautspecher m громкоговоритель (для воспроизведения) средних звуковых частот
Mitteltonsystem n система громкоговорителей (для воспроизведения) средних звуковых частот
Mitteltonverstärker m усилитель средних звуковых частот
Mittelung f усреднение, получение средних значений
~, **zeitliche** временно́е усреднение, усреднение во времени
Mittelungsglied n усредняющее звено
Mittelverstärker m промежуточный усилитель
Mittelwarnradargerät n промежуточная РЛС обнаружения
Mittelweiß n тлв средний уровень белого
Mittelwellen f pl средние волны, СВ (участки диапазона гектометровых волн, предназначенные для радиовещания и радиосвязи)
Mittelwellenempfänger m радиоприёмник средневолнового диапазона
mittelwellig средневолновый
Mittelwert m 1. среднее значение 2. тлв постоянная составляющая
~, **gewogener** средневзвешенное значение
~, **quadratischer** среднее квадратичное значение
~ **des Rauschspannungsquadrats** среднеквадратичная величина напряжения шумов
~, **statistischer** среднее статистическое
~ **von Verteilungen** математическое ожидание
Mittelwertabgleichung f уравновешивание [подгонка] по среднему значению
Mittelwertfunktion f функция среднего значения, функция, дающая среднее значение
Mittelwertrechengerät n, **Mittelwertrechner** m устройство для вычисления средних значений
Mittelwertregelung f регулировка среднего значения
Mittelwertsteller m устройство установки средних значений
Mittelzunge f средний стержень (сердечника)
Mitten... см. тж **Mittel...**
Mitteneinregelung f, **Mitteneinstellung** f центровка, центрирование (напр. растра)
Митteninformation f усреднённая информация (в стереофонии)
Mitten-Signal n 1. сигнал от микрофона с характеристикой направленности в форме кардиоиды, М-сигнал 2. усреднённый сигнал (суммарный сигнал левого и правого каналов при передаче стереозвука)
Mittenversatz m смещение центров (стекловолокон при соединении)
Mitton m обертон; посторонний [побочный] звук
Mittöner m резонатор
Mitziehbereich m 1. область затягивания 2. диапазон синхронизации
Mitzieheffekt m эффект затягивания (частоты)
Mitziehen n 1. затягивание (частоты) 2. втягивание в синхронизм 3. захват
Mivometer n милливольтметр

Mix-Bus *m* общая шина
Mixed-Field-Röhre *f* дефлектрон (*трубка с электростатическим отклонением и магнитной фокусировкой*)
Mixer *m* 1. микшер 2. смеситель 3. преобразователь частоты
Mixpult *n* микшерный пульт
Mix/Wipe-Hebel *m* ручка управления микшированием и введением спецэффектов
M-Kanal *m* суммирующий канал, канал М (*в стереофонии*)
MKS-System *n* система единиц МКС
MLF-Filter *n* фильтр с многоконтурной обратной связью
MLF-Schaltung *f* схема с многоконтурной обратной связью
MM-Baustein *m* микромодульный блок
M-Messung *f* измерение коэффициента взаимоиндукции
mm-Reflexklystron *n* отражательный клистрон миллиметрового диапазона
MM-Technik *f* микромодульная техника
mm-Wellen *f pl* миллиметровые волны (1—10 мм)
Mnemonik *f* 1. мнемоника 2. мнемосхема
Mnemoschema *n* мнемосхема
M-Norm *f* (телевизионный) стандарт-М, стандарт НТСЦ (*разнос частот 4,5 мГц, США*)
MNOS-Feldeffekttransistor *m* полевой МНОП-транзистор
MNOS-FET-Speicherelement *n* элемент памяти полевого МНОП-транзистора
MNOS-Speicher *m* ЗУ или память на МНОП-структурах, МНОП-ЗУ; МНОП-память
MNOS-Speicherfeldeffekttransistor *m* полевой МНОП-транзистор с памятью
MNOS-Struktur *f* МНОП-структура
~, **doppeldiffundierte** МНОП-структура, изготовленная методом двойной диффузии
MNOS-Transistor *m* МНОП-транзистор
MNOS-VT-Transistor *m* МНОП-транзистор с переменным порогом
MNS-Feldeffekttransistor *m* полевой МНП-транзистор
MNS-Kondensator *m* МНП-конденсатор
MNS-Struktur *f* МНП-структура
Mobillogger *m* передвижная аппаратура обегающего контроля
Mobiltelefon *n* (автомобильный) радиотелефон
Mode *f* 1. мода; тип колебаний; тип волн 2. режим (работы) 3. способ; метод
Modeler *m см.* **Modulator**
Modelgeschwindigkeit *f* скорость модуляции
Modell *n* 1. модель; образец; макет 2. моделирующая схема
~, **analoges** аналоговая модель
~, **deterministisches** детерминированная модель
~, **digitales** цифровая модель
~, **dynamisches** динамическая модель
~, **elektronisches** электронная модель
~, **selbstabstimmendes [selbsteinstellendes]** самонастраивающаяся модель
~, **stochastisches** вероятностная [стохастическая] модель
Modell... *см. тж* **Modelierungs...**

Modellanlage *f* 1. устройство для моделирования 2. модель устройства
Modellbildung *f см.* **Modellierung**
Modelldarstellung *f* моделирование
Modellfunk *m* радиоуправление моделями
Modellgesetz *n* 1. закон моделирования 2. закон подобия
Modellierung *f* 1. моделирование 2. макетирование
Modellierungs... *см. тж* **Modell...**
Modellierungssystem *n* моделирующая система
Modellierungstechnik *f* техника моделирования
Modellnachbildung *f см.* **Modellierung**
Modellnachführung *f* оперативное [следящее] моделирование
Modellrechner *m* моделирующая ВМ; моделирующее устройство
Modellschaltung *f* моделирующая схема
Modellsignal *n* модель сигнала
Modelluntersuchung *f* исследование на модели
Modellverfahren *n* способ моделирования
Modellversuch *m* 1. испытание модели 2. моделирование
Modelung *f см.* **Modulation**
Modelungs... *см.* **Modulations...**
Modem *m* модулятор-демодулятор, модем
Modemchip *m* ИС [кристалл] модема
Modenabstand *m* разнесение мод
Modenfilter *n* фильтр мод [типов волн]
Modenkopplung *f* связь мод
Modenselbstsynchronisation *f* самосинхронизация мод
Modenselektion *f* селекция мод
modenselektiv с селекцией мод
Modenselektor *m* селектор мод [типов волн]
Modensynchronisation *f* синхронизация мод
~, **spontane** самопроизвольная синхронизация мод
Modensynchronisierungslaserbetrieb *m* режим синхронизации мод лазера
Modentrennung *f* разделение мод
Modenumwandlung *f* преобразование мод
Modenunterdrückung *f* подавление мод
Modenzahl *f* число мод
Moderationsprozeß *m* процесс замедления [торможения]
Moderator *m яд. физ.* замедлитель
Moderierfaktor *m* коэффициент замедления
Modifikation *f* 1. модификация; (видо)изменение 2. *вчт* переадресация
~, **strukturelle** структурная модификация
Modifikator *m* 1. *вчт* модификатор (*напр. адреса*) 2. *тлв* модификатор (*часть схемы приёмников системы ПАЛ новый*)
Modler *m см.* **Modulator**
Modul *m* 1. модуль; блок 2. модуль взаимодействия факсимильного аппарата
~, **fotovoltaischer** модуль солнечных элементов
modular модульный
Modularität *f* модульный принцип
Modulation *f* модуляция
~, **analoge** аналоговая модуляция
~ **des Bildträgers** модуляция несущей (частоты) изображения
~, **diskrete** дискретная модуляция

439

MOD

~, **duobinäre** дуобинарная модуляция
~, **fehlerhafte** искажённая модуляция
~, **gegenphasige** противофазная модуляция
~, **geradlinige** линейная модуляция
~, **intermittierende** прерывистая модуляция
~, **lineare** линейная модуляция
~, **mehrfache** многократная модуляция
~, **negative** негативная модуляция
~, **normale** модуляция с глубиной 30%
~, **positive** позитивная модуляция
~, **prozentuelle** глубина модуляции в процентах
~, **quadratische** квадратурная модуляция
~, **schlechte** неполная модуляция
~, **sinusförmige** модуляция синусоидальным сигналом
~, **stereofonische** стереофоническая модуляция
~, **ternäre** трёхуровневая модуляция
~ **des Tonträgers** модуляция несущей (частоты) звука
~, **totale** полная модуляция
~ **des Trägerstroms** модуляция несущей частоты
~, **unvollständige** 1. неполная модуляция 2. недостаточная модуляция
~, **vielfache** многократная модуляция
~, **vollkommene [vollständige]** полная модуляция
~, **wiederholte** повторная модуляция
~, **zweifache** 1. двухкратная модуляция 2. двойная модуляция
Modulationsamplitude f амплитуда модуляции
Modulationsanode f модулирующий анод
Modulationsart f 1. вид модуляции 2. вид намагничивания (звуконосителя)
Modulationsband n полоса модуляции
Modulationsbeeinflussung f, **gegenseitige** взаимная модуляция (радиоволн)
Modulationsbeiwert m см. **Modulationsgrad**
Modulationsbrücke f 1. модуляционный мост 2. кольцевой модулятор
Modulationsbrumm m см. **Modulationsrauschen**
Modulationsdefokussierung f дефокусировка при модуляции электронного пучка
Modulations-Demodulations-Chip n однокристальный модем
Modulationseingang m вход модулирующего сигнала
Modulationselektrode f модулирующий электрод; модулятор (ЭЛТ)
Modulationsellipse f эллипс модуляции
Modulationsfähigkeit f модуляционная способность
Modulationsfaktor m см. **Modulationsgrad**
Modulationsfrequenz f частота модуляции
Modulationsfrequenzband n полоса частот модуляции
Modulationsfunktion f модуляционная функция
Modulationsgrad m 1. коэффициент модуляции (для АМ-колебаний) 2. приведённая девиация частоты (для ЧМ-колебаний) 3. коэффициент взаимодействия (в электронно-лучевых СВЧ-приборах)
~, **fiktiver** фиктивный [гипотетический] коэффициент модуляции (при однополосной АМ)

MOD

~, **maximal zulässiger** максимально допустимая глубина модуляции
~, **prozentueller** глубина модуляции, выраженная в процентах
Modulationsgraderhöhung f увеличение глубины модуляции
Modulationsgradmesser m измеритель коэффициента модуляции, модулометр
Modulationsgradregelung f регулирование глубины модуляции
Modulationsgrundfrequenz f основная частота модуляции
Modulationshub m девиация частоты (при ЧМ)
Modulationshüllkurve f огибающая модулированного сигнала
Modulationsimpuls m модулирующий импульс
Modulationsindex m индекс частотной модуляции
Modulationskammer f группирователь (клистрона)
Modulationsklirrfaktor m коэффициент нелинейных искажений [клирфактор] модуляции
Modulationskoeffizient m см. **Modulationsgrad**
Modulationskomponente f составляющая модуляции
Modulationskontrollgerät n см. **Modulationsgradmesser**
Modulationskreis m контур модулятора; цепь модулятора
Modulationskurve f модуляционная характеристика
Modulationsleistung f мощность модулированных колебаний
Modulationsleitung f линия связи между студией и радиопередатчиком
Modulationslichtschranke f модулирующий световой затвор
Modulationsmesser m см. **Modulationsgradmesser**
Modulationsparameter m параметр модуляции
Modulationspause f пауза при передаче речевой или музыкальной программы; пауза при записи
Modulationsperiode f период модуляции
Modulationsprodukt n результат [продукт] модуляции
Modulationsprodukte n pl, **unerwünschte** паразитные продукты модуляции
Modulationsrate f частота модуляции
Modulationsrauschen n 1. модуляционные шумы 2. (частотные) искажения, возникающие в процессе записи
Modulationsrichtung f полярность модуляции
Modulationssatz m модуляционный блок
Modulationsschaltung f схема модуляции
Modulationsschwingung f модулирующее колебание
Modulationsseitenband n боковая полоса модулированных колебаний
Modulationssignal n модулирующий сигнал
Modulationssinn m полярность модуляции
Modulationsspannung f модулирующее напряжение
Modulationsspitze f пик модуляции
Modulationssteilheit f крутизна модуляционной характеристики

MOD

Modulationsstrom *m* модулирующий ток
Modulationsstufe *f* модуляторный каскад
Modulationssystem *n* 1. система модуляции 2. модуляционное устройство
Modulationsteil *m* блок модулятора
Modulationstiefe *f* глубина модуляции
Modulationstiefenabstand *m* диапазон (изменения) глубины модуляции
Modulationston *m* модулирующий тон; частота модулирующего сигнала
Modulationsübertragungsfaktor *m* коэффициент передачи модуляционной характеристики
Modulationsübertragungsfunktion *f* 1. модуляционная передаточная функция 2. *тлв* частотно-контрастная характеристика, ЧКХ
Modulationsumformer *m* преобразователь вида модуляции
Modulationsverfahren *n* метод модуляции
Modulationsverflachung *f* снижение [уменьшение] глубины модуляции
Modulationsverluste *m pl* потери при модуляции, модуляционные потери
Modulationsverschlüsselung *f* кодовая модуляция
Modulationsverstärker *m* модуляционный усилитель, подмодулятор, усилитель модулирующего напряжения
Modulationsvertiefung *f* увеличение глубины модуляции
Modulationsverzerrungen *f pl* модуляционные искажения
~, **gegenseitige** искажения, вызванные перекрёстной модуляцией
Modulationsverzerrungsnachweis *m* определение искажений при модуляции
Modulationswelle *f* модулирующее колебание
Modulationswiedergewinnung *f* восстановление модуляции
Modulationszelle *f* модуляторное звено
Modulationszusatz *m* модуляционная приставка
Modulationszustand *m* режим модуляции
Modulationszweig *m* цепь модуляции
Modulator *m* модулятор
~, **abgeglichener [ausgeglichener]** балансный модулятор
~, **digitaler** цифровой модулятор
~, **doppelsymmetrischer** двойной балансный модулятор
~ **mit Längserregung, magnetischer** магнитный модулятор с продольным возбуждением
~, **multiplikativer** модулятор с двумя входами
~, **quadratischer** квадратурный модулятор
~, **raumzeitlicher optischer** пространственно-временной оптический модулятор
~, **symmetrischer** балансный модулятор
Modulato-Demodulator *m* модулятор-демодулятор, модем
Modulatorfrequenz *f* частота модуляции
Modulatorkette *f* цепь модуляторных каскадов
Modulatorschaltung *f* схема модулятора
Modulatorzelle *f* звено модулятора, модуляторное звено
Modulaustausch *m* замена модуля
Modulbasis *f* базис [продольный шаг] модуля
Modulbauelement *n* модульный (конструктивный) элемент

MOL

Modulbaustein *m* модуль; функциональный узел
Modulbauweise *f* модульная конструкция; модульное исполнение
Modulbildwandler *m* модульный ЭОП
Modul-Chassis *n* 1. шасси для монтажа модулей 2. модульный телевизор; модульный радиоприёмник
Moduleinheit *f* модульный блок
Modulier... *см. тж* **Modulations...**
Modulierbarkeit *f* модуляционная способность
moduliert:
~, **räumlich** пространственно-модулированный
~, **tonfrequent** модулированный звуковой частотой
Modulierung *f см.* **Modulation**
Modulierungs... *см.* **Modulations...**
Modulkamera *f* видеозаписывающая камера, видеокамера
Modulkarte *f* модульная печатная плата
modulo по модулю
Modulo-N-Kontrolle *f* контроль [проверка] по модулю N
Modulorganisation *f* модульная структура
Modulradiogerät *n* радиоустройство модульной конструкции
Modul-Steckbaugruppe *f* съёмный модульный блок
Modulzusammenbau *m* модульная сборка
Modus *m* 1. способ, образ (действия) 2. режим [род] работы 3. мода; тип колебаний; тип волны
□ **im ~ abstimmen** настраивать определённым образом
π-**Modus** *m* π-тип колебаний
Modusabschwächer *m* аттенюатор с избирательностью по типу волн
Moduskodierung *f нвг* кодирование информации кодами различного вида
Modusumwandlung *f* преобразование мод
Modusverschachtelung *f нвг* перемежение типов кодовых посылок
Moduswandler *m* преобразователь мод
Mögel-Dellinger-Effekt *m* эффект Мэгель—Делинджера
Mohssche-Härteskale *f* шкала твёрдости Мооса
Moiré *m, n тлв* муар (*комбинационные искажения*)
Moiré-Effekt *m тлв* муар-эффект
Moiré-Muster *n*, **Moiréstörung** *f см.* **Moiré**
Moirésstreifenmethode *f*, **Moiréverfahren** *n* (интерферометрический) метод муаровых полос
Molektronik, Molekularelektronik *f* молекулярная электроника, молектроника
Molekularepitaxie *f* молекулярная эпитаксия
Molekularfrequenzstandard *m* молекулярный эталон частоты
Molekulargenerator *m* молекулярный генератор
Molekularluftpumpe *f* молекулярный воздушный насос
Molekularoszillator *m* молекулярный генератор
Molekularrechner *m* ВМ на молекулярных схемах, молекулярная ВМ
Molekularschaltung *f* молекулярная схема
Molekularspeicherung *f* запоминание [хранение] информации на молекулярных схемах

MOL

Molekularstrahlenmaser *m* пучковый мазер, мазер на молекулярном пучке
Molekularstrahlepitaxie *f* молекулярно-пучковая эпитаксия
Molekularstrahlprozeß *m*, **epitaxialer** процесс молекулярно-пучковой эпитаксии
Molekularstrahlquelle *f* молекулярный генератор
Molekularsuszeptibilität *f* молекулярная магнитная проницаемость
Molekulartransistor *m* транзистор, изготовленный методом молекулярного наращивания
Molekularuhr *f* молекулярные часы
Molekularverdampfung *f* молекулярное напыление
Molekularverstärker *m* мазер, квантовый усилитель СВЧ-диапазона
Molekularzeitstandard *m* молекулярный эталон времени
Molekülgas *n* молекулярный газ
Molekülgaslaser *m* газодинамический лазер
Molekülkristall *m* молекулярный кристалл
Molekülaser *m* молекулярный лазер
«Molnija»-Satellit *m* спутник «Молния»
Moltschanow-Radiosonde *f* радиозонд Молчанова
Molybdat *n* молибдат (*люминофор*)
Moment *n* момент
~, **elektrisches** электрический момент
~ **des Teilchens, reduziertes** приведённый момент частицы
~ **von Impulscharakteristik** момент импульсной характеристики
Momentablesung *f* мгновенный отсчёт
Momentamplitude *f* мгновенная амплитуда
Momentanzeige *f* 1. мгновенная индикация 2. мгновенный отсчёт
Momentausfall *m* мгновенный отказ
Momentauslösung *f* 1. мгновенный (за)пуск 2. мгновенное отпускание, мгновенное срабатывание (*реле*) 3. мгновенное размыкание
Momentausschaltung *f* мгновенное выключение
Momentfrequenz *f* мгновенная частота
Momentschalter *m* мгновенный выключатель
Momentspannung *f* мгновенное значение напряжения
Momentstrom *m* мгновенное значение тока
Momentumschalter *m* мгновенный переключатель
Momentunterbrechung *f* мгновенное прерывание
Momentwert *m* мгновенное значение
Momentwertgleichung *f* равенство мгновенных значений
Momentwertkompander *m* компандер по мгновенным значениям сигнала
Momentwertkompandierung *f* мгновенное компандирование
Momentwertschreiber *m* самопишущий прибор для записи мгновенных значений
Momentwertumsetzer *m* преобразователь мгновенных значений
Momente *n pl*, **bedeutsame** значащие моменты (*цифрового сигнала*)
Momentenschwankung *f* флуктуация момента
Momentkontakt *m* мгновенный контакт
Momentrelais *n* реле мгновенного действия

MON

Momentwertbildung *f* выделение мгновенных значений, дискретизация
MOM-Struktur *f* МОМ-структура
Mondauto *n* луноход
Mondecho *n* сигнал, отражённый от Луны
Mondfahrzeug *n* луноход
Mondlanderadar *n* РЛС для посадки на Луну
Mondmobil *n* лунный самоходный (автоматический) аппарат
Mondoberflächenbeobachtungsradar *n* РЛС обзора поверхности Луны
Mondortung *f* локация Луны
Mondrobot *m* лунный робот
Mondsonde *f* космическая станция исследования Луны
Monitor *m* 1. контрольное устройство; контрольно-измерительное устройство 2. *тлв* монитор
Monitordruckwerk *n*, **mitlaufendes** синхронное контрольное печатающее устройство
Monitorkammer *f* контрольная ионизационная камера
Monitorlautsprecher *m* контрольный громкоговоритель
Monitorprogramm *n* управляющая программа
Monitorraum *m* 1. *тлв* контрольная аппаратная 2. *зап.* комната для прослушивания
Monitorröhre *f* трубка монитора; индикаторная трубка; контрольная трубка
Monitorschnittstelle *f* интерфейс монитора
Monitorsystem *n* система текущего контроля
mono *англ. проф.* одновибратор, моностабильный мультивибратор
Monoaufnahme *f*, **Monoaufzeichnung** *f* монофоническая запись
Monoauralausführung *f* конструкция с монофоническим каналом
Monobetrieb *m* режим «монофония»
Monochipbauelement *n* однокристальный компонент; однокристальный элемент
Monochipcomputer *m* однокристальная ВМ
Monochromasie *f* монохроматичность
Monochromatisierung *f* монохроматизация
Monochromatizität *f* монохроматичность
Monochromatizitätsgrad *m* степень монохроматичности
Monochromator *m* монохроматор
Monochromatorkristall *m* кристалл-монохроматор
Monochromkanal *m* *тлв* канал сигнала яркости
Monochromübertragung *f* передача чёрно-белого (телевизионного) изображения
Monoempfang *m* монофонический (радио)приём
Monoempfänger *m* монофонический (радио)приёмник
Monofilm *m* мономолекулярная плёнка
Monoflop *m* ждущий [моностабильный] мультивибратор
Monofonie *f* монофония
Monofrequenzimpuls *m* одночастотный импульс
Monofrequenzsignal *n* одночастотный сигнал
Monoheimempfänger *m* монофонический бытовой (радио)приёмник
Monoimpuls *m* моноимпульс
Monoimpulsantenne *f* моноимпульсная антенна

442

MON

Monoimpulsradar *n* моноимпульсная РЛС
Monoimpulssignal *n* моноимпульсный сигнал
Monokanal *m* монофонический канал, моноканал
Mono-Kassettentonbandgerät *n* однокассетный магнитофон
Monoknöpfen *n* однокнопочная регулировка
Monokristall *m* монокристалл
Monolith *m* 1. монолит 2. *проф.* полупроводниковая ИС 3. сплошная подложка
monolithisch 1. полупроводниковый 2. монолитный
Monolithtechnik *f* технология полупроводниковых ИС
Monomer *m кв. эл.* мономер
Monomode-Faser *f* одномодовое волокно
Monoplatte *f* монофоническая пластинка, монопластинка
Monopol *m* 1. несимметричный вибратор 2. магнитный монополь
Monopolantenne *f* асимметричная вибраторная антенна
Monopolschwingung *f* преобладающее колебание, колебание основного типа
Monopolübergang *m* монопольный переход
Monopuls *m* моноимпульс
Monopulssystem *n рлк* моноимпульсная система
Monopulsverfahren *n рлк* моноимпульсный метод
Monoschicht *f* мономолекулярный слой, монослой
Monosignal *n* монофонический сигнал
Monoskop *n* моноскоп
Monoskoptestbild *n* моноскопная испытательная таблица
monostabil с одним стабильным положением, моностабильный
Monotonie *f* монотонность
Monotron *n тлв* моноскоп
Montage *f* монтаж; сборка □ ~ der Frontseite nach oben монтаж кристаллов лицевой стороной вверх; ~ der Frontseite nach unten монтаж методом перевёрнутого кристалла (*лицевой стороной вниз*)
~, **anpassungsfähige** конструкция, удобная для регулировки *или* настройки
~, **erschütterungssichere** вибропрочный монтаж
~, **feste** жёсткий монтаж
~, **flexible** мягкий монтаж
~ **im Fleißbandverfahren** монтаж на конвейере; сборка на конвейере
~, **klassische** навесной монтаж
Montageanordnung *f* расположение [компоновка] монтажа
Montageausrüstung *f* сборочно-монтажное оборудование
Montagebasis *f* монтажная плата
Montagebrett *n* монтажная панель
Montagechassis *n* шасси для монтажа
Montagedichte *f* плотность монтажа
Montagefehler *m* монтажная ошибка
montagefertig готовый к монтажу
Montagefläche *f* плоскость монтажа
Montagegruppe *f* монтажный узел
Montagekapazität *f* ёмкость монтажа
Montageloch *n* монтажное отверстие

MOS

Montagemuster *n* рисунок печатного монтажа
Montagenabe *f* монтажная втулка, монтажное гнездо
Montageplatte *f* монтажная плата
Montagerahmen *m* монтажная рама
Montagering *m* фиксирующее кольцо
Montageschaltbild *n*, **Montageschaltung** *f*, **Montageschema** *n* схема монтажа
Montageschlitz *m см.* **Montageloch**
Montagesimulation *f зап.* имитация
Montagetechnik *f* техника [метод] монтажа; техника [метод] сборки
Monte-Carlo-Methode *f*, **Monte-Carloverfahren-Technik** *f* метод Монте-Карло
montieren монтировать; собирать
Montierung *f см.* **Montage**
Morphologie *f* морфология (*напр. кристаллов*)
Morseanruf *m* вызов по коду Морзе
Morseempfänger *m* приёмник сигналов Морзе
Morseknopf *m см.* **Morsetaster**
Morsepunkt *m* точка (в азбуке) Морзе
Morsesatz *m* телеграфный комплект Морзе
Morseschalter *m*, **Morseschlüssel** *m см.* **Morsetaster**
Morseschnellgeber *m* быстродействующий трансмиттер Морзе
Morseschreiber *m см.* **Morseempfänger**
Morsestrich *m* тире (в азбуке) Морзе
Morsetaste *f см.* **Morsetaster**
Morsetastenlocher *m* клавишный перфоратор с кодом Морзе
Morsetaster *m* телеграфный ключ Морзе
Morsezeichen *n* знак (азбуки) Морзе
Mosaik *n f* 1. мозаика 2. *тлв* мозаичная мишень
Mosaikdarstellung *f рлк* мозаичное отображение (*воздушной обстановки*)
Mosaikdrucker *m* матричное печатающее устройство
Mosaikfilter *n* мозаичный светофильтр
Mosaikfotokatode *f* мозаичный фотокатод
Mosaikfotozelle *f* мозаичный фотоэлемент
Mosaikkapazität *f* ёмкость мишени
Mosaikkatode *f* 1. мозаичный катод 2. *тлв* мозаичная мишень
Mosaikkristalldrucker *m см.* **Mosaikdrucker**
Masaikplatte *f* 1. *тлв* мозаичная мишень 2. мозаика
Mosaikschirm *m* мозаичный экран
Mosaikzelle *f* элемент мозаичной мишени
MOS-Bauelement *n*, **doppeldiffundiertes** МОП-прибор, полученный методом двойной диффузии
MOS-Bauteil *m* МОП-прибор
MOS-Bildwandler *m* преобразователь свет — сигнал на МОП-элементах
MOS-Feldeffekttransistor *m* полевой МОП-транзистор
MOS-Floatig-Gate-Technik *f* техника МОП-структур с плавающим затвором
MOS-Großschaltung *f*, **integrierte** БИС на МОП-структурах
MOS-Kapazität *f* 1. ёмкость МОП-структуры 2. функциональная способность МОП-структуры
MOS-Kondensator *m* МОП-конденсатор

MOS

«Moskwa»-System *n* система (телевизионного вещания) «Москва»
MOS-LSI-Schaltung *f* ИС с высокой степенью интеграции [БИС] на МОП-структурах
MOS-RAM-Speicher *m* ЗУ *или* память с произвольной выборкой на МОП-транзисторах
Mössbauer-Effekt *m* эффект Мёссбауэра
MOS-Schaltkreis *m*, **MOS-Schaltung** *f* МОП-схема
~, **dynamische komplementäre** динамическая ИС на комплементарных МОП-транзисторах
~, **gruppenintegrierte** БИС на МОП-структурах
MOS-Speicher *m* ЗУ *или* память на МОП-транзисторах
MOS-Struktur *f* МОП-структура
~, **ladungskoppelte** МОП-структура с зарядовой связью
~ **mit isoliertem Gate** МОП-структура с изолированным затвором
MOS-Technik *f* технология МОП-структур
MOS-Transistor *m* МОП-транзистор
MOS-VLSI-Technik *f* техника МОП СБИС
Motionsanalyser *m* тлв анализатор движения
Motor *m* (электро)двигатель
Motorabstimmung *f* настройка посредством электродвигателя
Motorantrieb *m* электропривод
Motorsteuerungssystem *n* система управления с помощью электропривода
Motorwähler *m* тлф искатель с машинным приводом, машинный искатель
Motorwähleramt *n* машинная автоматическая телефонная станция, АТСМ
Motorwelle *f* ведущий вал (*проигрывателя*)
Motor-Zoom *n* вариообъектив с моторным приводом
Mott-Exziton *n* экситон Мотта
Mott-Gesetz *n* закон Мотта, закон $T^{-1/4}$
mouse *англ.* радиолокационный маяк системы «Обое»
µP-Abstimmsystem *n* микропроцессорная система настройки
MP-Band *n* металлопорошковая (магнитная) лента
MP-Kondensator *m* металлобумажный конденсатор
Mp-Leitung *f* нейтраль, нулевой провод
MPX-Signal *n* МРХ-сигнал (сумма сигналов M, P, X)
M-Regelsystem *n* магнитная система регулирования
M-Schirmbild *n* изображение на индикаторе М-типа
M-Signal *n* см. **Mitten-Signal**
MSI-Schaltung *f* ИС со средней степенью интеграции
M/S-Mikrofone *n pl* совмещённые MS-стереомикрофоны
MSR-Technik *f* контрольно-измерительные приборы и автоматика, КИП и А
M/S-Tonsignalbearbeitung *f* асимметричная обработка M и S-стереосигналов
MTI-Anlage *f* РЛС с селекцией движущихся целей

MUL

MTI-Anzeige *f* индикация (выделенных) движущихся целей
MTI-Einrichtung *f* рлк селектор движущихся целей
MTL-Technologie *f* технология ИС на И²Л
MTOS-Feldeffekttransistor *m* полевой транзистор на МТОП-структуре
MT-Schnitt *m* МТ-срез (*срез пьезокварца с углами: 90° с осью X, + 8,5° с осью Y и углом ZZ', равным ± 34°*)
M-Typ-Lauffeldröhre *f* ЛБВ М-типа
M-Typ-Röhre *f* электронный прибор магнетронного типа, прибор М-типа (*с поперечной составляющей СВЧ-поля*)
M-Typ-Rückwärtswellenröhre *f* ЛОВ М-типа
M-Typ-Wanderfeldröhre *f* ЛБВ М-типа
MUF-Faktor *m* коэффициент максимально применимой частоты (*при исследованиях ионосферы*)
Mulde *f* 1. потенциальная яма 2. батарейный ящик
Multi... см. *тж* **Mehr...**, **Mehrfach...**
Multialkalifotokatode *f* сложный [многокомпонентный] щелочной фотокатод, многощелочной фотокатод
Multiausgangslogik *f* логическая схема с несколькими выходами
Multibandkreis *m* многополосный контур
Multiburst *m* сигнал частотных пакетов
Multichip... см. *тж* **Mehrchip...**
Multichip-Bauweise *f* многокристальный способ изготовления
Multichiphybridtechnik *f* многокристальная техника изготовления гибридных схем
Multichiptechnik *f* многокристальный метод (*сборки ИС*)
Multidiodenvidikon *n* кремникон
Multidomänen... см. **Mehrdomänen...**
Multieingangslogik *f* многовходовая логическая схема
Multifrequenzlaser *m* многочастотный лазер
Multifunktionsschaltkreis *m* многофункциональная схема
Multiheterostruktur *f* мультигетероструктура
~, **ertränkte** мультигетероструктура утопленного типа
Multikollektortransistor *m* многоколлекторный транзистор
Multilayer *m* 1. многослойный фольгированный пластик 2. многослойная схема на фольгированном пластике
Multilayerkondensator *m* многослойный конденсатор
Multi-MAC-Dekoder *m* многостандартный декодер МАК
multimedial *англ.* многоотраслевой (*напр. применяемый в кино, телевидении, видеотехнике*)
Multimeter *n* мультиметр, универсальный измерительный прибор
Multimikroprozessorsystem *n* мультимикропроцессорная система
Multimikrorechnersystem *n* мультимикрокомпьютерная система
Multimoden... см. **Mehrmoden...**
Multiniveau... многоуровневый

MUL

Multiniveaupumpen *n* кв. эл. многоуровневая накачка
Multinomialverteilung *f* полиномиальное распределение
Multinorm-Gerät *n* многостандартный телевизор
Multipaktor *m* резонансный СВЧ-разрядник
Multipelklinke *f* гнездо многократного поля
Multipelzugriffsverbindungssystem *n*, **Multipelzutrittsverbindungssystem** *n* система связи с многостанционным доступом
Multipin-Stecker *m* многоконтактная вилка
Multiple-Funktion-Chip *n* многофункциональный кристалл, бескорпусная многофункциональная полупроводниковая ИС
Multiplett *n* мультиплет
Multiplettaufspaltung *f* мультиплетное расщепление
Multipletterm *m* мультиплетный энергетический уровень
Multiplettstruktur *f* мультиплетная структура
Multiplex *m* 1. свз уплотнение (канала); объединение (*сигналов*) 2. вчт мультиплексная передача
Multiplexanlage *f* установка уплотнения; установка объединения
Multiplex-Anordnung *f* 1. устройство уплотнения; устройство объединения 2. вчт устройство мультиплексирования
Multiplexbetrieb *m* 1. режим с уплотнением; режим с объединением 2. мультиплексный режим
Multiplexdigitalsignal *n*, **Multiplex-DS** *n* уплотнённый *или* объединённый цифровой сигнал
Multiplexer *m* 1. свз аппаратура [устройство] (временно́го *или* частотного) уплотнения (канала); аппаратура [устройство] (временно́го *или* частотного) объединения (*сигналов*) 2. вчт мультиплексор 3. тлв устройство формирования полного цветового телевизионного сигнала
Multiplexer-Demultiplexer *m* устройство для уплотнения/разуплотнения (канала связи)
Multiplexfernsteuerung *f* телеуправление по уплотнённому каналу (связи)
Multiplex-Filtersystem *n* многоканальная (оптическая) фильтрующая система; система фильтрации с уплотнением
Multiplexgerät *n* см. **Multiplexer**
Multiplexierung *f* 1. уплотнение; объединение 2. вчт мультиплексирование
Multiplexinpulsmodulation *f* многоканальная импульсная модуляция
Multiplexkanal *m* 1. свз уплотнённый канал 2. вчт мультиплексный канал
Multiplexkanalsignal *n* объединённый сигнал; уплотнённый сигнал
Multiplex-Komponentensignale *n pl* уплотнённые сигналы раздельных составляющих (телевизионного сигнала)
Multiplexprinzip *n*, **zeitanteiliges** принцип временно́го уплотнения (канала) *или* временно́го объединения (*сигналов*)
Multiplexrahmen *m* сверхцикл временно́го объединения (цифровых) сигналов

MUL

Multiplexschalter *m* многопозиционный переключатель
Multiplexsignal *n* см. **Multiplexkanalsignal**
Multiplexsystem *n* система (связи) с уплотнением канала
Multiplextechnik *f* 1. техника временно́го *или* частотного уплотнения (канала связи); техника временно́го *или* частотного объединения (сигналов) 2. вчт техника мультиплексирования
Multiplextelegrafie *f* многоканальная телеграфия
Multiplexübertragung *f* передача с уплотнением канала *или* объединением сигналов
Multiplexverbindung *f* связь с уплотнением канала *или* объединением сигналов
Multiplexverfahren *n* метод (временно́го) уплотнения (канала); метод (временно́го) объединения (сигналов)
Multiplexzyklus *m* цикл временно́го объединения (цифровых) сигналов
Multiplier *m* 1. множительное устройство, умножитель 2. вторично-электронный умножитель, ВЭУ
Multiplikand-Divisorregister *n* регистр множимого-делителя
Multiplikandregister *n* регистр множимого
Multiplikation *f* 1. умножение 2. размножение (*напр. нейтронов*); воспроизводство (*ядерного горючего*)
Multiplikationsanlage *f*, **Multiplikationsanordnung** *f*, **Multiplikationseinrichtung** *f* см. **Multipliziereinrichtung**
Multiplikationsfaktor *m* 1. коэффициент умножения 2. коэффициент размножения (*напр. нейтронов*); коэффициент воспроизводства (*ядерного горючего*)
Multiplikationsfehler *m* погрешность умножения
Multiplikationsglied *n* элемент перемножения
Multiplikationsimpuls *m* импульс умножения
Multiplikationsschaltung *f* схема умножения
Multiplikationsstelle *f* точка умножения (*в функциональных схемах прохождения сигналов*)
Multiplikationsstufe *f* (у)множительный каскад
Multiplikationstaste *f* кнопка «умножение»
multiplikativ мультипликативный
Multiplikator *m* см. **Multipliziereinrichtung**
Multiplikator... см. тж **Multiplizier...**
Multiplizier-Nullfehler *m* нулевая погрешность умножителя (*ошибка из-за дрейфа нуля*)
Multiplizierausgang *m* выход множительного устройства
Multiplizierblock *m* см. **Multipliziereinheit**
Multiplizier-Dividiertrieb *m* множительно-делительное устройство
«**Multipliziere**» «умножить» (команда)
Multipliziereinheit *f* блок множительного устройства, блок умножения
Multipliziereinrichtung *f* множительное устройство, умножитель
~, **analoge** аналоговый умножитель
~, **digitale** цифровой умножитель
~, **duale** двоичный умножитель
~, **fotoelektrische** фотоэлектрический умножитель, ФЭУ
~ **der Frequenz** умножитель частоты
Multiplizieren *n* умножение

Multiplizierer *m*, **Multipliziergerät** *n см.* **Multipliziereinrichtung**
Multiplizierregister *n* регистр множителя
Multiplizität *f* множественность, мультиплетность; кратность
Multipointverbindung *f* многоточечное соединение (*напр. между несколькими терминалами*)
Multipol *m* 1. многополюсник 2. магнитный мультиполь
Multipol... *см. тж* **Mehrpol...**
Multipolablenkfeld *n* многополюсное отклоняющее поле
multipolar многополюсный
Multipolmoment *n* мультипольный момент
Multipolordnung *f* мультипольность, порядок мультипольности
Multipolstrahlung *f* мультипольное излучение
Multipolübergang *m* мультипольный переход
multiprocessing *англ. вчт* 1. многопроцессорная обработка 2. параллельная обработка, мультиобработка
Multiprogrammierung *f* мультипрограммирование
Multiprozessor *m* мультипроцессор; многопроцессорная мультипроцессорная система
Multiprozessormaschine *f* многопроцессорная ВМ
~ **mit Verbindungskanälen** мультипроцессорная система с объединёнными каналами
Multiprozessorverzahnung *f* чередование модулей (памяти) в мультипроцессорной системе
Multirechner... *вчт* многомашинный
Multireflexionsröhre *f* многокаскадный электронный умножитель
Multireflexklystron *n* многоотражательный клистрон
Multiresonatormagnetron *n* многорезонаторный магнетрон
Multischreiber *m* многоканальный самопишущий прибор
Multispektral... многоспектральный
Multistabilität *f* мультиустойчивость
Multistabilsystem *n* мультиустойчивая система
Multistandard-Chassis *n* многостандартное шасси; многостандартная плата
Multisystem *n* мультисистема
Multitapeloader *m* магазин со сменными катушками
Multitasksystem *n* вчт многозадачная система
Multitel *n* многофункциональный телефон (*напр. с экранным дисплеем, декодером видеотекса, блоком памяти*)
Multitrack *англ.* «Мультитрэк» (*гиперболическая радионавигационная система*)
Multitrack-Videorecorder *m* многодорожечный видеомагнитофон
Multivibrator *m* мультивибратор
~, **astabiler** несинхронизированный мультивибратор
~, **bistabiler** бистабильный мультивибратор
~, **durchstimmbarer** мультивибратор с регулируемой частотой (*следования импульсов*)
~, **emittergekoppelter** мультивибратор с эмиттерной связью
~, **freikippender** [**freischwingender**] несинхронизируемый мультивибратор

~, **geschlossener** *см.* **Multivibrator, monostabiler**
~, **monostabiler** ждущий [моностабильный] мультивибратор, одновибратор
~, **selbständiger** [**selbsterregter, selbstschwingender**] несинхронизированный мультивибратор
1/2-Multivibrator *m* спусковая схема; триггер
Multivibratorfrequenz *f* частота мультивибратора
Multivibratorkippschaltung *f*, **Multivibratorkreis** *m*, **Multivibratorschaltung** *f см.* **Multivibrator**
Multiwiretechnik *f* технология многопроводного монтажа
Multizellular... многокамерный
Multizet *n* многошкальный измерительный прибор
Mumetall *n* му-металл (*магнитный сплав*)
Muniperm *n* муниперм (*магнитно-мягкий сплав железо-никель-хром-медь*)
Münzeinwurfschlitz *m* щель монетоприёмника
Münzfernsprecher *m* таксофон
Münzkassette *f* монетоприёмник
Mupid *m* (многофункциональный программируемый с развитой логикой) декодер МЮПИД (*для системы видеотекса*)
musa *англ.* многоэлементная антенна с управлением положением диаграммы направленности
Muschel *f* раковина (*телефонной трубки*)
Muschelantenne *f* антенна с асимметрическим параболическим отражателем
MUSE-Verfahren *n* система «МЮСЕ» (*система кодирования сигнала телевидения высокой чёткости с многократной субдискретизацией, Япония*)
Musikaufnahme *f*, **Musikaufzeichnung** *f* звукозапись музыкальных произведений; музыкальная запись
Musikband *n* музыкальная фонограмма
Musikbespulung *f* лёгкая пупинизация (*обеспечивает пропускание музыкальной программы без искажений*)
Musikbox *f* автомат для проигрывания пластинок
Musikkassette *f* кассета с музыкальной фонограммой
Musikleitung *f* трансляционная линия для передачи музыкальной программы
Musikschrank *m* консольная радиола
Musiksyntesator *m* синтезатор музыки
Musiktruhe *f* консольная радиола
Musikwiedergabe *f* воспроизведение музыки
Muskovit *m* мусковит (*изоляционный материал на основе слюды*)
Muster *n* 1. образец; макет; опытный экземпляр 2. эталон 3. форма, модель 4. рисунок; картина (*напр. интерференционная*); структура
~ **der Zwischenverbindungen** рисунок межсоединений
Musterantenne *f* эталонная антенна
Musterbild *n* испытательная (телевизионная) таблица
Mustererkennung *f* распознавание образов
Mustererzeugung *f микр.* формирование рисунка
Musterfrequenz *f* эталонная частота

Mustergeber *m тлв* датчик испытательного сигнала

Mustergenerator *m* 1. генератор изображений, генератор образов 2. *микр.* генератор рисунков

Mustergenerierung *f* 1. формирование образов [изображений] 2. *микр.* формирование рисунка

Mustergerät *n*, **Musterinstrument** *n* 1. образцовый [эталонный] прибор 2. образец прибора

Musterprogramm *n* стандартная программа

Musterschablone *f* эталонный (фото)шаблон

Musterschaltung *f* эталонная схема

Musterstudio *n* образцовая студия

Mutationsband *n* лента (для) промежуточной записи

Mutator *m фирм.* управляемый ртутный выпрямитель, мутатор

Mutefunktion *f* ослабление сигнала

Mutetiefe *f* степень ослабления сигнала

muting *англ.* 1. бесшумная настройка 2. приглушение звука; ослабление сигнала

Mutter *f зап.* 1. второй оригинал (*гальванопластическая негативная копия первого оригинала*) 2. второй (металлический) оригинал фонограммы

Mutterband *n* первичная лента (*с записью*)

Mutterbild *n* изображение-оригинал

Mutterfrequenz *f* задающая частота

Muttergenerator *m* задающий генератор

Muttergitter *n* дифракционная решётка-оригинал

Mutterimpuls *m* задающий импульс

Mutterkarte *f* главная [ведущая] перфокарта

Mutterkern *m кв. эл.* исходное [материнское] ядро

Mutterkompaß *m* маточный [главный] компас

Mutterkristall *m* природный [естественный] кристалл

Mutterleiterplatte *f микр.* плата второго уровня

Muttermaske *f* эталонный фотошаблон; оригинал фотошаблона

Mutterplatte *f* оригинал (видео)диска

Muttersender *m* 1. главный [ведущий] передатчик 2. *см.* **Mutterstation**

Mutterstation *f* главная [ведущая] станция

Muttersubstanz *f кв. эл.* исходное [материнское] вещество

Mutungsbereich *m* доверительный интервал

Mutungsgrenze *f* доверительная граница

MW... *см.* **Mittelwellen...**

m-Wellen *f pl* метровые волны (*1—10 м*)

Mykalex *m* микалекс (слюда, спрессованная со стеклянным порошком)

mylar *англ. микр.* майлар; майларовая плёнка

Mylarschablone *f* шаблон из майлара

My-Meson *n*, **Myon** *n* мюон, μ-мезон, мю-мезон

Myoneneinfang *m* захват мюонов

Myriameterwellen *f pl* мириаметровые [сверхдлинные] волны (*10—100 км*)

N

Nachabgleich *m*, **Nachabgleichung** *f* 1. (дополнительная) подстройка 2. *микр.* повторное совмещение

Nachablenkfeld *n* поле после отклонения

Nachablenksystem *n* система управления (лучом) после отклонения

Nachablenkung *f* 1. послеотклонение 2. отклонение цветоделительной сеткой (*в хроматроне*)

Nachabstimmung *f* подстройка

Nachahmung *f* моделирование; имитация

Nachanode *f* послеускоряющий анод

Nachbaratom *n* соседний атом

Nachbarbildfalle *f* режекторный фильтр смежного канала изображения

Nachbarbildträger *m* несущая (частота) изображения смежного канала

Nachbarbildträgersperre *f* режекторный фильтр несущей (частоты) изображения смежного канала

Nachbarfrequenz *f* смежная частота (*напр. соседнего канала*)

Nachbarimpulsnebensprechen *n*, **Nachbarimpulsstörungen** *f pl* межсимвольные помехи

Nachbarkanal *m* смежный [соседний] канал

Nachbarkanalaussperrung *f* режекция сигнала смежного канала

Nachbarkanaldämpfung *f* ослабление сигналов смежного канала

Nachbarkanalselektion *f* избирательность по смежному каналу

Nachbarkanalstörfestigkeit *f* помехоустойчивость относительно смежного канала

Nachbarkanalstörungen *f pl* помехи от смежных каналов

Nachbarschaftseffekt *m* эффект близости

Nachbarsender *m* передатчик, работающий на смежной частоте

Nachbartonfalle *f* режекторный фильтр звукового сопровождения смежного канала

Nachbartonträger *m* несущая (частота) звукового сопровождения смежного канала

Nachbartonträgersperre *f* режекторный фильтр несущей (частоты) звукового сопровождения смежного канала

Nachbarwelle *f* соседняя волна

Nachbarzeilen *f pl* смежные строки

Nachbearbeitung *f* последующая обработка (*данных*)

Nachbearbeitungsstudio *n* студия компоновки программ

Nachberuhigungseinrichtung *f* демпфирующее устройство, успокоитель

Nachbeschleunigung *f* послеускорение

Nachbeschleunigungseinrichtung *f* система послеускорения (*в ЭЛТ*)

Nachbeschleunigungsfaktor *m* коэффициент послеускорения

Nachbeschleunigungsröhre *f* ЭЛТ с послеускоряющим электродом

Nachbeschleunigungswendel *f* послеускоряющая спираль (*ЭЛТ*)

Nachbesserung *f* **der Vorlage** *микр.* исправление оригинала

Nachbild *n* 1. послеизображение 2. модель

Nachbilddämpfung *f* затухание эквивалентной схемы

nachbilden 1. моделировать; имитировать 2. воспроизводить форму (*напр. сигнала*) 3. копировать
Nachbildgüte *f* 1. точность подбора эквивалентной схемы 2. качество воспроизведения формы (*напр. сигнала*)
Nachbildmethode *f* метод моделирования
Nachbildner *m* 1. моделирующее устройство 2. копирующее устройство
Nachbildprüfungen *f pl* модельные испытания
Nachbildung *f* 1. моделирование; имитация 2. воспроизведение формы (*напр. сигнала*) 3. копия 4. эквивалентная схема 5. балансная схема
~, **analoge** аналоговое моделирование
~, **formgetreue** правильное воспроизведение формы (*напр. сигнала*)
~, **galvanoplastische** гальванопластическая копия (*оригинала фонограммы*)
~, **veränderbare** моделирующее устройство с перестраиваемыми переменными параметрами
~, **zusätzliche** добавочная балансная схема
Nachbildungsfehler *m* 1. ошибка моделирования 2. погрешность воспроизведения формы (*напр. сигнала*) 3. погрешность настройки
Nachbildungsimpedanz *f* полное сопротивление эквивалентной схемы
Nachbildungsnetzwerk *n* 1. эквивалентная схема 2. балансная цепь
Nachbildungsübertrager *m* балансный трансформатор
Nachbildwiderstand *m* балансный резистор
nachbleiben отставать; запаздывать
Nachbrückenübertrager *m* выходной дифференциальный трансформатор
Nachdiffusion *f* последующая диффузия, *проф.* разгонка
Nachdrehmotor *m* двигатель следящей системы
Nachecho *n* запаздывающее эхо
Nacheffekt *m* последействие
Nacheichung *f* дополнительная калибровка; дополнительная градуировка
Nacheilen *n*, **Nacheilung** *f* 1. отставание; запаздывание; задержка 2. выдержка времени (*напр. о реле*) 3. послесвечение (*экрана*) 4. *тлв* тянущееся продолжение за движущимися объектами, *проф.* тянучка
~, **hysteresische** запаздывание за счёт гистерезиса
Nacheilungswinkel *m* угол отставания *или* запаздывания
Nacheilverzerrungen *f pl* искажения за счёт запаздывания
Nacheilwinkel *m см.* **Nacheilungswinkel**
nacheinanderschalten включать последовательно
Nachentladung *f* дополнительный [запаздывающий] разряд; послеразряд
Nachentzerrung *f* 1. компенсация (*на приёмной стороне*) предыскажений 2. *зап.* коррекция воспроизведения
Nachfahren *n* слежение

Nachfilter *n* постфильтр (*включается на выходе ЦАП*)
Nachfilterung *f* последующая фильтрация
Nachfokussierung *f* послефокусировка (*после отклонения луча*)
Nachfolgeeinrichtung *f* аппаратура слежения *или* сопровождения
Nachfolgeempfindlichkeit *f* чувствительность следящего устройства
nachfolgen следить; сопровождать
Nachfolgerakete *f* самонаводящаяся ракета
Nachformsystem *n* система копирования, система копировальной обработки
Nachfragerate *f* скорость запроса [опроса]
Nachfühlen *n* опробование
Nachführ... *см.* **Nachführungs...**
Nachführung *f* 1. слежение; сопровождение 2. наведение; самонаведение
Nachführungsautomatik *f* система автоматического сопровождения
Nachführungseinrichtung *f* 1. устройство слежения, следящее устройство; устройство сопровождения 2. *зап.* устройство трекинга
Nachführungsgeschwindigkeit *f* скорость слежения; скорость сопровождения
Nachführungsmethode *f* метод измерения с помощью следящих устройств
Nachführungsradar *n* РЛС сопровождения цели
Nachführungssystem *n* 1. система слежения; система сопровождения 2. система наведения; система самонаведения
Nachführungszeit *f* время слежения; время сопровождения
Nachgebezeit *f* время интегрального действия
Nachgiebigkeit *f* гибкость (*звукоснимателя*)
Nachglimmen *n*, **Nachglühen** *n* 1. послесвечение 2. фосфоресценция
Nachhall *m* реверберация
Nachhalldauer *f* время реверберации
Nachhalleinrichtung *f* ревербератор
nachhallen реверберировать
Nachhallkurve *f* кривая реверберации
Nachhallmeßgerät *n* реверберометр
Nachhallraum *m* реверберационная камера
Nachhallregelung *f* подбор реверберации (*напр. в студии*)
Nachhalltechnik *f* техника (создания) эффекта реверберации
Nachhallunterdrückung *f* подавление реверберации, заглушение (*зала, студии*)
Nachhallwirkung *f* эффект реверберации
Nachhallzeit *f* время реверберации
~, **optimale** время стандартной реверберации
Nachhärten *n микр.* сушка (резиста) после отверждения
Nachhinken *n* 1. запаздывание; инерционность (*напр. фотоэлемента*) 2. след от светового пера
Nachholzeit *f* время восстановления (*напр. чувствительности*)
Nachjustierung *f* дополнительная юстировка
Nachklang *m* эхо, отзвук
Nachkontrolle *f* последующий контроль
Nachladungsstrom *m* ток подзаряда
Nachlauf *m* 1. слежение; сопровождение 2. *зап.* следование (*воспроизводящей иглы*) 3. инер-

ционный выбег 4. подстройка 5. синхронизация
Nachlauf... *см. тж* **Nachführungs...**
Nachlaufen *n см.* **Nachlauf**
Nachlauffehler *m* 1. ошибка слежения 2. ошибка синхронизации
Nachlauffilter *n* следящий фильтр
Nachlaufgeschwindigkeit *f* 1. скорость слежения 2. скорость подстройки
Nachlaufpeiler *m* 1. РЛС сопровождения цели 2. радиокомпас
Nachlaufperiode *f* период рыскания
Nachlaufregelungssystem *n* синхронно-следящая система
Nachlaufschaltung *f* схема слежения *или* сопровождения
Nachlaufsynchronisation *f,* **Nachlaufsynchronisierung** *f* инерционная синхронизация
Nachlaufübertragung *f* синхронно-следящая передача
Nachleuchtbahn *f* светящийся след
Nachleuchtbild *n* изображение, вызванное послесвечением; послеизображение
Nachleuchtcharakteristik *f* характеристика послесвечения
Nachleuchtdauer *f* длительность послесвечения
~, **kurze** малое послесвечение
~, **lange** длительное послесвечение
Nachleuchteffekt *m* послесвечение
Nachleuchten *n* 1. послесвечение 2. остаточная фосфоресценция
~, **exponentiales** послесвечение, убывающее по экспоненциальному закону
nachleuchtend с послесвечением
Nachleuchtentzerrung *f* коррекция послесвечения
Nachleuchtfähigkeit *f* способность к послесвечению
Nachleuchtkatodenstrahlröhre *f* ЭЛТ с послесвечением
Nachleuchtkennlinie *f* характеристика послесвечения
Nachleuchtkompensation *f* коррекция послесвечения
Nachleuchtröhre *f* трубка с послесвечением
Nachleuchtschirm *m* экран с послесвечением
Nachleuchtschleppe *f* 1. остаточное послесвечение 2. «шлейф» после импульса
Nachleuchtschweif *m* след от послесвечения, светящийся след
Nachleuchtzeit *f см.* **Nachleuchtdauer**
Nachlieferung *f* 1. инжекция (*напр. электронов*) 2. пополнение (*напр. радиодеталями*) 3. кв. эл. подкачка 4. (электро)питание
Nachmessung *f* поверочное [контрольное] измерение
Nachpendeln *n* 1. тлф свободное искание 2. нерегулярные колебания (*в следящей системе*) 3. перерегулирование 4. рыскание
Nachprüfung *f* контрольное [повторное] испытание, контрольная [повторная] проверка
Nachregelempfindlichkeit *f* чувствительность к подрегулировке
Nachregelung *f* подрегулировка, дополнительная регулировка; подстройка

Nachregler *m* регулятор подстройки
Nachregulieren *n см.* **Nachregelung**
Nachreinigen *n* дополнительная очистка
Nachricht *f* 1. сообщение 2. информация 3. сигнал
~, **videofrequente** видеоинформация
~, **wartende** очередное сообщение, ожидающее передачи
Nachrichten-Abfangstation *f* 1. устройство приёма информации 2. устройство ввода информации
Nachrichtenaustausch *m* обмен информацией
Nachrichtenauswertung *f* 1. обработка информации 2. оценка информации
Nachrichtendienst *m* служба связи
Nachrichteneinheit *f* единица информации (*напр. бит*), ЕИ
Nachrichtenelektronik *f* электроника (в технике) связи
Nachrichtenelement *n* 1. элемент сообщения 2. *см.* **Nachrichteneinheit**
Nachrichtenempfänger *m* 1. приёмник сообщений 2. приёмник информации 3. связной приёмник
Nachrichtenempfangsanlage *f* приёмное устройство связи
Nachrichtenempfangsorgan *n см.* **Nachrichtenempfänger**
Nachrichtenensemble *n* ансамбль сообщений
Nachrichtenentropie *f* энтропия информации
Nachrichtenerkennung *f* идентификация информации
Nachrichtenfluß *m* 1. поток информации 2. *тлф* поток обмена, трафик
Nachrichtenformatierung *f* форматирование [задание формата] данных
Nachrichteningenieur *m* инженер-связист
Nachrichteninhalt *m* 1. количество информации 2. ёмкость [пропускная способность] устройства связи
Nachrichtenkabel *n* кабель связи
Nachrichtenkanal *m* канал связи; информационный канал; канал передачи данных
Nachrichtenkapazität *f* 1. объём сообщений 2. ёмкость [пропускная способность] канала связи
Nachrichtenkennzeichen *n* обозначение информации
Nachrichtenkette *f* цепь связи
Nachrichtenkode *m* код сообщения
Nachrichtenkopf *m* заголовок информации
Nachrichtenmenge *f* количество информации
Nachrichtenmittel *n pl* средства связи
Nachrichtennetz *n* сеть связи; коммуникационная сеть
Nachrichtenplan *m* карта каналов связи
Nachrichtenquelle *f* 1. источник информации 2. источник сообщения
Nachrichtensatellit *m* спутник связи
Nachrichtensatellitensystem *n* система спутниковой связи
Nachrichtensatellitenverkehr *m* спутниковая связь
Nachrichtensender *m* связной передатчик
Nachrichtensenke *f вчт* потребитель [приёмник] информации

449

Nachrichtensignal *n* сигнал связи
Nachrichtenspeicher *m* память (для хранения) сообщений
Nachrichtenspeicherung *f* хранение [запоминание] информации
Nachrichtenstrecke *f* участок (линии) связи; линия связи
Nachrichtenstudio *n* студия новостей; дикторская студия
Nachrichtensystem *n* система связи
~, **einseitiges** система симплексной связи
~ **mit troposphärischer Streuung** тропосферная радиосвязь
~, **zweiseitiges** система дуплексной связи
Nachrichtensystemskapazität *f* пропускная способность системы связи
Nachrichtentechnik *f* техника связи
~, **drahtgebundene** техника проводной связи
~, **leitungsgebundene** техника связи по физическим линиям (*напр. по проводам, волноводам, световодам*)
~, **optische** техника волоконно-оптической связи
Nachrichtentechnischegesellschaft *f* Общество связи (*ФРГ*)
Nachrichtentheorie *f* теория связи; теория информации
Nachrichtenübermittlung *f*, **Nachrichtenübertragung** *f* 1. передача информации 2. передача сообщений
~, **optische** передача информации по волоконно-оптическим линиям связи [по ВОЛС]
Nachrichtenübertragungs... *см. тж* **Nachrichten...**
Nachrichtenübertragungsanlage *f* устройство передачи информации
Nachrichtenübertragungsweg *m* канал [тракт] связи
Nachrichtenverarbeitung *f* обработка информации
Nachrichtenverarbeitungssystem *n* система обработки информации
Nachrichtenverbindung *f* канал связи; линия связи
Nachrichtenverkehr *m* обмен информацией; связь
~, **leitungsgebundener** связь по физическим линиям
Nachrichtenverkehrstheorie *f* теория связи; теория информации
Nachrichtenvermittlung *f* 1. коммутация сообщений 2. *тлг* сеть связи с накоплением сообщений 3. *вчт* обмен информацией
Nachrichtenvermittlungsnetz *n* сеть связи
Nachrichtenvermittlungsstelle *f* центр коммутации сообщений
Nachrichtenvermittlungstheorie *f* теория связи; теория информации
Nachrichtenvermittlungszentrale *f* центральный узел связи
Nachrichtenverschlüsselungsgerät *n* устройство кодирования информации
Nachrichtenvolumen *n* объём информации
Nachrichtenwellenleiter *m* волновод системы связи
Nachrichtenwesen *n*, **elektrisches** электросвязь
Nachrichtenzentrale *f* 1. центральный узел связи 2. информационный центр

Nachrichtung *f*, **weltumfassende** глобальная связь
Nachrückspeicher *m* ЗУ магазинного типа, стековое ЗУ, память магазинного типа, стековая память
Nachruf *m тлф* повторный вызов
Nachrüstbarkeit *f* возможность модернизации
Nachrüstung *f* 1. модернизация 2. *тлв* добавление модулей (*при переходе на другой стандарт*)
Nachschalten *n* дополнительное включение; подключение
Nachschwingungen *f pl* переходные колебания
Nachspann *m* 1. конечный ракорд (*ленты*) 2. *тлв* тянущееся продолжение
Nachstellbarkeit *f* регулируемость
nachstellen подстраивать, регулировать
Nachstellmethode *f см.* **Nachführungsmethode**
Nachstellung *f* подстройка, регулировка
Nachsteuerkopf *m зап.* головка автотрекинга
nächsthoher ближайший верхний (*напр. уровень*)
Nachstimmautomatik *f* система автоматической подстройки
Nachstimmdiode *f* диод (для) автоматической подстройки (*частоты*)
Nachstimmeinrichtung *f* подстроечное устройство
Nachstimmkreis *m* цепь подстройки
~, **selbsttätiger** цепь автоматической подстройки
Nachstimmschaltung *f* схема подстройки
Nachstimmspannung *f* напряжение подстройки
Nachstimmsteuerung *f* 1. автоматическая подстройка 2. система автоматической подстройки
Nachstimmung *f* подстройка
nächstnieder ближайший нижний (*напр. уровень*)
Nachstrom *m см.* **Nachwirkungsstrom**
Nachsynchronisation *f* 1. дополнительная синхронизация 2. последующее озвучивание
Nachteffekt *m* ночной эффект, поляризационная ошибка (*изменение нормальных условий работы радиосредств вследствие изменения плоскости поляризации принимаемой волны*)
Nachteffektpeilfehler *m* ошибка пеленгования вследствие ночного эффекта
nachteilig паразитный; мешающий
Nachtempern *n микр.* сушка (*резиста*) после отверждения
Nachtfrequenz *f* ночная частота (*связи*)
Nachtönen *n* последующее озвучивание
Nachtpeilscheibe *f* шкала с подсветкой (для) отсчёта пеленга
Nachtpeilung *f* ночное пеленгование
Nachtrabanten *m pl тлв* вторая последовательность уравнивающих импульсов
Nachtreichweite *f см.* **Nachtweite**
Nachtrocknen *n см.* **Nachtempern**
Nachtrocknungsofen *m* печь сушки (*толстоплёночных микросхем после нанесения пасты*)
Nachtsehen *n* ночное видение
Nachtsehgerät *n*, **Nachtsichtgerät** *n* прибор ночного видения
Nachtsichtkamera *f* камера (для) ночного телевидения

Nachtstrahlung f ночное излучение (*Земли*)
Nachtweite f дальность ночной передачи
Nachübertrager m выходной трансформатор
Nachverstärker m последующий усилитель
Nachverstärkung f последующее усиление
Nachvertonung f последующее озвучивание
Nachverzerrung f см. **Nachentzerrung**
Nachverzögerung f дополнительная задержка
NACH-VON-Anzeige f нвг индикация приближение — удаление
Nachwahl f последующее искание
Nachwähler m искатель соединительных линий
~ **für Sammelanschlüsse** смешивающий искатель, СИ
Nachweis m 1. обнаружение 2. контроль; проверка 3. определение; подтверждение
Nachweisbarkeitsgrenze f предел обнаружения
Nachweisbarkeitsniveau n уровень обнаружения (*сигнала*)
Nachweisempfindlichkeit f чувствительность (метода) обнаружения
Nachweisfähigkeit f способность к обнаружению
Nachweisgerät n индикаторный прибор; детектор
Nachweisgrenze f предел обнаружения
Nachweiskopf m детекторная головка
Nachweiskreis m индикаторная цепь
Nachweislinie f линия распознавания (*в спектроскопии*)
Nachweismöglichkeit f возможность контроля [проверки]
Nachweisschwelle f порог обнаружения
Nachweissonde f детекторная головка; измерительный зонд
Nachweissystem n система обнаружения; индикаторная система
Nachweiswahrscheinlichkeit f вероятность обнаружения
Nachweiszeit f время обнаружения
Nachwirk... см. **Nachwirkungs...**
Nachwirkung f 1. последействие 2. инерционность 3. послесвечение
~, **dielektrische** диэлектрическая вязкость
~, **elastische** упругое последействие
~, **ferromagnetische [magnetische]** магнитная вязкость
Nachwirkungsbeiwert m см. **Nachwirkungskoeffizient**
Nachwirkungsbild n послеизображение
Nachwirkungsfehler m погрешность, обусловленная (магнитным) последействием
Nachwirkungskoeffizient m 1. коэффициент последействия 2. коэффициент послесвечения
Nachwirkungsstrom m остаточный ток (*фотоэлемента*); ток последействия; свпр незатухающий ток
Nachwirkungsverlustfaktor m коэффициент остаточных потерь
Nachwirkungswiderstand m сопротивление магнитной вязкости
Nachwirkungszeit f 1. время последействия 2. время послесвечения 3. время возвращения в нулевое положение 4. свз время блокировки (*эхо-заградителя*)
Nachzieheffekt m эффект затягивания (*напр. заднего фронта импульса*)

Nachziehen n, **Nachzieherscheinung** f 1. затягивание (*напр. заднего фронта импульса*) 2. тлв тянущееся продолжение, за движущимися объектами, *проф.* тянучка 3. пп инерционность
Nacken-Kyropoulos-Verfahren n метод Накена— Киропулоса
Nadel f 1. зап. (воспроизводящая) игла 2. резец (*рекордера*) 3. изм. стрелка 4. игольчатый кристалл
Nadelausschlag m выброс стрелки
Nadelbett n трафарет для установки контактных игл
Nadelbett-Testanordnung f устройство с игольчатыми контактами (*для тестового контроля печатных плат и микросборок*)
Nadelbrett n шаблон для изготовления монтажного жгута
Nadeldrucker m матричное печатающее устройство
Nadelfunktion f импульсная функция
Nadelgalvanometer n стрелочный гальванометр
Nadelgeräusch n шум воспроизводящей иглы
Nadelgeräuschfilter n фильтр, подавляющий шум воспроизводящей иглы
Nadelimpuls m 1. игольчатый импульс 2. кратковременная импульсная помеха
Nadelkapazität f ёмкость (острия) иглы
Nadelkopfbandverfahren n шариковая термокомпрессия, термокомпрессионная сварка шариком
Nadelkristall m нитевидный кристалл, ус, *проф.* «вискер»
Nadelloch n микропора (*дефект печатной платы*)
Nadellochplatte f гол. пластинка с точечными отверстиями (*напр. пространственный фильтр*)
Nadelmast m (антенная) мачта с игольчатым (шарнирным) основанием
Nadelpaar n спаренные стрелки
Nadelschwingungsgalvanometer n см. **Nadelvibrationsgalvanometer**
Nadelspitze f зап. остриё иглы
Nadeltelegraf m стрелочный телеграф, телеграф Гаусса — Вебера
Nadeltonabnehmer m звукосниматель с иглой
Nadeltonaufzeichnung f механическая звукозапись
Nadeltonverfahren n метод механической звукозаписи
Nadelträger m зап. держатель иглы
Nadeltreibkraft f сила тяги звукоснимателя
Nadelvibrationsgalvanometer n вибрационный стрелочный гальванометр
n-Adressen... n-адресный
NA-Gerät n 1. прибор с питанием от сети 2. блок питания от сети
Nahanzeige f индикация в ближней зоне
Nahauflösung f рлк минимальная дальность обнаружения
Nahauflösungsvermögen n рлк 1. разрешающая способность при малых дальностях обнаружения 2. см. **Nahauflösung**
Nahaufnahme f 1. передача (изображения) крупным планом 2. кадр, снятый крупным планом

Nahbereich *m* ближняя зона
Nahbetrachtung *f* наблюдение [рассматривание] с близкого расстояния
Nahecho *n* близкий эхо-сигнал, ближнее эхо
~, **negatives** отрицательный близкий эхо-сигнал
~, **positives** положительный близкий эхо-сигнал
Naheffekt *m* эффект близости
Nahempfangszone *f* зона [область] ближнего приёма
Nahentstörung *f* подавление внутренних радиопомех
Näherung *f* 1. приближение, аппроксимация 2. сближение (*напр. линий*)
~, **schrittweise** последовательное приближение
Näherungseffekt *m* эффект близости
Näherungsfehler *m* ошибка аппроксимации
Näherungsfunktion *f* аппроксимирующая функция
Näherungsschalter *m* (электронный) прибор, фиксирующий приближение (*напр. человека*)
Näherungsverfahren *n* метод последовательных приближений
Nahewirkung *f* близкодействие
Nahfeld *n* поле в ближней зоне
Nahfeldbereich *m* ближняя зона
Nahfeldmessung *f* измерение в ближней зоне
Nahfeldmonitor *m* громкоговоритель ближнего звучания
Nahfeldrechnung *f* расчёт ближней зоны
Nahfeldstörungen *f pl* 1. помехи от ближней зоны 2. помехи в ближней зоне
Nahfunkwellen *f pl* ультракороткие (радио)волны
Nahinfrarotlaser *m* лазер, работающий в ближней ИК-области спектра
Nahnebensprechen *n* переходный разговор на ближнем [передающем] конце
Nahnebensprechendämpfung *f* затухание переходного разговора на ближнем [передающем] конце
Nahreflexion *f* отражение от близлежащих объектов
Nährgut *n* крист. шихта
Nahschwundgebiet *n*, **Nahschwundzone** *f* область [зона] ближнего замирания
Nahselektion *f* избирательность по смежному каналу
Nahstelle *f* 1. интерфейс 2. стык 3. устройство связи (*с объектом*)
Nahsteuerung *f* местное управление
Nahstörungen *f pl* местные [ближние] помехи
Nahübertragungsverfahren *n* способ передачи (показаний) на близкие расстояния
Nahverbindung *f*, **Nahverkehr** *m* ближняя связь; пригородная связь
Nahverkehrsamt *n* пригородная телефонная станция
Nahverkehrsbereich *m* зона пригородной связи
Nahverkehrsleitung *f* линия пригородной связи
Nahverkehrsnetz *n* сеть пригородной связи
Nahverkehrszentrale *f см.* **Nahverkehrsamt**
Nahwirkung *f* близкодействие
Nahwirkungsfernmeßsystem *n* телеизмерительная система ближнего действия

Nahwirkungsgebiet *n* зона ближнего действия
Nahwirkungssystem *n* система ближнего действия
Nahzeicheneinstellung *f* рлк настройка по отражению от ближних местных предметов
Nahzone *f* 1. ближняя зона 2. пригородная [местная] зона
Nahzünder *m* радиолокационный взрыватель (*в зенитном снаряде*)
Nailheadbonden *n* термокомпрессионная сварка шариком
Namengeber *m* 1. устройство для передачи позывного сигнала *или* шифра оператора 2. автоответчик
Namengeberaustausch *m* обмен операторов шифрами
Namengebertext *m* шифр *или* код (авто)ответчика
Namentaster *m* клавишное [кнопочное] устройство для вызова абонента
NAND *англ.* НЕ И (*функция, операция, схема, элемент*)
NAND-Gatter *n* элемент НЕ И
NAND-NOR *англ.* НЕ И—НЕ ИЛИ (*функция, операция, схема, элемент*)
Nanotorr-Bereich *m* область сверхвысокого вакуума
Napfmodell *n*, **Schottkysches** зонная диаграмма модели (термоэлектронной эмиссии) Шотки (*для границы металл—вакуум*)
narrenfest, **narrensicher** рассчитанный на неквалифицированное обслуживание
Narrensicherheit *f* защита от неквалифицированного обслуживания
Nase *f* 1. упор (*напр. кармана кассеты*) 2. *проф.* клювик (*напр. ручки*)
Naßätzen *n* жидкостное травление
Naßelektrolytkondensator *m* жидкостный электролитический конденсатор
Naßelement *n* наливной гальванический элемент
Naßentwicklung *f* проявление жидкими химическими реактивами
Naßfestigkeit *f* влагостойкость, влагоустойчивость
Naßprüfung *f* испытание на влагостойкость
Naßreinigungskassette *f* кассета с лентой для влажной очистки (*магнитных головок*)
Naßstrecke *f* линия фотолитографии с мокрыми технологическими процессами обработки
naturgetreu правильный, точный, естественный (*о воспроизведении звука или цвета*)
Natursendung *f* (внестудийная) натурная передача
Nautophon *n* наутофон, мощный подводный излучатель (ультра)звуковых сигналов
Navaglide *англ.* курсовой и глиссадный приёмники радиомаячной системы посадки
Navaglobe *англ.* низкочастотная угломерная радиопеленгаторная система дальней навигации
Navar *англ.* угломерно-дальномерная система дальней навигации и управления воздушным движением дециметрового диапазона
Navarho *англ.* «Навар(х)о», угломерно-дальномерная радионавигационная система (*работает в диапазоне частот от 90 до 105 кГц*)
Navigation *f* навигация

~, **radioastronomische** радиоастронавигация
Navigationsfunkdienst *m* служба радионавигации
Navigationsfunkhilfsmittel *n pl* средства радионавигационного обеспечения
Navigationsfunkmittel *n pl* радионавигационные средства
Navigationsfunkpeilanhänger *m* прицеп с навигационным радиопеленгатором
Navigationshilfsmittel *n pl* средства навигационного обеспечения
Navigationsmittel *n pl* навигационные средства
Nawi-Membran *f фирм.* мембрана «Нави» (*мембрана экспоненциальной формы*)
n-Bereich *m* область электронной электропроводности, *n*-область
n-Bit-Binärwort *n* n-разрядное двоичное слово
NC-Bearbeitungsmaschine *f* станок с ЧПУ
NC-Steuerung *f* числовое (программное) управление, ЧПУ
NC-Technik *f* техника ЧПУ
n-db-Breite *f* ширина основного лепестка (излучения) на уровне *n* дБ
n-Dehnungsmesser *m* полупроводниковый тензодатчик
Nd-Gas-Laser *m* газовый неодимовый лазер
n-dimensional *n*-мерный
n-dotiert легированный донорной примесью
n-Dotierungsstoff *m* донорная примесь, донор
Nd-YAG-Laser *m* лазер на алюмоиттриевом гранате, легированном неодимом
Near-instantaneous-Kompandierung *f* слоговое компандирование
Nebel *m* 1. туман 2. туманность 3. облако (*напр. электронное*)
Nebeldämpfung *f* затухание, обусловленное туманом
Nebelechos *n pl* отражения [эхо] от облаков
Nebelkammer *f яд. физ.* расширительная (диффузионная) камера, камера Вильсона
Nebel- und Antikollisionsradar *n* РЛС для предупреждения о грозовых образованиях и предотвращения столкновений
Nebenabsorption *f* дополнительное поглощение
Nebenabzweig *m* побочный отвод
Nebenachse *f* 1. малая ось (*эллипса*) 2. мнимая ось (*гиперболы*) 3. побочная ось (*кристалла*)
Nebenamt *n* (телефонная) подстанция
Nebenanlage *f* резервная установка
Nebenanode *f* анод возбуждения; вспомогательный анод (*ртутного выпрямителя*)
Nebenanschluß *m* 1. добавочное подсоединение 2. параллельное подключение 3. добавочный (телефонный) аппарат
Nebenanschlußleitung *f* линия добавочного аппарата
Nebenanschlußteilnehmer *m* абонент с добавочным аппаратом
Nebenaussendung *f*, **Nebenausstrahlung** *f* побочное излучение (*напр. радиопередатчика*)
Nebenbande *f* боковая полоса (частот)
Nebenbild *n тлв* повторное изображение, *проф.* повтор
Nebendatenstreifen *m* шина дополнительных данных
Nebeneffekt *m* паразитный [побочный] эффект

nebeneinanderschalten 1. соединять [включать] параллельно 2. шунтировать
N-Ebenen-Mischer *m* N-канальный микшер
Nebenerscheinungen *f pl*, **unerwünschte** паразитные явления
Nebenfluß *m* шунтирующий (магнитный) поток
Nebenfrequenz *f* 1. побочная частота 2. запасная частота
Nebenfunkverbindung *f* низовая радиосвязь
Nebengeräusch *n тлф* побочный шум; помеха; треск
Nebengeräuschunterdrücker *m* подавитель побочного шума; подавитель помех
nebengeschlossen 1. параллельно включённый 2. шунтированный
Nebenimpuls *m* паразитный [ложный] импульс
Nebenkanal *m* побочный канал (*напр. приёма*); вспомогательный канал (*в системах записи*)
Nebenkapazität *f* 1. паразитная ёмкость 2. шунтирующая ёмкость
Nebenkeule *f* боковой лепесток (*диаграммы направленности*)
Nebenkontakt *m* 1. вспомогательный контакт 2. блок-контакт
Nebenkreis *m* параллельная [шунтирующая] цепь; шунт
Nebenladungsträger *m pl* неосновные носители заряда
Nebenlappen *m см.* **Nebenkeule**
Nebenleitstrahl *m* побочный ведущий луч (*в системе навигации Консол*)
Nebenleitung *f* дополнительная линия
Nebenlicht *n* 1. побочный свет 2. засветка
Nebenlichtfilter *n* антизасветный фильтр (*на кинескопе*)
Nebenlötstelle *f* холодный спай (*термопары*)
nebenmaximafrei без боковых максимумов
Nebenmaximum *n* боковой максимум (*диаграммы направленности*)
Nebenmodulation *f* паразитная [побочная] модуляция
Nebennichtlinearität *f* дополнительная [намеренно вводимая] нелинейность
Nebenregelschaltung *f* параллельная схема регулирования
Nebenresonanz *f* паразитный резонанс; дополнительный резонанс
Nebenresonanzfrequenz *f* частота паразитного *или* дополнительного резонанса
nebenschalten *см.* **nebeneinanderschalten**
Nebenschalter *m* вспомогательный выключатель
Nebenschaltung *f* параллельная [шунтовая] схема; шунтовая цепь
Nebenschleife *f* 1. боковая петля (*связи*) 2. *см.* **Nebenkeule**
nebenschließen шунтировать; подключать параллельно
Nebenschluß *m* 1. шунт; параллельное подключение 2. добавочный телефонный аппарат
Nebenschlußbildung *f* шунтирование
Nebenschlußmethode *f* метод шунта (*для измерения сопротивления изоляции*)
Nebenschlußrückkopplung *f* параллельная обратная связь

Nebenschlußstrom *m* 1. ток в шунтирующей цепи 2. ток утечки
Nebenschlußweg *m* путь утечки тока
Nebenschlußwiderstand *m* 1. шунтирующий резистор 2. сопротивление утечки
Nebenschlußzuleitungen *f pl* выводы (*измерительного прибора*) для подключения шунта
Nebenschwingungen *f pl* паразитные [побочные] колебания
Nebensender *m* 1. вспомогательный передатчик 2. ведомый передатчик (*радионавигационной системы*) 3. ретрансляционный передатчик
Nebensignal *n* паразитный сигнал
Nebenspannung *f* паразитное напряжение
Nebenspeicher *m* вспомогательное ЗУ; вспомогательная память
Nebensprechausgleich *m* компенсация переходного разговора
Nebensprechdämpfung *f* затухание переходного разговора
Nebensprechdämpfungsmesser *m*, **Nebensprechdämpfungszeiger** *m* измеритель затухания переходного разговора
Nebensprechen *n* переходный разговор
~, **unverständliches** невнятный переходный разговор
~, **verständliches** внятный переходный разговор
Nebensprechensicherheit *f* защищённость от переходного разговора
Nebensprechfreiheit *f* отсутствие переходного разговора
Nebensprechkopplung *f* паразитная связь (*между линиями*), вызывающая переходный разговор
Nebensprechstörungen *f pl* помехи от переходного разговора, переходные помехи
Nebensprechstrom *m* ток переходного разговора
Nebensprechträgerunterdrückung *f* подавление помех от смежной несущей
Nebenspurdämpfungsmaß *n* относительный уровень проникания с соседней дорожки записи
Nebenstandard *m* вспомогательный стандарт
Nebenstation *f* 1. ведомая станция 2. вспомогательная станция; *тлф* подстанция
Nebenstelle *f* 1. вспомогательная станция 2. добавочный аппарат; аппарат абонента УАТС
Nebenstellenanlage *f* учрежденческая автоматическая телефонная станция, УАТС
Nebenstellenapparat *m* параллельно включённый аппарат; аппарат УАТС
Nebenstellenteilnehmer *m* абонент с параллельно включённым аппаратом; абонент УАТС
Nebenstellenverkehr *m* внутренняя (*напр. учрежденческая*) связь
Nebenstrahl *m см.* **Nebenkeule**
Nebenstrahlung *f* побочное излучение
Nebenstrahlungsdämpfung *f* ослабление излучения на боковых лепестках
Nebenstrom *m* 1. ток утечки 2. побочный поток
Nebenstromkreis *m* 1. цепь тока утечки 2. вспомогательная цепь
Nebensymmetrieachse *f крист.* вторичная ось симметрии
Nebenton *m* посторонний [побочный] звук
Nebenverstärkeramt *n* усилительная подстанция, усилительный пункт, УП

Nebenwähler *m тлф* вторичный линейный искатель
Nebenweg *m см.* **Nebenschluß 1.**
Nebenwelle *f* паразитная волна
Nebenwellen *f pl* побочное радиоизлучение
Nebenwellenabstrahlung *f* паразитное излучение
Nebenwellendämpfung *f* ослабление паразитного излучения
Nebenwellenpegel *m* уровень паразитного излучения
Nebenwellensrahlung *f см.* **Nebenwellenabstrahlung**
Nebenwiderstand *m см.* **Nebenschlußwiderstand**
Nebenwirkung *f* побочное воздействие; побочное влияние
Nebenzeichen *n* 1. паразитный [ложный] сигнал 2. *рлк* ложная отметка
Nebenzipfel *m* боковой лепесток (*диаграммы направленности*)
Nebenzipfeldämpfung *f* ослабление излучения на боковых лепестках
Nebenzipfelecho *n* эхо-сигнал от боковых лепестков
Nebenzipfelstrahlung *f* излучение на боковых лепестках
Nebenzipfelunterdrückung *f* подавление излучения на боковых лепестках
Neel-Punkt *m*, **Neel-Temperatur** *f* температура [точка] Нееля
Negat *n*, **Negation** *f* отрицание (*функция, операция*)
Negationsglied *n* вентиль [элемент] НЕ
negativ 1. отрицательный, минусовый (*напр. о зажиме*) 2. рассеивающий, отрицательный (*о линзе*) 3. негативный (*об изображении*)
Negativ *n* негатив, негативное изображение
~ **eines Resistbildes** изображение, получаемое при негативном резисте
Negativabtastung *f* 1. отрицательное считывание (*получение выходного сигнала ПЗС отрицательной полярности*) 3. *тлв* воспроизведение негативных изображений
Negativ-Amplitudenmodulation *f* негативная АМ
Negativbild *n см.* **Negativ**
Negativdarstellung *f тлв* негативное отображение
Negativ-Frequenzmodulation *f* негативная ЧМ
negativgehend 1. отрицательный (*напр. о импульсе*) 2. спадающий (*о фронте сигнала*)
Negativimpuls *m* импульс отрицательной полярности
Negativlack *m см.* **Negativresist**
negativleitend с электронной электропроводностью, с электропроводностью *n*-типа
Negativlinse *f* рассеивающая [отрицательная] линза
Negativmodulation *f тлв* негативная модуляция
Negativresist *m микр.* негативный (фото)резист
Negativresistbild *n* изображение на негативном резисте
Negativspur *f* негатив фотографической сигналограммы
Negativsteilheit *f* отрицательная крутизна
Negativstuffing *n* отрицательное согласование скорости (*передачи символов цифрового сигнала*)
Negativ-UND-Gatter *n* схема И НЕ

Negativwiderstand m отрицательное сопротивление
Negativwiderstandsdiode f 1. диод с отрицательным сопротивлением 2. туннельный диод
Negativwiderstandskonverter m тлф преобразователь отрицательных сопротивлений, ПОС
Negativwiderstandsverstärker m усилитель с отрицательным сопротивлением
Negator m инвертор, элемент [схема] НЕ
Negatoreingangskombination f комбинация входов схемы НЕ
Negatron n 1. электрон 2. тетрод с отрицательным сопротивлением
Negentropie f инф. негэнтропия
negieren инвертировать; выполнять (логическую) операцию НЕ
negiert с отрицанием
Negierung f см. Negat
Negwid-Effekt m эффект отрицательного сопротивления
Neigekopf m головка (камерного штатива) с вертикальным панорамированием
Neigung f 1. наклон(ение) 2. склонение 3. склонность (напр. к самовозбуждению) 4. ктв наклон (разница в усилении или затухании)
Neigungsjustierung f установка угла наклона
Neigungswinkel m 1. угол наклона; угол возвышения 2. рлк угол места 3. угол рефракции (при распространении радиоволн) 4. угол отклонения оси лёгкого намагничивания от нормали к поверхности плёнки (в материалах с ЦМД)
NEIN НЕ (функция, операция, схема, элемент)
NEITHER-NOR англ. НЕ ИЛИ (функция, операция, схема, элемент)
nematisch крист. нематический
Ne-Metall n цветной металл
Nenn... номинальный
Nennbedingungen f pl номинальные [паспортные] условия эксплуатации (напр. прибора)
Nennbeginn m **der Stoßspannung** номинальное начало (фронта) импульсной волны
Nenndaten n pl номинальные параметры
Nennflußabstand m отношение уровней отдачи испытуемой и эталонной лент
Nennspitzenspannung f пиковое значение номинального напряжения
neodymdotiert с неодимовой присадкой
Neodymglaslaser m, **Neodymlaser** m лазер на неодимовом стекле
Neon... неоновый
Neon-Helium-Laser m (газовый) лазер на гелий-неоновой смеси
Neospannungsanzeiger m индикатор напряжения на неоновой лампе
Neopren-Membran f неопреновая мембрана
Neper n непер, Нп (0,8686 Б)
Nernsteffekt m продольный гальванотермомагнитный эффект, эффект Нернста
Nervenfaser f, **Nervenleitung** f киб. аксон
Nervennetzmodell n киб. модель нервной сети
Netto-Bitrate f эффективный [полезный] цифровой поток (в бит/с)
Nettodurchsatz m (паспортная) производительность (ЭВМ)

Nettoladungsgehalt m содержание полезного заряда
Nettorekombinationsrate f эффективная скорость рекомбинации
Nettostörstellendichte f крист. полная плотность дефектов
Nettostörstellenkonzentration f крист. полная концентрация дефектов
Nettostrom m полный ток; эффективный ток
Netz n 1. сеть (напр. электрическая) 2. цепь; схема 3. сетка (напр. координатная)
~, **asynchrones** асинхронная (цифровая) сеть связи
~, **dienstintegriertes digitales** интегральная цифровая сеть связи, ИЦСС
~, **digitales** цифровая сеть связи, ЦСС
~, **getrenntes** разделённая сетка (в видиконе)
~, **integriertes digitales** интегральная цифровая сеть связи, ИЦСС
~, **logisches** логическая схема
~, **ober- und unterirdisches** воздушно-подземная сеть
~, **öffentliches** сеть общего пользования
~, **synchrones** синхронная (цифровая) сеть связи
~, **terrestrisches** наземная сеть
~, **zwischenamtliches** межведомственная телефонная сеть
Netzanschluß m 1. подключение к сети 2. питание от сети 3. гнездо (для) подключения к сети
Netzanschlußbuchse f гнездо (для) подключения к сети
Netzanschlußgerät n 1. прибор с питанием от сети 2. блок питания от сети
Netzanschlußgleichrichter m сетевой выпрямитель
Netzanschlußspeisegerät n, **Netzanschlußteil** m сетевой блок питания
Netzanschlußverdrosselung f фильтрация напряжения сети дросселями
Netzast m ветвь сети или цепи
Netzausfall m (внезапное) отключение (напряжения) сети; отключение сети
Netzbelastung f нагрузка сети
Netzbetrieb m питание от сети
Netzbild n (мнемоническая) схема сети
Netzbetrieber m абонент сети
Netzbrumm m, **Netzbrummen** n 1. фон (от) сети (переменного тока) 2. гудение (напр. трансформатора)
Netzdose f см. Netzsteckdose
Netzdrossel f сглаживающий дроссель (в фильтре выпрямителя)
Netzebene f плоскость (кристаллической) решётки
Netzeinschwingvorgang m переходный [неустановившийся] процесс в сети
Netzelektrode f сетчатый электрод; сетка (ЭЛП)
Netzempfänger m (радио)приёмник с питанием от сети
Netzentkopplung f устранение связи с сетью; тлв отвязка от сети
Netzentstörung f подавление помех (радиоприёму) от сети
Netzersatz m резервный источник питания
Netzfeld n 1. сетка (линий) поля 2. координатное поле; координатная сетка

Netzfilter n фильтр выпрямителя сетевого напряжения
Netzfrequenz f частота (питающей) сети; промышленная частота
Netzfrequenzerwärmung f индукционный нагрев током промышленной частоты
Netzfrequenzmodulation f (паразитная) модуляция частотой сети
Netzgerät n см. **Netzanschlußgerät**
Netzgerätschrank m шкаф питания
Netzgeräusch n см. **Netzbrumm**
netzgespeist с питанием от сети
Netzgestaltung f 1. структура [конфигурация] сети 2. тлф схема соединений международных линий
Netzgleichhalter m см. **Netzspannungsgleichhalter**
Netzgleichrichtung f выпрямление напряжения сети
Netzgruppenkabel n межстанционный (телефонный) кабель
Netzgruppenverbindung f, **Netzgruppenverkehr** m внутрирайонная связь; межрайонная связь; сельская связь
Netzgruppenverstärker m усилитель внутрирайонной сети
Netzgruppenwähler m тлф искатель кода станции внутрирайонной сети
Netzhauptanschlußleitung f магистральная линия сети (питания)
Netzkabel n силовой кабель
Netzknoten m узел связи
Netzkommandogabe f подача команд телеуправления в сети
Netzkonstanten f pl 1. постоянные цепи 2. постоянные схемы
Netzkopplung f связь с сетью; тлв привязка к сети
Netzkurzschluß m короткое замыкание в сети
Netzleitung f шина или линия питания
Netzmuster n испытательная таблица в виде сетчатого поля, проф. сетка
Netznachbildung f эквивалент цепи
Netzoberwellen f pl гармоники в напряжении сети
netzorientiert с питанием от сети
Netzphase f фаза сети
Netzplan m 1. план [схема] электрической сети 2. карта каналов связи
Netzrauschen n см. **Netzbrumm**
Netzregelung f регулирование напряжения сети
Netzschalter m выключатель сети питания
Netzschwankungen f pl см. **Netzspannungsschwankungen**
Netzseite f сетевая сторона
Netzsender m передатчик с питанием от сети
Netzspannung f напряжение (питающей) сети
Netzspannungsausfall m (внезапное) отключение напряжения сети; отключение сети
Netzspannungsbereich m шкала напряжений сети
Netzspannungsgleichhalter m стабилизатор напряжения сети
Netzspannungsgleichrichter m выпрямитель напряжения сети
Netzspannungskonstanthalter m стабилизатор напряжения сети
Netzspannungsregler m регулятор напряжения сети

Netzspannungsschwankungen f pl колебания напряжения сети
Netzspannungswähler m переключатель напряжения сети
Netzspannungswiederkehr f восстановление напряжения сети
Netzspeisung f питание от сети
Netzspeisungsgerät n прибор с питанием от сети
Netzsperre f см. **Netzfilter**
Netzspinne f местная сеть соединительных линий
Netzstabilisator m стабилизатор напряжения сети
Netzsteckdose f сетевая штепсельная розетка
Netzstörung f повреждение сети
Netzstrom m ток сети
Netzstromkabel n силовой кабель
Netzstromspannungsabfall m спад напряжения питающей сети
Netzstromüberspannung f перенапряжение в питающей сети
Netzstromversorgung f питание от сети
Netzstruktur f структура сети (связи)
Netzsynchronisierung f 1. синхронизация сетей (по частоте и фазе) 2. тлв синхронизация с частотой сети
Netzteil m 1. сетевой блок питания 2. участок сети
Netzteilplatte f (печатная) плата сетевого блока питания
Netz-Thyristor m сетевой тиристор
Netzton m фон (от) сети (переменного тока)
Netztrafo m, **Netztransformator** m сетевой трансформатор
Netztrennung f тлв отвязка от сети
Netztülle f гнездовая колодка штепсельного разъёма
Netzumbildung f, **Netzumwandlung** f преобразование цепей
netzunabhängig независимый от сети
Netzunterbrechung f перерыв [сбой] подачи напряжения сети
Netzunterteilung f 1. децентрализация телефонной сети 2. секционирование сети
Netzverdrosselung f фильтрация напряжения сети дросселями
Netzvergleichungsleser m моделирующий анализатор цепей
netzverkoppelt связанный с сетью (питания)
Netzverriegelung f тлв синхронизация с частотой сети
Netzversorgung f питание от сети
Netzvorschaltgerät n автономный блок питания от сети
Netzwechselspannung f переменное напряжение сети
Netzwelligkeit f 1. пульсация напряжения сети 2. гармоники в напряжении сети
Netzwerk n 1. сеть 2. цепь; схема; контур 3. многополюсник; четырёхполюсник 4. распределительная подстанция
~, **duales** дуальная цепь; дуальная схема
~, **frequenzumwandelndes** схема преобразования частоты
~, **impulsformendes** схема формирования импульсов
~ **minimaler Phase** минимально-фазовая цепь
~, **passives** пассивная цепь

~, **passives differenzierendes** пассивная дифференцирующая схема
~, **passives integrierendes** пассивная интегрирующая схема
~, **verlustbehaftetes** цепь с потерями
~, **vierpoliges** четырёхполюсник
~, **zugeordnetes** согласованная цепь
π-Netzwerk *n* П-образная схема
Netzwerkanalyse *f* анализ цепей *или* схем
Netzwerkausgang *m* 1. выход сети 2. выход цепи *или* схемы
Netzwerkbezugsdämpfung *f* эквивалент затухания цепи
Netzwerkelement *n* 1. элемент сети 2. элемент цепи 3. элемент четырёхполюсника
Netzwerkfunktion *f* функция цепи
Netzwerkgleichungslöser *m* устройство для расчёта цепей
Netzwerkknoten *m* узел цепи
Netzwerkmodell *n* модель сети
Netzwerknachbildung *f* моделирование цепей
Netzwerkoptimierung *f* оптимизация цепей
Netzwerkparameter *m* 1. параметр цепи 2. параметр четырёхполюсника
Netzwerksimulator *m* имитатор схемы
Netzwerksynthese *f* синтез цепей
Netzwerktheorie *f* 1. теория цепей 2. теория четырёхполюсников
Netzwerkübertragungsäquivalent *n* эквивалент затухания цепи *или* системы передачи
Netzwerkübertragungsfunktion *f* передаточная функция цепи
Netzwiderstand *m* сопротивление сети
Netzzuleitung *f* 1. подвод(ка) сети (питания) 2. провод подключения к сети
Netzzweig *m* ответвление цепи
Neuabstimmung *f* пере(на)стройка
Neuadressierung *f* *вчт* переадресация
Neuaufladung *f* перезарядка
Neubeschaltung *f* перемонтаж
neubeschichten повторно наносить покрытие
Neubildung *f* генерирование (*напр. пары электрон—дырка*)
Neueichung *f* перетрадуировка; перекалибровка
Neueinspeicherung *f* обновление ЗУ *или* памяти
Neufokussierung *f* перефокусировка
Neugrad *m* новый градус, гон
Neujustierung *f* см. **Neueichung**
Neukodierung *f* перекодирование
Neukurve *f* (перво)начальная кривая намагничивания
Neumagnetisierung *f* перемагничивание
Neumannjoch *n* пермеаметр Неймана
Neumann-Pearson-Kriterium *n* критерий Неймана—Пирсона
Neuneralphabet *n* девятиэлементный код, телеграфный алфавит с девятиэлементными знаками
Neun-Bild-Wiedergabe *f* последовательное воспроизведение (на экране кинескопа) девяти видеокадров разных программ (*для быстрого выбора желаемой передачи*)
Neunpolröhre *f* девятиэлектродная (электронная) лампа, эннеод
NE-Unterlage *f* подложка из цветного металла

Neu-PAL-Verfahren *n* система (цветного телевидения) ПАЛ-новый
Neuristor *m* нейристор
Neuron *n* 1. *киб.* нейрон 2. нейрон (*стандартный феррит-транзисторный логический элемент фирмы Ферранти*)
Neuronenschwelle *f* порог раздражимости [чувствительности] нейрона
Neuschreiben *n* **des Speichers** перезапись ЗУ *или* памяти
Neutralatom *n* нейтральный атом
Neutralatomlaser *m* атомарный газовый лазер
Neutralelektron *n* свободный электрон
Neutralfilter *n* нейтральный [серый] светофильтр
Neutralgraukeil *m* *тлв* градационный [серый] клин
Neutralisation *f* нейтрализация
~, **induktive** нейтрализация с помощью индуктивности
Neutralisationsabstimmung *f* настройка схемы нейтрализации
Neutralisationsbrücke *f* мост нейтрализации
Neutralisationsbrückenschaltung *f* мостовая схема нейтрализации
Neutralisationskapazität *f* нейтрализующая ёмкость
Neutralisieren *n*, **Neutralisierung** *f* нейтрализация
Neutralitätsbedingungen *f pl* условия (электрической) нейтральности
Neutreto *n* нейтретто
Neutrino *n* нейтрино
Neutron *n* нейтрон
Neutronenausbeute *f* выход нейтронов
Neutronendetektor *m* *яд.физ.* нейтронный детектор, детектор нейтронов
Neutronendotierung *f* нейтронное легирование, нейтронная имплантация
Neutronenlethargie *f* летаргия нейтрона
Neutronenloch *n* вакансия в нейтронной оболочке
Neutronentransport *m* перенос нейтронов
Neuüberdeckungen *f pl* **je Maskenebene** последовательное (взаимное) совмещение фотошаблонов *или* масок
Neuverdrahtung *f* перемонтаж
Neuwickeln *n* перематывание, перемотка
Newcosvicon *n* *тлв* ньюкосвикон (*передающая трубка*)
News-Studio *n* студия новостей; дикторская студия
Newvicon *n* *тлв* ньювикон (*передающая трубка*)
NF-... см. **Niederfrequenz...**
NF-Ausgangsleistung *f* выходная мощность по низкой частоте
NFM-Resonanzerscheinung *f* явление нелинейного ферромагнитного резонанса
NF-Tonsignal *n* сигнал звукового сопровождения
NF-Vorverstärker *m* предварительный усилитель низкой частоты
n-Germanium *n* германий (с электропроводностью) *n*-типа
n-Halbleiter *m* полупроводник *n*-типа, электронный полупроводник
Nicalloy *n* никалой (*изотропный магнитный сплав*)

NICAM-System *n* система НИКАМ (*система цифровой передачи звуковых программ потоком 2 Мбит/с*)
Nichrom *n* нихром (*резистивный сплав*)
NICHT НЕ (*функция, операция, схема, элемент*)
Nichtabgleich *m* разбаланс
nichtabschaltbar неотключаемый
nichtangeregt невозбуждённый
Nichtanpassung *f* рассогласование
Nichtansprechen *n* ркс несрабатывание
Nichtäquivalenz *f* неэквивалентность
nichtarretierter без самовозврата (*напр. о ключе*)
Nichtausfallwahrscheinlichkeit *f* вероятность безотказной работы
nichtausgerichtet 1. невыровненный 2. *микр.* несовмещённый
NICHT BEIDE штрих [функция] Шеффера, функция НЕ — И
nichtbesetzt 1. незаселённый 2. *вчт* незанятый
nichtdegeneriert невырожденный
nichtdurchstimmbar неперестраиваемый
Nichteintritt *m* ненаступление (*события*)
nichtentartet невырожденный
Nichterfüllung *f* невыполнение (*операции*)
Nichterkennung *f* 1. нераспознавание (*сигнала*); необнаружение (*напр. цели*) 2. неразличение (*сигнала*)
Nichterscheinen *n* непоявление (*события*)
Nichtexpert *m* наблюдатель-неспециалист (*при субъективных испытаниях качества телевизионных изображений*)
nichtfestlegbar без самовозврата (*напр. о кнопке*)
Nichtflüchtigkeit *f* der Blasen сохраняемость пузырьковых доменов (*напр. при отключённом питании*)
nichtformatiert неформатированный
Nichtgleichgewichtsladungsträgerspeicherung *f* накопление неравновесных носителей заряда
Nichtgleichgewichtvorgang *m* неустановившийся процесс
Nicht-Glied *n* элемент [схема] НЕ
Nichtkonvergenz *f* расхождение
nichtkorrodierend коррозиеустойчивый
nichtkristallin некристаллический, аморфный (*полупроводник*)
Nichtleiter *m* непроводник, диэлектрик
Nichtleiterbild *n* непроводящий рисунок (*печатной платы*)
Nichtleiterschicht *f* непроводящий или изолирующий слой
Nichtlinearität *f* нелинейность
Nichtlinearitätsfaktor *m*, **Nichtlinearitätskoeffizient** *m* коэффициент нелинейности
Nichtlinearitätsintermodulation *f* взаимная модуляция, обусловленная нелинейностью
nichtlöschbar 1. нестираемый (*напр. о памяти*) 2. без разрушения (*информации*)
nichtmaskierbar немаскируемый
nichtnachweisbar необнаруживаемый
NICHT-ODER НЕ — ИЛИ (*функция, операция, схема, элемент*)
nichtperiodisch непериодический, апериодический
Nichtplanarität *f* неплоскостность, непланарность

nichtpolar неполярный
nichtpolarisiert неполяризованный
nichtprivilegiert непривилегированный (*напр. о режиме работы*)
nichtrastend нефиксируемый
nichtredundant 1. без избыточности 2. без резервирования
nichtreparierbar невосстанавливаемый, неремонтируемый
nichtreproduzierbar невоспроизводимый
NICHT-Schaltung *f* схема НЕ
nichtselbsttätig неавтоматический
nichtselektiv неизбирательный, неселективный
nichtsinusförmig несинусоидальный
nichtstabil 1. неустойчивый; нестабильный 2. переходный, нестационарный
nichtstationär 1. нестационарный, переходный, неустановившийся 2. передвижной
nichtsteuerbar неуправляемый
Nichtübereinstimmung *f* несовпадение, несоответствие, несогласованность
Nichtumkehrbarkeit *f* необратимость
NICHT-UND НЕ И (*функция, операция, схема, элемент*)
nichtunterätzt *микр.* неподтравленный
nichtverdampfend 1. нераспыляемый 2. неиспаряемый
nichtverstellbar фиксированный, постоянный
nichtzerstörend неразрушаемый
Nickel-Chrom-Ausbrennwiderstand *m* хромоникелевый [нихромовый] плавкий резистор-предохранитель
Nickelchromwiderstand *m* нихромовый [хромоникелевый] резистор
nickeline *англ.* никелин (*резистивный сплав*)
Nickelkobaltferrit *m* никель-кобальтовый феррит
Nickelsilberfritter *m* когерер с опилками никеля и серебра
Nickelzinkferrit *m* никель-цинковый феррит
Niederdrücken *n* 1. нажатие 2. подавление (*напр. высших гармонических составляющих*)
Niederdruckquecksilberdampflampe *f* ртутная лампа низкого давления
Niederdrucktränken *n* пропитка под низким давлением
niederenergetisch с малой энергией
Niederfrequenz *f* 1. низкая частота, НЧ; звуковая частота; *тлг* тональная частота 2. низкая радиочастота
Niederfrequenzaufzeichnung *f* запись низких частот
Niederfrequenzband *n* 1. диапазон низких частот (16 Гц — 16 кГц) 2. диапазон низких радиочастот (*радиочастоты 30 — 300 кГц*)
Niederfrequenzbandbreite *f* ширина низких частот
Niederfrequenzbandfilter *n* полосовой фильтр нижних частот
Niederfrequenzbereich *m* см. Niederfrequenzband
Niederfrequenzebene *f* низкочастотная секция (*радиоприёмника*)
Niederfrequenzempfang *m* приём в диапазоне низких радиочастот
Niederfrequenzen *f pl* 1. низкие частоты, НЧ 2. низкие радиочастоты
Niederfrequenzendstufe *f* оконечный каскад усилителя низкой частоты

Niederfrequenzerregung f 1. (само)возбуждение на низкой частоте 2. генерирование низкой частоты
Niederfrequenzfeldstärke f зап. напряжённость низкочастотного поля
Niederfrequenzfilter n фильтр нижних частот, ФНЧ
Niederfrequenzgebiet n 1. область низких частот 2. область низких радиочастот
Niederfrequenzgegentaktverstärker m двухтактный усилитель низкой частоты
Niederfrequenzgenerator m генератор низких частот
Niederfrequenzinstrument n (измерительный) прибор для низких частот
Niederfrequenzklingen n низкочастотный микрофонный шум
Niederfrequenzkreis m цепь [контур] низкой частоты
Niederfrequenzkurve f характеристика в области низких частот
Niederfrequenzquelle f источник низкочастотных колебаний
Niederfrequenzremanenzkurve f кривая низкочастотной остаточной намагниченности
Niederfrequenzschwingungsschaltung f схема генерирования низкочастотных колебаний
Niederfrequenzsieb n фильтр нижних частот, ФНЧ
Niederfrequenzsiebkette f многозвенный ФНЧ
Niederfrequenzsignalisierung f сигнализация токами низкой частоты
Niederfrequenzspannung f напряжение низкой частоты
Niederfrequenzsperre f фильтр верхних частот, ФВЧ
Niederfrequenzsperrkette f многозвенный ФВЧ
Niederfrequenzsprechen n тональная телефония
Niederfrequenzsprechkreis m разговорная цепь низкой частоты
Niederfrequenzsprechstrom m 1. разговорный ток низкой частоты 2. низкочастотный ток записи
Niederfrequenzstörung f 1. низкочастотная помеха 2. низкочастотный шум
Niederfrequenzstrom m ток низкой частоты
Niederfrequenzteil n 1. низкочастотный блок; низкочастотная часть (*схемы*) 2. блок УНЧ
Niederfrequenztelefonie f тональная телефония
Niederfrequenztonselektion f низкочастотная тональная селекция
Niederfrequenztonverstärker m усилитель сигналов звукового сопровождения
Niederfrequenzübertragungsbereich m диапазон воспроизводимых звуковых частот
Niederfrequenzverstärker m усилитель низкой частоты, УНЧ
Niederfrequenzverstärkung f усиление по низкой частоте
Niederfrequenzvorstufe f предварительный каскад (усиления) низкой частоты
Niederfrequenzwiderstandsmessung f измерение сопротивления на низкой частоте
Niederführung f 1. снижение (*антенны*) 2. связь между воздушными и подземными линиями
~, **doppeladrige** двухпроводное снижение (*антенны*)
Niedergang m падение (*напр. напряжения*)
Niederleistungs... маломощный
Niederohmadapter m низкоомный звукосниматель
niederohmig низкоомный
niederpermeabel с низкой магнитной проницаемостью
Niederschlag m 1. осадок 2. осаждение 3. осаждённый слой, покрытие
~, **galvanischer** гальваническое покрытие
Niederschlagecho n сигнал, отражённый от метеоосадков
Niederschlagsabschwächung f затухание (*радиоволн*) в метеорологических осадках
Niederschlagskristallisation f кристаллизация осаждением
Niederschlagung f 1. осаждение (*напр. тонких плёнок*) 2. конденсация
Niederschrift f 1. запись (*напр. изображения*) 2. вчт печать выходных данных
Niederspannung f низкое напряжение
Niederspannungskreis m цепь низкого напряжения
Niederspannungsseite f сторона низкого напряжения (*трансформатора*)
Niederspannungstechnik f техника низких напряжений
Niederspannungswicklung f обмотка низкого напряжения
Niedervakuumröhre f низковакуумная лампа
Niederverlustfaser f волокно с низкими потерями
Niedervolt-Niederdruck-Gasentladung f низковольтный газовый разряд при низком давлении
niedervoltseitig с низковольтной стороны
niedrigdotiert пп слаболегированный
niedrigpaarig с малым числом пар [жил]
Niedrigschwellenlaser m лазер с низким порогом генерации
Niedrigsignalwähler m селектор слабых сигналов
niedrigst 1. с наименьшим значением 2. младший (*о разряде, об адресе*)
Niedrigstbelastung f минимальная нагрузка
Niedrigstleistungsgatter n вентиль с минимальной мощностью потребления
Niedrigtemperaturepitaxie f низкотемпературная эпитаксия
Nierencharakteristik f кардиоидная характеристика (*направленности*)
nierenförmig в виде кардиоиды (*о характеристике направленности*)
Nierenkapsel f капсюль (*микрофона*) с кардиоидной характеристикой (*направленности*)
Nierenmikrofon n микрофон с кардиоидной характеристикой (*направленности*)
Ni-Fe-Akkumulator m железоникелевый аккумулятор
nifemax англ. нифемакс (*магнитомягкий сплав железо-никель*)
Ni-Ferrit m манифер 400 (*магнитомягкий сплав магний-цинк-феррит*)
NIK-Schaltung f схема преобразователя с отрицательным сопротивлением

nimonic *англ.* нимоник (*никелевый сплав*)
N-Indikator *m* индикатор N-типа (*индикатор с линейной развёрткой и ступенчатым электронным визиром дальности*)
n-Insel *f микр.* островок (материала) с электропроводностью *n*-типа
N. Integrationsgrad *m* N-ая степень интеграции
Niobat *n* ниобат (*антиферромагнитный материал*)
Niobkatode *f* ниобиевый катод
n-Isolationsgebiet *n* изолированная область (материала) с электропроводностью *n*-типа
nispan *англ.* ниспан (*магнитный сплав*)
Nit *n* нит, нт (*единица яркости*)
Nitometer *n* нитометр, яркомер
Nitridpassivierung *f* нитридная пассивация
ni-Übergang *m* *n — i*-переход
Niveau *n* 1. (энергетический) уровень (*см. тж* **Term**) 2. уровень (*напр. сигнала*) (*см. тж* **Pegel**) 3. степень (интеграции)
~, **angeregtes** возбуждённый (энергетический) уровень
~, **aufgespaltenes** расщеплённый (энергетический) уровень
~, **besetztes** заселённый (энергетический) уровень
~, **diskretes** дискретный (энергетический) уровень
~, **flaches** мелкий (энергетический) уровень
~, **hochliegendes [hohes]** высокий уровень
~, **leeres** незаселённый (энергетический) уровень
~, **lokalisiertes** локальный уровень
~, **oberstes** (наи)высший уровень
~, **tiefes [tiefliegendes]** глубокий (энергетический) уровень
~, **unbesetztes** незаселённый (энергетический) уровень
~, **ungestörtes** невозмущённый (энергетический) уровень
~, **vollbesetztes** заселённый (энергетический) уровень
Niveauabstand *m* расстояние между уровнями
Niveauanzeiger *m* указатель уровня
Niveauaufspaltung *f* расщепление (энергетических) уровней
Niveaubesetzung *f* заселённость (энергетического) уровня
Niveaubreite *f* ширина (энергетического) уровня
Niveaudiagramm *n* диаграмма (энергетических) уровней
Niveaudichte *f* плотность (энергетических) уровней
Niveaudifferenz *f* разность (энергетических) уровней
Niveaudiode *f тлв* диод фиксации уровня
Niveaudistanz *f см.* **Niveauabstand**
Niveauentartung *f* вырождение (энергетического) уровня
Niveaufläche *f* эквипотенциальная поверхность, поверхность равных потенциалов
Niveaugleichhaltung *f* стабилизация уровня
Niveauhöhe *f* высота уровня
Niveauindikator *m* указатель уровня
Niveaukonstanthalter *m* стабилизатор уровня

Niveaukurve *f* эквипотенциальная кривая, кривая равного потенциала
Niveaulage *f* положение (энергетического) уровня
Niveaulinie *f* эквипотенциальная линия, линия равного потенциала
Niveaumesser *m* измеритель уровня
Niveau-Quantisierung *f* квантование по уровню
Niveauschema *n см.* **Niveaudiagramm**
Niveautrennung *f* разделение (энергетических) уровней
Niveauübergang *m* переход с уровня на уровень
Niveauunterschied *m см.* **Niveaudifferenz**
Niveauverbreiterung *f* уширение (энергетического) уровня
Niveauverschiebung *f* сдвиг уровня
Nixie-Röhre *f*, **Nixieröhre** *f* знаковый индикатор тлеющего разряда
n-Kanal *m пп* канал *n*-типа, *n*-канал
n-Kanal-Aufzeichnung *f n*-канальная запись
n-Kanal-Feldeffekttransistor *m* полевой транзистор с каналом *n*-типа
n-Kanal-Implantation *f*, **tiefe** глубокая *n*-канальная имплантация
n-Kanal-MOS-Transistor *m* МОП-транзистор с каналом *n*-типа
n-Kanal-Si-Gate-Technik *f n*-канальная технология МОИ ИС с поликремниевыми затворами
n-Kanal-VFET *m* вертикальный полевой транзистор с каналом *n*-типа
n-leitend с электронной электропроводностью, с электропроводностью *n*-типа
n-Leiter *m* проводник с электронной электропроводностью, проводник *n*-типа
n-Lieter *m* нулевой провод
n-Leitfähigkeit *f*, **n-Leitung** *f* электронная электропроводность, электропроводность *n*-типа
n-Leitungskanal *m* канал с электропроводностью *n*-типа
ML(T)-Verstärker *m* (транзисторный) усилитель с отрицательной проводимостью
n-MOS-[NMOS-] Bauelement *n* прибор на *n*-МОП-структуре
NMOS-Planartransistor *m* планарный МОП-транзистор с каналом *n*-типа
N-Norm *f* (телевизионный) стандарт N, стандарт ПАЛ (*ФРГ*)
nn-Übergang *m* электронно-электронный переход, переход *n — n*-типа
n-Oberleitfähigkeit *f* поверхностная электропроводность *n*-типа
Nocken... кулачковый
Nocticon *n* ноктикон (*передающая трубка типа суперкремникон*)
Noiseblanker *m* шумоподавитель; помехоподавитель
«noise granular» *англ.* зернистый [гранулированный] шум (*вид ошибки квантования при ДИКМ*)
Noiselessverfahren *n зап.* способ шумопонижения
Noisistor *m* нойзистор (*устройство формирования шума, противофазного шуму канала*)

Nominalwert *m* номинал, номинальное значение
Nomogramm *n* номограмма
Nomotron *n* номотрон
Non-Burst-Einrichtung *f* *вчт* немонопольное устройство
Nonius *m* нониус, верньер
Nonode *f* девятиэлектродная (электронная) лампа, нонод
Non-Return-to-Zero-Aufzeichnung *f* запись без возвращения к нулю, БВН-запись
NOR *angl.* НЕ ИЛИ (*функция, операция, схема, элемент*)
~, **exclusive** исключающее НЕ ИЛИ
Norator *m* норатор (*идеальный элемент с бесконечно большим сопротивлением*)
Nordimpuls *m* *нвг* северный импульс
Nordlichtschwung *m* замирание, вызванное северным сиянием
Nordlichtstörungen *f pl* помехи от северного сияния
Nordlücke *f* метка «север» (*кольцевой развёртки*)
nordmagnetisch северо магнитный
Nordsignal *n* *нвг* северный сигнал
Nord-Süd-Asymmetrie *f* асимметрия север—юг
Nord/Süd-Raster-Korrektur *f* 1. коррекция искажений растра, вызванных влиянием магнитных полей в направлении север—юг 2. коррекция горизонтальных подушкообразных искажений
NOR-Gatter *n* вентиль [схема] НЕ ИЛИ
Norm *f* 1. норма 2. нормаль; стандарт 3. эталон
Normabweichung *f* допустимое отклонение
Normal *n* 1. эталон 2. нормаль; стандарт
~, **geeichtes** калиброванный эталон
Normalantenne *f* 1. эталонная антенна 2. стандартная антенна
Normalarbeitszeit *f* рабочее время (*напр. ВМ*)
Normalatmosphäre *f* физическая атмосфера (*101325 Па*)
Normalaufzeichnung *f* стандартная запись
Normalausfall *m* отказ в условиях нормальной эксплуатации
Normalausführung *f см.* **Normalbauart**
Normalband *n* 1. нормальная полоса (частот) 2. обычная (магнитная) лента (*шириной 50,8 мм*)
Normalbauart *f* стандартная [типовая] конструкция
Normalbaustein *m* унифицированный [стандартный] модуль
Normalbauteil *n* унифицированный [стандартный] компонент
Normalbetrieb *m* нормальная эксплуатация, нормальный режим работы
Normaldiskette *f* стандартный гибкий диск, стандартная дискета
Normaleichkurve *f* эталонная [градуировочная] кривая
Normalfarbwertanteile *m pl* координаты цветности
Normalfernhörer *m* стандартный телефон
Normalform *f* *лог.* нормальная форма

~, **disjunktive** дизъюнктивная нормальная форма
~, **vollständige konjunktive** совершенная конъюнктивная нормальная форма
Normalformat *n* стандартный формат
Normalfrequenz *f* 1. эталонная частота 2. нормальная *или* промышленная частота
Normalfrequenzdienst *m* служба передачи эталонных частот
Normalfrequenzempfänger *m* приёмник эталонных частот
Normalfrequenzfunkstelle *f* радиостанция для передачи эталонных частот
Normalfrequenzgeber *m* датчик эталонной частоты
Normalfrequenzgenerator *m* генератор эталонной частоты
Normalfrequenznetz *n* сетка эталонных частот
Normalfrequenzsignal *n* сигнал эталонной частоты
Normalgenerator *m см.* **Normalfrequenzgenerator**
Normalgerät *n* эталонный прибор
Normalgeschwindigkeit *f* стандартная скорость (*напр. движения МЛ*)
Normalhörer *m* стандартный телефон
Normalinduktivität *f* эталонная индуктивность
Normalisierung *f* 1. нормализация; стандартизация; унификация 2. нормирование
Normalisierungsfaktor *m* масштабный множитель, масштабный коэффициент
Normalkondensator *m* эталонный конденсатор
Normalkondensatorensatz *m* блок [магазин] эталонных ёмкостей
Normalkopf *m* стандартная (магнитная) головка
Normallampe *f* эталонная лампа (*фотометрии*)
Normallautsprecher *m* эталонный громкоговоритель
Normalleiter *m*, **metallischer** металлический проводник, не обладающий свойствами сверхпроводимости при глубоком охлаждении
Normallicht *n* источник света
~ **A** источник света A (*с цветовой температурой излучения 2848°К*)
~ **B** источник света B (*с цветовой температурой излучения 4800°К*)
~ **C** источник света C (*с цветовой температурой излучения 6500°К*)
~ **E** источник света E (*с равномерным распределением энергии по спектру*)
Normallichtquelle *f* стандартный источник света
Normalmagnetisierungskurve *f* начальная кривая намагничивания
Normalmeßbereich *m* стандартный диапазон измерений
Normalmikrofon *n* эталонный микрофон
Normalpiezooszillator *m* генератор эталонной частоты с кварцевой стабилизацией
Normalplatte *f см.* **Normalrillenplatte**
Normalpotentiometer *n* эталонный потенциометр
Normalreizanteil *m* **einer Farbe** удельный коэффициент цвета

NOR

Normalrillenaufzeichnung f обычная [недолгоиграющая] запись на грампластинке
Normalrillenplatte f обычная [недолгоиграющая] грампластинка
Normalrohr n эталонный волновод
Normalruhespur f фонограмма без шумопонижения при отсутствии модуляции
Normalschrift f поперечная механическая запись (*звука*)
Normalschwingkreis m эталонный колебательный контур
Normalschwingung f основной тип колебаний, нормальная [собственная] мода
Normalsendung f обычная передача
Normalspannung f 1. эталонное напряжение; опорное напряжение 2. стандартное напряжение
Normalspannungsgeber m mit Temperaturausgleich датчик опорного напряжения с температурной компенсацией
Normalspannungsgenerator m генератор эталонного *или* опорного напряжения
Normalspannungsquelle f источник эталонного *или* опорного напряжения
Normalspeisenetz n сеть питания промышленной частоты
Normalstrahl m перпендикулярный луч
Normalstrommesser m эталонный амперметр
Normalstromwandler m эталонный трансформатор тока
Normaltaktimpuls m эталонный *или* опорный тактовый импульс
Normaltestbild n стандартная испытательная таблица
Normalton m эталонный тон (*1000 Гц*)
Normaltonfrequenz f эталонная звуковая частота
Normalverteilungsfunktion f функция нормального распределения
Normalverteilungskurve f кривая нормального распределения
Normalwandler m эталонный измерительный трансформатор
~, **elektronischer** тлв электронный преобразователь стандартов
Normalwellenbereich m стандартный диапазон волн
Normalwellenmesser m эталонный волномер
Normalwert m 1. эталонное значение 2. стандартная величина, стандартное значение
Normalwiderstand m эталонный резистор
Normalzeichen n эталонный *или* стандартный сигнал (*напр. частоты*)
Normalzeit f эталонное время
Normalzustand m 1. нормальный энергетический уровень 2. нормальное состояние
Normanpassung f согласование (телевизионных) стандартов
Normatron n норматрон (*гипотетическая нормализованная ВМ*)
Normband n измерительная МЛ, ЛИМ
Normempfindlichkeit f чувствительность фотоэлемента, отнесённая к цветовой температуре вольфрама ($2854°K$)
Normen f pl нормали; стандарты; нормы

NOT

Normenausschalter m тлв переключатель стандарта
Normfarbwertanteile m pl координаты цветности
normgerecht в соответствии с нормами; соответственно стандарту
Normgestell n нормализованная [типовая] стойка
Normgrautreppe f ступенчатый серый клин
Normierung f 1. нормирование 2. нормализация; стандартизация
Normkern m стандартный [типовой] сердечник
Normkonverter m см. **Normwandler**
Normlicht n стандартный источник света
Normnennspannung f стандартное номинальное напряжение
Normplatte f см. **Normalrillenplatte**
Normspannung f стандартное напряжение
Normspannungsreihe f ряд стандартных напряжений
Normteil n стандартная *или* нормализованная деталь
Normumsetzer m см. **Normwandler**
Normumsetzung f см. **Normwandlung**
Normumwandler m см. **Normwandler**
Normumwandlung f см. **Normwandlung**
Normung f см. **Normierung**
Normvalenzsystem n стандартная колориметрическая система
Normwandler m преобразователь (телевизионных) стандартов
~, **digitaler** цифровой преобразователь стандартов, ЦПС
~, **elektrisch-optisch-elektrischer** электронно-оптический преобразователь стандартов
~, **elektronischer** электронный преобразователь стандартов
Normwandlerbaustein m модуль преобразователя (телевизионных) стандартов
Normwandlung f преобразование (телевизионных) стандартов
Norton-Schaltung f схема Нортона (*эквивалентная схема для тока короткого замыкания*)
Norton-Transformation f преобразование Нортона (*при проектировании фильтров*)
NOT *англ.* НЕ (*функция, операция, схема, элемент*)
Notabschaltung f аварийное выключение; вчт аварийный останов
NOT-AND *англ.* НЕ И (*функция, операция, схема, элемент*)
Notantenne f аварийная антенна
Notation f 1. система счисления 2. запись; представление; обозначение; нотация
Notationssystem n 1. система счисления 2. система обозначений
Notchfilter n режекторный фильтр
Note f оценка
Notfall m аварийный случай
Notfrequenz f (радио)частота бедствия
Notgruppe f резервный [аварийный] агрегат
Nothöchstleistung f максимально допустимая мощность
Notierung f см. **Notation**
«**Notizblock**»-**Speicher** m сверхоперативная память, блокнотная память

Notleitung f временная [аварийная] проводка; временная [аварийная] линия
Notmeldung f аварийная сигнализация
NOT-OR англ. НЕ ИЛИ (функция, операция, схема, элемент)
Notpeilsender m аварийный [спасательный] радиомаяк
Notruf m сигнал бедствия, SOS
Notrufempfangseinrichtung f установка для приёма сигналов бедствия
Notrufgerät n прибор аварийной сигнализации
Notrufsender m передатчик сигналов бедствия
Notschaltung f 1. схема аварийной защиты 2. вчт схема аварийного останова
Notsender m 1. аварийный [запасный] передатчик 2. см. Notrufsender
Notsignalisation f аварийная сигнализация
Notstillsetzung f, **Notstoppen** n см. Notabschaltung
Notstromanlage f резервный агрегат питания
Notstromversorgung f резервное [аварийное, запасное] питание
Notzeichen n, **Notzeichen(an)ruf** m сигнал бедствия, SOS
Novolak m микр. новолак, новолачная смола
np-Bindung f см. np-Übergang
N-Pfad-Filter n N-канальный фильтр
npin-Transistor m $n-p-i-n$-транзистор
np-Kontakt m см. np-Übergang
npn-Flächentransistor m плоскостный $n-p-n$-транзистор
npn-Legierungsflächentransistor m сплавной плоскостный $n-p-n$-транзистор
npnp-Transistor m $n-p-n-p$-транзистор
npn-Struktur f $n-p-n$-структура
npn-Transistor m $n-p-n$-транзистор
npn-Vertikaltransistor m вертикальный $n-p-n$-транзистор
n-polig с отрицательной полярностью
np-Übergang m, **np-Verbindung** f $n-p$-переход
npvn-Transistor m $n-p-v-n$-транзистор
NR-Kode m невоспроизводимый код
NR-System n система шумоподавления
NRZ-Aufzeichnung f, **NRZ-Schreibverfahren** n запись без возвращения к нулю, БВН-запись
NRZ-Signal n (двоичный) сигнал без возвращения к нулю
n-Schicht f слой с электронной электропроводностью, n-слой
N-Schirmbild n (радиолокационное) изображение типа N
n-Seite f des Übergangs n-область перехода
n-Si-Substrat n кремниевая подложка (с электропроводностью) n-типа
n-Spuraufzeichnung f n-дорожечная запись
n-Spurenband n n-канальная лента
NTC-Widerstand m, **NTK-Widerstand** m резистор с отрицательным ТКС
n-Tor n вентильная схема с n-входами
NTSC-Dekoder m декодер (системы) НТСЦ
NTSC-Farbfernsehverfahren n система (цветного телевидения) НТСЦ (США)
~ **3,58** система НТСЦ (с цветовой поднесущей) 3,58 МГц
~ **4,43** система НТСЦ (с цветовой поднесущей) 4,43 МГц

NT-Schnitt m NT-срез (срез пьезокварца с углами: 90° с осью x, +8,5° с осью y и углом zz', равным ±38°)
NTSC-Koder m кодер (системы) НТСЦ
NTSC-Signal n сигнал (системы) НТСЦ
NTSC-System n, **NTSC-Verfahren** n система (цветного телевидения) НТСЦ (США)
N-Typ m нормальный тип
N-Typ-Halbleiter m полупроводник n-типа, электронный полупроводник
n-Typ-leitend с электронной электропроводностью, с электропроводностью n-типа
n-Typ-Leitfähigkeit f, **n-Typ-Leitung** f электронная электропроводность, электропроводность n-типа
nuklear ядерный
Nuklearbatterie f атомная батарея
Nukleon n нуклон
Null f 1. нуль 2. нулевая точка; начало координат □ **auf ~ stellen** устанавливать на нуль; **gegen ~ gehen** обращаться в нуль; **~ mit Nullen auffüllen [mit Nullen einsetzen]** заполнять нулями
Nullabgleich m установка на нуль; коррекция нуля
Nullabgleichmethode f нулевой или компенсационный метод (измерения)
Nullablage f отклонение от нулевого положения
Nullage f 1. (исходное) нулевое положение 2. установка на нуль, установка нуля 3. уравновешивание (измерительного моста)
Nullagekorrektur f коррекция нуля
Nullageverschiebung f смещение [сдвиг, уход] нуля
Nullanschluß m подключение к нейтрали
Nullanzeigegerät n, **Nullanzeiger** m нуль-индикатор, нулевой индикатор, нулевой указатель, индикатор [указатель] нуля
Nullator m нуллатор (идеальный элемент с нулевым сопротивлением)
Nullausgang m 1. вчт нулевой выход, выход «0» 2. выходной сигнал нуля 3. нулевой сигнал на выходе
Nullbreite f см. Nullwertsbreite
Nullbuchse f нейтральный [нулевой] зажим
Nulldetektor m нуль-детектор
Nulldiagonale f измерительная диагональ моста
nulldimensional 1. нулевой 2. нуль-мерный
Nulldrift f дрейф нуля
Nulldriftfehler m ошибка, обусловленная дрейфом нуля
Nulldurchgang m 1. переход через нуль 2. зап. переход потока (магнитной сигналограммы)
Nullebene f поверхность нулевого потенциала
Nulleichung f точная установка нуля
Nulleinfügung f вчт вставка [введение] нулей
Nulleingang m вчт 1. нулевой вход, вход «0» 2. входной сигнал нуля 3. нулевой сигнал на входе
Nulleinstellung f установка нуля
Nulleiter m нейтральный [нулевой] провод, нейтраль
Nullen n зануление, соединение с нулевым проводом
Nullenunterdrückung f 1. смещение нуля за преде-

NUL

лы шкалы (*прибора*) **2.** *вчт* подавление [устранение] (незначащих) нулей
Nullfehler *m см.* **Nullpunktfehler**
Nullfeststellung *f* **1.** определение нулевого значения **2.** фиксация [установка] нуля **3.** *вчт* распознавание нулей
Nullfolge *f* **1.** *вчт* последовательность нулей **2.** *мат.* нулевая последовательность
Nullfrequenz *f* **1.** нулевая частота (*биений*) **2.** частота наибольшего затухания
Nullfunktion *f* нуль-функция
Nullgalvanometer *n* нуль-гальванометр
Nullgatter *n* вентильная схема генерирования (последовательности) нулей
Nullgerät *n* нуль-индикатор
Nullhyperbel *f* гипербола с нулевой разностью фаз, нулевая гипербола
Nullimpuls *m* **1.** начальный импульс **2.** импульс сброса
Nullimpulsfrequenz *f* частота импульсов, соответствующая нулевому значению (*измеряемой величины*)
Nullindikator *m* нуль-индикатор
Nullinie *f* нулевая линия
Nullinienverschiebung *f* смещение нулевой линии (*напр. осциллографа*)
Nullinstrument *n* нуль-прибор
Nulljustierung *f* точная установка нуля
Nullkapazität *f* начальная ёмкость
Null-Kompensationsmethode *f* компенсационный [нулевой] метод (*измерений*)
Nullkomponente *f* **1.** нулевая составляющая **2.** *тлв* постоянная составляющая
Nullkonstanz *f* постоянство [стабильность] нуля
Nullkontrolle *f* проверка установки на нуль
Nullkorrektion *f*, **Nullkorrektur** *f* корректировка нуля
Nullkurve *f* (перво)начальная кривая намагничивания
Nullmarke *f* нулевая отметка
Nullmarkierung *f* маркировка [обозначение] нулевого положения; метка начала (*напр. записи данных*)
Nullmesser *m* нуль-индикатор
Nullnachweisservoschleife *f* следящая система автоматической регистрации нуля
Nullode *f* газоразрядный антенный переключатель «передача — приём»
Nullodenstichleitung *f* шлейф настройки переключателя «передача — приём»
Nulloperation *f* начальная операция; начальная установка
Nulloperationszustand *m* нерабочее состояние
Nullordnungsfunktion *f* функция нулевого порядка
Nullpegel *m* нулевой уровень
Nullphasenwinkel *m* начальный фазовый угол (*напр. при фазовой модуляции*)
nullphasenwinkelmoduliert модулированный по начальному фазовому углу
Nullpuls *m см.* **Nullimpuls**
Nullpunkt *m* **1.** нулевая точка; нуль **2.** нейтральная точка; точка звезды **3.** начало координат; начало отсчёта □ **mit unterdrücktem** ~ без нуля (*шкала измерительного прибора*)

NUL

Nullpunktabgleich *m* балансировка [уравновешивание] нулевой точки
Nullpunktabweichung *f* отклонение нулевой точки
Nullpunktdrift *f* дрейф нуля
Nullpunkteinstellung *f* установка нулевой точки
Nullpunktempfindlichkeit *f* чувствительность в нулевой точке
Nullpunkterdung *f* заземление нулевой точки
Nullpunktfehler *m* **1.** ошибка установки нуля **2.** нулевая погрешность **3.** ошибка, обусловленная дрейфом нуля
Nullpunktfehlerbezug *m* исходная ошибка установки нуля
Nullpunktgitterschwingungen *f pl* колебания узлов кристаллической решётки
Nullpunktjustierung *f* точная установка нулевой точки
Nullpunktkonstanz *f* постоянство [стабильность] нулевой точки
Nullpunktkorrektur *f* корректировка нулевой точки
nullpunktlos безнулевой
Nullpunktnachstellung *f* подрегулировка нулевой точки
Nullpunktregler *m* регулятор установки на нуль
Nullpunktschiene *f* нулевая шина
Nullpunktschwankung *f*, **Nullpunktschwingung** *f* **1.** колебание нулевой точки **2.** колебание стрелки у нуля
Nullpunktspannung *f* **1.** потенциал нулевой точки системы (*относительно Земли*), потенциал нейтрали (*относительно Земли*) **2.** напряжение между фазным проводом и нейтралью
Nullpunktstabilität *f* стабильность [устойчивость] нулевой точки, стабильность нуля
Nullpunktstellvorrichtung *f см.* **Nullsteller**
Nullpunktsunruhe *f* подёргивание [дрожание] стрелки у нуля
Nullpunktsymmetrie *f* симметрия относительно нуля
Nullpunktunterdrückung *f см.* **Nullenunterdrückung 1.**
Nullpunktverlagerung *f*, **Nullpunktverschiebung** *f* смещение нулевой точки; дрейф нуля
Nullpunktwanderung *f* дрейф нуля
Nullregler *m* регулятор (установки) нуля
Nullrückstellung *f* возврат (*напр. стрелки*) в нулевое положение
Nullschaltung *f изм.* компенсационная схема
Nullschiene *f* нулевая шина
Nullschlitzmagnetron *n* магнетрон со сплошным [неразрезным] анодным блоком
Nullschnittkristall *m* кварц [кварцевая пластина] нулевого среза
Nullschwebung *f* нулевые биения
Nullschwebungsempfang *m* (радио)приём на нулевых биениях, гомодинный (радио)приём
Nullschwebungsfrequenz *f* частота нулевых биений
Nullsignal *n* **1.** сигнал нуля **2.** *тлв.* «нулевой» сигнал **3.** сигнал излучения на север
Nullsignalausgang *m см.* **Nullausgang 2., 3.**
Nullspannung *f* **1.** нулевое напряжение **2.** остаточное напряжение
Nullspannungsanzeiger *m* **1.** индикатор нулевого

NUL

напряжения **2.** индикатор остаточного напряжения
Nullstabilisierung f стабилизация нуля
Nullstelle f **1.** напряжение минимального излучения *или* минимальной чувствительности антенны **2.** нулевая точка; начало координат **3.** *мат.* нуль (*напр. функции*); корень (*уравнения*)
Nullstelleinrichtung f *см.* **Nullsteller**
Nullstellenanzahl f число нулей
Nullstellenauffüllung f **1.** устранение провалов в характеристике направленности (*антенны*) **2.** *вчт* заполнение нулями (*напр. области памяти*)
Nullstellengüte f добротность (схемы) фильтра в полосах затухания
Nullstellenkompensation f компенсация нуля
Nullstellenunterdrückung f *см.* **Nullenunterdrückung**
Nullsteller m регулятор (установки) нуля
Nullstellung f **1.** установка на нуль **2.** (исходное) нулевое положение **3.** уравновешивание (*измерительного моста*)
Nullstellungsindikator m индикатор нулевого положения
Nullstellungspotenziometer n потенциометр установки нуля
Nullstrich m нулевая отметка, нуль (*шкалы*)
Nullstrichlinie f равносигнальная линия
Nullstrom m **1.** нулевой ток **2.** ток в диагонали (измерительного) моста
Nullstromverstärker m усилитель биполярных сигналов
Nulltastung f *тлв* модуляция (несущей изображения) «нулевым» сигналом, «нулевая» модуляция
Nullung f **1.** приведение к нулю **2.** зануление **3.** замещение нулями **4.** гашение (*счётчика*)
Nullungsgenauigkeit f точность установки нуля
Nullungsglied n звено с балансировкой нуля; прибор с компенсацией дрейфа нуля
Nullungsimpuls m импульс сброса
Nullungsleiter m **1.** занулящий провод **2.** *см.* **Nulleiter**
Nullungsschaltung f **1.** схема уравновешивания (*напр. измерительного моста*) **2.** схема зануления
Nullungsverfahren n **1.** приведение к нулю **2.** метод зануления
Nullungsvorrichtung f устройство установки нуля; нуль-орган
Nullungszeit f период обнуления
Nullunterdrückung f *см.* **Nullenunterdrückung**
Nullvergleicher m блок [устройство] сравнения (измеряемой величины) по нулевому методу
Nullversatz m, **Nullverschiebung** f смещение [сдвиг, уход] нуля
Nullverstärker m усилитель индикатора нуля
Nullwanderung f *см.* **Nullversatz**
Nullwerden n обращение в нуль
Nullwertanzeige f индикация нулевого значения
nullwertig нулевой
Nullwertsbreite f ширина (*диаграммы направленности*) между первыми нулями
Nullwertsmelder m нуль-индикатор
Nullwertswinkel m угол, соответствующий нуле-

NUM

вому значению (*относительно оси главного максимума*)
Nullzacken m нулевой импульс (*на экране индикатора*)
Nullzeichen n знак или символ «пусто»
Nullzeiger m нуль-индикатор
Null-zu-Spitze f размах (*сигнала*)
Nullzustand m нулевое положение; исходное [начальное] состояние
Nullzweig m **1.** нулевая ветвь **2.** индикаторная диагональ (*измерительного моста*)
Nullzweiginstrument n прибор нулевой ветви (*измерительного моста*)
Nullzyklus m нулевой цикл
Numerator m нумератор; счётчик
numerieren нумеровать
Numeriergerät n *см.* **Numerator**
Numerierung f нумерация
Numerik-Steuerung f числовое программное управление, ЧПУ
numerisch цифровой, числовой □ ~ **behandeln** обрабатывать в цифровом виде
numerisch-graphisch графоаналитический
Numeroskop n нумероскоп (*прибор с регистрацией цифр на экране трубки*)
Nummer f **1.** число **2.** номер **3.** цифра **4.** индекс (*напр. моды*)
~, **fortlaufende** порядковый номер
~, **gerade** чётное число
~, **internationale** *тлф* код набора международной телефонной связи
~, **laufende** порядковый номер
~, **nationale** *тлф* код набора междугородной телефонной связи
~, **ungerade** нечётное число
~, **zweiziffrige** двузначное число
Nummerdrucker m цифровое печатающее устройство
Nummernanzeigevorrichtung f, **Nummernanzeiger** m **1.** *тлф* указатель вызовов **2.** сигнализатор номеров; (оптический) номероуказатель
Nummerngabeschlußzeichen n *тлф* сигнал окончания набора
Nummerngeber m номеронабиратель
~, **automatischer** автоматический номеронабиратель
Nummernschalter m **1.** номеронабиратель **2.** номерник, номерной коммутатор **3.** оцифрованный переключатель
Nummernschalterwahl f набор (вызова) номеронабирателем
Nummernscheibe f диск номеронабирателя
Nummernscheibenimpuls m импульс номеронабирателя
Nummernscheibenwahl f набор дисковым номеронабирателем
Nummernspeicher m накопитель номера; регистр номеров
Nummernstreifen m числовая лента
Nummernsystem n **1.** цифровая система **2.** система счисления
Nummernwahl f набор номера
Nummernzuordnung f нумерация, присвоение номеров

Nurempfangsendgerät *n* приёмный терминал; терминал ввода (данных)
Nur-Lese-Platte *f* пластинка *или* диск с постоянной [нестираемой] записью
Nur-Lese-Speicher *m* постоянное ЗУ, ПЗУ, постоянная память
Nurtonbetrieb *m* воспроизведение (только) звукового сопровождения
Nußisolator *m* орешковый изолятор
Nutzamplitude *f* амплитуда полезного сигнала
Nutzaussteuerung *f* полезная модуляция
Nutzband *n* используемая полоса (частот)
Nutzbit *n* информационный бит
Nutzdämpfung *f* 1. полезное затухание 2. эквивалент затухания передачи
Nutzdauer *f* период нормальной эксплуатации
Nutzeffekt *m* 1. эффективность 2. полезное действие 3. коэффициент полезного действия, кпд
Nutz-EMK *f* эдс полезного сигнала
Nutzer *m* 1. пользователь, потребитель 2. *тлф* абонент
Nutzerbetrieb *m* эксплуатация (оборудования) пользователем
Nutzerschnittstelle *f* интерфейс пользователя
Nutzfaktor *m* 1. коэффициент использования 2. коэффициент полезного действия, кпд
Nutzfeld *n* поле полезного сигнала
Nutzfrequenzbereich *m* диапазон используемых частот
Nutz-Geräusch-Spannungskurve *f* кривая отношения напряжения полезного сигнала к напряжению шумов
Nutzhub *m* полезная девиация; полезное отклонение
Nutzinformation *f* полезная [используемая] информация
Nutzinhalt *m* рабочий [полезный] объём
Nutzlichtausbeute *f* полезная светоотдача
Nutzpegel *m см.* **Nutzsignalpegel**
Nutzpegel-Störpegel *n* отношение уровня полезного сигнала к уровню помех
Nutzsender *m* принимаемая (радио)станция
Nutzsignal *n* полезный сигнал
Nutzsignalanteil *m* полезная составляющая сигнала
Nutzsignalpegel *m* уровень полезного сигнала
Nutzsignalrekonstruktion *f* восстановление полезного сигнала
Nutzsignal-Störsignal-Verhältnis *n* отношение сигнал/помеха
Nutzspalt *m* рабочий зазор (*магнитной головки*)
Nutzspannungsamplitude *f* амплитуда напряжения полезного сигнала
Nutz-Störleistungsverhältnis *n* отношение сигнал/помеха по мощности
Nutz-Störspannungsverhältnis *n* отношение сигнал/помеха по напряжению
Nutz-Störverhältnis *n* отношение сигнал/помеха
Nutzstrom *m* ток полезного сигнала
Nutzungsdauer *f см.* **Nutzungszeit**
Nutzungsversuch *m* эксплуатационные испытания
Nutzungszeit *f* продолжительность [время] эксплуатации
Nutzwelle *f* используемый тип колебания

Nutzwert *m* 1. полезное значение 2. коэффициент полезного действия, кпд
Nutzwiderstand *m* сопротивление нагрузки
Nutzwirkungsgrad *m* коэффициент полезного действия, кпд
Nutz-zu-Störpegel-Verhältnis *n* отношение сигнал/помеха
Nuvistor *m*, **Nuvistorröhre** *f* нувистор
n-Verunreinigung *f* донорная примесь, донор
nvn-Transistor *m* n—v—n-транзистор
NV-Wicklung *f* обмотка низкого напряжения, низковольтная обмотка (*трансформатора*)
n-Wanne *f микр.* карман [островок] (*для формирования элементов ИС*) с электропроводностью n-типа
Nyquist-Beziehung *f* уравнение Найквиста
Nyquist-Charakteristik *f* 1. характеристика Найквиста 2. *тлв* характеристика однополосного приёма; уравнивающая характеристика (*приёмника*)
Nyquist-Effekt *m см.* **Nyquist-Kriterium**
Nyquist-Empfänger *m* приёмник Найквиста (*для приёма передачи с частично подавленной боковой полосой*)
Nyquist-Flanke *f* спад Найквиста
Nyquist-Frequenz *f* частота Найквиста, минимально допустимая частота дискретизации
Nyquist-Kriterium *n* критерий (устойчивости) Найквиста
Nyquist-Meßdemodulator *m* измерительный детектор Найквиста
Nyquist-Punkt *m* точка (*в середине спада*) Найквиста
Nyquist-Rate *f см.* **Nyquist-Frequenz**
Nyquist-Rauschen *n* тепловые шумы
Nyquisttestdemodulator *m* (измерительный) демодулятор Найквиста
Nyquist-Übertragung *f* (радио)передача по методу Найквиста, передача с частично подавленной боковой полосой
n-Zone *f* область электронной электропроводности, n-область

O

OB-Amt *n* телефонная станция с местной батареей, телефонная станция МБ
Obeneinspeisung *f* верхнее питание (*антенны*)
Oben-Unten-Isolation *f* верхняя и нижняя изоляция (*структуры элемента ИС*)
Oberbereich *m* 1. верхний диапазон 2. *мат.* верхний предел 3. *мат.* область оригиналов (*в преобразовании Лапласа*)
Oberfeld *n* поле (высших) гармоник
Oberfläche *f* поверхность
~, **emittierende** эмиттирующая поверхность
~ **mit Böschungskonturen** поверхность (*кремниевой пластины*) с плавным очертанием краёв (*поликремниевых линий проводников*)
~, **strahlempfindliche** фоточувствительная [светочувствительная] поверхность
~, **totalreflektierende** полностью отражающая поверхность

~, **wärmeübertragende** теплопередающая поверхность (*напр. термоэлемента*)
Oberflächenabdruck *m* реплика [отпечаток] поверхностного рельефа
Oberflächenableitung *f* поверхностная утечка
Oberflächenätzreaktion *f* реакция травления поверхности
Oberflächenbeschaffenheit *f* свойства [характер] поверхности
Oberflächen-CCD *n* ПЗС с поверхностным каналом
Oberflächendichte *f* поверхностная плотность; поверхностная концентрация
Oberflächendipolschicht *f* поверхностный дипольный слой
Oberflächendotierung *f* легирование поверхности (*полупроводника*)
Oberflächeneffekt *m* поверхностный эффект, скин-эффект
Obeflächenelement *n* элемент поверхности
Oberflächenenergieband *n*, **Oberflächenenergiebandzone** *f* энергетическая зона поверхностных состояний
Oberflächenfehler *m* 1. дефект поверхности 2. *зап.* выпадение сигнала
Oberflächenfeldeffekttransistor *m* полевой транзистор с изолированным затвором
Oberflachengefüge *n* (микро)структура поверхности; текстура поверхности
Oberflächengrenzschicht *f* поверхностный барьерный слой
Oberflächenkanal *m* *пп* поверхностный канал
Oberflächenkonversion *f* (при)поверхностная конверсия
Oberflächenkonzentration *f* **der Störstellen** поверхностная концентрация примесей
Oberflächenkriechstrom *m* поверхностный ток утечки
Oberflächenladung *f* поверхностный заряд
Oberflächenladungstransistor *m* транзистор с поверхностным зарядом
Oberflächenleitfähigkeit *f*, **Oberflächenleitung** *f* поверхностная электропроводность
Oberflächenmontage *f* монтаж на поверхности, поверхностный монтаж
Oberflächenpassivierung *f* пассивация поверхности
Oberflächenpotentialbarriere *f*, **Oberflächenpotentialschwelle** *f*, **Oberflächenpotentialwall** *m* поверхностный потенциальный барьер
Oberflächenrandschicht *f* *см.* **Oberflächengrenzschicht**
Oberflächenrauheit *f* шероховатость поверхности
Oberflächenraumladung *f* поверхностный объёмный заряд
Oberflächenraumladungsschicht *f* поверхностный слой объёмного заряда
Oberflächenraumladungszone *f* зона поверхностного объёмного заряда
Oberflächenrauschen *n* *зап.* поверхностный шум (*носителя записи*)
Oberflächenrekombinationsgeschwindigkeit *f* скорость поверхностной рекомбинации
Oberflächen-Relief-Phasenhologramm *n* фазовая голограмма с поверхностным рельефом

Oberflächenschallwellen *f pl см.* **Oberflächenwellen** 2.
Oberflächenschutz *m* 1. защитное покрытие 2. защита поверхности
Oberflächenseite *f* **des pn-Überganges** поверхностный участок р—n-перехода
Oberflächenspannung *f* 1. поверхностное натяжение 2. поверхностное напряжение; (электростатическое) поверхностное давление
Oberflächenspannungsprüfer *m* тензометр
Oberflächensperrschicht *f* поверхностный запирающий слой
Oberflächensperrschichttransistor *m* поверхностно-барьерный транзистор
Oberflächenstrahlung *f* эмиссия с поверхности, поверхностная эмиссия
Oberflächenstreuung *f* поверхностное рассеяние
Oberflächenstromdichte *f* 1. плотность поверхностного тока 2. поверхностная плотность тока
Oberflächenstromfeld *n* поле поверхностного тока
Oberflächenstromverlust *m* поверхностная утечка тока
Oberflächenteilchen *n* элемент поверхности
Oberflächenterm *m* поверхностный уровень
Oberflächenverdrängung *f* поверхностное вытеснение (*тока*)
Oberflächenveredelung *f* облагораживание поверхности (*напр. драгметаллами*)
Oberflächenverlust *m* поверхностные потери; поверхностная утечка
Oberflächenversetzung *f* поверхностная дислокация
Oberflächenvertiefung *f* углубление поверхности (*напр. при травлении*)
Oberflächenverunreinigung *f* 1. загрязнение поверхности 2. поверхностная примесь
Oberflächenwanderung *f* двухмерная [поверхностная] миграция
Oberflächenwellen *f pl* 1. земные (радио)волны 2. поверхностные акустические волны, ПАВ
Oberflächenwellenantenne *f* антенна земных (радио)волн
Oberflächenwellenbauelement *n*, **Oberflächenwellenelement** *n*, **akustisches** элемент ПАВ
Oberflächenwellenfilter *n* фильтр на ПАВ, ПАВ-фильтр
Oberflächenwellenleitung *f* 1. канал распространения земных (радио)волн 2. волновод на ПАВ, ПАВ-волновод
Oberflächenwellenresonator *m* резонатор на ПАВ, ПАВ-резонатор
Oberflächenwellenverstärker *m* усилитель ПАВ
Oberflächenwirkung *f см.* **Oberflächeneffekt**
Oberflächenwirkungsquerschnitt *m* эффективное сечение поверхности
Oberflächenzustandsdichte *f* плотность поверхностных состояний; плотность таммовских состояний (*в полупроводнике*)
Oberformant *m* верхняя форманта (*звука*)
Oberfrequenz *f* частота гармоник(и)
oberirdisch воздушный, надземный
Oberisolation *f* поверхностная изоляция
Oberkante *f* верхний край; верхняя грань

OBE

Oberleitung f воздушная [надземная] линия
Oberniveaulebensdauer f пп время жизни верхнего уровня
Oberreihe f, **harmonische** ряд высших гармоник
Oberschicht f поверхностный слой
Oberschwingungen f pl 1. гармонические колебания 2. обертона
Oberschwingungs... см. **Oberwellen...**
Oberspannung f 1. высшее напряжение (*трансформатора*) 2. напряжение гармоник 3. перенапряжение (*в переходном процессе*)
Oberspannungswicklung f обмотка высшего напряжения
Oberstrichleistung f, **Oberstrichwert** m максимальная выходная мощность радиопередатчика (*в режиме незатухающих колебаний*)
Oberstrichzustand m режим незатухающих колебаний (*телеграфного радиопередатчика*)
Oberströme m pl гармоники тока
Oberteil m, n верхняя часть, вершина (*напр. импульса*)
Oberton m обертон
Obertonbereich m диапазон надтональных частот
Oberwelle f 1. гармоническая (волна); гармоника 2. обертон
~, **azimutale** азимутальный обертон
~, **bruchzahlige** «дробная» гармоника
~ **kleiner Ordnungszahl** гармоника малого порядка
~, **radiale** радиальный обертон
Oberwellenabstrahlung f излучение гармоник
Oberwellenanalysator m 1. гармонический анализатор 2. анализатор спектра, спектроанализатор
Oberwellenanteil m высокочастотная составляющая (сигнала)
Oberwellenantenne f антенна с электрической длиной, равной целому числу полуволн (*на рабочей частоте*)
oberwellenarm с малым содержанием гармоник
Oberwellenaussteuerung f модуляция (несущей) гармоники
Oberwellendämpfung f затухание гармоник
Oberwellendipol m гармониковый [возбуждаемый гармоникой] симметричный вибратор
Oberwellenerzeuger m генератор гармоник
Oberwellenfilter n фильтр подавления гармоник
oberwellenfrei без гармоник
Oberwellenfrequenz f частота гармоник(и)
Oberwellengehalt m 1. содержание гармоник 2. коэффициент гармоник
Oberwellengemisch n смесь гармоник
Oberwellengenerator m генератор гармоник
Oberwellenkompensation f компенсация гармоник; компенсация нелинейных искажений
Oberwellenkristall m кристалл, возбуждаемый гармониками
Oberwellenmeßgerät n измеритель нелинейных искажений, клирфактормессер
Oberwellenmischung f преобразование [смешение] на гармониках
Oberwellenordnungszahl f порядковый номер гармоник
Oberwellenoszillator m генератор гармоник

OBJ

Oberwellenpegel m уровень гармоник
oberwellenreich богатый гармониками
Oberwellenrestspannung f остаточное напряжение гармоник
Oberwellensender m передатчик, работающий на гармониках
Oberwellensieb n фильтр подавления гармоник
Oberwellensiebung f фильтрация гармоник
Oberwellensperre f, **Oberwellensperrkreis** m см. **Oberwellensieb**
Oberwellensperrschichttransistor m транзистор с поверхностным барьером
Oberwellenspitze f пиковое значение гармоники
Oberwellenstrahlung f излучение гармоник
Oberwellenstrom m ток гармоник
Oberwellenüberspannung f перенапряжение из-за гармоник
Oberwellenunterdrückung f подавление гармоник
Oberwellenverluste m pl потери из-за гармоник
Oberwellenverstärker m усилитель гармоник
Oberwellenverzerrungen f pl искажения, обусловленные гармониками
Oberwelligkeit f наличие гармоник
Oberwertbegrenzung f ограничение максимального значения
Objekt n 1. объект, предмет 2. рлк цель
~, **quasistellares** квазар
Objektbandbreite f гол. ширина полосы пространственных частот объекта
Objekt-Belichtungslicht n гол. объектный световой пучок
Objektdatei f данные об объекте
Objekterkennung f распознавание объектов
Objektfrequenz f (пространственная) частота объекта
Objektfunktion f гол. функция (*напр. рассеяния*) объекта
Objektidentifizierung f см. **Objekterkennung**
Objektiv n объектив
~, **brennweitiges** длиннофокусный объектив
~, **lichtstarkes** светосильный объектив
~, **weitwinkliges** широкоугольный объектив
Objektivauflösung f разрешающая способность объектива
Objektiveintrittspupille f входной зрачок объектива
Objektivmotor m электродвигатель фокусировки (камеры)
Objektivöffnung f диафрагма объектива
Objektivrevolver m револьверная головка с объективами
Objektmerkmal m признак объекта
Objektmodellierung f моделирование объекта
Objektraum m опт. пространство объектов
Objektrechenmaschine f, **Objektrechner** m целевая ВМ, *проф.* объектная ВМ
Objektroutine f выходная [конечная] программа, *проф.* объектная программа
Objektspektrum n гол. 1. спектр излучения (объекта) 2. спектр пространственных частот объекта
Objektstrahl m гол. объектный пучок; объектный луч
Objektstrahlkomponente f гол. объектный пучок (*после разделения входного излучения*)

Objektumfang *m* контраст объекта; интервал яркостей объекта
Objektverfolgung *f* сопровождение цели; слежение за целью
Objektverteilung *f* гол. распределение на объекте (*напр. яркости*)
Objektwelle *f* гол. объектная волна, волна от объекта
oboe англ. «Обое» (*радионавигационная дальномерно-разностная система*)
«Obstsalat» *m* импульсные помехи от посторонних (*радиолокационных*) ответчиков
OC-Funktion *f* приёмочная функция (*в статистическом контроле качества*)
ODER ИЛИ (*функция, операция, схема, элемент*)
~, **ausschließendes** исключающее ИЛИ
~, **einschließendes** включающее ИЛИ
~, **exklusives** исключающее ИЛИ
~, **inclusives** включающее ИЛИ
~, **negatives [negiertes]** НЕ ИЛИ
~, **nicht ausschließendes** включающее ИЛИ
ODERieren, exklusiv выполнять операцию исключающее ИЛИ
ODERn выполнять операцию ИЛИ
ODER-NICHT ИЛИ НЕ (*функция, операция, схема, элемент*)
ODER-ODER ИЛИ ИЛИ, исключающее ИЛИ (*функция, операция, схема, элемент*)
ODER-UND-ODER ИЛИ И ИЛИ (*функция, операция, схема, элемент*)
OD-Signal *n* сигнал блокировки выхода
OEM-Schaltkreis *m* схема, выпускаемая (основным) изготовителем оборудования
Ofen *m* 1. печь 2. термостат
Ofendurchsatz *m* производительность [пропускная способность] печи (*напр. диффузионной*)
Ofenverhärtung *f* предварительный отжиг в печи
Offenbandhalbleiter *m* открытый ленточный полупроводник
Offenhalten *n* поддержание разомкнутого состояния (*напр. контактов реле*)
Offen-Kollector-Gatter *n* вентиль с разомкнутым коллектором
Offenstellung *f* положение выключения, разомкнутое положение
Offenzeit *f*, **elektrische** бесконтактная [бестоковая] пауза, время обесточения
Off-line-Betrieb *m* автономный режим (*режим работы устройства без связи с главной ЭВМ*)
Off-line-Computer *m* автономная ЭВМ
Off-line-Datenübertragung *f* передача данных в автономном режиме работы ЭВМ
Off-line-Speicher *m* автономное ЗУ; автономная память
Off-line-System *n* автономная система
Off-line-Verfahren *n* тлв косвенный монтаж, монтаж по субкопиям
Öffnen *n* 1. размыкание (*напр. контакта*); прерывание (*напр. цепи*) 2. отпирание (*лампы*) 3. открывание (*напр. затвора*)
Öffner *m* см. **Öffnungskontakt**
Öffnung *f* 1. отверстие; апертура 2. раскрыв (*напр. антенны*); раствор (*напр. луча*) 3. размыкание (*напр. контакта*)

~, **durchmetallisierte** металлизированное отверстие
~, **relative** относительное отверстие (*объектива*)
Öffnungsausgleich *m* тлв апертурная коррекция
Öffnungsblende *f* апертурная диафрагма
Öffnungsdauer *f* 1. продолжительность размыкания (*напр. контактов*) 2. длительность разомкнутого состояния
Öffnungsebene *f* плоскость раскрыва
Öffnungsfehler *m* 1. апертурное искажение 2. сферическая аберрация
Öffnungsimpuls *m* 1. отпирающий импульс 2. импульс размыкания (*напр. контактов*) 3. тлв бестоковый импульс
Öffnungskontakt *m* нормально замкнутый [размыкающий] контакт
Öffnungspotential *n* потенциал отпирания
Öffnungsspannung *f* напряжение при размыкании
Öffnungsstromstoß *m* см. **Öffnungsimpuls** 1., 2.
Öffnungsverhältnis *n* относительное отверстие (*объектива*)
Öffnungsverzerrung *f* апертурное искажение
Öffnungsweg *m* зазор между контактами (*реле, переключателя*)
Öffnungswinkel *m* 1. угол раскрыва *или* раствора 2. опт. угловая апертура
Öffnungszeit *f* 1. время размыкания (*напр. контактов*) 2. время отпирания 3. время разомкнутого состояния
Öffnungszeitpunkt *m* момент размыкания (*напр. контактов*)
Offset *m* 1. смещение, сдвиг 2. тлв офсет 3. разбаланс 4. напряжение смещения (*операционного усилителя*)
Offsetabtastung *f* 1. сканирование с детерминированным сдвигом (*напр. на 1/3 расстояния между элементами матрицы*) ПЗС-преобразователя свет—сигнал 2. дискретизация со смещением отсчётов (*напр. от строки к строке*)
Offsetfehler *m* ошибка из-за смещения (*напр. нуля операционного усилителя*)
Offsetspannung *f* входное напряжение смещения нуля (*операционного усилителя*)
Offsetstrom *m* ток смещения
Offsetverfahren *n* метод смещения несущих
Ohmkreis *m* омическая цепь, цепь с омическим сопротивлением
Ohmmeter *n* омметр
~, **lineares** омметр с линейной шкалой
ohmsch омический, активный (*о нагрузке*)
~ **belastet** с омической нагрузкой
Ohne-Rückkehr-zu-Null-Aufzeichnung *f* запись без возвращения к нулю, БВН-запись
Ohrfernsprecher *m* ушной телефон
Ohrhörer *m* наушник
Ohrhöreranschluß *m* гнездо ушного телефона
Ohrkurve *f* кривая чувствительности уха
Ohrkurvenfilter *n*, **Ohrsieb** *n* псофометрический фильтр
Okli-Schrank *m* телефонный коммутатор с открытыми гнёздами
Oktaederstruktur *f* пп восьмигранная структура
Oktalröhre *f* лампа с октальным [восьмиштырьковым] цоколем

Oktalschreibung *f* запись в восьмеричной системе (счисления)
Oktalsetzung *f*, **Oktalsystem** *n* восьмеричная система (счисления)
Oktant *m* октант
Oktantfehler *m* октантальная погрешность
Oktantfehlerkomponente *f* октантальная составляющая погрешности (*пеленгатора, радиокомпаса*)
Oktavband *n* диапазон частот, равный октаве
Oktave *f* октава
Oktavsiebverfahren *n* способ измерения частоты с октавным фильтром
Oktet *n* вчт октада, восьмёрка (*напр. символов*)
Oktetbyte *n* восьмибитовый байт
Oktode *f* октод
Oktupol *m* октуполь
Oktupolanregung *f* октупольное возбуждение
ölgetränkt, ölimpregniert пропитанный маслом
Ölkabel *n* маслонаполненный кабель
Ölpapierkondensator *m* бумажно-масляный конденсатор
O/L-Steuerung *f* двухпозиционное управление по принципу «включено — выключено»
Omega англ. «Омега» (*гиперболическая радионавигационная система*)
Omegagang *m* характеристика зависимости от частоты
Omegatron *n* омегатрон
Omnibusleitung *f* тлф линия коллективного пользования, коллективная линия
Omnigraf *m* тлг омниграф
Ondograf *m* ондограф, высокочастотный осциллограф
Ondometer *n* волномер, частотомер
Ondoskop *n* ондоскоп (*световой индикатор тлеющего разряда для обнаружения излучения передатчиков*)
Ondulator *m* ондулятор
ONERA-System *n* радиолокационная система посадки по приборам
One-Way-Kanal *m* однонаправленный канал
On-line-Betrieb *m* 1. неавтономный режим 2. работа в темпе поступления информации, работа в реальном (масштабе) времени 3. диалоговый режим работы
On-line-Computer *m* ЭВМ, работающая в реальном (масштабе) времени
On-line-Datenübertragung *f* передача данных в реальном (масштабе) времени, передача данных параллельно с их поступлением
On-line-Kopplung *f* сопряжение в реальном (масштабе) времени (*процесса с ЭВМ*)
On-line-Speicher *m* ЗУ, работающее с центральным процессором; оперативно-доступная память
On-line-System *n* 1. неавтономная [подключённая] система 2. система, работающая в реальном (масштабе) времени 3. диалоговая система
On-line-Verfahren *n* тлв прямой монтаж
ON-Widerstand *m* сопротивление (*напр. элемента*) в открытом *или* включённом состоянии
Opalglas *n* опаловое стекло
Opazität *f* непрозрачность

O-Pegel *m* уровень (логического) нуля, уровень «O»
Open-Kollector-Gatter *n* вентиль с разомкнутым коллектором
open loop англ. 1. разомкнутая петля (*напр. обратной связи*) 2. разомкнутая система (*напр. автоматического управления*)
Open-Loop-Betrieb *m* работа по разомкнутому циклу
Operand *m* прогр. операнд, компонента операции
Operateur *m* 1. оператор (*напр. у пульта*) 2. прогр. знак операции; операция
Operation *f* 1. операция; действие 2. работа, функционирование 3. вчт команда; инструкция
~, **aussagenlogische** логическая операция; логическое действие
~, **bedingte** условная операция
~, **binäre** двоичная операция
~, **bitweise** побитовая операция
~, **logische** логическая операция; логическое действие
~, **maschinelle** машинная операция
~, **nicht beendete** неполная операция
~, **schrittweise** пошаговая [потактовая] работа
~, **stetige** 1. непрерывная операция 2. непрерывная работа
~, **wiederholte** 1. повторная операция 2. повторная работа
Operationen *f pl*, **organisatorische** 1. операция управления 2. вспомогательные [обслуживающие] операции
Operationsablauf *m* цикл (выполнение) операции; исполнительный цикл
Operationscharakteristik *f* рабочая характеристика
Operationsfeld *n* поле кода операции; разряды кода операции
Operationsfolge *f* 1. последовательность операций 2. последовательность команд
Operationsgeschwindigkeit *f* 1. рабочая скорость; быстродействие (*ВМ*) 2. скорость срабатывания
Operationskästchen *n* вчт логическая ячейка
Operationskode *m* 1. код операции 2. система [набор] операций
Operationsmarke *f* маркировочная метка; маркировочный знак (*для идентификации*)
Operationsregister *n* 1. регистр (кода) операции 2. регистр команд
Operationsschlüssel *m см.* **Operationskode**
Operationsspeicher *m* ЗУ с произвольной выборкой; оперативная память
Operationssteuerung *f* управление операциями
Operationsstufe *f* шаг операции; этап программы
Operationssystem *n* операционная система
Operationssystem/Einheitsystem *n* операционная система единой системы ЭВМ, операционная система ЕС ЭВМ
Operationsumwandler *m* дешифратор операций
Operationsverstärker *m* операционный усилитель
~, **nichtinvertierender** неинвертирующий операционный усилитель

Operationsvervollständigung f завершение операции
Operationsvervollständigungsimpuls m импульс завершения операции
Operationszeit f 1. время выполнения (машинной) операции 2. рабочее время 3. время срабатывания (*напр. реле*)
Operationszyklus m цикл (выполнения) операции; исполнительный цикл
operativ оперативный
Operativspeicher m оперативное ЗУ, ОЗУ; оперативная память
Operator m 1. оператор (*напр. ВМ*) 2. *мат.* оператор
Operatorkonsole f консоль оператора
Operatorpult n пульт оператора
Ophitron n офитрон
Opposition f der Phasen противофазность
Optik f 1. оптика 2. оптическая система 3. объектив
~, **geometrische** геометрическая [лучевая] оптика
~, **integrierte** интегральная оптика
Optimalbedingungen f pl 1. оптимальные условия 2. условия оптимальности
Optimalfiltertheorie f теория оптимальных фильтров
Optimalitätskriterium n критерий оптимальности
Optimalitätsprinzip n принцип оптимальности
optimalkodiert оптимально кодированный
Optimalwertkreis m система [контур] регулирования с выбором оптимального параметра
Optimator m *см.* **Optimisator**
Optimierung f оптимизация
~, **parametrische** 1. параметрическая оптимизация 2. оптимизация параметров
Optimierungsbedingungen f pl условия оптимизации
Optimierungsgerät n *см.* **Optimisator**
Optimierungskriterium n критерий оптимизации
Optimierungsrechner m оптимизирующее решающее устройство
Optimierungssystem n система оптимизации
Optimisation f *см.* **Optimierung**
Optimisator m оптимизатор, блок оптимизации
Optimisierung f *см.* **Optimierung**
Optimum n оптимум; оптимальная величина; оптимальная величина; оптимальное значение
~, **quadratisches** квадратичный критерий оптимальности, интегральный критерий качества (переходного процесса)
Option f вариант, версия; факультативная возможность
Optionen f pl факультативное оборудование; факультативные программные средства
optisch-elektronisch оптоэлектронный
optisch-mechanisch оптико-механический
optisch-steuerbar оптически управляемый
Optoelektronik f оптоэлектроника
optoelektronisch оптоэлектронный
Opto-Festwertspeicher m оптоэлектронное ПЗУ
Optofon n оптофон, оптоакустический преобразователь
Optoisolator m оптоизолятор
Optokoppler m оптоэлектронный элемент связи,

оптический соединитель (*для соединения элементов волоконно-оптической системы*); оптический разъём (*для соединения волоконно-оптических световодов*); оптопара, оптрон
optomechanisch оптомеханический
Optometer n оптометр
Optopaar n оптопара, оптрон
Optoplatte f оптический диск
Opto-ROM оптоэлектронное ПЗУ
Optothyristor m фототиристор
Optotransistor m оптотранзистор, оптический транзистор
Optowelle f волна оптического диапазона
Optron n оптопара, оптрон
~, **direktgekoppeltes** оптопара, оптрон с прямой связью
Optronik f оптоэлектроника
optronisch оптоэлектронный
OP-Verstärker m операционный усилитель
OR *см.* **ODER**
ORACLE, Oracle *фирм.* Оракл (*система телетекста, Би-Би-Си*)
OR-AND-OR *англ.* ИЛИ И ИЛИ (*функция, операция, схема, элемент*)
Orange-Blaugrün-Achse f оранжево-голубая широкополосная ось, ось сигнала (*в системе НТСЦ*)
Orbit f орбита
~, **geostationäre** геостационарная орбита
«**Orbita**»-**Funkstelle** f земная станция системы «Орбита»
Orbitalteil m *косм.* орбитальный отсек
Orbita-Molnija-System n система (спутникового вещания) «Орбита-Молния»
Orbita-System n система (спутникового вещания) «Орбита»
Orbiter m 1. орбитер (*устройство для циклического перемещения изображения на фотокатоде или мишени передающей трубки*) 2. искусственный спутник Земли, ИСЗ, спутник
Orbitron n орбитрон
Ordinatenachse f ось ординат
Ordinatenvorverstärker m предварительный усилитель вертикального отклонения
ordnen 1. приводить в порядок, упорядочивать 2. систематизировать; классифицировать
Ordner m систематизатор
Ordnung f 1. порядок, упорядоченность, последовательность, очерёдность 2. упорядочение 3. систематизация; классификация 4. *мат.* порядок; степень 5. разряд (*числа*) 6. индекс *или* порядок моды
~ **des Zeilensprungverfahrens** кратность чересстрочной развёртки
~, **höchste** старший разряд
~, **niedere** младший разряд
~, **nullte** нулевой порядок
Ordnung-Defekt m порядок — беспорядок (*о структуре*)
Ordnungsdomänen f pl упорядоченные домены
Ordnungsmeldung f контроль исправности
Ordnungs-Unordnung-Übergang m переход из упорядоченного состояния в беспорядочное
Ordnungszahl f порядковое число, порядковый номер

Ordnungszustand *m* состояние упорядоченности
OR-ELSE *англ.* исключающее ИЛИ (*функция, операция, схема, элемент*)
Organ *n* 1. орган 2. механизм; устройство 3. элемент
~, **interpretierendes** интерпретирующее устройство
Organisation *f* организация, структура
Organisationsanweisung *f* служебная инструкция
Organisationsplan *m* схема [план] организации (*системы*)
Organisationstechnik *f* оргтехника
Organisations- und Rechenzentrum *n* центр организации и обработки данных
Organisationsschema *f* схема организации (*напр. матрицы*)
Orgatron *n* электронный орган
Orientierungsabhängigkeit *f крист.* ориентационная зависимость
Orientierungsbeziehung *f крист.* ориентирующая связь
Orientierungsdreieck *n* треугольник ориентации
Orientierungsfaktor *m крист.* коэффициент ориентации
Orientierungsfreiheitsgrad *m крист.* степень [число степеней] свободы ориентации
Orientierungshilfe *f* средство ориентации
Orientierungspolarisation *f* дипольная [ориентационная] поляризация
Orientierungspunkt *m* ориентир
Orientierungssystem *n* система ориентации
Orientierungswinkel *m* угол ориентации
Orientometer *n* прибор для измерения ориентированности структуры
Original *n* 1. оригинал (*фотошаблона*) 2. эталонный фотошаблон
Originalaufzeichnung *f* сигналограмма-оригинал; основная [главная] запись
Originalbild *n* исходное изображение
Originaldynamik *f* динамический диапазон источника (*напр. звука*)
Originalfrequenzbereich *m* исходная полоса частот (*без преобразования*)
Originalfunktion *f* оригинал (*функции*)
Originalhologramm *n* голограмма-оригинал (*при копировании*), исходная голограмма
Originalmaske *f см.* **Originalschablone**
Originalmaskenplatte *f* пластина для эталонного фотошаблона
Originalmuster *n* 1. исходный образец 2. *микр.* эталонный фотошаблон 3. *микр.* оригинал фотошаблона
Originalschablone *f микр.* 1. эталонный фотошаблон 2. оригинал фотошаблона
Originalsendung *f см.* **Originalübertragung**
Originalsignal *n* исходный сигнал
Originalstruktur *f см.* **Originalschablone**
Originalton *m* оригинальный [основной] язык (*радио или телевизионного вещания*)
Originalübertragung *f* внестудийная передача; прямая передача
Originalvorbild *n см.* **Originalmuster**
Originalvorlage *f микр.* оригинал фотошаблона
Originalzeitmaßstab *m* реальный масштаб времени

Orlich-Brücke *f* мост (переменного тока) Орлиха
Orling-Relais *n*, **Orling-Schreiber** *m тлг* реле Орлинга
OR-NOR-Gatter *n* вентиль [схема] ИЛИ НЕ ИЛИ
Ort *m* местоположение, место; положение; позиция
orten 1. определять местоположение [местонахождение] 2. пеленговать 3. ориентироваться
Orthikon *n тлв* ортикон
~ **mit Vorabbildung** суперортикон, ортикон с переносом изображения
Orthikon-Kamera *f тлв* ортиконная камера
Orthikonoskop *n см.* **Orthikon**
Orthoachse *f крист.* ортоось
orthochromatisch ортохроматический
Orthodiagonale *f крист.* ортоось
Orthodiagraf *m* ортораднноскоп, ортодиаграф
Orthodrome *f* ортодромия
Orthoferrit *m* ортоферрит
Orthogonalität *f* ортогональность
Orthogonaltransformation *f* ортогональное преобразование
orthonormiert ортонормированный
Orthoskop *n* ортоскоп
örtlich 1. местный, локальный 2. пространственный
OR-to-AND *англ.* ИЛИ И (*функция, операция, схема, элемент*)
OR-to-OR *англ.* ИЛИ ИЛИ (*функция, операция, схема, элемент*)
ortsabhängig 1. зависящий от места 2. изменяющийся в пространстве
Ortsamt *n* местная (телефонная) станция
Ortsamtsgruppenwähler *m* групповой искатель местной телефонной станции
Ortsansage *f тлф* (автоматическое) объявление вызываемого города
Ortsanzeige *f* индикация места
Ortsauflösung *f* пространственная разрешающая способность
Ortsbatterie *f млф* местная батарея, МБ
Ortsbatteriesystem *n тлф* система с местной батареей, система МБ
Ortsbedienung *f* местное управление; местное обслуживание
ortsbeweglich передвижной, переносный, транспортабельный
Ortsempfang *m* приём местных (радио)станций
Ortsempfänger *m* радиоприёмник местных станций
Ortsempfindlichkeit *f* чувствительность к местоположению
Ortsentzerrer *m* локальный корректор
Ortsfehler *m рлк* позиционная погрешность
Ortsfernleitungswähler *m* универсальный линейный искатель, ЛИУ (*для местной и междугородной связи*)
Ortsfernschalter *m* переключатель местного — дальнего приёма
Ortsfernsprechamt *n см.* **Ortsamt**
Ortsfernsprechnetz *n* местная телефонная сеть
ortsfest стационарный, неподвижный
Ortsfilterung *f гол.* пространственная фильтрация

Ortsfrequenz f 1. частота гетеродина 2. *гол.* пространственная частота
Ortsfrequenzbereich m 1. область пространственных частот 2. спектр пространственных частот
Ortsfrequenzfilterung f фильтрация пространственных частот
Ortsfrequenzspektrum n спектр пространственных частот
Ortsfunk m местная радиотрансляционная сеть
Ortsgenerator m гетеродин
Ortskabel n 1. кабель местной связи 2. абонентский кабель
Ortskennzahl f *см.* **Ortsnetzkennzahl**
Ortskoordinaten f pl координаты места
Ortskorrelation f пространственная корреляция
Ortskreis m 1. цепь местного тока 2. круговая диаграмма
Ortskurve f годограф; кривая геометрического места точек
Ortskurvenschreiber m координатный самопишущий прибор
Ortsleitung f линия местной связи
Ortsleitungsnetz n местная телефонная сеть
Ortsleitungswähler m линейный искатель местной связи
Ortsnetz n местная (телефонная) сеть
Ortsnetzkennzahl f индекс местной телефонной сети
Ortsplatz m рабочее место телефонистки местной телефонной станции
Ortspotential n потенциал точки (*схемы*)
Ortssendeleitung f *тлв* (соединительная) линия между аппаратно-студийным комплексом и радиопередатчиком
Ortssender m местный (радио)передатчик
ortsveränderlich передвижной
Ortsverbindung f местная связь
Ortsverbindungsanlage f 1. установка местной связи 2. активная телевизионная соединительная линия
Ortsverbindungskabel n межстанционный соединительный кабель
Ortsverbindungsleitung f *см.* **Ortsleitung**
Ortsverbindungsschrank m коммутатор местной связи
Ortsverkehr m местная связь; местный обмен
Ortsvermittlung f местная связь
Ortsvermittlungsstelle f местная телефонная станция
Ortsverschiebungsparameter m параметр пространственного смещения
Ortswähler m искатель (системы) местной связи
Orts-Zeit-Filter n пространственно-временной фильтр
Ortung f 1. определение местоположения [местонахождения] 2. локация; пеленгование, пеленгация
~, **akustische** звуколокация; звукопеленгация
~, **hydroakustische** гидролокация
~, **optische** оптическое пеленгование
Ortungsanlage f локационная *или* пеленгаторная установка
Ortungsantenne f пеленгаторная *или* (радио)локационная антенна

Ortungsempfänger m 1. навигационный приёмник 2. (радио)локационный *или* пеленгаторный приёмник
Ortungsfrequenz f частота навигационной системы
Ortungsfunkdienst m 1. служба радионавигации 2. радиолокационная служба
Ortungsgerät n 1. навигационный прибор 2. локатор; пеленгатор 3. прибор для определения места повреждения (*напр. кабеля*)
~, **akustisches** звуколокатор; звукопеленгатор
Ortungsimpuls m импульс обнаружения
~, **direkter** прямой [зондирующий] импульс
Ortungsinstrument n *см.* **Ortungsgerät**
Ortungskanal m 1. канал визирования 2. радиолокационный канал
Ortungsobjekt n обнаруживаемый *или* пеленгуемый объект
Ortungspunkt m 1. ориентир 2. точка, координаты которой подлежат обнаружению
Ortungsradargerät n навигационная РЛС
Ortungsreichweite f дальность обнаружения; дальность действия навигационной станции
Ortungsseitenpeilung f навигационное одностороннее пеленгование по азимуту
Ortungssender m радиомаяк
Ortungsstation f 1. (радио)навигационная станция 2. (радио)локационная станция 3. (радио)пеленгаторная станция
Ortungssystem n 1. (радио)навигационная система 2. (ридио)локационная система 3. система (радио)пеленгации
Ortungsverbindung f радиолокационный контакт
Ortungswinkel m 1. пеленг 2. угол визирования
Ortungszeile f строка развёртки (*на индикаторе радиолокатора*)
Orwo-Magnetband n МЛ фирмы Орво (*ГДР*)
«Oscar»-Tuner m «Оскар», универсальный тюнер (*для приёма вещательных и кабельных телевизионных программ*)
Öse f монтажная петелька (*на конце провода*); наконечник (*проводника*); монтажный лепесток
Osmose f осмос
Ost/West-Raster-Korrektur f коррекция искажений растра, вызванных влиянием магнитных полей в направлении восток — запад
O-Signal n *вчт* сигнал нуля
Oszillation f 1. генерирование, генерация; осцилляция 2. колебание; вибрация 3. качание 4. *мат.* изменение [перемена] знака
Oszillationsamplitude f 1. амплитуда колебаний 2. амплитуда вибраций
Oszillationsbedingung f условие возбуждения колебаний
Oszillationsbewegung f колебательное движение
Oszillationsdauer f длительность колебаний
Oszillationsfrequenz f частота генерации; частота осцилляции
Oszillationslinienbreite f *кв. эл.* ширина линии генерации
Oszillationsspannung f напряжение колебаний
Oszillator m 1. генератор (*см. тж* **Generator**) 2. задающий генератор (*передатчика*) 3. гетеро-

дин (*приёмника*) **4.** вибратор, элементарный излучатель **5.** *фтт* осциллятор
~, **abstimmbarer** перестраиваемый генератор
~, **anharmonischer** ангармонический осциллятор
~, **durchstimmbarer** перестраиваемый генератор
~, **eigenerregter** генератор с самовозбуждением
~, **elektrischer** генератор Герца
~, **geradliniger** линейный осциллятор
~, **harmonischer** **1.** генератор гармоник **2.** гармонический осциллятор
~ **in Dynatronschaltung** динатронный генератор
~, **innerer** гетеродин
~, **kapazitiv rückgekoppelter** генератор с ёмкостной обратной связью
~, **kohärenter** когерентный гетеродин
~, **langsamer** низкочастотный генератор
~, **leistungsfähiger** мощный генератор
~ **mit «Oberflächenwellenquarz»** генератор с эквивалентом кварца на ПАВ
~ **mit RC-Abstimmung** RC-генератор
~ **mit Spannungsabstimmung** генератор, управляемый напряжением, ГУН
~ **mit zwei abgestimmten Schwingkreisen** двухконтурный автогенератор
~, **parallelgespeister** генератор с параллельным питанием
~, **phasenstarrer** параметрон; параметрический генератор (*субгармоник*)
~, **quarzgeeichter** [**quarzgesteuerter**] генератор с кварцевой стабилизацией
~, **schneller** высокочастотный генератор
~, **selbsterregter** генератор с самовозбуждением
~, **spannungsgesteuerter** генератор, управляемый напряжением, ГУН
~, **stabförmiger** стержневой вибратор
~, **symmetrischer** балансовый генератор
~, **ungedämpfter** генератор незатухающих колебаний
~, **verzerrungsarmer** генератор с неискажённой формой напряжения на выходе
Oszillatorabgleich *m* **1.** сопряжение гетеродина **2.** настройка генератора
Oszillatorabstrahlung *f* излучение гетеродина
~, **unerwünschte** паразитное излучение гетеродина
Oszillatorbetrieb *m* генераторный режим
Oszillatoreichung *f* калибровка частоты гетеродина
Oszillatoreinschub *m* съёмный блок генератора
Oszillatoren *m, pl*, **gekoppelte** связанные генераторы
Oszillatorenergie *f* мощность генератора
Oszillatorfrequenz *f* **1.** частота генератора **2.** частота гетеродина
Oszillatorgegenkopplung *f* цепь обратной связи генератора
Oszillatorgrenzfrequenz *f* частота, на которой коэффициент усиления мощности при двухстороннем согласовании равен 1
Oszillatorklystron *n* генераторный клистрон
Oszillatorkoppelschleife *f* петля связи генератора
Oszillatorkreis *m* **1.** (колебательный) контур генератора **2.** контур гетеродина
Oszillatornachstimmung *f* подстройка гетеродина

Oszillatoroberwelle *f* гармоника генератора
Oszillatorpotential *n* колебательный потенциал
Oszillatorprüffrequenz *f* частота генератора для испытаний (*напр. приёмника*)
Oszillatorquarz *m* кварцевый резонатор, используемый для стабилизации частоты генератора
Oszillatorrauschen *n* шумы гетеродина
Oszillatorröhre *f* **1.** генераторная лампа **2.** лампа гетеродина
Oszillatorschaltung *f* **1.** осцилляторная схема **2.** схема генератора **3.** схема гетеродина
Oszillatorschwing... *см.* **Oszillator...**
Oszillatorseite *f см.* **Oszillatorteil**
Oszillatorspannung *f* **1.** напряжение генератора **2.** напряжение гетеродина
Oszillatorstörstrahlung *f* паразитное [мешающее] излучение гетеродина
Oszillatorstufe *f* **1.** генераторный каскад **2.** каскад гетеродина
Oszillatorteil *m* гетеродинная часть (*супергетеродинного приёмника*)
Oszillatortreiber *m* задающий генератор
oszillieren 1. генерировать; осциллировать **2.** колебаться; вибрировать **3.** качаться **4.** *мат.* изменять знак
Oszillier-Intervall *n* период колебаний
Oszillion *n* генераторный триод
Oszillistor *m* осциллистор (*генератор на полупроводниках*)
Oszillograf *m* осциллограф
~, **direktschreibender** осциллограф с непосредственной записью; шлейфовый осциллограф
~ **mit direkter Anzeige** осциллограф с непосредственной индикацией
~ **mit Zeilenwahlschalter** *тлв* осциллограф с выделением строки
Oszillografenanzeige *f* индикация на экране осциллографа
Oszillografenbild *n* осциллограмма
Oszillografenhelligkeit *f* яркость (изображения) на экране осциллографа
Oszillografenkamera *f* фотоприставка к осциллографу
Oszillografenmeßwerk *n* измерительное устройство осциллографа
Oszillografenpapier *n* (фотографическая) бумага для осциллографа
Oszillografenplatte *f* отклоняющая пластина осциллографа
Oszillografenröhre *f* осциллографическая ЭЛТ
Oszillografenschleife *f*, **Oszillografenschwinger** *m* гальванометр [вибратор] светолучевого осциллографа
Oszillografenspur *f* осциллограмма
Oszillografenstreifen *m* лента осциллографа
Oszillografenzeitablenkung *f* временна́я развёртка осциллографа
Oszillografenzusatz *m* приставка к осциллографу
Oszillografie *f* осциллография
Oszillografieren *n* осциллографирование
Oszillografverstärker *m* усилитель осциллографа
Oszillogramm *n*, **Oszillogramm-Bild** *n* осциллограмма
Oszillogrammhöhe *f* высота осциллограммы

Oszillometer n осциллометр
Oszilloskop n осциллограф
Oszillotron n осциллотрон (осциллографическая ЭЛТ)
O-Typ m, O-Typ-Röhre f электронный СВЧ-прибор О-типа (без поперечной составляющей СВЧ-поля)
Outputbegrenzung f ограничение по выходу
Outputmeter n выходной измерительный прибор; измеритель выхода, ИВ
Ovalkatode f овальный катод
Ovallautsprecher m громкоговоритель с овальным диффузором, эллиптический громкоговоритель
OVD-Verfahren n метод осаждения защитного [внешнего] покрытия из паровой фазы
overflow англ. 1. переполнение (напр. счётчика) 2. перенос переполнения 3. избыток
overlay англ. 1. покрытие; верхний слой 2. совмещение слоёв 3. аппликация (схемы продвижения ЦМД) 4. наложение (напр. в ЗУ) 5. тлв электронная рирпроекция
«Overlay»-Struktur f многоэмиттерная структура
«Overlay»-Technik f технология изготовления многоэмиттерных транзисторов
Oversampling f супердискретизация, сверхдискретизация
ovonic англ. полупроводниковый элемент из стекла Овшинского (на аморфных хелькогенидных плёнках)
Owen(meß)brücke f мост Оуэна, мост для измерения индуктивностей
O-Wert m (условное) состояние нуля (в двоичных системах), состояние [значение] «О»
OWF-Voraussage f предсказание оптимальной рабочей частоты
Oxyd n оксид
~, thermisches термически выращенный оксид
Oxidationsatmosphäre f окислительная среда
Oxidationsfestigkeit f стойкость к окислению
Oxiddefektdichte f плотность дефектов оксидного слоя
Oxiddiffusionsmaske f оксидная маска для (локальной) диффузии
Oxidfaden m оксидированная нить накала; оксидный катод
Oxidfenstermaskenkonfiguration f микр. конфигурация окна в оксидной маске
Oxidfilm m см. Oxidschicht
Oxid-Grabenisolation f изоляция оксидными канавками
Oxidhaut f оксидная плёнка
Oxidisolationsschicht f микр. изолирующий слой оксида
oxidisoliert изолированный оксидом
Oxidkatode f оксидный катод
Oxidkatodenröhre f лампа с оксидным катодом
Oxidkeramik f оксидная керамика
Oxidladung f заряд оксида
Oxidmagnet m оксидный (порошковый) магнит
Oxidmaske f оксидная маска
Oxidmaskenmethode f микр. метод маскирования оксидом
oxidpassiviert пассивированный оксидом

Oxidpaste f оксидная паста (активатор)
Oxidschicht f слой оксида, оксидный слой
Oxidschichtkapazität f ёмкость оксидного слоя (напр. в МОП-транзисторе)
Oxidschichtwiderstand m 1. сопротивление оксидного слоя 2. тонкоплёночный металлооксидный резистор
Oxidsperrschicht f изолирующий [барьерный] слой оксида
Oxidstufe f микр. ступенька оксида; ступенька в оксидном слое
Oxidüberzug m оксидное покрытие
OXIM-Technik f технология оксидной изоляции ИС
Oxydation f 1. оксидирование 2. окисление
Oxydationsbeständigkeit f коррозионная стойкость, антикоррозийность
Oxydationsumgebung f окислительная среда
Oxydierbarkeit f окисляемость
Oxylumineszenz f оксилюминесценция
O-Zustand m состояние нуля, состояние «О»

P

Paar n 1. пара 2. электронно-дырочная пара, экситон 3. двухпроводная линия
~, optoelektronisches оптопара, оптрон
~, thermoelektrisches термопара
Paarbildung f 1. фтт образование пар 2. скручивание парами (напр. проводников) 3. тлв спаривание строк
Paarbildungsrate f скорость образования пар
Paarelektronen n pl спаренные электроны
paaren 1. подбирать попарно 2. согласовывать
Paarerzeugung f см. Paarbildung
Paarigkeit f чётность; парность
Paarigkeitskontrolle f контроль по чётности; проверка на чётность
Paarmodell n модель пары
Paarung f см. Paarbildung
Paarverseilung f скручивание [свивание] в пары
Pacemaker m электрокардиостимулятор
Packen n, Packung f 1. упаковка; компоновка; монтаж; сборка (радиоэлементов) 2. уплотнение; герметизация
Packungsdichte f 1. плотность упаковки; плотность компоновки; плотность монтажа 2. плотность записи
Packungsfaktor m плотность упаковки (напр. информации)
Paddel m косм. панель (с солнечными батареями)
Padding(kondensator) m сопрягающий конденсатор (гетеродина)
Paint-System n система видеоживописи
Paket n 1. пакет (напр. данных) 2. сгусток (напр. электронов)
Paketbildung f пакетирование, формирование [образование] пакетов (напр. колебаний)
Paketierung f 1. пакетирование (напр. сообщений) 2. упаковка; компоновка; монтаж (напр. деталей в блоке) 3. монтаж в корпусе, корпусирование; сборка и герметизация

Paketmodul *m* пакетированный модуль
Paketmultiplex *m* мультиплексирование [объединение] цифровых макетов *или* групп (данных)
Paketübermittlungsnetz *n* сеть пакетной коммутации
Paketübertragung *f* пакетная передача (данных)
Paketvermittlung *f* пакетная коммутация
PAL *n* система (цветного телевидения) ПАЛ (*ФРГ*)
~, **verbessertes** улучшенный ПАЛ
PAL *n* I система (цветного телевидения) ПАЛ I (*Великобритания, Гонконг, Южная Африка*)
PAL *n* B/G/H система (цветного телевидения) ПАЛ B/G/H (*ФРГ и Западная Европа*)
PAL-Achtersequenz *f* последовательность восьми полей в системе ПАЛ
PA-Lautsprecher *m* трансляционный громкоговоритель; усилитель для больших помещений
PAL-Burst *m* сигнал цветовой синхронизации (системы) ПАЛ
PAL-Dekoder *m* декодер (системы) ПАЛ
PAL-Farbfernsehverfahren *n см.* **PAL-System**
PAL-FBAS-Signal *n* полный цветовой (телевизионный) сигнал (системы) ПАЛ
PAL-Gerät *n* телевизор для приёма сигналов (системы) ПАЛ
PAL-8-Halbbildfolge *f см.* **PAL-Achtersequenz**
PAL-Kennung *f* распознавание сигнала (системы) ПАЛ (*в многостандартном декодере*)
PAL-Koder *m* кодер (системы) ПАЛ
PAL-Laufzeit-Dekoder *m* декодер (системы) ПАЛ с ЛЗ
Palmer-Abtaster *m* развёртывающее устройство Пальмера
PAL-Neu-Verfahren *n* система ПАЛ-новый
PAL-Schalter *m см.* **PAL-Umschalter**
PAL-SECAM-Dekoder *m* декодер ПАЛ-СЕКАМ
PAL-SEKAM-Transkoder *m* транскодер ПАЛ-СЕКАМ
PAL-Signal *n* сигнал (системы) ПАЛ
PAL-Simple-Verfahren *n* система ПАЛ-простой
PAL-Standard-Verfahren *n* система ПАЛ-стандартный
PAL-System *n* система (цветного телевидения) ПАЛ (*ФРГ*)
PAL-Umschalter *m* коммутатор (системы) ПАЛ (*для изменения фазы цветовой поднесущей*)
PAL-Verfahren *n см.* **PAL-System**
PAM-Signal *n* амплитудно-импульсно-модулированный сигнал, АИМ-сигнал
Panchromasie *f* панхроматичность
Pandicon *m* многорядная индикаторная лампа тлеющего разряда
Paneel *n* 1. панель; пульт; щит; стенд 2. индикаторная панель; табло
Paneelmontage *f* монтаж на панели
Panne *f* авария; повреждение
Pannenschaltung *f* схема обхода повреждения
Panorama *n* панорама
Panoramaanlage *f* панорамная РЛС
Panoramaantenne *f* антенна панорамной РЛС
Panoramaanzeigegerät *n*, **Panoramaanzeiger** *m* панорамный индикатор, индикатор кругового обзора, ИКО

Panorama-FuMG *n* панорамный радиолокатор
Panoramagerät *n* 1. панорамный радиолокатор 2. *см.* **Panoramaanzeigegerät**
Panoramaindikator *m см.* **Panoramaanzeigegerät**
Panoramaklangbild *n* панорамное [четырёхканальное] стереофоническое звучание
Panoramaleitstrahlanlage *f* панорамная РЛС наведения по радиолучу
Panorama-Potentiometer *n* панорамный потенциометр (*для смешения звуковых сигналов в стереосистемах*)
Panoramaregler *m* 1. панорамный регулятор (*для разделения монофонического сигнала по каналам*) 2. регулятор панорамирования (*в стереофонии регулятор акустической ширины и направления*)
Panoramaröhre *f* 1. ЭЛТ панорамного индикатора 2. ЭЛТ индикатора кругового обзора
Panoramaskop *n см.* **Panoramaanzeigegerät**
Panoramieren *n* панорамирование
Pantograf *m рлк* устройство для передачи и автоматической записи отображаемой информации
P-Anzeiger *m см.* **Panoramaanzeigegerät**
Panzerkabel *n* бронированный кабель
Panzerkern *m* броневой сердечник
Papierablauf *m см.* **Papiertransport**
Papierausdruck *m* выдача печатной копии
Papierbahn *f* 1. канал подачи бумаги 2. дорожка на бумажной ленте
Papierband *n см.* **Papierstreifen**
Papierführung *f см.* **Papiertransport**
Papierhohlkernkabel *n см.* **Papierluftraumkabel**
papierisoliert с бумажной изоляцией
Papierkabel *n* кабель с бумажной изоляцией
Papierkopie *f* печатная копия; документальная копия
Papierleser *m* устройство считывания с бумажной ленты
Papierluftisolierung *f* воздушно-бумажная изоляция
Parubf кабель с воздушно-бумажной изоляцией
Papierschablone *f* бумажный шаблон
Papierstreifen *m* бумажная лента; диаграммная лента
Papiertransport *m*, **Papiervorschub** *m*, **Papierzuführung** *f* подача [протяжка] бумаги *или* бумажной ленты
Papierzwischenlage *f* бумажная прокладка
Parabel *f* парабола
~, **kritische** парабола критического режима (*магнетрона*)
~, **zerschneidene** параболическая антенна с усечённым отражателем
Parabelmultiplizierer *m* четвертьквадратный умножитель
Parabolantenne *f* параболическая (зеркальная) антенна
Parabolhorn *n* параболический рупор
Paraboloid *n* 1. параболоид 2. параболическое зеркало, параболический отражатель
Parabolspiegelantenne *f* параболическая зеркальная антенна
Paraboltrichter *m см.* **Parabolhorn**

Paraelektrikum n параэлектрик
paraelektrisch параэлектрический
Paraleitfähigkeit f свпр парапроводимость
Parallaxe f параллакс
parallaxenfrei без параллакса, свободный от параллакса
Parallaxenkennzeichnung f отметки (*в поле зрения визира*), указывающие поправку на параллакс
Parallelabfragespeicher m (ассоциативное) ЗУ с параллельным поиском; (ассоциативная) память с параллельным поиском
Parallelabtastung f параллельное считывание
Paralleladder m, **Paralleladdiator** m, **Paralleladdierer** m сумматор параллельного действия, параллельный сумматор
Paralleladdition f параллельное сложение
Paralleladditionsschaltung f схема параллельного суммирования
Parallel-A-D-Wandler m параллельный АЦП
Parallelanalogrechner m аналоговая ВМ параллельного действия
Parallelausdrucken n печатание результатов, производимое одновременно с наблюдением
Parallelausgang m параллельный вывод (данных)
Parallelausgebekanal m канал параллельного вывода (данных)
Parallelbandleitung f двухпроводная ленточная линия
Parallelbedienung f параллельное [одновременное] управление
Parallelbeleuchtung f освещение коллимированным пучком
Parallelbetrieb m параллельная работа (*ВМ*)
Parallelbetriebe m pl вчт совмещённые операции
Paralleldämpfungswiderstand m параллельный гасящий резистор
Paralleldigitalrechner m цифровая ВМ параллельного действия
Paralleldiodenvoltmeter n диодный вольтметр с закрытым входом
Paralleldrahtkreis m колебательный контур из отрезка двухпроводной линии
Paralleldrucker m, **Paralleldruckwerk** n построчно-печатающее устройство (*с печатью одновременно целой строки*)
Paralleleingang m параллельный ввод (данных)
Parallelersatzwiderstand m эквивалентное параллельное сопротивление
Parallel-Faltungs-Verfahren n параллельный метод АЦП
Parallelfiltermethode f метод параллельных фильтров (*напр. при исследовании речи*)
parallelgeschaltet включённый [подключённый] параллельно
parallelgespeist с параллельным питанием
Parallelgitter n 1. линейный *или* полосовой растр 2. *опт*. штриховая мира
Parallelimpedanz f полное сопротивление параллельной цепи
Parallelinduktivität f параллельно включённая индуктивность
Parallelisierung f 1. запараллеливание, параллельное включение (*элементов*) 2. распараллеливание (*напр. вычислений*)
Parallel-Kaskaden-Verfahren n параллельно-последовательный метод (*аналого-цифрового преобразования*)
Parallelkode m параллельный код
Parallelkoppler m суммирующее звено
Parallelkopplung f параллельная связь
Parallelkreis m параллельный контур; параллельная цепь
Parallelleitung f 1. двухпроводная линия 2. параллельная линия
Parallelleitungsresonator m вибратор из параллельных проводов
Parallelmaschine f *см.* **Parallelrechenmaschine**
Parallelnetzwerk n параллельная цепь
Parallelogrammverzeichnung f *тлв* перекос (растра)
Paralleloperationen f pl *втч* совмещённые операции
Parallel-Parallel-Betrieb m параллельно-параллельная работа (*ВМ*)
Parallel-Pusch-Pull-Verstärker m усилитель по параллельной двухтактной схеме
Parallelrechenmaschine f, **Parallelrechner** m ВМ параллельного действия
Parallelreduktion f предварительное преобразование данных в реальном (масштабе) времени
Parallelregister n параллельный регистр
Parallelresonanz f резонанс токов
Parallelresonanzfrequenz f 1. частота резонанса параллельного (колебательного) контура 2. антирезонансная частота (*схемы замещения пьезокварца*)
Parallelresonanzkreis m контур с резонансом токов
Parallelrohrleitung f 1. двухпроводная трубчатая линия 2. двухпроводная линия в трубчатом экране
Parallelrückführung f параллельная обратная связь
Parallelschalten n 1. включение на параллельную работу 2. *см.* **Parallelschaltung 2.**
Parallelschaltung f 1. параллельная схема 2. параллельное соединение, параллельное включение
~, **gegensinnige** схема со встречно-параллельным включением (*ламп или полупроводниковых приборов*)
~ **mit gegensinniger Polung** *см.* **Parallelschaltung, gegensinnige**
Parallelschlitze m pl параллельные щели (*волновода*)
Parallelschnitt m срез Y (*срез пьезокварца, перпендикулярный к оси Y*)
Parallelschwingkreis m параллельный колебательный контур
Parallel-Serie(n)-Betrieb m параллельно-последовательная работа (*ВМ*)
Parallel-Serie(n)-Konverter m *см.* **Parallel-Serie(n)-Umsetzer**
Parallel-Serie(n)-Schaltung f 1. параллельно-последовательная схема 2. параллельно-последовательное [смешанное] соединение
Parallel-Serie(n)-Umsetzer m, **Parallel-Serie(n)-Umwandler** m, **Parallel-Serie(n)-Wandler** m параллельно-последовательный преобразователь;

преобразователь параллельного кода в последовательный
Parallelsignal *n* параллельный (многопозиционный) сигнал
parallelspannungsgegengekoppelt с параллельной обратной связью по напряжению
Parallelspeicher *m* ЗУ параллельного действия, параллельное ЗУ; параллельная память
Parallelspeisung *f* параллельное питание
Parallelspursystem *n* система параллельной [многодорожечной] записи (*цифровых сигналов*)
Parallelstrahlbündel *n* пучок параллельных лучей
Parallelstromkreis *m* параллельная схема, схема с параллельным включением
Parallelstufe *f* 1. ступень параллельного соединения 2. параллельный каскад
Parallelsubtraktionswerk *n* вычитатель параллельного действия, параллельный вычитатель
parallel-sukzessiv параллельно-последовательный
Parallelsystem *n* 1. параллельная система (*радионавигации*) 2. многоканальная высокочастотная телефонная система 3. *над.* система с параллельно соединёнными элементами, система с резервированием
Paralleltonsystem *n* 1. *тлв* система двухканального приёма звукового сопровождения 2. система синхронного озвучивания (*фильмов*)
Paralleltonverfahren *n* *тлв* двухканальный приём звукового сопровождения
Parallelübertrag *m* *вчт* ускоренный перенос
Parallelübertragsaddierwerk *n* сумматор с ускоренным переносом
Parallelübertragsschaltkreis *m*, **Parallelübertragsschaltung** *f* схема ускоренного переноса
Parallelübertragung *f* параллельная передача (данных)
Parallelverarbeitung *f* параллельная обработка (данных)
Parallelverbindung *f*, **inverse** встречно-параллельное включение
Parallel-Verknüpfung *f* параллельное соединение
Parallelverlauf *m* 1. параллельная прокладка (*линий*) 2. параллельная обработка (данных) 3. параллельный ход (*лучей*)
Parallelverschiebungskorrektur *f* корректировка совмещения при мультипликации путём параллельного перемещения (проецируемого изображения)
Parallelverzweigung *f* разветвление на две параллельные ветви
Parallelwähler *m* координатный искатель
Parallelwandler *m* параллельный АЦП
Parallelwiderstand *m* шунтирующий [параллельный] резистор
Parallelziffernrechner *m* цифровая ВМ параллельного действия
Parallelzugriff *m* *вчт* параллельная выборка (данных)
Parallelzuschaltung *f* параллельное подключение
paralysis *англ.* перегрузка электронной схемы сильным сигналом
Paramagnetikum *n* парамагнетик
Paramagnetikumkonzentration *f* *кв. эл.* концентрация парамагнетика

Paramagnetismus *m* парамагнетизм
Parameter *m* параметр
~, **aktueller** *прогр.* фактический параметр
~, **informationstragender** информативный параметр
~, **unwesentlicher** неосновной параметр
~, **wesentlicher** основной параметр
Parameter-Abfrage *f* опрос параметров; опрос величин
Parameteränderung *f* разброс параметров
Parameterbeeinflussung *f* параметрическое воздействие
Parameterbereich *m* *см.* **Parametergebiet**
Parameterbestimmung *f* определение параметров
Parameterdegradation *f* ухудшение параметров
Parameterdrift *f* уход параметра
Parameterebene *f* плоскость параметров
Parameterfunktionsprüfung *f* проверка функционального воздействия параметра
Parametergebiet *n* область (изменения) параметров
Parametern *m pl* параметры
~, **kontinuierliche** распределённые параметры
~, **konzentrierte** сосредоточенные параметры
~, **verteilte** распределённые параметры
Parameterrandwert *m* граничное [предельное] значение параметра
Parameterraum *m* пространство параметров
Parameterregelung *f*, **automatische** автоматическое регулирование параметров, АРП
Parameterschätzung *f* оценка параметров
Parameterschwankung *f* флуктуация параметров
Parametersteuerung *f* параметрическое управление
Parameterstörungen *f pl* искажения параметров
Parameterstreuung *f* разброс параметров
Parametertestsystem *n* параметрическая система испытаний [проверок]
Parameterunsicherheit *f* неустойчивость параметра
Parametervariation *f* 1. изменение параметров 2. разброс параметров
Parameterverstärker *m* параметрический усилитель
Parameterwert *m* значение параметра
Parameterzuordnung *f* согласование параметров
Parametrisierung *f* параметризация
Parametron *n* параметрон
~, **induktives** индуктивный параметрон
~, **kapazitives** ёмкостный параметрон
~ **mit dünner magnetischer Schicht** параметрон на тонкой магнитной плёнке
~ **mit dünner Schicht** тонкоплёночный параметрон
~ **mit nichtlinearer Kapazität** параметрон с нелинейной ёмкостью
~, **ternäres** тройной параметрон
~, **vielfachstabiles** многостабильный параметрон
Parametronkippschaltung *f* релаксационная схема на параметронах
Parametronkreis *m* контур параметрона
Parametronschwingung *f* колебания параметрона
Paramistor *m* парамистор (*цифровой логический модуль с несколькими параметрами*)

PAR-Anlage f РЛС управления заходом на посадку
PAR-Antennenanlage f антенное устройство РЛС управления заходом на посадку
Paraprozeß m парапроцесс, истинное намагничивание
parasitär паразитный; мешающий
Parasitärfrequenz f частота паразитных колебаний
paratroniks англ. паратроника (*электроника, следующая за кремниевой микроэлектроникой*)
Paraxial... параксиальный, приосевой
Parcor-Koeffizienten m pl коэффициенты, характеризующие звуковой оттенок речи
Pardune f оттяжка (*мачты антенны*)
Pardunenisolator m изолятор оттяжки (*мачты антенны*)
Parität f 1. равенство, паритет 2. чётность
Paritätsbit n контрольный [проверочный] (двоичный) разряд чётности
Paritätserhaltung f поддержание [сохранение] равенства
Paritätserzeugungsschaltung f схема формирования контрольного разряда чётности
Paritätsfehler m ошибка чётности
Paritätskontrolle f, **Paritätsprüfung** f проверка чётности, контроль (по) чётности
Paritätsspur f дорожка для (записи сигналов) проверки чётности
Paritätsunterbrechung f прерывание по нарушению чётности
Paritätsverletzung f нарушение чётности
Paritätsziffer f см. **Paritätsbit**
Partialreflexionsspiegel m частично отражающее зеркало
Partialschwingung f парциальное колебание; гармоника
Partialton m частичный тон
Partialwelle f парциальная волна
Partikel f (элементарная) частица
~, **strahlende** излучающая частица
Partikelgesamtenergie f полная энергия частицы
Partikelorientierung f ориентация (элементарных) частиц
Partikelzähler m счётчик (элементарных) частиц
Partition f 1. раздел; часть; сегмент; доля 2. см. **Partitionierung**
Partitionieren n **des Systems in Untergruppen** разбиение [декомпозиция] системы
Partitionierung f 1. расчленение; разделение; разбиение 2. секционирование
Party-line-Technik f метод многоотводных соединений (*абонентов с ЭВМ*)
Paschen-Back-Effekt m эффект Пашена—Бака
Paschen-Serie f (спектральная) серия Пашена
Paß m 1. проход; пробег 2. прогон (*программы*) 3. крист. проход зоны 4. пропускающий фильтр
Paßband-Tuning f перестройка [подстройка] полосы пропускания
Passer m, **Passergenauigkeit** f точность совпадения (*элементов рисунка в двухсторонних и многослойных печатных платах*)
Passivierschicht f пассивирующий слой
Passivierung f пассивация, пассивирование

Passivspeicher m постоянное ЗУ, ПЗУ; постоянная память
Paßmarke f знак [фигура] совмещения
Paßstift m ключ (*напр. цоколя лампы*)
Paßstück n 1. переход, переходная часть соединения 2. переходное устройство, устройство сопряжения 3. приставка
Passung f 1. подгонка 2. согласование
Pastenhaftung f адгезия пасты
Pastenlagergerät n аппарат для хранения паст (*для толстоплёночных микросхем*)
Pastenzusammensetzung f состав [композиция] пасты
Pastille f пластинка
~, **gepreßte** прессованная пластинка
~, **gesinterte** пластинка, полученная методом спекания
Patronengehäuse n корпус патронного типа
Patterngenerator m 1. микр. генератор рисунков [структур] (*напр. на фотошаблонах*) 2. генератор изображений [образов] 3. генератор кодовых комбинаций (*при тестировании*)
Pauli-Prinzip n принцип (исключение) Паули
Pauli-Term m (энергетический) уровень Паули
Pause f 1. пауза; перерыв; интервал 2. молчание
Pausenmerkmal n знак паузы
Pausenrauschen n шум (*напр. носителя магнитной записи*) в паузе
Pausenschritt m бестоковая посылка, пауза
Pausensignal n 1. бестоковая посылка, пауза 2. сигнал, передаваемый во время паузы
Pausensuchautomatik f система автоматического поиска паузы (*между фрагментами записи*)
Pausenverlängerungsrelais n реле удлинения паузы
Pausenzeichen n см. **Pausensignal**
Pausenzeit f длительность паузы
Pausverfahren n, **autoradiografisches** авторадиографическая электронная печать
«Pay-per-Channel» англ. система кабельного телевидения с оплатой за канал
«Pay-per-View» англ. система кабельного телевидения с оплатой за время пользования
Pay-Television f, **Pay-TV** f платное телевидение
P-Band n диапазон P (*225—390 МГц*)
p-Basisgebiet n базовая область (*с электропроводностью*) p-типа
p-Bereich m 1. область дырочной электропроводности, область p-типа, p-область 2. область изображений (*с преобразованием Лапласа*)
PbO-Target n тлв плюмбиконовая мишень
PbS-Widerstand m резистор из сернистого свинца (*детектор ИК-излучения*)
PC-board англ. печатная плата
PCM-Aufzeichnung f запись с ИКМ
PCM-Fernsehkanal m телевизионный канал с ИКМ
PCM-Format n формат или структура ИКМ
PCM-Hierarchiestufe f ступень иерархии ИКМ-сигналов
1. **PCM-Hierarchiestufe** f 1-я ступень иерархии ИКМ-сигналов

PCM-Hörfunk *m* радиовещание с ИКМ
PCM-Koder *m* кодер ИКМ
PCM-Kodierung *f* кодирование методом ИКМ
~, **direkte** кодирование методом прямой ИКМ без предварительного преобразования формата данных
~, **indirekte** кодирование методом ИКМ с предварительным преобразованием формата данных
PCM-Multiplexer *m* ИКМ-мультиплексор
PCM-Primärsystem *n* первичная цифровая сеть (связи)
PCM-Rahmen *m* цикл (временно́го объединения) ИКМ-сигналов
PCM-Recorder *m* цифровой (видео)магнитофон с ИКМ
PCM-Sekundärsystem *n* вторичная цифровая сеть (связи)
PCM-Signal *n* ИКМ-сигнал
PCM-System *n* цифровая система с ИКМ, ИКМ-система
PCM-Systemhierarchie *f* иерархия цифровых сетей связи с ИКМ
PCM-Tertiärsystem *n* третичная цифровая сеть (связи)
PCM-Übertragungssystem *n* система передачи методом ИКМ
PCM-Vermittlungsstelle *f* коммутационная станция с ИКМ
PCM-Weitverkehrshierarchie *f* иерархия цифровых каналов дальней связи с ИКМ
PCM-Zeitmultiplexsystem *n* система с ИКМ и временны́м разделением канала (связи)
PCR-Zyklus *m* цикл контроля считывания
PCW-Zyklus *m* цикл контроля записи
PDA-Transistor *m* транзистор, полученный методом послесплавной диффузии базы
p-Donator *m* *p*-донор
p-dotiert легированный акцепторной примесью
Peak *m* 1. пик, (резкий) максимум 2. кратковременные выбросы (*сигнала*)
peaking *англ.* 1. подчёркивание (*контуров*) 2. высокочастотная коррекция
Pedestal *m* 1. основание; база; пьедестал 2. опорный импульс 3. *тлв* уровень гашения
PED-Verfahren *n* метод диффузии, ускоренной протонами
Pegel *m* уровень (*см. тж* Niveau)
~, **logischer** логический уровень (*уровень срабатывания логической схемы*)
~ **des Trägerrauschens** уровень шума несущей
1-Pegel *m* уровень (логической) единицы, уровень «1»
Pegelabgleich *m см.* Pegelausgleich
Pegelabstand *m* разность уровней
Pegelabweichung *f* отклонение [уход] уровня
Pegelanalysator *m* анализатор уровня
Pegelanhebung *f* повышение уровня
Pegelanpassung *f* согласование уровней
Pegelanstieg *m* повышение уровня
Pegelanzeiger *m см.* Pegelzeiger
Pegelausgleich *m* выравнивание уровней
Pegelbildgerät *n* прибор (с ЭЛТ) для измерения уровня сигнала

Pegeldiagramm *n* 1. диаграмма (энергетических) уровней 2. истиностная таблица
Pegeldifferenz *f* разность уровней
Pegeldiskriminator *m* дискриминатор уровня
Pegeldrift *f* сдвиг уровня
Pegeleinrichtung *f* устройство для установки уровня (*напр. усиления*)
Pegelfestlegung *f см.* Pegelgleichhaltung
Pegelgenauigkeit *f* точность поддержания уровня
Pegel(gleich)haltung *f* фиксация [стабилизация] уровня
Pegelinstrument *n см.* Pegelmesser
Pegellinie *f свз.* диаграмма уровней передачи, гипсограмма
Pegelmesser *m* измеритель уровня
Pegeloszillograf *m* осциллограф для измерения размаха *или* уровня сигнала
Pegelplan *m см.* Pegeldiagramm 1.
Pegelpunkt *m* 1. точка уровня 2. опорная точка
Pegel-Quantisierung *f* квантование по амплитуде [по уровню]
Pegelregler *m* регулятор уровня
Pegelröhre *f* лампа фиксации уровня
Pegelschaulinie *f см.* Pegellinie
Pegelschreiber *m* прибор для записи уровней
Pegelschwankungen *f pl* колебания [флуктуации] уровня
Pegelsender *m* датчик уровня
Pegelstand *m* уровень
Pegelsteller *m* регулятор уровня
Pegelton *m* контрольный тон
Pegeltongenerator *m* генератор контрольного тона
Pegeltonteil *m* участок (*измерительной ленты*) для определения уровня записи
Pegelüberschreitung *f* превышение уровня
Pegelüberwachung *f* контроль уровня
Pegelumsetzer *m* схема сдвига уровня
Pegelverhältnis *n* соотношение уровней
Pegelwandler *m* преобразователь [согласователь] уровня
Pegelwert *m* 1. уровень, значение уровня 2. уровень квантования
Pegel-Wiedergewinnung *f* восстановление уровня
Pegelzeiger *m* указатель уровня
Peilablage *f*, **Peilabweichung** *f* отклонение (от) пеленга
Peilanlage *f*, **Peilanordnung** *f* пеленгаторное устройство, пеленгатор
Peilantennensystem *n* антенная система пеленгатора
Peilanzeigegerät *n*, **Peilanzeiger** *m* индикатор пеленга
Peilanzeigeröhre *f* ЭЛТ индикации пеленга
Peilaufsatz *m см.* Peilanlage
Peilauswertung *f* обработка пеленга
Peilazimutermittlung *f* определение азимута пеленгованием
Peilberichtigungskurve *f* кривая поправок пеленга
Peilbreite *f* ширина зоны пеленгования
Peilcharakteristik *f*, **Peildiagramm** *n* диаграмма направленности пеленгаторной антенны
Peilebene *f* плоскость пеленгования
Peileichung *f* градуировка пеленгатора

Peilempfänger *m см.* **Peilfunkempfänger**
Peilempfindlichkeit *f* чувствительность пеленгатора
Peilen *n* пеленгование
Peiler *m* 1. пеленгатор 2. радиопеленгатор
~, **akustischer** акустический пеленгатор, звукопеленгатор
~, **direkt anzeigender** пеленгатор с непосредственным отсчётом (по шкале)
~, **einseitiger** однонаправленный пеленгатор
~ **mit selbsttätiger Ablesung** пеленгатор с автоматическим отсчётом (по шкале)
~, **umlaufender** пеленгатор с вращающейся антенной
Peilfaden *m* визирная нить на экране ЭЛТ индикатора пеленгатора
Peilfehler *m* ошибка пеленгования
Peilfeld *n см.* **Peilgebiet**
Peilflugleiter *m* наземная пеленгаторная станция управления движением самолётов
Peilfunk *m* радиопеленгование
Peilfunkbetriebsstelle *f см.* **Peilfunkstelle**
Peilfunkempfänger *m* радиопеленгаторный приёмник
Peilfunker *m* оператор радиопеленгаторной станции
Peilfunkgerät *n* радиопеленгатор
Peilfunksender *m* 1. передатчик радиопеленгатора 2. радиомаяк
Peilfunkstelle *f* радиопеленгаторная станция
Peilgebiet *n* зона (действия) радиопеленгатора
Peilgegenstand *m* пеленгуемый объект
Peilgoniometer *n* гониометр пеленгатора
Peilimpuls *m* 1. импульс пеленгатора 2. пеленгуемый импульс
Peilkompaß *m* радиокомпас, компас-пеленгатор
Peilkopf *m* пеленгаторная головка (*ракеты или торпеды*)
Peilkorrektionskurve *f* кривая поправок пеленга
Peillinie *f* линия пеленга
Peilmaximum *n* 1. пеленгование по максимуму 2. положение пеленгаторной антенны, соответствующее максимуму сигнала
Peilmeßlinie *f* линия отсчёта пеленга
Peilminimum *n* 1. пеленгование по минимуму 2. положение пеленгаторной антенны, соответствующее минимуму сигнала
Peilmodulation *f* изменение величины сигнала, принимаемого при пеленговании
Peilnetz *n* пеленгаторная система
Peiloszillograf *m см.* **Peilwinkeloszillograf**
Peilpotentiometer *n* азимутальный *или* пеленгаторный потенциометр
Peilrahmen *m* пеленгаторная рамочная антенна
Peilreichweite *f* зона действия пеленгатора
Peilröhre *f* индикаторная ЭЛТ пеленгатора
Peilschärfe *f* точность пеленгования
Peilscheibe *f см.* **Peilskale**
Peilschreiber *m* самописец пеленгатора
Peilseitenschalter *m* переключатель для определения стороны при пеленговании
Peilsender *m*, **Peilsendestation** *f* радиомаяк
Peilsichtgerät *n* индикатор пеленга
Peilskale *f* шкала [лимб] пеленга
Peilstation *f*, **Peilstelle** *f* пеленгаторная станция

Peilstörungen *f pl* помехи пеленгованию
Peilstrahl *m* 1. луч пеленгатора 2. линия пеленга
Peilübertragung *f* передача пеленга
Peilumschalter *m* переключатель пеленга
Peilung *f* 1. пеленгование 2. пеленг
~, **akustische** звукопеленгация
~, **drahtlose** 1. радиопеленгование 2. радиопеленг
~, **echte** истинный пеленг, ИП
~, **ionosphärenfreie** пеленгование, свободное от влияния ионосферы
~, **korrektierte [korrigierte]** скорректированный пеленг
~, **magnetische [mißweisende]** магнитный пеленг, МП
~, **orthodromische** ортодромический пеленг
~, **räumliche** пространственное пеленгование
~, **rechtweisende** *см.* **Peilung, echte**
~, **umgekehrte** обратный пеленг
~, **wahre** *см.* **Peilung, echte**
~, **zweideutige** двузначный пеленг
Peilungs... *см.* **Peil...**
Peilvorsatz *m см.* **Peilzusatz**
Peilwert *m* пеленг
Peilwiederkehrzeit *f* период пеленгования
Peilwinkel *m* угол пеленга
Peilwinkeloszillograf *m* электронно-лучевой индикатор пеленга
Peilzeichen *n* сигнал пеленга
Peilzeiger *m* индикатор пеленга
Peilziel *n* пеленгуемый объект
Peilzusatz *m* пеленгаторная приставка
Peirceelement *n* элемент НЕ ИЛИ
Peircefunktion *f* стрелка [функция] Пирса, функция НЕ ИЛИ
Peitschenantenne *f* штыревая (гибкая) антенна
Peltier-Effekt *m* (термоэлектрический) эффект Пельтье
Peltier-Element *n* элемент Пельтье, фригистор
Peltier-Kühlelement *n* охлаждающий элемент Пельтье
PEM-Effekt *m* фотоэлектромагнитный эффект
Pendant *n*, **elektronisches** электрический соединитель с удлинителем
Pendelamplitude *f* 1. амплитуда качания 2. амплитуда вспомогательной частоты (*в суперрегенеративном приёмнике*)
Pendelempfänger *m* суперрегенеративный радиоприёмник
Pendelfrequenz *f* 1. частота качаний 2. частота гетеродина (*суперрегенератора*)
Pendelfrequenzgenerator *m* гетеродин (*в суперрегенераторе*)
Pendelgleichrichter *m* вибрационный выпрямитель
Pendelmodulation *f* фазовая модуляция, ФМ
pendeln 1. качаться, колебаться 2. *рлк* рыскать
Pendeloszillator *m см.* **Pendelfrequenzgenerator**
Pendelregelung *f* регулирование по отклонению
Pendelrückkoppler *m см.* **Pendelempfänger**
Pendelrückkopplung *f* суперрегенерация
Pendelrückkopplungs... суперрегенеративный
Pendelumformer *m см.* **Pendelgleichrichter**
Pendelung *f* 1. качание, (механическое) колеба-

ние **2.** маятниковое движение **3.** *рлк* рыскание
Pendelvervielfacher *m* динамический (электронный) умножитель
Pendelwechselrichter *m см.* **Pendelgleichrichter**
Pendelwinkel *m* **1.** угол качания **2.** *рлк* угол рыскания
Pendler *m см.* **Pendelempfänger**
Penetrationsfarbbildröhre *f* пенетрон (*цветная ЭЛТ*)
Penetrometer *n* прибор для измерения проникающей способности (излучения)
Penetron *n* пенетрон (*цветная ЭЛТ*)
Peniotron *n* пениотрон (*СВЧ-прибор мм-диапазона с быстрой волной*)
Penning-Entladung *f* (газовый) разряд Пеннинга, колебательный разряд
Penning-Vakuummeter *n* ионизационный вакуумметр с холодным катодом, вакуумметр Пеннинга
Pentade *f* пентада, пятиразрядное двоичное число
Pentagrid *n* гептод, пентагрид
Pentagridkonverter *m* преобразователь частоты на гептоде [на пентагриде]
Pentatron *n* двойной триод с общим катодом
Pentodensystem *n* пентодная [пятиэлектродная] система, пентодный прожектор
PEP-Technik *f* планарно-эпитаксиальная технология
Perceptron *n* перцептрон
«Perceval» Персифаль (*система телетекста Бельгии*)
Perfoband *n* перфолента
Perfokarte *f* перфокарта
Perforation *f см.* **Perforierung**
Perforiereinrichtung *f,* **Perforiergerät** *n,* **Perforiermaschine** *f* перфоратор
Perforierung *f* **1.** перфорирование, пробивание [пробивка] отверстий **2.** перфорация, отверстие, пробивка
Periode *f* **1.** период **2.** промежуток (времени) **3.** цикл
~ **der Zeitsteuerung** тактовый период, период хронирования
Periodenerhöher *m* умножитель частоты
Periodenerniedriger *m* делитель частоты
Periodenschwankungen *f pl* колебания частоты (*напр. сети*)
Periodenverdoppler *m* удвоитель частоты
periodenweise *см.* **periodisch**
Periodenzahl *f* **1.** число периодов **2.** число периодов в секунду, частота
periodisch **1.** периодический **2.** цикличный
Periodizitätsbedingung *f* условие периодичности
Periodizitätsintervall *n* интервал периодичности
Periodogramm *n* периодограмма, график спектральной функции
peripher **1.** периферийный; внешний **2.** *матем.* периферический
peripherals *англ.* периферийное оборудование, периферийные устройства, *проф.* периферия; внешнее оборудование, внешние устройства
Peripherieanschluß *m,* **Peripherieanschlußbaustein** *m* периферийный адаптер, адаптер периферийных устройств
Peripherie-Apparatur *f вчт* периферийные *или* внешние устройства
Peripheriebeschaltung *f* система сопряжения с периферийными устройствами
Peripheriebus *m вчт* периферийная шина
Peripherieerweiterung *f* расширение периферийного оборудования, *проф.* расширение периферии
Peripheriegeräte *n pl см.* **Peripherie-Apparatur**
Peripherie-Interface-Schaltkreis *m* схема интерфейса периферийных устройств
Peripheriekanal *m* канал связи с периферийными устройствами
Peripherieprozessor *m* периферийный процессор
Peripherieregister *n* регистр периферийного устройства
Peripherieschnittstelle *f* интерфейс периферийных устройств
Peripherieschnittstellenadapter *m* адаптер сопряжения с периферийными устройствами
Peripheriespeicher *m* периферийное ЗУ; периферийная память
Periskopsystem *n* перископическая система (*расположения приёмной или передающей антенны и направляющего зеркала*)
Perisphere *f* область обнаружения электромагнитного *или* гравитационного поля объекта
Peri-Stecker *m* (унифицированный) соединитель с периферийными устройствами
Peritelevision-Steckverbindung *f* (унифицированный) штепсельный разъём для соединения различных видеоустройств
Peritelevision-Verbindung *f* интерфейс периферийных устройств телевизора
Perkussionsschweißen *n* микросварка давлением
Perle *f* бусинка (*изолирующая*)
Perlentransistor *m* бусинковый транзистор
Perlleinwand *f* перламутровый [жемчужный] (кино)экран
Permanentmagnet *m* постоянный магнит
Permanentmaske *f* постоянная [неудаляемая] маска
Permanentspeicher *m* постоянное ЗУ, ПЗУ; постоянная память
Permanentvormagnetisierungsmagnet *m* магнит постоянного подмагничивания
Permanenz *f* **1.** постоянство, неизменность **2.** *мат.* перманентность
Permatron *n* газотрон с управлением внешним магнитным полем
permeabel проницаемый
Permeabilität *f* магнитная проницаемость
~, **relative** относительная магнитная проницаемость
Permeabilitätsabstimmung *f* индуктивная настройка
Permeabilitätsbrücke *f* мост для измерения магнитной проницаемости
Permeabilitätskonstante *f* постоянная магнитной проницаемости
Permeabilitätskurve *f* кривая [характеристика] магнитной проницаемости

Permeabilitätstensor *m* тензор магнитной проницаемости
Permeabilitätswert *m* величина магнитной проницаемости
Permeabilitätszahl *f* коэффициент магнитной проницаемости
Permeameter *n* пермеаметр
Permeanz *f* магнитная проводимость
Permendur *n* пермендюр (*магнитный сплав кобальта, ванадия и железа*)
Permenorm *n*перменорм (*магнитный железоникелевый сплав*)
Perminvar *n* перминвар (*магнитомягкий сплав железа, никеля и кобальта*)
Permivität *f* диэлектрическая проницаемость
Permutation *f* 1. перестановка 2. размещение
Perot-Fabry-Interferometer *n* интерферометр Фабри-Перо
Perowskit *n крист.* перовскит
Perpendikularaufzeichnung *f* глубинная запись
Persistatron *г.* персистатрон (*криогенный запоминающий элемент*)
Persistenz *f* 1. послесвечение (*экрана*) 2. инерционность (*изображения*) 3. постоянство, стойкость
Persistor *m* персистор (*криогенный запоминающий элемент*)
Persistron *n* персистрон (*твердотельная электролюминесцентная индикаторная панель*)
Personalcomputer *m* персональная ВМ, персональный компьютер
Personenkamera *f* камера для передачи изображения одного человека (*напр. участника видеоконференции*)
Personenrufanlage *f* (диспетчерская) вызывная установка
Personenrufkanal *m вчт* персональный канал вызова
Personensuchanlage *f см.* **Personenrufanlage**
Perturbometer *n* измеритель напряжения помех
Perveanz *f* первеанс, постоянная пространственного заряда
Perzeptron *n* перцептрон
PE-Schrift *f* запись с фазовым кодированием (*на МЛ*)
Pese *f зап.* тросик
Peterwagen *m* радиопатрульная машина
Petrinetz *n* сеть Петри (*математический аппарат для графического отображения одновременно протекающих взаимозависящих процессов*)
Pevotron *n* певотрон (*фотоумножитель*)
Pfad *m* 1. *зап.* дорожка 2. цепь, путь (*напр. тока*) 3. шина 4. канал передачи (*информации*)
Pfeifdämpfung *f* затухание свиста
Pfeifen *n* 1. свист (*в радиоприёмнике или усилителе, вызванный биениями, самовозбуждением*); самовозбуждение 2. *тлф* зуммирование
Pfeifenresonanz *f* резонансное возбуждение свиста
Pfeifgrenze *f*, **Pfeifpunkt** *m* порог [точка] самовозбуждения
Pfeifsicherheit *f* устойчивость к самовозбуждению
Pfeifstörungen *f pl* помехи в виде свиста

Pfeifton *m* интерференционный свист; интерференционный тон
Pfeil *m*, **Peircescher** стрелка [функция] Пирса, функция НЕ ИЛИ
pfeilerartig столбиковый (*о выводе*)
Pfeilschema *n* блок-схема
PFI-Modus *m* работа (*фотоприёмника*) в режиме интегрирования фотонного потока
p-Gebiet *n* область дырочной электропроводности, область *p*-типа, *p*-область
p-Germanium *n* германий (с электропроводностью) *p*-типа
PGM-Ausgang *m тлв* выход программы; программный выходной сигнал
p-Halbleiter *m* полупроводник (*с электропроводностью*) *p*-типа, дырочный полупроводник
Phänomen *n* явление; эффект
Phanotron *n* газотрон
Phantastron *n* фантастрон
Phantastron... фантастронный
Phantom... фантомный, искусственный
Phantomausnutzung *f* использование фантомных цепей
Phantombild *n* 1. побочное [паразитное] изображение 2. *рлк* паразитный [ложный] сигнал
Phantombildung *f* образование фантомных цепей
Phantomschallquelle *f* мнимый источник звука
Phase *f* 1. фаза 2. стадия; этап (*процесса*)
  □ **außer** ~ несинфазный, не совпадающий по фазе; **in falscher** ~ в неправильной фазе; **in** ~ в фазе, синфазный, совпадающий по фазе; **in** ~ **bringen** (с)фазировать
~, **beständige** стабильная фаза
~, **cholesterinische** холестерическая фаза (*жидкого кристалла*)
~, **differentielle** *тлв* дифференциальная фаза
~, **feste** 1. постоянная [фиксированная] фаза 2. *крист.* твёрдая фаза
~, **nacheilende** отстающая фаза
~, **nematische** нематическая фаза (*жидкого кристалла*)
~, **pegelabhängige** *см.* **Phase, differentielle**
~, **smektische** смектическая фаза (*жидкого кристалла*)
~, **stabile** 1. стабильная фаза 2. *крист.* равновесная фаза
~, **unbeständige** непостоянная [нестабильная] фаза
~, **voreilende** опережающая фаза
Phased-Array-Antenne *f* фазированная антенная решётка
phase-lockedloop *англ.* система фазовой автоматической подстройки частоты, система ФАПЧ
Phasenabgleich *m* фазовая коррекция
Phasenabstand *m* разность фаз
Phasenabweichung *f* индекс фазовой девиации
Phasenamplitudendiskriminator *m* амплитудно-фазовый дискриминатор
Phasenänderung *f* 1. изменение фазы 2. *зап.* изменение состояния запоминающей среды
Phasenänderungsaufzeichnung *f* запись с фазовым кодированием; запись с фазовой манипуляцией

Phasenänderungsgeschwindigkeit *f* скорость изменения фазы
Phasenanschnitt *m* фазовая отсечка
Phasenantenne *f* фазированная антенна
phasenäquivalent эквивалентный по фазе
Phasenaufspaltung *f* расщепление фаз
Phasenausgleich *m* фазовая коррекция
Phasenausgleichsfilter *n* фазокорректирующий фильтр
Phasenausschnitt *m* фазовая отсечка
Phasenaussortierung *f* фазовая селекция
Phasenbahn *f* фазовая траектория
Phasenbedingung *f* условия фаз (*одно из условий возникновения колебаний*)
Phasenbelag *m* постоянная сдвига фаз (*на единицу длины линии*)
Phasenbeständigkeit *f* постоянство фазы
Phasenbeugungsgitter *n* фазовая дифракционная решётка
Phasenbeziehung *f* 1. соотношение фаз 2. фазовая зависимость
Phasenbezug *m* соотношение фаз
Phasenbilanz *f* баланс фаз
Phasenbild *n* фазовая диаграмма
Phasenbrücke *f* 1. фазовый мост 2. *тлв* фазовый детектор
Phasendemodulation *f* фазовое детектирование
Phasendeviation *f* девиация фазы
Phasendifferenz *f* разность фаз
Phasendifferenzleitung *f* фазирующая линия
Phasendifferenzmesser *m* измеритель фазового сдвига
Phasendifferenztastung *f* фазоразностная манипуляция
Phasendiskriminator *m* фазовый дискриминатор
Phasendispersion *f* дисперсия фазы
Phasendreh... фазовращающий
Phasendreher *m* фазовращатель
Phasendrehung *f* 1. вращение фазы 2. фазовый сдвиг 3. инверсия [опрокидывание] фазы
Phasenebene *f* фазовая плоскость
~, **mehrblättrige [mehrfache]** многолистная фазовая плоскость
Phaseneinholung *f* опережение фазы
Phaseneinsortierung *f см.* **Phasengruppierung**
Phaseneinstellung *f* 1. фазирование 2. синхронизация
phasenempfindlich фазочувствительный
phasenentgegengesetzt противофазный
Phasenentzerrer *m* фазовый корректор
Phasenfaktor *m* 1. коэффициент мощности 2. *фмт* фазовый множитель
Phasenfang *m* захват фазы; синхронизация фазы
Phasenfehler *m* фазовая ошибка; рассогласование фаз
~ **des Bildträgers, aussteuerungsabhängiger** фазовый сдвиг несущей изображения, зависящий от глубины модуляции
~, **differentieller** дифференциальная фаза
Phasenfokussierung *f* фазовая фокусировка (*напр. клистрона*); фазовое группирование
Phasenfolgefilter *n* фазовый следящий фильтр
Phasenforderungen *f pl* фазовые требования (*напр. к стабильности фазы*)
phasenfrei *см.* **phasenrein**

Phasenfrequenzabstimmung *f* фазовая (авто)подстройка частоты, ФАПЧ
Phasenfrequenzcharakteristik *f*, **Phasenfrequenzgang** *m*, **Phasenfrequenzkennlinie** *f* фазово-частотная характеристика
Phasenfrequenznachlauf *m см.* **Phasenfrequenzabstimmung**
Phasenfront *f* фазовый фронт
Phasengabe *f тлг* (син)фазирующий сигнал, коррекционная посылка
Phasengang *m* фазовая характеристика
Phasengangentzerrer *m* фазовый корректор
Phasengenauigkeit *f* точность поддержания фазы
Phasengeräusch *n* фазовый шум
phasengerecht без сдвига фаз
Phasengeschwindigkeit *f* фазовая скорость
phasengesteuert управляемый изменением фазы (*напр. в антенной системе*)
phasengetastet фазоманипулированный
Phasengitter *n* 1. *опт.* фазовая дифракционная решётка 2. фазированная антенная решётка, ФАР
Phasengitterradar *n* РЛС с фазированной антенной решёткой
phasengleich совпадающий по фазе, синфазный
Phasengleicher *m* фазовыравниватель
Phasengleichgewicht *n* баланс фаз
Phasengleichheit *f* синфазность; совпадение фаз
Phasengleichlauf *m* синхронизация фаз
Phasengleichrichter *m* фазовый детектор
Phasenglied *n* фазирующее звено
Phasengrenze *f микр.* граница фаз (*напр. между Si и SiO$_2$*)
Phasengruppierung *f* группирование (электронов) по фазе
Phasenhub *m* 1. девиация фазы; индекс фазовой модуляции 2. отклонение фазы
Phasenimpulsmodulation *f* фазово-импульсная модуляция, ФИМ
Phasenindikator *m* индикатор сдвига фаз
Phaseninformation *f* информация, заключённая в фазе
Phaseninstabilität *f* 1. *кв. эл.* фазовая нестабильность 2. *см.* **Fasenjitter**
Phaseninverter *m* фазоинвертер
Phasenjitter *m* фазовое дрожание (*цифрового сигнала*)
phasenkohärent фазокогерентный
Phasenkompensation *f* компенсация (сдвига) фаз
Phasenkompensationsmethode *f* фазокомпенсационный метод (*измерений*)
Phasenkompensierung *f см.* **Phasenkompensation**
Phasenkonstante *f* фазовая постоянная
Phasenkontrast *m* 1. фазовый контраст 2. *тлв* окантовка, вызванная фазовыми искажениями
Phasenkontrastverfahren *n* метод фазового контраста (*при микроскопировании*)
Phasenkopplung *f* фазовая связь
Phasenkorrektionsnetzwerk *n* фазокорректирующая цепь
Phasenkorrektur *f* 1. фазовая коррекция 2. *тлг* фазирование; синхронизация
Phasenlage *f* значение фазового угла; значение [положение] фазы; фаза колебаний

Phasenlagesignal *n* фазирующий сигнал
Phasenlagezeile *f* фазирующая линия
Phasenlaufzeit *f* 1. время распространения фазы 2. фазовая скорость
Phasenleitung *f* 1. фазовая линия 2. фазовая шина (*в ПЗС*)
Phasenlinearität *f* линейность фазовой характеристики
Phasenmaß *n* фазовая постоянная
Phasenmesser *m* фазометр
Phasenminimumsystem *n* минимально-фазовая система
Phasenmittelungsverfahren *n* метод усреднения фаз
Phasenmodelung *f* фазовая модуляция, ФМ
~, **vielstimmige** многотональная ФМ
Phasenmodensynchronisation *f* фазовая синхронизация мод
Phasenmodulation *f см.* **Phasenmodelung**
Phasenmodulationsgrad *m* индекс ФМ
Phasenmodulationsverzerrung *f* искажения при ФМ
Phasenmodulator *m* модулятор фазы
phasenmoduliert модулированный по фазе
Phasennacheilung *f* 1. фазовая задержка 2. запаздывание по фазе
Phasennacheilungswinkel *m* 1. угол фазовой задержки 2. угол запаздывания по фазе
Phasennachsteuerung *f*, **Phasennachstimmung** *f* подстройка фазы
Phasennormal *n* 1. опорная фаза 2. фазовая нормаль
Phasenopposition *f* противофаза; противофазность
Phasenquadratur *f* квадратура, сдвиг по фазе на 90°
Phasenrand *m* огибающая (линия) фаз
Phasenrastung *f см.* **Phasenfang**
Phasenrauschen *n* фазовый шум
phasenregelbar фазорегулируемый
Phasenregelkreis *m* контур (автоматической) подстройки фазы
Phasenregelung *f* 1. регулирование фазы 2. фазовая коррекция 3. *тлг* фазирование; синхронизация
Phasenregler *m* фазорегулятор, регулятор фаз
phasenrein 1. без сдвига фаз 2. без фазовых искажений
phasenrichtig в (правильной) фазе
Phasenrichtkreis *m* фазирующий контур
Phasenrückkopplung *f* обратная связь по фазе
Phasenrückkopplungsbedingung *f* (требуемое) соотношение фаз в цепи обратной связи
Phasenrückständigkeit *f см.* **Phasenverzögerung**
Phasenschaltinterferometer *n* радиоинтерферометр с расщеплением фазы [с разнесёнными антеннами]
Phasenschaltverfahren *n* метод переключения фаз (*в радиоастрономии*)
Phasenscheider *m* расщепитель фазы
Phasenschiebenetzwerk *n* фазосдвигающая [фазовращающая] цепь
Phasenschieber *m* фазовращатель
~, **ruhender** статический фазовращатель

Phasenschiebermodulator *m тлг* фазовый модулятор
Phasenschleife *f* система фазовой автоматической подстройки частоты, система ФАПЧ
Phasenschreiber *m* прибор для записи фазовой характеристики
Phasenschwankung *f* 1. сдвиг фазы 2. фазовое дрожание
Phasenschwund *m* фазовое замирание
Phasenschwung *m см.* **Phasenhub**
Phasenselbstabgleich *m* автоподстройка фазы
Phasensendung *f* фазовая манипуляция
Phasenspalter *m* расщепитель фазы
Phasensprungmodulation *f* модуляция скачкообразным изменением фазы
Phasenstabilisierung *f* стабилизация фазы
~, **selbstständige** автоматическая стабилизация фазы, автофазировка
Phasenstabilität *f* 1. стабильность фазы 2. *фтт* устойчивость фазы
Phasenstereofonie *f* фазовая стереофония
Phasensteuereingang *m* вход (сигнала) управления фазой
Phasensteuerung *f* 1. регулировка фазы 2. (дистанционное) управление с помощью ФМ-сигналов
Phasensynchronisation *f*, **Phasensynchronisierung** *f* синхронизация фаз
Phasentastung *f* фазовая манипуляция, ФМн
Phasenteiler *m* расщепитель фазы
phasentreu *см.* **phasenrein**
Phasenübereinstimmung *f* синфазность; совпадение фаз
Phasenübergang *m* фазовый переход, фазовое превращение
Phasenüberholung *f* опережение фазы
Phasenübertragungsfunktion *f* фазовая передаточная функция
Phasenumformer *m* преобразователь фаз
Phasenumkehr *f* опрокидывание [инверсия] фазы, изменение фазы на 180°
Phasenumkehrmodulation *f* модуляция опрокидыванием [инверсией] фазы
Phasenumkehrverstärker *m* фазоинверсный [фазоинверторный] усилитель
Phasenumtastung *f* 1. инверсия фазы 2. фазовая манипуляция, ФМн
Phasenumwandler *m* фазоинвертор, преобразователь фазы
Phasenumwandlung *f* 1. преобразование фазы 2. фазовый переход
Phasenungleichheit *f* несинфазность
Phasenunruhe *f* дрожание фазы
Phasenunterschied *m* разность фаз
Phasenvergleich *m* сравнение фаз
Phasenvergleicher *m* компаратор фаз
Phasenvergleichsmonopulsradar *n* фазоразностная моноимпульсная РЛС
Phasenvergleichsschaltung *f* 1. фазосравнивающая схема, фазовый компаратор 2. фазовый мост
Phasenvergleichssystem *n* фазовая навигационная система
Phasenverhalten *n* фазовая характеристика
Phasenverhältnis *n* фазовое соотношение
Phasenverlauf *m* фазовая характеристика

Phasenverschiebungsfehler *m* ошибка, вызванная сдвигом фазы
Phasenverschiebungskreis *m*, **Phasenverschiebungsnetzwerk** *n* фазосдвигающий контур
Phasenverschiebungswinkel *m* угол сдвига фаз
phasenversetzt сдвинутый по фазе
Phasenverspätung *f* см. **Phasenverzögerung**
Phasenverstimmung *f* фазовая расстройка, рассогласование фаз
Phasenverteilung *f* фазовое распределение, распределение фазы
Phasenverzögerung *f* 1. запаздывание по фазе 2. фазовая задержка
Phasenverzögerungswinkel *m* 1. угол запаздывания по фазе 2. угол фазовой задержки
Phasenvierpol *m* фазосдвигающий четырёхполюсник
Phasenvordrehung *f*, **Phasenvoreilung** *f* опережение по фазе
Phasenvorentzerrung *f* предварительная фазовая коррекция
Phasenvorlauf *m* опережение по фазе
Phasenwähler *m* селектор фазы, фазовый селектор
Phasenwahlsystem *n* система фазовой селекции
Phasenwechsel *m* смена фаз
Phasenwinkel *m* фазовый угол, угол сдвига фаз
Phasenwinkeldifferenz *f* разность фаз
Phasenwinkelmesser *m*, **Phasenwinkelmeßgerät** *n* фазометр
Phasenwinkelmodulation *f* см. **Phasenmodelung**
Phasenzittern *n* см. **Phasenjitter**
Phasenzuordnung *f* распределение фаз
Phasenzustand *m* фазовое состояние (*напр. плазмы*)
Phasenzwischengerät *n* преобразователь фазы
phasiert фазированный
Phasierung *f*, **alternierende** знакопеременная фазировка
Phasigramm *n* фазовая голограмма
Phasitron *n* фазитрон
Phasometer *n* фазометр
Phenolharz *n* фенольная смола; фенопласт
Phenolharzhärtung *f* отверждение фенольной смолы
pH-Messer *m*, **pH-Meter** *n* pH-метр
Phon *n* фон (*единица уровня громкости звука*)
Phonevision *f* видеотелефония
Phonoempfänger *m* радиола
Phonogerät *n* звуковой [электроакустический] прибор
Phonogoniometer *n* акустический пеленгатор
Phonograf *m* 1. граммофон 2. проигрыватель
Phonogramm *n* фонограмма
Phonokombination *f* радиола
Phonometer *n* фонометр, аудиометр
Phonometrie *f* звукометрия
Phonon *n* фонон
Phononen... см. тж **Fononen...**
Phononenmaser *m* фононный мазер
Phononentunnelübergang *m* фононный туннельный переход
Phononen-Verstärker *m* фононный усилитель, акустоэлектрический микроволновый усилитель

Phonon-Phonon-Wechselwirkung *f* фонон-фононное взаимодействие
Phonosuper *m* радиола с супергетеродинным приёмником
Phonotechnik *f* фонотехника, техника записи и воспроизведения звука
Phonothek *f* фонотека, архив магнитофонных записей
Phonowiedergabe *f* воспроизведение звука
Phonskale *f* шкала уровней громкости (*в фонах*)
Phonstärke *f*, **Phonzahl** *f* громкость звука (*в фонах*)
Phosphor *m* 1. фосфор, P 2. люминофор, форфоресцирующее вещество
~, **blauer** синий люминофор, люминофор синего свечения
~, **raschabklingender** люминофор с малым послесвечением
phosphordotiert легированный фосфором
Phosphoreszenz *f* фосфоресценция
Phosphoreszenzspektrum *n* спектр фосфоресценции
phosphoreszieren фосфоресцировать
Phosphorgemisch *n* многокомпонентный люминофор
Phosphor-Koeffizient *m* эффективность люминофора, светоотдача люминофора
Phosphorsatz *m* комплект люминофоров для цветной трубки
Phosphorteilchen *n* люминофорная точка (*экрана*)
Phosphor-Tripel *n* люминофорная триада (*экрана*)
Phot *n* фот, ф (*единица освещённости*)
Photicon *n* фотикон (*супериконоскоп с дополнительным фотокатодом*)
Photicon-Kamera *f* тлв камера с фотиконом
Photistor *m* фоторезистор
Photo... см. **Foto...**
Photon *n* фотон, квант света
Photonen... см. **Fotonen...**
Photonik *f* фотоника
Photophone *n* фотофон
Physiologiesteller *m* регулятор физиологически верного воспроизведения звука
pickaxe(e) *англ.* элемент типа «мотыга» (*схемы продвижения ЦМД*)
Pick-up *m* 1. измерительный преобразователь, датчик 2. звукосниматель 3. считывание, съём (*сигнала*) 4. телевизионная передающая камера 5. микрофон
picollo *англ.* кодовое название станции активных преднамеренных помех РЛС
Picotorr-Bereich *m* область сверхвысокого вакуума
Picture-fone *n* видеотелефон
Pierce-Oszillator *m* кварцевый трёхточечный ёмкостный генератор с дроссельным выходом
Piezoachse *f* пьезоэлектрическая ось
Piezodiode *f* тензодиод
Piezoeffekt *m* пьезоэлектрический эффект
~, **reziproker [umgekehrter]** обратный пьезоэлектрический эффект, электрострикция
Piezoelektrikum *n* пьезоэлектрик
Piezoelektrizität *f* пьезоэлектричество
Piezoelement *n* пьезоэлемент

Piezofilter *n* пьезоэлектрический фильтр
Piezogeber *m* пьезодатчик, пьезоэлектрический датчик
Piezokeramikfilter *n* пьезокерамический фильтр
Piezokonstante *f* пьезоэлектрический коэффициент
Piezokristall *m* пьезокристалл, пьезоэлектрический кристалл
Piezolan(-Keramik) *f фирм.* искусственная пьезокерамика
Piezometer *n* пьезометр
Piezomodul *m* пьезомодуль
Piezoquarzfilter *n* пьезокварцевый фильтр
Piezoquarzplatte *f* пьезоэлектрическая (кварцевая) пластинка
piezoresistiv тензорезистивный, пьезорезистивный
Piezosensor *m* пьезодатчик
Piezotransistor *m* пьезотранзистор
Piezoübergang *m* пьезопереход
Piezowiderstand *m* 1. тензорезистор 2. пьезосопротивление
Pigatron *n* пигатрон
Pigment *n зап.* рабочий слой (*носителя*)
Pig-tail-Ausführung *f* конструкция с проволочными выводами
Pikoprozessor *m* пикопроцессор, процессор с пикосекундным быстродействием
Pikoröhre *f* миниатюрная лампа
Pille *f* 1. *nn* таблетка, навеска 2. элемент схемы типа таблетки
Pillengetter *m* таблеточный геттер
Pilot *m см.* **Pilotsignal**
Pilotbandpaß *m* фильтр пропускания пилот-сигнала
Pilotfrequenz *f* контрольная частота
Pilotkopf *m зап.* головка пилот-сигнала
Pilotkreis *m* цепь пилот-сигнала
Pilotpegel *m* уровень пилот-сигнала
Pilot-Rechner *m* компьютеризованный (автомобильный) курсопрокладчик
Pilotsignal *n* пилот-сигнал; контрольный сигнал
Pilotsperre *f* фильтр режекции пилот-сигнала
Pilotstrahl *m* 1. *рлк* ведущий луч 2. *тлв* корректирующий луч
Pilotton *m* пилот-сигнал; контрольный сигнал
Pilottonband *n* (магнитофонная) лента с «магнитной перфорацией»
Pilottonfrequenz *f зап.* частота «магнитной перфорации»
Pilottongeber *m зап.* датчик импульсов синхронизации
Pilottonverfahren *n* 1. *зап.* метод «магнитной перфорации» 2. стереофоническая передача с пилот-сигналом
Pimpel *m* 1. *тлф* изолирующая кнопка [изолирующая косточка] пружины 2. изолирующая прокладка
pin *англ.* 1. (контактный) штырёк; штифт 2. вывод (*напр. корпуса ИМС*)
Pinbelegung *f* расположение контактов
Pinch-Antrieb *m* привод, работающий на основе пинч-эффекта
Pincheffekt *m* 1. пинч-эффект, самостягивание заряда 2. *зап.* пинч-эффект (*паразитные колебания воспроизводящей иглы*)
Pinch-Entladung *f* самостягивающийся разряд, пинч
Pinch-in-Effekt *m* эффект стягивания (*токового шнура*)
Pinch-off-Spannung *f* напряжение запирания (*полевого транзистора*)
Pinch-off-Strom *m* ток запирания (*полевого транзистора*)
P-Indikator *m* индикатор кругового обзора, ИКО
Pin-Diode *f*, **PIN-Diode** *f* $p-i-n$-диод
Pinfeld *n* панель [плата] с (контактными) штырьками
Pin-Flachenfotodiode *f* планарный $p-i-n$-фотодиод
Pin-Gleichrichterdiode *f* $p-i-n$-диод
Pin-hole-Dichte *f nn* плотность микроотверстий
Pin-Isolation *f микр.* изоляция $p-i-n$-структурами
Pinkarte *f см.* **Pinfeld**
pinkompatibel совместимый по расположению контактов (*в соединителях*)
PINO-Element *n* $p-i-n-o$-элемент (*на транзисторе и туннельном диоде*)
Pin-Übergang *m* $p-i-n$-переход
p-Inversionsschicht *f* p-инверсионный слой
Pin-zu-Pin-Kapazität *f* междуштырьковая ёмкость
Pip *m* 1. отметка цели (*на экране индикатора*) 2. отпай (*на баллоне ленты*) 3. ключ (*напр. цоколя*)
Pipelinebetrieb *m* режим конвейерной обработки (*данных*)
Pipelineprozessor *m* конвейерный процессор, процессор с конвейерной обработкой (*данных*)
Pirani-Vakuummeter *n* манометр Пирани, манометр сопротивления
Pistofon *n* акустический резонатор с поршнем для проверки микрофонов
pit *англ.* пит, (микро)углубление (*напр. при травлении*)
pi-Übergang *m* $p-i$-переход
Pixel *n* элемент изображения
Pixelabstand *m* расстояние между элементами изображения
Pixelbelichtungszeit *f* время экспонирования элемента изображения
Pixeleinheitsbreite *f* ширина элемента изображения
Pixelfläche *f* площадь элемента изображения
Pixierröhre *f* счётная индикаторная лампа тлеющего разряда
PK-... *см.* **Impulskode...**
p-Kanal-Anreicherungs-Transistor *m* p-канальный полевой транзистор, работающий в режиме обогащения
p-Kanal-MOS-Speicherzelle *f* запоминающая ячейка на p-канальном МОП-транзисторе
p-Kanal-MOS-Transistor *m* p-канальный МОП-транзистор
p-Kanal-Si-Gate-FET *m* p-канальный полевой транзистор с кремниевым затвором

p-Kanal-Technik f технология p-канальных МОП-структур
p-Kanal-Typ m канал p-типа
p-Kanal-VFET m вертикальный полевой транзистор с каналом p-типа
Plan m план; схема; чертёж
planar 1. плоский 2. планарный
Planarantenne f плоская [двухмерная] антенная решётка
Planarfilmspeicher m ЗУ или память на магнитных плёнках
Planar-HF-Plasmaätzer m высокочастотный планарный реактор для плазменного травления
Planarisierungseffekt m эффект планаризации; планаризация, выравнивание (*поверхности*)
Planarisierungsschicht f планаризующий слой (*слой, выравнивающий поверхность*)
Planarleitergehäuse n корпус с планарными выводами
Planar-Lichtleiter m плоский световод
Planarplasmaätzanlage f планарный реактор для плазменного травления
Planarprädiktion f одномерное предсказание
Planarresistor m *см.* **Planistor**
Planar-Sperrschichtfeldeffekttransistor m планарный полевой транзистор с управляющим p — n-переходом
Planartechnik f, **Planartechnologie** f планарная технология
Planck-Konstante f постоянная Планка
Planende n плоский конец (*лазерного стержня*)
Planetenaußenstation f околопланетная космическая станция
Planetenfunk m радиосвязь с автоматической межпланетной станцией
Planetensonde f автоматическая межпланетная станция
Planigrafie f томография
Planistor m плоский резистор
Planscheibe f дно баллона, планшайба
Planschirmbildröhre f кинескоп с плоским экраном
Planschirmpolarrohr n трубка (индикатора) кругового обзора с плоским экраном
Plasma n 1. плазма 2. положительный столб (*тлеющего разряда*), положительное свечение
~, **heißes** горячая плазма
~, **magnetisch behaftetes** плазма, удерживаемая магнитным полем
Plasmaanzeigepaneel n, **Plasmaanzeigetafel** f плазменная индикаторная панель
Plasmaätzanlage f, **Plasmaätzer** m установка (для) плазменного травления; реактор (для) плазменного травления
Plasmaätzmaske f (защитная) маска для плазменного травления
Plasmaätztechnik f, **Plasmaätzverfahren** n технология плазменного травления
Plasmabehalten n, **Plasmabehaltung** f удержание плазмы
Plasmabeschleuniger m ускоритель плазмы
Plasmabildschirm m 1. плазменный экран 2. плазменное табло, плазменная панель 3. жидкокристаллический экран
Plasmaelektronen n pl электроны плазмы

Plasmaentwicklung f развитие плазмы
Plasmafaden m плазменный шнур
Plasmafrequenz f плазменная частота
Plasmaionenquelle f плазменный источник ионов
Plasmakontraktion f сжатие плазмы, пинч-эффект
Plasmalebensdauer f длительность удержания плазмы
Plasmaleitfähigkeit f проводимость плазмы
Plasmaphysik f физика плазмы
Plasmareaktionskammer f плазмореакционная камера
Plasmasäule f, **Plasmaschlauch** m плазменный шнур
Plasmaschwingungen f pl плазменные колебания
Plasmasprühtechnik f технология плазменного распыления
Plasmasputterätzanlage f установка (для) плазменного распыления и травления
Plasmastrahl m плазменный пучок
Plasmatron n плазматрон, плазменный генератор
Plasmaverfahren n плазменная технология
Plasmawelle f плазменная волна
Plasmawiedergabeanordnung f 1. плазменный дисплей 2. плазменное табло
Plasmawolke f облако плазмы
Plasmazerstäubung f плазменное распыление
Plasmoid n сгусток плазмы, плазмоид
Plasmon n плазмон
Plast m пластмасса, пластик
Plast-Chip-Carrier-Gehäuse n пластмассовый кристаллодержатель
Plastfaserkabel n пластмассовый волоконный кабель
Plastfaserlichtleiter m пластмассовый волоконный световод
plastgekapselt герметизированный пластмассой
Plastik I f 1. пластика (*окантовка резких границ деталей изображения*) 2. рельефность; объёмность; глубина (*изображения*)
Plastik II n, m пластмасса, пластик
Plastikeffekt m тлв явление пластики
Plastikon n полистироловая плёнка, пластикон
Plastiktransistor m транзистор в пластмассовом корпусе
Plastikwirkung f *см.* **Plastikeffekt**
plastisch пластичный; пластический
~, **hörbar** бинауральный
Plastizität f пластичность
Plastmantel-Glasfaser f оптическое волокно из кварцевого стекла с пластмассовой оболочкой
Plaststoff m пластмасса, пластик
Plasttransistor m *см.* **Plastiktransistor**
Plastverkappung f, **Plastverkapselung** f герметизация пластмассой
Plateau n пологая часть характеристики
Platine f пластин(к)а; (печатная) плата
Platinenlayout n схема монтажа (печатной) платы
Platinenmetalle n pl платиновые металлы (*рутений, родий, палладий, осмий, иридий*)
Platinenprüfung f проверка (печатных) плат

PLA PLA P

Platinenprüfverfahren *n* метод проверки (печатных) плат
Platinenrechner *m* одноплатная (встроенная) ВМ
Platinoid *n* платиноид (*материал для резисторов*)
Platinotron *n* платинотрон
Platin-Platinnickelelement *n* платино-платино-никелевая термопара
Platinwiderstandsthermometer *n*, **Platinwiderstandswärmegradmesser** *m* электрический термометр с платиновым резистором
Plättchen *n* 1. пластинка 2. кристалл (*ИС*)
Plättchenbonder *m* установка для монтажа кристалла
Platte *f* 1. (печатная) плата; пластин(к)а 2. анод (*электронной лампы*) 3. обкладка, пластина (*аккумулятора*) 4. (магнитный) диск; (магнитная) плата 5. панель
~, **löschbare** диск со стираемой записью
~, **magnetooptische** магнитооптический диск
~ **mit gedruckter Schaltung** печатная плата
~, **reflektierende** отражательная пластина
Plattenabspielgerät *n см.* **Plattenspieler**
Plattenaufbau *m* конструкция печатной платы
Plattenaustausch *m* замена плат
Plattenbaugruppe *f* модуль на печатной плате
Plattenbetriebssystem *n* вычислительная система с файлом на дисках
Plattenblock *m* комплект пластин (*напр. аккумулятора, конденсатора*)
Plattendatei *f* файл на (магнитных) дисках
Platteneinheit *f* блок ЗУ на (магнитных) дисках
Plattenelektrode *f* плоский [пластинчатый] электрод
Plattenelektrodenkapazität *f* ёмкость между плоскими электродами
Plattenelement *n* пластинчатый (тепловыделяющий) элемент
Plattenfehler *m* дефект грампластинки
Plattengleichrichter *m* полупроводниковый выпрямитель с плоскими шайбами
Plattenkapazität *f* 1. ёмкость между пластинами 2. ёмкость (магнитного) диска
Plattenkassette *f* кассета дискового файла
Plattenladekammer *f микр.* камера загрузки пластин
Plattenlaufwerk *n* 1. движущий механизм проигрывателя (*грампластинок*) 2. дисковод
Plattenmontage *f* 1. монтаж на панели, панельный монтаж 2. монтаж панелей
Plattenorganisation *f* структура ЗУ на (магнитных) дисках
Plattenpaket *n* пакет пластин (*конденсатора*)
Plattenprüfgerät *n* устройство для проверки печатных плат
Plattenrechner *m см.* **Platinenrechner**
Plattenrille *f* канавка (*грампластинки*)
Plattensatz *m* 1. комплект пластин (*напр. конденсатора*) 2. файл на (магнитных) дисках
Plattenschneider *m* рекордер (*для механической грамзаписи*)
Plattenschreibsperre *f* запрет записи на (магнитный) диск
Plattenschwinger *m см.* **Plattenstrahler**
Plattenspannung *f* 1. анодное напряжение (*электронной лампы*) 2. напряжение на сигнальной пластине (*ЭЛТ*)
Plattenspeicher *m* ЗУ *или* накопитель на (магнитных) дисках
Plattenspeicherabzug *m* вывод содержимого (магнитного) диска
Plattenspeicherbetriebssystem *n см.* **Plattenbetriebssystem**
Plattenspektroskop *n* пластинчатый спектроскоп
Plattenspieler *m* проигрыватель (*грампластинок*)
~, **elektrischer** электропроигрыватель
~, **optischer** лазерный проигрыватель (*видеодисков*)
Plattenspielereingang *m* вход звукоснимателя (*в усилителе*)
Plattenspur *f* дорожка на диске
Plattenständer *m* подставка для грампластинок
Plattenstapel *m* блок (магнитных) дисков *или* (магнитных) плат
Plattensteuereinheit *f* контроллер ЗУ *или* накопителя на (магнитных) дисках
Plattenstrahler *m* пластинчатый излучатель
Plattensystem *n см.* **Plattensatz** 1.
Plattenteller *m* диск (электро)проигрывающего устройства
Plattenvorspannung *f* напряжение (смещения) на сигнальной пластине (*передающей трубки*)
Plattenwechsler *m* автомат смены грампластинок, проигрыватель-автомат
Plattenwiderstand *m* пластинчатый резистор
Plattenzelle *f* галетный элемент
Plattenzugriff *m* доступ к (магнитному) диску
Plattieren *n*, **Plattierung** *f* плакирование
Plattierungsdicke *f* толщина покрытия
Platymeter *n* платиметр (*прибор для измерения ёмкостей и диэлектрической проницаемости*)
Platz *m* 1. место; (место)положение 2. *крист.* координация, позиция 3. *фтт* ловушка, центр захвата 4. место (*цифры*); разряд (*числа*) 5. рабочее место (*телефонистки*)
~, **leerer** [**unbesetzter**] 1. *крист.* вакантное место 2. *тлф* свободное рабочее место
~, **ungenutzter** неиспользуемые ячейки
Platzbedarf *m* 1. занимаемая площадь 2. *вчт* потребность в ячейках памяти
Patzbelegung *f* 1. *тлф* подключение линий к рабочему месту 2. *вчт* распределение ячеек памяти
Platzfernwahl *f* дальний набор междугородной телефонистки
Platzgruppe *f тлф* группа рабочих мест
Platzschalter *m тлф* ключ [кнопка] объединения нескольких рабочих мест в одно
Platzschrank *m* коммутатор
Platzwechsel *m* 1. *тлф* скрещивание фантомных цепей; скрещивание [транспозиция] проводов 2. перемена положения (*в кристаллической решётке*)
Platzzusammenschaltung *f тлф* группирование рабочих мест
Plausibilitätskontrolle *f*, **Plausibilitätsprüfung** *f* 1. проверка на дефектность 2. *вчт* проверка на непротиворечивость
Playback *n англ.* 1. воспроизведение (*записанной информации*) 2. считывание 3. дополнитель-

489

ная синхронизация (*записи изображения с заранее записанным звуком*)
Player *m* устройство воспроизведения записи; проигрыватель; плейер
Plazierung *f* **1.** расположение, размещение; установка **2.** позиционирование
Plazierungsgenauigkeit *f* **1.** точность размещения **2.** *микр.* точность позиционирования
PL-Demodulator *m* демодулятор с фазовой автоподстройкой
Pleijelspule *f* катушка Плейела
p-leitend с дырочной электропроводностью, с электропроводностью *p*-типа
p-Leiter *m* дырочный полупроводник, полупроводник *p*-типа
p-Leitfähigkeit *f*, **p-Leitung** *f* дырочная электропроводность *p*-типа
plesionchroner плезиохронный (*о цифровых сигналах*)
Pliodinatron *n* транзитрон (*тетрод с падающей характеристикой*)
Pliotron *n* многоэлектронная лампа с термокатодом
PLL-Prinzip *n* принцип фазовой автоподстройки частоты, принцип ФАПЧ
Plotter *m* **1.** графопостроитель **2.** (радиолокационный) планшет **3.** самописец
Plottersystem *n см.* **Plotter 1.**
PL-Schaltung *f* система фазовой автоподстройки частоты, система ФАПЧ
Plumbicon *n* плюмбикон
Plus *m* **1.** (знак) плюс **2.** положительная величина
Plusanzeige *f* показание, большее действительного
Plusfehler *m* избыточная погрешность
Plusplatte *f* **1.** положительная пластина (*химического источника тока*) **2.** положительный электрод
Plusstromstoß *m* импульс тока положительной полярности
Plustaste *f* клавиша «плюс», клавиша «сложение»
p-Material *n* (полупроводниковый) материал (с электропроводностью) *p*-типа
PME-Effekt *m* фотомагнитоэлектрический эффект
PMMA-Schicht *f* слой полиметилметакрилата (*фоторезист*)
p-MOS-Technik *f*, **PMOS-Technik** *f* техника *p*-канальных МОП-приборов
PM-Signal *n* **1.** импульсно-модулированный сигнал **2.** фазово-модулированный сигнал **3.** сигнал фазирования (*факсимильного аппарата*)
p-Mulde *f микр.* карман [островок] (с материалом) *p*-типа
pn-Anordnung *f p*—*n*-структура
pn-Bindung *f см.* **pn-Übergang**
pn-Diffusionstransistor *m* транзистор с диффузионным *p*—*p*-переходом
pn-Flächendiode *f* плоскостной диод с *p*—*p*-переходом
pn-Flächentransistor *m* плоскостной транзистор с *p*—*n*-переходом

pn-Flächenverbindung *f* плоскостной *p*—*n*-переход
pn-Fotodiode *f* фотодиод с *p*—*n*-переходом
pn-Gleichrichter *m* выпрямитель с *p*—*n*-переходом
pn-Grenzfläche *f*, **pn-Grenzschicht** *f* граница *p*—*n*-перехода
pnin-Struktur *f p*—*n*—*i*—*n*-структура
pnip-Transistor *m p*—*n*—*i*—*p*-транзистор
pn-Kontakt *m p*—*n*-переход
pnp-Flächentransistor *m* плоскостной *p*—*n*—*p*-транзистор
PN-Plan *m* характеристика полюсов и нулей (*фильтра*)
pnpn-Anordnug *f p*—*n*—*p*—*n*-структура
pnpn-Element *n p*—*n*—*p*—*n*-элемент
pnpn-Legierungsflächentransistor *m* планарный сплавной *p*—*n*—*p*—*n*-транзистор
pnpn-Struktur *f p*—*n*—*p*—*n*-структура
pnpn-Transistor *m p*—*n*—*p*—*n*-транзистор
pnp-Transistor *m p*—*n*—*p*-транзистор
pn-Siliziumdiode *f* кремниевый диод с *p*—*n*-переходами
pn-Sperrschicht *f* слой с запирающим *p*—*n*-переходом
pn-Struktur *f* структура с *p*—*n*-переходами
pn-Übergang *m p*—*n*-переход (*см. тж* **Übergang**)
~, **eindiffundierter** диффузионный *p*—*n*-переход
pn-Übergänge *m pl* **zum Substrat, rückwärtige** *p*—*n*-переходы, встречно-параллельные относительно подложки
pn-Übergangsschicht *f*, **pn-Verbindung** *f см.* **pn-Übergang**
P-N-Verteilung *f* метод полюсов и нулей (*фильтра*)
Pockels-Effekt *m* эффект Поккельса, линейный электрооптический эффект
Pockels-Zelle *f* ячейка Поккельса
Podest *m, n* подеста, помост, площадка (*для размещения оборудования*)
Poggerndorf-Kompensator *m* компенсатор Поггерндорфа (*потенциометр с компенсацией термоэдс*)
Poide *f зап.* поида
Poissonverteilung *f* распределение Пуассона
Pol *m* **1.** полюс (*вывод, контакт, особая точка функции*) **2.** магнитный полюс **3.** электрод (*электрохимического источника тока*)
~, **erdmagnetischer** магнитный полюс Земли, геомагнитный полюс
~ **der Übertragungsfunktion** полюс передаточной функции
Polachse *f* полярная ось
Polanzahl *f* число полюсов
Polardämpfung *f* затухание в полюсе (*передаточной функции четырёхполюсника*)
Polardiagramm *n* полярная диаграмма; диаграмма в полярных координатах
Polarimeter *n* поляриметр
Polarisation *f* поляризация
~, **dielektrische 1.** электрическая поляризация **2.** поляризация диэлектрика
~, **elliptische** эллиптическая поляризация
~, **gekreuzte** перекрёстная [поперечная, взаимно

перпендикулярная] поляризация, кросс-поляризация
~, **geradlinige** прямолинейная поляризация
~, **lineare** линейная [плоская] поляризация
~, **linksdrehende (zirkulare)** левосторонняя (круговая) поляризация
~, **molare** молярная поляризация
~, **rechtsdrehende (zirkulare)** правосторонняя (круговая) поляризация
Polarisationsausbeute f эффективность поляризации
polarisationsbedingt обусловленный поляризацией
Polarisationsdiversity f поляризационно-разнесённый приём
Polarisationsdrehung f вращение плоскости поляризации
Polarisationsebene f плоскость поляризации
Polarisationsellipse f эллипс поляризации
Polarisations-EMK f эдс поляризации
Polarisationsenttrübung f поляризационная селекция (*сигналов целей на фоне помех*)
Polarisationsfading n см. **Polarisationsschwund**
Polarisationsfehler m ошибка, обусловленная изменением поляризации принимаемого сигнала (*в радиопеленгаторах*)
Polarisationsfilter n поляризационный светофильтр, поляроид
Polarisationsgrad m коэффициент поляризации
Polarisationsladung f заряд поляризации
Polarisationsmehrfachempfang m см. **Polarisationsdiversity**
Polarisationsmodulation f поляризационная модуляция, модуляция (по) поляризации
Polarisationsmodulator m кв. эл. модулятор поляризации
Polarisationsrichtung f направление поляризации
Polarisationsschwund m поляризационное замирание
Polarisationsselektivität f поляризационная избирательность
Polarisationsspannung f поляризующее напряжение
Polarisationsvektor m вектор поляризации
Polarisationsvermögen n поляризующая способность
Polarisationsvorzeichen n знак поляризации
Polarisationswandler m преобразователь поляризации
Polarisationsweiche f 1. поляризационный светофильтр, поляроид 2. фильтр разделения типов поляризации
Polarisationswinkel m угол полной поляризации
Polarisationswolke f поляризационное облако
Polarisationszeit f время установления поляризации
Polarisator m поляризатор
Polarisatornicol n николь-поляризатор
polarisiert поляризованный
Polarisierung f см. **Polarisation**
Polarisierungsschlitz m ориентирующий паз (*печатной платы*)
Polariskop n полярископ
Polaristrobometer n стробоскопический поляриметр

Polarität f полярность
~, **reziproke [umgekehrte]** обратная полярность
Polaritätsbit n бит обозначения полярности
Polaritätsdiskriminator m дискриминатор полярности
Polaritätskennzeichnung f обозначение полярности
Polaritätsunterscheidung f поляризационная селекция; избирательность
Polaritätswahlschalter m, **Polaritätswechselschalter** m переключатель полярности
Polariton n поляритон
Polaritonenlaser m лазер, работающий в диапазоне микроволн
Polarkoordinatenanzeiger m индикатор кругового обзора
Polarkoordinatenradardarstellung f радиолокационная индикация в системе с круговым обзором
Polarkoordinatorröhre f ЭЛТ с радиально-круговой развёрткой
Polarmodulationsverfahren n метод одноканальной передачи стереосигналов
Polarograf m полярограф
Polarogramm n полярограмма
Polaroidfilter n см. **Polarisationsfilter**
Polaron n полярон
Polarotor m поляротор (*поворотное устройство для установки на поляризацию принимаемого сигнала*)
Polarsystem n полярная система координат
Polder-Tensor m магн. тензор Полдера
polen 1. поляризовать 2. соединять с полюсом
Polen-Nullstellen-Plan m см. **PN-Plan**
Polenverteilung f распределение полюсов; расположение полюсов
Polfilter n см. **Polarisationsfilter**
Polfrequenz f частота полюса затухания (*передаточной функции четырёхполюсника*)
Polgüte f добротность в полюсе (*частотной характеристики фильтра*)
Polizid n двухслойная плёнка из поликристаллического кремния и силицида
Polkern m магнитный сердечник
Pollage f положение полюса
pollos бесполюсный
Pol-Nullstellenverfahren n метод полюсов и нулей
Pol-Nullstellenverteilung f распределение полюсов и нулей
Polschuh m, **Polspitze** f полюсный наконечник
Polstelle f положение полюса, полюс
Polsystem n система полюсов
Polung f 1. полярность 2. поляризация
Polversetzung f смещение полюсов
Polverteilung f см. **Polenverteilung**
Polwechselschalter m, **Polwechsler** m, **Polwender** m 1. переключатель полюсов полярности 2. двухполюсный выключатель
Polwicklung f полюсная обмотка; обмотка электромагнита
Polyamid n полиамид
Polychordorgel f электронный орган
Polyen n кв. эл полиен
Polyesterfolie f плёнка на основе полиэфирной смолы

Polyflop *n* мультистабильная схема, схема с несколькими устойчивыми состояниями
Polygonantenne *f* многоугольная антенна
Polygraf *m* 1. многоканальный энцефалограф; детектор лжи 2. многоканальный самописец
Polyimid *n* полиимид
Polyimidröntgenmaske *f* полиимидный рентгеношаблон
Polykondensation *f* поликонденсация
Polykristall *m* поликристалл
Polykristallsilizium *n* поликристаллический кремний, поликремний
Polymer *n*, **n-dotiertes** полимер, легированный примесью *n*-типа
Polymerablösung *f* снятие (защитной) полимерной плёнки
Polymethylmethakrylatschicht *f* слой полиметилметакрилата (*фоторезист*)
Polymorphie *f* *крист.* полиморфизм
Polynomvierpol *m* полиноминальный четырёхполюсник; полиноминальный фильтр
Polyplexer *m* *рлк* антенный коммутатор
polyrod *англ.* полистироловая стержневая антенна
Poly-Si *n* см. **Polysilizium**
Poly-Si-Gate *n* см. **Poly-Silizium-Gate**
Polysilizium *n* поликристаллический кремний, поликремний
Poly-Silizium-Gate *n* поликремниевый затвор
Polysiliziumwiderstand *m* 1. (удельное) сопротивление поликристаллического кремния 2. резистор из поликремния
Polytyp *m* *крист.* политипная модификация, политип
Polytypismus *m* *крист.* политипия
Polyurethanlack *m* полиуретановый лак
Polzahl *f* 1. количество полюсов 2. количество контактов 3. число подключённых соединений (*к одному контакту*)
Poole-Frenkel-Effekt *m* эффект Пуля—Френкеля
Population *f* 1. заселённость (*энергетического уровня*); степень заполнения 2. *вчт* совокупность 3. *над.* генеральная совокупность
Populationsmessung *f* измерение заселённости (*энергетического уровня*)
Porenfreiheit *f* беспористость
Porengetter *m* пористый [губчатый] газопоглотитель
Porosität *f* пористость
Port *m* *вчт* порт
portabel портативный
Porzellanzylinderwiderstand *m* (проволочный) резистор на фарфоровом цилиндре
Posaune *f* «тромбон», жёсткая П-образная линия переменной длины; П-образное колено
Posauneabstimmung *f* настройка «тромбоном» [изменением длины П-образной линии]
Posistor *m* терморезистор с высоким положительным ТКС, позистор
Position *f* 1. положение; позиция; место 2. местоположение (*напр. цели*) 3. разряд (*чисел*); место (*цифры*)
Positionier... *см. тж* **Positions...**
Positionierachse *f* *микр.* ось позиционирования
Positionierfehler *m* 1. *рлк* погрешность в определении (место)положения цели 2. позиционная погрешность (*напр. в микролитографии*)
Positioniergenauigkeit *f* *микр.* точность позиционирования
Positionierloch *n* фиксирующее отверстие (*печатной платы, шаблона*)
Positioniermarke *f* 1. знак совмещения (*на фотошаблоне*) 2. установочный знак (*на печатной плате*)
Positioniertisch *m* позиционирующий стол (*напр. в установке термокомпрессионной сварки*)
Positionierung *f* 1. установка в определённое положение 2. позиционирование
Positionierungs... *см.* **Positionier...**
Positioniervorrichtung *f* позиционирующее устройство
Positionierzeit *f* время установки и совмещения (*подложки при фотолитографии*), время позиционирования
Positionsanzeige *f* индикация (место)положения
Positionsanzeigesymbol *n*, **nichtlöschendes** неразрушающий курсор положения или позиции
Positionsauflösung *f* 1. *микр.* точность позиционирования 2. *вчт* разрешающая способность в битах (*число бит на отсчёт*)
positionsempfindlich координатно-чувствительный (*напр. детектор*)
Positionsgeber *m* датчик положения
Positionsjustiergenauigkeit *f* точность позиционирования
Positionskode *m* позиционный код
Positionskreis *m* лимб, круглая шкала
Positionsrückmeldeelement *n* элемент обратной сигнализации о положении
Positionssignal *n* сигнал положения, сигнал о положении
Positionsspeicher *m* *микр.* позиционный накопитель
Positionssteuerungsservosystem *n* следящая система управления положением (*напр. исполнительного органа*)
Positionssystem *n* позиционная система (*счисления*)
Positionsüberwachung *f* 1. *микр.* контроль позиционирования 2. позиционный контроль
positiv 1. положительный; положительной полярности 2. позитивный (*об изображении*) 3. собирающий, положительный (*о линзе*)
Positiv *n* 1. *см.* **Positivbild** 2. положительная величина
Positiv-Amplitudenmodulation *f* позитивная АМ
Positivbild *n* *тлв* позитивное изображение, позитив
Positivionenbündel *n* пучок положительно заряженных ионов
Positivlack *m* *см.* **Positivresist**
Positivlinse *f* собирающая [положительная] линза
Positivmodulation *f* позитивная модуляция
Positivresist *n* позитивный резист
Positivresistbild *n* *микр.* позитивное изображение на резисте
Positivresistentwickler *m* проявитель позитивного резиста

Positivspur f позитив фотографической сигналограммы
Positivstuffing n положительное согласование скорости (*передачи символов цифрового сигнала*)
Positron n позитрон
Postdienst m, **elektronischer** 1. факсимильная связь по телефонной сети 2. электронная почта
Postemphasis f, **Postequalisation** f компенсация [коррекция] предыскажений
POS-Terminal n кассовый терминал
Post-Mortem-Programm n постпрограмма (*программа контроля выполненных вычислений*)
Post-Mortem-Speicherabzug m постпечать (*вывод содержимого памяти на печать по окончании работы программы*)
Postthreshold-Bereich m область, следующая непосредственно за барьером
Pot n 1. потенциометр 2. зарезервированная область памяти
Potential n 1. потенциал 2. разность потенциалов, напряжение
~, **anziehendes** притягивающий [ускоряющий] потенциал
~, **avanciertes** опережающий потенциал
~, **beschleunigendes** ускоряющий потенциал, ускоряющее напряжение
~, **eingestelltes** установившееся значение потенциала
~, **elektrophoretisches** электрокинетический потенциал при электрофорезе
~, **komplexes** комплексный потенциал
potentialabhängig зависящий от потенциала
Potentialableitung f утечка потенциала
Potentialabnahme f съём напряжения
Potentialanpassung f согласование по потенциалам
Potentialausgleich m выравнивание потенциалов
Potentialausgleichsmethode f метод выравнивания потенциалов
Potentialausgleichsverbindung f эквипотенциальное соединение
Potentialbarriere f, **Potentialberg** m потенциальный барьер
Potentialbild n 1. диаграмма распределения потенциалов 2. тлв потенциальный рельеф
Potentialdiagramm n см. **Potentialbild** 1.
Potentialfeld n потенциальное поле
Potentialfläche f эквипотенциальная поверхность
potentialfrei беспотенциальный; с плавающим потенциалом
Potentialfunktion f 1. потенциальная функция 2. гармоническая функция
Potentialgebirge n потенциальный барьер
Potentialgefälle n градиент потенциала
Potentialgleichung f уравнение потенциального поля (*Лапласса, Пуассона*)
Potentialgradient m градиент потенциала
Potentialgrube f потенциальная яма
Potentialhub m смещение потенциала
Potentialhügel m пик [максимальное значение] потенциала
Potentialkasten m потенциальная яма
Potentiallinie f эквипотенциальная линия

Potentialliste f таблица напряжений (*в контрольных точках*)
Potentialmittelpunkt m точка со средним потенциалом
Potentialmulde f потенциальная яма
Potentialoskop n потенциалоскоп (*ЭЛТ с накоплением зарядов*)
Potentialplateau n потенциальное плато
Potentialrand m край потенциальной ямы
Potentialrelief n тлв потенциальный рельеф
Potentialrutschen n 1. сдвиг потенциала 2. градиент потенциала
Potentialschaubild n см. **Potentialbild** 1.
Potentialschwelle f 1. потенциальный барьер 2. переход
Potentialsenke f потенциальная яма
Potentialsprung m скачок потенциала
Potentialstreuung f потенциальное рассеяние
Potentialtheorie f теория потенциала
Potentialtiefe f глубина потенциальной ямы
Potentialtopf m, **Potentialtrog** m потенциальная яма
Potentialverhältnis n (со)отношение потенциалов
Potentialverlauf m изменение потенциала (*во времени*)
Potentialverteilung f распределение потенциала
Potentialwall m, **Potentialwand** f, **Potentialwehr** n потенциальный барьер
Potentialwert m значение потенциала
Potentiometer n потенциометр
~, **mehrfachangezapftes** потенциометр с отводами
~, **mehrgängiges** многозаходный потенциометр
Potentiometerarm m плечо потенциометра
Potentiometereinstellung f установка потенциометра
Potentiometerteilung f градуировка потенциометра
Potentiometrie f потенциометрия
Potentiostat m стабилизатор напряжения
Potenz f мат. степень
Potenzexponent m показатель степени
Potenzfunktion f степенная функция
Potenzreihenentwicklung f разложение в степенной ряд
Potenzskale f степенная шкала, шкала степеней
Power-NAND n элемент НЕ И с мощным выходом
Poyntings-Vektor m вектор (Умова—) Пойнтинга, вектор потока энергии
PPI-Anflug m посадка по индикатору кругового обзора
PPI-Bild n изображение на экране индикатора кругового обзора
PPI-Schaltkreis m схема программируемого интерфейса периферийных устройств
p-polig с положительной полярностью
PPP-Verstärker m усилитель по параллельной двухтактной схеме
pp-Schicht f, **p-p-Übergang** m дырочно-дырочный переход
Prädik(a)tion f предсказание
~, **bewegungskompensierte** предсказание, учитывающее движение

Prädiktions-Algorithmus m алгоритм предсказания
Prädiktionsfilter n фильтр с предсказанием
Prädiktionskodierung f кодирование с предсказанием
Prädiktor m предсказатель, устройство предсказания
Prallanode f, **Prallelektrode** f эмиттер (электронного умножителя)
prallen (со)ударяться; бомбардировать
Prallfläche f 1. поверхность с вторичной эмиссией 2. отражающая поверхность
Prallzeit f время дребезга (напр. контакта реле)
pramanik англ. фирм. игла для квадрофонического звукоснимателя
Präsentation f выпуск телевизионных программ
Präsenzdetektor m детектор транспорта на магистрали
Präsenzeindruck m эффект присутствия
Prasselgeräusch n, **Prasseln** n потрескивание, треск; шорох
Präzession f прецессия
Präzision f точность
Präzisionsanflugradaranlage f точная РЛС захода на посадку
Präzisionseinstellskale f нониусная [верньерная] шкала
Präzisionsgrad m степень точности
Präzisions-in-line-Farbbildröhre f, **Präzisions-in-line-Röhre** f цветной кинескоп с планарным расположением (электронных) прожекторов и самосведéнием (лучей)
Präzisionskoordinatentisch m микр. прецизионный координатный стол
Präzisionswiderstandssatz m магазин эталонных сопротивлений
Präzistor m прецизионный резистор
Preceptron n слуховой аппарат
Prediktor m 1. предсказывающее устройство, проф. предиктор, прогнозатор 2. вчт прогнозирующий параметр
Preedit m предварительный (видео)монтаж
Preemphase f, **Preemphasis** f предыскажение; предкоррекция
~ **des Farbartsignals** предыскажение сигнала цветности
~ **des Farbdifferenzsignals** предыскажение цветоразностного сигнала
Preemphasiskreis m цепь предыскажения
P-Regelung f пропорциональное регулирование
prellbehaftet искажённый дребезгом (напр. о сигнале)
Prellen n, **Prellung** f дребезг (контактов реле)
Prellzeit f продолжительность [время] дребезга (контактов реле)
Premixer m предсмеситель
Pre-Peaking-Stufe f каскад предварительного подъёма ВЧ
Preprozessor m препроцессор
Preselektion f 1. предварительная селекция 2. тлф предыскание
preset англ. предварительно устанавливать
Preßgehäuse n прессованный корпус
pressing англ. граммпластинка, изготовленная методом прессования

Preßkernspule f катушка с прессованным сердечником
Pressling m 1. прессованное изделие 2. настроечный или согласующий штырь (волновода)
Preßluftkühlung f охлаждение сжатым воздухом
Preßmagnet m прессованный магнит
Preßmatrix f матрица (фонограммы)
Preßteller m цоколь (лампы или трубки) с запрессованными штырьками
primär 1. первичный 2. начальный 3. основной, концевой (напр. о выводах)
Primärabgriff m, **Primärableitung** f 1. вывод (концов) первичной обмотки 2. основной [концевой] вывод (напр. потенциометра)
Primäranschliff m первичная шлифовка
Primäranschluß m 1. подключение первичной обмотки 2. вывод первичной обмотки
Primärausfall m над. независимый [одиночный] отказ
Primärbestrahlung f 1. первичное излучение 2. облучение первичными электронами (напр. в трубках)
Primärbild n 1. первичное изображение 2. тлв изображение в одном из основных цветов
Primärcomputer m главная ВМ
Primär-CW-Radar n активная РЛС с непрерывным излучением
Primärdatenträger m носитель первичных данных
Primärelektron n первичный электрон
Primärelektronenemission f первичная электронная эмиссия
Primärelektronenstrom m ток первичных электронов
Primärelement n 1. гальванический элемент 2. измерительный преобразователь, датчик 3. вчт первичный элемент
Primärerreger m облучатель (антенны)
Primär-Farbart-Signal n исходный сигнал цветности
Primärfarben f pl основные цвета (красный, зелёный, синий)
~, **reelle** реальные основные цвета
~, **virtuelle** нереальные основные цвета
Primärfarbentrennung f разделение изображений в основных цветах
Primärfarbsignal n исходный сигнал основного цвета
Primärfokus m передний [первый] фокус
Primärgruppe f первичная группа (каналов тональной частоты системы передачи с ЧРК)
Primärgruppenbildung f образование первичных групп
Primärgruppenumsetzung f преобразование первичных групп
Primärimpuls m 1. первичный импульс 2. вчт подготавливающий импульс
Primär-Impulsradar n 1. РЛС с приёмом отражённых (от цели) импульсов 2. пассивная импульсная радиолокация
Primärionisation f первичная ионизация
Primärkomponente f первичная компонента (космического излучения)
Primärkreislauf m яд. физ. первичный контур

Primärlawine f первичная лавина; первичный лавинный пробой
Primärnetz n первичная сеть
Primärradar n 1. *см.* **Primär-Impulsradar** 2. пассивная радиолокация
~ **für Dauerstrichbetrieb** *см.* **Primär-CW-Radar**
~ **für Impulsbetrieb** *см.* **Primär-Impulsradar**
Primärspannung f 1. первичное напряжение, напряжение на первичной обмотке (*трансформатора*) 2. эдс гальванического элемента
Primärspeicher m первичное ЗУ; первичная память
Primärspur f *зап.* основная дорожка
Primärstrahler m активный излучатель
Primärstrahlung f первичное излучение
Primärstrom m первичный ток; ток первичной обмотки (*трансформатора*)
Primärstrukturgenerator m генератор изображений фотошаблонов
Primärsystem n первичная система (*иерархии цифровых сетей связи*)
Primärton m основной тон
Primärträger m первичная запись; «черновая» фонограмма
Primärvalenzen f pl *см.* **Primärfarben**
Primärwiderstand m сопротивление первичной цепи
Primärwirkung f первичный эффект
Primärzelle f гальванический элемент
Print m печатная плата
Print-aut-Effekt m *зап.* копирэффект
printer *англ.* 1. печатающее устройство 2. буквопечатающий (телеграфный) аппарат 3. *микр.* установка трафаретной печати
Printplatte f печатная плата
Prinzip n принцип
~ **der konstanten Helligkeit [der konstanten Leuchtdichte]** *млв.* принцип постоянной яркости
~ **der Konstanthaltung** принцип инвариантности
Prinzipalfunktion f 1. главная [характеристическая] функция 2. *мат.* функция действия
Prinzipanordnung f принципиальная схема
Prinzip(schalt)bild n, **Prinzipschaltplan** m, **Prinzipschaltung** f, **Prinzipschema** n принципиальная схема
Prinzipskizze f 1. принципиальная схема 2. блок-схема
Prinzipstromlaufbild n принципиальная схема токопрохождения
Prionotron n прионотрон (*СВЧ-прибор с модуляцией электронов по скорости*)
Priorität f приоритет
~, **umlaufende** динамический приоритет
Prioritätensteuerung f 1. приоритетное управление 2. управление системой приоритетов
Prioritätsebene f уровень приоритета
Prioritätsregister n регистр приоритета
Prioritätssignal n сигнал приоритета
Prioritätsstufe f иерархия приоритета; степень приоритета
Prioritätssystem n система приоритетов
Prisma n призма
~, **totalreflektierendes** призма полного внутреннего отражения

Prismafarbteiler m, **Prismenfarbteiler** m призменный светоделительный блок
Prismenkoppler m призматический элемент связи
Prismenradabtaster m призменный телекинодатчик
Prismenspektrometer n призменный спектрометр
Prismen(strahl)teiler m *см.* **Prismafarbteiler**
Prismenwürfel m, **Lummer-Brodhunscher** кубик Люммера—Бродхуна (*в фотометрии*)
Privatfernsprechanlage f внутренняя [учрежденческая] телефонная станция
Privatfernsprechstelle f абонентский телефонный аппарат внутренней связи
Privatleitung f индивидуальная [отдельная] линия связи; частная линия связи
Privatstelle f *см.* **Privatfernsprechstelle**
probalistisch вероятностный
Probe f 1. проба; образец 2. проверка, испытание 3. отсчёт (*при дискретизации*) 4. *вчт* выборка
~, **kalte** испытание в условиях холода
Probe... *см. тж* **Proben...**
Probeaufnahme f 1. пробная съёмка 2. опытная [пробная] передача
Probeband n *зап.* контрольная лента
Probebild n испытательное изображение
Probeerhebung f выборка, выборочное наблюдение
Probefilm m испытательный фильм, тест-фильм
Probelauf m *вчт* пробный прогон
Proben... *см. тж* **Probe...**
Probenaufgabe f контрольная задача
Proben(ent)nahme f 1. взятие отсчётов 2. отбор проб
Probenoberfläche f испытательная поверхность, поверхность пробы (*в электронно-лучевой установке*)
Probensatz m теорема отсчётов, теорема Котельникова
Probenwert m значение отсчёта, отсчёт
Probesendung f опытная [пробная] передача
Probestand m испытательный стенд
Probestück n проба
Probkotron n пробкотрон (*установка для удержания плазмы*)
Problem n 1. задача 2. проблема
Problemeinstellung f постановка задачи
Problemtastatur f функциональная клавиатура
problemzugeschnitten проблемно-ориентированный
Processor m *см.* **Prozessor**
Produkt n 1. продукт 2. *мат.* произведение
~, **logisches** логическое произведение, конъюнкция
Produktbildung f образование [получение] произведения
Produktdetektor m смеситель (*без нелинейных искажений*)
Produktion f 1. производство; изготовление 2. производство (*телевизионной*) программы
Produktionsabwicklung f *млв* компоновка программы
Produktionsausfall m *над.* производственный отказ
Produktionskontroll- und Lenkungsanlage f систе-

ма контроля и управления производственным процессом
Produktionsraum *m тлв* студия (для) производства программ
Produktionsstandard *m тлв* стандарт производства (программ); стандарт студии
Produktionsstudio *n* аппаратно-студийный блок, АСБ
Produktionszentrum *n* центр производства программ
Produktsatz *m инф.* правило умножения (*вероятностей*)
Produzentenrisiko *n над.* риск поставщика (*риск забраковать качественную деталь*)
Profilbildung *f* профилирование
Profilstrahldarstellung *f* воспроизведение знаков на экране (*знакопечатающей ЭЛТ*)
Profilstrahlröhre *f* ЭЛТ с профилированным пучком, ЭЛТ со знаковой матрицей
Profilstufe *f* ступень(ка) профиля (*структуры*)
Profi-Stativ *n* студийный штатив
Prognose *f* прогноз, прогнозирование, предсказание
Prognosearbeit *f* прогнозирование (*напр. отказа*)
Prognosengruppe *f* блок прогнозирования
Prognosesicherheit *f* надёжность прогноза
Programm *n* программа □ ~ **austesten** отлаживать программу; ~ **einstellen** устанавливать [вводить] программу; ~ **herstellen** программировать
~, **alleinoperierendes** автономная [системно независимая] программа
~, **allgemeines** универсальная программа
~, **ausführendes** исполнительная *или* рабочая программа
~, **betriebsfertiges** отлаженная программа
~, **erzeugendes** генерирующая программа
~, **festes [festverdrahtetes]** жёсткая [жёстко закоммутированная] программа; *проф.* «зашитая» программа
~, **gemeinsames** программа общего применения
~, **gespeichertes** программа, хранящаяся в памяти
~, **laufendes** текущая программа
~, **optimalkodiertes** оптимально составленная программа
~, **organisatorisches** организующая *или* управляющая программа
~, **sich selbst änderndes** самоизменяющаяся программа
~, **spezifisches** специальная программа
~, **symbolisches** программа на символическом языке
~, **unbeendetes** незавершённая программа
~, **unverschiebliches** жёсткая [жёстко закоммутированная] программа
~, **verdrahtetes** *см.* **Programm, festes**
~, **verzweigtes** разветвлённая программа
~, **vorverdrahtetes** *см.* **Programm, festes**
~ **zum Austesten** отладочная программа, программа отладки
Programm... *см. тж* **Programier...**
Programmabbildung *f* представление программы
Programmablage *f* отладка программы

Programmablauf *m* 1. ход [процесс выполнения] программы 2. блок-схема программы
Programmabruf *m* вызов программы
Programmabschnitt *m* сегмент программы
Programmabwicklung *f тлв* компоновка программ
Programmabzug *m* вывод программы; распечатка программы
Programmanbieter *m* поставщик программ
Programmänderungsschalter *m* переключатель программ
Programmator *m* программирующее устройство, программатор
Programmausführungsrechner *m* целевая ВМ, *проф.* объектная ВМ
Programmauszug *m* фрагмент программы
Programmautorisierung *f* разрешение на использование программы
Programmband *n* программная (*магнитная*) лента
Programmbeitrag *m* 1. фрагмент программы 2. *тлв.* вставной раздел программы
Programmbild *n* блок-схема программы
Programmdynamik *f* динамический диапазон программы
Programmeinführung *f,* **Programmeingabe** *f* ввод программы
Programmeingabevorrichtung *f* устройство ввода программы
Programmeinspeicherung *f* хранение [запоминание] программы
Programmerprobung *f* отладка [проверка] программы
Programmfolge *f* последовательность прохождения программы
Programmfortschaltung *f см.* **Programmablauf**
Programmgenerator *m* 1. генерирующая программа 2. генератор программ
programmgesteuert с программным управлением
Programmglied *n* программирующее звено
Programmhierarchie *f* иерархия программ
Programmidentifikation *f* идентификация (*передаваемой*) программы
programmierbar программируемый
~, **frei** свободнопрограммируемый
Programmiereinrichtung *f* программирующее устройство, программатор
Programmieren *n см.* **Programmierung**
Programmierer *m* 1. программист 2. *см.* **Programmiereinrichtung**
Programmierfeld *n* коммутационное поле (для) набора программы
Programmiergerät *n см.* **Programmiereinrichtung**
Programmierhilfen *f pl* программные средства
Programmiersprache *f* язык программирования
~, **maschinennahe [maschinenorientierte]** машинно-ориентированный язык
~, **problemorientierte** проблемно-ориентированный язык
~, **symbolische** символический язык
Programmiertafel *f см.* **Programmplatte**
Programmierung *f* программирование
~ **mit zufälligem Zugriff** программирование без учёта времени выборки

PRO

~, **stochastische** программирование без учёта времени выборки
~, **symbolische** символическое программирование
Programmierungs... см. **Programmier...**
Programmierunterlagen f pl средства программирования
Programmkassette f кассета с программой
Programmkompatibilität f программная совместимость
Programmlenkung f программное управление
Programm-Maske f маска [трафарет] программы
Programm-Memory-System n система запоминания (*последовательности воспроизведения*) программ
Programmodul m программный модуль
Programmpaket n пакет программ
Programmplaner m программист
Programmplatte f панель (для) набора программ
Programmproduktion f тлв производство программы
Programmquelle f источник программы
Programmquellenkennung f опознавание источника программы
Programmquellenkode m код источника программы
Programmregelung f программное регулирование
Programmregister n регистр команд
Programmschalter m, **Programmschaltgerät** n 1. переключатель программ 2. вчт программный контроллер
Programmschaltplatte f коммутационная панель (для) набора программ
Programmschaltung f схема программного управления
Programmschaltwerk n программный контроллер
Programmscheibe f программный диск; программно-секционированный диск
Programmschiene f шина (для) передачи команд
Programmschritt m 1. шаг программы 2. (одна) команда программы
Programmselbststeuergerät n прибор с автоматическим программным управлением
Programmspeicher m память (для хранения) программ, память для размещения программы
Programmspeicherkapazität f ёмкость памяти (для хранения) программ
Programmsprache f язык программирования; алгоритмический язык
Programmspur f дорожка программы; канал программы
Programmsteckerfeld n панель для набора программ
Programmsteuerung f программное управление
Programmsteuerwerk n блок программного управления
Programmstufe f (иерархический) уровень программы
Programmtafel f см. **Programmplatte**
Programmtaste f клавиша переключения программ
Programmtest m программный тест
Programmträger m носитель программы

PRO

Programmtrommel f барабан с записью программы
Programmtube f блок программ
Programmunterbrechung f программное прерывание
Programmunterbrechungseinrichtung f устройство программного прерывания
Programmunterbrechungssignal n сигнал прерывания программы
Programmunterbrechungsspeicher m регистр прерываний; регистр управления прерываниями
Programmunterstützung f программное обеспечение, программные средства
Programmverzweigung f ветвление программы
Programm-Vorschau-Mischer m тлв микшер предварительного просмотра программы
Programmwähler m, **Programmwahlschalter** m 1. переключатель программ 2. тлв переключатель телевизионных каналов, ПТК
Programmzeitschalter m выключатель, программированный по времени
Programmzeitschrift f программа радио и/или телевизионных передач
Programmzentrum n программный телецентр, телецентр выпуска программ
Programmzusammenstellung f составление программы
Projektilsteuerung f управление ракетой
Projektion f 1. проекция 2. проецирование 3. проектирование 4. проекционная литография
~, **diaskopische** диапроекция
~, **episkopische** эпипроекция
~, **im durchscheinenden Licht** диапроекция
~, **rückseitige [rückwärtige]** тлв оптическая рирпроекция
Projektionsanlage f 1. проекционная установка 2. микр. установка проекционной литографии
Projektionsanzeiger m проекционный индикатор
Projektionsbelichtungsanlage f аппаратура проекционной литографии
Projektionsbild n проецируемое изображение
Projektionsbildschreibröhre f проекционная ЭЛТ
Projektionsbildwand f проекционный экран
Projektionseinrichtung f см. **Projektionsanlage**
Projektions(fernseh)empfänger m проекционный телевизионный приёмник
Projektionsfernsehröhre f проекционная телевизионная трубка
Projektionsfläche f плоскость проекции
Projektionsfotolithografie f проекционная фотолитография
Projektionsfotorepeateinrichtung f проекционный фотоповторитель
Projektionsjustier- und Belichtungsanlage f микр. проекционная установка совмещения и экспонирования
Projektionskamera f проекционная камера, проектор
Projektionslasersystem n лазерная проекционная система
Projektionslinsenstrom m ток проекционной линзы (*электронно-лучевой установки*)

Projektionslithografie *f*, **schrittweise** *микр.* пошаговая проекционная литография
Projektionsmaskenjustier- und Belichtungsanlage *f микр.* проекционная установка совмещения и экспонирования; проекционная установка фотолитографии
Projektionsmaskierung *f* маскирование при проекционной литографии
Projektionsoszillograf *m* осциллограф, предназначенный для проецирования изображений на большой экран
Projektionsrepeatverfahren *n* метод пошаговой проекционной литографии
Projektionsröhre *f* проекционная ЭЛТ
Projektionssäule *f* проекционная колонка (*электронно-лучевой установки*)
Projektionsscanner *m микр.* проекционная установка совмещения и экспонирования
Projektionsscheibenrepeater *m* установка (для) проекционной литографии с пошаговым экспонированием
Projektionsschirmverfahren *n* метод проекционной литографии
Projektionsspiegelsystem *n* **zwischen Maske und Wafer** проекционная зеркальная система между шаблоном и пластиной
Projektions-Step- und Repeat-Anlage *f*, **elektronenstrahllithografische** установка (для) электронной проекционной литографии с пошаговым экспонированием
Projektionsüberdeckungsrepeater *m* **für direkte Waferbelichtung** установка (для) проекционнной литографии с пошаговым экспонированием резиста на пластине
Projektions- und Überdeckungsrepeater *m* установка (для) проекционной литографии с пошаговым экспонированием
Projektionswand *f* **mit geregelter Lichtstreuung** (проекционный) экран с направленным отражением света
Projektionszentrum *n* проекционный [сенсорный] центр
Projektor *m* 1. проектор, проекционный аппарат 2. *микр.* установка проекционной литографии
PROM-Programmiergerät *n* устройство программирования ППЗУ
Proportional... пропорциональный
Proportional-Differential... пропорционально-дифференциальный
Proportional-Integral-... пропорционально-интегральный
Proportionalverstärker *m* линейный усилитель
Proportionalzone *f* зона пропорциональности
Proportioniereinrichtung *f* пропорционирующее устройство
Prospektieren *n* разведка
~, **magnetometrisches** магнитная разведка
~, **radiometrisches** радиоразведка
Protokoll *n вчт* протокол (*регламентированная процедура регистрации и коммутации сообщений*)
Protokollprogramm *n* стандартная (отладочная) программа
Proton *n* протон
Protonenbeschuß *m* протонная бомбардировка

Protonenbestrahlung *f* облучение протонами
Protoneneinfang *m* захват протонов
protonenimplantiert протонно-имплантированный, протонно-легированный
Protonenkomponente *f* протонная составляющая (*космического излучения*)
Protonenschauer *m* протонный ливень
Protonenspin *m* спин протона
Protonenstrahlungsgürtel *m* протонный пояс радиации
Proton-Proton-Streuung *f* протон-протонное рассеяние
Prototyp *m* прототип, (опытный) образец, макет; модель
Proximitybelichtung *f микр.* фотолитография с (микро)зазором
Proximitybelichtungsgerät *n микр.* установка фотолитографии с (микро)зазором
Proximity-Effekt *m* взаимное влияние близко расположенных элементов, эффект близости
Proximityjustier- und Belichtungsanlage *f микр.* установка фотолитографии с (микро)зазором
Proximityverfahren *n* метод фотолитографии с (микро)зазором
Prozedur *f* 1. образ действия, методика 2. процедура; процесс 3. алгоритм
Prozeß *m* процесс (*см. тж* **Vorgang**)
~, **determinierter** детерминированный процесс
~, **Markowscher** марковский процесс
~, **steuerbarer** регулируемый [управляемый] процесс
~, **stochastischer** стохастический [вероятностный] процесс
Prozeßdaten-Übertragungssystem *n* система передачи параметров процесса (*в телеуправлении*)
Prozeßelektronik *f* электроника управления (производственными) процессами
Prozeßmeßtechnik *f* техника измерений параметров процесса
Prozeßmodellierung *f* моделирование (реального) процесса
Prozessor *m* 1. *вчт* процессор (*устройство или обрабатывающая программа*) 2. *микр.* установка для (технологической) обработки
~, **assoziativer** ассоциативный процессор
Prozessorbaustein *m* кристалл процессора
Prozessor-Kontroller *m* процессор-контроллер
Prozessorschnittstellenmodul *m* модуль интерфейса процессора
Prozessorspeicher *m* память процессора
prozeßparallel *вчт* в реальном масштабе времени
Prozeßparameter *m* параметр процесса
Prozeßperipherie *f* периферийная аппаратура для управления (производственными) процессами
Prozeßrechentechnik *f* вычислительная техника для управления (производственными) процессами
Prozeßrechner *m* ВМ для управления (производственными) процессами; управляющая ВМ, УВМ
~, **nichtprozeßgekoppelter** автономная ВМ для управления (производственными) процесса-

ми (*работает независимо от каналов передачи данных*)

~, prozeßgekoppelter ВМ для управления (производственными) процессами (*работает совместно с каналами передачи данных*)

Prozeßrechneranlage *f* см. **Prozeßrechner**

Prozeßrechnerstörung *f* сбой управляющей ВМ

Prozeßsteuerung *f* управление процессом

Prozeßwarte *f* контроль процесса

Prüfablauf *m* ход испытаний

Prüfadapter *m* микр. адаптер (*устройство для проведения испытаний*)

~ für Leiterplatten прибор для проверки печатных плат

Prüfanlage *f* испытательная установка

Prüfantenne *f* испытательная антенна

Prüfaufgabe *f* поверочная [контрольная] задача

Prüfautomat *m* 1. автоматическое испытательное устройство 2. контрольный автомат

Prüfbedingungen *f pl* 1. условия испытаний 2. условия контроля

Prüfbild *n* 1. (телевизионная) испытательная таблица 2. испытательное изображение (*напр. при субъективных экспертизах*)

Prüfbit *n* контрольный [проверочный] двоичный разряд

Prüfbuchse *f* испытательное гнездо

Prüfechogerät *n* эхо-резонатор, контрольный резонатор

Prüfeinrichtung *f* 1. испытательное устройство 2. контрольное устройство

Prüfempfänger *m* контрольный приёмник

prüfen 1. испытывать 2. проверять, контролировать

Prüfer *m* 1. контрольный прибор, тестер 2. *вчт* контрольник 3. испытатель

Prüffeld *n* 1. испытательный стенд 2. испытательная станция; испытательный полигон

Prüffeldgenerator *m*, **Prüffeldsender** *m* лабораторный генератор

Prüffilm *m* испытательный фильм, тест-фильм

Prüffinger *m* испытательный щуп

Prüfgegenstand *m* см. **Prüfobjekt**

Prüfgenerator *m* 1. испытательный генератор 2. измерительный генератор

Prüfgerät *n* контрольный прибор, тестер

Prüfgestell *n* см. **Prüffeld**

Prüfimpuls *m* проверочный импульс

Prüfkanal *m* 1. канал контроля 2. контрольная дорожка (*на перфоленте*)

Prüfkennsatz *m* набор контрольных перфокарт

Prüfkennlinie *f* 1. испытательная характеристика 2. над. вероятностная кривая приёмки (*изделий*)

Prüfklasse *f* класс [группа] испытаний

Prüfkode *m* контрольный код

Prüfkontaktbank *f* контактное поле испытательных линий

Prüfkreis *m* цепь контроля

Prüfleiste *f* планка с испытательными гнёздами

Prüfleistung *f* эффективность контроля

Prüfleitung *f* 1. испытательная линия; испытательный провод 2. контрольный провод

Prüflesen *n* контрольное считывание

Prüfling *m* образец для испытаний

Prüflösung *f* контрольное [поверочное] решение (*при отладке ВМ*)

Prüfmeßgerät *n* контрольно-измерительный прибор

Prüfmeßkoffer *m* портативный испытательный прибор, портативный тестер

Prüfmessung *f* контрольное [поверочное] измерение

Prüfmittel *n* средство контроля

Prüfmodell *n* модель для испытаний

Prüfmuster *n* см. **Prüfbild** 1.

Prüfnummernklinke *f* контрольное гнездо для проверки соединительных линий

Prüfobjekt *n* предмет [объект] испытаний

Prüfpaneel *n* см. **Prüftafel**

Prüfplatz *m* испытательная установка

Prüfprogramm *n* 1. тестовая программа 2. программа испытаний

Prüfpult *n* испытательный пульт

Prüfpunkt *m* проверяемая *или* контрольная точка

Prüfraster *m* см. **Prüfbild** 1.

Prüfregister *n* контрольный регистр

Prüfröhre *f* 1. испытательная лампа; испытательная трубка 2. *тлв* моноскоп

Prüfrückstelltaste *f* кнопка [клавиша] контрольного рестарта программы (*при возникновении ошибки*)

Prüfsatz *m* испытательный комплект

Prüfschaltung *f* схема испытаний

Prüfschlüssel-Vergleichereinheit *f* блок сравнения контрольных кодовых комбинаций

Prüfschrank *m* испытательный [измерительный] шкаф

Prüfschritt *m* тестовый шаг

Prüfsender *m* 1. контрольный передатчик 2. см. **Prüfgenerator** 1.

Prüfsignal *n* 1. испытательный сигнал 2. контрольный сигнал

Prüfsignalgeber *m* датчик *или* генератор испытательных сигналов

Prüfsignalgenerator *m* генератор испытательных сигналов

Prüfsonde *f* испытательный зонд; пробник

Prüfspitze *f* испытательный щуп; пробник

Prüfstand *m* испытательный стенд

Prüfstanderprobung *f*, **Prüfstandlauf** *m*, **Prüfstandversuch** *m* стендовое испытание

Prüfstation *f*, **Prüfstelle** *f* 1. испытательная станция 2. станция контроля

Prüfstellung *f* положение контроля

Prüfstift *m* пробник

Prüfstoß *m* см. **Prüfimpuls**

Prüfsystem *n* 1. система испытаний 2. система контроля

Prüftafel *f* 1. испытательная панель 2. панель контроля

Prüftaster *m* испытательный щуп

Prüftechnologie *f* техника испытаний

Prüftisch *m* испытательный [измерительный] стол

Prüfumfang *m* объём испытаний

Prüfung *f* 1. испытание 2. проверка, контроль 3. тест; тестирование 4. экспертиза

~ an Ort und Stelle испытание на месте (*в усло-*

виях эксплуатации); испытание в работающей схеме; внутрисхемный контроль
~ **auf Nebenresonanzstelle** проверка наличия точек побочных резонансов
~, **programmierte** программный контроль
~, **redundante** 1. избыточное тестирование (*с использованием более сложных тестов*) 2. контроль с введением избыточности
~, **regelmäßige** периодическое испытание
~, **subjektive** субъективная проверка
~, **teilweise zerstörende** полуразрушающий контроль
~, **verschärfte** форсированное испытание
~, **zerstörende** 1. разрушающее испытание 2. разрушающий контроль
~, **zerstörungsfreie** 1. неразрушающее испытание 2. неразрушающий контроль
Prüfungsprogramm *n* программа испытаний
Prüfungsschein *m* свидетельство о годности прибора
Prüfverfahren *n* 1. метод испытаний 2. метод контроля
Prüfvorschrift *f* инструкция по испытаниям
Prüfwerte *m pl* данные испытаний
Prüfzahl *f* контрольное число
Prüfzeichen *n* 1. контрольный [проверочный] знак 2.*см.* **Prüfbit** 3. знак качества
Prüfzeile *f* тлв испытательная строка
~, **durchgehende** сквозная испытательная строка
Prüfzeilen-Analysator *m* анализатор испытательных строк
Prüfzeileneinmischung *f* введение испытательной строки
Prüfzeilengenerator *m* генератор сигналов испытательных строк
Prüfzeilenmeßtechnik *f* техника измерений по испытательной строке
Prüfzeilenmischer *m* блок введения [микшер] испытательной строки
Prüfzeilen-Multiburstsignal *n* испытательная строка с пакетом (синусоидальных) колебаний разных частот
Prüfzeilenparameter *m* параметр испытательной строки
Prüfzeilensignal *n* сигнал испытательной строки, СИС
Prüfzeilenzumischung *f см.* **Prüfzeileneinmischung**
Prüfzeit *f* 1. продолжительность испытания 2. время проверки; продолжительность проверки
Prüfziffer *f* контрольная цифра; контрольный (двоичный) разряд
Prüfzuverlässigkeit *f* надёжность контроля
Prüfzyklus *m* цикл проверки
P-Schaltung *f* П-образная схема; П-образное звено (*фильтра*)
p-Schicht *f* слой с дырочной электропроводностью, p-слой
p-Seite *f* **des pn-Überganges** p-область p—n-перехода
Pseudo-Quadrofonie *f* псевдоквадрофония, четырёхканальное объёмное воспроизведение звука
Pseudorauschen *n* псевдослучайный шум

Pseudorauschgenerator *m* генератор псевдослучайного шума
Pseudorausch-Quantisierung *f* псевдошумовое квантование (*квантование с введением сглаживающего шума для уменьшения заметности ложных контуров*)
Pseudostereofonie *f* псевдостереофония (*воспроизведение монофонического звука стереосистемой*)
Pseudostreu..., Pseudozufalls... псевдослучайный
P-Signal *n* 1. пилот-сигнал; контрольный сигнал 2. тлв сигнал испытательной строки, СИС
p-si-n-Struktur *f* p—si—n-структура, структура с полуизолирующей промежуточной областью
p-Si--Substrat *n* кремниевая подложка (с электропроводностью) p-типа
PSK-Verfahren *n* метод фазовой манипуляции, метод ФМн
Psophometer *n* псофометр
Psophometerfilter *n* псофометрический фильтр
Psophometerkurve *f* псофометрическая кривая, кривая равной громкости
psophometrisch псофометрический
p-Substrat *n* подложка (с электропроводностью) p-типа
Psychoakustik *f* физиологическая акустика
Psychosomatograf *m* прибор для записи биотоков во время тестирования
Psychrometer *n* психрометр
PTC-Widerstand *m* резистор с положительным ТКС
PTT-Netz *n* телефонно-телеграфная сеть связи
p-Typ-Halbleiter *m* полупроводник (с электропроводностью) p-типа, дырочный полупроводник
p-Typ-leitend с дырочной электропроводностью, с электропроводностью p-типа
Puffer *m* 1. буфер, буферная схема; буферный каскад 2. буферное ЗУ, БЗУ; буферная память 3. амортизатор
Pufferbereich *m* буферная область (*памяти*)
Pufferflipflop *n* триггер с фиксацией состояния
Pufferfunktion *f* буферная функция (*функция, синхронизирующая системы, ВМ или ЗУ*); согласующая функция
Puffergestell *n* амортизированная стойка
Pufferkapazität *f* уравнительная [буферная] ёмкость
Puffermethode *f* метод буферизации
Pufferschaltung *f* буферная схема; разделительная схема
Pufferspeicher *m* буферное ЗУ, БЗУ; буферная память
Pufferstufe *f* буферный каскад
Pufferung *f* 1. буферизация, буферирование 2. промежуточное преобразование 3. буферный режим 4. амортизация
Pulk *m* группа (*напр. электронов*)
Pulk-down-Widerstand *m* «утягивающий (вниз)» резистор (*напр. к потенциалу Земли*)
Pull-up-Widerstand *m* «утягивающий (вверх)» резистор (*напр. к источнику питания с более высоким потенциалом*)

Puls m 1. импульс (см. тж **Impuls**) 2. (периодическая) последовательность импульсов
Puls... см. тж **Impuls...**
Pulsation f пульсация
Pulsationskoeffizient m коэффициент пульсации
Pulsatron n двойной триод (с разделёнными катодами) для импульсных схем
Pulsrahmen m цикл (временно́го объединения) цифровых сигналов
Pult n 1. пульт 2. индикаторная панель; табло
Pultmikrofon n микрофон в пульте
Pulverkern m сердечник из прессованного порошка
Pulvermagnetwerkstoff m порошковый магнитный материал
Pulvermethode f порошковый метод (рентгеноструктурного анализа)
Pump... см. тж **Pumpen...**
Pumpamplitude f амплитуда накачки
Pumpanordnung f устройство накачки
Pumpbereich m область накачки
Pumpbereichlänge f длина области накачки
Pumpdiagramm n диаграмма накачки
Pumpe f 1. генератор накачки 2. насос
Pumpen n 1. кв. эл. накачка, возбуждение 2. откачка, создание вакуума
~, **chemisches** химическая накачка
~, **direktes** прямая накачка
~ **durch Kataphorese** катафорезная накачка
~ **durch Laser** лазерная накачка
~ **durch Pinch-Entladung** накачка пинч-разрядом
~ **durch theta-pinch** накачка тета-пинч-разрядом
~ **des Empfängers** моторный шум, хлопки (при радиоприёме)
~, **explosives** взрывная накачка
~, **frequenzmoduliertes** частотно-модулированная накачка
~, **gasdynamisches** газодинамическая накачка
~, **homogenes** однородная накачка
~, **leistungsfähiges [leistungsstarkes]** мощная накачка
~, **magnetisches** магнитная накачка
~, **parametrisches** параметрическая накачка
~, **pulsweises** импульсная накачка
~, **selektives** селективная (оптическая) накачка
~, **thermisches** тепловая накачка
~, **transversales** поперечная накачка
Pumpen... см. тж **Pump...**
Pumpenenergie f энергия накачки
Pumpenquelle f источник накачки
Pumpenröhre f лампа накачки
Pumpenstand m откачной пост
Pumpfeld n поле накачки
Pumpfrequenz f частота накачки
Pumpgenerator m генератор накачки
Pumpimpuls m импульс накачки
Pumpintensität f интенсивность накачки
Pumplampe f лампа накачки
Pumpleistung f мощность накачки
Pumplicht n кв. эл. свет накачки
Pumplichtquelle f источник света накачки
Pumpniveau n уровень накачки [возбуждения]
Pumposzillator m генератор накачки

Pumppegel m см. **Pumpniveau**
Pumpprinzip n 1. принцип накачки (лазера) 2. тлв принцип «подкачки» (для поддержания постоянного размера изображения)
Pumpröhrchen n см. **Pumpstempel**
Pumpschaltung f схема накачки; цепь накачки
Pumpsignal n сигнал накачки
Pumpspannung f напряжение (сигнала) накачки
Pumpstempel m, **Pumpstengel** m штенгель для откачки
Pumpstrom m ток накачки
Pumpstützen m см. **Pumpstempel**
Pumptisch m откачной пост
Pumpübergang m переход накачки
Pumpverfahren n метод накачки
Pumpwelle f волна накачки
Puncher m 1. перфоратор 2. перфораторщик
«Punch-Through»-Effekt m эффект прокола базы, эффект смыкания
Punkt m 1. точка 2. тлв точка, элемент изображения 3. пятно; (световой) «зайчик» 4. пункт (напр. радиопереговорный)
~, **gewünschter** тлф вызываемый пункт
~, **heißer** 1. точка перегрева 2. яд. физ. точка высшей интенсивности (потока нейтронов в реакторе) 3. скопление изотопов (в организме) 4. место наивысшей активности
Punktabbildung f точечное отображение
Punktablenkung f отклонение пятна
Punktabtastung f см. **Punktlichtabtastung**
Punktauflösung f разрешающая способность по точкам
Punktaufzeichnung f точечная запись
Punktdefekt m точечный дефект
Punktdiode f точечный диод
Punkte-Balken-Generator m тлв генератор точек и полос
Punktesprung m чересточечное разложение
Punktfehlordnung f, **Punktfehlstelle** f точечный дефект
Punktfolge f последовательность точек записи
Punktfolgefarbensystem n система цветного телевидения с последовательным чередованием цветов по точкам [по элементам изображения]
punktförmig 1. точечный 2. сосредоточенный
Punktfrequenz f частота элементов изображения
Punktgeber m см. **Punktgenerator**
Punktgebiet n зона слышимости точечных сигналов (курсового маяка)
Punktgenerator m тлв генератор (сигналов) точечного поля
Punktgitter n фтт точечная решётка
Punktgleichrichter m выпрямитель на точечном диоде
Punkthelligkeit f 1. яркость элемента изображения 2. яркость точечного источника
Punkthologramm n 1. голограмма точечного объекта, голограмма точки 2. голограмма точечного источника
«Punkthyperbel» f гипербола сигналов-точек в навигационных системах типа «Консол»
Punktkontaktdiode f точечный диод
Punktkontakttransistor m точечный транзистор

Punktlegierungsverfahren *n пп* метод точечного сплавления
Punktlichtabtaster *m* (телевизионный) датчик с бегущим лучом
Punktlichtabtastung *f* развёртка бегущим лучом
Punktlichtröhre *f* просвечивающая ЭЛТ с бегущим лучом
Punktloch *n* точечное отверстие, прокол
Punktmatrix *f* 1. точечная матрица 2. (точечная) решётка (*напр. антенны*)
Punktmatrixdrucker *m* матричное печатающее устройство
Punktmosaik *n* мозаика (*из точек*)
Punktpaar *n* диполь
Punktpotential *n* потенциал точки
Punktquelle *f* точечный источник
Punktraster *m*, **Punktrasteranordnung** *f* точечный растр
Punktrasteranzeiger *m* точечный индикатор
Punktrastersignal *n тлв* сигнал точечного растра
Punktrichtleiter *m* выпрямитель с точечным контактом; выпрямитель на точечном диоде
Punktschachtelung *f* чересточечное разложение
Punktschärfe *f* чёткость элемента изображения
Punktschirm *m* мозаичный (цветной) экран
Punktschreiber *m* регистрирующий прибор с точечной записью
Punktschrift *f* точечная запись
Punktschritt *m* 1. точечная запись 2. точечный след (*напр. развёртки*)
Punktschweißen *n* точечная сварка
Punktsektor *m нвг* сектор точечных сигналов
Punktsonde *f* точечный зонд
Punktsprungabtastung *f*, **Punktsprungverfahren** *n* чересточечное разложение
Punktstörstelle *f* точечный дефект (*кристаллической решётки*)
Punktstrahler *m* точечный излучатель
Punktstruktur *f* точечная структура
Punkttakt *m нвг* интервал между точечными сигналами
Punkttetrode *f* точечный (полупроводниковый) тетрод
Punkttransistor *m* точечный транзистор
Punktverflechtung *f* чересточечное разложение
Punktverzerrung *f* искажение элемента изображения
Punktwechselsystem *n см.* **Punktfolgefarbensystem**
Punktzeichen *n* знак точки
Punktzeichengenerator *m* 1. точечный генератор (*напр. в графопостроителях*) 2. *тлв* генератор сигналов точек
Punkt-zu-Punkt-Übertragung *f* прямая передача; двухпунктовая передача
Punkt-zu-Punkt-Verbindung *f* прямая связь; двухпунктовая связь
Pupillenebene *f опт.* плоскость зрачка
Pupinfeld *n* участок пупинизации
Pupinisierung *f* пупинизация
~, **leichte** слабая пупинизация
Pupinpunkt *m* пункт пупинизации
Pupinspule *f* пупиновская катушка
Purpurpest *f пп* пурпурная чума
Purpurverschiebung *f тлв* смещение в сторону пурпурного цвета

Push-down-Speicher *m* ЗУ *или* память магазинного типа
push-pull *англ.* двухтактный
Push-up-Speicher *m* ЗУ *или* память обратного магазинного типа
p-Wanne *f* карман с электропроводностью p-типа
Pylistor *m англ.* пайлистор, пилистор
Pylonantenne *f* башенная антенна
pyramid *англ.* пирамида, дефект роста (*напр. эпитаксиальных плёнок*)
Pyramidalhornantenne *f* пирамидальная рупорная антенна
Pyramide *f* **von Vizineflächen** вицинальная пирамида, пирамида дефектов роста (*напр. эпитаксиальных плёнок*)
Pyranometer *n* пиранометр
Pyrgeometer *n* пиргеометр
Pyrheliometer *n* пиргелиометр
Pyrikon *n* пировидикон, пирикон, пироэлектрический видикон
Pyrit-Solarzelle *f* пиритовый солнечный (фотогальванический) элемент
Pyrodetektor *m* пироэлектрический приёмник (теплового) излучения
Pyroelektrikum *n* пироэлектрик
Pyroelektrizität *f* пироэлектричество; пироэлектрический эффект
Pyromagnetismus *m* пиромагнетизм
Pyrometer *n* пирометр
Pyrometerlampe *f* (фотометрическая) лампа для оптического пирометра
Pyrometrie *f* пирометрия
Pyrovidikon *n см.* **Pyrikon**
PZ-Mikrofon *n* микрофон-приёмник (*градиента давления на границе двух зон*)
p-Zone *f* область дырочной электропроводности, p-область
PZT-Keramik *f* керамика из олова, цирконата, титаната (*для пьезоэлектрических преобразователей*)

Q

Q-Achse *f тлв* узкополосная ось, ось (сигнала) Q (*в системе НТСЦ*)
Q-Band *n* Q-диапазон (36—46 ГГц)
Q-Faktor *m* 1. добротность 2. фактор качества (*в материалах ЦМД*)
Q-Gruppe *f*, **Q-Kode** *m* ку-код (*для служебного радиообмена*)
Q-Komponente *f* составляющая поднесущей, модулируемая сигналом Q (*в системе НТСЦ*)
Q-Meter *n* измеритель добротности, куметр, Q-метр
Q-moduliert *кв. эл.* с модуляцией добротности
Q-Multiplier *m* 1. *кв. эл.* умножитель добротности 2. кварцованный умножитель частоты
Q-Oszillator *m* кварцевый генератор
Q-Schaltbetrieb *m кв. эл.* режим модуляции добротности
Q-Schalten *n кв. эл.* модуляция добротности
Q-Schalter *m* лазерный затвор (*устройство изменения добротности*)

Q-Schaltung f кв. эл. схема модуляции добротности
Q-Schlüssel m см. **Q-Gruppe**
Q-Signal n тлв сигнал Q (в системе НТСЦ)
QSL-Karte f QSL-квитанция (подтверждения любительской радиосвязи)
Q-switch англ. см. **Q-Schalter**
Quad-Antenne f квадратная рамочная антенна (из четвертьволновых диполей)
Quader m прямоугольный объёмный резонатор
Quad-in-line-Gehäuse n плоский корпус с четырёхрядным расположением выводов
quadradisc англ. см. **Quadroplatte**
quadraflop англ. логическая схема с четырьмя устойчивыми состояниями
quadrafonisch квадрафонический
Quadrant m квадрант
Quadrantabweichung f квадрантная погрешность
Quadrant-Antenne f квадрантная антенна (с углом раскрыва в 90°)
Quadrantenabweichung f, **Quadrant(en)fehler** m квадрантная погрешность
Quadratfehler m средняя квадратическая ошибка
quadratisch квадратичный; квадратный
Quadratmatrize f квадратная матрица
Quadratron n тетрод
Quadratur f сдвиг по фазе на 90°, квадратура
Quadratur-Amplitudenmodulation f квадратурная АМ
Quadraturdemodulator m квадратурный демодулятор
Quadraturentzerrung f коррекция квадратурных искажений, квадратурная коррекция
Quadraturfehler m тлв квадратурная ошибка
Quadraturkomponente f 1. квадратурная составляющая 2. реактивная составляющая
Quadraturmodulation f квадратурная модуляция
Quadraturmodulator m квадратурный модулятор
Quadratursignal n квадратурно-модулированный сигнал
Quadraturverzerrungen f pl квадратурные искажения
Quadraverstärker m усилитель напряжения прямоугольной формы
Quadrierglied n квадрирующий элемент; квадратор
Quadrierung f квадрирование
Quadrikorrelator m коррелятор, выделяющий квадратурные искажения, квадрикоррелятор
Quadrobereich m зона квадрафонического эффекта
Quadroeffekt m квадрафонический эффект
Quadrofonie f квадрафония, четырёхканальная стереофония
Quadrofonie-Effekt m см. **Quadroeffekt**
Quadroplatte f квадрафоническая грампластинка, квадрапластинка
Quadruplexaufzeichnung f четырёхголовочная видеозапись
Quadruplexformat n формат четырёхголовочной видеозаписи
Quadruplex-MAZ n четырёхголовочный видеомагнитофон
Quadrupol m 1. фтт квадруполь 2. квадрупольная линза

Quadrupol-Hochfrequenzmassenspektrometer n квадрупольный масс-спектрометр, масс-фильтр
Quadrupolverstärker m СВЧ-прибор на быстрой циклотронной волне
Qualifikationsprüfungen f pl типовые испытания
Qualität f 1. качество 2. добротность (контура)
~, **übertragungstechnische** качество передачи
Qualitätsabstand m пределы (допустимого) изменения качества
Qualitätsansprüche m pl требования к качеству
Qualitätsfaktor m см. **Q-Faktor**
Qualitätsgerät n высококачественный прибор
Qualitätshierarchie f иерархия (уровней) качества
Qualitätskennzahl f характеристика качества (изображения)
Qualitätskoeffizient m см. **Q-Faktor**
Qualitätskriterium n критерий качества
Qualitätsmerkmal n параметр качества
Qualitätsniveau n уровень качества
Qualitätsregler m регулятор подстройки
Qualitätsreserve f свз запас по качеству
Qualitätssicherung f обеспечение качества (при изготовлении изделия)
Qualitätsskala f шкала оценки качества (воспроизведения звука или изображения)
Qualitätsverlust m потеря [ухудшение] качества
Quam-Verfahren n метод квадратурной модуляции
Quant n 1. квант 2. фотон (квант света) 3. фонон (квант звуковых колебаний)
Quantakon n квантакон (ФЭУ, регистрирующий единичные фотоны)
quanteln см. **quantisieren**
Quanteln n, **Quantelung** f см. **Quantisierung**
Quantenausbeute f квантовый выход; квантовая эффективность
~ **Eins** квантовый выход, равный единице
~, **innere** внутренняя квантовая эффективность
Quantendetektor m фотоприёмник
Quanteneffekt m квантовый эффект
Quanteneffektenstruktur f структура с квантоворазмерными эффектами
Quantenelektronik f квантовая электроника
Quantenemission f излучение кванта
Quantenensemble n квантовый ансамбль
Quantenertrag m см. **Quantenausbeute**
Quantenfrequenzwandler m квантовый преобразователь частоты
Quantengenerator m квантовый генератор
Quantengrenze f коротковолновая граница непрерывного излучения
Quanteninterferometer m сверхпроводящий квантовый интерференционный датчик, сквид
Quanten-Mikroelektronik f квантовая микроэлектроника
Quantenmulde f потенциальная яма
Quantenniveau n квантовый уровень
Quantenoszillator m квантовый генератор
quantenrauschenbegrenzt ограниченный квантовыми шумами
Quantenresonanzverstärker m квантовый резонансный усилитель
Quantensprung m квантовый переход
Quantentakt m квантовые часы

QUA

Quantenübergang *m* квантовый переход
Quantenverstärker *m* квантовый усилитель
Quantenwanderwellenverstärker *m* квантовый усилитель бегущей волны
Quantenwert *m* квантованное значение
Quantenwirkungsgrad *m* квантовая эффективность
Quantenzahl *f*, **magnetische** магнитное квантовое число
Quantenzähler *m* счётчик квантов
Quantenzustand *m* квантовое состояние
~, **lokalisierter** локализованное квантовое состояние
Quantisier... см. **Quantisierungs...**
quantisieren 1. квантовать 2. разбивать (*напр. данные*) на подгруппы
Quantisieren *n* см. **Quantisierung**
Quantisierer *m* квантователь
~, **gesteuerter** перестраиваемый квантователь
~, **gleichförmiger** равномерный [линейный] квантователь
quantisiert квантованный
Quantisierung *f* 1. квантование 2. разбиение (*напр. данных*) на подгруппы
~, **gleichförmige** [**gleichmäßige, lineare**] линейное [равномерное] квантование
~, **nichtlineare** [**nonuniforme**] нелинейное [неравномерное] квантование
~, **räumliche** пространственное квантование
~, **ungleichmäßige** [**nonuniforme**] нелинейное [неравномерное] квантование
~ **von Nachrichten** квантование (сигнала) информации
~, **zeitliche** квантование во времени, дискретизация
Quantisierungsbereich *m* диапазон *или* область квантования
Quantisierungseinheit *f* шаг квантования
Quantisierungseinrichtung *f* 1. квантующее устройство 2. см. **Quantisierer**
Quantisierungsfehler *m* ошибка квантования
Quantisierungsfrequenz *f* частота квантования во времени, частота дискретизации
Quantisierungsgeräusch *n* шум квантования
Quantisierungsintervall *n* шаг квантования
Quantisierungskennlinie *f* квантующая характеристика
Quantisierungsmethode *f* метод квантования
Quantisierungsniveau *n*, **Quantisierungspegel** *m* уровень квантования
Quantisierungsrauschen *n* шум квантования
Quantisierungsschaltung *f* схема квантования (*сигналов*)
Quantisierungsschritt *m* шаг квантования
Quantisierungsschwelle *f* порог квантования
Quantisierungssprung *m* шаг квантования
Quantisierungsstufe *f* 1. шаг квантования 2. порог квантования
~, **virtuelle** виртуальный порог квантования
Quantisierungstakt *m* период квантования во времени, период дискретизации
Quantisierungsunsicherheit *f* неопределённость квантования (*в пределах ступени квантования*)

QUA

Quantisierungsverluste *m pl* потери при квантовании
Quantisierungsverzerrung *f* искажение при квантовании
Quantität *f* 1. величина 2. количество
Quantoskop *n* квантоскоп
Quantum *n* 1. квант 2. квантованное значение
Quantumenergie *f* энергия кванта
«Quarter Cam»-System *n* комплект (*аппаратуры для видеожурналистики*) «Квартеркам» (*фирмы Бош*)
Quartärgruppe *f* четверичная группа (*каналов тональной частоты системы передачи с ЧРК*)
Quartärgruppe *f* **B** четверичная группа B (*каналов тональной частоты системы передачи с ЧРК*)
Quartärgruppenbildung *f* образование четверичных групп
Quartärsystem *n* четверичная система (*иерархии цифровых сетей связи*)
Quartil *n* квартиль
Quarz *m* кварц
~, **AC-geschnittener** кварц АС-среза
~, **AT-geschnittener** кварц АТ-среза
~, **geschmolzener** плавленый кварц
~, **kristallisierter** кристаллический кварц
~, **linksdrehender** левовращающий кварц
~, **rechtsdrehender** правовращающий кварц
Quarzanzeigegerät *n* кварцевый индикатор
Quarzchrommaske *f* фотошаблон из кварцевого хромированного стекла
Quarzdemodulator *m* кварцевый детектор
Quarzdruckgeber *m* пьезоэлектрический датчик (*давления*)
Quarzeicher *m*, **Quarzeichgenerator** *m* кварцевый калибратор
Quarzeichsender *m* 1. эталонный (радио)передатчик с кварцевой стабилизацией частоты 2. эталонный кварцевый генератор
Quarzfadenelektrometer *n* электрометр с кварцевой нитью
Quarzfaser *f* кварцевое волокно
Quarzfenster *n* кварцевое волноводное окно
Quarzfrequenz *f* (резонансная) частота кварца
Quarzgeber *m* 1. кварцевый датчик 2. см. **Quarzeicher**
quarzgeeicht см. **quarzgesteuert**
Quarzgenerator *m* кварцевый генератор, генератор с кварцевой стабилизацией частоты
quarzgesteuert с кварцевой стабилизацией частоты, стабилизированный кварцем
Quarzglocke *f* кварцевый колпак
Quarzkapazität *f* (электрическая) ёмкость (кристалла) кварца
quarzkontrolliert см. **quarzgesteuert**
Quarzkristall *m* кристалл кварца, (кристаллический) кварц
Quarzkristallschwinger *m* кварцевый осциллятор; кварцевый вибратор
Quarzlinsenoptik *f* оптика из кварцевых линз (*для фотолитографии в ультрафиолетовом участке спектра*)
Quarzmeßfühler *m* см. **Quarzeicher**
Quarzmeßtechnik *f* техника измерений с кварцем
Quarzmeßwertwandler *m* кварцевый [пьезоэлектрический] измерительный преобразователь

QUA

Quarzmosaik *n* кварцевая мозаика
Quarznormal *n* кварцевый эталон (*частоты*)
Quarznormalfrequenz *f* эталонная частота, стабилизированная кварцем
Quarznormalgenerator *m* эталонный кварцевый генератор
Quarzoptik *f* кристаллооптика
Quarzorientierung *f* ориентация кварца
Quarzoszillator *m* см. **Quarzgenerator**
Quarzplättchen *n*, **Quarzplatte** *f* кварцевая пластин(к)а
Quarzprismenspektrometer *n* спектрометр с кварцевой призмой
Quarzquader *m* кварцевая пластин(к)а
Quarzresonanzfrequenz *f* резонансная частота кварца
Quarzrohr *n* кварцевая труба (*диффузионной печи или реактора*)
Quarzschablone *f* фотошаблон из кварцевого стекла
Quarzscheibe *f* кварцевая пластин(к)а
Quarzschiffchen *n* кварцевая лодочка
Quarzschmelze *f* кварцевый расплав
Quarzschnitt *m* срез кварца
Quarzschwinger *m* см. **Quarzkristallschwinger**
Quarzsender *m* 1. (радио)передатчик с кварцевой стабилизацией частоты 2. кварцевый генератор
Quarzstab *m* кварцевый стержень
Quarzstabilisator *m* кварцевый стабилизатор (*частоты*)
Quarzstabilisierung *f* кварцевая стабилизация (*частоты*)
Quarzsteuersender *m* см. **Quarzsender** 1.
Quarzsteuerstufe *f* задающий каскад с кварцевой стабилизацией (*частоты*)
Quarzsteuerung *f* см. **Quarzstabilisierung**
Quarzstirnfenster *n* торцевое кварцевое окно
Quarzstufe *f* каскад с кварцевой стабилизацией (*частоты*)
Quarzuhr *f* кварцевые часы
Quarzumschaltung *f* переключение кварцев (в передатчике)
Quarzverzögerungsleitung *f* кварцевая ЛЗ
Quarzwind *m* кварцевый ветер
Quarzzeitbasis *f* кварцевый хронизатор
Quarzzelle *f* кварцевый элемент
Quasar *m* квазар (*квазизвёздный источник радиоизлучения*)
Quasieinfrequenzlaser *m* квазиодночастотный лазер
quasieinseitenbandig с неполностью подавленной одной боковой полосой
Quasielektronenwählersystem *n* квазиэлектронная АТС, АТСКЭ
Quasielektronik *f* квазиэлектроника (*совокупность схем, содержащих электронные и электромеханические элементы*)
Quasi-Fermi-Niveau *n* квазиуровень Ферми
Quasihexafonie *f* квазигексафония, квадрафония с шестью каналами
Quasikontakt *m* микр. (микро)зазор (*между шаблоном и подложкой при фотолитографии*)
Quasikontaktlithografie *f* литография с (микро)зазором

QUE

Quasimaximumfeld *n* квазимаксимальное поле
Quasi-Stereofonie *f* квазистереофония
quasistetig квазинепрерывный
Quasizeilensprung *m* квазичересстрочная развёртка
Quasselkasten *m проф.* 1. радиоприёмник 2. телевизионный приёмник
quaternär четверичный, кватернарный
Quecksilber(dampf)gleichrichter *m* ртутный выпрямитель; ртутный вентиль
Quecksilberhochdrucklampe *f* ртутная лампа высокого давления
Quecksilberkatodengleichrichter *m* выпрямитель с ртутным катодом
Quecksilbernormalwiderstand *m* ртутный эталонный резистор
Quecksilberpumpe *f* ртутный вакуумный насос
Quecksilbersäule *f* ртутный столб
Quecksilberspeicher *m* ЗУ или память на ртутных ЛЗ, ртутное ЗУ; ртутная память
Quecksilberspeicherelement *n* ячейка ртутного ЗУ
Quecksilberstrahlpumpe *f* ртутный струйный насос
Quecksilberteich *m* жидкий ртутный электрод
Quelle *f* 1. источник (*напр. питания*) 2. исток (*полевого транзистора*)
Quellelektrode *f* электрод истока (*полевого транзистора*)
Quellenatom *n* 1. атом-мишень 2. атом антикатода
Quellenbündel *n* исходный пучок оптического излучения
Quellendatenzeile *f* строка с исходными данными
Quellendichte *f* плотность источников (*информации*)
Quellendurchmesser *m*, **scheinbarer** кажущийся диаметр истока (*полевого транзистора*)
Quellenfolgeverstärker *m* истоковый повторитель
Quellenfreiheit *f* отсутствие источника (*напр. питания*)
Quellengebiet *n* область истока (*полевого транзистора*)
Quelleninnenwiderstand *m* см. **Quellenwiderstand**
Quellenkennzeichnung *f* обозначение источника (*информации*)
Quellenkode *m* 1. исходный код 2. код источника (*информации*)
Quellenkodierung *f* кодирование источника (*информации*)
Quellen-Senkenspannung *f* напряжение исток—сток (*полевого транзистора*)
Quellenspannung *f* 1. напряжение (источника) питания 2. напряжение сигнала 3. напряжение истока (*полевого транзистора*)
Quellenstrom *m* 1. ток (источника) питания 2. ток истока (*полевого транзистора*)
Quellen-Torspannung *f* напряжение исток—затвор (*полевого транзистора*)
Quellenübergang *m* истоковый переход (*полевого транзистора*)
Quellenwiderstand *m* 1. сопротивление источника питания 2. сопротивление истоковой области (*полевого транзистора*)
Quellpunkt *m* 1. источник 2. узловая точка (*точка, из которой выходят линии поля*)

Quellung f разбухание; вспучивание
Quentschkreis m контур, настраиваемый индуктивностью
Quentschkreisspule f контурная катушка с переменной индуктивностью
Querableitung f поперечная утечка
Querachse f 1. макроось (*кристалла*) 2. малая ось (*эллипса*)
Queranregung f поперечная накачка (*лазера*)
Queraufzeichnung f поперечная (видео)запись (*в системе «Ампекс»*), запись (*дорожек*) поперёк ленты
Querbelastung f (искусственное) увеличение индуктивности (*линии связи*) методом параллельного включения
Querbeziehung f взаимная корреляция
Querdraht m горизонтальная часть антенны; поперечный провод
Querentzerrer m параллельно включённый корректирующий контур
Querfeldkomponente f поперечная составляющая поля
Querfeldröhre f лампа с поперечным полем
Querfeldschaltsystem n координатная система коммутации
Querfeldsteuerung f 1. регулирование поперечного поля; управление поперечным полем 2. *см.* **Quermodulation 1.**
Querfluß m поперечный (магнитный) поток
Quergleitlinie f (двухпроводная) линия с закорачивающей скользящей перемычкой
Querglied n шунтирующее [параллельно включённое] звено
Querimpedanz f *пп* поперечное полное сопротивление
Querinduktivität f шунтирующая индуктивность
Querkapazität f 1. шунтирующая ёмкость 2. ёмкость утечки 3. поперечная ёмкость (*между проводами*)
Querkondensator m шунтирующий [параллельно включённый] конденсатор
Querkontakt m контакт между параллельными проводами; контакт со встречным направлением токов
Querkontrolle f перекрёстный контроль
Querkopplung f прямая связь
Querkorrelator m кросс-коррелятор
Querkrümmung f поперечное коробление (*МЛ*)
Querlautsprecherprinzip n принцип взаимно перпендикулярного расположения двух громкоговорителей в одном корпусе
Querleitfähigkeit f 1. шунтирующая проводимость 2. проводимость утечки 3. объёмная проводимость
Querleitung f прямая межстанционная (соединительная) линия
Querleitwert m *см.* **Querleitfähigkeit**
Quermagnetisierung f 1. поперечная намагниченность 2. поперечное намагничивание 3. *зап.* перпендикулярное намагничивание
Quermode f поперечная мода
Quermodulation f 1. перекрёстная модуляция, кросс-модуляция 2. квадратурная модуляция
quermoduliert 1. с перекрёстной модуляцией 2. с квадратурной модуляцией

Querneigungswinkel m **des Koordinatentisches** угол наклона координатного стола
Querphase f фаза, смещённая на 90°
Querplatte f горизонтальная отклоняющая пластина (*ЭЛТ*)
Querschliff m поперечный шлиф
Querschnittsdrosselung f (параллельное) дросселирование
Querschnittsform f форма поперечного сечения (*напр. волновода*)
Querschrift f поперечная запись
Querspule f параллельно включённая катушка
Querspur f поперечная дорожка записи
Querspuraufzeichnung f *тлв* поперечно-строчная запись
Querspurformat n формат поперечной записи; *тлв* формат поперечно-строчной записи
Querspurtechnik f техника поперечной записи; *тлв* техника поперечно-строчной записи
Querspurverfahren n способ поперечной записи; *тлв* способ поперечно-строчной записи
Quersteg m 1. поперечная перемычка 2. траверса
Quersteuerelektronenstrahlröhre f ЭЛТ с поперечным управлением
Quersteuerklystron n клистрон с поперечной модуляцией
Quersteuerröhre f 1. лампа с поперечным управлением 2. *см.* **Quersteuerelektronenstrahlröhre**
Quersteuerung f 1. модуляция отклонением луча 2. *зап.* поперечная модуляция
Querstörsignalunterdrückung f подавление паразитного сигнала перекрёстной модуляции
Querstrahler m антенная решётка с фронтальным излучением
Querstrahllaufwellenröhre f ЛБВ с поперечным электронным потоком
Querstrahlung f фронтальное излучение (*антенны*)
Querstrebe f поперечная распорка; траверса
Querstrom m 1. поперечный ток; уравнительный ток 2. шунтирующий ток 3. реактивный ток
Querstrommikrofon n контактный микрофон
Quersummenkontrolle f, **Quersummenprüfung** f перекрёстный контроль по сумме (*знаков или двоичных разрядов*)
Quersummen-Pulsverfahren n *тлф* суммирующий импульсный метод набора
Querträger m траверса
Querübertrag m *вчт* сквозной перенос
Querverbindung f 1. поперечное соединение; перемычка 2. *микр.* внешнее межсоединение напрямую 3. *см.* **Querleitung**
Querverluste m pl потери утечки в поперечном направлении
Querversetzung f винтовая дислокация
Querweg m *см.* **Querleitung**
Querwelle f поперечная волна
Querwellenwiderstand m параллельное волновое сопротивление
Querwiderstand m 1. параллельный резистор 2. параллельное сопротивление; сопротивление утечки 3. *пп* поперечное сопротивление
Querzahl f коэффициент Пуассона
Querzweig m параллельная цепь
Quetscher m *см.* **Quetschtrimmer**

QUE

Quetschhohlleiter *m* волновод с сжимаемым участком
Quetschhülse *f* зажимная гильза
Quetschkondensator *m* см. **Quetschtrimmer**
Quetschleitung *f* сжимаемая волноводная линия
Quetschtechnik *f* техника соединения (*напр. проводов*) обжимом
Quetschtrimmer *m* прижимный (пружинный) подстроечный конденсатор
Quibinär-Kode *m* пятерично-двоичный код
Quickstart *m* быстрое включение
QUIL-Gehäuse *n* (плоский) корпус с четырёхрядным расположением выводов
Quinärsystem *n* пятеричная система (*представления числа*)
Quirl *m* циркуляция; вихрь
Quirlantenne *f* турникетная антенна
quittieren квитировать [подтверждать] установление связи
Quittieren *n*, **Quittierung** *f* квитирование [подтверждение] установления связи
Quittierungsabgaberelais *n* реле передачи квитирования
Quittung *f* см. **Quittieren**
Quittungsaustausch *m* квитирование [подтверждение] установления связи
Quittungsbetrieb *m* 1. режим ответа 2. квитирование [подтверждение] установления связи
Quittungsgabe *f* см. **Quittieren**
Quittungssignal *n*, **Quittungszeichen** *n* сигнал квитирования установления связи, сигнал подтверждения [установления] связи
Quotient *m* частное; отношение
Quotientenbereich *m* диапазон (изменения) отношений (*двух величин*)
Quotientenbildner *m* блок формирования отношений (*двух величин*)
Quotientenfernmeßverfahren *n* логометрический метод телеизмерений
Quotientenfrequenzdemodulator *m* детектор отношений, дробный детектор
Quotientenmesser *m*, **Quotientenmeßgerät** *n* логометр
Quotientenmessung *f* измерение отношений (*двух величин*)
Quotientenmeßwerk *n* логометр
Quotientenregister *n* регистр частного
Quotientenschaltung *f* логометрическая схема
Qursorbalken *m* горизонтальный курсор
Q-Verfahren *n* Q-метод (*метод электронной навигации*)
Q-Wert *m* 1. коэффициент добротности, добротность 2. фактор качества (*в материалах с ЦМД*)
~ **der Kammer** коэффициент добротности камеры
q-Zahlen *f pl* квантовые числа
Q-Zeichen *n* двоичный разряд для маркировки машинных слов

RAD

R

Rack *n* стойка; стеллаж; каркас; рама
Rad *n* 1. колесо 2. рад (*внесистемная единица поглощённой дозы ионизирующего излучения*)
~, **phonisches** *тлг* фоническое колесо
Radantenne *f* антенна в форме колеса
Radar *n* 1. радиолокатор, радиолокационная станция, РЛС 2. радиолокация
~ **für Ortung von Raketen und Satelliten** РЛС обнаружения ракет и спутников
~ **für Raketenstartsteuerung** РЛС управления ракетой на стартовом участке
~ **für Vorausraumabsuchung** РЛС предупреждения о находящихся впереди препятствиях
~ **für Warnung und Zielverfolgung** РЛС обнаружения и сопровождения (*цели*)
~ **mit Indikation beweglicher Ziele** РЛС с селекцией движущихся целей, РЛС с СДЦ
~ **mit kontinuierlicher Strahlung** РЛС с непрерывным излучением
~ **mit Selektion beweglicher Ziele** РЛС с селекцией движущихся целей, РЛС с СДЦ
~, **optischer** 1. оптический локатор 2. оптическая локация
Radarabtastantenne *f* радиолокационная антенна обзора (*пространства*)
Radarabtastung *f* радиолокационный обзор (*пространства*)
Radarabwehrkette *f* цепь радиолокационных станций (*противовоздушной обороны*)
Radaralarmsystem *n* радиолокационная система оповещения
Radaranlage *f* радиолокационная установка
Radaranpeilung *f* радиолокационное пеленгование
Radarantenne *f* радиолокационная антенна
Radarantennensystem *n* антенная система радиолокатора
Radarantworter *m* радиолокационный ответчик
Radaranwortsender *m* активный радиолокационный ответчик
Radaranzeige *f* радиолокационная индикация
Radaranzeiger *m* радиолокационный индикатор
Radaranzeigesystem *n* система радиолокационной индикации
~, **zusammengesetztes** радиолокационная система с несколькими индикаторами
Radararbeitspult *n* пульт управления РЛС
Radarastronomie *f* радиолокационная астрономия
Radaraufklärung *f* радиолокационная разведка
Radarauflösung *f* разрешающая способность РЛС
Radaraufnahme *f* 1. радиолокационное изображение 2. радиолокационная съёмка
Radarbake *f* радиолокационный маяк
Radarbaken-Blindflugsystem *n* система радиолокационных маяков для посадки по приборам
Radarbandkompressor *m* устройство для сжатия полосы частот радиолокационного сигнала

Radarbedeckung f зона радиолокационного обзора
Radarbedienungsmann m оператор РЛС
Radarbeobachtung f радиолокационное наблюдение
Radarbeobachtungsnetz n сеть РЛС наблюдения
Radarberatung f информация о радиолокационной обстановке
Radarbereich m 1. зона радиолокационного обзора 2. диапазон частот РЛС
Radarbild n радиолокационное изображение
Radarbildröhre f радиолокационная (электронно-лучевая) индикаторная трубка
Radarbildübertragung f передача радиолокационных изображений
Radarbodenbetrachtungsgerät n радиолокатор обзора местности
Radarboje f 1. радиолокационный буй 2. радиолокационный маяк
Radardipolstörungen f pl противолокационные дипольные помехи
Radardisplay m радиолокационный индикатор
Radarecho n радиолокационный отражённый сигнал
Radarempfang m приём радиолокационных сигналов
Radarentfernungsbestimmung f радиолокационное определение дальности
Radarentfernungsgleichung f уравнение радиолокации
Radarerfassung f радиолокационное обнаружение; радиолокационный захват (цели)
Radarerkennungsgerät n радиолокационное устройство опознавания
Radar-Fernseh-Navigation f, **Radarfernsehsystem** n система «Телерац», система ближней телевизионно-радиолокационной навигации
Radar-Fernseh-Übertragung f передача радиолокационных изображений телевизионными методами
Radar-Fernsehumsetzung f преобразование радиолокационного изображения в телевизионное
Radarfeuerleitanlage f (радиолокационная) станция орудийной наводки, СОН
Radarflugleiter m РЛС управления воздушным движением
Radarfolge f радиолокационное сопровождение
Radarfrühwarnung f дальнее радиолокационное обнаружение
Radarfunkfeuer n радиолокационный маяк
Radargegenmaßnahmen f pl меры противорадиолокационной защиты
radargelenkt наводимый [управляемый] с помощью РЛС
Radargerät n см. **Radar** 1.
radargesteuert см. **radargelenkt**
Radargleichung f уравнение радиолокации
Radargürtel m пояс РЛС обнаружения
Radarhöhenmesser m радиолокационный высотомер
Radarholografie f голография радиолокационных сигналов
Radarhorizont m радиолокационный горизонт
Radarimpulssender m импульсный радиолокационный передатчик

Radarinformation f радиолокационная информация
Radarinformationswandler m преобразователь радиолокационной информации
Radarkarte f радиолокационная карта
Radarkartierung f радиолокационное картографирование
Radarkenngerät n радиолокационный прибор опознавания
Radarkennung f радиолокационное опознавание
Radarkette f цепь РЛС
~ **zur Tieffliegererfassung** цепь РЛС обнаружения низколетящих целей
Radarlandverfahren n радиолокационная система посадки
Radarleitstation f 1. РЛС наведения 2. пункт радиолокационного наведения
Radarleitstrahlsystem n система наведения по радиолокационному лучу
Radarleitsystem n радиолокационная система наведения
Radarlenkung f радиолокационное наведение
Radarluft(raum)überwachung f радиолокационный обзор воздушного пространства
Radarmeldung f радиолокационное оповещение
Radarmeßortung f см. **Radarortung**
Radarmosaik n мозаичное радиолокационное изображение (совмещено от нескольких РЛС)
Radarnase f (носовой) обтекатель радиолокационной антенны
Radarnavigationshilfsystem n вспомогательная радиолокационная навигационная система
Radarnetz n сеть РЛС
Radaroperator m оператор РЛС
Radarortung f определение местоположения радиолокационными методами
Radarquerschnitt m рлк (эффективная) отражающая поверхность (цели)
Radarreflektor m радиолокационный отражатель
Radarreflektortonne f радиолокационный буй с (угольковым) отражателем
Radarreflexionsimpuls m радиолокационный отражённый импульс
Radarreichweite f дальность действия РЛС
Radarrichtgerät n см. **Radarfeuerleitanlage**
Radarschattengebiet n мёртвая зона РЛС
Radarschirm m экран индикатора РЛС
Radarschirmbild n см. **Radarbild**
Radarselbstlenkung f радиолокационное самонаведение
radarsicher защищённый от радиолокационного обнаружения
Radarsichtgerät n радиолокационный индикатор
Radarsignalabsorbermaterial n поглощающее противолокационное покрытие
Radarsonde f радиолокационный зонд
Radarstandort m место расположения [позиция] РЛС
Radarstation f радиолокационная станция, РЛС
Radarsteuerung f 1. радиолокационное управление 2. радиолокационное наведение
Radarstöranlage f станция радиолокационных помех

Radarstörbeseitung f подавление [устранение] помех РЛС
Radarstörer m см. **Radarstörsender**
Radarstörmaßnahmen f pl мероприятия по созданию помех РЛС
Radarstörsender m передатчик радиолокационных помех
Radarstörsicherheit f помехозащищённость РЛС
Radarstörungen f pl радиолокационные помехи
Radarsturmwarnstation f РЛС предупреждения о штормах
Radarsuchen n радиолокационный поиск
Radarsuchgerät n РЛС обнаружения
Radarsystem n радиолокационная система
~ **für Landung auf Flugzeugträger** приводная РЛС для посадки на авианосец
~, **primäres** система первичной радиолокации
~, **sekundäres** система вторичной радиолокации
Radarsystemtechnik f радиолокационная системотехника
Radartageslichtschirm m яркостный радиолокационный экран
Radartarnfarbe f противолокационная краска
Radartarnüberzug m противолокационное покрытие
Radartarnung f противорадиолокационная маскировка
Radartechnik f 1. радиолокационная техника 2. радиолокация
Radartechniker m радиолокационный техник; оператор РЛС
Radarüberdeckung f радиолокационное перекрытие (*пространства*); зона радиолокационного обзора
Radarüberwachungssystem n система радиолокационного наблюдения
Radarüberzug m см. **Radartarnüberzug**
Radarübungsgerät n радиолокационный тренажёр
Radarverfolgung f радиолокационное сопровождение
Radarwarnstation f РЛС обнаружения
Radarwertübertragung f передача радиолокационных данных
Radarzaun m см. **Radargürtel**
Radarzeichen n отметка на экране РЛС
Radarzeichengerät n радиолокационный планшет
Radarzeichnen n радиолокационная прокладка курса
Radarziel n радиолокационная цель
Radarzielangabe f, **Radarzielanweisung** f см. **Radarzielzuweisung**
Radarzielextraktor m рлк блок выделения цели
Radarzielgerät n радиолокационная головка наведения на цель; радиолокационный прицел
Radarzielortung f радиолокационное обнаружение целей
Radarzielsuchen n радиолокационное самонаведение
Radarzielverfolgungsgerät n РЛС сопровождения цели
Radarzielvermessung f радиолокационное определение координат цели

Radarzielzuweisung f радиолокационное целеуказание
Radarzone f 1. зона действия радиолокатора 2. см. **Radargürtel**
Radarzünder m радиолокационный взрыватель
Radechon-Signalspeicherröhre f радекон
Radeffekt m помеха в виде тёмных и светлых линий развёртки
Radialanschluß m радиальный вывод
Radialkonvergenz f радиальное [осевое] сведе́ние (*лучей*)
Radialkonvergenzeinheit f *тлв* блок радиального [осевого] сведе́ния (*лучей*)
Radial-Magnete m pl магниты радиального [осевого] сведе́ния (*лучей*)
Radialmodenlaser m лазер с радиальными модами
Radialstruktur f радиальная структура (*напр. линий связи*)
Radialtragarm m радиальный держатель головки видеоснимателя
Radiant m радиан, рад
Radiation f излучение; радиация
Radiator m 1. радиатор, теплоотвод 2. излучатель
Radierung f травление
Radio n 1. радио 2. радиоприёмник 3. радиовещание □ ~ **auf «dunkel» stellen** приглушать громкость радиоприёмника
Radioaktivität f радиоактивность
Radioaktivitätsmesser m радиометр
Radioakustik f радиоакустика
Radioastronavigation f радиоастронавигация
Radioastronomie f радиоастрономия
Radioatmosphäre f радиоатмосфера
Radioausrüstung f радиооборудование
Radioautografie f авторадиография, радиоавтография
Radiobake f радиомаяк
Radiobauelement n, **Radiobauteil** n радиодеталь
Radiobedarf m радиопринадлежности, радиодетали
Radiobeobachtung f радионаблюдение
Radioboje f радиобуй
Radiochromatografie f радиохроматография
Radioecho n радиоэхо
Radioecholot n радиоэхолот
Radioeinzelteil n радиодеталь
Radioelektret m радиоэлектрет
Radioelektronik f радиоэлектроника
Radioemission f радиоизлучение
Radioeruption f всплеск радиоизлучения
Radio-Fernsehkombination f радиотелевизионный комбайн
Radiofon n радиотелефон
Radiofotogramm n радиофототелеграмма
Radiofotolumineszenz f радиофотолюминесценция
Radiofrequenz f радиочастота, высокая частота, ВЧ
Radiofrequenzholografie f радиочастотная голография
Radiofrequenzhologramm n радиоголограмма
Radiofrequenzkanal m радиоканал, высокочастотный канал (*связи*)

Radiofrequenzkonnektor m высокочастотный [радиочастотный] соединитель
Radiofrequenzleistungsverstärker m микроволновый усилитель мощности (*от 1 ВМ и выше*)
Radiofrequenzspektrograf m радиоспектрограф
Radiofrequenzspektrometer n радиоспектрометр
Radiofrequenzspektrum n спектр радиочастот
Radiofrequenzstrahlung f радиоизлучение
Radiofrequenztonsignal n радиосигнал звукового сопровождения
Radiofrequenztransistor m высокочастотный транзистор
Radiofrequenzvorverstärker m предварительный усилитель высокой частоты
Radioführer m радиомаяк
Radiofunkkanal m *см.* **Radiokanal**
Radiogalaxis f радиогалактика
Radiogegenmaßnahmen pl создание помех радиосредствам
Radiogoniometer n радиогониометр; радиопеленгатор
Radiografie f 1. радиография 2. рентгенография
Radiohelligkeit f радиояркость (*звёзд*)
Radiohöhenmesser m радиовысотомер
Radiohorizont m радиогоризонт
Radiohydrogeologie f радиогидрогеология
Radioimpuls m радиоимпульс, высокочастотный импульс
Radiointerferometer n радиоинтерферометр
Radiokanal m радиоканал, канал радиосвязи
Radiokarte f радиокарта (*неба*)
Radio-Link-Strecke f радиолиния
Radiolot n радиовысотомер
Radiolumineszenz f радиолюминесценция
Radiometeorograf m радиозонд
Radiometeorografie f радиометеорография
Radiometeorologie f радиометеорология
Radiometer n радиометр
Radiometermanometer n радиометрический вакуумметр
radiometrisch радиометрический
Radiopille f радиопилюля
Radioquelle f источник радиоизлучения
~, **diskrete** источник дискретного радиоизлучения
Radiorecorder m 1. магнитола 2. устройство записи радиопрограмм
Radiorelaisstrecke f **mit Frequenzmultiplex** радиорелейная линия с частотным уплотнением (*каналов*)
Radioreparatur f ремонт радиоаппаратуры
Radioröhre f радиолампа
Radiosensibel 1. чувствительный к радиооблучению 2. чувствительный к радиопомехам
Radiosextant m радиосекстант
Radiosonde f радиозонд
Radiospektroskopie f радиоспектроскопия
Radiostern m радиозвезда, звезда, излучающая радиоволны
Radiostörgeräusche n pl, **industrielle** промышленные радиопомехи
Radiostrahl m радиолуч
Radiostrahlung f радиоизлучение
Radiostrahlungsausbruch m всплеск радиоизлучения

Radiotechnik f радиотехника
Radioteleskop n радиотелескоп
Radiotext m телетекст
Radiotheodolit m радиотеодолит
Radiotherapie f лучевая терапия, рентгенотерапия
Radiothermolumineszenz f радиотермолюминесценция
Radiotruhe f радиокомбайн
Radiouhr f радиоприёмник с часами-будильником
Radioverteilungsanlage f радиотрансляционный узел
Radiowarte f радиомаяк
Radiowellenspektrograf m радиоспектрограф
Radiowellenstrahlung f радиоизлучение
~, **galaktische** космическое радиоизлучение
~, **solare** радиоизлучение Солнца
Radiowerk n радиозавод
Radiozeitsignale n pl радиосигналы точного времени
Radiozubehör n радиопринадлежности, радиодетали
Radiozünder m радиовзрыватель
Radix f 1. основание системы счисления 2. *мат.* корень
Radmagnetron n магнетрон со сферическими резонаторами
Radom m обтекатель антенны
Radphot n радфот
Radschalter m повторный выключатель
Raduga-Satellit m спутник «Радуга»
Rafax *англ.* «Рафакс» (*система передачи радиолокационных изображений, США*)
Raffung f группирование, пучкование (*электронов*)
Rahmen m 1. рама; рамка 2. рамочная антенна 3. свз цикл (*временно́го объединения цифровых сигналов*) 4. каркас; стеллаж; стойка 5. формат изображения на экране телевизора 6. *вчт* блок [группа] данных 7. *вчт* страница (памяти)
Rahmenadresse f 1. адрес блока данных 2. адрес страницы (памяти)
Rahmenantenne f рамочная антенна
~, **abgeglichene** компенсированная рамочная антенна
~, **doppelseitige** сдвоенная крестообразная рамочная антенна
Rahmenbefestigung f крепление выводной рамки (*для монтажа кристаллов ИС на ленточном носителе*)
Rahmendauer f длительность цикла
Rahmendiagramm n диаграмма направленности рамочной антенны
Rahmenebene f плоскость рамки
Rahmeneffekt m антенный эффект рамки
Rahmenempfang m (радио)приём на рамочную антенну
Rahmenentstörantenne f противопомеховая рамочная антенна
Rahmenfolgenummer f номер блока данных
Rahmenfunkpeiler m *см.* **Rahmenpeiler**
Rahmengestell n рамочный каркас; рамочный стеллаж; рамочная стойка

Rahmengoniometer *n* рамочная антенна с гониометром
Rahmenimpuls *m* свз импульс синхронизации циклов
Rahmenkardiode *f* кардиоидная диаграмма направленности рамочной антенны
Rahmenkennungswort *n* свз кодовое слово цикла
Rahmenkreis *m* контур рамочной антенны
Rahmenpeiler *m* рамочный (радио)пеленгатор
Rahmenprogramm *n* скомпонованная центральная (теле)программа
Rahmenring *m* кольцо рамочной антенны
Rahmenschaft *m* шток [ось] рамочной антенны
Rahmenspeicher *m* память на блок [группу] данных
Rahmenstrahler *m* рамочный излучатель
Rahmensynchronisation *f* свз цикловая синхронизация
Rahmentakt *m* свз сигнал цикловой синхронизации
Rahmenwirkung *f см.* **Rahmeneffekt**
Rahmung *f* 1. кадрирование 2. кадровая синхронизация
Rakel *n* ракель
Rakeldruck *m* давление ракеля
Rakelwegungsrichtung *f* направление движения ракеля
Rakete *f* 1. ракета 2. ракетный [реактивный] снаряд
~, **ferngelenkte [ferngesteuerte]** телеуправляемая ракета
~, **funkferngelenkte** радиоуправляемая ракета
~, **gelenkte [gesteuerte]** управляемая ракета
~, **radargesteuerte** ракета с радиолокационным наведением
~, **strahlengesteuerte** ракета, наводимая по лучу
~, **unbemannte** беспилотная ракета
~, **zielsuchende** самонаводящаяся ракета
Raketenabschußfernortungssatellit *m* ИСЗ для предупреждения о запуске и обнаружения ракет
Raketenbegleitungsradar *n* РЛС сопровождения ракеты
Raketenbordradar *n* бортовая РЛС ракеты
Raketenfernortungsnetz *n* сеть РЛС дальнего обнаружения ракет
Raketenfernortungssatellit *m* ИСЗ дальнего обнаружения ракет
Raketenkursrechenmaschine *f* курсовое вычислительное устройство ракеты
Raketenleitstation *f* станция наведения ракет
Raketenlenksystem *n* система наведения ракет
Raketenmarke *f* отметка от ракеты (*на экране индикатора*)
Raketenortung *f* обнаружение ракет
Raketenortungsgerät *n* РЛС обнаружения ракет
Raketenradarempfänger *m* бортовой радиолокационный приёмник ракеты
Raketensender *m* бортовой (радио)передатчик ракеты
Raketensonde *f* радиозонд
Raketensteuerung *f* управление ракетой
Raketenverfolgungsradar *n* РЛС слежения за ракетами
Raketenwarnradar *n* РЛС предупреждения о ракетах

Raleigh- *см.* **Rayleigh-**
Ramanbanden *f pl* полосы спектра комбинационного рассеяния (*света*)
Raman-Effekt *m*, **Raman-Emission** *f* комбинационное рассеяние (*света*), эффект Рамана
Ramanfrequenzumwandlung *f* преобразование частоты на основе комбинационного рассеяния (*света*)
Ramanlaser *m* комбинационный лазер
Raman-Linie *f* линия комбинационного рассеяния (*света*)
Raman-Spektrum *n* спектр комбинационного рассеяния (*света*)
Ramark *m* радиолокационный маяк-ориентир
RAM-chip *англ.* кристалл ЗУ с произвольной выборкой
Rampenantwort *f* реакция на линейное воздействие (*на входе*)
Rampenfunktion *f* линейно нарастающая функция; пилообразная функция
Rampengenerator *m* генератор линейно изменяющегося напряжения, ГЛИН; генератор пилообразного сигнала
Ramp-Funktion *f см.* **Rampenfunktion**
RAM-Schnittstelle *f* интерфейс ЗУ с произвольной выборкой, интерфейс ЗУПВ
RAM-Speicher *m* ЗУ с произвольной выборкой, ЗУПВ
Rand *m* 1. край; кромка 2. граница 3. грань (*напр. кристалла*) 4. *мат.* контур
Randabweichung *f* отклонение (*значений*) на границе, граничное отклонение (*значений*)
Randaufbruch *m* засветка на краях (*изображения*)
Randauflösung *f* разрешающая способность на краях (*изображения*)
Randaussendung *f* внеполосное (радио)излучение (*на границе данного диапазона*)
Randbedingung *f* граничное условие
Randbereich *m см.* **Randgebiet**
Randbeschriftung *f* метка [маркер] конца (*напр. блока данных*)
Randbezirk *m* **des Wafers** краевая зона [край] полупроводниковой пластины
Randdichte *f* плотность граничного слоя
Randecke *f* **des Kristalls** двугранный угол кристалла
Randeffekt *m* краевой эффект
Randelektronen *n pl* электроны граничного слоя
Randelement *n* оконечный элемент схемы
Rändelknopf *m* рифлёная ручка управления
Randemission *f* краевое излучение
Randentladung *f* краевой разряд
Randfläche *f* граничная поверхность
Randforderungen *f pl* граничные требования
Randfransen *f pl см.* **Randaufbruch**
Randfrequenz *f* граничная частота
Randfrequenzbereich *m* область граничных частот
Randgebiet *n* 1. *пп* граничная зона 2. граничная область (*приёма*)
Randkontakte *m pl* концевые (печатные) контакты
Randkonzentration *f* концентрация на границе
Randkorrektur *f* 1. *тлв* корректировка уменьше-

ния чёткости на краях (*растра*) 2. компенсация краевого эффекта
Randlinie *f*, **helle** светлая окантовка деталей изображения
Random-Access-Speicher *m* ЗУ с произвольной выборкой, ЗУПВ
Randomlogik *f* произвольная *или* нерегулярная логика
Randomsampling *n* произвольная [непериодическая] дискретизация
Randomspeicher *m* ЗУ с произвольной выборкой, ЗУПВ
Randpotential *n* граничный потенциал
Randpunkt *m* граничная точка
Randregister *n* регистр границы (*напр. области памяти*)
Randschärfe *f* чёткость на краях (*изображения*)
Rand/Schatteneffekt *m* введение тени в изображение (*тип видеоэффекта*)
Randschicht *f* (по)граничный слой
Randschichteffekt *m* эффект на граничном слое
Randschichteinfluß *m* влияние граничного слоя
Randschichtfotoeffekt *m* вентильный фотоэффект
Randschicht-Gegenfeld *n* встречное поле граничного слоя
Randschichtgleichung *f* уравнение граничного слоя
Randschichtmechanismus *m* механизм образования граничного слоя
Randschichtpotential *n* потенциал граничного слоя
Randschichtrauschen *n* шумы граничного слоя
Randschichttheorie *f* теория граничного слоя
Randschichttransistor *m* поверхностно-барьерный транзистор
Randschichtübergang *m* поверхностно-барьерный переход
Randschichtwiderstand *m* сопротивление граничного слоя
Randspur *f зап.* боковая дорожка
Randstiftleiste *f* гребенчатый (концевой) соединитель (*напр. печатной платы*)
Randstrahlung *f* краевое излучение
Randstreifensignal *n тлв* сигнал полос
Randstreuung *f* рассеяние у краёв
Randstrom *m* ток в поверхностном слое
Randunschärfe *f* нечёткость на краях (*изображения*)
Randverarmungszone *f* (по)граничная обеднённая зона
Randverdunkelung *f* затемнение краёв (*изображения*)
Randversetzung *f* краевая дислокация
Randverzeichnungen *f pl*, **Randverzerrungen** *f pl* краевые искажения
Randwert *m* граничное [краевое] значение
Randwertaufgabe *f см.* **Randwertproblem**
Randwertkontrolle *f* граничные испытания
Randwertproblem *n вчт, мат.* краевая задача
Randwertprüfung *f* граничные испытания
Randwertschaltung *f* схема ограничения (*по граничным значениям*)
Randzelle *f* граничная ячейка
Randzone *f см.* **Randgebiet**

Rang *m* 1. *вчт* приоритет 2. *мат., линг.* ранг 3. *вчт* разряд (*числа*)
Rangfolge *f* 1. иерархия 2. приоритет
Rangierfunk *m* меневровая железнодорожная радиосвязь
Rangierleiste *f* контактная колодка; контактная планка
Rangierleiterkarte *f*, **Rangierplatte** *f* плата ранжирного [избирательного] подключения (*плата с перемычками для подключения к контролируемым точкам, напр. подложки гибридной микросборки*)
Rangierung *f* кроссировка
Rangierverkehr *m см.* **Rangierfunk**
Rangierverteiler *m* кросс телефонной установки
Rangordnung *f см.* **Rangfolge**
Rangordnungsmerkmal *n* 1. ступень иерархии 2. приоритетный признак
Raplot *n* система целеуказания по индикатору кругового обзора
Rasen *m зап.* 1. разделительная дорожка 2. промежуток между дорожками записи
Rasenbreite *f* ширина разделительной дорожки
Raser *m* рентгеновский лазер
Rast *f* фиксатор (*напр. настройки*); стопор; упор
Rasteinrichtung *f* фиксирующее устройство
Rastenschalter *m* переключатель с фиксацией; барабанный переключатель
Raster *m* 1. растр 2. телевизионный растр 3. жалюзи (*светильников*) 4. штриховая мира 5. координатная сетка 6. сетка (*частот*)
~ **bei Zeilensprung** чересстрочный растр
~, **feiner** растр с большим числом строк
~, **feststehender** неподвижный растр
~, **gerader [geradzahliger]** чётное поле
~, **ungerader [ungeradzahliger]** нечётное поле
~, **vollständiger 1.** полный растр **2.** *млв* (полный) кадр (*образован чётным и нечётным полями*)
~, **zeitlicher** временной растр (*последовательности тактовых интервалов*)
Rasterablenkspule *f* кадровая отклоняющая катушка
Rasterablenksystem *n* 1. система растровой развёртки 2. *тлв* система полевой *или* кадровой развёртки
Rasterablenkung *f* 1. растровая развёртка, развёртка растра 2. *тлв* полевая *или* кадровая развёртка
Rasterabstand *m* шаг строк растра
Rasterabtastung *f см.* **Rasterablenkung**
Rasteranzeige *f* растровая индикация
Rasteraustastung *f* 1. гашение растра 2. *см.* **Rasterrücklaufaustastung**
Rasteraustastungsperiode *f* время гашения обратного хода полевой *или* кадровой развёртки
Rasterbelichtungsprozeß *m* процесс экспонирования растра
Rasterbewegung *f* перемещение растра
Rasterbild *n* 1. растровое изображение 2. *см.* **Raster 1., 2.**
Rasterbildabtastung *f* полевая *или* кадровая развёртка
Rasterbildschirm *m* растровый экран (*дисплея*)
Rasterblende *f* 1. развёртывающая апертура 2. теневая маска (*кинескопа*)

Rasterdeckung f тлв совмещение растров
Rasterdruck m растровая [мозаичная, матричная] печать
Rasterdrucker m растровое [мозаичное, матричное] печатающее устройство
Rasterdurchlauf f развёртка растра
Rasterdurchstrahlungselektronenmikroskop n растровый просвечивающий электронный микроскоп
Rastereinstellung f установка растра
Rasterelektronenmikroskop n растровый электронный микроскоп
Rasterelektronenstrahl m электронный луч, развёртывающий растр
Rasterelektronenstrahlanlage f растровая электронно-лучевая установка
Rasterelektronenstrahlbelichtungsanlage f установка растрового электронно-лучевого экспонирования
Rasterelektronenstrahllithografie f растровая электронография, растровая электронно-лучевая литография
Rasterelement n элемент растра
Rastererzeugung f формирование растра
Rasterfarben f pl цвета (трёхцветного) растра
Rasterfehler m искажение растра
Rasterfeinheit f 1. чёткость растра 2. плотность развёртки (факсимильного аппарата)
Rasterfeld n поле растра
Rasterfeldbelichtung f растровое экспонирование поля
Rasterfilm m растровая плёнка
Rasterfläche f площадь растра
Rasterfolgesystem n, **Rasterfolgeverfahren** n система (цветного) телевидения с чередованием цветов по полям
Rasterfolgezahl f частота полей или кадров
Rasterformat n 1. формат растра 2. тлв формат изображения
Rasterfrequenz f частота полей или кадров
Rasterfrequenzregelung f регулировка частоты полей или кадров
Rasterfrequenzteiler m делитель опорной частоты до частоты полей или кадров, кадровый делитель
Rastergenerator m генератор растра
Rastergenerierung f формирование растра
Rastergeometrie f геометрия растра
Rastergeschwindigkeit f скорость развёртки растра
Rastergleichlaufzeichen n синхронизирующий импульс полей или кадров
Rastergrafik f растровая графика
Rastergrafikterminal n терминал с растровым графическим дисплеем, растровый графический терминал
Rastergröße f величина [размеры] растра
Rastergrundschritt m 1. шаг сетки (напр. частот) 2. шаг (координатной) сетки
Rasterionenstrahl m сканирующий ионный луч
Rasterkanalplatte f микроканальная пластина
Rasterkippgenerator m, **Rasterkippgerät** n генератор полевой или кадровой развёртки
Rasterkorrektur f коррекция искажений растра
Rasterkorrelation f кадровая корреляция

Rasterlinearität f линейность растра (по вертикали)
Rastermarkierung f 1. разметка координатной сетки 2. тлв разметка штриховой миры
Rastermaß n 1. шаг координатной сетки (чертежа печатной платы) 2. шаг сетки (частот) 3. элемент растра 4. шаг строк растра
Rastermechanismus m микр. генератор растра
Rastermikroskop n растровый электронный микроскоп
Rastermuster n структура растра; растр
Rasternetz n растровая сетка
Rasteroszillograf m растровый осциллограф
Rasterparameter m параметр (развёртки) растра
Rasterperiode f 1. период (развёртки) растра 2. вчт период двоичного растра
Rasterplatte f 1. мозаика (передающей трубки) 2. плата с координатной сеткой (для печатных схем)
Rasterplotter m растровый графопостроитель
Rasterpunkt m элемент растра
Rasterpunktstrahl m сфокусированный луч, развёртывающий растр
Rasterreflektor m сетчатый [перфорированный] отражатель
Rasterreflexionselektronenmikroskop n растровый отражательный электронный микроскоп
Rasterrücklauf m обратный ход полевой или кадровой развёртки
Rasterrücklaufaustastung f гашение обратного хода полевой или кадровой развёртки
Rasterscan-Anlage f установка растрового сканирования
Rasterscan-Verfahren n метод растрового сканирования
Rasterschirm m растровый экран
Rasterschritt n 1. шаг сетки (напр. частот) 2. шаг строк растра
Rasterschrittgröße f, **Rasterschrittweite** f 1. величина шага сетки (напр. частот) 2. величина шага строк растра
Rastersichtgerät n растровый дисплей
Rastersignalerzeugung f синтез знаков на (телевизионном) растре
Rastersonde f растровый зонд
Rasterstrahl m луч, развёртывающий растр
Rasterstruktur f структура растра
Rastersynchronimpuls m, **Rastersynchronisationsimpuls** m, **Rastersynchronisierimpuls** m синхронизирующий импульс полей или кадров
Rastertransmissionselektronenmikroskop n растровый просвечивающий электронный микроскоп
Raster-Tunnel-Mikroskop n растровый туннельный микроскоп
Rasterung f 1. формирование растра 2. формирование координатной сетки 3. развёртка растра
Rasterunterdrückung f 1. гашение растра 2. см. Rasterrücklaufaustastung
Rasterverfahren n растровый метод
Rasterverformung f искажение формы растра
Rasterverformungsentzerrung f коррекция искажений формы растра
Rasterverriegelung f синхронизация кадровой

развёртки с частотой питающей сети, *проф.* привязка к сети
Rasterverstärker *m* 1. усилитель вертикального отклонения (*в осциллографе*) 2. *тлв* усилитель сигналов полевой *или* кадровой развёртки
Rasterverzeichnung *f*, **Rasterverzerrung** *f* искажение растра
Rasterwechsel *m* смена полей *или* кадров
Rasterwechselfrequenz *f* частота (смены) полей *или* кадров
Rasterwechselsystem *n*, **Rasterwechselverfahren** *n* см. **Rasterfolgesystem**
Rasterzeile *f* строка растра
Raster-Zeitbasis *f* генератор полевой *или* кадровой развёртки
Rasterzelle *f* ячейка [элемент] растра
Rastfrequenzsender *m* передатчик с рядом фиксированных (кварцем) частот
Rastpunkt *m* точка фиксации [упора]
Rastrad *n тлг* стопорное колесо
Rastschiene *f* фиксирующая планка
Raststelle *f* положение ожидания (*искателя*)
Raststellung *f* 1. положение упора (*на шкале*) 2. фиксированное положение 3. положение ожидания (*искателя*)
Rasttaste *f* клавиша блокировки
Rastung *f* 1. фиксация; стопорение 2. блокировка
Rate *f* 1. скорость 2. частота 3. интенсивность (*напр. отказов*) 4. номинальные *или* максимально допустимые значения параметров
Rate-Effekt *m* эффект снижения включающего напряжения тиристора при превышении максимально допустимой скорости нарастания импульса
Rategrowntransistor *m* транзистор, изготовленный методом изменения скорости выращивания
Rategrownverfahren *n n* метод выращивания с изменением скорости
Rategrowthtransistor *m* см. **Rategrowntransistor**
Rategrowthverfahren *n* см. **Rategrownverfahren**
Ratiodetektor *m* (фазовый) детектор отношений
Ratran *англ.* «Ратран» (*система активной самолётной радиолокационной навигации*)
Rauchglasschutzscheibe *f* пылезащитное стекло (*перед экраном кинескопа*)
Rauhigkeit *f* 1. шероховатость звука (*при детонациях*) 2. шероховатость (*напр. поверхности*)
~ **der Kanten** шероховатость краёв
Rauhtiefe *f* глубина шероховатости
Rauhwert *m* величина размаха (*сигнала*)
Raum *m* 1. пространство; область 2. помещение 3. объём
~ **der Bedeutungen** пространство значений; область значений
~, **durchsuchter** зона обзора РЛС
~ **der Ereignisse** пространство событий (*четырёхмерное пространство с координатами x, y, z, t*)
~, **freier** свободное пространство
~, **radarerfaßter** зона действия РЛС
~, **radartoter** мёртвая зона РЛС
~, **reflexionsbehafteter** помещение с (сильным) звукоотражением

~, **schalltoter** 1. помещение без реверберации 2. безэховая камера
Raumabwehr *f* противокосмическая оборона
Raumakustik *f* акустика помещений, архитектурная акустика
~, **geometrische** геометрическая акустика помещений
~, **wellentheoretische** исследование помещений методами теоретической волновой акустики
Raumauflösung *f* пространственная разрешающая способность
Raumbeobachtungszeit *f* время обзора пространства
Raumbild *n* стереоскопическое изображение, стереоизображение
Raumbildfernsehen *n* стереотелевидение
Raumbildverfahren *n* панорамный метод наведения (*напр. на цель*)
Raumcharakteristik *f* **des Bildes** пространственная характеристика изображения
raumdiskret дискретный в пространстве
Raumdiversity *f* пространственное разнесение; пространственно разнесённый приём
Raumeffekt *m* 1. стереофонический эффект 2. *тлв* пластика
Raumeindruck *m* 1. впечатление объёмности (*изображения*) 2. пространственное восприятие (*звука*), стереофонический эффект
räumen 1. очищать, устанавливать в исходное положение (*счётчик*) 2. освобождать (*ячейку памяти*) 3. стирать (*запись*) 4. ликвидировать (*короткое замыкание*)
Raumerfüllung *f микр.* плотность упаковки
Raumfahrtelektronik *f* космическая электроника
Raumfahrtfernmessung *f* космическая телеметрия
Raumfahrzeug *n* космический корабль, КК; космический аппарат, КА
~, **ionenangetriebenes** космический корабль с ионным двигателем
Raumfeldstärke *f* напряжённость поля в свободном пространстве
Raumfilter *n* фильтр пространственных частот
Raumfilterblende *f* диафрагма для фильтрации пространственных частот
Raumfilterung *f*, **Raumfiltration** *f* пространственная фильтрация
Raumfrequenz *f* пространственная частота
Raumfrequenzfilter *n* фильтр пространственных частот
Raumfrequenzspektrum *n* пространственно-частотный спектр
Raumgeräusch *n* шум помещения
Raumgitter *n* пространственная (дифракционная) решётка
Raumgleiter *m* космический челнок (*корабль многоразового использования*)
Raumgruppe *f фтт* пространственная группа
Raumharmonische *f* пространственная гармоника
Raumhelligkeit *f* освещённость помещения
Raumhologramm *n* трёхмерная голограмма
Raumindex *m* индекс помещения (*для определения необходимой освещённости*)
Raumionisation *f* объёмная ионизация
Raumkapazität *f* пространственная ёмкость
Raumklang *m* стереофоническое звучание

Raumklangempfänger *m* стереофонический (радио)приёмник
Raumkohärenz *f* пространственная когерентность
Raumkorrelation *f* пространственная корреляция
Raumlade... см. **Raumladungs...**
Raumladung *f* пространственный заряд (*в электровакуумных приборах*); объёмный заряд (*в полупроводниковых приборах*)
~ **der freien Träger** объёмный заряд свободных носителей
Raumladungsabstoßung *f* расталкивание электронов в пространственном заряде
Raumladungsaufbau *m* строение пространственного заряда
Raumladungsausgleich *m* компенсация пространственного заряда; вырывание объёмного заряда
Raumladungsbegrenzung *f* ограничение (*тока эмиссии*) пространственным зарядом; ограничение (*тока*) объёмным зарядом
Raumladungsbereich *m* см. **Raumladungsgebiet**
Raumladungsdichte *f* плотность пространственного *или* объёмного заряда
Raumladungsdiode *f* **mit begrenzter Speicherung** диод с ограничением (*тока*) пространственным зарядом
Raumladungsdomäne *f* домен пространственного заряда
Raumladungseffekt *m* действие пространственного *или* объёмного заряда
Raumladungsfeld *n* поле пространственного *или* объёмного заряда
Raumladungsfotoeffekt *m* фотоэффект (*области*) объёмного заряда, вентильный фотоэффект
raumladungsfrei без пространственного *или* объёмного заряда
Raumladungsgebiet *n* 1. область пространственного *или* объёмного заряда 2. область ограничения (*тока эмиссии*) пространственным зарядом; область ограничения (*тока*) объёмным зарядом
raumladungsgesättigt насыщенный пространственным *или* объёмным зарядом
raumladungsgeschwächt ослабленный пространственным *или* объёмным зарядом
Raumladungsgesetz *n* закон (степени) «трёх вторых», закон Ленгмюра
raumladungsgesteuert управляемый пространственным *или* объёмным зарядом
Raumladungsgitter *n* катодная сетка (*отсасывает пространственный заряд*)
Raumladungsgitterröhre *f* лампа с катодной сеткой
Raumladungsgleichung *f* 1. уравнение пространственного заряда 2. см. **Raumladungsgesetz**
Raumladungsinjektion *f* инжекция объёмного заряда
Raumladungskapazität *f* 1. ёмкость пространственного заряда 2. *пп* ёмкость запирающего слоя 3. разность входных ёмкостей «горячей» и «холодной» ламп
Raumladungskennlinie *f* характеристика пространственного *или* объёмного заряда
Raumladungskonstante *f* постоянная пространственного *или* объёмного заряда
Raumladungspotential *n* потенциал пространственного *или* объёмного заряда
Raumladungsrelaxationszeit *f* релаксационное время объёмного заряда
Raumladungsröhre *f* лампа с катодной сеткой
Raumladungsrückkopplung *f* обратная связь по пространственному заряду
Raumladungsschicht *f* слой пространственного *или* объёмного заряда
Raumladungsschwächung *f* **des Schroteffekts** депрессия [ослабление] дробового эффекта пространственным зарядом
Raumladungsschwächungsfaktor *m* коэффициент депрессии [ослабления] пространственным зарядом
Raumladungsspeicherung *f* накопление пространственного *или* объёмного заряда
Raumladungssperrschicht *f* запирающий слой объёмного заряда
Raumladungsstrom *m* ток пространственного *или* объёмного заряда
Raumladungsverbreitungseffekt *m* влияние распространения пространственного *или* объёмного заряда
Raumladungsverteilung *f* распределение пространственного *или* объёмного заряда
Raumladungswolke *f* облако пространственного заряда
Raumladungszone *f* см. **Raumladungsgebiet 1**.
Raumladungszonenweite *f* протяжённость области пространственного *или* объёмного заряда
Raumladungszustand *m* режим ограничения (*тока эмиссии*) пространственным зарядом; режим ограничения (*тока*) объёмным зарядом
Raumlautsprecher *m* громкоговоритель для озвучивания помещения (*напр. больших кинозалов*)
Raumleitfähigkeit *f*, **Raumleitung** *f* объёмная проводимость
räumlich пространственный, объёмный
räumlich-diskontinuierlich дискретный в пространстве
räumlich-kohärent пространственно-когерентный
räumlich-kontinuierlich непрерывный в пространстве
Raumlicht *n* 1. освещение помещения 2. окружающий свет; внешняя засветка
Raumlichtautomatik *f* автоматическая регулировка яркости в зависимости от освещения помещения
Raumlichtfilter *n* защитный светофильтр (*на трубке*)
Raummehrfachempfang *m* многократный пространственно разнесённый приём
Raummultiplex *m* *вчт* мультиплексная передача с пространственным разделением (*каналов*)
Raummultiplex-Vielfachzugriff *m* одновременная работа (*ответчика спутника*) с использованием нескольких остронаправленных антенн
raumorientiert ориентированный в пространстве
Raumpeilung *f* пространственное пеленгование
Raumplanung *f* схема размещения (*оборудования*)
Raumquantelung *f* пространственное квантование

Raumresonator m объёмный резонатор
Raumsignal n 1. пространственный сигнал 2. *тлг* бестоковая посылка, пауза
Raumsonde f автоматическая межпланетная станция, АМС
raumsparend компактный
Raumstaffelung f пространственное разнесение (*каналов связи*)
Raumstation f 1. космическая станция 2. ретранслятор ИСЗ
Raumstrahl m пространственный луч
Raumstrahlung f космическое излучение
Raumstruktur f пространственная структура
Raumtaste f клавиша пробела
Raumteilung f *см.* **Raumstaffelung**
Raumtelegrafie f радиотелеграфия
Raumtemperaturlaser m лазер, генерирующий при комнатной температуре
Raumton m стереофонический звук, стереозвук
Raumtonanlage f стереофоническое звуковоспроизводящее устройство
Raumtonaufnahme f стереофоническая звукозапись
Räumung f обеднение, истощение
Raumverkleidung f, **schalldämpfende** звукопоглощающее покрытие помещения
Raumverteilung f пространственное распределение
Raumvielfachsystem n (коммутационная) система с пространственным распределением (*каналов связи*)
Raumvielfachzugriff m *см.* **Raummultiplex-Vielfachzugriff**
Raumwahrnehmung f восприятие объёмности (*звука, изображения*)
Raumwelle f пространственная [ионосферная] (радио)волна
~, **indirekte** отражённая (*от ионосферы*) пространственная (радио)волна
Raumwellenempfangsbereich m область приёма пространственной (радио)волны
Raumwellenübertragung f передача пространственной (радио)волной
Raumwiderstand m 1. *пп* объёмное сопротивление 2. объёмный резистор
Raumwinkel m пространственный [телесный] угол
Raumwirkung f впечатление объёма [объёмности]
Raumzeitdiagramm n пространственно-временна́я диаграмма
Raumzeitkoordinaten f pl пространственно-временны́е координаты
raumzentriert объёмно-центрированный
Raumzone f пространственная зона; пространственная область
Rausch m *см.* **Rauschen**
Rauschabstand m отношение сигнал/шум
Rauschabstandsgewinn m, **Rauschabstandsverbesserung** f повышение отношения сигнал/шум
Rauschabstimmung f настройка по минимальному шуму
Rauschamplitude f амплитуда шумов
Rauschamplitudenverteilung f амплитудное распределение шумов

Rauschanpassung f согласование с учётом повышения отношения сигнал/шум
Rauschanstieg m увеличение шумов
Rauschanteil m шумовая составляющая
rauscharm малошумящий
Rauschaufnahme f шумовая перекрёстная помеха
Rauschausschlagkurve f характеристика шумов
Rauschautomatik f система автоматического подавления шумов
Rauschband n полоса шумов
Rauschbandbreite f ширина полосы шумов
Rauschbegrenzer m ограничитель шумов
rauschbehaftet поражённый шумами
Rauschbekämpfung f подавление шумов
Rauschberechnung f расчёт шумов
Rauschbeseitigung f подавление шумов
Rauschbewertung f оценка шумов
Rauschbewertungsfilter n взвешивающий фильтр для измерения (флуктуационной) помехи
Rauschbewertungsfunktion f *тлв* весовая функция помехи
Rauschbezugstemperatur f стандартная шумовая температура (*293, 16К*)
Rauschbild n картина шумов
Rauschbildung f возникновение шума
Rauschdichte f, **spektrale** спектральная плотность шумов
Rauschdiode f шумовой диод
Rauschdispersion f дисперсия шума
Rauscheigenschaft f характеристика шумов
Rauscheinfluß m влияние шумов
Rauscheingangsleitung f мощность шумов на входе
Rauschempfindlichkeit f чувствительность к шумам
Rauschen n 1. шум; шумы 2. шумовой фон 3. помеха; помехи
~, **allfrequentes** белый шум
~ **durch Mithören** шум, вызванный подслушиванием
~, **effektives** эффективное значение шумов; среднеквадратическое значение шумов
~, **1/f** избыточный токовый шум
~, **farbiges** окрашенный шум (*шум с выраженной зависимостью от частоты*)
~, **galaktisches** галактический шум
~, **Gaußsches** гауссов шум
~, **inkohärentes** некогерентный шум
~, **korreliertes** коррелированная помеха
~, **kosmisches** космический шум
~, **normales** гауссов шум
~, **solares** радиошум, обусловленный излучением Солнца
~, **spontanes** шум, обусловленный спонтанным излучением
~, **statistisches** флуктуационный шум
~, **stochastisches** стохастический [случайный] шум
~, **thermisches** тепловой шум
~ **des Trägers** шум несущей (частоты)
~, **weißes** белый шум
rauschend шумящий, с шумами (*напр. о канале*)
Rauschenergie f энергия шумов
Rauschersatzquelle f эквивалентный источник шумов

Rauschersatzschaltbild *n*, **Rauschersatzschaltung** *f* эквивалентная схема источника шумов
Rauscherzeuger *m* генератор шумов
Rauscherzeugung *f* генерирование шумов
Rauschfaktor *m* коэффициент шума
Rauschfaktormesser *m* измеритель коэффициента шума
Rauschfestigkeit *f* помехоустойчивость
Rauschfilter *n* 1. шумоподавляющий фильтр 2. помехоподавляющий фильтр
rauschfrei нешумящий, без шумов (*напр. о канале*)
Rauschfreiheit *f* отсутствие шумов
Rauschfunktion *f*, **integrale** интегральная функция шумов
Rauschgebiet *n* область шумов
Rauschgenerator *m* генератор шумов
Rauschgesichtspunkt *m* сравнение *или* оценка по шумам
rauschgestört 1. искажённый шумами 2. искажённый помехами
Rauschgrenze *f* запас (по) помехоустойчивости
Rauschgüte *f* коэффициент шума
Rauschhintergrund *m* шумовой фон
Rauschhöhe *f см.* **Rauschpegel**
Rauschimpuls *m* 1. импульс шумов 2. импульс помех
Rauschkenngröße *f*, **Rauschkennlinie** *f* характеристика шумов
Rauschklirr-Meßverfahren *n* метод измерения клирфактора
Rauschkompensation *f*, **Rauschkompensierung** *f* 1. компенсация шумов 2. компенсация помех
Rauschkomponente *f см.* **Rauschanteil**
Rauschkurve *f см.* **Rauschkenngröße**
Rauschleistung *f* мощность шумов
Rauschleistungsdichtespektrum *n* спектр плотности мощности шумов
Rauschleistungspegel *m* уровень мощности шумов
Rauschleistungsverhältnis *n* отношение сигнал/шум по мощности
Rauschleitwert *m* шумовая проводимость
rauschlos *см.* **rauschfrei**
Rauschmaß *f* коэффициент шума (*в децибелах*)
Rauschmechanismus *m* механизм возникновения шумов
Rauschmesser *m* измеритель шумов
Rauschmeßgenerator *m* измерительный генератор шума
Rauschmessung *f* 1. измерение шумов 2. измерение помех
Rauschminderer *m* шумоподавитель
~, **digitaler** цифровой шумоподавитель
Rauschminderung *f* подавление шумов; снижение уровня шумов
Rauschminderungssystem *n* система подавления шумов
Rauschmodulation *f* шумовая модуляция
Rauschniveau *n* уровень шумов
Rauschnormal *n* 1. эталон шума 2. эталонный генератор шума
Rauschoptimierung *f* оптимизация уровня шумов
Rauschparameter *m* шумовой параметр
Rauschpegel *m* уровень шумов

Rauschpeiler *m* шумопеленгатор
Rauschpotential *n см.* **Rauschspannung**
Rauschquelle *f* источник шумов
~, **homogene** испочник однородного шума
~, **innere** источник собственных шумов
~, **optische** источник оптических шумов
Rauschquellenersatzschaltbild *n* эквивалентная схема источника шумов
Rauschröhre *f* шумовая лампа
Rauschschwelle *f* шумовой порог
Rauschsender *m* передатчик шумовых помех
Rauschsignal *n* 1. шумовой сигнал 2. *инф.* зашумленный сигнал
Rauschspannung *f* напряжение шумов
~, **bewertete** псофометрическое напряжение шумов
Rauschspannungsabstand *m* отношение сигнал/шум по напряжению
Rauschspannungsanzeiger *m* измеритель напряжения шумов
Rauschspannungsgemisch *n* спектр шумов
Rauschspannungsgenerator *m* генератор напряжения шумов
Rauschspannungskurve *f* характеристика напряжения шумов
Rauschspektraldichte *f* спектральная плотность шума
Rauschspektrum *n* спектр шума
Rauschsperre *f* 1. шумоподавляющий фильтр 2. схема бесшумной настройки
Rauschstörkomponente *f* составляющая шумовой помехи
Rauschstörsignal *n* шумовая помеха
Rauschstörspannung *f* напряжение шумовой помехи
Rauschstörung *f* шумовая помеха
Rauschstreifen *m зап.* шумовая полосатость (*изображения*)
Rauschstrom *m* ток шумов
Rauschstromanteil *m*, **Rauschstromkomponente** *f* шумовая составляющая тока
Rauschströmung *f* ток, обусловленный напряжением шумов
Rauschtemperatur *f* шумовая температура
Rauschthyratron *n* таситрон (*шумовой тиратрон*)
Rauschträger *m* несущая (частота), модулированная шумами
Rauschtriode *f* шумовой триод
Rauschunempfindlichkeit *f* 1. нечувствительность к шумам 2. помехозащищённость
Rauschunregelmäßigkeit *f* неравномерность (спектра) шумов
Rauschunterdrücker *m* шумоподавитель
Rauschunterdrückung *f* подавление шумов
Rauschuntergrund *m* шумовой фон
Rauschverbesserung *f* уменьшение (уровня) шумов
Rauschverhältnis *n* коэффициент шума
Rauschverminderer *m* шумоподавитель
Rauschverminderung *f* подавление шумов
Rauschvierpol *m* шумящий четырёхполюсник
rauschvoll 1. с шумам 2. *инф.* зашумлённый (*о сигнале*)
Rauschwert *m* коэффициент шума

RAU

Rauschwiderstand *m* шумовое сопротивление
Rauschwirkleistung *f* активная мощность шумов
Rauschzahl *f* коэффициент шума
Rauschzeile *f* испытательная строка для измерения отношения сигнал/шум
Rautenantenne *f* ромбическая антенна
Raydistverfahren *n* радионавигационная система «Рэйдист»
Rayleigh-Bereich *m* область Рэлея, рэлеевская область
Rayleigh-Grenze *f* предел (разрешения) Рэлея
Rayleigh-Scheibe *f* диск Рэлея
Rayleigh-Schwund *m* рэлеевское замирание, замирание с рэлеевским распределением
Rayleigh-Streuung *f* рассеяние Рэлея
Rayleigh-Verteilung *f* распределение Рэлея
Rayleigh-Welle *f* волна Рэлея
Raysistor *m* фотоуправляемый полупроводниковый прибор
R. C. A.-Simultanverfahren *n* тлв система НТСЦ (*фирмы Ар-си-эй США*)
RC-Filter *n* резистивно-ёмкостный фильтр, RC-фильтр
RC-Generator *m* RC-генератор
RC-Glied *n* RC-звено
RC-Glied-Konstante *f*, **RC-Glied-Zeitkonstante** *f* постоянная времени RC-звена
RC-Hochpaß *m* RC-фильтр верхних частот
RC-Kette *f* RC-цепь, RC-цепочка
~, **verteilte** RC-цепь с распределёнными параметрами
RC-Konstante *f* постоянная времени RC-звена
RC-Kopplung *f* RC-связь
RC-Netzwerk *n см.* **RC-Kette**
RC-Oszillator *m* RC-генератор
RC-Teiler *m* RC-делитель
RC-Tiefpaß *m* RC-фильтр нижних частот
RCT-Logik *f*, **RCTL-Schaltungen** *f pl*, **RCT-Schaltkreis** *m* резистивно-ёмкостные транзисторные логические схемы, РТЕЛ-схемы
RC-Verstärker *m* RC-усилитель
RDS-Signal *n* сигнал системы радиоинформации (*цифровой вспомогательный сигнал, передаваемый одновременно с основной программой*)
R/D-Verhältnis *n* отношение отражённого звука к прямому
reactron *англ.* реактрон (*логическая схема*)
Read-Diode *f* диод Рида (*лавинно-пролётный диод с p—n—i—n- или n—p—i—n-структурами*)
Readout *n* 1. считывание (*данных*) 2. вывод (*данных*) 3. отсчёт; показание (*прибора*)
Reafferenz *f кuб.* реафферентность, обратная афферентация
~, **bewegungsrichtende** реафферентность, управляющая движением органов
~, **endgültige** окончательная [санкционирующая] реафферентность
~, **etappenweise** поэтапная реафферентность
~, **resultative** результирующая реафферентность
~, **sanktionierende** *см.* **Reafferenz, endgültige**
Reafferenzmechanismus *m* механизм реафферент-

REC

ности (*механизм управления, использующий принцип обратной связи*)
Reaktanz *f* реактивное сопротивление
Reaktanzdiode *f пп* параметрический диод
Reaktanzfunktion *f* 1. реактивная схема 2. реактансная функция
~ **CC-Typ** реактивная схема второго класса
~ **CL-Typ** реактивная схема четвёртого класса
~ **LC-Typ** реактивная схема третьего класса
~ **LL-Typ** реактивная схема первого класса
Reaktanzkomponente *f* реактивная составляющая
Reaktanzkreis *m* реактивная цепь
Reaktanzleitung *f* реактивный (согласующий) шлейф
Reaktanzmodulator *m* параметрический модулятор
Reaktanzröhre *f* реактивная лампа
Reaktanzschaltung *f* реактивная схема; реактивная цепь
Reaktanzspannung *f* реактивное напряжение
Reaktion *f* 1. реакция; противодействие; взаимодействие 2. отклик (*на воздействие*) 3. *рлк* ответный сигнал 4. положительная обратная связь
~ **zwischen Kristallen** взаимодействие между кристаллами
Reaktionsgleichung *f* уравнение реакции
Reaktionskammer *f* реакционная камера; реактор
~ **für Epitaxialtechnik, glockenförmige** колоколообразный эпитаксиальный реактор
~, **kalottenförmige** планарный реактор для плазменного травления
~, **zylinderförmige** цилиндрическая реакционная камера
Reaktionskurve *f* кривая отклика; кривая переходного процесса
Reaktionssubstanz *f* реагент
Reaktionstestgerät *n* прибор для проверки реакций (*напр. на зондирующие сигналы*)
Reaktionszeit *f* 1. время срабатывания 2. постоянная времени
Reaktivität *f* реактивность
Reaktor *m* 1. реактор 2. катушка индуктивности
real 1. действительный, реальный 2. *мат.* вещественный
Realisierung *f* реализация; внедрение; ввод в работу
Realkomponente *f* вещественная составляющая
Realkristall *m* реальный кристалл
Realleitfähigkeit *f*, **Realleitwert** *m* активная проводимость
Realteil *m* 1. вещественная часть 2. активная составляющая
Rear-Port-Projektions-Bildschirm *m* дисплей на ЭЛТ с задним окном
Reassembler *m* обратный ассемблер
recam *англ.* видеокамера фирмы Панасоник (*США*)
Rechenablauf *m* 1. *вчт* машинная операция 2. процесс вычислений
Rechenanlage *f см.* **Rechenmaschine**
Rechenaufwand *m* затраты машинного времени
Rechenautomat *m* автоматическая ВМ
~, **logisch-fortlaufend organisierter** автоматиче-

ская ВМ с произвольной последовательностью операций
~, **speicherprogrammierter** автоматическая ВМ с запоминаемой программой
~, **starr-fortlaufend organisierter** автоматическая ВМ с жёсткой последовательностью операций
Rechenbaustein *m см.* **Recheneinheit**
Rechenbefehl *m* арифметическая команда
Rechenbetrieb *m* режим вычислений
Rechenblatt *n* таблица последовательности вычислений
Rechencharakteristik *f* счётная характеристика
Rechendatenwort *n* машинное слово
Rechendiagramm *n* номограмма
Recheneingang *m* счётный вход
Recheneinheit *f* 1. вычислительный блок 2. процессор
~, **zentrale** центральный процессор
Recheneinrichtung *f* 1. вычислительное устройство 2. центральный процессор, ЦП
Rechenelektronik *f* электроника вычислительных устройств
Rechenelement *n* вычислительный элемент
Rechenfehler *m* ошибка вычисления
Rechenfunktion *f* 1. вычислительная функция 2. вычислительная процедура
Rechenfunktionsbaustein *m* арифметический логический модуль, АЛМ
Rechenfunktionseinheit *f* функциональный вычислительный блок
Rechengang *m* 1. процесс вычисления 2. алгоритм вычислений
Rechengerät *n см.* **Recheneinrichtung**
Rechengeschwindigkeit *f* скорость вычислений, быстродействие ВМ
Rechenglied *n см.* **Rechenelement**
Rechengrenze *f* ограничение по скорости вычислений
Rechengröße *f* операнд, компонента операции
Rechenhilfsmittel *n pl* (вспомогательные) средства вычислительной техники
Rechenimpuls *m* счётный импульс
Rechenimpulssystem *n* счётно-импульсная система
Rechenkontrolleinheit *f* блок контроля вычислений; блок арифметического контроля
Rechenkreis *m* 1. вычислительная схема 2. счётная схема
Rechenleistung *f* вычислительная мощность, вычислительный ресурс
Rechenlogik *f* логика ВМ
~, **schnelle** быстродействующая логика ВМ
Rechenmaschine *f* вычислительная машина, ВМ (*см. тж* **Rechner**)
~, **analoge** аналоговая ВМ, АВМ
~, **asynchrone** асинхронная ВМ
~, **bionische** бионическая ВМ
~, **digitale** цифровая ВМ, ЦВМ
~ **dritter Generation** ВМ третьего поколения
~, **eigentliche** собственно вычислительная машина
~, **elektronische** электронная ВМ, ЭВМ
~ **erster Generation** ВМ первого поколения
~, **festverdrahtete** [**testprogrammierte**] ВМ с жёсткой [неизменяемой] программой

~, **hybride** [**kombinierte**] гибридная [аналого-цифровая] ВМ
~, **kontinuierlich arbeitende** [**kontinuierlich wirkende**] непрерывно функционирующая ВМ
~, **lernende** обучающая ВМ
~, **lichtoptische** оптическая ВМ
~ **mit gespeichertem Programm** ВМ с запоминаемой программой
~, **mittelgroße** [**mittlere**] средняя ВМ
~, **parallel arbeitende** ВМ параллельного действия
~, **programmgesteuerte** ВМ с программным управлением
~, **schnell arbeitende** [**schnelle, schnell schaltende**] быстродействующая ВМ
~, **speicherprogrammierte** ВМ с программируемой памятью
~, **spezialisierte** специализированная ВМ
~, **stetig arbeitende** непрерывно функционирующая ВМ
~, **steuernde** управляющая ВМ
~, **synchrone** синхронная (цифровая) ВМ
~, **transistorbestückte** ВМ на транзисторах
~, **überschnelle** сверхбыстродействующая ВМ
~, **wissenschaftliche** ВМ для научных расчётов
~ **zweiter Generation** ВМ второго поколения
Rechenmaschinenkode *m* код ВМ
Rechenmaschinennachbildung *f* моделирование на ВМ
Rechenmathematik *f* вычислительная математика
Rechenmodell *n* 1. машинная модель 2. *мат.* числовая модель
Rechenmodus *m* способ вычислений
Rechenoperation *f* вычислительная *или* арифметическая операция
Rechenorgan *n см.* **Recheneinheit**
Rechenparameter *m* расчётный параметр
Rechenperiode *f* период вычисления; время решения
Rechenphase *f* этап выполнения операции; фаза [стадия] вычислений
Rechenplan *m* схема вычислений
Rechenpotentiometer *n* решающий потенциометр
Rechenprobe *f* 1. проверка вычисления 2. пробное вычисление, пробный расчёт
Rechenprogramm *n* 1. программа вычислений 2. программа (для) ВМ, машинная программа
Rechenprüfung *f* арифметический контроль
Rechenregister *n* регистр арифметического устройства
Rechenschema *n*, **Rechenschaltung** *f* 1. схема вычислений 2. счётная схема
Rechenschritt *m* шаг [этап] вычисления
Rechenspeicher *m* ЗУ *или* память ВМ
Rechensprache *f* машинный язык
Rechenstation *f* вычислительная [машиносчётная] станция
Rechenstelle *f* 1. счётный разряд 2. *см.* **Rechenstation**
Rechensteuerung *f* управление вычислительным процессом [ходом вычислений]
Rechensystem *n* 1. вычислительная система 2. система счисления
Rechentafel *f* расчётная таблица; номограмма

Rechentaste f счётная клавиша
Rechentechnik f вычислительная техника
Rechenteil m операционная часть (*команды*)
Rechen- und Leitwerk n арифметико-логическое устройство, АЛУ
Rechenverfahren n метод вычислений
Rechenverstärker m решающий усилитель
Rechenvorgang m вычислительный процесс
Rechenvorschrift f программа вычислений
Rechenvorzeichen n знак арифметической операции; знак числа
Rechenwerk n 1. арифметическое устройство, АУ (*ВМ*) 2. счётчик 3. вычислительное устройство, вычислитель 4. процессор
Rechenwerkregister n регистр арифметического устройства
Rechenwert m вычисленное значение
Rechenzeichen n pl знаки сложения и вычитания
Rechenzeit f 1. время вычислений 2. машинное время
Rechenzentrale f, **Rechenzentrum** n вычислительный центр, ВЦ
Recherche f информационный поиск
Recherchesystem n информационно-поисковая система, ИПС
~, **datenlieferndes** фактографическая ИПС
Rechnen n 1. арифметика 2. вычисление; счёт (*см. тж* Rechnung)
~, **binäres** двоичная арифметика
~, **repetierendes** вычисление с периодизацией решений
Rechnentraining n обучение оператора ВМ
Rechner m 1. вычислительная машина, ВМ (*см. тж* Rechenmaschine) 2. вычислительное устройство, вычислитель 3. процессор
~, **alphabetisch-numerischer** [**alphanumerischer**] алфавитно-цифровая ВМ
~, **befehlszählergesteuerter** ВМ с жёсткой последовательностью операций
~ **für wissenschaftliche Aufgaben** ВМ для научных расчётов
~, **lochbandgesteuerter** ВМ с управлением от перфоленты
~ **mit direkter Befehlsausführung** ВМ с непосредственным выполнением (*без трансляции*) операторов входного языка; ВМ прямого действия
~ **mittlerer Leistung** ВМ средней производительности
~ **mit vielfachem Zugriff** ВМ коллективного пользования, ВМ с множественным доступом
~, **repetierender** ВМ с периодизацией решения
~, **übergeordneter** главная ВМ; ВМ более высокого уровня иерархии
Rechneradapter m адаптер ВМ
Rechneranalyse f 1. машинный анализ 2. моделирование на ВМ
Rechnerarbeitsspeicher m оперативное ЗУ ВМ, ОЗУ ВМ
Rechnerarchitektur f архитектура ВМ
Rechnerbank f информационный банк
Rechnerbaustein m блок *или* модуль ВМ
Rechnerbetrieb m работа (*ВМ*) в режиме вычислений
Rechnerbus m шина ВМ

Rechnerdialog m обмен информацией между вычислительными комплексами, машинно-машинный диалог
Rechnereinheit f блок ВМ
Rechnerfamilie f семейство ВМ
Rechnergenerator m поколение ВМ
rechnergesteuert управляемый ВМ
rechnergestützt компьютеризованный, с использованием ВМ
Rechnerhardwave f 1. аппаратное обеспечение, технические средства (*обработки данных*) 2. аппаратное обеспечение ВМ
Rechnerhierarchie f иерархия ВМ
Rechnerinterface n интерфейс ВМ
Rechnerinterpolation f интерполяция с помощью ВМ
Rechnerkapazität f производительность ВМ
Rechnerkode m 1. машинный код 2. состав команд ВМ
Rechnerkommunikation f межмашинная связь
Rechnerlauf m 1. прогон ВМ 2. машинный прогон
Rechnerlogikbaustein m 1. логический блок ВМ 2. арифметико-логическое устройство, АЛУ
Rechnermagnetbandgerät n ВМ с управлением от МЛ
Rechnermodelierung f моделирование на ВМ
Rechnername m тип [марка] ВМ
Rechnernetzgerät n блок питания ВМ
Rechnernetzwerk n система машин коллективного пользования
Rechneroperation f машинная операция
rechnerorientiert машинно-ориентированный
Rechnerperiode f машинный цикл
Rechnerperipherie f периферийные устройства ВМ
Rechnerschaltung f схема ВМ
Rechnersimulation f моделирование на ВМ
Rechner-Standardbaustein m, **Rechner-Standardblock** m унифицированный модуль ВМ
Rechnerstellwerk n устройство управления (*исполнительными органами*) от ВМ
Rechnersteuerung f управление от ВМ
Rechnerstörung f сбой ВМ
Rechnersymbolik f символика ВМ
Rechnersystem n 1. система ВМ 2. вычислительная система
Rechnertakt m тактовая частота вычислительного устройства
Rechnertraining n отладка ВМ
rechnerunterstützt *см.* rechnergestützt
Rechnerverbundbetrieb m режим многопроцессорной работы
Rechnerversagen n отказ ВМ
Rechnerwirkzeit f полезное машинное время
Rechnerwort n машинное слово
Rechnerzeit f машинное время
Rechnerzentrum n вычислительный центр, ВЦ
Rechner-zu-Rechner-Verbindung f межмашинная связь
Rechnung f вычисление; счёт, подсчёт; расчёт (*см. тж* Rechnen)
~, **analoge** аналоговые вычисления
~, **digitale** цифровые вычисления

Rechnungsauszug *m* вывод результата вычислений
Rechnungsbahn *f* расчётная траектория, расчётная орбита
Rechnungsendbetrag *m* конечный итог вычислений
Rechnungsgang *m* цикл вычислений; ход [порядок] расчёта
Rechnungslegung *f* подготовка (вычислительных) данных
Rechteck *n* 1. прямоугольный импульс 2. прямоугольник
Rechteckbandpaß *m* полосовой фильтр с прямоугольной характеристикой пропускания
Rechteckbildröhre *f* кинескоп с прямоугольным экраном
Rechteckchip *n* прямоугольный кристалл (*ИС*)
Rechteckfaktor *m* коэффициент прямоугольности (*напр. петли гистерезиса*)
Rechteckfernsehröhre *f см.* **Rechteckbildröhre**
Rechteckferrit *m* феррит с прямоугольной петлей гистерезиса
Rechteckformung *f* придание прямоугольной формы
Rechteckfrequenzgang *m* частотная характеристика прямоугольной формы
Rechteckgeber *m см.* **Rechteckimpulsgeber**
Rechteckgenerator *m* 1. *см.* **Rechteckimpulsgenerator** 2. *см.* **Rechteckwellengenerator**
Rechteckhohlleiter *m* прямоугольный волновод
Rechteckigkeitsverhältnis *n см.* **Rechteckfaktor**
Rechteckimpuls *m* прямоугольный импульс
Rechteckimpulsformer *m* формирователь прямоугольных импульсов
Rechteckimpulsgeber *m* датчик прямоугольных импульсов
Rechteckimpulsgenerator *m* генератор прямоугольных импульсов
Rechteckkern *m* прямоугольный сердечник
Rechteckkern-Magnetkopf *m* магнитная головка на магнитопроводе прямоугольной формы
Rechteckkreis *m* схема формирования прямоугольных импульсов
Rechteckkurve *f* прямоугольная [П-образная] кривая
Rechteckleiter *m* прямоугольный волновод
Rechteckmodulation *f* модуляция прямоугольными импульсами
Rechteckpotentialtopf *m* прямоугольная потенциальная яма
Rechteckrohr *n* прямоугольный волновод
Rechteckröhre *f см.* **Rechteckbildröhre**
Rechteckschleife *f* прямоугольная петля гистерезиса
Rechteckschwingungen *f pl* колебания прямоугольной формы
Rechteckspalt *m* 1. прямоугольная (механическая) щель 2. прямоугольный зазор (*магнитной головки*) 3. прямоугольный (пишущий) штрих
Rechteckspannung *f* напряжение прямоугольной формы
Rechteckspeicherkern *m* запоминающий сердечник с прямоугольной петлей гистерезиса

Rechteckumformer *m* симметричный [двухсторонний] ограничитель
Rechteckverhältnis *n см.* **Rechteckfaktor**
Rechteckverteilung *f* прямоугольное распределение
Rechteckwelle *f*, **Rechteckwellenform** *f* колебание [сигнал] прямоугольной формы
Rechteckwellengenerator *m* генератор колебаний прямоугольной формы
Rechtslauf *m* вращение по часовой стрелке, правое вращение
Rechtspolarisation *f* правосторонняя поляризация
Rechtsquarz *m* правовращающий кварц
Rechts-Signal *n* сигнал правого канала, сигнал В (*в стереофонии*)
Rechtsverschiebung *f* сдвиг вправо
Rechtwinkelphase *f* сдвиг по фазе на 90°
Rechtwinkligkeit *f* ортогональность
rec-mut *англ.* автоматика бесшумного переключения перезаписи (с одного фрагмента на другой)
Recorder *m* 1. записывающее устройство 2. магнитофон; видеомагнитофон 3. самописец
~, **aufnehmender** записывающий (видео)магнитофон
~, **wiedergebender** воспроизводящий (видео)магнитофон
Recorderkamera *f* видеозаписывающая камера, видеокамера
Recorder-Programmierung *f* программирование (*автоматического включения*) (видео)магнитофона
Recycling *n* 1. восстановление (*напр. аккумуляторов*) 2. повторение цикла 3. вторичная переработка
Redaktionsraum *m* (видео)режиссёрская аппаратная
Redhead-Zelle *f* магнетронный вакуумметр
Rediffusion *f* ретрансляция
Reduktion *f* 1. уменьшение; ослабление 2. обработка, преобразование (*данных*) 3. сжатие, уплотнение (*данных*) 4. *мат.* приведение; упрощение; сведение 5. кв. эл. редукция (*напр. волнового пакета*)
Reduktionsbad *n* восстановительная ванна
Reduktionsfaktor *m* 1. коэффициент уменьшения 2. *мат.* коэффициент приведения
Reduktionskamera *f* редукционная (фото)камера
Reduktionskaskadierung *f* последовательная цепь (оптических) уменьшений [редуцирования] (*изображения*)
Reduktionsleiter *m* электронный проводник
Reduktionsmittel *n* восстановитель
Reduktionsstufe *f* ступень уменьшения
redundant 1. *инф.* избыточный 2. *над.* резервный
Redundanz *f* 1. *инф.* избыточность 2. *над.* резервирование 3. *вчт* переполнение
~, **aktive** резервирование замещением
~, **fördernde** 1. полезная избыточность 2. нагрузочное резервирование
~, **funktionsbeteiligte** 1. функциональная избыточность 2. функциональное резервирование
~, **heiße** нагруженное резервирование

~, **kalte** ненагруженное резервирование
~, **leere** бесполезная избыточность
~, **nicht funktionsbeteilige** нефункциональная избыточность
~, **nützliche** полезная избыточность
~, **passive** постоянное резервирование
~, **warme** облегчённое резервирование
~, **zeitliche** 1. временна́я избыточность (*повторением информации*) 2. временно́е резервирование
Redundanzabbau *m* сокращение избыточности
Redundanzgrad *m* кратность резервирования
Redundanzminderung *f* уменьшение избыточности
Redundanzprüfung *f* 1. проверка надёжности 2. *вчт* контроль с введением избыточности
Redundanzreduktion *f* уменьшение избыточности
Redundanzschaltung *f* 1. схема с избыточностью 2. схема резервирования
Redundanzsystem *n* 1. система с избыточностью 2. система с резервированием
Redundanzverhältnis *n* 1. степень избыточности 2. кратность резервирования
Redundanzverminderung *f* уменьшение избыточности
Redundanzzeichen *n* избыточный знак
reduzieren 1. уменьшать; ослаблять 2. обрабатывать, преобразовывать (*данные*) 3. сжимать, уплотнять (*данные*) 4. *мат.* приводить; упрощать; сокращать
Reduzieren *n*, **Reduzierung** *f см.* **Reduktion**
Reedkontakt *m* герметизированный контакт, геркон
Reed-Solomon-Kode *m* код Рида — Соломона
Reemission *f* вторичная эмиссия
Referenzdiode *f* опорный диод
Referenzempfänger *m* эталонный радиоприёмник
Referenzfarbträger *m* опорная цветовая поднесущая (частота)
Referenzfeld *n гол., кв. эл.* опорное поле
~, **ebenes** опорное поле плоской волны
~, **sphärisches** опорное поле сферической волны
Referenzfrequenz *f* опорная частота
Referenzgenerator *m* генератор опорного сигнала
Referenzhohlraum *m* эталонный объёмный резонатор
Referenzleerband *n* измерительная пустая (магнитная) лента
Referenzoszillator *m* 1. эталонный генератор 2. генератор опорной поднесущей (частоты)
Referenzresonator *m* эталонный резонатор
Referenzröhre *f* газоразрядный стабилитрон
Referenzsignal *n* 1. опорный сигнал 2. эталонный сигнал
Referenzspannung *f* 1. опорное напряжение 2. эталонное напряжение
Referenzstrahl *m* опорный пучок
Referenzträger *m* 1. опорная несущая (частота) 2. *тлв* опорная цветовая поднесущая (частота)
Referenzträgeroszillator *m* 1. генератор опорной несущей (частоты) 2. *тлв* генератор опорной цветовой поднесущей (частоты)
Referenzwellenfront *f*, **ebene** *гол.* фронт плоской опорной волны

Reflektanz *f* 1. отражательная способность 2. коэффициент отражения
Reflektierung *f* отражение
Reflektions... *см.* **Reflexions...**
Reflektogramm *n* рефлектограмма
Reflektograf *m* рефлектограф
Reflektor *m* 1. *ант.* рефлектор 2. отражатель, зеркало 3. отражатель клистрона 2. отклоняющий электрод (*ЭЛП*)
~, **aktiver** активный рефлектор
~, **diffuser** диффузный отражатель
~, **direkt erregter** активный рефлектор
~, **ebener** 1. плоский отражатель, плоское зеркало 2. совокупность вторичных излучателей, расположенных в одной плоскости
~, **gespeister** активный рефлектор
~, **passiver** [**strahlungserregter, strahlungsgekoppelter**] пассивный рефлектор
Reflektorantenne *f* зеркальная [отражательная] антенна
Reflektordipol *m* диполь-рефлектор
Reflektorelektrode *f см.* **Reflexionselektrode**
Reflektorgewinn *m* усиление за счёт отражателя (*антенны*)
Reflektorplatte *f* отражающая пластина
Reflektor-Satellit *m* пассивный спутник связи
Reflektorschirm *m* отражательный экран
Reflektorspannung *f* напряжение на отражателе (*клистрона*)
Reflektorspiegel *m* отражающее зеркало (*антенны*)
Reflektorstab *m* стержневой рефлектор
Reflektorstrahler *m* пассивный излучатель
Reflektorwand *f* 1. отражательная (антенная) решётка 2. отражательный экран
Reflexblendung *f* слепящее отражение
Reflexcode *m* циклический код
Reflexempfang *m* рефлексный (радио)приём
reflexfrei неотражающий
Reflexgenerator *m* генератор на отражательном клистроне
Reflexion *f* отражение
~, **Braggsche** брэгговское отражение, отражение под углом Брэгга
~, **diffuse** диффузное отражение
~, **gerichtete** направленное *или* зеркальное отражение
~, **gestreute** диффузное отражение
~, **mehrfache** многократное отражение
~, **spiegelnde** зеркальное отражение
~, **sporadische** спорадическое отражение
~, **störende** мешающее отражение
~, **totale** полное (внутреннее) отражение
~, **troposphärische** отражение от слоя тропосферы
~, **vollkommene** [**vollständige**] полное отражение
Reflexionsabtastung *f* развёртка (изображения) отражённым светом
Reflexionsamplitude *f* амплитуда отражённого сигнала
Reflexionsblendung *f* слепящее отражение
Reflexionsdämpfung *f* затухание вследствие отражения
Reflexionsdiagramm *n* диаграмма направленности отражающего объекта

Reflexionsebene f плоскость отражения
Reflexionseigenschaften f pl отражательные свойства
Reflexionselektrode f 1. отражатель (*клистрона*) 2. отклоняющий электрод (*ЭЛП*)
Reflexionselektronenmikroskop n отражательный электронный микроскоп
Reflexionsempfang m приём отражённых сигналов
Reflexionsfähigkeit f отражательная способность
Reflexionsfaktor m коэффициент отражения
Reflexionsfehlen n см. **Reflexionsfreiheit**
Reflexionsfilter n светофильтр на эффекте селективного отражения
Reflexionsfotokatode f отражательный фотокатод
reflexionsfrei неотражающий
Reflexionsfreiheit f 1. отсутствие отражения 2. согласование (*сопротивлений или нагрузок*)
Reflexionsgalvanometer n зеркальный гальванометр
Reflexionsgenerator m см. **Reflexklystrongenerator**
Reflexionsgitter n отражательная (дифракционная) решётка
Reflexionsgrad m коэффициент отражения
Reflexionshöhe f высота отражающего слоя (*ионосферы*)
Reflexionsimpuls m отражённый импульс
Reflexionskoeffizient m коэффициент отражения
Reflexionskraft f см. **Reflexionsfähigkeit**
Reflexionskurven f pl, **akustische** кривые звукового отражения
Reflexionslaufzeitröhre f см. **Reflexklystron**
Reflexionsleitung f линия с отражениями
Reflexionslichthof m ореол
Reflexionslichtschranke f отражательный световой шкаф
Reflexionsmaser m отражательный лазер
Reflexionsmatrix f матрица отражения; матрица рассеяния
Reflexionsmikroskop n отражательный микроскоп
Reflexionsobjekt n отражающий объект
Reflexionsphasenschieber m отражательный фазовращатель
Reflexions-Phasen-Volumenhologramm n отражательная фазовая трёхмерная голограмма
Reflexionsquantenverstärker m, **paramagnetischer** отражательный парамагнитный усилитель
Reflexionsraum m пространство отражения (*в клистроне*)
Reflexionsröhre f см. **Reflexklystron**
Reflexionssignal n отражённый сигнал
Reflexionsspektrum n спектр отражения
Reflexionssprung m скачок отражённой волны
Reflexionsstelle f место отражения
Reflexionsstörungen f pl 1. помехи вследствие отражения (*напр. радиоволн*) 2. искажения вследствие рассогласования
Reflexionsstrahlung f отражённое излучение
Reflexionstriftröhre f см. **Reflexklystron**
Reflexionsverluste m pl 1. потери вследствие отражения 2. потери вследствие рассогласования
Reflexionsvermögen n отражательная способность
Reflexionsverstärker m отражательный усилитель
Reflexionswelle f отражённая волна
Reflexionszeichen n отражённый сигнал
Reflexionszeile f испытательная строка для измерения отражённых сигналов
Reflexklystron n отражательный клистрон
Reflexklystrongenerator m генератор на отражательном клистроне
Reflexkode m циклический код
Reflexkoppler m ответвитель отражённых сигналов
Reflexprojektor m эпипроектор
Reflexschaltung f 1. рефлексная схема 2. *рег.* обратная связь
Reflextypzirkulator m циркулятор отражательного типа
Reflexverstärkung f усиление по рефлексной схеме
Reflexvisier n зеркальный визир
Reflexzeichenvorrichtung f устройство для оптического совмещения карты с индикатором кругового обзора
Reflow-Löten n, **Reflow-Lötung** f пайка методом расплавления полуды
Refokussierung f расфокусировка
Refraktion f преломление, рефракция
Refraktionsindex m индекс преломления
Refraktionsindexmodulation f модуляция индекса преломления
Refraktionskoeffizient m коэффициент преломления
Refraktionsvermögen n преломляющая способность
Refraktionszahl f индекс преломления
Refraktometer n рефлектометр
Refresch-Rate f частота обновления *или* регенерации (*информации*)
Refreschzeit f время обновления (*напр. содержимого памяти*)
Refreschzyklus m цикл обновления *или* регенерации
refresh *англ.* обновление (*напр. информации*)
Regel f, **Matthiessensche** правило Матиса (*правило определения полного сопротивления металлического проводника*)
Regel... см. *тж* **Regelungs...**
Regelablauf m процесс регулирования
Regelabweichung f ошибка регулирования; рассогласование
~, **bleibende** остаточное рассогласование
Regelabweichungsdetektor m детектор рассогласования
Regelabweichungssignal n сигнал рассогласования
Regelalgorithmus m алгоритм регулирования *или* управления
Regelautomatik f аппаратура автоматического регулирования
Regelband n управляющая лента
Regelbarkeit f регулируемость
Regelbauart f стандартная конструкция
Regelbelastung f нормальная [рабочая] нагрузка
Regelbereich m 1. диапазон регулировки 2. *авт.* диапазон [область] регулирования

Regel-Computer m управляющая ВМ, УВМ
Regeldiode f 1. регулировочный диод (*АРУ*) 2. управляемый диод 3. полупроводниковый стабилитрон
Regeleigenschaft f качество регулирования
Regeleinrichtung f регулирующее устройство
Regeleinsatzschwelle f порог регулирования
Regeleinwirkung f регулирующее воздействие
Regelelektronik f электронная аппаратура регулирования
Regelelement n регулирующий элемент, элемент (системы) регулирования
Regelexponentialröhre f лампа с переменной крутизной (*характеристики*)
Regelfähigkeit f регулируемость
Regelfehler m ошибка регулирования
Regelfeinheit f точность регулирования
Regelfilter n фильтр с регулируемыми параметрами
Regelfunktion f функция регулирования
Regelgeschwindigkeit f скорость регулирования
Regelgitter n управляющая сетка
Regelglied n звено регулирования
Regelgrenzen f pl пределы регулирования
Regelgröße f 1. регулируемая величина; регулируемый параметр 2. регулируемая переменная
Regelheißleiter m регулировочный терморезистор
Regelimpuls m регулирующий импульс
Regelkanal m 1. канал регулирования 2. *тлф* цепь прямого соединения
Regelkennlinie f характеристика регулирования
Regelkreis m 1. контур регулирования; цепь регулирования 2. система (автоматического) регулирования
~, **geschlossener** 1. замкнутый контур регулирования 2. замкнутая система (автоматического) регулирования
~, **offener** 1. разомкнутый контур регулирования 2. разомкнутая система (автоматического) регулирования
~, **phaseneingerasteter** контур дискретной подстройки фазы
~, **selbsttätiger** система автоматического регулирования, САР, автоматическая система регулирования, АСР
Regelleistung f мощность, расходуемая на регулирование
Regellosigkeit f 1. нерегулярность; неоднородность; неравномерность 2. *мат.* беспорядок
Regelmagnet m регулировочный магнит
Regelmechanismus m механизм регулирования
Regelmotor m серводвигатель
regeln регулировать
Regeln n *см.* **Regelung**
Regelobjekt n *см.* **Regelstrecke**
Regelorgan n орган регулирования
Regelparameter m регулируемый параметр
Regelpotentiometer n регулировочный потенциометр
Regelrest m остаточное рассогласование
Regelröhre f регулирующая лампа
Regelschaltung f, **Regelschema** n 1. схема регулировки 2. *авт.* схема регулирования

Regelschleife f контур регулирования
Regelsiebglied n частотно-зависимое звено фильтра
Regelsignal n регулирующий сигнал
Regelspanne f *см.* **Regelstrecke**
Regelspannung f 1. управляющее напряжение 2. стандартное [нормальное] напряжение
Regelspannungsgleichrichter m 1. детектор регулирующего напряжения 2. выпрямитель с регулируемым напряжением
Regelspannungssieb n фильтр (для) выделения регулирующего напряжения
Regelspur f *зап.* дорожка (канала) управления (*видеомагнитофона*)
Regelsteilheit f крутизна регулирования
Regelsteuerwerk n прибор регулирования и управления
Regelstrecke f объект регулирования
Regelstrom m 1. управляющий ток 2. стандартный [нормальный] ток 3. *тлг* сигнал коррекции
Regelstufe f 1. регулирующий каскад 2. регулируемый каскад 3. ступень регулирования
Regeltafel f пульт [щит] регулировки
Regelteiler m регулируемый делитель (*частоты, напряжения*)
Regeltransformator m регулировочный трансформатор (*напряжения*)
Regeltriode f регулирующий триод
Regel- und Steuertechnik f техника автоматического регулирования и управления
Regelunempfindlichkeit f нечувствительность к регулированию
Regelung f 1. регулировка 2. *авт.* регулирование
~, **adaptive** адаптивное регулирование
~, **digitale** цифровое регулирование
~, **direkte** прямое [непосредственное] регулирование
~, **fein(stufig)e** точная [плавная] регулировка; точное [плавное] регулирование
~, **grob(stufig)e** грубая регулировка; грубое регулирование
~, **indirekte** непрямое [косвенное] регулирование
~, **nichtlineare** 1. нелинейное регулирование 2. система нелинейного регулирования
~, **stetige** непрерывное регулирование
~, **stufenlose** плавное регулирование
~, **stufenweise** ступенчатое регулирование
~, **synchrone** следящее регулирование
~, **träge** инерционное регулирование
~ **der Trennschärfe, automatische** автоматическая регулировка избирательности, АРИ
~, **unverzögerte** регулирование без задержки
~, **verzögerte** регулирование с задержкой, задержанное регулирование
~, **zeitliche** 1. согласование во времени, хронирование; временна́я синхронизация 2. тактирование 3. распределение интервалов времени

Regelungs... *см. тж* **Regel...**
Regelungsabstand m интервал регулирования
Regelungsdauer f *см.* **Regelzeit**

Regelungsfolge f последовательность регулирования
Regelungsgrad m степень регулирования
Regelungsintervall n интервал регулирования
Regelungsrechner m управляющая ВМ
Regelungsstabilität f устойчивость регулирования
Regelungssystem n система (автоматического) регулирования
~, **automatisches** система автоматического регулирования, САР, автоматическая система регулирования, АСР
~, **vermaschtes** многоконтурная [взаимосвязанная] система регулирования
Regelungstechnik f техника (автоматического) регулирования
Regelventil n регулирующий вентиль; регулирующий клапан
Regelverstärker m 1. усилитель с регулируемым коэффициентом усиления 2. *авт.* усилитель цепи регулирования
Regelwerk n регулятор; регулирующий механизм
Regelwiderstand m регулировочный резистор; реостат
Regelzeichen n см. **Regelsignal**
Regelzeit f 1. время [продолжительность] регулирования 2. продолжительность переходного процесса
Regelzeitkonstante f постоянная времени регулирования
Regelzone f зона [область] регулирования
Regen m *рлк, тлв* «дождь» (*вид помех*)
Regenbogenfarbmuster n, **Regenbogentestbild** n испытательная таблица в виде цветных полос
Regenbogentestbildgenerator m генератор цветных полос, ГЦП
Regenecho n сигнал, отражённый от осадков
Regenenttrübung f подавление отражений от осадков
Regeneration f 1. регенерация 2. восстановление 3. положительная обратная связь
Regenerationsschleife f контур положительной обратной связи
Regenerationsspeicher m регенеративное ЗУ
Regenerationsverstärker m см. **Regenerierverstärker**
regenerativ 1. регенеративный 2. с положительной обратной связью
Regenerativverstärker m см. **Regenerierverstärker**
Regenerator m 1. регенератор; регенеративный повторитель 2. *вчт* регенератор (*напр. кода*)
Regeneratorabstand m регенерационный участок; радиорелейный участок
Regenerierbarkeit f восстанавливаемость
Regenerierstrahl m восстанавливающий (*напр. потенциал мишени*) луч
Regenerierung f см. **Regeneration**
Regenerierverstärker m регенеративный усилитель, усилитель с положительной обратной связью
Regeneriervorgang m 1. процесс регенерации 2. процесс восстановления (*напр. кинескопов*)
Regie f режиссура; управление (*напр. телепередачей*)

Regieanlage f пульт режиссёра
Regiebefehl m команда режиссёра
Regieeinrichtung f пульт режиссёра
Regiefenster n окно в режиссёрской аппаратной
Regiegeräte n pl режиссёрская аппаратура
Regiepult n пульт режиссёра
Regieraum m режиссёрская аппаратная
Regiespur f режиссёрская дорожка, дорожка режиссёрских указаний; монтажная дорожка
Regime n режим
Region f 1. район; регион 2. *пп* слой
Region I *косм.* Регион I (*Европа, Африка, СССР, Монголия*)
Region II *косм.* Регион II (*Америка*)
Region III *косм.* Регион III (*Азия без СССР и Монголии*)
Register n 1. *вчт* регистр 2. указатель, регистр
~, **abgehendes** *тлф* исходящий регистр
~, **allgemeines** регистр общего назначения
~, **ankommendes** *тлф* входящий регистр
~ **aus Verzögerungsleitungen** регистр на ЛЗ
~ **für den aktuellen Zustand** регистр текущего состояния
~ **für Durchgangsverbindungen** регистр для транзитной связи
~ **für den Operationskode** регистр кода операции
~, **internes** внутренний регистр
~ **mit selbsttätiger Fortschaltung** регистр с автоматическим (последовательным) сдвигом
~, **parallel wirkendes** параллельный регистр
~, **statisches** статический регистр
~, **sukzessiv wirkendes** последовательный регистр
~, **verschiebungsloses** бессдвиговый регистр
Registerdatei f регистровый файл
Registergröße f ёмкость [разрядность] регистра
Registerinhalt m содержание регистра
Registerkapazität f см. **Registergröße**
Registerlänge f длина [разрядность, ёмкость] регистра
Registersatz m регистровый файл
Registerstellenzahl f см. **Registergröße**
Registersteuerung f *тлг* регистровое управление
Registerstufe f 1. *тлф* ступень регистрового искания 2. *вчт* ступень регистра
Registersucher m регистровый искатель, РИ
Registersystem n регистровая система
Registerumlauf m циклический сдвиг регистра
Registerwahl f регистровое искание
Registerwähler m регистровый искатель, РИ
Registerwechsel m *тлг* перевод регистра
Registerzeiger m 1. указатель регистра 2. указатель начала *или* конца рабочего поля
Registrierband n см. **Registrierstreifen**
Registrierfeder f перо самописца
Registriergerät n регистрирующий прибор; самописец
Registriergeschwindigkeit f скорость регистрации *или* записи
Registrierkanal m канал записи
Registriermeßgerät n регистрирующий измерительный прибор
Registriersatz m блок регистрации (*данных*)
Registrierschreiber m см. **Registriergerät**

Registrierstreifen *m* лента самописца; диаграммная лента
Registrierstreifenschreiber *m* ленточный самописец
Registriersystem *n* система записи
Registriertechnik *f* техника записи
Registriertelegraf *m* пишущий телеграфный аппарат
Registrierung *f* запись; регистрация
~, **fotografische** фотографическая регистрация
~, **laufende** непрерывная запись
~, **lichtelektrische** фотоэлектрическая запись
~, **numerische** цифровая запись
Registrierverfahren *n* метод [способ] регистрации
Registrierwerk *n* пишущий механизм, механизм самописца
Registrierzähler *m* регистрирующий счётчик
Regler *m* 1. регулятор 2. стабилизатор
~, **analoger** аналоговый регулятор
~, **fotoelektrischer [lichtelektrischer]** фотоэлектрический регулятор
Reglerautomat *m* автоматический регулятор
Reglerelement *n* элемент (системы) регулирования
Reglerhilfssystem *n* вспомогательная [дополнительная] система регулирования
Reglerkennlinie *f* характеристика регулятора
Reglerparameter *m* параметр регулятора
Reglerraum *m* 1. аппаратная 2. пункт управления
Reglerrelais *n* реле управления; командное реле
Reglerschaltung *f* 1. схема регулировки 2. *авт.* схема регулирования
Reglersystem *n* система регулирования
Reglung *f см.* Regelung
Regularisierung *f* регуляризация; стандартизация
Regularität *f* 1. регулярность 2. правильность
Regulator *m* 1. регулятор 2. стабилизатор
Regulatordiode *f* полупроводниковый стабилитрон
Regulier... *см.* Regel..., Regelungs...
Regulierung *f см.* Regelung
Reibradantrieb *m зап.* фрикционный привод
Reibungslumineszenz *f* триболюминесценция
Reichweite *f* 1. дальность действия 2. длина пробега, пробег (*частицы*) 3. досягаемость 4. проницающая сила (*телескопа*)
~, **extrapolierte** экстраполированный пробег
~, **maximale** 1. максимальная дальность действия 2. максимальный [предельный] пробег
~, **mittlere** средний пробег
~, **quasioptische** дальность действия в пределах прямой видимости
~, **radiooptische** радиооптическая дальность действия
~, **überoptische** дальность действия за пределами прямой видимости
~, **wirkliche** эффектная дальность действия
Reichweite-Energie-Beziehung *f* соотношение пробег—энергия
Reichweitenformel *f* формула (для расчёта) дальности
Reidistor *m* полупроводниковый датчик дозы радиации, рейдистор
Reihe *f* 1. ряд; последовательность 2. серия (*напр. микросхем*) 3. *мат.* прогрессия 4. строка (*напр. знаков на дисплее*)
~, **Fouriersche** ряд Фурье
~, **harmonische** гармонический ряд
~, **Meißnersche** ряд Мейснера
Reihenanschluß *m* 1. последовательное (при)соединение 2. последовательное включение
Reihenelektronenvielfacher *m* многокаскадный электронный умножитель
Reihenentwicklung *f* разложение в ряд
Reihenersatzbild *n*, **Reihenersatzschaltung** *f* последовательная эквивалентная схема
Reihenfehler *m* групповая ошибка
Reihenfolge *f* 1. последовательность; порядок; чередование 2. ряд
~, **absteigende** убывающая последовательность
~, **zeitliche** временна́я последовательность
Reihenfolgeproblem *n* задача теории расписаний, задача выбора оптимальной последовательности (*напр. операций обработки*)
Reihenfolgespeicher *m* ЗУ с последовательной выборкой
Reihenfolgeüberwachungssystem *n* система контроля последовательности (*работы, операции*)
Reihenfolgeverarbeitung *f* последовательная обработка (*данных*)
Reihenfolgezugriff *m* последовательная выборка
Reihengegenkopplung *f* последовательная отрицательная обратная связь
reihengeschaltet включённый последовательно
Reihenglied *n* 1. последовательное звено 2. *мат.* член ряда
Reihenkode *m* последовательный код
Reihenmaterial *n* межстоечное крепление
Reihenparallelmatrix *f* ортогональная матрица
Reihenparallelschaltung *f* последовательно-параллельное включение
Reihenprüfung *f* серийное испытание
Reihenresonanz *f* последовательный резонанс, резонанс напряжений
Reihenresonanzfrequenz *f* частота последовательного резонанса
Reihenresonanzkreis *m* последовательный резонансный контур
Reihenrückkopplung *f* последовательная обратная связь
Reihenschaltung *f* 1. последовательное включение, последовательное соединение 2. последовательная схема
Reihenschluß *m см.* Reihenschaltung 1.
Reihenschlußrückkopplung *f см.* Reihenrückkopplung
Reihenschwingkreis *m* последовательный колебательный контур
Reihenspannung *f* 1. ряд [серия] (номинальных) напряжений 2. ступень (номинального) напряжения
Reihensteuerung *f* каскадное управление; последовательное управление
Reihenstromkreis *m* 1. последовательная [электрическая] цепь 2. последовательная цепь тока 3. последовательный [электрический] контур
Reihenuntersuchung *f см.* **Reihenprüfung**

Reihenverband *m* матрица; решётка
Reihenvervielfacher *m* многокаскадный электронный умножитель
Reihenwiderstand *m* последовательный резистор
Reihenzuschaltung *f* последовательное подключение
Reineisenband *n* (магнитная) лента из чистого железа
Reinelement *n* чистый элемент
Reinheit *f* 1. чистота (*напр. полупроводника*) 2. верность (*напр. воспроизведения*)
Reinheitsgrad *m* 1. степень чистоты (*напр. полупроводника*) 2. колориметрическая чистота цвета
Reinheitskontrollanordnung *f* установка для контроля чистоты
Reinheitsprüfung *f* контроль [проверка] чистоты
Reinheitsspule *f* катушка регулировки чистоты цвета
Reinheitsvorkehrungen *f pl пп* меры по сохранению чистоты
Reinigung *f* 1. очистка 2. фильтрация
~ **durch Entladung** очистка в (тлеющем) разряде
~ **durch Ionenbeschuß** ионная очистка
~, **elektrolytische** электролитическая очистка
Reinigungsband *n* лента для очистки (*магнитных головок*)
Reinigungskassette *f* кассета для очистки головки (*воспроизведения*)
Reinluftkamera *f* чистая камера
Reinmetallkatode *f* чистометаллический катод
Reinraum *m* микр. чистая комната
reinst сверхчистый
Reinstoff *m*, **Reinstsubstanz** *f* особо чистое вещество
Reintonaufzeichnung *f* звукозапись с шумопонижением [с пониженным уровнем шумов]
Reintoneffekt *m* шумопонижение звукозаписи
Reintonfaktor *m* коэффициент шумопонижения звукозаписи
Reintonsteuerung *f см.* **Reintonaufzeichnung**
Reintonverfahren *n* способ шумопонижения звукозаписи
Reiseempfänger *m*, **Reiserundfunkempfänger** *m* дорожный (радио)приёмник
Reißdiagramm *n* семейство кривых срыва колебаний, кривые Рукопа
Reißeffekt *m*, **Reißerscheinung** *f* явление срыва колебаний
Reißfestigkeit *f зап.* адгезионная прочность (*носителя записи*)
Reißgebiet *n* область срыва колебаний
Reißpunkt *m* точка срыва колебаний
Reiter *m* ползунок
Reiz *m* 1. *киб.* раздражитель; возбудитель; стимул 2. раздражение; возбуждение
~, **eindimensionaler** одномодальное раздражение; одномодальное возбуждение
~, **mehrdimensionaler** многомодальное раздражение; многомодальное возбуждение
Reizanteile *m pl* координаты цвета
Reizelektrode *f* возбуждающий электрод; поджигатель
Reizerreger *m*, **Reizgerät** *n* раздражитель; возбудитель; стимулятор

Reizschwelle *f* 1. порог возбуждения 2. порог восприятия слышимости 3. порог болевого ощущения
Reizstromtechnik *f* аппаратура (для) электростимуляции (*в медицине*)
Reizzentren *n pl* цветоощущающие приёмники (*глаза*)
Rekombination *f* рекомбинация
~, **dissoziative** диссоциативная рекомбинация
~, **stimulierte** вынужденная [индуцированная] рекомбинация
~, **strahlende** излучательная рекомбинация
~, **strahlungslose** безызлучательная рекомбинация
Rekombinationsdauer *f* время рекомбинации
Rekombinationsfalle *f* рекомбинационная ловушка
Rekombinations-Generations-Prozeß *m* рекомбинационно-генерационный процесс
Rekombinations-Generations-Strom *m* рекомбинационно-генерационный ток
Rekombinationsgeschwindigkeit *f* скорость рекомбинации
Rekombinationshaftstelle *f* рекомбинационная ловушка
Rekombinationskoeffizient *m* коэффициент рекомбинации
Rekombinationskontinuum *n* непрерывность рекомбинации
Rekombinationslaser *m* рекомбинационный лазер
Rekombinationslebensdauer *f* рекомбинационное время жизни
Rekombinationsleuchten *n* рекомбинационное свечение
Rekombinationslumineszenz *f* рекомбинационная люминесценция
Rekombinationsniveau *n* уровень рекомбинации
Rekombinationsquerschnitt *m* эффективное сечение рекомбинации
Rekombinationsrate *f* скорость рекомбинации
Rekombinationsschwelle *f* порог рекомбинации
Rekombinationsstelle *f* центр рекомбинации
Rekombinationsstrahler *m* рекомбинационный излучатель
Rekombinationsstrahlung *f* рекомбинационное излучение
Rekombinationsstrom *m* ток рекомбинации
Rekombinationsübergang *m* рекомбинационный переход
Rekombinationsüberschuß *m* избыточная рекомбинация
Rekombinationsverluste *m pl* рекомбинационные потери
Rekombinationswahrscheinlichkeit *f* вероятность рекомбинации
Rekombinationszentrum *n* центр рекомбинации
Rekombinieren *n см.* **Rekombination**
Rekompatibilität *f тлв* обратная совместимость
rekonfigurieren перестраивать; изменять конфигурацию
Rekonstruktion *f*:
~ **in Reflexion** *гол.* восстановление в отражённом свете
~ **in Transmission** *гол.* восстановление в проходящем свете

Rekonstruktionsfilter *n* формирующий фильтр, постфильтр
Rekonstruktionsstrahlung *f гол.* восстанавливающее излучение
Rekorder *m см.* **Recorder**
Rekristallisation *f* рекристаллизация
Rekristallisationskeim *m* зародыш рекристаллизации
Rekristallisations-pn-Übergang *m* рекристаллизационный *p—n*-переход
Rekristallisationsschicht *f* рекристаллизационный слой
Rekristallisationstemperatur *f* температура рекристаллизации
Rekristallisationstempern *n* рекристаллизационный отжиг
Rekristallisationstextur *f* рекристаллизационная текстура
Rekristallisationsübergang *m* рекристаллизированный переход
Rekristallisationszentrum *n* центр рекристаллизации
Rektenne *f* антенна-выпрямитель, антенна с встроенным выпрямителем
Rektifikation *f* 1. очистка, ректификация 2. выпрямление 3. детектирование 4. спрямление (*напр. кривой*)
rekurrent рекуррентный, возвратный
Rekursion *f* рекурсия
Rekursivfilter *n* рекурсивный фильтр
Relais *n* 1. реле 2. радиорелейная станция
~, **bistabiles** двустабильное [двухпозиционное] реле
~, **dynamisches** электродинамическое реле
~, **eingekapseltes** герметизированное реле
~, **einseitig gepoltes [einseitig polarisiertes]** поляризованное реле с преобладанием
~, **elektrodynamisches** электродинамическое реле
~, **elektromagnetisches kontaktloses** бесконтактное электромагнитное реле
~, **elektromechanisches** электромеханическое реле
~, **elektronisches** электронное реле
~, **elektrothermisches** электротепловое реле
~, **entregtes** обесточенное реле
~, **erregtes** возбуждённое реле
~, **fotoelektrisches** фотореле
~, **gepoltes** поляризованное реле
~, **haftendes** реле с самоблокировкой
~, **kapazitätsarmes** малоёмкостное реле
~, **kontaktloses** бесконтактное реле
~, **lichtelektrisches [lichtgesteuertes]** фотореле
~, **magnetodynamisches** магнитоэлектрическое реле
~, **messendes** измерительное реле
~ **mit drei Meßwerken** трёхцепное реле
~ **mit drei Stellungen** трёхпозиционное реле
~ **mit einem Meßwerk** одноцепное реле
~ **mit zwei Meßwerken** двухцепное реле
~, **monostabiles** одностабильное [однопозиционное] реле
~, **neutrales** неполяризованное [нейтральное] реле
~, **neutrales bistabiles** реле с самоблокировкой

~, **optisches** оптическое реле
~, **passives** пассивная ретрансляционная станция
~, **stromloses** обесточенное реле
~, **thermionisches** электронное реле
~, **thermisches** (электро)тепловое реле
~, **verzögertes** замедленное реле, реле выдержки времени
Relaisabfallzeit *f* время отпускания реле
Relaisabstand *m* радиорелейный участок
Relaisanrufsucher *m* релейный искатель вызовов
Relaisansprechzeit *f* время срабатывания реле
Relaisantenne *f* ретрансляционная антенна
Relaisauslösung *f* срабатывание реле
Relaiseigenschaften *f pl* релейные свойства
Relaiseinrichtung *f* релейное устройство
Relaiseinstellbereich *m* диапазон уставок реле
Relaiselement *n* релейный элемент
Relaisfernsehen *n* телевизионная ретрансляция
Relaisfunkstelle *f см.* **Relaisstation**
Relaisfunkverbindung *f* радиорелейная связь
relaisgesteuert с релейным управлением
Relaiskette *f* 1. цепь реле, релейная цепь; релейный распределитель 2. радиорелейная линия
Relaisketten-Steuerung *f* релейное управление
Relaiskontaktfolgesystem *n* релейно-контактная следящая система
Relaiskontaktkette *f* релейно-контактная цепь
Relaislinie *f* радиорелейная линия
Relaispunkt *m* узловая радиорелейная станция, УРС
Relaisradarübertragung *f* передача радиолокационных данных по радиорелейной линии
Relaisröhre *f* 1. лампа для радиорелейной аппаратуры 2. тиратрон
Relaisröhrenschaltung *f* релейно-ламповая схема
Relaisruhekontakt *m* размыкающий контакт реле
Relaissatellit *m* ретрансляционный спутник, спутник-ретранслятор
~, **aktiver** спутник для активной ретрансляции
~, **passiver** спутник для пассивной ретрансляции
Relaisschalttechnik *f* техника релейно-контактных схем
Relaisschaltung *f* релейная схемаб
Relaisschaltungstechnik *f см.* **Relaisschalttechnik**
Relaissender *m* передатчик радиорелейной станции, радиорелейный ретранслятор
Relaissenderbetrieb *m*, **Relaissendung** *f* ретрансляция
Relaissperrung *f* блокировка реле
Relaisstaffelzeit *f* ступенчатая уставка выдержки времени реле
Relaisstation *f*, **Relaisstelle** *f* радиорелейная станция; ретранслятор
~, **aktive** активный ретранслятор
~, **orbitale** орбитальная ретрансляционная станция
~, **passive** пассивный ретранслятор
Relaisstrecke *f* 1. радиорелейная линия 2. радиорелейный пролёт
Relaissucher *m* релейный искатель
Relaissystem *n* 1. радиорелейная система 2. ре-

лейная система (*автоматического регулирования*)
Relaistabelle *f* маркировка реле; схема (срабатывания) реле
Relaistafel *f* панель реле
Relaistechnik *f* техника релейных схем
Relaistreiber *m* цепь управления реле; возбудитель реле
Relaisübertragung *f* 1. радиорелейная связь 2. трансляция
Relaisumsetzer *m* релейный преобразователь
Relais- und Schütz(en)steuerung *f* релейно-контакторное управление
Relaisverbindung *f* радиорелейная связь
Relaisverstärker *m* 1. релейный усилитель 2. радорелейная усилительная станция
Relaiswähler *m* релейный искатель
Relaiswählersystem *n* релейная автоматическая телефонная станция, АТСР
Relaiszeitablauf *m* время срабатывания реле
Relaiszeitwert *m* выдержка времени реле
Relation *f* 1. отношение; соотношение 2. связь; зависимость
Relationen *f pl*, **zeitliche** временны́е соотношения
Relativanzeige *f* индикация относительного положения (*напр. корабля*)
Relativempfindlichkeit *f* относительная чувствительность
Relativgeschwindigkeit *f* 1. относительная скорость 2. *зап.* скорость записи, скорость лента — головка
Relativität *f* относительность; принцип относительности
Relativitätstheorie *f* теория относительности
Relativlader *m* вчт перемещающий загрузчик
Relativspannungsmesser *m* измеритель отношений напряжений
Relaxation *f* релаксация
~, **dielektrische** релаксация в диэлектрике
~, **dipolradikale** дипольно-радикальная релаксация
~, **longitudinale** продольная релаксация
~, **transversale** поперечная релаксация
Relaxationsdispersion *f* релаксационная дисперсия
Relaxationsentfernung *f* длина релаксации
Relaxationsfrequenz *f* частота релаксации
Relaxationsgenerator *m* генератор релаксационных колебаний
Relaxationskoerzitivfeldstärke *f* релаксационная коэрцитивная сила
Relaxationslänge *f* длина релаксации
Relaxationsschwingungen *f pl* релаксационные колебания
Relaxationsstrecke *f* длина релаксации
Relaxationsübergang *m*, **Relaxationsüberschwingen** *n* кв. эл. релаксационный переход
Relaxationsverluste *m pl* релаксационные потери
Relaxationszeit *f* время релаксации
Relevanz *f* 1. релевантность 2. существенная (*для конкретной задачи*) часть информации
Reliabilität *f* 1. достоверность (*напр. измерений*) 2. надёжность (*напр. аппаратуры*)
Reliefbild *n* 1. стереоскопическое изображение,

стереоизображение 2. рельефное изображение (*напр. звуковых колебаний*)
Reliefgitter *n* рельефная решётка
Reliefstruktur *f* рельефная структура
RELP-Verfahren *n* метод предсказания по базовой составляющей (*сигнала*)
Reluktanz *f* магнитное сопротивление
Remagnetisierung *f* размагничивание
Remanenz *f* остаточная намагниченность
Remanenzfluß *m* остаточный магнитный поток
Remanenzkurve *f* кривая остаточной намагниченности
Remanenzmagnetisierung *f* см. **Remanenz**
Remanenzpolarisation *f* остаточная поляризация
Remanenzpunkt *m* точка (*по кривой намагничивания*), соответствующая остаточной намагниченности
Remendur *f* ремендюр (*сплав железо-кобальт-ванадий*)
Remission *f* отражение (*света*)
Remissionsgrad *m* коэффициент яркости (*несамосветящегося тела*)
Remodulation *f* 1. демодуляция 2. перенос модуляции с одной несущей на другую
remote control *англ.* дистанционное управление
Remultiplexer *m* ремультиплексор, устройство изменения структуры объединения сигналов
Rendock *n*, **Rendezvous- und Dockingmanöver** *n косм.* манёвр для обеспечения встречи и стыковки
Reorientierungseffekt *m* переориентация
Reoxydation *f* реоксидация
Reparatur *f* 1. ремонт 2. исправление (*программы*)
Reparaturanweisung *f* инструкция по ремонту
Reparaturfähigkeit *f* ремонтопригодность
Reparaturzeit *f*, **mittlere** среднее время ремонта
Reparierbarkeit *f* ремонтопригодность
Repeateinrichtung *f* микр. (фото)повторитель
Repeater *m* 1. ретранслятор 2. промежуточный усилитель 3. *тлг* повторитель 4. *микр.* (фото)повторитель
Repeaterabstand *m* радиорелейный участок
Repeateranlage *f* 1. ретрансляционная установка 2. *микр.* установка для мультиплицирования (*фотошаблонов*)
Repeatkamera *f микр.* редукционная фотокамера, фотоповторитель, фотоштамп
Reperforator *m вчт* реперфоратор
Repetierkamera *f* картокопировальная машина (*для изготовления фотомасок*)
Repetitionsfrequenz *f* частота повторения (*импульсов*)
Repetitionsstoßoszillograf *m* импульсный осциллограф (*для исследования кратковременных нестационарных процессов*)
«**Repetitor**» *m* «Репетитор» (*тип обучающей машины*)
RE-Phosphor *m* редкоземельный люминофор
Replazierung *f* повторная установка (*элементов, демонтированных в процессе поиска неисправности*)
Reportageaufnahme *f* репортажная передача

Reportageaufnahmegerät *n* **1.** репортажный микрофон **2.** *тлв* репортажная камера
Reportagekamera *f тлв* репортажная камера
Reportagesatellit *m* спутник для трансляции репортажей
Reportagesender *m* репортажный (радио)передатчик
Reportageübertragung *f* репортажная передача; *тлв* внестудийная передача
Reportgenerator *m вчт* генератор отчётов
Repräsentant *m* **1.** эквивалент **2.** *лог.* представитель
repräsentativ представительный (*напр. о выборке или испытаниях*)
Repräsentativwert *m* восстановленное значение
Reproduktion *f* **1.** воспроизведение **2.** копирование; размножение **3.** репродукция, копия **4.** воспроизводство (*напр. аппаратуры*) **5.** *гол.* восстановление
~, **naturgetreue** естественное воспроизведение
Reproduktionsgerät *n* копирующее устройство, репродуктор
Reproduktor *m* **1.** копирующее устройство, репродуктор **2.** *вчт* реперфоратор
Reproduzierbarkeit *f* **1.** воспроизводимость **2.** повторяемость
~ **der Messungen** воспроизводимость (результатов) измерений
Reproduzierbarkeitsuntersuchung *f* анализ воспроизводимости
Reproduziergenauigkeit *f* точность воспроизведения
Reproduzierung *f* **1.** воспроизведение **2.** повторение
Repulsionselektrode *f* **1.** отражательный электрод **2.** отражатель (*клистрона*)
Reserve *f* **1.** *над.* резерв **2.** запас **3.** избыточность (*информации*)
~, **auszunutzende** эксплуатационный резерв
~, **heiße** нагруженный резерв
~, **kalte** ненагруженный резерв
~ **nach der Amplitude** запас (устойчивости) по амплитуде
~ **nach der Phase** запас (устойчивости) по фазе
~, **nicht eingesetzte** *см.* **Reserve, kalte**
~, **rotierende** *см.* **Reserve, heiße**
~, **stillstehende** *см.* **Reserve, kalte**
~, **warme** облегчённый резерв
Reserveanlage *f* резервная установка
Reserveausfallrate *f* интенсивность отказов резервных элементов
Reserveausrüstung *f* резервное оборудование
Reserveeinheit *f* резервный блок
Reserveeinschaltung *f*, **automatische** автоматическое включение резерва, АВР
Reserveeinschub *m* резервный вдвижной блок
Reservefaktor *m см.* **Reservekoeffizient**
Reservefunkanlage *f* резервная *или* аварийная радиоустановка
Reservegrad *m* кратность резерва
Reservehaltung *f* резервирование
Reservekoeffizient *m* **1.** коэффициент резервирования **2.** коэффициент запаса
Reserveregister *n* резервный регистр

Reservesender *m* резервный *или* аварийный радиопередатчик
Reservespeicher *m* вспомогательное ЗУ; резервное ЗУ
Reservestellung *f* резервирование
Reservestundenzahl *f* число часов резерва
Reservesystem *n* дублирующая [резервная] система; вспомогательная система
Reserveumschaltung *f* автоматическое резервирование
reserviert (за)резервированный
Reservierung *f* резервирование
Reservierungsniveau *n над.* уровень резервирования
reset *англ.* возврат (*в исходное положение*); сброс
Resident-Assembler *m* резидентный ассемблер
Resinat *n* резинат (*соль ионита*)
Resist *n* резист
~ **auf organischer Basis** резист на органической основе
~, **elektronenempfindliches** электронный резист
~, **hochempfindliches** высокочувствительный резист
~, **röntgenstrahlenempfindliches** резист для рентгенографии, рентгенорезист
Resistablösung *f* удаление резиста
Resistanz *f* (активное) сопротивление
resistbeschichtet покрытый резистом
Resistbild *n* изображение на резисте
Resistbildschicht *f* слой изображения в резисте
Resistempfindlichkeit *f* чувствительность резиста
Resistfließeigenschaft *f* текучесть резиста
Resisthaftung *f* адгезия резиста
Resistkanteprofil *n* краевой профиль резиста
Resistkontrastverhalten *n* свойства *или* характеристика контрастности резиста
Resistlack *m* фоторезист
Resistlinie *f* линия резиста (*разделяет два участка ИС с разными структурами*)
Resistor *m* резистор
Resistordiffusion *f пп* диффузия для создания резисторов
Resistor-Transistor-Logik *f* резисторно-транзисторная логика, РТЛ
Resistprofil *n* профиль резиста
Resistron *n* резистрон (*передающая телевизионная трубка типа видикон*)
Resistschicht *f* слой резиста
Resiststruktur *f* структура резиста; рельеф резиста
Resiststrukturierung *f* **1.** структурирование резиста **2.** формирование изображения *или* рельефа резистом
Resisttechnik *f* метод литографии
Resistüberbrückung *f* мостик (из) резиста
Resnatron *n* резнатрон (*мощный ВЧ-тетрод*)
~ **mit axialem Elektronenfluß** резнатрон с осевым потоком электронов
Resol(harz) *n* резол
Resolver *m* **1.** (счётно-)решающий прибор; (счётно-)решающее устройство **2.** синусно-косинусный вращающийся трансформатор, СКВТ
Resonanz *f* резонанс
~, **anharmonische** нелинейный резонанс

~, **antiferromagnetische** антиферромагнитный резонанс, АФМР
~, **elektronenparamagnetische** электронный парамагнитный резонанс, ЭПР
~, **ferromagnetische** ферромагнитный резонанс, ФМР
~, **kernmagnetische** ядерный магнитный резонанс, ЯМР
~, **parametrische** параметрический резонанс
~, **unvollkommene** неполный резонанс
Resonanzabsorption f резонансное поглощение
Resonanzabsorptionsspektrum n спектр резонансного поглощения
Resonanzabstimmung f настройка в резонанс
Resonanzamplitude f амплитуда (колебаний) при резонансе
Resonanzanpassung f резонансное согласование (*сопротивлений*)
Resonanzanzeiger m индикатор резонанса
Resonanzbereich m область резонанса
Resonanzbindung f резонансная связь
Resonanzbreite f ширина резонанса
Resonanzbrücke f *изм.* резонансный мост(ик)
Resonanzdipol m резонансный симметрический вибратор
Resonanzdispersion f резонансная дисперсия; резонансное рассеяние
Resonanzdurchtritt m *кв.эл.* резонансный переход
Resonanzeinfang m резонансный захват
Resonanzelektroneneinfang m резонансный захват электронов
Resonanzenergie f энергия резонанса
Resonanzentzerrer m резонансный корректор
Resonanzfehler m 1. ошибка, обусловленная резонансом 2. неточная настройка в резонанс
Resonanzfenster n резонансное окно
Resonanzfilter n резонансный фильтр
Resonanzflucht f избежание резонансного захвата
Resonanzfrequenz f резонансная частота
Resonanzfrequenzvervielfacher m резонансный умножитель частоты
Resonanzgattertransistor m транзистор с резонансным затвором
Resonanzgehäuse n резонирующий корпус (*приёмника, громкоговорителя*)
Resonanzhohlraum m объёмный резонатор
Resonanzholografie f резонансная голография
Resonanzkammer f объёмный резонатор
Resonanzkreis m резонансный контур
Resonanzkreisfrequenz f резонансная круговая частота
Resonanzkurve f резонансная кривая
~, **zweihöckrige** двугорбая резонансная кривая
Resonanzleitung f резонансная линия; резонансный отрезок линии
Resonanzleitungssystem n резонансная система, образованная отрезком линии
~, **kurzgeschlossenes** резонансная система, образованная короткозамкнутым отрезком линии
Resonanzlinie f 1. резонансная линия; линия передачи со стоячей волной 2. *фтт* резонансная линия, резонансная кривая
Resonanzlöschung f подавление резонанса

Resonanzmessung f резонансный метод измерений
Resonanznachweis m индикация по резонансу
Resonanznähe f близость резонанса
Resonanzpunkt m точка резонанса
Resonanzraum m 1. объёмный резонатор 2. резонирующий [резонансный] объём
Resonanzschaltung f резонансная схема
resonanzscharf с явно выраженным резонансом, острорезонансный
Resonanzschärfe f острота резонанса
Resonanzschlitz m резонансная щель
Resonanzschutz m защита от резонанса
Resonanzschwingkreis m резонансный колебательный контур
Resonanzspaltung f 1. расщепление резонанса 2. резонансное расщепление
Resonanzspannungsregler m, **Resonanzspannungsstabilisator** m резонансный стабилизатор напряжения
Resonanzspektrum n резонансный спектр
Resonanzsperre f резонансный режекторный фильтр
Resonanzspitze f резонансный пик
Resonanzstellung f положение (точки) резонанса
Resonanzstörung f резонансная помеха
Resonanzstrahlung f резонансное излучение
Resonanzstreuung f резонансное рассеяние
Resonanztheorie f теория резонанса
Resonanz-Tunnel-Transistor m транзистор с резонансным туннелированием (*электронов*)
Resonanzübergang m *кв.эл.* резонансный переход
Resonanzüberlebenswahrscheinlichkeit f вероятность избежания резонансного захвата
Resonanzübertrag m, **Resonanzübertragung** f резонансный перенос
Resonanzumgebung f область вблизи (точки) резонанса
Resonanzverlauf m резонансная характеристика; резонансная кривая
Resonanzverluste m pl резонансные потери
Resonanzverstärker m резонансный усилитель
Resonanzverstärkung f усиление при резонансе
Resonanzverstimmung f уход (частоты) резонанса
Resonanzwechselwirkung f резонансное взаимодействие
Resonanzwellenlänge f резонансная длина волны
Resonanzwiderstand m резонансное сопротивление
Resonator m резонатор
~, **abstimmbarer** настраиваемый резонатор
~, **aktiver** активный резонатор
~, **ebener** плоский резонатор
~, **gefalteter** свёрнутый резонатор; петлевой резонатор
~, **gegabelter** разветвлённый резонатор
~, **gemischter** связанный резонатор
~, **geradliniger** прямолинейный резонатор
~, **konfokaler** конфокальный резонатор
~, **konzentrischer** коаксиальный резонатор
~, **kreisförmiger** круглый резонатор
~, **magnetostriktiver** магнитострикционный резонатор
~, **offener** открытый резонатор
~, **optischer** оптический резонатор

RES

~, **passiver** пассивный резонатор
~, **piezoelektrischer** пьезоэлектрический резонатор
~, **spiegelloser** беззеркальный резонатор
Resonatorabstimmgerät n устройство для настройки резонатора
Resonatorabstimmkolben m настроечный поршень резонатора
Resonatorfilter n резонатор-фильтр
Resonatorgitter n сетка резонатора
Resonatorgrundgüte f исходная добротность резонатора
Resonatorgüte f добротность резонатора
Resonatorgütemodulation f модуляция добротности резонатора
Resonatorhohlraum m полость объёмного резонатора
Resonatorhülle f оболочка резонатора
Resonatorlaser m резонаторный лазер
resonatorlos безрезонаторный
Resonatormaser m резонаторный мазер
Resonatormode f, **Resonatormodus** m мода резонатора
Resonatorquantenverstärker m, **paramagnetischer** резонаторный квантовый парамагнитный усилитель
Resonatorschwingkreis m резонаторный (колебательный) контур
Resonatorspalt m щель резонатора
Resonatorsperröhre f резонансный защитный разрядник (приёмника)
Resonatorspiegel m зеркало резонатора
Resonatorstabilität f стабильность резонатора
Resonatorvolumen n объём резонатора
Resonatorverluste m pl потери в резонаторе
Resonatorwellenmesser m волномер с объёмным резонатором
resonieren резонировать
Resotank m фирм. резонатор с объёмным контуром
Rest-Anzeige f индикация остатка (магнитной) ленты
Restausschlag m остаточное отклонение (стрелки)
Restbandmenge f остаток (магнитной) ленты
Restbild n тлв послеизображение
Restbrumm m, **Restbrummen** n 1. остаточный фон (переменного тока) 2. остаточная пульсация (выпрямленного напряжения)
Restdämpfungsfaktor m коэффициент остаточного затухания
Resteinseitenbandübertragung f см. **Restseitenbandsendung**
Restfehler m остаточная ошибка; остаточная погрешность; статическая ошибка (регулирования)
Restionisation f остаточная ионизация
Restladung f остаточный заряд
Restleitfähigkeit f, **Restleitung** f остаточная электропроводность
restlich 1. остаточный 2. несущественный (о краевых условиях)
Restlichtkamera f высокочувствительная камера (обычно с ЭОП)

RET

Restlicht-Verstärkerröhre f электронно-оптический преобразователь, ЭОП
Restmagnetisierung f, **Restmagnetismus** m остаточная намагниченность
Restnutzungsdauer f оставшийся срок службы (лампы, аппаратуры)
Restoxid n остаточный оксид
Restprüfung f контроль по остатку
Restrauschen n 1. остаточный шум 2. остаточная шумовая помеха
Restreiz m остаточное раздражение, остаточное возбуждение
Restriktion f 1. ограничение 2. препятствие, помеха
Restseitenband n частично подавленная боковая полоса (частот)
Restseitenbandfilter n фильтр для частичного подавления боковой полосы (частот)
Restseitenbandmodulation f модуляция частично подавленной боковой полосы (частот)
Restseitenbandsendung f, **Restseitenbandübertragung** f передача с частично подавленной боковой полосой (частот)
Restseitenbandverfahren n метод передачи и приёма с частично подавленной (нижней) боковой полосой (частот)
Restspannung f 1. остаточное напряжение 2. напряжение насыщения
Reststörniveau n, **Reststörpegel** m уровень остаточных помех
Reststrahlung f 1. остаточное излучение 2. остаточная радиация
Reststrom m 1. остаточный ток 2. начальный ток (электровакуумного диода) 3. входной ток разбаланса (напр. дифференциального усилителя)
Restton m фон от остаточной пульсации (выпрямленного напряжения)
Restträger m, **Restträgerfrequenz** f неподавленная [остаточная] несущая частота
Restträgerpegel m уровень неподавленной несущей (частоты)
Restverlustfaktor m коэффициент остаточных потерь
Restverstimmung f остаточная расстройка
Restverunreinigung f остаточная примесь
Restverzerrung f остаточное искажение
restwellenfrei свободный от остаточных пульсаций
Restwelligkeit f 1. остаточная пульсация (выпрямленного тока) 2. минимальный коэффициент стоячей волны
Restwiderstand m свпр остаточное сопротивление
Resultatadresse f адрес результата (операции)
Resultatregister n накапливающий регистр, аккумулятор
Resultatspeicher m ЗУ или память для хранения результатов
resultierend результирующий
Retardation f, **Retardierung** f 1. замедление 2. задержка; запаздывание 3. торможение
Retardierungsfaktor m 1. коэффициент замедления 2. коэффициент запаздывания
Retardierungskorrektur f коррекция запаздывания

Retention f, **magnetische** остаточная магнитная индукция
Reticle n см. **Retikel**
Retikel n 1. визирное перекрытие; ретикль 2. масштабная сетка 3. *микр.* промежуточный фотошаблон; фотооригинал; оригинал (*фотошаблона*)
Retikelausrichtung f (точное) ориентирование промежуточного фотошаблона (*по углу поворота относительно рисунка на пластине*)
Retikelbezugsmarke f реперная метка промежуточного фотошаблона
Retikelbibliothek f библиотека промежуточных фотошаблонов; библиотека фотооригиналов
Retikelbildstruktur f структура рисунка промежуточного фотошаблона
Retikelfenster n окно промежуточного фотошаблона
Retikelherstellungszeit f время изготовления *или* генерирования промежуточного фотошаблона
Retikeljustiergerät n устройство совмещения *или* ориентации промежуточного фотошаблона
Retikeljustiermarke f метка (для) совмещения промежуточного фотошаблона
Retikeljustierung f совмещение *или* ориентация промежуточного фотошаблона
Retikelkarussell n карусель (для) промежуточных фотошаблонов
Retikelmaske f промежуточный фотошаблон
Retikel-Mikroskop n ретикльмикроскоп, визирный микроскоп
Retikelpositioniersystem n система позиционирования промежуточного фотошаблона
Retikelrahmen m рамка (*крепёжная, установочная*) промежуточного фотошаблона
Retikelschablone f промежуточный фотошаблон
Retikelsystem n *микр.* ретикльная система (*устройство совмещения базового держателя по визирным меткам*)
Retikelübertragung f перенос (*изображения*) промежуточного фотошаблона
Retikelwechsler m устройство (для) смены промежуточного фотошаблона
Retourspeiseleitung f отсасывающий фидер
Retranslation f ретрансляция
Retranslator m ретрансляционная станция, ретранслятор
Retten n, **Rettung** f 1. перенос (*данных*) 2. восстановление (*содержимого регистра*) 3. сохранение (*данных*)
Rettungsgerätfunkstelle f радиостанция спасательной морской службы
Rettungsumspeicherung f *вчт* защитный дамп
Return-to-Zero-Aufzeichnung f запись с возвращением к нулю
Reusenantenne f цилиндрическая антенна
Reusendipol m цилиндрический вибратор
Reusenunipol m цилиндрический (несимметричный) вибратор
Reverberation f реверберация
Reverberationsmesser m реверберометр
Reverberationsunterdrückung f подавление реверберации, заглушение (*зала, студии*)
Reverberationszeit f время [период] реверберации

reversibel 1. обратимый 2. обратный
Reversibilität f, **Reversierbarkeit** f 1. обратимость 2. реверсивность, реверсируемость
revidieren проверять
review *англ.* 1. просмотр; проверка 2. *вчт* анализ; обзор
«REVIEW» *англ.*, **Reviewtaste** f клавиша поиска назад (*участка записи для повторного просмотра или прослушивание*)
Revolverblende f револьверная диафрагма
Revolverkopf m револьверная головка, турель
Rezeptor m 1. *киб.* рецептор, приёмник 2. приёмник (*напр. телеграфного аппарата*)
Rezeptorgan n, **Rezeptorzelle** f воспринимающий орган, рецептор
Rezipient m приёмник, получатель (*информации*)
Reziprokaltransformation f обратное преобразование
Reziprozität f 1. обратимость 2. взаимность
Reziprozitätsbeziehung f соотношение взаимности (*напр. между характеристиками*)
Reziprozitätsparameter m параметр [коэффициент] взаимности
RF-... *см. тж* **Radiofrequenz...**
r. f.-Bestäubung f распыление (*материала*) высокочастотным нагревом
RF-Multiplex m объединение сигналов на радиочастоте
r. f.-Sputtering n *см.* **r. f.-Bestäubung** f
RGB-Ansteuerung f модуляция кинескопа сигналами R, G, B
RGB-chromakey *англ. тлв* RGB-рирпроекция (*цветовая рирпроекция с формированием коммутирующего сигнала из сигналов основных цветов*)
RGB-Einblendung f подача (*на вход*) сигналов R, G, B
RGB-Farbbildröhrenaussteuerung f модуляция кинескопа сигналами RGB
RGB-Kamera f трёхтрубочная RGB-камера
RGB-Matrix f RGB-матрица
RGB-Schrittstelle f стык (по сигналам) RGB, RGB-интерфейс
RGB-Signale n pl RGB-сигналы, сигналы основных цветов
RGB-Übertragung f передача сигналов RGB
RGS-Bildaufnehmer m преобразователь свет — сигнал с резистивными затворами
RGT-Transistor m транзистор с резонансным затвором
Rheograf m реограф (*прибор для снятия кривой тока или напряжения*)
Rheostriktion f пинч-эффект (*паразитные колебания воспроизводящей иглы*)
Rhombusantenne f ромбическая антенна
RHO-Theta-System n 1. полярная система координат (*ρ-дальность, θ-азимут*) 2. *рлк* дальномерно-пеленгационная система
Rhumbatron n румбатрон, объёмный резонатор
Rhythmenunterbrecher m периодический прерыватель
Rhythmus m 1. ритм 2. частота (*операций*)
Rice-Verteilung f распределение Райса
Richardson-Konstante f постоянная Ричардсона
Richt... *см. тж* **Richtungs...**

Richtantenne f направленная антенна
~, **einseitige** однонаправленная антенна
~, **mehrelementige** многоэлементная направленная антенна
Richtantennenanordnung f направленное антенное устройство; антенная решётка
Richtantennennetz n, **Richtantennensystem** n система направленных антенн
Richtcharakteristik f характеристика направленности
~, **achtförmige** характеристика направленности в виде восьмёрки
~, **herzförmige [kardiodenförmige]** кардиоидная характеристика направленности
Richtdämpfung f 1. затухание, вносимое направленным ответвителем 2. *ктв* развязка между выходом и отводом
Richtdetektor m линейный детектор
Richtdiagramm n диаграмма направленности
Richtdiode f выпрямительный диод
Richtdipol m директор
Richteffekt m 1. направленное действие 2. выпрямляющий эффект
Richteigenschaft f характеристика направленности; направленность
Richtempfang m направленный (радио)приём
Richtempfänger m 1. (радио)приёмник направленного действия 2. радиопеленгаторный приёмник
Richtempfangsantenne f приёмная направленная антенна
Richtempfangsstation f 1. (радио)станция (для) направленного приёма 2. радиопеленгаторная станция
Richtempfangssystem n система радионавигации с направленным приёмом и направленной передачей
Richten n наводка, наведение, визирование
Richtfähigkeit f способность направленного действия, направленность
Richtfaktor m 1. коэффициент направленного действия, КНД 2. коэффициент выпрямления
Richtfeld n 1. направленное поле 2. направляющее поле
Richtfilter n направленный фильтр
Richtfunk m 1. направленная радиосвязь 2. радиорелейная связь
Richtfunkanlage f 1. установка направленной радиосвязи 2. установка радиорелейной связи
Richtfunkantenne f 1. направленная антенна 2. радиорелейная антенна
Richtfunkbake f направленный радиомаяк
Richtfunkbetriebsstelle f радиорелейная станция, РРС
Richtfunkempfänger m 1. радиоприёмник направленного действия 2. радиорелейный приёмник
Richtfunkendstelle f оконечная радиорелейная станция, ОРС
Richtfunkfeuer n направленный радиомаяк
Richtfunkgerät n приёмо-передающее устройство, РРС
Richtfunkkanal m 1. канал направленной радиосвязи 2. радиорелейный канал
Richtfunklinie f радиорелейная линия (*связи*)

~, **terrestische** наземная радиорелейная линия
Richtfunknetz n 1. сеть направленной радиосвязи 2. радиорелейная сеть
Richtfunksender m 1. радиопередатчик направленного действия 2. радиорелейный передатчик
Richtfunkstation f, **Richtfunkstelle** f радиорелейная станция, РРС
Richtfunkstrecke f 1. радиорелейная линия 2. радиорелейный участок
~, **Collmberg-Stülpe** участок радиорелейной линии Колльмберга—Штюльпе (*длиной в 82 км*)
Richtfunksystem n 1. система направленной радиосвязи 2. система радиорелейной связи
Richtfunktechnik f 1. техника направленной радиосвязи 2. техника радиорелейной связи
Richtfunkturm m радиобашня (радио)релейной линии
Richtfunkverbindung f радиорелейная связь
Richtfunkweitverkehr m 1. дальняя направленная радиосвязь 2. дальняя радиорелейная связь
Richtfunkzentrale f радиорелейный узел
Richtfunkzubringerlinie f *тлв* радиолиния; радиоканал
Richtigkeitskontrolle f, **automatische** автоматическая проверка на наличие ошибок
richtigphasig в фазе, совпадающий по фазе, синфазный
Richtkennfläche f пространственная характеристика (*направленности*)
Richtkennlinie f характеристика детектирования; характеристика выпрямления
Richtkeule f см. Richtstrahlkeule
Richtkoppler m направленный ответвитель
Richtleiter m вентиль; выпрямитель
Richtleiterspitzendiode f выпрямительный точечный диод
Richtleitwert m проводимость (*вентиля*) в прямом направлении
Richtmikrofon n направленный микрофон
Richtrahmen m направленная рамочная антенна
Richtröhre f выпрямительная лампа, кенотрон
Richtrundfunk m направленное радиовещание
Richtschaltung f выпрямительная схема
Richtschärfe f острота (*характеристики*) направленности
Richtsender m 1. передатчик направленного излучения 2. передатчик радиорелейной линии
Richtsendesystem n система радионавигации с направленной передачей и ненаправленным приёмом
Richtsendung f направленная передача
Richtspannung f выпрямленное напряжение
Richtspiegel m направляющий отражатель, направляющее зеркало
Richtspule f корректирующая катушка
Richtstrahl m 1. направленный (радио)луч 2. ведущий луч
Richtstrahlantenne f направленная антенна
Richtstrahldiagramm n диаграмма направленности излучения
Richtstrahler m направленный излучатель
Richtstrahlfaktor m коэффициент направленного действия

Richtstrahlkeule f (главный) лепесток диаграммы направленности излучения
Richtstrahlleistung f мощность в направлении максимального излучения
Richtstrahlmehrkanalfunkstelle f многоканальная радиорелейная станция
Richtstrahlschärfe f острота (характеристики) направленности излучения
Richtstrahlsender m см. **Richtsender**
Richtstrahlsendung f направленная (радио)передача
Richtstrahlstrecke f радиорелейная линия
Richtstrahltelefonie f 1. направленная радиотелефонная связь 2. радиорелейная телефонная связь
Richtstrahlübermittlung f см. **Richtfunk**
Richtstrahlübertragung f 1. направленная (радио)передача 2. передача по радиорелейной линии
Richtstrahlung f направленное излучение
Richtstrahlwert m 1. коэффициент направленности излучения 2. величина яркости [яркость] электронного луча
Richtstrom m выпрямленный ток
Richtsystem n система управления; система наведения
Richtung f 1. направление 2. азимут; навигационный пеленг 3. наводка, визирование
~, **bevorzugte** см. **Richtung, leichte**
~, **harte** см. **Richtung, schwere**
~, **leichte** ось лёгкого намагничивания, ОЛН
~, **magnetische** магнитный пеленг
~, **nichtleitende** непроводящее направление
~, **räumliche** направление в пространстве
~, **schwere** ось трудного намагничивания, ОТН
Richtungs... см. тж **Richt...**
Richtungsabhängigkeit f 1. зависимость от направления 2. угловая зависимость
Richtungsanlage f пеленгаторная станция
Richtungsanzeiger m указатель направления; указатель курса
Richtungsauswahl f 1. селекция по направлению 2. выбор направления
Richtungsbeeinflussung f ощущение направления (стереоэффекта)
Richtungsbetrieb m режим однонаправленной работы (напр. передачи информации)
Richtungsbündelung f направленность излучения
Richtungsempfindlichkeit f 1. чувствительность к изменению направления (напр. тока) 2. угловая чувствительность
Richtungsfähigkeit f **der Ätzionen** способность направленного воздействия (на материал травящих ионов)
Richtungsfinder m (радио)пеленгатор
~, **automatischer** радиокомпас
~, **drahtloser** радиопеленгатор
Richtungsgabel f циркулятор
Richtungsgebundenheit f направленность
Richtungsgewinn m **einer Antenne** усиление антенны вследствие направленного действия
Richtungsglied n направляющее звено
Richtungshören n звукопеленгование
Richtungsinformation f информация о направлении
Richtungskennzahl f номер направления

Richtungskorrelation f угловая корреляция
Richtungsleitung f однонаправленная линия (с малым затуханием в прямом направлении и большим в обратном)
Richtungslokalisation f локализация направления (в стереофонии)
Richtungsmaß n индекс направленности
Richtungsmischer m звукомикшер регулировки направления звука (в стереофонии)
Richtungsnummer f номер направления
Richtungspeilung f определение пеленга
Richtungsphasenschieber m направленный фазовращатель
Richtungsradar n РЛС наведения
Richtungsregler m регулятор направления звука (в стереофонии)
Richtungsschalter m переключатель направления
Richtungsschrift f запись без возвращения к нулю
Richtungsselektion f см. **Richtungsauswahl**
Richtungssender m (радио)маяк
Richtungssinn m 1. направление (вращения) 2. направление отсчёта 3. мат. ориентация
Richtungsstatistik f крист. статистика направлений
Richtungsszintillation f случайные изменения направления (распространения светового потока из-за турбулентности атмосферы)
Richtungssucher m (радио)пеленгатор
Richtungstaktschrift f фазовое кодирование записи (на магнитной ленте)
Richtungsumkehr f изменение направления на обратное [на 180°]; реверсирование
Richtungs- und Gegenrichtungsverkehr m двухсторонняя связь
Richtungsverkehr m направленная связь
Richtungsverteilung f распределение по направлениям; угловое распределение
Richtungsvorwahl f предыскание направления
Richtungswahl f выбор направления
Richtungswähler m искатель [селектор] направления
Richtungswahlstufe f тлф ступень линейного искания
Richtungswandler m инвертор
Richtungsweiche f разделительный или направленный фильтр
Richtungswinkel m 1. рлк азимут 2. мат. направляющий угол
Richtungszeiger m см. **Richtungsanzeiger**
Richtungsverbindung f см. **Richtfunk**
Richtverhältnis n см. **Richtfaktor**
Richtvierpol m вентильный [направленный] четырёхполюсник
Richtweite f дальность (направленного) действия
Richtwelle f направленная волна
Richtwert m ориентировочное значение
Richtwiderstand m 1. полное сопротивление 2. сопротивление выпрямленному току
Richtwirkung f 1. направленное действие 2. вентильное [выпрямляющее] действие
richtwirkungsfrei ненаправленный
Riegelung f 1. запирание 2. блокировка
Riegger-Kreis m, **Riegger-Schaltung** f фазовый детектор (по схеме) Риггера

Rieke-Diagramm *n* диаграмма Рике, нагрузочная диаграмма магнетрона
Riemenantrieb *m зап.* ремённой привод
Riesenimpulserzeugung *f* генерация гигантских импульсов
Riesenimpulslaser *m* лазер в режиме гигантских импульсов
Righi-Leduc-Effekt *m* эффект Риги—Ледюка, термомагнитный эффект
Rille *f* 1. канавка (записи) 2. штрих (*напр. дифракционной решётки*); бороздка
~, **besprochene** модулированная канавка
~, **leere** немодулированная канавка
~, **modulierte** модулированная канавка
Rillenabstand *m* шаг канавок
Rillenanordnung *f* расположение канавок
Rillenantenne *f*, **metallische** металлическая гофрированная антенна
Rillenauslenkung *f* смещение канавки
Rillenflanke *f* стенка канавки
~, **äußere** внешняя стенка канавки
~, **innere** внутренняя стенка канавки
Rillenform *f* профиль канавки
Rillengrundradius *m* радиус канавки
Rillenleiter *m* гофрированный волновод
Rillenrauschen *n* (структурный) шум канавки
Rillensteigung *f* шаг канавок
Rillenwand *f см.* **Rillenflanke**
Rillenwinkel *m* угол раскрытия канавки (записи)
Rillenzahl *f* плотность канавок записи
Ring *m* 1. кольцо 2. петля
Ringanode *f* кольцевой анод
Ringantenne *f* кольцевая антенна; кольцевая антенная решётка
Ringbasis *f* кольцевая [кольцеобразная] база
Ring-beam-Antenne *f* кубическая антенна
Ringbeschleuniger *m* циклотрон
Ringbetrieb *m* работа по замкнутому циклу
Ringdipol *m* кольцевой вибратор
Ringerder *m* кольцевой заземлитель
Ringfarbstofflaser *m* кольцевой лазер на красителе
Ringfeldprojektionssystem *n* проекционная система с кольцевым полем
Ringgabel *f см.* **Ringverzweiger**
Ringgenerator *m* кольцевой генератор; кольцевой лазер
Ringgetter *m* кольцевой геттер
Ringkern *m* кольцевой магнитный сердечник
Ringkern-Magnetkopf *m* кольцевая магнитная головка
Ringkernschaltung *f* схема на кольцевых магнитных сердечниках
Ringkernspeicher *m*, **magnetischer** ЗУ на магнитных кольцевых сердечниках
Ringkerntransformator *m*, **Ringkernübertrager** *m* тороидальный трансформатор
Ringkernwickelmaschine *f* станок для намотки кольцевых сердечников
Ringkopf *m* кольцевая головка
Ringkörper *m* тор
Ringlasergyroskop *n* лазерный гироскоп
Ringleiter *m* (кольцевой) циркулятор
Ringleitungsnetz *n* замкнутая цепь
Ringmischer *m* балансный смеситель
Ringmodler *m*, **Ringmodulator** *m* кольцевой модулятор
Ringquantenoszillator *m*, **optischer** кольцевой лазер
Ringresonator *m* кольцевой резонатор
Ringschalter *m* кольцевой переключатель
Ringschaltung *f* (гибридная) кольцевая схема, гибридное кольцо
Ringschieben *n вчт* циклический сдвиг (*напр. регистра*)
Ringschieberegister *n* регистр с циклическим сдвигом
Ringschiften *n см.* **Ringschieben**
Ringschwinger *m* кольцевой (ультразвуковой) вибратор
Ringspalt *m* кольцевая щель
Ringsprechkopf *m* кольцевая головка звукоснимателя
Ringspule *f* кольцевая [тороидальная] катушка
Ringspulenjoch *n тлв* кольцевая отклоняющая система
Ringstrahler *m* кольцевой излучатель
Ringstruktur *f* кольцевая структура
Ringsystem *n вчт* кольцевая система распределения данных
Ringtransistor *m* кольцевой транзистор
Ringübertrager *m* кольцевой переходный трансформатор
Ring- und Steg-Verzögerungsleitung *f* замедляющая структура типа «кольцо—стержень»
Ringverbindung *f* 1. кольцевая связка (*магнетрона*) 2. кольцевое соединение
Ringverzweiger *m*, **Ringverzweigung** *f* кольцевой (направленный) ответвитель
Ringwickelmaschine *f см.* **Ringkernwickelmaschine**
Ringwicklung *f* кольцевая обмотка
Ringwiderstand *m* кольцевой резистор
Ringzähler *m* кольцевой счётчик
Ringzähl(er)schaltung *f* кольцевая счётная схема
Rippe *f* ребро (*радиатора*)
Rippenkühlkörper *m* ребристый радиатор
risikobehaftet *над.* с риском
risikolos *над.* без риска
Rising-sun-Magnetron *n* магнетрон с анодным блоком лопаточного типа [типа «восходящее солнце»]
Riß *m* 1. трещина 2. риска 3. чертёж; рисунок 4. проекция; вид
RIS-Schalter *m* (высокочастотный) переключатель структуры резистор—изолятор—полупроводник
Risseprüfer *m* дефектоскоп
Ritzen *n микр.* скрайбирование
~ **der Scheiben** скрайбирование пластин(ок)
Ritzgraben *m* канавка скрайбирования
R-Karte *f* контрольная карта с (нанесёнными) границами максимальных отклонений
R-Lauf *m* правое вращение
RLC-Brücke *f* резистивно-индуктивно-ёмкостный [универсальный] (измерительный) мост(ик)
RLC-Filter *n* синтез фильтров Герреро и Виллонера
RL-Glied *n* резистивно-индуктивное звено, RL-звено

R/MIS-Technik f, **R/MIS-Verfahren** n техника [технология] изготовления МДП-транзисторов с (самосовмещёнными) затворами из тугоплавких металлов
Roboterauge n (техническое) зрение робота
Roboterbau m робототроение
Robotersteuerung f управление роботами
Robotertechnik f, **Robotik** f робототехника
Robotpilot m автопилот
Robustheit f жёсткость (конструкции)
Rochellesalz n сегнетова соль
Rocky-Point-Effekt m эффект Рокки—Пойнта, дуговая вспышка
Rohdaten pl необработанные данные; исходные данные
Rohfilm m неэкспонированная (кино)плёнка
Rohkodierung f кодирование «скелета» программы, скелетное программирование
Rohling m заготовка; крист. слиток; буля
Rohr n 1. труба; трубка 2. трубопровод
Rohrantenne f трубчатая антенна
Rohrdipol m трубчатый симметричный вибратор
Röhre f 1. лампа (электронная, ионная) 2. электронно-лучевая трубка, ЭЛТ 3. труба; трубка 4. тлв передающая трубка
~, **abgeschmolzene** 1. (вакуумная) электронная лампа 2. электровакуумный прибор, ЭВП
~, **antimikrofonische** виброустойчивая лампа
~, **chronographische** хронографическая трубка; хронотрон (прибор для измерения пикосекундных интервалов)
~, **Crookessche** трубка Крукса
~, **dielektrische** диэлектрический волновод
~, **erste** входная лампа
~, **gasgefüllte** 1. газонаполненная лампа 2. ионная лампа
~, **geschwindigkeitsgesteuerte** [**geschwindigkeitsmodulierte**] лампа с модуляцией скорости электронов
~, **gittergesteuerte** лампа с сеточным управлением
~, **harte** жёсткая лампа (без следов газа)
~ **mit Autoemission** лампа с автоэлектронной эмиссией
~ **mit Geschwindigkeitssteuerung** лампа с модуляцией скорости электронов
~ **mit langer Nachleuchtdauer** ЭЛТ с длительным послесвечением
~ **mit Metallüberzug** 1. металлизированная ЭЛТ 2. металлизированная лампа
~ **mit Nachbeschleunigung** ЭЛТ с послеускорением
~ **mit Strahlauslenkung** ЭЛТ с отклонением луча
~ **mit veränderlicher Steilheit** лампа переменной крутизны
~ **mit Wechselfeldfokussierung** ЭЛТ с периодической фокусировкой
~, **nachleuchtende** ЭЛТ с послесвечением
~, **paketierte** лампа пакетированной конструкции
~, **schwingende** [**selbsterregende**] генераторная лампа
~, **taube** неисправная лампа
~, **thermische** лампа с термокатодом
~, **ungeheizte** лампа с холодным катодом
~, **weiche** мягкая лампа (со следами газа)
~, **zerlegbare** разборная лампа
~ **zur Zifferanzeige** лампа цифровой индикации
Röhrelektrode f трубчатый электрод
Röhrenabschirmung f 1. экран лампы или ЭЛТ 2. экранирование лампы или ЭЛТ
Röhrenalterung f старение лампы
Röhrenanzeiger m ламповый индикатор
Röhrenarbeitskennlinien f pl динамические характеристики лампы
Röhrenaufbautechnik f техника конструирования ламп или ЭЛТ
Röhrenausgangskapazität f выходная ёмкость лампы
Röhrenausnutzungsfaktor m коэффициент использования лампы
Röhrenaußenleitung f 1. вывод ЭЛТ 2. вывод лампы
Röhrenauswechselbarkeit f взаимозаменяемость ламп
Röhrenbeanspruchung f 1. нагрузка лампы 2. (технические) требования к лампам
röhrenbestückt на (электронных) лампах
Röhrenbildschirm m экран ЭЛТ
Röhrenbildwandler m передающая телевизионная трубка
Röhrenbrummen n фон лампы
Röhrendaten pl 1. параметры ЭЛТ 2. параметры лампы
Röhrendatenschwankungen f pl 1. разброс параметров ЭЛТ 2. разброс параметров ламп
Röhrendurchgangskapazität f проходная ёмкость лампы
Röhreneingang m входная цепь [вход] лампы
Röhreneingangskapazität f входная ёмкость лампы
Röhrenelektronik f ламповая электроника
Röhrenfassung f ламповая панель
Röhrenformel f см. **Röhrengleichung**
Röhrenfotodiode f вакуумный фотодиод
Röhrenfotozelle f вакуумный фотоэлемент
Röhrenfuß m ножка лампы
Röhrengerät n ламповый прибор
Röhrengitter n сетка лампы
Röhrenglas n см. **Röhrenkolben**
Röhrengleichmäßigkeit f идентичность ламп
Röhrengleichung f внутреннее уравнение лампы
Röhrengrenzdaten pl предельные параметры лампы
Röhrengüte f добротность лампы
Röhrenhals m горловина ЭЛТ
Röhrenhalter m ламповая панель; держатель лампы
Röhrenheizer m подогреватель лампы
Röhrenheizung f накал лампы
Röhrenherausführung f см. **Röhrenaußenleitung**
Röhrenhülle f см. **Röhrenkolben**
Röhreninduktivität f внутриламповая индуктивность
Röhreninnenkapazität f внутренняя [межэлектродная] ёмкость лампы
Röhrenkapazität f ёмкость лампы
Röhrenkennlinienschar f семейство характеристик лампы

Röhrenkennschlüssel *m* система обозначения (типов) ламп
Röhrenkennungsgrößen *f pl*, **Röhrenkennwerte** *m pl* см. **Röhrendaten**
Röhrenkleinsignalkennwerte *m pl* дифференциальные параметры лампы
Röhrenklingen *n* микрофонный эффект лампы
Röhrenkode *m* см. **Röhrenkennschlüssel**
Röhrenkolben *m* 1. колба [баллон] лампы 2. баллон ЭЛТ
Röhrenkondensator *m* трубчатый конденсатор
Röhrenkonstanten *f pl* параметры лампы
Röhrenkopf *m* ламповая головка
Röhrenkopplung *f* междуламповая связь
röhrenlos безламповый
Röhrenmeßgerät *n* ламповый тестер
Röhrenmeßstand *m* стенд для испытания ламп
Röhrennennleistung *f* номинальная мощность лампы
Röhrenpeilung *f* пеленгование по электроннолучевому индикатору
Röhrenprüfgerät *n* испытатель ламп; ламповый тестер
Röhrenpumpen *n кв. эл.* ламповая накачка
Röhrenqualität *f* добротность лампы
Röhrenrauschen *n* шум лампы
Röhrenrauschwiderstand *m*, **äquivalenter** эквивалентное шумовое сопротивление лампы
Röhrenregler *m* ламповый [электронный] регулятор
Röhrenschaltung *f* ламповая схема
Röhrenschirm *m* см. **Röhrenbildschirm**
Röhrenschwinglinie *f* колебательная характеристика лампы
Röhrensender *m* 1. ламповый (радио)передатчик 2. ламповый генератор
Röhrenserie *f* серия (электронных) ламп
Röhrensockelstift *m* 1. штырёк лампы 2. штырёк ЭЛТ
Röhrenspannung *f* напряжение, приложенное к лампе
Röhrenspannungsteiler *m* ламповый делитель напряжения
Röhren-Spulen-Kombination *f* блок передающей трубки с фокусирующе-отклоняющей системой
röhrenstabilisiert с электронной стабилизацией
Röhrensteilheit *f* крутизна характеристики лампы
Röhrensteuerung *f* электронное управление
Röhrenstift *m* см. **Röhrensockelstift**
Röhrenstreuung *f* разброс параметров ламп
Röhrenstufe *f* ламповый каскад
Röhrensymbol *n* (условное) обозначение лампы (*в схемах*)
Röhrentladung *f* разряд в (газонаполненной) трубке
Röhrentoleranz *f* допуск на параметры ламп
Röhrenton(frequenz)generator *m* ламповый генератор тональной частоты
Röhrenvakuum *n* 1. вакуум лампы 2. вакуум ЭЛТ
Röhrenverlustleistung *f* мощность потерь в лампе

Röhrenverstärkungsfaktor *m* коэффициент усиления лампы
Röhrenwand *f* 1. стенка (колбы) лампы 2. стенка (баллона) ЭЛТ
Röhrenwandler *m* см. **Röhrenbildwandler**
Röhrenwechselrichter *m* ламповый фазоинвертор; ламповый фазоинверсный каскад
Röhrenwellenmesser *m* ламповый волномер; гетеродинный волномер
Röhrenwiderstand *m* 1. внутреннее сопротивление лампы 2. трубчатый резистор
Röhrenzähler *m* ламповый счётчик
Röhrenzählring *m* ламповое (пере)счётное кольцо, ламповый кольцевой счётчик
Röhrenzwischensockel *m* ламповая переходная панель
Rohrerder *m* трубчатый заземлитель
Rohrkabel *n* трубчатый кабель
Rohrkern *m* трубчатый сердечник
Rohrkondensator *m* трубчатый конденсатор
Rohrleiter *m* волновод
Rohrleiterlinse *f* волноводная линза; металлопластинчатая линза
Rohrleitung *f* 1. волноводная линия; волновод 2. трубопровод
~, **kryogene** криогенный трубопровод
Rohrleitungsanlage *f* (вакуумный) трубопровод
Rohrleitungsfilter *n* волноводный фильтр
Rohrleitungsgenerator *m* генератор на коаксиальных линиях
Rohrleitungskanal *m* волноводный канал
Rohrleitungsmischkopf *m* волноводная смесительная головка
Rohrleitungssender *m* см. **Rohrleitungsgenerator**
Rohrleitungsstrahler *m* волноводный излучатель
Rohrleitungssystem *n* волноводная система
Rohrmikrofon *n* трубчатый микрофон
Rohrmündungstrichter *m* направляющая втулка (*входного отверстия канала кабельной канализации*)
Rohrrichtmikrofon *n* трубчатый остронаправленный микрофон
Rohrschlitzantenne *f* цилиндрическая щелевая антенна
Rohrschlitzstrahler *m* цилиндрический щелевой излучатель
Rohrstrahl *m* полый луч
Rohrstrahler *m* трубчатый излучатель
Rohrwellen *f pl* волны в волноводе
Rohrwellenbrückenverzweigungsglied *n* двойной волноводный разветвитель
Rohrwellenlänge *f* длина волны в волноводе
Rohschnitt *m зап.* черновой монтаж
Rohstoff *m* сырьё; исходный материал
Rohvakuum *n* низкий вакуум
Rolle *f* 1. ролик; вал(ик) 2. рулон; ролик (*напр. ленты*) 3. кассета; катушка
Rollenantenne *f* цилиндрическая антенна
Rollenkern *m* ленточный сердечник
Rollenkondensator *m* рулонный (бумажный) конденсатор
Rollfeldradaranlage *f* РЛС (*с высокой разрешающей способностью*) захода на посадку
Rollkreisbahn *f* спиральная траектория
Rollkreisbewegung *f* вращательное движение

Rollkreismagnetron *n* магнетрон с кольцевым резонатором (*без зазоров*)
Rollkreisschwingungen *f pl* спиральные колебания (*электронов в магнетроне*)
Rollkugelsteuerung *f* кнюпельное управление
Roll-off-Faktor *m* коэффициент спада (*частотной характеристики*)
Roll-off-Filter *n* ФНЧ с плавным спадом (*амплитудно-частотной характеристики*)
ROM-chip *англ.* однокристальное ПЗУ
ROM-Schnittstelle *f* интерфейс ПЗУ
Röntgenabstandsbelichtungsanlage *f* установка рентгеновского проекционного экспонирования
Röntgenabsorptionskante *f* край полосы поглощения рентгеновских лучей
Röntgenanode *f* анод рентгеновской трубки
Röntgenbelichtung *f* *микр.* рентгеновское экспонирование
Röntgenbelichtungsautomat *m* рентгеновский аппарат с автоматической регулировкой экспонирования
Röntgenbelichtungsgerät *n* устройство рентгеновского экспонирования
Röntgenbestrahlung *f* рентгеновское облучение
Röntgenbeugung *f* дифракция рентгеновских лучей
Röntgenbeugungsbild *n* рентгеновское дифракционное изображение
Röntgenbild *n* рентгеновское изображение; рентгенограмма
Röntgenbildumwandlung *f* преобразование рентгеновского изображения
Röntgenbildverstärkerröhre *f,* **Röntgenbildwandler** *m,* **Röntgenbildwandlerröhre** *f* рентгеновский ЭОП
Röntgenblitz *m* импульс рентгеновского излучения
Röntgenblitzaufnahme *f* мгновенная рентгеносъёмка
Röntgenblitzröhre *f* импульсная рентгеновская трубка
Röntgendiffraktometer *n* рентгеновский дифрактометр
Röntgenemissionsspektrum *n* рентгеновский спектр испускания
Röntgenfeinstrukturanalyse *f* рентгеновский микроструктурный анализ
Röntgenfernseheinrichtung *f,* **Röntgenfernsehkette** *f* рентгенотелевизионная установка
Röntgenfilter *n* рентгеновский фильтр
Röntgenfluoreszenz *f* рентгенофлуоресценция
Röntgenfluß *m* поток рентгеновского излучения
Röntgengenerator *m* рентгеновская установка (*обеспечивает работу рентгеновской трубки*)
Röntgenholografie *f* рентгеновская голография
Röntgenhologramm *n* рентгеновская голограмма
Röntgenjustier- und Belichtungsanlage *f* рентгеновская установка совмещения и экспонирования
Röntgenkinematographie *f* рентгенокиносъёмка
Röntgenkontaktbelichtung *f* контактное рентгеновское экспонирование
Röntgenlaser *m* рентгеновский лазер
Röntgenleuchtschirm *m* *см.* **Röntgenlichtschirm**
Röntgenlichtmesser *m* рентгенофотометр

Röntgenlichtschirm *m* люминесцентный рентгеновский экран
Röntgenlithographie *f* рентгеновская литография, рентгенолитография
Röntgenlumineszenz *f* рентгенолюминесценция
Röntgenmaske *f* рентгенолитографическая маска; рентгеношаблон
Röntgenmaskenjustierung *f* совмещение шаблона для рентгеновской литографии
Röntgenmikrolitografie *f* рентгенолитография микронного разрешения
Röntgenmikrosonde *f* рентгеновский микрозонд
Röntgenoptik *f* оптика рентгеновских лучей
Röntgenprojektionsbelichtungsanlage *f* рентгеновская проекционная установка
Röntgenquant *n* рентгеновский квант
Röntgenquelle *f* источник рентгеновского излучения
Röntgenresist *n* резист для рентгенографии, рентгенорезист
Röntgenröhre *f* рентгеновская трубка
Röntgensatellit *m* спутник, оснащённый рентгеновским телескопом
Röntgenschattenmikroskop *n* рентгеновский теневой микроскоп
Röntgenschirm *m* рентгеновский экран
Röntgenschutz *m* защита от рентгеновского излучения
Röntgenspektralanalyse *f* рентгеноспектральный анализ
Röntgenspektrograph *m* рентгеновский спектрограф
Röntgenspektrometer *n* рентгеновский спектрометр
Röntgenspektrum *n* рентгеновский спектр
Röntgenstepper *m* установка рентгеновской литографии с последовательным шаговым экспонированием
Röntgenstrahlausbeute *f* выход рентгеновского излучения
Röntgenstrahlbündel *n* *см.* **Röntgenstrahlenbündel**
Röntgenstrahlen *m pl* рентгеновские лучи
Röntgenstrahlenabsorber *m* поглотитель рентгеновского излучения
Röntgenstrahlenbelichtung *f* рентгеновское экспонирование
Röntgenstrahlenbündel *n* пучок рентгеновских лучей
Röntgenstrahlendickenmesser *m* рентгеновский толщиномер
Röntgenstrahlenholotomografie *f* рентгеноголографическая томография
Röntgenstrahlenmesser *m,* **Röntgenstrahlenmeßgerät** *n* рентген(о)метр
Röntgenstrahlenmikroskop *n* рентгеновский микроскоп
Röntgenstrahlenquelle *f* источник рентгеновского излучения
Röntgenstrahlenschutz *m* *см.* **Röntgenschutz**
Röntgenstrahlenteleskop *n* рентгеновский телескоп
Röntgenstrahlenverstärkung *f* усиление рентгеновского изображения
Röntgenstrahler *m* источник рентгеновского излучения

Röntgenstrahllithografie f рентгенолучевая литография
Röntgenstrahlspektrometer n рентгеновский спектрометр
Röntgenstrahlung f 1. рентгеновское излучение 2. рентгеновские лучи
~, **charakteristische** характеристическое рентгеновское излучение
Röntgenstrukturanalyse f, **Röntgenstrukturaufnahme** f, **Röntgenstrukturbestimmung** f, **Röntgenstrukturuntersuchung** f рентгеноструктурный анализ
Röntgenterm m уровень рентгеновского излучения
Röntgentopografie f рентгенотопография (рентгенодиагностика структурных нарушений в монокристаллах)
Röntgenuntersuchung f рентгенодиагностика
Röntgenwaferbelichtungsanlage f установка рентгеновского экспонирования полупроводниковых пластин
Röntgen-Werkstoffprüfung f рентгенодефектоскопия
Roots-Pumpe f насос Рутса, двухроторный насос
«**Rosat**» m см. **Röntgensatellit**
Rosette f розеточная часть (электрического) соединителя, розетка
rosettenförmig многолепестковый
Rosettenkurve f многолепестковая кривая
Rost m 1. ржавчина 2. решётка для укладки кабелей
Rostschutz... антикоррозионный
Rotanteil m красная составляющая (света, изображения)
Rotarywähler m вращающийся искатель
Rotation f 1. вращение 2. поворот 3. ротор, вихрь (векторного поля)
Rotationsabsorptionsspektrum n вращательный спектр поглощения
Rotationsantenne f вращающаяся антенна
Rotationsbande f кв. эл. вращательная полоса (поглощения)
Rotationsdiffusion f вращательная диффузия
Rotationseinstellung f установка (фотошаблона) по углу поворота, тета-регулировка
Rotationsfrequenz f частота вращения
Rotationsglied n вращающееся звено
Rotationsniveau n вращательный (энергетический) уровень
Rotationsniveauanregung f возбуждение вращательного уровня
Rotationsniveaubesetzung f заселённость вращательных уровней
Rotationsparabolantenne f вращающаяся параболическая антенна
Rotationsparabolspiegel m вращающееся параболическое зеркало
Rotationspolarisation f оптическая активность
Rotationspumpe f ротационный насос
Rotationsschwingungsbande f кв. эл. вращательно-колебательная полоса (поглощения)
Rotationsschwingungsspektrum n кв. эл. вращательно-колебательный спектр
Rotationsspektrum n вращательный спектр
Rotationsstruktur f вращательная структура
rotationssymmetrisch осесимметричный

Rotationsübergang m вращательный переход
Rotationsvakuumpumpe f ротационный вакуумный насос
Rotationszustand m вращательное состояние
Rotationszwilling m крист. двойник вращения
Rotator m 1. поворотное устройство (напр. антенны) 2. вращатель (плоскости поляризации) 3. волноводная скрутка 4. ротатор (в физике)
Rotauszug m сигнал красного (цветоделённого изображения)
Rotbande f красная область (спектра)
rotemittierend излучающий в красной области спектра
Rotempfindlichkeit f чувствительность к красному свету
Rotfilter n красный светофильтр
Rotfilterauszug m см. **Rotauszug**
Rotfrei-Filter n см. **Rotfilter**
Rotieren n des **Zuchtkeims** вращение затравки (кристалла)
Rotierraumladungswolke f вращающееся облако пространственного заряда
Rotinformation f информация о красном (в изображении)
Rotkanal m канал сигнала красного (цветоделённого изображения)
Rotkomponente f 1. красная составляющая света 2. тлв сигнал красного (цветоделённого изображения)
Rotkonvergenzschaltung f схема сведения красного луча
Rotlichtanzeige f индикация с красным свечением
Rotor m 1. ротор (напр. конденсатора) 2. ротор, якорь (электродвигателя) 3. ротор, вихрь (векторного поля)
Rotorpaket n, **Rotorplatten** f pl роторные пластины (конденсатора)
Rotorspule f ротор, поисковая катушка (радиопеленгатора)
Rotosil n кварцевое стекло (не прозрачное для инфракрасных лучей)
Rotplatte f фотокатод, чувствительный к красным лучам
Rotpimärsignal n тлв исходный сигнал красного (цветоделённого изображения)
Rotraster m красный растр
Rotsignal n см. **Rotkomponente** 2.
Rotstatik f тлв система статического сведения красного луча
Rotstrahl m красный луч
Rotstrahlsystem n тлв красный прожектор
Rotstrahlung f красное излучение
Rotsystem n красный прожектор
Rotunempfindlichkeit f нечувствительность к красному цвету
Rotverfärbung f окрашивание (изображения) в красный цвет
Rotzinkerz-Kupferkies-Detektor m периконовый детектор
Round-Travis-Diskriminator m дифференциальный дискриминатор
Routine f 1. стандартная программа 2. установившийся [нормальный] режим работы 3. алгоритм
Routinegerät n сервисный прибор

Routinenachricht f служебное сообщение
Routineoperationen f pl типовое (техническое) обслуживание
Routineprogramm n см. Routine 1.
Routineprüfung f, **Routineuntersuchung** f 1. типовое испытание; периодическая проверка 2. вчт программный контроль (*в отличие от аппаратного*), программная проверка
Rover n 1. вездеход 2. *косм.* лунный вездеход
R-Schirmbild n изображение на экране индикатора типа R (*точного измерения дальности*)
RS-Flip-Flop n триггер с раздельными входами, RS-триггер
R-Signal n 1. сигнал R, сигнал красного (*цветоделённого изображения*) 2. сигнал правого (стерео)канала, сигнал B
RS-Latch n см. RS-Flip-Flop
R-Stereokanal m правый стереоканал, стереоканал B
RST-Flip-Flop n RST-триггер
RST-System n RST-система (*оценки качества радиолюбительской связи*)
RT-Logik f, **RTL-Schaltungen** f pl резисторно-транзисторные логические схемы, РТЛ-схемы
Rubidiumfrequenzstandard m рубидиевый эталон частоты
Rubinlaser m рубиновый лазер
Rubinmaser m рубиновый мазер
Rubin-Molekularverstärker m, **optischer** рубиновый лазерный усилитель
Rubinrohling m рубиновая заготовка, рубиновая буля
Rubinsender m рубиновый лазер
Rubinstab m *кв. эл.* рубиновый стержень
Rubrik f *вчт* заголовок; рубрика
Ruck m 1. импульс 2. рывок, толчок
Rückbeleuchtungsholografie f получение голограммы на просвет
Rückbildung f регенерация (*импульсов*)
Rückblockung f деблокировка
Rückbombardierung f обратная бомбардировка (*катода*)
Rückdämpfung f ослабление (*излучения*) в обратном направлении
Rückdiffusion f обратная диффузия
Rückeinstellung f установка в исходное положение; возврат
Rückelektrode f задний электрод
Rückelektron n отражённый [обратный] электрон
Rücken m см. **Rückflanke**
Rücken-an-Rücken-Aufstellung f установка (*сток*) задними сторонами друг к другу
Rückendämpfung f см. **Rückdämpfung**
Rückenhalbwert(s)dauer f, **Rückenhalbwert(s)zeit** f время спада импульса до 0,5 его максимальной величины
Rückentzerrung f 1. последующая коррекция, последующее выравнивание 2. коррекция (*на приёмной стороне*) предыскажений, введённых на передающете0.03ап. коррекция воспроизведения
Rückerholzeit f время восстановления (*диода*) при переключении в обратное направление
Rückfall m возврат (*реле*)
Rückfenster n заднее окно (*в баллоне ЭЛТ*)

Rückflanke f 1. срез (*импульса*) 2. падающая ветвь (*характеристики*)
Rückflankenmodulation f модуляция среза (*импульса*)
Rückfluß m обратный поток
Rückflußdämpfung f ослабление вследствие отражения
Rückflußfaktor m коэффициент отражения
Rückformung f обратное преобразование
Rückfrage f *тлв* (контрольный) перерыв связи (*без отключения абонента*)
Rückführ... см. **Rückführungs...**, **Rückkopplungs...**
Rückführung f 1. обратная связь (*см. тж* **Rückkopplung**) 2. *вчт* восстановление, возврат [возвращение] в исходное положение
~, **lokale** местная обратная связь
~, **nichtlineare** нелинейная обратная связь
~, **starre** жёсткая обратная связь
~, **verzögerte** запаздывающая [задержанная] обратная связь
Rückführungs... *см. тж* **Rückkopplungs...**
Rückführungsart f тип обратной связи
Rückführungselement n элемент *или* звено обратной связи
Rückführungsfrequenzgang m частотная характеристика цепи обратной связи
Rückführungsglied n см. **Rückführungselement**
Rückführungskoeffizient m коэффициент обратной связи
rückführungslos без обратной связи
Rückführungspfad m цепь обратной связи
Rückführungsprogramm n повторно входимая программа
Rückführungsregelsystem n система регулирования с обратной связью
Rückführungssignal n сигнал обратной связи
Rückführungswert m коэффициент обратной связи
Rückführungswiderstand m резистор (цепи) обратной связи
Rückführungszweig m ветвь *или* цепь обратной связи
Rückgabebefehl m команда возврата
Rückgang m 1. обратный ход 2. спад (*параметра*); падение, снижение 3. возврат (*в исходное положение*)
~, **selbsttätiger** автоматический возврат, самовозврат
Rückgangsdauer f, **Rückgangszeit** f 1. время обратного хода 2. время возврата
rückgekoppelt с обратной связью
Rückgeschwindigkeit f 1. скорость обратного хода 2. скорость возврата
Rückgewinnung f восстановление; регенерация
Rückgriff m обратная проницаемость
Rückheilung f восстановление
Rückheizung f нагрев (*катода*) возвращающимися электронами
Rückholtaste f клавиша возврата
~ **auf [für] Speicher** клавиша обращения к ЗУ
Rückhörbezugsdämpfung f эквивалент затухания местного эффекта
Rückhördämpfung f 1. подавление обратного излучения акустической системы 2. подавление местного эффекта

Rückhören n местный эффект, слышимость собственного разговора
Rückimpuls m 1. отражённый импульс 2. квитирующий импульс 3. *тлв* гасящий импульс
Rückkanal m обратный канал
Rückkehr f 1. возврат; возвращение (*в исходное положение*) 2. *тлв* обратный ход 3. *вчт* возврат; обратный переход 4. *косм.* возвращение на Землю
Rückkehradresse f *вчт* адрес возврата
Rückkehranweisung f 1. ответное сообщение 2. *вчт* оператор возврата
Rückkehrbefehl m команда возврата
Rückkehrdämpfung f ослабление отражённого сигнала
Rückkehrelektron n отражённый [обратный] электрон
Rückkehrkommando n *вчт* команда возврата
Rückkehrschalter m самовозвратный [безарретирный] ключ
Rückkehrsprung m см. **Rücksprung**
Rückkehr-zu-Null-Aufzeichnung f запись с возвращением к нулю
Rückkode m код возврата
Rückkontrolle f обратный контроль
Rückkonvertierung f обратное преобразование
Rückkoppel... см. **Rückführungs...**, **Rückkopplungs...**
rückkoppeln вводить обратную связь
Rückkopplung f обратная связь (*см. тж* **Rückführung**)
~, **akustische** акустическая обратная связь
~, **elastische [flexible]** гибкая [упругая] обратная связь
~, **frequenzabhängige** частотно-зависимая обратная связь
~, **kapazitive** ёмкостная обратная связь
~, **kompensierende** компенсирующая обратная связь (*поддерживает постоянной стабильность системы*)
~, **kumulative** кумулятивная обратная связь (*повышает стабильность системы*)
~, **optische** оптическая обратная связь
~, **optisch-elektronische** оптоэлектронная обратная связь
~, **phasentreue [positive]** положительная обратная связь
~, **starke** глубокая обратная связь
Rückkopplungs... см. тж **Rückführungs...**
Rückkopplungsbedingungen f pl условия (*возникновения, наличия*) обратной связи
Rückkopplungseffekt m действие обратной связи
Rückkopplungsempfang m регенеративный (радио)приём
Ruckkopplungsfaktor m коэффициент обратной связи
Rückkopplungsfenster n см. **Rückkopplungsloch**
rückkopplungsfrei без обратной связи
Rückkopplungsgenerator m генератор с обратной связью
Rückkopplungsgrad m см. **Rückkopplungsfaktor**
Rückkopplungskanal m канал обратной связи
Rückkopplungskapazität f ёмкость обратной связи
Rückkopplungskreis m, **Rückkopplungsleitung** f цепь обратной связи
Rückkopplungsloch n отверстие [щель] (для) обратной связи
Rückkopplungsmagnetron n магнетрон с обратной связью
Rückkopplungsnetz n, **Rückkopplungsnetzwerk** n цепь обратной связи
Rückkopplungspfeifen n свист, возникающий за счёт обратной связи
Rückkopplungsregelung f регулировка обратной связи
Rückkopplungsregler m регулятор обратной связи
Rückkopplungsröhre f реактивная лампа
Rückkopplungsschaltung f 1. схема обратной связи 2. регенеративная схема
Rückkopplungsschleife f петля обратной связи
~ **mit Phasenverkettung** петля фазовой синхронизации
Rückkopplungsschwingschaltung f генераторная схема с обратной связью
Rückkopplungsspannung f напряжение обратной связи
Rückkopplungsspeicher m ЗУ или память на элементах с обратной связью
Rückkopplungssperre f фильтр подавления обратной связи
Rückkopplungsstörungen f pl помехи, обусловленные обратной связью
Rückkopplungsstrecke f цепь обратной связи
Rückkopplungssystem n, **geschlossenes** замкнутая система с обнв
0у8цкkопплунгсунтердрÿцкунгf, **akustische** подавление акустической обратной связи
Rückkopplungsverstärker m усилитель с обратной связью
Rückkopplungsverstärkungsfaktor m коэффициент усиления за счёт обратной связи
Rückkopplungsverzerrungen f pl искажения, обусловленные обратной связью
Rückkopplungsweg m цепь обратной связи
Rückkopplungswindung f виток обратной связи
Rückkopplungszweig m цепь обратной связи
Rücklauf m 1. обратный ход (*напр. луча*); обратное движение (*напр. диска номеронабирателя*) 2. *зап.* перемотка (*ленты*) назад 3. возврат (*в исходное положение*) 4. обратный пробег (*электронов*)
~, **horizontaler** обратный ход строчной развёртки
~ **der Nummernscheibe** обратное движение диска номеронабирателя
~, **schneller** ускоренная перемотка назад
~, **senkrechter** см. **Rücklauf**, **vertikaler**
~, **verdunkelter** погашенный обратный ход
~, **vertikaler** обратный ход полевой или кадровой развёртки
Rücklaufaustastung f гашение обратного хода (*луча*)
Rücklaufbewegung f **der Wählscheibe** обратное движение диска номеронабирателя
Rücklaufdauer f *тлв* длительность обратного хода
Rücklaufdunkeltastung f см. **Rücklaufaustastung**

rücklaufend 1. движущийся в обратном направлении 2. отражённый
Rücklaufimpuls *m* импульс на обратном ходу развёртки
Rücklaufleistung *f см.* **Rückleistung**
Rücklauflinie *f см.* **Rücklaufspur**
Rücklaufmotor *m* двигатель обратной перемотки
Rücklaufperiode *f см.* **Rücklaufzeit** 1.
Rücklaufsperre *f* 1. *тлв* гашение обратного хода 2. блокировка возврата
Rücklaufspule *f* катушка для (обратной) перемотки (*ленты*)
Rücklaufspur *f*, **Rücklaufstrich** *m* след обратного хода (*непогашенного луча*)
Rücklaufverdunkelung *f см.* **Rücklaufaustastung**
Rücklaufweg *m* траектория обратного хода (*луча*); обратный ход
Rücklaufwelle *f* обратная волна
Rücklaufwellen... *см.* **Rückwärtswellen...**
Rücklauf-Wiedergabe *f зап.* реверсивное воспроизведение
Rücklaufzeit *f* 1. *тлв* длительность обратного хода 2. *зап.* время перемотки (*ленты*) назад 3. время возврата (*в исходное положение напр. реле*) 4. время обратного пробега (*электронов*)
~, **horizontale** длительность обратного хода строчной развёртки
~, **vertikale** длительность обратного хода полевой *или* кадровой развёртки
Rückleistung *f* мощность отражённой волны
Rückleitfähigkeit *f* обратная проводимость
Rückleitung *f* обратная линия; обратный провод
Rücklötsicherungshalter *m* колодка с плавкими предохранителями, держатель плавкого предохранителя
Rückmagnetisierimpuls *m* перемагничивающий импульс
Rückmagnetisierung *f* перемагничивание
Rückmeldeeinrichtung *f*, **Rückmeldegerät** *n*, **Rückmelder** *m* 1. *рлк* ответчик 2. квитирующее устройство
Rückmeldesignal *n* 1. ответный сигнал 2. квитирующий сигнал
Rückmeldung *f* 1. ответное сообщение 2. квитирование 3. обратная сигнализация
~, **negative** отрицательное квитирование (*при контроле ошибок*)
Rückmodeler *m* детектор, демодулятор
Rückmodulation *f* детектирование, демодуляция
Rücknebenzipfel *m ант.* задний боковой лепесток
Rückpeilung *f* обратный пеленг, ОП
Rückphosphoreszenz *f* возвратная [вторичная] фосфоресценция
Rückplatte *f* 1. объединительная (печатная) плата 2. задняя панель
Rückprall *m* 1. отдача; отскок (*напр. контакта*) 2. реверберация
Rückprojektion *f* 1. проекция на просвет 2. рирпроекция
Rückprojektor *m* рирпроектор
Rückprüfen *n* обратный контроль
Rückpunkt *m* 1. точка возврата 2. точка перегиба со стороны среза (*импульса*)
Rückreflexion *f* обратное отражение

Rückrichtung *f пп* обратное [запирающее] направление
Rückruf *m* обратный вызов
Rückrufsignal *n* обратный [ответный] сигнал
Rücksacksender *m* репортёрский передатчик
Rückschalten *n*, **Rückschaltung** *f* 1. переключение на прежний режим, обратное переключение 2. *зап.* обратная перемотка (*ленты*)
Rückschlaggenerator *m* блок формирования высокого напряжения из импульсов обратного хода строчной развёртки
Rückschleifentest *m вчт* петлевой контроль
Rückschlußkörper *m* магнитопровод
Rückschmelzen *n*, **Rückschmelzverfahren** *n пп* метод обратного оплавления
rückschreiben перезаписывать
Rückschritt *m вчт* возврат на один шаг
Rücksetz... *см. тж* **Rückstell...**
Rücksetzeingang *m* вход (*сигнала*) установки на нуль; вход сброса (*в первоначальное состояние*)
rücksetzen 1. возвращать (*в исходное состояние*) 2. перематывать (*ленту*) назад
Rücksetzpotential *n* потенциал возврата (*в исходное состояние*)
Rücksetzrauschen *n* возвратный шум, шум возврата (*напр. в ПЗС*)
Rücksetzschaltung *f* схема *или* цепь возврата
Rücksetztransistor *m* транзистор установки (*схемы, устройства*) в исходное состояние
Rücksetzung *f* 1. возврат (*в исходное состояние*); сброс; установка на нуль 2. перемотка (*ленты*) назад
Rücksetzungsbetrieb *m* 1. режим возврата 2. режим перемотки (*ленты*) назад
Rücksignal *n* 1. *рлк* отражённый сигнал 2. *см.* **Rückmeldesignal**
Rückspannung *f* обратное напряжение
Rückspeichern *n*, **Rückspeicherung** *f* регенерация записи; перезапись
Rückspeiseleitung *f* обратный фидер
Rückspeisung *f* обратная связь
Rückspiegel *m*, **elektronischer** электронное зеркало обратного обзора
Rückspielen *n* воспроизведение (звуко)записи
Rücksprung *m* 1. *вчт* возврат; обратный переход 2. отражение
Rücksprungadresse *f вчт* адрес возврата
Rücksprungbefehl *m вчт* команда возврата; команда обратного перехода
Rücksprungstelle *f вчт* точка возврата (*напр. из подпрограммы*)
Rückspulbefehl *m* команда на перемотку
Rückspulen *n* перемотка (*ленты*) назад
Rückspultaste *f* клавиша перемотки (*ленты*) назад
Rückstandseffekt *m* диэлектрический гистерезис
Rückstell... *см. тж* **Rücksetz...**
Rückstellanode *f* анод возврата луча в исходное положение (*в счётной лампе*)
Rückstellbarkeit *f* восстанавливаемость, способность к восстановлению
Rückstellbaustein *m* съёмный модуль
Rückstelldruckknopf *m* кнопка возврата (*в исходное положение*)

Rückstelleitung f вчт шина стирания информации; шина сброса; шина установки на нуль
Rückstellen n см. **Rückstellung**
Rückstellfeder f возвратная пружина (напр. измерительного прибора)
Rückstellfehler m погрешность возврата (в исходное положение)
Rückstellimpuls m импульс возврата; импульс сброса или установки на нуль
Rückstellknopf m кнопка повторного пуска; кнопка возврата
Rückstellkommando n команда возврата или сброса
Rückstellsignal n сигнал возврата; сигнал сброса или установки на нуль
Rückstelltaste f клавиша возврата или сброса
Rückstellung f 1. возврат (в исходное состояние); сброс; установка на нуль 2. восстановление
Rücksteuerröhre f (цветной) индексный кинескоп
Rücksteuerung f управление по методу посылки обратных импульсов
Rückstoß m отдача (напр. частицы)
Rückstoßatom n атом отдачи
Rückstoßelektrode f 1. отражательный электрод 2. отражатель (клистрона)
Rückstoßelektron n электрон отдачи
Rückstrahl... см. тж **Rückstrahlungs...**
Rückstrahl m отражённый луч
Rückstrahlamplitude f амплитуда обратного излучения
Rückstrahlanlage f радиолокационная установка
Rückstrahldämpfung f ослабление обратного излучения
Rückstrahlempfangsanlage f 1. приёмная установка РЛС 2. приёмник излучения ответчика
rückstrahlen отражать
Rückstrahl-Entfernungsbestimmung f радиолокационное определение дальности
Rückstrahler m отражатель
Rückstrahlfeld n поле обратного [отражённого] излучения
Rückstrahlfläche f отражающая поверхность
Rückstrahlfrequenz f частота отражённого сигнала
Rückstrahlgerät n радиолокатор
Rückstrahlimpuls m отражённый импульс
Rückstrahlmeßgerät n радиолокатор
Rückstrahlmeßtechnik f см. **Rückstrahltechnik**
Rückstrahlobjekt n отражающий объект
Rückstrahlortung f радиолокация
~, **aktive** активная радиолокация
~, **passive** пассивная радиолокация
Rückstrahlpeilung f радиопеленгация
Rückstrahlquerschnitt m эффективная отражающая поверхность
Rückstrahlreichweite f см. **Rückstrahlweite**
Rückstrahlsignal n отражённый сигнал
Rückstrahlspannung f напряжение отражённого сигнала
Rückstrahltechnik f радиолокационная техника
Rückstrahlung f отражение, обратное излучение
Rückstrahlungs... см. тж **Rückstrahl...**
Rückstrahlungsfaktor m коэффициент отражения
Rückstrahlungswinkel m угол отражения

Rückstrahlverbindung f связь на отражённых волнах
Rückstrahlverfahren n радиолокационный метод
Rückstrahlvermögen n отражательная способность
Rückstrahlweite f дальность действия РЛС
Rückstreubelichtung f засветка отражённым рассеянным светом
Rückstreubereich m область [зона] обратного рассеяния
Rückstreuelektron n отражённый электрон, рассеянный в обратном направлении электрон
Rückstreufaktor m коэффициент обратного рассеяния
Rückstreufläche f рассеивающая поверхность
Rückstreuung f обратное рассеяние; отражение
Rückstrom m обратный ток
Rückströmung f противоток, обратное течение
Rücktaste f клавиша возврата
Rücktransformation f обратное преобразование
Rücktransformationslinse f линза, выполняющая обратное преобразование
Rückübersetzung f 1. декодирование 2. обратное преобразование
Rückumformer m, **Rückumsetzer** m см. **Rückumwandler**
Rückumsetzung f см. **Rückumwandlung**
Rückumwandler m обратный преобразователь
Rückumwandlung f обратное преобразование
Rückverdrahtung f 1. (токопроводящие) отношения на обратной стороне панели (напр. коммутационной) 2. монтаж на объединительной панели; монтаж на объединительной печатной плате
Rückverdrahtungsfeld n монтажное поле объединительной панели; проводящий рисунок объединительной печатной платы
Rückvergrößerungsgerät n устройство для чтения микрофильмов и микрофиш(ей)
Rückverteilung f перераспределение
Rückwandler m см. **Rückumwandler**
Rückwandlung f см. **Rückumwandlung**
Rückwandplatine f объединительная печатная плата
Rückwärtsdämpfung f 1. ослабление излучения в обратном направлении 2. подавление звуковых колебаний с тыльной стороны микрофона
Rückwärtsdiode f обращённый диод
Rückwärtsecho n обратное (радио)эхо
Rückwärtserholungszeit f время восстановления (диода) при переключении в обратное направление
Rückwärtsglied n звено обратной связи
Rückwärtskoppelwiderstand m сопротивление обратной связи
Rückwärtslauf m см. **Rücklauf**
Rückwärtslesen n считывание в обратном направлении
Rückwärtsregelung f 1. обратная автоматическая регулировка усиления 2. рег. обратное регулирование
Rückwärtsschritt m обратное перемещение на один шаг
Rückwärtsspannung f обратное напряжение

Rückwärtssteilheit f обратная крутизна, крутизна при обратном включении
Rückwärtssteuerspannung f обратное управляющее напряжение
Rückwärtsstrahlung f см. **Rückstrahlung**
Rückwärtsstrom m обратный ток
Rückwärtsstromverstärkung f обратное усиление по току
Rückwärtswahl f тлф обратное (предварительное) искание
Rückwärtswahlstufe f ступень обратного (предварительного) искания
Rückwärtswelle f обратная волна
Rückwärtswellenmagnetfeldröhre f, **Rückwärtswellenmagnetron** n ЛОВ М-типа
Rückwärtswellenoszillator m генератор на ЛОВ
Rückwärtswellenröhre f лампа обратной волны, ЛОВ
Rückwärtswellenverstärker m усилитель на ЛОВ
Rückwärtszähler m счётчик обратного действия
Rückwärtszählimpuls m вычитающий импульс (в счётчике)
Rückwärtszeichen n 1. тлф сигналы, посылаемые станцией (абоненту) 2. сигнал, обошедший вокруг Земли
Rückwärtszweig m 1. цепь обратной связи 2. обратная линия
rückweise скачкообразно
Rückweisegerade f над. линия (от)браковки
Rückweisegrenzqualität f предельный уровень качества при отбраковке
Rückweisung f 1. возврат 2. отбраковка
Rückweisungsfach n обр. д. карман для отбракованных документов
Rückwellenröhre f см. **Rückwärtswellenröhre**
Rückwickeln n, **Rückwick(e)lung** f перемотка назад (ленты, плёнки)
Rückwiderstand m пп обратное сопротивление
Rückwirkung f 1. обратное (воз)действие; (обратная) реакция 2. обратная связь (см. тж **Rückführung, Rückkopplung**)
Rückwirkungsadmittanz f см. **Rückwirkungsleitfähigkeit**
rückwirkungsbehaftet с обратной связью
Rückwirkungsdämpfungsmaß n коэффициент ослабления обратной связи
Rückwirkungseffekt m обратный эффект
Rückswirkungsfaktor m коэффициент обратной связи
Rückwirkungsfreiheit f 1. отсутствие обратного (воз)действия 2. отсутствие обратной связи 3. однонаправленность
Rückwirkungsimpedanz f вносимое полное сопротивление
Rückwirkungskapazität f 1. ёмкость обратной связи 2. межэлектродная ёмкость (обратной связи)
Rückwirkungsleitfähigkeit f, **Rückwirkungsleitwert** m проводимость обратной связи
Rückwurf m отражение (напр. звука)
Rückwurfgrad m коэффициент отражения (напр. звука)
Rückzipfel m ант. задний лепесток
Rückzündung f 1. повторное зажигание (разряда в газоразрядных лампах) 2. вторичная ионизация (в счётных трубках)
Ruf m 1. тлф вызов; посылка вызова 2. вчт, рлк опрос; запрос 3. вчт вызов; обращение (напр. к подпрограмме) 4. переход к подпрограмме 5. позывные
~, **harmonischer und wahlweiser** тональный избирательный вызов
~, **mangelhafter** неправильный вызов
~ **mit verabredeten Zeichen** кодовый вызов
~, **verlorengehender** потерянный вызов
~, **wahlweiser** избирательный вызов
Rufadresse f адрес вызова
Rufanlage f вызывное устройство
Rufanzeige f индикация вызова
Rufanzeiger m тлф указатель вызовов
Rufbefehl m команда вызова; команда обращения
Rufeinrichtung f 1. вызывное устройство 2. рлк запросчик
Rufen n посылка вызова
Ruffrequenz f 1. тлф вызывная частота 2. частота запроса
Rufklinke f вызывное гнездо
Rufkontrollampe f лампа контроля вызова
Rufkontrolle f 1. контроль (посылки) вызова 2. вчт контроль по вызову; спорадический контроль
Rufkontrollzeichen n сигнал контроля (посылки) вызова
Ruflampe f тлф вызывная лампа
Rufnummer f 1. абонентский номер 2. вчт вызываемый номер
Rufnummerspeicher m тлф память абонентских номеров
Rufordner m распределитель искателей вызовов
Rufperiode f, **Rufphase** f 1. период (посылки) вызова 2. вчт период вызова или обращения 3. период опроса
Rufschalter m вызывной ключ
Rufsendung f посылка вызова
Rufsignal n сигнал вызова
Rufstellung f положение вызова
Rufstrom m вызывной ток
Rufsystem n, **selektives** система избирательного вызова
Ruftafel f световое (сигнализационное) табло
Ruftaste f вызывная кнопка; вызывной ключ
Ruftonsignal n сигнал тонального вызова
Rufüberwachungslampe f контрольная лампа вызова
Ruf- und Signalerzeugung f формирование акустических и вызывных сигналов
Ruf- und Signalmaschine f устройство формирования акустических и вызывных сигналов
Rufweite f 1. дальность вызова 2. дальность слышимости 3. дальность действия радиостанции
Rufzeichen n 1. сигнал вызова 2. позывной (сигнал)
Rufzeichen n pl позывные (сигналы)
~, **internationale** международные позывные
Rufzeichenkode m код позывных
Rufzeichenliste f таблица позывных

Rufzeichenwechsel *m* смена позывных
Ruhe *f* 1. покой 2. молчание; перерыв; пауза
Ruheausschlag *m* отклонение (*стрелки*) в состоянии покоя
Ruheband *n* пустая [незаполненная] лента
Ruhebefehl *m* команда останова
Ruhebereich *m* область несрабатывания (*реле*)
Ruhefrequenz *f* несущая частота (*ЧМ-колебаний*)
Ruhegeräusch *n* см. **Ruherauschen**
Ruhekontakt *m* размыкающий контакт
Ruheleistung *f* мощность покоя
Ruheperiode *f* 1. время покоя 2. *вчт* время ожидания
Ruhepotential *n* равновесный потенциал
Ruhepunkt *m* точка покоя
Ruherauschen *n* 1. шум размагниченного носителя магнитной записки 2. шум (*носителя записи*) в паузе, шум паузы
Ruhe-Ruhekontakt *m* двойной размыкающий контакт
Ruhesignal *n* сигнал отбоя
Ruhespannung *f* 1. напряжение покоя 2. остаточное напряжение
Ruhespur *f* немодулированная дорожка
Ruhestellung *f* 1. исходное [начальное] состояние; исходное [начальное] положение 2. положение покоя 3. *вчт* установка (*переключателя*) на останов
Ruhestreifen *m* см. **Ruhespur**
Ruhestrom *m* 1. ток покоя 2. установившийся ток 3. ток в замкнутой цепи 4. *тлг* ток паузы
Ruhestrombetrieb *m* режим «наличие тока — отсутствие сигнала»
Ruhestromkontakt *m* контакт тока покоя
Ruheträgerfrequenz *f* см. **Ruhefrequenz**
Ruhewelle *f* волна паузы
Ruhewert *m* установившееся значение
Ruhezeit *f* 1. время покоя 2. время паузы
Ruhezustand *m* 1. состояние покоя 2. режим (*работы*) с резервированием 3. *вчт* режим хранения (*запоминающей ячейки*)
Ruhezustandsleistung *f* 1. расход мощности в состоянии покоя 2. расход мощности в режиме резервирования
Rühewerk *n* für Schmelzen мешалка для расплава
Rumford-Fotometer *n* теневой фотометр
Rumpel *n* зап. рокот (*воспроизведения*)
Rumpelfilter *n* фильтр подавления рокота
Rumpelgeräusch *n* см. **Rumpel**
Rumpelgeräuschspannungsabstand *m* зап. отношение сигнал/рокот
Rumpeln *n* см. **Rumpel**
Rumpf *m* 1. корпус 2. ядро (*атома*) 3. сердцевина (*напр. оптического волокна*) 4. фюзеляж (*самолёта*)
Rumpfantenne *f* фюзеляжная антенна
Run *m* *вчт* 1. (однократный) проход, прогон (*программы*) 2. работа, ход (*ВМ*)
Rundabtastung *f* круговой обзор (*пространства*)
Rundantenne *f* ненаправленная антенна
Rundanzeiger *m* см. **Rundsichtanzeigegerät**
Rundbedingungen *f pl* окружающие условия
Rundbild *n* панорамное изображение; панорама
Rundblickanlage *f*, **Rundblickradar** *n*, **Rundblickradaranlage** *f* РЛС кругового обзора

Rundcharakteristik *f* круговая характеристика (*направленности*)
Runddiagramm *n* круговая диаграмма (*направленности*)
Runddipol *m* кольцевой симметричный вибратор
Runde *f* виток (*вокруг Земли*)
Rundempfangsantenne *f* ненаправленная приёмная антенна
Rundfunk *m* 1. радиовещание 2. телевизионное вещание 3. радио
Rundfunkanstalt *f* (радио)вещательная организация
Rundfunkantenne *f* радиовещательная антенна
Rundfunkaufnahme *f* 1. приём радиопередачи 2. запись радиопередачи
Rundfunkaufnahmeraum *m* радиостудия
Rundfunkausbreitung *f* распространение радиоволн (*вещательного диапазона*)
Rundfunkausrüstung *f* радиовещательная аппаратура; радиоаппаратура
Rundfunkband *n* радиовещательный диапазон, диапазон радиовещания
Rundfunkbauelement *n* радиокомпонент, радиодеталь
Rundfunkbereich *m* см. **Rundfunkband**
Rundfunkbetriebsstelle *f* радиоузел
Rundfunkdienst *m* служба радиовещания, радиовещание
Rundfunkdirektübertragung *f* радиотрансляция
Rundfunkempfang *m* приём радиовещательных передач
Rundfunkempfänger *m* радиовещательный приёмник
Rundfunkempfangsstörungen *f pl* помехи приёму радиовещательных передач
Rundfunkempfangstechnik *f* техника радиоприёма
Rundfunkentstörungsdienst *m* служба борьбы с радиопомехами
Rundfunkfernsehtruhe *f* консольная телерадиола
Rundfunkfrequenz *f* частота радиовещательного диапазона
Rundfunkfrequenzband *n* радиовещательный диапазон (частот), диапазон (частот) радиовещания
Rundfunkgerät *n* 1. радиотехнический прибор; радиотехническое устройство 2. радиоприёмник
Rundfunkgesellschaft *f* 1. радиовещательная компания 2. радиокомитет
Rundfunkhörer *m* радиослушатель
Rundfunkkanal *m* радиовещательный канал
Rundfunkkommentar *m* радиокомментарий
Rundfunkleitung *f* радиотрансляционная линия
Rundfunkmechaniker *m* радиомеханик
Rundfunkprogramm *n* программа радиовещания, радиовещательная программа
Rundfunkprogrammübertragung *f* 1. передача программ радиовещания 2. трансляция программ радиовещания
Rundfunkpupinisierung *f* пупинизация кабеля «студия — передатчик»
Rundfunkreportage *f* радиорепортаж
Rundfunkröhre *f* радиолампа
Rundfunksatellit *m* (радио)вещательный спутник

RUN RUT R

~, **direkt empfangbarer** спутник непосредственного телевизионного вещания
Rundfunksatellitensender *m* передатчик радиовещательного спутника
Rundfunkschaltung *f* радиосхема
Rundfunksender *m* вещательный (радио)передатчик (*для радио или телевизионного вещания*)
~, **automatischer** автоматизированный радиопередатчик
~, **fernbedienter** дистанционно управляемый радиопередатчик
~, **handbedienter** обслуживаемый радиопередатчик
Rundfunksenderaum *m* радиостудия
Rundfunksendestation *f*, **Rundfunksendestelle** *f* радиовещательная станция
Rundfunksendetechnik *f* техника (вещательных) радиопередачи
Rundfunksendung *f* радиопередача
Rundfunksignal *n* радиосигнал
Rundfunkstation *f*, **Rundfunkstelle** *f* см. **Rundfunksendestation**
Rundfunkstörung *f* радиопомеха, помеха радиоприёму
Rundfunkstörungsdienst *m* служба радиопомех
Rundfunkstudio *n* радиостудия
Rundfunktechnik *f* 1. техника радиовещания 2. радиотехника
Rundfunkteilnehmer *m* радиослушатель
Rundfunk-Tonbandmaschine *f* магнитофон для радиовещания, студийный магнитофон
Rundfunkübertragung *f* см. **Rundfunkprogrammübertragung**
Rundfunkübertragungsanlage *f* 1. радиотрансляционная установка 2. радиовещательная установка
Rundfunkübertragungsleitung *f* радиотрансляционная линия
Rundfunkübertragungstechnik *f* 1. техника (вещательных) радиопередач 2. техника радиотрансляции
Rundfunküberwachung *f* контроль радиовещательных передач
Rundfunk- und Fernsehzentrum *n* радиотелецентр
Rundfunkvermittlung *f* см. **Rundfunkprogrammübertragung 2.**
Rundfunkversorgung *f* охват (радио- или телевизионным) вещанием
Rundfunkverstärker *m* радиотрансляционный усилитель
Rundfunkverstärkeramt *n* радиотрансляционный узел
Rundfunkwellen *f pl* волны радиовещательного диапазона
Rundfunkwellenband *n*, **Rundfunkwellenbereich** *m* диапазон (волн) радиовещания
Rundfunkzeitsignal *n* радиосигнал времени
Rundfunkzentrum *n* радиовещательный центр
Rundfunkzone *f* зона охвата (радио- или телевизионным) вещанием
Rundgehäuse *n* цилиндрический корпус
Rundgesprächsanlage *f*, **Rundgesprächseinrichtung** *f* установка для двухсторонней групповой (телефонной) связи; селектор
Rundhohlleiter *m* круглый волновод

Rundlauf *m* 1. вращение (*напр. магнитного барабана*) 2. двойной проход (*через активную среду резонатора*) 3. вчт циклический прогон (*программы*)
Rundortungsgerät *n* РЛС кругового обзора
Rundrelais *n* реле с круглым сердечником, круглое реле
Rundschreibanlage *f* установка циркулярного телеграфирования
Rundschreib(en)nachricht *f* циркулярное сообщение
Rundschreibverkehr *m* циркулярная связь; циркулярная передача
Rundsenden *n* циркулярная передача
Rundsicht *f* круговой обзор
Rundsichtanzeigegerät *n*, **Rundsichtanzeiger** *m* индикатор кругового обзора, ИКО
Rundsichtbildschirmwiederholungsgerät *n* (выносной) индикатор кругового обзора
Rundsichtgerät *n* 1. радиолокатор кругового обзора 2. индикатор кругового обзора, ИКО
Rundsichtpeilung *f* круговое пеленгование
Rundsichtradar *n*, **Rundsichtradaranlage** *f*, **Rundsichtradargerät** *n* РЛС кругового обзора
Rundsichtsystem *n* система кругового обзора
Rundsprachanlage *f* мощная громкоговорящая установка
Rundspruch *m швейц.* радиовещание
Rundspruchsender *m швейц.* радиовещательный передатчик
Rundsteckverbinder *m* цилиндрический (электрический) соединитель
Rundsteuersender *m* ведущий (радио)передатчик
Rundsteuerung *f* централизованное управление
Rundstrahlantenne *f* ненаправленная антенна
Rundstrahlcharakteristik *f* круговая характеристика направленности (*излучения*)
Rundstrahlsender *m* (радио)передатчик с ненаправленным излучением
Rundsuchantenne *f* антенна кругового обзора
Rundsuchbetrieb *m* круговой поиск, круговой обзор
Rundsuchbodenradaranlage *f* наземная РЛС кругового обзора
Rundsuche *f* см. **Rundsuchbetrieb**
Rundsuchgerät *n* 1. радиолокатор кругового обзора 2. индикатор кругового обзора, ИКО
Rundsuchradaranlage *f* РЛС кругового обзора
Rundübertragung *f* ненаправленная (радио)передача
Rundumaufnahme *f* 1. панорамная съёмка 2. панорамный снимок
Rundumdarstellung *f* панорамная индикация
Rundumsuchgerät *n* см. **Rundsuchgerät**
Rundung *f* округление (*результата вычисления*)
Rundungsabweichung *f*, **Rundungsfehler** *m* ошибка округления
Runge-Kutta-Verfahren *n* метод Рунге—Кутта
Runz(el)leiter *m* 1. гофрированный волновод 2. (встречно-)гребенчатая ЛЗ
Rüstzeit *f* 1. время на сборку; установочное время 2. вчт время подготовки (*машины*) к работе
Rutildiode *f* рутиловый диод

Rutschen n скольжение, проскальзывание (ленты)
Rüttelfestigkeit f вибропрочность
Rüttelprüfung f, **Rütteltest** m испытание на вибропрочность
Rütteltisch m вибростенд; вибростол
Rüttler m вибратор
RVS-Taste f клавиша (включения) системы подавления шумов
RYB-Röhrenkamera f RYB-камера (трёхтрубочная камера, дающая сигнал яркости и сигналы красного и синего цветоделённых изображений)
Rydberg-Korrektur f поправка Ридберга
R-Y-Farbdifferenzsignal n цветоразностный сигнал R—Y
R-Y-Matrize f матрица (формирования) сигнала R—Y
Ryotron n риотрон (криогенный индуктивный элемент с электрическим управлением)
R-Y-Signal n (цветоразностный) сигнал R—Y
RZ-Signal n (двоичный) сигнал с возвращением к нулю

S

S.A.- см. **Selbstanschluß**...
Saatkristall m затравочный кристалл, затравка
Sackgasse f тупик (в ходе программы)
Sägezahn m пилообразное колебание; пилообразный сигнал
Sägezahnablenkung f, **Sägezahnabtastung** f пилообразная развёртка
Sägezähnamplitude f амплитуда пилообразных колебаний
Sägezahnantenne f зигзагообразная антенна
Sägezahngenerator m генератор пилообразных сигналов
Sägezahnimpuls m пилообразный импульс
Sägezahnmethode f изм. метод сравнения с пилообразным напряжением
Sägezahnoszillator m см. **Sägezahngenerator**
Sägezahnperiode f период пилообразных колебаний
Sägezahn-Rückflanke f, **Sägezahn-Rücklauf** m обратный ход пилообразного сигнала
Sägezahnschwingung f пилообразное колебание
Sägezahnspannung f пилообразное напряжение
Sägezahnspannungsabtaster m устройство для развёртки пилообразным напряжением
Sägezahnspannungsgenerator m генератор пилообразного напряжения
Sägezahnstrom m пилообразный ток
Sägezahnstromgenerator m генератор пилообразного тока
Sägezahnumsetzer m см. **Sägezahnverschlüßler**
Sägezahnverlauf m пилообразный характер (изменения); пилообразная форма (колебаний)
Sägezahnverschlüsselung f изм. кодирование временны́х интервалов методом сравнения с пилообразным напряжением
Sägezahnverschlüßler m изм. АЦП, используемый при кодировании временны́х интервалов методом сравнения с пилообразным напряжением

тодом сравнения с пилообразным напряжением
Saitengeber m изм. струнный датчик
Saitenoszillograf m струнный осциллограф
Säkulardeterminante f вековая детерминанта
Säkulargleichung f вековое уравнение
SAM-CCD-Speicher m ПЗС-накопитель с последовательным доступом
Sammelanschluß m свз групповой присоединитель; присоединение группы вводов
Sammelanschlußteilnehmer m абонент с несколькими вводами
Sammeldienstleitung f линия диспетчерской связи; линия циркулярной связи
Sammelelektrode f собирающий электрод, коллектор
Sammelelektrodenspannung f напряжение на коллекторе
Sammelfehler m суммарная погрешность; суммарная ошибка
Sammel-Fernanrufzeichen n циркулярный сигнал междугородного вызова
Sammelgespräch n тлф двухсторонняя групповая связь
Sammelgesprächseinrichtung f тлф устройство двухсторонней групповой связи
Sammelgesprächsverbindung f цепь двухсторонней групповой связи
Sammelkondensator m накопительный конденсатор
Sammelkontakt m контакт коммутаторных линий (в поле линий коммутаторных установок)
Sammelkristall m поликристалл
Sammelkristallstruktur f поликристаллическая структура
Sammelleitung f 1. собирающая линия 2. тлф общая соединительная линия
Sammelleitungswähler m искатель линий коммутаторных установок, искатель ЛИК
Sammellinse f собирающая линза
Sammel-Meldeanrufzeichen n циркулярный сигнал оповещения
Sammelnummer f тлф номер коммутатора с несколькими соединительными линиями, коллективный [групповой] номер, номер группы линий
Sammelrelais n тлф групповое [наборное] реле
Sammelruf m циркулярный вызов абонентов (диспетчерской связи)
Sammelschalter m тлг концентратор
Sammelschaltung f схема диспетчерской связи
Sammelschiene f сборная шина
Sammelspiegel m собирающее [вогнутое] зеркало; вогнутый зеркальный отражатель
Sammelspule f фокусирующая катушка
Sammelverbindung f соединение для циркулярной передачи
Sammelwirksamkeit f эффективность сбора (напр. электронов)
Sammler m 1. аккумулятор 2. коллектор
Sammlung f 1. сбор (данных) 2. библиотека
SAMNOS-Technik f технология изготовления МНОП-структур с самосовмещёнными затворами

SAMOS-Struktur f МОП-структура с самосовмещённым затвором
sample англ. 1. отсчёт 2. вчт, тлм выборка
Sample- and -hold-Glied n звено выборки и хранения
Sample- and -hold-Schaltung f устройство выборки и хранения, УВХ
Sample- and -hold-Stufe f каскад выборки и хранения
sampling англ. 1. выборка; (временна́я) дискретизация 2. выборочный контроль 3. стробирование 4. опрос
Samplingfrequenz f частота дискретизации
Sampling-Funktion f функция отсчётов
Samplingoszillograf m, **Samplingoszilloskop** n стробоскопический осциллограф
Samplingtheorem n теорема отсчётов, теорема Котельникова
Sanatron n фирм. санатрон
Sandcastleimpuls m, **Sandcastle-Impuls** m импульс с насадкой
Sandstrahlabgleich m пескоструйная подгонка (толстоплёночных резисторов)
Sandstrahlen n пескоструйная обработка (напр. при изготовлении плёночных резисторов)
Sandufereffekt m береговой эффект (в корабельной радиолокации)
Sandwichbauweise f слоистая [многослойная] конструкция
Sandwichplatte f многослойная (печатная) плата
Sandwichstruktur f слоистая [многослойная] структура
S-Anteil m тлв сигнал синхронизации
Saphirabtastnadel f зап. сапфировая воспроизводящая игла
Saphir-Silizium-Grenzschicht f граница раздела сапфир — кремний
Saphirsubstrat n сапфировая подложка
Saphirzuchtkeim m сапфировая затравка
SARC-chip англ., **SARC-Schaltkreis** m ИМС, состоящая из компаратора и цифровой логики (подбора кода)
SAR-Wert m значение коэффициента удельного поглощения
Satcom-Satellit m спутник связи «САТКОМ» (США)
Satellit m 1. (искусственный) спутник (Земли), ИСЗ 2. вспомогательная ВМ 3. мат. побочный максимум
~, **aktiver** активный спутник
~, **direktsendender** [**direktstrahlender, direktversorgender**] спутник непосредственного радиовещания или телевизионного вещания, СНВ
~, «**dunkler**» спутник, прекративший связь, молчащий спутник
~, **experimenteller** экспериментальный спутник
~, **geostationärer** геостационарный спутник
~, **lagestabilisierter** стабилизированный спутник
~, **nicht lagestabilisierter** не стабилизированный спутник
~, **passiver** пассивный спутник
~, **präoperationeller** экспериментальный спутник
~, **quasistationärer** квазистационарный спутник
~, **stationärer** [**stillstehender**] стационарный спутник

~, **umlaufender** орбитальный спутник
Satellitenantenne f антенна спутника
Satellitenantennensystem n антенная система спутниковой связи
Satellitenbahn f орбита спутника
Satellitenbildung f мат. возникновение [образование] побочных максимумов
Satellitenbodenstation f земная станция спутниковой связи
Satellitenbordretranslator m спутниковый ретранслятор
Satellitendirektempfang m непосредственный приём (передач) со спутника
Satelliten-Direktfernsehen n непосредственное спутниковое телевизионное вещание
Satellitenempfang m приём спутниковых передач
Satellitenfernmeldeantenne f антенна спутниковой связи
Satellitenfernmeldesystem n система спутниковой связи
Satellitenfernsehen n спутниковое телевизионное вещание, спутниковое телевидение
Satelliten-Fernsehnorm f стандарт спутникового телевизионного вещания
Satelliten-Fernsehübertragung f передача телевидения через спутник
Satellitenfolgestation f станция слежения за спутником
Satellitenfunk m спутниковая радиосвязь; спутниковое радиовещание
Satellitenfunkverbindung f спутниковая радиосвязь
Satellitenfunkvermessung f измерение параметров ИСЗ
Satellitenhörfunk m спутниковое радиовещание
Satellitenimpuls m 1. вспомогательный импульс 2. тлв синхронизирующий импульс
Satellitenkanal m спутниковый канал связи
Satellitenmeßmethode f техника измерений с помощью ИСЗ
Satellitennachführung f см. **Satellitenverfolgung**
Satellitennachrichtensystem n система спутниковой связи
Satellitennavigation f спутниковая навигация
Satelliten-Norm f см. **Satelliten-Fernsehnorm**
Satellitenortung f измерение параметров ИСЗ
Satellitenrechner m вспомогательная ВМ
Satellitenrelaisstelle f спутниковая ретрансляционная установка (с преобразованием частоты)
Satellitenrichtfunklinie f линия спутниковой направленной радиосвязи
Satellitenrichtfunkverbindung f спутниковая направленная радиосвязь
Satellitenrundfunk m спутниковое радиовещание
~, **direkter** непосредственное спутниковое радиовещание
Satellitenrundfunkempfang m приём спутниковых радиопередач
Satellitensendung f передача со спутника
Satellitensignal n пилот-сигнал; вспомогательный сигнал
Satellitensonde f исследовательский спутник
Satellitenspiegel m (параболическая) антенна для приёма спутниковых передач

SAT

Satellitenstation *f* орбитальная станция
Satellitenstrecke *f* спутниковый канал
Satellitentransponder *m* транспондер спутника
Satellitentüner *m* тюнер (*абонента*) для приёма спутниковых передач
Satellitenübertragung *f* спутниковая передача
Satellitenverbindung *f* связь через ИСЗ
Satellitenverfolgung *f* слежение за ИСЗ, сопровождение ИСЗ
Satellitenverfolgungsradar *n* РЛС слежения за ИСЗ
Satellitenverstärker *m* пассивный спутниковый ретранслятор
Satikon *n*, **Satikonaufnahmeröhre** *f* *тлв* сатикон (*видикон с высоким качеством цветопередачи*)
SATO-Technik *f* технология МОП ИС с самосовмещёнными затворами и толстым оксидным слоем
Sattel/Sattelspule *f* блок седлообразных (отклоняющих) катушек
Sattelspule *f* *тлв* седлообразная (отклоняющая) катушка
Sattelspulenjoch *n* седлообразная отклоняющая система
Sättespule *f* *тлв* катушка регулировки чистоты цвета
Sättigung *f* 1. насыщение 2. насыщенность (*цвета*)
~ **molekularer Übergänge** насыщение молекулярных переходов
Sättigungsabfallzeit *f* время выхода (*коллекторного тока*) из насыщения
Sättigungsanstiegszeit *f* время входа (*коллекторного тока*) в насыщение
Sättigungsbereich *m* область насыщения
Sättigungscharakteristik *f* характеристика (*прибора*) в области насыщения
Sättigungsdicke *f* толщина поглощения
Sättigungsdiode *f* диод в режиме насыщения
Sättigungs-Drainstrom *m* ток насыщения стока
Sättigungsdrossel *f* дроссель насыщения
Sättigungsemission *f* эмиссия насыщения
Sättigungserhöhung *f* повышение насыщенности (*цвета*)
Sättigungsfaktor *m* коэффициент [степень] насыщения
Sättigungsfluß *m* поток насыщения
Sättigungsflußdichte *f* плотность потока насыщения
Sättigungsgebiet *n* область насыщения
Sättigungsgrad *m* 1. степень [коэффициент] насыщения 2. насыщенность (*цвета*)
Sättigungshystereseschleife *f* предельная петля (магнитного) гистерезиса
Sättigungsinduktion *f* индукция насыщения
Sättigungskennlinie *f* характеристика насыщения
Sättigungskern *m* сердечник с насыщением
Sättigungsknie *n* изгиб характеристики (за счёт) насыщения
Sättigungsmagnetisierung *f* намагничивание до насыщения
Sättigungsmagnitostriktion *f* магнитострикция насыщения
Sättigungspegel *m* уровень насыщения

SAU

Sättigungspunkt *m* 1. точка насыщения 2. температура насыщения
Sättigungsrauschen *n* шум (тока) насыщения
Sättigungsremanenz *f* остаточная намагниченность насыщения
Sättigungsspannung *f* напряжение насыщения
Sättigungssperrstrom *m* обратный ток насыщения
Sättigungsstrom *m* ток насыщения
Sättigungsstromdichte *f* плотность тока насыщения
Sättigungsstromgebiet *n* область тока насыщения
Sättigungsverstärkung *f* усиление при насыщении
Sättigungswiderstand *m* сопротивление насыщения
Sättigungszone *f* зона насыщения
Sättigungszustand *m* 1. состояние насыщения 2. насыщенное состояние (*транзистора*)
Sattkern *m см.* **Sättigungskern**
Satz *m* 1. *мат.* закон; теорема 2. набор, комплект 3. *прогр.* блок (*данных*); запись 4. *вчт* зона (*на МЛ*) 5. процент 6. фраза; предложение 7. партия (*изделий*)
Satzadresse *f* адрес блока (*данных*); адрес записи
Satzauswahl *f* выбор блока (*данных*); выбор записи
Satzberechnung *f* *лог.* исчисление высказываний, пропозициональное исчисление
Satzblock *m* блок записей (*в ЗУ*); блок данных
Satzeinteilung *f* 1. разбивка на блоки (*данных*) 2. разбивка на предложения (*напр. при машинном переводе*)
Satzendewort *n* слово конца записи
Satzformat *n* формат блока (*данных*); формат записи
Satz-für-Satz-Übersetzung *f* пофразовый перевод
Satzgruppe *f* группа блоков (*данных*)
Satzlänge *f* длина блока (*данных*); длина зоны (*записи*)
Satzlücke *f* промежуток между блоками (*данных*) или записями
Satzmarke *f* метка блока (*данных*); метка или маркер записи
Satzspeicher *m* ЗУ или память для хранения блоков (*данных*)
Satzsprung *m* 1. пропуск блока (*данных*); пропуск записи 2. переход к другому блоку (*данных*); переход к другой записи
Satzverständlichkeit *f* артикуляция [разборчивость] фраз
Satzzwischenraum *m см.* **Satzlücke**
Sauerstoffeindiffusion *f* диффузионное легирование кислородом
Sauerstoffionenimplantation *f* ионная имплантация кислорода
Sauganode *f* отсасывающий анод
Saugdüse *f* отсасывающее сопло, отсос (*припоя при демонтаже элементов*)
Saugelektrode *f* 1. исток (*канального транзистора*) 2. отсасывающий электрод
Saugentlöteinrichtung *f* устройство для выпаивания (*элементов*) с отсосом (*припоя*)
Saugfähigkeit *f* поглощающая [абсорбционная] способность
Saugfilter *n* поглощающий *или* отсасывающий фильтр

Sauggitter *n* отсасывающая сетка
Saugkreis *m* поглощающий *или* отсасывающий контур
Saugleistung *f* 1. отсасываемая мощность 2. мощность откачки
Saugluft *f* вакуум
Saugspannung *f* ускоряющее напряжение
Säule *f* 1. колонка (*штатива, громкоговорителей*) 2. столб(ик) (*напр. шайб выпрямителя*) 3. *вчт* колонка; столбец 4. стержень, сердечник (*трансформатора*)
~, **pneumatische** пневматическая колонка (*штатива*)
~, **positive** положительный столб (*тлеющего разряда*)
Säulensatz *m* набор шайб выпрямителя
Säurebeständigkeit *f* кислотостойкость, кислотоупорность
SAW-Bauelement *n* ПАВ-элемент, радиокомпонент на поверхностных акустических волнах
SAW-Filter *n* ПАВ-фильтр, фильтр на поверхностных акустических волнах
S-Band *n* S-диапазон (*1,550—5,200 ГГц*)
SBC-Schaltkreis *m* стандартная (биполярная интегральная) схема со скрытым коллектором
SBC-Technologie *f* стандартная технология (*изготовления биполярных ИС*) со скрытым коллектором
SBC-Transistor *m* стандартный (биполярный) транзистор со скрытым коллектором
SBC-Verfahren *n* метод (раздельного) кодирования поддиапазонов сигнала (*с разным числом битов в каждом поддиапазоне*)
scale IRE *англ., тлв* шкала уровней Института радиоинженеров, шкала уровней ИРИ (*уровень гашения «0»; уровень синхросигнала «−40»; уровень белого «100»; уровень чёрного «7,5»*)
Scanistor *m* сканистор
Scanner *m* 1. сканирующее устройство, сканер 2. *тлв* развёртывающее устройство 3. *изм.* опрашивающее устройство 4. *вчт* лексический блок, блок лексического анализа, сканер (*в трансляторах*)
Scannerantenne *f* сканирующая антенна
Scanninganlage *f* сканирующая установка
Scanningelektronenmikroskop *n* растровый электронный микроскоп
Scanninggeschwindigkeit *f* 1. скорость развёртки факсимильного аппарата 2. *тлв* скорость развёртки
Scan-Printer *m* печатающее устройство последовательного действия
«SCART»-Buchse *f* розеточная часть [розетка] европейского унифицированного соединителя «СКАРТ», розетка «СКАРТ»
«SCART»-Norm *f* европейский унифицированный соединитель «СКАРТ»
«SCART»-Stecker *m* вилочная часть [вилка] европейского унифицированного соединителя «СКАРТ», вилка «СКАРТ»
Scatterdiagramm *n* диаграмма рассеяния
Scatterellipse *f* эллипс рассеяния
Scatterometer *n* рефлектометр (*для измерения шероховатостей кристаллических пластин*)

Scatterrichtfunkverbindung *f* направленная радиосвязь за счёт рассеяния (*радиоволн*)
SCCD-Bauelement *n* ПЗС с поверхностным каналом
SCCD-Zelle *f* ячейка ПЗС с поверхностным каналом
Sceptron *n* септрон (*устройство распознавания речевых сигналов путём спектрального сравнения*)
SC-Fernsehgerät *n* телевизионный приёмник [телевизор] с малогабаритными колонками
Schablone *f* 1. шаблон; трафарет; маска 2. *микр.* фотошаблон 3. *тлв* испытательная таблица 4. копир (*для обработки деталей*)
Schablonendruckmaschine *f* матричное печатающее устройство
Schablonenebene *f* плоскость шаблона или маски
Schablonenfeld *n* поле фотошаблона
Schablonenfertigungsanlage *f* 1. комплект оборудования для изготовления фотошаблонов 2. установка фотолитографии
Schablonenhalter *m* держатель фотошаблона
Schablonenkassette *f* кассета фотошаблонов
Schablonenkopie *f* копия фотошаблона
Schablonenkopiergerät *n* повторитель для мультиплицирования структур фотошаблонов
Schablonenmaske *f* трафарет
Schablonensatz *m* комплект фотошаблонов
Schablonensignal *n* силуэтный сигнал (*в электронной рирпроекции*)
Schablonenstruktur *f* рисунок фотошаблона
Schablonenvergleichsgerät *n* (оптический) компаратор (*для проверки качества и совмещения*) фотошаблонов
Schablonenvervielfältigungsanlage *f*, **Schablonenvervielfältigungsgerät** *n* см. **Schablonenkopiergerät**
Schachbrettanordnung *f* шахматное расположение (*напр. элементов сложной антенны*)
Schachbrettbild *n* см. **Schachbrettmuster**
Schachbrettgeber *m*, **Schachbrettgenerator** *m тлв* генератор (сигналов) шахматного поля
Schachbrettmuster *n тлв* испытательная таблица в виде шахматного поля; шахматное поле
Schachcomputer *m* шахматный компьютер, ВМ для игры в шахматы
Schachtelung *f* 1. перемежение (*напр. частотных спектров*) 2. сборка внахлёст (*трансформаторных пластин*)
Schädelhöcker *m* столбиковый контакт [контактный столбик], покрытый припоем
Schaden *m* 1. неисправность; повреждение 2. *над.* отказ 3. дефект
Schadenmeldung *f* сигнализация о неисправностях
Schadenshäufigkeit *f* частота отказов
Schadensstatistik *f* статистика отказов
Schadgasdetektor *m* детектор загрязнения (*воздуха*)
schädlich паразитный, мешающий
Schadt/Helfrich/Effekt *m* эффект Шадта—Хелфриха (*вращение оптической оси нематического кристалла*)
Schaftisolator *m* штыревой изолятор
Schälchen *n крист.* лодочка
Schale *f* 1. корпус; кожух; обшивка 2. чашка

SCH

(*сердечника*) **3.** обтекатель (*антенны*) **4.** оболочка (*ядра*)
~, **abgeschlossene [aufgefüllte, besetzte]** заполненная оболочка
~, **magnetische** *изм.* магнитный листок
Schalenelektron *n* электрон оболочки
Schalenkabel *n* коаксиальный кабель с чашеобразными (*изолирующими*) прокладками
Schalenkern *m* чашечный сердечник
Schall *m* **1.** звук **2.** звуковой сигнал
Schallabsorption *f* поглощение звука, звукопоглощение
Schallabsorptionsgrad *m*, **Schallabsorptionskoeffizient** *m* коэффициент звукопоглощения
Schallabsorptionsvermögen *n* звукопоглощающая способность
Schallabstrahlung *f* излучение звука
Schallanalysator *m* акустический анализатор
Schallanlage *f* звуковая установка
Schallarchiv *n* фонотека
Schallaufnahme *f* **1.** преобразование звука в электрический сигнал **2.** звукозапись
~, **lichtelektrische [optische]** фотографическая звукозапись
Schallaufnahmegerät *n*, **Schallaufnehmer** *m* звукоприёмник, приёмник звуковых колебаний
Schallaufzeichnung *f* **1.** звукозапись **2.** фонограмма
Schallaufzeichnungsgerät *n* звукозаписывающий аппарат; магнитофон
Schallaufzeichnungsverfahren *n* способ звукозаписи
Schallausbreitung *f* распространение звука
Schallauslöschung *f см.* **Schalldämpfung**
Schallausschlag *m* **1.** колебательное смещение **2.** амплитуда звуковых колебаний
Schallausstrahlung *f* излучение звука
Schallband *n* магнитофонная лента, МЛ
Schallbild *n* **1.** звуковая картина **2.** фонограмма
Schallblech *n* (звуковая) мембрана
Schallbrechung *f* преломление звука
Schallbreite *f* акустическая ширина
Schallbrett *n* отражательная доска (*громкоговорителя*); акустический экран
Schalldämmstoff *m* звукоизолирующий *или* звукопоглощающий материал
Schalldämmung *f* звукоизоляция; звукопоглощение
Schalldämpfer *m* звукоглушитель, глушитель звука
Schalldämpfung *f* затухание [ослабление] звука; подавление [(за)глушение] звука
schalldicht звуконепроницаемый
Schalldichte *f* плотность звуковой энергии
Schalldispersion *f* дисперсия звука
Schalldissipationsgrad *m* коэффициент рассеяния звука
Schalldose *f* звукосниматель
Schalldruck *m* давление звукового излучения, звуковое давление
Schalldruckdiagramm *n* диаграмма распределения звукового давления
Schalldruckempfänger *m* приёмник звукового давления

SCH

Schalldruckgradient *m* градиент звукового давления
Schalldruckmikrofon *n* микрофон давления
Schalldruckpegel *m* уровень звукового давления
Schalldurchlässigkeit *f* звукопроницаемость, звукопрозрачность
Schallecho-Entfernungs-System *n* гидролокационная система дальнего действия
Schallecholotung *f* измерение глубины по звуковому эхо-сигналу
Schallehre *f* акустика
Schalleinfall *m* падение звуковой волны
Schalleintritt *m* звуковой вход, звуковое окно
Schalleistung *f* мощность звуковых колебаний
Schalleiter *m* звуковод
Schalleitfähigkeit *f*, **Schalleitwert** *m* звукопроводность, звукопроводимость
Schallelektronik *f* акустоэлектроника
Schallempfänger *m* **1.** звукоприёмник; микрофон **2.** звукоулавливатель
~, **thermischer** термический звукоприёмник, термомикрофон
schallempfindlich звукочувствительный
Schallempfindungsschwelle *f* порог слышимости
Schallenergie *f* звуковая энергия
Schallentfernungsmessung *f* звукодальнометрия
Schallfeld *n* звуковое поле
~, **überlagertes** поле от нескольких источников звука
Schallfluß *m* поток звуковой энергии
Schallfolie *f* гибкая грампластинка
Schallfrequenz *f* звуковая частота
Schallfrequenzverstärker *m* усилитель звуковой частоты
Schallgeber *m* **1.** излучатель звука [звуковых колебаний] **2.** звуковой генератор
~, **begrenzter** конечный излучатель звука [звуковых колебаний]
~, **Hartmannscher** излучатель Гартмана, газоструйный излучатель (ультра)звука
~ **mit kontinuierlich veränderbarer Frequenz** диапазонный излучатель звука
~, **zusammengesetzter** составной излучатель (ультра)звука (*состоит из склеенных друг с другом призм кристалла или керамики*)
Schallgenerator *m* звуковой генератор
Schallgeschwindigkeit *f* скорость (распространения) звука
~, **molare** молярная скорость звука, формула Рао
Schallgeschwindigkeitsmikrofon *n* микрофон скорости
schallgesteuert управляемый звуком
Schallgruppe *f* группа громкоговорителей
schallhart звуконепроницаемый, звукоотражающий
Schalhärte *f* акустическая жёсткость (*среды*)
Schallimpedanz *f* акустическое полное сопротивление, акустический импеданс
Schallimpuls *m* звуковой импульс
Schallinse *f* звуковая [акустическая] линза
Schallisolationsmaß *n* коэффициент звукоизоляции
Schallkammer *f* **1.** (звуковой) резонатор **2.** камера для звукометрических исследований

Schall-Kennimpedanz f характеристическое полное акустическое сопротивление
Schallkompressor m компрессор динамического диапазона звука
Schallkopf m 1. зап. головка звукоснимателя 2. головка звукового канала (*видеомагнитофона*) 3. ультразвуковая головка (*напр. для гидролокации*)
~, **elektromagnetischer** магнитная головка звукоснимателя
~, **fotoelektrischer** фотоэлектрическая головка звукоснимателя
~, **kapazitiver** ёмкостная головка звукоснимателя
~, **magnetischer** магнитная головка звукоснимателя
~, **piezoelektrischer** пьезоэлектрическая головка звукоснимателя
Schallkonserve f магнитофонная запись
Schall-Laser m (ультра)звуковой лазер
Schallmauer f звуковой барьер
Schallmeßgerät n звукометрический прибор
Schallmessung f звукометрия
Schallmeßverfahren n метод звукометрической разведки
Schalloch n вырез (*в корпусе приёмника*) для громкоговорителя
Schallöffnung f слуховая раковина телефона
Schalloptik f акустооптика
Schallortung f звуколокация
Schallpegelmesser m измеритель уровня звука
Schallpeiler m звуковой [акустический] пеленгатор
Schallplatte f граммпластинка
Schallplattenabspielgerät n проигрыватель (граммпластинок)
Schallplattenabtastdose f, **Schallplattenabtaster** m звукосниматель
Schallplattenabtastsystem n система звукоснимателя
Schallplattenarchiv n архив граммпластинок
Schallplattenaufnahme f, **Schallplattenaufzeichnung** f граммзапись
Schallplattenentzerrer m корректор частотных искажений граммзаписи
Schallplattenreinigungsgerät n приспособление для удаления пыли с граммпластинок
Schallplattenschneiddose f рекордер
Schallplattenschutzhülle f конверт для граммпластинки
Schallplattenspieler m проигрыватель (граммпластинок)
Schallplattenstudio n студия [ателье] граммзаписи
Schallplattentonabnehmer m звукосниматель, тонарм
Schallplattenwiedergabe f воспроизведение граммзаписи
Schallplattenwiedergabeanlage f устройство воспроизведения граммзаписи
Schallquant n фонон
Schallquelle f источник звука
~, **fiktive** [**scheinbare, virtuelle**] мнимый [кажущийся] источник звука
Schallquellenrichtung f направление на источник звука

Schallradar n звуколокатор
Schallreaktanz f, **spezifische** удельное акустическое реактивное сопротивление
Schallreflektor m звукоотражатель
Schallreflexionsfaktor m коэффициент звукоотражения
Schallrichten n звукометрия
Schallrille f канавка звукозаписи
Schallrückstrahlung f отражение звука; реверберация
Schallsäule f звуковая колонка
Schallschatten m, **Schallschattenzone** f акустическая тень, зона акустической тени, зона отсутствия звукового поля
Schallschirm m 1. отражательная доска (*громкоговорителя*) 2. акустический экран
Schallschlucker m звукопоглотитель
Schallschluckstoff m звукопоглощающий материал, звукопоглотитель
Schallschluckung f звукопоглощение
Schallschrift f звукозапись
Schallschwingung f звуковое [акустическое] колебание
Schallsender m звукопередатчик
schallsicher звуконепроницаемый
Schallsichtgerät n ультразвуковой дефектоскоп
Schallsignal n звуковой сигнал
Schallspeichersystem n система звукозаписи
Schallspeicherung f звукозапись
Schallspektrum n спектр звуковых частот
Schallspektrumanalysator m анализатор спектра звуковых частот
Schallstärke f интенсивность [сила] звука
Schallstau m максимум звукового поля
Schallstörquelle f источник звуковых помех
Schallstrahlung f звуковое излучение
Schallstrahlungsdruck m давление звукового излучения [звука]
Schallstrahlungsdruckmesser m акустический радиометр
Schallsystem n акустическая система
Schalltarnung f звуковая маскировка
Schalltechnik f акустика
schalltot безэховый, невербирующий
Schallträger m звуконоситель
Schalltrichter m 1. мегафон; рупор 2. рупор громкоговорителя
Schallübertrager m микрофон
Schallübertragung f звукопередача
Schallübertragungskanal m канал звукопередачи
Schallumwegleitung f звуковая симметрирующая цепь; звуковая фазирующая цепь
Schallverstärker m усилитель звука; мегафон
Schallverteilung f распределение звукового поля (*напр. в помещении студии*)
Schallwand f *см.* **Schallschirm**
Schallwandler m акустический преобразователь
Schallwelle f звуковая [акустическая] волна
Schallwellenbild n акустическое изображение (*в ультразвуковой дефектоскопии*)
Schallwellenbündel n звуковой пучок
Schallwellengitter n звуковая (дифракционная) решётка
Schallwellenholografie f акустическая голография

SCH

Schallwelleninterferenz *f* интерференция звуковых волн
Schallwellenlänge *f* длина звуковой волны
Schallwellenwiderstand *m* акустическое волновое сопротивление
Schallwiderstand *m* акустическое сопротивление
Schallwiedergabe *f* воспроизведение звука
Schallzerstreuung *f* рассеяние звука
Schaltalgebra *f* алгебра переключательных схем
Schaltanlage *f* см. **Schalteinrichtung**
Schaltapparat *m* 1. контроллер 2. коммутационное устройство
Schaltarm *m* рычаг переключателя
Schaltaufgabe *f* коммутационная задача; схемная задача
Schaltautomat *m* автоматический выключатель
schaltbar 1. переключаемый 2. коммутируемый
Schaltbeanspruchung *f* см. **Schaltbelastung**
Schaltbefehl *m* команда переключения
Schaltbelastung *f* коммутационная нагрузка
Schaltbelegungstabelle *f* таблица истинности
Schaltbetrieb *m* 1. ключевой режим (*напр. транзистора*) 2. режим переключения
Schaltbild *n* функциональная схема соединений
~, **mnemonisches** мнемосхема
~, **reduziertes** упрощённая схема
Schaltbildsymbol *n* условное обозначение в схеме
Schaltbrett *n* 1. коммутационная панель; наборная панель; наборное поле 2. коммутационный щит
Schaltbrücke *f* перемычка
Schaltbuchsenfeld *n* см. **Schaltbrett** 1.
Schaltbügel *m* коммутационная перемычка
Schaltcharakteristik *f* характеристика переключения
Schaltdauer *f* время переключения *или* коммутации
Schaltdiode *f* переключательный диод
Schaltdraht *m* 1. соединительный [кроссовый] провод 2. монтажный [схемный] провод
Schalteffekt *m* эффект переключения (*напр. в халькогенидных стеклообразных полупроводниках*)
Schalteingang *m* переключающий вход
Schalteinheit *f* блок переключений; переключающее устройство; коммутатор
Schalteinrichtung *f* 1. переключающее устройство 2. коммутирующее устройство 3. распределительное устройство
Schaltelektrode *f* коммутационный электрод
Schaltelement *n* 1. переключательный *или* коммутирующий элемент 2. схемный элемент
Schaltematrix *f* переключающая [переключательная] матрица
Schalten *n* 1. переключение 2. коммутация 3. включение 4. продвижение, продёргивание (*плёнки*)
~ **mit konstantem Strom** *вчт* перемагничивание импульсами тока постоянной амплитуды
Schalter *m* 1. переключатель 2. коммутатор 3. выключатель 4. ключ; тумблер 5. *прогр.* переключатель
~, **akustooptischer** акустооптический переключатель

SCH

~, **arretierter** выключатель *или* ключ с самовозвратом
~, **doppelpoliger** двухполюсный переключатель
~, **dreipoliger** трёхполюсный переключатель
~, **einpoliger** однополюсный переключатель
~, **elektrooptischer** электрооптический затвор
~, **lichtgesteuerter** фоторелейный выключатель
~, **logischer** логический ключ; логическая переключательная схема
~ **mit Faraday-Dreher** переключатель на эффекте Фарадея
~ **mit Gedächtnis** переключатель с запоминанием (*положения*)
~, **nichtarretierter** [**nichtfestlegbarer**] выключатель *или* ключ без самовозврата
~ **ohne Gedächtnis** переключатель без запоминания (*положения*)
~, **sehr schneller** быстродействующий переключатель
~ «**Senden-Empfangen**» переключатель «передача — приём»
Schalterbedienungsknopf *m* кнопка переключателя
Schalterbetrieb *m* 1. ключевой режим 2. режим переключения
Schalterdiode *f тлв* 1. вольтодобавочный диод 2. демпфирующий диод (*в выходных каскадах строчной развёртки*)
Schalter-Kondensator-Filter *n* фильтр на переключаемых конденсаторах
Schalterlampe *f* коммутаторная лампа
Schalterpotentiometer *n* потенциометр с встроенным выключателем
Schalterstellung *f*, **Schalterstufe** *f* 1. положение переключателя 2. положение выключателя (*выключенное или включённое*)
Schaltfeld *n* коммутационная панель; наборное поле
Schaltfestigkeit *f* 1. число выдерживаемых переключений 2. коммутационная прочность
Schaltflanke *f* запускающий фронт (*импульса*)
Schaltfolge *f* 1. последовательность переключений 2. последовательность коммутаций
Schaltfolgeplan *m*, **Schaltfolgeschema** *n* схема последовательности включений *или* коммутаций; схема последовательности работы элементов
«**Schaltform**» *f* моделирующая схема (*в аналоговых вычислительных устройствах*)
Schaltfotodiode *f* переключательный фотодиод
Schaltfrequenz *f* частота переключений
Schaltfunktion *f* переключательная функция
Schaltgerät *n* 1. переключающее устройство 2. коммутатор
Schaltgeschwindigkeit *f* 1. скорость переключения 2. скорость коммутации 3. скорость (скачкового) продвижения (*плёнки*)
Schaltgesetze *n pl* логика переключательных схем
Schaltglied *n* переключательное *или* коммутирующее звено
~, **ruhendes** бесконтактный переключательный элемент
Schaltgruppe *f* 1. модуль; узел (*схемы*) 2. группа соединения обмоток (*трансформатора*)

Schalthandlung f коммутационная операция
Schalthäufigkeit f частота коммутационных циклов
Schalthub m 1. *свз* посылка импульса 2. ход размыкания; длина хода (*контакта*)
2H-Schaltimpulse m pl импульсы централизованной цветовой синхронизации (*прямоугольные импульсы двойной частоты строк, подаваемые на кодеры аппаратно-студийного комплекса для обеспечения синфазной работы всех строчных коммутаторов*)
Schaltkabel n монтажный кабель
Schaltkamm m *тлг* коммутационная гребёнка
Schaltkapazität f (паразитная) ёмкость монтажа
Schaltkarte f схемная плата
Schaltkasten m распределительный ящик
Schaltkennzeichen n коммутационный сигнал; *тлг* сигнал взаимодействия (*сигнал установления и разъединения соединений*)
Schaltkern m *вчт* переключающий сердечник
Schaltkette f последовательное [каскадное] включение
Schaltknopf m кнопка [ручка] переключателя
Schaltkombination f *вчт* переключательная комбинация
Schaltkontakt m переключающий контакт
Schaltkreis m 1. схема (*см.тж* Schaltung, Schema) 2. логическая (функциональная) схема 3. переключательная [переключающая] схема
~, **großintegrierter [hochintegrierter]** ИС с высокой степенью интеграции, большая ИС, БИС
~, **höchstintegrierter** ИС со сверхвысокой степенью интеграции, сверхбольшая ИС, СБИС
~, **kundenspezifischer integrierter** заказная ИС
~, **linearer integrierter** линейная ИС
~, **magnetischer integrierter** магнитная ИС
~, **molekularer** молекулярная схема
~, **schneller integrierter** быстродействующая ИС
~, **supergroßer integrierter** *см.* Schaltkreis, höchstintegrierter
~, **verkappter integrierter** ИС в корпусе
Schaltkreisanlage f, **Schaltkreisanordnung** f переключательное устройство
Schaltkreisanschluß m вывод схемы
Schaltkreisbild n изображение или рисунок схемы
Schaltkreischip n кристалл ИС
Schaltkreisdichte f 1. плотность упаковки ИС; плотность компоновки схемы 2. плотность монтажа
Schaltkreisebene f степень интеграции ИС
Schaltkreiseinheit f 1. конструктивный элемент схемы 2. *пп* элемент или компонент кристалла
Schaltkreiselement n схемный элемент; компонент схемы
Schaltkreisemulator m (внутри)схемный эмулятор
Schaltkreisentwickler m разработчик (*напр. логических или переключательных*) схем
Schaltkreisentwurf m разработка схем
Schaltkreisfamilie f серия (логических) схем
Schaltkreisfertigungstechnik f технология изготовления схем
Schaltkreisfunktionsdichte f функциональная плотность ИС
Schaltkreisinsel f островок или участок ИС

Schaltkreiskomplexität f степень интеграции ИС
Schaltkreiskonfiguration f топология схемы
Schaltkreislogik f логика переключательных схем
Schaltkreismuster n образец логической или переключательной схемы
Schaltkreisprüfebene f уровень верификации схемы
Schaltkreisredundanz f схемная избыточность
Schaltkreisschema n принципиальная (электрическая) схема
Schaltkreisstruktur f структура логической или переключательной схемы
Schaltkreistechnik f 1. схемотехника 2. технология изготовления логических или переключательных схем
~, **höchstintegrierte** 1. схемотехника СБИС 2. техника изготовления СБИС
Schaltkreisverkleinerung f уменьшение размеров (элементов) ИС
Schaltleiste f соединительная [монтажная] планка; соединительная колодка
Schaltleistung f коммутационная способность
Schaltlitze f (многожильный) монтажный гибкий провод
Schaltlogik f 1. комбинаторная логика 2. комбинационные логические схемы
Schaltmanometer n манометр с встроенными выключателями на максимальное и минимальное давление
Schaltmatrix f, **Schaltmatrize** f переключательная или коммутационная матрица
Schaltmontageplatte f монтажная плата
Schaltnetz n переключательная или коммутационная схема
Schaltnetzteil m переключаемый блок питания
Schaltnetzwerk n 1. переключательная или коммутационная схема 2. цепь логических схем
~, **kombinatorisches** комбинационная переключательная схема (*без памяти*)
~, **sequentielles** последовательная переключательная схема, логический автомат Мура
Schaltoperation f 1. переключательная или коммутационная операция 2. *вчт* логистая операция
Schaltoptron n коммутирующий оптрон
Schaltorgan n *см.* Schaltglied
Schaltphase f фаза переключения или включения
Schaltplan m 1. функциональная схема (*напр. взаимодействия логических элементов*) 2. схема коммутации; схема соединений
Schaltplatte f 1. схемная плата 2. коммутационная панель 3. *вчт* наборная панель
~, **fest verdrahtete** коммутационная панель с жёстко набранной программой
~, **gedruckte** печатная плата
Schaltpotentiometer n *см.* Schalterpotentiometer
Schaltprinzip n коммутационный принцип
Schaltprogramm n 1. *см.* Schaltfolge 2. программа управления
Schaltpult n пульт управления
Schaltpultsteuerung f пультовое управление
Schaltrate f скорость переключения или коммутации
Schaltregler m релейный регулятор

SCH

Schaltreihe *f* ряд коммутационных положений
Schaltrelais *n* логическое реле
Schaltringkern *m* переключающий кольцевой сердечник
Schaltröhre *f* 1. переключательная лампа (*тлеющего разряда*) 2. электронно-лучевой коммутатор 3. (электровакуумный) разрядник
Schaltschema *см*. **Schaltplan**
Schaltschnur *f* коммутационный шнур
Schaltschrank *m* стойка переключения *или* коммутации
Schaltschritt *m* 1. шаг [ступень] переключения 2. *свз* посылка импульса 3. шаг протягивания [продёргивания] (*плёнки*)
Schaltschütz *n* контактор
Schaltschwelle *f* порог переключения
Schaltsicherheit *f* 1. надёжность срабатывания 2. надёжность коммутации
Schaltsignal *n* 1. переключающий сигнал; сигнал включения 2. коммутационный сигнал
Schaltskizze *f* схема соединений
Schaltspannung *f* переключающее напряжение
Schaltspeicher *m* 1. коммутационное ЗУ; коммутационная память 2. накопитель импульсов
Schaltspiel *n* цикл переключений *или* коммутации
Schaltspielzahl *f* число циклов переключений *или* коммутации
Schaltsprung *m* скачок (*напряжения, тока*) при включении
Schaltstation *f*, **Schaltstelle** *f* коммутационный пункт
Schaltstellung *f* 1. коммутационное положение 2. положение переключения
Schaltsteuerung *f* 1. управление переключением *или* коммутацией 2. релейное управление
Schaltstörungen *f pl* помехи от включений *или* выключений (*аппаратуры*)
Schaltstoß *m* коммутационный выброс (*тока или напряжения*); коммутационное перенапряжение
Schaltstrahl *m* коммутирующий луч
Schaltstrom *m* ток переключения
Schaltstück *n* 1. контактный элемент 2. *тлф* плинт
Schaltstufe *f* 1. переключающий каскад 2. ступень переключения *или* коммутации
Schaltsymbol *n* 1. логический символ 2. условное обозначение (*на схеме*); символ
Schaltsystem *n* 1. система логических схем 2. система коммутации
~, **binäres** система двоичных логических схем
~, **sequentielles** следящая схема
Schalttabelle *f* таблица (последовательности) переключений *или* включения
Schalttafel *f* 1. коммутационная *или* распределительная панель 2. *вчт* наборная панель
Schalttafelfeld *n* 1. коммутационное поле 2. панель распределительного щита
Schalttafelgerät *n*, **Schalttafelinstrument** *n* панельный [щитовой] (измерительный) прибор
Schalttafelprogrammierung *f* программирование на коммутационной панели
Schalttafelsteuerung *f* коммутационное управление

SCH

Schalttafelverdrahtung *f* набор (*программы*) на коммутационной панели
Schalttakt *m* 1. такт переключения 2. коммутационный цикл
Schalttaste *f* клавиша включения *или* переключения
Schalttechnik *f* 1. техника переключательных схем 2. коммутационная техника 3. схемотехника
Schaltteil *m* часть [узел] схемы; элемент схемы
Schaltteilliste *f* спецификация элементов схемы
Schalttransistor *m* переключающий транзистор; транзисторный ключ
Schaltüberspannung *f* коммутационное перенапряжение
Schaltuhr *f* переключатель с часовым механизмом
Schaltung *f* 1. схема (*см. тж* **Schaltkreis, Schema**) 2. переключение 3. коммутация 4. включение 5. монтаж; соединение
~, **adaptive** адаптивная схема
~, **adaptive logische** адаптивная логическая схема, АЛС
~, **aktive** активная схема (*содержит источник тока или напряжения*)
~, **analoge integrierte** аналоговая ИС
~, **antiparallele** встречно-параллельная схема
~, **applizierte** 1. печатная плата 2. печатный монтаж
~, **arithmetische** арифметическая схема
~, **aufgedampfte** (микро)схема, изготовленная напылением
~, **bipolare** биполярная схема, схема на биполярных транзисторах
~, **bipolare integrierte** ИС на биполярных транзисторах
~, **bistabile** бистабильная схема
~, **chemisch-galvanisch durchkontaktierte** печатная плата (*двухслойная или многослойная*) со сквозным соединением слоёв, выполненным методами гальванохимии
~, **digitale** цифровая схема
~, **direkte** схема непосредственного включения
~, **diskrete** схема на дискретных компонентах
~, **doppelseitige [doppelseitig gedruckte]** двухсторонняя печатная плата
~, **duale** дуальная схема
~, **einseitige** односторонняя печатная плата
~, **einstufige** однокаскадная схема
~, **feste** твердотельная ИС
~, **fest verdrahtete** жёстко смонтированная схема
~, **flexible** гибкая печатная плата
~, **funktionelle** функциональная схема
~ **für Arbeitsstrombetrieb** *свз* схема на рабочем токе, схема с нормально разомкнутой цепью
~ **für Ruhestrombetrieb** *свз* схема на постоянном токе, схема с нормально замкнутой цепью
~, **geätzte** травленая печатная плата
~, **gedruckte** 1. печатная плата 2. печатный монтаж
~, **gegengekoppelte** схема с отрицательной обратной связью
~, **gemischte** смешанное [параллельно-последовательное] соединение

~, geräuschdämpfende шумоподавляющая схема
~, getakte (син)хронизируемая схема; тактируемая схема
~, gleichwertige см. Schaltung, wirkungsgleiche
~, grundsätzliche основная схема
~, gruppenintegrierte большая интегральная схема, БИС
~, hybride гибридная схема
~ im Plastgehäuse, integrierte ИС в пластмассовом корпусе
~, impulsbetätige [impulsbetriebene] импульсная схема
~, impulserzeugende схема генерирования импульсов
~, impulsformende схема формирования импульсов
~, integrierte интегральная схема, ИС
~, integrierte gemischte гибридная ИС, ГИС
~, integrierte unverkappte бескорпусная ИС
~, inverse инверсная схема (включения)
~, invertierende инвертирующая схема, инвертор
~, katodengegenkoppelte схема с катодной противосвязью
~, katodengekoppelte схема с катодной связью
~, kombinatorische вчт комбинационная схема
~, komplementäre комплементарная [дополняющая] схема
~, ladungsgekoppelte ИС на ПЗС
~, lagebestimmende центрирующая схема
~, lichtempfindliche фоточувствительная схема
~, lineare 1. линейная схема 2. аналоговая схема
~, logische логическая схема
~, logisch gleichwertige логически эквивалентная схема
~, mechanisch durchgenietete печатная плата с межслойными соединениями
~, mehrlagige [mehrschichtige] gedruckte многослойная печатная плата
~, mehrstufige многокаскадная схема
~, mehrteilige многоэлементная схема
~, mikroelektronische микроэлектронная схема, ИС
~, mit Beam-lead-Anschlüssen, integrierte ИМС с балочными выводами
~ mit CCD-Struktur, integrierte lichtempfindliche фоточувствительная ИС с зарядовой связью
~ mit diskreten Bauelementen схема на дискретных компонентах
~ mit Ladungsspeicherung unter Grenzfläche, ladungsgekoppelte ПЗС с поверхностным каналом
~ mit Rückführung схема с обратной связью
~ mit Schutzringisolation, integrierte ИС с изолирующими охранными кольцами
~ mit Streifenleitern, integrierte ИМС с балочными выводами
~ mit vergrabenem Kanal, ladungsgekoppelte ПЗС со скрытым каналом
~, monolithische полупроводниковая ИС
~, monostabile моностабильная схема
~, nichtredundante нерезервированная схема
~, nichtreziproke невзаимная схема
~, nichtstabile 1. неустойчивая схема 2. автоколебательная схема

~, offene разомкнутая цепь; разомкнутый контур
~ ohne Redundanz схема без резервирования
~, optoelektronische оптоэлектронная схема
~, planare integrierte планарная ИС
~, plattierte 1. печатная плата 2. печатный монтаж
~, reaktionslose схема без реактивных элементов
~, redundante 1. избыточная [дублирующая] схема 2. схема с резервированием
~, reduzierte упрощённая схема
~, resistiv-kapazitive резистивно-ёмкостная схема; RC-цепь
~, reziproke обращённая схема
~, rückhördämpfende тлф противоместная схема
~ selbstprüfende схема с самоконтролем
~, sequentielle 1. последовательная схема 2. схема последовательного действия
~, starre gedruckte твёрдая печатная плата
~, summierende суммирующая схема
~, symmetrische 1. симметричная схема 2. уравновешенная схема
~, umgerechnete приведённая схема
~, umgesetzte преобразованная схема
~, unipolare схема на полевых транзисторах
~, verästelte древовидная схема
~, vergossene микр. схема, герметизированная компаундом
~, verzweigte разветвлённая схема
~, virtuelle виртуальная цепь, виртуальный канал (в сетях с пакетной коммутацией)
~, vollkommen integrierte полностью интегральная схема
~, vorverdrahtete предварительно набранная (на демонстрационной доске) схема
~, wirkungsgleiche 1. эквивалентная схема 2. ркс равносильная схема
~, zellulare матричная схема (схема, состоящая из множества обычно однотипных ячеек)
~, zugeordnete подключённая (для выполнения определённых функций) схема
~ zur Niveauhaltung схема фиксации уровня (сигнала)
~, zweiseitig gedruckte см. Schaltung, doppelseitige
Schaltungsabgleich m 1. коррекция схемы 2. симметрирование схемы 3. согласование схемы 4. настройка [регулировка] схемы
Schaltungsablauf m 1. процесс переключения 2. работа схемы
Schaltungsabschnitt m схемный узел; секция схемы
Schaltungsanalysator m схемный анализатор
Schaltungsänderung f 1. модификация схемы 2. изменения в схеме
Schaltungsanordnung f компоновка схем
Schaltungsart f 1. тип [вид] схемы 2. принцип переключения 3. принцип коммутации
Schaltungsaufbau m компоновка схем; схематика
Schaltungsaufgabe f схемная задача
Schaltungsaufstellung f составление схем
Schaltungsaufwand m 1. затраты на схему 2. сложность схемы [схемного решения]
Schaltungsauslegung f компоновка схем

SCH

Schaltungsbauelement *n* компонент схемы
Schaltungsbaustein *m* модуль схемы
Schaltungsbausteinkonstruktion *f* модульная конструкция схемы
Schaltungsbeispiel *n* образец схемы
Schaltungsberechnung *f* расчёт схемы
Schaltungsdiagramm *n* схема соединений
Schaltungsebene *f* степень интеграции схем; степень сложности схем
Schaltungseinheit *f* (конструктивный) блок схемы
Schaltungselement *n* элемент *или* компонент схемы
Schaltungsempfindlichkeit *f* чувствительность схемы
Schaltungsentwickler *m* схемотехник
Schaltungsentwurf *m* проектирование [разработка] схем
~, **vollautomatisierter** автоматизированное проектирование схем
Schaltungsfehler *m* 1. коммутационная ошибка 2. схемная ошибка
Schaltungsfehlerschutz *m* защита от коммутационных ошибок
Schaltungsfehlersimulation *f* моделирование схемных неисправностей
Schaltungsfunktion *f* схемная функция (*функция, выполняемая схемой*)
Schaltungsgleichung *f* уравнение переходного процесса
Schaltungsintegration *f* интеграция на уровне схем
schaltungsintegriert схемно-интегрированный
Schaltungskapazität *f* (паразитная) ёмкость монтажа
Schaltungskenngröße *f* параметр схемы
Schaltungskennzeichnung *f* обозначение схемы
Schaltungskniff *m* специальная схема
Schaltungsknoten *m* узловая точка схемы; точка соединения в схеме
Schaltungskonfiguration *f* топология схемы
Schaltungskontrolle *f* схемный [аппаратный] контроль
Schaltungskonzeption *f* схемная концепция
Schaltungslehre *f* теория схем
Schaltungslogik *f* схемная логика
Schaltungslösung *f* схемное решение
schaltungsmäßig схемный
Schaltungsmaßnahmen *f pl* 1. аппаратные [схемные] способы 2. коммутационные операции
Schaltungsmikromodulplättchen *n* пластина с микромодулем
Schaltungsmodul *m* схемный модуль
Schaltungsmöglichkeit *f* вариант схемы
Schaltungsmoment *n* момент переключения; момент включения
Schaltungsmontageplatte *f* монтажная панель, монтажная плата
Schaltungsmuster *n* 1. образец схемы 2. рисунок печатной платы 3. фотошаблон
~, **primäres** первичный фотошаблон
Schaltungsoptimisierung *f* оптимизация схем(ных решений)
Schaltungsordnung *f* порядок [последовательность] переключений *или* коммутационных операций

SCH

Schaltungsparalyse *f* неисправность схемы
Schaltungsplatte *f*, **gedruckte** печатная плата
Schaltungsprüfgerät *n* прибор для испытания схем
Schaltungspunkt *m* 1. точка переключения *или* коммутации 2. узел коммутации
Schaltungsschema *n* 1. схема соединений 2. рисунок схемных межсоединений
Schaltungssimulation *f* 1. моделирование схем 2. схемное моделирование
Schaltungsstabilität *f* устойчивость схемы
Schaltungssynthese *f* синтез схем
Schaltungstechnik *f* схемотехника
~, **integrierte** интегральная схемотехника
schaltungstechnisch схемный
Schaltungstechnologie *f* технология разработки и изготовления (интегральных) схем
Schaltungstheorie *f* теория (электрических) цепей
Schaltungstopologie *f* топология схемы
Schaltungstransformation *f* преобразование схем
Schaltungsübersicht *f* блок-схема; структурная схема
Schaltungsumwandlung *f* преобразование схем
Schaltungsvariable *f* регулируемый элемент схемы
Schaltungsvariante *f* 1. вариант схемы 2. вариант включения
Schaltungsverbindung *f* 1. коммутационное соединение 2. межсхемное *или* внутрисхемное соединение
Schaltungsverdrahtung *f* монтаж схемы
Schaltungsvereinfachung *f* упрощение схемы
Schaltungsverkappung *f* 1. герметизация схем 2. корпусирование схем
Schaltungsverpackung *f* упаковка схемы
Schaltungsvorschrift *f* инструкция по включению
Schaltungsweg *m* 1. проводящий рисунок (*печатной платы*) 2. длина соединения (*между элементами схемы*)
Schaltungsweise *f* способ включения
Schaltungszeichnung *f* 1. изображение схемы, схема 2. схема коммутации (междугородных) цепей
Schaltvariable *f вчт* 1. переменная типа «переключатель» 2. логическая переменная
~, **binäre** бинарная переменная
Schaltverfahren *n* 1. метод включения 2. метод переключения *или* коммутации
Schaltverhalten *n* режим переключения *или* коммутации
Schaltverhältnis *n* 1. скважность 2. отношение запорного сопротивления (*вентиля*) к пропускному
Schaltvermögen *n* коммутационная способность
Schaltverstärker *m* 1. коммутирующий усилитель 2. переключательный *или* пороговый усилитель
Schaltverzögerung *f*, **Schaltverzug** *m* 1. задержка включения 2. запаздывание коммутации
Schaltvorgang *m* 1. процесс включения 2. процесс переключения *или* коммутации 3. переходный процесс (*при переключении*)
Schaltvorlage *f* 1. карта соединений 2. монтажный трафарет
Schaltwand *f* стенной распределительный щит
Schaltwarte *f* пункт управления

Schaltweg *m* 1. длина соединения (*между элементами схемы*) 2. ход контактов
Schaltwerk *n* 1. включающий механизм 2. *тлф* механизм искателя, искатель
Schaltzahl *f* число переключений
Schaltzeichen *n* 1. логический символ 2. условное обозначение (*на схеме*); символ
Schaltzeichennormung *f* унификация схемных обозначений
Schaltzeit *f* 1. время переключения *или* коммутации 2. время срабатывания (*реле*) 3. время продёргивания (*плёнки*)
Schaltzeitkonstante *f* постоянная времени переключения
Schaltzeitplan *m* временной график (последовательности) коммутационных операций
Schaltzeitpunkt *m* момент переключения *или* коммутации
Schaltzeitverhalten *n* переходная характеристика (процесса) переключения
Schaltzelle *f* переключательная *или* коммутирующая ячейка
Schaltzentrale *f* 1. центральная коммутационная станция 2. *тлф* коммутационная панель
Schaltzusatz *m* коммутационная приставка
Schaltzustand *m* 1. коммутационное положение 2. положение переключения
Schaltzyklus *m* 1. цикл переключения 2. коммутационный цикл
Schar *f* семейство (*напр. характеристик*)
Scharfabbildung *f* точное отображение
Scharfabstimmung *f* точная настройка
~, **automatische** автоматическая настройка
Schärfe *f* 1. чёткость; резкость 2. фокусировка
~, **horizontale** *тлв* чёткость по горизонтали
~ **des Minimumabgleichs** острота настройки по минимуму
~, **vertikale** *тлв* чёткость по вертикали
Schärfeeindruck *m* восприятие резкости (*изображения*)
Schärfeeinsteller *m* регулятор фокусировки
Schärfeeinstellung *f*, **Scharfeinstellung** *f* 1. фокусировка 2. точная настройка
Schärfekorrektur *f* коррекция чёткости
Schärfenebene *f* фокальная плоскость
Schärfenregler *m* регулятор фокусировки
Schärfentiefe *f* глубина резкости
Scharfsteller-Schaltung *f* схема подчёркивания контуров
Scharfzeichner *m* апертурный корректор; корректор чёткости
Scharmittel *n*, **Scharmittelwert** *m* 1. среднее значение (*результата измерений*) 2. *инф.* среднее (значение) по ансамблю
Schatten *m* 1. тень 2. тёмный участок изображения 3. *тлв проф.* чёрное пятно
Schattenabbildung *f* контактная печать
Schattenbereich *m* область тени
Schattenbild *n* 1. *тлв* побочное изображение, *проф.* повтор 2. теневое изображение
Schattenbildsystem *n* система проекционного контроля (*по увеличенной тени*)
Schattenbildung *f* 1. тенеобразование (*в телевизионных студиях*) 2. экранирование
Schatteneffekt *m* 1. эффект затенения 2. *тлв* эффект затенения 3. *тлв* явление чёрного пятна
Schattenfaktor *m* коэффициент экранирования
Schattenfleck *m тлв проф.* чёрное пятно
Schattengebiet *n* область тени
Schattengenerator *m тлв* генератор сигналов компенсации неравномерности по полю, *проф.* шейдинг-генератор
Schattengitter *n* теневая сетка (*прибора СВЧ*)
Schattenkompensationssignal *n тлв* сигнал компенсации неравномерности по полю, *проф.* шейдинг-сигнал
Schattenlochmaske *f см.* **Schattenmaske**
Schattenmarke *f* теневая метка, теневая отметка
Schattenmaske *f* 1. *микр.* маска, шаблон (*для литографии*) 2. *тлв* теневая маска
~, **röntgenlithografische** маска [шаблон] для рентгеновской литографии, рентгеношаблон
Schattenmaskenbildröhre *f*, **Schattenmaskenröhre** *f* масочный кинескоп
Schattenmaskenverfahren *n микр.* метод теневого маскирования
Schattenmikroskop *n* теневой (электронный) микроскоп
Schattenphase *f* время нахождения (*спутника*) в зоне тени
Schattensektor *m* затемнённый сектор (*электронного индикатора настройки*)
Schattensignal *n тлв* паразитный сигнал (*передающей трубки*)
Schattenspeicher *m* неадресуемое ЗУ; неадресуемая память
Schattenstrich *m* теневой штрих, теневая риска
Schattentastatur *f* слепая клавиатура
Schattenwinkel *m см.* **Schattensektor**
Schattenwirkung *f* 1. затемняющее действие 2. *тлв* затенение
Schattenwurf *m тлв* затенение
Schattenzeiger *m* теневая стрелка
Schattenzone *f* 1. область тени 2. *тлв* участок между отверстиями *или* щелями теневой маски
Schätzung *f* оценка
Schätzwert *m* оценочное значение, оценка
Schaubild *n* диаграмма
Schauer *m*, **kosmischer** космический ливень
Schauerentladung *f* ливневый разряд
Schaufeldynode *f* жалюзный динод
Schaufelradmanometer *n* радиометрический вакуумметр
Schaufelreflektor *m* лопатообразный отражатель
Schaufelvervielfacher *m* умножитель с жалюзной динодной системой
Schaumstoffgummimuschel *f* наушники из губчатой резины
Schautafel *f* 1. (сигнальное) табло; нумератор 2. диаграмма; график; номограмма
Schauzeichen *n* 1. визуальный знак; световой сигнал 2. блинкер
Scheckeinrichtung *f* устройство контроля
Schefferelement *n лог.* элемент Шеффера
Schefferfunktion *f лог.* штрих [функция] Шеффера
Scheibchen *n* (кристаллическая) пластин(к)а (*для изготовления ИС*)
Scheibe *f* 1. диск 2. шайба 3. полупроводниковая [кристаллическая] пластина

~, **Rayleighsche** диск Рэлея; звукометрический диск
~, **strukturierte** структурированная пластина, пластина со сформированными структурами
~, **unstrukturierte** пластина без сформированных структур
Scheibenbestücker *m* подающее устройство для полупроводниковых пластин
Scheibendämpfer *m* дисковый успокоитель
Scheibengleichrichter *m* выпрямитель из полупроводниковых шайб
Scheibenhalter *m* кассета для (полупроводниковых) пластин; держатель пластин
Scheibenhorizontierung *f* выравнивание полупроводниковой пластины
Scheibenlader *m см.* **Scheibenbestücker**
Scheibenmaskierung *f* маскирование пластин (*фоторезистом*)
Scheibenmikroprozessor *m* разрядно-секционированный микропроцессор
Scheibenrandrückkopplung *f* обратная связь через края шайбы
Scheibenrecheneinrichtung *f* вычислительное устройство с (наборными) дисками
Scheibenreihenspeicher *m* файловое ЗУ на дисках; файловая память на дисках
Scheibenrepeatanlage *f*, **Scheibenrepeater** *m* установка (прямой) проекционной литографии [фотоповторитель] по кремнию [по кремниевым подложкам]
Scheibenröhre *f* маячковая лампа
Scheibenspeicher *m* ЗУ или память на (магнитных) дисках; накопитель на (магнитных) дисках
Scheibentest *m* проверка полупроводниковых пластин
Scheibenträger *m см.* **Scheibenhalter**
Scheibentriode *f* маячковый триод
Scheibenumschalter *m* пакетный переключатель
Scheibenverband *m* совокупность интегральных структур, сформированных в полупроводниковой пластине
Scheibenwicklung *f* галетная [секционированная] обмотка
Scheibenwiderstand *m* дисковый резистор
Scheide *f* 1. оболочка 2. корпус; кожух; обшивка 3. стенка (*напр. волновода*) 4. раздел
Scheidewand *f* 1. стенка (*напр. волновода*) 2. (доменная) граница, (доменная) стенка
Scheinadresse *f вчт* фиктивный адрес, псевдоадрес
Scheinaktivität *f* фиктивная операция (*в программе*); фиктивная работа (*в сетевом планировании*)
Scheinbefehl *m* фиктивная команда
Scheinfrequenz *f* кажущаяся частота
Scheininformation *f* фиктивная информация
Scheinleistung *f* кажущаяся мощность
Scheinleitwert *m* полная электропроводность
Scheinleitwertmeßbrücke *f* мост (*для измерения*) полной электропроводности
Scheinsignal *n* ложный сигнал
Scheinstrom *m* полный ток
Scheinwerfer *m* прожектор
Scheinwert *m* мнимое значение
Scheinwiderstand *m* полное сопротивление

~, **akustischer** полное акустическое сопротивление
~, **komplexer** полное комплексное сопротивление
Scheinwiderstandsausgleicher *m* контур для согласования полных сопротивлений
Scheinzielimpuls *m рлк* импульс ложной цели
Scheitel *m* 1. вершина (*кривой, графа*); узел (*графа*) 2. пиковое значение, пик; максимум 3. общая точка пучка *или* семейства кривых
Scheiteldurchlaßstrom *m* максимальное значение пропускаемого тока
Scheitelfaktor *m* коэффициент амплитуды
Scheitelkurve *f* огибающая сигнала
Scheitelplatte *f* пластина, расположенная в вершине зеркала (*антенны СВЧ для уменьшения его обратного влияния на облучатель*)
Scheitelspannung *f* максимальное [пиковое] напряжение
Scheitelspannungsmesser *m* пиковый [амплитудный] вольтметр
Scheitelwert *m* 1. максимальное [пиковое] значение, максимум, пик 2. амплитуда
~, **doppelter** размах (*сигнала*)
Scheitelwertdiskriminator *m* амплитудный дискриминатор
Scheitelzeit *f* время достижения максимального значения
Schelle *f* зажим; хомут(ик); фиксатор
Schema *n* 1. схема (*см. тж* **Schaltkreis, Schaltung**) 2. схема; диаграмма; план 3. система (*напр. коэффициентов*) 4. метод; процедура; последовательность операций
~, **abgerolltes** развёрнутая схема
~, **algorithmisches** алгоритмическая схема (*графическое представление алгоритмической структуры*)
~, **mehrfaches** многоконтурная схема
~ **zum Impulsmitteln** схема усреднения импульсов
Schemadarstellung *f* принципиальная (электрическая) схема
Schemadiagramm *n* блок-схема; структурная схема
Schemata *n pl* схемы
Schenkel *m* 1. стержень; керн 2. *мат.* сторона (*напр. угла*) 3. ветвь (*напр. термопары*)
Scher... *см. тж* **Scherungs...**
scheren 1. *рлк* рыскать 2. сдвигать; срезать 3. размагничивать (*за счёт воздушных зазоров*)
Scheringbrücke *f* мост Шеринга (*для измерения ёмкостей*)
Schermoment *n рлк* момент рыскания
Scherspannung *f* 1. напряжение сдвига 2. напряжение (механического) среза (*напр. в контактах*)
Scherung *f* 1. *рлк* рыскание 2. сдвиг; срез(ание) 3. размагничивание (*за счёт воздушных зазоров*)
~ **der Magnetisierungsschleife** наклон петли гистерезиса
Scherungs... *см. тж* **Scher...**
Scherungsgerade *f* линеаризованная кривая намагничивания
Scherungsmodul *m* модуль сдвига

SCH

Scherungsschwingungen f pl 1. *рлк* колебания угла рыскания 2. колебания сдвига
Scherungsspalt m *зап.* размагничивающий зазор
Scherungswelle f 1. волна сдвига 2. поперечная упругая волна
Scherungswinkel m *рлк* угол рыскания
Schicht f 1. слой 2. покрытие 3. плёнка
~, **abbildende** слой формирования изображения
~, **aktive** активный слой
~, **angereich(er)te** обогащённый слой
~, **angrenzende** (по)граничный слой
~, **aufgedampfte** напылённый слой
~, **begrabene** *пп* скрытый слой
~, **dielektrische** диэлектрический слой
~, **diffusionshemmende** слой, препятствующий проникновению диффузанта
~, **einachsige** одноосная плёнка
~, **eindiffundierte** диффузионный слой
~, **eingebettete** скрытый слой
~, **einkristalline** монокристаллическая плёнка
~, **epitaxiale** эпитаксиальный слой
~, **erschöpfte** обеднённый слой
~, **fotoaktive [fotoempfindliche]** светочувствительный [фоточувствительный] слой
~, **fotoleitende** *пп* фотопроводящий слой
~, **gezogene** выращенный переход
~, **haftende** адгезионный слой
~, **halbleitende** полупроводящий слой
~, **homogene** однородный слой
~, **implantierte** (ионно-)имплантированный слой
~, **ionosphärische** ионосферный слой
~, **ladungsträgerverarmte** обеднённый слой
~, **leitende** проводящий слой
~, **lichtempfindliche** светочувствительный [фоточувствительный] слой
~, **magnetische aktive** магнитоактивный слой
~, **monomolekulare** мономолекулярный слой
~, **n-leitende** слой с электронной электропроводностью, *n*-слой
~, **passivierende** пассивирующий слой
~, **p-leitende** слой с дырочной электропроводностью, *p*-слой
~, **reflexmindernde** 1. *рлк* неотражающее покрытие 2. *опт.* просветляющий слой; просветляющее покрытие; противорефлексный слой
~, **sensibilisierte** сенсибилизированный слой
~, **strahlungsverstärkend wirksame** *кв. эл.* усиливающий излучение слой
~, **stufengezogene** переход, выращенный при изменяющейся скорости кристаллизации
~, **supraleitende** сверхпроводящий слой
~, **überdeckte** скрытый слой
~, **verarmte** обеднённый слой
~, **vergrabene** скрытый слой
~, **verreichte** обогащённый слой
~, **verspannte** 1. напряжённый слой 2. нагруженная плёнка
Schichtablösung f осыпание (*носителя записи*); отслаивание (*печатного рисунка*)
Schichtabrieb m истирание слоя (*носителя записи*)
Schichtabscheidetechnik f техника (электролитического) осаждения слоя *или* покрытия
Schichtabtragungsverfahren n метод снятия слоёв
Schichtanordnung f слоистая структура

SCH

Schichtaufnahmeverfahren n томография
Schichtauftrag m нанесённый слой
Schichtband n (магнитная) лента с покрытием
Schichtbauelement n плёночный (схемный) элемент
Schichtbaugruppe f плёночный (интегральный) блок; плёночный (интегральный) модуль
Schichtbildaufnahme f томография
Schichtbildungsvorgang m процесс образования плёнки
Schichtdicke f 1. толщина слоя 2. *микр.* толщина покрытия
Schichtdickendämpfung f, **Schichtdickenverluste** m pl *зап.* слойные потери
Schichtdiffusionstemperatur f температура диффузии слоя
Schichtdiode f плоскостной диод
Schichtdraht m слойный проволочный (магнитный) носитель
Schichtdrehwiderstand m переменный плёночный резистор
Schichtelement n плёночный элемент
Schichten n 1. наслаивание 2. пакетирование, набор слоёв
Schichtenleiter m многослойный проводник
Schichtfehler m повреждение рабочего слоя (*носителя записи*); *микр.* повреждение покрытия
Schichtfolge f последовательность слоёв
schichtförmig пластинчатый, слоистый
Schichtgemischwiderstand m плёночный композиционный резистор
Schichtgitter n, **hexagonales** *фтт* слоевая гексагональная решётка
Schichthohlrohrleitung f полый слоистый волновод
Schichthybridtechnik f гибридно-плёночная техника
Schichtkatode f плёночный катод
Schichtkondensator m плёночный конденсатор
Schichtkorrosion f слоевая коррозия
Schichtkristall m слоистый кристалл
Schichtkristalltransistor m плоскостной транзистор
Schichtkryotron n плёночный криотрон
Schichtladung f 1. заряд слоя 2. поверхностный заряд
Schichtlichtleiter m слоистый (диэлектрический) световод
Schichtlösungsmittel n растворитель слоя *или* покрытия
Schichtmaterial n слоистый материал
Schichtmedium n слоистая среда
Schichtmuster n рисунок слоя (*напр. плёночной микросхемы*)
Schichtnetzwerk n плёночная схема
Schichtparametron n плёночный параметрон
Schichtplatte f 1. многослойная печатная плата, МПП 2. слоистый пластик
Schichtpotentiometer n (тонко)плёночный потенциометр
Schichtschaltung f плёночная схема; плёночная ИС
Schichtseite f рабочая сторона (*ленты*); сторона слоя

SCH

Schichtspeicher *m* плёночное ЗУ; плёночная память
~, **supraleitender** сверхпроводниковое ЗУ; сверхпроводниковая память
Schichtstärke *f* толщина слоя
Schichtstoff *m* 1. слоистый материал 2. материал слоя
Schichtstruktur *f* слоистая структура
Schichtsubstrat *n* плёночная подложка
Schichtsystem *n* плёночная система; система (*построения*) плёночной структуры
Schichttechnik *f* плёночная техника
Schichttechnologie *f* технология (*нанесения*) плёнок
Schichtträger *m* 1. плёночный носитель (*информации*) 2. *микр.* подложка; основание
Schichtung *f* 1. *пп* расслоение, слоистость 2. стратификация, образование страт (*в разряде*); страты 3. образование полос *или* борозд
Schichtungsfehler *m* дефект упаковки
Schichtverluste *m pl зап.* слойные потери
Schichtwachstum *n* рост слоя
Schichtwicklung *f* многослойная обмотка
Schichtwiderstand *m* 1. плёночный резистор 2. сопротивление слоя
Schiebe *f* 1. сдвиг; смещение 2. *вчт* перенос
Schiebebefehl *m* команда сдвига
Schiebeimpuls *m вчт* импульс сдвига
Schiebekondensator *m* конденсатор переменной ёмкости
Schiebekontakt *m* подвижный контакт
Schiebelehre *f* верньер; нониус
Schieben *n* сдвиг; уход; смещение
Schieber *m* ползунок (*потенциометра, реостата*)
Schieberegister *n* сдвиговый регистр
~, **ladungsgekoppeltes** сдвиговой регистр на ПЗС
~ **mit Flipflop** триггерный сдвиговый регистр
~, **statisches** статический сдвиговый регистр
Schieberegisterzähler *m* счётчик на сдвиговых регистрах
Schieberegler *m* 1. *тлв* микшерный ползунковый потенциометр 2. ползунковый регулятор
Schieberumschalter *m* ползунковый переключатель
Schieberwiderstand *m* потенциометр с реохордом
Schiebesäule *f* раздвижная колонка (*телескопического штатива*)
Schiebeschalter *m* ползунковый переключатель
Schiebesteller *m* ползунковый орган регулировки
Schiebetaktfrequenz *f* частота сдвига такта
Schiebetransformator *m* 1. трансформатор с выдвижным сердечником 2. вариак
Schiebung *f* перенос; сдвиг
Schielen *n* 1. перекос (*напр. луча антенны*) 2. разность между электрической и геометрической осями (*пеленгатора*)
Schiene *f* шина
Schiffchen *n* 1. *крист.* лодочка 2. *микр.* кассета
Schiffchenalgorithmus *m* челночный алгоритм
Schiffselektronik *f* судовая электроника
Schiffsnotrufempfangseinrichtung *f* судовая установка для приёма сигналов бедствия

SCH

Schiffssicherungsradaranlage *f* РЛС обеспечения безопасности судовождения
Schild I *m* 1. щит 2. экран, козырёк
Schild II *n* фирменная табличка, шильдик (*с паспортными данными оборудования*)
«**Schildkröte**» *f киб.* искусственная черепаха
~, **Walter'sche** черепаха Уолтера
Schirm *m* 1. экран (*ЭЛТ*) 2. (защитный) экран 3. экранирующая оболочка (*кабеля*)
~, **aluminiumbedampfter** алюминированный экран
~, **blauer** экран с синим цветом свечения
~, **durchscheinender** просветный экран
~, **grüner** экран с зелёным цветом свечения
~, **kapazitiver** электростатический [ёмкостный] экран
~, **lang nachleuchtender** экран с длительным послесвечением
~, **metallisierter** металлизированный экран
~, **nichtbedampfter** неметаллизированный экран
~, **reflektierender** отражающий экран
~, **schalldämpfender** звукопоглощающий экран
Schirmabstand *m* расстояние наблюдения
Schirmantenne *f* зонтичная антенна
Schirmaufladung *f* заряд экрана (*ЭЛТ*)
Schirmbild *n* изображение на экране
~ **A** изображение типа A (*дальность — амплитуда*)
~ **B** изображение типа B (*дальность — азимут*)
~ **C** изображение типа C (*азимут — угол места*)
~ **E** изображение типа E (*дальность — угол места*)
~, **exzentrisches** изображение со смещённым центром (*на экране индикатора кругового обзора*)
Schirmbildanzeige *f* индикация на экране (*дисплея*)
Schirmbildarbeitsplatz *m* пульт с индикатором на ЭЛТ
Schirmbildfotografie *f* фотографирование изображений с экрана
Schirmbildgerät *n* индикатор ЭЛТ
Schirmbildpanorama *n* панорамное изображение
Schirmbildregistrierkamera *f* камера для съёмки изображений с экрана
Schirmdämpfung *f* затухание, вносимое экраном (*напр. кабеля*)
Schirmdiagonale *f* диагональ экрана ЭЛТ
Schirmebene *f* плоскость экрана
Schirmeinbrennung *f* выжигание экрана
Schirmelektrode *f* 1. экранирующая сетка 2. экранирующий *или* экранированный электрод
Schirmentfernung *f* расстояние наблюдения
Schirmfaktor *m* коэффициент экранирования
Schirmfläche *f* поверхность экрана; плоскость экрана
Schirmgitter *n* экранирующая сетка
Schirmgitterkreis *m* цепь экранирующей сетки
Schirmgittermodulation *f*, **Schirmgittersteuerung** *f* модуляция на экранирующую сетку
Schirmgitterverlustleistung *f* мощность рассеяния [мощность потерь] на экранирующей сетке
Schirmhelligkeit *f* яркость экрана

SCH

Schirmhintergrund *m* подложка экрана (*ЭЛТ*)
Schirmjoch *n* экранированное ярмо
Schirmkanal *m* экранированный канал
Schirmkapazität *f* ёмкость экрана
Schirmkrümmungsradius *m* радиус кривизны экрана
Schirmleuchtdichte *f* яркость экрана
Schirmnachleuchten *n* послесвечение экрана
Schirmnutzfläche *f* рабочая поверхность экрана
Schirmpotential *n* потенциал экрана (*ЭЛТ*)
Schirmraster *m* сетчатый растр; сетчатая структура
Schirmreflexion *f* отражение (от) экрана
Schirmschrift *f* след луча на экране (*ЭЛТ*)
Schirmstrom *m* 1. ток экранирующей сетки 2. ток экрана
Schirmsubstanz *f* фосфо́р, люминофор (*экрана*)
Schirmträger *m* 1. подложка экрана 2. передняя плоскость, планшайба (*ЭЛТ*)
Schirmung *f* экранирование
Schirmungsmaß *n* 1. степень экранирования 2. *ктв* затухание экранирования
Schirmverspiegelung *f* алюминирование экрана (*ЭЛТ*)
Schirmwicklung *f* экранирующая обмотка
Schirmwirkung *f* экранирующее действие, экранирование
Schlackertaste *f тлг* виброплекс
Schlafspeicher *m* энергонезависимое ЗУ, энергонезависимая память
Schlag *m* 1. удар; ударная нагрузка 2. ход
schlagartig мгновенный
Schlagbügel *m изм.* падающая дужка
schlagfest ударопрочный
Schlaglänge *f* шаг скрутки
Schlaglot *n* твёрдый припой
Schlagprüfung *f* испытание на ударопрочность
Schlagspaltung *f* ударное расщепление
Schlagstrecke *f*, **Schlagweite** *f* разрядный промежуток
Schlagzeile *f* заглавная строка; заголовок
Schlangenlinien *f pl* волнообразное искривление строк (*вызвано переходными процессами или наводками в катушке вертикального отклонения*)
Schlankheitsgrad *m* отношение высоты антенной мачты к её диаметру; коэффициент утолщения (*отношение длины диполя к его диаметру*)
Schlauchleitung *f* шланговая двухпроводная линия (*с пластмассовой изоляцией*)
Schlauchwiderstand *m* трубчатый резистор
Schlaufe *f* петля (*напр. ленты*)
Schlaufenbildung *f зап.* образование петель
Schlechtlage *f над.* риск заказчика
Schlechtwetterlandesystem *n* система посадки по приборам
Schlechtwetterradarlandanlage *f* РЛС системы посадки по приборам
Schleichen *n* 1. сползание; ползучесть 2. поверхностная утечка 3. магнитная вязкость 4. *изм.* ползучее отклонение (*стрелки*)
Schleier *m* 1. пелена, вуаль (*на изображении*) 2. *тлв* защитный интервал
Schleif... *см. тж* **Schleifen...**

SCH

Schleifdrahtbrücke *f* (измерительный) мост с реохордом
Schleifdrahtpotentiometer *n* потенциометр с реохордом
Schleife *f* 1. шлейф; петля 2. виток 3. контур; замкнутая цепь 4. *вчт* цикл
~, **äußere** *вчт* внешний цикл
~, **endlose** бесконечный цикл (*в программе*)
~, **geschlossene** 1. замкнутая петля (*обратной связи*) 2. замкнутый контур 3. *вчт* замкнутый цикл
~, **kurzgeschlossene** 1. короткозамкнутый шлейф; короткозамкнутая петля 2. короткозамкнутый виток
~, **offene** 1. разомкнутая петля (*обратной связи*) 2. разомкнутый контур 3. *вчт* разомкнутый цикл
~, **phasengerastete [phasengesteuerte]** контур фазовой автоподстройки (частоты), контур ФАП(ч)
~, **selbstrücksetzende** цикл с самоустановкой (*начальных значений*)
Schleifenabschluß *m вчт* завершение цикла; выход из цикла
Schleifenanordnung *f* шлейфовая система; шлейфовое устройство
Schleifenantenne *f* петлевая (вибраторная) антенна
Schleifenausgangssignal *n* выходной сигнал (*система управления с обратной связью*)
Schleifenbetrieb *m вчт* операция организации цикла
Schleifendipol *m* петлевой (симметричный) вибратор
Schleifendurchlauf *m* прохождение цикла (*вычислений*)
Schleifeneingangssignal *n* входной сигнал (*системы управления с обратной связью*)
Schleifenfilter *n* фильтр с регулируемой обратной связью
Schleifenindex *m вчт* индекс цикла
Schleifeninduktivität *f* индуктивность шлейфа *или* петли
Schleifenkopplung *f* связь при помощи петли
Schleifenkreuzung *f* скрещивание [транспозиция] фантомных цепей
Schleifenleitung *f* шлейфовая линия
Schleifenöffnung *f* отверстие для петли связи
Schleifenoszillograf *m* шлейфовый осциллограф
Schleifenspeicher *m* ЗУ *или* память на петлях (*МЛ*)
Schleifensteuerung *f вчт* управление циклом
Schleifenstopp *m* останов с ожиданием
Schleifenstruktur *f вчт* организация цикла
Schleifensystem *n* 1. аварийная замкнутая система сигнализации 2. *тлф* шлейфная система
Schleifen-Tuner *m* настроечный шлейф
Schleifenverstärkung *f* усиление при замкнутой цепи обратной связи
~, **offene** усиление при разомкнутой цепи обратной связи
Schleifenwicklung *f* петлевая обмотка
Schleifenwiderstand *m* сопротивление шлейфа
Schleifenzähler *m* счётчик циклов
Schleifer *m* ползунок; скользящий контакт

SCH

Schleiferebene *f*, **ausgegossene** литая полосковая схема
Schleiferlogik *f* логика, основанная на методе V-образных щёток
Schleiferplatte *f* **1.** гибкий печатный кабель **2.** пластина ползунка (*потенциометра*)
Schleiffedersatz *m* комплект скользящих щёток
Schleifimpuls *m* импульс с пологим срезом
Schleifkontakt *m* скользящий контакт
Schleifring *m* контактное [токосъёмное] кольцо
Schleiftrimmen *n* *микр.* абразивная подгонка
Schleifwiderstand *m* потенциометр со скользящим контактом
Schleppantenne *f* **1.** свисающая антенна **2.** (самолётная) выпускная антенна
Schleppe *f* **1.** шлейф **2.** хвост (*импульса*)
Schleppfehler *m* ошибка, вызванная запаздыванием [затягиванием]
Schleppkante *f* пологий спад (*характеристики*); пологий срез (*импульса*)
Schleppkontakt *m* добавочный контакт
Schleppzeit *f* время запаздывания [затягивания]
Schleuder *f* центрифуга
Schleuderbeschichtung *f* нанесение покрытия центрифугированием
Schleuse *f* **1.** затвор **2.** шлюзовое устройство (*электронного микроскопа*); шлюз (*вакуумной камеры*) **3.** *косм.* воздушный шлюз, камера перепада
Schleusenkammer *f* герметичная камера
Schleusenschaltung *f* ключевая схема
Schleusenspannung *f* **1.** напряжение управляющего электрода (*напр. тиристора*) **2.** пороговое напряжение
Schleusentor *n* *вчт* запирающий вентиль
Schleusenverstärker *m* стробированный усилитель
Schlieren *f pl* **1.** *опт.* свили **2.** полосы
Schlierenbild *n* изображение, полученное (*при съёмке*) по методу свилей
Schlierenoptik *f* **1.** щелевая оптика, шлирен-оптика **2.** *тлв* система Эйдофор
Schließdauer *f* **1.** продолжительность замыкания **2.** длительность замкнутого состояния
schließen 1. замыкать (*контакт*); включать (*цепь*) **2.** запирать; блокировать; закрывать
Schließer *m*, **Schließkontakt** *m* замыкающий контакт
Schließspannung *f* напряжение отсечки; напряжение запирания
Schließstellung *f* замкнутое положение (*контактов*)
Schließungsimpuls *m* импульс замыкания
Schließungskreis *m* замыкающая цепь
Schließungswiderstand *m* замыкающее сопротивление
Schliff *m* *микр.* шлиф
Schliffröhre *f* разборная лампа
Schlinge *f* **1.** петля (*провода*) **2.** *мат.* петля (*графа*)
Schlittensperrklinke *f* *тлг* запирающая собачка каретки
Schlitz *m* **1.** щель; зазор **2.** шлиц, разрез; паз **3.** (щелевое) отверстие, (щелевая) пробивка (*в перфокарте*)

SCH

~, **hantelförmiger** *ант.* гантельная щель
~, **strahlender** излучающая щель
Schlitzankopplung *f см.* **Schlitzkopplung**
Schlitzanode *f* анодный блок щелевого типа
Schlitzanodenmagnetron *n* магнетрон с анодным блоком щелевого типа
Schlitzantenne *f* щелевая антенна
Schlitzfeld *n* поле в щели или зазоре
Schlitzhohlleiter *m* щелевой волновод
Schlitzkatode *f* щелевой катод
Schlitzkoppler *m* щелевой (*направленный*) ответвитель
Schlitzkopplung *f* связь через щель
Schlitzleitung *f* щелевая линия (*передачи*)
Schlitzmagnetron *n* магнетрон с анодным блоком щелевого типа
Schlitzmaske *f* щелевая теневая маска
Schlitzmaskenröhre *f* щелевой масочный кинескоп
Schlitzrohrantenne *f* цилиндрическая щелевая антенна
Schlitzrohrstrahler *m* цилиндрический щелевой излучатель
Schlitzschattenmaske *f см.* **Schlitzmaske**
Schlitzscheibenmethode *f* метод диафрагм (*в антеннах*)
Schlitzspeisung *f* питание через щель
Schlitzstrahler *m* щелевой излучатель
Schlitzstrahlerkombination *f* щелевая антенная решётка
Schlitzsystem *n* анодный блок щелевого типа
Schlitzzylinder *m* *ант.* цилиндр со щелью
Schloß *n* замок; устройство блокировки
Schloßkontakt *m* блокировочный контакт
Schloßtaste *f* кнопка с защёлкой
Schluckgrad *m* коэффициент поглощения
Schluckstoff *m* (звуко)поглощающий материал
Schluckung *f* поглощение
Schlupf *m* **1.** скольжение, проскальзывание (*ленты, плёнки*) **2.** *зап.* дрейф скорости **3.** резерв времени событий (*в сетевом графике*)
Schlupfbits *n pl* заполняющие биты (*в разрядах, не содержащих информацию*)
Schlupfzahl *f* коэффициент скольжения
Schlüssel *m* **1.** код; (*см. тж* **Kode**) шифр **2.** ключ (*напр. кода или шифра*)
~, **eingetasteter** набранный код
Schlüssel... *см. тж* **Kode...**
Schlüsselbrett *n* ключевое поле
Schlüsselement *n* *ркс* выходной элемент
Schlüsselkennzeichen *n* кодовое обозначение
Schlüsselstellung *f* кодовая позиция (*на перфоленте*)
Schlüsselung *f* кодирование; шифрование
Schlußglied *n* *ркс* выходной узел
schlüssig (находящийся) в контакте [в соприкосновении]
Schlußimpuls *m* **1.** импульс окончания **2.** выходной импульс
Schlußkondensator *m* закорачивающий конденсатор
Schlußkontrollampe *f* *тлф* контрольная отбойная лампа
Schlüßler *m* **1.** кодирующее устройство **2.** кодировщик, шифровальщик

Schlußpaneel *n тлф* конечная панель
Schlußrelais *n* отбойное реле
Schlußtaste *f тлф* кнопка отбоя [разъединения]
Schlußzeichen *n* **1.** сигнал конца связи, сигнал отбоя **2.** *вчт* метка [маркер] конца
Schmalband *n* **1.** узкая полоса (частот) **2.** узкая (магнитная) лента
Schmalband-Farbart-Achse *f* ось узкополосного сигнала цветности, ось Q (*в системе НТСЦ*)
Schmalbandigkeit *f* узкополосность
Schmalband-ISDN *n* узкополосная цифровая сеть интегрального обслуживания, узкополосная ЦСИО
Schmalbandnetz *n* сеть узкополосных линий (*связи*)
Schmalbündelantenne *f* остронаправленная антенна
Schmalfilm *m* узкая плёнка
Schmalkanal *m* узкополосный канал
Schmallinienlaser *m* лазер с узкой линией генерации
Schmalrille *f* микроканавка
Schmalrillenplatte *f* долгоиграющая пластинка
Schmaltastatur *f* неполная клавиатура
Schmaltonfilm *m* узкоплёночный звуковой фильм
Schmalwinkelfernsehkamera *f* телевизионная камера с малым углом обзора
Schmalzonenhalbleiter *m* узкозонный полупроводник
Schmelzbrücke *f* мостик расплава
Schmelzdrahtsicherung *f* плавкий предохранитель
Schmelze *f* расплав; сплав
~, **anisotrope** анизотропный расплав
~, **dotierte** легированный расплав
~, **eutektische** эвтектический сплав
~, **übereutektische** заэвтектический сплав
~, **unterkühlte** переохлаждённый расплав
Schmelzeinsatz *m* плавкая вставка
Schmelzen *n* сплавление; расплавление
Schmelzkanal *m* сплавной канал
Schmelzleiter *m* плавкая вставка
Schmelzlösung *f* раствор-расплав
Schmelzmasse *f см.* **Schmelze**
Schmelzmittel *n* **1.** флюс (*для пайки*) **2.** *крист.* расплав
Schmelzperle *f микр.* оплавляющийся шариковый вывод (*для встречного монтажа ИС*)
Schmelzperlentransistor *m* транзистор, изготовленный методом обратного оплавления
Schmelzpunkt *m* точка плавления
Schmelzschichtverfahren *n* метод зонной плавки
Schmelzsicherungsfestwertspeicher *m* ПЗУ, программируемое разрушением плавких перемычек
Schmelzverbindung *f* плавкая перемычка
Schmelzwiderstand *m* резистор-предохранитель
Schmelzzone *f* зона расплава
Schmerzgrenze *f*, **Schmerzschwelle** *f* болевой порог (*при восприятии звука*)
Schmetterlingsantenne *f* Ж-образная антенна
Schmetterlingskreis *m* контур типа «бабочка»
Schmetterlingsstrahler *m* Ж-образный излучатель
Schmetterton *m* дребезжащий звук
Schmidtoptik *f* оптика Шмидта

Schmidtoptik-Projektionsröhre *f* проекционная трубка с (встроенной) оптикой Шмидта
Schmitt-Trigger *m* триггер Шмитта
Schmutzsignal *n* сигнал, поражённый шумом, сигнал с помехами
Schnabelthermokompression *f* термокомпрессионная сварка инструментом в виде птичьего клюва
Schnappschalter *m* быстродействующий (щелчковый) выключатель; тумблер
Schnappschußprogramm *n* программа выборочной динамической разгрузки
Schnarrton *m* дребезжащий тон
«**Schnee**» *m* «снег» (*импульсные или флуктуационные помехи*)
Schneebesenantenne *f* метёлочная антенна
Schneid... *см. тж* **Schneide...**
Schneiddose *f* рекордер
Schneide... *см. тж* **Schneid...**
Schneidekontakt *m* ножевой контакт
Schneiden *n* **1.** монтаж (*МЛ*) **2.** механическая запись (*звука*) **3.** *вчт* отбрасывание (*разрядов двоичного числа*) **4.** *микр.* (раз)резание
Schneidenbondverfahren *n микр.* термокомпрессионная сварка клинообразным пуансоном
Schneidepegelklemmung *f* привязка к напряжению между уровнем чёрного и вершиной синхронизирующего импульса
Schneideraum *m* (видео)монтажная аппаратная
Schneidesystem *n* система (видео)монтажа
Schneidetechnik *f* техника монтажа (*программ*)
Schneidetisch *m* монтажный стол
Schneideverbindung *f* ножевое соединение
Schneidevorgang *m* **1.** монтаж (*МЛ*) **2.** механическая запись (*звука*)
Schneidfrequenzgang *m* частотная характеристика (механической) записи
Schneidgerät *n* станок механической записи
Schneidkopf *m* рекордер
~, **magnetischer** магнитный рекордер
~, **piezoelektrischer** пьезоэлектрический рекордер
Schneidmaschine *f* машина для нарезания пластинок (*кристалла*)
Schneidsaphir *m* записывающий сапфировый резец
Schneidstichel *m* записывающий резец
Schneid- und Ablösetechnik *f* техника разрезания и снятия защитной плёнки (*при лазерном скрайбировании*)
Schnellabfallrelais *n* реле с замедлением на срабатывание
Schnellabschaltung *f* мгновенное отключение
Schnellabstimmung *f* быстродействующая [быстрая] настройка
Schnellabtaster *m* **1.** *тлв* быстродействующее развёртывающее устройство **2.** *вчт* быстродействующее устройство (для) считывания с (перфо)ленты
Schnellabtastung *f* **1.** *тлв* быстрая развёртка **2.** ускоренное считывание с (перфо)ленты
Schnelladung *f* форсированная (под)зарядка (*аккумуляторов*)
Schnellamt *n* междугородная телефонная стан-

ция [МТС] с немедленной системой эксплуатации

Schnellamtsgruppenwähler *m* групповой искатель междугородной телефонной станции с немедленной системой эксплуатации

schnellansprechend быстросрабатывающий; быстродействующий

Schnellanzugrelais *n* реле, замедленное на отпускание

Schnelläufer(wähler) *m* *тлф* быстродействующий искатель

Schnellausfall *m* внезапный отказ

Schnellauslöser *m* быстродействующий размыкатель

Schnellausschalter *m* быстродействующий выключатель

Schnellbauch *m* пучность (*стоячей волны*)

Schnellbildtelegrafie *f* быстродействующая фототелеграфия

Schnelldrucker *m*, **Schnelldruckwerk** *n* быстродействующее печатное устройство

Schnelle *f* 1. скорость 2. *зап.* колебательная скорость (*механической записи*)

~, **aufgezeichnete** колебательная скорость механической записи

Schnellelektronenbeugung *f* дифракция быстрых электронов

Schnellempfänger *m* приёмник (звуковой) скорости

Schnelleser *m* быстродействующее устройство (для) считывания

Schnellfrequenzkreis *m* контур повышенной частоты

Schnellheizkatode *f* катод с ускоренным подогревом

Schnelligkeit *f* быстродействие

Schnellmessung *f* мгновенное измерение

Schnellot *n* мягкий припой

Schnellprogramm *n* оптимально составленная программа

Schnellrecheneinheit *f* быстродействующий процессор

Schnellrechner *m* быстродействующая ВМ

Schnellrücklauf *m* ускоренная перемотка (*ленты*) назад

Schnellrückmeldung *f* быстрое квитирование

Schnellschalten *n* быстрая коммутация; быстрое переключение

Schnellschlußsystem *n* система аварийной защиты

Schnellspeicher *m* быстродействующее ЗУ; быстродействующая память

Schnellspulen *n* быстрая намотка (*ленты*)

Schnellstopp *m* 1. *зап.* перерыв записи 2. *вчт* быстрый останов

Schnellübertrag *m* *вчт* быстрый перенос

Schnellverkehr *m* быстрая [немедленная] связь

Schnellversuch *m* ускоренный метод испытаний

Schnellvorlauf *m* ускоренная перемотка (*ленты*) вперёд

Schnellvorlauftaste *f* клавиша ускоренной перемотки вперёд

Schnellwechseltrommel *f* (магнитный) барабан с быстрой сменой (записанной) информации

Schnellwiedereinschaltung *f* быстродействующее автоматическое повторное включение, БАПВ

Schnellwirkung *f* быстродействие

Schnellzeit *f* продолжительность срабатывания (*реле*) без выдержки времени

Schnellzeitskale *f* сжатый масштаб времени

Schnellzugriff *m* 1. быстрый [лёгкий, удобный] доступ (*напр. для ремонта*) 2. быстрая выборка (*данных*)

Schnellzugriffsschleife *f* участок памяти (*напр. на барабане*) с быстрой выборкой

Schnellzugriffsspeicher *m* ЗУ *или* память с быстрой выборкой

Schnitt *m* 1. разрез 2. стык (*в системах передачи данных*) 3. *мат.* сечение; пересечение 4. *зап.* монтаж (*напр. сигналограммы*) 5. *тлв* шторка; наплыв 6. срез (*кварца*) 7. *микр.* пропил, рез

~, **elektronischer** электронный монтаж (*сигналограммы*)

~, **harter** резкий переход от одного кадра к другому

~, **manueller** механический [ручной] монтаж (*сигналограммы*)

~, **rollender** *тлв* 1. вытеснение вращающейся шторкой 2. спецэффект «круг»

~, **weicher** плавный наплыв

Schnittablauf *m* *зап.* процесс монтажа

Schnitt-Ausstieg *m* *зап.* выходная [конечная] монтажная точка

Schnittbandkern *m* *вчт* ленточный сердечник

Schnittbearbeitung *f* ведение монтажа (*сигналограммы*)

Schnittbreite *f* *микр.* ширина пропила *или* реза

Schnitt-Einstieg *m* *зап.* входная [начальная] монтажная точка

Schnittfläche *f* 1. поверхность среза 2. поверхность пересечения

Schnittgenauigkeit *f* 1. *зап.* точность монтажа 2. точность среза (*кварца*)

Schnittlage *f* ориентация среза (*кварца*)

Schnittpeilung *f* пеленгование по равносигнальной зоне

Schnittplatz *m* *зап.* монтажная точка; монтажная метка

Schnittprozessor *m* процессор для (видео)монтажа

Schnittpunkt *m* *см.* Schnittstelle

Schnittrecorder *m* монтажный (видео)магнитофон

Schnittsimulation *f* моделирование (видео)монтажа

Schnittstelle *f* 1. место среза 2. *вчт* интерфейс; стык; место стыковки, сопряжение 3. *зап.* точка монтажа; монтажная метка 4. место соединения 5. *мат.* точка пересечения 6. *рег.* точка размыкания *или* разрыва

~, **analoge** *вчт* аналоговый интерфейс; аналоговый стык

~, **digital/analoge** *вчт* цифро-аналоговый интерфейс; цифро-аналоговый стык

~, **digitale** *вчт* цифровой интерфейс; цифровой стык

~, **nutzerfreundliche** интерфейс, удобный для пользователя

~, **parallele** *вчт* параллельный интерфейс; параллельный стык

~, **periphere** вчт интерфейс периферийных устройств; стык периферийных устройств
~, **serielle** вчт последовательный интерфейс; последовательный стык
Schnittstellenadapter m, **peripherer** вчт периферийный адаптер интерфейса
Schnittstellenbaustein m интерфейсный модуль; интерфейсный блок
Schnittstellenbedingungen f pl условия стыка или интерфейса
Schnittstelleneinheit f интерфейсный блок; устройство сопряжения
Schnittstellenproblem n проблема стыка; проблема сопряжения (напр. разных систем)
Schnittstellenstandard m стандарт (системы) стыка
Schnittstellenwandler m преобразователь интерфейса
Schnittsteuereinheit f, **Schnittsteuergerät** n блок управления (электронным) монтажом
Schnittsteuerung f управление (электронным) монтажом (сигналограммы)
Schnittsystem n система (электронного) монтажа
Schnittweite f отрезок (в оптической системе)
Schnittwinkel m 1. угол пересечения 2. угол среза (кварца)
Schnuröse f тлф наконечник шнура
Schnürung f шнурование (образование плазменного шнура)
Schnurvermittlungsschrank m тлф шнуровой коммутатор
Schocktest m испытание на ударопрочность
Schockwelle f ударная волна
Schottky-Barriere f пп барьер Шотки
Schottky-Barieren-Diode f диод (с барьером) Шотки
Schottky-Barrieren-Feldeffekttransistor m полевой транзистор с барьером Шотки
Schottky-Barrieren-Kollektor-Transistor m транзистор с коллекторным барьером Шотки
Schottky-Barrieren-Technik f пп техника (изготовления) барьеров Шотки
Schottky-Defekt m пп дефект (по) Шотки
Schottky-Diode f диод Шотки
Schottky-Dioden-Transistor-Transistor-Logik f транзисторно-транзисторные логические схемы [ТТЛ-схемы] с барьером Шотки
Schottky-Effekt m пп эффект Шотки
Schottky-Fehlordnung f пп дефект (по) Шотки
Schottky-Feldeffekttransistor m, **Schottky-FET** m полевой транзистор с барьером Шотки
Schottky-Fotodiode f фотодиод (с барьером) Шотки
Schottky-Gate-Diode f диод (с барьером) Шотки
Schottky-Gate-Übergang m пп переход (с барьером) Шотки
Schottky-IIL f, **Schottky-I²L** f И²Л-схемы с барьерами Шотки
Schottky-Injektionslogik f инжекционные логические схемы с барьерами Шотки
Schottky-Klemmdiode f диод Шотки, шунтирующий коллекторный переход биполярного транзистора
Schottky-Kollektor m коллектор в виде барьера Шотки

Schottky-Kontakt m контакт Шотки
Schottky-Leerstelle f дефект (по) Шотки
Schottky-Logik f, **integrierte** интегральные логические схемы с диодами Шотки
Schottky-Sperrschichtfeldeffekttransistor m полевой транзистор с барьером Шотки
Schottky-Sperrschichtzone f зона запирающего слоя Шотки
Schottky-Steuerelektrode f управляющий электрод с барьером Шотки
Schottky-Transistor m транзистор (с барьером) Шотки
Schottky-Transistorlogik f логические схемы с транзисторами Шотки
Schottky-TTL f, **Schottky-T²L** f транзисторно-транзисторные логические схемы [ТТЛ-схемы] с барьером Шотки
Schottky-Übergang m переход Шотки
Schottky-Varaktor m варикап Шотки
Schraffierung f 1. тлв формирование сетчатого поля 2. штриховка 3. расслоение (печатных плат)
Schraffur f штриховка
Schrägabstand m см. **Schrägentfernung**
Schrägaufdampfung f, **Schrägbedampfung** f, **Schrägbeschichtung** f микр. наклонное осаждение (под заданным углом наклона)
Schrägentfernung f рлк наклонная дальность
Schräglauf m перекос (ленты)
Schrägschliff m микр. косой шлиф
Schrägsichtradar n радиолокатор с боковым обзором
Schrägspur f зап. наклонная дорожка
Schrägspuranlage f видеомагнитофон с наклонно-строчной записью
Schrägspuraufzeichnung f наклонно-строчная запись
~, **segmentierte** сегментная наклонно-строчная запись
Schrägspurformat n наклонно-строчной формат видеозаписи
Schrägspurverfahren n способ наклонно-строчной видеозаписи
Schrägspur-Videobandgerät n, **Schrägspur-VSG** n видеомагнитофон с наклонно-строчной записью
Schrank m 1. шкаф 2. стойка (с отсеками) 3. тлф коммутатор
Schrankbauweise f стоечная конструкция (аппаратуры)
Schranke f граница; предел; порог
Schrankempfänger m консольный (радио)приёмник
Schrankgestell n стойка-шкаф
Schranklautsprecher m консольный громкоговоритель
Schrankschaltanlage f комплектное распределительное устройство, КРУ
Schraubenantenne f спиральная антенна
Schraubenkern m сердечник с (винтовой) нарезкой
Schraubenlinienabtastung f 1. спиральная развёртка 2. спиральное сканирование
Schraubenversetzung f крист. винтовая дислокация

567

Schraubfesthaltung f резьбовое сочление (электрического) соединителя
Schraubsockel m резьбовой цоколь
Schreibanschluß m 1. вывод (*данных*) на печать 2. устройство вывода на печать
Schreibarm m пишущий рычаг самописца
Schreibart f способ записи
Schreibausschlag m амплитуда записи
Schreibautomat m пишущий автомат
Schreibband n лента самописца
Schreibbefehl m команда записи
Schreibbereich m (динамический) диапазон записи
Schreibbetriebsart f 1. телеграфный режим работы 2. режим записи
Schreibbündel n записывающий пучок; записывающий луч
Schreibbus m шина записи
Schreibdaten pl записанная информация
Schreibdauer f длительность записи
Schreibdichte f плотность записи
Schreibdraht m провод [шина] записи
Schreibeinheit f, **Schreibeinrichtung** f см. **Schreiber** 1.
Schreibempfang m пишущий приём
Schreibempfänger m 1. (радио)приёмник с записью сообщений 2. пишущий приёмник (*телеграфного аппарата*)
Schreiben n 1. запись 2. введение данных (*в ЗУ*) 3. *микр.* формирование *или* нанесение рисунка 4. вывод на печать
~ **mit Elektronenstrahl** 1. запись электронным лучом 2. электронно-лучевое формирование рисунка
~, **sammelndes** *вчт* запись со слиянием
~, **serielles** 1. последовательная запись 2. последовательное формирование *или* последовательное нанесение рисунка
~, **thermomagnetisches** термомагнитная запись
Schreib-Endverstärker m выходной усилитель записи
Schreiber m 1. самопишущий прибор, самописец 2. печатающее устройство 3. *микр.* установка для формирования рисунка
~, **zweiachsiger** координатный самописец
Schreibersystem n блок самописцев
Schreibfeder f перо (*самописца*)
Schreibfehler m 1. ошибка записи 2. ошибка печати; сбой при печати
Schreibfeld n после записи
Schreibfleck m 1. развёртывающий элемент, развёртывающее пятно (*при телевизионном синтезе*) 2. записывающее пятно
Schreibfunk m радиопередача для записи
Schreibgang m 1. цикл записи 2. цикл печати
Schreibgeschwindigkeit f скорость записи
Schreibgriffel m пишущий карандаш; световое перо
Schreibhalbimpuls m импульс записи при полувыборке
Schreibhammer m молоточек печатающего устройства
Schreibhebel m см. **Schreibarm**
Schreibimpuls m импульс записи
~, **voller** импульс записи при полной выборке

Schreibimpulsgenerator m генератор импульсов записи
Schreibinstruktion f команда записи
Schreibkapazität f объём записи
Schreibkontrolle f 1. управление записью 2. контроль [проверка] записи
Schreibkopf m 1. головка записи 2. *вчт* печатающая головка
Schreiblampe f записывающая лампа
Schreiblaser m записывающий лазер
Schreibleitung f *вчт* шина [провод] записи
Schreib-Lese-Elektronik f электроника (системы) записи — воспроизведения
Schreib-Lese-Kopf m 1. (комбинированная) головка записи — воспроизведения 2. *вчт* (универсальная) головка записи — считывания
Schreib-Lese-Speicher m память с оперативной записью и считыванием; оперативное ЗУ, ОЗУ
Schreib-Lese-Speicherchip n однокристальное оперативное ЗУ
Schreib-Lese-Speichermatrix f матрица оперативного ЗУ
Schreiblichtstrahl m записывающий световой луч
Schreib-Lösch-Operation f операция записи — стирания
Schreibmarke f курсор
Schreibmaschine f 1. пишущая машин(к)а 2. телеграфный аппарат
Schreibmaschinenausgabe f вывод (*данных*) на пишущую машинку
Schreibmaschinenbefehl m команда вывода на печать
Schreibmaschinentastatur f, **Schreibmaschinentastenfeld** n, **Schreibmaschinentastenwerk** n 1. клавиатура пишущей машинки 2. клавиатура телеграфного аппарата
Schreiboperation f операция записи
Schreibplatte f (магнитная) плата ЗУ *или* памяти
Schreibplattenspeicher m ЗУ *или* память на (магнитных) платах
Schreibprüfungsbefehl m команда проверки записи
Schreibrad n 1. *тлг* пишущее колёсико 2. *вчт* печатающее колесо
Schreibregister n регистр записи
Schreibrichtung f направление записи
Schreibring m 1. кольцо защиты файла 2. кольцо разрешения записи
Schreibröhre f записывающая трубка
Schreibschritt m шаг печати
Schreibsicherungsring m кольцо защиты файла
Schreibsignal n сигнал записи
Schreibsonde f записывающее пятно
Schreibsperre f блокировка записи; защита записи
Schreibspitze f остриё пера (*самописца*)
Schreibspur f 1. дорожка записи 2. линия развёртки (*осциллографа*)
Schreibstation f печатающее устройство
~, **getrennte** вынесенное печатающее устройство
Schreibstelle f 1. позиция записи 2. знаковый разряд, разряд знака
Schreibstellenzahl f число знаковых разрядов

Schreibsteuerung *f* управление записью
Schreibstift *m* перо (*самописца*)
Schreibstrahl *m* записывающий (электронный) луч
Schreibstrich *m* записывающий [пишущий] штрих
Schreibstrich-Halbwertsbreite *f* запись в половину ширины дорожки
Schreibstrom *m* ток записи
Schreibsystem *n* 1. система записи 2. блок самописцев
Schreibtakt *m* цикл записи
Schreibtastatur *f см.* **Schreibmaschinentastatur**
Schreibtechnik *f* машинопись
Schreibtelegraf *m* пишущий телеграф
Schreibtrommel *f* 1. регистрирующий барабан 2. барабан с головками записи
Schreibunterdrückung *f* 1. блокировка печати 2. стирание записи
Schreibverfahren *n* метод [способ] записи
Schreibverstärker *m* усилитель записи
Schreibwalze *f* тлг валик буквопечатающего аппарата
Schreibwalzenwagen *m* тлг каретка пишущего валика
Schreibweise *f* запись; способ [форма] представления
Schreibwerk *n* пишущий механизм
Schreibwerkbefehl *m* команда печати
Schreibwicklung *f* вчт обмотка записи
Schreibzeile *f* строка записи
Schreibzugriffszeit *f* время выборки из ЗУ *или* памяти
Schrift *f* 1. шрифт 2. запись текста, текст 3. след (*напр. луча*) 4. *тлв.* надпись, титр
45°/45°-Schrift *f* запись 45° × 45°, двухканальная (механическая) стереофоническая запись
Schriftart *f*, **Schriftbild** *n* 1. вид [тип] шрифта 2. конфигурация символов
Schrifteinblendung *f* введение титров
Schriftgenerator *m* 1. знакогенератор 2. генератор текстовой информации
Schriftzeichen *n* печатный знак (*символ, цифра, буква*)
Schriftzeichengenerator *m* знакогенератор
Schritt *m* 1. шаг; ступень 2. *тлг* (элементарная) посылка 3. *прогр.* шаг
Schrittbetrieb *m* шаговый режим (*работы*)
Schrittbildbetrieb *m* тлв покадровое воспроизведение
Schrittdauer *f* тлг длительность элементарной посылки
Schrittfehler *m* тлг искажение (элементарной) посылки
Schrittfolge *f* 1. последовательность шагов 2. *тлг* последовательность посылок
Schrittfrequenz *f* 1. частота шагов 2. *тлг* частота посылок
Schritt-für-Schritt-System *n* шаговая система
Schrittgeschwindigkeit *f* скорость телеграфирования
Schrittgröße *f* величина шага
Schrittgruppe *f* тлг группа посылок
Schrittimpuls *m* тактовый импульс

Schrittmacher *m* (электро)стимулятор сердечной деятельности
Schrittmotor *m* шаговый двигатель
Schrittpositionierfehler *m* микр. ошибка при последовательном шаговом экспонировании
Schrittpositioniersystem *n* установка проекционной фотолитографии; установка литографии с последовательным шаговым экспонированием
Schrittregelungssystem *n* система шагового регулирования
Schrittregler *m* шаговый [ступенчатый] регулятор
Schrittschalter *m* 1. ступенчатый переключатель 2. шаговый искатель
Schrittschaltrelais *n* шаговое реле
Schrittschaltwähler *m* шаговый искатель
Schrittschaltwähleramt *n* декадно-шаговая АТС
Schrittschaltwerk *n* 1. шаговый искатель 2. скачковый (лентопротяжный) механизм
Schrittspannungsgenerator *m* генератор шагового напряжения
Schrittsteuerung *f* шаговое управление
Schrittsystem *n* шаговая система
Schrittverfahren *n* шаговый метод (*напр. поиска*)
Schrittverzerrung *f* тлг искажение посылки
Schrittwahl *f* шаговое искание
Schrittwähler *m* шаговый искатель
Schrittwählersystem *n* система с шаговым исканием, шаговая система
Schrittweite *f* величина шага
Schrittwiederanlauf *m* повторение шага
Schrittzähler *m* 1. счётчик циклов 2. счётчик тактов
Schrot *n* (зернистый) угольный порошок
Schrotamplitude *f* амплитуда дробового шума
Schroteffekt *m* дробовой эффект
Schrotfahne *f* продолжение от дробового шума
Schrotrauschen *n* дробовой шум
Schrotrauschleistung *f* мощность дробового шума
Schrotstrom *m* ток дробового шума
Schrumpfausgleich *m* тлв компенсация перекоса (*кадра*)
Schrumpfen *n* усадка; сжатие
Schublader *m* утопленный загрузочный отсек (*для дисков, кассет*)
Schubspannung *f* напряжение сдвига
Schubtrafo *m*, **Schubtransformator** *m* 1. трансформатор с выдвижным сердечником 2. автотрансформатор
Schubverarbeitung *f* 1. вчт пакетная обработка (*данных*) 2. *микр.* групповая обработка
Schubverformung *f* деформация сдвига
Schukosteckdose *f* розетка с защитным контактом
Schukostecker *m* вилка с защитным контактом
Schulter *f* 1. плечо 2. площадка
Schulterbetrieb *m* тлв работа с плечевым штативом
Schulterbügel *m*, **Schulterstütze** *f* тлв плечевой штатив
Schulungsprogramm *n* программа обучения (*в системах обучения*)

Schulungssystem n, **interaktives** интерактивная система обучения
Schuntadmittanz f параллельная электропроводность
Schuntrelais n шунтовое реле
Schüsselantenne f (усечённая) параболическая антенна
Schüttelfestigkeit f вибропрочность
Schüttelprüfung f испытание на вибропрочность
schüttelsicher вибропрочный
Schüttelwagen m виброкаретка
Schutz m 1. защита 2. экран
~, **überlagerter** резервная защита
Schütz n 1. контактор 2. перегрузочное [максимальное] реле
Schutzabschirmung f экранирование
Schutzanstrich m защитное покрытие
Schutzantenne f экранированная антенна
Schutzband n 1. защитная полоса (частот) 2. защитная лента (кинескопа) 3. защитная полоса (в видеозаписи) 4. пп охранная зона
Schutzbegrenzer m защитный ограничитель (напр. для устранения перемодуляции)
Schutzbit n «сторожевой» (двоичный) разряд
Schutzfaktor m коэффициент защиты
Schutzfeldstärke f напряжённость поля, обеспечивающая устойчивый приём
Schutzfilter n предохранительный фильтр
Schutzfrequenzband n защитная полоса частот (между двумя каналами)
Schutzgaskontakt m герметизированный контакт, геркон
Schutzgebiet n пп охранная зона
Schutzgitter n 1. экранирующая сетка (в лампе) 2. предохранительная [защитная] сетка
Schutzgitter-Fanggitterröhre f пентод
Schutzgitterröhre f тетрод
Schutzgrad m степень защиты
Schutzhaltsignal n оградительный [защитный] сигнал
Schutzkanal m канал (передачи данных) с защитой; контрольный канал
Schutzkleinspannung f безопасное напряжение (до 60 В для постоянного тока, до 42 В для переменного тока)
Schutzkontakt m 1. защитный контакт 2. герметизированный контакт, геркон
Schutzkontaktsteckdose f розетка с защитным контактом
Schutzkreis m цепь защиты
Schutzkreiswächter m реле цепи защиты
Schutzlasche f защитный карман (кассеты)
Schutzleiter m провод защитного заземления
Schutzleitungssystem n система защитных соединений
Schutzmaske f защитная маска
Schutzmaßnahmen f pl меры защиты
Schutzmittel n средство защиты
Schutznetz n защитная сетка (в месте пересечения проводов различных линий)
Schutzpegel m защитный уровень
Schutzplatte f защитная пластина; защитное стекло (перед экраном ЭЛТ)
Schutzrelais n реле защиты
Schutzring m пп охранное кольцо
Schutzringbrücke f перемычка над охранным кольцом
Schutzringdiode f диод с охранным кольцом
Schutzringkondensator m конденсатор охранного кольца
Schutzrohrkontakt m см. Schutzgaskontakt
Schutzrohrkontaktrelais n реле с герметизированными контактами
Schutzschalter m устройство защиты
Schutzschaltung f схема защиты
Schutzschicht f защитный слой
Schutzschiene f шина защиты; шина заземления
Schutzsicherung f плавкий предохранитель
Schutzspule f дроссельная катушка, дроссель
Schutzsteckdose f розетка с защитным контактом
Schutzüberzug m защитное покрытие
Schutzverhältnis n 1. расстояние между несущими (частотами) смежных каналов 2. допустимое отношение сигнал/помеха 3. коэффициент защитного действия (антенны)
Schutzwandler m изолирующий (измерительный) трансформатор
Schutzwirkung f защитное действие
Schutzzeit f защитный интервал (времени)
Schutzziffer f вспомогательная цифра (для сохранения точности вычислений)
Schutzzuverlässigkeit f надёжность защиты
schwachdotiert слаболегированный
schwachleitend плохо проводящий
Schwachstellenforschung f обнаружение ненадёжных элементов системы
Schwachstrom m слабый ток
Schwachstromanlage f слаботочная установка
Schwachstromindustrie f промышленность средств связи
Schwachstromleitung f линия связи
Schwachstromtechnik f слаботочная техника; техника связи
Schwächung f 1. затухание 2. ослабление
Schwächungsfaktor m 1. коэффициент затухания 2. показатель ослабления (в физической оптике)
Schwächungsfunktion f функция затухания
Schwächungsglied n ослабитель
Schwächungskoeffizient m см. Schwächungsfaktor
Schwächungskurve f 1. характеристика затухания 2. характеристика ослабления
Schwächungsquerschnitt m эффективное сечение ослабления
Schwächungsrohr n 1. волноводный ослабитель 2. предельный волновод
Schwächungsstufe f ступень ослабителя
Schwächungsweglänge f длина затухания
Schwächungswiderstand m 1. переменный резистор регулировки усиления 2. демпфирующий или гасящий резистор
Schwällöten n, **Schwällötverfahren** n пайка волной припоя
Schwankung f 1. колебание 2. флуктуация 3. качание
~, **statische** статистическая флуктуация
~, **tägliche** суточное колебание (напр. напряжённости поля)

~ **von Wafer zu Wafer** изменение характеристик полупроводника от пластины к пластине
Schwankungsamplitude *f* 1. амплитуда колебаний 2. величина [размах] флуктуаций
Schwankungsbereich *m* диапазон колебаний; предел отклонений
Schwankungsempfindlichkeit *f* колебательная чувствительность
Schwankungskomponente *f* составляющая флуктуаций
Schwankungsquelle *f* источник флуктуаций
Schwankungsspannung *f* напряжение флуктуаций
Schwankungsstrom *m* флуктуационный ток
Schwankungsvektor *m* флуктуирующий вектор
Schwanz *m* хвост (*импульса, кривой*)
Schwanzstrom *m* обратный ток (*выпрямителя*)
Schwanzstromwinkel *m* угол отсечки обратного тока
Schwarm *m* группа, пучок, сгусток (*электронов*)
Schwarz *n* 1. чёрный (цвет) 2. *тлв* область чёрного □ ~ **hinter Weiß** *тлв* чёрное продолжение за белым (*участком изображения*)
Schwarzabgleich *m* *тлв* баланс чёрного
Schwarzabhebung *f* *тлв* защитный интервал (*разность между уровнем гашения и уровнем чёрного*)
Schwarzanteil *m* *тлв* 1. доля чёрного 2. область чёрного
Schwarzbild *n* *тлв* чёрное поле
Schwarzblendenautomatik *f* *тлв* система автоматического перехода к затемнению изображения (*при микшировании*)
Schwarzdehnung *f* *тлв* 1. растягивание видеосигнала в области чёрного 2. чёрное продолжение
schwarzeloxiert анодированный в чёрный цвет
Schwärzer-als-Schwarz-Zone *f* *тлв* область чернее чёрного
Schwarzgebiet *n* *тлв* область чёрного
Schwarzhalo *m* *тлв* чёрный ореол
Schwarzhörer *m* радиослушатель с незарегистрированным приёмником, «радиозаяц»
Schwarzimpuls *m* гасящий импульс
Schwarzkante *f* *тлв* чёрная окантовка
Schwarzkompression *f* *тлв* сжатие видеосигнала в области чёрного
Schwarzkörperstrahlung *f* *опт* излучение (абсолютно) чёрного тела
Schwarzlücke *f* пробел в видеосигнале на время передачи гасящего импульса
Schwarz-Matrix *f* *тлв* матрица из чёрных полос
Schwarznachziehen *n* *тлв* чёрное продолжение
Schwarzpegel *m* уровень чёрного (*в видеосигнале*)
Schwarzpegelabgleich *m* *тлв* выравнивание уровня чёрного
Schwarzpegelaussteuerung *f* *тлв* фиксация уровня чёрного
Schwarzpegeldiode *f* диод фиксации уровня чёрного
Schwarzpegel(konstant)haltung *f* *тлв* фиксация уровня чёрного
~, **getastete** управляемая фиксация уровня чёрного
Schwarzpegelregelung *f* регулировка уровня чёрного

Schwarzpegelverschiebung *f* *тлв* сдвиг уровня чёрного
Schwarzpegelwiederherstellung *f* восстановление уровня чёрного
Schwarzsättigung *f* насыщение видеосигнала в области чёрного
Schwarzschirm *m* экран (*кинескопа*) из серого *или* дымчатого стекла
Schwarzschulter *f* *тлв* площадка гасящего импульса
~, **hintere** задняя площадка строчного гасящего импульса
~, **vordere** *тлв* передняя площадка гасящего импульса полей
Schwarzseher *m* телезритель с незарегистрированным телевизором
Schwarzsender *m* незарегистрированный радиопередатчик
Schwarzsignal *n* *тлв* сигнал гашения
Schwarzspitze *f* *тлв* пиковое значение уровня чёрного
Schwarzsteuerdiode *f* диод фиксации уровня чёрного
Schwarzsteuerschaltung *f*, **gesteuerte** *тлв* схема управляемой фиксации уровня чёрного
Schwarzsteuerung *f* *тлв* фиксация уровня чёрного
Schwarzstrahler *m* (абсолютно) чёрное тело
Schwarzstufe *f* *тлв* уровень чёрного
Schwarztreppe *f* *см.* **Schwarzschulter**
Schwärzung *f* 1. почернение 2. оптическая плотность 3. потемнение (*колбы трубки*) 4. *зап.* «ретуширование» фонограммы
Schwärzungsabstufung *f* градация оптической плотности
Schwärzungshologramm *n* амплитудная голограмма
Schwärzungsmesser *m* денситометр
schwarzweiß чёрно-белый
Schwarz-Weiß-Amplitudenbereich *m* амплитудный диапазон от уровня чёрного до уровня белого
Schwarz-Weiß-Bandbreite *f* ширина полосы частот канала чёрно-белого телевидения
Schwarz-Weiß-Bild *n* чёрно-белое изображение
Schwarz-Weiß-Bildröhre *f* 1. кинескоп чёрно-белого изображения 2. чёрно-белая ЭЛТ
Schwarz-Weiß-Empfang *m* приём чёрно-белого изображения
Schwarz-Weiß-Fernsehempfänger *m* телевизионный приёмник [телевизор] чёрно-белого изображения
Schwarz-Weiß-Fernsehen *n* чёрно-белое телевидение
Schwarz-Weiß-Fernsehnorm *f* стандарт чёрно-белого телевидения
Schwarz-Weiß-Halbtonbild *n* *тлв* чёрно-белое многоградационное изображение
Schwarz-Weiß-Holografie *f* чёрно-белая голография
Schwarz-Weiß-Kanal *m* канал чёрно-белого телевидения
Schwarz-Weiß-Monitor *m* чёрно-белое ВКУ
Schwarz-Weiß-Regelung *f* двухпозиционное регулирование

SCH

Schwarz-Weiß-Schwingungsbreite *f* размах сигнала между уровнями чёрного и белого
Schwarz-Weiß-Signal *n* сигнал чёрно-белого телевидения
Schwarz-Weiß-Übertragung *f* передача чёрно-белого телевидения
Schwarz-Weiß-Verkoppelung *f* взаимосвязь регулировки чёрного и белого
Schwarz-Weiß-Videosignal *n* видеосигнал чёрно-белого телевидения, «чёрно-белый» видеосигнал
Schwarz-Weiß-Wert *m тлв* разность между уровнями чёрного и белого
Schwarz-Weiß-Wiedergabe *f тлв* чёрно-белое воспроизведение
Schwarzwert *m тлв* уровень чёрного
Schwarzwertbegrenzung *f тлв* ограничение уровня чёрного
Schwarzwertbezugspegel *m* опорный уровень чёрного
Schwarzwertdiode *f* диод фиксации уровня чёрного
Schwarzwertgebiet *n тлв* область чёрного
Schwarzwertgewinnung *f тлв* формирование уровня чёрного
Schwarzwerthaltung *f*, **Schwarzwertklemmung** *f* фиксация уровня чёрного
Schwarzwertpegel *m тлв* уровень чёрного
Schwarzwertrückgewinnung *f* восстановление уровня чёрного
Schwarzwertschaltung *f* схема установки уровня чёрного
Schwebemikrofon *n* подвесной микрофон
Schwebespannung *f* плавающий потенциал
Schwebezonenverfahren *n* метод бестигельной зонной плавки
Schwebung *f* 1. биение 2. пульсация
Schwebungsanteile *m pl* составляющие биений
Schwebungsempfänger *m* гетеродинный (радио)приёмник
Schwebungsfrequenz *f* частота биений
Schwebungsfrequenzmesser *m* гетеродинный частотомер
Schwebungsgenerator *m* генератор на биениях
Schwebungshüllkurve *f* огибающая биений
Schwebungsnull *f* нулевые биения
Schwebungsnullverfahren *n изм.* метод нулевых биений
Schwebungsprinzip *n* 1. принцип гетеродинирования 2. принцип биений
Schwebungsspannung *f* напряжение биений
Schwebungssummer *m* звуковой генератор на биениях
Schwebungston *m* тон биений
Schwebungstonverfahren *n* метод биений для измерения частоты
Schwebungswellenmesser *m изм.* гетеродинный волномер
Schwede *m* настольный телефонный аппарат
Schweigekegel *m свз* конус молчания
Schweigezone *f свз* мёртвая зона, зона молчания
Schweißen *n* сварка; приварка (*контактов*)
Schwelle *f* 1. порог 2. барьер
~, **fotoelektrische** порог фотоэффекта
Schwellen... *см. тж* **Schwellenwert**

SCH

Schwellenbedingungen *f pl* пороговые условия (*напр. генерации лазера*)
Schwellendurchdringung *f пп* прохождение через (потенциальный) барьер
Schwellendurchlässigkeit *f пп* проницаемость барьера
Schwelleneffekt *m* пороговый эффект
Schwellendiskriminator *m* пороговый дискриминатор
Schwellenempfindlichkeit *f* пороговая чувствительность
Schwellenenergie *f* пороговая энергия
Schwellenerniedrigung *f* снижение порога
Schwellenfeldstärke *f* пороговая напряжённость поля
Schwellenfeuer *n нвг* входной [ограничительный] огонь
Schwellenfrequenz *f* пороговая частота
Schwellenhöhe *f* величина порога
Schwellenkapazität *f* барьерная ёмкость
Schwellenniveau *n* пороговый уровень
Schwellenpotential *n* пороговый потенциал
Schwellenpumpen *n* пороговая накачка (*лазера*)
Schwellenspannung *f* пороговое напряжение
Schwellenverhältnis *n* пороговое соотношение
Schwellenselektion *f* 1. выбор порога 2. пороговая селекция
Schwellenverstärkung *f* пороговое усиление; порог усиления
Schwellenvision *f* порог видимости
Schwellenwert *m* пороговая величина; порог
Schwellenwert... *см. тж* **Schwellen...**
Schwellenwertautomatik *f* пороговая автоматика
Schwellenwertdetektor *m* пороговый детектор
Schwellenwertdiskriminator *m* пороговый дискриминатор
Schwellenwertelement *n* пороговый элемент
Schwellenwertempfänger *m* пороговый (радио)приёмник
Schwellenwertenentscheider *m* устройство, определяющее пороговое значение
Schwellenwertfunktion *f* пороговая функция
Schwellenwertglied *n* пороговое звено
Schwellenwertindikator *m* пороговый индикатор
Schwellenwertkodierung *f* пороговое кодирование
Schwellenwertlautstärke *f* порог слышимости
Schwellenwertlogik *f* пороговая логика
Schwellenwertmeßeinrichtung *f* пороговое измерительное устройство
Schwellenwertquantisierung *f* пороговое квантование
Schwellenwertschalter *m* 1. пороговый выключатель 2. переключательный усилитель, пороговый усилитель
Schwellenwertschaltung *f* пороговая схема
Schwellenwertstrom *m* пороговый ток
Schwellenwertüberschreitung *f* превышение порогового значения
Schwellpegel *m* пороговый уровень
Schwellung *f* вздутие; разбухание; вспучивание
Schwellwert *m см.* **Schwellenwert**
Schwenkantenne *f* вращающаяся [поворотная] антенна
Schwenkantrieb *m* 1. привод качания (*антенны*) 2. механизм панорамирования (*камеры*)

Schwenkarm *m* поворотный тонарм
schwenkbar 1. поворотный; наклонный 2. откидной; перекидной
Schwenkchassis *n* откидное шасси
Schwenkeinrichtung *f* поворотное устройство
Schwenken *n* 1. поворот; наклон; качание 2. *рлк* сканирование 3. *тлв* панорамирование
Schwenkkopf *m тлв* головка с горизонтальным панорамированием
Schwenkkristall *m* вибрирующий кристалл
Schwenkrahmen *m* откидное шасси
Schwenkschalter *m* перекидной выключатель
Schwensektor *m* сектор качания (*антенны*)
Schwenkstrahlverfahren *n рлк* метод качающегося луча
Schwenktaste *f* перекидной ключ
Schwenk- und Neigekopf *m* головка (*камерного штатива*) с горизонтальным и вертикальным панорамированием
Schwenkung *f см.* **Schwenken**
Schwenkwerk *m* поворотный механизм
Schwenkwinkel *m* 1. угол поворота 2. угол панорамирования
Schwerelosigkeit-Domiziel *n* обитаемая космическая станция с длительным сроком существования
Schwierigkeitsgrad *m* коэффициент трудности [сложности]
«schwimmender» *проф.* незаземлённый
Schwimmtiegelverfahren *n* метод плавающего тигля
Schwindung *f* 1. замирание 2. убывание, уменьшение 3. усадка; сжатие
Schwing... *см. тж* **Schwingungs...**
Schwingaudion *n*, **Schwingaudionempfänger** *m* автодинный приёмник, автодин
Schwingbedingung *f* условие возникновения колебаний
Schwingbetrieb *m* колебательный режим
Schwingdrossel *f* настроенный [резонансный] дроссель
Schwinger *m* 1. вибратор 2. *изм.* шлейф осциллографа
Schwingfeld *n* поле колебаний
Schwingfrequenz *f* частота колебаний
Schwinggleichrichter *m* вибропреобразователь
Schwingglied *n* колебательное звено
Schwinggrenze *f* точка [порог] срыва колебаний
Schwinggrenzfrequenz *f* граничная частота генерирования
Schwingkammer *f* резонансная полость
Schwingkennlinie *f* колебательная характеристика
Schwingkondensator *m* вибрационный конденсатор
Schwingkondensatorelektrometer *n* вибрационный гальванометр
Schwingkondensatorvoltmeter *n* динамический (конденсаторный) вольтметр
Schwingkontakt *m* вибрирующий [вибрационный] контакт
Schwingkontaktgleichrichter *m* вибропреобразователь
Schwingkreis *m* колебательный контур

~, **angestoßener** колебательный контур ударного возбуждения
~, **koaxialer** коаксиальный колебательный контур
Schwingkreisdämpfung *f* затухание колебательного контура
Schwingkreisinduktivität *f* индуктивность колебательного контура
Schwingkreiskopplung *f* связь колебательных контуров
Schwingkreismesser *m* измеритель добротности колебательных контуров
Schwingkreismodulation *f* модуляция поглощением
Schwingkreissystem *n* 1. система колебательных контуров 2. колебательная система
Schwingkreisverluste *m pl* потери в колебательном контуре
Schwingkristall *m* пьезоэлектрический резонатор
Schwingleistung *f* колебательная мощность
Schwingloch *n* провал колебаний
Schwingmagnetron *n* магнетронный генератор
Schwingmode *f* мода, тип колебаний
Schwingneigung *f* склонность к (само)возбуждению [к генерации]
Schwingprüfplatz *m* вибростенд
Schwingquarz *m* кварцевый резонатор
Schwingquarzgenerator *m* кварцевый генератор
Schwingröhre *f* генераторная лампа
Schwingschalter *m* 1. вибрационный переключатель 2. вибрационный выключатель
Schwingschaltung *f* генераторная схема
Schwingspanne *f рег.* диапазон колебаний
Schwingspannung *f* колебательное напряжение
Schwingspule *f* 1. звуковая катушка (*электродинамического громкоговорителя*) 2. подвижная катушка
Schwingspul(en)lautsprecher *m* электродинамический громкоговоритель
Schwingstufe *f* 1. генераторный каскад 2. каскад гетеродина
Schwingtopf *m* объёмный резонатор
Schwingung *f* 1. колебание 2. качание 3. вибрация (*см. тж* **Schwingungen**)
~, **einzelne** одиночное колебание
~, **ganztägige** суточное колебание
~, **gleichförmige** равномерное колебание
~, **modulierte** модулированное колебание
~, **netzfrequenzgleiche** колебание с частотой сети
~, **reine** синусоидальное колебание
~, **selbststeuernde** свободное колебание
~, **stehende** стоячая волна
~, **zusammengesetzte** сложное колебание
Schwingungen *f pl* 1. колебания 2. качания 3. вибрации (*см. тж* **Schwingung**)
~, **abklingende** [**abnehmende**] затухающие колебания
~, **akustische** акустические колебания
~, **amplitudenkonstante** колебания с постоянной амплитудой
~, **amplitudenmodulierte** амплитудно-модулированные колебания
~, **angefachte** возбуждённые колебания
~, **anklingende** нарастающие колебания

SCH

~, **aufgedrückte** вынужденные колебания
~, **eigenerregte** автоколебания
~, **elastische** упругие колебания
~, **erzwungene [fremderregte]** вынужденные колебания
~, **freie** собственные [свободные] колебания
~, **frequenzmodulierte** частотно-модулированные колебания
~, **gedämpfte** затухающие колебания
~, **gekoppelte** связанные колебания
~, **harte** жёсткие колебания
~, **induzierte** индуктированные [наведённые] колебания
~, **kollektive** коллективные колебания
~, **kontinuierliche** незатухающие колебания
~, **kristallstabilisierte** колебания, стабилизированные кварцем
~, **phasenmodulierte** фазово-модулированные колебания
~, **phasenverschobene** колебания, сдвинутые по фазе
~, **selbsterregte** автоколебания
~, **tonmodulierte** колебания, модулированные звуковой частотой
~, **ultrasonore** ультразвуковые колебания
~, **weiche** мягкие колебания
~, **wilde** паразитные колебания
Schwingungs... *см. тж* **Schwing...**
Schwingungsamplitude *f* амплитуда колебаний
Schwingungsanfachung *f* нарастание колебаний
Schwingungsanfälligkeit *f см.* **Schwingneigung**
Schwingungsanregung *f* возбуждение колебаний
Schwingungsanzeiger *m* индикатор колебаний
Schwingungsart *f* мода, тип колебаний
Schwingungsarten *f pl,* **ungekoppelte** несвязанные моды
Schwingungsaufnehmer *m* приёмник колебаний
Schwingungsaufschaukelung *f* возбуждение колебаний
Schwingungsausschlag *m* амплитуда колебаний
Schwingungsbande *f* вибрационная полоса (*спектра*)
Schwingungsbauch *m* пучность колебаний
Schwingungsbeanspruchung *f см.* **Schwingungsbelastung**
Schwingungsbedingung *f* условие возникновения [существования] колебаний
Schwingungsbelastung *f* 1. колебательная нагрузка 2. вибрационная нагрузка
Schwingungsbereich *m* 1. область колебаний 2. диапазон качания
Schwingungsbild *n* картина [диаграмма] колебаний
Schwingungsbreite *f* размах колебаний
Schwingungsdämpfung *f* 1. демпфирование колебаний 2. затухание колебаний
Schwingungsdauer *f* продолжительность колебаний
Schwingungsdekrement *n* декремент затухания (*колебаний*)
Schwingungsdruck *m* давление колебаний, релеево давление
Schwingungsdurchgang *m* переход колебаний (*через нуль*)

SCH

Schwingungsebene *f* плоскость колебаний
Schwingungseinsatz *m* возбуждение колебаний
Schwingungsenergieniveau *n* уровень колебательной энергии
Schwingungserregung *f* возбуждение колебаний
Schwingungserzeuger *m см.* **Schwingungsgenerator**
Schwingungserzeugung *f* генерирование колебаний
schwingungsfähig способный к колебаниям
Schwingungsfestigkeit *f* вибропрочность; вибростойкость
Schwingungsformel *f* формула колебаний
~, **Thomsonsche** формула Томпсона, формула резонанса
Schwingungsfreiheit *f* 1. апериодичность 2. отсутствие колебаний 3. вибростойкость
Schwingungsfrequenzmesser *m* вибрационный частотомер
Schwingungsfunktion *f* колебательная функция
Schwingungsgeber *m* измерительный преобразователь вибраций, вибродатчик
Schwingungsgebilde *n* 1. колебательная система 2. изображение [форма] колебаний
Schwingungsgenerator *m* генератор колебаний
~, **eigenerregter** генератор с самовозбуждением
~, **fremderregter** генератор с внешним возбуждением
~, **rückgekoppelter** генератор (колебаний) с обратной связью
~, **selbsterregter** генератор с самовозбуждением
~, **selbstsperrender** блокинг-генератор
Schwingungsgeschwindigkeit *f* частота колебаний
Schwingungsgleichung *f* уравнение колебания
Schwingungsimpuls *m* импульс колебаний; высокочастотный импульс
Schwingungskreis *m* колебательный контур
Schwingungsknoten *m* узел колебаний
Schwingungskurve *f* кривая [диаграмма] колебаний
Schwingungslehre *f* теория колебаний
Schwingungsmesser *m* вибромер
Schwingungsmoden *m pl,* **flüsternde** *кв. эл.* шепчущие моды
Schwingungsmodus *m* мода, тип колебания
Schwingungsniveauanregung *f* возбуждение колебательного уровня
Schwingungsniveaubesetzung *f* заселённость колебательных уровней
Schwingungspaketsteuerung *f* регулирование (*длительности*) пакетов колебаний
Schwingungspegel *m* колебательный уровень
Schwingungsphase *f* фаза колебаний
Schwingungsprüfung *f* испытание на вибропрочность
Schwingungspunkt *m* точка возникновения колебаний
Schwingungsquantenzahl *f* колебательное квантовое число
Schwingungsquelle *f* источник колебаний
Schwingungsreihe *f* последовательность колебаний; серия колебаний
Schwingungsrelais *n* вибрационное реле
Schwingungsscheibe *f зап.* инерционный ролик

SCH

Schwingungsschreiber *m* 1. осциллограф 2. виброграф
Schwingungsschwankungen *f pl* флуктуации колебаний
Schwingungssignal *n* колебательный сигнал
Schwingungsspektrum *n* колебательный спектр
Schwingungssynchronisation *f* синхронизация колебаний
Schwingungssystem *n* 1. колебательная система 2. подвижная система (*напр. громкоговорителя*)
Schwingungstransformation *f* преобразование (частоты *или* вида) колебаний
Schwingungstyp *m* мода, тип колебаний
Schwingungstypabstand *m* разделение мод
Schwingungstypenkopplung *f* синхронизация мод
Schwingungsübergang *m* колебательный переход
Schwingungsüberlagerung *f* наложение колебаний
Schwingungsverluste *m pl* потери на колебания
Schwingungsvorgang *m* колебательный процесс
Schwingungswandler *m* преобразователь колебаний
Schwingungsweite *f* размах колебаний
Schwingungswiderstand *m* 1. сопротивление колебательного контура 2. волновое сопротивление
Schwingungszahl *f* число колебаний (*в секунду*), частота (колебаний)
Schwingungszeit *f* 1. продолжительность колебаний 2. период колебаний
Schwingungszug *m* 1. *тлв* сигнал синхронизации цветовой поднесущей 2. пакет синусоидальных колебаний
Schwingungszugabtrennung *f тлв* выделение сигнала синхронизации цветовой поднесущей
Schwingungszustand *m* колебательное состояние
Schwund *m* (интерференционное) замирание (*радиоволн*)
~, **dispersiver** дисперсионное запирание
~, **frequenzselektiver** частотно-избирательное затухание
~, **schnellwechselnder** быстрое замирание
~, **selektiver** избирательное замирание
~, **synchroner** одновременное замирание
~, **ungleichmäßiger** избирательное замирание
Schwundausgleicher *m* компенсатор замираний; автоматический регулятор усиления
Schwundbeseitigung *f* компенсация замираний
Schwunddauer *f* продолжительность замирания
Schwundeffekt *m*, **Schwunderscheinung** *f* эффект замирания, замирание
Schwundfrequenz *f*, **Schwundhäufigkeit** *f* частота замирания
Schwundmaß *n* глубина замирания
Schwundmuster *n* распределение замирания
Schwundperiode *f* длительность замирания
Schwundregelanordnung *f* устройство АРУ
Schwundregelung *f* автоматическая регулировка усиления, АРУ
~, **verzögerte** АРУ с задержкой
Schwundregler *m* автоматический регулятор усиления
Schwundreserve *f* запас надёжности (*системы*) относительно замираний

SEC

Schwundschwankungen *f pl* флуктуации замирания
Schwundspitze *f* максимум замирания
Schwundstörungen *f pl* помехи от замираний
Schwundtiefe *f* глубина замирания
Schwungmasse *f зап.* инерционная масса, маховик
Schwungradkreis *m*, **Schwungradschaltung** *f* 1. инерционная схема 2. *тлв* схема инерционной синхронизации
Schwungradsynchronisation *f тлв* инерционная синхронизация
Schwungradzeilenkippgerät *n* блок инерционной строчной развёртки
Schwungscheibe *f зап.* дисковый маховик
Science-Fiction-Spiel *n* научно-фантастическая (телевизионная) игра
SC-Impuls *m см.* **Sandcastleimpuls**
Scope-Multimeter *n* универсальный измерительный прибор с индикацией на (электронном) экране
Scototron *n фирм.* скототрон (*записывающая электронно-лучевая трубка*)
Scrambler *m* скремблер (*устройство преобразования структуры цифрового сигнала в псевдослучайную последовательность*)
Screening-Test *m* неразрушающее испытания
scriptron *англ. фирм.* знакопечатающая ЭЛТ
SE-Anlage *f см.* **Sende-Empfang-Anlage**
SeAsTe-Target *n тлв* сатиконная мишень (*из селена, мышьяка и теллура*)
SECAM система (цветного телевидения) СЕКАМ
~ **B** СЕКАМ B (*ФРГ*)
~ **G** СЕКАМ G (*ГДР*)
~ **L** СЕКАМ L (*Франция*)
SECAM III СЕКАМ III (*система СЕКАМ с частотной модуляцией двух поднесущих*)
SECAM-Analysator *m тлв* анализатор сигнала СЕКАМ
SECAM-Dekoder *m* декодер (системы) СЕКАМ
SECAM-Farbfernseh-Verfahren *n см.* **SECAM**
SECAM-12-Halbbildfolge *f* (необходимая) последовательность двенадцати полей в системе СЕКАМ (*для полной передачи изображения*)
SECAM-Kennimpuls *m* импульс цветового опознавания (в системе) СЕКАМ
SECAM-Kennung *f* опознавание цветового сигнала в системе СЕКАМ (*в двухстандартном декодере*)
SEKAM-Koder *m* кодер (системы) СЕКАМ
SEKAM-Kreuzschalter *m* перекрёстный коммутатор декодера СЕКАМ
SECAM-Ost *m* система СЕКАМ-Восток (*система СЕКАМ III, принятая в ГДР, — стандарт B/G*)
SECAM-PAL-Transkoder *m* транскодер СЕКАМ-ПАЛ
Secamskop *n* секамоскоп, измеритель цветовых сигналов по системе СЕКАМ
SECAM-System *n* система (цветного телевидения) СЕКАМ
SECAM-West *m* система СЕКАМ-Запад (*система СЕКАМ III, принятая во Франции, —*

стандарт L, и в СССР, ПНР, ВНР, ЧССР, Болгарии — стандарт D)
Sechspol m шестиполюсник
Sechsschrittalphabet n шестизначный (телеграфный) алфавит
SEC-Röhre f, **SEC-Vidikon** n тлв секон
Sedezimalziffer f шестнадцатеричная цифра
Seebeck-Effekt m явление Зеебека, (прямой) термоэлектрический эффект
Seefunkdienst m служба морской радиосвязи
Seefunksatellit m спутник для морских линий связи
Seegangentstörung f см. **Seegangunterdrückung**
Seeganganttrüber m см. **Seegangunterdrücker**
Seegangreflexion f рлк отражение от морской поверхности
Seegangunterdrücker m блок подавления отражений от морской поверхности
Seegangunterdrückung f рлк подавление отражений от морской поверхности
Seekabel n морской (глубоководный) кабель
Seele f 1. жила (кабеля) 2. сердечник
Seenavigationsfunkdienst m служба морской радионавигации
Seenot-Alarmgerät n (автоматический) передатчик сигналов бедствия на море
Seenotfrequenz f частота (для передачи) сигналов бедствия на море
Seenotsender m передатчик сигналов бедствия на море
Seenotzeichen n сигнал бедствия на море, SOS
Seezeichen n рлк сигнал, отражённый от морской поверхности
SE-Faktor m коэффициент вторичной эмиссии
Seger-Kegel m конус Зегера, пироскоп
Se-Gleichrichter m селеновый выпрямитель
Segment n 1. сегмент, ламель (напр. переключателя) 2. мат. сегмент, отрезок 3. вчт сегмент (напр. файла) 4. коллекторная пластина 5. сегмент (лампы с цифровой индикацией)
Segmentantenne f сегментная антенна
Segmented-field-Verfahren n сегментная (видео)запись
Segmentendisplay n сегментный дисплей
Segmentierung f сегментация, сегментирование
Segmentkennlinie f сегментная [кусочно-линейная] характеристика
Segmentkennung f идентификация сегментов (напр. изображения)
Segmentkodierungsgesetz n сегментный закон кодирования (квантованного сигнала)
Segmentmarke f вчт метка сегмента
Segmentsignal n сигнал выбора сегмента (при индикации)
Segmentverbindung f связка магнетрона
Segment-Ziffernanzeigeröhre f лампа с сегментной цифровой индикацией
Sehempfindung f чувствительность зрительного восприятия
Sehen n 1. ви́дение 2. зрение
~, **binokulares** бинокулярное зрение
~, **räumliches** объёмное ви́дение
Sehfeld n поле зрения; обзор
~, **kreisförmiges** круговой обзор
Sehkurve f кривая видности

Sehschärfe f острота зрения
Sehstrahl m луч зрения
Sehvermögen n зрительная способность
Sehwahrnehmung f зрительное восприятие
Sehweite f дальность ви́дения; предел зрения
Seidenrasterdruck m шелкография, шелкотрафаретная печать
Seignette(di)elektrikum n сегнетоэлектрик
Seignettekeramik f сегнетокерамика
Seignettesalzkristall m кристалл сегнетовой соли
Seiher m (заграждающий) фильтр
Seil n 1. трос; канат 2. тросик (напр. указателя шкалы); (антенный) канатик 3. скрученный провод
Seilantrieb m привод тросика
Seilrolle f, **Seilscheibe** f шкив тросика
Seilschloß n кабельная муфта
Seismoholografie f сейсмическая голография
Seite f 1. сторона; край; бок 2. нвг сторона (пеленга) 3. страница (печати, телетекста) 4. плечо (триггера)
~, **sekundäre** вторичная обмотка (трансформатора)
Seitenabtastung f рлк боковой обзор пространства
Seitenabweichungsschwankung f микр. колебания боковых отклонений
Seitenadresse f вчт адрес страницы
Seitenamt n тлф пригородная станция
Seitenanschluß m 1. боковой вывод 2. боковая клемма
Seitenantenne f 1. антенна бокового обзора 2. боковая (самолётная) антенна
Seitenanzeiger m указатель азимута
Seitenauslenkung f тлв строчная развёртка
Seitenband n боковая полоса (частот)
~, **unterdrücktes** подавленная боковая полоса (частот)
Seitenbandauslöschung f см. **Seitenbandunterdrückung**
Seitenbandbeschneidung f ограничение боковой полосы (частот)
Seitenbandfrequenz f боковая частота
Seitenbandfrequenzspektrum n см. **Seitenbandspektrum**
Seitenbandholografie f голограмма Лейта
Seitenbandinterferenz f интерференция боковых полос (частот)
Seitenbandkomponente f составляющая боковой полосы (частот)
Seitenbandleistung f мощность боковой полосы (частот)
Seitenbandsenden n передача на боковых полосах (частот)
Seitenbandspektrum n спектр боковой полосы (частот)
Seitenbandspitzenleistung f максимальная мощность излучения боковых полос (частот)
Seitenbandübertragung f передача на боковых полосах (частот)
~, **asymmetrische** передача с несимметричными боковыми полосами (частот)
Seitenbandunterdrückung f подавление боковой полосы (частот)

Seitenbestimmer *m* радиокомпас, радиопеленгатор (*с исключением двузначности пеленга*)
Seitenbestimmungsantenne *f* вспомогательная антенна для определения (истинной) стороны (*пеленга*)
Seitendrucker *m* построчно-печатающее устройство
Seitenecho *n* *рлк* боковое эхо, отражённый сигнал, принятый боковым лепестком
Seitenfeld *n* боковая панель (*управления*)
Seitenfrequenz *f* боковая частота
Seitenfrequenzband *n* боковая полоса частот
Seitenführungsstrahl *m* ведущий азимутальный луч
Seiten/Höhenverhältnis *n* формат кадра
Seiteninstrument *n* азимутальный прибор
Seitenkanalinversionsschicht *f* *микр.* инверсионный слой бокового канала
Seitenklemme *f* боковой зажим; боковая клемма
Seitennavigation *f* навигация по направлению
Seitenortung *f* определение местоположения по (нескольким) направлениям
Seitenpeilung *f* 1. пеленгование по азимуту 2. бортовой пеленг (*в воздушной радионавигации*); относительный пеленг (*в морской радионавигации*)
Seitenrahmen *m* формат страницы (*напр. телетекста*); страничный блок
Seitenscheibe *f* *зап.* боковой ограничитель катушки
Seitenschreiber *m см.* Seitendrucker
Seitenschrift *f* поперечная запись
Seitensichtradar *n* РЛС бокового обзора
Seitensignal *n* 1. разностный (стерео)сигнал, сигнал S (*разности левого и правого каналов*) 2. сигнал от микрофона с характеристикой направленности в виде восьмёрки
Seitenspeicher *m* память на страницу (*в системах телетекста*); *вчт* страничная память
Seitenumlagerung *f* разбиение (*памяти*) на страницы
Seitenverhältnis *n* *тлв* формат кадра
Seitenverschiebung *f* смещение (*растра*) в горизонтальном направлении
Seitenwahl *f* выбор страницы (*из памяти с постраничной структурой в системах телетекста*)
Seitenwähler *m* устройство выбора страницы (*в системах телетекста*)
Seitenwandbeschichtung *f* нанесение покрытия на боковую стенку
Seitenwinkelbestimmung *f* определение азимута
Seitenzipfel *m* боковой лепесток (*диаграммы направленности антенны*)
Seitenzipfeldämpfung *f* подавление [ослабление] боковых лепестков
Seitenzipfelecho *n см.* Seitenecho
Seitenzipfelpegel *m* уровень боковых лепестков
Sektor *m* 1. сектор 2. щель, вырез, просвет (*обтюратора*)
~, **blinder** *рлк* слепой сектор
Sektorabtast-Sonar *m* (ультразвуковой) гидролокатор с секторным обзором
Sektoradresse *f* адрес сектора
Sektorbildung *f* образование чередующихся чёрных и белых секторов на экране индикатора кругового обзора (*из-за неисправности радиолокатора*)
Sektorfeldmassenspektrometer *n* масс-спектрометр с секторным полем
Sektorhorn *n* секторный рупор
Sektorhornstrahler *m* секториальный рупорный излучатель
Sektornummer *f* номер сектора (*напр. магнитного барабана*)
Sektorpanoramafunkmeßgerät *n* панорамная РЛС с секторным обзором
Sektorsuchbetrieb *m* секторный поиск
Sektor-TACAN *n* угломерно-дальномерная радионавигационная система ближнего действия «Такан»
Sektorvorspann *m* 1. преамбула (*принимаемого сообщения*) 2. заголовок
Sekundäranschleifen *n* *микр.* вторичная [повторная] подшлифовка
Sekundärausbeute *f* выход вторичных электронов
Sekundärdatenträger *m* носитель вторичных данных
Sekundärecho *n* вторичное эхо (*эхо-сигнал от удалённой цели, поступающий после излучения последующего импульса*)
Sekundäreffekt *m* эффект вторичной эмиссии
Sekundärelektron *n* вторичный электрон
Sekundärelektronenausbeute *f* выход вторичных электронов
Sekundärelektronenemission *f* вторичная электронная эмиссия
Sekundärelektronenemitter *m* эмиттер вторичных электронов, вторично-электронный эмиттер, динод
~, **durchschießbarer** динод, работающий на прохождение
Sekundärelektronenkatode *f* вторично-электронный катод, вторично-электронный эмиттер, динод
Sekundärelektronenröhre *f* 1. вторично-электронный умножитель, ВЭУ 2. лампа со вторичной эмиссией
Sekundärelektronenstrom *m* ток вторичных электронов
Sekundärelektronenvervielfacher *m* вторично-электронный умножитель, ВЭУ
Sekundärelement *n* аккумулятор
Sekundäremission *f* вторичная (электронная) эмиссия
Sekundäremissionenbildverstärkerröhre *f* вторично-электронный усилитель яркости изображения
Sekundäremissionsausbeute *f* эффективность вторичной эмиссии
Sekundäremissionscharakteristik *f* вторично-эмиссионная характеристика
Sekundäremissionselektrode *f* вторично-электронный эмиттер, динод
Sekundäremissionsfaktor *m* коэффициент вторичной эмиссии
Sekundäremissionsfotozelle *f* фотоэлемент со вторичной эмиссией
Sekundäremissions-Gleichgewichtspotential *n* рав-

новесный потенциал, созданный за счёт вторичной эмиссии
Sekundäremissionskatode f см. **Sekundärelektronenkatode**
Sekundäremissionsröhre f см. **Sekundärelektronenröhre**
Sekundäremissionsschicht f вторично-эмиттирующий слой
Sekundäremissionsverhältnis n см. **Sekundäremissionsfaktor**
Sekundäremissionsverstärkung f усиление за счёт вторичной эмиссии
Sekundäremissionsvervielfacher m см. **Sekundärelektronenvervielfacher**
sekundäremittierend эмиттирующий вторичные электроны
Sekundärgruppe f свз вторичная группа (*каналов тональной частоты системы передачи с ЧРК*)
Sekundärgruppenkoder m устройство кодирования вторичных групп
Sekundärgruppenumsetzung f преобразование вторичных групп
Sekundärionen-Massenspektrometrie f вторично-ионная масс-спектрометрия
Sekundärkatode f см. **Sekundärelektronenkatode**
Sekundärmultiplexeinrichtung f аппаратура объединения (*каналов*) во вторичную группу
Sekundärmultiplexumsetzung f см. **Sekundärgruppenumsetzung**
Sekundärnetz n свз вторичная сеть
Sekundärradar n 1. вторичная радиолокация 2. вторичная РЛС
Sekundärradar-Rundsuche f вторичная обзорная РЛС
Sekundärradarsystem n система вторичной радиолокации
Sekundärradar-Transponder m ответчик системы вторичной радиолокации
Sekundärspannungsquelle f источник вторичного питания
Sekundärspeicher m вторичная память; вторичное ЗУ
Sekundärstandard m вторичный эталон
Sekundärstrahlenblende f отсеивающая решётка
Sekundärstrahler m ант. вторичный излучатель
Sekundärstrahlung f вторичное излучение
Sekundärsystem n вторичная система (*иерархии цифровых сетей связи*)
Sekundärträger m поднесущая (частота)
Sekundärvervielfachung f вторично-электронное умножение
Sekundärwicklung f вторичная обмотка
Sekundärwiderstand m сопротивление вторичной цепи
Sekundärzelle f аккумулятор
Sekunde f, **physikalische** кв. эл. атомная [физическая] секунда
Sekundentaktimpuls m секундный тактовый импульс (*в системе измерения времени*)
Selbond-Verfahren n метод взрывозащиты металлической лентой
Selbstabgleich m 1. авт. самовыравнивание (*системы*) 2. изм. автоматическое уравнивание (*моста*) 3. автоматическая подстройка
Selbstablauf m автоматическое срабатывание

Selbstabschaltung f автоматическое выключение
Selbstabsorption f самопоглощение
Selbstabstellung f автоматический останов
Selbstabstimmung f автоматическая настройка
Selbstabtastantennenanordnung f самосканирующее антенное устройство
Selbstaktivierung f самоактивация
selbständig 1. самостоятельный, независимый; автономный 2. самоподдерживающийся (*напр. о разряде*)
Selbstanlassung f, **Selbstanlauf** m автоматический (за)пуск; самозапуск
Selbstannäherungsgerät n прибор самонаведения
Selbstanpassung f 1. автоматическое согласование 2. автоматическая настройка
Selbstanschluß m автоматическое соединение
Selbstanschlußamt n автоматическая телефонная станция, АТС
Selbstanschlußbetrieb m автоматическая (телефонная) связь
Selbstanschlußfernsprechamt n автоматическая междугородная телефонная станция, АМТС
Selbstanschlußgerät n телефонный аппарат АТС
Selbstanschlußvermittlung f автоматическая связь
Selbstansteuerung f самонаведение
Selbstanwendbarkeitsproblem n киб. проблема самоприменимости
Selbstbaufheizkatode f ионно-нагревной катод; катод с саморазогревом
Selbstausgleich m 1. самобалансировка 2. автоподстройка
Selbstauslösung f автоматическое срабатывание
Selbstbaufernsehempfänger m любительский самодельный телевизионный приёмник
Selbstbeschleunigung f самоускорение (*пучка*)
Selbstblockierung f самоблокировка
selbstbremsend самотормозящийся
Selbstdiagnose f самодиагностика
Selbstdiffusion f самодиффузия
Selbstdotierung f самолегирование
~, **seitliche** боковое или торцевое самолегирование
~, **vertikale** вертикальное самолегирование
Selbstdotierungsstoff m самолегирующийся материал
selbsteinstellend самоустанавливающийся; самонастраивающийся
Selbsteinstellkreis m самонастраивающийся контур
Selbstentladung f самостоятельный разряд, саморазряд
Selbstentmagnetisierung f саморазмагничивание
Selbsterreger m автогенератор, генератор с самовозбуждением
Selbsterregung f самовозбуждение
~, **harte** жёсткое самовозбуждение
Selbsterregungsbedingungen f pl условия самовозбуждения
Selbsterregungsfrequenz f частота самовозбуждения
Selbsterregungsgebiet n область самовозбуждения
Selbsterregungsgleichung f формула самовозбуждения
Selbsterregungsschwelle f порог самовозбуждения

Selbstfokussierung f самофокусировка
Selbstfokussierungsvermögen n способность к самофокусировке
Selbstgang m автоматическая подача (напр. ленты); самоход
selbstgesteuert с автономным управлением
selbstgetastet с автоманипуляцией
Selbsthaltekontakt m самоблокирующийся контакт (реле)
Selbsthalteschaltung f схема самоблокировки
Selbsthaltung f самоблокировка
Selbstheilung f самовосстановление
Selbstheizung f саморазогрев, самоподогрев
Selbstheizungsthermistor m терморезистор с самоподогревом
Selbstinduktion f самоиндукция
Selbstinduktionsdekade f изм. декада индуктивностей
Selbstinduktionskoeffizient m коэффициент самоиндукции
Selbstinduktivität f 1. самоиндукция 2. коэффициент самоиндукции
selbstinfluenziert самоиндуктирующийся (об электростатическом заряде)
Selbstionisation f автоионизация
Selbstisolierung f самоизоляция (напр. элементов ИС)
Selbstjustierung f 1. самоюстировка 2. самосовмещение (напр. затвора полевого транзистора)
selbstkomplementar самодополняющий
Selbstkontrolle f 1. самоконтроль 2. автоматический контроль
Selbstkonvergenz f тлв автоматическое сведение (лучей)
Selbstkorrektion f автокоррекция
selbstkorrigierend самокорректирующийся
Selbstkühlung f естественное охлаждение
Selbstlenkung f 1. самонаведение 2. самоуправление
selbstlernend самообучающийся
Selbstlöschung f самогашение
Selbstmodulation f автомодуляция
selbstnachstellbar самоустанавливающийся
Selbstoptimierung f самооптимизация
Selbstorganisation f киб. самоорганизация
Selbstpositionierung f пп самосовмещение
Selbstprogrammierung f автоматическое программирование, автопрограммирование
Selbstprüfung f самоконтроль, самопроверка
Selbstregelung f саморегулирование
Selbstregenerierung f самовосстановление
Selbstregistrierung f саморегистрация
Selbstregulierung f саморегулирование
Selbstreparatur f самовосстановление
Selbstreproduktion f биол. самовоспроизведение
Selbstrücklauf m тлв обратный ход (развёртки)
Selbstrückstellung f самовозврат (в исходное положение)
Selbstsättigung f самонасыщение
Selbstschalter m 1. автоматический переключатель 2. автоматический выключатель
selbstschließend автоматически замыкающийся
Selbstschlußfernsprechamt n см. **Selbstanschlußfernsprechamt**

Selbstschreiber m самописец
Selbstschwingungen f pl автоколебания
Selbstschwingungssystem n автоколебательная система
Selbstspannungsregler m автоматический регулятор напряжения
Selbstsperrung f самоблокировка
Selbststabilisierung f самостабилизация
Selbststeuereinrichtung f устройство автоматического управления
Selbststeuerflug m полёт с автопилотом
Selbststeuergerät n 1. прибор автоматического управления 2. прибор самонаведения; автопилот
Selbststeuerung f 1. автоматическое управление 2. самонаведение (на цель)
Selbststeuerungskopf m головка самонаведения
Selbstsynchronisation f самосинхронизация
~ **der Moden** самосинхронизация мод
selbsttätig автоматический
Selbsttest m самоконтроль, самопроверка
selbsttragend самонесущий
Selbstüberlagerung f автодинирование, преобразование частот по автодинной схеме
Selbstumkehrung f самообратимость (напр. процесса)
Selbstvermittlung f автоматическая коммутация
Selbstwahl f тлф автоматическое искание
Selbstwählanlage f автоматическая телефонная станция, АТС
Selbstwählbetrieb m автоматическая (телефонная) связь
Selbstwähler m тлф автоматический искатель
Selbstwählferndienst m, **Selbstwählfernverkehr** m тлф автоматическая междугородная связь
Selbstwahlnetz n автоматическая телефонная связь
Selectavision англ. «Селектавижн» (видеодисковая лазерная система записи и воспроизведения)
Selectavision-Bildplatte f видеодиск (системы) «Селектавижн»
Selektanz f см. **Selektivität**
selektieren 1. избирать, селектировать 2. выбирать
Selektiernadel f селекционная игла, спица для выборки перфокарты (с краевой перфорацией)
Selektion f 1. вчт отбор, селекция; подбор, выбор; сортировка 2. вчт выборка 3. тлф искание 4. киб. отбор 5. селективность, избирательность
Selektions... см. тж **Selektiv...**
Selektionseigenschaft f, **Selektionsfähigkeit** f избирательная способность, избирательность
Selektionsgrad m степень избирательности
Selektionskurve f характеристика [кривая] избирательности
Selektionsschärfe f острота избирательности
Selektionsverhältnis n коэффициент избирательности
Selektionsverlauf m см. **Selektionskurve**
Selektionswirkung f избирательное действие
selektiv избирательный
Selektiv... см. тж **Selektions...**
Selektivabsorption f избирательное поглощение

SEL

Selektivanruf *m* избирательный вызов
Selektivfilter *n* избирательный фильтр
Selektivität *f* избирательность, селективность
~, **räumliche** пространственная избирательность
Selektivitätscharakteristik *f* характеристика избирательности
Selektivkreis *m* избирательный контур
Selektivlöschung *f* селективное стирание
Selektivrelais *n* избирательное реле
Selektivrufdekoder *m* декодер избирательного вызова
Selektivrufkanal *m* канал избирательного вызова
Selektivschwund *m* избирательное замирание
Selektivstörung *f* селективная [прицельная] помеха
Selektivverstärker *m* избирательный усилитель
Selektograf *m* *изм.* прибор для снятия кривой избирательности
Selektor *m* 1. селектор 2. *тлф* искатель
Selektoranlage *f* селекторная установка
Selektorimpuls *m* селектирующий [стробирующий] импульс, строб-импульс
Selektorkanal *m* селекторный канал, СК
Selen *n* селен, Se
Selenicon *n* селеникон (*трубка типа видикон с мишенью из селена*)
Selenröhre *f* *млв* сатикон
Selenschütz *n* селеновое фоторезистивное реле
Selensperrschichtzelle *f* селеновый фотоэлемент с запирающим слоем
Selenwiderstand *m* селеновый фоторезистор
Selfok *m* сельфок (*самофокусирующий материал для оптических световодов*)
Selfoklichtleiter *m* самофокусирующий световод
Selsynempfänger *m* сельсин-приёмник
Selsyngeber *m* сельсин-датчик
Selsynsystem *n* сельсинная система, система синхронной передачи
Selsynwelle *f* «электрический вал», сельсинная передача
Semaphor *m* *вчт* семафор (*средство синхронизации параллельных вычислений*)
Semaphorkanal *m* служебный канал
Sematron *n* сематрон (*индикатор символов на лампе тлеющего разряда*)
Semiduplexbetrieb *m* *тлг* полудуплексный режим
Semielektronik *f* квазиэлектроника (*сочетание электронных и электромеханических устройств*)
Semikundenschaltkreis *m* полузаказная ИС
semikonvergent полусходящийся
semikundenspezifisch полузаказной (*напр. о ИС*)
Semipermanentspeicher *m* полупостоянное ЗУ; полупостоянная память
Semipermeabilität *f* полупроницаемость
Semistor *m* семистор (*кремниевый резистор*)
semitransparent *опт.* полупрозрачный
Semitron *n* *фирм.* семитрон (*полупроводниковый выпрямитель*)
Sendeablauf *m* процесс передачи
Sendeablaufrechner *m* *тлв* ЭВМ, управляющая выпуском (телевизионных) программ
Sendeabwicklung *f* *тлв* выпуск программы; компоновка программы

SEN

Sendeanlage *f* передающая установка
Sendeanstalt *f* вещательная организация
Sendeantenne *f* передающая антенна
Sendeantennenwähler *m* переключатель антенн передатчика
Sende-Antwort-Gerät *n* *рлк* ответчик
Sendearten *f pl* виды передачи
Sendeaufforderung *f* запрос передачи
Sendeband *n* полоса (частот) передачи
Sendebaugruppe *f* узел [блок] передающего устройства
Sendebereitschaft *f* готовность к (радио)передаче
Sendebetrieb *m* режим передачи
Sendebezugsdämpfung *f* относительное затухание передачи
Sendebuchse *f* гнездо выхода (*программы*)
Sendecharakteristik *f* *см.* **Sendediagramm**
Sendedaten *pl* переданные данные
Sendediagramm *n* диаграмма направленности передачи
Sendedipol *m* активный симметричный вибратор
Sende-Empfang-Anlage *f* приёмо-передающая установка
Sende-Empfang-Endstation *f* оконечная приёмо-передающая (радиорелейная) станция
Sendeempfänger *m* 1. приёмопередатчик 2. *рлк* ответчик
~, **universeller asynchroner** универсальный асинхронный приёмопередатчик
~, **universeller synchroner-asynchroner** универсальный синхронно-асинхронный приёмопередатчик
Sendeempfangsschalter *m* переключатель «передача — приём»
Sendeempfangssperröhre *f* разрядник защиты приёмника
Sendeempfangsweiche *f* разделительный фильтр для работы передатчика и приёмника на одну антенну
Sendeendstelle *f* 1. оконечная передающая станция 2. оконечная станция (*в система связи*)
Sendeerdfunkstelle *f* наземная передающая (радио)станция (*спутниковой связи*)
Sendefilter *n* 1. фильтр передатчика 2. выходной фильтр
Sendefrequenz *f* несущая частота передатчика
Sendefrequenzumsetzer *m* преобразователь несущей частоты передатчика
Sendefunktion *f* функция передачи
Sendeimpuls *m* 1. *рлк* зондирующий импульс 2. передаваемый [излучённый] импульс
Sendekanal *m* канал передачи
Sendekapazität *f* пропускная способность канала передачи
Sendeklystron *n* генераторный клистрон
Sendekonverter *m*, **optischer** преобразователь электрических сигналов в световый (*в системах волоконно-оптической связи*)
Sendekopf *m* генераторная головка (*ультразвукового передатчика*)
Sende-Laser *m* лазерный передатчик
Sendeleistung *f* мощность излучения
~, **unmodulierte** мощность несущей радиопередатчика
Sendeleitung *f* линия передачи

SEN

Sendeleuchtdichte f *тлв* яркость объектов передачи
senden 1. передавать (*по радио*) 2. посылать (*сигналы*)
Sendenetz n сеть передающих станций
Sendenorm f *тлв* стандарт передачи
Sendepegel m уровень передачи
Sendepolarisation f поляризация (*радиоволны*) при излучении
Sender m 1. радиопередатчик 2. генератор 3. излучатель 4. устройство [блок] передачи, датчик (*напр. сообщений*) 5. *тлг* трансмиттер
~, **amplitudengesteuerter** [**amplitudenmodulierter**] передатчик амплитудно-модулированных сигналов, АМ-передатчик
~, **automatischer** 1. необслуживаемый радиопередатчик 2. *тлг* (ленточный) трансмиттер
~, **eigenerregter** генератор с самовозбуждением
~, **fester** стационарный передатчик
~, **fremderregter** генератор с внешним возбуждением
~, **frequenzgetasteter** [**frequenzmodulierter**] передатчик частотно-модулированных сигналов, ЧМ-передатчик
~, **gerichteter** передатчик направленного действия
~, **der 1. Größe** радиопередатчик первого класса (*10—50 кВт*)
~, **der 2. Größe** радиопередатчик второго класса (*5—10 кВт*)
~, **der 3. Größe** радиопередатчик третьего класса (*0,25—5 кВт*)
~, **der 4. Größe** радиопередатчик четвёртого класса (*0,1—0,25 кВт*)
~, **impulsgetasteter** [**impulsmodulierter**] передатчик с импульсной модуляцией
~, **kristallgesteuerter** [**kristallstabilisierter**] *см.* **Sender, quarzgesteuerter**
~, **optischer** лазер, оптический квантовый генератор, ОКГ
~, **quarzgesteuerter** передатчик с кварцевой стабилизацией (*частоты*)
~, **rauschmodulierter** передатчик с шумовой модуляцией
~, **selbsterregter** генератор с самовозбуждением
~, **tönender** передатчик тональной телеграфии
~, **tragbarer** переносный (радио)передатчик
~, **ungedämpfter** передатчик незатухающих колебаний
Senderabstand m разнос частот передатчиков
Senderaum m (радио)студия
Senderaussteuerung f модуляция передатчика
Senderband n полоса (частот) передатчика
Sender-Bild-Kanal m канал изображения телевизионного радиопередатчика
Sendereichweite f дальность передачи; дальность действия передатчика
Sendereingangspolarität f полярность видеосигнала, модулирующего передатчик
Sendereingangsverstärker m входной усилитель передатчика
Senderempfänger m, **Sender-Empfänger-Baustein** m *см.* **Sendeempfänger**
Senderempfängerweiche f *см.* **Sendeempfangsweiche**
Senderendstufe f оконечный каскад передатчика

SEN

Sendererkennungssignal n позывной сигнал передатчика
Senderfeldstärke f напряжённость поля передатчика
Senderfrequenz f частота передатчика
Senderhalteregister n регистр (временного) хранения передаваемой информации
Senderichtung f направление передачи
Senderimpulsleistung f импульсная мощность передатчика
Senderkennung f опознавание [идентификация] передающей станции
Senderkopf m генераторная головка
Senderkristall m генераторный кварц
Senderleistung f мощность передатчика
Senderleitung f антенный фидер
Sendermonitor m программное ВКУ; программный монитор
Sendernetz n 1. передающая сеть 2. сеть (радио)передатчиков
Sendernetzkonfiguration f структура передающей сети
Senderöhre f генераторная лампа
Senderreflektor m рефлектор (*антенны*) передатчика
Senderreichweite f дальность действия передатчика
Senderschnellwahl f ускоренный выбор (принимаемой) радиостанции
Senderschutzrelais n реле защиты передатчика
Senderseite f передающая сторона, передающий конец (*канала связи*)
Sendersieb n фильтр передатчика
Sendersignal n сигнал передатчика
Senderspeicher m ЗУ *или* память (для автоматического) выбора каналов (*в телевизоре*)
~, **n-stelliger** ЗУ *или* память для автоматического набора n радиостанций
Sendersperröhre f *рлк* разрядник блокировки передатчика
Senderstelle f 1. место передачи 2. *см.* **Senderseite**
Senderstrahlfläche f излучающая поверхность антенны передатчика
Senderstrahlung f излучение передатчика
Senderstufe f каскад передатчика
Sendersuche f, **Sendersuchlauf** m 1. (автоматический) поиск (требуемой) передающей радиостанции 2. вращение (*пеленгаторной антенны*) при поиске передатчика
Sendersuchlaufautomatik f автоматика системы поиска передающей станции
Sendertastteil m блок манипулятора передатчика
Sendertelegrafieleistung f телеграфная мощность передатчика
Sender-Ton-Kanal m канал звука телевизионного радиопередатчика
Senderverstärker m усилитель мощности передатчика
Senderwagen m автомобильная радиостанция
Senderweiche f антенный разделитель (*обеспечивает работу нескольких передатчиков на одну антенну*)
Senderwelle f 1. волна передатчика 2. валик телеграфного аппарата

Senderwirkungsgrad m кпд передатчика
Senderzacken m см. **Sendezacken**
Sendesaal m (радио)студия
Sendesieb n фильтр передатчика
Sendespule f обмотка записи
Sendestation f, **Sendestelle** f передающая (радио)-станция
Sendestörungen f pl помехи при (радио)передаче
Sendestrahler m излучающий вибратор
Sendestudio n студия выпуска программ; тлв аппаратно-студийный блок, АСБ
Sendesystem n передающая система; система передачи
Sendetaste f, **Sendetaster** m телеграфный ключ, манипулятор
Sendetechnik f техника (радио) передачи
Sendeterminal n передающий терминал
Sendetriode f генераторный триод
Sendeturm m антенна-мачта (*передатчика*)
Sende- und Empfangsantenne f общая антенна для передачи и приёма
Sendeverstärker m см. **Senderverstärker**
Sendeverzerrungen f pl искажения при передаче
Sendevolumregler m регулятор уровня передачи
Sendevorlage f текст для передачи, текст, передаваемый в эфир
Sendewelle f волна передачи, рабочая волна
Sendezacken m отметка от зондирующего импульса (*на экране индикатора*)
Sendezeit f время передачи
Sendezentrum n передающий центр
Sendezweig m канал передачи
Senditron n сенситрон (*мощная газоразрядная лампа*)
Sendung f 1. радиопередача 2. посылка (*напр. тока*) 3. передача (*напр. сообщений*)
~, **farbige** передача цветного телевидения
Sendungsart f вид передачи
Sendungskennung f опознавание передачи
Sendungstrennung f разделение [разнос] двух несущих передатчиков
Senke f 1. сток (*линий поля электрического смещения*) 2. сток (*полевого транзистора*) 3. потребитель информации 4. провал на кривой
Senkendiffusion f диффузия (для создания) стока (*полевого транзистора*)
Senkenelektrode f см. **Senke** 2.
Senkengebiet n пп область стока
Senkenstrom m пп ток стока
Senkenübergang m пп переход стока
Senkenzone f пп зона стока
Senkrechtauflösung f тлв разрешающая способность по вертикали
Senkrechtlotung f вертикальное зондирование
sensibel чувствительный
Sensibilisator m сенсибилизатор
Sensibilisierung f сенсибилизация
Sensibilisierungsmittel n сенсибилизирующее вещество
Sensistor m терморезистор
Sensitometer n сенситометр
Sensitometrie f сенситометрия
Sensor m 1. биол. чувствительный [воспринимающий] элемент, датчик 2. измерительный преобразователь, датчик 3. тлв (полупроводниковый) преобразователь свет—сигнал 4. киб. воспринимающий орган
~, **lichtempfindlicher** фотоприёмник; фоточувствительный датчик
~ **mit Überlaufvorrichtung, optoelektronischer** преобразователь свет—сигнал на ПЗС
~, **xy-adressierter** преобразователь свет—сигнал с (двух)координатной выборкой
Sensorfläche f (свето)чувствительная поверхность датчика
Sensorkopf m головка датчика; сенсорная головка
Sensor-Monitor m дисплей с сенсорным экраном
Sensorschalter m сенсорный выключатель
Sensortechnik f техника использования датчиков
Separatbetriebbedingungen f pl условия автономности
Separation f 1. разделение; выделение (*импульсов, сигналов*) 2. вчт разделение, сепарация 3. разнесение; разнос (*напр. частот*)
Separator m 1. схема разделения или выделения (*импульсов, сигналов*) 2. вчт разделитель, разделительный знак 3. прокладка (*между пластинами аккумулятора*)
Separator-Synchronisator m тлв селектор синхронизирующих импульсов, синхроселектор
Septode f семиэлектродная лампа, гептод, пентагрид
Sequential... см. тж **Sequenz..., Serien...**
Sequentialfarbfernsehsystem n, **Sequentialfarbübertragungsverfahren** n последовательная система цветного телевидения
Sequentialprüfungen f pl над. последовательные испытания
Sequentialrechner m ВМ с жёсткой последовательностью операций
Sequentialtest m см. **Sequentialprüfungen**
Sequential-Verfahren n последовательная система (*напр. цветного телевидения*)
Sequenz... см. тж **Sequential..., Serien...**
Sequenzdarstellung f мат. представление (*данных*) в виде ряда
Sequenzdatenträger m носитель информации с последовательной выборкой
Sequenzer m устройство, задающее последовательность
Sequenzschalter m 1. ключ кодированного набора 2. токораспределитель
Sequenzsteuerung f последовательное управление
Serie f 1. серия 2. ряд
seriell-parallel последовательно-параллельный
Serien... см. тж **Sequential..., Sequenz...**
Serienablesung f, **Serienabtastung** f вчт последовательное считывание (*данных*)
Serienadder m, **Serienaddiator** m, **Serienaddierer** m сумматор последовательного действия, последовательный сумматор
Serienaddition f последовательное сложение
Serienauswahl f 1. последовательный выбор 2. вчт последовательная выборка
Serienbedienung f последовательное обслуживание
Serienbelastung f последовательная пупинизация
Serienbetrieb m 1. последовательный режим работы, последовательная работа 2. последова-

тельная обработка (*данных*) **3.** *изм.* последовательный режим (*уравновешивания*)

Serienbondverfahren *n* метод автоматизированного монтажа (*напр. кристаллов ИС*)

Seriendruckeinrichtung *f*, **Seriendrucker** *m* печатающее устройство последовательного действия

Seriendurchschaltsteuerung *f* последовательное стробирование; последовательная селекция

Serieneingabe *f вчт* последовательный ввод (*данных*)

Serienfertigung *f* серийное производство

Seriengegenkopplung *f* последовательная отрицательная обратная связь

Serienglied *n* звено последовательного типа

Serienkompensation *f* последовательная коррекция (*в видеоусилителе*)

Serienkondensator *m* последовательно включённый конденсатор

Serienkopplung *f* последовательная связь

Serienkreis *m* последовательный контур

Serienmaschine *f см.* **Serienrechenwerk**

Serienmodell *n* серийный образец

Seriennummer *f* порядковый номер; текущий номер

Serienparallelbetrieb *m* **1.** последовательно-параллельная работа **2.** *вчт* операция преобразования (*кодов*) из последовательной формы в параллельную

Serienparallelgegenkopplung *f* последовательно-параллельная отрицательная обратная связь

Serien-Parallel-Rechner *m* ВМ последовательно-параллельного действия

Serienparallelschaltung *f* **1.** последовательно-параллельная схема **2.** последовательно-параллельное включение

Serien-Parallel-Umsetzer *m*, **Serien-Parallel-Umwandler** *m*, **Serien-Parallelwandler** *m* преобразователь последовательного кода в параллельный; последовательно-параллельный преобразователь

Serienrechenwerk *n*, **Serienrechner** *m* **1.** ВМ последовательного действия, последовательная ВМ **2.** серийная ВМ

Serienregister *n* регистр последовательного действия

Serienresonanzfrequenz *f* частота при последовательном резонансе

Serienresonanzkreis *m* последовательный резонансный контур

Serienschaltung *f* **1.** последовательная схема **2.** последовательное включение

Serienschlitze *m pl* последовательные щели (*волновода*)

Serienschwing(ungs)kreis *m* последовательный колебательный контур

Serien-Serien-Betrieb *m вчт* последовательно-последовательная работа

Seriensignal *n* последовательный (во времени многопозиционный дискретный) сигнал

Serienspeicher *m* последовательное ЗУ; последовательная память; ЗУ или память с последовательной выборкой

Serienspeicherung *f* **1.** последовательное накопление (*данных*) **2.** последовательная запись (*данных*) в ЗУ или память

Serienstabilisierung *f* последовательная стабилизация

Serienstruktur *f* последовательная структура (*функциональной модели обучения*)

Serienstufe *f* последовательно включённая ступень

Seriensubtraktionswerk *n* вычитатель последовательного действия

Seriensystem *n* **1.** последовательная система (*напр. цветного телевидения*) **2.** *над.* система с последовательно соединёнными элементами, система без резервирования

Seriensystemzuverlässigkeit *f* надёжность системы с последовательно соединёнными элементами, надёжность системы без резервирования

Serienübertragung *f* последовательная передача

Serien- und Paralleldigitalrechner *m* ЦВМ параллельно-последовательного действия

Serienwandler *m* АЦП последовательного приближения

Serienwicklung *f* последовательная обмотка

Serpentinanordnung *f микр.* серпантинная структура

Servicefähigkeit *f* удобство обслуживания

servicefreundlich удобный для обслуживания

Servicefreundlichkeit *f* удобство обслуживания

servicegerecht удобный для обслуживания

Servicemeßsender *m изм.* сервисный сигнал-генератор

Servicemodul *m косм.* служебный отсек

Serviceprogramm *n* программа обслуживания

Servo *n* **1.** сервосистема, следящая система **2.** сервдвигатель

Servoantrieb *m* сервопривод, следящий привод

Servogerät *n* **1.** сервопривод **2.** сервомеханизм

Servointegrator *m* сервоинтегратор

Servokopf *m* **1.** САР диска головок **2.** сервисная головка (*для записи и съёма данных*)

Servokreis *m* контур [цепь] следящей системы

Servomotor *m* сервдвигатель

Servomultiplikator *m* потенциометрическое множительное устройство (*с перемещением движка от сервопривода*)

Servopotentiometer *n* потенциометр, управляемый сервоприводом

Servoregelung *f* серворегулирование

Servo-Spur *f* дорожка (*записи сигналов*) автоматического управления

Servosteuersystem *n* следящая система управления

Servosteuerung *f* сервоуправление

Servosystem *n* система автоматического регулирования, САР; сервосистема

Servoverstärker *m* сервоусилитель, усилитель следящей системы

Session *f* сеанс (*напр. испытаний*)

SES-Verteilsatellit *m* спутник распределения телевизионных программ Европейского общества спутникового вещания

Setzeingang *m вчт* переключающий вход; вход сигнала установки на «1»

Setzen *n* **1.** установка **2.** установка в (*состояние*) «1» **3.** запуск

~ **des Kristalls** посадка [установка] кристаллов
Setzimpuls *m* вчт импульс установки (*напр. в состояние «1»*)
Setz-Rücksetz-Flipflop *n* дежурный триггер
Setzstrom *m* устанавливающий ток
Setztaste *f* клавиша установки
Setztransistor *m* транзистор установки (в режим готовности)
Setzwicklung *f* устанавливающая обмотка
SE-Umschalter *m* переключатель «передача — приём»
SE-Vervielfacher *m* см. **Sekundärelektronenvervielfacher**
Sferics *m* 1. атмосферная радиопомеха 2. радиопеленгатор для регистрации молний
S8-Film *m* киноплёнка формата С8, киноплёнка «Супер-8»
S-Fläche *f* грань кристалла, содержащая один осевой вектор связи
S-förmig S-образный
S-Gemisch *n* тлв (полный) сигнал синхронизации, *проф.* синхросмесь
shadow-key англ. ведение тени (*в изображение, полученное методом рирпроекции*)
shadow-mask-tube англ. масочный кинескоп
Shannon-Fano-Kode *m* код Шеннона — Фано
Sheffer-Funktion *f*, **Sheffer-Strich** *m* функция [штрих] Шеффера, функция НЕ И
SHF/UHF-Umsetzer *m* СВЧ/УВЧ-преобразователь
SHG-Videokassette *f* видеокассета наивысшего качества
«Shiva»-Laser *m* лазер термоядерной установки «Шива»
SHOEBOX англ. ШУБОКС (*устройство для непосредственного ввода цифр в машину голосом*)
Shockley-Diode *f* диодный тиристор, динистор
Shockley-Holl-Read-Statistik *f* кв. эл. статистика Шокли — Холла — Рида
Shockley-Read-Übergang *m* фтт переход Шокли — Рида
Shockley-Sättigungsstrom *m* пп ток насыщения Шокли
Shokley-Vierschichtdiode *f* диодный тиристор, динистор
Shoran *n* радионавигационная система ближней навигации Шоран
Short-skip-Bedingungen *f pl* условия (радиолюбительской) связи на короткие расстояния
SHR-Kinetik *f* кв. эл. кинетика Шокли — Холла — Рида
SHR-Statistik *f* кв. эл. статистика Шокли — Холла — Рида
Shunt *m* шунт
Shunt-Serienschaltung *f* параллельно-последовательная схема
Shuntwiderstand *m* шунтирующее сопротивление, шунт
Shuttle-Betrieb *m* режим перемотки (*ленты*)
Si-Bipolar-Technologie *f* кремниевая биполярная технология
SiC-Halbleiter *m* полупроводник на основе карбида кремния

Sicherheit *f* 1. надёжность 2. *мат.* достоверность 3. безопасность
Sicherheitsabstand *m* 1. *мат.* доверительный интервал 2. *тлв* охранная зона (*экрана*) 3. дистанция безопасности (*в дорожном движении*)
Sicherheitsanalyse *f* анализ надёжности
Sicherheitsanforderungen *f pl* требования к надёжности
Sicherheitseinrichtung *f* защитное устройство
Sicherheitsfaktor *m* коэффициент надёжности
Sicherheitsglasscheibe *f* защитное стекло (*перед экраном ЭЛТ*)
Sicherheitsgrad *m* 1. *над.* коэффициент готовности 2. *мат.* степень достоверности 3. степень надёжности
Sicherheitsgrenze *f* предел надёжности
Sicherheitsindex *m* показатель надёжности
Sicherheitsintervall *n* см. **Sicherheitsabstand**
Sicherheitskode *m* безопасный [помехозащищённый] код
Sicherheitskoeffizient *m* коэффициент надёжности
Sicherheitskontakt *m* блокировочный контакт
Sicherheitsniveau *n* *над.* доверительный уровень
Sicherheitsorgan *n* предохранительный орган; предохранительный элемент
Sicherheitsprüfung *f* см. **Sicherheitstest**
Sicherheitsrelais *n* реле защиты
Sicherheitsreserve *f* запас надёжности
Sicherheitsschalter *m* 1. предохранительный [аварийный] выключатель 2. блокировочное устройство
Sicherheitsschaltung *f* схема защиты
Sicherheitsschranke *f* граница надёжности
Sicherheitssignal *n* сигнал безопасности
Sicherheitstechnik *f* 1. техника (обеспечения) надёжности 2. техника безопасности
Sicherheitstest *m* 1. испытание на надёжность 2. проверка безопасности
Sicherheitstheorie *f* теория надёжности
Sicherheitszone *f* зона [область] безопасности
Sicherstellung *f* 1. резервирование 2. гарантия
Sicherung *f* 1. предохранение, защита 2. предохранитель 3. стопор
~, **blockweise** блочная защита
~, **flinke** безынерционный предохранитель
~, **träge** инерционный предохранитель
~, **zeichenweise** вчт позначная защита
Sicherungsduplikat *n* микр. дублирующая или резервная копия
Sicherungserdung *f* защитное заземление
Sicherungsfeld *n* см. **Sicherungstafel**
Sicherungskasten *m* коробка с (плавкими) предохранителями
Sicherungsklemmbrett *n* панель с (плавкими) предохранителями
Sicherungslamelle *f* см. **Sicherungsstreifen**
Sucherungsleiste *f* планка [колодка] с (плавкими) предохранителями
Sicherungsschalter *m* аварийный выключатель
Sicherungsstreifen *m* плавкая ленточная вставка
Sicherungsstromkreis *m* цепь блокировки
Sicherungstafel *f* щиток с (плавкими) предохранителями
Sicherungstechnik *f* 1. техника безопасности 2.

техника сигнализации, централизации и блокировки
Sicherungszeichen *n вчт* знак конца блока
Sicht *f* видимость; видение □ «auf ~» «на глаз» (*напр. о настройке*)
~, **direkte** прямая видимость
~, **optische** оптическая видимость; зона прямой видимости
Sichtalarm *m* световая тревожная сигнализация
Sichtanzeige *f* визуальная индикация
Sichtanzeiger *m см.* **Sichtgerät**
Sichtanzeigesystem *n* система (визуальной) индикации; система отображения
Sichtauswertung *f* визуальная оценка
Sichtbarkeit *f* видимость; различимость
Sichtbarkeitsfaktor *m* коэффициент видимости
Sichtbarkeitsgrenze *f*, **Sichtbarkeitsschwelle** *f* порог зрительного восприятия, визуальный порог
Sichtbarmachen *n*, **Sichtbarmachung** *f* 1. визуализация 2. показ, воспроизведение
Sichtbereich *m* зона [область] прямой видимости
Sichtbereichverbindung *f* связь в пределах прямой видимости
Sichtdarstellung *f* визуальное представление; визуальное отображение; визуальная индикация
Sichtentfernung *f см.* **Sichtreichweite**
Sichtfeld *n* 1. поле зрения 2. *рлк* зона обзора
Sichtfenster *n* смотровое окно
Sichtfrequenz *f* видеочастота
Sichtfunkpeiler *m* радиопеленгатор с визуальной индикацией
Sichtgerät *n* устройство (визуального) отображения; индикатор; дисплей
~, **formatgebundenes** *вчт* форматизированный дисплей
Sichtgerätkonsole *f* консоль с визуальным индикатором
Sichtgerätzeichengenerator *m* знакогенератор дисплея
Sichtindikator *m* визуальный индикатор
Sichtinspektion *f*, **Sichtkontrolle** *f* визуальный контроль, визуальная проверка
Sichtlinie *f* 1. *рлк* линия визирования 2. линия зрения
Sichtmarke *f* курсор
Sichtmelder *m* световой сигнальный прибор
Sichtmesser *m* измеритель дальности оптической видимости
Sichtöffnung *f* смотровое окно
Sichtpeilanlage *f*, **Sichtpeiler** *m* (радио)пеленгатор с визуальной индикацией
Sichtpeilscheibe *f* пеленгаторная шкала с визуальным отсчётом
Sichtpeilung *f* (радио) пеленгация с визуальной индикацией
Sichtprüfung *f* визуальный контроль, визуальная проверка
Sichtreichweite *f* дальность прямой видимости
Sichtröhre *f* 1. ЭЛТ с видимым изображением 2. знакопечатающая ЭЛТ
Sichtscheibe *f* прозрачное (смотровое) окно
Sichtschirm *m* 1. просмотровый экран 2. *рлк* экран индикатора
Sichtschwelle *f* порог видимости

Sichtsignal *n* световой сигнал
Sichtspeicherröhre *f* запоминающая ЭЛТ с видимым изображением
Sicht- und Hörkursrufkfeuer *n* курсовой радиомаяк с визуально-звуковой индикацией
Sichtverbindung *f* 1. визуальная [зрительная] связь 2. радиосвязь прямой видимости
Sichtweite *f* дальность (прямой) видимости
Sichtweitendiagramm *n рлк* диаграмма обнаружения
Sichtwiedergabe *f тлв* воспроизведение изображений
Sichtwinkel *m* 1. *тлв* угол зрения 2. ракурс (*цели*)
Sichtzeichen *n* световой сигнал
Sichtzone *f* 1. зона видимости 2. *рлк* зона обзора
Siconet *n* «Сиконет», система видеоконференции (*со скоростью передачи 2 МГбит/с, фирма Сименс, ФРГ*)
SiC-Schicht *f* слой КНС, слой «кремний на сапфире»
Side-Looking-Radar *n* РЛС бокового обзора
Si-Dioden-Target *n* мишень из кремниевых диодов
Si-Diodentargetvidikon *n тлв* кремникон
Sieb *n* 1. фильтр 2. сетчатый трафарет
Siebdruck *m* трафаретная печать, сеткография
Siebdruckautomat *m* сеткографический автомат (*для изготовления печатных плат*)
Siebdruckform *f* сетчатый трафарет
Siebdruckmethode *f* метод трафаретной [сеткографической] печати
Siebdruckpaste *f* паста для трафаретной печати
Siebdruckrahmen *m* рамка сетчатого трафарета
Siebdruckschablone *f* сетчатый трафарет
Siebdruckschaltung *f* 1. печатная схема 2. печатный монтаж
Siebdruckübertragung *f* сеткографический [сеточный] перенос
Siebdruckverfahren *n см.* **Siebdruckmethode**
sieben 1. фильтровать, отфильтровывать 2. печатать трафаретным [сеткографическим] способом
Sieben-Bit-Byte *n* септет, семиразрядный байт
Siebensegmentanzeige *f* семисегментная индикация
Siebensegmentanzeigeelement *n* семисегментный индикаторный элемент
Siebensegmentanzeigeröhre *f* семисегментная цифровая индикаторная лампа
siebenstellig *вчт* семиразрядный (*о числе, коде*)
Siebfähigkeit *f* фильтрующая способность
Siebfaktor *m* коэффициент фильтрации
Siebfilter *n* фильтр
Siebgebilde *n см.* **Siebkette**
Siebgewebe *n* трафаретная сетка
Siebglied *n* звено фильтра
Siebkapazität *f* 1. ёмкость фильтра 2. фильтрующая способность
Siebkette *f* (многозвенный) фильтр
~, **mehrgliedrige** многозвенный фильтр
Siebkondensator *m* конденсатор фильтра
Siebmaske *f* 1. сетчатый трафарет 2. *тлв* теневая маска
Siebmittel *n* элемент фильтра (*блока питания*)

Siebschaltung f фильтрующая схема, схема фильтра
Siebung f фильтрация
SI-Einheiten f pl единицы (измерений) системы СИ
Siemens n сименс, См
Si-Gate n кремниевый затвор
Si-Gate-Transistor m транзистор с кремниевым затвором
Sigma-Funktion f сигма-функция
Signal n сигнал
~, **abgehendes** выходящий сигнал
~, **amplitudenanaloges** аналоговый сигнал
~, **amplitudendiskretes** дискретный сигнал
~, **amplitudenmoduliertes** АМ-сигнал
~, **analog-diskontinuierliches** аналоговый прерывистый сигнал
~, **analoges** аналоговый сигнал
~, **analog-kontinuierliches** аналоговый непрерывный сигнал
~, **anisochrones (digitales)** неизохронный (цифровой) сигнал
~, **ankommendes** приходящий сигнал
~, **ausgehendes** выходящий сигнал
~, **bandbegrenztes** сигнал с ограниченной полосой (частот)
~, **bejahendes** подтверждающий сигнал
~, **binäres** двоичный сигнал
~, **bipolares** биполярный сигнал
~, **determiniertes** детерминированный сигнал
~, **digitales** цифровой сигнал
~, **digitalisiertes** сигнал в цифровой форме
~, **direktes** прямой сигнал
~, **diskontinuierliches analoges** прерывистый аналоговый сигнал (*напр. при ШИМ*)
~, **diskontinuierliches diskretes** прерывистый дискретный сигнал (*напр. при ИКМ*)
~, **diskretes** дискретный сигнал
~, **drahtloses** радиосигнал
~, **einstelliges** сигнал с одним параметром, несущим информацию
~, **entschlüsseltes** декодированный сигнал
~, **erwünschtes** полезный сигнал
~, **fehlerproportionales** сигнал, пропорциональный величине ошибки
~, **frequenzanaloges** частотно-модулированный аналоговый сигнал
~, **geschlossenes** *тлв* совместно кодированный сигнал (*получается в результате цифрового кодирования полного цветового телевизионного сигнала*)
~, **geträgertes** сигнал на несущей частоте
~, **gezacktes 1.** сигнал зубчатой формы **2.** *тлв* кадровый синхронизирующий сигнал с «вырезками» двойной строчной частоты
~ **der Grünprimärfarbe** сигнал зелёного цветоделённого изображения
~, **indeterminiertes** недетерминированный сигнал
~, **intermittierendes** прерывистый сигнал
~, **isochrones (digitales)** изохронный (цифровой) сигнал
~, **komprimiertes** сжатый сигнал
~, **kontinuierliches diskretes** непрерывный дискретный сигнал

~, **kontinuierliches analoges** непрерывный аналоговый сигнал
~, **mehrstelliges** сигнал с несколькими параметрами, несущими информацию
~, **meßwertabhängiges** сигнал, пропорциональный измеряемой величине
~, **n-äres (digitales)** n-ичный (цифровой) сигнал
~, **nicht normgerechtes** нестандартный (телевизионный) сигнал
~, **nichtstetiges 1.** неустойчивый сигнал **2.** дискретный сигнал
~, **normiertes** стандартный (телевизионный) сигнал
~, **phasenmoduliertes** фазово-модулированный сигнал
~, **quantisiertes** квантовый сигнал
~, **reduziertes** сигнал с устранённой избыточностью
~, **schwankendes** флуктуирующий сигнал
~, **statistisches** случайный сигнал
~, **stetiges** установившийся сигнал
~, **tertiäres (digitales)** троичный (цифровой) сигнал
~, **unechtes** ложный сигнал
~, **unerwünschtes** мешающий сигнал
~, **unipolares** униполярный сигнал
~, **unstetiges 1.** неустойчивый сигнал **2.** прерывистый сигнал
~, **verdecktes [verrauschtes]** зашумлённый сигнал, сигнал в шумах
~, **verneinendes** запрещающий сигнал
~, **verstümmeltes [verzerrtes]** искажённый сигнал
~, **videofrequentes** видеосигнал
~, **wahrnehmbares** минимально обнаруживаемый сигнал
~, **wertdiskretes** сигнал, квантованный по амплитуде
~, **wertkontinuierliches** непрерывный сигнал
~, **zeitdiskontinuierliches** прерывистый во времени сигнал
~, **zeitkontinuierliches** непрерывный во времени сигнал
~, **zeitquantisiertes** сигнал, квантованный по времени
~, **zufälliges** случайный сигнал
~, **zufallsabhängiges** сигнал, зависящий от случайных воздействий
~, **zusammengesetztes** полный (телевизионный) сигнал
~, **zweiwertiges** двухуровневый сигнал
O-Signal n сигнал (логического) нуля
1-Signal n сигнал (логической) единицы
Signalabfallzeit f время спада(ния) сигнала
Signalablauf m последовательность прохождения сигналов
Signalabstand m отношение сигнал/помеха
Signalabtastfolge f последовательность (дискретных) отсчётов сигнала
Signalabtastung f **1.** считывание [съём] сигнала **2.** выбор дискретных значений сигнала, дискретизация сигнала
Signalabtastwert m **1.** величина дискретизируемого сигнала **2.** отсчёт сигнала (*при дискретизации*)

Signaländerungsbereich *m* диапазон изменения сигнала
signalangepaßt согласованный (*напр. фильтр*)
Signalanpassung *f* согласование по уровням сигнала
Signalanschluß *m* подключение сигнала; ввод сигнала
Signalanteil *m* составляющая сигнала
Signalanzeiger *m* сигнальный индикатор, сигнализатор
Signalauffindung *f* обнаружение сигнала (*напр. в шумах*)
Signalauffrischung *f* регенерация сигнала
Signalaufklärung *f* распознавание сигнала
Signalaufzeichnung *f* запись сигнала
Signalausdehnung *f* растяжение сигнала
Signalausfall *m* 1. *зап.* выпадение сигнала 2. *вчт* пропадание знаков *или* разрядов
Signalausgabe *f* выход сигнала; вывод сигнала
Signalauslösung *f* различимость сигнала
Signalaustausch *m* обмен сигналами
Signalauswähler *m* селектор сигналов
Signalauswertung *f* обработка сигнала
Signalaveraging *f* усреднение сигнала (*при многократном повторении*)
Signalbedarf *m* требуемый уровень сигнала
Signalbegrenzung *f* ограничение сигнала
Signalbild *n* вид сигнала
Signalbildung *f* формирование сигнала
Signal-Bild-Wandler *m* преобразователь сигнал — изображение
Signalbündel *n вчт* сигнальный пакет
Signalbus *m вчт* сигнальная шина
Signaldarstellung *f* представление сигнала
Signaldurchgang *m*, **Signaldurchlauf** *m* прохождение сигнала
Signaldurchschaltung *f*, **zeitweilige** (временно́е) стробирование сигнала
Signale *n pl* сигналы
~, **heterochrone digitale** гетерохронные цифровые сигналы
~, **homochrone digitale** гомохронные цифровые сигналы
~, **mesochrone digitale** мезохронные цифровые сигналы
~, **plesiochrone digitale** плезиохронные цифровые сигналы
Signaleingabe *f* вход сигнала; ввод сигнала
~, **digitale** цифровой ввод сигнала
Signaleinstellung *f* выставление сигнала
Signaleinsteuerung *f* введение сигнала
Signaleinwirkung *f* (воз)действие сигнала
Signalelektrode *f* сигнальный электрод
Signalelement *n* 1. элемент [составная часть] сигнала 2. *тлг* элементарная посылка
Signalempfänger *m* приёмник сигналов *или* сообщений
Signalensemble *n инф.* ансамбль сигналов
Signalentdeckung *f* обнаружение сигнала
Signalentzerrung *f* коррекция искажений сигнала
Signalerfassung *f* сбор данных
Signalerkennbarkeit *f* распознаваемость сигналов
Signalerzeuger *m см.* **Signalgenerator**
Signalfeld *n* 1. поле сигнала 2. панель сигнализации

Signalfeldstärke *f* напряжённость поля сигнала
Signalfläche *f* рабочая поверхность (*носителя записи*)
Signalflanke *f* фронт сигнала
Signalfluß *m* поток сигналов
Signalflußbild *n*, **Signalflußdiagramm** *n см.* **Signalflußplan**
Signalflußkanal *m* канал передачи [прохождения] сигнала
Signalflußplan *m* функциональная блок-схема (*прохождения сигнала*)
Signalflußweg *m* путь прохождения сигнала
Signalfolge *f* последовательность сигналов
Signalformer *m* формирователь сигналов
Signalformierungselektronik *f* электроника формирования сигнала
Signalgeber *m* датчик сигнала
Signalgebung *f* 1. подача сигнала 2. сигнализация
Signalgemisch *n* полный телевизионный сигнал
Signalgenerator *m* генератор (электрических) сигналов
Signalgerät *n* сигнальный прибор
Signal-Geräusch-Abstand *m*, **Signal-Geräusch-Verhältnis** *n* отношение сигнал/шум
Signalgewinnung *f* 1. выделение сигнала (*напр. из шума*) 2. формирование сигнала
Signalgruppe *f* последовательность [группа] сигналов
Signalhöhe *f* величина [уровень] сигнала
Signalhub *m* размах сигнала
Signalhüllkurve *f* огибающая сигнала
Signalidentifikation *f* опознавание [идентификация] сигнала
Signalimpuls *m* сигнальный импульс; импульс; импульсный сигнал
Signalinhalt *m* содержание сигнала
Signalisierungskanal *m* канал сигнализации
Signalkabel *n* сигнальный кабель
Signalkanal *m* 1. канал (передачи) сигнала 2. канал сигнализации
Signalkenngröße *f* параметр сигнала
Signalklemmung *f* фиксация (уровня) сигнала
Signalknopf *m* сигнальная кнопка
Signalkomponente *f* составляющая сигнала
Signalkompression *f* сжатие сигнала
Signalkreis *m* цепь сигнала; сигнальный контур
Signalladung *f* сигнальный заряд, сигнальный зарядовый пакет
Signallaufzeit *f* 1. время прохождения сигнала 2. время задержки сигнала
Signalleitung *f* 1. сигнальная линия; сигнальный провод 2. сигнальная шина
Signal-Licht-Verhältnis *n* зависимость сигнал/свет
Signalmatrix *f* матрица сигналов
Signalmischer *m* 1. смеситель сигналов 2. *тлв* микшер
Signalmittelung *f* усреднение сигнала
Signalmultiplexbetrieb *m* режим мультиплексирования сигналов
Signalmuster *n* (повторяющаяся) структура (выходного) цифрового сигнала
Signalnachweis *m* обнаружение сигнала

Signalparameter *m* информационный параметр, параметр, несущий информацию
Signalpegelblockierung *f* ограничение уровня сигнала
Signalpegelumsetzer *m* преобразователь уровней сигнала
Signalpfad *m* цепь передачи сигнала
Signalpfeil *m* стрелка, указывающая направление действия сигнала
Signalplatte *f* сигнальная пластина
Signalprozessor *m* процессор обработки сигнала (*специализированная микроЭВМ, работающая в реальном времени*)
~, **digitaler** процессор цифровой обработки сигнала
Signalqualität *f* качество сигнала
Signalquantelung *f* квантование сигнала
Signalquelle *f* источник сигнала
Signalraum *m инф.* пространство сигналов
Signal-Rauschabstand *m* отношение сигнал/шум
Signalrauschen *n* шум сигнала
Signal-Rauschleistungsverhältnis *n* отношение сигнал/шум по мощности
Signalrauschpegel *m* уровень шумов в сигнале
Signal-Rausch-Produkt *n* произведение распределения сигнала и шума
Signal-Rausch-Verhältnis *n* отношение сигнал/шум
Signalreduktionsverfahren *n* метод сокращения избыточности сигнала; метод сокращения полосы частот сигнала
Signalregenerierung *f* регенерация [восстановление] сигнала
Signalröhre *f* 1. сигнальная лампа 2. цифровая (индикаторная) лампа
Signalrückgewinnung *f* восстановление [регенерация] сигнала
Signalrückmeldung *f* обратная сигнализация; квитирование
Signal-Rumpel-Verhältnis *n зап.* отношение сигнал/рокот
Signalschwanz *m* «хвост» импульса
Signalschwelle *f* порог различимости сигнала
Signalschwund *m* замирание сигнала
Signalsicherheit *f* достоверность сигнала (*при передаче*)
Signalsicht *f* видимость сигналов
Signalspannungsbedarf *m* необходимое напряжение сигнала
Signalspeicher *m* 1. устройство консервации *или* записи сигналов 2. накопитель сигналов
Signalspeicherröhre *f* запоминающая (*электрические сигналы*) ЭЛТ
Signalspeichertechnik *f* техника накопления сигналов
Signalspeicherung *f* 1. консервация *или* запись сигналов 2. накопление сигналов
Signalspiel *n* обмен сигналами
Signalspur *f* дорожка (записи) информации
Signal-Stör-Verhältnis *n* отношение сигнал/помеха
Signalstromkreis *m* 1. цепь сигнализации 2. *тлф* цепь вызывного тока
Signalstruktur *f* структура сигнала
Signalsynthese *f* синтез (речевых) сигналов

Signalsystem *n* система сигнализации
Signaltableau *n* сигнальное табло
Signaltafel *f* 1. сигнальная панель 2. таблица сигналов
Signalträger *m* 1. носитель сигнала, сигналоноситель 2. несущая (частота) сигнала
~, **energetische** энергетический носитель сигнала (*напр. электрическое напряжение*)
~, **materieller** материальный носитель сигнала (*напр. МЛ*)
Signaltrennstufe *f* 1. каскад разделения сигналов 2. каскад выделения сигнала (*из помех*)
Signalübergang *m кв.эл.* сигнальный [рабочий] переход
Signalübertragung *f* передача сигналов
Signalübertragungsweg *m* тракт передачи [прохождения] сигнала
Signalumformer *m* преобразователь сигнала
Signalumkehr *f* изменение полярности сигнала
Signalumwandlung *f* преобразование сигнала
Signalunterdrückung *f* подавление сигнала
Signalverarbeitung *f* обработка сигналов
Signalverarbeitungsstruktur *f* структура [архитектура] обработки сигнала
Signalverbesserer *m* устройство повышения качества сигнала
Signalverbreiterung *f* уширение сигнала
Signalverdichtung *f* уплотнение сигнала
Signalverdrahtung *f* монтаж цепей прохождения сигнала
Signalverfolger *m* прибор (для) проверки прохождения сигнала
Signalverfolgung *f* проверка прохождения сигнала
Signalverformung *f* 1. преобразование формы сигнала 2. искажение формы сигнала
Signalverhalten *n* характеристика сигнала
Signalverlauf *m* характер(истика) изменения сигнала
Signalverzögerung *f* задержка [запаздывание] сигнала
Signalverzweigung *f* разветвление сигналов
Signalvorrat *m* ансамбль значений сигнала
Signalwandler *m см.* Signalumformer
Signalwechseldetektor *m* обнаружитель изменения (*состояния*) сигнала
Signalweg *m* тракт передачи [прохождения] сигнала
Signalweiche *f* фильтр разделения сигналов
Signalwelle *f гол.* сигнальная [объектная] волна
Signalwellenlänge *f* длина волны сигнала
Signalwettlauf *m* состязание [гонки] сигналов
Signalwiderstand *m* нагрузочное сопротивление (*передающей телевизионной трубки*)
Signalwiedergabe *f* воспроизведение сигналов
Signalzeichen *n* 1. знак; сигнал; отметка сигнала 2. *зап.* сигнал на конечном ракорде (*ленты*)
Signalzeit *f* 1. время подачи сигнала 2. время действия сигнала
Signalzerlegung *f* разложение сигнала
Signalzuführung *f* ввод [подачи] сигнала
Signal-zu-Rauschverhältnis *n* отношение сигнал/шум
Signatur *f* 1. характерный признак; характери-

стика 2. *рлк* характеристика цели 3. *вчт* сигнатура
Signaturanalyse *f* сигнатурный анализ
Signifikanz *f* значимость (*напр. разряда*)
Signifikanzniveau *n* *над.* уровень значимости
Sikadeflex *m фирм.* сикадефлекс (*изоляционная плёнка на основе полиэфира*)
Sikatropkondensator *m* керамический (трубчатый) конденсатор
Silan *n* силан
Silan-Wasserstoff-Gemisch *n* силаново-водородная смесь
Silbenkompandierung *f лингв.* слоговое компандирование
Silbenverständlichkeit *f лингв.* слоговая разборчивость, (слоговая) артикуляция
Silbenverständlichkeitsprüfung *f лингв.* проверка слоговой разборчивости, артикуляционные испытания
Silberelektrode *f*, **aufgedampfte** электрод с напылённой (*испарением*) плёнкой серебра
Silberglimmerkondensator *m* слюдяной конденсатор с серебряными обкладками
Silberhologenidhologramm *n* галогенидосеребряная голограмма
Silberpaste *f* серебряная паста (*для печатных схем*)
Silber-Sauerstoff-Zäsium-Fotokatode *f тлв* серебряно-кислородно-цезиевый фотокатод
Silberspur *f* серебряная фотографическая сигналограмма
Si-Legierungsdiode *f* кремниевый сплавной диод
SIL-Gehäuse *n* плоский корпус с однорядным расположением выводов
Silhouettenbeleuchtung *f тлв* силуэтное освещение
Silikonbeschichtung *f* нанесение кремния
Silikonplanartechnik *f* кремниевая планарная техника
Silistor *m* силистор (*кремниевый резистор с высоким положительным ТКС*)
Silizium *n* кремний, Si
~, **epitaxial gewachsenes** выращенный слой эпитаксиального кремния
~ **höchster Reinheit** сверхчистый кремний
~, **massives** объёмный кремний
~, **reinstes** кремний высокой чистоты
Silizium-auf-Dielektrikum-Struktur *f* структура (типа) «кремний на диэлектрике», КНД-структура
Silizium-auf-Saphir-Struktur *f пп* структура (типа) «кремний на сапфире», КНС-структура
Silizium-auf-Spinell-Struktur *f пп* структура (типа) «кремний на шпинели»
Silizium-auf-Spinell-Züchtung *f пп* выращивание кремния на шпинели
Siliziumchip *n* кристалл кремния
Siliziumdiodenvidikon *n тлв* кремникон
Siliziumdioxid *n* диоксид кремния
Siliziumeinkristall *m* монокристалл кремния
Siliziumgatetechnik *f* технология МОП ИС с поликремниевыми затворами
Siliziumgatetransistor *m* (полевой) транзистор с кремниевым затвором

Siliziumgleichrichter *m*, **steuerbarer** управляемый кремниевый вентиль, тиристор
Siliziuminsel *f микр.* кремниевый островок
Siliziumkristall *m* кристалл кремния
Siliziumnitrid *n* нитрид кремния
Silizium-Oxid-Grenzschicht *f* граница раздела кремний — оксид
Silizium-Planar-Technik *f* кремниевая планарная техника
Silizium-Planartransistor *m* кремниевый планарный транзистор
Siliziumplättchen *n* кремниевая пластин(к)а
Silizium-pn-Schicht *f*, **Silizium-pn-Übergang** *m* кремниевый *p-n*— переход
Silizium-Saphir-Technik *f* технология ИС со структурой (типа) «кремний на сапфире»
Siliziumschalter *m*, **steuerbarer** однооперационный тетродный тиристор
Siliziumscheibchen *n* кремниевая пластин(к)а
Siliziumspäne *m pl* блоки [«осколки»] кремниевых ИС
Siliziumstab *m* 1. кремниевый (выпрямительный) столб 2. *пп* кремниевый стержень
Siliziumsubstrat *n* кремниевая подложка
Silizium-Targetröhre *f тлв* кремникон
Siliziumtechnik *f* техника (изготовления) кремниевых полупроводниковых приборов
Siliziumtortechnik *f* техника (изготовления) кремниевых затворов
Siliziumtortransistor *m* (полевой) транзистор с кремниевым затвором
Silizium(treffplatten)vidikon *n тлв* кремникон
Siliziumwafer *m пп* кремниевая пластина
Silospeicher *m* ЗУ *или* память обратного магазинного типа
Si-MOS-Technologie *f* технология кремниевых МОП-приборов
Simple-PAL-Verfahren *n* ПАЛ-простая (*упрощённый вариант системы ПАЛ в приёмнике*)
Simplex *n* симплекс, симплексная схема
Simplexbetrieb *m* симплексный режим (*работы*)
Simplexfunkverkehr *m* симплексная радиосвязь
Simplexkanal *m* симплексный канал
Simplexschaltung *f* симплексная схема, симплекс
S-Impuls *m тлв* синхронизирующий импульс
Simulation *f* 1. моделирование 2. имитация
~, **analoge** аналоговое моделирование
~ **auf Chipebene** моделирование на уровне кристаллов
~, **digitale** *вчт* цифровое моделирование
Simulationsmodell *n* (имитационная) модель
Simulationsprogramm *n* моделирующая программа
Simulationsprüfung *f* испытание методом моделирования
Simulationssprache *f вчт* язык (имитационного) моделирования
Simulationstechnik *f* техника *или* метод моделирования
Simulator *m* 1. моделирующее устройство 2. имитирующее устройство, имитатор; тренажёр 3. *вчт* моделирующая программа
Simulatorkabine *f* кабина-тренажёр
Simulator-Raumschiff *n* модель-тренажёр
simulieren 1. моделировать 2. имитировать

SIM

simultan одновременный; совместный
Simultananlage *f* установка для синхронного перевода
Simultanantenne *f* общая антенна (*для передачи и приёма*)
Simultanarbeit *f* **1.** одновременная работа **2.** *вчт* работа с совмещением операций; параллельная обработка (*данных*)
Simultanbetrieb *m* **1.** *см.* **Simultanarbeit 2.** работа приёмника и передатчика на общую антенну **3.** одновременная телефонная и телеграфная связь
Simultanbondanlage *f* установка групповой термокомпрессионной сварки
Simultanbonden *n* групповая термокомпрессионная сварка
Simultanbonder *m см.* **Simultanbondanlage**
Simultandolmetscher-Empfangsgerät *n* (миниатюрный) приёмник синхронного перевода
Simultanempfang *m* разнесённый приём
Simultanfarbfernsehen *n*, **Simultanfarbfernsehsystem** *n*, **Simultanfarbübertragungsverfahren** *n* одновременная система цветного телевидения
Simultangerät *n* антенный переключатель (*приём — передача*)
Simultanleitung *f* цепь для одновременного телеграфирования и телефонирования
Simultanradar *n* радиолокатор с антенной, автоматически переключающейся с передачи на приём (*и обратно*)
Simultanrechenanlage *f*, **Simultanrechner** *m* ВМ с совмещением операций
Simultanschalter *m* (быстродействующий) переключатель для поочерёдного подключения (*к осциллографу*) двух исследуемых сигналов
Simultanschaltung *f* **1.** схема [система] одновременной телеграфной и телефонной связи **2.** схема многократного уплотнения канала связи
Simultansystem *n см.* **Simultanfarbfernsehen**
Simultanübertragung *f* одновременная передача
Simultanverarbeitung *f* параллельная обработка (*данных*)
Simultanverfahren *n* одновременная система
Simultanweiche *f* разделительный фильтр для работы передатчика и приёмника *или* двух передатчиков на одну антенну; диплексер
Simultanwiedergabe *f* одновременное воспроизведение
Single-in-Line-Gehäuse *n* (плоский) корпус с однорядным расположением выводов
Singleplatte *f* грампластинка с увеличенной длительностью воспроизведения (*диаметр 17,5 см; 45 оборотов в минуту*)
Singularität *f* особенность, сингулярность
Singulett *n кв.эл.* синглет, синглетный терм
Singulettniveau *n кв.эл.* синглетный уровень
Singuletübergang *m кв.эл.* синглетный переход
Sinnbild *n* символ
Sinnfälligkeit *f* достоверность (*напр. данных*)
Sinnfälligkeitstest *m вчт* проверка достоверности
Sinnverständlichkeit *f лингв.* (относительная) артикуляция
Sinterbrennen *n* спекание
Sinterelektrode *f* электрод спекания

SKA

Sinterkeramik *f* металлокерамика
Sinterkörperanode *f* объёмно-пористый анод
Sinterkorund *m* спечённый корунд
Sinterlegierung *f* металлокерамический сплав
Sintern *n* спекание
Sintertonerde *f* спечённый глинозём
Sinterung *f* спекание
Sinumerik *f прогр.* система числового (программного) управления станками
Sinus-Burst-Generator *m* генератор пакетов синусоидальных колебаний
sinusförmig синусоидальный
Sinusfunktionsgeber *m изм.* датчик сигнала синусоидальной формы, синусный функциональный датчик
Sinusgenerator *m* генератор синусоидальных колебаний
Sinushalbwelle *f* полуволна синусоиды
Sinus-Kosinus-Potentiometer *n* синусно-косинусный потенциометр
Sinusleistung *f* мощность в режиме синусоидального сигнала
Sinusoszillator *m см.* **Sinusgenerator**
Sinuspotentiometer *n* синусный потенциометр
Sinusquelle *f* источник синусоидального сигнала
Sinusspannung *f* синусоидальное напряжение
Sinusstörung *f* гармоническая помеха
Sinuswechselrichter *m* преобразователь фазы синусоидального сигнала
Sinuswellenanregung *f* **1.** возбуждение синусоидальным сигналом **2.** возбуждение синусоидальных колебаний
Sinuswellenempfindlichkeit *f* **1.** чувствительность к синусоидальным сигналам **2.** амплитудно-частотная характеристика, АЧХ
Sinuswellenerzeuger *m см.* **Sinusgenerator**
SiO$_2$-Isolation *f* изоляция слоем диоксида кремния
SIO-Schaltkreis *m* схема блока ввода — вывода с последовательным интерфейсом
Siphonfeder *f* сифонное перо (*самописца*)
SIPMOS-Transistor *m* МОП-транзистор в корпусе с однорядным расположением выводов
Sirufer *m* сируфер (*карбонильное железо*)
SIS-Verfahren *n* метод передачи звукового сопровождения в интервалах строчных синхронизирующих импульсов
SIT-Röhre *f тлв* суперкремникон
Sitz *m* гнездо
Sitzpult *n* пульт с креслом оператора
Sitzungssteuerung *f* управление сеансом (*работы*)
Skala *f см.* **Skale 1.**
Skalar *m* скаляр
Skalarfeld *n* скалярное поле
Skale *f* **1.** шкала **2.** масштаб **3.** градация
~, **durchsichtige** прозрачная [просветная] шкала
~, **egalisierte** равномерная шкала
~, **gedehnte** растянутая шкала
~, **gleichförmige** [**gleichförmig geteilte, gleichmäßige, gleichmäßig geteilte, homogene**] равномерная шкала
~, **lineare** [**linear geteilte**] **1.** линейная [равномерная] шкала **2.** линейный масштаб
~, **logarithmische 1.** логарифмическая шкала **2.** логарифмический масштаб

~, **spiegelunterlegte** зеркальная шкала
Skalenablesung f отсчёт по шкале
Skalenantrieb m привод шкалы
Skalenantriebsdraht m шкальный тросик
Skalenausschnitt m сектор шкалы
Skalenbeleuchtung f подсветка шкалы
Skalenbereich m диапазон [пределы] шкалы
Skalenbezifferung f оцифровка шкалы
Skalenblatt n циферблат шкалы
Skalendehnung f растяжение шкалы
Skaleneichung f градуировка [калибровка] шкалы
Skaleneinstellung f установка [юстировка] шкалы
Skaleneinteilung f см. Skaleneichung
Skalenfaktor m 1. множитель шкалы 2. масштабный множитель
Skalenfaktorangabe f задание масштабного множителя
Skalenkorrektur f коррекция шкалы
Skalenlämpchen n лампочка подсветки шкалы
Skalenlinearität f линейность шкалы
Skalenmarke f (от)метка шкалы
Skalenmeßbereich m диапазон [пределы измерений] шкалы
Skalenmeßgerät n шкальный измерительный прибор
Skalennullpunkt m нуль шкалы
Skalenschaltung f пересчётная схема
Skalenscheibe f лимб
Skalenseil n шкальный тросик
Skalenstreuung f разброс шкал
Skalenteil n деление шкалы
Skalenteilungsfehler m погрешность калибровки шкалы, градуировочная погрешность
Skalenteilwert m см. Skalenwert
Skalenträger m подложка шкалы
Skalenumfang m размер шкалы
Skalenumschalter m, **Skalenwählschalter** m переключатель шкал
Skalenwert m цена деления шкалы
Skalenwinkel m угол раствора шкалы
Skalieren n, **Skalierung** f изменение масштабов, масштабирование; тарировка
Skalierungsfaktor m масштабный множитель; коэффициент масштабирования
S-Kanal m разностный канал, канал S (*в стереофонии*)
Skanistor m сканистор
s-Karte f контрольная карта с (нанесёнными) допусками в пределах стандартного отклонения
Skatingkraft f скатывающая сила (*звукоснимателя*)
Skelettantenne f каркасная антенна
Skelettschlitzantenne f каркасно-щелевая антенна
Skiatron n скиатрон (*запоминающая ЭЛТ с экраном, изменяющим цвет под воздействием электронного пучка*)
Skineffekt m поверхностный эффект, скин-эффект
Skinschicht f поверхностный слой, скин-слой
Skintiefe f глубина поверхностного слоя, глубина скин-слоя
Sklave m см. Slave
Slant-Transformation f наклонное преобразование

Slave m 1. подчинённое устройство 2. воспроизводящий (видео)магнитофон, плейер
Slave-Prozessor m подчинённый процессор
Slaverechner m подчинённая ВМ
S-Leitung f 1. сверхпроводимость 2. слабопупинизированная линия (*для дальней связи*)
Slicc-Baustein m кристалл ИС
Slice-Prozessor m секционный (микро)процессор, (микро)процессорная секция
«**slope overload**» англ. перегрузка по крутизне (*ошибки квантования при ДИКМ*)
slow-motion англ. зап. замедленное движение, замедление
Slow-motion-Betrieb m зап. режим замедления
Slow-scan-Verfahren n метод медленной развёртки
SMAC-System n система SMAC, система СМАК (*предназначена как для использования при производстве телевизионных программ в студии, так и для передачи по спутниковым каналам связи, США*)
Small-scale-Integration f 1. малая степень интеграции 2. ИС малой степени интеграции
Smaser m смазер (*квантовый генератор децимиллиметрового диапазона*)
SMD-Bauelement n (радио)элемент для поверхностного монтажа
SMD-Leiterplatte f печатная плата для поверхностного монтажа
SMD-Montage f поверхностный монтаж
SMD-Technologie f технология поверхностного монтажа (*напр. гибридных микросборок*)
smektisch смектический (*о жидких кристаллах*)
SMF-Trinikon n SMF-триникон (*передающая трубка с сатиконной мишенью и дефлектронной системой управления пучком со смешанными полями*)
Smith-Diagramm n круговая диаграмма полных сопротивлений
SMPTE-time-code англ., **SMPTE-Zeitkode** m временной код СМПТЕ (*код Общества инженеров кино и телевидения, США*)
Snap-back-Diode f, **Snap-off-Diode** f (полупроводниковый) диод с резким восстановлением обратного сопротивления
Sockel m 1. цоколь (*ЭЛП*) 2. розетка (*электрического соединителя*) 3. плита; основание
Sockelbaustein m цоколь, цокольный узел
Sockelhülse f стакан цоколя (*ЭЛП*)
Sockelkontakt m см. Sockelstift
Sockelleiste f контактная планка
Sockelmethode f метод пьедестала, метод выталкивания кристалла
Sockelschaltbild n схема цоколёвки
Sockelschaltung f 1. схема цоколёвки; цоколёвка 2. штыревое [штифтовое] соединение
Sockelstift m штырёк [штифт] цоколя
Sockelstromverfahren n метод приведения потенциала электрода к заданному (*за счёт вторичной эмиссии*)
Sockelung f цоколёвка
Soemtron n фирм. зоемтрон
Soffittenlampe f софитная лампа

Sofortabschaltung *f* мгновенное [моментальное] отключение
Sofortdienst *m* свз система без ожидания
Sofortruf *m* тлф посылка первого вызова
Sofortstopp *m* мгновенный останов
Sofortverarbeitungssystem *n* система обработки данных в реальном масштабе времени
Sofortverkehr *m* тлф немедленная связь
Sofortvorschub *m* быстрое продвижение (*напр. ленты*)
sofortwirkend мгновенного действия
Sofortzugriff *m* 1. *вчт* немедленная выборка 2. немедленный доступ
soft-edge *англ. тлв* плавная граница (*при спецэффекте*)
soft-key *англ.* клавиша с изменяемой функцией, устанавливаемой пользователем, многофункциональная клавиша
Softkopie *f* недокументальная копия (*напр. изображение на экране дисплея*)
softsекторiert с программной секторной разметкой, программно-секционированный (*о диске*)
Soft-Touch-Taste *f* сенсорная клавиша
Software *f* программное обеспечение, программные средства
Software-Ausstattung *f* пакет программного обеспечения
software-gesteuert программно-управляемый
Softwarekompatibilität *f* программная совместимость, совместимость по программному обеспечению
~, **problembedingte** [**problemorientierte**] проблемно-ориентированное программное обеспечение
~, **systemeigene** системное программное обеспечение
Softwarepaket *n* пакет программ
Softwaresimulation *f* моделирование программного обеспечения
Softwaretreiber *m* программный драйвер
SO-Gehäuse *n* малогабаритный корпус типа SO
Soliton *n* солитон (*уединённая волна*)
Solar... *см. тж* **Sonnen...**
Solarbatterie *f* солнечная батарея
Solarelement *n* солнечный (фотогальванический) элемент
Solargenerator *m* солнечная батарея
Solarkonstante *f* солнечная постоянная
Solarpumpen *n* солнечная накачка
solid-state-imager *англ.* твердотельный преобразователь свет — сигнал
Solion *n*, **Solionzelle** *f* солион (*электрохимический преобразователь*)
Soll *n см.* **Sollwert**
Sollabschluß *m* номинальная нагрузка
Solladresse *f вчт* 1. базовый адрес 2. опорный адрес 3. адрес обращения
Sollanzeige *f* изм. правильное [эталонное] показание
Sollbedingungen *f pl* заданные условия
Solldaten *pl* заданные данные
Sollfrequenz *f* номинальная частота
Sollgeschwindigkeit *f* номинальная скорость
Soll-Ist-Differenz *f* авт. разность между заданным и действительным значениями (*управляемой величины*)
Sollkreisexpansion *f* кв. эл. расширение равновесной орбиты (*ускорителя*)
Sollsignal *n* опорный сигнал
Sollsignatur *f* вчт контрольная [эталонная] сигнатура
Soll-Standlinie *f* (расчётная) линия положения (*радионавигационной системы*), ЛП
Sollstellgröße *f* заданное значение управляющего воздействия
Sollstrom *m* заданный [номинальный] ток
Sollwellenlänge *f* номинальная длина волны
Sollwert *m* 1. номинальное значение, заданная величина 3. *рег.* уставка 4. *изм.* эталонное значение
Sollwertbereich *m* диапазон изменения заданной величины
Sollwertgeber *m* датчик заданного значения, задающее устройство, задатчик
Sollwert-Istwert-Vergleich *m* сравнение заданного и действительного значений (*управляемой величины*)
Sollwertregelung *f* регулирование уставок
Sollwertregler *m* регулятор уставки
Sollwertstation *f* блок (*выработки*) заданных значений
Sollwertsteller *m см.* **Sollwertgeber**
Sollwertvorgabe *f* (начальная) установка заданного значения
Soll-Zustand *m* заданный [номинальный] режим
Solo-Fonokoffer *m* проигрыватель-приставка
Sonagraf *m* зап. фонограф
Sonagramm *n* зап. фонограмма
Sonar *m* нвг сонар, ультразвуковой гидролокатор
Sonarboje *f* нвг гидроакустический буй
Sonarempfänger *m* нвг 1. приёмник системы звуковой локации 2. приёмник гидролокатора
Sonarimpuls *m* нвг (ультра)звуковой импульс
Sonarverfahren *n* нвг метод автоматической фокусировки ультразвуком (*определения интервала времени между излучённым и пришедшим сигналами*)
Sonde *f* 1. *микр., изм.* зонд 2. *изм.* щуп; пробник 3. *косм.* (исследовательская) ракета-зонд; межпланетная автоматическая станция
Sondenanordnung *f* зондовая измерительная установка
Sondenbildfängerröhre *f* тлв диссектор
Sondenbildzerleger *m* развёртывающее устройство на диссекторе
Sondencharakteristik *f* зондовая характеристика
Sondengerät *n* 1. *микр., изм.* зондовое устройство 2. *см.* **Sonde** 3.
Sondenkopf *m* изм. головка зонда
Sondenmessung *f* 1. *микр.* зондовое измерение (*характеристик*) 2. *косм.* зондирование
Sondenmethode *f* зондовый метод (*измерения*)
Sondenmikrofon *n* акустический зонд
Sondennadel *f* изм. (контактная) игла зонда
Sondenröhre *f* тлв диссектор
Sondenspitze *f* 1. *изм., микр.* остриё зондового контакта 2. *косм.* головка (исследовательской) ракеты-зонда

Sonderdienstspeicher *m* специализированное ЗУ; специализированная память
Sonderdruck *m вчт* специальная печать
Sonderebene *f* 1. *микр.* специальная матрица 2. *крист.* особая плоскость
Sonderfall *m* 1. особый случай 2. *вчт* частный случай
Sonderfrequenz *f* частота, выделенная для специальных целей
Sonderkanal *m* 1. *ктв* специальный канал 2. *свз* канал специального назначения
Sonderkanal-Bereichs-Umsetzer *m тлв* частотный конвертор
Sonderkanaltuner *m* тюнер для сети кабельного телевидения (*приставка к телевизору*)
Sondernetz *n свз* (вторичная) сеть специального назначения
Sonderprogramm *n* специальная программа; служебная программа
Sonderspeicher *m* специализированное ЗУ; специализированная память
Sonderzeichen *n* специальный (графический) знак; специальный символ
Sonderzubehör *n* специальные принадлежности; специальный ЗИП
Sondieren *n* зондирование
Sone *n* сон (*единица громкости звука*)
SONNE *f см.* **Sonne-Radarsystem**
Sonnen... *см. тж* **Solar...**
Sonnenausbruch *m* всплеск солнечного излучения
Sonnenbeobachtungssatellit *m* орбитальная солнечная обсерватория
Sonnenfunkfeuer *n* (морской) радиомаяк системы Зонне (*секторный радиомаяк с фазовым управлением, ФРГ*)
Sonnenlaser *m* лазер с солнечной накачкой
Sonnenorientierungssystem *n нвг* система солнечной ориентации
Sonnenpaddel *n косм.* развёртываемая панель солнечных батарей ИСЗ
Sonnenrauschen *n* шум от радиоизлучения Солнца
Sonnensonde *f косм.* межпланетная автоматическая станция для исследования Солнца
Sonnenstrahlmagnetron *n* разнорезонаторный магнетрон
Sonnentätigkeit *f* солнечная активность
Sonnenultraviolett *n* ультрафиолетовое излучение Солнца
Sonnenzelle *f* солнечный элемент
~ **mit Hinteroberflächenfeld** солнечный элемент тылового действия
~, **randbeleuchtete** солнечный элемент, освещаемый с торца
Sonnenzellenfläche *f* панель солнечных элементов
Sonnenzellenmodul *m* модуль солнечных элементов
Sonne-Radarsystem *n*, **Sonne-Verfahren** *n* (секторная) система морской радионавигации Зонне (*с фазовым управлением, ФРГ*)
Sonogramm *n* сонограмма
Sonolumineszenz *f* сонолюминесценция (*люминесценция при индуцированной ультразвуком кавитации*)

Sorbens *n* поглотитель
Sorbierung *f*, **Sorption** *f* сорбция, поглощение
Sorptionsgetter *m* сорбционный газопоглотитель, геттер
Sorptionsmittel *n* поглотитель
Sorptionspumpanlage *f* установка сорбционной [безмасляной] откачки
Sorptionspumpe *f* сорбционный насос
Sortierablagestation *f вчт* сортировально-приёмный механизм
Sortierbegriff *m вчт* признак сортировки
Sortierblock *m*, **Sortiereinheit** *f* блок данных с признаком сортировки
Sortierer *m* 1. *вчт* сортировщик, устройство (для) сортировки 2. *микр.* классификатор (*напр. полупроводниковых пластин*)
Sortierfolge *f* последовательность сортировки (*данных*)
Sortiergenerator *m* генератор программы сортировки
Sortierkode *m* порядковый код (*для сортировки перфокарт*)
Sortiermagnet *m* сортирующий магнит
Sortiermaschine *f* сортировальная машина
Sortierprogramm *n* программа сортировки
Sortierung *f* 1. *вчт* сортировка 2. *микр.* классификация
Sortierzeichen *n* признак сортировки
Sortierzeit *f* время сортировки
SOS-Ruf *m* международный (радио-)сигнал бедствия, SOS
SOS-Schaltung *f* ИС на структуре «кремний на сапфире», КНС ИС
SOS-Technik *f* техника «кремний на сапфире», КНС-техника
SOS-Technologie *f* технология «кремний на сапфире», КНС-технология
SOT-Gehäuse *n* малогабаритный корпус транзисторного типа, корпус типа SOT
Sound-in-Syncs-Verfahren *n* передача (цифрового) сигнала звукового сопровождения в интервалах гасящих импульсов строк
Source *f* 1. источник 2. исток (*полевого транзистора*)
Sourcebereich *m* истоковая область
Source-Drain-Strecke *f пп* участок исток — сток
Sourceelektrode *f* электрод истока
Sourcefolger *m пп* истоковый повторитель
Sourcegebiet *n* истоковая область
Sourceschaltung *f* схема с общим истоком
Sourcespannung *f* 1. напряжение питания 2. напряжение истока
Source-Substrate-Spannung *f* напряжение исток — подложка
Sourceverstärker *m* усилитель с общим истоком
«**Sowohl als Auch**»-**Schaltung** *f* схема И И
Spacistor *m см.* **Spasistor**
Spalt *m* 1. зап. зазор (*магнитной головки*) 2. щель 3. световой штрих 4. трещина
~, **abtastender** зап. 1. рабочий зазор 2. воспроизводящий штрих (*при фотографической записи*)
Spalt... *см. тж* **Spalten...**
Spaltantenne *f* щелевая антенна
Spaltazimut *m см.* **Spaltneigung**

Spaltbild *n зап.* 1. изображение щели 2. световой штрих
Spaltblende *f* щелевая диафрагма
Spaltbreite *f* 1. *зап.* ширина зазора 2. ширина (механической) щели
Spalte *f мат., вчт* столбец, колонка
Spaltebene *f* 1. плоскость (механической) щели 2. плоскость раскола (*кристалла*)
Spalteffekt *m зап.* щелевые потери
Spalteinstellung *f зап.* установка угла наклона рабочего зазора
spalten 1. расщеплять (*ядро*) 2. раскалывать (*кристалл*) 3. разделять (*сигналы*)
Spalten... *см. тж* **Spalt...**
Spaltenabstand *m* 1. *вчт* расстояние между столбцами [колонками] 2. *зап.* расстояние между зазорами
Spaltenindex *m вчт* столбцевой индекс
Spaltenkoordinaten *f pl вчт* координаты столбца
Spaltenleitung *f микр.* 1. ось (выборки) y (*в ПЗИ*) 2. вертикальная шина (*в ферритовой матрице*)
Spaltenquadrupollinse *f ант.* щелевая квадрупольная линза
Spaltenregister *n микр.* регистр вертикальной развёртки (*в ППЗ*)
Spaltfeld *n зап.* поле в зазоре
Spaltfläche *f* 1. площадь зазора *или* щели 2. площадь светового штриха 3. *крист.* плоскость спайности
Spaltfluß *m* поток в (воздушном) зазоре
Spaltfrequenzgang *m* частотная характеристика записи *или* воспроизведения, обусловленная шириной зазора
Spaltfunktion *f* 1. *зап.* щелевая функция 2. *мат.* функция отсчётов
Spaltgeometrie *f зап.* геометрия зазора
Spalthöhe *f см.* **Spaltlänge**
Spalthohlraumresonator *m* резонатор типа щель — отверстие
Spaltinduktion *f зап.* индукция в зазоре
Spaltkante *f зап.* грань рабочего зазора
Spaltkapazität *f зап.* ёмкость зазора
Spaltkorrosion *f* коррозия в щели *или* трещине
Spaltkurve *f* кривая распределения напряжённости магнитного поля в зазоре
Spaltlänge *f* 1. *зап.* длина (рабочего) зазора 2. длина (механической) щели
Spaltleitwert *m* электропроводность зазора
Spaltlicht *n* свет воспроизводящего штриха, падающий на фотоэлемент
Spaltmagnetron *n* магнетрон с анодным блоком щелевого типа
Spaltneigung *f зап.* перекос (рабочего) зазора
Spaltneigungsverluste *m pl зап.* потери из-за перекоса рабочего зазора
Spaltneigungswinkel *n зап.* угол перекоса рабочего зазора
Spaltoptik *f* (микро)оптика щелевого типа
Spaltplatte *f микр.* осколок пластины (*напр. кремния*)
Spaltrichtung *f зап.* угол наклона (рабочего) зазора
Spaltschiefstellung *f см.* **Spaltneigung**
Spaltsonde *f* зонд связи

Spaltspitze *f* грань зазора
Spaltstück *n* осколок (*напр. кристалла*)
Spalttiefe *f* 1. *зап.* глубина (рабочего) зазора 2. глубина (механической) щели
Spalttypmagnetron *n см.* **Spaltmagnetron**
Spaltung *f* 1. разделение (*сигналов*) 2. раскалывание (*кристалла*) 3. расщепление (*ядра*) 4. заделка (*поверхности контактов*) 5. *крист.* спайность
Spaltungsebene *f крист.* плоскость спайности
Spaltverluste *m pl зап.* щелевые потери
Spaltweite *f см.* **Spaltbreite**
Spaltwiderstand *m* сопротивление зазора
Spannarm *m* рычаг натяжения (*ленты*)
Spannband *n* бандаж (взрывозащитного устройства кинескопа)
Spannbandaufhängung *f изм.* подвеска на ленточных растяжках (*подвижной системы прибора*)
Spanngenauigkeit *f* точность и постоянство натяжения сетки для трафаретной печати
Spannklaue *f* зажим типа «крокодил»
Spannmaschine *f* установка натяжения сетки (*для трафаретной печати*)
Spannplatte *f* планшайба (ЭЛТ)
Spannung *f* 1. напряжение 2. натяжение
~, **abgegebene** отдаваемое напряжение
~, **abgegriffene** снимаемое [отводимое] напряжение
~, **abgehende** напряжение отходящей линии
~, **aktive** активная составляющая напряжения
~, **angelegte** приложенное напряжение
~, **ankommende** подводимое напряжение
~, **aufgedrückte** приложенное напряжение
~, **eingeprägte** 1. приложенное напряжение 2. внутреннее напряжение (*источника*)
~, **feste** стабильное напряжение
~, **gegen Masse** напряжение относительно корпуса
~, **genormte** стандартное напряжение
~ **in Flußrichtung** прямое напряжение
~, **lichtelektrische** фотоэлектродвижущая сила, фотоэдс
~, **magnetische** 1. напряжённость магнитного поля 2. магнитодвижущая сила, мдс
~, **mehrwellige** напряжение с высшими гармониками
~, **obere** 1. высшее [наибольшее] напряжение (*цикла*) 2. максимальное напряжение
~, **offene** напряжение (*на зажимах*) разомкнутой цепи
~, **phasenrichtige** сфазированное напряжение
~, **rückgekoppelte** напряжение обратной связи
~, **stufenförmige** напряжение ступенчатой формы
~, **thermoelektrische** термоэлектродвижущая сила, термоэдс
~, **tonfrequente** напряжение звуковой частоты
~, **transiente** напряжение в переходном режиме
~, **treibende** напряжение раскачки (*напр. выходных каскадов*)
~, **untere** 1. низшее [наименьшее] напряжение (*цикла*) 2. минимальное напряжение
~, **vorgegebene** заданное напряжение
~, **vorgeschriebene** номинальное [требуемое] напряжение

~, **wellige** пульсирующее напряжение
~, **zusammengesetzte** напряжение сложной формы
Spannungsabfall *m* **in Durchlaßrichtung** прямое падение напряжения
Spannungsabgriff *m* отвод [съём] напряжения
Spannungsabhängigkeit *f* зависимость от напряжения
Spannungsableiter *m* разрядник защиты от перенапряжения
Spannungsabtastschaltung *f* схема съёма напряжения
Spannungsanteil *m* составляющая напряжения
Spannungsanzeiger *m* индикатор напряжения
Spannungsausfall *m* отключение [исчезновение] напряжения
Spannungsausgleich *m* выравнивание напряжений
Spannungsauslenkung *f* размах напряжения
Spannungsaussteuerung *f* модуляция напряжением
Spannungsbauch *m* пучность напряжения
Spannungsbeanspruchung *f* нагрузка напряжением
Spannungsbegrenzer *m* ограничитель напряжения
Spannungsbelastbarkeit *f* предельно допустимое напряжение
Spannungsbilanz *f* баланс напряжений
Spannungsbild *n см.* **Spannungsdiagramm**
Spannungsdämpfung *f* 1. демпфирование напряжения 2. затухание напряжения
Spannungsdiagramm *n* (векторная) диаграмма напряжений
Spannungsdiskriminator *m* дискриминатор напряжения
Spannungsdrift *f* уход напряжения
Spannungs-Druck-Wandler *m* преобразователь напряжения в давление
Spannungsdurchschlag *m* (электрический) пробой
Spannungseinbruch *m* внезапное появление напряжения
Spannungseingang *m* потенциальный вход (*напр. триггера*)
Spannungsempfindlichkeit *f* вольтовая чувствительность
Spannungsenergie *f* потенциальная энергия
Spannungsentbrummung *f* подавление фона (выпрямленного) напряжения
Spannungserhöher *m* вольтодобавочный трансформатор; повышающий трансформатор
Spannungserzeuger *m* генератор напряжения
Spannungsfeld *n* потенциальное поле
Spannungsfestigkeit *f* электрическая прочность
Spannungsfolger *m* повторитель напряжения
spannungsfrei не под напряжением
Spannungsfrequenz *f* частота напряжения
Spannungs-Frequenz-Umsetzer *m*, **Spannungs-Frequenz-Wandler** *m* преобразователь напряжение — частота
Spannungsfühler *m* элемент, чувствительный к напряжению
spannungsführend под напряжением
Spannungsgeber *m* датчик (опорного) напряжения
Spannungsgeberröhre *f* стабилитрон
Spannungsgefälle *n* градиент потенциала

Spannungsgegenkopplung *f* (отрицательная) обратная связь по напряжению
spannungsgesteuert управляемый напряжением
Spannungsgewinn *m* усиление по напряжению
Spannungsgleichhalter *m* стабилизатор напряжения
Spannungsgleichhalterröhre *f* стабилитрон
Spannungsgradient *m* градиент напряжения
Spannungshaltung *f* стабилизация напряжения
Spannungshub *m* размах напряжения
Spannungsintegration *f изм.* интегрирование напряжения
Spannungskippung *f* опрокидывание (фазы) напряжения
Spannungskomparator *m* компаратор напряжений
Spannungskomponente *f* составляющая напряжения
Spannungskonstanthalter *m* стабилизатор напряжения
Spannungskreis *m* цепь напряжения
Spannungskurve *f* кривая [характеристика] изменения напряжения
Spannungskonstanter *m* стабилизатор напряжения
Spannungsmeßspitze *f* вольтметровый щуп
Spannungsmeßverstärker *m* измерительный усилитель напряжения
Spannungsminderer *m* ослабитель напряжения, аттенюатор
Spannungsminimum *n* 1. минимум напряжения 2. узел напряжения
Spannungsmitkopplung *f* положительная обратная связь по напряжению
spannungsmoduliert модулированный напряжением
Spannungsnormal *n* эталон напряжения
Spannungsoberschwingung *f*, **Spannungsoberwelle** *f* высшая гармоника напряжения
Spannungsoffset *n* смещение напряжения
Spannungsoptik *f опт.* фотоупругость
Spannungsparallelgegenkopplung *f*, **Spannungsparallelrückkopplung** *f* параллельная обратная связь по напряжению
Spannungspegel *m* уровень напряжения
Spannungspfad *m* измерительная цепь напряжения
Spannungsprüfer *m* индикатор (*наличия*) напряжения
Spannungsrauschen *n* шум(ы) напряжения
Spannungsregeldiode *f* стабилитрон
Spannungsregelkreis *m* контур регулирования напряжения
Spannungsregelröhre *f* стабилитрон
Spannungsregelung *f* 1. регулирование напряжения 2. стабилизация напряжения 3. регулировка натяжения (*ленты*)
Spannungsregler *m* 1. регулятор напряжения 2. стабилизатор напряжения
Spannungsreihe *f* 1. гальванический ряд 2. ряд стандартизованных [нормализованных] напряжений
Spannungsrelais *n* реле напряжения
Spannungsresonanz *f* резонанс напряжений

Spannungsresonanzkreis m последовательный резонансный контур
Spannungsrichtdiagramm n диаграмма направленности (*антенны*) по напряжённости поля
Spannungsrichtung f полярность напряжения
Spannungsrückführung f *см.* **Spannungsrückkopplung**
Spannungsrückgewinnung f восстановление напряжения
Spannungsrückkopplung f обратная связь по напряжению
Spannungsrückwirkung f реакция обратной связи (четырёхполюсника) по напряжению (*в системе h-параметров*)
Spannungssägezahngenerator m генератор пилообразного напряжения
Spannungsschalter m 1. переключатель напряжения 2. коммутатор напряжения, КН (*тип ИС*)
Spannungsschreiber m регистрирующий [самопишущий] вольтметр
Spannungsschwellenwert m пороговое значение напряжения
Spannungsseriengegenkopplung f последовательная отрицательная обратная связь по напряжению
Spannungssicherheitsprüfung f испытание на пробой
Spannungssicherung f предохранитель от перенапряжения
Spannungsskale f 1. шкала (стандартизованных) напряжений 2. шкала, отградуированная в единицах напряжения
Spannungsspitze f 1. пик напряжения 2. вольтметровый щуп
Spannungssprung m скачок напряжения
~, **einzelner [elementarer]** единичный скачок напряжения
Spannungssprungcharakteristik f переходная характеристика
Spannungsstabilisator m стабилизатор напряжения
Spannungsstabilisatorröhre f стабилитрон
Spannungsstehwellenverhältnis n коэффициент стоячей волны [КСВ] напряжения
Spannungssteuerung f 1. управление напряжением 2. регулирование напряжения
Spannungsstoß m импульс [выброс, всплеск] напряжения
Spannungs-Strom-Charakteristik f вольт-амперная характеристика
Spannungs-Strom-Wandler m преобразователь напряжение — ток
Spannungsstufe f ступень напряжения; шаг изменения напряжения
Spannungsstufenregler m, **Spannungsstufensteller** m ступенчатый регулятор напряжения
Spannungssucher m *см.* **Spannungsprüfer**
Spannungsteiler m 1. делитель напряжения 2. потенциометр
Spannungsteilerfaktor m, **Spannungsteilungsverhältnis** n коэффициент деления напряжения
Spannungstor n селектор напряжения
Spannungstransformator m трансформатор напряжения
Spannungsüberlagerung f наложение напряжений

Spannungsüberlastung f перегрузка по напряжению; перенапряжение
Spannungsüberschlag m пробой напряжения
Spannungsübersetzung f трансформация напряжения
Spannungsübersetzungsverhältnis n коэффициент трансформации по напряжению
Spannungsübersicht f осциллограмма напряжения
Spannungsübertrager m трансформатор напряжения
Spannungsübertragung f 1. передача напряжения 2. трансформация напряжения
Spannungsübertragungsfaktor m, **Spannungsübertragungsmaß** n 1. коэффициент передачи напряжения 2. коэффициент трансформации по напряжению
Spannungsumkehr(ung) f изменение полярности напряжения
Spannungsumschalter m переключатель (*диапазонов измерений*) напряжения
Spannungsumsetzer m преобразователь напряжения
Spannungsumwandlung f 1. преобразование напряжения 2. трансформация напряжения
spannungsunabhängig не зависящий от напряжения
Spannungsunterbrechung f разрыв цепи питания
Spannungsverdoppler m удвоитель напряжения
Spannungsverfolgung f контроль напряжения (*при отыскании неисправностей*)
Spannungsverlust m потеря напряжения
Spannungsversorgung f напряжение питания
Spannungsverstärker m усилитель напряжения
Spannungsverstärkungsfaktor m коэффициент усиления по напряжению
Spannungsverteilung f распределение напряжений
Spannungsvervielfacher m умножитель напряжения
Spannungsverzerrung f искажение формы напряжения
Spannungswähler m *см.* **Spannungsumschalter**
Spannungswandler m 1. преобразователь напряжения 2. измерительный трансформатор напряжения
Spannungswechsel m цикл изменения напряжения
Spannungswelle f волна напряжения
Spannungswelligkeit f пульсация напряжения
Spannungswert m значение [величина] напряжения
Spannungswiederkehr f восстановление напряжения
Spannungszacken m выброс [импульс] напряжения (*на кривой*)
Spannungszeiger m вектор напряжения
Spannungszeitkurve f кривая зависимости напряжения от времени
Spannungszeitumwandler m преобразователь напряжения в интервалы времени
Spannungszeitverlauf m изменение напряжения во времени
Spannungszuführung f подвод [подача] напряжения

Spannweite f 1. размах; амплитуда 2. разброс выборки

Spardiode f тлв 1. вспомогательный [вольтодобавочный] диод 2. демпферный [демпфирующий] диод
Sparschaltung f 1. экономичная схема (*по потреблению энергии*) 2. автотрансформаторная схема
Spartransformatorkopplung f автотрансформаторная связь
Sparwicklung f экономичная обмотка
S-Parameter m pl параметры матрицы рассеяния
Spasistor m спасистор, спейсистор (*биполярный транзистор с высоким входным сопротивлением*)
Spätausfall m над. поздний отказ, отказ за счёт старения
Spatiumschalter m тлф номеронабиратель с паузами между двумя группами импульсов
Spätwirkung f последействие
Speckle m опт. спекл (*дифракционное пятно изображения, полученного в когерентном свете*)
Speckle-Bild n спекл-изображение
Speckle-Interferometrie f спекл-интерферометрия
Speckle-Kamera f камера для получения спекл-изображения, спекл-камера
Speckle-Struktur f опт. спекл-структура (*пятнистая структура изображения, полученная в когерентном свете*)
Speichenbildung f образование радиальных линий на экране индикатора кругового обзора (*в результате неисправности или помех*)
Speicher m 1. вчт запоминающее устройство, ЗУ; память; накопитель 2. аккумулятор 3. тлф регистр
~, **adressengesteuerter** [**adressierbarer, adressierter**] адресное ЗУ; адресная память
~, **analoger** аналоговое ЗУ; аналоговая память
~, **assoziativer** [**assoziativ organisierter**] ассоциативное ЗУ, АЗУ; ассоциативная память
~ **auf Kryotronbasis** ЗУ или память на криотронах
~ **auf Verzögerungsleitungen** ЗУ или память на ЛЗ
~, **auswechselbarer** ЗУ со съёмным носителем; сменная память
~, **autonomer** автономное ЗУ; автономная память
~, **bipolarer** биполярное ЗУ; биполярная память (*ЗУ или память на биполярных ИС*)
~, **destruktiver** ЗУ или память с разрушением информации (*при считывании*)
~, **digitaler** цифровое ЗУ; цифровая память
~, **direkt adressierbarer** ЗУ или память с прямым доступом
~, **dynamischer** динамическое ЗУ; динамическая память
~, **eigener** [**eingebauter**] внутреннее ЗУ; внутренняя память; оперативное ЗУ, ОЗУ; оперативная память
~, **elektronenstrahladressierbarer** ЗУ или память с электронно-лучевой адресацией
~, **elektrostatischer** электростатическое ЗУ; электростатическая память
~, **energieabhängiger** энергозависимое ЗУ; энергозависимая память (*ЗУ или память с разрушением информации при выключении питания*)
~, **energieunabhängiger** энергонезависимое ЗУ; энергонезависимая память (*ЗУ или память с сохранением информации при выключении питания*)
~, **ferroelektrischer** ЗУ или память на сегнетоэлектриках
~, **flüchtiger** см. Speicher, energieabhängiger
~, **fotochemischer** фотохимическое ЗУ
~, **fotochromischer** ЗУ на фотохромной плёнке
~, **fotografischer, fotooptischer** фотографическое [фотооптическое] ЗУ; фотографическая [фотооптическая] память
~, **frei programmierbarer** программируемое ЗУ; программируемая память
~, **funktioneller** функциональная память, память с встроенной логикой
~ **für Standardunterprogramme** ЗУ или память для хранения стандартных подпрограмм
~, **gemeinsamer** общая память
~, **hochdichter** ЗУ с большой плотностью записи
~, **holografischer** голографическое ЗУ; голографическая память
~, **inhaltsadressierbarer** см. Speicher, assoziativer
~, **innerer** [**interner**] см. Speicher, eigener
~, **kapazitiver** конденсаторное ЗУ
~, **konsequenter** ЗУ или память с последовательной выборкой; последовательное ЗУ; последовательная память
~, **kreisläufiger** динамическое ЗУ; динамическая память
~, **kryogenischer** см. Speicher, supraleitender
~, **leistungsabhängiger** см. Speicher, energieabhängiger
~, **leistungsloser** [**leistungsunabhängiger**] см. Speicher, energieunabhängiger
~, **leitungsverbundener** ЗУ, работающее с центральным процессором; оперативно-доступная память
~, **löschbarer** стираемое ЗУ; стираемая память
~, **magnetischer** магнитное ЗУ; магнитная память
~, **magnetomotorischer** ЗУ или память на вращающихся магнитных носителях
~, **magnetostriktiver** магнитострикционная память
~ **mit beliebigem Zugriff** ЗУ или память с произвольной выборкой
~ **mit direktem Zugriff** ЗУ или память с прямым доступом
~ **mit innerer Informationsverarbeitung** ЗУ или память с встроенной логикой
~ **mit konsequentem Zugriff** см. Speicher, konsequenter
~ **mit kurzer Zugriffszeit** ЗУ или память с быстрой выборкой
~ **mit Lichtpunktabtastung** ЗУ или память с выборкой световым лучом
~ **mit mehreren Eingängen** многопортовое ЗУ; многопортовая память
~ **mit Ringkernen** ЗУ или память на кольцевых сердечниках
~ **mit schnellem Zugriff** ЗУ или память с быстрой выборкой
~ **mit seriellem** [**sequentiellem**] **Zugriff** ЗУ или память с последовательной выборкой

~ mit unmittelbarem Zugriff ЗУ или память с прямым доступом
~ mit Verzögerungslinien ЗУ или память на ЛЗ
~ mit wahlfreiem Zugriff [mit wahlweisem Zugriff, mit willkürlichem Zugriff] ЗУ или память с произвольной выборкой
~ mit Wortstruktur см. Speicher, wortorganisierter
~ mit zerstörendem Lesen ЗУ или память с разрушением информации при считывании
~ mit zerstörungsfreiem Lesen ЗУ или память без разрушения информации при считывании
~ mit zufallsverteiltem Zugriff см. Speicher mit wahlfreiem Zugriff
~ mit zyklischem Zugriff ЗУ или память с циклическим доступом [с циклическим обращением]
~, monolithischer ЗУ или память на монолитных ИС
~, nach Inhalt adressierbarer ассоциативное ЗУ; ассоциативная память
~, nichtdestruktiver ЗУ или память без разрушения информации (при считывании или отключении питания)
~, nichtflüchtiger см. Speicher, energieunabhängiger
~, nichtlöschbarer ЗУ или память с нестираемой информацией
~, nicht permanenter см. Speicher, energieabhängiger
~, operativer оперативное ЗУ, ОЗУ; оперативная память
~, optischer оптическое ЗУ; оптическая память
~, periodischer см. Speicher mit zyklischem Zugriff
~, permanenter постоянное ЗУ, ПЗУ; постоянная память
~, rechnerabhängiger ЗУ, работающее с центральным процессором
~, regenerativer [regenerierender] регенеративное ЗУ; регенеративная память
~, schneller [schnellwirkender] быстродействующее ЗУ; быстродействующая память
~, separater внешнее ЗУ; внешняя память
~, sequentiell orientierter см. Speicher, konsequenter
~, serieller см. Speicher, konsequenter
~, ständiger постоянное ЗУ, ПЗУ; постоянная память
~, stapelnder ЗУ или память магазинного типа
~, statischer статическое ЗУ; статическая память
~, supraleitender сверхпроводниковое ЗУ; сверхпроводниковая память
~, thermoplastischer термопластическая память
~, umschreibbarer динамическое ЗУ; динамическая память
~, unlöschbarer см. Speicher, nichtlöschbarer
~, virtueller виртуальная память
~, volladressierter (полностью) адресное ЗУ; (полностью) адресная память
~, volumenholografischer объёмное голографическое ЗУ; объёмная голографическая память
~ von der Energiezufuhr unabhängiger см. Speicher, energieunabhängiger
~, wortgranisierter ЗУ или память с пословной организацией
~, zentraler центральное ЗУ

~, zugeordneter специализированное ЗУ
~, zyklischer динамическое ЗУ; динамическая память
Speicherabbild n перезапись содержимого ЗУ или памяти
Speicherabgabe f, **Speicherabgang** m см. **Speicherauszug**
Speicherabschnitt m см. **Speicherbereich**
Speicherabzug m см. **Speicherauszug**
Speicheradressenregister n регистр адреса ячейки памяти
Speicheranforderung f запрос памяти
Speicheranlage f запоминающее устройство, ЗУ; память
Speicheraufnahme f ввод (данных) в память
Speicheraufspaltung f фрагментация памяти
Speicheraufteilung f распределение памяти; картографирование памяти
Speicherauszug m вывод (данных) из памяти; разгрузка (памяти), проф. дамп
Speicherauszugskontrolle f контроль вывода (данных) из памяти, контроль разгрузки (памяти), проф. дамп-контроль
Speicherband n лента для магнитной записи
Speicherbank f группа блоков памяти; система ЗУ
Speicherbaustein m 1. модуль ЗУ; модуль памяти 2. кристалл ЗУ или памяти
Speicherbefehl m команда обращения к ЗУ или к памяти
Speicherbelegung f загрузка в ЗУ или память
Speicherbelegungsplan m таблица загрузки [распределения] ЗУ или памяти
Speicherbereich m область или участок памяти
Speicherbereichschutz m 1. защита памяти 2. устройство защиты памяти
Speicherbetrieb m 1. режим работы ЗУ 2. режим накопления 3. питание от аккумуляторов
Speicherbild n видеограмма
Speicherbildabtaströhre f передающая телевизионная трубка с накоплением зарядов
Speicherbildröhre f запоминающая ЭЛТ прямого видения, потенциалоскоп с видимым изображением
Speicherbinärstelle f 1. двоичная ячейка памяти 2. двоичный разряд памяти
Speicherblock m блок ЗУ или памяти
Speicherdatenregister n регистр хранения данных
Speicherdauer f 1. время накопления 2. время хранения (данных в памяти)
Speicherdekade f декада ЗУ или памяти
Speicherdichte f 1. плотность размещения информации в памяти 2. плотность записи
~, lineare линейная плотность записи (бит на единицу длины)
Speicherdiode f диод с накоплением заряда, ДНЗ
Speicherebene f 1. матрица памяти 2. разрядная матрица ЗУ
Speichereffekt m эффект накопления (зарядов)
Speichereingabe f ввод (данных) в ЗУ или память
Speichereinheit f 1. блок памяти 2. см. **Speicher** 1.
Speichereinrichtung f см. **Speicher** 1.
Speichereinteilungsplan m 1. схема распределения памяти 2. схема размещения ячеек памяти

Speicherelektrode *f* 1. *тлв* мишень 2. накопительный электрод
Speicherelektrodenkapazität *f* 1. *тлв* ёмкость мишени 2. ёмкость накопительного электрода
Speicherelement *n* 1. элемент ЗУ *или* памяти 2. запоминающий элемент 3. *тлв* накопительный элемент
Speicherelementenmatrix *f* матрица ЗУ *или* памяти
Speicherempfang *m* ввод (данных) в ЗУ *или* память
Speichererneuerung *f* обновление (данных) в ЗУ *или* памяти
Speichererweiterung *f* расширение памяти
Speicherfähigkeit *f* 1. ёмкость ЗУ *или* памяти 2. способность накапливать
Speicherfeld *n* 1. поле [зона] памяти 2. плата ЗУ *или* памяти
Speicherfeldeffekttransistor *m* полевой транзистор с памятью
Speicherfläche *f* 1. *тлв* запоминающая поверхность (*напр. мишени трубки*) 2. область памяти 3. *микр.* площадь (ячейки) накопителя
Speicherflipflop *n* запоминающий триггер
Speicherfüllen *n* заполнение ЗУ *или* памяти
Speichergerät *n см.* **Speicher** 1.
Speichergitter *n* накапливающая сетка (*в трубках с памятью*)
Speicherglied *n см.* **Speicherelement**
Speichergröße *f* ёмкость ЗУ *или* памяти
Speicherhierarchie *f* иерархия ЗУ *или* памяти
Speicherhologramm *n* голограмма
Speicherinhalt *m* содержимое ЗУ *или* памяти
Speicherintegrator *m* запоминающий интегратор
Speicherinterface *n* интерфейс ЗУ *или* памяти
Speicher-IS *f* интегральная схема ЗУ *или* памяти
Speicherkanal *m* канал с запоминанием (данных), канал с памятью
Speicherkapazität *f* ёмкость ЗУ *или* памяти
Speicherkarte *f* плата ЗУ *или* памяти
Speicherkenngrößen *f pl* характеристики [параметры] ЗУ *или* памяти
Speicherkern *m* запоминающий сердечник; сердечник ЗУ
Speicherkondensator *m* 1. запоминающий конденсатор 2. накопительный конденсатор
Speicherleerung *f*, **Speicherlöschung** *f* 1. очистка ЗУ *или* памяти 2. стирание записи
Speichermatrix *f* матрица ЗУ *или* памяти
Speichermedium *n* 1. *бион., вчт* запоминающая среда 2. носитель ЗУ *или* памяти
~, **bewegtes** подвижный носитель ЗУ (*напр. МЛ*)
~, **festes** 1. неподвижная запоминающая среда (*напр. ферритовый сердечник*) 2. неподвижный носитель ЗУ *или* памяти
~, **optisches** оптическая запоминающая среда
Speichermethode *f* метод накопления
~, **additive** аддитивный метод накопления
Speichermodul *m* модуль ЗУ *или* памяти
Speichermodulplatte *f* плата-модуль ЗУ *или* памяти
Speichermosaik *n* тлв мишень (*передающей трубки с накоплением*)
Speichermulde *f* накапливающая (*информационный заряд*) потенциальная яма (*в ПЗС*)
speichern 1. запоминать; хранить (*информацию*) 2. записывать в память 3. накапливать (*напр. заряд, данные*) 4. консервировать (*напр. телевизионные программы*)
Speichernahtstelle *f см.* **Speicherinterface**
Speichernummer *f* номер (ячейки) памяти
Speicheroberfläche *f* 1. поверхность накопителя 2. *тлв* поверхность мишени
Speicheroperation *f* 1. операция обращения к ЗУ *или* памяти 2. операция накопления
Speicherorganisation *f* организация ЗУ *или* памяти
Speicheroszillograf *m*, **Speicheroszilloskop** *n* запоминающий осциллограф
Speicherpaar *n* запоминающая пара
Speicherpaket *n* куб памяти
Speicherperipherie *f* внешнее ЗУ; внешняя память
Speicherphase *f* фаза накопления
Speicherphosphor *m* люминофор с длительным послесвечением
Speicherplan *m* схема [список] распределения памяти
Speicherplatine *f* плата ЗУ *или* памяти
Speicherplatte *f* 1. *тлв* мишень с накоплением заряда 2. плата ЗУ *или* памяти 3. магнитный диск
~, **doppelseitige** двухсторонняя мишень
~, **optische** фотографический диск (носитель фотографической записи, имеющий форму диска)
~, **zweiseitige** двухсторонняя мишень
Speicherplattendurchmesser *m* тлв диаметр мишени
Speicherplattenebene *f* поверхность мишени
Speicherplattenelement *n* элемент мишени
Speicherplatz *m* 1. место (расположения) ячейки памяти 2. ячейка памяти
~, **geschützter** защищённая ячейка памяти
Speicherplatzadresse *f* адрес ячейки памяти
Speicherplatzbelegung *f* заполнение ячеек памяти
Speicherplatzzähler *m* счётчик ячеек памяти
Speicherprinzip *n* принцип накопления (*сигнала*)
Speicherprogramm *n* программа, хранящаяся в памяти, хранимая программа
Speicherprogrammierung *f* программирование памяти
Speicherprüfung *f* контроль ЗУ *или* памяти
Speicherpuffer *m* буферное ЗУ; буферная память
Speicherpufferregister *n* регистр буферного ЗУ *или* буферной памяти
Speicherraum *m* область памяти
Speicherregister *n* регистр ЗУ *или* памяти
Speicherrelais *n* реле с самоблокировкой
Speicherringkern *m* кольцевой запоминающий сердечник
Speicherringquelle *f* кольцевой накопительный источник (рентгеновского излучения для рентгенолитографии)
Speicherröhre *f* запоминающая ЭЛТ
~ **für Direktbetrachtung** запоминающая ЭЛТ с видимым изображением
Speicherschaltdiode *f* варикап с накоплением заряда
Speicherschaltung *f* запоминающая схема
Speicherschicht *f* 1. запоминающий слой 2. накопительный слой

Speicherschirm *m* экран (*трубки*) с послесвечением
Speicherschleife *f* 1. петля хранения информации 2. *свпр* контур с незатухающим током
Speicherschlüssel *m* 1. ключ хранения (*в базах данных*) 2. ключ (защиты) памяти
Speicherschreibsperre *f* защита памяти при записи
Speicherschutz *m* защита памяти
Speicherschutzmittel *n pl* средства защиты памяти
Speicherschutzschlüssel *m* ключ защиты памяти
Speicherschwelle *f* порог накопления
Speichersegmentierung *f* сегментация памяти
Speichersegmentverschiebung *f* перемещение сегментов памяти
Speicherseite *f* рабочая поверхность носителя записи
Speichersektion *f* секция хранения (*в ПЗС*)
Speichersender *m* телеграфный передатчик с регистром хранения
Speichersendung *f* передача (ранее) записанной программы
Speichersichtgerät *n* (радиолокационный) индикатор на ЭЛТ
Speicherstelle *f* ячейка памяти
Speichersteuereinheit *f* блок управления памятью
Speichersteuerung *f* управление памятью
Speichersuchregister *n* регистр указателя (*адреса ячейки*) памяти
Speichersummator *m* накапливающий сумматор
Speichersystem *n* 1. система памяти, запоминающая система; система ЗУ 2. файловая система, система файлов
Speichertakt *m* цикл (работы) ЗУ *или* памяти
Speichertastatur *f* клавиатура управления памятью; клавиатура [наборное поле] для записи (данных) в память
Speichertechnik *f* 1. техника хранения; техника накопления *или* запоминания данных 2. *зап.* техника консервации (*информации*)
Speicherteil *m* блок памяти
Speichertelefon *n* телефонный аппарат с памятью (*для хранения номеров основных абонентов*)
Speichertiefe *f* ёмкость ЗУ; объём памяти
Speichertransfer *m* передача содержимого памяти
Speichertransistor *m* запоминающий транзистор
Speichertreffplatte *f* *тлв* (запоминающая) мишень
Speichertrigger *m* запоминающий триггер
Speichertrommel *f* (магнитный) барабан ЗУ
Speicherüberlagerung *f* перекрытие памяти
Speicherüberlauf *m* переполнение памяти
Speicherumfang *m* ёмкость ЗУ; объём памяти
Speicherung *f* 1. запоминание; хранение (*информации*) 2. запись в память 3. накопление (*напр. заряда, данных*) 4. консервация (*напр. телевизионных программ*)
~, **dynamische** динамическое хранение
~, **elektrostatische** электростатическое накопление
~, **impulsweise** запоминание (числа) импульсов
~, **innere** запись в оперативную память
~, **kurzfristige** кратковременное хранение
~, **langfristige** долговременное хранение

~, **leistungslose** хранение при выключенном (электро)питании
~, **löschbare** запись в оперативную память; стираемая запись
~, **nichtlöschbare** запись в постоянную память; нестираемая запись
~, **optisch-magnetische** оптико-магнитная запись
~, **statische** статическое запоминание, статическое хранение
~, **stetige** непрерывное запоминание, запоминание непрерывно меняющихся величин
~, **unlöschbare** *см.* **Speicherung, nichtlöschbare**
~ **von Daten** запоминание данных; хранение данных
~ **von Fernsehbildern** видеозапись
~, **zugriffzeitfreie** запись в ЗУ *или* память с пренебрежимо малым временем выборки
Speicherungs... *см.* **Speicher...**
Speicherunterbereich *m* подобласть памяти
Speichervaraktor *m* варикап с накоплением заряда
Speicherverfahren *n* способ накопления
~, **multiplikatives** мультипликативный способ накопления
Speicherverkehr *m* 1. *тлг* сеть связи с накоплением сообщений 2. обмен информацией между ЗУ *или* памятью
Speichervermittlung *f* 1. *тлг* коммутация (*каналов*) с накоплением сообщений 2. коммутация (блоков) памяти
Speichervermögen *n* ёмкость ЗУ; объём памяти
Speicherverschachtelung *f* чередование адресов памяти; расслоение памяти
Speicherverwaltung *f* управление памятью
Speichervoltmeter *n* запоминающий вольтметр
Speichervorrichtung *f* *см.* **Speicher** 1.
Speicherwähler *m* переключатель *или* коммутатор (блоков) памяти
Speicherwerk *n* 1. *см.* **Speicher** 1. 2. запоминающий регистр
Speicherwert *m* накопленное значение
Speicherwiederherstellung *f* регенерация информации в памяти
Speicherwirkung *f* *см.* **Speicherfähigkeit**
Speicherwirkungsgrad *m* 1. эффективность ЗУ 2. эффективность накопления
Speicherzähler *m* 1. накапливающий [суммирующий] счётчик, счётчик-накопитель 2. счётчик ячеек памяти
Speicherzeit *f*, **Speicherzeitraum** *m* 1. время накопления 2. время [длительность] хранения (*данных в памяти*)
Speicherzelle *f* ячейка памяти
Speicherzone *f* зона накопления
Speicherzugriff *m* 1. обращение к ЗУ *или* памяти 2. выборка из ЗУ *или* памяти 3. доступ к ЗУ *или* памяти
~, **direkter** прямой [непосредственный] доступ к памяти
Speicherzugriffszeit *f* 1. время обращения к ЗУ *или* памяти 2. время выборки из ЗУ *или* памяти
Speicherzuordnung *f* распределение памяти
~, **steuerbare** управляемое распределение памяти

Speicherzustand *m* состояние ЗУ *или* памяти
Speicherzuweisung *f см.* **Speicherzuordnung**
Speicherzyklus *m* цикл работы ЗУ *или* памяти
Speisebrücke *f* мостовая схема питания
Speisedrossel *f* дроссель в цепи питания
Speisefrequenz *f* частота питающей сети
Speisegerät *n* блок питания
Speisegleichrichter *m* выпрямитель питания
Speisegleichspannung *f* постоянное напряжение питания
Speisegruppe *f* агрегат питания; блок питания
Speisehohlleiter *m* питающий волновод
Speisehorn *n* рупорный облучатель
Speiseleistung *f* мощность (источника) питания
Speiseleitung *f* 1. линия питания 2. фидерная линия, фидер
speisen питать; запитывать
Speisenetz *n* сеть (электро)питания
Speisepunkt *m см.* **Speisestelle**
Speisequelle *f* источник питания
Speiser *m* 1. *авт.* питатель 2. блок питания
Speiseschalter *m* переключатель питания
Speiseschaltung *f* схема питания
Speiseschiene *f* шина питания
Speiseseite *f* питающий [генераторный] конец (*линии*); выход источника питания
Speisespannung *f* напряжение питания, питающее напряжение
Speisestelle *f* точка питания; место [точка] запитывания
Speisestromfrequenz *f* частота тока питания
Speisestromkreis *m* цепь питания
Speiseteil *m* блок питания
Speisetransformator *m* силовой трансформатор
Speisewiderstand *m* сопротивление источника питания
Speisung *f* питание; запитывание
Speisungs... *см.* **Speise...**
Spektralanalysator *m*, **Spektralapparat** *m* спектроанализатор
Spektralbande *f* полоса спектра
Spektralbereich *m* спектральная область, область спектра
~, **sichtbarer** видимая область спектра
Spektralcharakteristik *f* спектральная характеристика
Spektraldarstellung *f* спектральное представление
Spektraldichtefunktion *f* функция распределения спектральной плотности
Spektralempfindlichkeitskurve *f* кривая спектральной чувствительности
~ **des Auges** кривая чувствительности глаза
Spektralfarbe *f тлв* спектральный цвет
Spektralfarbenkurve *f*, **Spektralfarbenzug** *m тлв* кривая спектральных цветов (*на цветовом графике*)
Spektralfotometer *n* спектрофотометр
Spektralfotometrie *f* спектрофотометрия
Spektralfrequenz *f* частота спектральной составляющей, спектральная частота
Spektralkurve *f* кривая спектральной чувствительности
Spektrallinienbreite *f* ширина спектральной линии

Spektrallinienflügel *m* крыло спектральной линии
Spektrallinienverbreiterung *f* уширение спектральных линий
Spektralrauschzahl *f* коэффициент спектрального шума
Spektralreinheit *f* спектральная чистота
Spektralverkämmung *f* частотное перемежение
Spektralwertkurve *f* кривая спектральной чувствительности
Spektralzerlegung *f* разложение спектра
Spektrofotometer *n* спектрофотометр
Spektrograf *m* спектрограф
Spektrografie *f* спектрография
Spektrogramm *n* спектрограмма
Spektroradiometer *n* спектрорадиометр
Spektrum *n* спектр
~, **äquienergetisches** *см.* **Spektrum, energiegleiches**
~, **diskontinuierliches [diskretes]** дискретный спектр
~, **energiegleiches** равноэнергетический спектр
~, **gekreuztes** дифракционный спектр
~, **harmonisches** гармонический спектр
~, **kontinuierliches** непрерывный спектр
~, **linienähnliches** линейчатый спектр
~, **sichtbares** видимая часть спектра
Spektrumabtaster *m*, **Spektrumanalysator** *m* спектроанализатор
Spektrumbreite *f* ширина спектра
Spektrumeffizienz *f* эффективность использования спектрального диапазона [диапазона частот]
Spektrumschreiber *m* спектрограф
Spektrumseitenband *n* боковая полоса спектра (*частот*)
Spektrumverbreiterung *f* уширение спектра
Sperrband *n* полоса задерживания (*фильтра*)
Sperrbandbreite *f* ширина полосы задерживания (*фильтра*)
Sperrbeleuchtung *f* навигационные огни заграждения
Sperrbereich *m* 1. полоса задерживания (*фильтра*) 2. область отсечки (*лампы*) 3. *пп* область запирания
Sperrbetrieb *m* режим запирания, закрытое состояние (*прибора*)
Sperrcharakteristik *f* 1. характеристика (*фильтра*) в полосе задерживания, обратная характеристика 2. характеристика (*диода*) при обратном смещении
Sperrdämpfung *f* 1. затухание в полосе задерживания (*фильтра*) 2. *ктв* заграждающее затухание
Sperrdiode *f* запирающий диод
Sperre *f* 1. режекторный фильтр 2. блокировка; блокировочное устройство 3. защёлка; стопор
Sperreingang *m вчт* запрещающий вход
Sperrelais *n авт.* блокирующее [удерживающее] реле
Sperrelektrode *f* запирающий электрод
sperren 1. запирать; блокировать 2. отсекать 3. *вчт* запрещать 4. стопорить
Sperrerholungszeit *f пп* время восстановления обратного сопротивления (*напр. тиристора*)

Sperrerholverhalten *n* характеристика восстановления обратного сопротивления
Sperrerholzeit *f см.* **Sperrerholungszeit**
Sperresonanz *f* резонанс токов, параллельный резонанс
Sperrfähigkeit *f* запирающая способность; отношение обратного сопротивления вентиля к прямому
Sperrfilter *n* режекторный фильтр
Sperrflansch *m* волноводный реактивный фланец
Sperrfrequenz *f* частота (*настройки*) режекторного фильтра
Sperrfunktion *f* функция запрета
Sperrgatter *n* вентиль запрета
Sperrgebiet *n см.* **Sperrbereich**
Sperrgenerator *m* блокинг-генератор
Sperrgitter *n* барьерная сетка
Sperrgitteroszillator *m* блокинг-генератор
Sperrgitterröhre *f* ЭЛТ с барьерной сеткой
Sperrgitterspeicherröhre *f* запоминающая ЭЛТ с барьерной сеткой
Sperrgleichrichter *m* выпрямитель с запирающим слоем
Sperrgleichspannung *f* постоянное обратное напряжение (*напр. стабилитрона*)
Sperrgleichstrom *m* постоянный обратный ток
Sperrglied *n авт.* блокирующее звено
Sperrhalbperiode *f* непропускающий полупериод
Sperrichtung *f* обратное направление, направление запирания
Sperrimpuls *m* 1. запирающий импульс 2. *вчт* импульс запрета
Sperrkenndaten *pl* обратные характеристики (*напр. диода*)
Sperrkennlinie *f* характеристика (*напр. диода*) в области запирания
Sperrkippstufe *f* триггер запрета
Sperrklinke *f* 1. защёлка; стопор; храповик 2. *тлф* гнездо с защёлкой
Sperrklinkenrelais *n* (шаговое) реле с храповиком
Sperrkondensator *m* блокировочный конденсатор
Sperrkontakt *m* 1. блокировочный контакт 2. выпрямляющий контакт 3. *тлг* стоповый контакт
Sperrkreis *m* 1. заграждающий контур 2. режекторный фильтр
~, **zwischenfrequenzabgestimmter** режекторный фильтр ПЧ
Sperrkreisfilter *n* режекторный фильтр
Sperrleitfähigkeit *f* обратная электропроводность
Sperrleitung *f вчт* шина запрета
Sperrleitwert *m см.* **Sperrleitfähigkeit**
Sperrlicht *n нвг* заградительный огонь
Sperrlogik *f* логика запрета
Sperröhre *f* (газоразрядный) антенный переключатель «передача — приём»
Sperroszillator *m* блокинг-генератор
Sperrperiode *f* непроводящий период
Sperrphase *f* фаза запирания
Sperrpolarisation *f* запирающая поляризация
Sperrpunkt *m* точка запирания; точка отсечки
Sperrpunktabgleich *m тлв* регулировка баланса чёрного и белого установкой точек запирания трёх прожекторов (*цветного кинескопа*)

Sperrpunkteinstellung *f*, **Sperrpunktregelung** *f тлв* установка (цветового сигнала) чёрного в области запирания трёх прожекторов (*цветного кинескопа*)
Sperrsättigungsstrom *m* ток насыщения p—n-перехода при обратном включении
Sperrschalter *m* 1. блокирующий выключатель; *тлф* блокирующая кнопка 2. *авт.* противоповторное реле
Sperrschaltung *f* 1. *авт.* схема блокировки 2. *вчт* схема запрета
Sperrschicht *f пп* 1. запирающий [барьерный] слой 2. обеднённый слой
Sperrschichtdetektor *m см.* **Sperrschichtfotodetektor**
Sperrschichtdetektorzelle *f* фотогальванический детектор
Sperrschichtdiode *f* диод с запирающим слоем
Sperrschichteffekt *m* барьерный эффект; фотогальванический эффект
Sperrschichtelement *n* вентильный элемент
Sperrschichtfeldeffekt-Transistor *m*, **Sperrschicht-FET** *m* полевой транзистор с управляющим p—n-переходом
Sperrschichtfläche *f* площадь барьерного слоя
Sperrschichtfotodetektor *m* фотогальванический детектор
Sperrschichtfotoeffekt *m* вентильный фотоэффект
Sperrschichtfotoelement *n* фотогальванический элемент
Sperrschichtfotozelle *f* фотогальваническая ячейка
Sperrschichtgleichrichter *m* вентильный выпрямитель, поликристаллический выпрямитель
Sperrschicht-Injektions-Laufzeitdiode *f* инжекционно-пролётный диод, ИПД
Sperrschichtisolation *f* изоляция обратносмещённым переходом
Sperrschichtkapazität *f* барьерная ёмкость
Sperrschichtkondensator *m* конденсатор на обратносмещённом p—n-переходе
Sperrschichtkurve *f* (вольт-амперная) характеристика запирающего слоя
Sperrschichtmechanismus *m пп* механизм образования запирающего слоя
Sperrschichtpotential *n* барьерный потенциал
Sperrschichtsonnenzelle *f* солнечный фотогальванический элемент
Sperrschicht-Target *n тлв* мишень с запирающим слоем (*с p—n-переходом*)
Sperrschichttemperatur *f* температура перехода
Sperrschichttransistor *m* транзистор с обеднённым слоем
Sperrschichtvaraktor *m* варикап со смещённым в обратном направлении p—n-переходом
Sperrschichtzelle *f см.* **Sperrschichtelement**
Sperrschichtzone *f пп* обеднённая область (*перехода*)
Sperrschritt *m тлг* стоповая посылка
~, **doppelter** двухэлементная стоповая посылка
Sperrschwinger *m* блокинг-генератор
Sperrschwingertransformator *m* блокинг-трансформатор
Sperrschwingunivibrator *m* ждущий [однопериодный] блокинг-генератор

Sperrsieb *n см.* **Sperrfilter**
Sperrsignal *n* 1. запирающий сигнал 2. *вчт* сигнал запрета
Sperrspannung *f* 1. *пп* обратное напряжение 2. запирающее напряжение (*вентиля*) 3. напряжение (*цепи*) блокировки
Sperrspannungsfestigkeit *f* прочность к обратному напряжению
Sperrspannungskennlinie *f* характеристика обратного напряжения
Sperrstift *m авт.* фиксирующий штифт
Sperrstörung *f* заградительная помеха
Sperrstrom *m* 1. *пп* обратный ток 2. запирающий ток (*вентиля*) 3. ток (*цепи*) блокировки
~ **in Rückwärtsrichtung** обратный ток
~ **in Vorwärtsrichtung** ток в закрытом состоянии (*напр. тиристора*)
Sperrstromdichte *f* 1. плотность обратного тока 2. плотность запирающего тока
Sperrstromgebiet *n* 1. область обратного тока 2. область запирающего тока
Sperrstromgerade *f* линейная часть характеристики обратного тока
Sperrstromkreis *m* цепь блокирующего тока
Sperrstromschritt *m тлг* стоповая посылка тока
Sperrsubstanz *f* поглотитель, геттер
Sperrtaste *f* кнопка с арретиром, блокировочная кнопка
Sperrtopf *m* 1. (коаксиальный) симметрирующий трансформатор 2. четвертьволновый коаксиальный изолятор
Sperrtopfdipol *m* вертикальный симметричный вибратор с развязывающим четвертьволновым изолятором (*на конце*)
Sperr-U-I-Kennlinie *f* вольт-амперная характеристика при обратном напряжении (*на p—n-переходе*)
Sperrung *f* 1. запирание; блокировка 2. отсечка 3. *вчт* запрет 4. *авт.* стопорение
Sperrverhältnis *n* отношение сопротивлений (*p—n-перехода*) в запертом и отпертом состояниях
Sperrverluste *m pl* потери на запирание (*напр. управляемого диода*)
Sperrvermögen *n см.* **Sperrfähigkeit**
Sperrverzögerungszeit *f*, **Sperrverzugszeit** *f* время задержки восстановления обратного сопротивления (*напр. тиристора*)
Sperrvorspannung *f* запирающее напряжение смещения
Sperrwandler *m* преобразователь (*постоянного напряжения*) с запирающим диодом
Sperrwert *m* величина запирающего напряжения
Sperrwicklung *f вчт* обмотка запрета
Sperrwiderstand *m* обратное сопротивление
Sperrwirkung *f* 1. запирающее [вентильное] действие 2. выпрямляющий эффект
Sperrzeichen *n* 1. сигнал блокировки; сигнал занятости 2. *вчт* сигнал запрета
Sperrzeit *f* 1. время запертого состояния 2. время выключения (*напр. транзистора*); время запирания 3. *авт.* время блокировки
Sperrzeitbasis *f* ждущая развёртка
Sperrzelle *f* 1. *см.* **Sperrschichtelement** 2. *см.* **Sperrröhre**

Sperrzone *f пп* 1. область запирания 2. запирающая [обеднённая] область
Sperrzustand *m* 1. непроводящее состояние 2. запертое состояние
Spezialeffekt *m тлв* спецэффект
Spezialrechenmaschine *f*, **Spezialrechner** *m* специализированная ВМ
Spezies *f pl* основные арифметические действия
Spezifikationszeichen *n*, **Spezifikator** *m прогр.* спецификатор, описатель
Sphäroidreflektor *m* сферический отражатель, сферическое зеркало
Spiegel *m* 1. зеркало 2. зеркало (*антенны*), (зеркальный) отражатель
~, **dichroitischer** дихроичное зеркало
~, **dielektrischer** диэлектрическое зеркало
~, **ebener** 1. плоский отражатель 2. плоское зеркало
~, **erhabener** выпуклое зеркало
~, **flacher geneigter** плоское наклонное зеркало (*в проекционном телевизионном приёмнике*)
~, **gekrümmter** изогнутый отражатель
~, **halbdurchlässiger** 1. полупрозрачное зеркало 2. *тлв* полупрозрачный экран
~, **oberflächenversilberter** 1. отражатель с посеребрённой поверхностью 2. посеребрённое зеркало
~, **öffnungsgekoppelter** зеркало с отверстием (*для ввода — вывода энергии*)
~, **schwingender** качающееся [вибрирующее] зеркало
«**Spiegel**» *m* зеркало (*вид спецэффекта*)
Spiegelabbildung *f* зеркальное изображение; зеркальное отображение
Spiegelabstand *m* 1. расстояние между зеркалами 2. расстояние между отражателями (*лазера*)
Spiegelantenne *f* зеркальная антенна
spiegelbildlich 1. зеркальный (*о расположении*) 2. *мат.* симметричный
Spiegelbrennpunkt *m* фокус зеркала
Spiegelbrennweite *f* фокусное расстояние зеркала
Spiegelebene *f* 1. зеркальная плоскость 2. *мат.* плоскость симметрии
Spiegeleffekt *m* эффект зеркального отражения
Spiegelelektronenmikroskop *n* зеркальный электронный микроскоп
Spiegelempfang *m см.* **Spiegelfrequenzempfang**
Spiegelfläche *f см.* **Spiegelebene**
Spiegelfrequenz *f* зеркальная частота
Spiegelfrequenzempfang *m* приём на зеркальной частоте
Spiegelfrequenzfilter *n* фильтр подавления зеркальной частоты
Spiegelfrequenzselektion *f* избирательность по зеркальному каналу
Spiegelfrequenzsicherheit *f* помехозащищённость по зеркальной частоте
Spiegelfrequenzsperre *f* режекторный фильтр (*для*) зеркальной частоты
Spiegelfrequenzstörung *f* зеркальная помеха
Spiegelgalvanometer *n* зеркальный гальванометр
Spiegelimpedanz *f* характеристическое сопротивление
Spiegelkanal *m* зеркальный канал (*приёма*)
Spiegelklystron *n* отражательный клистрон

Spiegelkoeffizient *m* коэффициент общего [зеркального] отражения
Spiegeloberfläche *f* зеркальная поверхность
Spiegelöffnung *f ант.* раскрыв зеркала; апертура зеркала
Spiegeloszillograf *m* зеркальный осциллограф
Spiegelreflektor *m* зеркальный отражатель
Spiegelreflexblende *f тлв* зеркальный обтюратор
Spiegelreflexion *f* зеркальное отражение
Spiegelselektion *f см.* **Spiegelfrequenzselektion**
Spiegelsymmetrie *f* зеркальная симметрия
Spiegelteiler *m* светоделительный блок на (дихроичных) зеркалах
Spiegeltriftröhre *f см.* **Spiegelklystron**
Spiegeltrommel *f тлв* зеркальный барабан
Spiegelung *f* 1. зеркальное отражение; зеркальное отображение 2. *мат.* инверсия (*напр. координат*) 3. симметрия
Spiegelungsfaktor *m* коэффициент отражения
Spiegelungsmethode *f*, **Spiegelungsprinzip** *n* метод [принцип] зеркального отражения
Spiegelverluste *pl опт.* потери в зеркале
Spiegelwelle *f* зеркальная волна
Spiegelwellenempfang *m* приём на зеркальной частоте
Spiel *n* 1. *зап.* проигрывание; воспроизведение 2. *вчт* цикл (*работы*) 3. люфт; зазор 4. пульсация (*реле*) 5. *т. игр* игра
Spielanzeiger *m см.* **Spielzeiger**
Spielautomat *m* игральный автомат
Spielband *n* магнитофонная лента, МЛ
Spieldauer *f* 1. длительность воспроизведения 2. продолжительность (рабочего) цикла
Spieler *m* 1. *зап.* проигрыватель; видеопроигрыватель 2. *т. игр* игрок
«Spielfeld» *n* игровое поле (*в телевизионных играх*)
spielfrei безлюфтный; беззазорный
Spielmatrix *f т. игр* платёжная матрица, матрица выигрышей
Spielraum *m* 1. *зап.* зазор (*головки*) 2. исправляющая способность телеграфного аппарата 3. границы допусков, допуск
Spielsymbol *n* игровой символ (*в телевизионных играх*)
Spielzeiger *m* 1. указатель числа циклов 2. указатель отклонений от заданной величины
Spielzeit *f см.* **Spieldauer**
Spike *m* пик, пичок; (кратковременный) выброс; всплеск
Spike-Emission *f кв. эл.* пичковый режим (*генерации*)
Spin *m* 1. *фтт* спин 2. *косм.* (собственное) вращение (*спутника*) 3. спиновое квантовое число
Spin-Bahn-Aufspaltung *f кв. эл.* спин-орбитальное расщепление
Spin-Bahn-Wechselwirkung *f* спин-орбитальное взаимодействие
Spindrehimpuls *m* спиновый момент количества движения, спин
Spinell *m микр.* шпинель
Spinentartung *f* спиновое вырождение
Spinflip-(Raman-)Laser *m кв. эл.* комбинационный лазер с переориентацией спинов

Spin-Generator *m* спиновый генератор
Spin-Gitterwechselwirkung *f* спин-решёточное взаимодействие
Spin-Hamiltonoperator *m кв. эл.* спиновый гамильтониан
Spinmoment *n* спиновый момент
Spinne *f* 1. паучковая центрирующая шайба (*звуковой катушки громкоговорителя*) 2. вытравленный «паучковый» рисунок межсоединений
Spinnenbonden *n* «паучковое» соединение, присоединение кристаллов к паучковым выводам на ленточном носителе (*с выводными рамками*)
Spinor *m кв. эл.* спинор
Spinquantenzahl *f* спиновое квантовое число
Spinrelaxation *f* спиновая релаксация
Spinresonanz *f* спиновый резонанс
Spinreversierübergang *m* переход с переориентацией спина
Spin-Spin-Relaxation *f* спин-спиновая релаксация
Spin-Spin-Wechselwirkung *f* спин-спиновое взаимодействие
Spinsystemtemperatur *f* температура спиновой системы
Spinübergang *m кв. эл.* спиновый переход
Spinumklappstreuung *f* рассеяние с переворачиванием спина
Spinumorientierungsübergang *m кв. эл.* переход с переориентацией спина
Spiralablenkung *f тлв* спиральная развёртка
Spiralabtastung *f* 1. *рлк* спиральное сканирование 2. *тлв* спиральная развёртка
Spiralantenne *f* (плоская) спиральная антенна
Spiralbahn *f* спиральная траектория
Spiralfernsehraster *m* спиральный телевизионный растр
Spiralinhomogenität *f* винтовая неоднородность
Spiralschwingung *f* колебание (*электрона*) по спиральной траектории
Spiralwicklung *f* спиральная обмотка
Spiralzeitablenkung *f тлв* спиральная развёртка
Spiratron *n* спиратрон
spitz острый (*напр. об импульсе*)
Spitze *f* 1. пик; максимум 2. остриё; игла 3. *изм.* керн, цапфа 4. вершина 5. *мат.* точка перегиба; точка возврата 6. кратковременная импульсная помеха
~ **gegen Spitze** *см.* **Spitze zu Spitze**
~ **zu Null** разность между максимальным и нулевым уровнями сигнала
~ **zu Spitze** полный размах (*сигнала*)
Spitzenabstand *m* расстояние между вершинами (*импульсов*)
Spitzenamt *n тлф* станция с избыточной нагрузкой
Spitzenanhebungskreis *m*, **Spitzenanhebungsschaltung** *f* схема подъёма высоких частот
Spitzenanzeiger *m* указатель [индикатор] пиковых значений
Spitzenbeanspruchung *f* пиковая нагрузка
Spitzenbegrenzung *f* 1. ограничение пиков (*сигнала*) 2. пиковое ограничение (*при квантовании*)
Spitzenbelastungszeit *f* время [продолжительность] пиковой нагрузки
Spitzendetektor *m* 1. пиковый детектор 2. (кри-

сталлический) детектор с точечным контактом
Spitzendiode f точечный диод
Spitzendurchlaßstrom m максимальный прямой ток
Spitzenelektrode f игольчатый электрод
Spitzenempfänger m приёмник высшего класса
Spitzenfaktor m пик-фактор, коэффициент амплитуды
Spitzenflächentransistor m пп точечно-плоскостной транзистор
Spitzenfrequenzhub m максимальное отклонение частоты (*при ЧМ*)
Spitzengleichrichter m 1. точечный диод 2. пиковый детектор
Spitzengleichrichtung f 1. амплитудное выпрямление 2. пиковое детектирование
Spitzenhelligkeit f максимальная яркость
Spitzenhub m 1. максимальное отклонение 2. максимальная девиация
Spitzenimpulsstärke f амплитуда импульса
Spitzeninstrument m прибор высокой точности
Spitzenkapazität f максимальная ёмкость
Spitzenkatode f точечный катод
Spitzenklasse f высший класс (*аппаратуры*)
Spitzenkontakt m точечный контакт
Spitzenkontaktdiode f, **Spitzenkontaktgleichrichter** m точечный диод
Spitzenkontakttransistor m пп точечный транзистор
Spitzenkreis m схема обострения импульсов
Spitzenlast f пиковая нагрузка
Spitzenleistung f 1. пиковая мощность 2. импульсная мощность
Spitzenmodell n головная модель; головной образец (*аппаратуры*)
Spitzen-n-Transistor m пп точечный транзистор с базой из полупроводника *n*-типа
Spitzenphasenfehler m максимальная фазовая ошибка
Spitzenrichtleiter m см. **Spitzenkontaktdiode**
Spitzenspannungsmesser m пиковый вольтметр
Spitzensperrspannung f максимальное обратное напряжение
Spitzen-Spitzenwert m 1. полный размах (*сигнала*) 2. двойная амплитуда
Spitzenstörung f импульсная помеха
Spitzenstrahlstrombegrenzung f ограничение максимального тока (*кинескопа*)
Spitzenstrom m максимальный ток
Spitzenstrom-Talstrom-Verhältnis n отношение пикового тока к току впадины
Spitzentransformator m импульсный трансформатор
Spitzentransistor m точечный транзистор
Spitzenübergang m точечный переход
Spitzenüberlastung f пиковая перегрузка
Spitzenverfahren n метод зонда
Spitzenweiß n, **Spitzenweißpegel** m тлв пиковое значение уровня белого
Spitzenwert m максимальное значение; пик; максимум
Spitzenwertgleichrichter m пиковый детектор
Spitzenwertschaltung f схема измерения пиковых значений

Spitzenzähler m 1. счётчик импульсов 2. счётчик пикового расхода энергии 3. счётчик Гейгера
Spitzenzeit f см. **Spitzenbelastungszeit**
Spitzlicht n наиболее яркий участок (*изображения*); блик (*на изображении*)
Spleißdämpfung f ослабление, вносимое сращиванием (*кабелей, стекловолокон*)
Spleißen n, **Spleißung** f сращивание (*кабелей, стекловолокон*)
«**Splines**» m *проф.* сплайн (*в машинной графике*)
Splitfield-Mikroskop n микроскоп с расщеплённым полем
Split-Screen m тлв расщеплённый экран
Split-Screen-Darstellung f тлв отображение на расщеплённом экране (*напр. четырёх участников телеконференции*)
splitten расщеплять; разрывать
Splitter m 1. расщепитель; разделитель 2. кристалл (*ИС*)
S-Pol m исток (*полевого транзистора*)
Spontanausfall m *над.* внезапный отказ
Spontanemission f 1. самопроизвольная эмиссия 2. спонтанное излучение (*лазера*)
Spontanentladung f самопроизвольный разряд
Spontanlumineszenz f спонтанная люминесценция
Spontanübergang m спонтанный переход
Spornkurve f пилообразная кривая
spot англ. 1. вчт точка (*название символа*) 2. тлв прожекторное освещение (*студии*)
Spotmessung f измерение сигнала в контрольном «пятне» (*напр. изображения*)
Sprach... см. тж **Sprech...**
Sprachanalysator m анализатор речевых сигналов
Sprachanalyse f анализ речевых сигналов
Sprachartikulation f артикуляция
Sprachaufzeichnungsgerät n диктофон
Sprachausgabe f речевой вывод (*данных*)
Sprachausgabeeinheit f устройство речевого вывода (*данных*)
Sprachband n см. **Sprachfrequenzband**
Sprachbandbegrenzer m ограничитель полосы частот речи
Sprachdeutlichkeit f разборчивость речи; артикуляция
Sprachdigitalisierung f преобразование речевого сигнала в цифровую форму
Sprache f 1. язык (*программирования*); кодовый язык; система символов ВМ 2. речь
~, **algorithmische** алгоритмический язык
~, **beschreibende** [**deskriptive**] дескриптивный язык
~, **formalisierte** формализованный язык
~, **komprimierte** сжатая речь
~, **künstliche** 1. искусственный язык 2. искусственная [синтетическая] речь
~ **der Maschine** машинный язык
~, **maschineneigene** 1. машинный язык 2. аппаратное представление
~, **maschinenorientierte** машинно-ориентированный язык
~, **offene** открытая [некодированная] передача речи
~, **operative** алгоритмический язык

~, **problemorientierte** проблемно-ориентированный язык
~, **sichtbare** «видимая» речь
~, **synthetische** 1. синтетическая [искусственная] речь 2. *вчт* синтезированный [искусственный] язык
Spracheingabe *f* речевой ввод (*данных*)
Sprachelement *n* 1. элемент речи 2. элемент (алгоритмического) языка
«**Sprache/Musik**» *f* переключатель речь/музыка
Sprachenübersetzung *f* перевод с одного языка на другой
~, **automatische [maschinelle]** машинный перевод
Sprachenübersetzungsmaschine *f* ВМ для перевода
Spracherkennung *f* распознавание речи
Spracherkennungsgerät *n* прибор [устройство] распознавания речи
Sprachfeldstärke *f* напряжённость поля сигнала записи
Sprachfluß *m* речевой поток
Sprachfrequenz *f* 1. речевая [низкая, звуковая] частота, частота речи 2. *тлг* тональная частота
Sprachfrequenzband *n* полоса [диапазон] частот речи
Sprachfrequenzbandbegrenzer *m* ограничитель полосы частот речи
Sprachfrequenzkabel *n* кабель для передачи речевых [низких, звуковых] частот
Sprachfrequenzverstärker *m* усилитель речевой [низкой, звуковой] частоты
Sprachgenerator *m* 1. генератор речевых сигналов 2. синтезатор речи; вокодер
sprachgesteuert управляемый голосом
Sprachgüte *f* разборчивость [качество] речи
Sprachkanal *m* речевой канал; телефонный канал
Sprachkassette *f* магнитофонная кассета
Sprach-Kodek *m* кодек речевых сообщений
Sprachkoder *m* вокодер
Sprachklang *m* звучность речи
Sprach-Kode-Wandler *m* преобразователь речи в код (*при речевом вводе*)
Sprachkodierung *f* кодирование речи
Sprachkompression *f* сжатие [компрессия] речи
Sprachmessung *f* измерение слышимости разговора (*прослушиванием*)
Sprachmodell *n* модель языка
sprachmoduliert модулированный речью [голосом]
Sprachprozessor *m* процессор (синтеза) речи
Sprachqualität *f см.* **Sprachgüte**
Sprachrohr *n* мегафон
Sprachrohr-Lautsprecher *m* рупорный громкоговоритель
Sprachschulanlage *f* машина для обучения иностранным языкам
Sprachschwund *m* замирание слышимости
Sprachsignal *n* 1. речевой сигнал 2. *тлв* сигнал звукового сопровождения
Sprachspeicherung *f* консервация речи; звукозапись
Sprachstörpegel *m* уровень переходного (мешающего) разговора
Sprachsynthesator *m* синтезатор речи; вокодер
Sprachsynthese *f* синтез речи
Sprachübersetzer *m* 1. *вчт* (языковой) транслятор 2. (машинный) переводчик (*с одного языка на другой*) 3. преобразователь языка *или* речи
Sprachübertragungskanal *m* канал передачи речи
Sprachverschleierung *f* маскирование речи
Sprachverschlüsselung *f* кодирование речи
Sprachverständlichkeit *f* разборчивость речи; артикуляция
Sprachverzerrer *m* скремблер
Sprachvolumen *n* громкость речи
Sprachwiedergabe *f* воспроизведение речи
Sprachwirkungsvorführgerät *n* вокодер
Spratzen *n* мигание
Sprech... *см. тж* **Sprach...**
Sprechader *f* телефонная жила (*кабеля*)
Sprechanlage *f* 1. телефонная установка 2. разговорное устройство
Sprechbetrieb *m* телефонный режим
Sprecherecho *n* местный (эхо-)эффект
Sprecherraum *m* 1. переговорная кабина 2. *см.* **Sprecherstudio**
Sprecherstudio *n* дикторская студия; студия для разговорных передач
Sprechfunk *m* телефонная радиосвязь
Sprechfunker *m* радиотелефонист
Sprechfunkgerät *n* радиотелефон
Sprechfunknetz *n* сеть телефонной радиосвязи
Sprechfunkverkehr *m* телефонная радиосвязь
Sprechgarnitur *f* гарнитура телефонистки
Sprechhörer *m* микротелефон
Sprechhörkopf *m* универсальная головка (*магнитофона*)
Sprech-Hör-Versuch *m* проверка слышимости разговора (*прослушиванием*)
Sprechkapsel *f* микрофонный капсюль
Sprechknopf *m* разговорный клапан (*при симплексной работе*)
Sprechkopf *m* головка звукозаписи
Sprechkreis *m* телефонная [разговорная] цепь
Sprechleistung *f* мощность звуковых колебаний
Sprechleitung *f* телефонная линия
Sprechmembran(e) *f* мембрана (*телефона*)
Sprechpegel *m* уровень микрофонного тока
Sprechplatte *f* 1. мембрана (*телефона*) 2. пластинка с записью речи
Sprechquelle *f* источник речевой информации
Sprechrelais *n* телефонное реле
Sprechschalter *m*, **Sprechschlüssel** *m* разговорный ключ
Sprechspule *f* звуковая катушка (*напр. динамического громкоговорителя*)
Sprechstelle *f* 1. абонентская телефонная установка 2. переговорный пункт; телефонная будка
Sprechstellenapparat *m* абонентский телефонный аппарат
Sprechstelleneinführung *f* абонентский ввод
Sprechstellung *f тлф* разговорное положение (*ключа*)
Sprechstromkreis *m* 1. цепь микрофонного тока 2. телефонная цепь
Sprechtaste *f* 1. разговорный клапан (*при симплексной работе*) 2. кнопка служебной (переговорной) линии
Sprechtrichter *m* рупор микрофона

Sprech- und Mithörschalter *m* ключ для разговора и подслушивания
Sprechverbindung *f* 1. телефонная связь 2. голосовая связь
Sprechverkehr *m* телефонный обмен, телефонный трафик
Sprechverständigung *f* 1. телефонная связь между оператором и режиссёром 2. обмен речевой информацией; телефонная связь
Sprechverstärker *m* микрофонный усилитель
Sprechweg *m* разговорный канал; телефонный канал
Sprechwegschalter *m* переключатель телефонных каналов
Sprechweite *f* 1. дальность телефонной связи 2. дальность слышимости
Sprechzeit *f* длительность (телефонного) разговора
Sprechzelle *f* переговорный пункт; телефонная будка
Sprechzeug *n* гарнитура телефонистки; микротелефонная трубка
Spreizdipol *m* скрещённый диполь
spreizen растягивать, раздвигать (*напр. диапазон*); расщеплять
Sprengpunkt *m* точка разрыва
Sprenkelmuster *n* пятнистая структура (*напр. шумов*)
Springkontakt *m* пружинный контакт
Springschreiber *m* стартстопный телеграфный аппарат
Springwagendrucker *m* пишущая машинка с подвижной кареткой
Spritzen *n* напыление; распыление
Spritzversilbern *n* серебрение напылением
spritzwasserdicht, spritzwassergeschützt, spritzwassersicher брызгозащищённый
Sprödbruch *m* хрупкий излом
Sprödigkeit *f* хрупкость
Sprosse *f* ряд; строка
Sprossenschrift *f* фотографическая сигналограмма переменной плотности
Sprossenschriftaufzeichnung *f* 1. фотографическая запись переменной плотности 2. фотографическая сигналограмма переменной плотности
Sprühätzung *f* струйное травление
Sprühen *n* 1. распыление 2. коронирование 3. искрение
Sprühentwicklung *f* *микр.* струйное проявление
Sprung *m* 1. скачок; перепад 2. *вчт* переход; операция перехода 3. *вчт* команда перехода 4. *мат.* разрыв (*функции*)
~, **bedingter** условный переход
~, **einmaliger** единичный скачок
~ **erster Art, bedingter** условный переход первого типа
~, **krasser** резкий перепад
~, **unbedingter** безусловный переход
Sprungadresse *f* адрес перехода
Sprungamplitude *f* амплитуда скачка; амплитуда перепада
Sprungantwort *f* 1. реакция на единичное воздействие 2. переходная характеристика
Sprunganzeige *f* прерывистая *или* скачкообразная индикация

Sprungausfall *m* внезапный отказ
Sprungbefehl *m* команда перехода
~, **bedingter** команда условного перехода
Sprungbetätigung *f* 1. мгновенное переключение (*контакта*) 2. мгновенное воздействие
Spruncharakteristik *f* переходная характеристика
Sprungeingang *m* ступенчатый входной сигнал
Sprungentfernung *f* расстояние скачка
Sprungfrequenz *f* скачкообразно изменяющаяся частота
Sprungfunktion *f* 1. скачкообразная функция; ступенчатая функция 2. *мат.* функция скачков
Sprunggröße *f* величина скачка
sprunghaft 1. прерывистый 2. скачкообразный
Sprunghöhe *f* высота скачка; высота перепада
Sprungkennlinie *f* переходная характеристика
Sprungleitfähigkeit *f* *пп* прыжковая электропроводность
Sprungoperation *f* *вчт* операция перехода
Sprungorder *f* *вчт* команда перехода
Sprungpunkt *m* 1. точка скачка 2. точка перехода (*в программе*) 3. *мат.* точка разрыва (*функции*)
Sprungreaktion *f* реакция на скачок
Sprungregel *f* правило перехода
Sprungschicht *f* слой скачка
Sprungschiene *f* *вчт* шина переноса
Sprungsetzanweisung *f* оператор присваивания
Sprungsignal *n* скачкообразный сигнал
Sprungspannung *f* скачкообразно изменяющееся напряжение
Sprungstelle *f* 1. точка скачка *или* перепада 2. точка перехода 3. *мат.* точка разрыва (*функции*)
Sprungsteuerung *f* дискретное [шаговое] управление
Sprungtemperatur *f* *пп* температура перехода
Sprungübergangsfunktion *f* 1. ступенчатая функция 2. переходная функция
Sprungverzerrungen *f pl* искажения из-за переходных явлений
Sprungvorschub *m* прерывистая подача (*напр. ленты*)
Sprungwelle *f* волна (*перенапряжения*) с крутым фронтом
Sprungzeit *f* длительность скачка *или* перепада
Sprungzone *f* зона скачка *или* перепада
Spulbetrieb *m* 1. режим перемотки 2. *вчт* подкачка *или* откачка (*данных*)
Spule *f* 1. катушка 2. обмотка 3. *зап.* катушка 4. *изм.* рамка
~, **angezapfte** катушка с отводами
~, **bewegliche** 1. подвижная катушка 2. *изм.* вращающаяся рамка 3. звуковая катушка (*громкоговорителя*)
~, **bifilare** бифилярная обмотка
~, **bündelnde** фокусирующая катушка
~, **doppellagige** двухслойная катушка
~, **eisenfreie** катушка без ферромагнитного сердечника
~, **eisengekapselte** катушка с железным экраном
~, **feste** 1. неподвижная катушка 2. катушка статора
~, **gedruckte** печатная катушка
~, **kernlose** *см.* **Spule, eisenfreie**

~, **lose** съёмная катушка
~, **offene** незамкнутая обмотка
~, **primäre** первичная обмотка
~, **schablonengewickelte** шаблонная катушка, катушка с шаблонной намоткой
~, **sekundäre** вторичная обмотка
Spulenableitung *f* отвод катушки
Spulenabschnitt *m* 1. секция катушки 2. секция обмотки
Spulenabstand *m тлф* шаг пупинизации
Spulenanfangsetikett *n* маркер начала МЛ
Spulenanordnung *f* расположение катушек
~, **nebeneinanderliegende** компланарное расположение катушек (*в кассете*)
~, **übereinanderliegende** коаксиальное расположение катушек (*в кассете*)
Spulenantenne *f* спиральная антенна
Spulenanzapfung *f* отвод катушки
Spulenbelastung *f* пупинизация
Spulenendetikett *n* маркер конца МЛ
Spulenfeld *n* 1. (магнитное) поле катушки 2. участок [секция] пупинизации
Spulenfeldlänge *f* шаг пупинизации
Spulen-Fernsehbandgerät *n* катушечный видеомагнитофон
Spulenfluß *m* потокосцепление с катушкой; магнитный поток катушки
Spulengerät *n* 1. катушечное устройство (*устройство с катушечным лентопротяжным механизмом*) 2. катушечный магнитофон
Spulengüte *f* добротность катушки
Spulenkabel *n* пупинизированный кабель
Spulenkapazität *f* собственная ёмкость катушки
Spulenkasten *m* пупиновский ящик
Spulenkern *m* 1. сердечник катушки 2. *зап.* сердечник
Spulenkette *f* дроссельный цепочный фильтр
Spulenkörper *m* каркас катушки
Spulenleitung *f см.* **Spulenkette**
spulenlos бескатушечный
Spulenmitnehmer *m* подкатушечник
Spulenmuffe *f* (кабельная) муфта с пупиновской катушкой
Spulennachsatz *m см.* **Spulenendetikett**
Spulenpaar *n* пара (отклоняющих) катушек
Spulenplan *m* схема [план] пупинизации
Spulenpunkt *m* пункт пупинизации
Spulenrahmen *m* каркас катушки
Spulenrecorder *m* катушечный магнитофон
Spulensatz *m* 1. *тлв* блок фокусирующе-отклоняющих катушек 2. *тлф* комплект пупинизации
Spulentonbandgerät *n* катушечный магнитофон
Spulentopf *m* экран катушки
Spulenträger *m* каркас катушки
Spulenunterteilung *f* секционирование катушки
Spulenvideorecorder *m* катушечный видеомагнитофон
Spulenvorsatz *m см.* **Spulenanfangsetikett**
Spulenwicklung *f* обмотка катушки
Spulenwicklungsfaktor *m* коэффициент заполнения обмотки
Spur *f* 1. след (движущегося) пятна (*на экране ЭЛТ*); линия развёртки 2. *зап.* дорожка; сигналограмма 3. запись [кривая] самописца 4. след, трек (*частицы*) 5. индикаторное количество (*вещества*), микроколичество, следы
~, **aufgezeichnete** модулированная дорожка (*записи*)
~, **einmalige** одноразовая развёртка
~, **gelochte** перфорированная дорожка
~, **helle** яркий след (*частицы*)
Spur... *см. тж.* **Spuren...**
Spurabstand *m* шаг дорожек (*записи*)
Spurabtastwinkel *m* (вертикальный) угол воспроизведения (*при глубинной записи*)
Spuranordnung *f* формат сигналограммы
Spuraufzeichnung *f* 1. запись на дорожку 2. регистрация следов (*примеси*)
Spurbegrenzung *f* край дорожки (*записи*)
Spurbild *n зап.* 1. конфигурация дорожек 2. (магнитная) сигналограмма
Spurbreite *f* ширина дорожки (*записи*)
Spurdichte *f зап.* плотность (размещения) дорожек (*записи*)
Spureinstellung *f см.* **Spurnachführung**
Spurelement *n* участок дорожки
Spuren... *см. тж.* **Spur...**
Spurenanalyse *f* 1. определение следов (*примеси*) 2. анализ треков (*частиц*)
Spurenkonzentration *f* концентрация следов (*примеси*)
Spurensprungsteuerung *f* управление переходом с одной дорожки на другую
Spurenverunreinigung *f* следы загрязнения
Spurenwähler *m* устройство выбора дорожек
Spureröffnung *f* начало дорожки
Spurfehlwinkel *m зап.* угловая погрешность (*воспроизведения*)
~, **tangentialer** горизонтальная угловая погрешность (*воспроизведения*)
~, **vertikaler** вертикальная угловая погрешность (*воспроизведения*)
Spurformat *n* формат сигналограммы
Spurhaltung *f см.* **Spurnachführung**
Spurkammer *f яд. физ.* камера Вильсона
8-Spur-Kassette *f* кассета с восьмидорожечной лентой
Spurkennzeichnung *f* 1. идентификация дорожек (*записи*) 2. идентификация треков
Spurkorrektur *f зап.* коррекция положения головки, коррекция трекинга
Spurlage *f зап.* формат сигналограммы; положение дорожек
Spurlänge *f* длина дорожки (*записи*)
Spurnachführung *f зап.* трекинг
~, **automatische** автотрекинг
Spurregelung *f* регулирование полос
Spurregler *m зап.* система (авто)трекинга
Spurstrahl *m* записывающий луч
Spurteilung *f* шаг дорожек (*записи*)
Spurüberlauf *m вчт* переполнение дорожек
Spurüberschreitung *f вчт* переход через дорожку
Spurumschaltung *f* переключение дорожек
Spurverteilung *f* распределение дорожек
Spurverzerrung *f* искажение дорожки записи
Spurwinkel *m* угол строчки записи; угол наклона дорожки (*записи*)
Sputnik-Direkt-Empfang *m* непосредственный приём спутниковых передач

Sputnikfernsehen *n* спутниковое телевизионное вещание
Sputterätzen *n* травление распылением
Sputtering *f*, **Sputtern** *n* (ионно-лучевое) распыление
Squeeze-Track *m* суженная фонограмма переменной плотности
Squelch-Funktion *f* (автоматическое) подавление шумов при настройке
squid *англ.* сверхпроводящий квантовый интерференционный датчик, сквид
SR-Flipflop *n* дежурный триггер
S-Röhre *f* ЭЛТ (индикации) азимута
S-Signal *n* 1. *тлв* сигнал синхронизации 2. разностный (стерео)сигнал, сигнал S
S-Stufen *f pl* уровни напряжений принимаемого радиосигнала
SSTV-Signal *n* малокадровый телевизионный сигнал
Stab *m* 1. стержень; штырь 2. стержневой сердечник 3. выпрямительный столб(ик) 4. штабик (*в лампе*) 5. *мат.* скользящий вектор
Stabantenne *f* штыревая антенна
Stabdrucker *m* штанговое печатающее устройство
Staberder *m* стержневой заземлитель
stabil устойчивый, стабильный
Stabilisation *f* стабилизация
Stabilisationsröhre *f* стабилитрон
Stabilisationsstrom *m* ток стабилизации
Stabilisator *m* 1. стабилизатор 2. стабилитрон
Stabilisatorglimmröhre *f* стабилитрон тлеющего разряда
Stabilisatorröhre *f* электровакуумный стабилитрон
Stabilisierung *f* стабилизация
Stabilisierungsfaktor *m* коэффициент стабилизации
Stabilisierungskreisel *m* гироскоп стабилизации
Stabilisierungswiderstand *m* стабилизирующий резистор
Stabilität *f* 1. стабильность 2. устойчивость
~, **dynamische** динамическая устойчивость
~, **statische** статическая устойчивость
Stabilitätsbedingung *f* 1. условие стабильности 2. условие устойчивости
Stabilitätsbereich *m* 1. *авт.* область устойчивости 2. область стабилизации (*стабилитрона*)
Stabilitätsdiagramm *n* диаграмма устойчивости
Stabilitätsfaktor *m* коэффициент устойчивости
Stabilitätsforderung *f* 1. требование к устойчивости 2. требования к стабильности
Stabilitätsgebiet *n* см. **Stabilitätsbereich**
Stabilitätsgrenze *f* граница устойчивости
Stabilitätskriterium *n* критерий устойчивости
Stabilitätskurve *f* характеристика устойчивости
Stabilitätsprüfung *f* испытание на устойчивости
Stabilitätsregler *m* *авт* регулятор стабилизации
Stabilitätsreserve *f* запас устойчивости
~ **der Amplitude** запас устойчивости по амплитуде
Stabilitätstheorie *f* теория устойчивости
Stabilitätswert *m* степень устойчивости
Stabilitron *n* стабилитрон (*генераторный прибор М-типа*)

Stabilovolt *n*, **Stabilovoltröhre** *f* электровакуумный стабилитрон
Stabilstruktur(en)system *n* структурно-устойчивая система
Stabilteilchen *n* равновесная частица
Stabistor *m* стабистор; полупроводниковый стабилитрон
Stabkondensator *m* цилиндрический конденсатор
Stabmikrofon *n* стержневой микрофон
Stabtransistor *m* однопереходный транзистор, двухбазовый диод
Stack *m* 1. стек, магазин; стековая [магазинная] память; стековое ЗУ 2. колода, пачка (*перфокарт*) 3. этажерка (*конструкция микросхем*) 4. пакет (*напр. дисков*)
Stadtamt *n* городская телефонная станция
Städteverkehr *m* междугородная (автоматическая) телефонная связь
Stadtfernvermittlungsamt *n* междугородная коммутационная (телефонная) станция
Stadtfunk *m* 1. внутригородская радиотелефонная связь 2. местное радиовещание
Stadtkabel *n* кабель городской связи
Stadtnetz *n* городская (телефонная) сеть
Stadtvermittlungsamt *n* городская коммутационная (телефонная) станция
Staffelabzweigstelle *f* пункт выделения каналов (*вдоль магистрали*)
Staffelschaltung *f* ступенчатое включение
Staffelung *f* 1. расположение в шахматном порядке 2. ступенчатая установка (*реле*) 3. эшелонирование, каскадирование 4. ряд ступеней (*напр. напряжения*)
Staffelzeit *f* ступенчатая установка времени
Staffing *n* согласование скорости (*передачи символов цифрового сигнала*)
Stahlbandverfahren *n* метод магнитной записи на стальную ленту
Stamm *m* 1. основная [физическая] цепь 2. магистраль
Stammband *n* лента с исходными данными
Stammdatei *f* 1. главный [основной] файл; файл исходных данных 2. главная картотека; главный архив
Stammdaten *pl* основные *или* малоизменяющиеся данные
Stammeintrag *m* основная [главная] запись
Stammfarbe *f* основной цвет
Stammfunktion *f* первообразная функция
Stammkabel *n* магистральный кабель
Stammkreis *m* см. **Stammstromkreis**
Stammleitung *f* магистральная линия
Stammoszillator *m* задающий генератор
Stammsender *m* главный передатчик (*радиосети*); ведущая станция
Stammspule *f* *тлф* пупиновская катушка для основной [для физической] цепи
Stammstromkreis *m* 1. *тлф* основная [физическая] цепь 2. магистральная цепь
Stand *m* 1. состояние; положение 2. значение (*напр. кода*) 3. уровень 4. (приборный) стенд
Standanzeige *f* 1. индикация положения 2. индикация уровня
Standard *m* 1. стандарт 2. эталон
~, **D1** стандарт D1, стандарт СМПТЕ/ЕСВ

(*стандарт Общества инженеров кино и телевидения США и Европейского союза вещания*)
~, **weltweiter** международный стандарт
Standardanschluß *m* **1.** унифицированный (электрический) соединитель **2.** *вчт* стандартный интерфейс
Standard-Antennen-Methode *f* измерение напряжённости поля методом стандартной антенны
Standardausführung *f* стандартная [унифицированная] конструкция
Standardband *n* типовая (магнитная) лента (*толщина 55 мкм*)
Standardbildröhre *f* типовой кинескоп
Standard-Bildsendereingangssignal *n* стандартизованный видеосигнал, используемый для модуляции радиопередатчика
Standardbildsignal *n* стандартный телевизионный сигнал
Standardchip *n* **1.** базовый кристалл **2.** стандартная ИС
Standard-Epitaxie-Methode *f* метод стандартной эпитаксии
Standardfehler *m* среднеквадратичная ошибка
Standardfernsehsignal *n* стандартный телевизионный сигнал
Standardfrequenz *f* **1.** стандартная частота **2.** эталонная частота
Standardfrequenzstation *f* радиопередатчик стандартных частот
Standard-Generator-Methode *f* метод стандарт-генератора (*для измерения напряжённости поля*)
Standardinterface *n* стандартный интерфейс
Standard-IS *f* серийная ИС
Standardisierung *f* **1.** стандартизация; унификация **2.** *вчт* нормирование
Standardkonvertierung *f* *тлв* преобразование стандартов
Standardlautsprecher *m* эталонный громкоговоритель
Standardleuchtquellen *f pl* стандартные источники света МКО
Standardschaltkreis *m* стандартная схема; стандартная ИС
Standardschaltkreischip *n* (логическая) ИС на основе базового кристалла
Standardschnittstelle *f* стандартный интерфейс
Standardsignalgenerator *m* генератор стандартных сигналов, ГСС
Standard-Software *f* стандартное программное обеспечение (*поставляется вместе с ЭВМ*)
Standard-Tonsendereingangssignal *n* стандартизованный сигнал, используемый для модуляции передатчика звукового сопровождения
Standardunterprogrammspeicher *m* накопитель стандартных подпрограмм
Standardzelle *f* **1.** стандартная ячейка (*напр. памяти*) **2.** базовый логический элемент
Standbetrieb *m* стационарный режим
Standbild *n* неподвижное изображение; стопкадр; видеокадр
Standbildbetrieb *m* режим стоп-кадра
Standbilddarstellung *f* воспроизведение неподвижных изображений

Standbildgerät *n* **1.** электронная память неподвижных изображений, ЭПНИ **2.** диапроектор
Standbildkamera *f* камера для передачи неподвижных изображений
Standbildspeicher *m* видеонакопитель неподвижных изображений
~, **digitaler** цифровой видеонакопитель
Standbildsystem *n* видеонакопитель
Standbildübertragung *f* передача неподвижных изображений
Standbildwiedergabe *f* воспроизведение неподвижных изображений; режим стоп-кадра
Standbox *f* напольная звуковая колонка
Stand-by-Anlage *f* резервная установка
Stand-by-Betrieb *m* режим готовности; дежурный режим
Stand-by-Betriebslage *f* состояние готовности
Stand-by-System *n* система с нефункциональной избыточностью [с резервированием]
Standempfänger *m* консольный (радио)приёмник
Ständermikrofon *n* микрофон на штативе
Standfestigkeit *f см.* **Stabilität**
Standgerät *n* **1.** консольное устройство **2.** консольный телевизор
ständig постоянный
Standkennlinie *f* статическая характеристика
Standlinie *f* линия положения (*радионавигационной системы*), ЛП
Standmodell *n* консольная модель (*напр. приёмника*)
Standmontage *f* монтаж в стойке
Standortanzeiger *m* индикатор местоположения
Standortbestimmung *f*, **Standortermittlung** *f* определение местоположения
Standortpeilung *f* определение местоположения пеленгованием
Standortzeiger *m* планшет
Standpeiler *m* стационарный пеленгатор
Standprobe *f*, **Standprüfung** *f* стендовое испытание
Standverbindung *f* **1.** прямая связь **2.** стационарная связь **3.** связь по выделенным каналам
Standzeichenlöschung *f*, **Standzeichenunterdrückung** *f* подавление отражений от местных предметов
Standzeit *f* **1.** простой **2.** время хранения (*напр. информации*)
Stangendrucker *m* штанговое печатающее устройство
Stangenfuß *m* основание опоры
Stangenleitung *f* шестовая линия (*связи*)
Stanniolstreifen *m* станиолевая лента (*для создания помех радиолокационным станциям*)
Stanzapparat *m* перфоратор
Stanzeinheit *f* блок пробивки (*перфокарт или перфолент*)
Stanzen *n* перфорирование
Stanzer *m* перфоратор
Stanzfarbe *f* цветовой тон рирпроекции
Stanzkodeselektor *m* дешифратор [селектор] перфокод
Stanzlocher *m* перфоратор
Stanzmatrix *f*, **Stanzschablone** *f* **1.** шаблон для перфокарт **2.** силуэт (*в рирпроекции*)
Stanzspeicher *m* **1.** ЗУ на перфокартах *или* на пер-

STA

фолентах **2.** (буферная) память выдачи данных на перфорацию
Stanzstation *f* (счётно-)перфорационная станция
Stanztechnik *f тлв* техника (электронных) вставок
Stapel *m* **1.** набор; комплект; пакет **2.** *микр.* этажерка **3.** стопка, колода, пачка (*перфокарт*) **4.** стек, магазин; стековая [магазинная] память; стековое ЗУ **5.** выпрямительный столб **6.** ярус (*антенны*)
Stapelanordnung *f микр.* этажерка
Stapelarbeitsweise *f вчт* стековая операция
Stapelbetrieb *m см.* **Stapelverarbeitung**
Stapelfehler *m* **1.** *микр.* дефект упаковки **2.** *вчт* ошибка в стеке
Stapelfehler *m pl*, **sich schneidende** *микр.* пересекающиеся дефекты упаковки
Stapelkondensator *m* многослойный конденсатор
Stapelspeicher *m* стековая [магазинная] память; стековое ЗУ
Stapelung *f* **1.** укладка [сборка] в этажерку (*напр. элементов микромодуля*) **2.** группирование (*напр. атомов*)
Stapelverarbeitung *f* **1.** *вчт* пакетная обработка (*данных*) **2.** *микр.* групповая обработка
Stapelverarbeitungsterminal *n* терминал пакетной обработки
Stapelzeiger *m* указатель вершины стека
starkdotiert сильнолегированный
Stärke *f* **1.** сила; интенсивность **2.** громкость (*звука*) **3.** толщина **4.** прочность
~, **magnetische** напряжённость магнитного поля
Stark-Effekt *m кв. эл.* эффект Штарка
Stärkeregelung *f* регулировка усиления *или* громкости
Stärkeunterschied *m* разность интенсивностей (*при стереофонической записи звука*)
Stark-Modulation *f кв. эл.* штарковская модуляция
Starkstromfrequenz *f* промышленная частота
Starkstromkabel *n* сильноточный [силовой] кабель
Starkstromtechnik *f* сильноточная техника
starrfortlaufend в жёсткой последовательности
starrgekoppelt жёстко связанный
Start *m* **1.** (за)пуск **2.** начало **3.** старт; взлёт (*напр. ракеты*)
Startadresse *f вчт* начальный адрес
Startanode *f* зажигатель (*игнитрона*), игнайтер
Startbefehl *m* **1.** команда (за)пуска **2.** начальная команда
Startbit *n* стартовый бит
Starter *m* **1.** пускатель; пусковое устройство **2.** стартер (*электролюминесцентных ламп*) **3.** *см.* **Starterelektrode**
Starterelektrode *f* **1.** поджигающий электрод **2.** зажигатель (*игнитрона*), игнайтер
Startimpuls *m* запускающий импульс
Startknopf *m* пусковая кнопка, кнопка «пуск»
Startlage *f тлг* стартовое положение
Startphase *f* начальная фаза
Startschaltung *f* пусковая схема, схема (за)пуска
Startschritt *m* **1.** стартовая (телеграфная) посыл-

STA

ка **2.** *вчт* начальный шаг (*напр. программы*)
3. *вчт* начальная команда (*в программе*)
~, **einfacher** одноэлементная стартовая посылка
~, **1,5-facher** полутораэлементная стартовая посылка
Start-Stopp-Betrieb *m* стартстопный режим работы
Start-Stopp-Fernschreiber *m* стартстопный (телеграфный) аппарат
Start-Stopp-Gleichlaufregelung *f тлф* регулировка синхронизации стартстопного аппарата
Start-Stopp-Lücke *f вчт* промежуток между записями
Start-Stopp-Schnittstelle *f* стык стартстопной передачи (*цифровых сигналов*)
Start-Stopp-System *n* стартстопная [асинхронная] система
Start-Stopp-Terminal *n* терминал стартстопной системы
Start-Stopp-Übertragung *f* стартстопная передача
Start-Stopp-Verfahren *n* метод стартстопной передачи
Start-Stopp-Verzerrungsgrad *m* исправляющая способность телеграфного аппарата
Start-Stopp-Zeichen *n* стартстопный знак
Startstrom *m* пусковой ток
Startstromschritt *m см.* **Startschritt 1.**
Startsynchronisation *f* **1.** синхронизация пуска **2.** начальная синхронизация
Starttaste *f см.* **Startknopf**
Startverzögerung *f* задержка (за)пуска
Startzeichen *n* **1.** сигнал пуска **2.** *см.* **Startschritt 1.**
Startzeit *f* **1.** время пуска **2.** время разгона
Startzeit-Kennung *f* код опознавания (момента) включения (*аппаратуры*)
Staticon *m тлв* статикон (*видикон с электростатическим управлением*)
Statik *f* **1.** статика **2.** импульсная электростатическая помеха **3.** *рег.* статизм
Station *f* **1.** станция **2.** радиостанция **3.** блок; устройство **4.** позиция, положение; место
~, **empfangende** приёмная станция
~, **übermittelnde** передающая станция
~, **zeitweise bemannte** полуавтоматическая станция
stationär 1. стационарный, установившийся; постоянный, неизменный **2.** неподвижный
Stationarität *f инф.* стационарность
Stationaritätsbedingung *f* стационарный [установившийся] режим
Stationärstation *f* стационарная радиостанция
Stationskennzeichnung *f нвг* шифр *или* признак (наземной) (радио)станции
Stationsname *m* позывные станции
Stationsnamenband *n* шкала (*радиоприёмника*) с наименованием станций
Stationssteuerblock *m* блок управления станцией
Stationssucher *m*, **automatischer** устройство автоматической настройки (*приёмника*)
Stationstaster *m* кнопочный [клавишный] набор для выбора станции
Statistikmaschine *f* ВМ для статистических расчётов

Stativ *n* штатив
Stativkopf *m* тлв головка (камерного) штатива
Status *m* 1. состояние 2. режим (*работы*) 3. (энергетическое) состояние
Statusinformation *f* информация о состоянии (*напр. системы*)
Statusregister *n* вчт регистр состояния
Statustest *m* проверка состояния
Statuswort *n* слово состояния
staubarm обеспыленный
Staubdichtung *f* пылезащитное уплотнение
staubfest пылезащищённый
Staubfiguren *f pl* фигуры из пыли (*используются при исследовании звукового поля*)
staubgeschützt пылезащищённый
Staubkern *m* (прессованный) порошковый сердечник
Staubklasse *f* класс запылённости (*помещения*)
Staueffekt *m* эффект накопления (*зарядов*)
STD-Technik *f* технология сборки кристаллов на ленточном носителе из термопласта
Steck... *см. тж* **Stecker...**
steckbar вставной; съёмный, сменный
Steckbaugruppe *f*, **Steckbaustein** *m* вставной *или* съёмный блок
Steckbrett *n* (коммутационная) штекерная панель
Steckdose *f* розеточная часть, розетка (*электрического соединителя*)
Steckdraht *m* проволочная перемычка
Steckeinheit *f* вставной *или* съёмный блок (*со штекерным соединением*)
Steckeinrichtung *f* штекерное соединительное устройство
Stecker *m* 1. штекер 2. вилочная часть, вилка (*электрического соединителя*) 3. штыревой контакт 4. штырёк (*ЭЛП*) 5. (штепсельный) разъём; соединитель
~, **optischer** оптический соединитель
Stecker... *см. тж* **Steck...**
Steckeranschluß *m* штекерное соединение
Steckerbelegung *f* разводка контактов (*электрического соединителя*)
Steckerbuchse *f* гнездо (*электрического соединителя*)
Stecker-Büchsenverbindung *f* штекерный (электрический) соединитель
Steckerebene *f* штекерная панель
Steckerfeld *n* 1. наборная панель; наборное поле 2. штекерная панель
Steckerkabel *n* кабель с штекерной вилкой
steckerkompatibel совместимый по штекерным соединителям
Steckerleiste *f* вилочная часть, вилка (*электрического соединителя*)
~ **für gedruckte Schaltungen** соединитель с концевыми печатными контактами
Steckerloch *n* штекерное гнездо
Steckerschaltung *f* штекерное включение
Steckerstift *m* штырёк [контакт] вилки (*соединителя*)
Steckerteil *m см.* **Steckerleiste**
Steckerverbindung *f см.* **Steckeranschluß**
Steckgehäuse *n* 1. корпус со штырьковыми выводами 2. *см.* **Steckeinheit**

Steckkarte *f* 1. вставная *или* съёмная плата (*со штекерным соединителем*) 2. вчт сменная плата
Steckkontakt *m* штекерный контакт
Steckkupplung *f см.* **Steckeranschluß**
Steckmast *m* телескопическая мачта
Steckplatz *m* отсек (*для съёмного блока*)
Steckpult *n* коммутаторный пульт
Steckschaltplatte *f* коммутационная штекерная панель
Stecksockel *m* цоколь со штырьками (*напр. трубки*)
Steckspulensatz *m* блок сменных катушек
Stecktafel *f* коммутационная штекерная панель
Stecktechnik *f* блочный принцип конструирования
Stecktransistor *m* транзистор со штырьковыми выводами
Steckverbinder *m* (электрический) штекерный соединитель
~ **für Leiterplatten** штекерный соединитель для печатных плат
~ **für Lichtleiter** штекерный соединитель для световодов
~, **geschirmter** экранированный штекерный соединитель
~, **koaxialer** коаксиальный штекерный соединитель
~ **mit Festhaltung** штекерный соединитель с замковым устройством [с фиксацией]
~ **mit Schutzgrad** защищённый штекерный соединитель
~ **ohne Festhaltung** штекерный соединитель без замкового устройства [без фиксации]
~ **ohne Schutzgrad** незащищённый штекерный соединитель
~, **stoßstellenarmer** согласованный (*по волновому сопротивлению*) штекерный соединитель
Steckverbindung *f* штекерное соединение
Steckvorrichtung *f см.* **Steckeinrichtung**
Steg *m* 1. (соединительная) перемычка 2. перемычка в многодырочных сердечниках 3. *зап.* поле механической сигналограммы (*промежуток между соседними канавками*) 4. коллекторная пластина 5. *изм.* мостик 6. *микр.* балочный вывод
Stegbefestigungstechnik *f* технология ИС с балочными выводами
Steghohlleiter *m* двухгребенчатый [Н-образный] волновод
Steg-Hohlleiter-Abschluß *m* (замыкающая) согласованная перемычка для двухгребенчатого волновода
Stegmagnetron *n* магнетрон с анодным блоком лопаточного типа
Stegmontage *f* сборка с балочными выводами
Stehbild *n* 1. неподвижное изображение 2. диапозитив
Stehbildwerfer *m* диапроектор
Stehpult *n* пульт для работы стоя
Stehwelle *f* стоячая волна
Stehwellenfläche *f* поверхность стоячей волны
Stehwellenmesser *m* измеритель стоячей волны
Stehwellenverhältnis *n* коэффициент стоячей волны, КСВ

Steifheit f 1. жёсткость 2. коэффициент упругости
Steigung f 1. подъём; нарастание 2. наклон 3. спад (*напр. кривой*) 4. крутизна (*напр. характеристики*) 5. шаг (*намотки*)
Steigungskoeffizient m коэффициент наклона, угловой коэффициент
Steilflanke f крутой фронт (*импульса*)
Steilheit f 1. крутизна 2. проводимость биполярного транзистора при коротком замыкании
Steilheitsgerade f линейная характеристика крутизны; линейный участок характеристики крутизны
Steilheitsgrad m степень крутизны
Steilheitsgrenzfrequenz f граничная частота усиления по току
Steilheitskennlinie f характеристика (изменения) крутизны
Steilheitsmesser m измеритель крутизны (*характеристики*)
Steilwandstruktur f пп структура с вертикальной стенкой (*создаётся анизотропным травлением*)
Steilwellenstoßgenerator m генератор колебаний прямоугольной формы
Stellantrieb m 1. исполнительный привод; привод исполнительного органа 2. сервопривод
stellbar 1. устанавливаемый; регулируемый 2. переставляемый; перемещаемый
Stellbefehl m 1. команда [сигнал] на исполнительный орган 2. *вчт* исполнительная команда
Stellbereich m 1. диапазон регулировки 2. диапазон уставки (*реле*)
Stelle f 1. положение; позиция; участок 2. разряд 3. место (*знака*); позиция (*разряда*) 4. станция 5. пункт; пост
~, **binäre** двоичный разряд
~, **dezimale** десятичный разряд
~, **duale** двоичный разряд
~, **dunkelste** наиболее тёмный участок (*изображения*)
~, **hellste** наиболее яркий участок (*изображения*)
~ **mit niedrigstem Wert** самый младший разряд (*числа*)
~ **pro Wort** разрядность ВМ
~, **weiße** белый участок (*изображения*)
Stelleingriff m см. **Stelleinwirkung**
Stelleinrichtung f исполнительное устройство
Stelleinwirkung f исполнительное [регулирующее] воздействие; воздействие на исполнительный орган
Stellelement n исполнительный элемент; исполнительное звено
stellen устанавливать; регулировать
Stellenanzahl f 1. разрядность, число разрядов 2. число ячеек (*памяти*)
Stellenauswahl f *вчт* выбор разрядности
Stellenbereichsüberschreitung f *вчт* переполнение разрядной сетки
Stellendauer f см. **Stellentaktzeit**
Stellenebene f разрядная матрица
Stellenimpuls m *вчт* 1. позиционный импульс (*определяет разряд*) 2. импульс опроса разрядов (*в ЗУ*)

Stellenkapazität f разрядная ёмкость (*количество разрядов*)
Stellenrechner m ЦВМ с поразрядной организацией обработки данных
Stellenschreibweise f позиционное представление (чисел); позиционная система счисления
Stellentaktzeit f период (одного) разряда; цифровой период; цифровой интервал
Stellenverschiebung f арифметический сдвиг
Stellenverschiebungsregister n сдвиговый регистр
~, **binäres** двоичный сдвиговый регистр
Stellenversetzung f сдвиг разряда
Stellenwert m, **Stellenwertigkeit** f вес разряда (*в позиционной системе счисления*)
Stellenwertschreibung f *вчт* запись в позиционной системе счисления; позиционное представление
Stellenwertsystem n позиционная система счисления
Stellenzahl f *вчт* 1. число разрядов 2. номер разряда 3. число ячеек (*памяти*)
Stellenzeit f см. **Stellentaktzeit**
Steller m 1. орган регулировки 2. *рег.* задатчик 3. *авт.* исполнительный орган
Stellfunktion f управляющая функция
Stellgerät n исполнительный блок
Stellgeschwindigkeit f скорость регулирования
Stellglied n см. **Stellelement**
Stellgrad m 1. коэффициент уставки (*реле*) 2. коэффициент нагрузки
Stellgröße f регулирующая величина; регулирующее воздействие
Stellgrößenabweichung f отклонение регулирующей величины; отклонение регулирующего воздействия
Stellhebel m рычаг управления
Stellkanal m *авт.* канал управления
Stellkennlinie f характеристика управления
Stellknopf m кнопка управления
Stellkommando n см. **Stellbefehl**
Stellkraft f перестановочное усилие
Stellkreis m цепь исполнительного устройства
Stellmotor m 1. исполнительный *или* отрабатывающий двигатель 2. серводвигатель
Stellorgan n исполнительный *или* регулирующий орган
Stellpotentiometer n 1. регулировочный потенциометр 2. отрабатывающий потенциометр
Stellpult n пульт управления
Stellrelais n исполнительное [командное] реле, реле управления
Stellring m установочное кольцо
Stellschraube f установочный винт
Stellschritt m *рег.* шаг перестановки [перемещения]
Stellsignal n устанавливающий [регулирующий, управляющий] сигнал
Stellsprungantwort f 1. реакция на скачок [на единичное воздействие] 2. переходная характеристика
Stellsteuerung f управление (с исполнительным перемещением)
Stellstrom m 1. управляющий ток 2. ток уставки (*реле*)

Stellstromkreis *m* цепь управления
Stellstückwagen *m* каретка с установочными штифтами
Stelltaste *f* кнопка управления
Stelltisch *m* пульт управления
Stelltrafo *m*, **Stelltransformator** *m* регулировочный трансформатор
Stelltransistor *m* регулировочный транзистор
Stellung *f* 1. положение 2. позиция; расположение 3. состояние 4. уставка (*реле*)
Stellungsabfrage *f* 1. *вчт* позиционный опрос 2. *тлм* циклический позиционный опрос
Stellungsanzeige *f* индикация положения
Stellungsferngeber *m* дистанционный датчик положения
Stellungsfernübertragung *f* дистанционная передача положения
Stellungsgeber *m* датчик положения
Stellungskode *m* позиционный код
Stellungskombination *f* ряд коммутационных положений
Stellungsrelais *n* позиционное реле
Stellungsrückführung *f* позиционная обратная связь
Stellungsrückmeldung *f* позиционное квитирование
Stellungssignal *n* позиционный сигнал, сигнал положения
Stellverstärker *m* регулируемый усилитель
Stellvorrichtungssystem *n* следящая система
Stellwerk *n* исполнительное устройство; исполнительный механизм; *рег.* позиционер
Stellwiderstand *m* регулировочный резистор; потенциометр
Stellzeit *f* время установки (*исполнительного органа*)
Stellzeug *n* см. Stellwerk
«Step-and-repeat»-Einrichtung *f* см. Stepper
Step-down-Kompatibilität *f* совместимость разрабатываемой системы с существующими
Stepper *m* установка последовательного шагового экспонирования, фотоповторитель
~, **ionenoptischer** ионно-оптическая установка последовательного шагового экспонирования
Step-recovery-Diode *f* (полупроводниковый) диод с резким восстановлением обратного сопротивления
Step-stress-Test *m* *над.* форсированные испытания со ступенчатым повышением нагрузок
Step-stress-Verfahren *n* *над.* метод форсированных испытаний со ступенчатым повышением нагрузок
Stereo *n* 1. стереофония 2. стереоскопия
Stereoabbildung *f* стереоскопическое изображение
Stereoambiofonie *f*, **Stereo-Ambiofonie** *f* (многоканальное) объёмное воспроизведение звука, стереоамбиофония
Stereoanlage *f* стереофоническая установка, стереоустановка
Stereoaufnahme *f* 1. стереофоническая запись, стереозапись 2. стереосъёмка
Stereoaufnahmekopf *m* стереофоническая головка записи

Stereoaufzeichnung *f* стереофоническая запись, стереозапись
Stereobandgerät *n* стереомагнитофон
Stereobegleitton *m* *тлв* стереофоническое звуковое сопровождение
Stereobereich *m* зона стереоэффекта
Stereobetrieb *m* режим «стерео»
Stereobild *n* стереоскопическое изображение, стереоизображение
Stereobilder *n pl* стереопара
Stereobox *f* стереоколонка
Stereobrille *f* стереоскопические очки
Stereodekoder *m* стереодекодер
Stereoeffekt *m*, **Stereoeindruck** *m* объёмный эффект, стереоэффект
Stereo-Elektronenmikroskop *n* стереоскопический электронный микроскоп
Stereoempfang *m* стереофонический приём
Stereoempfänger *m* стереофонический приёмник
Stereofernsehen *n* стереоскопическое телевидение, стереотелевидение
Stereo-Fernsehgerät *n* стереофонический телевизионный приёмник, стереофонический телевизор
Stereofonie *f* стереофония
~, **kopfbezogene** стереофоническое воспроизведение головными телефонами (*сигналов микрофонов «искусственной головы»*)
~, **raumbezogene** стереофоническое воспроизведение (двумя) разнесёнными громкоговорителями
Stereofonieempfangstechnik *f* техника стереофонического радиоприёма
stereofonisch стереофонический
Stereogerät *n* стереомагнитофон
Stereografie *f* стереорадиография
Stereo-Halbbilde *n pl* стереопара
Stereo-Heimbandgerät *n* бытовой стереомагнитофон
Stereohilfssignal *n* разностный сигнал, сигнал S (*в стереофонии*)
Stereoholografie *f* стереоголография
Stereohörfläche *f* зона стереоэффекта
Stereokanal *m* стереоканал
Stereokassettenabspielgerät *n* стереокассетный проигрыватель
Stereokassettengerät *n* кассетный стереомагнитофон
Stereoklangbild *n* стереофоническое звучание
Stereokoder *m* стереокодер
Stereokopf *m* стереоголовка
Stereokopfhörer *m* стереонаушники
Stereolautsprecher *m* стереогромкоговоритель
Stereomagnetbandgerät *n* катушечный стереомагнитофон
Stereomatrix *f* стереоматрица (*матрица формирования стереосигналов*)
Stereo-Meßtechnik *f* техника стереоизмерений
Stereomikrofon *n* стереомикрофон
Stereomikroskop *n* стериомикроскоп
Stereonachhall *m* стереореверберация
Stereonorm *f* норма на стереосигнал
Stereoplatte *f* стерео(грам)пластинка
Stereoplattenspieler *m* стереофонический проигрыватель

Stereoreproduktion f см. **Stereowiedergabe**
Stereorundfunkempfang m стереофонический (радиовещательный) приём
Stereorundfunkempfänger m стереофонический приёмник
Stereo-Rundfunk-Fono-Tonband-Kombination f стереокомбайн
Stereorundfunkgerät n стереофонический радиоприёмник
Stereorundfunksender m радиопередатчик стереозвука
Stereoschallplatte f стерео(грам)пластинка
Stereosignal n стереосигнал
Stereosystem n стереофоническая система
Stereoton m стереофоническое звучание; стереозвук
Stereotonbandgerät n стереомагнитофон
Stereotonkopf m стереофоническая головка
Stereotonsignale n pl стереосигналы; сигналы стереофонического сопровождения телевидения
Stereo-Übersprechdämpfung f разделение стереоканалов
Stereoübertragung f стереофоническая передача, стереопередача
Stereoverstärker m стереоусилитель
Stereovideorecorder m стереовидеомагнитофон
Stereowiedergabe f стереофоническое воспроизведение
Stern m 1. звезда 2. соединение (цепей) звездой 3. радиальная мира 4. «звезда» (*гиперболическая навигационная система*)
Sternantenne f антенна-звёздочка
Stern-Interferometer n звёздный интерферометр
Sternkette f звездообразная сеть радиолокационных станций
Sternnavigation f астронавигация
Sternnetz n, **Sternnetzwerk** n млф радиальная сеть
Sternpunkt m 1. нулевая точка, нейтраль 2. центр формирования (телевизионных) программ
Sternpunktleiter m нейтральный провод, нейтраль
Sternschreiber m рлк индикатор кругового обзора, ИКО
Sternstruktur f радиальная структура (*кабельной сети*)
Sternsystem n ктв радиальная система
Sterntag m звёздные сутки
Sternverbindung f соединение звездой
sternverseilt скрученный звездой (*о жилах кабеля*)
Sternweite f парсек (*единица длины*)
stetig 1. постоянный 2. устойчивый, стабильный 3. *мат.* непрерывный
Stetigkeit f 1. постоянство 2. устойчивость, стабильность 3. *мат.* непрерывность
Stetigrechner m непрерывно функционирующая ВМ
Steuer... см. тж **Steuerungs...**
Steueralgorithmus m алгоритм управления
Steueramplitude f 1. амплитуда управляющего воздействия 2. амплитуда модулирующего напряжения
Steueranschluß m 1. вывод управляющего электрода (*напр. тиристора*) 2. вывод затвора (*полевого транзистора*)

Steueranweisung f 1. инструкция [указание] по управлению (*аппаратурой*) 2. *вчт* оператор управления
Steuerauskoppelkammer f модулирующая камера, совмещённая с камерой отбора мощности
Steuerautomatik f автоматика управления; аппаратура автоматического управления
Steuerband n управляющая лента
Steuerbarkeit f управляемость
Steuerbaustein m см. **Steuereinheit**
Steuerbefehl m команда управления, управляющая команда
Steuerbefehlsregister n регистр управляющих команд
Steuerbefehlsspeicher m ЗУ или память для управляющих команд
Steuerbereich m область [диапазон] управления
Steuerbit n управляющий бит
Steuerblock m блок управления
Steuer-Bus m управляющая шина
Steuerbyte n управляющий байт
Steuercomputer m управляющая ВМ, УВМ
Steuerdaten pl управляющие данные
Steuerdrehmelder m сельсин-датчик
Steuerdrossel f модуляционный дроссель
Steuerdynamo-Ionenerregung f ионное возбуждение в системе генератор—двигатель
Steuereingang m вход управляющего сигнала; управляющий вход
Steuereingriff m см. **Steuereinwirkung**
Steuereinheit f 1. контроллер 2. управляющий модуль
~, **freiprogrammierbare** программируемый контроллер
Steuereinwirkung f управляющее воздействие
Steuerelektrode f 1. управляющий электрод 2. затвор (*полевого*) транзистора
~ **mit Schwimmpotential** плавающий затвор
Steuerelektronik f электроника (системы) управления
Steuerelement n управляющий элемент; элемент (системы) управления
Steuerempfänger m контрольный приёмник
Steuerempfindlichkeit f чувствительность по управлению
Steuerer m управляющее устройство; блок управления
Steuerfähigkeit f управляемость
Steuerfehler m ошибка или погрешность управления
Steuerfeld n 1. управляющее поле (*команды*) 2. область управления; область устройств управления 3. панель управления
Steuerfestwertspeicher m управляющее ПЗУ
Steuerfrequenz f 1. частота задающего генератора 2. частота возбуждения
Steuergatter n 1. управляющий (логический) элемент 2. затвор (*полевого транзистора*)
Steuergeber m (управляющий) датчик
Steuergenerator m задающий генератор
Steuergerät n 1. контроллер 2. автопилот
Steuergittereinsatzspannung f напряжение запирания управляющей сетки
Steuergitterfotozelle f фотоэлемент с управляющей сеткой

Steuergittermodulation f модуляция по управляющей сетке
Steuergittervorspannung f напряжение смещения на управляющей сетке
Steuergleichspannung f управляющее постоянное напряжение
Steuergleichung f уравнение управления
Steuerglied n управляющее звено, звено (системы) управления
Steuergrad m коэффициент управления
Steuergriff m рукоятка управления
Steuergröße f 1. управляющее воздействие 2. регулируемая величина
Steuerhebel m рычаг управления
Steuerhilfsimpuls m вспомогательный управляющий импульс
Steuerimpuls m управляющий [командный] импульс
Steuerimpulsgenerator m генератор управляющих [командных] импульсов
Steur-IS f für Schaltnetzteile ИС управления импульсными стабилизаторами напряжения
Steuerkammer f модуляционная камера
Steuerkanal m канал управления
Steuerkennlinie f 1. характеристика управления 2. модуляционная характеристика 3. пусковая характеристика (тиратрона)
Steuerkette f цепь управления
Steuerknopf m кнопка управления
Steuerknüppel m ручка [кнюпель] управления
Steuerkode m управляющий код
Steuerkommando n команда управления
Steuerkopf m головка записи канала управления
Steuerkreis m 1. контур управления; цепь управления 2. задающий контур (напр. генератора)
Steuerkreisschaltung f схема цепи управления
Steuerkristall m стабилизирующий кристалл; модулирующий кристалл
Steuerkurbel f рукоятка управления
Steuerleistung f 1. управляющая мощность 2. входная мощность (в цепи сетки)
Steuerleitung f линия управления; шина управления
Steuerleitungsnetz n сеть централизованного (оперативного) управления
Steuerlochstreifen m управляющая перфолента; программная перфолента
Steuerlogik f 1. управляющая логика 2. логические схемы (устройства) управления
Steuermagnet m управляющий (электро)магнит
Steuermagnetisierung f управляющее намагничивание
Steuermanöver n операция управления
Steuermerkmal n управляющий признак; управляющий индекс
Steuermodus m режим управления
Steuermöglichkeit f управляемость, возможность управления
Steuermotor m 1. управляющий (электро)двигатель, серводвигатель 2. исполнительный (электро)двигатель
Steuermultivibrator m задающий мультивибратор
steuern 1. управлять; регулировать 2. модулировать 3. наводить (напр. ракету)

Steueroperation f операция управления
Steuerorgan n 1. орган управления (напр. ручка, кнопка) 2. контроллер
Steueroszillator m задающий генератор
Steuerparameter m управляющий параметр
Steuerpotential n управляющий потенциал
Steuerpotentiometer n управляющий [задающий] потенциометр
Steuerprogramm n управляющая программа
Steuerpult n пульт управления
Steuerpunkt m 1. пункт управления, командный пункт 2. авт. объект управления
Steuerquarz m кварц задающего генератора; стабилизирующий кварц
Steuerquelle f источник возбуждения
Steuerquittungsschalter m командно-квитирующий ключ
Steuerraum m 1. командный пункт; тлв аппаратная 2. пространство группирования (в клистроне)
Steuerrechner m управляющая ВМ
Steuerrelais n реле управления (и автоматики)
Steuerresonator m 1. стабилизирующий резонатор 2. группирователь (клистрона)
Steuerröhre f 1. лампа задающего генератора 2. модуляторная лампа
Steuerrückführung f управляющая обратная связь
Steuersatz m 1. комплект аппаратуры управления 2. запись с управляющими данными
Steuerschalter m 1. управляющий выключатель 2. вчт программный переключатель 3. контроллер
Steuerschaltung f схема управления
~, **kontaktlose** схема бесконтактного управления
Steuerschärfe f 1. острота настройки (напр. приёмника) 2. авт. острота управления 3. коэффициент пропорциональности в формуле Баркгаузена (для статически приведённой характеристики электронной лампы)
Steuerscheibe f 1. распределительный диск 2. управляющий электрод (ЭЛП)
Steuerschicht f управляющий слой
Steuerschiene f шина управления
Steuerschrank m шкаф управления
Steuersender m задающий генератор
Steuersenderfrequenz f частота задающего генератора
Steuersequenz f последовательность (операций) управления
Steuersicherung f управляемая защита
Steuersignal n управляющий [командный] сигнал
Steuersignalaufbereitung f, **Steuersignalerzeugung** f формирование управляющего сигнала
Steuersignalsystem n система управляющих сигналов
Steuersignalverflechtung f введение управляющего сигнала
Steuersinn m направление управления
Steuerspannung f управляющее напряжение
Steuerspeicher m управляющее ЗУ; управляющая память; память или ЗУ устройства управления
Steuerspur f дорожка (канала) управления

Steuerstation f 1. станция управления 2. станция наведения
Steuersteg m 1. управляющая перемычка (*напр. в разрезном диноде*) 2. управляющий электрод (*в электронном индикаторе настройки*)
Steuersteilheit f крутизна управления
Steuerstrecke f *рег.* объект управления
~, **technologische** технологический объект управления
Steuerstrom m 1. управляющий ток 2. ток управляющего провода (*в криотроне*)
Steuerstromkreis m 1. цепь управляющего тока 2. цепь управления
Steuerstromlaufplan m схема соединений переключательных элементов
Steuerstromrelais n см. **Steuerrelais**
Steuerstufe f 1. задающий каскад 2. каскад задающего генератора
Steuersymbol n управляющий символ (*кода управления*)
Steuersystem n 1. система управления; система регулирования 2. система наведения
Steuertafel f панель [щит] управления
Steuertakt m такт [шаг] управления
Steuertastatur f клавиатура управления
Steuertaste f кнопка управления
Steuertechnik f техника (автоматического) управления
Steuerteil m 1. блок управления 2. модулятор (*радиопередатчика*)
Steuertisch m пульт управления
Steuerträger m *свз* управляющая [контрольная] несущая (частота)
Steuertransistor m управляющий транзистор
Steuerübertragung f передача (сигналов) управления
Steuerumschalter m программный переключатель
Steuer- und Regelsystem n (автоматическая) система управления и регулирования
Steuer- und Speichereinheit f см. **Steuerspeicher**
Steuerung f 1. управление; регулирование 2. модуляция 3. наведение (*напр. ракеты*)
~, **adaptive** адаптивное управление
~, **äußere** внешнее управление
~, **digitale** 1. цифровое управление 2. числовое управление
~, **direkte** прямое управление
~, **drahtlose** управление по радио
~, **duale** двойное управление
~, **externe** внешнее управление
~, **festverdrahtete** управление по жёсткой программе, *проф.* управление по зашитой программе
~, **fotoelektrische** фотоэлектрическое управление
~, **geschlossene** замкнутое управление, управление с обратной связью
~, **hierarchische** иерархическое управление
~, **indirekte** непрямое управление
~, **inertiale** инерциальное наведение
~, **intermittierende** прерывистое регулирование
~, **kontaktlose** бесконтактное управление
~, **lineare** линейное управление
~, **logische** логическое управление

~ **mit Kreisstruktur** замкнутое управление
~ **mit offenem Regelkreis** управление по разомкнутому циклу
~ **mit Rückführung [mit Rückmeldung]** см. **Steuerung, geschlossene**
~ **nach der Regelgröße** управление по регулируемой величине
~, **nichtselbsttätige** ручное управление
~, **numerische** числовое управление
~, **offene** разомкнутое управление, управление без обратной связи
~ **ohne Rückführung** см. **Steuerung, offene**
~, **rückführungsfreie [rückführungslose]** см. **Steuerung, offene**
~, **selbsttätige** автоматическое управление
~, **speicherprogrammierte** программное управление от ЗУ
~, **starre** жёсткое управление
~, **stetige** непрерывное управление
~, **stromabhängige** управление по току
~, **stufenlose** плавное управление
~, **sympathische** управление следящего действия
~, **trägheitsfreie** безынерционное управление
~, **transduktorische** управление посредством магнитного усилителя
~, **transversale** поперечное управление
~, **unmittelbare** прямое управление
~, **unstetige** дискретное [прерывистое] управление
~, **verbindungsprogrammierte** управление при помощи предварительно набранной (*напр. на коммутационной доске*) объединяющей программы
~, **zeitabhängige** управление по времени, управление в функции времени
~, **zeitoptimale** управление, оптимальное по времени
~, **zentrale [zentralisierte]** централизованное управление
Steuerungs... см. *тж* **Steuer...**
Steuerungsablauf m 1. процесс управления 2. *вчт* последовательность выполнения команд
Steuerungsabschnitt m участок управления
Steuerungsdiagramm n 1. *вчт* диаграмма [график] управления 2. *вчт* графическое представление (алгоритма) управления 3. схема управления (*напр. станком*)
Steuerungsfolge f последовательность (команд) управления
Steuerungsfunktion f управляющая функция
Steuerungshierarchie f иерархия (автоматизированной системы) управления
Steuerungslogik f логика (схем) управления
Steuerungsrechenmaschine f, **Steuerungsrechner** m управляющая ВМ
Steuerungsregister n 1. управляющий регистр; регистр команд 2. счётчик команд
Steuerungsstrategie f стратегия управления
Steuerungsstruktur f структура управления
Steuerungssystem n 1. система (автоматического) управления, САУ; система регулирования 2. система наведения
~, **automatisches** система автоматического управления, САУ

~, **automatisiertes** автоматизированная система управления, АСУ
~, **autonomes** автономная система управления
~, **digitales** цифровая система управления
~, **diskretes** дискретная система управления
~, **geschlossenes** замкнутая система управления, система управления с обратной связью
~, **logisches** логическая система (автоматического) управления
~, **offenes** разомкнутая система управления, система управления без обратной связи
Steuerungstechnik f техника (автоматического) управления
Steuerungsübergabe f передача (сигналов) управления
Steuerungsüberwachung f контроль работы системы управления
Steuerungs- und Regelungssystem n, **automatisches** система автоматического управления и регулирования
Steuerungszustand m режим управления
~, **erweiterter** режим расширенного управления
Steuerungszyklus m цикл управления
Steuerverstärker m 1. управляющий усилитель 2. *авт.* регулятор-усилитель
Steuerwähler m *тлф* контрольный искатель
Steuerwarte f пункт управления, командный пункт
Steuerweg m 1. канал управления 2. контрольный канал
Steuerwerk n блок [устройство] управления
Steuerwert m 1. управляющее воздействие 2. управляемая величина
Steuerwicklung f обмотка управления
Steuerwiderstand m регулировочный резистор
Steuerwirkung f управляющее воздействие
Steuerwort n управляющее слово; команда управления
Steuerzeichen n *см.* Steuersignal
Steuerzone f 1. *рег.* зона [область] управления 2. зона управления (*полевого транзистора*)
Steuerzustand m режим управления
Steuerzylinder m управляющий электрод (*ЭЛТ*)
Stibitz-Kode m код Стибитца, код с избытком три
Stichdurchschlag m точечный пробой
Stichel m *зап.* резец
Stichleitung f реактивный согласующий шлейф
Stichleitungsantenne f антенна с реактивным согласующим шлейфом
Stichleitungssystem n *ктв* тупиковая система
Stichprobe f 1. *мат.*, *вчт* выборка 2. *над.* выборочный образец 3. выборочное испытание
~, **doppelte** двойная выборка
~, **einfache** простая выборка
~, **einmalige** одинарная [однократная, разовая] выборка
~, **geordnete** упорядоченная выборка
~, **geschichtete** расслоённая выборка
~, **mehrfache** (много)кратная выборка
~, **sukzessive** последовательная выборка
~, **zufällige** случайная выборка
Stichprobenauswahl f процесс выборки, выборка
Stichprobenfunktion f выборочная функция, функция выборки

Stichprobenkontrolle f, **Stichprobenprüfung** f выборочное (контрольное) испытание
Stichprobenqualitätskontrolle f выборочный контроль качества
Stichprobenumfang m 1. количество выборок 2. объём выборки 3. объём выборочных испытаний
Stichprobenverfahren n метод выборочного контроля; выборочный метод
stichprobenweise выборочно
Stichprobenwert m выборочное значение
Stichprobenzählung f 1. выборочный учёт 2. *тлф* учёт числа разговоров выборочным методом
Stichprüfung f выборочное испытание
Stichtuner m шлейфовое настроечное устройство
Stichwahl f *инф.* случайный выбор
Stichwort n 1. *прогр.* ключевое слово 2. условный знак, сигнал (*напр. начала передачи программы*)
Stichzähler m 1. счётчик числа оборотов 2. *тлф* счётчик числа разговоров
Stickstoff-Laser m азотный лазер
Stiel m 1. рукоятка; ручка 2. стержень
Stielstrahler m стержневой (диэлектрический) излучатель
Stift m 1. штырь; штырёк; штифт 2. вывод 3. перо (*самописца*)
~, **reaktiver** реактивный штырь
Stiftabfühlung f контактное считывание
Stiftanschluß m штырьковое соединение; штырьковый вывод (*микросхемы*)
Stiftelektrode f штыревой электрод
Stiftentransportrad n *тлг* штифтовое лентоведущее колесо
Stiftenwalze f *тлг* штифтовой барабан; штифтовое колесо
Stiftkontakt m штырьковый контакт
Stiftkopplung f 1. штырьковое соединение 2. связь при помощи штыря
Stiftleiste f вилочная часть, вилка (*электрического соединителя*)
Stiftleitergehäuse n корпус (*напр. микросхемы*) с штырьковыми выводами
Stiftschreiber m приёмный аппарат Морзе
Stiftsockel m штырьковый цоколь (*лампы*)
Stigmatisieren n *опт.* стигматизация, коррекция астигматизма
Stigmator m *опт.* стигматор
Stillabstimmung f бесшумная настройка
Stille f (радио)молчание
Stillegung f останов; выключение, отключение
Stillsetzdruckknopf m кнопка останова
Stillsetzung f останов
Stillstand m 1. состояние покоя 2. *вчт* останов 3. простой (*ВМ*) 4. (радио)молчание
Still-Video n неподвижное изображение
Still-Video-Transceiver m устройство передачи и приёма неподвижных изображений
Stimmabdruck m запись речевых сигналов (по частоте и амплитуде)
Stimmband n диапазон частот речи
Stimmbandgrundfrequenz f первая гармоника спектра речевого сигнала
Stimmerkennung f вокалископия, распознавание голоса

STI

Stimmgabel f камертон
Stimulation f возбуждение, стимуляция
Stimuliergerät n возбуждающее устройство
Stimulusimpuls m возбуждающий импульс
Stirn f (передний) фронт (*импульса*)
~, **abgeflachte** пологий фронт
~, **steile** крутой фронт
Stirndauer f длительность фронта
Stirnfläche f **1.** лицевая [передняя] поверхность **2.** торец **3.** планшайба (*ЭЛТ*)
Stirnkante f передний фронт (*импульса*)
Stirnplatte f лицевая [передняя] панель
Stirnschwelle f см. **Stirn**
Stirnseite f торец
Stirnsteilheit f крутизна фронта (*импульса*)
Stirnwand f см. **Stirnplatte**
Stirnzeit f см. **Stirndauer**
Stitchbonden n *микр.* термокомпрессионная стежковая сварка, термокомпрессионная сварка «сшиванием»
Stitchschweißen n стежковая сварка, сварка «сшиванием»
stochastisch стохастический
Stöchiometrie f стехиометрия
Stockung f неполадка, сбой
Stoff m **1.** материал; вещество **2.** ткань (*напр. изоляционная*)
~, **antiferromagnetischer** антиферромагнитный материал
~, **beigegebener** *пп* примесь
~, **diamagnetischer** диамагнитный материал
~, **ferromagnetischer** ферромагнитный материал
~, **hartmagnetischer** магнитотвёрдый материал
~, **metamagnetischer** метамагнитный материал
~, **nichtleitender** непроводящий материал
~, **paramagnetischer** парамагнитный материал
~, **weichmagnetischer** магнитомягкий материал
Stoffhomogenität f однородность материала
Stoffinhomogenität f неоднородность материала
Stoffmenge f объём материала
Stofftransport m, **Stoffübertragung** f, **Stoffwanderung** f перенос материала; перенос вещества
Stoletow-Effekt m эффект Столетова, внешний фотоэффект
«**Stopfen**» n согласование скорости (*передачи символов цифрового сигнала*)
Stopfverfahren n метод согласования скорости (*передачи символов цифрового сигнала*)
Stopp m *вчт, зап.* останов
~, **harter** *проф.* тяжёлый останов
Stoppbefehl m команда останова; сигнал «стоп»
Stoppbit n стоповый бит
Stoppeinrichtung f стартстопный механизм
Stopphebel m *тлг* стоповый рычаг
Stoppimpuls m импульс останова
Stoppklinke f стопорная защёлка
Stopplage f *тлг* стоповое положение
Stoppolarität f стоповая полярность (*при передаче данных*)
Stoppschritt m **1.** *тлг* стоповая посылка **2.** сигнал останова
Stoppsignal n **1.** сигнал конца сообщения (*в факсимильной связи*) **2.** *вчт* сигнал останова **3.** *тлг* стоповая посылка

STÖ

Stopptaste f кнопка останова
Stoppzeit f длительность останова
Stöpsel m **1.** штепсель; штекер **2.** предохранитель-пробка
Stöpselfeld n **1.** коммутационное поле; коммутационная панель **2.** штепсельная панель
Stöpselwähler m штепсельный коммутатор
Stöpselwiderstand m штепсельный магазин сопротивлений
Stör... см. *тж* **Störungs...**
Störabblockung f подавление помех
Störablenkung f отклонение, вызванное помехой
Störabschwächung f ослабление помех
Störabstand m отношение сигнал/помеха
Störamplitude f амплитуда помехи
Störamplitudenmodulation f паразитная АМ
Störanfälligkeit f **1.** подверженность воздействию помех, чувствительность к помехам **2.** повреждаемость
Störanteil m **1.** составляющая помех **2.** степень влияния помех
Störanzeichen n признак повреждения
Störatom n *пп* примесный атом
Störaufnahme f запись помех
Störausstrahlung f паразитное излучение
Störaustaster m подавитель помех
Störaustastung f подавление помех
Störband n **1.** полоса помех **2.** *пп* примесная зона
Störbandleitung f *пп* проводимость примесной зоны
Störbeeinflußung f воздействие помех
Störbefreiung f **1.** подавление помех **2.** *рлк* очистка от помех **3.** устранение повреждений
Störbefreiungsgerät n **1.** устройство подавления помех **2.** *рлк* блок очистки от помех
Störbefreiungskode m **1.** код с исправлением ошибок **2.** помехозащитный код
Störbefreiungskondensator m помехоподавляющий конденсатор
Störbegrenzer(kreis) m ограничитель помех
Störbegrenzung f ограничение помех
Störbeiwert m величина мешающего воздействия
Störbereich m **1.** область (действия) помех **2.** область неуверенного (радио)приёма
Störbeseitigung f **1.** устранение помех **2.** устранение повреждений
Störbetrieb m аварийный режим
Störblindwiderstand m паразитное реактивное сопротивление
Störbreite f ширина полосы помех
Störbündel n *вчт* пакет ошибок
Störcharakteristik f характеристика помех
Störedektor m детектор ошибок
Stördetektorredundanz f ошибочное оповещение об ошибке (*при передаче данных*)
Störecho n **1.** мешающий отражённый сигнал **2.** ложный отражённый сигнал
Störeffekt m **1.** помеха **2.** мешающее действие, влияние помех
Störeindruck m восприятие помех
Störeinfluß m воздействие [влияние] помех
Störeinstrahlung f **1.** излучение помех **2.** помехи
Störemission f паразитное излучение
Stör-EMK f эдс помехи

Störempfindlichkeit f чувствительность к помехам
Stören n создание помех
Störer m 1. источник помех 2. (радио)передатчик помех
Störerkennung f обнаружение ошибки *или* погрешности
Störerscheinung f 1. возникновение помехи 2. помеха
Störexciton n *пп* примесный экситон
Störfaktor m 1. коэффициент шума 2. отношение сигнал/помеха
Störfeld n 1. поле помех 2. поле (магнитного) возмущения 3. искажающее поле
Störfeldstärke f напряжённость поля помех
Störfeldstärkemesser m измеритель напряжённости поля помех
Störfestigkeitsgrad m степень помехоустойчивости
«Störfeuer» n перекрёстная наводка
Störfilter n помехозащитный фильтр
Störfolie f фольга [фольговая лента] для создания помех (*РЛС*)
Störfreiheit f отсутствие помех
Störfrequenz f 1. частота (сигналов) помехи 2. *зап.* частота колебаний скорости носителя записи 3. *рег.* частота возмущающего воздействия
Störfunkstelle f мешающая радиостанция
Störgebiet n *см.* **Störbereich**
Störgenerator m генератор помех
Störgeräusch n 1. шумовая помеха 2. мешающий шум
~, **atmosphärisches** атмосферная помеха
~, **inneres** внутренние шумы
Störgrad m степень помех
Störgrieß m *рлк* точечные помехи (*на экране трубки*)
Störgröße f 1. величина помех 2. *рег.* величина возмущающего воздействия
Störhalbleiter m примесный полупроводник
Störhintergrund m фон помехи; фон шумов
Störimmunität f невосприимчивость к помехам, помехоустойчивость
Störimpuls m импульс помехи
Störinvertor m «инвертор помех» (*схема подавления помех в телевизорах*)
Störion n примесный ион
Störkapazität f паразитная ёмкость
Störkompensation f компенсация помех
Störkomponente f 1. составляющая помех 2. шумовая составляющая
Störleistung f мощность помех
Störleistungspegel m уровень мощности помех
Störleistungsverhältnis n отношение сигнал/помеха по мощности
Störleiter m *см.* **Störhalbleiter**
Störleitfähigkeit f, **Störleitung** f *пп* примесная электропроводность
Störlichteinfall m *тлв* мешающая засветка
Störmeldegerät n сигнализатор повреждений
Störmerkmal n признак повреждения
Störmesser m измеритель помех
Störmodulationsfunktion f передаточная функция паразитной модуляции

Störmodulationsgrad m коэффициент паразитной модуляции
Störmodulationspegel m уровень паразитной модуляции
Störmoiré m, **Störmuster** n паразитный узор на изображении; мешающий муар
Störniveau n 1. примесный уровень 2. уровень легирования 3. *см.* **Störpegel**
Störniveaubesetzung f заселённость примесного уровня
Störniveauschema n схема примесных уровней
Störobjekt n мешающий объект; мешающая цель
Störpegel m уровень помех
~, **industrieller** уровень промышленных помех
~, **innerer** уровень внутренних помех
Störpegelabstand m отношение сигнал/помеха
Störpegelmesser m измеритель уровня помех
Störphasenhub m паразитный фазовый сдвиг
Störprodukt n схемные помехи (*напр. в результате взаимной модуляции*)
Störquellenabschirmung f экранирование источника помех
Störrauschen n мешающий шум
Störreflexionen f pl *рлк* мешающие отражения
Störresonanz f нежелательный резонанс
Störschall m 1. мешающий звук; звуковая помеха 2. интерференционная помеха
Störschallausblendung f подавление мешающего звукового сигнала (*напр. шума иглы при воспроизведении грамзаписи*)
Störschutz m защита от помех
Störschutzdiode f диодный ограничитель помех
Störschutzfilter n помехозащитный [помехоподавляющий] фильтр
Störschutzfrequenzband n защитная полоса частот (*между смежными радиоканалами*)
Störschutzschaltung f схема защиты от помех
Störschwingungen f pl паразитные колебания
Störschwingungsgleichrichter m демпферный диод
Störsender m передатчик помех
~, **durchstimmbarer** перестраиваемый передатчик помех
Störsicherheit f помехозащищённость
Störsicherheitsgrad m степень помехозащищённости
Störsignal n 1. сигнал помехи 2. *тлв* паразитный сигнал передающей трубки 3. *вчт* паразитный [ложный] сигнал
Störsignalkompensation f 1. компенсация сигнала помехи 2. *тлв* компенсация паразитного сигнала передающей трубки
Störsignalüberprüfung f контроль сигнала помехи
Störsignalunterdrückung f подавление сигнала помехи
Störspannung f напряжение помех; мешающее паразитное напряжение
~, **tonfrequente** *тлв* напряжение помехи звуковой частоты
Störspannungsabstand m *см.* **Störabstand**
Störspannungsbegrenzer m ограничитель (напряжения) помех
Störspannungsgenerator m генератор (напряжения) шумов
Störspannungsunterdrückung f 1. подавление (на-

пряжения) помех 2. *микр.* коэффициент прямого прохождения сигнала в режиме хранения (*в устройстве выборки и хранения*)
Störspektrum *n* 1. спектр помех 2. спектр паразитных частот (*при дискретизации*)
Störsperre *f* помехоподавляющий фильтр
Störspitze *f* (остроконечный) импульс помехи; паразитный выброс (*на фронте импульса*)
Störstabilität *f* помехоустойчивость
Störstation *f* мешающая (радио)станция
Störstelle *f* 1. дефект (*кристаллической решётки*) 2. *nn* примесный центр 3. место повреждения 4. мешающая радиостанция 5. место неоднородности (*напр. линии*)
~, **atomare** атомный дефект
~, **chemische** дефект, вызванный атомом примеси
~, **eindimensionale** одномерный [линейный] дефект, дислокация
~, **Frenkelsche** дефект по Френкелю, дефект Френкеля
~, **isolierte** локальное нарушение (*кристаллической решётки*)
~, **kristalline** дефект кристаллической решётки
~, **linienhafte** *см.* Störstelle, eindimensionale
~, **nulldimensionale** [**punktförmige**] точечный дефект
~, **Schottkysche** дефект (по) Шотки
~, **stöchiometrische** стехиометрический дефект
~, **zweidimensionale** двухмерный дефект
Störstellen *f pl* 1. дефекты (*кристаллической решётки*) 2. примесные центры
~, **ausgedehnte** растянутые [вытянутые] дислокации
~, **eingebaute** введённые [встроенные] дефекты
~, **eingefrorene** неподвижные [фиксированные, замороженные] примесные центры
~, **ionisierte** ионизированная примесь
~, **tiefe** дефекты с глубокими уровнями
~, **wirksame** действующие [эффективные] примесные центры
Störstellenakzeptor *m* примесный акцептор
Störstellenatom *n* примесный атом
Störstellenband *n* примесная зона
Störstellenbeweglichkeit *f* подвижность примесей
Störstellendichte *f* концентрация примесей
Störstellendiffusion *f* диффузия примеси
Störstellendonator *m* примесный донор, донорная примесь
Störstellenempfindlichkeit *f* чувствительность [предрасположенность] к возникновению дислокационных и примесных нарушений
Störstellenerschöpfung *f* истощение примесных центров (*в результате ионизации*)
Störstellenerzeugung *f* образование примесных центров
Störstellenexciton *n* примесный экситон
Störstellenfotoemission *f* примесная фотоэмиссия
Störstellenfotoleitfähigkeit *f* примесная фотопроводимость
Störstellenfotowiderstand *m* примесный фоторезистор
störstellenfrei беспримесный
Störstellengebiet *n* примесная область
Störstellengehalt *m* содержание примесей

Störstellengradient *m* градиент концентрации примесей
Störstellenhalbleiter *m* примесный полупроводник
Störstellenkonzentration *f* концентрация примесей
Störstellenladungsträger *m* примесный носитель заряда
Störstellenleitfähigkeit *f*, **Störstellenleitung** *f* примесная электропроводность
Störstellenniveau *n* примесный уровень
Störstellenplatz *m* место (положение) примесных центров (*в кристаллической решётке*)
Störstellenprofil *n* профиль (распределения) примесных центров
Störstellenquelle *f* источник примеси
Störstellenreserve *f* резерв неионизированных примесных центров (*обусловливает температурную зависимость проводимости*)
Störstellenstreuung *f* рассеяние на примесях
Störstellenterm *m* примесный терм
Störstellenübergang *m* примесный переход
Störstellenumladung *f* перезарядка примесных центров
Störstellenverlauf *m* профиль распределения легирующей примеси
Störstellenverteilung *f* распределение примеси
Störstellenzahl *f* число дефектов (*кристаллической решётки*)
Störstellenzentrum *n* примесный центр
Störstellenzone *f* примесная зона
Störstellenzustand *m* 1. дефектное состояние (*кристаллической решётки*) 2. примесное состояние
Störstoff *m* 1. *nn* примесь 2. загрязняющее вещество
Störstoffkonzentration *f* концентрация примесей
Störstoß *m* короткий импульс помех
Störstrahlung *f* паразитное излучение
Störstrahlungsfestigkeit *f* устойчивость к паразитным излучениям
Störstreifenmuster *n* паразитный фоновый рисунок
Störstrom *m* паразитный ток
Störsuchantenne *f* антенна (для) обнаружения источника помех
Störsuchaufgabe *f* вчт тест для обнаружения неисправностей
Störsuchempfänger *m* разведывательный приёмник помех
Störsuchgerät *n* прибор (для) обнаружения источника помех
Störterm *m* примесный терм
Störtonamplitude *f* амплитуда звуковой помехи
Störunempfindlichkeit *f* нечувствительность к помехам
Störung *f* 1. помеха 2. *рег.* возмущение, возмущающее воздействие 3. *над.* повреждение; неисправность 4. *над.* нарушение (*связи*) 5. дефект (*см. тж* Störungen)
~, **abgerundete** гладкая помеха
~, **absichtliche** *см.* Störung, beabsichtigte
~, **anlagenbedingte** внутренняя помеха
~, **aperiodische** апериодическая помеха
~, **äußere** внешняя (*индустриальная*) помеха
~, **beabsichtigte** преднамеренная помеха

~, **dauernde** постоянное повреждение
~, **erdmagnetische** помеха от земного магнетизма
~, **harmonische** гармоническая помеха, помеха от излучений на гармониках
~, **impulsartige [impulsförmige]** импульсная помеха
~, **induktive 1.** индуцированная помеха **2.** *тлф* перекрёстная помеха; переходный разговор
~, **innere 1.** схемные шумы **2.** внутреннее повреждение
~, **kontinuierliche** гладкая помеха
~, **kristalline** дефект кристаллической решётки
~, **lokalisierte** локализованная [местная] помеха
~, **programmabhängige [programmbedingte]** программно-обусловленный отказ
~, **selektive** *рлк* прицельная [узкополосная] помеха
~, **stetige** гладкая помеха
~, **unbeabsichtigte** неорганизованная [случайная] помеха
~, **unregelmäßige** хаотическая [нерегулярная] помеха
~, **vorübergehende** проходящая помеха
Störungen *f pl* **1.** помехи **2.** *рег.* возмущения **3.** *над.* повреждения; неисправности **4.** нарушения (связи) **5.** *крист.* дефекты (*см. тж* **Störung**)
~, **aktive** *рлк* активные помехи
~, **aleatorische** *см.* **Störungen, zufällige**
~, **atmosphärische 1.** атмосферные помехи **2.** атмосферные возмущения
~, **außerirdische** космические помехи
~, **diskrete** дискретные помехи
~ **durch Erdschluß** помехи заземля (*на линии*)
~, **geplante 1.** организованные помехи **2.** *рлк* активные помехи
~, **industrielle** индустриальные помехи
~, **innere (statistische)** внутренние (статистические) помехи
~, **kosmische** космические помехи
~, **magnetische 1.** помехи от магнитных полей **2.** геомагнитные возмущения
~, **natürliche** *см.* **Störungen, atmosphärische**
~, **ortsfeste** помехи от дефектов структуры (*в ПЗС*)
~, **passive** *рлк* пассивные помехи
~, **statische 1.** *см.* **Störungen, atmosphärische 2.** помехи от статического электричества [от статических полей]
~, **statistische 1.** статистические помехи **2.** *киб.* случайные возмущения
~, **stoßartige** импульсные помехи
~, **streifenförmige** *зап.* полосатость изображения
~, **zeitweise** эпизодические помехи
~, **zufällige 1.** случайные помехи, флуктуации **2.** *киб.* случайные возмущения
Störungs... *см. тж* **Stör...**
Störungsanzeigegerät *n*, **Störungsanzeiger** *m* индикатор [указатель] повреждений
Störungsausregelung *f* **1.** устранение неисправностей **2.** подавление помех

Störungsbekämpfung *f* борьба с помехами; подавление помех
Störungsbeschneidung *f* ограничение помех
Störungsbeseitigung *f* **1.** подавление помех **2.** устранение повреждений *или* неисправностей
Störungsbestimmung *f* определение места повреждения
Störungsdiagnose *f* диагностика неисправностей *или* повреждений
Störungseinfluß *m* **1.** воздействие помех **2.** влияние повреждений
Störungseingrenzung *f* **1.** ограничение помех **2.** локализация повреждений
Störungseinkopplung *f* паразитная связь
Störungserkennung *f*, **Störungsermittlung** *f см.* **Störungsbestimmung**
Störungsfeld *n* поле помех
Störungsfilter *n см.* **Störschutzfilter**
störungsfrei 1. свободный от помех **2.** без повреждений **3.** безаварийный; безотказный; бесперебойный
Störungsgebiet *n* **1.** область (действия) помех **2.** область неуверенного (радио)приёма **3.** область [участок] возмущения **4.** участок нарушения (связи) **5.** область дефекта (*кристаллической решётки*)
Störungsgenerieren *n* **gegen Lasersysteme** лазерное противодействие
Störungskennzeichen *n* **1.** *над.* признак повреждения **2.** сигнал нарушения (связи)
Störungsmeldung *f* сигнализация о повреждении
Störungsparameter *m* параметр помехи
Störungsprogramm *n* программа обнаружения неисправностей
Störungsschreiber *m* регистратор повреждений
Störungsschutz *m* защита от помех
Störungssicherheit *f* помехозащищённость
Störungssignal *n* **1.** сигнал помехи; помеха **2.** *тлф* сигнал повреждения **3.** *рлк* мешающая отметка (*на экране индикатора*)
Störungssimulationsgerät *n* имитатор помех
Störungsspeicher *m* ЗУ для регистрации повреждений *или* неисправностей
Störungsstabilität *f* помехоустойчивость
Störungsstatistik *f над.* статистика неисправностей
Störungsstelle *f* место повреждения
Störungssuche *f* поиск неисправностей
Störungssucher *m тлф* линейный надсмотрщик
Störungsursache *f* причина повреждения *или* неисправности
Störungsverhütung *f* предотвращение повреждений
Störungsvermeidungsdienst *m* служба профилактического надзора
Störungsvierpol *m* шумящий [искажающий] четырёхполюсник
Störungszeichen *n* **1.** *рлк* мешающая отметка (*на экране индикатора*) **2.** сигнал повреждения
Störungszeitzähler *m* счётчик учёта времени повреждений
Störungszustand *m* состояние повреждения; аварийное состояние
Störunterdrücker *m* подавитель помех

STÖ

Störuntergrund *m* шумовой фон
Störverhältnis *n* отношение сигнал/помеха
Störverminderung *f* уменьшение помех
Störvermögen *n* 1. способность создавать помехи 2. мощность помех
Störwellenausschluß *m* подавление паразитных колебаний
Störwellenerregung *f* возбуждение паразитных колебаний
Störwert *m* 1. величина помехи 2. *см.* **Störwirkung**
Störwertaufzeichnung *f* регистрация [запись] величины помех
Störwirkung *f* *рег.* возмущающее [мешающее] действие
Störzentrum *n* примесный центр
~, **besetztes** заполненный примесный центр
Störziel *n* *рлк* ложная цель
Störzwischenfrequenz *f* помеха по промежуточной частоте
Stoß *m* 1. импульс 2. выброс; всплеск 3. удар; столкновение; соударение 4. стык □ **mit stumpfem** ~ собранный встык; **mit überlapptem** ~ собранный внахлёстку
Stoßablauf *m* ход [протекание] импульсного процесса
Stoßakt *m* столкновение; соударение
Stoßanregung *f* ударное возбуждение
Stoßantwort *f* реакция на единичный скачок; импульсная переходная характеристика
stoßartig 1. импульсный 2. ударный
Stoßbeanspruchung *f*, **Stoßbelastung** *f* ударная *или* импульсная нагрузка
Stoßcharakteristik *f* импульсная характеристика
Stoßdämpfung *f* потери [затухание] вследствие отражения
Stoßdauer *f* 1. длительность импульса 2. длительность соударения
Stoßdurchschlag *m* ударный пробой
Stoßelektron *n* бомбардирующий электрон
Stoßentladung *f* ударный разряд
Stoßerregung *f* ударное возбуждение
Stoßfaktor *m* 1. отношение величины выброса к установившемуся значению (*при переходном процессе*) 2. фактор соударений
Stoßfestigkeit *f* прочность на удар, ударостойкость
Stoßfläche *f* 1. зона стыка 2. плоскость раздела 3. *кв. эл.* плоскость соударений
Stoßfolge *f* последовательность [серия] импульсов
stoßfrei 1. плавный, безударный 2. без стыков 3. без соударений
Stoßfunktion *f* единичная импульсная функция
Stoßgalvanometer *n* баллистический гальванометр
Stoßgenerator *m* генератор импульсов, импульсный генератор
Stoßionisation *f* ударная ионизация
Stoßionisationszähler *m* счётчик Гейгера—Мюллера
Stoßkennlinie *f* импульсная характеристика
Stoßkompression *f*, **Stoßkontraktion** *f* ударное сжатие
Stoßkreis *m* контур ударного возбуждения

STR

Stoßlänge *f* длина пробега между соударениями, длина столкновения
Stoß-Lawinen-Laufzeit-Diode *f* лавинно-пролётный диод, ЛПД
Stoßmagnetisierung *f* ударное [импульсное] намагничивание
Stoßmodell *n* *яд. физ.* модель соударений
Stoßoszillator *m* блокинг-генератор
Stoßplatte *f* *яд. физ.* отражательная пластина
Stoßpolarität *f* полярность импульса
Stoßprüftechnik *f* 1. техника импульсных испытаний 2. техника испытаний на ударную прочность
Stoßquerschnitt *m* *яд. физ.* поперечное сечение столкновения
Stoßreaktion *f* 1. реакция на импульс 2. реакция на удар
Stoßrücken *m* срез импульса
Stoßschaltung *f* импульсная схема
Stoßspannung *f* 1. импульсное напряжение 2. волна перенапряжения
Stoßspannungsgeber *m*, **Stoßspannungsgenerator** *m* генератор импульсного напряжения
Stoßspannungswelle *f* ударная волна напряжения
Stoßspektrum *n* спектр импульса
Stoßstelle *f* 1. место [точка] удара *или* столкновения 2. место стыка, стык
Stoßstellenfreiheit *f* 1. отсутствие мест [точек] ударов *или* столкновений 2. отсутствие стыков
Stoßsteuerung *f* импульсное управление
Stoßstirn *f* фронт импульса
Stoßstrahlung *f* излучение при столкновении; ударное излучение
Stoßstrom *m* ударный ток
Stoßtest *m* испытание на ударостойкость
Stoßtransformator *m* импульсный трансформатор
Stoßübererregung *f* импульсное перевозбуждение
Stoßüberspannung *f* импульсное перенапряжение
Stoßunterdrückung *f* подавление импульсов *или* бросков (*тока или напряжения*)
Stoßverluste *m pl* потери вследствие столкновений
Stoßwahrscheinlichkeit *f* вероятность столкновения
Stoßwelle *f* 1. импульсная волна 2. ударная волна
Stoßwellenrücken *m* срез испульсной волны
Stoßwellenstirn *f* фронт импульсной волны
Stoßzahl *f* 1. число импульсов 2. число столкновений
Stoßzeit *f* интервал времени между столкновениями
Strahl *m* 1. луч (*см. тж* **Strahlen**) 2. пучок 3. вектор 4. струя
~, **abtastender** 1. *тлв* развёртывающий пучок 2. *рлк* сканирующий луч
~, **achsnaher** *см.* **Strahl, paraxialer**
~, **ausgeblendeter** диафрагмированный пучок
~, **ausgesandter** излучённый пучок
~, **außerordentlicher** необыкновенный луч
~, **austretender** выходящий пучок
~, **direkter** *рлк* прямой луч
~, **dünner** *см.* **Strahl, schmaler**

STR

~, **durchlaufender** проходящий луч
~, **einfallender** падающий луч
~, **elektronischer** электронный луч, пучок электронов
~, **energiereicher** пучок высокой энергии
~, **fächerförmiger** *рлк* веерный луч
~, **feiner** тонкий луч
~, **feingebündelter** острофокусированный пучок
~ **für Blau** *тлв* синий луч
~, **gebrochener** преломлённый луч
~, **gebündelter** сфокусированный пучок
~, **gepulster** пульсирующий пучок (*напр. света*)
~, **gerader** *см.* **Strahl, direkter**
~, **geschwindigkeitsgesteuerter** пучок, (про)модулированный по скорости
~, **kegelförmiger** конусообразный луч
~, **mehrfach reflektierter** многократно отражённый луч
~, **nichtgebündelter** несфокусированный пучок
~, **ordentlicher [ordinärer]** обыкновенный луч
~, **paraxialer** приосевой [параксиальный] луч
~, **punktförmiger** остронаправленный луч
~, **reflektierter** отражённый луч
~, **rotierender** *рлк* вращающийся луч
~, **schmaler** 1. узкий [острый] луч 2. коллимированный пучок
~, **schräger** наклонный луч
~, **strukturerzeugender** *микр.* 1. профилирующий луч 2. луч, формирующий структуру (*напр. при молекулярной эпитаксии*)
~, **umfassender** широкий [охватывающий] луч
~, **umlaufender** *см.* **Strahl, rotierender**
~, **umschaltbarer** *рлк* переключаемый луч
~, **ungebündelter** неколлимированный пучок
~, **weißer** луч белого света
~, **zurückgeworfener [zurückkehrender]** отражённый луч
Strahl... *см. тж* **Strahlen..., Strahlungs...**
Strahlablenker *m см.* **Strahldeflektor**
Strahlablenksystem *n* 1. *тлв* отклоняющая система, ОС 2. дефлектор (*лазера*)
Strahlablenkung *f* отклонение луча
Strahlablenkungsröhre *f* 1. лучевая лампа с поперечным управляющим полем 2. ЭЛТ для кодово-импульсной модуляции
Strahlablenkvorrichtung *f* 1. блок отклонения луча 2. *тлв* блок развёртки
Strahlabtastung *f* 1. *тлв* развёртка (электронным) пучком 2. сканирование радиолокационным лучом
Strahlachse *f* ось пучка
Strahlanode *f* лучевой анод
Strahlapertur *f* апертура луча
Strahlapertur-Korrektur *f тлв* апертурная коррекция
Strahlaufspaltung *f* расщепление пучка
Strahlauslenkwinkel *m* угол отклонения луча
Strahlausrichtung *f* 1. юстировка луча 2. коллимирование пучка
Strahlaustastung *f* гашение луча
Strahlbearbeitungstechnik *f* техника лучевой обработки
Strahlbegrenzungsblende *f* вырез(ыв)ающая диафрагма
Strahlbelastung *f* нагрузка на пучок (*в клистроне*)

STR

Strahlblech *n* лучеобразующая пластина (*ЭЛП*)
Strahlblenderöhre *f* масочный кинескоп
Strahlbündelung *f* фокусировка луча
Strahldeflektor *m* 1. (оптический) дефлектор 2. *тлв* отклоняющая система, ОС
Strahldichte *f* плотность пучка
Strahldimensionierungsblende *f* вырез(ыв)ающая диафрагма
Strahldivergenz *f* расходимость пучка
Strahldurchmesser *m* диаметр пучка
Strahlebene *f* плоскость излучателя
Strahleinfallswinkel *m* угол падения луча
Strahleinrichtung *f* юстировка луча
Strahleinschnürung *f* образование узлов в (электронном) пучке
Strahleinstellung *f* юстировка луча
strahlempfindlich фоточувствительный, светочувствительный
Strahlen *m pl* лучи (*см. тж* **Strahl**)
~, **divergierende** расходящиеся лучи
~, **dunkle** невидимые [инфракрасные] лучи
~, **konvergente** сходящиеся лучи
Strahlen... *см. тж* **Strahl..., Strahlungs...**
Strahlenauffanggerät *n* прибор для регистрации излучения
Strahlenaufweiter *m* расширитель пучка
Strahlenaustrittsfenster *n* 1. окно выхода излучения 2. окно прозрачности (*в атмосфере*) 3. *опт.* выходное окно
Strahlenbrechung *f* лучепреломление
Strahlenbrechungs(winkel)messer *m* рефрактометр
Strahlenbreite *f* ширина [раствор] пучка
Strahlenbündel 1. пучок лучей 2. световой пучок
~, **breites** широкий пучок лучей, широкий луч
~, **enges [schlankes]** узкий пучок лучей, узкий луч
~, **umlaufendes** циркулирующий пучок
Strahlenbündelregelung *f* управление пучком лучей
Strahlenbüschel *n см.* **Strahlenbündel**
strahlend, kontinuierlich непрерывно излучающий
Strahlendurchlässigkeit *f* лучепроницаемость
Strahlenempfänger *m* приёмник излучения
Strahlenenergie *f* 1. энергия пучка 2. энергия излучения
Strahlenerzeugung *f* возбуждение излучения
Strahlenfächer *m* веер излучения
strahlenfest радиационно стойкий
Strahlenfestigkeit *f* радиационная стойкость
Strahlenfilter *n* (свето)фильтр
Strahlengang *m* ход [траектория] луча
Strahlengangunterschied *m* разность хода лучей
Strahlengangzentrierung *f* центровка траектории луча
Strahlengatter *n* электронно-лучевое устройство сигнализации
Strahlengitter *n* решётка излучателя
Strahlenhärte *f* жёсткость излучения
Strahlenkegel *m* световой конус, сходящийся пучок лучей
Strahlenkonvergenz *f* сходимость лучей
Strahlenkonzentration *f* фокусировка луча
Strahlenleiter *m* световод
Strahlenmaske *f тлв* теневая маска
Strahlennachweis *m* обнаружение излучения

Strahlenoptik f геометрическая оптика
Strahlenquelle f источник излучения
Strahlenrelais n 1. реле, срабатывающее от детектора излучения; детектор излучения 2. *рег.* струйное реле
strahlenresistent *яд. физ.* радиационно устойчивый
Strahlenschranke f измерительное устройство с источником и детектором излучения
Strahlenschutz m 1. радиационная защита 2. тепловой экран (*катода*)
Strahlenschutzmaßnahmen f pl меры по радиационной защите
Strahlenschutzmessung f дозиметрия
Strahlenschutzüberwachung f радиационный контроль
Strahlensonde f детектор излучения
Strahlensteuerung f управление лучом
Strahlenteiler m 1. светоделительный блок 2. расщепитель пучка
Strahlenteilung f расщепление пучка
Strahlenteilungsprisma n светоделительная призма
Strahlenundurchlässigkeit f лученепроницаемость
Strahlenverlauf m *см.* **Strahlengang**
Strahler m 1. излучатель 2. электронный прожектор 3. эмиттер 4. источник света
~, **aktiver** активный излучатель
~, **gespeister** питаемый излучатель
~, **grauer** неизбирательный [неселективный] излучатель, серое тело
~, **hornförmiger** рупорный излучатель
~, **passiver** пассивный излучатель
~, **Planckscher [schwarzer]** (абсолютно) чёрное тело, полный излучатель
~, **selektiver** селективный излучатель
~, **stabförmiger** стержневой излучатель
~, **strahlungsgekoppelter** пассивный излучатель
~, **stroboskopischer** стробоскопический источник света
~, **ungerichteter** ненаправленный излучатель
Strahleremission f эмиссия (электронного) прожектора
Strahlerfußpunkt m основание вертикального излучателя
Strahlergruppe f 1. группа излучателей 2. многовибраторная антенна
Strahlerjustierung f юстировка (электронного) прожектора
Strahlerzeuger m, **Strahlerzeugungssystem** n электронный прожектор
Strahlerzipfel m *ант.* (боковой) лепесток излучения
Strahlerzipfelbeseitigung f *ант.* подавление (боковых) лепестков излучения
Strahlfokussierungslinse f фокусирующая (электронная) линза
Strahlfühler m детектор излучения
Strahlführung f управление лучом
Strahlgeometrie f геометрия пучка
Strahlgeschwindigkeit f 1. скорость (распространения) луча 2. скорость (развёртки) луча
Strahlhinlauf m прямой ход (электронного) луча
Strahlintensitätskontrolle f модуляция интенсивности пучка

Strahlinterferenz f интерференция лучей
Strahljustierung f юстировка луча
Strahlkanone f электронный прожектор
Strahlkatode f катод электронного прожектора
Strahlkohärenz f когерентность пучка
Strahlkollimierung f коллимация пучка
Strahlkonvergenz f сходимость пучка
Strahlkreuzpunkt m точка пересечения лучей, кроссовер
Strahlleistung f мощность излучения
Strahllenkung f *рлк, нвг* наведение по лучу
Strahlmaser m мазер на пучке молекул *или* атомов, пучковый мазер
Strahlmodulation f модуляция пучка
Strahlöffnungswinkel m угол раскрытия [раствора] пучка
Strahlort m положение луча
Strahlpentode f лучевой пентод
Strahlperveanz f постоянная пространственного заряда пучка, первеанс пучка
Strahlplatte f лучеобразующая пластина (*ЭЛП*)
Strahlpositioniergenauigkeit f *микр.* точность позиционирования луча
Strahlpumpe f струйный насос, эжектор
Strahlquerschnitt m поперечное сечение пучка
Strahlröhre f лучевой тетрод
Strahlrücklauf m обратный ход (электронного) луча
Strahlrücklaufverdunkelung f гашение обратного хода (электронного) луча
Strahlschärferegler m регулятор фокусировки луча
Strahlschranke f оптопара, оптрон
Strahlschreibgeschwindigkeit f скорость записи электронным лучом
Strahlschwenkung f 1. качание диаграммы направленности 2. качание [вобуляция] луча
Strahlsender m (релейный) передатчик с направленным излучением
Strahlsonde f *микр.* электронно-лучевой зонд
Strahlspaltung f расщепление (светового) луча
Strahlspaltungsspiegel m, **rotierender** вращающееся светоделительное зеркало
Strahlspannung f ускоряющее напряжение; потенциал пучка
Strahlspeicher m ЗУ с электронным лучом адресации (*записи*), электронно-лучевое ЗУ
Strahlspektroskopie f лучевая спектроскопия
Strahlsperrung f запирание [гашение] (электронного) луча
Strahlstabilisierung f стабилизация (интенсивности) электронного луча
Strahlsteuerelektronik f электронная система управления лучом
Strahlsteuerung f 1. *рлк, нвг* наведение по лучу 2. управление лучом
Strahlstreuung f расхождение луча; расфокусировка пучка
Strahlstrom m 1. ток (электронного) пучка 2. поток излучения
Strahlstrombegrenzung f ограничение тока луча (*кинескопа*)
Strahlstromdichte f плотность тока пучка
Strahlstromsteuerung f *тлв* динамическая регулировка тока пучка

Strahlstromunterdrückung *f* гашение [запирание] (электронного) пучка
Strahlsystem *n* катодно-модуляторный узел
Strahltechnologie *f* лучевая технология
Strahlteiler *m* устройство для расщепления пучка
Strahlteilreflektor *m* светоделительный отражатель
Strahlteilung *f* **in Objekt- und Referenzteile** деление пучка на предметный и опорный
Strahltetrode *f* лучевой тетрод
Strahlumlenkung *f* изменение хода луча
Strahlumschalter *m* переключатель *или* коммутатор лучей
Strahlung *f* излучение; радиация
~, **außerfokale** побочное излучение
~, **charakteristische** характеристическое излучение
~, **diffuse** диффузное излучение
~, **disperse** рассеянное излучение
~, **dunkle** тепловое [инфракрасное] излучение
~, **durchdringende** проникающая радиация
~, **energiereiche** 1. мощное излучение 2. жёсткое [проникающее] излучение
~, **erzwungene** вынужденное излучение
~, **extraterrestrische** космическое излучение
~, **fotoionisierende** фотоионизирующее излучение
~, **galaktische** галактическое излучение
~, **geladene** поток заряженных частиц
~, **harte** жёсткое [проникающее] излучение
~, **Hertzsche** электромагнитное излучение
~, **Heßsche** первичное космическое излучение
~, **heterochromatische [heterogene]** немонохроматическое излучение
~, **homogene** монохроматическое излучение
~ «**in Betrieb**» работа «в эфир»
~, **indirekte** косвенное излучение
~, **inkohärente** некогерентное излучение
~, **ionisierende** ионизирующее излучение
~, **kohärente** когерентное излучение
~, **kontinuierliche** непрерывное излучение
~, **kurzwellige** коротковолновое излучение
~, **langwellige** длинноволновое излучение
~, **lumineszente** люминесцентное излучение
~, **monochromatische** монохроматическое излучение
~, **nichtpolarisierte** неполяризованное излучение
~, **Plancksche** излучение Планка
~, **polarisierte** поляризованное излучение
~, **primäre** первичное излучение
~, **rückgestreute** обратное рассеянное излучение
~, **scharfgebündelte** остронаправленное излучение
~, **schwarze** излучение (абсолютно) чёрного тела
~, **selektive** избирательное [селективное] излучение
~, **sichtbare** видимое излучение
~, **spontane** спонтанное излучение
~, **stimulierte** вынужденное излучение
~, **thermische** тепловое [инфракрасное] излучение
~, **ungeladene** поток нейтральных частиц
~, **ununterbrochene** непрерывное излучение
~, **wilde** паразитное излучение
~, **zirkular polarisierte** излучение с круговой поляризацией
~, **zusammengesetzte** сложное [смешанное] излучение
γ-**Strahlung** *f* гамма-излучение
Strahlungs... *см. тж* **Strahl..., Strahlen...**
Strahlungsanregung *f* радиационное возбуждение
Strahlungsanteil *m* доза радиации, доза радиационного облучения
Strahlungsart *f* вид излучения
Strahlungsaufheizung *f* радиационный нагрев
Strahlungsausbeute *f* 1. кпд источника излучения 2. выход излучения
Strahlungsausbreitung *f* распространение излучения
Strahlungsausbruch *m* всплеск [вспышка] излучения
Strahlungsband *n* полоса излучения; спектр излучения
Strahlungsbereich *m* 1. зона облучения 2. область (спектра) излучения
Strahlungsbreite *f ант.* ширина лепестка излучения
Strahlungsbündel *n* пучок излучения
Strahlungsbündelung *f* фокусировка пучка излучения
Strahlungscharakteristik *f* характеристика излучения
Strahlungsdämpfung *f* затухание [ослабление] излучения
Strahlungsdetektor *m* детектор *или* приёмник излучения
Strahlungsdiagramm *n* диаграмма (направленности) излучения
~, **horizontales** диаграмма (направленности) излучения в горизонтальной плоскости
Strahlungsdichte *f* плотность излучения
Strahlungsdipol *m* активный вибратор
Strahlungsdispersion *f* дисперсия [рассеяние] излучения
Strahlungsdivergenz *f кв. эл.* угловая ширина пучка излучения
Strahlungsdruck *m* давление (светового) излучения
strahlungsdurchlässig лучепроницаемый
Strahlungsdurchschlag *m*, **Strahlungsdurchtritt** *m* прострел излучения
Strahlungseigenschaften *f pl* радиационные свойства
Strahlungseinfang *m* радиационный захват
Strahlungselement *n* излучающий элемент, излучатель
Strahlungsemission *f* лучеиспускание
Strahlungsempfänger *m* приёмник излучения
~, **hintergrundbegrenzter** приёмник излучения, ограниченный излучением фона
Strahlungsempfindlichkeit *f* радиационная чувствительность, чувствительность к облучению
Strahlungsenergiefluß *m* поток излучения; лучистый поток
strahlungserregt возбуждаемый излучением
Strahlungsfaktor *m* коэффициент излучения
Strahlungsfeld *n* поле излучения

Strahlungsfläche f излучающая поверхность; площадь лучеиспускания
Strahlungsflußdichte f плотность потока излучения
Strahlungsflußleistung f мощность потока излучения
Strahlungsgesetz n, **Wiensches** закон излучения Вина
Strahlungsgewinn m коэффициент направленного действия антенны
Strahlungsgleichgewicht n радиационное равновесие
Strahlungsgürtel m радиационный пояс
Strahlungshöhe f действующая высота (антенны)
Strahlungsimpedanz f (полное) сопротивление излучения
Strahlungsimplus m импульс излучения
strahlungsinduziert наведённый излучением
Strahlungsintensität f интенсивность излучения
Strahlungsionisation f ионизация излучением
Strahlungskegel m конус излучения
Strahlungskennlinie f характеристика излучения
Strahlungskeule f лепесток диаграммы (направленности) излучения
Strahlungskoeffizient m см. **Strahlungsfaktor**
Strahlungskonstante f постоянная излучения, постоянная Стефана — Больцмана
Strahlungskorrektur f радиационная поправка
Strahlungskreis m излучающий контур
Strahlungskühlung f радиационное [лучистое] охлаждение
Strahlungslänge f длина радиационной [излучаемой] волны
Strahlungslappen m см. **Strahlungskeule**
Strahlungsleistung f мощность излучения
strahlungslos нерадиационный, безызлучательный
Strahlungsmesser m радиометр
Strahlungsmessung f радиометрия
Strahlungsmode f мода излучения, излучаемый тип волны
Strahlungsmuster n диаграмма излучения
Strahlungsnachweisgerät n индикатор (уровня) излучения
Strahlungsnebenkeule f, **Strahlungsnebenlappen** m, **Strahlungsnebenzipfel** m боковой лепесток диаграммы (направленности) излучения
Strahlungsnormale f спектральная эталонная лампа
Strahlungspolarisationsgrad m степень поляризации излучения
Strahlungsquant n квант излучения, фотон
Strahlungsquelle f **1.** источник излучения **2.** кв. эл. источник пучка
Strahlungsradiospektrometer n кв. эл. пучковый радиоспектрометр
Strahlungsrekombination f излучательная рекомбинация
Strahlungsresistenz f радиационная стойкость
Strahlungsrichtcharakteristik f характеристика направленности излучения
Strahlungsrichtungswert m коэффициент направленности излучения

Strahlungsschaden m радиационное [лучевое] поражение
Strahlungsschadenschwelle f порог радиационного поражения
Strahlungsschreiber m прибор для снятия диаграммы (направленности) излучения
Strahlungsschutz m **1.** радиационная защита **2.** тепловой экран (катода)
Strahlungsschwächung f ослабление [затухание] излучения
Strahlungsschwächungskoeffizient m коэффициент ослабления излучения
Strahlungsschwankung f флуктуация излучения
Strahlungssicherheit f радиационная безопасность
Strahlungsspektrum n спектр излучения
Strahlungsstärke f интенсивность излучения
~, **spektrale** спектральная интенсивность излучения
Strahlungsstreuung f рассеяние излучения
~, **elastische** упругое рассеяние излучения
~, **unelastische** неупругое рассеяние излучения
Strahlungsstromdichte f плотность потока излучения
Strahlungsströmung f поток лучистой энергии, лучистый поток
Strahlungstemperatur f температура излучения
Strahlungsterm m энергетический уровень излучения
Strahlungsübergang m излучательный переход
Strahlungsunempfindlichkeit f радиационная нечувствительность
Strahlungsvakuummeter n радиометрический вакуумметр
Strahlungsvektor m вектор излучения, вектор Умова — Пойнтинга
Strahlungsverluste m pl потери на излучение, радиационные потери
Strahlungsvermögen n излучательная способность
Strahlungsverstärker m усилитель излучения
Strahlungswandler m преобразователь излучения
Strahlungswärme f лучистая теплота, теплота излучения
Strahlungswiderstand m сопротивление излучения (антенны)
Strahlungswinkel m **1.** угол излучения **2.** угол рассеяния (осветительного прибора)
Strahlungswirkungsgrad m эффективность [кпд] излучения
Strahlungszentrum n центр излучения
Strahlungszipfel m см. **Strahlungskeule**
Strahlungszusammensetzung f спектральный состав излучения
Strahlunterdrückung f гашение [запирание] (электронного) луча
Strahlverschlußblende f шторка или бленда перекрытия луча
Strahlversetzung f смещение [сдвиг] луча
Strahlverstärker m электронно-лучевой (параметрический) усилитель
Strahlwellenleiter m (лучевой) волновод
Strahlwelligkeit f пульсация (электронного) луча
Strahlwerfer m **1.** остронаправленная [узкона-

Strahlwinkel *m* угол излучения
Strahlwobbelung *f* вобуляция [качание] луча
Strahlzentrierung *f* центрирование [центровка] луча
Strahlzone *f* зона действия луча
Strang *m* 1. участок [ветвь] электрической цепи 2. фаза обмотки
Strangspannung *f* фазное напряжение
Strangwickeltechnik *f* технология совмещённых обмоток (*вертикального и горизонтального отклонения*)
strapping *англ.* связка (*магнетрона*)
Strapring(bügel) *m* кольцевая связка (*магнетрона*)
Straße *f* трасса, линия (*связи*)
Strategie *f т. игр* стратегия
Stratovision *f* 1. трансляция телевидения с помощью самолётов 2. спутниковая телевизионная передача
Straubel-Quarz *m* кварц со срезом Штраубеля
Streamer *m* стример, ручей (*напр. разряда*)
Streamer-Entladung *f* стримерный разряд
Strebe *f* подпора (*напр. мачты*); распорка (*напр. электрода*)
Strecke *f* 1. участок (*напр. радиорелейный*) 2. трасса, линия (*связи*) 3. *авт.* объект управления *или* регулирования 4. *мат.* отрезок
Strecken *f pl* **eines Programms** развёртывание циклов в программе
Streckenbefeuerung *f* трассовый светомаяк
Streckendämpfung *f связ* затухание на участке (*линии*)
Streckeneinrichtung *f связ* линейное оборудование
Streckenerprobung *f связ* проверка (трассы) по участкам
Streckenfernsprecher *m* переносный телефонный аппарат
Streckenfunkfeuer *n нвг* курсовой радиомаяк
Streckengeräusch *n* шум на трассе, шумы линии связи
Streckenisolator *m связ* линейный изолятор
Streckenlänge *f связ* 1. длина участка 2. длина трассы
Streckenmarkierungssender *m нвг* курсовой маркерный маяк; радиоориентир
Streckennavigation *f нвг* воздушное движение на трассах
Streckenrauschen *n см.* **Streckengeräusch**
Streckenrepeater *m* магистральный (линейный) усилитель
Streckensicherheit *f* надёжность передачи (*сигнала*) на участке
Streckensteuerung *f* управление (*воздушным движением*) на трассах
Streckenverluste *m pl связ* 1. потери на участке 2. потери на трассе
Strecker *m* положительное действительное число; модуль
streichen 1. стирать (*информацию, запись*) 2. гасить (*показания счётчика*)
Streichkontakt *m* трущийся [скользящий] контакт
Streifen *m* 1. полоса; полоска; дорожка 2. (перфо)лента 3. сенситограмма 4. свиль (*на стекле*) 5. *тлв* полосы; вертикальные полосы; продолжения, *проф.* «тянучки»
~, **endloser** бесконечная лента
~, **gelochter** перфорированная лента
~, **leitender** *микр.* токопроводящая дорожка
~, **magnetischer** магнитная лента, МЛ
Streifenabfühler *m см.* **Streifenabtaster**
Streifenabschwächer *m* ножевой аттенюатор
Streifenabtaster *m* устройство считывания с ленты
Streifenanschluß *m микр.* балочный вывод
Streifenapparat *m* ленточный буквопечатающий телеграфный аппарат
Streifenausgabe *f* вывод данных на ленту
Streifenbild *n* 1. изображение линейчатого спектра; линейчатый спектр 2. штриховая мира
Streifenbildung *f тлв* образование полос; образование вертикальных полос; образование продолжений
Streifenblattschreiber *m* ленточный самопишущий прибор, ленточный самописец
Streifendipol *m рлк* ленточный диполь (*для создания помех*)
Streifendomäne *f* полосовой домен
Streifendrucker *m* 1. телетайп 2. построчно-печатающее устройство
Streifeneinführung *f* заправка ленты
Streifeneingabe *f* 1. подача ленты 2. ввод данных с ленты
Streifenentladung *f* ленточный [скользящий] разряд
Streifenfeld *n* штриховое поле (*проверки линейности развёртки по экрану ЭЛТ*)
Streifenfilter *n* штриховой (свето)фильтр
Streifengeber *m* 1. ленточный трансмиттер 2. фольговый (тензометрический) датчик
Streifengeometrie *f* полосковая геометрия (*эмиттеров*)
Streifengeschwindigkeit *f* скорость (протяжки) ленты
streifengesteuert с (программным) управлением от (перфо)ленты
Streifengitter *n* решётка из полос (*одна из конструкций антенн СВЧ*)
Streifengrenze *f* граница дорожки *или* полоски
Streifenhologramm *n* ленточная голограмма
Streifenkode *m* код перфоленты
Streifenkodeumwandler *m* преобразователь кода перфоленты
Streifenlaser *m* полосковый лазер
Streifenleiter *m* полосковая линия
Streifenleiteranschluß *m* вывод полосковой линии
Streifenleiternetzwerk *n* (СВЧ-)схема на полосковых линиях
Streifenleitung *f* полосковая линия (*передачи*)
~, **symmetrische** симметричная полосковая линия
~, **unsymmetrische** несимметричная полосковая линия
Streifenleitungsabschnitt *m* секция полосковой линии
Streifenleitungsantenne *f* полосковая антенна
Streifenleitungsausführung *f* полосковое исполнение (*напр. антенны СВЧ*)

Streifenleitungsbauelement *n* полосковый узел
~, integriertes интегральный полосковый узел
Streifenleitungselement *n* полосковый элемент
Streifenleitungsfassung *f* 1. корпус (*ИС*) с полосковыми выводами 2. панель [патрон] (*для крепления ИС или транзисторов*) с полосковыми выводами
Streifenleitungsfilter *n* полосковый фильтр
Streifenleitungsleistungsteiler *m* полосковый делитель мощности
Streifenleitungsplatte *f* полосковая плата
Streifenleitungsresonator *m* полосковый резонатор
Streifenleitungssubstrat *n* основание полосковой платы
Streifenleitungszirkulator *m* полосковый циркулятор
Streifenlesegerät *n*, **Streifenleser** *m см.* **Streifenabtaster**
Streifenlichtleiter *m* полосковый световод
Streifenlocher *m* ленточный перфоратор
Streifenmuster *n* (испытательная) таблица в виде (горизонтальных) полос
Streifenraster *m* 1. полосатый растр 2. линейный растр; штриховая мира
Streifenriß *m* обрыв ленты
Streifenröhre *f* 1. *тлв* хроматрон 2. ленточная (осветительная) лампа
Streifenschiene *f* полосковая шина
Streifenschirm *m* штриховой экран
Streifenschreiber *m* 1. телетайп 2. ленточный самописец
Streifensender *m тлг* ленточный трансмиттер
Streifenspannung *f зап.* натяжение ленты
Streifenstruktur *f* (мешающая) структура в виде (тонких) полос
Streifensystem *n* 1. полосковая система (*антенны*) 2. система полосковых СВЧ-линий
Streifentransport *m* протяжка ленты
Streifentransporteinrichtung *f*, **Streifentransporteur** *m* лентопротяжный механизм
Streifenvorschub *m* протяжка ленты
Streifenvorschubgetriebe *n* привод лентопротяжного механизма
Streifenvorschubwerk *n* ленточный механизм
Streifenwellenleiter *m* полосковый волновод
Streifigkeit *f* **des Fernsehschirms** видность строчной структуры на экране телевизора
Streifung *f* 1. чередование светлых и тёмных полос 2. визуализация акустических волн методом дифракции света
Stress-sampling-Test *m над.* сочетание ресурсных и форсированных испытаний
Stretcher *m* расширитель (*импульса*); удлинитель (*линии*)
Streu... *см. тж* **Streuungs...**
Streuamplitude *f* амплитуда рассеяния
streuarm 1. с малым рассеянием 2. с малым разбросом (*напр. параметров*)
Streuausbreitung *f* распространение (*радиоволн*) за счёт рассеяния
~, troposphärische распространение (*радиоволн*) за счёт тропосферного рассеяния
Streubeleuchtung *f* рассеянное освещение; засветка (*экрана трубки*)

Streubereich *m* 1. область рассеяния 2. диапазон разброса (*напр. параметров*)
~ der Anregungsenergie разброс энергий возбуждения
Streubreite *f см.* **Streubereich 2.**
Streucharakteristik *f* характеристика рассеяния
Streuebene *f* плоскость рассеяния
Streueffekt *m* эффект рассеяния (*радиоволн, света*)
Streuelektronen *n pl* рассеянные электроны
Streuemission *f* паразитная эмиссия; паразитное излучение
streuen 1. рассеивать 2. разбрасывать
Streuer *m* 1. рассеиватель 2. радиатор
Streufaktor *m* 1. коэффициент рассеяния 2. коэффициент утечки 3. коэффициент разброса 4. коэффициент комптоновского рассеяния
Streufeld *n* поле рассеяния
Streufeldneutralisationsmagnet *m* магнит нейтрализации внешних полей
Streufläche *f* рассеивающая поверхность, поверхность рассеяния
Streufluß *m* (магнитный) поток рассеяния
Streugrad *m см.* **Streufaktor**
Streuimpuls *m* побочный импульс
Streuinduktivität *f* индуктивность рассеяния
Streukapazität *f* ёмкость рассеяния
Streukegel *m* конус рассеяния
Streukoeffizient *m см.* **Streufaktor**
Streukopplung *f см.* **Streurückkopplung**
Streukraftfluß *m см.* **Streufluß**
Streukraftlinien *f pl* силовые линии (магнитного) потока рассеяния
Streukreis *m опт.* кружок рассеяния
Streuleistung *f* мощность рассеяния
Streulicht *n* 1. рассеянный свет 2. паразитная (*рассеянная*) засветка (*экрана телевизора*)
Streulichtfilter *n* фильтр (*на трубке*) для устранения засветки
Streulichtmesser *m* (метеорологический) прибор для определения количества взвешенных частиц в атмосфере
Streulinse *f* рассеивающая линза
Streumechanismus *m рлк* устройство (для) разбрасывания (*металлизированных лент*)
Streuquerschnitt *m* эффективное сечение рассеяния
~, elastischer сечение упругого рассеяния
~, kohärenter сечение когерентного рассеяния
~, partieller сечение парциального рассеяния
~, unelastischer сечение неупругого рассеяния
Streuresonanz *f* паразитный резонанс
Streurückkopplung *f* паразитная обратная связь (*за счёт рассеяния*)
Streuschirm *m* рассеивающий экран
Streuschwund *m* замирание из-за рассеяния (*радиоволн*)
Streusignal *n* паразитный сигнал
Streuspektrum *n* спектр рассеяния
Streustrahler *m* источник рассеяния излучения
Streustrahlrichtfunkverbindung *f* направленная радиосвязь за счёт рассеяния (*радиоволн*)
Streustrahlung *f* побочное [паразитное] излучение
Streustrom *m* 1. блуждающий ток 2. ток утечки

Streusubstanz f рассеивающее вещество
Streuung f 1. рассеяние, рассеивание 2. утечка 3. разброс (*напр. значений*) 4. дисперсия
~, **atmosphärische** атмосферное рассеяние (*радиоволн*)
~, **diffuse** диффузионное рассеяние
~, **dynamische** динамическое рассеяние
~, **elastische** упругое рассеяние
~, **elektromagnetische** рассеяние электромагнитных волн
~, **inkohärente** некогерентное рассеяние (*частиц*)
~, **kohärente** когерентное рассеяние
~ **des Laserstrahles** (угловое) расхождение луча лазера
~, **quasielastische** квазиупругое рассеяние
~, **thermische** тепловое рассеяние
~, **troposphärische** тропосферное рассеяние (*радиоволн*)
~, **unelastische** неупругое рассеяние
Streuungs... *см. тж* **Streu...**
Streuungsmaß n мера рассеяния
Streuungsmeßwert m коэффициент рассеяния
Streuungsmodul m показатель рассеяния
Streuverluste m pl потери на рассеяние
Streuvermögen n рассеивающая способность
Streuverteilung f распределение разброса (*напр. значений параметра*)
Streuvorgang m 1. процесс рассеяния 2. *яд. физ.* акт рассеяния
Streuwelle f рассеянная волна
Streuwert m 1. величина рассеяния 2. величина разброса (измеренных) значений
Streuwinkel m 1. угол рассеяния 2. угол расхождения (*луча*)
streuwinkelabhängig зависящий от угла рассеяния
Streuwirkung f рассеивающее действие
Streuzahl f, **Streuziffer** f *см.* **Streufaktor**
Strich m 1. штрих; риска; деление (*шкалы*) 2. *тлг* тире 3. черта; линия
~, **magischer** электронно-световой индикатор (*настройки*), *проф.* «магический глаз»
Strichabstand m 1. *тлв* промежуток между штрихами (*испытательной таблицы*) 2. расстояние между штрихами (*дифракционной решётки*) 3. *изм.* интервал между делениями (*шкалы*)
Strichanzeige f штриховая (от)метка; изображение линии (*на экране осциллографа*)
Strichauflösung f *тлв* разрешающая способность по штриховому клину
Strichdichte f частота штриховки (дифракционной) решётки
Strichfächer m штриховая мира
Strichfokus m 1. *тлв* штрих-фокус 2. линейный [линейчатый] фокус (*в рентгенотехнике*)
Strichfokusröhre f 1. *тлв* хроматрон 2. трубка с линейным [с линейчатым] фокусом
Strichgebiet n зона слышимости сигналов тире (*курсового радиомаяка*)
Strichgitter n *см.* **Strichraster**
Strichhyperbel f гипербола сигналов тире в навигационных системах типа «Консол»
Strichkode m штриховой код
Strichkreuzraster m *тлв* сетчатое поле

Strichleistung f мощность в режиме непрерывного излучения
Strichpeilung f пеленгование по штриховой отметке (*на экране индикатора*)
Strich-Punkt-Antennenumtastung f коммутация элементов антенны для передачи сигналов «тире — точка» (*в навигационных системах*)
Strichraster m 1. штриховой [линейчатый] растр 2. *тлв* штриховая мира
Strichschärfe f чёткость (изображения) штрихов
Strichschrift f штриховая запись
Strichsignal n *тлг* сигнал тире; знак тире
Strichskale f шкала с штриховыми делениями
Strichsymbol n штрих (*знак*)
Strichvorlage f штриховой оригинал (*для репродукции*)
Strichzahl f *тлв* число штрихов (*миры*)
Strichzeichen n штрих; *тлг* знак тире, тире
Strichzeichengenerator m генератор штрихов
Strickmuster n *тлв* муар
stripline *англ.* полосковая линия (*передачи*)
Stripline-Fassung f *см.* **Streifenleitungsfassung**
Stripline-Gehäuse n корпус (*ИС*) с полосковыми выводами
Stripping-Reaktion f реакция срыва (*напр. колебаний*)
Stripping-Verfahren n метод удаления [снятия] (*фоторезиста*)
Strob m, **Strobimpuls** m стробирующий импульс, строб-импульс
Strobimpulsgeber m генератор стробирующих импульсов
Stroboskop n стробоскоп
stroboskopisch стробоскопический
Stroboskopscheibe f стробоскопический диск
Strobotron n строботрон
Strobsystem n стробирующее устройство
Strobumschalter m переключатель (длительности) стробирующих импульсов
Strobwiedergabe f *тлв* воспроизведение (*на экране кинескопа*) последовательности выделенных фрагментов (*изображения*)
Strom m 1. ток 2. поток 3. течение 4. поток событий (*в теории массового обслуживания*)
□ «**Strom—kein Strom**» «ток — пауза»; код с пассивной паузой
~, **aktiver** активный ток
~, **ausgeglichener** сглаженный (*от пульсаций*) ток
~, **ausgleichender** уравнивающий ток
~, **barrierengesteuerter** ток, управляемый напряжением барьера
~, **eingeprägter** подводимый ток
~, **eingeschwungener** установившийся ток
~, **einwelliger** (чисто) синусоидальный ток
~, **elastischer** гибкий поток
~, **feldeffektgesteuerter** ток, управляемый полем (*напр. затвора полевого транзистора*)
~, **fotoelektrischer** фототок
~, **gebündelter** сфокусированный поток (*электронов*)
~ **gleichbleibender Richtung** однонаправленный ток
~ **in Sperrichtung** обратный ток
~ **in Vorwärtsrichtung** прямой ток

~, **längsgerichteter** продольный ток
~, **lichtelektrischer** фототок
~, **mehrwelliger** несинусоидальный ток
~, **nacheilender** отстающий [запаздывающий] (*по фазе*) ток
~, **netzfrequenter** ток промышленной частоты
~, **positiver** *пп* дырочный ток
~, **raumladungsbegrenzter [raumladungsgesteuerter]** ток, ограниченный пространственным зарядом
~, **stationärer** установившийся ток
~, **thermoelektrischer** термоэлектрический ток, термоток
~, **totaler** 1. результирующий [суммарный] ток 2. результирующий поток
~, **trägerfrequenter** ток несущей частоты
~, **überlagerter** наложенный ток
~, **vagabundierender** блуждающий ток
~, **volumengesteuerter** ток, ограниченный объёмным зарядом
~, **voreilender** опережающий (*по фазе*) ток
~, **wandernder** блуждающий ток
~, **wellenfreier** ток, свободный от пульсаций
~, **welliger** пульсирующий ток
~, **zusammengesetzter** *см.* **Strom, totaler**
Stromabgleich *m* уравновешивание токов
Stromabhängigkeit *f* зависимость от тока
Stromableitung *f* утечка тока
Stromableitungszone *f* зона тока (*полевого транзистора*)
Stromabnehmer *m* 1. токосъёмник; токоприёмник 2. потребитель тока
Stromanteil *m* составляющая тока
Stromanzeige *f* индикация (*наличия*) тока; показание значения тока
Stromaufnahme *f* потребление тока
Stromaufwand *m* расход тока
Stromausfall *m* прекращение подачи тока; повреждение (питающей) сети
Strombahn *f* 1. линия тока 2. *микр.* токопроводящая дорожка
Strombank *f* источник нормированных токов
Strombauch *m* пучность тока
Strombeanspruchung *f* токовая нагрузка
Strombegrenzerdiode *f* токоограничивающий диод; диод стабилизации тока
Strombegrenzung *f* ограничение тока
Strombegrenzungswiderstand *m* токоограничивающий резистор
Strombelastbarkeit *f* допустимая токовая нагрузка; способность выдерживать токовую нагрузку
Strombelastung *f* токовая нагрузка
Strombereich *m* диапазон (изменения) тока
Strombezugspunkt *m* момент времени, в который ток импульсоа10% своего максимального значения
Strombrücke *f* шунтирующая перемычка, шунт
Stromdichtebereich *m* интервал плотностей тока
Stromdichtegleichung *f* уравнение плотности тока
Stromdrift *f* дрейф тока
stromdurchflossen находящийся под током; обтекаемый током
Ströme *m pl* 1. токи (*см. тж* **Strom**) 2. потоки
~, **Foucaultsche** токи Фуко, вихревые токи

~, **linienförmige** линейные токи (*напр. антенны*)
~, **punktförmige** точечные токи
Stromeinheit *f* 1. блок питания 2. единица (*величины*) тока 3. *тлг* токовая посылка
Stromeinschnürung *f* шнурование тока
Stromempfindlichkeit *f* чувствительность по току
Stromentnahme *f* отбор [съём] тока
Stromerhaltungsspule *f* реактивная катушка
Stromerzeuger *m* генератор тока
Stromfehler *m изм.* погрешность по току
Stromfeld *n* (магнитное) поле тока
Stromfluß *m* электрический ток
Stromflußmechanismus *m* механизм протекания тока
Stromflußwinkel *m* угол отсечки тока
stromfrei обесточенный
Strom-Frequenz-Konverter *m* преобразователь ток — частота
stromführend токопроводящий, токоведущий
Stromfunktion *f* токовая функция
Stromgabe *f* 1. подача тока 2. *тлг* токовая посылка
Stromgegenkopplung *f* отрицательная обратная связь по току
stromgesteuert управляемый током
Stromglätter *m* сглаживающий фильтр
Stromglättung *f* сглаживание пульсаций (выпрямленного) тока
Stromgleichhalter *m* стабилизатор тока
Stromgleichrichter *m* выпрямитель тока
Stromgleichung *f* уравнение (равновесия) тока
Strominjektion *f* инжекция носителей заряда
Strominverter *m* инвертор тока, токоинвертор
Stromkanal *m* токопроводящий канал
Stromkennlinie *f* токовая характеристика
Stromkippung *f* опрокидывание фазы тока
Stromkoinzidenz *f вчт* совпадение токов
Stromkonstante *f* 1. *изм.* постоянная (*гальванометра*) по току 2. постоянная составляющая тока
Stromkonstanthalter *m* стабилизатор тока
Stromkopplung *f* связь по току
Stromkreis *m* (электрическая) цепь, цепь тока; (электрический) контур
~, **äquivalenter** эквивалентная цепь
~, **äußerer** внешняя цепь тока
~, **falscher** *ркс* ложная цепь
~, **induktionsfreier** безындуктивная цепь
Stromkreiskarte *f* 1. монтажная карта 2. печатная плата
Stromkreiskennzeichnung *f* обозначение (электрической) цепи
Stromkreisrauschen *n* контурный шум
Stromkreisunterbrecher *m* прерыватель цепи тока
Stromkurve *f* характеристика изменения тока
Stromlauf *m* прохождение тока
Stromlaufplan *m* 1. цепь [путь] (прохождения) тока 2. (функциональная) схема соединений
Stromlaufschaltbild *n*, **Stromlaufschaltplan** *m*, **Stromlaufschaltschema** *f* (блочно-функциональная) схема соединений
stromleitend токопроводящий
Stromleitfähigkeit *f* электрическая проводимость, электропроводность

Stromleitpfad *m* микр. токопроводящая дорожка
Stromleitung *f* 1. электрическая цепь 2. электропроводность
Stromlichtcharakteristik *f* световая характеристика (*напр. фотоэлемента*)
Stromlichtstärkecharakteristik *f* характеристика зависимости яркости свечения (*люминофора*) от тока луча
Stromlinie *f* 1. линия потока, линия индукции 2. линия тока
Stromlosigkeit *f* отсутствие тока
Strommasche *f* контур тока
Strommitkopplung *f* положительная обратная связь по току
Strommodulation *f* 1. модуляция током 2. модуляция тока
Stromnulldurchgang *m* переход тока через нуль
Stromoberschwingung *f*, **Stromoberwelle** *f* (высшая) гармоника тока
Stromoffset *n* смещение тока
Strompfad *m* цепь тока
Strompulsation *f* пульсация тока
Stromquelle *f* 1. источник тока 2. блок питания
Stromquellenersatzschaltung *f* 1. эквивалентная схема источника тока 2. эквивалентная схема с источником тока
Stromquellentransistor *m* инжекторный транзистор
Stromrauschen *n* токовый шум
Stromregelröhre *f* баретер, газоразрядный стабилизатор тока
Stromregler *m* 1. регулятор тока 2. стабилизатор тока
Stromreiniger *m см.* **Stromglätter**
Stromrelais *n* реле тока
Stromresonanz *f* резонанс токов
Stromresonanzkreis *m* параллельный резонансный контур
Stromrichten *n* 1. выпрямление тока 2. преобразование тока
Stromrichter *m* выпрямитель тока
Stromrichtung *f* 1. направление тока 2. выпрямление тока
stromrichtungsabhängig зависящий от направления тока
Stromrichtungsumkehr *f* изменение направления тока
Stromrichtverstärker *m* мощный выпрямитель
Stromrückführung *f*, **Stromrückkopplung** *f* обратная связь по току
Stromsägezahngenerator *m* генератор пилообразного тока
Stromschalter *m* коммутатор тока, КТ
Stromschaltlogik *f* логическая схема с переключателями тока
Stromscheitelwert *m* максимальное значение тока
Stromschleife *f* петля [контур] тока
Stromschließer *m* 1. замыкатель (тока) 2. тлг манипулятор
Stromschließungsstoß *m* 1. тлф импульс замыкания 2. тлг токовый импульс
Stromschluß *m* замыкание (цепи) тока
Stromschnürung *f* шнурование тока
Stromschritt *m* тлг токовая посылка

Stromsenke *f* 1. потребитель тока 2. эквивалент токовой нагрузки
Stromseriengegenkopplung *f* последовательная отрицательная обратная связь по току
Stromspannungsbeziehung *f*, **Stromspannungscharakteristik** *f*, **Stromspannungsdiagramm** *n*, **Stromspannungskennlinie** *f*, **Stromspannungskurve** *f* вольт-амперная характеристика
Strom-Spannungs-Methode *f* метод измерения (*сопротивления*) по току и напряжению
Stromspeisung *f* электропитание
Stromspender *m* источник питания
Stromsprung *m* скачок [перепад] тока
Stromstaffelung *f* ступенчатая установка по току
Stromstärke *f* сила тока
Stromsteuerung *f* 1. управление током, управление по току 2. электрическое управление
Stromstoß *m* 1. импульс [выброс, всплеск] тока 2. тлг токовая посылка
Stromstoßentzerrer *m* фильтр для сглаживания импульсов тока
Stromstoßkombination *f* комбинация токовых посылок
Stromstoßreihe *f* серия токовых посылок
Stromstoßrelais *n* импульсное реле
Stromstoßschreiber *m* ондулятор
Stromstoßsender *m* 1. датчик [генератор] импульсов тока 2. тлф импульсник
Stromstoßübertragung *f* передача токовых посылок
Stromstoßverhältnis *n* импульсный коэффициент (*отношение времени замыкания к времени размыкания*)
Stromtastimpuls *m* манипулирующий импульс тока
Stromteiler *m* делитель тока
Stromteilerregel *f* закон разветвления токов
Stromteilung *f* разветвление тока
Stromtor *n* тиратрон (*дугового разряда*)
Stromtorimpulsgeber *m* тиратронный генератор импульсов
Stromträger *m* носитель заряда
Stromträgerbahn *f* длина пробега носителя заряда
Stromüberlastung *f* перегрузка по току
Stromübersetzungsverhältnis *n* коэффициент трансформации по току
Stromumkehr *f* изменение направления тока
Stromumrichter *m* преобразователь тока
Stromumschalter *m* переключатель диапазонов измерения тока
stromunabhängig независящий от тока
Strömung *f* 1. поток 2. течение (*напр. плазмы*) 3. обтекание
Strömungselement *n* струйный элемент
Strömungsgeschwindigkeit *f* скорость потока
strömungsmechanisch струйно-механический
Strömungsmetallisierung *f* металлизация струйным методом
Stromunterbrecher *m* прерыватель тока, токопрерыватель
Stromverbraucher *m* 1. потребитель тока 2. нагрузка
Stromverdrängung *f* 1. скин-эффект, поверхност-

ный эффект **2.** оттеснение (эмиттерного) тока к краю (эмиттерной) области
Stromverdrängungsfehler *m* погрешность (*измерения*) за счёт поверхностного эффекта
Stromverhältnis *n* (со)отношение токов (*напр. на входе и выходе*)
Stromverlauf *m* **1.** путь (прохождения) тока **2.** характеристика изменения тока
Stromversorgung *f* (электро)питание
~, **konstante** стабилизированное (электро)питание
~, **stromkonstante** питание стабилизированным током
Stromversorgungsgerät *n* блок питания
Stromversorgungsgeräusch *n* шум от источника питания
Stromversorgungskreis *m* цепь (электро)питания
Stromversorgungsnetz *n* силовая сеть
Stromversorgungsteil *m* блок питания
Stromverstärker *m* усилитель тока
Stromverstärkung *f* усиление по току
Stromverstärkungsfaktor *m*, **Stromverstärkungskonstante** *f* коэффициент усиления по току
Stromverteilung *f* токораспределение
Stromverteilungsmethode *f* метод распределения токов (*в антеннах*)
Stromverteilungsrauschen *n* шум токораспределения
Stromvervielfachungszahl *f* коэффициент усиления по току
Stromverzweigungsregel *f* закон разветвления токов
Stromwärme *f* джоулево тепло
Stromwärmeverluste *m pl* тепловые [джоулевы] потери тока
Stromwechsel *m* **1.** изменение направления тока **2.** полупериод
Stromwechselrichter *m* инвертор
Stromweg *m* **1.** путь тока **2.** линия электропередачи
Stromwelligkeit *f*, **Stromwellung** *f* пульсация тока
Stromwender *m* **1.** коммутатор тока **2.** коллектор тока **3.** реверсирующий переключатель, реверсор
Stromwendung *f* **1.** коммутация тока **2.** перемена направления тока
Stromwiderstandscharakteristik *f* характеристика ток — сопротивление
Stromzeichen *n* *тлг* токовая посылка
Stromzeit *f* время протекания тока
Stromzeitkennlinie *f*, **Stromzeitkurve** *f* характеристика ток — время
Strom-Zeit-Umsetzer *m* преобразователь ток — время
Stromzufuhr *f*, **Stromzuführung** *f*, **Stromzuleitung** *f* электропитание
Stromzuleitungszone *f* зона истока (*полевого транзистора*)
Stromzweig *m* ветвь тока
Strophotron *n* строфотрон
Strudelpunkt *m* фокус
~, **instabiler** неустойчивый фокус
Struktur *f* **1.** структура; система **2.** конструкция; строение **3.** форма, вид
~, **amorphe** аморфная структура

~, **dendritische** *крист.* дендритная структура
~, **diamantähnliche** алмазоподобная структура
~ **der dichtesten Kugelpackung** структура плотнейшей упаковки шаров
~, **dichtgepackte** *микр.* рисунок [структуры] с плотным размещением (*элементов*)
~, **elektronenstrahlbelichtete** *микр.* структура, сформированная электронным лучом
~, **fehlgeordnete** нарушенная структура
~, **fingerartige** гребенчатая структура
~, **flächenzentrierte** гранецентрированная структура
~, **geordnete** упорядоченная структура
~, **gestörte** нарушенная структура
~, **glasartige** стекловидная структура
~, **grobkörnige** крупнозернистая структура (*напр. люминофора*)
~, **hexagonale** гексагональная структура
~, **integrierte** интегральная структура
~, **inverse** инверсная [обратная] структура
~, **kammartige** гребенчатая структура
~, **komplementäre** комплементарная [дополняющая] структура
~, **kubische einfache** простая кубическая структура
~, **kubisch-flächenzentrierte** гранецентрированная кубическая структура
~, **kubisch-raumzentrierte** объёмно-центрированная кубическая структура
~, **lernende** обучающаяся структура (*система с искусственным интеллектом*)
~, **linienhafte** линейчатая структура (*напр. спектра*)
~, **nematische (homöotrope)** нематическая (гомеотропная) структура (*жидкого кристалла*)
~, **orthogonale** ортогональная структура (*дискретизации*)
~, **periodische** периодическая структура
~, **raumzentrierte** объёмно-центрированная структура
~, **rhombische** ромбическая структура
~ **Silizium auf dem Saphir** *пп* структура «кремний на сапфире», КНС-структура
~, **ungeordnete [verformte]** *фтт* неупорядоченная структура
~, **verschmolzene** *микр.* интегральная структура с совмещёнными областями
~, **verzweigte** разветвлённая структура
~, **zuverlässigkeitslogische** логическая схема надёжности
Strukturabmessung *f* размеры структуры
Strukturänderungsrate *f* *микр.*, *вчт* скорость изменения рисунка структуры (*при автоматизированном топологическом проектировании*)
Strukturätzen *n* *микр.* травление рисунка структуры
Strukturauflösung *f* *микр.* **1.** чёткость рисунка структуры **2.** разрешающая способность (формирования) структуры
Strukturbild *n* **1.** *микр.* рисунок структуры **2.** структурная схема
Strukturdatei *f* *вчт* файл структур; библиотека элементов (*ИС*)
Strukturdaten *pl* *микр.* топологические данные (*ИС*)

Strukturdefekt *m крист., микр.* дефект структуры
Strukturdetail *n микр.* элемент структуры
Strukturdiagramm *n* 1. скелетная схема; структурная схема 2. *ркс* структурная диаграмма 3. блок-схема программы
Strukturdichte *f* плотность (размещения) структур
Strukturelement *n* 1. структурный элемент блок-схемы 2. *микр.* (топологический) элемент структуры
~ **der Maske** топологический элемент шаблона
~ **under 1 μm** субмикронный размер элемента
strukturempfindlich структурно-чувствительный
Strukturerkennung *f* 1. распознавание структур 2. разпознавание образов
Strukturerzeugung *f микр.* 1. формирование рисунка структуры 2. изготовление структуры (*ИС*)
~ **durch Elektronenstrahl** *микр.* 1. электронно-лучевое формирование рисунка структуры 2. изготовление (элемента) структуры (*ИС*) электронным лучом
Strukturfaktor *m фтт* структурный фактор
Strukturfehler *m см.* **Strukturdefekt**
Strukturgehalt *m киб.* структурное содержание
Strukturgröße *f* (топологический) размер (элемента) структуры
Strukturhierarchie *f* иерархия структур
Strukturierung *f* 1. *микр.* формирование рисунка структуры; формирование рельефа структуры 2. структурирование (*напр. образование муара*)
Strukturierungsbelichtung *f микр.* экспонирование для формирования рисунка структуры
Strukturierungsschritt *m микр.* шаг формирования рисунка структур (*при пошаговой мультипликации*)
struktur-instabil структурно-неустойчивый
Strukturkopieranlage *f микр.* установка совмещения и экспонирования (*для копирования изображения фотошаблона на кремниевой пластине*)
Strukturlagegenauigkeit *f см.* **Strukturpositioniergenauigkeit**
Strukturlinie *f микр.* линия рисунка структуры
Strukturlosigkeit *f* аморфность
Strukturparameter *m микр.* параметр структуры
Strukturplazierung *f микр.* компоновка [размещение] компонентов структур (*ИС*)
Strukturpositioniergenauigkeit *f микр.* точность позиционирования рисунка структуры
Strukturprüfung *f* 1. структурное испытание; испытания на прочность 2. *микр.* контроль структуры (*ИС*)
Strukturschaltbild *n*, **Strukturschaltplan** *m*, **Strukturschaltung** *f*, **Strukturschema** *n* структурная схема
Strukturschreibfolge *f* последовательность формирования рисунка структуры
struktur-stabil структурно-устойчивый
Strukturstörung *f крист., микр.* дефект структуры
Strukturtest *m микр.* тест для контроля структур (*ИС*)
Strukturtyp *m* 1. структурный тип (*моделирующей установки*) 2. *микр.* тип структуры

Strukturüberdeckung *f микр.* (послойное) совмещение рисунков структур (*ИС*)
Strukturübertragung *f микр.* перенос рисунка структуры
Strukturumschaltung *f* 1. *авт., рег.* переключение структур управления *или* регулирования 2. *над.* переключение структур (*в системах с саморезервированием и самовосстановлением*)
Strukturunterbrechung *f микр.* прерывание рисунка структуры
Strukturvervielfältigung *f микр.* мультипликация изображений структур
Strukturzusammensetzung *f микр.* составление [компоновка] изображения структуры (*ИС*)
Strukturzuverlässigkeit *f* структурная надёжность
St-Signal *n* управляющий сигнал, сигнал управления
Stub *m* (реактивный) шлейф
Stückkontrolle *f см.* **Stückprüfung**
Stückliste *f* спецификация
Stückprüfung *f над.* стопроцентный контроль
Stückzahl *f над.* число испытываемых образцов
Studienkommission *f* исследовательская комиссия (*МККР*)
Studio *n* студия
~, **nachhallfreies [schalltotes]** студия без реверберации
Studioabhöreinrichtung *f* устройство прослушивания (*звукового сопровождения*) студийных телевизионных программ
Studioausgang *m тлв* выход студии; изображение программы на выходе студии (*на экране контрольного видеомонитора*)
Studioausrüstung *f тлв* аппаратно-студийное оборудование; оснащение аппаратно-студийным оборудованием
Studiobetrieb *m тлв* студийная эксплуатация
Studio-Bildkontrollgerät *n тлв* студийное видеоконтрольное устройство, студийное ВКУ
Studioeingang *m тлв* вход студии (*на выходе студийной камеры*)
Studio-Fernsehbandgerät *n* студийный видеомагнитофон
Studiokamera *f тлв* студийная камера
Studiomonitor *m* студийное видеоконтрольное устройство, ВКУ
Studio-Player *m* студийный плейер
Studioqualität *f тлв* студийное качество (*изображения*)
Studio-Regielautsprecher *m* (мощная) студийная режиссёрская громкоговорящая установка
Studioregler *m* регулятор уровня звука в студии
Studiostandard *m тлв* (цифровой) стандарт студии
Studiotakt *m* система синхронизации студии
Studiotechnik *f* 1. студийная аппаратура 2. техника студийных передач
Studiotonbandgerät *n* студийный магнитофон
Stufe *f* 1. ступень; стадия; этап 2. ступень(ка) 3. степень; градация (*серой шкалы*) 4. шаг (*напр. мультипликации*) 5. *изм.* декада 6. *вчт* уровень 7. каскад
~, **eigenerregte** каскад с самовозбуждением
~, **elektronengekoppelte** каскад с электронной связью

~, **fehlerhafte** неисправный каскад
~, **fremderregte** каскад с внешним возбуждением
~ **in Basisschaltung** каскад с общей базой
~, **logische** логический уровень
~, **unterscheidbare** различимая градация (*яркости*)
~, **zeitgesteuerte** хронируемый каскад
Stufenabschwächer *m* ступенчатый аттенюатор
Stufenaufteilung *f* 1. каскадирование 2. секционирование
Stufenbedeckung *f микр.* перекрытие ступенек, выравнивание микрорельефа структур (*напр. слоем диэлектрика*)
Stufenbegrenzer *m* каскадный ограничитель
Stufendrehschalter *m* 1. *тлф* шаговый (вращательный) искатель 2. ступенчатый (вращательный) переключатель
Stufeneffektivität *f* эффективность [кпд] каскада (*усиления фотоумножителя*)
Stufeneinstellung *f* ступенчатое регулирование
Stufenfolge *f* 1. последовательность этапов (*напр. процесса*) 2. градационная шкала
Stufenfrequenz *f* ступенчато изменяющаяся частота
Stufenfunktion *f* ступенчатая функция
stufengezogen *крист., пп* выращенный методом вытягивания с образованием зон чередующихся проводимостей
Stufengitter *n* эшелетт (*тип плоской дифракционной решётки*)
Stufengleichrichtung *f* многократное [ступенчатое] выпрямление
Stufenindex *m опт.* ступенчатый профиль показателя преломления
Stufenindexlichtfaser *f опт.* стекловолокно со ступенчатым профилем показателя преломления
Stufenindexlichtleiter *m* оптический световод со ступенчатым профилем показателя преломления
Stufenindex-Monomode(-Faser) *f* одномодовый волоконный световод со ступенчатым профилем показателя преломления
Stufenindex-Multimode(-Faser) *f* многомодовый волоконный световод со ступенчатым профилем показателя преломления
Stufenkennlinie *f* ступенчатая характеристика
stufenlos плавный
Stufenmaß *n* интервал, кратный шагу координатной сетки (*напр. чертежа печатной платы*)
Stufenmodulation *f* ступенчатая модуляция
Stufenprofil *n* ступенчатый профиль
Stufenprofilfaser *f* стекловолокно со ступенчатым профилем показателя преломления
Stufenprozeß *m* каскадный *или* ступенчатый процесс
Stufenregelung *f* ступенчатое регулирование
Stufenrelais *n* ступенчатое [многопозиционное] реле
Stufenschalter *m* ступенчатый выключатель
Stufenschaltung *f* 1. каскадная схема 2. каскадное соединение 3. ступенчатое включение
Stufenschaltwerk *n* контроллер

Stufensignal *n* (испытательный) сигнал ступенчатой формы
Stufenspannung *f* напряжение ступенчатой формы
Stufenspannungsverdoppler *m* каскадный удвоитель напряжения
Stufenspule *f* секционированная катушка
Stufentransformator *m* 1. секционированный трансформатор 2. межкаскадный трансформатор
Stufenüberdeckung *f* многослойное покрытие (*слоями из разных материалов*)
Stufenübergang *m* 1. *пп* резкий переход 2. ступенчатый переход (*в волноводах*)
Stufenumsetzer *m* ступенчатый преобразователь
Stufenversetzung *f крист., пп* ступенчатая дислокация
Stufenverstärker *m* (много)каскадный усилитель
Stufenverstärkung *f* усиление каскада
Stufenwachstum *n* ступенчатый рост (*кристаллов*)
Stufenwahl *f тлф* шаговое искание
Stufenwähler *m тлф* шаговый искатель, ШИ
stufenweise 1. по ступеням; покаскадно 2. скачкообразно, скачками
Stufenwicklung *f* секционированная обмотка
Stufenwiderstand *m* резистор с отводами
Stufenzahl *f* 1. число ступеней 2. число каскадов
Stufenzeitkennlinie *f* ступенчатая временна́я характеристика
Stufenzeitrelais *n* реле со ступенчатой выдержкой времени
Stufenziehen *n* выращивание (кристалла) с изменением скорости (*для формирования p—n-переходов в слитке*)
Stuffing-Verfahren *n* согласование скорости передачи (*символов цифрового сигнала*)
Stufung *f* 1. градация 2. секционирование 3. иерархизация
Stummabstimmung *f* бесшумная настройка
Stummschaltung *f* схема бесшумного переключения
Stumpfschweißen *n* контактная сварка встык
Sturm *m* 1. возмущение (*напр. ионосферное*) 2. буря (*длительное возмущение*)
~, **(erd)magnetischer** магнитная буря
Stützrelais *n* спаренное реле
Styroflexkondensator *m* стирофлексный конденсатор
Subbandübergang *m фтт, пп* переход между подзонами
Subbereich *m* поддиапазон
Subgitter *n* 1. *фтт* подрешётка 2. *мат.* подструктура
Subgraph *m* подграф
subharmonisch субгармонический
Subharmonische *f* субгармоника
Subhologramm *n* подголограмма
Subkanal *m* 1. канал поднесущей 2. канал вторичного уплотнения; подканал
Subkollektorumgrenzung *f микр.* конфигурация скрытого слоя коллектора
Sublimation *f* сублимация, возгонка
Submagistralnetz *n ктв* субмагистральная сеть

Submagistralverstärker *m ктв* субмагистральный усилитель
Submasterschablone *f микр.* копия эталонного (фото)шаблона
Submikrodehnungsgebiet *n* область сверхмалых расширений
Submikrometerauflösung *f микр.* субмикронная разрешающая способность
Submikrometerbereich *m* субмикронный диапазон
Submikrometerhürde *f микр.* субмикронный барьер
Submikrometersonde *f* субмикронный (лучевой) зонд
Submikrometerstruktur *f микр.* субмикронная структура; субмикронный размер элемента
Submikrometertechnik *f микр.* субмикронная техника
Submikron... *см. тж* **Submikrometer...**
Submikron-Technologie *f* субмикронная технология (*ИС*)
Submillimeterwellen *f pl* децимиллиметровые волны (*0,1—1 мм*)
Submillimeterwellenlaser *m* лазер децимиллиметрового диапазона
Submillimeterwellenmaser *m* мазер децимиллиметрового диапазона
Subminiaturisierung *f* микроминиатюризация
Subminiaturschaltungsaufbau *m* микроминиатюрная схемотехника
Subminiaturtechnik *f* техника микроминиатюризации
Sub-μm-FET *m* полевой транзистор с субмикронным каналом
Submodulator *m* подмодулятор
Subnanosekundenrechner *m* сверхбыстродействующая ВМ
Subniveau *n кв. эл.* подуровень
Subnormal *n* вторичный эталон
Sub-Nyquist-Abtastung *f* субдискретизация (*дискретизация с частотой ниже удвоенного значения наивысшей частоты аналогового сигнала*)
Subranging-A/D-Wandler *m* система двух последовательно включённых АЦП
Subreflektor *m* вспомогательное зеркало (*антенны*)
Subroutine *f* подпрограмма
Subskriptionsfernsehen *n* платное [абонентское] телевидение
Subskriptionskanal *m* канал платного телевидения
Substanz *f* вещество
~, **aktive** активное вещество (*лазера, мазера*)
~, **antiferroelektrische** антисегнетоэлектрик
~, **ferroelektrische** сегнетоэлектрик
Substituierung *f*, **Substitution** *f* 1. замена, замещение 2. *мат.* подстановка; замена (*переменных*); преобразование
Substitutionsatom *n пп* атом замещения
Substitutionsbefehl *m* команда замены
Substitutionsmessung *f* измерение по методу замещения

Substitutionsmethode *f* 1. *изм.* метод замещения 2. *мат.* метод подстановки
Substitutionsmischkristall *m крист.* смешанный кристалл замещения
Substitutionsstelle *f втч* разряд замещения
Substitutionsstörstelle *f* примесь замещения
Substrat *n* 1. подложка (*напр. микросхемы*) 2. основание (*печатной платы*)
~, **aktives** активная подложка
~, **festes** жёсткая [твёрдая] подложка
~, **fotoresistbeschichtetes** 1. подложка, покрытая фоторезистом 2. основание (*печатной платы*), покрытое фоторезистом
~ **für gedruckte Schaltung** основание печатной платы
~, **n-leitendes** подложка с электропроводностью *n*-типа
~, **passives** пассивная подложка
Substrataufnahmeteller *m* приёмная тарелка (для) подложек
Substratdotierung *f* легирование подложки
Substratebenheitsfehler *m* неплоскостность подложки
Substratgegensteuerung *f* (одновременное) противофазное управление по подложке
Substratgehäuse *n* корпус (для размещения) подложки
Substrathalter *m* 1. держатель подложек (*в вакуумной камере*) 2. кассета для подложек 3. держатель [зажим] печатных плат
Substrathandhabung *f* обработка подложки
Substrathöhe *f* толщина подложки
Substratjustiertisch *m* стол ориентации и совмещения подложки (*по осям x, y и углу φ*)
Substratmaterial *n* 1. материал подложки 2. материал печатной платы
Substratoberfläche *f* 1. поверхность подложки 2. поверхность печатной платы
Substratplatte *f см.* **Substrat**
Substratscheibe *f* пластина подложки
Substratscheibenanschliff *m* срез (сегмента) подложки
Substratscheibendicke *f* толщина подложки
Substratschreibfläche *f микр.* (лицевая) сторона подложки для формирования рисунка структуры
substratseitig со стороны подложки
Substratträger *m см.* **Substrathalter**
Substratunebenheit *f* неплоскостность подложки
Substratvorspannung *f* напряжение смещения подложки
Substratwiderstand *m* сопротивление подложки
Substruktur *f* субструктура
subsynchron подсинхронный
Subtotal *n* промежуточный итог; промежуточная сумма
Subträger *m* поднесущая (частота)
Subtrahier... *см.* **Subtraktions...**
Subtrahierer *m* вычитатель
Subtraktion *f* вычитание
Subtraktionsbefehl *m* команда вычитания
Subtraktionsimpuls *m* импульс вычитания
Subtraktionsschaltung *f* схема вычитания
Subtraktionstrieb *m*, **Subtraktionswerk** *n см.* **Subtraktor**

SUB

subtraktiv субтрактивный, вычитательный
Subtraktor *m вчт* вычитатель; вычитающее устройство
Subwelle *f* парциальная волна
Subwoofer *m* громкоговоритель для воспроизведения самых низких частот (25 — 60 Гц)
Suchablauf *m* процесс поиска, поиск
Suchantenne *f рлк* поисковая антенна
Suchbegriff *m* поисковый признак
Suchbereich *m рлк* зона поиска
Suchbetrieb *m* режим поиска, поиск
~, **automatischer** режим автоматического поиска
~, **statistischer** *мат.* статистический поиск
Suche *f см.* **Suchen**
Suchen *n* 1. *вчт, рлк* поиск 2. *тлф* искание
~, **binäres** [**bisektionelles, dichotomisches**] дихотомический [двоичный] поиск
~, **direktes** прямой поиск
~, **durch Springen** поиск с пропусками
~, **faktografisches** информационный поиск, поиск информации
~, **geordnetes** упорядоченный поиск
~, **sequentielles** последовательный поиск
~, **statistisches** случайный поиск
~, **überlapptes** поиск с перекрытием
~, **ungeordnetes** беспорядочный поиск
~, **verkettetes** *вчт* цепной [связной] поиск
Sucher *m* 1. *тлф* искатель 2. *тлв* видоискатель 3. визир(-искатель) 4. поисковый [разведывательный] радиоприёмник
~, **elektronischer** электронный видоискатель
~, **optischer** 1. оптический видоискатель 2. оптический локатор
Sucherbild *n* изображение (*на экране*) видоискателя
Sucherder *m* заземлитель для подслушивания
Sucherkanal *m тлв* канал видоискателя
Suchermonitor *m* видеоконтрольное устройство камеры
Suchersignal *n* сигнал (канала) видоискателя
Sucherwahlstufe *f тлф* ступень искания
Suchfehler *m* погрешность поиска
Suchfilter *n* корреляционный фильтр
Suchfrequenz *f* 1. поисковая частота 2. частота гетеродина автоматической подстройки
Suchfunk(meß)gerät *n* РЛС обнаружения целей
Suchgerät *n* 1. *авт.* поисковое устройство 2. *изм.* прибор для обнаружения неисправностей
Suchgerätempfänger *m* пеленгаторный приёмник
Suchgeschwindigkeit *f* скорость поиска (*напр. участка записи*)
Suchimpuls *m вчт* импульс поиска
Suchkippgenerator *m рлк* генератор поискового напряжения
Suchkode *m* код поиска
Suchkopf *m* головка самонаведения
Suchkriterium *n* критерий поиска
Suchlauf *m* 1. *рлк* пробег антенны в режиме поиска 2. *зап.* поиск фрагмента записи (*перемоткой с просмотром*)
~, **manueller** режим ручного поиска
Suchmerkmal *n* поисковый признак
Suchprogramm *n* программа поиска
Suchradar(gerät) *n* РЛС обнаружения целей

SUM

Suchregister *n* регистр признака (*в ассоциативном ЗУ*)
Suchreichweite *f рлк* дальность поиска; дальность обнаружения
Suchrichtung *f рлк* направление поиска
Suchschlüssel *m* поисковый ключ; поисковый код
Suchsektor *m рлк* сектор поиска
Suchspule *f* 1. поисковая катушка 2. *нвг* вращающаяся катушка (*гониометра*)
Suchstrahl *m рлк* поисковый луч
Suchsystem *n* 1. система поиска 2. информационно-поисковая система, ИПС
~, **automatisches** система автоматического поиска
Suchtonanalyse *f* анализ речи методом скользящего тона
Suchtonmethode *f* метод скользящего тона (*при анализе речи*)
Suchumschaltung *f* переключение поиска
Such- und Landedienst *m косм.* служба поиска и приземления
Such- und Nachstimmvorrichtung *f* устройство для настройки и подстройки
Suchverfahren *n* метод поиска
Suchvorgang *m* 1. *рлк* поиск 2. настройка (*приёмника*)
Suchwähler *m тлф* искатель
Suchwinkel *m* угол захвата (*системы самонаведения*)
Suchwort *n* слово-признак (*в ассоциативном ЗУ*)
Suchzeit *f* время поиска
Suchzyklus *m* цикл поиска
Suhl-Effekt *m пп* эффект Зула
Sukzessivschaltungsschema *n* схема последовательного включения
Sulfidschirm *m* сульфидный экран (*трубки*)
Summation *f* суммирование, сложение
Summations... *см. тж* **Summier..., Summierungs...**
Summationskette *f вчт* суммирующая цепь
Summationskontrolle *f* контроль [проверка] суммированием
Summationsregister *n* регистр суммирования
Summator *m* сумматор
Summen *n* жужжание; гудение; зуммирование
Summenbildung *f* суммирование, образование суммы (*напр. для контроля*)
Summendämpfung *f* суммарное затухание
Summenfrequenz *f* 1. суммарная частота 2. частота суммарного сигнала, частота сигнала М (*в стереофонии*)
Summengang *m* полный цикл
Summenglied *n* суммирующее звено; суммирующий элемент
Summenhub *m* суммарная девиация частоты
Summenintegrator *m* суммирующий интегратор
Summenkontrolle *f вчт* контроль [проверка] суммированием
Summenkreisel *m нвг* интегрирующий гироскоп
Summenlokalisation *f* суммарная локализация (*в стереофонии*)
Summenleitungspegel *m* суммарный уровень (*передачи*) в линии
Summen-Mischtrafo *m* суммирующий трансформатор

SUM

Summenprobe *f*, **Summenprüfung** *f см.* **Summenkontrolle**
Summenregel *f* **1.** *инф.* правило сложения (*вероятностей*) **2.** правило сумм
Summenschalter *m* общий выключатель
Summenschaltung *f* суммирующая схема
Summenspeicher *m* ЗУ *или* память сумм
Summensteller *m* регулятор баланса (*в стереосистемах*)
Summenverstärker *m* суммирующий усилитель
Summenzeichen *n* знак суммирования
Summenzeitkonstante *f* суммарная постоянная времени
Summer *m* зуммер
Summeranruf *m* *тлф* зуммерный вызов
Summerzeichen *n* *тлф* зуммерный сигнал
summierend суммирующий; интегрирующий
Summierer *m* сумматор
Summierintegrator *m* суммирующий интегратор
Summierstufe *f* суммирующий каскад
Summierung *f* суммирование, сложение
Summierungseinrichtung *f* суммирующее устройство
Summierungsverstärker *m* суммирующий усилитель
Summton *m* **1.** *тлф* зуммерный тон **2.** шум от фона (*переменного тока*)
Sumpf *m* противолокационное покрытие
Super *m см.* **Superhet(erodynempfänger)**
Super 8 формат Супер-8, S8 (*формат записи на плёнку или ленту шириной 8мм*)
Superarbeitsspeicher *m* сверхоперативное ЗУ, СОЗУ
Superchip *n* **1.** сверхкристалл, суперкристалл (*СБИС*) **2.** сверхбольшая ИС, СБИС
Super-Computer *m* сверхбольшая ЭВМ, супер-ЭВМ
Superemitron *n* супериконоскоп
Superempfindlichkeit *f* сверхчувствительность
Supergainantenne *f см.* **Supergewinnantenne**
Supergewinn *m* сверхнаправленность (*антенны*)
Supergewinnantenne *f* сверхнаправленная антенна
Supergitter *n* **1.** *фтт* сверхрешётка **2.** *мат.* сверхструктура
Superhet(erodynempfänger) *m* супергетеродинный (радио)приёмник
Superhet(erodyn)prinzip *n* принцип супергетеродинного приёма
Super-High-Grade-Videokassette *f* видеокассета наивысшего качества
superhoch сверхвысокий
Superikonoskop *n* супериконоскоп
Superinjektionslogik *f* суперинжекционная логика
Superisokon *n* суперизокон
Superkremnikon *n* суперкремникон
Superkupfer *n* сверхчистая медь
Super-Lumineszenzdiode *f* суперлюминесцентный диод
Supermalloy *n* супермаллой (*магнитный материал*)
Supermendur *m* супермендур (*магнитный материал*)
Super-Mode-Laser *m* одночастотный лазер; одномодовый лазер

SUS

Supermodulation *f* перемодуляция
Supernocticon *n* суперноктикон (*сверхчувствительная передающая телевизионная трубка*)
Super-Nyquist-Abtastung *f* супердискретизация (*дискретизация с частотой выше удвоенного значения наивысшей частоты аналогового сигнала*)
Superorthikon *n* суперортикон
Superphantom *n*, **Superphantomkreis** *m* суперфантомная цепь
Superponierung *f*, **Superposition** *f* суперпозиция, наложение
Superpositionskode *m* суперпозиционный код
Superpositionssatz *m* теорема наложения
Superprogramm *n* суперпрограмма
Superrefraktion *f* повышенная рефракция
Superregenerativ... суперрегенеративный
Supersonikgebiet *n* область сверхзвуковых скоростей
Superstrahlung *f* высокоинтенсивное излучение
Superstrahlungslaser *m* сверхлюминесцентный лазер
Superstrahlungsübergang *m* *кв. эл.* сверхизлучательный переход
Superturnstileantenne *f* Ж-образная антенна
Supervidikon *n* супервидикон
Supervisor *m* *вчт* супервизор; управляющая программа
Supervorsatz *m* коротковолновая приставка (*к радиоприёмнику*)
Superzeichen *n* сложный символ (*состоит из элементарных знаков*)
Supraleiter *m* сверхпроводник
Supraleiterlaser *m* сверхпроводящий лазер
supraleitfähig сверхпроводящий
Supraleitfähigkeit *f* сверхпроводимость
Supraleitfähigkeitsgrenztemperatur *f* температура перехода в сверхпроводящее состояние
Supraleitung *f* сверхпроводимость
Supraleitungsgleichstrom *m* постоянный ток сверхпроводимости
Supraleitungsspeicher *m* сверхпроводниковое ЗУ; сверхпроводниковая память
Supraleitungsstrom *m* ток сверхпроводимости; ток через сверхпроводник
Supraleitungsverstärker *m* усилитель на сверхпроводниках
Supraleitungswechselstrom *m* переменный ток сверхпроводимости
Supraleitungszustand *m* сверхпроводящее состояние
Suprastrom *m см.* **Supraleitungsstrom**
Surface-Barrier-Transistor *m* поверхностно-барьерный транзистор
Surren *n* жужжание; гудение; зуммирование
Suszeptanz *f* реактивная проводимость
Suszeptibilität *f* **1.** восприимчивость **2.** магнитная восприимчивость
~, **anhysteretische 1.** обратимая восприимчивость **2.** обратимая магнитная восприимчивость
~, **elektrische** диэлектрическая восприимчивость
~, **inversionelle** *кв. эл.* восприимчивость при инверсии

~, **magnetische** магнитная восприимчивость
~, **normale paramagnetische** свпр парамагнитная восприимчивость в нормальном состоянии
S-Verzeichnung f, **S-Verzerrung** f тлв S-образное искажение (*растра*)
SW-... *см.* **Schwarz-Weiß-...**
Sweep-Generator m свип-генератор, генератор качающейся частоты, ГКЧ
Swerling-Faktor m коэффициент Шверлинга (*учитывает изменение поперечного сечения луча, отражённого от подвижной цели*)
S-Wert m *см.* **Synchronisationspegel**
SWF-Dienst m, **SWF-Verkehr** m автоматическая междугородная связь
Swirl-Defekt m крист. спирали (*спиралевидные скопления точечных дефектов*)
Sylvatron n сильватрон (*электролюминесцентный прибор для визуального ввода данных*)
Symbol n 1. символ 2. знак; графическое обозначение
~, **binäres** двоичный символ
~, **graphisches** 1. графический символ 2. графический знак
~, **leeres** пустой символ
~, **logisches** логический символ
Symbolbezeichnung f идентификатор символов
Symbolentropie f энтропия на символах
Symbolgenerator m знакогенератор
Symbolinterferenz f межсимвольные помехи
Symbolkette f группа последовательных символов
Symbolkombination f комбинация символов
Symbollage f позиция символа
Symbol-Logik f символическая логика
Symbolschaltbild n символическая [мнемоническая] схема (*коммутации*)
Symbolschlüsselung f 1. кодирование символов или знаков 2. кодирование программы на символическом языке
Symbolschreibweise f символическое [условное] обозначение; символическая запись
Symbolsprache f символический язык
Symboltabelle f таблица (пере)кодировки символов
Symbolvorrat m набор символов
Symistor m симистор, триак (*симметричный двунаправленный транзистор*)
Symmetriedetektor m балансный детектор
Symmetrieranpassungsschleife f симметрирующий согласующий шлейф
Symmetrierleitung f симметрирующий отрезок линии, симметрирующая линия
Symmetrierschaltung f симметрирующая схема
Symmetrierschleife f симметрирующий шлейф
Symmetriertransformator m симметрирующий трансформатор
$\frac{\lambda}{4}$-Symmetriertransformator m четвертьволновый симметрирующий трансформатор
Symmetrierung f симметрирование; уравновешивание
Symmetrierungs... *см.* **Symmetrier...**
Symmetrieschaltung f 1. симметричная схема 2. двухтактная схема
Symmetrieverstärker m двухтактный усилитель

Symmetriezentrum n центр симметрии (*напр. кристалла*)
Synapse f, **Synaptid** n биол. синапс (*окончание аксона*)
Synchro n сельсин
Synchrodetektor m синхронный детектор
Synchrodifferentialempfänger m дифференциальный сельсин-приёмник
Synchrodifferentialgeber m дифференциальный сельсин-датчик
Synchroeingang m тлв вход синхросигнала
Synchroempfänger m сельсин-приёмник
Synchrogeber m сельсин-датчик
Synchrogemisch n *см.* **Synchronisationsgemisch**
Synchromotor m исполнительный [силовой] сельсин
synchron синхронный
Synchronabtastung f синхронная развёртка
Synchronadmittanz f полная проводимость прямой последовательности
Synchronamplitude f амплитуда синхронизирующих импульсов
Synchronamplitudenbegrenzer m ограничитель синхронизирующих импульсов
Synchronanteil m сигнал синхронизации (*как часть полного телевизионного сигнала*)
Synchronaufzeichnung f синхронная запись
Synchronbetrieb m 1. синхронный режим работы 2. вчт синхронное выполнение (*операций*)
Synchrondemodulation f синхронное детектирование
Synchrondemodulator m, **Synchrondetektor** m синхронный детектор
Synchrondigitalrechner m синхронная ЦВМ
Synchronempfang m синхронный приём
Synchrongatter n синхронный временной селектор
Synchrongleichrichter m *см.* **Synchrondemodulator**
Synchronhalteeinrichtung f синхронно-синфазный привод
Synchronimpedanz f полное сопротивление прямой последовательности
Synchronimpuls m 1. синхронизирующий импульс 2. синхронный импульс
Synchronimpulsklemmung f фиксация вершин синхронизирующих импульсов к заданному уровню
Synchronisation f 1. синхронизация 2. последующее озвучивание (*кинофильма*) 3. дублирование (*кинофильма*) 4. синхронизация раздельно записанных звуковых партий
~, **automatische** самосинхронизация
~, **direkte** непосредственная синхронизация
~, **indirekte** инерционная синхронизация
~, **lokale [örtliche]** местная синхронизация
~, **prozentuale** отношение сигнала синхронизации к полному телевизионному сигналу, выраженное в процентах
~, **störungsstabile** помехоустойчивая синхронизация
~, **übertragene** принудительная синхронизация
~ **von Digitalsignalen** синхронизация цифровых сигналов
~ **von Hilfsendern** централизованная синхронизация вспомогательных передатчиков

SYN

Synchronisationsabtrennung f 1. выделение сигнала синхронизации (*из видеосигнала*) 2. разделение (строчных и кадровых) синхронизирующих импульсов
Synchronisationsbahn f дорожка синхронизации
Synchronisationsbegrenzer m ограничитель синхронизирующих импульсов
Synchronisationsbereich m диапазон [область] синхронизации
Synchronisationseinrichtung f устройство синхронизации
Synchronisationsfehler m нарушение синхронизации
Synchronisationsfestigkeit f устойчивость синхронизации
Synchronisationsflanke f синхронизирующий фронт (*импульса*)
Synchronisationsfrequenz f частота синхронизации
Synchronisationsgemisch n *тлв* сигнал синхронизации (*совокупность синхронизирующих импульсов строк и полей*)
Synchronisationsgenerator m синхрогенератор
Synchronisationsimpuls m синхронизирующий импульс
~, **gezahnter vertikaler** *тлв* синхронизирующий импульс полей с вырезками двойной частоты строк
Synchronisationsimpulsausgang m выход синхронизирующих импульсов
Synchronisationsimpulseingang m вход синхронизирующих импульсов
Synchronisationsimpulsgeber m, **Synchronisationsimpulsgenerator** m *см.* **Synchronisationstaktgenerator**
Synchronisationsimpulsregenerator m регенератор синхронизирующих импульсов
Synchronisationsimpulsspitze f вершина синхронизирующего импульса
Synchronisationskanal m канал синхронизации
Synchronisationskompression f сжатие [относительное уменьшение] амплитуды синхронизирующих импульсов (*в видеосигнале*)
Synchronisationsmischstufe f 1. каскад смешения синхронизирующих импульсов (*полей и строк*) 2. синхронный смеситель
Synchronisationsnorm f стандарт на сигнал синхронизации
Synchronisationspegel m 1. уровень синхронизации (*уровень срабатывания синхронизируемого устройства*) 2. уровень синхронизирующих импульсов
Synchronisationsphase f фаза синхронизации
Synchronisationsregelung f регулировка синхронизации
Synchronisationsschaltung f схема синхронизации
~, **indirekte** схема инерционной синхронизации
Synchronisationssignal n сигнал синхронизации
~, **verzögertes** задержанный сигнал синхронизации
~, **vollständiges [zusammengesetztes]** *см.* **Synchronisationsgemisch**
Synchronisationssignalamplitude f размах сигнала синхронизации
Synchronisationsspur f дорожка синхронизации

Synchronisationsstufe f блок обработки сигнала синхронизации
Synchronisationssystem n система синхронизации
Synchronisationstaktgenerator m генератор синхронизирующих импульсов, синхрогенератор
Synchronisationstrennstufe f каскад разделения синхронизирующих импульсов (*полей и строк*)
Synchronisationsverstärker m усилитель синхронизирующих импульсов
Synchronisationszeichen n сигнал синхронизации
Synchronisationszwang m принудительная синхронизация
Synchronisator m 1. синхронизатор 2. *вчт* датчик рабочего цикла
Synchronisier... *см. тж* **Synchronisations...**
Synchronisierapparat m *см.* **Synchronisator**
synchronisieren синхронизировать
synchronisiert, phasenstarr жёстко сфазированный
Synchronisierung f *см.* **Synchronisation**
Synchronisierungs... *см.* **Synchronisations...**
Synchronisierwelle f синхронизирующий вал(ик)
Synchronismus m синхронизм
Synchronkomparator m синхрокомпаратор
Synchronkompensator m синхронный компенсатор
Synchronlauf m синхронное вращение, синхронный ход
Synchronmodulation f синхронная модуляция
Synchronoskop n синхроноскоп
Synchronpegel m уровень синхронизирующих импульсов
Synchronreaktanz f реактивное сопротивление прямой последовательности
Synchronrechner m синхронная ВМ
Synchronsatellit m синхронный спутник (*находится на геостационарной орбите*)
Synchronschalter m синхронный выключатель
Synchronsignal n сигнал синхронизации
Synchronsignalpegel m уровень синхронизирующих импульсов
Synchronspeicherung f синхронное накопление
Synchronsteuerung f 1. синхронное управление 2. фазирование (телевизионных) датчиков
Synchronsteuerungssystem n система синхронного управления
Synchronsystem n 1. синхронная система 2. следящая (сельсинная) система
Synchrontaktgeber m датчик синхронизирующих импульсов; синхронизатор
Synchronverbindung f синхронная связь; синхронная передача
Synchronverlust m нарушение синхронизации
Synchronwert m уровень синхронизирующих импульсов
Synchronwort n синхрослово (*кодовая группа для передачи сигнала синхронизации*)
Synchronzeichen n сигнал синхронизации
Synchronzeitgeber m хронирующее [синхронизирующее] устройство
Synchroskop n синхроскоп, осциллограф со ждущей развёрткой
Synchrosteuerung f сервоуправление
Synchrosystem n система синхронной передачи
Synchrotron... синхротронный

Synchroübertrager *m* сельсин-датчик
Synchrozyklotron *n* синхроциклотрон
Synergie *f* синергизм, эффект согласованного взаимодействия частей системы
Synthesator *m см.* **Synthesegerät**
Synthese *f* синтез
Syntheseelement *n* элемент синтезированной речи
Synthesefilter *n* синтезирующий фильтр
Synthesegerät *n*, **Synthesizer** *m*, **Synthetisator** *m* **1.** синтезатор **2.** электрофон (*электронный музыкальный инструмент*)
~, **akustischer** синтезатор речи
System *n* система
~, **abbildendes** проекционная система
~, **ablenkendes** *тлв* отклоняющая система, ОС
~, **adaptives** адаптивная система
~, **ambiofonisches** амбиофоническая система
~, **analoges** аналоговая система
~, **anoptisches** система без применения оптических устройств
~, **anpassungsfähiges** самоприспосабливающаяся система
~, **arhythmisches** асинхронная система
~, **aufgeschnittenes** разомкнутая система
~, **ausfallunempfindliches** система, нечувствительная к отказам
~, **bandresidientes** ленточная операционная система (*ориентирована на работу с лентами*)
~, **bezugspunktabhängiges** неавтономная радионавигационная система
~, **bilderzeugendes** система формирования изображения
~, **binärdekadisches** двоично-десятичная система
~, **binärdigitales** двоично-цифровая система
~, **binäres** двоичная система
~, **bordautarkes** автономная бортовая система
~, **computergesteuertes** система с управлением от ЭВМ
~, **datenverarbeitendes** система обработки данных
~, **digitales** цифровая система
~, **diskretes ununterbrochenes** дискретно-непрерывная система
~, **diskretwirkendes** система дискретного действия
~, **dissipatives** диссипативная система
~, **eingeschwungenes** устойчивая система
~, **einkreisiges [einläufiges, einschleifiges]** одноконтурная система
~, **elektronenoptisches** электронно-оптическая система
~, **entzerrtes** скорректированная система
~, **erdsymmetrisches** система, симметричная относительно земли
~, **erhöhter Auflösung** телевидение с повышенной чёткостью
~, **erhöhter Bildqualität** *тлв* система улучшенного качества (*изображения*)
~, **farbselektives** цветоизбирательная система
~, **farbvalenzmetrisches** (международная) система цветовых измерений
~, **gekoppeltes** связанная система
~, **geöffnetes** разомкнутая система
~, **geschlossenes** замкнутая система

~, **gesteuertes** управляемая система
~, **gestörtes** неисправная система; система с ошибками
~, **gleichwertiges** эквивалентная система
~, **halbaktives** *рлк* полуактивная система
~, **heiß-redundantes** система с нагруженным резервированием
~, **hexagonales** *крист.* гексагональная система
~, **hierarchisches** иерархическая система
~, **informationsverarbeitendes** система обработки информации
~, **integriertes** интегрированная система
~, **interaktives** интерактивная система
~, **kalt-redundantes** система с ненагруженным резервированием
~, **kompliziertes** *вчт* большая [сложная] система
~, **konservatives** консервативная система
~ **konstanter Helligkeit** система (*цветного телевидения*), использующая принцип постоянной яркости
~, **kontinuierliches [kontinuierlich wirkendes]** система непрерывного действия
~, **kryogenes** криогенная система
~, **kubisches** *крист.* кубическая система
~, **lehrendes** обучающая система
~, **lernfähiges** обучаемая система; (само)обучающаяся система
~, **lineares** линейная система
~, **logisches** логическая система
~ **«Mensch-Automat»** система «человек — автомат»
~ **«Mensch-Maschine»** система «человек — машина»
~, **meßtechnisches** метрологическая система
~ **der minimalen Phase** минимально-фазовая система
~ **mit digitaler Steuerung 1.** цифровая система управления **2.** система с числовым управлением (*станками*)
~ **mit direkter Steuerung 1.** система с непосредственным управлением **2.** *тлф* система искания с прямым управлением
~ **mit geschlossenem Wirkungskreis** система, действующая по замкнутому циклу
~ **mit Programmregelung** система программного регулирования
~ **mit Redundanz** система с резервированием
~ **mit einer Schwelle** пороговая система
~ **mit Totzeit** система с запаздыванием
~ **mit veränderlicher Struktur** система с переменной структурой
~ **mit versetztem Chrominanzträger** *тлв* система со смещённой цветовой поднесущей
~ **mit verstimmten Kreisen** система с взаимно расстроенными контурами
~ **mit Zeitplanregelung** система программного регулирования
~, **modulares** система с модульной структурой, модульная система
~, **monoklines** *крист.* моноклинная система
~, **nichtredundantes** система без резервирования
~, **nichtreparierbares** неремонтопригодная система
~, **offenes** разомкнутая система

~ **ohne Selbstausgleich** система без саморегулирования
~ **ohne Totzeit** система без запаздывания
~, **operatives** центральная система управления работой аппаратуры обработки данных
~, **optimierendes** *см.* System, selbstoptimierendes
~, **passives** пассивная система (*напр. радионавигации*)
~, **pulsmoduliertes** система с импульсной модуляцией
~, **quantenmechanisches** квантово-механическая система
~, **quantisiertes** квантованная система
~, **redundantes** система с резервированием
~, **regelbares** регулируемая система
~, **reparierbares** ремонтопригодная система
~, **reserviertes** система с резервированием
~, **rückgekoppeltes** система с обратной связью
~, **schalloptisches** фокусирующая акустическая система
~, **selbstablaufendes** самоорганизующая система
~, **selbstabstimmendes** самонастраивающаяся система
~, **selbstanpassendes** самоприспосабливающаяся система
~, **selbsteinstellendes** самонастраивающаяся система
~, **selbstkonstruierendes** самоконструирующаяся система
~, **selbstkorrigierendes** самокорректирующаяся система
~, **selbstlernendes** самообучающаяся система
~, **selbstoptimierendes** самооптимизирующаяся система
~, **selbstorganisierendes** самоорганизующаяся система
~, **selbstregelndes [selbstregulierendes]** самонастраивающаяся система
~, **semiotisches** семиотическая [знаковая] система
~, **serien-paralleles** система с последовательно-параллельным соединением элементов
~, **spiegelfreies** беззеркальная система
~, **stationäres** устойчивая система
~, **stetiges** система непрерывного действия
~, **strukturstabiles** структурно-устойчивая система
~, **tetragonales** тетрагональная система
~, **totzeitfreies** система без запаздывания
~, **trägerfreies** система без (передачи) несущей частоты
~, **transformiertes** преобразованная система
~, **trichromatisches** *тлв* трёхцветная система
~, **trigonales** *крист.* тригональная система
~, **unbemanntes** необслуживаемая система
~, **ungedämpftes** система без затухания
~, **ungekoppeltes** несвязанная система
~, **unmittelbar vertragbares** *тлв* система с прямой совместимостью
~, **unterrichtendes** обучающая система
~, **unverkettetes** несвязанная система
~, **unwiederherstellbares** невосстанавливаемая система
~, **vermaschtes** многоконтурная система
~, **vertragbares** *тлв* совместимая система
~, **vielparametrisches** многопараметрическая система
~, **vollständiges** полная система
~, **vollständig reguläres** полностью регулярная система
~, **wiederherstellbares** восстанавливаемая система
~, **zeilengebundenes** система синхронного телетекста (*с жёсткофиксированным форматом*)
~, **zeilengetastetes** система со строчно-когерентной дискретизацией
~, **zeilenungebundenes** система асинхронного телетекста (*с нефиксированным форматом*)
~, **zuverlässiges** надёжная система
2D-System *n* 1. двухмерная [плоская] система отображения (*информации*) 2. система (*памяти*) с двухмерной организацией
3D-System *n* 1. трёхмерная [объёмная] система отображения (*информации*) 2. система (*памяти*) с трёхмерной организацией
Systemabschnitt *m* участок системы
Systemalterung *f над.* старение системы
Systemanalyse *f* 1. анализ системы 2. системный анализ
Systemanalytiker *m* системный аналитик; системотехник
Systemanordnung *f* конфигурация [организация] системы
Systemarchietektonik *f* архитектура системы
Systematik *f* систематика
Systemaufbau *m* 1. архитектура системы 2. проектирование системы
Systemausbau *m* расширение системы
Systemausfallabstand *m над.* интервал между (двумя последовательными) отказами системы
Systemausgabeeinheit *f* системное выходное устройство; системное устройство вывода
Systembetriebszuverlässigkeit *f* эксплуатационная надёжность системы
Systemblockade *f* тупиковая ситуация (*в системе*)
Systembus *m вчт* (внутри)системная шина, общая шина системы
Systemdynamik *f* динамический диапазон системы (*напр. передачи*)
systemeigener системный
Systemeingabeeinheit *f* системное входное устройство; системное устройство ввода
Systemelement *n* элемент системы
Systementwickler *m* разработчик системы
Systementwicklung *f* 1. разработка [проектирование] системы 2. развитие [расширение] системы
Systemerweiterung *f* расширение системы
Systemfehler *m* 1. ошибка системы 2. *мат.* системная ошибка
Systemfunktionsdauer *f над.* время безотказной работы системы
Systemgenerierung *f вчт* генерация системы (*напр. программного обеспечения*)
Systemgruppe *f* подсистема
Systemgüte *f* добротность системы
Systemgütekriterium *n* критерий добротности системы

Systemhierarchie f иерархия систем
Systemintegration f 1. комплексирование системы 2. интеграция системы (*средствами техники СБИС*)
systemintegriert встроенный (*в систему*); системно-интегрированный
systemintern внутрисистемный
Systemkenngröße f, **Systemkennwert** m см. **Systemparameter**
Systemkontroller m контроллер (вычислительной) системы
Systemparameter m параметр системы
Systemplaner m разработчик системы
Systemprogramm n системная программа
Systemprüfung f 1. проверка работы системы 2. вчт системная проверка
Systemredundanz f (общее) резервирование системы
Systemrekonfiguration f вчт реконфигурация системы
Systemroutine f системная (стандартная) программа
Systemseite f сторона сформированных элементов (*полупроводникового кристалла*)
Systemsoftware f системное программное обеспечение
System-Steuereinheit f блок управления системой
Systemsteuerung f управление системой
Systemsynthese f синтез системы
Systemtakt m тактовая частота системы
Systemtätigkeit f функционирование [работа] системы
Systemtechnik f киб. системотехника
Systemtheorie f теория систем
Systemträger m 1. несущая конструкция системы 2. микр. выводная рамка (*для монтажа ИС*)
Systemübertragungsfunktion f передаточная функция системы
Systemumsetzung f преобразование систем (*напр. счисления*)
Systemunterlagen f pl 1. см. **Systemsoftware** 2. (техническая) документация системы
Systemunterteilungsgrad m степень дробления системы (*при поблочном или поэлементном резервировании*)
Systemverdopplung f резервирование системы
Systemverhalten n 1. поведение системы 2. характеристика системы 3. режим (работы) системы
Systemwechsel m переключение с одной системы на другую
Systemzustand m состояние системы
Systemzuverlässigkeit f надёжность системы
Szenioskop n сцениоскоп, суперикноскоп с полупроводящей мишенью
Szintigrafie f сцинтиграфия
Szintillation f 1. сцинтилляция 2. рлк мерцание отметки цели 3. мерцание радиосигнала
Szintillationsdetektor m сцинтилляционный детектор (*излучения*)
Szintillationskamera f сцинтилляционная камера
Szintillationskristall m сцинтилляционный кристалл
Szintillationsschwund m флуктуирующее замирание

Szintillationszähler m сцинтилляционный счётчик
Szintillator m сцинтиллятор

T

Tabellarisierung f табулирование
Tabelle f 1. таблица 2. табуляграмма
Tabellensichtgerät n табличный дисплей
Tabellensuchen n вчт табличный поиск
Tabellierer m оператор табулятора
Tabellierliste f табуляграмма
Tabelliermaschine f табулятор
~, **alphabetische** [**alphabetschreibende**] алфавитный табулятор
~, **alphanumerische** алфавитно-цифровой табулятор
~, **digitale** цифровой табулятор
Tabellierung f табулирование
Tableau n 1. табло 2. нумератор
Tablett n 1. табло 2. таблетка
~, **grafisches** графический планшет, графопостроитель
Tablettenmodul m модуль на элементах в таблеточном исполнении
Tabulator m см. **Tabelliermaschine**
Tabulatorsprung m переключение регистров табулятора
Tabulatorstops m стопс табулятора
Tabulierlage f позиция табулятора
Tabulierung f табулирование
TACAN-System n (угломерно-дальномерная) радионавигационная система (ближнего действия) «Такан»
Ta-CdS-In-Diode f диод с монополярной инжекцией на основе тантала—сульфида кадмия—индия
Tachogeber m см. **Tachometergeber**
Tachogenerator m, **Tachomaschine** f тахогенератор
Tachometer n тахометр
Tachometergeber m тахометрический датчик
Tacitron n таситрон (*шумовой тиратрон*)
Tafel f 1. щит; (приборная) доска 2. табло; индикаторная панель 3. таблица 4. плата; пластина 5. страница (*телетекста*)
~ **mit gedruckter Schaltung** печатная плата
~ **der Objektcharakteristik** объектно-характеристическая таблица
Tafelaufbau m (выступающий) монтаж (*прибора*) на щите
Tafelaufzeichnung f табуляграмма
Tafelfeld n панель
Tafelmontage f панельный монтаж
Tagesdaten pl ежедневно обновляемые данные
Tagesempfang m дневной (радио)приём
Tagesfrequenz f дневная частота (*радиосвязи*)
Tagesgang m суточное изменение (*напряжённости поля*)
Tagesgrenzfrequenz f критическая дневная частота
Tageslichtfaktor m коэффициент естественной освещённости

Tageslichtlampe f лампа дневного света
Tagesraumwelle f дневная пространственная волна
Tagesreichweite f дальность дневной радиопередачи
«**Tagesschau**» f последние известия; новости
Tagesübertragung f дневная радиопередача
Tagesverbindung f дневная радиосвязь
Tageswelle f дневная волна
Tageszone f дневная зона (*радиоприёма*)
Tagfrequenz f см. **Tagesfrequenz**
Takt m 1. такт; цикл; период 2. ход (*подающего механизма*) □ **außer ~ fallen** выпадать из синхронизма; **im ~ laufen** работать синхронно
~, **burstorientierter [farbträgerverkoppelter]** тактовая частота, привязанная к частоте цветовой поднесущей
~, **zeilenorientierter** тактовая частота, привязанная к частоте строк
Taktableitung f получение тактовой частоты
Taktanpassung f согласование скорости (*передачи символов цифрового сигнала*)
~, **negative** отрицательное согласование скорости (*скорость передачи поступающего цифрового сигнала больше требуемой*)
~, **positive** положительное согласование скорости (*скорость передачи поступающего цифрового сигнала меньше требуемой*)
~, **positiv-negative** двухстороннее согласование скорости (*сочетание положительного и отрицательного согласования скорости передачи символов цифрового сигнала*)
Taktanpassungsverfahren n метод согласования скорости
Taktbetrieb m тактовый режим
Taktbildung f тактообразование
Taktdauer f длительность такта
Takteingang n вход тактовых импульсов
Taktfeuer n проблесковый огонь
Taktfilter n фильтр выделения тактового (синхро)сигнала
Taktflanke f фронт *или* срез тактового импульса
Taktflankensteuerung f запуск фронтом импульса
Taktfolge f последовательность тактов
Taktfrequenz f 1. тактовая частота 2. частота синхронизации
Taktgeber m 1. датчик тактовых импульсов 2. датчик синхронизирующих импульсов
Taktgeberspur f дорожка сигналов тактовой синхронизации
Taktgebung f 1. подача тактовых импульсов, тактирование; хронирование 2. *тлв* синхронизация
Taktgenerator m, **Taktgerät** n 1. генератор тактовых импульсов 2. *тлв* генератор синхронизирующих импульсов, синхрогенератор
Taktgeschwindigkeit f 1. тактовая частота 2. частота синхронизации
Taktgewinnung f выделение тактовых импульсов
Takthaltung f поддержание хронирования
Taktierung f см. **Taktgebung**
Taktimpuls m 1. тактовый импульс 2. *тлв* синхронизирующий импульс

Taktimpulsfolge f последовательность тактовых импульсов
Taktimpulsgeber m датчик тактовых импульсов
Taktinformation f тактовая информация
Taktintervall n тактовый интервал (*интервал времени между соседними тактовыми точками*)
Taktkreis m цепь тактовых импульсов
Taktleitung f шина тактовых *или* синхронизирующих импульсов
Taktloch n 1. ведущая перфорация синхронизации 2. установочное отверстие дорожки синхронизации
Taktmarke f тактовая отметка
Taktoperation f 1. хронированная работа 2. синхронная работа
Taktperiode f период (повторения) тактовых импульсов
Taktphasenimpulse m pl фазирующие тактовые импульсы
Taktplan m схема последовательности работы (*напр. элементов схемы*)
Taktpuls m см. **Taktimpuls**
Taktpunkte m pl тактовые точки (*точки на оси времени, характеризующие идеальное положение значащих моментов цифрового сигнала*)
Taktrückgewinnung f восстановление тактовой последовательности
Taktschläger m *тлг* клопфер
Taktsignal n 1. тактовый сигнал 2. *тлв* сигнал синхронизации
Taktspannung f тактовое напряжение
Taktspur f дорожка сигналов тактовой синхронизации
Taktsteuerung f тактовое (дистанционное) управление
Taktsynchronisation f тактовая синхронизация
Taktsystem n 1. система синхронизации 2. система тактирования
Takttreiber m 1. формирователь тактовых импульсов 2. синхрогенератор; синхронизатор
Taktung f 1. тактирование 2. синхронизация
Taktverhalten n управление от тактовых импульсов
Taktverkopplung f (взаимо)связь тактовых частот
Taktwechsel m смена такта
Taktwerk n см. **Taktgenerator**
Taktwiedergewinnung f восстановление тактовой последовательности
Taktzeichen n тактовый сигнал
Taktzeit f длительность такта
Taktzeiteinheit f см. **Taktperiode**
Taktzeitfehler m ошибка хронирования
Taktzeitgeber m см. **Taktgenerator**
Taktzeitpunkt m момент хронирования
Taktzentrale f синхрогенератор
Tal n 1. впадина (*в характеристике туннельного диода*) 2. долина (*напр. зоны проводимости*)
Talpunkt m 1. седловая точка (*кривой*) 2. точка впадины (*характеристики туннельного диода*) 3. *мат.* наинизшая точка
Talspannung f 1. напряжение впадины (*туннельного диода*) 2. наименьшее напряжение
Talstrom m 1. ток впадины (*туннельного диода*) 2. наименьший ток

Talwert *m* наименьшее значение; минимум
Tamm-Niveau *n* уровень Тамма
Tandel *n* тандел (*температурно самостабилизирующийся нелинейный диэлектрический элемент*)
Tandemamt *n тлф* транзитная [узловая] станция
Tandemantenne *f* спаренная антенна (*для приёма радиовещания и телевидения*)
Tandembetrieb *m* (автоматическая) связь через транзитные [узловые] станции
Tandemdrehschalter *m* сдвоенный поворотный переключатель, двухгалетный переключатель
Tandemlaufwerk *n* сдвоенный лентопротяжный механизм
Tandemregler *m* сдвоенный регулятор
Tandemtransistor *m* составной транзистор
Tandemwähler *m* групповой искатель транзитной связи
Tangensfehler *m* тангенциальное искажение (*из-за кривизны экрана кинескопа*)
Tangenskorrektur *f* тангенциальная коррекция
Tangentialauflösung *f рлк* разрешающая способность по азимуту
Tangentialempfindlichkeit *f* тангенциальная чувствительность
Tangentialtonarm *m* тангенциальный тонарм
Tangentialtragarm *m* тангенциальный держатель головки видеоснимателя
Tank *m* 1. резервуар; бак; ванна; камера 2. параллельный резонансный контур
Tankkreis *m* 1. параллельный резонансный контур 2. объёмный контур
Tannenbaumantenne *f* ёлочная антенна
Tannenbaumkristall *m* дендритный кристалл
Tannenbaumstruktur *f* дендритная структура
T-Anpassung *f* Т-образная схема согласования
Tantalfolienkondensator *m* оксидно-танталовый конденсатор
Tantaljustiermarke *f микр.* танталовый реперный знак (*для ориентации и совмещения*)
Tantalnitrid-Widerstand *m* резистор из нитрида тантала
Tantaltechnik *f* танталовая техника (*тонкоплёночных микросхем*)
T-Antenne *f* Т-образная антенна
Tanzeffekt *m тлв* дрожание изображения
Taper *m* плавный (суживающийся) волноводный переход
Target *n* 1. *тлв, яд. физ.* мишень 2. антикатод (*рентгеновской трубки*) 3. *рлк* цель
~, **monolitisches** монолитная мишень (*передающей трубки*)
Targetbestrahlung *f яд. физ.* облучение мишени
Targetebene *f* плоскость мишени
Targetfläche *f* плоскость мишени
Targetkontraktion *f* сжатие мишени
Targetmaterial *n* материал мишени
Targetschicht *f* слой мишени
Targetstelle *f* участок мишени
Targetteilchen *n* бомбардируемая частица, частица-мишень
Tarngerät *n* маскирующий передатчик помех
Tarnstoff *m* материал для противорадиолокационного покрытия
Tarnüberzug *m рлк* маскирующее покрытие

Tasche *f* 1. карман (*для перфокарт*) 2. кожух; сумка
Taschenrechenschaltkreis *m* (серийная) микросхема для микрокалькуляторов
Taschenrechner *m* микрокалькулятор
Task *m вчт* 1. задача; проблема 2. ветвь (*программы*)
Tast... *см. тж* **Tasten...**
Tastanordnung *f* манипулятор
Tastatur *f* 1. клавиатура, тастатура 2. клавишный *или* кнопочный пульт
~, **alphanumerische** буквенно-цифровая клавиатура
~, **interaktive** интерактивная клавиатура
~, **numerische** цифровая клавиатура
~, **programmierbare** программная клавиатура
Tastaturabfrage *f* 1. запрос с клавиатуры 2. опрос клавиатуры
Tastaturbelegung *f* расположение клавиатуры
Tastatureingabe *f* ввод с клавиатуры
Tastaturenbau *m* блок клавишного переключателя
Tastatur-Rechenmaschine *f* клавишная ВМ
Tastaturrückstellkontakt *m* контакт сброса клавиатуры
Tastatursteuertaste *f* клавиша управления клавиатурой
Tastaturterminal *n* терминал с клавиатурой
Tastaturwahl *f тлг* клавишный набор (*вызова*)
Tastbetrieb *m* импульсный режим
Tastdauer *f* длительность посылки (*импульса*)
Tastdauermodulation *f* широтно-импульсная модуляция, ШИМ
Taste *f* 1. клавиша, кнопка 2. *тлг* ключ, манипулятор
~ **mit beliebigen Zeichenketten** клавиша с изменяемой функцией
~ **mit fester Stellung [mit Rastung]** клавиша с арретиром
~ **mit selbsttätiger Auslösung [ohne Rastung]** клавиша без арретира
~, **rastende [sperrende]** клавиша с арретиром
Tastelektrode *f* щуп пробника
tasten 1. манипулировать 2. *тлг* манипулировать, работать ключом 3. стробировать 4. *вчт* производить выборку 5. опробовать; зондировать
Tasten *n см.* **Tastung**
Tasten... *см. тж* **Tast...**
Tastenanschlag *m см.* **Tastendruck**
Tastenbedienung *f* клавишное управление
Tastenbetätigung *f* нажатие клавиши
Tastenbetrieb *m* 1. *вчт* операция, вводимая нажатием клавиши 2. манипуляция
Tastenbrett *n* 1. клавиатура 2. *тлг* основание ключа
Tastendruck *m* 1. нажатие на клавишу 2. нажатие ключа
Tastendruckkraft *f* усилие нажатия на клавишу
Tastenfeld *n* 1. клавиатура; клавишное наборное поле 2. коммутационная панель
Tastenfolge *f вчт* последовательность нажатия клавишей
Tastengeber *m* манипулятор (с тастатурой)
tastengesteuert с клавишным управлением

Tastenhebel *m* клавишный рычаг
Tastenhub *m* ход клавиши
Tastenknopf *m* кнопка; кнопочный переключатель
Tastenlocher *m* клавишный перфоратор
Tastennumerngeber *m* манипулятор с тастатурой
Tastenplatte *f* клавиша
Tastenrechenmaschine *f*, **Tastenrechner** *m* клавишная ВМ
Tastensatz *m см.* **Tastenfeld**
Tastenschaft *m* приводной элемент клавишного выключателя
Tastenschalter *m* клавишный выключатель
Tastensperre *f* блокировка клавиатуры
Tastensteuersystem *n* клавишная система управления
Tastenstreifen *m* планка с клавишами
Tastenumschalter *m* клавишный переключатель
Tastenwahl *f* клавишный набор
Tastenwahlapparat *m* телефонный аппарат с клавишным *или* кнопочным номеронабирателем
Tastenwahlschalter *m* клавишный селекторный переключатель
Tastenwerk *n см.* **Tastatur**
Taster *m* 1. клавишный переключатель 2. *тлг* ключ; манипулятор 3. *рег.* импульсный элемент 4. зонд, щуп
~, **diskreter** клавиша
Tastfrequenz *f тлг* частота манипуляции
Tastfunk *m* телеграфная радиосвязь
Tastgerät *n* 1. манипулятор 2. зонд; щуп
Tastgrad *m* коэффициент заполнения периода импульса
Tasthebel *m* рычаг (телеграфного) ключа
Tastimpuls *m* 1. манипулирующий импульс 2. строб-импульс 3. *тлв* импульс фиксации
Tastklick *m* щелчок
Tastkopf *m* измерительная головка; головка зонда
Tastkreis *m* 1. цепь манипуляции 2. стробирующая схема
Tastpause *f* 1. интервал манипуляции 2. интервал (*между импульсами*) дискретизации
Tastperiode *f* 1. период манипуляции 2. период (импульсов) дискретизации
Taströhre *f* манипуляторная лампа
Tastschaltung *f* схема манипуляции
Tastsignal *n* 1. манипулирующий сигнал 2. стробирующий сигнал 3. переключающий сигнал 4. дискретизирующий сигнал
Tastspeicherverstärker *m* усилитель с выборкой и хранением (*дискретных значений*)
Tastspitze *f* наконечник измерительной головки; наконечник головки зонда
Taststecker *m* измерительный (контактный) щуп
Taststufe *f* манипуляторный каскад
Tastsystem *n* импульсная система
Tastung *f* 1. манипуляция 2. *тлг* работа ключом, манипуляция 3. стробирование 4. (временнáя) дискретизация 5. опробование; зондирование
Tastunterbrecher *m* манипулятор-прерыватель
Tastverfahren *n* 1. метод манипуляции 2. метод дискретизации
Tastverhältnis *n* скважность импульсов

Tastverkehr *m* радиотелеграфный обмен
Tastverstärker *m* манипуляторный усилитель
Tastwahleinheit *f* блок клавишного *или* кнопочного набора
Tastwahlfernsprechapparat *m* телефонный аппарат с клавишным *или* кнопочным набором
Tastwahlsatz *m* клавишный *или* кнопочный номеронабиратель
Tastzeit *f* 1. длительность посылки (*импульса*) 2. время выборки 3. время взятия отсчёта (*при дискретизации*)
Tastzeitpunkt *m* 1. момент (взятия) выборки 2. момент (взятия) отсчёта (*при дискретизации*)
Tätigkeit *f* 1. деятельность; действие 2. работа (*в сетевом графике*) 3. процесс 4. активность
□ **in ~ setzen** вводить в действие
Tätigkeitsregister *m* рабочий регистр
Tätigkeitsschlüssel *m* служебный код
Tauchankergeber *m* (индуктивный) датчик с погружным сердечником
Tauchelektrode *f* погружаемый электрод
Taucherkamera *f* камера подводного телевидения
Tauchimprägnierung *f* пропитка погружением
Tauchkern *m* втяжной сердечник
Tauchkondensator *m* цилиндрический подстроечный конденсатор
Tauchlötung *f*, **selektive** избирательная пайка погружением
Tauchschwinger *m* погружной вибратор
Tauchspule *f* 1. подвижная катушка 2. звуковая катушка (*напр. микрофона*)
Tauchspulengeber *m* датчик с подвижной катушкой
Tauchspulenlautsprecher *m* электродинамический громкоговоритель
Tauchspulmikrofon *n* электродинамический микрофон
Tauchstrahler *m* погружной излучатель
Tauchteiler *m* ножевой аттенюатор
Tauchtiefe *f* глубина погружения
Tauchumhüllung *f* герметизация погружением
Tauchverzinnung *f* лужение погружением
Tauglichkeit *f*, **berufliche** профессиональная пригодность (*напр. оператора*)
Taumel *m* вобуляция, качание (*частоты*)
Taumelfrequenz *f* вобулирующая частота; частота вобуляции
Tausch *m* обмен (*напр. информацией*)
Tausenderwellen *f pl* километровые волны (1000—10000 м)
Taxifunk *m* система радиосвязи такси
Taxzone *f* тарифная зона
T-Belag *m опт.* просветляющий слой
TC-Bonden *n микр.* термокомпрессионная сварка
TCL-Prinzip *n* принцип автоматической фокусировки через объектив камеры
TDM-Signal *n* уплотнённый во времени сигнал
Teach-in-Verfahren *n* метод обучения робота (*запоминание траектории перемещения исполнительных органов*)
TEA-Laser *m* лазер с поперечным возбуждением, работающий при атмосферном давлении

Technetron *n фирм.* текнетрон (*вид канального полупроводникового прибора*)
Technik *f* 1. техника; метод 2. технология
~, **ausbaufähige [entwicklungsfähige]** перспективная технология
~, **lithografische** метод литографии
~, **oberflächenintegrierte** техника создания поверхностных интегральных элементов
~, **selbstjustierende** технология с самосовмещением
Technologie *f* 1. технология 2. техника
~, **betriebsfertige** технология, готовая для внедрения в производство
~ **der integrierten optischen Schaltungen** технология изготовления оптических ИС
~, **monolitische** технология (изготовления) полупроводниковых ИС
Teflon *n* тефлон (*диэлектрический заполнитель*)
Teil I *m* 1. блок; узел 2. часть; секция; участок 3. доля
~, **bildwichtiger** сюжетно важный участок (*изображения*)
~, **geradliniger** прямолинейный участок (*характеристики*)
~, **hervorstehender** контактный участок (*в схемах*)
~, **linearer** линейный участок (*характеристики*)
~, **stromführender** проводящий рисунок (*печатной платы*)
Teil II *n* деталь; компонент; элемент
Teilablauf *m* элементарный процесс
Teilabsorption *f* частичное поглощение
Teilaktivierung *f* частичная активация
Teilamt *n тлф* подстанция
Teilanlage *f* подсистема
Teilausfallrate *f* интенсивность частичных отказов
Teilband *n* 1. поддиапазон 2. *вчт* сублента
Teilbelastung *f* частичная нагрузка
Teilbereich *m* 1. поддиапазон 2. *мат.* подобласть
Teilbild *n* 1. *тлв* поле 2. кинокадр
Teilbildabtastung *f* полевая развёртка
Teilbildaustastung *f* гашение поля
Teilbilddauer *f тлв* длительность поля
Teilbildfrequenz *f тлв* частота полей
Teilbildfrequenzteiler *m* полевой делитель частоты, делитель опорной частоты до частоты полей
Teilbildkonvergenz *f* сведение по полю
Teilbildperiode *f* длительность поля
Teilbildspeicher *m* полевое ЗУ; память на поле
Teilbildsynchronisation *f* синхронизация полей
Teilbildsynchronsignal *n* синхронизирующий импульс полей
Teilbildunterdrückung *f* гашение поля
Teilbildverzerrung *f* искажение (*изображения*) по полю
Teilbildzeitbasis *f* блок полевой развёртки
Teilbitstrom *m* частичный цифровой поток
Teilblock *m* 1. субблок, подблок, подгруппа (*напр. записей*) 2. (аппаратный) субблок
Teilchen *n* (элементарная) частица
~, **relativistisches** релятивистская частица
~, **strahlendes** излучающая частица
Teilchenanalysator *m* анализатор частиц

Teilchenfluß *m* поток частиц
Teilchengeschwindigkeit *f*, **reduzierte** приведённая скорость частицы
Teilchenstrahl *m* пучок частиц
Teilchenstrom *m* поток частиц
Teildurchschlag *m* неполный пробой
Teileanordnung *f* упаковка, размещение (*элементов в блоке*)
~, **dichte** высокая плотность упаковки (*элементов*)
Teileliste *f* спецификация
Teilentladung *f* частичный разряд
Teiler *m* 1. делитель (*напр. напряжения*) 2. *мат.* делитель
~, **frequenzunabhängiger** частотно-независимый делитель
~, **widerstandskapazitiver** резистивно-ёмкостный делитель
Teilerdkapazität *f* частичная ёмкость по отношению к земле
Teilerkapazität *f* ёмкость делителя
Teilerkette *f* 1. цепь делителя 2. схема деления
Teilerprisma *n* светоделительная призма
Teilerschaltung *f* 1. схема делителя 2. схема деления
Teilerstufe *f* 1. ступень [каскад] делителя 2. ступень [каскад] деления
Teilerverhältnis *n* коэффициент деления (*делителя*)
Teilfehler *m* частная ошибка
Teilfeld *n* подполе
Teilfeldbelichtung *f* экспонирование части поля (*полупроводниковой пластины*)
Teilfrequenz *f* составляющая частота (*сложного колебания*)
Teilfrequenzbereich *m* частотный поддиапазон
Teilinduktivität *f* частичная индуктивность
Teilkapazität *f* 1. частичная ёмкость 2. межэлектродная ёмкость
Teilklirfaktor *m* коэффициент гармоник
Teilkohärenz *f* частичная когерентность
Teilkoinzidenz *f вчт* частичное совпадение
Teilkreis *m* лимб; угломерный круг
Teilleseimpuls *m* импульс считывания при частичной выборке
Teilmeßbereich *m* поддиапазон измерений
Teilmodul *m* субмодуль
Teilmontage *f* подсборка; сборочный узел
Teilnehmer *m* 1. абонент 2. пользователь
Teilnehmerabzweiger *m ктв* абонентский ответвитель
Teilnehmeranschluß *m* абонентский ввод
Teilnehmeranschlußdose *f* абонентская подсоединительная розетка
Teilnehmeranschlußleitung *f* абонентская линия
Teilnehmerbetrieb *m* работа пользователя с разделением времени
Teilnehmereinführung *f см.* **Teilnehmeranschluß**
Teilnehmerendgerät *n* 1. терминал абонента 2. терминал пользователя
Teilnehmerfernschreibnetz *n* сеть абонентской телетайпной связи
Teilnehmerfernschreibverkehr *m* абонентская телетайпная связь

Teilnehmerfernwahl f *тлф* (автоматическая) междугородная связь набором кода абонента
Teilnehmergerät n абонентское устройство
Teilnehmerkanalzustand m состояние абонентского канала
Teilnehmerklinke f *тлф* гнездо местного поля
Teilnehmerkonverter m *ктв* абонентский конвертор
Teilnehmerleitung f абонентская линия
Teilnehmernetz n абонентская сеть
Teilnehmerrechnensystem n вычислительная система с разделением времени
Teilnehmerschleifen f pl абонентские ответвления
Teilnehmersprechstelle f абонентская телефонная установка
Teilnehmerstation f, **Teilnehmerstelle** f абонентская установка
Teilnehmertelefonie f абонентская телефонная связь
Teilnehmerverkehr m абонентская связь
Teilnehmerwahl f набор кода [искание] абонента
Teilnehmerwahlstufe f *тлф* ступень абонентского искания
Teilnehmerwirksamkeit f степень восприятия абонентом (*напр. ухудшения качества изображения*)
Teilnehmerzähler m абонентский счётчик
Teilniveau n подуровень
Teilprogramm n подпрограмма
Teilprüfung f выборочное испытание
Teilrahmen m подцикл (*временно́го объединения цифровых сигналов*)
Teilraster m *тлв* поле
Teilraum m часть пространства; подпространство
Teilraumwinkel m телесный угол
Teilschaltung f ответвлённая [вспомогательная] цепь; подсхема
Teilschreibimpuls m импульс записи при частичной выборке
Teilschreibstrom m ток записи при частичной выборке
Teilschwingung f составляющая сложного колебания
Teilselektionssignal n сигнал при частичной выборке
Teilsignal n составляющая сигнала; часть сигнала
Teilspannung f составляющая напряжения
Teilspannungsschaltung f потенциометрическая схема
Teilspektrum n участок спектра
Teilsperre f частичная блокировка
Teilsperrzeit f время блокировки эхозаградителя непрерывного действия
Teilstrahl m, **Teilstrahlenbündel** n *гол.* отделённый пучок, часть (разделённого) пучка
Teilstrahlung f частичное излучение
Teilstrahlungspyrometer n узкоспектральный пирометр
Teilstreckenvermittlung f *тлг* сеть связи с накоплением сообщений
Teilstrichabstand m цена деления (*шкалы*)
Teilstrom m 1. составляющая тока 2. составляющая потока

Teilstruktur f субструктура
Teilstück n **der Charakteristik** участок характеристики
Teilsystem n подсистема
Teilton m составляющий тон; обертон
Teilübertrag m *вчт* частичный перенос
Teilung f 1. деление (*напр. частоты*) 2. градуирование; калибровка 3. разделение 4. шаг (*напр. обмотки*) 5. деление (*шкалы*)
Teilungseinheit f деление шкалы
Teilungsfaktor m коэффициент деления
Teilungsfehler m 1. погрешность градуировки 2. ошибка деления
Teilungsplatte f светоделительная пластинка
Teilungswert m цена деления шкалы
Teilungswürfel m *опт.* светоделительный кубик
Teilverhältnis n коэффициент деления
Teilversetzung f *крист.* частичная дислокация
Teilvierpol m звено четырёхполюсника
Teilwelle f 1. гармоника 2. парциальная волна
Teilwellenfront f 1. фронт парциальной волны 2. часть волнового фронта
Teilzusammenbau m *см.* **Teilmontage**
Teilzustand m подуровень
Teilzyklus m подцикл
Teleaufnahme f 1. съёмка дальним планом 2. кадр, снятый дальним планом
Telebildempfänger m приёмный факсимильный аппарат
Telebrief m *см.* **Teletext**
Telediener m телеробот
Telefax m телефакс (*система передачи по телефонной сети текстовой и графической информации*)
~ **der Gruppe 2** телефакс 2-ой группы (*со скоростью передачи одной страницы стандарта А4 в течение 3 мин*)
~ **der Gruppe 3** телефакс 3-ей группы (*со скоростью передачи одной страницы стандарта А4 в течение 1 мин*)
Telefax-Gerät n абонентский терминал (системы) телефакса
Telefon n телефон
Telefonanrufbeantworter m телефонный автоответчик
Telefonie f 1. телефония 2. телефонирование 3. телефонная связь
~, **digitale** цифровая телефония
~, **drahtlose** телефонная радиосвязь
Telefoniebetrieb m работа (*радиопередатчика*) в телефонном режиме
Telefonieleistung f мощность (*радиопередатчика*) в телефонном режиме
Telefonieruhestrom m ток (*радиопередатчика*) в режиме молчания
Telefoniesender m телефонный радиопередатчик
Telefonieträgerleistung f *см.* **Telefonieleistung**
Telefonieübertragungskanal m телефонный канал
Telefoniezustand m телефонный режим (*радиопередатчика*)
Telefonrundspruch m проводное (радио)вещание
Telefonschaltbrett n телефонная коммутационная панель
Telefonwähler m телефонный (шаговый) искатель

Telefot n телефот (*прибор для передачи изображений на расстояние*)
Telefotografie f факсимильная связь
Telefotometrie f телефотометрия
telegen телегеничный
Telegon m *фирм.* телегон (*пеленгатор*)
Telegraf m 1. телеграф 2. телеграфный аппарат
Telegrafen... *см. тж* **Telegrafie...**, **Telegrafier...**
Telegrafenalphabet n телеграфный код
~, **internationales** международный телеграфный код
~ **Nr. 2** пятиэлементный телеграфный код
~ **Nr. 5** семиэлементный телеграфный код
Telegrafenmodler m телеграфный тональный модулятор
Telegrafenrelais n телеграфное (линейное) реле
Telegrafenschnellverkehrsnetz n сеть скоростной телеграфной связи
Telegrafenstromkreis m телеграфная цепь
Telegrafenübertragungskanal m канал телеграфной передачи
Telegrafenverkehr m телеграфный обмен; телеграфная связь
Telegrafie f 1. телеграфия 2. телеграфирование 3. телеграфная связь
~, **drahtlose** телеграфная радиосвязь
~, **harmonische [tönende]** тональная телеграфия
~, **überlagerte** надтональная телеграфия
Telegrafie... *см. тж* **Telegrafen...**, **Telegrafier...**
Telegrafiebetrieb m работа (*радиопередатчика*) в телеграфном режиме
Telegrafieempfänger m телеграфное приёмное устройство
Telegrafiefrequenz f частота телеграфирования
Telegrafiegeschwindigkeit f скорость телеграфирования
Telegrafieleistung f мощность (*радиопередатчика*) в телеграфном режиме
Telegrafielochstreifensender m трансмиттер
Telegrafiemeldung f телеграфное сообщение
Telegrafienetz n телеграфная сеть
Telegrafier... *см. тж* **Telegrafen...**, **Telegrafie...**
Telegrafierimpuls m телеграфный импульс (*тока*)
Telegrafiermodulation f телеграфная модуляция
Telegrafierpause f *тлг* пауза
Telegrafierschritt m телеграфная посылка
Telegrafierstörungen f pl телеграфные помехи
Telegrafierweg m телеграфный канал
Telegrafiesender m телеграфное передающее устройство
Telegrafiesignal n телеграфный сигнал
Telegrafietastung f телеграфная манипуляция
Telegrafieübertragung f телеграфная передача
Telegrafieverzerrungen f pl искажения телеграфирования; искажения телеграфного аппарата
Telegrafiezeichen n знак телеграфного сообщения
Telegrammwort n *тлг* кодовое слово
Telegraph m *см.* **Telegraf**
Telekamera f телевизионная камера
Telekino n телекино
Telekinoanlage f телекинопроекционная установка
Telekommunikation f дальняя связь; электросвязь

Telekonferenz f телевизионная конференция, телеконференция
telememory *англ.* телефонный аппарат с памятью (*для хранения номеров основных абонентов*)
Telemetrie f телеметрия
Telemetrieanlage f телеметрическое устройство
Telemetrieband n (частотный) диапазон (передачи) сигналов телеметрии
Telemetrieinformation f телеметрическая информация
Telemetriekanal m телеметрический канал (*связи*)
Telemetrierung f телеметрия
Telemetriesignal n сигнал телеметрической информации
telemetrisch телеметрический
«**Tele-Negativ**» n теленегатив
Teleobjektiv n телеобъектив
teleprocessing *англ.* телеобработка данных
Teleradar n «телерадар», система передачи радиолокационного изображения по телевидению
Telesatellit m спутник телевизионного вещания
Tele-Sendeturm m телевизионная башня, телебашня
Teleskopantenne f 1. телескопическая антенна 2. антенна радиотелескопа
Teleskopöffnung f раскрыв телескопа
Telespiel n телевизионная игра
Telestar-Nachrichten-Satellit m (межконтинентальный) спутник связи «Телестар»
Teletel m Телетел (*система видеотекса, Франция*)
«**Teletekst**» m система телетекста (*Нидерланды*)
Teletext m телетекст, система телетекста
~, **computer controlled** система телетекста с управлением от ВМ, компьютеризованная система телетекста
~, **zeilengebundener** система синхронного телетекста (*строка данных привязана к телевизионной строке*)
~, **zeilenungebundener** система асинхронного телетекста (*строка данных не привязана к телевизионной строке*)
Teletextstandard m стандарт (системы) телетекста
Teletext-Zentrale f (информационный) центр (системы) телетекста
Tele-Turm m телевизионная башня, телебашня
Teletype n телетайп
Television n телевидение (*см. тж* **Fernsehen**)
~, **enhance** телевидение повышенного качества, ТПК
~, **extended-definition** телевидение повышенной чёткости, ТПЧ
Television-Fernsteuersystem n телевизионная система дистанционного управления [дистанционного наведения]
Televisionssystem n телевизионная система; система телевидения
Television-Steuerung f телевизионное управление, дистанционное наведение
Telex m телекс (*система межабонентской автоматической телетайпной связи*)
Telexist m оператор телетайпа

Telexnetz n международная сеть абонентской (автоматической) телетайпной связи
Telezeitung f телевизионная газета
«Telidon» n «Телидон» (*система интерактивного телетекса, Канада*)
Teller m 1. диск 2. тарелка (*в лампе*)
Tellerantenne f дисковая антенна
Tellerlager n зап. 1. диск электропроигрывающего устройства 2. подкатушник; подкассетник
Tellerröhre f маячковая лампа
Temex n обмен телеметрической информацией (*по телефонной сети вне диапазона разговорных частот*)
TEM-Modus m поперечная электромагнитная волна, Т-волна
Temperatur f температура
~, **kryogene** криогенная температура, криотемпература
~, **schwarze** яркостная температура
~, **tiefe** см. Temperatur, kryogene
Temperaturabhängigkeitswiderstand m терморезистор
Temperaturaufnehmer m см. **Temperaturfühler**
Temperaturausgleichswiderstand m термокомпенсирующий резистор
Temperaturbereich m (рабочий) диапазон температур, температурные пределы
Temperaturbeständigkeit f термостойкость
Temperaturbewegung f тепловое движение
Temperaturdifferenz f перепад температуры
Temperaturdurchgriff m температурная проницаемость (*изменение напряжения база—эмиттер от температуры при равных токах коллектора*)
Temperaturfestigkeit f термостойкость
Temperaturfühler m 1. см. **Temperaturgeber** 2. термочувствительный элемент
Temperaturgang m температурная характеристика
Temperaturgeber m термометрический датчик, датчик температуры
Temperaturgefälle n перепад температуры
Temperaturgleichgewicht m баланс температур
Temperaturgradientmethode f метод температурного градиента
Temperaturkennlinie f температурная характеристика
Temperaturkoeffizient m температурный коэффициент
Temperaturkompensationsbereich m пределы термокомпенсации
Temperaturkompensationswiderstand m термокомпенсирующий резистор
Temperaturkorrektur f температурная коррекция
Temperaturleitfähigkeit f (удельная) теплопроводность
Temperaturleuchten n температурное свечение
Temperaturmeßgeber m измерительный преобразователь [измерительный датчик] температуры
Temperaturregler m 1. терморегулятор 2. термостат
Temperaturrelais n (электро)тепловое реле

Temperaturrezeptor m приёмник теплового излучения
Temperaturschaden m тепловое повреждение
Temperaturschock m тепловой [термический] удар, термоудар
Temperatursender m см. **Temperaturgeber**
Temperaturspanne f интервал температур
Temperaturspannung f температурный потенциал
Temperatursprung m скачок [перепад] температуры
Temperaturstrahler m тепловой излучатель
Temperaturstrahlungsmeßgerät n радиационный пирометр
Temperaturträgheit f тепловая инерция
Temperaturüberwachungsschaltung f схема контроля температуры
Temperaturumkehrschicht f слой с температурной инверсией, инверсионный слой (*атмосферы*)
Temperaturverlauf m температурная характеристика
Temperaturverzögerung f температурная инерционность
Temperaturwandler m термопреобразователь
Temperaturwechselbeständigkeit f стойкость к термоударам
Tempern n отжиг
TEM-Typ m, **TEM-Welle** f поперечная электромагнитная волна, Т-волна (*в линии передачи*)
Tensorpermeabilität f тензор магнитной проницаемости
Tensowiderstandseffekt m тензорезистивный [пьезорезистивный] эффект
Teppichstörung f рлк заградительная помеха
Term m 1. терм, (энергетический) уровень (*см. тж* Niveau) 2. вчт терм; член; элемент
~, **anomaler [gestrichener]** акцентированный [смещённый] уровень
~, **langsamer** уровень медленных электронов
~, **logischer** логический [булев] терм
~, **lokalisierter** локальный уровень
~, **schneller** уровень быстрых электронов
~, **ungestörter** ненарушенный уровень
~, **verschobener** см. **Term, anomaler**
Termabstand m энергетический интервал
Termanalyse f анализ термов
Termaufspaltung f расщепление (энергетического) уровня
Termdichte f плотность (энергетических) уровней
Terminal n 1. терминал, оконечное устройство 2. клемма; зажим
~, **druckendes** терминал с выводом на печать
~, **freiprogrammierbares [intelligentes]** интеллектуальный терминал (*с развитой логикой*)
~, **intelligenzloses** неинтеллектуальный [«немой»] терминал
~, **joborientiertes** проблемно-ориентированный терминал
~, **programmierbares** программируемый терминал
Terminaladapter m терминальный интерфейс
Terminal-Mehrwegschalter m мультиплексор терминалов
Terminalprozessor m процессор терминала; терминальный процессор

Termkonzentration f 1. плотность (энергетических) уровней 2. плотность состояний
Termschema n схема (энергетических) уровней, зонная схема
Termstruktur f структура (энергетических) уровней
Termumladung f перезарядка (энергетических) уровней
Termverdoppelung f раздвоение (энергетических) уровней
Termverschiebung f сдвиг (энергетического) уровня
Ternärmodem m вчт троичный модем
Ternärsystem n троичная система (счисления)
T-Ersatzschaltung f Т-образная эквивалентная схема (транзистора)
Tertiärempfang m трёхкратный приём
Tertiärgruppe f третичная группа (каналов тональной частоты системы передачи с ЧРК)
Tertiärgruppenbildung f образование третичных групп
Tertiärgruppenumsetzung f преобразование третичных групп
Tertiärspeicher m память третьего уровня (в иерархической системе памяти)
Tertiärstrahlen m pl третичные лучи
Tertiärsystem n третичная система (иерархии цифровых каналов связи)
Tesla тесла, Т
Tesla-Spule f, **Tesla-Transformator** m трансформатор Тесла
Test m 1. испытание 2. проверка, контроль 3. тест (проверочная программа)
~, **sequentieller** последовательный (выборочный) контроль
Test-and-Set-Befehle m pl команды проверки и установки
Testanlage f испытательная установка; испытательная или контрольная аппаратура
~, **systemintegrierte** встроенная в систему контрольная аппаратура
Testaufgabe f вчт контрольная [тестовая] задача
Testband n испытательная (магнитная) лента, ЛИМ
Testbefehl m команда проверки
Testbesen m клин (телевизионной) испытательной таблицы
Testbetrieb m 1. режим проверки 2. вчт режим отладки
Testbild n 1. телевизионная испытательная таблица, ТИТ 2. испытательное изображение (для субъективных экспертиз)
~, **elektronisches** электронная телевизионная испытательная таблица
~, **optisches** оптическая телевизионная испытательная таблица
Testbildausschnitt m участок телевизионной испытательной таблицы
Testbildgeber m, **Testbildgenerator** m 1. генератор сигналов (телевизионной) испытательной таблицы 2. датчик испытательного изображения
Testbildröhre f тлв моноскоп

Testbildsignal n сигнал (телевизионной) испытательной таблицы
Testbit n контрольный [проверочный] бит
Testchip n тестовый кристалл
Testdaten pl контрольные или тестовые данные
Testdia n диапозитив с испытательной таблицей
Testeingang m вход испытательного сигнала
Testelement n блок контроля ошибок
Testen n 1. испытание 2. проверка, контроль 3. вчт отладка
~, **symbolisches** вчт отладка в символических адресах
Testfilm m испытательный фильм
Testfunktion f испытательная функция
Testgerät n испытательный или контрольный прибор; тестер
Testhilfen f pl средства отладки
Testimpuls m испытательный импульс
Testkanal m канал испытательного сигнала
Testkassette f испытательная кассета
Testlauf m вчт прогон теста; тестовый прогон
Testmarke f микр. метка или знак позиционирования
Testmuster n 1. испытательная таблица 2. испытуемая модель
Testobjekt n тест-объект
Testperson f наблюдатель
Testprogramm n тестовая программа; программа испытаний
Testprogrammgenerator m генератор тестовой программы
Testprogrammpaket n блок [пакет] тестовых программ
Testpunkt m контрольная точка
Testpunktbuchse f контрольное или испытательное гнездо
Testretikel n промежуточный (фото)шаблон теста или тестовой структуры
Testsatellit m экспериментальный спутник
Testschallplatte f испытательная грампластинка
Testschaltung f 1. схема испытаний 2. контролирующая [проверочная] схема
Testsendung f опытная передача
Testsignal n испытательный сигнал, тест-сигнал
Testsignalgenerator m генератор испытательных сигналов
Testsonde f 1. измерительный зонд 2. испытательный щуп
Teststruktur f микр. тестовая структура
Testtafel f испытательная таблица
Testteil m опрашивающая часть (команды)
Testtranslator m, **Testübersetzer** m тестовый транслятор, тест-транслятор
Testung f 1. испытание 2. проверка, контроль 3. тестирование
Testversuch m контрольный опыт
Testvorlage f испытательное изображение
Testwertgeber m датчик измеряемой величины
Testwertspeicher m ЗУ или память для хранения значений измеряемой величины
Testzeit f 1. время проведения испытаний 2. время проверки
Tetrade f тетрада
Tetradendarstellung f, **duale** представление (чисел) в четырёхразрядном двоичном коде

Tetragyre f *крист.* ось симметрии четвёртого порядка
Tetrajunktiontransistor m четырёхпереходный транзистор (*напр. триак*)
Tetrasonie f квадрофония
Tetrode f тетрод
~ **mit Elektronenbündelung [mit Strahlblechen]** лучевой тетрод
Tetrodentransistor m полупроводниковый тетрод
TE-Welle f магнитная волна, H-волна (*в линии передачи*)
Text m 1. текст 2. надпись (*в фильме*)
Textaufbereitungsprogramm n программа редактирования текстов
Textautomat m *см.* **Textprozessor**
Textbearbeitung f, **maschinelle** машинная обработка текста
Textblock m блок текстовых данных
Texteditor m текстовый редактор
Textflax m текстовая факсимильная связь
Textflax-Mail f электронная почта для обмена текстовым факсимиле
Textform f текстуальный вид
Textinformation f текстовая информация
Textkommunikation f передача и приём текстовой информации
~, **bildschirmgebundene** передача текста с изображением на экране (*дисплея*); видеотекс
Text-Mail f электронная почта для обмена текстовой информацией
Textmodus m текстовый режим (*напр. работы канала связи*)
Textprozessor m процессор (для) обработки текста, текстовый процессор
Textreihe f строка текста (*в системах типа телетекст*)
Textspeicher m текстовое ЗУ; текстовая память
Textteil m блок телетекста (*в телевизоре*)
Texttemperatur f *инф.* эффективность передачи текстовых сообщений
Texture f текстура
Texturprüfer m прибор для исследования (*кристаллографической ориентировки*) текстуры
Textverarbeitung f обработка текста
Textvermittlung f 1. распределение текстовой информации 2. обмен текстовой информацией
TF-... *см. тж* **Trägerfrequenz...**
TF-FM-System n система передачи ЧМ-сигналов на несущей частоте
T-Filter n Т-образный фильтр
TF-Kabel n *тлф* высокочастотный кабель
TF-Kanal m 1. канал высокочастотной связи, ВЧ-канал 2. *зап.* канал (частотно-модулированной) несущей
T-Flip-Flop n Т-триггер, триггер счётного типа
TF-Signal n сигнал на несущей (частоте)
TF-Technik f техника высокочастотной связи
T-Glied n Т-образное звено
~, **magisches** Т-образный волноводный (параллельно-последовательный) разветвитель
TGL-Standard m государственный стандарт ГДР
TGS-Element n *см.* **Tandel**
Thalliumsulfidzelle f, **Thallofidzelle** f таллофидный фотоэлемент
That's-Kassette f ТЗЭТ-кассета (*кассета для ци-

фровой магнитной записи и воспроизведения звука, Япония*)
Themenstudie f аванпроект, технические предложения
Theorem n теорема
~ **von Shannon** теорема Шеннона
~ **von Wiener-Chintschin** теорема Винера—Хинчина
Theorie f, **Fresnelsche** теория Френеля
Thermion n термоэлектрон
Thermistor m терморезистор
~, **direkt geheizter** терморезистор прямого подогрева
~, **indirekt geheizter** терморезистор косвенного подогрева
Thermistorbolometer n терморезисторный болометр
Thermistorkopf m терморезисторная головка
Thermistormeßfühler m терморезисторный (измерительный) датчик
Thermistormeßtaster m терморезисторная измерительная головка
Thermistorperle f 1. бусинка терморезистора 2. бусинковый терморезистор
Thermistorstellglied n терморезисторный исполнительный элемент
Thermistorwiderstand m терморезистор
Thermoampermeter n термоэлектрический амперметр
Thermoausgleichsleitung f термокомпенсированная линия (*не создаёт дополнительного термонапряжения в точке соединения с измерительной термопарой*)
Thermobatterie f термоэлектрическая батарея, термобатарея
Thermodetektor m термоэлектрический детектор, термодетектор
Thermodiffusion f термодиффузия
Thermodruckbonder m установка термокомпрессионной (микро)сварки
Thermodrucker m термографическое печатающее устройство
Thermoeffekt m термоэлектрический эффект
Thermoelektret n термоэлектрет
Thermoelementlötstelle f спай термоэлемента
Thermoelementmeßkopf m термоэлектрическая измерительная головка
Thermoelementverbindungsstelle f спай термоэлемента
Thermoelementwärmeleitungsvakuummeter n термопарный вакуумметр
Thermoemission f термоэлектронная эмиссия
Thermoemissionsumformer m термоэлектронный преобразователь
Thermo-EMK f *см.* **Thermokraft**
Thermoempfindlichkeit f теплочувствительность
Thermofon n термофон
Thermofühler m тепловой датчик, датчик нагрева
Thermogenerator m термоэлектрический генератор
Thermograf m прибор для формирования ИК-изображений, термограф
Thermoionengerät n термоионный прибор
Thermoionisation f термическая ионизация
Thermokatode f термокатод

Thermokompensation *f* термокомпенсация
Thermokompression *f* термокомпрессия
Thermokompressionsbonden *n*, **Thermokompressionsschweißen** *n* термокомпрессионная (микро)сварка
Thermokontakt *m* термоконтакт
Thermokraft *f* термоэдс, термоэлектродвижущая сила
Thermokreuz *n* термопара
Thermolötstelle *f* точка спая термопары
Thermolumineszenz *f* термолюминесценция
Thermomikrofon *n* термомикрофон
Thermopaar *n* термопара
Thermoregler *m*, **Thermoregulator** *m* терморегулятор
Thermosäule *f* термобатарея
Thermoschenkel *m* ветвь термопары
Thermoschock *m* тепловой [термический] удар
Thermosicherung *f* плавкий предохранитель
Thermosondenverfahren *n* метод термозонда
Thermospannung *f* термонапряжение
Thermosphäre *f* термосфера (*слой атмосферы на высоте от 80 до 600 км с сильными градиентами температуры*)
Thermostabilisierung *f* термостабилизация
Thermostabilität *f* 1. термостойкость, теплостойкость 2. термостабильность
Thermostat *m* термостат
Thermostatquarz *m* термостатированный кварц
Thermostreifendrucker *m* термографическое построчно-печатающее устройство
Thermostriktion *f* термострикция
Thermostrom *m* термоэлектрический ток, термоток
Thermostromerzeuger *m* термоэлектрический генератор
Thermoübergang *m* (рабочий) спай термопары
Thermoumformer *m* термоэлектрический преобразователь
Thermounterdruckkammer *f* термобарокамера
Thermovision *f* тепловидение
Thermovisor *m* тепловизор
Thermowandler *m см.* **Thermoumformer**
Thermowid(erstand) *m* терморезистор
Thermozelle *f* термопара
Thermozellenlötung *f* спай термопары
Thermozellenmeßgerät *n* термоэлектрический измерительный прибор
Thernewid *m* резистор с отрицательным ТКС
Thetarhythmus *m* киб. тета-ритм (*составляющая энцефалограммы*)
Thevenin-Schaltung *f* схема Тэвенина (*эквивалентная схема для напряжения холостого хода*)
Thomson-Effekt *m* электротермический эффект Томсона
Thomson-Filter *n* фильтр Томсона
Thor-Delta-Rakete *f* ракета-носитель Тор-Дельта (*США*)
Thoriumkatode *f* ториевый катод
Thoriumoxidkatode *f* оксидно-ториевый катод
Thuliumdampflaser *m* лазер на парáх тулия
Thyratron *n* тиратрон
~, **edelgasgefülltes** тиратрон с инертным газом
~, **quecksilberdampfgefülltes** тиратрон с ртутным наполнением
Thyratrontransistor *m* полупроводниковый тиратрон
Thyristor *m* тиристор
~, **abschaltbarer** двухоперационный триодный тиристор
~, **asymmetrischer** асимметричный тиристор
~, **bidirektionaler** симметричный триодный тиристор, триак
~, **feldgesteuerter** полевой тиристор
~, **gateabschaltbarer** тиристор с затвором выключения
~, **gateabschaltunterstützter** тиристор с обратносмещённым затвором
~, **rückwärtsleitender** тиристор, проводящий в обратном направлении
~, **rückwärtssperrender** (диодный) тиристор, не проводящий в обратном направлении
~, **symmetrischer** симметричный тиристор
Thyristordiode *f* диодный тиристор, динистор
Thyristoroptron *n* тиристорный оптрон, тиристорная оптопара
Thyristor-Spannungsregler *m* тиристорный стабилизатор напряжения
Thyristorsteller *m* исполнительный орган на тиристоре
Thyristorsteuerung *f* тиристорное управление
Thyristortriode *f* триодный тиристор
~, **rückwärtsleitende** триодный тиристор, проводящий в обратном направлении
~, **rückwärtssperrende** триодный тиристор, не проводящий в обратном направлении
Thyristor-Wechselrichter *m* инвертирующий тиристор
Thyrit *m фирм.* тирит (*карбидокремниевый материал для изготовления резисторов*)
Thyritwiderstand *m* тиритовый (нелинейный) резистор
Thyrode *f см.* **Thyristor**
Ticker *m* 1. прерыватель, тикер 2. пищик, зуммер
Tiefätzen *n* глубокое травление
Tiefbandsprache *f* речевой сигнал, ограниченный фильтром нижних частот
Tiefen *f pl* низкие частоты
Tiefenabfall *m*, **Tiefenabsenkung** *f* спад низких частот
Tiefenanheber *m* схема подъёма низких частот
Tiefenanhebung *f* подъём низких частот
Tiefenbereich *m* 1. область низких частот 2. глубина поля (*изображения*); глубина резкости
Tiefendiffusion *f* глубокая диффузия
Tiefeneinsteller *m* 1. ограничитель низких частот 2. *см.* **Tiefenregler**
Tiefenentzerrung *f* коррекция низких частот
Tiefen-Multiplex-Aufzeichnung *f* глубинная двухуровневая запись (*изображения и звука*)
Tiefenregler *m* регулятор низких частот
Tiefenschärfe *f* глубина резкости
Tiefenschrift *f* глубинная запись (*механическая*)
Tiefensieb *n* 1. фильтр нижних частот, ФНЧ 2. низкочастотный сглаживающий фильтр
Tiefensteller *m см.* **Tiefeneinsteller**

Tiefenstreuung f рассеивание в глубину
Tiefenwert m глубина (напр. проникновения)
Tieffliegererfassung f рлк обнаружение [захват] низколетящих целей
Tieffrequenzen f pl очень низкие частоты
Tiefhochtöner m громкоговоритель для низких и высоких частот
Tiefkühlung f глубокое охлаждение
Tiefpaßbegrenzung f ограничение нижних частот
Tiefpaßfilter n фильтр нижних частот, ФНЧ
Tiefpaßfilterung f низкочастотная фильтрация
Tiefpaßglied n звено фильтра нижних частот
Tiefpaßgrenzfrequenz f граничная частота фильтра нижних частот
Tiefpaßintegrator m интегрирующий ФНЧ
Tiefpaßmethode f анализ речи (методом скользящего тона) фильтром нижних частот
Tiefpaß-RC-Filter n RC-фильтр нижних частот
Tiefpaßsystem n многозвенный ФНЧ
Tiefpaßteilfilter n ФНЧ с резким срезом
Tiefpegelwahl f выбор уровня низкой частоты
Tiefschwund m глубокое замирание
Tiefseekamera f камера для глубоководной съёмки
Tiefstfrequenzen f pl см. **Tieffrequenzen**
Tiefstrahler m глубокоизлучатель
Tiefsttemperatur... см. **Tieftemperatur...**
Tieftemperaturabscheidung f низкотемпературное осаждение (из паровой фазы)
Tieftemperaturelement n криогенный элемент
Tieftemperatur-Maser m криогенный мазер
Tieftemperaturschaltelement n криотрон
Tieftemperaturschaltgerät n **auf Halbleiterbasis** криосар
Tieftemperaturschaltung f криогенная схема
Tieftemperaturspeicher m криогенное ЗУ; криогенная память
Tieftemperaturtechnik f криогенная техника, криотехника
Tieftemperaturversärker m криостатированный усилитель
Tiefton m низкий тон
Tieftonblende f см. **Tieftonregler**
Tieftöner n, **Tieftonlautsprecher** m громкоговоритель (для) низких [звуковых] частот, низкочастотный громкоговоритель
Tieftonregler m регулятор низких частот
Tieftonsystem n 1. низкочастотная головка, низкочастотная система (громкоговорителя) 2. см. **Tieftöner**
Tieftonverstärker m усилитель низких [звуковых] частот
Tiegel m тигель
Tiegelverfahren n тигельный метод (выращивания монокристаллов из расплава)
Tier n, **kybernetisches** кибернетическое животное
Tilgung f 1. гашение; стирание (напр. записи) 2. обрывание (напр. импульса) 3. инф. прекращение, угасание (напр. процесса)
Timebasekorrektor m корректор временных искажений, КВИ
Timekode m временной код
Timekode-Spur f дорожка (канала) временного кода (видеомагнитофона)

Timeout-Betrieb m вчт режим перерыва; простой (ВМ)
Timeplex m 1. временно́е уплотнение, уплотнение во времени (канала связи); временно́е объединение (сигналов) 2. вчт разделение времени 3. тлв метод передачи сигнала цветного телевидения, при котором сжатые во времени цветоразностные сигналы передаются в интервалах строчных гасящих импульсов поочерёдно по строкам
Timeplexverfahren n 1. метод временно́го уплотнения (канала связи); метод временно́го объединения (сигналов) 2. вчт метод разделения времени 3. см. **Timeplex** 3.
Timer m 1. хронирующее устройство; синхронизирующее устройство 2. таймер, датчик времени 3. реле времени
time-sharing англ. 1. свз, вчт разделение времени 2. вчт режим разделения времени
Time-Sharing-Aufruf m опрос с разделением времени
Time-Sharing-Betrieb m вчт режим разделения времени
Time-Sharing-System n система с разделением времени
time-shifting англ. сдвиг во времени
Timing n 1. хронирование 2. синхронизация 3. установка времени
T-Impuls m тлв Т-импульс
12,5 T-Impuls m (составной) 12,5 Т-импульс
Tintendrucker m (буквенно-цифровое) устройство с чернильной записью (с отклонением чернильного луча электрическим полем)
Tintenstrahl(bild)schreiber m фототелеграфный аппарат с чернильной записью
Tippbetrieb m 1. стартстопный режим (работы) 2. работа ключом
Tippdruckknopf m (легконажимная) кнопка с самовозвратом
Tippfehler m 1. ошибка при печати 2. ошибка при нажатии клавиши
Tipptaste f см. **Tippdruckknopf**
Tisch m 1. стол (напр. монтажный) 2. пульт; стенд
~, **laserwegmeßgesteuerter** координатный стол с лазерной системой позиционирования
~ **mit Gitterplattenmeßsystem** координатный стол с измерительной системой позиционирования на дифракционной решётке
~ **mit Luftlagerung** координатный стол на воздушной подушке
~, **schrittweise positionierbarer** координатный стол с шаговым перемещением
Tischausleuchtung f световая индикация на пульте управления
Tischausprüfung f вчт пультовая отладка
Tischcomputer m настольная ВМ
Tischfeld n панель пульта управления
Tischmarke f метка [знак] на предметном столике (микроскопа)
Tischplotter m планшетный графопостроитель
Tischpositionierung f микр. позиционирование координатного стола
Tischsteuerelektronik f электроника управления координатным столом

TIT

Titanröntgenschablone *f* титановый рентгеношаблон
Titel *m* титр; заголовок
Titeleinblender *m* тлв блок введения титров
Titeleinblendsystem *n* система введения титров
Titelfeld *n* титровое поле
Titelkamera *f* камера введения титров
Titel-Überblendung *f* введение титров (*на изображение*)
Titer *m см.* **Titel**
Titrator *m* титратор
T-Kettenglied *n* Т-образное звено
T-Kreis *m* Т-образная схема
TL-Glied *n* звено с запаздыванием
T-Luftleiter *m* Т-образная антенна
TM-Welle *f* E-волна, электрическая волна (*в линии передачи*)
T-Netzwerk *n* Т-образная цепь
Tochteranzeigegerät *n* рлк вынесенный индикатор
Tochterband *n* вторичная лента
Tochterdrucker *m* вспомогательное печатающее устройство
Tochtergerät *n* рлк вынесенный индикатор
Tochterhologramm *n* голограмма-копия
Tochterindikator *m см.* **Tochtergerät**
Tochterleiterplatte *f* вспомогательная печатная плата (*располагается на основной печатной плате*)
Tochterpotentiometer *n* ведомый потенциометр
Tochtersatellit *m* дочерний спутник (*отделяющийся от основного*)
Tochterschablone *f* дубликат (*эталонного*) (*фото*)шаблона
Tochtersender *m* ведомый передатчик
Tochterstation *f* ведомая станция
TO-Gehäuse *n* корпус транзисторного типа, корпус типа TO
Tokamak-System *n* установка «Токамак» (*система удержания плазмы*)
Toleranz *f* допуск
Toleranzausfall *m* над. частичный отказ
Toleranzband *n*, **Toleranzbereich** *m* поле допуска
Toleranzeinfluß *m* влияние выхода из допуска
Toleranzfeld *n* поле допуска
Toleranzfestigkeit *f* жёсткость допуска
Toleranzfrequenz *f* допустимая частота
Toleranzgebiet *n* поле допуска
Toleranzgrenze *f* граница допуска
Toleranzgrenzentest *m* граничные испытания
Toleranzoptimierung *f* оптимизация систем с учётом дрейфа параметров элементов
Toleranzprinzip *n* принцип равноправия (*принцип допустимости различных логических систем*)
Toleranzschema *n* диаграмма допусков
tolerieren устанавливать допуск; допускать
Tomografie *f* томография
~, **holografische** голографическая томография
Ton *m* 1. (звуковой) тон; звук 2. звучание 3. тлв тон; оттенок (*в изображении*) 4. проф. фонограмма
~, **aufgenommener** записанный звук
~, **aufmodulierter** модулированный тон
~, **flacher** «плоский» [необъёмный] звук
~, **gerichteter** направленный звук; псевдостереофония

TON

~, **hoher** высокий тон
~, **hohler** глухое звучание
~ **im Bild** тлв помехи на изображении от сигналов звукового сопровождения
~, **optischer** фотографическая запись и воспроизведение звука
~, **räumlicher** стереофонический звук; стереофония
~, **reiner** чистый тон
~, **scharfer** резкий тон
~, **tiefer** низкий тон
~, **topfiger** глухое звучание
~, **verdeckender** маскирующий звук
~, **verdeckter** маскируемый звук
Tonabnahme *f* звуковоспроизведение
Tonabnahmegerät *n* звуковоспроизводящее устройство
Tonabnehmer *m* 1. звукосниматель 2. электроакустический преобразователь
Tonabnehmeranschluß *m* 1. включение [подключение] звукоснимателя 2. *см.* **Tonabnehmerbuchse**
Tonabnehmerarm *m* тонарм
Tonabnehmerbuchse *f* гнездо (для включения) звукоснимателя
Tonabnehmereinsatz *m* капсюль звукоснимателя
Tonabnehmerkopf *m* головка звукоснимателя
Tonabstimmung *f* регулировка тона или звука
Tonabstufung *f* градация тонов (*изображения*)
Tonabtaster *m см.* **Tonabnehmer**
Tonabtastspalt *m* (механическая) щель звукочитающей оптической системы
Tonabtastung *f* звуковоспроизведение
Tonabteilung *f* аппаратная звукозаписи
Tonabtrennung *f* тлв выделение сигнала звукового сопровождения
Tonachse *f* ведущий вал (*лентопротяжного механизма*)
Tonadapter *m* звукосниматель
Tonalarm *m* звуковой сигнал тревоги
Tonalität *f* тональность
Tonanalysator *m* анализатор (*спектра*) звуковых частот
Tonanhebung *f* подчёркивание высоких звуковых частот
Tonanlage *f* устройство записи — воспроизведения звука
Tonansatz *m* звуковоспроизводящая приставка
Tonanzeige *f* звуковая индикация
Tonarchiv *n* фонотека
Tonarm *m* тонарм
Tonarmaufhängung *f* подвес тонарма
Tonarmlager *n* опора тонарма
Tonarmlifthebel *m* рычаг тонарма
Tonart *f* тональность
Tonaufnahme *f см.* **Tonaufzeichnung** 1.
Tonaufnahme... *см.* **Tonaufzeichnungs...**
Tonaufnehmer *m* звукосниматель
Tonaufzeichnung *f* 1. звукозапись 2. фонограмма
~, **bildsynchrone** синхронная запись звука и изображения
~, **doppelspurige** 1. двухдорожечная звукозапись 2. двухдорожечная фонограмма
~, **einkanalige** 1. одноканальная звукозапись 2. одноканальная фонограмма

TON

~, **elektromagnetische** электромагнитная запись звука
~, **longitudinale** продольная звукозапись
~, **magnetische** магнитная звукозапись
~, **mechanische** механическая звукозапись
~, **mehrkanalige** 1. многоканальная звукозапись 2. многоканальная фонограмма
~, **optische** 1. фотографическая звукозапись 2. фотографическая фонограмма
~, **provisorische** 1. черновая звукозапись 2. черновая фонограмма
~, **stereofonische** 1. стереофоническая звукозапись 2. стереофоническая фонограмма
~, **synchrone** синхронная запись звука
~, **zweikanalige** 1. двухканальная звукозапись 2. двухканальная фонограмма
Tonaufzeichnungsapparatur f аппаратура звукозаписи
Tonaufzeichnungsgerät n устройство звукозаписи
Tonaufzeichnungskopf m головка звукозаписи
Tonaufzeichnungspegeleinstellung f установка уровня звукозаписи
Tonaufzeichnungstechnik f техника звукозаписи
Tonaufzeichnungswiedergabekopf m комбинированная головка записи — воспроизведения
Tonausgangsleistung f выходная мощность звука
Tonausgangspegel m выходной уровень звукового сигнала
Tonausgleich m тонкомпенсация
Tonbahn f звуковой канал
Tonband n 1. полоса звуковых частот (*16 Гц — 20 кГц*) 2. магнитофонная лента, МЛ 3. фонограмма
~, **bespieltes** МЛ с записью
Tonbandarchiv n фонотека
Tonbandaufnahme f, **Tonbandaufzeichnung** f звукозапись на МЛ
Tonbandbreite f 1. *тлв* ширина полосы канала звукового сопровождения 2. ширина полосы звукового канала
Tonbandgerät n магнитофон
Tonbandkassette f магнитофонная кассета
Tonbandmaschine f магнитофон
Tonbandmotor m магнитофонный электродвигатель
Tonbandspeicher m звуконоситель на МЛ
Tonbandspule f магнитофонная катушка
Tonbandtechnik f техника звукозаписи на МЛ
Tonbandverstärker m усилитель магнитофона
Tonbandwiedergabe f воспроизведение звукозаписи с МЛ
Tonbegleitungssystem n система звукового сопровождения телевидения
Tonbereich m 1. градация тонов 2. *см.* **Tonband** 1.
Tonbild n фонограмма
Tonbildrundfunk m телевизионное вещание
Tonblende f регулятор тембра
Tonburst n 1. *тлв* пакет сигнала звукового сопровождения 2. тональная посылка
Ton-Datenmultiplex m *тлв* объединение сигналов звукового сопровождения и (дополнительных) данных
Tondehner m расширитель динамического диапазона звука

Tondemodulator m 1. демодулятор звука 2. второй детектор (*супергетеродинного приёмника*)
Tondraht m звуконоситель на магнитной проволоке
Toneffekte m pl звуковые эффекты
Tonempfänger m приёмник звуковых колебаний
Tonempfindung f звуковосприятие; звукоощущение
Tönen n звучание
Tonendverstärker m 1. *тлв* оконечный каскад усилителя звукового сопровождения 2. оконечный каскад усилителя звуковой частоты
Toner m порошок для электростатической печати
Tonerhöhung f 1. повышение тона 2. усиление звука
Tonfalle f *тлв* режекторный фильтр несущей частоты звукового сопровождения
Tonfarbe f, **Tonfärbung** f 1. тембр 2. цветовой оттенок
Tonfenster n читающая щель (*для воспроизведения оптической звукозаписи*)
Tonfilm m 1. (кино)плёнка для записи звука (и изображения) 2. звуковой кинофильм
Tonfilmaufnahme f, **Tonfilmaufzeichnung** f запись звука (и изображения) на киноплёнку
Tonfilmtechnik f 1. техника звукового кино 2. техника фотографической записи и воспроизведения звука
Tonfilter n фильтр звуковой частоты
Tonfolie f *см.* **Tonfilm** 1.
Tonformung f формирование тембра
Tonfrequenz f звуковая частота; тональная частота
Tonfrequenzanalysator m анализатор спектра звуковых частот
Tonfrequenzanruf m *тлф* тональный вызов
Tonfrequenzband n полоса звуковых частот
Tonfrequenzbereich m диапазон звуковых частот
Tonfrequenzfernwahl f *тлф* дальнее искание импульсами тональной частоты
Tonfrequenzfilter n фильтр звуковой частоты
Tonfrequenzgang m частотная характеристика звукового канала
Tonfrequenzgebiet n *см.* **Tonfrequenzbereich**
Tonfrequenzgenerator m звуковой генератор
Tonfrequenzgleichrichter m *см.* **Tondemodulator**
Tonfrequenzkanal m канал звука; *тлв* канал звукового сопровождения
Tonfrequenzkommandogabe f подача команды импульсами тональной частоты
Tonfrequenzleistung f мощность колебаний звуковой частоты
Tonfrequenzmehrfachtelegrafie f многократная тональная телеграфия
Tonfrequenz-Multiplex-Fernsteuerung f тонально-частотное телеуправление по уплотнённому каналу
Tonfrequenz-Multiplex-Fernwirkeinrichtung f тонально-частотное телемеханическое устройство с уплотнённым каналом
Tonfrequenznormal n эталон звуковой частоты
Tonfrequenzoszillator m звуковой генератор
Tonfrequenzpaket n тональная посылка
Tonfrequenzruf m *тлф* тональный вызов

Tonfrequenz-Rundsteuerung f централизованное тонально-частотное телеуправление
Tonfrequenzsignal n сигнал звуковой или тональной частоты
Tonfrequenzspektrometer n панорамный анализатор спектра звуковых частот
Tonfrequenzsperre f режекторный фильтр звуковой частоты
Tonfrequenzsteuerung f тонально-частотное телеуправление
Tonfrequenzsystem n 1. система с сигналом звуковой или тональной частоты 2. система звуковоспроизведения
Tonfrequenztastung f тональная манипуляция
Tonfrequenztechnik f техника звуковых частот
Tonfrequenztelegrafie f тональное телеграфирование
Tonfrequenzträger m тлв несущая частота звукового сопровождения, несущая звука
Tonfrequenzübertrager m трансформатор звуковой частоты
Tonfrequenzübertragung f передача на звуковой частоте
Tonfrequenzunterdrückungsschaltung f схема подавления звуковой частоты
Tonfrequenzverstärker m усилитель звуковой частоты, УЗЧ
Tonfrequenzzeichengebung f сигнализация звуковыми или тональными частотами
Tonfülle f звучность; полнота звучания
Tonfunksender m (телеграфный) передатчик с тональной модуляцией
Tongabel f камертон
Tongebung f озвучивание
Tongemisch n сложный [составной] звук
Tongenerator m звуковой генератор
Tongerät n 1. устройство звукозаписи 2. магнитофон 3. звуковая головка (кинопроектора)
Tonhöhe f высота звука или тона
Tonhöhenabweichung f зап. отклонение высоты тона
Tonhöhenschwankungen f pl детонация (воспроизводимого звука)
~, **langsame** низкочастотная детонация
~, **schnelle** высокочастотная детонация
Tonimpuls m звуковой импульс
Toningenieur m звукорежиссёр; инженер звукозаписи
Toninhalt m звуковая информация
Tonkabine f аппаратная звукозаписи
Tonkanal m 1. тлв тракт передачи звукового сопровождения 2. звуковой канал
Tonkodierung f кодирование звука (цифровое)
Tonkontrolle f регулятор звука или тона
Tonkopf m головка звукоснимателя
Tonkopfträger m держатель головки звукоснимателя
Tonkreis m цепь звуковой частоты
Tonlampe f лампа для оптической звукозаписи
Tonlaufwerk n 1. звуковоспроизводящая приставка 2. лентопротяжный механизм магнитофона
Tonlehre f акустика
Tonleistung f звуковая мощность

Tonleiter f 1. гамма (звуков, цветов) 2. шкала (цветов)
Tonleitung f 1. линия (передачи) звука 2. тлв линия звукового сопровождения
Tonlichtspalt m щель для фотографической звукозаписи
Tonmeister m 1. звукорежиссёр 2. звукоинженер 3. звукооператор; оператор звукозаписи
Tonmesser m, **Tonmeßgerät** n фонометр
Tonmischanordnung f, **Tonmischeinrichtung** f, **Tonmischer** m 1. звукомикшер, звуковой микшер 2. пульт звукомикшера 3. пульт звукорежиссёра
Tonmischpult n см. **Tonmischanordnung** 2., 3.
Tonmischung f, **Tonmixen** n микширование звука
Tonmodulation f 1. модуляция звуковой частотой; тональная модуляция 2. тлв модуляция несущей (частоты) звука
Tonmotor m зап. ведущий электродвигатель
Tonne f проф. телевизионная камера для управляемого снаряда
Tonnenentzerrung f см. **Tonnenkorrektur**
Tonnenfehler m см. **Tonnenverzeichnung**
Tonnenkorrektur f коррекция бочкообразных искажений (растра)
Tonnenverzeichnung f, **Tonnenverzerrung** f бочкообразное искажение (растра)
~, **horizontale** бочкообразное искажение по горизонтали
~, **vertikale** бочкообразное искажение по вертикали
Tonoptik f звуковая оптика, звуковая оптическая система
Tonpegel m уровень звукового сигнала
Tonpegelanzeiger m индикатор уровня звукового сигнала
Tonpegelmesser m измеритель уровня звукового сигнала
Tonplatte f грампластинка
Tonprobe 1. контрольная МЛ 2. пробная запись звука
Tonprogramm n 1. тлв программа звукового сопровождения 2. звуковая программа
Tonprüfer m прибор для контроля звука
Tonprüffilm m см. **Tontestfilm**
Tonpult n пульт звукорежиссёра
Tonqualität f 1. качество звуковой программы 2. тлв качество звукового сопровождения
Tonraffer m устройство для сжатия динамического диапазона звука
Tonregelung f 1. регулировка (громкости) звука 2. регулировка тембра
Tonregie f, **Tonregieraum** m звукорежиссёрская аппаратная
Tonregler m 1. регулятор (громкости) звука 2. регулятор тембра
Tonreinheit f чистота тона или звука
Tonrille f канавка звукозаписи
Tonrillenabstand m шаг канавок звукозаписи
Tonrillenauslenkung f амплитуда записи (при механической записи звука)
Tonrohrwiderstand m трубчатый резистор
Tonrolle f 1. ведущий вал 2. катушка с лентой для звукозаписи
Tonruf m тлф тональный вызов

Tonruffrequenz f вызывная тональная частота
Tonrundfunk m звуковое радиовещание
Tonrundfunkband n 1. диапазон звукового радиовещания 2. ширина полосы канала звукового радиовещания
Tonrundfunksendung f 1. звуковое радиовещание 2. *тлв* передача звукового сопровождения
Tonsäule f звуковая колонка
Tonschlitz m *см.* **Tonlichtspalt**
Tonschnitt m 1. монтаж звукового сопровождения 2. монтаж звука
Tonschreiber m звукозаписывающий аппарат
Tonschrift f 1. звукозапись 2. фонограмма
Tonschriftträger m звуконоситель
Tonschwankung f *зап.* детонация звука
Tonschwankungsmesser f *зап.* детонометр
Tonschwellung f нарастание звука
Tonschwingung f звуковое колебание
Tonseite f звуковая часть (*телевизионного приёмника*)
Tonselektion f селекция (*узкой полосы*) звуковых частот
Tonsender m радиопередатчик звукового сопровождения
Tonsensitometrie f звуковая сенситометрия
Tonsieb n тональный фильтр, фильтр звуковой частоты
Tonsignal n 1. звуковой сигнал 2. *тлв* сигнал звукового сопровождения 3. звуковая тревожная сигнализация
Tonsignalaufzeichnung f звукозапись
Tonsignalbearbeitung f обработка звуковых сигналов
Tonsignalimpulsbündel n пакет импульсов (*для цифровой передачи*) звукового сопровождения
Tonsignalnetz n радиотрансляционная сеть
Tonsignaltechnik f звуковая техника
Tonspalt m *см.* **Tonlichtspalt**
Tonspalte f канавка звукозаписи
Tonspeicher m 1. носитель звукозаписи 2. фонограмма 3. *см.* **Tonspeichergerät**
Tonspeichergerät n 1. устройство звукозаписи 2. устройство (для) консервации звуковых программ
Tonspeichertechnik f 1. техника звукозаписи 2. техника консервации звуковых программ
Tonspeicherung f 1. звукозапись 2. консервация звуковых программ
Tonspektrum n спектр звуковых частот, акустический спектр
Tonsperre f, **Tonsperrkreis** m режекторный фильтр сигнала звукового сопровождения
Tonspur f дорожка звукозаписи; дорожка звукового канала (*видеомагнитофона*)
~, **besprochene** модулированная дорожка звукозаписи
~, **statische** немодулированная дорожка звукозаписи
Tonspurfläche f площадь фонограммы
Tonstärke f сила звука; громкость
Tonsteuerung f 1. регулировка (громкости) звука 2. регулировка уровня громкости записи 3. регулировка тембра
Tonstreifen m 1. фонограмма 2. плёнка фонограммы

Tonstreifen m pl полосы на изображении от сигналов звукового сопровождения
Tonstreuung f рассеяние звука
Tonstrom m ток звуковой частоты
Tonstudio n 1. звуковая студия 2. студия звукозаписи
Tonstudiotechnik f студийная звуковая техника; техника студийной звукозаписи
Tonstufe f 1. каскад звуковой частоты 2. звуковой интервал
Ton-Synchronkopf m комбинированная головка звука — синхронизации
Tonsystem n 1. звуковая система (*громкоговорителя*) 2. система передачи звука
Tontechnik f 1. техника звукозаписи 2. (техническая) акустика
Tontechniker m звукотехник
Tonteil m 1. блок звукового сопровождения 2. звуковой блок, звуковая часть (*телевизора, кинопроектора*) 3. участок (*плёнки*), занимаемый фонограммой
Tontestfilm m звуковой контрольный фильм, звуковой тест-фильм
Tonträger m 1. *тлв* несущая (частота) звукового сопровождения 2. носитель звукозаписи
Tonträgerarchiv n фонотека
Tonträgerfrequenz f частота несущей звука
Tonträgerhub m сдвиг несущей (частоты) звукового сопровождения
Tonträgerzwischenfrequenz f *тлв* промежуточная частота канала звукового сопровождения
Tontreppe f *тлв* 1. полоса пропускания (*по несущей частоте*) канала звукового сопровождения телевизора 2. отношение номинальных мощностей канала изображения и канала звукового сопровождения (*обычно 10:1*)
Tonüberblendung f 1. ликвидирование звука 2. глушение звука
Tonüberspielung f перезапись звука
~, **bildsynchrone** перезапись звука, синхронная с изображением
Tonübertragung f 1. *тлв* передача звукового сопровождения 2. передача звука, звукопередача
~, **integrierte** передача звукового сопровождения методом уплотнения видеосигнала
~, **stereofone** 1. *тлв* передача стереофонического звукового сопровождения 2. стереофоническая передача звука
Tonübertragungskanal m международный (магистральный) канал звука
Tonübertragungssystem n система передачи звукового сопровождения
Tonübertragungswagen m передвижная станция звукового вещания
Tonumfang m 1. звуковой диапазон 2. совокупность тонов (*изображения*)
Ton- und Spracheerkennung f распознавание звуков речи
Tönung f 1. оттенок [окраска] звука 2. градация (*изображения*)
Tönungsskale f шкала полутонов
Tonunterträger m *тлв* поднесущая (частота) звукового сопровождения
Tonvariation f изменение тона

Tonverschlüsselung f шифрование звукового сопровождения
Tonverstärker m 1. *тлв* усилитель (сигналов) звукового сопровождения 2. усилитель звука
Tonverteilung f распределение звука
Tonwandler m преобразователь звука (*в электрический сигнал*)
Tonwelle f 1. звуковая волна 2. *зап.* ведущий вал
Tonwert m 1. градация (*изображения*) 2. тон, оттенок звука
Tonwerttrichtigkeit f, **Tonwerttreue** f 1. правильность воспроизведения градаций (*изображения*) 2. правильность воспроизведения оттенков звука 3. *тлв* правильность цветопередачи
Tonwertwiedergabe f *тлв* 1. воспроизведение градации (*изображения*) 2. воспроизведение оттенков звука 3. цветопередача
Tonwiedergabe f 1. воспроизведение звука 2. *см.* Tonwertwiedergabe
~, **bildsynchrone** воспроизведение звука, синхронное с изображением
~, **einkanalige** одноканальное воспроизведение звука
~, **stereofone** стереофоническое воспроизведение звука
~, **verzerrte** искажённое воспроизведение звука
Tonwiedergabeapparatur f звуковоспроизводящая аппаратура, аппаратура звуковоспроизведения
Tonwiedergabegerät n устройство воспроизведения звукозаписи
Tonwiedergabekopf m головка воспроизведения звукозаписи
Tonwiedergabeoptik f звуковоспроизводящая оптическая система
Tonzeichen n 1. звуковой сигнал 2. звуковая (синхронная) отметка (*напр. на ленте*)
~, **begleitendes** *тлв* сигнал звукового сопровождения
Tonzusatzgerät n звуковая приставка (*кинопроектора*)
Tonzwischenfrequenz f ПЧ канала звукового сопровождения
Tonzwischenfrequenzverstärker m усилитель промежуточной частоты [УПЧ] канала звукового сопровождения
Topf m 1. (потенциальная) яма 2. (ферромагнитный) горшок для катушек индуктивностей 3. объёмный контур; (экранирующий) стакан
~, **rechteckiger** прямоугольная потенциальная яма
Topfbodenwiderstand m входное сопротивление объёмного четвертьволнового шлейфа
Topfisolator m объёмный (четвертьволновый) изолятор (*в коаксиальной линии*)
Topfkatode f цилиндрический катод
Topfkern m горшкообразный сердечник
Topfkreis m объёмный контур
Topfkreisgenerator m генератор с объёмным контуром
Topfkreismischkopf m смесительная головка с объёмным контуром
Topfkreisresonator m объёмный резонатор
Topfkreisstempel m (подвижный) поршень объёмного контура

Topfkreiswellenmesser m волномер с объёмным контуром
Topfresonator m объёмный резонатор
Topftiefe f глубина потенциальной ямы
Toplader m верхний (*горизонтальный*) загрузочный отсек (*для дисков, кассет*)
Topografie f (поверхностный) рельеф, топография
Topologiestufe f топологическая операция
Top-Technik f наивысший уровень техники
T-Optik f просветлённая оптика; просветлённая оптическая система
Tor n 1. вентиль; логический элемент 2. стробирующий импульс, строб-импульс 3. *пп* затвор (*напр. полевого транзистора*) 4. управляющий электрод (*напр. тиристора*) 5. ключ
Tor-Abzug-Abstand m промежуток затвор — сток
Toranschluß m 1. вывод управляющего электрода 2. вывод затвора
Toranzeiger m указатель ворот (*в телевизионной игре*)
Torbaustein m вентильный элемент
Torbereich m область затвора
Tordielektrikum n диэлектрик затвора, изолирующий слой затвора
Torelektrode f управляющий (*пропусканием*) электрод; затвор
Torelektrodenstruktur f форма затвора
Torelement n, **Torglied** n *см.* Tor 1., 5.
Torimpuls m строб-импульс
Tor-Kanal-Übergang m переход затвор — канал
Torkapazität f ёмкость затвора
Torkreis m *см.* Torschaltung
Tornistergerät n ранцевая упаковка, ранцевый прибор
Toroid n тороид, кольцевой сердечник
Toroid... *см.* **Toroidal...**
Toroidalresonator m кольцевой резонатор
Toroidal-Satellspule f тороидальная седлообразная (*отклоняющая*) катушка
Toroxid n *пп* подзатворный оксид
Torpotron n торпотрон, генераторная лампа СВЧ-диапазона
Torschaltung f 1. *вчт* вентильная схема; схема совпадения 2. стробирующая схема 3. ключевая схема
Torschicht f слой затвора
Torschichtdicke f толщина слоя затвора
Torsignal n стробирующий сигнал
Torspannung f 1. напряжение затвора 2. напряжение управляющего электрода (*тиристора*) 3. напряжение стробирующего сигнала; напряжение отпирания
Torsteuerung f 1. выполнение логических операций 2. стробирование; селектирование, управление пропусканием
Torstrom m 1. ток затвора 2. ток управляющего электрода (*тиристора*)
Torstufe f 1. вентильный каскад, вентиль 2. стробирующий каскад
Tortenschachtel f *проф.* сегментная антенна
TO-Rundgehäuse n металлический круглый корпус, корпус типа ТО
Torungs... *см.* **Tor...**

Torus *m* 1. вентиль; вентильная схема 2. *мат.* тор 3. кольцевой сердечник
Torusantenne *f* тороидальная антенна
Torwellenform *f* форма стробирующего сигнала
tot обесточенный; мёртвый (*о витках обмотки*)
Totalablenkung *f* полное отклонение (*напр. луча*)
Totalamplitude *f* размах (*сигнала*)
Totalaufzeichnung *f* голограмма
Totalausfall *m* *над.* полный отказ
~, **spontaner** внезапный полный отказ
Totaldämpfung *f* полное затухание
Totalempfindlichkeit *f* полная чувствительность
Totalimpuls *m* суммарный импульс
Totalleistung *f* суммарная [общая] мощность
Totalreflexiensmode *f* мода с полным (внутренним) отражением
Totalschwund *m* полное [глубокое] замирание
Totbereich *m* *см.* **Totzone**
Totem-pole-Ausgang *m* каскадный выход
Totkontakt *m* холостой контакт
Totraum *m* мёртвая зона; зона нечувствительности (*напр. реле*)
Totspeicher *m* постоянное ЗУ, ПЗУ; постоянная память
Totspur *f* холостая дорожка
Totzeit *f* 1. время запаздывания 2. *вчт* простой (*ВМ*) 3. собственное время (*реле*)
~, **dynamische** динамическое запаздывание
~, **echte** чистое запаздывание
Totzeiteinfluß *m* влияние запаздывания
Totzeitfilter *n* фильтр, вносящий запаздывание
Totzeitglied *n* 1. звено задержки 2. *рег.* звено с запаздыванием
Totzeitkorrektion *f* 1. коррекция времени запаздывания 2. поправка на собственное время (*реле*)
Totzone *f* 1. зона молчания 2. *рег., киб.* зона нечувствительности
Totzonenfüllradar *m* РЛС для перекрытия мёртвых зон
«**Touch-Screen**»**-Monitor** *m* монитор с сенсорным экраном
Townsend-Entladung *f* тёмный [тихий] разряд; таунсендовский разряд
~, **primäre** тёмный разряд первого типа
~, **sekundäre** тёмный разряд второго типа
Townsend-Koeffizient *m* коэффициент Таунсенда
Townsend-Lawine *f* лавина Таунсенда
TP-BP-Transformation *f* преобразование фильтра нижних частот в полосовой фильтр
20 T-Prüfsignal *n* составной 20 Т-сигнал
Trabant *m* 1. спутник 2. *тлв* уравнивающий импульс
tracking *англ. зап.* трекинг
Trackingautomatik *f* *зап.* система автотрекинга
Trackingeinstellung *f* установка трекинга
Track-Plotter *m* курсопостроитель
Track-while-skan-Verfolgungsradar *n* РЛС обнаружения и сопровождения целей на проходе
TRADIS-Verfahren *n* метод улучшения стереофоничности при многих источниках звука
Traffik *m* 1. поток (информационного) обмена; нагрузка (*канала передачи информации*) 2. *вчт* трафик
Trafoblech *n* трансформаторное железо

Trafoperm *n* трафоперм (*магнитный сплав с почти прямоугольной петлей гистерезиса*)
Tragarm *m* *зап.* тонарм
~, **drehpunktgelagerter** поворотный тонарм
~, **tangentialer** тангенциальный тонарм
Tragbarkeit *f* портативность
träge инерционный
Träger *m* 1. несущая (частота) 2. носитель (*заряда, информации*) 3. подложка, основа 4. опора; стойка 5. держатель
~, **angehobener** восстановленная несущая
~, **flexibler** гибкий носитель (*напр. ленточный носитель для автоматического монтажа ИС*)
~ **für Automatikbonden** носитель для автоматизированного присоединения кристаллов (*напр. ленточный носитель*)
~, **gesteuerter** модулированная несущая
~, **magnetischer** магнитный носитель (*информации*)
~, **modulierter** модулированная несущая
~, **optisch injizierter** оптически инжектированный носитель (*заряда*)
~, **plattenförmiger** пластинчатый носитель (*информации*)
~, **reiner** немодулированная несущая
~, **unterdrückter** подавленная несущая
~, **verminderter** ослабленная несущая
~, **voller** полная несущая
~, **zugesetzter** добавленный сигнал несущей
~, **zylinderförmiger** цилиндрический носитель (*информации*)
Trägeraktivierung *f* активация носителя
Trägeramplitude *f* амплитуда несущей частоты
Trägereinreicherung *f*, **Trägerauffüllung** *f* обогащение носителями (*заряда*)
Trägerart *f* вид носителя
Trägeraussteuerung *f* модуляция несущей
Trägerband *n* ленточный носитель (*информации*)
Trägerbefreiung *f* освобождение носителей
Trägerbesetzung *f* заселённость носителями (*заряда*)
Trägerbeweglichkeit *f* подвижность носителей (*заряда*)
Trägerbildung *f* генерация носителей
Trägerdämpfung *f* ослабление несущей
Trägerdichte *f* концентрация носителей
Trägerdiffusion *f* диффузия носителей
Trägerdrift *f* 1. дрейф носителей 2. смещение несущей частоты
Trägerdurchbruch *m* пробой носителей
Trägerdurchdringen *n* просачивание несущей (*при однополосной модуляции*)
Trägerdurchlaufzeit *f* время переноса носителей (*заряда*)
Trägereinfang *m* захват носителей
Trägereingangspegel *m* уровень (*сигнала*) несущей на входе
Trägerelektrode *f* электрод подложки *или* основы
Trägerende *n* конец носителя (*информации*)
Trägererzeugung *f* генерация носителей
Trägerextraktion *f* экстракция носителей
Trägerfalle *f* центр захвата носителей
Trägerfluß *m* поток носителей
Trägerfoliensimultanbonden *n* совместное [группо-

вое, одномоментное] присоединение (всех) выводов (*кристалла*) с помощью несущей (алюминиевой) фольги

Trägerfrequenz *f* несущая частота □ **eine ~ wiederherstellen** восстанавливать несущую частоту

~, mittlere *см.* **Trägermitte**

Trägerfrequenzabstand *m* разнос несущих частот

Trägerfrequenzabweichung *f* отклонение несущей частоты

Trägerfrequenzaufzeichnung *f* запись на несущей частоте

Trägerfrequenzausgangsleistung *f* выходная мощность несущей частоты

Trägerfrequenzbereich *m* пределы изменения несущей частоты (*передатчика*)

Trägerfrequenzbetrieb *m* **1.** высокочастотная связь **2.** работа с использованием несущей частоты

Trägerfrequenzbrücke *f* высокочастотный измерительный мост

Trägerfrequenzdifferenz *f* разнос несущих частот

Trägerfrequenzdrahtfunk *m* радиотрансляция на несущей частоте

Trägerfrequenzeinrichtung *f* аппаратура высокочастотной связи

Trägerfrequnzfernkabel *n* междугородный кабель высокочастотной связи

Trägerfrequnzfernmessung *f* высокочастотная телеметрия

Trägerfrequenzfernsprecheinrichtung *f* установка междугородной высокочастотной телефонной связи

Trägerfrequenzfernsprechen *n* междугородная высокочастотная телефонная связь

Trägerfrequenzfernsprechsystem *n* система высокочастотной междугородной телефонной связи

Trägerfrequenzgenerator *m* генератор несущей частоты

Trägerfrequenzhub *m* сдвиг несущей частоты

Trägerfrequenzimpuls *m* импульс несущей частоты

Trägerfrequenzkabel *n* высокочастотный кабель

Trägerfrequenzkanal *m* канал высокочастотной связи

Trägerfrequenzkreis *m* цепь высокочастотной связи

Trägerfrequenzleistung *f* мощность несущей частоты (*радиопередатчика*)

Trägerfrequenzleitung *f* линия высокочастотной связи

Trägerfrequenzmodulation *f* модуляция несущей частоты

Trägerfrequenz-Multiplex *m* уплотнение (*канала связи*) на несущей частоте

Trägerfrequenzpegel *m* уровень несущей частоты

Trägerfrequenzsieb *n* фильтр несущей частоты

Trägerfrequenzspeisegestell *n* *тлф* стойка питания аппаратуры высокочастотной связи

Trägerfrequenzsprechen *n* *см.* **Trägerfrequnztelefonie**

Trägerfrequenzsteuerung *f* модуляция несущей частоты

Trägerfrequenzstrecke *f* **1.** *см.* **Trägerfrequenzkanal 2.** *вчт* тональный канал

Trägerfrequenzsystem *n* система высокочастотной связи, система связи на несущей частоте

Trägerfrequenztechnik *f* техника высокочастотной связи

Trägerfrequenztelefonie *f* высокочастотная телефонная связь

Trägerfrequenztelegrafie *f* высокочастотная телеграфная связь

Trägerfrequenzübertragung *f* передача на несущей частоте

Trägerfrequenzunterdrückung *f* подавление несущей частоты

Trägerfrequenzverfahren *n* способ передачи сигналов на несущей частоте

Trägerfrequenzverlagerung *f* смещение несущей частоты

Trägerfrequenzverstärkung *f* усиление на несущей частоте

Trägerfrequenzweg *m* канал высокочастотной связи

Trägerfrequenzwelle *f* несущая частота

Trägerfrequenzzusatz *m* добавление несущей (*в месте приёма*)

Trägergas *n* газ-носитель (*электронный газ, дырочный газ*)

Trägergasdiffusionsverfahren *n* метод диффузии в газе-носителе

Trägergenerator *m* генератор несущей (частоты)

Trägergeschwindigkeit *f* скорость носителей

Trägerhafteffekt *m*, **Trägerhaftung** *f* захват носителей

Trägerinjektion *f* **1.** инжекция носителей **2.** введение несущей частоты (*напр. на приёмной стороне*)

Trägerkonzentration *f* концентрация носителей

Trägerkonzentrationsgradient *m* градиент концентрации носителей

Trägerkristall *m* кристаллическая подложка

Trägerlage *f* расположение носителей

Trägerlaufzeit *f* время переноса носителей

Trägerlawine *f* лавина носителей

Trägerlebensdauer *f* время жизни носителей

~, durchschnittliche среднее время жизни носителей

Trägerleiterplatte *f* объединительная печатная плата

Trägerleitung *f* **1.** линия высокочастотной связи **2.** *микр.* балочный вывод

Trägermanipulation *f* манипуляция несущей

Trägermaterial *n* **1.** подложка, основа **2.** материал носителя (*записи*)

Trägermetallisierung *f* металлизация подложки

Trägermitte *f* номинальное значение несущей (*при ЧМ*)

Trägermodulation *f* модуляция несущей

Trägermodulator *m* модулятор несущей

Trägermultiplikation *f* (лавинное) умножение носителей

Trägernachschub *m* пополнение носителей

Trägerpaarbildung *f*, **Trägerpaargeneration** *f* генерация [рождение] электронно-дырочных пар

Trägerplatte *f* **1.** опорная плата **2.** монтажная плата **3.** подложка (*ИС*)

Trägerquarz *m* кварц, работающий на несущей (частоте)
Trägerrahmen *m* несущая рама
Träger-Rausch-Abstand *m* см. **Träger-Rausch-Verhältnis**
Trägerrauschen *n* 1. шум несущей (частоты) 2. шум носителя записи
Träger-Rausch-Verhältnis *n* отношение сигнал /шум на несущей частоте
Trägerreduktion *f* уменьшение уровня несущей
Trägerrekombination *f* рекомбинация носителей
Trägerrest *m* остаток (подавленной) несущей
Trägerrestsperren *n* подавление остатка несущей
Trägerrestverhältnis *n* коэффициент остатка несущей
Trägerrückgewinnung *f* восстановление несущей
Trägerschichtablösung *f* осыпание носителя (*записи*)
Trägerschichtstoff *m* 1. материал основы 2. материал носителя (*записи*)
Trägerschwingung *f* колебание несущей
Trägerschwund *m* замирание несущей
Trägersignal *n* сигнал несущей (частоты), несущая (частота)
Trägerspannung *f* напряжение несущей (частоты)
Trägerspeicherung *f* накопление носителей
Trägersprung *m* 1. скачкообразное перемещение носителей 2. скачок несущей (частоты)
Trägerstaueffekt *m* эффект накопления носителей
Trägerstreifen *m* *микр.* ленточный носитель, несущая лента
Trägerstrom *m* 1. ток несущей частоты 2. поток носителей
Trägersubstrat *m* материал подложки
Trägersynchronisierung *f* синхронизация несущей
Trägertransport *m* 1. перенос носителей 2. протяжка носителя (*информации*)
Trägertransportmechanismus *m* 1. механизм переноса носителей 2. механизм протяжки носителя (*информации*)
Trägerunterlage *f* (несущая) основа, подложка
Trägerverarmung *f* обеднение носителями
Trägerversatz *m* сдвиг [смещение] несущей
Trägerverstärker *m* усилитель несущей (частоты)
Trägervervielfachung *f* умножение носителей
Trägerwelle *f* несущая частота
Trägerwellen... см. **Trägerfrequenz...**
Trägerwerkstoff *m* см. **Trägermaterial**
Trägerwert *m* величина несущей
Trägerzahl *f* число носителей
Trägerzusatz *m* добавление несущей (*в месте приёма*)
Trägheit *f* 1. инерционность 2. инертность 3. инерция
~ **eines Empfängers** время отклика приёмника
Trägheitsleitsystem *n* инерциальная система наведения
Trägheitslenkung *f* инерциальное наведение; инерциальное управление
Trägheitsnavigationssystem *n* инерциальная система навигации
Trägheitsrelais *n* замедленное реле
Trägheitssteuerung *f* инерциальное управление
Trägheitssystem *n* инерциальная система
Trägkörper *m* основа; каркас (*напр. катушки*)

Tragstab *m* крепёжный штабик
Tragwerk *n* подвеска
«**Trainer**» *m*, **Trainergerät** *n* тренажёр
Training *f* 1. тренировка, обучение (*персонала*) 2. тренировка (*элементов*)
Tränkmasse *f* пропиточная масса
Tränkung *f* пропитка, пропитывание
Transadmittanz *f* полная межэлектродная проводимость
Transceiver *m* трансcивер, приёмопередатчик
Transcoder *m* см. **Transkoder**
Transducer *m* 1. измерительный преобразователь, датчик 2. измерительный биологический преобразователь
Transduktor *m* 1. трансдуктор, магнитный усилитель 2. *тлв* корректор подушкообразных искажений (*на ферритовых сердечниках*)
Transduktor... трансдукторный
Transelektron *n* пролетающий электрон
Transfer *m* 1. передача (*данных*) 2. перенос 3. переход (*напр. электронов*) 4. *вчт* передача управления, переход (*в программе*)
Transferbereich *m* область переноса носителей
Transferelement *n* 1. переходный элемент (*напр. коаксиально-волноводный переход*) 2. диод Ганна
Transfergate *n* 1. передающий затвор (*ПЗС*) 2. логический элемент передачи
Transferimpedanz *f* передаточное полное сопротивление
Transferkennlinie *f* 1. переходная характеристика 2. *тлв* световая характеристика (*передающей трубки*) 3. *тлв* модуляционная характеристика (*кинескопа*)
Transferometer *n* трансферометр
Transfer-Rate *f* скорость передачи (*данных*)
Transferstraße *f* автоматическая [автоматизированная] поточная линия
Transfiguration *f* *мат.* преобразование, перестановка
Transflektor *m* трансфлектор (*частично отражающий слой*)
Transfluxor *m* трансфлюксор (*запоминающий элемент на ферритовом Ш-образном замкнутом сердечнике*)
~ **mit 3 Stegen** трансфлюксор с тремя перемычками
Transfluxormatrixspeicher *m* матричное ЗУ на трансфлюксорах; матричная память на трансфлюксорах
Transfokator *m* трансфокатор, объектив с переменным фокусным расстоянием
Transformation *f* 1. преобразование, трансформация 2. *мат.* преобразование, отображение 3. согласование
~, **zweidimensionale lineare** двухмерное линейное преобразование
Transformationsalgorithmus *m* алгоритм преобразования
Transformationsglied *m* 1. преобразующее [трансформирующее] звено 2. согласующее звено
Transformationskodierung *f* кодирование с преобразованием
Transformationsleitung *f* согласующая линия

Transformationsmatrix *f* матрица преобразования
Transformationsoperator *m* оператор преобразования
Transformationsschleife *f* согласующий шлейф
Transformationsstück *n* согласующий отрезок (*линии, кабеля*)
Transformationsverfahren *m* 1. метод преобразования 2. метод кодирования с преобразованием
Transformationsverhältnis *n* коэффициент трансформации
Transformationsvierpol *m* преобразующий четырёхполюсник; согласующий четырёхполюсник
Transformationswiderstand *m* согласующее сопротивление
Transformator *m* трансформатор
~, **abgestimmter** резонансный трансформатор
~, **permeabilitätsabgestimmter** трансформатор с магнитной настройкой
~, **rotierender** *зап.* вращающийся трансформатор, бесконтактный токосъёмник
~, **umlaufender** потенциал-регулятор
Transformatoranzapfung *f* отвод (от) обмотки трансформатора
Transformatoraufwand *m* потери в трансформаторе
Transformatorblech *n* трансформаторное железо
Transformatorenkern *m* сердечник трансформатора
Transformatorersatzschaltung *f* эквивалентная схема трансформатора
transformatorisch трансформаторный; индуктивный
Trnsformatorshaltung *f* 1. трансформаторная схема 2. схема включения трансформатора
Transformatorsparschaltung *f* 1. автотрансформаторная схема 2. схема включения автотрансформатора
Transformatorverlustleistung *f* мощность потерь трансформатора
Transformierbarkeit *f* преобразуемость, трансформируемость
Transformierung *f* преобразование, трансформация
Transhorizont-Ausbreitung *f* загоризонтное распространение (*радиоволн*)
Transhorizontradar *n* 1. загоризонтная радиолокация 2. загоризонтная РЛС
transient 1. переходный, неустановившийся 2. *вчт* временно находящийся в памяти; транзитный
Transientanteil *m* переходная составляющая
Transientenrecorder *m* регистратор переходных процессов
Transientenspeicher *m* транзитная область ЗУ *или* памяти
Transientkomponente *f* переходная составляющая
Transinformation *f* трансинформация, правильно переданная информация
Transinformationsgehalt *m* энтропия трансформации
Transistor *m* транзистор

~, **analoger** аналоговый транзистор
~, **basisgeerdeter** транзистор, включённый по схеме с общей базой
~, **bilateraler** двойной торцевой транзистор
~, **bipolarer** биполярный транзистор
~, **diffundierter** диффузионный транзистор
~, **diffusionslegierter** диффузионно-сплавной транзистор
~, **diffusionsmikrolegierter** диффузионно-микросплавной транзистор
~, **doppeldiffundierter** транзистор, полученный методом двойной диффузии
~, **dreifach diffundierter** транзистор, полученный методом тройной диффузии
~, **dreischichtiger** трёхслойный транзистор
~, **emittergeerdeter** транзистор, включённый по схеме с общим эмиттером
~, **epitaxialer** эпитаксиальный транзистор
~, **gesättigter** насыщенный транзистор
~, **gesteuerter** управляемый транзистор
~, **gezogener** тянутый транзистор
~, **gleichspannungsgekoppelter** транзистор, связанный по постоянному току (*с предыдущим или последующим каскадом*)
~ **in Koaxialpackung** коаксиальный транзистор
~, **integrierter** интегральный транзистор, транзистор ИС
~, **kollektorgeerdeter** транзистор, включённый по схеме с общим коллектором
~, **ladungsgesteuerter** транзистор, управляемый зарядом
~, **lateraler** горизонтальный транзистор
~, **legierter** сплавной транзистор
~, **legierungsdiffundierter** диффузионно-сплавной транзистор
~, **lichtempfindlicher** фототранзистор
~, **mikrolegierter** микросплавной транзистор
~ **mit abgestufter Basis** транзистор с убывающей концентрацией в базе, дрейфовый транзистор
~ **mit (ein)diffundierter Basis** транзистор с диффузионной базой
~ **mit epitaxial aufgewachsener Basis** транзистор с эпитаксиальной базой
~ **mit gemeinsamer Basis** транзистор, включённый по схеме с общей базой
~ **mit Heteroübergang** гетеротранзистор, транзистор на гетеропереходах
~ **mit homogener Basis** бездрейфовый транзистор (*с однородной базой*)
~ **mit legiertem Übergang** сплавной (плоскостной) транзистор
~ **mit npn-Übergang** *n—p—n*-транзистор
~ **mit Oberflächenschwellwerten** поверхностно-барьерный транзистор
~ **mit einem pn-Übergang** однопереходный транзистор
~ **mit seitlichen Anschlußfähnchen** транзистор с балочными выводами
~ **mit Selbstschutz** самозащищённый транзистор (*взрывается при вскрытии*)
~, **monolitischer** полупроводниковый транзистор, монолитный транзистор
~, **nichtgesättigter** ненасыщенный транзистор
~, **oberflächengesteuerter** поверхностно-управляемый транзистор

663

~, **optischer** оптотранзистор
~, **parasitärer** паразитный транзистор
~, **rauschender** шумящий транзистор
~, **rauschloser** нешумящий транзистор
~, **symmetrischer** симметричный транзистор
~, **unipolarer** полевой транзистор, ПТ
~, **vertikaler** вертикальный транзистор
~ **vom npn-Typ** $n-p-n$-транзистор
~ **vom pnp-Typ** $p-n-p$-транзистор
~ **von Verarmungstyp** транзистор, работающий в режиме обеднения
~, **wechselstromgekoppelter** транзистор со связью по переменному току (*с предыдущим или с последующим каскадом*)
~, **zusammengesetzter** составной транзистор
Transistorarray *n* набор транзисторов, НТ (*вид микросхемы*)
transistorbestückt в транзисторном исполнении, на транзисторах
Transistorbestückung *f* транзисторное исполнение
«**Transistorbox**» *f* портативный транзисторный приёмник
Transistorchip *n* кристалл *или* ИС с транзисторами
Transistor-Dioden-Logik *f* диодно-транзисторная логика, ДТЛ
Transistorelektronik *f* транзисторная электроника
Transistoremitterfolger *m* транзисторный эмиттерный повторитель
Transistoren *m pl* транзисторы
~, **komplementäre** [**sich ergänzende**] комплементарные [дополняющие] транзисторы
Transistorenprüfgerät *n* прибор для проверки [для разбраковки] транзисторов
Transistorenrechner *m* ВМ на транзисторах
Transistoren-Schaltbild *n*, **Transistorenschaltung** *f* 1. схема транзистора 2. схема включения транзистора
Transistorenvierpol *m* эквивалентная схема транзистора в виде четырёхполюсника
Transistorersatzschaltbild *n*, **Transistorersatzschaltung** *f*, **Transistorersatzschema** *n* эквивалентная схема транзистора
Transistorflipflop *n*, **Transistor-Flipflopschaltung** *f* транзисторный триггер
Transistorgleichungen *f pl* уравнения транзистора
Transistorgrenzfrequenz *f* граничная частота (*усиления*) транзистора
Transistorgrundschaltung *f* 1. основная схема транзистора 2. принципиальная схема (включения) транзистора
Transistorhalter *m* держатель транзистора
Transistor-HF-Ersatzschaltbild *n* эквивалентная схема транзистора для высоких частот
Transistorisierung *f* транзисторизация, переход на транзисторы
Transistorkennlinienfeld *n* семейство характеристик транзистора
Transistorkennlinienschreiber *m* характериограф, осциллографический прибор для воспроизведения семейства вольт-амперных характеристик транзисторов

Transistorkopplungsschaltung *f* схема связи транзисторов
Transistorkreis *m* транзисторная схема
Transistorkühler *m* радиатор транзистора
Transistorlebensdauer *f* долговечность транзистора
Transistorleistung *f* мощность транзистора
Transistorlogik *f* транзисторая логика, транзисторные логические схемы
~, **diodengekoppelte** диодно-транзисторная логика, ДТЛ
~, **direktgekoppelte** транзисторная логика с непосредственными связями, ТЛНС
~, **emittergekoppelte** транзисторная логика с эмиттерными связями, ТЛСЭ
Transistormeßbrücke *f* мост для измерения параметров транзисторов
Transistormeßgerät *n* 1. прибор для измерения параметров транзисторов 2. измерительный прибор на транзисторах
Transistormessungen *f pl* измерения параметров транзисторов
Transistormikrostruktur *f* микроструктура транзистора
Transistormischer *m* 1. транзисторный смеситель 2. *тлв* транзисторный микшер
Transistornetzgerät *n* сетевой транзисторный блок питания
Transistoroptron *n* транзисторная оптопара
Transistorpaar *n* парные транзисторы, пара транзисторов с идентичными параметрами
Transistorparametermesser *m* прибор для измерения параметров транзисторов
Transistorpärchen *n см.* **Transistorpaar**
Transistorprüfgerät *n см.* **Transistorenprüfgerät**
Transistorprüfung *f* испытание [контроль] транзисторов
Transistorrauschen *n* шум транзистора
Transistorschablone *f* маска [трафарет] для изготовления транзисторов
Transistorschaltelement *n* 1. транзисторный ключ 2. переключающий элемент на транзисторах
Transistorschalter *m* транзисторный ключ
Transistorschaltkreis *m* транзисторная переключательная схема
Transistorschaltung *f* транзисторная схема
~, **ergänzende** дополняющая схема (включения) транзистора
~ **mit geerdetem Emitter** транзисторная схема с общим эмиттером
~ **mit geerdetem Kollektor** транзисторная схема с общим коллектором
~ **mit geerdeter Basis** транзисторная схема с общей базой
Transistorschaltzeichen *n* условное обозначение транзистора (*в схеме*)
Transistorschelle *f* 1. зажим крепления транзистора 2. державка транзистора (*используется в технологических процессах производства транзисторов*)
Transistorschwingschaltung *f* схема генератора на транзисторах
Transistorsimultanschalter *m* (быстродействующий) переключатель на транзисторах для поочерёдного подключения к осциллографу

Transistorspeicher *m* ЗУ *или* память на транзисторах
Transistorstabilisierung *f* 1. стабилизация параметров транзистора 2. стабилизация режимов питания транзисторов
Transistorsteilheit *f* крутизна характеристики транзистора
Transistorstrom *m* ток транзистора
Transistorsymbol *n* графическое обозначение транзисторов
Transistortetrode *f* полупроводниковый тетрод
Transistor-Thermistor-Gegenkopplung *f* транзисторно-термисторная отрицательная обратная связь
Transistor-Transistor-Logik *f* транзисторно-транзисторная логика, ТТЛ
Transistorumhüllung *f* 1. покрытие *или* защита транзистора 2. корпус транзистора
Transistorverhalten *n*, **dynamisches** характеристики транзистора в динамическом режиме
Transistorverlustleistung *f* мощность рассеяния транзистора
Transistorverstärker *m* транзисторный усилитель
~, **direkt gekoppelter** транзисторный усилитель с непосредственной связью
~ **in Basisschaltung** транзисторный усилитель с общей базой
Transistorverstärkung *f* усиление [коэффициент усиления] транзистора
Transistorverzögerungsschaltung *f* схема задержки на транзисторах
Transistorvierpol *m см.* Transistorenvierpol
Transistor-Widerstand-Logik *f* резисторно-транзисторная логика, РТЛ
Transistor-Widerstand-Schaltung *f* резисторно-транзисторная схема
Transistorzelle *f* транзисторная ячейка (*многоэмиттерного транзистора*)
Transistorzwerg *m* миниатюрный транзистор
Transitamt *m тлф* промежуточная станция
Transitfrequenz *f* 1. пропускаемая частота 2. частота перехода
Transitivität *f лог.* транзитивность
Transitkopplung *f тлф* транзитное соединение
Transitron *n* транзитронный генератор
Transitron... транзитронный
Transitspeicher *m* транзитное ЗУ; транзитная память
Transitstromkreis *m тлф* транзитная цепь
Transitzeit *f* 1. время пролёта; время перехода 2. время распространения (*напр. волны*); время прохождения (*напр. сигнала*) 3. время дрейфа
Transkoder *m* 1. *тлв* транскодирующее устройство, транскодер 2. *вчт* преобразователь кодов
Transkodierung *f* 1. *тлв* перекодирование, транскодирование 2. *вчт* преобразование кодов
«**Translaser**» *m* транслазер (*биполярный транзистор и лазерный диод в одном кристалле*)
Translation *f* 1. трансляция (*программы*) 2. перевод (*с одного языка на другой*) 3. *вчт* (параллельный) перенос; сдвиг 4. перенос (*напр. энергии*) 5. транспонирование (*частоты*)

Translationsbewegung *f* 1. переносное движение 2. поступательное движение
Translationsgitter *n крист.* трансляционная решётка, решётка Бравэ
Translationsrelais *n тлф* передаточное реле
Translationssymmetrie *f крист.* трансляционная симметрия (*решётки*)
Translator *m* 1. транслятор, повторитель 2. *прогр.* транслирующая программа, транслятор
Transmission *f* 1. передача 2. передаваемая программа; передесл0.фпостранение (*волны*); прохождение (*сигнала*) 4. пропускание
Transmissionsäquivalent *n* эквивалент (*линии*) передачи
Transmissionsdämpfung *f* затухание при передаче
Transmissionselektronenmikroskop *n* просвечивающий электронный микроскоп
Transmissionsfaktor *m* 1. коэффициент пропускания 2. коэффициент прохождения
Transmissionsgatter *n пп* управляющий электрод передачи
Transmissionsgrad *m см.* Transmissionsfaktor
Transmissionshologramm *n* пропускающая голограмма
Transmissionskonstante *f* 1. постоянная пропускания 2. постоянная прохождения
Transmissionskurve *f* кривая пропускания (*напр. светофильтра*)
Transmissionsmatrix *f* матрица передачи
Transmissionsphasenschieber *m* проходной фазовращатель
Transmissionspolarisator *m* проходной поляризатор
Transmissionsverluste *m pl* потери при передаче; потери в линии передачи
Transmissometer *n* измеритель коэффициента пропускания
Transmitter *m* 1. передатчик; радиопередатчик 2. измерительный преобразователь, датчик 3. *вчт* выходной элемент 4. *тлг* трансмиттер 5. *тлф* микрофон
transparent 1. прозрачный 2. не вносящий искажений
Transparentstrichplatte *f* просвечивающая шкала
Transparenz *f* 1. прозрачность 2. отсутствие искажений
Transponder *m* 1. (спутниковый) ретранслятор (*с преобразованием частоты*) 2. *рлк* (приёмо)ответчик
Transponderradar *n* 1. вторичная РЛС 2. вторичная радиолокация
Transponieren *n*, **Transponierung** *f* 1. *зап., мат.* транспонирование 2. преобразование
Transponierungsempfänger *m* супергетеродинный приёмник
Transponierungssteilheit *f* крутизна преобразования
Transport *m* 1. перемещение, перенос 2. передача (*информации*) 3. протяжка (*ленты*); подача (*перфокарт*) 4. транспортирование, транспорт 5. *вчт* перенос (*результата*) 6. перенос (*зарядов*)
~, **rückweiser** прерывистая протяжка (*плёнки*)

Transportachse f ведущий вал лентопротяжного механизма
Transportband m 1. транспортная лента, транспортный конвейер 2. перемещающаяся лента
Transportbefehl m 1. команда на подачу 2. команда перехода
Transporteinrichtung f зап. движущий механизм
Transportfehler m 1. ошибка передачи 2. вчт ошибка переноса
Transportfunk m транспортная радиосвязь
Transportgeschwindigkeit f скорость протяжки
Transportgleichung f уравнение переноса (носителей зарядов)
Transportglied n передающий элемент
Transportkontrolle f контроль правильности передачи
Transportloch n ведущее отверстие (перфокарты), ведущая перфорация
Transportmagnet m (электро)магнит подачи, подающий (электро)магнит
Transportmechanismus m 1. пп механизм переноса (носителей заряда) 2. зап. лентопротяжный механизм
Transportoperation f 1. операция переноса, операция перемещения 2. вчт операция перехода, операция передачи (управления) 3. свз операция передачи (информации)
Transportorder f см. **Transportbefehl**
Transportprotokoll n транспортный протокол (передачи сообщений)
Transportprüfung f см. **Transportkontrolle**
Transportpumpe f перекачивающий насос
Transportrad n лентопротяжное колесо
Transportrichtung f 1. направление перемещения 2. направление переноса
Transportrolle f зап. направляющий ролик
Transportspurteilung f шаг перфорации
Transportsystem n лентопротяжный механизм
Transporttotzeit f, **Transportverzögerung** f задержка протяжки (ленты)
Transportwalze f ведущий вал лентопротяжного механизма
Transportwerk n зап. движущий механизм
Transportwirkungsgrad m коэффициент переноса
Transportzeit f 1. время протяжки (ленты) 2. время продёргивания (киноплёнки)
Transposition f 1. перестановка, перемещение 2. мат. транспозиция
Transputer m 1. транспьютер (устройство обмена между устройствами ЭВМ) 2. 16- или 32-разрядный (высококачественный) микропроцессор
Transtester n см. **Transistorenprüfgerät**
transtriktor англ. полевой транзистор
Transversalaufzeichnung f поперечная запись
Transversalfilter n трансверсальный [поперечный] фильтр
Transversalspur f зап. поперечная дорожка
Transversalspuraufzeichnung f поперечная запись
Transversalspur-VSG n видеомагнитофон с поперечной записью, четырёхголовочный видеомагнитофон
Transverter m преобразователь постоянного напряжения (из одного значения в другое)
Transwisch n кремниевый управляемый вентиль

Trap m 1. фтт ловушка, центр захвата 2. режекторный фильтр 3. вчт системное прерывание
TRAPATT-Betrieb m лавинно-ключевой режим (с захваченной плазмой)
TRAPATT-Diode f лавинно-ключевой диод, ЛКД (с захваченной плазмой)
Trapezeffekt m см. **Trapezverzeichnung**
Trapezentzerrung f см. **Trapezkorrektur**
Trapezfehler m см. **Trapezverzeichnung**
Trapezkorrektur f коррекция трапецеидальных искажений (растра)
Trapezkorrekturplatten f pl пластины коррекции трапецеидальных искажений (в осциллографических трубках)
Trapezmodulation f трапецеидальная модуляция
Trapezstufenkurve f ступенчатая кривая трапецеидальной формы
Trapezverzeichnungen f pl, **Trapezverzerrungen** f pl трапецеидальные искажения (растра)
Trapezwellenform f колебания [сигнал] трапецеидальной формы
Trap-Modell n модель ловушки
Trap-Niveau n уровень захвата
Traprelaxationszeit f время релаксации ловушек
Trapumladungsmechanismus m механизм перезарядки ловушек
Trapverteilung f распределение ловушек
Trapzustand m состояние ловушек
Trassierprogramm n вчт программа трассировки, трассировщик
Trassierung f трассировка, проведение соединения (в схеме); формирование разводки
Trassierungfläche f площадь трассировки
Träufelwicklung f обмотка внавал
Traveling-Wave-Röhre f лампа бегущей волны, ЛБВ
Treffer m 1. вчт ответ, ответная справка 2. попадание
Treffertheorie f теория ударов, теория мишени
Treffkurs m нвг встречный курс
Treffplatte f мишень
~, **strukturierte** структурированная мишень
Treffplattenfläche f площадь мишени
Treffpunkt m 1. точка попадания 2. точка встречи
Treffwahrscheinlichkeit f 1. вероятность попадания 2. вероятность встречи 3. вероятность столкновения (частиц)
Treffwinkel m угол встречи
T-Regler m Т-образный аттенюатор
Treib... см. тж **Treiber...**
Treibelement n задающий элемент; возбуждающий элемент
treiben 1. запускать; возбуждать; задавать 2. приводить в движение
Treiber m 1. запускающее устройство; возбудитель; задающее устройство 2. предоконечный каскад усилителя мощности 3. формирователь; усилитель записи 4. вчт драйвер (1. программа управления устройством ввода—вывода 2. управляющая программа 3. возбудитель) 5. рлк подмодулятор 6. устройство опроса 7. движущий механизм
Treiber... см. тж **Treib...**

Treiberelektronik f 1. электроника управления; электронные схемы возбуждения 2. электроника обрамления (*в ЗУ*)
Treib(er)feld n возбуждающее поле
Treibergegentaktstufe f предоконечный двухтактный каскад
Treibergenerator m задающий генератор
Treiberimpuls m 1. возбуждающий импульс; пусковой [запускающий] импульс 2. *вчт* импульс опроса (*элементов памяти*)
Treiberleitung f 1. шина возбуждения 2. шина управления 3. *вчт* шина опроса
Treiberröhre f лампа возбудителя, задающая лампа
Treiberschaltung f 1. возбуждающая схема 2. *вчт* схема опроса (*в ЗУ*)
Treibersignal n 1. пусковой [запускающий] сигнал 2. сигнал опроса (*элементов памяти*)
Treiberstrom m 1. ток возбуждения 2. пусковой [запускающий] ток 2. ток опроса (*в ЗУ*)
Treiberstufe f 1. задающий каскад 2. предоконечный каскад
Treibertransformator m 1. подмодуляционный трансформатор 2. *тлв* задающий трансформатор (*в схеме строчной развёртки*)
Treiberverstärker m предоконечный усилитель
Treiberwicklung f 1. обмотка возбуждения 2. обмотка опроса (*в ЗУ*)
Treibkraft f *зап.* сила тяги (*звукоснимателя*)
Treibkreis m возбуждающий контур; возбуждающая цепь
Treibpotential n 1. напряжение [потенциал] возбуждения 2. напряжение пускового [запускающего] сигнала
Treibrolle f ведущий ролик
Treibstoffpumpe f топливный насос
Treibstrahl m ведущий луч
Treibwelle f *зап.* ведущий вал
Tremoloeffekt m эффект «тремоло» (*в электромузыкальных инструментах*)
Trenchisolation f разделительная изоляция
Trend m тенденция
Trennabschnitt m разделительный промежуток (*сигналограммы*)
Trennbatterie f буферная батарея
Trenndiffusion f разделительная [изолирующая] диффузия (*элементов ИМС*)
Trenndiode f буферный диод
Trenndose f *тлф* абонентская коробка
trennen 1. разделять; отделять 2. отсоединять; разъединять 3. освобождать (*напр. заряды*)
Trenner m 1. разделитель 2. разъединитель
Trennfaktor m коэффициент разделения
Trennfestigkeit f сопротивление расслаиванию; прочность сцепления
Trennfilter n разделительный фильтр
Trennfläche f поверхность раздела
Trennfugenisolation f воздушная изоляция, изоляция воздушными промежутками (*напр. в ИС*)
Trenngraben m *пп* разделительная канавка (*травления*)
Trenninterval n разделительный интервал
Trennkapazität f разделительная ёмкость

Trennkette f 1. разделительная цепь 2. развязывающая цепь
Trennklinke f *тлф* гнездо с размыкающим контактом
Trennkondensator m разделительный конденсатор
Trennkontakt m размыкающий контакт
Trennkreis m 1. разделительная схема 2. развязывающая цепь
Trennlage f 1. положение размыкания (*реле*) 2. *тлф* положение разъединения
Trennlasche f разъединительная вставка
Trennmaschine f für Kristallrohlinge установка для резки полупроводниковых слитков на пластины
Trennrelais n *тлф* разделительное реле
Trennsäge f пила для резки полупроводниковых пластин на кристаллы
Trennschalter m разъединитель
Trennschärfe f 1. избирательность, селективность 2. острота настройки 3. разрешающая способность 4. разрешающая сила (*объектива*)
Trennschärfe-Charakteristik f характеристика избирательности
Trennschärfefaktor m коэффициент избирательности
Trennschärfekurve f кривая избирательности
Trennschärferegelung f регулировка избирательности
Trennscheibe f (алмазный) диск для резки полупроводниковых пластин на кристаллы
Trennschicht f 1. разделительный слой 2. разделяющая прослойка
Trennschlitz m разделительный зазор
Trennschritt m 1. *тлг* сигнал паузы 2. разделительная посылка (*в системах передачи данных*)
Trennsignal n сигнал разъединения
Trennstelle f 1. место разъединения 2. *тлф* контрольный пункт
Trennstellung f см. **Trennlage**
Trennstrom m ток разъединения
Trennstück n 1. схема разделения сигналов 2. прокладка
Trennstufe f 1. разделительный каскад 2. *тлв* каскад выделения сигнала синхронизации (*из полного видеосигнала*) 3. *тлв* каскад разделения импульсов (*строчной и кадровой синхронизации*)
Trennsymbol n см. **Trennzeichen**
Trenntaste f размыкающая [разъединяющая] кнопка; размыкающий ключ
Trenntransformator m разделительный трансформатор
Trennung f 1. разделение; отделение 2. отсоединение; разъединение 3. освобождение (*напр. зарядов*) 4. отслоение (*проводящего рисунка*)
~, **sofortige** немедленное [быстрое] разъединение
~, **verzögerte** замедленное разъединение; замедленное отпускание (*реле*)
~, **vorzeitige** преждевременное разъединение
Trennungsfläche f поверхность раздела
Trennungsstruktur f *микр.* структура изоляции

Trenn(ungs)vermögen *n* 1. разрешающая способность 2. избирательность
Trennverstärker *m* разделительный [буферный] усилитель
Trennwand *f микр.* изолирующий барьер
Trennwirkung *f см.* **Trennschärfe 1., 3.**
Trennzeichen *n* разделитель, разделительный знак
Treppenspannung *f* ступенчатое напряжение
Treppenspannungsgenerator *m* генератор ступенчатого напряжения
Treppensteuerung *f* (много)ступенчатое [шаговое] управление
Treppensteuerungsprinzip *n прогр.* принцип иерархичности управления
Treppenstufe *f* каскад формирования ступенчатого сигнала
Treppenwellenform *f* сигнал ступенчатой формы
Treue *f* точность, верность (*воспроизведения*)
triac *англ.* симметричный триодный тиристор, симистор, *проф.* триак
Triac-Netzteil *m* блок питания на симисторе
Triade *f тлв* триада (*экрана цветного кинескопа*)
Trial-and-error-Methode *f* метод проб и ошибок
Triangulation *f тлв* триангуляция (*фокусировка совмещением двух изображений в видоискателе*)
Triaxialbetrieb *m тлв* работа с триаксиальным кабелем
Triax-Kamerakabel *n* триаксиальный камерный кабель
Triboelektret *m* трибоэлектрет
Tribolumineszenz *f* триболюминесценция
Trichromoskop *n тлв* трёхцветная трубка, трихромоскоп
Trichter *m* рупор
Trichterhorn *n* плавный волноводный переход
Trichterlautsprecher *m* рупорный громкоговоритель
Trichteröffnung *f* раскрыв рупора
Trick *m тлв* спецэффект; видеоэффект
Trickblende *f* диафрагма для создания спецэффектов
Trickfigur *f* фигура спецэффекта
Trickfilm *m* мультфильм
Trickgenerator *m* генератор спецэффектов; генератор видеоэффектов
Trickgerät *n* устройство спецэффектов; устройство видеоэффектов
Trickmischer *m* микшер спецэффектов; микшер видеоэффектов
Trickschnitt *m* монтаж видеоэффектов
Tricktechnik *f* техника спецэффектов; техника видеоэффектов
Tricktisch *m* стол (*формирования*) спецэффектов
Tricküberblendung *f* спецэффект-вытеснение одного изображения другим
Tricolorkineskop *n* трёхцветный кинескоп
Tricon-Radarsystem *n* самолётная радионавигационная система с тремя наземными станциями
Triduktor *m* тридактор (*статический утроитель частоты с подмагниченными сердечниками*)
Triebwelle *f* ведущий вал
Triebwerk *n* 1. приводной [ведущий] механизм, привод; передаточный механизм 2. двигатель
Trifonie *f* трифония, трёхканальная стереофония
Trift *f* 1. дрейф (*носителей заряда*) 2. дрейф, уход, сдвиг, смещение (*напр. частоты*)
Triftgeschwindigkeit *f* скорость дрейфа
Triftmagnetron *n* дрейфовый магнетрон
Triftraum *m* 1. *пп* пролётное пространство 2. пространство дрейфа (*СВЧ-прибора*)
Triftröhre *f* 1. клистрон 2. труба дрейфа (*СВЧ-прибора*)
Triftröhrenschwingungen *f pl* пролётные колебания
Trifttransistor *m* дрейфовый транзистор
Triftwinkel *m нвг* угол сноса
Trigatron *n* тригатрон
Trigger *m* триггер
~, **dynamischer** динамический триггер, ТД
~, **kombinierter** комбинированный триггер, ТК
~, **optischer bistabiler** *кв. эл.* оптический триггер
~ **der Übertragung** *вч* триггер переноса
Triggerdiode *f* двухсторонний переключающий диод, ДПД
Triggerelektrode *f* поджигающий электрод
Triggerflipflop *n* триггер счётного типа, Т-триггер
Triggerimpuls *m* запускающий импульс
Triggerkreis *m* триггерная схема
triggern 1. запускать 2. включать; отпирать
Trigger-Oszilloskop *n* осциллограф с ждущей развёрткой, ждущий осциллограф
Triggerpegel *m* уровень срабатывания
Triggerpegeleinstellung *f* установка уровня срабатывания
Triggerpunkt *m* точка запуска
Triggerschaltung *f* триггерная схема
Triggerschwelle *f* порог запуска; порог срабатывания
Triggersignal *n* пусковой сигнал
Triggerspannung *f* запускающее напряжение
Triggertransistor *m* транзистор триггерной схемы
Triggerung *f* 1. запуск 2. включение; отпирание
Triggerzelle *f* триггерная ячейка
Trigistor *m* тиристор
Triglyzinsulfat-Element *n см.* **Tandel**
Trigramm *n* триграмма (*группа из трёх последовательных символов*)
TRIMASK-Technik *f* технология ИС с использованием трёх (фото)шаблонов
Trimmen *n* подстройка
Trimmer *m* 1. подстроечный конденсатор 2. подстроечный резистор 3. установка для подгонки (*номиналов*)
Trimmerkondensator *m* подстроечный конденсатор
Trimmlage *f* дифферент (*напр. лунохода*)
trimorph *англ.* строенный пьезоэлектрический вибратор
TRIM-Speicherzelle *f* запоминающая ячейка, изготовленная с использованием трёх (фото)шаблонов
Trinikon *n* триникон (*трёхсигнальный видикон с индексным цветоделением*)
Trinistor *m* тринистор, триодный тиристор

TRI

Trinitron n тлв фирм. тринитрон (масочный кинескоп с тремя копланарными прожекторами фирмы «Сони»)
Trinitron-Monitor m монитор на тринитроне
Trinoskop n тринескоп (цветная видеопроекционная система с тремя кинескопами и дихроичными фильтрами)
Triode f триод
Trioden-Elektronenstrahlsystem n триодный (электронный) прожектор
Triodenmischer m смеситель на триодах
Triodenschaltung f 1. схема на триодах 2. триодное включение (напр. пентода)
Triodenthyristor m триодный тиристор, тринистор
Triodenzerstäubungsanordnung f трёхэлектродная вакуумная установка ионного распыления
Tripel n 1. тройка (напр. параметров четырёхполюсника) 2. тлв триада (экрана цветного кинескопа)
~, **selektiertes** подобранная тройка отклоняющих систем (для трёхтрубочных камер)
Tripelabstand m расстояние между триадами
Tripelbindung f крист. тройная связь
Tripelspiegel m рлк трёхгранный отражатель
Triplanaraufbau m трёхпланарная [трёхслойная] сборка
Triplate f полосковая линия
Triplet n см. Tripel
Triplett n 1. система трёх радионавигационных станций 2. вчт триплет, тройка (структура из трёх элементов) 3. тлв триада (экрана цветного кинескопа) 4. опт. триплет, трёхлинзовый объектив 5. кв. эл. триплет (спектральных линий)
Triplettniveau n кв. эл. триплетный уровень
Tripolantenne f трипольная антенна, антенна из трёх симметричных вибраторов (повёрнутых друг относительно друга на 120°)
Trirotron n триротрон (СВЧ-усилитель с вращающимся электронным потоком со скрещёнными полями)
Tristateausgangsstufe f выходной каскад с тремя состояниями
Tritiumtarget n тритиевая мишень
Tritt m шаг, ход □ **außer** ~ **fallen** выпадать из синхронизма; **außer** ~ **werfen** выводить из синхронизма; **in** ~ **fallen [in** ~ **kommen]** входить [втягиваться] в синхронизм
Trochotron n трохотрон (ЭЛП, предназначенный для переключения электрических цепей при помощи электронного луча)
Trockenätzen n сухое травление
Trockenätzmaske f маска для сухого травления
Trockenätzverfahren n метод сухого травления
Trockenbearbeitung f микр. сухая обработка (без применения жидких реактивов)
Trockenelement n сухой элемент
Trockenentwicklung f микр. сухое проявление
Trockengleichrichter m сухой выпрямитель; поликристаллический выпрямитель
Trockengleichrichtersäule f выпрямительный столб(ик)
Trockenoxydation f сухое оксидирование

TRO

Trockenplasmaätzen n (сухое) плазменное травление
Trockenschaltkreis m обесточенная схема, схема без напряжения
Trockenscheibengleichrichter m поликристаллический выпрямитель
Trog m 1. ванна 2. (потенциальная) яма
Troikaantenne f тлв строенная антенна, проф. «тройка»
Trommel f барабан
~, **magnetischer** магнитный барабан
Trommelablage f 1. устройство для укладки (магнитных) барабанов 2. барабанный приёмник (перфокарт)
Trommelabtaster m 1. сканирующее устройство с зеркальным барабаном 2. барабан видеоголовок
Trommeladresse f адрес (магнитного) барабана; адрес памяти на (магнитном) барабане
Trommelaggregat n барабанный переключатель
Trommelantrieb m привод (магнитного) барабана
Trommelband n барабан с (магнитной) лентой
Trommelbelegungsplan m таблица распределения зон памяти на (магнитном) барабане
Trommeldrucker m барабанное печатающее устройство
Trommelmarke f метка (магнитного) барабана
Trommelmotor m двигатель барабана (видеоголовок)
Trommelplasmaätzanlage f барабанный реактор для плазменного травления
Trommelplotter m барабанный графопостроитель
Trommelrechner m ВМ с (магнитным) барабаном
Trommelsatz m запись на (магнитном) барабане
Trommelskale f барабанная шкала
Trommelskalenanzeiger m индикатор с барабанной шкалой
Trommelspeicher m ЗУ или накопитель на (магнитном) барабане
~, **elektrostatischer** ЗУ или накопитель на электростатическом барабане
~, **magnetischer** ЗУ или накопитель на магнитном барабане
Trommelspur f дорожка на (магнитном) барабане
Trommelumschalter m барабанный переключатель
Tropadynempfänger m свз тропадин
Tropenausführung f тропическое исполнение аппаратуры
Tropenkamera f камера для климатических испытаний на тропикостойкость
Tropfenprobe f метод проверки чистоты поверхности (подложки микросхемы) каплей
Tropfenprobewinkel m угол свисания капли (определяет степень чистоты подложки микросхемы)
Tropfkatode f капельный катод
Tropfwasserdichtung f 1. каплезащищающий кожух 2. каплезащищающее покрытие
Tropopause f тропопауза (область между тропосферой и ионосферой)
Troposphäre f тропосфера (высота до 10 км)

trottelsicher защищённый от неквалифицированного обслуживания
TR-Röhre *f* разрядник защиты приёмника
Trübglas *n* дымчатое стекло
Trübung *f* 1. помутнение; мутность 2. глушение (*напр. дна баллона кинескопа*)
Trübungsecho *n* рлк сигнал, отражённый от осадков
Trübungseffekt *m* 1. уменьшение точности отсчёта по минимуму 2. *опт.* уменьшение прозрачности
Trugbild *n* тлв повторное изображение, повтор
T-Schaltung *f* Т-образная схема; Т-образное звено (*фильтра*)
Tschebyscheff-Filter *n* фильтр Чебышёва
Tschebyscheff-Funktion *f* функция Чебышёва
Tscherenkow-Effekt *m* эффект Черенкова
T-Schicht *f* опт. просветляющий слой
Tse-Computer *m* пиктографическая ЭВМ
T-Signal *n* селекторный [стробирующий] сигнал
T-Stoß *m* Т-образное соединение
T-Stück *n* тройник
TTL-Ansteuerung *f* управление от ТТЛ-схем
TTL-Ebene *f* ТТЛ-уровень
TTL-kompatibel совместимый с ТТЛ
TTL-MSI-Technik *f* техника ТТЛ-схем среднего уровня интеграции
TTL-Pegel *m* ТТЛ-уровень
TTL-Prinzip *n* принцип построения ТТЛ-схем
TTL-Schaltungen *f pl* транзисторно-транзисторные логические схемы, ТТЛ-схемы
Tubus *m* тубус
Tumbler-Schalter *m* тумблер, перекидной выключатель
Tuner *m* 1. тюнер (*высокочастотная часть радиоприёмника или телевизора*) 2. тлв переключатель телевизионных каналов, ПТК
Tuner-Timer *m* хронированный тюнер (*с фиксированной в памяти программой переключений*)
Tunertrommel *f* 1. тюнер с барабанным переключателем 2. барабанный ПТК
Tunervorstufe *f* 1. входной каскад тюнера 2. тлв входной каскад ПТК
Tungargleichrichter *m* выпрямитель на аргоновом газотроне (*низкого давления*), тунгар
Tunnel *m* 1. туннель 2. канал
Tunnelbauelement *n* туннельный прибор
Tunneldiode *f* туннельный диод
Tunneldiodenverstärker *m*, **parametrischer** параметрический усилитель на туннельных диодах
Tunneldurchgang *m* туннельное прохождение, туннелирование
Tunneldurchschlag *m* туннельный пробой
Tunneleffekt *m* туннельный эффект
~, **quanten-mechanischer** квантово-механический туннельный эффект
Tunneleffektwiderstand *m* туннельный резистор
Tunnelelement *n* туннельный элемент
Tunnel-Emitter-Triode *f* триод с туннельным переходом эмиттер—база
Tunnel-HF-Plasmaätzer *m* цилиндрический реактор для высокочастотного плазменного травления
Tunnelkatode *f* туннельный катод
Tunnelkryotron *n* туннельный криотрон

Tunnelleitfähigkeit *f*, **Tunnelleitung** *f* туннельная проводимость
Tunnellöschung *f* стирание (записи) туннелированием
tunneln туннелировать
Tunneln *n* туннелирование
Tunnelschicht *f* 1. радиоволноводный канал 2. проводящая плёнка (*на поверхности контакта*)
Tunnelschichtbildung *f* 1. образование радиоволноводного канала 2. образование проводящей плёнки
Tunnelsperrschicht *f* туннельный барьер
Tunnelstrom *m* туннельный ток
Tunneltransistor *m* туннельный транзистор
Tunneltron *n* туннельтрон (*элемент с использованием туннельного эффекта между двумя сверхпроводящими плёнками*)
Tunnelübergang *m* туннельный переход
Tunnelung *f* туннелирование
Tunnelwahrscheinlichkeit *f* вероятность туннелирования
Tunnelwiderstand *m* туннельный резистор
Tüpfelgeräusch *n* спекл-шум, «пятнистый» шум
Tür *f* 1. вентиль, вентильная схема 2. схема совпадения 3. временной селектор
Turbator *m* магнетрон с тороидальным резонатором, турбатор
Turbulentströmung *f* турбулентный поток
Turbulenz *f* турбулентность
~, **atmosphärische** турбулентность атмосферы
Turingrechenmaschine *f* ВМ типа машины Тьюринга
Turmantenne *f* башенная антенна
Turn *m* 1. цикл; оборот 2. виток (*напр. обмотки*)
Turnstileantenne *f* турникетная антенна
Türsprechanlage *f* переговорная установка (*у наружной двери дома*)
TV-... *см. тж* **Fernseh..., Television(s)...**
T-Verbindung *f* Т-образное соединение
T-Verzweigung *f* Т-образное разветвление
TV-Linie *f* 1. телевизионная строка 2. телевизионная линия (*связи*) 3. телевизионная линия (*мера разрешающей способности*)
TV-SAT *m* спутник (непосредственного) телевизионного вещания (*ФРГ*)
TV-Sensor *m* телевизионный преобразователь свет—сигнал
TV-Tracker *m* телевизионное следящее устройство
Twinplexsystem *n* система двойной частотной телеграфии
Twisteffekt *m* эффект скручивания (*в жидких кристаллах*)
Twistor *m* вчт твистор
Twistor-Schieberegister *n* сдвиговый регистр на твисторах
Twistor-Speicher *m* твисторное ЗУ; твисторная память
Twystron *n* твистрон, ЛБВ с клистронным группирователем
Tyndall-Effekt *m* эффект Тиндаля
Typ *m* тип; род; класс; серия
Type *f* 1. литера 2. вчт знак; символ; буква
Typenabschlag *m* нажатие литерной клавиши

TYP

Typenabstand *m* интервал между литерами (*при печати*)
Typenbezeichnung *f* обозначение типа (*напр. полупроводникового прибора*)
Typenbildschreiber *m*, **Typendruckapparat** *m*, **Typendrucker** *m* буквопечатающий аппарат
Typendruckhebel *m* литерный рычаг
Typenfilter *n* фильтр (*для разделения*) типов волн (*в волноводах*)
Typenglied *n* типовое звено
Typenprüfungen *f pl* типовые испытания
Typenrad *n* литерное колесо
Typenreihe *f* 1. ряд [серия] типоразмеров 2. литерная линейка 3. серия однотипных устройств (*напр. телевизоров*)
Typenschild *n* фирменный щиток с номинальными данными, шильдик
Typenstangendrucker *m* штанговое печатающее устройство
Typenteilprüfungen *f pl* типовые выборочные испытания
Typisierung *f* 1. стандартизация 2. типизация
Typotron *n* тайпотрон (*знакопечатающая ЭЛТ*)
Typprüfungen *f pl* типовые испытания
Tyratron *n* тиратрон
T-Zirkulator *m* Т-циркулятор

U

U-(Adcock-)Antenne *f* U-образная антенна (Эдкока)
Überabgleich *m* перекоррекция
Überabtastung *f* 1. сверхдискретизация 2. заход считывающего луча за нормальный размер вписанного (в мишень) изображения
Überallescharakteristik *f* результирующая характеристика
Überallesverstärkung *f* полное усиление
Überanpassung *f* рассогласование из-за недостаточности сопротивления нагрузки (*меньшем внутреннего сопротивления источника*)
Überätzung *f* 1. перетравливание 2. подтравливание
Überätzungssicherheitsfaktor *m* гарантированность от перетравливания
Über-Band-Frequenzgang *m* частотная характеристика в полосе частот
Überbasis *f* граница стереоэффекта
Überbeanspruchung *f*, **Überbelastung** *f*, **Überbelegung** *f* перегрузка
Überbelichtung *f* 1. *тлв* пересветка 2. *опт.* передержка
Überbelichtungsschutz *m* защита от пересветок
Überbesetzung *f* избыточная заселённость (*энергетического уровня*)
Überbit *n* дополнительный двоичный разряд
Überblendbereich *m* область вытеснения одного изображения другим
Überblendeinrichtung *f тлв* 1. оптический коммутатор (*телекинопроектора*) 2. микшерное устройство
Überblendmuster *n тлв* фигура спецэффекта

ÜBE

Überblendregler *m* микшерный потенциометр
Überblendsignal *n* сигнал управления переключением, сигнал переключения
Überblendtrick *m* создание спецэффектов
Überblendung *f* 1. вытеснение одного изображения другим, переход от одного изображения к другому; вытеснение шторкой; микширование наплывом 2. переключсние (*напр. фильтров*)
~, **harte** резкий переход от одного изображения к другому
~, **horizontale** вытеснение горизонтальной шторкой
~, **vertikale** вытеснение вертикальной шторкой
~, **weiche** плавный переход от одного изображения к другому
Überbrückung *f* перемыкание, шунтирование
Überbrückungsdraht *m* шунтирующий провод; перемычка
Überbrückungsfilter *n* мостовой фильтр
Überbrückungskontakt *m* шунтирующий контакт
Überbrückungsschaltung *f* 1. мостовая схема 2. параллельное включение
Überbrückungswiderstand *m* шунтирующее сопротивление
Überdämpfung *f* 1. сверхкритическое затухание 2. передемпфирование
Überdeckbarkeit *f* совмещаемость (*напр. рисунков фотошаблонов для всех слоёв ИС*)
Überdeckung *f* 1. перекрытие (*напр. диапазонов*) 2. совмещение
~, **hochgenaue** прецизионное совмещение
~, **ungenaue** 1. неточное совмещение, рассовмещение 2. *тлв* цветная окантовка
Überdeckungsbelichtung *f* 1. освещение (*при выполнении операции*) совмещения 2. экспонирование совмещённого слоя (*при фотопечати*)
Überdeckungsdiagramm *n рлк* диаграмма области перекрытия
Überdeckungsfaktor *m* коэффициент перекрытия (*диапазона*)
Überdeckungsfehler *m* ошибка совмещения
Überdeckungsgenauigkeit *f* точность совмещения
Überdeckungsjustierung *f der Maskenebenen* точное совмещение фотошаблонов (для отдельных) слоёв
Überdeckungskomparator *m* оптический компаратор для проверки (качества и) совмещения фотошаблонов
Überdeckungsmarke *f микр* знак [фигура] совмещения
Überdeckungsmaterial *n* материал верхнего слоя
Überdeckungsrepeater *m* установка проекционной (фото)литографии с последовательным шаговым экспонированием
~ **für direkte Waferbelichtung** установка проекционной (фото)литографии с прямым последовательным шаговым экспонированием
Überdeckungssystem *n* система совмещения
Überdeckungsteststruktur *f* тест [тестовая структура] совмещения
Überdruck *m* избыточное давление
Übereinanderlagerung *f* 1. наложение, совмещение 2. интерференция
Übereinstellen *n* перерегулирование

ÜBE

Übereinstimmung f согласование, согласованность; совпадение
Übereinstimmungskontrolle f вчт проверка на непротиворечивость
Überempfänger m сверхгенеративный [суперрегенеративный] приёмник
Übererregung f перевозбуждение
Überfallanruf m сигнал тревоги
Überfeinstruktur f сверхтонкая структура
Überfernempfang m сверхдальний радиоприём
Überfluß m 1. избыточность 2. вспучивание (аккумуляторных пластин)
Überflußrauschen n избыточный шум
Überfrequenz f частота выше нормальной
Überführung f 1. перенос (напр. заряда) 2. вчт передача, перенос 3. прогр. переход, передача управления 4. мат. переведение, перевод 5. тлф кроссировка
Überführungsdraht m тлф кроссировочный провод
Überführungsfunktion f 1. переходная функция 2. авт. внутренняя функция переходов
Überführungskasten m 1. переходная коробка 2. тлф кабельная коробка
Überführungsklinke f тлф переходное [передаточное] гнездо
Überführungsschnur f коммутационный шнур
Überfüllung f вчт переполнение
Überfüllungszeichen n вчт признак переполнения
Übergabepunkt m свз межведомственная граничная точка
Übergabeschlußlampe f ламповый сигнализатор окончания передачи
Übergang m 1. вчт, пп переход 2. сочленение, переход (в волноводах)
~, **abgestufter** 1. резкий переход 2. ступенчатое сочленение (волноводов)
~, **abrupter** резкий переход
~, **absorbierender** поглощательный переход
~, **allmählicher** 1. плавный переход 2. плавное сочленение (волноводов)
~, **angepaßter** согласованное сочленение
~, **angeregter** возбуждённый переход
~, **asymmetrischer** несимметричный переход
~, **atomarer** атомный переход
~, **aufgedampfter** напылённый переход
~, **bedingter** условный переход, операция условного перехода
~, **begünstigter** благоприятный переход
~, **blinder** кв. эл холостой переход
~, **diffundierter** диффузионный переход
~, **direkter** прямой переход
~, **dotierter** легированный переход
~, **einfach verbotener** однократно запрещённый переход
~, **eingeschmolzener** сплавной [вплавной] переход
~, **elektrischer** электрический переход
~, **elektromagnetischer** электромагнитный переход
~, **elektronischer** электронный переход
~, **emissionsloser** безызлучательный переход
~, **entarteter** вырожденный переход
~, **epitaktischer** эпитаксиальный переход

~, **erlaubter direkter** прямой разрешённый переход
~, **erzwungener** вынужденный переход
~, **exponentieller** экспоненциальный переход
~, **feldinduzierter** переход (напр. в зону проводимости) под действием поля
~, **flächenförmiger [flächenhafter]** плоский переход
~, **flacher [flachliegender]** мелкий переход
~, **fotoempfindlicher** фоточувствительный переход
~, **gezogener** выращенный переход
~, **glatter** см. Übergang, allmählicher
~, **gleichrichtender** выпрямляющий переход
~, **gleitender** см. Übergang, allmählicher
~, **halbkugelförmiger [halbsphärischer]** полусферическое сочленение (волновода)
~, **heterogener** гетерогенный переход, гетеропереход
~, **höchsterlaubter** сверхразрешённый переход
~, **homogener** гомогенный переход, гомопереход
~, **hyperabrupter** сверхрезкий переход
~, **indirekter** непрямой переход
~, **in Durchlaßrichtung vorgespannter** прямосмещённый переход
~, **induzierter** вынужденный переход
~, **in Sperrichtung vorgespannter** обратносмещённый переход
~, **interzonaler** внутризонный переход
~, **intramolekularer** внутримолекулярный переход
~, **invertierter** инвертированный переход
~, **ionenimplantierter** ионно-имплантированный переход
~, **isolierender** изолирующий переход (напр. в ИС)
~, **isomerer** изомерный переход
~, **kegelförmiger** конусообразное сочленение (волновода)
~, **kollektorseitiger** коллекторный переход
~, **kontinuierlicher** плавный (n—p-)переход
~, **kristallografischer** кристаллографический переход
~, **legierter** сплавной переход
~, **linear abgestufter** переход с линейным профилем легирования
~, **magnetischer** магнитный (дипольный) переход
~, **magnetooptischer** магнитооптический переход
~, **mikrolegierter** микросплавной переход
~, **nach oben induzierter** вынужденный переход (носителей) на более высокий энергетический уровень
~, **ohmscher** омический переход
~, **optischer** оптический переход
~, **phononenloser** бесфононный [прямой] переход
~, **planarer** планарный переход
~, **punktförmiger** точечный переход
~, **quantenmechanischer** квантовый переход
~, **quasiabrupter** квазирезкий переход
~, **reflexionsfreier** согласованный переход (без отражений)
~, **scharfer** резкий переход
~, **schmaler** тонкий или узкий переход

~, **scharfer** резкий переход
~, **seignetteelektrischer** сегнетоэлектрический переход
~, **sperrender** запирающий переход
~, **sperrvorgespannter** обратносмещённый переход
~, **spontaner** спонтанный переход
~, **sprunghalter [steiler]** резкий переход
~, **stetiger** 1. плавный переход 2. плавное сочленение (*волноводов*)
~, **steuerbarer** управляемый переход
~, **stimulierter** вынужденный переход
~, **stoßstellenfreier** см. **Übergang, reflexionsfreier**
~, **strahlender** излучательный переход
~, **strahlungsfreier [strahlungsloser]** безызлучательный переход
~, **stufenartiger** 1. резкий переход 2. ступенчатое сочленение (*волноводов*)
~, **stufengezogener** выращенный переход (*получается изменением скорости выращивания*)
~, **sukzessiver** каскадный переход
~, **symmetrischer** симметричный переход
~, **thermooptischer** термооптический переход
~, **tiefliegender** глубокий [глубоколежащий] переход
~, **tropfenförmiger** каплевидный переход
~, **übererlaubter** сверхразрешённый переход
~, **unbedingter** безусловный переход, операция безусловного перехода
~, **unbegünstiger** слабозапрещённый переход
~, **unbelasteter** ненагруженный переход
~, **unscharfer** размытый переход
~, **verbotener** запрещённый переход
~, **verdoppelter** сдвоенный переход
~, **vertikaler** прямой [вертикальный] переход
~, **virtueller** виртуальный переход
~ **von H zu L** 1. p^+ — p- переход 2. n^+ — n- переход 3. *вчт* переход от высокого уровня (*сигнала*) к низкому
~, **vorgespannter** смещённый переход, безызлучательный переход
~, **zulässiger** разрешённый переход
~, **zweifach verbotener** дважды запрещённый переход
Übergangsbefehl *m вчт* команда перехода
Übergangsbereich *m* 1. область перехода 2. транзитная область (*памяти*)
Übergangsbetrieb *m* переходный режим
Übergangsdämpfung *f* переходное затухание
Übergangsebene *f* плоскость перехода
Übergangselement *n* элемент перехода (*в волноводе*)
Übergangsenergie *f* энергия перехода
Übergangsfaktor *m* 1. переходный коэффициент 2. коэффициент передачи
Übergangsfehler *m вчт* перемежающаяся ошибка; сбой
Übergangsfläche *f* площадь перехода
Übergangsfrequenz *f* частота перехода
Übergangsfunktion *f* функция перехода
Übergangsgebiet *n* область перехода
Übergangsgegenspannung *f* обратное напряжение перехода
Übergangsgegenstrom *m* обратный ток перехода
Übergangsgleichgewicht *n* подвижное равновесие

Übergangsgrenzfläche *f* плоскость (p — n-) перехода
Übergangskante *f* граница перехода
Übergangskapazität *f* ёмкость перехода
Übergangskasten *m* переходная (*кабельная*) коробка
Übergangskennlinie *f* переходная характеристика
Übergangskonfiguration *f* конфигурация перехода
Übergangskontaktwiderstand *m* переходное сопротивление контакта
Übergangskriechen *n* миграция перехода
Übergangsleitfähigkeit *f* проводимость перехода
Übergangsleitung *f* переходная *или* временная линия
Übergangslinienbreite *f* ширина линии [ширина кривой] перехода
Übergangslumineszenz *f* свечение перехода
Übergangsmatrix *f* матрица переходов
Übergangsnähe *f пп* область (*материала*) вблизи перехода
Übergangsperiode *f* постоянная времени
Übergangspfeil *m* 1. выходная стрелка (*на блок-схеме*) 2. стрелка, указывающая на переход к следующему блоку программы
Übergangsprozeß *m* переходный процесс
Übergangspunkt *m* 1. точка перехода (*в другое состояние*) 2. *вчт* точка ветвления 3. *вчт* точка перехода (*в программе*)
Übergangsrückstrom *m* обратный ток перехода
Übergangsschaltung *f* схема перехода [переключения]; пересоединение
Übergangsschicht *f* переходный слой
Übergangsspannung *f* 1. напряжение на переходе 2. падение напряжения в переходном сопротивлении контакта
Übergangssperrschicht *f* запирающий слой перехода
Übergangssperrspannung *f* обратное напряжение перехода
Übergangsstecker *m* соединительный штекер; контактный штырёк
Übergangsstelle *f* 1. стык; интерфейс 2. участок перехода
Übergangsstrom *m* 1. переходный [устанавливающийся] ток 2. ток в переходном сопротивлении контакта
Übergangsstück *n* переходное устройство, переходник
Übergangstabelle *f* таблица переходов
Übergangstemperatur *f* температура перехода
Übergangstiefe *f* глубина (*залегания*) перехода (*напр. p*—*n*- *перехода*)
Übergangstrichter *m* переходный рупор
Übergangsverhaltenanalyse *f* анализ переходных процессов
Übergangsverluste *m pl* переходные потери
Übergangswahrscheinlichkeit *f* вероятность перехода (*из одного состояния системы в другое*)
Übergangswiderstand *m* 1. переходное сопротивление 2. *пп* сопротивление перехода
Übergangszeit *f* 1. время перехода; продолжительность переходного процесса 2. время установления (*напр. колебаний*)
Übergangszone *f* область перехода

Übergangszustand m 1. переходное состояние 2. переходный режим
Übergruppe f 1. свз вторичная группа 2. вчт супергруппа (набор групп)
Übergruppenbandfilter n полосовой фильтр вторичной группы
Überhang m 1. микр. нависание, нависающий край (о резисте) 2. разрастание печатного проводника 3. тлв сворачивание изображения
~ **einer Abtastnadel** заход воспроизводящей иглы
Überheizung f 1. перекал 2. перегрев
Überhöhungsfaktor m 1. коэффициент превышения 2. коэффициент резонансного усиления
Überhöhungsglied n форсирующее звено (в транзисторной переключающей схеме)
Überholprogramm n программа ремонта или осмотра
Überholung f 1. опережение 2. (полный) ремонт; (полный) осмотр
Überholungskreis m, **Überholungsschleife** f, **Überholungszweig** m опережающая цепь
Überhörfrequenz f ультразвуковая частота
Überhorizontrichtfunkverbindung f загоризонтная направленная радиосвязь
Überhorizontverbindung f загоризонтная радиосвязь
überkippen опрокидывать
Überkompensation f перекомпенсация
Überkoppelkapazität f ёмкость, создающая связь выше критической
Überkopplung f связь выше критической
Überkreuzung f 1. пересечение; перекрещивание 2. кроссовер
Überkreuzungspunkt m, **Überkreuzungsstelle** f 1. точка пересечения 2. кроссовер
Überkreuzverbindung f перекрёстное соединение
Überladung f 1. перезаряд(ка) 2. перегрузка
Überlagerer m гетеродин
~, **optischer** оптический гетеродин
Überlagererfrequenz f частота гетеродина
Überlagerung f 1. наложение, суперпозиция 2. преобразование (частоты), гетеродинирование 3. вчт перекрытие, оверлей 4. микр., пп совмещение (напр. слоёв)
~ **synchroner Abläufe** наложение синхронных процессов (напр. для выделения полезного сигнала из шумов)
~, **zweimalige** двойное преобразование
Überlagerungsamplitude f амплитуда колебаний гетеродина
Überlagerungsbereich m оверлейная область (памяти)
Überlagerungsdetektor m детектор биений
Überlagerungsempfänger m супергетеродинный (радио)приёмник
Überlagerungsfotoempfänger m гетеродинный фотоприёмник
Überlagerungsfrequenz f 1. частота биений 2. частота гетеродина
Überlagerungsfrequenzmesser m гетеродинный частотомер
Überlagerungsgenerator m 1. генератор на биениях 2. гетеродин

Überlagerungskanal m уплотнённый канал (связи)
Überlagerungsklystron n клистронный гетеродин
Überlagerungskomponente f составляющая биений
Überlagerungskreis m наложенный канал
Überlagerungsmeßgenerator m измерительный генератор на биениях
Überlagerungsmethode f метод биений; гетеродинный метод
Überlagerungsoszillator m генератор биений; гетеродин
Überlagerungspfeifen n интерференционный свист
Überlagerungsprogramm n оверлейная программа
Überlagerungsrauschen n шум преобразования
Überlagerungssatz m теорема наложения
Überlagerungsschaltung f схема гетеродинирования; супергетеродинная схема
Überlagerungssegment n перекрываемый сегмент, проф. оверлейный сегмент
Überlagerungssteilheit f крутизна преобразования
Überlagerungssteuerung f управление зажиганием тиратрона наложением переменного напряжения на постоянное
Überlagerungsstörung f интерференционные помехи; гетеродинный свист
Überlagerungsstufe f каскад преобразования (частоты)
Überlagerungssystem n система надтонального телеграфирования
Überlagerungstechnik f техника супергетеродинного приёма
Überlagerungstelegrafie f надтональная телеграфия
Überlagerungston m тон биений
Überlagerungsverstärkung f усиление при преобразовании (частоты)
Überlagerungswellenmesser m гетеродинный волномер
Überlandnetz n районная (телефонная) сеть
Überlappung f 1. перекрытие (напр. диапазонов) 2. вчт наложение (в памяти); перекрытие, проф. оверлей 3. микр., пп совмещение (напр. слоёв)
Überlappungsgebiet n 1. область перекрытия 2. вчт оверлейная область (памяти)
Überlappungsgrad m коэффициент перекрытия
Überlappungskapazität f пп ёмкость перекрытия
Überlappungswinkel m угол перекрытия
Überlast f перегрузка
Überlast... см. тж **Überlastungs...**
Überlastbarkeit f способность выдерживать перегрузки; предельно допустимое значение нагрузки
Überlastbereich m диапазон перегрузки
Überlastung f перегрузка
Überlastungs... см. тж **Überlast...**
Überlastungsempfindlichkeit f чувствительность к перегрузкам
Überlastungsfaktor m коэффициент перегрузки
Überlastungspegel m уровень перегрузки
Überlastungsschutz m защита от перегрузки
Überlauf m 1. вчт переполнение 2. вчт перенос переполнения 3. мат. переход в старший разряд 4. рег. перепуск 5. рег. выбег (за допусти-

мый предел) **6.** *тлф* перегрузка по вызовам **7.** избыток
Überlaufanzeiger *m* индикатор переполнения
Überlaufaufzeichnung *f* переполняющая запись
Überlaufbit *n* бит переполнения
Überlaufdaten *pl* избыточные данные
Überlauffehler *m* ошибка переполнения
Überlaufkontakt *m* контакт 11-го положения (*искателя*)
Überlaufkontrollsignal *n* *вчт* сигнал (контроля) переполнения
Überlaufstelle *f* разряд переполнения
Überlauftest *m* контроль переполнения
Überlaufverbindung *f* обходное соединение
Überlaufverkehr *m* перегрузка сети связи
Überlebenscharakteristik *f* характеристика вероятности безотказной работы
Überlebensfähigkeit *f* живучесть
Überlebenswahrscheinlichkeit *f* вероятность безотказной работы
Überleitfähigkeit *f* сверхпроводимость
überlesen пропускать (*при считывании*)
Überlochen *n*, **Überlochung** *f* перебивание перфокарты
Übermikroskop *n* электронный микроскоп
Übermittlung *f* **1.** передача (*сообщения*) **2.** перенос (*информации*); пересылка (*данных*)
Übermittlungsfunkstelle *f* трансляционная (радио)станция
Übermittlungszentrale *f* трансляционная станция
Übermodelung *f*, **Übermodulation** *f* перемодуляция
Übernahme *f* **1.** приём (*напр. данных*); сбор (*напр. данных*) **2.** трансляция (*напр. данных*) **3.** перенос (*напр. заряда*)
~, **zeitmultiplexe** приём (*данных*) с временным объединением сигналов
Übernahmeimpuls *m* строб-импульс
Übernahmeprobe *f*, **Übernahmeprüfung** *f* приёмо-сдаточные испытания
Übernahmestrom *m* **1.** ток переноса заряда **2.** ток подготовительного разряда (*газоразрядного прибора*)
Übernennspannung *f* напряжение выше номинального
Überprüfen *n*, **Überprüfung** *f* **1.** повторная проверка, перепроверка **2.** *над.* контрольное испытание
Überprüfungsanlage *f* контрольно-измерительная установка
Überprüfungsauflisting *f* *вчт* контрольная распечатка
Überquerungsstelle *f* **1.** точка пересечения **2.** точка кроссовера
Überrahmen *m* сверхцикл (*временно́го объединения цифровых сигналов*)
Überrahmenkennung *f* идентификация *или* опознавание сверхциклов (*цифровых сигналов*)
Überrefraktion *f* сверхрефракция
Überregeln *n*, **Überregelung** *f* перерегулирование
Überreichweite *f* сверхнормальная дальность действия
Überreichweitenempfang *m* сверхдальний (радио)приём
Überresonanz *f* частота сигнала выше резонансной частоты (*контура*)

Überrückkopplung *f* **1.** обратная связь выше критической **2.** сверхрегенерация
Überrückkopplungsempfänger *m* сверхрегенеративный [суперрегенеративный] радиоприёмник
Übersättigung *f* перенасыщение
Übersättigungszustand *m* состояние перенасыщения
Überschall *m* ультразвук
Überschallsonde *f* ультразвуковой зонд
Überschalten *n*, **Überschaltung** *f* переключение; перемыкание
Überschießen *n* **1.** перерегулирование **2.** выброс (*кривой*)
Überschlag *m* **1.** (искровой) пробой **2.** (поверхностное) перекрытие **3.** переброс; опрокидывание **4.** *мат.* приблизительный расчёт
~ **eines Funkens** возникновение искрового пробоя *или* искрового разряда
~, **Zenerscher** зеноровский пробой
Überschlagen *n см.* **Überschlag**
Überschlagpegel *m* **1.** уровень пробоя **2.** уровень переброса (*схемы*)
Überschlagsfeldstärke *f* пробивная напряжённость (электрического) поля
Überschlagsfestigkeit *f* (ди)электрическая пробивная прочность
Überschlagsicherheit *f* прочность на пробой
Überschlagsmessung *f* приближённое измерение
Überschlagspannung *f* **1.** напряжение пробоя **2.** напряжение перекрытия
Überschlagsprüfung *f* испытание на пробой
Überschneiden *n*, **Überschneidung** *f* **1.** пересечение **2.** *вчт* перекрытие **3.** *зап.* перерезание (*дефект механической сигналограммы*)
Überschreibung *f* перезапись
Überschreitung *f* **1.** превышение (*напр. уровня*) **2.** *вчт* переполнение
Überschreitungshöhe *f* уровень превышения
Überschuß *m* **1.** избыток, излишек **2.** избыточность
Überschußbasisstrom *m* избыточный ток базы
Überschußbesetzung *f* избыточная заселённость
Überschußdefektelektron *n* избыточная дырка
Überschußdichte *f* избыточная концентрация (*носителей*)
Überschußelektron *n* избыточный электрон
Überschußhalbleiter *m* полупроводник с (избыточной) электропроводностью
Überschußkonzentration *f* избыточная концентрация
Überschußladung *f* избыточный заряд
Überschußladungsträger *m* избыточный носитель заряда
Überschußladungsträgerkonzentration *f* избыточная концентрация носителей заряда
Überschußladungsträgerspeicherung *f* накопление избыточных носителей заряда
Überschußleerstelle *f* избыточная дырка
Überschußleiter *m см.* **Überschußhalbleiter**
Überschußleitfähigkeit *f*, **Überschußleitung** *f* **1.** электронная электропроводность **2.** электропроводность за счёт избыточных носителей заряда
Überschußloch *n* избыточная дырка

Überschußminoritätsträger m избыточный неосновной носитель (*заряда*)
Überschußrauschen n избыточный шум
Überschußstrom m избыточный ток
Überschußträger m избыточный носитель (*заряда*)
Überschußträgerdichte f, **Überschußträgerkonzentration** f концентрация избыточных носителей (*заряда*)
Überschuß-3-Verschlüsselung f кодирование кодом с избытком три
Überschußzwischengitteratome n pl избыточные межузельные атомы
Überschwingamplitude f амплитуда выброса
Überschwingdämpfungsschaltung f схема стабилизации; схема демпфирования
Überschwingen n см. Überschwingung
Überschwinghäufigkeit f частота выбросов (*в переходной характеристике*)
Überschwingimpuls m 1. положительный выброс, следующий за фронтом импульса 2. пичок (*в излучении лазера*)
Überschwingspitzenbildung f образование (паразитных) выбросов
Überschwingung f 1. см. Überschwingimpuls 2. гармоника 3. *изм.* максимальное отклонение (*напр. стрелки*) 4. перерегулирование
Überschwingungskristall m кристалл, возбуждаемый гармоникой
Überschwingverhältnis n относительная величина выброса
Überschwingweite f величина выброса
Überschwingzeit f продолжительность выброса, следующего за фронтом импульса
Überseefunkdienst m трансатлантическая радиосвязь
Übersetzer m 1. преобразователь 2. *вчт* транслирующая программа, транслятор 3. декодирующее устройство; дешифратор 4. *тлв* преобразователь стандартов
Übersetzer... см. тж Übersetzungs...
Übersetzerrelais n *тлг* трансляционное реле
Übersetzerscheibe f *тлг* передающий диск
Übersetzervierpol m передаточный четырёхполюсник
Übersetzung f 1. перевод 2. *мат.* преобразование 3. трансляция (*программы*) 4. *тлв* преобразование (*стандартов*) 4. пересчёт (*из одних единиц в другие*) 5. перекодирование 6. декодирование 7. (механическая) передача 8. коэффициент трансформации
~, **adäquate** адекватный перевод
~, **binäre** бинарный перевод
~, **intersemiotische** интерсемиотический перевод, трансмутация
~, **intersprachliche** перевод с (одного) языка на (другой) язык
~, **maschinelle** автоматический [машинный] перевод
Übersetzungs... см. тж Übersetzer...
Übersetzungsalgorithmus m 1. алгоритм автоматического перевода 2. *мат.* алгоритм преобразования 3. *вчт* алгоритм трансляции
Übersetzungsanlage f ВМ для трансляции (исходных) программ

Übersetzungseinheit f единица перевода
Übersetzungsprogramm n, **Übersetzungsroutine** f *вчт* транслирующая программа, транслятор
Übersetzungsverhältnis n, **Übersetzungszahl** f коэффициент трансформации
Übersetzungszeit f *вчт* время компиляции
Übersicht f 1. (радиолокационный) обзор 2. *вчт* охват материала (*по объёму информации*) 3. аннотация, обзор
Übersichtsanzeiger m *рлк* индикатор кругового обзора, ИКО
Übersichtsbereich m *рлк* зона обзора
Übersichtsbild n 1. *рлк* изображение на экране индикатора кругового обзора 2. функциональная схема
Übersichtsbildröhre f см. Übersichtsröhre
Übersichts-Fabrikationsschema n мнемоническая схема, мнемосхема
Übersichtsgerät n см. Übersichtsanzeiger
Übersichtsleuchttafel f люминесцентное табло
Übersichtsmessung f регламентные измерения; регламентный осмотр
Übersichtsplan m см. Übersichtsschaltbild
Übersichtsradar n РЛС кругового обзора
Übersichtsröhre f трубка (индикатора) кругового обзора
Übersichtsschaltbild n, **Übersichtsschaltplan** m, **Übersichtsschema** n блок-схема; функциональная схема
Übersichtsstrecke f 1. расстояние (прямой) видимости 2. радиус (кругового) обзора
Übersichtswinkel m угол обзора; угол поиска
Überspannung f перенапряжение
Überspannungsableiter m 1. разрядник защиты от перенапряжений 2. грозовой разрядник
Überspannungsschutz m защита от перенапряжения
Überspannungsspitze f пик перенапряжения
Überspannungsstoß m выброс перенапряжения
Überspannungsverhältnis n коэффициент перенапряжения
Übersperrstrom m чрезмерный обратный ток
Überspieleinrichtung f устройство перезаписи
Überspielen n, **Überspielung** f 1. перезапись 2. *тлв* программа в записи
Überspielkabel n кабель для перезаписи
Überspielverstärker m усилитель перезаписи
Übersprechdämpfung f переходное затухание
Übersprechdämpfungsmaß n коэффициент переходного затухания
Übersprechempfindlichkeit f чувствительность к переходным помехам
Übersprechen n 1. перекрёстное искажение 2. *тлф* переходный разговор
~, **nichtlineares** взаимная модуляция
~, **optische** оптические перекрёстные помехи
~ **vom Farbsignal auf das Leuchtdichtesignal** перекрёстное искажение «цветность — яркость»
~ **vom Leuchtdichtesignal auf das Farbsignal** перекрёстное искажение «яркость — цветность»
~ **vom Rille zu Rille** *зап.* механическое эхо
Übersprechsperre f блокировка от переходного разговора
Übersprechstörungen f pl 1. (взаимные) перекрёст-

ÜBE

ные помехи **2.** помехи от переходного разговора
Überspringbefehl *m* команда пропуска
Überspringen *n* **1.** пропуск (*напр. команды*) **2.** переход (*напр. от одной команды к другой*) **3.** переброс (*напр. контактов*)
Überspringtaste *f* перекидной ключ
Überspringungsflag *n* признак пропуска
Übersprung *m см.* **Überspringen**
überstanzen реперфорировать
Überstelle *f вчт* запасный разряд
Übersteuerung *f* **1.** перемодуляция **2.** перегрузка (*по входу*) **3.** перерегулирование
Übersteuerungsanzeiger *m* **1.** индикатор перемодуляции **2.** индикатор перегрузки
Übersteuerungsbereich *m* **1.** диапазон перегрузки (*по входу*) **2.** *пп* область перенасыщения
Übersteuerungsdämpfungsschaltung *f* схема демпфирования
Übersteuerungserholung *f* восстановление после перегрузки
Übersteuerungsfaktor *m* **1.** коэффициент перемодуляции **2.** коэффициент перегрузки
Übersteuerungsfestigkeit *f* устойчивость к перегрузкам
Übersteuerungsschutzsystem *n* система защиты от перегрузки
Übersteuerungszeitkonstante *f* постоянная времени накопления (*переключающегося транзистора*)
Überstrahlung *f* **1.** избыточно яркое свечение **2.** ореол, расплывание (*изображения*) **3.** помутнение (*цвета изображения*), «цветение» изображения (*связано с чрезмерным освещением передаваемого объекта*) **4.** распространение излучения за пределы (*желательной зоны*) **5.** прохождение излучения мимо зеркала (*антенны СВЧ*)
Überstreichung *f* перекрытие (*диапазона волн*)
Überstrom *m* сверхток; ток перегрузки
Überstromschutz *m* защита от тока перегрузки
Überstruktur *f* сверхструктура
Überstück *n* переходное устройство
Übertemperatur *f* температура перегрева
Überton *m* обертон; (высшая) гармоника
Übertrag *m* **1.** передача; пересылка **2.** *вчт* перенос; знак переноса
~, **negativer** отрицательный перенос
~, **selbstanweisender** автоматический перенос
~, **vollständiger** полный перенос
~, **zyklischer** циклическая передача
Übertragbarkeit *f* **von Programmen** мобильность программного обеспечения
Übertrag-Befehl *m* команда переноса
übertragen 1. передавать; пересылать **2.** *вчт* переносить **2.** трансформировать **3.** транслировать
Übertrager *m* **1.** (радио)передатчик; *свз* транслятор **2.** (согласующий) трансформатор **3.** переносчик (*напр. заряда*) **4.** преобразователь
~, **rotierender** *зап.* вращающийся трансформатор
Übertragerbaugruppe *f* трансформаторный узел
Übertragerkopplung *f* трансформаторная связь

ÜBE

Übertragermitte *f* средняя точка обмотки трансформатора
Übertragerpaar *n* *тлф* пара (согласующих) трансформаторов (*для физической и искусственной цепей*)
Übertragersatz *m* транслятор; повторитель
Übertragsausgang *m* выход переноса
Übertragsbit *n* бит переноса
Übertrags-Flipflop *n* триггер переноса
Übertragsgatter *n* вентиль переноса
Übertragsimpuls *m* импульс переноса
Übertragskennzeichen *n* признак переполнения
Übertragskette *f* цепь *или* схема переноса
Übertragssignal *n* сигнал переноса
Übertragsspeicherung *f* запоминание переноса
Übertragstrigger *m* триггер переноса
Übertragszeichen *n* знак переноса
Übertragsziffer *f* цифра переноса
Übertragung *f* **1.** (радио)передача; *свз* трансляция **2.** передача (*данных*) **3.** трансформация **4.** перенос (*данных*) **5.** *вчт* переход
~, **ballistische** баллистический перенос
~, **blockweise** поблочная передача
~, **digitale** цифровая передача
~, **drahtlose** радиопередача
~, **fernsehmäßige** телевизионная передача
~, **formgetreue** передача без искажения формы (*сигнала*)
~, **geträgerte** передача на несущей (*частоте*)
~, **indirekte** ретрансляция
~, **kodetransparente** передача «прозрачным кодом»
~ **konstanter Helligkeit** *тлв* передача постоянной яркости
~, **leitungsgebundene** передача по проводам
~ **mit Wechselkomponenten** *тлв* передача (*видеосигнала*) без постоянной составляющей
~, **negative** *тлв* передача с негативной модуляцией (*несущей*)
~, **optische** оптическая передача
~, **periphere** внешний обмен, обмен (*данными*) между внешними устройствами
~, **positive** *тлв* передача с позитивной модуляцией (*несущей*)
~, **speichernde** ретрансляция
~, **schrittweise** *микр.* пошаговая мультипликация
~, **synchrone** синхронная передача
~, **teilbildsequentielle** *тлв* последовательная передача по полям
~, **terrestrische** наземная передача
~, **trägerfrequente** передача на несущей (*частоте*)
~, **verlustarme** передача с малыми потерями
~, **verschleierte [verschlüsselte]** (за)шифрованная передача (*напр. в системе платного телевидения*)
~, **wiederholte** повторная передача
~, **zeilensequentielle** *тлв* последовательная передача по строкам
Übertragungsanlage *f* **1.** передающая установка **2.** трансляционная установка
Übertragungsäquivalent *n* эквивалент (*затухания*) передачи

ÜBE

Übertragungsband *n* полоса передачи; диапазон передачи
Übertragungsbandbreite *f* ширина полосы (*канала*) передачи
Übertragungsbefehl *m* вчт команда перехода
Übertragungsbereich *m* диапазон передачи
Übertragungsbetriebsart *f* способ [тип] передачи; вид связи
Übertragungscharakteristik *f* 1. характеристика передачи 2. *млв* световая характеристика (*передающей трубки*) 3. *тлв* модуляционная характеристика (*кинескопа*)
Übertragungsdämpfung *f* затухание при передаче
Übertragungsebene *f* иерархия каналов передачи
Übertragungseigenschaften *f pl* свойства [характеристики] канала передачи
Übertragungseinrichtung *f* передающее устройство
Übertragungsexponent *m* тлв 1. гамма световой характеристики (*передающей трубки*) 2. гамма модуляционной характеристики (*кинескопа*)
Übertragungsfähigkeit *f* пропускная способность (*напр. канала передачи*)
Übertragungsfaktor *m* 1. коэффициент передачи 2. коэффициент пропускания (*света*)
Übertragungsfehler *m* ошибка при передаче
Übertragungsformat *n* формат передачи данных
~, **festes** синхронный [фиксированный] формат (передачи) данных
~, **variables** асинхронный [нефиксированный] формат (передачи) данных
Übertragungsfrequenz *f* 1. частота передачи; частота связи 2. применимая частота
~, **maximale** максимальная применимая частота, МПЧ
~, **niedrigste** наименьшая применимая частота, НПЧ
Übertragungsfrequenzband *n* полоса частот передачи; полоса частот связи
Übertragungsfrequenzbereich *m* диапазон частот передачи
Übertragungsfrequenzimpuls *m* радиоимпульс
Übertragungsfrequenzkomponente *f* составляющая спектра передаваемых частот
Übertragungsfunkstelle *f* трансляционная радиостанция
Übertragungsfunktion *f* 1. передаточная функция (*цепи*) 2. вчт функция передачи (*данных*)
~, **inverse** обратная передаточная функция
~ **des offenen Systems** передаточная функция разомкнутой системы
~, **optische** оптическая передаточная функция, ОПД
~, **verallgemeinerte** обобщённая передаточная функция
Übertragungsgang *m* цикл передачи
Übertragungsgatter *n* 1. логический элемент передачи 2. передающий затвор (*ПЗС*)
Übertragungsgenauigkeit *f* верность передачи
Übertragungsgeschwindigkeit *f* скорость передачи
Übertragungsgleichung *f* 1. уравнение переноса 2. уравнение передачи
Übertragungsglied *n* 1. звено передачи (*данных*) 2. передающее звено; передающий элемент

ÜBE

Übertragungsgüte *f* качество [верность] передачи
Übertragungsimpedanz *f* полное сопротивление передачи
Übertragungsimpuls *n* 1. передаваемый импульс 2. импульс переноса
Übertragungskanal *m* канал передачи; канал связи
Übertragungskapazität *f см.* Übertragungsfähigkeit
Übertragungskenngrößen *f pl* параметры передачи
Übertragungskennlinie *f см.* Übertragungscharakteristik
Übertragungskette *f* 1. цепь ретрансляционных станций 2. цепь передачи 3. вчт цепь переноса (*данных*)
Übertragungskode *m* код передачи
Übertragungskoeffizient *m см.* Übertragungsfaktor
Übertragungskonstante *f* постоянная передачи
Übertragungskontakt *m* 1. переходный контакт 2. переключающий контакт
Übertragungskontrolle *f* контроль (*правильности*) передачи
Übertragungskreis *m* тлф передаточная цепь
Übertragungskurve *f см.* Übertragungscharakteristik
Übertragungsleistung *f* 1. мощность передачи 2. пропускная способность (канала) передачи 3. эффективность переноса (*в ПЗС*)
Übertragungsleitung *f* 1. линия передачи 2. фидер
Übertragungsleitwert *m* проходная проводимость
Übertragungslinie *f* линия передачи
Übertragungsmaß *n* 1. (комплексная) постоянная передачи 2. стандарт передачи
Übertragungsmechanismus *m* 1. механизм передачи (*напр. зарядов*) 2. передаточный механизм
Übertragungsmedium *n* передающая среда
Übertragungsmeßgerät *n* прибор для измерения коэффициента передачи
Übertragungsmodus *m* режим передачи
Übertragungsniveau *n* уровень передачи
Übertragungsnormal *n* стандарт передачи
Übertragungsobjekt *n* передаваемый объект
Übertragungsparameter *m* параметр передачи
Übertragungspegel *m* уровень передачи
Übertragungsprimärvalenzen *f pl* исходные сигналы передачи (*сочетание сигналов, необходимых для передачи информации о цветном изображении*)
Übertragungsprüfung *f см.* Übertragungskontrolle
Übertragungspunkt *m* трансляционный [передаточный] пункт
Übertragungsrate *f* скорость передачи
Übertragungssatellit *m* спутник-ретранслятор, ретрансляционный спутник
Übertragungssatz *m* перемещаемая запись (*данных*)
Übertragungsschalter *m* тлф передаточный ключ
Übertragungsschaltung *f* трансляционная схема
Übertragungsschlußkasten *m* переходная соединительная коробка
Übertragungsschnittstelle *f* связной интерфейс, интерфейс связи
Übertragungssicherheit *f* достоверность передачи; надёжность связи
Übertragungsspeicher *m* буферное ЗУ; буферная память

Übertragungsstandard *m тлв* стандарт передачи
Übertragungsstation *f* 1. (радио)передающая станция 2. трансляционная станция
Übertragungssteuer(ungs)zeichen *n вчт* символ управления передачей
Übertragungsstrecke *f* линия передачи
Übertragungstechnik *f* техника передачи; техника связи
~, **analoge** техника аналоговой передачи
~, **digitale** техника цифровой передачи
Übertragungsverbindung *f* канал передачи; канал связи
Übertragungsverfahren *n* способ передачи
Übertragungsverluste *m pl* потери при передаче
Übertragungsverstärker *m* трансляционный усилитель
Übertragungsverzerrungen *f pl* искажения при передаче
Übertragungsverzögerung *f* запаздывание передачи
Übertragungsvierpol *m* преобразующий четырёхполюсник
Übertragungsvorprozessor *m* связной препроцессор, препроцессор передачи данных
Übertragungswagen *n* 1. передвижная установка 2. передвижная телевизионная станция, ПТС
Übertragungsweg *m* тракт передачи
Übertragungswiderstand *n* сопротивление передачи □ ~ **rückwärts** сопротивление обратной передачи; ~ **vorwärts** сопротивление прямой передачи
Übertragungszahl *f см.* **Übertragungsfaktor**
Übertragungszuverlässigkeit *f* надёжность передачи
Übertragungszyklus *m* цикл передачи
Übertritt *m* переход
Überwachungsbetriebsart *f* режим контроля
Überwachungsfeld *n* панель контроля
Überwachungskamera *f тлв* камера для наблюдения
Überwachungsleiter *m* контрольная жила (*кабеля*)
Überwachungsmeßgerät *n* контрольно-измерительный прибор
Überwachungsplatz *m* 1. контрольный стол 2. наблюдательный пост
Überwachungsprogramm *n вчт* контролирующая программа
Überwachungspult *n* пульт контроля
Überwachungspunkt *m* 1. пункт контроля 2. наблюдательный пункт
Überwachungsradar *m*, **Überwachungsradaranlage** *f* РЛС обнаружения, обзорная РЛС
Überwachungsraum *m* 1. пункт управления 2. *тлв* просмотровая
Überwachungsroutine *f вчт* контролирующая (стандартная) программа
Überwachungssatellit *m* разведывательный спутник
Überwachungsschalter *m* ключ для подслушивания; контрольный ключ
Überwacher *m* 1. контрольное устройство; монитор 2. *тлф* контрольное реле 3. *вчт* управляющая программа
Überwachung *f* 1. контроль; наблюдение; надзор

2. отладка (*программы*) 3. диспетчерское управление
~, **akustische** акустический контроль
~, **fortlaufende [laufende]** 1. текущий контроль 2. *изм.* обегающий контроль
~, **lokale** местный контроль
~, **räumliche** контроль зоны (*уровня ионизирующего излучения или радиоактивного загрязнения*)
Überwachungsschaltung *f* контролирующая схема; контрольная цепь
Überwachungsspeicher *m* память с защитой
Überwachungssystem *n* 1. система контроля 2. система защиты
Überwachungstafel *f* панель контроля
Überwachungsunterprogramm *n вчт* контролирующая подпрограмма
Überwachungszeichen *n* контрольный сигнал
Überwasserrefraktion *f* надводная рефракция
Überweisungsleitung *f* справочная линия; линия передачи сообщений
Überwelle *f* высшая гармоника
Überziehen *n* 1. покрытие 2. нанесение покрытия
Überzug *m* 1. покрытие 2. кожух; чехол; оболочка 3. плёнка
~, **anodischer** анодирование
~, **aufgespritzter** напылённое покрытие
Überzugslack *m* изоляционный лак
Überzugsmasse *f* заливочная масса, компаунд
Ubitron *n* убитрон
Übungsgerät *n* тренажёр
Übungsprogramm *n* программа упражнения (*в программированном обучении*)
UC-Kompressor *m* универсально-совместимый компрессор
UE-Gerät *n* устройство бытовой электроники
UER-Empfehlung *f* рекомендация МККР
UER-Unterarbeitsgruppe *f* рабочая подгруппа МККР
U-Format *n зап.* формат «Ю-матик»
U-förmig U-образный
U/F-Wandler *m* преобразователь напряжение/частота
ug-Kern *n* нечётно-чётное ядро
UHF-... *см. тж* **Ultrahochfrequenz...**
UHF-Antenne *f* УВЧ-антенна
UHF-Band *n*, **UHF-Bereich** *m* УВЧ-диапазон (300—3000 МГц)
UHF-Bipolar-Technologie *f* УВЧ-биполярная технология
UHF-Diode *f* УВЧ-диод
UHF-Filter *n* УВЧ-фильтр
UHF-Generator *m* УВЧ-генератор
UHF-Kanalschalter *m* переключатель УВЧ-каналов
UHF-Konverter *m* УВЧ-конвертер
UHF-Transistor *m* УВЧ-транзистор
UHF-Verstärker *m* УВЧ-усилитель
Uhr *f* часы; таймер
Uhrenradio *n* радиоприёмник с часами-будильником
Uhrimpuls *m* 1. эталонный импульс 2. тактовый импульс
Uhrzeigersinn *m* направление (вращения) по часовой стрелке

UHR

Uhrzeitangabe f подача масштабных отметок времени
Uhrzeitgeber m датчик астрономического [нормированного] времени
U-I-Kennlinie f вольт-амперная характеристика
UIT-Schaltung f схема на однопереходном транзисторе
UKML-Empfänger m всеволновый радиоприёмник (*с ультракоротковолновым, коротковолновым, средневолновым и длинноволновым диапазонами*)
U-Komponente f *тлв* составляющая U, составляющая B—Y
UK-Teletext m система телетекста Великобритании
UKW... см. тж **Ultrakurzwellen...**
UKW-Antenne f УКВ-антенна
UKW-Bereich m УКВ-диапазон (*30—300 МГц*)
UKW-Diode f УКВ-диод
UKW-Empfang m УКВ-приём
UKW-Empfänger m УКВ-приёмник
UKW-Frequenzmesser m УКВ-частотомер
UKW-Kopf m УКВ-головка (*приставки к приёмнику*)
UKW-Rundfunk m радиовещание в УКВ-диапазоне
UKW-Schaltung f УКВ-схема
UKW-Sender m УКВ-(радио)передатчик
UKW-Träger m УКВ-несущая (частота)
UKW-Tuner m 1. УКВ-тюнер 2. ПТК УКВ-диапазона
UKW-Vorsatzgerät n УКВ-приставка (*к приёмнику*)
U-Leitung f непупинизированная линия
Ultradezimeterwellen f pl сантиметровые волны (*1—10 см*)
Ultrafax f *фирм.* система высокоскоростной передачи печатной информации
Ultragammastrahlung f проникающая (космическая) радиация
Ultrahochfrequenz... см. тж **UHF-...**
Ultrahochfrequenzband n УВЧ-диапазон
Ultrahochfrequenzen f pl ультравысокие частоты, УВЧ (*300—3000 МГц*)
Ultrahochfrequenzgebiet n УВЧ-диапазон
Ultrahochfrequenzwellen f pl дециметровые волны (*10—100 см*)
Ultrahöchstfrequenz-Generatorröhre f карцинотрон
Ultrahöchstintegration f сверхвысокая степень интеграции
Ultrahochvakuum n сверхвысокий вакуум (10^{-4}—10^{-10} Па)
Ultrahochvakuumanlage f установка для получения сверхвысокого вакуума
Ultrahochvakuumaufdampfanlage f установка напыления в сверхвысоком вакууме
Ultraionisierung f сверхионизация
Ultra-Kryostat m криостат со сверхвысокой стабильностью поддержания температуры, ультракриостат
Ultrakurzwellen f pl ультракороткие волны, УКВ (*радиоволны диапазонов дециметровых, сантиметровых, миллиметровых и децимиллиметровых волн*)

ULT

Ultrakurzwellen... см. тж **UKW-...**
Ultrakurzwellen-Drehfunkfeuer n УКВ-радиомаяк с вращающейся диаграммой направленности
Ultrakurzwellenvorsatzgerät n УКВ-приставка к приёмнику
Ultralangwellen f pl сверхдлинные волны, СДВ (*участки диапазонов мириаметровых волн, предназначенные для определённых служб радиосвязи*)
Ultramikrostrukturfertigungsanlage f установка для производства ультрамикроструктур
Ultrarapidregelung f сверхбыстродействующее регулирование
ultrarein *микр.* сверхчистый
Ultrarot n ИК-область спектра
Ultrarot... инфракрасный
Ultraschall m ультразвук, УЗ
Ultraschallbild n изображение, полученное в ультразвуке, УЗ-изображение
Ultraschallbildwandler m ультразвуковой преобразователь изображения
Ultraschallblindenleitgerät n ультразвуковой поводырь для слепых
Ultraschallbonden n ультразвуковая сварка
Ultraschalldetektor m 1. ультразвуковой детектор 2. ультразвуковой детектор транспорта, ДТУ
Ultraschalldiagnostik f ультразвуковая дефектоскопия
Ultraschallgeber m 1. ультразвуковой излучатель, излучатель ультразвука 2. ультразвуковой датчик, датчик ультразвука
~ **in Tauchform** погружной ультразвуковой излучатель
Ultraschallgebiet n ультразвуковой диапазон
Ultraschallholografie f ультразвуковая голография
Ultraschallintensität f интенсивность ультразвуковых колебаний
Ultraschallkavitation f ультразвуковая кавитация, кавитация ультразвуком
Ultraschallkontaktierung f ультразвуковая сварка
Ultraschallkonvergenzstrahler m фокусирующий ультразвуковой излучатель
Ultraschall-Laser m ультразвуковой лазер, лазер ультразвукового диапазона
Ultraschallöten n ультразвуковая пайка
Ultraschallprüfung f ультразвуковой контроль
Ultraschallquarz m кварцевый источник ультразвука; ультразвуковой кварц
Ultraschallreinigung f ультразвуковая очистка
Ultraschallschranke f ультразвуковой затвор
Ultraschallschwinger m генератор ультразвуковых колебаний; ультразвуковой вибратор
Ultraschallsender m 1. ультразвуковой передатчик 2. ультразвуковой генератор 3. ультразвуковой излучатель
Ultraschallsensor m 1. детектор ультразвука; приёмник ультразвука 2. (измерительный) преобразователь ультразвука, датчик ультразвука
Ultraschallspeicher m ЗУ или память на ультразвуковых ЛЗ
Ultraschall-Unterwasser-Ortungsanlage f ультразвуковой гидролокатор
Ultraschallverzögerungsleitung f, **Ultraschallverzögerungsstrecke** f ультразвуковая ЛЗ

Ultraschallwandler *m* ультразвуковой преобразователь
Ultraschallwellenfrequenz *f* частота ультразвуковых волн
Ultraschallwerkstoffprüfung *f* ультразвуковая дефектоскопия
Ultraschallwerkzeug *n* ультразвуковой инструмент (*для микросварки*)
Ultraschallwirkung *f* ультразвуковое воздействие
ultraschwarz *тлв* «чернее чёрного»
Ultraschwarzgebiet *n* область «чернее чёрного»
Ultraschwarzniveau *n*, **Ultraschwarzpegel** *m* уровень «чернее чёрного»
Ultrastabilität *f киб.* ультраустойчивость
Ultrastrahlungseruption *f* вспышка [всплеск] космического излучения
Ultraviolett *n* ультрафиолет, УФ-область спектра
~, **entferntes [fernes]** дальний ультрафиолет, дальняя УФ-область спектра
~, **nahes** ближний ультрафиолет, ближняя УФ-область спектра
Ultraviolettabsorption *f* поглощение в УФ-области спектра
Ultraviolettaufnahme *f* съёмка в ультрафиолетовых лучах
Ultraviolettbandspektrum *n* ультрафиолетовая полоса спектра
Ultraviolettbereich *m* УФ-область спектра (*см. тж* Ultraviolett)
Ultraviolettdetektor *m*, **Ultraviolettempfänger** *m* приёмник ультрафиолетового излучения, УФ-приёмник
Ultraviolettempfindlichkeit *f* чувствительность к УФ-излучению
Ultraviolettholografie *f* УФ-голография
Ultraviolettimpulslaser *m* импульсный УФ-лазер
Ultraviolettstrahlenbelichtung *f* экспонирование ультрафиолетовыми лучами
ultraweiß *тлв* «белее белого»
Ultraweißgebiet *n* область «белее белого»
Ultraweißniveau *n*, **Ultraweißpegel** *m* уровень «белее белого»
Ultricon *n фирм.* ультрикон (*трубка типа кремникона, чувствительная и в инфракрасной области*)
Ultron *n* ультрон (*магнетронный усилитель прямой волны*)
Umadressierung *f* переадресация; перераспределение (*памяти*)
«U-matic» *англ.* формат «Ю-матик»
U-matic-Kassette *f* видеокассета «Ю-матик»
Umbau *m* 1. перестройка, переоборудование, реконструкция 2. преобразование
«Umblättern» *n* «перелистывание» (*видеоэффект*)
umdimensionieren 1. изменять размеры; изменять параметры (*напр. схемы*) 2. изменять размерность
Umdrehungsskale *f* вращающаяся шкала
Umdrucker *m* устройство для размножения (*документов*)
Umeichung *f* переградуировка
Umfang *f* 1. объём 2. периметр 3. область (*действия*) 4. *вчт, над.* объём выборки

Umfangsdichtung *f* кольцевое уплотнение
umfassen *рлк* охватывать; покрывать (*пространство*)
Umfeldleuchtdichte *f* 1. яркость фона (*изображения*) 2. яркость окружающей среды
Umflechten *n*, **Umflechtung** *f* оплётка
Umformatierung *f* изменение формата
Umformer *m* 1. (аналоговый) преобразователь 2. формирующее устройство, формирователь
~ **der Großendarstellung** *вчт* преобразователь представления величин
~, **lichtelektrischer** фотоэлектрический преобразователь, ФЭП
~, **ruhender** статический преобразователь
~, **thermoelektrischer** термоэлектрический преобразователь
Umform(er)stufe *f* каскад преобразования; каскад преобразователя
Umformung *f* 1. преобразование 2. трансформация 3. изменение формы (*напр. импульсов*)
Umformungsalgorithmus *m* алгоритм преобразования
Umformungssteilheit *f* крутизна преобразования (*частоты*)
Umformungsverhältnis *n* коэффициент трансформации
Umgebung *f* окружающая среда
Umgebungsanforderungen *f pl* требования, обусловленные окружающей средой
Umgebungsbeanspruchung *f* внешняя нагрузка
Umgebungsbedingungen *f pl* условия окружающей среды
Umgebungseinfluß *m* влияние окружающей среды
Umgebungsfaktor *m* коэффициент учёта влияния внешней среды (*на надёжность*)
Umgebungshelligkeit *f* внешняя освещённость
Umgebungslicht *n* освещённость окружающей среды
Umgebungsstrahlung *f* фоновое излучение
Umgebungstemperatur *f* температура окружающей среды
Umgebungstest *m* климатические испытания
Umgehungsfilter *n* обходной фильтр
Umgehungsleitung *f* обходная линия
Umgehungslogik *f* логика обхода (*в алгоритме или программе*)
Umgehungssystem *n тлф* обходная система
umgestalten перегруппировать; перекомпоновывать
Umgruppierung *f* перегруппировка; перекомпоновка; перераспределение (*ресурсов*)
Umhüllende *f* огибающая (*кривая*)
Umhüllung *f* 1. оболочка 2. корпус; кожух; обшивка 3. герметизация 4. корпусирование
Umkehr *f см.* Umkehrung
Umkehrbarkeit *f* 1. обратимость 2. реверсивность
~ **eines Modells** обратимость модели
Umkehreinstellung *f* установка на перемотку (*напр. намоточного станка*)
umkehren 1. обращать, инвертировать 2. менять направление (*на обратное*); реверсировать 3. *мат.* изменять знак 4. *опт.* оборачивать (*изображение*) 5. *лог.* отрицать
Umkehrer *m* инвертор

UMK

Umkehrfaktor m коэффициент обращения
Umkehrfrequenz f обращённая частота
Umkehrgang m реверс (*напр. ленты*)
Umkehrglied n инвертирующее звено
Umkehrintegrator m инверсный интегратор
Umkehrlinse f оборачивающая линза
Umkehrmatrix f обратная матрица, матрица обращения
Umkehrpunkt m 1. точка реверса 2. мёртвая точка 3. *мат.* точка возврата
Umkehrregelung f реверсивное регулирование
Umkehrrichtung f *пп* обратное [запирающее] направление
Umkehrröhre f (фазо)инверсная лампа, лампа-инвертор
Umkehrschalter m переключатель полярности; реверсирующий переключатель
Umkehrschaltung f 1. инвертирующая схема 2. реверсирующая схема
Umkehrspanne f вариация (*разность показаний при подходе к измеряемой величине «снизу» и «сверху»*)
Umkehrspannung f напряжение опрокидывания
Umkehrspektrum n обращённый спектр
Umkehrsteuerung f реверсивное управление
Umkehrstruktur f *ркс* инверсная структура
Umkehrstufe f инверторный каскад, инвертор
Umkehrtaste f 1. клавиша реверсирования 2. *тлг* ключ для квадруплексной работы
Umkehrtransistor m обращённый транзистор
Umkehrung f 1. обращение, инверсия, обратное преобразование 2. перемена направления (*на обратное*); реверсирование 3. *мат.* перемена знака 4. *опт.* оборачивание, обращение (*изображения*) 5. *лог.* отрицание
Umkehrverstärker m 1. инвертирующий усилитель, усилитель-инвертор 2. обращённый усилитель
Umkippen n, **Umkippung** f опрокидывание
Umklappskale f откидная шкала
Umkodierer m преобразователь кода
Umkodierung f преобразование кода; перекодирование
Umkristallisierung f перекристаллизация
Umladeprozeß m 1. процесс перезарядки 2. *вчт* процесс перезагрузки памяти
Umladeträgheit f инерционность перезаряда
Umladevorgang m процесс перезаряда
Umladezeit f 1. время перезаряда 2. *вчт* длительность перезагрузки памяти
Umladung f 1. перезарядка; перезаряд 2. *вчт* перекачка (*данных*)
Umlauf m 1. обход, обращение 2. *косм.* обращение (*спутника*); виток 3. *вчт* цикл
~ **um die Masche** обход контура [по контуру]
Umlaufbahn f траектория; орбита
~, **erdnahe** околоземная орбита
Umlaufblende f обтюратор
Umlaufdipol m вращающийся симметричный вибратор
Umlauffrequenz f круговая частота
Umlaufgeschwindigkeit f 1. скорость обращения (*напр. спутника*) 2. *вчт* частота (повторения) циклов 3. скорость вращения

UMR

~ **eines Zeichens** частота повторения [воспроизведения] символов
Umlaufkühlung f циркуляционное охлаждение
Umlaufpotentiometer n многооборотный потенциометр
Umlaufschieberegister m динамический сдвиговый регистр
Umlaufsinn m 1. направление вращения 2. *мат.* направление обхода
Umlaufspeicher m динамическое ЗУ; динамическая память
Umlaufstrom m ток в замкнутой цепи, контурный ток
Umlaufübertrag m циклический перенос
Umlaufvakuumpumpe f ротационный вакуумный насос
Umlaufverschiebung f *вчт* циклический сдвиг
Umlaufweg m 1. *тлф* обходной путь; обходной канал 2. *вчт* циклический путь, цикл
Umlaufzähler m 1. циклический счётчик 2. счётчик циклов
Umlaufzeit f 1. время оборота 2. время обращения (*напр. спутника*) 3. продолжительность (рабочего) цикла
Umlegen n, **Umlegung** f 1. переключение 2. реверсирование 3. *мат.* перевёртывание
Umlegungsrelais n *тлф* передаточное реле
Umlegungszeichen n *тлф* передаточный сигнал
Umleitung f 1. обход 2. изменение направления 3. перенацеливание (*ракеты*)
Umleitungsweg m *тлф* обходной путь; обходной канал
Umlenkantenne f приёмо-передающая пара ретрансляционных антенн (*обычно связаны усилителем*)
Umlenker m 1. (СВЧ-)циркулятор 2. дефлектор
Umlenkrolle f *зап.* направляющий ролик
Umlenkspiegel m 1. зеркало, изменяющее направление (*при ретрансляции*) 2. *опт.* отклоняющее зеркало
Umlenkstift m *зап.* направляющий штырёк
Ummagnetisierung f перемагничивание
Ummagnetisierungsverluste m pl потери в сердечнике, потери на перемагничивание (*сердечника*)
Ummantelung f покрытие; оболочка
Ummodelung f преобразование (*частоты*)
U-Modulator m модулятор сигнала U
Umordnung f 1. перестройка, перестановка, перегруппировка 2. *мат.* перераспределение; переупорядочивание
~ **der Ladungen an der Oberfläche** поверхностное перераспределение зарядов
Umorientierung f переориентация
Umpolarisation f, **Umpolarisierung** f переполяризация
umpolen изменять полярность
Umpolschalter m переключатель полярности
Umpolungsspannung f напряжение опрокидывания *или* переброса (*схемы*)
Umpressen n опрессовка
Umprogrammierung f перепрограммирование
Umpumpen n перекачка
Umrahmung f, **enge** заполненное [тесное] кадрирование

682

Umrandung f 1. обрамление (напр. телевизора) 2. тлв окантовка (напр. цветовая) 3. мат. окаймление 4. мат. контур
Umrechner m 1. пересчётное устройство 2. преобразователь (кода)
Umrechnung f 1. пересчёт 2. преобразование (кода)
Umrechnungsfaktor m коэффициент пересчёта; переводной множитель
Umrechnungsprogramm n программа пересчёта
Umrichter m 1. статический [вентильный] преобразователь частоты 2. преобразователь частоты (переменного тока)
Umriß m контур
~, **falscher** ложный контур
Umrißschärfe f резкость контура
Umrißversteilerung f тлв подчёркивание контуров
Umrollmaschine f перемоточная машина; перемоточный механизм
Umrüstung f замена модулей (в телевизоре при переходе на другой стандарт передачи)
Umschaltantennenpeiler m (радио)пеленгатор с (поочерёдно) переключаемыми антеннами
Umschaltautomatik f 1. автоматика переключения 2. коммутационная автоматика
Umschaltdoppelkontakt m сдвоенный переключающий контакт
Umschalteinheit f 1. блок переключений 2. блок коммутации
Umschalten n 1. переключение 2. коммутация
~, **spannungsloses** переключение не под напряжением
Umschalter m 1. переключатель 2. коммутатор
~, **optischer** оптический затвор
Umschaltergrundplatte f тлф панель с ключами; панель коммутатора
Umschalterlamelle f ламель переключателя
Umschaltfeld n 1. панель переключений 2. коммутационная панель
Umschaltfeststeller m клавиша замка регистра
Umschaltfrequenz f 1. частота переключений 2. частота коммутации
Umschaltfunktion f переключательная функция
Umschaltgeschwindigkeit f 1. скорость переключения 2. скорость коммутации
Umschaltkasten m тлф коммутатор
Umschaltklinke f тлф переходное [передаточное] гнездо
Umschaltkombination f комбинация переключения
Umschaltmatrix f 1. переключающая матрица 2. коммутационная матрица 3. матричный коммутатор
Umschaltsaal m тлф аппаратный зал
Umschaltschrank m тлф коммутатор
~ **für Fernverkehr** международный коммутатор
~ **eines Handamts** ручной телефонный коммутатор
Umschaltschwelle f порог переключения
Umschaltsignal n 1. сигнал переключения 2. коммутирующий сигнал
Umschaltstellung f 1. положение переключения 2. коммутационное положение

Umschaltstrom m 1. ток переключения, переключающий ток 2. коммутируемый ток
Umschaltstufe f 1. переключающий каскад 2. коммутирующий каскад
Umschalttafel f 1. панель переключений 2. коммутационная панель 3. тлф коммутатор
Umschalttaste f 1. клавиша переключения 2. переводная или регистровая клавиша
Umschalttor n ключевая схема
Umschaltung f 1. переключение 2. коммутация
1/2-Umschaltung f поочерёдное переключение с одного телекинодатчика на другой
Umschaltungsbefehl m команда переключения
Umschaltungsfolge f, **Umschaltungszug** m 1. последовательность переключений 2. последовательность коммутационных операций
Umschaltverhalten n 1. режим переключения 2. режим коммутации
Umschaltzeichen n 1. сигнал переключения 2. знак или символ смены регистра
Umschaltzeitpunkt m момент переключения
Umschlag m 1. опрокидывание (напр. мультивибратора) 2. перемена, изменение (напр. полярности) 3. переключение
Umschlingungswinkel m зап. угол обхвата (магнитной головки)
Umschlüsselung f **in Maschinenkode** перекодирование в машинный язык
Umschlüßler m перекодирующее устройство, преобразователь кодов
Umschneiden n, **Umschnitt** m перемонтаж (напр. ленты)
Umschreiber m устройство для перезаписи
Umschreibung f перезапись
Umschreibungseinrichtung f, **Umschreibungssystem** n устройство перезаписи
Umsetz... см. тж **Umsetzungs...**
Umsetzer m 1. цифровой преобразователь 2. машина-переводчик 3. преобразователь (из одной системы счисления в другую) 4. декодирующее устройство
~, **analog-digitaler** аналого-цифровой преобразователь, АЦП
~, **dekadisch-binärer** десятично-двоичный преобразователь
~, **digital-analoger** цифро-аналоговый преобразователь, ЦАП
~, **integrierender** накапливающий (аналого-цифровой) преобразователь
~, **optischer** оптический преобразователь
~, **parallel-serieller** преобразователь параллельного кода в последовательный
Umsetzerstufe f преобразовательный каскад; ступень преобразования
Umsetzgeschwindigkeit f скорость преобразования
Umsetzprogramm n программа преобразования (данных)
Umsetzrate f скорость преобразования
Umsetzung f 1. (цифровое) преобразование 2. перевод (с одного языка на другой) 3. преобразование (из одной системы счисления в другую) 4. декодирование
~, **binär-dekadische** двоично-десятичное преобразование

~, **gleichzeitige** преобразование, выполняемое параллельно с другими операциями; параллельное преобразование
~ **in Digitalform** преобразование в цифровую форму
Umsetzungs... см. тж **Umsetz...**
Umsetzungsfehler m погрешность или ошибка преобразования
Umsetzungshilfsmittel n средства (обеспечения) освоения (напр. программного изделия)
Umsetz(ungs)zeit f время преобразования
umspannen 1. обматывать; изолировать (обмоткой) 2. преобразовывать [трансформировать] напряжение
Umspanner m преобразователь [трансформатор] напряжения
Umspannungsverhältnis n коэффициент трансформации напряжения
Umspeicherbefehl m команда разгрузки памяти или ЗУ; команда перезаписи (содержания) памяти или ЗУ
Umspeicherprogramm n программа разгрузки памяти или ЗУ; программа перезаписи (содержания) памяти или ЗУ
Umspeicherung f разгрузка памяти или ЗУ; перезапись (содержания) памяти или ЗУ
Umspieleinrichtung f 1. устройство (для) перезаписи 2. копировальное устройство (для перезаписи)
Umspielung f перезапись
Umspinnung f 1. обмотка (напр. кабеля) 2. оплётка
umspringen перебрасывать (о реле)
Umspuldauer f время перемотки
Umspulgeschwindigkeit f скорость перемотки
Umspulung f зап. перемотка
Umstecken n штепсельное [штекерное] переключение
Umstellung f 1. перестановка, перемещение 2. перестройка (напр. частоты) 3. тлг перевод регистра 4. инверсия
Umstellungsbit n бит изменения (напр. содержания страницы)
Umstellwiklung f переключающая обмотка (реле)
Umsteuergröße f вчт константа переадресации
Umsteuerung f 1. реверсирование 2. перемагничивание 3. переключение (напр. триггера)
Umstimmung f перестройка
Umtaster m 1. манипулятор 2. переключатель
Umtastung f манипуляция
Umverteilen n, **Umverteilung** f 1. перераспределение 2. мат. перегруппировка
Umverteilungsprozeß m процесс перераспределения (напр. носителей заряда)
Umwandler m 1. преобразователь 2. трансформатор
~, **analoger** аналоговый преобразователь
~, **elektronenoptischer** электронно-оптический преобразователь, ЭОП
~, **optisch-elektronische** оптоэлектронный преобразователь
Umwandlung f 1. преобразование 2. трансформация 3. превращение; конверсия 4. перевод (из одной системы счисления в другую)

Umwandlungsalgorithmus m алгоритм преобразования
Umwandlungsfaktor m коэффициент трансформации
~, **elektroakustischer** коэффициент электроакустической связи
~, **elektromechanischer** коэффициент электромеханической связи
Umwandlungsfehler m погрешность преобразования
Umwandlungsfunktion f 1. передаточная функция 2. функция преобразования
Umwandlungshysterese f крист. гистерезис преобразования
Umwandlungsleistung f эффективность преобразования (напр. солнечных батарей)
Umwandlungsprogramm n программа преобразования (данных)
Umwandlungspunkt m точка [температура] перехода; критическая точка
Umwandlungssteilheit f крутизна преобразования
Umwandlungssystem n 1. система преобразования 2. вчт система перевода
Umwandlungsverluste m pl потери преобразования
Umwandlungs-Wirkungsgrad m эффективность преобразования
Umweganregung f косвенное возбуждение
Umwegkopplung f шунтирующая [параллельная] связь
Umwegleitung f 1. обходная линия 2. симметрирующий трансформатор
Umweglenkung f управление по обходному каналу
Umweglinse f линза с геометрическим выравниванием путей распространения
Umwegschaltung f обходная цепь; служебная цепь
Umwegverkehr m обходная связь
Umwelt f окружающая среда
Umweltbedingungen f pl условия окружающей среды
Umweltschutz m защита от воздействия окружающей среды
Umweltstabilität f устойчивость к воздействиям окружающей среды
umwerten 1. переоценивать 2. преобразовывать (величины)
Umwerter m преобразователь (величин), датчик
umwickeln 1. зап. перематывать 2. обматывать
Umwickelzeit f время перемотки
Umzeichnen n, **Umzeichnung** f перезапись
Unabhängigkeit f 1. независимость 2. автономность
unangepaßt несогласованный
unausgeglichen 1. невыравненный; несбалансированный 2. несогласованный
unbalansiert несбалансированный; неуравновешенный
unbedient необслуживаемый; автоматический
unbelastet 1. ненагруженный 2. вчт разгруженный (о памяти)
unbelegt свз незанятый; свободный
unbemannt 1. (работающий) без обслуживающе-

го персонала 2. автоматический 3. *косм.* беспилотный
unbeschwert разгруженный
unbesetzt 1. *свз* незанятый; свободный 2. *пп* незаселённый 3. необслуживаемый
Unbeständigkeit *f* 1. неустойчивость 2. нестабильность
Unbestimmtheit *f* неопределённость
unbestückt 1. несмонтированный 2. разгруженный (*напр. о памяти*)
unbewehrt без защитной оболочки (*о кабеле*)
Unbilanz *f* разбаланс; неуравновешенность
Unbuntabgleich *m* регулировка [выравнивание] баланса белого (цвета)
Unbuntbereich *m*, **Unbuntgebiet** *n тлв* область белого (цвета)
UND-Element *n* элемент И
Undersampling *f* субдискретизация
UND-Gatter *n*, **UND-Glied** *n* вентиль [схема] И
Undichtheit *f*, **Undichtigkeit** *f* неплотность; негерметичность
UND-NICHT-Gatter *n*, **UND-NICHT-Glied** *n* вентиль [схема] И НЕ
UND-ODER-Gatter *n*, **UND-ODER-Glied** *n* вентиль [схема] И ИЛИ
UND-ODER-Schaltung *f* схема И ИЛИ
Undograf *m* ондограф
UND-Schaltung *f* схема И
UND-Tor *n* вентиль И
Undulationsstrom *m* пульсирующий ток
Undulationstheorie *f* волновая теория (света)
Undulator *m* ондулятор
Undurchlässigkeitsbereich *m*, **Undurchlässigkeitsgebiet** *n* область непрозрачности
UND-Verknüpfung *f* (логическая) операция И
Unebenheit *f* шероховатость
Uneindeutigkeit *f* неоднозначность; неопределённость
Uneinheitlichkeit *f* неоднородность
unelektrisch электронейтральный
Unempfindlichkeit *f* нечувствительность; невосприимчивость
Unempfindlichkeitsschwelle *f* порог нечувствительности
Unempfindlichkeitszone *f рег.* зона нечувствительности
Unfallmeldung *f* аварийный сигнал, сигнал тревоги
Unfallnachrichtenverbindung *f* аварийная связь
Unfallruf *m* аварийный вызов
Unfallschutz *m* аварийная защита, защита от аварий
Unfallsicherheit *f* надёжность защиты от аварий
Unfallverhütungstechnik *f* техника безопасности
unformatiert *зап., вчт* бесформатный, неформатированный
ungebündelt неколлимированный
ungedämpft 1. незатухающий (*о колебаниях*) 2. незаглушённый; недемпфированный
ungeerdet незаземлённый
ungegettert негетерированный
ungekapselt бескорпусной
ungeknickt без излома (*о кривой*); без изгиба (*о волноводе*)
ungepackt распакованный (*об информации*)

ungepuffert небуферизованный, без буфера
ungerade нечётный
Ungerade-Gerade-Kontrolle *f* проверка на чётность — нечётность
Ungeradzahligkeitsprüfung *f* проверка на нечётность
ungestört 1. неповреждённый 2. неискажённый 3. невозмущённый 4. ненарушенный (*о кристаллической решётке*)
ungetakt асинхронный
Ungewißheit *f* неопределённость; недетерминированность
ungewobbelt необулированный
Ungleichartigkeit *f* неоднородность
Ungleichbelastung *f* неравномерная нагрузка
Ungleichheit *f* 1. разбаланс 2. неравномерность; неоднородность 3. *мат.* неравенство
Ungleichheitskoeffizient *m* коэффициент неравномерности
Ungleichheitsstrom *m* ток разбаланса
Ungleichmäßigkeit *f* 1. (остаточная) неравномерность; неоднородность 2. разрыв непрерывности
Ungültigkeitszeichen *n* 1. знак игнорирования 2. знак аннулирования
Uni-Bus *m* универсальная шина; общая шина
unidirektional однонаправленный
unifilar однопроводной
Uniformisierung *f мат.* униформизация
Unijunktiontransistor *m* однопереходный транзистор
Uni-Leitung *f* 1. *см.* **Uni-Bus** 2. магистральная линия, магистраль
Uni-line-Röhre *f* копланарный кинескоп, цветной кинескоп с копланарными прожекторами
Unipol *m* 1. изотропная антенна 2. несимметричный вибратор
Unipolar-Bipolar-Wandler *m* преобразователь униполярных сигналов в биполярные
Unipolarfeldeffekttransistor *m* полевой транзистор
Unipolarität *f* униполярность
Unipolarleitung *f* односторонняя электропроводность
Unipolartechnik *f*, **Unipolartechnologie** *f* технология полевых транзисторов
Unipolartransistor *m* полевой транзистор
unit *англ.* блок
~, **indoor** *косм.* «внутренний блок» (*блок в земной станции для выбора канала спутниковой передачи, демодуляции и преобразования сигнала*)
~, **outdoor** *косм.* «наружный блок» (*блок преобразователя частоты на приёмной антенне*)
unitär *мат.* унитарный
Unitron *n* 1. *фирм.* унитрон (*тип ЭЛТ*) 2. полевой транзистор
Unitunneldiode *f* обращённый диод
Universalbusstruktur *f* универсальная шинная структура
Universaldiode *f* многоцелевой диод
Universalfernsehverfahren *n* совместимая система цветного телевидения
Universalität *f* 1. универсальность 2. совместимость

Universalkopf *m* зап. универсальная головка
Universalmeßgerät *n* комбинированный измерительный прибор
Universalnetzempfänger *m* приёмник с универсальным питанием
Universalradar *m* многофункциональная РЛС
Universalrechenautomat *m* универсальная автоматическая ВМ
Universalrechengerät *n* универсальное вычислительное устройство
Universalrechenmaschine *f*, **Universalrechner** *m* универсальная ВМ
Universalschaltkreis *m* 1. некоммутированная логическая матрица; матрица логических элементов 2. универсальная матрица (*тип базового кристалла*)
~, **kundenbeeinflußbarer** полузаказная матрица логических элементов
~, **kundenprogrammierbarer** матрица логических элементов, программируемая пользователем
~, **vorgefertigter** полузаказная матрица логических элементов
Universalschaltkreisanordnung *f* стандартная матрица (*расположения логических элементов*)
Universalschaltkreischip *n* базовый кристалл типа матрицы логических элементов; логическая ИС на основе базового кристалла
Universalschaltkreistechnik *f* техника (изготовления) ИС на основе базового кристалла
Universaltestbild *n* универсальная телевизионная испытательная таблица
Universaltestchip *n* универсальный тестовый кристалл
Universalziffernmaschine *f* универсальная ЦВМ
Univibrator *m*, **Univibrator(kipp)schaltung** *f* одностабильный мультивибратор, одновибратор
unkompatibel несовместимый
Unlinearität *f* нелинейность
unlöschbar вчт, зап. нестираемый
Unlöslichkeit *f* неразрешимость
Unpaarigkeitskontrolle *f*, **Unpaarigkeitsprüfung** *f* проверка на нечётность
unprogrammäßig непредусмотренный программой; нерасчётный
Unregelmäßigkeit *f* 1. неравномерность; нерегулярность 2. несистематичность, случайность (*об ошибках измерения*)
Unregelmäßigkeitsfaktor *m* коэффициент неравномерности
Unruhe *f* 1. возмущение 2. нестабильность
~, **erdmagnetische** геомагнитное возмущение, геомагнитная активность
~, **thermische** тепловое возмущение
unscharf 1. нерезкий, расфокусированный 2. тупой (*о резонансе*) 3. тупой, грубый (*о настройке*)
Unscharfabstimmung *f* тупая [грубая] настройка
Unschärfe *f* нерезкость, расфокусировка; размытость (*об изображении*)
Unschärfekreis *m* опт. кружок нерезкости [размытости]
Unschärferelation *f* принцип неопределённости
~, **Heisenbergsche** гейзенберговский принцип неопределённости

Unsicherheit *f* 1. ненадёжность 2. неопределённость
Unsicherheitsfaktor *m* коэффициент неопределённости
Unstabilität *f* 1. неустойчивость 2. нестабильность
Unstetigkeit *f* 1. разрывность; прерывность 2. разрыв
~ **der Funktion** разрыв функции
Unstetigkeitsstelle *f* 1. место [точка] разрыва 2. неоднородность
Unsteuerbarkeit *f* неуправляемость
unstrukturiert 1. неструктурированный 2. несформированный (*рисунок или рельеф*)
Unsymmetrie *f* 1. асимметрия 2. разбаланс
Unsymmetriedämpfung *f* затухание вследствие рассогласования
Unterabtastung *f* субдискретизация
Unteradresse *f* подадрес
Unteramt *n* тлф подстанция
Unteranpassung *f* рассогласование из-за повышенного сопротивления нагрузки (*больше внутреннего сопротивления источника*)
Unterarbeitsgruppe *f* рабочая подгруппа МККР
Unterätzung *f* подтравливание
~ **der Fotomasken** подтравливание маскирующего фотослоя
Unteraufgabe *f* подзадача
Unterauftrag *m* подзадание
Unterband *n* 1. нижний участок частотного диапазона 2. поддиапазон
Unterbau *m* утопленный монтаж
Unterbelastung *f* неполная нагрузка, недогрузка
Unterbereich *m* 1. поддиапазон 2. подобласть 3. область изображений (*в преобразовании Лапласа*)
Unterblock *m* субблок, подблок
Unterbrechbarkeitsregister *n* регистр прерываний
unterbrechen 1. размыкать; прерывать, разрывать 2. тлф разъединять 3. прерывать (*программу*); останавливать (*программу*)
Unterbrecher *m* 1. прерыватель 2. разъединитель 3. вибропреобразователь
Unterbrecherkontakt *m* размыкающий контакт
Unterbrechung *f* 1. размыкание; прерывание, разрыв(ание) 2. сбой 3. тлф разъединение 4. вчт прерывание (*работы программы*); останов (*программы*)
~, **augenblickliche** мгновенное размыкание
~, **externe** внешнее прерывание
~, **gerichtete** векторное прерывание
~, **manuelle** операторское прерывание
~, **maskierte** вчт маскируемое прерывание
~, **mehrstufige** многоуровневая система прерываний
~ **mit hoher Priorität** высокоприоритетное прерывание
~, **nichtmaskierte** вчт немаскируемое прерывание
~, **sofortige** немедленное [быстрое] разъединение
~, **unwillkürliche** непроизвольное прерывание
~, **verzögerte** задержанное [замедленное] разъединение
~, **vorzeitige** преждевременное разъединение

~, zeitweilige временно́е прерывание
Unterbrechungsanforderung f запрос прерывания
Unterbrechungsanweisung f, Unterbrechungsbefehl m команда прерывания
Unterbrechungsbehandlungen f pl 1. тлф операции в перерыве связи (напр. индикация текущего времени) 2. вчт обработка прерываний; управление прерываниями
Unterbrechungsebene f уровень прерывания
Unterbrechungseingang m вход прерывания
Unterbrechungsflipflop n триггер прерывания
unterbrechungsfrei без разрыва (напр. линии)
Unterbrechungsfreigabe f сброс прерывания
Unterbrechungsfrequenz f частота прерывания
Unterbrechungsklinke f тлф гнездо с размыкающим контактом
Unterbrechungskode m код прерывания (напр. записи)
Unterbrechungslogik f 1. логика прерываний 2. логические схемы (реализации) прерываний
Unterbrechungsmaske f маска прерываний
Unterbrechungspriorität f приоритет прерываний
Unterbrechungsregister n регистр прерываний
Unterbrechungsschalter m размыкающий [разъединяющий] ключ; разъединитель; выключатель
Unterbrechungssignal n 1. сигнал перерыва (напр. связи) 2. тлф сигнал разъединения 3. вчт сигнал прерывания
Unterbrechungssperrung f блокировка прерывания
Unterbrechungsstelle f место [точка] разрыва (напр. цепи)
Unterbrechungssteuerlogik f логические схемы управления прерываниями
Unterbrechungssystem n система прерываний
Unterbrechungstaste f размыкающая [разъединяющая] кнопка
Unterbrechungstastung f тлг манипуляция прерыванием (цепи)
Unterbrechungsvektor m вектор прерываний
Unterbrechungszahl f число размыканий или прерываний
Unterbrechungszeichen n 1. тлф сигнал разъединения 2. сигнал останова
Unterdachantenne f чердачная антенна
Unterdiffusion f пп боковая диффузия (под защитный слой окисла)
Unterdrehzahl f число оборотов ниже номинального
Unterdruck m пониженное давление; разрежение
unterdrücken 1. подавлять (напр. помехи) 2. вчт блокировать (команду); стирать, сбрасывать (содержание памяти) 3. мат. отменять; аннулировать 4. тлв гасить
Unterdrückung f 1. подавление (напр. помех) 2. вчт блокировка (команды); стирание, сброс (содержания памяти) 3. мат. отмена; аннулирование 4. тлв гашение
~ der örtlichen Störungen рлк подавление помех от местных предметов
Unterdrückungsbereich m область подавления
Unterdrückungsschaltung f схема подавления
Unterdrückungsverhältnis n коэффициент подавления

Untereinanderverkehr m тлф непосредственная связь между отдельными станциями
Untereinheit f субблок; сборочный узел
Untererregung f неполное возбуждение, недовозбуждение
Unterfeld n 1. субполе, фрагмент или участок поля (фотошаблона ИС) 2. мат. подмножество
Unterfeldanordnung f размещение субполя
Unterfeldvektorschreibverfahren n векторный метод формирования рисунка субполя
Unterformant m нижняя форманта (звука)
Unterfrager m рлк запросчик, опросчик
Unterfragung f рлк запрос, опрос
Unterfrequenz f субгармоника
Unterführung f микр. поднырывание, проф. подныр (организация пересечения межсоединения ИС за счёт использования низкоомной перемычки в материале кристалла)
Untergrenzdurchmesserrohr n волновод с диаметром меньше критического
Untergröße f величина меньше номинальной
Untergrund m 1. фон 2. подложка 3. земная поверхность
~, ständiger постоянный [устойчивый] фон
~, starker сильный фон (переменного тока)
~, ungleichmäßiger неравномерный фон
Untergrundantenne f подземная антенна
Untergrundgammastrahlung f фоновое гамма-излучение
Untergrundhelligkeit f яркость фона
Untergrundmonitor m регистратор фона
Untergrundphoton n 1. фотон светового фона 2. фотон послесвечения
Untergrundrauschen n 1. зап. структурный шум (носителя записи) 2. тлв шумы фона (изображения)
Untergrundstrahlung f фоновое излучение
Untergruppe f 1. сборочный узел 2. мат. подгруппа
Unterhaltungselektronik f бытовая электроника, бытовая электронная аппаратура
Unterhaltungsfernsehen n вещательное телевидение
Unterhaltungsindustrie f промышленность бытовой электроники
Unterhaltungsprogramm n развлекательная программа
Unterharmonische f субгармоника
Unterheizung f пониженный накал, недокал (лампы)
Unterhologramm n подголограмма
Unterhörfrequenz f подтональная частота
Unterkanal m подканал
~, tonfrequenter тональный подканал
Unterkoppelkapazität f ёмкость, создающая связь ниже критической
Unterkopplung f связь ниже критической
unterkritisch подкритический, докритический
Unterkühlung f крист. переохлаждение
Unterlage f 1. основа (напр. носителя записи) 2. подложка (напр. микросхемы) 3. опора
Unterlagen f pl вчт программное обеспечение
Unterlagerungsfernwahl f дальнее искание импульсами подтональной частоты

Unterlagerungstelegrafie f подтональная телеграфия
Unterlast f, **Unterlastung** f неполная нагрузка, недогрузка
Unterlauf m исчезновение значащих разрядов, потеря значимости
Unterlegscheibe f 1. планшайба (*ЭЛТ*) 2. шайба
Unterlichtbereich m область досветовых скоростей
Untermatrix f подматрица
Untermodul m подмодуль
Unternehmensforschung f, **Unternehmungsforschung** f исследование операций
Unterniveau n подуровень
Unterniveaulebensdauer f время жизни подуровня
Unternullgehen n переход через нуль
Unterprogramm n подпрограмма
~, **abgeschlossenes** закрытая [замкнутая] подпрограмма
~, **diagnostisches** диагностическая подпрограмма
~, **dynamisches** динамическая подпрограмма
~, **einstufiges** одноуровневая подпрограмма
~, **interpretatives** [**interpretierendes**] интерпретирующая подпрограмма
~, **kontrollierendes** контролирующая подпрограмма
~ **mit einer Ebene** одноуровневая подпрограмма
~, **offenes** открытая подпрограмма
~, **rekursives** рекурсивная подпрограмма
~, **statisches** статическая подпрограмма
Unterprogrammaufruf m вызов подпрограммы; обращение к подпрограмме
Unterprogrammbibliothek f библиотека подпрограмм
Unterprogramme n pl, **verschachtelte** вложенные подпрограммы
Unterprogrammpaket n пакет подпрограмм
Unterprogrammrücksprungadresse f адрес возврата из подпрограммы
Unterprogrammsprungbefehl m команда вызова подпрограммы
Unterputzdose f скрытая розетка
Unterputzmontage f скрытый монтаж; монтаж скрытой проводки
Unterquerung f *см.* **Unterführung**
Unterrahmen m подцикл (*временно́го объединения цифровых сигналов*)
Unterreichweite f нижний предел дальности действия
Unter-Resonanz f частота ниже резонансной
Unterricht m, **programmierter** программированное обучение
Unterrichtskomplex m обучающий комплекс
Unterrichtsmaschine f обучающая ВМ
Untersättigung f неполное насыщение
Unterschaltung f подсхема; часть схемы
Unterscheidung f 1. различение 2. распознавание 3. разрешающая способность
~ **der Vorzeichen** распознавание знаков
Unterscheidungsmerkmal n отличительный признак
Unterscheidungspegel m уровень различения
Unterscheidungsradar n РЛС идентификации [опознавания] цели

Unterscheidungsschwelle f порог различения
Unterscheidungsvermögen n разрешающая способность
Unterschicht f подслой
Unterschiedsempfindlichkeit f *тлв, опт.* различительная [контрастная] чувствительность
Unterschiedsempfindlichkeitsschwelle f *тлв, опт.* порог различительной [контрастной] чувствительности
Unterschiedsimpulsschaltung f схема различения импульсов
Unterschiedsschwelle f порог различимости
unterschwellig подпороговый
Unterschwingen n *см.* **Unterschwingung 1.**
Unterschwingung f 1. отрицательный выброс, предшествующий фронту импульса 2. субгармоника
Untersender m ведомый (радио)передатчик
Untersetzer m 1. пересчётное устройство; пересчётная схема 2. делитель частоты
Untersetzerstufe f 1. пересчётный каскад; пересчётная ступень 2. каскад деления частоты
Untersetzung f 1. понижение (*напряжения*) 2. деление частоты
Untersetzungsfaktor m масштабный коэффициент, коэффициент масштабирования
Untersetzungstransformator m понижающий трансформатор
Unterspannung f 1. напряжение ниже номинального 2. минимальное напряжение 3. низшее напряжение (*трансформатора*)
Unterspannungswicklung f обмотка низшего напряжения
Unterstation f *тлф* подстанция
Unterstrom m 1. ток ниже номинального 2. минимальный ток
Unterstruktur f субструктура
Unterstützung f 1. опора 2. *микр.* основание; подложка 3. *над.* резервирование
Unterstützungsprogramm n обслуживающая *или* вспомогательная программа
Unterstützungsprozessor m вспомогательный процессор
Unterstützungssoftware f обеспечивающие программные средства, программная поддержка
Untersuchungsstange f *тлф* контрольный столб
Untersuchungsstelle f контрольный пункт
untersynchron подсинхронный
Untersystem n подсистема
Unterteil n основание, база
Unterteilung f 1. расчленение; разделение 2. секционирование; сегментирование 3. *изм.* градуировка 4. *мат.* подразделение; разбиение (*на более мелкие частоты*)
Untertitel m субтитр
Untertitelungsgerät n устройство введения субтитров
Untertonbereich m диапазон подтональных частот
Untertonfrequenz f подтональная частота
Untertontelegrafie f подтональная телеграфия
Unterträger m поднесущая (частота)
Unterträgerfrequenz f поднесущая частота
Untertyp m вариант

Unterverteiler *m тлф* распределительный шкаф
Unterwagen *m тлг* нижняя каретка
Unterwählanlage *f* автоматическая телефонная станция, АТС
Unterwasserakustik *f* гидроакустика
Unterwasserantenne *f* подводная антенна
Unterwasseraufnahme *f* 1. подводная (телевизионная) передача 2. подводная съёмка
Unterwasseraufnahmekamera *f* 1. (фото)камера для подводных съёмок 2. подводная телевизионная (передающая) камера
Unterwasserecholot *n* гидроакустический эхолот
Unterwasserempfänger *m* гидроакустический [гидролокационный] приёмник
Unterwasserfahrzeug *n* подводный подвижный аппарат
Unterwasserfernsehanlage *f* установка подводного телевидения
Unterwasserfernsehen *n* подводное телевидение
Unterwasserfernsehkamera *f* подводная телевизионная (передающая) камера
Unterwasserfernsprechkabel *n* подводный телефонный кабель
Unterwasserholografie *f* подводная голография
Unterwasserhorchgerät *n* гидрофон
Unterwassermikrofon *n* микрофон гидрофона
Unterwasserortung *f* гидролокация
Unterwasserortungsgerät *n* гидролокатор
Unterwasserschallanlage *f* гидроакустическая станция
Unterwasserschallehre *f* гидроакустика
Unterwasserschallempfänger *m* гидроакустический [гидролокационный] приёмник
Unterwasserschallgeber *m* гидроакустический излучатель
Unterwasserschallgenerator *m* гидроакустический генератор
Unterwasserschallortung *f* гидролокация
Unterwasserschallortungsgerät *n* гидролокатор
Unterwasserschallsender *m* гидроакустический излучатель
Unterwasserschalltechnik *f* гидроакустика
Unterwassersehen *n* ви́дение под водой
Unterwassersender *m* гидроакустический излучатель
Unterwassertelegrafie *f* телеграфная гидроакустическая связь
Unterweisung *f*, **programmierte** программированное обучение
Unterwelle *f* субгармоника
Unterwerk *n*, **Unterzentrale** *f тлф* подстанция; вспомогательная станция
Unterzelle *f* субъячейка
Unumkehrbarkeit *f* необратимость
Unvereinbarkeit *f* несовместимость
unverfalscht неискажённый
unvergütet *опт.* непросветлённый
unverkappt бескорпусной
unverkettet несвязанный; разомкнутый
unvermascht без замкнутых контуров
unverschlüsselt незашифрованный; незакодированный; открытый
Unversehrtheit *f* целостность; стойкость
Unverständlichkeit *f* неразборчивость, невнятность

Unverträglichkeit *f* несовместимость
Unverwechselbarkeit *f* 1. незаменяемость (*блоков, деталей*) 2. фиксированное расположение (*полюсов*)
Unverwechselbarkeitsnut *f* ориентирующий паз (*печатной платы*)
unverzerrt неискажённый
unverzögert без выдержки времени; без запаздывания
Unvollkommenheit *f* несовершенство (*напр. изображения*)
unwahr ложный, неверный
Unwahrscheinlichkeitsgrad *m инф.* мера [степень] неопределённости
Unwucht *f* 1. неуравновешенность, разбаланс 2. рассогласование
unzerlegt неразложенный (*о свете*)
unzugänglich недоступный (*напр. для оператора*)
Unzuverlässigkeit *f* 1. ненадёжность 2. недостоверность
unzweideutig однозначный
Up-link-Frequenz *f* частота связи Земля — космос
Urandioxidwiderstand *m см.* **Urdox(widerstand)**
Urband *n* 1. сигналограмма-оригинал 2. (магнитная) лента с первичной записью 3. исходная [начальная] полоса частот
Urband-Kopie *f* программная сигналограмма; смонтированная сигналограмма
Urbild *n* 1. первичное изображение 2. *мат.* прообраз
Urdaten *pl* начальные данные
Urdox(widerstand) *m* терморезистор на основе диоксида урана, урдокс
Ureingabe *f* первичный ввод (*данных*)
Urfarben *f pl тлв* основные цвета (*синий, зелёный, красный*)
Urladen *n* начальная загрузка (*программы*)
Urlader *m* первоначальный загрузчик (*программы*); загрузчик программы раскрутки, *проф.* пускач
Urmaske *f* фотошаблон
Urmodell *n* 1. *см.* **Urmuster** 2. эталонная печатная форма (*в электротипии*)
Urmuster *n* прототип, опытный образец; модель, макет
UR-Ortungsgerät *n* инфракрасный локатор
Ursache *f киб.* причина
Ursache-Wirkung-Beziehung *f* 1. *киб.* взаимосвязь причины и следствия 2. *авт.* взаимосвязь управляемого и управляющего объектов
Ursacord система индикаторных и регистрирующих приборов (*ГДР*)
Ursakont система устройств для получения информации (*ГДР*)
Ursatrans система устройств для телеизмерения и телеуправления (*ГДР*)
Ursatron система электрических устройств для передачи и обработки информации (*ГДР*)
Urspannung *f* 1. начальное [исходное] напряжение 2. эдс идеального источника
Ursprung *m* 1. начало, источник; причина 2. *мат.* начало координат
Ursprungsanstalt *f* вызывающая станция
Ursprungsbeleg *m* исходный документ, подлинный документ

689

URS

Ursprungsfunkstelle *f* вызывающая [корреспондирующая] радиостанция
Ursprungsionisation *f* начальная ионизация
Ursprungsprogramm *n* начальная [исходная] программа
Ursprungssprache *f вчт* исходный язык; входной язык (*транслятора*)
UR-Strahler *m* инфракрасный излучатель
Urstrom *m* 1. начальный [исходный] ток 2. ток источника
Urteil *n* суждение
Urtestband *n* испытательная лента с первичной записью
Urtyp *m см.* **Urmuster**
US-... *см.* **Ultraschall...**
U-Signal *n* (цветоразностный) сигнал
U-System *n* система без пупинизации
UT-Schaltung *f* схема подтонального телеграфирования
U-Umschlingung *f зап.* U-петля
UV-... *см. тж* **Ultraviolett...**
UV-Abstandsbelichtung *f* ультрафиолетовая (фото)литография с (микро)зазором
Uvaser *m* УФ-лазер
UV-Diagramm *n* векторная диаграмма цветности в системе координат UV
UV-Indexsignal *n тлв* индексный сигнал ультрафиолетовой подсветки (*в трубках с индикацией положения луча*)
Uviolstrahlen *m pl* ультрафиолетовые лучи, УФ-лучи
U/V-Koordinatensystem *n* система координат UV
UV-Laser *m* УФ-лазер
UV-Löschung *f* стирание УФ-излучением
UV-Projektionsanlage *f* установка проекционной литографии с использованием УФ-излучения
UV-Strahlung *f* УФ-излучение
UW-... *см.* **Unterwasser...**
Ü-Wagen *m* 1. передвижная установка 2. передвижная телевизионная станция, ПТС

V

V-Abtastungsbinärkode *m* двоичный код с v-развёрткой
VAD-Verfahren *n микр.* метод аксиального осаждения из паровой фазы
vagabundieren блуждать (*о токах или носителях*)
Vagabundströme *m pl* блуждающие токи
Vakuum *n* вакуум
~, **echtes** рабочий вакуум
Vakuumabscheidung *f* вакуумное осаждение; вакуумное напыление
Vakuumadapter *m см.* **Vakuumsauger**
Vakuumanlage *f* вакуумная установка
Vakuumansaugvorrichtung *f* вакуумный патрон; вакуумный присос; вакуумный держатель
Vakuumanzeigeröhre *f* вакуумный люминесцентный индикатор
Vakuumaufdampfanlage *f* установка вакуумного напыления
Vakuumaufspannung *f* вакуумный прижим; вакуумное натяжение

VAK

Vakuumausbreitungsgeschwindigkeit *f* скорость распространения (*волн*) в вакууме
Vakuumbandführung *f* вакуумная направляющая (*видеомагнитофона*)
Vakuumbedampfung *f микр.* вакуумное напыление
Vakuumbedampfungsanlage *f см.* **Vakuumaufdampfanlage**
Vakuumbeschichtungsanlage *f* вакуумная установка для нанесения покрытия
vakuumdicht вакуум-плотный
Vakuumdielektrikum *n* вакуумированный диэлектрик
Vakuumdüse *f* сопло вакуумного присоса
Vakuumemissionsfotozelle *f* вакуумный эмиссионный фотоэлемент, вакуумный фотоэлемент с внешним фотоэффектом
Vakuumfaktor *m* вакуум-фактор
Vakuumfotodiode *f* (электро)вакуумный фотодиод
Vakuumfotozelle *f* (электро)вакуумный фотоэлемент
Vakuumführung *f* вакуумная направляющая (*видеомагнитофона*)
Vakuumgleichrichterröhre *f* кенотрон
Vakuumglocke *f* вакуумный колпак
Vakuumkammer *f* 1. вакуумная камера 2. вакуумный буфер
~, **ringförmige** тороидальная вакуумная камера
Vakuumkristallisation *f* вакуумная кристаллизация, кристаллизация в вакууме
Vakuumkriostat *m* вакуумный криостат
Vakuumkupplung *f* вакуум-плотное сочленение
Vakuumleitung *f* вакуум-провод
Vakuumlichtgeschwindigkeit *f опт.* скорость (распространения) света в вакууме
Vakuumlumineszenzanzeiger *m* вакуумный люминесцентный индикатор
Vakuummagnetronröhre *f* магнетрон
Vakuummesser *m*, **Vakuummeter** *n* вакуумметр
~, **thermoelektrisches** термоэлектронный вакуумметр
Vakuummonochromator *m* вакуумный монохроматор
Vakuumofen *m* вакуумная печь
Vakuumpermeabilität *f* магнитная проницаемость вакуума
Vakuumprüfer *m*, **Vakuumprüfgerät** *n см.* **Vakuummesser**
Vakuumprüfung *f* проверка (*утечки*) вакуума
Vakuumröhre *f* электровакуумная лампа; электровакуумный прибор
Vakuumsauger *m зап., микр.* вакуумный присос
Vakuumschalter *m* вакуумный выключатель
Vakuumschaltröhre *f* (мощный) вакуумный разрядник
Vakuumschleuse *f* вакуумный шлюз
Vakuumschmelzung *f* вакуумная плавка
Vakuumseite *f* сторона разрежения (*в вакуумных насосах*)
Vakuumsystem *n* вакуумная система
Vakuumteller *m* вакуумный держатель
Vakuumumfassung *f* баллон электровакуумного прибора

Vakuum-UV-Bereichlaser *m* вакуумный лазер, работающий в области ультрафиолета
Vakuumventil *n* вакуумный вентиль
Vakuumverschluß *m* 1. вакуумный затвор 2. вакуумное уплотнение
Vakuumwellenlänge *f* длина волны в вакууме
Vakuumwellenwiderstand *m* волновое сопротивление вакуума
Vakuumzelle *f см.* **Vakuumfotozelle**
Vakuumzerstäubung *f* распыление в вакууме
Valensi-Farbkodierungsdiagramm *n* диаграмма кодирования цветов в системе Валенси
Valensi-Verfahren *n* система (цветного телевидения) Валенси (*Франция*)
Valenz *f* валентность
Valenzbandniveau *n* уровень валентной зоны
Valenzbandoberkante *f* верхняя граница валентных зон
Valenzelektron *n* валентный электрон
valenzgesättigt *фтт* с заполненной валентной зоной
Valenzhalbleiter *m фтт* валентный полупроводник
Valenzschwingung *f* колебания валентных связей
Validierung *f вчт* проверка достоверности; подтверждение правильности; аттестация
Valvo-Dekoder *m* декодер (*системы телетекста*) фирмы Валво (*ФРГ*)
Vanadium *n* ванадий, V
Van-Allen-Gürtel *m*, **Van-Allen-Strahlungsgürtel** *m* радиационный пояс Земли, пояс Ван Аллена
Van-de-Graaff-Generator *m* генератор [ускоритель] Ван-де-Граафа
V-Antenne *f* V-образная антенна
V-Apertur *f* вертикальная апертура, вертикальный размер апертуры
Varaktor *m* варактор
Varaktordiode *f* (параметрический) варакторный диод (*для параметрических СВЧ-усилителей*)
Varaktoroszillator *m* генератор с варакторной подстройкой
Varaktor-Vervielfacher *m* варакторный умножитель
Variabel-μ-Röhre *f* лампа переменной крутизны
Variabilität *f* изменчивость
Variabilitätsbereich *m* область изменения
Variabilitätsindex *m* среднее квадратичное отклонение
Viriable *f* переменная (величина)
~, **Boolesche** булева переменная
~, **logische** логическая переменная
~, **metalinguistische** металингвистическая переменная
~, **negierte** *лог.* переменная с отрицанием ($\bar{x}$)
~, **reelle** вещественная переменная
~, **scheinbare** формальная переменная
~, **standardisierte** нормированная переменная
~, **unnegierte** *лог.* переменная (x)
Variablenbezeichnung *f прогр.* индентификатор переменной
Variablenkombination *f вчт* комбинация переменных (*напр. единиц и нулей*)
Variablenmerkmal *n* 1. *прогр.* идентификатор переменной 2. *мат.* количественный признак

Variablenprüfung *f* проверка данных (*в статистическом контроле качества*)
Variablenstichprobe *f* выборочный контроль по количественным признакам
Variac *m* автотрансформатор
Variante *f* 1. вариант; разновидность 2. *мат.* варианта
Variation *f* вариация; изменение
~, **tägliche** суточное изменение, суточное колебание
Variationsbereich *m* диапазон изменений
Variationsbreite *f* 1. пределы [размах] вариации; пределы изменения 2. пределы отклонения
Variationsverhältnis *n* коэффициент изменения (*напр. частоты*); коэффициент перекрытия (*диапазона частот*)
Variator *m* вариатор
Varicap *n* варикап
varicoil *англ.* феррровариометр
Varikap *n* варикап
Varikond *m* вариконд (*сегнетоэлектрический конденсатор, ёмкость которого нелинейно зависит от приложенного напряжения*)
Variobjektiv *n см.* **Varioobjektiv**
Variode *f* варикап
Variohalterung *f* свободное крепление
Variokoppler *m*, **Variokuppler** *m* вариометр с короткозамкнутым ротором
Variometer *n* вариометр
Varioobjektiv *n* объектив с переменным фокусным расстоянием, вариообъектив
Variooptik *f* оптическая система с переменным фокусным расстоянием
Varistor *m* варистор
~, **regelbarer** управляемый варистор
~, **veränderbarer** [**veränderlicher**] переменный варистор
VA-Signal *n* гасящий импульс полей
Vater *m зап.* первый оригинал
VATE-Technik *f* техника вертикального анизотропного травления
VATE-Verfahren *n* метод вертикального анизотропного травления
V-Austastlücke *f* интервал гашения полевой *или* кадровой развёртки
Vavilov-Čerenkov-Effekt *m* эффект Вавилова—Черенкова
V-Band *n* V-диапазон (46 — 56 ГГц)
VCR-Kassette *f* видеокассета
VCR-longplay *англ.* видеомагнитофон с «долгоиграющими» видеокассетами
VCR-System *n* система записи на видеокассеты
VCR-Technik *f* видеокассетная техника
VDE-Bestimmungen *f* нормы Союза немецких электротехников (*ФРГ*)
V-Demodulator *m* демодулятор сигнала
VDR-Widerstand *m* варистор
Vektor *m* вектор
Vektoraddition *f* сложение векторов
Vektordarstellung *f* векторное представление
Vektordisplay *n* векторный дисплей
Vektoreigenschaft *f зап.* векторное свойство (*намагничивания*)
Vektorenrechner *m* векторный процессор

Vektoroperation f векторная операция, операция над векторами
~, **Poyntingscher** вектор Пойнтинга
Vektorpotential n векторный потенциал
Vektorprozessor m векторный процессор
Vektorschirm m векторный дисплей
Vektorskan-Elektronenstrahlanlage f установка электронно-лучевой литографии с векторным сканированием
Vektorskop n вектороскоп
Vektor-Spalte f вектор-столбец
Vektor-Zeile f вектор-строка
Venn-Diagramm n лог. диаграмма Венна
Ventil n 1. (электронный) вентиль, выпрямитель 2. рег. клапан, вентиль
Ventileffekt m вентильный [выпрямительный] эффект
Ventilkennlinie f характеристика вентиля
Ventilröhre f кенотрон
Ventilschaltung f вентильная [выпрямительная] схема
Ventilspannung f напряжение вентиля
Ventilvoltmeter n вольтметр с выпрямителем, выпрямительный вольтметр
Ventilwirkung f вентильное [выпрямляющее] действие
Ventilzelle f вентильный [выпрямительный] элемент
Venus-Sonde f, **Venus-Station** f косм. автоматическая межпланетная станция для исследования Венеры
veränderlich 1. переменный; непостоянный; изменяемый 2. регулируемый
Veränderliche f см. **Variable**
Veränderlichkeit f мат. переменность
Verankerung f оттяжка (антенны)
Verarbeitung f вчт обработка (данных или информации)
~, **abhängige** неавтономная обработка
~, **abschnittsweise** пакетная обработка
~, **automatische** автоматическая обработка
~, **digitale** цифровая обработка
~, **elektronische** электронная обработка
~, **gleichzeitige** параллельная [совместная] обработка
~ **großer Datenmengen** обработка больших массивов данных
~, **gruppenweise** 1. вчт пакетная обработка 2. микр. групповая обработка
~, **hochrangige** обработка (данных) с высоким приоритетом
~, **mitlaufende** обработка (данных) в реальном масштабе времени
~ **nach Prioritäten** обработка (данных) по их приоритету
~, **nachrangige** обработка (данных) с низким приоритетом
~, **nichtzentrale** распределённая обработка данных
~, **planlose** обработка (данных) с произвольной выборкой
~, **rechnerunabhängige** автономная обработка
~, **schubweise** пакетная обработка
~, **serielle** последовательная обработка
~, **sofortige** обработка (данных) в реальном масштабе времени
~, **starr fortlaufende** обработка (данных) в строгой последовательности
~, **unabhängige** автономная обработка
~, **wahlweise** обработка (данных) с произвольной выборкой
Verarbeitungsalgorithmus m алгоритм обработки
Verarbeitungsdaten f pl обрабатываемые данные
Verarbeitungseinheit f вычислительное устройство, процессор
~, **zentrale** центральный процессор, ЦП
Verarbeitungselement n, **zentrales** 1. центральный обрабатывающий элемент 2. процессорный элемент
Verarbeitungsempfindlichkeit f чувствительность к (многократному) повторному использованию
Verarbeitungsfolge f, **wahlweise** произвольная последовательность обработки (данных)
Verarbeitungsgeschwindigkeit f скорость обработки (данных)
Verarbeitungsleistung f 1. вычислительные возможности 2. производительность обработки (данных); производительность ЭВМ
Verarbeitungsprogramm n обрабатывающая программа, программа обработки
Verarbeitungsrechner m вычислительное устройство, процессор
Verarbeitungssystem n 1. система обработки (данных) 2. информационно-логическая система
~, **verteiltes** система с распределённой обработкой (данных)
Verarbeitungsüberlappung f перекрытие при обработке (данных)
Verarbeitungs- und Steuerelement n однокристальный микропроцессор
Verarbeitungszeit f время обработки (данных)
Verarbeitungszentrale f центральный процессор
Verarmung f пп обеднение; истощение
Verarmungselement n 1. ИС на полевых транзисторах с обеднённым каналом 2. полевой транзистор с обеднённым каналом
Verarmungs-FET m полевой транзистор с обеднённым каналом
Verarmungsgebiet n пп обеднённая область
Verarmungs-MISFET m полевой МДП-транзистор с обеднённым каналом
Verarmungs-MOSFET m полевой МОП-транзистор с обеднённым каналом
Verarmungsrandschicht f обеднённый граничный слой
Verarmungstransistor m транзистор с обеднённым каналом
Verarmungstyp m тип транзистора, работающего в режиме обеднения
Verarmungszone f пп обеднённая зона
Verband m 1. соединение, связь 2. мат. структура
Verbesserungsfaktor m коэффициент улучшения (напр. параметров)
Verbinder m (электрический) соединитель
Verbindung f 1. связь; соединение 2. микр. межсоединение 3. сочленение 4. сращивание (напр. жил кабеля)

~, **aufgedampfte** напылённое (меж)соединение
~, **feste** жёсткое [неразъёмное] соединение
~, **intermetallische** интерметаллическое соединение; интерметаллоид
~, **lösbare** разъёмное соединение
~, **thermoelektrische** спай термопары
~, **troposphärische** тропосферная радиосвязь
Verbindungsabbau *m* разъединение соединения
Verbindungsaufbau *m* установление [осуществление] соединения (*абонентов*); установление связи
~, **gehender** исходящее соединение
~, **kommender** входящее соединение
Verbindungsdose *f* соединительная коробка
Verbindungsdraht *m* перемычка; соединительный провод
Verbindungsebene *f* слой [уровень] межсоединений
Verbindungseinrichtung *f* соединительное устройство, соединитель
Verbindungselement *n* элемент связи
Verbindungsempfänger *m*, **optischer** приёмник системы оптической связи
Verbindungsfeld *n* соединительная панель
Verbindungsgesetz *n* *лог.* сочетательный закон
Verbindungsglied *n* соединительное звено; звено связи
Verbindungshalbleiter *m* сложный полупроводник; полупроводниковое соединение
Verbindungsherstellung *f* *см.* Verbindungsaufbau
Verbindungskanal *m* канал связи
Verbindungsklinke *f* *тлф* гнездо многократного поля
Verbindungslänge *f* *микр.* длина межсоединений
Verbindungsleitung *f* 1. соединительная линия; линия связи 2. *микр.* межсоединение (*в ИС*)
Verbindungsleitungsbetrieb *m* межстанционная связь по соединительным линиям
Verbindungsleitungsbündel *n* *тлф* пучок соединительных линий
Verbindungsleitungsfeld *n* *тлф* панель соединительных линий
Verbindungspfad *m* *микр.* соединительная дорожка
Verbindungsplatz *m* *тлф* Б-место, входящее рабочее место
Verbindungssatellit *m* спутник связи
Verbindungssatellitensystem *n* спутниковая система связи
Verbindungssatz *m* 1. фраза для проверки артикуляции 2. *тлф* соединительный комплект
Verbindungsschaltung *f*, **Verbindungsschema** *n* 1. схема соединений 2. схема связи
Verbindungsschicht *f* слой межсоединений
Verbindungsstift *m* штырёк (электрического) соединителя
Verbindungsstörung *f* нарушение связи
Verbindungsstromkreis *m* цепь соединений
Verbindungsstruktur *f* *микр.* 1. структура межсоединений 2. рисунок печатной платы
Verbindungstafel *f* соединительная панель
Verbindungsübergang *m* сочленение (*волноводов*)
Verbindungsweg *m* канал связи; направление связи
verbleit освинцованный

Verblocken *n*, **Verblockung** *f* блокировка
Verblockungsbefehl *m* команда блокировки
Verblockungskondensator *m* блокировочный конденсатор
Verblockungsschaltung *f* схема блокировки
Verbot *n* *вчт* 1. запрет, запрещение 2. схема запрета
Verbotbefehl *m* команда запрета
Verboteinheit *f* *вчт* блок запрета
verboten запрещённый
Verbotsimpuls *m* импульс запрета
Verbotsleitung *f* шина запрета
Verbotssignal *n* сигнал запрета
Verbotswicklung *f* обмотка запрета
Verbraucher *m* 1. пользователь (*напр. ЭВМ*) 2. потребитель (*напр. электроэнергии*) 3. нагрузка
~, **kapazitiver** ёмкостная нагрузка
~, **ohmscher** омическая [активная] нагрузка
Verbraucherende *n* потребляющая сторона; потребитель
Verbraucher(strom)kreis *m* цепь нагрузки
Verbraucherwiderstand *m* нагрузочное сопротивление
Verbrauchskurve *f* график потребления; график нагрузки
Verbreiterung *f* 1. распространение (*напр. радиоволн*) 2. уширение (*импульса*) 3. зап. заплывание (*напр. фотографической сигналограммы*)
~, **fotografische** заплывание фотографической сигналограммы
~ **der Spektrallinie** уширение спектральной линии
Verbund *m* 1. связь; сопряжение 2. *прогр.* составной оператор 3. смесь; соединение
Verbundamt *n* *тлф* соединительная [узловая] станция
Verbundanweisung *f* *прогр.* составной оператор
Verbundbauweise *f* конструкция слоистого типа, конструкция типа «сэндвич»
Verbundelektronenröhre *f* комбинированная электронная лампа
Verbundentropie *f* общая энтропия
Verbundfedersatz *m* комбинированная контактная группа (*реле*)
Verbundhalbleiter *m* сложный полупроводник (*напр. $A^{III}B^V$*)
Verbundmagnetkopf *m* комбинированная магнитная головка
Verbundmittelwert *m* среднее значение коррелированных величин
Verbundmodulation *f* многократная модуляция
Verbundnetz *n* объединённая (телефонная) сеть
Verbundregelung *f* комбинированная регулировка
Verbundschluß *m* *прогр.* конец составного оператора
Verbundschwinger *m* составной излучатель
Verbundsignal *n* сложный сигнал
Verbundtransistor *m* составной транзистор
Verbundwahrscheinlichkeit *f* *мат.* совместная вероятность
verdampfen 1. испарять 2. напылять
Verdampfer *m* 1. испаритель 2. напылитель
Verdampferwendel *f* спираль испарения

Verdampfung f 1. испарение 2. напыление
~ **durch Elektronenstrahl** 1. испарение с помощью электронного луча 2. электронно-лучевое напыление
~ **durch Laserstrahl** испарение лазерным лучом
~, **explosive** взрывное испарение
Verdampfungsgetter m испаряющийся геттер
Verdampfungsgut n 1. испаряемый материал 2. напыляемый материал
Verdampfungsheizfaden m 1. нить нагрева испарителя 2. нитевидный испаритель
Verdampfungsmaske f трафарет для напыления
Verdampfungsschiffchen n лодочка для испарения
Verdampfungstemperatur f 1. температура испарения 2. температура напыления
Verdeckungseffekt m эффект маскирования (*напр. при воспроизведении записи*)
Verdet-Konstante f постоянная Верде
Verdichtung f 1. уплотнение, герметизация 2. сжатие 3. *вчт* уплотнение, упаковка (*информации*) 4. скопление, сгусток
Verdichtungsfaktor m коэффициент сжатия (*информации*)
Verdichtungsmittel n уплотняющий материал; герметизирующий компаунд
Verdichtungsprogramm n *вчт* программа уплотнения
Verdoppler m 1. удвоитель 2. дублирующее [множительное, копирующее] устройство
Verdopplerstufe f каскад удвоителя; каскад удвоения
Verdopplung f 1. удвоение 2. дублирование
~ **der Baueinheiten** резервирование элементов
Verdopplungsschaltung f схема удвоения
verdrahten 1. монтировать (*схему*) 2. набирать (*программу*)
verdrahtet жёстко закоммутированный (*о программе*)
Verdrahtung f 1. монтаж; проводка 2. *микр.* разводка 3. *микр.* межсоединение
~, **feste** 1. жёсткая [фиксированная] разводка 2. жёсткое [фиксированное] межсоединение
~, **flexible** гибкий монтаж
~, **fliegende** монтаж навесными проводниками
~, **gedruckte** печатный монтаж
~, **vergrabene** скрытый монтаж; скрытая проводка
Verdrahtungsdichte f плотность монтажа, плотность (размещения) соединений
Verdrahtungsebene f плоскость монтажа, плоскость трассировки
Verdrahtungsfeld n монтажное поле
Verdrahtungskapazität f ёмкость монтажа; ёмкость соединительных проводов, ёмкость схемы
Verdrahtungsliste f таблица соединений
Verdrahtungsplan m см. **Verdrahtungsschaltbild**
Verdrahtungsplatte f монтажная плата; монтажная панель
verdrahtungsprogrammierbar, **verdrahtungsprogrammiert** жёстко запрограммированный
Verdrahtungsprüfautomat m автомат для проверки монтажа
Verdrahtungsrahmen m объединительная монтажная панель; объединительная печатная плата

Verdrahtungsschaltbild n, **Verdrahtungsschema** n (электро)монтажная схема; схема соединений
Verdrahtungsschicht f *микр.* слой соединений, слой разводки
Verdrahtungsseite f сторона монтажа (*печатной платы*)
Verdrahtungsunterlage f (электро)монтажная схема; схема соединений
Verdrängung f 1. вытеснение; замещение 2. *тлв* вытеснение (одного изображения другим), шторка
Verdrängungsstrom m ток смещения
Verdrehung f *тлв* свёртывание растра
Verdreifachung f утроение
Verdrillung f свивание, скручивание, скрутка (*проводов*)
Verdrosselung f дросселирование
Verdunkelung f 1. затемнение (*света*) 2. гашение (экрана ЭЛТ)
Verdunkelungsimpulsgenerator m генератор гасящих импульсов
Verdünnung f 1. разрежение 2. разбавление
Verdünnungsfaktor m *кв. эл.* коэффициент разбавления
Verdünnungsmittel n *микр.* разжижитель, разбавляющий раствор
Verdüppelung f *рлк* пассивные помехи (*металлизированными лентами*)
Veredlungsschicht f облагороженный (*покрытый драгметаллами*) слой
Vereinbarkeit f совместимость
Vereinbarung f 1. описание; спецификация 2. *мат.* соглашение
vereinheitlichen нормализовать; унифицировать; стандартизировать
Vereinigung f 1. соединение 2. *мат.* объединение 3. ассоциация
~ **der Strahlen** синтез (световых) лучей
Vereinigungsstelle f место соединения
Vereinzelungsstation f 1. механизм разделения документов 2. *микр.* установка для разделения полупроводниковых пластин
verfahrbar передвижной, нестационарный
Verfahren n 1. метод, способ; процесс 2. приём 3. *вчт* процедура
~, **abgeglichenes** компенсационный метод
~, **additives** аддитивный метод
~, **berührungsloses** бесконтактный способ
~, **digitales** цифровой метод
~, **duales** двоичный метод
~ **der Einschwingcharakteristik** метод переходных характеристик
~, **elektronenmikroskopisches** (фото)съёмка с применением электронного микроскопа
~, **fehlerkorrigierendes** метод исправления ошибок
~ **der gleichen Ausschläge** *изм.* метод равных отклонений стрелки (*прибора*)
~, **heuristisches** эвристический метод
~, **hybrides** *микр.* гибридная технология
~, **iteratives** итерационный метод
~ **der Laufzeithyperbeln** метод гипербол времени распространения
~ **mit Frequenzdurchlauf** метод качания частоты

~ **mit Güterparametern** качественный метод
~ **nach Karnaugh** *лог.* метод Карно
~, **nachteffektfreies** метод (*радионавигации*), свободный от ошибок ночного эффекта
~, **numerisches** численный метод
~, **sinnbildliches** 1. символический метод 2. *мат.* операторный метод
~, **subtraktives** субтрактивный метод
~ **der Zeitreihenprognose** метод прогноза на интервалах времени
Verfahrensfehler *m* погрешность метода
Verfahrensregelsystem *n* система управления (производственным) процессом
Verfahrensregelung *f* управление (производственным) процессом
Verfahrensregler *m*, **programmierter** устройство программного управления (производственным) процессом
Verfahrenssprache *f* язык управления процессом; алгоритмический язык
Verfahrensstammbaum *m* схема (последовательности) хода процесса
Verfahrenstechnik *f* технология (производственных процессов); метод (технологической) обработки
Verfalldatum *n вчт* дата «чистки», дата истечения срока хранения (*напр. файла в базе данных*)
Verfälschung *f* искажение (*напр. изображения*)
Verfärbung *f* окрашивание; окраска
~, **additive** 1. *кв. эл.* аддитивное окрашивание 2. *млв* аддитивный метод получения цветов
~, **subtraktive** 1. *кв. эл.* субтрактивное окрашивание 2. *млв* субтрактивный метод получения цветов
Verfärbungszentrum *n* 1. *кв. эл.* центр окраски 2. *млв* цветовой центр
Verfestigung *f* затвердевание; отверждение
Verfilmung *f* образование плёнки
Verflachung *f* 1. сглаживание; выравнивание 2. уменьшение контраста (*изображения*) 3. уплощение (*напр. вершины импульса*)
Verflechtungsmodell *n* (математическая) модель (технико-экономических) межотраслевых связей
Verfolgelenkung *f* управление курсом преследования
Verfolgung *f* 1. слежение; сопровождение 2. преследование
Verfolgungsgenauigkeit *f* точность сопровождения
Verfolgungsgerät *n* следящее устройство
Verfolgungskurve *f* кривая преследования
Verfolgungsradar *n* РЛС сопровождения цели
Verfolgungsstationnetz *n* сеть станций слежения
Verfolgungssystem *n* 1. *рлк* система сопровождения (*цели*) 2. *рег.* следящая система
Verformbarkeit *f* деформируемость
Verformung *f* деформация
Verformungsbild *n* *гол.* рельефное изображение
Verformungskörper *m* тело магнитострикционного преобразователя
Verformungswiderstand *m* сопротивление деформации
Verfügbarkeit *f* *над.* готовность (*аппаратуры*)

Verfügbarkeitsanzeiger *m* индикатор готовности
Verfügbarkeitsgrad *m* коэффициент готовности
Verfügungsfrequenz *f* выделенная [разрешённая, назначенная] частота
Vergießen *n* герметизация; заливка (*напр. компаундом*)
Vergiftung *f* 1. отравление, загрязнение (*катода*) 2. заражение (*напр. радиоактивными отходами*)
Verglasung *f* стеклование
Vergleich *m* 1. сравнение 2. сопоставление
Vergleicher *m* компаратор, сравнивающее устройство
Vergleicherselektor *m* логический селектор
Vergleichsband *n* эталонная (магнитная) лента
Vergleichsbild *n млв* эталонное изображение
Vergleichsbrücke *f* (измерительный) мост-компаратор
Vergleichseinrichtung *f см.* **Vergleicher**
Vergleichselement *n* сравнивающий элемент, элемент сравнения
Vergleichsempfänger *m* эталонный приёмник
Vergleichsfrequenz *f* опорная частота
Vergleichsfunktion *f* функция сравнения
Vergleichsgerät *n см.* **Vergleicher**
Vergleichsglied *n* сравнивающее звено; сравнивающий элемент
Vergleichsgröße *f* опорная величина
Vergleichsimpuls *m* опорный импульс
Vergleichskondensator *m* 1. эталонный конденсатор 2. уравнительный конденсатор
Vergleichslauf *m* контрольный прогон (*напр. программы*)
Vergleichsleitung *f* эталонная линия; эталонная цепь
Vergleichsmeßgerät *n* прибор для измерений методом сравнения
Vergleichsnormal *n* эталон
Vergleichsoperator *m* 1. операция сравнения 2. оператор сравнения
Vergleichspegel *m* опорный уровень
Vergleichspeilung *f* пеленгование методом равносигнальной зоны
Vergleichspotentiometer *n* дифференциальный потенциометр
Vergleichsprüfungen *f pl* сравнительные испытания
Vergleichspunkt *m* опорная *или* контрольная точка
Vergleichsquelle *f* источник опорной величины
Vergleichsrelais *n* дифференциальное реле
Vergleichssatz *m* 1. *мат.* теорема сравнения 2. *вчт* блок сравнения
Vergleichsschaltung *f* 1. схема сравнения 2. компаратор
Vergleichsschwarzpegel *m млв* опорный уровень чёрного
Vergleichssignal *n* опорный сигнал
Vergleichsspannung *f* опорное напряжение
Vergleichsspannungsröhre *f* опорный стабилизатор напряжения
Vergleichsspeicherstelle *f* контрольный разряд памяти
Vergleichsstelle *f* 1. *рег.* место сравнения 2. *изм.* холодный спай (*термопары*)

Vergleichsstrahler *m* эталонный излучатель
Vergleichsstrahlung *f гол.* 1. опорное излучение, излучение опорной волны 2. излучение сравнения
Vergleichsstrahlungsfeld *n* 1. поле опорного излучения 2. поле сравнения
Vergleichsstreifen *m* контрольная лента
Vergleichstest *m* 1. контрольный тест 2. оценочные испытания 3. аттестационные испытания (*изделия*)
Vergleichsthermoelement *n* 1. компенсационная термопара 2. термопара сравнения
Vergleichsweißpegel *m тлв* опорный уровень белого
Vergleichswert *m* опорное значение
Vergleichswiderstand *m* эталонное сопротивление
Vergleichszeichen *n* сигнал сравнения
Vergleichszelle *f* сравнивающая ячейка, сравнивающий элемент
Vergleichung *f* 1. сравнение 2. *тлв* повторение передачи
Vergleichungs... *см.* **Vergleichs...**
vergossen герметизированный; залитый (*напр. компаундом*)
vergraben скрытый; углублённый
vergröbern загрублять (*напр. настройку*)
Vergrößerung *f* 1. увеличение 2. усиление
~ **des Bündelquerschnittes** увеличение поперечного сечения пучка; расширение пучка
~, **elektrooptische** электронно-оптическое увеличение
Vergrößerungsfaktor *m* 1. коэффициент увеличения 2. *изм.* множитель шкалы, коэффициент расширения (*пределов измерения*)
Vergrößerungsfehler *m* ошибка масштабирования; *микр.* ошибка (пропорционального) увеличения размеров (*напр. элементов*)
Verguß *m* заливка
Vergußmasse *f* заливочный компаунд
Vergütung *f* допуск
verhallen замирать, затухать (*о звуке*)
Verhallung *f* реверберация, искусственное эхо
~, **elektronische** электронная реверберация
Verhalten *n* 1. режим (*работы*) 2. поведение (*напр. системы*) 3. свойства; характеристика
~, **abweichendes** аномальное поведение
~, **asymptotisches** 1. асимптотическое поведение 2. асимптотическая характеристика
~ **bei harmonischem Eingriff** реакция на гармоническое воздействие
~, **bistabiles** бистабильная характеристика
~, **deterministisches** детерминированное поведение
~, **dynamisches** 1. динамический режим 2. динамическая характеристика
~, **entartetes** аномальное поведение
~, **lineares** линейная характеристика
~, **nichtstationäres** переходный режим
~, **spannungssteuerndes** характеристика с регулированием по напряжению
~, **stationäres** характеристика установившегося режима
~, **statisches** 1. статический режим 2. статическая характеристика

~, **stromsteuerndes** характеристика с регулированием по току
~, **zeitliches** 1. поведение во времени 2. временна́я характеристика
Verhaltensmodell *n* поведенческая модель
Verhaltensmodellierung *f* поведенческое моделирование
Verhaltensstrategie *f лог.* стратегия поведения
Verhältnis *n* (со)отношение
Verhältnisarm *m* плечо моста отношений
Verhältnisbildner *m* блок формирования отношения (*двух величин*)
Verhältnisdetektor *m*, **Verhältnisdiskriminator** *m* детектор отношений, дробный детектор
Verhältniseinstellung *f* установка соотношения (*напр. уровней*)
Verhältnisgenauigkeit *f* точность установки соотношения (*напр. плеч моста*)
Verhältnisgleichrichter *m см.* **Verhältnisdetektor**
Verhältniskode *m* код с фиксированным кодовым расстоянием (*для обнаружения ошибок*)
Verhältnislautstärke *f* относительная громкость
Verhältnismesser *m*, **Verhältnismeßgerät** *n* логометр
Verhältnisregler *m* регулятор соотношения
Verhältnis-Stabilisierungs-Kontrollsystem *n* система контроля ориентации (*космического корабля*)
Verhältnissteuerung *f* регулирование соотношения
Verhältniswiderstand *m* сопротивление плеча моста отношений
Verhältniszweig *m* плечо моста отношений
Verhinderungsleitung *f вчт* шина запрета
Verhinderungsschaltung *f* 1. *вчт* схема запрета 2. схема блокировки *или* защиты
Verhinderungsstrom *m вчт* ток запрета
Verifikation *f см.* **Verifizierung**
Verifiziergerät *n* 1. *изм.* контрольный прибор 2. прибор опознавания
Verifizierung *f* 1. *изм.* контроль; проверка, верификация 2. опознавание
Verjüngung *f* 1. сужение 2. плавный (волноводный) переход 3. обновление
Verkabelung *f* прокладка кабельной сети; монтаж кабельной проводки
Verkantung *f* 1. сваливание, перекос (*напр. телевизионной камеры*) 2. перекос (*киноплёнки в фильмовом канале*)
Verkappen *n*, **Verkappung** *f* 1. герметизация 2. корпусирование
Verkappungsmaterial *n* герметизирующий материал, герметик
Verkappungsschicht *f* верхний защитный слой; герметизирующий слой
Verkapseln *n*, **Verkapselung** *f* 1. герметизация 2. корпусирование; капсюлирование
Verkapselungswerkstoff *m* герметизирующий материал, герметик
Verkehr *m* 1. связь; коммуникация 2. трафик, обмен; рабочая нагрузка (*канала связи*) 3. поток информационного обмена 4. движение (*напр. воздушное*)
~, **doppeltgerichteter [doppeltseitiger]** 1. двухсторонняя связь 2. двухсторонний обмен

~, **einseitiger** односторонняя связь
~, **gerichteter** направленная связь
~, **wechselseitiger** *см.* **Verkehr, doppeltgerichteter**
Verkehrsabkürzungen *f pl* (кодовые) сокращения, принятые в (радио)связи
Verkehrsabwicklung *f* поток информационного обмена
Verkehrsausscheidungszahl *f* международный индекс телефонной сети
Verkehrsdetektor *m* детектор транспорта, ДТ
Verkehrsdichte *f* 1. плотность обмена; телефонная нагрузка 2. интенсивность движения (*напр. воздушного*)
Verkehrsempfänger *m* связной приёмник
Verkehrsfluß *m* поток информационного обмена
Verkehrsfrequenz *f* частота связи
Verkehrsfunk *m* 1. средства радиосвязи 2. радиосвязь между подвижными объектами
Verkehrsfunksender *m* радиопередатчик (системы) управления (дорожным) движением
Verkehrsfunksystem *n* система радиосвязи
Verkehrsfunktechnik *f* техника радиосвязи
Verkehrsgröße *f*, **Verkehrsintensität** *f см.* **Verkehrsdichte**
Verkehrskontrollausrüstung *f* аппаратура для управления движением (*напр. воздушным*)
Verkehrskontrolle *f*, **Verkehrsleitung** *f* управление движением (*напр. дорожным*)
Verkehrsmenge *f* 1. объём обмена информацией 2. *тлф* исполненная нагрузка
Verkehrsmessung *f* измерение телефонной нагрузки
Verkehrsmondstation *f* связная станция на Луне
Verkehrsradar *n* 1. РЛС управления воздушным движением 2. радиолокатор контроля скорости автотранспорта
Verkehrsrechner *m* вычислительное устройство управления движением
Verkehrsreichweite *f* дальность связи
Verkehrsschreiber *m тлф* счётчик состоявшихся переговоров
Verkehrssender *m* связной передатчик
Verkehrssignalanlage *f* устройство управления (дорожным) движением
Verkehrsspitze *f* пик обмена; пик нагрузки, час наибольшей нагрузки, ЧНН
Verkehrsstärke *f см.* **Verkehrsdichte**
Verkehrssteuerung *f* управление движением
Verkehrsstockung *f*, **Verkehrsstörung** *f* 1. перерыв связи 2. нарушение обмена
Verkehrssystem *n* 1. система связи 2. система управления движением
Verkehrstheorie *f* теория телефонных и телеграфных сообщений; теория связи
Verkehrsüberwachung *f* 1. контроль обмена 2. контроль движения
Verkehrsumfang *m* 1. плотность обмена 2. интенсивность движения
Verkehrsverbindung *f* (телефонная) связь
Verkehrsweg *m* направление обмена
Verkehrswelle *f* длина волны линии (радио)связи
Verkehrswert *m* единица (телефонной) нагрузки
Verkehrswesen *n* связь
Verkehrszufluß *m* увеличение обмена *или* нагрузки

Verkettung *f* 1. связь; сопряжение 2. *микр.* межсоединение 3. *вчт* формирование цепочки (команд)
Verkettungsfaktor *m* коэффициент связи; коэффициент сопряжённости (*напр. фаз*)
Verkettungsstruktur *f* цепная структура
Verkettungszuordnung *f* динамическое распределение памяти
Verkippung *f* опрокидывание
Verkleben *n* залипание (*контактов*)
Verkleidung *f* 1. оболочка; обшивка 2. корпус; кожух
~, **akustische** звукопоглощающая обшивка (*стен*)
Verkleinerung *f* уменьшение; сокращение; миниатюризация
~, **extreme** микроминиатюризация
Verknüpfung *f* 1. связь; соединение; согласование; сопряжение 2. *мат.* композиция 3. отношение; операция
~, **logische** 1. логическая связь 2. логическая операция 3. логическая схема
Verknüpfungselement *n* 1. элемент связи 2. логический элемент 3. схемный модуль
Verknüpfungsfrequenz *f* сопряжённая частота
Verknüpfungsgatter *n* логический вентиль
Verknüpfungsglied *n* 1. звено связи 2. логический элемент, ЛЭ 3. схема согласования, преобразователь уровней
Verknüpfungskapazität *f* связность (*системы*)
Verknüpfungslogik *f* комбинаторная логика
Verknüpfungsoperation *f* логическая операция
Verknüpfungsprogramm *n* компонующая программа, ассемблер
Verknüpfungsschalter *m* логический переключатель
Verknüpfungsschaltung *f* логическая схема; комбинационная схема
Verknüpfungssymbol *n* логический символ
Verknüpfungstafel *f* таблица истинности
Verknüpfungswinkel *m* угол сопряжения (*напр. волноводов*)
Verknüpfungszeichen *n*, **logisches** знак логических связей
verkoppeln 1. связывать; соединять 2. *косм.* стыковать
Verkopplung *f* 1. (межкаскадная) связь; соединение 2. осуществление связи 3. *косм.* стыковка
Verkopplungssystem *n* система сопряжения
Verkopplungswirkungsgrad *m* эффективность связи
Verkürzungsfaktor *m* 1. коэффициент укорачивания (*антенны*) 2. отношение скорости распространения электромагнитных колебаний в среде к их скорости в вакууме
Verlagerung *f* 1. смещение, сдвиг 2. перемещение, перенос (*напр. программы*) 3. перераспределение (*напр. данных*)
~ **des Mittelpunktes** смещение центра (*радиолокационной развёртки*)
Verlagerungsaufnehmer *m* датчик перемещения
Verlagerungsspannung *f* 1. сдвигающее напряжение 2. центрирующее напряжение (*в ЭЛТ*)
Verlängerungskapazität *f* удлиняющая (антенная) ёмкость

Verlängerungsleitung f удлинительная линия; удлинитель
Verlängerungsspule f 1. *ант.* удлинительная катушка 2. пупиновская катушка
Verlängerungsstange f *ант.* удлинительный стержень
Verlängerungszeichen n *вчт* знак заполнения
Verlangsamung f 1. замедление 2. задержка; запаздывание по фазе
Verlangsamungselektrode f тормозящий электрод
Verläßlichkeit f надёжность
Verläßlichkeitsgrad m коэффициент надёжности; коэффициент готовности
Verlauf m 1. ход, протекание (*процесса*); процесс 2. режим 3. вид, форма (*кривой*) 4. характеристика
~, **mutmaßlicher** предположительный ход (*функции*)
~ **des Potentials** распределение потенциала
~, **sägezahnförmiger** кривая пилообразной формы
~ **der Spannungen** эпюра [диаграмма] напряжений
~, **spektraler** спектральная характеристика
~ **der Sprungkennlinie** форма переходной характеристики
~, **zeitlicher** 1. протекание (*процесса*) во времени 2. временная зависимость
Verlegeklinke f *тлф* переходное гнездо
Verlegen n, **Verlegung** f прокладка (*напр. проводов*)
Verlesemaschine f сортировочная [сортировальная] машина
verlöten запаивать
Verlötung f запайка
Verlust m 1. потеря; потери 2. утечка; рассеяние 3. *над.* отказ
~ **der Verbindung** потеря связи
Verlustanteile m pl составляющие потерь
verlustarm с малыми потерями
verlustbehaftet с потерями
Verlustbeiwert m *см.* **Verlustfaktor**
Verlustdämpfung f потери на затухание
Verluste m pl потери
~, **dielektrische** диэлектрические потери
~, **magnetische** потери на магнитный гистерезис, потери на перемагничивание
~, **ohmsche** активные [омические] потери
Verlustenergie f энергия [мощность] потерь
Verlustfaktor m 1. коэффициент потерь 2. тангенс угла потерь
~, **dielektrischer** тангенс угла диэлектрических потерь
verlustfrei без потерь
Verlustfreiheit f отсутствие потерь
Verlustkonstante f 1. коэффициент потерь 2. постоянная затухания
Verlustleistung f мощность потерь; рассеиваемая мощность
Verlustleistungsdichte f плотность рассеиваемой мощности
Verlustleistungshyperbel f гипербола [гиперболическая кривая] рассеиваемой мощности
Verlustleistungstemperaturbilanz f температурное равновесие (*напр. работы транзистора*) при данной величине рассеиваемой мощности
verlustlos без потерь
Verlustmeldung f *над.* сигнал отказа
Verlustprozeß m отказ выполнения заявки (*в системе обслуживания*)
Verlustquelle f источник потерь
Verlustrate f *над.* частота отказов
Verlustreaktanz f реактивное сопротивление утечки
verlustreich с большими потерями
Verluststrahlung f побочное [паразитное] излучение
Verluststrom m ток утечки
Verlustsystem n система (массового) обслуживания, при которой исключается образование очередей
Verlustverhältnis n *см.* **Verlustfaktor**
Verlustwahrscheinlichkeit f, **zulässige** допустимая вероятность потерь
Verlustwiderstand m сопротивление потерь
Verlustwinkel m угол потерь
Verlustzeit f неэффективно используемое время (*напр. на установление связи*)
Verlustziffer f 1. коэффициент потерь 2. *тлф* вероятность потерь
Vermarkung f 1. маркировка 2. (радиомаячная) сигнализация
vermascht 1. взаимосвязанный; многоконтурный 2. разветвлённый
Vermaschung f 1. соединение линий связи в сети 2. объединение (*контуров, цепей*) 3. *над.* функциональная взаимозаменяемость
Vermehrung f 1. умножение 2. размножение
Vermessungsempfänger m 1. приёмник телеметрической системы 2. приёмник для контроля траектории полёта
Vermessungsfehler m погрешность измерения
Vermessungssender m 1. передатчик телеметрической'системы 2. передатчик эталонных частот
Verminderung f уменьшение; сокращение; спад
Vermischung f 1. смешение 2. микширование 3. перемешивание (*метод маскирования ошибок*)
Vermitteln n 1. соединение; коммутация 2. *тлф* обмен
Vermittler m, **Vermittlerpult** n коммутатор
Vermittlung f 1. соединение; коммутация 2. *тлф* обмен
~, **handbediente** ручная коммутация
Vermittlungsamt n 1. автоматическая телефонная станция, АТС 2. узловая коммутационная станция; узловая распределительная станция
~, **automatisches** автоматическая телефонная станция, АТС
Vermittlungsanlage f коммутационная установка
Vermittlungsdienstleistung f система электронной почты
Vermittlungselement n коммутационный элемент
Vermittlungsfeld n коммутационное поле
Vermittlungsfunkstelle f радиорелейная станция
Vermittlungsfunktion f переключательная функция
Vermittlungsgerät n коммутационный прибор
Vermittlungsgruppe f коммутационная группа

Vermittlungsklinke f соединительное [коммутационное] гнездо
Vermittlungsknoten m узловая коммутационная станция
Vermittlungsnetz n 1. *тлф* сеть связи 2. коммутируемая сеть
Vermittlungsplatz m рабочее место (*телефонистки*)
Vermittlungsraum m *тлф* аппаратный *или* коммутаторный зал
Vermittlungsrechner m электронная управляющая машина [ЭУМ] коммутационной техники связи, коммутационная ВМ
Vermittlungsschaltung f коммутационная схема
Vermittlungsschrank m коммутатор
Vermittlungsstelle f 1. коммутационный узел (*сети связи*) 2. *тлф* точка коммутации
Vermittlungsstufe f *тлф* коммутационная ступень
Vermittlungssystem n 1. система распределения 2. *свз* система соединения 3. система коммутации
Vermittlungstechnik f 1. техника связи 2. коммутационная техника
Vermittlungsvorgang m процесс соединения *или* коммутации
Vermittlungswählersaal m аппаратный *или* коммутаторный зал АТС
Vermittlungszentrale f центральная телефонная станция
Vernehmbarkeit f слышимость; различимость; внятность
Verneinung f *лог.* отрицание
Verneinungsglied n *лог.* элемент отрицания, элемент НЕ
Verneinungsoperation f *лог.* операция НЕ
Vernetzung f 1. пересечение; перекрещивание 2. перекрёстная связь
Verneuil-Verfahren n *крист.* метод Вернейля, метод кристаллизации в пламени
Vernichtung f 1. *яд. физ.* аннигиляция 2. *вчт* разрушение (*информации*)
Vernichtungsoperator m *фтт, яд. физ.* оператор аннигиляции
Vernichtungsspektrum n *яд. физ.* спектр аннигиляционного излучения
Vernier m верньер
Vernier-Rakete f ракета системы ориентации; верньерный двигатель
Verpackung f упаковка (*компонентов, данных*), компоновка; монтаж
~, **Dual-in-Line** плоский корпус с двухрядным расположением выводов, DIP-корпус
Verpolung f переполюсовка
verrauscht с шумами, зашумлённый (*напр. о канале*)
Verriegelung f 1. блокировка 2. *вчт* запрет
Verriegelungskreis m цепь блокировки
Verriegelungsschaltung f схема блокировки
Verriegelungsspannung f запирающее напряжение; напряжение блокировки
Verriegelungssystem n система блокировки
Verriegelungswicklung f удерживающая обмотка
Verringerung f уменьшение; спад

Verrundungsradius m *зап.* радиус закругления (*дна канавки, иглы*)
Versagen n отказ (*в работе*), выход из строя; сбой (*напр. ВМ*)
~, **programmbedingtes** ошибка, обусловленная программой
~, **zeitweises** отказ, зависящий от времени
Versatz m 1. смещение; сдвиг 2. девиация (*частоты*) 3. *тлв* дополнительный офсет
Versatzbetrieb m работа в одном канале двух передатчиков со смещёнными несущими
Versatzcharakteristik f характеристика направленности групповой антенны со сдвинутым питанием
Versatzfrequenz f смещённая (*от номинала*) частота
Verschachtelung f 1. перемежение; уплотнение; объединение; чередование 2. *мат., вчт* вложение 3. *вчт* вложенность (*напр. блоков*)
~ **von Digitalsignalen** перемежение цифровых сигналов
~ **von Digitalzeichen** поразрядное уплотнение
~ **von Kodewörtern** перемежение по кодовым словам, перемежение по кодовым комбинациям
Verschachtelungsebene f *вчт* уровень вложенности
Verschachtelungsschleifen f pl *вчт* вложенные циклы
Verschaltung f 1. неправильное соединение; неправильное включение 2. монтаж схемы
Verschiebe... *см. тж* **Verschiebungs...**
Verschiebebefehl m *вчт* команда сдвига
Verschiebeeinrichtung f *см.* **Verschieber**
Verschiebefehler m *тлв* нарушение синхронизации
Verschiebeinstruktion f *вчт* команда сдвига
Verschiebematrix f матрица сдвига
verschieben смещать; сдвигать; перемещать
Verschiebeoperation f *вчт* операция сдвига
Verschiebeprinzip n принцип смещения (*средней линии записи при понижении шума*)
Verschieber m 1. сдвигающее устройство 2. *см.* **Verschieberegister** 3. фазовращатель
Verschieberegister n сдвиговый регистр
~, **einreihiges** однорядный сдвиговый регистр
~, **magnetisches** магнитный сдвиговый регистр, магнитный регистр со сдвигами
~, **zweireihiges** двухрядный сдвиговый регистр
Verschiebereintonverfahren n способ понижения шума (*поперечной фонограммы*) смещением средней линии записи
Verschiebespeicher m ЗУ магазинного типа; память магазинного типа
Verschiebezahl f величина сдвига
Verschiebung f 1. смещение; перемещение; сдвиг 2. *вчт* сдвиг 3. *мат.* трансляция, сдвиг 4. *пп* дислокация
~, **arithmetische** арифметический сдвиг
~, **automatische** автоматическое смещение
~ **der Bahn, örtliche** 1. *зап.* местный сдвиг дорожки 2. смещение орбиты в пространстве
~, **elektrische** электрическое смещение
~, **horizontale** смещение (*изображения*) по горизонтали

~, **lineare** линейное перемещение
~, **logische** *вчт* логический сдвиг
~, **magnetische** магнитная индукция
~ **der Moden** изменение моды
~, **nacheilende** смещение в сторону отставания
~, **parallaktische** параллактическое смещение, параллакс
~, **virtuelle** виртуальное смещение
~, **voreilende** смещение в сторону опережения
~, **zeitliche** сдвиг во времени
~, **zyklische** *вчт* циклический сдвиг
90°-Verschiebung *f* сдвиг (по фазе) на 90°
Verschiebungs... *см. тж* **Verschiebe...**
Verschiebungsadresse *f* адрес смещения *или* перемещения
Verschiebungsdichte *f* 1. плотность дислокаций 2. плотность потока смещения
Verschiebungseinstellung *f* *вчт* установка сдвига
Verschiebungselektrode *f* электрод переноса, передающий затвор (*ПЗС*)
Verschiebungsfaktor *m* 1. *вчт* число сдвигов (*в операции сдвига*) 2. коэффициент мощности, cos φ 3. фазовая постоянная
Verschiebungsfeld *n* поле смещения, смещающее поле
Verschiebungsfluß *m* поток смещения
Verschiebungsflußdichte *f* плотность потока смещения
Verschiebungsimpuls *m* 1. *вчт* импульс сдвига 2. *рлк* сдвинутый импульс
Verschiebungsimpulsgeber *m* датчик импульсов сдвига
Verschiebungskode *m* перестановочный код
Verschiebungskonstante *f* диэлектрическая проницаемость вакуума
Verschiebungsparameter *m* параметр смещения
Verschiebungspolarisation *f* поляризация смещения
Verschiebungsprogramm *n* перемещаемая (*в памяти*) программа
Verschiebungsregelung *f* регулировка смещения *или* сдвига
Verschiebungsrichtung *f* 1. направление смещения *или* сдвига 2. *пп* направление дислокации
Verschiebungssatz *m* 1. *мат.* теорема смещения 2. *мат.* преобразование Лапласа 3. закон смещения Вина
Verschiebungsspannung *f* напряжение смещения
Verschiebungsstrom *m*, **vagabundierender** блуждающий ток смещения
Verschiebungstransformator *m* (фазо)сдвигающий трансформатор
Verschiebungsvektor *m* вектор смещения
Verschiebungswandler *m* (измерительный) преобразователь перемещения
Verschiebungsweiche *f* сдвигающее устройство
Verschiebungswinkel *m* угол сдвига (*фаз*)
Verschiedenheit *f* 1. неоднородность 2. различие, разнородность 3. *киб.* разновременность
~, **stoffliche** неоднородность вещества *или* материала
Verschiedenheitsfaktor *m* *киб.* коэффициент разновременности
Verschlackung *f* шлакование (*напр. контактов*)

Verschlechterung *f* 1. ухудшение 2. старение (*напр. системы*)
Verschleierung *f* 1. вуаль (*на телевизионном изображении*) 2. маскировка
~ **des Bildes** размытие изображения
Verschleierungsdichte *f* плотность вуали (*на изображении*)
Verschleifen *n* 1. «хвост» импульса 2. *тлв* тянущееся продолжение, *проф.* тянучка
Verschleifungsfehler *m* ошибка округления; погрешность округления
Verschleiß *m* износ
Verschleißausfall *m* отказ за счёт износа
Verschleißfestigkeit *f* износоустойчивость
Verschleißteil *m* запасный узел; запасный блок
Verschleppung *f* затягивание
Verschließen *n* герметизация; уплотнение; установка (*напр. микросхемы*) в корпус
Verschließprozeß *m* процесс герметизации
Verschluß *m* 1. затвор 2. вентиль 3. уплотнение 4. замыкание; блокировка
~, **bedingter** условное [обусловленное] замыкание
~, **elektromagnetischer** электромагнитный затвор
~, **elektronenoptischer [elektrooptischer]** электронно-оптический затвор
~, **hermetischer [luftdichter]** герметичное уплотнение
Verschlüsseler *m см.* **Verschlüsselungsgerät**
Verschlüsselung *f* 1. кодирование (*см. тж* **Kodierung**) 2. шифрование
Verschlüsselungsart *f* 1. тип кода 2. тип шифра
Verschlüsselungsgerät *n* 1. кодирующее устройство 2. шифратор
~, **rotierendes** преобразователь типа вал — число
Verschlüsselungsmatrize *f* кодирующая матрица
Verschlüsselungssystem *n* система кодирования
Verschlüsselungsverfahren *n* метод кодирования
Verschlußfrequenz *f* частота обтураций
Verschlußkontakt *m* замыкающий контакт
Verschlüßler *m см.* **Verschlüsselungsgerät**
Verschlüßlerplatte *f* кодирующая [ключевая] плата
Verschlußmagnet *m* замыкающий электромагнит
Verschlußscheibe *f* дисковый обтуратор
Verschlußwerk *n* 1. стопорный механизм 2. блокирующий механизм
Verschmälerung *f* **des Bandabstandes** сужение запрещённой зоны (*энергетических уровней*)
Verschmelzung *f* 1. сплавление, сплав 2. спай (*напр. металла со стеклом*) 3. слияние, синтез (*ядер*) 4. *тлв* слияние мельканий
Verschmelzungsfrequenz *f* частота слияния мельканий
Verschmierung *f* размывание, размазывание (*изображений*)
verschmoren обгорать
verschoben смещённый, сдвинутый
Verschränkungskabel *n* *тлф* кроссировочный кабель
Verschubezähler *m* сдвигающий счётчик
Verschwimmung *f* размывание, размазывание

(*изображений*); расплывание (*контура, пятна*)
Verschwinden *n* 1. замирание 2. исчезновение (*напр. поля*)
Verseilschlaglänge *f* шаг скрутки
Verseilen *n*, **Verseilung** *f* скрутка (*проводов*)
versenkt утопленный; углублённый; погруженный
versetzbar сменный (*напр. блок*)
Versetzung *f* 1. смещение, сдвиг 2. *вчт* перенос; сдвиг 3. *фтт, крист.* дислокация 4. *мат.* перестановка
~, **gleitfähige** скользящая [непостоянная] дислокация
~ **mit Stufencharakter** ступенчатая дислокация
~, **nichtgleitfähige** постоянная [нескользящая] дислокация
~, **spiralförmige** винтовая дислокация
~, **unvollständige** частичная дислокация
Versetzungsabstand *m* расстояние между дислокациями
Versetzungsanordnung *f* дислокационная структура
Versetzungsbefehl *m* *вчт* команда переноса; команда сдвига
Versetzungsbewegung *f* движение дислокаций
Versetzungsdichte *f* плотность дислокаций
Versetzungsfehler *m* дислокационный дефект
versetzungsfrei бездислокационный
Versetzungsgrenze *f* граница дислокации
Versetzungsgruppe *f* группа дислокаций
Versetzungsimpuls *m* *вчт* импульс переноса; импульс сдвига
Versetzungskern *m* ядро дислокации
Versetzungsknoten *m* узел дислокаций
Versetzungslinie *f* линия дислокаций
Versetzungsnetz *n* сетка дислокаций
Versetzungsoszillator *m* гетеродин преобразователя частоты
Versetzungsring *m*, **Versetzungsschleife** *f* дислокационная петля
Versetzungsspirale *f* дислокационная спираль
Versetzungsstruktur *f* дислокационная структура
Versetzungsstufe *f* ступень дислокации
Versetzungswanderung *f* миграция дислокаций
Versetzungswinkel *m* 1. угол дрейфа; угол сноса 2. угол пролёта (*в клистронах*) 3. горизонтальный угол коррекции тонарма
Versetzungszentrum *n* ядро дислокации
Verseuchung *f* 1. загрязнение 2. примесь
versilbert (по)серебрённый
Versinn(bild)lichung *f* символизация
Versinterung *f* спекание (*напр. контактов*)
Versorgung *f* 1. питание; обеспечение (*энергией*) 2. обслуживание 3. охват (*напр. радиовещанием*)
Versorgungsanschluß *m* разъём (*подключения*) питания
Versorgungsbereich *m*, **Versorgungsbezirk** *m* 1. район [зона] обслуживания 2. область охвата (*радио или телевидением*)
Versorgungseinheit *f* блок питания
Versorgungsellipse *f* эллипс охвата (*спутниковой радиопередачей*)
Versorgungsgebiet *n см.* **Versorgungsbereich**

Versorgungskabel *n* кабель питания
Versorgungsleitung *f* линия *или* шина питания
Versorgungsschiene *f* шина питания
Versorgungsschrank *m* шкаф питания
Versorgungssicherheit *f* 1. надёжность уверенного радиоприёма 2. надёжность энергоснабжения
Versorgungsspannung *f* напряжение питания
Versorgungswahrscheinlichkeit *f* вероятность устойчивого приёма (*радиопередач*)
Versorgungszellen *f pl* ячейки подключения (*подпрограммы*); ячейки входных данных (*для программы*)
Verspannen *n*, **Verspannung** *f* 1. деформация 2. оттяжка
Verspätungskoeffizient *m* коэффициент запаздывания
Verspiegelung *f*, **metallische** металлическое покрытие, металлизация
versprühen распылять; разбрызгивать
Verständigung *f* 1. связь (*напр. между объектами*) 2. общение, диалог (*напр. человека с машиной*) 3. качество приёма
Verständigungsanlage *f* переговорная (служебная) установка
Verständigungsinterface *n* связной интерфейс
Verständigungsleitung *f* переговорная (служебная) линия
Verständigungsnorm *f* норма разборчивости (*речи*), артикуляционная норма
Verständigungsverfahren *n* режим с квитированием связи
Verständlichkeit *f* разборчивость (*речи*)
Verständlichkeitsäquivalent *n* артикуляционный эквивалент
Verstärkbarkeitsgrenze *f* предел усиления
verstärken 1. усиливать 2. укреплять
Verstärker *m* усилитель
~, **abgestimmter** резонансный усилитель
~, **akustoelektronischer** акустоэлектронный усилитель
~, **ausgeglichener** (с)корректированный усилитель
~, **automatisch geregelter** усилитель с АРУ
~ **des Begleittons** *тлв* усилитель звукового сопровождения
~, **breitbandiger** широкополосный усилитель
~, **degenerierter** вырожденный усилитель
~, **driftberichtigter [driftkompensierter]** усилитель с коррекцией дрейфа
~, **dynamikbegrenzender** усилитель с (автоматическим) ограничением уровня громкости
~, **entzerrender** корректирующий усилитель
~, **fest eingeschalteter** постоянно включённый в цепь усилитель
~, **formierender** усилитель-формирователь
~ **für Rundfunkleitungen** радиотрансляционный усилитель
~ **für Stoßspannung** импульсный усилитель
~, **gegengekoppelter** усилитель с (отрицательной) обратной связью
~, **geregelter** регулируемый усилитель
~, **getasteter** стробируемый усилитель
~ **in Basisschaltung** усилитель с общей базой
~ **in Emitterschaltung** усилитель с общим эмиттером

~, **injektionssynchronisierter** генератор, синхронизируемый инжектированными колебаниями (*используется как усилитель мощности*)
~ **in Kollektorschaltung** усилитель с общим коллектором
~ **in Wendelform, parametrischer** параметрический усилитель с нагруженной спиралью
~, **katodengekoppelter** (двухтактный) усилитель с катодной связью
~, **korrigierter** (с)корректированный усилитель
~, **linearer [linearisierter]** усилитель с линейной (амплитудной) характеристикой
~, **logarithmischer** логарифмический усилитель
~, **magnetischer** магнитный усилитель
~, **mehrstufiger** многокаскадный усилитель
~ **mit Bandfilterkopplung** усилитель на связанных полосовых фильтрах
~ **mit Bandpaßfilter** полосовой усилитель
~ **mit direkter Kopplung** усилитель с непосредственной связью
~ **mit Driftkorrektur** усилитель с коррекцией дрейфа
~ **mit Eingangsunterbrecher** усилитель с прерывателем на входе
~ **mit Elektronenstrahl, parametrischer** параметрический электронно-лучевой усилитель
~ **mit Ferrit, parametrischer** ферритовый параметрический усилитель
~ **mit geerdetem Gitter** усилитель с заземлённой сеткой
~ **mit gegeneinander verstimmten Kreisen** усилитель на взаимно расстроенных контурах
~ **mit gemischter Schaltung** усилитель с комбинированной схемой включения транзисторов (*напр. схема с общим коллектором для первого и общим эмиттером для второго каскадов*)
~ **mit Metallgrenzfläche** усилитель на приборах с поверхностно-барьерными структурами
~ **mit negativer Masse** усилитель на носителях с отрицательной (эффективной) массой
~ **mit Phasenumkehrung** парафазный усилитель
~ **mit Triplex** усилитель с тройками расстроенных контуров
~ **mit veränderlicher Kapazität, parametrischer** параметрический усилитель с варьируемой ёмкостью
~ **mit Verstärkungsautomatik** усилитель с АРУ
~ **mit verstimmten Kreisen** усилитель на расстроенных контурах
~ **mit verteilten Parametern** усилитель с распределёнными параметрами
~ **mit verteilter Verstärkung** усилитель с распределённым усилением
~ **mit Verzögerungsanordnung** усилитель с линией задержки
~ **mit Zerhackerstabilisierung** усилитель (*постоянного тока*) с модуляцией и демодуляцией сигнала и со стабилизацией нуля
~ **mit Zweikreisbandfilter** усилитель с двухконтурным полосовым фильтром
~, **modulierter** усилитель модулятора передатчика
~, **netzbetriebener** усилитель с питанием от сети (*переменного тока*)

~, **nichtkorrigierter** не(с)корректированный усилитель
~, **nichtlinearer** усилитель с нелинейной (амплитудной) характеристикой
~, **nichtübersteuernder** неперегруженный усилитель
~, **nullpunktkonstanter** усилитель (*постоянного тока*) со стабилизацией (положения) нуля
~, **optischer** 1. оптический усилитель, усилитель света 2. лазерный усилитель
~, **optisch parametrischer** параметрический лазерный усилитель
~, **optoelektronischer** оптоэлектронный усилитель
~, **paramagnetischer** квантовый парамагнитный усилитель
~, **parametrischer** параметрический усилитель
~, **phasenempfindlicher** фазочувствительный усилитель
~, **photonengekoppelter** оптоэлектронный усилитель
~, **quadratischer [quadrierender]** квадратурный усилитель
~, **quantenmechanischer** квантовый усилитель
~, **quantenoptischer** оптический квантовый усилитель, ОКУ
~, **rauscharmer** малошумящий усилитель
~, **RC-gekoppelter** усилитель с резистивно-ёмкостной связью
~, **regelbarer** усилитель с регулируемым усилением
~, **regenerativer** регенеративный усилитель
~, **rückgekoppelter** усилитель с обратной связью
~, **selektiver** избирательный усилитель
~, **spannungs(gegen)gekoppelter** усилитель с (отрицательной) обратной связью по напряжению
~, **spannungsgesteuerter** усилитель напряжения
~, **strom(gegen)gekoppelter** усилитель с (отрицательной) обратной связью по току
~, **summierender** суммирующий усилитель
~, **symmetrischer** двухтактный [симметричный] усилитель
~, **temperaturkompensierter** усилитель с температурной компенсацией
~, **übersteuerter** перегруженный усилитель
~, **umgekehrter** обращённый усилитель
~, **widerstandsgekoppelter** усилитель с резистивной связью
~ **zum Vorzeichenwechsel** инвертирующий усилитель
Verstärkerabschnitt *m*, **Verstärkerabstand** *m* 1. радиорелейный участок 2. *тлф* усилительный участок
Verstärkeramt *n* 1. усилительная (под)станция; усилительный пункт 2. (ре)трансляционная (под)станция; (ре)трансляционный пункт
Verstärkeranlage *f* усилительная установка
Verstärkeranzeiger *m* усилитель-индикатор
Verstärkerausgangsleistung *f* выходная мощность усилителя
Verstärkerbandbreite *f* ширина полосы (пропускания) усилителя
Verstärkerbetrieb *m* усилительный режим
Verstärker-Betriebsarten *f pl* классы усиления

Verstärkerbrett *n* панель усилителей
Verstärkereingangskreis *m* входная цепь усилителя
Verstärkereinheit *f* блок усилителя
Verstärkereinschub *m* вставной блок усилителя
Verstärkerendstufe *f* выходной каскад усилителя
Verstärkerfehler *m* неисправность усилителя
Verstärkerfeld *n* см. **Verstärkerstrecke**
Verstärkerfolie *f* усиливающий экран
Verstärkerfrequenzbereich *m* полоса пропускания усилителя
Verstärkergeräusch *n* шум(ы) усилителя
Verstärkergestell *n* **1.** стойка с усилителями, усилительная стойка **2.** каркас усилителя
Verstärkerglied *n* усилительное звено
Verstärkergrundschaltungen *f pl* основные схемы усилителей (*напр. с общей базой*)
Verstärkerinstabilitätsfaktor *m* коэффициент нестабильности усиления (*по накачке*)
Verstärkerkanal *m* канал усиления
Verstärkerkenngrößen *f pl* параметры усилителя
Verstärkerkette *f* усилительная цепь; цепь усилителей
Verstärkerklystron *n* усилительный клистрон, клистрон-усилитель
Verstärkerkopf *m* усилительная головка
Verstärkerkreis *m* схема усилителя; усилительная схема
Verstärkermagnetron *n* усилительный магнетрон
Verstärkerraum *m* аппаратная с усилителями
Verstärkerrauschen *n* шум(ы) усилителя
Verstärkerröhre *f* усилительная лампа
Verstärkersatz *m* блок усилителей
Verstärkerschaltung *f* усилительная схема; схема усиления
Verstärkerschirm *m* усиливающий экран
Verstärkerschrank *m* шкаф с усилителями
Verstärkerstation *f*, **Verstärkerstelle** *f* **1.** усилительная (под)станция **2.** (ре)трансляционная (под)станция
Verstärkerstrecke *f* **1.** радиорелейный участок **2.** *тлф* усилительный участок
Verstärkerstufe *f* усилительный каскад; каскад усиления
~, **rückgekoppelte** усилительный каскад с обратной связью
Verstärkerteil *m* усилительный узел, усилительная часть (*схемы*)
Verstärkervoltmeter *n* вольтметр с блоком усиления
Verstärkerwirkung *f* усилительное действие
Verstärkerzug *m* усилительный тракт
verstärkt усиленный
Verstärkung *f* **1.** усиление; коэффициент усиления **2.** повышение механической прочности (*конструкции*)
~, **abgestimmte** резонансное усиление
~, **aussteuerungsabhängige** усиление, зависящее от величины сигнала
~, **begrenzte** конечное [ограниченное] усиление
~, **differentielle** *тлв* дифференциальное усиление
~ «**Eins**» усиление «единица», единичное усиление
~, **lawinenartige** лавинообразное усиление

~, **metallische** усиление металлического покрытия (*проводников печатной платы*)
~ **der Modulation** усиление модулированных колебаний
~, **nützliche** рабочее [эффективное] усиление
~, **parametrische** параметрическое усиление
~, **pegelabhängige** дифференциальное усиление
~ **per Durchgang** *кв. эл.* усиление при однократном прохождении (*активной среды*)
~, **regenerative** регенеративное усиление
~, **reine** *кв. эл.* чистое усиление
~, **rückwirkungfreie** коэффициент однонаправленного усиления
~, **ungesättigte** усиление при отсутствии насыщения
~, **verteilte** распределённое усиление
~, **vorgewählte** расчётное усиление
Verstärkungsautomatik *f* автоматическая регулировка усиления, АРУ
Verstärkungsbandbreiteprodukt *n* произведение коэффициента усиления на ширину полосы
Verstärkungsbereich *m* предел усиления
Verstärkungsdifferenz *f* разница [различие] усиления
Verstärkungsdurchlauf *m* (плавное) изменение усиления от минимального до максимального значения
Verstärkungselement *n* усилительный элемент
Verstärkungsenergie *f* энергия, расходуемая на усиление
Verstärkungsfaktor *m*, **Verstärkungsgewinn** *m* коэффициент усиления
Verstärkungsglied *n рег.* усилительное звено
Verstärkungsgrad *m*, **Verstärkungskoeffizient** *m* коэффициент усиления
Verstärkungskonstante *f* постоянная [коэффициент] усиления
Verstärkungskurve *f* характеристика усиления
Verstärkungsmeßeinrichtung *f*, **Verstärkungsmesser** *m* измеритель усиления
Verstärkungsregelung *f* регулировка усиления
~, **automatische** автоматическая регулировка усиления, АРУ
~, **gleitende** дифференциальная регулировка усиления
Verstärkungsregler *m* регулятор усиления
Verstärkungsrelais *n* (ре)трансляционное реле
Verstärkungsscheitelfaktor *m* максимальный коэффициент усиления
Verstärkungsselbstregelung *f* автоматическая регулировка усиления, АРУ
Verstärkungsstabilität *f* стабильность усиления
Verstärkungssteuerung *f см.* **Verstärkungsregelung**
Verstärkungsstufe *f* каскад усиления
Verstärkungstheorie *f* теория усиления
Verstärkungsverhältnis *n*, **Verstärkungswert** *m*, **Verstärkungszahl** *f см.* **Verstärkungsfaktor**
Versteilerung *f* **1.** увеличение [повышение] крутизны **2.** обострение (*импульса*)
~ **der Gradation** повышение контрастности
Versteilerungskreis *m*, **Versteilerungsschaltung** *f* *тлв* схема (для) повышения резкости границ (*между деталями изображения*)
verstellbar 1. переставляемый; перемещаемый **2.** регулируемый **3.** сменный

Verstellbereich *m* **1.** *рег.* диапазон перестановки **2.** диапазон регулирования
verstellen *рег.* **1.** переставлять; перемещать **2.** регулировать
Versteller *m рег.* **1.** исполнительный орган **2.** регулятор
Verstellglied *n рег.* исполнительное звено
Verstellgriff *m* ручка настройки
Verstellmöglichkeit *f* возможность перестановки (*в разные положения*)
Verstellmotor *m* исполнительный электродвигатель, серводвигатель
Verstellung *f* **1.** *рег.* перестановка; перемещение **2.** регулировка **3.** сдвиг, смещение
verstimmt расстроенный; рассогласованный
Verstimmung *f* **1.** расстройка; рассогласование **2.** *рег.* отстройка, загрубление
Verstimmungsdämpfung *f* ослабление вследствие расстройки
Verstimmungskurve *f* кривая расстройки
Verstimmungslage *f* положение рассогласования
Verstimmungsmodulation *f* модуляция расстройкой (*контура*)
Verstimmungsspannung *f* напряжение рассогласования
Verstimmungstastung *f см.* **Verstimmungsmodulation**
Verstimmungswelle *f* **1.** интервал между фиксированными волнами (*приёмника*) **2.** *тлг* волна паузы **3.** компенсирующая волна
Verstimmungswinkel *m* угол рассогласования
Verstopfung *f* глушение (*радиостанции*)
Verstümmeln *n*, **Verstümmelung** *f* **1.** расстройка; рассогласование **2.** искажение (*набр. набора номера*)
Versuch *m* испытание, опыт; эксперимент
Versuchsablauf *m* прохождение испытания
Versuchsanlage *f* испытательная установка
Versuchsaufbau *m* макет
Versuchsausführung *f* макетирование
Versuchsausgang *m* результат испытания
Versuchsauswertung *f* обработка результатов испытаний
Versuchsballon *m* шар-зонд
Versuchsergebnis *n* результат испытания
Versuchskammer *f* испытательная камера
Versuchsmodell *n* **1.** опытная [лабораторная] модель **2.** опытный образец
Versuchsmuster *n* опытный образец
Versuchsperson *f* участник эксперимента *или* испытаний
Versuchssatellit *m косм.* исследовательский [экспериментальный] спутник
Versuchssendung *f* опытная [пробная] передача
Versuchsspeicherchip *n* экспериментальная ИС памяти
Versuchsübertragung *f* опытная [экспериментальная] передача
Versuchsüberwacher *m* оператор на испытаниях
Versuchsverbindung *f* экспериментальная [пробная] связь; пробное соединение
Versuchsverfahren *n*, **Versuch- und Irrtum-Methode** *f* метод проб и ошибок
Vertauschbarkeit *f* **1.** взаимозаменяемость **2.** *лог.* коммутативность

Vertauschung *f* **1.** (взаимная) замена **2.** *мат.* перестановка **3.** перекрёстное соединение; скрещивание [транспозиция] проводов
~, **zyklische** циклическая перестановка
Vertauschungsgesetz *n* закон коммутативности, переместительный закон
Vertauschungsmatrix *f* коммутативная матрица
Vertauschungsregel *f* **1.** сочетательный закон **2.** правило перестановки
Verteidigungssatellit *m* спутник (системы) противокосмической [противоракетной] обороны
Verteildienst *m* служба распределения информации (*напр. в волоконных линиях связи*)
verteilen 1. распределять **2.** коммутировать **3.** переключать
Verteiler *m* **1.** распределитель **2.** коммутатор **3.** *тлф* кросс **4.** переключатель
Verteilerdämpfung *f* затухание разветвления
Verteiler... *см. тж* **Verteil...**, **Verteilungs...**
Verteilerbelegungsplan *m* схема распределения (*напр. памяти*)
Verteilerdose *f тлф* распределительная коробка
Verteilerfeld *n* коммутационное поле; распределительная панель
Verteilergestell *n тлф* распределительная стойка; кросс
Verteilerglied *n* (однонаправленное) распределительное звено (*напр. циркулятор*)
Verteilerkabel *n* распределительный кабель
Verteilerplatte *f* распределительная панель
Verteilerregister *n* регистр-распределитель
Verteilerrelais *n* переключающее реле
Verteilersatellit *m* спутник (для) распределения (телевизионных) программ
Verteilerschaltung *f* схема распределителя
Verteilerscheibe *f* распределительный диск
Verteilerschrank *m* распределительный шкаф
Verteilfernamt *n* распределительная междугородная телефонная станция
Verteilkanal *m* канал распределения (*программ*)
Verteilmatrix *f* коммутационная матрица
Verteilnetz *n* распределительная сеть
Verteilsatellit *m* спутник (для) распределения (телевизионных) программ
Verteilung *f* **1.** распределение **2.** разделение **3.** топология; расположение **4.** распространение (*в криптографии*)
~ **der Bauelementlebensdauer** распределение деталей по сроку службы
~, **Gaußsche** гауссово [нормальное] распределение
~, **gegenläufige** перераспределение
~, **Poisson(i)sche** распределение Пуассона
~, **regellose** случайное распределение
~, **statistische** статистическое распределение
~, **Studentsche** распределение Стьюдента
~, **zeitliche** распределение во времени
Verteilungsabschnitt *m* разделительный промежуток (*механической сигналограммы*)
Verteilungsanlage *f* распределительное устройство
Verteilungscharakteristik *f*, **spektrale 1.** спектральная характеристика распределения **2.** характеристика спектральной чувствительности

Verteilungsdichtefunktion f функция плотности распределения
Verteilungseinrichtung f распределительное устройство
Verteilungsfunktion f функция распределения
Verteilungsgesetz n лог. закон распределения
Verteilungskanal m тлф распределительный канал
Verteilungskasten m распределительная коробка
Verteilungskatode f диспенсерный [распределительный] катод
Verteilungskoeffizient m коэффициент распределения или разделения
Verteilungskonstante f постоянная распределения
Verteilungskurve f кривая распределения
~, **Gaußsche** кривая Гаусса, кривая нормального распределения
Verteilungsleitung f распределительная линия
Verteilungsmittelwert m среднее вероятностное значение
Verteilungsnetz n распределительная сеть
Verteilungsparameter m параметр распределения
Verteilungsproblem n 1. вчт задача распределения (напр. памяти) 2. мат. распределительная задача
Verteilungsrauschen n шум (токо)распределения
Verteilungssatz m см. **Verteilungsgesetz**
Verteilungsschalttafel f распределительная панель; распределительный щит
Verteilungsschiene f распределительная шина
Verteilungstafel f см. **Verteilungsschalttafel**
Verteilungstemperatur f 1. температура распределения 2. цветовая температура
Verteilungstemperaturmesser m цветовой пирометр
Vertiefung f 1. углубление; выемка 2. понижение; подавление; ослабление
Vertikalablenkendstufe f 1. выходной каскад вертикального отклонения 2. тлв выходной каскад кадровой развёртки
Vertikalablenkfrequenz f 1. частота вертикального отклонения (в осциллографе) 2. тлв частота полей; частота кадровой развёртки
Vertikalablenkgenerator m, **Vertikalablenkgerät** n 1. генератор (сигналов) вертикального отклонения 2. тлв генератор кадровой развёртки
Vertikalablenkkomplex m блок кадровой развёртки (генератор развёртки и отклоняющая катушка)
Vertikalablenkplatten f pl пластины вертикального отклонения
Vertikalablenkschaltung f 1. схема вертикального отклонения 2. тлв схема кадровой развёртки
Vertikalablenkspule f 1. катушка вертикального отклонения 2. тлв кадровая отклоняющая катушка
Vertikalablenkstufe f 1. каскад вертикального отклонения 2. тлв каскад кадровой развёртки
Vertikalablenksystem n тлв кадровая отклоняющая система
Vertikalablenkteil m 1. блок вертикального отклонения 2. тлв блок кадровой развёртки
Vertikalablenkung f 1. вертикальное отклонение 2. тлв кадровая развёртка

Vertikalablenkungs... см. **Vertikalablenk...**
Vertikalabtastung f 1. вертикальная развёртка 2. тлв кадровая развёртка
Vertikalamplitudenregelung f 1. изм. регулировка амплитуды вертикального отклонения 2. тлв регулировка размера по кадрам
Vertikalantenne f вертикальная антенна
Vertikalauflösung f, **Vertikalauflösungsvermögen** n 1. разрешающая способность по вертикали 2. чёткость по вертикали, вертикальная чёткость
Vertikalaufzeichnung f глубинная запись
Vertikalaustastimpuls m гасящий импульс полей или кадров
Vertikalaustastlücke f интервал в видеосигнале для введения гасящих импульсов полей или кадров (во время обратного хода развёртки)
Vertikalaustastperiode f см. **Vertikalaustastzeit**
Vertikalaustastsignal n см. **Vertikalaustastimpuls**
Vertikalaustastungs... см. **Vertikalaustast...**
Vertikalaustastzeit f время гашения (обратного хода) кадровой развёртки
Vertikal-CCD n вертикальный ряд ПЗС-ячеек
Vertikalcharakteristik f характеристика направленности (антенны) в вертикальной плоскости
Vertikaldehnung f 1. растягивание отклонения по вертикали 2. тлв растягивание полевой или кадровой развёртки
Vertikaldiagramm n диаграмма направленности (антенны) в вертикальной плоскости
Vertikaldipol m вертикальный вибратор
Vertikalebene f вертикальная плоскость
Vertikaleingang m вход (усилителя) вертикального отклонения
Vertikalendröhre f 1. выходная лампа (генератора) вертикального отклонения 2. тлв выходная лампа блока кадровой развёртки
Vertikalendstufe f 1. выходной каскад вертикального отклонения 2. тлв выходной каскад кадровой развёртки
Vertikalfokus m, **dynamischer** динамическая фокусировка по вертикали (в верхней и нижней частях растра)
Vertikalfrequenz f 1. частота вертикального отклонения 2. тлв частота полей или кадров
Vertikalfrequenzregler m регулятор частоты кадров
Vertikalführung f управление глиссадой (в системе инструментальной посадки)
Vertikalimpuls m 1. импульс частоты полей или кадров 2. синхронизирующий импульс полей или кадров
Vertikalinjektion f вертикальная инжекция
Vertikalinstrument n измерительный прибор с вертикальной индикацией
Vertikalkipp... см. **Vertikalablenk...**
Vertikalkonvergenz f сведение (лучей) по вертикали
Vertikalkursor m нвг вертикальный курсор (указатель)
Vertikallinearität f 1. линейность вертикального отклонения 2. тлв линейность кадровой развёртки

Vertikallotung f вертикальное эхолотирование; локация глубины
Vertikallücke f полевой пробел (в видеосигнале)
Vertikalmonopolantenne f вертикальная несимметричная антенна
Vertikaloszillogramm n осциллограмма кадровой развёртки, кадровая осциллограмма
Vertikalperiode f 1. период вертикального отклонения 2. тлв период кадровой развёртки
Vertikalpolarisation f вертикальная поляризация
Vertikalreaktor m крист. вертикальный реактор
Vertikalregelung f 1. изм. регулировка размера (осциллограммы) по вертикали 2. тлв регулировка размера кадров
Vertikalregister n регистр сдвига по вертикали (в ПЗС)
Vertikalregler m 1. изм. регулятор размера (осциллограммы) по вертикали 2. тлв регулятор размера кадров
Vertikalrhombusantenne f вертикально-ромбическая антенна
Vertikalrichtwirkung f направленность в вертикальной плоскости
Vertikalrücklauf m обратный ход кадровой развёртки
Vertikalschnittwähler m устройство для выделения участка кадра
Vertikalschwenk m тлв вертикальное панорамирование
Vertikalsonde f ракета для вертикального зондирования атмосферы
Vertikalsperrschwinger m тлв блокинг-генератор кадровой развёртки
Vertikalstrahler m вертикальный излучатель
Vertikalstufe f 1. каскад вертикального отклонения 2. тлв каскад кадровой развёртки
Vertikalsynchronisation f синхронизация полевой или кадровой развёртки
Vertikalsynchronisationsimpuls m синхронизирующий импульс полей или кадров
Vertikaltransistor m вертикальный транзистор, транзистор с вертикальной структурой
Vertikalübergangszelle f элемент с вертикально расположенным переходом
Vertikalverschiebung f смещение [сдвиг] по вертикали
Vertikalverschiebungsregelung f 1. регулировка смещения (осциллограммы) по вертикали 2. тлв регулировка центровки кадров
Vertikalverstärker m 1. усилитель вертикального отклонения 2. тлв усилитель кадровой развёртки
Vertikalverstärkungsregelung f 1. регулировка усиления вертикального отклонения 2. тлв регулировка усиления кадровой развёртки
Vertikalwinkel m вертикальный угол; угол места
Vertikalzentrierung f 1. центровка (осциллограммы) по вертикали 2. тлв центровка кадров
vertonen озвучивать
Vertonung f озвучивание
~, **bildsynchrone** озвучивание, синхронное с изображением
Verträglichkeit f 1. совместимость 2. мат. совместность
~, **elektrische** электрическая совместимость (напр. телевизионной передающей камеры и видеомагнитофона)
~, **elektromagnetische** электромагнитная совместимость (способность аппаратуры функционировать при воздействии внешнего электромагнитного поля)
Vertrauensbereich m доверительная область
Vertrauensgrenze f доверительная граница
Vertrauensintervall n доверительный интервал
Vertrauenskoeffizient m мат. доверительный коэффициент
Vertrimmung f подстройка
Verunreinigung f 1. загрязнение 2. примесь
Verunreinigungsband n примесная зона
Verunreinigungsdefekt m примесный дефект (кристаллической решётки)
Verunreinigungsdichte f концентрация примесей
Verunreinigungsdiffusion f диффузия примеси
Verunreinigungsgehalt m содержание примеси
Verunreinigungsgrad m концентрация примесей
Verunreinigungshalbleiter m примесный полупроводник
Verunreinigungsleitfähigkeit f примесная электропроводность
Verunreinigungsmetall n металлическая примесь
Verunreinigungsnachweis m обнаружение загрязнений или примесей
Verunreinigungsniveau n степень загрязнения
Verunreinigungssegregation f сегрегация примесей
Verunreinigungssubstanz f 1. загрязняющее вещество 2. примесь
Verunreinigungszentrum n примесный центр
Verunschärfung f ухудшение резкости [чёткости] (изображения)
vervielfachen умножать
Vervielfacher m (электронный) умножитель
~, **elektronischer** электронный умножитель
~, **elektrostatisch fokussierter** умножитель с электростатической фокусировкой (электронного потока)
~, **fotoelektrischer** фотоэлектрический умножитель
~, **fotoelektronischer** фотоэлектронный умножитель, ФЭУ
~, **magnetisch fokussierter** умножитель с магнитной фокусировкой (электронного потока)
~, **unfokussierter** умножитель без фокусировки (электронного потока)
Vervielfacherdiode f умножительный диод
Vervielfacherfotozelle f фотоэлектронный умножитель, ФЭУ
Vervielfacherklystron n (частотно-)умножительный клистрон
Vervielfacherkreis m контур умножителя
Vervielfachermagnetron n умножительный магнетрон
Vervielfacherröhre f вторично-электронный умножитель, ВЭУ
Vervielfacherschaltung f схема умножителя
Vervielfacherstufe f каскад умножителя
Vervielfachung f 1. умножение, увеличение 2. копирование
Vervielfachungselektrode f электрод (электронного) умножителя
Vervielfachungsfaktor m 1. коэффициент умноже-

ния (электронного умножителя) 2. коэффициент увеличения
Vervielfachungsschaltung f схема умножения
Vervielfachungsstufe f каскад умножения
Vervielfältiger m копировальное устройство, дупликатор
Vervielfältigung f 1. копирование (сигналограммы) 2. мат. размножение 3. умножение
Vervielfältigungsapparat m множительный аппарат
Vervielfältigungsfaktor m 1. коэффициент умножения 2. кв. эл. коэффициент лазерного умножения 3. изм. множитель шкалы
Vervielfältigungsglied n вчт. 1. ячейка или звено умножителя 2. мат. множитель; член множителя
Vervielfältigungsmaske f, **Vervielfältigungsschablone** f микр. фотошаблон для мультиплицирования
Vervierfacher m учетверитель (напр. напряжения)
Verwachsung f крист. прорастание; срастание
Verwachsungsebene f крист. плоскость срастания (в двойниках)
Verwachsungsfläche f крист. поверхность срастания
Verwack(e)lung f тлв 1. смазывание (изображения) 2. дрожание (изображения)
Verwaltungsautomatisierung f автоматизация управления
Verwaltungssystem n, **automatisiertes** автоматизированная система управления (производством), АСУ
Verwandlungsregel f лог. правило преобразования
verwanzen устанавливать подслушивающие устройства
Verwaschen n тлв размывание, размазывание (изображения); расплывание (пятна)
Verwaschung f размытость, размазанность (контура изображения)
Verwaschungszone f зона размытости (изображения); зона неразрешаемости (радиолокационного) сигнала
Verweilprozeß m задержка выполнения заявки (в системе массового обслуживания)
Verweilzeit f вчт 1. время ожидания 2. время хранения (напр. в ЗУ)
Verweistabelle f просмотровая таблица
Verweisungsmarkierung f контрольная отметка
Verwendbarkeit f применимость
Verwendung f применение; использование
Verwerfung f 1. перекос; искривление 2. деформация, искажение 3. девиация (частоты)
Verwirrsignale n pl сигналы шифрования (телевизионной передачи)
Verwirrungsgebiet n область [зона] приёма с помехами
Verwischung f 1. стирание; сглаживание 2. тлв размытость, размазанность (контура изображения)
Verwürfel m скремблер; шифрующее устройство
Verwürfelung f шифрование (напр. телевизионной информации)
Verwürfelungseinrichtung f устройство для переключения полосы частот (напр. в системах кодирования телефонных передач)
Verwürfelungsschlüssel m шифровальный код
Verzahnung f чередование; перемежение
verzeichnend дисторгирующий
Verzeichnung f 1. опт. искажение (геометрической формы) (см. тж **Verzerrung**) 2. опт. дисторсия (см. тж **Verzerrung**) 3. запись; отметка; перечень
~, **anisotrope** анизотропная дисторсия
~ **des Bildes** 1. тлв искажение растра 2. опт. искажение формы изображения (при проекции)
~, **kissenförmige** 1. тлв подушкообразное искажение (растра) 2. опт. подушкообразная [положительная] дисторсия
~, **tonnenförmige** 1. тлв бочкообразное искажение (растра) 2. опт. бочкообразная [отрицательная] дисторсия
Verzeichnungsfehler m 1. дисторсия 2. искажение геометрической формы (изображения)
Verzerrer m источник искажений
Verzerrernetzwerk n цепь предыскажений
Verzerrung f 1. искажение (см. тж **Verzeichnung**, **Verzerrungen**) 2. опт. дисторсия (см. тж **Verzeichnung**) 3. деформация
~, **einseitige** несимметричное [одностороннее] искажение
~, **laufzeitabhängige** искажение за счёт времени пролёта электронов
~, **plastische** тлв искажение типа «пластика»
Verzerrungen f pl 1. искажения (см. тж **Verzerrung**) 2. деформация
~ **durch Ein- und Ausschwingungen** искажения, обусловленные переходными процессами
~, **dynamische** зап. динамические искажения (воспроизведения)
~, **harmonische** нелинейные [гармонические] искажения (сигнала)
~, **lineare** линейные искажения (частотные или фазовые)
~, **nichtlineare [ungeradlinige]** нелинейные искажения
Verzerrungsanalysator m анализатор искажения
Verzerrungsanteil m составляющая искажений
verzerrungsarm с малыми искажениями
Verzerrungsbedingungen f pl требования к допустимым значениям искажений
Verzerrungsbehebung f, **Verzerrungsbeseitigung** f устранение искажений
Verzerrungsfaktor m коэффициент (нелинейных) искажений
Verzerrungsfreiheit f отсутствие искажений
Verzerrungsgrad m, **Verzerrungskoeffizient** m см. **Verzerrungsfaktor**
Verzerrungskompensation f компенсация искажений
Verzerrungskomponente f 1. искажающая составляющая 2. составляющая искажений
Verzerrungsmesser m измеритель искажений
Verzerrungsmeßzusatz m приставка измерителя искажений
Verzerrungspegel m уровень искажений
Verzerrungsregelung f коррекция искажений

VER

Verzerrungssender *m* мешающий (радио)передатчик; мешающая (радио)станция
Verziehen *n* перекос (*напр. импульса*)
verziffern 1. преобразовывать в цифровую форму **2.** оцифровывать
Verzinnen *n*, **Verzinnung** *f* лужение
Verzögerer *m* устройство задержки; задерживающий элемент
verzögern задерживать; замедлять
Verzögerung *f* **1.** задержка; замедление; запаздывание **2.** выдержка времени
~, **absolute** абсолютная задержка
~, **einstellbare** регулируемая задержка
~, **feste** фиксированная задержка
~ **je Stufe** задержка на каскад
~, **operationelle** операционная задержка, задержка в работе (*системы*)
~, **regelbare** регулируемая задержка
~, **relative** относительная задержка
~, **synaptische** *киб*. синаптическая задержка
~, **zeitliche** временна́я задержка
verzögerungsarm 1. с малой задержкой **2.** с малой выдержкой времени (*о реле*) **3.** малоинерционный
verzögerungsbehaftet с задержкой; с замедлением; инерционный
Verzögerungsdemodulator *m* демодулятор с линией задержки
Verzögerungseinheit *f* блок задержки
Verzögerungseinrichtung *f* устройство задержки
Verzögerungselektrode *f* тормозящий электрод
Verzögerungselement *n* элемент задержки
Verzögerungsfaktor *m* коэффициент замедления
Verzögerungsfeld *n* тормозящее поле
Verzögerungsflanke *f* запаздывающий фронт (*импульса*)
Verzögerungsflipflop *n* триггер с задержкой, D-триггер
verzögerungsfrei 1. без задержки; без замедления **2.** безынерционный
Verzögerungsgang *m* цикл (изменения) задержки
Verzögerungsgeber *m* генератор задержки
Verzögerungsgerät *n* блок задержки
Verzögerungsglied *n* звено [элемент] задержки
Verzögerungsgröße *f* величина задержки
Verzögerungsimpuls *m* задерживающий импульс
Verzögerungsintervall *n* интервал задержки
Verzögerungskabel *n* (коаксиальный) кабель задержки
Verzögerungskette *f* **1.** цепь задержки **2.** цепочечная линия задержки
Verzögerungskreis *m* цепь [схема] задержки
Verzögerungsleitung *f* линия задержки, ЛЗ
~, **akustische** акустическая ЛЗ
~ **aus geschmolzenem Quarz** кварцевая ЛЗ
~, **kurzgeschlossene** короткозамкнутая ЛЗ
~, **langzeitige** линия с большим временем задержки
~ **mit periodischer Struktur** ЛЗ с периодической структурой
~, **regelbare** регулируемая ЛЗ
Verzögerungsleitungsfrequenzteiler *m* делитель частоты на линиях задержки
Verzögerungsleitungsregister *n* регистр ЛЗ

VER

Verzögerungsleitungsspeicher *m* ЗУ *или* память на ЛЗ
Verzögerungslinien... *см.* **Verzögerungsleitungs...**
Verzögerungslinse *f* замедляющая линза
Verzögerungsmaß *n* коэффициент задержки
Verzögerungsmedium *n* замедляющая среда
Verzögerungsnetzwerk *n* *см.* **Verzögerungskreis**
Verzögerungsparameter *m* параметр задержки
Verzögerungsperiode *f* период [время] задержки
~, **einstufige** шаг задержки
Verzögerungsrechner *m* корректор звуколокатора
Verzögerungsregelung *f* регулировка задержки
Verzögerungsregister *n* регистр на линиях задержки
Verzögerungsrelais *n* реле с фиксированной выдержкой времени
Verzögerungsschaltung *f* схема [цепь] задержки; схема замедления
Verzögerungsschirm *m* задерживающий экран
Verzögerungssignal *n* сигнал задержки
Verzögerungsspannung *f* напряжение задержки
Verzögerungsspeicher *m* ЗУ *или* память на ЛЗ
Verzögerungsspiel *n* **1.** цикл задержки **2.** разброс задержек (*по времени*)
Verzögerungsstrecke *f см.* **Verzögerungsleitung**
Verzögerungsstruktur *f* структура замедляющей среды (*напр. в мазерах*)
Verzögerungsstufe *f* каскад задержки
Verzögerungssystem *n* замедляющая система
Verzögerungsverzerrung *f* искажение, обусловленное задержкой (*сигнала*)
Verzögerungswiderstand *m* дроссельная катушка
Verzögerungswiedergabe *f* воспроизведение запаздывания
Verzögerungswinkel *m* угол запаздывания; угол отставания (*по фазе*)
Verzögerungszähler *m* **1.** счётчик интервалов задержки **2.** счётчик на ЛЗ
Verzögerungszeit *f* время задержки; время выдержки (*реле*)
Verzögerungszeitkonstante *f* постоянная времени задержки
Verzögerungszelle *f* ячейка [звено] задержки
Verzögerungsziffer *f тлф* процент замедленных соединений
Verzoner *m тлф* определитель зоны
Verzonung *f тлф* разбивка на зоны
Verzug *m см.* **Verzögerung**
Verzugs... *см.* **Verzögerungs...**
Verzweiger *m* **1.** разветвитель **2.** распределитель
Verzweigeranlage *f* распределительное устройство
verzweigt 1. разветвлённый **2.** распределённый **3.** *вчт* ветвящийся
Verzweigung *f* **1.** разветвление **2.** *вчт* ветвление (*программы*), условный переход (*в программе*) **3.** *крист.* двойникование **4.** *кв. эл.* побочные переходы
~, **isomere** изомерное разветвление
Verzweigungsbefehl *m* команда ветвления (*программы*), команда (условного) перехода (*в программе*)
Verzweigungsfolge *f*, **periodische** периодический ветвящийся процесс
Verzweigungsglied *n* разветвитель

Verzweigungsgrad *m* 1. степень разветвления 2. степень ветвления (*программы*)
Verzweigungsindikator *m вчт* индикатор ветвления
Verzweigungspunkt *m* 1. точка разветвления (*цепи*) 2. *вчт* точка ветвления (*программы*)
Verzweigungsschaltung *f* схема (раз)ветвления
Verzweigungsstelle *f см.* **Verzweigungspunkt**
Verzweigungsstruktur *f крист.* структура двойника
Verzweigungsstück *n* разветвитель
Verzweigungsverhältnis *n* 1. отношение плеч (измерительного) моста 2. коэффициент шунтирования
Verzweigungswiderstand *m* 1. сопротивление шунта 2. шунтирующий резистор
Verzwillingung *f крист.* двойникование
VFO-Frequenz *f* частота генератора с перестраиваемой частотой
V-Graben *m* V-образная канавка (*напр. в УМОП-транзисторе*)
V-Graben-Prozeß *m*, **V-groove-Prozeß** *m* процесс изоляции V-образными канавками
V-Grube *f см.* **V-Graben**
VHD/AHD-System *n* система с высокой плотностью записи изображения и звука
VHF-Bandfilter *n* полосовой фильтр очень высоких частот, полосовой фильтр метрового диапазона
VHF-Bereich *m*, **VHF-Frequenzband** *n* диапазон очень высоких частот (*30 — 300 МГц*), диапазон метровых волн
VHF-Kanal *m* метровый радиоканал
VHF-Kanalwähler *m* селектор каналов метрового диапазона
VHF-Übertragung *f* радиопередача в метровом диапазоне
VHS-Kassette *f* кассета формата VHS (*для бытовых видеомагнитофонов*)
VHS-Movie *f тлв* 1. видеосъёмка с записью на кассету формата VHS 2. VHS-камера
VHS-Standard *m зап.* стандарт со сверхвысокой несущей
VHS-System *n* бытовой кассетный видеомагнитофон
Vibration *f* 1. вибрация 2. колебание 3. дрожание
Vibrationsermüdung *f* виброусталость
Vibrationsfestigkeit *f* вибростойкость
Vibrationsgeräusch *n* вибрационный шум
Vibrationsniveau *n* колебательный уровень
Vibrationsquantenzahl *f* колебательное квантовое число
Vibrationsrauschen *n* вибрационный шум
Vibrationsrelais *n* вибрационное реле, виброреле
Vibrationsschwelle *f* порог вибраций
Vibrationsversuch *m* испытание на вибростойкость
Vibratoeffekt *m* эффект «вибрато» (*в электромузыкальных инструментах*)
Vibrator *m* вибратор
~, **abgestimmter** настроенный вибратор
~, **ausziehbarer** раздвижной вибратор
~, **geknickter** изогнутый вибратор

~, **nichtsymmetrischer** несимметричный вибратор
~, **piezoelektrischer** пьезоэлектрический вибратор
~, **symmetrischer** симметричный вибратор
Vibrotron *n* вибротрон, триод с подвижным анодом
Vicalloy *n* викаллой (*магнитотвёрдый сплав кобальт-железо-ванадий*)
8-mm-Video *n тлв* видеоаппаратура, использующая ленту шириной 8 мм
Video-A/D-Wandler *m* АЦП видеосигналов
Video-Alarmanlage *f* телевизионная установка аварийной сигнализации
Video-Animation *f* видеомультипликация
Videoanschluß *m* вход видеосигнала
Videoanteile *m pl* составляющие видеосигнала
Videoarchiv *n* видео(фоно)тека
Videoaufnahme *f* 1. видеосъёмка; съёмка телевизионной камерой 2. видеозапись
Videoaufzeichnung *f* видеозапись
~, **digitale** цифровая видеозапись
Videoaufzeichnungsdichte *f* плотность видеозаписи
Videoaufzeichnungsgerät *n* видеомагнитофон
Videoausgang *m* выход видеосигнала
Videoausgangssignal *n* выходной видеосигнал
Videoband *n* 1. полоса видеочастот 2. (магнитная) видеолента
Videobandaufnahme *f* запись на (магнитную) видеоленту
Videobandaufnahmesystem *n* система видеозаписи
Videobandbreite *f* ширина полосы видеочастот
Videobandgerät *n* видеомагнитофон
~ **mit Querspuraufzeichnung** видеомагнитофон с поперечно-строчной записью
~ **mit Schrägspuraufzeichnung** видеомагнитофон с наклонно-строчной записью
Videobild *n* телевизионное изображение
Videobild-Tonschneidetisch *m* стол для синхронного монтажа изображения и звука
Videobildverarbeitung *f* обработка [преобразование] телевизионного изображения
Video-Box *f* видео(фоно)тека
Videoclip *m тлв* видеоклип, видеовставка
Videocomputer *m* видеокомпьютер (*для телевизионных игр*)
Video-Deemphasis *f* коррекция цветоразностного сигнала
Videodemodulator *m*, **Videodetektor** *m* видеодетектор
Video-Digital-Prozessor *m* цифровой видеопроцессор
Videodigitalisierer *m* устройство цифрового кодирования видеосигнала
Videodisk *m* видеодиск
Videoebene *f* входы видеосигналов (*в микшере*)
video-editing *англ.* видеомонтаж
Videoeffekte *m pl* видеоэффекты
Videoeingang *m* вход видеосигнала
Videoendstufe *f* оконечный каскад видеоусилителя
Videoentzerrer *m* корректор видеосигнала, видеокорректор
Video-Fan *m* любитель видеосъёмок

Videofilm *m* видеофильм (*фильм, записанный на МЛ*)
Videofilmen *n* видеосъёмка, съёмка видеофильма
Videofilmer *m* 1. видеокамера 2. видеооператор
Videofon *n* видеотелефон
Video-8-Format *n* формат записи на ленту шириной 8 мм
Videofotokamera *f* видеофотокамера (*для телевизионной съёмки, записи на магнитный носитель и последующей фотопечати*)
Videofrequenz *f* видеочастота
Videofrequenzband *n* полоса видеочастот
Videofrequenzgang *m* частотная характеристика в полосе видеочастот
Videofrequenzgenerator *m* 1. телевизионный датчик 2. генератор видеочастоты
Videofrequenztechnik *f* техника получения и передачи видеосигналов, видеочастотная техника
Videofrequenzverstärker *m* видеоусилитель
Videogebiet *n* область видеочастот
Videogemisch *n* полный телевизионный сигнал
Videogenerator *m* генератор видеосигналов (*напр. измерительных*)
Videogerät *n* 1. видеоустройство 2. видеомагнитофон
~, **digitales** цифровое видеоустройство
Videogespräch *n* разговор по видеотелефону
Videogleichrichter *m* видеодетектор
Videogleichrichtung *f* детектирование видеосигнала
Videografie *f* 1. видеография (*обобщённое определение систем телетекста и видеотекса*) 2. видеосъёмка, съёмка телевизионной камерой 3. видеофотография
Videoimpuls *m* видеоимпульс
Videoinformation *f*, **hochfrequente** информация о мелких деталях изображения
Videokamera *f* видеокамера
Videokamera-Recorder-Kombination *f* моноблок телевизионной камеры и видеомагнитофона
Videokanal *m* видеоканал
Videokassette *f* видеокассета
~, **bespielte** записанная видеокассета, видеокассета с записью
Videokassettenrecorder *m* кассетный видеомагнитофон
Videokette *f* видеотракт
Videokomponente *f* составляющая [компонента] видеосигнала
Videokompressor *m* видеокомпрессор (*устройство сжатия телевизионного изображения*)
Videokonferenz *f* видеоконференция (*телеконференция, проводимая из специальных студий*)
Videokonferenzstudio *n* студия для (проведения) видеоконференций
Videokontroller *m* видеоконтроллер
Videokopf *m* видеоголовка
Videokopfaggregat *n* блок вращающихся головок, БВГ
Videokopfeinstellung *f* установка видеоголовок
Videokopfrad *n*, **Videokopfscheibe** *f* диск видеоголовок
Videokopfträger *m* держатель видеоголовки
Videokopftrommel *f* барабан видеоголовок
Videokopie *f* копия видеозаписи, видеокопия

Videokreuzschiene *f* матричный видеокоммутатор
Videolangspielplatte *f* видеодиск с длительной записью
Videolaufwerk *n* лентопротяжный механизм видеомагнитофона
Videolivekamera *f* тлв камера для прямых передач
Videomagnetband *n* видеомагнитофонная лента
Video-Magnetbandaufzeichnung *f* видеозапись на (магнитную) ленту
Videomagnetkopf *m* магнитная видеоголовка
Video-MAZ *m* видеомагнитофон
Videomeßkassette *f* измерительная видеокассета
Videomeßtechnik *f* видеоизмерительная техника
Video-Mischpult *n* 1. пульт видеомикшера; пульт видеорежиссёра 2. видеомикшер
Videomodul *m* видеомодуль, модуль обработки видеосигнала
Videomodulation *f* видеомодуляция
Videomonitor *m* видеомонитор
Videomovie *англ. фирм.* «Видеомуви» (*система записи и воспроизведения видео- и звуковых сигналов кассетной видеомагнитофонной камерой, Япония*)
Video Moviestar *англ. фирм.* «Видеомувистар» (*видеомагнитофонная камера с форматом записи VSH, Япония*)
Videoobjektiv *n* видеообъектив
Videopegelmesser *m* измеритель уровня видеосигнала
Videoplatte *f* видеодиск
Videoplattenrecorder *m* видеодисковый проигрыватель, видеопроигрыватель
Video-Präsentationseinheit *f*, **Videopräsenter** *m* видеовоспроизводящее устройство (*со встроенным видеопроигрывателем*)
Video-Preemphasis *f* предыскажение цветоразностного сигнала; низкочастотные предыскажения
Videoprocessor *m см.* **Videoprozessor**
Videoproduktion *f* производство телевизионных программ, телепроизводство, видеопроизводство
video-programm-service *англ.* система автоматического включения (бытовых) видеомагнитофонов, САВВИФ (*для записи заранее выбранного фрагмента программы*)
Videoprojektor *m* телевизионный проектор
Videoprozessor *m* видеопроцессор; блок обработки видеосигналов
Videorauschabstand *m* отношение видеосигнал/шум (*по каналу яркости*)
Videorauschbegrenzer *m* видеошумоподавитель
Videorecorder *m* записывающий видеомагнитофон
~, **digitaler** цифровой записывающий видеомагнитофон, ЦВМФ
video-sample and hold *англ.* устройство выборки и хранения видеосигнала, УВХ-видео
Videoschnitt *m* видеомонтаж, электронный монтаж видеофонограмм
Videoschnittstelle *f* видеостык
Videoschreibmaschine *f* пишущая машинка, сопряжённая с дисплеем

Videoscrambling *n* шифрование телевизионной передачи
Videosensor *m* преобразователь свет—сигнал для видеомагнитофонной камеры [видеомагкамеры]
Video-Servosystem *n* сервосистема слежения видеомагнитофона
Videosignal *n* видеосигнал
~, **ausgetastetes** видеосигнал с (введённым) сигналом гашения
~, **negatives** видеосигнал отрицательной полярности
~, **normgerechtes** стандартный видеосигнал
~, **positives** видеосигнал положительной полярности
~, **zusammengesetztes** полный телевизионный сигнал
Videosignalanteil *m* составляющая видеосигнала
Videosignalaufzeichnung *f* видеозапись
~, **digitale** цифровая видеозапись, ЦВЗ
~, **transparente** «прозрачная» видеозапись (*запись с эффективной коррекцией и маскированием ошибок, обеспечивающая многократную высококачественную перезапись*)
Videosignalgemisch *n* полный телевизионный сигнал
Videosignalpegel *m* уровень видеосигнала
Videosignalprocessing *f* обработка видеосигнала
Videosignalschalter *m* коммутатор видеосигналов
Videosignalspeicherung *f* запоминание [консервация] видеосигнала, запись видеосигнала в память
Videoskop *n* видеоскоп (*телевизор, используемый в качестве осциллографа*)
Videospeicher *m* телевизионное ЗУ
Videospeichergerät *n* устройство видеозаписи; видеомагнитофон
Videospeicherung *f* консервация видеоинформации, видеозапись
Videospektrum *n* спектр видеосигнала
Videospiel *n* телевизионная игра, телеигра
Videospur *f* дорожка видеозаписи, видеодорожка
Videospurlage *f* (рас)положение видеодорожек
Videostativ *n* камерный штатив
Videostörabstandsmesser *m* измеритель отношения видеосигнал/помеха
Videostörspannungsmesser *m* измеритель напряжения помех в видеосигнале
Videostudio *n* телевизионная студия
Videostufe *f* видеокаскад
Videosystem *n* телевизионная система, видеосистема
~, **analoges** аналоговая телевизионная система
~, **digitales** цифровая телевизионная система
Videotechnik *f* 1. видеотехника, техника создания видеоэффектов 2. телевизионная техника
Videotechnologie *f* телевизионная техника
Videoteil *n* видеоблок; канал изображения (*телевизора*)
Videotelefon *n* видеотелефон
Videotelefonie *f* видеотелефония
Videoterminal *n* видеотерминал; телевизионный дисплей

Videotestbild *n* телевизионная испытательная таблица
Videotestbildgeber *m*, **elektronischer** электронный датчик сигналов телевизионной испытательной таблицы
Videotex *n* видеотекс, интерактивная [диалоговая] видеография
Videotext *m* телетекст
~, **broadcast** телетекст, вещательная видеография
~, **interactiver** интерактивный телетекст, интерактивная вещательная видеография
~, **zeilengebundener** синхронная система телетекста (*строка данных привязана к телевизионной строке*)
~, **zeilenungebundener** несинхронная система телетекста (*строка данных не привязана к телевизионной строке*)
Videotextdekoder *m* декодер телетекста
Videotexteinblendung *f* вставка сигналов телетекста
Videotextempfang *m* приём (данных) телетекста
Videotextkodierung *f* кодирование (символов) телетекста
videotextkompatibel совместимый с телетекстом
Videotextprüfsignal *n* испытательный сигнал (системы) телетекста
Videotextprüfzeile *f* испытательная строка телетекста
Videotextseite *f* страница телетекста
Videotextsignale *n pl* тлв сигналы телетекста
Videotextstandard *m* стандарт системы телетекста
Videotextsystem *n*, **zeichenplatzorientiertes** знакоориентированная система телетекста
Videotexttafel *f* страница телетекста
Videotext-Testbild *n* испытательное изображение (системы) телетекста
Videotext-Übertragung *f* передача (данных) телетекста
Videotextzeichen *n* знак телетекста
Videotheater *n* телевизионный театр
Videotheke *f* видеотека
Video-Tonnachbearbeitung *f* озвучивание телевизионной программы
video-tracker *англ.* телевизионное следящее устройство
Videotricksystem *n* система *или* устройство видеоэффектов
Videotrommel *f* (магнитный) барабан для видеозаписи
Videotron *n* моноскоп
Videotuner *m* селектор телевизионных каналов, телевизионный тюнер
Videoüberwachung *f* телевизионное наблюдение, видеонаблюдение
Videoverstärker *m* видеоусилитель
Videoverstärkerstufe *f* каскад видеоусилителя
Videoverstärkertechnik *f* техника усиления видеочастот
Videoverstärkung *f* усиление видеосигналов
Videoverteiler *m* усилитель-распределитель видеосигналов, УРВ
Videoverteilsystem *n* система распределения видеосигналов

Videoverzerrung *f* искажение видеосигнала
Videovorverstärker *m* предварительный видеоусилитель
Videowobbelsignal *n* сигнал для вобуляции телевизионной развёртки
Videowobbler *m* генератор качающейся видеочастоты
Videozeile *f* телевизионная строка
Video-ZF-Verstärker *m* усилитель промежуточной частоты канала изображения
Vidikon *n* видикон
~ **mit Chalkogenidauffangelektrode** халникон (*видикон с CdSe-мишенью*)
~ **mit Heteroübergang** гетерокон (*видикон с гетероструктурной мишенью*)
~ **mit hoher Elektronenstrahlgeschwindigkeit** видикон с развёрткой пучком быстрых электронов
~, **pyroelektrischer** пировидикон, пироэлектрический видикон
Vidikonaufnahmeröhre *f* см. **Vidikon**
Vidikonfilmabtaster *m* телекинодатчик на видиконе
Vidikonkamera *f* видиконная камера
Vidikonröhre *f* видикон
Vieladressen... многоадресный
Vielband... многополосный
Vielbereich(s)... многопредельный (*напр. прибор*); многодиапазонный (*напр. приёмник*)
Vieldeutigkeit *f* многозначность
Vieldoppelzackenschrift *f* многодорожечная двухсторонняя фотографическая сигналограмма
Vieleckantene *f* многоугольная антенна
Vielelement-Einkanal-Yagiantenne *f* многоэлементная одноканальная антенна «волновой канал»
Vielelementeninterferometer *n* многоэлементный интерферометр (*с несколькими антеннами*)
Vielemittertransistor *m* многоэмиттерный транзистор
Vielfachabstimmgerät *n* блок [агрегат] настройки с несколькими органами (*управления*)
Vielfachabtastung *f* 1. *вчт* многократное считывание 2. *тлв* многократная развёртка 3. *рлк* многократное сканирование
Vielfachabzweignetz *n* разветвлённая сеть
Vielfachantennenempfang *m* приём на разнесённые антенны
Vielfachaufzeichnungsgerät *n* многоканальный регистрирующий прибор
Vielfachausnutzung *f* 1. многократное использование 2. уплотнение линий связи
Vielfachbetrieb *m* 1. мультиплексный режим, режим с объединением *или* уплотнением 2. *вчт* многопользовательский режим
Vielfachbusarchitektur *f вчт* многошинная архитектура
Vielfachchipschaltkreis *m* многокристальная схема *или* микросборка
Vielfach-Computer-System *n* многомашинная вычислительная система, многокомпьютерная система
Vielfache *n* 1. кратное 2. множество
Vielfachecho *n* многократное эхо
Vielfachemitter *m пп* многозвенный эмиттер

Vielfachemitterstruktur *f* многоэмиттерная структура
Vielfachemittertransistor *m* многоэмиттерный транзистор
Vielfachfaktor *m* 1. *над.* коэффициент резервирования 2. *пп* коэффициент (лавинного) умножения
Vielfachfeld *n тлф* многократное поле
Vielfachgruppe *f тлф* секция многократного поля
Vielfachhologramm *n* составная голограмма
Vielfachhologramm-Original *n* оригинал составной голограммы
Vielfach-Job-Betrieb *m вчт* режим совместного выполнения заданий
Vielfachkabel *n* 1. комбинированный многожильный кабель 2. *тлф* кабель многократного поля
Vielfachklinke *f тлф* гнездо многократного поля
Vielfachkoinzidenz *f* многократное совпадение
Vielfachkollektorstruktur *f* многоколлекторная структура
Vielfachkontaktrelais *n* многоконтактное реле
Vielfachkristalleinheit *f* блок пьезокристаллических резонаторов (*напр. кварцевый фильтр*)
Vielfachleitung *f* 1. уплотнённая линия 2. *тлф* линия многократного поля
Vielfachmagnetron *n* многорезонаторный магнетрон
Vielfachmesser *m*, **Vielfachmeßgerät** *n* 1. многопредельный измерительный прибор 2. универсальный измерительный прибор
Vielfach-ODER-Matrix *f* матрица логических элементов ИЛИ
Vielfachprozeß *m* многократный процесс
Vielfachrechenelement *n* унифицированный вычислительный элемент
Vielfachrelais *n авт.* многократное реле
Vielfachschalter *m* многопозиционный переключатель
Vielfachschaltung *f* 1. *тлф* многократное включение 2. *вчт* схема объединения с параллельным включением
Vielfachschrank *m тлф* коммутатор с многократным полем
Vielfachschreiber *m* многоканальный регистрирующий прибор
Vielfachschreibung *f* многоканальная запись
Vielfachschwingungstypenresonator *m* многомодовый резонатор
Vielfachspur *f* многодорожечная фонограмма
vielfachstabil мультистабильный
Vielfachstecker *m* многоконтактный штекер, многоконтактная вилка (*электрического соединителя*)
Vielfachsteckverbindung *f* многоконтактное штекерное [штепсельное] соединение
Vielfachsteuerung *f киб., авт.* многофункциональное управление; управление по многим переменным
Vielfachstiftsockel *m* многоконтактный штырьковый цоколь; многоконтактная вилка (*электрического соединителя*)
Vielfachstoß *m яд. физ.* многократное столкновение

Vielfachstreuung f многократное рассеяние
Vielfachtechnik f техника временно́го *или* частотного уплотнения (*каналов связи*); техника временно́го *или* частотного объединения (*сигналов*)
Vielfachtelefonie f многоканальная телефония
Vielfachtonspur f, **Vielfachtonspuraufzeichnung** f многодорожечная звукозапись
Vielfachumschalter m многопозиционный переключатель
Vielfachverkehr m многократная связь
Vielfachverzögerungsdiskriminator m дискриминатор с многократной задержкой
Vielfachverzögerungsleitung f линия с многократной задержкой
Vielfachverzweigung f многократное разветвление
Vielfachzackenschrift f многодорожечная фотографическая сигналограмма переменной ширины
Vielfachzeichengebung f тлф многократная сигнализация
Vielfachzellenmethode f метод многоячеечных структур
Vielfachzugang m, **Vielfachzugriff** m 1. свз одновременное использование (*ответчика спутника*) несколькими наземными станциями 2. вчт параллельный [коллективный] доступ, мультидоступ 3. вчт многократное обращение (*к памяти*)
Vielfachzugriffsmikrosystem n микропроцессорная система коллективного пользования
Vielfrequenzsignalsystem n многочастотная система сигнализации
Vielkammermagnetron n многорезонаторный магнетрон
Vielkanalfeldeffekttransistor m многоканальный полевой транзистор
Vielkeimbildung f крист. многократное зародышеобразование
Vielkreishohlraumfilter n многорезонаторный фильтр
Vielkristall m поликристалл
Vielkristall-Leuchtschirm m экран с поликристаллическим люминофором
Viellinienspektrum n линейчатый спектр
Viellochrichtkoppler m многодырочный направленный ответвитель
Vielschichtresiststruktur f структура многослойного резиста
Vielschichttechnik f многослойная техника
Vielspurkopf m многодорожечная головка
Vielspurmagnetbandgerät n, **Vielspurmagnettongerät** n многодорожечный магнитофон
Vielspursystem n 1. аппаратура с многодорожечной записью 2. система многодорожечной записи
vielstellig 1. многозначный; многоразрядный 2. многопозиционный
Vielstichtuner m многошлейфовое согласующее устройство
Vielstifttuner m многоштырьковое настроечное устройство
vielstimmig многотональный
Vielstufenspeicher m многоуровневая память

vielstufig многокаскадный
Vieltalhalbleiter m многодолинный полупроводник
Vieltonphasenmodulation f многотональная ФМ
Vieltonsender m тлг многотональный передатчик
Vieltypenausbreitung f многомодовое распространение
Vielzackenschrift f см. **Vielfachzackenschrift**
Vielzellenlautsprecher m громкоговоритель с секционированным рупором
Vielzweckrechner m универсальная ЭВМ
Vieradressen... четырёхадресный
vieradrig четырёхжильный; четырёхпроводной
Vierarmzirkulator m четырёхплечий (волноводный) циркулятор
Vierbitwort n полубайт (*четыре бита*)
Vierbuchstabenkode m четырёхбуквенный код
Vierdiodenschaltung f (выпрямительная) схема на четырёх диодах
Vierdrahtbetrieb m связь по четырёхпроводной системе
Vierdrahtgabel f свз переходное устройство с четырёхпроводной цепи на двухпроводную
Vierdrahtkanal m четырёхпроводной канал
Vierdrahtleitung f четырёхпроводная линия
Vierdrahtschaltung f 1. четырёхпроводная система 2. тлф четырёхпроводное включение
Vierdrahtübertragungsweg m четырёхпроводной канал связи
Vierdrahtverstärker m усилитель для четырёхпроводных линий
Viereckwähler m тлф декадно-шаговый искатель
Vierer m 1. фантомная цепь (*связи*); фантомная линия (*связи*) 2. четвёрка (*скрученных жил кабеля*) 3. двойная двухпроводная линия (*связи*) 4. последовательно-параллельное включение четырёх транзисторов
Viererausnutzung f уплотнение четвёрки фантомной цепью
Viererbelastung f, **Viererbespulung** f пупинизация фантомной цепи
Viererbildung f образование фантомной цепи
Viererfrequenzwahl f тлф четырёхчастотное искание
Viererergruppe f 1. четверичная группа (*в цифровых сетях*) 2. группа фантомных цепей
Viererkreis m, **Viererleitung** f фантомная цепь (*связи*); фантомная линия (*связи*)
Viererpupinisierung f пупинизация фантомной цепи
Viererschaltung f 1. фантомная схема 2. четырёхпроводная схема
Viererersequenz f четырёхпольный цикл передачи информации (*в системе СЕКАМ*)
Viererersystem n четверичная система (*счисления*)
Vierfachapparat m тлг квадруплексный аппарат
Vierfachbetrieb m квадруплексная работа
Vierfachemitterfolger m четырёхкратный эмиттерный повторитель
Vierfachmagnettonbandgerät n четырёхканальный [квадрафонический] магнитофон
Vierfachschreiber m четырёхканальный самописец

VIE

Vierfachtelegraf *m* квадруплексный телеграфный аппарат
Vierfachzackenschrift *f* двойная [двухсторонняя] фотографическая сигналограмма
Vierfach-Zeilensprung *m* четырёхкратная чересстрочная развёртка
Vierfrequenzfernwahl *f тлф* четырёхчастотное дальнее искание
Vierfrequenzwahl *f тлф* четырёхчастотное искание
viergliedrig 1. четырёхзвенный 2. *мат.* четырёхчленный
Vierkammerklystron *n* четырёхрезонаторный клистрон
Vierkanalaufzeichnung *f* четырёхканальная звукозапись
Vierkanalmagnetkopf *m* четырёхдорожечный блок (магнитных) головок
Vierkanalstereofonie *f*, **Vierkanalstereoton** *m* квадрафония, четырёхканальная стереофония
Vierkopf-Magnetmaschine *f* четырёхголовочный видеомагнитофон
Vierkursfunkfeuer *n* курсовой радиомаяк, дающий четыре курса
Vierleitersystem *n* четырёхпроводная система
Viermast-Adcockantenne *f* четырёхмачтовая антенна Эдкока
Vierniveaulaser *m* четырёхуровневый лазер
Vierniveausystem *n* четырёхуровневая система
Vierphasen-Phasenumtastung *f* четырёхфазная манипуляция (*напр. 0, 90°, 180°, 270°*)
Vierphasentakt *m* 1. четырёхфазное тактирование; четырёхфазная синхронизация 2. четырёхфазные тактовые *или* синхронизирующие импульсы
Vierpol *m* четырёхполюсник
~, **allgemeiner** обобщённый четырёхполюсник
~, **angepaßter** согласованный четырёхполюсник
~, **längssymmetrisch aufgebauter** продольно-симметричный четырёхполюсник
~, **ohmscher** резистивный четырёхполюсник
~, **parabolischer** четырёхполюсник с квадратичной характеристикой
~, **rauschbehafteter [rauschender]** шумящий четырёхполюсник
~, **übertragungssymmetrischer [umkehrbarer]** обратимый четырёхполюсник
Vierpolbündelröhre *f* лучевой тетрод
Vierpoldämpfungsfaktor *m* характеристический коэффициент затухания четырёхполюсника
Vierpoldarstellung *f* изображение (*схемы*) в виде четырёхполюсника
Vierpolkenngröße *f см.* **Vierpolparameter**
Vierpolkette *f* цепь (последовательно включённых) четырёхполюсников
Vierpolnetzwerk *n* четырёхполюсник
Vierpolparameter *m* параметр четырёхполюсника
Vierpoltransistor *m* полупроводниковый тетрод
Vierpolübertragungsmaß *n* постоянная передачи четырёхполюсника
Vierpunktsonde *f* четырёхзондовая измерительная установка
Vierquadrantenanzeige *f* круговая индикация
Vierröhrenkamera *f тлв* четырёхтрубочная камера (*цветного телевидения*)

Vierschaltungseinheit *f* тетрада; четвёрка (*структура из четырёх элементов, напр., последовательно-параллельное включение четырёх транзисторов*)
Vierschicht... *см. тж* **Vierschichten...**
Vierschichtdiode *f* динистор
Vierschichten... *см. тж* **Vierschicht...**
Vierschichtenstruktur *f пп* четырёхслойная структура
Vierschichtentransistor *m*, **Vierschichtentriode** *f* четырёхслойный транзистор
Vierschichtschalttransistor *m* тиристор
Vierschlitzröhre *f* четырёхразрезной магнетрон
Viersondenmessung *f* измерение (*характеристик*) четырёхзондовым методом
Viersondenmethode *f* четырёхзондовый метод
vierspaltig четырёхстолбцовый
Vierspitzen-Meßplatz *m* четырёхзондовый измерительный стенд
Vierspitzenmethode *f* четырёхзондовый метод
vierspurig *зап.* 1. четырёхдорожечный 2. четырёхканальный
Vierspur(magnet)kopf *m* четырёхдорожечный блок (магнитных) головок
Vierspurmagnettongerät *n* четырёхдорожечный магнитофон
Vierspursystem *n* система четырёхдорожечной записи
Vierspurtechnik *f* техника четырёхдорожечной записи
Vierspurtonaufzeichnung *f* четырёхдорожечная звукозапись
Vierspurvideorecorder *m* четырёхдорожечный видеомагнитофон
vierstellig 1. четырёхзначный; четырёхразрядный 2. четырёхпозиционный
Vierstrichpeilung *f* пеленгация по четырём точкам
Vierstufenbelichtung *f* четырёхкратное [четырёхступенчатое] экспонирование
Vierstufenschalter *m* четырёхпозиционный [четырёхступенчатый] переключатель
vierstufig четырёхкаскадный
Viertelbildoffset *n* четвертькадровый офсет
Viertelquadratmultiplier *m*, **Viertelquadratmultiplikator** *m*, **Viertelquadratvervielfacher** *m* четвертьквадратный умножитель
Viertelspur *f* (звуковая) дорожка в четверть ширины ленты
Viertelspuraufzeichnung *f* четырёхдорожечная запись
Viertelspurkopf *m* головка для четырёхдорожечной записи
Viertelspurtechnik *f* техника четырёхдорожечной записи
Viertelwellen... четвертьволновый
Viertelwellenanpassungsglied *n* четвертьволновый согласующий трансформатор
Viertelwellentransformationsleitung *f* четвертьволновый трансформирующий отрезок линии
Viertelwellenvibrator *m* четвертьволновый вибратор
Viertelzeilenoffset *m тлв* четвертьстрочный офсет

Viertelzollrecorder *m* видеомагнитофон с записью на ленту шириной 6 мм
Vierungsphase *f тлв* квадратура; сдвиг фазы на 90°
Vierzackenschrift *f* двойная [двухсторонняя] фотографическая сигналограмма
Vierzonentransistor *m* четырёхслойный транзистор
Viewdata *англ.* «Вьюдейта» (*система видеотекса, Великобритания*)
Vignetteneffekt *m опт., тлв* эффект виньетирования
Vignettierung *f опт., тлв* виньетирование
Villari-Umkehr *f* эффект Виллари
V-Impuls *m см.* **Vertikalimpuls**
visible-speech *англ.* визуализация речи
Visible-speech-Diagramm *n* сонограмма
Visible-speech-Methode *f* метод визуализации речи
Visier *n* 1. прицел; визир 2. видоискатель
Visierstrahl *m* визирный луч
Visionspersistenz *f* инерционность зрительного восприятия
Visitel *n фирм.* Визител (*терминал видеотелефона, США*)
Viskosität *f* вязкость
Vistacon *n* плюмбикон, *фирм.* вистакон
Vitrokeramikgehäuse *n* стеклокерамический корпус
VK2AOU-Antenne *f* направленная антенна для трёх коротковолновых диапазонов 20 м, 15 м, 10 м
V-Komponentenschalter *m* электронный коммутатор (в системе) ПАЛ
VLSI-Schaltkreis *m* сверхбольшая интегральная (микро)схема, СБИС
VLSI-Technik *f* техника СБИС
V-Lücke *f* интервал гасящего импульса полей или кадров
V-Modulator *m* модулятор сигнала
VMOS-Technik *f* технология изготовления ИС на МОП-структурах с V-образными канавками
VMOS-Transistor *m* МОП-транзистор с V-образной канавкой, VМОП-транзистор
V-Nachfokussierparabel *f* параболический сигнал кадровой частоты для динамической фокусировки изображения
Vocoder *m см.* **Vokoder**
Vodas *m тлф* голосовой переключатель приём — передача
Voder *m* электронное устройство искусственной речи
vogabundierend блуждающий (*напр. о токе*)
Voice-print-Methode *f* запись речевых сигналов (*по частоте и амплитуде*)
Vokabular *n* 1. словарный состав (*языка*) 2. *вчт* список команд
Vokoder *m* 1. вокодер, устройство кодирования речи 2. *вчт* вокодер (*речевое выходное устройство ЭВМ*)
volatile *англ.* энергозависимый, не сохраняющий информацию при выключении (электро)питания (*о ЗУ*)
Volksempfänger *m* массовый (радио)приёмник

Volladder *m*, **Volladdiator** *m*, **Volladdierer** *m* полный сумматор
Vollamt *n* центральная телефонная станция
Vollanode *f* сплошной [неразрезной] анод
Vollanodenmagnetron *n* магнетрон со сплошным [неразрезным] анодным блоком
Vollanschlag *m* 1. отклонение стрелки до упора 2. *вчт* полный останов
Vollastbetrieb *m* режим полной номинальной нагрузки
Vollausfall *m над.* полный отказ
Vollaussteuerung *f* 1. полная модуляция 2. полное изменение уровня (*сигнала*) на входе
Vollautomatisierung *f* полная [комплексная] автоматизация
Vollband *n* сплошной ленточный (звуко)носитель
Vollbeanspruchung *f*, **Vollbelastung** *f* полная номинальная нагрузка
Vollbetriebszeit *f над.* полная наработка
Vollbild *n* полный (телевизионный) кадр (*включает два поля — чётное и нечётное*)
Vollbildaufzeichnung *f тлв* запись кадра
Vollbildfrequenz *f* частота кадров
Vollbildspeicher *m* ЗУ *или* память на (полный) кадр
Vollbildwechselfrequenz *f* частота кадров
volldigital цифровой
Volldraht *m* толстая проволока; сплошной провод
Vollduplex(betrieb) *m* (полностью) дуплексный режим
vollentstört полностью защищённый от (влияния) помех
Vollfarbe *f тлв* насыщенный цвет
vollflächig *крист.* голоэдрический
Vollflächner *m* голоэдр, голоэдрический кристалл
Vollfunktion *f* полная функция
Vollkurssteuerung *f* полная автоматизация полёта
Vollmodulation *f* полная модуляция
Vollnetzanschlußbetrieb *m* работа с питанием от сети
Vollnetzgerät *n* прибор с питанием от сети
Volloperation *f вчт* полная операция
vollortsfest стационарный
Vollprüfung *f* стопроцентный контроль
Vollquerschnitt *m* полное поперечное сечение
Vollspiegel *m проф.* полностью отражающее зеркало
Vollspuraufzeichnung *f* однодорожечная запись (*по всей ширине МЛ*)
Vollspurkopf *m* головка для однодорожечной записи
Vollständigkeit *f мат.* полнота
~ **der Informationsausgabe** полнота выдачи информации
Vollständigkeitskontrolle *f*, **Vollständigkeitsprüfung** *f*, **Vollständigkeitsüberwachung** *f* совершенный [полный] контроль; контроль на полноту (*операций*)
Vollstörung *f над.* полный отказ
Vollstrahl *m* пучок *или* луч высокой плотности
Vollstrom *m вчт* ток полной выборки

Vollsubstrahierglied n полный вычитатель
Volltastatur f тлг полная клавиатура (54 клавиши), полноклавишная клавиатура
Volltransformator m силовой трансформато
Volltransistorfernsehempfänger m транзисторный телевизионный приёмник
volltransistorisiert транзисторный
Vollübertrag m вчт полный перенос
Vollweg... двухполупериодный
Vollwegschaltdiode f симметричный диодный тиристор, диак
Vollwegthyristor m симметричный триодный тиристор, триак
Vollwelle f полное колебание (с обоими полупериодами)
Vollwellendemodulator m двухтактный демодулятор
Vollwellendipol m одноволновый симметричный вибратор
Vollwellengleichrichter m двухполупериодный выпрямитель
Vollwellenschaltung f двухполупериодная схема
Voltamperecharakteristik f вольт-амперная характеристика
Volta-Spannung f контактная разность потенциалов
Voltenergie f энергия электронов, выраженная в электрон-вольтах
Voltgeschwindigkeit f скорость электронов, определяемая через энергию в электрон-вольтах
Voltmetervorschaltwiderstand m добавочное [последовательное] сопротивление к вольтметру
Volumen n 1. объём 2. громкость 3. вчт том
Volumenanzeiger m индикатор (уровня) громкости
Volumenaufzeichnung f гол. объёмная запись, запись в трёхмерной среде
Volumenbereich m объёмная область
Volumenbeweglichkeit f объёмная подвижность
Volumendichte f фтт объёмная плотность упаковки
Volumendotierung f объёмное легирование (полупроводника)
Volumendurchbruch m объёмный пробой
Volumeneffekt-Funktionsschaltung f функциональная (микро)схема на объёмном эффекте
Volumenelement n элемент объёма
Volumenfotoeffekt m внутренний [объёмный] фотоэффект
Volumenfotoemission f внутренняя [объёмная] фотоэмиссия
Volumen-Foto-EMK f внутренняя фотоэдс
Volumenfotoleitungsdetektor m объёмный фотоэлектрический приёмник
Volumenfotowiderstand m объёмный фоторезистор
Volumengleichrichtung f коррекция динамического диапазона
Volumenhalbleiter m объёмный полупроводник
Volumenhologramm n трёхмерная голограмма
volumenintegriert объёмно-интегрированный (напр. о структуре)
Volumenladung f объёмный заряд
Volumenlebensdauer f пп объёмное время жизни

Volumenleitfähigkeit f объёмная электропроводность
Volumenmagnetostriktion f объёмная магнитострикция
Volumenmesser m измеритель громкости
Volumenpackung f фтт объёмная упаковка
Volumenpolarisation f объёмная поляризация
Volumenpotential n объёмный потенциал
Volumenprozeß m процесс в объёме (полупроводника, напр., формирования или переноса зарядов)
Volumenregler m регулятор громкости
Volumenschnelle f объёмная колебательная скорость
Volumensperrschichtfotoeffekt m внутренний [объёмный] фотоэффект барьерного слоя
Volumenstörstellendichte f крист., пп объёмная плотность дислокаций
Volumenträgerbeweglichkeit f пп подвижность носителей в объёме (материала)
Volumenverunreinigung f внутреннее [объёмное] загрязнение (полупроводника)
Volumenwelle f объёмная волна (в твёрдых средах)
Volumenwellenverstärker m (акустоэлектронный) усилитель объёмных волн
Volumenwiderstand m 1. объёмное сопротивление 2. объёмный резистор
voluminös объёмный
Volumregler m регулятор громкости
Vorabbildung f, **elektronische** тлв перенос электронного изображения
Vorabbildungsbildspeicherröhre f тлв запоминающая трубка с переносом изображения
Vorabbildungssystem n тлв система переноса изображения
Vorabbildungsteil m тлв секция переноса изображения
Vorabfühlung f предварительное считывание
Vorablenkfeld n предварительно отклоняющее поле
Vorabstimmung f предварительная настройка
Voralterung f предварительное старение, остаривание
Voranhebung f предварительный подъём (высоких частот)
Voranode f ускоряющий анод
Voranzeige f 1. предварительная индикация 2. предупредительная индикация
Vorausanzeige f рлк первичная отметка цели
Vorausbestimmung f предсказание; прогноз(ирование)
Vorauseilen n опережение; упреждение
Vorausgabeprogramm n вчт программа предварительного редактирования
Voraussage f предсказание; прогноз(ирование)
Vorauswahl f 1. предварительный набор, преднабор 2. вчт предварительная выборка
Vorauswertung f предварительная оценка (напр. информации)
Vorband n зап. начальный ракорд (ленты)
Vorbeischleifungskondensator m шунтирующий конденсатор
Vorbelastungswiderstand m входное сопротивление

Vorbelichtung f подсветка
Vorbereitung f 1. подготовка 2. составление (*напр. программы*)
Vorbereitungsprogramm n начальная программа, программа подготовки
Vorbereitungssignal n, **Vorbereitungszeichen** n авт. подготовительный [предупредительный] сигнал
Vorbereitungszeit f время подготовки
Vorbeschleunigung f предварительное ускорение, предускорение
Vorbetonung f предварительное подчёркивание (*высоких частот*)
Vorblock m начало массива (*данных*)
Vorbündelung f предварительная фокусировка
VORDAC англ. угломерно-дальномерная радионавигационная система «Вордак»
Vordämpfung f предварительное ослабление
Vorderflanke f 1. фронт (*импульса*) 2. передняя грань (*кристалла*) 3. ведущий край (*перфокарты*)
Vorderfront f фронт (*импульса*)
Vordergrund m тлв передний план
Vordergrundbild n тлв изображение переднего плана
Vordergrundbildsignal n сигнал переднего плана (*при рирпроекции*)
Vordergrund-Hintergrund-Arbeitsweise f вчт режим с приоритетной и фоновой обработками
Vordergrundobjekt n тлв объект переднего плана
Vordergrundprogramm n (высоко)приоритетная программа, программа с высоким приоритетом
Vordergrundverarbeitung f обработка (*информации*) с высоким приоритетом
Vorderplatte f передняя [лицевая] панель (*напр. прибора*)
Vorderschwarzschulter f передняя площадка гасящего импульса строк
Vorderseite f 1. передняя [лицевая] сторона (*напр. платы*) 2. передняя [лицевая] панель (*напр. прибора*)
Vorderwand f 1. передняя стенка 2. передняя [лицевая] панель (*напр. прибора*)
Vorderwandfotoelement n фото(гальванический) элемент фронтального действия
Vorderwandsonnenzelle f солнечный элемент фронтального действия
Vorderwandzelle f см. **Vorderwandfotoelement**
Vorder-zu-Rück-Verhältnis n ант. защитное отношение
Vordissoziation f преддиссоциация
Vordurchbruchgebiet n предпробойная область
Vordurchbruchstrom m предпробойный ток
Vordurchschlag... см. **Vordurchbruch...**
Vorecho n рлк, зап. опережающее эхо (*напр. при копирэффекте*)
Voreilimpuls m опережающий импульс
Voreilung f рлк, рег. опережение, предварение, упреждение
Voreil(ungs)winkel m угол опережения
Voreinflugzeichen n, **Voreinflugzeichensender** m дальний маркерный радиомаяк
Voreinstellimpuls m подготавливающий импульс

Voreinstellstabilität f стабильность начальной [предварительной] установки
Voreinstellung f начальная [предварительная] установка
VOR-Empfänger m нвг приёмное бортовое устройство системы со всенаправленным курсовым маяком
Vorendröhre f предоконечная лампа
Vorendstufe f предоконечный каскад
Vorentladungsimpuls m предразрядный импульс
Vorentzerrer m устройство предыскажения
Vorentzerrung f предыскажение
Vorerhitzung f, **Vorerwärmen** n предварительный нагрев
Vorfeld n предполье
Vorfilter n предварительный фильтр, предфильтр
Vorfilterung f предварительная фильтрация
Vorfokussierung f предварительная фокусировка
vorformatieren, vorformen формовать (*напр. выводы компонентов*)
Vorgabe f 1. заданная величина 2. рег. сигнал от задатчика 3. мат. задание
Vorgabewert m заданное значение
Vorgabezeit f заданное время
Vorgang m 1. процесс (см. тж **Prozeß**) 2. событие 3. вчт операция
~, **abklingender** 1. затухающий процесс 2. сходящийся процесс (*регулирования*)
~, **anschwellender** расходящийся процесс (*регулирования*)
~, **diskreter** дискретный процесс
~, **einmaliger** однократный процесс
~, **ergodischer** инф. эргодический процесс
~, **flüchtiger** нестационарный процесс
~, **gedämpfter** см. **Vorgang, abklingender**
~, **inkohärenter** некогерентный процесс
~, **iterativer** итерационный [итеративный] процесс
~, **kohärenter** когерентный процесс
~, **kreisläufiger** циклический процесс
~, **regelloser** случайный процесс
~, **rekursiver** рекурсивный процесс
~, **schwingungsfreier** апериодический процесс
~, **selbstschwingender** автоколебательный процесс
~, **separierbarer** инф. сепарабельный процесс
~, **stetiger** непрерывный процесс
~, **transienter [transitorischer]** переходный процесс
~, **umkehrbarer** обратимый процесс
~, **ungedämpfter** 1. незатухающий процесс 2. расходящийся процесс (*регулирования*)
~, **zufälliger** 1. случайный процесс 2. случайное событие
Vorgänger m прототип, предшествующий образец
Vorgangskarte f 1. схема процесса 2. (перфо)карта с данными о событиях
Vorgangsmarkierung f маркировка процесса (*напр. во времени*)
Vorgangsregistriergerät n прибор для регистрации процесса
Vorgangsselbstausgleichung f самовыравнивание процесса

VOR

Vorgangsselbstregelung *f* саморегулирование процесса
vorgedrahtet предварительно скоммутированный (*о программе*)
vorgelagert выносной (*напр. о телекамере*)
vorgespannt предварительно смещённый
Vorgitter *n* первая сетка (*лампы*)
Vorglimmlichtzelle *f* газонаполненный фотоэлемент с внешним фотоэффектом
Vorgreifen *n см.* **Vorhalt 1.**
Vorgriff *m* предварительный просмотр; просмотр вперёд
Vorgruppe *f* предгруппа (*каналов тональной частоты системы передачи с ЧРК*)
Vorgruppenbildung *f* формирование [образование] предгрупп
Vorgruppensystem *n* система передачи с формированием предгрупп
Vorgruppenumsetzereinrichtung *f* аппаратура преобразования предгрупп
Vorgruppenumsetzung *f* преобразование предгрупп
Vorhalt *m* 1. *рег., нвг* упреждение, предварение, опережение 2. *мат.* производная 3. *лингв.* предсказание; прогноз(ирование)
Vorhaltblock *m* блок предварения
Vorhalteinstellung *f* установка упреждения
Vorhaltekurs *m нвг* курс с учётом упреждения
vorhalten упреждать, вводить упреждение
Vorhaltepunkt *m* упреждённая точка
Vorhaltewinkel *m* угол упреждения
Vorhaltfaktor *m* коэффициент упреждения
Vorhaltgerät *n* 1. устройство, вырабатывающее упреждение 2. *киб.* предсказывающее устройство
Vorhaltgleichung *f* уравнение для определения упреждения; решение задачи встречи
Vorhaltglied *n* упреждающее звено
Vorhaltgruppe *f см.* **Vorhaltblock**
Vorhaltkreis *m* 1. цепь упреждения 2. дифференцирующий RC-контур
Vorhaltoperator *m* оператор предсказания
Vorhaltrechner *m* вычислительное устройство, вырабатывающее упреждение
Vorhaltzeit *f* 1. время предварения 2. постоянная времени дифференцирующего звена
Vorhärten *n*, **Vorhärtung** *f микр.* предварительный обжиг; термообработка
Vorheizen *n*, **Vorheizung** *f* предварительный нагрев
Vorherrschen *n киб.* преобладание, доминирование
Vorhersage *f* 1. предсказание (*напр. при ДИКМ*) 2. прогноз(ирование)
Vorhersagefilter *n* фильтр с предсказанием, фильтр прогнозирования
Vorhersagetheorie *f* 1. теория предсказания 2. теория упреждения
Vorimpuls *m* 1. подготавливающий импульс 2. предшествующий импульс 3. *тлв* передний уравнивающий импульс
Vorimpulsflanke *f тлв* фронт переднего уравнивающего импульса
Vorimpulsverzögerung *f* задержка подготавливающего импульса

VOR

Vorindizierung *f* предындексирование
Vorionisation *f* предионизация
Vorionisationsentladung *f* разряд с предионизацией
Vorionisationslaser *m* (газовый) лазер с предионизацией
Vorjustieren *n*, **Vorjustierung** *f* 1. предварительная настройка; грубая настройка 2. *микр.* предварительное совмещение (*напр. пластины с фотошаблоном*); предварительная ориентация
Vorkammer *f* предкамера, форкамера
Vorkapazität *f* входная ёмкость
Vorkodieren *n* предварительное кодирование
Vorkodiertabelle *f* таблица связи входных команд с функциями станка (*в системах с ЧПУ*)
Vorkommnis *n* 1. происшествие 2. *инф.* событие
Vorkondensator *m* 1. входной конденсатор 2. конденсатор, включённый последовательно
Vorkonzentration *f* предварительная фокусировка
Vorkorrekturprogramm *n* программа предварительного редактирования
Vorkreis *m* входной контур; входная цепь
Vorlage *f* 1. оригинал (*для воспроизведения*) 2. *микр.* оригинал (*фотошаблона*), фотооригинал 3. *микр.* фототрафарет (*для толстоплёночных ГИС*)
Vorlagengenerator *m* генератор изображений (фото)оригиналов
Vorlagenherstellung *f* изготовление (фото)оригиналов
Vorlauf *m* 1. прямой ход (*ленты*) 2. *зап.* перемотка вперёд 3. опережение изображения звуком (*при записи и воспроизведении*)
~, schneller ускоренная перемотка вперёд
Vorlaufband *n зап.* начальный ракорд (*ленты*)
Vorlaufdauer *f* 1. время опережения 2. *авт.* собственное время (*срабатывания*) 3. *изм.* время подготовки
Vorläufer *m* выброс, предшествующий переднему фронту импульса
Vorlaufprogrammlader *m вчт* загрузчик программы раскрутки, *проф.* пускач
Vorlaufsignal *n* упреждающий сигнал
Vorlaufverzerrung *f* искажение опережения
Vorlaufzeit *f см.* **Vorlaufdauer**
Vormagnetisierung *f зап.* подмагничивание
Vormagnetisierungscharakteristik *f зап.* характеристика подмагничивания
Vormagnetisierungsfeldstärke *f* напряжённость поля подмагничивания
Vormagnetisierungsfrequenz *f* частота подмагничивающего тока
Vormagnetisierungskopf *m* головка подмагничивания
Vormagnetisierungsstrom *m* ток подмагничивания
Vormagnetisierungswicklung *f* обмотка подмагничивания
Vormeldestromkreis *m авт.* цепь предупредительной сигнализации
Vormodulation *f* 1. предварительная модуляция, предмодуляция 2. канальное преобразование системы передачи с ЧРК
Vormodulationseinrichtung *f* аппаратура каналь-

ного преобразования системы передачи с ЧРК
Vormodulationstransformator *m* подмодуляционный трансформатор
Vormodulator *m* подмодулятор
Vornullenunterdrückung *f вчт* подавление (незначащих) нулей
Vorortsverkehr *m* пригородная связь
Voroxydationsatmosphäre *f* атмосфера предварительного оксидирования
Vorproduktion *f* подготовка (телевизионной) программы
Vorprogramm *n* вводная часть программы; вставка
Vorprogrammierung *f* предварительное программирование
Vorprogramm-Instruktion *f* команда программы предварительной обработки
Vorprozessor *m* препроцессор
Vorprüfung *f* предварительное испытание
Vorrang *m прогр., вчт* приоритет
Vorranganzeiger *m прогр., вчт* указатель приоритета
Vorrangbearbeitung *f* приоритетная обработка
Vorrangentschlüsselung *f* приоритетное декодирование
Vorrangprogramm *n* программа с (высоким) приоритетом
Vorrangschaltung *f* 1. исходная схема 2. *прогр.* схема приоритета
Vorrangsignal *n* сигнал приоритета
Vorrangsteuerung *f* приоритетное управление
Vorrangstufe *f* степень приоритета
Vorrangverarbeitung *f* приоритетная обработка
Vorrat *m* 1. запас 2. набор, состав (*напр. знаков*)
Vorratskatode *f* дисперсный [распределительный] катод
Vorratskondensator *m* накопительный конденсатор
Vorratsrolle *f* рабочий рулон (*диаграммной бумаги самописца*)
Vorratsspule *f зап.* подающая катушка
Vorrechtseingang *m вчт* преимущественный вход (*в ферромагнитном регистре*)
Vorregelung *f* предварительная регулировка
Vorreinigung *f* предварительная очистка
Vorrichtung *f* 1. приспособление; устройство 2. механизм 3. прибор, аппарат
~, **anamorfotische** 1. анаморфотная насадка 2. анаморфотное устройство
Vorröhre *f* входная лампа
vorrücken продвигать, подавать (*ленту*)
Vor-Rück-Verhältnis *n ант.* защитное отношение
Vor-Rückwärtsdekadenzähler *m* реверсивный декадный счётчик
Vor-Rückwärts-Zählkette *f* реверсивная счётная цепь
Vor-Rückwärts-Zählung *f* реверсивный счёт
Vorsammellinse *f* 1. линза предварительной фокусировки 2. первая электронная линза (*в электронном прожекторе*)
Vorsammelspule *f* катушка предварительной фокусировки
Vorsatz *m* 1. приставка 2. *опт.* насадка 3. *мат.* знак (*напр. плюс или минус*) 4. конвертер (*к приёмнику*)
Vorsatzempfänger *m* приёмник с конвертером
Vorsatzgerät *n*, **Vorsatzglied** *n* 1. приставка 2. конвертер
Vorsatzlinse *f* насадочная линза
Vorsatzoptik *f* оптическая насадка
Vorsatzskale *f* накладываемая шкала (*на экран трубки*)
Vorsaugeapparat *m* форвакуумная откачная установка; форвакуумный насос
Vorschalteklinke *f тлф* промежуточное гнездо
Vorschaltinduktivität *f* индуктивность, включённая последовательно
Vorschaltkondensator *m* конденсатор, включённый последовательно
Vorschaltwiderstand *m* гасящий (*последовательно включённый*) резистор
Vorschauausgang *m тлв* выход для просмотрового устройства
Vorschaukontrollbild *n тлв* изображение на экране видеоконтрольного устройства предварительного просмотра
Vorschau-Regiemonitor *m* видеопросмотровое устройство режиссёра
Vorschrift *f* предписание; инструкция
Vorschub *m* 1. подача, продвижение, протяжка (*ленты, бумаги*) 2. перемещение 3. подающий механизм
Vorschubanschlag *m* остановка подачи
Vorschubbetätigungshebel *m* переводный рычаг печатающего валика
Vorschubeinrichtung *f* 1. подающее устройство 2. каретка
Vorschubgeschwindigkeit *f* скорость подачи
Vorschubmagnet *m* подающий (электро)магнит
Vorschubmotor *m* двигатель лентопротяжного механизма
Vorschubrad *n тлг* (штифтовое) лентопротяжное колесо
Vorschubwalze *f* лентопротяжный валик
Vorschubwechsel *m* изменение скорости подачи
Vorschubwerk *n* лентопротяжный механизм; механизм подачи
Vorschwinger *m* выброс, предшествующий фронту сигнала
Vorselektion *f* преселекция
Vorselektionskreis *m* контур преселекции
Vorselektionsstufe *f* преселектор
VOR-Sender *m нвг* передатчик курсового всенаправленного маяка (*наземной станции*)
Vorserie *f* опытная серия
vorsetzen 1. *вчт* разворачивать, расписывать (*цикл*) 2. наматывать (*ленту*)
Vorsignal *n* предварительный *или* предупредительный сигнал
Vorspann *m*, **Vorspannband** *n* начальный ракорд (*ленты*)
Vorspannung *f* смещение, напряжение смещения
~, **feste** постоянное смещение
~ **in Durchlaßrichtung** прямое смещение
~ **in Sperrichtung** обратное смещение
~, **verriegelnde** запирающее напряжение смещения
Vorspannungsbatterie *f* батарея смещения

Vorspannungsfeld *n* смещающее поле, поле смещения
Vorspannungskette *f*, **Vorspannungskreis** *m* цепь смещения
Vorspannungsmagnetisierung *f* намагниченность смещения
Vorspannungsmodulation *f* модуляция смещением
Vorspannungspegel *m* уровень смещения
Vorsperröhre *f* разрядник переключателя «передача — приём»
Vorspulen *n* зап. перемотка ленты вперёд
Vorsteckeinrichtung *f* вчт механизм передней закладки документов
Vorsteckmaschine *f* перфорационная машина
Vorsteuerung *f* предварительное регулирование
Vorstrom *m* 1. прямой ток (*вентиля*) 2. ток подмагничивания 3. начальный ток
Vorstufe *f* входной каскад
Vorstufenmodulation *f* модуляция в каскадах предварительного усиления (*передатчика*)
Vorstufenwahl *f см.* **Vorwahl**
Vorstufenwiderstand *m* гасящий (*последовательно включённый*) резистор
VORTAC *англ.* угломерно-дальномерная радионавигационная система «Вортак»
Vorteiler *m* входной делитель
Vortrabanten *m pl* тлв первая последовательность уравнивающих импульсов
Vortragsmikrofon *n* дикторский микрофон
Vortransformation *f* предварительное преобразование
Vortriebsimpuls *m* предварительно подаваемый импульс
Vortriggerimpuls *m* импульс, подготавливающий запуск (*схемы*)
Vortrocknung *f* предварительная сушка (*толстоплёночных паст*)
vorübergehend переходный; (кратко)временный; неустойчивый
Vor-Übergruppe *f* тлф основная вторичная группа
Vorübersetzer *m* вчт предварительный компилятор
Vorübertrager *m* входной трансформатор
Voruntersetzer *m* предварительное пересчётное устройство
Vorvakuum *n* форвакуум, предварительный вакуум
Vorvakuumpumpe *f* форвакуумный насос
Vorverarbeitung *f* предварительная обработка
Vorverdichtung *f* предварительное уплотнение (*напр. информации*)
vorverdrahtet предварительно набранный, предварительно скоммутированный
Vorverstärker *m* предварительный усилитель, предусилитель
Vorverstärkerstufe *f* каскад предварительного усиления
Vorverstärkung *f* предварительное усиление
Vorverzerrung *f* предыскажение
Vorwahl *f* 1. преселекция 2. вчт предварительная выборка 3. тлф предыскание 4. мат. выбор
~, **doppelte** двойное предыскание
~, **einfache** одинарное предыскание

Vorwahleinstellung *f* предварительная установка системы селекции
Vorwähler *m* 1. преселектор 2. тлф предыскатель, ПИ
Vorwahlimpuls *m* вчт импульс групп (*в счётчике групп*)
Vorwahlschalter *m* тлф предыскатель, ПИ
Vorwahlsteuerung *f* 1. программное управление 2. программное наведение
Vorwahlstufe *f* ступень предыскания
Vorwahltaste *f* клавиша фиксированного набора (*напр. станции*)
Vorwahlzahl *f* номер группы *или* пакета (*данных*)
Vorwahlzähler *m* вчт счётчик групп *или* пакетов (*данных*)
Vorwärmen *n* предварительный нагрев
Vorwarnradar *n* РЛС дальнего обнаружения
Vorwarnzeit *f* рлк время предупреждения [оповещения]
Vorwärtsabtastung *f* тлв построчная развёртка
Vorwärtsdrehung *f* правое вращение
Vorwärtskanal *m* канал прямой связи, прямой канал
Vorwärtskopplung *f см.* **Vorwärtsregelung** 1.
Vorwärtsleitfähigkeit *f* электропроводность в прямом направлении
Vorwärtspfad *m см.* **Vorwärtskanal**
Vorwärtsregelung *f* 1. прямая автоматическая регулировка усиления 2. *рег.* опережающее регулирование
Vorwärtsrichtung *f* пп прямое направление
Vorwärts-Rückwärts-Verhältnis *n* ант. защитное отношение
Vorwärtsspannung *f* прямое напряжение
Vorwärtssteilheit *f* крутизна (*характеристики*)
Vorwärtssteuerspannung *f* прямое управляющее напряжение
Vorwärtssteuerstrom *m* прямой ток управления
Vorwärtsstoßstrom *m* выброс прямого тока
Vorwärtsstrahlung *f* прямое излучение
Vorwärtsstreuung *f* рассеяние вперёд
Vorwärtsstrom *m* прямой ток
Vorwärtsübertragungscharakteristik *f* характеристика прямой передачи
Vorwärtsverweis *m* 1. ссылка вперёд 2. обращение к элементу программы, находящемуся впереди
Vorwärtswahl *f* тлф прямое искание
Vorwärtswahlstufe *f* тлф ступень прямого искания
Vorwärtswelle *f* прямая волна
Vorwärtswellenverstärker *m* усилитель с прямой волной
Vorwärtswiderstand *m* пп прямое сопротивление
Vorwärtszähler *m* счётчик прямого счёта, суммирующий счётчик
Vorwärtszählkette *f* прямая счётная цепь
Vorwärtszählung *f* прямой счёт
Vorwärtszeichen *n pl* тлф сигнал вызова
Vorwärts-zu-Rückwärts-Verhältnis *n* ант. защитное отношение
Vorwärtszweig *m* прямая цепь; *рег.* ветвь прямого тракта

Vorwegparameter *m* предварительно введённый параметр
Vorwickeln *n* перемотка вперёд
Vorwiderstand *m* гасящий (*последовательно включённый*) резистор
Vorzeichen *n* 1. *мат.* знак (*напр. плюс или минус*) 2. знаковый разряд, разряд знака 3. *вчт* символ, признак
~, **binäres** знаковый двоичный разряд, знаковый бит
Vorzeichenänderung *f* перемена знака
Vorzeichenbit *n* знаковый (двоичный) разряд, знаковый бит
Vorzeichenerkennung *f* распознавание знака
Vorzeichenflipflop *n* триггер знака
Vorzeichenimpuls *m* импульс знакового разряда
Vorzeicheninformation *f вчт* информация о знаке
Vorzeicheninverter *m* знакоинвертор
Vorzeichenkombination *f* комбинация знаков
Vorzeichenposition *f* положение знакового разряда; знаковый разряд
Vorzeichenprüfanzeiger *m* индикатор контроля знака
Vorzeichenregel *f* правило знаков
Vorzeichenregister *n* регистр знака
Vorzeichenstelle *f* знаковый разряд; место знакового разряда
Vorzeichensteuerung *f* регулирование по знаку
Vorzeichenumkehr *f см.* **Vorzeichenumkehrung**
Vorzeichenumkehrer *m* знакоинвертор
Vorzeichenumkehrung *f*, **Vorzeichenumwandlung** *f*, **Vorzeichenwechsel** *m* изменение знака
Vorzeichenwechseltaste *f* клавиша изменения знака
Vorzeichenziffer *f* цифра, определяющая знак; знаковый разряд
Vorzeichner *m* следящее [копирующее] устройство
Vorzugsrichtung *f* 1. ось лёгкого намагничивания, ОЛН 2. предпочтительное направление (*роста кристалла*)
Vorzustand *m* начальное состояние
V-Platten *f pl* пластины вертикального отклонения
V-Schnitt-Überblendung *f тлв* мгновенное переключение во время обратного хода по кадру
V-Strahlantenne *f* V-образная [уголковая] вибраторная антенна
VT-... *см. тж* **Videotext...**
VT-Bild *n* изображение (*символов*) телетекста (*на экране телевизора*)
VT-Dekoder *m тлв* декодер телетекста
V-Tisch *m* стол видеомонтажа
VU-Meter *n* измеритель громкости
VU-Indikator *m* индикатор (уровня громкости) выхода, ИВ
V-Voreinstellung *f* предварительная установка по вертикали
VZ-Glied *n* звено задержки

W

Waag(e)rechtablenkung *f* 1. горизонтальное отклонение 2. *тлв* строчная развёртка
Waag(e)rechtsynchronisierung *f* 1. синхронизация горизонтального отклонения 2. *тлв* синхронизация строчной развёртки
Waben... сотовый
Wachekreis *m* дискриминатор с двумя взаимно расстроенными контурами
Wachempfänger *m* судовой радиоприёмник сигналов бедствия
Wachsaufnahme *f*, **Wachsaufzeichnung** *f* запись звука на восковой диск
Wachsplatte *f* восковой диск
Wachstum *n крист.* 1. рост 2. выращивание
~, **definiertes** определённая ориентация (*направления*) роста
~, **dendritisches** дендритный рост
~, **diffusionsbestimmtes** управляемый диффузией рост
~ **des Einkristalls** 1. рост монокристаллов 2. выращивание монокристаллов
~, **epitaxiales** эпитаксиальный рост
~, **schraubenförmiges** [**spiralförmiges**] спиральный рост
~, **thermisches** термический рост
Wachstumsanisotropie *f крист.* ростовая анизотропия
Wachstumsfehler *m* дефект роста
Wachstumsfläche *f* плоскость роста
Wachstumsgeschwindigkeit *f* скорость роста
Wachstumsgesetz *n* закон роста объёма [массы] аппаратуры с увеличением её габаритов
Wachstumsgrenzfläche *f* граница роста
Wachstumspyramide *f* пирамида роста
Wachstumsrichtung *f* направление роста
Wachstumsschichtungen *f pl* слоистая структура (*полупроводника*), полученная методом выращивания
Wachstumsspirale *f* спираль роста
Wachstumstemperatur *f* температра роста
Wachstumszone *f* зона роста
Wächter *m* 1. контрольный прибор 2. реле контроля 3. ограничитель
Wächtermeldung *f* контрольная сигнализация
«**Wackel-3D**» *фирм.* «Вакель-3Д» (*экспериментальная установка стереотелевидения Колумбийского университета, США*)
Wackelkontakt *m* неустойчивый контакт
Wackeln *n* дрожание, качание (*напр. изображения*)
Wafer *m* 1. (полупроводниковая) пластина; плата (*печатного монтажа*); подложка (*гибридной микросборки*) 2. (кристаллическая) пластина (*для изготовления ИС*) 3. галета (*переключателя*)
Waferauflagefläche *f* поверхность основания [тыльная поверхность] подложки
Waferbearbeitungszone *f* рабочая зона (*размещения*) пластин или подложек (*напр. в диффузионной печи или в вакуумной установке*)
Waferbehälter *m* кассета для пластин, подложек

или плат (*для групповой межоперационной транспортировки*)
Waferbezugsmarke f *микр.* реперная метка на пластине
Waferbildebene f плоскость [поверхность] пластины, подложки *или* платы для формирования рисунка
Waferdefektdichte f *крист.* плотность дефектов на пластине
Waferdurchsatz m производительность изготовления пластин, подложек *или* плат
Waferfläche f поверхность пластины, подложки *или* платы
Waferjustiermarke f реперная марка (*позиционирования*) пластины, подложки *или* платы
Waferkontrollplatz m установка контроля пластин, подложек *или* плат
Waferpositioniereinheit f устройство для позиционирования полупроводниковых пластин, подложек *или* плат
Wafer-Retikel-Justiersystem n система совмещения промежуточного фотошаблона и полупроводниковой пластины (*по визирному перекрестию или масштабной сетке*)
Wafersägemaschine f установка для резки полупроводниковых пластин
Wafer-Scanner m установка электронно-лучевой литографии со сканированием для формирования интегральных структур
Waferstepper m *микр.* установка последовательного пошагового экспонирования; установка последовательного шагового мультиплицирования
Waferstrukturierung f формирование рисунка на полупроводниковой пластине, подложке *или* плате
Wafertester m тестер пластин, подложек *или* плат
Wafertestspule f катушка (электрического) зондового тестирования (полупроводниковой) пластины
Wafertrennsäge f пила для резки полупроводниковых пластин
Waferverband m **1.** матричная ИС на целой полупроводниковой пластине **2.** совокупность интегральных структур, сформированных в полупроводниковых пластине
Waferzusammensetzung f *микр.* построение [компоновка] кристалла (*ИС*)
waffelartig галетный (*напр. о микромодульном элементе*)
Waffensatellit m спутник-носитель оружия
Wägekodierer m аналого-цифровой преобразователь с поразрядным уравновешиванием
Wägekodierung f аналого-цифровое преобразование с поразрядным уравновешиванием
Wagen n **1.** каретка (*пишущей машины*) **2.** тележка (*напр. для телевизионной камеры*)
Wagenrücklauf m возврат каретки
Wagenrücklaufimpuls m импульс возврата каретки
Wagenvorschub m ход каретки
Wahl f **1.** *тлф* искание; набор **2.** селекция **3.** *вчт* выборка, выбор
~ **auf einer Stufe** искание в одной декаде
~, **bedingende** обусловленное искание

~, **erzwungene** вынужденное искание
~, **freie 1.** *тлф* свободное искание **2.** *мат.* свободный выбор
~, **tonfrequente** тональный набор
~, **zufällige** *над.* случайный выбор
Wähl... *см. тж* **Wähler...**
Wählamt n автоматическая телефонная станция, АТС
Wählanruf m *тлф* избирательный вызов
Wählanschluß m *тлф* абонентский ввод
Wählbarkeit f избирательность
Wählbefehl m команда выбора (*программы*)
Wählbetrieb m *тлф* автоматическая связь
Wähldaumen m *тлг* селекторный палец
Wähleinrichtung f **1.** оборудование АТС **2.** селекторное устройство
Wählen n **1.** *тлф* искание, набор (*номера*) **2.** селекция
~, **direktes** прямой набор
Wählendesignal n, **Wählendezeichen** n *тлф* сигнал окончания набора
Wähler m **1.** *тлф* искатель **2.** селектор
~, **elektromechanischer** электромеханический искатель
~, **mehrstufiger** многорядный [многоступенчатый] искатель
~ **mit Übertrager** (групповой) искатель с повторителем импульсов [с транслятором]
~, **vierarmiger** четырёхрычажный искатель
~, **zehnteiliger** десятипозиционный искатель
Wähler... *см. тж* **Wähl...**
Wähleranlage f автоматическая (телефонная) установка
Wählerantrieb m привод искателя
Wählerarm m щётка искателя; рычаг искателя
Wählerbank f контактное поле искателя
Wählerbucht f стойка искателей
Wählerfernamt n междугородная АТС
Wählerfernverkehr m междугородный автоматический телефонный обмен
Wählergestell n стойка искателей
Wählerkanal m селекторный канал
Wählerkontaktfeld n контактное поле искателя
Wählerkreis m **1.** цепь искателя **2.** избирательный контур
Wählerlauf m ход искателя
~, **ununterbrochener** непрерывное искание
Wählermatrix f матрица выборки
Wählerrahmen m рама с искателями
Wählerraum m аппаратная АТС
Wählerrelais n реле искателя; реле-искатель
Wählerruhekontakt m контакт начального [исходного] положения искателя
Wählersaal m аппаратная АТС
Wählerschalter m наборный ключ
Wählerscheibe f диск номеронабирателя
Wählerschritt m шаг искателя
Wählersegment n сегмент искателя
Wählersteuerung f управление исканием *или* искателями
~, **indirekte** управление исканием с регистрами
Wählersucher m предыскатель
Wählersystem n система автоматической телефонной связи
Wählertafel f селекторная панель

Wählertaste f клавиша набора; наборный ключ
Wählfernmessung f телеизмерение по вызову
Wählfernsprecher m телефонный аппарат АТС
Wählgeräusch n шум при наборе номера
Wählheber m рычаг селектора
Wählimpuls m 1. импульс набора 2. селекторный импульс
~, **dekadischer** импульс декадного набора
Wählinformation f информация набора
Wählkamm m тлг селекторная гребёнка
Wahlkontakt m 1. избирательный контакт 2. контакт (*поля*) искателя
Wählleitung f коммутируемая линия
Wählmagnet m селектирующий магнит
Wählnetz n сеть с автоматической коммутацией
Wähloperation f операция выбора (*напр. программы*)
Wählröhre f электронно-лучевой коммутатор
Wählrufanlage f установка селекторной связи
Wählschalter m 1. селекторный переключатель 2. переключатель рода работы
Wahlschaltfeld n наборное коммутационное поле
Wählschaltröhre f 1. электронно-лучевой коммутатор 2. коммутаторная лампа
Wählschaltung f 1. избирательная цепь 2. схема искания
Wählscheibenimpuls m импульс номеронабирателя
Wählstromkreis m 1. избирательная цепь 2. цепь искания
Wählstufe f тлф ступень искания
Wählsystem n коммутационная система
Wähltastatur f наборная клавиатура
Wähltaste f клавиша набора
Wähltechnik f техника автоматической телефонной связи
Wählton m звуковой сигнал готовности к соединению
Wahlunteranlage f (телефонная) подстанция
Wählverbindung f 1. автоматическая (телефонная) связь 2. вчт коммутируемая связь
Wählverkehr m автоматическая связь
Wählvermittlungsstelle f тлф, тлг автоматическая коммутационная станция
Wählweiseeinschaltung f включение по выбору
Wählwiederholung f 1. повторный вызов 2. повторение набора (*номера*)
Wählzeichen n сигнал набора
Wählzeit f время набора
Wahrheit f лог. истинность; истина
Wahrheitsmatrix f, **Wahrheitstabelle** f, **Wahrheitstafel** f таблица истинности, истинностная таблица
Wahrheitswert m истинное значение
Wahrheitswerttabelle f, **Wahrheitswerttafel** f таблица истинности, истинностная таблица
Wahrnehmbarkeitsgrenze f 1. граница восприятия 2. граница различения
Wahrnehmung f 1. восприятие 2. наблюдение 3. различение; распознавание
Wahrnehmungsabstand m расстояние наблюдения
Wahrnehmungseigenschaften f pl особенности восприятия
Wahrnehmungselement n воспринимаемый (в ощущениях) элемент (*образа*)

Wahrnehmungsgestalt f воспринимаемый (в ощущениях) образ
Wahrscheinlichkeit f вероятность
Wahrscheinlichkeitsaussage f вероятностное высказывание
Wahrscheinlichkeitsautomat m вероятностный автомат
Wahrscheinlichkeitsbewertung f оценка вероятности
Wahrscheinlichkeitscharakteristik f вероятностная характеристика
Wahrscheinlichkeitsdichte f плотность (распределения) вероятностей
Wahrscheinlichkeitsdichtefunktion f функция плотности (распределения) вероятностей
Wahrscheinlichkeitsfaktor m коэффициент вероятности
Wahrscheinlichkeitsgrad m степень вероятности
Wahrscheinlichkeitslehre f теория вероятностей
Wahrscheinlichkeitsmaschine f инф. вероятностная машина
Wahrscheinlichkeitsmaß n мера вероятности
Wahrscheinlichkeitsmethode f вероятностный метод
Wahrscheinlichkeitsmodell n вероятностная модель
Wahrscheinlichkeitsschätzung f вероятностная оценка
Wahrscheinlichkeitsschwelle f вероятностный порог
Wahrscheinlichkeitsverteilungsdichte f плотность распределения вероятностей
Wahrscheinlichkeitsverteilungsfunktion f функция распределения вероятностей
Wahrscheinlichkeitszuordnung f распределение вероятностей
Wah-Wah-Effekt m зап. детонация
Wait-Register n регистр ожидания
Walkie-Lookie n портативная телевизионная камера
Walkie-Talkie(-Gerät) n портативная дуплексная радиостанция
Walsh-Funktion f функция Уолша
Walsh-Harmuth-Funktion f функция Уолша—Хармута
Walsh-Paley-Funktion f функция Уолша—Палея
Walsh-Transformation f преобразование Уолша
Walzendrehknopf m рычаг установки строк
Walzenreflektor m рефлектор, представляющий собой совокупность параболоида и поверхности вращения
Walzenschalter m барабанный переключатель
Wamoskop n вамоскоп (*сочетание ЛБВ с индикаторной ЭЛТ*)
Wand f 1. стена; стенка 2. граница, стенка (*доме́на*) 3. полотно (*антенны*) 4. экран 5. барьер; порог
Wandaufladung f см. **Wandladung**
Wandbelag m покрытие стенок (*напр. баллона трубки*)
Wanddämpfung f потери в стенках (*волновода*)
Wandeffekt m экранирующий эффект
Wandenergie f энергия доменной границы
Wanderfeld n бегущее поле
Wanderfeldablenksystem n отклоняющая система

(*осциллографа*) с секционированной задержкой (*электронного луча*)
Wanderfeldklystron *n* клистрон бегущей волны
Wanderfeldmagnetfeldröhre *f* ЛБВ М-типа
~, **rückgekoppelte** магнетрон
Wanderfeldmagnetron *n* ЛБВ М-типа
Wanderfeldmaser *m* мазер бегущей волны
~, **optischer** мазер бегущей волны оптического диапазона
Wanderfeldmotor *m* мотор бегущего поля (*обеспечивает линейное поступательное движение*)
Wanderfeldröhre *f* ЛБВ О-типа (*с линией задержки и без статического поперечного поля*)
~, **hochverstärkende** ЛБВ О-типа с большим коэффициентом усиления
~ **mit Fotokatode** фото-ЛБВ
~ **mit Runzelleiter** ЛБВ О-типа с волноводной замедляющей системой
Wanderfeldröhrengenerator *m* генератор на ЛБВ О-типа
Wanderfeldverstärker *m* усилитель на ЛБВ
Wanderfeldverstärkermagnetron *n* усилительный магнетрон бегущей волны
Wanderfeldverstärkerröhre *f* усилительная ЛБВ
Wanderfeldwendelröhre *f* ЛБВ с замедляющей спиралью
Wandergeschwindigkeit *f* скорость распространения (*волн*)
Wandermarke *f* перемещающаяся отметка (*при измерениях*)
Wandermaske *f* тлв блуждающая маска
Wandern *n см.* **Wanderung**
Wanderspule *f* подвижная катушка
Wanderung *f* 1. миграция (*напр. зарядов*); перенос (*материала*) 2. дрейф (*напр. электронов*) 3. уход, смещение (*напр. частоты*) 4. отклонение (*напр. луча трубки*)
~ **von Leerstellen** *пп* миграция дырок
~ **von Versetzungen** *крист.*, *пп* миграция дислокаций
Wanderungsgeschwindigkeit *f* скорость миграции
Wanderungsverluste *m pl* 1. *пп* потери миграции 2. *кв. эл.* потери ухода (*в квантовом генераторе*)
Wanderwelle *f* 1. бегущая волна 2. блуждающая волна (*перенапряжения*)
Wanderwellenantenne *f* антенна бегущей волны
Wanderwellenbeschleuniger *m* ускоритель с бегущей волной
Wanderwellengenerator *m* генератор бегущей волны
Wanderwellenlaser *m* лазер бегущей волны
Wanderwellenleitung *f* фидер с бегущей волной
Wanderwellenmaser *m* мазер бегущей волны
Wanderwellenquantenverstärker *m*, **paramagnetischer** квантовый парамагнитный усилитель бегущей волны
Wanderwellenröhre *f* лампа бегущей волны, ЛБВ
Wanderwellenröhren... *см.* **Wanderfeldröhren...**
Wanderwellenverstärker *m* усилитель бегущей волны
Wanderziel *n* рлк движущаяся [подвижная] цель
Wandfernsprechapparat *m*, **Wandfernsprecher** *m* настенный телефонный аппарат

Wandladung *f* заряд стенок, заряд на стенках (*напр. колбы*)
Wandleitfähigkeit *f* проводимость стенок (*напр. волновода*)
Wandler *m* 1. преобразователь (*измеряемой величины*); датчик 2. (измерительный) трансформатор
~, **aktiver** активный преобразователь
~, **akustischer** акустический преобразователь
~, **akustoelektrischer** акустоэлектрический преобразователь
~, **akustoelektronischer** акустоэлектронный преобразователь
~, **digitaler** цифровой преобразователь
~, **dispersiver** (акустоэлектронный) дисперсионный преобразователь
~, **elektroakustischer** электроакустический преобразователь
~, **elektronenoptischer** электронно-оптический преобразователь, ЭОП
~, **induktiver** индуктивный датчик
~, **kapazitiver** ёмкостный датчик
~, **lichtelektrischer** фотоэлемент
~, **magnetoelastischer** магнитоупругий преобразователь
~ **N-bit-A-D** N-разрядный АЦП
~, **nichtelektrisch-elektrischer** преобразователь неэлектрической величины в электрическую
~, **optisch-elektrischer** фотоприёмник
~, **piezoelektrischer** пьезоэлектрический преобразователь, пьезоэлектрический датчик
~, **thermoelektronischer** термоэлектронный преобразователь
Wandlerbereich *m* диапазон преобразователя
Wandlerelement *n* преобразующий элемент
Wandlerfunktion *f* функция преобразования
Wandlerkonstante *f* постоянная преобразователя
Wandlerprinzip *n* принцип преобразования
Wandlerröhre *f* электронно-лучевой преобразователь
Wandlersignal *n* сигнал преобразователя
Wandlersystem *n* система преобразования
Wandlerverstärker *m* усилитель-преобразователь
Wandlung *f* 1. преобразование 2. трансформация
Wandlungsverhältnis *n* коэффициент трансформации
Wandlungswirksamkeit *f* 1. эффективность преобразования 2. коэффициент трансформации
Wandreflexion *f* отражение от стен(ок)
Wandrekombination *f* поверхностная рекомбинация
Wandstärke *f* толщина стенки
Wandsteckdose *f* (на)стенная розетка
Wandstromverteilung *f* распределение тока по стенкам (*волновода*)
Wandverlust *m* потери в стенках (*волновода*)
Wandverschiebung *f* смещение границ доменов
Wanze *f проф.* миниатюрное подслушивающее устройство
Ware *f*:
~, **harte** технические средства (*ВМ*)
~, **weiche** программное обеспечение, программные средства (*ВМ*)
Wärmeabführung *f* охлаждение

Wärmeabgabewert m величина теплоотдачи
Wärmeableiter m, **Wärmeableitvorrichtung** f радиатор; теплоотвод
Wärmeabschirmung f тепловая защита
Wärmealterung f тепловое старение
Wärmeanpeilung f термопеленгация
Wärmeausdehnungskoeffizient m коэффициент теплового расширения, КТР
Wärmeaustauscher m теплообменник
Wärmebehandlung f термообработка
Wärmebeständigkeit f нагревостойкость
Wärmebilanz f тепловой баланс
Wärmebild n тепловое изображение
Wärmebildaufnahmeröhre f пировидикон, пироэлектрический видикон
Wärmebildkamera f тепловизионная камера
Wärmedämmstoff m теплоизоляционный материал
Wärmedetektor m термодетектор
Wärmediffusion f термодиффузия
Wärmedrift f температурный сдвиг, уход температуры
Wärmedruckverfahren n микр. термокомпрессионная сварка, термокомпрессия
Wärmedurchbruch m тепловой пробой
Wärmedurchgang m теплопередача
Wärmedurchgangswiderstandsrauschen n тепловые шумы сопротивления
Wärmedurchlässigkeit f теплопроницаемость
Wärmedurchschlag m тепловой пробой
Wärmeelektrizität f термоэлектричество
wärmeempfindlich теплочувствительный
Wärmeersatzschaltbild n тепловая эквивалентная схема
Wärmefernsprecher m термофон
Wärmefestigkeit f нагревостойкость
Wärmefluß m тепловой поток
Wärmefühler m термодатчик; термодетектор
Wärmegang m диапазон (изменения) температур
Wärmegefälle n градиент температуры
Wärmegeräusch n тепловой шум
Wärmehafttechnik f техника температурной адгезии
Wärmehalter m термостат
Wärmeinnenwiderstand m внутреннее тепловое сопротивление (напр. транзистора)
Wärmeionisation f термоионизация
Wärmeisolation f теплоизоляция
Wärmekapazität f теплоёмкость
Wärmeklasse f класс нагревостойкости
Wärmelehre f термодинамика
Wärmeleistung f 1. тепловая энергия 2. теплоотдача
Wärmeleitpfad m канал теплоотвода
Wärmeleitungsvakuummeter n тепловой вакуумметр
Wärmeleitungswiderstand m тепловое сопротивление
Wärmeleitvermögen f теплопроводность
Wärmeleitwert m, **Wärmeleitzahl** f коэффициент теплопроводности
Wärmeleitzelle f терморезисторный датчик
wärmelichtelektrisch термофотоэлектрический
Wärmeortungsgerät n теплопеленгатор
Wärmepeilstation f теплопеленгаторная станция

Wärmerauschspannung f напряжение теплового шума
Wärmeregler m, **Wärmeregulator** m терморегулятор; термостат
Wärmerohr n тепловая труба
Wärmeschutz m тепловая защита
Wärmesenke f 1. радиатор; теплоотвод 2. участок пониженного тепловыделения (напр. на печатной плате)
Wärmespektrum n тепловой спектр
Wärmespiel n цикл нагрева и охлаждения
Wärmestrahlenempfänger m приёмник теплового излучения
Wärmestrahler m тепловой излучатель
Wärmestreustrahlung f теплорассеяние
Wärmestrom m 1. тепловой поток 2. тепловой ток
Wärmetauscher m теплообменник
Wärmeträger m теплоноситель
Wärmeträgerfaden m нить подогрева
Wärmeübergang m тепловой переход
Wärmeübertragung f теплообмен
wärmeundurchlässig теплонепроницаемый
Wärmewiderstand m 1. тепловое сопротивление 2. терморезистор 3. нагревостойкость
Wärmezahl f температурный коэффициент
Wärmezeitkonstante f тепловая постоянная времени (терморезистора)
Wärmezustand m тепловой режим
Wärmezelle f термоэлемент, термопара
Warnanlage f устройство предупредительной сигнализации
Warnanzeiger m предупредительный индикатор
Warnfunkfeuer n предупредительный радиомаяк
Warngerät n прибор предупредительной сигнализации
Warngrenzen f pl изм. предупредительные границы
Warnmeldung f предупредительное сообщение, оповещение
Warnradar n РЛС обнаружения (воздушных целей)
Warnrufsignal n см. **Warnsignal**
Warnsatellit m спутник системы предупреждения
Warnschaltung f цепь предупредительной [аварийной] сигнализации
Warnsignal n предупредительный сигнал; сигнал тревоги
Warnung f предупреждение, предостережение; сигнал тревоги
Warnungsbake f аэродромный радиомаяк зоны ожидания
Warnzeichen n см. **Warnsignal**
Wartbarkeit f ремонтопригодность
Warte f пункт контроля и управления; диспетчерский пункт
Warteeinflugbake f, **Wartefunkfeuer** n радиомаяк зоны ожидания
Warteklinke f тлф гнездо ожидания [блокировки]
Warten n 1. вчт ожидание 2. обслуживание; поддержание (в исправном состоянии)
Wartenebene f область контроля и управления
Wartenpult n пульт управления; диспетчерский пульт

Wartenrechner *m* управляющая ВМ
Wartepunkt *m* 1. пункт контроля и управления; диспетчерский пункт 2. радионавигационная точка зоны ожидания
Warteraum *m* 1. аппаратная контроля и управления; диспетчерская 2. зона ожидания
Warteregister *n* запасный регистр
Warteschaltung *f тлф* схема ожидания
Warteschleife *f вчт* цикл ожидания
Wartestatus *m вчт* состояние ожидания
Wartestellung *f* 1. положение ожидания; *тлг* положение «ждать» 2. ждущий режим
Wartesystem *n* 1. система (обслуживания) с ожиданием, система без потерь 2. *тлф* немедленная система эксплуатации
Wartezeichen *n тлг* знак «ждать»
Wartezeit *f* 1. время ожидания 2. время обращения (*к ЗУ*)
~, **mittlere** среднее время ожидания
Wartezeitproblem *n* проблема времени ожидания (*в системах передачи данных*)
Wartezustand *m вчт* состояние ожидания
Wartung *f* техническое обслуживание
~, **fehlerbehebende** ремонтное обслуживание
~, **laufende** текущее обслуживание
~, **vorbeugende** профилактическое обслуживание
Wartungsfreiheit *f* работа без обслуживающего персонала
Wartungsfreundlichkeit *f* удобство обслуживания
Wartungsgerät *n* контрольно-измерительный [сервисный] прибор
Wartungsingenieur *m* инженер-эксплуатационник
Wartungsintervall *n* интервал (профилактических) осмотров
Wartungsliste *f* аппаратный журнал
Wartungsprogramm *n* 1. программа профилактического обслуживания 2. *прогр.* программа обслуживания
Wartungsprozessor *m* процессор (для) технического обслуживания
Wartungvorschrift *f* инструкция по обслуживанию
Wasserbeständigkeit *f* водостойкость
Wasserdampfaufnahmevermögen *n* влагопоглощение
Wasserdampflaser *m* лазер на парáх воды
Wasserdurchlässigkeit *f* водопроницаемость
wasserfest водостойкий
Wasserkühlröhre *f* (мощная генераторная) лампа с водяным охлаждением
Wasserlandung *f косм.* приводнение
Wasserlast *f* водяная нагрузка (*на антенну*)
Wasserrohrerdung *f* использование водопровода для заземления
Wasserschall *m* звуковая волна в водной среде
Wasserschallempfänger *m* гидрофон
Wasserschallortung *f* гидролокация
Wasserschallpeilung *f* гидропеленгация
Wasserschallsender *m* гидроакустический излучатель
Wasserschalltechnik *f* гидроакустика
Wasserstofflaser *m* водородный лазер
Wasserstoffmaser *m* водородный мазер
Wasserstoffstromtor *n*, **Wasserstoffthyratron** *n* водородный тиратрон

Wasserstrahlpumpe *f* водоструйный насос
Wasserung *f* 1. отмывка, промывка 2. разбавление водой
Wasserungslösungsmittel *n* растворитель для отмывки [промывки]
Wasserwiderstand *m* водяной реостат; водяное нагрузочное сопротивление
Wasserzeichen *n* сигнал, отражённый от водной поверхности сопротивления
Watson-Watt-Peiler *m* пеленгатор Ватсона—Ватта
Watteraum *m* заглушённая комната
Wattlast *f* активная нагрузка
wattlos реактивный
Waveform-Monitor *m* осциллограф контроля формы сигнала
W-Band *n* W-диапазон ($56—100$ ГГц)
W-Brücke *f* мост Уитстона
WD-Leuchtstoff *m* (гипотетический) люминофор с белым свечением в точке D (*цветового треугольника*)
Weber *m* вебер, Вб
Webmuster *n тлв* муар
Wechsel *m* 1. смена, перемена (*знака, полярности*) 2. чередование 3. полупериод
~ **der Farbenphase** *тлв* чередование фазы цветовой поднесущей (частоты)
Wechselamplitude *f* амплитуда переменного тока
Wechselanteil *m* переменная составляющая
Wechselbetrieb *m* полудуплексный режим
Wechselbeziehung *f* корреляция
Wechselbildabstand *m тлв* период передачи кадра
Wechselfeld *n* 1. переменное поле 2. *вчт* переменное поле памяти
Wechselfeldaussteuerung *f зап.* модуляция переменным полем
Wechselfeldfokussierung *f* фокусировка переменным полем
Wechselfeldstärke *f* напряжённость поля переменного тока
Wechselfeldvormagnetisierung *f* 1. подмагничивание переменным полем 2. запись с подмагничиванием переменным полем
Wechselgeber *m* датчик (симметричных) биполярных импульсов
Wechselgeschwindigkeit *f* 1. угловая скорость; угловая частота 2. переменная скорость
Wechselgleichrichter *m* вибропреобразователь
Wechselgleichstromwandler *m* преобразователь переменного тока в постоянный
Wechselimpuls *m* биполярный импульс
Wechselinduktion *f* взаимоиндукция, взаимная индукция
Wechselinduktivität *f* переменная индуктивность
Wechselinformation *f* обменная информация; трансинформация
Wechselkode *m* перестановочный код
Wechselkomponente *f* переменная составляющая
Wechselkontakt *m* перекидной контакт
Wechselkraftfluß *m* переменный магнитный поток
Wechselladung *f* заряд переменного знака
Wechselladungsfunktion *f* кривая зависимости переменного заряда от напряжения (*для нелинейной ёмкости*)

Wechsellasttest *m* испытание (*на надёжность*) с переменной нагрузкой
Wechsellautsprechanlage *f* установка (для) двухсторонней громкоговорящей связи
Wechsellichtempfindlichkeit *f* динамическая световая чувствительность (*напр. фотоэлемента*)
Wechselmagnetisierung *f* намагничивание переменным током
Wechselmaske *f микр.* съёмная [сменная] маска
Wechselobjektiv *n* сменный объектив
Wechselplattenspeicher *m* ЗУ со сменными (магнитными) платами
Wechselpunkt *m* **1.** точка смены *или* перемены (*напр. направления*) **2.** *мат.* точка перелома
Wechselrichter *m* **1.** преобразователь постоянного напряжения в переменное; вибропреобразователь; инвертор **2.** реверсор
Wechselschlagversuch *m* испытание знакопеременной ударной нагрузкой
Wechselsender *m тлг* передатчик [трансмиттер] с последовательным чередованием токовых и бестоковых посылок
Wechselspannungsanteil *m см.* **Wechselspannungskomponente**
Wechselspannungsgegenkopplung *f* (отрицательная) обратная связь по переменному напряжению
wechselspannungsgekoppelt связанный по переменному напряжению
Wechselspannungskomponente *f* составляющая переменного напряжения
Wechselspannungssteller *m* регулятор (выходного) переменного напряжения
Wechselspannungswähler *m* переключатель напряжения сети (*питания*)
Wechselspiel *n* **1.** взаимная пульсация (*реле*) **2.** переменный цикл (*напр. нагрева и охлаждения*)
Wechselsprechanlage *f* **1.** *тлф* установка полудуплексной связи **2.** диспетчерская громкоговорящая установка **3.** *тлв* установка двухсторонней (оперативной) связи
Wechselsprechen *n* полудуплексная телефонная связь
Wechselsprechlautsprecher *m* обратимый громкоговоритель (*используется в качестве громкоговорителя и микрофона*)
Wechselsprechschaltung *f* **1.** *тлф* схема полудуплексной связи **2.** схема диспетчерской громкоговорящей связи **3.** *тлв* схема двухсторонней (оперативной) связи
Wechselsprechverkehr *m* **1.** полудуплексная телефонная связь **2.** *тлв* двухсторонняя (оперативная) связь
Wechselstromaussteuerung *f* **1.** регулирование [управление] по переменному току **2.** модуляция переменным током
Wechselstrombetrieb *m* работа на переменном токе
Wechselstrombrumm *m* фон (от сети) переменного тока
Wechselstromempfänger *m* сетевой (радио)приёмник
Wechselstromfeld *n* поле переменного тока

Wechselstromfernwahl *f тлф* дальнее искание импульсами переменного тока
Wechselstromgegenkopplung *f* (отрицательная) обратная связь по переменному току
wechselstromgekoppelt связанный по переменному току
Wechselstrom-Gleichstromwandler *m* преобразователь переменного тока в постоянный
Wechselstromhalbwelle *f* полупериод переменного тока
Wechselstromheizung *f* накал (*ламп*) переменным током
Wechselstromimpedanz *f* полное сопротивление
Wechselstrominnenwiderstand *m* внутреннее сопротивление (по) переменному току
Wechselstrom-Josephson-Effekt *m* переменный (СВЧ-)ток эффекта Джозефсона (*генерируется под воздействием постоянного напряжения, приложенного к элементу Джозефсона*)
Wechselstromkompensator *m* потенциометр переменного тока
Wechselstromkomponente *f* составляющая переменного (пульсирующего) тока
Wechselstromkopplung *f* связь по переменному току
Wechselstromkreis *m* цепь переменного тока
Wechselstromleitfähigkeit *f*, **Wechselstromleitwert** *m* проводимость по переменному току
Wechselstromlöschung *f зап.* стирание переменным током
Wechselstrommagnetisierung *f* намагничивание переменным током
Wechselstrommeßbrücke *f* (измерительный) мост переменного тока
Wechselstrommessung *f* измерение переменного тока
Wechselstromrichter *m* выпрямитель переменного тока
Wechselstromschaltdiode *f* симметричный диодный тиристор, симистор
Wechselstromschalttriode *f* симметричный триодный тиристор, симметричный динистор
Wechselstromstörung *f* помеха от сети переменного тока
Wechselstromtastung *f* телеграфирование переменным током
Wechselstromtechnik *f* техника переменных токов
Wechselstromtelegrafie *f* телеграфия на переменном токе
Wechselstromthyristor *m* симметричный триодный тиристор, симистор
Wechselstromton *m см.* **Wechselstrombrumm**
Wechselstromverhalten *n* режим работы на переменном токе
Wechselstromverstärker *m* усилитель переменного тока
Wechselstromvormagnetisierung *f* подмагничивание переменным током
Wechselstromwahl *f тлф* искание переменным током
Wechselstromwiderstand *m* сопротивление (по) переменному току
Wechseltaste *f тлг* клавиша переводного механизма (*для перехода с букв на цифры и обратно*)

Wechselumsetzung f обратное [взаимное] преобразование
Wechselverhältnis n взаимная зависимость
Wechselverkehr m см. **Wechselsprechverkehr**
Wechselwirkung f взаимодействие
~, **parametrische** параметрическое взаимодействие
Wechselwirkungsanteil m взаимодействующая компонента
Wechselwirkungsbereich m область [пространство] взаимодействия
Wechselwirkungsdarstellung f кв. эл. представление взаимодействия
Wechselwirkungseffekt m 1. эффект [явление] взаимодействия 2. перекрёстная ионосферная модуляция
Wechselwirkungsfaktor m коэффициент взаимодействия
Wechselwirkungsgesetz n закон взаимодействия
Wechselwirkungslänge f кв. эл. длина взаимодействия
Wechselwirkungspotential n потенциал (сил) взаимодействия
Wechselwirkungsraum m область [пространство] взаимодействия
Wechselwirkungsweg m путь [траектория] взаимодействия
Wechselzahl f число перемен; число полупериодов
Wechsler m 1. переключающий контакт (реле) 2. коммутатор
~ **ohne Unterbrechung** контакт с безотрывным переключением
Weckanruf m тлф вызов звонком
Wecker m (сигнальный) звонок
Weckerrelais n тлф вызывное реле
Weckerumschalter m тлф звонковый переключатель
Weckstrom m тлф вызывной ток
Weck(strom)taste f тлф вызывная [сигнальная] кнопка; вызывной ключ
WEDER-NOCH НЕ ИЛИ (логическая функция или операция)
WEDER-NOCH-Gatter n, **WEDER-NOCH-Schaltung** f, **WEDER-NOCH-Tor** n вентиль [схема] НЕ ИЛИ
Weg m 1. путь; ход; перемещение 2. траектория 3. пробег (частицы) 4. курс 5. канал, тракт (передачи)
Wegablenkung f 1. отклонение от (заданной) траектории 2. курсовой угол радиостанции (угол между оптической и электрической осями при пеленговании)
Wegänderung f 1. изменение (направления) перемещения 2. изменение траектории
Wegätzen n стравливание
Wegaufnehmer m см. **Weggeber**
Wegbereich m диапазон перемещений (датчика перемещений)
Wegdiagramm n см. **Weg-Zeit-Diagramm**
Wegdifferenz f разность хода (напр. волн)
Wegefunktion f зависимость напряжения в элементарной антенне от расстояния до передатчика

Wegevermittlung f пространственная коммутация
Wegflugpeilung f нвг обратный пеленг
Weggeber m датчик перемещений
Weglänge f 1. длина пути 2. длина (свободного) пробега (частицы)
~, **effektive** эффективная длина пробега
~, **freie** длина свободного пробега
~, **mittlere freie** средняя длина свободного пробега
~, **optische** оптическая длина пути
Weglaufen n уход; смещение
~ **der Frequenz** уход частоты
Wegmeßsystem n микр. система измерения или контроля позиционирования (стола)
Wegmeßwandler m измерительный преобразователь [датчик] перемещений
Wegreißen n **der Kamera** тлв быстрое перемещение камеры; наезд камерой
Wegschneiden n срезание (полосы частот)
Wegspur f зап. дорожка
Wegstimmung f расстройка
Wegtastimpuls m бланкирующий импульс
Wegunterschied m разность пути (напр. лучей)
Wegwerfmaske f удаляемая маска
Wegwinkel m угол пролёта (в клистроне)
Wegzeit f, **freie** время свободного пролёта (электронов между двумя соударениями)
Weg-Zeit-Diagramm n 1. авт. график зависимости пути от времени 2. пространственно-временной график движения электронов (в пространстве группирования клистрона)
wegziehen 1. извлекать (из ЗУ) 2. отводить (носители заряда)
Wehneltblende f, **Wehnelt(steuer)elektrode** f, **Wehneltzylinder** m модулятор, управляющий электрод (ЭЛТ), цилиндр Венельта
Weibull-Verteilung f распределение Вейбула
Weichbegrenzung f плавное ограничение
Weiche f 1. разделительный фильтр 2. переходное устройство
Weicheisenkern m сердечник из магнитомягкого железа
Weicheisenmeßgerät n электромагнитный измерительный прибор
Weichheit f **einer Kennlinie** мягкость характеристики
Weichenfilter n см. **Weiche 1**.
Weichenschaltung f см. **Weiche**
Weichlot n мягкий припой
Weichmacher m мягчитель, пластификатор
Weichmachung f мягчение, пластификация
weichmagnetisch магнитомягкий
Weichstrahlapparat m (рентгеновский) аппарат с мягким излучением
Weidezaun m сигнал или импульс пилообразной формы
Weidezaungerät n генератор пилообразных сигналов
Weiser m 1. указатель 2. индикаторное устройство
Weiß n 1. белый цвет; белый свет 2. пробел, холостая комбинация (стартстопного кода)
~ **gleicher Energieanteile** тлв, опт. равноэнергетический белый (свет)

~ gleicher Signalanteile *тлв, опт.* равносигнальный белый (свет)
Weißabgleich *m тлв* баланс белого
Weißautomatik *f тлв* автоматика регулирования белого
Weißbalance *f тлв* баланс белого
Weißbegrenzer *m тлв* ограничитель уровня белого
Weißbezugspegel *m тлв* опорный уровень белого
Weißdehnung *f тлв* белое тянущееся продолжение
Weißfehler *m тлв* разбаланс белого
Weißgebiet *n тлв* 1. область белого 2. ахроматическая область (*на диаграмме цветности*)
Weißgeräusch *n* белый шум
Weiß-Halo *m* белый ореол
Weißimpuls *m тлв* импульс белого
Weißkante *f тлв* белая окантовка
Weißkompression *f* сжатие (*видеосигнала*) в области белого
Weißkorrektur *f тлв* выставление баланса белого
Weißlot *n* мягкий припой
Weißmatching *f тлв* баланс белого
Weißmischung *f тлв* смесь цветов, дающая белый цвет
Weißnachziehen *n тлв* белое тянущееся продолжение
Weißpegel *m тлв* уровень белого
Weißpunkt *m тлв* точка белого цвета (*на диаграмме цветности*)
~ A точка белого цвета (типа) A; источник (света) A
~ B точка белого цвета (типа) B; источник (света) B
~ C точка белого цвета (типа) C; источник (света) C
~ E точка белого цвета (типа) E; источник (света) E
Weißsättigung *f* насыщение (*видеосигнала*) в области белого
Weiß-Schwarz-Amplitudengebiet *n* амплитудный диапазон (*видеосигнала*) от уровня белого до уровня чёрного
Weißspitze *f тлв* пиковое значение уровня белого
Weißtauchung *f см.* **Weißkompression**
Weißverschiebung *f тлв* смещение уровня белого
Weißwert *m тлв* уровень белого
Weißwertbegrenzer *m тлв* ограничитель уровня белого
Weißwertimpuls *m тлв* импульс опорного белого
Weitabselektion *f* многосигнальная избирательность (*радиоприёмника*)
Weitbasissystem *n* навигационная система с большой базой
Weitbereichausbreitung *f* дальнее распространение (*радиоволн*)
Weitbereichnachrichtenverbindung *f* дальняя связь
Weitbereichradaranlage *f* РЛС с большой дальностью действия
Weiteanzeiger *m рлк* индикатор дальности
Weitempfang *m* дальний (радио)приём
Weiterausstrahlung *f* ретрансляция
Weitergeber *m* ретранслятор
Weiterleitung *f* ретрансляция

Weiterleitungsübertragsprinzip *n* принцип последовательного продвижения (*зарядов в ПЗС*)
Weiterruf *m тлф* повторный вызов
Weiterrufrelais *n тлф* реле повторного вызова
Weiterschaltleitung *f тлф* служебная линия
Weiterschaltung *f* последовательное [ступенчатое] включение
Weitersenden *n*, **Weitersendung** *f*, **Weiterstrahlung** *f*, **Weiterübertragung** *f* ретрансляция
Weiterverarbeitung *f* дальнейшая обработка (*данных*)
Weiterverbindungskanal *m* магистральный канал связи
Weitestverkehr *m* сверхдальняя связь
Weitfernsprechkreis *m* цепь дальней телефонной связи
Weitfunkwellen *f pl* (короткие) волны для дальней связи
Weitnetz *n* сеть дальней связи
Weitschweifigkeit *f инф.* избыточность
Weitsteuerung *f* телеуправление
Weitstreckenfunkfernschreibverkehr *m* дальняя радиотелетайпная связь
Weitstreckenfunknavigation *f* дальняя радионавигация
Weitstreckenfunkverkehr *m* дальняя радиосвязь
Weitstreckenortungsverfahren *n* система дальней (радио)навигации
weittoleriert с большим допуском
Weitübertragung *f* дальняя передача
Weitverbindung *f* дальняя [междугородная] связь
Weitverbindungsanlage *f* система дальней связи (*приёмо-передающая аппаратура и линия связи*)
Weitverkehrsamt *n* станция дальней [междугородной] связи
Weitverkehrs-Datennetz *n* цифровая сеть дальней [междугородной] связи
Weitwinkelablenkröhre *f* широкоугольный кинескоп
Weitwinkelablenkung *f* отклонение на большой угол, широкоугольное отклонение
Weitwinkelbeobachtung *f* широкий обзор
Weitwinkelbildröhre *f*, **Weitwinkelröhre** *f* широкоугольный кинескоп
Weitwinkelstrahlschwenkung *f* качание диаграммы направленности в широких пределах
Welle *f* 1. волна (*см. тж* **Wellen**) 2. колебание; сигнал 3. вал
~, **abgebrochene [abgeschnittene]** усечённая [срезанная] волна
~, **abschwellende** убывающая волна
~, **akustische** 1. акустическая (упругая) волна 2. *фтт* акустическая волна, волна акустической ветви спектра
~, **ankommende** падающая волна
~, **anschwellende** нарастающая волна
~, **ausgestrahlte** излучаемая волна
~, **bodenabsorbierte** волна, поглощаемая земной поверхностью
~, **bodenreflektierte** волна, отражённая от земной поверхности
~, **direkte seismische** прямая сейсмическая волна
~, **ebene** плоская волна

~, **einfallende** падающая волна
~, **elastische** упругая (акустическая) волна
~, **elektrische** 1. волна электрического вектора (*напряжённости*) 2. сельсинная передача; «электрический вал»
~, **elektromagnetische** электромагнитная волна
~, **fallende** падающая волна
~, **feste** фиксированная волна
~, **flache** плоская волна
~, **fortlaufende [fortschreitende]** бегущая волна
~, **gedämpfte** затухающая волна
~, **gemischte** волна смешанного типа, гибридная волна
~, **genormte** стандартная (испытательная) волна
~, **grüne** зелёная волна (*в системе регулирования движения автотранспорта*)
~, **hinlaufende** прямая волна
~, **hybride** гибридная волна, волна смешанного типа
~, **indirekte** отражённая волна
~, **laufende** бегущая волна
~, **leitungsgebundene [leitungsgerichtete]** канализируемая волна
~, **linear polarisierte** линейно поляризованная волна
~, **oberflächliche** земная волна
~, **orthogonalisierte ebene** ортогонализированная плоская волна
~, **periodisch zerhackte** прерывистое (тональное) колебание
~, **reflektierte** отражённая волна
~, **retardierte** запаздывающая волна
~, **rücklaufende** отражённая волна
~, **stehende** стоячая волна
~, **transversale** поперечная волна
~, **transversal-elektrische** магнитная волна, Н-волна (*в линии передачи*)
~, **transversal-magnetische** электрическая волна, Е-волна (*в линии передачи*)
~, **unerwünschte** паразитная волна
~, **vertikal polarisierte** вертикально поляризованная волна
~, **zerhackte** прерывистая волна
~, **zusammengesetzte** 1. сложная волна 2. стоячая волна
Wellen *f pl* 1. волны (*см. тж* Welle) 2. колебания
~, **kontinuierliche** 1. незатухающие волны 2. незатухающие колебания
~, **quasioptische** квазиоптические волны (*электромагнитные волны короче 10 м*)
~, **sprachmodulierte** колебания, модулированные голосом
~, **tonmodulierte** колебания, модулированные звуковой частотой
Wellenabsorption *f* поглощение (радио)волн
Wellenamplitude *f* 1. амплитуда волны 2. амплитуда колебаний
Wellenanalysator *m* анализатор формы сигналов
Wellenanteil *m* составляющая волны
Wellenantenne *f* волновая антенна
Wellenanzeiger *m* обнаружитель [детектор] радиоволн

Wellenausbreitung *f* распространение (радио)волн
~, **ionosphärische** ионосферное распространение радиоволн
Wellenausschlag *m* 1. амплитуда волны 2. амплитуда колебаний
Wellenaussendung *f*, **Wellenausstrahlung** *f* излучение волн
Wellenband *n см.* **Wellenbereich**
Wellenbauch *m* пучность волны
Wellenbereich *m* диапазон волн
~, **bestreichbarer** перекрываемый диапазон волн
~, **erweiterter [gespreizter]** растянутый диапазон волн
~, **lückenloser** непрерывный диапазон волн
Wellenbereichanzeiger *m* указатель диапазонов волн
Wellenbereichüberdeckung *f* перекрытие диапазона волн
Wellenbereichumschalter *m* переключатель диапазонов волн
Wellenbereichunterteilung *f* разделение диапазона волн (*на поддиапазоны*)
Wellenberg *m* 1. гребень волны 2. пучность волны
Wellenbeugung *f* дифракция волн
Wellenbeugungsantenne *f* дифракционная антенна
Wellenbild *n* 1. волновое поле 2. осциллограмма
Wellenbrechung *f* преломление волн
Wellenbündel *n* пучок волн
Wellenbündelung *f* пучкование [фокусирование] волн
Wellenbüschel *n* пучок волн
Wellendämpfung *f* затухание волн
Wellendetektor *m* детектор радиоволн
Wellendiffraktion *f* дифракция волн
Wellen-Digitalfilter *n* волновой цифровой фильтр
Wellendurchstimmung *f* диапазон перестройки волн
Wellenecho *n* 1. отражённая волна 2. отражённый радиосигнал
Welleneinteilung *f* 1. распределение (диапазонов) волн 2. классификация волн
Wellenempfänger *m* приёмник (радио)волн
Wellenerreger *m* возбудитель (радио)волн
Wellenersatzbild *n* волновая эквивалентная схема (*напр. волновода*)
Wellenerzeuger *m* генератор (радио)волн
Wellenfaktor *m* волновой коэффициент
Wellenfalle *f* фильтр-ловушка
Wellenfeld *n* волновое поле
Wellenfilter *n* 1. волновой фильтр 2. фильтр для сглаживания пульсаций
Wellenform *f* 1. форма волны 2. форма сигнала
~, **einfallende** форма падающей волны
Wellenformanalysator *m* 1. анализатор формы волны 2. анализатор формы сигнала
wellenförmig волнообразный
Wellenformschaltung *f* схема формирования сигнала
Wellenformumwandlung *f* преобразование типа волны (*в волноводах*)

WEL

Wellenformverzerrung f искажение формы сигнала
Wellenformwandler m трансформатор типа волны (*в волноводах*)
Wellenfortpflanzung f распространение волн
Wellenfrequenz f частота волны
Wellenfront f фронт волны
~, **einfallende** фронт падающей волны
Wellenfrontaberration f гол. аберрация волнового фронта
Wellenfunktion f волновая функция
wellengerade прямоволновой
Wellengeschwindigkeit f скорость распространения волн
Wellengestalt f см. **Wellenform**
Wellengipfel m гребень волны
Wellengleichung f волновое уравнение
Wellengruppenfrequenz f групповая частота
Wellenhohlleiter m полый волновод
~, **reziproker** обратный полый волновод
Wellenimpedanz f волновое сопротивление
Wellenimpuls m радиоимпульс
Wellenimpulssendung f импульсная (радио)передача
Wellenindikator m индикатор волн
Welleninterferenz f интерференция волн
Wellenkamm m гребень волны
Wellenkanal m волновой канал
Wellenknappheit f ограниченность частотного диапазона; нехватка (диапазонов) волн
Wellenknoten m узел волны
Wellenkoeffizient m волновой коэффициент
Wellenkonstante f волновое число
Wellenkonstanz f стабильность (длины) волны
Wellenkopf m фронт волны
Wellenkopplung f волновая связь (*напр. через подложку*)
Wellenkreuzung f взаимодействие волн различных типов
Wellenlänge f длина волны
~, **dominierende [farbtongleiche, farbtonkennzeichnende, kennzeichnende]** доминирующая длина волны
~, **kompensative** дополнительная длина волны
~, **kritische** критическая длина волны (*в волноводе*)
~, **verschwindende** нулевая длина волны
Wellenlängenfilterung f гол. фильтрация излучения по длинам волн
Wellenlängenintervall n разнос (длин) волн
Wellenlängenkonstante f волновое число
Wellenlängenlinse f волновая линза
Wellenlängenmultiplex m частотное уплотнение (*канала связи*); частотное объединение (*сигналов*)
Wellenlängen-Selektivität f избирательность по длине волны
Wellenlängenskale f шкала настройки, градуированная в длинах волн
Wellenlaufregion f участок прохождения волны
Wellenlaufzeit f время пробега волны
Wellenleiter m волновод (*см. тж* **Hohlleiter**)
~, **atmosphärischer** атмосферный волновод
~, **blendenbeschwerter** диафрагмированный волновод

WEL

~, **gefalteter** гофрированный волновод
~, **gefurchter** гребенчатый волновод
~, **gegliederter** панцирный волновод
~, **gekrümmter** изогнутый волновод
~, **geschlitzter** щелевой волновод; щелевая волноводная секция (*измерительной линии*)
~, **gyrotroper** гиротропный волновод
~, **halbrunder** полукруглый волновод
~, **harmonischer** волновод, работающий на гармониках
~, **homogener** однородный волновод
~, **kegelförmiger** конический волновод
~, **luftgefüllter** волновод с воздушным заполнением
~ **mit Dielektrikum** диэлектрический волновод
~ **mit dielektrischem Belag** волновод с диэлектрическим покрытием
~ **mit hantelförmigem Querschnitt** волновод гантельного сечения
~ **mit quadratischem Querschnitt** квадратный волновод
~ **mit symmetrischem Längssteg** H-образный волновод
~ **mit veränderlichem Querschnitt** волновод с переменным сечением
~, **optischer** световой, оптический волновод
~, **parabolisch gekrümmter** параболический волновод (*с двумя конфокальными параболическими стенками*)
~, **pyramidenförmiger** пирамидальный волновод
~, **radialer** радиальный волновод
~, **sektorförmiger** секторный волновод
~, **starrer** жёсткий волновод
~, **strahlender** излучающий волновод; волноводная антенна
~, **verdrillter [verwindeter]** скрученный волновод, волноводная скрутка
~, **wendelförmiger** спиральный волновод
Wellenleiterabschnitt m волноводная секция; отрезок волновода
Wellenleiterauskopplung f вывод энергии из волновода
Wellenleiterdämpfung f затухание в волноводе
Wellenleiter-Dämpfungsglied n, **variables** волноводный аттенюатор
Wellenleitereffekt m эффект образования волноводного канала (*в атмосфере*)
Wellenleiteröffnung f раскрыв волновода
~, **trompetenförmige** 1. рупорный раскрыв волновода 2. рупорный плавный согласующий переход волновода к (параболической) антенне
Wellenleiterschaltung f волноводная схема
Wellenleiterverzweigung f, **T-artige** волноводный тройник
Wellenleiterzweigungsrichtkoppler m волноводный направленный ответвитель
Wellenleitwert m волновая проводимость
Wellenlinie f 1. синусоида; волнистая линия 2. направление (распространения) волн
Wellenlinienschreiber m 1. аппарат с волнообразной записью 2. ондограф
Wellenlinse f волновая линза

Wellenlötung *f* пайка волной припоя, волновая пайка
Wellenmesser *m* волномер
Wellenmode *f* тип волны
Wellenmodelung *f* модуляция волн
Wellennatur *f* волновая природа (*напр. распространения света*)
Wellenoptik *f* волновая оптика
Wellenpaket *n* волновой пакет
Wellenparameterfilter *n* составной фильтр
Wellenparametertheorie *f* теория волновых параметров
Wellenperiode *f* период волны
Wellenphasenkonstante *f* фазовая постоянная, волновое число
Wellenplan *m* 1. распределение (диапазонов) радиоволн 2. волновое расписание
Wellenpolarisation *f* поляризация волн
Wellenreflexion *f* отражение волн
Wellenrefraktion *f* рефракция (радио)волн
Wellenreichweite *f* дальность распространения (радио)волн
Wellenrichtelement *n*, **Wellenrichter** *m* директор (*антенны*)
Wellenrücken *m* хвост волны
Wellenrückstrahlung *f*, **Wellenrückwurf** *m* отражение волн
Wellensauger *m*, **Wellensaugkreis** *m* поглощающий *или* отсасывающий контур
Wellenschalter *m* см. **Wellenbereichumschalter**
Wellenscheitel *m* гребень волны
Wellenschieber *m* фазовращатель
Wellenschlitz *m* волновая щель
Wellenschluckdeckung *f* противорадиолокационное покрытие
Wellenschlucker *m* фильтр-ловушка
Wellenschreiber *m* 1. клидонограф 2. ондограф
Wellenselektor *m* переключатель диапазонов волн
Wellensieb *n* волновой фильтр
Wellenspannung *f* пульсирующее напряжение
Wellenspektrum *n* спектр электромагнитных волн
Wellensperrkreis *m* 1. заграждающий контур 2. режекторный фильтр
Wellensteilheit *f* крутизна волны
Wellenstirn *f* фронт волны
Wellenstörung *f* искажение (формы) волны
Wellenstoß *m* радиоимпульс
Wellenstrahlung *f* излучение (радио)волн
Wellenstreuung *f* рассеяние (радио)волн
Wellenstrom *m* пульсирующий ток
Wellental *n* впадина волны
Wellentheorie *f* волновая теория; теория колебаний
Wellentyp *m* тип волны, мода; тип колебания
Wellentypfilter *n* фильтр мод
Wellentypumformer *m*, **Wellentypwandler** *m* преобразователь мод
Wellenübertragungsmaß *n* комплексная постоянная передачи
Wellenumformer *m* преобразователь мод
Wellenvektor *m* волновой вектор
Wellenverhältnis *n* коэффициент стоячей волны

Wellenverstärker *m* усилитель с бегущей волной; усилитель с распределёнными постоянными
Wellenverteilung *f* распределение диапазонов волн
Wellenwähler *m* переключатель диапазонов волн
Wellenwandler *m* преобразователь мод
Wellenwechselverkehr *m* система связи со сменой волн
Wellenwechselwirkung *f* интерференция волн
Wellenweg *m* путь (пробега) волны
Wellenweite *f* амплитуда волны
Wellenwiderstand *m* волновое сопротивление
~, **normalisierter** нормированное волновое сопротивление
Wellenwiderstandsanpassung *f* согласование волновых сопротивлений
Wellenwiderstandsstreuung *f* разброс величины волнового сопротивления (*напр. кабеля по его длине*)
Wellenwiderstandsübergang *m* см. **Wellenwiderstandsanpassung**
Wellenzahl *f* 1. волновое число 2. круговая частота
Wellenzone *f пл* волновая зона
Wellenzug *m* волновой пакет
Wellenzugfrequenz *f* групповая частота
Welle-Teilchen-Dualismus *m* корпускулярно-волновой дуализм
Welligkeit *f* 1. пульсация; волнистость 2. неравномерность (*напр. характеристики*)
~ **des Daches** волнистость вершины (*импульса*)
Welligkeitsamplitude *f* амплитуда пульсаций
Welligkeitsentzerrung *f* устранение пульсаций
Welligkeitsfaktor *m* 1. коэффициент пульсаций 2. коэффициент стоячей волны
Welligkeitsfilter *n* сглаживающий фильтр
welligkeitsfrei свободный от пульсаций
Welligkeitsfrequenz *f* частота пульсаций
Welligkeitskomponente *f* составляющая пульсаций
Wellrohraußenleiter *m* гофрированная оболочка кабеля
Wellrohrinnenleiter *m* волнообразный трубчатый внутренний провод (*высокочастотного кабеля*)
Wellrohrleitung *f* гофрированный волновод
Wellung *f* см. **Welligkeit**
Weltall-Labor(atorium) *n* космическая лаборатория
Weltempfänger *m* всеволновый приёмник
Weltfernsprechverkehr *m* межконтинентальная телефонная связь
Weltnachrichtenstation *f косм.* станция глобальной связи
Weltraumanschluß *m* ввод (*телевизора*) для приёма спутниковых передач
Weltraumflug *m*, **bemannter** пилотируемый космический полёт
Weltraumfunkdienst *m* служба космической радиосвязи
Weltraumfunkverbindung *f* космическая радиосвязь
Weltrauminsel *f* орбитальная станция
Weltraumlabor(atorium) *n* космическая лаборатория

~, **bemanntes** пилотируемая космическая лаборатория
Weltraumnavigation f космическая навигация
Weltraumrauschen n космический шум
Weltraumsimulationskammer f камера для моделирования космических условий
Weltraumsonde f автоматическая межпланетная станция
Wende f рлк рыскание
Wendegetriebe n зап. реверсивная передача
Wendel f 1. спираль 2. винтовая линия 3. спиральная нить (накала)
Wendelelektrode f спиральный электрод
Wendelpotentiometer n многооборотный потенциометр (со спиральным или червячным приводом)
Wendelröhre f ЛБВ с замедляющей спиралью
Wendelwiderstand m см. **Wendelpotentiometer**
Wenden n реверсирование
Wendeperiode f рлк период рыскания
Wendepunkt m 1. точка поворота 2. точка перегиба (напр. кривой) 3. точка возврата (в программу)
Wendeschaltung f 1. схема реверсирования 2. реверсивное переключение
Wendetangentenverfahren n метод поворота касательной (для определения параметров передающего звена)
Wendeturm m нвг ориентир в точке поворота
Wendezeichen n нвг знак поворота
WENN-DANN-Gatter n вентиль ЕСЛИ ТО
Werbeeinblendung f рекламная вставка
Werbefernsehen n коммерческое телевидение (передача рекламы)
Werbefunk m радиореклама
Werbeprogramm n рекламная [коммерческая] программа
Werkstoff m материал
~, **antiferromagnetischer** антиферромагнетик
~, **dauermagnetischer** магнитотвёрдый материал
~, **ferromagnetischer** ферромагнетик
~, **hartmagnetischer** магнитотвёрдый материал
~, **tätiger** активный материал
~, **toter** неактивный материал
~, **weichmagnetischer** магнитомягкий материал
Werkzeugmaschinensteuerung f, **programmierte** программное управление станками
Wert m 1. значение; величина 2. вчт значимость, вес 3. параметр 4. коэффициент; показатель
~, **abgetasteter** 1. считанное значение; считанная величина или величина отсчёта (при дискретизации) 2. значение или величина отсчёта (при дискретизации)
~, **angenommener** принятое значение
~, **berechneter** расчётное значение; расчётная величина •
~, **Boolescher** логическое значение
~, **chromatischer** цветность
~, **diskreter** дискретное значение, дискрет
~, **dunkelster** тлв величина «чернее чёрного»
~, **gefilteter** сглаженное значение
~, **gemittelter** осреднённое значение
~, **gestörter** искажённое значение
~, **nichtgestörter** неискажённое значение

~, **numerischer** численное [числовое] значение
~, **prädikativer** предсказанное значение (сигнала)
~, **realer** истинное значение
~ **des Skalenteilstriches** цена деления шкалы
~, **stationärer** установившееся значение
~ **von Spitze zu Spitze** размах сигнала
~, **vorhergesagter** предсказанное значение
~, **wirksamer** действующее значение
~, **zulässiger** допустимое значение
Wertabtastung f (временна́я) дискретизация
Wertanzeige f индикация данных
Wertebereich m область значений
Wertedrucker m печатающее устройство для регистрации (измеряемых) значений
Wertefolge f последовательность значений
Werteintervall n интервал значений
Wertetabelle f, **Wertetafel** f таблица значений
Wertevorrat m запас значений
Wertfolge f см. **Wertefolge**
Wertgeber m датчик числовых значений
Wertigkeit f 1. вес, весовой коэффициент 2. вчт значимость, вес (напр. разряда)
wertkontinuierlich непрерывный по значению
Wertstelle f разряд (числа)
Wertstreuung f разброс значений
Wertüberschreitung f 1. превышение (заданной) величины 2. вчт переполнение
Wertung f оценка
Wertverlauf m изменение значений
wertvoll значимый
Wertzuordnung f присваивание значений
Wesenseinheit f идентичность
Westar-Satellit m спутник связи «ВЕСТАР» (США)
Westentaschenempfänger m карманный приёмник
Wettbewerb m см. **Wettkampf**
Wetterauge n самолётный радиолокатор для обнаружения и облёта гроз
Wetterbeobachtungssatellit m метеорологический спутник
Wetterbild n метеокарта
Wetterbildempfangsanlage f телевизионное устройство наблюдения метеообстановки
Wetterfunkdienst m радиометеорологическая служба, радиометеослужба
Wetterfunkmeldung f 1. синоптическая радиограмма 2. см. **Wetterfunkdienst**
Wetterfunkortung f метеорадиолокация
Wetterfunkstelle f метеорологическая радиостанция
Wetterradar n, **Wetterradargerät** n метеорологический радиолокатор
Wettersatellit m метеорологический спутник
Wetterschlüssel m синоптический код
Wettersonde f радиозонд
Wettersondenfunkdienst m служба радиозондирования атмосферы
Wettervoraussagemaschine f телефонный автоответчик, дающий справку о прогнозе погоды
Wettkampf m, **Wettlauf** m состязание, гонки (напр. фронтов сигналов)
Wettlauferscheinung f явление гонок (напр. фронтов сигналов)

W-Fernsprechapparat *m* телефонный аппарат АТС
Whisker *m* 1. контактный волосок (*напр. точечного диода*) 2. нитевидный кристалл, ус, *проф.* «вискер» 3. ус (*дефект паяного соединения*)
Whiskerwachstum *n*, **spontanes** самопроизвольный рост нитевидных кристаллов
Wichtung *f вчт* значимость, вес (*напр. разряда*)
Wickel *m* 1. рулон ленты 2. наматывание, намотка, накрутка
Wickel... *см. тж* **Wicklungs...**
Wickelabstand *m* расстояние между витками
Wickelantrieb *m* привод (механизма) намотки (*ленты*)
Wickeldaten *pl* моточные данные
Wickeldorn *m* сердечник катушки *или* кассеты
Wickelkern *m зап.* сердечник; устройство для намотки ленты без боковых ограничителей
Wickelkern-Öffnung *f* отверстие для сердечника (*с лентой*)
Wickelkondensator *m* рулонный конденсатор
Wickelmaschine *f* намоточный станок
Wickelmotor *m зап.* двигатель перемотки (*ленты*)
Wickelpistole *f* водило для соединения проводов накруткой
Wickelquerschnitt *m* намоточное окно
Wickelraum *m* намоточное окно
Wickelspule *f зап.* приёмная катушка
Wickelstift *m* штырёк для монтажа накруткой
Wickeltabelle *f* таблица моточных данных
Wickelteller *m зап.* приёмный узел
Wickelverbindungstechnik *f* техника соединений накруткой (*вместо пайки или сварки*)
Wicklung *f* 1. обмотка 2. наматывание, намотка
~, **angezapfte** секционированная обмотка
~, **gedruckte** печатная обмотка
~, **induktionsfreie** безындуктивная обмотка
~, **induktivitätsarme** обмотка с малой индуктивностью
~, **in Kammern [in Gruppen] unterteilte** секционированная обмотка
~, **konzentrierte** нераспределённая [сосредоточенная] обмотка
~, **unterteilte** секционированная обмотка
Wicklungs... *см. тж* **Wickel...**
Wicklungsabschnitt *m* секция обмотки
Wicklungsausführung *f* вывод обмотки
Wicklungseinheit *f*, **Wicklungselement** *n* секция обмотки
Wicklungsfaktor *m* коэффициент заполнения обмотки
Wicklungskapazität *f* собственная [межвитковая] ёмкость обмотки
Wicklungskörper *m* каркас обмотки
Wicklungsschablone *f* шаблон обмотки
Wicklungsschaltbild *n*, **Wicklungsschaltung** *f*, **Wicklungsschema** *n* схема обмотки
Wicklungsschritt *m* шаг намотки
Wicklungsträger *m* 1. каркас обмотки 2. *зап.* катушка; кассета
Wicklungsverhältnis *n* отношение числа витков (*трансформатора*)

Widerhall *m* 1. эхо(-сигнал) 2. реверберация 3. *зап.* копирэффект
Widerhallzeit *f* время реверберации
widerrufen *вчт* отменять (*команду*)
Widerschall *m см.* **Widerhall**
Widerspruch *m лог.* противоречие
Widerstand *m* 1. сопротивление (*физическая величина*) 2. резистор (*радиоэлемент*)
~, **abgeschnürter** высокоомный диффузионный резистор с суженным проводящим каналом
~, **abgestufter** секционированный резистор
~, **akustischer** акустическое сопротивление
~, **angepaßter** согласованное сопротивление (*нагрузки*)
~, **aufgedampfter** напылённый резистор
~, **aufgedruckter** печатный резистор
~, **äußerer** сопротивление внешней цепи
~, **charakteristischer** характеристическое сопротивление
~, **dielektrischer** сопротивление изоляции
~, **differentieller** дифференциальное сопротивление
~, **diffundierter** диффузионный резистор
~, **drahtgewickelter** проволочный резистор
~, **effektiver** активное сопротивление
~, **eingebauter** 1. встроенный резистор 2. резистор ИС, интегральный резистор
~, **eingebrachter [eingefügter]** вносимое сопротивление
~, **einstellbarer** подстроечный резистор
~, **fester** постоянный резистор
~, **fotoelektrischer** 1. фотосопротивление 2. фоторезистор
~, **gedruckter** печатный резистор
~, **gerichteter** *см.* **Widerstand, richtungsabhängiger**
~, **hereingebrachter** вносимое сопротивление
~, **hochbelastbarer** мощный резистор
~, **hochkonstanter** высокостабильный резистор
~, **imaginärer** реактивное сопротивление
~, **induktionsfreier** безындукционный резистор
~, **induktiver** индуктивное сопротивление
~, **innerer** внутреннее сопротивление
~, **integrierter** резистор ИС, интегральный резистор
~, **isolierter** изолированный резистор
~ **je Längeneinheit** погонное сопротивление
~, **kapazitätsfreier** безъёмкостный резистор
~, **kapazitiver** ёмкостное сопротивление
~, **komplexer** полное сопротивление
~, **kritischer** критическое сопротивление
~, **lichtelektrischer [lichtempfindlicher]** фоторезистор
~, **linearer** линейный резистор
~, **magnetfeldabhängiger** магниточувствительный резистор
~, **magnetischer** магнитное сопротивление
~, **nichtisolierter** неизолированный резистор
~, **nichtlinearer** нелинейный резистор (*напр. варистор*)
~, **niedergeschlagener** осаждённый резистор
~, **normierter** 1. приведённое сопротивление 2. стандартный резистор
~, **ohmscher** омическое сопротивление
~, **phasenreiner** 1. безреактивное сопротивление 2. безындукционный резистор

~, **punktförmiger [punktförmig verteilter]** сосредоточенное сопротивление
~, **reflexionsfreier** см. **Widerstand, angepaßter**
~, **regelbarer** регулировочный резистор
~, **richtungsabhängiger** сопротивление, зависящее от направления тока
~, **scheinbarer** полное сопротивление
~, **spannungsabhängiger** варистор
~, **spezifischer** удельное сопротивление
~, **stromabhängiger** токочувствительный резистор
~, **temperaturkompensierender** термокомпенсирующий резистор
~, **thermischer** 1. тепловое сопротивление 2. терморезистор
~, **thermonegativer** резистор с отрицательным ТКС
~, **thermopositiver** резистор с положительным ТКС
~, **unveränderlicher** постоянный резистор
~, **veränderbarer [veränderlicher]** 1. переменный резистор 2. реостат
~, **verstellbarer** потенциометр
~, **vorgeschalteter** добавочный резистор
~, **wirksamer** действующее сопротивление
Widerstandsabgriff m отвод резистора
Widerstandsableiter m разрядник с (последовательно включённым) резистором
Widerstandsabweichung f отклонение (величины) сопротивления (от номинала)
Widerstandsänderungswandler m преобразователь сопротивлений
Widerstandsanpassung f согласование сопротивлений
Widerstandsarm m плечо моста сопротивлений
Widerstandsarray n набор резисторов, НР, матрица резисторов (вид микросхемы)
Widerstandsausgleich m выравнивание [уравнивание] сопротивлений
Widerstandsbahn f токопроводящая дорожка
Widerstandsband n плоская [ленточная] реостатная проволока
Widerstandsbauelement n резистор
Widerstandsbelag m погонное сопротивление
Widerstandsbelastung f омическая нагрузка
Widerstandsbereich m диапазон изменения (величины) сопротивления
Widerstandsbrücke f мост сопротивлений
Widerstandsdämpfung f затухание, обусловленное активным сопротивлением
Widerstandsdehnungsgeber m, **Widerstandsdehnungsmesser** m тензорезистор
Widerstandsdehnungsmeßstreifen m нитевидный тензорезистор
Widerstandsdekade f декада (магазина) сопротивлений
Widerstandsdiffusion f диффузия для формирования резисторов
Widerstands-Dioden-Transistor-Technik f техника резисторно-диодно-транзисторных схем
Widerstandsdraht m реостатная проволока
Widerstandseinstellung f установка [регулировка] (величины)
Widerstandselektrode f 1. электрод резистора 2. резистивный электрод (в ПЗС)

Widerstandselement n 1. резистивный элемент 2. деталь резистора
Widerstandsgeber m потенциометрический [резистивный] датчик, датчик сопротивления
Widerstandsgeometrie f проводящий рисунок (печатной платы)
Widerstandsgerade f нагрузочная линия, нагрузочная прямая
Widerstandsgerät n 1. резистор 2. реостат
Widerstandsglied n резистивное звено
Widerstandsgröße f 1. величина сопротивления 2. сопротивление резистора
Widerstandshalbleiter-Target n фотопроводящая мишень (видикона)
Widerstandshalter m держатель резистора
Widerstandsheizer m резистивный нагреватель
Widerstandsheizung f резистивный нагрев
Widerstandsimplantationsmaske f маска или (фото)шаблон имплантации (материала для формирования) резисторов
Widerstandskanal m резистивный канал (в ПЗС)
Widerstandskapazität f (распределённая) ёмкость резистора
Widerstandskapazitätskopplung f резистивно-ёмкостная связь, RC-связь
Widerstandskasten m магазин сопротивлений
Widerstandskennlinie f характеристика изменения сопротивления
Widerstandskette f резистивный делитель напряжения
Widerstandskomponente f омическая составляющая
Widerstandskondensatorglied n резистивно-ёмкостное звено, RC-звено, RC-ячейка
Widerstands-Kondensator-Transistor-Logik f резистивно-ёмкостная транзисторная логика, РЕТЛ
Widerstandskontakt m омический контакт
Widerstandskopplung f резистивная связь
Widerstandskurve f нагрузочная кривая
Widerstandslampe f баретгер
Widerstandslast f омическая нагрузка
Widerstandslinie f см. **Widerstandsgerade**
Widerstandsmatrix f см. **Widerstandsarray**
Widerstandsmesser m омметр
Widerstandsmeßteiler m измерительный омический делитель напряжения
Widerstandsmessung f измерение сопротивлений
Widerstandsmuster n рисунок резистора
Widerstandsnebenschluß m шунтирующее сопротивление
Widerstandsnetz n сетка или матрица резисторов
Widerstandsnetzwerk n резистивная цепь; резистивная схема
Widerstandsnormal n эталон сопротивления
Widerstandsoperator m полное сопротивление
Widerstandsoptron n резисторная оптопара
Widerstandspaste f микр. паста для формирования (толстоплёночных) резисторов
Widerstandsrauschen n шумы сопротивления
Widerstandsregler m реостатный регулятор
Widerstandsrelais n, **gerichtetes** направленное (электрическое) реле сопротивления
Widerstandsröhre f баретгер

Widerstandsrückkopplung f резистивная обратная связь
Widerstandssatz m магазин сопротивлений
Widerstandsschaltung f реостатная схема
Widerstandsschaltverhältnis n вентильное отношение
Widerstandsschicht f резистивный слой
Widerstandssender m см. **Widerstandsgeber**
Widerstandssiebkette f RC-фильтр
Widerstandsspannung f напряжение на активном сопротивлении
Widerstandsspule f катушка-сопротивление (*активное*)
Widerstandsstreifen m резисторная дорожка
Widerstandsstruktur f 1. структура резистора 2. топология, рисунок (формирования) резисторов
Widerstandsstufe f ступень реостата
Widerstandssummierungseinrichtung f сумматор на резисторах
Widerstandsteiler m резистивный делитель
Widerstandstemperaturkoeffizient m температурный коэффициент сопротивления, ТКС
Widerstandstoleranz f допускаемое отклонение сопротивления (*резистора*)
Widerstandsträger m каркас [сердечник] резистора
Widerstandstransformation f преобразование сопротивлений
Widerstands-Transistor-Logik f резисторно-транзисторная логика, РТЛ
Widerstandstransistorschaltkreis m резисторно-транзисторная схема
Widerstandsübersetzung f, **Widerstandsumformung** f, **Widerstandsumwandlung** f преобразование сопротивлений
Widerstandsvakuummeter n манометр Пирани
Widerstandsverbindung f резистивная связь
Widerstandsverhältnis n (со)отношение сопротивлений (*напр. плеч моста*)
Widerstandsverluste m pl омические потери
Widerstandsverstärker m усилитель на резисторах
Widerstandsvollkörper m объёмный резистор
Widerstandswerkstoff m материал для изготовления резисторов, электропроводящий материал с повышенным омическим сопротивлением
Widerstandswert m 1. величина сопротивления 2. сопротивление резистора
Widerstandszeitrelais n реле сопротивления с (зависимой) выдержкой времени
Widerstandszelle f фоторезистор
Wiederanlauf m 1. повторный пуск (*напр. ленты*) 2. повторение, рестарт (*программы*)
Wiederanreicherung f повторное обогащение
Wiederauffinden n 1. (повторный) поиск (*данных*) 2. вызов (*данных*)
wiederauffüllen повторно заполнять (*напр. ЗУ*)
Wiederaufladelesen n перезарядное считывание
Wiederaufladestrom m ток перезаряда
Wiederaufladung f перезаряд(ка)
Wiederaufnahme f 1. повторная запись 2. вчт повторный запуск (*напр. программы*)
Wiederaufzeichnung f повторная запись; перезапись

Wiederaussender m ретранслятор
Wiederausstrahlung f 1. обратное излучение; переизлучение 2. ретрансляция
Wiederbelebung f 1. повторная активация 2. регенерация, восстановление
Wiederbeschreibung f перезапись
Wiedereinfang m nn вторичный захват (*носителей*)
Wiedereinführung f des Trägers восстановление несущей (*в месте приёма*)
Wiedereinschreiben n см. **Wiederaufzeichnung**
Wiedereinstellung f 1. возврат (*в исходное положение*) 2. вчт сброс, очистка (*напр. счётчика*) 3. восстановление
Wiedererzeuger m 1. воспроизводящее устройство 2. звукосниматель
Wiedererzeugung f см. **Wiedergabe** 1.
Wiedergabe f 1. зап., тлв воспроизведение 2. вчт считывание 3. показ, демонстрация
~, **akustische** воспроизведение звука
~, **dreidimensionale** стереоскопическое воспроизведение
~, **farbgetreue [farbrichtige]** правильное [верное] цветовоспроизведение
~, **getreue** верное воспроизведение
~, **hochwertige** высококачественное воспроизведение
~, **kontinuierliche** непрерывное воспроизведение
~, **naturgetreue** см. **Wiedergabe, hochwertige**
~, **progressive** воспроизведение (*изображения*) с построчной развёрткой
~, **stereophonische** стереофоническое воспроизведение
~, **synchrone** синхронное воспроизведение
~, **unverzerrte** неискажённое воспроизведение
~, **verzerrte** искажённое воспроизведение
Wiedergabebetrieb m режим воспроизведения
Wiedergabedose f звукосниматель
Wiedergabedynamik f динамический диапазон воспроизводящего устройства
Wiedergabeeinrichtung f устройство воспроизведения
Wiedergabeelektronik f электроника системы воспроизведения
Wiedergabeempfindlichkeit f чувствительность (головки) воспроизведения
Wiedergabeentzerrer m корректор воспроизведения
Wiedergabeentzerrerverstärker m корректирующий усилитель воспроизведения
Wiedergabeentzerrung f коррекция воспроизведения
Wiedergabefehler m pl искажения воспроизведения
Wiedergabefrequenzcharakteristik f, **Wiedergabefrequenzgang** m, **Wiedergabefrequenzkurve** f амплитудно-частотная характеристика воспроизведения
Wiedergabegenauigkeit f верность воспроизведения
Wiedergabegerät n устройство воспроизведения
Wiedergabegeschwindigkeit f скорость воспроизведения
Wiedergabegüte f качество воспроизведения
Wiedergabekanal m канал воспроизведения

Wiedergabekennlinie f 1. *зап.* характеристика воспроизведения 2. модуляционная характеристика кинескопа
Wiedergabekette f цепь [схема] воспроизведения
Wiedergabekopf m 1. *зап.* головка воспроизведения 2. *вчт* головка считывания
Wiedergabekopfspalt m (рабочий) зазор головки воспроизведения
Wiedergabekurve f характеристика воспроизведения
Wiedergabelaufwerk n лентопротяжный механизм воспроизводящего устройства
Wiedergabeleitung f *вчт* шина считывания
Wiedergabelinse f *гол.* восстанавливающая линза; воспроизводящая линза
Wiedergabemagnetkopf m магнитная головка воспроизведения
Wiedergabemaschine f воспроизводящее устройство; воспроизводящий (видео)магнитофон
Wiedergabenatürlichkeit f верность воспроизведения
Wiedergabepegel m уровень воспроизведения
Wiedergabeprojektionsrohr n *тлв* проекционная трубка
Wiedergaberaum m аппаратная воспроизведения звукозаписи
Wiedergaberöhre f кинескоп
Wiedergabeschirm m (воспроизводящий) экран
Wiedergabe-Servosystem n САР воспроизведения
Wiedergabespannung f эдс головки воспроизведения
Wiedergabespur f дорожка воспроизведения
Wiedergabestandard m стандарт воспроизведения
Wiedergabestrahl m *кв.эл., гол.* восстанавливающий пучок
Wiedergabesystem n система воспроизведения
Wiedergabetaste f *зап.* клавиша воспроизведения
Wiedergabeteil m блок воспроизведения
Wiedergabetreue f, **Wiedergabetreuheit** f верность воспроизведения
Wiedergabeverfahren n способ воспроизведения
Wiedergabeverluste m pl потери воспроизведения; искажения воспроизведения
Wiedergabeverstärker m усилитель воспроизведения
Wiedergabeverzögerung f 1. воспроизведение с запаздыванием 2. запаздывание восстановления (*при приёме*)
Wiedergabevorgang m процесс воспроизведения
Wiedergewinnung f 1. восстановление; регенерация 2. выделение (*сигнала из шумов*)
Wiederherstellbarkeit f 1. восстанавливаемость 2. ремонтопригодность
Wiederherstellung f 1. восстановление 2. ремонт 3. рекомбинация
~ **der Gleichstromkomponente** восстановление постоянной составляющей, фиксация уровня
~ **des Schwarzpegels** *тлв* восстановление уровня чёрного
~ **des Übergangs-Sperrwiderstandes** восстановление обратного сопротивления перехода
Wiederherstellungszeit f, **mittlere** среднее время восстановления
Wiederhol... *см. тж* **Wiederholungs...**

Wiederholautomatik f система автоматического повторения
Wiederholbarkeit f повторяемость; возобновляемость; воспроизводимость
wiederholen 1. повторять; возобновлять; воспроизводить 2. итерировать
Wiederholerbake f *нвг* радиомаяк-ответчик
Wiederholfolge f последовательность повторения; частота повторения
Wiederholgenauigkeit f точность повторения
Wiederhol-Maschinenprogramm n повторяющаяся программа для ВМ
Wiederholpunkt m 1. точка повторения 2. *вчт* точка повторного (за)пуска (*программы*)
Wiederholschnappschußsystem n система повторного фотографирования *или* экспонирования
Wiederholspeicher m память для обновления информации (*на экране дисплея*)
Wiederholtaste f 1. *вчт* клавиша повторения 2. *зап.* клавиша обратной перемотки
Wiederholung f 1. повторение; возобновление; воспроизведение 2. повторяемость 3. итерация
Wiederholungs... *см. тж* **Wiederhol...**
Wiederholungsabstand m 1. интервал между повторениями 2. *микр.* интервал мультиплицирования
Wiederholungsadressierung f адресация с повторением
Wiederholungsanforderung f *вчт* запрос на повторение
Wiederholungsfehler m повторяющаяся ошибка
Wiederholungsfrequenz f, **Wiederholungsgeschwindigkeit** f частота повторения
Wiederholungsklinke f *тлф* вспомогательное гнездо
Wiederholungskonstanz f стабильность повторяемости
Wiederholungslauf m *вчт* повторный проход, повторный прогон (*программы*)
Wiederholungsprogramm n программа повторения
Wiederholungssender m ретрансляционный передатчик, ретранслятор
Wiederholungssendung f повторная передача
Wiederholungsstörung f *над.* перемежающийся отказ
Wiederholungszahl f частота повторения
Wiederholungszähler m счётчик повторений
Wiederholungszeichen n *тлг* знак повторения
Wiederholwahleinrichtung f устройство повторного вызова
Wiederkehr f 1. возврат 2. повторение
Wiederkehrperiode f период повторения
Wiederkehrzeit f 1. время возврата 2. период повторения
Wiederprogrammierung f перепрограммирование
Wiederschreiben n перезапись
Wiederstrahlung f 1. переизлучение; рассеяние 2. собственное [паразитное] излучение (*приёмника*)
Wiedervereinigung f рекомбинация
Wiedervereinigungsleuchten n рекомбинационное свечение

Wiedervereinigungsnachleuchten *n* рекомбинационное послесвечение
Wiederwickeln *n* перемотка
Wiederzusammensetzung *f* синтез (*напр. изображения*)
Wien-Brückenoszillator *m* RC-генератор с обратной связью на мосте Вина
Wiener-Filter *n* фильтр Винера
Wiggler-Magnet *m*, **veränderlicher** вигглер-магнит с экспоненциальным законом убывания (*период магнитного поля вдоль оси магнита*)
Willemitschirm *m* виллемитовый экран (ЭЛТ)
Williamsröhre *f* запоминающая ЭЛТ Вильямса
Williamsröhrenspeicher *m* (электростатическое) ЗУ на запоминающих ЭЛТ Вильямса
Wilson-Kammer *f* камера Вильсона
Wimmern *n* зап. детонация (*воспроизводимого звука*)
Winchesterfestplatte *f* вчт винчестерский диск
Winchesterlaufwerk *n* винчестерский дисковый накопитель
Wind *m* 1. ветер (*напр. ионосферный*) 2. намотка
Windbelastung *f* ветровая нагрузка (*на антенну*)
Windgeräuschunempfindlichkeit *f* нечувствительность к шумам ветра (*о характеристиках микрофона*)
Windom-Antenne *f* горизонтальный полуволновой вибратор, питаемый однопроводным фидером
window-unit *англ. проф.* микроволновая радиорелейная линия
Windung *f* 1. виток 2. обмотка 3. оборот
~, **tote** холостой виток
Windungen *f pl*, **gegenmagnetisierende** размагничивающие витки
Windungsabstand *m* расстояние между витками
Windungsdichte *f* плотность (намотки) витков
Windungsdurchschlag *m* 1. пробой между витками 2. пробой обмотки
Windungsfluß *m* потокосцепление с одним витком
Windungsgesetz *n* схема намотки
Windungskapazität *f* 1. межвитковая ёмкость 2. собственная ёмкость обмотки
Windungspunkt *m* 1. точка [место] разветвления 2. вчт, мат. точка ветвления
Windungsrückkopplung *f* обратная связь при помощи витка
Windungsübersetzung *f*, **Windungsverhältnis** *n* отношение числа витков (*напр. обмоток трансформаторов*)
Winkel *m* угол
~, **Brewsterscher** угол полного внутреннего отражения, угол Брюстера
~, **hysteresischer** гистерезисный угол
~, **parallaktischer** угол параллакса
~, **toter** мёртвая зона излучения
Winkelabhängigkeit *f* угловая зависимость
Winkelabtastung *f* рлк 1. секторный обзор 2. угловой обзор
Winkelabweichung *f* угловое отклонение
Winkelauflösung *f*, **Winkelauflösungsvermögen** *n* разрешающая способность по углу
Winkelausschlag *m* угловое отклонение

Winkelbereich *m* 1. пространственный угол 2. сектор (*шкалы*)
~ **der Antennenstrahlung** пространственный угол излучения антенны
Winkelblende *f* угловая апертура
Winkelbreite *f* угловая ширина (*напр. диаграммы направленности*)
Winkeldiversity *f* ант. угловое расхождение; разнос по углу
110°-Winkelfarbbildröhre *f* цветной кинескоп с углом отклонения 110°
Winkelgeschwindigkeit *f* 1. угловая скорость; угловая [круговая] частота 2. скорость изменения пеленга *или* азимута
Winkelgleichlauf *m* синфазное согласованное вращение
Winkelinformation *f* рлк информация [данные] об угле места
Winkelkoeffizient *m* угловой коэффициент
Winkellage *f* угловое положение (*напр. антенны*)
Winkelmarke *f* рлк индикация угла места
Winkelmesser *m* 1. гониометр 2. измеритель фазового угла 3. угломер
Winkelmodulationsindex *m* индекс угловой модуляции
Winkelpeilung *f* пеленгование по углу
Winkelreflektorantenne *f* антенна с уголковыми отражателями
Winkelstellungsgeber *m* датчик угла
Winkelstück *n* коленчатый отросток, колено (*напр. волновода*)
Winkelteilung *f* угловое деление (*шкалы*)
Winkelunterschied *m* угол рассогласования
Winkelverfolgung *f* сопровождение по углу; слежение по углу
Winkelverlagerung *f*, **Winkelverschiebung** *f* угловое смещение
Winkelverteilung *f* угловое распределение (*интенсивности излучения*)
Winkelverzerrungen *f pl* угловые искажения (*воспроизведения*)
Winkelvoreilung *f* опережение по углу *или* по фазе
Winker *m* нвг проблесковый огонь поворота
Wippgenerator *m* свип-генератор, генератор качающейся частоты, ГКЧ
Wippschalter *m* рычажный переключатель
Wipptaste *f* координатный регулятор (*для плавного управления положением курсора на экране дисплея*)
Wirbel *m* вихрь
Wirbel(feld)gebiet *n* область вихревых токов
Wirbelschicht *f* турбулентный слой
Wirbelsintern *n* турбулентное спекание
Wirbelstabilisierung *f* вихревая стабилизация (*плазмы*)
Wirbelstromdämpfung *f* демпфирование вихревыми токами
Wirbelstromkupplung *f* зап. торможение вихревыми токами
Wirbelströmung *f* вихревой [турбулентный] поток
Wirbelstromverluste *m pl* потери на вихревые токи
wire-wrap *англ.* накрутка, соединение накруткой
Wirkanteil *m* активная составляющая

Wirkantennenhöhe f действующая высота антенны
Wirkbild n см. **Wirkschema**
Wirkdämpfung f действующее затухание
Wirkelement n резистивный элемент
Wirkfaktor m коэффициент мощности
Wirkfläche f эффективная площадь (*приёмной антенны*)
Wirkglied n исполнительное звено
Wirkkomponente f активная составляющая
Wirklast f активная нагрузка
Wirkleitfähigkeit f, **Wirkleitwert** m активная проводимость
Wirksamhöhe f см. **Wirkantennenhöhe**
Wirksamkeit f эффективность
Wirkschema n функциональная схема
Wirkspannungskomponente f активная составляющая напряжения
Wirkteil m вещественная [действительная] часть (*комплексной величины*)
Wirkung f 1. действие; влияние 2. *рег.* воздействие 3. *киб.* следствие; результат 4. эффект; эффективность 5. *мат.* последействие
~, **fotoelektrische** фотоэффект
~, **konzentrierende** фокусирующее действие
~, **lichtelektrische** фотоэффект
~, **räumliche** объёмный эффект
~, **stroboskopische** стробоскопический эффект
~, **thermoelektrische** термоэлектрический эффект
Wirkungsablauf m течение [ход] процесса
Wirkungsalgorithmus m *вчт* алгоритм действия
Wirkungsbereich m 1. область [зона] действия; радиус действия 2. рабочий диапазон
Wirkungsfaktor m коэффициент полезного действия, кпд
Wirkungsgebiet n см. **Wirkungsbereich**
wirkungsgleich 1. эквивалентный 2. *ркс* равносильный
Wirkungsgrad m 1. коэффициент полезного действия, кпд 2. отдача; эффективность 3. кпд выходного каскада, отношение выходной мощности к мощности питания (*в выходных каскадах*) 4. *инф.* эффективность передачи сообщений
~, **energetischer** энергетическая отдача; энергетический кпд
~ **der Gleichrichtung** эффективность выпрямления
~, **optischer** оптический кпд (*отношение излучения видимого спектра к полному лучистому потоку*)
~ **der Strahlung** отдача антенны, кпд антенны
Wirkungslinie f линия функциональной связи; функциональная связь
Wirkungsplan m функциональная схема
Wirkungsquantum n квант действия
Wirkungsquerschnitt m эффективное (поперечное) сечение
Wirkungsrate f быстродействие
Wirkungsrichtung f *киб.* направление (*управляющего или регулирующего*) воздействия
Wirkungsschaltbild n, **Wirkungsschaltplan** m, **Wirkungsschema** n функциональная схема
Wirkungssinn m см. **Wirkungsrichtung**

Wirkungsumkehr f *киб.* перемена [изменение] направления воздействия (*на обратное*)
Wirkungsweg m 1. путь прохождения сигнала 2. *рег.* тракт управления *или* регулирования
Wirkungsweise f принцип действия
~, **physikalische** физика работы (*напр. схемы*)
Wirkverluste m pl активные потери
Wirkwelle f рабочая волна
Wirkwert m действующее значение
Wirkwiderstand m омическое сопротивление
~, **akustischer** активное акустическое сопротивление
Wirkwiderstandselement n резистивный элемент
Wirkzeit f **eines Rechners** доступное (*для работы*) машинное время
Wirkzone f зона (воз)действия
Wirt m *пп* основной материал, основа
Wirtatom n атом основного материала
Wirtkristall m 1. кристалл основного материала 2. кристалл-затравка, затравка; кристалл-хозяин (*полупроводника*)
Wirtmaterial n см. **Wirt**
Wirtschaftsfernsehen n промышленное телевидение
Wirtsgitter n (кристаллическая) решётка затравки
Wirtskristall m см. **Wirtkristall**
Wirtsmaterial n, **Wirtsubstanz** f 1. основной материал, основа 2. материал кристалла-затравки; материал кристалла-хозяина 3. лазерная активная среда
Wischblende f *тлв* шторка
Wischer m, **Wischkontakt** m 1. временно замыкающий, временно размыкающий *или* проскальзывающий контакт 2. трущийся контакт
Wissenschafts-Satellit m экспериментальный спутник
Witterungsbeständigkeit f устойчивость к изменению метеорологических условий, атмосферостойкость
W-Leuchtstoff m люминофор белого свечения с коротким послесвечением
Wobbelamplitude f 1. амплитуда качания [вобуляции] 2. *зап.* амплитуда детонаций
Wobbelauftastung f качание [вобуляция] электронного луча с подсветкой
Wobbelbereich m диапазон качания [вобуляции] (частоты)
Wobbelbonden n роликовая термокомпрессионная сварка
Wobbelfaktor m 1. коэффициент качания [вобуляции] (частоты) 2. *зап.* коэффициент детонации
Wobbelfrequenz f 1. частота качания [вобуляции] 2. *зап.* частота детонаций
Wobbel(frequenz)generator m свип-генератор, генератор качающейся частоты, ГКЧ
Wobbelhub m 1. размах качания [вобуляции] 2. *зап.* амплитуда детонаций
Wobbelimpuls m качающий [вобулирующий] импульс
Wobbelmeßgenerator m, **Wobbelmeßsender** m измерительный генератор качающейся частоты
Wobbelmethode f метод качания [вобуляции] (частоты)

Wobbeln n 1. качание, вобуляция 2. зап. детонация (*звука*)
Wobbeloszilloskop n осциллограф с генератором качающейся частоты
Wobbelperiode f 1. период качания [вобуляции] (частоты) 2. зап. период детонаций
Wobbelschaltung f схема качания [вобуляции] (частоты)
Wobbelspannung f напряжение качания, вобулирующее напряжение
Wobbelton m 1. воющий тон 2. вибрирующий тон
Wobbelung f см. **Wobbeln**
Wobbler m 1. см. **Wobbel(frequenz)generator** 2. двухсторонний (телеграфный) ключ
Wobbulator m свип-генератор, генератор качающейся частоты, ГКЧ
Wohnungsanschluß m 1. ввод квартирного телефона 2. квартирный телефон
Wölbung f 1. изгиб (*печатной платы*) 2. *мат.* выпуклость
Wolframlichtempfindlichkeit f световая чувствительность (*передающей трубки*) при цветовой температуре 2854°К
Wolframschiffchen n вольфрамовая лодочка
Wolke f облако (*напр. электронное*)
Wolkenabsorption f поглощение облаками
Wolkenecho n сигнал, отражённый от облаков
Wolkenentdeckungs- und Antikollisionsradar n (самолётная) РЛС обнаружения облаков и предупреждения столкновений
Wollastondraht m *изм.* волластоновская нить (*платиновый провод диаметром в несколько микрон*)
Wollastonprisma n призма Волластона (*для поляризации светового луча*)
Wolsch-Vokoder m вокодер Уолша
WORM-Platte f диск для нескольких перезаписей и многократного воспроизведения
Worst-Case-Dimensionierung f определение пределов по наихудшему случаю
Wort n 1. *вчт* (кодовое) слово, кодовая группа 2. *лингв.* слово (*основной конструктивный элемент языка*)
~, **doppellanges** слово двойной длины
Wortabstand m междусловный пробел, пробел между словами
Wortaufrufleitung f числовая шина (*напр. в ЗУ с прямой выборкой*)
Wortaufzeichnung f запись слова
Wortauswahl f *вчт* 1. выборка слов 2. пословная выборка
Wortbegrenzungszeichen n знак разделения слов
Wortbestand m см. **Wortschatz 1**.
Wortdarstellung f представление слов
Wortendzeichen n метка окончания слова
Wortentschlüsselung f декодирование кодовых групп
Wörterblock m группа [блок] слов
Wort-für-Wort-Übersetzung f пословный перевод
Wortgeber m датчик [генератор] слов
Wortgruppe f группа [блок] слов
Wortgut n см. **Wortschatz 1**.
Wort-Identität f, **sachliche** предметное тождество слов

Wortlänge f *вчт* длина слова
~, **doppelte** слово двойной длины
~, **feste** слово фиксированной длины
~, **variable** слово переменной длины
Wortlaufzeit f период [цикл] слова
Wortleitung f см. **Wortaufrufleitung**
Wortmarke f метка (записи) слова
~, **begrenzende** метка конца (записи) слова
Wortmaschine f ВМ с пословной обработкой информации
Wortorganisation f структура слова
Wortrate f *вчт* скорость (передачи) слов
Wortschachtelung f погрупповое (временно́е) объединение (*цифровых сигналов*)
~, **geordnete** упорядоченное погрупповое (временно́е) объединение
Wortschatz m 1. *вчт, прогр.* набор (кодовых) слов 2. *лингв.* словарный состав (*языка*)
Wortspeicherzelle f запоминающая ячейка для слова
Wortstellen f pl *вчт* разряды слова
Wortstruktur f *вчт* структура слова
Wortsymbol n *вчт* метка (конца) слова
Wortsynchronisation f синхронизация слов
Worttaktzeit f время выборки, передачи *или* обработки слова
Wortverständlichkeit f артикуляция [разборчивость] слов; разборчивость речи
Wortverstümmelung f искажение слов при передаче
Wortwahl f см. **Wortauswahl**
Wortzeit f период [цикл] слова
WOW-WOW-Effekt m «раскраска» звука
WRW-Kamera f WRW-камера (*трёхтрубочная камера, дающая сигнал яркости и сигналы красного и синего цветоотделённых изображения*)
WT-... см. **Wechselstromtelegrafie...**
Wuchskoeffizient m коэффициент нарастания
Wuchskonstante f постоянная (времени) нарастания
Wülste m pl неровности намотки ленты
Wurfbahn f баллистическая траектория
Wurfbild n спроектированное изображение
Würfel m 1. куб 2. кристалл 3. *т. игр* игральная кость
Würfelantenne f кубическая антенная решётка
Würfelreflektor m уголковый отражатель
Würfelsymmetrie f кубическая симметрия
Würgebund n скрутка (*проводов*)
Würgestelle f место скрутки, скрутка (*проводов*)
Wurzelhodograf m, **Wurzelort** m корневой годограф
Würzlaus f *проф.* выброс от цели (*на экране радиолокационного индикатора*)
Wüstenbetrieb m эксплуатация в условиях пустыни
W-Wert m *тлв* уровень белого

X

X-Ablenkplatten f pl пластины горизонтального отклонения
X-Ablenkung f горизонтальное отклонение

X-Ablenkverstärker *m* усилитель горизонтального отклонения
X-Achse *f* электрическая ось, ось *x* (*кристалла кварца*)
X-Ansteuerleitung *f* шина управления по оси *x*
X-Antenne *f* дипольная антенна с коническими элементами
Xanthenfarbstofflaser *m* лазер на ксантовом красителе
X-Band *n* Х-диапазон (5,2—10,9 ГГц)
X-Dekoder *m* дешифратор адреса Х
X-Draht *m* горизонтальный провод (*матрицы*)
ХЕ *см.* **X-Einheit**
Xe-He-Gas-Laser *m* ксеноново-гелиевый газовый лазер
X-Einheit *f* Х-единица (*единица длины волны, равная* 10^{-11} *см*)
X-Endstufe *f* выходной каскад (усилителя) горизонтального отклонения
Xenonblitzröhre *f* ксеноновая лампа-вспышка
Xenon-Quecksilber-Lampe *f* ртутно-ксеноновая лампа
Xerografie *f* ксерография (*метод электрофотографии*)
Xerokopie *f* ксерокопия
Xeronic-Drucker *m* ксерографическое печатающее устройство
Xeroradiografie *f* ксерорадиография
Xerox-Platte *f* селеновая пластина (*в ксерографии*)
X-Glied *n* Х-образное звено (*фильтра*)
X-Kanal *m* канал горизонтального отклонения
x-Karte *f* контрольная карта с (нанесёнными) границами допусков
x-Koordinate *f* абсцисса
x-Parameter *m* х-параметр(ы) (*транзистора*)
XP-Gespräch *n* разговор с уведомлением
X-Platten *f pl см.* **X-Ablenkplatten**
Xraser *m*, **X-ray-Laser** *m* рентгеновский лазер
X-Richtung *f* направление (по) оси *x*
x/R-Karte *f* контрольная карта с (нанесёнными) границами допусков и максимального отклонения
X-Schaltung *f* Х-образная схема
X-Schnitt *m* срез Х, Х-срез, срез Кюри (*срез пьезокристалла, перпендикулярный оси x*)
X-Signal *n* тлв Х-сигнал (*преобразованный сигнал разности левого и правого стереоканалов*)
x/s-Karte *f* контрольная карта с (нанесёнными) границами допусков и стандартного отклонения
xy-Adressierung *f* двухкоординатная адресация
X-Y-Anzeige *f* двухкоординатная индикация
x-y-Ansteuerung *f* двухкоординатный [ортогональный] опрос матричного фотоприёмника
X/Y-Mikrofone *n pl* способ ХY (совмещённых) микрофонов (*акустические оси микрофонов образуют прямой угол, подобно координатным осям x, y*)
X-Y-Rastertisch *m* двухкоординатный стол
X-Y-Registriergerät *n*, **X-Y-Schreiber** *m* (двух)координатный графопостроитель
X-Y-Strahlablenker *m* двухкоординатный дефлектор

XY-Wähler *m* (двух)координатный искатель
XY-Zoom *m* ХY-вариообъектив (*позволяет менять величину и положение выходного изображения*)
X-Zeile *f* (горизонтальная) строка

Y

Y-Ablenkplatten *f pl* пластины вертикального отклонения
Y-Ablenkung *f* вертикальное отклонение
Y-Ablenkverstärker *m* усилитель вертикального отклонения
Y-Achse *f* механическая ось, ось *y* (*кристалла кварца*)
Yagi-Antenne *f* директорная антенна, антенна типа волновой канал
YAG-Laser *m* лазер на алюмоиттриевом гранате, лазер на АИГ
Y-Ansteuerleitung *f* шина управления по оси *y*
YC-Kamera *f* тлв двухтрубочная камера (*с трубками яркости и цветности*)
Y-Dekoder *m* дешифратор адреса Y
Y-Draht *m* вертикальный провод (*матрицы*)
Y-Eingang *m* вход сигнала яркости
Y-Endstufe *f* выходной каскад (усилителя) вертикального отклонения
Y-Frequenzgangregler *m* тлв регулятор частотной характеристики канала сигнала Y (*сигнала яркости*)
YIG-Filter *n* фильтр на железоиттриевом гранате, фильтр на ЖИГ
YIG-Laser *m* лазер на железоиттриевом гранате, лазер на ЖИГ
YIG-Resonator *m* резонатор на железоиттриевом гранате, резонатор на ЖИГ
Y-Kanal *m* 1. тлв канал сигнала яркости 2. канал вертикального отклонения
Y-Matrix *f* матрица (полных) проводимостей
Young-Schema *n* схема Юнга
Y-Parameter *m* y-параметр(ы) (*транзистора*)
Y-Platten *f pl см.* **Y-Ablenkplatten**
YRGB-Kamera *f* тлв четырёхтрубочная камера
Y-Richtung *f* направление (по) оси *y*
Y-Schaltung *f* соединение звездой
Y-Schnitt *m* срез Y, Y-срез (*срез пьезокристалла, перпендикулярный оси y*)
Y-Signal *n* 1. тлв сигнал яркости 2. Y-сигнал (*сигнал правого канала при разногромкостной стереофонии*)
Y-Signalweg *m* тракт сигнала яркости
Y-Spalte *f* (вертикальный) столбец
Yttrium-Aluminium-Granat *m* алюмоиттриевый гранат, АИГ
Yttrium-Aluminium-Granat-Festkörperlaser *m* твердотельный лазер на кристалле алюмоиттриевого граната, лазер на АИГ
Y-Überblendung *f* тлв микширование через нуль
Yukawa-Potential *n* потенциал Юкавы
Y-Verschiebung *f* смещение по оси *y*
Y-Verstärker *m* 1. усилитель вертикального от-

клонения 2. *тлв* усилитель сигнала яркости
Y-Verzögerungsleitung *f* линия задержки сигнала у (*сигнала яркости*)
Y-Zirkulator *m* Y-циркулятор

Z

Z-Abstimmung *f* настройка изменением волнового сопротивления
Z-Achse *f* **des Quarzkristalls** оптическая ось кварца [пьезокристалла]
Zacke *f*, **Zacken** *m* 1. *рлк* выброс; отметка (*от цели*) 2. зубец (*записи*) 3. импульс, пик
Zackenaufzeichnung *f см.* Zackenschriftaufzeichnung
Zackenbildung *f* 1. *рлк* образование выбросов 2. пичковый режим
Zackengröße *f* 1. *рлк* амплитуда выброса 2. амплитуда импульса
Zackenmitte *f* 1. *рлк* середина отметки (*от цели*) 2. середина импульса
Zackenschrift *f* фотографическая сигналограмма переменной ширины
Zackenschriftaufzeichnung *f* 1. фотографическая запись переменной ширины 2. фотографическая сигналограмма переменной ширины
Zackentonspur *f* фотографическая фонограмма переменной ширины
Zahl *f* 1. число; цифра 2. номер
~, **Abbesche** число Аббе, коэффициент дисперсии
~, **absolut binäre** чисто двоичное число
~, **achtstellige** восьмеричное *или* восьмиразрядное число
~, **allgemeine** обобщённое число
~, **binär-dezimale** двоично-десятичное число
~, **binäre** двоичное число
~, **charakteristische** характеристическое число (*в световодах*)
~, **dezimale** десятичное число
~, **doppelt lange** число двойной длины
~, **dreiziffrige** троичное число
~, **duale** двоичное число
~ **der Freiheitsgrade** число степеней свободы
~, **gerade** чётное число
~, **imaginäre** мнимое число
~, **Loschmidtsche** число Лошмидта
~ **mit doppelter Genauigkeit** число с двойным количеством разрядов
~, **nichtnormalisierte** ненормализованное число
~, **N-stellige** N-разрядное число
~ **ohne Vorzeichen** число без знака
~, **reele** 1. вещественное число 2. *прогр.* действительное число
~, **ungerade** нечётное число
Zahlader *f* счётная шина
Zählausgang *m* счётный выход
Zahlbereich *m* диапазон (представления) чисел
Zählbetragdrucker *m* итоговое печатающее устройство
Zählbetragumsetzer *m* преобразователь итоговых числовых результатов; преобразователь чисел

Zähldekade *f* 1. счётная декада 2. декада счётного устройства
Zähldraht *m* счётный провод
Zähleingang *m* *вчт* счётный вход
Zähleinheit *f* счётный блок
Zahlenablesung *f* цифровой отсчёт
Zahlenangaben *f pl* цифровые данные
Zahlenanzeiger *m* цифровой индикатор
Zahlenanzeigeröhre *f* лампа цифровой индикации
Zahlenaufrufregister *n* регистр чисел
Zahlenausgabe *f* вывод чисел; цифровой вывод
Zahlenbahn *f* дорожка для записи кода, цифровая дорожка (*на ленте*)
Zahlenbereich *m* 1. *мат.* числовая область 2. *вчт* диапазон чисел 3. ёмкость, количество разрядов (*напр. регистра*)
~, **binärer** диапазон двоичных чисел
~ **eines Digitalrechners** ёмкость ЦВМ
~ **eines Registers** ёмкость регистра
Zahlenbetrag *m* значение числа; вес числа
Zahlenblock *m* массив чисел; числовой блок
Zahlen-Buchstabeneingabe *f* алфавитно-цифровой ввод (*данных*)
Zahlendarstellung *f* 1. представление чисел 2. система счисления
~, **binäre** двоичное представление чисел
~, **biquinäre** двоично-пятеричное представление чисел
~, **dezimal-duale** десятично-двоичное представление чисел
~, **dezimale** десятичное представление чисел
~, **duodezimale** двоично-десятичное представление чисел
~ **mit festem Komma** представление чисел с фиксированной запятой
~ **mit fester Basis** позиционная система счисления с постоянным основанием
~ **mit gleitendem Komma** представление чисел с плавающей запятой
~, **oktale** восьмеричное представление чисел
~, **quaternäre** четверичное представление чисел
~, **quinäre** пятеричное представление чисел
~, **ternäre** троичное представление чисел
Zahlendruckvorrichtung *f* цифропечатающее устройство
Zahlenebene *f* числовая плоскость
Zahleneingabe *f*, **Zahleneinsteuerung** *f* ввод чисел
Zahlenfaktor *m* числовой множитель, числовой коэффициент
Zahlenfilter *n* цифровой фильтр
Zahlenfolge *f* числовая последовательность
Zahlenform *f* 1. цифровая форма 2. числовая форма
Zahlenfunktion *f* числовая функция
Zahlengeber *m* 1. генератор чисел 2. *тлф* пульсатор; датчик счётных импульсов
Zahlengeberrelais *n* *тлф* импульсное реле
Zahlengebertastatur *f* цифровая клавиатура
zahlengesteuert с числовым управлением
Zahlengröße *f* численная величина
Zahlengruppe *f* группа чисел; массив чисел
Zahlenimpuls *m* числовой импульс
Zahlenindikator *m* цифровой индикатор
Zahleninformation *f* 1. числовая информация 2. цифровая информация

Zahleninterpolator *m* цифровой интерполятор
Zahlenkode *m* 1. код числа 2. числовой [цифровой] код
Zahlenkodierung *f* 1. кодирование чисел 2. числовое [цифровое] кодирование 3. кодирование числом однотипных элементов (*в дисплеях*)
Zahlenkodierungsmethode *f* метод числового [цифрового] кодирования
Zahlenkontrolle *f* 1. проверка цифр; (по)цифровой контроль 2. числовое управление
Zahlenkorrelator *m* цифровой коррелятор
Zahlenlänge *f* длина [разрядность] числа
Zahlenlochband *n* числовая перфолента
Zahlenlocher *m*, **Zahlenlochmaschine** *f* числовой перфоратор
Zahlenlochstreifen *m* числовая перфолента
zahlenmäßig 1. числовой 2. численный, количественный
Zahlenmethode *f* 1. численный метод 2. цифровой метод ввода (*данных*)
Zahlenordnung *f* порядок (следования) чисел
Zahlenplatte *f* цифровое (световое) табло
Zahlenrechnenmaschine *f*, **Zahlenrechner** *m* цифровая ВМ, ЦВМ
Zahlenreihe *f* числовой ряд
Zahlenrepräsentationsform *f*, **natürliche** естественная форма представления чисел
Zahlenröhre *f* цифровая индикаторная лампа
Zahlenscheibe *f* (кодирующий) цифровой диск
Zahlenschema *n* числовая схема
Zahlenschlüssel *m* код числа
Zahlenschreiber *m* 1. цифропечатающее устройство 2. телетайп
Zahlenschreibweise *f* цифровая запись
Zahlensicherheitskode *m* помехозащищённый цифровой код
Zahlenspeicher *m* ЗУ для хранения чисел
Zahlenstellungsabgriff *m* цифровой вывод (*данных*)
Zahlensteuerung *f* числовое управление (*станками*)
Zahlensymbol *n* 1. цифровой символ, цифровой знак 2. символ числа
Zahlensystem *n* 1. система счисления 2. числовая система (*напр. управления*)
~, **binäres** двоичная система счисления
~, **binärkodiertes** двоично-кодированная система счисления
~, **dekadisches [dezimales]** десятичная система счисления
~, **duales [dyadisches]** двоичная система счисления
Zahlensystemumformer *m*, **Zahlensystemumsetzer** *m* преобразователь систем счисления
Zahlentransport *m* 1. передача цифровых данных 2. перенос чисел (*напр. из регистра*)
Zahlenumsetzung *f* преобразование чисел
Zahlenvergleichseinrichtung *f* устройство [блок] сравнения чисел
Zahlenverschiebung *f* сдвиг чисел
Zahlenverschlüsselung *f* цифровое кодирование
Zahlenweiß *n* цифровой бланк (*в аппарате Бодо*)
Zahlenwerk *n* цифровой механизм
Zahlenwert *m* численное значение
Zahlenwort *n* цифровое слово
Zähler *m* 1. счётчик 2. счётное устройство 3. *мат.* числитель ◻ ~ **auf 0 stellen** сбросить [установить] счётчик в «0», *проф.* обнулить
~, **binärer [dualer]** двоичный счётчик
~, **integrierender** интегрирующий счётчик
~ **mit Abdruck** счётчик с выводом (данных) на печать
~, **registrierender** регистрирующий счётчик
~, **reversibler** реверсивный счётчик
~, **rückstellbarer** счётчик со сбросом
~, **selbstlöschender** самогасящийся счётчик
~, **summierender** суммирующий [накапливающий] счётчик
~, **umkehrbarer** реверсивный счётчик
~, **vielstelliger** многоразрядный счётчик
~, **voreinstellbarer** счётчик с предварительной установкой
~ **zum Addieren** суммирующий счётчик
~ **zum Subtrahieren** вычитающий счётчик
Zählerablesung *f* снятие [отсчёт] показаний счётчика
Zählerangabe *f* показания счётчика
Zählerbaugruppe *f* счётный модуль
Zählerdiskriminator *m* дискриминатор счётного типа
Zählereingang *m* счётный вход
Zählerkapazität *f* ёмкость счётчика
Zählerkreis *m* счётная схема
Zählerlöschung *f*, **Zählerrückstellung** *f* сброс (показаний) счётчика
Zählerschaltung *f* счётная схема
Zählerspeicher *m* ЗУ для сумм
Zählerstand *m* показания счётчика
Zählerstelle *f* разряд счётчика
Zählerstufe *f* ступень счётчика
Zähleruberlauf *m* переполнение счётчика
Zählervolumen *n* ёмкость счётчика
Zählervoreinstellung *f* предварительная установка счётчика
Zählerwert *m* показание счётчика
Zählerzeitgeber *m*, **Zählerzeitmesser** *m* счётчик-хронометр
Zählfaktor *m* коэффициент пересчёта
Zählfrequenz *f* частота (работы) счётчика
Zählfrequenzmesser *m* цифровой частотомер
Zählgerät *n* счётный прибор, счётчик
Zählgeschwindigkeit *f* скорость счёта
Zählglied *n* счётная ячейка
Zählimpuls *m* счётный импульс; импульс счёта
Zählimpulsgeber *m* 1. датчик счётных импульсов 2. *тлф* датчик импульсов (автоматического) набора
Zählkanal *m* счётный канал
Zählkapazität *f* ёмкость счётчика
Zählkette *f* счётная схема
Zählkodierer *m* устройство (цифрового) кодирования (*сосчитанных импульсов*)
Zählkreis *m* счётная цепь
Zählmaschine *f* вычислительная [счётная] машина
Zählmechanismus *m* счётный механизм
Zählmessungen *f pl* дискретные измерения
Zählmethode *f* 1. метод счёта (*импульсов*) 2. численный метод
Zählmodulation *f* импульсно-кодовая модуляция, ИКМ

Zahlparameter *m* числовой параметр
Zählprinzip *n* принцип счёта
Zählrate *f* скорость счёта
Zahlregister *n* регистр чисел
Zählregister *n* счётный регистр
Zählrichtung *f* направление счёта
Zählring *m* кольцевая счётная схема
Zählrohr *n* счётчик радиоактивных излучений
Zählröhre *f* счётная лампа
~, **dekadische** декатрон
Zählschalter *m* переключатель счётчика
Zählschaltung *f* счётная схема
Zählschritt *m* шаг счёта
Zählsinn *m* направление счёта
Zahlspur *f* 1. адресная дорожка 2. дорожка маркеров блоков записи
Zählstufe *f* 1. счётная ячейка 2. счётная ступень
~, **binäre** двоичная счётная ячейка
Zähltechnik *f* счётная техника
Zählumfang *m* ёмкость счётчика
Zählung *f* счёт, подсчёт
~, **rein binäre** чисто двоичный счёт
~, **umkehrbare** счёт в обратном направлении
Zählunterdrückung *f* сброс показаний счётчика
Zählverfahren *n* 1. метод счёта 2. счётный режим
Zählverlust *m* потеря [пропуск] в счёте
Zählwerk *n* счётный механизм; счётчик
Zählwerklogik *f* логика (работы) счётной схемы
Zählwerkpese *f* *зап.* тросик счётчика
Zahlwertinformation *f* цифровая информация
Zählwertschalter *m* задатчик (для) счётчика
Zahlwort *n* (машинное) слово
Zahlzeichen *n* 1. цифра 2. числовое обозначение
Zählzeichen *n* счётный импульс
Zähnchenstruktur *f* зубчатая структура
zappeln дрожание
Zäsiumlaser *m* цезиевый лазер
Zäsiumstrahlapparatur *f* аппаратура (*высокостабильного генератора*) на цезиевом пучке
ZDA-Modul *m* модуль промежуточной частоты, ПЧ-модуль (*в телевизоре*)
Z-Diode *f* полупроводниковый стабилитрон
Zebramuster *n* *тлв* (испытательная) таблица в виде вертикальных полос
Zebrazeit *f* всемирное время
Zeeman-Effekt *m* эффект Зеемана
Zeeman-Modulation *f* зеемановская модуляция
Zeeman-Spaltung *f* зеемановское расщепление
Zeeman-Triplett *n* зеемановский триплет
Zehneralphabet *n* десятичный алфавит
Zehnerbarriere *f* барьер Зенера
Zehnerrechensystem *n* десятичная система счисления
Zehnerstelle *f* десятичный разряд
Zehnerstufe *f* 1. разряд десятков 2. *тлф* декада
Zehnersystem *n* 1. десятичная система (*счисления*) 2. *тлф* декадная система
Zehnertastatur *f*, **Zehnertastenfeld** *n* десятичная (цифровая) клавиатура
Zehnerübertrag *m* десятичный перенос
Zehneruntersetzer *m* декадный счётчик
Zehnerwellen *f pl* декаметровые волны (10—100 *м*)
Zehnerzahlensystem *n* десятичная система счисления

Zehnerzähler *m* декадный счётчик
Zehnerziffer *f* цифра десятков
Zehnfachplattenspieler *m* проигрыватель-автомат на десять грампластинок
Zehngangpotentiometer *n* десятиоборотный потенциометр
Zehntelmillimeterwellen *f pl* децимиллиметровые волны ($0,1—1$ *мм*)
Zehnzahl *f* декада
Zeichen *n* 1. знак; символ 2. сигнал 3. признак 4. маркер; метка 5. *рлк* отметка (от) цели 6. знаковый разряд
~, **akustisches** звуковой сигнал
~, **alphabetisches** буквенный [алфавитный] знак
~, **alphanumerisches** буквенно-цифровые знаки
~, **binäres** двоичный знак
~, **elektrisches** электрический сигнал
~, **frei definierbares** динамически выбираемый набор знаков
~, **graphisches** графический символ
~, **hörbares** звуковой сигнал
~, **ikonisches** смысловой символ (*символ, внешне сходный с обозначаемым им объектом или понятием*)
~, **numerisches** цифровой знак
~, **optisches** оптический сигнал
~, **redundantes** избыточный знак
~, **sichtbares** видимый сигнал
~, **verstümmeltes** искажённый знак
~, **unzulässiges** запрещённый знак; запрещённый символ
~, **zusätzliches** специальный (графический) знак (*кроме буквенного или цифрового*); дополнительный символ
Zeichenabfühlung *f* считывание знаков
Zeichenabgabegeschwindigkeit *f* скорость выдачи знаков
Zeichenabstand *m* интервал между знаками
Zeichenabtastung *f* считывание знаков
Zeichenadresse *f* адрес знака *или* символа
Zeichenamplitude *f* амплитуда сигнала
Zeichenangabe *f* (по)дача сигналов
Zeichenanzeige *f* 1. отображение знаковой информации 2. знаковая индикация
Zeichenanzeiger *m* 1. знаковый дисплей 2. знаковый индикатор
Zeichenanzeigeröhre *f* 1. лампа цифровой индикации 2. знакопечатающая ЭЛТ
Zeichenarithmetik *f* 1. поразрядное арифметическое устройство 2. арифметические операции с числами со знаком
Zeichenaufnahme *f* приём отражённых (*от цели*) сигналов
Zeichenaufsatz *m* радиолокационный планшет
Zeichenauswahl *f* выбор знака
Zeichenautomat *m* графический построитель
Zeichenbildschirm *m* экран знакосинтезирующего дисплея
Zeichenbit *n* знаковый бит
Zeichendarstellung *f* отображение [воспроизведение] знаков
Zeichendeutlichkeit *f* 1. чёткость знаков *или* сигналов 2. различимость знаков *или* сигналов
Zeichendichte *f* плотность знаков
Zeichendrucker *m* знакопечатающее устройство

Zeichenelement *n* 1. элемент кода 2. элемент сигнала 3. *тлг* элементарная токовая посылка
Zeichenempfänger *m* 1. приёмник сигналов 2. приёмник тонального вызова
Zeichenensemble *n* ансамбль символов
Zeichenentschlüsselung *f* декодирование сигналов
Zeichenerkennung *f* распознавание знаков *или* символов
~, **magnetische** распознавание магнитных знаков
Zeichenerkennungseinheit *f* устройство для распознавания знаков
Zeichenerkennungslogik *f* логические схемы для распознавания знаков
Zeichenerklärung *f* 1. декодирование сигналов 2. ключ [шифр] кода
Zeichenerzeugung *f* генерация знаков *или* символов, знакогенерация
Zeichenfehlerquote *f* интенсивность знаковых ошибок
Zeichenfehlerwahrscheinlichkeit *f* вероятность знаковых ошибок
Zeichenfeldraster *m* знакоориентированный растр
Zeichenfeststellung *f* определение знака
Zeichenfolge *f* последовательность знаков; *прогр.* строка (*символов*)
Zeichenfolgenoperation *f вчт* операция над строками
Zeichenfortschaltung *f* поинтервальное перемещение знаков (*напр. при печати*)
Zeichenfrequenz *f* 1. частота (воспроизведения) знаков (*напр. в характроне*) 2. частота (передачи, воспроизведения) сигнала
Zeichengabe *f* (по)дача сигналов
Zeichengebelampe *f* сигнальная лампа
Zeichengeber *m* 1. знакогенератор 2. датчик сигналов
Zeichengebung *f* 1. (по)дача сигналов; сигнализация 2. передача сигналов
Zeichengenerator *m* знакогенератор
Zeichengerät *n* графопостроитель
Zeichengestalt *f* конфигурация [форма] знака *или* символа
Zeichengruppe *f* группа знаков *или* символов
Zeichengüte *f* качество знака *или* сигнала
Zeichenhäufigkeit *f см.* **Zeichenfrequenz**
Zeichenhöhe *f* 1. высота знака 2. амплитуда сигнала
Zeichenintervall *n см.* **Zeichenabstand**
Zeichenkanal *m* канал сигнализации
Zeichenkette *f* 1. последовательность знаков 2. строка символов
Zeichenklasse *f* класс [тип] знака
Zeichenkode *m* код знака
Zeichenlesbarkeit *f* разборчивость [различимость] знаков
Zeichenlesen *n*, **optisches** оптическое считывание знаков
Zeichenleser *m* устройство считывания знаков
Zeichenlocher *m* цифровой перфоратор
Zeichenmaschine *f* 1. знакогенератор 2. графопостроитель
Zeichenmatrix *f* знаковая матрица

Zeichenmeldeeinrichtung *f* сигнализационное устройство
Zeichenmenge *f* набор знаков; алфавит (*знаков*)
Zeichenmittenabstand *m* расстояние между центрами двух знаков
Zeichenmuster *n* матрица знака
Zeichennormierung *f* нормирование [стандартизация] символов
zeichenorientiert *вчт* ориентированный по знакам; с познаковым обращением
Zeichenplatten *f pl* сигнальные пластины (*осциллографической трубки*)
Zeichenposition *f* знаковый разряд, разряд знака
Zeichenrate *f* скорость передачи знаков *или* сигналов
Zeichenregel *f* правило знаков
Zeichenregister *n* регистр знаков
Zeichenreihe *f* последовательность знаков
Zeichensatz *m* набор знаков; алфавит (*знаков*)
Zeichenschärfe *f* чёткость знаков *или* сигналов
Zeichenschlüssel *m* код знака
Zeichenschreibröhre *f* знакопечатающая ЭЛТ
Zeichenschritt *m* 1. элемент кода 2. *тлг* знаковая посылка
Zeichenschwanz *m* «хвост» сигнала
Zeichenspitze *f* вершина сигнала
Zeichensprache *f прогр.* символический язык
Zeichenstärke *f* 1. яркость отметки (*на экране трубки*) 2. сила сигнала
Zeichenstrom *m тлг* ток посылки
Zeichentakt *m* период повторения знаков
Zeichenteilmenge *f* подмножество знаков; подалфавит
Zeichentheorie *f* семиотика
Zeichenträger *m* 1. носитель данных, представленных в виде символов 2. физическое содержание символа (*физическое состояние или процесс, которые отображаются символами*)
Zeichenübertragung *f* передача знаков *или* сигналов
Zeichenübertragungsgeschwindigkeit *f*, **Zeichenübertragungsrate** *f* скорость передачи знаков *или* сигналов
Zeichenumsetzer *m* преобразователь кода знаков
Zeichenverbindung *f* сигнальная связь
Zeichenverbreiterung *f* расширение сигнала
Zeichenverdichtung *f* уплотнение знаков
Zeichenverkehr *m* обмен сигналами
Zeichenverschlüsselung *f* кодирование знаков *или* сигналов
Zeichenversetzung *f* смещение знаков
Zeichenverstümmelung *f*, **Zeichenverzerrung** *f* искажение знаков *или* сигналов
Zeichenvorrat *m* набор знаков; алфавит (*знаков*)
zeichenweise познаково; посимвольно
Zeichenzähleinrichtung *f* счётчик числа знаков *или* символов
Zeichnen *n* построение; вычерчивание
~, **automatisches** 1. автоматическое вычерчивание (*масок для ИС*) 2. автоматическое гравирование шаблонов (*ИС*)
Zeichnung *f* 1. чертёж; рисунок 2. диаграмма
Zeichnungslesemaschine *f* устройство для автоматического копирования и вычерчивания кривых

Zeiger *m* **1.** стрелка (*прибора*) **2.** указатель; индекс **3.** индикатор **4.** (радиус-)вектор **5.** *мат.* координата
Zeigerablesung *f,* **Zeigerabtastung** *f* **1.** отсчёт [снятие] показаний стрелочного прибора **2.** считывание положения указателя
Zeigerausschlag *m* отклонение стрелки
Zeigerbild *n,* **Zeigerdiagramm** *n* векторная диаграмма
Zeigerfrequenzmesser *m* стрелочный частотомер
Zeigerknopf *m* ручка [кнопка] с указателем
Zeigernullstellung *f* установка стрелки на нулевую отметку (*шкалы*)
Zeile *f* **1.** *тлв* строка **2.** *мат., вчт* строка; ряд **3.** линия (*развёртки*)
~, **aktive** активная строка
~, **aktuelle** текущая строка
~, **binäre** строка двоичных знаков
~, **digitale aktive** цифровая активная строка
~, **gerade [geradzahlige]** чётная строка
~, **ungerade [ungeradzahlige]** нечётная строка
~, **vorhergehende** предыдущая строка
~, **wirksame** активная строка
Zeile-für-Zeile-Abtastung *f тлв* построчная развёртка
Zeilenablenkeinheit *f* блок строчной развёртки
Zeilenablenkfrequenz *f* частота строчной развёртки
Zeilenablenkgenerator *m* генератор строчной развёртки
Zeilenablenkgerät *n* блок строчной развёртки
Zeilenablenkspule *f* строчная отклоняющая катушка
Zeilenablenkstufe *f* каскад строчной развёртки
Zeilenablenkteil *m* блок строчной развёртки
Zeilenablenkung *f* строчная развёртка
Zeilenabstand *m* **1.** *тлв* расстояние между строками (*растра*) **2.** интервал (*при печати*)
Zeilenabtastperiode *f* период строчной развёртки
Zeilenabtastung *f* строчная развёртка
Zeilenadresse *f* адрес строки
Zeilenadreßregister *n* регистр адреса строки
Zeilenamplitudenregelung *f* регулировка размера строк
Zeilenanfangsstellung *f* начало строки, положение начала строки
Zeilenansteuerung *f см.* **Zeilensteuerung**
Zeilenanzahl *f тлв* число строк
Zeilenauflösung *f тлв* разрешение строк
Zeilenausfall *m тлв* выпадение строк
Zeilenausgang *m* выход (*блока*) строчной развёртки
Zeilenaustastimpuls *m тлв* гасящий импульс строк
Zeilenaustastlücke *f* строчный пробел (*в видеосигнале*)
Zeilenaustastpegel *m* уровень гасящих импульсов строк
Zeilenaustastperiode *f см.* **Zeilenaustastzeit**
Zeilenaustastsignal *n* гасящий импульс строк
Zeilenaustastung *f* гашение обратного хода строчной развёртки
Zeilenaustastungs... *см.* **Zeilenaustast...**
Zeilenaustastzeit *f* длительность гасящего импульса строк

Zeilenauswahlschaltung *f* схема выбора строк (*чётных или нечётных*)
Zeilenbild *n* **1.** растровое изображение **2.** (по-)строчный растр
Zeilenbildzerlegung *f* развёртка изображения по строкам
Zeilenbildzerlegungsgenerator *m* генератор строчной развёртки
Zeilenblockingoszillator *m* блокинг-генератор строчной развёртки
Zeilenbreite *f* ширина строки
Zeilenbreitenregler *m* регулятор размера (*изображения*) по строкам
Zeilendauer *f* длительность строки
~, **aktive [nutzbare]** длительность активной части строки
Zeilendekoder *m* строчный декодер (*разделения рисунка кристалла на горизонтальные линии*)
Zeilendichte *f* плотность расположения строк
Zeilendiode *f тлг* демпфирующий диод
Zeilendisplay *n* растровый [построчный] дисплей
Zeilendruckeinrichtung *f,* **Zeilendrucker** *m* построчно-печатающее устройство
Zeileneinstellung *f* установка (исходного) положения строк (*для совмещения масок*)
Zeilenendstufe *f* выходной каскад строчной развёртки
Zeilenentzerrung *f* компенсация (геометрических) искажений строчной развёртки
Zeilenfang *m* синхронизация строчной развёртки
Zeilenfangautomatik *f* схема автоматического поддержания синхронизации строчной развёртки
Zeilenflimmern *n тлв* мерцание строк, межстрочное мерцание
Zeilenfolgeabtastung *f* построчная развёртка
Zeilenfolgesystem *n* система цветного телевидения с последовательным чередованием цветов по строкам
zeilenförmig строчный, имеющий строчную структуру
Zeilenfrequenz *f* частота строк
~, **räumliche** пространственная частота строк (*отношение числа строк к высоте кадра*)
Zeilenfrequenzeinstellung *f,* **Zeilenfrequenzregelung** *f* регулировка частоты строк
Zeilengenerator *m* генератор строчной развёртки
Zeilengeschwindigkeit *f тлг* линейная скорость
Zeilengleichlauf... *см.* **Zeilensynchronisations...**
Zeilenhinlauf *m* прямой ход строчной развёртки
Zeilenidentifikation *f тлв* опознавание строк (*в системе СЕКАМ*)
Zeilenidentifikationssignal *n тлв* сигнал опознавания строк (*в системе СЕКАМ*)
Zeilenimpuls *m тлв* импульс частоты строк (*гасящий импульс строк, синхронизирующий импульс строк*)
Zeilenimpuls-Abtrennung *f* выделение синхронизирующих импульсов строк
Zeilenindex *m* индекс строки
Zeileninterpolation *f* межстрочная интерполяция
Zeilenintervall *n* **1.** *тлв* расстояние между строками **2.** интервал (*при печати*)
Zeilenkammfilter *n* однострочный гребенчатый фильтр

Zeilenkipp... *см.* **Zeilenablenk...**
Zeilenkippen *n* подёргивание строк
Zeilenkontrollröhre *f* осциллографическая трубка для контроля формы видеосигнала по строкам
Zeilenkonvergenz *f*, **dynamische** *тлг* динамическое сведéние (*трёх лучей*) по горизонтали
Zeilenkoordinaten *f pl* координаты строки
Zeilenkrümmungskorrektur *f* *тлв* коррекция искривления строк
Zeilenleitung *f* 1. ось (выборки) *x* (*в ПЗИ*) 2. горизонтальная шина (*в ферритовой матрице*)
Zeilenlinearität *f* линейность строчной развёртки
Zeilenlinearitätsspule *f* катушка линеаризации строчной развёртки
Zeilenlösch... *см.* **Zeilenaustast...**
Zeilenlücke *f см.* **Zeilenaustastlücke**
Zeilenlupe *f* растянутая (*выделенная*) строка
Zeilenmatrix *f* матрица-строка
Zeilennorm *f* число строк (*телевизионного стандарта*)
Zeilennummer *f* номер строки
Zeilenoszillator *m* генератор строчной развёртки
Zeilenoszillogramm *n тлв* осциллограмма строки [строчного сигнала]
Zeilenpaarigkeit *f тлв* спаривание строк
Zeilenperiode *f* 1. длительность строки 2. период строчной развёртки
Zeilenpuffer *m* буферное ЗУ на одну строку
Zeilenpunktzahl *f тлв* число элементов (*разложения*) в строке
Zeilenquincunx(struktur) *f тлв* шахматная структура (*отсчётов изображений*) строк
Zeilenraster *m тлв* строчный растр
Zeilen-Rasterfrequenzverhältnis *n* отношение частоты строк к частоте кадров
Zeilenrasterschritt *m* расстояние между строками растра
Zeilenreißen *n тлв* разрыв строк
Zeilenrhytmus *m* частота строк
Zeilenrücklauf *m* обратный ход строчной развёртки
Zeilenrücklaufaustastung *f* гашение обратного хода строчной развёртки
Zeilenrücklaufdauer *f* длительность обратного хода строчной развёртки
Zeilenrücklaufdunkeltastung *f*, **Zeilenrücklaufunterdrückung** *f см.* **Zeilenrücklaufaustastung**
Zeilenrücklaufzeit *f см.* **Zeilenrücklaufdauer**
Zeilensägezahnspannung *f* пилообразное напряжение строчной частоты
Zeilenschalter *m* 1. переключатель строк 2. интервальный рычаг (*пишущей машинки*)
Zeilenschaltung *f* 1. переключение строк 2. перевод на строку (*в устройстве печати*)
Zeilenschiebung *f* сдвиг строк
Zeilenschnelldrucker *m* быстродействующее построчно-печатающее устройство
Zeilenschreiber *m* построчно-печатающее устройство
Zeilenschrumpfung *f* сжатие строк (*в горизонтальном направлении*)
Zeilenschwungradschaltung *f* схема инерционной синхронизации по строкам

Zeilenselektionsregister *n* регистр выбора строк (*чётных или нечётных в ПЗС-матрице*)
Zeilensensor *m* однострочный преобразователь свет — сигнал, однострочный формирователь сигнала (*изображения*)
zeilensequentiell 1. с чередованием строк 2. с чередованием цветов по строкам
Zeilenspeicher *m* память на одну строку
Zeilensperrschwinger *m* блокинг-генератор строчной развёртки
Zeilenspringabtastung *f*, **Zeilensprungabtastung** *f тлв* чересстрочная развёртка
Zeilensprungfaktor *m* коэффициент чересстрочности
Zeilensprungfehler *m* нарушение чересстрочности; спаривание строк
Zeilensprunghöhe *f* расстояние между строками при чересстрочной развёртке
Zeilensprungmethode *f см.* **Zeilensprungverfahren**
Zeilensprungraster *m* чересстрочный растр
Zeilensprungverfahren *n* метод чересстрочной развёртки
~, **einfaches** метод чересстрочной развёртки с кратностью два
~, **vierfaches** метод четырёхкратной чересстрочной развёртки
Zeilensprungwiedergabe *f* воспроизведение (*изображения*) с чересстрочной развёрткой
Zeilensprungzerlegung *f* чересстрочная развёртка
Zeilenspule *f* катушка строчной развёртки
Zeilensteuerung *f* управление строкой (*формирования рисунка шаблона*)
Zeilenstoß *m см.* **Zeilenimpuls**
Zeilenstruktur *f* строчная структура
~, **paarige** *тлв* спаренная строчная структура
Zeilenstrukturstörungen *f pl* нарушения строчной структуры
Zeilenstrukturverzerrung *f* деформация строчной структуры
Zeilensynchron... *см.* **Zeilensynchronisations...**
Zeilensynchronisation *f* синхронизация строчной развёртки
Zeilensynchronisationsimpuls *m* синхронизирующий импульс строк
Zeilensynchronisationsschaltung *f* схема синхронизации строчной развёртки
Zeilensynchronisationssignal *n* синхронизирующий импульс строк
Zeilensynchronisationswort *n тлв* кодовая группа синхронизации строк
Zeilensynchronisier... *см.* **Zeilensynchronisations...**
Zeilensynchronisierung *f см.* **Zeilensynchronisation**
Zeilensynchronwort *n тлв* строчное синхрослово
Zeilentrafo *m* строчный трансформатор
Zeilentransformation *f тлв* преобразование числа строк (*разложения*)
Zeilentransformator *m* строчный трансформатор
Zeilentransport *m* 1. построчная подача (*бумаги*) 2. пропуск строк; перевод строк (*в пишущей машинке*)
Zeilentransportunterdrückung *f* блокировка построчной подачи
Zeilenüberdeckung *f*, **Zeilenüberlappung** *f* перекрытие строк

Zeilenumsetzung *f* преобразование числа строк (*разложения*)
Zeilenunterdrückung *f* 1. устранение видности строчной структуры 2. гашение обратного хода строчной развёртки
Zeilenverfahren *n* метод построчной развёртки
zeilenverkoppelt жёстко связанный со строками
Zeilenverlagerung *f* смещение [сдвиг] строк
Zeilenversatz *m* смещение строк (*в горизонтальном направлении*)
Zeilenverschiebung *f см.* **Zeilenverlagerung**
Zeilenverstärker *m* усилитель строчной развёртки
Zeilenvertauschung *f* перестановка строк
Zeilenverzerrung *f* искажение строк; искривление строк
Zeilenvorschub *m*, **Zeilenvorschubbewegung** *f* перевод строки
Zeilenwahl *f* выбор строки
Zeilenwähler *m* устройство выделения строки
Zeilenwandern *n тлв* скольжение строк
Zeilenwechselfrequenz *f* частота (смены) строк, частота строчной развёртки
Zeilenwechselkippgerät *n* генератор синхронизирующих импульсов строк
Zeilenwechselzahl *f* частота строчной развёртки
zeilenweise построчно
Zeilenwobbelung *f* вобуляция строк
Zeilenzahl *f* число строк (*растра*)
Zeilenzahlumsetzer *m* преобразователь числа строк
Zeilenzeitbasis *f* строчная развёртка
Zeilenzerlegung *f* развёртка (*изображения*) по строкам
Zeilenzittern *n* дрожание (*изображения*) по горизонтали
Zeit *f* время
~, **aktive** *вчт* реальное время (*использования ВМ*)
~, **ausfallsfreie** время безотказной работы
~ **des Ereignisses** *вчт* время (наступления) события
~, **mittlere ausfallsfreie** *над.* среднее время безотказной работы, средняя наработка на отказ
~ **des Programmablaufs** время выполнения программы
~, **reduzierte** приведённое время
~, **stromlose** время паузы (*без токопотребления*)
~, **verkehrslose** *свз* время отсутствия обмена
~, **verkehrsreiche** *свз* время интенсивного обмена
~, **vorgewählte** заданное время
~ **zwischen zwei Ausfällen, mittlere** *над.* средняя наработка на отказ, среднее время безотказной работы
zeitabhängig зависящий от времени
Zeitabhängigkeit *f* временна́я зависимость
Zeitablauf *m* 1. временно́й ход (*напр. процесса*) 2. характеристика времени срабатывания (*схемы, реле*)
Zeitablaufplan *m* временно́й график
Zeitablaufplanung *f авт.* планирование последовательности операций

Zeitablenkbereich *m* диапазон (временно́й) развёртки
Zeitablenkdauer *f* длительность (временно́й) развёртки
Zeitablenkempfindlichkeit *f* чувствительность отклонения по оси времени [по горизонтали]
Zeitablenkfrequenz *f* частота (временно́й) развёртки
Zeitablenkgenerator *m* генератор (временно́й) развёртки
Zeitablenkgeschwindigkeit *f* скорость временно́й [горизонтальной] развёртки
Zeitablenkplatten *f pl* пластины горизонтального отклонения
Zeitablenkschaltung *f* схема (временно́й) развёртки
Zeitablenkschwingung *f* развёртывающее колебание
Zeitablenkspannung *f* напряжение отклонения по оси времени [по горизонтали]
Zeitablenkstufe *f* каскад временно́й развёртки
Zeitablenkung *f* (временна́я) развёртка
~, **einmalige** одноразовая развёртка
~, **getriggerte** ждущая развёртка
~, **kreisförmige** круговая развёртка
~, **radiale** радиальная развёртка
Zeitablenkungs... *см.* **Zeitablenk...**
Zeitablenkverstärker *m* усилитель (временно́й) развёртки
Zeitablenkverzögerung *f* задержка (начала) развёртки
Zeitablenkwellenform *f* форма развёртывающего сигнала
Zeitabschaltung *f* 1. блокировка по времени 2. простой, время простоя
Zeitabschnitt *m*, **Zeitabstand** *m* отрезок [промежуток] времени; интервал времени
Zeitachse *f* 1. ось [линия] времени 2. ось [линия] временно́й развёртки
Zeitachsendehnung *f* растягивание развёртки по оси времени [по горизонтали]
Zeitachsenfrequenz *f* частота развёртки
Zeitachsenperiode *f* период развёртки
Zeitamplitudenumsetzer *m*, **Zeitamplitudenwandler** *m см.* **Zeitintervall-Impulshöhen-Umsetzer**
Zeitanpassung *f* согласование во времени
Zeitansage *f* оповещение времени
Zeitarbeitskontakt *m* временно́ замыкающий контакт
zeitauflösend с временны́м разрешением
Zeitauflösung *f*, **Zeitauflösungsvermögen** *n* разрешающая способность по времени
Zeitaufteilung *f* 1. временно́е уплотнение (*канала связи*); временно́е разделение (*сигналов*) 2. *вчт* разделение времени
Zeitaufzeichnung *f* нанесение отметок времени
Zeitausnutzungsfaktor *m*, **Zeitausnutzungskoeffizient** *m* коэффициент использования рабочего времени
Zeitbandpaß *m* нестационарный [временно́й] полосовой фильтр
Zeitbandsperre *f* нестационарный [временно́й] полосовой режекторный фильтр
Zeitbasis *f см.* **Zeitachse**

Zeitbasisdehnung f растяжение (временно́й) развёртки
Zeitbasisfehler m временна́я ошибка
Zeitbasisgenerator m генератор (временно́й) развёртки
Zeitbasisgerät n блок (временно́й) развёртки
Zeitbasiskorrektor m см. **Zeitfehlerausgleicher**
Zeitbasislinie f линия [ось] (временно́й) развёртки
zeitbegrenzt ограниченный во времени
Zeitbemessung f согласование во времени; хронирование
Zeitbereich m 1. временна́я область 2. область оригиналов (в *преобразовании Лапласа*)
Zeitbereichsentzerrer m корректор временны́х искажений, КВИ
Zeitbereichsfilterung f усреднение сигнала (*при многократном повторении*)
Zeitbeteilung f разделение (машинного) времени
zeitbezogen в реальном (масштабе) времени
Zeitbezugsinformation f синхронизирующая [хронирующая] информация
Zeitbezugspunkt m точка (начала) отсчёта времени
Zeitblock m блок синхронизации; блок формирования тактовых импульсов
Zeitbündelung f временно́е уплотнение (*канала связи*); временно́е объединение (*сигналов*)
Zeitdauer f отрезок [промежуток] времени; длительность, продолжительность
~ **einer Schwingung** период колебания
~ **der Spannung** время приложения напряжения
~, **vorgewählte** заданный отрезок времени
Zeitdefinition f временно́е определение
Zeitdehner m (регистрирующий) прибор с растяжением масштаба времени, *проф.* лупа времени
Zeitdemodulation f временна́я демодуляция
Zeitdiagramm n временна́я диаграмма, временно́й график
Zeitdienst m **im Rundfunk** (радио)служба сигналов (точного) времени
zeitdiskret дискретный во времени
Zeitdiskriminator m 1. временно́й дискриминатор 2. временно́й селектор
Zeitdrucker m хронированное печатающее устройство
Zeiteichung f градуировка [калибровка] по времени
Zeiteinheit f 1. единица времени 2. такт 3. блок времени 4. программно-временно́е устройство
Zeiteinsparung f экономия времени
Zeiteinstellung f уста(но)вка [регулировка] времени
Zeitelement n 1. хронирующий элемент 2. синхронизирующий элемент
Zeitfaktor m 1. временно́й коэффициент 2. фактор времени 3. масштабный множитель времени
Zeitfehler m 1. временна́я ошибка, временно́е искажение 2. погрешность замедления (*реле*)
Zeitfehlerausgleicher m, **Zeitfehlerkorrektor** m тлв корректор временны́х искажений, КВИ

~, **digitaler** цифровой корректор временны́х искажений, ЦКВИ
Zeitfenster n (выделенный) отрезок времени, временно́й строб
Zeitfilter n временно́й [нестационарный] фильтр
Zeitfilterung f временна́я фильтрация
Zeitfolge f временна́я последовательность
~, **bestimmte [feste]** фиксированная временна́я последовательность
Zeitfolgediagramm n схема временно́й последовательности (*операций*)
Zeitfolgeverfahren n последовательная система (*цветного телевидения*)
zeitformatiert *инф.* форматированный во времени
Zeitfrequenz f 1. хронирующая частота 2. частота синхронизации
Zeit-Frequenzbandumtausch m обмен времени передачи на ширину полосы канала (*связи*)
Zeitfunktion f 1. функция времени, временна́я функция 2. функция действительной переменной, «оригинал» (*в преобразовании Лапласа*)
Zeitgang m временна́я характеристика
Zeitgatter n временно́й селектор
Zeitgeber m 1. (за)датчик времени; хронизатор; таймер 2. реле времени
Zeitgeberbetrieb m 1. *вчт* операция с постоянным циклом 2. *вчт* работа с постоянным циклом 3. режим работы (*ЦВМ*) с таймером 4. синхронный режим работы
Zeitgeberfrequenz f см. **Zeitfrequenz**
Zeitgeberlinie f см. **Zeitgeberspur**
Zeitgeberschaltung f хронирующая схема, схема синхронизации
Zeitgebersignal n хронирующий [синхронизирующий] сигнал
Zeitgeberspur f 1. *зап.* дорожка (канала) временно́го кода 2. тактовая дорожка
Zeitgebersteuerung f управление от датчика времени
Zeitgeberzähler m счётчик-хронометр
Zeitgebung f хронирование; выдача отметок времени
Zeitgebungsfehler m ошибка хронирования
zeitgeschachtelt см. **zeitgestaffelt**
Zeitgesetz n 1. закон изменения (*параметра*) во времени 2. закон постоянства произведения времени передачи на ширину полосы канала (*связи*)
zeitgestaffelt 1. с разделением времени, разделённый во времени 2. с временны́м уплотнением
zeitgesteuert 1. с выдержкой времени 2. синхронизированный, хронированный
zeitgeteilt см. **zeitgestaffelt**
zeitgleich синхронный
Zeitglied n 1. реле (выдержки) времени 2. хронирующее устройство
~, **abfallverzögertes** реле (выдержки) времени с замедленным отпусканием
~, **anzugsverzögertes** реле (выдержки) времени с замедленным срабатыванием
Zeithochpaß m нестационарный [временно́й] фильтр верхних частот
Zeitimpuls m 1. хронирующий *или* тактовый импульс 2. импульс временно́й селекции

Zeit-Impuls-Fernmeßsystem *n* время-импульсная телеизмерительная система
Zeitimpulsgeber *m* датчик хронирующих *или* тактовых импульсов
Zeit-Impulshöhenkonverter *m* время-амплитудный преобразователь импульсов
Zeitimpulskode *m* время-импульсный код
Zeit-Impulsmodulation *f* время-импульсная модуляция, ВИМ
Zeit-Impuls-Umwandler *m* время-импульсный преобразователь
Zeit-Impuls-Verteiler *m* распределитель синхронизирующих *или* тактовых импульсов
Zeit-Impuls-Wandler *m* время-импульсный преобразователь
Zeitinkrement *n* приращение времени
Zeitintervall-Impulshöhen-Umsetzer *m* преобразователь временны́х интервалов в амплитуду импульсов
Zeitintervallverteilung *f* распределение временны́х интервалов
Zeitkanal *m см.* **Zeitschlitz**
Zeitkennlinie *f* 1. временна́я характеристика 2. характеристика времени срабатывания (*реле, схемы*)
~, **begrenzt abhängige** ограниченно зависимая характеристика времени срабатывания
~, **stufenförmige** ступенчатая характеристика времени срабатывания
Zeitkennwert *m* временно́й параметр
Zeitkode *m* временно́й код
Zeitkodegenerator *m* генератор временно́го кода
Zeitkodekanal *m* канал временно́го кода
Zeitkodeleser *m* считыватель временно́го кода
Zeitkodesignal *n* сигнал временно́го кода
Zeitkodespur *f* дорожка (*канала*) временно́го кода (*видеомагнитофона*); дорожка адресно-временно́го кода
Zeitkodierung *f* временно́е кодирование
Zeitkohärenz *f* временна́я когерентность
Zeitkomparator *m* временна́я схема сравнения
Zeitkompression *f* сжатие во времени
zeitkomprimiert сжатый во времени
Zeitkonstante *f* постоянная времени
Zeitkonstantenglied *n* звено с фиксированной выдержкой времени
Zeitkonstantenkreis *m*, **umschaltbarer** цепь с переключаемой постоянной времени
Zeitkonstanz *f* постоянство [стабильность] во времени
Zeitkontakt *m* контакт с выдержкой времени
zeitkontinuierlich непрерывный во времени
Zeitkreis *m* 1. хронирующая схема; хронирующий контур 2. схема развёртки 3. круговая развёртка
Zeitkriterium *n* временно́й критерий
zeitlich временно́й
zeitlinear пропорциональный времени
Zeitlinie *f* 1. линия развёртки 2. линия времени
Zeitlupe *f* устройство растяжения (*сигнала*) во времени, *проф.* лупа времени
Zeitlupenbetrieb *m зап.* замедленное воспроизведение
Zeitlupenfernsehen *n* телевизионная система с медленной развёрткой

Zeitlupenwiedergabe *f* 1. воспроизведение (*сигнала*) с растяжением во времени 2. *зап.* замедленное воспроизведение
Zeitmarke *f* (от)метка времени
Zeitmarkenfrequenz *f* частота (от)меток времени, частота временны́х меток
Zeitmarkengeber *m* 1. датчик (от)меток времени 2. *рлк* калибратор развёртки
Zeitmarkengenerator *m* генератор (от)меток времени
Zeitmarkenimpuls *m* хронирующий *или* калибровочный импульс
Zeitmarkenspur *f* 1. дорожка (от)меток времени 2. *зап.* дорожка (*канала*) временно́го кода
Zeitmarkenstation *f* станция сигналов точного времени
Zeitmaß *n см.* **Zeitmaßstab**
Zeitmaßfaktor *m* масштабный множитель времени
Zeitmaßstab *m* 1. масштаб времени 2. шкала времени
Zeitmehrfach... *см.* **Zeitmultiplex...**
Zeitmeßmarke *f* калибрационная отметка времени
Zeitmeßzusatz *m* приставка для измерения времени
Zeitmittelung *f* осреднение по времени
Zeitmittelungsintervall *n* интервал [время] осреднения
Zeitmittelwert *m* значение, осреднённое по времени
Zeitmodulation *f* временна́я модуляция
Zeitmultiplex *m* 1. временно́е уплотнение (*канала связи*); временно́е объединение (*сигналов*) 2. *вчт* разделение времени
Zeitmultiplexbetrieb *m* 1. режим работы с временны́м уплотнением (*каналов связи*); режим работы с временны́м объединением (*сигналов*) 2. *вчт* режим работы с разделением времени, мультиплексный режим
Zeitmultiplexfernschreibsystem *n* система многократного телеграфирования с временны́м уплотнением (*каналов связи*)
Zeitmultiplexfernsteuerung *f* система телеуправления с временны́м объединением сигналов (*управления*)
Zeitmultiplexfernwirksystem *n* система телеуправления—телесигнализации с временны́м разделением элементов сигнала
Zeitmultiplexleitung *f* линия (*связи*) с временны́м уплотнением
Zeitmultiplexsystem *n* 1. система временно́го уплотнения (*канала связи*); система временно́го объединения (*сигналов*) 2. *вчт* система разделения времени
Zeitmultiplexübertragung *f* 1. передача с временны́м уплотнением (*канала связи*); передача с временны́м объединением (*сигналов*); 2. *вчт* мультиплексный метод (*передачи данных*)
Zeitmultiplexverfahren *n* 1. метод временно́го уплотнения (*канала связи*); метод временно́го объединения (*сигналов*) 2. *вчт* метод [способ] разделения (*сигналов*) во времени
Zeitmutliplexvermittlung *f* коммутация с временны́м уплотнением (*канала связи*)

Zeitmultiplexvermittelungsanlage f коммутационная станция с временны́м уплотнением каналов
Zeitmultiplex-Vielfachzugriff m **1.** одновременное использование (*ответчика спутника*) с временны́м уплотнением (*канала связи*) **2.** вчт коллективный доступ с разделением времени
Zeitnahme f **1.** хронометрирование **2.** фиксация времени
Zeitnullinie f линия оси времени
Zeitnullpunkt m (нулевая) точка отсчёта времени
zeitoplimal оптимальный по времени
Zeitparameter m временно́й параметр
Zeitplangeber m (временно́й) программный датчик
Zeitplanregelsystem n система программного регулирования
Zeitplansteuerung f авт. программное управление
Zeitprogramm n временна́я программа
zeitproportional пропорциональный времени
Zeitpunkt m момент времени
Zeitquantelung f, **Zeitquantisierung** f **1.** квантование (*сигнала*) во времени; дискретизация (*сигнала*) **2.** вчт квантование машинного времени
Zeitquantum n квант времени; интервал времени
Zeitraffer m устройство временно́го уплотнения, устройство сжатия во времени
Zeitrafferbetrieb m зап. ускоренное воспроизведение
Zeitraffertechnik f техника многоканальной связи с временны́м уплотнением, техника временно́го уплотнения (*канала связи*)
Zeitraffung f **1.** сжатие масштаба времени **2.** временно́е уплотнение (*канала связи*)
Zeitraffungsprüfungen f pl над. форсированные испытания
Zeitraster m временно́й растр (*последовательности тактовых интервалов*), временна́я шкала
Zeitrasterfrequenz f тактовая частота
Zeitreferenzsignal n опорный сигнал времени
Zeitrelais n реле времени
Zeitruhekontakt m временно размыкающий контакт
Zeitschachtelung f см. Zeitmultiplex
Zeitschalt-Arbeitskontakt m замыкающий контакт реле времени
Zeitschalter m **1.** (программное) реле времени **2.** переключатель с часовым механизмом
Zeitschaltung f хронирующая схема
Zeitschlitz m **1.** интервал времени **2.** канальный интервал (*в цикле временно́го объединения цифровых сигналов*)
zeitsequentiell последовательно во времени
Zeitsignal n **1.** сигнал (точного) времени **2.** хронирующий сигнал
Zeitskale f, **gedehnte** растянутая шкала времени
Zeitskalenfaktor m масштабный множитель времени
Zeitspanne f отрезок времени
Zeitspeicherung f запоминание времени
Zeitstabilität f стабильность [постоянство] во времени
Zeitstaffelung f **1.** временно́е уплотнение (*канала связи*) **2.** ступенчатая установка времени (*реле*)
Zeitstandard m эталон времени
Zeitsteuerung f **1.** программно-временно́е управление **2.** хронирование, синхронизация **3.** регулировка выдержки (*реле времени*)
Zeitstreifen m лента отметчика времени
Zeitstufung f градация уставок времени (*реле*)
Zeitsynchronisierung f временна́я синхронизация
Zeittakt m интервал хронирования, тактовый интервал
Zeittaktgeber m датчик [генератор] тактовых импульсов
Zeittaktsignal n хронирующий сигнал
Zeitteil... см. Zeitmultiplex...
Zeitteilung f **1.** временно́е разделение **2.** см. Zeitmultiplex
Zeitteilungs... см. Zeitmultiplex...
Zeittiefpaß m нестационарный [временно́й] фильтр нижних частот
Zeittor n временно́й селектор
Zeittransformation f временно́е преобразование
zeitüberlappt с временны́м перекрытием
Zeitüberwachung f контроль времени
zeitunabhängig независящий от времени
Zeitunterteilung f **1.** разделение времени (*на интервалы*) **2.** вчт разделение [распределение] (машинного) времени
Zeitursprung m начало отсчёта времени
Zeitvariabilität f временна́я нестабильность
zeitvariant, zeitveränderlich изменяющийся во времени
Zeitverhalten n, **Zeitverlauf** m временна́я характеристика
Zeitversatz m, **Zeitverschiebung** f временно́й сдвиг
Zeitverschlüsselung f временно́е кодирование
Zeitverstärker m усилитель отклонения по горизонтали
Zeitverwürfelungsverfahren n свз частотно-временно́й метод шифровки передач
Zeitverzerrungen f pl временны́е искажения
Zeitverzögerung f **1.** рег. временна́я задержка **2.** время выдержки, время задержки (*реле*)
Zeitverzögerungsgerät n **1.** блок (временно́й) задержки **2.** реле выдержки времени
Zeitverzögerungsparameter m параметр (временно́й) задержки
Zeitverzögerungsschaltung f схема (временно́й) задержки
Zeitvielfachbündelung f временно́е уплотнение (*канала связи*); временно́е объединение (*сигналов*)
Zeitvielfachleitung f см. Zeitmultiplexleitung
Zeitvielfachsystem n см. Zeitmultiplexsystem 1.
Zeitwählschaltung f селектирующая схема
Zeitwandlung f временно́е преобразование (*напр. сжатие*)
Zeitwegdiagramm n пространственно-временна́я диаграмма
Zeitwegkurve f пространственно-временна́я кривая
Zeitwegvermittlung f коммутация с пространственно-временным разделением (*каналов*)
Zeitwerk n **1.** хронизатор, синхрогенератор **2.** блок задержки

Zeitwert m текущее значение
Zeitzähler m 1. счётчик времени 2. *тлф* счётчик продолжительности разговора
Zeitzeichen n 1. сигнал времени 2. (от)метка времени
Zeitzeichendienst m служба сигналов времени
Zeiterlegungsgerät n прибор (для) временно́го анализа (*напр. речи*)
Zeitzone f часовой пояс
Zeitzyklus m 1. временно́й цикл 2. цикл хронирования; период синхронизации
Zelle f 1. ячейка 2. элемент 3. фотоэлемент 4. кабина (*переговорная*) 5. аккумуляторный элемент
~, **binäre** двоичная ячейка; двоичный элемент
~, **einfache [elementare]** элементарная ячейка
~, **fotoelektrische** 1. (электровакуумный) фотоэлемент 2. фотогальванический элемент 3. фотодиод 4. фоторезистор 5. фототранзистор
~, **gasgefüllte** газонаполненный фотоэлемент
~, **halbleiterelektrische** полупроводниковый фотоэлемент; фотогальванический элемент
~, **harte** жёсткий (светочувствительный) элемент
~, **infrarotempfindliche** фотоэлемент, чувствительный к ИК-излучению
~, **lichtelektrische [lichtempfindliche]** фотоэлемент; фотодетектор
~, **weiche** мягкий (светочувствительный) элемент
Zellenbibliothek f библиотека логических элементов
Zellenbildschirm m многоячеечный экран
Zellenempfindlichkeit f чувствительность фотоэлемента
Zelleninformation f *бион.* клеточная информация (*в биотехнологии*)
Zellenlogik f логические схемы с регулярной структурой, регулярная логика
Zellennummer f номер ячейки (*ЗУ*)
Zellenplan m план [схема] распределения ячеек (*ЗУ*)
Zellenrechner m матричный процессор
Zellenspannung f напряжение элемента (*питания*)
Zellenspeicher m *вчт* память, организованная на ячейках
Zellentafel f многоячейковое табло
zellförmig ячеистый
Zener-Diode f полупроводниковый стабилитрон
Zener-Diodenstabilisator m полупроводниковый стабилитрон
Zener-Durchbruch m, **Zener-Durchschlag** m зеноровский пробой
Zener-Effekt m эффект Зенера
Zener-Emission f эмиссия Зенера
Zener-Impedanzbereich m диапазон зеноровских полных сопротивлений
Zener-Kennlinie f зеноровская характеристика
Zener-Widerstand m зеноровское сопротивление
Zenitwinkel m зенитный угол
Zentimeterwellen f pl сантиметровые волны (1—10 см)
Zentimeterwellenbereich m, **Zentimeterwellengebiet** n сантиметровый диапазон
Zentralamt n центральная (телефонная) станция

Zentralantenne f *тлв* 1. коллективная антенна 2. антенна системы кабельного телевидения
Zentralantennenfernsehen n кабельное телевидение
Zentralbatterie f *тлф* центральная батарея, ЦБ
Zentralbild n центральное (дифракционное) изображение
Zentrale f 1. *свз* центральная станция 2. силовая станция 3. центральный пункт управления
Zentraleinheit f центральное устройство, центральный блок
Zentralelektronik f электронная часть (*системы*)
Zentralelement n центральный обрабатывающий элемент
Zentralfeld n центральное поле
Zentralfeldnäherung f *рег.* приближение центрального поля
Zentralfernsteuerung f централизованное телеуправление, централизованное дистанционное управление
Zentralfrequenz f несущая частота (*при ЧМ*)
zentralgesteuert с централизованным управлением
Zentralkontaktsockel m одноконтактный цоколь
Zentralmeßverstärker m многоканальный измерительный усилитель
Zentralprozessor m центральный процессор, ЦП
Zentralpult n главный пульт (*управления*)
Zentralraum m центральная аппаратная
Zentralschärfe f чёткость [резкость] в центре (*изображения*)
Zentralspeicher m центральное ЗУ; оперативная память
Zentralsteuerung f централизованное управление
Zentralsteuerungspult n центральный пульт управления
Zentralstrahl m центральный [осевой] луч
Zentralverarbeitungseinheit f центральный процессор, ЦП
Zentralverarbeitungselement n центральный обрабатывающий элемент
Zentralverkehr m *тлф* связь (между станциями) через центральную станцию
Zentralverstärker m многоканальный (измерительный) усилитель
Zentriermagnet m *тлв* магнит центровки (*растра*)
Zentrierrille f *зап.* центрирующая канавка
Zentrierspule f *тлв* центрирующая катушка
Zentrierung f центровка, центрирование
Zentrierungsregler m *тлв* регулятор центровки
Zentrierungsring m *тлв* центрирующее кольцо
Zentrum n центр
~, **effektives akustisches** кажущаяся акустическая область концентрации (*в стереофонии*)
~ **für kosmische Fernverbindungen** центр дальней космической связи
~, **strahlungsloses** безызлучательный центр
Zeolithpumpe f цеолитовый насос
Zeppelinantenne f горизонтальная полуволновая антенна с настроенным фидером
Zerfall m распад; разложение
Zerfallsenergie f *яд. физ.* энергия распада
Zerfallskonstante f *яд. физ.* постоянная распада
Zerfallsschema n *яд. физ.* схема распада

Zerhacker m 1. прерыватель 2. вибропреобразователь 3. *тлг* манипулятор
Zerhackermodulation f модуляция прерыванием
Zerhackernetzgerät n блок питания с вибропреобразователем
Zerhackertransistor m транзистор, работающий в ключевом режиме
Zerhackerumformer m вибропреобразователь
Zerhackerverstärker m усилитель (*постоянного тока*) с прерывателем (*на входе*)
zerhackt прерывистый
Zerhackungsfrequenz f частота прерываний
Zerkatode f цериевый катод
Zerkleinerung f фрагментация
zerlegbar 1. разъёмный; разборный 2. *мат., тлв* разложимый
Zerlegenorm f *тлв* стандарт разложения
Zerlegerblende f *тлв* развёртывающая диафрагма
Zerlegerscheibe f *тлв* диск Нипкова
Zerlegung f 1. *тлв* развёртка (*изображения*); анализ, разложение (*изображения*) 2. *мат.* разложение; разбиение 3. разборка; демонтаж 4. *микр.* разделение
~, **alternierende** чересстрочная развёртка
~, **feine** высококачественное разложение; многострочная развёртка
~ **in Punkte** точечное разложение
~, **lineare** линейная развёртка
~, **progressive** построчная развёртка
~, **spektrale** спектральное разложение
~, **springende** чересстрочная развёртка
~, **zweiseitige** двухстороннее разложение
~, **zwischenzeilige** чересстрочная развёртка
Zerlegungselement n развёртывающий элемент
Zerlegungsgeschwindigkeit f скорость развёртки
Zerlegungsrichtung f, **Zerlegungssinn** m *тлв* направление разложения; направление развёртки
Zerlegungssystem n система разложения
Zerlegungsvorrichtung f развёртывающее устройство
Zerlegungszeile f строка развёртки
Zerobit n, **Zero-Kennzeichenbit** n признак нулей
Zero-Reader m нуль-индикатор
zerquetscht сплющенный (*соединительный проводник микромонтажа*)
Zerrbild n искажённое изображение
Zerroptik f искажающая оптика
Zerrung f 1. деформация 2. *тлв* подёргивание, дрожание (*изображения*)
Zersägen n **des Wafers** резка полупроводниковых пластин
Zerspalten n, **Zersplitterung** f расщепление (*напр. пучка*); разделение (*напр. сигналов*)
zersprühen, zerstäuben распылять
Zerstäubung f распыление
~, **reaktive** реактивное распыление
Zerstäubungsabscheidung f осаждение распылением
Zerstäubungsapparatur f установка распыления
Zerstäubungsätzen n травление распылением
Zerstäubungsbeschichtung f нанесение покрытия распылением
Zerstäubungsenergie f энергия распыления
Zerstäubungskammer f камера (для) распыления

Zerstäubungskatode f распыляемый катод (*в установке катодного распыления*)
Zerstörung f разрушение; деструкция
~, **baumartige** древовидное разрушение (*изоляции*)
~, **thermische** тепловое разрушение
zerstörungsfrei неразрушающий
Zerstörungsuntersuchung f исследование разрушения
Zerstreuung f рассеяние; разброс
Zerstreuungsfunktion f функция рассеяния
Zerstreuungskoeffizient m коэффициент рассеяния
Zerstreuungskreis m *опт.* кружок рассеяния
Zerstreuungsleistung f рассеиваемая мощность
Zerstreuungslinse f рассеивающая [отрицательная] линза
Zersulfat n сульфат церия
Zertrennen n **in Einzelchips** разделение полупроводниковой пластины на кристаллы
ZF-... см. **Zwischenfrequenz...**
Zickzackabtastung f 1. *рлк* зигзагообразный обзор пространства 2. *тлв* зигзагообразная развёртка
Zickzackanordnung f зигзагообразная структура
Zickzackantenne f зигзагообразная антенна
zickzackgefaltet сложенный веером (*напр. о диполях*)
Zickzackreflexion f многократное отражение
Zickzackversetzung f зубчатая дислокация
Ziehapparat m установка для выращивания кристаллов вытягиванием
Ziehbereich m область затягивания *или* схватывания
Zieheffekt m затягивание *или* схватывание (*частоты*)
ziehen 1. затягивать (*частоту*) 2. вытягивать (*кристаллы*)
Ziehen n 1. затягивание (*частоты*) 2. схватывание (*частоты*) 3. растягивание части изображения (*вследствие нелинейности развёртки*) 4. вытягивание (*кристаллов*) выращиванием 5. *мат.* извлечение (*корня*)
Ziehfaktor m коэффициент затягивания (*частоты*)
Ziehgeschwindigkeit f *крист.* скорость вытягивания
Ziehkapazität f ёмкость, подключаемая последовательно с кварцем для повышения резонансной частоты кварца
Ziehrichtung f *крист.* направление вытягивания
Ziehverfahren n *крист.* метод вытягивания
Ziel n 1. цель 2. объект 3. *инф.* предмет
Zielabbildung f отображение [изображение] цели
Zielablage f угол отклонения от цели
Zielabweichungsanzeiger m указатель отклонения цели
Zieladresse f 1. целевой адрес (*при передаче управления в программе*) 2. адрес в объектной [конечной] программе
Zielanflug m 1. приближение к цели 2. приближение цели
Zielanflugpeilanlage f приводная пеленгаторная установка
Zielanflugrakete f самонаводящаяся (на цель) ракета

Zielangabe f целеуказание
Zielansteuerung f наведение на цель
~, **aktive** активное наведение
Zielanweisung f целеуказание
Zielauffassung f захват цели
Zielauffindung f обнаружение цели
Zielaufklärung f опознавание цели
Zielaufnahme f захват цели
Zielauswahl f селекция цели
Zielbegleiteinrichtung f устройство сопровождения цели
Zielbeobachtung f наблюдение за целью
Zielbestrahlung f облучение цели
Zielbild n изображение цели
Zielbildgerät n прибор визирования цели; индикатор цели
Zielcomputer m объектная [конечная] ВМ, *проф.* целевая ВМ
Zieldarstellung f индикация цели
Zieldaten pl данные о цели
Zieldeckungsmethode f метод накрытия цели
Zieldistanz f *см.* **Zielweite**
Zieleigengeschwindigkeit f собственная скорость цели
Zieleinleitungsradar n РЛС наведения на цель
Zieleinrichtung f устройство (само)наведения
Zieleinweisungsradar n РЛС обнаружения цели
Zielelektrode f мишень
Zielentdeckung f обнаружение цели
Zielerfassung f захват цели
Zielerkennbarkeit f различимость цели
Zielerkennung f опознавание цели
Zielerkennungsbake f маяк опознавания цели
Zielfindung f поиск цели
Zielfläche f площадь [поверхность] цели
Zielflugempfänger m радиокомпас
Zielfluggerät n 1. радиомаяк 2. приводное устройство
Zielflugpeiler m радиокомпас
Zielflugzeug n самолёт-мишень
Zielfolgeradar n РЛС сопровождение цели
Zielführung f сопровождение цели
Zielfunkfeuer n приводной радиомаяк
Zielfunktion f целевая функция
Zielgerät n прибор целеуказания
Zielgröße f *рег.* выходная величина
Zielhöhe f высота цели
Zielhöhenwinkel m угол места цели
Zielimpuls m импульс (от) цели
Zielindex m *вчт* индекс назначения; целевой индекс
Zielkontrast m (радиолокационный) контраст цели
Zielkopf m *см.* **Zielsuchkopf**
Ziellauf m *зап.* заданный прогон ленты (*до определённого места*)
Ziellinie f линия (визирования) цели
Zielobjekt n *рлк* цель
Zielorientation f ориентация цели
Zielort m пункт назначения, адресат информации
Zielortung f определение местоположения цели
Zielpeilung f пеленгование цели
Zielphase f фаза (первого) прогона программы
Zielprogramm n программа на выходном языке

(*транслятора*), объектная [конечная] программа, *проф.* целевая программа
Zielrechenmaschine f 1. объектная [конечная] ВМ, *проф.* целевая ВМ 2. вычислитель упреждённых координат цели
Zielreflexion f отражение от цели
Zielregister n выходной регистр; регистр назначения
Zielrichtung f направление на цель
Zielsatellit m спутник-мишень
Zielschiff n корабль-мишень
Zielseitenwinkel m азимут цели
Zielsicherheit f точность наведения на цель; точность сопровождения цели
Zielsichtbarkeit f видимость [различимость] цели
Zielsignal n сигнал (от) цели
Zielsimulator m имитатор цели
Zielstörungen f pl *рлк* флуктуации отражённого сигнала
Zielstrahlung f излучение цели
Zielsucheinrichtung f устройство самонаведения (на цель)
Zielsuchen n 1. поиск цели 2. самонаведение (на цель)
Zielsuchgerät n *см.* **Zielsuchradar**
Zielsuchkopf m головка самонаведения (на цель)
Zielsuchlenksystem n система самонаведения (на цель)
Zielsuchlenkung f самонаведение (на цель)
Zielsuchlenkungsphase f этап самонаведения (на цель)
Zielsuchlenkungsweite f дальность действия головки самонаведения (на цель)
Zielsuchradar(gerät) n РЛС поиска цели
Zielsuchverfahren n 1. метод поиска целей 2. метод самонаведения (на цель)
Zieltaster m автоматический номеронабиратель (*осуществляет набор номера абонента нажатием одной клавиши*)
Zielübermittlung f целеуказание
Zielüberwachung f наблюдение за целью
Zielung f, **selbsttätige** самонаведение (на цель)
Zielverfolgungsradar n РЛС сопровождения цели
Zielvermessung f определение координат цели
Zielwahl f селекция цели
Zielweisung f целеуказание
Zielweite f дальность до цели
Zielwiedergabe f индикация цели
Zielwinkel m угол места цели
Zielzacken m, **Zielzeichen** n отметка (от) цели
Zielzuweisungsradar n РЛС целеуказания
ZIF-Connector m легко разъединяемый соединитель
Ziffer f цифра; число
~, **bedeutsame** значащая цифра
~, **binäre** двоичная цифра
~, **dezimale** десятичная цифра
~, **geltende** [**gültige**] (досто)верная цифра
~, **höchstwertige** цифра самого старшего разряда
~ **mit hohem Stellenwert** старший разряд
~ **mit nächsthöherem Stellenwert** ближайший старший разряд
~ **mit niedrigem Stellenwert** младший разряд
~, **nächstniedrige** ближайший младший разряд

~, **normalisierte** нормализованное число
~, **wesentliche** значащая цифра
Ziffernablesung f цифровой отсчёт
Ziffernangabe f цифровое обозначение
Ziffernanzeige f цифровая индикация; цифровой отсчёт (*данных*)
Ziffernanzeigegerät n цифровой индикаторный прибор
Ziffernanzeigeröhre f лампа цифровой индикации
~, **dekadische** декатрон
Ziffernbereich m диапазон чисел
Ziffernblatt n цифровая шкала
Ziffern-Buchstabeneingabe f цифро-буквенный ввод (*данных*)
Zifferndarstellung f цифровое представление (*информации, данных*)
Zifferndisplay n цифровой дисплей
Ziffernebene f разрядная матрица (*ЗУ*)
Ziffernеingabe f цифровой ввод (*данных*)
Ziffernerkennung f распознавание цифр
Ziffernfernsehen n цифровое телевидение
Ziffernfolgefrequenz f частота повторения цифр
Ziffernform f цифровая форма (*записи, передачи*); цифровой вид (*напр. сигнала*)
Ziffernfrequenz f частота повторения цифр
ziffern-graphisch численно-графический
Ziffernimpuls m 1. *вчт* разрядный импульс 2. *вчт* импульс кодового знака 3. *тлф* импульс набора
Zifferninformation f цифровая информация
Ziffernintegrieranlage f цифровой дифференциальный анализатор, ЦДА, цифровой интегратор
Ziffernkode m цифровой код
Ziffernkompression f уплотнение [сжатие] цифр или разрядов
Ziffernkontrolle f 1. цифровой контроль 2. числовое управление
Ziffernkorrelator m цифровой коррелятор
Ziffernleitung f *вчт* разрядная шина
Ziffernlesemaschine f устройство считывания цифр
Ziffernmaschine f цифровая ВМ, ЦВМ
ziffernmäßig
Ziffernmeßgerät n цифровой измерительный прибор
Ziffernperiode f период (одного) разряда; цифровой период
Ziffernprogrammsteuerung f числовое программное управление, ЧПУ
Ziffernrechenautomat m, **Ziffernrechengerät** n, **Ziffernrechenmaschine** f, **Ziffernrechner** m цифровая вычислительная машина, ЦВМ
Ziffernrechnertechnik f цифровая вычислительная техника
Ziffernregister n цифровой регистр (*печатающего устройства*)
Ziffernröhre f лампа цифровой индикации
Ziffernscheibe f *тлф* номерной диск
Ziffernschrift f 1. цифровая запись 2. цифровой шрифт
Ziffernschritt m цифровой шаг
Ziffernsicherungskode m цифровой код с контролем по избыточности; помехозащищённый цифровой код

Ziffernsichtgerät n цифровой дисплей; цифровой визуальный индикатор
Ziffernsignal n цифровой сигнал
Ziffernspalte f колонка цифр
Ziffernspur f цифровая дорожка
Ziffernstelle f разряд числа
Ziffernsystem n цифровая система
Zifferntastatur f цифровая клавиатура
Zifferntaste f цифровая клавиша
Zifferntastenfeld n *см.* **Zifferntastatur**
Ziffernteil m цифровой блок; цифровая часть (*устройства*)
Zifferntrommel f цифровой (магнитный) барабан
Ziffern- und Zeichenumschaltung f переключение на регистр цифр и знаков
Ziffernverschlüsselung f, **dezimalbinäre** двоично-десятичное кодирование
Ziffernvertauschung f перегруппировка цифр
Ziffernverzögerungselement n элемент задержки на (один) разряд
Ziffernwechseltaste f клавиша переключения на цифровой регистр
Ziffernwert m численное значение
Ziffernwertung f численный анализ
Ziffernzeit f цифровой период, цифровой интервал (*при последовательной передаче цифр*)
Zigarrenantenne f (ребристо-стержневая) антенна сигарообразной формы
Zimmerantenne f комнатная антенна
Zimmer(laut)stärke f комнатная громкость
Zinkblendestruktur f структура цинковой обманки
Zinken m *микр.* 1. столбиковый вывод 2. вывод выводной рамки (*для монтажа кристаллов ИС на ленточном носителе*)
Zinkenhöhe f *микр.* высота столбикового вывода
Zinkenlänge f *микр.* длина вывода выводной рамки
Zinksulfidschirm m экран с сульфидоцинковым люминофором
Zinktellurid n теллурид цинка (*материал мишени*)
Zinn n олово, Sn
Zinnbad n ванна (расплавленного) олова (*для лужения*)
Zinnenspannung f напряжение, изменяющееся по прямоугольной или пилообразной кривой
Zinnlot n оловянный припой
Zinnpaste f оловянная паста; лудящая паста
Zinnperle f бусинка олова
Zipfel m 1. лепесток (*диаграммы направленности антенны*) 2. верхушка (*импульса*) 3. максимум [вершина] кривой
Zipfelbreite f ширина лепестка
zipfelfrei без боковых лепестков
Zipfelumschaltung f переключение лепестков
Zirkonat n цирконат (*антиферромагнитный материал*)
Zirkoniumoxid n оксид циркония
Zirkonzelle f циркониевый фотоэлемент
Zirkularbeschleuniger m *яд. физ.* кольцевой ускоритель
Zirkularpolarisation f круговая поляризация
Zirkulator m циркулятор
~, **dreiarmiger** трёхплечий циркулятор

Zirkulatormaser *m* циркуляторный мазер
Zirkulatorschalter *m* циркуляторный переключатель
Zirkulatorweiche *f* циркулятор
Zischen *n* **des Mikrofons** микрофонный шум
zitterfrei 1. без дрожания **2.** устойчивый (*об индикации*)
Zittern *n* **1.** дрожание, подёргивание (*изображения*) **2.** вибрация
Z-Justierung *f микр.* настройка *или* установка по оси z (*для фокусировки*)
Z-Matrix *f* матрица (полных) сопротивлений
ZMD-Speicher *m* ЗУ *или* память на ЦМД
Z-Modulation *f* модуляция (по) яркости (*электронного луча*)
Zobel-Glied *n* (полу)звено Цобеля (*в многозвенном фильтре*)
Zoll *m* дюйм
1-Zoll-B-Format *n* формат В на ленте шириной 25 мм
1-Zoll-C-Format *n* формат С на ленте шириной 25 мм
1-Zoll-Einkopf-Spulenrecorder *m* однодюймовый одноголовочный катушечный видеомагнитофон с записью на ленту шириной 25 мм
3/4-Zoll-Maschine *f* видеомагнитофон с записью на ленту шириной 19 мм
3/4-Zoll-U-matic *англ.* формат «Ю-матик» на ленте шириной 19 мм шириной 25 мм
1-Zoll-Videorecorder *m* видеомагнитофон с записью на ленту
2-Zoll-Vierkopf-MAZ *m* четырёхголовочный видеомагнитофон с записью на ленту шириной 51 мм
2-Zoll-Vierkopf-Videorecorder *m* четырёхголовочный видеомагнитофон с записью на ленту шириной 51 мм
1/2-Zoll-Zweikopf-Spulenrecorder *m* двухголовочный катушечный видеомагнитофон с записью на ленту шириной 12,5 мм
Zone *f* **1.** зона; область **2.** пояс **3.** *пп* слой
~ **brauchbaren Empfangs** зона устойчивого приёма
~, **empfangslose [empfangstote]** зона отсутствия радиоприёма, зона молчания
~, **ferne** дальняя зона; зона Фраунгофера
~, **freie** *пп* свободная зона
~, **Fresnelsche** зона Френеля
~, **funkentstörte** зона, свободная от радиопомех
~, **gleichsignalige** *рлк* равносигнальная зона
~, **implantierte** (ионно-)имплантированная область
~, **ladungsträgerverarmte** обеднённая (носителями) зона
~, **neutrale** *рег.* нейтральная область
~, **n-leitende** область электронной электропроводности, *n*-область
~, **p-leitende** область дырочной электропроводности, *p*-область
~, **proportionale** *рег.* зона пропорционального регулирования
~, **schädliche** вредная зона; вредная область (*напр. область зеркала антенны СВЧ, ослабляющая интенсивность излучения*)

~, **schwundarme** зона (радиоприёма) с редкими замираниями
~, **stille** зона молчания
~, **tote** мёртвая зона, зона нечувствительности
~, **unempfindliche** *рег.* зона нечувствительности
~, **verbotene 1.** *пп* запрещённая зона **2.** *свпр* энергетическая щель
Zonenabtastung *f рлк* зональное сканирование
Zonenadresse *f* адрес зоны (*ЗУ*)
Zonenauswahl *f вчт* выбор зоны
Zonendotierung *f* зонное легирование
Zoneneinteilung *f* **1.** разбивка на зоны **2.** зонирование (*напр. диэлектрической линзы*)
Zonenfernsprechnetz *n* зоновая телефонная сеть
Zonen-Floating-Verfahren *n пп* метод зонной плавки
zonengereinigt очищенный методом зонной плавки
Zonengrenze *f* край (энергетической) зоны
Zonenhomogenisierung *f микр.* зонное выравнивание
Zonen-Leveling-Verfahren *n* **1.** метод горизонтальной зонной плавки **2.** метод зонного выравнивания
Zonenobergrenze *f* потолок энергетической зоны
Zonenplatte *f гол.* зонная пластинка
Zonenrand *m* край (энергетической) зоны
Zonenreinigen *n*, **Zonenreinigung** *f пп* зонная очистка
Zonenschmelzen *n пп* зонная плавка
Zonenschmelzverfahren *n*, **tiegelfreies** метод бестигельной зонной плавки
Zonensignal *n* зонный сигнал (*радиомаяка*)
Zonensteueranlage *f* система управления (температурными режимами) зон (*напр. печи вжигания паст*)
Zonentheorie *f пп* зонная теория
Zonentunnelübergang *m* межзонный туннельный переход
Zonenübergang *m* межзонный переход
~, **gezogener** выращенный межзонный переход
Zonenwähler *m тлф* искатель зоны
Zoom *m*, **elektronischer** электронное масштабирование
Zoom-Bildwandler *m* ЭОП с переменным увеличением (*изображения*)
Zoomeffekt *m* эффект масштабирования, масштабирование
Zoomen *n тлв* плавное масштабирование (*изображения на экране*)
Zoomfaktor *m* коэффициент изменения фокусного расстояния
Zoomlinse *f* вариообъектив
Zoommikrofon *n* микрофон с регулируемой дальностью действия
Zoomobjektiv *n* вариообъектив, объектив с переменным фокусным расстоянием
Zoomoptik *f* вариооптика
Z-Parameter *m* Z-параметр
Z-Spannung *f* напряжение зеноровского пробоя
Z-Strom *m* зеноровский ток
Z-Transformator *m* Z-преобразование (*метод представления последовательностей*)
Z-Transformierung *f* дискретное преобразование Лапласа

ZUB ZUG Z

Zubehör *n* запасные части, инструмент, принадлежности и материалы, ЗИП
~, **austauschbares** запасные узлы; запасные блоки
~, **nichtaustauschbares** запасные детали
Zubehörausrüstung *f* вспомогательное оборудование
Zubehörsortiment *n* набор запасных узлов и деталей
Zubringer *m* 1. (автоматический) питатель, загрузочный механизм 2. *зап.* подающий механизм
Zubringerbetrieb *m* эксплуатация релейной системы
~, **drahtloser** эксплуатация радиорелейной системы
Zubringerkanal *m* телевизионная (радиорелейная) соединительная линия
Zubringerleitung *f* подводящая линия
Zubringernetz *n* 1. подводящая сеть 2. трансляционная сеть
Zubringerspeicher *m* 1. внешняя память; внешнее ЗУ 2. дополнительная память; дополнительное ЗУ
Zubringerstrecke *f* подводящий участок (*линии*)
Zuchtkeim *m* затравка (*кристалла*)
Zuchtkristall *m* выращенный кристалл
Züchtung *f* выращивание (*кристаллов*)
~ **aus der Dampfphase** выращивание из газовой [паровой] фазы
~, **epitaxiale** 1. эпитаксиальное выращивание 2. эпитаксиальный рост
~ **einer Epitaxieschicht** выращивание эпитаксиального слоя
~, **rheotaxiale** реотаксиальное выращивание
~, **selektive** избирательное [селективное] выращивание
~ **von Silizium auf Spinell** выращивание кремния на шпинели
zuerkennend распознаваемый, опознаваемый, идентифицируемый
Zufall *m* случай
~, **äußerer** *киб.* случайное внешнее воздействие
~, **innerer** *киб.* случайная [вероятностная] связь внутри (недетерминированной) системы
zufällig случайный
Zufälligkeitstest *m* критерий случайности
Zufallsausfall *m* случайный отказ
Zufallsauswahl *f* 1. случайный выбор 2. произвольная выборка
Zufallsbinärfolge *f* случайная двоичная последовательность
Zufallseinfluß *m*, **Zufallseinwirkung** *f* случайное воздействие
Zufallsentscheidung *f* случайное решение
Zufallsentscheidungsgenerator *m см.* **Zufallsgenerator**
Zufallsergebnis *n* случайное событие
Zufallsfehler *m* случайная погрешность; случайная ошибка
Zufallsfolge *f* случайная последовательность
Zufallsgenerator *m* 1. генератор случайных чисел, ГСЧ 2. генератор псевдостатического шума
Zufallsgrößengeber *m* датчик случайных чисел, ДСЧ

Zufallsimpulsgenerator *m* генератор случайных импульсов, ГСИ
Zufallslogik *f* произвольная логика; нерегулярная логика
Zufallsquelle *f* источник случайных воздействий
Zufallsrauschen *n* хаотический шум
Zufallsschaltung *f* схема с произвольной логической структурой
Zufallsstichprobe *f вчт* произвольная выборка
Zufallsstörung *f* случайная помеха
Zufallsstreubereich *m* диапазон разброса значений случайных величин
Zufallssuchen *n* 1. *тлф* случайное искание 2. *рлк* случайный поиск
Zufallsverzerrung *f* случайное искажение
Zufallszahlengenerator *m* генератор случайных чисел, ГСЧ
Zufallszahlenquelle *f* датчик случайных чисел, ДСЧ
Zufallszugriff *m вчт* 1. произвольная выборка 2. произвольный доступ (*к данным*); произвольное обращение (*к памяти*)
Zuflußgeschwindigkeit *f* скорость поступления (информации)
Zufuhr *f* подвод (*напр. мощности*); подача (*напр. питания*); питание (*напр. энергией*)
Zufuhrbaustein *m* блок подачи
Zufuhrfach *n*, **Zufuhrmagazin** *n* подающий магазин; накопитель загрузочного механизма
Zufuhrstation *f* подающий механизм
Zuführung *f* 1. подвод (*напр. мощности*); подача (*напр. сигнала*); питание (*напр. энергией*) 2. подводящая проводка 3. ввод 4. снижение (*антенны*)
Zuführungsband *n* подводящая шина
Zuführungseinheit *f* блок питания (*автомата подачи деталей на разбраковку или установку*)
Zuführungsende *n* конец вывода (*напр. проводника*)
Zuführungsgang *m* цикл подачи; цикл ввода
Zuführungskabel *n* подводящий [питающий] кабель
Zuführungsposition *f* положение [позиция] загрузки
Zugängigkeit *f*, **Zugänglichkeit** *f*, **Zugangsmöglichkeit** *f* доступность (*напр. для осмотра*)
Zugangszeit *f* 1. время доступа; время обращения 2. время выборки
Zuganode *f* ускоряющий анод
Zugfestigkeit *f* прочность на разрыв *или* растяжение
Zugfunk *m* поездная радиосвязь
Zugisolator *m* натяжной изолятор (*антенны*)
Zugknopf *m* вытяжная кнопка
Zugmagnet *m* втягивающий магнит
Zugriff *m* 1. выборка (*из памяти*) 2. доступ; обращение (*к данным*) 2. доступ (*функциональный или физический к аппаратуре*) 3. доступ (*для ремонта*)
~, **äußerer** внешний доступ
~, **beliebiger** *см.* **Zugriff, wahlfreier**
~, **direkter** прямой [непосредственный] доступ
~, **illegaler** несанкционированный [неразрешённый] доступ

757

~, **quasiwahlfreier** квазипроизвольное обращение

~, **sequentieller [serienweiser]** вчт 1. последовательная выборка 2. последовательный доступ

~, **unmittelbarer** см. **Zugriff, direkter**

~, **verzögerter** выборка с задержкой

~, **wahlfreier [wahlweiser, willkürlicher]** 1. произвольная выборка 2. произвольный доступ; произвольное обращение

~, **zulässiger** санкционированный [разрешённый] доступ

Zugriffdienst m служба выбора информации из абонентского терминала

Zugriffsarm m вчт рычаг выборки (напр. в устройствах на магнитных дисках)

Zugriffsgeschwindigkeit f вчт 1. скорость выборки (информации) 2. частота обращений (напр. к ЗУ)

Zugriffsmechanismus m механизм выборки

Zugriffsmethode f 1. метод выборки 2. метод доступа

Zugriffssteuerlogik f логика управления доступом

Zugriffssteuerungsbits n pl вчт биты управления доступом

Zugriffszahl f расчётное число обращений

Zugriffszeit f вчт 1. время выборки (из ЗУ); время доступа (к ЗУ) 2. время поиска (фрагмента записи)

Zugrolle f зап. натяжной ролик

Zugspaltung f крист. напряжение спайности

Zugspannung f натяжение; сила натяжения

Zugspule f втягивающая катушка (электромагнита)

Zugtest m, **Zugversuch** m испытания на растяжение

Zulaufleitung f линия питания

Zuleitung f 1. ввод 2. подводящая линия 3. подвод (напр. энергии)

Zuleitungsband n подводящая шина

Zuleitungsdämpfung f затухание (антенного) ввода

Zuleitungselektrode f электрод истока (полевого транзистора)

Zuleitungsinduktivität f индуктивность ввода

Zuleitungskompensation f коррекция входной цепи

Zuleitungswellenwiderstand m волновое сопротивление подводящей линии

Zulöten n запайка

Zuluzeit f всемирное время

Zunahme f прирост, увеличение, приращение

Zündanode f зажигатель (игнитрона), игнайтер

Zündausbreitungszeit f 1. длительность (процесса) зажигания 2. время нарастания (для тиристора)

Zünddiagramm n 1. характеристика зажигания 2. вольт-амперная характеристика тиристора

Zünddiode f диод зажигания (напр. игнитрона)

Zündeinsatz m 1. момент зажигания 2. включение тиристора

Zündelektrode f 1. зажигающий электрод (газоразрядного прибора) 2. управляющий электрод (тиристора) 3. зажигатель (игнитрона), игнайтер

Zünden n зажигание

Zünder m 1. зажигающий электрод 2. зажигатель (игнитрона), игнайтер 3. взрыватель

~, **drahtloser [radiogesteuerter]** радиовзрыватель

Zündimpuls m 1. импульс зажигания 2. отпирающий импульс (тиристора) 3. запускающий импульс

Zündkanal m канал отпирания (тиристора)

Zündkennlinie f 1. характеристика зажигания 2. вольт-амперная характеристика тиристора

Zündschwelle f порог зажигания

Zündspannung f 1. напряжение зажигания 2. отпирающее зажигание (управляющего электрода тиристора)

Zündstift m зажигатель (игнитрона), игнайтер

Zündstörungen f pl помехи (радиоприёму), создаваемые системой зажигания (напр. автомашин)

Zündstrecke f пусковой промежуток

Zündstrom m 1. ток зажигания 2. отпирающий ток (управляющего электрода тиристора)

Zündung f 1. зажигание 2. возбуждение; запуск 3. отпирание (тиристора)

Zündverzugszeit f 1. задержка зажигания 2. время задержки включения (биполярного транзистора); время задержки по управляющему электроду (тиристора)

Zündzeit f 1. время зажигания 2. время включения по управляющему электроду (тиристора)

Zunge f 1. язычок (напр. контакта); (вибрирующая) пластинка 2. остряк [перо] стрелочного прибора

Zungenkamm m планка вибрационного частотомера

Zungenkontakt m язычковый контакт

Zungenunterbrecher m вибрационный прерыватель

Zuordner m 1. вчт транслятор, транслирующая программа 2. преобразователь 3. интерпретирующее устройство

Zuordnung f 1. вчт назначение, присваивание (напр. адресов) 2. вчт распределение (напр. памяти) 3. соответствие; сопоставление 4. координация, согласование 5. идентификация, отождествление

~ **von Speicherplätzen** распределение ячеек памяти

Zuordnungsfunktion f функция соответствия

Zuordnungskästchen n блок присваивания (адресов)

Zuordnungsproblem n задача присваивания (адресов); задача распределения (памяти)

Zuordnungsprogramm n 1. программа присваивания (адресов) 2. программа перевода (из одной системы в другую)

Zuordnungstabelle f таблица присваивания (адресов); таблица распределения (памяти)

Zuordnungszähler m вчт счётчик ячеек; счётчик команд

Zurechnungskontrollschaltung f вчт схема контроля по чётности или нечётности

Zurückbleiben n запаздывание, отставание

Zurückfallen n 1. возврат (в исходное состоя-

ние) 2. спад (*напряжения*) 3. отражение (*света*)
Zurückführung *f* 1. возврат 2. *мат.* (обратное) сведение
Zurückgehen *n* **der Überschußladungsträger** рассасывание избыточных носителей заряда (*в базе*)
Zurückgewinnung *f* восстановление
zurückgeworfen отражённый
Zurücklesen *n* 1. воспроизведение (*записи*) 2. считывание (*информации*)
Zurückmeldung *f* квитирование
Zurückschalten *n* 1. возврат (*напр. ленты*) 2. обратное переключение
zurücksenden передавать в обратном направлении
zurücksetzen сбрасывать (*показания счётчика*), гасить (*счётчик*) □ **auf Anfangswert ~** возвращать к начальному значению; **den Selektor ~** *вчт* сбросить селектор
zurückspulen перематывать
Zurückstellung *f* 1. возврат 2. обратный ход (*каретки*)
Zurückstrahlung *f* 1. обратное излучение 2. отражение
Zurückverstimmung *f* расстройка; рассогласование
Zurückweisung *f* отклонение (*напр. запроса*)
zurückwerfen 1. отражать 2. реверберировать
zurückziehen выводить (*напр. результаты обработки данных*)
Zusammenarbeit *f* 1. совместная работа 2. взаимодействие
Zusammenbacken *n* 1. спекание; слипание 2. сваривание (*контактов*)
Zusammenballung *f* пучкование; группирование
~, azimutale азимутальное группирование
Zusammenballungsmechanismus *m* механизм группирования (*частиц*)
Zusammenbau *m* 1. сборка, компоновка; упаковка (*элементов в конструкции*); монтаж (*механический*); 2. собранный узел 3. конструкция
~, raumsparender уплотнённая конструкция (*узла*)
~ von Schaltungen, gedrängter плотная упаковка схемных элементов (*навесных или дискретных*)
Zusammenfassung *f* 1. объединение (*напр. информации*) 2. сбор (*данных*) 3. *мат.* сочетание, соединение 4. резюме
Zusammenfassungskette *f* собирательная цепь
Zusammenfügen *n микр.* формирование соединений методом сшивания
Zusammenführen *n*, **Zusammenführung** *f* соединение; сочленение (*программ*)
zusammengesetzt составной; сложный
Zusammenhang *m* связь; взаимосвязь; зависимость; корреляция
~, funktionaler функциональная зависимость
Zusammenheften *n см.* **Zusammenfügen**
Zusammenlaufen *n* 1. *тлв* сливание (*цветов*) 2. синхронность 3. *мат.* сходимость
Zusammenlegung *f* объединение, слияние (*напр. файлов*); подборка (*напр. данных*)

Zusammenpacken *n*, **Zusammenpackung** *f* упаковка; компоновка
Zusammenprall *m* соударение; столкновение
Zusammenschalten *n*, **Zusammenschaltung** *f* 1. (внешнее) межсоединение 2. совместное включение
Zusammenschaltungspunkt *m* общая точка подключения
Zusammenschrumpfen *n* 1. сужение, сжатие (*напр. полосы частот*) 2. усадка (*напр. плёнки*) 3. сведение (*лучей*)
Zusammensetzung *f* 1. состав; структура 2. составление; компоновка (*напр. программы*) 3. объединение (*напр. информации*) 4. *мат.* составление, компоновка; композиция
~, spektrale спектральный состав
Zusammensintern *n* спекание; слипание
Zusammenstellung *f* 1. группирование, образование групп 2. *мат.* подбор 3. составление, компоновка (*напр. программы*)
Zusammenstellungsprogramm *n* компилирующая программа, компилятор
Zusammenstoß *m* столкновение
Zusammenstoßwarngerät *n нвг* прибор (для) предупреждения столкновений
Zusammentreffen *n* совпадение (*напр. сигналов*)
Zusammenwachsen *n* срастание (*кристаллов*)
Zusatz *m* 1. приставка; дополнительное [вспомогательное] устройство 2. примесь 3. дополнение, добавка 4. присадка
Zusatzakzeptor *m пп* акцепторная примесь
Zusatzapparat *m* добавочный (телефонный) аппарат
Zusatzbit *n* дополнительный (двоичный) разряд
Zusatzdonator *m пп* донорная примесь
Zusatzeinrichtung *f*, **Zusatzgerät** *n* дополнительное [вспомогательное] устройство; приставка
Zusatzinformation *f* дополнительная информация
Zusatzregister *n* расширяющий регистр
Zusatzsichtgerät *n* дополнительный [выносной] визуальный индикатор
Zusatzsignal *n* сигнал дополнительной информации, дополнительный сигнал
Zusatzspeicher *m* 1. дополнительная память; дополнительное ЗУ 2. внешняя память; внешнее ЗУ
Zusatzstoff *m пп* примесь
Zusatzstrahlung *f* излучение на боковых лепестках
Zusatztransformator *m* вольтодобавочный трансформатор
Zusatzwiderstand *m* добавочный [последовательно включаемый] резистор
Zuschaltfolge *f* последовательность сигналов коммутации
Zuschaltung *f* подключение, присоединение
Zuschauer *m* (теле)зритель
Zuschlagskode *m* дополнительный код
Zuspielrecorder *m зап.* воспроизводящий видеомагнитофон
Zuspitzung *f* обострение (*напр. импульса*)
Zustand *m* 1. состояние; положение 2. режим (*работы*) 3. (энергетический) уровень
~, analoger аналоговый режим

~, **angeregter** возбуждённое состояние
~, **astabiler** неустойчивое *или* нестабильное состояние
~, **ausgefallener** нерабочее состояние
~, **ausgeschalteter** состояние выключения; закрытое состояние (*тиристора*)
~, **bearbeitungsfähiger** *вчт* состояние готовности
~, **besetzter** заполненный уровень
~, **diskreter** дискретное состояние
~, **dynamisch entmagnetisierter** динамически размагниченное состояние
~, **eingeschalteter** состояние включения; открытое состояние (*тиристора*)
~, **eingeschwungener** *см.* Zustand, stationärer 1., 2.
~, **endgültiger** 1. установившийся режим 2. конечное состояние
~, **entarteter** вырожденное состояние
~, **erlaubter** разрешённое состояние
~, **erregter** возбуждённое состояние
~, **ferroelektrischer** сегнетоэлектрическое состояние
~, **fester** твёрдое состояние
~ **der freien Schwingungen** режим свободных колебаний
~, **gebundener** связанное состояние
~, **gefüllter** заполненный уровень
~, **gelöschter** исходное состояние (*напр. счётчика*)
~, **generatorischer** генераторный режим
~, **geordneter** упорядоченное состояние
~, **gerader** *кв. эл.* чётное состояние
~, **gesättigter** насыщенное состояние
~, **gesperrter** 1. запертое состояние; закрытое состояние (*тиристора*) 2. режим отсечки
~, **gestörter** возмещённое состояние
~, **gleichbleibender** стационарный [установившийся] режим
~, **intakter** рабочее состояние
~, **kristalliner** кристаллическое состояние
~, **labiler** неустойчивое состояние
~, **leerer** свободный уровень
~, **leitender** проводящее состояние; открытое состояние (*тиристора*)
~, **metastabiler** метастабильное состояние
~, **nichtangeregter** невозбуждённое состояние
~, **nichtleitender** непроводящее состояние; закрытое состояние (*тиристора*)
~, **nichtordnungsgemäßer** неупорядоченное состояние
~, **nichtstationärer** нестационарное [переходное] состояние
~, **pulsierender** пульсирующий [скользящий] режим
~, **quasistabiler** 1. квазистабильное состояние 2. *киб.* квазиустойчивое состояние
~, **reduzierter** приведённое состояние
~, **reiner** *кв. эл.* чистое состояние
~, **remanenter** состояние остаточной намагниченности
~, **schwerefreier** состояние невесомости
~, **sensibilisierter** очувствлённое состояние
~, **stabiler** устойчивое состояние
~, **stationärer** 1. стационарное состояние 2. установившийся режим 3. *киб.* устойчивое состояние

~, **statisch entmagnetisierter** статически размагниченное состояние
~, **statischer** статический режим
~, **stromdurchlässiger** проводящее состояние
~, **supraleitender** сверхпроводящее состояние
~, **thermisch entmagnetisierter** термически размагниченное состояние
~, **überspannter** перенапряжённый режим
~, **unangeregter** невозбуждённое состояние
~, **unbelasteter** 1. ненагруженное состояние 2. холостой режим
~, **unbesetzter** свободный уровень
~, **ungebundener** несвязанное состояние
~, **ungerader** *кв. эл.* нечётное состояние
~, **ungestörter** невозмущённое состояние
~, **unstabiler** 1. неустойчивое состояние 2. нестабильное состояние
~, **unterspannter** недонапряжённый режим
~, **unwirksamer** неуправляемое состояние (*аппаратуры*), состояние (*аппаратуры*), требующее вмешательства оператора
~, **verbotener** запрещённое состояние
~, **virtueller** виртуальное состояние
~, **vorkritischer** режим, близкий к критическому
~, **vorübergehender** переходный [неустановившийся] режим
~ **des Wartens** состояние готовности (*напр. ВМ*)
Zustände *m pl*, **halb besetzte** частично занятые (энергетические) уровни
Zustandsalphabet *n* алфавит состояний
Zustandsanzeige *f* индикация [визуализация] состояния
Zustandsbit *n* бит (*индикации*) состояния (*программы или устройства*)
Zustandsdiagramm *n* диаграмма состояний
Zustandsdichte *f* плотность состояний
Zustandsentartung *f* вырождение состояния
Zustandsfunktion *f* функция состояния
Zustandsgleichung *f* уравнение состояния
Zustandsinformation *f* информация о состоянии (*объекта*)
Zustandsleitung *f* шина состояний
Zustandsraum *m* пространство состояний
Zustandsregister *n* регистр состояния (*устройства*); регистр команд и состояний, РКС
Zustandsschema *n* схема состояний
Zustandssignal *n* 1. сигнал состояния 2. *вчт* флаг [флажок] состояния
Zustandsspeicher *m* регистр команд и состояний, РКС
Zustandstabelle *f* таблица состояний
Zustandsübergang *m* переход из одного состояния в другое
Zustandsumschaltung *f* переключение режима
Zustandsvariable *f* параметр состояния
Zustandsvektor *m* *кв. эл.* вектор состояния
Zustandsveränderliche *f* параметр состояния
Zustandswert *m* 1. *лог.* истинное значение 2. *мат.* значение функции состояния
Zustimmungssignal *n* сигнал согласия
Zustopfeffekt *m* эффект запирания (*приёмника*)
Zustrom *m* 1. приток (*напр. энергии*) 2. приходящий ток
Zuströmung *f* приток

Zuteiler *m* подающий механизм
Zuteilschalter *m* тлф вызывной *или* передаточный ключ
Zuteiltaste *f* тлф вызывная кнопка
Zuteilung *f* вчт **1.** назначение, присваивание (*напр. адресов*) **2.** распределение (*напр. памяти*)
Zuteilungsschlüssel *m см.* **Zuteilschalter**
Zuteilwähler *m* искатель-распределитель
Zutritt *m* доступ (*напр. к элементам блока*)
Zuverlässigkeit *f* **1.** (общая) надёжность **2.** достоверность
~, **apparative** аппаратурная надёжность
~, **funktionelle** функциональная надёжность
~, **innere** собственная надёжность
~, **strukturelle** структурная надёжность
~, **technische** расчётная надёжность
Zuverlässigkeitsanalyse *f* анализ [расчёт] надёжности
Zuverlässigkeitsangaben *f pl см.* **Zuverlässigkeitsdaten**
Zuverlässigkeitsaussage *f* прогнозирование надёжности
Zuverlässigkeitsbewertung *f* оценка надёжности
Zuverlässigkeitsblockdiagramm *n* блок-схема надёжности
Zuverlässigkeitsdaten *n pl* характеристики надёжности; параметры надёжности
Zuverlässigkeitsersatzschaltbild *n*, **Zuverlässigkeitsersatzschaltung** *f* эквивалентная схема надёжности
Zuverlässigkeitsfaktor *m* коэффициент надёжности
Zuverlässigkeitsfunktion *f* функция надёжности
Zuverlässigkeitsgewinn *m* выигрыш в надёжности
Zuverlässigkeitsindex *m* показатель надёжности
Zuverlässigkeitsindexsystem *n* система показателей надёжности
Zuverlässigkeitskenngröße *f*, **Zuverlässigkeitsparameter** *m* параметр надёжности; характеристика надёжности
Zuverlässigkeitsprüfungen *f pl* испытания на надёжность
Zuverlässigkeitssynthese *f* синтез надёжности
Zuverlässigkeitstheorie *f* теория надёжности
Zuverlässigkeitsverhalten *n* характеристика надёжности
Zuverlässigkeitsvoraussagen *n*, **Zuverlässigkeitsvorhersagen** *n* прогнозирование надёжности
zuvorkommen опережать
Zuwachs *m* приращение, прирост
Zuwachsrate *f* скорость приращения (*напр. величины*)
Zuwachsspeicher *m* наращиваемая память
Zuweisung *f* распределение (*напр. длин волн*); присваивание (*адресов*)
Zuweisungswert *m* восстановленное значение (*напр. после кодирования*)
Zwangsausfallprüfung *f* испытания на принудительный отказ
Zwangsgleichlauf *m*, **Zwangssynchronisation** *f* принудительная синхронизация
Zwangsumlaufkühlung *f* принудительное циркуляционное охлаждение

zweckbestimmt, zweckorientiert (узко)специализированный
Zweiachsenschreiber *m* двухкоординатный самописец
Zwei-Adress(en)-... двухадресный
zweiadrig двухжильный
Zweianoden... двуханодный
Zweiantenneninterferometer *n* двухантенный интерферометр (*напр. для радиотелескопа*)
Zwei-aus-Fünf-Kode *m* код «два из пяти»
zweiaxial двухосевой
Zweibandantenne *f* двухдиапазонная антенна
Zweibandfernsprechsystem *n* система двухполосной высокочастотной телефонии
Zweibasisdiode *f* двухбазовый диод, однопереходный транзистор
Zweibasistransistor *m* двухбазовый транзистор
zweibegriffig, zweibildrig двузначный
Zweichipmikroprozessor *m* двухкристальный микропроцессор
Zweideutigkeit *f* **1.** двузначность (*напр. пеленга, отсчёта*) **2.** неопределённость
Zweideutigkeitsaufhebungsgerät *n* радиокомпас; радиопеленгатор с исключённой двузначностью направления пеленга
zweidimensional двухмерный
Zweidimensionalabbildung *f* двухмерное [плоское] изображение
Zweidrahtschaltung *f* двухпроводное соединение; двухпроводное включение
Zweidraht-Vierdraht-Umsetzer *m* устройство перехода от двухпроводной линии к четырёхпроводной
Zweiebenenantenne *f* двухплоскостная антенна
Zweiebenen-Leiterplatte *f*, **Zweiebenenplatte** *f*, **Zweiebenenschaltung** *f* двухсторонняя печатная плата
Zweiebenenverdrahtung *f* двухсторонний монтаж (*на печатных платах*); двухслойная коммутация (*в ИС*)
Zwei-Elektronen-Rekombination *f* двухэлектронная [диэлектронная] рекомбинация
Zwei-Elektronen-Übergang *m* двухэлектронный переход
Zweielementenantenne *f* двухэлементная антенна
Zweiemitter-Transistor *m* двухэмиттерный транзистор
Zweieralphabet *n* двоичный алфавит
Zweieranschluß *m* тлф **1.** спаренное включение **2.** двойной абонентский ввод
Zweierkomplement *n* (поразрядное) дополнение до двух; дополнительный код (*числа*)
Zweiersystem *n* двоичная система (*счисления*)
Zweietagenfernsehantenne *f* двухэтажная телевизионная антенна
Zweifachabtastung *f* **1.** двойное считывание (*сигналов*) **2.** двойное сканирование
Zweifachanlage *f* двухфункциональное устройство (*напр. радиоприёмник с электропроигрывателем*)
Zweifachantenne *f* сдвоенная антенна
Zweifachapparat *m* двукратный (телеграфный) аппарат
Zweifachdarlingtonstruktur *f* двойная структура Дарлингтона

Zweifachdiffusion f двойная диффузия
Zweifachempfang m дуплексный приём
Zweifachkassette f кассета двойной ширины
Zweifachkatodenstrahlerzeuger m двухлучевой прожектор (*трубки*)
Zweifachkoinzidenzstufe f каскад двойных сопадений
Zweifachkondensator m блок сдвоенных конденсаторов
Zweifachlinienschreiber m двухканальный самопишущий прибор с непрерывной записью
Zweifachschalter m двухпозиционный переключатель
Zweifach-Schlitz(rohr)antenne f двухщелевая антенна
Zweifach-Schlitz(rohr)strahler m двухщелевой излучатель
Zweifachschwingkreisverstärker m двухконтурный (параметрический) усилитель
Zweifachskale f двухрядная шкала
Zweifach-TR-Röhre f сдвоенный разрядник защиты приёмника
Zweifachüberlagerungsempfänger m супергетеродинный приёмник с двойным преобразованием частоты
Zweifachübertragung f двухкратная передача, передача с повторением
Zweifachuntersetzer m 1. делитель на два 2. двоичный счётчик
Zweifachverteiler m двухканальный (антенный) разделитель
Zweifarbenröhre f *тлв* трубка с двухцветным экраном
Zweifarbensystem n *тлв* двухцветная система
Zweiflankenumsetzung f метод (*построения цифровых вольтметров*) с использованием разрядной ёмкости
Zweifotonenanregung f *кв. эл.* двухфотонная накачка
Zweifotonenlaser m двухфотонный лазер
Zweifrequenzanlage f двухчастотная установка
Zweifrequenz(betriebs)laser m двухчастотный лазер
Zweifrequenztelegrafie f двухчастотная телеграфия
Zweifrequenzverkehr m двухчастотная (радио-)связь
Zweig m 1. ветвь; ответвление; отвод 2. цепь, цепочка 3. *вчт* (условный) переход 4. ветвь (*алгоритма*) 5. плечо моста
~, **akustischer** *фтт* акустическая ветвь
~, **optischer** *фтт* оптическая ветвь
Zweigangkondensator m двухходовой конденсатор
Zweigeschwindigkeitstonplattenspieler m двухскоростной проигрыватель
Zweigkabel n распределительный [абонентский] кабель; кабель ответвления
zweigleisig двухтрассовый, двумя трассами (*напр. прокладка кабелей*)
Zweigleitung f линия ответвления; отвод
zweigliedrig 1. двухзвенный 2. *мат.* двучленный 3. бинарный, двоичный
Zweigprogramm n *вчт* 1. разветвлённая [ветвящаяся] программа 2. программа ветвления

Zweigschaltung f параллельное соединение; шунтовая схема
Zweigspannung f напряжение ветви
Zweigstation f вспомогательная (радио)станция
Zweigstelle f 1. точка ответвления 2. *тлф* добавочный аппарат
Zweigstrang m кабель ответвления
Zweigstrom m ток ветви
Zweigstromkreis m ответвлённая цепь; шунтовая цепь
zweihalbperiodisch двухполупериодный
Zweihandbedienung f, **Zweihandsteuerung** f двухручечная настройка; двухпозиционное управление
Zweiimpulskode m двухимпульсный код
Zweikabelbetrieb m *тлф* двухкабельная работа (*по одному кабелю на каждое направление связи*)
Zweikammerklystron n двухрезонаторный клистрон
Zweikanalausführung f двухканальный вариант (*приёмника*)
Zweikanal-Gleichspannungssummator m двухканальный сумматор постоянных напряжений
Zweikanaloszilloskop n двухлучевой осциллограф
Zweikanalrecorder m 1. двухканальное устройство записи 2. двухдорожечный видеомагнитофон
Zweikanalsimplex n двухканальная симплексная связь, двухканальный симплекс
Zweikanalton m, **Zweikanaltonbegleitung** f двухканальное звуковое сопровождение
Zweikanaltorsteuerung f, **Zweikanaltorsteuerwerk** n контроллер с двойным входом в канал
Zweikanalübertragung f двухканальная передача
Zweikanonen-Elektronenstrahlröhre f двухпрожекторная ЭЛТ
Zweikomponentenschrift f 1. запись 45 × 45, двухканальная (механическая) стереозапись 2. совместимая фонограмма; совместимая грампластинка
Zweikoordinatenschreiber m двухкоординатный самописец
Zweikörperkern m зерно двойникования (*кристалла*)
Zweikreisklystron n двухрезонаторный клистрон
Zweikreisklystrongenerator m генератор на двухрезонаторном клистроне
Zweikreisverstärkerklystron n двухрезонаторный усилительный клистрон
Zweilagenpolysilizium n двухслойный поликремний
Zweilagenrelais n двухпозиционное реле
Zweileiterantenne f двухлучевая антенна
Zweileiterbrückenschaltung f двухпроводная мостовая схема
Zweileiterkabel n двухжильный кабель
Zweileiterschaltung f двухпроводная схема
Zweileitersystem n двухпроводная система
Zweilinienschreiber m двухканальный самописец
Zweilochtransfluxor m двухотверстный трансфлюксор
Zweimodenklystron n двухрежимный клистрон
Zweiniveaulaser m двухуровневый лазер

Zweiniveauquantenverstärker *m* двухуровневый квантовый усилитель
Zweiniveausystem *n* двухуровневая система
Zweiniveauverstärker *m* двухуровневый (квантовый) усилитель
Zweinormendekoder *m* тлв двухстандартный декодер (*напр. для ПАЛ и СЕКАМ*)
Zweinormen-Fernsehempfänger *m* двухстандартный телевизионный приёмник
Zweipegelprogrammierung *f* двухуровневое программирование
Zweiphasen-Betrieb *m* двухфазное управление (*в ПЗС*)
Zweiphasen-CCD двухфазный ПЗС
Zweiphasenmodulation *f* квадратурная модуляция
Zweiphasentaktsystem *n* система двухфазной синхронизации; система двухфазного тактирования
Zweiphotonenlaser *m* двухфотонный лазер
Zweiphotonenübergang *m* двухфотонный переход
Zweipol *m* двухполюсник
~, **aktiver** активный двухполюсник
~, **passiver [quellenloser]** пассивный двухполюсник
~, **träger** инерционный двухполюсник
Zweipolgleichrichtung *f* 1. диодное детектирование. 2. двухполупериодное выпрямление
Zweipoltheorie *f* теория двухполюсников
Zweiprozessorbetrieb *m* двухпроцессорный режим
Zweipulsbrücke *f* двухполупериодная мостовая схема
~, **halbgesteuerte** двухполупериодная мостовая схема с двумя теристорами
~, **vollgesteuerte** двухполупериодная мостовая схема с четырьмя тиристорами
Zweipulsgleichrichter *m* двухполупериодный выпрямитель
Zweipulsgleichrichterbrücke *f* двухполупериодный мостовой выпрямитель
Zweipulsmittelpunktschaltung *f* схема двухполупериодного выпрямителя со средней точкой [с двумя встречно-включёнными диодами]
Zweipulsschaltung *f* двухполупериодная схема (*включения*)
Zweipulsumkehrschaltung *f* двухполупериодная реверсивная схема
Zweipunktausgleich *m* симметрирование [выравнивание] в двух точках
Zweipunkt-Digitalregler *m* двухпозиционный дискретный регулятор
Zweipunkteingang *m* вход (для) двоичной информации
Zweipunktglied *n* двухпозиционное звено, звено типа «да — нет»
Zweipunktregelung *f* двухпозиционное *или* релейное регулирование
Zweipunktschaltglied *n* двухпозиционный переключательный элемент
Zweipunktsignal *n* двухуровневый сигнал
Zweipunktverbindung *f* 1. непосредственное [прямое] соединение (*между двумя пунктами связи*) 2. двухточечное соединение (*напр. между двумя терминалами*)
Zweipunktverhalten *n* двухпозиционный метод

(*управления или регулирования*); двухпозиционный режим работы
Zweiquantenübergang *m* двухквантовый переход
Zweiresonatorklystron *n* двухрезонаторный клистрон
Zweiresonatormaser *m* двухрезонаторный мазер
Zweiresonatorreflexionsmaser *m* двухрезонаторный отражательный мазер
Zweirichtungsimpulse *m pl* биполярные импульсы
Zweirichtungskoppler *m* двунаправленный ответвитель
Zweirichtungsschalter *m* двунаправленный переключатель
Zweirichtungsthyristordiode *f* симметричный диодный тиристор, диак
Zweirichtungsthyristortriode *f* симметричный триодный тиристор, симистор, триак
Zweirichtungstransistor *m* симметричный транзистор
Zweirichtungstreppenspannungsgenerator *m* генератор биполярного ступенчатого напряжения
Zweirichtungsübertragung *f* двухсторонняя передача
Zweirichtungszähler *m* реверсивный счётчик
Zweiröhrenkamera *f* двухтрубочная камера (*цветного телевидения*)
Zweischalenkeramikgehäuse *n* керамический плоский корпус с двухрядным расположением выводов, керамический плоский DIP-корпус
Zweischichtband *n* двухслойная лента (*для магнитной записи*)
Zweischichten-Metallisierungstechnik *f* техника двухслойной металлизации
Zweischichtfotoresisttechnik *f* технология двухслойного фоторезистивного покрытия
zweischichtig двухслойный
Zweischichtlacktechnik *f см.* **Zweischichtfotoresisttechnik**
Zweischichtresistsystem *n* система двухслойного резистивного покрытия
Zweischichtverfahren *n* метод [технология] двухслойного покрытия
zweischienig с двумя шинами
Zweischlitzmagnetron *n* двухразрезной магнетрон
Zweischrittmikroskopie *f* двухступенная (голографическая) микроскопия
Zweischrittschalter *m* двухступенчатый переключатель
Zweiseitenbandbetrieb *m* режим двухполосной передачи
Zweiseitenbandtechnik *f* техника двухполосной передачи, техника работы с двумя боковыми полосами (*частот*)
Zweiseitenbandverfahren *n* метод двухполосной передачи
Zweiseitenfunkverkehr *m* двухсторонняя (радио)связь
Zweiseitenstreifenleitungsplatte *f* двухсторонняя полосковая плата
Zweiseitentaste *f* тлг виброплекс
Zweisignalzone *f* равносигнальная зона
Zweisondenmessung *f* пп двухзондовый метод измерений
Zweispeziesmaschine *f* двухоперационная ВМ
Zweispiegelantenne *f* двухзеркальная антенна

Zweispitzenverfahren n пп двухзондовый метод
zweispurig зап. двухдорожечный
Zweispurkopf m головка для двухдорожечной (звуко)записи
Zweispuroszillograf m двухканальный осциллограф
Zweistabilelement n двухстабильный элемент
zweistellig двухразрядный
Zweistellungs... двухпозиционный
Zweistrahlbrechung f двойное лучепреломление, двулучепреломление
Zweistrahlbrechungsindex m показатель двулучепреломления
Zweistrahleninterferenz f двухлучевая интерференция
Zweistrahlspektrometer n двухлучевой спектрометр
Zweistreifentransistor m транзистор с двойной системой базовых и коллекторных выводов (в ИС)
Zweistreifenverfahren n метод двухдорожечной (звуко)записи
Zweistufen-Flüssigphasenepitaxieverfahren n микр. метод двухстадийного эпитаксиального выращивания из жидкой фазы
Zweistufenionisierung f кв. эл. двухступенчатая ионизация
Zweistufenübergang m двухступенчатый переход
Zweistufenverdampfer m двухступенчатый [двукратный] испаритель
Zweistufenwahl f двухступенчатое искание
zweistufig двухкаскадный
Zweitadresse f адрес второго уровня, косвенный адрес
Zweitakt... двухтактный
Zweiteiler m делитель на два
Zweitlautsprecher m выносной громкоговоритель (включается в гнёзда приёмника)
Zweitonrufsystem n двухтональная система вызова
Zweitonübertragung f 1. передача звукового сопровождения на двух языках 2. передача стереофонического звукового сопровождения
Zweitor n 1. четырёхполюсник 2. двухполюсная схема совпадений
Zweitornetzwerk n четырёхполюсник; двухпортовая схема
Zweiträger-FM f передача ЧМ-сигналов на двух несущих
Zweiträgertheorie f теория (передачи) на двух (под)несущих
Zweiträgerverfahren n тлв метод передачи (звукового сопровождения) на двух (под)несущих
Zweitspeicher m вспомогательное ЗУ; вспомогательная память
Zwei-von-Fünf-Kode m код «два из пяти»
Zweiwegantenne f двунаправленная антенна
Zweiwegausbreitung f двухлучевое распространение (радиоволн)
Zweiwegbox f двухканальная (звуковая) колонка
Zweiwegbus m двунаправленная шина
Zwei-Wege-Box f см. **Zweiwegbox**
Zweiwegfernsehen n двухканальное телевидение
Zweiwegfunkverbindung f двухсторонняя радиосвязь

Zweiweggasgleichrichterröhre f двуханодный газотрон
Zweiweggleichrichter m двухполупериодный выпрямитель
Zweiweggleichrichterröhre f двуханодный кенотрон
Zweiwegkontakt m переключающий контакт
Zweiwegleitung f двунаправленная линия
Zweiwegmikrofon n микрофон с двумя (раздельными) системами преобразования (для низкочастотного и высокочастотного диапазонов звуковых волн)
Zweiwegresonatordurchlauf m двукратный проход через резонатор
Zweiwegschalter m двунаправленный ключ
Zweiwegschaltung f двухполупериодная схема
Zweiwegsystem n двухканальная система
Zweiwegumschalter m двухпозиционный переключатель
Zweiwegverbindung f двухсторонняя связь
Zweiwegverstärker m двунаправленный усилитель
Zweiwertigkeit f 1. двузначность 2. двухвалентность
Zweiwertrelais n авт. максимально-минимальное реле
Zweizackenschrift f двухсторонняя фотографическая сигналограмма
Zweizahlensystem n двоичная система счисления
Zweizeichenverfahren n двухсигнальный метод
Zweizonentheorie f двухзонная теория
Zwergrelais n миниатюрное реле
Zwergröhre f миниатюрная лампа
Zwergschalter m микровыключатель; микропереключатель
Zwergwellen f pl миллиметровые волны (1—10 мм)
Zwergwiderstand m микрорезистор
Zwickelfüllung f наполнитель
Z-Widerstand m зенеровское сопротивление
Zwilling m 1. крист. двойник 2. пара Гото (схема на двух туннельных диодах)
~, **dynamischer** динамический двойник
~, **einfacher** простой двойник
~, **elastischer** упругий двойник
~, **gestörter** нарушенный двойник
Zwillingsantenne f сдвоенная антенна
Zwillingsarbeitskontakt m двойной замыкающий контакт
Zwillingsbildung f крист. двойникование
Zwillingsebene f крист. двойниковая плоскость
Zwillingsenergie f крист. энергия двойникования
Zwillingsklinke f тлф сдвоенное гнездо
Zwillingskondensator m сдвоенный конденсатор
Zwillingskontakt m двойной контакт
Zwillingskontrolle f двойной контроль, проверка дублированием
Zwillingskristall m двойниковый кристалл
Zwillingsrechner m резервная [дублирующая] ВМ
Zwillingsruhekontakt m двойной размыкающий контакт
Zwillingssender m 1. сдвоенный передатчик 2. запасный [резервный] передатчик
Zwillingstransistor m составной транзистор

Zwillingsversetzung f *крист.* двойниковая дислокация
Zwischenabbildung f промежуточное отображение
Zwischenabschwächer m промежуточный [межкаскадный] аттенюатор
Zwischenamt n *тлф* промежуточная станция
Zwischenband n *зап* промежуточный ракорд (*МЛ*)
Zwischenbandrekombination f межзонная рекомбинация
Zwischenbasisschaltung f схема с заземлённой базой
Zwischenbasisspannung f межбазовое напряжение
Zwischenbeitrag m вставка в программу
Zwischenbereich m промежуточная область
Zwischenbild n промежуточное изображение
Zwischenbildebene f плоскость промежуточного изображения
Zwischenbildikonoskop n супериконоскоп
Zwischenbildkodierung f межкадровое кодирование
Zwischenbildorthikon n суперортикон
Zwischenbildübertragung f перенос электронного изображения
Zwischendiffusion f взаимная диффузия
Zwischenelektrode f промежуточный электрод
Zwischenelektrodenkapazität f межэлектродная ёмкость
Zwischenelektrodenlaufzeit f время пролёта электрона между (двумя) электродами
Zwischenelektrodenraum m межэлектродное пространство
Zwischenelektronik f промежуточные электронные схемы (*в комбинированной ЭВМ*)
Zwischenergebnis n промежуточный результат
Zwischenergebnisspeicher m 1. ЗУ или память (для) промежуточных результатов 2. буферная [промежуточная] память; буферное [промежуточное] ЗУ
Zwischenergebnisspeicherung f *вчт* регистрация промежуточного результата
Zwischenfernsehsender m телевизионный ретранслятор
Zwischenfrequenz f промежуточная частота, ПЧ
Zwischenfrequenzabweichung f уход [отклонение] ПЧ
Zwischenfrequenzankopplung f связь по ПЧ
Zwischenfrequenzbandbreite f ширина полосы по ПЧ
Zwischenfrequenzbandfilter n полосовой фильтр ПЧ
Zwischenfrequenzbaustein m узел [блок] ПЧ
Zwischenfrequenzbildung f гетеродинирование
Zwischenfrequenzdurchbruch m паразитное прохождение ПЧ (*в низкочастотную часть приёмника*)
Zwischenfrequenzdurchschaltung f преобразование по ПЧ (*в радиорелейных станциях*)
Zwischenfrequenzempfänger m супергетеродинный приёмник
Zwischenfrequenzentdämpfung f уменьшение затухания на ПЧ

Zwischenfrequenzfestigkeit f коэффициент подавления ПЧ
Zwischenfrequenzfilter n фильтр ПЧ
Zwischenfrequenzgleichrichter m амплитудный [второй] детектор (*в супергетеродинном радиоприёмнике*)
Zwischenfrequenzmodulation f модуляция по ПЧ
Zwischenfrequenz-Neutralisation f нейтрализация по ПЧ
Zwischenfrequenzpfeifen n свист на ПЧ
Zwischenfrequenzselektion f избирательность по ПЧ
Zwischenfrequenzsollwert m номинальное значение ПЧ
Zwischenfrequenzsperre f, **Zwischenfrequenzsperrkreis** m режекторный фильтр ПЧ
Zwischenfrequenzteil m блок ПЧ
Zwischenfrequenz-Tonzeichen n сигнал ПЧ звукового сопровождения
Zwischenfrequenzträgerwelle f несущая ПЧ
Zwischenfrequenzumsetzung f преобразование по ПЧ
Zwischenfrequenzverstärker m усилитель промежуточной частоты, УПЧ
~, **schwingkreisloser** бесконтурный УПЧ
Zwischenfrequenzverstärkung f усиление по ПЧ
Zwischenfunkstelle f промежуточная радиостанция
Zwischengitter n 1. *крист.* межузлие 2. промежуточная сетка (*лампы*)
Zwischengitteratom n атом межузлия
Zwischengitterlücke f вакансия (*в кристаллической решётке*)
Zwischengitterplatz m, **Zwischengitterstelle** f *крист.* межузлие
Zwischenhaftniveau n *фтт*, *пп* промежуточный уровень захвата
Zwischenisolator m промежуточный изолятор
Zwischenkode m промежуточный код
Zwischenlage f прокладка; прослойка
Zwischenlinse f промежуточная линза
Zwischenmagazin n промежуточный склад (*в гибких производственных системах*); промежуточный накопитель
Zwischenmatrix f промежуточная матрица
Zwischenmodulation f взаимная модуляция
Zwischenniveau n промежуточный уровень
Zwischenprodukt n промежуточный результат (*напр. вычислений*)
Zwischenpunktabtastung f чересточечное разложение
Zwischenpunktflimmern n межточечное мелькание
Zwischenraum m 1. промежуток 2. интервал 3. пропуск; пробел
Zwischenraumtaste f клавиша пропуска *или* пробела
Zwischenraumzeichen n 1. знак *или* символ пробела 3. *тлг* сигнал паузы
Zwischenraumzeile f 1. строка пропуска *или* пробела 2. линия интервала

Zwischenregister *n* промежуточный регистр; регистр (хранения) промежуточных результатов
Zwischenrelais *n* **1.** промежуточная радиорелейная станция **2.** промежуточное реле
Zwischenschablone *f* промежуточный (фото)шаблон
Zwischenschablonenebene *f* плоскость (установки) промежуточного (фото)шаблона
Zwischenschalten *n*, **Zwischenschaltung** *f* **1.** промежуточное включение **2.** *тлф* транзитное соединение
Zwischenschaltstück *n* промежуточный коммутационный элемент
Zwischenschicht *f* промежуточный слой
Zwischenschichtisolation *f* межслойная изоляция
Zwischenschichtladung *f* заряд на поверхности раздела (*двух сред*)
Zwischenschichttransistor *m* транзистор с промежуточным (*базовым*) слоем (*собственной проводимости*)
Zwischenschichttriggern *n* освобождение (*носителей*) из промежуточных слоёв
Zwischenschichtverbindung *f микр.* межслойное соединение
Zwischenschichtzustände *m pl* поверхностные состояния на границе раздела двух сред *или* материалов
Zwischenschirm *m* промежуточный экран
Zwischenschritt *m* промежуточный шаг (*программы*); промежуточная операция
Zwischensschwingungen *f pl* биения
Zwischensender *m* ретрансляционный передатчик
Zwischensenderbetrieb *m* ретрансляция
Zwischensockel *m* переходная (ламповая) панель
Zwischenspeicher *n*, **Zwischenspeichereinrichtung** *f* буферное [промежуточное] ЗУ; буферная [промежуточная] память
Zwischenspeicherregister *n см.* **Zwischenregister**
Zwischenspeicherzelle *f* ячейка промежуточного ЗУ; ячейка промежуточной памяти
Zwischensprache *f прогр.* язык-посредник
Zwischensprung *m вчт* промежуточный переход
Zwischenstation *f* **1.** промежуточная радиорелейная станция **2.** промежуточная станция
Zwischenstationsstörungen *f pl* межстанционные помехи
Zwischenstecker *m* переходное устройство; переходный соединитель
Zwischenstelle *f свз* промежуточная станция
Zwischenstellumschalter *m* коммутатор для внутренней связи
Zwischenstopp *m* прерывание (*работы программы*); останов (*программы*)
Zwischenstoppschalter *m* переключатель прерывания; переключатель (контрольного) останова
Zwischenstörstellenrekombination *f фтт, пп* межпримесная рекомбинация

Zwischenstück *n* **1.** переходный патрон **2.** адаптер
Zwischenstufe *f* промежуточный каскад
Zwischenstufenkopplung *f* межкаскадная связь
Zwischentalstreuung *f пп* междолинное рассеяние
Zwischentalübergang *m пп* междолинный переход
Zwischenträger *m* **1.** поднесущая (частота) **2.** *тлг* трансляционное реле **3.** *микр.* выводная рамка
Zwischenträgerbrücke *f* паучок (*для внешних межсоединений ИС*)
Zwischenträgerbrückenanschluß *m* паучковый вывод
Zwischenträgerfilm *m*, **Zwischenträgerfolienband** *n* ленточный носитель (*напр. на полиимидной плёнке*)
Zwischenträgerfrequenz *f* поднесущая частота
Zwischenträgerstruktur *f* структура [конструкция] ленточного носителя (*напр. паучковая структура*)
Zwischenverbindungen *f pl* **1.** (внешние) межсоединения **2.** разводка
Zwischenverbindungsmuster *n* рисунок межсоединений
~, **programmiertes** программируемый рисунок межсоединений
Zwischenverstärkerstation *f* промежуточная радиорелейная станция
Zwischenwähler *m* промежуточный искатель
Zwischenwandler *m* промежуточный измерительный трансформатор
Zwischenzeicheninterferenz *f* межсимвольная интерференция
Zwischenzeichenstrom *m тлг* ток паузы
Zwischenzeichenwelle *f тлг* волна паузы
Zwischenzeilenabtastung *f* чересстрочная развёртка
Zwischenzeilenflimmern *n* межстрочное мерцание
Zwischenzeilenraster *m тлв* чересстрочный растр
Zwischenzeilenverfahren *n*, **sequentielles** *тлв* чересстрочная развёртка (*с кратностью 2*)
Zwischenzeit *f* интервал времени
Zwischenzentrale *f свз* промежуточная станция
Zwischenzonenübergang *m* межзонный переход
Zwischenzustand *m* промежуточное состояние
Zwitscherstörung *f* помехи в виде шороха
Zwitterion *n* амфотерный ион, амфион
Zwitterstecker *m*, **Zwittersteckverbinder** *m* гибрид (*электрического соединителя*)
Zyklenschachtelung *f* чередование циклов
Zyklenzähler *m* счётчик циклов
zyklisch циклический, периодический
Zyklogramm *n* циклограмма
Zykloidenbahn *f* циклоидная траектория, циклоида
Zykloidenbewegung *f* циклоидальное движение
Zyklotron *n* циклотрон
Zyklotronfrequenz *f* циклотронная частота
Zyklotronmaser *m* мазер на циклотронном резонансе
Zyklotronresonanz *f* циклотронный резонанс

Zyklotronwelle *f* циклотронная волна
Zyklotronwellenröhre *f* СВЧ-прибор на циклотронной волне
Zyklus *m* цикл; период
~, **geschlossener** замкнутый цикл
~, **offener** открытый [разомкнутый] цикл
~, **stetiger** непрерывный цикл
Zykluslänge *f* длительность цикла
Zyklussteuerung *f* управление циклом
Zykluszähler *m* счётчик циклов
Zykluszeit *f* время [длительность] цикла
Zylinderdipol *m* цилиндрический симметричный вибратор
Zylinderfunktion *f* цилиндрическая функция, функция Бесселя
Zylinderfunkwelle *f* цилиндрическая радиоволна

Zylindergehäuse *n* цилиндрический корпус; стакан
Zylinderhuttyp *m* тип цилиндрического колпачка (*корпуса транзистора*)
Zylinderkontakt *m* цилиндрический контакт
Zylinderlinsenraster *m* растр из цилиндрических линз
Zylinderparabolantenne *f* параболоцилиндрическая (зеркальная) антенна
Zylinderreflektor *m* цилиндрический отражатель
Zylinderresonator *m* цилиндрический резонатор
Zylinderspiegel *m* цилиндрический отражатель, цилиндрическое зеркало
Zylindersymmetrie *f* осевая [аксиальная] симметрия
Zylinderwelle *f* цилиндрическая волна
Zylinderwiderstand *m* трубчатый резистор

СОКРАЩЕНИЯ, ПРИНЯТЫЕ В СПЕЦИАЛЬНОЙ ЛИТЕРАТУРЕ

A [коэффициент передачи (четырёхполюсника)
A [Abfrage] **1.** *вчт, рлк* запрос **2.** *вчт* опрос; считывание (*данных*) **3.** *тлф* вызов **4.** *тлф* опрос, запрос
A [Absperrorgan] блокирующее устройство
A [Ampere] ампер, А
A [Amplitude] амплитуда
A [Anode] анод
A [Antenne] антенна
A [Attenuation] затухание; ослабление
A [Ausgabe] вывод; выдача (*данных*)
A [Ausgang] **1.** выход **2.** вывод (данных) **3.** выходное устройство **4.** выходной сигнал **5.** выходные данные
A [Auswahlprüfung] выборочный контроль
Å [Ångström] ангстрем, Å
AAC [automatic amplitude control] автоматическая регулировка амплитуды
AAE [automatische Anrufbeantwortungseinrichtung] **1.** *тлф* автоматическое ответное устройство **2.** *рлк* автоматический ответчик
A.A.G. [Antennenanpassungsgerät] антенное согласующее устройство
Ab [Abflacher, Abflachschaltung] сглаживающая схема, сглаживающий контур
AB [Amplitudenbegrenzer] амплитудный ограничитель
AB [Anodenbatterie] анодная батарея
AB [aussetzender Betrieb] прерывистый режим (работы)
Abb [Abbildung] **1.** изображение; отображение **2.** *мат.* отображение; преобразование **3.** проекция **4.** рисунок; фигура **5.** отпечаток; копия
abc [automatic bass compensation] автоматическая регулировка уровня низких частот (*при воспроизведении звука*)
ABC [automatic bias control] автоматическая регулировка смещения
abc [automatic brightness control] автоматическая регулировка яркости, АРЯ
ABC [American Broadcasting Corporation] Американская радиовещательная корпорация, Эй-би-си
ABD [alloy bulk diffused] сплавной объёмно-диффузионный
A bdy [anaglyphic by delay] формирование анаглифов задержкой (*изображения относительно исходного*)

ABF [Abfühlen] **1.** *вчт* считывание **2.** *рлк* зондирование **3.** обнаружение (*маркерных меток*); ощупывание
Abl. [Ableitung] **1.** вывод; отвод **2.** постоянная линии **3.** снижение (*антенны*) **4.** утечка **5.** отбор (*напр. энергии*) **6.** *мат.* производная **7.** вывод (*формулы*)
ABS [Anodenbasisschaltung] схема с общим анодом
ABSIE [American Broadcasting Station In Europe] Американская широковещательная станция в Европе
ABU [Asian Broadcasting Union] Азиатский радиовещательный союз
ABW [Abwickler] *зап.* подающий узел
ac [alternating current] переменный ток
ac [antenna current] ток антенны
ac [anti-clutter] подавитель помех
AC [adaptive control] адаптивное регулирование
AC [accumulator] аккумулятор
AC [alternating current] переменный ток
ACC [adaptive control with constraints] адаптивное регулирование с удержанием в заданных пределах
ACC [automatic chrominance control] *тлв* автоматическая регулировка усиления сигнала цветности
ACD [automatic call distribution] автоматическое распределение вызовов
ACE [automatic computing engine] автоматическая ВМ, АВМ
ACO [adaptiv control with optimization] адаптивное оптимальное регулирование
ACR [aerodrome control radar] аэродромная РЛС управления воздушным движением
ACT [asymmetric crystal topography] асимметричная топография кристалла
AD [Ablaufdiagramm] **1.** блок-схема (программы) **2.** схема последовательности операций
AD [alloy-diffused] диффузионно-сплавной
A/D [Analog-Digital] аналого-цифровой
ADA [Allgemeine Dienstanweisung] общие указания по эксплуатации
ADC [analog-digital-converter] аналого-цифровой преобразователь, АЦП
ADE [Anschlußeinheit für Datenerfassung und

-ausgabe] терминал для сбора и передачи данных
adf, ADF [automatic direction finder] автоматический радиопеленгатор; радиокомпас
adj. [adjustment] настройка
ADL [artificial delay line] искусственная линия задержки
ADM [adaptive Deltamodulation] адаптивная дельта-модуляция, АДМ
ADN [Allgemeiner Deutscher Nachrichtendienst] телеграфное агентство АДН (*ГДР*)
ADP [automatic data processing] автоматическая обработка данных
ADPCM [adaptive differential pulse-code modulation] адаптивная дифференциальная импульсно-кодовая модуляция, АДИКМ
ADPS [automatic data processing system] система автоматической обработки данных
ADPT [Adapter] 1. переходное устройство; устройство сопряжения, адаптер 2. *зап. проф.* адаптер
ADR, adrs [Adresse] адрес
ADRU [address unit] адресное устройство
ADU [Analog-Digital-Umsetzer] аналого-цифровой преобразователь, АЦП
ADV [automatische Datenverarbeitung] автоматическая обработка данных
AE [Abfrageeinheit] 1. *рлк* блок запросчика, запросчик 2. *вчт* опрашивающее устройство; устройство считывания (*данных*) 3. устройство ввода запросов
AE [Ablenkeinheit] 1. отклоняющая система, ОС 2. блок развёртки
AE [Analogeingabe] аналоговый ввод, ввод аналоговых данных
AE [Anpassungseinheit] согласующее устройство; сопрягающее устройство, адаптер
AE [Anrufeinheit] 1. *тлф* абонентский комплект на станции 2. устройство запроса; устройство опроса
AE [Anschlußeinheit] 1. подключаемый (сменный) блок 2. блок подключения (*к системе*) 3. *вчт* согласующее устройство; интерфейс
ÅE [Ångström] ангстрем, Å
AEE [elektronische Analogeingabe] электронный ввод (данных) в аналоговой форме
AEG [Allgemeine Elektrizitätsgesellschaft] Всеобщее электротехническое общество, АЭГ
aer. [aerial] антенна
AER [automatischer Einfachrepeater] автоматический однопозиционный повторитель
AES [Audio Engineering Society] Общество инженеров и акустиков
AES [Auger electron spectroscopy] электронная оже-спектроскопия
af, AF [Audiofrequenz] звуковая частота
AFA [audio-frequency amplifier] усилитель низкой частоты, УНЧ
AFA [automatische Frequenzabstimmung] автоматическая подстройка частоты, АПЧ
afc, AFc [automatic frequency control] автоматическая регулировка частоты, АРЧ
AFF [Amt für Fernnetze] станция дальней связи
AFF [Ansteuerungsfunkfeuer] приводной радиомаяк

AFG [Amplitudenfrequenzgang] амплитудно-частотная характеристика
AFN [Anzeigegerät für Funknavigation] радионавигационный индикаторный прибор
AFN [automatische Frequenznachstimmung] автоматическая подстройка частоты, АПЧ
AFR [automatische Frequenzregelung] автоматическая регулировка частоты, АРЧ
AfS [Amt für Standardisierung] Комитет по стандартизации (*ГДР*)
AFS [automatisierte Fertigungssteuerung] автоматизированное управление производством
AFW [Amt für Wellenausbreitung] служба (*прогнозов*) распространения радиоволн
AFZ [Auffassungszone] *рлк* зона обнаружения
agc, AGC [automatic gain control] автоматическая регулировка усиления, АРУ
AGCA [automatic ground control approach] автоматизированная радиолокационная система посадки по командам с Земли
AGS [automatic gain stabilization] автоматическая регулировка усиления, АРУ
AGV [Ausgabeverteiler] мультиплексор вывода
AGW [Auslandsgruppenwähler] групповой селектор международной связи
ah [ampere-hour] ампер-час, А·ч
AHD [audio high density] звукозапись высокой плотности
AI [artificial intelligence] искусственный интеллект
AIEE [American Institute of Electrical Engineers] Американский институт электроинженеров
AIM [avalanche induced migration] лавинно-индуцированная миграция
AIRE [American Institute of Radio Engineers] Американский институт радиоинженеров
A-ISA [analoge integrierte Schaltung] аналоговая интегральная схема, аналоговая ИС
AIV [automatisierte Informationsverarbeitung] автоматизированная обработка информации
AIVS [automatische Informationsverarbeitungssystem] автоматическая система обработки информации
AK [Absorptionskoeffizient] коэффициент поглощения
A—K [Anode—Katode] анод—катод
AKD [Autokorrelationsdetektor] автокорреляционный детектор
Akk., AKK [Akkumulator] аккумулятор
AKM [Adreßkodemodulation] адресно-кодовая модуляция
AKS [amplitude key shifting] амплитудная манипуляция
AL [Anruflampe] лампа вызова
AL [Anschlußleitung] 1. соединительная линия 2. абонентская линия
ALE [Arithmetik-Logik-Einheit] арифметико-логическое устройство, АЛУ
ALI [Autofahrer-Leit- und Informationssystem] автоматизированная система информирования водителей (*о направлении следования и особых условиях движения*)
ALR [automatische Lautstärkeregelung] автоматическая регулировка громкости, АРГ

ALS

ALS [adaptive logische Schaltung] адаптивная логическая схема
ALU [arithmetic logic unit] арифметико-логическое устройство, АЛУ
AM [Amperemeter] амперметр
AM [Amplitudenmodulation] амплитудная модуляция
AMB [Allgemeine Montagebedingungen] Общие правила монтажа (*СЭВ*)
AMCCD [accumulation-mode charge-coupled device] ПЗС, работающие в режиме накопления
AMOSFET [anodized metal-oxide-semiconductor field-effect transistor] полевой МОП-транзистор с анодированной диэлектрической защитой
amp., Amp [Ampere] ампер, А
amp, AMP [amplifier] усилитель
AM 1 Sb [Einseitenband-Amplitudenmodulation] однополосная амплитудная модуляция
AM 2 Sb [Zweiseitenband-Amplitudenmodulation] двухполосная амплитудная модуляция
AMUX [Adreßmultiplexer] адресный мультиплексор
AM-WT [amplitudenmodulierte Wechselstromtelegrafie] тональное телеграфирование с амплитудной модуляцией
AN [Anpassungsnetzwerk] согласующая цепь
ANA [automatic network analyzer] автоматический анализатор цепей
ANG [Alles-oder-nichts-Gesetz] закон «всё или ничего»
ANL [automatic noise limiter] автоматический ограничитель шумов
ANS [American National Standards] Американские национальные стандарты
ANSI [American National Standards Institute] Американский национальный институт стандартов
AnT [Anlaßtaste] пусковая кнопка; вызывной ключ
Ant. [Antenne] антенна
Ant. fein [Antennenfeinstellung] точная настройка антенны
Ant. grob [Antennengrobeinstellung] грубая настройка антенны
Anz. [Anzeiger] **1.** индикаторное устройство; индикатор; дисплей **2.** отметчик **3.** указатель, курсор
AO [Akustooptik] акустооптика
A.O. [A-operator] А-телефонистка
AOC [automatic overload control] автоматическое устройство защиты от перегрузок
AOW [akustische Oberflächenwellen] поверхностные акустические волны, ПАВ
APC [adaptive prediction coding] кодирование с адаптивным предсказанием
apc, APC [automatic phase control] автоматическая подстройка фазы, АПФ
APD [avalanche photodiode] лавинный фотодиод
APLD [auto programm locate device] устройство автоматического поиска фрагмента записи (*на ленте*)
App [Apparat] аппарат; прибор; устройство
APPS [auto programm pause system] устройство автоматического подсчёта интервалов между фрагментами записи (*на ленте*)
APS [arc plasma spray] плазменное дуговое распыление
APS [automatisierte Produktionssteuerung] автоматизированное управление производством
APSA [advanced polysilicon self-aligned] усовершенствованная технология МОП ИС с самосовмещёнными поликремниевыми затворами
APT [automatically programmed tool] станок с автоматическим программным управлением
APT [automatic picture transmission] автоматическая передача изображений
APZ [automatischer Peilzusatz] автоматическая пеленгаторная приставка
ar [Arbeits-Ruhekontakt] группа из замыкающего и размыкающего контактов
ar [arrester] грозозащита
AR [Abstimmanzeigeröhre] электронно-световой индикатор (настройки)
AR [Adressenregister] адресный регистр
AR [amateur radio] радиолюбительская станция
AR [Analogrechner] аналоговая ВМ, АВМ
AR [automatische Regelung] автоматическое регулирование
ARBD [Allgemeiner Radio-Bund Deutschlands] Всегерманский радиосоюз (*ФРГ*)
ARD [Arbeitsgemeinschaft der öffentlich-rechtlichen Rundfunkanstalten der Bundesrepublik Deutschland] Ассоциация радиовещательных организаций ФРГ
ARDIS [Automatisches Recherche-, Dokumentations- und Informationssystem] автоматизированная система сбора и обработки документальной информации (*Чехословакия*)
ARFF [Allrichtungsfunkfeuer] всенаправленный радиомаяк
ARI [Automatic Radio Information] служба автоматической радиоинформации (*для управления дорожным движением, США*)
AROM [alterable read only memory] перепрограммируемое постоянное ЗУ, перепрограммируемое ПЗУ
ARP [avalanche resonance pumped] лавинно-резонансная накачка
ARQ [automatic request on repeat] автоматический запрос на повторение
ARU [audio-response unit] устройство речевого ответа
ARU [automatic range unit] автоматический указатель дальности
AS [Anflugführungssender] приводной радиомаяк
AS [Anrufsucher] искатель вызовов, ИВ
AS [Anschlußsteuereinheit] блок управления включением
AS [Arbeitsspeicher] оперативное запоминающее устройство, ОЗУ; оперативная память
AS [Assoziativspeicher] ассоциативное ЗУ, АЗУ; ассоциативная память
AS [Ausschalter] выключатель
ASA [American Standards Association] Американская ассоциация стандартов

ASA [automatische Scharfabstimmung] автоматическая подстройка

asb [Apostilb] апостильб, *асб*

asb, ASB [asymmetric side-band] несимметричная боковая полоса

ASB [Assemblierung] 1. сборка; монтаж 2. *вчт* ассемблирование, компоновка

ASBC IC [advanced standard buried collector integrated circuit] улучшенные стандартные ИС со скрытыми коллекторными слоями

ASC [automatic selectivity control] автоматическая регулировка избирательности

ASC [automatic sensitivity control] автоматическая регулировка чувствительности, АРЧ

ASCII [American Standard Code for Information Interchange] Американский стандартный код для обмена информацией

ASE [Anschlußsteuereinheit] 1. блок управления включением 2. блок управления интерфейсом

ASIC [anwenderspezifischer integrierter Schaltkreis] специализированная ИС

ASKL [Anruf- und Schlußkontrollampe] контрольная лампа вызова и отбоя

ASL [Anruf- und Schlußlampe] сигнальная лампа вызова и отбоя

ASMW [Amt für Standardisierung, Meßwesen und Warenprüfung der DDR] Ведомство ГДР по стандартизации, метрологии и контролю продукции

ASP [Arbeitsspeicher] оперативное ЗУ, ОЗУ; оперативная память

ASPS [Auslands-Schalt- und Prüfstelle (*in zwischenstaatlichen TW-Netzen*)] станция коммутации и контроля международных телевизионных передач

ASR [Amplitudensignalregelung] регулировка амплитуды сигнала

assy, ASSY [assembly] 1. сборка; монтаж 2. *вчт* ассемблирование, компоновка

ASt [Abfragestöpsel] опросный штепсель

Ast [Amtsstelle] *свз* станция

A.St [Auswertestelle] 1. пункт обработки информации 2. вычислительный центр

ASTIC [anti-sidetone induction] подавление обратного звукового излучения акустической группы (громкоговорителей)

AstM [Aussteuerungsmesser] 1. измеритель коэффициента (амплитудной) модуляции 2. измеритель перегрузки

ASW [acoustic surface wave] поверхностная акустическая волна, ПАВ

ASW [all-seems-well] (контрольный сигнал) «всё в порядке» (*на линии связи*)

ASW [Auswahl] 1. селекция 2. *вчт* выборка, выбор 3. *мат.* выборочная совокупность, выборка 4. *тлф* искание

At, AT [Antenne] антенна

AT [Abfragetaste] клавиша опроса

AT [Anruftaste] вызывная клавиша; вызывной ключ

AT [Aufschaltetaste] клавиша включения

AT [Auslösetaste] 1. пусковая клавиша 2. *тлф* ключ отбоя

ATC [address translation chip] кристалл *или* ИС трансляции адреса

ATC [automatic threshold control] автоматическая регулировка порога (срабатывания)

ATC [automatic tone correction] автоматическая регулировка тона, автоматический тонконтроль

ATD [Amplitudentoleranzdetektor] обнаружитель отклонений амплитуд (от номинальных значений)

ATM [aerial turning motor] двигатель привода качания антенны

ATM [Archiv für Technisches Messen und industrielle Meßtechnik] Архив технических измерений и промышленной измерительной техники

ATO [Antimon Tix Oxide] антимонид окиси олова

ATS [automatic test system] автоматическая контрольно-испытательная система

ATTD [avalanche transit-time diode] лавинно-пролётный диод

ATTN [attenuation] затухание; ослабление

atu [Atmosphärenunterdruck] пониженное давление; разрежение

ATZ [automatische Telefonzentrale] автоматическая (центральная) телефонная станция, АТС

au [Arbeitsumschaltekontakt] группа из замыкающего и переключающего контактов

AU [Ausgangsübertrager] выходной трансформатор

AÜ [Anpassungsübertrager] согласующий трансформатор

AufT [Aufschaltetaste] клавиша включения

aut, AUT [automatisch] автоматический

AUTODIN [automatic digital network] автоматическая сеть цифровой связи

AUTOPLOT [automatic plotter] автоматический графопостроитель

AUX [auxiliary] дополнительный

AV [Antennenverstärker] антенный усилитель

AV [audio-visual] звуковизуальный, аудиовизуальный

avc, AVC [automatic volume control] автоматический регулятор громкости, АРГ

ave, AVE [automatic volume expansion] экспандирование, автоматическое расширение динамического диапазона

avionics, AVIONICS [aviation electronics] авионика, авиационная электроника

AVR [automatic voltage regulator] автоматический регулятор напряжения

AVR [automatische Verstärkungsregelung] автоматическая регулировка усиления, АРУ

AVR [auto voltage regulator] автотрансформатор

AW [Anpassungsnetzwerk] согласующая цепь

A/W [Aufnahme/Wiedergabe] запись — воспроизведение

AWE [automatische Wiedereinschaltung] автоматическое повторное включение, АПВ

AWGN [additive white Gaussian noise] аддитивный белый гауссов шум

AWL [Auswahllogik] логика выбора (*решений*)

AZ [Azimut] азимут

azs, AZS [automatic zero set] автоматическая установка нуля

b, B

b, B [Bel] бел, Б
B [Band] 1. диапазон (частот) 2. полоса (частот) 3. зона (энергетических уровней) 4. зап. лента
B [Bandbreite] 1. ширина полосы (частот) 2. ширина ленты
B [Bandeisenbewehrung] стальная ленточная броня (*кабеля*)
B [Basis] 1. база (*транзистора*) 2. основание; базис
B [Baud] *тлг* бод
B [Bit] двоичный разряд; бит
B [blauer Farbanteil] *тлв* синее цветоделённое изображение
B [Blindleitwert] реактивная проводимость
B [Byte] *вчт* байт
B [magnetische Induktion] магнитная индукция, B
BABS [blind approach beacon system] система радиолокационных маяков для посадки по приборам
BACE [basic automatic checkout equipment] основная аппаратура автоматической проверки
Bafesa [Bahnfernschreibselbstanschlußanlage] автоматическая поездная телетайпная установка
BAL [Bildaustastlücke] пробел в видеосигнале полей, полевой пробел
balun [balance-to-unbalance (transformer)] четвертьволновый согласующий трансформатор
BARITT [barrier injection transit time] инжекционно-пролётный режим работы
BAS [Bildaustastsynchronsignal] полный телевизионный сигнал
Basa [Bahnselbstanschlußanlage] железнодорожная автоматическая телефонная станция
BASP [Bild-Austast-Synchronsignal mit Prüfzeile] полный телевизионный сигнал с испытательной строкой
BAW [bilk-acoustic wave] объёмная акустическая волна
BB [Blockbasisschaltung] схема с общей базой, схема ОБ
BB [Breitband] широкая полоса (частот)
BBC [British Broadcasting Corporation] Британская радиовещательная корпорация, Би-би-си
BBD [Bucket Brigade Device] ПЗС «пожарная цепочка»
BBD [bulk-barrier diode] диод с внутренним униполярным барьером, ВУБ-диод
BBS [Basisbetriebssystem] основная операционная система
BC обозначение для радиовещательных станций
BC [Binärkode] двоичный код
BC [buried channel] скрытый [углублённый] канал
BC [buried collector] коллектор со скрытым слоем
BCCD [bulk charge coupled device] прибор с объёмной зарядовой связью, ПЗС с переносом зарядов в углублённом слое
BCD [binary coded decimal] двоично-кодированная десятичная цифра

BIC

BCF обозначение для радиовещательных станций с ЧМ
BCI [binary coded information] двоично-кодированная информация
BCL [base coupled logic] логические схемы с базовыми связями
BCMOS [buried channel MOS] МОП-структура со скрытым каналом
BCS [buried channel structure] структура со скрытым каналом
Bd [Band] 1. диапазон (частот) 2. полоса (частот) 3. зона (энергетических уровней), энергетическая зона 4. зап. лента
Bd [Bandgerät] 1. магнитофон 2. видеомагнитофон
Bd [Baud] бод (*единица скорости передачи информации*)
BD [binärer Dekoder] двоичный декодер
BD [Bitdichte] плотность записи *или* передачи информации в битах
BD [Blockdiagramm] (функциональная) блок-схема
BDI [base diffusion isolation process] изоляция методом базовой диффузии
BDI [Bundesverband der Deutschen Industrie] Федеральное объединение немецкой промышленности (*ФРГ*)
BDP [base diffusion prozess] процесс диффузии базы
BE [Bauelement] 1. (элементарный) конструктивный элемент; функциональный (схемный) элемент; компонент 2. *мат.* элемент построения 3. *крист.* элемент структуры
BE [Betriebserdung] (эксплуатационное) заземление
BE [Bildschirmeinheit] экранный дисплей
BEAMOS [beam-addressed-metal-oxide-semiconductor (memory)] МОП-ЗУ с электронно-лучевой адресной выборкой
BefZ [Befehlszähler] счётчик команд
BER [Bitfehlerrate] частота (появления) ошибок по битам
BesL [Besetztlampe] лампа занятости
BEST [base-emitter self-aligned technology] технология биполярных БИС с самосовмещёнными эмиттером и базой
Betr [Betrieb] 1. режим (работы) 2. работа 3. эксплуатация; обслуживание 4. производство; завод; фабрика
bf, BF [Bandfilter] полосовой фильтр
BF [beat-frequency] частота биений
BFL [buffered field-effect transistor logic] логические схемы с буферными полевыми транзисторами
BFO [beat frequency oscillator] генератор биений
BFR [Bit-Fehler-Rate] частота (появления) ошибок в двоичных знаках
Bg [background] фоновый
Bg [Bandgerät] 1. магнитофон 2. видеомагнитофон
BGS [Basisgrundschaltung] схема с общей базой, схема ОБ
BICAP [binary capacitor] конденсатор МОП-структуры со скачкообразно изменяющейся

ёмкостью (*в зависимости от приложенного напряжения*)

BIEE [British Institute of Electrical Engineers] Британский институт инженеров-электриков

BIFET [bipolar junction field-effect transistor] (комбинированная) технология ИС на биполярных и полевых транзисторах

BIGFET [bipolar-insulated gate field-effect-transistor] ИС на биполярных и полевых транзисторах с изолированными затворами

BIGFON (цифровая) интегральная сеть связи «Бигфон» (*ФРГ*)

BIMOS [bipolar-metal-oxide-semiconductor] (комбинированная) технология ИС на биполярных и МОП-транзисторах

BIRE [British Institute of Radio Engineers] Британский институт радиоинженеров

BISYNC, bisync [binary synchronous communications] синхронная передача двоичных данных

BITPAT [bit pattern] структура двоичного кода

Bit/S *см.* **bps**

Biwa [Bildwandler] преобразователь изображения

BK [Breitband-Kommunikation] широкополосная связь

BKA [Betriebskontrollanlage] установка (для) контроля производственных процессов

BKL [Belegungskontrollampe] сигнальная [контрольная] лампа занятости

BLIP [background-limited infrared photoconductor] фотопроводящий материал с чувствительностью в ИК-диапазоне, ограниченной фоновым излучением

BLIP [beam-lead interconnect packaging] технология монтажа ИС с балочными выводами

BM [Bandmarke] метка [маркер] ленты

BM [bistabiler Multivibrator] бистабильный мультивибратор

BMFT [Bundesministerium für Forschung und Technologie] Федеральное министерство исследований и технологии (*ФРГ*)

BMIS [bulk metal-insulator-semiconductor] объёмная МОП-структура

BMOS [back-gate metal-oxid-semiconductor] МОП-структура с нижним затвором

BMOS FET [back-gate metal-oxide-semiconductor FET] комплементарная пара полевых транзисторов МОП-структуры с нижним затвором

BMSR [Betriebs-Meß-Steuerungs- und Regelungstechnik] контрольно-измерительные приборы и автоматика, КИПиА

BN [binary number] двоичное число

BOMOS [buried oxide MOS] технология изоляции МОП ИС углублённым оксидом

BORAM [block-oriented random-access memory] блочно-ориентированное ЗУ с произвольной выборкой

BOT [beginning of tape] начало ленты, НЛ

BOTE [BOsch Funk-TExtübertragungssystem] система (передачи по радио текстовой информации) БОТЕ

BOX [buried-oxide (isolation process)] технология изоляции ИС углублённым оксидом

Bp [Bedienungspult] пульт управления

BP [Bandpaß] полосовой (пропускающий) фильтр

BP [Bezugspunkt] 1. исходная точка 2. опорная точка

BP [Bibliotheksprogramm] библиотечная программа

BPF [Bandpaßfilter] полосовой (пропускающий) фильтр

bpi [bit(s) per inch] плотность записи в битах на дюйм, (число) битов на дюйм

bps [Bits pro Sekunde] (число) битов в секунду, бит/с

BPT [bipolar transistor] биполярный транзистор

BPU [basic processing unit] центральный процессор

BR [bayerischer Rundfunk] Радиовещание Баварии (*ФРГ*)

BR [Befehlsregister] регистр команд

BR [Berliner Rundfunk] Берлинское радиовещание

BR [bulk resistance] объёмное сопротивление

BRF [Bereich Rundfunk und Fernsehen] отдел радиовещания и телевидения (*в Министерстве почты и связи ГДР*)

BRF [Berliner Rundfunk, DDR] радиовещание Берлина (*ГДР*)

BRF [Betriebslaboratorium für Rundfunk und Fernsehen (*Berlin*)] эксплуатационная лаборатория радиовещания и телевидения (*Берлин, ГДР*)

BRI [Radio Berlin International] Международное радиовещание Берлина (*ГДР*)

BS [Bandsperre] режекторный (полосовой) фильтр

BS [Basis(grund)schaltung] схема с общей базой

BS [Beobachtungsschalter] переключатель перехода в режим наблюдения

BS [Betriebssystem] операционная система

BS [Bildschirm] экран (ЭЛТ)

BS [Bildsender] (радио)передатчик сигнала изображения

BS [broadcasting station] радиовещательная станция

B/s [Bild/sekunde] кадров/секунду

BS-2 спутник BS-2 (*первый эксплуатационный японский спутник телевещания*)

BSAM [basic sequential-access method] базисный последовательный метод доступа

BSC [binary synchronous communications] двоичная синхронная передача данных

bt [Bit] бит, двоичный разряд

BT [Belegungstaste] кнопка занятости

BT [Bildschirmtext] видеотекс (*система интерактивной видеографии*)

BT [Bildtelegrafie] фототелеграфия

BT [Bildträger] 1. *тлв* несущая (частота) изображения 2. носитель (сигналов) изображения

Btx [Bildschirmtext] видеотекс (*система интерактивной видеографии*)

BU [Bandumsetzer] преобразователь спектра частот

BU [Bandumsetzung] преобразование спектра частот

BV [Bandverstärker] полосовой усилитель

BV [Bildverstärker] усилитель яркости изображения

BVS [Bildverarbeitungssystem] система обработки изображений

BW [bandwidth] ширина полосы

BZ [Besetztzeichen] сигнал занятости, сигнал «занято»

c [Anzahl von Belegungen] *тлф* число занятых линий

c [Lichtgeschwindigkeit] скорость света, *с*

c [spezifische Wärmekapazität] удельная теплоёмкость

c [Zenti...] санти (10^{-2} *часть*)

C [capacitor] конденсатор

C [Celsius] Цельсий

C [Code] код

C [collector] коллектор, К

C [Coulomb] кулон, Кл

C [Curie] кюри

C [Kapazität] ёмкость

C [Kode] код

C [Kollektor] коллектор, К

C¹ [Kapazitätsbelag] погонная ёмкость

C_k [Kopplungskapazität] ёмкость связи

CAD [computer-aided design] автоматизированное проектирование

CADIC [computer-aided design of integrated circuits] автоматизированное проектирование ИС

CAM [content addressable memory] ассоциативное ЗУ

CAM [computer-aided manufacturing] автоматизированное производство

CAMAC [computer-aided measurement and control] вычислительные средства для измерений и управления

CANTAT трансатлантический телефонный кабель, связывающий Канаду с Европой

CAO [computer-aided operating] автоматизированная работа

cap. [capacity] ёмкость

«Captain», «CAPTAIN» [Character and Pattern Telephone Access Information Network System] система «КЭПТЭН» (*система телетекста Японии*)

car. [carrier] несущая

CATT [controlled avalanche transit-time triode] управляемый лавинно-пролётный транзистор

CATT [cooled-anode transmitting tube] генераторная лампа с охлаждаемым анодом

CATV [cable television] кабельное телевидение

CATV [community antenna television] кабельное телевидение с коллективным приёмом

CAV [constant angular velocity] постоянная скорость вращения (диска)

Cb [Coulomb] кулон, Кл

CB [citizen band] диапазон частот, выделенный для персональной и служебной радиосвязи (26,965—27,405 МГц; 460—470 МГц)

CB [Kollektorbasisschaltung] схема с общим коллектором, схема ОК

CC [charge coupled] с зарядовой связью

CCCCD [conductively connected charge-coupled device] (двухфазный) ПЗС с проводящими связями

CCCL [complementary constant current logic] комплементарные логические схемы на токовых переключателях

CCCRAM [continuously charge-coupled random-access memory] ЗУ с произвольной выборкой на ПЗС

CCD [charge-coupled device] прибор с зарядовой связью, ПЗС

CCD (IT) *см.* **IT-CCD**

CCETT [Centre Commun d'Etudes de Télédiffusion et Télécommunications] Научно-Исследовательский Центр по телевидению и дальней связи (*Франция*)

CCI [charge-coupled imager] формирователь видеосигналов на ПЗС

CCIR [Comité Consultatif International des Radiocommunications] Международный консультативный комитет по радио, МККР

CCITT [Comité Consultatif International Téléphonique et Télégraphique] Международный консультативный комитет по телефонии и телеграфии, МККТТ

CCL [charge-coupled logic] логические схемы на ПЗС

CCMOS [clocked complementary metal-oxide-semiconductor (integrated circuit)] синхронизированная ИС на комплементарных МОП-транзисторах, синхронизированная КМОП ИС

CCSL [compatible current sinking logic] совместимые логические схемы с (временным) снижением тока

CCT [computer controlled teletext] телетекст с управлением от ВМ, автоматизированная система телетекста

CCTV [closed-circuit television] замкнутая телевизионная система

cd [Candela] кандела, кд

CD [Compact Disc] цифровой компакт-диск

C^2D [charge-coupled device] прибор с зарядовой связью, ПЗС

C^4D [conductively connected charge-coupled device] (двухфазный) ПЗС с проводящими связями

CDI [collector diffusion isolation] изоляция методом коллекторной диффузии

CD-I [compact disk interactive] диалоговый компакт-диск

CDIP [ceramic dual in-line package] керамический плоский корпус с двухрядным расположением выводов, керамический DIP-корпус

CDM [code-division multiplex] мультиплексная передача с кодовым уплотнением каналов

CDMA [code-division multiple access] **1.** многостанционный доступ в системах с кодовым разделением каналов **2.** одновременная работа (ответчика спутника) с несколькими земными станциями

CDROM [compact disk read-only memory] ПЗУ на компакт-диске

CED [capacitance electronic disk] видеодиск с ёмкостным воспроизведением

CEI [Commission Electrotechnique Internationale] Международная электротехническая комиссия, МЭК

CEM [channel elektron multiplier] канальный электронный умножитель

CENELEC [Comité Européen de Normalisation Electrique] Европейский комитет по стандартизации в области электротехники

CEPT [Europäische Konferenz der Verwaltungen für Post- und Fernmeldewesen] Европейская конференция управлений почтовой и дальней связи

CFL [current follower logic] логические схемы на токовых повторителях

CFSTI [Claringhouse for Federal Scientific and Technical Information] Федеральный Центр научно-технической информации (*США*)

CGI [computer-generated imagery] формирование машинных изображений

Char/S [characters/second] знаков в секунду

CHAS [chip assembler] программа размещения элементов на кристалле

CHEMFET [chemical FET] химический полевой транзистор, химсенсор

CHIL [current hogging injection logie] инжекционные логические схемы с перехватом тока

CHL [current-hogging logic] логические схемы с перехватом тока

CID [charge-image device] формирователь (сигналов) изображений, формирователь видеосигналов

CID [charge-injection device] прибор с зарядовой инжекцией, ПЗИ

CIE [Commission Internationale de l'Eclairage] Международная комиссия по освещению, МКО

CIL [current injection logic] логические схемы с токовой инжекцией

CIR [Comité International de la Radioélectricité] Международный радиотехнический комитет

CIRA [Comité International Radio-Aéronautique] Международный комитет по радиоаэронавтике

CIRM [Comité International Radio Maritime] Международный комитет по морской радиосвязи

CISPR [Comité International Special des Pertubations Radioelectriques] Международный (специальный) комитет по радиопомехам

C²L [charge-coupled logic] логические схемы на ПЗС

C³L [complementary constant current logic] комплементарные логические схемы на токовых переключателях

CLK [clock] **1.** тактовые *или* синхронизирующие импульсы **2.** таймер

CLV [constant linear velocity] постоянная линейная скорость

CM [Codemodulation] кодово-импульсная модуляция, КИМ

C-MAC [conventional MAC] (обычная) система МАК

CMIS [complementary metal-insulator-semiconductor] комплементарная МДП-структура

CML [current-merget logik] логические схемы с инжекционным питанием

CML [current-mode logic] логические схемы на переключателях тока

CMOS [complementary metal-oxide-semiconductor] комплементарная МОП-структура, КМОП-структура

C²MOS *см.* **CCMOS**

CMOS-SOS [complementary metal-oxide-semiconductor silicon on saphire] КМОП-структура, типа «кремний на сапфире»

CMR [common mode rejection] ослабление синфазного сигнала

CMTT [Commission Mixte pour les Transmissions Télévisuelles et Sonores] Объединённая комиссия МККР и МККТТ по вопросам передачи телеизображения и звука на большие расстояния

CNC [computer numerical control] числовое программное управление (*станками*), ЧПУ

CNR [carrier-to-noise ratio] отношение несущая — шум на частоте несущей

COBOL [common business oriented language] КОБОЛ (*язык, ориентированный на коммерческие задачи*)

CODAN [carrier-operated device, antinoise] устройство подавления помех, управляемое несущей (*в канале несущей частоты*)

codec [coder-decoder] кодекс, кодер — декодер

COM [computer output microfilm] машинный микрофильм

COM [computer output microfilmer] выходное микрофильмирующее устройство ВМ

COMFET [conductivity-modulated field effekt transistor] полевой транзистор с модуляцией проводимости

COMSAT [Communication Satellite Corporation] корпорация связных спутников, КОМСАТ

CONSOL система морской радионавигации КОНСОЛ [ЗОННЕ]

COS/MOS [complementary symmetry metal-oxide-semiconductor] комплементарная МОП-структура, КМОП-структура

CP [Anruf an mehrere Funkstellen] сигнал вызова нескольких радиостанций

CPF [Comité Provisoire des Fréquences] Временная комиссия по распределению частот

CPILS [correlation protected Instrumentenlandesystem] система посадки по приборам с корреляционной защитой

cpm [counts per minute] число операций (*счёта*) в минуту

CPM [command processor module] модуль обработки команд

cps [cycles per second] период в секунду, герц, Гц

CPS [cathode potential stabilization] стабилизация потенциала катода

CPU [central processor unit] центральный процессор

CQ сигнал (телеграфного) вызова (*в радиолюбительской связи*)

CQ [allgemeiner Anruf, Anruf an alle] общий вызов, вызов всех станций *или* всех абонентов

CR [cathode ray] электронный луч

C³RAM [continuously charge-coupled random-access memory] ЗУ с произвольной выборкой на ПЗС

CRC [cyclic redundancy check] циклический контроль по избыточности
CRO [catode-ray oscilloscope] электронно-лучевой осциллограф
CRPL [Central Radio Propagation Laboratory] Центральная лаборатория по изучению распространения радиоволн (*США*)
CRT [cathode-ray tube] электронно-лучевая трубка, ЭЛТ
CS [control section] устройство управления
CS [control storage] управляющее ЗУ
CSJFET [charge-storage junction field-effect transistor] накопитель на полевых транзисторах с *p—n*-переходом
CSL [current-sinking logik] логические схемы с (временным) снижением тока
CSSB [compatible single side band transmission] совместимая система передачи с одной боковой полосой
CTC [conditional transfer of control] условная передача управления; условный переход
CTD [charge-transport device] прибор с переносом заряда, ППЗ
CTL [Complementär-Transistor-Logik] комплементарная транзисторная логика
CT²L, CTTL [complementary transistor-transistor logic] комплементарная транзисторно-транзисторная логика
CTV [cable television] кабельное телевидение
CUJT [complementary unijunction transistors] комплементарные однопереходные транзисторы
CV [constant voltage] 1. неизменное постоянное напряжение 2. стабилизированное напряжение
CDV [chemical vapor deposition] химическое осаждение из паровой фазы
CW [code word] кодовое слово
CW [continuous wave] 1. незатухающая гармоническая волна 2. непрерывное излучение
CWT [carrier-wave telegraphy] высокочастотная телеграфия, телеграфия на несущей частоте
ČZ [Čzochralski] метод Чохральского
D электрическое смещение
D [Dämpfungszahl] 1. коэффициент затухания 2. коэффициент (звуко)поглощения
D [Daten] 1. данные 2. технические данные; параметры
D [Deklination] склонение (*магнитное*)
D [Dichte] 1. плотность; концентрация 2. проницаемость; герметичность
D [Diode] диод
D [Drahtanschluß] 1. проволочный вывод 2. подключение провода
D [Drahtfunk] проводная радиотрансляция
D [drain] сток (*полевого транзистора*)
D [Durchgriff] проницаемость (*лампы*)
D [Durchmesser] диаметр
D [magnetische Mißweisung] магнитное склонение
2D двухмерный
3D трёхмерный
DA [design automation] автоматизация проектирования
DA [Dienstanruf] *тлф* служебный вызов

DA [Digitalausgabe] 1. вывод цифровых данных 2. цифровой выход
DA [Doppelader] парная жила, кабельная пара
D/A, D-A- [Digital-Analog-] цифроаналоговый
DAB [Dauerbetrieb mit aussetzender Belastung] продолжительный режим работы с повторно-кратковременной *или* с прерывистой нагрузкой
DABA [Datenbank] банк данных
DAC [digital-to-analog conversion] цифроаналоговое преобразование
DAC [digital-to-analog converter] цифроаналоговый преобразователь
DAD [dynamische Digitalausgabe] динамический цифровой вывод (данных)
DAF u Stö MD [Dienstanweisung für den Funkstörungs-Meßdienst] служебная инструкция по измерению радиопомех
DAGA [Deutsche Arbeitsgemeinschaft für Akustik] Немецкое общество акустики (*ГДР*)
DAK [Datenausgabekanal] канал вывода данных
DAL [Dienstanruflampe] сигнальная лампа служебного вызова
DAL [Drahtfunk-Anschlußleitung] абонентская линия (сети) проводного радиовещания
DAP [diffused-alloy-power (*transistor*)] мощный диффузионно-сплавной (*транзистор*)
DARC [deutscher Amateur-Radio-Club] клуб немецких радиолюбителей (*ГДР*)
DAS [Analogdaten-Wandlungssystem] система преобразования аналоговых данных
DAS [Datenausgabesteuerung] управление выводом данных
DAS [statische Digitalausgabe] статический цифровой вывод (данных)
DASD [direct access storage device] ЗУ с прямым доступом
DaT [Dienstabfragetaste] клавиша служебного опроса
DAU [Digital-Analog-Umsetzer] цифроаналоговый преобразователь, ЦАП
DAVC [delayed automatic volume control] задержанная автоматическая регулировка громкости
DAW [Digital-Analog-Wandler] цифроаналоговый преобразователь, ЦАП
dB [Dezibel] децибел, дБ
DB [Dauerbetrieb] непрерывный режим
DB [diffused-base] диффузионная база
DB [Durchlaßbereich] 1. полоса пропускания (*фильтра*) 2. *пп* область пропускания
D²B [domestic digital bus] цифровая абонентская шина
dba [db above] величина (*напр. помех*) в децибелах относительно (*напр. заданного*) уровня
DBC [dynamic beam control] динамическая регулировка тока пучка (*в передающих трубках*)
DBD [double base diode] двухбазовый диод
DBP [Deutsche Bundespost] Министерство связи ФРГ
DBS [Datenbanksystem] система в виде банка данных
DBS [direct broadcasting by satellite] непосредственное спутниковое вещание

DBS [direct broadcasting satellit] спутник для непосредственного телевизионного вещания
dbv [dB bezogen auf 1V] величина (*напр. помех*) в децибелах относительно уровня 1В
dbw [dB bezogen auf 1W] величина в децибелах относительно уровня 1Вт
dc, DC [direct current] постоянный ток
DCB [data control block] блок управления данными
DCCD [digital charge-coupled device] цифровой ПЗС
DCCL [direct charge-coupled logic] логические схемы с непосредственной зарядовой связью
DCE [data communication equipment] аппаратура передачи данных, АПД
DCT [discrete consine transformation] дискретное косинусное преобразование
DCTL [direct-coupled transistor logic] транзисторные логические схемы с непосредственными связями, ТЛНС
DCT²L, DCTTL [direct-coupled transistor-transistor logic] транзисторно-транзисторные логические схемы с непосредственными связями
DD [data definition] определение данных; описание данных
DD [Dickendehnungsschwinger] вибратор с колебаниями изгиба по толщине
DD [digital display] 1. цифровой дисплей 2. цифровой индикатор
DD [Dynamikdehner] расширитель динамического диапазона
DDA [Digital-Differential-Analysator] цифровой дифференциальный анализатор, ЦДА
DDC [direkte digitale controll] прямое числовое управление, ПЧУ
DDC [dual dielectric charg storage cell] ячейка памяти на полевом транзисторе с двумя слоями диэлектрика
DDM [differences in depth of modulation] относительная разность коэффициентов модуляции
DD/MOS [double-diffused metal-oxide-semiconductor] двухдиффузионная МОП-структура, ДМОП-структура
Dds [dual dielectric charg storage cell] ячейка памяти на полевом транзисторе
DDU, DDW [Digital-Digital-Umsetzer, Digital-Digital-Wandler] цифро-цифровой преобразователь
DE [Datenendstelle] оконечное устройство преобразования данных
DE [Datenerfassung] 1. сбор данных 2. приём [получение] данных
De [Demodulator] демодулятор
De [Detektor] 1. детектор 2. чувствительный элемент, датчик
DE [Datenelektronik] электронное устройство обработки данных
DE [Dielektrizitätskonstante] диэлектрическая проницаемость
DEA [Direkteingabe-Ausgabe] непосредственный [прямой] ввод — вывод (данных)
DECCA система «Декка» (*фазовая радионавигационная система*)

DECL [diode emitter-coupled logic] логические схемы с диодно-эмиттерными связями
DEE [Datenendeinrichtung] оконечное устройство преобразования данных
DEK [Dateneingabekanal] канал ввода данных
dem, DEM [Demodulator] демодулятор
DEPOK [Depolarisationskompensator] компенсатор деполяризации
DES [Datenerfassungsstelle] 1. пункт сбора данных 2. устройство сбора данных 3. устройство приёма данных
Det [Detektor] 1. детектор 2. чувствительный элемент, датчик
dev. [deviation] девиация, отклонение
Df [Drahtfunk] проводная радиотрансляция
DF [Deutsches Fernsehen (Erstes Programm)] Германское телевидение (первая программа) (*ФРГ*)
DF [Differenzfrequenz] 1. разностная частота 2. частота разностного (стерео)сигнала, частота сигнала
DF [direction finder] радиопеленгатор
DF [Doppelfrontverbundschwinger] составной (*кварцевый*) вибратор типа DF
DFB [distributed feedback] распределённая обратная связь
DFET [depletion-mode field-effect transistor] полевой транзистор, работающий в режиме обеднения
DFF [Deutscher Fernsehfunk] телевидение ГДР
D-FF [D-Flip-Flop] Д-триггер, триггер Д-типа
DFF [Drehfunkfeuer] радиомаяк кругового излучения
DFM [digitaler Frequenzmesser] цифровой частотомер
DFq [day frequency] дневная частота
DFR [double frequency recording] запись с удвоенной скоростью; запись с двойной частотой
DFS [Deutsches Fernmelde-Satellitensystem] германская система спутников связи (*ФРГ*)
DFS [deutscher Fernmeldesatellit] спутник связи ФРГ
DFT [Diagnosefunktionstest] диагностические функциональные испытания
DFT [diskrete Fouriertransformation] дискретное преобразование Фурье, ДПФ
DFT [distribution feedback type] распределённая обратная связь
DFT [Dünnfilmtechnik] тонкоплёночная технология
DFU, DFÜ [Datenfernübertragung] дистанционная передача данных
DFV [Datenfernverarbeitung] телеобработка данных, дистанционная обработка данных
DFVLR [Deutsche Forschungs- und Versuchsanstalt für Luft- und Raumfahrt] Федеральное управление по аэронавигации и космонавтике (*ФРГ*)
Dg [Drehfeldgeber] сельсин-датчик
DGMA [Deutsche Gesellschaft für Meßtechnik und Automatisierung] Немецкое общество измерительной техники и автоматизации (*ГДР, 1961—1973 г., затем WGMA*)

DH [double heterostructure] двойная гетероструктура

DI [double injection] двойная инжекция

diac, DIAC [diode alternating current switch] диодный переключатель переменного тока, диак

DIC [digital integrated circuit] цифровая ИС

DICE [digital intercontinental conversion equipment] цифровой преобразователь телевизионных стандартов

DIDON ДИДОН (*вариант французской системы телетекста*)

digicom [digital communication] цифровая связь

DIL [dual-in-line] с двухрядным расположением выводов

DILP [dual-in-line package] плоский корпус с двухрядным расположением выводов, ДИП-корпус, DIP-корпус

DIMOS [double-implanted MOS] МОП-структура, изготовленная методом двойной ионной имплантации

DIN [data input] входные данные

DIN [Deutsche Industrienorm] ДИН, промышленный стандарт ФРГ

DIP [dual-in-line package] плоский корпус с двухрядным расположением выводов, ДИП-корпус, DIP-корпус

DIS [diode-gun impregnated-cathode saticon] сатикон с диодным прожектором и импрегнированным катодом

D-ISA [digitale integrierte Schaltung] цифровая интегральная схема, цифровая ИС

DIV [divider] делитель

DIVOT [digital-to-voice translator] преобразователь цифрового кода в речь

DK [Dezimalklassifikation] универсальная десятичная классификация, УДК

DK [Dielektrizitätskonstante] диэлектрическая проницаемость

DKB [Dauerbetrieb mit kurzzeitiger Belastung] продолжительный режим работы с кратковременной *или* с прерывистой нагрузкой

DkG [Deutsche kinotechnische Gesellschaft] Германское кинотехническое общество (*ФРГ*)

D/L [data link] линия [канал] передачи данных

DL [Dienstleitung] служебная линия

DL [Druckliste] распечатка

Dlm [Dekalumen] декалюмен, далм

DLM [double-level metal] двухуровневая металлизация

DM [Datenmultiplexer] блок объединения [мультиплексор] данных

DM [Deltamodulation] дельта-модуляция

DMA [direct memory access] прямой доступ к памяти

DMC [digital microcircuit] цифровая ИС

DME [distance measuring equipment] дальномерная аппаратура

D-MES-FET [depletion(-mode) metal-Schottky FET] полевой транзистор с барьером Шотки, работающий в режиме обеднения

DMIS [double-diffused metal-insulator-semiconductor] МДП-структура, изготовленная методом двойной диффузии, двухдиффузионная МДП-структура, ДМОП-структура

DMNOS [double-diffused metal-nitride-oxide-semiconductor] МНОП-структура, сформированная методом двойной диффузии, двухдиффузионная МНОП-структура

DMOS [double-diffused metal-oxide-semiconductor] МОП-структура, изготовленная методом двойной диффузии, двухдиффузионная МОП-структура, ДМОП-структура

DMOST [double-diffused metal-oxide-semiconductor transistor] МОП-транзистор, изготовленный методом двойной диффузии, ДМОП-транзистор

DMPX [Demultiplex] *см.* **DMX**

DMS [Dehnungsmeßstreifen] тензорезистор; тензодатчик

DMTG [Deutsche Meßtechnische Gesellschaft] Немецкое общество измерительной техники (*ГДР*)

DMW [Dezimeterwellen] дециметровые волны, ДМВ (10—100 см)

DMX [Demultiplexer] 1. *свз* устройство (*временно́го*) разделения (*сигналов*), устройство (*временно́го*) разуплотнения (*канала*) 2. *тлв* декодирующее устройство системы цветного телевидения 3. *вчт* демультиплексор

dN [Dezineper] децинепер, дНп

DNC [direct numerical control] централизованное управление от ЭВМ

DOPOS [doped-polysilicon diffusion] диффузия из легированного поликристаллического кремния

DOR [digital optical recording] цифровая фотографическая запись

DOS [disk operating system] дисковая операционная система

DOT [domain tip propagation] продвижение плоского магнитного домена

DOTAC [Doppler-TACAN] доплеровская угломерно-дальномерная РЛС ближнего действия «ТАКАН», ДОТАК

doub. [doubler] удвоитель частоты

DOUT [data output] вывод данных

DP [data processing] обработка данных

DP [double-pole] двухполюсник

DP [Dynamikpresser] компрессор динамического диапазона

DPCM [differential pulse-code modulation] дифференциальная импульсно-кодовая модуляция, ДИКМ

DPS [data processing system] система обработки данных

Dr [Drucker] 1. печатающее устройство 2. нажимная кнопка

DR [Dänemarks Radio] Радио Дании

DR [Differentialrelais] дифференциальное реле

DR [Digitalrechner] цифровая вычислительная машина, ЦВМ

dRAM [dynamic random access memory] динамическое ЗУ с произвольной выборкой, динамическое ЗУПВ

DRAW [direct-read-after-wright] считывание непосредственно после записи

DRCS [dynamically redefinable character set] динамически выбираемый набор знаков

DRFV [Deutscher Radio- und Fernsehfachver-

DRL

band] Германское общество специалистов радио и телевидения (*ФРГ*)
DRL [Dioden-Resistor-Logik] диодно-резисторные логические схемы, диодно-резисторная логика
DRO [destructive readout] считывание с разрушением информации
DS [Dickenscherschwinger] вибратор с колебаниями сдвига по толщине
DS [Digitalsignal] цифровой сигнал
DSA [direct storage access] прямой [непосредственный] доступ к памяти
DSA [double-diffused self-aligned (process)] двухдиффузионный процесс с самосовмещением
DSB—... [double side band...] двухполосный
DSB-DVOR [double side-band doppler-vor] двухполосный доплеровский курсовой всенаправленный маяк захода на посадку (ОВЧ-диапазона)
DSend A [Drahtfunksendeamt] (радио)трансляционный узел
DSI [digital speech interpolation] статистическое уплотнение цифровых речевых каналов
DSM [dynamic scattering mode] режим динамического рассеяния
DSM [delta-sigma modulation] дельта-сигма модуляция, ДСМ
DSMX [Digitalsignalmultiplexgerät] объединитель (канальных) цифровых сигналов; уплотнитель цифровых сигналов
Dst [Dualstelle] двоичный разряд (числа)
DSU [digital storage unit] цифровое ЗУ
DT [Datenträger] носитель данных
DT [Diagnosetest] диагностический тест
DT [Dienstleistungstaste] кнопка служебной [переговорной] линии
DT [drahtlose Telegrafie] радиотелеграфия
DTF [dynamic track following] 1. схема динамического слежения (*видеомагнитофона*) 2. зап. автотрекинг
DTL [Dioden-Transistor-Logik] диодно-транзисторная логика, ДТЛ
DTLZ(D) [diode-transistor logic Zener (diode)] диодно-транзисторные логические схемы на стабилитронах
DTM [Duration (Puls-) Time Modulation] широтно-импульсная модуляция, ШИМ, модуляция по длительности импульса, ДИМ
DTTR [Digital Television Tape Recording] цифровая видеозапись на магнитную ленту
3DTV стереоскопическое телевидение
DÜ [Datenübertragung] передача данных
DUV [deep ultraviolet] дальнее ультрафиолетовое излучение
DV [Datenverarbeitung] обработка данных
d. v. [direct voltage] постоянное напряжение
DVA [Datenverarbeitungsanlage] устройство обработки данных
DVI [digital video interactive] цифровой диалоговый видеодиск
DVL [Drahtfunkverbindungsleitung] линия проводной радиотрансляции
DVM [Digitalvoltmeter] цифровой вольтметр
DVOR [Doppler-VOR] доплеровский курсовой всенаправленный радиомаяк

EA

DVS [Datenverarbeitungssystem] система обработки данных
DVTR [Digital Video-Tape-Recorder] цифровой видеомагнитофон, ЦВМФ
DVW [Dienstvorwähler] служебный предыскатель
DW [Dienstwähler] служебный искатель
DW [Drahtwiderstand] 1. проволочный резистор 2. сопротивление провода
DW [Druckwerk] печатающее устройство; печатающий механизм
DX [Duplex] дуплекс, дуплексная связь
DY [deflection yoke] отклоняющая катушка
DZTL [Dioden-Z-Dioden-Transistor Logik] логические схемы на полупроводниковых стабилитронах, диодах и транзисторах
e [Elementarladung] элементарный заряд
E [Beleuchtungsstärke] освещённость
E [Eingabe] 1. ввод; вход (*данных*) 2. подача
E [Einphasenstrom] однофазный ток
E [Eintritt] 1. вход 2. *лог.* вхождение 3. *инф.* наступление (*события*)
E [elektrische Feldstärke] напряжённость электрического поля
E [elektromotorische Kraft] электродвижущая сила, эдс
E [Emitron] эмитрон (*разновидность иконоскопа*)
E [Emitter] эмиттер
E [Empfang] приём
E [Empfänger] (радио)приёмник
E [Empfängerseite] приёмная сторона, приёмный конец (*канала связи*)
E [Energie] энергия
E [Entzerrer] корректор
E [Erde] земля; заземление
EA; E/A [Eingabe/Ausgabe] 1. ввод — вывод (данных) 2. устройство ввода — вывода (данных)
EA [elektronischer Analogrechner] электронная аналоговая ВМ
EA [Empfängerausgang] выход (радио)приёмника
EA [Empfangsamt] приёмная станция
EA [Empfangsantenne] приёмная антенна
EA [Endamt] оконечная станция
EAl [Leitaluminium] проводниковый алюминий, алюминий для проводников
EAM [Einseitenbandamplitudenmodulation] однополосная амплитудная модуляция
EAO [Eingabe-Ausgabe-Operation] операция ввода — вывода
EAROM [electrically alterable read-only memory] электрическая программируемая постоянная память; электрически программируемое ПЗУ, ЭППЗУ
EAS [Eingabe-Ausgabe-System] система ввода — вывода
E/A-SM [Eingabe/Ausgabe-Schreibmaschine] консольная [пультовая] пишущая машинка для ввода — вывода (данных)
EAU [Einankerumformer] одноякорный преобразователь
EA-UNT [Ein- und Ausgabeunterbrechung] прерывание ввода — вывода

EAW [Eingabe-Ausgabe-Werk] устройство ввода — вывода

EB [Einseitenband] боковая полоса (частот)

EB [elektronische Berichterstattung] электронная журналистика, видеожурналистика, ВЖ

EB [Emitter-Basis-Schaltung] схема с общим эмиттером, ОЭ

EBA [elektronischer Buchungsautomat] электронный бухгалтерский автомат

EBAM [electronic beam adressable memory] память или ЗУ с адресацией электронным лучом

EBCDIC [extended binary-coded decimal interchage code] расширенный двоично-десятичный код для обмена (информацией)

EBD [Empfangsbezugsdämpfung] относительное затухание при приёме

EBS [electron-bombarded semiconductor] прибор на полупроводниковом диоде с управлением электронным лучом

EBU [European Broadcasting Union] Европейский союз радиовещания

ECDC [electrochemical diffused-collector] электрохимический (транзистор) с диффузионным коллектором

ECL [emitter-coupled logic] логические схемы с эмиттерными связями, эмиттерно-связанная логика, ЭСЛ

E²CL см. **EECL**

ECMA [European Computer Manufacturer's Association] Европейская ассоциация (фирм-) изготовителей вычислительных машин

ECOC [European Conference on Optical Communication] Европейская конференция по (вопросам) оптической связи

ECS [European Communication Satellite] Европейский спутник связи

ECTL [emitter-coupled transistor logic] транзисторные логические схемы с эмиттерными связями

ECu [Leitkupfer] проводниковая медь

ED [Einschaltdauer] продолжительность включения

EDP [electronic data processing] электронная обработка данных

EDV [elektronische Datenverarbeitung] электронная обработка данных

EDVA [elektronische Datenverarbeitungsanlage] электронная ВМ для обработки данных

EDVAC [Electronic Discrete Variable Automatic Computer] электронная автоматическая ВМ с дискретными переменными, ЭДВАК

EDVM [elektronische Datenverarbeitungsmaschine] см. **EDVA**

EEA [Electronic Engineering Association] Ассоциация по электронной технике (*Великобритания*)

EECL [emitter-emitter coupled logic] логические схемы с эмиттерно-эмиттерными связями

EEG [Elektro-Enzephalogramm] электроэнцефалограмма, ЭЭГ

EEL см. **EECL**

EEM [Einzelkanalfrequenzmodulation] одноканальная частотная модуляция

EEROM [electronically erasable ROM] электронно-стираемое постоянне ЗУ, ЭСПЗУ

EF [Einfrontverbundschwinger] четвертьволновый составной вибратор

EF [Endfernamt] оконечная станция междугородной (телефонной) связи

eff [effektiv] эффективный; действительный

EFl [Endfernleitung] конечная линия междугородной (телефонной) связи

EFL [emitter-follower logic, Emitterfolgelogik] логические схемы на эмиттерных повторителях, ЭПЛ-схемы

EFM [Einzelkanalfrequenzmodulation] одноканальная частотная модуляция

EFP [Electronic Field Production] 1. внестудийное видеопроизводство, ВВП (*с записью на видеомагнитофон*) 2. внестудийное производство телевизионных программ, ВПТП

EGC [Emittergrundschaltung] схема с общим эмиттером, схема ОЭ

EGW [Endamtsgruppenwähler] групповой искатель оконечной станции

EHF [extrem hohe Frequenzen] крайне высокие частоты, КВЧ (*30—300 ГГц*)

EI [Exposure-Index] экспозиционный индекс

EIA [Electronic Industriese Association] Ассоциация предприятий электронной промышленности (*США*)

e. i. r. p. [equivalent isotropic radiated power] эквивалентная изотропно-излучаемая мощность

EIVM [elektronische Informationsverarbeitungsmaschine] см. **EDVA**

EJOBP [European Joint Optical Bistability Project] Европейская объединённая программа исследования оптической бистабильности

EKG [Elektrokardiogramm] электрокардиограмма, ЭКГ

EKO [elektronengekoppelter Oszillator] генератор с электронной связью

EL [elevation] 1. угол места 2. угол возвышения

E²L см. **EECL**

Ela [Elektroakustik] электроакустика

ELIE (цифровая) интегральная сеть связи «ЭЛИЕ» (*Канада*)

Elko [Elektrolytkondensator] оксидный конденсатор

ELS [Elektronenschalter] электронный переключатель

ELSI [Extralarge Schale Integration] 1. степень интеграции выше сверхвысокой 2. ИС со степенью интеграции выше сверхвысокой

EM [Einseitenbandmodulation] однополосная модуляция

EM [Elektromagnet] электромагнит

EM [Elektronenmikroskop] электронный микроскоп

EM [Empfangsmagnet] приёмный (электро)магнит

EM [Entfernungsmesser] дальномер

EMC [elektromagnetic compatibility] электромагнитная совместимость

E. M. E. [elektromagnetische Einheit] электромагнитная единица

EMER [elektromagnetische molekulare elektronische Resonanz] электромагнитный молекулярный электронный резонанс

EMF [Einzelkanalfrequenzmodulation] одноканальная частотная модуляция
EMG [Elektromyogramm] электромиограмма
EMG [Entfernungsmeßgerät] дальномер
EMK [elektromotorische Kraft] электродвижущая сила, эдс
Empf [Empfang] приём
Empf [Empfänger] приёмник
Empo [Empfängerpotentiometer] отрабатывающий [принимающий] потенциометр
EMR [Einchip-Mikrorechner] однокристальная микроЭВМ
EMT [Elektromeßgerät] электроизмерительный прибор
EMT [Elektromeßtechnik] электроизмерительная техника
EMV [Elektromagnetische Verträglichkeit] электромагнитная совместимость
EN [Entkopplungsnetzwerk] развязывающий контур; развязывающая цепь
Ends [Endsatz] 1. комплект оконечной аппаратуры 2. заключительный приём; заключительная серия наблюдений *или* измерений
ENG [electronic news gathering] электронная журналистика, видеожурналистика, ВЖ
ENIAK [Electronic Numerical Integrator and Automatic Calculator] электронная ВМ ЭНИАК Пенсильванского университета (*США*)
EOM [elektronenoptische Methode] электронно-оптический метод
EOS [Echtzeitoperationssystem] система, работающая в реальном (масштабе) времени
EOV [end of volume] конец тома
EP [Endpentode] оконечный пентод
EP [extended play] увеличенная длительность воспроизведения
EPIC [epitaxial passivated integrated circuit] эпитаксиальная пассивированная ИС
EPR [Einplatinenrechner] одноплатная ВМ
EPR [electron magnetic resonance] электронный парамагнитный резонанс, ЭПР
EPROM [erasable programmable ROM] стираемая программируемая постоянная память, СППЗУ
eput [events per unit time] число событий в единицу времени
ER [Elektronenrechner] электронная ВМ, ЭВМ
ER [Empfangsrelais] приёмное *или* входное реле
Erl [Erlang] эрланг (*единица измерения в системе связи*)
ERM [elektronische Rechenmaschine] электронная ВМ, ЭВМ
ERP [effektive radiated power] эффективная излучаемая мощность, ЭИМ
ES [Einschalt...] включение
ES [Einschaltdauer] продолжительность включения
ES [Elektronenstrahl] электронный луч
ES [Emitter(basis)schaltung] схема с общим эмиттером, схема ОЭ
ES [Empfangssieb] приёмный фильтр
ES [Erkennungssignal] сигнал опознавания
ESA [Echtzeitsteueralgorithmus] алгоритм управления в реальном (масштабе) времени

ESA [European Space Agency] Европейское космическое агентство
ESB [Einseitenband] боковая полоса (частот)
ESEG [Einheitssystem der Elektronik und des Gerätebaus] Единая система электроники и приборостроения (*ГДР*)
ESER [Einheitssystem elektronischer Rechner] Единая система электронных вычислительных машин, ЕС ЭВМ (*СЭВ*)
ESFI [epitaxial silicon film-on-insulator] структура типа «кремний на диэлектрике», КНД-структура
ESi [Einzelsicherung] одиночный предохранитель
e. Sk. [erhöhter Sicherheitskoeffizient] повышенный коэффициент надёжности
ESMA [Elektronenstrahlmikroanalyse] электронно-лучевой микроанализ
ESOC [European Space Operations Centre] Европейский центр космических исследований
ESp [Echosperre] эхо-заградитель, подавитель эхо-сигналов
Esprit [Europäisches strategisches Programm zur Erforschung und Entwicklung der Informationstechnologien] Европейская стратегическая программа исследования и развития информационной технологии
ESPIN [European Space Research Institute] Европейский институт космических исследований
ESRO [European Space Research Organization] Европейская организация по космическим исследованиям
ESTEC [European Space Research and Technology Centre] Европейский Центр космических исследований и технологии
E. S. U. [electrostatic unit] электростатическая единица
ET [Einschalttaste] кнопка (для) включения
ET [Eintontelegrafie] однотональная телеграфия
ET [Endtriode] оконечный триод
ET [Erreger-Transformator] трансформатор возбудителя
ETG [Elektrotechnische Gesellschaft] Электротехническое общество (*Германия, до 1945 г.*)
ETMS [Einheitliches Telemetriesystem] Единая телеметрическая система (*ГДР*)
ETR [elektronischer Tischrechner] электронная настольная счётная машина
ETSt [Endtelegrafenstelle] оконечная телеграфная станция
ETT [Eintontelegrafie] однотональная телеграфия
EU [Einankerumformer] одноякорный преобразователь
EuMC [European Micrawave Conference] Европейская конференция по (вопросам) микроволновой связи
EURATOM [European Atomic Energy Community] Европейское сообщество по атомной энергии, Евратом
eV [Elektronenvolt] электронвольт, эВ
EV [Empfangsverstärker] 1. ретрансляционный приёмник 2. усилитель (радио)приёмника
EV [Endverschluß] концевая [оконечная] муфта (*кабеля*)

EV [Endverstärker] оконечный усилитель
EVA [Elektronischer Verkehrslotse für Autofahrer] электронный лоцман для автоводителей
EVs [Endverschluß] концевая [оконечная] муфта (*кабеля*)
EW [Einweggleichrichter] однополупериодный выпрямитель
EW [Eisenwasserstoffwiderstand] железоводородный баретrer
EWM [Elektronenwellenmagnetron] электронно-волновый магнетрон
EWR [Elektronenwellenröhre] электронно-волновая лампа
EWSD [Elektronisches Wählsystem Digital] электронная цифровая система коммутации
EX-UNT [externe Unterbrechung] внешнее прерывание
EZ [Echtzeit] 1. реальное время 2. реальный масштаб времени
f [Faden] нить
f [Frequenz] частота
f [Heizfaden] нить накала
fc [Grenzfrequenz] граничная [предельная] частота
fc [kritische Frequenz] критическая частота
fo [Resonanzfrequenz] резонансная частота
F [Abtastdichte] плотность считывания (*в фототелеграфии*)
F [Farad] фарад(а), Ф
F [feindrähtig] тонкопроволочный
F [Fernhörer] телефон
F [Fernmeldewesen] дальняя связь
F [Fernsprechen] телефония
F [Filter] фильтр
F [Fläche] площадь
F [Frequenz] частота
F [Fühler] 1. чувствительный [воспринимающий] элемент; измерительный преобразователь, датчик 2. щуп, зонд
F [Lichtfluß] световой поток
F [magnetomotorische Kraft, MMK] магнитодвижущая сила, мдс
F1 [Frequenz- oder Phasenmodulation] частотная *или* фазовая модуляция в нетональной телеграфии
F2 [Frequenz- oder Phasenmodulation] частотная *или* фазовая модуляция в тональной телеграфии
F3 [Frequenz- oder Phasenmodulation] частотная *или* фазовая модуляция в телефонии
F4 [Frequenz- oder Phasenmodulation] частотная *или* фазовая модуляция в фототелеграфии
F5 [Frequenz- oder Phasenmodulation] частотная *или* фазовая модуляция в телевидении
FA [Fernmeldeamt] станция дальней связи, междугородная станция (*напр. телефонная*)
FA [Fernwirkanlage] телемеханическая установка
faa [Folge-Arbeit-Arbeitskontakt] группа замыкающих контактов последовательного действия (*в реле*)
FAG [Fernmeldeanlage] установка (дальней) связи
FAMOS [floating-gate avalanche injection metal-oxide semiconductor] лавинно-инжекционная МОП-структура с плавающим затвором
FAMOST [floating-avalanche metal oxide-silicon transistor] лавинно-инжекционный МОП-транзистор с плавающим затвором
far [Folge-Arbeit-Ruhekontakt] группа из замыкающего и размыкающего контактов последовательного действия (*в реле*)
FAR [Fernrufrelaissatz] релейный комплект дальнего вызова
FAX [Faksimilegerät] факсимильный аппарат
FAZ [Fernanrufzeichen] сигнал междугородного вызова
FB [Fernbildschreiber] 1. фототелеграфный аппарат 2. дистанционный видеодисплей
FB [Fernsteuerbetrieb] режим телеуправления
FB [Funktionsblock] функциональный блок
FBA [Farbbild-Austast] цветовой телевизионный (сигнал)
FBA [Fernbeobachtungsanlage] установка дистанционного контроля
FBAS [Farbbild-Austast-Synchron] полный цветовой телевизионный сигнал с сигналом синхронизации
FBASP [Farbbild-Austast-Synchronsignal mit Prüfzeilensignal] полный цветовой телевизионный сигнал с испытательной строкой
FBAST [Farbbild-Austast-Synchron-Ton-Signal] полный цветовой телевизионный сигнал с сигналом звукового сопровождения
FbBeob [Fernbetriebs-Beobachtung] устройство для дистанционного наблюдения производственных процессов
FBG [Fernsehbildmustergenerator] генератор сигналов телевизионной испытательной таблицы
f.c. [footcandle] фут-свеча (*10,764 лк*)
FC [frequency changer] преобразователь частоты
FCC [Federal Communications Commission] Федеральная комиссия связи, ФКС (*США*)
F.C.F. [finite correlation funktion] кратковременная корреляционная функция
fd. [frequenzdiskret] дискретный по частоте
Fd [Durchgangsferngespräch] транзитный междугородный разговор
Fd [Fernmeldedienst] служба дальней связи
FD [Fernsprechdienst] служба дальней телефонной связи
FD [Floppy-Disk] гибкий диск
FD [Frequenzdoppler] удвоитель частоты
FD [Frequenzdopplung] удвоение частоты
FDGW [Ferndienstgruppenwähler] групповой искатель дальней (телефонной) связи
fdm, FDM [frequency-division multiplex] частотное уплотнение (*канала связи*), частотное объединение (*сигналов*)
FDM [Fehlerdämpfungsmesser] измеритель затухания, вызванного рассогласованием
FDMA [frequency division multiple access] *свз* одновременное использование (*ответчика спутника*) с частотным уплотнением (*канала связи*); *вчт* множественный доступ с частотным разделением [уплотнением] (каналов), МДЧР, МДЧУ

FDSt [Fernmeldedienststelle] станция службы дальней [междугородной] связи
FDU [frequency divider unit] делитель частоты
FED [Feldeffektdiode] полевой диод
FEC [forward error control] прямое исправление ошибок
FEP [Frond-End-Processor] препроцессор; фронтальный [связной] процессор
FeSB [Fernsehbeobachtung] дистанционный контроль, телеконтроль
FET [Feldeffekttransistor] полевой транзистор
FF [Flipflop] 1. триггер; бистабильная ячейка, БЯ 2. бистабильный мультивибратор
FFK [Freund-Feind-Kennung] опознавание «свой — чужой»
FFT [fast Fourier transform] быстрое преобразование Фурье, БПФ
Fg [Ferngespräch] междугородный разговор
Fg [Fernschaltgerät] дистанционный выключатель; дистанционный переключатель
Fg [Fernsprechgerät] телефонный аппарат
Fg [Funktionsgenerator] генератор функций
FGS [Fernsehgerätewerk Staßfurt] телевизионный завод, Штассфурт (*ГДР*)
FGW [Fernverkehrsgruppenwähler] групповой искатель междугородной связи
FIFO [first-in, first-out] обратного магазинного типа
fil. [Filter] фильтр
fil. sup. [filament supply] источник тока накала
FIM [Frequenz-Intermodulation] взаимная модуляция
FIR [finit-impuls-response] импульсная характеристика с конечной длительностью, КИХ
fk [frequenzkontinuierlich] непрерывный по частоте
Fk [Fernkabel] кабель дальней связи
FK [Fernkamera] выносная (телевизионная) камера
FK [Fernsehkamera] телевизионная передающая камера, телекамера
FK [Flüssigkristall] жидкий кристалл, ЖК
Fk-EV [Fernkabelendverschluß] оконечная муфта кабеля дальней связи
Fkl. [Funklenk-] управляемый по радио, радиоуправляемый
FKS [Festkörperschaltkreis] твердотельная ИС
FktF [Trägerfrequenzfernkabel] междугородный кабель высокочастотной связи
FKTG [Fernseh- und Kinotechnische Gesellschaft] Общество инженеров кино и телевидения (*ФРГ*)
FL [Fernleitung] 1. линия дальней связи, ЛДС 2. линия электропередачи, ЛЭП
FL [Fernlenkung] 1. телеуправление, ТУ 2. теленаведение
FlE [Endfernleitung] оконечная линия дальней связи
FLG [Funkleitstrahlgerät] радиостанция направленного действия
FLH [Hauptfernleitung] магистральная линия дальней связи
FlK [Fernleitungskabel] кабель дальней связи
FLL [frequency-locked loop] контур [схема] регулирования частоты

FLT [Freileitungstelegrafie] телеграфная связь по воздушным линиям
FLW [Leitungswähler für Fernverkehr] искатель линий дальней связи
fm [frequenzmoduliert] с частотной модуляцией
Fm [Fernmeldegeräte] аппаратура связи
FM [Frequenzmodulation] частотная модуляция
FMA [Fernmeldeamt] станция дальней связи
FMG [Funkmeßgerät] радиолокатор
Fml [Fernmeldeleitung] линия дальней связи
FMQ [frequenzmodulierter Quarzoszillator] частотно-модулированный кварцованный генератор
FMS [frequenzmodulierter Sender] передатчик с частотной модуляцией, частотно-модулированный передатчик
FMSR [Fachnormenausschuß Messen, Steuern, Regeln] Комитет технических норм и стандартов по измерениям, регулированию и управлению (*ФРГ*)
FMW [Fernmeldewerk] станция дальней связи
FN [Fernnetz] сеть дальней связи
FN [Funknavigation] радионавигация
FNS [Frequenznachstimmung] подстройка частоты
FO [Funkortung] определение местоположения [координат] с помощью радиосредств, радиообнаружение; радиопеленгация; радиолокация; радионавигация
FPLA [field-programmable logic array] логическая матрица с эксплуатационным программированием
fpm [frames per minute] число кадров в минуту
FPN [fixed pattern noise] помехи от дефектов структуры (*в ПЗС*)
fps [frames per second] число кадров в секунду
FR [Frontrückschicht-Verbundschwinger] составной ультразвуковой (кварцевый) вибратор
fra [Folge-Ruhe-Arbeitskontakt] группа из размыкающего и замыкающего контактов последовательного действия (*в реле*)
FRAME код для обозначения качества радиопередачи
FRED [fast-recovery epitaxial diode] эпитаксиальный диод с накоплением заряда [с малым временем восстановления]
FRK [Flachreedkontakt] плоский герметичный контакт, геркон
FS [Fernschreiben] телеграмма
FS [Fernschreiber] телетайп
FS [Fernsehen] телевидение
FS [Flächenscherschwinger] вибратор с колебаниями сдвига по ширине
FSA [Fernsehantenne] телевизионная антенна
FsE [Fernsehempfänger] телевизионный приёмник, телевизор
FSH [Fernsehhilfsstation] телевизионный ретранслятор
FSK [frequency-shift keying] частотная модуляция несущей, ЧМн
FsOl [Fernsehortsleitung] местная линия телевизионной связи
FSP [Funkseitenpeilung] бортовой радиопеленг (*в воздушной радионавигации*); относительный радиопеленг (*в морской радионавигации*)

FSt [Funkstelle] радиостанция
FT утроитель (*схемное обозначение*)
FT [Fourier-Transformation] преобразование Фурье
FT [Frequenzteiler] делитель частоты
FT [Funktelegraf] радиотелеграф
FT [Funktelegrafie] радиотелеграфная связь
FT-CCD [Frame Transfer Charge Coupled Device] ПЗС с кадровой организацией
FTG [Fernsehtechnische Gesellschaft] Общество специалистов телевизионной техники (*ФРГ*)
FTG [Fernsehträgergenerator] генератор несущей (частоты) телевизионного сигнала
ft-L [footlambert] фут-ламберт
FTM [Frequenzzeitmodulation] импульсно-частотная модуляция
FTSt [Funktelegrafenstation] станция радиотелеграфной связи
FTZ [Fernmeldetechnisches Zentralamt] Центральное ведомство связи (*ФРГ*)
Fu [Funk] радио
FU [Frequenzumsetzer] преобразователь частоты
FÜ [Funküberwachung] 1. радиоподслушивание; радиоразведка 2. радиоконтроль
FuA [Funkamt] 1. радиобюро 2. управление по делам радиосвязи
FuA [Funkaufklärung] радиоразведка
FuBK [Fernsehausschuß der Funkbetriebskommission] Комиссия по эксплуатации радиосредств (*ФРГ*)
FuD [Funkdienst] радиослужба, радиосвязь
FueD [Funkenstörungsdienst] служба борьбы с радиопомехами
FuG [Funkgerät] радиостанция
FuKMD [Funkkontrollmeßdienst] служба радиоконтроля и измерений
FuKMst [Funkkontrollmeßstelle] станция радиоконтроля и измерений
FuMA [Funkmeßaufklärung] радиолокационная разведка
FuMB [Funkmeßbeobachtung] радиолокационное наблюдение
FuME [Funkmeßerkennungsgerät] радиолокационный прибор опознавания
FuMF [Funkmeßfeld] радиолокационное поле
FuMG [Funkmeßgegenwirkung] радиолокационное противодействие
FuMO [Funkmeßortungsgerät] радионавигационная (локационная) станция
FuMSt [Funkmeßstation] радиолокационная станция, РЛС
F- und M [Feinwerk- und Meßtechnik] техника точных приборов и измерений
FuNG [Funknavigationsgerät] радионавигационный прибор
FuSE [Funksendeempfänger] приёмо-передающая радиостанция
Fu Spr. [Funkspruch] радиограмма
FuSt [Funkstelle] радиостанция
Fusta [Funkstation] радиостанция
FuStöMD [Funkstörungsmeßdienst] служба измерения радиопомех
FuTA [funktechnische Aufklärung] радиотехническая разведка

FuTB [funktechnische Beobachtung] радиотехническое наблюдение
FuTP [funktechnischer Posten] радиотехнический пост
Fu. Verb. [Funkverbindung] радиосвязь
FV [Frequenzvervielfacher] умножитель частоты
FVD [Fernsprechvermittlungsdienst] служба дальней телефонной связи
FVE [Fernverkehrseinheit] стойка [блок] дальней [междугородной] связи
FVSt [Fernvermittlungsstelle] станция дальней [междугородной] связи
FW [Fernwirkung] телемеханика
FW [Funkwerk] радиозавод
FWA [Fernwahlamt] станция автоматической междугородной связи
FWl [Fernwahlleitung] линия автоматической междугородной связи
FWS [Festwertspeicher] постоянное ЗУ, ПЗУ; постоянная память
FXC [Ferroxcube] феррокскуб (*магнитомягкий ферритовый материал*)
FZ [Farbzentrum] цветовой центр
FZ [Fernbedienungszusatz] приставка для дистанционного управления
FZ [floating zone] зонная плавка
FZ [Forschungszentrum] научно-исследовательский центр
FZ [Freizeichen] 1. сигнал посылки вызова 2. сигнал «свободно»
FZ [Frequenzzeiger] указатель частоты
FZA [Fernmeldezentralamt] центральная станция связи, центральная междугородная станция (*напр. телефонная*)
G [Übertragungsmaß] постоянная передачи
g активная проводимость
G [Gabel] 1. вилка 2. переходное разветвительное устройство, разветвительный контур
G [Gabelschaltung] 1. схема перехода с четырёхпроводной системы на двухпроводную 2. схема разветвления
G [Gauß] гаусс, Гс
G [Geber] датчик
G [Gegenkopplung] (отрицательная) обратная связь
G [Generator] генератор
G [Gewinn] выигрыш, усиление (*напр. в антенне*); усиление (*усилителя*)
G [Gitter] 1. сетка (*электронной лампы*) 2. решётка; мира 3. *крист.* решётка
G¹ [Ableitungsbelag] утечка на единицу длины (линии), погонная утечка
Ga [Gabel] *см.* **G** [Gabel]
Ga Gabelschaltung *см.* **G** [Gabelschaltung]
Gᴬ [Gemeinschaftsanschluß] 1. общее [совместное] включение 2. ввод (линии) коллективного пользования
G-A [Gitter-Anode] сетка — анод
GA(A) [Gemeinschaftsantennenanlage] система антенн коллективного пользования
GaTP [Gabeltiefpaß] разветвительный фильтр нижних частот
gb, Gb [Gilbert] гильберт, Гб

GB [Gewinn-Bandbreite] коэффициент усиление — ширина полосы
GB [Gitterbasisschaltung] схема с общей сеткой, схема ОС
GB [Gitterbatterie] батарея сеточного смещения
GB [grunded base] общая база
GBG [geschlossene Benutzergruppe] замкнутая группа абонентов
GBK [Großbaukasten] унифицированный блок; стандартный узел
GBS [Gitterbasisschaltung] схема с общей сеткой, схема ОС
GC [geerdeter Kollektor] заземлённый коллектор
GC [gain control] регулировка усиления
GDN [Gleichstrom-Daten-Niederpegelübertragung] передача данных током малого уровня
GDV [Grafische Datenverarbeitung] графическая обработка данных
Ge [Germanium] германий
Ge [Germaniumdiode] германиевый диод; германиевый вентиль
Ge [Germaniumgleichrichter] германиевый выпрямитель
GE, G — E, GEC, G. E. C. [General Electric Company] фирма «Дженерал Электрик» (*США*)
Geh [Gehäuse] 1. корпус; ящик; кожух; футляр 2. шасси
GEMK [gegenelektromotorische Kraft] противоэлектродвижущая сила, противоэдс
Gen. [Generator] генератор
Gepo [Geberpotiometer] задающий потенциометр
Gest [Gestell] 1. корпус; станина; остов 2. стойка; каркас; стеллаж; рама
GeT [Germaniumtransistor] германиевый транзистор
GEZ [Grenzflächenzustände] *пп* поверхностные состояния
GGA [Großgemeinschaftsantennenanlage] система коллективных антенн для обслуживания больших территорий
GGG [Gadolinium-Gallium-Granatsubstrat] подложка из гадолиниево-галлиевого граната
GI [Gegeninduktivität] взаимная индуктивность
GIMOS [gate-injection MOS] МОП-структура с инжекционным (плавающим) затвором
GK [Gegenkopplung] (отрицательная) обратная связь
G-K [Gitter-Katode] сетка — катод
GK [Gummikabel] кабель с резиновой изоляцией
Gl [Gleichrichter] 1. выпрямитель 2. детектор
Gl [Gleichung] 1. уравнение 2. равенство
Gli [lichtelektrischer Impulsgeber] фотоимпульсный датчик
Gln [Gleichung] 1. уравнение 2. равенство
G. M. [Geiger-Müller-Zählrohr] счётчик Гейгера — Мюллера
GMA [Gesellschaft für Meß- und Automatisierungstechnik] Общество техники измерений и автоматизации (*ГДР*)
GPS [global positioning system] глобальная спутниковая система радиоопределения
GR [Gleichrichter] *см.* **Gl** [Gleichrichter]
Grad [Gradient] градиент
Gs, Gs [Gauß] гаусс, Гс

Gs [Gleichstrom] 1. постоянный ток 2. выпрямленный ток
GS [Geräteschutzsicherung] предохранитель (в цепи) прибора
GS [ground station] наземная станция
GSp, GSP [Großspeicher] ЗУ *или* память большой ёмкости
GT [Gleichstromtelegrafie] телеграфирование постоянным током
GTC [General Transistor Corporation] фирма «Дженерал Транзистор Корпорейшн» (*США*)
GTO [gate turn-off] двухоперационный триодный тиристор
GTZ [Deutsche Gesellschaft für Technische Zusammenarbeit] Немецкое общество по сотрудничеству в области техники (*ФРГ*)
GU [Gruppenumsetzer] групповой преобразователь (частоты)
GU [Gruppenumsetzung] групповое преобразование (частот)
GV [Gleichspannungsverstärker] усилитель постоянного напряжения
GW [Gleichstrom-Wechselstrom] с питанием от сети постоянного и переменного тока, с универсальным питанием
GW [Gruppenwähler] *тлф* групповой искатель, ГИ
H обозначение 2-го класса точности измерительных приборов
H [hardware] *вчт* технические средства, аппаратное обеспечение
H [Henry] Генри, Гн
H [Heptode] гептод
H [Hexode] гексод
H [Höhenregler] 1. регулятор [корректор] высоких частот 2. *тлв* регулятор высоты кадра
H [Hysterese] гистерезис
HA [Hochspannungsaggregat] высоковольтное устройство, высоковольтный блок
HA [Horizontalaustastung] гашение строк
HBS [Heimbussystem] система с домашней шиной
HCMOS [high-performance complementary metal-oxide-semiconductor] 1. технология высококачественных КМОП ИС 2. высококачественная КМОП ИС
HD/CMOS [high-density complementary metal-oxide-semiconductor] 1. технология КМОП ИС с высокой плотностью упаковки 2. КМОП ИС с высокой плотностью упаковки
HDF [high frequency direction finder] радиопеленгатор КВ-диапазона
HDLC [high-level data-link control] высокоуровневое управление каналом передачи данных
Hdo... [Hinter-dem-Ohr...] костной проводимости (*слуховой прибор*)
HDTL [hybrid diode-transistor logic] гибридная ДТЛ-схема
HDTV [High Difinition Television] телевидение высокой чёткости, ТВВЧ
Hdw, HDW [hardware] *вчт* технические средства, аппаратное обеспечение
HEMT [high-electron mobility transistor] транзистор с высокой подвижностью электронов

HERALD [Harbor Echo Ranging and Listening Device] базовая гидроакустическая установка
HEZ [Haupteinflugzeichen] главный [основной] посадочный радиомаяк
HF [Hochfrequenz] высокая частота, ВЧ
HFDF [high frequency direction finder] радиопеленгатор КВ-диапазона
HFG [Hochfrequenzgerät] ВЧ-прибор
HFI [high frequency input] **1.** высокочастотный вход, ВЧ-вход **2.** высокочастотный входной сигнал
HFl [Hauptfernleitung] магистральная линия дальней связи
HF-TR [Hochfrequenztelefonrundspruch] высокочастотное проводное (радио)вещание
H.Fu [Heeresfunkstelle] войсковая радиостанция
HFV [HF-Vormagnetisierung] высокочастотное подмагничивание
HFV [Hochfrequenzverstärker] усилитель высокой частоты, УВЧ
Hgw [Hartgewebe] текстолит
Hh [Hohlrohr] (полый) волновод
HHF [Höchstfrequenz] сверхвысокая частота, СВЧ
HIC [hybrid integrated circuit] гибридная ИС, ГИС
HIC FET [heterostructure insulated-gate FET] полевой транзистор с гетероструктурой и изолированным затвором
hifi, hi-fi, Hi-Fi [high fidelity] **1.** высокая верность передачи *или* воспроизведения; высокая верность звуковоспроизведения **2.** аппаратура категории Hi-Fi
Himic, HIMIC [hybrid microcircuit] гибридная ИС, ГИС
HINIL [high-noise-immunity logic] логические схемы с высокой помехоустойчивостью
HiSp [Hilfsspeicher] *вчт* вспомогательное ЗУ; вспомогательная память
Hk [Hefnerkerze] свеча Гефнера
HKE [Hörkopfersatzschaltung] эквивалентная схема звуковоспроизводящей головки
HL [Halbleiter] полупроводник
HL [Hauptleitung] основная линия, магистраль
H-L [high-low] высокий — низкий
HLSI [hybrid large-scale integration] гибридная БИС
HLT [Halt] **1.** останов **2.** сигнал «стоп» **3.** команда останова
HLTL [high-level transistor logik] транзисторные логические схемы с высокими логическими уровнями
HLTTL, HLT²L [high-level transistor-transistor logic] транзисторно-транзисторные логические схемы с высокими логическими уровнями
HLW [Halbleiterwandler] полупроводниковый преобразователь
HM, HMC [hybrid microcircuit] гибридная ИС, ГИС
HMOS [high-performance metal-oxide-semiconductor] **1.** технология изготовления высококачественных МОП ИС **2.** высококачественная МОП ИС
HNIL [high-noise-immunity-logik] помехоустойчивые логические схемы, логические схемы с высокой помехоустойчивостью
HO [Hilfsoszillator] вспомогательный гетеродин
Hochsp [Hochspannung] высокое напряжение
Hp, HP [Hochpaß] фильтр верхних частот, ФВЧ
HPG [high power ground (radar)] наземная РЛС большой мощности
HPI [height position indicator] индикатор высоты; индикатор угла места
HR [Handregelung] **1.** ручное регулирование **2.** ручная регулировка
HR [Hohlraumresonator] объёмный резонатор
HR [Hohlrohr] (полый) волновод
HRS [hybrides Rechensystem] гибридная вычислительная система
HS [Hauptspeicher] основное ЗУ; основная память; оперативное ЗУ, ОЗУ; оперативная память
HS [Hochspannung] высокое напряжение
HS [Hohe Stabilität] высокая стабильность
HSIC [high speed integrated circuit] быстродействующая ИС
HSIIL, HSI²L [high-speed integrated injection logic] быстродействующие интегральные инжекционные логические схемы
HSL [high-speed-logic] быстродействующие логические схемы
HSp [Hauptspeicher] основное ЗУ; основная память; оперативное ЗУ, ОЗУ; оперативная память
HTA [Haupttelegrafenamt] центральный телеграф
HTL [high threshold logic] логические схемы с высоким пороговым напряжением
HTTL [high-power transistor-transistor logic] мощные транзисторно-транзисторные логические схемы
HTTL [high-speed transistor-transistor logic] быстродействующие транзисторно-транзисторные схемы
HV [Handvermittlung] ручная коммутация
HVSt [Hauptverkehrsstunden] час наибольшей нагрузки, ЧНН
hw [hardware] *вчт* технические средства, аппаратное обеспечение
HW [Halbwelle] полуволна
HWZ [Halbwertszeit] **1.** время нарастания до половинного значения **2.** *яд. физ.* период полураспада
hx [Halbduplex] полудуплексный
HX [hexode] **1.** гексод **2.** обозначение для радиостанций, не имеющих определённых часов работы (*принятое МСЭ*)
Hz [Hertz] герц, Гц
i 1. обозначение мнимой составляющей ($\sqrt{-1}$) **2.** обозначение тока
I 1. обозначение тока **2.** содержание информации I = ldN бит/знак **3.** параметр информации (*напр. амплитуда*)
I [Integrator] **1.** интегрирующее устройство, интегратор **2.** интегрирующее звено **3.** накопитель
IÅ [internationales Ångström] международный ангстрем

IADU [Integrierender Analog-Digital-Umsetzer] *см.* **IADW**

IADW [Integrierender Analog-Digital-Wandler] накапливающий аналого-цифровой преобразователь

IAF [Internationale Austronautische Föderation] Международная федерация астронавтики, МФА

IAM [Impulsamplitudenmodulation] амплитудно-импульсная модуляция, АИМ

IARU [Internationale Amateur-Radio-Union] Международный союз радиолюбителей

IB [Informationsbank] информационный банк, банк данных

IBA [Independent Broadcasting Authority] (независимая) вещательная компания Ай-би-эй (*Великобритания*)

IBK [Internationale Beleuchtungskommission] Международная Комиссия по освещению, МКО

IBT [ion-implanted base transistor] транзистор с ионно-имплантированной базой

IC [integrated circuit] интегральная схема, ИС

ICAP [International Conference on Antennas and Propagation] Международная конференция по антеннам и распространению радиоволн

ICS [in-channel select] внутридиапазонная селекция

IDN [Integriertes digitales Netz] цифровая интегральная сеть связи

IDP [integrated data processing] интегрированная обработка данных

IDV [Institut für Datenverarbeitung] Институт по обработке данных (*ГДР*)

IDV [Integrierte Datenverarbeitung] интегрированная обработка данных

IE [Informationseinheit] единица информации (*напр. бит*)

IEB [Internationales Einheitsbaukastensystem] Международная система унифицированных узлов и деталей

IEC [Internationale Electrotechnical Commission] Международная электротехническая комиссия, МЭК

IEK [Internationale Elektrotechnische Kommission] Международная электротехническая комиссия, МЭК

IF [Impulsformer] формирователь импульсов

IFAC [International Federation of Automatic Control] Международная федерация по автоматическому управлению

IFF [Impulsfolgefrequenz] частота повторения импульсов

IFIP [International Federation for Information Processing] Международная федерация по обработке информации, ИФИП, МФОИ

IFRB [International Frequency Registration Board] Международный комитет по регистрации частот

IFS [Integrierte Funktionalmikroelektronische Schaltung] интегральная схема функциональной микроэлектроники

IFSR [Interface seriell ringförmig] кольцевой последовательный интерфейс

IFV [Internationaler Fernmeldevertrag] Международное соглашение по связи

IG [Impulsgeber] датчик импульсов

IG [Impulsgenerator] генератор импульсов, ГИ

IG [Integrationsgrad] 1. степень интеграции 2. уровень интеграции (*сети связи*)

IGFET [insulated-gate field-effect transistor] полевой транзистор с изолированным затвором

IGS [interactive graphics system] система интерактивной машинной графики

IGT [Isolated-Gate-Transistor] транзистор с изолированным затвором

IIL, I³L [isolated integrated injection logic] И²Л-схема с изолированными элементами

IIL, I³L [isoplanar integrated injection logic] изопланарная И²Л-схема

IIL, I²L [integrated injection logic] интегральные инжекционные логические схемы, интегральная инжекционная логика, И²Л

IIMOS [ion-implanted metal-oxide-semiconductor] ионно-имплантированная ИС на МОП-транзисторах

IIR [Infinit-Impuls-Response] импульсная характеристика бесконечной длительности, БИХ

IK [internationale Kerze] международная свеча

IKAMA [Internationaler Kongreß mit Ausstellung für Meßtechnik und Automatik] Международный конгресс с выставкой по измерительной технике и автоматике (*проводится в Дюссельдорфе, ФРГ*)

IKU [Information-Kommunikation-Unterhaltung] информация — связь — бытовая электроника

IKZ [Impulskennzeichen] 1. импульсная отметка 2. импульсный станционный код(овый знак)

ILIS [Integriertes-Leitungs-Informationssystem] система централизованной обработки данных и управления (производством)

ILS [Instrumentenlandesystem] система посадки по приборам

ILS-TAC [ILS-Bodenanlage + TACAN-Bodenanlage] комбинация наземной аппаратуры системы посадки по приборам с наземной угломерно-дальномерной радионавигационной системой «ТАКАН»

IM [ideale Modulation] модуляция без искажений

IM [Intermodulation] 1. внутренняя модуляция, интермодуляция 2. взаимная модуляция

IMOS [ion metal-oxide-semiconductor] ионно-имплантированная ИС на МОП-транзисторах

Imp. [Impuls] 1. импульс 2. сигнал 3. количество движения, импульс

IMPATT [impact-avalanche and transit time] 1. лавинно-пролётный режим 2. лавинно-пролётный диод, ЛПД

IMS [information management system] информационно-управляющая система

IMS [Informationsmeßsystem] информационная измерительная система

Info [Information] информация; данные

INOHYC [integrated optical hybrid circuit] оптоэлектронная ИС

INS [Inertiales Navigations-System] инерциальная система навигации

INTERKAMA [Internationaler Kongreß mit Ausstellung für Meßtechnik und Automatik] Международный конгресс с выставкой по измерительной технике и автоматике (*проводится в Дюссельдорфе, ФРГ*)

Intervision [Internationale Rundfunk- und Fernsehorganisation] Интервидение

Inwate [Integration Waveguide Technology] технология интегральных волноводов

IO [integrierte Optik] интегральная оптика

IOC [integrated optical circuit] оптическая ИС; оптоэлектронная ИС

IPL [Information Processing Language] язык обработки информации, ИПЛ

IPLS [Instant Program Location System] система автоматического поиска фрагмента записи

IPOS [insulation by porous oxidized silicon] изоляция пористости окислённым кремнием

IPS [Intelligentes Programmiersystem] развитая система программирования

IQ [Informationsquelle] источник информации, источник данных

IR [information retrieval] поиск информации, информационный поиск

IR [Infrarot] инфракрасный, ИК

IR [internal resistance] внутреннее сопротивление

IR [Interpolationsrechner] *вчт* интерполятор

IRCC [International Radio Consultative Committee] Международный консультативный комитет по радио, МККР

IRED [Infrarot Emitterdiode] излучающий диод ИК-диапазона

IRF [Internationale Rundfunk- und Fernsehorganisation] Международная Организация Радиовещания и Телевидения, ОИРТ

IRS [Informationsrecherchesystem] информационно-поисковая система

IRT [Institut für Rundfunktechnik] Институт Радиотехники (*ФРГ*)

iS, IS [integrierte Schaltung, integrierter Schaltkreis] интегральная схема, ИС

IS [Impulssender] импульсный (радио)передатчик

IS [Informationssystem] информационная система

IS [Innerer Speicher] внутреннее ЗУ; оперативное ЗУ, ОЗУ; внутренняя память; оперативная память; основное ЗУ; основная память

ISAIV [integriertes System der automatisierten Informationsverarbeitung] централизованная система автоматизированной обработки информации

ISDN [Integrated Services Digital Network] интегральная цифровая сеть связи, цифровая сеть интегрального обслуживания

ISFET [ion-sensitive field-effect transistor] полевой транзистор, чувствительный к ионам

ISHM [International Society for Hybrid Microcircuits] Международное общество гибридных микросхем

ISHM [International Society for Hybrid Microelectronics] Международное общество микроэлектроники

ISI [intersymbol interference] межсимвольные помехи

ISIT [intensified silicon-intensifier target tube] суперкремникон, сочленённый с ЭОП

ISL [injection Schottky logic] И^{2}Л-схема с диодами Шотки

ISL [integrated Schottky logic] интегральные логические схемы с диодами Шотки, интегральная логика Шотки, ИШЛ

ISO [Internationale Standartisierungsorganisation] Международная организация по стандартизации, ИСО

ISOCMO, IsoCMOS [isolated silicon gate complementary metal-oxide-semiconductor (process)] технология КМОП ИС с изолированными кремниевыми затворами

IT [Impulstelegrafie] кодово-импульсная телеграфия

IT [Impulstransformator] импульсный трансформатор

IT [Informationsträger] носитель информации

ITA [International Tape/Disk Association] Международная организация по выпуску аппаратуры видеозаписи и кинотехники

ITA [Internationales Telegrafenalphabet] международный телеграфный код

ITCC [International Telegraph Consultative Committee] Международный консультативный комитет по телеграфии

ITCC [International Telephone Consultative Committee] Международный консультативный комитет по телефонии

IT-CCD [Interline Transfer Charge Coupled Device] ПЗС с межстрочным переносом

ITG [Informationstechnische Gesellschaft] (научно-техническое) общество по информатике (*ФРГ*)

ITTCC [International Telegraph and Telephone Consultative Committee] Международный консультативный комитет по телеграфии и телефонии, МККТТ

ITU [International Telecommunications Union] Международный союз электросвязи, МСЭ

ITÜ [integrierte Tonübertragung] уплотнение видеосигнала сигналом звукового сопровождения; передача звукового сопровождения в полевых интервалах гашения

IU [Impulsunterdrücker] подавитель импульсов

IV [Informationsverarbeitung] обработка информации

IVC [integrated vacuum circuit] (электро)вакуумная ИС

IVS [Informationsverarbeitungssystem] система обработки информации

I-W [information write] запись информации

IWP [Interim Working Party] временная рабочая группа, ВРГ (*терминология МККР*)

IWT [Informationssystem Wissenschaft und Technik] информационные системы (для) науки и техники

IWV [Impulswahlverfahren] метод импульсного набора

JACC [Joint Automatic Control Conference] Объединённая конференция по автоматическому управлению

JCCD [junction charge-coupled device] ПЗС на полевых транзисторах с р—n-переходом

JEDEC [Joint Electron Device Engineering Council] Объединённый совет по электронным приборам

JETDA [Japan Electronic Industry Development Association] ДЖЕЙДА, Японская ассоциация содействия развитию электронной промышленности

JETDS [joint electronics-type designation system] единая система обозначений для электронных приборов

JGFET [junction-gate field-effect transistor] полевой транзистор с p—n-переходом в качестве затвора

JFET [junction field effect transistor] полевой транзистор с управляющим p—n-переходом

JI [Josephson interferometer] сверхпроводящий квантовый интерференционный датчик, сквид

JICMOS [junction insulated CMOS] КМОП ИС с изоляцией p—n-переходами

JJ [Josephson-junction] переход Джозефсона, джозефсоновский переход

JJL [Josephson-junction logic] логические схемы на переходах Джозефсона

JSIT [junction gate static-induction transistor] полевой транзистор с p—n-переходом и вертикальным каналом

JTL [Josephson tunnel logic] логические схемы на туннельных переходах Джозефсона

JUGFET [junction-gate field-effect transistor] полевой транзистор с p—n-переходом в качестве затвора

K [Kaltelektrode] холодный катод

K [Katode] катод

K [Klirrfaktor] коэффициент нелинейных искажений, КНИ

k, K [Konstante] 1. константа, постоянная 2. параметр, коэффициент

K [Konzentration] 1. фокусировка 2. концентрация

KA [Knotenamt] узловая (телефонная) станция

K-A [Katode-Anode] катод—анод

KAL [Kanalruflampe] сигнальная лампа для вызова канала

Kap [Kapazität] 1. ёмкость 2. конденсатор

KAR [Kleinanalogrechner] малая аналоговая ВМ

KAR [Kodak autopositive resist] автопозитивный резист фирмы «Кодак» (*США*)

KB [Kamerabetriebsgerät] *тлв* блок управления камерой, БУК

KB [kilobit] килобит, кбит

KB [kilobyte] килобайт, кбайт

KB(S) [Katodenbasisschaltung] схема с общим катодом

Kbyps [Kilo Bytes pro Sekunde] килобайтов в секунду, кбайт/с

KCPR [Kodak carbon photoresist] фоторезист с добавкой углерода фирмы «Кодак» (*США*)

Kd [Dienstleitungsklinke] *тлф* опросное гнездо служебной линии

Kda [Dienstabfrageklinke] *тлф* опросное гнездо служебной линии

Kdo [Kommando] команда

KdT [Kammer der Technik der DDR] Палата техники ГДР

KE [Kommandoempfänger] приёмник команд

KF [Korrelationsfunktion] корреляционная функция

KfZ [kubisch-flächenzentriert] кубический гранецентрированный (*о кристаллической структуре*)

K-G [Katode-Gitter] катод—сетка

KGW [Knotenamtsgruppenwähler] *тлф* групповой искатель узловой станции

K.H.S. [Kennely-Heaviside-Schicht] слой Кеннели—Хевисайда, слой Е ионосферы

KK [Koaxialkabel] коаксиальный кабель

KKF [Kreuzkorrelationsfunktion] взаимная корреляционная функция

Kl [Klasse] 1. класс (*напр. точности*) 2. разряд; группа

Kl [Klinke] 1. гнездо (*коммутатора*) 2. пружинный переключатель 3. защёлка

Kl [Klirrfaktor] коэффициент нелинейных искажений, КНИ

KL [Kontrollampe] контрольная лампа; индикаторная лампа

KLA [Klirranalysator] анализатор нелинейных искажений

Klc, KLC [Kleincomputer] малая ВМ

KLR [kerntechnische Land- und Rollhilfe] аппаратура посадки по приборам, использующая гамма-излучение

KM [Keimzahl] *крист.* число зародышей [центров кристаллизации]

KMER [Kodak metal etch resist] резист для литографии по металлическим плёнкам фирмы «Кодак» (*США*)

KML [Kurz-, Mittel- und Langwellenbereich] диапазон коротких, средних и длинных волн

KMNR [Kodak micronegative resist] высокочувствительный негативный фоторезист фирмы «Кодак» (*США*)

Ko [Katodenstrahloszillograf] электроннолучевой осциллограф

Ko [Kondensator] конденсатор

KOR [Kodak orthoresist] фоторезист фирмы «Кодак», чувствительный к длинноволновой части видимого спектра (*США*)

Kp [Kristallisationspunkt] точка [температура] кристаллизации

KPCR [Kodak printed circuit resist] фоторезист фирмы «Кодак» для печатных плат (*США*)

KPL [Kodak photosensitive lacquer] фоточувствительный лак фирмы «Кодак» (*США*)

KPR [Kodak photoresist] фоторезист фирмы «Кодак» (*США*)

KPV [Kurzprüfverfahren] метод ускоренного испытания

KR [Koinzidenzregister] регистр совпадения

KRA [Kleinrechenanlage] малая ВМ

KRE [Kommission für Radioelektronik] Комиссия радиоэлектроники (*в рамках СЭВ*)

KRS [Kleinrechnersystem] малая вычислительная система

KS [Kennlinienschreiber] характериограф

KS [Kollektorschaltung] схема с общим коллектором, схема ОК

KS [Koordinatenschalter] 1. координатный искатель; матричный переключатель 2. (многократный) координатный соединитель, МКС

KSp [Kernspeicher] ЗУ *или* память на магнитных сердечниках
KSp [Konstantenspeicher] ЗУ констант; память констант
KSR [Katodenstrahlröhre] электронно-лучевая трубка, ЭЛТ
KSR [Kleinsteuerrechner] малая управляющая ВМ
Kt [Teilnehmerklinke] *тлф* гнездо местного поля
KT [Konventionelle Technik] бытовая техника
KtK [Kabeltext] передача дополнительной текстовой информации по сети кабельного телевидения
KTV [Kabelfernsehanlage] установка кабельного телевидения
KU [Kanalumsetzer] переключатель каналов
KU [Kaskadenumsetzer] каскадный преобразователь
KU [Umschaltkontakt] переключающий контакт
KV [Kabelverzweigung] 1. кабельный разветвитель 2. кабельный распределительный шкаф; кабельный киоск
KV [Kameraverstärker] камерный усилитель
KV [Kanalverstärker] канальный усилитель
KV [Koinzidenzvergleicher] 1. компаратор совпадения 2. дешифратор кода команд
KVSt [Knotenvermittlungsstelle] 1. коммутационный узел сети связи 2. узловая телефонная станция; зоновый телефонный узел
KW [Kurzwellen] короткие волны, КВ
KWE [Kurzwellenempfänger] коротковолновый приёмник
KWS [Kurzwellensender] коротковолновый передатчик
KZ [Kernzahl] *крист.* число зародышей
L обозначение единицы в двоичной системе счисления
L [Lambert] ламберт, Лб
L [Langwellen] длинные волны, ДВ
L [Lautstärkeregler] регулятор громкости
L [leichte Pupinisierung] слабая [лёгкая] пупинизация
L [Leitung] 1. (электрическая) линия; цепь 2. провод
L [Linie] 1. строка (*изображения*) 2. линия
L [Logik] 1. логика 2. логическая схема; логическая структура
L [low] низкий
L [Lumineszenz] люминесценция
L (*Röhrenkennbuchstabe*) буква маркировки ламп, на 2 или 3 месте обозначает оконечный пентод (*напр.* DL 92, ECL 113)
La [Lampe] лампа
LA [Leitungsabgleich] согласование линий
«LA» [Locher aus] перфоратор выключен
LADS [Laser Airborne Depth Sounder] самолётный лазерный эхолот
LAGER [lay out generating routine] программа для автоматизированной разработки топологии ИС
LAMPAC [laminated package] многослойный (пластмассовый) корпус
LAN [Local Area Network] городская телефонная сеть; *вчт* локальная сеть

LAR [Lichtpunktabtaströhre] просвечивающая ЭЛТ с бегущим пятном
larom [line-adressable random-access memory] ЗУ *или* память с произвольной выборкой и строчной адресацией
LAS [logische Algorithmenschemata] логические схемы алгоритмов
LASER [Light Amplification by Stimulated Emission of Radiation] лазер (*квантовый генератор или усилитель оптического диапазона*)
LASOS [laser-annealed silicon-on-sapphire] структура «кремний на сапфире», подвергнутая лазерному отжигу
LB [Längsbiegungsschwinger] вибратор с колебаниями изгиба по ширине
LB [Leit(ungs)band] 1. зона проводимости 2. проводящая полоска
LB [line buffer] буфер (в) линии связи
LB [Lochband] перфолента
L.B. [Lokalbatterie] местная батарея, МБ
LBL [Lochbandleser] устройство считывания с перфоленты
LBS [Lochbandstanzer] ленточный перфоратор
LCD [liquid-crystal display] жидкокристаллический дисплей, ЖКД
LCDTL [load compensation diode-transistor logic] диодно-транзисторные логические ИС с компенсированной нагрузкой
LCF [LC-Filter] LC-фильтр, индуктивно-ёмкостный фильтр
LD [Längsdehnungsschwinger] вибратор с колебаниями растяжения по ширине
LD$_{50}$ (*mittlere Letaldosis*) доза половинной выживаемости, среднелетальная доза
Ldg [Ladung] заряд
LDM [lineare Deltamodulation] линейная дельта-модуляция, ЛДМ
LDMOS [lateral double-diffused metall-oxide-semiconductor] горизонтальный двух-диффузионный МОП-транзистор, ДМОП-транзистор
LDR [light dependet resistor] фоторезистор
LDS [Low Dimensional Structure] малоразмерная структура
LEC [liquid encapsulation Čzochralski] метод Чохральского с использованием обволакивания расплава инертной жидкостью
LED [light-emitting diode, Lichtemissionsdiode] светодиод, светоизлучающий диод, СИД
L^{2}FET [Logic Level FET] полевой транзистор, совместимый с транзисторно-транзисторной логикой (*по уровням*)
LFF [Landefunkfeuer] посадочный радиомаяк
LGW [Leitungsgruppenwähler] *тлф* групповой линейный искатель
LH, L-H [low noise high output] малые шумы и большая глубина модуляции
LH, L-H [low to high] от низкого (уровня) к высокому (уровню)
LIC [Linear Integrated Circuits] линейные интегральные схемы, ЛИС
LID [leadless inverted device] ИС с безвыводным кристаллодержателем
LIFO [last-in, first-out] магазинного типа
litho [lithography] литография

LK

LK [Lochkarte] перфокарта
LKl [Lochkartenlocher] карточный перфоратор
LKL [Lochkartenleser] устройство считывания с перфокарт
LKM [Lochkartenmaschine] 1. машина для перфорирования карт 2. перфорационная ВМ
LKSt [Lochkartenstanzer] карточный перфоратор
LKV [Lochkartenverfahren] метод программного управления посредством перфокарт
LL [Lichtleiter] световод, оптическое волокно
LLD [Low-Leakage Diode] диод с малой утечкой
LLL, L³ [low-level logic] логические схемы с низким логическим уровнем
lm [Lumen] люмен, Лм
LM [Lichtmikroskop] оптический микроскоп
LMK [Langwellen-Mittelwellen-Kurzwellen] длинные, средние, короткие волны
LMKU [Lang-Mittel-Kurz- und Ultrakurzwellen(bereich)] диапазон длинных, средних, коротких и ультракоротких волн
LN [low noise] малый уровень шумов
LNC [Low Noise Converter] малошумящий преобразователь
LOC MOS [local-oxidation complementary metal-oxide-semiconductor] КМОП ИС с оксидной изоляцией
LOCOS [local oxidation of silicon] технология МОП ИС с толстым защитным слоем оксида кремния, ЛОКОС-технология
Logafier [logarithmic amplifier] логарифмический усилитель
Logamp [logarithmic amplifier] логарифмический усилитель
LOMOR [long distance medium frequency omnirange] средневолновый радиомаяк с вращающейся диаграммой для дальней навигации
LOMOS [long metal-oxide-semiconductor] МОП-транзистор с длинным каналом
LORAC [long-range-accuraty radar system] система дальней радионавигации «Лорак»
LORAN [Long-Rande Navigation] импульсная разностно-дальномерная (гиперболическая) радионавигационная система «Лоран»
LOSOS [local oxidation of silicon on-sapphire] локальное оксидирование кремния на сапфире
LP [Lackpapierdraht] провод с эмалевобумажной изоляцией
LP [Long Play] долгоиграющий
LPC [linear predictive coder] кодирующее устройство с линейным предсказанием
LPE [liquid phase epitaxy] эпитаксия из жидкой фазы, жидкостная эпитаксия
LPL [low-power-Logik] логические схемы с низким энергопотреблением
LPS [Low-Power-Schottky] маломощный (прибор) Шотки
LS [Lautsprecher] громкоговоритель
LS [Leitungssucher] 1. линейный искатель, ЛИ 2. искатель вызовов
LS [Lochstreifen] перфолента
LSA [limited space-charge accumulation] ограниченное накопление объёмного заряда, ОНОЗ
LSHI [large-scale hybrid integration] большая гибридная ИС, БГИС

M

LSI [large-scale integration] высокая степень интеграции
LSIC [large-scale integrated circuit] большая интегральная схема, БИС
LSI/CCD [large-scale integrated circuit charge-coupled device] БИС на ПЗС
LSIMOS [large-scale integration metal-oxide-semiconductor] БИС на МОП-транзисторах
LSIP [large-scale integrated processor] БИС микропроцессора, микропроцессорная БИС
LSL [langsame störsichere Logik] медленнодействующая помехоустойчивая логика
LSL [Lochstreifenleser] устройство (для) считывания с перфоленты
LSP [Lautsprecher] громкоговоритель
LSSt [Lochstreifenstanzer] ленточный перфоратор
LSTTL [low-power Schottky transistor-transistor logic] маломощная ТТЛ с диодами Шотки, маломощная ТТЛШ
LSÜ [Lochstreifenübersetzer] дешифратор перфокода (*с перфоленты*)
LT [Leistungstransformator] 1. силовой трансформатор 2. мощный трансформатор
Ltg [Leitung] 1. линия, цепь 2. провод
LU [Langsamunterbrecher] прерыватель с выдержкой времени
LUF (*niedrigste brauchbare Frequenz*) наименьшая применимая частота, НПЧ
Lv [verstellbare Induktivität] регулируемая индуктивность
LV [Leistungsverstärker] усилитель мощности
LVR [Longitudinal Video Recording] продольно-строчная видеозапись
LW [Langwellen] длинные волны, ДВ
LW [Leitungswähler] 1. линейный искатель, ЛИ 2. искатель вызовов
LW [Leitwerk] 1. управляющее устройство, устройство управления, УУ 2. устройство ввода 3. входное устройство
LWE [Langwellenempfänger] длинноволновый приёмник
LWL [Lichtwellenleiter] световод, оптический волновод
LWS [Langwellensender] длинноволновый передатчик
LWT [laser-wafer trimming] лазерная подгонка резисторов на полупроводниковой пластине
LZK [Laufzeitkette] линия задержки (*из дискретных элементов*)
lx [Lux] люкс, лк
LZ [Leiterzahl] число проводников; число жил (*в кабеле*)
⟨**m**⟩ (*Inhalt der Zelle m*) содержание ячейки m (*памяти*)
M [Magnettrommel] магнитный барабан, МБ
M [Maxwell] Максвелл, Мкс
M [Melderelais] сигнальное реле; квитирующее реле
M [Meßfühler] 1. чувствительный [воспринимающий] элемент 2. измерительный преобразователь; измерительный датчик
M [Meßwerk] измерительное устройство; измерительный механизм (*прибора*)

M

M [Mikrofon] микрофон, Мкф
M [Mittelwellenbereich] средневолновый диапазон
M [Modulator] модулятор
M [Motor] двигатель; мотор
MAC [Multiplexed Analogue Components] система МАС, система МАК (*система мультиплексной передачи сжатых во времени аналоговых сигналов яркости и цветности*)
MADOS [magnetic domain storage] ЗУ *или* память на ЦМД
MADT [microalloy diffused(-base) transistor] микросплавной транзистор с диффузионной базой
mag [magnetron] магнетрон
Magamp [magnetic amplifier] магнитный усилитель
MAGFET [magnetischer Feldeffekttransistor] магнитный полевой транзистор, МАГФЕТ
MAGNUM [MAGNETOSCOPE NUMERIQUE] цифровая видеозапись на МЛ
magtape [magnetic tape] магнитная лента, МЛ
Maku [Magnetkopplung] 1. (электро)магнитная муфта 2. магнитная связь
MAOS [metal-alumina-oxide-semiconductor] МАОП-структура
MAOS [metal-alumina-oxide-semiconductor] МАОП-структура
MAS [metal-alumina-semiconductor] МАП-структура
MAT [microalloy transistor] микросплавной транзистор
mavar [modulating amplifier by variable reactance] параметрический усилитель СВЧ-диапазона
Mavica [Magnetic Video Camera] видеозаписывающая камера, видеокамера
MAZ [Magnetaufzeichnung] магнитная запись
MAZ [Magnetaufzeichnungsgerät] аппарат для магнитной записи
MB [Magnetband] магнитная лента, МЛ
MB [Magnetbandgerät] 1. аппарат для записи на ленту и считывания 2. магнитофон; видеомагнитофон
MB [Meßbrücke] измерительный мост(ик)
MBD [magnetic bubble device] устройство на ЦМД
MBD [magnetic bubble domain] цилиндрический магнитный домен, ЦМД
MBE [molecular-beam epitaxy] молекулярно-пучковая эпитаксия
MBM [magnetic bubble memory] ЗУ *или* память на ЦМД
MBSp [Magnetbandspeicher] ЗУ *или* память на МЛ; накопитель на МЛ, НМЛ
MBSt, MBST [Magnetbandsteuerung] управление от МЛ
MBT [metal-base-transistor] транзистор с металлической базой
MC [microcircuit] микросхема; интегральная схема, ИС
MDFSp [Magnetdünnschichtfilmspeicher] ЗУ *или* память на тонких магнитных плёнках
MDSp [Magnetdrahtspeicher] ЗУ *или* память на магнитных проволоках
ME [Meßeinrichtung] измерительная аппаратура

Mio

MECTL [multi-emitter-coupled transistor logic] эмиттерно связанные логические ИС с многоэмиттерными транзисторами
MEE [Ministerium für Elektrotechnik und Elektronik] Министерство электротехники и электроники (*ГДР*)
MEMA [microelectronic modular assembly] микромодуль
MES [Messung] измерение
MES [Metall-Semiconductor] металл — полупроводник; барьер Шотки
MESFET [metal-Schottky gate field-effect transistor] полевой транзистор с барьером Шотки
MF [Maschinenfehler] машинная ошибка
MF [mittlere Frequenzen] средние частоты, СЧ
MF [mixed-field] электростатическое отклонение и магнитная фокусировка
MFC [Mehrfrequenztastenwahl] *тлф* многочастотный кнопочный набор
MfEE [Ministerium für Elektrotechnik und Elektronik der DDR] Министерство электротехнической и электронной промышленности ГДР
MFLOPS [million floating point operations per second] миллион операций с плавающей запятой в секунду
MFM [modifizierte Frequenzmodulation] модифицированная ЧМ
MFS [metal-ferroelectric-Semiconductor] металл — сегнетоэлектрик — полупроводник
MFSp [Magnetfilmspeicher] ЗУ *или* память на магнитных плёнках
MFST [metal-ferroelectrics-semiconductor transistor] транзистор со структурой металл — сегнетоэлектрик — полупроводник
MFT [mixed-field-tube] трубка с электростатическим отклонением и магнитной фокусировкой
MG [Magnetbandgerät] 1. аппарат для записи на ленту и считывания 2. магнитофон; видеомагнитофон
MG [Meßgerät] измерительный прибор
MGT [metal-gate transistor] полевой транзистор с металлическим затвором
MHz [Megahertz] мегагерц, МГц
MIC [microwave integrated circuit] ИС СВЧ-диапазона
MIC [monolithic integrated circuit] монолитная ИС
MIC [Mikrocomputer] микроЭВМ
micromin [microminiaturization] микроминиатюризация
MICRONOR [microelectronic NO-OR circuit] микросхемы НЕ ИЛИ
MIDI [Musical Instrument Digital Interface] МИДИ (*цифровой интерфейс электронных музыкальных инструментов*)
MIIS [metal-insulation-insulation-semiconductor] структура металл — диэлектрик — диэлектрик — полупроводник
MIM [metal-insulator-metal] МДМ-структура
MIMIM [metal-insulator-metal-insulator-metal] МДМДМ-структура
MIMIS [metal-insulator-metal-insulator-semiconductor] МДМДП-структура
Mio Bits миллион битов

MIOS [metal-insulator-oxide-semiconductor] структура металл — диэлектрик — оксид — полупроводник
MIPS [metal-insulator-piezoelectric semiconductor] структура металл — диэлектрик — пьезоэлектрический полупроводник
MIS [metal-insulator-semiconductor] МДП-структура
MISFET [metal-insulator-semiconductor-field-effect transistor] полевой МДП-транзистор
MISIS [metal-insulator-semiconductor-insulator-semiconductor] МДПДП-структура
MIST [metal-insulator-semiconductor transistor] МДП-транзистор; МОП-транзистор
MK [Magnetkarte] магнитная карта
MKS, MKSp [Magnetkartenspeicher] ЗУ *или* память на магнитных картах
MLC [micrologic circuits] логические микросхемы
MLF [multiple loop feedback] многоконтурная обратная связь
MLM [multilayer metallisation] многоуровневая [многослойная] металлизация
MLS [Mikrowellen-Lande-System] микроволновая система посадки
MM [Mikromodul] микромодуль
MMIC [monolithic mikrowave IC] полупроводниковая ИС СВЧ-диапазона
MMK [magnetomotorische Kraft] магнитодвижущая сила, мдс
MMS [Mensch-Maschine-System] система человек — машина
MMW [millimeter wave] миллиметровые волны
MNOS [metal-nitride-oxide-semiconductor] МНОП-структура
MNOSFET [MNOS-Feldeffekttransistor] полевой МНОП-транзистор
MNOST [metal-nitride-oxide-semiconductor transistor] МНОП-транзистор
MNS [metall nitride semiconductor] МНП-структура
MNSFET [metal-(silicon-)nitride-semiconductor field effect transistor] полевой МНП-транзистор
MO [Meßobjekt] объект измерения
MOD [Modulator] модулятор
Modem [Modulator-Demodulator] модулятор-демодулятор, модем
MOD FET [modulation-doped FET] полевой транзистор (на арсениде галлия) с модулированным легированием
MODILS [modular ILS, modulares Instrumentenlandesystem] система посадки по приборам с измерением временны́х интервалов (*между началом качания луча и приёмом сигнала*)
MOGA [microwave and optical generation and amplification] генерирование и усиление в микроволновом и оптическом диапазонах
MOM [magnetooptische Methode] магнитооптический метод
MOM [metal-oxide-metal] МОМ-структура
MOPS [magnetooptic storage] магнитооптическая память
MOPS [magnetooptic-photoconductive sandwich] слоистая структура «магнитооптическая среда — фотопроводящая среда»
MOS [metal-oxide semiconductor] МОП-структура
MOS [metal-oxid-silicon] структура металл—оксид—кремний
MOSC [metal-oxid-semiconductor capacitor] МОП-конденсатор
MOSFET [metal-oxide-semiconductor field-effect transistor] полевой МОП-транзистор
MOSIC [metal-oxide-semiconductor integrated circuit] ИС на МОП-структурах
MOSL SIC [metal-oxide-semiconductor large scale integrated circuit] БИС на МОП-структурах
MOST [metal-oxide-semiconductor transistor] МОП-транзистор
MOSTL [metal-oxide-semiconductor transistor logic] логические схемы на МОП-транзисторах
MO VPE [Metal-Organic-Vapor-Phase-Epitaxy] эпитаксия металлоорганических соединений из паровой фазы
MP [Magnetplatte] *вчт* магнитный диск
MP [Mikroprozessor] микропроцессор
MP [monolithic processor] однокристальный микропроцессор
MP [microprocessor] микропроцессор; микропроцессорный
MPG [Max-Planck-Gesellschaft] Общество Макса Планка (*ФРГ*)
MPko [Metallpapierkondensator] бумажный конденсатор с металлизированными обкладками
MPS [Minimal-Phasen-System] минимально-фазовая система
MPSp [Magnetplattenspeicher] ЗУ *или* память на магнитных платах
MPU [microprocessor unit] микропроцессор
MPX [Multiplexer] 1. аппаратура объединения *или* уплотнения 2. мультиплексор
MPX [Multiplexkanal] мультиплексный [уплотнённый] канал
MQF [mittlerer quadratischer Fehler] среднеквадратическая ошибка
MR [Mikrorechner] микроЭВМ
MR [Multiplikatorregister] регистр множителя
MRM [Mehrresonatormagnetron] многорезонаторный магнетрон
MRS [Mikrorechnersystem] микромашинная система, система с микроЭВМ
MS [Meßsender] измерительный генератор, сигнал-генератор, генератор стандартных сигналов, ГСС
MS [metal-semiconductor] переход металл—полупроводник; барьер Шотки
MS [Mischstufe] смесительный *или* преобразовательный каскад; смеситель; модулятор; конвертер
MSC [mehrfach adaptive spektrale Audio-Codierung] адаптивное кодирование спектральных составляющих звукового сигнала
MSI [medium scale integration] 1. средняя степень интеграции 2. ИС со средней степенью интеграции
MSIC [medium-scale integrated circuit] ИС со средней степенью интеграции

MSM [metal-semiconductor-metal] металл—полупроводник—металл

MSMV [monostable multivibrator] одновибратор, ждущий [моностабильный] мультивибратор

MSX [Microsoft Super-Extended Basic] расширенная версия Бейсик для микроЭВМ

MT [magnetic tape] магнитная лента, МЛ

MT [Magnetton] **1.** магнитная запись и воспроизведение звука **2.** магнитная фонограмма

MT [Magnettrommel] магнитный барабан, МБ

MT [Meßtaste] кнопка измерительной цепи

MT [Mithörtaste] тлф опросный [контрольный] ключ

MT [Mittelfrequenztelegrafie] надтональное телеграфирование

MT [Modulationstiefe] глубина модуляции

MTA [Mathematisch-technischer Assistent] оператор ВМ; программист

MTBF [mean time between failures] среднее время безотказной работы, средняя наработка на отказ

MTF [Modulationsübertragungsfunktion] **1.** модуляционная характеристика **2.** частотно-контрастная характеристика, ЧКХ (*передающей трубки*)

MTG [Magnettongerät] магнитофон

MTI [moving-target indication] селекция движущихся целей, СДЦ

MTI [moving-target indicator] селектор движущихся целей

MTL [Merged Transistor Logic] интегральные логические схемы с инжекционным питанием

MTNS [metal-thick-nitride-semiconductor] МНОП-структура с толстым слоем нитрида

MTOS [metal-thick oxide-semiconductor] структура металл—толстый оксид—полупроводник, МТОП-структура

MTSp [Magnettrommelspeicher] ЗУ на магнитных барабанах; накопитель на магнитных барабанах, НМБ

MTWP [multiplier traveling-wave phototube] фотолампа бегущей волны, фотоЛБВ

MUCHFET [multichannel field-effect transistor] многоканальный полевой транзистор

MUF [Maximum Usable Frequency] максимальная применимая частота, МПЧ

MÜF [Modulationsübertragungsfunktion] **1.** модуляционная характеристика **2.** тлв. частотно-контрастная характеристика, ЧКХ (*передающей трубки*)

MUSA [multiple unit steerable antenne] приёмное антенное устройство с управляемой диаграммой направленности

MV [Magnetverstärker] магнитный усилитель

MV [Modulationsverstärker] модуляционный усилитель, подмодулятор, усилитель модулирующего напряжения

MV, MVB [Multivibrator] мультивибратор

MW [microwave] сверхвысокочастотный, СВЧ

MW [Mischwähler] тлф смешивающий искатель, СИ

MW-... [Mittelwellen ...] средневолновый

MWS [Meßwertsender] **1.** телеметрический передатчик **2.** измерительный датчик

Mx [Maxwell] максвелл, Мкс

N [Newton] ньютон, Н

N *см.* **Na**

N [Nebenschluß] **1.** шунт; параллельное подключение **2.** добавочный (телефонный) аппарат

N [Neper] непер, Нп

N [Netzwerk] **1.** сеть **2.** цепь; схема; контур **3.** многополюсник; четырёхполюсник

N [Not...] аварийный; резервный

NA [Nachabstimmung] подстройка

Na [Nachbildung] **1.** моделирование; имитация **2.** воспроизведение формы (*напр. сигнала*) **3.** копия **4.** эквивалентная схема **5.** балансная схема

NA [Netzanschluß] **1.** подключение к сети **2.** питание от сети **3.** гнездо (для) подключения к сети

NAB [National Association of Broadcasters] Национальная ассоциация вещательных организаций (*США*)

NACE [National Advisory Committee for Electronics] Национальный консультативный комитет по электронике (*США*)

NAECON [National Aerospace Electronics Conference] Национальная конференция по авиационно-космической электронике (*США*)

NASA [National Aeronautics and Space Administration] Национальное управление по аэронавтике и исследованиям космического пространства, НАСА (*США*)

NASCOM [NASA (World-Wide) Communication (Network)] глобальная сеть связи НАСА

NATCOM [National Communication Symposium] Национальный симпозиум по связи

NAVCOMMSYS [naval communications system] система связи военно-морских сил

NBC, N.B.C. [National Broadcasting Company] вещательная компания ЭН-БИ-СИ (*США*)

NBF [Niederfrequenzbandfilter] полосовой фильтр НЧ

NBS [National Bureau of Standards] Национальное бюро стандартов, НБС (*США*)

NC [numerical control] числовое (программное) управление, ЧПУ

NCC [Noise Canceling Circuit] схема подавления помех

NCM [numerically controlled machine] станок с ЧПУ

NCTA [National Cable Television Association] Национальная ассоциация кабельного телевидения (*США*)

ND [Nulldetektor] нуль-детектор

ND [Nummerdrucker] цифровое печатающее устройство

NDB [Non-Directional Beacon] всенаправленный [ненаправленный] радиомаяк

NDR [Norddeutscher Rundfunk] северогерманское радио (*ФРГ*)

NE [Nachrichteneinheit] единица (количества) информации (*напр. бит*), ЕИ

Negwid [negativer Widerstand] отрицательное сопротивление

NEMP [nuklear-elektromagnetischer Puls] элек-

NF [Niederfrequenz] 1. низкая частота, НЧ; звуковая частота; *тлг* тональная частота 2. низкая (радио)частота — тромагнитный импульс, вызванный ядерным взрывом

NF [Niederfrequenz] 1. низкая частота, НЧ; звуковая частота; *тлг* тональная частота 2. низкая (радио)частота

NFMR [nichtlineare ferromagnetische Resonanz] нелинейный ферромагнитный резонанс

NFV [Niederfrequenzverstärker] усилитель низкой частоты, УНЧ

n-Ge германий (с электропроводностью) *n*-типа

NHK [NIPPON HOSO KYOKAI] Японская радиовещательная корпорация

NICAM [near instantaneosly companded audio multiplex] уплотнение квазимгновенно компандированных звуковых сигналов

NIK [Negativimpedanzkonverter] преобразователь отрицательных сопротивлений, ПОС

NL [Negativleitfähigkeit] отрицательная проводимость

nMOS, NMOS [n-channel metaloxide-Semiconductor] *n*-канальная МОП-структура, *n*-МОП-структура

NMRS [National mobile radio system] Национальная система подвижной радиосвязи (*США*)

NOVRAM [non-volatibe RAM] ОЗУ, сохраняющее информацию при выключении электропитания

Np непер, Нп

NR [noise reducer] шумоподавитель

NR [noise reduction] подавление шумов

NR [nonreproducing] невоспроизводимый

NRF [nichtrekursives Filter] нерекурсивный фильтр

NRZ [nonreturn-to-zero] без возвращения к нулю, БВН

NRZ-ASE [«non-return-to-zero» mit angepaßter spektraler Energieverteilung] код без возвращения к нулю с согласованным спектральным распределением энергии

NS [Nummernschalter] 1. номеронабиратель 2. номерник, номерной коммутатор 3. оцифрованный переключатель

n-SGT n-канальная технология МОП ИС с поликремниевыми затворами

NT [Nachrichtentechnik] техника связи

NTC [negative temperature coefficient] отрицательный температурный коэффициент, ОТК

NTG [Nachrichtentechnische Gesellschaft] Научно-техническое общество электросвязи (*ФРГ*)

NTK [negativer Temperaturkoeffizient] отрицательный температурный коэффициент, ОТК

NTSC [National Television System Committee] 1. Национальный комитет по телевидению, НТСЦ (*США*) 2. НТСЦ (*система цветного телевидения США*)

NTZ [Nachrichtentechnische Zeitschrift] «Техника связи» (*журнал ФРГ*)

NÜ [Nachrichtenübertragung] передача информации *или* сообщения

NÜ [Nachübertrager] выходной трансформатор

NV [Niederfrequenzverstärker] усилитель низкой частоты, УНЧ

NV... [Niedervolt...] низковольтный

NW [Netzwerk] 1. сеть 2. цепь; схема; контур 3. многополюсник; четырёхполюсник

NWDR [Nordwestdeutscher Rundfunk] Северо-западное радио (*ФРГ*)

o, O [Oszillator] 1. генератор 2. задающий генератор (*передатчика*); гетеродин (*приёмника*) 3. вибратор, элементарный излучатель

o, O [output] 1. выход 2. выходное устройство; устройство вывода 3. выходной сигнал 4. выходные данные 5. выходная мощность

OA [operational amplifier] операционный усилитель

OA [Organisationsanweisung] служебная инструкция

OA [Ortsamt] местная телефонная станция

OB [Ortsbatterie] *тлф* местная батарея, МБ

OBd [oberes Band] верхняя полоса

OBL [optischer Belegleser] оптическое устройство считывания документов

OC [Operationscharakteristik] рабочая характеристика

OCR [optical character reader] оптическое устройство считывания знаков

OCR [optical character recognition] оптическое распознавание знаков

oct, OCT [octave] октава

O-D [Ordnung-Defekt] порядок — беспорядок (*о структуре*)

OD [output disconnect] разъединение *или* блокировка выхода

ODL [optical delay line] оптическая ЛЗ

Oe [Oersted] эрстед, Э

OEIC [optoelectronic integrated circuit] оптоэлектронная ИС

OEM [original Equipment Manufacturer] основной изготовитель оборудования

OES [optisches Erkennungssystem] оптическая система распознавания

OFL [off-line] 1. автономный, независимый 2. (работающий) независимо от основного оборудования

OFLW [Ortsfernleitungswähler] универсальный линейный искатель (*для местной и междугородной связи*)

OFN [Ortsfernsprechnetz] местная телефонная станция

OFT [optisches Feldtelefon] оптический полевой телефонный аппарат

OFW [Oberflächenwellen-Filter] фильтр на ПАВ, ПАВ-фильтр

OG [ORgate] логический элемент ИЛИ

OG [output generator] выходной генератор

OGW [Ortsamtsgruppenwähler] групповой искатель местной телефонной станции

OIC [optical integrated circuit] оптическая ИС; оптоэлектронная ИС

OIR [Organisation Internationale le Radiodiffusion] Международная организация радиовещания, МОР

OIRT [International Radio and Television Organisation] Международная организация радиовещания и телевидения, ОИРТ

Ok [Ortskabel] 1. кабель местной связи 2. абонентский кабель

OL [on-line] 1. неавтономный 2. (работающий) под управлением основного оборудования

3. (работающий) в реальном (масштабе) времени
OL, Ol [Orts(verbindungs)leitung] линия местной связи
OLE [optical logic element] оптический логический элемент
O&M [operation and maintenance] текущее обслуживание и ремонт
ON [Ortsnetz] местная (телефонная) сеть
ONL *см.* **OL**
OP [Operation] 1. операция, действие 2. работа; функционирование 3. *вчт* команда; инструкция
op amp [operational amplifier] операционный усилитель
op com оптическая связь
OPDAK [optical detection and ranging] оптический локатор
OPDARS [optical detection and ranging system] система оптической локации
OPO [optical parametric oscillator] оптический параметрический генератор
OpR [Operationsregister] регистр операции
Op/S [Operations/S] число операций в секунду
opto [optoelectronics] оптоэлектроника
OPV [Operationsverstärker] операционный усилитель
ORF [Österreichischer Rundfunk] Радиовещание Австрии
OROS [optical read only storage] оптическое ПЗУ
ORZ [Organisations- und Rechenzentrum] Центр организации и обработки данных (*ФРГ*)
OS [operational System, Operationssystem] операционная система, ОС
OSB [oberes Seitenband] верхняя боковая полоса
OS/ES [Operationssystem/Einheitssystem] операционная система единой системы ЭВМ, операционная система ЕС ЭВМ
OTA [Operational Transconductance Amplifier] операционный усилитель с регулируемым усилением
OTS [Orbital Test Satellite] (Европейский) орбитальный экспериментальный спутник
out [output] 1. выход 2. выходной сигнал
OV [Operationsverstärker] операционный усилитель
OVD [Outside Vapor Deposition] внешнее осаждение (*напр.* осаждение на внешнюю стенку трубки) из паровой фазы
OVD [overlay vapor deposition] осаждение защитного [внешнего] покрытия из паровой фазы
ÖVE [Österreichischer Verband für Elektrotechnik] Австрийское объединение электротехники
OVL [Ortsverbindungsleitung] линия местной связи
OVSt [Ortsvermittlungsstelle] местная телефонная станция
OWF [Optimum Working Frequency] оптимальная рабочая частота, ОРЧ
OXIM [oxide-isolation of microdevices (process)] технология оксидной изоляции ИС
P [proportional (wirkend)] пропорциональный
P [Pentode] пентод

P [Potentiometer] потенциометр
P [Programm] программа
PA [parametric amplifier] параметрический усилитель
PA [Pegelanpassung] согласование уровней
PA [public-address] трансляционный
PA [pulse amplifier] импульсный усилитель
PACE [processing and control element] микропроцессор на одном кристалле, однокристальный микропроцессор
PAL [Phase-Alternation-Line] система (цветного телевидения) ПАЛ (*ФРГ*)
PAM [Pulsamplitudenmodulation] амплитудно-импульсная модуляция, АИМ
PAM-FM [Pulsamplitudenmodulation mit Frequenzmodulation des HF-Trägers] амплитудно-импульсная модуляция с частотной модуляцией высокочастотной несущей, АИМ-ЧМ
PANAR [panoramic radar] панорамная РЛС
PANTEL [PDM-Anodenmodulation-System Telefunken] широтно-импульсная система модуляции на анод фирмы «Телефункен» (*ФРГ*)
PAR [Precision Approach Radar, Präzisionsanflugradar] (точная) РЛС управления заходом на посадку
paramp [parametric amplifier] параметрический усилитель
PBM [Pulsbreitenmodulation] широтно-импульсная модуляция, ШИМ
PBS [Plattenbetriebssystem] вычислительная система с файлом на дисках
PC [Personalcomputer] персональная ВМ, персональный компьютер
pc, PC [printed circuit] печатная схема
PCB [printed circuit board] печатная плата
PCCD [peristaltic charge-coupled device] перистальтический ПЗС
PCCD [polysilicon charge-coupled device] ПЗС с электродами из поликристаллического кремния
PCM [Pulscodemodulation] импульсно-кодовая модуляция, ИКМ
PCM-LOG [logarithmisch kompandierte Pulscodemodulation] ИКМ с компандированием входного сигнала по логарифмическому закону
PCT [photon-coupled transistor] оптотранзистор
PD [Paralleldrucker] печатающее устройство параллельного действия
PD [photodiode] фотодиод
PDM [Pulsdauermodulation] широтно-импульсная модуляция, ШИМ
PDP [power-delay product] произведение времени задержки сигнала на мощность рассеяния
PE [paraelektrisch] параэлектрический
PE [phase encoding] фазовое кодирование
PE [photoelectric] фотоэлектрический
PE [Projektionseinrichtung] 1. проекционная установка; проекционная система 2. *микр.* установка проекционной литографии
PEA [Prozeßeingabe- und Ausgabeeinrichtung] устройство ввода и вывода данных процесса
PED [proton enhanced diffusion] диффузия, ускоряемая протонами

pel [picture element] элемент изображения
PEM [photoelectromagnetic] фотоэлектромагнитный
PER [paramagnetische Elektronenresonanz] парамагнитный электронный резонанс
PFET [p-channel field-effect transistor] p-канальный полевой транзистор
PFI [photon flow integrating, Photonenflußintegration] интегрирование фотонного потока
PFM [Pulsfrequenzmodulation] частотно-импульсная модуляция, ЧИМ
PGM [Programm] программа
ph [Phot] фот, ф
PHD [Pin-hole-Dichte] плотность микроотверстий
Phigs [Programmer's Hierarchical Interactive Graphics System] иерархическая интерактивная графическая система программиста
photoparamp [photoparametric amplifier] фотопараметрический усилитель
PIA [peripheral interface adapter] адаптер сопряжения с периферийными устройствами
picel [picture element] элемент изображения
PIM [pulse interval modulation] фазово-импульсная модуляция, ФИМ
PISFET [Power Silicon FET] мощный кремниевый полевой транзистор
pixel [picture element] элемент изображения
PKA [Produktionskontrollanlage] установка для контроля производственного процесса
PKLA [Produktionskontroll- und Lenkungsanlage] система контроля и управления производственным процессом
PKM [Pulskodemodulation] импульсно-кодовая модуляция, ИКМ
Pko [Papierkondensator] бумажный конденсатор
PL [phase-locked] фазовая автоподстройка
PL [plug] вилка (*электрического соединителя*); штепсель; штекер
PL [Prüflampe] контрольная ламп(очк)а
PL [pulse length] длительность импульса
PLA [programmable logic array] программируемая логическая матрица, ПЛМ
PLD [phase-locked demodulator] демодулятор с фазовой автоподстройкой
PLID [packaged leadless device] прибор в безвыводном корпусе
PLL [phase-locked loop] контур фазовой автоподстройки частоты, контур ФАПЧ
PLM [Pulslängenmodulation] *см.* PDM
PLO [phase-locked oscillator] параметрон
PM [Permanentmagnet] постоянный магнит
PM [Phasenmodulation] фазовая модуляция, ФМ
PM [Pulsmodulation] импульсная модуляция, ИМ
PME [photomagnetoelectric] фотомагнитоэлектрический
PMMA [Polymethylmethakrylat] полиметилметакрилат (*позитивный электронорезист*)
p-MOS, PMOS [p-Kanal-MOS] МОП-структура с каналом p-типа, p-МОП-структура
pos [positive] 1. (с электропроводностью) p-типа 2. позитивный

PPI [plan position indicator] индикатор кругового обзора, ИКО
PPI [programmable peripheral interface] программируемый интерфейс периферийных устройств
PPM [Pulsphasenmodulation, Pulspositionsmodulation] фазово-импульсная модуляция, ФИМ
PPP [parallel push-pull] параллельный двухтактный
PPP [peak pulse power] максимальная мощность импульса
PPU [peripheral processing unit] периферийный процессор
Pr [Programmierung] программирование
Pr [Prüfung] 1. испытание 2. проверка, контроль 2. тест; тестирование
PRA [Prozeßrechner(anlage)] ВМ для управления (производственными) процессами
PRBS [pseudo random binary sequence] псевдослучайная последовательность двоичных знаков
PRC [printed resistor circuit] схема с печатными резисторами
preamp [preamplifier] предварительный усилитель, предусилитель
PROM [Pockels readout optical modulator] оптическое ЗУ *или* оптическая память на эффекте Поккельса
PROM [programmable-only memory] программируемое ПЗУ, ППЗУ; программируемая постоянная память
ps [Pikosekunde] пикосекунда, пс
PS [Peilstation] пеленгаторная станция
PS [Programmiersystem] система программирования
PS [polysilicon] поликристаллический кремний
PSFET [polysilicon field-effect transistor] полевой транзистор на основе поликристаллического кремния
PSK [phase-shift-keying] фазовая манипуляция, ФМн
PSM [Pulssteigungsmodulation] модуляция по крутизне наклона импульса
PSNR [power signal-to-noise ratio] отношение сигнал/шум по мощности
PSO [parametric subharmonic oscillator] параметрический генератор субгармоник, параметрон
PSU [Parallel-Serien-Umsetzer] преобразователь параллельного кода в последовательный
PTC [positive temperature coefficient] положительный температурный коэффициент, ПТК
PTEE [polytetrafluoroethylene] политетрафторэтилен
PTM [pulse-time modulation] временна́я импульсная модуляция, ВИМ, широтно-импульсная модуляция, ШИМ
RTT [Post, Telefon und Telegraf] почта, телефон и телеграф
PWB [printed wiring board] печатная плата
PWM [pulse-width modulation] широтно-импульсная модуляция, ШИМ, временна́я импульсная модуляция, ВИМ
PZ [pressure-zone] давление на границе двух зон
PZT [Blei-Zirkonat-Titanat] керамика из олова,

циркона́та, титана́та (*для пьезоэлектрических преобразователей*)

PZT [piezoelectric transducer] пьезоэлектрический преобразователь

Q [Qualität] **1.** качество **2.** добротность (*контура*)

Q [Quotient] **1.** отношение; коэффициент **2.** *мат.* частное

QA [Quittungsabgaberelais] реле передачи квитирования

QAM [Quadraturamplitudenmodulation] квадратурная АМ

QED [Quantum Effect Device] прибор, основанный на квантовых эффектах

QFM [quantized frequency modulation] ЧМ с квантованием

QM [Quermodulation] **1.** перекрёстная модуляция, кросс-модуляция **2.** квадратурная модуляция

QO [Quarzoszillator] кварцевый генератор, генератор с кварцевой стабилизацией частоты

QPPM [quantized pulse position modulation] фазово-импульсная модуляция с квантованием

Q-PSK [quadrature phase-shift modulation] квадратурная манипуляция фазовым сдвигом, квадратурная фазовая манипуляция

QSL (*können Sie mir Empfangsbestätigung geben*) код любительской радиосвязи

Quam, QUAM [Quadraturamplitudenmodulation] квадратурная АМ

QUIL [quad in-line] четырёхрядное расположение выводов

QUIP [quad in-line package] плоский корпус с четырёхрядным расположением выводов

r [Reflexionsfaktor] коэффициент отражения

r [Röntgen] рентген, Р

r [Ruhekontakt] размыкающий контакт

R [Rechnung] **1.** вычисление; счёт; подсчёт; расчёт **2.** исчисление

R [Register] регистр

R [Röntgen] рентген, Р

R [Rückmeldung] **1.** ответное сообщение **2.** *тлг* квитирование **3.** обратная сигнализация

R [Rundfunk] **1.** радиовещание **2.** телевизионное вещание **3.** радио

R [Widerstand, ohmscher] омическое сопротивление

R^1 [Widerstandsbelag] погонное сопротивление

ra [Ruhe-Arbeitskontakt] контакт покоя и работы

RA [Rechenanlage] вычислительная машина, ВМ

RA [Richtantenne] направленная антенна

RA [Richtungsanlage] пеленгаторная станция

RADAN [Radio Detection and Navigation] РАДАН (*Американская система радионавигации для управления воздушным движением*)

radar, RADAR [radio detection and ranging] **1.** радиолокатор, радиолокационная станция, РЛС **2.** радиолокация

RA DUX гиперболическая система дальней навигации

RALU [register and arithmetic/logic unit] регистровое и арифметико-логическое устройство, РАЛУ

RAM [random access memory] ЗУ с произвольной выборкой, ЗУПВ; память с произвольной выборкой

RAMPS [Resource Allocation and Multi Project Scheduling] система планирования и управления крупными разработками (*США*)

RARC [Regional Administrative Radio Conference] региональная административная радиоконференция

RBI [Radio Berlin International] международное радиовещание Берлина (*ГДР*)

RC [resistance-capacitance] резистивно-ёмкостный, RC

RCA, R.C.A. [Radio Corporation of America] фирма Ар-си-эй (*США*)

RCTL [Resistor-Capacitor-Transistor-Logik] резистивно-ёмкостная транзисторная логика, РЕТЛ

rd, RD [Ratiodetektor] (фазовый) детектор отношений

RD [Rauschdiode] шумовой диод

R/D [reflekt-direct] отражённый/прямой

RDS [Radio-Daten-System] система радиоинформации

RE [rare earth] редкоземельный

RE [Rundfunkempfänger] радиовещательный приёмник

refl. [Reflexion] отражение

refl. [Reflektor] **1.** рефлектор **2.** отражатель; зеркало

Reg [Regler] регулятор

rel, REL [Relais] **1.** реле **2.** радиорелейная станция

RELP [Residual Excited Linear Prediction] предсказание по базовой составляющей (*сигнала*)

REM [Rasterelektronenmikroskop] растровый электронный микроскоп

REM [Regeln für Bewertung und Prüfung elektrischer Maschinen] правила для контроля и испытаний электрических машин

RER [Robotron-Elektronik Radeberg] Объединение по производству электронной аппаратуры Роботрон (*ГДР*)

Rf [Rundfunk] **1.** радиовещание **2.** телевизионное вещание **3.** радио

R + F [Radio- und Fernsehtechniker] радио и телевизионные техники

RfestD [Rundfunkentstörungsdienst] служба борьбы с радиопомехами

RFF [Richtfunkfeuer] направленный радиомаяк

RfSD [Rundfunkstörungsdienst] служба борьбы с радиопомехами

RFT [Radio- und Fernmeldetechnik] радиотехника и техника связи

Rfz [Rufzeichen] **1.** позывной сигнал **2.** сигнал вызова

RFZ [Rundfunk- und Fernsehtechnisches Zentralamt] Центральное управление радио- и телевещания (*ГДР*)

RG [Radargerät] радиолокатор, радиолокационная станция, РЛС

RG [Raumladungsgitter, Raumladegitter] катодная сетка

RGS [Resistive Gate Sensor] преобразователь свет — сигнал с резистивными затворами, фоторезистивный приёмник излучения

RGT [resonant-gate transistor] транзистор с резонансным затвором
RGU [rechnergestützter Unterricht] обучение с использованием ЭВМ
RGW [Rat für Gegenseitige Wirtschaftshilfe] Совет Экономической Взаимопомощи, СЭВ
RH [Hilfsrelais] вспомогательное реле
RIAS [Rundfunk im amerikanischen Sektor] радиовещание американского сектора (*Западный Берлин*)
Rif [Richtfunk] 1. направленная радиосвязь 2. радиорелейная связь
RIGFET [resistive-insulated gate field-effect transistor] полевой транзистор с резистивным изолированным затвором
RIS [resistor-insulator-semiconductor] структура резистор—изолятор—полупроводник
RISAFMONE (*Kode zur Kennzeichnung der Sendegüte von Funksendungen*) код для характеристики качества радиопередачи
RiT [Richtungstaste] кнопка реверсирования
RK [Rückkopplung] обратная связь
RKL [Rufkontrollampe] лампа контроля вызова
rkt, RKT [Rakete] ракета
RMI [radio magnetic indicator] радиомагнитный указатель (*прибор, показывающий направление самолёта, относительный и магнитный пеленги и пеленг радиостанции*)
R/MIS [refractory metal-insulator-semiconductor] МДП-структура с затвором из тугоплавкого металла
RMM [read-mostly memory] полупостоянное ЗУ; полупостоянная память
RMS [Rauschminderungssystem] система подавления шумов
Rö [Röhre] 1. лампа (*электронная, ионная*) 2. электронно-лучевая трубка, ЭЛТ
RO [Rechenoperation] арифметическая *или* вычислительная операция
Rollko [Rollenkondensator] рулонный (бумажный) конденсатор
ROM [read only memory] постоянное ЗУ, ПЗУ; постоянная память
rot [Rotation] вращение
rot [Rotor] ротор
rr [Ruhe-Ruhekontakt] двойной размыкающий контакт
RR [Resultatregister] накапливающий регистр, аккумулятор
RRB [radio range beacon] курсовой радиомаяк
RS [Relais] реле
RS [Resonanzrelais] резонансное реле
RS [Rufschalter] вызывной ключ
RsA [Rundstrahlantenne] направленная антенна
RSM [Ruf- und Signalmaschine] устройство формирования акустических и вызывных сигналов
RSp [Random(-access)-Speicher] ЗУ *или* память с произвольной выборкой
RSP [responder beacon] маяк-ответчик
rt [Regelungstechnik und Prozeßdatenverarbeitung] научно-технический журнал по управлению, регулированию и автоматизации ГДР
RT [Radiotechnik] радиотехника
RT [Radiotelefonie] радиотелефония

RT [Radiotelegrafie] радиотелеграфия
RT [Rückstelltaste] клавиша *или* кнопка возврата
RT [Ruftaste] вызывная кнопка; вызывной ключ
RTF [Radio Télévision Française] Французское радио и телевидение
RTL [Resistor-Transistor-Logik] резисторно-транзисторная логика, РТЛ
RU [Richtungsumsetzung] перемена направления
RU [Rufübertragung] передача вызова
Rufz [Rufzeichen] 1. позывной сигнал 2. вызывной сигнал, сигнал вызова
RVM [Röhrenvoltmeter] ламповый вольтметр
RVS [Rauschverminderungssystem] система подавления шумов
RW [Rechenwerk] 1. арифметическое устройство, АУ (*ВМ*) 2. счётчик 3. вычислительное устройство, вычислитель; процессор
RW [Regelwiderstand] регулировочный резистор; реостат
RW [Richtungswähler] искатель [селектор] направления
RW [Richtungswechsler] реверсирующий переключатель, реверсор
RW [Richtungsweiche] направленный фильтр
RWM [read/write memory] ЗУ *или* память с оперативной записью и считыванием
RX кодовое обозначение приёмника коротковолновика-любителя
RZ [Rechenzentrum] вычислительный центр, ВЦ
RZ [return-to-zero] с возвращением к нулю
RZ [Ringzähler] кольцевой счётчик
RZS [Raum-Zeit-System] пространственно-временна́я система
S [Schalter] 1. переключатель 2. выключатель 3. коммутатор 4. ключ, тумблер
S [Scheinleistung] кажущаяся мощность
S [Sender] 1. радиопередатчик 2. генератор 3. излучатель 4. устройство [блок] передачи, передатчик (*напр. сообщений*) 5. тлг трансмиттер
S [Sendung] 1. радиопередача 2. посылка (*напр. тока*) 3. передача (*напр. сообщений*)
S [Sicherung] предохранитель
S [Siebfaktor] коэффициент фильтрации
S [Signal] сигнал
S [Station] станция
S [Steilheit] крутизна
S [stereo] объёмный, стерео
S [Strahlungsdichte] плотность излучения
S [Stromdichte] плотность тока
S [Synchronisation] синхронизация
S [Synchronisationsimpuls] синхронизирующий импульс
S[1] [Oberflächenstromdichte bei extremem Skineffekt] поверхностная плотность тока при скин-эффекте
Sa [Sammler] 1. аккумулятор 2. коллектор
Sa [Sendeantenne] передающая антенна
SAILS [simplified aircraft instrument landing system] нвг упрощённая система посадки по приборам
SAM [serial access memory] ЗУ *или* память с последовательной выборкой
SAMNOS [self-aligned gate metal-nitride-

oxide-semiconductor] МНОП-структура с самосовмещёнными затворами

SAMOS [self-aligned gate metal-oxide-semiconductor] МОП-структура с самосовмещёнными затворами

SAMOS [stacked-gate avalanche-injection MOS] лавинно-инжекционная МОП-структура с многоуровневыми затворами

SAR [Specific Absorption Rate] коэффициент удельного поглощения

SAR [System der selbsttätigen Regelung] САР, система автоматического регулирования

SARC [successive approximation register logic and comparation] ИМС, состоящая из компаратора и цифровой логики (*подбора кода*)

SAS [Scandinavian Airlines System] скандинавское общество воздушных сообщений

SATO [Selbstjustierende Dick-Oxid-Technologie] технология самосовмещения с толстым оксидным слоем

SATO [Self-aligned thick-oxide (process)] технология МОП ИС с самосовмещёнными затворами и толстым оксидным слоем

SATRAM [système d'atterrissage à trajectoires multiples] *нвг* система посадки с кодированной ЧМ несущей частоты качающегося луча

SAV [Siemens-Antennenverstärker] антенный усилитель фирмы «Сименс» (*ФРГ*)

SAW [spannungsabhängiger Widerstand] варистор

SAW [surface acoustic waves] поверхностные акустические волны, ПАВ

SB [Signalbatterie] сигнальная батарея

SB [Speicherbank] группа блоков памяти

SB [Sperrbereich] **1.** полоса непрозрачности **2.** область отсечки **3.** *пп* область запирания

Sb [Stilb] стильб, сб

SBA [standart beam approach system] заход на посадку с управлением по равносигнальной зоне наземного радиомаяка

SBC [signale-board computer] одноплатная ЭВМ

SBC [standard buried-collector (structure)] стандартная структура (биполярного транзистора) со скрытым коллектором

SBC [Sub Band Coding] (раздельное) кодирование поддиапазонов сигнала

SBD [Schottky barrier diode] диод (с барьером) Шотки

SBS [silicon bilateral switch] кремниевый двунаправленный переключатель

SBT [Surface-Barrier-Transistor] поверхностно-барьерный транзистор

SBTTL [Schottky barrier transistor-transistor logic] транзисторно-транзисторная логика с барьерами Шотки

SCART [Syndicat des Constructeurs d'appareils radio récepteurs et téléviseurs] европейский унифицированный соединитель «СКАРТ» (*французского объединения фирм-изготовителей бытовой радиоэлектронной аппаратуры, принят европейскими странами*)

SCAT [surface-controlled avalanche transistor] поверхностно-управляемый лавинный транзистор

SCCD [surface charge-coupled device] ПЗС с поверхностным каналом

SCCD (FT) [surface-CCD (Frame-Transfer), Oberflächen-CCD (Frame-Transfer)] ПЗС с поверхностным каналом и переносом кадра

Sch [Schalter] **1.** переключатель **2.** коммутатор **3.** выключатель **4.** ключ; тумблер **5.** *прогр.* переключатель

SchDr [Schnelldrucker] быстродействующее печатающее устройство

SCM [scratch pad memory] сверхоперативная память, блокнотовая память

SCP [session control protocol] протокол управления соединением

SCR [silicon controlled rectifier] кремниевый управляемый выпрямитель, кремниевый тиристор

SCS [silicon controlled switch] тиристорный переключающий тетрод

SCT [smoothed coherence transform] сглаженное когерентное преобразование

SCT [surface controlled transistor] поверхностно-управляемый (полевой) транзистор

SD [Schnelldrucker] быстродействующее печатающее устройство

SD [Seriendruckeinrichtung, Seriendrucker] печатающее устройство последовательного действия

SDFL [Schottky-diode FETlogic] логические схемы на полевых транзисторах с диодами Шотки

SDHT [Selective Doped Hetereostructure Transistor] транзистор с селективно легированной гетероструктурой

SDMA [space division multiple access] одновременная работа (ответчика спутника) с несколькими остронаправленными антеннами

SDR [Süddeutscher Rundfunk] радиовещание Юга ФРГ

SDW [Sonderdrahtwiderstand] специальный проволочный резистор

SE [Schaltelement] схемный элемент

SE [Sekundärelektron] вторичный электрон

SE [Sekundäremission] вторичная эмиссия

SE [Senderempfänger] приёмопередатчик

SE [Sendung-Empfang] передача — приём

SE [Sicherheitserde] защитное заземление

SE [Spannungseinheit] единица (измерения) напряжения

S.E.A. [Sosiété d'Electronique et d'Automatisme] Общество по электронике и автоматике (*Франция*)

SECAM [Système sèquentiel couleurs à mémoire] система (цветного телевидения) СЕКАМ (*Франция*)

SECL [Schottky emitter-coupled logic] эмиттерно связанная логика с барьерами Шотки

SECL [symmetrical emitter-coupled logic] симметричные логические схемы с эмиттерными связями

SEE [Sekundärelektronenemission] вторичная электронная эмиссия

SEE [Sende-Empfang-Einrichtung] приёмо-передающая установка

SEM

SEM [Rasterelektronenmikroskop] растровый электронный микроскоп
Send. см. **S** [Sender]
SES [Sendererkennungssignal] опознавательный [позывной] сигнал передатчика
SES [Société Européenne des Satellites] Европейское общество спутникового вещания (*Люксембург*)
SESAM [Satelliten Erde Station, autark und mobil] (автономная и передвижная) земная станция спутниковой связи «СЕЗАМ»
SETAC [Sektor-TACAN] угломерно-дальномерная радионавигационная система ближнего действия «Такан»
SEU [Sende-Empfang-Umschalter] переключатель «передача — приём»
SEV [Schweizer Elektrotechnischer Verein] Швейцарское общество электротехников
SEV [Sekundärelektronenvervielfacher] вторично-электронный умножитель, ВЭУ
SEV [Sendereingangsverstärker] входной усилитель передатчика
SF [Lichtempfindlichkeit einer Fotozelle] светочувствительность фотоэлемента
SF [Saugfähigkeit] поглощающая [абсорбционная] способность
SFB [Sender Freies Berlin] радиовещание Западного Берлина
SFET [Schottky field effect transistor] полевой транзистор с барьером Шотки
SFET [Schottky(-gate) field-effect transistor] полевой транзистор с затвором Шотки
SFET [Sperrschichtfeldeffekt-Transistor] полевой транзистор с управляющим p—n-переходом
SFL [substrate feld logic] логические схемы с питанием через подложку
S/FRN [Signal/Fixed Pattern Noise] отношение сигнал/помехи от дефектов структуры (*в ПЗС*)
SFU [Spannungs-Frequenz-Umsetzer] преобразователь напряжение — частота
SG [Schirmgitter] экранирующая сетка
SG [Sichtgerät] **1.** устройство визуального отображения, визуальный индикатор, дисплей **2.** рлк индикатор
SG [Signalgenerator] генератор (электрических) сигналов
SGE [Sammelgesprächseinrichtung] *тлф* устройство для двухсторонней групповой связи
SGT [silicon gate transistor, Siliziumgatetransistor] (полевой) транзистор с кремниевым затвором
SGT-MOS [silicon gate technology MOS] технология МОП-схем с кремниевыми затворами
SGW [Schnellamtsgruppenwähler] групповой искатель междугородной телефонной станции с немедленной системой эксплуатации
SH [Superheterodyne] супергетеродин
shf, SHF [superhohe Frequenzen] СВЧ, сверхвысокие частоты (3—30 ГГц)
SHOE BOX ШУБОКС (*устройство для непосредственного ввода цифр в машину голосом*)
Shoran [short range navigation] радионавигационная система ближней навигации «Шоран»

SMO

Si [Sicherung] **1.** предохранение; защита **2.** предохранитель
SI [Selbstinduktivität] собственная индуктивность
SIF [standard interface] стандартный интерфейс
SIK [Superikonoskop-Kamera] камера на суперинконоскопе
SIO [serial input-output] блок ввода — вывода с последовательным интерфейсом
SIS [Sound-in-Sync] передача звукового сопровождения в интервалах строчных синхронизирующих импульсов
SIT [silicon intensifier target tube] суперкремникон
SIT [static induction transistor] транзистор со статической индукцией
SK [Schaltkasten] распределительный ящик
SK [Sekundärgruppenkoder] устройство кодирования вторичных групп
SK [Sicherheitskoeffizient] коэффициент надёжности
SKL [Schlußkontrollampe] *тлф* контрольная отбойная лампа
SKP [Kippschalter] перекидной выключатель, тумблер
SKRE [Ständige Kommission für radiotechnische und elektronische Industrie] Постоянная комиссия радиотехнической и радиоэлектронной промышленности (*в рамках СЭВ*)
SKS [Ständige Kommission für die Zusammenarbeit auf dem Gebiet der Standardisierung] Постоянная (объединённая) комиссия по стандартизации (*ГДР*)
Skt [Skalenteil] деление шкалы
Skw [Skalenwert] цена деления шкалы
SL [Schlußlampe] *тлф* отбойная лампа
S²L [self-aligned super-integration logic] самосовмещённые логические схемы сверхвысокой степени интеграции
SLS [Schreib-Lese-Speicher] оперативное ЗУ, ОЗУ; оперативная память
SLT [Solid logic technology] СЛТ (*технология изготовления логических схем на твёрдом теле фирмы ИБМ, США*)
SLUG [superconducting low-inductance undulatory galvanometer] сверхпроводящий низкоиндуктивный ондуляторный гальванометр, «СЛАГ»
SLW [Sammelanschluß-Leitungswähler] линейный искатель группового присоединения
SM [Supermodulation] премодуляция
SMC [Slow Motion Controller] *зап.* блок управления замедлением
SMD [Sony Magnetic Diode] магнитодиод фирмы Сони (*Япония*)
SMD [Surface Mounted Devices] **1.** (радио)элемент (для) монтажа на поверхности **2.** узел с монтажом на поверхности
Sm-FAZ [Sammel-Fernanrufzeichen] циркулярный сигнал междугородного вызова
Sm-MAZ [Sammel-Meldeanrufzeichen] циркулярный сигнал оповещения
SMOKE [Surface Magneto-Optic Kerr Effect] магнитооптический эффект Керра (на) поверхности

SMOS [Complementär-Metallic-Oxided-Semiconductor] комплементарная МОП-структура, КМОП-структура
SMS [semiconductor-metal-semiconductor] структура полупроводник — металл — полупроводник
S/N [signal/noise (ratio)] отношение сигнал/помеха
SO [Schleifenoszillograf] шлейфовый осциллограф
Sofar [sound finding and ranging] Софар, прибор для акустической пеленгации и измерения дальности
Sonar [sound navigation and ranging (system)] гидроакустическая станция, ГАС
SOS [Internationales Notzeichen] международный (радио)сигнал бедствия, SOS
SOS [Silicon-On-Saphire, Silizium auf (dem) Saphir] «кремний на сапфире», КНС
SOSIC [Silicon-On-Sapphire Integrated Circuit] ИС структуры «кремний на сапфире», ИС КНС
Sp [Speicher] 1. запоминающее устройство; ЗУ; память; накопитель 2. аккумулятор
SP [Signalplatte] сигнальная пластина
S.P. [Seitenpeilung] 1. пеленгование по азимуту 2. бортовой пеленг
SPADE [single channel per carrier PCM multiple access demand assignment equipment] использование ответчика спутника несколькими земными станциями (с различными ИМ-несущими) с разделением во времени
SPE [Speichereinrichtung] запоминающее устройство, ЗУ; память; накопитель(ное устройство)
Spessart [Studio-Prüfzeilen-Meßsystem zur Erfassung von Signalverzerrungen für Statistik, Alarmierung, Registrierung und Trendanalyse] студийная аппаратура многоцелевых измерений методом испытательной строки
Spg [Spannung] напряжение
SP-GK [Serie-Parallel Gegenkopplung] последовательно-параллельная обратная связь
SPICE [Space Payload Integration Centre] центр координации европейских организаций по программе «Космической лаборатории»
SpK [Sprechkanal] телефонный [разговорный] канал
SpM [Sperrmagnet] удерживающий (электро)магнит
Spr [Sprechzeug] гарнитура телефонистки; микротелефонная трубка
SPS [Schalt- und Prüfstelle] коммутаторная и контрольная станция (*в системе международной телеграфной связи*)
SPS [speicherprogrammierbare Steuerung] управление при помощи программы, хранимой в памяти
SpT [Spannungsteiler] 1. делитель напряжения 2. потенциометр
SpT [Spartransformator] автотрансформатор
SpT [Sperrtaste] кнопка с арретиром, блокировочная кнопка
SpW [Speicherwähler] переключатель *или* коммутатор (блоков) памяти

SpZ [Speicherzelle] ячейка памяти
SpZ [Sperrzeichen] 1. сигнал блокировки; сигнал занятости 2. запрещающий сигнал
SQ [Signalquelle] источник сигнала
SQK [statistische Qualitätskontrolle] статистический контроль качества
SQUID [superconducting quantum interference device] *кв. эл.* сверхпроводящий квантовый интерференционный датчик, сквид
SR [Schieberegister] сдвиговый регистр
SR [Senderelais] 1. передающее тело 2. реле передачи
S/R [Signal-Rauschverhältnis] отношение сигнал/шум
SR [Steuerrelais] 1. командное [управляющее] реле 2. исполнительное реле
SR [Surveillance Radar] обзорная РЛС
SRAM [Static Random Access Memory] статическое ЗУ с произвольной выборкой, СЗУПВ
SRG [Schweizerische Rundspruch-Gesellschaft] Швейцарская радиовещательная компания
SRV [Signal-Rausch-Verhältnis] отношение сигнал/шум
SS [Sendersieb] фильтр передатчика
SS [Steuerschalter] 1. управляющий выключатель 2. *вчт* программный переключатель 3. контроллер
SS [Störschutz] защита от помех
SSB [Single-Sideband] с одной боковой полосой
SSF [Siemens-Selen-Flachgleichrichter] плоский [галетный] выпрямитель фирмы «Сименс» (*ФРГ*)
SSI [small scale integration, geringe Integrationsdichte] низкая степень интеграции
SSIC [Solid State Image Converter] полупроводниковый преобразователь свет — сигнал
SSL *см.* S^{2}L
SSM [Signalsendemodler] модулятор сигналов передатчика
SSR [Secondary Surveillance Radar] РЛС с активным ответом
SSTV [Slow Scan Television] малокадровое телевидение
St [Stecker] штекер
St [Stabilovolt] стабилитрон
St [Stamm] основная [физическая] цепь
St [Startimpuls] запускающий импульс
St [Station] 1. станция 2. радиостанция
St [Stern] соединение (цепей) звездой
St [Sternverseilung] скрутка звездой
St [Stöpsel] штепсель; штекер
St [Stunde] час
ST [Schlußtaste] *тлф* кнопка отбоя [разъединения]
STB [Strobe] стробирующий импульс, строб-импульс
Std [Stunde] час
Ste, STE [Steuereinheit] блок управления; контроллер
STEM [scanning transmission electron microscope] растровый просвечивающий электронный микроскоп
Stg [Steuergerät] 1. прибор управления; контроллер 2. автопилот

STG [Steuergenerator] задающий генератор
STL [Schottky transistor logic] транзисторные логические схемы с барьерами Шотки
S-TTL [Schottky-Transistor-Transistor-Logik] ТТЛ-схемы с барьерами Шотки
StUs [Stromstoßumsetzer] преобразователь импульсов тока
STW [Steuerwerk] блок [устройство] управления
SV [Sendeverstärker] усилитель мощности передатчика
SV [Silbenverständlichkeit] слоговая разборчивость, (слоговая) артикуляция
SVP [System mit verteilten Parametern] система с распределёнными параметрами
SVR [Super Video Recording] усовершенствованный кассетный видеомагнитофон (*фирмы «Грундиг», ФРГ*)
SW [Software] программное обеспечение; программные средства
SW [Schichtwiderstand] **1.** сопротивление слоя **2.** (тонко)плёночный резистор
SW [Schrittschaltwerk] **1.** шаговый искатель **2.** скачковый (лентопротяжный) механизм
SW [Schwarz-Weiß] чёрно-белое
SW [Suchwähler] *тлф* искатель
SW [Switch] переключатель
SW [Systemtrennweiche] разделительный фильтр в системах с несущей частотой
SWF [Südwestfunk] (Радио)вещание Юго-запада(*ФРГ*)
SWFD [Selbstwählferndienst] автоматическая междугородная связь
SWFV [Selbstwählfernverkehr] *тлф* автоматическая междугородная (телефонная) связь
SWR [standing-wave ratio] коэффициент стоячей волны, КСВ
SWV [Stehwellenverhältnis] коэффициент стоячей волны, КСВ
SX [Simplex] симплекс
Sy [Symbol] **1.** символ **2.** знак; графическое обозначение
SYN [Synchronisation] синхронизация
SZ [Schauzeichen] **1.** визуальный знак; световой сигнал **2.** блинкер
t [Trommelspeicheradresse] адрес в ЗУ *или* памяти на (магнитном) барабане
T обозначение просветлённой оптики на оправе объектива
t, T [Abklingzeit] время затухания
T [Periodendauer] длительность периода; период
T [Tabelle] **1.** таблица **2.** табуляграмма
T [T-Antenne] Т-образная антенна
T [Taste] клавиша; кнопка
T [Telefon] телефон
T [Telefonie] телефония
T [Telegraf] телеграф
T [Telegrafie] телеграфия
T [Temperatur] температура
T [Thermistor] терм(орез)истор
T [Tiefenregler] регулятор НЧ
T [Tonband] **1.** полоса звуковых частот **2.** магнитофонная лента, МЛ **3.** фонограмма
T [Träger] **1.** несущая (частота) **2.** носитель (*заряда, информации*)

T [Trägerfrequenz] несущая частота
T [Transformator] трансформатор
T [Transistor] транзистор
T [Trennlage] **1.** положение размыкания (*реле*) **2.** *тлф* положение разъединения
T [Trimmer] подстроечный конденсатор
T [Triode] триод
T [Zeitkonstante] постоянная времени
T$_F$ (*Mittelwert für den Zeitraum zwischen zwei aufeinanderfolgenden Fehlern im System*) среднее время между (двумя) отказами
TA [Tastatur] клавиатура, клавишный пульт; кнопочный пульт
TA [Telegrafenamt] телеграфное отделение; телеграфная станция
TA [Tonabnehmer] звукосниматель
TACAN [Tactical Air Navigation system] угломерно-дальномерная радионавигационная система (ближнего действия) «Такан»
TAGDAM [Tagesdaten] ежедневно обновляемые данные
TALAR [tactical approach and langing radar, taktisches Anflug- und -Landeradar] тактическая система захода на посадку и посадки
TAS [Tastenschalter] клавишный выключатель
TASI [time assignment by speech interpolation] временно́е уплотнение телефонных каналов
«TAT» [transatlantisches Telefonkabel] трансатлантический телефонный кабель
TB [Telegrafenbatterie] телеграфная батарея
TC [temperature coefficient] температурный коэффициент
TC [thermocompression] термокомпрессия
TD [Tachometerdynamo] тахогенератор
TD [technische Daten] технические данные; параметры
TD [Telegrafendienst] телеграфная служба
TDF-1 вещательный спутник ТДФ-1 (*Франция*)
TDM [time-division multiplex] мультиплексная передача с временны́м разделением (*канала связи*)
TDMA [time division multiple access] **1.** *свз* одновременное использование (ответчика спутника) с временны́м разделением (*канала связи*) **2.** *вчт* множественный доступ с временны́м разделением (*каналов*), МДВР, МДВУ
TE [Trägerfrequenzerzeuger] генератор несущей частоты
TEA [transversaly excited, atmospheric pressure] с поперечным возбуждением при атмосферном давлении
tel [telefonisch] телефонный
tel [telegrafisch] телеграфный
TEL [Telefon] телефон
TEL [Telegraf] телеграф
TELEG [Telegraf] телеграф
TELERAN [television and radar navigation] телевизионно-радиолокационная система навигации «ТЕЛЕРАН»
TELEX [teleprinter exchange] система автоматической абонентской талетайпной связи, абонентская телетайпная связь, телекс
TESTRAN [test translator] тест-транслятор
TF [technischer Fehler] техническая неисправ-

803

ность; неисправность аппаратуры; аппаратурный сбой; аппаратурный отказ
TF [Trägerfrequenz] несущая частота
TF [Transformator] трансформатор
TF—F [Trägerfrequenz-Fernsprechen] высокочастотная телефонная связь
T-FF [Teiler-Flipflop] триггер-делитель
TfH, TFH [Trägerfrequenz über Hochspannungsleitungen] высокочастотная связь по линиям электропередачи
TfK [Telefunken] радиотелеграфная компания «Телефункен» (*ФРГ*)
TFK [Trägerfrequenzkabel] кабель высокочастотной связи
TFK [Thin Film Transistor] тонкоплёночный транзистор
TFT [Zeitschrift für Telegrafen-Fernsprech-, Funk- und Fernsehtechnik] журнал телеграфной, телефонной, радио- и телевизионной техники
TFÜ [Trägerfrequenzübertragung] передача на несущей частоте
Tg [Telegraf] телеграф
Tg [Telegrafie] телеграфия
TG [Taktgeber] датчик тактовых *или* синхронизирующих импульсов
TG [Teilgebiet] подсистема
TG [Teilnehmergerät] абонентское устройство
TG [Telegramm] телеграмма
TG [Ton(frequenz)generator] звуковой генератор
TgHV [Telegrafen-Hauptvermittlung] центральная телеграфная станция
TGL [Technische Normen, Gütevorschriften und Lieferbedingungen] Технические нормы и стандартные качества поставляемых товаров (*ГДР*)
TGL (*Symbol für die DDR-Standards*) ТГЛ, стандарт ГДР (*условное обозначение*)
TGX [Telegrafie-Verbindungsleitung] телеграфная (соединительная) линия
TK [Temperaturkoeffizient] температурный коэффициент
TKCI [Technisches Koordinationszentrum der Intervision] координационный технический центр системы Интервидения
TKL [Teilnehmerklinke] *тлф* гнездо местного поля
TL [technische Lieferbedingungen] технические условия поставки
T²L *см.* **TTL**
T³L [transistor-transistor-transistor logis] транзисторно-транзисторно-транзисторные логические схемы, ТТТЛ-схемы
TLG [Telegramm] телеграмма
TLn [Teilnehmer] **1.** абонент **2.** пользователь
TMES [Testmonitor für ESER] тест-монитор ЕС ЭВМ (*СЭВ*)
TMF [Tonfrequenz-Miltiplex] тонально-частотное уплотнение
TN [Terminal] **1.** терминал, оконечное устройство **2.** клемма; зажим
TO [transistor-out-line] транзисторный (*о типе корпуса*)
Tor. Fug. [Tornisterfunkgerät] ранцевая радиостанция

TP [Tiefpaß] фильтр нижних частот, ФНЧ
tpi [tracks per inch] плотность (расположения) дорожек на дюйм
Tr [Transformator] трансформатор
TR [Telefonrundspruch] *швейц.* проводное (радио)вещание
TR [Temperaturregler] **1.** терморегулятор **2.** термостат
TR [Transistor] транзистор
TR [transmit-receive] **1.** разрядник защиты приёмника **2.** передача — приём
TR [Treiberröhre] лампа возбудителя, задающая лампа
Trafo, trans, Trans [Transformator] трансформатор
TRANS [Transport] **1.** перемещение; перенос **2.** передача (*данных*) **3.** протяжка (*ленты*); подача (*перфокарт*) **4.** транспортирование, транспорт **5.** *вчт* перенос (*результата*) **6.** перенос (*зарядов*)
TRANSAC [Transistor Automatic Computer] автоматическая транзисторная ВМ «ТРАНЗАК» (*фирмы «Филко», США*)
TRAPATT [trapped plasma avalanche-triggered transit] **1.** лавинно-ключевой режим **2.** лавинно-ключевой диод
TRIM, TRIMASK [tri-mask] **1.** три маски **2.** три (фото)шаблона
TRL [transistor-resistor logic] резисторно-транзисторные логические схемы, РТЛ-схемы
TS [Teilnehmerschaltung] абонентская схема
TS [Tonsender] передатчик звукового сопровождения
TS [Trennschalter] разъединитель
TSL [tri-state logic] логические схемы с тремя состояниями
TT [Tonträger] **1.** *тлв* несущая звукового сопровождения **2.** носитель звукозаписи
TT [Trenntaste] размыкающая [разъединяющая] кнопка; размыкающий ключ
TTL [Transistor-Transistor-Logik] транзисторно-транзисторная логика, ТТЛ
Ttx [Teletext] телетекст
TÜSt [Telegrafie-Übertragungsstelle] передающая телеграфная станция
TV [television] телевидение
TVSt [Teilvermittlungsstelle] телефонная подстанция населённого пункта
TW [Teilnehmerwähltelegrafie] автоматическая абонентская телеграфная связь
TW [Telegrafie mit Wählbetrieb] автоматическая телеграфная связь
TWB [Temperaturwechselbeständigkeit] стойкость к термоударам
TWEA [Telegrafiewählendamt] оконечная станция автоматического телеграфа
TWHA [Telegrafiewählhauptamt] центральная станция автоматического телеграфа
TWR [Travel(l)ing-Wave-Röhre] лампа бегущей волны, ЛБВ
TWT [trawel(l)ing-wave tube] лампа бегущей волны, ЛБВ
TWZA [TW-Zentralamt] *см.* **TWHA**
TX любительский радиопередатчик

TZ

TZ [technische Zusammenarbeit] совместная работа в области техники
TZ [Tourenzahl] число оборотов
U [Umschaltkontakt] переключающий контакт
ü [Übersetzungsverhältnis] коэффициент трансформации
U [Spannung] напряжение
U [Ultrakurzwellenbereich] ультракоротковолновый диапазон, УКВ-диапазон
U [Umfang] 1. объём 2. периметр
U [Umschalter] 1. переключатель 2. коммутатор
Ü [Übertrager] 1. (радио)передатчик 2. согласующий трансформатор 3. переносчик (напр. заряда) 4. преобразователь; (измерительный) датчик
ua переключающий рабочий контакт (на схеме реле)
UA [Mikroamperemeter] микроамперметр
Ub [Übertragung] 1. (радио)передача 2. трансляция 3. передача (данных, информации) 4. трансформация 5. перенос (напр. энергии) 6. вчт переход
UBR [Unterbrechbarkeitsregister] регистр прерываний
UBW [Unipolar-Bipolar-Wandler] преобразователь униполярных сигналов в биполярные
uc [universell kompatibel] универсально-совместимый
UE [Übertragungseinrichtung] передающее устройство
UE [Unterhaltungselektronik] бытовая электронная аппаратура, бытовая электроника
Ü. Einr. [Überwachungseinrichtung] контрольное устройство
UER [Union der Europäischen Rundfunkorganisationen] Европейский союз радиовещания, ЕСР
UET [universelles elektronisches Testbild] универсальная электронная испытательная таблица
ÜF [Überlagerungsfrequenz] 1. частота биений 2. частота гетеродина
ÜFB [Übertragungsfrequenzbereich] диапазон частот передачи
UFESt [Überseefunkempfangsstelle] приёмная радиостанция линии трансокеанской связи
UFS [Unterwasserfernsehen] подводное телевидение
ÜFuSSt [Überseefunksendestelle] передающая радиостанция линии трансокеанской связи
ugd [ungedämpft] 1. незатухающий (о колебаниях) 2. незаглушённый; недемпфированный
UGS [Ursamat-Gefährssystem] система конструктивов Урсамат (ГДР)
uhf, UHF [ultrahohe Frequenz] ультравысокая частота, УВЧ (300—3000 МГц)
UIT [Union Internationale des Télécommunications] Международный союз электросвязи, МСЭ
UJT [Unijunction-Transistor] однопереходный транзистор
UK [Subkanal] подканал
UKE [Ultrakurzwellenempfänger] ультракоротковолновый (радио)приёмник, УКВ-приёмник
UKML [Ultrakurz-, Kurz-, Mittel- und Langwellenbereich] диапазон ультракоротких, коротких, средних и длинных волн
UKW [Ultrakurzwellen] ультракороткие волны, УКВ
ÜKZ [Übergangskennzeichen] переходная характеристика
ÜL [Überwachungslampe] контрольная лампа
ÜL [Überweisungsleitung] справочная линия; линия передачи сообщений
ULA [universal logic array] универсальная логическая матрица
UL-m [Meldeleitung] линия связи; линия оповещения
ÜL-v [Fernvermittlungsleitung] линия междугородной [дальней] связи
UMI [Universalmeßinstrument] универсальный измерительный прибор
UNISAT [United Kingdom direct broad casting satellite] Британский вещательный спутник УНИСАТ
UNIVAC [Universal Automatic Computer] УНИВАК, универсальная ВМ
UNSCC [United Nations Standards Coordinating Committee] координационный Комитет стандартов ООН
UP [Unterprogramm] подпрограмма
Upo [Umlaufpotentiometer] многооборотный потенциометр
ur [umschalteter Ruhekontakt] переключающий контакт покоя (на схеме реле)
Urdox. [Urandioxidwiderstand] терморезистор на основе диоксида урана, урдокс
URS [Universelles internationales System für die automatische Überwachung, Regelung und Steuerung von Produktionsprozessen] Универсальная международная система автоматического контроля, регулирования и управления производственными процессами
URST [International Union of Radio Science] Международный союз по радиотехнике
US [Ultraschall] ультразвук
US [Umsetzer] преобразователь
US [Untersystem] подсистема
USB [unteres Seitenband] нижняя боковая полоса
USE [Umschalteinrichtung] переключающее устройство
ÜSL [Übergabeschlußlampe] ламповый сигнализатор окончания передачи
USW [ultra-short waves] ультракороткие волны, УКВ
UT [Unterlagerungstelegrafie] подтональная телеграфия
ÜT [Überlagerungstelegrafie] надтональная телеграфия, НТ
UTF [Unterlagerungstelegrafie auf Freileitungen] подтональная телеграфия по воздушным линиям
ÜTF [Übertragungsfunktion] 1. передаточная функция (цепи) 2. вчт функция передачи (информации)
ÜZ [Übermittlungszentrale] трансляционная станция

V

V [elektrisches Potential] (электрический) потенциал
V [Vakuum] вакуум; разрежение

V

V [Vakuumröhre] вакуумная лампа
V [Verlustfaktor] коэффициент потерь, тангенс угла потерь
V [Verstärkung] усиление
V [video] видеосигнал
V [Volt] вольт, В
V [Voltmeter] вольтметр
V [Volumen] объём
VA [vertikales Austastsignal] гасящий импульс обратного хода вертикальной развёртки; *тлв* гасящий импульс полей *или* кадров
VA [Volladdierer] полный сумматор, сумматор с тремя входами
VA [Voltampere] вольт-ампер, ВА
VA [Voltamperemeter] вольтамперметр
vac [vacuum] вакуум; разрежение
VAD [vapor-phase axial deposition] аксиальное осаждение из паровой фазы
VAF [Vorschriften uber die Sicherheit von Apparaten für Elektroschall-, Elektrobild-, Nachrichten- und Fernmeldetechnik] правила безопасности аппаратуры электроакустики, телевидения и электросвязи
VAG [Verbindungsaufbau, gehender] исходящее соединение
Vak [Vakuum] вакуум, разрежение
VAK [Verbindungsaufbau, kommender] входящее соединение
VAR [visual and aural range] курсовой радиомаяк с визуально-звуковой индикацией (*сигналов*)
VATE [versatile automatic test equipment] универсальная аппаратура автоматизированного контроля
VATE [vertical anisotropic etching] вертикальное анизотропное травление
VB [Valenzband] валентная зона
VCCD [Vertical Charge Coupled Device] вертикальный ряд ПЗС-ячеек (*промежуточная память в матричных ПЗС-преобразователях свет — сигнал*)
VCD [variable capacitance diode] **1.** варикап **2.** варактор
VCO [voltage controlled oscillator] генератор, настраиваемый напряжением
VCR [Video-Cassette-Recording] запись на видеокассету
VDE [Verband Deutscher Elektrotechniker] Союз немецких электриков (*ФРГ*)
VDE [Vorschriftenwerk Deutscher Elektrotechniker] Технические правила Союза немецких электриков (*ФРГ*)
VDR [voltage dependent resistor] варистор
VDRG [Verband Deutscher Rundfunk- und Fernseh-Fachgroßhändler] Союз немецких оптовых торговцев радио- и телевизионной аппаратурой (*ФРГ*)
VDU [Visual display unit] устройство визуального отображения, дисплей
VEB [Volkseigener Betrieb] народное предприятие (*ГДР*)
VerbA [Verbundamt] *тлф* соединительная [узловая] станция
Verst A [Verstärkeramt] **1.** усилительная (под)станция; усилительный пункт **2.** (ре)трансляционная (под)станция; (ре)трансляционный пункт
VerstB [Breitbandverstärker] широкополосный усилитель
VerstK [Kanalverstärker] канальный усилитель
VerstZ [Zwischenverstärker] промежуточный усилитель
VEZ [Voreinflugzeichensender] дальний маркерный радиомаяк
VF [Videofrequenz] видеочастота
VF [Vielfachfeld] *тлф* многократное поле
VFET [vertical field-effect transistor] вертикальный полевой транзистор
V/FET [vertikaler Feldeffekttransistor] вертикальный полевой транзистор
VFO [variable frequency oscillator] генератор с перестраиваемой частотой
Vg [Gruppenverteiler] групповой распределитель
VG [Verzögerungsglied] звено [элемент] задержки
Vh [Hauptverteiler] главный распределитель
VHD [video home disk] *тлв* бытовой видеодиск
VHD [video high density] *тлв* видеозапись высокой плотности
VHD/AHD [video high density/audio high density] *зап.* система высокой плотности записи изображения и звука
vhf, VHF [very high frequencies, sehr hohe Frequenzen] очень высокие частоты, ОВЧ (*30—300 МГц*)
VhO [Ortsamtsverteiler] коммутатор [распределитель] местной телефонной станции
VHS [Video Home system] **1.** формат VHS (*для бытовых кассетных видеомагнитофонов*) **2.** кассетный видеомагнитофон формата VHS
VHSIC [very high speed integrated circuit] сверхскоростные ИС, ССИС, С²ИС
VhT [Hauptverteiler für Teilnehmeranschlüsse] главный распределитель абонентских вводов
vid [video] видео
VID [Vergleichsimpulsdetektor] детектор импульсов сравнения
VIL [vertical injection logic] вертикальная инжекционная логика
VIS [Volkswirtschaftliches Informationssystem] информационная система для народного хозяйства
VKS [Videokreuzschiene] матричный видеокоммутатор
VL [Verlängerungsleitung] удлинительная линия; удлинитель
VL [Verzögerungsleitung] линия задержки, ЛЗ
VLF [very low frequencies] низкие частоты, НЧ (*3 — 30 кГц*)
VLP [Videolangspielplatte] видеодиск с длительной записью
VLSJ [Very large scale integration] **1.** сверхвысокая степень интеграции **2.** сверхбольшая ИС, СБИС
VME [Verstärkungsmeßeinrichtung] устройство для измерения усиления
VMOS [vertical MOS, V-groove metal-oxide-semiconductor] МОП-структура с v-образной канавкой, УМОП-структура
VNIC [voltage-inversion negative-immitance con-

VO

verter] преобразователь отрицательного имитанса с инверсией напряжения
VO [Funkvollzugsordnung] регламент радиосвязи
VoA [Voice of America] «Голос Америки» (*США*)
VODER [voice operation demonstrator] электронное устройство искусственной речи
VOR [VHF Omnidirectional Radio Range] курсовой всенаправленный маяк для очень высокого диапазона частот
Vp [Phasengeschwindigkeit] фазовая скорость
VP [Versuchsperson] участник эксперимента
VPS [Video-Programm-System] система автоматического включения (бытовых) видеомагнитофонов, САВВМФ (*для записи заранее выбранного фрагмента программы*)
VRL [Verstärker für Rundfunkleitungen] радиотрансляционный усилитель
VRLh [Hauptverstärker für Rundfunkleitungen] центральный радиотрансляционный усилитель
VRLhi [Hilfsverstärker für Rundfunkleitungen] вспомогательный радиотрансляционный усилитель
VRV [vor(wärts)-Rück(wärts)-Verhältnis] защитное отношение (*антенны*)
Vs [Voltsekunde] вебер, Вб
vsb, VSB [vestigial sideband] частично подавленная боковая полоса (частот)
VSD [Vergleichsimpuls-Schwellwertdetektor] детектор пороговых значений импульсов сравнения
VSG [Videospeichergerät] устройство видеозаписи, видеомагнитофон
Vss [Voltage] размах (сигнала) в вольтах
VSt [Fernsprechvermittlungsstelle] телефонная станция
VSt Hand [handbediente Fernsprechamt] телефонная станция ручного обслуживания, РТС
VStW [Vermittlungsstelle mit Wählbetrieb] автоматическая телефонная станция, АТС
VSWR [voltage standig wave ratio] коэффициент стоячей волны по напряжению, КСВН
VT [vacuum tube] вакуумная лампа
VT [Videotext] телетекст
VT [Vierertelegrafie] телеграфирование по искусственной цепи
VTA [vertical tracking angle] вертикальный угол воспроизведения
VTFF [Verband Technischer Betriebe für Film und Fernsehen] Объединение промышленности кино и телевидения (*ФРГ*)
VTL [variable thereshold logic] логические схемы на элементах с переменным порогом
VU [volume unit] единица уровня громкости
VU [Vorumsetzung] предварительное преобразование
VW [Verwürfelungseinrichtung] устройство для переключения полосы частот (*в системах координирования телефонных передач*)
VW [Vorwähler] 1. переселектор 2. *тлф* предыскатель, ПИ
Vz [Zwischenverteiler] промежуточный распределитель

WO

VZ [Vermittlungszentrale] центральная телефонная станция, ЦТС
VZ [Verzögerung] задержка
VZ [Vorzeichen] 1. (алгебраический) знак 2. знаковый разряд, разряд знака 3. *вчт* символ, признак
VZL [Verzögerungsleitung] линия задержки, ЛЗ
VZZ [Verzögerungszähler] 1. счётчик интервалов задержки 2. счётчик на ЛЗ
W [Windungszahl] число витков
W [Wähler] искатель
W [Watt] ватт, Вт
W [Wattmeter] ваттметр
W [Welle] 1. волна 2. колебание; сигнал
W [Wellenwiderstand] волновое сопротивление
W [Widerstand] 1. сопротивление 2. резистор
WAO [Wissenschaftliche Arbeitsorganisation] научная организация труда, НОТ
WARC [World Administration Radio Conference] Всемирная административная конференция по радио, ВАКР
wb, Wb [Weber] вебер, Вб
WBW [Werk für Bauelemente der Nachrichtentechnik] завод по производству деталей аппаратуры связи
Wd [wertdiskret] дискретный по значению
WD [weiß D] *тлв* «белое» точки D треугольника цветов (*при равном излучении люминофора во всём видимом диапазоне*)
WDF [Wahrscheinlichkeitsdichtefunktion] функция плотности вероятности
WDF [Wellen-Digitalfilter] волновой цифровой фильтр
WDR [Westdeutscher Rundfunk] Западногерманское радиовещание (*ФРГ*)
WdSS [Widerstandsdraht mit Seide isoliert] реостатная проволока с шёлковой изоляцией
We [Wecker] (сигнальный) звонок
WEZ [Warteeinflugzeichen] радиомаяк зоны ожидания
WF [Wellenform] 1. форма волны 2. форма сигнала
WFA [Wählerfernamt] междугородная АТС
WFM [Wandlerfeldmagnetron] магнетрон M-типа
WFR [Wanderfeldröhre] лампа бегущей волны О-типа
WG [Widerstandsgeber] потенциометрический датчик
WGMA [Wissenschaftlich-Technische Gesellschaft für Meß- und Automatisierungstechnik] научно-техническое общество по технике измерений и автоматизации (*ФРГ*)
wh, Wh, WH [watt-hour] ватт-час, Вт·час
WH [Wiederholung] 1. повторение; возобновление 2. повторяемость 3. итерация
wk. [wertkontinuierlich] непрерывный по значению
Wkt [Wahrscheinlichkeit] вероятность
WL [Wartelampe] *тлф* лампа ожидания
WL [Wellenlänge] длина волны
WLV [Wirklastverteiler] распределитель активных нагрузок, РАН
WM [Wattmeter] ваттметр
WO [Wobbler] 1. свип-генератор, генератор ка-

чающейся частоты, ГКЧ **2.** двухсторонний (телеграфный) ключ
WpM, WPM [words per minute] (число) слов в минуту
WPS [Wechselplattenspeicher] ЗУ *или* память на сменных магнитных дисках
Ws [Wattsekunde] ватт-секунда, Вт·с
WT [Wechselstromtelegrafie] телеграфия на переменном токе
WTA [Wissenschaftlich-Technische Abteilung] научно-технический отдел (*службы связи*)
WTL [Widerstands-Transistor-Logik] резисторно-транзисторная логика, РТЛ
WTT [Wechselstrom-Telegrafie-System] система телеграфии на переменном токе
WV [Wählvermittlung] автоматическая (телефонная) связь
WZ [Wählzeichen] сигнал набора
WZ [Warnzeichen] предупредительный сигнал; сигнал тревоги
WZ [Wasserzeichen] сигнал, отражённый от водной поверхности
X [Reaktanz, Blindwiderstand] реактивное сопротивление
$\bar{x}_n$ обозначение замыкающего контакта в релейно-контактных схемах
$\bar{x}_n$ обозначение размыкающего контакта в релейно-контактных схемах
X_n обозначение элемента в релейно-контактных схемах
XMOS [high-speed metal-oxide-semiconductor] **1.** быстродействующая МОП-схема **2.** быстродействующий МОП-прибор
XRL [X-ray-lithography] рентгеновская литография, рентгенолитография
Y (*Röhrenkennbuchstabe*) буква маркировки ламп, на 2 месте обозначает одноанодный кенотрон (*напр. C Y1*)
Yh обозначение переключательной функции
YAG [Yttrium-Aluminium-Granat] алюмоиттриевый гранат, АИГ
Z (*Röhrenkennbuchstabe*) буква маркировки ламп, на 2 месте обозначает двуханодный кенотрон (*напр. AZ 11*)
Z [Scheinwiderstand] полное сопротивление
(Z) [Widerstandsmatrix] матрица сопротивлений
Z [Zähler] счётчик
Z [Zeit] время
Z [Ziffer] цифра; модуль
Z [Zuverlässigkeit] **1.** (общая) надёжность **2.** достоверность
za [Zwillingsarbeitskontakt] двойной замыкающий контакт
ZA [zellularer Automat] клеточный автомат
ZA [Zentralamt] центральная (телефонная) станция
ZAL [Zeilenaustastlücke] пробел в видеосигнале строк, строчной пробел
ZAM [Zweiseitenbandamplitudenmodulation] двухполосная АМ
ZAR [Zahlenaufrufregister] регистр чисел
ZB [Zentralbatterie] *тлф* центральная батарея, ЦБ
Zd [Zeitdrucker] хронированное печатающее устройство; отметчик времени

zd. [zeitdiskret] дискретный по времени
ZDF [Zweites Deutsches Fernsehen] вторая программа телевидения ФРГ
Zdr [Zweidraht...] двухпроводной
ZDV [Zentrale Dispatcherverwaltung] центральное диспетчерское управление, ЦДУ
ZF [zero frequency] нулевая частота
ZF [Zwischenfrequenz] промежуточная частота, ПЧ
ZFES [Zwischenfrequenzendstufe] оконечный каскад (усилителя) ПЧ
Z.f.F. [Zentrale für Funkberatung] Консультативный центр по радиотехнике (*ФРГ*)
ZFTM [Zentrum für Forschung und Technologie der Mikroelektronik] Научно-технологический центр микроэлектроники (*ГДР*)
ZFV [Zwischenfrequenzverstärker] усилитель ПЧ, УПЧ
ZG [Zahlengeber] **1.** генератор чисел **2.** *тлф* пульсатор
ZGL [Zustandsgleichung] уравнение состояния
ZGW [Zentralamts-Gruppenwähler] групповой искатель центральной (телефонной) станции
ZIG [Zählimpulsgeber] **1.** датчик счётных импульсов **2.** *тлф* датчик импульсов (автоматического) набора
zk. [zeitkontinuierlich] непрерывный во времени
ZL [Ziffernlampe] лампа цифровой индикации
ZLF [Zentrallaboratorium für Fernmeldetechnik] Центральная лаборатория связи (*ГДР*)
ZM [Zeitmarke] (от)метка времени
ZMG [Zeitmarkengeber] **1.** датчик (от)меток времени **2.** *рлк* калибратор развёртки
ZMW [zentrale Meßwarte] центральный контрольно-измерительный пункт
Z6N [6Kanal-TF-System für Nahverkehr] шестиканальная система высокочастотной телефонии для ближней связи
ZP [Zweipol] двухполюсник
ZPS [zeitunabhängige Programm-Speicherung] независимое от времени программирование (*включения видеомагнитофона*)
zr [Zwillingsruhekontakt] двойной размыкающий контакт
ZSB [Zweiseitenbandbetrieb] режим двухполосной передачи
ZSC [Zahlensicherheitskode] помехозащищённый цифровой код
ZsL [Zweigleitung] линия ответления
ZT [Zähltaste] кнопка счётчика
ZT [Zonenzeit] поясное время
ZT [Zusatztransformator] вольтодобавочный трансформатор
ZTDSt [Zentral-Telegrafendienststelle] центральный телеграф
ZTG [Zeittaktgeber] датчик [генератор] тактовых импульсов
ZVE [Zentralverarbeitungseinheit] центральный блок обработки (*данных*)
ZW [Zählwerk] счётный механизм; счётчик
ZW [Zweiweg...] **1.** двухканальный **2.** двухполупериодный
ZWG [Zweiweggleichrichter] двухполупериодный выпрямитель
ZZZ [Zeitzonenzähler] счётчик поясного времени